Shogakukan
Taschenwörterbuch
Deutsch-Japanisch
Japanisch-Deutsch

ポケット
プログレッシブ
独和・和独辞典

編者／中山 純

小学館

Shogakukan
Taschenwörterbuch
Deutsch-Japanisch
Japanisch-Deutsch

ポケットプログレッシブ独和・和独辞典
©Shogakukan 2001

装丁　馬淵　晃

Printed in Japan

まえがき

　日々刻々、技術やビジネスの急速なグローバル化が進む昨今、多くの読者から、まずは、便利に使える小型の語学辞書を、という強い要望がとりわけ多く寄せられています。

　そこで私たちは、ドイツ語辞典でも、新語や日常語が豊富な、実用性に力点を置いた携帯向きのポケット版を作りたいと考えました。

　この辞典では、全体を独和編（語数6.8万）、和独編（語数2万）、会話編の3部構成とし、日独双方への読み書き、会話のいずれにも使える多機能性を持たせることで、ドイツ語辞典のイメージを変え、すぐに役立つものを目指しています。

　本書の特色は以下のようなものです。

　　―独和の総語数はポケット最大クラスの6.8万語。
　　―新聞、雑誌の新語のほか、時事用語、経済用語、情報用語などの充実。
　　―日常語を中心に重要語を厳選し、色刷りとカナ発音で学習性にも配慮。
　　―訳語は平易を心がけ、成句欄を別立てとして引きやすさを追求。
　　―生活や実務に密着した関連語欄で、実用情報を提供し、機能を拡大。
　　―和独編2万語は、発信のために必要なコロケーションを明示。
　　―会話編には、旅行やビジネスに役立つ会話に加え、国名一覧、組織略語一覧などの便利情報も満載。
　　―見出し語・用例は新正書法に準拠。

　この辞典は企画から発刊まで約3年かかりました。独和と和独という、いわば2冊分の辞典の編纂業務としては、以前では想像できない速さです。これが実現できたのも、各作業段階におけるコンピュータ技術の処理があったことは紛れもない事実です。しかし、よい辞典を作りたいという編集スタッフの皆さんの熱意と尽力がなかったら、この辞典は誕生しなかったでしょう。

ともすれば遅れがちになる編者を叱咤激励し、編纂業務を進めてくださった（株）日本レキシコのスタッフの方々、語義のチェックをお願いした海老塚冬衛さん、和文の例文を訳していただいた網代和子さん、独和と和独の訳語の調和を調べていただいた森田あずささんと小林和貴子さん、そして、忍耐と情熱で全体の業務を支えてくださった小学館外国語編集部の皆さんに心からの感謝を捧げます。

2000年7月

中山　純

▼編者　中山　純
　　　　（慶應義塾大学教授）
▼校正・その他の協力者
　　　網代　和子
　　　海老塚　冬衛
　　　小林　和貴子
　　　鳴沢　直樹
　　　森田　あずさ

▼編集協力　株式会社 日本レキシコ
▼地図作成　表現研究所

ポケットプログレッシブ
独和辞典
Deutsch-Japanisch

目 次

凡　　例………………………… iv
略語・関連語項目一覧 ……………… vi
独　　和………………………… 7–768

凡　例

1 **見出し語**
   1) アルファベット順に配列した．
      ・ä, ö, ü, ß はそれぞれ a, o, u, s のあとに置いた．
      　　ah ...　　Ah ...　　äh ...
      ・省略できる部分は[ ]で示し，[ ]を外した位置に置いた．
   2) 同じつづりで語源の違う語は，検索の便を考え，1つの見出し語の中で
      ❶ ❷ …か Ⅰ Ⅱ の大分類で区別して提示した．
      　　Bach Ⅰ ... 小川 ...
      　　　　　Ⅱ バッハ ...
   3) 同じつづりで分離動詞と非分離動詞がある場合は，頻度の高いほうを
      見出し語とし，もう一方を追い込み見出しとした．
   4) 新正書法によって ß が ss に変わるなどの場合は新正書法を見出しと
      し，従来の表記を⑲をつけて( )で示した．また，1語だったものが2語
      に分かち書きされるような場合には，どちらかの項目で成句として立て，見
      出し語からはそちらへ送りをつけた．
      　　Anschluss (⑲ ..schluß)
      　　dabeisein* ⑲⇒ dabei ◆
   5) 直前の見出し語に他の語が結びついて合成語を作る場合は見出し語部
      分を=で省略した．また，前半部分が共通する合成語が連続する場合は，
      共通部分を=で省略して示した．
      　　Abfall...　　= beseitigung...
      　　　　(= beseitigung → Abfallbeseitigung)
      　　Ohren = sausen...　= schmalz...
      　　　　(= schmalz → Ohrenschmalz)
   6) 重要語は色版で示した．

2 **発音**
   1) 発音は原則として，見出し語にアクセント表示をして省略した．アクセン
      トは2音節以上の語に対して，短母音には例えば **ạ**，長母音・二重母音
      に対しては **ā**, **au** のように示した．
      　　Ābnahme
      　　ahnen
      　　Auge
   2) 重要語や外来語などで発音のわかりにくいものなどには，カナ発音を付
      与した．その際，アクセントのある部分は太字で示した．
      　　bạcken [バッケン]...
      　　Hāfen [ハーフェン]...
      　　leger [レジェーア]...
      　　Redakteur [レダク**テー**ア]...

3 **品詞**
   1) 名詞は 男 女 中 で表し，一般に複数形で表示されるものは 複 とした．地
      名は中性のものは原則として省略した．定冠詞がつくものは具体的に
      (das ～) (die ～) (der ～)のように示した．
   2) 動詞は 自 他 再 で表し，自 他 が意味的にまとめて表すことのできるもの
      は 動 とした．
   3) その他の品詞表記については「品詞記号表」(p. vi)参照

凡例

4 変化形
1) 名詞は2格と複数形を / で区切って示した. 見出し語部分は - または = で省略し, 一部の省略は .. で示した.
2) 動詞は過去・過去分詞を;で区切って示した. ⓗ表示がからむ場合は, で並列した.
3) 形容詞の比較変化は比較級・最上(最高)級を;で区切って示した. 2種類ある場合は, それを / で区切った.

5 語義
1) 小区分を, で, 大区分を;で区切って示した. さらに大きな分類が必要な場合は❶❷❸ …で示した. 品詞区分と❶❷ の語義区分がからむ場合は, Ⅰ Ⅱ …で区分した.
2) 語義理解の一助となるよう, 重要語を軸に適宜英語をあてた.
3) 他動詞の目的語と対応する「…を」は省略した. それ以外ではわかりやすさを考えて, 適宜表示した.
4) 動詞・形容詞など で特定の前置詞と結びつくものは《...》で示し, 対応する訳を( )で示した.

  geben*... Ⅰ ⓗ ❶ (⊛ give)《j^3 et^4》(人に…を)与える, あげる; …

  auf|gliedern ⓗ 《et^4 in et^4》(…を…に)分類〈細分〉する.

6 成句
1) 始まりは♦で示し, 太字のイタリック体で示した.
2) 検索の便を考えて, 核になる部分を提示した. 目的語の et^4, j^4 は「…を」「人を」に対応する場合は省略した. それ以外では, 前置詞がからむ場合を含めて, 動詞の見出し語に準じた.

  quer [クヴェーア]... ♦ ～ *gehen* 《話》《j^4》(人にとって)うまくいかない; しくじる.

  Rechenschaft ... ♦ *zur* ～ *ziehen* 《j^4 [**für** et^4]》(人に[…について])釈明を求める.

記号類
～	見出し語と同じつづりを表す.
=	見出し語の一部省略を表す. また, 語構成を明示するためにも用いる.
|	分離動詞の分離する位置を示す.
[ ]	省略可能を表す.
〈 〉	直前の語との置き換えを表す.
( )	訳語の意味限定や説明を表す.
/	目的語と前置詞句との置き換えを表す. また, 成句の言い換えを表す.
《 》	語層・コロケーションのほか, 語法説明などを表す.
〖 〗	専門分野を表す.
♦	成句の始まりを示す.
→	参照を表す.
⇨	送り先を表す.
<	元の形を表す.
▶	語法上の注意を表す.

略　語　一　覧

(自明なものは省略した)

1) 品詞

男	男性名詞	動	動詞	副	副詞
女	女性名詞	自	自動詞	前	前置詞
中	中性名詞	他	他動詞	接	接続詞
複	複数名詞	再	再帰動詞	間	間投詞
代	代名詞	形	形容詞	略	略語
女	女性形	小	縮小形	旧	旧つづり
略	略語形	短	短縮形	英	対応英語

2) 語層

《雅》	雅語	《詩》	詩語	《話》	口語
《俗》	俗語	《卑》	卑語	《古》	古語
《戯》	戯言	《蔑》	軽蔑	《方》	方言

3) 専門分野

〖印〗	印刷	〖映〗	映画	〖化〗	化学
〖海〗	海事	〖解〗	解剖	〖空〗	航空
〖軍〗	軍事	〖経〗	経済	〖劇〗	演劇
〖建〗	建築	〖言〗	言語	〖工〗	工学
〖光〗	光学	〖坑〗	炭坑	〖史〗	歴史
〖詩〗	詩学	〖社〗	社会	〖写〗	写真
〖狩〗	狩猟	〖商〗	商業	〖植〗	植物
〖心〗	心理	〖数〗	数学	〖生〗	生物
〖聖〗	聖書	〖虫〗	昆虫	〖天〗	天文
〖哲〗	哲学	〖電〗	電気	〖動〗	動物
〖農〗	農業	〖美〗	美術	〖服〗	服飾
〖法〗	法学	〖薬〗	薬学	〖楽〗	音楽
〖理〗	物理	〖料〗	料理	〖論〗	論理

関　連　語　項　目　一　覧

Arbeit (労働)
Auto (自動車)
Bank (銀行)
Bier (ビール)
Brot (パン)
Computer (コンピュータ)
Einkaufen (買い物)
Energie (エネルギー)
Feiertag (祝日)
Fernsehsender (テレビ局)
Förmlichkeit (儀礼)
Hammel (ラム肉)
Hochzeit (結婚式)
Kalb (子牛の肉)
Krankheit (病気)
Landwirtschaft (農業)
Nachrichtenagentur (通信社)
Netzwerk (ネットワーク)
Obst (果物)
Partei (政党)
Pflege (介護)
Pflegedienst (介護サービス)
Raumplanung (国土計画)
Recycling (リサイクル)
Rind (牛肉)
Schwein (豚肉)
Tagung (会議)
Umwelt (環境)
Unternehmen (企業)
Wäsche (洗濯)
Wein (ワイン)
Wetter (天気)
Zeitung (新聞)

abbrechen

a, A 田《-/-》《字びき》アー;《楽》イ(音名): eins / Ia《話》素晴らしい, 地上のもの. ◆ *das ~ und O* 最初と最後; 肝心かなめのこと, 全部. *Wer ~ sagt, muss auch B sagen.*《諺》やりだしたことは最後までやらねばならぬ; 乗りかかった船. **a**《配列》アール(面積):《電》イ短調. **A**《配列》ア(電圧;イ長調;(ローマ数字の)5000; オーストリア. **A**《略》Autobahn;《口語》Ausgabe. **a.**《略》=河畔の; Frankfurt *a. M.* マイン河畔のフランクフルト.《略》西暦=年に(<*Anno*).

a., A.《略》反対,否定の意.

ä, Ä 田《-/-》アー(ウムラウト).

à《略》…ずつ, …の.

AA Auswärtiges Amt 外務省.

Aachen アーヘン(ドイツ西部の工業都市; 工業大学の所在地).

Aal 男《-[e]s/-e》《動》 eel》ウナギ(鰻). ◆ *glatt wie ein ~ sein* うなぎのようにとらえどころがない; うまく身をかわす才がある. *wie ein ~ winden*《話》鰻地を巧みに逃れようとする.

aalen《*sich*》《《*mit*》寝そべってのんびりする. **aalglatt**《腹》(ぬらりくらりと)捕えどころのない.

a.a.O.《略》*am angeführten* ⟨angegebenen⟩ *Ort* 上述の箇所で⟨文献⟩で.

Aargau (der~)アールガウ(スイス北部の州).

Aaron アロン(Mosesの兄).

Aas 中《-es/-e》(動物の)死骸, 屍肉(と); 《-es/Äser》《腹》 やつ, 野郎. ◆ *kein ~*《話》だれ一人…ない.

aasen 動《*mit et³*》… を浪費する. ◆ *mit seiner Gesundheit ~* 不摂生をする.

Aasgeier 男《-s/-》ハゲタカ(禿鷹); あこぎな人間.

ab [アップ] ❶ 副 ⟨《英》 *away, off*⟩ 離れて, あちらへ, 消えて; 外れて; 下へ; (時刻表などで) …発: ~ *Wien* ⟨*Wien* ~⟩ 18時30分 ウィーン発18時30分. ❷ 前 《3格支配》 空間的) …から; (3格または4格支配) 《時間・下限》 …から: *ab Lager* ⟨*Werk*⟩《商》倉庫(工場)渡しで; ~ *hier* ここから; ~ *morgen* あしたから; *Kinder* ~ *sechs Jahren* ⟨*Jahre*⟩ 6歳以上の子供. ◆ ~ *sein*《話》(遠く)離れている; (ボタンなどが)取れている; 疲れている. *und zu* / ~ *und an* 時折; ときどき. *von et³* ~ …から: *von heute* ⟨*hier*⟩ ~ きょうから⟨ここ⟩から.

ab..《分離動詞の前つづり》「出発, 除去, 奪取, 遮断, 完了, 下降」の意: *ab*|*reisen* 旅立つ / *ab*|*steigen* 下車する.

Abakus 男《-/-》《建》(円柱の)頂板.

abändern 動《…の一部を)変更する, 手直し⟨修正⟩する; (生物が)変異する.

Abänderung 女《-/-en》(一部の)変更, 修正.《生》変異.

abarbeiten 動《借金・罪などを)働いて償う; (仕事などを)片づける; (人をくたくたになるまで)働かせる: 使い古す;《*sich*》あくせく働く, 働き疲れる.

Abart 女《-/-en》変種.

abartig《形》《特に…の》(性的の)変態の.

Abb.《略》 *Abbildung* 挿絵, 図解.

Abbau 男《-[e]s/》 (足場などの)解体, (価格の引き下げ, (人員の)削減, (規模の)縮小, (段階的)廃止; 衰え;《化》分解;《鉱》採掘.

abbauen ❶ 動 (分解・解体する; (人員などを)削減する; (価格などを)引き⟨切り⟩下げる; (段階的に…を)撤廃⟨廃止する⟩;《*sich*》徐々になくなる⟨取り除かれる⟩;《化》分解する;《鉱》採掘する. ❷ 動 へたばる; (体力的に)衰える.

ab|beißen* 動 かみ切る. ◆ *einen ~*《北部》一杯ひっかける. **beizen** 動 (汚れなどを)薬品で洗い落とす; (皮革を)なめす. **bekommen*** 動 (分け前として)もらう, 得る;《話》(損害・批判などを)受ける.

ab|berufen* 動 (人を)召還⟨解任⟩する. ◆ *aus dem Leben ~ werden*《雅》神に召される, 逝去する.

Abberufung 女《-/-en》召還, 解任.

abbestellen 動 (…の)予約⟨注文⟩を取り消す, キャンセルする; (人を)断る.

Abbestellung 女《-/-en》取り消し, キャンセル.

ab|betteln 動《話》《*j³ et⁴*》(人にねだって…を)手に入れる. **bezahlen** 動 (借金を)分割払いで返済する; (…の代金を)分割払いする.

ab|biegen* [アップビーゲン] (*bog ab; abgebogen*) (人・車・道)が曲がる; 動 (折り曲げる);《話》 巧みにそらす⟨阻む⟩.

Abbild 中《-[e]s/-er》模写; 肖像; 生き写し; 像,描写. **abbilden** 動 模写する; (人)の肖像画を描く.

Abbildung [アップビルドゥング] 女《-/-en》挿絵, 図版, イラスト (《略》 Abb.); 模写, 描写.

ab|binden* 動 ほどく;《医》縛って止血する; (スープなどに)とろみを付ける; 動 (モルタル・セメントなどが)固まる.

Abbitte 女《-/-n》(正式の)謝罪. ◆ ~ *leisten* ⟨*tun*⟩《…³に》謝罪する.

ab|blasen* 動 (ほこり・泡を吹き払う;《話》(計画などを)中止する. **blättern** 動 (s) (表皮・塗料などが)はがれ落ちる. **blenden** 動 (光源を)覆い隠す, 暗くする;《(ヘッドライトを)ロービームにする;《写》レンズを絞る.

Abblendlicht 中 (ヘッドライトの)減光した光, ロービーム.

ab|blitzen 動 (s) 《*bei j³*》《*mit et³*》《話》(人に願いなどを)拒絶される; ふられる. **blocken** 動 (攻撃をブロックする. **brausen** ❶ 動 (…に)シャワーをかける. ❷ 動《話》(爆音と共に)猛スピードで走り去る.

abbrechen* [アップブレッヒェン] 《*brach ab; abgebrochen*》 ❶ 動 *break off*〉 動 (枝)を折る, 折り取る. 折れる; 取り壊す; 撤去する. ❷ 動 (話・仕事などを)急にやめる, 中断⟨中止する⟩; (s) (物事が)中断する, 中断・連絡が途切れる, 途絶える; (交渉などを)打ち切る, (関係を)

abbremsen

断つ: Das *bricht* nicht *ab*. これはまだま
だ続く。◆ **Brich dir keinen 〈keine
Verzierung〉 ab!** 《話》気取るな〈上品ぶる
な〉。◆ **einen ~** 《話》《*sich*¹》やたらとがんば
る; きこちなく振る舞う; 気取る。
ab|bremsen 他 (車に)ブレーキをかけ
る。**ab|brennen*** 他 焼き払う。(s) 《ラテン》
日焼けさせる(花火を打上げる)焼失
ちる, 全焼する, 燃え尽きる。**ab|bringen***
他 《*j*⁴ **von** *et*³》(人に…を)思いとどまらせ
る。《話》(付着物を)取り除く(装着物を)
外す; (船を)離礁させる。**ab|bröckeln**
(s) 《**von** *et*³》(…から)ぼろぼろとはがれ落
ちる; 商(株・通貨などの)相場が徐々に下
がる: Das tut der Liebe keinen ~. それは
全然構いません。**auf|~ heiraten** 《戯》(人
と)遺産目当ての結婚をする。

Abbruch 陽 《-[e]s/..brüche》取り壊
し; 解体; 撤去; 廃材, スクラップ; 山崩れ
(の斜面); 中止, 中断; (関係などの)断絶;
損害。◆ **tun** 《*et*³》(…に)損害を与える
: Das tut der Liebe keinen ~. それは
全然構いません。**auf|~ heiraten** 《戯》(人
と)遺産目当ての結婚をする。

ab|brühen 他 (下ごしらえで)熱湯にくぐ
らす, 湯通しをする。**ab|brummen** 他
《話》《刑期》を刑務所で暮らす。

ab|buchen 他 《*et*⁴ **von** *et*³》《料金など
を口座から》引き落とす。商(眼鏡から)消
す。**Abbuchung** 囡 引き落とし《金額》。

ab|bürsten 他 《*j*⁵/*j*³》(人に / 人の
服に)ブラシをかける; ブラシで払い落とす。
büßen 他 (罪を)償う, あがなう; (刑に)
服する。

Abc 中 《-/-》アルファベット; 初歩, 入門。
ab|checken [アップチェッケン] 他 チェッ
クする。

Abc-Schütze 陽 小学1年生; 初学者。
ABC-Waffen 複 ABC 兵器 《< **a**tomare, **b**iologische und **c**hemische *Waffen* 核・生物・化学兵器》。

ab|dämmen 他 せき止める; はばむ, 抑
える; (…の周囲に)堤防を築く。**ab|dampfen** (s) 出発(出帆)する; 《話》旅立つ。

ab|danken 他 (王が)退位する; (官吏・大
臣が)退職(辞任)する。**Abdankung** 囡
《-/-en》退位, 辞任; 解任。

ab|decken 他 (保護のために)覆う; (覆
いを)外す, 剥ぐ; 《*et*⁴》(胸を)守る; (負債を)
返済する, (損失を)カバーする; (需要を)満
たす; (食後のテーブルを)片付ける。
▶**dichten** 他 密閉する, しっかりふさぐ。
▶**drängen** 他 押しのける。

ab|drehen [アップドレーエン] 他 (栓・スイ
ッチなどを)ひねって締める《止める》《den
Wasserhahn 〈das Wasser〉~ 水道の栓
を締める》; ねじ取る; (顔・頭をそらす, そむ
ける; 《*sich*¹》横を向く; (飛行機・船が)針路を変える。

Abdruck 陽 ❶ 《-[e]s/-e》印刷, 復
刻, 複製; 印刷物。❷ 《-[e]s/..drücke》
(指紋などの)押し跡, 刻印。

ab|drucken 他 (新聞・雑誌などに)
掲載する。

ab|drücken ❶ 他 《*j*³ *et*⁴》(人の…を)
押えるのにて止める, 圧迫する《*j*³ die Luft
~ 人を呼吸できなくさせる》; (銃の引き金を
引く; (鍵などの)押し型を取る。❷ 他
《*sich*¹》跡がつく;《話》こっそり逃げ出す,
ずらかる; 《*sich*⁴ **von** *et*³》(…から)離れる。
◆ *das Herz* ~ 《*j*³》(人に)胸のふさがる思

いをさせる。
abds. 略 **abends**.
ab|dunkeln 他 (光・色を)暗くする。
▶**duschen** 他 (人に)シャワーをかける;
《*sich*》シャワーを浴びる。▶**ebben**
(s) 潮(水)が引く; (騒ぎが)収まる, 静まる;
(関心が)薄れる。

Abel 固 アベル(Adam の第二子; 兄 Kain に殺された)。

..abel 尾「…可能な」の意。
abend 副 (…の)晩に。⇨ Abend ◆
Abend [アーベント] 陽 《-s/-e》(日 evening)晩, 夕方, 夜; 夕べの集まり; 《雅》西。
◆ **am ~** 夕方に。**den ganzen ~** 一晩じゅう。**der Heilige ~** クリスマスイブ, 聖夜。
ein bunter ~ 多彩な夕べの催し。**eines
~s** ある晩。**Es ist noch nicht aller Tage ~.** まだすべてが決まった訳ではない, ま
だ希望はある。**gegen ~** 夕刻に。**gestern 〈heute, morgen〉 ~** 《副詞的》昨晩
〈今晩, 明晩〉。**Guten ~!** こんばんは! **Ich
kann mich am ~ besuchen.** 《話》(人な
んか)くそくらえだ。**zu ~ essen** 夕食をと
る。

Abend-anzug 陽 (男性の)夜会服, タ
キシード。**-blatt** 中 夕刊(紙)。**-brot**
中 (軽い)夕食。**-dämmerung** 囡 夕
暮れ, 日暮れ, たそがれ。

Abend-essen [アーベントエッセン] 中
《-s/-》夕食, 夕飯。**-kasse** 囡 (劇場などの)当日券取り扱い所。**-kleid** 中 (女性の)
夜会服, イブニングドレス。**-kurs** 陽 (成
人用)夜間講座(講習会)。**-land** 中 西
洋; 西欧。**-länder** 陽 西洋人。
abendländisch 形 西洋(西欧)の。
abendlich 形 晩(夕方)の; 毎晩の。
Abend-mahl 中 《話》《宗教》最後の晩餐
(ばん); 《宗教》聖餐(さん)式; 《カト》聖体拝領。
◆ *Darauf will ich das ~ nehmen*. それ
は誓って確かだ。**-rot** 中 夕焼け。

abends [アーベンツ] 副 晩(夜)に, 夕方
(夜分)に。

Abend-schule 囡 夜間学校, 夜学。
-sonne 囡 夕日。**-stern** 陽 宵の明星
(金星)。**-zeitung** 囡 夕刊新聞。

Abenteuer [アーベントイアー] 中 《-s/-》
(英 adventure) 冒険; 恋の冒険, アバンチ
ュール; 冒険譚。**Abenteuerin** 囡 《-/-nen》
Abenteurer の女性形。**abenteuerlich** 形 冒険の; 冒険的な, スリルに満ち
た; 向こう見ずな。**Abenteuerlust**
囡 冒険好き; 冒険心。**abenteuerlustig** 形
冒険好きの。**Abenteuerroman**
陽 冒険小説。**Abenteurer** 陽 《-s/-》
◆ **-in**, ..teuerin 囡 冒険家, 冒険好きの人。

aber [アーバー] ❶ 接 《並列》《英 but》し
かし, ところが; ただし《話を進めて》さて,
ところで: ~ *trotzdem* それでもなお | Es
ist ~ so! だってそうなんだもの。❷ 副
《強調・非難》もちろん, ほんとに, …で[し]と
も; まったく, もう一度; また一度; また > alles 〜 alles 何から
何まで | Das ist ~ schade! それはいか
にも残念だ | Millionen und ~ Millionen
何百万もの人。 ◆ **Aber, ~!** おやま
あ。**Aber bitte** 《germ》! どうぞどうぞ《もち
ろんです》。**Aber immer!** 《話》ええ, そ
りゃもちろん。**Aber ja!** そうですとも, い
いですとも。**Aber natürlich! / Aber sicher!** もちろんですとも。**Aber nein!** とんで

Abgang

もない. **～ und abermals** 幾度も. **Aber**
⊕(-s/-) 異議, 難癖, 苦情; 難点. **✦ oh-
ne Wenn und ～** すんなりと.
Áberglaube [アーバグラオベ] 图
(-ns/-) 迷信. **abergläubisch** 厖
信深い; 迷信に基づく.
áberhundert (數詞) 何百もの.
Áberhunderte 图 何百もの人(物).
áberkennen* (他) (*j³ et⁴*) (人の権利な
どを)否認する, 剥奪する. **Áberken-
nung** 图(-/-en) (権利の)剥奪.
áber-malig 图 再度の. **-mals** 副再
び, また再びと.
ábertausend (數詞) 何千もの.
Ábertausende 图 何千もの人(物).
Áberwitz 图(-es/-) [雅] ばかげたこと,
狂気のさた. **áberwitzig** 图 ばかげた.
ábessen* (他) (*et⁴* [*von et³*]) (…を[…
から])(はがしく・むしって・もいで)食べる;
(料理を)平らげる, (皿の)料理を残さず食
べる.
Abf. 略 Abfahrt; Abfertigung.
ábfahren* [アップファーレン] (fuhr ab;
abgefahren) (自) (s) (乗り物で)運び出す
(h, s); (乗り物で)視察(旅行)して回る; [*j³
et⁴*] (乗り物の一部分を)切断する; (タイ
ヤを)摩耗する. ❷ (s) (乗り物・人が
乗り物で)出発する, 発(た)つ. (他) (ある)
[**auf j-et***] [話] (…に)熱狂する, 熱を上げ
る.
Ábfahrt [アップファールト] 图(-/-en)
(乗り物での)出発, 発車, 出航; 発車
(出航)時刻 (略 Abf.); [スポ] 滑降; 滑降コース;
(高速道路の)出口. **-s-lauf** 图 [スポ] ダ
ウンヒル, 滑降競技. **-s-zeit** 图 出発時
間, 発車(出航)時刻.
Ábfall [アップファル] 图(-[e]s/..fälle) く
ず, ごみ, 生ごみ, 廃棄物 (radioaktiver
～ 放射性廃棄物); 離反; (地形の)傾斜; 減
少, 低下, 衰退. **-beseitigung** 图 ごみ
処理. **-eimer** 图 ごみバケツ.
ábfallen* [アップファレン] (fiel ab; ab-
gefallen) (自) (s) (物が)落ちる; 低下する;
(地形が)傾斜する; [話] [*für j-en*] (利益
として[人の])手に入る; [*von j-en*] (人か
ら)離反する; [*gegen j-en*] [*gegenüber*
neben] *j-et³*] (…に比べて)見劣りする.
Ábfall-gesetz 图 廃棄物法.
ábfällig 图 (言辞が)否定的な, 軽蔑(ぶ)
的な.
Ábfall-pródukt 图 再生品. **-tonne**
图 ごみバケツ. **-verbrennung** 图 ごみ
焼却. **-verbrennungsanlage** 图
ごみ焼却場. **-verwertung** 图 廃物の
再生利用(リサイクル).
ábfangen* (他) 空中でつかまえる; (敵
を)迎撃する, 食い止める; [スポ] (人を追い
抜く); 飛行機などを)制御する; (車・飛行機などを)制御する; (ショッ
クを)緩和する.
Ábfang-jäger 图 迎撃戦闘機. **-ra-
kete** 图 迎撃ミサイル.
ábfärben (自) [*auf j-et***] (…に)色が移
る; [話] 影響する.
ábfassen (他) (文書などを)作成(起草)す
る. **ábfassung** 图(-/-en) (文書の)作成,
起草, 作成された文書.
ábfaulen (自) 腐って落ちる.
ábfeiern ✦ *Überstunden ～* (超過

勤務時間の)代休を取る.
ábfeilen (他) やすりで磨く(削り取る).
ábfertigen (他) (…の)出発(発送)手続き
をする; (旅行者などの)出発に応じる;
[話] (人に)そっけなく接する.
Abfertigung 图(-/-en) (窓口での)応
待, 搭乗手続; 発送(準備).
ábfeuern (他) (銃などを)発射する; (弾丸
を)発射する.
ábfinden* (他) [*j⁴ mit et³*] (人と…で)
示談に持ち込む [*sich⁴ mit j-en³*] (…で)
我慢する, (…に)甘んじる.
Abfindung 图(-/-en) 妥協, 和解, 示
談(金). **-s-geld**, **-s-summe**
图 補償(賠償)金, 示談(和解)金.
ábflachen (他) 平らにする, (s)平らにな
る; (集中力・関心が)薄れる.
ábflauen (自) (s)(風などが徐々に)弱まる,
なぐ; (活気・情熱が)衰える, 薄らぐ; (価格・
相場が)下がる; (商いが)不振になる.
ábfliegen* [アップフリーゲン] (flog ab;
abgeflogen) (自) (s) (飛行機が)飛び立つ,
離陸する; (飛行機で)出発する; (他) (ある地
域を)飛行機で捜索飛行する.
ábfließen* (自) (s)流れ出る, はける;
(金・資本が)流出する.
Ábflug [アップフルーク] 图(-[e]s/..flü-
ge) (飛行機の)出発, 離陸.
Ábfluss (⊕ ..fluß) 图(..flusses/..flüs-
se) 流出, 排出; 水はけ; 排水口, 排水路
(管). **-graben** 图 排水溝. **-rohr**
图 排水管.
Ábfolge 图(-/-n) 連続; 順序, 順番. **✦**
in rascher ～ 矢継ぎ早に.
ábfordern (他) [*j³ et⁴*] (人に…を)要求
する.
ábfragen (他) [*j⁴⁽³⁾ et⁴*] (人に…の)知
識をテストする; (他) 応答を求める, 検索
する; (データを)ポーリングする.
ábfressen* (他) [*et⁴ von et³*] (動物が
…を…から)食いちぎる, 食い尽くす.
ábfrieren* (自) (s) (植物が)霜枯れる,
(体の一部が)凍傷にかかる [*sich³ et⁴*]
[話] (人が体の一部を)凍傷にかかる. **✦**
einen ～ [話] [*sich⁴*] 凍えそうなほど寒い
思いをする.
Ábfuhr 图(-/-en) (商品・荷物などの)
搬出, 運び出し; [話] 拒絶; [スポ] 惨敗. **✦**
eine ～ erteilen [*j³*] (人に)ひじ鉄を食ら
わす. *eine ～ holen* [*sich³*] ひじ鉄を食う,
大敗する.
ábführen ❶ (他) [*j⁴*] 連れ去る; (犯人な
どを)連行する; [*et⁴ an j⁴*] (…を人に)支
払う. ❷ (自) 便通を促す.
Abführ-mittel 图 下剤.
ábfüllen (他) (小さめの容器に…を)詰め
(移し)替える; [話] 酔わせる.
Abg. 略 Abgeordnete 国会議員.
Ábgabe [アップガーベ] 图(-/-n) ❶
(商品・荷物などの)引き渡し; 提出; 販売,
交付; (見解・判決などの)表明. ❷ 税金,
(通常) 為替手形. ❸ [スポ] (ボールの)バス;
(セットポイントを)失うこと.
ábgaben-frei 图 免税の, 非課税の.
-pflichtig 图 納税, 課税対象となる.
Ábgang 图(-[e]s/..gänge) 退社, 退
去; (舞台からの)退場; (学校の)卒業; (列車
の)発車, 出航; (道(階段の)下り; (体内
からの)排出; 流産; [体操] フィニッシュ;

Abgangsprüfung

《商》売れ行き；《貨物取り扱い中の》目減り；《汽》欠損《額》. ◆ einen guten 〈glänzenden〉 ~ verschaffen 〈sich〉好円場を残してとる. guten 〈reißenden〉 ~ finden 〈haben〉《商品が》飛ぶように売れる. in ~ kommen 〈geraten〉すたれる、なくなる. keinen ~ finden《話》立ち去れずにいる. ~s=prüfung 囡《学校の》卒業試験. ~s=zeugnis 囲 卒業証明書.

Abgas [アプガース] 囲《-es/-e》排気ガス. **~grenzwert** 囲 排気ガス許容濃度値.

ABGB 略 *Allgemeines Bürgerliches Gesetzbuch*（オーストリアの）民法典.

abgearbeitet (← abarbeiten) 形《働きつかれて》くたびれた.

abgeben* [アプゲーベン] 《gab ab; abgegeben》 ❶ 他 渡す，引き渡す；提出する；預ける；返却する：《j³ et³》《人に…を》分け与える；《et⁴ j³《an j³》》《人に…を》分け与える，売り渡す，分け与える；発砲する；《熱などを》放出する；《見解・判断などを》示す；《舞台で…の》役を演じる；《人を物》の役目〈役割〉を果たす；(人を)…にする；《口》《ボールを》パスする；《セット・ポイントを》失う. ❷ 再《sich⁴ mit j³》《話》…とかかわり合う；交際する. ❸ 自《話》最終ゲームの札《カード》を配る. ◆ eins ~《j³》《人に》一発食らわす；《人を》しかり飛ばす. **Es gibt [noch] was ab.**《言うことを聞かないと》《後で》痛い目に遭うぞ [まだ] ひと雨くるぞ.

ab=gebrannt (← abbrennen) 形 焼け出された；《話》一文無しの. **gebrochen** ⇒ abbrechen. **gebrüht** (← abbrühen) 形《話》厚顔無恥の. **gedroschen** 形《話》陳腐な，ありふれた. **gefahren** ⇒ abfahren. **gefallen** ⇒ abfallen.

abgefeimt 老獪(ろうかい)な，海千山千の. **ab=gegangen** ⇒ abgehen. **gegeben** ⇒ abgeben.

abgegriffen (← abgreifen) 形《使い古して》くたびれた；《言い古された》陳腐な，月並みな.

ab=gehackt (← abhacken) 形《話し方が》とぎれとぎれの；《動作などが》ぎこちない.

ab=gehalten ⇒ abhalten. **=gehangen, =gehängt** ⇒ abhängen.

abgehen* [アプゲーエン]《ging ab; abgegangen》 自 (s) ❶《aus von et³》《学校・職場などを》去る，離れる；退学〈退職〉する；《習慣・見解などを》捨てる；《道が》分岐する；《ボタンなどが》取れる；《結石などが》体内から排出される；《特定の量が…から》差し引かれる，割引《値引》される；目減りする. ❷《j³》《人に》欠けている，不足している；《事の》具合に》運ぶ，進む.

abgehoben ⇒ abheben. **abgeholt** ⇒ abholen.

ab=gekämpft 疲れきった，疲労困憊(こんぱい)の. **=geklärt** (← abklären) 形 円熟した，思慮深い. **=gelaufen** ⇒ ablaufen.

ab=gelegen (← abliegen) 形 へんぴの，交通の便の悪い. **=gelegt** ⇒ ablegen. **=gelehnt** ⇒ ablehnen.

abgelten* 他 補償《弁償》する，《借金を

どを》弁済する.

ab=gemacht (← abmachen) 形 話のついた. ◆ **Abgemacht!** それで決まった：OK だ，そうしよう. **=gemeldet** ⇒ abmelden.

abgeneigt 《j-et³》《…が》嫌いな，《…に》気乗りのしない. ◆ **~ sein**《j-et³》《…に》気に入らない，《…に》乗り気でない. **nicht ~ sein**《+ zu 不定副句》《…する》気がある，《…》したがっている.

abgenommen ⇒ abnehmen.

abgenutzt (← abnutzen) 形 使い古された《込まれた》.

Abgeordneten=haus 囲 議会；議事堂.

Abgeordnete[r] [アプゲオルドネテ(ァ)] 囲囡《形容詞変化》(国会の)議員，代議士(略 Abg.); (会議などに派遣された)代表.

abgerechnet ⇒ abrechnen.

abgerissen (← abreißen) 形《話が》脈絡のない；《服が》みすぼらしい.

abgesagt ⇒ absagen.

Abgesandte[r] 囲囡《形容詞変化》《雅》使者，使節.

abgeschabt (← abschaben) 形《服などが》擦り切れた，ぼろぼろの.

abgeschaltet ⇒ abschalten.

abgeschieden (← abscheiden) 形《雅》人里離れた，《外界から》隔絶した，隠遁(いんとん)の.

abgeschlagen (← abschlagen) 形 打ち負かされた，完敗した；くたくたに疲れた.

abgeschlossen [アプゲシュロッセン] (← abschließen) 形《外界から》孤立した；《アパートの部屋などが》独立式の.

abgeschmackt 形 趣味のよくない；おかしくもない.

abgeschnitten ⇒ abschneiden. **abgeschrieben** ⇒ abschreiben. **abgesehen** (← absehen) 形《von et³》《…を除いて，《…に》別とすれば，

abgespannt (← abspannen) 形 ぐったりと疲れた.

abgestanden (← abstehen) 形《空気や水が》よどんだ，濁った.

abgestiegen ⇒ absteigen.

abgestumpft (← abstumpfen) 形 鈍い；鈍感な.

abgetakelt (← abtakeln) 形《蔑》落ちぶれた；老いぼれた.

abgetragen (← abtragen) 形《使い古して》ぼろぼろの，《着古して》すり切れた，履き古した.

abgetreten ⇒ abtreten.

abgewechselt ⇒ abwechseln.

abgewinnen* 他《j³ et⁴》《人から…を》巻き上げる，勝ち《だまし》とる；《j-et³》《に》《苦心して・努力して人から…を》引き出す；《…に》長所・価値などを認める.

ab=gewöhnen 他《j³》《人の悪癖・悪習》をやめさせる.

abgezehrt 形 やつれ果てた，憔悴し切った.

abgezogen ⇒ abziehen.

abgießen* 他《ゆで汁を》捨てる；《野菜の水を》切る；《液状の液体を》入れて捨てる；《ブロンズ・石こうなどで…の》型をとる.

Abglanz 囲《-es/-》反映，反照；なごり.

ab|gleiten* 自 (s)滑って落ちる; わきに滑っていく, わきにそれる.

Abgott 男 (-[e]s/..götter) (女 **..göttin**)偶像; 偶像視される人, アイドル, 寵児(ちょう).

abgöttisch 偶像崇拝の; 偶像崇拝的な. ◆ ~ **lieben** (人を)溺愛(だき)する, 猫かわいがりする.

ab|graben* 他 (水を)水路を掘ってわきへそらす; (土砂の山などを)掘り崩す, 運び去る. ◆ **das Wasser ~** (j³)(人を)破滅に追い込む.

ab|grämen, **sich**⁴ ~ **um** j⁴](人のことで)悲しみ(心労)にやつれる, 憔悴(けっす)する.

ab|grasen 他 (家畜が)草を食い尽くす; (学問領域などを)研究し尽くす; 《話》しらみつぶしに探し回る.

ab|grenzen 他 (…に)境界を設ける, (…を区切る; 区別する; **sich**⁴ **von** et⁴] と)一線を画する; (…に)限界を設ける.

Abgrenzung 女 (-/-en) 境界づけ, 範囲設定; 境界[線].

Abgrund [アプグルント] 男 (-[e]s/..gründe) 深淵(む); 底知れぬ深い谷間; 奈落の底; 埋めがたいギャップ.

abgründig 《雅》底知れない; 測り知れない, とても深い.

ab|gucken 他 《話》[j³ et⁴] (人から…を見て覚える(習う)); [et⁴] **bei** ⟨**von**⟩ j³] (…を人から)カンニングする.

Ab-guss (~ **-guss** ; **-güsse** /..güsse) 鋳造物, 鋳物(%); (石こう・ろうの)製作物.

Abh. = Abhandlung 論文.

ab|haben* 他 《話》ふつう不定詞で》分け前としてもらう; (帽子を)かぶっていない, (眼鏡を)外している.

ab|hacken 他 (おのなどで…を)たたき切る, 切り落とす.

ab|haken 他 (…に)チェックのばつ印をつける; (嫌な体験などを)すぐに忘れる.

ab|halten* [アプハルテン] 他 **hielt ab; abgehalten** [j⁴ **von** et³] (人が…するのを)引き止める; じゃまをする; 押しとどめる; (会議・式典・選挙などを)催す, 開催する, 行う.

Abhaltung 女 (-/-en) (集会などの)開催; (選挙などの)実施; 支障, 差し障り.

ab|handeln 他 (テーマ・問題などを)論じる, 論述する; [j³ et⁴](人から…を)値切る.

ab|handen 副 ◆ ~ **kommen** [j³](人の物が)紛失する, なくなる.

Abhandlung [アプハンドルング] 女 (-/-en) 論文 (略 Abh.).

Abhang [アプハング] 男 (-[e]s/..hänge) (山や丘の)斜面.

ab|hängen* [アプヘンゲン] 自 ⓘ **hing ab; abgehangen** ❶ depend (on) [**von** j-et³] (…に)依存する, 頼る; …次第である, (…に)よる: **Das hängt von den Umständen ab.** それは状況いかんによる. ❷ 《haben と ab; abgehängt》 (銅線・絵などを)外す; (連結車両を切り離す; 《話》(追跡者・相手などを)振り切る, 引き離す.

abhängig [アプヘンギヒ] 《…に》依存した, **von** j-et³] (…次第の; 従属的な: **ein ~er Satz**

《文法》従属文.

..abhängig 「…に依存している, …に左右される」の意.

Abhängigkeit 女 (-/-en) 依存, 従属; 従属的立場.

ab|härten 他 鍛える, (…に)抵抗力をつけさせる; **sich**⁴ **gegen** et⁴] (…に対して)体を鍛える.

ab|hauen 《*》❶ 他 〖hieb 《話: haute》ab; abgehauen〗(おのなどで)切り落とす; 〖haute ab; abgehauen〗カンニングする. ❷ 自 ⓘ 〖haute ab; abgehauen〗《話》逃げる, 姿を消す, 消え失せる.

ab|häuten 他 (動物の)皮をはぐ.

ab|heben* 他 **hob ab; abgehoben** ❶ (持ち上げて)外す, (受話器を)取る; (銀行などからお金を)引き出す, 下ろす. ❷ **sich**⁴ **von** et³] **gegen** et⁴] (…から〈…に対して〉際立っている. ❸ 自 (飛行機などが)離陸する; 《話》(人が)有頂天になる.

Abhebung 女 (お金の)引き出し.

ab|heften 他 (書類などを)ファイルにとじる.

ab|heilen 自 (s)(傷などが)治る.

ab|helfen* 他 (困難・弊害を)手立てを講じて取り除く.

ab|hetzen 他 ◆ **sich**⁴ ~ へとへとになるほど急ぐ, (多忙で)疲労困憊(はた)する.

Abhilfe 女 (-/) (困難・弊害などの)是正, 除去.

ab|hobeln 他 (…に)かんなをかけ[て滑らかにす]る; かんなで削り取る.

abhold 形 ◆ ~ **sein** 《雅》[j-et³] (…に)反感〈敵意〉を抱いている; (…が)嫌いである.

ab|holen 他 《アプホーレン》〖holte ab; abgeholt〗《受け取りに行く, [受け取って来る; (人を)迎えに行く, 出迎える, 〈迎えに行って〉…を連れて来る; 《話》(逮捕して)連行する.

ab|holzen 他 (森・木などを)伐採する.

Abhöraffäre 女 盗聴事件.

ab|horchen 他 (医)聴診する; 盗聴する.

ab|hören 他 [j⁴(³)] [j⁴](人に)…について)試問する; 盗聴する; (放送・電話などを)盗聴する; (録音などを)試聴する.

Abhörgerät 中 盗聴器.

Abi 中 (-s/-s) 《学生》= Abitur.

Abitur [アビトゥーア] 中 (-s/-e) アビトゥーア(Gymnasium 卒業試験兼大学入学資格試験) (略 Abi).

Abiturient 男 (-en/-en) (女 -**in**) Abitur の受験〈合格〉者.

ab|jagen 他 〖j³ et⁴〗 (追いかけて人から…を)奪う; **sich**⁴ **et³**] 疲れ果てる.

Abk. = Abkürzung 略館.

ab|kämmen 他 櫛(で)ですきとる; 〖et⁴ **nach** j-et³〗 (場所で…を求めて)くまなく捜す. ├**kanzeln** 他 (人を)きびしくこき下ろす. ├**kapseln** 他 《sich⁴》カプセル(殻)に閉じこもる. ├**kauen** 他 (つめ・鉛筆などを)かじる, かみちぎる. ├**kaufen** 他 〖j³ et⁴] (…を)買い取る; 《話》(人の…を)真に受ける.

Abkehr 女 (-/) **von** et³] (…からの)離反, 転向.

ab|kehren 他 (わきへ)そむける, そらす; **sich**⁴ **von** j-et³] (…に)背を向ける; 掃き

取る; [自] (s) 《**von** *et*^{3}》 (…から)離反する, 転向する. ⊧**klappern** [他] 《話》(地域・家などを)訪ねて回る. ⊧**klären** [他] (問題を)解決する; (事柄を)明らかにする.

Ạbklatsch [男] 《-[e]s/-e》 (大した価値のない)模倣品, イミテーション.

ạb⊧klemmen [他] 挟んで留める. ⊧**klingen*** [自] (s) 《雅》(音が)次第に弱まる〈消える〉; (症状が)治まる, 和らぐ.

ạb|klopfen ❶ [他] (汚れなどを)たたいて落とす, (…の)ほこり〈汚れ〉を払う; たたいて具合を調べる, (人・胸部などを)打診する; 《*et*^{4} **auf** *et*^{4} [hin]》 (…の…を)検討〈調査〉する; 《話》(町・家などを)訪ねて回る. ❷ [自] (指揮者が)指揮棒で譜面台をたたいて演奏を中止させる.

ạb|knallen [他] 《俗》(平然と)射殺する.

ạb|knapsen [他] 《話》《*j*^{3} *et*^{4}》 (人から…を)取り上げる, 巻き上げる.

ạb|knicken [他] ぽきっと折り取る; 折り曲げる; [自] (s)折れ[曲が]る, (道が左〈右〉に)折れる.

ạb|knöpfen [他] (ボタンを外して…を)取る, 取り外す; 《話》《*j*^{3} *et*^{4}》 (人から…を)せしめる, 巻き上げる.

ạb|kochen [他] (消毒のために水・器具などを)煮沸する; (薬草を)煎じる; 《話》(人を)打ちのめす; (人から金(かね)を)絞り取る; (ボクシングで体重を)減量する.

ạb|kommandieren [他] (特定の任務遂行のために)配属〈派遣〉する; (あることを人に命じて)させる.

Ạbkomme [男] 《-n/-n》 《雅》 子孫, 末裔(まつえい).

ạb|kommen* [自] (s) 《**von** *et*^{3}》 (…から)それる, 外れる; (テーマなどから)逸脱する; (計画・見解などに)見切りをつける; (…を)あきらめる.

Ạbkommen [アップコメン] [中] 《-s/-》 ([英] agreement)(国家間の)取り決め, 協定. ✦ ***ein ~ schließen*** 〈***treffen***〉 《**mit** *j*^{3}》 (人と)協定を結ぶ.

ạbkömmlich [形] (仕事などから)抜け出せる, 手を離せる.

Ạbkömmling [男] 《-s/-e》 子孫, 末裔(まつえい).

ạb|koppeln [他] (車両などを)切り離す; (つながれた犬・馬などを)紐から放す.

ạb|kratzen [他] ひっかいて取る, こそぎ取る; (…の)汚れをかき落とす; こすり取る; [自] (s) 《俗》 死ぬ, くたばる.

ạb|kriegen [他] 《話》= abbekommen.

ạb|kühlen [他] 冷やす, 冷ます; (興奮などを)鎮める; [自] (s) [再] 《*sich*^{4}》 冷える, 冷める; (興奮などが)鎮まる; 《*sich*^{4}》 (体のほてりを鎮めて)さわやかな気分になる.

Ạbkühlung [女] 《-/-en》 冷却; 気温の低下.

Ạbkunft [女] 《-/..künfte》 血筋, 家系, 系統; 素性; 由来.

ạb|kuppeln [他] (連結してある車両などを)切り離す.

ạb|kürzen [他] 短くする, 短縮する; 早目に切り上げる; (語を)略す, 略語で表す.

Ạbkürzung [アップキュルツング] [女] 《-/-en》 短縮, 省略; 短縮形, 略語([略] Abk.); 近道. **~s⸗zeichen** [中] 省略記号.

ạb|küssen [他] 何度も激しくキスをする.

Abl. [略] *Ablativ*.

ạb|laden* [他] (積み荷を)下ろす; (…の)積み荷を下ろす; 《*et*^{4} **auf** *j*^{4}》 (仕事・責任などを人に)押しつける; 《*et*^{4} [**bei** *j*^{3}]》 (悩みなどを[人に]話して)うさを晴らす.

Ạblader [男] 荷主; 船会社.

Ạblage [女] 《-/-n》 (手紙や書類の)保管[場所]; 保管書類; (衣類用)クローゼット.

ạb|lagern [動] (流れが土砂などを)沈積〈堆積〉させる; 《*sich*^{4}》 沈積〈沈殿〉する; (ワイン・肉などを)貯蔵する; (s, h)(貯蔵の結果)熟成する.

Ạb⸗lass ([旧]⸗**laß**) [男] 《..lasses/..lässe》 〖カトリック〗 免償, 贖宥(しょくゆう); 〖商〗 値引き, 割引. ✦ ***ohne ~*** 絶え間なく.

ạb|lassen* [他] 《*et*^{4} [**aus** *et*^{3}]》 (液体・気体を[…から])抜く; (…の)液体〈気体〉を抜く; 〖商〗 値引きする, まける; (人に怒りや憎悪を)ぶちまける; [自] 《**von** *et*^{3}》 (…を)思いとどまる, やめる.

Ạblativ [男] 《-s/-e》 〖文法〗 奪格, 4格.

Ablation [女] 《-/-en》 (ロケット・ミサイルの頭部の)融除, 溶発, アブレーション.

Ạblauf [男] 《-[e]s/..läufe》 (物事の)進行, 経過; (期限・期日の)満了, 終了; (水などの)流出; 排水管〈溝〉.

ạb|laufen* [アップラオフェン] 《**lief ab; abgelaufen**》 ❶ [自] (s)(水が)流れ去る, 流れ落ちる, はける; (潮が)引く; (糸・テープ・フィルムなどが)[終わりまで]繰り出される; (物事が)進行する, 行われる; (契約・証明書などの期間・期限が)過ぎ去る. ❷ [他] (歩いて靴などを)すり減らす; (s, h)(調査・探求のために場所・道のりを)歩き回る. ✦ ***~ lassen*** 《話》(人を)すげなくあしらう, (人の)願いをはねつける. ***die Beine nach et***^{3} ***~*** 《*sich*^{3}》 足を棒にして…を探し回る.

ạb|lauschen [他] 《雅》《*j*^{3} *et*^{4}》 (人から…を)聞き出す, 知る.

Ạblaut [男] 《-[e]s/-e》 〖言〗 アプラウト, 母音交替.

ạb⊧leben [自] (s) 《雅》 逝去(せいきょ)する. ⊧**lecken** [他] なめて取り去る; 《*et*^{4}》 なめてきれいにする; なめ回す.

ạb|legen [アップレーゲン] 《legte ab; abgelegt》 ❶ [他] (衣服などを)脱ぐ; (悪習などを)やめる, 改める; (特定の場所へ)置く, かたづける; (宣誓・自白などを)する. ❷ [自] 〖海〗(船が)出航する.

Ạbleger [男] 《-s/-》 〖園芸〗 取り木処理をした若枝, 挿し穂; 支店, 支社.

ạb|lehnen [アップレーネン] 《lehnte ab; abgelehnt》 [他] (申し出・招待・贈り物などを)断る, 拒む, 辞退する; (依頼・要求などを)拒否〈拒絶〉する, 退ける; 《*j*^{4}》 (人の申請・訴えを)却下する; 認めない, 受け入れない.

Ạblehnung [女] 《-/-en》 拒否, 拒絶, 辞退, 断ること; 却下.

ạb|leisten [他] (任務・義務などを)勤めあげる, 果たす.

ạb|leiten [他] 別の方向へ導く, わきに転じる; 《*et*^{4} **aus** 〈**von**〉 *et*^{3}》 (…を…から)導き出す, 推論する, 演繹する; 〖文法〗 (…を…から)派生させる; 《*sich*^{4} **aus** 〈**von**〉 *et*^{3}》 (…に)由来する.

Ạbleitung [女] 《-/-en》 他方に導く〈転じる〉こと; 排水, 排煙; 演繹; 〖文法〗 (語の)派生, 派生語.

Abort

ablenken 他 他の方向へ向ける，（…の）進行方向を変える；《注意などを》そらす，はぐらかす；《 j⁴》《人の》注意をそらす，気を紛らす．
Ablenkung 女 《-/-en》転換，転向；〖物〗《光の》屈折；気晴らし．
~s-manöver 中 〖軍〗陽動作戦．
ablesen* 他 《原稿などを》読み上げる，朗読みする；《計器の目盛りを読み，《計器での》数値を読み取る；《et⁴ von et³》…を…から読み取る，察知する；《et⁴ aus et³》…から推察する．
ableugnen 他 《行為・責任などを》きっぱり否定〈否認〉する，白を切る．
ablichten 他 コピー〈写真複写〉する；写真を撮る．**Ablichtung** 女 《-/-en》コピー，写真複写；写真撮影．
abliefern 他 《j³《an j⁴》et⁴》《人に》…を届ける，配達する，引き渡す；《話》《et⁴ bei j³》《人を人に》送り届ける，引き渡す．
Ablieferung 女 《-/-en》配達，送り届け，引き渡し．**~s-frist** 女 〖商〗引き渡し期限．
ablochen 他 〖計〗パンチカードにとる．
ablocken 他 《j³ et⁴》《人から…を》巧みにうまく聞き出す．
ablöschen 他 《黒板などを》ふき取る，消す；〖料〗《et⁴ mit et³》《料理したものにワインなどを》加える．
ablösen 他 《et⁴ von et³》《…から》《そっと》はがす，《sich⁴ von et³》…からはがれる；《人と仕事などを》交代する；《債務などを》完済する．
Ablösung 女 《-/-en》はがすこと，剥離（⸺）；交代，入れ替わり；交代要員；弁済．
ABM 中 Arbeitsbeschaffungsmaßnahme 雇用促進政策《措置》．
abmachen [アップマッヘン]《machte ab; abgemacht》他 《et⁴ von et³》《…から》取り去る，取り外す；《et⁴ mit j³》《…と》取り決める，申し合わせる；《問題・用件などを》片づける，処理する．
Abmachung [アップマッフング] 女 《-/-en》取り決め，協定．◆ **eine ~ über et⁴ treffen** 《mit j³》《人と…について》協定を結ぶ．
abmagern 自 (s) やせる；やせ細る，げっそりする．
Abmagerungskur 女 ダイエット療法．◆ **eine ~ machen** ダイエットする．
abmalen 他 写生する，《忠実に》描く；《sich⁴》《驚きなどが》現われる，浮かぶ．
Abmarsch 男 《-[e]s》行進〈行軍〉し立ち去ること．
abmarschieren 自 (s) 隊列を組んで出発する；(s, h) 《地域を》パトロールする．
abmelden [アップメルデン]《meldete ab; abgemeldet》他 《人の》転出〈退居・退会〉を届け出る；《車・電話などの》契約〈登録〉を取り消す．◆ **abgemeldet sein**《話》《bei j³》《人に》愛想を尽かされている．
Abmeldung 女 《-/-en》退会〈退学・転居・転出〉届；使用中止届．
abmessen* 他 《距離・程度などを》測る，測定する；見積もる；《et⁴ von et³》《…から》測って測り分ける．
Abmessung 女 《-/-en》測定；寸法，サイズ．

abmontieren 他 《et⁴ von et³》《部品・パーツを》《…から》取り外す．
abmühen 他 《sich⁴》《mit j-et³》《…のことで》苦労する，骨を折る．
abmurksen 他 《話》殺す．
abmustern 他 《船員を》解雇する．
abnagen 他 かじる，かじり取る．
abnähen 他 〈アップ・タックを〉おる．
Abnäher 男 《-s/-》〖服〗ダーツ，タック．
Abnahme 女 《-/-en》除去，切断；減少，衰退，低下；買い取り；売れ行き；引き取り，受け入れ；《建築物・機械などの》検査，点検；閉氏．◆ 《reißende》~ **finden** 《飛ぶように》売れる．
~schein 男 《品物の》受取証．
abnehmen* [アップネーメン]《nahm ab; abgenommen》❶ 他 《take off》《et⁴ von et³》《…から》取る，外す；《 j³ et⁴》《人から…を》取り上げる；《人の身体の一部を》切断する；《人から荷物などを》引き受ける；《人の責任・重い任務などを》引き受ける；《人から…を受け取る；《 j³ et⁴》《人から》買い取る；《話》《人の言うことを》信じる；《家屋・機械などの状態を》検査する《試験をする》；《et⁴》《目数・編み目を減らす．❷ 自 《decrease》《数量が》減る；《力・強度・速度などが》減る，減少する；《雨が》小降りになる；《月が》欠ける；減量する，体重が減る，やせる．**Abnehmen** 中 《-s/》減少，減量．
Abnehmer 男 《-s/- -in》買い手，引き取り人．
Abneigung [アップナイグング] 女 《-/-en》嫌悪，反感．
abnorm 規範を逸脱した，変則的な，異常な；病的な；並外れている，格外れの．
abnormal 《⸻》= abnorm.
Abnormität 女 《-/-en》変則，異常；奇形《児》．
abnötigen 《雅》《 j³ et⁴》《人に…を》強いる，余儀なくさせる．
abnutzen, abnützen 他 使い〈着〉古す，擦り減らす；《sich⁴》磨滅〈損耗〉する，傷む．**Abnutzung, Abnützung** 女 《-/-en》磨滅，損耗．
A-Bombe 女 原子爆弾 (< Atombombe).
Abonnement [アボヌマン] 中 《-s/-s》《新聞・雑誌などの》予約購読；《劇場などの席の》定期券；《乗物の》定期券：eine Zeitung im ~ beziehen 新聞を予約購読する．**~[s]~karte** 女 《定期公演などの》会員券．**~[s]~konzert** 中 《予約会員用の》定期演奏会．
Abonnent 男 《-en/-en》《新聞・雑誌などの》予約購読者；《定期公演などの》予約会員．
abonnieren 他 《新聞・雑誌などを》予約購読する；《定期公演などの会員券を》購入する．◆ **abonniert sein**《auf et⁴》《…の》予約購読《購入》している，《…の》定期会員である．
abordnen 他 《任務を与えて人を…へ》派遣する．
Abordnung 女 《-/-en》派遣；《集合》派遣代表，派遣団．
Abort 男 ❶ 《-[e]s》流産；中絶；《ミサイル・宇宙ロケットなどの》発射中止．❷ 《-[e]s/-e》便所．

A

ab|packen [他] 小分けして包装する.
ab|passen [他] (時機の)到来を待つ; (人を)待ち受ける; (服の寸法を)合わせる.
ab|perlen [自] (s) 滴となって落ちる.
ab|pfeifen* [他] (試合の)中断〈終了〉を笛〈ホイッスル〉で告げる.
Abpfiff [男] 《-[e]s/-e》 試合中断〈終了〉の笛〈ホイッスル〉.
ab|pflücken [他] (花を)摘み取る, 摘む.
ab|plagen [再] 《*sich*^{4} **mit** *j-et*^{3}》 …のことで苦労する, 骨を折る. **|platzen** [自] (s)(ボタンなどが)はじけて飛ぶ; (塗料・しっくいなどが)〔亀裂が走って〕落剝(らく)する. **|prallen** [自] (s) 《**an** 〈**von**〉 *j-et*^{3}》 (…に当たって)はね返る; はね返される. **|putzen** [他] 《j^3 *et*^{4}》 (人の…を)きれいにする, ふき取る; 《*et*^{4} **von** *j-et*^{3}》 (…を…から)ふき取る, ぬぐい落とす. **|quälen** [再] 《*sich*^{4} **mit** *j-et*^{3}》 (…のことで)苦労する; 《*sich*^{3} *et*^{4}》 無理して作り出す. **|qualifizieren** [他] けなす, こき下ろす. **|quetschen** [他] 《j^3 *et*^{4}》 (人から…を) 押しつぶしてちぎり取る. **|rackern** [再] 《*sich*^{4}》 《話》 あくせく〈苦労して〉働く.
Abraham 《男名》 アーブラハム; 〖聖〗 アブラハム(イスラエル人の祖). ♦ ***wie in ～s Schoß*** しっかり庇護されて, 安全に, 安楽に; 大事にされて.
Abrakadabra [中] 《-s/》 アブラカダブラ(魔よけの呪文(じゅ)); ちんぷんかんぷん.
ab|rasieren [他] (髪・ひげなどを)剃り落とす; 《話》 (爆弾・嵐などが)跡形もなく破壊する.
ab|raten* [自] 《j^3 **von** *et*^{3}》 (人に…を)思いとどまるように助言する.
ab|räumen [他] (食器・食卓などを)片づける; 後片づけをする.
ab|reagieren [他] (うっ積した感情などを)発散させる; 《*sich*^{4} **an** *j-et*^{3}》 (…に対して)うっぷんを晴らす.
ab|rechnen [アップレヒネン] 《rechnete ab; abgerechnet》[他] 《*et*^{4} 〔**von** *et*^{3}〕》 (…を〔…から〕)差し引く; [自] 決算する, 差し引く; 《**mit** j^3》 (人と)片をつける, (人の)責任を問い詰める.
Abrechnung [女] 《-/-en》 差し引き, 控除; 〖商〗 決算, 決済; 手形交換; 決着をつけること, 報復. ♦ **～ *halten*** 《**mit** j^3》 (人と)決着をつける. ***in ～ bringen*** (…を)差し引く. ***in ～ kommen*** 差し引かれる. **～s=stelle** [女] 〖商〗 手形交換所.
Abrede [女] ♦ ***in ～ stellen*** (…を)否認する.
ab|reiben* [他] (さび・よごれなどを)こすり落とす; こすって〈磨いて〉きれいにする; 《*sich*^{4}》 体をふく, 体をマッサージする.
Abreibung [女] 《-/-en》 (皮膚の)摩擦; 《話》 殴打, 打擲(ちょう).
Abreise [アップライゼ] [女] 《-/》 旅立ち, 出発.
ab|reisen [アップライゼン] 《reiste ab; abgereist》[自] (s)([英] depart)旅に出る, 旅立つ; (旅先から)帰途に就く.
Abreißblock [男] メモ用紙.
ab|reißen* ❶ [他] (紙を)はぎ取る; (建造物を)取り壊す; 《話》 (衣服を)ぼろぼろに着古す. ❷ [自] (s)(突然)切れる, 途切れる, 途絶える. ♦ ***nicht ～*** 途切れない, あとを絶たない.
ab|reiten [自] (s)馬に乗って立ち去る; [他] (s, h)(ある地区を)馬に乗って巡視する; (馬を)走らせて疲れさせる.
ab|richten [他] (動物などを)調教する, 仕込む.
Abrieb [男] 《-[e]s/-e》 摩損, 摩耗; (摩擦で欠けた)砕片. **abriebfest** [形] (タイヤ・歯車などが)摩擦に強い, 摩耗しない.
ab|riegeln [他] (…に)かんぬきを掛ける; 封鎖〈遮断〉する.
ab|ringen* [他] 《j^3 *et*^{4}》 (人から…を苦労して)手に入れる, ものにする.
Abriss ([旧] ..riß) [男] 《..risses/..risse》 (建造物の)取り壊し; 概要, 概説.
ab|rollen [他] (巻いてあるものを)繰り出す, ほどく, 広げる; (s)(巻いてあるものが)繰り出される; 繰り広げられる; 《*sich*^{4}》 体を丸める, こごめる.
ab|rücken [他] (家具などを)ずらす; [自] (s) 《**von** *j-et*^{3}》 (…からちょっと)離れる, (…との関係に)距離をおく.
Abruf [男] 《-[e]s/》 呼び出し; 召還; (商品の)引き渡し請求; (預金の)引き出し; (注文の)取り消し; 〖コンピ〗 (データの)呼び出し.
ab|rufen* [他] 〖コンピ〗 (データを)呼び出す, 取り出す; 引き出す; (商品の)納入〈引き渡し〉を請求する.
ab|runden [他] (…の)角を取る, (…に)丸みをつける; (地所の形を)整える; (数値・金額などの)端数を切り捨てる; 完全にする; (手を加えて…を)完璧(かん)なものにする; 《*sich*^{4}》 完全〈完璧〉なものになる.
ab|rupfen [他] (葉などを)摘み〈むしり〉取る.
abrupt [形] だしぬけの, 唐突な; 脈絡〈意味連関〉のない.
ab|rüsten [他] (軍備を)削減〈撤廃〉する.
Abrüstung [女] 《-/》 軍備縮小〈撤廃〉.
ab|rutschen [自] (s)(支えを失って)下へ滑る, 滑り落ちる; 横滑りする; (車などが)横滑り〈サイドスリップ〉する; (成績・能力などが)落ちる, 低下する.
Abs. [略] *Abs*atz (文章の)段落; *Abs*ender 発送〈発信〉人.
ABS [略] *A*nti*b*lockier*s*ystem アンチロックブレーキシステム.
ab|säbeln [他] 《話》 = ab|schneiden.
ab|sacken [自] (s) 《話》 (地面が)陥没する; (飛行機が)急降下する; (船が)沈没する; (血圧・成績・能力などが)下がる, 低下する.
Absage [アップザーゲ] [女] 《-/-n》 拒絶, 拒否; 断りの返事.
ab|sagen [アップザーゲン] 《sagte ab; abgesagt》[他] ([英] cancel)(会議・催しなどを)取りやめる, 中止する; (訪問・参加などを)取り消す; [自] 《j^3》 (人に)断る, 中止〈取り止め〉を伝える.
ab|sägen [他] のこぎりで切り落とす; 《話》 《j^4》 お払い箱にする, 首にする.
ab|sahnen [他] まんまとせしめる.
Absalom 〖聖〗 アブサロム(David の第3子).
Absatz [アップザッツ] [男] 《-es/..sätze》 (文章の)段落, 節; (文章などの)区切り, 改行; (条文などの)項([略] Abs.); (靴の)かかと; (商品の)売れ行き, 販売数〔量〕, 販売〈売上〉高; (階段などの)踊り場. ♦ ***auf dem ～ kehrt|machen*** 《話》 きびすを返す;

その場で引き返す．**absatzfähig** 形 《商品が》売れ行きのよい．**Absatzgebiet** 中 販路．
absaufen* 自 (s) 《船が》沈没する;《話》溺死する;エンジンがかからない．
absaugen(*) 他 吸い出す，吸い取る;《…の》汚れを吸い取る．
abschaben 他 削って《削り》取る;《…の被膜・こげなどを》掻き《削り》取ってきれいにする．
abschaffen 他 《法律や制度を》廃止《撤廃》する;《話》《手(費用)のかかるものを》手放す．**Abschaffung** 女 (/-/-en) 廃止，撤廃，廃棄，処分．
abschälen 他 《皮・殻などを》むく，はぐ;《…の》殻をむく，皮をはぐ．
ab|schalten [アップシャルテン](schaltete ab; abgeschaltet) ❶ 他 switch off)《…の》スイッチを切る:スイッチをひねって止める《消す》;遮断する．❷ 自 《話》《聴衆などが》興味をなくす，集中力が失せる;(休暇などで)息抜きをする．
abschätzen 他 見積もる，予測する;見積もる，査定する;判断《評価》する．
abschätzig 形 軽蔑(な)の．
abscheiden* ❶ 他 / *sich*⁴ 離す，離れる;分離する;分離《析出》する;分泌(タヒ)する．❷ 自 《雅》息を引き取る．
Abscheu 男 (-[e]s/), 女 (-/) 嫌悪感，反感．
abscheuern 他 汚れなどをこすって取り除く;《…の》汚れをこすって落とすで磨く;《服などを》すり切らす，《皮膚などを》すりむく．
abscheulich ❶ 不快な(に)，嫌悪を催させる，嫌な;忌まわしい(く)，破廉恥な，卑劣な．❷ 副 《話》ひどく．
ab|schicken 他 (郵便を)送る，発送する．
ab|schieben* 他 (*et*⁴ / *von et*³)(…を《…から》)わきへ押しやる; (*et*⁴ [*auf j*¹])(いやな仕事などを[人に])押しつける;(責任などを[人に])転嫁する;(人を国外に)追放する．他 (s)《話》立ち去る．
Abschied [アップシート] 男 (-[e]s/-[e]) 別れ，別離;《雅》(公務員などの)解任，免職．◆ *seinen* ~ *einreichen* 辞表を出す．*seinen* ~ *erhalten* 解任される．~ *nehmen* [*von j-et*³](…に)別れを告げる．*seinen* ~ *nehmen* 辞任する．*den* ~ *erteilen* [*j*³] (人を)解任する．*zum* ~ お別れに．~s-*feier* 女 送別会，歓送会．~s-*geschenk* 中 せん別．
ab|schießen* 他 (弾丸などを)発射する，(矢を)放つ;(ロケットなどを)打ち上げる;(動物・人を)射止める，撃つ;撃墜《爆破》する;(人を)失脚させる;(*et*³ *et*⁴)(砲弾で手足を)失わせる．◆ *zum Abschießen sein*《話》見るも堪えがたい《腹立たしい》，鼻もちならない．
ab|schinden(*) 他 (*sich*⁴ *et*³)《話》大いに骨を折る，さんざん苦労する．**abschirmen**《*j-et*⁴ *gegen et*⁴ *vor et*³》(…から)守る，保護する;(明かりや騒音などを)遮る．**ab|schlachten** 他 (動物・人間を)殺戮(誌)する．
Abschlag 男 (-[e]s/..schläge)(分割払いの)初回金，頭金;割引《値引き》;《商》値下がり，値下げ;《ユヒ》ゴールキック;《ユヒ》プリー;《ブヒ》ティー．
ab|schlagen* ❶ 他 たたき落とす，切り落とす;(樹木を)伐採する;《ユ³》(人の…を)はねつける．❷ 自 (*sich*⁴) 結露する．◆ [*den Ball*] ~《ユヒ》(キーパーが)ボールをキックする;《ユヒ》プリーボーする;《ブヒ》ティーショットする．*sein Wasser* ~《話》放尿する．
abschlägig 形 拒絶の．◆ ~ *bescheiden* [*j*⁴ < *j*³ *et*⁴] (人に《…の》)断りの返事をする．
Abschlagszahlung 女 分割払い．
ab|schleifen* 他 (角・かどを)研磨して落とす;研削する;*sich*⁴ すり減る;角が取れて円満になる．
Abschleppdienst 男 レッカーサービス[業]．
ab|schleppen 他 (車両・船舶などを)牽引(災)して運び去る;(畝)(を)むりやり連れて行く;*sich*⁴ *mit* ⟨*an*⟩ *et*³ (…)を引きずる．
Abschleppwagen 男 レッカー車．
ab|schließen* [アップシュリーセン]《*schloss ab*, 他 *schloß ab*; *abgeschlossen*》❶ 他 (lock up)(…に)鍵(。)をかける，閉める，閉ざす;終える，締めくくる;《*et*⁴ [*mit j*³]》(契約・協定などを[人と])結ぶ;締結する;(…を外界・世間から)隔離する，遮断する，密閉する;*sich*⁴ *von j*³ ⟨*gegen j*¹⟩ (人と)交渉を断つ，(人に)心を閉ざす．❷ 自 《*mit et*³》(…で)終わる;《商》収支などを決算する．
abschließend 形 締めくくりの，最後の．
Abschluss《他 ..*schluß*》[アップシュルス] 男 (..*schlusses*/..*schlüsse*) 終了，完了，卒業;試験;契約・条約などの締結;《商》決算;取引《売買》成立，締結．◆ *einen* ~ *haben* 終わる，卒業する．*zum* ~ *- machen* 終わらせる;締めくくりとして．*zum* ~ *bringen* 《…を》終える，完了させる．*zum* ~ *kommen* 終わる，完了する．*zum* ~ *kommen* 《*mit j*³》(人と)商談が整う．~-*bilanz* 女 締め結算《本》決算．~-*prüfung* 女 卒業試験．~-*examen* 中 卒業(修了)試験;(年度末決算の)会計監査．~-*zeugnis* 中 卒業《修了》証明書．
ab|schmecken 他 味見をする，(スパイスなどで…の)味を調える．
ab|schmieren ❶ 他 (機械・部品などに)油をさす，グリースを塗る．❷ 自 (s)(飛行機が)墜落する．
ab|schminken 他 (*sich*⁴)(顔の)化粧を落とす;《*sich*³ *et*⁴》《話》《…を》断念する，あきらめる．◆ *Das kannst du dir* ~!《話》そんなこと気にするな．
Abschn. 略 = *Abschnitt* 章，節，段落．
ab|schnallen 他 (の留め金・ベルトなどを)外す;《ユヒ》シートベルトを外す．◆ *Da schnallst du ab!*《話》そんなこと信じられない．
ab|schneiden* [アップシュナイデン]《*schnitt ab*; *abgeschnitten*》❶ 他 切り取る，切り抜き，切断する;(髪・つめなどを)切る，刈る;《*j-et*⁴ *von et*³》(…から)遮断する，孤立させる;《*j*³》(人の…を)遮る;(…に)近道をする．❷ 自 近道である;《*bei et*³》(試験・競技などで…の)成績を収める;(道が)近道である．◆ *den Weg* ~

abschnellen 自 《sein》(はずみをつけて)飛び上がる。

Abschnitt [アプシュニット] 男 《-[e]s/-e》(文章の)段落、パラグラフ、節；(法令の)章、(条文の)節《略 Abschn.》；部分；区域、地区；区間；(一時間；(切符の)半券、(用紙の)切り取り部分。

ab|schnüren 他 (縛って血・息などを止める；(血管・体の一部を)縛って血行を止める；封鎖〔遮断〕する。

ab|schöpfen 他 (表面に浮かんだ泡・油などを)すくい取る；(利潤などを)抜き取る。

Abschöpfung 女 《-/-en》すくい取ること；[経]輸入課徴金(特に EU 非加盟国からの製品に対する)輸入関税。

ab|schrägen 他 斜めにする、(…に)勾配(こうばい)をつける。**ab|schrauben** 他 (ねじなどを)ねじって外す、(栓を)ひねって開ける；(ねじをゆるめて)外す。

ab|schrecken 他 (脅して)ひるませる、思いとどまらせる；(熱した…を)冷却する；(料理)(ゆでた食品などに)冷水をかける。

abschreckend 形 威嚇的な、おどしの；ぞっとするほどひどい。

Abschreckung 女 《-/-en》威嚇、脅し。**~s|mittel** 中 威嚇手段。

ab|schreiben* [アプシュライベン] 《schrieb ab; abgeschrieben》他 《et⁴ von 《aus》et³》(…を…から)書き写す；《[et¹] 《von j³》》((…と)〔人から〕)剽窃(ひょうせつ)する、カンニングする；[商](回収可能の)金額などを消す、償却する；(機械設備などを)減価償却する；(注文などを)取り消す；《話》ないものとあきらめる、(…に)見切りをつける。自 ((…に)〔人〕断り状を出す。

Abschreibung 女 《-/-en》筆写；剽窃(ひょうせつ)；[商]減価償却、帳消し、控除。**~s|satz** 男 減価償却率。

ab|schreiten* 他 (h, s) (…を)巡察する；(距離を)歩測する。

Abschrift 女 《-/-en》コピー；謄本。

abschriftlich 形 写しの、コピーの。

ab|schuften 《sich》《話》あくせく働く。**ab|schürfen** 他 《sich³ et⁴》(…を)擦りむく。

Abschuss (⑪ ..schuß) 男 《..schusses/..schüsse》(弾丸・鉱砲などの)発射〔撃墜〕〔数〕；(狩猟による)捕獲数。**~|basis** 女 《-/..basen》(ミサイルの)発射基地。

abschüssig 形 勾配(こうばい)の急な、急斜面の。

ab|schütteln 他 振って(揺さぶって)落とす；(不安なもの振り払う；(話)(追跡者・尾行などを)振り切る、まく。

ab|schwächen 他 弱める、和らげる。《sich》弱まる、和らぐ。

ab|schwatzen 他 《話》《j³ et⁴》(人から…を)言葉巧みに巻き上げる。

ab|schweifen 自 (s) 《von et³》(…から)それる、逸脱する。

ab|schwellen* 自 (s) (腫れ・ふくらみなどが)引く、しぼむ；(騒音などが)弱まる。

ab|schwenken 自 (s) 方向を変える。

ab|schwindeln 他 《話》(人から…を)だまし取る。

ab|schwirren 自 (s) 《話》立ち去る。

ab|schwören* 他 《j-et³》(…と)縁を切ることを誓う。

absehbar 形 見通しの立つ、予測可能の。

ab|sehen* [アプゼーエン] 《sah ab; abgesehen》他 ❶ (結果などを)見通す、予測する。❷ 他 《von et³》(…を)眼にとどまる、見合わせる；(…を)除外する。◆ **es auf j-et ~ 《abgesehen haben》**(…が)ねらいである；(…を)手に入れようとする；(人に)いやがらせをする。

ab|seifen 他 せっけんで洗う。

ab|seilen 他 ザイル〈ロープ〉で下ろす；《sich》(絶壁などを)ザイルを使って降りる；《sich》姿をくらます、ずらかる。

ab|sein* 自 **◆**

abseits ❶ 副 《2格支配》…から離れて、…から遠ざかって。❷ 副 離れて；[球技]オフサイドである。**Abseits** 中 《-/-》[球技]オフサイド。**~|falle** 女 [球技]オフサイドトラップ。**~|tor** 中 [球技]オフサイドで無効になったゴール。

ab|senden*) 他 (郵便物などを)発送する；(使いの者などを)派遣する。

Absender [アプゼンダー] 男 《-s/-》(⑪ sender)差出人、発信人(略 Abs.)；差出人〈会社〉の住所氏名。

ab|senken 他 沈下〔低下〕させる；《sich》沈下する；(土地などが)陥没する。

ab|servieren 他 《話》(人を)首にする；追いはらう、解任する。

ab|setzen [アプゼッツェン] 《setzte ab; abgesetzt》他 ❶ 《⑪ take off》(着用していたものを)取り外す、(帽子を)取る、(めがねを)はずす；(使っていたものを一時的に)離す(das Glas [vom Mund] ~ グラスを口から離す)。❷ 《⑪ put down》(重い物などを)下に置く、下ろす；(人を(場所で))降ろす(Du kannst mich hier 〈am Bahnhof〉~。ここ〈駅で降ろしてくれ)；沈殿〈沈積〉する。❸ (人を)罷免〈解任〉する；《et¹ 《von et³》》(項目などを〔…から〕)削除する、取りやめる(die Tabletten ~ 薬の服用をしばらく止める)。❹ 《et¹ 《von et³》》(特定の額を(税金などから))差し引く、控除する；[商](大量に)売りさばく。❺ 《et⁴ gegen et¹ 《von et³》》(…を…に対して〔…から〕)際立たせる；《sich⁴ gegen et⁴ 《von et³》》(…から)際立つ、目立つ；《sich⁴ von et³》(自分が…と見解が異なることを)示す；《sich⁴》《話》逃亡する。◆ **Es setzt etwas ab.**《話》ひどいことが起こる；ひどい目にあう。

ab|sichern 他 (危険な箇所の)安全を守る〈確保する〉；(予防策を講じて…)守る；《sich⁴ [gegen et⁴]》(…から)身を守る。

Absicht [アプズィヒト] 女 《-/-en》(⑪ intention)意図、もくろみ、意向、考え。**◆ die ~ haben** 《+ zu 不定詞句》…するつもりである。**[ernste] ~ haben** 《話》《auf j⁴》(人と)本気で〈結婚しようと思っている。**in der ~** 《+ zu 不定詞句》…するつもりで。**in guter ~** 善意で。**mit ~** 意図的に；故意に。**mit der ~ tragen** 《+ zu 不定詞句》…するつもりである。**ohne ~** 何気なく。

absichtlich 形 (⑪ intentional)意図的の、故意の、わざとの。

absichtslos 形 意図の〈故意〉でない。

ab|singen* [他] 終わりまで歌う. ♦ 〔*vom Blatt*〕～ (…を)初見で歌う.

ab|sinken* [自] 沈む, 沈下する; 下降する, 低下する; 堕落する.

ab|sitzen* [自] (s) ⟪**von** *et*³⟫ (馬・自転車から)降りる; [他] (一定の時間を)何もせず座って過ごす.

absolut [アプゾルート] [形] ([英] absolute) 絶対の, 絶対的な, 無制約の; ⟪話⟫ 絶対の, まったくの : ～e Monarchie 絶対〈専制〉君主制.

Absolution [女] ⟪-/-en⟫ 〔ｶﾄﾘｯｸ〕罪の許し, (罪からの)赦免.

Absolutismus [男] ⟪-/⟫ 絶対主義; (特に17–18世紀ヨーロッパの)絶対王制〈君主制〉.

Absolvent [男] ⟪-en/-en⟫ 卒業生, (課程の)修了者; 卒業〈修了〉予定者.

absolvieren [他] (学校を)卒業する, (課程を)修了する; (試験に)合格する; (課題を)終える, (ノルマを)果たす.

absonderlich ❶ [形] 奇妙な〈に〉. ❷ [副] 特に.

ab|sondern [他] 引き離す, (患者などを)隔離する; ⟪*sich*⁴ **von** *j*³⟫ (人から)離れる, (人との)つきあい〈関係〉を避ける; ⟪*et*⁴ 〈*sich*⁴〉⟫ (体液などを〈が〉)分泌する〈される〉.

Absonderung [女] ⟪-/-en⟫ 分離, 隔離; 孤立; 分泌; 〔生〕分泌物.

absorbieren [他] ([英] absorb)吸収する; (気力・注意力などを)奪う, (…の気力・注意力などを)奪う.

ab|spalten⁽*⁾ [他] 割る, 裂く; ⟪*sich*⁴ 〔**von** *et*³〕⟫〔…から〕分離〈分裂〉する.

ab|spannen [他] (馬・牛などを)車から外す.

Abspannung [女] ⟪-/-〔en〕⟫ (緊張のあとの)疲労.

ab|sparen [再] ⟪*sich*³ *et*⁴⟫ (…を)買うために節約する; 金を倹約してためる.

ab|speichern [他] 〔ｺﾝﾋﾟｭｰﾀ〕(データを)保存する, セーブする.

ab|speisen [他] (人に)食事を与える; ⟪話⟫ (空約束や小金で…を)やっかい払いする.

abspenstig [形] 離反した.

ab|sperren [他] 封鎖する, 遮断する, 閉ざす; ⟪南部・ｵｰｽﾄﾘｱ⟫ (部屋などに)鍵をかける.

Absperrung [女] ⟪-/-en⟫ 封鎖, 遮断; 隔離; バリケード, (警察の)非常線.

ab|spielen [他] ❶ (レコードなどを)〔終わりまで〕かける; ⟪*et*⁴ **an** *j*⁴⟫ (ボールを人に)パスする. ❷ ⟪*sich*⁴⟫ (できごとが)起こる, 行われる. ♦ *Da* 〈*Hier*〉 *spielt sich nichts ab!* ⟪話⟫ それはまったく論外だ.

ab|splittern [自] (s)剥離(ﾊｸﾘ)〈剝落〉する.

Absprache [女] ⟪-/-n⟫ 申し合わせ, 取り決め.

ab|sprechen* [他] ❶ ⟪*et*⁴ **mit** *j*³⟫ (…を人と)取り決める; ⟪*sich*⁴ **mit** *j*³⟫ (人と)申し合わせる. ❷ ⟪*j*³ *et*⁴⟫ (人の特権などを)否認する. **～d** [形] 否定的な.

ab|spreizen [他] (手足を大きく)広げる, 伸ばす.

ab|springen* [自] (s)(踏切り台・飛び込み板などから)跳躍〈ジャンプ〉する, 踏み切る; (乗り物から)飛び降りる; (塗料などが)剝落(ﾊｸﾗｸ)する; ⟪話⟫ ⟪**von** *et*³⟫ (…を)取りやめる, (…から)抜ける, 離れる.

ab|spritzen [他] (…に)水をかけて洗う; [自] (s) ⟪**von** *et*³⟫ (ほとばしる水が…に当たって)飛び散る.

Absprung [男] 跳躍; (ジャンプの)踏み切り; 飛び降り.

ab|spulen [他] (糸・ロープ・フィルムなどを)巻き枠〈リール〉から繰り出す; (話などを)同じ調子で繰り返してする.

ab|spülen [他] (汚れなどを)洗い落とす; (食器などを)すすぎ洗いする.

ab|stammen [自] (s) ⟪**von** *j*³⟫ (人の)子孫である; ⟪**von** *et*³⟫ (…に)由来する.

Abstammung [女] ⟪-/-en⟫ 血筋, 家系; 血統; 起源, 由来. **～s=lehre** [女] 〔生〕進化論.

Abstand [アップシュタント] [男] ⟪-〔e〕s/..stände⟫ ([英] distance)(2点間の)距離, 時間, 間隔, 隔たり; (心理的な)距離; 補償〈賠償〉金. ♦ *auf* ～ *gehen* 取り消す〈やめる〉. *mit* ～ 飛び抜けて, はるかに. *von et*³ ～ *nehmen* ⟪雅⟫ …を断念する.

ab|statten [他] する, 行う.

ab|stauben [他] (…の)ほこりを払う; ⟪話⟫ くすねる. ♦ *ein Tor* ～ (幸運なシュートで)ゴールを決める.

ab|stechen* [他] (家畜の首を)刺して殺す; (人を)刺し殺す; ⟪*sich*⁴ **von** *j-et*³⟫ (…と)際だった対照をなす.

Abstecher [男] ⟪-s/-⟫ (旅の途中での)寄り道, 道草.

ab|stecken [他] (くいなどで…の)区画〈境界〉を定める; (物事を)明確にする; (仮縫いで…に)ピンを打つ.

ab|stehen* [自] ⟪**von** *et*³⟫ (…から)突き出ている; (耳が)出っ張っている; (髪の毛が)立っている; 立ったまま過ごす.

ab|steigen* [アップシュタイゲン] ⟪**stieg ab; abgestiegen**⟫[自] (s)([英] get off)(馬・乗り物から)降りる; (山を)下りる; (道などが)下りになる; 〔ｽﾎﾟｰﾂ〕下位のクラス〈リーグ〉に転落する; ⟪**in** *et*³⟫ (ホテルなどに)宿泊する. ♦ *gesellschaftlich* ～ 社会的地位が下がる, 落ちぶれる. **absteigend** [形] 下りになる, 下り坂の.

Absteigequartier [中] 旅館, 宿泊所; 連れ込み宿.

Absteiger [男] ⟪-s/-⟫ 〔ｽﾎﾟｰﾂ〕(下位リーグへの)転落チーム.

ab|stellen [他] 下へ〈わきへ〉置く; しまっておく; (車を)停めておく; (スイッチを切って…を)止める; (弊害・悪習などを)取り除く, 廃止する; ⟪*et*⁴ **auf** *et*⁴⟫ (…を…に)合わせる; (…の)任務に当たらせる.

Abstell=gleis 〔鉄道〕留置〈待避〉線. ♦ *auf das* 〈*aufs, auf ein*〉 ～ *schieben* (…の)影響力をそぐ; (人を)左遷する, のけ者にする. **=kammer** [女], **=raum** [男] 物置部屋, 納戸.

ab|stempeln [他] (…に)スタンプを押す; ⟪*j*⁴ **als** *et*⁴ 〈**zu** *et*³〉⟫ (人に…の)烙印(らくいん)を押す.

ab|sterben* [自] (s)(植物が)枯死する; (細胞・組織が)壊死(えし)する; (手足などが)麻痺する; ⟪話⟫ (エンジンが)止まる.

Abstieg [男] ⟪-〔e〕s/-e⟫ ([英] descent)下降; 下山; 下り坂; 下落, 没落; 衰退; 〔ｽﾎﾟｰﾂ〕(下位リーグへの)転落.

ab|stimmen [アップシュティメン]

Abstimmkreis 18

《stimmte ab; abgestimmt》❶ ⊕ 投票する;《über et⁴》(…について)票決〈採決〉する. ❷ ⊕ 調整をする;《et⁴ auf et⁴》(…を…に合わせる;《et⁴ mit j³ / sich⁴ über et⁴ mit j³》(…について人と意見を調整する);《帳簿などを合わせて》検査〈監査〉する.

Abstimmkreis 男 同調回路.

Abstimmung 女 《-/-en》投票; 採決; 調整; (楽器などの)調律, 調弦; (受信機の)チューニング.

abstinent 形 禁欲的な; 禁酒の.

Abstinenz 女 《-/》禁欲; 禁酒.

Abstinenzler 男 《-s/-》禁欲家; 禁酒主義者.

abstoppen ⊕ (機械などを)止める; (生産などを)中止する; (…の)タイムをストップウォッチで計る; ⊕ 止まる, 停止する.

Abstoß 男 《-es/..stöße》突き離し; 跳躍; 〔蹴〕ゴールキック.

abstoßen* ⊕ ❶ (倉庫から)運び出す, 突きのけて〈商品などを安く・急いで〉処分する; 突いて〈ぶつけて〉破損する; (…に)反感を起こさせる. ❷ ⊕《sich⁴ von et³》(力強いストローク〈蹴り〉で〔…から〕)スタートする. **~d** 形 反感を起こさせる.

abstottern ⊕ 〔話〕(…の代金を)分割で支払う; (毎回…ずつ)分割で支払う.

abstrahieren ⊕ 抽象〔化〕する;《von et³》(…を)無視する.

abstrahlen ⊕ (光・熱などを)放射する.

Abstrahlung 女 《-/-en》放射.

abstrakt [アブストラクト] 形 《⊕ abstract》抽象的な; 概念的な.

abstreichen* ⊕ 《et⁴ von et³》(…から)ぬぐい去る, こすり落とす; ぬぐってきれいにする;《et⁴ von et³》(…から)差し引く.

abstreiten* ⊕ 否認〈否定〉する;《j³ et⁴》(人の…を)認めない.

Abstrich 男 《-[e]s/-e》経費などの削減; [医] 粘膜や〈組織〉採取, 検査組織片; (文字の)下向きの線; [楽] 下げ弓.

abstrus 形 (ごちゃごちゃして)分かりにくい, 混乱した.

abstufen ⊕ 階段状にする; (…に)格差〈等級〉をつける; (色調などに)濃淡のグラデーションをつける; 〔俗〕(人の)給与ランクを下げる, (人を)降格する.

Abstufung 女 《-/-en》段階づけ; 濃淡をつけること; グラデーション; ニュアンス; 段階, 段差; (俸給の)等級.

abstumpfen ⊕ (尖った部分を)鈍らせる; (感覚などを)鈍らせる, (人を)無感動〈無関心〉にする; ⊕ 《s》(感覚などが)鈍る.

Absturz 男 《-es/..stürze》墜落, 落下; 断崖, 絶壁; [電算] クラッシュ(プログラム実行中にデータが消滅してしまうこと).

abstürzen ⊕ 《s》(…から)墜落〈転落〉する; (地形の)急勾配[2]で落ち込む; [電算] クラッシュする.

abstützen ⊕ 《⊕》(支柱などで…を)支える; 《sich⁴ von et³》(…で)手足を突っぱって)…から)体を支える.

absuchen ⊕ 《et⁴》《nach j-et³》(…を[…を求めて])くまなく捜索する.

absurd 形 不合理〈不条理〉な; ばかげた, 愚にもつかない.

Abszess 〔⊕ **Abszeß**〕 男 《..zesses/..zesse》膿瘍[55].

Abszisse 女 《-/-n》横座標, X 座標. **~n-achse** 女 《座標の》横軸, X 軸.

Abt 男 《-[e]s/Äbte》《⊕ **Äbtissin**》大修道院長.

Abt. 略《Abteilung》部局, 課.

abtasten ⊕ 手で探る〈触ってみる〉; 触診する.

Abtaster 男 《-s/-》[電算] サンプラー.

abtauen ⊕ (水・霜などを)解かす; (…が[付着した])水・霜[などを]解ける; (冷蔵庫の霜取りをする.

Äbte ⇒ Abt

Abtei 女 《-/-en》大修道院.

Abteil 男 《-[e]s/-e》《⊕ compartment》コンパートメント, 車室.

abteilen ⊕ 区切る, 区分する; 仕切る; (語を)音節で区切る.

Abteilung 女 《-/-en》❶ [アプタイルング] 分類, 区分. ❷ 《⊕ department》[アプタイルング カード・スラッシュ **アブタイルング**](官庁・企業などの)局, 部, 《⊕ Abt.》; (大学の)学科; (病院の)科, 部; (新聞などの)欄; [軍] 部隊. **~s-leiter** 男 部局の長(局長・部長・課長など).

abtippen ⊕ 〔話〕(原稿などを)タイプする.

Äbtissin 女 《-/-nen》Abt の女性形.

abtönen ⊕ (…に)濃淡〈明暗〉の差をつける; ニュアンスをつける.

Abtönung 女 《-/-en》濃淡〈明暗〉をつけること; ニュアンス[をつけること].

abtöten ⊕ (微生物・細胞などを)殺す; (人間の感情を)麻痺させる, 萎えさせる, 損じる, つぶす.

abtragen* ⊕ ❶ (丘などを)平らにならす〈削る〉; (建造物を)取り壊す, 撤去する; (食器・料理などを)食卓から下げる. ❷ 〔雅〕(負債などを)支払う, 返済する; (衣服を使って)〈靴を履きつぶす.

abträglich 形 《j-et³》(…にとって)有害な, 不利な.

abtransportieren ⊕ (乗り物で)運び去る, 搬送する.

abtreiben* ⊕ (風・流れなどがあらぬ方向へ)押し流す; 《s》押し流される; 堕胎する. **Abtreibung** 女 《-/-en》堕胎.

abtrennen ⊕ (一部分を)切り離す, 切り取る; (一部分を)区切る, 仕切る; (服からボタンなどを)取り外す, (裏地などを)はがす.

abtreten* [アプトレーテン] 《trat ab; abgetreten》❶ ⊕ 《s》(ある場所・地位から)退く, (役職から)退場する. ❷ ⊕ 《j³ et⁴ / an j⁴ et⁴》(…に…を[法的に])譲る, 譲渡する; 《sich⁴》et⁴》(靴の汚れなどを)こすり落とす; (靴[のかかと]などを)履き減らす; (絨毯[⁵⁸]などを)すり減らす.

Abtreter 男 《-s/-》ドアマット.

Abtretung 女 《-/-en》譲渡; 割譲.

Abtritt 男 《-[e]s/-e》(舞台からの)退場; 引退; 〔古〕便所.

Abtrockentuch 中 (食器用)ふきん.

abtrocknen [アプトロックネン] ⊕ 《trocknete ab; abgetrocknet》⊕ (ぬれた物・体などを)[ふいて]乾かす; ふき[ぬぐい]取る; ⊕ 《s, h》乾く, 乾燥する.

abtropfen 自 (s)〔液体が〕滴り落ちる；〔ぬれた物が〕水気が切れる. ♦ **den Ball vom Körper ~ lassen**〔サッカーで〕トラッピングする.

abtrotzen 他〔j^3 et^4〕挫り倒して・頼み込んで人から…を手に入れる.

abtrünnig 形〖雅〗離反した，背いた；〖宗教〗背教の.

abtun* 他〖話〗(身に着けているものを)脱ぐ，外す；(習慣などを)捨てる，(あっさりと…を)かたづける；〔j-et^4 **als** et^4〕(よく考えずに…を…として)かたづける，退ける：Dies ist für mich abgetan. これにはもう用はない.

ab|tupfen 他〔紙・綿・布などを軽くあてがって…を〕ぬぐう.▶**urteilen** 他 (…に)〔有罪の〕判決を下す；否定的な評価を下す；(…に対して)拒絶的な評価を下す.▶**verlangen** 他〔j^3 et^4〕(人に難しいこと・面倒なことなどを)要求する；(人に…のための)金をせびる.▶**wägen*** 他 じっくりと比較検討する，勘案する.

Abwahl 女〈-/〉(投票による)解任.

abwählen 他 (…を人の投票によって解任する；(ある授業科目を)再履修しない.

abwälzen 他〔et^4 **auf** j^4〕(煩わしいことなどを…に)押しつける，(責任を人に)転嫁する，他へそらす.

abwandeln 他〔少し〕変える，微調整する，(…に)〔多少の〕変更を加える；〖文法〗(…の語形を)変化させる.

Abwandelung 女 = Abwandlung.

abwandern 自 (s) (…へ) 移動・移住する；(資本が…へ) 流出する；(選手が…へ) 移籍する；(客が…から…へ) 流れる，鞍替えする；(ある地域を)歩き回る.

Abwandlung 女〈-/-en〉(部分的な)変更，変化，修正.

Abwärme 女〈-/〉廃熱，余熱.

abwarten 他 (時を)〔着く・到着〕を待つ，待ち受ける；(…の) 終了を待つ. ♦ **Abwarten und Tee trinken!**〖話〗まずは様子を見ることだ，あせりは禁物.

abwärts 副 〘アップヴェルツ〙 (⇔ downward) 下方へ：**Kinder von 4 Jahren ~ 5歳未満の子供. ♦ ~ gehen** (人が)下る；(道が) 下りになる. ♦ **Es geht mit j-et^3 ~** (…は)下り坂(落ち目)である.▶**gehen*** 自 ⊕ abwärts

Abwasch 女〈-[e]s/〉皿 洗い；汚れた皿. ♦ **Das ist [dann] ein ~**〖話〗それは一度にかたづいてしまう.

abwaschen* 他 〘アップヴァッシェン〙 [wusch**ab**; ab**gewaschen**] 他 (汚れなどを) 洗い落とす；(…を) 洗ってきれいにする.

Abwaschwasser 中 食器洗い用の水；(食器を洗った後の) 汚水.

Abwasser 中 廃水，下水，汚水.

abwechseln 他 〘アップヴェクセルン〙〔sich **mit** j-et^3〕(…と) 交代する，代わる，(物が…と) 交互に現れる：〔sich^4〕**beim Autofahren (in der Pflege des Kranken) ~** 車の運転(病人の世話)を交代でやる.

Abwechs[e]lung 女 〘アップヴェクス〈セ〉ルング〙〈-/-en〉交替；変化，多様性；気分転換，気晴らし. ♦ **~ bringen [in et^4]** (…に) 変化をつける(もたらす). **die ~ lieben**〖話〗浮気者である. **zur ~/der ~ wegen** 変化をつけるために；気分転換のた

めに. **abwechslungsreich** 形 変化に富んだ，多彩な.

Abwege 複 ♦ **auf ~ führen**〔j^4〕(人に)道を誤らせる.

abwegig 形 本筋から外れた，誤った；的外れの；非現実的な.

Abwehr 女〈-/〉防衛，防備；拒否；抵抗；守備，ディフェンス. **abwehren** 他 防ぐ，阻止する；退ける，はねつける；拒む，撃退する.

ab|weichen 自 (s)〔**von** et^3〕(…から) それる，逸脱する；(…と) 異なる.

Abweichung 女〈-/-en〉逸脱，ずれ；相違，myz違い.

ab|weisen* 他 拒否(拒絶)する，きっぱり断る，はねつける；拒む；追い返す，撃退する. ♦ **~d** 形 拒絶的な，はねつける.

ab|wenden(*) 他 ❶〔et^4 [**von** j-et^3]〕(…から…を)…に向ける，そらす；〖sich^4 **von** j-et^3〕(…から…に)背を向ける，(…を)見放す；(…に)背を向ける. ❷ 〖ふつう規則変化〗(危険などを)回避する.

ab|werben* 他 (…を)引き抜く，スカウトする；(顧客や取引先を) 奪う.

Abwerbung 女〈-/-en〉(人材の)引き抜き，スカウト.

ab|werfen* 他 (高い所から)〔投げ〕落とす，投げ下ろす；(利益などを) 生む.

abwerten 他 (平価を)切り下げる；低く評価する. **Abwertung** 女〈-/-en〉〖経〗平価切り下げ；軽視，過小評価.

abwesend 形 〘アップヴェーゼント〙 (⇔ absent) の，欠席の；放心状態の，うわのそらの. **Abwesende[r]** 男 女 形容詞変化 不在者，欠席者.

Abwesenheit 女〈-/-en〉不在，欠席，留守；放心状態，うわの空. ♦ **durch ~ glänzen**〖皮肉〗いないことによってかえって注目を浴びる.

ab|wickeln 他 (巻いてある物を)ほどく，解く，繰り出す；(手順など事柄を)かたづける，(円滑に)処理する；〖sich^4〕(事柄が手順よく)行われる.

ab|wiegen* 他 (…の)目方を量る，量る；(…の)分量を量って取り分ける.

ab|wimmeln 他〖話〗(人を)断る，はねつける，関わりをさける.

Abwind 男 下降気流. ♦ **im ~ stehen** 下がり気味である. 下がりつつある.

ab|winken(*) 自〔手で〕拒否の合図をする，(旗を振ってレースの) 終了を合図する. ♦ **bis zum Abwinken**〖話〗大量に，うんざりするほどたくさん.

ab|wischen 他 ぬぐう，ふき取る；(汚れを) 拭き取って解きれいにする，スクラップにする.▶**wracken** 他 (船・車などを) 解体する，スクラップにする.

Abwurf 男〈-[e]s/..würfe〉投げ落とすこと；(爆弾などの)投下；ゴールキーパーのスローイング.

ab|würgen 他〖話〗(批判や討論を) 潰す，圧殺する；〖比〗(人を絞め殺す；(人の) 息の根を止める；〘俗〙(車や船に) エンストを起こさせる.

ab|zahlen 他 (…の代金を) 分割で支払う. **ab|zählen** 他 (…の) 数を数える，数えて取る. ♦ **an den fünf (zehn) Fingern ~ können**〖sich^3〕(…は) 容易に理解できること(明白なこと)である. **an den**

Abzahlung

Knöpfen 〈Blütenblättern〉 ~ 《*sich*》 *et⁴*》（…を)ボタン〈花びら〉を順に数えて求める〈占う〉.
Abzahlung 女 《-/-en》分割払い.
abzapfen 他 《-s/-》（栓を開いて)ビール・ワインなど》容器の口から流し出す. **♦ Geld ~** 《話》《j³》（人から)金を搾り取る.
Abzeichen 中 《-s/-》記章, バッジ; 《軍》階級章; 目印, 標識; 《家畜の》斑点.
abzeichnen 他 ❶ 写生する; (書類などにイニシャルで)サインする. ❷ 《*sich*》（輪郭などが)はっきり見える, 浮かび出る; (徴候・動向が)見えてくる.
Abziehbild 中 写し絵.
abziehen* 《ア⁷プッイーエン》《*zog ab; abgezogen*》❶ 抜き取る, 引き抜く; (シーツなどを)外す; 《*et⁴*《*von et³*》》（…から)引き、控除する; 《印》（部厚などを)撤収する; 複写〈コピー〉する; 《印》焼き付ける. ❷ 自 《去る》（騒擾などが)流れ去る.
abzielen 他 《*auf j-et⁴*》目標とする, 《…に》ねらいを定める. ├**zirkeln** 他 コンパスで測る; 正確に測る.
Abzug 男 《-[e]s/..züge》《軍》撤収, 撤退; 《金額の》差引[額]; 《印》（税金などの)控除額; 排気〈換気〉装置; 複写, 《印》《写》ポジ, プリント; 焼き増し; (銃の)引き金. **♦ in ~ bringen** （…の金額を)差し引く.
abzüglich 前 《2格支配》…を差し引いて, …を控除して.
abzugsfähig 形 （税徴収の際に)控除の対象となる.
abzupfen 他 （実・花などを)摘み取る.
abzwacken 他 《*et⁴ von et³*》（…から)節約して外す, 取っておく.
abzweigen ❶ 自 (s) 《*sich*》（道などが)枝分かれする, 分岐する. ❷ 他 《話》（こっそり)取りのけておく.
Abzweige-stelle 女 分岐点. **Abzweigung** 女 《-/-en》分岐; 分岐点; 分かれ道, 分岐道路線 《鉄道の》支線; 分岐管; 分岐ケーブル.
abzwicken 他 （ペンチなどでケーブルなどを)パチンと切る.
abzwingen* 《*j³ et⁴*》（人から…を)強引に奪い取る, 《*sich⁴ et⁴*》無理して（…）してみせる.

a c. = *a conto*. **à c.** = *à condition* 委託で. **Ac** 記号 *Actinium*. **Acc.** = *acceptance* 《商》（手形・小切手などの)引き受け; 引き受け済み手形.
Accessoires 《アクセソアール》 複 アクセサリー.
Access 中 《-/》アクセス.
Acetat 中 《-s/-e》アセテート繊維; 酢酸塩.
Acetylen 中 《-s/》アセチレン. **=gas** 中 アセチレンガス.
ach 《アハ》 間 **①** 《*oh*》 oh》ああ (悲嘆・驚き・興奮・当惑・合点などの声). **♦ ~ und weh schreien** 《話》泣きわめく. **mit Ach und Krach** 《話》やっとのことで. **mit Ach und Weh** やっとの涙で, やっとの思いで.
Achill[es] 固名 《ギ神》アキレウス(トロヤ戦争の時のギリシア軍最大の英雄).
Achilles-ferse 女 アキレス腱[^2], 強者の唯一の弱点. **=sehne** 女 《解》アキ

レス腱[^2].

a. Chr. [n.] 略 *ante Christum* [*natum*] 紀元前.
Achromat 男 《-[e]s/-e》色消しレンズ. **achromatisch** 形 色消しの.
Achsantrieb 男 《-[e]s/-e》《機》軸駆動.
Achse [アクセ] 女 《-/-n》《機》 axle回転軸, 車軸, 心棒; 《物》 axis軸; 軸線; 座標軸; 基幹道路; 《幾》軸. **♦ auf [der] ~ sein** 《話》動き回っている; 旅行中である: 出張中である.
Achsel [アクセル] 女 《-/-n》《解》肩; 肩関節; 腋(2). **♦ auf seine ~n nehmen** （…の責任を)引き受ける. **auf einen ~n tragen** 二またをかける. **auf die leichte ~ nehmen** （…を)軽く考える; 苦にしない. **die ~ zucken bzw. zucken mit der ~** 肩をすくめる. **über die ~ ansehen** (人を)見下す.
=höhle 女 腋窩[^3], 腋[^3]の下. **Achselzucken** 中 肩をすくめること(当惑・軽蔑・拒否・無関心などの表現). **achselzuckend** 形 《ふつう副詞的》（無関心・あきらめの表情で)肩をすくめた.
achsial 形 軸方向の.
acht [アハト] 数 《基数》❶ 《eight》8; 《序数》❷ 《eighth》8番目の.
Acht 女 《-/-en》❶ (数字の) 8; (トランプの)8の札; 《話》路線番号8のバス（市電); 青番号; 《戯》手錠. ❷ 《-/》《attention》注意. 注目. 用心. ❸ 《-/》昔法律上の保護を奪うこと; 追放; 破門; *j⁴ in ~ und Bann tun* 《…を》村八分にする. **♦ ~ geben** 《*auf j-et⁴*》（…に)注意を払う, 留意〈配慮〉する. *außer [aller] ~ lassen* 《…を》度外視する, 無視する; 《…に》注意しない. *in acht nehmen* 《*et⁴*》（…に）気をつける; 《*sich⁴ vor j-et³*》（…に）用心する.
Achteck 中 《-[e]s/-e》8角形.
achteckig 形 8角形の.
achteinhalb 形 《無変化》8と2分の1の.
achtel [分数] 8分の1の. **Achtel** 中 《-s/-》8分の1の; 《楽》8分音符.
achten [アハテン] 他 (achtete; geachtet) ❶ （を respect）尊敬する, 尊重する; 敬意を表す. ❷ 自 《*auf j-et⁴*》（…に)注意を払う, 留意〈配慮〉する.
ächten 他 追放〈破門〉する; 村八分にする; (人から)保護を奪う; 弾劾[^4]する, 非難する.
achtens 副 8番目に.
Achter 男 《-s/-》《話》8:8番のバス（市電); 《スポ》エイト(8の字滑走); 《スポ》エイト.
Achterbahn 女 (8字形のジェットコースター. **♦ ~ fahren** ジェットコースターに乗る; （相場などが)大変動する; 心理状態が不安定である.
achterlei 形 《無変化》8種類の.
achtern 副 (船の)後部に, 船尾で.
achtete = achten
achtfach 形 8倍《8重》の.
achtgeben 自 = **Acht** ♦ .
acht-hundert 《基数》800. **=jährig** 形 8年を経た;8歳の. **=jährlich** 形 8年ごとの.
Achtkampf 男 《体競》女子総合(床・段違い・平行棒・平均台・跳馬の規定・自由).
achtkantig 形 8角形の.
achtlos 形 不注意な, うっかりした; うかつな.

Achtlosigkeit 女 (‐/) 不注意, うかつ.
ạcht-mal 副 8回; 8倍. **‐malig** 形 8回の; 8倍の.
achtsam 形 《雅》注意深い; 用心深い.
Achtsamkeit 女 (‐/) 用心, 注意.
ạcht-stündentag 男 (‐[e]s/) 1日8時間労働.
ạcht-tägig 形 8日間の; 《話》1週間の. **‐täglich** 副 8日ごとの; 《話》毎週の.
tausend 数 《基数》8000. **Achttausender** 男 8000メートル級の山.
achtund.. 《10の位の数詞と》…8.
Achtung [アハトゥング] 女 (‐/) ① attention)注意, 用心; (＠ respect)尊敬, 敬意. ◆ ~! 注意せよ; 《軍》気をつけ(号令); 《郵》気をつけ. ~ **bitte!** お知らせします; ご注意下さい. ~ **gebieten** 尊敬の念を抱かせる, 感銘を与える. **Alle ~!** 《感嘆の気持ちを表して》これはこれは, 恐れ入りました.
Achtung 女 (‐/‐en) 追放, 破門, 村八分.
achtunggebietend ⇒ Achtung ◆
Achtungs-erfolg 男 名ばかりの成功, 見おちる成果.
achtungsvoll 尊敬の念に満ちた, 敬意あふれる.
ạcht‐zehn [アハツェーン] 《基数》18. **‐zehnt** 形 《序数》18番目の. **‐zehntel** 《分数》18分の1の.
ạchtzig [アハツィヒ] 《基数》80. ◆ **auf ~ bringen** 《話》(人を)憤慨させる. **auf ~ kommen** (sein) 《話》憤慨している.
ạchtziger 形 《無変化》(ある世紀の)80年代の; 80歳代の. **Achtziger** (‐s/‐in) 80歳[台]の人; 80と記された物.
achtzigjährig 形 80年を経た; 80歳の.
achtzigst 《序数》80番目の.
Achtzigstel 《分数》80分の1.
Ạcht-zylinder 男 (‐s/‐) 《話》8気筒エンジンの自動車.
ạchzen (痛みなどに)うめく; きしむ, ギシギシいう; 《話》うめき声をあげる.
Ạcker [アッカー] 男 (‐s/Äcker) (＠ field)耕[作]地, 畑. ‐**bau** 男 農耕, 耕作; 農業. ◆ **von ~ und Viehzucht keine Ahnung haben** 《話》(特定の領域の事柄について)まったく何も知らない. ‐**bauer** 男 農業民[族]. ‐**boden** 男 耕地, 畑地. ‐**gerät** 中 農[機]具. ‐**land** 中 農地, 耕地.
ạckern (畑を)耕す, 耕作する; 《話》あくせく働く.
Ạckersalat 男 (‐[e]s/) サラダ菜, ノヂシャ.
a conto [ąkónto] 《商》内金(分割)払いで (略 a.c.).
ACTH 副 adrenocorticotropes Hormon 〈化〉アクス(副腎皮質刺激ホルモン).
Actinium 中 (‐s/) アクチニウム(元素記号 Ac).
a. d. a dato (手形で)(振り出しの)日付から. **a. d.** an der. **a. D.** außer Dienst 退官(退役・退職)した.
A. D. Anno Domini 西暦…年に.
ad absurdum [‐ąpsúrdum] ◆ ~ **führen** [jeṭ[4]] (…)(の主張の)矛盾を証明する.
ADAC 副 Allgemeiner Deutscher Automobil‐Club 全ドイツ自動車クラブ.

ad ạcta [‐ąkta] 他の書類と一緒に(a. a.). ◆ ~ **legen** (…を)解決済みとみなす.
adagio [adádʒo] 副 《楽》アダージョ, ゆるやかに.
Adagio 中 (‐s/‐s) 《楽》アダージョの曲〈楽名〉.
Adalbert 《男名》アーダルベルト.
Adam ❶ 《男名》アーダム; 《聖》アダム(神が創造した人類の祖). ❷ 《戯》男性; (裸の)男; (誘惑に弱い存在としての)人間, 男. ◆ ~ **und Odem** から). ◆ **bei ~ und Eva anfangen (beginnen)** 《話》…の前置きを長々と始める. **der alte ~** 昔からの欠陥(悪習); 弱点を持った人間. **seit ~s Zeiten** 《話》太古以来. **von ~ und Eva abkommen (stammen)** 《話》大昔から知られている, 非常に古臭い〈昔からの〉ものである.
Adams‐apfel 男 《戯》のど仏. ‐**kostüm** 中 ◆ **im ~** (男性が)裸一貫で.
Adaptation 女 (‐/‐en) 《環境への》適応, 順応; (文学作品の)脚色, 翻案.
Adapter 男 (‐s/‐) 〈口〉アダプター.
adaptieren 他 適応(順応)させる; (文学作品を)脚色(翻案)する.
adäquat 形 妥当〈適切〉な, 適正な.
a. d. D. auf dem Dienstweg 所定の手順を踏んで; an der Donau ドナウ河畔の.
addieren 他 加算する, 加える, 足す; 足し算する; 合計する; {sich[4] auf et[4] (zu et[3])} 総額が〈…に〉なる.
Addis Abeba アジスアベバ(エチオピアの首都).
Addition 女 (‐/‐en) 加算; 《数》加法, 足し算.
ade 間 《方》さようなら.
a. d. E. an der Elbe エルベ河畔の.
Adel [ádəl] 男 (‐s/) (＠ nobility)貴族; 爵位; 《雅》高貴さ, 気高さ.
adelig 形 = adlig.
adeln 他 (人に)貴族の位(称号)を与える; 《雅》高貴にし; 気高くし高める.
Adels‐stand 男 貴族の身分(地位); 貴族階級. ‐**titel** 男 爵位.
Aden アデン(イエメン南西部の都市).
Adenauer Konrad, アーデナウアー(1876–1967; CDUの創立者で党首1949–63, 旧西ドイツ首相).
Adept 男 (‐en/‐en) (その道の)奥義を究めた人, (専門の)大家.
Ader [ádər] 女 (‐/‐n) (＠ Äderchen) ＠ vein)血管, 動〈静〉脈; 葉脈; 〈地学〉鉱脈; 水脈; 素質, 性向. ◆ **die ~ öffnen** 《雅》{sich[3]} 動脈を切って自殺する. **eine leichte ~ haben** 軽濁である. **keine ~ für et[4] haben** (…の)センスがない. **zur ~ lassen** [j[4]](人から)金[出]を取る; 《戯》(人から)金を巻き上げる.
Aderlass 男 (‐..laß) (‐/‐n) 《医》瀉血(しゃ‐); (戦争や内乱による大量の)人的損失.
Ạdgo 副 (‐/‐) 全ドイツ医療費基準(＝ Allgemeine Deutsche Gebührenordnung für Ärzte).
Adhäsion 女 (‐/‐en) 《理》(分子の作用に)付着, 粘着; 接合, 粘結.
ad hoc [‐hɔk] 《特に》この目的のために; その(この)場[限り]で.

adieu 間 《方》= ade.
adj. *adjektivisch.* **Adj.** *Adjektiv.*
Adjektiv 中 《-s/-e》《文法》形容詞(働 Adj.).
adjektivisch 形 《文法》形容詞の; 形容詞的な(働 adj.).
adjustieren 他 (器具・計器などを)調節(調整)する.
Adjutant 男 《-en/-en》《軍》副官.
ad l. *ad libitum.* 任意に.
Adler [アードラー] 男 《-s/-》① 《鳥》ワシ(鷲); 鷲の紋章. ② 《鷲座》. **=nase** 女 わし鼻.
ad lib. *ad libitum* 任意に.
adlig 形 貴族の;《雅》高貴な, 気高い.
Adlige[r] 男|女 《形容詞変化》貴族.
Administration 女 《-/-en》管理, 運営; 行政; 行政機関.
administrativ 形 管理〔運営〕上の; 行政〔上〕の.
administrieren 他 管理〔運営〕する, 処理する.
Admiral 男 《-s/-e, ..räle》① 海軍将官(大将), 提督. ② 《虫》アカタテハ; 《-s/-》《料》アドミラール(赤ワインに卵・砂糖・香料などを加えた熱い飲み物).
ADN *Allgemeiner Deutscher Nachrichtendienst* アーデーエヌ(旧東ドイツの通信社). **a. d. O.** *an der Oder* オーデル河畔の.
Adonai 男 アドナイ(「神が主」の意).
ad notam [アトノータム] 《ラテン語》 ◆ **~ nehmen** (…を)心に留めておく.
ad oculos [アトオークロース] 《ラテン語》目の前に. ◆ **~ demonstrieren** 《j³ et³》(人に…を)明示する, 証明して見せる.
Adolf 男名 アドルフ.
Adonis [アドーニス] 男 ① アドニス(Aphrodite に愛された美青年); 《-/-se》美青年(Er ist kein ~. 美男子ではない); 他名 愛し男.
adoptieren 他 (人を)養子にする.
Adoption 女 《-/-en》養子縁組み.
Adoptiv-eltern 複 養父母. **=kind** 中 養子.
Adorno Theodor. アドルノ(1903-69: ドイツの哲学者・社会学者).
Adr. = *Adresse* あて名, 住所.
Adrenalin 中 《-s/》アドレナリン(副腎髄質ホルモン).
Adressant 男 《-en/-en》《商》(手形の)振出人.
Adressat 男 《-en/-en》(郵便物などの)受取人;(手形の)名あて人.
Adress-buch 中 (=**Adreß**-) = 中 住所録.
Adresse [アドレッセ] 女 《-/-n》① (= address) あて名, 住所(働 Adr.). ② (公式の)あいさつの言葉;(元首・政府などにあてた)声明文, メッセージ; ③ アドレス. ◆ **an der falschen ~ sein**《bei j³》(門違いの人に)相談〔依頼〕をしている. **an die falsche ~ kommen (geraten)**《bei j³》(門違いの人に)相談〔依頼〕をする. **an die richtige ~**《話》**《sich¹》**しかるべき筋〔人〕に相談する.
adressieren 他 (…に)あて名を書く;《et¹ an j¹》(郵便物などを人¹にあてる).
adrett 形 (身なりなどが)小ぎれいした.

Adria (die ~) アドリア海(地中海の一部でイタリアとバルカン半島との間).
adriatisch 形 アドリア海の.
a. d. S. = *an der Saale* ザーレ河畔の.
adsorbieren 他 (ガス・液体などを)吸着する. **Adsorption** 女 《-/-en》吸着〔作用〕.
A-Dur 中 《-/》《楽》イ長調(略記 A).
adv. *adverbial.* **Adv.** *Adverb.*
Advent 男 《-[e]s/-e》① 降臨節(4回の日曜日を含むクリスマス前の準備期間);= Adventssonntag.
Advents-kalender 男 (12月1日から12月24日まで, 毎日窓を開けてゆく)アドベントカレンダー. **=kranz** 男 降臨節(待降節)の輪飾り. **=sonntag** 男 降臨節(待降節)の日曜日. **=zeit** 女 降臨節(待降節)の時期.
Adverb 中 《-s/-ien》《文法》副詞(働 Adv.). **adverbial** 形 《文法》副詞(的)の(働 adv.).
Advokat 男 《-en/-en》《オーストリア》弁護士.
a. d. W. *an der Weser* ヴェーザー河畔の.
ae, Ae = ä, Ä. **AE** = Ä.
Aerobic 女 《-s/》エアロビクス.
Aerodynamik 女 《-/》空気力学. **aerodynamisch** 形.
Aerosol 中 《-s/-e》① 《化》エーロゾル, 煙霧質; ② エアゾール剤(噴霧式薬剤).
Aerostatik 女 気体〔空気〕静力学. **aerostatisch** 形.
Affäre 女 《-/-n》①(不快な)できごと, 不祥事, スキャンダル;色恋沙汰, 情事;《話》事柄, 事件, 案件. ◆ **aus der ~ ziehen《sich¹》《mit et³》**(…によって)なんとか窮地を脱する.
Affe [アッフェ] 男 《-n/-n》①(= **Äffchen.** 女 **Äffin**)《動 monkey》《動》サル(猿);《軽蔑して》あいつ, やつ;《話》道化. ◆ **seinem ~n Zucker geben**《話》浮かれる. おだてる. **der nackte ~** 裸のサル(人間のこと). **Du bist wohl vom wilden〈tollen〉~ gebissen!**《話》気でも狂ったかな. **einen ~n kaufen**《話》**《sich³》**酔っぱらう. **einen ~n〔sitzen〕haben**《話》泥酔している. **〔Ich denke〕, mich laust der ~!** こりゃ驚いた. **Nicht für einen Wald von ~n**《話》(承知できない提案に対して)そんなのにハイと言えるか. **wie ein ~ schwitzen**《話》大汗をかく. **wie ein vergifteter ~ rennen**《話》大急ぎで行く, めちゃくちゃ急ぐ. **zum ~n halten**《話》(人を)からかう.
Affekt 男 《-[e]s/-e》(極度の)興奮, 激高, 激情;心の情動. **=handlung** 女 (激情に駆られての)衝動的〔発作的〕行為.
affektiert 形 わざとらしい, 気取った, きざな.
Affen ⇒ Affe
Affen.. 《話》「ものすごい-, ひどい-」の.
affenartig 形 猿のような;《話》猿のようにすばしっこく. ◆ **mit ~er Geschwindigkeit**《話》ものすごい速さで.
Affen-liebe 女 《-/》溺愛(働), 盲愛. **=schande** 女 ◆ **Das〔Es〕ist eine ~.**

《話》とんでもないことだ, 全くけしからん. **tempo** 陽《話》ものすごいスピード. ~ *mit* ~ 猛スピードで. **-theater** 陽《話》猿芝居, とんだ茶番. **-zahn** 陽 = Affentempo.

affig 形《俗》うぬぼれた; 気取った, きざな.

Äffin 女《-/-nen》Affe の女性形.

Affinität 女《-/-en》類似性; 親近感;《化》親和力.

äffisch 形 猿のような.

Affix 中《-es/-e》《文法》接辞(Präfix, Suffix など).

affizieren 他《病気が器官などを》冒す.

Affront [アフローン] 男《-[e]s/-s》《雅》辱め, 侮辱.

Afghane 男《-n/-n》(《..nin》アフガニスタン人; アフガンハウンド(猟犬).

afghanisch 形 アフガニスタン[人, 語]の.

Afghanistan アフガニスタン(アジア中南部; 首都カブール).

AFP アーエフペー(フランスの通信社; < Agence France Presse).

Afrika アフリカ(大陸). **Afrikaans** 中 アフリカーンス語(南アフリカ共和国などの公用語). **Afrikaner** 男《-s/-》(女 **-in**) アフリカ人.

afrikanisch 形 アフリカ[人]の.

Afroamerikaner 男《-s/-》アフリカ系アメリカ人. **afroamerikanisch** 形 アフリカ系アメリカ人の.

After 男《-s/-》肛門(記).

a. G. 略 *auf* Gegenseitigkeit 相互に; *als* Gast《劇》客演として. **Ag** 記号 Argentum. **AG** 略 Aktiengesellschaft 株式会社; Amtsgericht 区裁判所.

Ägäis (die ~) エーゲ海(地中海の一部でギリシャとアジアの間). **ägäisch** 形 エーゲ海の.

Agamemnon 男 アガメムノン(Mykenä 王; Troja 戦争におけるギリシャ軍の総指揮官).

Agathe《女名》アガーテ.

Agave 女《-/-n》《植》リュウゼツラン(竜舌蘭).

Agent 男《-en/-en》(女 **-in**) 情報部員, スパイ;《商》代理人;《芸能人の》マネージャー. **~en-ring** 男 スパイ網, スパイの一味.

agentieren 自《オーストリア》《商》外交[販売]員として働く, 注文を取る.

Agentur 女《-/-en》(ビジネスでの) 代理; 代理店; 通信社; 芸能プロダクション.

Agfa 女 アグファ(ドイツのフィルムメーカー).

Aggregat 中《-[e]s/-e》(機械・器具などの) ユニット. **-zustand** 男《物質の》集合(凝集) 状態(固体・液体・気体の).

Aggression 女《-/-en》(軍事的な) 侵略, 攻撃; 《心》攻撃性.

aggressiv 形 (態度・性格などが) 攻撃的な; 挑戦(挑発) 的な; 強気の; 無遠慮な(色彩などが) けばけばしい; 刺激の強い(色・食) 性の. **Aggressivität** 女《-/-en》攻撃性; 攻撃的; 攻撃的な言動.

Aggressor 男《-s/-en》攻撃者, 侵略者; 侵略国.

Ägide 女《-/-》庇護. ♦ *unter der* ~

von j³/ unter j² ~ (人の) 保護[監督] 下に.

agieren 自 行動する. ふるまう;《gegen j¹》(ひどく) 人を) 扱う;《劇》(舞台で役を演じる.

agil 形 素早い, 機敏な.

Agio 中《-[s/-s, Agien》《商》プレミアム.

Agiotage 女《-/-n》《商》投機売買.

Ägir《北欧神》エーギル(海の巨人で Ran の夫).

Agitation 女《-/-en》扇動, アジテーション. **Agitator** 男《-s/-en》扇動者, アジテーター. **agitatorisch** 形 扇動的な, アジテーションの. **agitieren** 自 扇動する, アジる.

Aglaia《ギ神》アグライア(光の女神).

Agnostizismus 男《-/》不可知論. **agnostisch** 形 不可知論的な.

Agonie 女《-/-n》《医》死戦期, アゴニー; 断末魔の苦しみ.

Agram アーグラム(ザグレブのドイツ語名).

agrarisch 形 農業[上] の.

Agrar-land 中 農業国. **-politik** 女 農業政策. **-produkt** 中 農産物. **-reform** 女 農業改革. **-staat** 男 農業国.

Agreement 中《-s/-s》協約, 協定.

Agrippina《女名》アグリッピーナ(ローマの貴婦人; 母姓同名である娘は Nero の母で夫 Claudius 帝を毒殺).

Agronom 男《-en/-en》農業経営者, 農業技術者.

Agronomie 女《-/》農学.

Ägypten エジプト(首都カイロ).

Ägypter 男《-s/-》(女 **-in**) エジプト人.

ägyptisch 形 エジプト[人, 語] の. ♦ *Ägyptische Finsternis*《聖》(モーゼがエジプトにもたらしたような) 大暗黒; 真っ暗闇.

ah 間 ああ (感嘆・驚嘆・納得の声). **Ah** ❶ 中《-s/-s》ああという声; 驚き, 感嘆. ❷ 男 アンペア時.

äh 間《話しの合間をつなぐもの》ええと.

A. H. 略 Alter Herr《学生語》(大学生の諸団体・クラブなどの) 旧正会員.

aha 間 はははあ (納得の声); ほうら (満足の叫びで). **Aha-Erlebnis** 中《心》アハー体験 (あっそうか, ああ分かったという突然の理解の心理体験).

A. H. A. H. 略 Alte Herren. (► A. H. の複数形).

Ahasver 男 アハスヴェール. 男《-s/-s, -e》永遠のさすらい人.

ahd. 略 althochdeutsch 古高ドイツ語の.

Ahle 女《-/-n》突き錐(*), 千枚通し.

Ahn 男《-[e]s, -en/-en》先祖, 祖先;《南部》《曾》祖父.

ahnden 他《雅》罰する;《…に》報復する.

Ahne 女《-/-n》先祖, 祖先(女);《南部》《曾》祖母.

Ahnen- ~ *erb³* (…に) 似ている.

ahnen [アーネン] (ahnte; geahnt) 他 予感する;《…に》うすうす感じる;《j³》(ぼんやりと人が…) 予感される. ♦ *Ach,* *du ahnst es nicht!*《話》なんたることだ.

Ahnen-forschung 女 系譜学. **-kult** 男 祖先崇拝. **-tafel** 女《家》系図; (動物の) 血統書.

ähnlich [エーンリヒ] 形 (《similar》似か

Ähnlichkeit

よった; (j-et³)(…に)似ている, (…と)類似の, 同じような. ◆ ~ **sehen** [話] (j³)行動・性格などがいかにも…らしい. *... und u. Ä.*) その他これに類するもの(= u. Ä.).

Ähnlichkeit 囡 (-/-en) 似ていること, 類似(性); 圏 相似.

ahnte ⇨ ahnen

Ahnung [アーヌング] 囡 (-/-en) 予感; かすかな予測. ◆ *Hast du eine ~!* とんでもない, とんだ思い違いだよ. *Keine ~!* 『話』全然知りません(分かりません).

ahnungslos 厖 予感なしの, 何も知らない; 無心の, 無邪気な. ◆ *O 〈Ach,〉 du ~er Engel!* 『話・戯』君もおめでたい人だ

ahnungsvoll 厖 しきりに〔いやな〕予感〈胸騒ぎ〉のする.

ahoi 間 (船)おおい(船を呼ぶ声).

Ahorn 男 (-s/-e) カエデ(楓), モミジ(紅葉).

Ähr (die ~) アール(Rhein 川の支流).

Ährchen 田 (-s/-) 小さい穂(イネ科植物の花序).

Ähre 囡 (-/-n) (= **Ährchen**) 穂.

Ahura Masdah, Ahura Mazda フラマツダ(ゾロアスター教の最高神).

AHV 略 Alters- und Hinterlassenenversicherung (スイスの)養老遺族保険.

AI 略 Amnesty International アムネスティ・インターナショナル.

Aide-mémoire [エード メモアール] 田 (-/-[s]) 〖外語〗(外交上の)覚え書き.

Aids [エイズ] 田 (-/-) エイズ, 後天性免疫不全症候群(= *acquired immunedeficiency syndrome*).

Air 田 (-[s]/-s) 〖雅〗風貌; (人のもつ)雰囲気, ムード; (-/-s)旋律, 節(ふし); 歌曲: アリア. = **bag** 田 (-s/-s) (車の)エアバッグ. = **bus** 男 (-s/-se) エアバス.

ais, Ais 田 ❶ = [e]s/-) 〖楽〗嬰(えい) ais-Moll 田 (-/-) 〖楽〗嬰ハ短調(略 ais).

Ajax 〘ギ神〙 アイアス(Troja 戦争におけるギリシャ軍の英雄).

AK 略 Aktienkapital.

Akademie [アカデミー] 囡 (-/-n) (= *academy*) アカデミー, 学士(芸術)院; アカデミーの建物: 専門学校, 単科大学.

Akademiker 男 (-s/-) (= **-in**)大学教育を受けた人, 学歴者.

akademisch [アカデーミッシュ] 厖 (= *academic*) 大学の; アカデミックな; 現実離れした.

Akanthus 男 (-/-) 〘植〙 アカンサス, ハアザミ; 〘建〙 (コリント式柱頭に特有の)アカンサスの葉飾り.

Akazie 囡 (-/-n) アカシア.

Akk. = *Akkusativ*.

Akkad アカド, アッカド(古代バビロニアの都市).

Akklimatisation 囡 (-/-en), **..sierung** 囡 (-/-en) (気候・風土に)順応.

akklimatisieren 他 (*sich* ~ **an** *et*³) (気候・風土に)順応させる.

Akkord 男 (-[e]s/-e) 〘楽〙 和音(に); 出来高払い. = **arbeit** 囡 出来高払いの仕事. = **arbeiter** 男 アルバイト(人).

Akkordeon 田 (-s/-s) アコーディオン.

Akkordlohn 男 出来高払いの賃金, 歩合給.

akkreditieren 他 (外交官に)信任状を与える; 〘商〙 (…のもとに)与信する.

Akkreditiv 田 (-s/-e) 〘政〙 信任状; 〘商〙 信用状.

Akku 田 (-s/-s) 〖話〗蓄電池(< *Akkumulator*).

Akkumulation 囡 (-/-en) 集積, 累積; 〘地学〙 堆積.

Akkumulator 男 (-s/-en) 蓄電池(= *Akku*).

akkumulieren 他 集める, 蓄積する; (*sich* ~) 集まる, 蓄積される.

akkurat 厖 (人柄・服装などが)きちんとした, きちょうめんな; (仕事などが)正確な, 綿密な.

Akkusativ 男 (-s/-e) 〖文法〗4格(= *Akk.*).

Akne 囡 (-/-n) 〖医〗 痤瘡(ざそう), にきび.

Akontozahlung 囡 (-/-en) 〘商〙 内金(頭金)の支払い; 分割払いの[初回]支払い込み.

Akquisiteur [アクヴィジテーア] 男 (-s/-e) 外交[販売]員, セールスマン; (新聞の)広告勧誘員.

Akquisition 囡 (-/-en) 〘商〙 (外交員などによる)顧客の獲得〈開拓〉.

akquisitorisch 厖 〘商〙 勧誘員(外交員)による.

Akribie 囡 (-/-) (極度の)正確さ, 精密〈綿密〉さ.

Akrobat 男 (-en/-en) (= **-in**)軽業師, 曲芸師.

Akrobatik 囡 (-/-) 軽業, 曲芸, アクロバット. **akrobatisch** 厖 軽業(師)の.

Aktäon 〘ギ神〙 アクタイオン(Artemis の怒りにふれて殺された猟人).

Akte [アクテ] 囡 (-/-n) (= *file*) 書類, 文書; 〘法〙 公文書; 綴じ込み[帳]. ◆ *über j-et⁴ die ~n schließen/et⁴ zu den ~n legen* …を解決済みとみなす.

Aktei 囡 (-/-en) 〖集合的〗 (整理された)書類, 文書.

Akten-deckel 男 書類ばさみ. = **koffer** 男 アタッシュケース.

aktenkundig 厖 公式文書による(に記載のある).

Akten-mappe 囡 (携帯用)書類ファイル, 書類かばん. = **notiz** 囡 (書類に書き込まれた)メモ, 覚え書き, 備考. = **ordner** 男 書類用ファイル. = **schrank** 男 書類用キャビネット. = **tasche** 囡 書類かばん, ブリーフケース. = **wolf** 男 文書裁断機, シュレッダー. = **zeichen** 田 (書類の)整理番号, ファイルナンバー; (作成者を示す)サイン.

Akteur [アクテーア] 男 (-s/-e) 〖雅〗 (事件などの)関係者, 当事者; 俳優; 選手, 競技者.

Aktfoto 田 ヌード写真.

Aktie [アクツィエ] 囡 (-/-n) (= *share*) 株, 株式, 株券. ◆ *j² ~n steigen* 『話』(人の)成功の見込みがつく, 株が上がる. *Wie stehen die ~n?* どんな具合ですか; 景気はどうですか. = **n-gesellschaft**

株式会社(〜 AG). **~n-inhaber** 男 株主. **~n-kapital** 中《経》株式資本(〜 AK).
Aktion 女《-/-en》行動, 活動;〔市民〕運動, キャンペーン.
Aktionär 男《-s/-e》株主. **~s-versammlung** 女 株主総会.
Aktions-programm 中 行動計画. **=radius** 男 行動半径《範囲》.

aktiv [アクティーフ] 形《~er《~ active》活発な, 能動的な, 積極的な; 前向きな;《文法》能動態の; 現職《現役》の;《商》黒字の;《化》活性の. **Aktiv** 中 [アクティーフ]《-s/-e》《文法》能動態;[アクティーフ]《-s/-s, -e》《旧東ドイツで》《組織の》活動グループ.
Aktiva 女《複》借方(弦).
Aktivator 男《-s/-en》《化》活性化剤;《生化》賦活剤;《物》物質, 活性化体(物質).
Aktivbestand 男 借方財産.
Aktive[r] 女《形容詞変化して》現役の選手.
Aktiv-forderung 女《未収貸金に対する》請求権. **=geschäft** 中《商》主動的業務《銀行の授信業務など》.
aktivieren 活発《活動的》にする, 賦活(ジ)する; 働きかける, 促進する;《物質を》活性化する;《商》《経費などを》借方に《借方勘定として》記入する. **Aktivist** 男《-en/-en》行動家, 活動家;《旧東ドイツで》模範労働者. **Aktivität** 女《-/-en》行動性能, 活動性; 元気, 活気《積極的な》行動, 活動;《化·理》活動的濃度, 活量;《生化》活性化. **Aktivkohle** 女 活性炭. **Aktivsaldo** 男 黒字.
Akt-malerei 女 ヌード《裸》の絵. **=modell** 中 ヌードモデル.
aktualisieren 女 アクチュアルにする;《データなどを更新して》時事性を持たせる.
Aktualität 女《-/-en》今日性, 今日的重要性;《複》時事問題.
aktuell [アクトゥエル] 形 現在の; 目下重要な, 今日的な; 最新の; アップトゥーデイトな.
Akupressur 女 指圧.
akupunktieren《人に》鍼(§)を打つ, 鍼治療を施す. **Akupunktur** 女《-/-en》鍼術(ジ), 鍼(§)療法.
Akustik 女《-/》音響学, 音響効果.
akustisch 形 音響学《上》の; 音響効果《上》の; 聴覚の, 聴覚による.
akut 形 差し迫った, 緊急の;《医》急性の.
Akut-krankenhaus 中 救急病院. **=kranke[r]** 女《形容詞変化して》急病人.
AKW 中 *Atomkraftwerk* 原子力発電所, 原発. **AKW-Gegner** 男《-s/》原発反対者.
Akzeleration 女《-/-en》《青少年の》性的成熟の加速.
Akzelerator 男《-s/-en》《理》加速器, 加速装置;《経》加速因子.
Akzent [アクツェント] 男《-[e]s/-e》《~ accent》アクセント, 強勢; アクセント符号; なまり; 重点, 強調. **~e setzen** これからの《新しい》方向を示す. [*neue*] **~e setzen** 新たな点をつける. **akzentfrei** 形 なまりのない. **akzentuieren** 他 強調する;《…に》アクセント《強

勢》を置く; アクセント符号をつける.
Akzept 中《-[e]s/-e》《商》《手形の》引き受け; 引受手形. **akzeptabel** 形 受け入れられる, 応じられる, 許容できる; まずまずの, まあまあの. **Akzeptant** 男《-[e]s/-en》《商》《手形の》引受人. **Akzeptation** 女《商》《手形の》引受け.
Akzeptbank 女 引受銀行.
akzeptieren 他 受け入れる, 応じる;《商》《手形を》引き受ける.
Akzeptkredit 男《商》引受《白地》信用.

..al 「…の, …に関する, …的な」の意.
a.l. 略 *ad libitum* 任意に. **Al** 略《化》*Aluminium*. **AL** 《国際符号》アルバニア.
à la《フラ語》…ふうに.
Alabaster 男《-s/-》雪花石膏(コシ). ♦ *weiß wie* ~ 雪のように真っ白な.
à la carte《フラ語》アラカルトで.

Alarm [アラルム] 男《-[e]s/-e》《~ alarm》警急事態. **♦ ~ geben《schlagen》** 警報を出す, 注意を喚起する. **blinder ~ sein** 誤報である, 空騒ぎである. **-anlage** 女 警報装置.
alarmbereit 形《-er/-》非常出動態勢にある.
Alarmglocke 女 警鐘, 半鐘.
alarmieren 他 警報·消防署をよびだす, 警報を出す; 緊急出動を要請する; 驚かせる, 不安がらせる;《人に》警告を発する.
Alarm-klingel 女 非常ブザー, 警報ベル. **=zustand** 男 非常事態, 警報発令事態.
Alaun 男《-[e]s/-e》《化》明礬(ミョウ).
Alb 男《-[e]s/-en》《男》《神》《地底に住む》妖精. **❷** (die ~) アルプ(1)ドイツ南部 Donau 川北側の高地. (2) Rhein 川の支流.
Albanien アルバニア《バルカン半島の共和国; 首都ティラナ》. **albanisch** 形 アルバニア《人, 語》の.
Albatros 男《-/-se》《鳥》アホウドリ;《ゴ》アルバトロス.
Alben ⇒ Album
Alberei 女《-/-en》子供じみたふるまい, いたずら, ばかまね.
Alberich アルベリヒ(1)ドイツの英雄伝説で Nibelungenhort を守る小人. (2)男の名.

albern [アルベァン] **❶** 形《~ silly》愚かな, 幼稚な; ちっぽけな. **❷** 形 子供じみたふるまいをする, ばかげたことをする.
Albernheit 女《-/-en》子供っぽさ, 愚かさ; 子供じみたふるまい.
Albert《男名》アルベルト.
Albertus Magnus (1193頃-1280; ドイツのスコラ哲学者)
Albino 男《-s/-s》《生》白子(シラ).
Albion アルビオン《英国のグレートブリテン島の古称》.
Albrecht《男名》アルブレヒト.
Album [アルブム] 中《-s/Alben -s》《写真の》アルバム;《レコードの》アルバム.
Älchen 中《-s/-》Aal の縮小形;《動》《動植物に寄生する》線虫属.
Alchemie 女《-/-》錬金術.
Alchimist 男《-en/-en》錬金術師.
Ale 中《-/-》《~ ale》《英国産の淡色ビール》.
Alekto《女》《ギ神》アレクトー《復讐の女神》.
Alemanne 男《-n/-n》《~nin》アレ

マン人(ドイツ南西部・スイスに住んだゲルマン人の一種族).

Alemannien アレマニア(Schwaben 地方の歴史上の名称).

Alexander 《男名》アレクサンダー;《史》アレクサンドロス大王(前356-323; 古代マケドニアの王).

Alexanderplatz (der ~)アレクサンダー広場(ベルリンの中心部にある広場).

Alexandria アレクサンドリア(エジプト北部,地中海沿岸にある都市).

al fine 《音》《楽》アルフィーネ, 終わりまで.

Alfred 《男名》アルフレート.

Alge 囡 (-/-n) 《植》藻(も), 藻類(るい), 海草.

Algebra 囡 (-/..bren) 《数》代数[学].

algebraisch 围 代数[学上]の.

Algerien アルジェリア(アフリカ北西部の民主人民共和国; 首都アルジェ).

Algier アルジェ(アルジェリアの首都).

ALGOL 围 (-[s]/) 《電算》アルゴル(プログラム言語名).

Algorithmus 男 (-/..men) 《数》アルゴリズム.

alias 副 別名, また名の名.

Alibi 画 (-s/-s) アリバイ, 口実, 言い訳.

Alimente 图 《複》(非嫡出子のための)養育費.

Alkali 围 (-s/-en) アルカリ.

alkalisch 围 アルカリ[性]の.

Alkmene 《ギ神》アルクメネ(Amphitryon の妻; 夫に化けた Zeus と交わって Herkules を産んだ).

Alkohol [アルコホール] 围 (-s/-e) (@ alcohol)アルコール, エチルアルコール; アルコール飲料. ♦ *in* 〈*im*〉 ~ *ertränken* 酒を飲かで…を忘れる. *unter* ~ *setzen* (人を)酔わせる. *unter* ~ *stehen* 酒に酔っている.

alkohol=abhängig 围 アルコール依存症(中毒)の. **=arm** 围 (飲料の)アルコール分の少ない.

alkoholfrei [アルコホールフライ] 围 (飲料の)アルコール分を含まない, ノンアルコールの;(飲食店が)酒類を出さない. ♦ ~*es Getränk* 清涼飲料. **Alkoholgehalt** 围 アルコール含有量. **alkoholhaltig** 围 アルコール分を含んだ. **Alkoholika** 画 《複》アルコール飲料. **Alkoholiker** 围 (-s/-) アルコール中毒の人.

alkoholisch 围 アルコールの, アルコール飲料の. **alkoholisieren** 励 (…に)アルコールを混ぜる(添加する); アルコールに浸す; 《戯》(人を)酔わせる. **Alkoholismus** 围 (-/) アルコール中毒[症]. **Alkoholspiegel** 围 血中アルコール濃度.

alkoholsüchtig 围 アルコール中毒の. **Alkoholtest** 围 (血中アルコール濃度を調べる)アルコールテスト.

Alkoven 围 (-s/-) 《建》アルコーブ(壁のくぼみにしつらえた寝室).

Alkyone ❶ 《ギ神》アルキュオネ(Äolus の娘;難破して死んだ夫のあとを追ってカワセミに変身した). ❷ 囡 (-/) 《天》アルキュオネ(牡牛座ζ星).

all [アル] ❶ 伍 《不定代名詞・数詞》(@ all) あらゆる, すべての (~*e zwei Tage* 二日

とに);《名詞的》《中性単数》*alles* 形ですべて, 全部; 《話》すべての人; 《俗》すべての人. ❷ 《述副的》《alle 形で》 尽きて;《副詞的》《alles の形で》《話》そもそも, 一体全体. ♦ ~*e machen* 《話》(人を)殺し尽くす;《俗》殺す. ~*es anderes... sein* 全然…でない. ~*es in* 〈*em* 全部ひっくるめて, 全体として. *Alles klar*! いいですか, わかりましたか. ~[*es*] *und jedes* 何もかも. *vor* ~*em* とりわけ, 特に. *All* 画 (-s/-) 宇宙, 万象: いっさいの事物.

allabendlich 围 毎晩の.

alla breve 圃 2分の2拍子で.

Allah アラー(イスラム教の唯一絶対の神).

allarg. = *allargando*.《楽》だんだんゆっくりかつはっきりと.

allbekannt 围 周知の.

alldem = alledem.

alle 围 ♦ ~ *werden* 《話》尽きる.

alledem 围 ♦ *bei* 〈*mit, trotz*〉 ~ それ [らすべて]をもってしても, それにもかかわらず.

Allee 囡 (-/-n) 並木道.

Allegorie 囡 (-/..rien) 風喩(ふうゆ), 寓意(ぐうい), アレゴリー. **allegorisch** 围 風喩(ふうゆ)[寓意(ぐうい)]的な, アレゴリーによる.

allegretto 圃 《楽》アレグレット(アレグロよりややテンポを遅く). **Allegretto** 画 (-s/-s (..tti)) アレグレットのテンポの楽曲.

allegro 圃 《楽》アレグロ, 軽快に速く. **Allegro** 画 (-s/-s (..ri)) 《楽》アレグロの曲(楽章).

allein [アライン] ❶ 圃 (@ alone) 独りだけの, 他二人を交えない. ❷ 圃 独りで, 単独で(《文或分を修飾して》(@ only)だけ, …だけ. ❸ 腿《並列》《雅》(aber) しかるに. ♦ ~ *stehen* 独身〈独り暮らし〉である. ~ *stehend* 独り暮らしの, 身寄りのない. *einzig und* ~ …だけでなく, *sondern auch B* A だけでなく B をもまた. *von* ~[*e*] ひとりでに, おのずから.

Alleinbesitz 围 専有〈財産〉, 独占〈物〉.

alleine 圃 = allein ①, ②.

Allein=erbe 围 《法》単独相続人. **=gang** 围 独断専行, 単独行; 個人プレー; 《スポ》独走; 単独プレー. ♦ *etwas im* ~ *tun* 単独で行う. **=herrschaft** 囡 単独支配〈専制·独裁など〉. **=herrscher** 围 単独支配者(専制君主·独裁者など).

alleinig 围 唯一の, ただ一つ〈一人〉の; = alleinstehend.

Allein=inhaber 围 (会社·商店などの)単独所有者〈オーナー〉. **=sein** 围 孤独, 孤立;一人暮らし; 独身生活.

alleinstehend ⇒ allein ♦

Allein=verkauf 围 一手販売, 専売. **=vertreter** 围 独占代理人〈代理店〉. **=vertretung** 囡 独占販売. **=vertrieb** 围 = Alleinverkauf.

alleluja = halleluja.

allem = all ♦

allemal 圃 毎度, 常に; 《話》必ず, きっと. ♦ *ein für* ~ 最終的に, きっぱりと.

allen = all ♦

allenfalls 圃 ひょっとして, 場合によって

Alm

は; せいぜい.
Allensbach アレンスバッハ(ドイツ南西部 Bodensee に臨む町).
allenthalben 副 至るところに.
aller ⇨ **all**
aller..「この上なく…」の意.
Aller (die 〜)アラー(Weser 川の支流).
aller-art 形 《無変化》= allerlei. **=best** 形 最零(最良)の.
allerdings [アラディングス] 副 ただし, そういうものの; もちろん.
aller-erst 副 いちばん初めの, 最初の.
Allergie 女 (-/-n) 医 アレルギー.
allergisch 形 医 アレルギー性の; アレルギー体質の, 過敏な.
allerhand 形 《無変化》 話 いろいろな, かなりの, 相当な.
Allerheiligen 中 (-/) 《無冠詞で》 キリスト 諸聖人の祝日, 万霊節(11月1日). **Allerheiligste** 中 《形容詞変化》 《キリスト》 (ギリシア正教会の)聖所; 宗教 《エルサレムの神殿内の》至聖所; 聖地; キリスト 聖体; 《サッカーなどの》ゴール.
allerlei [アラライ] 形 《無変化》 種々の, 色々な, さまざまの, 手を変え品を変えての.
aller-letzt 形 いちばんあとの, ごく最近の; 究極の. **=liebst** ❶ 形 最愛の; いちばん好きな, とてもかわいらしい. ❷ 副 最も好んで. **=meist** ❶ 形 最も多くの, 大部分の. ❷ 副 最もしばしば, たいていは. **=nächst** 形 最も近い. **=neu[e]st** 形 最も新しい, 最新の. **=orts** 副《雅》至るところに〈で〉, ゆかりに.
Allerseelen 中 (-/) 《無冠詞で》 キリスト 死者の日, 万霊節(11月2日).
aller-seits 副 《あいさつで》皆さん; = allseits. **=wärts** 副 至るところに〈で〉.
Allerwelts.. 話 「月並みな…, 平凡な…; 万能の…」の意.
aller-wenigst 形 最も少ない, ごくわずかの. **=wenigstens** 副 どんなにわずかでも, 少なくとも.
allerwertest 形 最も価値のある. **Allerwerteste[r]** 男 《形容詞変化》 《話・戯》おしり.
alles ⇨ **all** ✦
alle-samt 副 全部, ひとり〈ひとつ〉残らず.
Alles-fresser 男 動 雑食動物. **=kleber** 男 万能接着剤. **=wisser** 男 (-s/-) 蔑 知ったかぶり屋.
allezeit 副 常に, いつも.
allfällig 形 《スイス》万一の.
Allgäu (das 〜)アルゴイ(Bayern から Schwaben に連なる高地).
allgegenwärtig 形 (神が)遍在の; 常に存在する.
allgemein [アルゲマイン] 形 (⊗ general)一般の; 普通の; 全体の; 公共の; 全般的な; おおよその, くだけた. ✦ 〜 **bildend** 一般教養の; 一般教養的な. ✦ 〜 **gültig** 全般〈あらゆる場合〉に当てはまる. 〜 **verständlich** 誰にでも理解できる. 平易な. *im* **Allgemeinen** 一般に; 概して.
allgemeinbildend ⇨ **allgemein** ✦
Allgemeingültig ⇨ **allgemein** ✦
Allgemeingültigkeit 女 普遍妥当性.

Allgemeinheit 女 (-/-en) 普遍性; 社会全体, 公共; 一般性 = Allgemeinplatz.
Allgemein-medizin 女 (専門医を必要としない)一般医学. **=platz** 男 常套句, 決まり文句. **=unkosten** 複 経済 一般経費, 総経費.
Allgemein-verständlich ⇨ **allgemein** ✦
Allgemein-wohl 中 公共の福祉, 公共の利益.
Allheilmittel 中 万能薬.
Allheit 女 (-/) 哲 全体性.
Alliance [アリヤーンス] 女 (-/-n) = Alliance.
Allianz 女 (-/-en) (国家間の)同盟, 連合; 史 神聖同盟.
Alligator 男 (-s/-en) 動 アリゲーター (ワニの一種).
alliieren 再 {sich⁴ mit j³} (人と)同盟を結ぶ, 連合する.
alliiert 同盟した, 連合国〈軍〉の.
Alliierte[r] 男 《形容詞変化》 同盟者〈国〉の.
Alliteration 女 (-/-en) 詩 頭韻[法].
alljährlich 形 毎年〈恒例〉の.
Allmacht 女 (-/) 全能; 独裁権力. **allmächtig** 形 全能の.
allmählich [アルメーリヒ] ❶ 副 (⊗ gradually)次第に, 徐々に, だんだんと; そろそろ, ぼつぼつ. ❷ 形 漸次の, ゆるやかな.
all-monatlich 形 毎月の, 月ごとの. **=nächtlich** 形 毎夜の, 夜ごとの.
Allopathie 女 (-/) 逆症療法.
Allphasen-steuer 女 経済 全段階税 (売上税の一形態).
Allrad..「全輪…」の意. **Allround..**「万能の…」の意.
allseitig 形 あらゆる方面[から]の; すべての面での.
allseits 副 あらゆる方面で; すべての面で.
Allstromgerät 中 交直両用の電気器具.
Alltag 男 (-[e]s/-e) 平日, 週日; 単調な毎日.
alltäglich 形 毎日の, 日々の; 平凡な, 月並みな; 平日用の.
Alltäglichkeit 女 (-/-en) 日常的な単調さ; 日常の事柄, 日常茶飯事.
alltags 副 平日に, 週日に; 日常.
Alltags-kleidung 女 普段着. **=leben** 中 平常生活, 毎日〈日々〉の生活. **=mensch** 男 平凡な人.
allumfassend 形 すべてを含む〈包括する〉, 網羅する.
Allüre 女 (-/-en) 複 (派手で目立つ)態度, 挙動, ふるまい.
Allwetter..「晴雨兼用…; 全天候型の」の意.
allwissend 形 全知の.
allwöchentlich 形 毎週の.
allzu [アルツー] 副 あまりにも. ✦ 〜 **häufig** あまりにもしばしば〈たびたび〉. 〜 **sehr** あまりにも甚だしく. 〜 **viel** あまりにも多く. **allzu-häufig**, **=sehr**, **=viel** ⇨ **allzu** ✦
Allzweckmöbel 中 多目的家具.
Alm 女 (-/-en) 高原の牧草〈放牧〉地.

Alma Mater

Alma Mater(⊕- **mater**)女《—/》《雅》(母校としての)大学.
Almanach 男《-s/-e》年鑑;(年刊の)出版カタログ.
Almaty アルマトゥイ(カザフスタン共和国の首都).
Almosen 中《-s/-》施し, 喜捨;《腹》(仕事に見合わない)わずかな報酬.
Aloe 女《-/-n》《植》アロエ(の葉冠).
Alp ❶ 男《-[e]s/-e》夢魘(悪夢をもたらす);(悪夢に似た)胸苦しさ. ❷ 女《-/-en》高原の牧草(放牧)地.
Alpaka¹ ❶ 男《-s/-s》《動》アルパカ. ❷ 中《-s/-s》アルパカの毛. アルパカの毛織物.
Alp-druck 男 (悪夢に似た)胸苦しさ. **-drücken** 中 悪夢にうなされること.
Alpen[アルペン](die ~)アルプス[山脈]. **=glöckchen** 中《植》ソルダネレ. **=glühen** 中《-s/》アルプスの山の燃えるような夕焼け. **=rose** 女《植》アルプスシャクナゲ. **=veilchen** 中 シクラメン.
Alpha 中《-[s]/-s》アルファ(ギリシャ字母の第1字, Α, α).
Alphabet[アルファベート] 中《-[e]s/-e》アルファベット, 字母. **alphabetisch** 形 アルファベット順に並べた. **alphabetisieren** 他 アルファベット順に並べる. **alpha-[nu]merisch** 形 文字数字併用方式の.
Alphorn 中 アルペンホルン.
alpin 形 アルプス[地方]の;高山[地帯]の;高山性の;《スポ*》アルペン競技の;[アルプス]登山の.
Alpinismus 男《-/》[アルプス]登山. **Alpinist** 男《-en/-en》[アルプス]登山家, アルピニスト. **alpinistisch** 形[アルプス]登山[家]の, アルピニストの.
Alptraum 男《-[e]s/..träume》悪夢; = Alraune.
Alraune 女《-/-n》, **Alraun** 男《-[e]s/-e》《植》マンドラゴラ(根が人間の姿に似ていて, 媚薬や不幸運のまじないに用いられる) アルラウン(魔力を持つ小妖精).
Alraunwurzel 女 = Alraune.

als[アルス] I 接 ❶ (when, as)《過去の一回のことについて》…[した]とき(→ wenn);《否定文の後で》…するかいなかのうちに;gleich ~…するやいなや gestern, ~ ich dich anrief, ... きのう君に電話したとき…. ❷ (than)《比較級と》…より若い;Sie ist jünger ~ ich. 彼女は私より若い. ❸ 《andere, niemand, nichts などと》…のほかに:kein anderer <niemand anderes> ~ er... 彼以外のだれも…でない | Er ist alles andere ~ scheu. 彼が恥ずかしがりやなんだなんてとんでもない | Brauche ich nichts [anderes] zu tun, ~ abzuwarten? 私は待っていればいいのですか. ❹ 《zu..., ~ dass... の形で》Sie ist noch zu unerfahren, ~ dass sie das allein tun könnte. 彼女はまだ経験が浅くそれを一人でやれない. ❺ 《(as) as》《同格の名詞・代名詞, または形容詞と》…として:j' ~ Genie (genial) bezeichnen 彼を天才だと言う. ◆ ~ ob あとも…であるかのよう;《単独で》まさか…じゃあるまいし:Er

tut so, ~ ob er alles wüsste ⟨~ wüsste er alles⟩. 彼はまるで何もかも知っているかのようにふるまう.
II 副《南部》何度も, 時折;絶えず.
als= bald《文語》《そのあとすぐに, 即刻. **=bäldig**《文語》即刻の. **=dann** 副《南部・文語》《話》それゆえに.
also[アルゾー] I 接《(therefore)《接続詞的に》それゆえに;それでは;つまりは:《間投詞的に》さて, ええと, さあ, まあ;《古》かくのごとく;Also dann, bis später! じゃあ, またあとで.
Alster(die ~)アルスター(Elbe 川の支流;Hamburg の港に注ぐ).
alt[アルト] 形《älter; ältest》 ❶ 《old》年取った, 老いた, 高齢の, 老齢の;《年齢の》…歳の;…の期間を経た:古い, 古くからの, 古代の, 旧式の;かつての, 以前の, 昔の, 古風な;古びた. ◆ alles beim Alten bleiben lassen もとのままにしておく. **~ aussehen**《話》おいてぼりを食っている;遅れをとっている. Altes Haus! 《話》(親しい人に)ご同輩. Alt und Jung 老いも若きも皆;だれもが. Beim Alten bleiben もとのままである, 変わらない. die Alten bleiben Alten はいつまでも変わらない. ein ~er Hase 専門家;ベテラン. nicht ~ werden《話》長続きしない, 長居しない.
Alt《-s/-e》《楽》アルト;アルト歌手.
Altai(der ~)アルタイ(中国・モンゴル・シベリアにまたがる山脈).
Altamira アルタミラ(スペイン, サンタンデルにある洞窟(どうくつ)).
Altan 男《-[e]s/-e》《建》(地面から柱で支えられたバルコニー.
Altar 男《-[e]s/Altäre》祭壇;《ロ》祭壇墓. ◆ zum ~ führen《雅》(男性を女性と)結婚する. **=bild** 中, **=gemälde** 中 祭壇画.
Altäre ⇨ Altar
altbacken《パンなどが》古くなった;《考えなどが》古くさい, 陳腐な,《服装など》が流行遅れの.
Altbau 男《-[e]s/-ten》古い建物;旧館.
alt= bekannt 古くから知られた;旧知の. **=bewährt** 昔から定評のある.
Altdorf アルトドルフ(スイス Uri 州の州都;Tell の伝説だといわれる).
alt=ehrwürdig 古びて厳かな, 年を経て威厳のある. **=eingesessen** 古くから[その地に]住みついている.
Alt=eisen 中 鉄くず.
Alten=heim 中 = Altersheim. **=pflegeheim** 中 老人介護ホーム. **=pfleger** 男 老人介護士. **=teil** ◆ aufs ~ zurückziehen (sich⁴) 隠居(引退), 退隠する. **=wohngeheim** 中 ケアハウス.
Alter(r) 形《(⇔ alt》《男女》《形容詞変化の》老人, 年寄り, 高齢者,《俗》親, 亭主, 女房;上司, ボス. ◆ Alte und Junge 老いも若きも皆;だれもが. Wie die Alten sungen, so zwitschern auch die Jungen.《話》カエルの子はカエル, この親にしてこの子あり.
Alter[アルター] 中《-s/-》《(age)》年, 年齢;年数;老年, 高齢;《集合的》老人,

高齢者．◆ ～ schützt vor Torheit nicht．[話] 頭ははげても浮気はやまぬ(年をとってもばかなことするものだ)．im ～ sein とって，die. im ～ von...～歳で…の時に．mit dem ～ 年とともに．

älter 形 alt の比較変化形，(より)年長の，年配の．

Alter ego 中 ⟨-/-⟩ もう一人の自分；親友．

Ältere[r] 男女 [形容詞変化] (一族の中で名前が同じ人を区別して)父の…，兄の…，長兄の…．

altern 自 (s, h) 年を取る．老いる．老ける；老[朽]化する(ワインなどが)変質する．

alternativ [アルタナティーフ] 形 二者択一の；代替の，代案となる：オルタナティブの(科学技術・経済優先の社会体制など以前の自然で人間的な生活を主張する)．**Alternativbewegung** 女 ⟨-/-en⟩ オルタナティブ運動．**Alternative** 女 ⟨-/-n⟩ 二者択一，代案．**Alternativ-energie** 女 (石炭・石油・原子力エネルギーに代わる)代替エネルギー．**-kost** 女 自然食品．**Alternativler** 男 ⟨-s/-⟩ (女 -in) オルタナティブ運動の支持者．

alternieren 自 交替し合う；交互に入れ替わる．

alters 副 ◆ seit ～/von ～ her [雅] 昔から．

altersbedingt 形 年齢からくる，年齢ゆえの，年のせいの．

Alters-beschwerden 複 老人性疾患(障害)．**-blödsinn** 男 老人ぼけ．**-erscheinung** 女 老年に老化現象．**-genosse** 男 (..ssin) 同年齢の人．**-grenze** 女 年齢制限；定年．**-gruppe** 女 同年齢グループ(層)．**-heim** 中 老人ホーム．**-klasse** 女 同年齢グループ；[スポ] 年齢層別クラス．**-krankheit** 女 老人病．**-pyramide** 女 ピラミッド型年齢構成，年齢ピラミッド．**-rente** 女 老年年金．**-ruhegeld** 中 老年年金．

altersschwach 形 老衰した；老朽化した．**Alters-schwäche** 女 老衰，老朽．**-versorgung** 女 (老年年金などによる)高齢者福祉．

Altertum [アルタァトゥム] 中 ⟨-s/..tümer⟩ 古代；[複] 古代文化の遺物，古代美術品．**altertümlich** 形 古代[様式]の，古風な．時代がかった．**Altertumskunde** 女 ⟨-/-⟩ 古代学，考古学．

Alte[s] 中 (< alt) 形容詞変化 古い物．◆ am Alten hängen 古いものを守り続ける．

ältest 形 alt の最上級：最年長の．

Älteste[r] 男女 [形容詞変化] 最年長者；長老；[話] 長男．長女．

alt-fränkisch 形 [話] 古風な，古めかしい．**-gedient** 形 長年勤続した．**-gewohnt** 形 長年慣れ親しんだ．昔なじみの．**-hergebracht** 形 昔から伝わる，伝統的な．**-hochdeutsch** 形 古高ドイツ語の．

Altist 男 ⟨-en/-en⟩ [楽] (ふつう少年の)アルト歌手．**Altistin** 女 ⟨-/-nen⟩ (女性の)アルト歌手．

altklug 形 (子供が)ませた，おとなびた．

ältlich 形 老けた，やや年を取った．

Altmark (die ～) アルトマルク(Sachsen-Anhalt 州西部、Elbe 左岸の平野地帯)．

Alt-material 中 = Altstoff．**-meister** 男 [スポ] 巨匠；重鎮、老大家；[スポ] 前⟨元⟩チャンピオン．**-metall** 中 くず鉄，スクラップ．

altmodisch [アルトモーディッシュ] 形 (◎ old-fashioned) 時代後れの，旧式の，流行後れの．古くさい，古風な．

Alt-öl 中 廃油．**Altona** アルトナ(Hamburg 市の一部)．**-papier** 中 古紙．**-philologe** 男 古典文献学者．**-philologie** 女 古典文献学．**-reifen** 男 古タイヤ．**-rhein** (der ～) アルトライン(沼沢化した Rhein 川の旧水路)．

Altruismus 男 ⟨-/-⟩ 利他主義．**altruistisch** 形 利他主義の．

altsprachlich 形 (ギリシャ語など)古典語の．

Alt-stadt 女 旧市街．**-stimme** 女 [楽] アルトの声(歌手)．**-stoff** 男 (くず鉄・古紙などの)くず物，廃品．

alt-testamentarisch 形 旧約聖書の．**-väterisch** 形 古風な，古めかしい．**-väterlich** 形 家父長的な，風格⟨威厳⟩を持った．

Alt-vordern 複 [雅] ご先祖[様]．**-wagen** 男 中古車．

Altwaren 複 中古品；骨董(ホ)品．**-händler** 男 古物商，古道具屋；骨董(ホ)屋．

Altweibersommer 男 (初秋の)小春日和．

Alu 中 ⟨-s/-⟩ [話] = Aluminium．

Aluminium ⟨-s/-⟩ アルミニウム(元素記号 Al)．**-folie** 女 アルミホイル．

Alwegbahn 女 ⟨-/-en⟩ (アルヴェーク社型モノレール)．

Alzheimer Alois，アルツハイマー(1864–1915；ドイツの神経科医・精神病医)．**-krankheit** 女 アルツハイマー病．

am < an dem．**a.M.** = am meridiem 午前の⟨に⟩=ante mortem 死の前の⟨に⟩．**a.M.** = am Main マイン河畔の．**Am** アメリシウム．

Amadeus [男名] アマデーウス．

Amalgam 中 ⟨-s/-e⟩ [化] アマルガム；混合物．**amalgamieren** ⟨et¹ mit Quecksilber⟩ (et⁴ を)水銀との合金(アマルガム)にする；(金・銀を)アマルガム法によって精錬する．

Amaryllis 女 ⟨-/..ryllen⟩ [植] アマリリス．

Amateur [アマテーア] 男 ⟨-s/-e⟩ (プロに対して)アマチュア，素人．**-fotograf** 男 アマチュア写真家．**-funk** 男 アマチュア無線．

Amati ❶ 女 ⟨-/-s⟩ アマーティ作のヴァイオリン．❷ 男 アマーティ(16–17世紀イタリアのヴァイオリン製作者の家名)．

Amazonas (der ～) アマゾン(ブラジル北部を流れる世界第2の大河)．

Amazone 女 ⟨-/-n⟩ [神] アマゾン族の女性；女性の馬術選手；女性ライダー；男顔負けの⟨男勝りの⟩女性．

Amazonien (das ～) アマゾニア(アマゾ

Amber 30

川流域の低地帯).
Amber 男 (-s/-(-n)) 竜涎(%")香.
Ambition 女 (-/-en) 野心, 功名心.
ambitioniert 形 野心(功名心)のある.
ambivalent 形 両面価値的な, アンビバレントな.
Ambivalenz 女 (-/-en) 両面価値, 両価感情(愛憎など, 相反する感情の併存).
Amboss ((-)..**boß**) 男 (..bosses/..bosse) [工] 金敷(然"), 鉄床(熟");[医] (耳の)砧骨(ボ).
Ambra 女 (-/-s) = Amber.
Ambrosia 女 (-/) [ギ神] アンブロシア(不老不死の神々の食べ物);美味佳肴(%).
ambulant 形 移動する,巡回の;(医)の,通院の.
Ambulanz 女 (-/-en) 救急車;移動診療所;(病人輸送用の)寝台車(病院の)外来診療部門.
<u>**Ameise**</u> [アーマイゼ] 女 (-/-n) (⊛ ant)アリ(蟻). **~n-bär** 男 (動) アリクイ. **~n-haufen** 男 アリ塚. **~n-säure** 女 [化] 蟻酸(鷺").
amen 間 アーメン(特に祈り・説教などの最後に唱える言葉). **♦ zu allem ja und ~ sagen** [話] なんにでも簡単に賛成してしまう. **Amen** 中 (-s/-) アーメン. **♦ sein ~ geben** [zu et³] (...に) 同意する. **Das ist so sicher wie das ~ in der Kirche.** それは間違いない, 確実である.
Americium 中 (-s/) アメリシウム(元素記号 Am).
<u>**Amerika**</u> [アメリカ] 中 (⊛ America)アメリカ(大陸); 米国. <u>**Amerikaner**</u> [アメリカーナー] 男 (-s/-) (女 **..in**) アメリカ人. **amerikanisch** 形 (⊛ American)アメリカの; アメリカ人(人, 英語)の. **amerikanisieren** 他 アメリカナイズする, アメリカ風にする.
Amethyst 男 (-[e]s/-e) [鉱物] 紫水晶, アメシスト.
Ami 男 (-[s]/-[s]) [話] アメリカ人(兵).
Amidase 女 (-/-n) [生化] アミダーゼ.
Amino-säure 女 (-/-n) [化] アミノ酸.
Amman アンマン(ヨルダン王国の首都).
Amme 女 (-/-n) 乳, 母(f). **~n-märchen** 中 荒唐無稽(%)な(子供だましの)作り話.
Ammer 女 (-/-n) [鳥] ホオジロ.
Ammersee (der ~) アマー湖 (Oberbayern にある Ammer 川中流の湖).
Ammon アムモン(古代エジプトの主神).
Ammoniak 中 (-s/) [化] アンモニア.
Ammonit 男 (-en/-en) [生] アンモナイト.
Ammonium 中 (-s/) [化] アンモニウム.
Amnesie 女 (-/-n) [医学] 健忘[症], 記憶喪失[症].
Amnestie 女 (-/-n) [法] (政治犯などの)恩赦, 特赦. **amnestieren** 他 (人に)恩赦(特赦)を与える.
Amöbe 女 (-/-n) [動] アメーバ.
Amok 男 (-s/) **♦ ~ fahren** 暴走運転で人身事故を起こす. **~ laufen** 怒り狂って無差別的殺人をする. **Amok..** 狂暴な…, 殺人鬼の…. **=fahrt** 女 暴走運転.

=läufer 男 通り魔, 殺人狂.
a-Moll 中 (-/-) [楽] イ短調(記号 a).
Amor [ロ神] アモル(恋愛の神;ギリシャ神話の Eros に当たる). **♦ von ~s Pfeil getroffen werden** 恋に落ちる.
amoralisch 形 不道徳な, 背徳の.
amorph 形 特定の形をもたない, 無定形の, アモルファスの;[化・鉱物] 非晶質の.
Amortisation 女 (-/-en) [経] 債務 〈債権〉すること; 減価償却;(紛失した証書などの)無効宣告.
amortisieren 他 [経済] (債務などを)漸次に償却〈償還〉する;(投資・支出などを)収益によって相殺する.
Amour [アムーア] 女 (-/-en) 愛; [商] 情事, 色事.
amourös 形 情事(色事)の, 色気[じた]の.
Amoy 厦門, アモイ(中国, 福建省の都市).
Amp. 略 Ampere.
<u>**Ampel**</u> 女 (-/-n) [交通] 交通信号灯, ペンダント照明, つり下げランプ;ペンダント鉢.
Ampere [アンペール] 中 (-[s]/-) アンペア(電流の単位;略 A, 略 Amp.). **Ampère** [アンペール] André Marie, アンペール(1775-1836;フランスの物理学者).
Ampere-meter 中 電流(アンペア)計. **=sekunde** 女 [電] アンペア秒(記号 As). **=stunde** 女 [電] アンペア時(記号 Ah).
Amphibie 女 (-/-n) [動] 両生類.
amphibisch 形 両生類の; 水陸両生の; (車両・飛行機などが)水陸両用の.
Amphibium 中 (-s/..bien) = Amphibie.
Amphitheater 中 (-s/-) (古代ローマの)[野外]円形劇場.
Amphora, Amphore 女 (-/..ren) アンフォラ(両側に取っ手のついた古代のワインがめ).
Amplitude 女 (-/-n) [理] (振り子・振動などの)振幅.
Ampulle 女 (-/-n) (注射液用の)アンプル; [昔の]膨らんだ小瓶.
Amputation 女 (-/-en) [医] (手術による手足の一部の)切断.
amputieren 他 (手術により手足(の一部)を)切断する.
Amsel 女 (-/-n) [鳥] クロウタドリ.
Amsterdam アムステルダム(オランダの首都).
Amt [アムト] 中 (-es (-s) **Ämter**) (⊛ **Ämtchen**) ❶ (⊛ office) 公職, 官職; 職務, 任務: ein ~ antreten (niederlegen) 就任〈辞任〉する. ❷ 官[公]庁, 役所: das Auswärtige ~ (ドイツの)外務省. **♦ seines ~es walten** [雅] 職務を遂行する. **Das ist nicht deines ~es.** それは君の知ったことではない. **Das ist nicht meines ~es.** それは私の関知するところではない. **in ~ und Würden sein** (公的な)官職上の身である. **von ~s wegen** 職務〈職権〉上.
amtieren 自 職務にある, 在職している; [**als** et¹] (…の)職を勤める; (一時的に)職務を代行する.
amtlich 形 公の, 官公庁の; 公務の; 職務〈職権〉上の, 公式の; (表情などが)しかつめ

Anankasmus

らしい. ♦ **nicht ~** 非公式の, 内々の.
Amtmann 男 高級官僚.
Amts- anmaßung 女 越権行為. **=antritt** 男 就任. **=arzt** 男 医師, 医官. **=befugnis** 女 職務権限, 職権. **=bereich** 男 (職務上の)管轄区域. **=bezirk** 男 (役所の)管轄(担当)分野. **=blatt** 中 (官庁の)広報. **=deutsch** 中 お役所言葉. **=eid** 男 公職就任時の宣誓. **=enthebung** 女 《雅》免官, 罷免, 解任. **=führung** 女 職務の遂行. **=geheimnis** 中 《雅》職務上の秘密; 守秘義務. **=gericht** 中 区裁判所(日本の簡易裁判所に当たる). **=geschäfte** 複 公務, 職務. **=handlung** 女 職務(遂行上)の行為. **=miene** 女 《戯》(しかつめらしい)役人づ

amtsmüde 形 職務に飽き飽きした.
Amts- periode 女 (公務員の)在職期間, 任期. **=person** 女 役人, 公務員, 職員. **=pflicht** 女 職務, 職責. **=schimmel** 男 《戯》〔形式・手続きにこだわる〕役人根性. 官僚主義. ♦ **den ~ reiten** しゃくし定規なやり方をする. **Der ~ wiechert.** 官僚的なお役所的のである. **=sitz** 男 (当該の)官庁の所在地〈所在する建物〉. **=stunden** 複 (官庁の)勤務〈執務〉時間. **=tracht** 女 制服(法服・司教服など). **=weg** 男 (官庁の所定の)事務手続き. **=zeit** 女 在職期間, 任期. **=zimmer** 中 (官庁などの)執務室.

Amulett 中 {-[e]s/-e} (ペンダント型の)魔よけ(厄よけ)のお守り.
Amundsen Roald, アムンゼン(1872–1928; ノルウェーの極地探検家).
Amur (der ~)アムール(中国とロシア連邦の国境を東流してオホーツク海に注ぐ川).
amüsant 形 愉快な, 楽しい, おもしろおかしい. **Amüsement** 中 {-s/-s} 楽しみ, 娯楽, 慰み, 暇つぶし.
amüsieren [アミュズィーレン] 動 おもしろがらせる, 楽しませる. 《sich》楽しむ; 愉快に過ごす.
Amylase 女 {-/-n} 《生化》アミラーゼ, 澱粉(なん)加水分解酵素.
Amylolyse 女 {-/-n} 《生化》澱粉(なん)[加水分解, 澱粉消化.
an [アン] I 前 {3・4格支配} ❶ 〔空間的〕《⊗ on》{3・4格} …で(へ), …に(くっついて, くっついて); …のわき(そば)に; ~ **der Ecke warten** 角で待つ | ~ **der Wand hängen** 壁に掛かっている | **den Hund ~ die Kette legen** 犬を鎖につなぐ | **am Rhein liegen** ライン河畔にある | **den Tisch ans Fenster stellen** 机を窓際へ寄せる. ❷ {3格}〔時間的〕{3格}…に: **am Morgen** 〈**Abend**〉朝〈晩〉に | **am Sonntag** 日曜日に. ❸ 〔3格〕〔関連〕…に関して, …の点で;〔手段・手がかり〕…をたよりに, …を手がかりとして;〔原因〕…で;〔状態・動作の進行〕…に. ❹ …しようとしている: **ein ~ Bodenschätzen reiches Land** 地下資源が豊富な国 | **das Schönste ~ der Sache** そのもっともすばらしい点 | **Es ist nichts ~ der Geschichte.** その話はうそっぽいだ. | **j**[4] ~ **der Stimme erkennen** (人を)声で分かる | ~ **Lungenkrebs sterben** 肺がんで死ぬ | **Es liegt es ~ ihm.** 彼が悪いの

だ | **noch am Leben sein** まだ生存している. ❹ {3・4格}〔従事・関与〕…にとりかかって |〔関心・行為の対象〕…に対する〈対して〉; {4格} …に対して, …に対して:~ **der Arbeit sein** 仕事中である | **ein Brief ~ seinen Vater** 父あての手紙. ❺ 〔形容詞・副詞の最上級を **am ...sten** の形で〕最も(いちばん): **Er rennt am schnellsten.** 彼が一番足が速い. II 副 ❶ 《⊗ on》(明かりなどが)ついて; (機械の)スイッチが入って: **Das Fernsehen ist ~.** テレビがついている | **Bitte das Licht ~!** 明かりをつけて. ❷ 〔列車時刻表などで〕-着: **München ~:** 17[30] ミュンヘン着17時30分. ❸ 〔話〕〔anhaben, anziehen などの代用として〕〔衣服〕をつけて, 着て: **ohne etwas ~** 何も着ないで, 裸で | **Nur rasch die Jacke ~!** さっさと上着を着なさい. ❹ {3格}〔**an** {die} ~ 数量〕約…〈近く〉: **Das kostet die 50 Mark.** それは50マルクくらいする. **ab und ~** 時折, ときどき. **~ et**[3] **entlang gehen** …に沿って行く〈歩く〉. **~ sein** 〔明かり・ガスが〕ついている. ⇒ II 〔] ~ **[und für] sich** それ自体; なお…. **an et**[3] **vorbeigehen** 〈**vorübergehen**〉…のそばを通り過ぎる. **es ist ~ j**[3] **+ zu** 不定詞 {話}〔…するのが〕人の義務〈責任〉である. **Es ist ~ dem.** 〔話〕それは本当だ. **von et**[3] ~ …から.

an.. 〔分離動詞の前つづり〕「接触, 結合; 働きかけ; 到着; 増加; 接続」などの意: **angrenzen** 境を接する | **anmachen** (明かり・ラジオなどの)スイッチを入れる.

Anabolikum 中 {-s/..ka} 《薬》アナボリックステロイド(筋肉増強剤).
Anachronismus 男 {-/..men} 時代錯誤, アナクロニズム; 時代遅れ{のもの}. **anachronistisch** 形
Anadyomene 女〔神〕アナディオメネ (Aphrodite の異名).
anal 形 肛門[部]の.
analog 形 ❶ 〔**zu** et[3]〕〈…に〉類似した, 相似の; 相応ずる. ❷ アナログ方式の.
Analogie 女 {-/-n} ❶〔類〕似; 類似 (⊗〔形態上の〕相似); 類推, 類比. **=schluss** (⊗ **=schluß**) 男 {=es} 類推, 類比推理.
analogisch 形 = analog; 類推による.
Analog- rechner 男 アナログ計算機. **=uhr** 女 アナログ式時計.
Analphabet 男 {-en/-en} 読み書きのできない人, 文盲. **Analphabetentum** 中 {-s/}, **Analphabetismus** 男 {/} 読み書きができないこと.
Analyse [アナリューゼ] 女 {-/-n} 分析, 分解; 解析. **analysieren** [アナリュズィーレン] 動 分析〈分解〉する;〔数〕解析する. **Analysis** 女 {/} 〔数〕解析〔学〕. **Analyst** 男 {-en/-en} 〔数〕アナリスト. **Analytiker** 男 {-s/-} 分析する人, アナリスト.
analytisch 形 分析の;〔数〕解析の.
Anämie 女 {-/-n} 〔医〕貧血〔症〕. **anämisch** 形 貧血[性]の.
Anamnese 女 {-/-n} 既往歴, 病歴;〔哲〕アナムネシス.
Ananas 女 {-/-(-se)} 〔植〕パイナップル.
Anankasmus 男 {-/..men} 〔心〕強迫

Anarchie 32

観念. [医] 強迫神経症.
Anarchie 囡 (-/-n) 無政府状態, アナーキー; 無秩序. **anarchisch** 形 無政府〈無法〉状態の; 無秩序の. **Anarchismus** 男 (-/) 無政府主義, アナーキズム. **Anarchist** 男 (-en/-en) 無政府主義者, アナーキスト. **anarchistisch** 形 無政府主義の(アナーキズムの).
Anästhesie 囡 (-/[-e]n) [医] 感覚脱失, 知覚まひ; 無感覚[症]; 麻酔[法]. **Anästhesist** 男 (-en/-en) 麻酔専門医.
Anatolien アナトリア(黒海と地中海の間のアジアトルコ; 古くは小アジア全域をさした).
Anatom 男 (-en/-en) 解剖学者.
Anatomie 囡 (-/-n) 解剖学; 解剖学教室. **anatomisch** 形 解剖学[上]の.
Anatozismus 男 [法] [経] 複利法.

anbahnen 他 (…の)道をつける, (…の)準備に取りかかる; 再 《sich⁴》 開ける, 始まる. **Anbahnung** 囡 (-/-en) 準備, 開始.
anbändeln 自 《南部・オーストリア》 = anbändeln.
anbauen 他 (j⁴ mit et³) (人に…を)吹きつける; (火などを)吹きおこす; (吹奏楽器を)吹き始める.
anbändeln 自 《話》 《mit j³》 (異性と)関係を結ぼうとする.
Anbau 男 (-[e]s/-e) 栽作付け, 耕作; 増築[すること]; (-[e]s/-ten) (建物の)増築部分; 付属建築物. **anbauen** 他 栽培する; 増築で(家屋を)増して建てる.
Anbau=fläche 囡 作付け面積. **=möbel** 中 組み合わせ(ユニット)家具.
Anbeginn 男 (-s/) [雅] 始め, 始まり.
anbehalten* 他 《話》 (コートや靴を)着た〈履いた〉ままでいる.
anbei 副 同封して, 添えて.
anbeißen* 他 (…に)かみつく, (…にかじる)(魚がえさに食いつく; 《話》誘いに乗る. ♦ *zum Anbeißen sein* 《aussehen》 《話》 (食いつきたいほど)かわいらしい.
anbelangen 他 ♦ *was j⁴ anbelangt* …に関しては.
anbellen 他 (犬が…に)ほえかかる, ほえかかる.
anberaumen 他 (…の)日時を決める.
anbeten [アンベーテン] 他 (beten an; an=gebetet) 他 《worship》崇拝する, あがめる; 熱愛する.
Anbeter 男 (-s/-) 賛美者, 崇拝者, ファン.
Anbetracht 男 ♦ *in ~ et²*…を考慮して. *in ~ (dessen), dass*… (という事情)を考慮して.
anbetreffen* 他 ♦ *was et⁴ anbetrifft* …に関して言えば.
anbetteln 他 《j⁴ um et⁴》 (人に…を)せがむ.
anbiedern 他 《sich⁴ bei j³》 (なれなれしくして人に)取り入る.
anbieten* [アンビーテン] 他 (bot an; an=geboten) 他 ❶ 《⦅ offer》 《j³ j⁴·et⁴》 (人に椅子・料理などを勧める, (助けなどを)申し出る; 《sich⁴ als et⁴》 (…として)働くことを申し出る; 《sich⁴》 ⦅zu 不定詞句⦆ (…すること)を申し出る. ❷ (人にプラン・意見などを)提案する; (人に…を)売り込む; 再 《sich⁴》 (機会などが)与えられる, 表れる; (あることが)考慮に値する, 適している.

anbinden* 他 ❶ (ひもなどで)縛りつける, つなぐ; 束縛する. ❷ 《話》 = anbändeln.
anblasen* 他 《j⁴ mit et³》 (人に…を)吹きつける; (火などを)吹きおこす; (吹奏楽器を)吹き始める.
Anblick [アンブリック] 男 (-[e]s/-e) 《⦅ sight》見ること, まのあたりにすること; 眺め, 光景. ♦ *ein ~ für Götter* 《話》すばらしい見もの. *in den ~ et² versunken 〈verloren〉 sein* …に見とれている.
anblicken 他 じっと見つめる, 注視する.
anblinzeln 他 (人に)目をしばたたきながら見つめる; (人に)まばたきして合図する, 目配せする.
anbohren 他 (…に)穴を空ける; (地下資源などを)ボーリングして掘り当てる. 発掘する; (人に)探りを入れる.
anbraten* 他 (肉などを)強火でさっといためる〈焼く〉.
anbrechen* 他 (包みなどの)封を切る, (瓶などの)口を開ける; 自 《s》 (日が)始まる.
anbrennen* 他 (…に)火をつける. 点火する; 自 《s》 燃え始める, (料理が)焦げつく; (抜かりがない); (ゴールキーパーが)シュートを許さない.
anbringen* 他 《話》持ち込む〈帰る〉; (人を)連れて来る; (ある場所に…を)取りつける, 固定する, 設置する; 披露する; (修正などを)加える; (話に(商品を)売り込む就職させる.
Anbruch 男 (-[e]s/..brüche) [雅] 始まり; 開封, 荷開き.
anbrüllen 他 (動物が人に)ほえかかる; (人に)どなりつける.
Anchovis 囡 (-/-) = Anschovis.
..and […される人]の意.
Andacht [アンダハト] 囡 (-/-en) 祈祷, 敬虔の心; 礼拝式; 専心, 傾注. ♦ *eine ~ halten* お祈りをする. **andächtig** 形 敬虔な; ひたむきな, 熱心な.
Andalusien アンダルシア(スペイン南部の地方).
andante 副 [楽] アンダンテ, 緩やかに. **Andante** 中 (-[s]/-s) [楽] アンダンテの曲〈楽章〉. **andantino** 副 [楽] アンダンティーノ, やや緩やかに(アンダンテよりやや速めの). **Andantino** 中 (-[s]/-s, ..ni) [楽] アンダンティーノの曲〈楽章〉.
andauern 自 持続する. **~d** 形 持続する, 絶え間〈間断〉のない.
Anden アンデス(南米太平洋岸の山脈).
Andenken [アンデンケン] 中 (-s/-) 《⦅ memory》思い出; 記念の; みやげ, 思い出〈記念〉の品.
ander [アンデル] 形 《不定代名詞・不定数詞; 変化は形容詞に準じる》 ❶ 《⦅ other》その他の; (対をなす二つのうちの)もう一方の; 《ふつう不定冠詞なし》異なった, 別の. ♦ *alles ~e als* … *sein* 全然…でない. *einer nach dem ~[e]n* ―人ずつ順々〈次々〉に. *Es blieb mir nichts ~es übrig, als* … ⦅+ zu 不定詞句⦆ (…する) ほかなかった. *und ~e〈~es〉 [mehr]* などなど. *unter ~em / unter ~en* とりわけ, 中でも.
anderen=falls 副 《接続詞的》 そうでな

A

い場合には，さもなければ. =**orts** [副]《雅》ほかの場所で. =**tags** [副]《雅》その翌日に. =**teils** [副]ほかの部分では; 他方において.
andererseits [副]他方〈一方〉では，その反面.
Anderkonto [中]〔経〕信託勘定〈口座〉.
andermal [副] ♦ *ein* ～ 別の時に; またいつか.
Andermatt アンデルマット(スイス Uri 州の町).
ändern [エンダァン]《änderte; geändert》[他]([英] change)変える，変更する，改める;《*sich*⁴》変わる，変化する.
andern=falls [副] = anderenfalls. =**orts** [副] = anderenorts. =**tags** [副] = anderentags. =**teils** [副] = anderenteils.
anders [アンダァス][副]異なって，別のやり方で，別の状態に;(その)ほかに，それ以外，(それとは)別に;《話》さもないと. ♦ ～ *gesinnt* 別の考え方の. *Ich kann nicht* ～*, ich muss lachen.* 私は笑わずにはいられない. *Mir wird ganz* ～. 《話》私は気分が悪い. *nicht* ～ *als...* …にほかならない. *wenn* ～... もし…とすれば.
anders=artig [形]別の，異なった.
=**denkend** ⇨ anders ♦
anderseits [副] = andererseits.
Andersen Hans Christian, アンデルセン(1805-75; デンマークの童話作家).
anders=gesinnt ⇨ anders ♦
=**gläubig** [形]信仰〈宗教〉の異なった.
=**wie** [副]《話》何か別の方法で. =**wo** [副]《話》どこか別の所で. =**woher** [副]《話》どこか別の所から. =**wohin** [副]《話》どこか別の所へ.
anderthalb《無変化》1つ半の，1と2分の1の. =**jährig** [形]1歳半の; 1年半の.
Änderung [エンデルング][女]《-/-en》([英] change)変更，修正，手直し，改正.
ander=weit [形]《雅》= anderweitig. =**weitig** ❶ [形]そのほかの. ❷ [副]ほかの方法〈場所〉で; ほかの場所〈人〉へ.
an|deuten [アンドイテン]《deutete an; angedeutet》[他]([英] hint)《[*j*³] *et*⁴》([人に]…を)ほのめかす，におわす，示唆〈暗示〉する;(ある物が…の)徴候〈兆し〉である;《*sich*⁴》兆しが見えてくる，徴候として見てとれる;(…の)概略を述べる，輪郭を示す.
Andeutung [女]《-/-en》ほのめかし，示唆，暗示，ヒント.
andeutungsweise [副]暗に，それとなく.
an|dichten [他]《*j*³ *et*⁴》(人の…を)でっち上げる. |**diskutieren** [他]論じ始める，議論し始める.
Andorra アンドラ(フランス・スペインの国境の公国).
Andrang [男]《-[e]s/》(人・物の)殺到: ～ zu einer Bank 銀行の取り付け.
an|drängen [自](s)《**gegen** *j-et*⁴》(…に向かって)押し寄せる，殺到する.
Andreas ❶《男名》アンドレーアス. ❷〔聖〕アンデレ，アンドレアス(十二使徒の一人).
an|drehen [他](栓・コックなどを)ひねって開ける; 栓をひねって出す;(ねじなどを)回して締める;《話》《*j*³ *et*⁴》(人に…を)売りつける;〔映〕クランクインする.
andrerseits [副] = andererseits.
an|dringen* [自](s)《雅》= an|drängen.
Androgen [中]《-s/-e》〔生化〕アンドロゲン，雄性ホルモン物質.
an|drohen [他]《*j*³ *et*⁴》(人を…と言って)脅す. **Androhung** [女]《-/-en》脅し，脅迫.
Andromeda ❶ [女]《-/》〔天〕アンドロメダ座. ❷〔ギ神〕アンドロメダ(Kassiopeia の娘).
Andruck [男]《-[e]s/-e》〔工〕(ロケットなどの)推力.
an|drücken [他]押しつける.
Äneas〔ギ神〕アイネイアス(Troja の英雄).
an|ecken [自](s)《**an** *et*³》(角などに)ぶつかる;《話》《**bei** *j*³》(人の)ひんしゅくを買う.
an|eignen [他]《*sich*³ *et*⁴》横取りする，横領する; 習得する.
Aneignung [女]《-/-en》(知識などの)習得;〔法〕先占; 横領.
aneinander [副]互いに並び〈接し〉合って. ♦ ～*fügen* (…を)継ぎ合わせる，接合する. ～*geraten*《**mit** *j*³》(意見の対立などで人と)争い〈けんか〉になる. ～*reihen* (…を)並べる，並列させる;《*sich*⁴》(空間的に)並ぶ;(時間的に)続く. ～*stoßen* ぶつかり合う，衝突する.
aneinander|fügen, |**geraten***, |**reihen,** |**stoßen*** ⇨ aneinander ♦
Anekdote [アネクドーテ][女]《-/-en》逸話. **anekdotenhaft** [形]逸話ふうの.
an|ekeln [他](人に)吐きけを催させる.
Anemometer [中]《-s/-》風速計.
Anemone [女]《-/-n》〔植〕アネモネ.
an|empfehlen* [他]《*j*³ *et*⁴》(人に…を)勧める，勧告する.
An=erbieten [中] = Angebot.
Anergie [女]《-/》〔医〕アネルギー(細胞性免疫の反応性の低下または無反応状態).
anergisch [形]〔医〕アネルギーの.
anerkannt (→ anerkennen) [形]世間一般に認められた，定評のある.
anerkannter=maßen [副]世間一般に認められているように.
an|erkennen* [アンエアケネン]《**erkannte an; anerkannt**》[他]([英] recognize)(正当と)認める，承認する;(子供を)認知する; 高く評価する，称賛する.
anerkennens=wert [形]称賛に値する，高く評価すべき.
An=erkennung [女]《-/-en》承認，認定，認知;(業績・才能の)評価.
Aneroid [中]《-[e]s/-e》アネロイド気圧計.
an|erziehen* [他]《*j*³ *et*⁴》(人に…を)教え込む. |**fachen** [他](火などを)あおいでおこす;(感情などを)あおる.
an|fahren* [自](s)(乗り物が)動き始める，発車する; [他](乗り物で)運んでくる;(…に乗り物が)衝突する，ぶつかる;(人を)どなりつける. **Anfahrt** [女]《-/-en》(乗物での)到着;(目的地までの)道のり; 車寄せ.
Anfall [アンファル][男]《-[e]s/..fälle》([英] attack)〔医〕発作;(感情などの)激発; 収穫〈生産〉〔高〕. ♦ *einen* ～ *bekom-*

anfallen

men ⟨**kriegen**⟩《話》発作を起こす；激怒

anfallen* ❶ 他 (犬などが…に)襲いかかる；(話)付随的に生じる。❷ 自 (感情・気分などが人を)襲う。**anfällig** 形 (病気に)感染しやすい，抵抗力のない。**Anfälligkeit** 女 ⟨-/-en⟩ 虚弱。

Anfang [アンファング] 男 ⟨-[e]s/-fänge⟩ ⟦= beginning⟧ 初め，始まり，最初。発端，糸口；起源：(諺)**Aller** ～ **ist schwer.** 何事も始めは難しい │ **Wie der ～, so das Ende.** (諺) 何事も始めが肝心。✦ **am ～/ zu ～** 初めに │ **seinen ～ nehmen** 事が始まる。**den ～ machen** (真っ先に)始める。**noch im ～ sein** まだ始まったばかりである。**von ～ an** 始めから。**von ～ bis Ende / vom ～ bis zum Ende** 始めから終わりまで。

anfangen* [アンファンゲン] ⟦**fing an; angefangen**⟧ ⟦= **begin**⟧ ❶ 他 《**mit**/**et³**》(…を)始める。開始する。始まる；(に)着手する《**von et³**》(…について)話し始める，(…を)持ち出す：《話》行う，扱う：**Das fängt ja gut an.** 《皮肉》こいつはさい先のいいことだ │ **Er hat angefangen.** 《話》(けんかなどを)あいつが始めたんだ。✦ **nichts ⟨nicht viel⟩ mit j-et³** (…は)何の役にも立たない；何の事かわからない：**Was sollen wir mit ihm ～?** 彼のことはどうしたものか │ **Kannst du noch etwas damit ～?** それはまだ何か役に立つのかい。**nichts ～ können ⟨anzufangen wissen⟩** 《**mit sich**》暇を持て余している。

Anfänger [アンファンゲル] 男 ⟨-s/-⟩ (= **-in**)⟦⚥⟧ 初心者，初学者，未経験者，ビギナー。✦ **ein blutiger ～** 《話》まったくの新米(駆け出し)。

anfänglich 形 最初の，当初の；初期の。

anfangs [アンファングス] 副 ❶ 最初に，初めに，当初は。❷ 前 ⟨2格支配⟩ …の初めに。

Anfangs·buchstabe 男 頭文字，イニシアル。**=gehalt** 中 初任給。**=geschwindigkeit** 女 初速 ［度］。**=gründe** 複 (学問・技芸などの)初歩，基礎。**=kapital** 中 (経) 設立資本。**=kurs** 男 (商) 始値。**=stadium** 中 初期の段階，初期段階。

anfassen [アンファッセン] ⟦**fasste an, faßte an; angefasst, =faßt**⟧《=⟦**touch**⟧》(…に)手を触れる，触れる；(人に対して…の)接し方をする；(仕事などに)手を付ける。

anfauchen (猫などが…に向かって)フーッとうなる；(人に)かみかかる言う。

anfaulen 自 (s) 腐りかける。

anfechtbar 形 疑わしい，反論の余地のある。**anfechten*** 他 (…に)異議を唱える，(…の)正当性・有効性などに)疑いを差し挟む；(雅)(人を)悩ます，煩わす。**Anfechtung** 女 ⟨-/-en⟩ (法的な)異議申し立て，抗議，否認。

anfeinden 他 (人に)敵意を持つ，敵対する。**Anfeindung** 女 ⟨-/-en⟩ 敵視，敵対。

anfertigen 他 調製する，(書類を)作成する，(服を)仕立てる。**Anfertigung** 女 ⟨-/-en⟩ 作成，製作。

anfeuchten 他 湿らせ，軽くぬらす。

anfeuern 他 火をつける，点火する；激励する，励ます，声援を送る。

anflehen ⟦**um et³**⟧(人に…を)嘆願する。

anfliegen* 他 ⟦= **fly to**⟧ (…に向かって)飛ぶ，(航空会社が…に)行きの路線を運航している。✦ **angeflogen kommen** 飛んでくる。**Anflug** 男 ⟨-[e]s/-flüge⟩ 飛来［すること］；着陸進入；かすかな兆候。

anfordern 他 (…を)(しつこく)要求(請求)する。**Anforderung** 女 ⟨-/-en⟩ 要求，請求；注文；(個人に課せられる)要求。

Anfrage [アンフラーゲ] 女 ⟨-/-n⟩ 問い合わせ，照会，引き合い；(議会での)質問。**anfragen** 自 《**bei j³**》(…に)問い合わせる，照会する。

an·fressen* 他 (ネズミなどが)食いかける，むしばむ；(錆などが)浸食《腐食》する。✦ **einen Bauch ～** (話) 食べ過ぎで腹が出てくる。**=freunden** 再 《**sich mit j-et³**》(人と)親しくなる，友達になる；(…に)慣れる，なじむ。**=frieren*** ❶ (s)《**an et³**》(…に)凍りつく，凍り始める，凍りかける。❷ 他 《**et³**》(…に)凍らせて添える，付け加える；添付する。**=fühlen** ❶ 他 《**zu et³**》(…に)触って(触って)みる。❷ 再 (…のような)手触りがする。

Anfuhr 女 ⟨-/-n⟩ (商品などを)運び込む(納める)こと，搬入，供給。

anführen 他 先導する，先頭に立つ，率いる；指揮する；(理由・証拠・実例などを)挙げる，述べる；(ある箇所を)引用する；(話)(人を)からかう，ひやかす。

Anführer 男 ⟨-s/-⟩ (= **-in**)⟦⚥⟧ 先導者，リーダー，指揮者；指導者。

Anführung 女 ⟨-/-en⟩ 先導；言及；引用；引用《句》。**～s-strich** 男，**～s-zeichen** 中 (文法) 引用符。

anfüllen 他 《**et⁴ mit et³**》(…を…で)満たす，いっぱいにする。

Angabe [アンガーベ] 女 ⟨-/-n⟩ 申し立て，報告；記載；指示；自慢，大風呂敷；(球技)サーブ；(文法)添加節。

angaffen 他 《話》じっと見つめる。

an·geben* [アンゲーベン] ⟦**gab an; angegeben**⟧ ❶ 他 告げる，申告する；述べる；(テンポなどを)決める，指示する；(…に)印をつける；⟦**j¹ als et⁴**⟧ (…として)告発《密告》する。❷ 自 《話》《**mit et³**》(…)のことと自慢する，ほらを吹く；(球技)サーブする。**Angeber** 男 ⟨-s/-⟩ (= **-in**) 自慢屋，ほら吹き；密告者。**Angeberei** 女 ⟨-/-en⟩ 《話》自慢，誇示《すること》；自慢話，ほら。**angeberisch** 形 《話》うぬぼれ屋の；ほら吹きの。

angebeten ⇒ **anbeten**

angeblich [アンゲープリヒ] 形 自称の；名目上の，表向きの(は)：**Er ist ～ reich.** 彼は自分では金持ちだと言っている。

angeboren (**j³**) (人にとって)生まれつきの，生得の，天賦の；先天的な。

Angebot [アンゲボート] 中 ⟨-[e]s/-e⟩ ⟦= **offer**⟧ 申し出，申し入れ，提案；(商) 売買の申し出；つけ値，入札；提供《品，物件》；供給。✦ **～ und Nachfrage** 需要と供給。

an·geboten ⇒ **bieten** **=gebracht**

(→ anbringen) 形 適切な, 当を得た, 間のいい. **gebunden** (→ anbinden) 束縛されて, 自由でない. ◆ *kurz ~ sein* 無愛想である; そっけない.

angedeihen 動 ◆ *~ lassen* 《*j³ et⁴*》《雅》《*sich³ j³*》与える.

an-gedeutet ⇒ andeuten -**gefangen** ⇒ anfangen -**gefasst** ⇒ 《⑲-gefaßt》⇒ anfassen -**gegangen** ⇒ angehen -**gegeben** ⇒ angeben

angegossen (→ angießen) 形 《話》(服などが)ぴったり合った, フィットした.

angegriffen (→ angreifen) 形 疲れきった, 消耗した.

angehabt ⇒ anhaben

angehalten ⇒ anhalten

angeheiratet 形 婚姻によって親戚になった.

angeheitert 形 ほろ酔い気分の.

angehen* [アンゲーエン] 《*ging an; gegangen*》 ❶ ⑲ 《*concern*》(人に)関係する, かかわる; 攻撃〈襲撃〉する; (仕事などに)取りかかる, 取り組む; 《*j¹ um et⁴*》(人に…を)頼む, 請求する. ❷ ⓢ (s) 《話》(学校・催し物などが)始まる; 《話》(火・ストーブなどが)燃えだす, (明かりが)つく, (エンジンなどが)かかる; 《*gegen et⁴*》(…に)対抗〈対処〉する. ◆ *Es geht nicht* 〈*gerade noch*〉 *an, dass...* …は許されない〈許される〉; *was j-et⁴ angeht* …に関して言うならば, …に関する限り.

angehend 形 なりかけの, 新米の, 見習い中の, かけだしの.

angehören ⑲ 《*belong to*》《*j-et³*》(…に)所属する, (…の)一員である. **angehörig** 形 《*j-et³*》(…に)属している.

Angehörige[r] [アンゲヘーリゲ(ガー)] 男 女 《形容詞変化》親族, 親戚; (グループ・団体などの)構成員, メンバー. **Angehörigkeit** 女 《-/-》 親戚関係; 所属.

Angekl. = *Angeklagte*.

angeklagt ⇒ anklagen

Angeklagte[r] 男 女 《形容詞変化》(刑事事件の)被告人.

angeknackst 形 (健康・感情などが)損なわれた, 傷つけられた.

angekommen ⇒ ankommen **angekündigt** ⇒ ankündigen

Angel [アンゲル] 女 《-/-n》釣りざお, 釣り糸; 蝶番(ちょうつがい). ◆ *aus den ~n sein* (人が)気が狂っている; (調子が)狂っている. *aus den ~n heben* …を根底から覆す; 変える. *zwischen Tür und ~* 大急ぎで.

angelegen 形 ◆ *~ sein lassen* 《雅》《*sich³ j⁴*》(…を)心にかける; (…に)心を砕く.

Angelegenheit [アンゲレーゲンハイト] 女 《-/-en》 《⑲ *affair*》事柄, 用事, 用件; 業務.

angelegentlich 形 切実な, 熱心な.

angelegt ⇒ anlegen

Angel-gerät 釣り[道]具. -**haken** 釣り針.

Angelika ❶ 《女名》アンゲーリカ. ❷ 《-/-.ken, -s》 関 《⑲ *fish*》魚釣りする《魚を釣る》; 《*sich³ j⁴*》(結婚相手を)釣り上げる. ❷ 《話》《*nach j-et³*》(…を)取ろうとつかみかかる.

Angel-punkt 核心, 要点, 眼目. かなめ. -**rute** 女 釣りざお. -**schein** 男 魚釣り許可証. -**schnur** 女 釣り糸.

Angelus 形 《-/-》天使; 《カト》お告げの祈り(キリストの受胎告知にちなむ祈り), アンジェラス.

angemacht ⇒ anmachen **angemeldet** ⇒ anmelden

angemessen (→ anmessen) 形 《⑲ *suitable*》妥当な, ふさわしい, 適切な. **Angemessenheit** 女 《-/-》妥当性.

angenehm [アンゲネーム] 形 《⑲ *pleasant*》快適な, 心地よい, 気持ちのいい, 好ましい; うれしい. ◆ *~ machen* 《*sich⁴ bei j³*》(人に)愛想よくする.

angenommen (→ annehmen) 形 ◆ *~, dass...* …と仮定して, …ならば.

angepasst ⇒ 《⑲ *paßt*》 ⇒ anpassen 形 《複》(周囲や状況に)順応〈適応〉した.

Anger 形 《-s/-》《方》(村の)緑地, (小さな)牧草地, 草地.

an-geredet ⇒ anreden **-geregt** ⇒ anregen 形 (議論などが)活発な, 生き生きした. **-gerichtet** ⇒ anrichten **-gerissen** ⇒ anreißen 形 封の切られた. **-gerufen** ⇒ anrufen

an-gesagt ⇒ ansagen ◆ *~ sein* はやっている; 行われる〈予定である〉.

gesäuselt 形 《話》ほろ酔いの.

an-geschlagen ⇒ anschlagen 形 体調を崩した; (スポーツで)くたびれ果てた. グロッキーの; (皿などが)欠けた. **-geschlossen** ⇒ anschließen

Angeschuldigte[r] 男 女 《形容詞変化》被告人, 被訴追者; 罪を負わされた人.

angesehen (→ ansehen) 形 (人々に)評判のよい, 信望〈名声〉のある.

angesetzt ⇒ ansetzen

Angesicht 形 《-[e]s/-er; 雅 -e》《雅》顔, 表情. ◆ *im ~ von et³* …に直面して; …を顧慮して. *von ~ zu ~* 面と向かって; *von ~ zu ~ gegenüberstehen* 《*j³*》(人と)面と向かい合う.

angesichts [アンゲズィヒツ] 前 《2格支配》…を目の前にして, …に直面して; …の点からして.

an-gespannt (→ anspannen) 形 緊迫した, 緊張した. **-gesprochen** ⇒ ansprechen **-gestellt** ⇒ anstellen

Angestellte[r] [アンゲシュテルテ(ター)] 男 女 《形容詞変化》《⑲ *employee*》従業員, 職員, 社員; 会社員, サラリーマン. **Angestellten-versicherung** 女 被用者保険.

an-gestoßen (→ anstoßen) 形 (果実が)押されて傷んだ, (グラスなどが)ぶつかって欠けた〈ひびが入った〉, (人が)感情を害した. **-gestrengt** (→ anstrengen) 形 緊張した, 張り詰めた, 集中した.

an-getan (→ antun) 形 魅了された; 装いをした. ◆ *~ sein* 《*von j-et³*》(…に)魅せられている; 扮装した. *danach* 〈*dazu*〉 *~ sein* 《+ *zu* 不定詞句または *dass*》(…)に適している. **-getrunken** (→ antrinken) 形 ほろ酔いの. **-gewandt** (→ anwenden) 形 応用〈適用〉された. **-gewendet** ⇒ anwenden

angewiesen (→ anweisen) 形 《*auf*

A

*j-et*⁴》(…を)頼りにして;(…に)依存して.

an|gewöhnen [他] 《*j*³ *et*⁴》(人に…の)習慣をつける,(人を…に)慣れさせる. **Angewohnheit** [女] 《-/-en》 習慣,癖.

an=gezeigt (→ anzeigen) [形] 望ましい,ほどよい,ぴったりの. =**gezogen** ⇨ anziehen =**gezündet** ⇨ anzünden

Angina [女] 《-/..nen》 〖医〗 アンギーナ(特に扁桃(とう)周囲炎). **Angina pectoris** [女] 《-/-》 〖医〗 狭心症.

Angkor アンコール(カンボジア北西部の12世紀古代クメール王朝の石造遺跡): ~ Thom アンコール=トム(都城の遺跡) | ~ Wat アンコール=ワット(寺院の遺跡).

an|gleichen* [他] 《*j-et*⁴ *j-et*³ 〈**an** *j-et*⁴〉》(…を…に)順応〈適応〉させる; 似せる,(…の)真似をする; 《*sich*⁴ *j-et*³ 〈**an** *j-et*⁴〉》(…に)順応する. **Angleichung** [女] 《-/-en》 順応,適応; 一致.

Angler [男] 《-s/-》 釣りをする人,釣り師; 〖魚〗 アンコウ.

an|gliedern [他] 《*et*⁴ *et*³》(…を…に)組み入れる; 併合する; 付設する. **Angliederung** [女] 《-/-en》

anglikanisch [形] 英国国教会の.

Anglist [男] 《-en/-en》 ([女] **-in**)英語英文学研究者. **Anglistik** [女] 《-/》 英語英文学研究. **Anglizismus** [男] 《-/..men》 英語の慣用語法.

Angloamerikaner [男] 英国系アメリカ人. **Anglo-Amerikaner** [男] 《集合的》 英米人.

anglo=phil [形] 親英的な,英国びいきの. =**phob** [形] 反英的な,英国嫌いの.

an|glotzen [他] 《話》 じっと見つめる; ぽかんと見る.

Angola アンゴラ(アフリカ西南部の共和国; 首都ルアンダ).

Angora アンゴラ(トルコの首都アンカラの旧名). =**kaninchen** [中] 〖動〗 アンゴラウサギ. =**katze** [女] 〖動〗 アンゴラネコ,ペルシアネコ. =**wolle** [女] 〖織〗 アンゴラヤギ〈アンゴラウサギ〉の毛〈毛糸,毛織物〉; モヘア. =**ziege** [女] 〖動〗 アンゴラヤギ.

angreifbar [形] 攻撃可能な; 批判〈反駁(ばく)〉の余地のある.

an|greifen* [アングライフェン] (**griff an**; **angegriffen**) [他] ❶ ([英] attack)攻撃〈襲撃〉する; 〖スポ〗 攻める; 激しく非難〈批判〉する; (病気が)衰弱させる,(過労などが健康を)損なう,蝕む; (酸が鉄などを)浸食〈腐食〉する. ❷ (仕事などに)着手する; (蓄え・貯金などに)手をつける; 《方・話》(…に)触れる; 《*sich*⁴》(…の)手触りがする.

angreifend [形] 攻撃的な; 消耗させる; 体に悪い. **Angreifer** [男] 《-s/-》 攻撃者.

an|grenzen [自] 《**an** *et*⁴》(…と)境を接する.

Angriff [アングリフ] [男] 《-[e]s/-e》 ([英] attack)攻撃,襲撃; 〖スポ〗(ゴールを目がけての)攻撃; 批判,非難; 取り組み. ✦ *in ~ nehmen* 《*et*⁴》(精力的に…に)取りかかる〈着手する〉. **~s=fläche** [女] 攻撃〈侵食〉を受けやすい面,弱点. **~s=krieg** [男] 侵略戦争. **angriffslustig** [形] 好戦的な,攻撃的な.

Angriff=punkt [男] 〖軍〗 攻撃点; 〖工〗 作用点; 〖化〗 腐食点. =**spieler** [男] 〖スポ〗 攻撃型のプレーヤー; フォワード. =**waffe** [女] 攻撃用兵器.

an|grinsen [他] 《話》(弱み,泣き所を見て)にたっと笑う.

angst [形] ✦ ~ 〔*und bange*〕 *machen* 《*j*³》(人を)怖がらせる.

Angst [アングスト] [女] 《-/Ängste》 ([英] anxiety)不安,恐れ; 心配,気がかり: ~ bekommen 不安になる | *j*³ ~ machen 〈ein|jagen〉 …に不安を与える | um *j-et*⁴ ~ haben …のことを気遣っている | von ~ erfüllt sein 不安でいっぱいである. ✦ *aus ~* 不安から. *es mit der ~* 〔*zu tun*〕 *bekommen* 〈*kriegen*〉 急に不安〈パニック状態〉になる. *in ~ geraten* 不安になる,怖くなる. *in ~ versetzen* (人を)不安に陥れる. *Keine ~!* 心配するな. *mehr ~ als Vaterlandsliebe haben* 《話》ひどい意気地なしである,きわめておく病である. *vor ~* 不安のあまり.

Angst=gefühl [中] 不安〈恐怖〉感. =**gegner** [男] 《話》 〖スポ〗(恐怖感が先立つような)強敵. =**hase** [男] 《話》 おくびょう者.

ängstigen [他] 怖がらせる,不安にする; 《*sich*⁴ **vor** *j-et*³》(…を)恐れる,不安がる; 《*sich*⁴ **um** *j-et*⁴》(…のことを)気遣う.

Angstkauf [男] 《話》(品不足に対する不安に駆られての)買いだめ.

ängstlich [エングストリヒ] ❶ [形] ([英] anxious)不安そうな〈に〉; おどおどした〈と〉; こわごわ: Mir wurde ~ zumute. 不安になった. ❷ [副] 入念に. **Ängstlichkeit** [女] 《-/》 不安,心配; 小心.

Angstneurose [女] 〖医〗 不安神経症.

Ångström [オングストレーム] [中] 《-[s]/-》 〖理〗 オングストローム(短波長の測定単位;10^{-10}m; [記号] Å).

Angst=schweiß [男] 冷や汗. =**zustand** [男] 不安状態.

an|gucken [他] 《話》 《[*sich*³] *j-et*⁴》 じっと見る,じっくり眺める. **an|gurten** [他] (人を)シートベルトで固定する.

Anh. [略] *Anhang*; *Anhalt*.

an|haben* [アンハーベン] (**hatte an**; **angehabt**) [他] ([英] wear) 《話》(衣服を)着ている,身に着けている.

an|haften [自] 《*j-et*³/**an** *j-et*³》(汚れ・においなどが…に)付着している,染みついている; (性格などが…に)備わっている.

Anhalt ❶ [男] 《-[e]s/-e》 手がかり; よりどころ,根拠. ❷ アンハルト(Sachsen-Anhalt 州の一部; [略] Anh.).

an|halten* [アンハルテン] (**hielt an**; **angehalten**) [動] ❶ ([英] stop)止める,止まる; 停止させる〈する〉. ❷ 《*j*⁴ **zu** *et*³》(人を戒めて…)させる. ❸ (ある状態が)続く.

Anhalter [男] ([女] **-in**)ヒッチハイカー. ✦ *per ~ fahren* 《話》 ヒッチハイクする.

Anhaltspunkt [男] よりどころ,根拠; 手がかり.

anhand [前] ✦ *~ et*² 〈**von** *et*³〉 …に基づいて,…を基にして.

Anhang [アンハング] [男] 《-[e]s/..hänge》 付録,補遺([略] Anh.); 《単数; 集合的》 支持者,取り巻き; 身寄り,係累(けいるい).

an|hängen⁽*⁾ ❶ [自] (h) 《*j-et*³》(…に)愛着を感じる,(…を)支持する. ❷ [他] 《*et*⁴ 〔**an** *et*⁴〕》(…を〔…に〕)かける,固定す

る, (車両を[…に])連結する; 《話》(…を…に)付加する, 添える; ([…の期間を] …の分だけ)延長する; 《j^3 et^4》(人に罪などを)なすりつける.

Anhänger [アンヘンガー] [男] 《-s/-》 ([女] **-in**) ❶ ([英] supporter)信奉者, 支持者; ファン. ❷ トレーラー; 連結車両; 〔服〕ペンダント; タグ(荷札・名札・番号札など).

Anhängerschaft [女] 《-/》 《集合的》= Anhänger ①.

anhängig [形] 〔法〕係争中の.

anhänglich [形] 愛着のある, 心服している, 忠実な; (犬などが)なついている. **Anhänglichkeit** [女] 《-/》 愛着, 忠実.

Anhängsel [中] 《-s/-》 ペンダント; 《蔑》お供, 取り巻き.

an|hauchen [他] (…に)息を吹きかける. **|hauen**(*) [他] 《話》(…に)なれなれしく〈ずうずうしく〉ねだる.

an|häufen [他] ためる, 蓄える, 蓄積する; 《$sich^4$》たまる, 積もる. **Anhäufung** [女] 《-/-en》 蓄積[物], 堆積(たいせき)[物].

an|heben* ❶ [他] [少し]持ち上げる; (価格・水準などを)上げる. ❷ [自] 《雅》始まる; 《+ zu 不定詞句》(…)し始める.

an|heften [他] 《et^4 **an** $et^{4(3)}$》(…を…に)留める, くっつける; 《j^3 et^4》(人[の衣服]に袖などを)縫い付ける.

anheim ♦ *~ fallen* 《雅》《$j\text{-}et^3$》(…の)ものとなる. *~ stellen* 《j^3 $j\text{-}et^4$》(人に…を)委ねる, 任せる; 《$sich^4$ et^3》(…に)身を委ねる.

an|heimeln [他] (人を)くつろいだ気持ちにさせる. **~d** [形] 気楽な, 気のおけない.

anheim|fallen*, **|stellen** ⇨ anheim ♦

anheischig [形] ♦ *sich⁴ ~ machen* 《+ zu 不定詞句》《雅》(…することを)申し出る; (…を)引き受ける.

an|heizen [他] (…に)点火する; あおる, たきつける. **|herrschen** [他] (人を)どなりつける, しかりつける. **|heuern** [他] 〔海〕(船員として)雇う〈雇われる〉.

Anhieb [男] ♦ *auf [den ersten] ~* 《話》即座に.

an|himmeln [他] 《話》うっとりと見つめる; 崇拝する.

Anhöhe [女] 《-/-n》 丘, 丘陵.

an|hören [他] ([英] listen to)(…に)耳を傾ける, 耳を貸す; 《j^3 et^4》(人の声で…が)わかる; 《$sich^4$》(…のように)聞こえる.

Anhörung [女] 《-/-en》 (意見の)聴取; (議会などでの)公聴会, ヒアリング.

Ani ⇨ Anus

Anilin [中] 《-s/》 〔化〕アニリン. [女] アニリン染料.

animalisch [形] 動物の; 動物性の; 動物的な, けだもののような.

Animateur [アニマテーア] [男] 《-s/-e》 (旅行社などの)接待〈宴会〉係.

Animation [女] 《-/-en》 アニメーション.

Animator [男] 《-s/-en》 〔映〕アニメーション製作者. **animieren** [他] 《j^4 **zu** et^3》(人を…するように)促す, 仕向ける.

Animier=mädchen [中], **=dame** [女] (バー・キャバレーなどの)ホステス.

Animosität [女] 《-/-en》 嫌悪, 憎悪; 敵意のある言動.

An=ion [中] 〔化〕陰イオン, 負イオン.

Anis [男] 《-[e]s/-e》 〔植〕アニス(薬草; 果実は香辛料).

Ank. [略] *Ank*unft 到着時刻.

an|kämpfen [自] 《**gegen** et^4》(感情・眠気などと)戦う, (…に)抵抗する.

Ankara アンカラ(トルコの首都).

Ankauf [男] 《-[e]s/..käufe》 (不動産・美術品などの)購入; (大量の)買い付け.

an|kaufen [他] (不動産・美術品などを)購入する; (大量に)買い付ける.

Anker [アンカー] [男] 《-s/-》 ([英] anchor) 錨(いかり); 〔電〕電機子; (時計の)アンクル; 〔建〕タイロッド. ♦ *~ werfen* 停泊する; しりを据える. *vor ~ gehen* 停泊する; 《話》(ある場所に)立ち寄る; 定住する; 身を固める. *vor ~ legen* 《$sich^4$》停泊する. *vor ~ liegen* 停泊している. **=boje** [女] 〔海〕アンカーブイ. **=kette** [女] 〔海〕アンカーチェーン, 錨鎖(びょうさ).

ankern [自] 錨(いかり)を下ろす; 停泊している.

Anker=platz [男] (船舶の)投錨(とうびょう)〈停泊〉地. **=tau** [中] アンカーロープ, 錨索(びょうさく). **=winde** [女] キャプスタン.

an|ketten [他] 鎖に〈鎖で〉つなぐ.

Anklage [アンクラーゲ] [女] 《-/-n》 告訴; 〔法〕起訴, 訴追; 非難, 弾劾, 告発, 糾弾. ♦ *unter ~ stehen* 起訴されている. *unter ~ stellen* (人を)起訴する. **=bank** [女] 被告席. ♦ *auf der ~ sitzen* 被告席に座っている, 起訴されている.

an|klagen [アンクラーゲン] 《klagte an; angeklagt》[他] 訴える, 起訴〈告訴〉する; 《雅》(…を激しく)非難する, 責める, 糾弾する.

Ankläger [男] 《-s/- [女] **-in**》 〔法〕(刑事事件の)原告.

Anklage=schrift [女] 〔法〕起訴状. **=vertreter** [男] 〔法〕検事, 検察官.

an|klammern [他] 《et^4 **an** $et^{4(3)}$》(クリップ・留め金などで…を…に)留める; 《$sich^4$ **an** $j\text{-}et^{4(3)}$》(…に)しがみつく.

Anklang [男] 類似点; 共感, 同意.

an|kleben [他] 張りつける; [自] (s) 《**an** et^3》(…に)張りつく.

Ankleide=kabine [女] 《-/-n》 更衣室; 試着室, フィッティングルーム.

an|kleiden [他] 《雅》(人に)服を着せる; 《$sich^4$》服を着る, 装う.

Ankleide=raum [男] 更衣室, 衣装部屋. **=zimmer** [中] = Ankleideraum.

an|klicken [他] 〔コンピ〕クリックする.

an|klingen* [自] 聞こえる, 感じ取れる; 《**an** $j\text{-}et^4$》思い起こさせる, 想起させる. ♦ *~ lassen* 《et^4》(話題などに)触れる.

an|klopfen [自] (ドアなどを)ノックする; 《話》《**bei** j^3 [**um** et^4]》(人に[…を])おそるおそるねだる. **|knipsen** [他] 《話》(…の)スイッチを入れる.

an|knüpfen [他] 結びつける, つなぐ; 始める; (…の)糸口を見いだす; [自] 《**an** et^4》(…に)結びつく, つながる; 受け継ぐ.

Anknüpfung [女] 《-/-en》 結びつけること, 関連; (対話などの)始まり. **~s=punkt** [男] (話の)糸口, きっかけ.

an|kohlen [他] 《話》(作り話で人を)かつぐ; [自] こげる.

an|kommen* [アンコメン] 《**kam an; angekommen**》 ❶ [自] (s)([英] arrive)(ある場所に)着く, 到着する; 届く; 《話》《**mit**

et^3》うるさく〈しつこく〉(…)する; 《**bei** j^3》(人に)受け入れられる, 受ける; 《**gegen** *j-et*^{4}》(…に)太刀打ち〈対抗〉できる. ❷ [自] (s) 《雅》(ある感情が人を)襲う. ♦ ***~ lassen*** 《es **auf** *et*^{4}》(…の)危険をあえて冒す; 《**es darauf** 〈**drauf**〉》《話》(不利も覚悟で)事態をなりゆきに任せる. ***Es kommt auf j-et^4 an.*** …次第である; …が重要〈問題〉である. ***Es* 〈*Das*〉 *kommt darauf an.*** 《話》状況次第である. ***hart* 〈*sauer, schwer*〉 *~*** 《j^4》(人にとっては)つらいことである. ***wenn es darauf ankommt*** いざとなると.

Ankömmling [男] 《-s/-e》新入り, 新顔; 生まれたての赤ん坊.

an|können* [自] ♦ ***gegen j-et^4 nicht ~*** 《話》…に対抗できない.

an⊧koppeln [他] (車両などを〈に〉)連結する. **⊧kotzen** [他] 《卑》むかつかせる, うんざりさせる. **⊧kreiden** [他] 《話》《j^3 *et*^{4}》(…を人の)せいにする, (人の…を)なじる. **⊧kreuzen** [他] (該当項目に)×印をつける, ×印をつけてチェックする.

an|kündigen [アンキュンディゲン] 《kündigte an; angekündigt》[他] ([英] announce)予告する, (…が来ると)知らせる; 《*sich*^{4}》前兆を示す.

Ankündigung [女] 《-/-en》予告, 告知; 通告.

Ankunft [アンクンフト] [女] 《-/》到着; 到着時刻([略] Ank.); 出生. **~s⸗zeit** [女] 到着時刻.

an|kuppeln [他] (車両などを)連結する.

an|kurbeln [他] (クランクを回してエンジンを)始動させる; 活気づける, 活性化する.

Ankurb[e]lungskredit [男] 〔経〕(会社などへの)再建融資.

Anl. [略] *Anl*age 同封物.

an|lächeln [他] (人に)ほほえみかける.

an|lachen [他] (人に)笑いかける; 《*sich*^{3} j^4》《話》(人と)いい仲になる.

Anlage [アンラーゲ] [女] 《-/-n》 ❶ 施設; 公共施設, 公園; 設備, 装置; 設置, 建設. ❷ 同封物([略] Anl.); 素質, 天分; 体質; (芸術作品の)構成, 構想. ❸ 投資. **⸗berater** [男] 投資コンサルタント. **⸗investition** [男] 設備投資. **⸗kapital** [中] 〔経〕投下資本. **⸗papier** [中] 投資証券. **⸗vermögen** [中] 〔経〕固定資産.

an|landen [他] 陸揚げする; 上陸させる.

an|langen [自] (s)(…に)到着する; [他] 《方》(…に)手を触れる, 触(さわ)る. ♦ ***was j-et^4 anlangt*** …に関しては.

An⸗lass ([旧] ⸗**laß**)[アンラス] [男] 《..lasses/..lässe》きっかけ, 動機, 誘因; 原因; 機会. ♦ ***zum ~ nehmen*** (…を)きっかけとする; 機会として利用する.

an|lassen* ❶ [他] (エンジンなどを)始動させる; 《*sich*^{4}》(…な)出だしである〈スタートを切る〉. ❷ 《話》(衣服などを)身に着けたままでいる; (明かり・電気器具などを)つけたままにしておく. ❸ 《雅》(人を)しかりつける. **Anlasser** [男] 《-s/-》(エンジンの)始動装置, スターター.

an⸗lässlich ([旧] ⸗**läßlich**) [前] 《2格支配》…に際して, …の折に; …にちなんで.

an|lasten [他] 《j^3 *et*^{4}》(人に罪・責任などを)負わせる, (…を人の)せいにする.

Anlauf [男] 《-[e]s/..läufe》助走; 助走路; (…に向かっての)突進, 襲撃; 試み, 企て; 滑り出し, スタート; 開始. ♦ ***einen neuen ~ nehmen*** 新たなスタートをきる.

an|laufen* ❶ [自] (s) 〔スポーツ〕助走をする; 《angelaufen kommen》走って来る; (機械などが)動き出す; (仕事・催しなどが)始まる; (ガラスなどの表面が)曇る, 変色する. ❷ [他] 〔海〕(港などに向けて)針路を取る.

Anlaut [男] 《-[e]s/-e》〔言〕語頭音.

Anlegebrücke [女] 桟橋.

an|legen [アンレーゲン] 《legte an; angelegt》 ❶ [他] 《*et*^{4} [**an** *j-et*^{4}]》(…を[…に])当てがう, つける; 《雅》(衣装などを)身に着ける, 《[j^3] *et*^{4}》([人に] …を)取り付ける, 着用させる; 設備する; (施設などを計画どおりに)作る; (計画などを)構想する; (金を)支出する; 出資する. ❷ [自] (船が)接岸する; 《**auf** *j-et*^{4}》(銃で…を)ねらう; 銃を構える. ❸ [再] 《*sich*^{4} **mit** j^3》(人に)けんかを吹っかける. ♦ ***es auf j-et^4 ~*** …にねらいをつける.

Anlegeplatz [男] 船着き場.

Anleger [男] 《-s/-》〔印〕紙差し工; 給紙機, フィーダー; 出資者, 投資家.

Anlegestelle [女] 船着き場.

an|lehnen [他] 《*et*^{4} **an** *et*^{4}》(…を…に)立てかける, もたせかける; (ドアなどを)半開きにしておく; 《*sich*^{4} **an** *et*^{4}》(…に)寄りかかる, もたれる; (…に)倣う, 拠る. **Anlehnung** [女] 《-/-en》寄りかかること; 依拠.

Anleihe [女] 《-/-n》借り入れ, 借款; 公債, 社債; (他人の作品などからの)引用, 剽窃(ひょうせつ).

an|leimen [他] にかわで接着する.

an|leinen [他] (犬などを)綱につなぐ.

an|leiten [他] (人を)指導する, (人に…の)手ほどきをする; 《j^4 **zu** *et*^{3}》(人を…へと)促す.

Anleitung [女] 《-/-en》指導, 手ほどき; 手引き書, マニュアル.

an|lernen [他] (仕事に就くために人に)短期職業教育を施す, 仕事の手ほどきをする; [再] 《*sich*^{3} *et*^{4}》《話》短期で習得する.

an|lesen* [他] (本・論文などを)読み始める; 《*sich*^{3} *et*^{4}》(知識などを)本を読んで習得する.

an|liefern [他] 《j^3 *et*^{4}》(人に商品などを)納入〈配達〉する.

an|liegen* [自] (衣服が)ぴったり合う, フィットする; 《話》(かたづける仕事が)残っている. **Anliegen** [中] 《-s/-》関心事; 頼み事. **anliegend** [形] 隣接する; 同封の〈して〉, 添付の.

Anlieger [男] 《-s/-》道路沿い〈通り〉の住人〈居住者〉. ♦ ***~ frei*** 《道路標識》居住者車両のみ進入可. **⸗staat** [男] 隣接国; (特定の海域などに面した)沿岸国.

an⊧locken [他] (動物を)おびき寄せる; (人を)引きつける, 誘致する. **⊧löten** [他] 《*et*^{4} **an** *et*^{4}》(…を…に)はんだ付けする. **⊧lügen*** [他] (人に)[臆面もなく]うそをつく.

Anm. [略] *Anm*erkung 注.

an|machen [アンマッヘン] 《machte an; angemacht》[他] 《*et*^{4} [**an** *et*^{3}]》(…を[…に])固定する; (火を)つける; (…の)スイッチを入れる; 《*et*^{4} [**mit** *et*^{3}]》([…に] …を)調合する(den Salat mit Essig und Öl ~ サラダにドレッシングをかける); 《話》(人に)言い寄る; (人に)突っかかる.

an|mahnen 他 督促(催促)する.
an|malen 他 (*et*⁴ [**an** *et*⁴ (**auf** *et*⁴)]) (…に[…に])描く; (…に)色(ペンキ)を塗る, 彩色する; 〖話〗(*sich*⁴) 厚化粧する.
Anmarsch 男 -[e]s/..märsche 接近, 進軍; 〖話〗(目的地までの)距離. ♦ *im ~ sein* 前進〈進撃〉中である.
an|marschieren 自 (s) ♦ *anmarschiert kommen* 行進してくる.
an|maßen 他 (*sich⁴ et⁴*) (…が)不当に行使する; 思い上がって(…を)する. **~d** 思い上がった, 尊大〈おうへい〉な, 生意気な.
Anmaßung 女 -/-en 思い上がり, 尊大, おうへい; 不当な要求.
Anmeldeformular 中 届け出(申告・申請)用紙.
an|melden [アンメルデン]((meldete an; angemeldet)) 他 届け出る, 申告(申請)する, 出願する;(要望・見解などを申し立てる, 述べる);(*j*⁴ (*sich*⁴) [**zu** (**in**) *et*³]) ((…への)参加・入学などの)申し込みをする;(*sich*⁴ [**bei** *j*³]) ((人に)訪問〈到着〉を)知らせる, ([医者に]診療の)予約を入れる: *sein Kind beim Arzt* ⟨*zum Kurs*⟩ *anmelden* 子供の診療の予約を取る〈子供の講習参加の申し込みをする〉.
an|meldepflichtig 形 届け出〈申告〉の義務がある.
Anmeldung [アンメルドゥング] 女 -/-en 通告, 通知; (役所などの)届け出, 申告; 申し込み, 出願, 申請; (住民)登録; (要望・見解などを)申し立てる〈述べる〉こと; 〖話〗受付, 申請窓口.
an|merken 他 (*j³ et⁴*) (人から…を)見て取る, 気づく; 注釈する; (…に)印をつける.
Anmerkung [アンメルクング] 女 -/-en コメント, (補足的な)意見〈説明〉, 解説; 注釈, 注釈(略 Anm.);〖商〗論評.
an|montieren 他 (*et⁴ an et⁴*) (…に)取り付ける.
Anmut [アンムート] 女 -/ (英 grace) 優美, 優雅, 上品; 愛らしさ, 優しさ.
an|muten 他 (人に…の)気持ちを起こさせる, 印象を与える.
anmutig [アンムーティヒ] 形 優美な, 優雅な, 上品な; 愛らしい.
Anna [女名] アンナ.
an|nageln 他 (*et⁴ an et⁴*⁽³⁾) (…にくぎで)打ち付ける. ├**nähen** (*et⁴ an et⁴*) (…に)縫いつける.
an|nähen ❶ 他 (*et⁴ et³*) (…に)近づける; 接近する; 取り入ろうとする; (*sich*⁴) (相互的に)歩み寄る, 親しくなる. ❷ 他 (*et⁴ et³*) (…を…に)近づける, 同じように する. **~d** (ふつう副詞的に)ほぼ, およそ, その.
Annäherung 女 -/-en 接近; 歩み寄り. **~s-politik** 女 歩み寄り政策. **~s-versuch** 男 (異性に)言い寄ること, くどき.
Annahme [アンナーメ] 女 -/-n 受け入れ, 受け付け, 採用; 推測; 推定, 仮定; 受付窓口; 〖商〗(手形の)引き受. ♦ *an Kindes Statt* 養子縁組. *der ~ sein, dass...*〖雅〗...と推測している.
Annalen 複 年代記, 年史; 年鑑.

---

annehmbar 形 受け入れられる, 受諾できる; 〖話〗まずまずの.
an|nehmen* [アンネーメン]((nahm an; angenommen)) 他 ❶ (英 accept) 受け取る, 受領する, 受け入れる, 受諾する; (提案などを)採用する; (人を)受け入れる, 採用する; 養子にする; 〖商〗(手形を)引き受ける; (形を)取る; (習慣などを)身につける. ❷ 他 (suppose) 信じる; (+ zu 不定句または dass 文) ...と思う; 想定〈仮定〉する; (*sich*⁴ *j-er*³) (…のことを)心にかける.
Annehmlichkeit 女 -/-en 快適さ; 気楽さ; 利点.
annektieren 他 (国・領土などを)併合する.
Annexion 女 -/-en (国家・領土などの)併合, 併呑.
Anno 副 …年に (= a., A.). **~** *dazumal* / **~** *dunnemals* / **~** *Tobak* 〖話・戯〗昔, 大昔に. **~** *Domini...* 西暦…年に.
Annonce [アノーンセ] 女 -/-n (新聞・雑誌などの)広告.
annoncieren 他 (新聞・雑誌などに)(…を)広告する.
annullieren 他 失効させる, 無効にする, キャンセルする.
Annullierung 女 -/-en 失効, 取り消し, キャンセル.
Anode 女 -/-n 〖電〗陽極.
an|öden 他 〖話〗(人を)退屈させる; 飽き飽きさせる.
anomal 形 (病的に)異常な, 変則的な.
Anomalie 女 -/-n (病的な)異常; 変則;〖生〗奇形.
anonym [アノニューム] 形 匿名の, 名前の分からない.
Anonymität 女 -/ 匿名; 無名性.
Anorak 男 -s/-s 〖服〗アノラック.
an|ordnen 他 指示する, 命令する; (一定の仕方で)配列〈配置〉する.
Anordnung [アンオルドヌング] 女 -/-en (英 order) 指示, 命令 (= arrangement) (一定の仕方による)配列, 配置.
anorganisch 形 無機の, 無機質の.
anormal 形 異常な, 変則的な.
an|packen 他 (ぐっちり・乱暴に…を)つかむ, 捕まえる; (…に向かって)飛びかかる; (物事に)取り組む; (人に)接する. ♦ *mit ~* 〖話〗(仕事などに)手を貸す, 協力する.
an|passen [アンパッセン]((passte an, paßte an; angepasst, ..paßt)) 他 (英 fit) (*j-et*⁴ *et*⁴) (人/物)に…を適合させる, 合わせる; (*sich*⁴ *et*³) …に適合する, (順応)する.
Anpassung 女 -/-en 順応, 適応.
anpassungsfähig 形 適応〈順応〉力のある.
Anpassungs-fähigkeit 女 適応〈順応〉力. **~vermögen** 中 適応〈順応〉(柔軟)性.
an|peilen 他 (電波などで…の)位置を測定する; (…に)針路を向ける; 目指す.
an|pfeifen* 他 (—/pfiff; —/pfiffen) 〖スポ〗(笛で知らせる, …で)試合開始の笛(ホイッスル)を吹く; 〖話〗(人を)厳しくしかる.
Anpfiff 男 -[e]s/-e 〖スポ〗試合開始の笛(ホイッスル); 〖話〗(厳しい)叱責.
an|pflanzen 他 (花・樹木などを)植える; (植物などを)栽培する; (ある場所に)樹木

Anpflanzung

〈花・作物〉を植える.
Anpflanzung 図(-/-en) 植えつけ, 栽培; 栽培地(区画), 作地.
an|pflaumen 他 《話》(人を)からかう, ひやかす. ▶**pflocken** 他 杭(ぐい)につなぐ; 杭で固定する. ▶**pöbeln** 他 《話》(人に野卑な言葉などを)浴びせ(つ)からむ.
Anprall 男(-[e]s/-) 激突, 衝突; 突撃.
an|prallen 自(s) 《**an**《**gegen**》*j-e⁴*》(…に)激しくぶつかる, 激突する.
an|prangern 他 公然と非難する, 弾劾する.
an|preisen* 他 褒めそやす, 推賞する.
Anprobe 図(-/-n) 試着, 試着室, フィッティングルーム.
anprobieren 他 試着する.
an|pumpen 他 《話》《*j⁴* **um** *et⁴*》(人に金を)借りる, せびる.
an|quatschen 他 《話》(人に)なれなれしく話しかける.
Anrainer 男(-s/-) (『オ』) = Anlieger.
an|raten* 他 《*j³ et⁴*》(人に…を)勧める.
an|rauen 他 (…rauhen) (…の)表面を少し粗くする(ざらつかせる).
an|rechnen 他 《*j³*》(…の)支払いに加算する; 《*et⁴* **auf** *et⁴*》(…を…に)算入する: den alten Fernseher auf den neuen ~ 古いテレビを下取りしてその分新しいテレビを安くする. ♦ **hoch~** 《*j³ et⁴*》(人の…を)高く評価する.
Anrechnung 図(-/-en) 勘定, 算入. ♦ **in ~ bringen** (…を)計算(考慮)に入れる.
Anrecht 中(-[e]s/-e) 《**auf** *et⁴*》(…に対する)要求(請求)権; (劇場などの定期会員としての)座席予約.
Anrede 図(-/-n) 呼びかけ[の言葉], 呼称; 《沙》(短い)あいさつ, スピーチ.
an|reden [アンレーデン] 《redete an; angeredet》他 (人に)話しかける; (人に特定の)呼びかけかたをする; 《**gegen** *et⁴*》(…に負けじと)話す, 声を張り上げる.
an|regen [アンレーゲン] 《regte an; angeregt》他 ⓐ stimulate 勧める(提言)する, 言い切る; 《*j⁴* **zu** *et³*》(人に…する)気を起こさせる; 活気づける, 刺激する.
anregend 形 刺激を与える, 活発な, 興味をそそる.
Anregung 図(-/-en) 《…への)刺激, きっかけ, 提案, アイデア.
Anregungsmittel 中(-s/-) 刺激剤, 興奮剤.
an|reichern 他 (…の)内容・成分を豊富にする; 濃縮する; 《*et⁴* **mit** *et³*》(添加物によって)強化する; 蓄積する; 《*sich⁴* **mit** *et³*》(…で)満ちされる.
Anreicherung 図(-/-en) 強化; 濃縮; 蓄積.
an|reihen 他 列に並べる; 《*sich⁴*》列に並ぶ(加わる).
Anreise 図(-/-n) (目的地への)旅行, 往路; (目的地への)旅.
an|reisen 自(s) (目的地へ)旅行する; (目的地に)到着する.
an|reißen* 他 《話》(封を切って)使い始める; 引き始める, 持ち出す.
Anreiz 男(-es/-e) 刺激, 促し, そそのかし. **an|reizen** 他 《*j⁴* **zu** *et³*》《(人に

…への)刺激を与える, 《(人[を] …へと)促す, そそのかす.
an|rempeln 他 《話》(すれ違いざまに人に)わざとぶつかる.
an|rennen* 他 ⓐ (s) 《angerannt kommen》走ってくる; 《**gegen** *j-et⁴*》(…に)突撃する; 《話》(…に)対抗する. ⓑ 《*sich³ et⁴* **an** 《**gegen** *et⁴*》》《話》(体の一部を…に)ぶつける.
Anrichte 図(-/-n) (テーブル板つきの)食器戸棚.
an|richten 他 (料理を)盛りつけさせる; (食事の)用意を整える; (不都合なことを)引き起こす.
an|rollen 自 転がしていく, (列車などが)動き始める.
anrüchig 形 評判のよくない; いかがわしい, うさんくさい; 下品な, 早めない.
an|rucken 自 (列車などが)ゴトンと動き出す.
an|rücken 自 (警察や部隊が)進撃してくる; 《話》大学にやってくる.
Anruf [アンルーフ] 男(-[e]s/-e) 《by call》電話, 通話; 呼びかけ. ⇒**beantworter** 男 留守番電話機.
an|rufen* [アンルーフェン] 《rief an; angerufen》他 ⓐ 《by call》《*j³*》(人に)電話をかける; (人に)呼びかける; 《*j⁴* **um** *et⁴*》(人の…を)頼む, 願い出る.
an|rühren 他 (…に) 《手》触れる, 触る, (食物などを)口にする; かき混ぜる.

ans < **an das**.

Ansage [アンザーゲ] 図(-/-en) (番組などの)アナウンス.
an|sagen [アンザーゲン] 《sagte an; angesagt》他 ⓐ announce アナウンスする, 告げる; 予告する; 《*sich⁴* **bei** *j³*》(人に)訪問を前もって知らせる.
an|sägen 他 (のこぎりで)やすりなどで(…に)切り込みを入れる.
Ansager [アンザーガー] 男(-s/-) 《-in》 ⓐ announcer アナウンサー; (ショーなどの)司会者.
an|sammeln 他 集める, 収集する; 《*sich⁴*》集まる, (怒りなどが)たまる.
Ansammlung 図(-/-en) 収集品, 群集.
ansässig 形 (…に)定住(居住)している.
Ansatz [アンザッツ] 男(-es/..sätze) 始まり; 発端, 糸口; 兆し; (身体部分の)付け根 (配管の)継ぎ手; 付着[物], 沈殿[物]; (数の経費などの)見積もり; (数)数式化(化学)唱法; 〈数〉数式化. ♦ **außer ~ bleiben** 考慮に入らない, 無視される. **einen ~ von《zu》et³ haben** …の兆しを見せている. **gute Ansätze zeigen** いいスタートを切る. **in ~ bringen** (…を)見積もる. ▶**punkt** 男 (事を始める)きっかけ, 糸口.
an|saufen 他 《*sich⁴*》《**einen《Rausch》~**》《*sich³*》《話》酔っぱらう.
an|saugen(*) 他 吸い込む, 吸い込ませる; 《*sich⁴* **[an** *et⁴*]》(…に)吸いつく.
Ansbach アンスバッハ(ドイツ中南部, Franken 少).
an|schaffen [アンシャッフェン] 《schaffte an; angeschafft》他 ⓐ 《by buy》《*sich³* 《*et⁴*》》買い入れる, 調達(購入)する; 《*j³ et⁴*》(…を)命令する(指図)する. ⓑ 《俗》売春する.

Anschaffung 女 (-/-en) 購入, 調達, 入手. **~s-preis** 男 購入価格, 仕入れ値. **~s-wert** 男 購入(仕入れ)価値.
an|schalten 他 (…の)スイッチを入れる, (明かりやテレビを)つける.
an|schauen [アンシャオエン] (schaute an; angeschaut) 他 (じっくり)見る, 眺める, 睨める; 再 《sich³ j-et⁴》じっくり観察する.
anschaulich 形 目に見えるような, 具体(具象)的な.
Anschaulichkeit 女 (-/) 具体性.
Anschauung [アンシャウウング] 女 (-/-en) 1 (＊ view) 見解, 意見; 観察; 宗 直観. **~s-material** 中 (視聴覚教育用などの)実物教材. **~s-unterricht** 男 実物教育. **~s-weise** 女 ものの見方.
Anschein [アンシャイン] 男 (-[e]s/) (＊ appearance) 外見, ようす, 体裁, 見かけ. ◆ dem ~ nach/allem ~ nach 見たところ〈どうやら〉…らしい. den ~ geben, als ob...《sich³》…のような印象を与える. Es hat〈erweckt〉 den ~, als ob... …らしく見える.
anscheinend 副 1 見たところ…らしい. 2 形 外見上の, 見かけだけの.
an|scheißen* 他 《俗》(人を)だます; どなりつける. 副詞(ろ)する.
an|schicken 再 《sich⁴ zu et⁴》(…に)取りかかる, (…)しようとする.
an|schieben* 他 1 押しかかり, (…に)近寄せる. 《et⁴ an et⁴》 2 ⾃(s) 《angeschoben kommen》 《話》ぶらりと〈ぶらぶらと〉やって来る.
an|schießen* 他 1 (人・獣などに)撃って負傷させる; 《話》(人に)非難を浴びせる. 2 ⾃ (s) 《angeschossen kommen》飛来する; 飛ぶように〈勢いよく〉やって来る.
an|schirren 他 (輓馬(ばんば)に)馬具をつける.
Anschiss (-/-en = **-schiß**) 男 《..schisses/..schisse》《話》叱(しっ)責(せき)する, 副詞(ろ)する.
Anschlag [アンシュラーク] 男 (-[e]s/..schläge) 張り紙, 揭示, ぶつかること; (鍵盤・キーなどのタッチ; (タイプライターの)行内字数; 宗 見積もり, 評価, 査定; 射撃姿勢; 襲撃(暗殺)計画; 宗 サーブ; 《水泳》(ターンやゴールインの際の端壁への)タッチ; (機械の)ストッパー. =**brett** 中 掲示板.
an|schlagen* [アンシュラーゲン] 《schlägt an, schlug an; angeschlagen》 I 他 1 打ちつける. 貼りつける, 掲示する; 《sich³ et⁴ an et³》(うっかり体の一部を…に)ぶつける, (ぶつけて)傷める. 傷つける. 2 (弦〈鍵盤〉楽器を弾いて音を)出す; (ある口調で)話す. II ⾃ 1 《mit et³ an et⁴》《[体の一部を]…に)激しくぶつける. 2 (h) 《bei j³》(人に)太らせる.
Anschlag|säule 女 (街頭などにある)広告柱(塔).
an|schleichen* 再 《sich⁴ an j-et⁴》(…に)忍び寄る.
an|schleppen 他 引きずってくる; (車を)牽引する.
an|schließen* [アンシュリーセン] 《schloss an, 他 schoß an; angeschlos-

sen》 他 1 （＊ connect）《et⁴ [an et⁴(³)] 》(…に…に)〈鍵で〉つなぐ, (自転車などを)錠でつなぎ止める; 接続する; (電気製品などのコンセントを入れる), (発言などを)付け加える; (施設などを[…に])付設する; 《sich⁴》an et³》《時間(文)的に…》につながる, 続く. 2 《sich⁴ j-et⁴》(…に)賛同する, 同意する; (…の)仲間になる.
anschließend 副 引き続いて, その後で.
Anschluss (-/..schlüsse) = **..schluß**] 男 《..schlusses/..schlüsse》 1 (＊ connection) (電気・ガス・電話・電話などの)接続, 連結; 通話, 接続便〈列車〉, 乗り継ぎ, 連絡; (人との)結びつき, つながり; 関連; (領土の)併合. ◆ den ~ verpasst haben (女性が)結婚のチャンスを失う. im ~ an j-et⁴ …に引き続いて, …を手本として, …にならって. =**dose** 女 電 コンセント. =**kabel** 中 電 接 続 ケー ブ ル. =**schnur** 女 電 接続コード. =**tor** 中 球技 (1点差にして詰め寄る)追い上げのゴールシュート.
an|schmiegen 再 《sich⁴j-et⁴》(…に)体をすり寄せる.
anschmiegsam 形 甘えん坊の, 人なつこい.
an|schmieren 他 《sich⁴》(色を染みをつけて服などを)汚す; (ペンキなどで)塗りたくる; 《話》(人を)だます, あざむく.
an|schnallen [アンシュナレン] 《schnallte an; angeschnallt》 他 (締め金・ベルトなどで…を)留める; 《sich⁴》 シートベルトをする: et⁴ Anschnallen (揭示で)ベルト着用.
an|schnauzen 他 《話》(人を)どなりつける, しかりとばす.
an|schneiden* 他 (パン・ケーキ・チーズなどに)ナイフを入れる; (話などを切り出す. 持ち出す; (ボールに)スピンをかける.
Anschnitt 男 (-[e]s/-e) (ケーキ・チーズなどの)最初のひと切れ; 切り口, 切断面.
Anschovis 女 (-/-) 魚 アンチョビー.
an|schrauben(*) 他 《et⁴ [an et⁴]》(…を[…に])ねじで留めて〈固定する〉.
an|schreiben* 他 《et⁴ an et⁴(³)》(…を黒板・壁面などに)書きつける; (帳簿などに)記入する; (帳簿に…を)貸しとして入れる; 《j⁴》(人に)書状を送る; 書面で問い合わせる. ◆ gut 〈schlecht〉 angeschrieben sein 《話》《bei j³》(人に)よく〈悪く〉思われている. **Anschreiben** 中 (-s/-) 送り状, 添書.
an|schreien* 他 (人を)怒鳴りつける, 怒鳴る.
Anschrift [アンシュリフト] 女 (-/-en) (＊ address)宛名, 住所.
an|schuldigen 他 《雅》《j⁴ et² 〈wegen et²〉》(人・…のかどで)告発〈告訴〉する; (人に…の)責を負わせる. **Anschuldigung** 女 (-/-en) 告発, 問責.
an|schwärmen 他 (人に)熱を上げる, 夢中になる; ⾃ (s) (ハチなどが)群がる.
an|schwärzen 他 《j⁴ bei j³》(人のことを)人に悪く言う, 中傷〈誹謗(ひぼう)〉する. =**schweißen** 他 《et⁴ [an et⁴(³)]》(…を[…に])溶接する.
an|schwellen(*) ⾃ (s) 膨れる, 膨張する; (体の一部が)はれる; (水かさが)増す; (音量が)強まる; 膨張させる, 膨らませ

A

る. **Anschwellung** [女] 《-/-en》 膨張; 増大; 〔医〕腫脹(しゅちょう), はれ.

an|schwemmen [他] (岸辺に漂流物などを)流し寄せる; (土砂を)堆積(たいせき)する.

an|schwimmen* [他] (…に向かって)泳ぐ; [自] 〔スポ〕(シーズン開きの)泳ぎ初(ぞ)めをする; (s) 《angeschwommen kommen》泳いでくる.

an|schwindeln [他] 《話》(人を)だます, あざむく.

an|segeln [他] (…に向かって)帆走〈滑空〉する; [自] 〔スポ〕(シーズン開きの)帆走〈滑空〉初(ぞ)めをする; (s) 《angesegelt kommen》帆走〈滑空〉してくる.

an|sehen* [アンゼーエン] 《**sah an; angesehen**》 ❶ [他] ([英] look at)(意識して…を)見る; 《*sich*^{3} *j-et*^{4}》(ある目的で…を)じっくり見る; (…と)評価をする; 《*j-et*^{4} **als** 〈**für**〉 *et*^{4}》(…を…と)見なす; 《*j-et*^{3} *et*^{4}》(…から…を)見て取る. ❷ [再] 《*sich*^{4}》(あるものが…に)見える, 思える. ♦ ***... anzusehen sein*** …のように見える. ***nicht für voll ～*** (人を)一人前の人間と見なさない. ***Sieh [mal] [einer] an!*** 《話》(意外な事実に対する驚きを示して)これはこれは.

Ansehen [中] 《-s/》 名声, 声望, 信望; 《雅》外観, 外見. ♦ ***ein ～ geben*** 《雅》《*sich*^{3}》もったいぶる, 気取る. ***nur von 〈vom〉 ～ kennen*** 《*j*^{4}》(人には)会ったことがあるだけ(名前などは知らない). ***ohne ～ der Person*** だれかれの区別なく, 身分のいかんを問わず.

ansehnlich [形] (数量に関して)相当な, かなりの; 外観のりっぱな, 堂々たる; 名声〈声望〉のある.

an|seilen [他] ザイルに結びつける.

an|sein [自] ⇨ an ♦

an|sengen [他] 少し焦がす.

an|setzen [アンゼッツェン] 《**setzte an; angesetzt**》 ❶ [他] あてがう; 《*et*^{4} **an** *et*$^{3(4)}$》(…を…に)取り付ける; (植物が花・つぼみなどを)つける; (さび・かびなどを)生じる; (…[の日時など]を)設定する; (所要時間・費用などを)見積もる; (価格を)つける; 《*j*^{4} **auf** *j-et*^{4}》(…を…に)差し向ける, 投入する; 混ぜ合わせる, 調合する. ❷ [自] 《**zu** *et*^{3}》(…を)始めようとする; 〔空〕着陸態勢に入る; 始まる; 焦げつく; (植物が花・実などを)つける. ❸ [再] 《*sich*^{4}》(カビなどが)付着する; 焦げつく.

Ansicht [アンズィヒト] [女] 《-/-en》 ([英] view)意見, 見解; ものの見方; 一見; 眺め, 風景; 写真. ♦ ***zur ～*** 見本用に.

ansichtig [形] ♦ ***～ werden*** 《雅》《*j-et*^{2}》…を目にする, 目に留める.

Ansichts=karte [アンズィヒツカルテ] [女] 《-/-n》 ([英] picture postcard)絵はがき.

=**sache** [女] 見解〈見方〉にかかわること.

an|siedeln [他] (人を)定住〈入植〉させる; 《*sich*^{4}》(…に)定住〈入植〉する. **Ansiedler** [男] 《-s/-》 入植者, 移住者. **Ansiedlung** [女] 《-/-en》 入植, 移住; 入植地, 移住地.

Ansinnen [中] 《-s/-》 (不当な)要求.

ansonsten [副] 《話》= sonst.

an|spannen [他] ❶ (糸・綱などを)ぴんと張る; (気持ち・神経などを)張りつめる; (馬・牛などを)車につなぐ; (車に)馬〈牛〉をつなぐ. ❷ 《*sich*^{4}》緊張する, 引き締まる.

Anspannung [女] 《-/-en》 緊張, 収縮; 努力.

an|speien* [他] 《雅》(…に)つばを吐きかける.

Anspiel [中] 《-[e]s/-e》 (競技・トランプなどの)ゲーム開始; 〔球技〕パス.

an|spielen [他] 〔球技〕(人に)ボールをパスする; 〔トランプ〕(…の札で)ゲームを始める; [自] ゲームを開始する; 《**auf** *j-et*^{4}》(…のことを)ほのめかす, あてこする. **Anspielung** [女] 《-/-en》 ほのめかし, あてこすり.

an|spinnen* [再] 《*sich*^{4}》(対人関係・歓談などが)徐々に始まる; [他] (他人との関係などを)結ぶ, 始める.

an|spitzen [他] (…の先端を)とがらせる; 《話》(人を)せき立てる, (…に)活を入れる.

Ansporn [男] 《-[e]s/》 鼓舞, 激励.

an|spornen [他] (馬に)拍車を当てる; 《*j*^{4} **zu** *et*^{3}》(人)を励まして(…)させる.

Ansprache [アンシュプラーヘ] [女] 《-/-n》 ([英] speech)式辞, スピーチ; 《南部・オーストリア》おしゃべり; 交際.

an|sprechen* [アンシュプレヒェン] 《**sprach an; angesprochen**》 I [他] ❶ ([英] speak to) 《*j*^{4}》(…に)話しかける; (…に特定の)呼びかけ方をする; 《*j*^{4} **auf** *et*^{4}》(…に…についての)見解を求める. ❷ 《雅》《*j*^{4} **um** *et*^{4}》(…に…を)求める, 要請する. ❸ 《*j-et*^{4} **als** *et*^{4}》(…を…と)呼ぶ, 見なす. ❹ (人の)心に訴える, (…に)受ける. ❺ (…について)述べる, (…に)言及する. II [自] (薬などが)効果がある; (作品などが)受ける; 《**auf** *et*^{4}》(…に)反応する; (楽器が)音を出す, 鳴る. **ansprechend** [形] 心を引きつける; 好ましい.

an|springen* [他] (…に)跳びつく, 跳びかかる; [自] (s) 《angesprungen kommen》飛び跳ねながらやって来る; (エンジンが)かかる, 始動する; 《**auf** *et*^{4}》(…に対して)肯定的に反応する.

an|spritzen ❶ [他] 《*j-et*^{4} **mit** *et*^{3}》(…に…を)[はね]かける; 《*et*^{4} **an** *et*^{4}》(スプレーなどで…を…に)吹きつける. ❷ [自] (s) 《angespritzt kommen》《話》急いでやってくる.

Anspruch [アンシュプルフ] [男] 《-[e]s/..sprüche》 ([英] claim)(権利などの)要求; (要求する)権利, 請求権. ♦ ***～ auf et^4 erheben 〈machen〉*** …を要求〈請求〉する. ***hohe Ansprüche an j^4 stellen*** (人に)高度のことを要求する. ***in ～ nehmen*** 《*j-et*^{4}》(人に)手間を取らせる, 労力を費やさせる; (…を)要求する: Ich bin zu sehr in ～ genommen. 忙しくて手が離せない.

anspruchslos [形] 要求の少ない, 無欲の, 控え目な; (作品・調度品などが)月並みな, 平凡な.

anspruchsvoll [形] 要求の多い, (好みなどの)難しい, うるさい; (作品・調度品などが)程度の高い, (商品などが質的に)高級な.

an|spucken [他] (…に)つばを吐きかける.

an|spülen [他] (岸辺に土砂・漂流物などを)流し寄せる.

an|stacheln [他] あおり立てる, 鼓舞する; 《*j*^{4} **zu** *et*^{3}》(人を)あおって(…)させる.

Anstalt [アンシュタルト] [女] 《-/-en》 ❶ ([英] institution)公共施設(学校・病院・福祉施設など). ❷ 《[複]》準備, 用意. ♦ ～

machen 《+ zu 不定詞句》(…)しようとする; (…に)取りかかる. **~en zu et³ treffen** …の準備をする.

Anstand [アンシュタント] 圐 ⦅-[e]s/..stände⦆ 礼儀, 作法; 礼儀正しさ, 行儀のよさ; 《南部・オーストリア》面倒, どろどろ, トラブル; 《狩》ハンターが待ち伏せ場. ◆ ~ ⦅*keinen* ~⦆ *an et³ nehmen* (…に)まったくけちをつけない; 異議を唱える(唱えない), 文句を言う(言わない). *Anstände mit j³ bekommen* (人と)トラブルを起こす. *keinen* ~ *nehmen* 《+ zu 不定詞句》ためらわずに…する.

anständig [アンシュテンディヒ] 圐 (逾 decent) 礼儀正しい, 行儀のよい; (考え方・行いなどに)しっかりした, まじめな; 《話》満足のいく, 十分な; 《話》かなりの, 相当のしたたかの. **Anständigkeit** 囡 ⦅-/⦆ 礼儀正しさ, 上品なこと, きちんとしたこと.

Anstandsbesuch 圐 表敬訪問. **=gefühl** 囮 礼儀(エチケット)を守る気持ち.

anstands|halber 圎 礼儀として, 儀礼上. **=los** 圎 ためらわずに, 躊躇(ためらい)せず; なんの文句も言わずに.

anstarren 他 見つめる, じろじろ見る, 見張(みは)る, 凝視する.

anstatt [アンシュタット] 圎 (逾 instead of)(statt)⦅2格支配⦆ …の代わりに. ◆ ~ ⦅*statt*⦆ ⦅+ zu 不定詞または dass 文⦆ (…する)代わりに.

anstauen 他 せき止める; 溜(た)め込まれる; 渋滞する; (怒り・不満などが)鬱積(うっせき)する.

anstaunen 他 驚いて(驚嘆して)見つめる.

anstechen* 他 (焼け具合などを見るために…を)刺してみる; (たるなどの)口を開ける.

Ansteckblume 囡 ⦅-/-n⦆ (服に留める)コサージ.

anstecken [アンシュテッケン]《steckte an; angesteckt》 他 (ピンなどで…を)留める, 着ける (*j³ einen Ring* ~ 人の指に指輪をはめる); (…に)火をつける. ② 《*j⁴ mit et³* ~》(…に病気などを)うつす, 感染させる; (病気がうつる, 感染する; ⦅*sich⁴* bei *j³*》(人に病気などを)(人に病気などをうつされる)感染する.

ansteckend 圐 感染(伝染)性の.

Anstecknadel 囡 ⦅-/-n⦆ 飾りピン(ブローチなど); ピン付きの記章.

Ansteckung 囡 ⦅-/-en⦆ 感染, 伝染. **~s|quelle** 囡 《医》感染源.

anstehen* 他 (何かを作って〈並んで〉待つ; (仕事・問題などが)未処理のまま残っている; (日時・期日などが)予定されている, 決められている. ◆ *nicht* ~ 《+ zu 不定詞句》…するのをためらわない.

ansteigen* 他 (s) (地形などが)上り勾配(こうばい)になる; (水位・温度などが)上昇する; (数量が)増大する.

anstelle 圐 ⇒ Stelle ◆

anstellen [アンシュテレン]《stellte an; angestellt》 ① 《*et⁴* an *et⁴(³)*》(…に…に)立てかける; 《話》雇い入れる, 採用する, 雇う; 《話》(…を仕事に)使う, 作動させる; (機械制御として動作装置として)ある, (…の)やり方でする; 《話》しでかす; 《話》試みる. ② ⦅*sich⁴*⦆ (買い物など

の)列に並ぶ(つく); ⦅*sich⁴*⦆ 《話》(…)ふるまう, 態度を振る.

Anstellung 囡 ⦅-/-en⦆ 雇用, 任用, 勤め口, 就職(先), 職.

ansteuern 他 (…に)針路を向ける; 《獄》(…の方向に)まっしぐらに進む.

Anstich 圐 ⦅-[e]s/-e⦆ (たるなどの)口開け; (建設工事などの)鍬(くわ)入れ.

Anstieg 圐 ⦅-[e]s/-e⦆ 上り勾配(こうばい); 上昇, 増大; (人が坂や山道を)登ること; 登り坂, 登り道.

anstieren 他 《話・蔑》凝視する, 凝視する.

anstiften 他 (悪いことを)引き起こす; 《*j⁴ zu et³*》(人を)唆して(…)させる.

Anstifter 圐 ⦅-s/-⦆ **-in** 張本人, 教唆者.

Anstiftung 囡 ⦅-/-en⦆ 悪事を引き起こすこと, 唆すこと; 《法》教唆.

anstimmen 他 (曲を)歌い(演奏し)始める; (笑い声・大声などを)あげる.

anstinken 他 《話》(人を)むかむかさせる, うんざりさせる. ◆ *nicht* ~ *können* ⦅*gegen j⁴-et⁴*⦆ (…)には太刀打ちできない

Anstoß [アンシュトース] 圐 ⦅-es/..stöße⦆ (軽く)突く(つつく)こと; 突いて動かすこと; 動因, はずみ, きっかけ; 《雅》怒り, 不快. ❶ ⦃サッカー⦄ キックオフ. ◆ ~ *erregen* ⦅*bei j³*⦆ (…の)反感を与える. ~ *nehmen* ⦅*an et³*⦆ (…の)不快に思う.

anstoßen* 他 [アンシュトーセン] ⦅*stieß an; angestoßen*⦆ ❶ (軽く)突く; ⦅*j⁴ zu et³*⦆ (…)への)きっかけを与える; (…に)突きを加える, 突いて動かす. ❷ ⦅*an et⁴*》(…に)突き当たる; ⦃サッカー⦄ キックオフする; ⦅*an et⁴*⦆ (家屋・地所などが…)隣接する; (s) ⦅*bei j³*⦆ (…に)不快感を与える, (…の)不興を買う. ◆ *auf j² Wohl* ~ (人の)幸せを祈って乾杯する. *mit der Zunge* ~ 舌足らずに発音する.

anstoßend 圐 隣接する, 隣り合った.

anstößig 圐 不快感を与える, 気に障る, 鼻持ちならない; いかがわしい.

Anstößigkeit 囡 ⦅-/-en⦆ 不快, 気に障ること; 不快な(下品な)言動.

anstrahlen 他 (…に)光(照明)を当てる; (人を)目を輝かせて見る.

anstreben ❶ 《雅》(…を目指して〈手に入れようと〉)努力する. ❷ 《雅》⦅*gegen et⁴*⦆ (…に)立ち向かう, 反抗する.

anstreichen* 他 (…に)塗料を塗る, (…を)塗装する; (…に)線で印(しるし)を付ける(マッチなどを)する, 擦る.

Anstreicher 圐 ⦅-s/-⦆ 《方》ペンキ屋.

anstrengen [アンシュトレンゲン] ⦅*strengte an; angestrengt*⦆ (神経などを)緊張させる, 張りつめる; ⦅*sich⁴*⦆ (肉体的・精神的に)努力する, 骨を折る; (…に)努力を向ける; ⦅*gegen j⁴ et⁴*⦆ (…に対して訴訟などを)起こす.

anstrengend [アンシュトレンゲント] 圐 骨の折れる. 疲れさせる.

Anstrengung [アンシュトレンゲング] 囡 ⦅-/-en⦆ (逾 strain) 努力, 苦労, 骨折り; 疲労, 消耗.

Anstrich 圐 ⦅-[e]s/-e⦆ 塗装; 塗料, 塗

A

り; うわべ, 見せかけ, 外観.

an|stricken [他] 《*et*⁴ **an** *et*⁴》 (…を…に)編んでとじ〈はぎ〉合わせる; 編み足す.

Ansturm [男] 《-[e]s/..stürme》 (敵に向かっての)突進, 突撃, 襲撃; (群衆などの)殺到.

an|stürmen [自] (s) 《**gegen** *j-et*⁴》 (…に向かって)突進〈殺到〉する; 《**gegen** *et*⁴》 (…に対して)戦う.

an|suchen [自] 《[**bei** *j*³] **um** *et*⁴》 ([人に] …を)申請する, 願い出る.

Ansuchen [中] 《-s/-》 願い出, 申請.

..ant 「…する人; …な」の意.

Antagonismus [男] 《-/..men》 対立〈敵対〉関係; 〔生理・医〕拮抗(きっこう)〔作用〕.

Antagonist [男] 《-en/-en》 対立〈敵対〉者; 〔医〕拮抗(きっこう)筋(伸筋と屈筋など).

an|tanzen [自] (s) 《話》 《**bei** *j*³》 (呼ばれて…の所に)顔を出す, 出頭する.

Antarktika (die ～)南極大陸.

Antarktis (die ～)南極地方.

antarktisch [形] 南極[地方]の.

an|tasten [他] (…に)[手を]触れる, 触る; (テーマに)言及する; (蓄えなどに)手をつける; 侵害する, 損なう, 傷つける.

Anteil [アンタイル] [男] 《-[e]s/-e》 ([英] share)分け前, 取り分; 持ち分; 〔経〕(資本金に対する)出資分; 関心; 同情. ✦ *～ haben* 《**an** *et*³》 (…に)関与している. *～ nehmen* 《**an** *et*³》 (…に)関与する; 共感する. *～ nehmen* 〈*zeigen*〉 《**an** *j-et*³》 (…に)同情する〈関心を示す〉.

Anteil=lohn [男] 〔経〕(現物給与などによる)生産物賃金. **=nahme** [女] 関与; 関心; 同情. **=schein** [男] 〔経〕 出資〈持ち分〉証書, 参加証券. **～s=eigner** [男] 〔経〕持ち分[証書]所有者.

an|telefonieren [動] 《話》 《*j*⁴/**bei** *j*³》 (…に)電話をかける.

Antenne [アンテネ] [女] 《-/-n》 ([英] antenna)アンテナ; 〔動〕(節足動物の)触角. ✦ *eine ～ für et⁴ haben* 《話》 …を理解できる, …のセンスがある.

Anthologie [女] 《-/-n》 名詩〈名文〉選, 詞華集, アンソロジー.

Anthrazit [男] 《-[e]s/-e》 無煙炭.

anthrazitfarben [形] チャコールグレーの, 黒灰色の.

Anthropologe [男] 《-n/-n》 人類学者; 人間学者. **Anthropologie** [女] 《-/》 人類学; 〔哲〕人間学.

Anthroposophie [女] 《-/》 人智学.

anti.., Anti.. 「否定, 反対, 対抗」の意.

Antialkoholiker [男] 《-s/-》 禁酒主義者. **antiautoritär** [形] 反権威主義の.

Anti=babypille, =Baby-Pille [女] 経口避妊薬, ピル. **=biose** [女] 〔生〕 抗生作用. **=biotikum** [中] 〔医〕 抗生物質. **=blockiersystem** [中] アンチロックブレーキシステム. **=christ** [男] 反キリスト(悪魔); 《-en/-en》 キリスト教反対者.

antidemokratisch [形] 反民主主義の, 反民主主義的な.

Antifaschismus [男] 反ファシズム.

Antigen [中] 《-s/-e》 〔生化〕 抗原.

Antigone 〔ギ神〕 アンティゴネ(Ödipus の娘; Sophokles の同名の悲劇の主人公).

Anti=histaminikum [中] 《-s/..ka》 〔薬〕 抗ヒスタミン薬.

antik [アンティーク] [形] ([英] antique)古代の(特にギリシャ・ローマの); 古風な, 古めかしい, アンチックな.

Antike [アンティーケ] [女] 《-/-n》 (特にギリシャ・ローマの)古代; 古代の美術品.

Anti=kommunismus [男] 反共産主義.

Antikörper [男] 〔生〕 抗体.

Antilope [女] 《-/-n》 〔動〕 レイヨウ(羚羊); カモシカ.

Anti=militarismus [男] 反軍国主義.

Antimon [中] 《-s/》 アンチモン(金属元素名; [記号] Sb).

Antinomie [女] 《-/-n》 〔哲〕 二律背反.

Antipathie [女] 《-/-n》 反感, 嫌悪.

Antipode [男] 《-n/-n》 対蹠(たいせき)点(地球上の正反対側の地点)に住む人; (考え方や立場が)正反対の人.

an|tippen [他] (指先で…を)軽くつつく〈たたく〉; (問題・テーマなどに)軽く触れる; 《話》 《**bei** *j*³》 (人の意向を)それとなく打診する.

Antiquar [男] 《-s/-e》 古書売買業者, 古本屋. **Antiquariat** [中] 《-[e]s/-e》 古書売買業; 古本屋の店. **antiquarisch** [形] 古書〈古本〉の; 使い古しの, 古物の. **antiquiert** [形] 《雅》 古くなった, すたれた.

Antiquität [女] 《-/-en》 古美術品, 骨董(こっとう)品. **～en=geschäft** [中] 古美術商の店, 骨董(こっとう)屋.

Anti=semitismus [男] 《-s/》 反ユダヤ主義. **=septikum** [中] 〔医〕 防腐薬, 殺菌〈消毒〉剤. **anti=septisch** [形] 〔医〕 防腐の, 殺菌〈消毒〉の. **=statisch** [形] 静電防止の.

Antiteilchen [中] 〔理〕 反粒子. **Antithese** [女] 反対命題; 〔哲〕 反定立, アンチテーゼ; 〔修辞〕 対照法. **Antitoxin** [中] 〔医〕 (血清に含まれる)抗毒素.

Antizipation [女] 《-/-en》 予想, 予期; 先取り; 〔商〕 期限前の支払い, 前払い. **antizipieren** [他] 予想〈予期〉する; 先取りする; 〔商〕 期限前に支払う, 前払いする.

antizyklisch [形] 〔経〕 反景気循環的な.

Antlitz [中] 《-es/-e》 《雅》 顔.

Anton 〖男名〗 アントーン.

Antonius ❶ 〖男名〗 アントーニウス. ❷ Marcus, アントニウス(前83頃-30; ローマの軍人・政治家).

Antonym [中] 《-s/-e》 〔文法〕 反意〈反対〉語.

an|törnen [他] = anturnen.

Antrag [アントラーク] [男] 《-[e]s/..träge》 ([英] proposal)(会議などでの)提案, 動議; 申請, 出願 (**einen ～ auf** *et*⁴ **stellen** …を申請する); 結婚の申し込み, プロポーズ; = Strafantrag. ✦ *einen ～ machen* 《*j*³》 (男性が人に)求婚する.

an|tragen* [他] 《雅》 《*j*³ *et*⁴》 (人に…を[与えようと])申し出る.

Antrags=formular [中] 申請〈申し込み〉用紙.

Antrag=steller [男] 申告者, 申請者.

an|=trauen [他] 《雅》 《*j*⁴ *j*³》 (人を人と)結婚させる. **|=treffen*** [他] (…と)出会う.

an|treiben* [他] 駆り立てる; 《*j*⁴ **zu** *et*³》 (人を…へと)せき立てる, (人を)励まして

(…)させる; (乗り物・機械などを)作動させる; 漂着させる. ❷ ⓢ 漂着する.
ántreten* ⓗ ❶ 《…の第一歩を》踏み出す; 〈…を〉始める; 〈…に〉就任する; 〈土などを〉踏み固める; 〈オートバイなど〉スターターを踏んで始動させる. ❷ ⓢ 《sein》《隊伍(ポ)を組んで》位置につく, 整列する; 《*zu et³*》《…のために》出発する; 《*et³ gegen j⁴*》〈…と〉対戦する.
Antrieb [アントリープ] ⓜ 《-(e)s/-e》（乗り物の）推進［装置］; （機械の）作動［装置］; （心理的な）動因, 原動力, 動機. ◆ *aus eigenem ~* 自発的に. *neuen ~ geben* 改めて刺激を与える(となる).
　~s-achse ⓕ ⟪エ⟫ 駆動軸.
　~s-kraft ⓕ ⟪口⟫ 駆動(推進)力.
ántrinken* ⓗ 〈酒などに〉口をつける; 《*sich³ et⁴*》酒を飲んで〈…〉になる: *sich³ Mut ~* 酒で元気になる. ◆ *einen ~* 《話》《*sich³*》酔っぱらう.
Antritt ⓜ 《-(e)s/-e》開始, 発足, 出発; 就任. **~s-besuch** ⓜ 就任(着任)あいさつのための訪問. **~s-rede** ⓕ 就任演説. **~s-vorlesung** ⓕ （教授の）就任公開講義.
ántun* ⓗ 《…に危害などを》加える: : *sich³ Zwang ~* 自制する, 遠慮する. ◆ *etwas ~* 《話》《*sich³*》自殺する.
ánturnen ⓗ 《話》興奮(熱狂)させる; 夢中にさせる.
Antw. ⓛ *Antwort*.
Antwerpen アントワープ（ベルギー北部の港湾都市）.
Antwort [アントヴォルト] ⓕ 《-/-en》（ⓔ *answer*）答え, 返事, 回答; 《*j³ eine ~ auf et⁴ geben*》〈人〉に対する返事をする | 《*von j³*》*eine Antwort erhalten*(*bekommen*) 〈人から〉返事をもらう | *keine ~ wissen* なんと答えてよいかわからない. ◆ *die ~ in den Mund legen* 《*j³*》〈人に〉誘導尋問をする. *die ~ schuldig bleiben* 《*j³*》〈人に〉まだ返事をしていない. *in ~ auf et⁴* …への返答(回答)として. *Keine ~ ist auch eine.*《俚》返事がないのも返事のひとつ. *keiner ~ würdigen* 〈人を〉黙殺する. *Rede und ~ stehen* 《*j³ über et⁴*》〈人に…について〉答弁(釈明)する. *um ~ wird gebeten*（招待状などで）ご返事を請う《ⓑ U.A.w.g.》. *Wie die Frage, so die ~.*《俚》売り言葉に買い言葉.
ántworten [アントヴォルテン] 《*antwortete; geantwortet*》 ⓗ ⓢ 《ⓔ *answer*》答える, 返事する; 《*auf et⁴*》〈…に〉対して返事をする | 《*j³*》〈人〉に答える | *auf seine Frage ~* 〈人の〉質問に答える | *Wie* 《*Was*》 *soll ihm ~?* 彼には何と答えておきましょうか.
ántwortlich 《⟪2格支配⟫ …に答えて, …に対する返事として.
Antwort-postkarte ⓕ 往信返信はがき. **-schein** ⓜ *internationaler ~* 国際返信切手券.
Anus ⓜ 《-/Ani》⟪医⟫肛門(弊)口.
ánvertrauen* ⓗ 《*vertraute an; anvertraut*》《*j³ j-et⁴*》〈…に…を〉打ち明ける; 《*j³ et⁴*》〈人に〉心中を打ち明ける; 《*sich³ j⁴*》〈人に〉心中を打ち明ける; 《*sich³ j-et³*》〈…に〉身をゆだねる.

Anverwandte[r] ⓜ 《形容詞的変化》《雅》親戚(哀ん)の人.
ánvisieren* ⓗ 《標的などに》照準を合わせる; 《…に到達しようと》目指す.
Anw. ⓛ *Anweisung*; *Anwalt*.
ánwachsen* ⓢ 《sein》《移植した植物が》根づく; 《移植した皮膚が》生着する; 《数・量が》増え続ける.
ánwählen ⓗ 〈電話で…の番号に〉かける; 〈…の番号に〉回す, (プッシュボタンで)押す.
Anwalt [アンヴァルト] ⓜ 《-[e]s/..wälte》（ⓔ *Anwältin*》（ⓔ *lawyer*）弁護士; 《…の》擁護者. **Anwaltschaft** ⓕ 《集合的》 弁護士全体; 弁護士の職(地位).
Anwalts-kammer ⓕ 弁護士会.
ánwandeln ⓗ 《感情・気分などが人を》襲う. **Anwandlung** ⓕ 《-/-en》
ánwärmen ⓗ …を少し温める, 加熱する.
Anwärter ⓜ 《-s/-》《⟪ⓔ *-in*》⟫職・地位などの継承候補者.
Anwartschaft ⓕ 《-/-en》職, 地位などの継承権.
ánwehen ⓗ 《雅》《風などが…に向かって》吹きつける; 《風が砂・雪・木の葉などを》吹き寄せさせる; 《気分・感情などが人を襲う.
ánweisen* [アンヴァイゼン] 《*wies an; angewiesen*》ⓗ 〈人に〉指示する, 命令を下す; 《*j³ zu et³*》《…に場所・仕事などを》割り当てる; 《*j³ et⁴*》《…に金を》振り込む《雅》《人に仕事などの》手ほどきをする.
Anweisung [アンヴァイズング] ⓕ 《-/-en》《ⓔ *direction*》指示, 命令; （仕事などの）指導, 手ほどき; マニュアル; （座席・仕事などの）割り当て; 送金, 振り込み; 小切手, 為替.
ánwendbar ⓐ 適用〈応用〉できる.
ánwenden(*) [アンヴェンデン]《*wandte an, wendete an; angewandt, angewendet*》ⓗ 《ⓔ *use*》使用する, 用いる; 《ⓔ *apply*》《*et⁴ auf j-et⁴*》〈…に〉〈…を〉適用〈応用〉する. 当てはめる.
Anwendung [アンヴェンドゥング] ⓕ 《-/-en》使用; 応用, 適用. ◆ *~ finden* 適用〈応用〉される. *in* 《*zur*》 *~ bringen* 〈…を〉使用する. *zur ~ kommen*〈*gelangen*〉〈…が〉適用〈応用〉される.
Anwendungs-satellit ⓜ 宇宙応用衛星. **-vorschrift** ⓕ 使用説明書.
ánwerben* ⓗ 〈人を〉募集する.
ánwerfen* ⓗ ❶ 《*et⁴ an et⁴*》（漆喰(㌫)などを〉…に塗りつける; 《エンジンなどを〉始動させる. ❷ 《球技》スローオフする.
Anwesen ⓝ 《-s/-》（かなりの大きさの）家屋敷, 土地家屋.
ánwesend [アンヴェーゼント] ⓐ 《ⓔ *present*》《その場に》居合わせている, 出席している. **Anwesende[r]** ⓜ 《形容詞的変化》（その場に）居合わせている人, 出席者.
Anwesenheit ⓕ 《-/-en》出席, （その場に）居合わせていること; （事物が）存在していること. **~s-liste** ⓕ 出席者名簿.
ánwidern ⓗ 〈人に〉嫌悪感を催させる.
ánwinkeln ⓗ （ひじ・ひざなどを）曲げる.
Anwohner ⓜ 《-s/-》《ⓔ *-in*》隣（付近, 近所）の住人.
Anwuchs ⓜ 《-es/..wüchse》《林業》幼

Anwurf 男《-[e]s/..würfe》【球技】スローオフ；[不当な]非難；【壁】【壁などの】化粧塗り．

an|wurzeln 自 (s)《植物が》根づく．◆ **wie angewurzelt stehen bleiben** 大地に根が生えたように立ち尽くす．

Anzahl [アンツァール] 女 (-/) (® number) 《不定冠詞など》〔若干の〕数；《定冠詞と》〔具体的な〕数．

an|zahlen 他《分割払いの頭金として》金を支払う；《購入品の頭金を支払う．

Anzahlung 女 (-/-en) 頭金〈初回金の支払い〉；初回金，頭金，予約金．

an|zapfen 他《…の》[取り出し]口を開ける；《話》(人に) 金を無心する．

Anzeichen 中《-s/-》微候，前ぶれ，予兆；しるし．

an|zeichnen 他《*et*¹ an *et*⁴》《…を黒板などに》描きつける；《…に》印をつける．

Anzeige [アンツァイゲ] 女 (-/-n) (® 警察・役所への) 届け出，訴え；(書状・新聞などによる) 通知，通告；広告；(*eine* ~ *bei der Zeitung aufgeben* 新聞に広告を掲載する)；(計器などの表示：(針の)示度．◆ ~ *erstatten* (*gegen j*⁴)《…を》告発する．*zur* ~ *bringen* (*j*⁴)《…を》告発する．

an|zeigen 他《…を警察・役所に》届け出る，告発する；《[書状・新聞等による]通知〈通告〉する，広告する；《*j*³ *et*⁴》《…に…を》知らせる，予告する；(計器などが…を)示す，表示する．

Anzeige[n]-blatt 中 (広告が主体の) ミニコミ紙，広告紙．

Anzeige-pflicht 女 (犯罪・伝染病などの) 届け出義務．

Anzeiger 男 (-s/-) 表示器，インジケーター；《雑誌名で》…紙，…誌．

Anzeigetafel 女 (-/-n) 表示板，スコアボード．

an|zetteln 他《悪事などを》たくらむ，企てる．

an|ziehen* [アンツィーエン] (*zog an*; *angezogen*) 他 (® dress)《衣服を》着る，はく；《*j*³ *et*⁴》《…に…を》着せる；(® draw)《磁石が鉄粉などを》引き寄せる；《人の心を》引き付ける；(湿気・臭気などを) 吸収する；《…を手元へ》引き寄せる；《強などを》張る，引き締める．② [列車などが] 動き始める；《物価・株価などが》上昇する；〔碁〕 初手を指す；〖…〗 *angezogen kommen* 近づいてくる．*anziehend* 《人の心を引き付ける，魅力的な．

Anziehung 女 (-/-en) 引きつけること〈寄せること〉；魅力．~**s-kraft** 女 【理】 引力；魅力．

an|zischen 他 《鳥・蛇などに》シュッという音を浴びせる；《話》どなりつける．◆ *einen* ~《話》《*sich*³》 酔っ払う．

Anzug [アンツーク] 男《-[e]s/..züge》 ❶ (® suit) 背広，スーツ；衣服．❷ [自動車の] 加速性能，出足；[チェスの] 開始の1手．◆ *aus dem* ~ *fallen* やせこける．*aus dem* ~ *gehen* (*springen*)《話》憤慨する，頭に来る．*aus dem* ~ *stoßen* (*boxen*)《話》(人を) さんざんに殴る；殴る．*im* ~ *sein* 接近している．

an|züglich 形 あてこすりの，あてつけがましい；いかがわしい，きわどい．

Anzüglichkeit 女 (-/-en) 嫌味，いやらしさ；いやがらせ，当てこすり．

an|zünden [アンツュンデン] 他 (® light)《…に》火をつける，点火する；放火する；(火・明かりなどを)つける．

an|zweifeln 他 疑う，《…に》疑いをもつ．

a. O. 略 ＝ a. d. O.

AOK 略 *Allgemeine Ortskrankenkasse* (ドイツの) 地域健康保険組合；*Armeeoberkommando* 軍司令部．

Äolsharfe 女 (-/-n) 【楽】 アイオロスの竪琴〈琴〉．

Äolus 男《神】 アイオロス(風の神)．

Äon 男《-s/-en》 永劫〈ごう〉．

ao. Prof., a. o. Prof., ao. P. 略 *außerordentlicher Professor* 助教授．

Aorta 女 (-/..ten) 【医】大動脈．

AP 略 (® エーピー) (米国の通信社；＜® *Associated Press*).

A.P. 略 *Amtliche Prüfungsnummer* (ドイツワインの) 公式検査合格ナンバー．

APA 略 *Austria Presse Agentur* オーストリア通信社．

apart ❶ 形 独特の魅力をもった，個性的な．❷ 副 個々に，分売で．

Apartheid 女 (-/) アパルトヘイト (南アフリカ共和国のとっていた人種隔離政策)．

Apartment 中《-s/-s》 ＝ *Appartement*.

Apathie 女 (-/) 無感動；無関心．

apathisch 形 無感動の；無関心な．

Apennin (*der* ~) (-s/-en) アペニン (イタリア半島を縦断する山脈)．~**en-halbinsel** (*die* ~) アペニン半島，イタリア半島．

Aperçu [アペルスュ] 中 (-s/-s) 気の利いた〈機知に富んだ〉言葉；妙案；妙楽．

Aperitif 男 (-s/-s) アペリティフ，食前酒．

Apfel [アプフェル] 男《-s/**Äpfel**》《*Äpfelchen*》 (® apple) リンゴ；リンゴの木．◆ ~ *des Paris* 争いの種．*Äpfel und Birnen zusammenzählen*〈*Äpfel mit Birnen addieren*〉《話》 異質なものをいっしょにする；水と油を混ぜる．*Der* ~ *fällt nicht weit vom Stamm.*《諺》瓜のつるにナスビはならない，血は争えない．*für einen* ~ *und ein Ei*《話》ごく安価で，二束三文で．*in den sauren* ~ *beißen*《話》いやなことを仕方なくする．*Kein* ~ *konnte zur Erde fallen.* ほんのわずかのすき間もなかった．*so voll sein, dass kein* ~ *zur Erde fallen kann* 立錐の余地もないほどいっぱいである．

Apfel-baum 男 リンゴの木．＝**kuchen** 男 リンゴケーキ，アップルパイ．＝**mus** 中 (リンゴをかゆ状に煮つめたアップルムース)．＝ *gerührt wie* ~ *sein*《話》仰天する．

Apfel-saft [アプフェルザフト] 男《-[e]s/..säfte》リンゴジュース．＝**säure** 女 【化】リンゴ酸．

Apfel-sine [アプフェルズィーネ] 女 (-/-n) オレンジ；オレンジの木．＝**strudel** 男 アップルパイ．＝**wein** 男 リンゴ酒．

Aphasie 女 (-/-n) 【医】失語症．

Aphorismus 男《-s/..men》 箴言〈しんげん〉．

金言，アフォリズム，警句．

Aphrodite [..]囡 アフロディテ〈愛の女神；ローマ神話の Venus に当たる〉.

Aphthe 囡 (-/-n) [医] アフタ[性口内炎].

apl. 略 *außerplan*mäßig.

apl. Prof. 略 *außerplan*mäßiger *Prof*essor 員外教授.

A. P. Nr. 略 = A.P.

apodiktisch 形 反論の余地のない，明白な；有無を言わせない．

Apogäum 中 (-s/..gäen) [天] 〈月や人工衛星の〉遠地点．

Apokalypse 囡 (-/-n) [宗][教] 黙示録，〈特に新約聖書の〉ヨハネ黙示録；この世の終り；破滅，没落． **apokalyptisch** 形 [ヨハネ黙示録の：この世の終りをも思わせる：破滅〈没落〉の．

Apolda アポルダ〈ドイツ Thüringen にある町〉．

apolitisch 形 非政治的な，政治に無関心な．

Apoll ⇒ Apollo

Apollo 男 ..・s/..ne [神] アポロ[ン]〈ゼウスとレトの息子：光・技芸の神〉；(a-s/-s) アポロのような男子，美青年．

Apostel 男 (-s/-) [宗][教] 使徒：[皮肉] 提唱者，唱道者．**-geschichte** 囡 (-/) [新約聖書の]使徒行伝．

a posteriori [..][語] [哲] 後天的な〈経験的〉に；後から．

Apostroph 男 (-s/-e) [文法] アポストロフィ，省略符(').

apostrophieren 他 (*j-et*[4] **als** *et*[4]) 〈…を…と〉呼ぶ，言う．

Apotheke [アポテーケ] 囡 (-/-n) 〈@ drugstore〉薬局，薬舗；[家庭用] 救急〈薬品〉箱．**Apotheker** 男 (-s/-)〈囡 **-in**〉薬剤師．

Apparat [アパラート] 男 (-[e]s/-e) ① 〈テレビ・電話など日常の〉器具，器具． ② 機械，機関；[医] 〈人体の〉器官；[集合的] 〈学術関係の〉補助資料；[医] 考試資料；[話] 〈びっくりするほど〉大きな物． ◆ *Am* ～! 〈電話口での返事で〉私です． *am ～ bleiben* 〈電話を切らずに〉そのまま待つ：*Bleiben Sie bitte am ～!* そのままお待ちください． *am ～ verlangt werden* 電話がかかっている．

Apparatur 囡 (-/-en) [集合的] 器具，装置．

Appartement [アパルトマ[ーン]] 中 (-s/-s) 〈一人用の小さめの〉アパート〈マンション〉の部屋．

Appell 男 (-s/-e) 呼びかけ，訴え，アピール；[軍] 点呼．

appellieren 自 (*an j-et*[4]) 〈…に〉呼びかける，訴えかける，アピールする．

Appendix ❶ 男 (-/..dizes (-es)/-e)〈書物の〉付録，補遺． ❷ 男 (-/..dizes)〈盲腸の〉虫垂．

Appetit [アペティート] 男 (-[e]s/-e) 〈@ appetite〉食欲． ◆ *Der ～ kommt beim 〈mit dem〉 Essen*. [諺] 始めてみるとやる気がついてくるのだ〈食べ始めれば食欲がわいてくる〉． *Guten ～!* 〈食卓でのあいさつ〉たくさん〈おいしく〉召し上がれ，いただきます．

appetitlich 形 食欲をそそる，おいしそうな；[話] 〈女性などが〉若々しく魅力的な．

appetitlos 形 食欲のない．

applaudieren 自 (*j*[3])〈人に〉拍手喝采〈喝さ〉を送る．

Applaus 男 (-es/-e) 拍手喝采〈喝さ〉．

apportieren 他 [狩]〈猟犬が獲物を〉持ってくる．

Apposition 囡 (-/-en) [文法] 同格．

Appretur 囡 (-/-en) [織] 仕上げ加工，光沢仕上げ．

Approach 男 (-[e]s/-s) 〈問題への〉接近方法；[商] 〈コマーシャルによる大衆への〉アプローチ，〈宣伝文句の冒頭部分の〉キャッチフレーズ．

Approbation 囡 (-/-en) 〈医師・薬剤師などの〉免許．

Apr. 略 *Apr*il.

Aprikose [アプリコーゼ] 囡 (-/-n) アンズ〈杏〉；アンズの木．

April [アプリル] 男 (-[s]/-e) 〈@ April〉4月〈略: April〉． ◆ *in den ～ schicken* 〈エイプリルフールのうそで人を〉担ぐ． **=scherz** 男 エイプリルフールのしゃれ〈うそ〉．**=wetter** 中〈変わりやすい〉4月の天気．

a priori [..][語] [哲] 先天的〈先験的〉に；はじめから．

apropos [アプロポー] 副 ちなみに，ついでに言えば，ところで．

Aquädukt 男 (-[e]s/-e) 〈古代ローマの〉水道，送水路，水路橋．

Aquafarm 囡 〈魚貝類や藻類の生育を計る〉海洋牧場．

Aquamarin 男 (-s/-e) アクアマリン，藍玉〈らんぎょく〉[宝石].

Aquaplaning 中〈車のハイドロプレーニング現象〈雨天の高速走行中に起こるタイヤのスリップ〉．

Aquarell 中 (-s/-e) 水彩画．

Aquarellfarbe 囡 (-/-n) 水彩絵の具．

Aquarium 中 (-s/..rien) 〈魚や水生植物用の〉水槽；水族館．

Äquator 男 (-s/-e) 〈地球の〉赤道．

äquatorial 形 赤道〈付近〉の．

Äquatorialguinea 赤道ギニア〈中部アフリカ西岸の共和国〉．

äquivalent 形 〈価値などが〉同等の，等価の；[数] 同値の；[化] 当量の．

Äquivalent 中 (-[e]s/-e) 同値，同等のもの，等価物；[数] 同値；[化] 当量．

Ar ❶ 中 (-s/-e) アール〈面積単位；略 a〉． ❷ [化学] *Ar*gon. **AR** *Auf*sichtsrat 監査役会．

Ära 囡 (-/Ären) 時代，年代；紀元〈地学〉代〈年代区分の最上単位〉．

Araber 男 (-s/-)〈囡 **-in**〉アラブ〈アラビア〉人．

Arabeske 囡 (-/-n) アラベスク模様，唐草模様；[楽] アラベスク〈装飾音の多いピアノ曲〉；[バレエ] 片足で立つ姿勢〈ポーズ〉．

Arabien [アラービエン] アラビア[半島].

arabisch 形 アラブ〈アラビア〉の；人，語の．

Aralsee (der ～) アラル海〈カザフスタンとウズベキスタン国境にある内陸塩湖〉．

aram. 略 *aram*äisch アラム[人・語]の．

Ararat (der ～) アララト〈トルコにある死火山〉．

Arbeit [アルバイト] 囡 (-/-en) 〈@

arbeiten

work) 労働, 仕事, 作業; 勉強; 骨折り, 苦労; (職としての) 仕事, 勤務; 働き 〈勤め〉口; 作品; 著作, 研究成果; 働き, 作用; 作動, 活動. ◆ **an〈bei〉der ～ sein** 仕事をしている, 働いている. **an die ～ gehen／sich[4] an die ～ machen**〈腰を据えて〉仕事に取りかかる. **～ schändet nicht.**《諺》労働は恥ではない. **～ und Brot geben** (j[3]に)(人に)職を与える. **der ～ aus dem Wege gehen** 働くのを嫌がる. 仕事に…を嫌がる. **die ～ nicht erfunden haben**《俗・戯》仕事嫌いである. **Erst die ～, dann das Vergnügen.**《諺》まずは仕事, 楽しみはそのあと. **ganze〈gründliche〉～ leisten〈tun, machen〉**仕事ぶりが徹底している. **in ～ geben〈nehmen〉**(…を)発注〈受注〉する. **in ～ haben〈et⁴〉**(…の)仕事中である, (…を)製作中である. **in ～ nehmen** (人を) 雇い入れる. **in ～ sein** 目下製作〈製造〉中である. **in ～ sein〈stehen〉〈bei j³〉**(人に)雇われている. **nur halbe ～ machen** いい加減にやる; 中途半端にやる. **von seiner Hände ～ leben**《雅》(経済的に)自立する, 額に汗して生計を立てる.

関連語 Arbeitgeber 男 雇用者; Arbeitnehmer 男 被雇用者; Belegschaft 女 従業員; Sozialpartner 男 労使; Gewerkschaft 女 組合
Anstellung 女 勤め口; Beschäftigung 女 雇用; Aussperrung 女 ロックアウト; Streik 男 ストライキ; Entlassung 女 解雇; Versetzung 女 異動
Ecklohn 男 協約賃金; Leistungslohn 男 能率給; Lohnkosten 男 賃金コスト
Betriebsrat 男 経営協議委員会; Manteltarif 男 基本協約; Mitbestimmungsrecht 男 共同決定権; Schlichtungsverfahren 男 仲裁手続き; Sozialversicherung 女 社会保険; Tarifautonomie 女 賃金自治の原則; Tarifvertrag 男 労働協約

arbeiten [アルバイテン] ❶ 自 (＜work) 労働〈研究〉する; 勤めている; 作用〈作動〉する. ❷ 自《sich⁴》働いて(…に)なる〈sich⁴ müde ～ 働き疲れる〉; (努力〈苦労〉して)進む〈向かう〉〈sich⁴ nach oben ～ 努力して出世する〉. ❸ 他 作る, 作製〈調製〉する. ◆ **Es arbeitet in j⁴.** (人の)心が騒いでいる. **Es arbeitet sich gut〈schlecht〉.** 働きやすい〈仕事がしにくい〉. **Wer nicht arbeitet, soll auch nicht essen.** 働かざる者は食うべからず.

Arbeiter [アルバイター] 男《-s/-》(＜ worker) 労働〈作業〉者, 作業員. **=bewegung** 女 労働運動. **=gewerkschaft** 女 労働組合.
Arbeiterin 女《-/-nen》Arbeiter の女性形;《虫》働虫(ハタラキアリ・ハタラキバチなど).
Arbeiterpartei 女 労働[者]党.
Arbeiterschaft 女《-/》《集合的に》労働者.
arbeitete ⇒ arbeiten
Arbeitgeber [アルバイトゲーバー] 男《-in》(＜employer) 雇用者, 使用者, 雇い主; 経営者.
Arbeitnehmer [アルバイトネーマー] 男《-in》(＜employee) 被雇用者, 従業員.

arbeitsam 形《雅》よく働く, 勤勉な.
Arbeits=amt 中 職業安定所. **=anzug** 男 仕事着, 作業服. **=bedingung** 女 労働条件. **=beschaffung** 女 (失業者に対する) 雇用確保. **=beschaffungsmaßnahme** 女 雇用創出措置. **=biene** 女《虫》ハタラキバチ; 働き者. **=einkommen** 中 勤労所得. **=einstellung** 女 操業停止, ストライキ; 仕事に対する考え方. **=erlaubnis** 女 (外国人に対する)就業許可. **=essen** 中 (政治家・経済人などの)会食.

arbeitsfähig 形 働くことのできる, 就労可能な.
Arbeits=feld 中 仕事の領域, 研究分野; 《雅》作業場. **=förderung** 女 雇用促進. **=förderungsgesetz** 中 雇用促進法.
arbeitsfrei 形 (仕事の)休みの.
Arbeits=frühstück 中 (政治家・経済人などの)朝食会. **=gang** 男 作業過程〈工程〉. **=gemeinschaft** 女 作業チーム〈グループ〉. **=gericht** 中 労働裁判所. **=gruppe** 女 作業グループ〈チーム〉.
arbeits=intensiv 形 労働力〈費用〉を集中的に要する.
Arbeits=kampf 男 労働争議. **=klima** 中 労働環境, 職場環境. **=kosten** 男 労働コスト. **=kraft** 女 働き手, 作業スタッフ; 労働力; 能力. **=leistung** 女 仕事量; 生産量. **=lohn** 男 労働賃金.
arbeitslos [アルバイツロース] 形 仕事のない, 失業している. ◆ **～es Einkommen** 不労所得.
Arbeitslosen=geld 中 失業保険金. **=hilfe** 女 (失業保険受給資格のない失業者に給付される)失業救済金. **=quote** 女 失業率. **=unterstützung** 女 失業者に対する援助; 失業手当[金]. **=versicherung** 女 失業保険.
Arbeitslose[r] [アルバイツローゼ(ザー)] 男 女《形容詞変化》仕事のない人, 失業者.
Arbeitslosigkeit 女《-/》仕事のないこと, 失業.
Arbeits=markt 男 労働市場. **=material** 中 原料; 資料, 文献. **=platz** 男 仕事場, 職場, 勤め口. **=recht** 中 労働法. **=reserve** 女 労働予備軍.
arbeitsscheu 形 仕事嫌いの.
Arbeits=stunde 女 [所定]労働時間; マンアワー. **=suche** 女＝Arbeitsuche. **=tag** 男 仕事日, 就業日. **=teilung** 女 分業. **=tier** 中 役者;《蔑》馬車馬のように働く人.
Arbeitsuche 女 職探し.
arbeits=unfähig 形 働くことのできない, 労働不能の.
Arbeits=unfall 男 労働災害. **=verhältnis** 中 雇用〈労使〉関係;《職》労働条件, 職場環境. **=vermittlung** 女 (求職者への)職業紹介. **=vertrag** 男 労働契約. **=weise** 女 仕事のやり方, 作業方法; (機械などの)作動手順. **=woche** 女 週間労働日[数]. **=zeit** 女 労働時間; 作業時間. **=zeitverkürzung** 女 労働時間短縮. **=zeug** 中《集合的に》仕事に使う道具;《話》仕事着, 作業服. **=zimmer** 中 仕事部屋; 書斎.

Arbitrage[アルビトラージ] 男 ((-/-n)) 調停, 裁定; [商] 裁定取引.
archaisch 古代(太古)の; [美] (ギリシャ古典期以前のアルカイックの); 古風な, 古めかしい.
Archäologe 男 ((-n/-n)) 考古学者. **Archäologie** 女 ((-/)) 考古学. **archäologisch** 考古学の.
Arche 女 ((-/-n)) ♦ *die* ~ *Noah*s [聖] [話] 箱舟; 箱型の古風な乗り物.
Archetyp 男 ((-s/-en)) [哲・生] 原型; [心] (ユングの)古態型, 元型; 模範, 手本; (写本などの)原本; (複数名詞の)オリジナル.
Archimedes アルキメデス (前287年-212; 古代ギリシャの数学者).
archimedisch アルキメデスの.
Archipel 男 ((-s/-e)) 多島海 (特にエーゲ海); 群島.
Architekt [アルヒテクト] 男 ((-en/-en)) (女 **-in**) ® architect 建築家, 建築技師; 考案者.
Architektonik 女 ((-/-en)) 建築学; (建築物などの)構造; (芸術作品などの)構成. **architektonisch** 構造上の.
Architektur 女 ((-/-en)) 建築術(学); 建築様式; (単数; 集合的)建築物.
Archiv 中 ((-s/-e)) (文書·記録·資料などの)保管所, 文庫; (保管された)文書(記録, 資料). **Archivar** 男 ((-s/-e)) 文書(記録)保管係員.
ARD 男 Arbeitsgemeinschaft der öffentlich-rechtlichen Rundfunkanstalten der Bundesrepublik Deutschland アーエルデー (ドイツ公共放送局連合体, 第1テレビ).
Ardennen アルデンヌ (ベルギーからフランスにまたがる高地).
Areal 中 ((-s/-e)) 地面, (土地の)面積; 区域; (動植物などの)分布域.
Ären ⇒ Ära
Arena 女 ((-/..nen)) (古代ローマの)闘技場; (周囲に観客席のある)競技(試合)場; (サーカスの)演技場; (政治·経済などの)活動の舞台.
Ares 男 [神] アレス (軍神; ローマ神話のMars に当たる).
arg [アルク] 形 ((ärger; ärgst)) 悪い, よこしまな; ひどい, いやな; [方·話] したたかな, 非常な. ♦ *im Argen liegen* 乱雑な状態にある.
Arg 中 ((-s/-e)) 悪意, 邪悪. ♦ *kein* ~ *sein* (*an* ⟨*in*⟩ *j*³) (人には)悪意はない. *ohne* ~ *sein* 悪意がない.
Argentinien アルゼンチン (南米の共和国; 首都ブエノスアイレス).
Argon 中 ((-s)) アルゴン (元素名; [記号] Ar).
ärger ⇒ arg
Ärger [エルガー] 男 ((-s/)) (® anger) 立腹, 腹立ち, 怒り, 不機嫌; 不愉快なこと. ♦ *j*² ~ *erregen* (人を)怒らせる. *seinem* ~ *Luft machen* 憤まんを漏らす. ~ *machen* (*j*³) (人に)面倒(迷惑)をかける: *Mach mir keinen* ~! 私のことでしたらお構いなく. *in* ~ *geraten* する. *in* ~ *versetzen* (人を)怒らせる. *Mach keinen* ~! 気をつけろ, 面倒をおこすな! *So ein* ~! おったく腹立たしい. *viel* ~ *haben* ⟨*mit* j-et³⟩ (人のことで)さんざん苦労を被る; (人に)ひどく腹を立てる.

ärgerlich [エルガァリヒ] 形 (® angry) (人が)怒っている, 不機嫌な; (事柄の)腹立たしい, 不愉快な.
ärgern [エルガァン] ((ärgerte; geärgert)) (人を)怒らせる, (人の)気持ちを損ねる; *sich* ⁴ *über j-et* ⁴ (…のことで) 怒る, 腹を立てる. **Ärgernis** 中 ((-ses/-se)) 不快感, 腹立ち; 腹立たしいこと.
Arglist 女 [雅] 悪だくみ, 奸計.
arglistig (口語) 悪だくみの; ずる賢い.
arglos 悪意 (邪気) のない; 何も知らない (疑わない). **Arglosigkeit** 女 ((-/)) 悪意のないこと, 無邪気.
Argon 中 ((-s/)) アルゴン (元素名; [記号] Ar).
ärgst ⇒ arg
Argument [アルグメント] 中 ((-[e]s/-e)) (® argument) 根拠, 論拠; [数] (関数の)独立変数.
argumentieren 自 (主張の)根拠(論拠)を示す, 論証する.
Argus 固男 [神] アルゴス (百眼の巨人); 男 ((-/-se)) (アルゴスのように)目のさとい人 (番人). ~**augen** ♦ *mit* ~ *beobachten* ⟨*bewachen*⟩ [話] (…を)厳重に監視する.
Argwohn 男 ((-[e]s/)) [雅] 猜疑 (ぎ) 心; 邪推. **argwöhnen** 他 (…ではないかと)疑う, 邪推する.
argwöhnisch [雅] 猜疑 (ぎ) 心を抱いた, 疑い深い.
Ariadne 固女 [神] アリアドネ (クレタ王ミノスの娘).
Ariadnefaden 男 ((-s/-)) [雅] アリアドネの糸 (クレタ王ミノスの長女アリアドネが迷宮より Theseus を救い出した魔法の糸); 頼みの綱, 救いの手.
Arie 女 ((-/-n)) [楽] アリア, 詠唱.
Ariel 男 ((-s/)) アリエル (天使の一人); アーリエル (中世の寓話などの)空気の精); 男 ((-s/)) アリエル (天王星の衛星の一つ).
Arier 男 ((-s/-)) アーリア人 (ナチスの用語で)純血ドイツ人, 非ユダヤ人.
Aristokrat 男 ((-en/-en)) (女 **-in**) 貴族 (貴族階級の一員); 貴族的な人, 高邁な人.
Aristokratie 女 ((-/-n)) 貴族制, 貴族政治 (国家); (集合的) 貴族 (階級); 上流 (特権)階級; 気品; (心根の)高潔さ.
aristokratisch 貴族の; 貴族政治 (国家)の; (集合的) 貴族 (階級)の; 貴族的な; (心根の)高潔な.
Aristophanes アリストパネス (前445頃-385 頃; 古代ギリシャの喜劇詩人).
Aristoteles アリストテレス (前384-322; 古代ギリシャの哲学者).
Arithmetik 女 ((-/)) 算数, 算術.
arithmetisch 算数 (算術) の.
Arkade 女 ((-/-n)) [建] アーチ; アーケード.
Arkadien アルカディア (ギリシャの一地方); 中 ((-s/)) (牧歌的な) 桃源郷, 理想郷.
Arktis (die ~) 北極地方.
arktisch 北極地方の; とても寒い (冷たい).
Arkus 男 ((-/-)) [数] 弧.
Arlberg 男 アールベルク (オーストリアの Tirol と Vorarlberg 州境にある峠).
Arles アルル (南フランスの古い町).

A

arm [アルム] [形] 《ärmer, ärmst》 ([英] poor)貧しい, 貧乏な; (内容の)乏しい; わずかばかりの; 哀れな, 気の毒な. ◆ *~ dran sein* 《話》気の毒な状態にある. *~ sein* 《an et^3》(…に)乏しい. *Arm und Reich* 貧乏人も金持ちも. *ärmer werden* 《um j-et^4》(…を)失う.

..arm「…が乏しい, 少ない; ほとんど…の必要のない」の意.

Arm [アルム] [男] 《-[e]s/-e》 ([小] Ärmchen)([英] arm)腕; (クラゲ・イカなどの)触手; (器具などの)腕; (川の)支流; 入り江; 《話》袖(そで). ◆ *am steifen ~ verhungern lassen* (人を)痛い目にあわせる. *~ in ~* 《mit j^3》(人と)腕を組んで. *auf den ~ nehmen* (人を)腕に抱き上げる; 《話》からかう. *einen langen ~ haben* 遠方にまで勢力を及ぼしている; 遠くまで目を光らせている. *in den ~ fallen* 《j^3》(人の)意図を妨害する. *in die ~e laufen* 《話》《j^3》(人に)偶然出会う. *in die ~e treiben* 《j^4 et^3》(人を悪徳などに)追いやる. *in die ~e werfen* 《sich^4 j-et^3》(…の)とりこになる. *mit offenen ~en aufnehmen* 〈*empfangen*〉(人を)進んで迎え入れる. *unter die ~e greifen* 《j^3》(人を)抱き起こす; (人に)援助の手を差し伸べる. *j^2 verlängerter ~ sein* 《話》(人の)手助けをする, 手先〈道具〉である; (人のために)働く.

Armatur [女] 《-/-en》 機械装備; (乗り物・機械装置などの)計器類; (洗面所・浴室・台所などの)水まわりの設備.
~en=brett [中] (自動車・飛行機などの)計器盤.

Armband [アルムバント] [中] 《-[e]s/..bänder》 腕輪, ブレスレット; (腕時計の)バンド.

Armbanduhr [アルムバントウーア] [女] 《-/-en》 腕時計.

Arm=binde [女] 《-/-n》 腕章; 〔医〕つり包帯. **=brust** [女] (中世の)弩(いしゆみ)(今日ではスポーツ用).

Armee [アルメー] [女] 《-/-n》 ([英] army) 陸軍; 《集合的》軍隊; 軍団; 大集団, 大群.

Ärmel [エルメル] [男] 《-s/-》 ([英] sleeve) 袖(そで). ◆ *aus dem ~* 〈*aus den ~n*〉 *schütteln* 《話》(…を)やすやすと取り出して見せる; 簡単に入手〈調達〉する. *die ~ hochkrempeln* 〈*aufkrempeln, aufrollen*〉 《[sich^3]》《話》(張り切って仕事に取りかかろうと)腕まくりをする. *Leck mich am ~!* 《俗》こんちきしょう.
=aufschlag [男] 袖の折り返し.

Ärmelkanal (der ~)ドーバー海峡.

ärmellos [形] 袖のない, 袖なしの.

Armenien アルメニア(南西アジア, カフカス地方の共和国; 首都エレバン).

Armenviertel [中] 貧民街, スラム街.

Arme[r] [アルメ〈マー〉] (< arm) [男] [女] 《形容詞変化》 貧しい人, 貧乏人; 哀れな人.

ärmer ⇨ arm

armieren [他] (鉄筋などで…を)補強する; (ケーブルなどに)外装を施す.

Arm=lehne [女] (いすなどの)ひじ掛け. **=leuchter** [男] 腕木燭台(しょくだい); 《話》ばか者, まぬけ.

ärmlich [形] みすぼらしい, 貧弱な; わずかばかりの, 乏しい.

Armreif [男] 腕輪.

armselig [形] 貧相〈貧弱〉な, みすぼらしい; 乏しい, わずかばかりの.

Armsessel [男] 〔ひじ掛け〕安楽いす.

ärmst ⇨ arm

Armut [アルムート] [女] 《-/》 ([英] poverty)貧乏, 貧困, 貧しさ; 不足, 欠乏; 《集合的》貧しい人々. ◆ *~ schädet nicht.* 《諺》貧しきことは恥ならず. *in ~ geraten* 貧乏になる. **~s=zeugnis** [中] ◆ *ein ~ für j^4 sein* (人が)無能な証拠である. *ein ~ ausstellen* 《j^3 〈sich^3〉》(人に〈自ら〉)無能ぶりを暴露する.

Arnika [女] 《-/-s》 〔植・薬〕アルニカ(薬草; この花の根から作るエキス).

Aroma [中] 《-s/..men, -s》 香り, 芳香; (食品用の)〔人工〕香料.

aromatisch [形] 香りのよい, 芳醇な; 〔化〕芳香族の.

Arpeggio [中] 《-s/-s》 〔楽〕アルペッジョ, 分散和音.

Arrak [男] 《-s/-e, -s》 アラック(インド・東南アジアなどで作られる蒸留酒).

Arrangement [アランジマー[ン]] [中] 《-s/-s》 配置, 配列; 手配, アレンジ; 話し合い, 取り決め, 協定; 示談; 〔楽〕編曲.

arrangieren [アランジーレン] [他] ❶ ([英] arrange)(…の)手配する, アレンジする, 準備〈手はず〉を整える; (形よく)整える, 配列〈配置〉する; 〔楽〕編曲する. ❷ 《sich^4 mit j^3》(…と)折り合いをつける, 妥協する.

Arrest [男] 《-[e]s/-e》 拘留, 拘禁; 拘禁所; 〔法〕仮差し押さえ.

arretieren [他] (機械の可動部分を)ロックする.

arrivieren [自] (s)(社会的に)成功する, 出世する; のしあがる. **arriviert** [形] (社会的に)成功した, 出世した; 《蔑》成り上がりの. **Arrivierte[r]** [男] [女] 《形容詞変化》 成功〈出世〉した人; 《蔑》成り上がり者.

arrogant [アロガント] [形] 傲慢(ごうまん)な, 尊大な, 思い上がった, 僭越な. **Arroganz** [女] 《-/》 傲慢(ごうまん)さ, 尊大さ, 思い上がり.

Arrosement [アロズマー[ン]] [中] 《-s/-s》 〔経〕(債権などをより有利なものに書き換える際の)追加払い.

Arsch [男] 《-[e]s/Ärsche》 《卑》しり, けつ; 《蔑》まぬけ, とんま. ◆ *am ~ abfingern können* 《sich^3 et^4》(…が)想像〈察し〉がつく. *am ~ haben* 《j^3》(人に)責任を負わせる; (人を)いやな目にあわせる. *am ~ der Welt* 《卑》ひどくへんぴな場所で. *auf den ~ fallen* 《卑》しりもちをつく. *den ~ aufreißen* 《j^3》(人・兵などを)しごく. *den ~ lecken* 《卑》《j^3》(人に)こびへつらう. *den ~ offen haben* 《卑》頭がおかしい. *den ~ zukneifen* 《卑》死ぬ. *einen kalten ~ haben* 〈*kriegen*〉 《卑》死んでいる〈死ぬ〉. *J^3 geht der ~ mit Grundeis.* 《卑》(人は)ひどく怖がっている. *im ~ sein* 《卑》こわれて〈だめになって〉いる. *in den ~ kriechen* 《卑》《j^3》(人に)こびへつらう. *Leck mich am ~!* 《卑》くそくらえ; ほっといてくれ.

Arsch=backe [女] 《卑》しりたぶ. **=kriecher** [男] 《蔑》おべっか使い, ごますり男. **=loch** [中] 《卑》しりの穴; 《蔑》くそったれ, ろくでなし.

Arsen 田 《-s/》砒(ひ)素(元素名;《記号》As).

Arsenal 田 《-s/-e》兵器《武器》庫;《集合的》(軍隊の)武器一式.

Art [アルト] 図 《-/-en》(ⓢ way)やり方, 方法, 仕方, 流儀;《話》礼儀, 作法, たしなみ;性質, 気質, 性分, 質(たち);(ⓢ kind)種類;《動・植》種. ◆ **auf keine ~** どうしても…ない. **aus der ~ schlagen** (家族・親戚の)変種である. **Das ist doch keine ~!** 《話》これはひどいやり方だ, あんまり[失礼]だ. **dass es [nur so] eine ~ hat** 《話》ほかに例を見ないほどのやり方で. **in j² ~ schlagen** (人の家族・親戚)に似ている. **nach ~ des Hauses** (料理が)その店独自の調理法によって.

Art. = **Ar**t**ikel** 項目, 条項, 箇条.

arteigen 田《生》種に固有の.

Artemis 図 アルテミス(狩猟・狩猟・処女性の女神; ローマ神話の Diana に当たる).

Arten-schutz 田 種の保護.

Arterie 図 《-/-n》動脈. **~n-verkalkung** 図 《-/-en》《医》動脈硬化(症).

Arteriosklerose 図 《-/-n》《医》動脈硬化(症).

artfremd 田《生》異種の.

Arthritis 図 《-/..tiden》《医》関節炎.

artig [アールティヒ] 田 (子供などが)おとなしい, 行儀のよい, 手のかからない;《雅》丁寧な, 礼儀正しい.

..artig「…のような, …に似た」の意.

Artigkeit 図 《-/-en》行儀のよさ;丁寧さ;お世辞.

Artikel [アルティーケル] 田 《-s/-》《新聞・雑誌などの》記事, 論文, 論説;(契約・法律などの)項目, 条項, 箇条(ⓢ Art.);商品, 品物;《文法》冠詞.

artikulieren 田 (単語・文などを…に)発音する;(考え・気持ちなどを)言葉に表す, 表明する; [*sich*⁴] 考え(気持ち)を述べる;(考え・気持ちなどが)表明される.

Artillerie 図 《-/-n》《軍》砲兵隊;《集合的》《大砲, 重火器.

Artillerist 團 《-en/-en》砲兵.

Artischocke 図 《-/-n》《植》アーティチョーク, チョウセンアザミ.

Artist 團 《-en/-en》(ⓢ **-in**)(寄席・サーカスなどの)芸人, 曲芸師;名人, 達人.

Artistik 図 《-/》(寄席・サーカスなどの)演芸, 曲芸;技, 名人芸.

artistisch 田 演芸(曲芸)(上)の;名人芸, 名演技の.

Artur 《男名》アルトゥル, アルトゥア.

Artus アーサー王(5世紀末から6世紀にかけて英国を統治したといわれるケルト民族の伝説的な王).

art-verschieden 異種の. **~verwandt** 似た種類の.

Arznei 図 《-/-en》(ⓢ medicine)薬, 薬剤, 医薬品. **=kunde** 図 《-/》薬学. **=mittel** 田 薬, 薬剤, 《医》薬品. **=mittelabhängigkeit** 図 《-/》薬物依存症. **=pflanze** 図 薬用植物.

Arzt [アールツト] 團 《-es/Ärzte》(ⓢ **Ärztin**) (ⓢ doctor) 医師, 医者.

Ärzte-kammer 図 医師会.

Ärztin 図 《-/-nen》(女性の)医師, 女医.

ärztlich 田 医師の.

As = **Ass**.

as, As 田 《-/-》《楽》変イ(音名). ❷《記号》As)変イ短調;《As》変イ長調.

a.S. 略 **an der Saale** ザーレ河畔の; **auf Sicht** 一覧の上で.

Asbest 田 《-[e]s/-e》《鉱物》石綿(いしわた), アスベスト.

aschblond 田 くすんだ(つやのない)金髪の.

Asche 図 《-/-n》(ⓢ ash)灰, 燃えかす. ◆ **~ aufs Haupt streuen** 《戯》《*sich*³》悔い改める, 反省する. **=n-becher** 團 灰皿. **=n-brödel** 田 《-s/-》, **=n-puttel** 田 《-s/-》《グリム童話の》灰かぶり姫, シンデレラ.

Ascher 團 《話》= **Aschenbecher**.

Ascher-mittwoch 團 《宗》灰の水曜日.

asch-fahl 田 (顔色などが)蒼白(そうはく)な. **=grau** 田 灰色の. ◆ **bis ins Aschgraue** いやになるほど;延々と, 無限に長く《大きく》.

Aschylus アイスキュロス(前525-456;ギリシア三大悲劇詩人の一人).

As-Dur 田 《-/》《楽》変イ長調(ⓢ記号)As).

äsen 田 (獣類が)えさを食う.

Aserbaidschan アゼルバイジャン(南西アジア, カスピ海方面の共和国).

Asgard 北欧神話》アスガルド(神々の国).

Asiat [アジアート] 團 《-en/-en》(ⓢ **-in**)アジア人.

asiatisch 田 (ⓢ Asia)アジア(ⓢ大陸)の.

Asien [アージィエン] 田 (ⓢ Asia)アジア(大陸).

Askese 図 《-/》節制, 禁欲;(宗教的動機による)苦行, 精進(しょうじん);修徳.

Asket 團 《-en/-en》(ⓢ **-in**)禁欲主義者;苦行者. **asketisch** 田 禁欲の, 禁欲的な;苦行する.

Asklepios 《ギ神》アスクレピオス(Apolloの息子で医術の神;ローマ神話のAesculap に当たる). **Äskulap** 《ロ神》アエスクラピウス(医術の神のギリシア神話のAsklepios に当たる) 団 《-s/-e》医師, 医者.

Äsop 《男名》イソップ, アイソポス(前6世紀頃のギリシアの寓話作家). **äsopisch** 田 イソップの.

asozial 田 反社会的な;社交的でない, 人づきあいの悪い.

Aspekt 團 《-[e]s/-e》(物事の)側面, 観点, 視点;《文法》相, アスペクト;《天》星位.

Asphalt 團 《-[e]s/-e》アスファルト. **asphaltieren** 田 (道路などを)アスファルトで舗装する.

Aspik 團 《ブランス語》《-s/-e》《料》アスピック(肉汁にゼラチンを加えてゼリー状にしたもの).

Aspirant 團 《-en/-en》志願者, 志願者;(旧東ドイツで)大学院生, 若手研究者.

Aspirin 田 《-s/》《商標》アスピリン(解熱鎮痛剤).

Ass 田 《-es/-e》(トランプのエース);(ある分野における)第一人者, エース, 名手;《ス》サービスエース;《楽》ホームインウン. ◆ **ein ~ auf der [Bass]geige sein** 《話・戯》やり手(したたか者)である.

aß ⇒ essen
Ass. 圈 Assessor.
Assembler 圐 《-s/-》〔電算〕アセンブラー言語.
Asservat 圐 《-[e]s/-e》〔法〕保管物件《審理の際の証拠物件など》.
Assessor 圐 《-s/-en》(-in) 試補《上級公務員採用候補者; ® Ass.》.
assignieren ® 〔商〕(手形を)振り出す.
Assimilation 囡 《-/-en》同化; 順応, 適応; 〔生〕同化[作用].
assimilieren ® 消化吸収する, 同化させる; 《sich⁴ an et⁴》(…に)順応〔適応〕する. **Assimilierung** 囡 《-/-en》同化〈順応〉すること.
Assistent [アスィステント] 圐 《-en/-en》(-in)(大学・研究施設・病院などの)助手(® Ass.); 補佐, アシスタント.
Assistenz 囡 《-/-en》助力, 介添え, 補佐. =**arzt** 圐(医長・主任医師の下の)一般医師, 医局員. =**professor** 圐(大学の)助教授.
assistieren ® 《j³》(人の)助手を務める; (人に)協力する.
assortieren ® 〔商〕(商品を)取りそろえる, 仕入れる.
Assoziation 囡 《-/-en》連想《心》観念連合; 提携, 連合.
assoziieren ® ❶《et⁴ mit et³》(…を…と結びつけて考える, (…を…から)連想する. ❷《sich⁴ mit et³》(…と)提携《連合》する.
Assuan アスワン《エジプトナイル川中流にある都市; 近傍にダムおよびハダム島がある》.
Assyrien アッシリア《ティグリス・ユーフラテス両河の古代王国》.
Ast [アスト] 圐 《-es (-s) /Äste》(® branch)(木の幹から直接分かれた)枝, 枝分かれ[材料のふし[穴]. ✦ **auf dem absteigenden ~ sein** 落ち目である. **den ~ absägen, auf dem man sitzt** 墓穴を掘る. **einen ~ durchsägen** 大いびきをかく. **einen ~ lachen** 《sich³》大笑いする.
a. St. 圈 alten Stils 旧暦の.
AStA 圐 《-[s]/-[s]》アスタ《ドイツの学生自治委員会; < Allgemeiner Studentenausschuß》.
Astat, Astatin 圐 《-s/-》アスタチン《元素名; 〔記号〕 At》.
Äste ⇒ Ast
Aster 囡 《-/-n》〔植〕アスター, ユウゼンギク《キク科シオン属》.
Asteroid 圐 《-en/-en》小惑星.
Ästhet 圐 《-en/-en》審美家; 唯美〔耽美〕主義者.
Ästhetik 囡 《-/-》美学, 感性論; 美的感覚, 美意識; 美しさ, 美.
Ästhetiker 圐 《-s/-》美学者.
ästhetisch 圏 美学〔上〕の, 美学的な; 美的な; 魅力的な, 美しい; 趣味のよい.
Ästhetizismus 圐 《-/-》唯美〔耽美〕主義.
Asthma 圐 《-s/-》〔医〕喘息(ぜんそく).
Asthmatiker 圐 《-s/-》喘息(ぜんそく)患者.
asthmatisch 圏 〔医〕喘息(ぜんそく)〔性〕の; 喘息にかかった.
Asti アスティ《北イタリアの町; ワインの産地》. 圐 《-[s]/-》アスティ産のワイン.
astigmatisch 圏 〔医〕乱視の.
Astigmatismus 圐 《-/-》〔医〕乱視.
Astloch 圐 《-s/..löcher》(板木などの)ふし穴.
Astrachan 圐 《-s/-e》アストラカン《アストラハン産の子羊の毛皮, またはそれを模して作ったフラシテンの織物》. アストラハン《ロシア連邦, カスピ海に臨む都市》.
astrein 圏 〔話〕欠点のない, 非のうちどころのない.
Astrologe 圐 《-n/-n》占星術師.
Astrologie 囡 《-/-》占星術, 占い.
astrologisch 圏 占星術〔上〕の, 星占いの.
Astronaut 圐 《-en/-en》(-in)宇宙飛行士.
Astronom 圐 《-en/-en》天文学者.
Astronomie [アストロノミー] 囡 《-/-》(® astronomy)天文学.
astronomisch 圏 天文学〔上〕の; 〔話〕天文学的な, 莫大(ぼう)な〔膨大〕な.
Astrophysik 囡 宇宙〔天体〕物理学.
Asturien アストゥリアス《スペイン北部の海岸地方》.
ASU 圈 Abgassonderuntersuchung 排ガス規制テスト.
Asunción アスンシオン《南米, パラグアイの首都》.
Asyl [アズュール] 圐 《-s/-e》(浮浪者などの)収容〔保護〕施設; 避難場所; 亡命者などの保護, 庇護(ひご).
Asylant 圐 《-en/-en》(-in)政治亡命を求める人, 難民.
Asyl-bewerber 圐 庇護権申請者. =**recht** 圐 〔法〕亡命権, 庇護権.
Asymmetrie 囡 《-/-n》非対称; 不均整. **asymmetrisch** 圏 非対称の; 不均整の.
asynchron 圏 〔電〕非同期の.
A.T. 圈 Altes Testament 旧約聖書.
Atavismus 圐 《-/..men》〔生〕先祖返り, 帰先遺伝; 隔世遺伝.
atavistisch 圏 先祖返りの〔帰先遺伝〕の; 隔世遺伝の.
Atelier [アテリエー] 圐 《-s/-s》アトリエ; (映画の)スタジオ.
Atem [アーテム] 圐 《-s/-》(® breath)呼吸; 息. ✦ **einen 〈schöpfen〉 ziehen** 息を吸う; 一息入れる. **außer ~ sein** 息を切らせる. **außer ~ geraten 〈kommen〉** 息を切らす. **den ~ verschlagen** 《j³》(意外なできごとなどが人を)絶句させる, 息をのませる. **den letzten ~ aushauchen** 息を引き取る. **einen kurzen ~ haben** 〔性〕息遣いが荒い; ぜんそくもちである. **einen langen ~ haben** (争いなどで)長く持ちこたえられる; (相手力)耐え力がある. **J³ geht der ~ aus.** (人の)力(資金)が尽きた. **in ~ halten** 《j⁴》(人の)息もつかせない; (人をはらはらする〔わくわくする〕させる. **in einem ~/im gleichen 〈selben〉 ~** 同時に; 一気に. **wieder zu ~ kommen** ほっと一息つく.
atemberaubend 圏 息をのむような, はっとするような.
Atemgerät 圐 〔医〕人工呼吸装置.
atemlos 圏 息を切らした, 息切れした; (緊張などで)息詰まるような; 息をつく暇も

ない. **Átem**=**not** 中 〖医〗呼吸困難. =**pause** 囡 〖医〗〖楽〗(呼吸するための)休憩.

a tèmpo [ア・テンポ] 〖音楽〗アテンポ, 元のテンポで; 〖話〗すぐに, 急いで.

atemberaubend 形 = atemberaubend.

Átem-**stillstand** 男 呼吸停止. =**technik** 囡 呼吸法; (歌唱・管楽器演奏・演劇の)せりふまわし. =**übung** 囡 深呼吸, 呼吸練習(訓練). =**wege** 囡複 気道. =**zentrum** 中 〖医〗呼吸中枢.

Átemzug 男 (一回の)呼吸. ♦ **bis zum letzten ~** 〖雅〗息を引き取るまで, 死ぬ間際まで. **die letzten Atemzüge tun** 息を引き取る. **im nächsten ~** 次の直後に. **in einem ~ / im gleichen ~ / im selben ~** 〖ほとんど〗同時に.

Atheísmus 男 (/-) 無神論.

Atheíst 男 (-en/-en) (~**in**) 無神論者.

atheístisch 形 無神論(上)の.

Athén アテネ(ギリシャの首都).

Athéne [(ː)神] アテネ(知恵・学芸・戦争の女神; ローマ神話のMinervaに当たる).

Äther 男 (-s/) 〖化〗エーテル; 〖理〗エーテル(空間を満たす媒質として仮想された物質); 〖雅〗天空, 大空. **ätherisch** 形 〖化〗エーテル[性]の, エーテルをふくむ; 〖雅〗天空の; 天上(天界)の; 消えやすい; 〖雅〗天空の; 天上(天界)の. **Äthernarkose** 囡 〖医〗エーテル麻酔.

Äthiopien エチオピア(アフリカ北東部の共和国). **äthiopisch** 形 エチオピア[人]の.

Athlét 男 (-en/-en) 〖スポ〗運動競技の選手, スポーツマン; 筋骨たくましい男. **Athlétik** 囡 (/-) 〖スポ〗運動競技. **athlétisch** 形 筋骨隆々とした; 運動競技の.

Äthyl-**alkohol** 男 〖化〗エチルアルコール.

..atión 「…すること, …化」の意.

Atlánt 男 (-en/-en) 〖建〗アトラント(古代ギリシャ建築の柱を支える男柱).

Atlánten → Atlant, Atlas.

Atlántik [アトランティク] 男 (-s/) (⊛ Atlantic)(der~)大西洋.

Atlántis (die ~)アトランティス(ジブラルタルの西方の大西洋にあり、海底に没したという、ギリシャ伝説上の島).

atlántisch 形 大西洋の; 〖ギ神〗アトラスの.

Átlas 男 (-[ses]/..lánten, -se) 地図帳; 図書譜. ❷ 〖ギ神〗アトラス(ティタン神族の怪力の巨人; 天空を担う神). ❸ (der ~)アトラス(アフリカ北西部を東西に走る山脈). ❹ 囡 (-[ses]/) 〖医〗環椎 (かんつい), 第一頚椎(けいつい). ❺ 男 (-[ses]/-se) 〖織〗繻子(しゅす), サテン.

átmen [アートメン] 自 (atmete; geatmet) (⊛ breathe) 呼吸する, 息をする.

Atmosphäre [アトモスフェーレ] 囡 (/-n) (⊛ atmosphere) 大気, 大気圏; 雰囲気; 環境. **atmosphärisch** 形 大気〈中〉の; ムードのある.

Átmung 囡 (/-) 呼吸. **~s**-**órgan** 中 呼吸器官.

Ätna (der ~)エトナ(イタリアシチリア島にある活火山).

Atóll 中 (-s/-e) 環礁.

Atóm [アトーム] 中 (-s/-e) (⊛ atom) 〖理〗原子. ♦ **in ~e auflösen** [⸺] 〖sich⸺〗消える. **nicht ein ~ / kein ~** さっぱり…ない, 少しも…ない. =**abfall** 男 放射性廃棄物. =**antrieb** 男 原子力推進.

atomár 形 原子の; 原子力の; 原子兵器の.

Atóm-**ausstieg** 男 (⊛ atomic bomb) 原子爆弾の廃棄(⊛ A-Bombe). =**brennstoff** 男 核燃料. =**bunker** 男 原爆用防空壕, 核シェルター. =**energie** 囡 原子エネルギー, 原子力.

atomgetrieben 形 原子力推進の.

Atóm-**gewicht** 中 〖理〗原子量. =**kern** 男 原子核. =**kraft** 囡 原子力. =**kraftwerk** 中 原子力発電所(⊛ AKW). =**krieg** 男 核戦争. =**macht** 囡 核兵器保有国. =**meiler** 男 原子炉. =**müll** 男 核(放射性)廃棄物. =**mülldeponie** 囡 放射性廃棄物集積場. =**physik** 囡 原子物理学. =**pilz** 男 (核爆発による)きのこ雲. =**reaktor** 男 原子炉. =**rüstung** 囡 核武装. =**spaltung** 囡 核分裂. =**sperrvertrag** 男 核拡散防止条約. =**sprengkopf** 男 核弾頭. =**strom** 男 原子力発電による電気(電力). =**U**-**Boot** 中 原子力潜水艦(< Atomunterseeboot). =**waffe** 囡 原子爆弾, 核兵器(⊛ A-Waffe). =**zeitalter** 中 原子力時代.

atonál 形 〖楽〗調性を持たない.

Atopíe 囡 (/-) アトピー.

Atrophíe 囡 (/-n) (器官・組織などの)萎縮(した).

Átropos 〖ギ神〗アトロポス(生命の糸を断つ女神).

ätsch 〖幼児〗やあい, ざまあみろ.

Attaché [アタシェー] 男 (-s/-s) (在外公館に勤務する)外交官補; (大〈公〉使館の)専門担当官.

Attácke 囡 (/-n) 攻撃; (激しい)批判, 非難; 〖医〗発作. ♦ **eine ~ gegen j-et⁴ reiten** …を激しく非難する.

attackieren 他 (人を)攻撃する; (激しく)批判(非難)する.

Attentát 中 (-[e]s/-e) 暗殺(計画). ♦ **ein ~ auf j-t vorhaben** 〖戯〗人にこっそりとあることを計画(計略)をめぐらす.

Attentäter 男 (-s/-) (~**in**) 暗殺者, 刺客.

Atteníismus 男 (/-) 〖政〗静観的態度; 〖政〗模様ながめ.

Attést 中 (-[e]s/-e) (医師の)診断書.

attestieren 他 [(j-et³) et⁴] [[…の]能力・品質などを)証明(保証)する.

Áttika アッティカ(中部ギリシャの地方); 囡 (/-/..ken) 〖建〗アッティカ(アッティカ式建物の軒上から屋根まての部分).

Áttila アッティラ(406頃-453; フン族の王); 〖レ〗アッティラ(ハンガリーの男子の民族衣装).

Attitüde 囡 (/-n) 〖雅〗姿勢, ポーズ, 態度; 〖バレエ〗アティチュード(基本姿勢の一つ).

Átto.. アト-(単位名に; 10^{-18}; 記号 a).

Attraktión 囡 (/-/-en) (人を)引きつけ

attraktiv

ること; 魅力; 呼び物, アトラクション.

attraktív 形 人を引きつける; 興味をそそる, 魅力的な, かっこいい.

Attráppe 女 〈-/-n〉 (展示用の) 模造品. まがいもの, にせ物.

Attribút 中 〈-[e]s/-e〉 特質, 特性;〖言〗属性;〖文法〗付加語.

attributív 形〖文法〗付加語的な.

atýpisch 形 典型的でない, 変則的な, 異型(非定型)の.

ätzen 他〖化〗(金属などを) 腐食させる; 腐食作用を起こす;〖美〗(絵などを) エッチングする. **~d** 形 腐食性の, 刺激性の; しんらつな. **Ätzung** 女 〈-/-en〉〖化〗腐食;〖美〗エッチング.

au 間 ああ, おおっ, うわっ (苦痛・歓喜の声).

Au 中 Aurum.

Aubergíne [オベルジーネ] 女 〈-/-n〉〖植〗ナス(茄子).

a. u. c. 略 ab urbe condita.

auch [アオホ] 副 ❶ (動 also) 〖同種・同等〗…も (また); (動 also) 〖追加〗さらに…もまた, 加えて; (動 even) 〖限定強調〗…さえも, …すらも; 〖期待・推測の実現〗本当に, 実際に: [Eine] Tasse Kaffee, bitte! — Für mich ~ コーヒーをください—私も | Er lud sie und ihre Eltern ein. 彼は彼女と彼女の両親も招待した | sehr gut, aber ~ sehr teuer とてもすばらしいが, やはりとても高価だ. ❷〖譲歩文〗〖諾否〗…ではあるが, たとえ〈仮に〉…でも;〖不定関係代名詞などの一般化〗およそ…は. 〖疑問文・願望文〗いったい, 本当に;〖根拠・理由〗事実 (だって) …なのだから, ;〖不満・非難・嘲笑的に〗いったい; いやはや: Mag er ~ noch so jung sein, ... 彼はまだ若いには違いないが… | soviel sie sich ~ bemühte 彼女はどんなにか努力してもごく〈けれど試みても〉 | wie dem ~ sei どのようなことになろうとも | Wer ~ [immer] so was tun will... だれがそれ〈あろうとそういうことを〉やろうとする人は… | Bist du ~ glücklich? 本当に幸せなの | Wozu [denn] ~? いったい何のために. ◆ *nicht nur* A, *sondern* ~ B A のみならず B もまた. *sowohl* A *als* ~ B …も…も同様に. *wenn* ~ たとえ…であっても.

Áudi 〈-s/-〉 [商標] アウディ(ドイツの自動車).

Audiénz 女 〈-/-en〉 (国王・元首などの) 公式会見, 謁見.

Audimax 中 〈-/-〉[話] (大学の) 大講義室. サル会場 (< *Auditorium maximum*).

Audiovisión 女 視聴覚材料, AV機器.

audiovisuéll 形 視聴覚の.

Audít 中 (也) 〈-s/-s〉〖会計〗検査, 監査.

Auditórium 中 〈-s/..rien〉 (大学などの) 講義室, 教室;〖集〗聴衆.

Áuer-hahn 男 オオライチョウの雄. **-henne** 女 オオライチョウの雌. → **huhn** 中〖動〗オオライチョウ (大雷鳥).

auf [アオフ] 〈ア〉 **I** 前〈3·4格支配〉 ❶〖空間的〗(動 on, upon) 〖上面への接触〗…の上に (~ der Vase steht ~ dem Tisch. 花びんはテーブルの上にある);〖施設などの中で〗(~ der Bank 〈der Post, dem Bahnhof〉 sein 銀行〈郵便局, 駅〉にいる;〖出席・参加にて〗~ der Hochzeit〈der Party〉 sein 結婚式〈パーティー〉に出る);〖途上〗~ Reisen〈der Fahrt nach Wien〉 sein 旅行中〈ウィーンへ行く途中〉である). ❷〖方向〗〈4格と〉 …に接触しつつ》~ den Koffer ~ den Boden stellen トランクを床に置く;〖向かうところへ〗~ die Bank〈die Post〉銀行〈郵便局〉へ行く;〖集まりなどに参加すること〗~ die Party〈die Fest〉 gehen パーティー〈お祭り〉に行く;〖下から上へ〗~ einen Berg steigen 山に登る.〖空間的な距離〗〈4格と〉~ einige Kilometer zu hören sein 数キロメートルで聞こえる. ❹〖時間・継続〗〈4格と〉: von heute ~ morgen 今日から明日にかけて | ~ Jahre [hinaus] 何年もの間. ❺〖方法〗〈4格と〉…の仕方で: ~ diese Weise このようにして | ~ Deutsch ドイツ語で. ❻〖根拠〗〈4格と〉…に基づいて: ~ Befehl 命令によって | Kampf ~ Leben und Tod 生死をかけた闘い. ❼〖割り当て〗〈4格と〉: *Auf* 15 *Studenten kommt ein Lehrer*. 学生15人に1人の教師. ❽〖手段〗〈3格と〉: ~ *et*⁴ ~ Raten kaufen 分割払いで買う | ~ dem Pferd reiten 馬に乗る. ❾〖目的〗〈4格と〉: ~ *j-et*⁴ *zu* …をめざして〈めがけて〉. **II** 間〖督促的に またな命令形に〗(動 up) さあ, 起き上がって;〈せかして〉さあ: Er ist noch ~. 彼はまだ起きている | *Auf* geht's! さあ, 行こう. ❸[話] 開いて: Fenster ~ 窓を開けろ. ◆ ~ *immer* いつまでも, 永久に. ~ *sein* 開いている; 鍵があかっている; 起きている, 目が覚めている. ~*s Neue* 新たに. ~ *und ab* | ~ *und nieder* 上へ, 下へ; 行ったり来たり; あちこちと. ~ *und davon* (さっさと, 慌ただしく) 立ち去る | ~ *j-et*⁴ *zu* …をめざして. *bis* ~ *j-et*⁴… に至るまで.

auf-〖分離動詞の前綴り〗「上へ」「起きて, 開く」「物の変化・完了, 改めて」「廃棄」などの意を: *aufsteigen* 上がる, 登る | *aufmachen* 開ける | *aufheben* 廃止する.

aufárbeiten 他 ❶ (仕事などを) 処理する, かたづける; (原料・在庫などを) 使い尽くす; (中古品を) 再生する; (*sich*⁴) をくつろ〈立ち直る〉.

aufátmen 他 ほっと息をつく; 安堵(あんど) する.

aufbáhren 他 (死者を) 棺台に安置する.

Áufbau 男 〈-[e]s/-ten〉 建築, 建設, 構築;〖建・土木〗嵩(かさ) 上げ; 設立; 組み立て; (都市・建物などの) 構造; 建造物;〖建〗屋上階; 〖海〗上甲板の船室;〖工〗(自動車の) ボディー; (作品などの) 構成.

aufbáuen 他 ❶ 組み立てる; 再建する; (料理などを) 並べる; (会社・政党などを) 組織する; (論文などを) 構想する; (人を) 育成する. ❷〖再〗(*sich*⁴) *auf et*³ (…) の上に) 築く, 基づかせる. ❸ (…) に基づく. ❹〖化〗(有機化合物を) 合成する: *sich*⁴ *aus et*³ (…から) 合成される. ❹ (*sich*⁴) (高気圧・雷雲などが) 発生する;〈3格と〉(人の前に) 立ちはだかる; 並ぶ. **aufbáuend** 形 建設的な, 積極的な.

aufbäumen 再 (*sich*⁴) (馬などが) 棒立ちになる; (*sich*⁴ *gegen j-et*⁴) (…に) 反抗する.

抗する.
aufbauschen 他〈風などが…を〉膨らます, [[*sich*⁴]]〈帆·服などが風で〉膨らむ; 誇張する〈される〉.
Aufbauten ⇨ Aufbau
aufbegehren 他 いきりたつ, 抗議〈反抗〉する.
aufbehalten* 他〈帽子などを〉かぶったままでいる,〈衣服を〉着たままでいる;〈目を〉開けている.
aufbekommen* 他〈苦心してやっと〉開く, 開ける;〈問題·宿題などを〉課せられる;〈無理をして〉全部食べる.
aufbereiten 他〈鉱石などを〉精錬する;〈飲料水などを〉浄化する;〈統計·データなどを〉分析する.
Aufbereitung 女 (-/-en) 選鉱, 浄化, 解明, 評価. **~s-anlage** 女 [工]核燃料濃縮施設〈工場〉; [工]選鉱〈選炭〉場.
aufbessern 他 改善する; 増やす; 修理する.
Aufbesserung 女 (-/-en) 改善; 増額.
aufbewahren [アオフベヴァーレン] (bewahrte auf; aufbewahrt) 他 (® store) 保管する.
Aufbewahrung 女 (-/-en) 保存, 保管; [鉄道]手荷物預かり所. **~s-ort** 男 保管場所; 貯蔵場所. **~s-pflicht** 女 [商·法](業務記録の)保管義務.
aufbieten* 他〈力·知恵などを〉提供する, 傾注する;〈軍隊·警察などを〉投入〈動員〉する;〈人の〉婚姻を予告する; [et⁴ mit et³]〈…を…の値で〉競売にかける.
Aufbietung 女 (-/-en) 努力, 尽力; 動員, 召集.
aufbinden* 他〈結んだ物を〉ほどく;〈垂れ下っている物を上に〉結びつける; [et⁴ auf et⁴]〈…を…に〉結ぶ, くくりつける;〈話〉 [j³ et⁴]〈人にうそかつぎの話を〉信じ込ませる;〈書物などを〉製本する.
aufblähen 他 膨らませる;〈軍隊〔通貨〕を〕膨張させる,〈物価を〉つり上げる; [[*sich*⁴]] 膨張する, 膨らむ; いばりちらす.
aufblasen* 他 ❶〈風船などを〉膨らます; [[*sich*⁴]]膨らむ, 腫れ上がる; 誇示する; [[*sich*⁴]]いばって見せる. ❷〈火を〉吹き起こす; 舞い上がらせる.
aufblättern 他〈ページを〉めくる,〈本の中のある箇所を〉探す; [[*sich*⁴]] 〔雅〕〈花のつぼみが〉開く.
aufbleiben 自 (s)〈夜ふけに〉起きている;〈戸·ドアが〉開いたままになっている.
aufblenden 他〈照明をして〉明るくする;〈車のヘッドライトを〉上向きにする; 〔写〕レンズの絞りを開ける;〈サーチライトなどが〉パッと輝く. ❷ 〔映〕〈撮影が〉始まる; フェードインする,〈シーンが〉映し出される.
aufblicken 他 (® look up) [[zu j-et³]]〈…の方を〉見上げる, 仰ぎ見る; [[von et³]]〈…から〉目を上げる; [[zu j-et³]]〈…を尊敬〈崇拝〉する.
aufblitzen 自 (s) きらりと光る, きらめく;〈閃光などが〉ひらめく.
aufblühen 自 (s) (® bloom)〈花が〉咲く, 開花する;〈ほおなどが〉紅潮する; 栄える, 興隆する; 健康になる.
aufbocken 他〈自動車を〉修理用架台に載せる.
aufbrauchen 他〈蓄えを〉使い果たす, 使い切る;〈力を〉出し尽くす.
aufbrausen 自 (s) 沸騰する, 泡立つ; 発酵する;〈海が〉波立つ;〈歓声などが〉沸き起こる; 突然怒り出す, いきり立つ.
aufbrechen* [アオフブレッヒェン] (brach auf; aufgebrochen) ❶〈閉じた物を〉無理に開ける; 〈…の表面を〉開く, 掘り起こす. ❷ 自 (s)〈表面に〉ひび割れる,〈傷口が〉裂ける;〈花のつぼみが〉開く; 〈争い·対立などが〉突発する, 生じる; 出発する.
aufbringen* 他 ❶〈金銭·費用などを〉調達する;〈勇気·忍耐力·意欲などを〉奮い起こす. ❷〈人を〉ひどく怒らせる, 激昂させる; やっとのことで開く;〈新聞·うわさなどを〉広める;〈流行の発端を〉作る; 流布させる;〈表面に…を〉塗る; 〔海〕〈敵船を〉拿捕〔だほ〕する.
Aufbruch 男 (-[e]s/..brüche) 出発;〈地面·路面などの〉割れ目, 亀裂; 〔狩〕〈獣の〉はらわた, 内臓.
aufbrühen 他〈…に〉熱湯を注ぐ.
aufbrummen ❶ 他〈獣などが〉うなり声をあげる; (s)〈船舶が〉座礁する. ❷ 他 [j³ et⁴]〈人に罰などを〉科する.
aufbürden 他 [j³ et⁴]〈人に重荷を〉背負わせる;〈責任·罪などを〉負わせる.
aufbürsten 他〈髪·毛皮などを〉ブラッシングする.
aufdecken 他〈…の覆いを取り除く, はがす; 露出させる;〈テーブルクロスを〉かける;〈弱点·秘密·真相などを〉暴露する; [j³ et⁴]〈人に秘密·真相などを〉打ち明ける.
aufdonnern 他 ❶ [[*sich*⁴]] めかし込む.
aufdrängen 他 ❶ [j³ et⁴]〈人に…を〉無理強いする, 押しつける. ❷ [[*sich*⁴ j³]]〈人の所へ〉押しかける,〈人に〉つきまとう; [[*sich*⁴ j³]]〈疑念などが〈人に〉〕じわじわと浮かんでくる.
aufdrehen ❶ 他〈栓などを〉回してねじって〉開ける〈緩める〉;〈栓をひねって…を〉出す;〈髪を〉巻く; [et⁴ et⁴]〈…に…を〉ねじってはめ込む, ねじで留める. ❷ 他〈アクセルを踏んで〉スピードを上げる; 奮起する, 力を振り絞る; 張り切る, 愉快になる;〔南独·ドイツ〕激昂する, 怒り出す.
aufdringlich 押しつけがましい, 厚かましい, しつこい, なれなれしい.
Aufdringlichkeit 女 (-/-en) 厚かましさ; 押しがましい言動.
Aufdruck 男 (-[e]s/-e) (はがき·便せん·切手などに上に)印刷された文句,〈社名·日付·値段などの〉刷り込み; レターヘッド;〔郵〕切手の加刷.
aufdrucken 他 [et⁴ auf et⁴]〈…を…の上に〉印刷する.
aufdrücken 他 [et⁴ auf et⁴]〈…の上に〉押しつける, 押し当てる; [j-et⁴ et⁴]〈…に印·スタンプなどを〉押す, 捺印する; [[*sich*³ et⁴]]〈帽子などを〉しっかりかぶる;〈ドアなどを〉押して開ける; 〈ペンなどに力を入れて紙の上に押しつける. ❷ 他〈筆記用具に〉力を入れて書く.
aufeinander 重なり合って, 重ねて; 互いに[向かい合って]; 相前後して. ◆ **~ folgen** 互いに続いて起こる, 連続する. **~ legen** 〈…を〉重ねる, 積み上げる. **~ liegen** 積み

重なっている. **~ *setzen*** (…を)順々に重ねる, 積み上げる. **~ *stoßen*** (車・意見などが)衝突する. **Aufeinanderfolge** [女] 《-/》相次いで起こること, 連続.

aufeinander⊧folgen, ⊧legen, ⊧liegen*, ⊧prallen, ⊧setzen, ⊧stoßen* [旧]⇨ aufeinander ✦

Aufenthalt [アオフエントハルト] [男] 《-[e]s/-e》 ([英] stay)滞在[期間]; 《雅》滞在場所, 居どころ; 中休み, 中断; 遅滞; 〖鉄道〗停車[時間]. ✦ **~ *nehmen*** 滞在する. **~s=erlaubnis, ~s=genehmigung** [女] 滞在許可[証]. **~s=ort** [男] 滞在地, 居所. **=raum** [男] 休憩〈社交〉室, 談話室, ラウンジ.

auf|erlegen [他] 《j^3 et^4》(人に…を)課する; (人に責任・重荷などを)負わせる.

auf|erstehen* [自] (s) 〖キリスト教〗(死者が)よみがえる, 復活する.

Auferstehung [女] 《-/》〖キリスト教〗復活; 蘇生(そせい).

auf|essen* [他] 残さずに食べる, 平らげる.

auf|fädeln [他] (真珠などを)糸〈ひも〉に通す.

auf|fahren* ❶ [自] (s) 《**auf** et^4》(乗物が…に)衝突する; 《[**auf** *j-et*⁴]》([…に対して]車間距離を)詰める; (眠り・考え事などから)はっと我に返る. ❷ [他] (大砲などを)戦列に並べる; 《話》(飲食物を)豊富に食卓に並べる; (車が道路を)傷める, 壊す; 〖坑〗(ある距離を)掘り進む.

Auffahrt [女] 《-/-en》 ❶ (車で)乗り着けること; 車寄せ; (高速道路などへの)進入路, 入り口ランプ. ❷ 《南部・スイス》(キリストの)昇天; 《スイス》昇天祭; 〖坑〗出坑.

Auffahr=unfall [男] (車の)追突事故.

auf|fallen* [アオフファレン] 《**fiel auf; aufgefallen**》 ❶ [自] (s)目立つ; 《j^3》(人の)目に留まる; 《**auf** et^4》(…の上に)落下する; ぶつかる. ❷ [再] 《$sich^3$ et^4》(…を)落ちて〈倒れて〉けがする.

auffallend [形] 目立つ, 人目を引く, けばけばしい; 異様な; [副] 非常に, とりわけ.

auffällig [アオフフェリヒ] [形] ([英] striking)目立つ, 人目を引く; 異様な, 奇妙な.

auf|fangen* [他] (落下物などを)受け止める, 捕まえる; (容器に雨水などを)受ける, ためる; (難民などを)仮収容する; (衝撃などを)受け止める, (物価の上昇などを)食い止める; (無線などを)傍受する.

Auffanglager [中] (難民・移民などの)仮収容所.

auf|fassen [アオフファッセン] 《**fasste auf**, [旧] faßte auf; aufgefasst, [旧] ..faßt》 [他] ([英] understand)理解する; 《et^4 **als** et^4》(…を…と)解釈する.

Auffassung [アオフファッスング] [女] 《-/-en》物の見方, 見解; 解釈; 理解力. **~s=gabe** [女] 把握〈理解〉力. **~s=sache** [女] ✦ ***Et*¹ *ist* ~.** …は見解〈解釈〉の問題だ.

auffindbar [形] 発見できる.

auf|finden* [他] 見つけ出す, (…を…の状態で)発見する.

Auffindung [女] 《-/》発見.

auf|fischen [他] 《話》(水中から…を)引き上げる, 釣り上げる; 《話》偶然知り合う, 拾う, 手に入れる.

auf|flackern [自] (s)燃え上がる; 〖化〗突燃する; 〖医〗(結核などが)再発する.

auf|flammen [自] (s)(炎などが)燃え上がる; (明かりが)ぱっとともる.

auf|fliegen* [自] (s)(鳥・ほこりなどが)舞い上がる; 離陸〈上昇〉する; (驚いて)飛び上がる; (爆発して)飛び散る; 《話》(計画などが)挫折(ざせつ)する, (会社などが)つぶれる, 解散する; (戸・窓などが)突然開く.

auf|fordern [アオフフォルダァン] 《**forderte auf; aufgefordert**》 [他] ([英] request) 《j^4 **zu** et^3》(人に…を)要求する, 頼む, 促す, 督促する, 勧める.

Aufforderung [アオフフォルデルング] [女] 《-/-en》要求, 要請, 請求; 勧誘; 〖法〗催告; 《話》挑戦, 挑発. ✦ **~ *zum Tanz*** ダンスへの誘い.

auf|forsten [他] (…に)新たに植林する.

auf|fressen* [他] 食い尽くす; 《話》《j^4》(仕事・心配事などが人を)消耗させる, むしばむ; 破滅させる.

auf|frischen ❶ [他] (絵画などを)修理〈修復〉する, (手入れをして)きれいにする; 復活させる, よみがえらせる; 《$sich^4$》元気〈活気〉を取り戻す; (在庫品などを)補充する. ❷ [自] (h, s)(風が)強まる.

auf|führen [アオフフューレン] 《**führte auf; aufgeführt**》 [他] ❶ ([英] perform)(劇・映画・音楽などを)公演する, 上演する, 演奏する; (名前・事実・項目・例などを)挙げる; 《雅》建造する. ❷ 《$sich^4$》(…のように)ふるまう, (…の)態度を取る.

Aufführung [アオフフュールング] [女] 《-/-en》上演, 上映, 演奏, 興業; 《雅》態度, ふるまい; (名前・例などを)挙げること; 《雅》建設. ✦ ***zur* ~ *bringen*** (…を)上演〈演奏〉する. ***zur* ~ *gelangen*** 上演〈演奏〉される.

auf|füllen [他] ❶ 補充する, 満たす; (分量・数量などを)補充〈補てん〉する; 《話》(皿などに料理を)盛る; 〖料〗《et^4 **mit** et^3》(…に…を)たっぷり注ぐ, かける; (堤防などを)盛り土する. ❷ 《$sich^4$》〖気象〗(低気圧が)衰える.

Aufgabe [アオフガーベ] [女] 《-/-n》 ([英] task)課題; 任務, 使命; (学校の)宿題, 練習問題; 依頼, 委託; 中止, 断念; 閉鎖; 〖商〗(取引上の)通知; 〖球技〗サーブ. ✦ ***die* ~ *aus|führen*** (バレーボールの)サーブをする. ***zur* ~ *machen*** 《$sich^3$ et^4》(…を)自分の任務〈目標〉とする.

auf|gabeln [他] 《話》(…と)偶然知り合う, 拾う, 手に入れる.

Aufgaben=bereich [男], **=gebiet** [中], **=kreis** [男] 任務〈職責〉の範囲. **=schein** [男] 〖郵〗(書留便などの)受領証; 配達証明書.

Aufgang [男] 《-[e]s/..gänge》(太陽・月などが)昇ること; 昇り階段; 上り道, 登山道; 上り口; 開花; 発芽.

auf|geben* [アオフゲーベン] 《**gab auf; aufgegeben**》 [他] ❶ (…の処理を)委託する; 《j^3 et^4》(人に仕事などを)課する; (人に…の)義務を負わせる. ❷ ([英] give up)(途中で)やめる, 放棄〈断念〉する, あきらめる; (人を見込みがないと)見放す. ❸ 《方》(料理を)皿に盛る〈載せる〉; (ボールを)サーブする. ❹ 〖工〗(原料を)送り込む, 供給す

Aufheiterung

る。『商』《数値などを相手方に》伝える, 通知する。
aufgeblasen (→ aufblasen) いばった; うぬぼれた。 **Aufgeblasenheit** 囡《-/》うぬぼれ, 高慢。
Aufgebot 囲《-[e]s/-e》動員《人員》; 『古』召集《人員, 部隊》; 《旧》《戸籍役場・教会による》婚姻予告; 公示催告。 ◆ *mit* ⟨*unter*⟩ ~ *aller Kräfte* 全力を出して。
auf·gebracht (→ aufbringen) 囲 ひどく怒った, 激怒した。 **=gebrochen** ⇨ aufbrechen。 **=gedonnert** (→ aufdonnern) 囲 けばけばしくめかし込んだ。 **=gedreht** (→ aufdrehen) 囲『話』はしゃいだ, ご機嫌の, 高揚した。 **=gedunsen** 囲 ふくれ上がった, 腫(は)れた。
auf·gefallen ⇨ auffallen。 **=gefasst** (囲 **gefaßt**) ⇨ auffassen。 **=gefordert** ⇨ auffordern。 **=geführt** ⇨ aufführen。 **=gegangen** ⇨ aufgehen。 **=gehalten** ⇨ aufhalten。
aufgehen* 〔アオフゲーエン〕《ging auf; aufgegangen》囲 (s) ❶ 《働 rise》《太陽·月などが》昇る;《窓·ふたなどが》開く;《花が》咲く,《芽が》出る,《種が》発芽する;《パンなどが》膨らむ。 ❷ 《人にとって》明らかになる, 解ける; 《数が》割り切れる。《*in* el⁴⟨3⟩》に吸収される, 消滅する。
aufgehoben (→ aufheben) 囲 Aufgeschoben ist nicht ~. 延期したことは廃止したことにならない。 ◆ *gut* ⟨*schlecht*⟩ ~ *sein* 《*bei* j³》《人のもとで》手厚いもてなしを受ける《冷遇される》。
aufgehört ⇨ aufhören。
aufgeilen 囮《人の》情欲をそそる。
auf·geklärt (→ aufklären) 囲 啓蒙された, 偏見のない, 自由思想的; 性教育を受けた。 **=geknüpft** (→ aufknüpfen) 囲『話』打ち解けた, おしゃべりな。 **=gekommen** ⇨ aufkommen。 **=gekratzt** (→ aufkratzen) 囲『話』陽気な, ご機嫌の; いい気になった。
Aufgeld 伸 プレミアム, 割増金。
auf·gelegt (→ auflegen) 囲 《…の》気分の; 《*zu* et³》《…する》気がある, 《…に》気が向いている。 **=gelöst** (→ auflösen) 囲『話』興奮した, まごれもない;《ゲーム開始前から》勝敗の明らかな。 **=gelöst** (→ auflösen) 囲 我を忘れた, 気持ちの乱れた;《暑さなどに》へとへとに疲れ切った。 **=gemacht** ⇨ aufmachen。 **=genommen** ⇨ aufnehmen。 **=gepasst** (囲 **=gepaßt**) ⇨ aufpassen。 **=geräumt** (→ aufräumen) 囲 上機嫌な, 朗らかな, 愉快な。 **=geregt** ⇨ aufregen。 **=geschlagen** ⇨ aufschlagen。 **=geschlossen** (→ aufschließen) 囲 開放的な, 偏見のない;《*für* et⁴》《…を》受け入れる用意のある。 **=geschmissen** 囲『話』途方に暮れて, お手上げ状態な。 **=geschossen** 囲《丈の》伸びた。 **=geschrieben** ⇨ aufschreiben。 **=gestanden** ⇨ aufstehen。 **=gestellt** ⇨ aufstellen。 **=gestiegen** ⇨ aufsteigen。 **=gestoßen** ⇨ aufstoßen。 **=getaucht** ⇨ auftauchen。 **=getreten** ⇨ auftreten。 **=gewacht** ⇨ aufwachen。 **=gewandt** ⇨ aufwenden。 **=geweckt** (→ aufwecken) 囲 利発な, 利口な。 **=gewendet** ⇨ aufwenden。 **=gezogen** ⇨ aufziehen。

aufgießen* 囮《熱湯を注いで…を》煮出す, 蒸らす; 《*et⁴ auf et⁴*》《熱湯などを…》に注ぎかける。
aufgliedern 囮 《*et⁴ in et⁴*》《…を…に》分類／編成する。
Aufgliederung 囡《-/-en》分類, 類別; 区分。
aufgreifen* 囮《テーマ・問題などを》取り上げる;《中断した話を》再開する;《容疑者などを》捕まえる。
aufgrund 前《2格支配》《…に》基づいて, …の理由で。
aufgucken 囮『話』見上げる, 目を上げる。
Auf·guss (囲 **=guß**) 伸《茶・薬草などの》せんじ出し;せんじ汁。
aufhaben 囮 ❶《帽子などを》かぶっている;《眼鏡などを》かけている;《宿題などを》課されている;《ドア・窓などを》開けておく;《結び目を》ほどいてしまっている;《話》食べ終わっている。 ❷《商店・役所の窓口などが》開いている;『釘』《シカなどが》角を生じている。
aufhacken 囮《つるはしなどで…を》打ち割る, 打ち砕く;《土などを》掘り起こす。
aufhalsen 囮『話』《*j³ et⁴*》《人に仕事・重荷・責任・義務などを》押しつける, 負わせる。
aufhalten* 〔アオフハルテン〕《hielt auf; aufgehalten》囮 ❶ 引き止める;《進行を》阻む, 押しとどめる;《扉・戸・店などを》開けておく。 ❷ 《*sich⁴ bei* ⟨*mit*⟩ *et³*》《…に》かかりきり, 時間をかける;《*sich⁴ über et⁴*》《…を》非難談笑する, けなす。 ❸ 《北部》終わる, やむ;《*mit et³*》《…を》やめる, 中断する。
aufhängen⁽*⁾ 囮 ❶ 《*et⁴ an et³*》《…に…を》かける, つるす;《話》《人を縛り首《絞首刑》にする;《*sich⁴*》首をくくる。 ❷ 《*j³*》《人にやっかいなことを》押しつける;《人に…を》だまして売りつける;《人をうそだと信じ込ませる。
Aufhänger 伸《-s/-》《上着などの》襟づり; フック;《新聞の》記事ネタ。
aufhäufen 囮 積み上げる, 盛り上げる;《*sich⁴*》たまる, 積もる。
aufheben* 〔アオフヘーベン〕《hob auf; aufgehoben》囮 ❶ 《働 raise》上げる, 拾む;《人を》起こす;《*sich⁴*》《雅》立ち上がる;《…を》上へ上げる。 ❷ 取っておく;《進行・継続中のものを》取りやめる, 廃止《廃案》する; 撤回する;『商』止揚《揚棄》する;《*sich⁴ gegenseitig* ⟨*einander*⟩》相殺される。 ❸ 約分する, 約す。 **Aufheben** 伸《-s/》 ◆ *viel* ~[*s*] *von et³* ⟨*um et⁴*⟩ *machen*《…を》大げさに言う,《…で》大騒ぎする。
Aufhebung 囡《-/-en》《会食・会議などを》お開きにすること; 終幕; 廃止, 廃棄, 破棄;『哲』アウフヘーベン, 止揚, 揚棄。
aufheitern 囮《人を》元気づける,《人の》気持ちを引き立てる;《*sich⁴*》《気持ち・表情が》晴れやかになる;《天気が》晴れ上がる。
Aufheiterung 囡《-/-en》晴れ上がること;気晴らし。

aufhelfen＊ 他 《j^3》(人を)助け起こす；(窮地から人を)救い出す；援助する；《et^3》(…)を改善する，改める；高める．

aufhellen 他 ❶ 明るくする，《$sich^4$》明るく(晴れやかに)なる；(液体を)澄ませる，《$sich^4$》(液体が)澄む．❷ (空が)晴れあがる，明るくなる．

aufhetzen 他 《j^4 zu et^3》(人を…へ)扇動する，唆す；[狩]狩り立てる．

auf-holen 他 (遅れなどを)取り戻す，挽回(ばんかい)する；差を縮める；[海]船(帆など)を揚げる；(相場の)値を持ち直す；(いかりを)巻きあげる．

auf-horchen 他 聞き耳を立てる，耳をそばだてる．

aufhören [アオフヘーレン] (hörte auf; aufgehört) 他 (事が)終わる，やむ；任える；《**mit** et^3》(…を)やめる．◆ *Da hört [sich] doch alles auf!* それはひどい話だ；いいかげんにやめてくれ．

Aufkauf 男 《–[e]s/..käufe》(企業の)買収；買い占め；買い集め．

aufkaufen 他 買い占める，(大量に)買い上げる．**Aufkäufer** 男 《–s/–》買い占め人，バイヤー；仕入れ係．

aufkeimen 他 芽を出す，発芽する；(疑惑・恐怖心・希望などが)芽生えする．

aufklappen 他 ❶ (本・ナイフなどをパタン〈パチン〉と)開ける；(s)(ドアなどが)パタンと〈ぱっと〉開く．❷ (コートの襟などを)立てる．

aufklaren 他 晴れる．

aufklären [アオフクレーレン] 《klärte auf; aufgeklärt》他 ❶ (疑問などを)解明する，《$sich^4$》明らかになる；❷ [軍] 偵察する．❸ 《j^4 über et^4》(人を…に関して)啓蒙(教化)する；(液体を)澄ます，《$sich^4$》(液体が)澄む，(霧が)晴れる．

Aufklärung 女 《–/–en》解明，教化，啓蒙；《史·哲学》啓蒙主義(運動)；性教育；[軍] 偵察．**～sflugzeug** 中 偵察機．

aufkleben 他 《et^4 **auf** et^4》(のりなどで…を…に)張りつける．

Aufkleber 男 《–s/–》(のり付きの)シール，ラベル，ステッカー．

aufknacken 他 (クルミなどを)割る；(金庫などを)破る．

aufknöpfen 他 (服などのボタンを)外す．

aufknoten 他 結び目を解く．

aufknüpfen 他 ❶ (人を)絞首刑に処する，縛り首にする；《$sich^4$》首を吊る．❷ (ネクタイなどを)ほどく．

aufkochen 他 ❶ (ミルク・スープなどを)沸かす，煮立てる；沸騰する，煮え立つ．❷ (冷めたものを)温め直す．

aufkommen＊ 他 [アオフコメン] 《kam auf; aufgekommen》❶ (s) 他 (h) ari-se)生じる，起こる；広がる，はやる．❷ 《**für** et^4》(…の)費用を持つ；責任を持つ．❸ 《**gegen** j^4》(人に)対抗する，拮抗する；起き上がる；(再び)健康になる，立ち直る；[口調] 埋め合わせる．❹ [軍] 着地する，[海] (船が水平線に見えてくる；[南部] (計画などが)露見する．**Aufkommen** 中 収益；回復；流行；台頭．

aufkratzen 他 (傷口を)ひっかいて開ける；《j^3 et^4》(人の…)かき傷をつける；[口調] 小機嫌(陽気)にする．

aufkrempeln 他 (そで・ずぼんなど)まくり〈たくし〉上げる．

aufkreuzen 他 (s)(船・自動車などが)[突然]姿を現す；《**bei** j^3》(人を)突然訪ねる；(s, h) [海] (ヨットなどが)風上に向かって航行する．

aufkriegen 他 宿題(課題)に出される；やっと開ける；(苦労して)全部平らげる．

aufkündigen 他 (契約などを)取り消す．

Aufl. 略 *Auflage* (本などの)版．

auflachen 他 どっと笑う，急に笑い出す．

aufladen＊ 他 (車・船などに荷を)積み込む，積載する；《j^3 et^4》(人に重荷・責任などを)負わせる；(バッテリーに)充電する．

Auflage [アオフラーゲ] 女 《–/–n》(印 edition)(書籍などの)版(略 Aufl.)；(新聞・雑誌などの)発行部数；(同一製品の一定期間の)生産量，義務；台架，支え；[工] 《**n**》–**höhe** 女 (書籍などの)発行高〈部数)．

auflassen＊ 他 ❶ (窓・ドアなどを)開いたままにしておく；(帽子を)かぶったままでいる；《j^3》(人に)起きていることを許す；(風船・ハトなどを)飛ばす；(衛星などを)打ち上げる；[南部] (施設・役職などを)廃止する，閉鎖する；《et^4 **an** j^4》(不動産・所有権などを…に)譲渡する．

auflauern 他 《j^3》(人を)待ち伏せする．

Auflauf 男 《–[e]s/..läufe》(広場・通りなどの)人だかり，人垣；[法律] 不法集会；(集金の[負債・利息の]累積；[料理] アオフラウフ(グラタンやスフレのような料理)；[建] (足場への)通路；[工] 導入．

auflaufen＊ 他 ❶ (s)《**auf** et^4》(船が…に)乗り上げする，座礁する；《**auf** j^4–et》(走って…に)突き当たる，追突する；[口調] タックルする；大きくなる，増える；(水かさが)増す；[農] (苗が)生育する，伸びる．◆ *die Füße ~ ($sich^3$)* 走って足を痛める．*zur Spitze ~* 首位でトップに出る．

aufleben 他 息を吹き返す；(再び)元気になる；復活する；(争い・嵐などが)再び活発になる．

auflecken 他 (こぼれたミルクなどを)きれいになめ取る．

auflegen 他 ❶ 上に置く，載せる；(布などを)かける；(こう薬などを)貼る；(名簿などを)公開する，閲覧に供する；(本を)刊行する；(通信) 受話器を置く；《j^3 et^4》(…に…を)課する，負わせる；《$sich^4$》ひじを突く．

auflehnen 他 《$sich^4$ **gegen** $j-et^4$》(…に反抗する，逆らう．**Auflehnung** 女 《–/–en》反抗，反対，抵抗，反乱．

auflesen＊ 他 (散らばったものを)拾い集める；(話) (よその子・犬などを)連れてくる，拾ってくる；《$sich^3$ et^4》(話) 病気などをもらって来る．

aufleuchten 他 (h, s) (明かり・星などが)ぱっと輝く；(眼・顔が)明るく輝く；(考えなどが)ひらめく．

aufliegen＊ 他 上に載っている；閲覧に供されている．◆ 《$sich^3$ **den Rücken**》 ~ (背中に)床擦れができる．

auflisten 他 リストアップする．

auflockern 他 (土を)ほぐす；(雰囲気を)和らげる；(授業・講演などを)楽しいものにする；《$sich^4$》緊張(体勢)をほぐす．

auflodern 他 (s)(炎が)燃え上がる；(憎しみなどが)燃え上がる．

auflösbar 形 (物質が)溶解しうる；(結び

目が)ほどくことのできる;(契約が)解消可能な;(方程式が)解くことのできる.

auf|lösen [アオフレーゼン] 《löste auf; aufgelöst》[他] ❶ 溶かす; 解消する, 解散する;(店や病院などを)畳む;(なぞ・数式などを)解く;(リボンなどを)ほどく. ❷ [再] 《*sich*⁴》溶ける, 散る; 消えてなくなる; ほどける; 解ける, 解決する.

Auflösung [女] 《-/-en》解決, 解答; 解散, 解消, 分解; 崩壊;(精神的な)混乱; 〔楽〕本位にすること(変化記号の取り消し);(不協和音の)解決;〔光〕解像. **~s=zeichen** [中] 〔楽〕ナチュラル, 本位記号.

auf|machen [アオフマッヘン] 《machte auf; aufgemacht》❶ [他] ([英] open)開ける, 開く, 装う;(カーテンなどを)かける. ❷ [自] (店などが)開く, 開店する, オープンする. ❸ [再] 《*sich*⁴》出発する, 出かける;(風などが)起こる.

Aufmachung [女] 《-/-en》(本の)装丁; 包装;(新聞の)見出し; 身なり, 装い.

Aufmarsch [男] 《-[e]s/..märsche》行進, パレード;〔軍〕進軍.

auf|marschieren [自] (s)(軍隊が)行進してきて配備に就く.

aufmerksam [アオフメルクザーム] [形] ([英] attentive)注意深い; 親切な, 丁寧な.

Aufmerksamkeit [アオフメルクザームカイト] [女] 《-/-en》注意; 思いやり, 親切; 心尽くしの品.

auf|möbeln [他] 《話》(人に)元気を与える;(人の気分を)朗らかにする;(古い道具などを)修復する; 張り〈塗り〉替える.

auf|mucken [自] 《話》《**gegen** *j-et*⁴》(…に)逆らう.

auf|muntern [他] 《*j*⁴》(人に)元気を与える,(…の)気分を晴れやかにする;《*j*⁴ **zu** *et*³》(人を)励まして(…)させる.

aufmüpfig [形] 《話》反抗的な.

auf|nähen [他] 《*et*⁴ **auf** *et*⁴》(…を…に)縫い付ける.

Aufnahme [アオフナーメ] [女] 《-/-n》([英] reception)受け入れ, 採用; 収容; 接待, 歓迎; 反応;(病院などの)待合室, 受付;(栄養などの)摂取; 吸収;(仕事・交渉などの)開始, 着手; 録音, 録画, 撮影; 収録; 写真; 記録, 作成. **aufnahmefähig** [形] 《**für** *et*⁴》(…に対して)理解力〈感受性〉のある; 受け入れ〈収容〉能力のある.

Aufnahme=fähigkeit [女] 受容力, 感受性; 収容能力. **=gebühr** [女] 入会〈加入〉費, 入学金. **=prüfung** [女] 採用試験, 入学試験, 入試.

auf|nehmen* [アオフネーメン] 《**nahm auf; aufgenommen**》[他] ❶ ([英] pick up)持ち上げる, 取り上げる. ❷ ([英] begin)始める,(…に)取りかかる, 着手する. ❸ ([英] receive)《*j*⁴ [**in** *et*³]》(人を[施設・組織に])受け入れる; 収容する; 吸収〈摂取〉する; 理解する. ❹ 《*j-et*⁴ **in** *et*⁴》(…を雑誌などに)収録する, 載せる; 記録にとどめる; 撮影する;《*et*⁴ [**auf** *et*⁴]》(…を[…に])録音する. ❺ (金(きん)を)借り入れる. ♦ ***es mit j-et³ ~*** (人と)競う, 張り合う.

auf|nötigen [他] 《*j*³ *et*⁴》(人に…を)無理強いする.

auf|opfern [他] 《*j-et*³ 〈**für** *j-et*⁴〉 *et*⁴》(…のために…を)犠牲にする;《*sich*⁴ **für** *j-et*⁴》(…の)犠牲になる. **~d** [形] 献身的な.

Aufopferung [女] 《-/-en》犠牲[にすること], 献身.

auf|päppeln [他] (子供などを)大切に育てる;《話》(子供・病人などに食事を与えて)栄養をつけさせる.

auf|passen [アオフパッセン] 《passte auf, [旧] paßte auf; aufgepasst, [旧] ..paßt》❶ [自] ([英] watch)注意する;《**auf** *j-et*⁴》(…に)気をつける, 注意を払う;《**auf** *j*⁴》(…に)気を配る. ❷ [他] (…が)合うかどうか試みる.

Aufpasser [男] 《-s/-》監視者;《蔑》スパイ.

auf|peitschen [他] (暴風雨が海などを)荒れさせる; 刺激する, 興奮させる.

auf|pflanzen ❶ [他] (旗などを)立てる, 掲げる;(銃剣を)装着する. ❷ [再] 《*sich*⁴ **vor** *j*³》(人の前に)挑むように立ちはだかる.

auf|picken [他] (鳥がえさを)ついばむ;(卵の殻などを)くちばしで開ける;〔建〕(石の表面を)ざらざらにする.

auf|platzen [自] (s)はじける,(傷口が)ぱっくり開く,(縫い目などが)ほころびる.

auf|plustern [他] (鳥が羽を)広げる, 逆立てる;《*sich*⁴》(鳥が)羽を広げる, 逆立てる;(人が)いばる.

auf|polieren [他] 磨き上げる.

Aufprall [男] 《-[e]s/-e》衝突; 墜落.

auf|prallen [自] (s)《**auf** *et*⁴》(…に)衝突〈墜落〉する.

Aufpreis 《-es/-e》上乗せ〈割増〉価格, 追加料金.

auf|pumpen ❶ [他] ポンプで吸い上げる;(タイヤに)空気を入れる. ❷ [再] 《*sich*⁴》《話》いばる, かっとなる.

auf|putschen [他] (人を)扇動する, アジる, そそのかす;(刺激・薬物などによって…を)興奮させる.

Aufputschmittel [中] 《-s/-》興奮剤, 覚醒剤.

auf|putzen [他] 飾りたてる; 粉飾する.

auf|quellen(*) [自] (s)(水につかって)ふやける, 膨れ上がる;(液体や気体が)出る.

auf|raffen [他] (散らばったものを)かき集め[て拾い上げ]る;《*sich*⁴》(元気を奮い起こして)立ち上がる;《*sich*⁴ **zu** *et*⁴》勇気を奮って(…しようと)[決心]する.

auf|ragen [自] そびえ立つ.

auf|rappeln [再] 《*sich*⁴》(元気を出して)立ち上がる, 奮起する.

auf|rauen ([旧] |**rauhen**) [他] (こすって表面を)ざらざらにする;(布を)けばだてる.

auf|räumen [アオフロイメン] 《räumte auf; aufgeräumt》❶ [他] 整とんする, 整理する, かたづける. ❷ [自] 《**mit** *j-et*³》(…を)取り除く.

Aufräumungsarbeiten [複] 清掃作業.

auf|rechnen [他] 《*et*⁴ **gegen** *et*⁴》(…を…と)差引勘定にする, 相殺する.

aufrecht [アオフレヒト] [形] ([英] upright) まっすぐな, 直立した; 正直な, 誠実な. ♦ ***nicht mehr ~ halten können*** 《*sich*⁴》(疲れて)もう[まっすぐ]立っていられない.

aufrecht|erhalten* [他] (秩序・平和・名声・関係などを)保持〈維持〉する.

Aufrechterhaltung [女] 《-/》保持, 維

A

持, 堅持.

auf|regen [アオフレーゲン] 《regte auf; aufgeregt》[他] ([英] excite)(人を)興奮させる; 《*sich*^{4}》 興奮する; 《*sich*^{4} **über** *j-et*^{4}》(…に)興奮〈憤慨〉する.

aufregend [アオフレーゲント] [形] 興奮させるような, はらはら〈どきどき〉するような; (人・服などが)魅力的な, セクシーな.

Aufregung [女] 《-/-en》 興奮, 激高; 騒ぎ, パニック.

auf|reiben* [他] ❶ すり減らす; (体力・神経などを)消耗させる; 《*sich*^{4}》 体力〈神経〉をすり減らす. ❷ 《*j*^{3} *et*^{4}》(人の…を)こすって傷つける; 《オーストリア》(床などを)こすって磨く; 《南部》(野菜などを)すり下ろす.
aufreibend [形] 消耗させる.

auf|reißen* ❶ [他] (勢いよくドアなどを)引き開ける; (包みなどを)破って開く; 引き裂く; スケッチする, (…の)略図〈立面図〉を描く; 《話》 ナンパする. ❷ [自] (s)裂ける, 裂け目〈切れ目〉ができる.

auf|reizen [他] (人を)扇動する, けしかける; 刺激〈挑発〉する.

auf|richten [他] ([英] erect)まっすぐに立てる, 起こす; 《*sich*^{4}》 起き上がる, 上体をまっすぐに起こす; (人を)元気づける, 慰める; 建立する, 打ち立てる; 《南部》 修繕する.

aufrichtig [アオフリヒティヒ] [形] ([英] sincere)率直な, 正直な, 誠実な; 心からの.

Aufrichtigkeit [女] 《-/》 正直, 誠実, 率直.

Auf=riss ([旧] = **riß**) [男] 《..risses/..risse》〘建〙 正面〈立面〉図; あら筋; 概観, 概説; 〘数〙 作図.

auf|ritzen [他] ひっかいて傷つける; ひっかいて開く〈開ける〉.

auf|rollen [他] ❶ (巻いた物を)広げる; 《*sich*^{4}》(巻いた物が)広がる, 展開される; (問題・質問などを)検討する, 吟味する. ❷ 巻く; 巻き上げる.

auf|rücken [自] (s)間隔を詰める; 昇進〈進級〉する.

Aufruf [男] 《-[e]s/-e》 呼びかけ; 呼び出し, 召喚, 喚問; 布告, 声明; 〘コンピュ〙(データの)呼び出しコール.

auf|rufen* [他] (…[の名前]を)呼ぶ, 呼び出す; (人を)召喚〈喚問〉する, 召集する; (…に)呼びかける; 〘コンピュ〙 呼び出す, コールする.

Aufruhr [男] 《-[e]s/-e》 反乱, 暴動; 大混乱.

auf|rühren [他] (沈澱した物を)かきまぜる; (感情などを)かき立てる; (思いなどを)呼び覚ます; (人を)興奮させる, 混乱させる; (昔のいやなことを)蒸し返す.

Aufrührer [男] 《-s/-》 暴徒, 反逆者.

aufrührerisch [形] 扇動的な; 反乱の, 謀反を起こした.

auf|runden [他] (…の)端数を切り上げる.

auf|rüsten [自] 軍備を整える〈拡張する〉; [他] (…に)武装させる, 軍備を持たせる; (…の)足場を組む. **Aufrüstung** [女] 《-/-en》 武装, 軍備拡張.

auf|rütteln [他] (人を)揺り起こす.

aufs < *auf* das.

auf|sagen [他] (覚えたことを)唱える; 《*j*^{3} *et*^{4}》(人に…の)解消〈終結〉を通告する.

auf|sammeln [他] 拾い集める; ため込む; 《*sich*^{4}》 たまる, 蓄積される.

aufsässig [形] 反抗的な.

Aufsatz [アオフザッツ] [男] 《-es/..**sätze**》([英] essay)作文; [小]論文, 論説; (戸・棚などの)上飾り.

auf|saugen$^{(*)}$ [他] (水分などを)吸い込む; (企業などを)吸収合併する; (人を)疲労困憊(こんぱい)させる.

auf|schauen [自] 見上げる.

auf|schäumen [自] (s, h)泡立つ; たけり狂う. **auf|scheuchen** [他] 脅かして追い立てる. **auf|scheuern** [他] 擦りむく. **auf|schichten** [他] 積み重ねる; (積み重ねて…を)作る.

auf|schieben* [アオフシーベン] 《**schob auf; aufgeschoben**》[他] (会議・計画などを)延期する; (ドアなどを)引いて〈押して〉開ける. ✦ ***Aufgeschoben ist nicht aufgehoben.*** 延期は中止にあらず.

auf|schießen* [自] (s)(鳥などが)急に飛び立つ; (水・炎などが)噴き出す; (人が)急に立ち上がる; 勢いよく芽吹く, 急成長する; 《雅》 《**in** *j*^{3}》(考え・感情などが…の心の中に)ひらめく, 突然浮かぶ〈生じる〉.

Aufschlag [男] 《-[e]s/..schläge》 ぶつかること, 激突; (目などを)開くこと; (そで・襟などの)折り返し; 〘球技〙 サーブ; 値上がり, コスト上昇; 割り増し金.

auf|schlagen* [アオフシュラーゲン] 《**schlug auf; aufgeschlagen**》 ❶ [他] (卵・クルミなどを)たたいて割る; 《*j*^{3} *et*^{4}》(人の…を)殴ってけがをさせる; 《*sich*^{3} *et*^{4}》 けがする; ([英] open)(本などを)開く; (ページなどを)めくる, (襟を)立てる, (そでを)たくし上げる; (覆われているものを)取る; しつらえる, 整える; (価格などを)値上げする; (ある額だけ)値上げする. ❷ [自] 《**auf** *et*$^{3(4)}$》(s)(…に)強くぶつける; (s)(ドア・窓などが)勢いよく開く; (物価などが)値上がりする; 《**mit** *et*^{3}》(…を)値上げする; (炎などが)燃え上がる; 〘スポーツ〙 サーブする.

auf|schließen* ❶ [他] ([英] unlock)(鍵(かぎ)でドアなどを)開ける, 《*sich*^{4}》 開く; 《*j*^{3} *et*^{4}》(人に…を)解明〈明らかに〉する, 《*sich*^{4}》 開示される, (人が)心を打ち明ける; (鉱石を)砕解する; 〘化〙 可溶化する. ❷ [自] 間隔を詰める.

auf|schlitzen [他] 切り開く; (手紙などの)封を切る.

Aufschluss ([旧] **Aufschluß**) [男] 《..schlusses/..schlüsse》 解明, 説明; (鉱山などの)開発; 〘化〙 可溶化; 〘地学〙(岩石の)露出.

auf|schlüsseln [他] 分類する, 類別する; 解読する.

aufschlussreich [形] 啓発的な, 教示に富む, 解明に役立つ.

auf|schnappen ❶ [他] ぱくっとくわえる; 小耳に挟む, 偶然に知る. ❷ [自] (s)(ドア・錠などが)カチャリと開く.

auf|schneiden* ❶ [他] 切って開く; (パン・ハムを)スライスする. ❷ [自] 《話》誇張する, ほらを吹く. **Aufschneider** [男] 《-s/-》 《話》 ほら吹き.

Aufschnitt [男] 《-[e]s/-e》 《集合的》(ハムなどの)薄切り.

auf|schnüren [他] (…の)ひもをほどく.

auf|schrauben [他] (…のふたを)ねじって開ける; 《*et*^{4} **auf** *et*^{4}》(…を…に)ねじって固定する.

aufschrecken[*] ⓗ (s) 驚いて飛び上がる. ⓣ 驚かせて飛び上がらせる.

Aufschrei 圐 《-[e]s/-e》(突然の・短い)叫び声.

<u>auf|schreiben</u>* [アオフシュライベン]《schrieb auf; aufgeschrieben》ⓣ 書きつける〈留める〉, ノートする, メモする; 《j³》〖話〗(違反者の名前などを)控える; 《薬などの》処方せんを書く; 《南部・オーストリア》勘定書に〈借方に〉記入する.

auf|schreien [アオフシュライエン]《schrie an; angeschrieen》ⓣ (突然・短く)叫び声を上げる.

Aufschrift 囡 《-/-en》上書き; レッテル; 標題; 碑銘; (硬貨の)銘.

Aufschub 围 《-[e]s/..schübe》延期, 猶予.

auf|schürfen ⓣ こすって傷つける, 擦りむく. **auf|schütteln** ⓣ (寝具などを)振って膨らませる, ゆすって形を直す.

auf|schütten ⓣ 《et⁴ auf et⁴》(…の…へ)注ぎかける, 振りかける; (土などを積み上げて…を)築く; (道路に)盛り上げる.

auf|schwatzen ⓣ 《j³ et⁴》(人に…を)言葉巧みに売りつける.

auf|schwingen* ⓣ ♦ sich⁴ dazu ~, 《+ zu 不定詞句》やっと…する気になる. **zu einem Entschluss ~**《sich⁴》(決心)する.

Aufschwung 围 《-[e]s/..schwünge》〖体操〗(鉄棒などでの)振り上がり; (精神の)高揚, 活力; 躍進, 発展; 景気上昇, 好況.

auf|sehen* ⓘ 見上げる; 《von et³》(…から)目を上げる; 《zu j-et³》(人を)仰ぎ見る, 尊敬する; 《…に》感嘆〈感心〉する.

Aufsehen 中 《-s/》注目, センセーション. ♦ **~ erregend** 人目を引く, センセーショナルな.

aufsehenerregend ⇒ Aufsehen ♦

Aufseher 围 《-s/-》 (囡 **-in**) 監視人, 番人; 看守; 監督者.

auf|sein[*] ⓘ ⇒ auf ♦

Aufsicht 囡 《-/-en》《《2格支配》》…の側で〈に〉.

auf|setzen ❶ ⓣ 《ⓔ put on》上に置く, 載せる; (帽子などを)かぶる, かぶせる; (眼鏡を)かける; (服にボタンなどを)縫い付ける; (なべ・料理などを)火にかける; (家屋の上に…を)建て増す; (足を)地につける; (飛行機などを)着陸させる; (人を)起き上がらせる, (文書を)起草する. **❷** ⓣ 着陸する, 着地する; (船が)岸に乗り上げる; (鹿が)新しい角を生やす; 〖坑〗 (鉱脈が)現れる.

<u>Aufsicht</u> [アオフズィヒト] 囡 《-/-en》監督, 監視; 監督官, 監視人; 俯瞰(fk.). ♦ **die ~ [über j⁴] haben** 〈**führen**〉…を監督する. **~s|behörde** 囡 監督官庁. **~s|rat** 围 (会社の)監査役会; 監査役.

auf|sitzen ⓘ (s) 馬に乗る, またがる, (乗り物に)同乗する; 〖話〗体を起こしている; 《《auf》et³》(…の上に)取り付けられている; 〖間〗(船が)座礁する; (s)〖話〗《j-et³》(…に)だまされる, ひっかかる.

auf|spalten[*] ⓣ 割る, 分割する; 分解する, 《sich⁴》割れる; 分裂〈分解〉する. **Aufspaltung** 囡 《-/-en》分割, 分裂, 分解.

auf|spannen ⓣ (網などを)ぴんと張る, (傘を)開く; 《et⁴ auf et⁴》(…の…に)ぴんと張って)固定する; 〖美〗カンバスをフレームに張る.

auf|sparen ⓣ 《et⁴ für et⁴》(…を…のために)とっておく, 残しておく.

auf|sperren ⓣ (ロ・ドア・窓などを)広く開ける; 《南部・オーストリア》(鍵)のかかった物を)開ける.

auf|spielen ❶ ⓣ 音楽を演奏する; 〖話〗(…のように)プレーをする. **❷** ⓣ 《sich⁴》〖話〗もったいぶる, いばる, 気取る.

auf|spießen ⓣ 突き刺して, 突き刺して留める; 公然と批判する, やり玉に挙げる.

auf|splittern ⓣ (s)割れる, 裂ける; 分割する, 分裂させる, 《sich⁴》分裂する.

auf|sprengen ⓣ 力ずくで開ける, こじ開ける; 爆破して開ける.

auf|springen* ⓘ (s)飛び上がる, 飛び起きる; 《auf et⁴》(…に)飛び乗る; (ドア・つぼみなどが)ぱっと開く; (肌・木材などが)ひび割れる; (ボールなどが)跳ね返る, はずむ; (風・うわさなどが)立つ.

auf|spulen ⓣ (糸・フィルムなどを)リール(巻き枠)に巻く.

auf|spüren ⓣ (隠れている…を)かぎつける, 突き止める, 探し出す.

auf|stacheln ⓣ 刺激する; あおり立てる, 駆り立てる.

auf|stampfen ⓣ 地面を足で踏みつける; むだんむだんと踏む.

<u>Aufstand</u> [アオフシュタント] 围 《-[e]s/..stände》 反乱, 蜂起〈反乱〉; 暴動.

auf|ständisch 形 暴動〈反乱〉を起こした.

auf|stapeln ⓣ 積み重ねる, 積み上げる; 貯蔵する, 蓄える.

auf|stauen ⓣ (水流・土砂などを)せき止めてためる; 《sich⁴》(せき止められて)たまる, (怒り・不満などが)うっ積する.

auf|stechen ⓣ (水ぶくれなどを)刺して開く, 切開する; 〖猟〗(誤り・欠点などを)見つける, 指摘する, つつく; 〖狩〗(隠れている獲物を)狩り立てる.

auf|stecken ⓣ (髪・服などを)上げてピンで留める; (旗を)掲揚する, (ろうそくを)立てる; (指輪を)はめる; (表情を)作る; 〖話〗あきらめる, 断念〈放棄〉する.

<u>auf|stehen</u>* [アオフシュテーエン]《stand auf; aufgestanden》ⓘ ❶ (s)《ⓔ stand up》立ち上がる; 起き上がる; 《ⓔ get up》起床する; 床離れする; 《in j³》(人の心に憎しみなどの感情が)浮かぶ; 《gegen j-et⁴》(…に対して)蜂起〈反抗〉する, 反乱を起こす. **❷** (ドアなどが)開いている. ♦ **Da musst du früher** 〈**eher**〉 ~. 〖話〗出直してこい. **mit dem linken Fuß** 〈**Bein**〉 〈**zuerst**〉 **aufgestanden sein** 〖話〗(朝から)不機嫌である. **nicht mehr** 〈**nicht wieder**〉 ~〖婉曲〗死ぬ.

<u>auf|steigen</u>* [アオフシュタイゲン]《stieg auf; aufgestiegen》ⓘ (s)《ⓔ get on》《auf et⁴》(乗り物)乗る; (山に)登る; 《ⓔ rise》上昇する, 立ち上る; 昇進する; 《in j³》(人の心に考えなどが)浮かぶ, (疑いなどが)起こる; 昇進する; 〖スポーツ〗上位ランクに入る.

<u>auf|stellen</u>* [アオフシュテレン] ⓣ 《ⓔ set up》(しかるべき所に…を)置く, 立てかける, 設置〈配

置}する，据える：建てる：(人を)配備(配置}する：組み立てる：(倒れていた物を)立てる：(人を)指名する：(楽団・チームなどを)編成する：(計画などを)立案する：(法則などを)立てる：(記録などを)樹立する：(要求・主張などを)ぶ。

Aufstellung 囡 《-/-en》 [しかるべき位置・場所への]設置，配置，[足場・テントなどを]組み立て。❷ (チーム・部隊などの)編成：(候補者の)確立，指名，リスト，一覧表：《計算書，勘定：(計画などの)作成：(法則・学説などの)設定。 ◆ ~ **nehmen** 位置につく，並ぶ；勢ぞろいする。

aufstemmen 他 (てこなどで…を)こじ開ける：(腕・ひじなどを)突く，(壁などに足を)突っ張る：《 *sich* ⁴ 》突っ張って体を支える。

Aufstieg 男 《-[e]s/-e》 登ること，登山：登り道，登り坂：飛び上がること，上昇：発展，躍進，向上：《スポ》(上位リーグへの)昇格。 ~s-**chance** 囡 昇進{出世}のチャンス。 ~s-**spiel** 中 〘球〙 (上位リーグへの)昇格決定戦。

aufstöbern 他 探し出す，掘り出す：(犯人・秘密を)突き止める：(動物を)狩り出す。

aufstocken 他 〘建〙 (建物に)階を建て増しする；〘経〙 (資本・予算を)増額{増資}する。 **Aufstockung** 囡 《-/-en》 (建物の)階の建て増し：建て増しされた部屋；増額{増資，上乗せ}[金]。

aufstoßen* 他 [アオフシュテーセン] 《stieß auf; aufgestoßen》 ❶ (ドアなどを押し開ける，突いて開ける：《 *let*⁴ *auf et*⁴ 》 (…に…)突き立てる，(グラスなどを)どんと置く。❷ 《 *sich*⁴ *et*⁴ 》 (体の一部を)ぶつける，打ちつける。(h)げっぷをする，(h, s) 《 *j*³ 》 (人の)注意を引く。 ◆ **übel** (**sauer**) ~ 《 *j*³ 》 (人を)不愉快にする，怒らせる。

aufstrebend 形 そびえ[そそり]立っている：(会社などが)成長{発展}しつつある，(人が)意欲的な。

Aufstrich 男 《-[e]s/-e》 パンに塗るもの(バター・ジャムなど)；(手書き文字の)上にはねた線，〘楽〙(弦楽器の)上げ弓。

aufstützen 他 支える；(人を)支えて起こす：《 *sich*⁴ 》 (手などで)体を支える。

aufsuchen 他 訪れる，訪問する：(…に)立ち寄る：行く：(本などをめくって…を)探す，調べる。

aufsummen 他 合計する。

auftakeln 他 〘海〙 索具を装備する，艤装(ﾎ)する：《 *sich*⁴ 》《話》でてめかし込む。

Auftakt 男 《-[e]s/-e》 発端，幕開け。 〘楽〙 上拍，弱拍：冒頭，頭拍。

auftanken 他 (…に)給油する。

auftauchen 自 [アオフタオヘン] 《tauchte auf; aufgetaucht》 (s) (水面に)浮かび上がる：(…に)浮かぶ：(突然)現れる，姿を現す：(問題・疑念などが)生じる。

auftauen 他 ❶ (氷などを)解かす，(h)(氷を)解かす，(冷凍食品などを)解凍する。 ❷ (s)打ち解ける，気分が晴れる。

aufteilen 他 分配する：分割{区分}する。

Aufteilung 囡 《-/-en》 分配，分割，区分。

auftischen 他 (料理などを)食卓に出す：《話》(うそ・弁解などを)並べたてる，話して聞かせる。

Auftrag [アオフトラーク] 男 《-[e]s/...träge》 《 order》 任務，指図，依頼，委託，注文，発注：使命，色を塗ること，塗布。 ◆ **einen ~ erteilen** 《 *j*³ 》 (…に)発注する。 **im ~ j**³ **…** の委託をうけて：代理で(略 i.A., I.A.)。 **in ~ geben** (…を)発注する。

auftragen ❶ 他 (塗料・化粧品・軟こうなどを)塗りつける：《雅》 (料理などを)食卓に出す：《 *j*³ *et*⁴ 》 (人に仕事などを)依頼{委任}する：(挨拶などを)託す：《話》(衣類を)着古す，(靴を)履きたす。 ❷ 自 (衣類・布地が)かさばる，着ぶくれる。 ◆ **dick** (**stark**) ~ 《話》誇張する。

Auftrag-geber 男 依頼人，委任者；発注者。 ~**nehmer** 男 受託者：受注者。 **Auftrags-bestätigung** 囡 受注確認：注文請け書。 ~**buch** 中 受注{注文}控え簿。 ~**eingang** 男 受注：受注高。 ~**erteilung** 囡 発注。 ~**formular** (~**formular**) 中 注文書式/用紙}。

auftragsgemäß 副 注文どおりの。

Auftrags-polster 中 受注による注文上のゆとり。 ~**zettel** 男 注文伝票。

auftreffen* 自 (s) 《 *auf et*⁴ 》 (…に)つかる，突き当たる。

auftreiben* 他 《話》(急いでなんとか)見つけ出す，調達する；膨らます。

auftrennen 他 (縫い目・縫い物などを)ほどく。

auftreten* 自 [アオフトレーテン] 《trat auf; aufgetreten》 ❶ 他 《 appear》 人前に出る，(公の場に)臨む；(舞台に)登場する，出演する；《 *gegen j-en* 》 (…に)反対の立場を取る，反駁{がん)する：(…の)態度を取る：(問題・対立などが)生じる，起きる：(病気・害虫が)発生する：歩く，歩を進める。 ❷ 他 (ドアなどを)けり開ける。

Auftreten 中 《-s/-》 登場，出現：態度，ふるまい。

Auftrieb 男 《-[e]s/-e》 浮力：揚力：気力，勢み，活力：(牧草地への)家畜の追い上げ：(家畜の)市場出荷。

Auftritt 男 《-[e]s/-e》 登場：出演：場，シーン：言い争い，口論。

auftrumpfen 自 自分の優位を誇示する：自分の意見{要求}を押し通そうとする。

auftun* 他 《 open》 開ける；《 *sich*⁴ 》 開く，(可能性・職業などが)開ける；(話) 偶然見つける；(話) (食べ物を)皿に盛る。

auftürmen 他 高く積み上げる；《 *sich*⁴ 》 積み重なる：そびえる。

aufwachen [アオフヴァッヘン] 自 《wachte auf; aufgewacht》 (s)《 wake up》 目を覚ます：(世間・外界に)目覚める：(思い出から)よみがえる。

aufwachsen* 自 (s) 成長する：《雅》姿を現す。

aufwallen 自 (s) (水などが)沸騰する：《雅》(喜び・怒りなどが)突然こみ上げる：(煙・霧などが)立ち昇る。

Aufwallung 囡 《-/-en》 (喜び・怒りなどの)ほとばしり，みなぎること。

Aufwand 男 《-[e]s/-》 消費；消耗：経費；出費，浪費。 ◆ **großen ~ treiben** ぜいたくに暮らす。

A

auf|wärmen [他] (飲食物を)温め直す; 《話》(話などを)蒸し返す; 《sich⁴》 体を暖める, ウォーミングアップする.
auf|warten [自] 《雅》 《j³ mit et³》 (食卓で人に…を)出す; 《mit et³》 (…を)提供する; 《j³》 (人に)給仕する.
aufwärts [アオフヴェルツ] [副] ([英] upward)上方へ, 上って. ✦ ***Es geht mit j-et³ ~.*** 《話》(健康·商売などが)上向く, よくなる; (人が)元気である. **Aufwärts-entwicklung** [女] 上昇, 増大.
aufwärts|gehen* [自]⇨ aufwärts ✦
Aufwartung [女] 《-/-en》 家事手伝い; 《雅》 表敬訪問.
Aufwasch [男] 《-[e]s/》 食器を洗うこと; 汚れた食器. ✦ ***Das geht in einem ~.*** /***Das ist ein ~.*** それは全部いっぺんに片がつく.
auf|wecken [他] (人の)目を覚まさせる, 起こす.
auf|weichen [他] 柔らかくする; 弱体化させる; [自] (s)柔らかくなる, (地面が)ぬかるむ.
auf|weisen* [他] 示す. ✦ ***aufzuweisen haben*** (…を)持っている.
auf|wenden(*) [アオフヴェンデン] 《**wandte auf**, wendete auf; **aufgewandt**, aufgewendet》[他] (金銭·労力などを)費やす, 注ぎ込む, 消費する.
aufwendig [形] 費用のかかる.
auf|werfen* ❶ [他] 投げ上げる; (四肢を)反らす; (土などを)積み上げる; (石炭·薪などを)火に投げ込む; (カードを)卓上に広げる; (ドアなどを)勢いよく開ける; (問題を)提起する, 議論にかける. ❷ [再] 《**sich⁴ zu et³**》 平気で(…として)振舞う.
auf|werten [他] (平価を)切り上げる; (…の)価値を引き上げる. **Aufwertung** [女] 《-/-en》 [経] 平貨切り上げ.
auf|wickeln [他] (ロープ·糸などを)巻きつける; 《話》(髪を)カーラーに巻く; (包みなどを)解く.
auf|wiegeln [他] (人を)唆す, 扇動する.
Aufwiegelung [女] 《-/-en》 唆し, 扇動.
auf|wiegen* [他] (…と)釣り合う, (…を)埋め合わせる.
Aufwiegler [男] 《-s/-》 扇動者, アジテーター.
Aufwind [男] 《-[e]s/-e》 上昇気流. ✦ ***im ~ stehen*** 上がり気味である, 上がりつつある.
auf|wirbeln [他] (枯葉·ほこりなどを)舞い上がらせる; [自] (s)(ほこりなどが)舞い上がる. ✦ ***viel Staub ~*** 《話》 センセーションを巻き起こす, 物議をかもす.
auf|wischen [他] (水などを)ふき取る; (床などを)雑巾(ぞうきん)がけする.
auf|wühlen [他] (物を)掘り出す; (地面を)掘り起こす; (水面などを)かき乱す, 波立たせる; 《j⁴》 (人の)心を揺さぶる.
auf|zählen [他] (一つ〈一人〉ずつ)数え上げる, 列挙する; (金などを)数えながら渡す. ✦ ***eins 〈ein paar, welche〉 ~*** 《j³》 (人に)一発〈二三発, 数発〉食らわす.
Aufzählung [女] 《-/-en》 数え上げること, 列挙.
auf|zäumen [他] (馬に)勒(?)を付ける.
auf|zehren [他] (蓄え·力などを)使い果たす; 《sich⁴》 使い尽くされる, 精根尽き果てる.
auf|zeichnen [他] (図などを)描く, スケッチする; 書き留める, 記録する; 録画〈録音〉する. **Aufzeichnung** [女] 《-/-en》 手記, 記録; 録画, 録音.
auf|zeigen [他] はっきり示す; 指摘する.
auf|ziehen* [アオフツィーエン] 《**zog auf; aufgezogen**》 ❶ [他] (旗·帆などを)引き上げる; (カーテン·引き戸などを)開ける; (瓶のコルクを)抜く; (弦などを)張る, (地図·写真などを)貼り付ける; (子供·動植物を)育てる; 催す, 行う, 始める. ❷ [自] (s) (あらし·雷雨·危険などが)近づく, 現れる; (霧·かすみが)かかる; (衛兵などが)行進してくる.
Aufzucht [女] 《-/》 飼育, 栽培.
Aufzug [アオフツーク] [男] 《-[e]s/..züge》 エレベーター, リフト; 行進, 行列, パレード; (あらし·雲などの)接近; (奇妙な)服装, 身なり; [劇] 幕; [体操] (鉄棒での)懸垂.
auf|zwingen* [他] 《j³ et⁴》 (人に意見·意志などを)押しつける; 《sich⁴ j³》 (人の心から)離れない.
Aug. [略] August 8月.
Aug=apfel [男] 眼球. ✦ ***wie seinen ~ hüten*** (…を)掌中の玉のように大事に守る.
Auge [アオゲ] [中] 《-s/-n》 ([小] **Äugelchen, Äugelein, Äuglein**)([英] eye)目, 眼; 瞳(ひとみ); 目つき, まなざし; 注視; 視力; 眼力; (さいころ·ドミノの牌(はい)の)目; 芽 : Aus den ~*n*, aus dem Sinn. 《ことわざ》 去る者は日々に疎し | Was die ~*n* sehen, glaubt das Herz. 《ことわざ》 百聞は一見にしかず | ein magisches ~ [電] マジックアイ. ✦ ***[am liebsten] die ~n aus|kratzen 〈mögen〉*** 《話》 《j³》 (人に対して)激怒している. ***j² ~n brechen*** 《雅》 (人は)永眠する. ***~ in ~ gegenüber|stehen*** 《j³》 (人と)にらみ合っている. ***~ um ~, Zahn um Zahn*** [聖] 目には目を, 歯には歯を. ***seine ~n im Kopf haben*** 見る目がある. ***seine ~n überall haben*** 四方に目を配る. ***~n wie ein Luchs haben*** 何一つとして見逃さない. ***aus dem ~ 〈aus den ~n〉 verlieren*** (…を)見失う; (…と)縁が切れる. ***aus den ~n gehen*** 《j³》 (人の前から)姿を消す. ***Da bleibt kein ~ trocken*** 《話》 誰もが感動して泣く; 涙の出るほど笑いころげる. ***das ~ beleidigen*** 目障りだ. ***das ~ des Gesetzes*** 《戯》 警察. ***die ~n aus|weinen 〈aus dem Kopf weinen〉*** 《sich³》 激しく泣く. ***die ~n in die Hand nehmen*** じっと見すえる. ***die ~n nach et³ aus|gucken*** 《sich³》 必死になって…を探す. ***die ~n offen|halten*** 抜かりなく目を配る. ***die ~n öffnen*** 《j³》 (人の)[現実に対する]目を開いてやる. ***die ~n schließen*** 《雅》 死ぬ. ***die ~n vor et³ verschließen*** …を見ようとしない. ***die ~n zu|tun 〈zu|machen〉*** 死ぬ. ***seinen [eigenen] ~n nicht trauen*** 《話》 自分の目を疑う. ***ein ~ auf j-et⁴ haben*** …に注意を払う; …が気に入っている. ***ein ~ auf j-et⁴ werfen*** 《話》 …に目をつける. ***ein ~ für j-et⁴ haben*** …を見る目がある. ***die ~n nach j-et³ aus|gucken 〈aus|sehen〉*** 《話》 《sich³》 必死で…を探す. ***ein ~ riskieren*** ちらっと盗み見る. ***ein ~ 〈beide ~n〉***

äugen

zu|drücken 大目に見る. *ganz ~ [und Ohr] sein* 全身を目[と耳]にして注意を払う. *j³ gehen die ~n noch auf.*〖話〗(人にも)いずれは分かるときがくる.*〈j³〉 gehen die ~n über.* (人が)驚いて目を見張る. *(große) ~n machen*〖話〗(驚いて)目を丸くする. *im ~ behalten 〈j-et³〉* (…から)目を離さない. *im ~ haben* (…を)眼中に置いている. *ins ~〈die ~n〉 fallen*〖j³〗([人の])目を引く. *ins ~ fassen* (…を)企てる. *ins ~ gehen*〖話〗悪い結果になる. *ins ~ sehen〈er³〉* (…を)直視する. *kein ~ von j-et lassen〈wenden〉* …から目を離さない. *kein ~ zu|tun*〖話〗すこしも眠らない. *mit einem blauen ~ davon|kommen*〖話〗なんとか無事に逃れる. *mit einem lachenden und einem weinenden ~* 喜びと悲しみとが相半ばする気持ちで. *mit offenen ~n durch die Welt gehen* ありのままの現実を見る. *mit offenen ~n schlafen*〖話〗うわの空でいる. (注意散漫で)ぼんやりする. *nicht aus den ~n lassen〈j-et⁴〉*(…から)目を離さない. *nicht unter die ~n kommen〈treten〉*〖j³〗(人の前に)顔が出せない. *schöne ~n machen*〖j³〗(人に)色目を使う. *sehenden ~s*〖雅〗みすみす、軽はずみに. *so weit das ~ reicht* 見渡す限り、遠くまで. *unter vier ~n* 二人だけで、内密に. *vor aller ~n* 衆人環視の中で、皆の目前で、公然と. *vor ~n führen〈halten〉*〖j³ et⁴〗(人に…を)はっきり示す. *wie aus den ~n geschnitten sein*〖j³〗(人に)瓜二つである. *j³ wird es schwarz vor den ~n.*(人は)気を失う.

äugen 自 様子をうかがう.

Augen|arzt 男 眼科医. **=bank** 男 アイバンク. **=binde** 女 眼帯；目隠し.

Augenblick [アオゲンブリック] 男《-[e]s/-e》(⊗ moment)瞬間、ちょっとの間；(特定の)時期. ♦ *alle ~*〖話〗いつも繰り返して；しょっちゅう. *einen lichten ~ haben* 一時的に正気になる;〖戯〗よいアイデアが浮かぶ. *im ~* 目下；今のところ. *im letzten ~* 最後のぎりぎりの瞬間[に];ここぞというときに. *jeden ~* 今すぐにも.

augenblicklich [アオゲンブリックリヒ] ❶ 副 (⊗ immediate)即座(に)、すぐに；目下の[ところ]；一時的に.

Augen|braue 女 眉毛(訓). **=entzündung** 女 眼炎. **=höhle** 女 眼窩(綯). **=leiden** 中 眼病、目の患え. **=lid** 中 まぶた. **=maß** 中 目測(能力)；見通す力. **=merk** 中 注目、着眼. **=nerv** 男 視神経. **=schein** 男〖雅〗外見、みかけ；目で確認すること；検証. ♦ *in ~ nehmen* …を自分の目ではっきり確かめる.

augenscheinlich ❶ 形〖雅〗明白な、明らかな(に). ❷ 副〖雅〗見たところでは…らしい.

Augen|tropfen 複 点眼薬、目薬. **=weide** 女 目を楽しませるもの、目の保養. **=wimper** 女 まつげ. **=winkel** 男 目じり. **=zeuge** 男 目撃者.

Augias [アオギアス] 固神 アウゲイアス(Elis の王). **=stall** 男 Augias の牛舎(30年間掃除されなかったという);不潔な場所、混乱、無秩序. ♦ *den ~ aus|misten〈reinigen〉* 宿弊を一掃する.

Augsburg アウクスブルク(ドイツ南部 Bayern 州の都市). **Augsburger** 形《-s/-》《⊗ -in》アウクスブルクの；アウクスブルク人の. **augsburgisch** 形 同上.

August [アオグスト] 男《-,-[e]s/-e》(⊗ August)8月(⊗ Aug.). **August** 男名 アウグスト.

Augustiner ❶ 男《-s/-》〖宗〗アウグスチノ会修道士(托鉢な)修道会の修道士；1256年創設). ❷ アウグスティノ会の.

Augustinus アウグスティヌス(354-430；初期キリスト教の教父聖者).

Auktion 女《-/-en》競売、オークション. **Auktionator** 男《-s/-en》競売人.

Aula 女《-/..len, -s》(大学などの)大講堂.

Aupair-Mädchen [オペーア..] 中 オーペアガール(ホームステイ先の家庭で無償労働で家事手伝いをしつつ言葉を学ぶ若い女性).

au porteur [オポルテール]〖経〗持参人払いの(手形など).

Aurora [アオローラ] アウロラ(曙(設)の女神, ギリシャ神話の Eos に当たる). 女《-/》〖雅〗曙光(ぽ);極光, オーロラ.

Aurum 中《-[s]/-》金(元記号 Au).

aus [アオス] Ⅰ 前《3格支配》❶ (⊗ out of)(空間的)…[の]中から[外へ]；~ dem Bett fallen ベッドから落ちる. ❷ (⊗ from)(出身・由来)…の出身の、…の産の；…時代の〖原料・構成要素〗…からできた、…製の；Er kommt (stammt) ~ Frankreich. フランスの出身である | Weine ~ Italien イタリアのワイン | eine Brücke ~ Stein 石橋. ❸〖原因・理由・基準〗…から、…に基づいて | Aus diesem Grund こういう理由で | Das weiß ich ~ Erfahrung. それは経験から知っています. ❹ (変化)…から、…へ | Übersetzung ~ Englisch 英語からの翻訳 | Aus ihr ist eine gute Lehrerin geworden. 彼女は立派な教師になった. Ⅱ 副 ❶ (⊗ out)(特に命令文で)(火・明かりなどが)消えて〖機械のスイッチが〗切れて；(ある人と)別れて；…から外出して；(ボール・選手が)アウトとなって. ♦ *et⁴ her ~* …から. *~ sich³ her* 自ら進んで、自発的に. *~ sein*〖話〗終わっている；(火・明かりなどが)消えている；出かけている、外出できる；(選手・ボールが)アウトである. *~ sich³ selbst* 自分から, 自発的に. *~ und ein gehen 〈bei j³〉* (人のところへよく出入りする；(人と)親しい. *Damit ist es jetzt ~.* それはもうやめだ；それはもはや我慢ができない. *Es ist ~ [und vorbei] mit j³.* …はもうおしまいだ. *Es ist ~ zwischen j³ und j³.* …と…の間はもうおしまいだ. *von ect³ ~* …から. *von sich³ ~* 自分から, 自発的に. *weder ~ noch ein〈weder ein noch aus〉 wissen* 途方に暮れる.

Aus 中《-/-》〖球技〗ライン外, アウト；〖雅〗(ある状態の)終わり.

aus...〖分離動詞の綴り〗「外へ、除外、逸脱、選択、完了、徹底、中断」の意：*aus|gehen* 外出する | *aus|wählen* 選ぶ.

AUS 《国籍符号》オーストラリア.

aus|arbeiten ❶ [他](文書・計画などを)作成する, まとめ上げる; (入念に)仕上げる, 練り上げる. ❷ [再] 《*sich*^{4}》大いに体を動かす, 鍛える.

Ausarbeitung [女]《-/-en》(文書・計画などの)作成, 仕上げ; 推敲(すいこう); 完成原稿; 体の鍛練.

aus|arten [自](s)《**in** *et*^{4}/**zu** *et*^{3}》悪化して(…に)なる; (人が常軌を逸して)手がつけられなくなる, (普段とは)人が変わってしまう; (生物が)退化する.

aus|atmen [自] 息を吐く; 《雅》《完了形で》息を引き取る; [他](息を)吐き出す.

aus|baden [他]《話》(不始末・失敗などの)後始末をする.

aus|baggern [他](港・運河などを)浚渫(しゅんせつ)する, 浚(さら)う; (土砂などを)パワーショベル〈浚渫船〉ですくい出す; (溝などを)パワーショベルで掘る〈掘って造る〉.

aus|balancieren [他](…の)バランス〈釣り合い〉をとる; 均衡を保つ.

Ausbau [男]《-[e]s/》(部品などの)取り外し; 拡充[整備]; 発展, 強化; 改装.

aus|bauen [他]([英] remove)《*et*^{4} [**aus** *et*^{3}]》(部品などを[…から])取り外す; (交通網などを)拡充する, 整備拡大する; (立場・関係などを)発展させる, 強化する; (建物などを)改装する; (ワインを)熟成させる; (坑道・立坑を)整備補強する.

ausbaufähig [形] 拡張できる, 発展させうる.

aus|bedingen* [再]《*sich*^{3} *et*^{4}》(…を)条件と[して要求]する; 条件として留保する.

aus|beißen* ❶ [再] *sich*^{3} einen Zahn ~ (かたいものを噛(か)んで)歯を折る. ❷ [自](鉱脈などが)露呈する.

aus|bessern [他] 修繕〈修理・補修〉する.

Ausbesserung [女]《-/-en》修理, 補修.

aus|beulen [他](…の)へこみを直す.

Ausbeute [女]《-/-n》収穫, 産出; 収量, 産出高.

aus|beuten [他] 徹底的に利用する, 搾取する; 活用〈利用〉する; (鉱脈などを)掘る.

Ausbeuter [男]《-s/-》〖経〗搾取者; 《蔑》人を食い物にする人.

Ausbeutung [女]《-/-en》搾取; 利用, 活用.

aus|bezahlen [他]《*j*^{3} *et*^{4}》(人に…を)[全額]支払う, 支給する; 《方》《*j*^{4}》(人に)報酬を支払う; 《*j*^{4}》(人の要求を)金でかたづける.

aus|bilden [アオスビルデン]《bildete aus; ausgebildet》[他]([英] educate)(技術・職業などに関して人を)教育する, 養成する; (素質・能力などを)発達させる, 伸ばす; 《*sich*^{4}》発達する, 成立する; 修業〈研修〉する.

Ausbilder [男]《-s/-》([女] **-in**)(職業教育などを受けもつ)養成員, 指導員, インストラクター; 〖軍〗教官.

Ausbildung [アオスビルドゥング] [女]《-/-en》([英] education)職業教育〈訓練〉, 養成; 修業; 研修; 発展. **~s=förderung** [女] 育英奨学金[制度].

aus|bitten* [再]《*sich*^{3} [**von** *j*^{3}] *et*^{4}》([人に]…を)頼む, 要求する; 《*sich*^{3} *et*^{4}》(…を)強く求める, 要求する.

aus|blasen* [他](火・明かりなどを)吹き消す; (汚れなどを)吹き払う; (口からタバコの煙などを)吐き出す.

aus|bleiben* [自](s)(予期されていたことが)生じない, 起こらない; (客などが)来ない, (人が)帰宅しない, 戻ってこない; (脈・呼吸が)一時止まる.

aus|bleichen$^{(*)}$ [他](色を)あせさせる; (…の)色をあせさせる; [自](s)色があせる, 褪色(たいしょく)する.

aus|blenden [他](画面・映像などを)しだいに暗くする, フェードアウトする; 《*sich*^{4}》(局が)放送〈放映〉を終える.

Ausblick [男]《-[e]s/-e》([英] view)見晴らし, 眺望; 見通し, 展望.

aus|bluten [自](s)血を全部流しきる; (h)出血が止まる.

aus|booten ❶ [他](船客を)ボートで上陸させる; (商品などを)陸揚げする; 《話》(人を地位・ポストから)押しのける, 追い出す, 排除する. ❷ [自](上陸するために)船からボートに乗り移る.

aus|borgen [アオスボルゲン]《borgte aus; ausgeborgt》[他]《話》《[*sich*^{3}] *et*^{4} [**von** *j*^{3}]》(…を[人から])借りる; 《*j*^{3} *et*^{4}》(人に…を)貸す.

aus|brechen* [アオスブレッヒェン]《**brach aus; ausgebrochen**》❶ [自](s)([英] break out)(戦争・災害などが)突発する; (歓声などが)わき起こる; (汗が)吹き出る; 《**in** *et*^{4}》急に(…)する; 《**aus** *et*^{3}》([英] escape)(…から)脱走〈脱出〉する, 逃げ出す; (社会的関係・きずなから)離脱する, 抜け出す; 〖馬術〗コースを外れる; (自動車が)横滑りする; (固定してある物が)取れる, 外れる. ❷ [他](食べた物を)吐く, 戻す; 折り取る, 壊して取る; (壁をぶち抜いて窓・ドアなどを)作る.

aus|breiten [アオスブライテン]《breitete aus; ausgebreitet》❶ [他]([英] spread)(折り畳んであるものを)広げる; (閉じてあるものを)広げて見せる; (腕・翼などを)広げる. ❷ [再]《*sich*^{4}》(…に)どっかと腰を下ろす, ふんぞり返る; 《*sich*^{4}》(土地などが)[眼前に]広がる; 《*sich*^{4}》(うわさ・病気などが)広がる, まん延する; 《*sich*^{4} **über** *et*^{4}》(…について)詳細に〈長々と〉見解を述べる.

Ausbreitung [女]《-/-en》拡張, 拡大; (疫病の)まん延.

aus|brennen* ❶ [自](s)(火・燃料などが)燃え尽きる; (外郭だけを残して)すっかり燃える; 《話》(火事で)家財を失う; 《ふつう完了形で》(人が)燃えつきる, 心身とも疲労困憊(こんぱい)する. ❷ [他](傷口などを)焼灼(しょうしゃく)する; (いぼなどを)焼き切る; (…をから からに)乾燥させる; 《方》(巣穴などを)いぶす, 燻攻めにする.

aus|bringen* [他](乾杯の辞などを)述べる; (肥料などを)まく.

Ausbruch [男]《-[e]s/..brüche》突発, 発生, 勃発(ぼっぱつ); (感情の)爆発; 脱走, 逃走; 離脱; (火山の)爆発, 噴火; = Ausbruchwein.

Ausbruchwein [男]《-[e]s/-e》(完熟したブドウから造る)精選ワイン.

aus|brüten [他](卵・ひなを)かえす, 孵化(ふか)させる; 《話》たくらむ, (インフルエンザなどに)かかりかけている.

A

Ausbuchtung [女]《-/-en》外側への湾曲〔箇所〕.

aus|bügeln [他]（衣服などに）アイロンをかける;（布地のしわなどを）アイロンをかけて伸ばす;《話》（過失などの）後始末をする,（事件などの）事後処理をする.

aus|buhen [他]《話》（人に）ブーイングする,（人を）やじる.

Ausbund [男]《-[e]s/》《**an**〈**von**〉*et*³》（…の）典型, 権化, 見本.

aus|bürgern [他]（人の）国籍〈市民権〉を剝奪(はくだつ)する.

aus|bürsten [他]（ほこりなどを）ブラシで取り払う;（…に）ブラシをかける;（髪を）十分にブラッシングする.

Auschwitz アウシュヴィッツ（ナチスの強制収容所があったポーランドの都市）.

Ausdauer [女]《-/》粘り強さ, 根気, 耐久力, スタミナ. **ausdauernd** [形] 耐久力のある, 粘り強い;〔植〕多年生の.

aus|dehnen [アオスデーネン]《dehnte aus; ausgedehnt》❶ [他]（[英] extend)（空間・時間を）延長する; 広げる, 拡張する;〔理〕（熱が金属などを）膨張させる. ❷ [再]《*sich*⁴》（空間・時間が）延びる;（空間的に）広がる;（金属などが熱で）膨張する.

Ausdehnung [女]《-/-en》膨張; 拡大;（時間の）延長; 広がり, 範囲;〔数〕次元.

aus|denken* [他]《[*sich*³] *et*⁴》（いたずらなどを）考え出す, 考えつく; 思い描く, 想像する; nicht *auszudenken* sein 想像〈考え〉もつかない; 考え尽くす〈抜く〉.

aus|dorren [自]（s）乾ききる, 干からびる.

aus|dörren [他] 干からびさせる,（からからに）乾燥させる; [自]（s）= ausdorren.

aus|drehen [他]（電気器具の）スイッチを回して切る;（ガスなどを）コックを回して止める.

Ausdruck [アオスドルック] [男] ❶《-[e]s/..drücke》（[英] expression)（言葉による個々の）表現; 表現法, 話し方;（感情などの）表現; 表情;〔数〕式;〔ｺﾝﾋﾟｭｰﾀ〕記号. ❷《-[e]s/-e》〔印〕刷り上がり, 刷了;〔ｺﾝﾋﾟｭｰﾀ〕プリントアウトされたもの. ✦ **～ *geben*** 〈***verleihen***〉《雅》《*et*³》（…を）表現する; 表明する. ***Ausdrücke gebrauchen***/ ***Ausdrücke an sich haben***/ ***Ausdrücke im Munde führen***《雅》罵詈雑言を吐く, 悪態をつく. ***zum* ～ *bringen***（…を）表現する, 表す. ***zum* ～ *kommen*** 表現される, 表れる.

aus|drucken [他]（印刷物を）刷り上げる;（名前・テキストなどを）省略せずに印刷する;（コンピュータなどが文字を）プリントアウトする, 打ち出す.

aus|drücken [アオスドリュッケン]《drückte aus; ausgedrückt》❶ [他]（[英] express)（気持ちなどを）表明する;（…を…のように）表現する;（果汁・果実を）搾る;（タバコを）もみ消す. ❷ [再]《*sich*⁴》（気持ちなどが）表れる;（自分の考え〈気持ち〉を…のように）表現する.

ausdrücklich [形]（意志・意図などが）明確に表現された, 明瞭な, はっきりした.

ausdrucks=los [形] 無表情な. **=voll** [形] 表現力豊かな, 表現に富んだ.

Ausdrucksweise [女] 表現の仕方; 言い回し, 言葉づかい.

aus|dünsten [自] 湯気〈蒸気〉を立てる; [他]（蒸気・臭気などを）発散する.

Ausdünstung [女]《-/-en》水蒸気の発散;（発散される）臭気, 体臭.

auseinander [副] 互いに別れて, 相互に離れて; 次々と. ✦ **～ *fallen*** ばらばらになる〈壊れる〉, 崩れる. **～ *gehen***（人が）分かれる, 散って行く;（道・意見などが）分かれる;《話》ばらばらに壊れる;（婚約などが）解消する;《話》太る. **～ *halten***（類似のものを）区別する. **～ *nehmen***（…を）分解する. **～ *sein***《話》（結ばれていたものが）離れ離れになっている. **～ *setzen***（財産などを）分割する;《*j*³ *et*⁴》（人に…を）詳しく説明する;《*sich*⁴ **mit** *j-et*³》（…に）真剣に〈徹底的に〉取り組む;（人と）対決〈論争〉する. **～ *treiben***（…を）追い散らす.

auseinander|fallen*, **|gehen***, **|halten***, **|nehmen***, **|setzen** [旧]⇨ auseinander ✦

Auseinandersetzung [女]《-/-en》（問題などとの）取り組み; 議論, 論争; 口論;（国際間の局地的な）紛争;〔法〕（財産などの）分割.

auseinander|treiben* ⇨ auseinander ✦

auserkoren [形]《雅》選ばれた, 白羽の矢を立てられた.

auserlesen [形] 選ばれた; 選り抜きの, 極上の.

aus|ersehen* [他]《雅》《*j*⁴ [**zu** *et*³]》（人を〔…に〕）選び出す.

aus|erwählen [他]《雅》《[*sich*³] *j-et*⁴》選び出す, えり抜く. **Auserwählte[r]** [男][女]《形容詞変化》《雅》選ばれた人.

aus|fahren* ❶ [自]（s）（乗り物が）出て行く, 出発する;（人が乗り物で）出かける. ❷ [他]（乗り物で…を）外に連れ出す, 配送〈配達〉する;（アンテナ・車輪などを）外に出す;（機械・車などの）パワーをフルに引き出す;（走行によって道路・レールなどを）傷める;（レースを）完走する;（選手権を）最後まで争う.

Ausfahrt [アオスファールト] [女]《-/-en》❶（乗り物の）出発, 出港;（乗物の通る）出口;（高速道路の）出口用ランプウェイ. ❷ ドライブ.

Ausfall [男]《-[e]s/..fälle》（歯・毛髪などが）抜けること;（予定の）中止, 取りやめ;（収入・業務などに）穴の空くこと, 損失;（人が）来ないこと, 休業・休講;（機械などの）故障, 作動不良〈停止〉;〔軍〕（敵の包囲を破っての）出撃.

Ausfallbürgschaft [女]〔商〕賠償保証.

aus|fallen* [アオスファレン]《**fiel aus; ausgefallen**》[自]（s）（[英] fall out)（歯・毛髪などが）抜け落ちる;（字句などが）脱落する;（予定が）取りやめになる;（機械などが）故障する, 機能を停止する; 欠席〈欠場〉する.

ausfällig [形]（他人に対して）侮辱的な, 無礼な.

Ausfall=muster [中] 品質〈完成〉見本. **=straße** [女]（市街地から外へ延びる）幹線道路. **=vergütung** [女] 賃金補償.

aus|fechten* [他]（裁判・争い事などを）戦い抜く, 決着がつくまで争う.

aus|fegen [他]《北部》（ごみなどを）掃き出す;（部屋などを）掃除する.

aus|feilen [他] やすりで仕上げる;（文章な

どを)推敲(芻)する.
aus|fertigen 他 (旅券・証明書などを)発行する; (文書を)作成する; (法令を)認証する.
Ausfertigung 囡 (-/-en) (証明書などの)発行; (文書などの)作成; 作成された文書; 謄本; (法令の)認証.
ausfindig ◆ **～ machen** (手を尽くして…)を見つけ出す.
aus|fliegen* 自 (s) (鳥などが)飛び立つ〈去る〉; (ひな鳥が)巣立つ; (飛行機などが)飛び去る; (ある場所から)飛行機〈ヘリコプター〉で脱出する; 他 飛行機〈ヘリコプター〉で運び出す, 救出する.
aus|fließen* 自 (s) (液体が容器から)流れ出る, 漏れる; (中身が流れ出て容器が)空になる.
aus|flippen 自 (s) 《話》(麻薬などに溺れて)現実から逃避する; (既成の社会に)背を向ける; 平静を失う, 逆上する; 有頂天になる.
Ausflucht 囡 言い逃れ; 言い訳.
Ausflug [アオスフルーク] 男 (-[e]s/..flüge) (英 excursion) ハイキング, 遠足; 巣立ち. **Ausflügler** 男 行楽客, ハイカー. **Ausflugsort** 中 行楽地.
aus|formen 他 形づくる; 作り上げる; 〔et⁴ zu et³〕 (…を…の)形にする.
aus|formulieren 他 (考えなどを)詳細に言葉で表現する.
aus|forschen 他 ❶ = ausfragen. ❷ 探り出す, 探し出す.
aus|fragen 他 〔j⁴ [über j-et⁴]〕 (人に[…について])根掘り葉掘り尋ねる.
aus|fransen 自 (s) (布地のへりなどが)ほつれる.
aus|fressen* 他 (動物が…の中身を)平らげる; (動物が…をかじって穴を空ける; (水などが)浸食する; 《話》(失敗・不始末などの)後始末をする; (語) ふつう完了形で (悪事などを)しでかす. ◆ **etwas ausgefressen haben** 《話》(まずい事を)やらかした〈しでかした〉.
Ausfuhr [アオスフーア] 囡 (-/-en) 輸出. ₌**abgabe** 囡 輸出課金.
ausführbar 彫 実施〈実行〉できる; 輸出できる.
ausführen [アオスフューレン] 他 〔führte aus; ausgeführt〕 他 (英 take out) (人を並びに)連れ出す; (病人・飼い犬などを)外に連れ出す; (英 carry out) 実施〈実行〉する; (英 export)輸出する; 詳しく述べる.
Ausfuhrland 中 輸出相手国.
ausführlich [アオスフューアリヒ] 彫 (英 detailed)詳細な, 詳しい.
Ausführlichkeit 囡 (-/) 詳細, 子細.
Ausführung 囡 (-/-en) 作為, 実行; 仕上げ; 造り; 品質; (詳しい)説明, 報告.
Ausfuhr|waren 複 輸出品.
aus|füllen [アオスフュレン] 他 〔füllte aus; ausgefüllt〕他 (英 fill up) 〔et⁴ [mit et³]〕 (書き物の空欄を)[…で]ふさぐ; (用紙の空欄を)埋める; (空き時間などを[…して])埋める; 〔j⁴〕 (物事・時間などが人の心を)占める.
Ausg. 略 = Ausgabe (出版物の)版.

Ausgabe [アオスガーベ] 囡 (-/-n) (英 expense) 支出, 出費; (証券などの)発行; 支給; 引き渡し〈窓口〉, 交付〈窓口〉; 伝達; (コンピュータ) 出力, アウトプット; (英 edition) (書籍の版(略 Ausg.)); (新聞・雑誌の)刊, 号. ₌**gerät** 中 (コンピュータ) 出力装置. **～n₌seite** 囡 (簿記) 支出ページ[欄].
Ausgang [アオスガング] 男 (-[e]s/..gänge) (英 exit) (建物などの)出口; (地域の)はずれ; (器官の)開口部; (兵士などの)外出許可; 結末, 結果; (時代などの)終わり, 末期. ₌**s|punkt** 男 出発点, 起点, 原点. ₌**s|sprache** 囡 〔言〕起点言語.
aus|geben* [アオスゲーベン] 〔gab aus; ausgegeben〕他 (英 spend) (金を)支出する, 使う; 《話》(酒などを)おごる; 〔et⁴ [an j⁴]〕 (…を[人に])配る, 支給〈配給〉する; (貨物・株券・切手などを)発行する; (命令・指示などを)通達する; (コンピュータ) 出力〈アウトプット〉する; 〔j-et⁴ als 〈für〉 et⁴〕 (…と…と)詐称する; 〔sich⁴ für 〈als〉 et⁴〕 (…と)自称する. ◆ **einen ～** 《話》一杯おごる.
Ausgeber 男 支給〈交付〉者; (郵) 発行者, 振出人; 支出者.
aus|gebildet 形 = ausbilden. ₌**bombt** 形 空襲で破壊された.
Ausgebot 中 (競りの)つけ値.
aus|gebreitet 形 = ausbreiten. ₌**bucht** 形 予約された, 満席〈満室〉の.
Ausgeburt 囡 (悪い意味での)産物, 所産; 典型, 権化.
aus|gedehnt (→ ausdehnen) 形 広大な; 広範な; 該博な; 長時間の. ₌**gedient** 形 (定年で)退職した; 使い古した. ₌**gedrückt** 形 = ausdrücken ₌**gefallen** (→ ausfallen) 形 風変わりな, 奇抜な.
Ausgeflippte[r] 男 〔形容詞変化〕 《話》(麻薬などの)現実逃避者; ドロップアウトした者.
aus|gefressen (→ ausfressen) 形 (侵食された)穴の空いた, 空洞化した.
aus|geführt 形 = ausführen ₌**gefüllt** 形 = ausfüllen ₌**gegangen** 形 = ausgehen ₌**gegeben** 形 = ausgeben
ausgeglichen (→ ausgleichen) 形 (人の)性格〈気分〉の安定した: 安定した, むらのない, バランスのとれた; (数) 互角の.
Ausgeglichenheit 囡 (-/) 安定, バランスのとれていること; (数) 互角.
ausgehalten 形 = aushalten
aus|gehen* [アオスゲーエン] 〔ging aus; ausgegangen〕自 (s) (英 go out) 外出する, (遊びなどに)出かける; 〔**von** j-et³〕 (…から)出発する, (…に)由来する; (人によって)作成された; (ある雰囲気から)感じられる; (…の)葉をもとに終わる; 〔j⁴〕 (人の)蓄えたものが尽きる, なくなる; (火・明かりが)消える; (エンジンなどが)止まる; (毛髪・羽毛などが)抜け落ちる. ◆ **j³ geht der Atem 〈die Luft〉 aus.** (人は)息切れする. **ausgehend** 形 (時代などに関して)終わりに近い; 末期の; 発送用の.
ausgehungert (→ aushungern) 形 《話》ひどく腹が減った; 飢えで消耗した.
ausgekocht 形 (→ auskochen) 形 (熱を加え過ぎて)味が落ちた; 《話》抜け目のない, 海千山千の.

ausgekommen ⇨ auskommen
ausgelassen (→ auslassen) 形 羽目を外した, 浮かれた. **Ausgelassenheit** 女 (-/-en) 浮かれ騒ぎ; 羽目を外した〈はしゃぎの〉言動.
ausgemacht 形 ❶ 既決の, 確定的な; まったくの, 正真正銘の.
ausgenommen ❶ ⇨ ausnehmen. ❷ 前 《except》 《4格支配; ふつう後置》…を除いて. ❸ 接 《並列》ただし, …は別にして.
ausgeprägt 形 際立った, 著しい. = **gepumpt** (→ auspumpen) 形 《話》疲れきった.
ausgerechnet 副 (→ ausrechnen) 副 よりによって, 事もあろうに.
aus|**gereicht** ⇨ ausreichen =**ge**-**ruht** ⇨ ausruhen =**gesagt** ⇨ aussagen =**geschaltet** ⇨ ausschalten
aus|**geschlossen** [アオスゲシュロッセン] (← ausschließen) 形 (◎ impossible) 不可能な, 絶対にありえない.
=**geschnitten** (→ ausschneiden) 形 襟ぐりの大きい. =**gesehen** ⇨ aussehen =**gesetzt** ⇨ aussetzen
ausgesprochen (→ aussprechen) 形 露立った, 格別な; [副詞的] 非常に.
ausgestalten 他 (催しなどの)企画を練る, 手順を整える; (会場などに)飾り付ける.
ausgestellt ⇨ ausstellen
ausgestiegen ⇨ aussteigen
ausgestorben (→ aussterben) 形 死に絶えた, 絶滅した; 人気(ミシ)のない.
ausgesucht (→ aussuchen) 形 選り抜きの, 極上の; [副詞的] 非常に.
ausgetauscht ⇨ austauschen
ausgeübt ⇨ ausüben
ausgewachsen (→ auswachsen) 形 成長しきった; 《話》まったくの, ひどい.
aus|**gewählt** (→ auswählen) 形 選び出された, えり抜きの. =**gewogen** 形 釣り合いの〈バランス・調和の〉とれた.
aus|**gezeichnet** [アオスゲツァイヒネト] (→ auszeichnen) 形 (◎ excellent) 抜群の, すぐれた. =**gezogen** ⇨ ausziehen =**giebig** 形 (量が)豊富な, たっぷりの.
ausgießen* 他 (液体を注ぐ, 注ぎ出す; (瓶などを)空にする; (穴をセメントなどを)流し込んで)ふさぐ.
Ausgleich 男 (-[e]s/-e) 均一〈平均〉化; 調整; 調停, 仲裁, 和解; 【経】補償(金); 【商】差引勘定, 清算; 【スポ】同点ゴール.
ausgleichen* [アオスグライヒェン] (**glich aus, ausgeglichen**) ⇨ 他 ❶ バランス〈et¹/sich¹〉(差異などを)均等化する〈になる〉, ならすぐする); (意見の相違などを)調整する; (争いなどを)調停〈仲裁〉する; (緊張などを)緩和する, 和らぐ; (不足・欠点などを)埋め合わせる, 相殺(ホボ)される; 【商】清算〈決済〉する, (収支を)合わせる. ❷ 自 【スポ】同点ゴールを決める. タイスコアに持ち込む.

Ausgleichs-betrag 男 【商】清算額. =**kasse** 女 【経】調整〈平衡〉基金. =**sport** 男 (運動不足解消のための)スポーツ. =**tor** 中 【球技】同点ゴール. =**verfahren** 中 【商】清算手続き; 支払猶予手続き.

Ausgleichung 女 (-/-en) 平均化; 調整; 【商】清算. ~s-**haus** 中 手形交換所.
ausgleiten* 自 (s) 《雅》= ausrutschen.
ausgraben* 他 掘り出す, 発掘する; 見つけ出す, 再発見する; (古いことを)持ち出す, むし返す. **Ausgrabung** 女 (-/-en) 発掘; 発掘物, 出土品.
Ausguck 男 (-[e]s/-e) 《話》見張り; (船の)見張り台. **ausgucken** 他 《話》**nach** *j-et¹* (…が[い]ないかと)探す; (…のように)見える.
Aus|**guss** (= **-guß**) 男 (..gusses/..güsse) (台所などの)流し[台]; 流し口, 排水口.
aushaben ❶ 他 《話》(服などを)脱いでしまっている; 《話》(本などを)読み終えている; (テレビなどを)消している. ❷ 自 (仕事や授業を)終えている.
aushaken 他 (留め金などを)外す; (…の留め金を外す)*sich¹* (留め金を)外す. ♦ *Es hakt bei j³ aus.* 《話》(人は頭が混乱する; 我慢しきれない.
aushalten* [アオスハルテン] (**hielt aus; ausgehalten**) ⇨ 他 ❶ (◎ bear) 耐える, 我慢する; 持ちこたえる: *Es lässt sich 〜.* それは我慢できる | *Ich konnte es zu Hause nicht mehr 〜.* それ以上家にいるのに耐えられなかった | *den Vergleich mit j-et³ 〜 können.* …に引けを取らない. ❷ 《話》《j⁴》(恋人・愛人などの)生活費を出す.
aus|**handeln** 他 (契約などを)交渉して取り決める. =**händigen** 他 《j³ et⁴》(人に…を公的に)手渡す, 交付する.
Aushang 男 (-[e]s/..hänge) 掲示, 公告; 掲示物, ポスター.
aushängen(*) 他 掲示されている; 他 掲示する; (留め金・台座などを)外す.
ausharren 自 《雅》持ちこたえる. 耐えぬく.
ausheben* 他 (穴・溝などを)掘って作る; (隠れている犯人などを)逮捕する. (隠れ家などに)手入れをする. **Aushebung** 女 (-/-en) 掘り起こすこと, 掘削; (隠れ家の)手入れ.
aushecken 他 《話》たくらむ.
ausheilen 自 (s) (病気・ケガなどを)全快〈全治〉する; 他 (病気・ケガなどを)全快〈全治〉させる.
aushelfen* 自 《j³ mit et³》(人を…で)一時的に〈当座に〉助ける; (臨時に)手伝う.
Aushilfe 女 (-/-n) 一時的な仕事, アルバイト; 一時的に仕事を手伝う人, パートタイマー.
Aushilfskraft 女 臨時雇い, パートタイマー, アルバイト.
aushilfsweise 副 急場しのぎに, 間に合わせに.
aus|**höhlen** 他 (…の中身を)くりぬく; (人の心身を)消耗させる; 弱体化させる.
=**holen** 自 (振りかぶる); (腕を使って大きく歩く〈走る〉): はるか以前にさかのぼる.
=**horchen** 他 (人から情報を)巧みに聞き出す, (人にそっと)探りを入れる.
=**hungern** 他 兵糧攻めにする;

(経済的·政治的に…を)弱体化させる. ⊦**kehren** [他](部屋などを)掃いて掃除する. ⊦**kennen*** [再]《sich^4 **mit** ⟨**in**⟩ et^3》(…の)事情⟨勝手⟩がわかっている, (…に)詳しい.

aus|klammern [他] 考慮の外に置く, 除外⟨度外視⟩する. **Ausklammerung** [女]《-/-en》度外視; 除外.

Ausklang [男]《-[e]s/..klänge》〔楽〕(曲の)終結部⟨フィナーレ⟩[の音];《雅》終わり, 終幕.

aus|kleiden [他]《雅》(人の)服を脱がせる;《et^4 **mit** et^3》(…を…で)内張りする.

aus|klingen* [自](h, s)(音などが)鳴りやむ; (s)(…に)終わる.

aus|klinken [他] 掛け金から外す, (ロケットなどを)切り離す;《sich^4》(掛け金などから)外れる, 切り離される.

aus|klopfen [他]《et^4 **aus** et^3》(ほこりなどを…から)たたき出す⟨落とす⟩; (じゅうたんなどを)たたいてきれいにする.

aus⊦klügeln [他](綿密に計画などを)考え出す, 案出する. ⊦**knipsen** [他]《話》(…の)スイッチをぱちんと切る.

aus|knobeln [他]《話》さいころ⟨ダイス⟩を振って決める; (知恵をしぼって…を)考え出す.

aus|kochen [他](だし汁を取るために肉·骨を)煮出す;《話》(悪事を)たくらむ.

aus|kommen* [アオスコメン]《**kam aus; ausgekommen**》[自](s)([英] manage)《**mit** et^3》(…で)間に合わせる, やりくりする;《**mit** j^3》(人と)うまく折り合う, 仲良くやっていく;《**ohne** j-et^4》(…なしで)済ます. **Auskommen** [中]《-s/》生計, 暮らし. ♦ ***Mit*** j^3 ***ist kein*** **~.** (人とは)うまくやってゆけない.

aus|kosten [他]《雅》(楽しみ·苦しみなどを)味わい尽くす.

aus|kratzen [他] かき落とす⟨取る⟩.

aus|kugeln [他]《話》《j^3 et^4》(人の…を)脱臼(だっきゅう)させる.

aus|kühlen [他] 完全に冷やす, 冷えきらせる; [自](s)すっかり冷えきる.

aus|kundschaften [他](調査してひそかに)探り出す.

Auskunft [アオスクンフト] [女]《-/..künfte》([英] information)情報, インフォメーション; (問い合わせに対する)回答; (駅などの)案内所; (電話局の)番号案内; 案内係の人.

Auskunftei [女]《-/-en》興信所.

aus|kuppeln [自] クラッチを切る.

aus|lachen [他](人をばかにして)笑う.

aus|laden* [他] ❶ (積み荷を)下ろす; (車両·船舶などから)荷下ろしする. ❷《j^4》(人に対して)招待を取り消す.

Auslage [女]《-/-n》陳列⟨展示⟩商品; ショーウインドー⟨ケース⟩;《複》立替金.

Ausland [アオスラント] [中]《-[e]s/》《ふつう定冠詞と》外国, 国外;《集合的》外国の人たち.

Ausländer [アオスレンダー] [男]《-s/-》([女] **-in**)([英] foreigner)外国人.

ausländisch [アオスレンディッシュ] [形]([英] foreign)外国の; 外国産の; 外国⟨異国⟩ふうの.

Auslands⸗korrespondent [男]〔商〕外国の取引先⟨コレス先⟩, 外国特派員. ⸗**sender** [男](ラジオの)国際放送. ⸗**sendung** [女] 国際郵便; 国際放送. ⸗**schuld** [女] 対外債務.

aus|lassen* [アオスラッセン]《**ließ aus; ausgelassen**》❶ [他] 省く, 抜かす, 飛ばす; (機会などを)逃す, 逸する;《et^4 **an** j^3》(怒りなどを人に)ぶちまける;〔料〕(バター·脂などを熱して)溶かす;《話》(明かり·ストーブなどを)つけずにおく. ❷ [再]《sich^4 [**über** et^4]》([…について]否定的な)見解を述べる.

Auslassung [女]《-/-en》(語句などの)省略, 脱落;《複》発言. **~s⸗zeichen** [中]〔言〕省略符, アポストロフィ(').

aus|lasten [他](車両などに荷を)満載する; (機械·工場などを)フル運転⟨操業⟩する;《j^4》(人の能力に)ぎりぎりの負担をかける, (人を)フルに働かせる.

Auslauf [男]《-[e]s/..läufe》(液体の)流出, 漏出; 流出口⟨箇所⟩; (運動用の)遊び場; (畜舎·鶏舎などの)運動場.

aus|laufen* [自](s)《**aus** et^3》(容器から)流れ出る, 漏出する; (容器が)中身が流出⟨漏出⟩して空になる; (船が)出港する; (エンジンなどが)徐々に停止する; (道などが)終わる;《**in** et^4》(…に)移行する.

Auslaufmodell [男]〔商〕(モデルチェンジなどで)製造打ち切りになった商品.

Ausläufer [男]《-s/-》(山·森などの)末端部;〔気象〕[気圧の]張り出し部分;〔植〕匍匐(ほふく)茎.

aus|laugen [他](溶解物を)浸出する; (水などが岩石などを)溶かし出す; (人を)くたびれさせる.

Auslaut [男]《-[e]s/-e》〔言〕語末音.

aus|lauten [自]《**auf** et^4》〔言〕(語·音節などが…の音で)終わる.

aus|leben [再]《sich^4》生活を存分に楽しむ, 自由奔放に生きる.

aus|lecken [他](食器などを)なめて平らげる; (食器などから…を)なめて取り除く.

aus|leeren [他](容器から…を)空ける; (容器を)空にする.

aus|legen [他] 陳列⟨展示⟩する; (名簿·目録などを)記入⟨閲覧⟩用に置く; (わな·漁網などを)仕掛ける;《et^4 **mit** et^3》(…に絨毯(じゅうたん)などを)敷く;《et^4 **für** et^4》(機械などを…用に)設計する;《et^4 j^3 ⟨**für** j^4⟩》(金を人のために)立て替える; 解釈する;《[j^3] et^4 **als** et^4》([人の]言動を…と)解釈する.

Auslegeware [女](部屋に敷くための)じゅうたん生地.

Auslegung [女]《-/-en》陳列, 展示; 解釈.

aus|leiern [他]《話》(服などを)着古して伸ばす; (ねじ·機械装置などを)使い古して利かなくする.

Ausleihe [女]《-/-n》(図書などの)貸し出し; (図書館などの)貸し出し窓口.

aus|leihen* [他]《j^3 et^4》(人に…を)貸す, 貸し出す;《sich^3 et^4 [**von** ⟨**bei**⟩ j^3]》([人から]…を)借りる.

aus|lernen [自] 修業⟨見習い期間⟩を終える: Man *lernt* im Leben nie *aus.*《諺》人生修業に終わりはない.

Auslese [女]《-/-n》([英] choice)えり分け, 選別; えり抜きの人, エリート; 精選物, 精髄; アウスレーゼ(精選したブドウから造った高級ワイン).

aus|lesen* [他] (悪いものを)除去する, はねる; (よいものを)選び出す, 選抜する; (本などを)読み終える.

aus|liefern [他] (商品を)市場に出す, 出荷する; 引き渡す, 任せる.

Auslieferung [女] (犯人などの)引き渡し; 〔商〕(市場への商品の)供給. **~s=lager** [中] 引き渡し〈出荷〉倉庫; 配送センター. **~s=provision** [女] (仲買人の受け取る)引き渡し手数料. **~s=schein** [男] 引き渡し請求証; (送金請求の)勘定書.

aus|liegen* [自] (品物が)陳列〈展示〉してある; (新聞・雑誌などが)閲覧用に置いてある.

aus|löffeln [他] (スープなどを)スプーンで飲み〈食べ〉尽くす; (皿などを)スプーンで飲んで〈食べて〉空にする.

aus|löschen(*) [他] (火・明かりなどを)消す; (文字・痕跡などを)消す; 《雅》(人々の)命を奪う.

aus|losen [他] くじ引きで決める.

aus|lösen [他] (装置を)作動させる; (反応・感情などを)呼び起こす, 誘発する; (身代金と引き換えに人を)釈放してもらう.

Auslöser [男] 《-s/-》 作動装置〈ボタン〉; 〔写〕シャッター; 原因, きっかけ.

Auslosung [女] 《-/-en》 抽選.

Auslösung [女] 《-/-en》 (装置の)作動; (感情などの)誘発; (担保・人質などの)請け出し; 出張〈遠隔地〉手当.

aus|lüften [他] (衣服などを)風に当てる; (部屋に)空気を通す.

aus|machen [アオスマッヘン] 《machte aus; ausgemacht》[他] ❶ ([英] put out) 《話》(火・明かりなどを)消す; (電化製品・エンジンなどの)スイッチを切る. ❷ 《**mit** j^{3} *et*^{4}》(人と…を)取り決める. ❸ 《話》《*et*^{4} **mit** j^{3} 〈**unter** *sich*^{3}〉》(問題などを人と〈人々の間で〉)解決〈処理〉する. ❹ (…の本質を)成す; ([人にとって] …の)価値〈意味〉がある(**j^{3} etwas 〈nichts〉 ~** 人の気に障る〈気にならない〉); (額が…に)なる. ❺ 発見する.

aus|malen [他] (…[の内壁]を)絵画で装飾する; (スケッチなどに)色を塗る, 彩色する; ありありと描写する; 《*sich*^{3} *et*^{4}》(…を)思い描く, 想像する.

Ausmaß [中] 《-es/-e》 (空間的な)大きさ, 広さ; 規模, 程度, スケール.

aus|merzen [他] (害虫などを)駆除〈撲滅〉する; (誤り・不要なものなどを)削除〈除去〉する, 消し去る.

aus|messen* [他] (…の寸法・面積・容積などを)精確に測る.

aus|misten [他] 《話》片付ける, 捨てる; (家畜小屋などの)糞尿を掃除する.

aus|mustern [他] (徴兵検査で人を)兵役不適格としてはねる; (古くて使えなくなったものを)処分〈廃棄〉する.

Ausnahme [アオスナーメ] [女] 《-/-n》 ([英] exception)例外 : Keine Regel ohne ~. 《ことわざ》例外のない規則はない. **=fall** [男] 例外的な場合. **=tarif** [男] 〔商〕特例賃金. **=zustand** [男] 特異な状況; 非常〈異常〉事態.

ausnahms=los [形] 例外のない. **=weise** [副] 例外的に, 特例として.

aus|nehmen* [他] 除外する, 例外とする; 《話》(人から)大金を巻き上げる; (動物から)内臓を取り出す; 《*sich*^{4}》(…のように)見える. **ausnehmend** [形] 《雅》際立った, 格別の.

aus|nutzen, ..|nützen [他] 十分に〈徹底的に〉利用する; 利用し尽くす.

aus|packen [アオスパッケン] 《packte aus; ausgepackt》 ❶ [他] (…の)包装を解く; (…を)開けて中身を出す. ❷ [自] 《話》秘密を洩らす; (犯人などが)吐く.

aus|peitschen [他] むちでさんざん打つ.

aus|pfeifen* [他] 口笛を吹いて(…に対する)不満を表明する, ブーイングする.

aus⊧plaudern [他] (秘密などを)しゃべってしまう. **⊧plündern** [他] (人の持ち物を)残らず奪い取る, 身ぐるみはぐ; (国・町などを)略奪し尽くす. **⊧posaunen** [他] 《話》言いふらす, 吹聴(ふいちょう)する. **⊧powern** [他] 《話》(略奪・搾取などで)困窮〈荒廃〉させる.

aus|prägen [再] 《*sich*^{4}》(特徴・傾向などが)顕著になる.

aus⊧pressen [他] (果物を)搾る; (果汁などを)搾り出す. **⊧probieren** [他] (新製品などを)テストする, 試してみる.

Auspuff [男] 《-[e]s/-e》 (エンジンの)排気[ガス], 排気装置. **=gas** [中] 排気ガス. **=rohr** [中] 排気管. **=topf** [男] 消音器, マフラー.

aus|pumpen [他] 《[*et*^{4}]》([水などを])ポンプで汲み出す; 水などをポンプで汲み出して(…を)空にする.

aus|quartieren [他] (人に)住居〈宿舎・部屋〉を明け渡させる.

aus|quetschen [他] (…の果汁を)搾る; 《話》(人を)質問攻めにする.

aus|radieren [他] (消しゴムなどで)消す; 《話》(都市などを)完全に破壊する.

aus|rangieren [他] 《話》(使い古した物を)廃棄処分にする, お払い箱にする.

aus|rasten [自] 充分休息する; 《話》激高する, キレる.

aus|rauben [他] (…の中身を)残らず奪う; (人の持ち物を)残らず奪う.

aus|räuchern [他] (害虫などを)いぶし出す〈殺す〉; (部屋を)燻蒸(くんじょう)[消毒]する.

aus|räumen [他] (中身を)運び出す, (部屋・戸棚を)空にする; 〔商〕(在庫品を)売り払う, 処分する; (偏見・誤解を)取り除く.

aus|rechnen [アオスレヒネン] 《rechnete aus; ausgerechnet》 ❶ [他] 計算して解く; 算出〈算定〉する. ❷ [再] 《*sich*^{3} *et*^{4}》(…を)期待〈予測〉する. ✦ *~ können* 《*sich*^{3} *et*^{4}》(…について)見当がつく.

Ausrede [アオスレーデ] [女] 《-/-n》 ([英] excuse)言い逃れ, 口実.

aus|reden [自] 最後まで話す, 話し終える; [他] 《j^{3} *et*^{4}》(人に…を)説得して断念させ[ようとす]る.

aus|reichen [アオスライヒェン] 《reichte aus; ausgereicht》 [自] 《**für** *et*^{4}/**zu** *et*^{3}》(…に)足りる, 十分である; 《話》《**mit** *et*^{3}》(…で)やっていける.

ausreichend [アオスライヒェント] [形] ([英] sufficient)十分な; (成績で)可(6段階中の第4位).

aus|reifen [自] (s)(果実などが)完熟する; (ワインなどが)熟成する; (人が)成熟する; [他] 完熟〈熟成〉させる.

Ausreise [女] 《-/-n》 出国. **=erlaub-**

nis 男 出国許可.
ausreißen* ⓗ ❶ 抜き取る, むしり取る. ❷ ⓢ (ボタンなどが)ちぎれる; (ボタン穴などが)ほころびる; 《話》《監視の目をくぐって》逃げる.
Ausreißer 男 《-s/-》《話》逃亡者, 家出した子供;《ｽﾎﾟｰﾂ》(スピードを上げて)スパートに入ったランナー《選手》.
ausreiten* ⓗ ❶ ⓢ 馬で出かける; 遠乗りする. ❷ (馬を)全力で走らせる; 《レースを》開催する.
ausrenken ⓗ 《sich³ et⁴》(…を)脱きゅうする.
ausrichten ⓗ 一列に並べる; 整列させる;《et¹ auf j-et⁴ 〈nach j-et³〉》(…を要望・目的などに)合わせる;《《j³ et¹》+4格のものを, 成功を示す 《wenig などと》(人に)伝言・挨拶などを伝える; 主催《開催》する; 《南部》(人の悪口を言う).
Ausrichtung 囡 《-/》整列, 適合, 調整; (思想・意向などの)方向づけ, 統制; 開催, 挙行.
Ausritt 男 《-[e]s/-e》馬で出かけること;（馬での遠乗り）.
ausrollen ❶ ⓢ (s)(車両・飛行機などが)しだいに停止する. ❷ ⓗ （巻いたものを）広げる; (こねた物などを)ローラー《めん棒》でのばす.
ausrotten ⓗ (害虫などを)完全に駆除する, 退治する; (動植物を)絶滅させる, 根絶する.
Ausrottung 囡 《-/-en》駆除; 絶滅, 根絶.
ausrücken ⓗ ❶ ⓢ (s)(部隊などが)出動する; 《話》逃げ出す. ❷ ⓗ 欄外に出させる; 連動装置から外す.
Ausruf 男 《-[e]s/-e》叫び; 《声》.
ausrufen ⓗ 《…と》叫ぶ, 大声で言う; 《…の名前を》大声で知らせる, アナウンスする; 公告《公示》する, 宣言する; 《商品などを》呼び歩いて売る.
Ausrufe-satz 男 《文法》感嘆文.
～zeichen 中 《文法》感嘆符(!).
ausruhen [アォスルーエン] ⓗ (ruhte aus; ausgeruht) ⓗ ⓢ rest 休息させる; 《sich⁴》休息する; 休養する;（身体を）休ませる.
ausrüsten ⓗ (…に)装備を施す; 武装する;（生地に）仕上げ加工を施す.
Ausrüstung 囡 《-/-en》装備; 装備品, 装具; 設備《一式》.
ausrutschen ⓗ (s)つるりと滑る. 滑って転ぶ;（マナーにはずれた）失態を演じる;（道具などが）手から滑り落ちる.
Ausrutscher 男 《-s/-》《話》失態, 失言.
Aussaat 囡 《-/-en》種まき, 播種(はしゅ); （播種用の）種.
aussäen ⓗ 《種を》まく;（憎悪・不和などを）まく.
Aussage [アォスザーゲ] 囡 《-/-n》《statement》発言, 陳述, 申し立て; 供述, 証言;《文法》述語;（芸術作品などの）表現内容.
aussagen [アォスザーゲン] 《sagte aus; ausgesagt》 ❶ ⓗ 《法廷などで》供述する. ❷ ⓗ 述べる, 言う;（芸術作品などが…を）表現する.

Aussagesatz 男 《文法》平叙文.
Aussatz 男 《-[e]s/》《医》ハンセン病.
aussätzig ハンセン病にかかった.
aussaugen⁽*⁾ ⓗ 《…(の中身)》を吸い出す《尽くす》;（人を）搾取する.
Aussch. = Ausschuß 委員会.
ausschaben ⓗ くり抜く, 削り落とす; 《…の中身を》掻き出す; 《医》掻爬(そうは)する.
Ausschabung 囡 《-/-en》《医》《子宮》掻爬.
ausschachten ⓗ 《…に》立坑《基礎溝》を掘る;（立坑・基礎溝などを）地面に掘る.
Ausschachtung 囡 《-/-en》掘削; （掘削した）立坑.
ausschalten [アォスシャルテン] 《schaltete aus; ausgeschaltet》ⓗ ⓔ turn off》 （…の）スイッチを切る; 排除する. 閉め出す; 《sich⁴》（自動的に）スイッチが切れる.
Ausschaltung 囡 《-/-en》スイッチを切ること;（回路の）遮断; 排除, 締め出し.
Ausschank 男 《-[e]s/..schänke》（酒類の）小売り; 居酒屋（酒場などの）カウンター.
Ausschau 囡 ♦ ～ halten 《nach j-et³》(…が現れないかと)見張る, 待つ.
ausschauen ⓗ 《雅》見張る, （待つ）；《南部》（…のように）見える.
ausscheiden* ⓗ ❶ ⓗ 排泄する. ❷ ⓢ (不適格として)除外される;（可能性などが）論外である; 退職《引退》する;（グループから）脱退《脱退》する; 《ｽﾎﾟｰﾂ》失格《脱退》する.
Ausscheidung 囡 《-/-en》排泄(ﾀｲｾﾂ); 排泄《分泌》物《大小便・汗など》; 《ｽﾎﾟｰﾂ》予選. ～**s-spiel** 中 《ｽﾎﾟｰﾂ》予選《競技》.
ausschelten* ⓗ (人を)しかり飛ばす.
ausschenken ⓗ （酒類を）つぎ分ける; 店で飲ませる:（グラスなどに飲物を）つぐ.
ausscheren ⓗ (s)列《隊列》を離れる; 脱退する;（車が）わきへそれる.
ausschiffen ⓗ 《j-et⁴ 〈sich⁴》（…を）上陸させる《する》; 陸揚げする.
ausschildern ⓗ (道路などを) 標識を備えさせる; （迂回路）を標識によって示す. ⊦**schimpfen** ⓗ （人を）ののしる.
ausschl. = ausschließlich (…を)除いて.
ausschlachten ⓗ (畜殺した家畜の)内臓を取り除く;（部品利用のために古い車などを）解体《分解》する;《話》勝手に《自分の都合に合わせて》利用する.
ausschlafen ⓗ (h, s)（疲れが取れるまで）十分に眠る; ⓗ（怒りなどを）眠って取る.
Ausschlag 男 《-[e]s/..schläge》吹き出物, 発疹(ﾊｯｼﾝ); （指針・振子子などの）振れ, 傾き; 振幅;《商》（計量のとき目減り分として加える）おまけ. ♦ **den ~ geben** 決定的影響を与える. 決め手となる.
ausschlagen* ⓗ ❶ ⓗ (要求・申し出を)断る, 拒絶《拒否》する. ❷ ⓗ 《nach》（…に向かって）蹴りつける; (h, s)（計器・指針などが）振れる, 傾く; (h, s)(樹木が)芽吹く, 葉が出る.
ausschlaggebend 形 決定的な.
ausschließen* ⓗ ⟨schloß aus; ausgeschlossen⟩ⓗ ⓔ lock out》（鍵を）かけて

…を)締め出す;(…を)組織などから)除名〈排除〉する;否定する,不可能にする.

ausschließlich [アオスシュリースリヒ] ❶ 囲 (⊗ exclusive) 排他〈独占〉の〈に〉; 単独の. ❷ 副 もっぱら, ひたすら. ❸ 前 《2格支配》 …を除いて, …を差し引いて.

ausschlüpfen 囲 (s)(ひなが卵から・成虫さなぎから)はい出る, かえる.

Aus|schluss 男 = **schluß** 《..schlusses/..schlüsse》排除, 締め出し; 除名; 選学処分.

ausschmieren 囲 《et⁴ [mit et³]》 (…の内側に)〔油などを〕塗る.《話》(人を)だます.

ausschmücken 囲 (…の内部)を飾り立てる:(話をどに)潤色を施す, 尾ひれを付ける. **Ausschmückung** 女 《-/-en》(部屋などの)飾り付け, 装飾;(話などの)潤色, 尾ひれ.

ausschneiden* 囲(紙や布から一部分を)切り抜く, 切り取る.

Ausschnitt 男 《-[e]s/-e》《服》くり(懸りや袖の)くりなど;(新聞などからの)切り抜き, スクラップ;(生地などの)切り売り;(全体の)一部分.

ausschöpfen 囲 (…水などを)くみ出す;空ににする; 《比》限に利用する.

ausschreiben* 囲 ❶ (省略せずに…)を全書する. ❷ (診断書/領収書などを)作成〈発行〉する. ❸ (文書で…)を公示 (公募)する.

Ausschreibung 女 《-/-en》(文書での)公示, 公募.

ausschreiten* 囲 (s) 大またで歩く; 歩測する.

Ausschreitung 女 《-/-en》 逸脱〈暴力〉行為, 乱暴狼藉《shuß》.

Ausschuss 男 = **schuß** [アオスシュス]《..schusses/..schüsse》⊗ commitee》委員会; 寄物, 粗悪品;(貫通銃弾の)射出口. = **vorsitzende[r]** 男女《形容詞変化》委員長. = **ware** 女 傷物, 不良品.

ausschütteln 囲 (ほこりなどを)振ってはらう;(…の)ほこり《汚れ》を振ってはらう.

ausschütten 囲 (水・砂などを)ぶちまける, 流す; こぼす;(…の)中身を空にする;(悩み・心などを)打ち明ける; 《配》利益を配分する, 配当する. ◆ **vor Lachen ~** 《sich⁴》笑い転げる. **Ausschüttung** 女 《-/-en》(益金の)配分;《配》配当金.

ausschwärmen 囲 (s)(ミツバチなどが)群がって飛び立つ;(人が)ぞろぞろと出て行く.

ausschweifend 囲 はめを外した, 放りっ放しの, 過度の, 極端な.

Ausschweifung 女 《-/-en》 はめを外すこと, 行き過ぎ; 放埒《らつ》, みだらな行為.

ausschweigen* 囲 《sich⁴》《über et⁴》(…について)沈黙を守り通す.

ausschwenken ❶ (食器・洗濯物などを)すすぎ洗いする;(クレーンなどの腕)を外へ旋回する. ❷ 囲 (s)進行方向から外れる,「横や方に)曲がる.

ausschwitzen 囲 (…を)汗をかいて体外に出す〈治す〉.

aussehen* [アオスゼーエン] [**sah aus; ausgesehen**] 囲 ⊗ look》(…のように)見える;《nach j-et³》(…を)期待して見張る. ◆ **nach nichts ~** 特別な印象を与えない. **Sehe ich so (danach) aus?**《話》私はそんな風に見えるかね. **So siehst du aus.**《話・反語》君のその考えているようにはいかない.

Aussehen [アオスゼーエン] 《-/-》⊗ appearance》外観, 様子; 顔つき, 容姿. ◆ **dem ~ nach** 一見したところ.

aus|sein* ⊗ = aus 囲.

außen [アオセン] 副 ⊗ outside》外に, 外側〈外部〉に; 《口》《draußen》戸外〈屋外〉に, 外部に. ◆ **nach ~ hin** 外に対して; 外見上. **von ~** 外部から〔の〕.

Außen|aufnahme 女 屋外撮影, ロケーション. = **bordmotor** 男 船外〈船〉〈外〉のエンジン.

aussenden* 囲 (人を)派遣する;(光線などを)《電波などを》発信〈送信する.

Außen|dienst 男 外勤;(外交官などの)海外勤務. = **handel** 男 外国貿易. = **handelsbilanz** 女 貿易収支. = **handelspolitik** 女 貿易政策. = **minister** 男 外務大臣, 外相. = **ministerium** 中 外務省. = **politik** 女 外交〔政策〕.

außenpolitisch 囲 外交〈策〉上の.

Außen|seite 女 外側, 外面; 外見, うわべ. = **seiter** 男 《-s/-》社会・グループなどからの)孤立者, アウトサイダー;《スポ》勝ち目のない選手(チーム);(競馬の)穴馬. = **spiegel** 男 サイドミラー. = **stände** 中 未収金, 売掛金〈債権〉. = **stehende[r]** 男女《形容詞変化》部外者, 局外者. = **temperatur** 女 屋外の気温. = **welt** 女 外部世界, 外界. = **winkel** 男 《数》外角.

außer [アオサー] ❶ 前 《3格支配》(空間的)(⊗ out of) …の外側〈で〉; …の範囲外に;(時間的)…以外の時に; (⊗ except) …以外は. …を除いて, …のほかは. ◆ **~ sich³⁽⁴⁾ geraten**(怒り・苦痛・感激のあまり)我を忘れる. **~ sich³ sein**(怒り・苦痛・感激のあまり)我を忘れていて. ❷ 接 …を除いて. ◆ **~ dass ~** …ということを除いて. **~ um ~** [+ zu 不定詞句] ~ … するため以外には. **~ wenn ~** …でなければ, …のとき以外は.

äußer [オイサァ] 囲 (⊗ outer)外部の, 外側の; 外部からの; 外面的な; 外国〈関係〉の.

außer.. 「…の外」の意.

außerberuflich 囲 職務外の.

außerdem [アオサァデーム] 副 (⊗ besides)そのほかに, それに加えて, その上.

außer-ehelich 囲 婚外の; 正式な婚姻(結婚)によらない.

Äußere[s] 中《形容詞変化》外見, 外観.

außer-galaktisch 囲 銀河系外の. = **gewöhnlich** 囲 普通でない, 異常な; 並外れた, 抜群の.《副詞的》非常に, きわめて.

außerhalb [アオサァハルプ] ❶ 前 《2格支配》 … の外〈側〉に. ❷ 副 外側の外に, 郊外〈屋外〉に.

außerirdisch 地球上以外の; 地球の外の.

äußerlich [オイサァリヒ] 囲 (⊗ exter-

nal)外部の, 外面の; 《薬》外用の; 外見上の.
Äußerlichkeit 女《-/-en》見てくれ, うわべ, 体裁; 些事(ピ), どうでもよい事柄.
äußern [オイサァン]《äußerte, geäußert》他 (® express) 言葉に表し, 述べる; 《sich⁴ über et⁴ (zu et³)》(…について)意見を言う;《sich⁴》(病気・感情などが[…の形で])現れる.
außer|ordentlich [アオサァオルデントリヒ] 形 (® extraordinary) 正常でない, 異常な; 特別の, 臨時の, 規定外の; 並外れた, 抜群の. — **parlamentarisch** 国会外の, 院外の. — **planmäßig** 臨時の, 予定外の, 枠外の. — **schulisch** 学校外の.
äußerst [オイサァスト]《äußer の最上級》❶ 最も外側の, 最も遠く離れた; 極度の; 最大限の; 最後[最終]の, 最後の. ❷ 副 (® extremely) きわめて, 極度に. ◆ *auf das Äußerste gefasst sein* 最悪[万一]の事を覚悟している. *bis zum Äußersten gehen* 最後の手段に出る.
außerstand[e] 副 〔+ zu 不定詞句〕(…)できる立場にない; (…)の能力がない.
äußerte ⇨ äußern
Äußerung 女《-/-en》 (® 意見の表明); 《言》発話(気持ちなどの)現れ, 表現.
aus|setzen [アオスゼッツェン]《setzte aus; ausgesetzt》 他 ❶ (® expose)(子供・動物を)置き去りにする; (動物を)放つ; 《j-et³ 《sich⁴ et³》》(…に…を(身を))さらす. ❷ (® stop)《et¹ 《mit et³》》(…[を…を])中断[休止]する; 法 (刑の執行を)猶予する. ❸ 《et¹ 《für et⁴》》(…に)(賞金などを)与える約束をする. ◆ 〔An j-et³〕 ist 《gibt》 《et》was 《nichts》 auszusetzen. […には]非難すべき点がある《非難の余地がない》. 〔an j-et³〕 et⁴was 《nichts》 〔an j-et³〕 auszusetzen haben 《finden》 […に対して]文句がある《ない》. **aussetzend** 形 断続的な.
Aussetzung 女《-/-en》(子供・動物の)遺棄; (年金・賞金などの)設定; 法 (訴訟・刑の執行などの)停止.
Aussicht [アオスズィヒト] 女《-/-en》 (® view) 眺め, 眺望, 見晴らし, 景観; 見通し, 見込み. ◆ *auf et⁴ haben* …の見込みがある. *in ~ nehmen*《j-et⁴ für et⁴》(…を…のために)予定する. *in ~ haben 《et⁴》* (…の)見込みがある. *in ~ stehen 《sein》* (…が)見込まれている; 期待される. *in ~ stellen《j³ et⁴》*(人に…を)約束する.
aussichtslos 形 見込みのない.
aussichtsreich 形 見込みの十分にある, 有望な.
Aussichtsturm 男 展望台, 望楼.
aus|sieben 他 ふるいにかけてより分ける; 識別する.
aus|siedeln 他 (強制的に住民などを)移住させる, 立ち退かせる. **Aussiedler** 男《-s/-》強制移住者, 立退者. **Aussiedlung** 女《-/-en》強制移住, 立ち退き.
aus|söhnen 他《sich⁴ mit j³》(…と)和解[仲直り]する. **Aussöhnung** 女《-/-en》仲直り, 和解.
aus|sondern 他 選び出す; より分ける.

aus|sortieren 他 (分類して)選び出す; より分ける.
aus|spähen 他《nach j-et³》(…が現れないかと)様子をうかがって, 見張る; 《® 探り出す》(場所などを偵察[探知]する.
aus|spannen ❶ 他 (馬を)馬車から外す; (馬車を)馬から外す; 《話》《j³ j-et⁴》(人から…を)せしめる, 巻き上げる, 取り上げる. ❷ 自 《sich⁴》(仕事を離れて)しばらく休養する.
aus|sparen 他 (場所などを)あけておく; (意識して)問題・話題などに)触れずにおく.
aus|speien 他 (つばなどを)吐き出す; (溶岩・煙・火などを)噴き上げる.
aus|sperren 他 (錠をかけて人を)締め出す; (会社側が労働者を)ロックアウトする.
Aussperrung 女《-/-en》締め出し; ロックアウト.
aus|spielen 他 (カードを)〔最初に〕出す; 競技 (相手選手を)かわす;《j⁴ gegen j⁴》(…と…を争わせて)漁夫の利を占める. ◆ *〔seine Rolle〕 ausgespielt haben* すでに役割を終えている; もはや過去の人である.
aus|spionieren 他 (秘密・情報などを)探り出す; (秘密・情報などを人から)聞き出す, (人に)探りを入れる.
Aussprache 女《-/-n》 (® pronounciation) 発音; 討議; 話し合い. ◆ *eine feuchte ~ haben*《話》つばきを飛ばしながら話す.
aus|sprechen *[アオスシュプレッヒェン]《sprach aus; ausgesprochen》❶ 他 (® pronounce)(…のように)〕発音する. ❷ (意見などを)口に出して言う, 述べる; 終わりまで述べる, 話し終える; 《sich⁴ über j-et³》(…について)意見を述べる; 《sich⁴ für 《gegen》 j-et⁴》(…に)賛成[反対]する. ❸ 《sich⁴ bei j³》(人に)心を打ち明ける; 《sich⁴ mit j³》(人と)腹を割って話し合いをする;《sich⁴ in j-et³》(感情などが…に)表れる.
Ausspruch 男《-[e]s/..sprüche》(短い含蓄ある)言葉; 名言, 箴言(たん).
aus|spucken ❶ 他《話》(種などを)吐く出す;《俗》(機械がデータを・切符などを)出す. ❷ 自 つばを吐く.
aus|spülen 他 すすぐ; 洗い流す; 浸食する, (洪水・豪雨などが…を)押し流す.
aus|staffieren 他 (人に)身じたくさせる, 《sich⁴》身じたくする; 扮装(焚)させる;《j⁴ mit j-et³》(皮肉)(…を)身につけさせる.
Ausstand 男《-[e]s/..stände》ストライキ.
aus|statten 他《et⁴ mit et³》(…に…)を)備え付ける;《j⁴ mit et³》(人に[権限などを])与える, 授ける.
Ausstattung 女《-/-en》設備, 飾り付け; (古典作品の)意匠; (本の)装丁; 家具, 調度, インテリア; 舞台美術.
aus|stechen 他 (人を)しのぐ, (人に)打ち勝つ; 刺して壊す; (雑草などを)掘り〈えぐり〉出す; (芝生を)切り取る; (堀・溝などを)掘る; (模様などを)くりぬく.
aus|stehen *[アオスシュテーエン]《stand aus; ausgestanden》❶ 他 (®)未処理[未解決]のままである; (h)陳列されている, 売りに出ている. ❷ 他 耐える, (…を)忍ぶ; 耐え通す. ◆ *ausgestan-

A

den sein (あることが)終わった; 去った. ***nicht ~ können*** (…を)好きになれない; 辛抱できない.

aus|steigen* [アオスシュタイゲン] 《**stieg aus; ausgestiegen**》[自] (s)([英] get out)(乗り物から)降りる, 下車する; 《話》手を引く, 降りる; 〖スポーツ〗(途中で)棄権する. ✦ ***~ lassen*** 〖サッカー〗 《j^4》(人の)マークをかわす, 守備をかいくぐる.

Aussteiger [男] 《-s/-》 (既存の体制などに)背を向ける人, ドロップアウトした人, 落伍者.

aus|stellen [アオスシュテレン] 《stellte aus; ausgestellt》[他] ([英] exhibit)陳列〈展示〉する, 出品する; 配置する; (文書などを)交付〈発行〉する.

Aussteller [男] 《-s/-》 (展示会などの)出品者; (文書・証書などの)発行者; 〖商〗(手形の)振出人.

Ausstellfenster [中] 《-s/-》 開き窓(自動車の三角窓など).

Ausstellung [アオスシュテルング] [女] 《-/-en》 ([英] exhibition)陳列, 展示; (証明書などの)発行, 交付; 〖経〗(手形などの)振り出し; (立て札・歩哨(ほしょう)などの)配置; 展示〈展覧〉会, 博覧会, エキジビジョン; 非難, 批判. **~s=datum** [中] (パスポートなどの)発行〈交付〉日付. **~s=gelände** [中] 展覧会用の敷地, 展覧会場. **~s=raum** [男] 展示〈陳列〉室, ショールーム. **~s=stück** [中] 展示〈陳列〉品.

aus|sterben* [自] (s)(種族・家系などが)死に絶える, 絶滅する; (風習などが)すたれる.

Aussteuer [女] 《-/-n》 嫁入り支度, 持参金; 〖法〗嫁資.

aus|steuern [他] (乗り物を)ハンドル操作でうまくコントロールする; (…の)再生〈録音〉レベルを調整する.

Ausstieg [男] 《-[e]s/-e》 降りること, 降車; 下船; (仕事などから)手を引くこと; 降車口, 出口.

aus|stopfen [他] (…に)詰め物をする; 剝製(はくせい)にする.

Ausstoß [男] 《-es/..stöße》 生産高〈量〉. **aus|stoßen*** [他] 《j^4》(人を)追放する, 締め出す; 吐き〈噴き〉出す; (言葉・叫び声などを)発する; 産出〈生産〉する. **Ausstoßrate** [女] 〖経〗生産率.

aus|strahlen [他] (光線などを)放射〈発散〉する; 放送〈放映〉する; [自] 放射〈発散〉される; (街路などが)放射状に伸びる; (痛みなどが)さっと広がる.

Ausstrahlung [女] 《-/-en》 放射; 放送, 放映; (地球表面の)放熱, 輻射(ふくしゃ); (周囲への)影響力, 作用.

aus|strecken [他] ([英] extend)(手足などを)伸ばす, 差し出す; 《*sich*^{4}》 大の字に横たわる; 背伸びをする.

aus|streichen* [他] (文字などを)線を引いて消す, 抹消する, 削除する; (塗料などを)薄く伸ばして塗りつける.

aus|streuen [他] (種・えさなどを)まく, 散布する; (うわさを)まき散らす.

aus|strömen [自] (s)(水・ガスなどが)流れ〈漏れ〉出る, 噴出する; [他] (香り・熱などを)放つ, 放射する.

aus|suchen [アオスズーヘン] 《suchte aus; ausgesucht》[他] ([英] choose)探し〈選び〉出す; (ある場所を)くまなく捜す.

Austausch [アオスタオシュ] [男] 《-[e]s/》 ([英] exchange)交換, 取り替え; 交流.

austauschbar [形] 交換可能な.

aus|tauschen [アオスタオシェン] 《tauschte aus; ausgetauscht》[他] ([英] exchange)交換する, 取り交わす; 取り替える.

Austausch=student [男] 交換学生.

aus|teilen ❶ [他] 分配する, 分け与える; (打撃・命令などを)与える. ❷ [自] 他人の気持ちを考慮せずに行動する.

Auster [女] 《-/-n》 カキ(牡蠣).

Austernbank [女] (海底の)カキの生息地帯〈養殖床〉.

aus|tilgen [他] (害虫・病気などを)撲滅〈根絶〉する; (文字などを)抹消する; (記憶・思い出などを)消し去る.

aus|toben [自] [再] 《*sich*^{4}》 (存分に)暴れて〈荒れ狂って〉静かになる.

Austrag [男] 《-[e]s/..träge》 (争いごとなどの)決着, 解決; 〖スポーツ〗(競技[会]などの)実施, 開催. ✦ ***zum ~ bringen*** 《et^4》(…に)決着をつける. ***zum ~ kommen*** 〈***gelangen***〉決着がつく, (争いなどが)解決される. **aus|tragen*** [他] (新聞・郵便物などを)配達する; (胎児を)臨月まで懐胎する; (争いなどに)決着をつける; (競技[会]を)行う, 実施〈開催〉する. **Austräger** [男] 《-s/-》 (新聞・郵便物などの)配達人.

Austragung [女] 《-/-en》 決着, 解決; 〖スポーツ〗(競技の)実施, 開催. **~s=ort** [男] (スポーツ競技の)開催地.

Australien オーストラリア[大陸]; オーストラリア連邦. **Australier** [男] 《-s/-》 ([女] **-in**)オーストラリア人. **australisch** [形] オーストラリア[人]の.

aus|treiben* [他] (悪霊などを)追い出す, 追い払う; 《j^3 et^4》 (人の悪習などを)たたき直す, やめさせる.

aus|treten* [アオストレーテン] 《**trat aus; ausgetreten**》 ❶ [自] (s) 《[**aus** et^3]》([…を])脱退〈脱会〉する; (液体・気体などが)流出する, 漏れる; 《話》(部屋を出て)トイレに行く. ❷ [他] (火を)踏み消す; (階段などを)踏み減らす; (靴などを)履きつぶす.

Austria オーストリア(Österreich のラテン語形).

aus|tricksen [他] 《j^4》(トリックプレーで相手を)かわす, 出し抜く; (競争相手などを)策略を使って退ける.

aus|trinken* [他] (飲み物を)飲み干す; (グラスなどを)飲んで空にする.

Austritt [男] 《-[e]s/-e》 脱退〈脱会〉; (ガスなどの)漏れ, 流出. **~s=erklärung** [女] 脱退〈脱会〉宣言.

aus|trocknen [他] [自] (s)からからに乾燥させる〈乾く〉; 干上がらせる, 干上がる.

Austronesien オーストロネシア(太平洋中部および南部の諸島).

aus|tüfteln [他] 《話》 苦心して〈慎重に〉考え出す.

aus|üben [アオスユーベン] 《übte aus; ausgeübt》[他] ([英] practice)(行為を)遂行する; (職業を)営む; (職務に)携わる; (権利などを)行使する; 《et^4 **auf** j-et^4》(影響などを…に)及ぼす. **Ausübung** [女] 行うこと; (権利などの)行使.

aus|ufern [自] (s)(川の水が)岸を超えてあ

ふれる;(議論などが)収拾がつかなくなる.
Ausverkauf [男]〔在庫一掃〕大売り出し, 特売, バーゲンセール.
aus|verkaufen [他] 売り尽くす〈切る〉.
ausverkauft [形](品物・チケットなどが)売り切れの, 品切れの;(公演などが)大入り満員の.
aus|wachsen* [再]《*sich*^{4} **zu** *et*^{3}》(…に)発展〈成長〉する. ♦ ***Das* 〈*Es*〉 *ist zum Auswachsen.*** 我慢がならない; まったくいやになる.
Auswahl [アオスヴァール] [女]《-/-en》([英] selection)選択;〘商〙(各種取りそろえた)品数; 精選されたもの;(文学作品の)選集;〘スポ〙選抜チーム. ♦ ***eine ~ treffen*** 選択する.
aus|wählen [他]([英] select)選び出す, 選択する.
Auswahl=mannschaft [女]〘スポ〙選抜チーム. **=sendung** [女]〘商〙見本送付.
aus|walzen [他](金属を)圧延する,(パン生地を)ならして広げる;《話》長々と事細かに話す.
Auswanderer [男]([女] **Auswanderin, ..wandrerin**)(他国・よその土地への)移住者, 移民.
aus|wandern [自](s)(他国・よその土地へ)移住する. **Auswanderung** [女]《-/-en》移住.
auswärtig [形] よそ〔の土地〕の; よそ〔の土地〕からの; 外国関係の, 対外的な. ♦ ***Auswärtiges Amt*** 外務省([略] AA).
auswärts [アオスヴェルツ] [副]([英] outward)外で, よそで;〘スポ〙アウェーで; 外側へ. ♦ ***~ reden* 〈*sprechen*〉**《話・戯》(故郷の訛りでない)慣れない言葉で話す.
Auswärts=spiel [中]〘スポ〙遠征試合.
aus|waschen* [他](汚れ・しみなどを)洗い落とす;(…の汚れ・しみなどを)洗い落とす, 洗浄する;(洗濯物などを)ざっと洗う;(水などが岸・岩などを)えぐる, 浸食する.
aus|wechseln [他]《*et*^{4}〔**gegen** *et*^{4}〕》(…を〔…と〕)交換する, 取り替える, 差し替える;(選手を)交代させる.
Auswechselspieler [男]〘スポ〙交代選手〈要員〉.
Auswechs〔e〕lung [女]《-/-en》交換, 取り替え; 交代.
Ausweg [アオスヴェーク] [男]《-〔e〕s/-e》出口; 逃げ道, 打開策.
ausweglos [形] 逃げ道のない, 絶望的な. **Ausweglosigkeit** [女]《-/》逃げ道のないこと, 絶望〔的な状態〕.
aus|weichen [自](s)よける;《*j-et*^{3}》(…を)かわす, 避ける, 回避する;《**auf** *et*^{4}》(やむを得ず…に)変更する, 乗り換える.
Ausweichmanöver [中](車の運転での障害物の)回避〔操作〕.
aus|weiden [他](…の)はらわたを抜く.
aus|weinen [再]《*sich*^{4}》存分に泣く.
Ausweis [アオスヴァイス] [男]《-es/-e》(身分・資格などの)証明書; 旅券; 証拠;〘経〙事業〈業務〉報告〔書〕. ♦ ***nach ~ et*^{2}** …によると.
aus|weisen* [他](人を)国外追放する;(書類・計算・帳簿などによって)証明する;(人の才能などを)示す;《*sich*^{4}》(自分の)身分〈所属〉を証明する;《*sich*^{4} **als** *j*^{4}》(自分が…であることを)証明する.
Ausweis=kontrolle [女] 証明書のチェック. **=papiere** [複](身分・技能などの)証明書類.
Ausweisung [女]《-/-en》国外追放.
aus|weiten [他] ゆるゆる〈だぶだぶ〉にする, 伸ばす; 拡大する, 大きくする;《*sich*^{4}》(ゴムなどが)伸びる;《*sich*^{4}〔**zu** *et*^{3}〕》〔…に〕拡大する, 発展する.
auswendig [アオスヴェンディヒ] [副] 暗記して, そらで. ♦ ***in- und ~ kennen*** (…を)隅から隅まで〈裏も表も〉知っている.
aus|werfen* [他] 生産する;(釣りざおなどを)水中に投げる.
aus|werten [他](データ・記録を)分析〈解析〉する.
Auswertung [女]《-/-en》分析, 解析.
aus|wetzen ♦ ***eine Scharte ~*** 《話》失敗を償う〈取り戻す〉.
aus|wickeln [他](…の)包装を解く;(くるまれたものを)ほどいて出す.
aus|wirken [再]《*sich*^{4}》作用する, 影響を及ぼす. **Auswirkung** [女]《-/-en》影響, 作用; 効果.
aus|wischen [他](汚れなどを)ぬぐい〈ふき〉取る;(文字などを)こすって消す; ふいてきれいにする. ♦ ***eins ~*** 《話》《*j*^{3}》(仕返しに人に)一発食らわす.
aus|wringen* [他]《北部》(ぬれた物を)絞る.
Auswuchs [男]《-es/..wüchse》異常な発育; 腫瘍(しゅよう); こぶ; 過度, 過大.
aus|wuchten [他](タイヤなどの)バランスを調整する.
Auswurf [男]《-〔e〕s/..würfe》〘医〙喀痰(かくたん);(社会・人間の)くず.
aus|zahlen [他]《〔*j*^{3}〕*et*^{4}》(〔人に〕給料などを)支払う;《*j*^{4}》(人への)金を払う;(人の要求を)金でかたづける;《*sich*^{4}》報われる, しがいがある.
aus|zählen [他] 正確に数える;《*j*^{4}》(ボクサーに)カウントアウトを宣する.
Auszahlung [女]《-/-en》支払い; 銀行為替, 現金払い.
Auszählung [女]《-/-en》正確に数えること, カウント.
aus|zanken [他]《方》(人を)しかりつける.
aus|zehren [他]《雅》ひどく衰弱〈消耗〉させる.
aus|zeichnen [アオスツァイヒネン]《zeichnete aus; ausgezeichnet》❶ [他]([英] honour)《*j*^{4}〔**mit** *et*^{3}〕》(人に〔…を〕)授与する, 表彰する;(人を)目立たせる;(品物に)値札を付ける. ❷ [再]《*sich*^{4}》傑出する, 抜きんでる.
Auszeichnung [女]《-/-en》表彰, 顕彰; 賞, メダル, 勲章; 値札付け. ♦ ***mit ~*** 優秀な成績で; 評価「秀」で.
ausziehbar [形](アンテナ・テーブルなどが)引き出せる, 引き伸ばし式の.
aus|ziehen* [アオスツィーエン]《**zog aus; ausgezogen**》❶ [他]([英] undress)《*j*^{4}》(人の服を)脱がす;《〔*j*^{3}〕*et*^{4}》(〔人の〕服を)脱がす;《〔*sich*^{3}〕*et*^{4}》(服を)脱ぐ;《*j*^{3}〈*sich*^{3}〉*et*^{4}》(人から〈自分の〉毛髪・歯・とげなどを)抜く;(アンテナなどを)引き伸ばす. ❷ [自](s)(ある意図・目的を持って)出かける;《〔**aus** *et*^{3}〕》(〔住居・仕事場などを〕)立

Ausziehleiter 76

ち退く《**aus** *et³*》(ある集団が…を)引き払う;立ち退く. ♦ [*bis aufs Hemd*] ~ 《話》(人から)搾り取る:(人の)身ぐるみをはぐ.

Ausziehˇleiter 囡 (消防車などの)伸縮ばしご. =**tisch** 男 引き出し(伸縮)式テーブル.

Auszubildende 男女 [アオスツービルデンデ(ダー)] 男女 《形容詞変化》(職業教育の)訓練〈見習い〉生, 実習〈研修〉生(=Azubi).

Auszug [アオスツーク] (→ ausziehen) 男 (-[e]s/..züge) 抜粋, 要約, ダイジェスト;(列をなして)出て行くこと, 退場;(住居を)引き払うこと, 転出;(抽出した)エキス, エッセンス;《経》(口座の)残高通知書.

auszugsweise 副 抜粋〈要約〉して.

autark 形 自給自足の;自主的な.

Autarkie 囡 (-/-en) 自給自足《経済》;自主独立.

authentisch 形 信頼できる, 確実な;本物の.

Authentizität 囡 (-/-en) 信憑(ﾋﾆ)性, 確実性;本物であること.

Auto [アオト] 中 (-s/-s) (＠ car) 自動車. ♦ *wie ein* ~ *gucken* 《話》(驚いて)目を丸くする;目を見張る.

［関連語］Ordnungsamt 中 市公安局;Straßenordnung 囡 道路交通規則;Kraftfahrzeugbrief 男 車検証;Kraftfahrzeugschein 男 自動車登録証;Kfz-Haftpflichtversicherung 囡 自動車損害賠償保険;Zulassungsschein 男 自動車登録証;Fahrzeugversicherung 囡 車両保険(対物保険);Kfz-Unfallversicherung 囡 対人物保険;Insassenunfallversicherung 囡 同乗者保険;TÜV-Prüfung 囡 車検検査(車検)

Autoˇatlas 男 ドライブマップ.

Autobahn [アオトバーン] 囡 (-/-en) アウトバーン(ドイツの高速道路). =**dreieck** 中 アウトバーンのY字型ジャンクション. =**kreuz** 中 アウトバーンの立体交差. =**raststätte** 囡 (高速道路の)サービスエリア.

Autobiografie, **..phie** 囡 自[叙]伝. **autobiografisch**, **..phisch** 形 自叙伝的な, 自伝形式の.

Autobus 男 バス. =**haltestelle** 囡 バス停留所.

Autodafé [アオトダフェ] 中 (-s/-s) 《史》アウトダフェ(異端者に対する宗教裁判所の判決宣告および処刑);焚書(ﾌﾝﾝ).

Autodidakt 男 (-en/-en) 独学〈独習〉者. **autodidaktisch** 形 独学〈独習〉の;独学〈独習〉で得た.

Autoˇfähre 囡 カーフェリー. =**fahrer** 男 ドライバー, 自動車運転者. =**fahrt** 囡 ドライブ. =**falle** 囡 《話》(スピード違反取り締まりのための)ねずみ取り.

autofrei 形 (場所・時間帯が)車両乗り入れ禁止の.

autogen 形 ♦ ~**es** *Training* (精神療法の)自立訓練.

Autoˇgramm 中 (-s/-e) (有名人の)自筆署名, サイン.

Autoˇgraph 中 (-s/-e[n]) (著名人の)自筆原稿.

Autoˇkarte 囡 道路地図, ロードマッ

プ. =**kino** 中 ドライブインシアター.

Autokratie 囡 (-/-n) 独裁制〈政権〉, 専制政治. **autokratisch** 形

Automat 男 (-en/-en) 自動販売機;自動装置, 自動工作機械, ロボット;《言》オートマトン(人間の知能的動作を行う機械). ~**en**-**knacker** 男 《話》自動販売機荒らし. ~**en**-**restaurant** 中 自動販売機式食堂.

Automatik 囡 (-/-en) 自動制御メカニズム;自動変速機;自動調節, 自動運転.

Automation 囡 (-/) オートメーション, 自動制御.

automatisch [アオトマーティシュ] 形 (＠ automatic) 自動的な;自動式の, オートマチックの;機械的な, 無意識的な.

automatisieren 他 オートメーション化〈自動化〉する.

Automatisierung 囡 (-/-en) オートメーション化, 自動化.

Automatismus 男 (-/..men) 《工》(プログラムに基づく)自動機構;《生・医》自動性, 自動作用.

Automobil 中 (-s/-e) 《雅》自動車. =**ausstellung** 囡 自動車ショー. =**industrie** 囡 自動車産業.

autonom 形 (行政面などで)自立〈独立〉した, 自治[制]の, 自治権のある. **Autonomie** 囡 (-/-n) (行政面などでの)自立, 独立, 自主独立;自治権[制];《哲》(意志などの)自律性.

Autoˇnummer 囡 自動車ナンバー.

Autopsie 囡 (-/-n) 遺体解剖, 検死;検分;実地検証.

Autor [アオトア] 男 (-s/-en) (＠ **-in**) (＠ author) 著者, 著作者, 執筆者;作家.

Autoˇreifen 男 自動車用タイヤ. =**reisezug** 男 (旅客の自動車も運べる)カートレイン. =**rennen** 中 カーレース.

autorisieren 他 (*j⁴* **zu** *et³*》 (人に…の)権限〈全権〉を与える;許可する.

autoritär 形 独裁的な, 専横な;権威主義的な, 盲従を強いる.

Autorität [アオトリテート] 囡 (-/-en) (＠ authority) 権威, 威光, 威信;(その道の)権威者, 大家, オーソリティー.

autoritativ 形 権威的に;権威ある.

Autoˇschlange 囡 自動車の長蛇の列. =**schlüssel** 男 自動車の鍵.

Autosom 中 (-s/-en) 《遺伝》常染色体.

Autosuggestion 囡 (-/-en) 自己暗示.

Autoˇverkehr 男 自動車交通. =**verleih** 男 レンタカー業;カーレンタル. =**vermietung** 囡 レンタカー業, カーレンタル. =**wasche** 囡 洗車. =**zubehör** 中 自動車用品, カーアクセサリー.

autsch 間 (苦痛の声).

auweh, **auweia** 間 ああ(苦痛・悲嘆の声).

auwei[**a**] 間 《話》《驚き・落胆》あら.

a v. *a vista*.

Aval 中 (-s/-e) 《商》手形保証.

Avance [アヴァーンス] 囡 (-/-n) 言い寄り;《商》前貸し, 前払い. **avancieren** 自 (**s**) 《**zu** *et³*》(…に)昇格する;昇進する.

Avantgarde [アヴァー[ン]ギャルド] 囡 (-/-n) 《集合的》(芸術上の)アバンギャル

ド, 前衛派; (思想・政治運動などの)パイオニア〔集団〕. **Avantgardist** [男] 《-en/-en》前衛派の人, 前衛芸術家. **avantgardistisch** [形] 前衛派〈主義〉の; 前衛的な.
Ave-Maria [中] 《-[s]/-[s]》〔カトリック〕アヴェマリア, 天使祝詞(聖母マリアにささげる祈り).
Aversion [女] 《-/-en》反感, 嫌悪.
AVG [略] *Angestelltenversicherungsgesetz* 被傭(ひよう)者保険法.
Avis [男][中] [アヴィー[ス]] 《-/-(-es/-e)》; 〔商〕(発送などの)通知; 送り状, インボイス. **avisieren** [他] (発送などを)通知する.
a vista [アヴィスタ] 《イタリア語》〔商〕(手形について)一覧の上で. **Avistawechsel** 〔商〕一覧払い手形.
Avocado, Avocato [女] 《-/-s》アボカド.
AWACS [略] (北大西洋条約機構の)早期警戒システム; [複] 空中早期警戒管制機, エイワックス.
Axiom [中] 《-s/-e》公理; 根本原理.
Axt [女] 《-/Äxte》 ([英] ax)(大型の)斧(おの), まさかり. ◆ ***Die ~ im Haus erspart den Zimmermann.*** 《ことわざ》道具があれば大工は要らぬ. ***wie eine 〈die〉 ~ im Walde*** 《話》粗野に; がさつに.
a. Z. [略] auf Zeit 〔商〕信用貸しで.
Azalee [女] 《-/-n》〔植〕アザレア, ツツジ.
Azetat [中] 《-s/-e》アセテート.
Azeton [中] 《-s/》アセトン.
Azetylen [中] 《-s/》アセチレン.
Azoren [複] アゾレス諸島(大西洋上にあるポルトガル領の火山諸島).
Azubi [男] 《-s/-s》; [女] 《-/-s》 (職業教育の)訓練〈見習い〉生, 実習〈研修〉生(< *Auszubildende[r]*).
azurblau [形] 空色の, 紺碧(こんぺき)の.

B

b, B ❶ [中] 《-/-》 《字母》ベー; 〔楽〕変ロ(音名). ❷ [記号] 《b》変ロ短調; 《B》変ロ長調. **b** [記号] バール(圧力単位); [略] *bezahlt* 支払い済みの. **B** ❶ [記号] 〔化〕*Bor*; 《符号》ベルギー. ❷ [略] *Bundesstraße*; 〔商〕*Brief*. **b.** [略] *bei* …近郊の, …気付. **B..** [略] *Bund..*; *Bundes...* **Ba** [記号] *Barium*.
Baal ❶ 〔セム神〕バール, バアル(天候と肥沃の神). ❷ [男] 《-/-e》〔聖〕バアル(地域神・邪神).
babbeln [自] 《方》(幼児が)片言でしゃべる.
Babel [中] ❶ バベル(聖書で Babylon のヘブライ語形). ❷ 《-s/-》退廃した町; 諸言語のるつぼと化した国際都市. ◆ ***der Turm zu ~*** バベルの塔.
Baby [ベービィ] [中] 《-s/-s》赤ん坊, 赤ちゃん; 《話》頼りないやつ; かわいこちゃん. **=ausstattung** [女] ベビー用品.
Babylon バビロン(バビロニアの首都. ユーフラテス河畔にあった). ⇨ Babel ◆ ***die Hängenden Gärten von ~*** バビロンのつり庭〈空中庭園〉(古代の世界七不思議の一つ). **Babylonien** バビロニア(メソポタミア南部の古代王国). **babylonisch** [形] バビロニアの, バベルの.
Baby=sitter [男] 《-s/-》 ([女] **-in**)ベビーシッター.
Bacchanal [中] 《-s/-ien》バッカスの祭り; 《-s/-e》酒を飲んでの乱痴気騒ぎ. **Bacchant** [男] 《-en/-en》酒飲み, 酒仙; 《古》バッカスの祭司. **bacchantisch** [形] 酔っ払った; 乱痴気騒ぎの.
Bacchus 〔ローマ神〕バッカス(酒の神; ギリシャ神話の Dionysos に当たる). ◆ [*dem*] ***~ huldigen*** 《雅》酒を飲む.
Bach [バッハ] I [男] 《-[e]s/Bäche》 ([小] **Bächlein**)([英] brook)小川; (血・涙などの)流れ, 川. ◆ ***den ~ runtergehen*** 《話》滅びる, 破たんする. [*einen*] ***~ machen*** 《幼児》おしっこをする. II バッハ ((1) Johann Sebastian, 1685-1750; ドイツのバロック音楽の作曲家. (2) Carl Philipp Emanuel, 1714-88; ドイツの作曲家; (1)の次男. (3) Johann Christian, 1735-82; ドイツの作曲家; (1)の末子).
Bache [女] 《-/-n》 (3歳以上の)雌イノシシ.
Bäche ⇨ Bach I
Bachofen Johann Jakob, バッハオーフェン(1815-87; スイスの法制史家・文化史家).
Bachstelze [女] 《-/-n》〔鳥〕セキレイ.
back [副] 〔海〕後ろへ. **Backbord** [中] (オーストリア[男])《-[e]s/》〔海〕左舷(さげん). **backbord[s]** [副] 〔海〕左舷(さげん)へ, 左へ.
Backe [バッケ] [女] 《-/-n》 ([小] **Bäckchen**) ❶ ([英] cheek)頬(ほお): mit vollen ~*n* 口いっぱいにほおばって | über beide ~*n* strahlen (喜びなどで)頬を輝かせる. ❷ (万力・ペンチの)あご; (スキーの)バッケン. ◆ ***Au ~[, mein Zahn]!*** 《俗》あらまあ. ***auf einer ~ absitzen*** 《話》(…を)苦もなくやり終える.
backen(*) [バッケン] ❶ 《backte 〈buk〉; gebacken》[他] ([英] bake)(パン・ケーキなどをオーブンで)焼く; (パン・ケーキなどが)焼ける, (オーブンで)焼かれる; 油で揚げる〈炒める, 焼く〉. ❷ 《backte; gebackt》[自] 《**an** *et*³》(…に)付着する, くっつく.
Backen [男] 《-s/-》= Backe. **=bart** [男] 頬(ほお)ひげ. **=tasche** [女] (哺乳動物の)頬袋(ほおぶくろ). **=zahn** [男] 臼歯(きゅうし).
Bäcker [男] 《-s/-》 ([女] **-in**)([英] baker)パン屋(人); パン焼き職人.
Bäckerei [ベッケライ] [女] 《-/-en》 ([英] bakery)パン屋(店); パン工場; パン焼き〈作り〉.
Backfisch [男] 《-[e]s/-e》魚のフライ; 《話》(14-17歳の)小娘.
Back=ground [男] 《-s/-s》 (事件の)背景, 来歴; (人物の)経歴, 素性; 〔楽〕(ジャズでソリストにつける)伴奏. **=hand** [女] 《-/-s》 ([男] 《-[s]/-s》)(テニスなどの)バックハンド〔打ち〕.
Back=hendl [中] 《オーストリア》フライドチキン. **=obst** [中] 乾燥果実(干しブドウなど). **=ofen** [男] パン焼きがま; オーブン, 天火(てんぴ). **=pfeife** [女] 《話・方》びんた. **=pflaume** [女] 干しプラム. **=pulver** [中] ベーキングパウダー.
bäckst ⇨ backen
Backstein [男] 《-[e]s/-e》れんが.
Backstube [女] 《-/-n》パン焼き場.

bäckt, backte ⇨ backen

Back=trog [男] (製パン用の)こね桶(おけ). **=waren** [複] ベーカリー製品(パン, ケーキ, クッキーなど). **=werk** [中] クッキー・ビスケット類.

B

Bad [バート] [中] ⟪-[e]s/**Bäder**⟫ ❶ ([英] bath)入浴, 水浴び : ein ~ nehmen 入浴する | im ~ sein 入浴中である. ❷ 浴室, バスルーム; プール; 海水浴場; 湯治場 : ins ~ gehen プールへ行く; 入浴する.

Bade=anstalt [女] [公営]プール, 公営浴場. **=anzug** [男] (女性用の)水着. **=hose** [女] 水泳パンツ. **=kabine** [女] (プール・海水浴場の)更衣室. **=kappe** [女] 水泳帽; バスキャップ. **=kur** [女] 湯治. **=mantel** [男] ビーチガウン; バスローブ. **=meister** [男] (プールの)監視員. **=mütze** [女] 水泳帽; バスキャップ.

baden [バーデン] ⟪badete; gebadet⟫ [動] ([英] bathe)風呂に入る〈入れる〉; 泳ぐ, 水浴びをする; (水などに)浸す : [*sich*[4]] warm 〈kalt〉 ~ 温〈冷〉水浴をする | die Wunde in Alkohol ~ 傷をアルコールで洗う. ✦ **~ *gehen*** 泳ぎに行く; 入浴する; ⟪話⟫ (会社が)倒産する; ⟪**bei** 〈**mit**〉 *et*[3]⟫ (…に)失敗する.

Baden バーデン((1)ドイツの南西部, Baden-Württemberg 州の一部; かつての大公国. (2) Wien 近郊の温泉地. (3)スイス Aargau 州の温泉地).

Baden-Baden バーデン=バーデン(ドイツ南西部の温泉保養地).

Baden-Württemberg バーデン=ヴュルテンベルク(ドイツ南西部の州; 州都 Stuttgart). **baden-württembergisch** [形] バーデン=ヴュルテンベルク[州]の.

Bäder ⇨ Bad

Bade=strand [男] 海水浴場.

badete ⇨ baden

Bade=tuch [中] ビーチタオル, バスタオル.

Bade=wanne [バーデヴァネ] [女] ⟪-/-n⟫ 浴槽, バスタブ. **=zeug** [中] ビーチ用品(バスタオル・水着など).

Bade=zimmer [バーデツィマー] [中] ⟪-s/-⟫ 浴室, バスルーム.

Bad Godesberg バートゴーデスベルク(Bonn の一地区; 元来は保養地).

Badminton [中] ⟪-/⟫ バドミントン.

Baedeker [男] ⟪-[s]/-⟫ ⟪商標⟫ ベデカー(ドイツの旅行案内書).

Baelz Erwin von, ベルツ(1849-1913; ドイツの医者; 日本で医学を指導した).

baff [形] ✦ **~ *sein*** ⟪話⟫ ぼう然と〈ぽかんと〉している.

BAföG, Bafög [中] ⟪-[s]/⟫ 連邦育英[奨学金]法(< Bundes*a*usbildungs*för*derungsgesetz).

Bagage [女] ⟪-/-n⟫ ろくでなし, いかがわしいやつ.

Bagatelle [女] ⟪-/-n⟫ 取るに足りない〈ささいな〉こと.

bagatellisieren [他] 取るに足らぬこと〈ささいなこと〉とみなす, 軽くあしらう.

Bagdad バグダッド(イラク共和国の首都).

Bagger [男] ⟪-s/-⟫ パワーショベル, 掘削〈浚渫(しゅんせつ)〉機; [バレーボール] アンダーハンドパス, レシーブ.

baggern [動] (砂・土・泥などを)パワーショベル〈掘削機〉で掘る; [バレーボール] (ボールを)アンダーハンドパスする, レシーブする.

Bahamas バハマ(中米, カリブ海の国).

Bahn [バーン] [女] ⟪-/-en⟫ ❶ ([英] lane) (切り開かれた)道; 進路; 軌道; (道路の)車線; (レース競技用の)トラック, コース; (ボウリングの)レーン : *sich*[3] eine ~ durch die Menge machen 人込みをかき分けて進む | auf ~ 2 laufen 第2コースを走る. ❷ ([英] track)鉄道; 列車, 電車; 駅 : frei ~ ⟪商⟫ 鉄道[積み込み]渡し. ❸ (帯状の)布, 紙[一巻]. ✦ ***auf die schiefe ~ geraten* 〈*kommen*〉**道を誤る, ぐれる. ***aus der ~ bringen* 〈*werfen, schleudern*〉** ⟪*j*[4]⟫ (人の)人生を狂わせる. ***~ brechen*** ⟪*et*[3]⟫ (…に)道をつける; (…の)普及に努める; 口火を切る; ⟪*sich*[3]⟫ 道を切り開く. ***die ~ ebnen*** ⟪*j-et*[3]⟫ (…のために)道を開く; 障害を取り除く. ***Freie ~ dem Tüchtigen!*** 有能な人材に道を開け(人材は登用せよ). ***freie ~ haben*** 障害が除かれている. ***in die richtige ~ lenken*** (人を)更正させる; (…を)計画どおりに進行させる.

bahnbrechend [形] 画期的な.

Bahn=brecher [男] 先駆者, パイオニア. **=damm** [男] 鉄道用築堤.

bahnen [他] (…に)道をつける, (道を)開く.

Bahn=fahrt [女] 鉄道旅行.

bahnfrei [形] ⟪商⟫ 駅〈鉄道〉渡しの, 駅までは無料の. **Bahngleis** [中] 線路, レール.

Bahnhof [バーンホーフ] [男] ⟪-[e]s/..höfe⟫ ([英] station)駅, 停車場, 駅舎([略] Bhf., Bf.) : *j*[4] am 〈vom〉 ~ abholen 人を駅に出迎え[て連れて来]る | Wie komme ich zum ~? 駅へはどう行ったらよいでしょうか. ✦ **[*ein*] *großer ~*** ⟪話⟫ (駅や空港での)盛大な歓迎. ***nur ~ verstehen*** ⟪話⟫ 何も理解できない. **~s=halle** [女] 駅舎ホール, コンコース. **~s=mission** [女] (宗教団体による)駅の旅行者援護所. **~s=vorsteher** [男] 駅長.

Bahnkörper [男] (線路の)路盤.

bahnlagernd [形] 駅留めの.

Bahn=linie [女] 鉄道路線. **=meisterei** [女] 保線区. **=polizei** [女] 鉄道警察. **=schranke** [女] 踏切遮断機.

Bahn=steig [バーンシュタイク] [男] ⟪-[e]s/-e⟫ ([英] platform)(駅の)プラットホーム. **=strecke** [女] 線路区間, 鉄道の路線. **=übergang** [男] (鉄道の)踏切. **=verbindung** [女] (列車の)連絡, 接続. **=wärter** [男] 保線係; 踏切警手.

Bahrain バーレーン(ペルシア湾にある国).

Bahre [女] ⟪-/-n⟫ 担架; 棺台.

Bai [女] ⟪-/-en⟫ 湾, 入江.

Baikal=see (der ~)バイカル湖(東シベリアにある世界最深の淡水湖).

bairisch [形] ⟪言⟫ バイエルン方言の.

Baiser [ベゼー] [中] ⟪-s/-s⟫ メレンゲ(菓子の一種).

Baisse [ベース] [女] ⟪-/-n⟫ ⟪商⟫ (相場・物価の)下落, 不況.

Bajazzo [男] ⟪-s/-s⟫ 道化師.

Bajonett [中] ⟪-[e]s/-e⟫ 銃剣.

Bake [女] ⟪-/-n⟫ (踏切・高速道路の出口などの)交通標識; 航路〈航空路〉標識; ラジオビーコン; ⟪測量⟫ 標柱.

Bakelit [中] ⟪-s/⟫ ⟪商標⟫ ベークライト.

Bakkarat 中 《-s/》バカラ(トランプ遊びの一種).

Bakken 中 《-[s]/-》《ﾉﾙｳｪｰ》ジャンプ台, シャンツェ.

Bakterie 囡 《-/-n》バクテリア, 細菌. **bakteriell** 形 細菌の, 細菌による.
    Bakterien=krieg 男 細菌戦.

Bakteriologe 男 《-n/-n》細菌学者.

Bakteriologie 囡 《-/》細菌学.

Bakterium 中 《-s/..rien》= Bakterie.

bakterizid 形 殺菌[性]の.

Baku バクー(アゼルバイジャンの首都).

Balalaika 囡 《-/-s, ..ken》バラライカ (ロシアの民族楽器).

Balance 囡 《-/-n》バランス, 平衡;《商》差引残高.

balancieren (…の)バランスをとる; (s)バランスを保つ; (s)《über et⁴》(…の上を)バランスをとりながら進む.

Balancier=stange 囡 《-/-n》(綱渡りなどの)バランス棒.

bald [バルト] 副《eher; am ehesten》❶《副 soon》まもなく, やがて, すぐに, たやすく. → **darauf** [**danach**] その後まもなく, そのすぐあとに. → **für** [**per**] ～ (求人広告などで)至急. ❷(いらだちや憤りで)さっさと, [もう]いいかげんに. ❸《話》もうほとんど; 危うく. ◆ ～ **A, ～ B** ときには A. **Bis** [**Auf**] ～! (別れのあいさつ)じゃあまたね. **Wird's ~?** まだなのか, さっさとやれ.

Baldachin 男 (玉座・祭壇・ベッドなどの)天蓋(ﾃﾝｶﾞｲ);《宗》祭壇天蓋.

Bälde ◆ **in** ～ まもなく, 取り急ぎ.

baldig 形 まもない, 近くの.

baldigst 副 早急に, できるだけ早い時期に.

baldmöglichst 形《官》可及的速やかな.

baldowern 他《話》探り出す, 突き止める.

Baldr 《北欧神》バルデル(光・春の神).

Baldrian 男 《-s/-e》《植》カノコソウ, 吉草(ｷｯｿｳ)(根のエキスは鎮静剤).

Balearen バレアレス諸島(イベリア半島東方にあり, スペイン領. マジョルカ島を含む).

Balg 中 《-[e]s/Bälge》(獣の)皮(オルガンの)ふいご;(アコーディオン・カメラの)蛇腹;(鉄道車両連結部の)ほろ;(人間の)胴体. ◆ **auf den ～ rücken** [話]《j³》(人)にしつこく迫る; (人)を悩ませる.

Balg 中男 《-[e]s/Bälger》きかん坊, 腕白坊主, 悪がき.

balgen《sich⁴》つかみ合いけんかをする(子供や猫が)転がってじゃれ合う.

Balgen 男 《-s/-》(アコーディオン・カメラなどの)蛇腹.

Balgerei 囡 《-/-en》取っ組み合い, つかみ合い, じゃれ合い.

Bali バリ(インドネシア南部の島).

Balkan (der ～)バルカン山脈(ブルガリア中央部の山脈). = **halbinsel** (die ～)バルカン半島(ヨーロッパ南東部, 地中海に突出する半島).

Balken 男 《-s/-》角材,《建》梁(ﾊﾘ), 桁(ｹﾀ); (天秤(ﾃﾝﾋﾟﾝ)などの)棹(ｻｵ); (鍵(ｶｷﾞ)の柄の)中軸;《体操》平均台. ◆ **lügen, dass sich die ～ biegen** とんでもないうそをつく, 大ぼらを吹く. = **überschrift** 囡 (新聞などの)大見出し. = **waage** 囡 天秤(ﾋﾟﾝ).

Balkon 男 《-s/-s》(南部・ｽｲｽ・ｵｰｽﾄﾘｱ 《-s/-e》)《← balcony》バルコニー, 露台;《劇》豊満な胸(劇場の)2階席正面.

Ball [バル] 男 《-[e]s/Bälle》《← ball》Ⅰ ❶《副 ball》❶ ボール, 球, まり; **den ～ schlagen** [**werfen**]ボールを打つ[投げる] [**mit dem**] ～ **spielen** 球技(ﾎﾞｰﾙ遊び)をする. ❷《球技》ショット, シュート: **einen ～ machen** ポイントを挙げる. ❸ 雪だま; 紙つぶて; 毛糸玉. ◆ **am ～ bleiben**《sein》ボールをキープしている;《話》頑固である;(意見・計画などに)固執する. **die Bälle zuspielen** [**zuwerfen**]《j³》(会議などを円滑に進めるために)《j³》を誘い出す(支持する);《sich³》《j³》《gegenseitig》協調する. Ⅱ 舞踏会, ダンスパーティー.

Ballade 囡 《-/-n》物語詩, 譚詩(ﾀﾝｼ);《楽》バラード.

Ballast 男 《-[e]s/-e》(船・気球の)バラスト, 底荷; 余計な荷物, 重荷. = **stoffe** 榎(食品中の繊維質など)不消化物.

Bälle ⇨ Ball

ballen 球状にする, 丸める; 《sich⁴》球形(塊)になる.

Ballen 男 《-s/-》梱(ｺﾘ);(紙・布・皮などの)数量単位);指球(指のつけ根のふくらみ)(動物の)肉趾(ﾆｸｼ).

Ballerina 囡 《-/..nen》バレリーナ.

Ballermann 男 《-s/..männer》《話》(リボルバータイプの)けん銃.

ballern ❶ 男 (銃などを)ドカンドカンと撃ちまくる; (音を)ドンドンたてる. ❷ (…を)力まかせに投げる, たたきつける;《ｻｯｶｰ》(ボールを)やみくもにゴール(目標)に向かって蹴る. ◆ **eine ～** 《j³》(人)にびんたを食らわす. **einen ～** 《話》一杯やる.

Ballett 中 《-[e]s/-e》バレエ; バレエ団.

Balletteuse 囡 《-/-n》= Ballerina.

Ballett=tänzer 男 《-s/-》《(女) Balletttänzerin》《-/-in》バレエダンサー.

Ballistik 囡 《-/》弾道学.

Ball=junge 男 《ｽﾎﾟｰﾂ》ボールボーイ. = **kleid** 中 舞踏会用ドレス.

Ballon 男 《-s/-s, -e》《← balloon》気球, 風船;《化》カルボイ(酸類を入れる籐(ﾄｳ)巻きの大瓶);《話》《大》頭. ◆ **einen** [**roten**] ～ **bekommen** [**kriegen**]《話》(感激・恥じらいなどで)顔が赤くなる. = **reifen** 男 バルーンタイヤ(車の低圧タイヤ).

Ball=spiel 中 球技.

Ballungs=gebiet 中, = **raum** 男 工場密集地域.

Balsam 男 《-s/-e》バルサム, 香油; 慰めとなるもの), 癒(ｲﾔ)し.

balsamieren (死体に)防腐処置をする; (…に)香油を塗る(すり込む).

balsamisch 形 香りのよい; 苦痛を和らげる; バルサムを含んだ.

Balthasar《男名》バルタザル;《聖》バルタザル(幼児キリストを訪れた三王の一人).

Baltikum (das ～)バルト三国(エストニア, ラトヴィア, リトアニア);《史》バルト海沿岸地域.

baltisch 形 バルト[諸国]の.

Balustrade 囡 《-/-n》手すり, 欄干.

Balz 女 ((-/-en)) 狩り (野鳥の) 交尾期; (野鳥の雄の) 交尾期の求愛行動.

balzen ⓐ (交尾期の野鳥の) 雌に求愛する.

Bamberg バンベルク (ドイツ Bayern 州北部の都市). **Bamberger** 男 (-s/-) (ⓐ -in) バンベルクの人; 形 《無変化》 バンベルクの.

Bambino 男 (-s/..ni, -s) 《話》 幼児, 幼い男児; (キリスト生誕聖の) 幼児キリスト

Bambus [バンブス] 男 (-[ses]/-se) 值 竹. **~rohr** 中 竹の茎.

Bammel 男 (-s/) 《話》 不安, 恐怖.

banal 形 平凡な, 陳腐なくだらぬ, ありきたりの.

Banalität 女 ((-/-en)) 平凡, 陳腐, 空疎; つまらぬ話, 陳腐な言動.

Banane [バナーネ] 女 ((-/-n)) バナナ; バナナの木. **~nstecker** 男 電 バナナプラグ.

Banat (das ~) バナト (ハンガリー南部の地域名).

Banause 男 (-n/-n) 《蔑》 《芸術を解さない俗物, センスのない人.

band 動 = binden

Band [バント] I 男 (-[e]s/Bände) (ⓐ **Bändchen**) (ⓐ volume) (書籍の) 巻, 冊 (⑲ 単数 Bd.; 複数 Bde.); 装丁. II 中 (-[e]s/-e) (ⓐ **Bändchen**) 《雅》 きずな, 縁; 束縛, かせ, しがらみ. III 中 (-[e]s/Bänder) ⓐ (ⓔ ribbon) リボン, テープ, ベルト, 帯; (ⓔ tape) 録音・録画用のテープ (et¹ auf ~ aufnehmen …をテープに録音する); ベルトコンベア; 巻尺; 電 周波数帯域, 帯 (ドアなどの) ちょうがい; 閬 じん帯. IV 中 (-[e]s/-s) 《話》 楽団, バンド. ◆ **am laufenden ~** 次から次へと. **außer Rand und ~ sein (geraten)** 《話》 羽目を外している (外す). *Darüber könnte man Bände erzählen (reden).* 《話》 それについてはいくらでも言うことがある. *Das spricht Bände.* 《話》 それはすべてを言い尽くしている (意味深長である). **in ~ schlagen** 《話》 を束縛 (拘束) する. **zarte ~ knüpfen** 恋が芽生える.

Bandage 女 ((-/-n)) 包帯; サポーター; (ボクサーの) バンデージ. ◆ **mit harten ~ kämpfen** 激闘する.

bandagieren ((…に) 包帯をする, サポーターをする.

Band=aufnahme 女 テープ録音 (録画). **=breite** 女 (相場の) 変動幅.

Bändchen 中 ❶ ⇒ **Band**, Bändchen) 【(書籍の) 縮小形 ⇒ Band I, II の縮小形.

Bande 女 ((-/-n)) ❶ (ビリヤード台やボーリングレーンなどの) 縁; (アイスホッケー場・馬場などの) 囲い. ❷ (犯罪者などの) 一味, 徒党; 《戯》 (子供や若者などの) 一群, 悪童連中. ❸ ⇒ **Band** II

bände 動 = binden

Bände 複 ⇒ Band I

Bändel 男 ((-s/-)) 細ひも, リボン, テープ. ◆ **am ~ haben** 《話》 (人を自由に繰る. **am ~ hängen** 《話》 (j³) (人に) まつわりつく.

Bänder ⇒ **Band** III

Bänderchen ⇒ Bändchen

Banderole 女 ((-/-n)) (タバコの箱などの) 証紙, 帯封.

bändigen 動 (動物を) 飼いならす, 調教する, (子供を) おとなしくさせる, なだめる; (感情を) 抑える.

Bändigung 女 ((-/-)) 抑制, 調教.

Bandit 男 ((-en/-en)) 強盗, 盗賊, 追いはぎ; 悪党.

Band=maß 中 巻き尺.

Bandoneon, ..nion 中 ((-s/-s)) バンドネオン (アコーディオンの一種).

Band=säge 女 帯鋸(とこ). **=scheibe** 女 閬 椎間板.

Bandung バンドン (インドネシア, ジャワ島の都市).

Band=wurm 男 ⓓ サナダムシ; 長ったらしいもの.

bang ⇒ bange.

bange [バンゲ] 形 ((-r; bangst=; bängst)) ⓐ anxious) 不安な, 気がかりな; おびえた: ~ **und bänger werden** 次第に不安が募る | *Mir ist ~* [zumute]. 私は不安だ.

Bänge 女 ((-/-)) 不安, 不安感.

bangen 《雅》 ⓐ ❶ 〈〈 *sich¹* **um et¹** 〉〉 (…のことを) 心配する; 〈〈 **nach** *j-et*¹ 〉〉 (…のことを) 思いやる. ❷ 《方》 〈〈 *sich¹* **nach** *j-et³* 〉〉 (…に) 焦がれる.

Bangkok バンコク (タイの首都).

Bangladesch, Bangla Desh バングラデシュ (インドの東隣りにある国).

bängst ⇒ bange

Banjo 中 ((-s/-s)) ⓓ バンジョー.

Bank [バンク] 女 I (-/Bänke) (ⓐ **Bänkchen**) ❶ (ⓔ bench) ベンチ, (横長の) 腰掛け; (作業用の) 腰掛け, 工作台, (店の) 売り台. ❷ 砂州, 浅瀬; (岩石などの) 堆積層; (海中生物の) 群れ; (雲, もやなどの) 層. II 女 (-/-en) ⓐ (ⓔ bank) 銀行: *ein Konto bei der ~ eröffnen* 〈haben〉 銀行に口座を開く | *Geld auf der ~* (liegen) *haben* 銀行に預金がある | *Geld von der ~ holen* 銀行から預金を下ろす ❸ (とばくの) 胴元; 賭場, 賭け金: *die ~ sprengen* 胴元をあらいざらいさらう; 胴元をつぶす. ◆ **auf die lange ~ schieben** 《話》 (…を) 延期する, 先へ延ばす. **durch die ~** 《話》 例外なく; 全員. **vor leeren Bänken** 観客 (聴衆) のほとんどいない席で.

〔関連語〕 **Kreditbank** 女 信用銀行; **Notenbank** 女 発券銀行; **Sparkasse** 女 貯蓄銀行

Konto 中 口座; **Wechsel** 男 為替; **Dauerauftrag** 男 自動振り替え契約; **Abbuchung** 女 口座引き落とし; **abbuchen lassen** 口座引き落としとしてする; **Geld** [von Bank] **abheben** 預金を下ろす; **einzahlen** 預金する

Bank=anweisung 女 銀行小切手 (手形). **=automat** 男 キャッシュディスペンサー. **=direktor** 男 銀行頭取.

Bänke ⇒ Bank I

Bänkel=sänger 男 流しの歌うたい, (17-19世紀の) 大道芸人.

bankerott = bankrott.

Bankerott = Bankrott.

Bankett 匣 《-(e)s/-e》 ❶ 祝宴, 宴会. ❷ 《車道より高くなった》歩道, 側道；《建》根石.
Bankette 囡 《-/-n》 = Bankett ②.
Bankier 男 《-s/-e》 銀行家.
Banking 囲 《-[s]/》 《経》 銀行[業務, 取引].
Bank=konto 匣 銀行口座. **=leitzahl** 囡 銀行コード番号（略 BLZ）. **=note** 囡 銀行券, 紙幣. **=raub** 男 銀行強盗. **=räuber** 男 銀行強盗（人）.
bankrọtt 形 破産《倒産》した；破たんした. ⇒ Bankrott.
Bankrọtt 男 《-[e]s/-e》 破産, 倒産, 破たん. ♦ **~ gehen** 破産する. **~ machen** 破産する；破たんする.
Bankrotteur 男 《-s/-e》 破産《倒産》者. **bankrottieren** 動 破産《倒産》する.
Bank=überweisung 囡 銀行振込. **=wesen** 匣 銀行業, 銀行[取引].
Bann 男 《-[e]s/-e》《雅》 魔力, 魅了, 呪縛(じゅばく)；《歴史》破門, 追放. ♦ *in seinen ~ schlagen* 〈*ziehen*〉《j³》(人の)心を引きつける；(人を)とりこにする.
bạnnen 動 《雅》 (…を)とりこにする；魅了する；《雅》(悪霊などを)神通力で追い払う；(危険・不安などを)取り除く；破門し追放する.
Banner 匣 《-s/-》 旗印；軍旗；のぼり. **=träger** 男 旗手.
Bann=kreis 男 《雅》 影響圏；勢力圏. **=meile** 囡 (政府機関周辺の)集会《デモ》禁止区域.
Bạntamgewicht 匣 《スポ》バンタム級.
Baptịst 男 《-en/-en》 バプティスト派信徒.
bar [バール] I 形 ❶ 現金の：~es Geld 現金 | *et⁴ gegen ~ verkaufen* …を現金で販売する | *et⁴ [in] ~ bezahlen* …を現金〈キャッシュ〉で支払う. ❷ 形 明白な, 歴然たる；まったくの. ❸ 形 裸の, むき出しの. ♦ *~ sein* 〈*et²*〉(人⁴が)欠いている；(人⁴が)ない. II 配複 バール（圧力単位）.
Bar [バール] ❶ 囡 《-/-s》 バー, 酒場；バーのカウンター. ❷ 匣 《-s/-s》《理》バール（圧力単位：配複 b, bar）.
..bar 接尾 …されうる, …できる」の意.
Bär [ベーア] 男 《-en/-en》《動 *-in*》《動 bear》クマ(熊)；無骨な大男：*ein tapferer ~*《話》ひどいがさつ者 | *Man soll das Fell nicht verkaufen, ehe man den ~ hat.*《話》捕らぬたぬきの皮算用. ♦ *der Große* 〈*der Kleine*〉 *~*《天》大熊〈小熊〉座. *einen ~ aufbinden*《話》《j³》(人を)ぺてんにかける；(人に)うそ八百を並べる. *wie ein ~*《話》非常に.
Baracke 囡 《-/-n》 バラック, 仮設小屋；《軍》仮兵舎.
Barạtt 男 《-[e]s/-e》《商》(等価商品の)交換, 物々交換. **=handel** 男 物々交換, バーター取引.
Barbar 男 《-en/-en》《動 *-in*》未開人, 野蛮人；無作法《無教養》な人.
Bạrbara 囡 《名》 バルバラ.
Barbarei 囡 《-/-en》 野蛮, 粗野；無作法, 無教養.

barbarisch 形 未開の；野蛮《残忍》な；無作法な；《話》(寒さなどが)ひどい.
Barbarọssa バルバロッサ, 赤ひげ王（神聖ローマ皇帝フリードリヒ 1 世のあだ名）.
bärbeißig 形 不機嫌な, 無愛想な.
Bar=bestand 男 現金在高, 現金準備［高］. **=betrag** 男 現金の額.
Barbier 男 《-s/-e》《古》床屋, 理髪師.
Barcelona バルセロナ（スペイン北東部の港湾都市）.
Barchent 男 《-s/-e》《服》ファスチアン織（裏をけば立たせたフランネル）.
Bardame 囡 《-/-n》 バーのホステス.
Bären=dienst 男 ♦ *einen ~ erweisen* 〈*leisten*〉《j³》(善意があだとなって人に)迷惑をかける. **=führer** 男 《サーカスなどの》熊使い；《戯》観光ガイド. **=haut** 囡 熊の毛皮. ♦ *auf der ~ liegen*《話》のらくら時を過ごす；何もしないでいる. **=hunger** 男 《話》ものすごい空腹. **=kälte** 囡 《話》ひどい寒さ, 厳寒.
Barẹtt 匣 《-[e]s/-e 《-s/-s》》 つばのない平たい帽子（僧職, 法衣, 角帽など）.
barfuß 副 はだしで, 素足で.
barfüßig 形 はだしの, 素足の.
barg ⇒ bergen.
bạrge ⇒ bergen.
Bargeld [バーアゲルト] 匣 《-[e]s/》 現金. **bargeldlos** [バーアゲルトロース] 形 現金払いでない；手形〈為替〉による.
barhäuptig 形 《雅》 無帽の.
Bariton 男 《-s/-e》《楽》バリトン；バリトン歌手.
Baritonịst 男 《-en/-en》《楽》バリトン歌手（元素名：配字 Ba）.
Barium 匣 《-s/》《化》バリウム（元素名：配字 Ba）.
Bark 囡 《-/-en》 バーク（3本以上のマストを持つ帆船）.
Barkarole 囡 《-/-n》 ゴンドラの舟歌.
Barkasse 囡 《-/-n》 (大型のモーターボート, ランチ；《軍》(大型の)艦載ボート.
Bar=kauf 男 現金買い.
Bạrke 囡 《-/-n》 (マストのない)小舟.
barmherzig 形 慈悲深い, あわれみ深い；慈善の. **Barmherzigkeit** 囡 《-/》《雅》慈悲[心], 思いやり.
barọck 形 バロック様式(時代)の；奇抜な, 風変りな. **Barọck** 匣 《-[s]/》《動 男》バロック(17世紀から18世紀半ばの芸術様式)；バロック時代.
Baromẹter 匣 《囡》《-s/-》 気圧計, 晴雨計, バロメーター. ♦ *Das ~ steht auf Sturm.* 一触即発の雰囲気だ.
Barọn 男 《-s/-e》 バロン, 男爵；(実業界の)第一人者, 大実力者.
Baronẹsse 囡 《-/-n》 (Baron の女性形)バロン《男爵》令嬢.
Baronịn 囡 《-/-nen》 (Baron の女性形)バロン《男爵》夫人.
Barrabạtt 男 現金割引.
Bạrras 男 《-/》《話》軍隊.
Bạrren 男 《-s/-》 (貴金属の)延べ棒；《体操》平行棒.
Barriere 囡 《-/-n》 (通行止めの)柵(さく), 横木, (国境・踏切などの)遮断機；障壁, バリアー.
barrierefrei 形 バリアフリーの.
Barrikade 囡 《-/-n》 バリケード. ♦ *auf die ~n gehen* 〈*steigen*〉《話》激しく

barsch 形 荒っぽい；粗野な，つっけんどんな．

Barsch 男 (-[e]s/-e) 《魚》パーチ(スズキに似た淡水魚).

Barschaft 囡 (-/-en) 有り金(全部), 手持ちの現金.

Barscheck 男 現金手形, 普通小切手.

Barschheit 囡 (-/-en) 粗野な言葉；粗野，無愛想．

Barsoi 男 (-s/-s) ボルゾイ(ロシア産大型猟犬).

barst ⇒ **bersten**

bärste ⇒ **bersten**

Bart 男 [バールト] (-[e]s/Bärte) (憲 Bärtchen) ❶ (憲 beard)ひげ；(鳥の)肉垂(にく);sich³ einen ~ wachsen lassen ひげを生やす | einen starken ~ haben ひげが濃い. ❷ 鍵(%)の歯, 鉤(%)，かぎり. ◆ Beim ~ des Propheten! 必ず, 断じて. Der ~ ist ab. (話・諧) (…は)とっくに知れている《古くさい・古い》話だ. Er hat [so] einen ~! 〖話·蔑〗(…は)とっくに知れている《古くさい・古い》話だ. in seinen ~ [hinein]brummen 〈murmeln〉〖話〗(…を)口の中でぼそぼそと言う. [so] einen ~ haben〖話〗もう聞きあきた話である. um den ~ gehen (j³)〖話〗(人)にへつらう.

Barth Karl, バルト(1886-1968；スイスの神学者).

Barthel 《男名》バルテル；男 (-s/-) 全て.

Bartholomäus 《男名》バルトロメーウス；バルトロマイ, バルトロマイオス(十二使徒の一人).

bärtig 形 ひげのある；〖植〗芒(2)のある.

bartlos 形 ひげのない；〖植〗芒(2)のない.

Bartók Béla, バルトーク(1881-1945; ハンガリーの作曲家).

Bart-stoppel 囡〖話〗無精ひげ.

Baryt 男 (-[e]s/-e) 《鉱》玄宵岩.

Bar-zahlung 囡 現金(現金)払い.

Basalt 男 (-[e]s/-e) 《鉱》玄武岩.

Basar 男 (-s/-e) (中近東諸国の)市場，バザール；バザー，慈善市.

Base 囡 (-/-e) ❶〖古〗いとこ(女)；(𦶌)おば(伯母・叔母). ❷〖化〗塩基.

Baseball 男 (-s/-s)野球，ベースボール.

Basel バーゼル(スイス北部の産業都市).

Baseler 男 (-s/-; 囡 -in)バーゼルの人；〖無変化化〗バーゼルの.

Basen 復 Base, Basis

BASF 略 *Badische Anilin-* & *Soda-Fabrik AG* ベーアーエスエフ(ドイツの総合化学製造会社).

basieren 自 (auf et³)(…に)基づく.

Basilika 囡 (-/..ken) バジリカ(古代ローマで取引所·法廷として用いられた建築物); (初期キリスト教の)教会堂.

Basilikum 匣 (-s/-s, ..lika)〖植〗バジリコ，メボウキ(香料·薬用に用いる).

Basilisk 男 (-en/-en)バジリスク(人をにらみ殺すという蛇頭蛇尾の怪物)；〖動〗バジリスクトカゲ.

Basis 囡 [バーズィス] (-/..sen) ❶ (英 base)基礎，基盤，土台，ベース: auf gleicher ~ 対等の条件で. ❷〖建〗敷石，底辺，底面. (対象物の)基底；基礎工事，基礎構造；(ロケットの)発射台, (登山の)ベ

ースキャンプ；〖建〗台座，柱脚；〖地学〗地盤，(測量の)基線；《数》主要；〖化〗基；〖言〗基礎形，語根；(作戦の)基地；〖社〗下部構造，(社会の)底辺，一般大衆；〖軍〗一般兵員(組合員).

basisch 形《化》塩基性の.

Basisgruppe 囡 (左翼[学生]の)大衆運動グループ.

Baske 男 (-n/-n) (女 ..kin)バスク人.
~n-mütze 囡 ベレー帽.

Basketball 男 (-[e]s/..bälle) バスケットボール；バスケットボール用のボール.

Basküle 囡 (-/-en), **Basküleverschluss**, **Basküleverschluß** 男 (-es/..schlüsse)《建》(窓やドアの)バスキュール錠；はね錠.

Basler 男 (-s/-; 囡 = Baseler.

bass 副 (baß)《古》❶ erstaunt 〈verwundert〉sein/sich~[ver]wundern 〖古〗ひどくびっくりしている《不思議に思う》.

Bass, **Baß** 男 (-es/Basses/Bässe) 〖楽〗バス；バス歌手(コントラバスなど低音楽器；通奏低音. ~-geige 囡〖楽〗コントラバス.

Bassin 匣 (-s/-s) 水槽(噴水などの); 貯水池；プール.

Bassist 男 (-en/-en) バス歌手；コントラバス奏者.

Bast 男 (-[e]s/-e) 《植物》靭皮(%');《狩》(シカの角の)欲毛皮, 袋角.

basta 間《話》(相手の言い分などを封じて)もうたくさんだ. ◆ *Und damit ~*. これで終わりだ.

Bastard 男 (-[e]s/-e) 〖生〗雑種；私生児；落胤(ਟੈਂ). ~-**wechsel** 男〖商〗融通手形.

Bastei ❶ 囡 (-/-en)《古》稜堡(ಸೈಂ). ❷ (die ~)バスタイ(Elbe 川上流の巨岩群)

basteln [バステルン] 《bastelte; gebastelt》 自 (趣味で)工作をする：(an et³) (修理のために)いじり回す，直す. 他 (趣味で)…を組み立てる，作る.

Bastille 囡 (-/-en) 城塞，砦(℉)；〖史〗バスティーユの牢獄.

Bastion 囡 (-/-en) 《古》稜堡(ಸೈಂ).

Bastler 男 (-s/-) (趣味で)工作(細工仕事)の好きな人.

bat ⇒ **bitten**

Bat. 略 **Bataillon.**

BAT 略 *Bundesangestelltentarif*.

Bataillon 匣 (-s/-e) 《軍》大隊.

bäte ⇒ **bitten**

Batik 男 (-s/-en); 囡 (-/-en) バティック染め(ジャワのろうけつ染め)；(バティック染めの)ジャワさらさ．

Batist 男 (-[e]s/-e) バチスト(平織の薄地綿布).

Batt. 略 *Batterie* 砲兵［中隊］．

Batterie (バッテリー) 囡 (-/-n) ❶《電》 battery)電池, バッテリー：die ~ aufladen バッテリーに充電する;《話》休養して英気を養う | Die ~ ist leer. 電池が切れた. ❷ (機器の)ユニット, 機械(装置)一式；(蛇口の)冷温両用コック. ❸《軍》砲兵隊；砲列. ❹ (同種のものの)かなりの数. ❺《印》組版．

Batterieladegerät 匣 (-[e]s/-e) 充電器，バッテリー充電装置.

Battr. 〖略〗 *Batterie* 砲兵[中]隊.
Batzen 男《-s/-》(水・粘土などの)塊；〘話〙大金.
Bau 男《-[e]s/-》 ❶《中 のみ》(＝construction)建設, 建築, (船・機械などの)建造; 《複 -ten》建設(工事)現場; im ～ sein/sich⁴ im ～ befinden (＝ structure)建造(工事)中である. ❷《-[e]s/-ten》(＝ structure)構造, 構成, 組織；体格, 体形 : von schlankem (kräftigen) ～ sein ほっそりした(がっしりした)体つきである. ❸《-[e]s/-ten》建築物, 建物, 建造物. ❹《-[e]s/-e》〘話〙住居, ねぐら(nicht aus dem ～ gehen 家に閉じこもっている); 〘軍〙営舎; 〘坑〙坑道. ◆ **vom ～ sein** 〘話〙専門家(くろうと)である.
Bau·amt 中 土木建築(建設)局; 建築局事務所. =**arbeiten** 自 建設する. =**arbeiter** 男 建設(土木)作業員. =**art** 女 建築様式; 建造方式, 構造;(自動車などの)型, タイプ.
Bauch 男［バオホ］《-[e]s/Bäuche》《(＝ Bäuchelchen, Bäuchlein》 ❶《(＝ belly) 腹, 腹部；おなか, 胃腸 : Ein voller ～ studiert nicht gern. 〘諺〙腹が張ると目の皮がたるむ. ❷(たる・瓶などの)胴, (バイオリンの)胴；船腹. ◆ **auf dem ～ liegen** 腹ばい(うつぶせ)になっている. **auf dem ～ liegen 《kriechen》vor j³》**(人に)ぺこぺこする, こびへつらう. **auf den ～ fallen** 〘話〙失敗する. **aus dem hohlen ～** 準備なしに. **den ～ halten《sich³ vor Lachen》**〘話〙腹を抱えて笑う. **den ～ voll haben《sich³》**たらふく食う; 飽食する. **einen ～ bekommen《haben》**(～が)出る. **einen leeren ～ haben** 〘話〙腹ぺこである. **einen schlauen ～ haben** 〘話〙抜け目がない. =**decke** 女 〘解〙腹壁.
Bäuche ⇒ Bauch
Bauchfell 中《-[e]s/-e》腹膜. =**entzündung** 女《-/-en》腹膜炎.
bauchig, bäuchig 形 胴の膨らんだ; 太鼓腹の.
Bauch·laden 男 〘話〙(首から掛け, 腹の前に抱える)売り箱. =**landung** 女 胴体着陸.
bäuchlings 副 腹ばい(うつぶせ)に.
Bauchmuskel 男 〘解〙腹筋.
Bauch·reden 自 腹話術で話す. =**redner** 男 腹話術師. =**schmerzen** 複 腹痛. =**speicheldrüse** 女 〘解〙膵臓(ぞう). =**tanz** 男 ベリーダンス(腹と腰をくねらせて踊る). =**weh** 中 腹痛.
Baucis [バオチス] パウキス(Philemon の妻).
Baudelaire Charles, ボードレール(1821–67; フランスの詩人).
Bau·denkmal 中 文化財(記念碑)的建造物.
Baudouin ボドアン(1930–1993; ベルギー王:1951年即位).
Bau·element 中《-[e]s/-e》(建築用の)部材;(機械の)部品, パーツ.
bauen [バオエン]《baute; gebaut》 Ⅰ 他 ❶《(＝ build)(物を)建てる, (道路・橋などを)建設(建造)する; (鳥が巣を)作る; (＝ construct)(機械などを)組み立てる. 製作

する. ❷ 〘話〙(試験を)受ける, パスする. ❸ 〘事故などを〙起こす. ❹ (作物を)栽培する. Ⅱ 自 ❶ 家を建てる. ❷ 建築(製作)に従事する. ❸ 《auf ar³》(…に)頼りを(当てに)する.

Bauer [バオアー] ❶ 男《-n (-s) /-n》《(＝ Bäuerchen, Bäuerlein, Bäuerin》《(＝ farmer)農民, 農夫；田舎者; 〘ジョック〙ジョッ人 : Die dümmsten ～ n haben die dicksten (größten) Kartoffeln. 〘諺〙愚か者に福あり｜Was der ～ nicht kennt, frisst er nicht. 〘諺〙知らぬ衆生は度し難し. ❷ 男《-s/-》鳥かご.
Bäuerchen 中《-s/-》 Bauer の縮小形；(赤ん坊の)げっぷ : [ein] ～ machen げっぷする.
bäuerlich, bäuerisch 形 農民(農家)の；田舎(いなか)ふうの.
Bauern·aufstand 男 農民一揆(いっき). =**brot** 中 バウエルンブロート, 農家風ブロン. =**fänger** 男 (純朴な人をだます)詐欺師, いかさま師. =**frühstück** 中 農家風朝食(卵やベーコンから成るジャガイモ料理). =**gut** 中 (比較的大規模な)農場, 農地. =**haus** 中 農家, 百姓家. =**hof** 男 (家屋・付属施設・農地を含めた)農場, 農家. =**krieg** 男 農民戦争.
Bauernschaft 女《-/-》《(集合的に》農民; 農民階級. **Bauersfrau** 女 農婦.
baufällig 形 倒れかかった, 老朽化した.
Bau·firma 女 建設(建築)会社, 工務店. =**führer** 男 工事監督, 現場監督. =**gelände** 中 建築用地, 建築予定地. =**gerüst** 中 (工事用の)足場. =**gewerbe** 中 建築業. =**handwerker** 男 建築職人(大工・左官など). =**haus** 中 パウハウス(Weimar の総合造形学校:1919年創立). =**herr** 男 建築主, 施主. =**jahr** 中 建築年次;(車・機械などの)製造年次. =**kasten** 男 積み木箱. =**kastensystem** 中 (機械・建物などの)ユニット方式. =**kosten** 複 建築(建造)費. =**kunst** 女 建築術. =**land** 中 建築(建造)用地; 耕地.
baulich 形 建築上の, 構造上の.
Baulichkeit 女《-/-en》建造物, 建築物.

Baum [バオム] 男《-[e]s/Bäume》《(＝ Bäumchen》 ❶《(＝ tree)木, 樹木, クリスマスツリー : Auf einen Hieb fällt kein ～. 〘諺〙木材は一撃では倒れない(大事業を成すには時がかかる)｜Je höher der ～, desto näher der Blitz. 〘諺〙出るくいは打たれる. ❷ (車輪の)心棒;(てこの)腕木;(船の)マスト. ◆ **Bäume ausreißen《können》**〘話〙すごく力が強い; なんでも楽々とできる力がある. **Das steigt ja auf Bäume!** それはひどい. **Du bist wohl auf die Bäume zu klettern!** 〘話〙とんでもない(まったくひどい)話だ. **stark wie ein ～ sein** とても強い. **vom ～ der Erkenntnis essen** 経験によって知恵が付く. **zwischen ～ und Borke sitzen《stehen, stecken》**窮地に追いやられている; 途方にくれている.
Bau·material 中 建材, 建築資材.
Baum·bestand 男 立ち木[の現在

Bäume

数.]
Bäume ⇒ Baum
Baumeister 男 ((-s/-)) 建築士〈家〉, 棟梁〔とうりょう〕.
baumeln 動 《話》ぶら下がる, ぶらぶら揺れる.
bäumen 動 《sich⁴》(馬などが)棒立ちになる;《sich⁴ gegen et⁴》(…に)逆らう, 抵抗する.
Baum-grenze 女 (高山・極地などの)樹木生育限界. **=krone** 女 樹冠. **=kuchen** 男 バウムクーヘン.
baumlang 形 《話》のっぽで.
Baum-rinde 女 樹皮. **=schere** 女 剪定〔せんてい〕ばさみ. **=schule** 女 苗木栽培園, 養樹園. **=stamm** 男 木の幹, 樹幹.
baumstark 形 (男の人が)頑丈な, たくましい.
Baum-stumpf 男 (木の)切り株.
Baumwolle [バオムヴォレ] 女 ((-/-)) ((⊗ cotton)) (植物)綿(わた), 綿の木; 綿〔めん〕〔花〕; 木綿, コットン, 綿布.
baumwollen 形 木綿[製]の, コットンの.
Bau-ordnungsgesetz 中 建築基準法. **=plan** 男 建築設計図, 建築設計図. **=platz** 男 建設用地; 建築現場.
bäurisch 形 田舎くさい, 野暮な.
Bausch 男 ((-[e]s/Bäusche, -e)) (《⊗ Bäuschchen》)(紙や布などの)一束; 膨らみ, 膨らんだもの(クッション・詰め物・パッドなど). ◆ *in ~ und Bogen* 一括して; 十把〔じっぱ〕ひとからげに.
bauschen 動 膨らませる; 〔服〕(…に)膨らみ〈パフ〉をつける; 動 膨らむ.
bauschig 形 膨らんだ, だぶだぶの; 〔服〕パフをつけた.
bausparen 動 住宅資金を積み立てる.
Bau-sparkasse 女 住宅金融金庫, 住宅貯蓄組合. **=stein** 男 建設用石材; 礎石; 構成要素; (おもちゃの)積み木. **=stelle** 女 建築(工事)現場. **=stil** 男 建築様式. **=stoff** 男 建築資材; 〔生〕(細胞の)構成物質.
baute ⇒ bauen
Bau-techniker 男 建築技師, 建築技師. **=teil** 男 田 ((-[e]s/-e)) (機械などの)部品, パーツ, (建物の)部材.
Bauten ⇒ Bau ③
Bau-unternehmer 男 建築業者. **=weise** 女 施工法; 建築方式; (機械などの)構造, タイプ; 様式と方法. **=werk** 中 建築物(大きな立派な)建造物. **=wesen** 中 土木, 建築.
Bauxit [-ks-] 男 ((-s/-e)) 〔鉱〕ボーキサイト.
bauz 間 ドシン, バタン(音を表す).
Bavaria バヴァリア (Bayern のラテン語形): 女 ((-/-)) バヴァリア (München にある Bayern を象徴する女性の偶像).
Bayer 男 ((-n/-n)) (⊗ **-in**) バイエルン〔州〕の人.
bayerisch 形 バイエルン〔州〕の; バイエルン方言の. ◆ *Bayerischer Wald* バイエリッシャーバルト(ドイツ南東部の国立公園).
Bayerland (das ~)バイエルン州.
Bayern バイエルン(ドイツ南東部の州; 州都 München).
Bayreuth バイロイト(ドイツ南東部の都

市). ◆ *~er Festspiele* バイロイト音楽祭.
bayrisch = bayerisch.
Bazillenträger 男 〔医〕保菌者.
Bazillus 男 ((-/-..llen)) バチルス, 桿菌〔かんきん〕; ばい菌; 蔓延〔まんえん〕する悪しき種.
BBk ((⊗ -/-)) ドイツ連邦銀行(< *Deutsche Bundesbank*). **b. c., B. c.** *Basso continuo* 〔楽〕通奏低音.
BCG = *Bacillus Calmette-Guérin* カルメッテ・ゲラン菌, ビーシージー.
Bch. = *Buch* 中. **Bd.** = *Band* 男.
Bde. = *Bände* (Band 巻)の複数).
BDI = *Bundesverband der Deutschen Industrie* ドイツ産業(経営者)連盟(1949年設立). **Bdn.** = *Bänden* (Band 巻)の複数3格).
B-Dur 男 ((⊗ -/)) 〔楽〕変ロ長調(記号 B).
be.. 非分離動詞の前つづり.
Be = Beryllium の元素記号.
beabsichtigen [ベアァプズィヒティゲン] ((beabsichtigte; beabsichtigt)) 動 (⊗ intend)意図する: 《 + zu 不定詞》(…するつもりである): *Er beabsichtigt nächstes Jahr aufzuhören.* 彼は来年辞めるつもりだ.
beachten [ベアハテン] ((beachtete; beachtet)) 動 (…に)注意を払う, 留意する; (規則などを)守る: *Es ist zu beachten, dass...* …ということに注意してほしい.
beachtenswert 形 注目すべき, 注目に値する: りっぱな.
beachtet, beachtete ⇒ beachten
beächtlich 形 かなりの, 注目すべき.
Beachtung 女 ((-/-en)) 注意, 顧慮; (規則などの)遵守(じゅんしゅ). ◆ *~ finden〈verdienen〉* 注目される: 注目に値する. ~ *schenken〈j-m³〉* (…に)注意を払う.
Beamtenschaft 女 ((-/)) 〔集合的〕公務員, 官公吏.
Beamtentum 中 ((-s/)) 役人の地位(身分); 〔集合的〕公務員, 官吏.
Beamte[r] [ベアムテター] 男 (⊗ **Beamtin**) (⊗ official)公務員, 官吏, 役人, 職員.
beamtet 官職(公職)にある.
Beamtin 女 ((-/-nen)) Beamte の女性形.
beängstigen 動 (人を)不安にする, 心配させる. ~**d** 形 不安にさせる, 気がかりな.
Beängstigung 女 ((-/-en)) 不安, 気がかり.
beanspruchen [ベアンシュプルヘン] ((beanspruchte; beansprucht)) 動 (⊗ demand)(…を)要求(請求)する: (時間・場所などを)必要とする: (…に)無理を強いる, (…に)酷使する. **Beanspruchung** 女 ((-/-en))要求; 使用, 負担.
beanstanden 動 (…に)異議を唱える, 苦情を言う, クレームをつける. **Beanstandung** 女 ((-/-en)) 異議, 文句, 苦情, クレーム.
beantragen [ベアントラーゲン] 動 提案〈提議〉する; 申請する; 〔法〕求刑する.
beantworten [ベアントヴォルテン] ((beantwortete; beantwortet)) 動 (⊗ answer)(質問・手紙などに)答える, 返事をする; 《*et⁴* [*mit et³*]》(…で)対応〈応酬〉する. **Beantwortung** 女 ((-/-en)) 返

答, 回答; 反応.

bearbeiten [ベアルバイテン] (bearbeitete; bearbeitet) [他] ❶ ((et⁴ mit et³)) (…を[…で])加工する; (原稿などに)手を入れる, 加筆修正する, 校訂〈編集〉する. ❷ (文書などを)審査〈処理〉する; (問題・テーマなどを)論じる, 扱う. ❸ ((話)) (人を)しつこく口説く, (人に)どうにかして話をつける. ❹ ((話)) ((j-et⁴ mit et³)) (…を…で)殴る. **Bearbeiter** [男] ((-s/-)) 加工者; 校訂〈編集, 脚色, 編曲〉者.

bearbeitet, bearbeitete ⇨ bearbeiten

Bearbeitung [女] ((-/-en)) 加工; 校訂, 編集, 脚色, 編曲; 審査.

beargwöhnen [他] (人に)疑いをかける, 不信に思う.

Beat [男] ((-[s]/)) 〔楽〕(ジャズなどの)ビート; ビート音楽.

Beate ((女名)) ベアーテ.

Beatle [男] ((-s/-s)) (ビートルズを真似た)長髪の若者.

beatmen [他] (人に)人工呼吸を施す. **Beatmung** [女] ((-/-en)) 〔医〕人工呼吸[法].

beaufsichtigen [他] 監督〈監視〉する. **Beaufsichtigung** [女] ((-/))

beauftragen [他] ((j⁴ mit et³)) (人に…を)委任〈委託〉する. **Beauftragte[r]** [男] [女] ((形容詞変化)) 受託者, [全権]委員, 代理人.

bebauen [他] (…に)建物を建てる; 耕作する.

Bebauungs=dichte [女] 建ぺい率. **=plan** [男] 地区整備プラン, B プラン.

beben [ベーベン] (bebte; gebebt) [自] ❶ ([英] shake) (地面や物が)揺れる, 震動する; (体が)震える: vor Kälte 〈Wut〉 ~ 寒さ〈怒り〉で震える. ❷ ((vor j³)) (…を)ひどく怖れる, 怖れおののく; ((für 〈um〉 j⁴)) (人のことを)ひどく気にかける.

Beben [中] ((-s/-)) 震動; 地震; 震え, 身震い, 戦慄(せんりつ); 〔楽〕ビブラート.

bebildern [他] (物語・本に)挿絵〈イラスト〉を入れる. **Bebilderung** [女] ((-/-en)) 挿絵〈イラスト〉[を入れること], 図解.

bebrillt [形] 眼鏡をかけた.

bebte ⇨ beben

Béchamelsoße [女] ((-/-n)) 〔料〕ベシャメルソース.

Becher [ベッヒャー] [男] ((-s/-)) ❶ コップ, グラス, 杯: den ~ aus|trinken 〈leeren〉コップ〈グラス〉を飲み干す | einen ~ Milch 〈Wein〉 trinken 1杯のミルク〈ワイン〉を飲む. ❷ 〔植〕杯葉, がく, 殻斗(かくと). ✦ ***den ~ des Leidens leeren*** ((雅)) 苦汁をなめる. ***zu tief in den ~ geschaut haben*** ((話)) 酔っぱらっている. **=glas** [中] ビーカー.

bechern [自] ((話・戯)) 痛飲する, したたか飲む.

becircen [他] ((話)) (女が男を)挑発する, 惑わす, 誘惑する.

Becken [ベッケン] [中] ((-s/-)) ❶ 洗面器, (台所の)流し; 〔宗〕聖水盤; (水洗便所の)便器; プール, 貯水池. ❷ 〔地学〕盆地; 〔医〕骨盤. ❸ ((複)) 〔楽〕シンバル. **=knochen** [男] 〔医〕寛骨.

Beckmesser Sixtus, ベックメッサー (16世紀の Nürnberg の工匠歌人); [男] ((-s/-)) (ベックメッサーのように)些末(さまつ)なあら探しをする人; ペダンチックなオペラ批評家.

Becquerel ❶ [中] ((-s/-)) 〔理〕ベクレル (放射能の単位: [記号] Bq). ❷ Henri, ベクレル(1852-1908; フランスの物理学者).

bedacht (→ bedenken) [形] ((auf et⁴)) (…に)心を配っている, (…を)気にかけている; 慎重な, 思慮深い. **Bedacht** [男] ((-[e]s/)) 思慮, 配慮, 熟慮. ✦ ***~ nehmen*** ((auf et⁴)) (…に)配慮〈注意〉する. ***mit ~*** よく考えて, 慎重に. ***ohne ~*** 無思慮に, 軽率に. ***voll ~*** 十分に考えて. **bedachte** ⇨ bedenken **bedächtig** [形] 落ち着いた, 悠然とした; 慎重な, 注意深い. **bedachtsam** [形] ((雅)) 慎重な, 用心深い. **Bedachtsamkeit** [女] ((-/)) 慎重さ, 思慮深さ.

Bedachung [女] ((-/-en)) 屋根ふき; 屋根.

bedanken [ベダンケン] (bedankte; bedankt) [再] ([英] thank) ((sich⁴ [bei j³] für et⁴)) ([人に] …のことで〈を〉)感謝する: *Bedanke* dich bei ihm! お礼は彼に言え; ((話)) 恨むなら彼を恨め. ✦ ***Dafür bedanke ich mich [bestens]!*** ((話)) そいつはごめんだ.

Bedarf [ベダルフ] [男] ((-[e]s/-e)) ([英] need)必要, 需要; ((集合的)) 必需品: den ~ decken 需要を満たす; ニーズに応える | ~ an et³ haben …を必要とする | Mein ~ ist gedeckt. ((話)) もうたくさんだ. ✦ ***bei ~*** 必要とあれば. ***[je] nach ~*** 必要〈需要〉に応じて. ***über ~*** 必要以上に. **~s=artikel** [男] 必需品, 必要な品. **~s=deckung** [女] 〔経〕需要充足. **~s=fall** [男] ✦ ***für den ~*** 必要なときに備えて.

bedarfsgerecht [形] 需要に応じた.

Bedarfshaltestelle [女] 臨時停留所.

bedauerlich [ベダオァリヒ] [形] 気の毒な, 残念な; 遺憾な: Es ist sehr ~, dass... …ということはまことに残念だ.

bedauerlicher=weise [副] 残念ながら, あいにく.

bedauern [ベダオァン] (bedauerte; bedauert) [他] ❶ ([英] regret)(…を)残念に思う; 後悔する: Kommst du mit? – *Bedaure*, aber ich habe keine Zeit. 君も行くかい – 残念だけど時間がないんだ. ❷ ((j⁴)) (人を)気の毒に思う: Er ist zu ~. 彼は本当にかわいそうだ. **Bedauern** [中] ((-s/)) 遺憾の念; 同情.

bedauernswert [形] 気の毒な, 不憫な; 残念な.

bedauert, bedauerte ⇨ bedauern

bedecken [ベデッケン] (bedeckte; bedeckt) [他] ([英] cover) ((j-et⁴ [mit et³])) (…を[…で])覆う; 覆って隠す. **bedeckt** [形] 覆われた; 曇った; (声が)かすれた.

Bedeckung [女] ((-/-en)) 覆うこと; 覆い, カバー, 蓋(ふた); 衣服, 帽子; 援護, 護衛.

bedenken* [ベデンケン] (**bedachte; bedacht**) [他] ❶ ([英] consider)熟慮する, 考慮に入れる: j³ zu ~ geben, dass ... 人に…を考慮するよう求める. ❷ ((雅)) ((j⁴ mit et³)) (人に…を)贈る, 与える.

Bedenken [中] ((-s/-)) 考慮, 熟慮; ([英]

doubt》《ふつう圏》疑念, 異議; ためらい.

bedenken-los 形 思慮に欠ける, 考え《ためらい》のない.

bedenklich 形 憂慮すべき, ゆゆしい, 危険をはらんだ. 怪しい, 深刻な; 疑念を抱いた, 懐疑的な《目つき》.

Bedenklichkeit 囡 《-/-en》疑わしさ; 危険性, 重大性; 《複》無念.

Bedenk-zeit 囡 《-/》考慮《猶予》期間.

bedeppert 形 《話》途方に暮れた, 当惑した.

bedeuten [ベドイテン] 《bedeutete; bedeutet》他 (® mean》意味する, 表す; もたらす, (結果として)伴う; (...の)兆候である.
✦ etwas 〈viel, nichts〉 ～ 《j³》(人にとって)いくらか重要性がある《多大な意味がある, まるで意味がない》.

bedeutend [ベドイテント] 形 ❶ 《® important》重要《主要》な; 著名な, すぐれた. ❷ 著しい, 大きな; あれの.

bedeut-sam 形 重要な, 意義深い; 意味深長な. **Bedeutsamkeit** 囡 《-/-en》重要性; 《雅》意味.

Bedeutung [ベドイトゥング] 囡 《-/-en》❶ 《® meaning》意味, 意義, 価値, 重要性 : von 〈großer〉 ～ sein 〈極めて〉重要である | ein Mann von ～ 重要人物; 有力者 | Das hat nicht die geringste ～. それはどうでもよいことだ.

bedeutungs-los 形 無意味な; 重要でない. **-voll** 形 意義深い, 重要な; 意味深長な.

bedienen [ベディーネン] 《bediente; bedient》他 ❶ 《® serve》(人に)仕える, (人の)世話をする(店員が客に)応対する (銀行が大口の顧客などの)利子を支払う : Sind Sie schon bedient?(売り場で向かって)もう何か承っておりますか. ❷ 《sich⁴》(料理などを)自分で取る, セルフサービスの《sich³ et² 》《雅》(...を)自由に使用する. ❸ (機械などを)操作する. ❹ 《sich³》(人に)ボールをパスする; 《じゅの《最初の札を》同じマークの札を出す. ✦ bedient sein うんざりしている. gut 〈schlecht〉 bedient sein よい《ひどい》サービスを受けている; やり方がうまい《まずい》.

Bedienerin 囡 《-/-nen》《オーストリア》家政婦.

bedienstet 形 ✦ ～ sein 《南部・オーストリア》《bei j³》(人に)雇われている, 勤めている.
Bedienstete(r) 男囡 《形容詞変化》(公的機関の)職員, (家の)使用人.

bedient, bediente ⇒ bedienen

Bedienung [ベディーヌング] 囡 《-/-en》❶ 《® service》サービス, 給仕; 世話; サービス料 : Ist ～ eingeschlossen (inbegriffen)? サービス料は込みですか. ❷ サービス係, 給仕人; 店員; 《オーストリア》家政婦. ❸ (機械などの)操作. **-s-geld** 匣 (レストラン・ホテルなどの)サービス料. **-s-knopf** 匣 (機械などの)操作ボタン, 選局《チューニング》ボタン.

bedingen 《(*) 》他 ❶ 《bedingte; bedingt》 ❷ 《® cause》(結果として)生み出す, 引き起こす, (...の)原因となる. ❷ (be-dang; bedungen) 前提とする. ✦ gegenseitig 〈wechselseitig〉 ～ 《sich⁴》(互いに)依存し合う, 相関関係にある. **bedingt** 形 条件つきの, 限定された. **..bedingt** 形 ...が原因の, ...によるの意.

Beding-gut 匣 (返品可能の)委託販売品. **Bedingtheit** 囡 《-/-en》制約, 限定; 関連《性》; 要因, 条件. **bedingtsendung** 囡 《商》委託送付《商品》.

Bedingung [ベディングング] 囡 《-/-en》❶ 《® condition》条件, 前提 : eine ～ stellen 条件をつける | unter (mit) der ～, dass ... ... という条件で | et¹ zur ～ machen ...を条件にする. ❷ 状況, 環境, 諸条件.

bedingungslos 形 無条件の.
Bedingungs-satz 匣 《文法》条件文.

bedrängen 他 (人に)迫る, (人を)攻めたてる. 苦しめる.
Bedrängnis 囡 《-se》《雅》苦しさ, 苦悩; 苦しい立場, 苦境.

bedrohen 他 《threaten》(人を)脅す, 脅迫する: おびやかす. ✦ bedrohte Arten 絶滅危惧種.

bedrohlich 形 威嚇《脅迫》的な; 危険なはらんだ, さし迫った.
Bedrohung 囡 《-/-en》脅し, 威嚇; [さし迫る]危険.

bedrucken 他 《et² mit et³》(...に...を)印刷する; (...に...の図柄を)プリント《染め》する.

bedrücken 他 抑圧する; 《j¹》(人の気持ちを)沈ませる, 落ち込ませる, ふさがせる.
bedrückend 形 圧迫するような, 重苦しい.

Bedrücker 匣 《-s/-》圧制者, 抑圧者.
bedrückt 形 落胆した, 意気消沈した, 落ち込んだ.

Beduine 男 《-n/-n》ベドウィン人(アラブ系遊牧民).

bedürfen* 他 《® need》《j-et²》(...を)必要とする.

Bedürfnis [ベデュルフニス] 匣 《-ses/-se》 ❶ 《® need》《nach et³》(...への)欲求, 要求, 必要; 《圏》需要 : ein ～ befriedigen 欲求《必要》を満たす | Es ist mir ein 〈wirkliches〉 ～, Ihnen zu danken. 私はぜひあなたにお礼申し上げたいと思います. ❷ 《まれ・婉曲》便意 : ein 〈sein〉 ～ verrichten 用を足す.

bedürfnislos 形 無欲な.
Bedürfnislosigkeit 囡 《-/》無欲, 淡白, 控えめ[なこと].

Bedürfnisse, Bedürfnisses ⇒ Bedürfnis

bedürftig 形 貧しい, 困窮している; 《j-et²》(...を)必要として, 《圏》...bedürftig 「...を必要としている」の意.

Beefsteak 匣 《-s/-s》ビーフステーキ.

beehren 他 《® honour》(人に)栄誉を与える, 敬意を表す. ✦ Beehren Sie uns bald wieder! また近いうちにお越しください.

beeiden = beeidigen ⇒

beeidigen 他 ❶ 《雅》宣誓して証言する. ❷ 《官》(人に)宣誓させる.
Beeidigung 囡 《-/-en》宣誓, 宣誓供述《証言》.

beeilen [ベアイレン] 《beeilte; beeilt》他 《sich⁴》 ❶ 《® hurry》急ぐ : sich⁴ mit der Arbeit ⟨bei den Vorbereitungen⟩ ～ 急いで仕事⟨準備⟩をする. ❷《＋zu 不定詞句》ためらわずに(…)する.

beeindrucken [他](人に)強い印象を与える.

beeinflussen [ベアインフルッセン]《beeinflusste, [旧] ..flußte; beeinflusst, [旧] ..flußt》[他]([英] influence)(…に)影響を及ぼす,(人を)感化する. **Beeinflussung** [女]《-/-en》影響, 感化.

beeinträchtigen [他] 妨げる, 妨害する, 損なう. **Beeinträchtigung** [女]《-/-en》侵害, 妨害; 損害.

beelenden [他]《スイ》(人を)悲しませる.

Beelzebub 〔聖〕ベルゼブブ(悪魔の頭目). ◆ *den Teufel durch* ⟨*mit*⟩ ～ *aus|treiben* 小難を除こうとして大難を招く.

beenden [ベエンデン]《beendete; beendet》[他]([英] finish)終える, 終了する, 済ます.

beendigen = beenden.

Beendigung [女]《-/》終了, 終結.

Beendung [女]《-/》= Beendigung.

beengen [他] 狭める, 窮屈にする; 制限する; 拘束する.

Beengtheit [女]《-/》窮屈, 狭苦しさ.

beerben [他](人の)遺産を相続する.

beerdigen [他]([英] bury)(人を)埋葬する. **Beerdigung** [女]《-/-en》埋葬.

Beere [ベーレ] [女]《-/-n》([英] berry)ベリー, 液果, 漿果(しょう)(ブドウ・イチゴ類の実).

Beerenauslese [女]《-/-n》ベーレンアウスレーゼ(高級貴腐(きふ)ワイン).

Beet [中]《-[e]s/-e》(特に園芸用の)苗床; 花壇; (畑の)畝(うね).

Beete [女]《-/-n》〔植〕ビート.

Beethoven Ludwig van, ベートーヴェン(1770-1827; ドイツの作曲家).

befähigen [他]《*j*^{4} **zu** *et*^{3}》(人に…の)能力⟨資格⟩を与える, (人の…を)可能にする. **befähigt** [形]《**zu** *et*^{3}/ **für** *et*^{4}》(…の)能力⟨資格⟩のある; 才能豊かな.

Befähigung [女]《-/》能力, 資格. **～s=nachweis** [男]《官》資格証明書.

befahl, befähle ⇨ befehlen

befahrbar [形] 車⟨船⟩の通れる.

befahren* ❶ [他](乗り物で道・軌道などを)走行する; (海・川を)航行する. ❷ [形] 車⟨船⟩の通っている; 〔海〕(航海の)経験を積んだ.

Befall [男]《-[e]s/》(植物の)病虫害.

befallen* [ベファレン]《befiel; befallen》[他]([英] strike)(病気・悲しみなどが人を)襲う, 見舞う; (害虫などが…に)取りつく.

befand ⇨ befinden

befangen [ベファンゲン] [形] ❶ ([英] shy)当惑した, 気後れした, おずおずした; 内気な. ❷ 偏見のある; 予断を持った. ◆ *～ sein*《**in** *et*^{3}》(…の)とりこになっている.

Befangenheit [女]《-/》当惑, 気後れ, はにかみ; 偏見; 〔法〕予断.

befassen [再]《*sich*^{4} **mit** *j-et*^{3}》(…と)取り組む, 交わる, (…に)従事する.

Befehl [ベフェール] [男]《-[e]s/-e》❶ ([英] order)命令; 〔ｺﾝﾋﾟｭ〕コマンド : einen ～ befolgen 命令に従う | [*j*^{3}] ～ geben [人に]命令する. ❷ 指揮権, 命令権 : den ～ über *j-et*^{4} führen …に対する指揮権を持つ | unter *j*^{2} ～ stehen 人の指揮下にある. ◆ *Zu ～!* 〔軍〕了解.

befehlen* [ベフェーレン]《befahl; befohlen》[他] ❶ ([英] order)《[*j*^{3}] *et*^{4}》([人に]…を)命じる; 〔軍〕(人にある場所へ)行く⟨来る⟩よう命じる.

befehlerisch [形] 横柄な, 高圧的な, 高飛車な.

befehligen [他]〔軍〕(隊などを)指揮⟨統率⟩する.

Befehls=form [女]〔文法〕命令法⟨形⟩.

befehls=gemäß [副] 命令に従って, 命令どおりに.

Befehls=gewalt [女] 命令⟨指揮⟩権. **=haber** [男]〔軍〕指揮官, 司令官.

befehlshaberisch [形] 横柄な, 高圧的な, 高飛車な.

Befehlsverweigerung [女]〔軍〕命令拒否.

befeinden [他]《雅》敵視する, (…に)敵対する, 敵意を抱く.

befestigen [ベフェスティゲン]《befestigte; befestigt》[他]([英] fasten)《*et*^{4} [**an** *et*^{3}]》(…を[…に])固定する, はりつける, 結び⟨括り⟩つける; (道路・堤防などを)強固⟨堅固⟩にする.

Befestigung [女]《-/-en》固定; 補強; 確立; 防御を固めること; 〔軍〕防御施設.

befeuchten [他] 湿らす, 濡らす.

Befeuchter [男]《-s/-》加湿器.

befeuern [他](暖房・ボイラーなどを)たく; 《雅》(人を)鼓舞⟨激励⟩する; 〔海・空〕(航路・滑走路などに)標識灯⟨ラジオビーコン⟩を設置する.

befiehl, befiehlst, befiehlt ⇨ befehlen

befiel ⇨ befallen

befinden* [ベフィンデン]《befand; befunden》❶ [再]([英] be)《*sich*^{4}》(特定の場所⟨状態⟩に)いる⟨ある⟩; 《*sich*^{4}》《雅》(健康・感情が…で)ある. ❷ [他]《雅》《*j-et*^{4} **als** ⟨**für**⟩ ...》(…を…と)みなす; 《雅》《＋dass 文》(…という)判定を下す. **Befinden** [中]《-s/》健康状態, 容態; 判定, 判断, 評価.

befindlich [形]《官》(特定の場所⟨状態⟩に)ある; (…の)中の.

beflaggen [他](船・建物などを)旗で飾る, 旗を出す.

beflecken [他](…に)染みをつける, (…を)よごす; (名声などを)けがす, 損なう.

befleißigen [再]《*sich*^{4} *et*^{2}》《雅》(…に)いそしむ, 努める.

befliegen* [他](ある区間を)飛ぶ, 定期便を飛ばす. **beflissen** [形](…することに)熱心な, 一生懸命な.

Beflissenheit [女]《-/》熱心.

beflissentlich [副] 故意に; 熱心に.

beflügeln [他]《雅》(歩調などを)速める; 活気づける, 駆り立てる.

beflügelt [形] 翼のある, 翼をつけた.

beföhle, befohlen ⇨ befehlen

befolgen [他]([英] follow)(助言・命令などに)従う, (規則などを)守る.

befördern [ベフェルデァン]《beförderte; befördert》[他]([英] transport)《*j-et*^{4} **mit** ⟨**in**⟩ *et*^{3}》(…を乗り物である場所へ)運ぶ, 送る, 配送⟨輸送⟩する; 《*j*^{4} **zu** *et*^{3}》(人

を〈…に〉昇進〈昇格〉させる.
Beförderung 囡《-/-en》運送, 輸送, 送任; 昇進, 昇級. **~s-kosten** 圈 送料, 運賃. **~s-mittel** 圈 輸送手段, 運輸機関.
befrachten 他《船・車などに》貨物を積み込む.
befragen 他《*j⁴* **über** *et⁴*》《*j⁴* について》尋ねる, 問い合わせる, 質問する; 相談する : *j⁴* **nach** *seiner* Meinung《**um** Rat》～人に意見〈助言〉を求める.
Befragung 囡《-/-en》問い合わせ, 質問; 尋問; アンケート.
befreien [ベフライエン]《befreite; befreit》他《働 free》《*j-et¹*》《**aus**《**von**》*et³*》《…を〈…から〉》解放する, 自由にする; 《*sich⁴* **aus**《**von** *j-et³*》》《…から》解放される《自由になる》, …を免れる; 《*j⁴* **von** *et³*》《人を義務などから》免除する; 《*sich⁴* **von** *et³*》《…から不快なもの・障害などを》取り去る.
Befreier 圏《-s/-》解放者, 救済者.
befreit, befreite ⇒ befreien
Befreiung 囡《-/-en》解放; 救済, 免除. **~s-front** 囡 解放戦線. **~s-krieg** 圈《民族》解放戦争.
befremden 他《人に》奇異〈不快〉の感じを与える, 不審がらせる. **Befremden** 囲《-s/》違和感, 不審《の念》, 不快感. **befremdend** 圏 意外な, 不審な.
befremdlich 圏 奇異な, 不審な, いぶかしい.
befreunden 他《*sich⁴* **mit** *et³*》《人と》親しくなる, 友達になる;《*sich⁴* **mit** *et³*》《…に》慣れ親しむ, なじむ. **befreundet** 圏 親しい, 仲のよい.
befriedigen [ベフリーディゲン]《befriedigte; befriedigt》❶ 他《働 satisfy》《欲求・要求などを》満たす;《*j⁴*》《人の》欲求を満たす, 《人の》期待や要望に応える. ❷ 他《*sich⁴*》自慰行為をする.
befriedigend [ベフリーディゲント] 圏 満足できる; まずまずの:《成績評価で》可.
befriedigt 圏 満足した, 満足そうな.
Befriedigung 囡《-/》満足させること; 満足《充足》感.
befristen 他《…に》期限をつける.
befruchten 他《動植物を》受精〈受胎〉させる;《…に》実りをもたらす;《創作活動などを》刺激する.
Befruchtung 囡《-/-en》受精, 受胎; 実り豊かにすること, 有益な刺激.
befugen 他《*j⁴* **zu** *et³*》《人に…の》権限〈資格〉を与える.
Befugnis 囡《-[e]s/-se》権限, 資格.
befühlen 他《…に》触る, 触ってみる.
Befund 圏《-[e]s/-e》診査・検査の結果, 鑑定;《医》所見: **ohne** ~《医》所見《異常》なし《o.B.》.
befunden ⇒ befinden
befürchten 他《働 fear》《…を》恐れる, 危惧《きぐ》する, 懸念する. **Befürchtung** 囡《-/-en》恐れ, 心配, 不安.
befürworten 他《…を》支持する《推薦する》.
Befürworter 圏《-s/-》支持者.
Befürwortung 囡《-/-en》支持; 推薦, 推奨.
begab ⇒ begeben

begabt [ベガープト] 圏 才能のある, 天分に恵まれた.
Begabung [ベガーブング] 囡《-/-en》《働 talent》才能, 天分;《優れた》才能の持ち主.
begaffen 他《蔑》《…を》ぽかんと〈口を開けて〉見とれる.
begangen ⇒ begehen
begann, begänne ⇒ beginnen
begatten 他《雌が》交尾する;《話》《*j⁴*》《人と》性交する;《再 *sich⁴*》交尾する.
Begattung 囡《-/-en》交尾; 性交.
begebbar 圏《手形などが》譲渡できる; 換価できる.
begeben* [ベゲーベン]《begab; begeben》❶《雅》《働 go》《*sich⁴*》《…へ》赴く, 行く;《*sich⁴*》起こる, 生じる : **Es begab sich, dass** ...《古》…ということが起こった. ❷ 他《債券・手形を》発行する, 譲渡する, 換価〈換金〉する.
Begebenheit [ベゲーベンハイト]《雅》できごと, 事件.
begegnen [ベゲーグネン]《begegnete; begegnet》他《s》《働 meet》《*j³*》《人に》出会う;《*et³*》《…に》遭遇する;《*j³*》《人に…の態度で》接する;《*et³*》《…に…の方法で》対処《対応》する.
Begegnung [ベゲーグヌング] 囡《-/-en》出会い, 遭遇;《スポーツ》対戦, ….
begehbar 圏《道などが》通行可能な, 歩いて通れる.
begehen* 他《過ち・不正・犯罪などを》犯す;《雅》《祭りや式典などを》催す, 祝う;《ある場所を》見て回る, 巡視する.
Begehr 圏《-s/-》= Begehren.
begehren 他《働 desire》《…を》欲しがる, 熱望する; 強く求める. **Begehren** 囲《-s/-》《雅》欲求, 要求, 願望, 要望. **begehrenswert** 圏 欲する〈求める〉価値のある, 望ましい.
begehrlich 圏 物欲しげな《食欲な》.
Begehrlichkeit 囡《-/-en》欲望, 食欲.
begehrt 圏 切望された, 人気の, 需要の多い, 引きもきらぬ, 売れ筋の.
begeistern [ベガイスタン]《begeisterte; begeistert》❶ 他《人を》感激させる;《*j⁴* **für** *et⁴*》《…に》夢中にさせる. ❷ 他《*sich⁴*》感激する;《*sich⁴* **für** *et⁴*》《…に》夢中になる. **begeistert** 圏 感動的な.
Begeisterung [ベガイステルング] 囡《-/》《働 enthusiasm》感動, 感激, 熱狂, 熱中 : **in** ~ **geraten** 感激〈感動〉する | **mit** ~ 熱心に, 興奮して.
Begier 囡《-/-》= Begierde.
Begierde 囡《-/-n》《働 desire》熱望, 欲望, 情欲.
begierig 圏 熱望している, 熱心な《食欲《どん》な.
begießen* 他《*j-et¹* 《**mit** *et³*》》《…に》《水などを》かける, 注ぐ;《話》《…を》祝って一杯やる.
Beginn [ベギン] 圏《-[e]s/》《働 beginning》始まり, 始め, 最初, 開始, 発端. ✦ **zu《am》** ~ 初め《最初》に.
beginnen* [ベギネン]《begann; begonnen》他《働 begin》《…を》始める;

《mit et³》《物事が…で)始まる,(人が仕事・話などを)始める,(…に)着手する. **Beginnen** 他 (-s/) 《雅》企て. 行動.

beglaubigen 他 (公に…を)証明〈保証〉する. 認証〈公証〉する;《jª》(外交使節に)信任状を与える.

Beglaubigung 囡 (-/-en) (公的機関・公証人などによる)証明, 保証, 認証, 公証;(外交使節の)信任[状]. **=s-schreiben** 囲 (外交使節の)信任状.

begleichen* 他 (…で)支払う, 清算する;(負債を)返済する.

Begleichung 囡 (-/-en) 支払い, 清算,(負債の)返済.

Begleit=adresse 囡 《郵政》税関符票,税関告知書. **=brief** 囲 添え状, 送り状.

begleiten [ベグライテン]《begleitete; begleitet》他 《英 accompany》(人に)同行〈同行する;(人を)送って行く;(乗り物を)護衛する;(…に)付随する;《楽》(…に)伴奏する.

Begleiter 囲 (-s/-),《-in》同行〈同伴〉者, 仲間;護衛者, 伴奏者.

Begleit=erscheinung 囡 随伴〈付随〉現象;随伴症状.

begleitet, begleitete ⇒ begleiten

Begleit=instrument 囲 伴奏楽器. **=musik** 囡 《劇・映》伴奏音楽. **=papiere** 複 《商》(貨物の)添付書類, 内容証明(申告)書類. **=schein** 囲 《税》税関符票, 税関告知書. **=schiff** 囲 護衛艦. **=schreiben** 囲 添え状, 送り状. **=umstand** 囲 付帯〈付随〉状況.

Begleitung 囡 (-/-en) 同伴, 同行, 随伴, 同伴者, お供, 付添人;《楽》伴奏.

beglücken 他 (人を)喜ばせる, 幸せにする. **Beglückung** 囡 (-/-en) 喜ばせる〈幸福にする〉こと;幸福, 喜び.

beglückwünschen 他 (人に)おめでとうを言う, お祝いを述べる. **begnadet** 他 類希の才に恵まれた.

begnadigen 他 《jª》(…に)赦免を与える,(…を)赦免する;減刑する.

Begnadigung 囡 (-/-en) 恩赦, 赦免;減刑.

begnügen 他 《sich⁴ mit et³》(…で)満足〈我慢〉する,(…に)甘んじる.

Begonie 囡 (-/-n) 《植》ベゴニア.

begonnen, begönne ⇒ beginnen

begr. Begründet 創立された.

begraben* [ベグラーベン]《begrub; begraben》他 《英 bury》(人を)埋葬する, 葬る;(土砂崩れなどが…を)埋めてしまう, 生き埋めにする;(夢・計画などを)あきらめる;(…に)見切りを付ける;(争いを)やめる. ♦ ~ lassen können 《話》《sich⁴ mit et³》(…では)成功の見込みがない, 手の打ちようがない.

Begräbnis 囡 (-ses/-se) 埋葬, 葬式, 葬儀.

begradigen 他 (道路・河川などを)まっすぐに〈直線に〉する.

begreifen* [ベグライフェン]《begriff; begriffen》他 《英 understand》《(et⁴)》(〔…を〕)理解する;《jª et⁴ als et³》(人を)(…で)〈…と)思う;再 《sich⁴ als et¹》(…として)自明のことである. ♦ in sich³ ~ (あることがらが…を)含んでいる.

begreiflich [ベグライフリヒ] 理解できる, もっともな, 納得のいく. **=er=weise** 副 もちろん, 当然である[ことなのだ].

begrenzen [ベグレンツェン]《begrenzte; begrenzt》他 (…に)境界をもうける,(…と)境界を接する;制限する, 限定する.

begrenzt 他 制限された, 限られた;(視野)短縮された.

Begrenztheit 囡 (-/) 制限〈限界〉のあること, 限界;狭さ, 狭量.

Begrenzung 囡 (-/-en) 制限, 限定, 局限;境界, 限界, 限度. **=licht** 匣 (自動車などの)車幅灯, サイドライト.

begriff ⇒ begreifen

Begriff [ベグリフ] 囲 (-[e]s/-e) 《英 concept》概念, 想像;把握, 理解. ♦ ein ~ sein 《jª》(人は)知っている. im ~ sein 〈stehen〉《+ zu 不定詞句》まさに(…)しようとしているところだ. schwer 〈langsam〉 von ~ sein 《話》(人)のみ込みが遅い, 頭の巡りが遅い.

Begriffe (→ begreifen) ♦ ~ sein in et³ 《話》(何か)の途中〈最中〉である;(…が)進行中である.

begrifflich 形 概念的な;抽象的な.

Begriffs=bestimmung 囡 概念規定, 定義.

begriffs=stutzig 形 《蔑》理解の遅い, 物分かりの悪い, とろい.

Begriffs=vermögen 匣 理解力.

begrub ⇒ begraben

begründen [ベグリュンデン]《begründete; begründet》他 《英 justify》《et⁴ [mit et³]》(…を)(…で)根拠づける, 正当化する;(…の)理由〈根拠〉を挙げる;(…の)基礎を築く;創設〈創立〉する, 創刊する.

begründet 他 当然の, 根拠のある. ♦ in et³ ~ sein 〈liegen〉 / durch et⁴ ~ sein (…に)基づいている,(…から)来ている.

Begründung 囡 (-/-en) 理由〈根拠〉づけ;創設, 創立.

begrünen 他 緑化する;(…を)緑に覆われる, 萌(え)出す.

begrüßen [ベグリューセン]《begrüßte; begrüßt》他 《英 greet》(人に)あいさつする;歓迎の言葉を述べる;(提案・決定などを)喜んで受け入れる.

begrüßenswert 形 歓迎すべき, 喜ぶべき.

begrüßt, begrüßte ⇒ begrüßen

Begrüßung 囡 [ベグリュースング] 囡 (-/-en) あいさつ, 歓迎. ♦ zur ~ あいさつ〈歓迎〉のために, 歓迎のしるしとして.

begucken 他 《話》(…を)じろじろ見る, しげしげと見る.

begünstigen 他 (…を)ひいきする, 優遇する;(…に)有利に働く, 幸いする;(…を)助成〈助長〉する, 支援する;《法》幇助.

Begünstigung 囡 (-/-en) ひいき, 優遇;助成, 促進;《法》幇助.

begutachten 他 (専門的に…を)鑑定する, 精査〈査定〉する;《話》(何かを)仔細に吟味する.

Begutachtung 囡 (-/-en) 鑑定[書], 査定, 専門的な判定.

begütert 形 資産のある, 裕福な.

begütigen 他 (人を)なだめる, あやす,(…の怒りなどを)静める.

behaaren 再 《sich⁴》毛〈毛髪〉が生える.

behäbig 形 太った;悠然とした, のんびり

した; (家具などが)どっしりした; 《ｽｲｽ》 裕福な; 立派な. **Behäbigkeit** [女] 《-/》 肥満; 悠然としていること. **behaftet** [形] ✦ ~ *sein* 《**mit** *et*^{3}》 (…に)とりつかれている; (…を)背負いこんでいる.

behagen [自] 《*j*^{3}》 (人の)気に入る, (人にとって)快い, 心地よい. **Behagen** [中] 《-s/》 快適, くつろぎ; 満足感.

behaglich [ベハークリヒ] [形] ([英] comfortable)快適な, 気持ちのよい, 気楽な, くつろいだ.

Behaglichkeit [女] 《-/》 快適さ, くつろぎ, 心地よさ.

behalten* [ベハルテン] 《**behielt; behalten**》[他] ([英] keep)保持〈保有〉する, 失わない; (ある状態に)保つ; (人を)引き留めておく; 記憶しておく. ✦ ***für sich***^{4} ***~*** (…を自分用に)とっておく; 口に出さない. ***recht ~*** (言行が)正しい, 間違っていない.

Behälter [ベヘルター] [男] 《-s/-》 入れ物, 容器; 収納家具; (液体・気体などの)タンク, ボンベ; 貯蔵庫.

Behältnis [中] 《-ses/-se》= Behälter.

behände [ベヘンデ] [形] (特に動作が)すばしこい, 機敏〈敏しょう〉な, 器用な.

behandeln [ベハンデルン] 《behandelte; behandelt》[他] ([英] treat)〔取り〕扱う; 《*j-et*^{4} 〔**mit** *et*^{3}〕》 (病人・病気を〔…で〕)治療する; (問題・テーマなどを)扱う, 論議する; テーマとする; 《*et*^{4} 〔**mit** *et*^{3}〕》 (…を〔…で〕)処理〈加工〉する.

Behändigkeit [女] 《-/》 すばしこさ, 敏捷(びんしょう)さ, 機敏性.

Behandlung [ベハンドルング] [女] 《-/-en》 取り扱い, 待遇; (問題・テーマなどの)考察; (病気の)手当て, 治療, 処置; 〖化・工〗 処理. ✦ ***in*** 〔***ärztliche***〕 ***~ begeben*** 《*sich*^{4}》 医者の治療を受ける.

Behang [男] 《-〔e〕s/.. hänge》 掛け飾り, 壁掛け; (クリスマスツリーの)飾り; (果樹の)実; (猟犬の)垂れ耳.

behängen [他] 《*et*^{4} **mit** *et*^{3}》 (…に…を)かける, つるす, (…に…を吊るして)飾る; 《*sich*^{4} **mit** *et*^{3}》 (…で)飾りたてる.

beharren [自] 《**auf** 〈**bei**〉 *et*^{3}》 (…に)固執する, (…を)主張してゆずらない; 《**in** *et*^{3}》 (ある気持ちを)持ち続ける; (ある場所に)いつまでも留まる.

beharrlich [形] ねばり〈辛抱〉強い, 頑固〈執拗(しつよう)〉な. **Beharrlichkeit** [女] 《-/-》 ねばり〈辛抱〉強さ, 根気, 強情.

Beharrung [女] 《-/》 固執すること, 持続すること. **~s=vermögen** [中] (根気の)持続力, ねばり, 頑張り; 〖理〗 慣性, 惰性.

behauen* [他] (おの・のみなどで石や木を)削って加工する, 切り整える; (樹木を)刈り込む, 枝を払う.

behaupten [ベハオプテン] 《behauptete; behauptet》 ❶ [他] ([英] claim)主張する; (意見・立場などを)守り通す, 譲らない. ❷ [再] 《*sich*^{4}》 (世に)認められる; 〖商〗 (値が)安定する, 引き締まる; 《*sich*^{4} 〔**gegen** *j*^{4}〕》 (競技・試合で〔人に〕)勝つ.

Behauptung [ベハオプトゥング] [女] 《-/-en》 主張, 申し立て, 言明; 固持, 確保, 維持.

Behausung [女] 《-/-en》 (みすぼらしい)住居, すまい; (簡素な)宿.

beheben* [他] (障害・欠陥を)取り除く, 除去する; (故障などを)修理〈修繕〉する.

beheimatet [形] (…の)生まれの, (…)原産の; (…に)定住している.

beheizen [他] (部屋などを)暖房する; (ボイラーなどを)たく, (…を)加熱する.

Behelf [男] 《-〔e〕s/-e》 〔当座の〕間に合わせ, 一時しのぎ; 口実.

behelfen* [再] 《*sich*^{4}》 〔一時〕間に合わせる, さし当たり我慢する, なんとかやりくりする.

Behelfsheim [中] (被災者用などの)仮設住宅, 仮住い.

behelfsmäßig [形] 間に合わせの, 応急の, 一時しのぎの.

behelligen [他] 《*j*^{4} 〔**mit** *et*^{3}〕》 (…を〔…で〕)悩ます, 煩わす.

behend〔e〕 [旧]= behände. **Behendigkeit** [旧]= Behändigkeit.

beherbergen [他] (人を)泊める, 宿泊させる.

beherrschen [ベヘルシェン] 《beherrschte; beherrscht》[他] ([英] govern)支配する; (人の心を)占める; (…の)特徴をなす; (怒り・衝動などを)抑える, コントロールする; ([英] master)マスターしている; [再] 《*sich*^{4}》 自制する. ✦ ***Ich kann mich ~!*** 《話》 私はそんなことは決してしない.

beherrscht [形] 自制した, 冷静な. **Beherrschtheit** [女] 《-/》 自制, 沈着, 冷静.

Beherrschung [女] 《-/-en》 支配, 統治, 制御; 自制, 沈着 **(**die ~ verlieren 我を忘れる; かっとなる**)**; 熟達, 精通.

beherzigen [他] (忠告・警告などを)肝に銘じる, 心にとめる.

beherzigenswert [形] 留意に値する, 心にとめるべき.

beherzt [形] 勇気のある, 勇敢な, 大胆な.

Beherztheit [女] 《-/》 勇敢〔さ〕, 大胆.

behielt ⇨ behalten

behilflich [ベヒルフリヒ] [形] 役に立つ, 助けになる.

behindern [ベヒンダァン] 《behinderte; behindert》[他] ([英] hinder) 《*j*^{4} 〔**bei** *et*^{3}〕》 (人が…するのを)妨げる. **behindert** [形] (身体・精神に)障害のある.

Behinderten=einrichtung [女] 障害者施設.

Behinderte〔r〕 [男] [女] 《形容詞変化》 〔身体・精神〕障害者.

Behinderung [女] 《-/-en》 妨害, 妨げ, じゃま, 支障; 障害.

Behörde [ベヘーアデ] [女] 《-/-n》 官庁, 役所, 当局.

behördlich [形] 官庁の, 当局の, その筋の.

behüten [ベヒューテン] 《behütete; behütet》[他] ([英] protect) 《*j-et*^{4} 〔**vor** *et*^{3}〕》 (…を〔…から〕)守る, 保護する. ✦ 〔***Gott***〕 ***behüte!*** 《話》 まっぴらだ, とんでもない.

behutsam [形] 用心深い, 慎重な, 入念な. **Behutsamkeit** [女] 《-/》 用心深さ, 慎重さ, 注意深さ.

bei [バイ] I [前] 《3格支配》 ❶ ([英] by) 《空間的》 …のそばに; …の近郊に : der Kiosk *beim* Bahnhof 駅のそばのキオスク. ❷ 《場所・活動の場》 …のもとで, …のところで; …において : Ich lebe ~ meinem Onkel. 叔父のところにおります | ~ uns in Japan 私たちの国日本では | ~

beif. 圈 *beif*olgend.
Beifahrer 圐（車の助手席・オートバイの後部座席の）同乗者; 運転助手. =**sitz** 圐
Beifall [バイファル] 圐(-[e]s/) かっさい, 拍手; 同意, 賛成, 賛同. **beifällig** 圈 賛成の, 同意の, 好意的な. =**Beifalls-ruf** 圐 あらしのような拍手かっさい. =**sturm** 圐 あらしのような拍手かっさい.
beifügen 囤 (:3 et3 に…3 を) 言い添える, 付け加える, 添付する; (…を) 補足する. **Beifügung** 囡 (-/-en) 添付[すること], 同時; 【文法】付加語.
Beifuß 圐 (-es/) 【植】 ヨモギ.
beige [ベージュ] 圈〖無変化〗ベージュ色[の]. =**Beige** 囡 (-/-s) ベージュ色.
beigeben* 囤 (:3 et3 に…4 を) 添える, 添加する, 付け加える. ♦ **klein ~** 引き下がる; 譲歩する.
beigebracht ⇒ **beibringen**
Beigeschmack 圐 (本来の味に混じった) 変な味; 悪い後味.
beigesellen 囤 (j3 j3) (…の) 仲間に加える; (sich4 j3) (人の) 仲間に加わる.
Bei-heft 圐 別冊, 付録. =**hilfe** 囡 補助金, 助成金; 援助金; (病気の) 介助; 【法】従犯. =**klang** 圐 (耳ざわりな) 共鳴音; 不快な響き.
beikommen* 囤 (s) (et3 [mit et3]) (問題を) 一応の処理する; (j3 [mit et3]) (人を) (…で) 意のままにする, (人に…で) 対応する.
beil. 圈 *beil*iegend 同封の(して).
Beil 圐 (-[e]s/-e) おの, 手おののギロチン, 断頭台.
Beilage [バイラーゲ] 囡 (-/-n) 添付; 同封物; (新聞・雑誌の) 付録; 【料】 (サラダなど) 付け合わせ; 【印刷】.
beiläufig 圈 ついでの, 付随的の(副次的)な; さりげない; 副 おおよその, ほぼ, 約.
Beiläufigkeit 囡 (-/-en) 校葉末節, 些事(に); 付随現象; 無頓着, 冷淡さ.
beilegen 囤 (enclose) (et3 et4 に) (…を) 添える, 同封する; (争いなどを) 調停(解決)する.
Beilegung 囡 (-/-en) (争いなどの) 調停, 仲裁, 解決.
beileibe 圖 【否定詞と】決して, 断じて.
Beileid 圐 (-[e]s/) 悔やみ, 弔意. =**bezeigung** 囡 弔意, 弔意の表明. =**brief** 圐 悔やみ状.
beiliegen* 囤 (et3) (…に) 添付(同封)してある. **~d** 圈 添付(同封)の (略 beil.).
beimengen 囤 (et3 et4) (…に…を) 加えて混ぜる, 添加する. **Beimengung** 囡 (-/-en) 混入, 添加; 混入物, 添加物.
beimessen* 囤 (j3 et4) (…に) 意味・価値などを) 与える, 認める; (j-et3 et4) (…に) 責任・罪などを) 帰する.
beimischen 囤 (et3 et4) (…に…を) 加えて混ぜる, 混合する; 囯 (sich4 et3) (…に) 混入する. (…と) 混じり合う. **Beimischung** 囡 (-/-en) 混合; 混合物, 混入物.
Bein [バイン] 圐 (-[e]s/-e) (圏 leg) 脚, 足. ❷ (家具などの) 脚; (車の足回り); (ズボンの) 脚. ❸ 【南部・スイス】骨. ♦

der Firma 会社では. ❸ 《身体部分・衣服など》…をつかんで, 引っ張って; j4 ~ der Hand nehmen (人の手を取る. ❹ 《時間的》…の時に, …の際に; ~ einem Unfall 〈einer Hochzeit〉事故に際して〈結婚式で〉. ❺ 《条件・理由》…の場合には, …の時には; ~ Feuer〈Regen〉火事〈雨〉の場合には | ~ dieser Hitze この暑さでは ❻ 《all-, dies-, so, solch- や形容詞的代名詞と》 …にもかかわらず; ~ all seinen Bemühungen いろいろ努力したにもかかわらず. ❼ 《誓い》…にかけて; ~ Gott 神かけて. Ⅱ 圈 〖雅〗およそ, 約. ♦ ~ sich3 haben (…を) 同伴する; 携帯する. ~ sich3 sein 〖名詞化された不定詞や動作動詞と〗 (…の) 最中である; 〖et3 ~ j-et3 vorbei〗 (…に) 立ち寄る. ~ weitem 〖形容詞の比較級・最上級や否定詞を強めて〗 はるかに, 断然. nicht ganz ~ sich3 sein 正気でない; ぼんやりしている.

beibehalten* (behielt bei; beibehalten) 囤 (…を) 続ける, 保持する. **Beibehaltung** 囡 (-/) 維持, 保持.

Bei-blatt 圐 (新聞・雑誌などの) 折り込み, 付録. =**boot** 圐 (船舶に積載された) 小型ボート, ランチ.

beibringen* [バイブリンゲン] (brachte bei; beigebracht) 囤 (j3 et4) (人に…を教える); (j3 et4) (人に言いにくいことを) 上手に伝える.

Beichte 囡 (-/-n) 【南部】**Beicht** (-/-en) 告解, ざんげ; (罪の) 告白.
beichten 囤 (…を) 告解する, ざんげする; (…を) 打ち明ける, 告白する.
Beicht-geheimnis 圐 〖宗〗聴罪司祭の守秘義務, 告解の秘密. =**kind** 圐 告解者. =**stuhl** 圐 〖宗〗告解室, 告解聴聞席. =**vater** 圐 〖宗〗 聴罪司祭.

beide [バイデ] 圈 〖不定代名詞・数詞; ふつう形容詞変化〗 ❶ 囤 (both) 両人の〈両方の〉 : mit ~n Händen 両手で | Sie sind ~ sehr nett. 彼らは 2 人とも親切だ. ❷ 《名詞的》双方の, 両者 で : Beides ist möglich〈nicht richtig〉. どちらもありえる〈正しくない〉. ♦ ~ Male 2度[とも].
beidemal 圖 ⇒ beide ~ **beiderlei** 圈 〖無変化〗両者(両方)の.
beider-seitig 圈 両側(両面)の; 双方(相互)の. =**seits** ❶ 圖 両側(両面)に; 双方(相互)に. ❷ 〖2格支配〗 …の両側に.

beid-händig 圈 両手を用いた; 両手の利く. =**lebig** 圈 【動】水陸両生の. =**recht** 圈 (織物の) 表裏兼用の.
beidrehen 囤 〖海〗減速[停止]する; 船首を風に向ける.
beieinander 圖 並んで, いっしょに, 集まって; そろって, ~ **haben** (…を) 整えている, まとめて持っている. ~ **sein** 集まっている; 整っている, きちんとしている. **gut〈schlecht〉 ~ sein** 〖話〗健康である〈ない〉. **nicht alle ~ haben** 〖話〗どうかしている; 気が変だ. **nicht richtig〈ganz〉 ~ sein** 〖話〗頭がおかしい.
beieinander-haben*, ⊢**sein*** 囤 ⇒ beieinander ♦

alles, was ~e hat 《話》(動ける者は)だれでも,皆. *ans ~ binden* 《話》《*et*⁴》(…の)損失を覚悟する. *ans ~ binden ⟨hängen⟩* 《*j*³ *et*⁴》(人にやっかいな事・仕事を)背負いこませる;《*sich*⁴ *et*⁴》(…を)背負い込む. *auf den ~en sein*《話》いつも働いている;仕事で外を回っている. *auf die ~e bringen*(人を)元気づける. 立ち直らせる. *auf die ~e helfen*《*j*³》(人を)助け起こす;(精神的・経済的に人を)立ち直らせる. *auf die ~e kommen* 立ち上に; 直る. *auf die ~e machen*《話》《*sich*⁴》出かける. *auf die ~e stellen*《話》(…を)創設する. *auf eigenen ~en stehen*《話》独立している. *auf schwachen ~en stehen* 根拠が薄弱である. *~e bekommen ⟨kriegen⟩*《話》(足が)生えて消えうせる, なくなる. 盗まれる. *~e haben* すばやい, 機敏である. *die ~e in den Leib ⟨in den Bauch⟩ stehen*《*sich*⁴》持ちくたびれて足が棒のようになる—待つ. *die ~e in die Hand ⟨unter die Arme⟩ nehmen*《話》大急ぎで立ち出る, 慌てて逃げる. *die ~e nach et³ ablaufen ⟨abrennen, wund laufen⟩*《*sich*⁴》(…を)探し回る. *die ~e unter j² Tisch strecken*《話》(人の)すねをかじっている. *die ~e vertreten*《話》(長く座った後で)少し歩き回って体をほぐす. *ein ~ stehen lassen*《蹴》トリッピングを犯す. *ein ~ stellen*《*j*³》(…)に足を出してつまずかせる;(人を)陥れる. *ein langes ~ machen*《俗》足を伸ばして相手のボールを奪う. *immer wieder auf die ~e fallen*《話》苦境(難関)をいつもうまく切り抜ける. *j²* *~e fahren*《話》《*j*³》(戦車などが)人の全身を走り抜ける. *die ~e*《話》(酒が)足に来る;(音楽が)足をひとりでに動かす. *jüngere ~e haben*《話》[他人より]足がじょうぶである(速い). *kaum noch auf den ~en halten können*《*sich*⁴》もう立っていられない. *kein ~ausreißen*《話》《話》あまり熱心でない. *[lange] ~e machen*《話》《*j*³》(人を)せき立てる. *mit beiden ~en im Leben ⟨auf der Erde⟩ stehen* 生活力があり, 足が地についている. *mit dem linken ~ zuerst aufgestanden sein*《話》機嫌が悪い. *mit einem ~ im Gefängnis stehen* 危険を冒す, 法律すれすれのことをしている. *mit einem ~ im Grab stehen*《話》棺おけに片足を突っ込んでいる. *nicht mehr ⟨kaum noch⟩ auf den ~en halten können*《*sich*⁴》もう立っていられない. *schwach auf den ~en sein*〈*stehen*〉《話》病弱である;(根拠などが)薄弱である, von einem ~ aufs andere treten*《話》いらいらして[待って]いる. *wieder auf den ~en sein*《話》健康を回復している; 全快している. *wieder auf die ~e kommen* 立ち上がる, 全快する, 立ち直る.

Beinah[e] [バイナー[エ]] 副 (® almost) ほとんど, ほぼ; 危うく, すんでのところで.
Beinahe=zusammenstoß 男 異常接近, 衝突寸前, (航空機の)ニアミス.
Bei=name 男 異名, 別名, あだ名.
Bein=arbeit 女 (スポーツ) フットワーク, 足の動き. =**bruch** 男 ✦ *Das ist [doch]*

kein ~!《話》それはそう大したことじゃないよ. *Hals- und ~!*《話》がんばれ!: 成功を祈る.

be|inhalten 他 《官》(内容として…を)含む, (…)を内容とする.

..beinig 形容詞「一本足の…の足の」の意.

bei|ordnen 他 《*j*³ *j*⁴》(補佐として…に…を)付ける;《法》《…に…を》国選弁護人として付ける;《語句・文章を》並列化する.

Beipackzettel 男 (-s/-) (包装箱に同封してある)内容表示書, 使用説明書.

bei|pflichten 自 《*j-et*³》(…に)賛成する, 賛同する;(…)を支持する.

Beirat 男 (-[e]s/..räte) 諮問(ほ)委員[会], 顧問[会].

be|irren 他 (人を)惑わす, 動揺させる.

Beirut ベイルート(レバノンの首都).

bei|sammen 副 いっしょに, 集まって, そろって. ✦ *gut ⟨schlecht, nicht ganz⟩ ~ sein*《話》元気いっぱいである(気分がすぐれない).

bei|sammenhaben 他 ✦ *nicht alle ~ haben*《話》少々頭がおかしい.

Beisammensein 中 (-s/-) いっしょにいること; 会合, 集会.

Beischlaf 男 (-[e]s/-) 《雅》同衾(え); 性交. **bei|schlafen*** 自 《*j*³》(…と)同衾(え)する, 性交する.

bei|schließen* 他 《ビュロ》《*et*³ *et*⁴》(…に…を)同封する(同封して送る).

Beisein 中 (-s/-) 同席, 臨席, 立ち会い.

bei|seite 副 わきへ, 傍らへ, 横へ. ~ *sprechen*《劇》傍白する. ✦ ~ *bringen* (…を)わきへ持って来る, 取りのけておく; ~を隠す. ~ *lassen* (…を)無視する. ~ *legen* (…を)わきへ取りのけておく;《話》(…を)貯金する; (…を)中断する. ~ *nehmen* 《*ziehen*》(内密の話をするために人を)そばへ呼ぶ. ~ *schaffen* (…を)人目に触れないようにする; 殺す. ~ *schieben* (…を)押しのける; 無視する. ~ *setzen* (…を)わきへ置く; 無視(なおざり)にする. ~ *stellen* (…を)取りのけておく.

bei|setzen 他 《雅》(人を)埋葬する. **Beisetzung** 女 (-/-en) 《雅》埋葬. **Beisitzer** 男 (-s/-) 《法》陪席判事;(委員会・理事会などの長以外の)委員, 理事.

Beispiel [バイシュピール] 中 (-[e]s/-e) ① (® example) 例, たとえ, 実例, 先例; *~ für et*⁴ *anführen* 〈*nennen*〉…の例を挙げる. ② 手本, 模範, 見本. ✦ *sich*³ *an j-et*³ *nehmen* 〈*j-i-et*³》《*et*⁴》(…)を手本にする. 見習う. *ein ~ geben* 例を挙げる; 範を垂れる. *mit gutem ~ vorangehen* 手本を示す, 範を垂れる. *ohne ~ sein* 前例がない, 前代未聞である. [*wie*]*zum ~* 例えば(略 z. B.).

beispiel=haft 形 模範的な, 好例の. **=los** 形 前例のない, 無類の, 未曾有(な)の. **~s=weise** 副 例えば, 例を挙げて.

bei|springen* 自 (s) 《雅》《*j*³》(…)を助けに駆けつける;《*j*³ *mit et*³》(…に金銭・物を与えて)急場を救う. =**stehen*** 自 《*j*³》(…に)助力する, 加勢する.

beißen* [バイセン] (*biß*; *gebissen*) ① ® bite かむ;《*j-i-et*³[⁴]》《*in et*⁴》《*j-i-et*³[⁴]》(…に)かみつく;《*nach j-et*³》(動物が…)をかもうとする;《*sich*³ *auf* 〈*in*〉 *et*⁴》(食

bekennen

事中にうっかり…を》かむ;《[j⁴]》(虫などが[人を])刺す;(魚がえさに)食いつく. ❷《**in** et³》(風・寒さ・煙などが目・鼻などに)しみる. 寒げ:(つなが)ぴりりと利く. ❸《sich⁴ [**mit** et³]》(色が…に)調和しえい. ♦ J⁴ **beißt es.**(人は)ちくちくむずむずする. **Er wird** [dich] **schon nicht** [gleich]**〜.** あいつを怖がることはない. **nichts zu 〜** [und zu brechen] **haben** 食べる物が何もない;食うに事欠いている.

beißend 形 刺すような,ひりひりする;辛らつな.

Beiß|korb 男(犬や馬の)口輪. **=ring** 男(乳幼児の)かみ輪. **=zange** 女 ペンチ,やっとこ,くぎ抜き;《俗》はがみバサミ;かましい女.

Beistand 男《雅》援助,助力,補佐;援助者,後見人;《法》補佐人;(決闘の)立合人;《ﾊﾞﾘｼﾞｰﾇｽﾞ》結婚立会人. **〜s-kredit** 男 スタンドバイクレジット. **〜s-pakt** 男(国家間の)軍事援助協定.

beistehen* 自 《j³》(人に)味方する,(人に)味方する.

Beistelltisch 男 サイドテーブル.

Bei-steuer 女《南部》寄付金,補助〔費〕金.

bei|steuern ❶ 自《et⁴ **zu** et³》(…を…に)寄付〔賛助〕する. ❷ 他《**zu** et³》(…に)寄付する,寄与する.

bei|stimmen 自《[j-]et³》(…に)同意する,賛成する.

Beistrich 男 コンマ(,).

Beitrag [バイトラーク] 男 ❶ 《⦅e⦆s/..träge》❶《⦅contribution⦆》貢献,寄与;寄稿〔文〕:einen 〜 **zu** et³ leisten (…に)貢献〔寄与〕する. ❷ 会費,負担金,拠出金,分担金;保険料,(保険の)掛け金.

bei|tragen* 他《et⁴ **zu** et³》(〔…を〕…に)寄与〔寄贈〕する;(…のために〔…に〕)貢献する.

beitragspflichtig 形 出資《負担》義務のある. **Beitragspflichtige[r]** 男・女《形容詞変化》分担金支払義務者.

bei|treten* 自 (s) 他《[j-]et³》(グループ・機関などに)加入する,入会する;(条約などに)加盟する;《法》《[j-]et³》(訴訟手続きに加わって原告を)補佐する;(関係者として訴訟手続きに)参加する.

Beitritt 男 加入,加盟,入会,参加;《法》補佐.

Beiwache 女《⦅e⦆-/-n》ビバーク,露営.

Beiwagen 男(オートバイの)サイドカー;(動力を持たない)連結車.

Beiwerk 中 付属物,装飾;アクセサリー;添え物,余計な付け足し.

bei|wohnen 自《j³》《雅》(人と〔性的に〕)同会する;《⦅出席⦆》(…に)出席《列席》する.

Beiwort 中 《文法》形容詞;形容辞《修飾語》.

Beize 女《-/-n》❶ 木材の着色剤;(皮革類の)なめし液;(繊維の媒染剤);(金属の)腐食剤;《⦅剤⦆);[剤];マリナード,漬け汁;《俗》いじめ,罵倒. ❷(古]《狩》鷹狩り.

beizeiten 副 時機を逃さず,タイミングよく;⦅時間より早めに.

beizen 他(木材にステインなどを)塗布する;(皮革類を)なめす;(繊維を媒染剤などで);(金属を)腐食処理する;(タバコの葉を)発酵処理する;《医》(傷を)焼灼する;

(料)(肉・魚などを)マリネートにする;(野鳥などを)鷹狩りで捕らえる.

bejahen [ベヤーエン] 《bejahte; bejaht》 他(…に対して「はい」と答える;(…を)肯定する;(意見・計画に)賛成《賛同》する.

bejaht, bejahte ⇒ bejahen

Bejahung 女《-/-en》肯定;同意.

bejammern 他(…を嘆き悲しむ,嘆く);(…に)心を動かされる. **〜s-wert** 形 嘆き悲しむべき,気の毒な;痛ましい.

bejubeln 他(…に)歓声をあげる,ほめたたえる.

bekam ⇒ bekommen

bekämpfen 他(《⦅fight⦆》(…と)戦う;(…を)克服《撲滅》しようとする.

Bekämpfung 女《-/-en》戦い;克服《撲滅》運動;駆除. **〜s-mittel** 中 殺虫剤,除草剤.

bekannt [ベカント] 形 ❶ (《well-known⦆)(人々世間に)知られた,著名な,顔の売れた;(個人的に)知り合いの,知っている,なじみの,既知の. ❷ 《⦅acquainted⦆》《**mit** j-³》(…と)親しい,(…に)詳しい. ♦ **〜 geben** (…を)公表《発表》する;公示《公開,開示》する. **〜 machen** (…を)公表《発表》する;開示する,告示《公示》する;《[j⁴] **mit** j-³》(人と人に)紹介する;(…を人に)知らせる,(人に)を手ほどきする;《sich⁴ **mit** j-³》(…について)知識を得る;(人と)知り合いになる. **〜 sein** 《j³》(人に)知られている,既知のことである;《**mit** j³》(人と)知り合いである. **〜 werden** 広く公に,公表《公示》される;《**mit** j³》(人と)知り合う.

Bekannte ⇒ bekommen

Bekannten-kreis 男 交友関係,交際範囲,知人.

Bekannte[r] [ベカンテ〔ター〕] 男・女《形容詞変化》知人,知り合い;《話》《所有代名詞と》恋人.

Bekanntgabe 女《-/-》公表,公示;公布.

bekanntgeben* 他 ⇒ bekannt ♦

bekanntlich 副 周知のとおり,知られているように.

bekanntmachen ⇒ bekannt ♦

Bekanntmachung 女《-/-en》公告,公表,発表,開示,公刊.

Bekanntschaft [ベカントシャフト] 女《-/-en》面識,つきあい,交際;知人,友人;《集合的》交友関係:eine große 〜 haben 交際範囲が広い. ♦ **j² mit j³ 〜 machen**(人と)知り合いにさせる : Ich freue mich, Ihre 〜 **zu machen**! お近づきになれてうれしく思います. **〜 machen**《皮肉》《**mit** et³》(…と)かかりあいを持つ.

bekanntwerden* 自 ⇒ bekennt ♦

Bekassine 女《-/-n》タシギ.

bekehren 他《j⁴ **zu** et³》(…に)改宗《宗旨変え》させる,転向させる. **Bekehrer** 男《-s/-》改宗を説く説教者,伝道者. **Bekehrung** 女《-/-en》改宗,宗旨変え;転向;伝道.

bekennen [ベケネン]《**bekannte; bekannt**》❶ 他《⦅confess⦆》(自分の罪・過ちを)認める;(信仰を)告白する;《sich⁴ **zu** j-et³》(…への)信仰を告白する,(…に)公然と味方する : sich⁴ schuldig 〜 (裁

Bekenntnis

判で)自分の罪を認める. ❷《商》(受領を)確認する. **Bekenner** 男《-s/-; -in**》**(信仰)告白者; 信奉者.
Bekenntnis [ベケントニス] 中《-ses/-se》告白, 表明; 信仰(信条)告白; 宗派. **=schule** 囡宗派[による]学校; ミッションスクール.
Bekl. 略 *Beklagte*.
beklagen 他《雅》悲しむ, 悼む; 嘆く, 慨嘆する; 《*sich*⁴》(うちをこぼす, 苦情を言う. **～s-wert** 残念な; 嘆かわしい.
Beklagte [e] 男囡《形容詞変化される》(民事事件の)被告人.
beklatschen 他(…に)拍手する; (人の)噂をする.
beklauen 他《話》= *bestehlen*.
bekleben 他《*et*⁴ *mit et*³》(…に)…を張り付ける.
bekleckern 他《話》(…に)染みを付ける; 《*j*⁴-*et*⁴ *mit et*³》(…を…で)汚す.
bekleiden [ベクライデン] 他《*bekleidete*; *bekleidet*》(地位・官職などに)就いている. ♦ *[nur] leicht ⟨notdürftig⟩ ~ sein* 《軽々しい(みすぼらしい)服装である.
Bekleidung 囡《-/-en》衣服, 衣料品; 服装; 官職にあること.
beklemmen 他《*j*⁴《*j*³》*et*⁴》(…が人の)…を締めつけるように不安に(重苦しく)させる. **Beklemmung** 囡《-/-en》胸苦しさ, 不安感.
beklommen 形 不安に満ちた, 胸苦しい, 圧迫された. **Beklommenheit** 囡《-/》不安, 胸苦しさ, 圧迫感.
beklopfen 他(…を)たたいて調べる, 打診する. **bekloppt** 形《話》頭がおかしい, いかれている.
beknackt 形《俗》ばかばかしい, 不愉快な; いやな.
bekommen* [ベコメン] (*bekam*; *bekommen*) Ⅰ 他 ❶(得 *get*》《*et*⁴ *[von j*³*]*》(…を[人から])もらう, 得る; 受け取る; (…を)入手《獲得》する, 実現する:(子供ができる;(乗り物の)時間に合う;(好ましくないことに)見舞われる. ❷ *et*⁴ *aus ⟨von⟩ et*³》…から取り除く. ❸(ある心理的・生理的状態に)なる;(ある事態を)生じる. ❹《受動的表現として》《*et*⁴ + 過去分詞》(…をしてもらう): *Sie hat das Auto geschenkt ～*. 彼女は車をプレゼントされた. ❺《*zu* 不定詞句》(…することができる)(…)しなければならない. ❻(…をある状態に)させる:(…を…へ(から))移動させる. Ⅱ 自 ♦ *es mit j*³ *zu tun* ～(人と)ケンカになる, ひと悶着(…)(人の体・健康)に作用する. ♦ *nicht über sich*⁴ ～(…する)決心がつかない. *satt* ～(…で)満腹する. *Wohl bekomm's!* 健康を祈って乾杯.
bekömmlich 形 (消化がよくて)体によい.
beköstigen 他(人に)[3度の]食事を出す, 食事の世話をする. **Beköstigung** 囡《-/-en》食事をさせること; 給食; 食事.
bekräftigen 他 確認する《確証》すること, 裏付

Bekräftigung 囡《-/-en》確認, 確証; 強化.
bekränzen 他(人を)花環で飾る, (…に)花の冠をかぶらせる.
bekreuzigen 他《*sich*⁴》(自分に)十字を切る.
bekriegen 他(…と)戦う; 交戦する.
bekritteln 他(…の)あら探しをする.
bekritzeln 他(…に)落書きする.
bekümmern [ベキュメルン](bekümmerte; bekümmert)他(**worry**)(人を)心配させる, 苦しませる. ♦ *Das brauchst dich nicht zu ～*. 《話》それは君には関係ないことだ. *Was bekümmert Sie das?* 《話》それがあなたになんの関係があるのですか. **bekümmert** 形 心配(そう)な, 憂いに沈んだ; 沈鬱な.
bekunden 他《雅》(感情などを)あらわにする; 表明する. 《法》証言する. 《*sich*⁴》《雅》あらわになる; 表明される.
Bel 中《-s/-》ベル(伝送単位: 略号 B).
belächeln 他 一笑に付する, 嘲笑する.
belachen 他(…を)笑って楽しむ(おかしがる).
beladen* [ベラーデン] 他(**belud**; **beladen**)《*et*⁴ *mit et*³》(乗り物に…を)積む; 載せる.
Belag 男《-[e]s/*Beläge*》載せ物;(ケーキなどの)トッピング; オープンサンドの上に(表面の)のる物, 水あか, 舌苔(ぜ);床の上敷; 舗装面; ブレーキライニング.
Belagerer 男《-s/-》包囲軍.
belagern 他 (**軍**)(…を)包囲《攻囲》する; 《話》(…に)群がる, (…を)取り囲む.
Belagerung 囡《-/-en》包囲, 攻囲; 取り巻くこと; 殺到.
～s-zustand 男 戒厳状態.
belämmern 他《北部》(人に)迷惑をかける; 《方》(人を)だます. **belämmert** 形《話》当惑した, しょんぼりした;《話》具合の悪い.
Belang 男《-[e]s/-e》利害《関係》事項, 関心事. ♦ *von ⟨ohne⟩ ～ sein für j*⁴》(人にとって)重要である.
belangen 他 (人を)告訴《提訴》する. ♦ *was j-et belangt* (…)に関しては.
belanglos 形 重要でない, ささいな.
Belanglosigkeit 囡《-/-en》重要でない《ささいな》こと.
belangvoll 形 重要な.
belassen* 他《*et*⁴ + 場所・様態》(…に)放置する, (…の)ままにしておく.
belasten [ベラステン]《*belastete*; *belastet*》他 ❶(**load**)《*et*⁴ *mit et*³》(…に(…で))荷重《負担》をかける;《*j*⁴ *[mit et*³*]*》(…に(…で))心理的・肉体的・経済的に)負担をかける;(人を(…で))苦しめる. ❷(**法**)(裁判に入れる)不利にする. ❸《*et*⁴ *[mit et*³*]*》(…の借方に[…を])記入する.
belästigen [ベレスティゲン](**belästigte**; **belästigt**)他(**bother**)(人を)悩ませる, わずらわせる. (…に)面倒をかける;[しつこく](…に)付きまとう.
Belästigung 囡《-/-en》迷惑, やっかい, 面倒(をかけること).
Belastung 囡《-/-en》積載, 積荷 荷重; (心理的・肉体的な)負担, 重圧; 苦労, 厄介;《商》借方記入.

Belastungs=anzeige 囡《商》借方伝票. **=fähigkeit** 囡 負荷(荷重)能力; 耐久力. **=grenze** 囡 負荷(荷重)限界, 最大積載力. **=probe** 囡 負荷(荷重)テスト. **=zeuge** 男《法》被告に不利な証人.

belauben 再《sich⁴》葉が出る(茂る).
belaubt 形 葉の茂った, 葉に覆われた.
belauern 他(…のようすを)ひそかに探る, うかがう;(…を)待ち伏せる.
belaufen* 再(…を)巡回する, 歩き回る; 頻繁に訪れる:*sich⁴ auf et⁴* (金額などが…に)達する; 他(s)(方)(ガラスなどに)曇る.
belauschen 他(…の話を)盗み〈立ち〉聞きする, (…に)聞き耳を立てる;(…を)ひそかにうかがう.
Belcanto 男《-s/》《楽》ベルカント唱法.
beleben ❶ 他 活性化する, 活発〈元気〉にする, 活気を呈する;(…に)生命を吹き込む. **❷** 再《sich⁴》復活する, 活発になる, にぎわう.
belebt [ベレープト] 形 活気のある, にぎやかな; 生き生きした; 生命のある.
Belebtheit 囡《-/》活気, 活況, 生命〔感〕の(街の)にぎわい.
Belebung 囡《-/》活性化, 蘇生(せい); 活性〈活発〉化, 活気づけ, 振興; 活況, にぎわい.
belecken 他(…を)なめる; 舌で湿らせる. **beleckt** 形《von et³》(…の)影響された;(…の)洗礼を受けた;《話》《von et³》(…を)よく知っている.
Beleg 男《-[e]s/-e》証拠［書類］, 証(に)領収証;（辞書）などの典拠, 出典.
belegbar 形 典拠を示しうる, 証明できる.
belegen [ベレーゲン]《belegte; belegt》他《cover》(et¹ **mit** et³)(…に…で)覆う, (…に)敷く;（席・地位などを）占める;（ゼミ・講習会などに）登録する; 証:*et⁴ **mit** et³*》(…に…)を）課する;《*et⁴ **mit** et³ **durch** et⁴*》(…を［証拠書類で]裏付ける.
Beleg=exemplar 男（書籍の）贈呈見本.
Belegschaft 囡《-/-en》（企業・工場などの）全従業員.
belegt, belegte ⇒ belegen
belehren 他《j⁴ **über** et⁴》(…に…を)教える, わからせる.
Belehrung 囡《-/-en》教訓, 忠告; 指示.
beleibt 形 肥満した, 太った.
beleidigen [ベライディゲン]《beleidigte; beleidigt》他《offend》(j⁴) (人を[言葉や態度で]）侮辱する;《et⁴》(目・耳などに)不快感を与える.
beleidigt 形 侮辱された;（侮辱されて)気を悪くした:*sich⁴ ~ fühlen* 感情を害する.
Beleidigung 囡《-/-en》侮辱;《法》名誉毀損.
beleihen* 他(…を)担保に金を貸す.
belemmern = belämmern **belemmert** = belämmert
belesen 形 多読の, 博識な.
Belesenheit 囡《-/》多読, 博識, 物知り.
beleuchten [ベロイヒテン]《beleuchte- te; beleuchtet》他《light》(…を)明るくする;(…に)照明を当てる;（問題点などを)明らかにする, 解明する. **Beleuchtung** 囡《-/-en》照明, ライト; 採光; イルミネーション; 解明, 究明. **~s=anlage** 囡 照明設備. **~s=körper** 男 照明器具; 電球.

beleumundet, beleumdet 形 評判の.
belfern 他《話》(犬が)キャンキャンほえる; ガミガミわめく;（大砲などが）とどろく, 鳴り響く.
Belgien ベルギー. **Belgier** 男《-s/-》(囡 **-in**)ベルギー人; ベルギー馬.
belgisch 形 ベルギー〔人〕の.
Belgrad ベオグラード(ユーゴスラビアの首都).
Belial 国 ベリアル(悪魔の名).
belichten 他《写》（フィルムを)感光させる, 露出する.
Belichtung 囡《-/-en》《写》露出, 露光. **~s=messer** 男《写》露出計. **~s=zeit** 囡《写》露光〈露出)時間.
belieben [ベリーベン] 他《beliebte; beliebt》他《雅》(j³)(人の)気に入る;《+ zu 不定詞句》(…することを)好む, 好きである.
Belieben 囡《-s/》《雅》好み, 意向. ♦ *ganz) in (nach) j² ~ stehen (liegen)* (人の)意向に任せられている. *nach ~* 好きなように.
beliebig 形 随意の, 任意の.
beliebt [ベリープト]《→ belieben》形《popular》人気のある, 評判のよい, 好評の, 好感を持たれる:*sich⁴ bei j³ ~ machen* 人に取り入る.
beliebte, beliebtest ⇒ belieben
Beliebtheit 囡《-/》人気, 人望, 好評.
beliefern 他《j⁴ **mit** et³》（定期的に…に…で)供給〈配達)する.
Belieferung 囡《-/-en》納品, 供給.
Belkanto = Belcanto.
bellen [ベレン]《bellte; gebellt》他《bark》(犬などが)ほえる;《話》(人が)せき込む;《話》がなる, わめく.
Belletrist 男《-en/-en》大衆作家.
Belletristik 囡《-/》文芸; 大衆文芸.
belletristisch 形 大衆文芸[風]の.
Bellona 田《神》ベローナ（戦の女神）.
bellte ⇒ bellen
beloben = belobigen.
belobigen 他(…を)表彰する; 賞賛する.
Belobigung 囡《-/-en》表彰; 賞賛, 賞辞.
belohnen [ベローネン]《belohnte; belohnt》他《reward》《j⁴ **für** et³》(人の…に…で)報いる.
Belohnung 囡《-/-en》報い; 報酬, 礼金.
Belt (der ~)ベルト海峡(バルト海西部に大小二つある). ♦ *der Große ~* 大ベルト海峡(デンマークのシェラン島とフェーン島の間). *der Kleine ~* 小ベルト海峡(Jütland半島とFünen島の間).
belud ⇒ beladen
belüften 他 (部屋などの)換気をする.
Belüftung 囡《-/》換気.
belügen* 他 (人に)うそをつく, (…を)うそをついてだます.

belustigen [他] (人を)楽しませる，おもしろがらせる; [再] 《sich^4》《雅》からかっておもしろがる. **Belustigung** [女] 《-/-en》楽しみ，娯楽; 楽しい催し.

Bem. [略] *Bemerkung*.

bemächtigen [再] 《sich^4 et^2》(…を)力ずくで手に入れる，(場所を)占拠〈占領〉する; 《sich^4 j^2》(…を)捕まえる; 《sich^4 j^2》(…を)感情などが襲う.

bemäkeln [他] 《話》(人の)あら探しをする，(…に)けちをつける.

bemalen [他] (…に)着色〈彩色〉する，ペンキを塗る; 《et^4 mit et^3》(…に…の)絵を描く.

bemängeln [他] (…を)非難する，(…に)文句をつける.

bemannen [他] (乗り物などに)乗員を配置する. **bemannt** [形] 乗員の配備された，有人の. **Bemannung** [女] 《-/-en》人員配置〈配備〉; 《集合的》乗組員，クルー.

bemänteln [他] (失敗などを)包み隠す，隠ぺいする，取り繕う.

bemeiern [他] 〔史〕(土地を)小作に出す; 《話》(人を)だまして得をする.

bemeistern [他] 《雅》(感情などを)抑制する; (事態などを)収拾する; 《sich^4》自制する; 《sich^4 et^2》(…を)わが物とする.

bemerkbar [形] 気がつく，目につく，感じ取れる.

bemerken [ベメルケン] 《bemerkte; bemerkt》[他] ❶ ([英] notice)(…に)気づく，(…を)認める. ❷ (…を)言う，言い添える. ✦ ***nebenbei bemerkt*** 付け加えるなら，ついでに言えば.

bemerkenswert [形] 注目に値する，重要な，著しい.

bemerkt, bemerkte ⇨ bemerken

Bemerkung [ベメルクング] [女] 《-/-en》発言，意見，コメント; 論評; 注釈.

bemessen* [他] 見積もる; 《et^4 nach et^3》(…を…に応じて)査定する，量る; 《sich^4 nach et^3》(…に従って)算定される.

bemitleiden [他] (人に)同情する. **～s=wert** [形] 同情に値する，哀れな.

bemittelt [形] 富裕な. **bemoost** [形] こけむした，こけの生えた; 古参の.

bemühen [ベミューエン] 《bemühte; bemüht》 ❶ [再] 《sich^4 + zu 不定詞句》(…するために)骨折る，努力〈苦心〉する; 《sich^4 um j^4》(…のために)骨を折る，尽力する; 《sich^4 um et^4》(…を得ようと)努める: Bitte ～ Sie sich nicht [weiter]! どうぞお構いなく. ❷ [他] 《雅》《j^4》(人を)わずらわせる，(人に)苦労〈面倒〉をかける.

Bemühung [ベミューウング] [女] 《-/-en》 ([英] effort)努力，尽力: Vielen Dank für Ihre ～*en*. お骨折りありがとうございます. ✦ ***trotz aller ～en*** いろいろやってみたが.

bemüßigt [形] ✦ ***～ finden*** 〈***fühlen, sehen***〉 《sich^4 + zu 不定詞句》(…を)しなければならないと思う.

bemustern [他] 〔商〕見本を添える.

bemuttern [他] (人を)母親代わりに〈母親のように〉世話する.

benachbart [形] 隣の，隣接する; 近所の.

benachrichtigen [他] 《j^4 [von et^3]》(人に[…について])知らせる; 《j^4 + dass 文》(人に…であると)知らせる.

Benachrichtigung [女] 《-/-en》通報，報告: Ich bitte um sofortige ～. 速やかにお知らせいただきたく存じます.

benachteiligen [他] (人を)冷遇する，不利に扱う.

Benachteiligung [女] 《-/-en》冷遇，不利な取り扱い.

benagen [他] (…を)かじる; 浸食する，むしばむ.

benahm ⇨ benehmen

benamsen [他] 《戯》(人に)[あだ]名をつける.

Bendel [中] ⇨ Bändel

benebeln [他] 《j^4》(…を)酔わせる，もうろうとさせる; (…の)正体を失くさせる. **benebelt** [形] 酩酊(めいてい)した，ほろ酔いかげんの.

benedeien 《benedeite/[ge]benedeit》 [他] 《雅》〔宗〕(人を)祝福〈賛美〉する.

Benedikt ❶ 《男名》ベネディクト. ❷ ～ von Nursia, ヌルシアのベネディクトゥス(480頃-547頃; イタリアの修道士・聖人で，モンテ=カッシーノ修道院の設立者).

Benediktiner [男] 《-s/-》 ([女] **-in**) 〔カトリ〕ベネディクト会修道士; ベネディクティン(リキュールの名前).

benedizieren [他] (人を)祝福する; 祝別する.

Benefiz [中] 《-es/-e》〔劇〕慈善興行〈公演〉; (仲間のアーチストのための)支援興行〈公演〉.

Benefizium [中] 《-s/..zien》〔史〕(封建時代の)封土(ほうど); 〔カトリ〕聖職禄.

benehmen* [ベネーメン] 《**benahm; benommen**》 ([英] behave) [再] 《sich^4》(…に)ふるまう; (…な)態度を取る.

Benehmen [中] 《-s/》態度，ふるまい; 作法. ✦ ***im ～ mit*** j^3 《官》(人との)話し合いで. ***ins ～ setzen*** 《sich^4 mit j^3》(人と)連絡をとる，話し合う. ***kein ～ haben*** 行儀が悪い.

beneiden [ベナイデン] 《beneidete; beneidet》[他] ([英] envy) 《j^4 um et^4》(人を…ゆえに)うらやむ，ねたむ. ✦ ***nicht zu ～ sein*** 難しい状況にある.

beneidenswert [形] うらやむべき; ねたましい.

Benelux=länder [複], **=staaten** [複], **Benelux** [女] ベネルクス三国(ベルギー・オランダ・ルクセンブルク).

benennen* [他] 《j^4 [nach j-et^3]》(…に[…にちなんだ])名をつける，命名する; (…の)名を言う; 《j^4 als et^4》(…を…に)指名する.

Benennung [女] 《-/-en》命名，名称，呼称; 指名.

benetzen [他] 《雅》(…を)湿らす.

Bengalen ベンガル(インド北東部の州).

Bengel [男] 《-s/-[s]》《北部・話》《親愛の情を込めて》若者，男の子; 《蔑》若造，わんぱく小僧.

Benin ベナン(アフリカ西部の共和国).

Benjamin ❶ 《男名》ベンヤミン. ❷ 〔聖〕ベニヤミン，ビンヤミン(Jakob の末子). ❸ [男] 《-s/-e》末の息子，最年少者.

Benn Gottfried, ベン(1886-1956; ドイツの表現主義の詩人).

benommen [形] 意識のぼんやりした，ぼ

うっとした.

Benommenheit 囡 《-/-》めまい, 意識混濁.

benoten 動 《答案などを》採点する.

benötigen [ベネーティゲン]《benötigte; benötigt》他 (⊗ use) 必要とする.

benutzen [ベヌッツェン]《benutzte; benutzt》他 (⊗ use)《…を》使う, 利用する. **benützen** = benutzen.

Benutzer, Benützer 男《-s/-》利用者.

benutzerfreundlich 形 利用者に便利な, 使いやすい, ユーザーフレンドリーな.

benutzt, benützte ⇒ benutzen

Benutzung, Benützung 囡《-/-en》利用, 使用.

Benz Carl Friedrich, ベンツ(1844-1929:ドイツの技術者;自動三輪車を考案).

Benzin [ベンツィーン]中《-s/ 種類-e》(⊗ gasoline)ガソリン; ベンジン. = **kanister** 男 (取っ手のついた)ガソリン容器〈缶〉. = **uhr** 囡 ガソリンメーター. = **verbrauch** 男 ガソリン消費[量].

Benzol 中《-s/ 種類-e》《化》ベンゾール, ベンゼン.

beobachten [ベオーバハテン]《beobachtete; beobachtet》他 (⊗ observe) 観察する, 見守る; 監視する;《an et³》(人の)…に気づく.

Beobachter 男《-s/-》観察者, オブザーバー;《C中》監視[偵察]員.

Beobachtung 囡《-/-en》観察, 監視; 観察[監視]結果. ~s=**gabe** 囡 観察[眼]. ~s=**posten** 男《C中》監視所.

beordern 他 (人に…へ行くよう)指示する;《+ zu 不定詞句》(…するよう)命じる;《商》注文する;《et⁴ aus et³》(…から)取り寄せる.

bepacken 他 《j-et⁴ mit et³》(…に荷物などを)積み込む, 負わせる, 課する.

bepflanzen 他 《et⁴ mit et³》(…に…を)植える.

bepflastern 他《話》(…に)膏薬(ﾃﾞｳ)を張る;《et⁴ mit et³》(…を…で)舗装する;《C中》(…に)砲弾を浴びせる.

bepinseln 他 (…に)塗り付ける;《話》塗りたくる.

bequem [ベクヴェーム]形 ❶《⊗ comfortable》快適〈気楽〉な; 苦労のない, 安易な: Machen Sie es sich ~! どうぞお楽に. ❷《廢》無精な. **bequemen** 再《sich⁴ + zu 不定詞句》《雅》やむをえず(しぶしぶ)(…)する気になる.

Bequemlichkeit 囡《-/-en》快適さ, 便利さ; 快適〈便利〉な設備; 怠惰.

berappen 他《話》(金銭などを)いやいや支払う.

beraten* [ベラーテン]《beriet; beraten》他 ❶《⊗ advise》《j⁴ [bei ⟨in⟩ et³]》(人に…[のことで])忠告(助言)する. ❷《et⁴ [mit j³]》(…を人と)協議(相談)する;《sich⁴》《mit j³ über et⁴》(人と…について)協議する, 相談する. ♦ **gut** 〈**schlecht**〉 ~ **sein**《話》正しい(誤った)知識を与えられている.

Berater 男《-s/-》(⊗ in) 助言者, 顧問; コンサルタント. = **vertrag** 男 コンサルタント契約.

beratschlagen 他《mit j³ [über et⁴]》(人と…について)協議〈相談〉する.

Beratung 囡《-/-en》忠告〈助言〉すること; 協議[会], 相談; 相談所. ~s=**stelle** 囡 相談所.

berauben 他《j⁴》(人から)物を奪い取る, 強奪する;《雅》《j⁴ et²》(人から…を)奪う.

Beraubung 囡《-/-en》強奪, 奪取.

berauschen 他 (人を)酔わせる, 陶酔させる, 有頂天にする;《sich⁴ an et³》(…に)酔う, 陶酔する, 有頂天になる. ~**d** 形 酔わせる; うっとりさせる.

Berchtesgaden ベルヒテスガーデン (Bayern の保養地).

berechenbar 形 計測可能な; 予測のつく.

berechnen [ベレヒネン]《berechnete; berechnet》他 (⊗ calculate)(…を)算定する;《et⁴ auf ⟨für⟩ et⁴》(…を…と)見積もる;《j³ et⁴》(人に…を)請求する, 貸方に記入する. **berechnend** 形 打算的の, 勘定高い. **berechnet** 形 計算された, 当て込んだ.

Berechnung 囡《-/-en》計算, 算定; 見積もり; 打算; 考慮.

berechtigen [ベレヒティゲン]《berechtigte; berechtigt》他《j⁴ zu et³》(…に…する)権利〈権限, 資格〉を与える. **berechtigt** 形 権利〈権限, 資格〉がある; 正当な.

Berechtigung 囡《-/-en》権利, 権限,資格;(官庁の)認可〈正当性, 根拠. ~s=**schein** 男 資格証明書, 免許〈認可〉証.

berden 他《et⁴ [mit j³]》(…を人と)相談〈協議〉する;《sich⁴ mit j³ über et⁴》(人と…について)相談〈協議〉する.

beredsam 形 雄弁な, 口達者な.

Beredsamkeit 囡《-/-》雄弁さ, 弁舌の才能.

beredt [ベレート]形 雄弁な; 意味深長な: eine ~e Zunge haben 多弁である.

beregnen 他 (…に)水をやる, 水をまく.

Bereich [ベライヒ]男《C中》《-[e]s/-e》(⊗ area)地域, 区域, 地区; 範囲, 領域, 分野: Das ist nicht mein ~. それは私の権限外だ.

bereichern 他 豊かにする;《sich⁴》私腹を肥やす.

Bereicherung 囡《-/-en》豊かにすること; 私腹を肥やすこと; 利得, 利益.

bereifen 他 (自動車に)タイヤをつける.

bereift 形 ❶ タイヤのついた. ❷ 霜の降りた, 霜で覆われた.

Bereifung 囡《-/-en》(車1台分の)タイヤ一式.

bereinigen 他 (不和・紛争などを)解決する, (誤解などを)解く;《sich⁴》(紛争などが)解決する, (誤解などが)解ける.

Bereinigung 囡《-/-en》(紛争などの)解決, (誤りなどの)除去.

bereisen 他 (…を)旅行して回る, 訪れる.

bereit [ベライト]形 (⊗ ready)《zu et³》(…の)用意〈準備〉のできた; (進んで…する)気がある. ♦ **~ erklären** ⟨**finden, zeigen**⟩《sich⁴ zu et³》(…する)意志を表明する, (誤解などが)解ける. **~ haben** (…の)用意〈準備〉している. **~ halten**《sich⁴》覚悟をしている. **~**

machen 《*sich*⁴》準備(用意)をする.
..bereit 圏 …の用意が整った; すぐに…できる; …する気のある(の)ある.
bereiten(*) 他 (I (bereitete; bereitet) 圏 prepare) 《*j*³ *et*⁴》(人に)…を与(あた)える; 準備, 用意する; 《*j*³ *et*⁴》(人に…を)もたらす, 引き起こす.
II (beritt, beritten) 他 (馬を)調教する; (ある地域を)馬で巡る.
beréithalten* 他 ❶ 用意(準備)しておく. ❷ 《*sich*⁴》用意(準備)してある, 心構えをしている. ⊦**légen** 他 《…を)用意(準備)しておく. ⊦**máchen** 他 《…を)用意(準備)をする; 《*sich*⁴ *zu et*³》(…の)用意(準備)をする.
bereits [ベライツ] 圏 (圏 already)もうすでに.
Beréitschaft 囡 《-/-en》準備, 用意; (警察·病院などの)待機(業務); 圏 警察の緊急出動隊, 機動隊. **~s-arzt** 圐 当直医. **~s-dienst** 圐 (警察·病院などの)待機(業務), 当直; 緊急出動(体制). **~s-polizei** 囡 機動隊.
beréitstehen* 他 用意(準備)ができている; 待機している. ⊦**stéllen** 他 《…を)用意(準備)する; 準備(用意)する.
Beréitung 囡 《-/》(食物などの)調製, 支度, 準備.
beréitwillig 圏 やる気のある, 乗り気の. **Beréitwilligkeit** 囡 《-/》やる気のある, 乗り気.
berénten 他 (人に)年金を支給する.
beréuen [ベロイエン] (bereute; bereut) 他 (圏 regret) (…を)後悔する, 遺憾に思う.
Berg [ベルク] I 圐 《-[e]s/-e》 (圏 mountain) 山, 丘; 圐 山脈, 山地; 山 ～[e] 山腹(山腹)に | auf den ～ steigen 山に登る | über ～ und Tal 山河を越えて | in die ～e gehen 山へ行く. ❷ 多量, 多数. ◆ *~ versetzen* [können] …を動かす[可能に可能を]する. *hinter dem ～ halten* 《話》《*mit et*³》(…を)口に出さないでおく, 秘密にしておく. *[längst] über alle ～e sein* 《話》(とっくに)行方をくらましている, 高飛びしている. *über den ～ sein* 《話》危機を脱している.
II Alban, ベルク(1885-1935: オーストリアの作曲家).
bergáb 圏 山を下って, 低い方へ; 落ち目で, 下り坂に.
Bérgamo ベルガモ(北イタリアの都市).
Bergamótte 囡 《-/-n》〖柘〗ベルガモット(甘橙(あまだいだい))の一種, ベルガモット油の原料.
Berg-amt 圐 鉱山監督局.
berg-án 圐 = bergauf.
Berg-árbeiter 圐 鉱山労働者.
berg-áuf 圐 山を登って, 上の方へ; 上り調子で.
Berg-bahn 囡 登山鉄道. **-bau** 圐 〖山〗業: 採掘. **-besteigung** 囡 登山.
bérgen* 他 《-e rescue》(…を)救出する, 収容する; 《雅》(…を)含んでいる, 埋蔵(所蔵)している.
Bérgen ベルゲン(ノルウェー南西岸の港湾都市).
bergewéise 圐 山のように, 大量に.
Berg-fahrt 囡 (川舟の)遡航(そこう); (乗り物での)登山. **-fried** 圐 《-[e]s/-e》(中世の城の)天守閣, 望楼. **-führer** 圐 登山案内人(ガイド); 登山案内書. **-gipfel** 圐 山頂.
bérgig 圏 山の多い.
Berg-ingenieur 圐 鉱山技師. **-kamm** 圐 山の背, 尾根; 嶺(くき)(みね)の. **-kette** 囡 山並み, 連山. **-krankheit** 囡 高山病. **-kristall** 圐 《水晶. **-land** 圐 山国, 山地. **-mann** 圐 坑夫. **bérgmännisch** 圏
Berg-predigt 囡 〖聖〗山上の説教(垂訓). **-recht** 圐 鉱業法. **-rücken** 圐 山の背, 尾根. **-rutsch** 圐 山崩れ, 山津波, 地滑り. **-salz** 圐 岩塩. **-schuh** 圐 登山靴.
Bergsón Henri, ベルグソン(1859-1941: フランスの哲学者).
Berg-spitze 囡 山頂. **-steigen** 圐 登山. **-steiger** 圐 登山者, 登山家.
Bergstráße (die ～)ベルクシュトラーセ(Darmstadt から Odenwald を通って Heidelberg に至る道路とその周辺の地方).
Berg-und-Tál-Bahn 囡 ジェットコースター.
Bérgung 囡 《-/-en》(事故·災害時の)救助, 救護; 安全確保; (機体やロケットの)回収; 救出; (特に)海難救助.
Berg-werk 圐 鉱山, 鉱業所. **-wesen** 圐
Beribéri 囡 《-/》〖医〗脚気(かっけ).
Berícht [ベリヒト] 圐 《-[e]s/-e》 (圏 report)報告, レポート; 記事, 報道: ～ *abfassen* (erstatten) 報告を書く(する).
berìchten [ベリヒテン] (berichtete; berichtet) 他 (圏 report) 《*j*³ *et*⁴ *(von et*³*)* / *j*³ *et*⁴ 《*über et*⁴》(人に)…について報告(報道)する.
Berícht-erstatter 圐 《-s/-》報道特派員, レポーター. **-erstattung** 囡 《-/-en》報告; (公式の)報告.
berìchtet, berìchtet 圏 (圏 correct)訂正(修正)する; 《*sich*⁴》(自分の)誤りを改める.
Berìchtigung 囡 《-/-en》訂正, 修正; 訂正(修正)されたもの: 正誤表.
Berìchtsjahr 圐 《-[e]s/-e》報告年度.
berìechen* 他 (犬などが…の)においをかぐ; 《*sich*⁴》(犬が)においをかぎ合う; 《話》(互いに)探りを入れる.
beríeseln 他 (畑などに)散水する; 潅漑(かんがい)する; 《*j*⁴ *mit et*³》(人に(…を繰り返して))徐々に影響を及ぼす.
Berìes[e]lung 囡 《-/-en》散水, 潅漑(かんがい).
Berìes[e]lungs-anlage 囡 《-/-n》スプリンクラー.
beríet ⇒ beraten
berìngen 他 (…に)輪をはめる.
Berìngmeer (das ～)ベーリング海.
Berìngstraße (die ～)ベーリング海峡.
berítten (→ bereiten II) 圏 騎馬の, 乗馬した.
Berkélium 圐 《-s/》バークリウム(元素名; 記号 Bk).
Berlìchingen Götz von, ベルリヒンゲン(1480-1562: ドイツの騎士で農民戦争の指導者. Goethe の同名の戯曲で有名).
Berlín [ベルリーン] ベルリン(ドイツの首

Berliner ❶ 男 (⸺s/-) (女 **-in**) ベルリンの人; (-s/-) 料 ベルリーナー(ジャムが入った揚げパン). **❷** 形 無変化 ベルリンの. ◆ **~ Weiße** ベルリーナーヴァイセ(酸味のあるビール). **berlinisch** 形 ベルリン[風]の; ベルリン方言の.

Berlioz Hector, ベルリオーズ(1803–69; フランスの作曲家).

Bermuda=dreieck (das ~)バミューダ三角海域. **=inseln** 復 (die ~)バミューダ諸島(北大西洋にあるイギリス領).

Bern ❶ 中 ベルン(スイスの首都および州名). **❷** Dietrich von, ベルン(ゲルマン伝説の英雄).

Bernd 男名 ベルント.

Berner ❶ 男 (⸺s/-) (女 **-in**)ベルンの人. **❷** 形 無変化 ベルンの.

Bernhard 男名 ベルンハルト.

Bernhardiner 男 (⸺s/-)セントバーナード犬.

Bernina (der 〈die〉 ~)ベルニーナ(イタリアとスイスの国境にあるアルプスの連山).

Bernstein 中 (-[e]s/-)琥珀(ﾋ゙).

Bersagliere 中 (-[s]/..ri) イタリアの狙撃(ﾀ゙ｹ)兵.

Berserker 男 (⸺s/-) 北欧神 ベルゼルケル(サガに登場する狂暴な戦士); 狂暴な男〈戦士〉.

bersten* 自 (s)割れる, 砕ける, はじける; 〈vor et³〉 (心中で⸺)あふれている. ◆ [bis] zum Bersten voll ⟨gefüllt⟩ 超満員である.

Bert 男名 ベルト. **Berta** 女名 ベルタ. **Bertold** 男名 ベルトルト.

berüchtigt 形 悪名の高い, 評判の悪い, いかがわしい.

berücken 他 雅 (人を)魅惑する.

berücksichtigen [ベリュックズィヒティゲン] (berücksichtigte; berücksichtigt) 他 (愛 consider) (…の意見)を考慮する, 尊重する.

Berücksichtigung 女 (⸺/-) 考慮, 顧慮; 尊重.

Beruf [ベルーフ] 男 (-[e]s/-e) (愛 occupation) 職業; 雅 天職, 使命 : vom ~ wegen 職業がら; 職業ゆえに｜Was ist er von ~? 彼の職業はなんですか.

berufen* I 他 ① 〈j⁴〉(人を)招いする, (人を[高い]地位に)登用⟨任命⟩する. ❷〈sich⁴ auf j-et⁴〉(…を)引き合いに出す; (…を)盾に取る. II 形 天賦の才のある, 天成の; 十分な能力⟨資格⟩がある: zu et³ ~ sein …に適任である. ◆ **Ich will es nicht ~, aber ...** 話 口に出してしまってだめにならないといいのだが….

beruflich [ベルーフリヒ] 形 職業[上]の : ~ tätig sein 職に就いている.

Berufs=anfänger 男 (会社などの)新入り, 新入社員. **=ausbildung** 女 職業教育(訓練).

berufsbedingt 形 職業上の.

Berufs=berater 男 職業指導⟨相談⟩員. **=beratung** 女 職業指導⟨相談⟩. **=bezeichnung** 女 (公式の)職業名. **=fachschule** 女 職業専門学校(Berufsschule 修了と同資格の得られる全日制).

berufsfremd 形 (仕事[内容]が)専門外の, 未経験の.

Berufs=geheimnis 中 (医師・弁護士・聖職者などの)守秘義務. **=kleidung** 女 (職業上の)制服, 作業着. **=krankheit** 女 職業病.

berufs=los 形 無職の. **=mäßig** 形 職業的な, 本職の.

Berufs=schule 女 職業学校(就業者のための定時制職業教育機関). **=soldat** 男 職業軍人. **=spieler** 男 (球技などの)プロ選手. **=sportler** 男 プロの選手.

berufs=tätig [ベルーフステーティヒ] 形 職業に就いている.

Berufs=unfall 男 労働災害. **=verbot** 中 (特定の職業への)就職禁止; 公職禁止[令]. **=verbrecher** 男 プロの犯罪者.

Berufung 女 (⸺/-en) (責任ある地位への)招へい, 任用; (スポーツ選手の)スカウト; 天職; 使命, 任務; 援引 法 控訴. **~s=gericht** 中 法 控訴裁判所. **~s=instanz** 女 法 控訴審.

beruhen [ベルーエン] 自 〈auf et³〉 (…)に基づく. ◆ **~ lassen** 〈et⁴ auf sich⁴〉 (…)をそのままにしておく; 争いなどを放置する.

beruhigen [ベルーイゲン] (beruhigte; beruhigt) 他 (愛 calm) 〈j⁴〉 (…を)落ち着かせる, 安心させる; 〈sich⁴〉 (気持ちが)落ち着く, 安心する, 静まる.

Beruhigung 女 (⸺/-en) 安心, 落ち着き; 鎮静[化]. **~s=mittel** 中 鎮静剤.

berühmt [ベリュームト] 形 (愛 famous) 有名な, 著名な, 名高い : Das ist nicht gerade ~. 話 それはたいしたことじゃない. **Berühmtheit** 女 (⸺/-en) 有名, 名声; 有名人, 名士 : ~ erlangen 有名になる.

berühren [ベリューレン] (berührte; berührt) 他 ❶〈愛 touch〉(…)に触れる, さわる, 接触する(テーマなどに)言及する; 〈j⁴〉 (人の)心に触れる, (人の)気持ちを〈…に〉する : j⁴ an der Schulter ~ 人の肩に触れる｜Das ~ mich nicht. 私には関係ない. ❷〈sich⁴ mit et³〉(見解・利害・関心などが⸺と)共通点がある, 似ている.

Berührung 女 (⸺/-en) 接触; 交際; 言及. **~s=linie** 女 数 接線. **~s=punkt** 男 数 接点;(思想・意見などの)共通点.

berührt, **berührte** ⟹ **berühren**

Beryllium 中 (⸺s/-) ベリリウム(元素名. Be).

bes. = 特に (< besonders).

besäen 他 〈et⁴ mit et³〉 (…に…の)種をまく.

besagen 他 (文書・法律などの内容が⸺)である; 意味する. **besagt** 官 上記の, 上述の.

besaiten 他 (楽器に)弦を張る. ◆ **zart besaitet sein** 感じやすい; 繊細である.

Besan [ベザーン] 男 海 後部マストの帆, スパンカー; 後部マスト.

besänftigen 他 (…を)落ち着かせる, なだめる.

Besänftigung 女 (⸺/-en) 鎮静, 緩和.

besaß = besitzen

Besatz 男 (-es/..sätze) (服の)縁飾り, (猟区の)鳥獣数;(漁区の)魚数;(牧場面積当たりの)家畜数.

Besatzer 男 ((-s/-)) 《話・蔑》占領(進駐)軍兵士.
Besatzung 女 ((-/-en)) (愈 crew)《集合的》乗組員, クルー; (要塞などの)守備隊; 占領, 駐留; 《集合的》占領軍.
~s-macht 女 占領国. **~s-zone** 女 占領地区(地帯).
besaufen* ((sich⁴)) 《話》酔っぱらう.
Besäufnis 中 ((-ses/-se)), ((-/-se)) 《話》酒盛り, 酒宴; 女 ((-/-se)) 泥酔.
beschädigen [ベシェーディゲン]《beschädigte; beschädigt》他 (愈 damage) (…を)破損する, (…に)損傷を与える.
Beschädigung 女 ((-/-en)) 損傷, 破損; 破損箇所.
beschaffen ❶ 他 ((j³ et⁴)) (…に…を)調達する, 手に入れてやる. ❷ 形 (…の)状態(性質)である.
Beschaffenheit 女 ((-/-)) 性質; 状態.
Beschaffung 女 ((-/-)) 入手.
beschäftigen [ベシェフティゲン]《beschäftigte; beschäftigt》I 他 ❶ ((sich⁴ mit j-et³)) (…に)かかわる, (…に)取り組む, 従事する: Er beschäftigt sich mit seiner Hausarbeit. 彼はゼミレポートに取り組んでいる. II 他 ❶ (愈 employ) (人を)働かせる, 雇う. ❷ ((j⁴ mit et³)) (…で)(人の)関心を占める.
beschäftigt [ベシェフティヒト] 形 ❶ 雇われて(働いて)いる: bei der Firma (in der Fabrik) ~ sein 会社(工場)に勤めている. ❷ (愈 busy) ((mit et³)) (…で)忙しい. **Beschäftigte[r]** 男 女 《形容詞変化》従業員, 被雇用者.
Beschäftigung [ベシェフティグング] 女 ((-/-en)) ❶ (愈 job) 職業, 仕事. ❷ 雇用, 就業, 就労. ❸ ((mit et³)) (…への)取り組み, 従事. **~s-förderungsgesetz** 中 雇用促進法. **~s-grad** 男 雇用(就労)率; 稼動率.
beschäftigungslos 形 仕事のない, 暇な; 失業中の.
Beschäftigungs-therapie 女 《医》作業療法.
beschälen 他 (馬・ロバが牝に)交尾する.
Beschäler 男 ((-s/-)) 種馬.
beschallen 他 (…に)音を響き渡らせる;《医・工》(…に)超音波療法(処理)を施す.
beschämen 他 (愈 shame) (人に)恥じ入らせる; 恐縮させる.
Beschämung 女 ((-/-en)) 恥, 不面目.
beschatten 他 《雅》(…を)日陰にする; 曇らせる, 暗くする; (人を)尾行する;《競》マークする.
beschauen 他 《方》(愈 view) 熟視する; (じっくり)眺める.
beschaulich 形 安らかな, 落ち着いた, 平穏な; 内省的(めい想的)な.
Beschaulichkeit 女 ((-/-)) 落ち着いていること; 内省的(めい想的)なこと.
Bescheid [ベシャイト] 男 ((-[e]s/-e)) (愈 information) ((über j-et⁴)) (…に関する)情報, 消息; 回答, 返事; (官公庁の)通知. ◆ **~ sagen** ((j³)) (人に)教える;《話》(人に)はっきり意見を言う. **~ stoßen** ((j³)) 《雅》(乾杯で人に)返杯する. **~ wis-**

sen 精通している;事情に通じている.
bescheiden* [ベシャイデン] I 形 (愈 modest) つつましい, 控えめな; 質素な; ささやかな; 少量の. 《話》ひどい. II (**beschied; beschieden**) 《雅》他 ((j³ et⁴)) (神・運命が人に…を)授ける, 割り当てる; ((sich⁴ mit et³)) (…で)満足する.
Bescheidenheit 女 ((-/-)) つつましさ, 遠慮深さ, けんそん; 質素.
bescheinen* 他 (…を)照らす: **von der Sonne beschienen** 日の光を浴びて.
bescheinigen 他 (愈 certify) (文書で…を)証明する.
Bescheinigung [ベシャイニグング] 女 ((-/-en)) (文書による)証明; 証明書.
bescheißen* 他 《俗》(人を)だます, ぺてんにかける.
beschenken 他 (人に)贈り物をする.
bescheren 他 ((j³ et⁴/j⁴ mit et³)) (人に…を)クリスマスに贈る; ((運命などが)人に…を)もたらす.
Bescherung 女 ((-/-en)) クリスマスプレゼント(の分配);《話》不快な出来事.
bescheuert 形 《話》ばかな, 頭の悪い; 不愉快な, いまいましい.
beschichten 他 ((et⁴ mit et³)) (…を[…で])コーティングする, 上塗りする.
beschicken 他 (展示会などに)出品する; (会合などに)代表を派遣する;《冶》(原料を機械・高炉などに)装入する.
Beschickung 女 ((-/-en)) 派遣; 出品;《冶》(高炉への)装入[物].
beschießen* 他 ((et⁴ mit et³)) (…を[…で])砲撃する;《理》((j⁴ mit et³)) (…に[…を])照射する; (人を)激しく非難する.
beschildern 他 (…に)標識(札)をつける. **Beschilderung** 女 ((-/-en)) 標識(札)付け;《集合的》標識, 名札, 立て札.
beschimpfen 他 (人に)罵声を浴びせる.
Beschimpfung 女 ((-/-en)) 侮辱, 罵倒(ばとう), ののしり合い.
beschirmen 他 《雅》(…を)庇護(ひご)する;(かさで…を)覆う.
Beschiss 男 ((..schiß/..schisses/)) 《話》いかさま, いんちき. **beschissen** 形 《話》ひどい, くだらない, 最低の; 不愉快な.
beschlafen* 他 《話》((sich³)) (…を)一晩じっくり考える, (…の)決断を翌日に延ばす; (人と)寝る.
Beschlag 男 ((-[e]s/..schläge)) (家具などの補強(装飾)金具, 留め金具; 蹄鉄(ていてつ); (窓ガラス・金属などの表面の)曇り; さび, かび. ♦ **j-et⁴ in ~ nehmen (halten)/j-et⁴ mit ~ belegen/auf j-et⁴ ~ legen** (…を)独占する, 一人占めする.
beschlagen* I 他 ❶ (馬に)蹄鉄を打ちつける. ❷ 自 (s)(ガラスなどが)曇る; (表面が)さびる; (食品などの表面に)かびが出る. II 形 精通している. ♦ **~e Scheiben** 曇りガラス, すりガラス.
Beschlagenheit 女 ((-/-)) (専門的な)知識が十分にあること, 精通.
Beschlag-nahme 女 ((-/-n)) 《法》押収, 取り押さえ; 接収, 拿捕(だほ).
beschlag-nahmen 他 (…を)押収する, 差し押さえる; 拿捕(だほ)する;《戯》(人を)独占する.
beschleichen* 他 《雅》((j⁴)) (不安・恐怖などが)人の心に)忍び込む.

beschleunigen [ベシュロイニゲン] ((beschleunigte; beschleunigt)) [他] (…の速度・進行を)速める; 〔理〕加速する; ((*sich*^{4})) 速まる.

Beschleuniger [男] ((-s/-)) 〔理〕加速器〈装置〉; 〔化〕助触媒, 促進剤.

beschleunigt, beschleunigte ⇨ beschleunigen

Beschleunigung [女] ((-/-en)) 速めること, 加速; 〔理〕加速度.

beschließen* [ベシュリーセン] ((**beschloss,** [旧] ..schloß; **beschlossen**)) [動] ❶ ([英] decide)(熟考のすえに)決意〈決心〉する; 決議する; ((**über** *et*^{4})) (…を)表決〈議決〉する. ❷ ((*et*^{4} [**mit** *et*^{3}])) (…を[…で])終える, 締めくくる.

beschlossen [形] 含んでいる; ((雅)) ((**in** *et*^{3})) (…に)含まれている.

Beschluss ([旧] **Beschluß**)[ベシュルス] [男] ((..schlusses/..**schlüsse**)) ❶ ([英] decision)決定; 決議, 議決 : einen ~ fassen 決定〈決議〉する. ❷ ((雅)) 締めくくり, 末尾 : zum ~ 最後に; 終わりに.

beschluss=fähig ([旧] **beschluß=**) [形] 議決権のある, 議決定足数を満たした.

Beschluss=fassung ([旧] **..schluß=**) [女] 議決.

beschmieren [他] ((*et*^{4} [**mit** *et*^{3}])) (…を[…で])汚す; (…に[…を])落書きする.

beschmutzen [他] 汚す; (品位などを)汚(けが)す.

beschneiden* [他] (…の余分な部分を)切り落とす, 切りそろえる; (自由・権利などを)制限する, (収入などを)削減する; ((*j*^{4} **in** *et*^{3})) (人の自由・権利などを)制限する; 〔宗〕(人に)割礼を施す.

beschneit [形] 雪に覆われた.

beschnüffeln, beschnuppern [他] (動物が…を)かぎ回る; ((話)) (…を)注意深く調べる, 吟味する; ((話・戯)) (人の身辺を)調べ回る.

beschönigen [他] (過ち・欠点などを)取り繕う, 弁解する. **~d** [形] 言い訳がましい; 遠回しの. **Beschönigung** [女] ((-/-en)) 取り繕い, 言い訳, 弁解.

beschränken [ベシュレンケン] ((beschränkte; beschränkt)) [他] ([英] limit) ((*et*^{4} [**auf** *et*^{4}])) (…を[…に])制限〈限定〉する; ((*j*^{4} **in** *et*^{3})) (人の自由・権利などを)制限する; ((*sich*^{4} **auf** *et*^{4})) (…に)制限〈限定〉される, (…で)我慢する.

beschränkt [形] 制限〈限定〉された; 切り詰めた; 視野の狭い : eine Gesellschaft mit ~*er* Haftung 有限会社([略] GmbH, G.m.b.H.).

Beschränktheit [女] ((-/)) 視野の狭さ; 愚かさ; 制約, 制限.

Beschränkung [女] ((-/-en)) 制限, 限定; 制約[となるもの].

beschreiben* [ベシュライベン] ((**beschrieb; beschrieben**)) [他] ([英] describe) (…を言葉で)描写する, 記述する; (図形・弧などを)描く; (…に)文字を書きつける. ✦ ***nicht zu ~ sein*** (喜び・驚きなどが)言葉に言い表せないほどである.

Beschreibung [ベシュライブング] [女] ((-/-en)) 記述, 叙述, 描写. ✦ ***jeder ~ spotten*** 言葉に言い表せないほどひどい.

beschreiten* [他] ((雅)) (道を)歩む.

beschrieb, beschrieben ⇨ beschreiben

beschriften [他] (…に)説明文を記す, 内容を記入する; 記名〈署名〉する.

Beschriftung [女] ((-/-en)) 説明文, 内容記載; 記名, 署名.

beschuldigen [他] ([英] accuse) ((*j*^{4} [*et*^{2}])) (人に[…の])罪を着せる. **Beschuldigte[r]** [男] [女] ((形容詞変化)) 〔法〕被疑者. **Beschuldigung** [女] ((-/-en)) 告訴, 告発.

beschummeln [他] ((話)) (人を)だます.

Beschuss ([旧] **..schuß**) [男] ((..schusses/)) 砲撃; 痛烈な批判〈非難〉.

beschütten [他] ((*j-et*^{4} **mit** *et*^{3})) (…に粉末・液体などを)まく; (…に…を)こぼす.

beschützen [他] ([英] protect) (人を)守る, 保護〈庇護(ひご)〉する.

Beschützer [男] ((-s/-)) ([女] **-in**)保護者, 庇護(ひご)者; 後援者, パトロン; ((卑)) (売春婦の)ひも.

Beschützung [女] ((-/-en)) 保護; 後援; 防御.

beschwatzen [他] ((話)) ((*j*^{4} **zu** *et*^{3})) (…を…するように)説得する, くどく.

Beschwerde [ベシュヴェーアデ] [女] ((-/-n)) ❶ ([英] complaint)苦情, 不平; 〔法〕抗告. ❷ 骨折り, 苦労; ((複)) 肉体的苦痛, 痛み : Wo haben Sie ~*n*? どこが痛いですか. ✦ ***~ führen*** 〈***ein|legen***〉苦情を言う, 異議を申し立てる.

beschweren [ベシュヴェーレン] ((beschwerte; beschwert)) ❶ [再] ((*sich*^{4} **bei** *j*^{3} **über** *j-et*^{4} 〈**wegen** *et*^{2}〉)) (人に…のことで)苦情〈不平〉を言う. ❷ [他] ((*et*^{4} [**mit** *et*^{3}])) (…に[…の])重しを載せる; (人に)負担をかける.

beschwerlich [形] 骨の折れる, やっかいな, つらい, めんどうな. **Beschwerlichkeit** [女] ((-/-en)) 骨の折れる〈やっかいな〉こと; ((複)) 骨折り, 苦労; めんどう.

beschwert, beschwerte ⇨ beschweren

Beschwerung [女] ((-/-en)) 苦労; 重し, 文鎮; 〔海・空〕バラスト, 底荷.

beschwichtigen [他] ((雅)) (怒り・痛みを)鎮める, 和らげる; (人を)なだめる.

beschwindeln [他] ((話)) (人に)うそをつく; (…を)だます; ((*j*^{4} **um** *et*^{4})) (…から…を)だまし取る.

beschwingt [形] いきいきした, 軽やかな, 生気に満ちた.

beschwipst [形] ((話)) ほろ酔い気分の.

beschwören* [ベシュヴェーレン] ((**beschwor; beschworen**)) [他] ❶ ([英] swear) (…が)真実であることを誓う〈誓約する〉. ❷ (人に)懇願する. ❸ (…を魔力・呪文で)呼び出す; 祓(はら)う, 追い出す; 操る. ❹ (…を)呼び覚ます, 呼び起こす.

beseelt [形] 魂を吹き込まれた, 生気〈活気〉のある; ((**von** *et*^{3})) (希望・考えなどで)胸〈頭〉がいっぱいの.

besehen* [他] (([*sich*^{3}] *j-et*^{4})) (…を)よく見る, 調べる, 吟味する.

beseitigen [ベザイティゲン] ((beseitigte; beseitigt)) [他] ([英] remove) (…を)取り除く, かたづける; ((話)) (人を)殺害〈始末〉する : einen Streit ~ 争いに片をつける.

Beseitigung [女] ((-/-en)) 除去, 処分,

消去; 抹殺.
Besen [ベーゼン] 男 〔-s/-〕 ❶ (® broom)ほうき; ブラシ(Neue ~ kehren gut.〔諺〕 新米のうちはよく働く); (料理用)泡立て器. ❷ 強情な女. ◆ **auf den ~ laden** (人を)からかう. **Ich trese einen ~, wenn** ...〔話〕 …ならば首をやる, …なんてことはありえない. **mit eisernem ~ auskehren** 厳しく取り締まる; 断固たる処置をとる. **unter dem ~ getraut sein** 同棲(ｾｲ)している. =**schrank** 男 掃除用具入れ〈ロッカー〉. =**stiel** 男 ほうきの柄. ◆ **einen ~ verschluckt haben** けちくさく(ぎこちなく)ふるまう; おせじが言えない, **steif wie ein ~**〔話〕しゃちほこばった; ぎこちない.
besessen (→ besitzen)〔besessene〕〈® von *et³*〉(…に)取りつかれた. **Besessenheit** 女 〔-/〕(悪魔などに)取りつかれた状態; 熱中, 熱狂.
besetzen [ベゼッツェン]〔besetzte; besetzt〕他 ❶ (® occupy)(場所・時間などを)占める, ふさぐ; (座席を)取っておく; (国や都市を)占領〈占拠〉する; 〈*et⁴* **mit** *j* *-et³*〉(…に…を)飾り立てる〈…を取り付ける.
besetzt [ベゼット] 形 (電話などが)使用中の; (座席が)ふさがった; 込み合った.
Besetztzeichen 中 〔-s/-〕(電話の)話し中の信号音.
Besetzung 女 〔-/-en〕(席・ポスト・役などを)占める〈埋める〉こと; 占拠, 占領; 配役, キャスト; 〔軍〕 占領.
besichtigen [ベズィヒティゲン]〔besichtigte; besichtigt〕他 (® visit)見物する, 見学〈視察〉する.
Besichtigung 女 〔-/-en〕見学, 見物; 視察.
besiedeln (ある土地に)入植する; (ある場所に)生息する, 生えている.
besiegeln〈*et⁴* **mit** *et³*〉(…によって)確認〈保証〉する; 堅固なものにする; (…を)決定的なものにする.
besiegen [ベズィーゲン]〔besiegte; besiegt〕他〔*j⁴*〕(人に)勝つ; (…に)打ち勝つ, 克服する: *j⁴* **im Laufen** ~ 人に競走で勝つ | *j²* **Widerstand** ~ 人の反対を押さえ込む.
besiegt 形 打ち負かされた.
Besiegte(r) 男 女 〔形容詞変化〕敗者, 被征服者.
Besiegung 女 〔-/-en〕勝利, 征服; 克服.
besingen* (…を詩〈歌〉に詠む; 詩歌でたたえる.
besinnen* 〔*sich⁴*〕(® consider)熟考する, 思案する;〔*sich⁴* **auf** *et⁴*〕(…を)思い出す.
besinnlich 形 めい想的な.
Besinnung 女 〔-/〕意識, 正気; 思慮, 分別; 思案, 熟考;〔雅〕回想, 想起.
besinnungslos 形 意識を失った, 気絶〈失神〉した; 分別〈理性〉を失った.
Besitz [ベズィツ] 男 〔-es/〕(® possession)所有物, 財産; 〔法〕占有〔物〕; (…の)所有, 所持. ◆ ~ **ergreifen 〈von** *j-et³*〉(…を)自分の所有とする, 手に入れる;〔雅〕(思考・感情などが)人の心を捕らえる. **im ~** *et²* **〈von** *et³* **sein〉/et⁴ in ~ haben** (…を)所有している. **in ~** *et²* **kommen** (…を)所有するようになる. **in ~ nehmen** (…を)手に入れる, 取得する.
besitzen* [ベズィッツェン]〔besaß; besessen〕他 ❶ (® possess)(…を)持っている, 所有している. ❷ (…を)備えている. ❸〔婉曲〕〔*j⁴*〕(女性を)自分のものにする.
Besitzer [ベズィッツァー] 男 〔-s/-〕(® owner)所有者, オーナー, 持ち主; 〔法〕占有者.
Besitztum 中 〔-s/..tümer〕〔集合的〕〔話〕所有物, 財産; 所有地, 地所.
besoffen 形 泥酔した.
besohlen (靴に)新しい底革をつける.
besolden 他〔*j⁴*〕(軍人・公務員などに)給料を支払う. **Besoldung** 女 〔-/-en〕(軍人・公務員の)俸給, 給与.
besonder 形〔® special〕特別の, 特段の; 特殊の, 変わった: **Es gibt nichts Besonderes zu berichten.** 特に報告すべきことはない. ❷ 格別の, 抜群の. ◆ **im Besonderen** 特に, とりわけ; 個々に.
Besonderheit 女 〔-/-en〕特色, 特徴; 独自な〈変わった〉点.
besonders [ベゾンダァス] 副 ❶ (® especially)特に, とりわけ: **Das Buch ist nicht ~.** その本はあまりたいしたことない. ❷ 別個に.
besonnen 形 ❶ (…を)日光に当てる. ❷ (→ besinnen)❸ 思慮深い, 慎重な, 分別のある. **Besonnenheit** 女 〔-/〕思慮深さ; 慎重さ, 分別.
besorgen [ベゾルゲン]〔besorgte; besorgt〕他 ❶ (® purchase)(…を)入手する, 調達する: *sich³* **et⁴** ~ …を手に入れる.〔話〕盗む, くすねる. ❷ (用事などを)かたづける. ❸ (人の)面倒を見る. ❹〔雅〕(…を)懸念よる, 気遣う. ◆ **es** *j³* ~〔話〕(人に)仕返しをする, (人を)やっつける.
Besorgnis 女 〔-/-se〕心配, 不安, 憂慮. ◆ ~ **erregend** 心配させる; 不安をかきたてる. **Besorgnis=erregend** ⇒ Besorgnis ◆ **besorgt**〔→ besorgen〕形 心配した, 憂慮した; 配慮の行き届いた.
besorgte ⇒ besorgen
Besorgung 女 〔-/-en〕世話, 配慮; 入手, 調達; (仕事などの)処理; 買い物: ~**en machen** 買い物をする.
bespannen〈*et⁴* **mit** *et³*〉(…に…を)張る;〈*et⁴* **mit** *et³*〉(…に…を)つなぐ.
Bespannung 女 〔-/-en〕張ること, 張り付け; 楽器の弦, (ラケットの)ガット; 壁紙.
bespielen〈*et⁴* **mit** *et³*〉(テープなどに…を)録音〈収録〉する. **bespitzeln** (人を)スパイする, 尾行する.
bespötteln からかう, ひやかす.
besprechen* [ベシュプレッヒェン]〔besprach; besprochen〕他 ❶ (® discuss)(…について)話し合う, 相談する:〔*sich⁴* **mit** *j³* **über** *et⁴*〕(人と…について)話し合う, 相談する. ❷ (® review)(本・軽い物などを)批評する. ❸ (テープに話をどを)吹き込む. ❹ (…を)呪文(ﾒﾝ)で治す.
Besprechung [ベシュプレッヒュング] 女 〔-/-en〕❶ 話し合い, 相談, 協議: **eine**

Bestellschein

~ über *et*⁴ abhalten …について協議する | eine ~ mit *j*³ haben 人と協議〈打ち合せ〉をする. ❷ 批評;書評. ❸ まじない.

bespritzen 他 《液体を…に》振りかける;(泥水などを…に)はねかける.

besprochen ⇒ besprechen

besprühen 他 《噴霧器で…に》振りかける. 散布する. **bespucken** 他 《…に》唾(つば)を吐きかける.

besser [ベッサー] 《gut, wohl の比較級》 I 形 ❶ (※ better)よりよい, より優れた(より上等な〈上質の〉; より望ましい, よりぐあいのよい; より正確な. ❷ (比較的)上流の, 身分の高い・Du hättest ~ dorthin gehen sollen. そこへ行けばよかったのに. ♦ *Besser ist ~* 大事をとろう. *Das ist ~ als nichts.* 全然ないよりはましだ. *Das wäre ja noch ~.*〔皮肉〕とんでもない. **Bessere[r]** 男女 《形容詞変化》 よりよい人, もっと優れた人. **Bessere[s]** 中 《形容詞変化》 よりよい事〈物〉. ♦ *eines Besseren belehren 〈j*⁴〉 (人の)誤りを正す. *eines Besseren besinnen〈sich*⁴〉考え直す; 再考する.

bessern [ベッサァン] 《besserte; gebessert》 ❶ 他 《*sich*⁴》よりよくなる, 改善される. 向上する. 改心する. ❷ 他 (※ improve)(…を)よりよくする. 矯正する; 改善する.

Besserung [ベッセルング] 女《-/-》 改良. 改善; 改心; (病気などの)回復.

Besserwisser 男《-s/-》〔蔑〕知ったかぶりをする人, 他人に物を教えたがる人, 自信家.

best [ベスト] 《gut, wohl の最上級》 I 形 ❶ (※ best)いちばんよい, 最良の, 最高の, 最善の; 最適の; 最もすばらしい, 心からの: im ~*en* Fall[e] 最もよくいって, せいぜい. ❷ 《der〈die, das〉 beste の形で》最良〈最善, 最高の〉(もの, こと); 《最後の名詞的で》いちばん(のこと): Der gerade Weg ist der ~*e*. (諺)正直は最善の策; まっすぐな道は最良の道. II 副 ♦ *am ~en* 最もよく; …するのがいちばんよい. *der〈die, das〉 erste ~e〈der〈die, das〉 nächste ~e* 一番手近な; 手当たり次第の.

bestand ⇒ bestehen

Bestand 男《-[e]s/..stände》存続, 存立; 在庫, 現在高, ストック; 手持ちの全額. ♦ *eiserner ~* 非常用ストック, 備蓄. *zum eisernen ~ gehören* (不可欠の)構成要素である.

bestanden 他 (草地などで)覆われた.

beständig [ベシュテンディヒ] 形 ❶ (※ constant)安定した, 不変の;《*gegen et*⁴》 (…に対し)抵抗力のある. ❷ 絶え間ない. **..beständig**「…に対して抵抗力のある, …に強い」の意. **Beständigkeit** 女《-/》不変〈安定〉性; 耐性.

Bestands=aufnahme 女 棚卸し, 在庫調べ; (過去の総括, 概観. **-liste** 女 在庫〈財産〉目録.

Bestandteil [ベシュタントタイル] 男《-[e]s/-e》構成要素, 成分;(機械・器具の)部品.

bestärken 他 《*j*⁴ *in et*³》(…の意見・意図などを)支援する;(確信・疑念を)強める. 強固なものにする;《*sich*⁴》(確信・疑念が)強まる, 強固なものになる.

bestätigen [ベシュテーティゲン] 《bestätigte; bestätigt》他 ❶ (※ confirm)(…が正確・事実であることを)確認する, 証明する;(…の適性だと)認める;(商)(文書・商品などの)受諾を通信する, 証明する;《*sich*⁴》正しいと認められる. **Bestätigung** 女《-/-en》確認, 証明; 確認〈証明〉書;(商)受領通知書.

bestatten 他 〔雅〕(人を)埋葬する. **Bestattung** 女《-/-en》〔雅〕葬儀, 埋葬.

bestäuben 他 (植物に)受粉させる;《*et*⁴ *mit et*³》(…に…を)振りかける〈まく〉.

bestaunen 他 (…を見て)驚嘆〈感嘆〉する.

Beste 中 Beste[r], Beste[s]

bestechen* 他 ❶ (人を)買収する, (人に)贈賄する;(人の心をとらえる, 魅惑〈魅了〉する. **bestechlich** 形 賄賂の効く, 買収しやすい. **Bestechung** 女《-/-en》贈賄,収賄.
~s=geld 中 わいろ, 袖の下.

Besteck [ベシュテック] 中《-[e]s/-e》(一人分の)ナイフ・フォーク・スプーンのセット;(手術用などの)医療器具一式.

bestehen* [ベシュテーエン] 《bestand; bestanden》他 ❶ (※ exist)ある, 存在する, 存続する : Es *besteht* die Gefahr, dass… …という危険がある. ❷ 《consist of 〈*aus et*³〉》(…から)成り立つ, 構成されている;(…で)できている. ❸ 《*in et*³》(…に内容・本質がある. ❹ *et*⁴(試験などに)合格する;《*in*〈*vor*〉*et*³》(危険・困難・試練などに)耐える : die Prüfung 〈in der Prüfung〉 ~ 試験〈検査〉に通る. ❺ 《*gegenüber j*³》 *auf et*³》(人に対して)…を強く主張する, (…に)固執する. ♦ *~ bleiben* 存続する. **Bestehen** 中《-s/》 存在, 存続; 克服; 合格; 固執.

bestehenbleiben ⇒ bestehen ♦

bestehlen* 他 《*j*⁴ *um et*³》(人から…を)盗む.

besteigen* 他 (※ climb)(…に)登る;(乗り物に)乗る. **Besteigung** 女《-/-en》登山; 乗馬; 乗船; 即位.

Bestellbuch 中 〔商〕注文簿.

bestellen [ベシュテレン] 《bestellte; bestellt》他 ❶ 《※ order》《*et*¹ *bei j*³》(…に〈…に〉)注文する;《※ reserve》(…を)予約する. ❷ (時刻・場所だどに)呼び出す, 出頭させる. ❸ 《*j*⁴ *zu et*³ 〈*als et*⁴〉》(人を…に)任命する. ❹ 《*j*³ *et*⁴》(…に…を)伝える. ❺ (耕地を)耕作する. ♦ *Es ist um j-et* 〈*mit j-et*³〉 *bestellt*. (…の)調子は(…)である. *nichts* 〈*nicht viel*〉*zu ~ haben* 〔話〕無力である;指導力は発揮できない. *wie bestellt* おあつらえむきに. *wie bestellt und nicht abgeholt* 〔戯〕所在なさそうにぼんやりしている. **Besteller** 男《-s/-》 注文者, 予約者.

Bestell=karte 女 〔商〕注文カード, 注文用はがき. **-liste** 女 **Bestelliste** 注文〔一覧〕表. **-nummer** 女 (カタログの)商品注文番号. **-schein** 中 注文用紙, 注文書.

bestellt, bestellte ⇒ bestellen
Bestellung [ベシュテルング] 囡 (-/-en) ❶ (医 order) 注文, 予約; 注文〔予約〕の品; 予約者: eine ~ aufgeben (annehmen) 発注〔受注〕する. ❷ 伝言; 配達.
Bestellzeit 囡 (医 order) 注文期間, 注文期日.
bestenfalls 副 最善の場合に〔でも〕, うまくいって〔も〕, ただだが. **bestens** 副 非常によく; 心から.
Beste[r] 代 〖形容詞変化〗最も優れた〈大切な, 重要な〉人 (mein Beste/meine Beste 私の親友).
Beste[s] 中 〖形容詞変化〗最良の物〔事〕, 最善. ✦ *aufs (auf das) Beste* きわめてよく. *Es steht mit j-et³ nicht zum Besten.* (…の)健康〔経済〕状態はあまりよくない. *zum Besten geben*〔話〕(座興に小話などを)披露する; (…を)おごる. *zum Besten haben (halten)* (人を)からかう.

besteuern 他 (…に)課税する. **Besteuerung** 囡 (-/-en) 課税.
bestialisch 形 獣のような, 残忍な; ひどい, 耐えられない. **Bestialität** 囡 (-/-en) 残忍さ; 残忍な行為, 非道.
besticken 他 (…に)刺しゅうする.
Bestie [ベスティエ] 囡 (-/-n) 野獣; けだもの, 人非人.
bestimmen [ベシュティンメン] (bestimmte; bestimmt) (医 determine) 決める: 決定〔定義〕する = Hier *bestimme* ich. ここで決定するのは私だ. ❷ et⁴ für j-et³ 〈zu j-et³〉 (…を…に)指定〔予定〕する : Das ist für Sie *bestimmt*. これはあなた用です. ❸ 〖über j-et⁴〗 (…を)意のままにする〈できる〉. ❹ (…を)性格〈特徴〉づける. ❺ (…を)(…する)気にさせる.

bestimmt [ベシュティムト] (→ bestimmen) ❶ (医 certain) 一定の, 特定の; ある〔種の〕, はっきりとした; 明確な: Heute Abend habe ich nichts *Bestimmtes* vor. 今晩は特に何も予定していません. ❷ 断固とした. ❸ 〖副詞的〗確かに, きっと: Kommst du mit? – Ganz ~! 君も行くかい – もちろんだよ. **Bestimmtheit** 囡 (-/-) 確固〔断固〕とした態度; 確実さ, 明白さ. ✦ *mit ~ be-sagen* きっぱりと明確に.
Bestimmung [ベシュティムング] 囡 (-/-en) ❶ 決定. ❷ 規則, 規程. ❸ (本来の) 使命, 宿命. ❹ 〖文法〗修飾語, 修飾節.
Bestimmungs-bahnhof 男 〖商〗仕向け駅. **=hafen** 男 〖商・海〗仕向け港. **=land** 田 仕向け国. **=ort** 男 (旅などの)目的地, 到着地; 〖商〗 (商品の)仕向け地.
Best-leistung 囡 〖スポ〗最高記録.
bestmöglich 形 できる限り最良〈最高〉の, 最善の.
bestrafen [ベシュトラーフェン] (bestrafte; bestraft) 他 (医 punish) 〖für et⁴ 〈wegen et³〉〗 (…のことで)罰する, 処罰する: 〖スポ〗 (人に)ペナルティーを科す. **Bestrafung** 囡 (-/-en) 処罰, 罰.
bestrahlen 他 (…を)照らす. **Bestrahlung** 囡 (-/-en) 照明〈照射〉すること;〔放射線〕照射治療.

Bestreben 田 (-s/-) 努力. ✦ *im 〈in seinem〉 ~* 〖+ zu 不定詞句〗 (…しょうと)〔努力〕して.
bestrebt 形 ✦ ~ *sein* 〖+ zu 不定詞句〗 (…しょうと)努力している.
Bestrebung 囡 (-/-en) 努力.
bestreichen* 他 〖et⁴ *mit et³*〗 (…に…を)塗る, 塗り付ける.
bestreiken 他 (…に対して)ストライキをする.
bestreiten* 他 (医 dispute) (…に)反論する, 異議を唱える; 〖j³ et⁴〗 (人の…を)否定する, (人の…に)異議を唱える; (費用などを)賄う, 負担する; 受け持つ, 担当する: 実行する. **Bestreitung** 囡 (-/-en) 反論, 反駁(ばく); 費用負担, 支出.
bestreuen 他 〖et⁴ *mit et³*〗 (…に…を)振りかける, 振りまく.
Bestseller [ベストセラー] 男 (-s/-) ベストセラー.
bestücken 他 〖et⁴ *mit et³*〗 (…を)備え付けている, 装備する. **Bestückung** 囡 (-/-en) 装備, 装置; 設備.
Bestuhlung 囡 (-/-en) 座席の設置;〔集合的〕(劇場などの)座席.
bestürmen 他 (…に向かって)突撃する, (…を)襲撃する; 〖j⁴ *mit et³*〗 (…を…で)悩ませ, 苦しめる; 〖j⁴ *um et⁴*〗 (…に…をせがむ; 〖j³〗 (感情などが…を)襲う.
bestürzen 他 (…を)動転〈うろたえ〉させる. **bestürzt** 形 動転した, うろたえた. **Bestürzung** 囡 (-/-) 驚き, ろうばい, 動転.
Bestzeit 囡 〖スポ〗ベストタイム.

Besuch [ベズーフ] 男 (-[e]s/-e) (医 visit) 見物; 訪問; 参加者〔数〕, 出席者〔数〕; 観客; 訪問客: [bei] j³ einen ~ *machen* 人を訪問する | bei j³ auf 〈zu〉 ~ *sein*, 人を訪ねている〈の客になっている〉| Du bekommst ~. お客だよ.
besuchen [ベズーヘン] (besuchte; besucht) 他 (医 visit) (人を)訪問する; (人に)会いに行く; (医者が)患者を回診〈往診〉する; 訪れる, 見物する; (…に)出席〈参加〉する; (学校に)通う.
Besucher [ベズーハー] 男 (-s/-, 囡 **-in**) (医 visitor) 訪問者, 来客; 観客, 聴衆; 見物客.
besucht, besuchte ⇒ besuchen
besudeln 他 (…を)ひどく汚す; (名誉・体面などの)を汚す.
Beta 田 (-[s]/-s) ベータ(ギリシャ文字の第2字; *B, β*).
betagt 形 高齢の, 年老いた;〔商〕 (手形の)期限つきの; 満期の, 期限切れの.
betasten 他 (…を触って調べる, 触ってみる; 〖医〗触診する.
betätigen 他 〖sich⁴〗活動する, 働く; 〖機械を〗 作動させる, 操作する. **Betätigung** 囡 (-/-en) 活動, 作動; 操作, 運転.
betäuben 他 〖医〗 (人に)麻酔をかける; (人の)感覚をまひさせる, 頭をぼうっとくらっとさせる. **Betäubung** 囡 (-/-en) 麻酔; もうろう〈失神〉状態. **~s-mittel** 田 麻酔剤. **~s-mittelkriminalität** 囡 薬物犯罪.
Bete 囡 (-/-) 〖植〗ビート.
beteiligen [ベタイリゲン] (beteiligte;

beteiligt) ❶ 他 (⊗ participate in) 《*sich*⁴ *an et*³》(…に)参加する，関与する；出資する：*an et*³ *beteiligt sein* …に参加(関与)している．❷ 再 《*j*⁴ *an et*³》(人に…を)分け与える，参加させる．
Beteiligte[r] 男 《形容詞変化》関与(参加)者，当事者，[利害]関係者；出資(加入)者，株主，社員．
Beteiligung 女 《-/-en》参加，協力；《商》出資，持ち株． **~s‹gesellschaft** 女 《商》持ち株会社． **~s‹quote** 女 《商》持ち分，出資比率．
beten 《ベーテン》《*betete*; *gebetet*》 自 (⊗ pray)祈る；(祈りの句などを)唱える：*um et*⁴ ~ …を求めて祈る．
beteuern 他 断言する． **Beteuerung** 女 《-/-en》誓い，断言．
Bethlehem ベツレヘム(ヨルダンの西端，イスラエルとの国境にある町；イエスの生誕地とされる).
betiteln 他 (…に)題名(タイトル)をつける；《*j*⁴ *mit et*³》(人を…という)称号で呼ぶ，(人を…と)のののしる．
Beton 男 《-s/ 種類 -s, -e》(⊗ concrete)コンクリート．
betonen 《ベトーネン》《*betonte*; *betont*》他 (…を)強調する；(音節・単語に)アクセントを置く．
betonieren 他 (…に)コンクリートを打つ，(…を)コンクリートで固める．
Beton‹klotz 男 コンクリートブロック；不格好なコンクリートの建造物． **=mischer** 男， **=mischmaschine** 女 コンクリートミキサー．
betont (→ betonen) 形 アクセントの置かれた(ある)；目立たせた．
..betont 「…を強調した」の意．
betonte ⇒ betonen
Betonung 《ベトーヌング》女 《-/-en》強調，力説；重視；アクセント，強勢．
betören 他 (人を)魅惑する；誘惑する．
betr. ＝ *betreffs*; *betrifft*; *betreffend*.
Betr. ＝ *Betreff*.
Betracht 男 ◆ *außer* ~ *bleiben* 問題外である． *außer* ~ *lassen* (…を無視する，問題にしない． *in* ~ *kommen* 考慮される． *in* ~ *ziehen* (…を)考慮に入れる．
betrachten 《ベトラハテン》《*betrachtete*; *betrachtet*》他 ❶ 他 (⊗ look at)じっくり眺める，観察する：*sich*⁴ *im Spiegel* ~ 鏡に見入る．❷ 考察する；《*j-et*⁴ *als j-et*¹》(…を)…とみなす． **Betrachter** 男 《-s/-》(⊗ **-in** 女)観察者，考察者．
betrachtend, betrachtet ⇒ **betrachten**
beträchtlich 形 (⊗ considerable)かなりの，相当の．◆ *um ein Beträchtliches* 著しく．
Betrachtung 女 《-/-en》観察，眺めること；考察，研究． **~s‹weise** 女 考察〈観察〉の仕方．
betraf ⇒ betreffen
Betrag 《ベトラーク》男 《-[e]s/..träge》金額．◆ ~ *dankend erhalten* (領収証で)確かに受領いたしました．
betragen* 《ベトラーゲン》《*betrug*; *betragen*》 ❶ 他 (⊗ amount to)(数量を示す副詞的4格と)(金額・距離などが…に)なる，達する．❷ 再 (⊗ behave)《*sich*⁴》(…のように)ふるまう，(…の)態度をとる．
Betragen 中 《-s》ふるまい，行状，品行．
betrat ⇒ betreten
betrauen 他 《*j*⁴ *mit et*³》(…に…を)委託〈委嘱、委託〉する．
betrauern 他 (死・死者を)悼[いた]む，悲しむ．
Betreff 中 《-[e]s/-e》《商》関係；(商用文で)…の件(＝Betr.).
betreffen* 《ベトレッフェン》《*betraf*; *betroffen*》他 ❶ 他 (⊗ concern)《*et*⁴》(…に)関係する，該当する．❷ 再 《*j*⁴》(災いなどが人に)降りかかる．❸ 再 《*j*⁴》(人に)精神的なショックを与える．◆ *was mich betrifft, ...* 私に関しては(関する限り)．
betreffend 形 当該の． **Betreffende[r]** 男 《形容詞変化》当人，当事者，当該の人(＝Betr.).
betreffs 前 《2格支配》《商》…に関して(＝bezüglich).
betreiben* 《ベトライベン》《*betrieb*; *betrieben*》他 ❶ (仕事などを)する，行う；(店などを)経営する．❷ (…を)推し進める．❸ (機械などを)動かす，運転する． **Betreiben** 中 《-s》経営，従事；推進．◆ *auf j*⁰ ~ [*hin*] (人に)促されて；(人の)指示に基づいて．
betreten* 《ベトレーテン》《*betrat*; *betreten*》❶ 他 (⊗ enter)(…に)立ち入る，踏み込む．❷ 形 困惑(ろうばい)した． **Betretenheit** 女 《-/》困惑，ろうばい．
betreuen 他 (人・動物の)世話をする；(プロジェクト・部署を)取りしきる，担当する． **Betreuer** 男 《-s/-》(⊗ **-in** 女)世話役，担当者；《スポ》コーチ． **Betreuung** 女 《-/-en》世話，看病，付き添い；担当．
betrieb ⇒ betreiben
Betrieb 《ベトリープ》男 《-[e]s/-e》❶ (⊗ firm)企業，会社，工場；経営，操業：*einen* ~ *leiten* 会社を経営する．❷ (機械の)運転，操業．❸ 活気，混雑；車の往来．◆ *außer* ~ *sein* (操業を)停止している． *außer* ~ *setzen* 《*et*¹》(…の)運転を中止する． ~ *machen* どんちゃん騒ぎをする． *in* ~ *nehmen* 《*et*⁴》(…の)運転を開始する． *in* ~ *sein* (機械が)運転中である． *in* ~ *setzen* (…を)動かす．
betrieben ⇒ betreiben
betriebsam 形 (仕事に)忙しい，活動的な；せかせかした． **Betriebsamkeit** 女 《-/》．
Betriebs‹anleitung 女 操作説明書，マニュアル．
betriebs‹eigen 形 企業所有の．
Betriebs‹führung 女 ＝ Betriebsleitung． **=geheimnis** 中 企業秘密． **=kapital** 中 営業(運転)資本． **=klima** 中 職場の環境(雰囲気)． **=kosten** 複 経営費；(機械の)維持費． **=leitung** 女 企業経営[陣]．
Betriebs‹rat 《ベトリープスラート》男 《-[e]s/..räte》(従業員代表と経営者が協議する)経営協議会， **=rente** 女 企業年金． **=satzung** 女 《経営》定款． **=system** 中 《コンピュ》オペレーティングシステム． **=unfall** 男 労働災害． **=wirtschaft** 女 経営[経済]学． **=wirtschaftslehre** 女 経営[経済]学．

betrifft ⇒ betreffen
betrinken* 囲 《*sich*⁴》酔っぱらう.
betroffen (→ betreffen) 形 驚いた, とまどった, 困惑した. **Betroffenheit** 囡 《-/》とまどい, 困惑, 狼狽(荒).
betrog, betrogen ⇒ betrügen
betrüben 他 (人を)悲しませる.
betrüblich 形 悲しい, 憂うつな. **betrübt** 形 悲しい, 憂うつな. **Betrübtheit** 囡 《-/》悲しみ, 悲嘆, 憂い.
betrug ⇒ betrügen
Betrug 男 《-(e)s/》うそ, ごまかし, 詐欺, ぺてん: ein frommer ～ 善意のうそ.
betrügen* [ベトリューゲン] 《betrog; betrogen》他 《◎ cheat》(人を)欺く;《*sich*⁴ *um et*⁴》(人から…を)だまし取る;《*sich*⁴》自分を欺く, 勘違いする. **Betrüger** 男 《-s/-》《◎ -in》詐欺師, ぺてん師, いかさま師. **Betrügerei** 囡 《-/-en》詐欺, いかさま, ぺてん, ごまかし. **betrügerisch** 形 詐欺の, ごまかしの.
betrunken [ベトルンケン] (← betrinken) 形 《◎ drunk》酔っぱらった. **Betrunkene[r]** 男/囡 《形容詞変化に》酔っぱらい.
Bett [ベット] 中 《-(e)s/-en》 ❶ 《◎ bed》ベッド, 寝床: im 《zu》 ～ liegen 〖病気で〗寝ている | zu ～ 〈ins 〜〉 gehen 就寝する; 寝る. ❷ 羽毛布団; 掛け布団; 〖複〗寝具. ❸ 川床, 〖転義の〗河床. ♦ *ans ～ gefesselt sein* 〖病気で〗寝たきりの状態である. *das ～ hüten müssen* 〖病気で〗床についていなければならない. *das ～ teilen 《mit j³》* (人と)結婚〈同棲(紛)〉する. *ins ～ gehen 《steigen》 《mit j³》* (人と)性的関係をもつ. *ins gemachte ～ legen《sich⁴》*〖苦労せず〗楽な生活ができる.
Bett-bezug 男 布団カバー. **-decke** 囡 毛布, 布団のカバー.
Bettel 男 《-s/》がらくた; 物ごい. **bettelarm** 形 ひどく貧乏な.
betteln [ベッテルン] 《bettelte; gebettelt》他 《◎ beg》物ごいする, 乞食(念)をする; せがむ, ねだる.
Bettel-stab 男 ♦ *an den ～ bringen* (人を)破産させる. *an den ～ kommen* とても貧乏になる.
betten 他 そっと横たえる. ♦ *weich ～ 《sich⁴》*安楽な身分になる. *weich gebettet sein* 裕福に暮らしている.
Bett-gestell 中 (マットを載せる)ベッドの台.
bett-lägerig 形 寝たきりの.
Bettler [ベットラー] 男 《-s/-》《◎ -in》《◎ beggar》乞食(念), 物ごい.
Bett-ruhe 囡 《-/》(ベッドでの)安静. **-schwere** 囡 眠気, 睡魔. ♦ *die nötige ～ haben* 〖話〗眠くなっている. **=tuch** 《◎ Bettuch》中 シーツ. **=überzug** 男 = Bettbezug. **=wäsche** 囡 シーツ・(まくらの)カバー, シーツ.
Bett-zeug [ベットツォイク] 中 《-(e)s/》〖集合的〗寝具類, ベッド用品.
betucht 形 〖話〗裕福な.
betulich 形 よく気がつく, 世話好きな; ゆったりとした.
beugen [ボイゲン] 他 《◎ bend》曲げる, かがめる;《*sich*⁴》身をかがめる: *sich*⁴ *aus dem Fenster ～* 窓から身を乗り出す. ❷ 屈服させる;(意志などを)くじく;《*sich*⁴ *j-e*³》(人に)屈服する. ❸ 〖法〗(法を)曲げる; 〖理〗(光線・電波などを)回折(穴)させる;〖文法〗語形変化させる. **Beugung** 囡 《-/-en》屈曲; 〖法〗(法の)曲解; 〖理〗回折, 回析;〖文法〗語形変化.
Beule 囡 《-/-n》こぶ, はれ; (ぶつかってできた)でこぼこ, へこみ, 膨らみ.
beunruhigen [ベウンルーイゲン]《beunruhigte; beunruhigt》他 《◎ worry》(人を)不安にさせる, 心配させる;《*sich*⁴ *um j⁴ wegen et*²》(…のことが)不安〈心配〉である: *Es ist beunruhigt, dass …* …は気がかりだ. **Beunruhigung** 囡 《-/-en》不安, 動揺; 心配〈不安〉にすること.
beurkunden 他 文書化する, 登記する. **Beurkundung** 囡 《-/-en》登録, 文書作成; (文書による)証明.
beurlauben 他 (人に)休暇を与える;(人を)休職させる;〖軍〗(兵を)帰休させる. **Beurlaubung** 囡 《-/-en》休暇を与えること; 休職;〖軍〗帰休.
beurteilen [ベウアタイレン]《beurteilte; beurteilt》他 《◎ judge》判断する; 評価する. **Beurteilung** 囡 《-/-en》判断; 判定; 批評; 評価; 判定書.
Beute 囡 《-/》〖集合的〗略奪品, 獲物; 戦利品; 餌食(念).
Beutel [ボイテル] 男 《-s/-》《◎ bag》袋〈ふくろ〉; 財布;〖動〗(カンガルーなどの)育児嚢(ジ). ♦ *in den ～ ziehen 《aufmachen》* 金を払う. *tief in den ～ greifen müssen* 大金を払わねばならない. **-bär** 男 コアラ.
beuteln 他 ❶ 《*j⁴*》〖言う⦆〗(懲らしめのために人を)揺さぶる;〖方〗(人から)金を巻き上げる. ❷ 他 《*sich*⁴》(衣服の)ひざなどが)出る, たるむ. **Beutel-tier** 中 有袋類(カンガルー・コアラなど).
bevölkern 他 (…に)住んでいる;(…に)群がる;《*sich*⁴》人口が増える, 人でいっぱいになる; 《*et*⁴《*mit j³*》》(…に〖人を〗入植させる.
Bevölkerung [ベフェルケルング] 囡 《-/-en》《◎ population》人口, 全住民. **～s-dichte** 囡 人口密度. **～s-explosion** 囡 爆発的な人口増加.
bevollmächtigen 他 《*j⁴ 《zu et³》》*(…に…の)権限を与える〈委任する〉.
Bevoll-mächtigte[r] 男/囡 《形容詞変化に》全権代表〈使節〉, 代理人, 代理人. **-mächtigung** 囡 《-/-en》権限付与, 全権委任.
bevor 接 《◎ before》〖時間的〗…する前に, …しないうちに:《*nicht 《bis》*》…しないうちは, …しない限り.
bevormunden 他 《*j⁴*》(人に)干渉する;(人を)保護下に置く,(人の)後見をする. **Bevormundung** 囡 《-/-en》干渉; 後見.
bevor|stehen* 他 〖間近に〗迫っている:《*j³*》(…の目前に)控えている.
bevorzugen 他 《*j-e⁴* 《*vor j-e³*》》(…を〖…より〗)好む; 優遇する, えこひいきする. **Bevorzugung** 囡 《-/-en》優遇, えこひいき.
bewachen [ベヴァッヘン]《bewachte; bewacht》他 《◎ guard》見張る; 警護する, 〖スポ〗マークする.

bewachsen* [他] (植物が繁茂して…を)覆う, 覆い隠す.

bewacht, bewachte ⇨ bewachen

Bewachung [女] ⦅-/-en⦆ 見張り, 監視; 警護; ⦅集合的⦆ 監視人; 警備陣.

bewaffnen [ベヴァフネン] ⦅bewaffnete; bewaffnet⦆[他] ([英] arm) ⦅j^4 **mit** et^3⦆ (人に…で)武装させる; ⦅戯⦆ (人に…を)装備させる, 持たせる. **Bewaffnung** [女] ⦅-/-en⦆ 武装; 装備; 武器, 兵器.

bewahren [ベヴァーレン] ⦅bewahrte; bewahrt⦆[他] ❶ ([英] protect) ⦅*j-et*^{4} **vor** et^3⦆ (…を…から)守る, 保護する; ⦅$sich^4$ **vor** et^3⦆ (…から)身を守る. ❷ ([英] keep) 保持する; ⦅雅⦆ しまっておく, 保管〈保存〉する; ⦅$sich^4$⦆ 保持される. ✦ [*Gott*] *bewahre!* まっぴらだ, そんなことがあってたまるか.

bewähren [ベヴェーレン] ⦅bewährte; bewährt⦆[再] ⦅$sich^4$⦆ 有効〈適格〉と認められる, 確証される.

bewahrheiten [再] ⦅$sich^4$⦆ 真実である〈正しい〉と証明される.

bewahrt, bewahrte ⇨ bewahren

bewährt (→ bewähren) [形] 実証済みの; 信頼のおける, 定評のある. **bewährte** ⇨ bewähren

Bewahrung [女] ⦅-/⦆ 保護; 保管, 保存; 維持.

Bewährung [女] ⦅-/-en⦆ 能力〈適性〉証明; 〔法〕 執行猶予, 保護観察. **~s=frist** [女] 〔法〕 執行猶予〈保護観察〉期間.

bewaldet [形] 森〈樹木〉に覆われた.

bewältigen [他] (困難・試練などを)克服する; (仕事などを)かたづける. **Bewältigung** [女] ⦅-/-en⦆ 克服; (過去の)清算, 立ち直り.

bewandert [形] 精通した, 経験豊かな.

Bewandtnis [女] ⦅-/-se⦆ 事情.

bewarb ⇨ bewerben

bewässern [他] (…に)水をひく, (…を)灌漑(かんがい)する. **Bewässerung** [女] ⦅-/-en⦆ 灌漑(かんがい), 水まき.

bewegbar [形] 可動の, 動かせる.

bewegen(*) [ベヴェーゲン] [他] ❶ ⦅bewegte; bewegt⦆ ([英] move)動かす, 移動させる; (人の)心を動かす; ⦅$sich^4$⦆ 動く, 身動きする; 移動する; ⦅$sich^4$⦆ ⦅話⦆ 散歩をする; 行動する. ❷ ⦅**bewog; bewogen**⦆ ⦅j^4 **zu** et^3/j^4 + zu 不定詞句⦆ (人を…する)気にさせる; ⦅j^4⦆ (人の)心を占める.

Beweg=grund [男] (行動の)動機.

beweglich [ベヴェークリヒ] [形] ❶ 可動の, 動かせる; 移動可能の : ~*e* Güter 動産 | ~*e* Feste 移動祝祭日(復活祭など). ❷ 活発な. ❸ 柔軟な. **Beweglichkeit** [女] ⦅-/⦆ 可動性, 流動性, 活発さ. **bewegt** (→ bewegen) [形] 動きの激しい, 波乱に富んだ; 活発な; 感動した.

Bewegung [ベヴェーグング] [女] ⦅-/-en⦆ ❶ ([英] movement)運動, 動き; (機械などの)作動. ❷ (人間の)活動, 行動; (政治的・社会的な)運動. ❸ ([英] emotion)感動, 興奮. ✦ ~ *machen* ⦅$sich^3$⦆ 散歩する, (健康のために)運動する. *in* ~ *bringen* (…を)作動させる. *in* ~ *sein* 活動中である. *in* ~ *setzen* (…を)作動させる; ⦅$sich^4$⦆ 動き始める. **bewegungslos** [形] 動きのない, 静止した.

Bewegungs=störung [女] 運動障害 **=therapie** [女] 〔医〕 運動療法.

beweihräuchern [他] ⦅蔑⦆ ⦅j⦆ (人を)褒めそやす.

beweinen [他] (故人・人の死などを)泣き悲しむ, 悼む.

Beweis [ベヴァイス] [男] ⦅-es/-e⦆ ([英] proof)証拠, 証明; 表示, しるし. ✦ *unter* ~ *stellen* (…を)立証する.

beweisen* [ベヴァイゼン] ⦅**bewies; bewiesen**⦆[他] ❶ ([英] prove)(…を)証明する; ⦅j^3 et^4⦆ (人に…を)証拠として突きつける. ❷ (…を)示す.

Beweis=führung [女] 論証; 〔法〕 立証, 挙証. **=last** [女] 〔法〕 立証責任. **=material** [中] 証拠物件〈資料〉. **=stück** [中] 証拠物件.

bewenden [自] ✦ *Damit soll* 〈*mag*〉 *es sein Bewenden haben.* これでよしとしておこう. *es bei* 〈*mit*〉 et^3 ~ *lassen* (…で)よし〈十分〉とする; 済ませておく.

bewerben* [ベヴェルベン] ⦅**bewarb; beworben**⦆ ❶ [再] ([英] apply for) ⦅$sich^4$ **bei** et^3/**um** et^4⦆ [… に]申し込む, 志願〈応募〉する, 立候補する : $sich^4$ bei einer Firma ~ 会社に応募する | $sich^4$ um einen Ausbildungsplatz ~ 研修に申し込む. ❷ [他] 〔商〕 宣伝する.

Bewerber [男] ⦅-s/-⦆ ([女] **-in**)志願者, 応募者; 求婚者.

Bewerbung [ベヴェルブング] [女] ⦅-/⦆ 志願, 志望, 申し込み; 求婚; 願書, 申し込み書.

bewerfen* [他] ⦅*j-et*^{4} **mit** et^3⦆ (…に物を)投げつける; ⦅et^4 **mit** et^3⦆ (…にモルタル・しっくいなどを)塗る.

bewerkstelligen [他] (難しいことを上手に)やり遂げる, 成就する. **Bewerkstelligung** [女] ⦅-/-en⦆

bewerten [他] ([英] value)(…を)評価する, 査定する. **Bewertung** [女] ⦅-/-en⦆ 評価, 査定; 評点; 評価額.

bewies, bewiesen ⇨ beweisen

bewilligen [他] ([英] grant) ⦅j^3 et^4⦆ (…に…を)認可する; 可決する. ✦ *eins* 〈*eine, ein Ding*〉 ~ ⦅話⦆ ⦅j^3⦆ (人に)[平手打ちを]一発くらわせる. **Bewilligung** [女] ⦅-/-en⦆ 認可, 承認; 可決.

bewirken [他] ([英] cause)(…を)引き起こす, 結果としてもたらす.

bewirten [他] (人を)もてなす, 接待する.

bewirtschaften [他] 経営〈管理〉する, 営業する; (土地を)耕作する. **Bewirtschaftung** [女] ⦅-/-en⦆

Bewirtung [女] ⦅-/-en⦆ もてなし.

bewog, bewöge, bewogen ⇨ bewegen ②

bewohnbar [形] 居住可能な〈に適した〉.

bewohnen [ベヴォーネン] ⦅bewohnte; bewohnt⦆[他] (…に)住む.

Bewohner [ベヴォーナー] [男] ⦅-s/-⦆ ([女] **-in**)([英] inhabitant)住民, 居住者.

bewölken [再] ⦅$sich^4$⦆ 曇る; 陰気になる, 陰鬱(いんうつ)になる. **bewölkt** [形] 曇りの; (顔を)曇らせた. **Bewölkung** [女] ⦅-/⦆ 曇ること, 曇り; ⦅集合的⦆ 雲.

beworben ⇨ bewerben

Bewunderer [男] ⦅-s/-⦆ ([女] **Bewunderin, Bewundrerin**)感嘆する人, 賛美

者，崇拝者；ファン．

bewundern [ベヴンダァン] 《bewunderte; bewundert》[他] ([英] admire)(…に)感嘆する，(…を)賛美する，すばらしいと思う．**bewunderns=wert** [形] 感嘆すべき；賛美に値する，すばらしい．**Bewunderung** [女] 《-/-en》感嘆，賛美．

Bewurf [男] 《-s/..würfe》しっくい．

bewusst ([旧] **bewußt**)[ベヴスト] [形] ❶ ([英] conscious)意識している，自覚している．❷ 知っている：Es ist mir ～. それは私は分かっている．❸ 例の，前述〈既知〉の〉．✦ *～ sein* 〈*werden*〉《*sich*^{3} *et*^{2}》(…を)知っている〈知る〉，意識している〈する〉，自覚している〈する〉．**..bewusst** ([旧] **..bewußt**)「…に気を配る；…を意識した」の意．

Bewusst=heit ([旧] **Bewußt=**) [女] 《-/》意識，自覚；故意．

bewusst=los ([旧] **bewußt=**) [形] 意識不明の，失神した，無意識の．**Bewusst=losigkeit** ([旧] **Bewußt =**) [女] 《-/》意識不明，失神．✦ *bis zur ～* 《話》うんざりするほど；際限なく．

Bewusst=sein ([旧] **Bewußt=**)[ベヴストザイン] [中] 《-s/》 ([英] consciousness)意識，自覚：das ～ verlieren 意識を失う | wieder zu[m] ～ kommen 意識を回復する | mit [vollem] ～ 故意に．✦ *zu[m] ～ kommen* 《*j*^{3}》(ある事が人に)分かる，(人は…に)気づく，(人が…を)悟る．

bez. [略] *bez*üglich; *bez*ahlt．**Bez.** [略] *Bez*irk 地区；*Bez*eichnung 記号，表示．

bezahlen [ベツァーレン] 《bezahlte; bezahlt》[他] ([英] pay)(ある金額を)支払う；(…の代金を)支払う；《*j*^{4}》(人に)報酬を支払う：*bezahlte* Urlaub 有給休暇 | Ich möchte bitte ～. お勘定をお願いします．✦ *bezahlt machen* 《*sich*^{4}》骨折りがいがある．

Bezahlung [ベツァールング] [女] 《-/-en》支払い；報酬，賃金：gegen ～ 報酬をもらって | ohne ～ 無報酬で；無給で．

bezähmen [他] (感情などを)抑える，押し殺す；[再] 《*sich*^{4}》自制する．

bezaubern [他] ([英] charm)(人を)魅惑〈魅了〉する，うっとりさせる．**～d** [形] 魅力的な，うっとりするような．

bezeichnen [ベツァイヒネン] 《bezeichnete; bezeichnet》[他] ❶ ([英] call) 《*j-et*^{4} **als** *j-et*^{4}》(…を…と)名づける，呼ぶ．❷ (…を)表す，意味する．❸ ([英] mark)(…に)印をつける．

bezeichnend [形] 特徴的な，典型的な．**～er=weise** [副] 特徴的なことだが，いかにもそれらしく．

Bezeichnung [ベツァイヒヌング] [女] 《-/-en》名称，記号；表示([略] Bez.)；名前〈印〉をつけること．

bezeigen [他] 《*j*^{3} *et*^{4}》(人に敬意・感謝などの気持ちを)表明する；(喜び・恐れなどを)表に出す，示す；[再] 《*sich*^{4}》(…の気持ちを態度に)表す．**Bezeigung** [女] 《-/-en》

bezeugen [他] (…を)証言する，証明する；(…の)証拠を与える；(…を)表明する．

bezichtigen [他] 《*j*^{4} *et*^{2}》(…を…の)罪に問う；(…を…の罪で)責める，告発する．**Bezichtigung** [女] 《-/-en》告発．

beziehbar [形] 入居可能な；《**auf** *j-et*^{3}》(…に)適用できる．

beziehen* [ベツィーエン] 《**bezog; bezogen**》[他] ❶ ([英] cover)(…にカバーなどを)かける；(…に弦などを)張る．❷ 《*et*^{4} **auf** *j-et*^{4}》(…を…に)関連づける，適用する；《*sich*^{4} **auf** *j-et*^{4}》(…に)関連する，(…を)引き合いに出す，(…に)対応する．❸ 定期購入する；(商品を)手に入れる．❹ (…に)移り住む．❺ (立場などを)取る．❻ 《*sich*^{4}》(空が)曇る．**Bezieher** [男] 《-s/-》(新聞雑誌などの)定期購読者；〔商〕手形〈小切手〉振出人．

Beziehung [ベツィーウング] [女] 《-/-en》❶ ([英] relation)関係，交流，交際；縁故，コネ．❷ 関連．✦ *in ～ bringen* 〈*setzen*〉(…を)関連づける．*in dieser* 〈*jeder*〉 *～* この点では〈あらゆる点で〉．*in keiner ～ stehen* 《**zu** *et*^{3}》(…と)何の関係もない．*mit ～ auf j-et*^{4} …に関して，関連して．**～s=handel** [男] 〔商〕(小売店を通さない)直接売買．**～s=kauf** [男] 〔商〕(小売店を通さない)直接購入；(特別のつてによる)縁故購入．

beziehungslos [形] 無関係の，関係ない．

beziehungsweise [ベツィーウングスヴァイゼ] [接] ❶ または，もしくは，詳しく言うと([略] bzw.)．❷ それぞれ．

beziffern [他] (ページなどに)番号を付ける；《*et*^{4} **auf** *et*^{4}》(…を…と)見積もる，算定する；《*sich*^{4} **auf** *et*^{4}》(…の額〈数〉に)達する．

Bezirk [ベツィルク] [男] 《-[e]s/-e》 ([英] district)区域，地区([略] Bez., Bz.)；市区；管区；(旧東ドイツの)県；(オーストリア・スイスの)郡；分野，領域．**～s=gericht** [中] (旧東ドイツの)県裁判所；(オーストリア・スイスの)地方裁判所．

bezog, bezogen ⇨ beziehen

..bezogen「…に関する」の意．

Bezogene[r] [男] [女] 《形容詞変化》為替〈小切手〉の支払人．

Bezug [ベツーク] [男] 《-[e]s/..**züge**》❶ (ベッド・まくらなどの)カバー；(バイオリンなどの)弦(一組)；(ラケットの)ガット．❷ (定期的な)購入；(給与・年金などの)受給．❸ 《[墺]》収入．✦ *～ auf j-et*^{4} *nehmen* (…を)引き合いに出す．*～ haben* 《**auf** *et*^{4}》(…と)関連している．*in ～ auf j-et*^{4} (…に)関して．*unter* 〈*mit*〉 *～ auf et*^{4} (…に)関して．

bezüglich ❶ [前] 《2格支配》《官》…に関して，…のために，…について([略] bez.)．❷ [形] 《**auf** *et*^{4}》(…に)関する：～*es* Fürwort〔文法〕関係代名詞．

Bezugnahme [女] ✦ *mit* 〈*unter*〉 *～ auf j-et*^{4} (…に)関連して．

Bezugs=berechtigung [女] (保険金などの)受取り資格．**=preis** [男] 購入〈買い入れ〉価格．**=recht** [中] 〔商〕購入の権利，新株引受権，保険金受け取りの権利．

bezw. [略] *bez*iehungs*w*eise.

bezwecken [他] 目的とする，もくろむ．

bezweifeln [他] 疑う，疑問に思う．

bezwingen* [他] (敵を)負かす，破る；(怒り・好奇心などを)抑える；(山などを)踏破する．**Bezwinger** [男] 《-s/-》勝者，征服者．

Bf. [略] *B*ahnho*f*; *B*rie*f*; *B*ischo*f*．**BfA**

(陽) *Bundesanstalt für Arbeit* 連邦雇用庁. **BFH** (陽) *Bundesfinanzhof* 連邦財務裁判所. **bfn.** *brutto für netto* 風袋込みの代価で. **bfr** *belgischer Franc* ベルギーフラン. **BfV** (陽) *Bundesamt für Verfassungsschutz* 連邦憲法擁護庁. **Bg.** (陽) *Bogen* 全紙. **BG** (国籍符号) ブルガリア. **BGA** (陽) *Bundesgesundheitsamt* 連邦保健庁. **BGB** (中) *[-s]/* *Bürgerliches Gesetzbuch* 民法典. **BGH** (陽) *Bundesgerichtshof* 連邦最高裁判所. **BGS** (陽) *Bundesgrenzschutz*.
BH (陽) *[-s]/-[s]* 《話》ブラジャー(= *Büstenhalter*). **Bhf.** (陽) *Bahnhof*.
Bhutan ブータン(インドとチベットの間に挟まれた王国).
Bi (中) *Bismutum*.
bi..., Bi.. 「2の…; 二重の…」の意.
Biathlon (中) *[-s/-s]* バイアスロン.
bibbern (自) 《話》《*vor et³*》(…のあまり) ぶるぶるふるえる, おののく; 《*um j-et⁴*》 (…のことを) ひどく心配する.
Bibel [ビーベル] (女) *(-/-n)* (英) 聖書. ◆ *Das steht schon in der ～*. そんなことはみんなよく知っている. **=auslegung** (女) 聖書解釈. **=spruch** (陽) 聖書の名言, 聖句.
Biber (陽) *-s/-* (動) ビーバー; ビーバーの毛皮. **=pelz** (陽) ビーバーの毛皮.
Biblio=grafie, =graphie (女) *(-/-n)* 書誌学; 図書(文献)目録, 著作目録. **biblio=grafisch, =graphisch** (形) 書誌学(上)の; 文献上の.
Bibliothek [ビブリオテーク] (女) *(-/-en)*
❶ (= *library*) 図書館, 図書室; 蔵書. ❷ 叢書, シリーズ. **Bibliothekar** (陽) *(-s/-e)* **=in** 図書館員, 司書.
Bibliotheks=wissenschaft (女) 図書館学.
biblisch (形) 聖書の, 聖書に由来する.
Bidet [ビデー] (中) *(-s/-s)* ビデ(局所洗浄器).
bieder (形) 《雅》(行動や服装が) 保守的な, 地味な; 実直な, 誠実な; 愚直な. **Biederkeit** (女) *(-/)* 実直; 愚直.
Biedermeier (中) *(-[s]/)* (美) ビーダーマイヤー様式(時代) (19世紀前半のドイツの文化・美術様式).
Biege (女) *(-/-n)* 湾曲, 屈曲, 屈曲箇所. ◆ *eine ～ drehen* 〈*fahren*〉《話》散歩する(ちょっとドライブする).
biegen* [ビーゲン] (他) *(bog; gebogen)* ❶ (= *bend*) (…を) 曲げる, 湾曲させる (*sich⁴*) 曲がる, たわむ. ❷ (= *turn*) 曲がる, 方向を変える. ◆ *auf Biegen oder Brechen* 何がなんでも.
biegsam (形) 曲げやすい, しなやかな, 柔軟な (性格などが) 従順な. **Biegsamkeit** (女) *(-/)* しなやかさ, 柔軟性; 従順さ; (雅) たわみ性.
Biegung (女) *(-/-en)* 曲げる(曲がる)こと; (川・道路などの) 湾曲(部), カーブ; (雅) 曲げ, たわみ.
Bielefeld ビーレフェルト(ドイツ北西部の工業都市).
Biene [ビーネ] (女) *(-/-n)* ❶ (= *Bienchen*) (虫) ミツバチ(蜜蜂); (話) 若い娘. ◆ *fleißig wie eine ～* 非常に勤勉な.
Bienen=fleiß (陽) たゆまぬ勉強, 勉

=haus (中) ミツバチの小屋. **=königin** (女) (ミツバチの) 女王バチ. **=korb** (陽) ミツバチの巣箱. **=stich** (陽) ミツバチの一刺し (刺し傷); ビーネンシュティヒ(粉アーモンド, 砂糖をふりかけたケーキ). **=stock** (陽) ミツバチの巣箱. **=wachs** (中) 蜜蝋(は). **=zucht** (女) 養蜂(は).
Biennale (女) *(-/-n)* ビエンナーレ(2年ごとに開かれる美術展・映画祭など).
Bier [ビーア] (中) *(-[e]s/-e)* (= *beer*) ビール: *～ vom Fass* 〔樽(*)]) 生ビール | *beim ～ sitzen* ビールを飲んでいる. ◆ *Das ist mein* 〈*nicht mein*〉 *～*.《話》それは私の問題だ〈そんなことは私の知ったことではない〉. *wie sauer* 〈*saures*〉 *～ anpreisen* (売れ行きの悪い品をしきりに褒め立てて売り込む.

|関連語| *Dunkles Bier* ドゥンクレスビア; *Helles Bier* ヘレスビア; *Pils, Pilsner* ピルスナー; *Weißbier* ヴァイスビア; *Weizenbier* ヴァイツェンビア.
Dosenbier 缶ビール; *Fassbier* (樽入り) 生ビール; *Flaschenbier* 瓶ビール; *Lagerbier* ラガービール; *Märzenbier* (濃色で強い) メルツェンビール.

Bier=bauch (陽) 《話・戯》ビール腹. **=deckel** (陽) ビヤマット, ビアコースター.
bierernst (形) 《話》くそまじめな.
Bier=fass (中) (= *faß*) ビール樽(*). **=garten** (陽) ビヤガーデン. **=glas** (中) ビールグラス. **=krug** (陽) ビール用ジョッキ. **=wurst** (女) ビアヴルスト(牛肉・豚肉のスモークソーセージ).
Biest (中) *(-[e]s/-er)* (話) (= *beast*) 動物, 畜生; いやな奴(の), おんぼろ.
bieten* (*bot; geboten*) (他) ❶ (= *offer*) (*j³ et⁴*) (人に…を) 提供する, 差し出す, 申し出る; (*sich⁴*) 提供(呈示) される, (機会などが) 現れる. ❷ 示す, 呈する; 《*auf et⁴ et⁴*》(競売などで…に対して) 値をつける. ◆ *Das lasse ich mir nicht ～!* それはとても我慢できない.
Bigamie (女) *(-/-n)* 二重結婚, 重婚.
bigott (形) 信心に凝り固まった, 偽善的な. **Bigotterie** (女) *(-/-n)* 極度の信心, 偽善(的言動).
Bijouterie (女) *(-/-n)* (ジュ) 宝石店.
Bikini (陽) *(-s/-s)* ビキニ(女性用水着).
bikonkav (形) (レンズが) 両凹(*)の.
bikonvex (形) (レンズが) 両凸(*)の.
Bilanz [ビランツ] (女) *(-/-en)* (商) (収支)決算, 貸借対照表, バランスシート; 最終結果. ◆ *[die] ～ ziehen* 《*aus et³*》(…から) 答え (結論) を引き出す. *～ machen* (話) 手持ちの金を計算する.
bilanzieren (他) (…の) バランスシートを作る; (…の収支を) 決算する; (…の結果を) 総括する, しめくくる; (自) 帳尻(決算) が合う, 清算されている.
Bilanz=konto 残高勘定, 決算勘定. **=summe** (女) 貸借対照表残高総額. **=wert** (陽) 帳簿価格.
bilateral (形) 双方の, 相互的な; 二国間の; (法) 双務的な; (生) 左右相称の.
Bild [ビルト] (中) *(-[e]s/-er)* ❶ (= *picture*) 絵, 絵画; 図; (*Foto*) 写真; (映画・テレビの) 画像; (映) (トランプの) 絵札; そっくりなもの, 似姿; 絵のように美しいもの. ❷ (= *sight*) 光景, 眺め; (劇) 場, 景. ❸ イ

メージ, 表象; 印象; 比喩(ゆ); 象徴. ❹『ビルト』(ドイツの大衆紙). ✦ *ein ~ des Jammers sein* 悲惨そのものである. *ein ~ für* [*die*] *Götter sein* なんともこっけいなシーンである. *ein ~ von j-et^3 machen* 《*sich*^{3}》(…についての)イメージを抱く, (…を)心に思い浮かべる. *ein ~ von j-et^3 sein* 絵のような(…)である, (…は)絵に描いたようにきれいである. *im ~e sein* 《**über** *et*^{4}》(…について)〔事情が〕よく分かっている. *ins ~ setzen* 《*j*^{4} **über** *et*^{4}》(人に…についての)情報を伝える. =**bericht** [男] (新聞などの)写真報道〔記事〕. =**dokument** [中] 記録写真.

bilden [ビルデン] 《bildete; gebildet》[他] ❶ ([英] form)(…を)形作る, 成す; 《*sich*^{4}》形作られる, 生じる. ❷ ([英] educate)(…を)教育する, 教化〈育成〉する.

Bilder=buch [中] 絵本. =**rahmen** [男] 額縁. =**rätsel** [中] 判じ絵.

bildete ⇨ bilden

Bild=fläche [女] 画面; スクリーン. ✦ *auf der ~ erscheinen* 《話》突然姿を現す. *von der ~ verschwinden* 《話》急に姿を消す; (世間から)忘れ去られる.

bildhaft [形] 比喩(ゆ)を用いた; 絵のような. **Bildhaftigkeit** [女] 《-/》

Bildhauer [男] 《-s/-》 ([女] **-in**)彫刻家. **Bildhauerei** [女] 《-/-en》 彫刻〔術〕; 《スイ》彫刻芸術品.

bildhübsch [形] 絵のように美しい, すばらしくきれいな.

bildlich [形] 絵〈図版, 写真〉による; 比喩(ゆ)的な. **Bildlichkeit** [女] 《-/》

Bildnis [中] 《-ses/-se》 《雅》肖像〔画〕.

Bild=platte [女] ビデオディスク. =**plattenspieler** [男] ビデオディスクプレーヤー. =**röhre** [女] ブラウン管.

Bildschirm [ビルトシルム] [男] 《-[e]s/-e》 (テレビ・コンピュータなどの)ディスプレー, 画面. =**gerät** [中] 《コンピ》ビデオディスプレー端末. =**text** [男] ビデオテックス(文字図形情報ネットワーク; [略] Btx).

bildschön [形] 絵のように美しい.

Bild=telefon [中] テレビ電話. =**telegrafie,** =**telegraphie** [女] 写真電送, ファクシミリ.

Bildung [ビルドゥング] [女] 《-/-en》 ❶ ([英] formation)形成; 発生, 生成; 形態. ❷ ([英] education)教育, 育成; 教養; 《話》礼儀正しさ. **~s=politik** [女] 教育〈文教〉政策. **~s=roman** [男] 教養小説. **~s=urlaub** [男] 研修休暇. **~s=wesen** [中] 教育〔制度〕.

Bild=wörterbuch [中] 図解辞典.

Billard [ビリャルト; オーストリア ビヤール] [中] 《-s/-e; オーストリア -s/-s》 ビリヤード; ビリヤード台.

Billett [ビリェット] [中] 《-[e]s/-e (-s)》 《スイ》切符(乗車券や入場券); 《オーストリア》封筒入りのグリーティングカード; 短い手紙.

Billiarde [女] 《-/-n》1000兆.

billig [ビリッヒ] [形] ([英] cheap)(値段が)安い, 廉価な; 《蔑》安物の, 安っぽい; いいかげんな, くだらない.

billigen [他] (…を)是認〈承認〉する; (…に)同意する.

Billigung [女] 《-/-en》 是認, 承認; 同意.

Billion [女] 《-/-en》1兆.

Bimbam [中] ([男]) 《-s/》 《幼児》ビンバン(鐘の音). ✦ [*Ach du*] *heiliger ~!* 《話・戯》ああ驚いた.

bimetallisch [形] 《経》〔金銀〕複本位制の. **Bimetallismus** [男] 《-/》 《経》複本位制〔主義〕.

bimmeln [自] 《話》(ベル・電話などが)リンリン鳴る.

Bimsstein [男] 軽石.

bin sein の一人称・単数・現在形.

binär [形] 2つの成分からなる; 《数》2進の.

Binde [女] 《-/-n》 ([英] bandage)包帯; 腕章; 三角巾; 眼帯; 《話》生理用ナプキン. ✦ *die ~ von den Augen nehmen* 〈*reißen*〉 《雅》《*j*^{3}》(人の)誤りを悟らせる. *einen hinter die ~ gießen* 〈*kippen*〉 《話》《*sich*^{3}》(酒を)一杯ひっかける. *J^3 fällt die* 〈*eine*〉 *~ von den Augen.* 《雅》(人が)はたと真相に気がつく. =**gewebe** [中] 《医》結合組織. =**glied** [中] 連結部〔品〕; 橋渡しをするもの. =**haut** [女] (目の)結膜. =**hautentzündung** [女] 《医》結膜炎.

binden* [ビンデン] 《**band; gebunden**》 [他] ❶ ([英] bind)束ねる, 結び合わせる; 《*et*^{4} **zu** *et*^{3}》(…を)束ねて(…を)作る; 《[*j*^{3} 〈*sich*^{3}〉] *et*^{4}》([人の〈自分の〉]靴ひもなどを)結ぶ; (…で)結び目を作る. ❷ 《*j-et*^{4} [**mit** *et*^{3}] **an** 〈**um**〉 *et*^{4}》(…を[…で]…に)結びつける; 《*j*^{4} [**an** *et*^{4}]》(人を[…に])拘束する, 義務づける; 《*sich*^{4} [**an** *et*^{4}]》[…に]拘束される; 《*sich*^{4}》婚約〈結婚〉する. ❸ 製本する; 凝固させる, (…に)とろみをつける.

Binde=strich [男] ハイフン(-). =**wort** [中] 《文法》接続詞.

Bindfaden [男] 結びひも, 細ひも. ✦ *Es regnet Bindfäden.* 《話》どしゃ降りだ.

Bindung [ビンドゥング] [女] 《-/-en》 ❶ 結びつき, きずな; 拘束, 束縛. ❷ 《化》結合. ❸ 《スキ》ビンディング(締め具).

Bingen ビンゲン(ドイツ Rhein 川沿岸の町).

binnen [ビネン] [前] ([英] within) 《3格支配; まれに2格支配》 …以内に, …の内に: ~ einer Stunde 〈einem Jahr〉1時間〈1年〉以内に. ✦ *~ kurzem* 近いうちに.

Binnen=gewässer [中] 《地学》内陸水域, 内水(湖沼・河川など). =**hafen** [男] (河川・湖などにある)内陸港. =**handel** [男] 国内〔商業〕取引. =**markt** [男] 《商》国内〈域内〉市場. =**meer** [中] 内海. =**schifffahrt** ([旧] = **schiffahrt**) [女] 《-/》 (河川・湖などでの)内水航行; 内陸水運.

Binse [女] 《-/-n》 《植》イグサ〔属〕, トウシンソウ(灯芯草). ✦ *in die ~n gehen* 《話》うまくいかない; 失敗に終わる; こわれる; だめになる. **~n=weisheit** [女] 分かりきったこと, 誰でもよく知っていること.

bio... Bio... 「生命の…, 生物の…; 自然の…」の意.

Bio=abfall [男] 生ごみ. **bio=aktiv** [形] バイオ活性の. **Bio=chemie** [女] 生化学. **Bio=chemiker** [男] 生化学者. **bio=chemisch** [形] 生化学の. ✦ *~er Sauerstoffbedarf* 生化学的酸素要求量. **Bio=diesel** [男] バイオディーゼル(植物性動力燃料). **Bio=diversität** [女] 生物的多様性. **bio=dynamisch** [形] (食品が)有機栽培の. **Bio=ethik** [女] 生命倫理〔学〕. **Bio=farm** [女] 有機農業.

Bio=gas 男 生物ガス, バイオガス. **biogen** 形 生物から生じた. 生物発生の. **Bio=genese** 女 生物発生. **bio-genetisch** 形 生物発生の: ~es Grundgesetz 生物発生原則. **Bio=geografie, =geographie** 女 生物地理学. **Bio=graf, =graph** 男 《-en/-en》 《(図)-in》生物学図. **Bio=grafie, =graphie** [ビオグラフィー] 女 《-/-n》 伝記. **biografisch, =graphisch** 形 伝記の. **Bio=klimatologie** 女 生物気象学. **bio-klimatologisch** 形 **Bio=kost** 女 自然食品. **Bio=laden** 男 自然食品(販売)店.

Biologie [ビオロギー] 女 《-/》 生物学. **Biologe** 男 《-n. -gin》 生物学者.

biologisch [ビオローギッシュ] 形 生物学(上)の; 生物の. : ~ abbaubar 生物分解性の. ♦ ~es *Kampfmittel (Waffen)* 生物兵器. ~*er Landbau* 有機農法(農業). ~*e Vielfalt* 生物の多様性. **biologisch-dynamisch** 形 自然農法による: 有機栽培(農法)による.

Bio=lumineszenz 女 生物発光. **Biolyse** 女 生物溶解. **biolytisch** 形 **Biom** 男 《-s/-e od. -en》 バイオーム: 生物群系. **Bio=masse** 女 バイオマス. **Bio=mechanik** 女 バイオメカニクス. **biomechanisch** 形 **Bio=medizin** 女 臨床医学. **Bio=motor** 男 人工呼吸器. **Bio=müll** 男 生ごみ. **bio=negativ** 形 生体に害を与える(ニックを及ぼす). **Bionik** 女 《-/》 バイオニクス. 生体工学. **Bionomie** 女 《-/》 生態学. **Bio=physik** 女 生物物理学. **Bio=physiker** 男 **Bio=produkt** 男 有機作物.

Biopsie 女 《-/-n》 バイオプシー, 生検. **Bio=reaktor** 男 バイオリアクター, 生物反応器. **Bio=rhythmus** 男 バイオリズム. **=rhythmik** 女 **biorhythmisch** 形 **Bio=satellit** 男 生物実験用人工衛星. **Bio=sensoren** 複 バイオセンサー. **Bio=soziologie** 女 生物社会学. **Bio=sphäre** 女 生物圏. **bio=sphärisch** 形 **Bio=statistik** 女 生物統計学. **Bio=synthese** 女 生合成. **biosynthetisch** 形 生合成の. **Bio=technik**, **=technologie** 女 バイオテクノロジー. **bio=technisch**, **=technologisch** 形 バイオテクノロジーの. **Bio=telemetrie** 女 《発信機による》遠隔生態研究, バイオテレメトリー.

Biotin 男 《-s/》 ビオチン(ビタミン H). **biotisch** 形 生物の. **Bio=tonne** 女 生ごみ用容器. **Biotop** 男 《-s/-e》 ビオトープ, 生育場所. **Bio=treibstoff** 男 = Biodiesel. **Bio=typ** 男 生物型. **=typus** 男 生物型. **Bio=wissenschaften** 複 生物科学, (総合としての)生物学. **Bio=zentrum** 中 生命中心の. **Biozid** 中 《-[e]s/-e》 生態環境破壊物質. **Biozönose** 女 生物群集.

BIP 略 = *Bruttoinlandsprodukt*.

birg, birgst, birgt → *bergen*

Birke 女 《-/-n》 〘植〙カバノキ; シダレカンバ, シラカバ.

Birk=huhn 中 〘鳥〙クロライチョウ(黒雷鳥).

Birnbaum 男 〘植〙ナシ(セイヨウ)ナシの木.

Birne [ビルネ] 女 《-/-n》 ❶ (愛 pear) 〘植〙セイヨウナシ(西洋梨). ❷ 〘白熱〙電球. ❸ 〘話〙頭. ♦ *eine weiche ~ haben* 〘話〙少々頭がおかしい. *eins auf ⟨vor⟩ die ~ geben* [j³] (人の)頭に一発食らわす.

birst → *bersten*

bis [ビス] **I** 前 《4格支配》 ❶ (愛 till, until) 《空間的》 …まで: ~ *hierher ⟨dort[hin]⟩* ここ(あそこ)まで | ~ *über den Knie* 膝の上まで | ~ *zum Bahnhof* 駅まで. ❷ 《時間的》 …まで [には]: *von morgens ~ abends* 朝から晩まで | ~ *auf den heutigen Tag* 今日に至るまで | ~ *vor fünf Jahren* ⟨*vor kurzem*⟩ 5年前〈ついこの間〉まで. ❸ 《数量・程度》 《上限》 …まで, …以下 [以内]の; 《2つの数量の間で, 格変化なく》 …ないし: 5 ~ 6 Meter lang 5~6m の長さの. **II** 接 《従属》 ❶ (愛 until) 《時間的》 …まで: 《否定の主文》 …まで は, …しないうちは: 《くだけた話し言葉で》 …まで [すぐ]: *Du darfst nicht fernsehen*, ~ *du die Hausaufgabe gemacht hast*. 宿題をやらないうちはテレビを見てはだめ. ♦ ~ *auf j-et* (…の)上まで; (…)に至るまで; (…)を除いて, ~ *aufs* (+形容詞の最上級) 最高に, 非常に. ~ *auf weiteres* 当分の間. *Bis bald ⟨später⟩!* じゃあまたね. *Bis morgen!* じゃあ, また明日. ~ *dass ...* 〘古〙 …まで. ~ *ins Kleinste* ⟨*Letzte*⟩ 綿密に. ~ *zum Letzten* 非常に, 極端に.

Bisam=ratte 女 〘動〙ジャコウネズミ, マスクラット.

Bischof 男 《-s/Bischöfe》 ❶ 〘カト〙司教: 〘新教〙主教, 監督; (東方教会の)主教. ❷ ビショップ酒(赤ワインにダイダイの皮と砂糖を加えたもの). **bischöflich** 形 司教 (主教, 監督)の. **Bischofsstab** 男 司教の杖(つえ).

bisexuell 形 〘生〙雌雄両性の; 〘組〙雌雄同体(同株)の; (人が)両性愛の.

bisher [ビスヘーア] 副 今まで, 今日まで. **bisherig** 形 これまでの, 従来の.

Biskaya (die ~) ビスカヤ, ビスケー(スペインとフランスの間にはさまれる大西洋の湾).

Biskuit 中 《-[e]s/-s, -e》 ソフトビスケット.

bislang 副 〘雅〙 = *bisher*.

Bismarck Otto von, ビスマルク(1815-98)ドイツの政治家; ドイツ帝国初代宰相 (1871-90). **=archipel** (der ~) ビスマルク諸島(パプアニューギニアの北東部). **=hering** 男 〘料〙ビスマルクヘリング(塩ニシンのマリネ).

Bismutum 中 《-s/》 ビスマス(元素名; 記号 Bi).

Bison 男 《-s/-s》 〘動〙バイソン(北米バイソンおよび野牛も).

biss (愛 *biss*) → *beißen*

Biss (愛 *Biss*) 男 《Bisses/Bisse》 かむ〈かみつく〉こと; かみ傷.

bisschen (愛 *bißchen*) [ビスヒェン] (愛 *a little*) 形 〘不定数の; 無変化; ふつう ein を伴って〙わずかの, 少量: *ein ~ Brot ⟨Suppe⟩* 少しのパン〈スープ〉 | *ein klein ~* ほんの少

Bissen

しばかり | ein ～ zu viel 少しばかり多すぎる. ♦ *Ach du liebes ～!*〖話〗あらまあ, こりゃ驚いた. *Kein ～.*〖受け答えで〗ちっとも.

Bissen 男《-s/-》(食べ物の)一口(の分量);軽い食事. ♦ *j³ bleibt der ～ im Hals[e] stecken.* (人が)食べ物がのどにつかえる;(人が)ぎょっとする. *ein fetter ～* うまい話;ぼろもうけ. *jeden (die) ～ in den (im) Mund zählen* (人が)けちけちしている. *jeden (den letzten) ～ vom Mund absparen*〖話〗《*sich*⁴》(食べ物も食わずに)倹約する, つましく暮らす. *keinen ～ gönnen*〖話〗《*j*³》(人に)何もやるまいとする.

bissig 形 (犬などが)かみつく癖のある;(寒さなどが)身を切るような;(言葉などが)辛辣(しんらつ)な, 辛辣(しんらつ)な. **Bissigkeit** 女《-/-en》かみつく癖;辛辣(しんらつ)な言葉.

bist sein の二人称・単数・現在形.

Bistum 田《-s/..tümer》〖カト〗司教区.

bisweilen 副ときおり, ときどき.

Bit 田《-[s]/-[s]》〖電算〗ビット(情報量単位. 配字 bit, bt).

bitte 間[ビッテ] 副《< zum bitte》❶ 《® please》〖願望・要請などを表して〗どうぞ, どうか;「どうぞ」…して下さい. ❷〖謝罪や詫びの言葉に対して〗どういたしまして, いえいえ. ❸〖ものを差し出しながら〗どうぞ. ♦ *～ machen* (幼児)(バチバチと手をたたいて)おねだりする. *Bitte schön (sehr)!* どういたしまして;「さあ」どうぞ. *Na ～!* ほらね! 言ったとおりでしょう!. *(Wie) ～?* え, 何とおっしゃいましたか.

Bitte 女[ビッテ]《-/-n》(® request) 願い, 願望;要望;祈り. *eine ～ um Geld* 金の無心 | *an j⁴ eine ～ richten (stellen)* j⁴に頼る | *Ich hätte nur die eine ～.* ひとつだけお願いがあるのですが.

bitten* [ビッテン]《*bat*; *gebeten*》他 ❶《® beg, ask》《*j*⁴ *um er*⁴》《…を》頼む, 願う, 請う. ❷ (人に)来てもらう, 〖雅〗(人を)招待する. ♦ *Aber ich bitte dich!* もちろん, あたりまえさ. *～ und betteln* 必死に頼み込む. *Darf ich ～?* どうぞお入り下さい;踊っていただけますか. *Ich bitte Sie!* ごめん下さい, やめて下さい. *Ich muss doch [sehr] ～!* なんのぞ下, 冗談じゃない.

bitter [ビター] 形《bitt[e]rer/-st》❶《® bitter》苦い. ❷ つらい, 苦しい;厳しい. ❸ 気難しい.

bitter.. 「苦い…;ひどく…;非常に…」の意.

bitter=böse 形 ひどく不機嫌な(怒った). **=ernst** 形 きわめて真剣(深刻)な. **=kalt** 形 ひどく寒い.

Bitterkeit 女《-/-en》苦み. **Bitternis** 女《-/-se》苦み, 苦さ, つらさ.

bitterlich 副 ひどく, 激しく.

Bittersalz 田〖化・薬〗エプソム塩, 潟利(しゃり)塩(染色・皮なめし用, 下剤用).

bittersüß 形 苦くて甘い;つらくもあり楽しくもある.

Bitt=schrift 女 請願書. **=steller** 男《-s/-》《女 -in》請願者.

Bitumen 田《-s/-,..mina》〖化〗瀝青(れきせい), ピチューメン.

Biwak 田《-s/-s, -e》露営, 野宿, ビバーク. **biwakieren** 自 露営〖野宿, ビバーク〗する.

BIZ 略 *Bank für Internationalen Zahlungsausgleich* 国際決済銀行.

bizarr 形 奇妙な, 異様な.

Bizeps 男《-es/-e》〖解〗(上腕の)二頭筋.

Bk 記号 *Berkelium*. **BKA** 略 *Bundeskriminalamt*. **Bl.** 略 *Blatt* 紙, 枚.

Blabla 田《-[s]/》〖話〗くだらないおしゃべり.

Black-out, Blackout 田《-[s]/-s》❶〖劇〗暗転;ブラックアウト((1)交信途絶 (2)瞬間的な意識(視覚)喪失).

blähen 他 (食べ物が)腸内にガスを生じる;® 膨らませる. 《*sich*⁴》膨らむ;《*sich*⁴》いばる. **Blähung** 女《-/-en》腸内ガス[がたまること].

blamabel 形 恥さらしの, 屈辱的な. **Blamage** [ブラマージェ] 女《-/-n》恥[さらし], 屈辱, 不名誉. **blamieren** 他 (人に)恥をかかせる, (人を)笑いものにする.

blanchieren [ブラン シーレン] 他〖料〗(野菜などを)さっとゆでる.

blank 形 白く輝く;ぴかぴかの;むき出しの, 裸の;まったくの. ♦ *～ sein*〖話〗無一文である.

Blankett 田《-[e]s/-e》〖商〗(要件未記入の)白地(じろち)小切手・手形).

blankieren 他〖商〗空(から)売りする.

blanko 副 未記入(記入なし)のままで;〖商〗白地(じろち)で.

Blanko-akzept 田〖商〗白地(じろち)引き受け[手形]. **=kredit** 男 白地信用. **=scheck** 男 白地(じろち)小切手. **=vollmacht** 女 白紙委任[状]. **=wechsel** 男 白地手形.

Blase 女《-/-n》《® *Bläschen*》《® bubble》泡(白), あぶく;〖医〗水疱, 水ぶくれ;膀胱(ぼうこう). ♦ *～ laufen* 《*sich*³》(走ったりして)水ぶくれができる. **=balg** 男《-[e]s/..bälge》ふいご(オルガンの)送風器.

blasen* [ブラーゼン]《*blies*; *geblasen*》❶ 自《® blow》《…に》息を吹きつける;(風が強く)吹く. ❷《…を…の方へ》吹き送る;《…に》吹奏する. ♦ *etwas ～*〖話〗《*j*³》(人の)要求〖願い〗をはねつける.

Blasen-entzündung 女〖医〗膀胱(ぼうこう)炎.

Bläser 男《-s/-》《女 *-in*》管楽器奏者;ガラス職人.

blasiert 形 高慢な, 尊大な. **Blasiertheit** 女《-/-en》高慢さ, 思い上がり;高慢な言動.

Blas-instrument 田 吹奏楽器, 管楽器. **=kapelle** 女 吹奏楽団, ブラスバンド. **=musik** 女 吹奏楽.

Blasphemie 女〖宗〗(神への)冒瀆(ぼうとく), 不敬. **blasphemisch** 形 冒瀆(ぼうとく)的な, ばちあたりな.

Blas-rohr 田 吹き矢の筒;(蒸気機関車の)蒸気管.

blass (® *blaß*) 形《*blasser, blassest/blässer, blässest*》❶ 《® pale》青ざめた, 血色の悪い. ❷ 色の淡い(かせた);かすかな, ぼんやりした.

blass=blau 形《® *blaß =*》淡青色の,

水色の. **Blässe** [女] 《–/》 (顔色の)青白さ; 単調さ, 生彩を欠くこと.
blässer, blässest ⇨ blass
Bläss=huhn (旧 **Bläß**=) [中] 〔鳥〕 オオバン.
bläss=lich (旧 **bläß**=) [形] (顔色の)やや青ざめた〈青白い〉; いくぶん色あせた.
bläst ⇨ blasen
Blatt [ブラット] [中] 《–es (–s) /**Blätter**》 (小 **Blättchen**) ❶ (英 leaf)葉;. ❷ (英 sheet) 《単位のとき無変化》 (一定の大きさに裁断した)紙; (書物などの)一枚,1ページ, 譜面 : vom ～ singen 〈spielen〉(楽譜を見ながら)初見で歌う〈演奏する〉. ❸ (英 paper)新聞. ❹ 〔ﾄﾗﾝﾌﾟ〕 カード. ♦ ***auf einem* 〔*ganz*〕 *anderen ～ stehen*** 〔まったく〕別の問題である. ***Das ～ hat sich gewendet.*** 《話》 局面〈形勢〉が一変した. ***kein ～ vor den Mund nehmen*** 歯に衣(きぬ)を着せない. 〔***noch***〕 ***ein unbeschriebenes ～ sein*** 《話》 (人が)未知数である; 経験が浅い.
blättern [自] 《**in** *et*³》 (…の)ページをぱらぱらめくる; (s)ぼろぼろとはがれ[落ち]る; [他] (紙幣・カードなどを)1枚ずつ置く.
Blätter=pilz [男] 〔植〕 ハラタケ. =**teig** [男] 〔料〕 パイ生地.
Blatt=gold [中] 金箔(きんぱく). =**grün** [中] 〔生化〕 葉緑素, クロロフィル. =**laus** [女] 〔虫〕 アリマキ, アブラムシ. =**pflanze** [女] 観葉植物.
..blättrig 「…〔枚〕の葉を持つ」の意.
Blatt=salat [男] サラダ用葉菜. =**silber** [中] 銀箔(ぎんぱく). =**stiel** [男] 〔植〕 葉柄. =**werk** [中] 木の葉; 〔建〕 葉状装飾.
blau [ブラオ] [形] 《–er/–〔e〕st》 ❶ (英 blue)青い, 青色の; 青みがかった, 青ざめた. ❷ 《話》 酒に酔った. ♦ ***～es Blut in den Adern haben*** 貴族の出である. ***～ machen*** 《話》 なまける, 仕事をさぼる. ***～ sein wie ein Veilchen* 〈*ein Haubitze,* 〔*zehn*〕*tausend Mann*〉** 《話》 ぐでんぐでんに酔っている. **Blau** [中] 《–s/–〈–s〉》 青, 青色, ブルー.
blauäugig [形] 青い目をした; うぶな.
Blaubeere [女] 〔植〕 ブルーベリー.
blaublütig [形] 《皮肉》 貴族の生まれの.
Bläue [女] 《–/》 青いこと; 青色.
Blaue〔r〕 [男] 《形容詞変化》 《話》 警官; 100マルク紙幣. **Blaue〔s〕** [中] 《形容詞変化》 青, 青いもの; ぼんやりとしたもの, 漠然としたこと. ♦ ***das Blaue vom Himmel* 〔*he*〕*runter|lügen*** 《話》 (平気で)うそをつく. ***das Blaue vom Himmel* 〔*he*〕*runter versprechen*** 《話》 《*j*³》 (平気で人に)できもしないことを約束する. ***ins Blaue*** 《話》 あてのない.
Blaufuchs [男] 〔動〕 アオギツネ(北極ギツネの一つ). **blaugrau** [形] 青灰色の.
Blau=helm [男] ブルーヘルメット(国連の平和維持部隊). =**kraut** [中] 《南部・ｵｰｽﾄﾘｱ》 ムラサキキャベツ.
bläulich [形] 青味をおびた.
Blau=licht [中] (パトカー・救急車などの)青色警告灯.
blau|machen [他]⇨ blau ♦
Blau=meise [女] 〔鳥〕 アオガラ. =**säure** [女] 〔化〕 青酸. =**strumpf** [男] 《蔑》 インテリ女性.

Blazer [男] 《–s/–》 〔服〕 ブレザーコート.
Blech [ブレヒ] [中] 《–〔e〕s/–e》 ❶ (英 tin)ブリキ, (金属の)薄板, 板金(ばんきん). ❷ 《集合的》 金管楽器. ❸ 〔料〕 (ケーキ用の)焼き型. ❹ 《話》 たわごと. =〔**blas**〕**instrument** [中] 金管楽器.
blechen [他] 《話》 (いやいや金を)支払う.
blechern [形] ブリキで作られた, 板金製の; (音・声などが)金属的な. **Blech=schaden** [男] (交通事故などによる)車体損傷.
blecken [他] (犬などが歯を)むき出す.
Blei [ブライ] ❶ [中] 《–〔e〕s/–e》 (英 lead)鉛(元素名: [記号] Pb;). ❷ [男] ([中]) 《–〔e〕s/–e》 《話》 鉛筆(< *Bleistift*). ♦ ***～ in den Gliedern* 〈*Knochen*〉 *haben*** (疲労で)手足が鉛のように重い. ***wie ～ im Magen liegen*** 《*j*³》 (人の)胃にもたれる.
Bleibe [女] 《–/–n》 泊まる〈住む〉所, 宿.
bleiben* [ブライベン] 《**blieb; geblieben**》[自] (s) ❶ (英 remain)(ある場所に)とどまる, 居続ける; 《**bei** *et*³》 (見解・決意などを)変えない. ❷ 《*j*³》 (人には)残っている. ❸ (ある状態の)ままである; 《助動詞的に》 《過去分詞と》 (…)されたままになっている, 依然として(…)されている; 《不定詞と》 (…した)ままでいる; 《1格の名詞と》 (…で)あり続ける. ❹ 《＋zu 不定詞句》 依然として(…)されうる〈されねばならない〉. ♦ ***～ lassen*** (…を)やめる; やめておく. ***Das bleibt unter uns!*** 《話》 これはここだけの話だぞ. ***Es bleibt bei et*³.** (…は)変えられない. ***Und wo bleibe ich* 〔*dabei*〕*?*** 《話》 私たちはどうなるの. 〔***zu***〕***sehen, wo man bleibt*** 《話》 (必要なものなどを)手に入れようとする. **bleibend** [形] 永続する. **bleiben|lassen** [他]⇨ bleiben ♦
bleich [ブライヒ] [形] (英 pale)(顔色などが)青ざめた, 蒼白(そうはく)の; (色が)青白い, おぼろな. **bleichen**(*) [他] (…を)漂白する, (毛髪を)脱色する; [自] (s)色があせる, 退色する. **Bleich=mittel** [中] 漂白剤.
bleiern [形] 鉛〔製〕の; 鉛のような〈に重い〉.
blei=farben [形] 鉛色の. =**frei** [形] 鉛を含まない, 無鉛の. ♦ ***～es Benzin*** 無鉛ガソリン.
Blei=frei [中] 無鉛ガソリン. =**gießen** [中] 《–s/》 鉛占い.
bleihaltig [形] 鉛を含んだ.
Bleistift [ブライシュティフト] [男] 《–〔e〕s/–e》 (英 pencil)鉛筆. =**spitzer** [男] 鉛筆削り.
Blende [女] 《–/–n》 (英 blind)日よけ, ブラインド; (カメラの)絞り; 〔建〕 (壁面の)アーチ形〈窓形, ドア形〉装飾; 〔服〕 (生地の)飾り(飾り襟・カフスなど); 〔鉱〕 尖(せん)亜鉛鉱.
blenden [ブレンデン] 《**blendete; geblendet**》[他] [自] (英 blind)まぶしがらせる; (人を)眩惑(げんわく)する; (人の)目をつぶす; [自] まぶしく輝く, 照らす. **blendend** [形] 卓越した, すばらしい; まぶしいほどの. **Blender** [男] 《–s/–》 (女 **-in**) 《蔑》 見かけ倒しの人.
Blesse [女] 《–/–n》 (牛・馬などの鼻筋の)白斑; 額に白ぶちのある馬〈牛〉.
Blick [ブリック] [男] 《–〔e〕s/–e》 ❶ (英 look)視線, 一瞥(いちべつ) : auf den ersten

B

～ひと目で. ❷ 目つき, まなざし. ❸ ([英] view)眺め, 眺望. ❹ 洞察, 眼識. ✦ *den bösen ～ haben* ただ見るだけで災いをもたらす. *der böse ～* 邪眼(災いを招くまなざし). *einen ～ hinter die Kulissen werfen* 〈*tun*〉舞台裏をのぞく; 物事の裏を知る. *keinen ～ haben* 《für *j-et*⁴》(…に)目もくれない, (…を)黙殺する.

blicken [ブリッケン] 《blickte; geblickt》 [自] ([英] look)見る, 眺める; (…な)目つきをする; のぞいて見える. ✦ *～ lassen* 《話》 《*sich*⁴ bei *j*³》(人のところに)姿を見せる.

Blick=fang [男] 人目を引くもの. **=feld** [中] 視界, 視野. **=punkt** [男] 注目の的; 視点; 観点. **=richtung** [女] 視線の方向; 思考の向かう方向.

blickte ⇨ blicken

Blickwinkel [男] 視角; 観点, 見地.

blieb, bliebe ⇨ bleiben

blies, bliese ⇨ blasen

blind [ブリント] [形] ❶ ([英] blind)目の見えない, 盲目の; 盲目的な, 見境のない: Liebe macht ～. 《諺》 恋は盲目. ❷ (鏡・ガラスなどが)曇った; つやのない. ❸ 目に見えない, 隠された; 見せかけの: ～*er* Kauf 〚商〛 空(から)売買. ✦ *～ schreiben* (キーボードを)ブラインドタッチで打つ. *～ sein* 《für 〈gegen〉 *et*⁴》(…を)見る目がない; (…が)理解できない. *～ verstehen* 《*sich*⁴》(チームメートなどが)ぴったり息が合っている.

..blind「…に盲目な; …に無批判な」の意.

Blinddarm [男] 盲腸. **=entzündung** [女] 〚医〛 盲腸炎.

Blinde=kuh [女] 目隠し鬼ごっこ.

Blinden=anstalt [女] 盲学校, 盲人施設〈ホーム〉. **=hund** [男] 盲導犬. **=schrift** [女] 点字.

Blinde[r] [男][女] 《形容詞変化》 目の見えない人, 盲人. ✦ *Das sieht doch ein Blinder!* 《話》 そんなことはだれにだってわかるさ.

Blind=flug [男] 計器飛行. **=gänger** [男] 不発弾; 《話》 期待外れの人.

Blindheit [女] 《-/》 盲目. ✦ [*wie*] *mit ～ geschlagen sein* 〔事の本質が〕分かっていない.

blindlings [副] 盲目的に; やみくもに.

Blind=schleiche [女] 〚動〛 アシナシトカゲ.

blind|schreiben* [他] ⇨ blind ✦

blink [形] ✦ *～ und blank* 《話》 (磨かれて)ピカピカの.

blinken [自] ([英] twinkle)きらきら〈ちかちか〉光る; (車の)ウィンカーを点滅させる.

Blinker [男] 《-s/-》, **Blink=leuchte** [女] (車の)ウィンカー.

Blink=licht [中] (交差点・踏切などの)点滅信号灯. **=signal** [中] 点滅信号.

blinzeln [自] ([英] blink)目を細めてまばたきする; 目くばせする.

Blitz [ブリッツ] [男] 《-es/-e》 ❶ ([英] lightening)電光, 稲妻. ❷ ([英] flash)(カメラの)フラッシュ. ✦ *Potz ～!* あらまあ, なんだこれは. *wie der* 〈*ein geölter*〉 *～* 電光石火のごとく. *wie ein ～ aus heiterem Himmel* 青天の霹靂(へきれき)のように. *wie ein ～ ein|schlagen* 電撃的効果を及ぼす. *wie vom ～ getroffen* 茫然(ぼうぜん)自失の体(てい)で, びっくりして.

blitz.., Blitz.. 《話》「非常に…; 急速な…; 突然の…」の意. **Blitzableiter** [男] 避雷針; 怒りのはけ口.

blitz=artig [形] 電光のような; 電撃的な, すばやい. **=blank, ～e=blank** [形] 《話》 ぴかぴかの; 真新しい.

blitzen [ブリッツェン] 《blitzte; geblitzt》 ❶ [自] 《*Es blitzt.*》 電光が走る, 稲光がする; ぴかっと光る; (人が)ストリーキングする. ❷ [他] 《話》 (…を)フラッシュを使って撮影する.

Blitz=gerät [中] (カメラの)フラッシュ〈ストロボ〉装置. **=krieg** [男] 電撃戦. **=licht** [中] フラッシュ, ストロボ. **=lichtaufnahme** [女] フラッシュ〈ストロボ〉撮影. **=schlag** [男] 落雷.

blitzschnell [形] 電光石火の, 瞬く間の.

Blitz=strahl [男] 電光, 稲妻. **=würfel** [男] フラッシュキューブ.

Blizzard [男] 《-s/-s》 (特に北米の)猛吹雪, 雪あらし, ブリザード.

Bloch ブロッホ((1) Ernest,1880–1959; スイスの作曲家. (2) Ernst,1885–1977; ドイツの哲学者).

Block [ブロック] [男] ❶ 《-[e]s/**Blöcke**》 ([英] block)(石・金属などの大きな)かたまり; 丸太, 角材; 〚印〛 げた, 伏せ字. ❷ 《-[e]s/**Blöcke**, -s》 (家屋の立ち並ぶ)一区画, 街区; (はぎ取り式の)冊子; 切手シート. ❸ 《-[e]s/**Blöcke**, -s》 (政治・経済上の)ブロック, 連合体; 〚鉄道〛 閉塞(へいそく)方式; 〚医〛 心遮断, 心ブロック; 〚球技〛 ブロック, ブロッキング.

Blockade [女] 《-/-n》 封鎖; 〚印〛 げた組み箇所; 〚医〛 遮断, ブロック.

Blöcke ⇨ Block

Block=flöte [女] 〚楽〛 ブロックフレーテ, リコーダー(縦笛).

block=frei [形] 〚政〛 (特定の)ブロックに属さない, 非同盟の.

Block=haus [中] 丸太小屋.

blockieren [他] (港湾・国境などを)封鎖する, (流れ・進行などを)妨害する; (入口・道路などを)遮断する; 〚医〛 (神経伝達を)遮断する; (相手のプレーを)ブロックする; (機械装置などを)動けなくする, 制動する; 〚印〛 (ある箇所を)げた〈伏せ字〉にする; [自] (機械装置などが)動かなくなる.

Block=partei [女] 〚政〛 連合政党. **=schrift** [女] 〚印〛 ゴシック[体].

blöd, blöde [形] ([英] silly) 《話》 まぬけな, 愚かな; ばかげた; いやな, 不快な, 腹立たしい.

blödeln [自] 《話》 ばかなことを言う, ばかなまねをする, 悪のりする.

Blödheit [女] 《-/》 愚鈍, 低能.

Blödian [男] 《-[e]s/-e》, **Blödmann** [男] ばか者, うすのろ, とんま.

Blöd=sinn [男] 《蔑》 ばかげた〈たわけた〉こと: höherer ～ 《戯》 まったくのナンセンス. **blödsinnig** [形] 《話》 ばかげた, たわけた.

blöken [自] (ヤギ・羊が)メエーと鳴く, (牛が)モーと鳴く.

blond [ブロント] [形] ([英] blond)ブロンドの, 金髪の; 《話》 淡黄色の.

Blondine [女] 《-/-n》 金髪〈ブロンド〉の女性.

bloß[ブロース] Ⅰ 形 ❶ (图 bare)むきだしの, 裸の. ❷ (图 mere)ただの, 単なる. Ⅱ 副 《話》 ❶ (图 only)ただ…だけ, 単に…にすぎない; もっぱら, ひたすら. ❷ 《疑問文で》 いったい; 《命令文で》 とにかく; 《願望文で》 せめて.

Blöße 女 ⟨-/-n⟩ 《雅》 (体の)露出[部分]; 弱点, 弱み; 《狩》 開墾されない部分, すき. ♦ *eine ~ bieten* 〔j³〕 (人に)すきを見せる. *eine ~ geben* 〔*sich*³〕 (自分の)弱点をさらけ出す.

bloß=legen ❶ (…の)覆い/被覆)を取り除く; 掘り出す; 暴く, 暴露〔する〕. =**stellen** ❶ (…の)弱点をさらけ出す.

blubbern 動 《話》 ぶくぶく泡を立てる: ポコポコ音がする; (不機嫌そうに)ぶつぶつ言う.

Blücher ♦ *rangehen wie ~* 《話》 思いきることなく立ち向かう.

Bluejeans, Blue Jeans 覆 ブルージーンズ, ジーパン.

Blues 男 ⟨-/-⟩ 《楽》 ブルース.

Bluff 男 ⟨-s/-s⟩ はったり, こけおどし, ブラフ. **bluffen** ❶ (人に対して)はったりをかける; 覆 はったりをきかせる.

blühen[ブリューエン]《blühte; geblüht》❶ ❶ (图 bloom)花が咲いている. ❷ 栄えている; (人が)生き生きとしている. ❸ 《話》〔j³〕(いやなことなどが人の身に)起こる. **blühend** 花盛りの, 生気あふれる; 甚だしい, 甚だしい.

Blume[ブルーメ] 女 ⟨-/-n⟩ (图 Blümchen) ❶ (图 flower)花, 草花(樹木のは Blüte). ❷ (ワインの芳香(ビールの)泡. ❸ 《狩》(野兎などの)尾. ◆ *durch die ~ sagen* 〔j³ et³〕 (人に…を)婉曲に(遠回しに)言う. *Vielen Dank für die ~n.* 《皮肉》 お褒めの言葉(お花びらりがとう).

Blumen=arrangement 中 フラワーアレンジメント, 生け花. =**beet** 中 花壇. =**binder** 男 ⟨-/-in⟩ 花屋, フラワーデザイナー. =**blatt** 中 花弁, 花びら. =**geschäft** 中 花屋, 生花店. =**kohl** 男 《植》カリフラワー, 花野菜. =**krone** 女 《植》花冠(穒). =**sprache** 女 花言葉. =**ständer** 男 フラワースタンド. =**stock** 男 鉢植えの草花(花卉(ᎃ)植物). =**strauß** 男 花束. =**topf** 男 植木鉢. =**vase** 女 花瓶. =**zucht** 女 草花(花卉(ᎃ))栽培. =**zwiebel** 女 草花(花卉(ᎃ))植物)の球根.

blümerant 形 《話》 めまいがする, ふらふらする.

blumig 形 花のような香りの; (ワインが)芳香のある; 美辞麗句を用いた, 美文調の.

Bluse[ブルーゼ] 女 ⟨-/-n⟩ (图 blouse)ブラウス; 水兵服の上着; 女の子.

blusig 形 ブラウスのような(風の).

Blut[ブルート] 中 ⟨-[e]s/-⟩ ❶ (图 blood)血, 血液. ❷ 血筋, 血統: *~ ist dicker als Wasser.* [諺] 血は水よりも濃い. ♦ *bis aufs ~ quälen (peinigen, reizen)* 〔人〕を徹底的に苦しめる. *~ bildend* 造血力のある. *~ geleckt haben* 《話》いい思いをして味をしめる. *~* 《*und Wasser*》 *schwitzen* 《話》 不安でどきどきして血の気を奪う. *das ~ Christi* 聖餐(᚛)用のブドウ酒. *ein junges ~* 若者, 青年. *frisches ~ zuführen* 《雅》〔*et*³〕 (…に)若い活力を導入する. *heißes ~ haben* 激しやすい. *im ~ ersticken* (…を)流血をもって抑圧する. *im ~ liegen* 〔j³〕 (才能などが人に)生まれつき備わっている. *kaltes ~ bewahren* 冷静さを失わない. *nach ~ lechzen* ⟨*dürsten*⟩ 《雅》 血に飢えている: 復しゅうに心燃えている. *Nur ruhig ~!* まあ落ち着きなさい.

blut.., *Blut..* 「血の…」の意.

Blut=ader 女 血管. =**alkohol** 男 (飲酒後の)血中アルコール. =**andrang** 男 充血.

blutarm 形 《医》 貧血[症]の; 《話》 虚弱な, 疲れやすい.

Blut=armut 女 《医》 貧血[症]. =**bad** 中 大虐殺. =**bank** 女 血液銀行.

blutbildend 形 Blut →

Blut=blase 女 血まめ. =**brechen** 中 《医》 吐血. =**druck** 男 《医》 血圧.

Blüte[ブリューテ] 女 ⟨-/-n⟩ ❶ (图 blossom)(樹木などの)花(草花は Blume); 開花, 花盛り; 《雅》 全盛期; [話]ニセ札; (鼻の)出血; (文化の)最盛期を迎える. *in voller ~ stehen* (樹木が)満開である; (物事が)隆盛を極める. *seltsame* ⟨*wunderliche*⟩ *~n treiben* 奇妙な結果を生む, 奇なことをなす.

Blutegel 男 ⟨-s/-⟩ 《動》 チスイビル(血吸蛭); 吸血鬼.

bluten[ブルーテン]《blutete; geblutet》❶ ❶ (图 bleed)出血する; (樹木が)傷つけられた箇所から樹液を出す: *sich³ zu Tode ~* 出血多量で死ぬ. *~den Herzens* 胸の張り裂ける思いで. ❷ [話]大金を払わされる.

Blüten=blatt 中 花弁. =**lese** 女 名言集, 格言集; 選華集, 名句選. =**stand** 男 花序(ᚵ). =**staub** 男 花粉(ᚍ).

Blut=entnahme 女 ⟨-/-n⟩ 《医》 採血.

blüten=weiß 形 真っ白な, 純白の.

Bluter 男 ⟨-s/-⟩ 《医》 血友病患者. =**erguss** (⟨旧⟩ **=erguß**) 男 《医》 血液凝結(᚟ᚣ), ヘマトーマ.

Bluter=krankheit 女 ⟨-/-⟩ 血友病.

blutete ⇒ bluten

Blutezeit 女 ⟨-/-en⟩ 開花期; 最盛期.

Blut=farbstoff 男 《生理》 ヘモグロビン, 血色素. =**fleck** 男 血痕(᚟). =**gefäß** 中 血管. =**gerinnsel** 中 《医》 凝血塊. =**gerinnung** 女 《医》 血液凝固.

Blut=gier 女 血に飢えていること. **blutgierig** 形 血に飢えた.

Blut=gruppe 女 血液型. =**hund** 男 ブラッドハウンド(獣犬・警察犬); 残虐な人間. =**husten** 男 《医》 喀血(ᚕ᚟).

blutig[ブルーティヒ] 形 ❶ (图 bloody)血だらけの. ❷ 血に汚れた; 血なまぐさい. ❸ ひどい, まったくの.

blutjung 形 ごく年若い.

Blut=konserve 女 保存血液. =**körperchen** 中 血球. =**krebs** 男 《医》白血病. =**lache** 女 血の海.

blutleer 形 貧血(無血)の; 血の気の失せた; 生気のない.

Blut=plasma 中 《生理》 血漿(ᚓ).

Blutplättchen 116

=**plättchen** 中 《生理》血小板. =**probe** 女 血液検査の. =**rache** 女 血縁者による復讐(ふくしゅう)、敵(かたき)討ち.

blut-rot 形 血のように赤い、真紅の. =**rünstig** 形 血にうえた;《小説·映画などが》血なまぐさい.

Blut-sauger 男 《-s/-》吸血動物(蚊·ノミ·ヒルなど);吸血鬼;搾取者.

Bluts-bruder 男 血の盟友. =**brüderschaft** 女 血盟関係,義兄弟の契り. **Blut-schande** 女 近親相姦(かん). =**schuld** 女 《雅》殺人の罪. =**senkung** 女 《医》血沈. =**spende** 女 献血,供血. =**spender** 男 献血者. =**spur** 女 血痕(けっこん).

blutstillend 形 止血(性)の.

Blut-stuhl 男 《医》下血(げけつ). =**sturz** 男 喀血(かっけつ);(子宮·消化器系からの)出血.

blutsverwandt 形 血のつながった、血族の. **Blutsverwandte[r]** 男·女《形容詞変化》血縁者,近親者. **Blutsverwandtschaft** 女 血族(血族)関係.

Blut-tat 女 《雅》殺人. =**transfusion** 女, =**übertragung** 女 《医》輸血.

Blutung 女 《-/-en》出血;《生理》月経.

blut-unterlaufen 形 《目などが》充血した、血走った. **Blut-vergießen** 中 流血. =**vergiftung** 女 血液感染;血毒症. =**verlust** 男 (出血による)失血. =**wäsche** 女 《医》血液透析. =**wurst** 女 《料》ブラッドソーセージ(豚の血液と豚身で作る). =**zoll** 男 (戦争·災害などによる)犠牲者《死亡者》数. =**zucker** 男 《生理》血糖.

BLZ = *Bankleitzahl* 銀行コード番号.
b-Moll 中 《-/》ロ短調《楽》短調(圖記号) b.
BMW 中 《-/-》ベーエムヴェー(ドイツの自動車メーカー;<*Bayrische Motorenwerke AG*);=《-[s]/-[s]》ベーエムヴェー社製の自動車. **BND** = *Bundesnachrichtendienst* 連邦情報局.

Bö 女 《-/-en》突風,疾風,はやて.
Boa 女 《-/-s》《動》ボア(中南米産のヘビ);服》ボア(女性用の長いえりまき).
Bob 男 《-s/-s》ボブスレー.
Bober (der-) 《-s/-》ボーバー(Oder 川の支流).
Bochum ボーフム(ドイツ西部の工業都市).

Bock ❶ 男 《-[e]s/Böcke》(⚤ *Böckchen*) ⓐ 雄ヤギ:《農》男,やつ;架台,鋸架(のこぎりだい);書駒立て;《体操》跳馬(馬車の)御者台. ❷ 中 《-s/-》= *Bockbier*. ♦ **aus ~ tun** 《話》(…を)冗談半分にする. **den ~ melken** ひだなことをする. **den ~ zum Gärtner machen** 《話》猫にかつお節の番をさせる(およそふさわしくない仕事をさせる). **einen 《keinen》 ~ auf et^4 haben** 《話》(…に)やる気がある《やる気がしない》. **einen ~ haben** 《話》強情(反抗的)である. **einen ~ schießen** 《話》失敗する;へまをする. **j^4 stößt ihn der ~** (人の)強情に意地を張り続ける.

bockbeinig 形 頑強で反抗的な.
Bockbier 中 ボックビール(強い黒ビール).
bocken 自 (馬などが角を曲げて足を突っ張って)反抗する;(子供などが)言うことをきかない、むずかる.

bockig 形 頑強な,反抗的な.
Bockleiter 女 《-/-n》(折り畳み式の)脚立てば.

Bocks-beutel 男 ボックスポイテル(フランケンワイン用のびん);フランケンワイン. =**horn** 中 雄ヤギの角(ら). ♦ **ins ~ jagen** 《話》(人を)怯えておびえさせる.

Bock-springen 中 跳馬跳び;《体操》跳馬. =**sprung** 男 = *Bockspringe*. =**wurst** 女 《料》(ゆでて食べる)ボックソーセージ.

Boden [ボーデン] 男 《-s/*Böden*》❶ (⚤ *soil*)土,土壌,土地. ❷ (⚤ *ground*)地面;床(ゆか). ❸ 基盤,立脚点. ❹ 領域. ❺ (⚤ *bottom*)底,底部;《雅》大酒飲み;大食漢. ❻ 屋根裏[部屋]. ♦ **am ~ zerstört sein** 完全にへたばる. **[an] ~ gewinnen 《verlieren》** 勢力を得る(失う). **auf fruchtbaren ~ fallen** 広く《積極的に》受け入れられる. **aus dem ~ stampfen** (手品のように一)さっととり出す. **~ gutmachen 《wettmachen》** 遅れを取り戻す. **J^3 brennt der ~ unter den Füßen./J^3 wird der ~ [unter den Füßen] zu heiß.** 《話》(人の)足元に火がつく,危険を感じる. **den ~ entziehen** 《et^3》(…の)根拠を奪う,根を絶つ. **den ~ unter den Füßen verlieren** 根拠《よりどころ》を失う;《生活》基盤を失う. **den ~ unter den Füßen wegziehen** 《j^3》(人を経済的に)破綻させる. **doppelter ~** 二重底の**den ~ unter den Füßen haben** 基盤が安定している;経済的に安定している. **wie aus dem ~ gestampft 《gewachsen》** あっと言う間に;いきなり;降ってわいたように. **zu ~ drücken** 《j^4》さんざんに苦しめる. 意気消沈させる. **zu ~ gehen** 《話》破綻する. =**bearbeitung** 女 耕作;土地改良.

Boden-Boden-Rakete 女 《軍》地対地ミサイル.
Boden-haftung 女 (タイヤの)ロードホールディング. =**kammer** 女 屋根裏部屋. =**kunde** 女 土壌学.
bodenlos 形 底なしの;途方もない.
Boden-Luft-Rakete 女 《軍》地対空ミサイル. =**personal** 中 《集合的》《空》地上勤務員. =**satz** 男 (液体の)沈殿物,おり. =**schätze** 複 地下資源. =**schätzung** 女 《経》土地評価.
Bodensee (der-) 《-s/》ボーデン湖(ドイツ·スイス·オーストリアの国境にある湖).
bodenständig 形 その土地に住みついた;土地に固有の,土着の.
Boden-turnen 中 《体操》床運動. =**verseuchung** 女 《地》土壌汚染.
Bodybuilding 中 ボディービル.
Böe 女 《-/-n》= *Bö*.
Bofist 男 《-[e]s/-e》《植》キツネノチャブクロ,ホコリタケ.
bog, böge ⇒ *biegen*.
Bogen 男 《-s/-(南部 *Bögen*)》❶ (⚤ *arc*)(弓形の)曲線,弧,カーブ. ❷ (⚤ *bow*)弓;(弦楽器の)弓,バイオリンの弓. ❸ 《建》アーチ,迫持(たい). ❹ (規格サイズに裁断した紙)折紙〔書籍16ページ分の紙;略 Bg.〕. ♦ **den ~ [in et^3] heraushaben 〈spitzhaben〉**《話》

[…について]つ(2)つを心得ている. **den ~ überspannen** 度を過ごす; やり過ぎる. **einen [großen] ~ machen**《話》**um j-et**[4]《…を》避ける, 敬遠する. **große〈hohe〉~ spucken**《話》いばる; 偉そうなことを言う. **-fenster** 中《建》アーチ形張り出し窓.
bogenförmig アーチ形の, 弓形の, 円弧状の.
Bogen-führung 女《楽》〈弦楽器の〉運弓〔法〕. **-gang** 男《建》アーケード; 《解》〈内耳の〉三半規管. **-lampe** 女 アーク灯. **-schießen** 中 弓術; アーチェリー. **-schütze** 男 弓の射手; アーチェリーの射手.
Bogotá ボゴタ(コロンビアの首都).
Boheme 女《-/》ボヘミアン的生活;《集合的》ボヘミアン. **Bohemien** 男《-s/-s》ボヘミアン.
Bohle 女《-/-n》厚板.
Böhm Karl, ベーム(1894-1981; オーストリアの指揮者).
Böhme 男《-n/-n》(女 ..min)ボヘミアの人.
Böhmen, Böhmerland (das) ~ メン, ボヘミア(チェコの西部地域; 中心都市はプラハ). **Böhmerwald** (der) ~ メン(ボヘミア)森(Bayern と Böhmen の間にある山地).
Böhmin 女《-/-nen》Böhme の女性形.
böhmisch ベーメン〈ボヘミア〉[人]の;《話》奇妙な, 不可解な. ♦ ~ vorkommen《話》j[3]《人には》奇異に思われる〈わからない〉.
Bohne [ボーネ]《-/-n》(指小 **Böhnchen**)(女 bean)豆(インゲンマメ・ソラマメなど). ♦ ~**n in den Ohren haben** 聞こうとしない. **nicht die** ~《話》全然…でない. ~**n-kaffee** 男 コーヒー豆, レギュラーコーヒー. ~**n-kraut** 中《植》セイバリー (シソ科香辛料). ~**n-stange** 女 豆のつるをはわせる棒;《話》長いひょろっぽい人. ~**n-suppe** 女 豆のスープ.
Bohner, Bohnerbesen 男《-s/-》(長い柄のついた)床ブラシ.
bohnern 《床などを》ワックスで磨く. **Bohnerwachs** 中 床用ワックス.
bohren [ボーレン]〔bohrte; gebohrt〕 ❶ (女 bore)〈穴をある〉〈穴をあけて〉くり抜く, 掘る; 突っ込む: **nach et**[3]**/ auf et**[4]**~**《…を求めて》試掘〈ボーリング〉する. ❷《…を～へ》突き刺す; **sich**[4]《…に》突き刺さる; 《**in et**[3]》〈…に〉えぐる. ❸《**in j**[3]》《…に》不安なども起こさせない《話》《質問・要求などで》しつこく食い下がる. **Bohrer** 男《-s/-》穴あけ(穿孔)機, きり, ドリル.
Bohr-hammer 男 ハンマードリル; 整岩《鉱》機. **-insel** 女(海底資源の)掘削基地. **-loch** 中《鉱》《掘削》した穴; 中ぐり穴; 《防弾》ボーリング穴. **-maschine** 女 穿孔(せんこう)機; 《鉱》ボーリング機.
bohrte → **bohren**
Bohrung 女《-/-en》穴あけ, ボーリング; (うがった)穴, ボーリング穴.
böig 突風の, 強風の吹く.
Boiler 男《-s/-》ボイラー; (家庭用の)湯沸かし器.
Boje 女《-/-n》《海》ブイ, 浮標.

..bold 男「よく～する人;～好き」の意.
Bolero 男《(-s/-)》ボレロ(スペイン舞踊及びその曲); ボレロ(女性用の短いジャケット).
Bolivien ボリビア(南アメリカ共和国).
Böll Heinrich, ベル(1917-85; ドイツのノーベル賞作家).
Böller 男《-s/-》(礼砲・祝砲用の)小臼砲[式(?)]; (大きな音のする)花火.
Bollwerk 中 とりで, 塁壁; 波止場, 岸壁; 防波堤.
Bologna ボローニャ(イタリア北部の州および州都).
Bolschewik 男《-en/-i》ボルシェビキ(ロシア社会民主労働党の多数派の党員); (1918年以降の)ロシア共産党員;《蔑》共産主義者. **Bolschewismus** 男《-/》ボルシェビズム. **Bolschewist** 男《-en/-en》**bolschewistisch** ボルシェビズムの.
Boltzmann Ludwig, ボルツマン(1844-1906; オーストリアの理論物理学者).
Bolzen 男《-s/-》(金属製・木製の)ボルト, 締めくぎ.
..bolzen《話》「…がたっぷりある(はなはだしい)人」の意.
Bombardement [ボンバルデマーン] 中《-s/-s》爆撃.
bombardieren 中 (…を)爆撃する;《話》《j**[4]**mit et**[3]**》(人に…を多量に)投げつける; (…を質問などで)攻め立てる.
Bombast 男《-(e)s/》《蔑》大げさな表現, 誇張, 美辞麗句; 華美, 華麗. **bombastisch** (表現などが)大げさな, 誇張された; 飾り立てた, きらびやかな.
Bombe [ボンベ] 女《-/-n》 ❶ (女 bomb)爆弾. ❷ ガスボンベ. ❸《話》強烈なシュート. ♦ **Die ~ ist geplatzt.** 恐れていた事態がついに生じた; 隠していたことがばれた. **mit ~n und Granaten durchfallen**《話》(試験などに)さんざん落第する. **wie eine ~ einschlagen**(ニュースなどが世間に)衝撃を与える.
bomben 中 bombardieren する. ♦ **einen Ball aufs Tor ~**《話》ゴールをねらって強烈にシュートする.
bomben.., Bomben..「爆弾の…; 《話》非常に…, とても…; 抜群の」の意. **Bomben-abwurf** 男 爆弾投下. **-angriff** 男 爆撃. **-anschlag** 男 爆弾テロ. **-erfolg** 男《話》大成功. **-hit** 男《話》大ヒット.
bombenfest《話》絶対に確実な, きわめてしっかりとした.
Bomben-flugzeug 中 爆撃機. **-geschäft** 中《話》すごいもうけ(仕事).
bombensicher [ボンベンズィッヒャー] 爆弾に対して安全な;《話》[ボンベンズィッヒャー]《話》絶対に確実な〈安全な〉.
Bomben-teppich 男 じゅうたん爆撃. **-trichter** 男 (すり鉢形の)爆弾穴.
Bomber 男《-s/-》《話》爆撃機;《話》(サッカーなどの)シュートの名手.
bombig《話》すばらしい, 抜群の.
Bon 男《-s/-s》食券(レジなどで出す)レシート, 受領証.
Bonaparte Napoleon, ボナパルト. ⇒ Napoleon I.
Bonbon [ボンボン] 男 中《-s/-s》 (女

Bonbonniere

candy)ボンボン(砂糖菓子・キャンデーなど)くろうと受けうける物. ◆ *Mach dir keinen* ⟨*kein*⟩ *~ ins Hemd!* 〘話〙そんな大げさなことはするな.

Bonbonniere, Bonboniere 囡《-/-n》(ガラス・陶器製などの)ボンボン入れ;ボンボン(キャンデー)の詰め合わせ.

Bond 男《-s/-s》〘商〙借用証書;債券,公債,社債.

Bonhoeffer Dietrich, ボーンヘッファー(1906-45;ドイツのプロテスタント神学者).

Boni ⇒ Bonus

Bonifatius ❶〖男名〗ボニファーツィウス. ❷ 聖ボニファティウス.

Bonin・inseln 《die〜》小笠原諸島.

Bonität 囡《-/》〘商〙十分な資力,支払い能力,信用状態.

Bonmot [ボンモー] 中《-s/-s》機知に富んだ(気のきいた)言葉,警句.

Bonn ボン(ドイツ西部の都市;旧西独の首都). **Bonner** 男《-s/-, **-in**》ボンの人;《die 〜》圈 〘話〙旧西独の政治家;囮《無変化》ボンの.

Bonus 男《-(ses)/-(se, ..ni)》〘商〙ボーナス,特別手当;〘商〙(大口購買者などに対する)割り戻し金;(輸出などに対する)政府助成金〈奨励金〉;(自動車保険などの)無事故割り引き;(弱いチームに与えられる)ハンデ点.

Bonze 男《-n/-n》〘蔑〙(政党・組織などの)ボス;金持ち(連中).

Boom 男《-s/-s》ブーム,にわか景気,好況.

Boot [ボート] 男《-(e)s/-e》〈 **Bötchen** 中《-s/-》boat》小舟,ボート. ◆ *in einem* ⟨*im gleichen*⟩ *~ sitzen* 一連に託生している,運命を共にする.

Boots・haus 中 ボート小屋,ボートハウス. **=länge** 囡 艇身. **=mann** 男《-(e)s/..leute》(商船の)甲板長,ボースン;(海軍の)兵長. **=verleih** 男 貸しボート業,貸しボート業者.

Bor 中《-s/》硼素[硼(32)](元素記号:記号 B).

Borax 男《(の)/(の)[-es]/》〘化〙硼砂(氷).

Bord [ボルト] ❶ 男《-(e)s/-e》⟨board⟩ヘりべり,縁取り;舷側,舷内,機内,乗船(搭乗)中. 本・食器などを置く)壁棚. ◆ *an ~ gehen* 乗船する;搭乗する. **an・nehmen** ⇒ 乗船する;搭乗する. ***über ~ gehen*** 波にさらわれる. ***über ~ werfen*** (積み荷などを)投げ捨てる;(偏見・ためらいなどを)捨てる. ***von ~ gehen*** (船・飛行機から)降りる.

Bordeaux ボルドー(フランス南西部の港湾都市);囡《-/-》(種類;-s》ボルドー産ワイン;ワインレッド.

Bordell 中《-s/-e》売春宿.

Bord・funker 男 (船舶・航空機などの)乗組(搭乗)無線士. **=kante** 囡 (歩道の)縁石,へり. **=personal** 中 《集合的》乗組員,搭乗員. **=radar** 男 機内(船舶)レーダー. **=stein** 男 (歩道・車道の)縁石(や).

Boreas〖ギ神〗ボーレアス(北風の神);男《-/》(夏のエーゲ海に吹き荒れる)北風;〘雅〙冷たい北風.

Borg 男《-(e)s/》〘商〙掛け;信用;*j³ et⁴ auf ~ geben* 人に…を貸す(掛け売りする).

borgen ⇔ 《*j³ et⁴*》(人に…を)貸す;(借borrow)《*(sich*)》*et⁴ von* ⟨*bei*⟩ *j³*》(…を人から)借りる;*et³》Borgen bringt* ⟨*macht*⟩ *Sorgen.* 〘諺〙借金は苦労の種.

Borghese ボルゲーゼ(イタリアの貴族の家系). ◆ *die Villa ~* (ローマの)ボルゲーゼ園. *die Galleria ~* ボルゲーゼ美術館(ボルゲーゼ園にある).

Borke 囡《-/-n》樹皮.

Borkum ボルクム(北海沿いにある島).

Bornholm ボルンホルム(バルト海にあるデンマーク領の島).

borniert 偏狭な,心の狭い.

Borniertheit 囡《-/》偏狭なこと.

Bor・salbe 囡 硼酸軟膏. **=säure** 囡 〘化〙硼酸(浚).

Börse 囡《-/-n》〘経〙〘証券〙取引所;*die Stimmung* ⟨*die Haltung*⟩ *der ~》株式市況*.

Börsen・bericht 男 相場表(報告),市況報告. **=drucker** 男 チッカー(相場テレタイプ). **=einführung** 囡 〘取引所〙上場. **=kurs** 男 市況,相場. **=makler** 男 市場仲買人,ブローカー. **=papiere** 圈 有価証券. **=spekulant** 男 相場師,投機する人. **=umsatz** 男 株取引(出来)高.

Börsianer 男《-s/-》〘話〙ブローカー;相場師.

Borste 囡《-/-n》(豚・イノシシなどの)剛毛(ブラシなどの)毛;(ブラシの)毛;〘話〙(あごひげなどが)剛毛. ◆ 〘話〙《圈》怒りっぽさ,不機嫌さ.

borstig 剛毛の密生した;(毛髭・ひげなどが)剛毛の;怒りっぽい,不機嫌な.

Borte 囡《-/-n》(織物・衣服などの)縁飾り.

Bor・wasser 中 〘化〙硼酸(や)水.

bös・artig 悪性の;意地悪で,悪意に満ちた. **=Bösartigkeit** 囡《-/》悪性;意地の悪さ.

Böschung 囡《-/-en》(土手・堤防などの)斜面.

böse [ベーゼ] 囮 ❶ 《bad》悪い,邪悪な,よこしまな;いやな,不快な;危険な,悪性の;〘話〙わんぱくな,いたずらな;反道徳的な. ❷ 《angry》怒った;《*j³ wegen et³(²)*⟩; *auf j¹* ⟨*mit j³*⟩》(人に…のことで怒って;…に腹を立てた. 怒った;〘話〙(身体の一部が)痛めた,炎症を起こした;ひどい;~ *werden* 腹を立てる. 怒る ; *einen ~n Finger haben* 指をはらしている. ◆ *Ich will dir doch nichts Böses.* 悪気があるわけじゃないんだ. *im Bösen auseinander gehen* けんか別れする. *Mit je-t³ ist es ~ aus.* (…に)どうしようもない. **Böse[r]** 男《形容詞変化》〘雅〙悪魔. **Böse[s]** 中《形容詞変化》邪悪なこと.

Bösewicht 男《-(e)s/-er -e》〘話〙いたずらっ子,悪童.

boshaft 意地の悪い,悪意のこもった. **Boshaftigkeit** 囡《-/-en》意地の悪いこと(言動).

Bosheit 囡《-/-en》悪意,意地悪;悪意のある(意地悪な)言動. ◆ *mit konstanter ~* うたすら悪意をもって.

Bosnien ボスニア(Bosnien-Herzegowina を略称). **Bosnien-Herzegowina** ボスニアヘルツェゴヴィナ(1992年ユーゴスラヴィアから独立).

Bosporus (der ~) ボスポラス(バルカン半島と小アジアを分ける海峡).
Boss (⊕ **Boß**) 男 《Bosses 複》《話》ボス, 親分(上役・上司・組織の長など).
böswillig 形 悪意のある, 悪意に満ちた. **Böswilligkeit** 女 《-/》.
bot ⇒ **bieten**
Botanik 女 《-/》 植物学. **Botaniker** 男《-s/- -in》 植物学者. **botanisch** 形 植物学上の.
Bote [ボーテ] 男《-n/-n》(⊕ **Botin**) (⊕ messenger) 使者, メッセンジャー; 《雅》先ぶれ, 最初の兆候.
böte ⇒ **bieten**
Boten=gang 男 使い走り. **=stoff** 男《生化》神経伝達物質(アセチルコリンなど).
Botin 女《-/-nen》Bote の女性形.
Botschaft [ボートシャフト] 女《-/-en》 ❶ (⊕ message) 重要な通知, 知らせ; (大統領や教皇のメッセージ). ❷ (⊕ embassy) 大使館. ♦ **die Frohe** ~《宗》福音[書].
Botschafter [ボートシャフター] 男《-s/-》(⊕ **-in**) (⊕ ambassador) 大使. **Botschaftsrat** 男《..räten》大使館参事官.
Botswana, Botsuana ボツワナ(アフリカ南部の共和国).
Bottich 男《-[e]s/-e》大おけ, 大だる.
Botulismus 男《-/》《医》ボツリヌス中毒.
Bouillon [ブリョ〔一〕] 女《-/-s》《料》ブイヨン, 肉汁.
Boulevard [ブレヴァール] 男《-s/-s》(並木のある)環状の大通り, 目抜き通り. **=zeitung** 女 (有名人のスキャンダルなどを書く, 街頭売りの)大衆新聞.
bourgeois [ブルジョア] 付加語のとき: ブルジョアーズ] 形 ブルジョアジーの; 《雅》ブルジョア的な. **Bourgeois** [ブルジョア] 男《-/-》 ブルジョア. **Bourgeoisie** [ブルジョアズィー] 女《-/-n》 ブルジョアジー.
Boutique [ブティーク] 女《-/-n》ブティック.
Bowiemesser 田 中《-s/-》ボーイーナイフ(さや付きの片刃猟刀).
Bowle [ボーレ] 女《-/-n》パンチ(ワイン・果実・香料などを混ぜた飲み物).
Bowling 田 中《-s/-s》《球技》ボウリング. **=bahn** 女 ボウリングのレーン.
Box 女《-/-en》(厩舎(きゅうしゃ)の)房; (駐車場・現在地などの)—区画(カーレースのピット; 箱型(ボックス)カメラ; 《話》スピーカーボックス.
boxen 自 ボクシングをする; 他 (人を)ぶとして殴る;《sich¹》(雑踏などを)かき分けて進む. **Boxen** 中《-s/》ボクシング.
Boxer 男《-s/-》(⊕ **-in**) ボクサー, ボクシングの選手; 《南部・バイエルン》パンチ; ボクサー(ドイツ種の中型の番犬).
Box=handschuh 男 ボクシング用グローブ. **=kampf** 男 ボクシングの試合.
Boykott 男《-[e]s/-e》ボイコット. **boykottieren** 他 ボイコットする.
Bozen ボーツェン(イタリア北部の都市 Bolzano のドイツ語形).
BP ⇒ **Bundespost**. **Bq** 記号 Becquerel. **Br.** 略 **Brom**. **Br.** 略 **Bruder**.
BR 略 Bayrischer Rundfunk バイエル

ン放送; **B**undesrepublik; 《国籍符号》ブラジル.
Brabant ブラバント(ベルギー中部の一地方).
brabbeln 他《話》ぶつぶつつぶやく, ぼそぼそ言う.
brach ⇒ **brechen**
Brache 女《-/-n》休閑地; 休閑期.
bräche ⇒ **brechen**
Brachialgewalt 女《-/》《雅》腕力.
Brachland 中 休閑地.
brachliegen* 自 (農地などが)耕作されずにある, 休閑である;《知識などが》利用［活用］されずにある.
Brachse 女《-/-n》《魚》ブリーム(コイ科).
brachte, brächte ⇒ **bringen**
Brachvogel 男《鳥》シャクシギ《属》.
Brackwasser 中 (河口付近の)半塩水, 汽水.
Bragi 《北欧神》ブラギ(詩歌の神).
Brahma 《印神》ブラフマ(バラモン教の主神; 別形).
Brahmane 男《-n/-n》バラモン(インドのカースト制度での最高位の僧侶).
brahmanisch 形 バラモンの.
Brahmanismus 男《-/》バラモン教.
Brahms Brahms, ブラームス(1833-97; ドイツの作曲家).
Bramsegel 中《帆》トガンスル(下から3番目のマストの帆).
Branche [ブランシェ] 女《-/-n》(経済・職業などの)部門; 《話》専門分野. **~n=verzeichnis** 中 業種別電話帳(住所録).
Brand [ブラント] 男《-[e]s/**Brände**》❶ (⊕ fire) 火事, 火災; 《⊕》燃えているもの, 燃えさし. ❷《話》(激しい)のどの渇き. ❸《植》《無変化》《植》《無変化病(法式). ♦ **in ~ geraten** 燃え上がる. **in ~ setzen (stecken)**《et¹》(…に)放火する, …を燃やす.
brand..., Brand...「火災の…; 非常に…の意」.
Brand=blase 女 (やけどによる)火ぶくれ, 火傷性水疱(はい). **=bombe** 女 《軍》焼夷(いう)弾.
Brände ⇒ **Brand**
brand=eilig 形《話》火急の.
branden 自《雅》(打ち寄せる波が)砕け散る.
Brandenburg ブランデンブルク(ドイツ北部の州; 州都 Potsdam). **Brandenburger** ❶ 男《-s/-》(⊕ **-in**) ブランデンブルクの人. **❷** 形《無変化》ブランデンブルクの. **brandenburgisch** 形 ブランデンブルク[方言]の.
Brand=fleck 男 焼け焦げ; 《農》鞍性の畑. **=herd** 男 (火事の)火元, 火災の発生場所.
brandig 形《雅》焦げ臭い, きな臭い;《医》壊疽(えそ)[性]の;《農》黒穂(ほ)病にかかった.
Brand=mal 中 (刑罰としての)烙印(らくいん), 焼き印; やけどの跡; (生まれつきの)あざ. **=malerei** 女《美》焼き絵[手法].
brandmarken 他《j-n/⟨⟩ als et¹》(…の)烙印(らくいん)を押す;《j-n/⟨⟩》(人を)厳しく非難［批判］する.
Brandmauer 女 防火壁.

brandneu 形《話》新品の, ぴかぴかの.
Brand=rede 女 アジ演説. **=salbe** 女 やけど用軟こう. **=schaden** 男 火災による損害.
brandschatzen 他《史》(町などから)焼き払うと称して軍用金を取り立てる;(…から)金を巻き上げる.
Brand=schutz 男 防火対策(処置). **=sohle** 女 (靴の)内側の底革, 中(中)敷. **=stifter** 男 放火犯. **=stiftung** 女 放火.
Brandt Willy, ブラント(1913-92) SPD元党首:1969-74年に旧西独首相.
Brandung 女《-/-en》(岸などに打ち寄せて)砕け散る波, 磯波.
Brandwunde 女 やけどの傷.
Brandy 男《-s/-s》ブランデー.
brannte ⇒ brennen
Branntwein 男《-(e)s/-e》蒸留酒(ウイスキー・ブランデー・ウオッカなど).
Brasília, Brasilia ブラジリア(ブラジルの首都).
Brasilianer 男《-s/-》(女 **-in**) ブラジル人. **brasilianisch** 形 ブラジル[人]の. **Brasilien** ブラジル.
brät ⇒ braten
Brat=apfel 男 焼きリンゴ.
braten* [ブラーテン] (briet; gebraten) 他 (英 roast) (肉・魚・野菜などを)焼く, あぶる, 炒(い)める; 揚げる, フライにする; 自 (肉・魚・野菜などが)焼ける. 揚がる : in der Sonne ~/sich⁴ in (von) der Sonne ~ lassen《話》日光で肌を焼く.
Braten [ブラーテン] 男《-s/-》焼き肉用, 焼き肉用の肉. ◆ **den ~ riechen**《話》あやしいぞと疑う, 臭いと感じる. **ein fetter ~**《話》大もうけ; すばらしい獲物.
Braten=platte 女 焼き肉を載せる皿. **=rock** 男《戯》フロックコート. **=saft** 男 (肉の)焼き汁. **=soße** 女 焼き肉のたれ(ソース).
Brat=fisch 男《-[e]s/-e》揚げたくフライにした)魚; フライ用の魚. **=hähnchen**, 男《南部・オーストリア》 **=hendl** 中 ロースト=チキン; ローストチキン用のひな鶏.
Bratislava ブラティスラヴァ(スロヴァキア共和国の首都).
Brat=kartoffeln 複 いためたジャガイモ. **=ofen** 男 **=röhre** 女 オーブン, 天火. **=pfanne** 女 フライパン.
Bratsche 女《-/-n》《楽》ビオラ. **Bratschist** 男《-(e)n/-en》(女 **-in**) ビオラ奏者.
Brat=spieß 男《回転式》焼きくし.
brätst ⇒ braten
Bratwurst 女 焼きソーセージ; グリル用ソーセージ.
Brauch [ブラオホ] 男《-(e)s/Bräuche》(英 custom) 風習, 慣習, ならわし. **brauchbar** 形 使える; 役に立つ. **Brauchbarkeit** 女《-/》有用性.
Bräuche ⇒ Brauch
brauchen [ブラオヘン] (brauchte; gebraucht, ② brauchen) 他 ● (英 need) (…を)必要とする; 使用する. 消費する. ❷《+zu 不定詞句》《否定文で》…しなくてもよい. ただ…しさえすればよい(▶口語では zu 不定詞の zu を省くことがある): Du *brauchst*

nicht zu kommen. 君は来なくてもよい.
Brauchtum 中《-(e)s/》習俗, 風習, しきたり.
Braue 女《-/-n》まゆ[毛].
brauen [ブラオエン] (braute; gebraut) 他 (英 brew) (ビールを)醸造する(タルケルなどを)調合する. (コーヒーなどを)入れる. **Brauer** 男《-s/-》ビール醸造業者(技師). **Brauerei** 女《-/-en》ビール醸造[所], ビール工場(会社).
Brauhaus 中 ビール工場.
braun [ブラオン] 形 (英 brown) 褐色の, 茶色の; 日に焼けた;《服》(制服の色から)ナチス[時代]の. ◆ ~ gebrannt 褐色(小麦色)に日焼けした.
Braun I 中《-s/-》褐色, 茶色. II 男《(1) Karl Ferdinand,1850-1918: ドイツの物理学者: ブラウン管を発明. (2) Wernher von,1912-77: ドイツの物理学者: 宇宙ロケットの開発に貢献》. ◆ ~sche Röhre 中 ブラウン管.
Braunbär 男《動》ヒグマ.
Bräune 女《-/》(肌の)褐色, 小麦色.
bräunen 他 (…を)褐色にする: こんがり焼く(いためる);(人を)小麦色に日焼けさせる; 再 《sich⁴》小麦色に日焼けする.
braungebrannt 形 ⇒ braun ◆
Braun=hemd 中(ナチスのカーキ色のシャツ); ナチス党員. **=kohle** 女 褐炭.
bräunlich 形 褐色の(茶色)がかった.
Braunschweig ブラウンシュヴァイク(ドイツ北部の都市).
Bräunung 女《-/-en》褐色にする(なる)こと.
Braus ⇒ Saus ◆
Brause 女《-/-n》(じょうろ・シャワーなどの)ノズル; シャワー; 《話》= Brauselimonade. **=limonade** 女 炭酸入りレモネード, ラムネ.
brausen 自 (風・波などが)ざわめく, とどろく; 鳴り響く; 泡だつ, 沸騰する;(血が)煮えくり返る;(s)(車・列車などが)どうどうと走る,ほえ進む.
Brausepulver 中 炭酸入りレモネードの粉末.
Braut [ブラオト] 女《-/Bräute》(指小Bräutchen)(英 bride) 花嫁, 新婦; 婚約者, フィアンセ(女);《話》女の子.
braute ⇒ brauen **Bräute** ⇒ Braut
Bräutigam [ブロイティガム] 男《-s/-e》(英 bridegroom) 花婿, 新郎; 婚約者, フィアンセ(男).
Braut=jungfer 女 花嫁の介添えをする未婚の若い女性. **=kleid** 中 花嫁衣装. **=kranz** 男 花嫁の花冠.
bräutlich 形 花嫁(の花婿)のような).
Braut=paar 中 婚約中の男女; (結婚の日の)新郎新婦. **=schau** 女 ◆ **auf ~ gehen**《古・戯》嫁さがしをする. **=schleier** 男 ウェディングベール.
brav [ブラーフ] 形 ❶ (子供の)行儀がよい, おとなしい. ❷ きまじめな, 律儀な(服装など)質素な; (腕は)(一応は)きちんとした. ❸ 勇敢な. **Bravheit** 女《-/》行儀のよいこと; 有能さ, 実直さ.
bravo 間 いいぞ, ブラボー.
Bravour, Bravur [ブラヴーア] 女《-/》(楽)勇気; 卓越した技妓;《楽》技妓. 妓演. **bravourös, bravurös** 形 (技妓

の)卓越した, すばらしい.

BRD [ベーエルデー] 中 ドイツ連邦共和国 (< *B*undes*r*epublik *D*eutschland).

Break 中 {(-s/-s), 男} ブレーク(ジャズの短い独奏楽句); (ホッケー・ボクシングの)ブレーク; (テニスの)サービスブレーク.

Brech=bohne 女 インゲン豆. **=durchfall** 男 医 下痢(ビ). **=eisen** 中 {-s/-} かなてこ.

brechen* [ブレヒェン] [**brach**; **gebrochen**] 動 (完 **break**) ❶ 壊す, 割る, 砕く, 折る. ❷ (s)壊れる, 割れる, 破れる, 折れる. ❸ «*sich*³ *et*⁴ ~»(体の一部を)折る, 骨折する; (障害・抵抗・記録などを)打ち破る; (沈黙を)破る; (約束・法律などを)破る; «*et*⁴ (*sich*⁴) ~»(光線・音波などを)屈折させる(する); «*sich*⁴ ~»(波が)砕ける. ❹ «*mit j-et*³ ~»(人と)縁を切る, (…に)けりをつける; (善行などを)やめる. ❺ (s)(突き破るように)突然現れる. ❻ 吐く. ❼ (石材を)切り出す. ♦ **~da** 〈*zum Brechen*〉 voll sein (場内が)超満員である. nichts (nicht viel) **~ und zu beißen haben** 食べるものが何も〈あまり〉ない.

Brecher 男 {(-s/-) 砕け散る波, 白波; (岩石などの)破砕機.

Brech=mittel 中 医 催吐(ビ)剤. **=reiz** 男 吐き気. **=stange** 女 = Brecheisen.

Brecht Bertolt, ブレヒト(1898-1956: ドイツの劇作家).

Brechung 女 {(-/-en) 中 (光・音などの)屈折; 言 母音調和. **~s=winkel** 男 屈折角.

Bredouille [ブレドゥリェ] 女 {(-/) 困惑, 当惑.

Bregenz ブレゲンツ(オーストリア東端の都市).

Brei [ブライ] 男 {-[e]s/-e} かゆ; (かゆ状の)どろどろしたもの. ♦ ~ **um den Mund** 〈*ums Maul*〉 **schmieren** «*j*³»(人に)おべっかを使う. **um den [heißen] ~ herumreden** 《話》遠回しに物を言わない. **zu ~ schlagen** 《卑》(人を)たたきのめす.

breiig 形 かゆ状の, どろどろした.

Breisgau (der ⟨das⟩ **~**) ブライスガウ (Baden 南部の地方).

breit [ブライト] 形 (比 **wider**) (幅の)広い, (…の)幅をもった; たっぷり(ゆったり)とした; 回りくどい, 冗長な. ❷ (社会的に)広範囲の. ❸ (麻薬などで)気分の高揚した, ハイの; 《方》酔った. ♦ **~ machen** 《話》«*sich*⁴ ~»場所をとる, さばにばる; 《話》(人の)立つ.

breitbeinig 形 両足を広げた, 大またの.

Breite [ブライテ] 女 {(-/-n) 中 ❶ (幅の) 横幅, (左右への)広がり; (叙述の)冗長さ; 地学 緯度; (特定の緯度の)地帯. ♦ **der ~ nach** 横方向に, 幅の方に. **in die ~ gehen** (叙述などが)冗長になる; 《話》(人が)太る.

breiten «雅»(腕・翼・敷物などを)広げる, 伸ばす; «*sich*⁴ ~» 広がる, 伸びる.

Breiten=grad 男 地学 緯度. **=kreis** 男 地学 緯線. **=wirkung** 女 広範囲に及ぶ影響.

breitest ⇒ breit

breitmachen 中 ⇒ breit ♦

breitschlagen* 中 «話»«*j*⁴ *zu et*³ ~»(人を…するように)口説き落とす. **breit**-

schult[e]rig 形 肩幅の広い.

Breitseite 女 (物体の)長い方の側; 舷側 (ビ); 海 舷側砲; 片舷斉射.

breittreten* 中 (…を)くどくどと述べたてる; (言ってはいけないことを)吹聴 (ビ)する, 言い触らす.

Breitwand 女 映 ワイドスクリーン.

Bremen ブレーメン(ドイツ北西部の都市で州と同名). ♦ **die Freie Hansestadt ~** 自由ハンザ都市ブレーメン(ブレーメンの正式名). **Radio ~** ブレーメン放送(Bremen に本拠を置くドイツの放送会社; 略 RB).

Bremer 形 {(-s/-), 中 **-in**} ブレーメンの人; 形 無変化 ブレーメンの.

Bremerhaven ブレーマーハーフェン(ブレーメン州の港湾都市).

bremisch 形 ブレーメンの.

Bremse [ブレムゼ] 女 {(-/-n) ❶ «完 **brake**»ブレーキ, 制動機. ❷ 虫 アブ (虻).

bremsen [ブレムゼン] 中 «bremste; gebremst»(車などに)ブレーキをかける; «*et*⁴ *mit et*³ ~»(…を)制限(抑制)する; (人の)言動を制する.

Brems=flüssigkeit 女 ブレーキオイル. **=hebel** 男 ブレーキレバー, 制動桿 (ビ). **=klotz** 男 (車輪用の)制動片, 制輪子. **=licht** 中 (自動車の)ブレーキランプ. **=pedal** 中 ブレーキペダル. **=schuh** 男 鉄道 車輪止め. **=spur** 女 (急ブレーキによるタイヤの)スリップ跡. **=weg** 男 制動距離.

brennbar 形 可燃性の, 燃えやすい.

brennen [ブレネン] «brannte; gebrannt» ❶ (完 **burn**)燃える, 燃焼する; (太陽が)熱く照る; (灯火などが)ともる, 輝く; (傷などが)ひりひりする, (歯などが)しみる; «*vor et*³ ~»(愛憎などに)身を焦がす. ❷ (完 …)(れんがや陶器などを)焼いて作る, (焼いて)穴をあける; «*et*⁴ *in et*⁴ ~»(焼印などを)押して作る; (火酒を)蒸留して作る; (コーヒーなどを)炒(い)る; «*sich*⁴ ~»やけどする. ♦ **darauf ~** «+ zu 不定詞句»…したくてたまらない. *Es brennt!* 火事だ; それは緊急を要する. *Wo brennt's denn?* 《話》いったいどうしたのか. **brennend** 形 燃えるような; 激しい; 緊急の, 焦眉(ビ)の.

Brenner 男 ❶ 燃焼器, バーナー; 燃焼炉; 蒸留酒製造職人; 炭焼き; 陶工. ❷ (der ~)ブレンナー峠(オーストリア・イタリアの国境にある). **Brennerei** 女 {(-/-en) 蒸留酒製造所, 火酒醸造所.

Brennessel 女 = Brennnessel.

Brenn=glas 中 光 集光レンズ, 凸レンズ. **=holz** 中 たきぎ, まき. **=kammer** 女 工口 (内燃機関)加熱炉などの)燃焼室. **=material** 中 燃料. **=nessel** 女 植 イラクサ[属]. **=ofen** 男 (陶器・れんがなどの)焼き窯. **=öl** 中 灯油. **=punkt** 男 (完 **focus**) 光 (レンズなどの)焦点; 数 (円錐曲線の)焦点; (中心, 注目・関心的)的. **=schere** 女 (頭髪カール用の)焼きごて, ヘアアイロン. **=spiegel** 男 光 集光鏡, 凹面鏡. **=spiritus** 男 工業用アルコール. **=stab** 男 (原子炉の)燃料棒. **=stoff** 男 燃料; 核燃料.

brennte ⇒ brennen

Brennweite 女 光 焦点距離.

Brentano Clemens, ブレンターノ(17

78–1842; ドイツロマン派の詩人).

brenzlig [形] 《話》危険な; 焦げ臭い, きな臭い.

Bresche [女] 《-/-n》 (壁などの大きな)割れ目, 裂け目; 突破口. ✦ ***eine ~ schlagen*** 《für *j-et*^{4}》 (…のために)突破口を開く. ***für j-et^4 in die ~ springen*** 〈*treten*〉 /***sich^4 für j-et^4 in die ~ werfen*** (…のために)一肌脱ぐ; (代役を務めるなどして…の)急場を助ける.

Breslau ブレスラウ(ポーランド南西部の都市).

Bretagne [ブレターニュ] (die ~)ブルターニュ(フランス北西部の半島).

Brett [ブレット] [中] 《-[e]s/-er》 ([英] board)(木の)板; (チェスの)盤; 盆; 《[複]》スキー[板]; 《[複]》 舞台; 〔ボクシング〕(リングの)マット, フロア. ✦ ***auf einem ~ bezahlen*** 《*et*^{4}》 (…の)代金を一度に支払う. ***das ~ bohren, wo es am dünnsten ist*** 《話》安易なやり方を選ぶ. ***das Schwarze ~*** 掲示板. ***die ~er, die die Welt bedeuten*** 舞台. ***ein ~ vor dem Kopf haben*** 《話》のみ込みが遅い, 頭が悪い.

Bretter=bude [女] 仮小屋, バラック. **=verkleidung** [女] 板張り. **=wand** [女] 板壁, 板仕切り. **=zaun** [男] 板塀, 板囲い.

Brettspiel [中] 盤上ゲーム(チェスなど).

Breughel Pieter, ブリューゲル(1520頃–69; フランドルの画家).

Brevier [中] 《-s/-e》 〔カトリック〕 聖務日課[書]; (作家の)文選; (実用的な)手引書.

Brezel [女] 《-/-n》 ブレーツェル(8の字形の塩味または甘味のついたパン).

brich, brichst, bricht ⇨ brechen

Bridge [中] 《-/》 〔トランプ〕ブリッジ.

Brief [ブリーフ] [男] 《-[e]s/-e》 ([小] **-chen**)([英] letter)手紙, 書簡, 封書 (**ein offener ~** 公開[質問]状); 文書, 証書; 〔商〕証券, 手形; (証券取引で)売り[注文] ([略] B); (針・マッチなどの)小さな包み. ✦ ***~ und Siegel auf et^4 geben*** 《*j*^{3}》 (人に…を)保証〈確約〉する. ***ein blauer ~*** 解雇通知; 成績不振の生徒の親宛ての警告通知.

Brief=beschwerer [男] 文鎮. **=bogen** [男] 便せん. **=freund** [男] ペンフレンド, ペンパル. **=geheimnis** [中] 信書の秘密. **=karte** [女] (封筒に入れて出す)グリーティングカード.

Brief=kasten [ブリーフカステン] [男] 《-s/..kästen》 郵便ポスト; (各戸の)郵便受け; (新聞・雑誌などの)投書欄. ✦ ***lebender*** 〈***toter***〉 ***~*** 秘密情報機関の連絡員〈連絡物を置く場所〉. **=kopf** [男] レターヘッド(社名・住所などを記した便せんの上部). **=kurs** [男] 〔商〕(証券の)売り相場.

brieflich [形] 手紙〈書面〉による.

Briefmarke [ブリーフマルケ] [女] 《-/-n》 ([英] stamp)郵便切手. ✦ ***platt wie eine ~ sein*** びっくり仰天している.

Briefmarken=automat [男] 切手自動販売機. **=sammler** [男] 切手収集家. **=sammlung** [女] 切手収集.

Brief=öffner [男] (開封用の)ペーパーナイフ. **=papier** [中] 書簡用紙(便せんと封筒). **=porto** [中] 郵便料金. **=steller** [男] 〔商〕手形振出人.

Brief=tasche [ブリーフタッシェ] [女] 《-/-n》 札(さつ)入れ, 財布. ✦ ***eine dicke ~ haben*** 《話》 ふところが暖かい. **=taube** [女] 伝書バト.

Brief=träger [ブリーフトレーガー] [男] 《-s/-》 ([女] **-in**)郵便配達人.

Brief=umschlag [ブリーフウムシュラーク] [男] 《-[e]s/..schläge》 封筒. **=wahl** [女] 郵送投票. **=wechsel** [男] 文通; 往復書簡.

briet, briete ⇨ braten

Brigade [女] 《-/-n》 〔軍〕 旅団; (旧東ドイツの)作業班.

Brigitte 《女名》 ブリギッテ.

Brikett [中] 《-s/-s, -e》 ブリケット(褐炭・くず石炭などを固めた燃料).

brillant [ブリリャント] [形] 輝かしい, みごとな; 快調な. **Brillant** ❶ [男] 《-en/-en》 ブリリアントカット[のダイヤモンド]. ❷ [女] 《-/》 〔印〕 ブリリアント活字(3ポイント). **Brillanz** [女] 《-/》 (演奏・演技などの)みごとさ, (技の)さえ; 〔写〕(画像の)鮮明度.

Brille [ブリレ] [女] 《-/-n》 ([英] glasses)眼鏡; 便座. ✦ ***alles durch die schwarze ~ sehen*** すべてを悲観的に見る. ***Das sieht man ja ohne ~.*** 《話》 そんなことは分かり切っているさ. ***durch*** *seine* ***eigene ~ sehen*** (…を)主観的に見る. ***durch eine gefärbte ~ sehen*** 〈***betrachten***〉(…を)色眼鏡で〈偏見を持って〉見る. ***durch eine rosa ~ sehen*** 〈***betrachten***〉(…を)楽観的に見る.

Brillen=etui [ブリレンエトヴィー] [中] 眼鏡のケース〈サック〉. **=futteral** [中] 眼鏡のケース〈サック〉. **=gestell** [中] 眼鏡のフレーム. **=glas** [中] 眼鏡レンズ. **=schlange** [女] 〔動〕 メガネヘビ(コブラなど); 《戯》眼鏡をかけて魅力的でない女性.

brillieren [自] 抜きんでる, 際だつ.

Brimborium [中] 《-s/》 《話》 空騒ぎ.

bringen* [ブリンゲン] 《**brachte; gebracht**》[他] ([英] bring) 《*j*^{3} *et*^{4}》 (人に…を)持って来る〈行く〉; もたらす, 生み出す; (人をある場所へ)連れて来る〈行く〉, 運ぶ; 《*j*^{4} **zu** *et*^{3}》 (人を…の状態に)する, させる; 《話》(…を)やってのける; 《話》(新聞・テレビなどが)報道〈放送〉する. ✦ ***an*** *sich*^{4} ***~*** (…を)着服〈横領〉する; 自分のものにする. ***Das bringt nichts.*** 《話》 そんなことは無意味だ. ***Das bringt's*** [***voll***]***.*** 《話》すごいぞ. ***es auf*** *et*^{4} ***~*** 《話》 (…に)達する. ***es*** [***bis***] ***zu*** *et*^{3} ***~*** 《話》 (…の地位に)昇りつめる. ***es nicht über*** *sich*^{4} ***~*** 《+ zu 不定詞句》 (…する)決心がつかない, 思い切って(…)できない. ***es weit ~*** 出世する, 偉くなる. ***hinter*** *sich*^{4} ***~*** (…を)成し遂げる. ***mit*** *sich*^{3} ***~*** (…を)必然的に伴う, (…が)付きものである. ***nicht über*** *sich*^{4} ***~*** (…を)する決心がつかない. ***um*** *et*^{4} ***~*** (人から…を)奪う. ***wieder zu*** *sich*^{3} ***~*** 《*j*^{4}》 (人の)意識を回復させる.

brisant [形] 爆発力の強い; 衝撃的な, 物議をかもす. **Brisanz** [女] 《-/-en》 爆発力; (問題・テーマなどの)衝撃性.

Brise [女] 《-/-n》 (海上の)微風; 順風.

Britannien ブリタニア(イングランド・スコットランド一帯の古称). **britannisch** [形] ブリタニア[人, 語]の. **Brite** [男] 《-n/-n》 ([女] **..tin**)イギリス人; ブリタニア人. **bri-**

tisch 形 イギリスの, 英国の.
br. m. 略 *brevi manu* 間所に, 簡単に.
Broadway (der ~) ブロードウェイ(ニューヨーク市の大通り; 演劇・映画の中心地).
Broch Hermann. ブロッホ(1886-1951; オーストリアの作家).
Bröckchen 中 《-s/-》 かけら, わずか.
bröckeln 他 (s)(しくしくなどが)ぼろぼろとはがれ落ちる; 他 細かく砕く(ちぎる).
brocken 他 (~を) 砕く, 細かくする; 《南部, スイス》 (花などを)摘む, 摘み取る.
Brocken ❶ 男 《-s/-》 (❹ **Bröckchen**) (砕けたりちぎれたりした)かけら, 一片; 話 でっぷりした男. ◆ *die ~ hinwerfen*《*hin*schmeißen》すべて投げ出す. *ein harter ~* 話 困難な状況. ❷ (der ~) ブロッケン山(Harz 山脈の最高峰).
bröcklig 形 砕けた, 破片の; 砕けやすい, もろい.
brodeln 自 煮えたぎる, 沸騰する; (蒸気・霧などが)立ち上る; 《*Es brodelt.*》不穏な空気が漂う.
Broiler 男 《-s/-》 (特に旧東ドイツで)ブロイラー(食肉用若鶏).
Brokat 男 《-(e)s/-e》 織 ブロケード, 錦(にしき); 金襴. **brokaten** 形 錦(にしき)織りの(飾りの).
Brom 中 《-s/》 化 臭素(記号 Br).
Brombeere 女 《-/-n》 植 ブラックベリー.
Brom=säure 女 化 臭素酸. =**silber** 中 化 臭化銀.
bronchial 形 医 気管支の. **Bronchie** 女 《-/-n》 解 気管支. **Bronchitis** 女 《-/...tiden》 医 気管支炎.
Bronze [ブローンツェ] 女 《-/-n》 ブロンズ, 青銅; ブロンズ(青銅)製品; 話 青銅メダル; ブロンズ色; ブロンズ塗料. **bronzefarben** 形 ブロンズ色の. **Bronzemedaille** 女 (特にオリンピックの)銅メダル.
bronzen 形 ブロンズ製(色)の. **Bronzezeit** 女 考古 青銅器時代. **bronzieren** 他 《…に》ブロンズめっきをする.
Brosame 女 《-/-n》 雅 (パン・クッキーなどの)くず, 小片.
brosch. 略 *broschiert*.
Brosche 女 《-/-n》 服飾 ブローチ.
broschiert 形 仮とじの(◎ brosch.).
Broschüre 女 《-/-n》 (薄い)仮とじ本, 小冊子; パンフレット.
Brösel 男 《-s/-》 パンくず; パン粉. **bröseln** 他 (パンなどを)細かくちぎる(砕く); 自 ぼろぼろと砕け落ちる.
Brot [ブロート] 中 《-(e)s/-e》 (⊙ **Brötchen**) (㊀ bread)パン; 生活の糧(かて) : *Der Mensch lebt nicht vom ~ allein.* 《聖》 人はパンだけでは生きられない. ◆ *an's ~ gewöhnt sein* いつも自宅にいたがる. *~ und Wein* 《聖》 聖餐(せいさん). *sein ~ verdienen*《*sich*³》生計を営む. *sein eigenes ~ essen* 自活する. *flüssiges ~* 話 ビール. *für ein Stück ~* 二束三文で, ただ同然で. *hartes (schweres) ~* 辛い仕事. *mehr als ~ essen können* 話 見かけより有能である. *nötig haben wie das tägliche ~* 《et¹》 (…が)どうしても必要である. *überall sein ~ finden* 雅 どこへ行っても食べていける, 生活力がある.

関連語 [形状から] Baguette 女 バゲット; Brezel 女 ブレーツェル; Brötchen 中 ブレートヒェン; Hörnchen 中 クロワッサン; Knäckebrot 中 クネッケ; Semmel 女 ゼンメル; Toast 男 トースト; Zopf 男 ツオプフ. [材料から] Bauernbrot 中 農家風パン; Mohnbrötchen 中 ケシの実パン; Pumpernickel 男 ライ麦パン; Roggenbrot 中 ライ麦パン; Schwarzbrot 中 黒パン; Sesambrötchen 中 ごまパン; Vollkornbrot 中 全麦パン; Weizenbrot 中 小麦の白パン; Weißbrot 中 白パン

Brot=aufstrich 男 パンに塗るもの(バター・ジャムなど).
Brötchen [ブレートヒェン] 中 《-s/-》 (Brot の縮小形) ブレートヒェン (皮の硬い小型の丸パン). ◆ *seine ~ verdienen*《*sich*³》生活費を稼ぐ. *kleine[re] ~ backen [müssen]* 話 遠慮する, 控え目にする.
Brot=erwerb 男 (生計を立てるための)仕事, 生業(なり). =**korb** 男 パンかご. ◆ *den ~ höher hängen* 《j³》(人に)ひもじい思いをさせる; つらく当たる. =**krume** 女 パンの柔らかい部分. =**laib** 男 パンの塊, 丸ごとのパン.
brotlos 形 無職の; 金にならない.
Brot=messer 中 パン切りナイフ. =**neid** 男 他人の地位(収入)に対するねたみ. =**rinde** 女 パンの皮. =**röster** 男 トースター. =**scheibe** 女 スライスしたパン. =**schneidemaschine** 女 パン切り器, パンスライサー. =**studium** 中 (就職のための)大学での勉学. =**teller** 中 パン皿. =**zeit** 女 《南部》 間食(おやつ)の時間; 軽い食事(パン・おやつなど).
brr 間 うっ(不快の声); ぶるぶる(冷たい感じを表す); どう(馬などを停止させる声).
BRT 略 *Bruttoregistertonne* (船の)登録総トン数.
Bruch [ブルッフ] Ⅰ 男 《-(e)s/Brüche》 ❶ 折れること; 破損, 崩壊; 断絶, 決裂; (約束の)破棄; (法律・協定などに対する)違反. ❷ 医 骨折; 脱腸, ヘルニア. ❸ 商 破損品(ビスケット・チョコレートなどのくず物). ❹ (紙・衣類などの)折り目. ❺ 節面; 破損面. 6 数 分数; 断絶; 数 2 分数. ◆ *~ machen* 話 物を壊す(壊している途中にで); 機体を損壊する. *einen ~ lachen* 話 《*sich*³》腹の皮がよじれるほど笑う. *in die Brüche gehen* ばらばらに壊れる. *zu ~ fahren* (自動車などを)運転して壊す. *zu ~ gehen* 壊れる. Ⅱ 男 《-(e)s/Brüche ⊙ 《方》 Brücher》 沼沢地. Ⅲ Max, ブルッフ(1838-1920; ドイツの作曲家).
Bruch=band 中 脱腸(ヘルニア)帯. =**bude** 女 話 おんぼろ家, あばら家.
Brüche → Bruch Ⅰ
bruchfest 形 壊れにくい, 頑丈な.
Bruchfläche 女 壊れた面, 破損面; 地質 断面.
brüchig 形 (ひびが入っていて)壊れやすい; (年月を経てもろくなった) (声が)弱々しい.
Brüchigkeit 女 《-/》
Bruchlandung 女 《-/-en》 空 機体の破損を伴う[緊急]着陸.
bruch=rechnen 自 分数計算をする.

Bruch꞊rechnung 女《数》分数計算.
Bruch꞊schaden 男 (商品の) 破損高.
bruchsicher 形 壊れないようにした.
Bruch꞊stein 男 切り出し石.
꞊stelle 女 破損(決壊)箇所. **꞊strich** 男《数》(分母と分子の間に引く) 分数の横線. **꞊stück** 中 破片, かけら;(作品の) 断片;《売買単位に満たない》端株(ﾊﾀｶﾞ). **bruchstückhaft** 形 断片的な, 切れ切れの. **Bruch꞊teil** 男《ごくわずかな》一部分. **꞊zahl** 女《数》分数.

Brücke [ブリュッケ] 女 (-/-n) (◎ **Brückchen**) **❶** (◎ bridge) 橋, 橋梁(ｷｮｳﾘｮｳ); 橋渡し, 仲立ち. **❷** (橋の形をしたもの) 船橋, ブリッジ; 艦橋; 桟橋; (眼鏡の) ブリッジ;《競》橋義歯, ブリッジ;《体操・ｼﾞｭｳ》ブリッジ;《電》電橋, ブリッジ. ♦ *die (alle) ~n hinter sich³ abbrechen* 過去とのつながりをすべて断ち切る; 背水の陣をしく.《*goldene*》*~n*〈*eine*《*goldene*》*~ bauen*〉(人に) 逃げ道を用意してやる.
Brücken꞊bau 男《鉄》架橋工事. **꞊geländer** 中 橋の欄干. **꞊kopf** 男《軍》橋頭(保). **꞊pfeiler** 男 橋脚. **꞊waage** 女 (重量物用の) 計量台, 台秤(ﾊｶﾘ).
Bruckner Anton, ブルックナー (1824-96; オーストリアの作曲家).

Bruder [ブルーダー] 男 (-s/Brüder) (◎ **Brüderchen**, ◎ brother) 兄, 弟, 兄弟; 仲間, 同志, 同胞; 親友; 修道士, 修道僧;《蔑》やつ, 野郎; ~ Lustig《Leichtfuß》《戯》愉快な(おどけた) やつ. ♦ *der große ~* 兄貴分. *ein warmer ~*《蔑》ホモ野郎. *unter Brüdern*《話》(特に価格に関して) 許可の正直な値段で, 掛け値なしで. **꞊herz** 中《戯》愛する わが兄弟. **꞊krieg** 男 内戦, 内乱.
brüderlich 形 兄弟のような. **Brüderlichkeit** 女 (-/) 兄弟のような親しさ (親密さ), 友愛.
Brüder꞊liebe 女 兄弟愛; (キリスト教の) 隣人愛. **꞊mord** 男 兄弟殺し.
Brüderschaft 女 (-/-en) 兄弟の様な友人関係. ♦ *~ trinken* 兄弟の杯を交わす.
Brühe 女 (-/-n) (肉・野菜などの) 煮出し汁, ブイヨン, スープ;《話》ひどい飲み物 (特に薄くてまずいコーヒー・紅茶など); 汚い水; 汗. ♦ *eine lange ~ um et⁴ machen*《話》(…について) だらだら話す. *in der ~ sitzen*《stecken》《話》窮地にある; 困惑している.
brühen 他 (肉・野菜などに) 熱湯をかける, (…を) 熱湯に通す (コーヒーなどを) 入れる.
brüh꞊heiß 形 熱湯のように熱い. **꞊warm** 形《話》できたての, ほやほやの, 真新しい.
Brühwürfel 男《料》(さいころ状の) 固形ブイヨン.
brüllen 他 (◎ roar) 大声で言う, 叫ぶ; (動物が) うなる, ほえる; (話) 泣きわめく. ♦ *Das ist ja zum Brüllen!*《話》これは笑ってしまうおかしい.
Brummbär 男《話》気難し屋, 不平家.
brummeln 他 (…を小声で) ぶつぶつ言う, つぶやく.
brummen 自 (人・動物・機械などが) うなる, ぶーんという音を立てる;《話》刑務所に入る; 他 (…を) つぶやく, ぶつぶつ言う;

(歌をぶつぶつ) 口ずさむ;《球技》《話》(ボールを) シュートする.
Brummer 男 (-s/-) ♦ *ein [dicker] ~* かなり大きい (重い) もの (大きなハエ・大型トラックなど).
Brummi 男 (-s/-s)《戯》大型トラック.
brummig 形 不機嫌な, 無愛想な.
Brunei ブルネイ (ボルネオ北東の国).
brünett 形 (髪・皮膚などが) ブルネットの, 褐色の, 浅黒い.
Brunft 女 (-/Brünfte) = Brunst.
brunftig 形 = brünstig.
Brunhild ブルーンヒルト ((1) 女性の名. (2) ドイツの諸伝説に登場する女性).
Brunhilde ブルーンヒルデ (《ニーベルンゲン伝説》のグンターの妃).

Brunnen 男 (-s/-) (◎ **Brünnchen**, **Brünnlein**) (◎ well) 井戸; (◎ fountain) 泉, 噴水; 鉱泉の水. ♦ *den [ersten] zudecken, wenn das Kind hineingefallen ist* 事が起きてから策を講じる: どろぼうを見て縄をなう.
Brunnen꞊kresse 女《植》オランダガラシ, クレソン. **꞊kur** 女 鉱泉〔飲用〕療法. **꞊vergiftung** 女 井戸や飲料水への毒物混入;《蔑》中傷. **꞊wasser** 中 井戸水, 泉の水.
Bruno 男《男名》ブルーノ.
Brunst 女 (-/Brünste) (シカなどの) 発情; 発情〔交尾〕期.
brünstig 形 (動物が) 発情した, さかりのついた; (人間が) 欲情に駆られた.
brüsk 形 ぶっきらぼうな, 無愛想な, そっけない.
brüskieren 他 (人を) ぶっきらぼうに扱う, (人に) 失礼な態度をとる.
Brüssel ブリュッセル (ベルギーの首都).

Brust [ブルスト] 女 (-/Brüste) (◎ **Brüstchen**) (◎ breast) 胸部, 胸の前; (女性の) 乳房; 胸肉;《ﾁｭｳ》平泳ぎ. ♦ *an die ~ schlagen* 〈*sich⁴*〉《雅》後悔する: 自分の非を責める. *aus voller ~ lachen*〈*singen*〉腹の底から笑う (大声で歌う). *~ an ~* ぴったり並んで. *einem Kind die ~ geben* 子どもに授乳する. *einen zur ~ nehmen*《話》 [大] 酒を飲む. *es auf der ~ haben*《俗》気管支炎 (肺病) である. *in die ~ werfen*〈*sich⁴*〉胸を張る, 自慢する. *mit geschwellter ~* 胸を張って誇らしげに; 希望に胸を膨らませて. *schwach auf der ~ sein*《話》呼吸器系の病気にかかっている; 懐が寂しい; (特定の領域での) 知識に乏しい, 才能に欠けている.
Brust꞊bein 中《医》胸骨. **꞊beutel** 男 (ひもでつるす) 懐中貴重品袋. **꞊bild** 中《美》胸像. **꞊drüse** 女《医》乳腺(ﾆｭｳｾﾝ).
Brüste ⇒ Brust.
brüsten (*sich⁴*)《蔑》いばる.
Brustfell 中《医》胸膜, 助膜(ﾔﾞｸﾏｸ).
꞊entzündung 女《医》胸膜炎.
Brust꞊höhle 女《医》胸腔(ｷｮｳｺｳ). **꞊kasten** 男《話》= Brustkorb; 胸[部]. **꞊korb** 男《医》胸郭. **꞊krebs** 男《医》乳癌(ｶﾞﾝ). **꞊schwimmen** 中 平泳ぎ. **꞊stück** 中《料》胸肉, 胸肉の部分; (屠殺動物の) 胸部. **꞊tasche** 女 胸ポケット; (上着の) 内ポケット. **꞊tee**

〈呼吸器疾患用の〉薬草湯. **=ton** 男【楽】胸声音. ◆ **im ~ der [tiefsten] Überzeugung** 確信に満ちて. **=umfang** 男 胸囲.

Brüstung 女 (-/-en) (橋・バルコニーなどの)欄干, 手すり; (窓の下の)腰.

Brustwarze 女 (-/-n) 乳頭, 乳首.

Brut 女 (-/-en) ❶〖集〗卵をかえすこと, 孵化(ぶんか); (卵からかえった一腹の子(ひな, 幼虫, 稚魚など); 〖蔑〗ならず者たち, ごろつき.

brutal [ブルタール] 形 冷酷な, 残酷な(残忍な), 粗暴(野蛮)な; 冷厳な, 厳しい.

Brutalität 女 (-/-en) 冷酷(残酷)さ, 粗暴(野蛮)なこと, 残酷(残忍)さ; 粗暴(野蛮)な言動.

Brut-apparat 男 人工孵化(化)器.

brüten ❶ (鳥などが)卵を抱く, 抱卵する; [**über** *et³*] (…について)じっくり考える, 思案する; 〖雅〗重苦しくのしかかる. ❷ (…をたくらむ, 思いめぐらす; 〖理〗(核燃料を)増殖する. **brütend** ❷ うだるような暑さの. ◆ **~ heiß** 猛烈に暑い.

brütendheiß 形 = brütend ❷

Brüter 男 (-s/-) 抱卵中の鳥; = Brutreaktor.

Brut-henne 女 抱卵中のめんどり. **=hitze** 女〖話〗うだるような暑さ, 猛暑. **=kasten** 男 (早産児用)保育器. **=reaktor** 男 増殖(型)原子炉. **=stätte** 女 孵化の場所; (俗)繁殖地; (悪・害虫などの)温床.

brutto 副〖商〗風袋(ふうたい)込みで, グロスで; 手数料(税剤)を差し引かないで(⇔ btto.).

Brutto-einkommen 中 (税・社会保険料などを差し引く前の)総収入, 総所得. **=gewicht** 中 (風袋(ふうたい)込みの)総重量. **=inlandprodukt** 中〖経〗国内総生産(® BIP). **=registertonne** 女〖海〗登録総トン(® BRT). **=sozialprodukt** 中 国民総生産(® BSP).

Brutus Marcus Junius, ブルートゥス(前85-42; ローマの政治家; シーザー暗殺の首謀者).

brutzeln (肉などが油で)ジュージュー焼ける; 〖話〗ジュージュー焼く(揚げる).

BSG 略 *B*lutkörperchensenkungsgeschwindigkeit; *B*undessozialgericht. **BSP** 略 *B*ruttosozialprodukt. **Bsp.** 略 *B*eispiel.

bst 間 シッ(静粛・注意を促す声).

bt 略 = Bit. **btto.** 略 = brutto. **Btx** 略 *B*ildschirm*t*e*x*t ビデオテックス.

Bub 男 (-en/-en) (® Büchsen) 南部〔ふっう…〕男の子, 少年.

Bube 男 (-n/-n) 〖蔑〗ならず者, 悪党; 〖遊〗ジャック. **~n-streich** 男 (子供の)いたずら.

Bubikopf 男 (女性の)ボーイッシュなショートカット.

Buch [ブーフ] 中 (-[e]s/*B*ücher) (® **B**üchelchen, **B**üchlein) ❶ (® book) 本, 図書, 書籍 (über *seinen Büchern sitzen* 〖話〗読書ざんまいに暮らす; 勉学に励む); 〖書物の巻, 編; 〖芝〗映画などの〗台本, 脚本. ❷ 帳簿; 名簿; 〖商〗帳簿, 会計簿. ◆ **~ führen** 〖商〗(…について)記録を取る. **das ~ der Bücher** 聖書. **das Goldene ~** 市庁舎の資客(ほうかく)芳名

簿. **ein aufgeschlagenes 〈offenes〉 ~ für** *j⁴* **sein** (人には)心の動きまで読み取れる. **ein ~ mit sieben Siegeln sein** 〖*j³* **für** *j⁴*〗(人にとって)不可解(七つの封印をした書物)である, 謎めいている. **ein schlaues ~** = 辞書・参考書の類. **in die ~ Geschichte eintragen** 〖*sich⁴* **mit** *et³*〗(…の廉(かど)で)〖歴史書上評価されている. **wie ein ~ reden〈sprechen〉** 〖*mit* *et³*〗(…の廉(かど)で)〖歴史書上評価されている. **wie er 〈sie, es〉 im ~[e] steht** 教科書どおりの(典型的な)(要素に書かれているように). **zu ~[e] schlagen** 効果をもたらす; (援助・対策などが)効果を上げる; 重要である.

Buch-besprechung 女 書評. **=binder** 男 製本工. **=binderei** 女 (-/-en) 製本業; 製本所. **=druck** 男 (独乙の)印刷. **=drucker** 男 印刷工, 印刷業. **=druckerei** 女 (-/-en) 印刷業; 印刷所.

Buche 女 (-/-n) 〖植〗ブナ(棒); ブナ材. **Buch-ecker** 女 ブナの実.

buchen 動 [buchte; gebucht] ❶ (® book) (座席などを)予約する. ❷ 〖商〗(金額を)記帳する. ❸ 〖*et⁴* **als** *et⁴*〗(…を…とみなす; 評価する.

Buchenwald ❶ 男 ブナの森. ❷ ブーヘンヴァルト(Weimar 近郊にあり1945年までナチの強制収容所が置かれた).

Bücher 複 = Buch. **=abschluss** 男 = **=abschluß** 男〖商〗帳簿の決算.

Bücherei 女 (-/-en) (小規模な)図書館.

Bücher-freund 男 愛書家. **=gestell** 中 書架, 本棚. **=kunde** 女 書誌学. **=narr** 男 〖話〗本好き, 読書家. **=regal** 中 書架, 本棚. **=schrank** 男 本箱. **=stütze** 女 本立て, ブックエンド. **=verbrennung** 女 焚書(ふんしょ). **=verzeichnis** 中 図書目録. **=wurm** 男 本につく虫(シミなど); 本の虫, 読書家.

Buch-fink 男 〖鳥〗ズオアトリ. **=forderung** 女 〖商〗帳簿に基づく債権. **=führung** 女 〖商〗簿記. **=geld** 中 帳簿貨幣. **=gemeinschaft** 女 ブッククラブ. **=gläubiger** 男 帳簿債権者. **=halter** 男 (® -in) 経理係; 会計係. **=haltung** 女 簿記, (会社などの)経理課. **=handel** 男 書籍出版販売業. **=händler** 男 (® -in) 書籍販売業者, 本屋(人).

Buch-handlung [ブーフハンドルング] 女 (® bookstore) 書店, 本屋(店). **=kredit** 男 〖商〗販売信用. **=laden** 男 〖話〗= Buchhandlung. **=macher** 男 (競馬の)私設馬券屋, のみ屋.

buchmäßig 形 〖商〗帳簿による; 帳簿どおりの.

Buchmesse 女 (-/-n) 書籍見本市, ブックフェアー.

Büchner Georg, ビューヒナー(1813-37; ドイツの劇作家).

Buch-prüfer 男 会計士. **=prüfung** 女 会計検査, 会計監査. **=rücken** 男 本の背.

Buchs 男 (-es/-e) 〖植〗ツゲ; ツゲ材.

Buchsbaum

=baum 男 〖植〗ツゲ属.
Buch=schuld 女 〖商〗帳簿債務.
Buchse 女 (-/-n) 〖工〗ブッシュ, 軸受け筒; 〖電〗ソケット, ジャック.
Büchse [ビュクセ] 女 (-/-n) (＠ Büchschen) (＠ can) (小型でふた付きの) 缶; 缶詰; 猟銃.
Büchsen=fleisch 中 缶詰の肉. =**macher** 男 猟銃製造工. =**milch** 女 コンデンスミルク. =**öffner** 中 缶切り.
Buchstabe [ブーフシュターベ] 男 (-ns -n) /-n) (＠ letter) 文字, 字母; 字体; 字句. ◆ sich⁴ an den ~n halten 〈klammern〉/am ~ kleben 字句にこだわる, 条文に固執する. auf seine vier ~n setzen 〖戯〗〈sich¹〉腰を下ろす, 尻を (Popo「しり」が4文字からなる). bis auf den letzten ~n erfüllen (…を)完璧にやり遂げる〈履行する〉. nach dem ~n des Gesetzes handeln 法律を杓子定規に守る.
Buchstaben=folge 女 文字の順番 (特に ABC 順). =**rätsel** 中 つづり字パズル, アナグラム. =**rechnung** 女 〖数〗文字による計算; 代数. =**schloss** 中 〖史〗文字組み合わせ錠.
buchstabieren [ブーフシュタビーレン] (buchstabierte; buchstabiert) 他 (＠ spell) (語の) つづりを言う; (筆跡などを) 一字一字判読する.
buchstäblich 副 文字どおりに, 本当に.
Bucht [ブフト] 女 (-/-en) (＠ bay) 湾, 入江.
Buch=umschlag 男 本のカバー.
Buchung 女 (-/-en) 〖商〗記帳; (切符・座席などの) 予約.
Buch=weizen 男 (-s/-) 〖植〗ソバ. =**wert** 男 〖商〗帳簿価格, 簿価. =**zeichen** 中 (本に挟む) しおり.
Buckel [ブッケル] 男 (-s/-) (背中の) こぶ; 背, 背中; 丘, もり上がった所. ◆ auf dem ~ haben 〖話〗(年数・経験などを) 経てきている, (…)歳である. den ~ freihalten 〈sich¹〉 (あらかじめ) 逃げ道を用意しておく. den ~ hinhalten 責任を負う. den ~ voll bekommen 〈kriegen〉 〖話〗さんざん殴られる. den ~ voll Schulden haben 〖話〗借金で首が回らない. einen breiten ~ haben 〖話〗批判されても動じない, 打たれ強い. Er kann ⟨soll⟩ mir den ~ runterrutschen. 〖話〗あいつなどどうでもいい, あいつなんかどうだっていい. einen krummen ~ machen 〖話〗ペこぺこする. genug ⟨viel⟩ auf dem ~ haben 〖話〗仕事 ⟨借金⟩ をたくさん抱えている. J³ juckt der ~. 〖話〗(人は) 態度が悪くて殴ってやりたいくらいだ. Rutsch mir doch am ~ runter! 〖話〗私のことはほっといてくれ.
buckelig 形 = **bucklig**.
buckeln 自 〖話〗背中を丸める; 〖vor j³〗 (…に対して) ペこぺこする; 他 〖話〗(重い荷を) 背負う.
bücken [ビュッケン] (bückte; gebückt) 他 (＠ bend) ⟨sich¹⟩ 身をかがめる.
bucklig 形 背中にこぶのある. 背中の曲がった; 〖話〗平たんでない, でこぼこした. **Bucklige[r]** 男 女 〖形容詞変化的〗せむし.

Buckling (-s/-e) ❶ 〖戯〗おじぎ.
❷ 薫製ニシン.
Budapest ブダペスト (ハンガリーの首都).
Buddel 女 (-/-n) 〖方〗〖酒〗瓶, ボトル.
Buddelei 女 (-/-en) 〖話〗(むやみに) 掘り返すこと. **buddeln** 自 〖話〗掘る; (…を) 掘り出す; 砂遊びをする.
Buddha 仏陀(ﾌﾞｯ); 釈尊 (仏教の始祖); 〖個〗(-s/-) 仏, 仏陀像. **Buddhismus** [ブディスムス] 男 (-/) 仏教. **Buddhist** (-en/-en) 男 (-/-in) 仏教徒. **buddhistisch** 形 仏教の; 仏教徒の.
Bude [ブーデ] 女 (-/-n) 屋台, 売店; 仮設小屋, 〖廈〗 ぼろ屋, あばら屋; 住まい; (家具つきの) 部屋. ◆ auf die ~ rücken 〖話〗(人の) 家へ押しかける. die ~ auf den Kopf stellen 〖話〗上を下への大騒ぎをする, はめを外す. die ~ einrennen 〖方〗(同じ件で人を) 何度も訪ねる. J³ fällt die ~ auf den Kopf. (人が) 一人で寂しい, 人恋しい. =**n=zauber** 男 〖話〗(自宅; 自室での) 楽しい大騒ぎ.
Budget [ブュジェー] 中 (-s/-s) 予算 〈案〉.
Budike 女 (-/-n) 〖方〗小さな店; 雑貨店, 飲み屋, 居酒屋. **Budiker** 男 (-s/-) 〖方〗小さな店の主人; 飲み屋のおやじ.
Buenos Aires ブエノスアイレス (アルゼンチンの首都).
Büfett 中 (-[e]s/-e) (＠ buffet) 食器棚; (飲食店の) カウンター; 〖ざ〗 (駅の) 構内食堂. ◆ kaltes ~ (立食パーティーなどで大皿に盛られた) 冷たい料理. **Büfettier** [ビュフェティエー] 男 (-s/-s) (カウンターの中にいる) 給仕, バーテン.
Büffel 男 (-s/-) 〖動〗野牛, 水牛.
Büffelei 女 (-/-en) 〖話〗がり勉.
büffeln 〖話〗がり勉する; 他 (…を) がり勉して覚え込む.
Buffet 中 (-s/-s) 〖ざ〗 = **Büfett**.
Büffet 中 (-s/-s) 〖ざ〗 = **Büfett**.
Büffler 男 (-s/-) 〖話〗がり勉家, がんばり屋.
Bug 男 (-[e]s/-e) 〖海〗船首; 〖空〗機首; (-[e]s/-s, -e, Büge) (牛・馬などの) 肩 〈肉〉; (-[e]s/Büge) (屋根組みの) 筋交い. ◆ eine vor den ~ knallen 〖俗〗(人に) がつんと言う, とっちめる.
Bügel [ブューゲル] 男 (-s/-) ハンガー, 洋服かけ (眼鏡の) つる; あぶみ.
Bügel=brett 中 アイロン台. =**eisen** 中 アイロン. =**falte** 女 (アイロンでつけた) ズボンの折り目.
bügelfrei 形 アイロンがいらない.
bügeln [ビューゲルン] (bügelte; gebügelt) 他 (＠ iron) (…に) アイロンをかける; 〖話〗 (…を) きちんとする; 〖俗〗(人に) 圧勝する. **Bügler** 男 (-s/-) (＠ -in) アイロンかけ職人.
Bugsier=dampfer 男 タグボート, 引き船.
bugsieren 他 〖海〗(船を) 曳航 (ｴｲｺｳ) する; 〖話〗努力して運ぶ, 連れていく.
Bugspriet 中 (-[e]s/-e) 〖海〗船首斜檣(ｼｬ), バウスプリット.
buh 間 ブー (不満・非難などを表す声).
Buh 中 (-s/-s) 〖話〗= **Buhruf**.

buhen [自] 《話》(不満・非難のため)ブーブーと言う, ブーイングする.

Buhle [男] 《-n/-n》《雅》愛人, 情夫; [女] 《-/-n》《雅》愛人, 情婦.

buhlen [自] 《雅》《**um** *j-et*⁴》(…を得ようと)努める.

buhlerisch [形] 《蔑》ふしだらな, みだらな; 媚(こ)を売るような.

Buhmann [男] 《-[e]s/..männer》《話》(罪を着せられる)身代わり, スケープゴート.

Buhne [女] 《-/-n》(護岸用の)突堤.

Bühne [ビューネ] [女] 《-/-n》 ❶ ([英] stage)舞台. ❷ 劇場. ✦ *die ~ verlassen* 舞台を去る; 引退する, 公の世界から身を引く. *hinter der ~* 舞台裏で, ひそかに. *über die ~ bringen* 《話》(…を)見事にやってのける, うまく終える. *über die ~ gehen* 《話》(…の)経過をたどる. *von der ~ ab|treten* 〈*verschwinden*〉舞台から退場する; 引退する; 死ぬ. *von der ~ des Lebens ab|treten* 死ぬ. *zur ~ gehen* 俳優になる.

Bühnen=anweisung [女] 〔劇〕ト書き. **=arbeiter** [男] 道具方, 裏方. **=aussprache** [女] 舞台発音(ドイツ語の規範的標準発音). **=ausstattung** [女] 舞台装置. **=bearbeitung** [女] (舞台上演のための)脚色. **=bild** [中] 舞台セット, 舞台装置. **=bildner** [男] 舞台美術家. **=fassung** [女] 上演用脚本. **=stück** [中] 戯曲, 芝居.

bühnenwirksam [形] 舞台効果のある.

Buh=ruf [男] やじ, ブーイング.

Bukarest ブカレスト(ルーマニアの首都).

Bukett [中] 《-[e]s/-s, -e》《雅》(大きな)花束, ブーケ; (ワインの)芳香.

Bukolik [女] 《-/》〔文芸〕田園詩, 牧歌.

Bulette [女] 〔料〕ブーレット, ミートボール(肉だんごの一種). ✦ *Ran an die ~n!* 《話》さあ始めよう.

Bulgare [男] 《-n/-n》([女] ..rin)ブルガリア人. **Bulgarien** ブルガリア. **bulgarisch** [形] ブルガリア[人, 語]の.

Bull=auge [中] (船舶の)丸窓, 舷窓. **=dogge** [女] 《-/-n》ブルドッグ. **=dozer** [男] 《-s/-》ブルドーザー.

Bulle ❶ [男] 《-n/-n》雄牛; (ゾウやシカなどの)雄; 《話》ごつい男; 《蔑》でか, ポリ公. ❷ [女] 《-/-n》封印; (封印された)文書; 〔カトリック〕(教皇の)大勅書.

bullen.., **Bullen..** 《話》「非常な…」の意. **Bullenhitze** [女] 《-/》《話》猛暑.

bullern [自] 《話》ゴボゴボ〈ゴロゴロ, パチパチ〉音を立てる(湯の沸き立つ音・薪の燃える音・砲声など); (ドアなどを)ドンドンたたく; 大声でののしる, がなりたてる.

Bulletin [中] 《-s/-s》(公的な)報告(政府発表・戦況報告・容体報告など).

bullig [形] 《話》がっしり〈ずんぐり〉した; ひどい, すごい.

Bully [中] 《-s/-s》〔ホッケー〕ブリー.

Bülow Bernhard von, ビューロ(1849–1929; ドイツの政治家:1900–09, 首相).

bum [間] ドン(鈍い衝撃音・砲声).

Bumerang [男] 《-s/-e》ブーメラン; 自分で自分の首を絞める行為.

Bummel ❶ [男] 《-s/-》《話》ぶらぶら歩き; 飲み歩き. ❷ [女] 《-/-n》《北部・話》房飾り.

Bummelant [男] 《-en/-en》のろま, ぐず; 怠け者. **Bummelei** [女] 《-/-en》《話》のろい動作, ぐず; 怠惰. **bummelig** [形] 《話》のろい, ぐずな; なげやりな.

bummeln [ブメルン] 《bummelte; gebummelt》[自] (s)(ぶらぶら)歩く; (h)《話》だらだら〈ぐずぐず〉する; 怠ける.

Bummel=streik [男] サボタージュ, 怠業; 遵法闘争. **=zug** [男] 《戯》(各駅停車の)鈍行列車.

Bummler [男] 《-s/-》ぶらぶら歩く人; = Bummelant; 《スイス》= Bummelzug.

bummlig [形] = bummelig.

bums [間] ドスン(衝撃音). **Bums** [男] 《話》ドスンという音; いかがわしい酒場.

bumsen [動] ❶ 《**gegen** 〈**an**〉 *et*⁴》(h)《話》(ドアなどを)強くたたく, (s)(…に)ぶつかる; 《話》《*Es bumst.*》ドスンと音がする. ❷ 《卑》《*j*⁴/**mit** *j*³》(人と)性交する.

Bumslokal [中] 《蔑》怪しげな酒場〈キャバレー〉, ダンスホール.

Buna [男] [中] 《-[s]/》《商標》ブナ(合成ゴムの一種).

Bund [ブント] **I** [男] 《-[e]s/**Bünde**》([小] **Bündchen**) ❶ ([英] alliance)連合, 連盟, 同盟 (einen ~ ein|gehen 〈schließen〉同盟を結ぶ); 〔政〕連邦; 連邦国防軍. ❷ (ズボン・スカートの)ウェストバンド; 〔楽〕(ギターなどの)フレット. **II** [中] 《-[e]s/-e》《単位としてはときに無変化》束. ✦ *den ~ der Ehe ein|gehen / den ~ fürs Leben schließen* 《雅》結婚する. *der Alte* 〈*der Neue*〉 *~* 旧約〈新約〉聖書. *im ~e sein* 〈*stehen*〉《**mit** *j*³》(人と)同盟を結んでいる.

Bündchen [中] (→ Bund I)(ワイシャツの)カフス; (ズボンの)折り返し.

Bünde ⇨ Bund I

Bündel [中] 《-s/-》束, 包み; 荷物; 《戯》(おむつにくるまった)赤ん坊; 〔数〕直線束. ✦ *sein ~ packen* 〈*schnüren*〉旅行の準備をする; 職場を去る. *Jeder hat sein ~ zu tragen.* だれにでもそれぞれ悩みはある.

bündeln [他] 束ねる, 一まとめにする.

bündelweise [副] 束にして.

Bundes.. 「連邦の; ドイツ[連邦共和国]の; 国営〈国立〉の」の意.

=adler [男] 連邦のワシ(鷲)(ドイツ連邦共和国の紋章). **=amt** [中] (特にドイツの)連邦[官]庁. **=anstalt** [女] = Bundesamt; (ドイツの)連邦施設(官庁ではなく独立の法人). **=bahn** [女] 連邦鉄道. ✦ *Deutsche ~* ドイチェバーン(旧西独の国有鉄道;1994年に Deutsche Bahn として民営化). **=bank** [女] 連邦中央銀行. **=behörde** [女] (ドイツの)連邦官庁. **=bürger** [男] ドイツ国民.

bundesdeutsch [形] ドイツ連邦共和国の.

Bundes=deutsche[r] [男] [女] 《形容詞変化》旧西独人. **=gebiet** [中] ドイツ連邦共和国の領土. **=genosse** [男] 盟友; 盟邦, 同盟国. **=gerichtshof** [男] (ドイツの)連邦[最高]裁判所. **=grenzschutz** [男] (ドイツの)連邦国境警備隊. **=hauptstadt** [女] (特にドイツ連邦共和国の)連邦の首都. **=haus** [中] (ドイツ・スイスの)連邦議会議事堂. **=kanzlei** [女] (スイスの)連邦官房.

B

Bundeskanzler [ブンデスカンツラー] 男《-s/-》(ドイツ・オーストリアの)連邦首相;(スイスの)連邦官房長官. **=amt** 中(ドイツの)連邦首相官房;(オーストリアの)首相府.
Bundes-kriminalamt 中 連邦刑事局. **=lade** 女《聖》契約の櫃(ひつ).
Bundes-land 中《-es/-länder》(連邦国家を構成する)州. **=liga** 女(サッカー・柔道などの)ドイツ全国リーグ,ブンデスリーガ;《ﾌｯﾄﾎﾞｰﾙ》サッカー全国リーグ.
Bundes-minister [ブンデスミニスター] 男《-s/-》(ドイツ・オーストリアの)連邦大臣. **=ministerium** 中(ドイツの)連邦省. **=nachrichtendienst** 男 連邦情報局. **=post** 女(ドイツの)連邦郵便(のドイツ連邦郵便(19 95年にＤＢＰ).♦ *die Deutsche ~* ドイツ連邦郵便(19 95年に已む).
Bundes-präsident [ブンデスプレズィデント] 男《-[e]s/-》連邦大統領(ドイツ・スイスの)連邦大統領.
Bundes-rat [ブンデスラート] 男《-[e]s/rüte》(ドイツの)連邦参議院;(オーストリアの)連邦上院;(スイスの)連邦評議会;(スイスの)連邦評議会閣僚. **-regierung** 女 連邦政府.
Bundes-republik [ブンデスレプブリーク] 女《-/-》(＝ Federal Republic)連邦共和国. **=staat** 男 連邦国家;(アメリカなど連邦国家の)州. **=straße** 女(ドイツ・オーストリアの)連邦道路(日本の「国道」に当たる;略 B).
Bundes-tag [ブンデスターク] 男《-[e]s/-》(ドイツの)連邦議会(Bundesrat と国会を構成). **=verfassung** 女 連邦の憲法. **=verfassungsgericht** 中(ドイツの)連邦憲法裁判所. **=versammlung** 女(ドイツの大統領を選出する)連邦集会(総会);(スイスの)連邦集会(総会);(オーストリアの)両院合同会議. **=wehr** 女(ドイツの)連邦国防軍.
bundesweit 形 連邦全域にわたる,全国的な.
bündig 形 簡潔な,直截(ちょく)な;説得力のある;《建》同一平面上の,平たんな.
Bündigkeit 女《-/-》簡潔さ,直截(ちょく)さ,的確さ.
Bündnis [ビュントニス] 中《-ses/-se》❶《＝alliance》同盟,協定. ❷《雅》固く結びつき,きずな,契り.
Bungalow 男《-s/-s》バンガロー.
Bunker 男《-s/-》(燃料・穀物などの)貯蔵庫;(船の)燃料庫;掩蔽壕(えんぺいごう),防空壕;《ｺﾞﾙﾌ》バンカー. **bunkern** 他(燃料・穀物などを)貯蔵する,倉庫に入れる,貯蔵する;(燃料を)積み込む.
Bunsen Robert Wilhelm, ブンゼン(18 11-99;ドイツの化学者). **-brenner** 男《-s/-》化 ブンゼンバーナー.
bunt [ブント] 形《＝ colorful》色のついた;カラフルな,まだらの,多様な,多彩な;混然たる,乱雑な;区別なく,雑多な,ごちゃごちゃの.♦ *~ gefleckt* まだらの,ぶちの.*~ gestreift* カラフルな色の縞(しま)模様の. *~ schillernd* 玉虫色の. *Es* ⟨*Das*⟩ *wird* j³ *zu ~.* 《話》j³の勘忍袋の緒が切れる. *es zu ~ treiben* 《話》はめを外す;度を越す.
buntfarbig 形 多色〈多彩〉の.

Bunt-film 男《話》カラーフィルム. **=foto** 中 カラー写真.
bunt-gefleckt, =gestreift 形 ⇒ bunt♦
Buntheit 女《-/-》多色,多彩,多様性.
Buntmetall 中 非鉄金属.
bunt-scheckig 形 まだらの,ぶちの;玉虫色の. **=schillernd** 形 虫色の. **=specht** 男《鳥》アカゲラ. **=stift** 男 色鉛筆.
Burckhardt Jakob, ブルクハルト(1818 -97;スイスの歴史家).
Bürde 女《-/-n》《雅》重荷;(精神的な)負担. **bürden** 他《雅・古》《*et³ auf* j⁴》(重荷を…に)負わせる.
Burg [ブルク] 女《-/-en》《＝ castle》城,城塞(さい);砦(とりで);(ビーバーの)巣;(die ~)(ウィーンの)ブルク劇場.
Bürge 男《-n/-n》《の **..gin**)保証人.
bürgen 自《了》*für* *et³*》(人に)…と保証する;《*für* *et³*》(…の)保証人となる.
Burgenland (das ~) ブルゲンラント(オーストリア東端の州).
Bürger [ビュルガー] 男《-s/-》《の **-in**) 《＝ citizen》市民,国民,公民;《中世》階級の人,ブルジョア.♦ *akademischer ~* 《古》大学生. *~ in Uniform* ドイツ国防軍の兵士. **=initiative** 女 市民(住民)運動のグループ. **=krieg** 男 内乱,内乱.
bürgerlich [ビュルガァリヒ] 形《＝ civil》市民の,市民階級の;《護》小市民(プチブル)的な,保守的な;《法》民事の;(人々に対して)文民〈シビリアン〉の.
Bürger-meister [ビュルガァマイスター] 男《-s/-》《＝ mayor》市長,町(村)長;(大都市の)副市長. **=recht** 中 市民権,公民権. **=rechtler** 男 人権〈公民権〉運動活動家. **=rechtsbewegung** 女 公民権運動.
Bürgerschaft 女《-/-en》《集合的》市民;(ハンブルクとブレーメンの)州議会.
Bürger-sinn 男 公共心,公徳心.
Bürger-steig [ビュルガーシュタイク] 男《-[e]s/-e》歩道.
Bürgertum 中《-s/》《集合的》市民階級,ブルジョアジー. **Bürgerwehr** 女(自衛組織としての)市民軍.
Burg-fried 男《-[e]s/-e》(中世の城の)天守塔,望楼. **=friede[n]** 男 城内平和(非常事態下の党争の一時的休戦). **=graben** 男 城塞を巡る堀. **=graf** 男(中世の)城代.
Bürgin 女《-/-nen》Bürge の女性形.
Burg-ruine 女 城の廃墟,城跡.
Bürgschaft 女《-/-en》《法》保証;保証金.
Burgund ブルゴーニュ(フランス南東部の地方);《史》(5世紀の)ブルグント王国. **Burgunder ❶** 男《-s/-》《の **-in**) ブルゴーニュ産のワイン;ブルグント人(東ゲルマンの一種族). ❷ 形《無変化形》ブルゴーニュの;ブルグントの.
Burgverlies 中《-es/-e》城内の地下牢.
burlesk 形 おどけた,ふざけた,道化じみた.
Burnus 男《-[ses]/-se》バーヌース(アラビア人の着るずきん付きマント).

Büro [ビュロー] [中] 《-s/-s》 ([英] office) 事務室; 事務所, オフィス, 会社; 《集合的》 事務員. =**angestellte[r]** [男][女] 《形容詞変化》 事務所の職員, 事務員. =**arbeit** [女] 事務の仕事. =**artikel** [男] 事務用品. =**bedarf** [男] 事務用品. =**klammer** [女] [ゼム]クリップ.

Bürokrat [男] 《-en/-en》 官僚, 役人; 《蔑》 官僚的〈しゃくし定規〉な人. **Bürokratie** [女] 《-/-n》 官僚機構, 官僚制; (ある役所の)役人, 官僚; 《蔑》 官僚的形式主義, 役人根性. **bürokratisch** [形] 官僚機構の, 官僚制の; 《蔑》 官僚的な, お役所的な. **Bürokratismus** [男] 《-/》 《蔑》 官僚主義, お役所仕事.

Büro=**maschinen** [複] 事務機器. =**möbel** [中] 事務用家具調度. =**rechner** [男] オフィスコンピュータ. =**stunden** [複] (事務所での)勤務時間.

Bursch [男] 《-en/-en》 学生組合正会員; 《方》 = Bursche.

Bursche [ブルシェ] [男] 《-n/-n》 ([小] **Bürschchen**) ([英] lad) 若者; 少年; 《蔑》 男, やつ; 《話》 (動物に関して, りっぱ〈みごと〉な)やつ, 大物; (ホテルの)ボーイ; (手工業の)職人. **Burschenschaft** [女] 《-/-en》 (ドイツの大学の)学生組合, 学友会. **Burschenschafter** [男] 《-s/-》 学生組合員.

burschikos [形] (特に女性が)男の子みたいな, おてんばな.

Bürste [ビュルステ] [女] 《-/-n》 ([小] **Bürstchen**) 刷毛(はけ), ブラシ; 〖電〗 ブラシ; (髪の)角刈り.

bürsten [ビュルステン] 《bürstete; gebürstet》 [他] (…に)ブラシをかける; 《et^4 von et^3》 (…を…から)ブラシで払い落とす.

Bürstenbinder [男] 《-s/-》 ブラシ製造職人. ✦ *wie ein* ～ 《話》 がむしゃらに.

bürstete ⇨ bürsten

Burundi ブルンジ(アフリカ中央部にある共和国).

Bürzel [男] 《-s/-》 (鳥の)尾羽の付け根; 〖狩〗 (クマなどの)尾.

Bus [ブス] [男] 《-ses/-se》 ([英] bus) バス.

Busch [ブッシュ] [男] 《-[e]s/Büsche》 (根元から枝分かれする)低木, 灌木; 茂み, やぶ, 叢林(そうりん); 熱帯原始林, 密林; (大きな)花束. ✦ *auf den* ～ *klopfen* 《話》 《bei j^3》 (人に)探りを入れる, それとなく(人の)意向を打診する. *Es ist etwas im* ～. 何かある(臭いぞ). *hinterm* 〈*hinter dem*〉 ～ *halten* 《話》 《mit et^3》 (故意に…を)口に出さないでおく. [*seitwärts*] *in die Büsche schlagen* 《話》 《$sich^4$》 こっそり姿を消す, ずらかる.

Büschel [中] 《-s/-》 (毛髪・羽毛・干し草などの)束, 房; 〖数〗 線束, 平面束.

buschig [形] (まゆ毛・口ひげなどが)もじゃもじゃの; やぶの[茂った].

Busen [ブーゼン] [男] 《-s/-》 ([英] breast) (女性の)胸, 胸部, バスト; 《雅》 胸; (衣服の)胸の部分, 懐; 湾, 入江.

busenfrei [形] 胸をあらわにした.

Busen=**freund** [男] ([女] **-in**) 《ふつう皮肉》 心の友, 親友.

Bus=**fahrer** [男] バスの運転士. =**haltestelle** [女] バスの停留所, バス停.

Business ([旧] ..neß) [中] 《-/》 ビジネス, 仕事.

Bussard [男] 《-s/-e》 〖鳥〗 ノスリ.

Busse ❶ ⇨ Bus ❷ Karl, ブッセ(1872-1918; ドイツの詩人).

Buße [ブーセ] [女] 《-/-n》 贖罪(しょくざい); 〖宗〗 悔悛(かいしゅん), 悔い改め; 〖法〗 賠償金; 《スイ》 過料. **büßen** [ビューセン] 《büßte; gebüßt》 [他] 《et^4/für et^4》 (…を)償う; 《スイ》 《j^4 mit et^3》 (人に…の)罰金を科す. **Büßer** [男] 《-s/-》 ([女] **-in**) 罪を償う人; 〖カトリック〗 贖罪(しょくざい)者.

Busserl [中] 《-s/-[n]》 《南部・オーストリア》 《話》 キス, くちづけ.

bußfertig [形] 贖罪(しょくざい)の気持ち〈改悛(かいしゅん)の情〉のある.

Bußgeld [中] 〖法〗 過料.

Bussole [女] 《-/-n》 磁気コンパス.

Bußtag [男] 〖カトリック〗 贖罪(しょくざい)の日; 〖プロテスタント〗 懺悔(ざんげ)と祈りの日.

Büste [女] 《-/-n》 ([英] bust) 胸像; (女性の)バスト; 〖服〗 人台(じんだい), ボディー. **～n**=**halter** [男] 〖服〗 ブラジャー([略] BH).

Butt [男] 《-[e]s/-e》 〖魚〗 ヒラメ科の魚(ヒラメ・カレイ・オヒョウなど).

Bütt [女] 《-/-en》 《方》 (カーニバルのたる形の)演壇.

Bütte, 《南部・オーストリア・スイス》 **Butte** [女] 《-/-n》 (大型の)おけ・たる; 紙すき用のおけ.

Büttel [男] 《-s/-》 《蔑》 ポリ公, お巡り, 警官; 子分, 手下, 手先; 《古》 刑吏.

Büttenpapier [中] 手漉(す)き紙.

Butter [ブター] [女] 《-/》 ([英] butter) バター. ✦ ～ *auf dem Kopf haben* 《南部・オーストリア・話》 心にやましいところがある. *Es ist alles in* ～. 《話》 万事順調である; 《皮肉》 すべてがうまくいかない. *J^3 fällt die* ～ *vom Brot.* 《話》 (人が)がっかりする, 落胆する; (人が)がく然とする. *nicht die* ～ *auf dem Brot gönnen* 《話》 《j^3》 (人を)ねたんでいる. *nicht die* ～ *vom Brot nehmen lassen* 《話》 《$sich^3$》 みすみす損になるようなことはしない. =**blume** [女] 黄花(きばな)植物(キンポウゲ・タンポポなどの俗称).

Butter=**brot** [中] バターを塗ったパン. ✦ *aufs* ～ *schmieren* 〈*streichen*〉 《話》 《j^3 et^4》 (人の…を繰り返し)非難〈批判〉する. *für ein* ～ *arbeiten* 《話》 ただ同然で働く. *für* 〈*um*〉 *ein* ～ *bekommen* 〈*verkaufen*〉 《話》 (…を)ただ同然で手に入れる〈二束三文で売り払う〉. =**papier** [中] (バターつきパンなどを包む)パラフィン紙.

Butterfly [男] 《-s/-》 〖スキー〗 バタフライ(ジャンプ); 〖体操〗 ターニングジャンプ; = Butterflystil. =**stil** [男] 〖水泳〗 バタフライ泳法.

Buttermilch [女] バターミルク, 脱脂乳.

buttern [動] バターを作る; (…に)バターを塗る, バターで風味をつける; 《話》 《et^4 in et^4》 (大金などを…に)注ぎ込む; (ボールを)強くシュートする.

Butterreis [男] 〖料〗 バターライス.

butterweich [形] 非常に柔らかい; (人が)気骨のない, 他人の言いなりになる.

Button [男] 《-s/-s》 (主義や主張を示すために付ける)バッジ.

Butzemann [男] 《-[e]s/..männer》 小人の妖怪(ようかい); (人が変装した)お化け.

Butzen

Bu̱tzen 男《-s/-》《方》(丸いガラスの中央部の)膨らみ;《方》(リンゴの)芯;《鉱山》(鉱床の)鉱塊;不均質な鉱床.～**scheibe** 囡(中央が膨らんだ)丸い窓ガラス.

Buxtehude ブクステフーデ(Hamburgに近いNiedersachsenの古い小都市).◆ *aus* ⟨*in, nach*⟩～《話》どこか遠いへんぴな所から〈で, へ〉.

BV 略 *Bundesverfassung* (スイスの)連邦憲法. **BVG** 略 *Bundesverwaltungsgericht*; *Bundesversorgungsgesetz*.

b. w. 略 *bitte wenden*! 裏面をご覧ください. **BW** 略 *Baden-Württemberg*. **BWV** 略 *Bach-Werke-Verzeichnis* バッハ作品番号.

By̱te 中《-[s]/-》《電算》バイト(情報量単位; 略 byte).

Byzanti̱ner 男《-s/-》ビザンチンの人; お追従者, おべっか使い. **byzanti̱nisch** ビザンチン(ふう)の; 追従的な, 卑屈な. **Byzantini̱smus** 男《-/》ビザンチンの宮廷, 芸術様式の; 追従, おべっか, へつらい.

Byzanẕ ビザンティウム(Istanbulの古名).

bz. 略 *bezahlt*. **Bz.** 略 *Bezirk*. **bzgl.** 略 *bezüglich*. **bzw.** 略 *beziehungsweise*.

C

c, C 中《-/-》❶『字母』ツェー;《楽》ハ(音名). ❷ 記号 ⒞ ハ短調の; ⒞ ハ長調. ❷ 記号 *Cent*; *Centime*. ❷ 記号 *Carboneum*; *Celsius*; *Coulomb*. ❸ (ローマ数字の)100.

Ca 記号 *Calcium*.

ca. 記号 *circa*.

Ca̱brio, Cabriole̱t [カブリオレー] 中 = *Kabriolett*.

Ca̱dmium 中 = *Kadmium*.

Cafe̱ [カフェー] 中《-s/-s》喫茶店, カフェ. **Cafete̱ria** 囡《-/-s, ..rien》カフェテリア.

cal 記号 カロリー.

Cala̱is [カレー] カレー(ドーヴァー海峡に臨むフランスの港湾都市).

Ca̱lcium 中 = *Kalzium*.

Californium 中《-s/》カリフォルニウム(元素名; 記号 Cf).

Ca̱lla 囡《-/-s》『植』カラー, 海芋(かいう).

Callgirl 中《-s/-s》コールガール.

Calvi̱n Jean, カルヴァン(1509-64; スイスの宗教改革者). **calvini̱sch** = *kalvinisch*. **Calvini̱smus** = *Kalvinismus*.

Ca̱mcorder 男《-s/-》(小型の)ビデオカメラ.

Camembert [カマンベール] 男《-s/-s》カマンベール(フランス産チーズ).

Camp 中《-s/-s》キャンプ場, 野営地; 捕虜収容所.

Campa̱gna [カンパーニャ] 囡《-/》(die 〜)カンパーニャ(ローマ郊外の平原).

Campa̱nile 男 = *Kampanile*.

ca̱mpen [ケンペン] 自 キャンプをする.

Ca̱mping [ケンピング] 中《-s/-》キャンプ生活, キャンプ. **~platz** 男 キャンプ場.

Ca̱mpus 男《-/-》(大学などの)キャンパス.

Canaille 囡 = *Kanaille*.

Cana̱sta [カナスタ] 囡《-/-s》『トランプ』カナスタ(南米起源のゲーム).

Cancan 男《-s/-s》『舞踊』[フレンチ]カンカン.

cand. 略 ドクター受験資格者(<ラ語 *candidatus*).

Cande̱la 囡《-/-》カンデラ(光度単位; 略 cd).

cand. med. Kandidat der *Medizin* 医学ドクター受験資格者.

Cañon [カニャン] 男《-s/-s》(特に北米大陸西部の)峡谷, キャニオン.

Cano̱ssa [カノッサ] カノッサ(北イタリアの村:『カノッサの屈辱』の故事で有名). **~gang** = *Kanossagang*.

canta̱bile 副《楽》カンターピレ, 歌うように.

Canta̱te 囡 = *Kantate*.

Cape [ケープ] 中《-s/-s》『服』ケープ.

Ca̱pri カプリ(イタリア, ナポリ湾内の島).

Caprice [カプリース] 囡《-/-n》《雅》= *Kaprice*.

Cara̱vaning 中《-s/》キャンピングカーでの旅行(生活).

Carbone̱um 中《-s/》炭素(元素名 C).

Caries 囡 = *Karies*.

Ca̱ritas 囡《-/》= *Karitas*;= *Caritasverband*. **~verband** 男 カリタス会(カトリック教会の社会福祉事業団体).

Carlos [カルロス] 男名 カルロス; Don, ドン・カルロス(スペインの王子の名).

Caro̱ssa [カロッサ] Hans, カロッサ(1878-1956; ドイツの作家).

Casablanca [カザブランカ] カサブランカ(モロッコ最大の港湾都市).

Casano̱va Giacomo, カサノーヴァ(1725-98; イタリアの文人, 色記家)囡《-[s]/-s》《話》女たらし, 色記家.

Cäsar [ツェーザル] Gaius Julius, カエサル, シーザー(前100-44; 古代ローマの軍人・政治家); 男《-en/-en》カエサル(ローマ皇帝の名誉称号).

Cäsium [ツェーズィウム] 中《-s/》セシウム(元素名; 記号 Cs).

ca̱tchen [ケッチェン] 自 プロレスをする. **Ca̱tcher** 男《-s/-》プロレスラー;『野球』キャッチャー.

cd 記号 *Candela*.

Cd 記号 *Cadmium*.

CD [ツェーデー] ❶ 囡《-/-s》コンパクトディスク, シーディー(< *Compactdisc*). ❷ 略 *Corps diplomatique*.

CDN 『国籍符合』カナダ.

CD-Platte 囡 = CD.

CD-Plattenspieler 男, **CD-Player** 男, **CD-Spieler** 男 CDプレーヤー.

CD-ROM [ツェーデーロム] 囡《-/-s》CDロム.

CDU 囡《-/》*Christlich-Demokratische Union* キリスト教民主同盟.→ CSU

C-Dur 中《-/》ハ長調(略 C).

Ce 記号 セリウム(元素名 *Cer*).

Cedi̱lle [セディーユ] 囡《-/-n》セディーユ(cの下につけるかぎ符号; 例: ç).

Cȩlle [ツェレ] ツェレ(ドイツ Nieder-

Cellist [チェリスト] 男 《-en/-en》（⌀ **-in**）チェロ奏者. **Cello** 中 《-s, Celli》チェロ.

Cellophan [ツェロファーン] 中 《-s/》, **Cellophane** [ツェロファーネ] 囡 《-/》（食品包装用）ラップ.

Celsius [ツェルズィウス] 男 《-/》摂氏（略: C）; Anders, ツェルシウス（1701-44; スウェーデンの天文学者）.

Cembalist [チェンバリスト] 男 《-en/-en》（⌀ **-in**）チェンバロ奏者. **Cembalo** 中 《-s, ..li》[楽] チェンバロ, ハープシコード.

Cent [ツェント] 男 《-[s]/-[s]》セント（ユーロ, ドルなどの補助通貨: 略 c, ct; 複数 cts）.

Centime [サンティーム] 男 《-s/-s》サンチーム（フランス・ベルギー・スイスなどの補助通貨: 略 c, ct; 複数 ct[s]）.

Centrecourt, ..-Court [センタァコート] 男 《-s/-s》センターコート.

Cer 中 [ツェーア] 《-s/》セリウム（元素: 記号 Ce）.

Ceres [ツェーレス] [ギ神] ケレス（収穫の女神）.

ces, Ces [ツェス] 中 《-/-》[楽] 変ハ（音名）; 〔C-〕中 変ハ長調. **Ces-Dur** 中 《-/》[楽] 変ハ長調（記号 Ces）.

Cf 中 Californium. **cf** received and freight. 商 運賃込み値段. **cf., cfr.** confer 参照せよ. **CFK** 男 Chlorfluorkohlenstoff フロン. **CFK-frei** フロンを含まない. **CH** [国籍符号] スイス（< Confoederatio Helvetica）.

Chaconne [シャコンヌ] 囡 《-/-s, -n》シャコンヌ（スペインの古い舞曲）; [楽] シャコンヌ（ゆるやかな4分の3拍子の器楽曲）.

Chagrin [シャグレーン] 中 《-s/》粒起なめし革, シャグリーン革.

Chaiselongue [シェズロング] 囡 《-/-n》〈〖話〗-s/-s〉寝いす.

Chalet [シャレー] 中 《-s/-s》シャレー（スイス山岳地方の牧夫小屋）; シャレー風別荘.

Chalzedon [カルツェドーン] 男 《-s/-e》[鉱物] 玉髄.

Chamäleon [カメーレオン] 中 《-s/-s》[動] カメレオン; 無節操な人.

Chamisso [シャミッソー] Adelbert von, シャミッソー（1781-1838; フランス系のドイツ人詩人, 自然科学者）.

chamois [シャモア] 形 《無変化》黄褐色の.

Chamois [シャモア] 中 《-/》⇒ Chamoisleder. **=leder** 中 《-s/》セーム革, シャミ革（ヤギ・羊などの黄褐色のなめし革）.

Champagne [シャンパーニュ] (die ～) シャンパーニュ（フランス北東部の地方）.

champagner [シャンパーニァ] 形 《無変化》シャンパン色の, 琥珀(これ)色の. **Champagner** 男 《-s/-》シャンパン.

Champignon [シャンピニョーン] 男 《-s/-s》マッシュルーム, シャンピニヨン.

Champion [チェンピョン] 男 《-s/-s》チャンピオン, 選手権保持者（=「-）.

Champs-Élysées [シャンゼリゼ] 圏 シャンゼリゼ（パリのメインストリート）.

Chance [シャーンセ] 囡 《-/-n》機会, 好機, チャンス; 見込み; 勝算.

chancengleich 形 機会均等の. **Chancengleichheit** 囡 機会均等.

chancenlos 形 チャンス〈見込み〉のない; 勝ち目のない.

changieren [シャンジーレン] 自 (織物が) 玉虫色に光る.

Chanson [シャンソーン] 中 《-s/-s》[楽] シャンソン.

Chaos [カーオス] 中 《-/》混乱, 無秩序な状態; 混沌(とん). **Chaot** 男 《-en/-en》（⌀ **-in**）過激派. ♦ **ein** [furchtbarer] ～ **sein**（人が生活・行動の点で）めちゃくちゃである. **chaotisch** 形 混乱した, 無秩序の, 混沌(こん)とした.

Charakter [カラクター] 男 《-s/-e》（⌀ **character**）（人の）性格, 性質, 人格; (事物の）特色, 特色（の性格の）人; 登場人物; 文字. **=bild** 中 性格描写. **=bildung** 囡 性格形成. **=darsteller** 男 性格俳優. **=eigenschaft** 囡 （人の）性格, 性質.

charakterfest 形 性格のしっかりした, 意志強固な, 気骨のある. **Charakterfestigkeit** 囡 性格の強さ.

charakterisieren 他 (…の)特徴を描写する; (…を)特徴づける. **Charakterisierung** 囡 《-/-en》特徴づけ, 性格（特徴）の描写.

Charakteristik [カラクテリスティク] 囡 《-/-en》形 (の確な)特徴づけ, 性格描写. **Charakteristikum** 中 《-s/..ka》特徴, 特色.

charakteristisch 形 （⌀ **characteristic**）特徴的な, 特有の. **charakterlich** 形 性格上の, 性格的な. **charakterlos** 形 特徴のない; 無節操な. **Charakterlosigkeit** 囡 《-/-en》没個性, 無性格; 無節操; 没個性的（無節操）な言動.

Charakter=schwäche 囡 性格の弱さ. **=stärke** 囡 性格の強さ. **=stück** 中 [楽] 性格的小品（曲想を示す表題がついたピアノ小品）. **=zug** 男 特徴, 特性.

Charge [シャルジェ] 囡 《-/-n》地位; [軍] 階級.

Charisma [カリスマ, カリスマ] 中 《-s/-ta, ..men》カリスマ. **Charismatiker** 男 《-s/-》（⌀ **-in**）カリスマ的人物. **charismatisch** 形 カリスマ的な.

Charlotte [シャルロッテ] （女名）シャルロッテ. **Charlottenburg** シャルロッテンブルク（ベルリンの一市区）. **Charlottenburger** 男 《-s/-》シャルロッテンブルクの人; 《無変化》シャルロッテンブルクの.

charmant [シャルマント] 形 魅力的な, チャーミングな. **Charme** [シャルム] 男 《-s/》魅力.

Charon [ヒャーロン] [ギ神] カロン（冥界(スシ)の川の渡し守）.

Chart 中 《-s/-s》図表, グラフ; [複] ヒットチャート.

Charta [カルタ] 囡 《-/-s》憲章.

Charter 男 《-s/-s》（船・飛行機などの）チャーター. **=flug** 男 チャーター便. **=flugzeug** 中 チャーター機. **=maschine** 囡 チャーター機. **chartern** [チャルタン] 他 借り切る, チャーターする.

Charybdis [ヒャリュプディス] [ギ神] カリュブディス（メッシナ海峡に住むといわれた

Chassis 132

女怪;渦潮の擬人化).
Chassis [シャスィ] 匣 《-/-》 (自動車の) 車台, シャシー; (ラジオ・テレビなどの部品を取りつける) 台版, シャシー.
Château, Chateau [シャトー] 匣 《-s/-s》 城館;邸宅;『フランス, 特にブルゴーニュ地方の』ぶどう園農園.
Chauffeur [ショフェーア] 匣 《-s/-e》 (職業としての自動車の) 運転手. **chauffieren** [ショフィーレン] 他 (職業として) 人を自動車で運ぶ.
Chaussee [ショセー] 囡 《-/-n》舗装道路.
Chauvi [ショーヴィ] 匣 《-s/-s》 『話』 男性優位主義者. **Chauvinismus** [ショヴィニスムス] 匣 《-/》 ショービニズム, 国粋主義. **Chauvinist** [ショヴィニスト] 匣 《-en/-en》 国粋主義者. **chauvinistisch** [ショヴィニスティシュ] 形 ショービニズムの, 国粋主義の.
checken [チェッケン] 他 チェック(点検)する; 『話』(…と) 分かる, 理解する.
Chef [シェフ] 匣 《-s/-s》 (匣 **-in**) (匣 chief) (職場の) 長, 上司, ボス.
Chef-arzt 匣 主席医師, 院長;医長. = **dirigent** 匣 主席指揮者. = **etage** 囡 マネージメントフロアー(経営・管理部門の階). = **pilot** 匣 機長. = **redakteur** 匣 編集長. = **sache** 囡 Chef の担当(決定) すべき事柄.
Chemie [ヒェミー] 囡 《-/》 (匣 chemistry) 化学.
Chemie-fabrik 囡 化学工場. = **faser** 囡 化学繊維.
chemiefrei (食品などが) 化学物質を含まない, 化学物質無添加の.
Chemie-industrie 囡 化学工業.
Chemikalie [ヒェミカーリエ] 囡 《-/-n》 化学製品(薬品).
Chemiker 匣 《-s/-》 (匣 **-in**) 化学者.
chemisch [ヒェミシュ] 形 化学の; 化学的な.
Chemnitz [ケムニッツ] ケムニッツ(ドイツ東部の都市: 1953-90年には Karl-Marx-Stadt と呼ばれた).
Chemotherapie [ヒェモテラピー] 囡 《-/》 化学療法.
..chen [.. ヒェン] 『小さい (かわいらしい) もの; 取るに足りないもの』の意.
Cherub [ヒェールプ] 匣 《-s/-im (-inen)》 『宗』 ケルビム, 智天使.
Chianti [キアンティ] 匣 《-[s]/》 キアンティ (イタリアの赤ワイン).
chic = schick.
Chicorée [シコレ, シコレー] 匣 《-s/》 (囡 《-/-s》) チコリガナ, チコリー.
Chiemsee [キームゼー] (der ~) キームゼー (ドイツ Bayern 州最大の湖).
Chiffon [シフォン] 匣 《-s/-s (つ。-e)》 『織』 絹モスリン, シフォン.
Chiffre [シッフフレ, シッフル] 囡 《-/-n》 暗号; 符号, 略号; 数字. = **schrift** 囡 暗号文. **chiffrieren** [シフリーレン] 他 暗号にする, 暗号で書く.
Chile [チレ, チーレ] 『地名』チリ (首都サンチアゴ). **Chilene** 匣 《-n/-n》 (囡 **..nin**) チリ人, チリ国民. **chilenisch** 形 チリの.
Chimäre [ヒメーレ] 囡 《-/-n, Chimära》 『遺伝』 キメラ (個体上に遺伝子の異なる2個以上の組織が接触融合してできる).
China [ヒーナ] (匣 China) 中国 (首都

Peking ⟨Beijing⟩). = **kohl** 匣 白菜. = **rinde** 囡 『薬』 キナ皮 (キナノキの樹皮).
Chinchilla [チンチラ] 匣 《-s/-s》 『動』 チンチラ (南米アンデス山地に生息する小動物);囡 《-s/》 チンチラの毛皮.
Chinese [ヒネーゼ] 匣 《-n/-n》 (囡 **..sin**) (匣 Chinese) 中国人. **~n-viertel** 匣 中華街, チャイナタウン. **chinesisch** (匣 Chinese) 中国の, 中国人 (語) の. **~ für j⁴ sein** 『話』(人には) ちんぷんかんぷんだ. **Chinesisch** 匣 《-[s]/》 中国語.
Chinin [ヒニーン] 匣 《-s/》 『薬』 キニーネ.
Chip [チップ] 匣 《-s/-s》 (ルーレットなどで現金代用の) 数取り札;チップ; 『料』 ポテトチップス; 『コン』 『IC』 チップ. = **karte** 囡 チップカード, IC カード.
Chiromant [ヒロマント] 匣 《-en/-en》 手相見. **Chiromantie** 囡 《-/》 手相術.
Chiropraktik [ヒロプラクティク] 囡 《-/》 『医』 カイロプラクティック, 脊椎(セキツイ)指圧療法.
Chirurg [ヒルルク] 匣 《-en/-en》 外科医. **Chirurgie** 囡 《-/-n》 外科[学]; 『話』 外科病院(病棟). **chirurgisch** 形 外科[学]の; 外科的な.
Chitin [ヒティーン] 匣 《-s/》 『生化』 キチン質 (節足動物などの体表を覆う硬い膜質の主成分). **chitinös** 形 キチン質の.
Chloe [クローエ] 『ギ神』 クロエ (穀物の女神 Demeter の別名); 『女名』 クローエ (特に牧歌・田園小説に用いられる).
Chlor [クローア] 匣 《-s/》 塩素 (元素名:『記号』 Cl). **chloren, chlorieren** 他 (水を) 塩素処理する, 塩素で殺菌する.
Chlorid 匣 《-[e]s-/-e》 『化』 塩化物.
Chlor-kalium 匣 『化』 塩化カリウム. = **kalk** 匣 『化』 クロロカルキ (さらし粉) ·漂白剤. = **kalzium** 匣 『化』 塩化カルシウム. = **monoxyd, -monoxid** 匣 『化』 一酸化塩素.
Chloroform 匣 《-s/》 『化』 クロロホルム (麻酔剤). **chloroformieren** (人に) クロロホルムで麻酔をかける.
Chlorophyll 匣 《-s/》 『生化』 クロロフィル, 葉緑素.
Chlorwasserstoff 匣 『化』 塩化水素.
Cholera [コレラ] 囡 《-/》 『医』 コレラ.
Choleriker [コレーリカー] 匣 《-s/-》 (匣 **-in**) 胆汁質の人; かんしゃくもちの人. **cholerisch** 形 胆汁質の;かんしゃくもちの.
Cholesterin [コレステリーン] 匣 《-s/》 『生化』 コレステロール, コレステリン. = **spiegel** 匣 『生化』 (血液中の) コレステロール含有量.
Cholin [ヒョリーン] 匣 《-s/》 『生化』 コリン (抗脂肪肝作用を持つ).
Chopin [ショパー [ン]] Frédéric François, ショパン (1810-49: ポーランドの作曲家).
Chor [コーア] 匣 《-[e]s-/Chöre》 ❶ (匣 chorus) 合唱団, コーラス, 合唱[曲]; (オーケストラの) 同じ楽器のグループ; コロス (古代ギリシャ劇の合唱隊). ❷ (教会堂の) 内陣;聖歌隊席. ♦ **im ~** 声をそろえて; 一

斉に.

Choral [コラール] [男] 《-s/..räle》 〔ﾌﾟﾛﾃｽﾀﾝﾄ〕コラール, 賛美歌; 〔ｶﾄﾘｯｸ〕グレゴリオ聖歌. =**vorspiel** [中] 〔楽〕コラール前奏曲.

Chöre ⇨ Chor

Choreograf, ..graph [コレオグラーフ] [男] 《-en/-en》 ([女] **-in**)(バレエの)振り付け師. **Choreografie, ..graphie** [女] 《-/-n》 (バレエの)振り付け. **choreografieren, ..graphieren** [他] (バレエの)振り付けをする. **choreografisch, ..graphisch** [形] 振り付けの.

Chor=gesang [男] 合唱〔曲〕. =**herr** [男] 〔ｶﾄﾘｯｸ〕司教座聖堂参事会員; 律修司祭.

Chorist [コリスト] [男] 《-en/-en》 ([女] **-in**)(オペラなどの)合唱団員.

Chor=knabe [男] 少年聖歌隊員; 〔ｶﾄﾘｯｸ〕ミサの侍者, ミサ答え. =**musik** [女] 合唱音楽. =**sänger** [男] 合唱団員.

Chose [ショーゼ] [女] 《-/-n》 《話》 事柄, 要件; じゃまな〈やっかいな〉物.

Chow-Chow [チャ〈シャ〉ウチャ〈シャ〉ウ] [男] 《-s/-s》 〔犬〕チャウチャウ.

Chr. [略] *Christus*; *Chronik*.

Christ [クリスト] [男] 《-en/-en》 ([女] **-in**)([英] Christian)キリスト教徒, クリスチャン. ✦ ***der Heilige ~*** クリスマス.

Christa 《女名》 クリスタ.

Christ=baum [男] 《方》 クリスマスツリー. ✦ ***nicht alle auf dem ~ haben*** 《話》 頭がおかしい. =**demokrat** [男] キリスト教民主同盟の党員.

Christenheit [女] 《-/》 《集合的》 キリスト教徒.

Christenpflicht [女] 《-/-en》 キリスト教徒〈隣人愛〉の義務.

Christentum [クリステントゥーム] [中] 《-s/》 キリスト教; キリスト教の信仰〈精神〉.

Christi Christus の2格.

Christian 《男名》 クリスティアン.

Christiane 《女名》 クリスティアーネ.

Christine 《女名》 クリスティーネ.

Christkind [中] ([小] **-chen, -lein**)幼児キリスト, 嬰児(ｴｲｼﾞ)イエス; 幼児天使.

christlich [クリストリヒ] [形] キリスト教の; キリスト教徒の; キリスト教的な.

Christ=messe, =mette [女] 《-/-n》 〔ｶﾄﾘｯｸ〕クリスマス深夜ミサ. **Christo** *Christus* の3格.

Christoph 《男名》 クリストフ.

Christophorus クリストフォルス(3世紀ごろの殉教者・聖人; 旅人の保護聖人).

Christus 《無変化, または2格 Christi, 3格 Christo, 4格 Christum, 呼格 Christe》 ([英] Christ)キリスト(救世主の意; キリスト教でイエスの称号): Jesus ~ 救世主イエス; イエスキリスト.

Chrom [中] 《-s/》 クロム(元素名: [記号] Cr).

Chromatik [女] 《-/》 〔楽〕半音階法; 〔理〕色彩論. **chromatisch** [形] 〔楽〕半音階の; 〔理〕色彩の.

chromblitzend [形] クロムめっきのぴかぴか輝いた.

Chromdioxid [中] 〔化〕二酸化クロム.

Chromo=plast [男] 《-en/-en》 〔植〕雑色体, 有色体. =**proteide** [複] 〔生化〕色素蛋白(ﾀﾝﾊﾟｸ)質(ヘモグロビンなど).

Chromosom [中] 《-s/-en》 〔遺伝〕染色体. **~en=aberration** [女] 〔遺伝〕染色体異常. **~en=zahl** [女] 〔遺伝〕染色体数.

Chromsäure [女] 〔化〕クロム酸.

Chronik [女] 《-/-en》 年代記, 編年史; 《-/-a》 (旧約聖書の)歴代志. **Chronika** [複] (旧約聖書の) 歴代志上下巻. **chronisch** [形] 〔医〕慢性の; 《話》 慢性的な, 長期にわたる. **Chronist** [男] 《-en/-en》 年代記〈編年史〉の著者; (事件・できごとなどの)記録者. **Chronologie** [女] 《-/-n》 年代学, 年代研究; 年代順〔配列〕. **chronologisch** [形]

Chronometer [中] ([男]) 《-s/-》 クロノメーター, 経線儀; 《戯》 懐中〈腕〉時計.

Chrysantheme [女] 《-/-n》, **Chrysanthemum** [中] 《-s/..men》 〔植〕キク(菊).

Chur [クール] クール(スイス Graubünden 州の州都).

Chuzpe [フツペ] [女] 《-/》 《蔑》 厚かましさ, ずうずうしさ.

Chymosin [ヒュモズィーン] [中] 《-s/》 〔生化〕キモシン(カゼインを凝固させるプロテアーゼの一種; 子牛などの胃にある).

Ci [記号] *Curie*.

ciao [チャオ] [間] 《話》 じゃあね, バイバイ.

Cicade = Zikade.

Cicero [ツィ[ー]ツェロ] ❶ Marcus Tullius, キケロ(前106-前43; ローマの雄弁家). ❷ [女] ([ｽｲ] [男]) 《-/》 〔印〕12ポイント活字(キケロの『書簡集』で使用).

Cie. [略] 《ｽｲ》 会社(< *Compagnie*). **cif** [略] *c*ost, *i*nsurance, *f*reight 〔商〕シー・アイ・エフ, 運賃保険料込み値段.

Cineastik [スィネアスティク] [女] 《-/》 映画芸術. **cineastisch** [形]

circa [ツィルカ] [副] 約, およそ([略] ca.).

Circe [ツィルツェ] 〔ｷﾞﾘｼｬ神〕キルケ(魔法の女神; *Odyssee* に登場); [女] 《-/-n》 男を惑わす妖婦(ﾖｳﾌ).

Circulus vitiosus [ツィルクルスヴィツィオーズス] [男] 《- -/..li ..si》 〔論〕循環論法〈論証〉; 悪循環.

cis, Cis [ツィス] [中] 《-/-》 〔楽〕嬰(ｴｲ)ハ(音名); [記号] 《cis》 嬰(ｴｲ)ハ短調; 《Cis》 嬰(ｴｲ)ハ長調. **Cis-Dur** [中] 《-/》 〔楽〕嬰(ｴｲ)ハ長調([記号] Cis). **cis-Moll** [中] 《-/》 〔楽〕嬰(ｴｲ)ハ短調([記号] cis).

City [女] 《-/-s》 都心; (大都市の)中心街.

c.l. [略] *c*itato *l*oco; (論文などで)上記〈別掲〉の個所で. **Cl** [記号] *Chl*or.

Clan [男] 《-s/-e, -s》 〔人類〕氏族, クラン(スコットランド高地の親族集団); 《蔑》 (閉鎖的な)派閥, グループ.

Claque [女] 《-/》 《集合的》 (観客にまじって拍手する)さくら.

Claudia 《女名》 クラウディア.

Claudius 《男名》 クラウディウス.

Clearing [中] 《-s/-s》 〔経〕(国際間の)決済, 手形交換.

clever [形] 利口な, 計算高い, 抜け目のない; 〔ｽﾎﾟｰﾂ〕(試合運びなどが)巧みな.

Clinch [男] 《-[e]s/》 〔ﾎﾞｸｼﾝｸﾞ〕クリンチ.

clinchen [自] 〔ﾎﾞｸｼﾝｸﾞ〕クリンチする.

Clip [男] 《-s/-s》= Klipp. **Clipper** [男] 《-s/-》= Klipper.

Clique 囡 (-/-n) (若者の)仲間, グループ; (蔑) (排他的な)集団, 徒党.
Clivia [クリービア] 囡 (-/..vien) 〖植〗クンシラン(君子蘭).
Clog 男 (-s/-s) 木靴, 木製サンダル.
Clou [クルー] 男 (-s/-s) 〖話〗(問題の)核心;山場, クライマックス; 呼び物.
Clown 男 (-s/-s) ピエロ, 道化師.
Club [クルプ] 男 (-s/-s) = Klub.
cm 配号 センチメートル(< Zentimeter).
Cm 配号 Curium. **CMB** 配号 Caspar, Melchior, Balthasar (東方の三博士の名; 悪魔ばらいで唱える呪文(だ)).
c-Moll 囲 (-/) 〖楽〗ハ短調.
c/o [ケアオヴ] 囲 …方, …気付. **Co** 配号 コバルト(<ラテン cobaltum). **Co.** 略 会社(<英: company).
COBOL [コーボル] 囲 (-s/) 〖コン〗コボル (プログラム言語名).
Coburg コーブルク(ドイツ Oberfranken の都市).
Coca-Cola 囡 (-[s]/)/囲 (-/-s) 〖商標〗コカコーラ.
Cockpit 囲 (-s/-s) コックピット.
Cocktail 男 (-s/-s) カクテル; カクテルパーティー. =**kleid** 囲 カクテルドレス. =**party** 囡 カクテルパーティー.
Cod. 配号 Codex. **Coda** 囡 (-/-s) = Koda.
Code [コート] 男 (-s/-s) = Kode; 法典.
Codex 男 (-[es]/-e, ..dices) = Kodex. **codieren** 他 = kodieren. **Codierung** 囡 (-/-en) = Kodierung.
Cœur [ケール] 囲 (-[s]/-[s]) 〖ト〗ハート.
Coiffeur [コアフェーア] 男 (-s/-e) 〖ス〗床屋(ξ).
Cola 囡 (-[s]/-s); 囲 (-/-s) コーラ.
Collage [コラージェ] 囡 (-/-n) 〖美〗コラージュ.
Collège [コレージュ(ジェ)] 囲 (-[s]/-s) コレージュ(フランス・ベルギー・スイスのフランス語地域の中等学校).
Collegium publicum [コレーギウムブーブリクム] 囲 (-/-..gia ..ca) (大学の)公開講座.
Combo [コンボ] 囡 (-/-s) 〖楽〗コンボ (小編成のジャズ楽団).
Come-back, Comeback 囲 (-[s]/-s) カムバック, 返り咲き.
Comic 囲 (-s/-s) = Comic strip. =**heft** 囲 漫画本, コミック.
Comicstrip (⊕ **Comic strip**) 囲 (-s/-s) (続きコマの)漫画, 漫画本〈雑誌〉, コミック.
comme il faut [コミルフォー] 〖仏語〗しかるべき, 模範的な.
Communiqué [コミュニケー] 囲 (-s/-s) コミュニケ, 公式声明.
Compactdisc, Compact Disc 囡 (-/-/-s) コンパクトディスク(@ CD).
Computer [コンピューター] 男 (-s/-) コンピュータ, 電子計算機.

〖関連語〗 CD-ROM-Laufwerk 囲 ロムドライブ; Diskette 囡 フロッピー; Diskettenlaufwerk 囲 ディスクドライブ; Drucker 囲 プリンター; Festplatte 囡 ハードディスク; Maus 囡 マウス; Mauspad 囲 マウスパッド; Modem 囲 モデム; Monitor 囲 モニター; Tastatur 囡 キーボード; Treiber 囲 ドライバ; Zentraleinheit 囡 CPU Bildschirm 囲 画面; Cursor 囲 カーソル; Datei 囡 ファイル; Fenster 囲 ウィンドウ; Icon 囲 アイコン klicken クリックする; doppelklicken ダブルクリックする; suchen 検索する; ersetzen 置換する; einfügen 挿入する; löschen 削除する; kopieren コピーする; ausschneiden und einfügen カットアンドペーストする; kopieren und einfügen コピーアンドペーストする; scrollen スクロールする; sichern セーブする; verschieben 移動する; ziehen ドラッグする

Computer-diagnostik 囡 コンピュータ診断学. =**fachmann** 囲 コンピュータ専門家. =**freak** 囲 コンピュータ狂(マニア).
computer-gerecht 形 コンピュータ処理に向いている. =**gesteuert** 形 コンピュータに制御された.
Computer-gesellschaft 囡 コンピュータ社会. =**grafik, graphik** 囡 コンピュータグラフィック. =**intelligenz** 囡 コンピュータ頭脳〈知能〉. =**kunst** 囡 コンピュータ芸術〈アート〉.
computerisieren 他 コンピュータ処理〈管理〉する; (…に)コンピュータを設備する.
Computer-programm 囲 コンピュータ用プログラム. =**satz** 囲 電算写植, コンピュータ組版, CTS. =**simulation** 囡 コンピュータシミュレーション. =**spezialist** 囲 コンピュータ専門家. =**spiel** 囲 コンピュータゲーム. =**sprache** 囡 コンピュータ言語. =**technik** 囡, =**technologie** 囡 コンピュータ技術. =**terminal** 囲 コンピュータの端末[機]. =**tomograf, tomograph** 囲 コンピュータ断層撮影装置. =**tomografie, tomographie** 囡 〖医〗シティー(® CT). =**virus** 囲 コンピュータウイルス. =**zeitalter** 囲 コンピュータ時代.
Conditio sine qua non 囡 (-----/) 〖ラ〗必要条件.
confer [コンファー] 〖ラ語〗参照せよ(® cf., cfr., conf.). **Conférencier** [コンフェランスィエー] 囲 (-s/-s) (ショーなどの)司会者.
Confoederatio Helvetica 囡 (-/-) スイス連邦(® CH).
Consommé [コンソメー] 囲 (-[s]/-s) 〖料〗コンソメ.
Container [コンテーナー] 囲 (-s/-) (運送用)コンテナ. =**bahnhof** 囲 コンテナ輸送用貨物駅. =**frachter** 囲 コンテナ貨物船. **containerisieren** 他 コンテナ方式化する; コンテナで輸送する. **Container-lastzug** 囲 コンテナ用トレーラートラック. =**schiff** 囲 コンテナ船. =**zug** 囲 コンテナ列車.
cool 形 〖話〗冷静な, ものに動じない, クールな; すてきな, かっこいい.
Copilot 囲 = Kopilot.
Copy-right 囲 (-s/-s) 著作権, 版権. =**schutz** 囲 〖コン〗(プログラム複製防止用)コピープロテクト(ガード).
Cord 囲 = Kord.

Cornedbeef, Corned Beef (⑪ Corned beef) ⑪ コンビーフ.
Cornflakes, Corn-flakes 圏 コーンフレーク.
Corps ⦅-/-⦆ = Korps. **Corps diplomatique** [コルディプロマティク] ⑪ ⦅--/Corps--⦆ 外交団. (大使館関係者の公用市⦅ ⑪ CD⦆.
Corpus Delicti (⑪ ..delicti) [コルプスデリクティ] ⑪ ⦅--/Corpora--⦆ 法 罪体 (犯罪の対象物); 証拠物件.
cos 配号 数 コサイン, 余弦. **cosec** 配号 数 コセカント, 余割.
cot 配号 数 コタンジェント, 余接.
Côte d'Azur [コ[ー]トダジュール] ⦅die ~⦆ コートダジュール (地中海リヴィエラ海岸のフランス側の呼び名).
Côte d'Ivoire [コートディヴォアール] ⦅die ~⦆ コートジボアール (アフリカ西部の共和国).
CO-Test 圏 (車の排気ガスの) 一酸化炭素テスト.
Cottbus ⑪ コットブス (ドイツ東部, ポーランド国境付近の都市).
Couch [カオチ] 囡 (又囲) ⦅-/-es (話-en)⦆ 寝いす, ソファー.
Couleur [クレーア] 囡 ⦅-/-s, -en⦆ (政治・思想上の) 立場, 考え方, カラー.
Coulomb [クロー[ン]] ❶ ⑪ ⦅-/-s/-⦆ 物 クーロン (電気量単位: 配号 C). ❷ Charles Augustin de, クーロン (1736-1806: フランスの物理学者).
Count-down, Countdown 圏 ⦅-[s]/-s⦆ (ロケット打ち上げ時などの) 秒読み; 最終点検.
Countess (⑪ Counteß) 囡 ⦅-/..tessen⦆ 伯爵夫人.
Coup ⦅-s/-s⦆ (法に触れるような) 大胆な企て, 思い切った行い. ♦ **einen tollen ~ landen** 話 たくらみをまんまと成功させる. **Coup d'Etat** [クデタ] 圏 ⦅--/-s⦆ クーデター.
Coupé [クペー] ⑪ ⦅-s/-s⦆ クーペ型自動車; (略) コンパートメント, 車室.
Couplet [クプレー] ⑪ ⦅-s/-s⦆ クープレ (リフレイン付きの風刺時事小唄); 〔楽〕 クープレ (ロンド形式の曲中に挿入される楽想).
Coupon [クポーン] ⑪ ⦅-s/-s⦆ クーポン, 引換券, 回数券, 利札.
Cour [クーア] 囡 ⦅-/⦆ ♦ **die ~ machen (schneiden)** じゃ (女性の) ご機嫌を取る: (女性を) くどく.
Courage [クラージェ] 囡 ⦅-/-⦆ 話 勇気. **couragiert** 形 勇気ある, 勇敢な.
Courtoisie [クルトアジィー] 囡 ⦅-/-⦆ 礼儀正しさ, いんぎんさ.
Cousin [クゼーン] ⑪ ⦅-s/-s⦆ (男の) いとこ. **Cousine** [クズィーネ] 囡 ⦅-/-n⦆ (女の) いとこ.
Couture 囡 ⇨ Haute Couture
Cowboy ⑪ カウボーイ.
Cowper-Drüse, Cowpersche Drüse [カウパー[シェ]ドゥリューゼ] 囡 解 カウパー腺(芡).
cr. 略 *currentis* 今月 (今月の). **Cr** 配号 Chrom.
Crack 圏 ⦅-[s]/-s⦆ ⦅スポーツ⦆ 名選手, 大物. ⦅競馬⦆ 最優秀馬, 名馬.
Cracker 圏 ⦅-s/-[s]⦆ ⑴ クラッカー (⑴ ビスケット. ⑵ パーティー用の爆竹の一種).
Cranach Lucas, クラーナハ (1472-1553: 北方ルネサンスを代表するドイツの画家).
Craquelé [クラクレー] ⑪ ⦅-s/-s⦆ 〔陶磁器〕 器の表面の人工的なひび割れ, ひび焼きの陶磁器, クラックルウエア; ⦅服飾⦆ ⑪ ⦅-s/-⦆ ⦅織⦆ クレープ, ちりめん.
Crawl ⑪ ⦅-s/-⦆ = Kraul.
Credo ⑪ ⦅-s/-s⦆ = Kredo.
creme 形 ⦅無変化⦆ クリーム色の. **Creme** [クレーム] 囡 ⦅-/-s/:-s-:⦆ ⑴ (化粧) クリーム; 料理 クリーム; 最良の部分; じゃ 上流社会. **Crème** [krε:m] 囡 ⦅-/-s⦆ = Creme.
cremefarben 形 クリーム色の. **cremen** [クレーメン] 動 (…に) クリームを塗る.
Crêpe [クレップ] ⑪ ⦅-s/-s⦆ ⦅織⦆ クレープ; ⑪ ⦅-s/-⦆ ⦅織⦆ クレープ, ちりめん.
cresc. 略 *cresc*endo.
crescendo 副 〔楽〕 クレッシェンド, しだいに強く (略 cresc.).
Creutzfeldt-Jakob-Krankheit 囡 クロイツフェルト=ヤコブ病 (致命的な脳障害に至る神経系統の病気).
Crew 囡 ⦅-/-s⦆ ⦅集合的⦆ (船の) 乗組員; (飛行機の) 乗務 (搭乗) 員, クルー.
Croissant [クロワサーン] ⑪ ⦅-[s]/-s⦆ クロワッサン (三日月形のフランスパン).
Croquette [クロケッテ] 囡 ⦅-/-n⦆ = Krokette.
Croupier [クルピエー] ⑪ ⦅-s/-s⦆ クルピエ (とばく台でルーレットを回した勝け札の集配をする係).
crt. 略 *kurant* (貨幣などが) 流通している.
Crux [クルクス] 囡 ⦅-/⦆ (心の重荷としての) 十字架, 苦悩; 困難, 難しさ.
Cs 配号 Cäsium.
Csárdás [チャルダシ] ⑪ ⦅-/-⦆ 楽 チャールダーシュ (ハンガリーの民族舞曲).
CSU 略 Christlich-Soziale Union キリスト教社会同盟 (バイエルン州の政党: CDU と主張をほぼ同じくする). **ct** 略 *Cent; Cen*ime. **CT** 略 Computermografie シーティー. **c.t.** 略 *cum tempore* (大学で講義開始が) 15分遅れて.
Cu 配号 *Cu*prum.
Cup ⑪ ⦅-s/-s⦆ ⦅スポーツ⦆ 優勝杯 (カップ); 優勝杯争奪戦.
Cupido [クーピド] 神 クピド, キューピッド (恋愛の神: ギリシャ神話ではエロス). ⇨ Kupido
Cuprum [クプルム] ⑪ ⦅-s/-⦆ 銅 (配号 Cu).
Curaçao [キュラサーオ] ⑪ ⦅-[s]/-s⦆ キュラソー (オレンジの皮味つけたリキュール). ❷ キュラソー (西インド諸島の一つでオランダ領).
Curie [キュリー] ❶ ⑪ ⦅-/-⦆ 理 キュリー (放射能単位). ❷ Marie, マリーキュリー (1867-1934: ポーランド生まれのフランスの物理学者・化学者).
Curium [クーリウム] ⑪ ⦅-s/-⦆ キュリウム (元素名: 配号 Cm).
Curling [クリーリング] ⑪ ⦅-s/-⦆ カーリング (氷上スポーツの一種).
Curriculum [クリークルム] ⑪ ⦅-s/..la⦆ カリキュラム.
Curriculum vitae [クリークルムヴィーテ] ⑪ ⦅--/..la--⦆ 履歴書.
Curry [カーリー] ⑪ ⦅-s/-s⦆ カレー粉, カレー 料理. ∘**pulver** ⑪ ⦅-s/-⦆ カレー粉.

-**sauce**, -**soße** [女] カレーソース. -**wurst** [女] カレーソーセージ(いためたソーセージにカレーソースをかける).
Cursor [ケーサー] [男] 《-s/-s》 [コンピュ] カーソル.
Cutter [男] 《-s/-》(映画・テレビなどの)フィルム〈テープ〉編集者.
Cuxhaven [クックスハーフェン] クックスハーフェン(ドイツ Hamburg の外港).
Cuzco [クスコ] クスコ(ペルー南部のアンデス山中の都市).
CVJF [略] Christlicher Verein Junger Frauen キリスト教女子青年会(YWCA). **CVJM** [略] Christlicher Verein Junger Männer キリスト教青年会(YMCA). **CY** 《国籍符号》キプロス.
Cyberspace 《-s/-s》 [コンピュ] サイバースペース(コンピュータネットワークが張り巡らされた未来空間).

D

d, D [中] 《-/-》《字母》デー; [楽] ニ(音名); 《D》(ローマ数字の)500. **d** [略] *da* [楽](処方箋で)投与せよ; *deleatur* 削除せよ. **D** [略] *D-Zug*; *D-Dur* [楽] ニ長調; *dringend* [郵便] 至急; 《国籍符号》ドイツ; *Damen* 《標示》女子〈女性〉用. **D.** [略] *Dativ*. **d..** *Dezi...*
da [ダー] I [副] ❶ ([英] there) 《空間》そこに〈で〉, あそこに〈で〉; ここに〈で〉. ❷ ([英] then) 《時間》そのとき, あの〈この〉とき, すると; 〔その〕当時. ❸ 《状況》そうすれば, そういうわけで, そのような場合に, それなら. ❹ 《北部》その点〈事〉については. ❺ 《雅》(…した・する)その〔時, 所〕. II [接] 《従属》 ❶ ([英] as) 《理由・原因》…〔な〕ので, …〔だ〕から. ❷ 《譲歩》…〔である〕のに. ❸ 《雅》《時間》…〔した〕ときに. ✦ *Da haben wir's.* やれやれ. *Da hast du's!* 《俗》ほらみたことか. *~ sein* ある, いる; 来ている; 生きている. *~ und ~* どこかで, ある場所で. *~ und dort / hier und ~* ここかしこに, ところどころ.
da.. 《前置詞と》《事物を指す人称代名詞の融合形》その…: *daneben* その隣に.
d. Ä. [略] *der Ältere* 父, 兄. **DAAD** [略] *Deutscher Akademischer Austauschdienst* ドイツ学術交流会. **DAB** [略] *Deutsches Arzneibuch* ドイツ薬局方.
dabei [ダバイ; ダーバイ] [副] ❶ 《空間的》そのそばに; その近く〈場〉に. ❷ 《時間的》その時に, その際. ❸ 《接続詞的》そのうえ, さらに; それにもかかわらず. ✦ *~ sein* 〔その場に〕居合わせる; 参加する; 付随している; 《+ zu 不定詞句》(…)しているところだ. *Es bleibt ~!* 変更なし, よしそうしよう. *Es ist nichts ~.* / *Was ist schon ~?* / *Ich finde nichts ~.* それがどうしたというのだ, たいしたことではないよ. *Ich bin ~!* 私は賛成だ. *Ich bleibe ~!* 私の意見は変わらない.
dabei|bleiben* [自] (s)(活動を)継続する; (その場に)居残る. |**haben*** [他] 持ちあわせている; (人を)連れている.
dabeisein* [自] ⇨ dabei ✦
dabeisitzen* [自] その場に座っている.
dabeistehen* [自] その場に〔何もしないで〕立っている.
da|bleiben* [自] (s)居残る.
da capo 《伊語》[楽] ダカーポ, 曲の初めから〔反復して〕([略] d.c.); アンコール.
Dach [ダッハ] [中] 《-[e]s/**Dächer**》([小] **Dächelchen, Dächlein**)([英] roof)屋根; 家; 《話》頭. ✦ ***aufs ~ steigen*** 《j³》(人を)しかりつける. ***Bei j³ ist es unterm ~ nicht ganz richtig.*** (人は)頭が少しおかしい. ***eins aufs ~ bekommen*** 〈***kriegen***〉 お目玉を食らう, しかられる. ***eins*** 〈***etwas***〉 ***aufs ~ geben*** 《j³》(人を)こらしめる, しかりつける. ***kein ~ über dem Kopf haben*** 《話》宿なしである. ***unter ~ und Fach bringen*** (…を)屋内〈安全な場所〉へ入れる; 〔うまく〕仕上げる. ***unter ~ und Fach sein*** 屋内〈安全な場所〉にある; 〔うまく〕できあがっている. ***unter einem ~ leben*** 〈***wohnen, hausen***〉 《mit j³》(人と)いっしょに暮らす. ***unterm ~*** 屋根裏部屋で〈に〉. -**atelier** [中] 屋根裏のアトリエ.
Dachau ダッハウ(ドイツ Bayern 州の都市; ナチ時代に強制収容所があった).
Dach-balken [男] [建] 小屋梁(ばり), 棟木(むなぎ). -**boden** [男] 屋根裏部屋. -**decker** [男] 屋根ふき職人.
Dächer ⇨ Dach
Dach-fenster [中] 天窓, 屋根窓. -**first** [男] (屋根の)棟. -**garten** [男] 屋上庭園; 屋上テラス. -**geschoss** ([旧] =**geschoß**) [中] 屋根裏, 屋階. -**gesellschaft** [女] [経] 持株会社, 親会社. -**hase** [男] 《戯》猫. -**kammer** [女] 屋根裏部屋. -**organisation** [女] 上部組織, 上部団体; 親会社. -**pfanne** [女] 桟瓦(さんがわら). -**restaurant** [男] (ビルなどの)最上階レストラン. -**rinne** [女] [建] 軒樋(のきどい), 雨樋(あまどい).
Dachs I [ダックス] [男] 《-es/-e》([小] **Dächschen**, [女] **Dächsin**) [動] アナグマ. ✦ ***frecher ~*** 《話》生意気な若造. ***junger ~*** 《話》青二才. ***wie ein ~ schlafen*** ぐっすり眠る. II [ダッハス] ⇨ Dach
Dach-schaden [男] 屋根の破損. ✦ ***einen ~ haben*** 《話》頭がおかしい.
Dachs-hund [男] ダックスフント(犬).
Dach-stube [女] = Dachkammer. -**stuhl** [男] [建] (屋根を支える)小屋組み.
dachte, dächte ⇨ denken
Dach-wohnung [女] 屋根裏部屋. -**ziegel** [男] 屋根がわら.
Dackel [男] 《-s/-》 [動] ダックスフント; 《話》まぬけ, とんま.
Dadaismus [男] 《-/》ダダイズム(第一次大戦末期に興った新芸術主義).
Dädalus [ギ神] ダイダロス.
dadurch [ダドゥルヒ; ダードゥルヒ] [副] ❶ 《空間的》そこを通って. ❷ 《手段・方法》そのようにして, それによって; 《理由》そのために: Dadurch, dass er den Termin nicht erhielt, bekam er keinen Auftrag mehr. 期日を守らなかったために彼は新しい発注をもらえなかった.
Daf [略] *Deutsch als Fremdsprache* 外国語としてのドイツ語.
dafür [ダフューア; ダーフューア] [副] 《目的》そのために; 《代償》その代わりに; 《比較》そのわりには; 《対抗》《話》それに対して; 《賛成》それに賛成して. ✦ ***etwas***

Dammbruch

⟨nichts⟩ ~ können (あることに)責任がない.
Dafürhalten ⊕ ⟨-s/-⟩ 《雅》見解.
dafürkönnen* ⓐ⇨ dafür ♦
DAG ⓐ *Deutsche Angestellten-Gewerkschaft* 全ドイツ職員労働組合.
dagegen [ダゲーゲン; ダーゲーゲン] ⓐ ❶《空間的》それに向かって; それに逆らって; 《対抗》それに抵抗(反対)して; 《比較》それに比べて(反して); 《交換》それと引き換えに.
dagegen‐halten ⓐ 反論する, 反対意見を述べる. ⊦**setzen** ⓐ (…に)反論する, 反対する. ⊦**wirken** ⓐ 反対(妨害)する.
dagewesen ⓐ dasein の過去分詞形. ⇒ **da** ♦
daheim [ダハイム] ⓐ 《南部・ｵｰｽﾄﾘｱ・ｽｲｽ》自宅で; 故郷で. ♦ *Daheim ist* ~! 《話》わが家に勝るものなし. *Wie geht's* ~? 《話》ご家族はお元気ですか. **Daheim** ⊕ ⟨-s/⟩ わが家; 故郷.
daher [ダヘーア; ダーヘーア] ⓐ ❶《空間的》そこから; その場所から: ここへ, こちらへ. ❷《理由》だから, そのため: Ach, ~ kommt das! 《話》ああそうだったのか, それが原因だったのか. ♦ **von** ~ そこから.
daher‐gelaufen ⓐ 《貶》身元が不確かな. ⊦**kommen*** ⓐ (s)やって来る; (…の)様子(身なり)で来る. ⊦**reden** ⓐ (よく考えずに)ぺらぺらしゃべる.
dahin [ダヒン; ダーヒン] ⓐ ❶《場所》そこへ; かなたへ. ❷《状況》そういう事態にまで; そのように. ❸《動詞 sein と共に》終わって, なくなって. ♦ **bis** ~ そのころまで(に).
dahin‐eilen ⓐ 急いで(足早に)行く; (時が)速く過ぎる. ⊦**fahren*** ⓐ (s)《雅》(乗物が・人が乗物で)出発する; 通り過ぎる. ⊦**fliegen*** ⓐ (s)飛び去る; 飛ぶように過ぎる.
dahingegen ⓐ それに反して.
dahin‐gehen* ⓐ (s)通り過ぎる; (時が)過ぎる; 《雅》亡くなる. ⊦**gestellt** ⓐ 未決定のままの. ♦ ~ *sein lassen* (…を)それに以上問題にしない, 疑わない, そのままにしておく. *Es sei* [*bleibe*] ~, *ob* … …かどうかはは別問題である. ⊦**leben** ⓐ 漫然と日を送る; 単調な生活をする. ⊦**reden** ⓐ でたらめ(いい加減なこと)を言う. ⊦**schmelzen*** ⓐ (s)(熱などで)溶けて消える. ⊦**schwinden*** ⓐ (s)《雅》消え去る, なくなる; (時が)過ぎ去る.
dahinten ⓐ その後ろ(奥)に, あの向こうに.
dahinter [ダヒンター; ダーヒンター] ⓐ その後ろに(で); その背後(裏)に(で); ♦ ⊦**knien** 《話》⟨*sich*⟩ 励む, がんばる. ⊦**kommen*** 《話》(物のありかが)見つけ出す, 突きとめる; ⟨*j*³⟩ (人の秘密などを)かぎつける. ~ ⊦**stecken** 《話》(背後に)ひそんでいる, 陰にいる: Da steckt nichts ⟨nicht viel⟩ ~. 《話》たいしたことはない.
dahinter‐knien, ⊦**kommen***, ⊦**stecken** (*)⇨ dahinter ♦
dahin‐ziehen* ⓐ (s)(雲などが)ゆっくり移動する; ⟨*sich*¹⟩ (時間などが)ゆっくり過ぎる.
Dahlie ⓕ ⟨-/-n⟩ 《植》ダリア.

Daimler Gottlieb, ダイムラー(1834–1900; ドイツの技術者; ガソリン機関を発明して自動車を製作). **Daimler-Benz** ダイムラーベンツ(ドイツの自動車メーカー; 1998年 Daimler-Chrysler となる).
Dakar ダカール(セネガルの首都).
Dakka ダッカ(バングラデシュの首都).
da‖lassen* ⓐ (s)置いていく; 預けておく; (伝言などを)残す.
Dalian 大連, ダーリエン(中国, 遼東半島の先端にある都市).
da‖liegen* ⓐ 横たわっている; 置かれている, ある.
Dalles ⓜ ⟨-/-⟩ 《話》金欠病; 貧困.
dalli ⓐ 《話》早く, 急いで.
Dalmatien ダルマチア(クロアチア共和国西部, アドリア海に面する地方).
damalig ⓐ 当時の, そのころの.
damals [ダーマールス] ⓐ 当時, その(ころ)のころ.
Damaskus ダマスカス(シリアの首都; 使徒パウロ洗礼の地). ♦ *sein* ~ ⟨*einen Tag von* ~⟩ *erleben* 回心する.
Damast ⓜ ⟨-(e)s/-e⟩《織》ダマスク織.
Dämchen (→ Dame) ⓝ ⟨-s/-⟩ 《皮肉》淑女気取りの小娘; 《蔑》貴婦人風に着飾った娼婦(ｺｰｺｯﾄ).
Dame [ダーメ] ⓕ ⟨-/-n⟩ (⇔ **Dämchen**) ❶ ⟨lady⟩ 女性人, 女性; 貴婦人, 淑女. ❷ (トランプ・チェスで)クイーン; チェッカーゲーム. ♦ *j*² *alte* ~ 《学・戯》(人の)お母さん. *eine* ~ *von Welt* 世慣れた女性, 社交界の花形女性. *meine Alte* ~ 《戯》私のおふくろ. = **brett** ⓝ 《戯》チェッカー盤.
Damen‐besuch ⓜ 女性の訪問(客). ⸗**binde** ⓕ 生理用ナプキン. ⸗**doppel** ⓝ 《ｽﾎﾟｰﾂ》女子ダブルス. ⸗**einzel** ⓝ 《ｽﾎﾟｰﾂ》女子シングルス.
damenhaft ⓐ しとやかな; 上品な.
Damen‖mannschaft ⓕ 《ｽﾎﾟｰﾂ》女子チーム. ⸗**salon** ⓜ 美容院, 美容室. ⸗**schneider** ⓜ 婦人服の仕立屋, ドレスメーカー. ⸗**toilette** ⓕ 女性用トイレ; (女性の)正装, 夜会服. ⸗**wahl** ⓕ (女性からの)ダンスのパートナー選び.
Dame‖spiel ⓝ チェッカー(ゲームの一種).
Dam‖hirsch ⓜ 《動》ダマシカ.
damit [ダミット; ダーミット] Ⅰ ⓐ ❶ それとともに, それで; それと同時に; 従って. ❷ それに関連して, それについて. Ⅱ ⓒ 《従属》《目的》 …(する)ために, …(する)ように. ♦ *Her* ~! それをこっちによこせ. *Heraus* ~! それを出せ. *Weg* ~! そんなものは捨ててしまえ.
Dämlack ⓜ ⟨-s/-e, -s⟩ 《話》まぬけ, とんま. **dämlich** ⓐ 《話》愚かな, ばかな.
Damm ⓜ ⟨-(e)s/**Dämme**⟩ (⇒ dam) 堤, 土手; ダム; 堤防; (線路・車道の)盛り土; 《北部》車道. 《医》会陰部. ♦ *auf dem* ~ *sein* 体の調子がよい. *einen* ~ *entgegensetzen* ⟨*j*³⟩ (…を)阻止する. *nicht auf dem* ~ *sein* 《話》体調が悪い. *wieder auf dem* ~ *sein* 《話》元気(健康)になる. *wieder auf den* ~ *bringen* 《話》(人を)立ち直らせる. ⸗**bruch** ⓜ 堤

防の決壊.
Dämme ⇨ Damm
dämmen [他] (水を)せき止める; 〔工〕(音・熱などを)遮断する.
dämmerig [形] 薄明るい, 薄暗い; (部屋などが)ほの暗い. **Dämmerlicht** [中] 薄明かり, ほのかな光.
dämmern [デンメァン] 《dämmerte; gedämmert》[自] ❶ 《*Es dämmert.*》明るくなる, 暗くなる : Der Morgen 〈Tag〉 *dämmert.* 夜が明ける | Der Abend *dämmert.* 日が暮れる. ❷ 《話》《j^3》(記憶・意識が人に)はっきりしてくる. ♦ *vor sich^4 hin* ～ もうろうと〈うとうと〉している.
Dämmer=schein [男] 《雅》明け方〈たそがれどき〉のほのかな光. =**schlaf** [男] 夢うつつ; 〔医〕昏眠(こんみん). =**schoppen** [男] 夕方仲間と軽く飲む酒.
Dämmerung [デメルング] [女] 《-/-en》夕暮れ, たそがれ; 夜明け.
Dämmer=zustand [男] 〔医〕もうろう状態; 半睡状態.
dämmrig [形] = dämmerig.
Damno [男] [中] 《-s/-s》〔商〕(為替相場・貸付業務などでの)損害, 損失.
Damokles=schwert [中] ダモクレスの剣(身に迫る危険).
Dämon [男] 《-s/-en》悪魔, 悪霊; (心の内に潜む)魔性. **Dämonie** [女] 《-/-n》魔力, 超自然的な力. **dämonisch** [形] 悪魔的な, 超自然的な, 悪魔に憑(つ)かれたような.
Dampf [ダムプフ] [男] 《-[e]s/**Dämpfe**》❶ ([英] steam)蒸気; 湯気, 霧, 煙. ❷ 《話》勢い, 迫力, 活気. ♦ *Aus et^3 ist der ～ raus.* (…から)魅力〈勢い〉がなくなる. ～ *ab|lassen* 《話》不満〈怒り〉をぶちまける. ～ *auf|machen* 《話》頑張る, 張り切る. ～ *bekommen* 〈*haben*〉《話》腹が減る〈減っている〉; おじけづく. ～ *drauf haben* 《話》猛スピードを出す; 気合が入っている. ～ *haben* 《vor j-et^3》(…を)恐れている. ～ *hinter et^4 machen* 〈*setzen*〉(…を)推進する, せき立てる. ～ *machen* 《j^3》(人の)仕事を急がせる, (人に)はっぱをかける. *mit* [*vollem*] ～ 全力をあげて; 全速力で. *unter* ～ *stehen* パワーにあふれている, 出発の準備ができている.
Dampf.. 「蒸気の…; 旧式の…」の意.
Dampf=bad [中] 蒸しぶろ, サウナ.
Dämpfe ⇨ Dampf
dampfen [自] 蒸気〈湯気〉を出す; (馬などが)汗をかく.
dämpfen [デムプフェン] 《dämpfte; gedämpft》[他] (光・音・衝撃・感情などを)和らげる, 抑える; 〔料〕蒸す, ふかす; (衣類に)スチームアイロンをかける.
Dampfer [男] 《-s/-》汽船. ♦ *auf dem falschen ～ sein* 〈*sitzen*〉《話》思い違いをしている. **Dämpfer** [男] 《-s/-》(楽器の)弱音器, ミュート, (ピアノの)ダンパー; (車の)マフラー; (機械・車両の)緩衝器, ダンパー; 〔料〕蒸し器. ♦ *einen ～ aufsetzen* 《j^3》(人の)気勢をそぐ. *einen ～ bekommen* 気勢をそがれる; いさめられる.
Dampf=heizung [女] スチーム暖房.
dampfig [形] 湯げ〈霧〉の立ち込めた.
Dampf=kessel [男] ボイラー. =**kochtopf** [男] 圧力なべ. =**maschine** [女] 蒸気機関. =**nudel** [女] ダンプリング(洋風蒸しだんご). ♦ *auf|gehen wie eine ～* 《話》太る. =**schiff** [中] 汽船. =**schifffahrt** ([旧]=**schiffahrt**) [女] 汽船の航行. =**turbine** [女] 蒸気タービン.
Dämpfung [女] 《-/-en》(光・音・衝撃などを)和らげる〈弱める〉こと; (物価などの)抑制.
Dampf=walze [女] 〔土木〕蒸気ローラー; 《話》太った女性.
Damwild [中] 《-[e]s/》= Damhirsch.
danach [ダナーハ; ダーナーハ] [副] ❶ 《時間》その後で. ❷ 《位置》その後ろに; その次に; 《方向》その方へ. ❸ それに従って, それ相応に. ♦ *Mir ist nicht ～.* 《話》私はそんなものは欲しくない〈それをする気はない〉.
Danae 〔ギ神〕ダナエ(Perseus を産んだ).
Danaer=geschenk [中] 危険な贈り物.
Danaiden=arbeit [女] むだな骨折り, 徒労.
Dandy [男] 《-s/-s》ダンディー, 伊達(だて)男; 《蔑》流行を追う男.
Däne [男] 《-n/-n》([女] **Dänin**)デンマーク人.
daneben [ダネーベン; ダーネーベン] [副] ❶ その横に〈へ〉, そのそばに〈へ〉, その隣に〈へ〉, それと並んで〈並べて〉; それと比較すると. ❷ それと同時に, そのほかに. ♦ ～ *sein* 《話》(言動が)的外れである.
daneben|benehmen* [再] 《*sich^4*》《話》無作法なふるまいをする. |**gehen*** [自] (s)(弾丸などが)的を外れる; 《話》うまくいかない. |**greifen*** [自] 《話》《mit et^3》(…を)しくじる, 間違う; 《話》無作法なふるまいをする. |**hauen**(*) [自] 打ち〈たたき〉損なう; 《話》へまをする, 的外れなことを言う. |**liegen*** [自] 《話》《mit et^3》(…の)判断を誤る. |**schießen*** [自] (射撃で)撃ち損じる, 的を外す; 《話》間違える, 見当違いをする. |**treffen*** [自] (射撃・球技などで)的を外す; 《話》的外れなことをする〈言う〉.
Dänemark [中] デンマーク(首都コペンハーゲン).
Daniel ❶ 《男名》ダーニエール. ❷ 〔聖〕ダニエル; ダニエル書. **Daniela** 《女名》ダニエーラ.
Dänin [女] 《-/-nen》Däne の女性形.
dänisch [形] デンマーク[人, 語]の.
dank [前] 《2〈3〉格支配》…によって, …のおかげで.
Dank [ダンク] [男] 《-[e]s/》([英] thanks) 感謝[の言葉], お礼. ♦ ～ *wissen* 《[es] j^3》(人に)感謝している. *Haben Sie ～! / Besten* 〈*Herzlichen, Schönen, Tausend, Vielen*〉 *～!* どうもありがとう. =**adresse** [女] (公式の)感謝状.
dankbar [ダンクバール] [形] ❶ 感謝している, ありがたいと思う. ❷ (仕事などが)やりがいのある. ❸ 《話》(服地などが)じょうぶな; (草花などが)手のかからない. **Dankbarkeit** [女] 《-/》
danke [ダンケ] [間] ありがとう. ♦ *Danke für et^4!* (…を)ありがとう. *Nein, ～.* いえ, 結構です.
danken [ダンケン] 《dankte; gedankt》(→ danke) [自] ❶ ([英] thank) 《j^3 für

*et*⁴》(人に…のことで)感謝する, 礼を言う. ❷ 《*j*³ *et*⁴〔**mit** *et*³〕》(人の…に〔…で〕)報いる : Wie soll ‹kann› ich Ihnen das jemals ~? どのようにお礼したらよいでしょうか; 《反語》いつかきっと仕返しをしてやるぞ. ✦ ***Na, ich danke.*** 《話》ごめん被るよ. ***Nichts zu ~!*** どういたしまして.
dankens=wert [形] 感謝に値する, ありがたい. **dank=erfüllt** [形] 感謝に満ちた.
Danke=schön [中] 《-s/》お礼の言葉.
Dankes=worte [複] 謝辞, お礼の言葉.
Dank=gebet [中] 感謝の祈り. **=opfer** [中] 感謝の供物. **=sagung** [女] (特にお悔みに対する)礼状. **=schreiben** [中] 礼状, 感謝状.
dankte ⇨ danken
dann [ダン] [副] ❶ ([英] then)それから, その後に, それに続いて. ❷ その場合, それならば, その時. ❸ さらに, それに加えて. ✦ ***Bis ~!*** 《話》じゃあまた. **~ *und* ~** いつかいつかに, これこれの時に. **~ *und wann*** ときどき.
Dante 〔**Alighieri**〕 ダンテ〔アリギエーリ〕(1265-1321; イタリアの詩人; 著書『神曲』).
Danzig [中] ダンツィヒ(ポーランド北部の港湾都市グダニスクのドイツ語形).
Daphne 〔ギ神〕 ダフネ.
dar.. ⇨ da..
daran [ダラン; ダーラン] [副] ❶ 《位置》そこに, それに接して〈くっついて〉. ❷ 《関連》それに関して, その点で; 《順序》順番に当たって; そのために. ✦ 〔***gerade***〕 **~ *sein*** 《+ zu 不定詞句》〔ちょうど〕(…)しようとしているところである. ***gut* ‹*schlecht, übel*› *~ sein*** 状態がよい〈悪い〉. ***nahe ~ sein*** 《+ zu 不定詞句》いまにも(…)するところである.
daran=gehen* [自] (s) 《+ zu 不定詞句》(…し)始める. **=machen** [再] 《*sich*⁴》《+ zu 不定詞句》(…に)取りかかる. **=setzen** [他] 投入する. ✦ ***alles ~*** 《+ zu 不定詞句》(…に)全力を尽くす.
darauf [ダラオフ; ダーラオフ] [副] ❶ 《位置》その上に, その上へ; 《方向》それを目ざして, そこに向かって, そこへ. ❷ 《時間》その後で, それに続いて. ❸ 《因果》そのために, その結果, それに応じて. ✦ ***~ folgend*** それに続く, その次の. ***kurz ~*** そのすぐあとで, その後間もなく.
darauffolgend [⊕]⇨ darauf ✦
daraufhin [副] 《時間》その後で; 《因果》それに基いて, それゆえに, それに応じて; その点に関して, その観点から.
daraus [ダラオス; ダーラオス] [副] その中から, そこから; それを材料〈もと〉にして. ✦ ***Daraus wird nichts.*** それは実現しない, それはものにならない.
darben [自] 《雅》困窮する, ひもじい思いをする.
dar|bieten* [他] ❶ 《〔*j*³〕 *et*⁴》(〔人に〕…を)上演〈演奏, 朗読〉する, 描く; (食事などを)出す. ❷ 《*sich*⁴》(機会などが)生じる, (光景などが)現れる. **Darbietung** [女] 《-/-en》《雅》上演, 演奏; 出し物, 催し物.
dar|bringen* [他] 《*j*³ *et*⁴》《雅》(…に…を)ささげる; 贈る.
Dardanellen [複] ダーダネルス(エーゲ海とマルマラ海を結ぶ海峡).
darein [副] その中へ〈に〉. **=finden*** [再] 《*sich*⁴》甘んじる, あきらめて従う. **=mischen** [再] 《*sich*⁴》干渉〈介入〉する. **=reden** [自] 《雅》口出しをする, 干渉する.
darf, darfst ⇨ dürfen
dargestellt ⇨ darstellen
darin [ダリン; ダーリン] [副] その中に〈で〉; その点で. **darinnen** [副] 《雅》その中に, その内部で.
dar|legen [他] 《〔*j*³〕 *et*⁴》(〔人に〕…を)詳しく説明する, 解説する. **Darlegung** [女] 《-/-en》説明, 解説.
Darleh〔e〕n [中] 《-s/-》貸付〔金〕, ローン. **~s=kasse** [女] 金融公庫, 貸付金庫.
Darm [ダルム] [男] 《-〔e〕s/**Därme**》 ❶ 〔医〕腸. ❷ 《複》内臓, 臓物; 〔料〕(ソーセージの)皮. ✦ ***einen kurzen ~ haben*** 《戯》今聞いたり読んだりしたばかりのことを受け売りする. ***in den ~ stechen*** 《俗・戯》《*sich*³》おならをする. **=krebs** [男] 腸癌(がん). **=saite** [女] (弦楽器やラケットの)腸線, ガット. **=schleimhaut** [女] 〔解〕腸粘膜.
Darmstadt [中] ダルムシュタット(ドイツ南西部の工業都市).
Darm=trakt [男] 〔解〕腸管. **=verschlingung** [女] 〔医〕腸捻転(ねん). **=verschluss** ([旧] = **verschluß**) [男] 〔医〕腸閉塞(へいそく)〔症〕.
Darre [女] 《-/-n》(農作物の)乾燥場〈室〉, 乾燥炉.
dar|reichen [他] 《雅》《〔*j*³〕 *et*⁴》(〔人に〕…を)(うやうやしく)手渡す, 贈る.
darren [他] (農作物を乾燥室〈炉〉で)乾燥させる.
dar|stellen [ダールシュテレン] (stellte dar; dargestellt)[他] ❶ 描く, 表現〈説明, 記述〉する; (…の役を)演じる. ❷ 意味する; (…で)ある. ❸ 《*sich*⁴ **als...**》(…である ことが)はっきりする; (人に…のように)思われる. ✦ ***etwas* ‹*nichts*› *~*** 《話》よい〈悪い〉印象を与える; ひとかどの〈つまらぬ〉ものである. **Darsteller** [男] 《-s/-》([女] **-in**)俳優, 役者; オペラ歌手. **darstellerisch** [形] 演技の, 役者としての. **Darstellung** [女] 《-/-en》描写; 叙述, 説明; 演技, 演じること; 〔化〕析出, 抽出. ✦ ***zur ~ kommen* ‹*gelangen*›** 描写される.
dar|tun* [他] 《雅》示す, 明らかにする, 証明する.
darüber [ダリューバー; ダーリューバー] [副] ❶ 《位置》その上〔方〕に, 重ねて; その上〔方〕へ, それを越えて. ❷ 《関連》それに関して, それについて. ❸ 《超過》それより多く. ❹ 《時間》そうしている間に, その際に. ✦ ***~ hinaus*** そのうえ, おまけに. ***~ machen*** 《話》とりかかる, 着手する. ***~ stehen*** 平然としている.
darüber=machen, =stehen* ⇨ darüber ✦
darum [ダルム; ダールム] [副] ❶ 《位置》その周囲に; そこを曲がって; そこを避けて. ❷ 《接続詞的》だから; そのため.
darum=kommen* [自] (s)それを断念する. **=legen** [他] (包帯などを)その周りに巻く. **=stehen*** [自] その周りに立っている.

darunter [ダルンター; ダールンター] 圖 ❶《位置》その下で; その下へ. ❷《数値》それ以下で. ❸ その中に, それらの間に. ◆ ~ **fallen** それに含まれる, 該当する. ~ **liegen** それを下回っている, それ以下である. ~ **mischen** その中に紛れ(混じり)込む; 《*sich*》その中に紛れ(混じり)込む. ~ **setzen** その下に書き加える.

darunter|fallen*, |**liegen**, |**mischen**, |**setzen** ⊕ ◆ darunter ◆

das [ダス] Ⅰ 《定冠詞: 中性1·4格(2格 *des*,3格 *dem*)》⊕ (the)その, この, あの,《組織全体を表して》…というもの. Ⅱ 《指示代名詞·関係代名詞: 中性1·4格(2格 *dessen*,3格 *dem*)》それ, あれ, これ, あの, この人: …であるところの: *ein* Buch, *das* ich ihm geliehen habe 私が彼に貸した本(最初の das は定冠詞).

das. 圖 daselbst そこで(に).

da|sein* ⊕ ⊕ da ◆

Dasein 图 (-s) 生存, 生活;(その場に)いること. ◆ **ins** ~ **treten** 生まれる. ~**berechtigung** 图 (/-) 存在(生存)権;【哲】レゾンデートル, 存在理由. ~**freude** 图 生きる喜び.

daseinsmüde 厖 =lebensmüde.

da|sitzen* ⊕ (じっと)座っている.

das|jenige ⊕ ⊕ derjenige

dass (⊕ **daß**)[ダス] 腰《従属》❶《⊕ that》《名詞に相当する文を導いて》…ということ;《名詞と同格となる副文を導いて》…という. ❷《副詞に相当する文を導いて》《結果》その結果, それゆえに;《目的》…〔するために, ために;《結果》…[する]ように;《原因推定》…[する]とは: …(して)[から, ~ ist es Hilf ihr doch, ~ sie fertig wird. 彼女が終えに手伝ってやって. ❸《単独で: 願望·慨嘆·命令など》: *Dass* ihm das nicht passiert! 彼にそんなことが起こりませんように | *Dass* sie so jung sterben musste! 彼女があんな若さで死ななくてはなんて.

das|selbe 《指示代名詞: 中性1·4格: das は定冠詞の変化, selbe は形容詞の弱変化》(⊕ the same) 同一の; 同じ人(事物). ◆ 圖 同じような.

Dassel|fliege 图《虫》ウシバエ.

da|stehen* ⊕ 厖《⊕ …の》状態(境遇)である; 〈話〉一目置かれている. ◆ *Wie steh' ich da!*〈話〉どうだい, たいしたものだろう.

dat. 圖 da*t*um; da*t*iert …日付の. **Dat.** ⊕ Da*t*iv.

Datei 图 (-/-en)【コン】ファイル, データ.

Daten ⊕ (⊕ **data**) データ, 観測, 資料. ⊕ =Datum ◆ ~**verarbeitend** 情報処理 [用]の. =**autobahn** 图 データハイウェー. =**bank** 图 データベース, データバンク. =**eingabe** 图 データ入力. =**erfassung** 图 データ収集(補足). =**erhebung** 图 データ収集. =**fernübertragung** 图 データ伝送(通信). =**komprimierung** 图 データ圧縮. =**missbrauch** (⊕ =**mißbrauch**) 图 データ乱用(情報流出など). =**netz** 图 (コンピュータによる)ネットワーク. =**schutz** 图 (プライバシーに関する)データ(情報)保護. =**schutz-**

gesetz 图 データ保護法. =**speicher** 图 データ記憶装置. =**speicherung** 图《記憶装置》のデータ入力(収蔵). =**träger** 图 データ記憶媒体(磁気カード·フロッピーなど). =**übertragung** 图 データ伝送.

datenverarbeitend 厖 ⊕ Daten ◆

Daten~**verarbeitung** 图 (/-) 情報処理(⊕ DV). =**verarbeitungsanlage** 图 プロセッサー, 情報処理装置. =**verschlüsselung** 图 情報暗号化.

datieren ⊕ ⊕ 〈4格など〉に日付を入れる: …の)年代を特定する. ❷ ⊕ 《**von** *et*³》(…の)日付である;《**aus** *et*³》(ある時代の)ものである.

Dativ 图 (-s/-e)【文法】3格(⊕ Dat.).

dato 圖 本日. ◆ *bis ~* 今日まで, これまで. **Datowechsel** 图【商】確定日後手形; 日付後定期払い手形.

Datsche 图 (/-n) ダーチャ(ロシアの田舎の山荘).

Dattel 图 (/-n) ナツメヤシの実. =**palme** 图 ナツメヤシ.

Datum [ダートゥム] 图 (-s/..**ten**) 《date》日付, 日時, 年月日. =**stempel** 图 日付印;【郵便】消印.

Daube 图 (/-n) おけのたが板;【ウン】(コンチネンタル式カーリングの)標的.

Dauer [ダオア] 图 (/-) 継続時間, 期間; 永続, 持続. ◆ *auf ~* 無期限で, いつまでも. *auf die ~* 〈話〉長い間には, このまま続くと. *nur von kurzer ~ sein* ほんの短い間しか継続しない. *von ~ sein* 長続きする. =**alarm** 图 常時非常警戒用信号. =**auftrag** 图 (口座からの)自動振り替え[契約]. =**brenner** 图 貯蔵式ストーブ;〈話〉長いキス;〈話〉ロングランの映画(芝居), 人気が持続するベストセラー. =**erfolg** 图 (興行·商品などの)ロングセラー, ロングラン.

dauerhaft 厖 長く続く; 耐久性のある; 《食品などが》日もちのいい;《建物などが》堅固な; (色が) あせない. **Dauerhaftigkeit** 图 (/-) 持続性, 耐久性.

Dauer~**karte** 图 定期券, 定期乗車(入場)券. =**krise** 图 継続的な(長期にわたる)危機的状況. =**lauf** 图 長距離走, ジョギング, ランニング. =**modifikation** 图 ⊕【遺伝】継続変異.

dauern [ダオアン] ⊕ ❶ ⊕ (⊕ last) 続く; 《*es dauert* +時間》(期間), long …するのに…だけかかる: *Es dauerte* drei Wochen, bis es gesund wurde. 彼が元気になるまで3週間かかった. ❷ ⊕《雅》(人に)残念と思わせる, (人に)気の毒な気持ちにさせる.

dauernd [ダオアント] 厖 永続的な, 持続する; 絶え間のない.

Dauer~**regen** 图 長雨. =**stellung** 图 定職. =**stress** (⊕ =**streß**) 图 (肉体的·精神的な)持続的緊張(ストレス).

dauerte ⊕ dauern

Dauer~**welle** 图 パーマ[ネントウェーブ]. =**wurst** 图 ダウアーヴルスト(保存用の薫製ソーセージ). =**zustand** 图 持続的な状態, 常態.

Daumen [ダオメン] 图 (-s/-) 《⊕ **Däumchen**》《⊕ thumb》(手の)親指: カム; タペット. ◆ *am ~ lutschen* 親指を

dechargieren

しゃぶる;(座して)飢える. **den ~ mit dem ~) auf et⁴ drücken**〖話〗(…に)固執する. **den ~, das ~ haben**〖話〗(…を)簡単には人に渡さない. **den ~ aufs Auge drücken 〈setzen, halten〉**〖話〗圧力をかける;(人に)無理強いする. **den 〈die〉 ~ drücken 〈halten〉**〖話〗〖俗〗(人の)成功を祈る. **den ~ haben 〈halten〉 〈auf et⁴〉**〖話〗…に悔しがる.〖話〗**~ 〈Däumchen〉 drehen**〖話〗退屈(たいくつ)している. **per ~ fahren** ヒッチハイクで行く. **per ~ peilen**〖話〗大ざっぱに見積もる.
Daumen=abdruck 男名 親指の指紋,母印. =**ballen** 男名 親指の幅(手の親指の指幅). =**breite** 女名 親指の幅. =**register** 中名(辞書などの小口に切り込まれた検索用のつめかけ). =**schraube** 女名 親指の締め具. ♦ **[die] ~ anlegen 〈ansetzen, aufsetzen〉**〖俗〗(人に)強烈な圧迫を加える.
Daumesdick 男名 親指小僧(グリム童話の主人公).
Däumling 男 〈-s/-e〉 親指用のサック;親指小僧(童話の主人公).
Daune 女 〈-/-n〉 ダウン, 綿毛.
Daunen=anorak 男〖服〗ダウンジャケット. =**decke** 女 羽布団. =**jacke** 女〖服〗ダウンジャケット.
Daus 田 ⊕ 〈-es/-e, Däuser〉 (さいころの)2の目;[ドイツ式トランプの]エース. ② 〈-es/-e〉〖古〗悪魔. ♦ **Ei der ~! / Was der ~!** これは驚いた.
David 男名 ダーヴィト; ダヴィデ(前10世紀のユダヤの王). **~[s]=stern** 男 ダビデの星(二つの正三角形を組合せた六角の星形; ユダヤ教の象徴).
Davis-Pokal 男〖スポ〗デビスカップ.
davon[ダフォン; ダーフォン] 副 ❶〖位置〗それについて; それから;そのことから; そのから.
davon=bleiben* 動 (s) 離れている, 近寄らない. =**gehen*** 動 (s)〖そこから〗立ち去る;〖雅〗この世を去る. =**kommen*** 動 (s) (危険などから)逃れる, 免れる. =**laufen*** 動 (s)〖そこから走り去る, 逃げる〗〖俗〗(人から)逃げ去る. ♦ **zum Davonlaufen sein**〖話〗(逃げ出したいほど)ひどい. =**machen** 動 〈**sich⁴**〉〖話〗こっそり立ち去る. =**schleichen*** 動 〈**sich⁴**〉そっと立ち去る. こっそり立ち去る. =**tragen*** 動 運び去る;(被害)を被る. ♦ **den Sieg ~**〖雅〗勝利を収める.
davor[ダフォーア; ダーフォーア] 副〖位置〗その前に;〖時間〗それ以前に. ♦ **[kurz] ~ stehen** 目前に迫っている.
davor=stehen* 動 ⇒ **davor** +.
Davos ダボス(スイス東部の観光・保養地).
DAX 略 **Deutscher Aktienindex** ドイツ株価指数.
dazu[ダツー; ダーツー] 副 ❶〖方向〗その方へ;〖目的〗そのために; それに向けて. ❷〖追加〗それに加えて;〖関係〗それについて.
dazu=gehören 動 それに所属〈付属〉している. =**gehörig** 配 それに所属〈付属〉する. =**halten*** 動 〈**sich⁴**〉〖方〗急ぐ; 努力する, 骨を折る. =**kommen*** 動

たまたまその場に来る; 付け加わる. =**lernen** 動 (それまでの知識に加えて…を新たに)学ぶ. =**mal** 副 当時, そのころ. ⇒ **tun*** 動〖話〗付け加える. ♦ **ohne j² Dazutun** (人の)援助〈関与〉なしに. =**verdienen** 動 余分に稼ぐ.
dazwischen[ダツヴィッシェン; ダーツヴィッシェン] 副〖位置〗その中間に, その間に; その中に交じって;〖時間的〗その時間〈期間〉中に.
dazwischen=fahren* 動 (s) (他人の会話などに)割って入る. =**funken** 動〖俗〗(人の計画などに)口を出す, じゃまをする. =**kommen*** 動 (s)〖話〗(不測の事態などが)起こる;〖話〗((人に)口出しをする, 介入〈干渉〉する. =**reden** 動〖話〗(人の話などに)割って入る;(人に)口出しをする, 干渉する. =**rufen*** 動 やじを飛ばす. =**schlagen*** 動(集団などの中へ)殴りかかっていく, 実力を示す. =**treten*** 動 (s) (仲裁のために)割って入る.
dB 略 **Dezibel** 中名 デシベル. **DB** 略 **Deutsche Bundesbahn**(1993年までのドイツ連邦〈国有〉鉄道; **Deutsche Bahn**(1994年以降のドイツ鉄道). **DBB** 略 **Deutscher Beamtenbund** ドイツ官公労組. **DBGM** 略 **Deutsches Bundes-Gebrauchsmuster**(ドイツの)連邦実用新案. **DBP** 略 **Deutsche Bundespost** ドイツ連邦郵便.
d.c. 略 **da capo**. **Dd.** 略 **Doktorand**.
ddp 略 **Deutscher Depeschendienst** ドイツ通信社. **DDR** 略 **Deutsche Demokratische Republik** ドイツ民主共和国(旧東独).
D-Dur 女 〈-/-〉〖楽〗ニ長調(記号 D).
de., De.,「除去, 分離」の意.
Deal 男 〈-s/-s〉 取引: **mit j³ einen ~ machen** 人と取引をする. **dealen** 動 麻薬を密売する. **Dealer** 男 〈-s/-/ -in〉(麻薬の)売人, ディーラー.
Debakel 中 〈-s/-〉 大失敗; 敗北.
Debatte 女 〈-/-n〉 討議, 討論; 審議, 論争. **debattieren** 動 〈**über et⁴**〉 (…について)討論〈討議〉する.
Debet 中 〈-s/-s〉〖商〗(銀行の)借方,借務,負債. =**note** 女 借方票, 借方勘定. =**posten** 男 借方項目〈勘定〉. =**saldo** 男 借方残高〈勘定〉. =**seite** 女〖商〗(銀行の)左のページ, 借方.
debil 形 (軽度の)精神薄弱の.
Debitor 男 〈-s/-en〉〖商〗債務者, 借主.
Debora[h] 女名 デボラ;〖聖〗デボラ (イスラエルの預言者).
Debussy Claude, ドビュッシー(1862-1918; フランス印象派の作曲家).
Debüt[デビュー] 中 〈-s/-s〉 デビュー, 初舞台: **sein ~ geben**(演じる, 騒ぐ)デビューする. **Debütant** 男 〈-en/-en〉 〈④ **-in**〉 デビューした人, 新人. **debütieren** 動 デビュー〈初登場〉する; 初舞台を踏む.
Dechanat 中 〈-[e]s/-e〉〖カト〗首席司祭の職〈教区〉.
Decharge 女〖商〗債務解除, 弁済償却. **dechargieren** 動 (…の)積み荷をおろす;〖商〗債務

を解除〈済〉する.
dechiffrieren 他 (暗号などを)解読する;(手紙などを)判読する.
Deck 中 (-(e)s/-(e)) [海] 甲板, デッキ. ❷ (2階バスなどの)上の階. ✦ *nicht (wieder) auf ~ sein* [話] 体の調子がよくない〈回復していない〉. **=adresse** 女 (本当の住所を隠すための)仮のあて名. **=anstrich** 男 上塗り, 仕上げ塗装. **=bett** 中 掛け布団. **=blatt** 中 ❶ (葉巻の)外巻き葉. ❷ (本の)タイトルページ; (本に貼り込み)訂正紙; (地図・図版などに重ねる)透明紙; (印刷された写真などの保護紙; (重ねたトランプの)一番上のカード. ❸ 中 苞葉(ほう).

Decke [デッケ] 女 (-/-n) ❶ (⊗ cover) 掛け布団, 毛布; テーブルクロス; 覆い, カバー. ❷ 天井. ✦ *an die ~ gehen* [話] 激怒する. *J³ fällt die ~ auf den Kopf.* 部屋が狭くて(人の)気が滅入る〈息が詰まる〉. *nach der ~ strecken* (sich⁴) 切りつめた暮らしをする. *unter einer ~ stecken* (人と) ぐるである. *[vor Freude] [bis] an die ~ springen* [話] うれしくて天にも昇る心地である.

Deckel [デッケル] 男 (-s/-) ❶ (⊗ lid) ふた. ❷ (書籍の)表紙, 平(ひら). ❸ [話] 帽子. ✦ *eins auf den ~ bekommen* (*kriegen*) [話] 一発どやしつけられる. *eins auf den ~ geben* [話] (j³)(人を)一発どやしつける.

decken [デッケン] (deckte; gedeckt) I 他 ❶ (⊗ cover) 覆う (mit et³); (…で)覆う; (et⁴ über (auf) et⁴) (…に)かぶせる. ❷ 守る, かばう; [競技] (敵を) マークする. ❸ [商] 充足する; (欠損を)補てんする, (負債を) 弁済する. ❹ (雌に)つがわす, 交尾する. ❺ (塗料が)下地を〈下塗りを〉隠す. ❻ (sich⁴) (mit et³) [...と]一致する; [計] 聖職剥奪(はく)に合同である. ✦ *den Tisch ~* 食事の用意をする.

Decken=beleuchtung 女 天井照明. **=gemälde** 中 天井画. **=lampe** 女 天井灯.
Deck=farbe 女 不透明塗料(絵の具). **=mantel** 男 隠れ蓑(みの), 口実. **=name** 男 仮名, 偽名; 暗号名.
deckte ⇨ decken
Deckung 女 (-/-en) ❶ 防御, 援護; [軍] 掩蔽(えんぺい); [拳] ディフェンス[陣], (相手に対する)マーク; [蹴] ガード. ❷ (需要の)充足; 補填, 填補(てん). ✦ *zur ~ bringen* (et⁴ mit et³) (…と…と) 一致させる. **deckungsgleich** 形 [数] 合同の; 重なり合う, 一致する.
Deckungs=kauf 男 [商] 保証充買, 填補購入. **=zusage** 女 [商] (保険会社による)保証の約束.
Deckweiß 中 (- (-es) /) 白色の不透明塗料(絵の具).
decresc. 略 *decresc*endo.
decrescendo 副 [楽] デクレッシェンド, しだいに弱く〈⊗ decresc.〉.
Deduktion 女 (-/-en) [哲] 演繹(えんえき)[法]. **deduktiv** 形 演繹(えんえき)的な. **deduzieren** 他 (et⁴ aus et³) (…から)演繹(えんえき)する, 演繹的に推論する.

de facto [ﾃ́ﾌｧｸﾄ] 事実上.
Defätismus 男 (-/-) 敗北主義; [政] 弱気, 投げ. **Defätist** 男 (-en/-en) 敗北主義者; [政] 弱気(の)筋(の). **defätistisch** 形
defekt 形 欠陥のある, 故障している.
Defekt 男 (-[e]s/-e) 欠陥, 故障; [医] (身体, 精神の)障害; [商] 欠損. **~en=protokoll** 中 [商] 欠損調書書; 不足備品表.
defensiv 形 防衛的な, 守り〈守備〉の; (運転などが)慎重な. **Defensive** 女 (-/-n) 防御, 防備, 守備.
defilieren 自 分列行進(パレード)する.
definieren 他 定義する, 規定する.
Definition 女 (-/-en) 定義; [計, 教] (教育・公会議の)決定. **definitiv** 形 最終的な, 決定的な.
Defizit 中 (-s/-e) 不足額; 欠損, 赤字; 欠如, 不足.
Deflation 女 (-/-en) [経] デフレ[ーション]; [地質] 乾食, デフレーション.
deflorieren 他 (人の)処女を奪う.
Deformation 女 (-/-en) 変形, ゆがみ; [医] ひずみ; [医] 変形, 奇形. **deformieren** 他 ゆがめる, 変形させる; [美術] デフォルメする.
Defroster 男 (-s/-) (冷蔵庫などの)霜取り装置; (自動車の)デフロスター.
deftig 形 ❶ 栄養たっぷりな. ❷ (ジョークなどが)きつい.
Degen [ﾃﾞ̄ｹﾞﾝ] 男 ❶ 剣, サーベル; [競技] エペ用の剣; [雅] 勇士, つわもの.
Degeneration 女 (-/-en) [生] 退化; [医] 変性, 変質; 退廃, 衰退, 堕落. **degenerieren** 自 (s) [生] 退化する; [医] 変性(変質)する; 退廃(衰退, 堕落)する.
degradieren 他 (*j⁴ von et³* zu et³) (人を[…から]…に) 降格(格下げ)する, 左遷する. **Degradierung** 女 (-/-en) 降格, 左遷; [計] 聖職剥奪(はく).
dehnbar 形 弾力〈伸縮性〉のある; (意味のあいまいな. **Dehnbarkeit** 女 (-/) 伸縮性, 弾力性; 融通性; [印] 延性.
dehnen [ﾃ́ｰﾈﾝ] (dehnte; gedehnt) 他 ❶ (引き)伸ばす; (sich⁴) 伸びる, 手足を伸ばす. ❷ (空間的に)広げる, (時間的に)長引かせる; (sich⁴) 広がる, 長びく. **Dehnung** 女 (-/-en) 伸ばす〈伸びる〉こと, 伸長, 延長, 拡張, 膨張.
dehydrieren 他 [化] (化合物から)水素を除く.
Deich 男 (-[e]s/-e) 堤防. **=bruch** 男 堤防の決壊.
Deichsel 女 (-/-n) (車の)轅(ながえ).
deichseln 他 [話] うまく処理する, やってのける.
dein [ﾀﾞｲﾝ] I [所有代名詞: 変化は *deine, deinem, deinen, deiner, deines* る] (⊗ your) 君〈あなた, おまえ〉の(▸人称代名詞 du に対応).
deinerseits, deinesteils 副 君の側〈立場〉で. **deines=gleichen** [指示代名詞: 無変化] 君と同様な人.
deinet=wegen 副 君のために. **=willen** 副 ✦ *um ~* 君のために.
deinige [所有代名詞: 形容詞的変化] (君の, あなた, おまえ)のもの(人称代名詞 du に対応).

de jure 《ラテン語》法的に, 法律上は.
Deka [中]《-[s]/-》= Dekagramm.
Dekade [女]《-/-n》10個〈10枚〉一組; 10日〈週, 月, 年〉の期間.
dekadent [形] 退廃的な, デカダンの.
Dekadenz [女]《-/》退廃, デカダンス.
Deka=gramm [中] デカグラム(10g).
Dekan [男]《-s/-e》(大学の)学部長; 〔カトリック〕首席司祭; 〔プロテスタント〕教区監督. **Dekanat** [中]《-[e]s/-e》学部長の職; 学部本部; 〔カトリック〕首席司祭職〈教区〉.
dekartellisieren [他]〔経〕(…の)カルテルを解く, (企業連合を)解体させる. **Dekartellisierung** [女]《-/-en》〔経〕カルテル解体.
dekatieren [他] (毛織物に)防縮加工を施す.
Deklamation [女]《-/-en》(詩文の)朗読, 朗誦; 〔楽〕デクラマチオーン(歌詞を優先させる歌曲の朗唱); (内容空虚な)長広舌. **deklamatorisch** [形] 朗読調の; (話しかたが)大げさな; 長広舌の. **deklamieren** [他] 朗読〈朗誦〉する; 〔楽〕(歌曲などを歌詞を優先させて)歌う; (…について)熱弁をふるう.
Deklaration [女]《-/-en》宣言, 声明, 布告; (課税品の)申告. **deklarieren** [他] 宣言〈布告〉する; (課税品を)申告する.
deklassieren [他]〔スポーツ〕(相手に)圧勝する.
Deklination [女]《-/-en》〔文法〕(名詞・代名詞・形容詞などの)変化, 格変化; 〔理〕(磁場の)偏角; 〔天〕赤緯. **deklinieren** [他]〔文法〕変化させる.
dekodieren [他] (暗号・情報などを)解読する; 〔コンピュータ〕デコードする.
Dekolleté, Dekolletee [デコルテー] [中]《-s/-s》〔服〕デコルテ. **dekolletieren** [他] (ドレスの)襟ぐりを深くする; [再]《sich⁴》《話》さらし者〈物笑いの種〉になる.
Dekor [男] [中]《-s/-s (-e)》装飾; (陶磁器などの)模様; 〔劇〕舞台装置.
Dekorateur [デコラテーア] [男]《-s/-e》([女] **-in**)(ショーウインドーなどの)デザイナー, インテリアデザイナー.
Dekoration [女]《-/-en》飾り付け, 装飾, デコレーション; 《蔑》勲章; 〔劇〕舞台装置, 書割(かきわり). **~s=stoff** [男] 飾り布(家具・カーテン用の生地など.). **dekorativ** [形] 装飾的な, きらびやかな, 見栄えのする; 舞台装置の. **dekorieren** [他] 《j-et⁴ [mit et³]》(…を[…で])飾る, 飾り付けする, 装飾する; (人に)勲章を授与する.
Dekret [中]《-[e]s/-e》(官公庁・裁判所の)指令, 命令; 〔カトリック〕教令. **dekretieren** [他] 指令〈命令, 指示〉する.
Delegation [女]《-/-en》代表団, 使節団; 〔法〕(権利・財産などの)譲渡; (債務の)転付. **delegieren** [他] (人を)派遣する; 《et⁴ an j⁴》(任務・権限などを人に)委託する. **Delegierte[r]** [男][女]《形容詞変化》代表, 使節.
delektieren 《雅》[他] (人を)楽しませる; 《sich⁴ an et³》(…を)楽しむ.
Deletion [女]《-/-en》〔遺伝〕(染色体の一部の)欠失; 〔言〕削除, 消去.
Delfin = Delphin. **=schwimmen** = Delphinschwimmen.
Delft デルフト(オランダ南西部の都市).
delikat [形] おいしい, 美味な; (問題などが)扱いにくい, デリケートな; 慎重な, 心遣いのある.
Delikatesse [女]《-/-n》高級な〈おいしい〉食べ物, 珍味佳肴(かこう); デリカシー, 慎重さ, 心遣い. **Delikatess=geschäft** ([旧] **Delikateß=**) [中] 高級食料品店.
Delikt [中]《-[e]s/-e》不法〈違法〉行為.
Delinquent [男]《-en/-en》([女] **-in**) 法律違反者, 犯罪者.
delirieren [自] 妄想状態にある, うわごとを言う. **Delirium** [中]《-s/..rien》〔医〕譫妄(せんもう)[状態].
Delkredere [中]《-/-》〔商〕支払い保証. **=provision** [女]〔商〕支払い保証料.
Delle [女]《-/-n》へこみ, くぼみ.
Delos デーロス(ギリシャのキュクラデス諸島中央の小島).
Delphi デルポイ(ギリシャの古都; Apollo の神託が下される神殿があった).
Delphin [男] ❶ [男]《-s/-e》〔動〕イルカ; 〔天〕海豚(いるか)座. ❷ [中]《-s/》〔水泳〕バタフライ. **=schwimmen** [中] バタフライ.
delphisch [形] デルポイの; 謎(なぞ)めいた.
Delta [中] ❶《-[s]/-s》デルタ(ギリシャ字母の第4字: Δ, δ). ❷《-s/-s, ..ten》〔地学〕デルタ地帯, 三角州. **deltaförmig** [形] 三角形の.
dem [冠詞] der, das の3格.
Demagoge [男]《-n/-n》扇動[政治]家, デマゴーグ. **Demagogie** [女]《-/-n》(民衆の)扇動; デマ. **demagogisch** [形] 扇動的な.
Demarche [女]《-/-n》外交的措置(口頭による抗議・申し入れなど).
Demarkations=linie [女] 暫定的国境線.
demaskieren [他] (人の)仮面をはぐ, 正体を暴く; 《sich⁴》正体を現す; 〔軍〕(大砲などの)偽装を取り外す. **Demaskierung** [女]《-/-en》
Dementi [中]《-s/-s》(公式の)否認, 打ち消し. **dementieren** [他] (主張・報道などを公式に)否認する.
dem=entsprechend [形] それに応じた.
Demeter 〔ギリシャ神〕デメテル(収穫の女神).
dem=gegenüber [副] それに対して, それに比べて. **=gemäß** [形] それに応じた.
demilitarisieren [他] 非武装化する, (…の)軍事施設を撤去する.
dem=jenigen derjenige, dasjenige の3格. **=nach** [副] それによれば; したがって, それゆえに. **=nächst** [副] まもなく, やがて, もうすぐ.
Demo [女]《-/-s》《話》デモ(< *Demonstration*).
Demokrat [男]《-en/-en》([女] **-in**)民主主義者; 民主党員.
Demokratie [デモクラティー] [女]《-/-n》([英] democracy)民主主義; 民主主義国家〈社会〉. **=bewegung** [女] 民主主義〈民主化〉運動.
demokratisch [デモクラーティシュ] [形] 民主的な, 民主主義の, 民主制〈党〉の.
demokratisieren [他] 民主化する; 大

衆化する. **Demokratisierung** [女] 《-/-en》 民主化; 大衆化.

Demokrit デモクリトス(前460頃-370頃; 古代ギリシャの哲学者; 原子論を提唱).

demolieren [他] 取り壊す, 破壊する.

Demonstrant [男] 《-en/-en》 ([女] **-in**)デモ参加者.

Demonstration [デモンストラツィオーン] [女] 《-/-en》 ❶ 《**für** 〈**gegen**〉 *et*⁴》 (…に対する)示威運動, デモ([略] Demo). ❷ (意図などの)表明; (軍事力の)誇示; 実演, デモンストレーション. **~s=zug** [男] デモ行進.

demonstrativ [形] 示威的な, これ見よがしの; (意図が)はっきりわかる; 〔文法〕 指示的な. **Demonstrativ** [中] 《-s/-e》, **=pronomen** [中] 〔文法〕 指示代名詞.

demonstrieren [自] ([英] demonstrate) 《**für** 〈**gegen**〉 *et*⁴》 (…に対する)デモ〈示威運動〉をする; [他] (意図を)表明する; (感情・意志などを)明らかにする; (…を)実例〈実物〉で説明する.

Demontage [女] 《-/-n》 (機械・工場施設などの)解体, 取り壊し, 撤去.

demontieren [他] (機械・工場施設などを)解体〈撤去〉する.

demoralisieren [他] (人の)やる気をなくさせる, 士気をそぐ. **Demoralisierung** [女] 《-/》

Demo=skopie [女] 《-/-n》 世論調査.

Demo=spruch [男] デモのスローガン.

Demosthenes デモステネス(前384-322; 古代ギリシャの雄弁家・政治家).

demotivieren [他] (人の)動機を弱める, 関心〈興味〉を失わさせる. **Demotivierung** [女] 《-/-en》, **Demotivation** [女] 《-/-en》 興味〈関心〉を失わせること, やる気をなくさせること.

demselben derselbe, dasselbe の3格.

Demut [デームート] [女] 《-/》 謙虚, (境遇に対する)従順さ.

demütig [デーミューティヒ] [形] 謙虚な, へりくだった.

demütigen [デーミューティゲン] [他] (人に)屈辱を与える, (人を)辱める. **Demütigung** [女] 《-/-en》 屈辱, 侮辱.

demzufolge [副] その結果として, それによって; それによれば.

den ❶ 冠詞 der の4格; 冠詞複数 die の3格. ❷ [記号] *Denier*.

Denar [男] 《-s/-e》 デナリウス(古代ローマの銀貨); デナール(中世の銀貨, 後の Pfennig).

Dendrogramm [中] 《-s/-e》 (類縁関係・系統を示す)樹形[状]図, 系統樹.

denen 指示〈関係〉代名詞複数 die の3格.

Denier [デニエー] [中] 《-[s]/-》 デニール(生糸・化学繊維の太さの単位; [記号] den).

denjenigen 指示代名詞男性 derjenige の4格, 複数 diejenige の3格.

Denkart [女] 《-/-en》 考え方, 思考法; 心のもち方.

denkbar [デンクバール] ❶ [形] 考えられる, あり得る. ❷ [副] 《形容詞の最上級と》 考え得るかぎりの; 非常に, きわめて.

denken* [デンケン] 《**dachte**; **gedacht**》 [動] ❶ ([英] think)考える, 思う, 思考する: laut ~ 《話》 独り言を言う | logisch ~ 論理的に考える | Was ~ Sie 〈*denkst* du〉[, wenn...]? [···ならば]どう思いますか | Ich *denke* es. そう思います. ❷ 《**an** *j-et*⁴》 (…のことを)思う, 考える, 思い出す: *Denk* daran, dass... …ということを忘れないように. ❸ 《**über** *j-et*⁴/ **von** *j-et*³》 (…を)評価〈判断〉する: Er *denkt* nichts Gutes von mir./ Er *denkt* schlecht von mir. 彼は私のことをよく思っていない | Wie *denkst* du über meinen Plan? 私の計画をどう思いますか. ❹ 《[**daran**] + zu 不定詞句》 (…する)つもりである: Ich *denke* nicht daran, dorthin zu gehen. 私はそこへ行くつもりはない. ❺ 《*sich*³ *et*⁴》 (…を)想像する, 思い描く: Als Nachtisch habe ich mir ein Eis *gedacht*. デザートはアイスクリームにしようと思った | Ich habe mir nichts Böses dabei *gedacht*. そう言ったのは別に悪気じゃあないんだ. ✦ ***bei sich*³ 〈*für sich*⁴〉 ~** ひそかに思う. ***Das habe ich mir gleich gedacht!*** 私もそう思ったよ; 《疑念》 そんなことだろうとは思っていたよ. ***Das hast du dir gedacht!*** 《話》 (君はそう思うだろうが)それがそうじゃないんだ, それは全く君の思い違い〈思い込み〉だ. ***Gedacht, getan!*** 考えたら〈決断したら〉すぐ実行だ. ***Ich denke nicht daran!*** とんでもない, やなこった. ***Wo denkst du hin!*** 《話》 それは君のひどい思い違いだ; とんでもない. ***zu ~ geben*** 《*j*³》 (人を)考え込ませる.

Denken [中] 《-s/》 思惟(しい), 思考; 考え方; 思想. **Denker** [男] 《-s/-》 思想家, 哲学者.

denk=fähig [形] 思考能力のある. **=faul** [形] 考えることが嫌いな.

Denk=fehler [男] (論理上の)誤謬(ごびゅう), 推理〈推論〉の誤り, 考え違い. **=figur** [女] 思考パターン. **=freiheit** [女] 思想の自由.

Denkmal [デンクマール] [中] 《-[e]s/..mäler (..male)》 ([英] monument)記念碑, 記念像, 記念建造物; 文化財, 文化遺産. ✦ ***ein ~ setzen*** 《*sich*³》 不滅の業績を残す. **~[s]=schutz** [男] 文化財〈史跡〉保護.

Denk=modell [中] 構想. **=münze** [女] 記念硬貨, 記念メダル. **=pause** [女] (考えを整理するための)時間, 息抜き. **=prozess** ([旧] **prozeß**) [男] 思考の過程〈プロセス〉. **=schablone** [女] 月並みな思考パターン, 型どおりの考え方. **=schrift** [女] (公共機関あての)意見書, 報告書. **=sport** [男] 頭の体操, クイズ. **=spruch** [男] 格言, 警句, 金言. **=stein** [男] 石碑, 記念碑. **=stil** [男] 思考様式. **=struktur** [女] 思考構造. **=vermögen** [中] 思考[能]力. **=weise** [女] 考え方, 思考方法.

denkwürdig [形] 記憶〈記念〉すべき, 重要な.

Denk=zentrum [中] (脳の)思考中枢. **=zettel** [男] ✦ ***einen ~ geben*** 〈***verpassen***〉 《*j*³》 (人に)おきゅうをすえる.

denn [デン] I [接] 《並列》 ❶ ([英] for) 《理由》 というのは〈なぜなら〉…[だ]からだ. ❷ ([英] than) 《比較級と; als の重複を避けて》 …より; 《比較級 denn je の形で》

以前にもまして: besser ～je 〈zuvor〉従来よりもよい. II [副] ❶《疑問文で》いったい, そもそも. ❷《so, da などと》それならば, そこで;《auch, doch などと》やはり, 果たして, 実際に. ❸《命令·勧誘を表す文で》さあ. ❹《北部·話》それなら. ♦ *es sei* ～, [*dass*] ... …でなければ. *geschweige* ～ いわんや, まして.

dennoch [デノッホ] [副] それでもなお, それにもかかわらず.

Denomination [女]《-/-en》〔商〕(株券の)額面価格変更〈引き下げ〉;〔経〕デノミネーション.

denselben derselbe の4格, 複数 dieselbe の3格.

dental [形] 歯の, 歯科の;〔言〕歯音の.

Denunziant [男]《-en/-en》([女] **-in**) 密告者, 中傷者. **Denunziation** [女]《-/-en》密告, 中傷. **denunzieren** [他] (人を)密告する.

Deodorant [中]《-s/-s, -e》,《話》**Deo** [中]《-s/-s》(体臭の)防臭剤, デオドラント.

Departement [デパルテマーン] [中]《-s/-s; スイス -s/-e》(フランスの)県; (スイスの)省〔庁〕, 部局.

deplaziert ([旧] **..placiert**) [形] 場違いな, 不相応な.

Deponie [女]《-/-n》ごみ捨て場, ごみ集積場.

deponieren [他] (貴重品などを)保管する〈してもらう〉, 預ける.

Deportation [女]《-/-en》〔国外〕追放, 流刑. **deportieren** [他] (人を)追放する, 流刑に処する.

Depot [デポー] [中]《-s/-s》❶ 貯蔵所, 倉庫, 保管所, デポ; (銀行の)貴重品〈有価物〉保管金庫;〔商〕(繰り延べ取引に際しての相場の)値下がり. ❷ 貯蔵品, 保管物; 寄託物, 預り金. ❸ (バス·電車の)車庫.

Depp [男]《-en/-en (-s/-e)》《南部·オーストリア》《話》ばか, まぬけ, とんま.

Depression [女]《-/-en》意気消沈, 気落ち, 落ち込み;〔医〕鬱病(うつびょう);〔経〕不景気, 不況;〔気象〕低気圧〔地帯〕;〔地学〕(海面より低い)凹地;〔医〕(骨の)陥凹;〔天〕俯角(ふかく);〔理〕(凝固·沸点の)降下.

deprimieren [他] (人を)意気消沈〈落胆〉させる.

Deputierte[r] [男][女]《形容詞変化》代表団員; (フランスなどの)代議士.

der I [デア]《定冠詞; 男性1格》《2格 **des**, 3格 **dem**, 4格 **den**》([英] the) その, この, あの;《種属全体を表して》…というもの: *Der* Hund ist ein treuer Freund. 犬というものは忠実な友だ. II [デーア]《指示代名詞·関係代名詞; 男性1格》《2格 **dessen**, 3格 **dem**, 4格 **den**》それ, あれ, これ, その〈あの, この〉人; …であるところの: er und sein Bruder und *dessen* Kinder 彼と彼の兄〈弟〉とその子供たち | der Pass, *den* ich verloren habe 私がなくした旅券(最初の der は定冠詞). ♦ ～ *und* ～ これこれの男.

derangieren [デラー[ン]ジーレン] [他] 混乱させる.

der=art [副] これ〈それ〉ほどに. =**artig** [形] この〈その〉ような; [副] = derart.

derb [デルプ] [形] ❶ ([英] strong) 頑丈な, じょうぶな. ❷ 荒っぽい; 粗野な, がさつな.

Derby [中]《-[s]/-s》ダービー; 大競技会.

deregulieren [他] (…の)規制を外す〈撤廃する〉; 規制を緩和する. **Deregulierung** [女]《-/-en》, **Deregulation** [女]《-/-en》規制撤廃; 規制緩和.

dereinst [副]《雅》いずれ, いつか;《古》かつて, 以前.

deren 指示〈関係〉代名詞女性·複数 die の2格.

derent=wegen [副]《女性及び複数名詞を受けて》彼女〈それ, 彼ら, それら〉のために. =**willen** [副] ♦ *um* ～ 彼女〈それ, 彼ら, それら〉のために.

derer 指示代名詞複数 die の2格.

dergestalt [副]《雅》♦ ～, *dass...* …のように, …のほどに.

dergleichen《指示代名詞; 無変化》そのような〔事物〕. ♦ *nicht* ～ *tun*《話》知らん顔をする, 反応しない.

Derivat [中]《-[e]s/-e》〔文法〕派生語;〔化〕誘導体;〔経〕金融派生商品, デリバティブ.

derjenige [デーアイェーニゲ]《指示代名詞男性1格; der は定冠詞の変化, jenige は形容詞の弱変化》その; それ, その人.

derjenigen 指示代名詞 diejenige の女性2·3格, 複数2格.

derlei《指示代名詞; 無変化》そのような事物.

dermaßen [副] ♦ ～, *dass...* これほどに.

Dermatologe [男]《-s/-s》([女] **..login**) 皮膚科医. **Dermatologie** [女]《-/》皮膚科学. **Dermato=pathologie** [女] 皮膚病理学.

der=selbe [デーアゼルベ]《指示代名詞男性1格; der は定冠詞の変化, selbe は形容詞の弱変化》([英] the same) 同一の; 同じ人〈事物〉;《話》同じような.

der=weil[en] [副] その間に, そうしている間に; [接]《従属》…している間に.

=**zeit** [副] 現在, 目下([略] dz.); 当時, そのころ. =**zeitig** [形] 現在の, 目下の.

des 冠詞 der, das の2格.

des, Des [中]《-/-》〔楽〕変ニ(音名); [記号]《Des》変ニ長調.

des.., Des.. ⇨ de.., De..

Desaster [中]《-s/-》不幸; 大失敗.

Descartes René, デカルト(1596-1650; フランスの哲学者·数学者).

Des-Dur [中]《-/》〔楽〕変ニ長調([記号] Des).

Deserteur [デゼルテーア] [男]《-s/-e》脱走〈逃亡〉兵.

desertieren [自] (s, h) 脱走〈逃亡〉する.

Desertifikation [女]《-/》砂漠化.

desgl. [略] *desgl*eichen.

desgleichen [副] 同様に.

deshalb [デスハルプ] [副] ([英] therefore) だから, そのため.

Design [中]《-s/-s》デザイン. **Designer** [男]《-s/-》([女] **-in**) デザイナー.

designieren [他] 内定〈指名〉する.

des=illusionieren [他] (人を)幻滅させる; (人の)目を覚まさせる.

Desinfektion [女] 消毒, 殺菌. ～**s=mittel** [中] 消毒剤. **Des=infektor** [男]《-s/-en》消毒の専門家; 消毒器.

D

des=infizieren 他 消毒する.
Des=information 図 (意図的な)情報搡乱(伝), 反(逆)情報.
Des=interesse 図 無関心. **des=interessiert** 形 〈**an** *et*³〉(…に)無関心な, 冷淡な.
desjenigen derjenige, dasjenige の2格.
deskriptiv 形 記述的な.
Deskriptor 男 《-s/-en》記述子, キーワード(情報の類別に用いる語句).
desodorieren 他 (…の)臭気を除去する, 脱臭(防臭)をする.
desorientiert 形 方向性を失った; 混乱した.
Desoxyribonukleinsäure 図 《-/》〖生化〗デオキシリボ核酸, DNA (⇨ DNS). **Desoxyribose** 図 《-/》〖生化〗デオキシリボース.
despektierlich 形 《雅》失礼な, 侮辱的な.
Despot 男 《-en/-en》専制君主, 暴君. **Despotie** 図 《-/-n》, **Despotismus** 男 《-/》専制政治, 暴政. **despotisch** 形 専制的な; 横暴な.
Dessau 中 デッサウ(ドイツ東部 Sachsen-Anhalt 州の工業都市).
desselben derselbe, dasselbe の2格.
dessen 指示(関係)代名詞 der, das の2格. ◆ **~ ungeachtet** それにもかかわらず.
dessent=wegen 副《男性・中性名詞や副文を受けて》そのために, その人のために. **=willen** ◆ **um ~** そのために, その人のために.
dessen=ungeachtet 副 ⇨ dessen ◆
Dessert [デザート] 中 《-s/-s》デザート.
Dessin [デサーン] 中 《-s/-s》下絵, 素描, デッサン; 構想; 模様.
Dessous [デスー] 中 《-/-》女性用下着.
destabilisieren 他 不安定にする. **Destabilisierung** 図 《-/-en》
destillieren 他 〖化〗蒸留する.
desto [デスト] 副 **❶** 〈je + 比較級〉それだけいっそう, それだけ…ますます. **❷** それならいっそう: Ich mag sie ~ mehr. それだからいっそう彼女のことが好きだ. ◆ **~ als (da) ...** …だけにいっそう…: *je eher, ~ besser* 早ければ早いほどよい, *je mehr, ~ besser* 多ければ多いほどよい.
Destruktion 図 《-/-en》 破壊; 解体; 〖地学〗表層風化. **destruktiv** 形 破壊的な; 〖医〗破壊性の.
deswegen [デスヴェーゲン] 副 《@ therefore》それゆえに, それだから.
Detail [デタイ] 中 《-s/-s》 詳細, 細部, ディテール; 〖商〗小売り. ◆ **im ~ verkaufen** 小売りする. **=handel** 男 〖商〗小売(業). **=händler** 男 〖商〗小売業者.
detailliert [デタイールト] 形 詳細な.
Detektei 図 《-/-en》 探偵社, 興信所.
Detektiv [-s/-e] 男 《-s/-e》(@ **-in**)(ドイツで)私立探偵; (英・米で)刑事. **=roman** 男 探偵(推理)小説.
Detektor 男 《-s/-en》 探知器; 〖電〗検波器; 検電器.
Detmold デトモルト(ドイツ Nordrhein-Westfalen 州の都市).
Detonation 図 《-/-en》 (激しい)爆発.

detonieren 自 (大音響とともに)爆発する.
Deukalion [ːː ː神] デウカリオン(Prometheus の息子).
Deut 男 (昔のオランダの銅貨). ◆ **keinen (nicht einen) ~** まったく…でない.
deuteln 自 こじつける. ◆ **Daran gibts nichts zu ~.** 他に解釈の仕様がない, 明々白々だ.
deuten [ドイテン] 《deutete; gedeutet》 **❶** 他 《@ interpret》《雅》解釈する. **❷** 自 《@ point》〈**auf** *j-et*¹〉(…を)指し示す, それとなく示す.
deutlich [ドイトリヒ] 形 《@ clear》はっきりした, 明白な, 明らかな; ありとて. ◆ **~ werden** (批判などを)はっきり口にする.
Deutlichkeit 図 《-/-en》明白さ; 露骨さ, 率直さ; 〖話〗無遠慮な発言.
deutsch [ドイチュ] 形 《@ German》ドイツの, ドイツ人(ふう)の; ドイツ語の. ⇨ Deutsch ◆ **~ reden (sprechen)** 〖話〗〈**mit** *j³*〉(人に)はっきり(ずけずけ)物を言う.
Deutsch 中 《-[s]/》 (特定の)ドイツ語: **~ sprechen** ドイツ語を話す. ◆ **auf ~** ドイツ語で. **einfach** 〈話〉 ざっくばらんに, はっきり言って. **~ sprechend** ドイツ語を話す.
Deutsche[r] [ドイチェ〈チャー〉] 男 《形容詞変化》 (@ German) ドイツ人.
Deutsche[s] 中 《形容詞変化》 (言語名としてのドイツ語; ドイツ的なもの, ドイツ的性格.
deutsch=feindlich 形 ドイツ嫌いの, 反ドイツ的な. **=freundlich** 形 ドイツびいきの, ドイツ好きの.
Deutschkunde 図 ドイツ[語]学; ドイツ関係学科目.
Deutschland [ドイチュラント] (@ Germany) ドイツ. **=lied** 中 ドイツ国歌. **Deutsch-Ostafrika** ドイツ領東アフリカ(タンガニーカ連合共和国のこと; 1885年から1919年までドイツの保護領). **Deutsch-schweiz** 図 ドイツ語圏スイス. **deutsch-sprachig** 形 ドイツ語を話す; ドイツ語による. **=sprachlich** 形 ドイツ語〔について〕の. **=sprechend** 形 ⇨ Deutsch ◆
Deutsch-Südwestafrika ドイツ領南西アフリカ(現在のナミビア).
Deutschtum 中 《-s/》 ドイツ人らしさ, ドイツ的なこと; ドイツ人であること.
Deutung 図 《-/-en》解釈, 説明. **~s=mittel** 中 解釈の手段, 解釈法. **~s=versuch** 男 解釈(説明)の試み.
Devalvation 図 《-/-en》〖経〗平価切り下げ. **devalvationistisch** 形 平価切り下げの〔原因となる〕. **devalvieren** 他 (…の)平価切り下げを行う.
Devise [デヴィーゼ] 図 《-/-n》モットー, スローガン; 〖商〗外貨, 外国為替. **Devisen=austauschgeschäft** 中 〖経〗〖金〗(為替のスワップ(乗り換え)取引. **=bringer** 男 〖話〗外貨の稼ぎ手(商品・産業など). **=hotel** 中 (旧東欧圏の)外貨専用ホテル. **=mangel** 男 外貨不足. **=markt** 男 外国為替市場. **=vergehen** 中 《-s/》外為法違反.
devot 《雅》卑屈な; 過度に恭しい.

Dez. 匿 *Dezember*.

Dezember [デツェンバー] 男 《-[s]/-》 (® December) 12月 (® Dez.).

dezent 形 控え目な. 押しつけがましくない, 品のよい.

dezentralisieren 他 (権限・機能を)分散させる, 分権化する.

Dezernat 中 《-[e]s/-e》(役所の)部, 局. **Dezernent** 男 《-en/-en》(役所の)部長, 局長.

Dezi‥ デシ‥ 《記号 d..》.

dezimal 形 十を基数とする, 十進法の. **Dezimalbruch** 男 《数》小数. **Dezimale** 女 《-/-n》《数》小数位. **Dezimalsystem** 中 《数》十進法.

dezimieren 他 (人間や動物を)大量に殺す; 《*sich*》激減する.

DFB 屈 *Deutscher Fußball-Bund* ドイツサッカー連盟. **DFG** 屈 *Deutsche Forschungsgemeinschaft* ドイツ学術振興会. **DFÜ** 屈 *Datenfernübertragung*. **DGB** 屈 *Deutscher Gewerkschaftsbund* ドイツ労働組合連盟. 屈 *dergleichen*. **d.Gr.** 屈 *der Große* 大王, 大帝. **d.h.** 屈 *das heißt* すなわち, つまり; ただし. **d.i.** 屈 *das ist* すなわち.

Di. 屈 *Dienstag*.

Dia [ディーア] 中 《-s/-s》 スライド (< *Diapositiv*).

Diabetes 男 《-/-》 糖尿病. **Diabetiker** 男 《-s/-》 (女 **-in**) 糖尿病患者. **diabetisch** 形 糖尿病の.

diabolisch 形 悪魔のような, 意地の悪い.

Diadem 中 《-s/-e》 王冠, ティアラ.

Diagnose 女 《-/-n》 診断; (問題・状況などの)判断. **diagnostisch** 形 診断[上]の, 診断に基づいた.

diagnostizieren 他 《 [*auf*] *et*⁴; *et*⁴ *als et*⁴》 (病気を) ‥と) 診断する.

diagonal 形 対角線の, 斜めの. **Diagonale** 女 《-/-n》《数》対角線.

Diagramm 中 《-s/-e》 図表, ダイヤグラム.

Diakon 男 《-s/-e, -en/-en》《カト》助祭; 《プロテ》執事; 社会奉仕官, ディアコーン. **Diakonisse** 女 《-/-n》《プロテ》ディアコニッセ (教会の女性奉仕団員).

Dialekt 男 《-[e]s/-e》 方言; なまり. **dialektfrei** 形 なまりのない.

Dialektik 女 《-/》 (ソクラテスの)問答法; (カントの)弁証論, (ヘーゲル以後の)弁証法; (巧みな)論法; 対立, 矛盾. **dialektisch** 形 弁証法的な; (倫理の)精緻な; 《稀》細部にこだわった; 方言の.

Dialog 男 《-[e]s/-e》 会話, 対話, 問答; (映画・劇の)対話部分, せりふ. **∼bereitschaft** 女 話し合う用意のあること.

dialogisch 形 対話形式の, 対話ふうの.

Dialog·partner 男 対話の相手. **∼roman** 男《文芸》対話体小説.

Dialyse 女 《-/-n》《化》透析; 《医》《人工》透析. **∼gerät** 中 透析装置. **∼patient** 男 透析患者.

Diamant [ディアマント] 男 ❶ 《-en/-en》 ダイヤモンド, 金剛石. ❷ 《-/》《印》ダイヤモンド (4.5 ポイントの活字). **diamanten** 形 ダイヤモンド[製]の; ダイヤモンドのような.

Diamat, DIAMAT 男 《-/》 弁証法的唯物論 (< *dialektischer Materialismus*).

Diameter 男 《-s/-》 直径. **diametral** 形 直径[上]の; 正反対の.

Diana 女 《-/》《ギ神》ディアナ (月と狩猟の女神); 《女名》ディーナ.

Dia·positiv 中 スライド (⇒ *Dia*). **∼projektor** 男 スライド映写機, プロジェクター.

Diarrhö[e] 女 《-/-en》《医》下痢.

Diaspora 女 《-/》 ディアスポラ(離散して他民族・他宗教の国に住む少数派, またはその居住地域).

Diät [ディエート] 女 《-/》 (病人用の)特別食, 食餌(じ)療法; (減量のための)ダイエット. ♦ ∼ *essen* 病人食を食べる(食養生する). ∼ *machen* (*leben*) ダイエットする(している).

Diäten 複 (議員の)歳費; (大学の)非常勤講師料. ∼**erhöhung** 女 (議員などの)歳費値上げ.

Diätkost 女 《-/》規定食, ダイエット食.

dich [ディッヒ] du の 4 格.

dicht [ディヒト] 形 ❶ (® dense) 密な, 密集した, ぎっしり詰まった; 見通しがきかない. ❷ (® tight) (中身を)漏らさない, 密閉された. ❸ (® close) 《前置詞句と》すぐ近く, 密接して; すれすれに. ♦ ∼ *besiedelt* (*bevölkert*) 人口密度の高い. *nicht ganz* ∼ *sein* 《話》頭が少しおかしい. *‥dicht* 「‥を通さない, 漏らさない」の意.

dicht·besiedelt, ·bevölkert 他 ⇒ **dicht** ♦

Dichte 女 《-/-n》 密度, 濃度; 《理》密度.

dichten 他 ❶ 密にする; (‥の)隙間をふさぐ. ❷ (文芸作品を作る, 創作する; 詩作する.

Dichter [ディヒター] 男 《-s/-》 (女 -**in**) (® poet) 詩人, 作家. **dichterisch** 形 詩[人]の; 詩的な (文学的)な.

dichtest ⇒ **dicht**

dichthalten* 他 《話》口を閉ざす, 秘密を守る.

Dicht·kunst 女 《-/》 詩作, 創作; (ジャンルとしての)文芸, 文学. **∼machen** 他 《話》(店を)閉める, 閉店する; (‥の)営業を停止する; 《ス》防御(ディフェンス)を固める.

Dichtung [ディヒトゥング] 女 《-/-en》❶ 文芸作品 (ジャンルとしての)文芸, 文学. ❷ 《話》作り話, フィクション. ❸ 密閉, 漏れ止め; 詰めもの, パッキング, ガスケット. ♦ *sinfonische* ∼ 交響詩.

dick [ディック] 形 ❶ (® thick) 厚い, 分厚い; (‥の)厚さのある. ❷ (® fat) 太い, (人が)太った, (胸が)大きい; (胸が)膨れた, はれた. ❸ 《話》大変な, ひどい. ❹ 濃い, 密な, 濃密 (濃厚)な; 親密な. ♦ ∼ *auftragen* 《腹》誇張する. ∼ *haben* (*kriegen*) 《話》 《*j-et*⁴》 (‥に)うんざり (あきあき)している. ∼ *machen* 《卑》 (人を)はらませる; 《*sich*⁴ *mit et*³》 (‥を)鼻にかける, 自慢する. *durch* ∼ *und dünn gehen* 《*mit j*³》 (人と)苦楽を共にする. *es* ∼ *haben* 裕福である. *es nicht so* ∼ *haben* さほど裕福ではない.

..dick「…の太さの」の意.
dickbäuchig 形 太鼓腹の.
Dickdarm 男 大腸.
Dicke 女 (-/-n) 厚さ, 厚み; 粘性; 肥満.
Dicke(r) 男 《形容詞変化》太った人; 〖話〗でぶ, おでぶちゃん. **Dickerchen** 中 (-s/-) 〖戯〗おでぶちゃん.
dick|fellig 形 皮の厚い; 無神経な. **~flüssig** 形 ねばねばした, どろっとした. **~füttern** 他 〖話〗飼をやって太らせる. 肥育する.
Dickhäuter 男 (-s/-) 〖動〗厚皮類(象・カバなど); 〖話〗つらの皮の厚い人.
Dickicht 中 (-s/-e) (見通しのきかない)やぶ, 茂み, 叢林(ミシン).
Dickkopf 男 〖話〗頑固(強情)[な人]; 〖動〗ウグイ(亠類). **dickköpfig** 形 〖話〗頑固な, 強情な.
dick|lich 形 (体つきが)太め の, まるまるとした. **~lippig** 形 くちびるの分厚い. **~tun*** 自 《sich⁴》〖話〗いばる, もったいぶる. 大口をたたく.
Dickwanst 男 〖話〗太鼓腹[の人].
Didaktik 女 (-/-en) 教授法. **didaktisch** 形
Dido 女 〖神〗ディド(カルタゴの祖).
die Ⅰ《定冠詞: 女性・複数1・4格; der,3格の女性の《複数の「複数の」(男 the)の《それらの), この, [これらの], あの (▶訳をしないことも多い); 〖細量全体を表して〗…というもの: ~ Katze 猫というもの. Ⅱ《指示代名詞・関係代名詞: 女性・複数1・4格》《2格 deren 《複数 deren》〖話〗derer》, 3格女性 der 《複数 denen》》それ(それら), あれ, [これら], その(この, この)[人(人たち)]・・・であるところの》: Sie ging mit ihrer Tante und *deren* Sohn ins Kino. 彼女は彼女のおばとその(彼女のおばの)息子と映画を見に行った | die Firma, in *der* ich arbeite 私の勤めている会社(最初の者は定冠詞).
Dieb [ディープ] 男 (-[e]s/-e) 《女 -in》泥棒, 窃盗犯: Gelegenheit macht ~e. 〖諺〗盗みはできごころ. ♦ wie ein ~ in *der* Nacht 思わぬときに. 不意に.
diebes|sicher 形 盗難防止の. **diebisch** 形 泥棒(根性)の, 盗癖のある; (喜びなどが)大きい.
Diebstahl 男 (-[e]s/..stähle) 盗み, 窃盗. **=schutz** 男 盗難防止.
diejenige [指示代名詞女性1・4格; der は定冠詞的な変化, jenige は形容詞の弱変化] その; それ, その人.
diejenigen 指示代名詞 diejenige の複数1・4格.
Diele 女 (-/-n) 床板; (住居の)玄関[ホール]. **dielen** 他 (…に)床板を張る.
dienen [ディーネン] 自 (diente; gedient) 他 ❶ 《serve》勤務する; 〖軍職〗服役する; 《j-et³》(…に)仕える. 奉仕する. ❷ 《et³》(物事が…に)役立つ. 貢献する ; 《j³》 als et¹ 《zum et³》 (人に)…として》用いられる : Mit 10 Euro wäre mir schon *gedient*. 10ユーロもあれば十分です | Das soll dir als Warnung ~. これを今後の戒めとしなさい. **Diener** 男 (-s/-) 《女 -in》召使い, 従者. 使用人.
dienlich 形 役に立つ, 有用な. ♦ ~ sein 《j-er³ [mit et³]》 (…に[…で])役に立つ.

Dienst [ディーンスト] 男 (-[e]s/-e) ❶ 《service》勤務, 業務, 任, 当番; 職務, 仕事, 勤め. ❷ 公職(特定の任務を持つ機関での勤務), 職務, サービス. ♦ **außer** ~ 退職(退役)した(略 a.D.). den ~ versagen 〖j³〗 (人の足などが)突然動かなくなる. der öffentliche ~ 公務. ~ am Kunden 顧客サービス. seinen ~ 《seine ~e》 tun 役目を果たす. einen schlechten ~ erweisen 〖j³ mit et³〗 (人に…で)ひどい目にあわせる. gute ~e leisten 大変役に立つ. gute ~e tun 〖j³〗 (人に)大いに役に立つ. im ~ von et³ stehen (…に)役立っている. in den ~ et² stellen 〖sich⁴〗 (…に)貢献する. in ~ stellen (…を)使い始める. zu j² een 〖j³ zu ~en sein 〖stehen〗〗 (人)の役に立っている. **=abteil** 中 〖鉄〗乗務員室, 車掌室.
Dienstag [ディーンスターク] 男 (-[e]s/-e) 《女 Tuesday》 火曜日 (略 Di.). **=abend** 男 火曜日の晩. **dienstagabends**
dienstäglich 形 火曜日ごとの.
Dienstagmittag 男 火曜日の正午. **dienstagmittags**
Dienstagmorgen 男 火曜日の朝. **dienstagmorgens**
Dienstagnachmittag 男 火曜日の午後. **dienstagnachmittags**
Dienstagnacht 女 火曜日の夜. **dienstagnachts**
dienstags 副 毎火曜日に.
Dienstagvormittag 男 火曜日の午前. **dienstagvormittags**
Dienst-alter 中 (公務員・軍人の)勤務(在職)年数.
dienst|beflissen 形 仕事熱心な, まめまめしい. **=bereit** 形 仕事熱心な; (規定時間外にも)営業する, 受け付ける. **=eifrig** 形 (上司に気に入られようと)過度に仕事熱心な. **=fähig** 形 (健康上)勤務(兵役)に耐え得る.
Dienst-fahrzeug 中 公用車.
dienstfrei 形 勤務のない, 非番の.
Dienst-geheimnis 中 職務上の秘密; 職務上の守秘義務. **=gespräch** 中 仕事の打ち合わせ(電話). **=grad** 男 〖軍〗階級.
diensthabend 形 ⇒ Dienst ♦
Dienst|herr 男 雇い主; 雇主; (公務員の)雇用当局(官庁). **=jahre** 複 勤続年数. **=leistung** 女 (製造業に対しての)サービス業.
Dienstleistungs-betrieb 男 サービス業(会社). **=bilanz** 女 貿易外収支. **=gesellschaft** 女 サービス社会. **=gewerbe** 中 サービス業. **=industrie** 女 サービス産業. **=unternehmen** 中 サービス企業. **=zentrum** 中 サービスセンター.
dienstlich 形 職務(仕事)上の, 公用(社用)の; 事務的な.
Dienst|mädchen 中 お手伝い, 女中, 家政婦. **=ordnung** 女 服務規程. **=pflicht** 女 兵役義務, 職務義務, 服務義務. **=pistole** 女 (公務員の)携行するピストル. **=rad** 中 公用(勤務用)自転車. **=reise** 女 出張. **=stelle**

囡官folder, 役所; 職, 地位. =**stunden** 圈 勤務時間; (官公庁などの)事務取扱窓口受付時間.
dienst-tauglich 厖〈健康上〉兵役に適格の. =**tuend** 厖 = diensthabend. =**unfähig** 厖〈健康上〉勤務に適さない.
Dienst-unfall 圐 勤務〈服務〉中の事故. =**untauglich** 厖〈健康上〉兵役に不適格の.
Dienst-vergehen 匣 職務違反. =**verhältnis** 匣 雇用関係; 職場環境.
dienst-verpflichten 匣 徴用する; (兵役に)召集する. =**verpflichtet** 厖 (非常事態時に)勤務を義務づけられた; 囡 応召義務のある, 予備役の.
Dienst-vorschrift 囡 服務規程, 就業規則. =**wagen** 圐 公用〈社用〉車. =**weg** 圐 (所定の)事務手続き.
dienstwillig 厖 仕事熱心な; 親切な, 世話好きな; 進んで兵役につく用意のある.
Dienst-wohnung 囡 官舎; 公務員宿舎, 社宅. =**zeit** 囡 勤務〈服務, 兵役〉時間.
diente ⇒ dienen
dies ⇒ dieses
diesbezüglich 厖〈官〉これに関する.
diese《指示代名詞: 女性・複数1・4格》《2格 **dieser**, 3格女性 **dieser**〈複数 **diesen**〉》⟨® this⟩この;《®》⟨® these⟩これらの;《名詞的》これ, この人;《jene と呼ばに》後者.
Diesel ❶ 圐 (-[s]/-) ディーゼルエンジン; ディーゼル車; ディーゼル燃料. ❷ Rudolf, ディーゼル(1858-1913): ディーゼル機関の発明者. =**antrieb** 圐 ディーゼル(機関)推進〈駆動〉.
dieselbe《指示代名詞女性1・4格: die は定冠詞の変化, selbe は形容詞の弱変化》⟨® the same⟩同一の; 同じ〈人〉〈事物〉;《話》同じような.
dieselben《指示代名詞複数1・4格: die は定冠詞の変化, selbe は形容詞の弱変化》
Diesel-fahrzeug 匣 ディーゼル車. =**lokomotive** 囡 ディーゼル機関車. =**motor** 圐 ディーゼルエンジン.
dieser[ディーザー] 《指示代名詞: 男性1格》《2格 **dieses**, 3格 **diesem**, 4格 **diesen**》⟨® this⟩この;《名詞的》これ, この人;《jene と呼ばに》後者. ♦ — **und jener** だれかれが. ~ **oder jener** だれかが.
dieses《指示代名詞: 中性1・2・4格》《3格 **diesem**》《1・4格の別形 **dies**》⟨® this⟩この;《名詞的》1・4格ではしばしば dies これ, この人;《jene と呼ばに》あれこれ, いろいろ.
diesig 厖 薄い霧のかかった, もやの立ちこめた.
dies-jährig 厖 今年の, 本年度の. =**seitig** 厖 こちら側の.
dies-mal[ディースマール] 圄 今度は, 今回は. =**seits** 圄 《et²/von et³》(…の)こちら側に. **Diesseits** 匣 (-/)《雅》この世, 現世.
Dietmar[男名] ディートマル.
Dietrich ❶ Marlene, 1902-92: ドイツの映画女優・歌手. ❷ 圐 (-s/-e) 合い

鍵.
diffamieren 囝 (人を)中傷する, 誹謗(ひぼう)する.
Differential = Differenzial. =**gleichung** = Differenzialgleichung.
Differenz 囡 (-/-en)《数》差; 差額; 不足額, 赤字; (一般に)差, 相違;《ふつう圈》意見の相違; いさかい, いざこざ. =**geschäft** 匣 =**handel** 圐 さや取り, 差額取引, 定期的清算取引.
Differenzial 匣 (-s/-e)《数》微分;《口》差動歯車装置. =**gleichung** 囡《数》微分方程式. **differenzieren** 囝《zwischen j-et³》(…の間の)細かな相違を区別〈識別〉する. **differenziert** 厖 細分化された; 多様な. **Differenzierung** 囡 (-/-en) 区分, 分化;《数》微分.
differieren 囝 異なる, 違う.
diffizil 厖 (事柄が)困難な, やっかいな; デリケートな; (人が)気難しい, 扱いにくい.
diffus 厖 拡散性の;《物》広汎(こうはん)性の; (輪郭の)ぼやけた, 不明確な.
digital 厖 デジタル方式の;《医》指の, 指による.
Digital-anzeige 囡 (時計・計測器などの)デジタル表示. =**aufnahme** 囡 デジタル録音〈録画〉.
Digitalisierung 囡 (-/-en) デジタル化.
Digital-rechner 圐 デジタル計算機. =**technik** 囡 デジタル技術. =**uhr** 囡 デジタル時計.
Dike[ディーケ]《神》ディケ(正義の女神).
Dikt. = Diktum.
Diktat 匣 (-[e]s/-e) 口述筆記; (学校での)書き取り, ディクテーション; (社会的な)強制, 圧力.
Diktator 圐 (-s/-en) 独裁者, 絶対権力者. **diktatorisch** 厖 独裁的な, 横暴な. **Diktatur** 囡 (-/-en) 独裁(制); 独裁国家.
diktieren 囝⟨® dictate⟩《j³ et¹》(人に…を)口述〈指図〉する; 無理強いする; (…を)支配する.
Diktion 囡 (-/-en) 話し方, 文体, 用語.
Diktum 匣 (-s/..ta) 名言, 名句.
Dilemma 匣 (-s/-s, ..ta) ジレンマ, 板ばさみ;《論》両刀論法.
Dilettant 圐 (-en/-en)⟨® -in⟩素人愛好家, アマチュア, 好事家;《蔑》半可通.
dilettantisch 厖 素人愛好家〈アマチュア〉の;《蔑》半可通の. **Dilettantismus** 圐 (-/) 素人芸, 道楽, ディレッタンティズム; (蔑)半可通の仕事.
Dill 圐 (-[e]s/-e)《植》ヒメウイキョウ, イノンド(香辛料).
dim. 圄 = diminuendo.
Dimension[ディメンズィオーン] 囡 (-/-en) ❶《理・数》次元. ❷《ふつう圈》寸法, 容積; 広がり, 規模. **dimensional** 厖 次元の; 大きさ〈広がり〉を持つ.
diminuendo 圄《楽》ディミヌエンド, しだいに弱く《略 dim.》.
Dimmer 圐 (-s/-) 調光器, 明るさ〈光度〉調節ダイアル.
Din. = Dinar. **DIN** 匣 Deutsche Industrie-Norm[en] ドイツ工業規格; Deutsches Institut für Normung e. V. ドイツ規格統一協会.

Dinar 男 《-s/-e》《単位-/-》ディナール（旧ユーゴスラビア・イラクなどの通貨: 略 Din).

Diner 中 《-s/-s》《雅》(客を招待する正式の)食事, ディナー.

DIN-Format 中 《-〔e〕s/-e》ドイツ工業規格判(DIN による紙の判型).

Ding [ディング] 中 ❶ 《-〔e〕s/-e》(小 **Dingelchen**)(英 thing)物, 事, 事物; 《-〔e〕s/-er》《話》(不特定の)物, しろもの : Jedes ～ hat zwei Seiten.《諺》物にはすべて両面ある. ❷ 《ふつう複》ことがら, 用件; できごと. ❸ 《-〔e〕s/-er》ein junges ～《話》(若い)娘, 女の子. ✦ ***Das geht nicht mit rechten ～en zu.*** これはただごとではない〈いささかうさんくさい〉. ***Das ist ja ein*** 〔***tolles***〕 ***～!*** 《話》これはまたなんたることだ. ***die ～e beim*** 〔***rechten***〕 ***Namen nennen*** 歯に衣着せずに言う. ***die Letzten ～e*** 〔キリスト教〕四終(死・審判・天国・地獄). ***ein ～ drehen*** 《話》悪事を働く. ***ein ～ verpassen*** 《話》《j³》(人に)一発食らわせる; (人を)こっぴどくしかりつける. ***Etwas*** 〈***Das***〉 ***geht nicht mit rechten ～en zu.*** それは怪しい〈まやかしだ〉. ***Etwas*** 〈***Es***〉 ***ist ein ～ der Unmöglichkeit.*** それは不可能なことだ. ***guter ～e sein*** 陽気〈上機嫌, 自信満々〉である. ***krumme ～er machen*** 《話》よからぬことをする. ***Mach keine ～er!*** 《話》驚いたなあ; ばかを言うな. ***über den ～en stehen*** 超然としている. ***unverrichteter ～e*** 目的を達せずに. ***vor allen ～en*** 何にもまして, とりわけ.

dingen(*) 他 《雅》(殺し屋などを)金で雇う.

dingfest 形 ✦ ～ ***machen*** (人を)逮捕する. **dinglich** 形 物の, 具体的な; 〔法〕物的〈物権的〉な. **Dings=da** 男 女 中 《-/》《話》(名前が思い浮かばないもの, 言いたくないものについて)例のあれ.

dinieren 自 《雅》正式な〈豪華な〉食事をする.

Dino 男 《-s/-s》《話》= Dinosaurier.

Dinosaurier 男 《-s/-》〔古生物〕ディノサウルス, 恐竜.

Diode 女 《-/-n》〔電〕2極〔真空〕管, ダイオード.

dionysisch 形 ディオニソスの〈的な〉, 生に酔いしれた, 熱狂的な. **Dionysos** 〔ギリシャ神〕ディオニソス(酒・豊饒(ほうじょう)・陶酔の神; ローマ神話の Bacchus に相当).

Dioxin 中 《-s/》〔化〕ダイオキシン.

diözesan 形 〔カトリック〕司教区の; 〔プロテスタント〕教区民の. **Diözese** 女 《-/-n》〔カトリック〕司教区; 〔プロテスタント〕教区, 監督管区.

Diphtherie 女 《-/-n》〔医〕ジフテリア.

Diphthong 男 《-s/-e》〔言〕二重母音.

Dipl. 略 *Diplom*. **Dipl.-Chem.** 略 *Diplomchemiker* 化学士. **Dipl.-Dolm.** 略 *Diplomdolmetscher* 大学卒の通訳. **Dipl.-Ing.** 略 *Diplomingenieur*. **Dipl.-Kaufm., Dipl.-Kfm.** 略 *Diplomkaufmann*. **Dipl.-Ldw.** 略 *Diplomlandwirt* 農学士. **Dipl.-Met.** 略 *Diplommeteorologe* 気象学士.

Diplom 中 《-〔e〕s/-e》(大学の)学士号〔認定証書〕(略 Dipl.), 卒業証書; (技能の)資格認定証書.

Diplomat [ディプロマート] 男 《-en/-en》(女 **-in**)外交官; 外交家, 駆け引きのうまい人. **～en=gepäck** 中 外交官荷物.

Diplomatie 女 《-/》外交; 外交術, 駆け引き; 《集合的》外交官, 外交団.

diplomatisch [ディプロマーティシュ] 形 (英 diplomatic)外交の, 外交上の; 外交的な; 外交的手腕のある, 駆け引きのじょうずな. **Diplom=ingenieur** 男 工学士(略 Dipl.-Ing.). **=kaufmann** 男 商学士(略 Dipl.-Kfm.). **=prüfung** 女 学士試験. **=volkswirt** 男 経済学士(略 Dipl.-Volksw.).

Dipl.-Phys. 略 *Diplomphysiker* 物理学士. **Dipl.-Volksw.** 略 *Diplomvolkswirt*. **Dir.** 略 *Direktor*.

dir [ディーア] ⇨ du

direkt [ディレクト] I 形 ❶ (英 direct)まっすぐな〈に〉, 直進の; (寄り道をせずに)直行の〈で〉. ❷ 直接の〈に〉, じかの. ❸ 直接的な〈に〉, 失礼な. II 副 《話》まさに, まさしく.

Direktion 女 《-/-en》指揮, 監督, 管理; 《集合的》(組織の)幹部, 首脳部, 重役会; 幹部室, 重役室. **Direktive** 女 《-/-n》指示, 指令.

Direktor [ディレクトァ] 男 《-s/-en》(女 **-in**)(役所などの)長; (学校・企業などの)管理者(校長・理事・頭取・社長・取締役・重役など). **Direktorat** 中 《-〔e〕s/-e》(社長・校長などの)執務室.

Direktrice 女 《-/-n》(衣料品メーカーなどの)女性店主, 女性支配人.

Direkt=sendung 女 (テレビ・ラジオの)生中継. **=verkauf** 男, **=vertrieb** 男 〔商〕直売. **=werbung** 女 〔商〕(ダイレクトメールなどによる)直接宣伝, ダイレクトマーケティング.

Direttissima 女 《-/-s》〔登山〕直進登攀(とうはん)コース.

Dirigent 男 《-en/-en》(女 **-in**)〔楽〕指揮者, 楽長. **dirigieren** 他 〔楽〕(楽団・楽曲を)指揮する; (人を)誘導する.

Dirk 《男名》ディルク.

Dirndl [ディルンドル] 中 《-s/-〔n〕》《南部・オーストリア》少女; 〔服〕ディルンドル(バイエルン地方・オーストリアの女性の民族衣装).

Dirne 女 《-/-n》売春婦.

dis, Dis 中 《-/-》〔楽〕嬰(えい)ニ(音名); 《dis》嬰(えい)ニ短調.

dis.., Dis.. 「否定」の意.

Disagio 中 《-s/-s, ..agien》〔商〕逆打歩(ぶちょう).

Disco = Disko.

Discount=geschäft 中, **=laden** 男 ディスカウントショップ.

Disharmonie 女 《-/-n》不調和, 不一致; 不協和音.

Diskette 女 《-/-n》〔コンピュータ〕フロッピーディスク. **～n=laufwerk** 中 ディスクドライブ, フロッピードライブ.

Disko [ディスコ] 女 《-/-s》ディスコ(< *Disko*thek).

Diskont 男 《-s/-e》〔商〕(手形などの)割引利子〔額〕; 公定歩合. **=erhöhung** 女 公定歩合の引き上げ. **=geschäft** 中 〔手形〕割引業務〈営業〉. **=rate** 女, **=satz** 男 〔商〕公定歩合, 割引率.

Diskothek [ディスコテーク] 囡 (-/-en) ディスコ; レコードライブラリー.
Diskrepanz 囡 (-/-en) 矛盾, 食い違い, 不一致.
diskret 圏 慎しみ深い, 控えめの; 目立たない, 地味な; 慎重な, 内密の; 【数】不連続の; 【電気】離散の. **Diskretion** 囡 (-/) 思慮, 分別; 慎重, 配慮; 秘密保持.
diskriminieren 囮 (人を)差別[待遇]する; 識別[弁別]する.
Diskriminierung 囡 (-/-en) 差別[待遇]; 差別的言動; 識別. **~s-ausdruck** 男 差別的表現.
Diskus 男 (-/..ken -ses/-se) (投げて用の)円盤投げ.
Diskussion [ディスクスィオーン] 囡 (-/-en) (® discussion) 討議, 論議, 議論. ◆ *zur ~ stellen* [et¹] (…について)討議する. *zur ~ stehen* 議論の対象となっている. **~s-leiter** 男 討議の司会者, 座長.
Diskus-werfen 回 (-s/) 円盤投げ.
diskutabel 囲 議論する価値のある.
diskutieren [ディスクティーレン] (diskutierte; diskutiert) 囲 (® discuss) [(über) et¹] (…について)討議[論議]する.
diskutierfreudig 囲 議論好きの.
dis-Moll 回 (-/) 【楽】嬰(ネネ)ニ短調 (略号 dis).
Dispens 男 (-es/-e) 免除; 囡 (-/-en) 【カト】特免. **dispensieren** 囮 [*zu et³*] [*von* (et³)] (人を[…から])免除する; (薬を)調剤する. **Dispensierung** 囡 (-/-en) 免除; 【薬】調剤.
Display 回 (-s/-s) 【計算機】ディスプレー.
disponieren 囮 [*über j-et⁴*] (…を)自由に(勝手に)使う.
Disposition 囡 (-/-en) 自由に(勝手に)使うこと, 自由; (計画の)配分, 配置; 【医】素質, 素因. ◆ *zur ~ haben* (…を自由(勝手)に)使える. *zur ~ stehen* [j³] (人の)自由になる.
Disput 男 (-[e]s/-e) 口論, 論争, 議論.
Disqualifikation 囡 (-/-en) 不適格[の宣言]; 【ス】失格.
disqualifizieren 囮 失格させる; 【ス】(人の)出場資格を剥奪(?)する; (*sich*⁴) 評判を落とす, 信用を失う.
Diss. 旧 *Dissertation*.
Dissertation 囡 (-/-en) 学位(博士号)請求論文, ドクター論文.
Dissident 男 (-en/-en) 特に社会主義国家などでの)体制批判者, 異端者; 教会離脱者.
Dissonanz 囡 (-/-en) 【楽】不協和音; (意見などの)不一致, 不和.
Distanz 囡 (-/-en) (空間的・時間的または心理的)距離, 間隔, 隔たり; 【ス】(規定の)距離; 【ス²】(規定の)ラウンド数. **=geschäft** 回 【商】(カタログ・見本などによる)通信(通信)取引. **distanzieren** 囮 (*sich⁴ von j-et³*) (…と)距離をおく, 疎遠になる; 【ス】(競走)相手を引き離す. **distanziert** 囲 (心理的に)距離をおいた, よそよそしい.
Distanz-scheck 男 【商】異地(他地)払い小切手, 市外銀行あて小切手. **-wechsel** 男 【商】異地(異地)手形, 他地払い手形, 市外銀行あて手形.

Distel 囡 (-/-n) 【植】アザミ.
distinguieren [ディスティンギーアト] 囲 際立って上品な, ことさらめいた込んだ.
Distrikt 男 (-[e]s/-e) (特に英米の)行政区, 地区, 管区.
Disziplin [ディスツィプリーン] 囡 (-/-en) ❶ 規律, しつけ; 軍規. ❷ (学問などの)分野, 科目; (スポーツの)種目. **disziplinarisch** 囲 規律(服務規則)上の, 懲戒手続による.
Disziplinar-strafe 囡 (-/-n) 懲戒罰. **=verfahren** 回 懲戒処分.
diszipliniert 囲 規律正しい, しつけのよい; 節度ある.
Disziplin-verstoß 男 規律違反.
Dithmarschen ディトマルシェン (Holstein の西海岸地方).
dito 圓 (=圓) 上と同じく, 同様に (= 略 do., dto.).
Diva 囡 (-/-s, ..ven) 人気女優, 女性人気歌手(スター); (歌劇の)プリマドンナ, 歌姫.
Divergenz 囡 (-/-en) 分岐; 【数・理】発散; (意見などの)相違. **divergieren** 囲 分岐する; 【数・理】発散する; (意見などが)分かれる, 異なる.
divers 囲 種々の, 雑多の; 幾つかの.
Diversifikation 囡 (-/-en) 多様性, 変化, 多様化; 【経】(生産品目の)多様化; (投資の)分散; 経営の多角化. **diversifizieren** 囮 多様化する; 【経】(投資・生産品目などを)多様(多角)化する; 分散する.
Dividend 男 (-en/-en) 【数】被除数; 分子. **Dividende** 囡 (-/-n) 【商】(株式)配当[金].
Dividenden-ausschüttung 囡 配当金支払い. **-ertrag** 男 配当利益金. **-papier** 回 配当付株券. **-schein** 男 配当金証書. **-verteilung** 囡 配当金分配.
dividieren 囲 [*et⁴ durch et⁴* ⟨*mit et³*⟩] 【数】 (…を…で)割る, 除する.
Division 囡 (-/-en) 【数】割り算, 除法; 【軍】師団. **Divisor** 男 (-s/-en) 【数】除数, 約数; 分母.
Diwan 男 (-s/-e) [ペ゚ルシャ] ソファー; (青・肘かけのない)寝いす, 長いす.

d.J. 略 = *der Jüngere*; 子, ジュニア, 小; *dieses Jahres* 今年の; *dieses Jahr* 今年 [に]. **DJ** 略 ディスクジョッキー.
DJH 略 *Deutsche Jugendherberge* ドイツユースホステル協会. **DK** 略 *Dezimalklassifikation* 十進分類法; (符号)デンマーク. **DKP** 略 *Deutsche Kommunistische Partei* (旧西独の)ドイツ共産党. **dkr** 略 *dänische Krone* デンマーククローネ. **dl** 略 *Deziliter*. **DLH** 略 *Deutsche Lufthansa* ドイツルフトハンザ航空. **DLRG** 略 *Deutsche Lebens-Rettungs-Gesellschaft* ドイツ人命救助協会. **d.m.** 略 *destra mano* 【楽】右手で[弾く]. **d.M.** 略 *dieses Monats* 今月の; *diesem Monat* 今月[に]. **DM** 略 *Deutsche Mark* ドイツマルク.
d-Moll 回 (-/) 【楽】二短調(略号 d).
Dnjepr [ドゥニェプル] (der ~) ドニエプル (黒海に注ぐウクライナの川). **Dnjestr** [ドゥニエストル] (der ~) ドニエストル (黒海に注ぐウクライナ・モルダビアを流れる川).

DNS *Desoxyribonukleinsäure*.
do. = *dito.* **d.O.** = *der Obige.* **Do.** = *Donnerstag.*
Dobermann 男 《-s/..männer》ドーベルマン(犬).
doch [ドッホ] 副 ❶ 《文頭で》しかし, だ,でも. ❷ それにもかかわらず;そうは言っても;(それでも)やはり;どうせ;いずれ(にしろ);《否定詞を含む問いに対して》いいえ《そんなことはありません》,とんでもない;《強めて》確かに,もちろん:Das ist doch nicht wahr! / Das kann doch nicht wahr sein! そんなのうそだ,うそに決まっている | Du hast doch keinen Durst? — Doch! のどは渇いていないかい…え,渇いています / Das stimmt nicht. — Doch! それは違うよ…いや,そうだよ. ❸ 《話し手の心情》でも…ではないか,そうかいつもやはり,なんといっても;実際,確かに,実に;《勧誘命令文の文で》…しよう,…しなさい;《仮定文の文で》(なにしろ)…なので,だって…なのだから;《命令文で》さあ,さっさと;《願望文で》(…)できるものはなあ;《補足疑問文で》(…)でしたっけ;《平叙文の形の疑問文で》本当に(…)だろうね:Du kannst ~ nicht mitkommen. どうせあなたはいっしょに行けないのだから / Pass ~ auf! さあ,気をつけろ / Das hättest du ~ getan müssen. それやっておかなきゃいけなかったんだよ | Wäre es ~ ein bisschen wärmer! もう少し暖かければなあ / Du hast ~ die heutige Zeitung gelesen? 君,今日の新聞は読んだんだよね.

Docht 男 《-[e]s/-e》(ろうそく・ランプなどの)芯(しん).

Dock 中 《-s/-s 〈-e〉》《海》ドック.

docken 他 (宇宙船を)ドッキングする;(船を)ドックに入れる. **Docking** 中 《-s/-s》(宇宙船などの)ドッキング.

Dogge 囡 《-/-n》(短毛・大型の)犬.

Doggerbank (die ~)ドッガーバンク(北海の浅瀬にある大砂州).

Dogma 中 《-s/..men》《特にカトリックで》教条,ドグマ,絶対的原則;独断. **Dogmatik** 囡 《-/-》(キリスト教の)教義(教理)学;独断的な態度. **dogmatisch** 形 教義(教理)上の;独断的な.

Dogmen ⇒ Dogma

Dohle 囡 《-/-n》《鳥》コクマルガラス.

Doktor [ドクトーア] 男 《-s/-en》《-in》《女 doctor》ドクター[の称号],博士[号](略 Dr.); 《話》医者. ◆ *den (seinen) ~ machen* 《話》博士号をとる. **Doktorand** 男 《-en/-en》《-in》ドクター(博士)課程の学生, ドクター受験(有資格)者(Dr).

Doktrin 囡 《-/-en》(政治上の)主義,基本政策,原則;教義,教理. **doktrinär** 形 教条主義的な;自説を曲げない.

Dokument 中 《-[e]s/-e》《= document》(公的な)書類,証明(記録)文書.

Dokumentar-bericht 《テレビの》ドキュメンタリー報道,実況ニュース. **-film** 記録映画,ドキュメント映画.

dokumentarisch 形 事実に基づく,記録(資料)による;ドキュメンタリーの.

Dokumentation 囡 《-/-en》記録, 資料;裏づけ,証拠;ドキュメンタリー番組.

dokumentieren 他 記録(資料)によって(意見・立場を)はっきりと示す; 《*sich*》表れる,表明される.

Dolby[-System] [ドルビーシステム]中 《高音域のノイズを少なくする》ドルビー方式.

Dolch [ドルヒ] 男 《-[e]s/-e》短刀,短剣, 《話》ナイフ. **-stoß** 男 短剣で突き刺すこと;裏切り,姦計.

Dolde 囡 《-/-n》《植》散形花序.

doll 《方》= toll.

Dollar 男 《-[s]/-s》《単位/-》ドル(アメリカなどの通貨;記号 \$). **-basis** 囡 (決済の)ドル建て.

dolmetschen 他 通訳する.

Dolmetscher [ドルメッチャー] 男 《-s/-》《-in》《= interpreter》通訳者.

Dolomiten ドロミーテン, ドロミテアルプス(南チロルの山地).

Dom [ドーム] 男 《-[e]s/-e》 ❶ 《= cathedral》《カト》大聖堂, 司教座聖堂, 大寺院. ❷ (半球状の)ドーム,丸屋根.

Domäne 囡 《-/-n》専門(研究)分野;国有地.

Domestik 男 《-en/-en》《ふつう複》召し使い,使用人.

dominant 形 支配的な,優勢な;《遺伝》優性の. **Dominanz** 囡 《-/-》優勢,支配力;《遺伝》優性(形質)の優性.

Dominica ❶ ドミニカ《カリ》主日,日曜日. ❷ ドミニカ(中米,西インド諸島にある島国;首都ロソー).

dominieren 他 優位に立つ;支配する.

Dominikaner 男 《-s/-》《-in》ドミニコ会修道士;ドミニカ共和国の人. **dominikanisch** 形 《カ》ドミニコ会の;ドミニカの.

Dominikus ドミニクス(1170頃-1221;スペインの聖職者;ドミニコ会の創設者);《男名》ドミニクス.

Domino ❶ 男 《-s/-s》ドミノ(仮装舞踏会用の衣装). ❷ 中 《-s/-s》ドミノ[ゲーム].

Domizil 中 《-s/-e》住居,居住地;《商》(手形の)支払い地. **-wechsel** 男 他所払い手形.

Dompfaff 男 《-en/-en》《鳥》ウソ.

Dompteur [ドンプテーア] 男 《-s/-e》動物調教師,猛獣使い.

Don 男 《-[s]/-》(der ~)ドン(アゾフ海に注ぐロシア連邦の川).

Donar 《北神》トール(雷神).

Donau (die ~)ドナウ, ダニューブ(ドイツ南部から黒海に注ぐ大河).

Don Juan [ドン・ホアン] ドンファン(女性遍歴を重ねたスペインの伝説の色情家);男 色情家,プレイボーイ.

Donner [ドナー] 男 《-s/-》《= thunder》雷,雷鳴;とどろき;大歓声. ◆ *und Blitz!* / *~ und Doria!* これはたまげた,なんたることだ. *wie vom ~ gerührt dastehen* (sein)びっくりして立ちすくむ.

donnern [ドナァン] 《donnerte, gedonnert》 ❶ 《*Es donnert.*》雷が鳴る;(雷のように)とどろく;大きな音を立てる: *gegen (auf) et* [ドアを激しくたたく; 《話》大声でどなる; (s)(車などが)轟音で

を立てて走る; ((**gegen** *et*⁴)) (…に)轟音を立ててぶつかる. ❷ [他] ((話)) 勢いよく投げる. ✦ *eine* ～ 横つらを一発はりとばす.

Donnerschlag [男] 雷鳴, 落雷.

Donnerstag [ドナァスターク] [男] ((-[e]s/-e)) ([英] Thursday)木曜日([略] Do.).

Donnerstagabend [男] 木曜日の晩. **donnerstagabends** [副]

Donnerstagmittag [男] 木曜日の正午. **donnerstagmittags** [副]

Donnerstagmorgen [男] 木曜日の朝. **donnerstagmorgens** [副]

Donnerstagnachmittag [男] 木曜日午後. **donnerstagnachmittags** [副]

Donnerstagnacht [女] 木曜日の夜. **donnerstagnachts** [副]

donnerstags [副] 毎木曜日に.

Donnerstagvormittag [男] 木曜日の午前. **donnerstagvormittags** [副]

donnerte ⇨ donnern

Donnerwetter [ドナァヴェター] [中] ❶ 雷雨; ((話)) 目玉. ❷ [ドナァヴェター] ✦ *Donnerwetter!* これは驚いた. *Zum ～!* ちくしょう, いまいましい.

Don Quichotte [ドンキショット] ドンキホーテ(セルヴァンテスの同名の風刺小説の主人公); [男] ((--s/--s)) 世間知らずの理想家, 誇大妄想狂. **Donquichotterie** [女] ((-/-n)) (ドンキホーテ的な)世間知らずな企て, 誇大妄想.

Dont=geschäft [ドー[ン]ゲシェフト] [中] [商] オプション取引.

doof [形] ((話)) ばかな, 愚かな; ばかばかしい; つまらない, くだらない.

dopen [他] (選手・競走馬などに)興奮剤を与える, ドーピングする. **Doper** [男] ((-s/-)) ドーピングをする〈している〉人. **Doping** [中] ((-s/-s)) ドーピング.

Doping=kontrolle [女] (競技参加者などに対する)ドーピング検査. **=mittel** [中] ドーピング剤.

doppel.., Doppel.. [ドッペル..]「2重の,2倍の」の意.

Doppel [中] ((-s/-)) 写し; コピー; (テニス・卓球などの)ダブルス.

Doppel=axt [女] 両刃の斧(おの). **=adler** [男] (図案化された)双頭のワシ. **=belichtungssperre** [女] [写] 二重露出防止装置. **=bett** [中] ダブルベッド. **=decker** [男] ((-s/-)) ((話)) 二階建てのバス, ダブルデッカー; [空] 複葉機.

doppeldeutig [形] 二とおりに解釈できる, あいまいな.

Doppel=ehe [女] 重婚. **=fenster** [中] 二重窓. **=gänger** [男] ((-s/-)) ([女] **-in**) 生き写しの人, そっくりな人; 分身.

Doppelheit [女] ((-/)) 二重〈二面〉性.

Doppel=hochzeit [女] (兄弟姉妹などの)二組の合同結婚式. **=kinn** [中] 二重あご. **=klick** [男] [電算] ダブルクリック. **=leben** [中] ✦ *ein* ～ *führen* (裏表のある)二重生活をする. **=pass** ([旧]=**paß**) [男] [球技] ダブルパス. **=punkt** [男] [文法] コロン(:).

doppelreihig [形] 二列の; [服] ダブルの.

Doppel=rolle [女] 二役.

doppel=seitig [形] 両側〈両面〉の. **=sinnig** [形] 二通りの意味の, あいまいな.

Doppel=sprung [男] [スケ] 二回転ジャンプ. **=stecker** [男] [電] ダブル〈二連〉プラグ.

doppelt [ドッペルト] [形] ([英] double)二重の,2倍の; 裏のある. ✦ ～ *gemoppelt* ((話)) 無用な重複〈くり返し〉. ～ *sehen* (酔っぱらって)物が二重に見える. ～ *und dreifach* ((話)) 二重三重に; 二度も三度も.

Doppel=tür [女] 二重ドア. **=verdiener** [複] 共働きの夫婦. **=währung** [女] [経] [金銀]両本位制, 複本位制. **=zimmer** [中] (宿泊施設などの)2人部屋.

doppelzüngig [形] 二枚舌の, 裏表のある.

Doppler=effekt [男] [理] ドップラー効果.

Dordrecht ドルドレヒト(オランダ南西部の都市).

Dorf [ドルフ] [中] ((-[e]s/**Dörfer**)) ([小] **Dörfchen, Dörflein**)([英] village)村, 村落; (都会に対して)農村, 田舎町. ✦ *auf die Dörfer gehen* [トランプ] (スカートで)弱いカードを出す; どさ回りをする. *auf* 〈*über*〉 *die Dörfer gehen* ((話)) もたもたする, 長々と話す. *böhmische* 〈*spanische*〉 *Dörfer sein* ((*j*³/**für** *j*⁴)) (人には)ちんぷんかんぷんである. *das olympische* ～ オリンピック[選手]村. *nie aus seinem* ～ *herausgekommen sein* 世間知らずである. *potemkinsche Dörfer* 欺瞞, 見せかけ, 見かけ倒し.

dörflich [形] 村の; 田舎風の.

Doris ドーリス, ドリス(古代中部ギリシャの一地方).

Dorn [ドルン] [男] ❶ ((-[e]s/-en (**Dörner**))) ([英] thorn)(植物の)とげ; 苦悩, 苦難 (Keine Rose ohne ～*en*. ((諺)) とげのないバラはない); ((雅)) いばら[の茂み]. ❷ ((-[e]s/-e)) 針, ピン; [スポ] (靴底の)スパイク. ✦ *ein* ～ *im Auge sein* ((*j*³)) (人にとって)目の上のこぶ〈癪(しゃく)の種〉である. **～en=bord** [中] [紋] (盾面の)とげつき縁どり. **～en=kranz** [男], **～en=krone** [女] イバラの冠; (キリストの)荊冠(けいかん). ✦ *die* ～ *tragen* 苦難に耐える.

dornen=voll, =reich [形] とげ〈いばら〉だらけの; 苦難に満ちた.

Dornenweg [男] いばらの道.

dornig [形] とげのある, いばらの茂った; ((雅)) 困難な, やっかいな.

Dornröschen いばら姫(童話の主人公).

Dorothea ((女名)) ドロテーア.

dorren [自] ((雅)) 乾く, 干からびる.

dörren [他] 乾かす, 乾燥させる; [自] (s)乾く, 乾燥する.

Dörr=fisch [男] 干し魚, 燻製(くんせい)にした魚. **=fleisch** [中] 乾燥肉. **=gemüse** [中] 乾燥野菜. **=obst** [中] 乾燥果実.

Dorsch [男] ((-[e]s/-e)) タラ(鱈)の幼魚; (バルト海の小形の)タラ.

dort [ドルト] [副] ([英] there)そこに, そこで, あそこに〈で〉. **dort=her** [副] そこから, あそこから.

dort=hin [ドルトヒン] [副] そこへ, あそこへ. **=hinaus** [副] そこから外へ. ✦ *bis* ～ ((話)) 大いに, とんでもなく.

dortig [形] そこの, あそこの.

Dortmund ドルトムント(ドイツ中西部の工業都市).

Dós 图 (-/-) DOS(ディスク・ファイル・入出力の管理などを行う基本ソフト).

Dóse [ドーゼ] 囡 (-/-n) (⊗ **Döschen**) ❶(円筒形・ふた付きの)小容器; 缶詰(の缶). ❷電 コンセント, プラグソケット.

Dósen ⇒ Dose, Dosis

dösen 〖話〗 まどろむ, うとうとする; 夢見つつでいる, ぼんやりしている.

Dósen|bier 囲 缶ビール. **~milch** 囡 コンデンスミルク. **~öffner** 囲 缶切り.

dosíeren (薬などの)一定の量を量る, 調合する.

dösig 厖 うとうとした; 夢見つつの, ぼんやりした.

Dósis 囡 (-/Dosen) (薬の)定量, 服用量; (一般に)分量.

Döskopp 囲 (-s/..köppe) 〖麈〗 まぬけ者, 能なし.

Dostojéwski Fjodor Michailowitsch, ドストエフスキー(1821-81; ロシアの作家).

dotíeren (地位などに)報酬を出す, (賞などに)賞金(賞品)を付ける; (…に)基金を付ける.

Dótter (甲) 囲 (-s/-) 卵の黄身, 卵黄; 〖植〗卵黄.

doubeln [ドゥーベルン] 他 (人の)代役(スタンドイン)を務める. **Double** [ドゥーブル] (甲) 囲 (-s/-s) 代役, スタンドイン; うり二つの(よく似た)人.

Dóver ドーバー. ✦ **die Straße von ~** ドーバー海峡.

Dow-Jónes-Index 囲 〖経〗 ダウ平均株価.

Doz. 圈 = Dozent.

Dozént [ドツェント] 囲 (-en/-en) (⊗ **-in**) (大学を始めとする)講師. **dozíeren** 他 他 講義口調で(偉そうに)しゃべる. **dpa, DPA** 囡 (-/-) Deutsche Presse-Agentur ドイツ通信社. **d.R.** = der Reserve 予備役の; des Ruhestandes 恩給年金生活の. **Dr.** 圈 = Doktor 博士.

Dráche [ドラッヘ] 囲 (-n/-n) (伝説上の)竜; 〖天〗竜座; 〖話〗 口うるさい女.

Dráchen 囲 (-s/-) 凧(た); 〖話〗 ハンググライダー. ✦ **fliegen** 〖話〗 ハンググライダーで飛ぶこと.

Dráchme 囡 (-/-n) ドラクマ(ギリシャの通貨).

Dragée, Dragéе [ドラジェー] (甲) (-s/-s) ドラジェー(砂糖・チョコレートなどで包んだキャンデー); 〖医〗糖衣錠.

Dr.agr. 圈 = 農学博士 (< ⟨ラ⟩ doctor agronomicus).

Draht [ドラート] 囲 (-[e]s/Drähte) (⊗ wire) 針金, ワイヤー, 電線, ケーブル; (電信・電話の)導線. ✦ **auf ~ bringen** 〖話〗 (人を)しゃんとさせる. **auf ~ sein** 〖話〗 抜かりなく気を配っている; 緊張している. **~esel** 囲 〖話〗 自転車.

dráhtig 厖 (針金のように)筋肉の, 筋肉の引き締まった.

dráhtlos 厖 無線の, 無線による.

Dráht|schere 囡 針金用のはさみ. **~seil** 囲 鋼索, 針金製の綱. **~zange** 囡 針金用やっとこ, ペンチ. **~zaun** 囲 金網の柵(フェンス). **~zieher** 囲 針金製造工(業者); (陰で糸を引く)黒幕.

Drainage [ドレナージェ] 囡 (-/-n) 〖医〗 排液(排膿)法, ドレナージ; 排水[設備].

drainíeren 囲 (人から)排液(排膿)する; 〖医〗 膿を(...の)排水する.

Drákon, Dráko ドラコン(前7世紀末のアテネの成文法公布者; 過酷な処罰で知られる). **drakónisch** 厖 きわめて厳しい, 苛酷な.

drall 厖 (若い女性が)肉づきがよい, がっしりした.

Drall 囲 (-[e]s/-e) ねじれ; 傾向; (銃身・砲身内の)旋条, 腔綫(ジ); (弾丸などの)回転, スピン; 〖理〗角運動量.

Dráma [ドラーマ] 囲 (-s/..men) (⊗ drama) 戯曲, 劇, ドラマ; 劇的な事件(状況). **Dramátik** 囡 (-/) 劇文学(Epik, Lyrikと並ぶ文学のジャンル); 劇的緊張. **Dramátiker** 囲 (-s/-) (⊗ **-in**) 劇作家. **dramátisch** 厖 劇の, 戯曲の(ドラマの)の; 劇的な, ドラマチックな. **dramatisíeren** 他 戯曲化する, 脚色する; 誇張して(大げさに)言う.

Dramatúrg 囲 (-en/-en) (⊗ **-in**) 文芸部長. **Dramaturgíe** 囡 (-/-n) 作劇法; 演劇論; (戯曲の)脚色法; (劇団・放送局の)文芸部門.

Drámen ⇒ Drama

dran 〖話〗 = daran. ✦ **am ~sten sein** 最も当たっている. **An et² ist etwas ~** (うわさなどに)真実味がある; (機械などに)調子のよくないところがある. **Da ist [aber] alles ~** 何もかもすばらしい(▶皮肉にも). **~ glauben müssen** 死なねばならない; (逃れられぬものと)観念しなければならない. **~ sein** (自分の)番である; 年貢(笋)の納め時である. **drauf und ~ sein** (+ zu 不定詞句) 〖話〗 いまにも(...)しようとしている. **gut (schlecht) ~ sein** 調子がよい(悪い).

Dränage [ドレナージェ] 囡 (-/-n) 排水[設備]; 〖医〗排液(排膿)法, ドレナージ.

dráng ⇒ dringen

Drang 囲 (-[e]s-/Dränge) (⊗ impulse) **nach et² + zu 不定詞句** (...の/...したいという)衝動, 意欲, 激しい欲求; 切迫, 圧迫, 強制.

dränge ⇒ drängen, dringen

drán|geben * 他 〖話〗 犠牲にする, 捧げる.

drängeln 〖話〗 自 他 [[sich⁴] **nach et³**] (...の方へ)人をかき分けて行く.

drängen [ドレンゲン] 〖drängte; gedrängt〗 他 (⊗ push) (人を...の方に)押しやる, 無理やり移動させる; [[sich⁴]] (人込みを...の方へ)押し進む; [sich⁴] (多数が)押し合う. ❷ (j⁴ **zu et³**) (...するよう)人をせき立てる; (**auf et⁴**) (...に)迫る, 要求する; [sich⁴ **nach et³**] (...を目指して)必死に努力する.

Drángsal 囡 (-/-e); 囲 (-[e]s-/-e) 〖雅〗苦境. **drangsalíeren** 他 (j⁴ **mit et³**) (人を...で)苦しめる, 悩ます.

drängte ⇒ drängen

drángvoll 厖 〖雅〗 込み合った, 雑踏な; 苦しい, 窮迫した.

dräníeren 他 (...の)排水をする; 〖医〗(人から)排液(排膿)する.

drán|kommen * 自 (s) 〖話〗 (自分の)

番になる;(授業中に先生に)あてられる. ►**kriegen** 他《話》(人に)ひどく要求を飲ませる. ►**nehmen*** 他《話》(帽子に人の)相手(処置, 診察)をする;(授業中に先生に)あてる.

drapieren［ドラピーレン］(布地などに)ひだ飾りをつける;［*et*¹ **mit** *et*³］(部屋などを［…で］)飾る.

drastisch 形 強烈な, 思い切った, 徹底した;(描写などが)露骨な, あからさまな.

Drau (die ～) 女 ドラウ(Donau 川の支流).

drauf 副《話》= darauf. ◆ ～ **haben**《話》(何₄ を)ものにしている;(…が)できる. ～ **und dran sein**［+zu 不定詞句］《話》いまにも(…)しようとしている. ***gut*** ～ ***sein*** 上機嫌である.

Drauf=**gabe** 女 手付金. =**gänger** 男〈-s/-〉向こう見ずな〈無鉄砲な〉男. **draufgängerisch** 形 向こう見ずな, 無鉄砲な.

draufgehen* 自《話》消費される, 失われる;壊れる, だめになる;死ぬ.

drauflos 副 まっしぐらに, がむしゃらに.

drauflosgehen* 自 (s)《話》まっしぐらに〈やみくもに〉突き進む.

draufmachen 他 ◆ *einen* ～《話》(飲んで)はめを外す.

draus 副《話》= daraus.

draußen［ドラオセン］副《他 outside》外で;戸外(屋外)で.

drechseln 他 木工ろくろで〈木工旋盤で〉作る;技巧をこらして作る. **Drechsler** 男〈-s/-〉木工細工師, ろくろ職人.

Dreck［ドレック］男〈-[e]s/-〉❶《他 dirt》《話》よごれ;泥, ごみ;汚物, 糞(ﾊ);不潔(不快)なこと. ❷《俗》事柄, 用件; Kümmere dich doch um deinen eigenen ～! 自分の頭の上のハエでも追え. ◆ *aus dem* ～ *ziehen* (人を)苦境から救い出す. *aus dem größten* (*schlimmsten*, *gröbsten*, *ärgsten*) ～ [*heraus*] *sein* 最悪の状態から抜け出している. *etwas am Stecken haben* ～《話》心にやましいところがある. 隠している悪事がある. *durch den* ～ *ziehen* (…を)誹謗(ひ)する. *ein* ～ *der letzte* ～] *sein* まったく価値がない. *einen* ～ ～ *aus*. 君には関係ないことだ. *im* ～ *sitzen* (*stecken*) 窮地にある. *in den* ～ *ziehen* (*treten*) (人を)中傷する, けなす. (人の顔に)泥を塗る. *in* ～ *und Speck* [*gehen*] 汚れた. *mit* ～ *bewerfen* (人を)中傷する. *mit* ～ *und Speck* 汚れがついたまで. *vor* ～ *stehen* とてもひどく汚い. *wie* ～ [*wie den letzten* [*am Schuh*] *behandeln*《話》(人を)くず扱いする, ひどく軽くべらす.

Dreck.. 「泥の…, いまわしい…」の意.

Dreckfink 男《話》きたならしい(不潔な)人;不道徳な人.

dreckig 形 泥だらけの, きたならしい;いやらしい, 下劣な, 意地の悪い. ◆ *Es geht j*³ ～, (人が)ひどい生活をしている.

Drecks=**kerl** 男《話》きたない(いやな)やつ, 卑劣な男.

Dreh 男〈-s/-s ⟨-e⟩〉《話》妙案, 策略, (仕事の)こつ;回転, ひねり. ◆ *[so] um den* ～ 大体それぐらい[に].

Dr.Eh., Dr.e.h., Dr.eh.ⓃＤoktor Ehren halber 名誉博士.

Dreh=**arbeit** 女 撮影(の仕事);旋盤工の仕事. =**bank** 女 旋盤.

drehbar 形 回転する, 回転式の.

Dreh=**bleistift** 男 回転式のシャープペンシル, シャーペン. =**buch** 中 (映画の)脚本, シナリオ. =**bühne** 女 ⟦劇⟧ 回り舞台.

drehen［ドレーエン］(drehte; gedreht) 他 ❶《他 turn》回す, まわす;（*an et*³）(スイッチなどを)ひねる; [*sich*¹ *um et*³] ([…の回りを])回る, 回転する. ❷ (…の)向きを変える;回転させる;(*sich*¹) 向きが変わる. ❸ 回転させて(巻いて)作る;(映画を)撮影する. ◆ *man kann es* ～ *und wenden, wie man will* それをどうひねくってみても. *An et*³ *ist nichts zu* ～ *und zu deuteln*. (…は)明々白々である;確定している. *Da hat doch einer* (*j*¹) *dran gedreht*. さてはだれかがいたずらしたな. どうもあやしいぞ. ～ *und wenden* (*sich*¹) 言い逃れしようとする. *J*³ *dreht sich alles* [*im Kopf* (*vor den Augen*)], (人は)めまいがする. *Es dreht sich um j-et*⁴, …が問題となる. *Es dreht sich darum, dass* ⟨*ob*⟩ ～, …が…かどうかが問題である.

Dreher 男〈-s/-〉旋盤工.

Dreh=**griff** 男 (バイクの)アクセルグリップ. =**knopf** 男 回転ノブ(つまみ). =**kran** 男 (腕が台座を軸にして左右に動く)ジブクレーン(起重機). =**kreuz** 男 (人を1人ずつしか通さない)十字形回転バー. =**orgel** 女 手回しオルガン. =**punkt** 男 回転点;支点, 中心点. =**scheibe** 女 回転盤;⟦鉄⟧ 転車台; (陶磁器の)ろくろ. =**strom** 男 ⟦電⟧ 三相交流. =**stuhl** 男 回転椅子.

drehte ⇒ drehen

Dreh=**tür** 女 回転ドア.

Drehung 女〈-/-en〉回転, 旋回;［方向]転換, ターン.

Dreh=**wurm** 男 コエヌルス(家畜, 特に羊の回旋症の病原体). ◆ *den* ～ *bekommen* 頭が回るめまいがする. =**zahl** 女 (単位時間当たりの)回転数.

drei 数基《他 three》3. ◆ ～ *viertel* 4分の3の. ～ *Viertel* 4分の3:45分間. *Er kann nicht bis* (*auf*) ～ *zählen*. 彼はひどく頭が悪い. *ehe man* [*bis*] ～ *zählen konnte* またたく間に, たちまち.

Drei 女〈-/-en〉(数字の)3;(成績評価の)3 (中位). =**bein** 中 三脚いす (カメラなどの). =**blatt** 中 三葉の植物, クローバー. ⟦楽⟧ 三葉節り.

dreiblätterig 形 三葉の.

Dreieck 中〈-[e]s/-e〉《他 triangle》三角形. **dreieckig** 形 三角[形]の.

dreieinhalb 数 無変化 3と2分の1.

Dreieinigkeit 女〈-/〉⟦宗⟧ (父・子・聖霊の)三位一体.

Dreier 男〈-s/-〉(数字の)3, (くじの)3連当たり数字. **Dreier..** 「三者の」の意.

dreierlei 形《無変化》3種類の.

dreifach 数 3倍(3重)の. **Dreifachsprung** 男 ⟦スポ⟧ 三段ジャンプ.

Dreifaltigkeit 女〈-/〉= Dreieinigkeit. **Drei**=**farbendruck** 男 3色版

Dreifuß

印刷[物]. **Drei=fuß** 男 (青もたれのない)三脚いす; (3本足の)五徳; (底革social)三角靴台.
Dreigang=getriebe 回 3段変速(ギア). **=schaltung** 囡 3段変速(ギア).
Drei=gespann 回 3頭立ての馬車.
drei=hundert 〖基数〗300. **=jährig** 形 3年を経た;3歳の. **=jährlich** 形 3年ごとの.
Drei=kampf 男 〖競技〗三種競技(100メートル競走・幅跳び・砲丸投げ). **=käse=hoch** 《-s/-[s]》〖話〗小さい男の子.
=klang 男 〖楽〗三和音. **Drei=köni=ge**, **=königsfest** 回 《無冠詞で》〖宗教〗主の公現(読)の祝日(1月6日).
Dreimächte.. ⸨合成語⸩「三国…」の意.
dreimal 副 3回;3倍.
dreimalig 形 3回の;3倍の.
drein 〖話〗= darein.
drein=blicken 自 《…の》目つきで見ている. **=reden** 自 〖j³〗(人を)指図する口. 口出しする. **=schlagen*** 自 (けんかに)力ずくで割って入る.
Drei=rad 回 三輪車, オート三輪. **=sprung** 男 〖競技〗三段跳び.

dreißig [ドライスィヒ] 〖基数〗 形 thirty)30. **Dreißig** 囡 (-/-en) (数字の)30;30歳. **dreißiger** 形 《無変化》(ある世紀の)30年の;30年代の. **Dreißiger** 男 (-s/-) ® **-in** 囡 30歳台の人;〖話〗30歳台. **Dreißigjährig** 形 30年を経た;30歳の: der Dreißigjährige Krieg 〖史〗三十年戦争(1618-48).
dreißigst 〖序数〗形 30番目の. **dreißigstel** 〖分数〗30分の1の.
dreist [ドライスト] 形 (形 bold)厚かましい, 人見知り(く)もおじしない. **Dreistig=keit** 囡 《-/-en》厚かましいこと; 厚顔無恥な言動.
drei=tägig 形 3日間の; 生後3日の. **=täglich** 形 3日ごとの. **=tausend** 〖基数〗3000.
dreiund.. 《10位の数と》 …3 : *dreiunddreißig* 33.
dreiviertel, **Dreiviertel** [ドライフィァテル] ⨁(-)dreiの ♦
Dreiviertel=stunde 囡 45分.
Dreizack 《-[e]s/-e》〖ギ神〗(海神の)三つ又(ま)の鉾(だ).
dreizehn [ドライツェーン] 〖基数〗 形 thirteen)13. ♦ *Jetzt 〈Nun〉 schlägt's [aber] ~.* 〖話〗もうたくさんだ: ひどい話だ.
Dreizehn 囡 (-/-en) (数字の)13. **=hundert** 〖基数〗1300[の].
dreizehnt 〖序数〗形 13番目の.
dreizehntel 〖分数〗13分の1の.
Dres. 【略】doctores (Dr.の複数形).
Dresche 囡 (-/-) 殴打. ♦ *bekommen 〈kriegen〉*〖話〗〖北部〗殴られる.
dreschen* 他 〖脱穀する; 〖俗〗(人を)殴る, たたきのめす. ♦ *Phrasen ~* ありきたりの文句を並べる.
Dresch=flegel 回 (脱穀用の)からざお. **=maschine** 囡 脱穀機.
Dresden 回 ドレースデン(ドイツ中東部の工業都市). **Dresdner**, **Dresdener** 男 (-s/) ® **-in**)ドレースデンの人; 形 《無変化》ドレースデンの.

Dress 男〘回〙《⨁ Dreß》(《 Dresses,-/Dresse》衣装;スポーツウェア, ユニフォーム.
dressieren 他 (動物を)飼いならす, 調教する; (子供を)しつける; 〖料〗盛り付けする.
Dressman 男 《-[e]s/..men》(男性の)ファッションモデル.
Dressur 囡 (-/-en) (動物の)調教, 調練;(動物に仕込んだ)芸当.
Dr.habil. 【略】doctor *habilitatus*; 大学教授資格のある博士. **Dr.h.c.** 【略】doctor *honoris causa*; 名誉博士.
dribbeln 他 〖球技〗ドリブルする.
Drill 男 《-[e]s/-》(厳しい)訓練;〖軍〗教練. **drillen** 他 (人を)訓練する, (人をきびしく)叩き込む. ♦ *gedrillt sein* 〚auf et⁴〛(…の)訓練(準備)ができている.
Drillich 男 (-s/ 稀 -e) 〖織〗ドリル織り(あや織り綿布または亜麻布).
Drilling 男 (-s/-e) 三つ子(の一人); 〖銃〗三連猟銃.
drin 〖話〗 = darin, drinnen. ♦ *~ sein* 可能性がある.
Dr.-Ing. 【略】Doktoringenieur 工学博士.

dringen* [ドリンゲン] 《drang; gedrungen》 ⨁ ❶ (s) 《 ⓔ penetrate》〖方向〗(障害を排して…へ)押し進む, 貫く, 染み込む. ❷ 〚auf et⁴〛(…を)強く主張〈要求〉する. ❸ (s, h) 《⨁ (in j⁴)》(人に)しつこく迫る. ♦ *gedrungen fühlen* 《sich⁴ zu et³》…せずにはいられなく感じる.
dringend [ドリンゲント] 形 《⨁ urgent》緊急の, さし迫った, 一刻を争う; 切実な.
dringlich 形 緊急の, 切迫したたっての, しつこい. **Dringlichkeit** 囡 (-/-) 緊急〖性〗, 切迫.
Drink 男 《-[s]/-s》〖アルコール入り〗飲料.
drinnen [ドリンネン] 副 中に〈で〉, 屋内で〈に〉; 国内に〈で〉.
drisch, **drischest**, **drischt**, **drischt** ⇒ dreschen
dritt [ドリット] 〖序数〗形 third》3番目の: der Dritte 第三者, (国王などの)3世. ♦ *der lachende Dritte* 漁夫の利を得る人.
drittel 〖分数〗3分の1の. **Drittel** 回 《-s/-》3分の1.
drittemal 副 三度目に.
drittens 副 3番目に.
dritt=letzt 形 最後から3番目の.
Dritt=staat 男 第三国.
Drive-in-Lokal 回, **=Restaurant** 回 ドライブイン.
Dr. jur. 【略】doctor *juris* 法学博士.
DRK 【略】Deutsches Rotes Kreuz ドイツ赤十字社. **Dr.med.** 【略】doctor *medicinae* 医学博士. **Dr.med.dent.** 【略】doctor *medicinae dentariae* 歯学博士.
droben 〖南部;ﾊﾟｧ〗上方に〈で〉; 頭上で.
Dr.oec. 【略】doctor *oeconomiae* 経済学博士.
Droge [ドローゲ] 囡 (-/-n) 薬種, 生薬(ぢぅ); 麻薬, ドラッグ.
drogen=abhängig 形 麻薬依存〈中

毒)の. **Drogen=beratungsstelle** 安 (麻薬中毒患者のための)麻薬(薬物)相談所. **=fahnder** 男 麻薬捜査(取締)官. **=fixer** 男 麻薬常習者. **=geschäft** = Drogerie. **=handel** 男 麻薬取引. **=händler** 男 = Drogist. **=handlung** 安 = Drogerie. **=konsum** 男 薬物(麻薬)常用. **=küche** 安《話》(非合法の)麻薬製造所. **=kunde** 安 薬物=薬物市場. **=markt** 男 麻薬市場. **=missbrauch** 男 (旧=mißbrauch) 薬物(麻薬)濫用. **=prostitution** 安, **=strich** 男 麻薬欲しさの売春. **=spürhund** 男 麻薬捜査犬. **=sucht** 安 薬物(麻薬)中毒.

drogensüchtig 形 麻薬中毒の. **Drogen=szene** 安 麻薬が売買される世界. **=tod** 男 麻薬によるショック死. **=tote[r]** 男 安《形容詞変化》麻薬による死者. **=trip** 男 麻薬によるトリップ(陶酔感).

Drogerie [ドロゲリー] 安《-/-n》薬局, ドラッグストア.

Drogi 男《-s/-s》《話》麻薬常用者.

Drogist 男《-en/-en》(安 **-in**) 薬屋〈ドラッグストアの主人=店員〉.

Droh=brief 男 脅迫状.

drohen [ドローエン] (drohte; gedroht) 自 ❶ (≈ threaten) (j³ mit et³) (人を[…で])脅す. ❷ 《j³》(危険などが人に)迫る. ❸ 《+ zu 不定詞句》いまにも(…)しそうである.

Droh=gebärde 安, **=geste** 安 脅しの仕草, 威嚇的な身ぶり.

Drohne 安《-/-n》雄ミツバチの, のらくら者, 居候.

dröhnen 自 鳴り響く, とどろく, どよめく; 《北部》とりとめのないことをしゃべる.

drohte ⇒ drohen

Drohung 安《-/-en》脅し, 脅迫.

drollig 形 おもしろい, こっけいな; 愛くるしい.

Dromedar 安《-s/-e》 動 ヒトコブラクダ.

Drop-out 男《-[s]/-s》 ドロップこぼれ, 落伍者;《工=スポ》ドロップアウト.

Drops 男 (田)《-/-》 ドロップ(菓子).

drosch, **drösche** ⇒ dreschen

Droschke 安《-/-n》つじ馬車;《古》タクシー.

Drossel 安《-/-n》 鳥 ツグミ.

drosseln 他 (…の)力を絞る; 抑制する, 押さえる, 弱める. **Drosselung** 安《-/-en》低下, 減少. **Dr.pharm.** = doctor pharmaciae 薬学博士. **Dr.phil.** = doctor philosophiae 哲学博士. **Dr.rer.nat.** = doctor rerum naturalium 理学博士. **Dr.rer.oec.** = doctor rerum oeconomicarum 経済学博士. **Dr.rer.pol.** = doctor rerum politicarum 政治学博士. **Dr.theol.** = doctor theologiae 神学博士.

drüben [ドリューベン] 副 (道路=川=country界境などの)あちら側で, 向こう側で.

drüber 《-s/-》《話》= darüber. ♦ *drunter und ~/~ und drunter* 上を下への大騒ぎ(大混乱)で.

Druck [ドルック] 男 ❶《-[e]s/Drücke》(≈ pressure)押すこと, 圧迫;《理》圧力; 圧力, 強制. ❷ -[e]s》(≈ print)印刷;《絵》プリント, 捺染(技);《-[e]s/-s》印刷物; 版本; 複製の; 《-[e]s/-e》印刷 プリント布地. ♦ *~ machen* [hinter et⁴] (…)を促進する. *in (im) ~ sein* (時間的に)せっぱつまっている; 印刷中である. *unter ~ setzen* [j⁴] (人に)圧力をかける. **=bleistift** 男 ノック式シャープペンシル. **=bogen** 男 印刷 印刷全紙. **=buchstabe** 男 活字体の文字, ブロック字体.

Drücke ⇒ Druck

Drücke=berger 男《-s/-》《戯》ひきょう者, 横着者.

druckempfindlich 形 圧力に押されやすい, つぶれやすい.

drucken [ドルッケン] (druckte; gedruckt) 他 (≈ press) [auf et⁴] (文字=模様などを[…に])印刷する, プリントする; 印刷物にして出す.

drücken [ドリュッケン] (drückte; gedrückt) 他 ❶ (≈ press) [auf] (…)を押す, 押しつける; 圧迫する; (圧迫感を与えて)人を苦しめる. ❷ 《sich⁴》こっそり逃げ出す; 《sich⁴ an et³/um et⁴》(…へ)引っ込む; 《sich⁴ vor et³ (um et⁴)》(〈義務=仕事などを〉)怠る. ❸ 《et⁴》抱く, 抱える. ♦ *an sich⁴ ⟨ans Herz⟩ ~* (人を)抱きしめる. *die Hand ~* [j³] (人と)握手する. *die Oppositionsbank ~* 反対の立場にいる. **drückend** 形 圧迫するような; 重苦しい.

Drucker 男《-s/-》印刷工, 印刷業者; 捺染(技)工;《電算》プリンター.

Drücker 男《-s/-》 ドアの取っ手; 押しボタン;(猟銃の)引き金. ♦ *am ~ sitzen* (sein)決定権を握っている. *auf den letzten ~* 時間切りぎりに; 最後の瞬間で.

Druckerei 安《-/-en》印刷所; 印刷所.

Drucker=presse 安, **=schwärze** 安 印刷用黒インク.

Druck=fahne 安《印》棒組みゲラ, ゲラ刷り. **=fehler** 男 誤植, ミスプリント.

druck=fertig 形 すぐ印刷に回せる, 校了の. **=frisch** 形 印刷したての.

Druck=knopf 男《掛》押しボタン;《服》スナップ. **=luft** 安 圧縮(圧搾)空気. **=maschine** 安 印刷機; 捺染(技)機. **=messer** 男 圧力計. **=mittel** 圧力(強制)手段. **=pistole** 安 (予防接種用の)高圧注射器.

druckreif 形 (加筆=訂正を要すず)すぐ印刷に回せる; 文体的にすぐれた.

Druck=sache 安《郵》《-/-n》印刷物. **=schrift** 安 活字体, ブロック字体;(総称)印刷物. **=spalte** 安 印刷欄.

Drucktaste 安 押しボタン. **~n=telefon** 中 プッシュフォン.

druckte, **drückte** ⇒ drucken

Druck=technik 安 印刷技術. **=wasserreaktor** 男 加圧水型原子炉(軽水炉の一種). **=welle** 安《理》衝撃波.

drum 副《話》= darum. ♦ *alles, was ~ und dran hängt* 関連するすべてのこと. *das [ganze] Drum und Dran* 付随する一切のもの(こと). *mit allem Drum und Dran* 一切合切含めて. *Sei's ~!* そ

drumherumreden ⓔ 《話》《*um et⁴*》(…について核心に触れずに)どうでもいいことばかりしゃべる.

drụnten ⓔ 《南部・ｵｰｽﾄﾘｱ》下方に(で); 階下に(で).

drụnter ⓔ 《話》= darunter. ◆ *Es*《*Alles*》*geht ~ und drüber*. 大混乱に陥っている.

Drü̈se ⓕ 《-/-n》《医》腺(*せん*).

d.s. = *dal segno*. **DSA** ⓜ *Deutscher Sprachatlas* ドイツ言語地図. **DSB** ⓜ *Deutscher Sportbund* ドイツスポーツ連盟.

Dschibuti ジブチ(東アフリカの共和国).

Dschịngis-Khan チンギス=ハン(1167頃-1227; モンゴル帝国の始祖).

Dschụngel ⓜ(ⓝ)《-s/-》《ⓞ《-/-n》ジャングル.

DSD ⓜ *das Dual System Deutschland GmbH* ドイツのデュアルシステム社(ごみリサイクル会社). **DSG** ⓕ *Deutsche Schlafwagen- und Speisewagen-Gesellschaft* ドイツ寝台車・食堂車会社. **dt.** ⓜ *deutsch; dedit*. **DTB** ⓜ *Deutscher Turnerbund* ドイツ体操連盟. **D.** [*theol.*] ⓜ *doctor theologiae* (プロテスタントの)神学名誉博士. **dto.** ⓜ *dito*. **Dtz., Dtzd.** ⓜ *Duzzend*.

du [ドゥー] 《人称代名詞-2人称単数1格: 2格 *deiner*, 3格 *dir*, 4格 *dich*; 所有代名詞は *dein*》《親称》ⓞ (ⓖ) 君が, おまえ, あなたが; ねえ. ◆ *Wie ~ mir, so ich dir.* 《諺》魚心あれば水心. **Du** ⓝ 《-[s]/-[s]》(*du* を使える相手と)親しい相手(間柄); 君自身. ◆ *auf ~ und ~ sein*《*mit j-et*》(人と)親しい仲である; (…が)よく分かっている, (…が)得意である.

d.U. ⓜ *dauernd* [*dienst*]*untauglich* 《医》《徴兵検査で》不合格の. **d.U.** ⓜ *der Unterzeichnete* [下記]署名者.

dual ⓔ 2の, 二つの; 二重の, 二元的な. ◆ *das Duale System* (ごみ回収でリサイクル可能·不可能を分ける)二重システム.

Dualịsmus ⓜ 《-/》(二つの物の)対立; 《哲》二元論; 《ⓡ》二権分立. **dualịstisch** ⓔ 対立する, 二元論的; 二権分立の.

Dü̈bel ⓜ 《-s/-》《工·建》あわせくぎ; (接合用)だぼ; (ボルト用の)アンカー, (ネジ用の)プラグ.

dubiọs ⓔ 疑わしい, 怪しい; いかがわしい.

Dubiọsa ⓝⓟ 不確実な物事; 《商》こげつき債権.

Dublẹtte ⓕ 《-/-n》(収集品などの)重複品; (宝石の)ダブレット, ワンツー(パンチ).

dụ̈cken ⓔ 《*sich*》かがむ, 身をすくめる; へこらえる, ぺこぺこする.

Dụ̈ckmäuser ⓜ 《-s/-》(本心を隠して追従する)おべっか使い, 早耳な男.

dụdeln ⓔ 《話》単調に演奏する.

Dụdelsack ⓜ 《ⓡ》バグパイプ.

Duden ⓜ Konrad, ドゥーデン(1829-11; ドイツの言語学者; 正書法辞典を編纂). ⓶ ⓜ 《-s/》《商標》ドゥーデン(ドイツ語正書法辞典および文集シリーズ).

Duẹll ⓝ 《-[s]/-e》決闘; 口論. ~ 対戦.

Duellạnt ⓜ《-en/-en》決闘者. **duelliẹren** ⓔ《*sich*》《*mit j³*》(人と)決闘する.

Duẹtt ⓝ《-[e]s/-e》《楽》二重奏, 二重唱, デュエット; 二重奏(二重唱)曲.

Duft ⓜ《-[e]s/Dü̈fte》(快い)香り, におい, 芳香; 雰囲気(*smell*).

dụfte ⓔ《話》すごくいい, 最高の.

Düfte ⇒ Duft

dụften ⓔ 香る, におう.

dụftig ⓔ(布·色などが)薄い, 軽い; 《雅》かすみのかかった, 薄もやに包まれた.

Duft-stoff ⓜ 香料.

Duisburg [デュースブルク] ⓝ デュースブルク(ドイツ中西部の工業都市).

dụlden [ドゥルデン]《duldete; geduldet》ⓔ ⓞ (…を)許容する, 黙認する. ⓶《雅》耐え忍ぶ, 我慢する. **Dulder** ⓜ《-s/-》ⓔ-*in* 耐え忍ぶ人, 受難者.

dụldsam ⓔ 寛容(寛大)な; 辛抱強い. **Duldsamkeit** ⓕ 《-/》寛容; 忍耐.

Dụldung ⓕ 《-/-en》許容, 容認, 黙認.

dụmm [ドゥム]《dümmer, dümmst》ⓔ ⓞ (*foolish*)ばかな, 愚かな, まぬけの. ⓶《話》不快な, いやな. ⓷《話》めまいがする. ◆ *der Dumme sein*《話》ばかをみる. ~ *und dämmlich* ものすごく, 誰にもまる. *für ~ verkaufen*《話》(人に)一杯食わす. *nicht für ~ verkaufen lassen*《話》《*sich*》だまされない. *zu ~ werden*《*j³*》(人)の我慢の限界に達する.

Dụmmbach ⓜ ◆ *aus ~ sein*《話》(愚か者)である.

dụmmdreist ⓔ ばかで厚かましい, いけずうずうしい.

dụ̈mmer ⇒ dumm

Dü̈mmerchen ⓝ 《-s/-》(幼い子への呼びかけで)いい子(だから).

dụmmerweise ⓔ 愚かなことに; まずいことに.

Dụmmheit ⓕ 《-/-en》愚鈍, 無知; ばかげたこと, 愚行; : ~ *und Stolz wachsen auf einem Holz*.《諺》自慢高慢はひのうち. **Dụmmkopf** ⓜ《話》ばか者, 愚か者.

Dụmmsdorf ⓜ ◆ *aus ~ sein* ばか(愚か者)である.

dụ̈mmst ⇒ dumm

Dụmmy ⓜ《-s/-s, Dummies》ダミー(実験用の実物大人体模型の; (展示用の)模造品, (包装だての)商品見本.

dụmpf [ドゥムプフ] ⓔ ⓞ (音などが)鈍い, さえない, こもった. ⓶ かびくさい, むっとする; 湿った. ⓷ ぼんやりした, 内省的な; 無気力な, 活気のない. **dụmpfig** ⓔ かびくさい, むっとするような.

Dụmping ⓝ 《-s/》《商》ダンピング, 投げ売り.

Dunạnt Jean Henri, デュナン(1828-1910; スイスの社会事業家; 赤十字を創設).

Dü̈ne ⓕ 《-/-n》砂丘.

Dụng ⓜ《-[e]s/》厩肥(*きゅうひ*), 堆肥(*たいひ*).

Dü̈ngemittel ⓝ 肥料. **Dü̈nger** ⓜ 《-s/-》肥料.

dü̈ngen ⓔ (…に)肥料をやる; ⓘ 肥料となる. **Dü̈ngung** ⓕ 《-/-en》施肥; 《集》肥料.

dụnkel [ドゥンケル] ⓔ ⓞ (ⓖ *dark*)暗い, やみの; 黒っぽい; (肌·目·毛髪などが)黒

みを帯びた;(色が)濃い;(音声・音色が)低音の,暗く沈んだ. ❷ はっきりしない,あいまいな;怪しげな. ❸ 希望のない,陰うつな. ◆ **im Dunkeln liegen** 分かって〈知られていない. **im Dunkeln tappen** 手探り状態である,暗中模索する.

Dunkel 匣 《-s/》暗やみ.

dünkel 匣 《-s/》うぬぼれ, 自負; 高慢. ◆ **einen ungeheuren ~ haben** とんでもなくうぬぼれている.

dunkelhaft 形 うぬぼれた, 高慢な.

dunkelhäutig 形 (肌の)浅黒い.

Dunkelheit 囡 《-/-en》やみ, 暗やみ, 暗がり, 曖昧;《雅》黒みがかった色.

Dunkelkammer 囡 暗室.

Dunkelziffer 囡 (公的な統計に現れない)隠れた数字.

dünkeln (*) 動 (人に…であると)思われる;《*sich⁴ et⁴*》(自分が…だと)思い上がる.

Dünkirchen ダンケルク(ドーバー海峡に臨むフランスの港湾都市).

dunkler ⇒ dunkel

Dunkle[s] 形《形容詞変化》黒ビール.

dünn [デュン] 形 ❶ 《**thin**》(厚さが)薄い; 細い, やせた; (毛などが)薄い. ❷ (液体・気体・人口などが)希薄な; (音声が)か細い. ❸ (内容などが)貧しい, 貧弱な; (論拠が)薄弱な. ◆ **~ machen** 《*sich⁴*》そっと抜け出す, こっそり逃げる.

Dünn|darm 陽 《医》小腸. = **druckpapier** 匣 《印》インディア紙.

dünne flüssig 形 (液体が)さらさらした. = **gesät** 形 《話》数少ない, わずかの, 乏しい.

dünnmachen 動 ⇒ dünn ◆

Dünnsäure 囡 (産業廃棄物としての)希硫酸. **=verklappung** 囡 (不法な)希硫酸海洋投棄.

Dunst [ドゥンスト] 匣 《-[e]s/Dünste》 ❶ 《vapor》もや, かすみ, 煙霧. ❷ 臭気を伴う空気. ◆ **blauen ~ vormachen** 《話》《*j³*》 (人を)煙にまく. **in ~ aufgehen** 無に帰す. **keinen [blassen] ~ von et⁴ haben** 《話》(…について)何も知らない.

dunsten 動 湯気を出す; においを発する. ◆ **~ lassen** 《俗》《*j³*》(人に)真実を言わない. **dünsten** 動 《料》蒸す; 匣 湯気を出す; においを発する.

Dunstglocke 囡 スモッグ.

dunstig 形 もやっ霧っでたちこめた; (人いきれで)むっとする, 空気の汚れた.

Dunstkreis 阳 《雅》雰囲気, (精神的な)環境.

Düngung 囡 《-/-en》肥やし, 大肥.

Duo 匣 《-s/-s》《楽》二重奏(二重唱)曲; 二重奏(二重唱)団;《話》二人組.

Duodenum 匣 《-s/..na》十二指腸.

düpieren 動 《雅》(人を)だます.

Dupl. = *Duplikat*.

Duplikat 匣 《-[e]s/-e》写し, 写本, コピー(≒ Dupl.). 《法》副本. **duplizieren** 動 二重(二倍)にする. **Duplizität** 囡 《-/-en》二重性, (類似のできごとなどが)重なること.

Dur 匣 《-/-》《楽》長調.

---

durch [ドゥルヒ] I 前 《4格支配》 ❶ 《空間的》《**through**》…を通って, 通り抜けて; …を通り, …をくぐって. ❷ 《媒介・手段・原因》…を通じて, …によって; …のおかげで; …のために〔せいで〕. ❸ 《割り算で》…で〔割って〕. ❹ 《時間的》…の間じゅう. II 副 ❶ 《時間的》《4格》…の間じゅう; …の〔の間〕じゅう〔ずっと〕; **es ist + 時刻 + durch**《話》…過ぎ: **die ganze Woche** ~ 1 週間じゅうずっと | **Es ist 5 Uhr ~**. 5 時過ぎだ. ❷ 通り抜けて. ◆ **~ und ~ hindurch** 《空間的》(…を)ずっと通り抜けて; 《時間的》(…の)間じゅうずっと. **~ sein** 《話》通り過ぎている; 危機を脱している; 試験に合格している; (衣服・靴などが)擦り切れている; (チーズが)熟成している; (肉が)焼けている. **~ und ~** 完全に: 根っからの. **~ und ~ gehen** 《*j³*》(人に)ぐっと〔ぐんと〕くる. **unten ~ sein** 《**bei** *j³*》(人の)信用を失っている.

durch.., Durch.. 「通過・貫通, 分析, 徹底」の意.

durch|ackern 動 (畑を)十分に耕す; 《話》(資料・文献などを)十分に研究〔調査〕する. **=arbeiten** 動 休みなく論究ける; 匣 (…に)取り組む, 十分に研究する; 《*sich⁴* [**durch** *et⁴*]》(…の)間を苦労して進む. **=atmen** 動 深呼吸する.

durchaus [ドゥルヒアオス] 副 《absolutely》まったく; ぜひとも, どうしても.

durch|beißen* 動 かみちぎる〔切る〕, 歯で二つに割る; 《*sich⁴*》困難を切り抜ける, がんばり抜く. **=blättern** 動 (…に)ざっと目を通す. **=bläuen** 動 (≒ **bleuen**) 動 (人を)さんざん打ちのめす.

Durchblick 阳 (間から見える)眺め; 見通し, 展望.

durch|blicken 動 《**durch** *et⁴*》(望遠鏡などを)のぞく; 匣 理解する, 分かる. ◆ **~ lassen** (…を)それとなく知らせる.

=bluten 動 血がにじむ〔染み込む〕.

=bohren 動 (穴などを)空ける.

durchbohren 動 刺し通す; 貫く.

durch|boxen 動 《話》(計画などを)断行する; 《*sich⁴*》むりやり突き進む; 《*sich⁴*》困難を乗り越える. **=braten** 動 (肉などを)十分に焼く.

durch|brechen* 動 二つに割る〔折る〕; (s)二つに割れる〔折れる〕. **durchbrechen*** 動 突破する; (法律・習慣などを)破る, 犯す.

durch|brennen* 動 (ヒューズ・電球などが)切れる; 《話》《*j³*》(人の所から)逃げる; 《俗》《**mit** *et³*》(…を)持ち逃げする.

=bringen 動 (人を)〔どうにか〕養う; (病人を)救う; 《*sich⁴* [**durch** *et⁴*]》(…を)〔狭い所を〕通す; (法案を)通過させる; (金などを)使い果たす; 《話》切断する.

Durchbruch 阳 突破; (突然の)出現, 発生; 裂け目, 割れ目; (壁などの)ぶち抜いた穴; 決壊箇所.

durch|denken* 動 最後まで考え抜く. **durchdenken*** 動 じっくり(十分に)検討する.

durch|drängen 《*sich⁴*》押し分けて進む. **=drehen** ❶ (ひき肉機などで)挽(ひ)く, 細かくする. ❷ 匣 《話》頭がおかしくなる; (車輪が)空回りする.

durchdringen* 匣 (s) 突き抜ける, 侵

入する, しみ通る; 《**zu** j^3》(人の耳に)届く.
durchdringen* [他] 貫く, (内部を)通り抜ける. ✦ ***durchdrungen sein*** 《**von** et^3》(ある感情・考えで)心が満たされている.
durchdringend [形] 突き抜けるような, 鋭い. **Durchdringung** [女] 《-/》 貫通, 透過; 浸透.

durch|drücken [他] 裏ごしする; 《話》(意見・計画などを)押し通す; (体の一部を)伸ばす. **|eilen** [他] 急いで通り過ぎる〈抜ける〉; (…に)ぱっと知れ渡る.

durcheinander [ドゥルヒアイナンダー] [副] ごちゃごちゃに, 互いに入り乱れて. ✦ **~ *bringen*** (…を)乱雑にする; (人の頭を)混乱させる; (…を)混同する, 取り違える. **~ *gehen*** 乱雑になる, 混乱する. **~ *reden*** (誰もが)勝手に話し出す; 《話》 支離滅裂なことを言う. **~ *werfen*** 《話》 (…を)投げ散らかす; (…を)混同する, 取り違える. 〔***ganz***〕 **~ *sein*** 《話》 頭が〔すっかり〕混乱している.
Durcheinander [中] 《-s/》 乱雑; 混乱.

durcheinander|bringen*, **|gehen***, **|reden**, **|werfen** [他] ⇨ durcheinander ✦

durch|fahren* [自] (s)(乗り物が, 人が乗り物で)通過する, 通り抜ける; 走り続ける.
durchfahren* [他] (乗り物が, 人が乗り物で…を)横断する, くまなく走る; (喜び・不安・考えなどが人の心に)生じる.

Durchfahrt [女] (車・船での)通り抜け, 通過, 通行; (車の)出入口, 通路.

Durchfall [男] 下痢; 《話》(試験の)落第; (上演作品などの)失敗, 不評.

durch|fallen* [ドゥルヒファレン] 《**fiel durch; durchgefallen**》 [自] (s)(…の間から)落ちる; 《話》(試験に)落ちる, 落第〈落選〉する; (劇などが)不評である. **|fechten*** [他] 戦い抜く; 《$sich^4$》 道を切り開く; 《話》 物ごいをして暮らす. **|feilen** [他] やすりで切断する; (論文などを)推敲(すいこう)する, 練り上げる. **|finden*** [再] 《$sich^4$》 道が分かる, (目的地に)行き着く; 勝手〈様子〉が分かる. **|fliegen*** [自] (s)飛んで通過する; 飛び続ける; 《話》 試験に落ちる.

durch|fließen* [自] (s)流れて行く, 流れ去る. **durchfließen*** [他] 貫流する, (…を通って)流れる.

durchforschen [他] 徹底的に研究〈調査〉する; 踏査する.

Durchfracht [女] 〔商〕 通過貨物.

durch|fragen [再] 《$sich^4$ 〔**zu** j-et^3/**nach** et^3〕》 道を尋ねて〔…へ〕たどり着く. **|fressen*** [再] 《$sich^4$》 (虫などが)穴を食いあける; 《$sich^4$ 〔**bei** j^3〕》 《話》 (人に)おごってもらう. **|frieren*** [自] (s)底まで完全に凍る; 凍え切る, 体のしんまで冷える.

durchführbar [形] 実行〈実施〉できる, 実行可能な.

durch|führen [ドゥルヒフューレン] 《führte durch; durchgeführt》 [他] ❶ ([英] carry out)実施〈実行〉する; 行う; 開催する. ❷ 《j^4 〔**durch** et^4〕》 (人を〔…を通って〕)案内する.

Durchfuhr=erlaubnis [女] 〔商〕 通過〔運送〕許可.

Durchführung [女] 実行, 実施, 遂行; 開催; 〔楽〕 展開部.

Durchgang [男] 通り抜け, 通過; 通路; 渡り廊下; (全体の)一段階, 1回, 1ラウンド.

durchgängig [形] 首尾一貫した, 例外なしの.

Durchgangs=lager [中] (難民の)一時収容所. **=verkehr** [男] (通り抜けるだけの)通過交通; (鉄道による)外国貨物の通過; 〔商〕 通過貿易.

durch|geben* [他] (電話・放送などで)伝える, 伝達する.

durchgefallen ⇨ durchfallen

durchgeführt ⇨ durchführen

durch|gehen* [ドゥルヒゲーエン] 《**ging durch; durchgegangen**》 I [自] (s) ❶ 通る, 通り抜ける; 《話》(物が狭い場所を)通れる; (雨・冷気などが)通ってくる, 染み〈入り〉込む; (法案などが)通過する. ❷ (ある地点〈時点〉まで)続く; (列車が)直通である. ❸ (馬などが)暴走する; 《j^3》 (感情などが人に)抑えきれなくなる. ❹ 《話》 《**mit** j-et^3》 (人と)こっそり逃げる, (…を)持ち逃げする. II [他] (s, まれ h)(…に)詳しく目を通す. ✦ **~ *lassen*** 《〔j^3〕 et^4》 (〔人の〕…を)大目に見る, 見逃してやる. **durchgehend** [形] 通しの; 直通の; 一貫した.

durchgeistigt [形] 理知的な.

durch|glühen [他] 真っ赤に熱する; [自] (s)真っ赤に燃える, (電球が)焼け切れる.

durch|greifen* [自] 手を差し入れる; 断固とした処置を取る. **~d** [形] 断固たる, 徹底的な.

durch|halten* [動] 持ちこたえる, 耐え抜く, がんばり抜く. **Durchhaltevermögen** [中] 耐久力, 持久力.

durch|hauen(*) [他] 断ち切る, たたき割る; 《話》(人を)さんざんにぶちのめす; (電線を)切る, (ヒューズを)飛ばす; 《$sich^4$》 道を切り開いて進む.

durch|hecheln [他] 《話》 こき下ろす, 酷評する. **|heizen** [他] 十分に暖房する; [自] 暖房し続ける. **|helfen*** [自] 《j^3》 (人を)助けて通り抜けさせる; (人の)苦境を救う: $sich^3$ ~ 自力で苦境を切り抜ける. **|hören** [他] 《et^4 〔**durch** et^4〕》 (〔壁などを通して〕…を)聞く, 聞き取る; (〔口ぶりなどから〕…を)感じ取る.

durch|kämmen [他] (髪を)念入りにくしでとかす; (場所を)くまなく捜索する.
durchkämmen [他] (場所を)くまなく捜索する.

durch|kämpfen [自] (ある期間)休まず戦う; [再] 《$sich^4$》 苦労して進む, やっとの思いで生活する; 《$sich^4$ **zu** et^3》 (苦慮の末)…の決断をする. **|kauen** [他] 十分にかむ; 《話》(ある学科を)十分に練習する. **|kommen*** [自] (s)通過する; 通り抜ける; (困難・危機などを)切り抜ける; 《**mit** et^3》 (…で)なんとかやる〈暮らしていく〉; 《話》(試験に)受かる; 《話》(電話が)つながる; 《話》(ニュースなどが)放送される.

durch|kreuzen [他] (…に)×印をつけて消す. **durchkreuzen** [他] (計画などを)妨害する, くじく.

durch|kühlen [他] 十分に冷やす.

Durchlass ([旧] ..laß) [男] 《..lasses/..lässe》 (狭い)通路, 出入口; 《雅》 通すこと; 通行許可.

durch|lassen* [他] 通す, 通過させる.

durchlässig [形] (水・光などを)透過〈浸透〉させる, 通気性のある.
Durchlaucht [女] 《-/-en》 《Fürst, Fürstin に対する尊称》 殿下.
durch|laufen* [自] (s)走り〈通り〉抜ける; (液体が)染み出る, 漏れる; 走り〈歩き〉続ける; [他] (靴などを)すり減らす, はきつぶす. **durchlaufen*** [他] 走り抜ける, 通り抜ける; (学業を)終える; 《雅》 (戦慄(せん)・考えなどが人の)体を走る.
Durchlauf=erhitzer [男] 瞬間湯沸かし器. **=zeit** [女] 〔ｺﾝﾋﾟｭｰﾀ〕 計算過程所要時間.
durchleben [他] (ある時間・状況を)過ごす, 体験〈経験〉する.
durch|lesen* [他] 読み通す, 通読する.
durch|leuchten [自] 《[**durch** *et*⁴]》 (光が[…を通して])差し込む, 漏れる. **durchleuchten** [他] レントゲン検査する; (…に)くまなく光を当てる; (…を)詳細に調べる, 解明する. **Durchleuchtung** [女] 《-/-en》 X 線透視, レントゲン検査.
durch|liegen* [他] (マットレスなどを)擦り切らす; 《*sich*⁴》 床擦れができる.
durchlöchern [他] 穴だらけにする; 骨抜きにする, 弱体化させる.
durch⊦lüften [他] (…に)十分に風を通す, 換気する. **⊦machen** [他] 《話》 耐え抜く, 体験する; (課程を)修了する, 終える; [自] 休みなく働き続ける; 夜を徹して祝う.
Durchmarsch [男] 〔軍〕 通過行進; 《話》 下痢.
Durchmesser [男] 直径(記号 *ϕ*, *d*).
durch⊦nässen [他] びしょぬれにする.
⊦nehmen* [他] (授業で)取り扱う; 《話》 (人を)さんざんこき下ろす. **⊦nummerieren** ([旧] ⊦numerieren) [他] (…に)通し番号をつける. **⊦pausen** [他] 透写する, トレースする. **⊦peitschen** [他] (人を)何度もむちで打つ; (法案などを)無理に〈大急ぎで〉通過させる.
durchqueren [他] 横断する, 横切る.
durch⊦rechnen [他] 最後まで全部計算する. **⊦regnen** [自] 《*Es regnet durch.*》 雨漏りがする.
Durchreiche [女] 《-/-n》 (台所と食堂の間の)料理出し入れ口, ハッチ.
Durchreise [女] (旅行中の)通過.
durch|reisen [自] (s)(旅行中に)通る, ちょっと立ち寄る. **durchreisen** [他] 周遊する, 旅行して回る. ***Durchreisevisum*** [中] 通過査証〈ビザ〉.
durch|reißen* [他] 二つに引き裂く〈引きちぎる〉; [自] (s)二つに裂ける, (ロープなどが)ぷっつり切れる.
durch|reiten* [自] (s) 《**durch** *et*⁴》 (…を)馬で通過する〈横切る〉. **durchreiten*** [他] (…を)馬で横切る〈横断する〉.
durch⊦ringen* [再] 《*sich*⁴ **zu** *et*³》 (思い悩んだ末に…を)決心する. **⊦rosten** [自] すっかりさびる, さびてぼろぼろになる; さびて折れる. **⊦rühren** [他] 十分にかき混ぜる; 《*et*⁴ **durch** *et*⁴》 (…を…で)漉(こ)す.
Durchsage [女] (放送・電話などによる)伝達, 通報, アナウンス.
durch⊦sagen [他] (放送・電話などで)伝達する, 通報する; (口づてに)伝える. **⊦sägen** [他] のこぎりで切る.
durch|schauen [自] 《**durch** *et*⁴》 (…を通して)見る, のぞく. **durchschauen** [他] (本質などを)見抜く, 見破る; 見通す.
durch|scheinen* [自] (光が)通る; (物が)透けて見える. **durchscheinen*** [他] くまなく照らす.
durch|scheuern [他] (衣服などを)擦り切らせる; 《*sich*⁴》 (衣服などが)擦り切れる.
durch|schießen* [自] 透き間から撃つ〈射る〉. **durchschießen*** [他] 撃ち抜く, 射抜く; 〔印〕 (…の)行間を開ける, (本に)間紙を入れる.
durch|schimmern [自] (光が)漏れる; (心情などが)それとなく現れる, 感じられる.
Durchschlag [男] (カーボン紙による)タイプ印書の写し; 〔料〕 濾(こ)し器; 〔電〕 絶縁破壊; 〔工〕 ポンチ.
durch|schlagen* ❶ [他] (板などを)たたいて割る; (釘などを)打ち込む; (穴を)打ち抜く. ❷ [自] (s)(水などが)染みとおる, にじむ. ❸ [再] 《*sich*⁴》 (困難を切り抜けて…に)たどり着く; なんとか暮らしていく. **durchschlagen*** [他] (弾丸などが物を)貫通する. **durchschlagend** [形] 決定的な. **Durchschlagskraft** [女] (弾丸の)貫通力; 説得力.
durch⊦schlängeln [再] 《*sich*⁴》 (間を)すり抜けて進む; (困難を)うまく切り抜ける. **⊦schleppen** [他] 《話》 (困難を乗り切るように人に)力を貸す. **⊦schleusen** [他] (船に)水門を通過させる; (人を)先導して通す. **⊦schlüpfen** [自] (s)くぐり抜ける, すり抜ける.
durch|schneiden* [他] 二つに切る, 切断する. **durchschneiden*** [他] 分断する.
Durchschnitt [ドゥルヒシュニット] [男] 《-[e]s/-》 ❶ ([英] average)平均; 〔数〕 平均値; 平凡, 月並み. ❷ 断面図. ♦ ***im ~*** 平均して; 概して. ***über* 〈*unter*〉 *dem ~ liegen*** 平均以上〈以下〉である.
durchschnittlich [ドゥルヒシュニットリヒ] [形] 平均の; 普通の, [世間]並の.
Durchschnitts.. 「平均の…; 平凡な…, 並の…」の意. **=einkommen** [中] 平均収入〈所得〉. **=verdiener** [男] 平均所得者. **=wert** [男] 平均値.
durch|schreiten* [他] 《雅》 通り抜ける.
Durch=schrift [女] (カーボン紙による)写し. **=schuss** ([旧] =schuß) [男] (弾丸の)貫通; 貫通銃創; 〔印〕 行間余白; 〔織〕 緯(よこ)糸.
durch|schütteln [他] 激しく揺さぶる, 十分に振る.
durch|schwimmen* [自] (s)泳いで通過する; (ある時間・距離を休まず)泳ぎ続ける. **durchschwimmen*** [他] (川・海などを)泳いで渡る.
durch⊦schwitzen [他] (シャツなどを)汗びっしょりにする. **⊦segeln** [他] 帆船〈ヨット〉で横断する. **⊦sehen*** [他] 調べる, 点検〈チェック〉する; 校閲する; (本などに)ざっと目を通す; (…を)捜す; [自] 《**durch** *et*⁴》 (…を通して)見る, のぞく; 《話》 見通しを持つ, 事情が分かる. **⊦sein*** [旧]⇨ durch ♦
durch|setzen [他] (意志・要求を)押し通す, 貫徹する; 《*sich*⁴》 自分の意志を押し通す〈貫く〉, 人に自分の言うことをわからせ

る，(考え・流行などが)世間に認められる，受け入れられる．**durchsétzen** 他 《*et*¹ **mit** *j-et*³》 (…に…を求めて)混ぜる；(…にスパイを)潜入させる．**Durchsétzungs-fähigkeit** 女，**-kraft** 女，**-vermögen** 中 (物事を貫徹する/やり抜く)能力，粘り強さ．

Dúrchsicht 女 (書類・在庫などを)目を通すこと，点検；校閲．

durchsíchtig [ドゥルヒズィヒティヒ] 形 ❶ 《= clear》透き通った，透明な． ❷ 見え透いた．

durch·síckern 自 (s) (水などが)漏れ，染み出る；(秘密などが)漏れる，知れ渡る．

durch·spréchen* 他 (問題などを)十分に徹底的に話し合う．

durchstéchen* 他 突き刺す，**durchstéchen*** 他 《*et*¹ **mit** *et*³》 (…を針などで)通して穴をあける．

durch·stécken 他 《*et*¹ **durch** *et*⁴》 (…を…の間から)差し込む，突っ込む．

durch·stéhen* 他 (困難・危険などを)耐え抜く，切り抜ける．❷ (ジャンプ・距離を転倒せずに滑り終える．

durch·stöbern 他 《話》 (…の中をくまなく捜す．

durch·stóßen* ❶ 自 (s)突破する．❷ 他 《*et*¹ **durch** *et*⁴》(棒などを…に)突き通す; 《*et*¹ **mit** *et*³》(…で…で)突き破る；(そこで口・襟などを)擦り切らせる．**durchstóßen*** 他 突き破る，突破する．

durch·stréichen* 他 (文字・文章などを)上から線を引いて消す《削除する》．

durch·stréifen 他 さまよい歩く《(自)歩き回る．

durch·strömen 他 (川が)貫流する；(感情が)みなぎる；(…を)満たす．

durch·súchen 他 (手荷物・住居などを)くまなく捜す、捜し回る；(麻薬などを所持していないかの人の)衣服を検査する．**Dúrchsuchung** 女 《-/-en》 《家宅》捜索；ボディーチェック．

durch·tränken 他 《*et*¹ **mit** *et*³》 (…に)染み込ませる．

durch·tréten* 他 (アクセル・ブレーキなどを)いっぱいに踏む．❷ 自 (s) (液体・気体が)漏れ出る，染み出る．

durchtríeben 形 ずるがしこい，抜け目のない．**Durchtríebenheit** 女 《-/-en》 抜け目なさ；抜け目ないふるまい．

durch·wáchen 他 (夜などを)眠らずに過ごす．

durch·wáchsen* 自 (s) 《**durch** *et*⁴》(植物が…の透き間から生え出る．

durch·wáchsen 形 (雑穀飯などに)点在する；(肉が)霜降りの；《話》まあまあの．

Dúrchwahl 女 (交換を通さない)直接の通話，ダイヤル通話．

durch·wählen 他 ダイヤル通話《ダイヤルイン》する，直接電話をかける．

Dúrchwahlnummer 女 直通番号，ダイヤルイン番号．

durch·wándern 他 (場所を)歩き回る，(…を隅から隅まで)歩いて旅する．

durch·wärmen 他 十分に暖める．**⊦wáten** 他 (川などを)歩いて渡る．

durch·wében* 他 両面織りにする．**durchwében*** 他 《*et*¹ **mit** *et*³》 (…に…を)織り込む．

durchwég, 《-ン・ン》 **dúrchwegs** 副 例外なく，一貫して．

durch·wéichen 自 (s) (紙などが)ぬれて柔らかくなる．**durchwéichen** 他 (道・土などを)すっかりぬらして柔らかくする．

durch·winden* 他 《*sich*⁴》 (狭い所を)体をくねらせてうまく通り抜ける．

durch·wühlen 他 《*et*¹ **nach** *et*³》 (…の中を(…を求めて)ひっかき回して捜す；《*sich*⁴ **durch** *et*⁴》 (土を)掘り抜いて進む；(書類の山などを)苦労して処理する．**durchwühlen** 他 (地面などを)掘り返す；(…の中をひっかき回して探す．

durch·wúrsteln 自 《*sich*⁴》 《話》 どうにかやって(切り抜けていく．**⊦zählen** 他 (人を)数え上げる，ひとつひとつ(一人一人)数える．**⊦zéichnen** 他 (紙を置いて…を)写し取る，トレースする．

durch·zíehen* ❶ 他 《*et*¹ **durch** *et*⁴》 (糸などを管・穴などに)通す；(計画・困難なことを)やり遂げる，やり通す．❷ 他 (軍隊・行列・群れなどが)通過する．❸ 自 《*sich*⁴》 貫いている，一貫して流れている．**durchzíehen*** 他 (ある土地を)通過する，横断する；(道路・川などが…を)縦横に走って(流れて)いる．

Dúrchzug 男 (軍隊・行列・群れなどの)通過，通行；風通し．◆ ***auf* ~ schálten** 《話》相手の話に耳を貸さない．

durch·zwängen 他 むりやり通す．

Dürer Albrecht, デューラー(1471-1528; Nürnberg 生まれのドイツ・ルネサンスの画家・版画家).

dürfen [デュルフェン] 《*ich* (*er*) **darf**, *du* **darfst**; 過去 **durfte**; 過去分詞 **dürfen**, **gedurft**》 I 《話法の助動詞；過去分詞はdürfen》 ❶ 他 《= may》(許可)…してもよい，(否定詞と：禁止)…してはいけない： Du **darfst** morgen nicht verschlafen. 明日は寝坊は許されないんだからね．❷ 《丁寧な申し出・要請；疑問文で》…いたしましょう： **Ruhe**, wenn ich bitten *darf*! 静かにしてもらえるでしょうか | Was *darf* es sein?(店で)何にいたしましょうか/何をお持ちしましょうか．❸ 《正当な理由》…して当然だ，(必要)《方》《**nur**, **bloß** と》…しさえすればいい： Du *darfst* bloß kurz anrufen. ちょっと電話くれればいいよ．❹ 《推量: 接続法II dürfte で》…だろう： Das *dürfte* reichen, danke. これで間に合うでしょう，ありがとう．II 《不定詞を伴わずに本動詞的に；過去分詞は gedurft》： *Darf* ich nun nach Hause? もう帰ってもいいですか | Er hat nicht *gedurft*. 彼は許可されなかった．

dürftig [デュルフティヒ] 《= poor》みすぼらしい，貧弱な，粗末な；不十分な，乏しい．

dürr [デュル] 形 ❶ 《= dry》乾燥した，干からびた；(土壌などが)やせた，不毛の． ❷ (体・人が)やせた(こけ)た．❸ (言葉などが)乏しい．

Dürre 女 《-/-n》乾燥；不毛；干ばつ．

Dürrenmatt Friedrich, デュレンマット(1921-90；スイスの劇作家)．

Dürreperiode 女 乾燥(干ばつ)期．

Durst [ドゥルスト] 男 《-[e]s/-》 《= thirst》 ❶ (のどの)渇き．❷ 《雅》《**nach**

et^3)(…への)渇望．◆ **~ auf** et^4 **haben**(…が)飲みたい．**~ bekommen**〈**haben**〉のどが渇く（渇いている）．**einen** 〈**eins, ein Glas, etliche**〉**über den ~ trinken**〚話〛酒を飲みすぎる．

dursten 他 のどの渇きに苦しむ．

dürsten 他 〚**nach** et^3〛(…を)渇望する．◆ *Es dürstet j^4. / j^4 dürstet j^4. / j^4 dürstet nach et^3.* (人は)のどが渇いている．*Es dürstet j^4 nach et^3. / j^4 dürstet nach et^3.*(人が…を)渇望している．

durstig [ドゥルスティヒ] 形 ❶ (*thirsty*) のどが渇いた．❷ 〚雅〛〚**nach** et^3〛(…を)渇望している．

..durstig「…を切望している」の意．

durst-löschend, -stillend 形 のどの渇きをいやす(飲物など)．

Duschbad[ドゥーシュバート]中〚-[e]s /..bäder〛シャワー室；シャワー浴．

Dusche[ドゥーシェ, ドゥッシェ]女〚-/-n〛 (& *shower*) シャワー〚装置〛．◆ *eine kalte ~ für j^4 sein* (人)を失望〈幻滅〉させる．*wie eine kalte ~ auf j^4 wirken* (人)を失望させる．

duschen[ドゥッシェン, ドゥーシェン] (duschte; geduscht) 他〚〈*sich*〉〛シャワーを浴びる；(…に)シャワーをかける．

Düse 女〚-/-n〛 口 ノズル，噴射口．

Dusel 男〚-s/-〛〚話〛(思いがけない)幸運．

duseln 自 (s)〚話〛急いで行く，すっ飛んで行く．

Düsen-antrieb 男 ジェット推進．**=flugzeug** 中 ジェット機．**=triebwerk** 中 ジェットエンジン．

Dussel 男〚-s/-〛〚話〛ばか，間抜け．

Düsseldorf 中 デュッセルドルフ(ドイツ中西部の商工業都市)．**Düsseldorfer** (女 **-in**) デュッセルドルフの人；形〚無変化〛デュッセルドルフの．

düster [デューステル] 形 (& *gloomy*) 暗くて寂しい：陰気な，陰うつな，どんよりした．**Düsterkeit** 女〚-/〛薄暗いこと；陰気，陰うつ．

Dutyfreeshop, Duty-free-Shop 男〚-[s]/-s〛(空港などの)免税店．

Dutzend[ドゥツェント] 中〚-s/-e〛 ❶ (& *dozen*)〚単位/-/〛ダース(12個；略 Dtzd.). ❷〚無定冠・複数で〛かなりの数，多数．

dutzend-mal 副 何度も，たびたび．**=weise** 副 ダース〚単位〛で，12個ずつ；何ダースも，多量に．

duzen[ドゥーツェン]〚(duzte; geduzt)〛他 (人に) du で話しかける．

Duz-freund 男 (女 **-in**) du で呼び合う人(知り合い/友人ではない)．**=fuß** 男◆ *auf* 〚*dem*〛*~ stehen*〚話〛〚*mit* j^3〛(人と)昵懇の〈親密な〉間柄である．

duzte ⇒ duzen

DV略 Datenverarbeitung.

DVD 略 digitale vielseitige Scheibe デジタルビデオディスク．

Dvořák Antonín, ドヴォルザーク, ドヴォルジャク(1841-1904：チェコの作曲家)．

DVP 略 Deutsche Volkspartei ドイツ人民党; Deutsche Volkspolizei (旧東ドイツの)ドイツ人民警察. **DW** 略 Deutsche Welle ドイチェヴェレ(ドイツの国際放送).

d.W. 略 dieser Woche 今週に〈の〉; diese Woche 今週に. **DWD** 略 Deutscher Wetterdienst ドイツ気象庁.

Dy 略 Dysprosium.

Dyck Anthonis van, ダイク(1599-1641; フランドルの画家).

Dyn 中〚〈-s/-〉〛〚理〛ダイン(力の単位；配号 dyn).

Dynamik 女〚-/〛 ❶ (激しい)動き，推進力，勢い，ダイナミズム．❷〚理〛〚動〛力学，〚楽〛強弱法．**dynamisch** 形 動的な；力強い，活発な，ダイナミックな；〚理〛動力学上の；〚楽〛強弱法の．

Dynamit 中〚〈-s/〉〛ダイナマイト．

Dynamo 男〚〈-s/-s〉〛ダイナモ，発電機．

Dynast 中〚-en/-en〛(中世の)〚小国〛君主．**Dynastie** 女〚-/-[e]n〛王朝，王家；(ある分野で有力な)一族，名門，ファミリー．

Dysprosium 中〚〈-s/〉〛ジスプロシウム (元素名；配号 Dy).

Dystrophie 女〚-/-[e]n〛〚医〛ジストロフィー，異栄養症．

DZ〚国鉄符号〛アルジェリア．**dz.** 略 derzeit[ig]. **dzt.** 略 derzeit.

D-Zug 男 急行列車（< *Durchgangszug*；略 D).

E

e, E 中〚〈-/-〉〛〚字母〛エー；〚楽〛ホ(音名)；配号〚e〛ホ短調；〚E〛ホ長調． **E.** 略 Eilzug；〚国鉄符号〛スペイン；〚二=〛Eingabe; 〚郵〛Einschreiben.

Ebbe[エッペ] 女〚-/-n〛引き潮，干潮：bei ~ 引き潮の時に．◆ *Bei mir ist ~ in der Kasse. / In meiner Kasse ist* 〈*herrscht*〉 ~. 〚話〛ふところがさびしい．

ebd. 略 ebenda 同書〈同個所〉に．

eben[エーベン] I 形〚〉-er, -st〛平らな，平坦な，滑らかな；〚数〛平面の；むらのない． II 副 ❶ (& *just*) 今しがた；まさにちょうど；かろうじて；まさに：ちょっとの間だけ．❷ どうにも，とにかく，とかく．◆ *~ **..., als** 〈**da**〉**...** *…しようとしたときに….* **nicht ~** あまり(必ずしも)…でない．〚*oder*〛**~ nicht**〚否定を強めて〛とんでもない，全然ちがうとさ．

Ebenbild 中 似姿，生き写しの人．

eben-bürtig (*j-er*) (能力・価値などが…と)対等な，(…に)匹敵する：家柄(身分)のつり合う．**=da** 副 ちょうどそこに；(論文で)同書〈同個所〉に (& ebd.). **=dort** 副 ちょうどそこに．

Ebene 女〚-/-n〛 ❶ 平野，平原；〚数〛平面．❷ (& *level*) レベル，水準，局面．◆ *auf die schiefe ~ geraten* 〈*kommen*〉堕落する，ぐれる．**..ebene**「…の領域〈レベル〉」の意．

eben-erdig 副 地面の高さの；1階の．

ebenfalls[エーベンファルス] 副 同じく，同様に：Alles Gute! — Danke, ~. がんばってね—ありがとう，あなたもね．

Ebenholz 中〚〈Es〉〛コクタン(黒檀)．

Ebenmaß 中〚〈-es/-e〉〛均整，プロポーション．**ebenmäßig** 形 均整のとれた．

ebenso[エーベンゾー] 副 〚しばしば wie とともに〛(…と)同じ程度に，全く同様に．

ebensogut 164

♦ **~ gut** 同様によく. **~ sehr** 同じ程度に. **~ viel** 同じくらい多く. **~ weit** 同じくらい離れて〈遠くに〉. **~ wenig** 同じくらい少なく.

ebenso=gut, =sehr, =viel, =weit, =wenig ⇒ ebenso ♦

Eber 男 [(-s/-)] 雄イノシシ; 雄豚.

Eber=esche 女 ナナカマド.

Eberhard 男名 エーバーハルト.

ebnen 他 平らにする, (地面などを)ならす.

Ebola-Virus 田, 男 [医] エボラウイルス.

Ebonit 田 (-s/) エボナイト.

EC 略 *EuroCity*.

E-Cash 電子マネー.

echauffiert 形 興奮した.

Echo ❶ 中 [(-s/-s) (複 echo) 反響 (bei j³ ein ~ finden (haben) ~人の共鳴を得る); こだま, やまびこ; エコー:(比)[新]エコー(森の精): das ~ in der Presse 新聞〈メディア〉にみられる反応. ❷ 電話の鳴音:[電]エコー. ❸ 略 [通] (アメリカ式)打ち上げたエコー衛星. **=lot** 中 [通] 音響測深器.

Echse 女 [(-/-n)] トカゲ[類].

echt [エヒト] ❶ 形 (複 real)本物の, 純粋[純正]の; 真の: ein ~*er* Münchner 生粋のミュンヘン子. ❷ 副 [独露]実に;(驚き・感嘆)本当に(に): *Echt?* 本当なのかい. **echte** 「...に耐える, ...でも揺るがない」の意. **Echtheit** 女 [(-/)] 真正, 純粋, 真実性.

Eck [(-[e]s/-en)] (複 *real*) (南部・オースト) = Ecke, (部屋・箱などの)隅. ♦ **im ~ sein** 副詞子(コンディション)がよくない. **über[s] ~** 斜めに. **Eck..** 「角にある...」; 基幹〈基盤〉になる...の意.

Eckart 男名 エッカルト. ♦ ein [ge]treuer ~ (いつも支えてくれる)忠実な友.

Eck=ball 男 [球技] コーナーキック; [公球] 水球] コーナースロー; [公水] コーナーヒット. **=daten** 複 (計画・分析などにとって)重要な鍵となるデータ.

Ecke [エッケ] 女 [(-/-n)] (複 *Eckchen*) ❶ (複 *corner*) 角(かど); 街角: an der ~ [街]角で. ❷ (四角いものの)隅. ❸ [拳] (ボクシングやレスリングの)コーナー; [球技] コーナーキック. ❹ 地域, 地区, 一角, 一隅. ❺ [方] (光のとがった)切れ端, (ソーセージ・チーズなどの)一片. ♦ **an allen ~n [und Enden]** 至るところで: *eine kurze 〈lange〉 ~* ショート〈ロング〉コーナー. *nicht um die ~ trauen* (j³) (人を)まるで信用しない. *noch eine ganze* *um die ~ 〈ziemlich〉 ~ sein* [話] まだかなり遠い. **um die ~** [話] すぐ近くに. **um die ~** *bringen* (...を)くすねる; (...を)使い果たす; (人を)殺す. *um [über] sieben* *~n verwandt sein [mit j³]* (人と)遠い親戚である. **~n=steher** 男 [話] (街角でぶらぶらする)のらくら者.

Ecker 女 [(-/-n)] オーク(ブナ)の実, どんぐり; [植] クラブ.

Eck=figur 女 重要人物, 要(かなめ)となる人.

Eckhart 男名 エックハルト.

Eck=haus 中 角(隅)の家.

eckig 形 角のある, 角張った; (動作が)ぎこちない; 無愛想な.

Eck=kneipe 女, **=lokal** 中 角の飲み屋. **=pfeiler** 男 基準石盤; [建物の)隅柱; [学説などの]主要の基盤. **=stein** ❶ 男 隅石; (歩道の縁石)にし)隅礎. ❷ 中 [(-s/) [無冠詞] 複] ダイヤ. **=wert** 男 基本となる数値, 基準値. **=zahn** 男 犬歯, 糸切り歯.

E-Commerce 男 E コマース, 電子商取引.

Ecu, ECU 男 [(-[s]/-[s]) エキュー(ヨーロッパ連合の単一通貨[単位]); < 英 *European Currency Unit*).

Ecuador エクアドル(南米の共和国).

ed. 略 *edidit* ...著, (単数者が)編. ⇒ edd.

ed. 略 *Edition*.

Edam エーダム(オランダの小都市).

edd. 略 *ediderunt* ...著, (複数者が)編. ⇒ ed.

edel [エーデル] 形 ❶ (複 *noble*)優れた, 価値ある, 貴重な. ❷ 純血の; 高貴な, 貴族の: 高潔な, 気高い. ❸ [雅] 気品のある.

Edel- 「高貴な..., 貴族の...; 高尚めかした ...」の意. **=frau** 女 貴婦人. **=gas** 中 [化] 希ガス, 不活性気体.

edelgesinnt 形 高潔な.

Edel=holz 中 高級木材. **=mann** 男 貴族; 高潔な人. **=metall** 中 貴金属. **=mut** 男 気高い心.

edelmütig 形 高潔な.

Edel=prostituierte 女 高級娼婦. **=stahl** 男 特殊鋼. **=stein** 男 宝石. **=tanne** 女 [植] オウシュウモミ. **=weiß** 中 [植] エーデルワイス, ミヤマウスユキソウ.

Eden 中 [(-s/)] 楽園. ♦ *der Garten ~* [聖] エデンの園.

Edgar 男名 エトガル.

Edikt 中 [(-[e]s/-e)] 勅令; 布告.

editieren 他 [(端末でデータを)編集する, エディットする. **Edition** 女 [(-/-en)] (特に古典の)編集版; 出版; (本の)版(⇒ Ed.). **Editorial** 中 [(-s/-s)] (新聞の)社説, 論説. **editorisch** 形 出版〈刊行〉に関する; 出版業に関する.

edl.. ⇒ edel

Edmund 男名 エドムント.

Eduard 男名 エードゥアルト.

E-Dur 中 [(-/)] [楽] ホ長調(⇒[音] E).

EDV 略 コンピュータデータ処理(< *elektronische Datenverarbeitung*). **EDV-Anlage** 女 コンピュータ情報処理センター〈施設〉. **EEG** 略 *Elektroenzephalogramm* 脳波図.

Efeu 中 [(-s/)] [植] キヅタ(木蔦).

effeff ♦ **~ sein** [話] 極上である, 申し分がない, すばらしい. **Effeff** 中 ♦ *aus* *dem ~ beherrschen 〈verstehen〉* 完全にマスター(理解)している.

Effekt [エフェクト] 男 [(-[e]s/-e)] 効果, 利益; 成果; 効率.

Effekten 複 有価証券; 債券, 株券. **=börse** 女 証券(株式)取引所. **=geschäft** 中 証券業務(取引), 株式取引. **Effekt=hascherei** 女 [(-/-en)] [軽] スタンドプレー.

effektiv 形 有効〈効果的〉な; 実際の, 実質的な.

Effektiv=geschäft 男 現物(現金)取引. **Effektivität** 女 効力, 効果.
effektuieren 他 《商》(品物の発送・代金の支払いなどを)行う, 済ませる.
effektvoll 形 効果的な.
Efflation 女 〔-/-en〕呼気.
EFTA 女 ヨーロッパ自由貿易連合(＜ 英 European Free Trade Association).
EG 略 Europäische Gemeinschaft[en] ヨーロッパ共同体(EU(ヨーロッパ連合)の前身).

egal [エガール] 形 ❶ 等しい, 同じ; (人にとって)どうでもよい: Das ist mir ganz ~. それは私にはどうでもいい. ◆ *[ganz] ~, wie ⟨was, wer, wo, wann⟩* ... どのようにも, だれが, どこで, いつ〉…しようとも. **egalisieren** 他 タイスコアに持ち込む(タイ記録などを)出す.

Egel 男 〔-s/-〕 動 ヒル(蛭).
Egge 女 〔-/-n〕まぐわ, ハロー(砕土用の農具). **eggen** 他 (土地を)まぐわで耕す.
Egil (北欧神) エギル (荒海の神).

EGmbH, eGmbH 略 *E*ingetragene ⟨eingetragene⟩ *G*enossenschaft *m*it *b*eschränkter *H*aftpflicht 登録有限責任会社.
EGmuH, eGmuH 略 *E*ingetragene ⟨eingetragene⟩ *G*enossenschaft *m*it *u*nbeschränkter *H*aftpflicht 登録無限責任会社.

Ego 中 〔-/-s〕心・哲 エゴ, 自我.
Egoismus [エゴイスムス] 男 〔-/..men〕利己主義, エゴイズム; 利己的な性質(行為). **Egoist** 男 〔-en/-en〕(女 **-in**) 利己主義者, エゴイスト.
egoistisch [エゴイスティシュ] 形 利己的な.
egomanisch 形 (病的に)自己中心的な. **Egotist** 男 〔-en/-en〕自己中心主義者;《文芸》私小説作家. **egozentrisch** 形 自己中心的な. **Egozentrismus** 男 〔-/-〕 自己中心主義.

eh ❶ 《南部》間投 げきれにせよ, どっちみち. ❷ 《話》= ehe. 男 〔俗〕おい(呼びかけ);え(疑問文の後で); えーっ(驚きの声). ◆ *seit ~ und je* ずっと以前から. *wie ~ und je* 相変わらず.
eh. 略 ehrenhalber. **e. h.** 略 [:ラテン:] eigenhändig; ehrenhalber. **E.h.** 略 ehrenhalber.

ehe [エーエ] 接 《従属》 ❶ 《英 before》[時間的に]…する前に, …しないうちに. ❷ [否定文で]…でない限りは. ❸ …するよりむしろ. ◆ *~ dass*... …するよりは[むしろ].

Ehe [エーエ] 女 〔-/-n〕《英 marriage》結婚[生活], 夫婦関係; 法 婚姻: eine ~ eingehen ⟨schließen⟩ 結婚する | eine glückliche ~ führen 幸福な結婚生活を送る | die ~ brechen 不倫する. ◆ *~ zur linken Hand ⟨linke Ehe⟩* 身分違いの結婚. *in wilder ~ leben* [mit *j*³] (人と)同棲(どうせい)する. *wilde ~* 同棲, 内縁関係.

Ehe=beratung 女 結婚[生活]相談所.
=bett 中 夫婦用のベッド. **=brecher** 男 不倫の夫. **=brecherin** 女 不倫の妻. **Ehe=bruch** 男 不倫.

ehedem 副 以前[に], かつて.
Ehe=farbe 女 結婚色(繁殖期の動物に現れる色色). **=frau** 女 妻. **=gatte** 男 《雅》夫; 法 配偶者.〔男〕夫妻: **=gattin** 女 《雅》妻. **=hälfte** 女 《戯》配偶者. (夫から見た)妻. **=joch** 中 結婚生活のくびき. **=krach** 男 《話》夫婦げんか. **=leute** 複 夫婦.

ehelich 形 [正式の]結婚による, 夫婦[間]の; (子供の)嫡出の. ◆ *~ nicht ~* 法 (子供の)非嫡出の: (関係の)婚姻によらない. **ehelos** 形 未婚(独身)の.

ehe=malig 形 かつての, 以前の. **=mals** 副 かつて, 以前.
Ehemann 男 夫.
ehemündig 形 〔法〕 婚姻可能年齢に達した.
Ehe=name 男 結婚後の姓. **=paar** 中 夫婦. **=partner** 男 配偶者.

eher [エーア] 副 (bald の比較級) ❶ (＜ earlier)もっと前に, もっと早く: Je ~, desto besser. 早ければ早いほどよい. ❷ (＜ rather) …よりはむしろ. ❸ より容易に; より確かに. ❹ どちらかといえばむしろ. ◆ *alles ~ als* ... まったく…でない.

Ehe=recht 中 婚姻法. **=ring** 男 結婚指輪.
ehern 形 《雅》鉄[製]の; 堅固な, 鉄のような.
Ehe=scheidung 女 離婚. **=schließung** 女 結婚; 〔法〕 婚姻締結.
ehest 形 ❶ 最もにできるだけ早い. ❷ (bald の最上級)◆ *am ~* 最も早く(容易に); 最もありそうに: 最も好んで.
Ehe=stand 男 結婚生活. ◆ *in den ~ treten* 結婚する.
ehestens 副 早くても; 早ければ.
Ehe=vermittlung 女 結婚仲介[所]. **=vertrag** 男 〔法〕 夫婦財産契約.
Ehr=abschneider 男 〔-s/-〕 (女 **-in**) 中傷者.
ehrbar 形 《雅》 行いの正しい; りっぱな. 尊敬すべき.
Ehr=beleidigung 女 名誉毀損(きそん).

Ehre [エーレ] 女 〔-/-n〕 (英 honor) 名誉[心]; 自尊心; 敬意; 体面; 栄光. ◆ *alle ~ machen ⟨bringen⟩* [*j*³] (人に)名誉となる. *aller ~n wert sein* 十分尊敬である, 賞賛に値する. *Auf ~ [und Gewissen]! Bei meiner ~!* 名誉にかけて. *bei seiner ~ packen* [*j*⁴] (人の)自尊心に訴える. *der Wahrheit die ~ geben* 《雅》 真実を述べる, 包み隠さず言う. *die ~ abschneiden* [*j*³] (人の)中傷する. *die letzte ~ erweisen* [*j*³] (人の)葬儀に参列する. *~ einlegen* [mit *j-et*³] (…で)面目を施す. *Ehren, wem ~ gebührt!* 〔諺〕 敬うべき人を敬え. *Ich habe die ~.* 光栄です; (会うときに)こんにちは; さようなら. *in [allen] ~n* 下心なく; 公明正大に, 何ら恥ずべきもなく. *jm alle ~ machen* (人に)尊敬される. *keine ~ im Leibe haben* 恥知らずである; 廉恥心を持っていない. *mit [allen] ~n* りっぱに. *Was verschafft mir die ~?* お越しのご用向きは何でしょうか. *Wir geben uns die ~, Ihnen mitzuteilen, dass*... 謹んで…を申し上げます. *j*³ *zu ~n / zu j*² *~n* (人)の名誉のために. *zu viel ~ antun ⟨erweisen⟩* [*j*³] (人)を買いかぶ

る.

ehren [エーレン] ((ehrte; geehrt)) [他] ❶ ([英] honor)(人を)尊敬する,(人に)敬意を表する; ((j⁴ [**mit** et³, **für** et⁴])) (人を[…をもって, …のことで])表彰する. ❷ ((j⁴)) (物事が)(人の)名誉となる,(人にとって)名誉に値する.

Ehren=akzept [中] (手形の)参加〈栄誉〉引き受け. **=amt** [中] 名誉職. **ehrenamtlich** [形] 名誉職の, 無給の. **=beleidigung** = Ehrbeleidigung. **=bezeigung** [女] 〔軍〕敬礼. **=bürger** [男] 名誉市民〔の称号〕. **=dirigent** [男] 名誉指揮者. **=doktor** [男] 名誉博士〔号〕. **=eintritt** [男] (手形債務者に代わる)参加. **=erklärung** [女] 〔法〕(侮辱的言辞の)公式陳謝. **=formation** [女] (国賓歓迎式などで整列する)儀仗隊. **=gast** [男] 賓客, 主賓.

ehren=haft [形] 名誉ある, りっぱな. **=halber** [副] 敬意を表して: Doktor ~ 名誉博士([略] Dr. E. h.; Dr. e. h.; Dr. eh.).

Ehren=halle [女] (偉人・戦死者をたたえる)記念館. **=kränkung** [女] 〔法〕名誉棄損. **=mann** [男] 紳士. **=mitglied** [中] 名誉会員. **=platz** [男] 上座, 上席, 主賓席. **=preis** [男] 栄誉賞. **=rechte** [複] ✦ *die bürgerlichen* ~ 公民権. **=rettung** [女] 名誉回復.

ehrenrührig [形] 名誉にかかわる, 名誉を傷つける.

Ehren=runde [女] (優勝者などの)場内一周. ✦ *eine ~ drehen* ((学生)) 留年する. **=sache** [女] 当然の義務; 〔法〕名誉に関する訴訟〈事件〉. **=tag** [男] (結婚・生誕・死去などの)記念日. **=titel** [男] 名誉称号. **=tor** [中] 〔ｽﾎﾟ〕(零敗を免れる)唯一のゴール.

ehrenvoll [形] 名誉な, 光栄な.

Ehrenwache [女] 儀丈兵.

ehrenwert [形] ((雅)) りっぱな, 尊敬すべき.

Ehren=wort [中] (名誉にかけての)誓約. **=zahlung** [女] (手形の)参加〈栄誉〉支払い. **=zeichen** [中] 栄誉章(バッジ・メダルなど).

ehrerbietig [形] ((雅)) 敬意あふれた, 恭しい.

Ehr=erbietung [女] ((雅)) 深い敬意, 尊敬の念. **=furcht** [女] 畏敬(いけい), 崇敬.

ehrfürchtig [形] 畏敬(いけい)の念に満ちた, 恭しい.

ehrfurchts=los [形] 畏敬(いけい)の念を欠いた, 礼を失した. **=voll** [形] = ehrfürchtig.

Ehr=gefühl [中] 自尊心, プライド. **=geiz** [男] 功名心, 名誉欲, 野心.

ehrgeizig [エーアガイツィヒ] [形] 功名心の強い; 野心的な.

ehrlich [エーアリヒ] [形] ❶ ([英] honest) 正直な, 誠実な, 信用できる; まじめな; 精確な(計器など): ~gesagt 正直にいうと. ❷ ((古)) 立派な, きちんとした, 尊敬すべき. ✦ *Ehrlich währt am längsten.* ((ことわざ)) 正直は一生の宝. **Ehrlichkeit** [女] ((-/)) 正直, 誠実.

ehrlos [形] 恥知らずな; 不名誉な, あさましい. **Ehrlosigkeit** [女] ((-/-en)) 破廉恥, 不名誉.

ehr=pusselig, =pusslig ((旧= puß..)) [形] ((話)) くそまじめな, こちこちの.

ehrte ⇨ ehren

Ehrung [女] ((-/-en)) 表彰〔式〕; 表彰の意を表す物, お祝いの品〈言葉〉.

ehr=vergessen [形] 恥知らずの, 下劣な.

Ehrverlust [男] ((-[e]s/)) 〔法〕公民権停止〈喪失〉.

Ehrwürden ((無冠詞;2格-[s])) ✦ *Euer* 〈*Eure*〉 ~ 尊師; ブラザー, シスター.

ehrwürdig [形] ((雅)) 畏敬(いけい)の念を起こさせる, 尊い; 厳かな.

ei [間] おや(不審の声). ✦ *~, ~ machen* ((幼児)) (愛撫(あいぶ)して)いい子いい子する.

..ei ⇨ ..erei

Ei [アイ] [中] ((-[e]s/-er)) ([小] **-chen**) ❶ ([英] egg)卵; 鶏卵; 〔生〕卵子, 卵細胞: ein rohes 〈gekochtes〉 ~ 生〈ゆで〉卵. ❷ ((複)) ((話)) お金; マルク. ❸ ((複)) ((卑)) 睾丸. ❹ ((話)) 〔投下〕爆弾. ✦ *Ach, du dickes ~!* ((話)) これは驚いた. *auf die ~er gehen* ((話)) ((j³)) (人の)神経に障る. *das ~ des Kolumbus* コロンブスの卵. *das ~ unterm Huhn verkaufen müssen* ((話)) かなり金に困っている. *Das ~ will klüger sein als die Henne.* ((ことわざ)) 子は親よりも利口ぶる. *Das ist ein* [*dickes*] *~!* ((話)) そいつはまったくやっかいだ; そいつはまったくすばらしい. *dicke ~er haben* (男性が)性病にかかっている. *die ~er polieren* ((j³)) (人を)ぶちのめす. *die ~er schleifen* 〔軍〕((j³)) (人を)しごく. *ein ~ legen* 卵を産む; ((話)) さんざんひねくって考え出す; ((卑)) (大便・小便など)用を足す. *ein faules ~ sein* 役に立たない. *Er ist doch kaum aus dem ~ gekrochen!* あいつは卵からはい出たばかり〈ほんの青二才〉じゃないか. *sich⁴* 〈*einander*〉 *gleichen wie ein ~ dem andern* うり二つである. *um ungelegte ~ kümmern* ((sich⁴)) 取り越し苦労をする. *ungelegte ~er* まだ決まってないことがら. *wie auf ~ern gehen* ((話)) そっと歩く; 慎重に行動する. *wie aus dem ~ gepellt* 〈*geschält*〉 *sein* ((話)) (身なりを)小ぎれいにしている; めかしこんでいる. *wie ein rohes ~ behandeln* (…を)慎重に取り扱う.

EIB [略] *E*uropäische *I*nvestitions*b*ank ヨーロッパ投資銀行.

Eibe [女] ((-/-n)) 〔植〕イチイ.

Eibisch [男] ((-[e]s/-e)) 〔植〕タチアオイ; ハイビスカス.

Eich=amt [中] 計量器検定局.

Eiche [女] ((-/-n)) 〔植〕オーク(カシワ・ナラなど).

Eichel [女] ((-/-n)) 〔植〕オークの実, どんぐり; 〔医〕亀頭(きとう); (トランプの)クラブ. **=häher** [男] 〔鳥〕カケス.

eichen ❶ [形] オーク材の. ❷ [他] (計量器を)検定する.

Eichen ❶ [中] ((-s/-, Eierchen)) Ei の縮小形. ❷ ⇨ Eiche

Eichendorff Joseph von, アイヒェンドルフ(1788–1857; ドイツの詩人).

Eichenholz [中] オーク材.

Eich=hörnchen [中] 〔動〕リス. ✦ *Mühsam nährt sich das ~.* ((話)) 仕事な

どがなかなか捗らない. =**maß** 中 (計量器検定用)基準器.
Eichung 囡 (-/-en) (計量器)の検定.
Eid [アイト] 男 (-[e]s/-e) 宣誓, 誓約.
◆ **an ~es Statt** 〖法〗宣誓に代えて. **einen ~ leisten** 宣誓する. **hippokratischer ~** ヒポクラテスの誓い(医師の倫理規定遵守の誓い). **unter ~** 宣誓して.
eidbrüchig 形 誓いを破った, 宣誓に背いた.
Eidechse 囡 (-/-n) トカゲ[類].
Eides-formel 囡 宣誓の文句.
eides-stattlich 形 〖法〗宣誓に代わる.
eidg. *eid*genössisch.
Eid-genosse 男 スイス国民; (誓約を結んだ)同盟者; 盟友. **-genossenschaft** 囡 同盟. ◆ **die Schweizerische ~** スイス連邦の.
eidgenössisch 形 スイス連邦の (= eidg).
eidlich 形 宣誓による.
Ei-dotter 男, 中 (-s/-) 卵黄, 黄身.
eidottergelb 形 卵黄色の.
Eier-becher 男 エッグスタンド. **-kuchen** 男 〖料〗パンケーキ; オムレツ.
eiern 自 〖話〗(車輪・レコードなどがゆがんで)くねくね回る; よろよろ歩く.
Eier-pflanze 囡 〖植〗ナス. **-schale** 囡 卵の殻. ◆ *j*¹ *hat noch die ~n hinter den Ohren.* 〖話〗彼は経験不足(ひよっこ, 青二才)である. **-schnee** 男 〖料〗(卵白を泡立てた)メレンゲ. **-speise** 囡 卵料理; 〖特にご〗スクランブルエッグ.
Eierstock 男 〖解〗卵巣. **-hormon** 中 〖生理〗卵巣ホルモン.
Eier-tanz 男 むずかしい状況で巧みに振る舞うこと. **-teigware** 囡 〖料〗卵入りパスタ. **-uhr** 囡 〖キッチンタイマー.
Eifel (die ~)アイフェル(ライン中流域左岸からルクセンブルクにかけての高原).
Eifer [アイファー] 男 (-s/) 熱中, 熱意, 意欲; 興奮. ◆ *Blinder ~ schadet nur.* 〖諺〗短気は損気. *im ~ des Gefechts* 熱中(興奮)のあまり. **eifern** 自 熱中する, 興奮する. *mit missionarischem ~* 熱心に人を説き伏せようとして. **Eiferer** 男 (-s/-) 狂信者. 〖雅〗 **[nach** *et*³**]** (…を)熱望する; **[für ⟨gegen⟩** *et*⁴**]** (…に)断固支持⟨反対⟩する.
Eifersucht [アイファズフト] 囡 (/) (⊕ jealousy) **[auf** *j-et*⁴**]** (…への)嫉妬(心), ねたみ, ジェラシー, やきもち. ◆ **aus ~** 嫉妬にかられて.
eifersüchtig [アイファズュヒティヒ] 形 嫉妬(心)深い; **[auf** *j-et*⁴**]** (…に)嫉妬して, (…を)ねたんで(の).
Eiffelturm (der ~)エッフェル塔.
eifrig [アイフリヒ] 形 (⊕ eager) 熱心な, 熱中した, 懸命な, ひたむきな.
eig., eig. *eig*entlich 本来(の).
Ei-gelb 中 (-s/-e (単位=/)) 卵黄, 黄身.
eigen [アイゲン] 形 ❶ (⊕ own) 自分〔自身〕の; 専有の. ❷ (⊕ peculiar) 独特の; (*j*³) (人に)特有⟨固有⟩の, 生得の; 特異な, 奇抜な, 風変わりな. ❸ 〖方〗ひどく

綿密な. ◆ *sein Eigen nennen/zu ⟨als⟩ Eigen haben* 〖雅〗(…を)所有している. *j*² *Eigen sein ⟨bleiben, werden⟩* (人の)ものである; (所有のままであね, 所有にな る). *zu Eigen geben* 〖雅〗(*j*³ *et*⁴) (人に …を)譲与する. *zu Eigen machen* 〖sich³ *et*⁴〗(…を)身に着ける(習得する); 借用する. **..eigen** 「…の所有の; …に特徴的な, 固有の」の意.
Eigen-anteil 男 自己負担分.
Eigenart 囡 特色, 個性; 癖. **eigenartig** 形 独特の, 特異な; おかしな, 奇妙な.
Eigenartigkeit 囡 (-/-en) 特異性, 個性的なこと; 独特なもの; 奇行.
Eigen-bedarf 男 自家需要. **-beteiligung** 囡 自己負担. **-bluttransfusion** 囡 〖医〗自己輸血. **-brötler** 男 (-s/-) (囡 **-in**) 一匹狼〔社〕; 変人. **-finanzierung** 囡 〖経〗(資金の)自家調達, 自己金融. **-funktion** 囡 〖数〗固有関数.
eigengesetzlich 形 固有の法則に従った, 自律的な.
Eigen-gewicht 中 (車両などの)自重; (風袋込みの)正味重量. **-handel** 男 自営商(同種取引(全輸出入), (為替・有価証券などの)自己勘定による取引.
eigenhändig 形 手ずからの; 自筆の; 手製の: ~ **[abzugeben]** 〖郵〗親展(圏 e. h.).
Eigenheim 中 持ち家, マイホーム. **Eigenheimer** 男 〖話〗マイホーム所有者.
Eigenheit 囡 (-/-en) 個性; 癖.
Eigen-interesse 中 自分の利害関係. **-kapital** 中 〖経〗自己資本. **-konsum** 男 自家消費. **-liebe** 囡 自己愛; 私欲. **-lob** 中 自慢; 自負, 自賛. ◆ *~ stinkt.* 〖諺〗手前みそは金持ちならない.
eigenmächtig 形 独断的な, 自分勝手な. **Eigen-marke** 囡 〖商〗私的商標. **-mittel** 中 自己資金. **-name** 男 〖文法〗固有名詞.
Eigen-nutz 男 利己心, 私利私欲. **eigennützig** 形 利己的な.
Eigenreklame 囡 自己宣伝(ピーアール).
eigens 副 わざわざ, ことさら.
Eigenschaft [アイゲンシャフト] 囡 (-/-en) (⊕ quality) 性質; 特性; 資格. ◆ *in seiner ~ als...* …の資格で.
~s-wort 中 〖文法〗形容詞.
Eigensinn 男 (-[e]s/) 強情, 頑固; 頑迷; 〖話〗強情さ, 我の強い, わがままな. **eigensinnig** 形 強情⟨頑固⟩な, 我の強い; わがままな.
eigen-ständig 形 自主的な; 独自の. **-süchtig** 形 利己的な.
eigentlich [アイゲントリヒ] Ⅰ 形 本当の, 本来の, 実際の. Ⅱ 副 ❶ 本当は, 本来は, 基本的には, 結局は; 文字どおり. ❷ いったいぜんたい, そもそも.
Eigentor 中 〖球技〗オウンゴール, 自殺点.
Eigentum [アイゲントゥーム] 中 (-s/) (⊕ property) 所有物, 財産; 所有権; *geistiges ~ an et³ haben* …の著作権を有する. **Eigentümer** 男 (-s/-) (囡 **-in**) 所有者, 持ち主. **eigentümlich** 形 特有⟨固有⟩の, 独特の; 風変わりな, 奇妙な. **Eigentümlichkeit** 囡 (-/-en)

Eigentumsform 特徴, 特質; 奇妙さ; 特異性.
Eigentums‖**form** 囡 所有形態. **=vorbehalt** 男 『法』所有権留保. **=wohnung** 囡 持ち家, マイホーム; (アパート式)分譲住居, マンション.
Eigen‖**wechsel** 男 『商』約束手形. **=werbung** 囡 自己宣伝(ピーアール); (新聞·雑誌などの)自社広告.
Eigen‖**wille** 男 我, 我意, 個性; わがまま. **eigenwillig** 囮 個性的な; わがままな, 頑固な.
Eiger (der ~)アイガー(スイス中部のアルプスの高峰).
eign.. ⇨ eigen
eignen ● *(sich*⁴*)* 適している, ふさわしい. ❷ *(j-et*³*)* (…に)特有(固有)である. **Eigner** 男 *(-s/-)* (= **-in**)船主, 持主.
Eignung 囡 *(-/-en)* 適性; 素質. **~s-prüfung** 囡 適性検査.
eigtl. *eigentlich*.
Eiklar 囲 *(-s/-)* 『ūト』 卵白.
Eil‖**auftrag** 男 至急注文. **=bote** 男 速達配達人; 急使. **=brief** 男 速達.
Eile [アイレ] 囡 *(-/)* 急ぐこと, 急ぎ; 慌ただしさ. ✦ **~ haben** 急いでいる. **in aller ~** 大急ぎで. **in ~ sein** 急いでいる. **keine ~ haben** 急は要しない. **Mit et¹ hat es 〈keine〉 ~.** (…は)急ぐ必要がある(ない). **zur ~ antreiben** (人を)急がせる. ✦ **Eile mit Weile!** 〔諺〕急がば回れ. **Eilt 〔sehr〕!** 至急(文書·手紙の表書き).
eilends 圖 急いで, ただちに.
eil‖**fertig** 圖 慌てた; 早まった, 拙速な; 仕事熱心な, まめまめしい. **=fracht** 囡 速達貨物. **=gut** 囲 急行便貨物.
eilig 圖 急いでいる, 慌ただしい; 急を要する. ✦ **es ~ haben** 急いでいる.
Eil‖**marsch** 男 速駆け; 急行軍. **=post** 囡 速達[郵便]. **=schrift** 囡 速記[術]. **=schritt** 男 急ぎ足, 早足.
eilte ⇨ eilen
Eil‖**zug** 男 準急(快速)列車. **=zustellung** 囡 『郵』速達便.
Eimer [アイマー] 囲 *(-s/-)* (⊕ bucket) バケツ, おけ; (披濾しなどの)容器. ✦ **Es gießt wie aus 〈mit〉 ~n.** どしゃ降りである. **im ~ sein** 〔話〕(器物が)壊れている; (気分などが)合わなくなっている.
eimerweise 圖 バケツに入れて[何杯も].

ein [アイン] Ⅰ 囮 ❶ 『不定冠詞: 男性1格, 中性1格; 女性2格 **einer**, 男性2格 **eines**, 中性2格 **einem**; 男性3格 **einem**, 中性2格 **eines**, 女性3格 **einer**; 中性2格 **eines**, 女性3格 **einer**; 中性2格 **eines**, 男性4格 **einen**; 女性1·4格 **eine**, 2·3格 **einer**; 中性2格 **eines**, 3格 **einem**》(⊕ a, an)ある…; 《種類一般を示じ》 … というもの. (人名と)…という名の人; …のような人(作品): *Einen Hund darf man nicht quälen.* 犬をいじめてはいけない.~ *Picasso* 第二のピカソ, ピカソの絵. ❷ 《基数; (⊕にアクセントがある)》(⊕ one)一つの, 一人の. 一方に. 《名詞的》一つ, 一人. 《不定代名詞》ある人(事物). 《ander と呼応し

て》一方; **Der ~e** gewinnt, der *andere* verliert. 勝つ者もあり負ける者もある. ✦ **~ für allemal** 最終的に; きっぱりと. *j*² **~ und alles sein** (人にとって)かけがえがない, (人の)すべてである. **~ und derselbe 〈dieselbe, dasselbe〉** まったく同じ. **~en trinken** 〔話〕(酒を)一杯やる. *ein* **~em fort** 絶え間なく.

Ⅱ 副 (外から)中へ, 入れて. ✦ **~ und aus gehen** (bei *j*³) (人の家に)出入りしている. **nicht 〈weder〉 ~ noch aus wissen** 途方に暮れている.
ein-, Ein- 「一つの…, 1…」『分離動詞の前つづり』外から中への意.
Ein-akter 男 『劇』一幕物.
einander [アイナンダー] 囮 『相互代名詞』『雅』互いに.
ein-arbeiten ⊕ (人に)仕事を教えこむ; *(sich*⁴*)* 仕事に習熟する; 練れる; (…に)はめる込む; (余計に働いて遅れなどを)取り戻す. **Einarbeitungszeit** 囡 実習(研修)期間.
einarmig 圖 一本腕の, 片腕の.
ein‖**äschern** ⊕ (町·建物などを)焼き払う; (人を)火葬にする. ‖**atmen** ⊕ (呼吸で)吸い込む; 息を吸う.
einäugig 圖 片目の; 単眼の, 一つの物だけを注視する. **Einäugkeit** 囡 *(-/-)*
Einbahnstraße [アインバーンシュトラーセ] 囡 *(-/-n)* 一方通行路.
einbalsamieren⊕ (死体を)防腐処理する; (人に)厚化粧する. ✦ **~ lassen können** *(sich*⁴*)* 〔話〕何の役にも立たない.
Einband 男 本の装丁.
Einbau 男 *(-[e]s/-ten)* 取り付け, 作り付け; はめ込み, 組み込み; (条項などの)組み入れ. **einbauen** ⊕ 取り付ける; 組み込む; (条項などを)挿入(追加)する. **Einbau**‖**küche** 囡 システムキッチン. ‖**möbel** 囡 作り付け家具.
einbegriffen 圖 含まれた.
einbehalten*(einzubehalten)⊕ 渡さずにおく; (人を)拘留する.
einbeinig 圖 一本足の, 片足での.
einberufen*(einzuberufen)⊕ (会議などを)招集する; (人員を)動員する. **Einberufung** 囡 *(-/-en)* 招集; 動員.
einbetten ⊕ 《*ein*¹ in *et*³》(…の中に)埋め込む.
Einbett-zimmer 囲 シングル[ルーム]; (病院などの)個室, 一人部屋.
ein‖**beulen** ⊕ 《*et*¹ *(sich*⁴*)*》へこませる(へこむ), くぼませる(くぼむ). ‖**bezie**‖**hen*** ⊕ 《*j-et*¹ *in et*⁴》(物を…に)含める, (…を)引き入れる. ‖**biegen*** ⊕ ⊖ (…の方へ)曲がる; ⊕ (…を内側へ)〔折り〕曲げる; へこませる.
einbilden [アインビルデン] (bildete ein; eingebildet) ⊕ ❶ *(sich*⁴ *et*¹*)* (…であると思う, 勘違いする): *Er bildet sich ein*, *er sei krank* ⟨*, krank zu sein*⟩. 彼は病気だと思い込んでいる. ❷ *(sich*³ *et*⁴*)* 《viel》*auf j-et*⁴ (…を)ちょっと(大いに)自慢する: *Er bildet sich ein*, *er sei klug*. 彼は自分が利口だと思い込んでいる. ❸ *(sich*³ *et*⁴*)* (…を手に入れたいと思う. ✦ **Darauf brauchst du dir nichts einzubilden.** こんなことは自慢するほどのことではない.

Einbildung 女《-/-en》想像，空想；妄想，思い込み；うぬぼれ．◆ ~ ist auch eine Bildung.《話·戯》うぬぼれも教養のうち．**~skraft** 女 想像（空想）力．
ein|binden* 他《…に》表紙をつける；製本する；《et⁴ in et³》《…に［に］）くるむ，包む；《et⁴ in et⁴》《…を体系化して）取り込む．**┣blasen*** 他《et⁴ in et⁴》《…を…に》吹き込む；《j³ et⁴》《人に考えなどを）吹き込む；《話》こっそり教える；《十分な音が出るように管楽器を）吹き慣らす．
┣bläuen 他《j³ et⁴》《人に…を）むりやり［叩く］覚え込ます．**┣blenden**《映像·音声などを）フェードインする；《音楽などを）挿入する；《sich⁴》《番組の）放送を始める．
Einblick 男《-[e]s/-e》《内部を……》見ること；《文書類などの）閲覧；洞察，認識．
ein|brechen* ❶ 他《et⁴ in et⁴》《…に）押し入る；《in et³·et⁴》《…に）押し入る，侵入する；(s)崩れ落ちる；《話》《bei·mit·et³》《選挙·試合などで）敗北する；(s)《夜·冬などが）急に始まる．❷ (s)《壁などを）打ち破る；《戸を）こじ開ける．**Einbrecher** 男 侵入者；押し込み強盗，泥棒．
ein|brennen* 他《et⁴ in et³》《模様などを…に）焼き付ける．**┣bringen*** 他 運び入れる，持ち込む；はめ込む；《収穫などを）取り入れる；《利益·名声などを）もたらす；《動議·法案などを）提出する；《損失·遅れなどを）取り戻す．
einbringlich 形 利益の多い．
ein|brocken 他 砕いて入れる；《話》しでかす．
Einbruch 男 押し入り，侵入，進入；突然の出来〈到来〉，始まり；落ち込み；陥没；《図》暴落；《話》惨敗．**einbruch[s]-sicher** 形 盗難〈侵入）防止の．
ein|buchten 他《話》《人を）用に入れる．**Einbuchtung** 女《-/-en》くぼみ，へこみ；入江．
ein|bürgern 他《人に）市民権を与える；《et⁴/sich⁴》《外来の動植物を《が）帰化させる〈する〉，《よその風習·外国語などが）定着させる〈する〉．
Einbuße 女 損失，損害．
ein|büßen 他 失う；他《an et³》《体面などの）損失にあわれる．
ein|checken 他《乗客·貨物の）搭乗〈積載〉手続きを行う；他 (s)搭乗手続きをとる，チェックインする．**┣cremen** 他《…に）クリームを塗り込む．**┣dämmen** 他《川などをせき止める，《火事·伝染病を）食い止める．**┣dampfen** 他《化》《液体を）蒸発させて濃縮《乾固）する．**┣decken** 他《et⁴ mit et³》《…を[で]）覆う；《sich⁴ mit et³》《…をたっぷり与える；《sich⁴ mit et³》買い置きする．
Eindecker 男《-s/-》《空》単葉機；《造船》単層甲板の船．
eindeutig 形 一義的な；はっきりした．**Eindeutigkeit** 女《-/-en》明白さ；露骨な言葉．
ein|deutschen 他 ドイツ［語］化する；《人を）ドイツに帰化する．**┣dicken** 他 どろりとさせる，《…に）とろみをつける；他 どろりと《粘っこく）なる；煮詰まる．
eindimensional 形 一次元の．
ein|dosen 他 缶詰にする．**┣drängen**

他《sich⁴ in et⁴》《…へ…）むりやり押しかける，《…の中に）むりやり押し入る；(s)《auf j⁴》《人の所へ）押し寄せる，殺到する．
┣dringen* 他 (s)《in et⁴》《…に）入り込む，侵入する；《auf j⁴[mit et³]》《人に［…で］）迫る；《人に［…で］）迫る．
eindringlich 形《心に強く訴えかける，《感覚的に）強烈な．
Eindringling 男《-s/-e》侵入者．
Eindruck 男《アインドルック》《-[e]s/..drücke》他 impression 印象，感銘；感銘；《押された跡，くぼみ，へこみ．◆ ~ schinden wollen 人を感銘させようとする；ひけらかす．
ein|drücken 他《et⁴[in et⁴]》《…を《の中に）押し込む，《…を［に…］）押しつける；《ドア·窓などを》押し破る．
eindrucks|voll 形 印象的な，感銘深い．
eine ein の女性1·4格．
ein|ebnen 他 平らにする，ならす；均等化する，調整する．
Ein-ehe 女 一夫一婦制．
ein|eiig 形 一卵性の．
eineinhalb《アインアインハルプ》《無変化》1と2分の1．
Einelternfamilie 女 ひとり親の家庭．
Ein-er ein の男性·中性3格．
einen ❶《雅》統一する；《sich⁴》統一される．❷ ein の男性4格．
ein|engen 他 狭める；限定《制限）する；《服·家が人に）窮屈である，狭く感じる．
einer ein の女性2·3格．
Einer 男《-s/-》1の位の数；《十…》シングル，1人乗りカヤック《スカル）．
einerlei 形 同じ種類の，同一の；単調な；どうでもよい．**Einerlei** 中《-s/-》同じことの繰り返し，単調さ．
einerseits 副 一方で《一面》では．
Einer-stelle 女《数》1の位《けた》．
eines ein の男性·中性2格．
einesteils 副 一方では．
einfach 《アインファハ》Ⅰ 形 ❶《simple》単純な〈に）；簡単な《に》；容易な《に》．❷ 簡素な《に），質素な〈く）．❸《single》単一の，一重《2⁴》の，《で》：eine ~e Fahrkarte 片道切符．Ⅱ 副 ❶《ぐずぐずせずに）あっさりと．❷ とにかく，（理屈抜きに）まったく，まさに．**Einfachheit** 女《-/》質素，単純．
ein|fädeln 他《糸を》針に通す；《針に》糸を通す；《陰謀などを》巧みに押し進める；《sich⁴》うまく車線に入る〈流れに乗る）．
ein|fahren* ❶ 他 (s)《乗り物が》入って来る，入線《入港》する．❷《収穫物を）運び入れる，《…に）車をぶつけて壊す；《新車を）慣らし運転する；《車輪·フラッグなどを）引っ込める．❸《sich⁴》運転に慣れる；《仕事に》定着する，習慣になる．
Einfahrt《アインファールト》女《-/-en》《乗り物の）乗り入れ《口》，車寄せ；《アウトバーンの）進入口；《鉄》入線《許可）．
Einfall《アインファル》男《-[e]s/..fälle》 ❶《idea》思いつき，着想，アイデア．❷《光線の）入射．❸《in et⁴》侵略，侵入．◆ Einfälle haben wie ein altes Haus《wie ein alter [Back]ofen》《話》奇妙な事を思いつく．
ein|fallen* 《アインファレン》《fiel ein;

eingefallen ⸺ ⓟ ❶ 〖*et¹ fällt j³ ein*〗(人が物事を)思いつく; 思い出す: Mir ist nie *eingefallen*, dass ... だとは思いもしなかった. ❷ (建物などが)倒壊する. ❸ 〖*in et⁴*〗(に)侵入する, 攻め込む. ❹ (光線の)差し込む. ❺ (演奏・コーラスに途中から)加わる; (会話などに)口を挟む. ◆ *Das fällt mir gar nicht ein!* 〖話〗私はそんなことをする気はまるでない. **~ lassen** 〖*müssen*〗〖*sich³ et⁴*〗(対策などを)なんとしてでも考え出す. *Was fällt dir* 〖*denn*〗 *ein!* なんてことをするんだ.

Einfall:licht 囲 入射光線.

einfalls:los アイデアに乏しい; 平凡な. **=reich** 囲 アイデア豊かな.

Einfall[s]:winkel 囲 囲 (光線の)入射角.

Einfalt 図 (-/) ❶ (頭の)単純さ, 無知; 〖雅〗純真, 無邪気. **einfältig** 囲 単純〈無知〉な; お人よしな. **Einfalts:pinsel** 囲 〖話〗単純もの, お人よし.

Einfamilien:haus 囲 1世帯用住宅.

einfangen* ⸺ ⓟ 捕まえる; (よくないものを)もらう, 背負い込む; 〖雅〗(雰囲気などを)とらえる, 表す.

einfarbig 囲 1色の, 単色(モノクロ)の.

Ein:fassung 図 (-/-en) 囲むこと, 縁取り; 顎に入れる(宝石などを)はめ込む, 縁どること; はめ込み; 囲い, 枠; 縁どり; (宝石の)台座.

ein:fetten ⸺ ⓟ (に)油を塗る. ├**finden*** ⸺ ⓟ 〖*sich⁴*〗姿を現す, 到着する; (人が)集まる. ├**flechten*** ⸺ ⓟ 〖*et⁴* [in *et⁴*]〗 (…を[に…に])編み込む; (言葉などを[に…に])織り込む; 織り, 束ねる. ├**flicken** (継ぎを)当てる; 継ぎ足す. ├**fliegen*** ⸺ ⓟ (s) (飛行機が)飛んで来る, (飛行機が)侵入する; ⓟ 空輸する. ├**fließen*** ⸺ ⓟ (s)流れ込む. ◆ **~ lassen** 〖*et⁴*〗(それとなく…に)言及する; (話の中に…を)挟み込む. ├**flößen** ⸺ ⓟ 〖*et⁴*〗(人の口に…を)流し込む; (人に感情を)抱かせる.

Einflug:schneise 図 (空港の)着陸誘導路.

Einfluss 囲 (..flüß/[アインフルス] 囲 [..flusses/..flüsse) ⓟ influence) 影響[力]; 勢力. ◆ **~ auf *j⁴* haben** 〈*ausüben*〉(人に対して)影響力がある(を及ぼす). *unter dem ~ von j-*et³ *stehen* (…の)影響を受けている, (…に)影響される. **=bereich** 囲 影響〈勢力〉範囲, 勢力圏; 地盤. **=nahme** 図 影響を及ぼすこと.

einfluss:reich 囲 影響力の強い, 有力な.

ein:flüstern ⸺ ⓟ 〖*j³ et⁴*〗(人に…を)耳打ちする; こっそり教える. **=fordern** ⸺ ⓟ 取り立てる, 請求する.

einförmig 囲 単調な, 変化のない. **Einförmigkeit** 図 (-/-en)

einfried[ig]en ⸺ ⓟ (土地を塀などで)囲う. **Einfriedung** 図 (-/-en) 囲うこと; 囲い, 垣, 塀.

einfrieren* ⸺ ⓟ ❶ ⸺ (s)凍る, 凍結する; 動けなくなる; 〖比〗(湖・川が)結氷される, こごえつく. ❷ ⓟ 〖*et*〗冷凍する; (預金・賃金を)凍結する; (交渉を)打ち切る.

einfügen ⸺ ⓟ 〖*et⁴* [in *et⁴*]〗(…を[に… に])はめ込む, 挿入する; 〖*sich⁴* in *et⁴*〗(… に)順応する. **Einfügung** 図 (-/-en) はめ込み, 挿入; 適合, 順応.

einfühlen ⸺ ⓟ 〖*sich⁴* in *j-et⁴*〗(…に)感情移入する, (…の)気持ちになって考える.

einfühlsam 囲 思いやりのある.

Einfühlung 図 (-/) 感情移入; 思いやり. **~s:vermögen** 囲 感情移入の能力.

Einfuhr [アインフーア] 図 (-/-en) 輸入; 輸入品.

einführen [アインフューレン] (〖*führte ein*; *eingeführt*〗 ❶ (ⓟ import)輸入する. ❷ (ⓟ introduce)(…を)導入使用する. ❸ 〖*et⁴* [in *et⁴*]〗(…を[に…に])差し込む, 挿入する. ❹ 〖*j⁴* in *et⁴*〗(人に…の)手ほどきをする, 初歩を教える. ❺ (人を)紹介する; 〖*sich⁴*〗自己紹介する.

Einfuhr:genehmigung 図 輸入許可証. **=sperre** 図 輸入禁止.

Einführung [アインフューロング] 図 (-/-en) ⓟ introduction)手ほどき, 手引き; 入門解説; 概説; 導入, 採用; 挿入. ❷ 紹介, 披露; デビュー.

Einfuhr:verbot 囲 輸入禁止. **=zoll** 囲 輸入関税.

ein:füllen ⸺ ⓟ 〖*et⁴* in *et⁴*〗(…を容器に)満たす, 詰める. ├**füttern** 〖*j-et³ et⁴*〗(人に…を食べさせる; 〖比〗(…に…を)入力する.

Eingabe 図 (-/-n) (書類の)提出, 出願; (薬などの)投与; 請願書, 陳情書; 〖ⓟ〗インプット, 入力. **=daten** 圈 〖ⓟ〗入力データ. **=gerät** 囲 〖ⓟ〗入力装置. **=taste** 図 〖ⓟ〗リターンキー.

Eingang [アインガング] 囲 (-[e]s/..gänge) ❶ ⓟ entrance)入り口; 始め, 冒頭: am ~ 入り口で. ❷ (商品・郵便物などの)到着; 到着した商品(郵便物). ◆ **~ finden** 〖*in et⁴*〗(…に)入れてもらう; (…で)受け入れられる, 採用される.

eingängig 囲 覚え〈分かり〉やすい. ◆ **~ erklären** ⓟ 分かりやすく説明する.

eingangs 圓 初めに, 最初に; 囲 〖2格支配〗…の初めに.

Eingangsformel 図 (-/-n) 頭語(手紙などの冒頭の決まり文句).

eingeben* ⸺ ⓟ 〖*j³ et⁴*〗(人に薬を)投与する; 〖ⓟ〗(人に…を)入力〈インプット〉する; 〖雅〗(人に…を考え・感情などを)抱かせる.

eingebildet 囲 うぬぼれた; 〖ⓟ〗思い上がった, 傲慢な; 想像上の, 架空の.

eingeboren 囲 その土地に生まれた, 土着の; 〖雅〗生まれつきの, 生得の. ◆ *der ~e Sohn* 囲 〖教〗神のひとり子(キリスト).

Eingeborene[r] 囲 〖形容詞変化に〗土地の人, 土着民; 原住民.

Eingebung 図 (-/-en) 〖雅〗(とっさの)思いつき, インスピレーション, ひらめき.

ein:gedenk 囲 〖*et²*〗(ⓟ 便)…を覚えている. **=gefahren** (→ einfahren) 囲 決まりきった, 型にはまった. **=gefallen** ⇒ einfallen. **=gefleischt** 囲 根からの; 習性となった, 身に〖染み〗ついた. **=geführt** ⇒ einführen. **=gegangen** ⇒ eingehen

eingehen* [アインゲーエン] 〖*ging ein*; *eingegangen*〗 Ⅰ ⸺ (s) ❶ (商品・郵便

171　　einholen

物などが)届く，着く．❷ (人に)理解される，分かる．❸ **auf** *j-et¹* (問題などに)取り掛かり；(提案などに)応じる；(人を)相手にする．❹ (布などが)縮む．❺ (企業などが)つぶれる；(動物が)死ぬ，(植物が)枯死する；《話》(人が)へたばる，くたばる．Ⅱ ⓟ(s)(同盟・契約・関係などを)結ぶ：Darauf *gehe* ich jede Wette ein.《話》これについては私の賭けでも応じるよ． ◆ **in die Geschichte ⟨Geschichtsbücher⟩ ～** 歴史に名を残す．**ein|gehend** 形 立ち入った，詳細な．
ein-gekauft ⇒einkaufen **=geladen** ⇒einladen **=gelegt** ⇒einlegen
Eingemachte[s] 中 《形容詞変化》保存食品(ジャム・マーマレードなど)，漬物，ピクルス． ◆ **an das ⟨ans⟩ ～ gehen**《話》取って置きのものに手をつける．
eingemeinden ⓣ (町・村などを)併合する，編入する．
ein|genommen ⓟ (→ einnehmen) ◆ ～ **sein** *von j-et¹* ⟨*sich³*⟩(…を)うぬぼれている． **=gepferchet** (→ einpferchen) すし詰めの，ぎゅうぎゅうの． **=gerichtet** ⇒einrichten **=geschaltet** ⇒ einschalten **=geschlafen** ⇒ einschlafen **=geschlagen** ⇒ einschlagen **=geschlossen** ⇒ einschließen **=geschnappt** ⓟ 《話》機嫌の悪い，ふくれっ面をした． **=geschränkt** ⇒einschränken) 切りつめた． **=geschrieben** (⇒ einschreiben) 形 登録された；書留の． **=geschworen** 形 決意の固い，断固たる． **=gesehen** ⇒einsehen
eingesessen 形 (古くから)住みついた，土着の，地元の． **Eingesessene[r]** 男 女 《形容詞変化》定住者，地元の人．
eingesetzt ⇒ einsetzen
eingesprengt (→ einsprengen) 形 点在する，混在の．
eingestandenermaßen 副 本人も認めるとおり，自白によると，自状すると．
Eingeständnis 中 (罪・過ちなどを)認めること，白状，自白．
ein|gestehen* ⓣ (罪・過ちなどを)認める，白状する．
ein-gestellt (→ einstellen) 形 (政治的に)…な考え方⟨立場⟩の． **=gestiegen** ⇒ einsteigen **=getreten** ⇒ eintreten **=getroffen** ⇒ eintreffen
Eingeweide 中 《-s/-》内臓，はらわた．
ein|gewöhnen ⓣ 《*sich⁴* **in** ⟨**an**⟩ *et⁴*》(…に)なじむ，慣れる；《*j¹* **in** *et⁴*》(人を…に)なじませる，慣れさせる．
ein-gewurzelt 形 (習慣が)染みついた，(不信感が)根深い． ◆ **～ wie** ⟨**da**⟩**stehen** 立ち尽くす． **=gezogen** (→ einziehen) 形 引きこもった，隠遁(いんとん)した．
ein|gießen* ⓣ (…を)つぐ，注ぎ入れる，流し込む．
eingleisig 形 《鉄》単線の．
ein|gliedern ⓣ 《*j-et¹* **in** *et⁴*》(…に)組み入れる，編入する；《*sich⁴* **in** *et⁴*》(…に)組み入れられる．
ein|graben* ⓣ ❶ 《*et⁴* **in** *et⁴*》(…を地中に)埋める；(銘などを)刻む；(流れが…に)浸透して)伏流水となる，(記憶などに)刻み込まれる；《*sich¹*》(動物が)地中に身を隠す，ⓡ②《軍》ざんごうを掘って身を隠す．
†**gravieren** ⓣ 《*et⁴* ⟨**in** *et⁴*⟩》(…を[…に])彫り込む．**ein|greifen*** ⓘ 介入する；侵害する；(歯車などに)かみ合う．
Eingriff 男 《-[e]s/-e》介入，干渉；(権利などの)侵害．
ein|gruppieren ⓣ 分類する，グループ分けする． **Eingruppierung** 女 分類，グループ分け．
ein|haken ⓣ (留め金・ホックなどで)留める；ⓡ《*sich⁴* **bei** *j³*》(人と)腕を組む；ⓘ《話》(議論に)口を出す．
..einhalb 「…と2分の1，…半」の意：*eineinhalb* Jahre 一年半．
Einhalt 中 ◆ **～ tun** ⟨**gebieten**⟩ 《*j-et³*》(…を)阻止する．
ein|halten* ❶ ⓣ (約束・期限などを)守る；(速度・間隔などを)保つ． ❷ ⓘ 《雅》中止する，やめる． **Einhaltung** 女 《-/-》遵守，(約束などを)守ること；(速度・間隔などの)維持．
ein|hämmern ⓣ 《*et⁴* **in** *et⁴*》(…の中へ…を)たたき込んで覚えさせる；ⓘ 《**auf** *et⁴*》(ハンマーなどで)…を連打する． **ein|handeln** ⓣ 《*et⁴* **für** ⟨**gegen**⟩ *et⁴*》(…を…と)交換して手に入れる；《*sich³ et⁴*》《話》非難などを受ける，病気などをもらう．
einhändig 形 片手(だけ)の．
ein|hängen ⓣ (留め具・フックなどで)かける，吊るす，止める；(受話器を)かける；ⓡ《*sich⁴* **bei** *j³*》(人と)腕を組む．
†**hauen***⁴ ⓣ 打ち(たたき)壊す，(くぎなどを)打ち込む；(銘などを)刻む；ⓘ《**auf** *j-et⁴*》(…に)殴りかかる，めった打ちにする；《話》がつがつ食べる． **ein|heften** ⓣ (…を)とじ込む，ファイルする；(仮に)縫いつける．
ein|hegen ⓣ 垣(さく)で囲む．
einheimisch 形 その土地(生まれ)の，土着の；自国の，国内の． **Einheimische[r]** 男 女 《形容詞変化》現地の人．
ein|heimsen ⓣ 《話》(利益・成功などを)手に入れる，(称賛などを)受ける．
ein|heiraten ⓘ 《**in** *et⁴*》(…に)婿(嫁)入りする，(結婚して)一族の一員となる，事業(企業経営)に参画する．
Einheit [アインハイト] 女 《-/-en》❶ 《⊛ unity》統一[体]，一致；まとまり，一体． ❷ 《⊛ unit》ユニット，単位(⊛ E)．《軍》部隊． **einheitlich** 形 統一のある，一貫した；一様な，画一的な；単一の．
Einheits-gebühr 女 均一料金． **=kurs** 男 《証》単一(標準)相場． **=partei** 女 統一党． **=preis** 男 均一価格．**=satz** 男 ❶ 均一料率． ❷ 統一賃金．**=tarif** 男 統一料金． **=übersetzung** 女 (聖書の)共同訳． **=währung** 女 統一通貨． **=wert** 男 《税》課税基準評価額．
ein|heizen ⓣ (ストーブなどを)たく；(部屋を)暖房する；《*j³*》(人を)叱吃(しった)激励する，(人に)気合を入れる．
einhellig 形 全員一致の．
einher.. 分離動詞の前つづり． †**fahren*** ⓘ(s) 《雅》(乗り物が，人が乗り物で)通り過ぎる，走り過ぎる． **=gehen*** ⓘ(s) 《雅》(軽く)通り過ぎる，行き過ぎる；《**mit** *et³*》(病気が熟などを)伴う．
ein|holen ⓣ ❶ (人・乗り物などに)追い

Einhorn 172

つく;(遅れ・損失などを)取り返す, 取り戻す. ❼ 〚話〛(食料品などを)買い込む. ❽ (旗・帆などを)降ろす;(いかりを引き上げる. ❹ 〚*et*⁴ **bei** *j³*〛(助言・保護などを〔人に〕)求める. ❺ (人を)出迎える.

Einhorn 中 ユニコーン, 一角獣.
ein=hüllen 他 包み込む, くるむ.
ein=hundert 基数 100.

einig [アイニヒ] 形 ❶ ⟨⊗ agreed⟩ 意見・考えなどが)一致した: 同意した. ❷ 統一された, 一つになった. ♦ **~ gehen** ⟨**mit** *j³* [**in** *et³*]⟩ (人と〔…のことで〕)合意する.
einige [アイニゲ] 不定代名詞・数詞 女性・複数1・4格 **einiger** 男性1格 **einiger** 2格・4格 **einigem**, 3格 **einigem**; 女性2・3格 **einiger**; 中性1・4格 **einiges** 2格 **einigen**, 3格 **einigem**; 複数 **einiger** 2格, 3格 **einigen** (⊗some) いくつかの, 若干の; 少々の; かなりの. 〚話〛「10位の数の前で」幾つの; あまりの. ♦ **~ Mal** 二, 三度, 何度か.
einigemal ⇒ einige ♦
einigen 他 (集団・党派などを)統一する. ⟨*sich*⁴⟩ 意見が一致する.
einige einige の男性2・4格, 中性2格, 複数2・3格 **einige** einige の男性1格, 女性2・3格, 複数2格.
einigermaßen [アイニガァマーセン] 副 ⟨⊗ somewhat⟩ ある程度, 多少, まあまあ; かなり, だいぶ.
einiges einige の中性1・4格.
ein=gehen* ⇒ einig ♦
Einigkeit 女⟨-/-⟩ 一致, 合同, 団結; 協調.
Einigung 女⟨-/-en⟩ 統一, 合同; (意見の)一致, 合意. **~s-vertrag** 男 統一条約(旧東西ドイツ間で, 再統一に関して1990年8月31日に調印された).
ein=impfen 他 ⟨*j-et*⁴ *et*¹⟩ (人・動物にワクチン・血清などを)接種する; ⟨*j³ et*⁴⟩ (人に 考えなどを)植えつける. ↑**jagen** ⟨*j³ et*¹⟩ (人に不安・恐怖などを)抱かせる.
einjährig 形 1年を経た; 一年間の; 〚植〛一年生の.
ein=kalkulieren 他 勘定〔計算〕に入れる, あらかじめ考慮に入れる.
Einkammer-system 中⟨議会の〕一院制.
ein=kassieren 他 (金を)徴収する, 取り立てる; 〚話〛(人の物を)取り上げる.
Einkauf [アインカオフ] 男⟨-[e]s/ ..käufe⟩ 買い物, 購入品; 仕入れ(品). ♦ **Einkäufe machen** 買い物をする.
関連語 **SB-Laden** 中 セルフサービスの店; **Baumarkt** 男 日曜大工の店; **Discountgeschäft** 中 ディスカウントショップ; **Einkaufszentrum** 中 ショッピングセンター; **Fachgeschäft** 中 専門店; **Zoogeschäft** 中 ペットショップ; **Delikatessgeschäft** 中 デリカショップ, 高級食品店; **Versandhaus** 中 通信販売.
ein=kaufen 他 [アインカオフェン] ⟨kaufte ein; eingekauft⟩ ❶ ⟨⊗ buy, shop⟩ 買い物をする, 買う, 買い入れる; 〚大量に〛仕入れる. ❷ 〚話〛(選手などを)移籍料を払ってひき入れる. ♦ **~ gehen** 買い物に行く. **Einkäufer** 男 仕入れ係.
Einkaufs-bummel 男 〚話〛ショッピング. **genossenschaft** 女 購買組合. **kommission** 女 〚商〛買い入れ問屋業務. **netz** 中 買い物用網袋. **preis** 男 仕入れ値, 元値. **straße** 女 商店街, ショッピング街. **tasche** 女 買い物袋, ショッピングバッグ. **tüte** 女 買い物袋. **viertel** 中 ショッピング街. **wagen** 男 (スーパーなどの)ショッピングカート. **zentrum** 中 ショッピングセンター.
ein=kehren 他 (s) (飲食店に)立ち寄る; 〚雅〛(季節・情勢に)来る, めぐって来る. ↑**keilen** 他 (両側からぴったり挟んで)身動きできなくする. ↑**kellern** 他 地下室に貯える. ↑**kerben** 他 (刻み目を)彫り〔刻み〕込む; (…に)刻み目を入れる. ↑**kerkern** 他 〚雅〛(人を)投獄〔幽閉〕する. ↑**kesseln** 他 包囲する. ↑**klagen** 他 (損害賠償などを)告訴して請求する. ↑**klammern** 他 括弧に入れる.
Einklang 男 ⟨-[e]s/..klänge⟩ 〚楽〛ユニゾン; 〚雅〛調和, 調和.
ein=kleben 他 ⟨*et*⁴ **in** *et*⁴⟩ (…を…に)張りつける. ↑**kleiden** 他 (人に)制服を着せる; ⟨*et*⁴ **in** *et*⁴⟩ (考え・体験などを…の形で)表現する. ♦ **neu ~** ⟨*sich*⁴⟩ (成長に合わせて)衣服を買い込む. ↑**klemmen** 他 (動かないように)挟み込む; ⟨*sich*⁴⟩ はさんでけがをする〔壊す〕. ↑**klinken** 他 (掛けがねなどで)閉め込む他 ⟨(s,h)⟩ 掛けがねがかかって〕ガチャリと閉まる. ↑**knasten** 他 〚話〛(人を)投獄する. ↑**knicken** 他 折り曲げる 他 (s) 折れ曲がる. ↑**kochen** 他 煮詰める; 煮て瓶詰めにする. 他 (s) 煮詰まる.
Einkommen [アインコメン] 中 ⟨-s/-⟩ ⟨⊗ income⟩ 収入, 所得: ein hohes ⟨geringes⟩ ~ haben 収入が多い〈少ない〉. **einkommens=schwach** 低所得の. **=stark** 高所得の.
Einkommen[s]=steuer 女 所得税. **=steuererklärung** 女 所得税申告.
ein=kratzen 他 ⟨*et*⁴ **in** *et*⁴⟩ (…に…を)刻みつける; ⟨*sich*⁴ **bei** *j³*⟩ (人に)取り入る. ↑**kreisen** 他 包囲する; (問題などの)核心に迫る.
Einkünfte 複 〚雅〛収入, 所得.
ein=laden* [アインラーデン] ⟨lud ein; eingeladen⟩ 他 ❶ ⟨⊗ invite⟩ (人を)招待する; (費用持ちで)誘う: *j³* zur Party ⟨zu einer Tasse Kaffee⟩ ~ 人をパーティーに招待する〈人にコーヒーを1杯ごちそうする〉. ❷ ⟨*et*⁴ **in** *et*⁴⟩ 積み込む.
einladend 形 誘うような, 魅力的な.
Einladung [アインラードゥング] 女 ⟨-/-en⟩ ⟨⊗ invitation⟩ 招待; 招待状; (荷物の)積み込み; 積載; 〚雅〛誘い.
Einlage 女 ⟨-/-n⟩ (中に)入っている物; (手紙・小包の)封入物; (靴の)中敷き; (襟・ネクタイの)芯(しん); (スープの)具; (歯の傷の)詰め物; (演目の間の)出し物; 預金. **~n=geschäft** 中 〚商〛預金業務.
ein=lagern 他 (倉庫・地下室などに)保管する, 貯蔵する; ⟨*sich*⁴⟩ 沈積, 沈殿する.
Ein=lass 男 ⟨..lasses/..lässe⟩ 入場〔許可〕.
ein=lassen* 他 (人を)中に入れてやる; ⟨*et*⁴ **in** *et*⁴⟩ (…を…へ)埋め込〔はめ込〕む; ⟨*et*⁴ **in** *et*⁴⟩ (水を…へ)流し込む; ⟨*sich*⁴ **mit** *j³*⟩ (人と)かかわりを持つ, 〚軽〛

(異性と)つき合う; 《sich⁴ auf et⁴》 (…で)掛かり合う, 手を出す.

Einlauf 男 《-[e]s/..läufe》 ❶ (競走の)ゴール; ゴールイン; 着順; 入港; (郵便物の)到着; (商品の入荷; 《医》 浣腸(だき); 《料》 (スープの)つなぎ.

ein|laufen* 自 (s) (走って)ゴールインする; (船舶が)入港する; (列車がホームに)入る; (水が)流れ込む; (郵便物が)届く, (注文・苦情などが)舞い込む; (布地が)縮む; 《sich⁴》《口》 (走って)ウォーミングアップをし始める; (仕事などが)軌道に乗る; 《靴が》《sich⁴》 (機械の好不純性に)本格的に動き始める; (仕事などが)軌道に乗る; 《靴が》《sich⁴》 (機械に)履き慣らす. ├**leben** 他 《sich⁴》 (ある場所に)住み慣れる. なじむ; 《sich⁴ in et⁴》 (…に)精通(習熟)する.

Einlege・arbeit 囡 (靴の革, はめ込み)細工.

ein|legen [アインレーゲン] 《legte ein; eingelegt》 他 ❶ 《et⁴ [in et⁴]》 (…を[...の中へ]) 入れる, 納める; 《料》 (…を) 漬け込む; 《et⁴ in et⁴》 (…に…を) 象嵌する. ├**mit** 《et⁴ in et⁴》 (…に…で) 象嵌を施す. ❷ 《et⁴ [gegen et⁴]》 (…に対して) 異議などを申し入れる; 《控訴(上告)》をする; 《梢》などを構える.

Einlege・sohle 囡 (靴の敷き革, 中敷き).

ein|leiten 他 (…に)とりかかる, 着手する (手続きなどを)とる; (催しなどを)開始する; 《et⁴ in et⁴》 (水などを…に)導き入れる, 流す. **Einleitung** 囡 《-/-en》 導入; 序論; 序文; 手引き, 入門[書]; (手続きなどの)開始; 《楽》 序奏.

ein|lenken 他 譲歩する, 折れる; (s) (乗り物が・人が乗り物で) へ曲がる, 入る; 《et⁴ in et⁴》 (乗り物などを…の方向へ)向ける, 曲げる. ├**lernen** 他 《話》 《j³ et⁴》 (人に…を)丸暗記させる. ├**lesen*** 他 《口》 読み込む, 読み取る. **Einlesen** 中 《-s/-》 読み込み. ├**leuchten** 他 (人に) 分かる, ぴんとくる. ├**leuchtend** 形 納得のいく. ├**liefern** 他 (人をしかるべき所に)引き渡す, 送り届ける; (しかるべき所に)差し出し, 出す.

einliegend 形 同封の.

ein|lochen 他 《話》 (人を)刑務所に入れる; 《ゴ》 (ボールを)ホールインする. ├**lösen** 他 (小切手などを)現金化する; (担保などを)請け出す, 買い戻す; 《約束》を果たす; 《約束などを》果たす. ├**lullen** 他 (人を)子守歌で寝かすつける, なだめすかす.

ein|machen 他 (果物・野菜などを) 瓶詰めにする. ♦ **Du kannst dich ~ lassen!**《話》お前はどうしようもないやつだ.

Einmachglas 中 《-es/..gläser》 (食品の保存瓶; (ガラスの)キャニスター.

ein|mahnen 他 (支払い・回答などを) 催促(督促)する.

einmal 副 [アインマール] ❶ 《once》 一回, 一度;1倍. ❷ いつか, そのうち, 将来; あるとき, 昔, かつて; Es war ~ ein König. 昔々..ある王様がおりました. ❸ 《勧誘・要求を表して》まあ, ちょっと; Alle ~ zuhören! みんなちょっと聞いて. **auf ~** 《感》 [all at once] 突然; 一時に. **~ für allemal** きっぱりと. **Einmal ist keinmal.** 《諺》 一度[の過ち]は数のうちに入らない. **~ mehr** 再びも, もう一回. **~ ums**

〈**übers**〉 **andere** 何度も; 繰り返し. **erst ~** まずもって, とりあえず. **nicht ~** …すらない; ちっとも…ない. **wieder ~** 再びまた.

Einmaleins 中 《-/-》 《数》 九九[の表]; 基礎[知識], 初歩, いろは で.

Einmal・flasche 囡 使い捨て瓶. =**handtuch** 中 (使い捨ての)ペーパータオル.

einmalig 形 一回[限り]の; 比類のない, 二つとない, 独特の.

Einmalspritze 囡 = Einwegspritze.

Einmann-. 「一人..ワンマン..」の意. =**gesellschaft** 囡 一人(ひとり)会社.

Einmarsch 男 (選手などの)入場[行進], (軍隊の)進駐.

ein|marschieren 自 (s)行進して入場する; (軍隊が)進駐する. ├**mauern** 他 壁に埋め込む[閉じ込める]. ├**meißeln** 他 《et⁴ in et⁴》 (…に…で)彫り込む. ├**mengen** 他 =einmischen. ├**mieten** 他 (人のために)部屋〈家〉を借りる.

ein|mischen 他 《et⁴》 (…を…に) 混入する; 《sich⁴ in et⁴》 (…に)介入する 〈干渉〉する. **Einmischung** 囡 介入, 干渉.

ein|motten 他 (衣類などを)防虫剤を入れてしまっておく; (有事に備えて兵器などを)保管する.

ein|mumme[l]n 他 《話》 (人を)くるむ, 厚着させる.

ein|münden 他 (s, h) 《in et⁴》 (川が…に)流れ込む; (道が…に)通じている; …に帰着する. **Einmündung** 囡 (川が)流れ込むこと 合流; (道の)通じていること; 河口; (河川・道路などの)合流点.

einmütig 形 意見が一致した, 全員一致の. **Einmütigkeit** 囡 《-/-》 (意見の)一致, 合意.

ein|nageln 他 《et⁴ [in et⁴]》 (…を[…に])釘で打ちつける. ├**nähen** 他 《et⁴ [in et⁴]》 (…に…を)縫いつける; 縫い込める.

Einnahme 囡 《-/-n》 収入; (薬の)服用; (飲食物の)摂取; 占領. =**buch** 中 《商》 収入簿; 受け取り帳. =**quelle** 囡 財源. =**seite** 囡 収入の部, 貸方.

ein|nebeln 他 煙幕で覆う; 《Es nebelt sich ein.》 《話》 霧が立ち込める.

einnehmend 形 好感を抱かせる, 人を引きつける; Er hat ein ~es Wesen. 《皮肉》 彼はがめついやつだ.

ein|nicken 自 (s) 《話》 居眠りする, うとうとする. ├**nisten** 他 《sich⁴》 巣を作る; 《医》 (受精卵が)着床する; 《sich⁴ bei j³》 (人のところに)しつこく居座る.

Einöde 囡 《-/-n》 人里離れた所, 荒野.

ein|ölen 他 (…に)油を差す; 《j³》 (人の)肌に油を塗る; 《j³ et⁴》 (人の)ににに油を塗る. ├**ordnen** 他 整理[配列]する; 《sich⁴ in et⁴》 (…に)適応〈順応〉する; 《sich⁴》 指定車線に移る.

ein|packen [アインパッケン] ⦅packte ein; eingepackt⦆ [他] ⦅*et*⁴ [in *et*⁴]⦆ (…を[…に])包む, 包装する; 〚話〛(人に)暖かい服装をさせる; [自] 荷作りをする; 〚話〛(試合で)圧勝する. ✦ **~ *können*** 〚話〛 あきらめねばならない. **~ *lassen*** 〚話〛 ⦅*sich*⁴ **mit** *et*³⦆ (…を)やめる; 引っこめる. ***Pack ein!*** 〚話〛 やめろ; 消えてしまえ. ⊦**parken** [自] (狭い所に)割り込み駐車をする.

Einpartei[en]=diktatur [女] 一党独裁〔制〕.

ein|passen [他] ⦅*et*⁴ [**in** *et*⁴]⦆ (…を[…に])ぴったりとはめ込む; ⦅*sich*⁴ [**in** *et*⁴]⦆ […に]適応〈順応〉する. ⊦**pauken** [他] 〚話〛 ⦅*j*³ *et*⁴⦆ (人に…を)むりやり教え込む, たたき込む. ⊦**peitschen** [自] ⦅**auf** *j-et*⁴⦆ (…を)むちで打つ; [他] 〚話〛 ⦅*j*³ *et*⁴⦆ (人に…を)むりやり教え込む, たたき込む. ⊦**pendeln** [再] ⦅*sich*⁴ **auf** *et*⁴⦆ (だんだんに)適正〈水準〉値に落ち着く.

Einpendler [男] 市外からの通勤者.

ein|pferchen [他] (家畜を)囲いの中へ追い込む; ⦅*j*⁴ **in** *et*⁴⦆ (人を…の中に)詰め込む. ⊦**pflanzen** [他] 植え込む; ⦅*j*³ *et*⁴⦆ (人に考えなどを)植えつける; 〔医〕(…に臓器などを)移植する.

Einphasen.. 〔電〕「単相…」の意.

ein|pinseln [他] ⦅*et*⁴ **mit** *et*³⦆ (…に…を)はけ〈筆〉で塗る. ⊦**planen** [他] 計画に含める. ⊦**pökeln** [他] (食品を)塩漬けにする. ✦ **~ *lassen können*** 〚話〛 ⦅*sich*⁴ **mit** *et*³⦆ (…は)使い物にならない.

einpolig [形] 〔電〕単極の.

ein|prägen [他] ⦅*et*⁴ [**in** *et*⁴]⦆ (…を[…に])刻み込む; ⦅*j*³ *et*⁴⦆ (人に…を)しっかりと覚え込ませる; ⦅*sich*³ *et*⁴⦆ 心に刻み込む; ⦅*sich*⁴⦆ 記憶に残る, 心に刻み込まれる.

einpräg=sam [形] 覚えやすい.

ein|pressen [他] 詰め込む; (型・模様などを)プレスする. ⊦**programmieren** [他] 〔電算〕(…の)プログラムを入力する. ⊦**pudern** [他] (…に)粉〈パウダー〉をつける.

ein|quartieren [他] (兵士たちを)宿営させる; (負傷者などを一時的に)収容する; ⦅*sich*⁴⦆ 宿泊する, 泊る. **Einquartierung** [女] ⦅-/-en⦆ 宿泊; 宿営.

ein|rahmen [他] 額縁に入れる; 取り囲む, 縁取る. ✦ ***Das kannst du dir ~ lassen.*** それは大したものではない〈使い物にならない〉. ⊦**rammen** [他] (杭(くい)などを)打ち込む; (門などを)突き破る. ⊦**rasten** [自] (s)(歯車などが)かみ合う, (掛けがねなどが)掛かる. ⊦**räumen** [他] 片付ける, しまう; (ある場所に)物を入れる〈置く〉; ⦅*j*³ *et*⁴⦆ (人に…を)認める, 容認する. ⊦**rechnen** [他] 計算に入れる, 含める. ⊦**reden** [他] ⦅*j*³ *et*⁴⦆ (人に…を)信じ込ませる; (人に勇気などを)吹き込む; ⦅*sich*³ *et*⁴ 〈dass 文〉⦆ 思い込む, 信じ込む; [自] ⦅**auf** *j*⁴⦆ (人を)説得する, (人に)勧める. ⊦**reiben*** [他] (クリームなどを)擦り込む; ⦅*j*³ 〈*sich*³〉 *et*⁴⦆ (人〈自分〉の顔などに)クリームなどを塗る. ⊦**reichen** [他] (書類などを)提出する; 〚話〛 (人を文書で)推薦する. ⊦**reihen** [他] 列に入れる, 組み入れる.

Einreiher [男] ⦅-s/-⦆ 〔服〕シングル[のコート, 上着]. **einreihig** [形] 1列の; 〔服〕シングルの.

Einreise [女] ⦅-/-n⦆ 入国. **=erlaubnis** [女], **=genehmigung** [女] 入国許可.

ein|reisen [自] (s) 入国する. ⊦**reißen*** ❶ [他] (…に)裂け目を入れる; (建物などを)取り壊す. ❷ [自] (s)裂ける, 裂け目ができる; (悪習などが)広まる. ⊦**renken** [他] (脱きゅうをした関節などを)整復する; 〚話〛(問題・事態を)まるく収める, 収拾する; ⦅*sich*⁴⦆ 〚話〛 まるく収まる. ⊦**rennen*** [他] 突き破る 壊す; ⦅*sich*³ *et*⁴⦆ (体の一部を)ぶつけてけがをする.

ein|richten [アインリヒテン] ⦅richtete ein; eingerichtet⦆ ❶ [他] ([英] furnish) (家・店などを家具・調度・設備で)整える, しつらえる; ([英] arrange) (目的・計画に合わせて)調整する; (施設・機関などを)設立〈新設〉する. ❷ [再] ⦅*sich*⁴ **auf** *j-et*⁴⦆ 〚話〛 (…の)心積もりをする, (…に)備える; ⦅*sich*⁴ [**mit** *et*³]⦆ (…で)なんとか暮らしていく; ⦅*sich*⁴⦆ 自分の住まいを整える. ✦ ***es* [*sich*³] *so* ~, *dass...*** …するよう都合をつける, やってみる.

Einrichtung [アインリヒトゥング] [女] ⦅-/-en⦆ ❶ (家具などの)据え付け, 取り付け, (部屋・店舗などの)内装; 家具[調度], 設備; 装置, 機械設備. ❷ (施設・機関などの)開設, 設置, 設立; 施設. ❸ 整理, 調整. ❹ 恒例[行事], 慣行, しきたり.

ein|rollen [他] (カーペット・紙などを)くるくると巻く; ⦅*sich*⁴⦆ (猫などが)体を丸める; [自] (s)(列車が)入ってくる; (ボールなどが)転がりながら入る. ⊦**rosten** [自] (s)さびつく; 〚話〛(体などが)硬くなる, 鈍る. ⊦**rücken** ❶ [自] (s)(軍隊が町に)入る; 入隊する; ⦅**in** *et*⁴⦆ (地位などに)就く. ❷ [他] 〔印〕行頭を下げる; 〔工〕(ギアなどを)入れる. ⊦**rühren** [他] (…を入れて)かき混ぜる; 〚話〛 ⦅*j*³ *et*⁴⦆ (人に不快なことを)する.

eins [アインス] ⦅基数⦆1, 一つ. ✦ **~ *a*** 〚話〛最高の, 極上の. **~ *sein*** ⦅**mit** *j*³⦆ (人と)同意見である; 〚話〛 ⦅*j*³⦆ (人には)同じこと〈どうでもよいこと〉である. **~ *werden*** ⦅**mit** *j*³⦆ (人と)同意見になる. ***Eins zu null für j*⁴*!*** 〚話〛(人の)勝ちだ. **~, *zwei, drei*** あっという間に. ***in* ~** 一緒に, 一体として. ***mit* ~** 同時に, 突然に. **Eins** [女] ⦅-/-en⦆ (数字の)1; (さいころの)1の目; (成績評価の)1(最高); 〚話〛路線番号1のバス〈市電〉. ✦ ***wie eine ~ stehen*** 〚話〛 直立している; 一直線に並んでいる.

ein|sacken [他] 袋に入れる; 〚話〛(金を)ねこばばする; [自] (s) 〚話〛 (ぬかるみ・泥道などに)はまる. ⊦**salzen**⁽*⁾ [他] 塩漬けにする. ✦ **~ *lassen können*** ⦅*sich*⁴⦆ 何の役にも立たない.

einsam [アインザーム] [形] ❶ ([英] lonely)孤独な, 独りぼっちの; 寂しい: *sich*⁴ ~ fühlen 寂しがっている. ❷ 人里離れた; 人気(ひとけ)のない. ❸ ただ一つの, 孤立した: Das ist ~*e* Spitze. 〚話〛 抜きんでてすばらしい. **Einsamkeit** [女] ⦅-/-en⦆ 孤独, 寂しさ; 人里離れた場所.

ein|sammeln [他] 拾い集める; (金・寄付などを)集める, 回収する. ⊦**sargen** [他] (人を)棺に納める. ✦ **~ *lassen können*** ⦅*sich*⁴⦆ 何もできない; 手も足も出ない.

Einsatz [男] ⦅-es/..sätze⦆ (機械・人員などの)投入, 使用, 動員; 出動; 〔軍〕出撃; (努力などの)傾注; 賭(か)け金; 抵当, 保証

Einschreiben 175

金;(器・ケースなどの)入れ子,中皿;《服》当て布;《楽》(合奏・合唱の)出だし,アインザッツ. ◆ **zum ~ bringen**《j⁴を》投入する;出動させる. **zum ~ kommen**《**gelangen**》投入される;出動する. **einsatzbereit** 形 出動準備のできた;《機械などが》すぐには使える:進んで協力する.

ein|saugen* 他 (…に)吸い込む. **┝säumen** 他 (…に)縁飾りを付ける,(…の)縁取りをする;縁取る. **┝schalen** 他 《建》(…に)型枠(梁)をはめる.

einschalten 他 [アインシャルテン]《schaltete ein; eingeschaltet》 ❶ ~(switch on)《…の》スイッチを入れる,(明かりなどを)つける;《sich⁴》(自動的に)スイッチが入る,(明かりが)つく. ❷《et⁴ in et⁴》(…を)付け足す,挿入する;《sich⁴ in et⁴》(…に)関与〔介入〕する.

Einschaltquote 女 《-/-en》(テレビの)視聴率,(ラジオの)聴取率.

Einschaltung 女 《-/-en》(スイッチ・ギアを)入れること;挿入;介在,割り込み;挿入物《など》.

ein|schärfen 他 《j³ et⁴》(人に…を)厳しく言い聞かせる,肝に銘じさせる. **┝schätzen** 他 (…を…と)評価する,判断する;(人の)課税額を査定する. **Einschätzung** 女 《-/-en》評価,判断;(税額の)査定.

ein|schenken 他 (酒・茶などを)つぐ. **┝scheren** 他 (s)(自動車が走行車線に)戻る,(再び)入る. **┝schicken** 他 《j³ et⁴》(人に…を)送付する. **┝schieben*** 他 (…を)押し(差し)込む,挿入する.

einschichtig 形 単層の;(勤務時間などが)無交代制の.

ein|schicken 他 《j³ et⁴》(人に…を)送付する. **┝schieben*** 他 (…を)押し〔差し〕込む,挿入する. **Einschiebsel** 中 《-s/-》挿入物,付け物;書き込み;《文法》挿入語句.

Einschienen|bahn 女 モノレール.

ein|schießen* 他 ❶ 射撃〔発砲〕して破壊する《das Fensterscheibe mit einem Ball ― ボールをぶつけて窓ガラスを割る》;(新しい火器を)慣らし撃ちする;(ボールを)シュートしてゴールに入れる. ❷《sich⁴ auf j⁴》(人を)批判の的にする. **┝schiffen** 他 乗船させる,船に積み込む;《sich⁴》乗船する.

einschl.略 einschließlich.

ein|schlafen* 自 [アインシュラーフェン]《schlief ein; eingeschlafen》(s) ❶《fall asleep》寝入る,眠りに落ち〔就く〕;《話》死ぬ. ❷(手足が)しびれる. ❸ 次第に衰える〔薄れる〕,すたれる. **┝schläfern** 他 《j⁴》(人を)眠くする;眠りにつける;麻酔で眠らせる;安心させる;(警戒心などを)まひさせる,ゆるませる;(動物を)薬殺する.

Einschlag 男 落雷〔地点〕;(砲弾の)落下点;《林業》伐採〔量〕;(由来や来歴を示す)特徴,性向,傾向;(車の前輪の)向き;《服》タック,ひだ;折り返し.

ein|schlagen* [アインシュラーゲン]《schlug ein; eingeschlagen》Ⅰ 他 ❶(窓・戸などを)打ち破る,ぶち抜く;《Nagel in et⁴》(くぎ・くいなどを…に)打ち込む. ❷《et⁴ in et⁴》(…で〔に〕)くるむ,(…で〔に〕)包む. ❸(方向・道などを)進む;(ハンドルを)切る. Ⅱ 自 ❶(h, s)(爆弾・雷などが)落ちる,(砲弾が)当たる:Es hat *eingeschlagen*. 雷が落ちた. ❷(h, s)《話》(商品などが)売れ行きがよい,当たる. ❸《auf j⁴》…をめった打ちにする. ◆ **einen Weg ~**(目的地へ行くのに)ある道を取る;ある方策を選ぶ.

einschlägig 形 関連する,当該の:die ~e Literatur 関係文献｜das ~e Geschäft 取り扱い店. ◆ **~ vorbestraft sein** 同種の犯罪で前科がある.

ein|schleichen* 他 《sich⁴》忍び込む(まぎれ込む)あれる込む. **┝schleppen** 他 (港内に船を)曳航(訪)する;(伝染病などを)潜入させる;(スパイなどを)潜入させる. **┝schleusen** 他 (麻薬・銃などを)こっそり持ち込む.

ein|schließen* [アインシュリーセン]《schloss ein, 旧 schloß ein; eingeschlossen》他 ❶ (人を)閉じ込める,拘禁する,(鍵をかけて)しまう;《sich⁴》(鍵をかけて)閉じこもる. ❷ 取り囲む;包囲する. ❸《j-et⁴ in et³(⁴)》(…を…に)含める:Ist das Frühstück im Preis *eingeschlossen*? 朝食は料金に含まれていますか.

einschließlich [アインシュリースリヒ] ❶ 前置《2格支配》…を含めて,…込みで(® einschl.). ❷ 副《bis zu》…を含めて〔…まで〕.

ein|schlummern 自 (s)眠り込む;(安らかに)死ぬ.

Ein|schluss 男 《-/..schlüsse》閉じ込め,監禁,抑留;含有;(包含物の)(琥珀の中の虫などの). ◆ **mit 〈unter〉 ~ et²〈von et³〉**…を含めて.

ein|schmeicheln 他 《sich⁴ bei j³》(人に)取り入る,おもねる. **┝schmelzen** 他 (金属を)溶かす,鋳つぶす;自 (s)(熱で)溶ける. **┝schmieren** 他 《話》(…に)油を塗り込む;(…に)油を塗る;汚す. **┝schmuggeln** 他 密輸入する,(…を)潜入させる. **┝schnappen** 自 (s)(錠などが)パチン〔カチャリ〕とかかる〔締まる〕;《話》気を悪くする,怒る.

ein|schneiden* 他 (…に)切れ目を入れる;(名前・模様などを)刻みつける;(服などが)入り込む. **┝d** 形 深刻な,徹底的な,重大な,意味の大きい.

ein|schneien 自 (s)雪に覆われる〔閉じ込められる〕.

Einschnitt 男 《-[e]s/-e》転機,ターニングポイント;区切り,段落;切り口,切れ目;《医》切開部.

ein|schnüren 他 ひもで縛る,締めつける;(服が)窮屈にする. **┝d** 形 狭窄(きょうさく)する.

einschränken [アインシュレンケン]《schränkte ein; eingeschränkt》他 《restrict》制限する,抑える,節約する;《sich⁴》(生活を)切り詰める,倹約する. **Einschränkung** 女 《-/-en》制限,限定;節約.

ein|schrauben 他 ねじで留める(電球などを)ねじ込んで入れる.

Einschreib|brief 男 書留の手紙.
Einschreibe|gebühr 女 書留料金;入金《(大学の)学籍登録料.
ein|schreiben* 他 (…に)記入する;(人を)登録する;(郵便物を)書留にする;(新しいものなどを)書き慣れる;《sich⁴》書き慣れる.
Einschreiben [アインシュライベン] 中

《-s/-》書留〔郵便〕の. **Einschreibung** 図《-/-en》記入, 登録; 入札.
ein|schreiten* ⓐ (s)《gegen j-et⁴》(…に)立ち向かう, 対策をとる.
ein|schrumpfen ⓐ (s)縮む; しなびる;《収入などが》減る.
Einschub 男 挿入物; 書き込まれた語句;《文法》挿入文〈句〉.
ein|schüchtern ⓐ (人を)おびえさせる, 畏縮(ﾞﾝ)させる. **Einschüchterung** 囡《-/-en》脅し, 威圧.
ein|schulen ⓐ (子供を)就学させる.
Ein-schuss 《⊕ -schuß》男 ❶ (弾丸の)射入口; 図 出資[金]; 払い込み金;《金》(ロケットなどの軌道への)投入; 混入[物];《織》横糸.
ein|schweißen ⓐ 溶接して固定する;《商品を》透明フィルムでパックする.
ein|sehen* [アインゼーエン]《sah ein, eingesehen》 ⓐ 理解する; (誤りなどを)認める; 悟る;《書類などを》調べる, 閲覧する; [のぞき]見る. ◆ **ein (kein) Einsehen haben《mit j³》**(人に)理解を示す〈示さない〉; 思いやりがある〈ない〉.《話》
ein|seifen ⓐ (…に)せっけんを塗る〈すり込む〉; 《話》(人)をだます.
einseitig [アインザイティヒ] 囲 片側[片面]だけの; 一方的な; 片寄った, 一面的な. **Einseitigkeit** 囡《-/-》一面性, 片寄り.
ein|senden* ⓐ《書類などを》送付する; 寄稿する. **Einsender** 男《-s/- ~ -in》送り主, 投書者; 投書〈寄稿〉者.
Einsende-schluss 《⊕ -schluß》男 (投稿などの)締め切り.
Einsendung 囡《-/-en》送付; 投書, 寄稿; 送品.
Einser 男《-s/-》《話》= Eins.
ein|setzen [アインゼッツェン]《setzte ein; eingesetzt》 Ⅰ ⓓ ❶《et⁴ [in et⁴]》(…を[…へ])入れる, はめ込む. ❷《j⁴ in et³⁽⁴⁾》(人を…に)任用する;《j⁴ als et⁴《zu et³》》(人を…に)任命〈指名〉する. ❸《人手・機械などを》投入〈動員〉する;《et⁴ für et⁴》(金・命などを[…に])賭ける. ❹《sich⁴ für j-et⁴》(…のために)努力〈尽力〉する. Ⅱ ⓐ《雅》始まる. **Einsetzung** 囡《-/-en》(ある場所に)入れる〈置く〉こと, 設置; はめ込み; 継ぎ足し, 継ぎ当て; (予算などへの)組み入れ; (部署などへの)任命;《宗》代入; (軍隊などの)投入.
Einsicht [アインズィヒト] 囡《-/-en》(⊕ insight)認識, 理解, 分別, 洞察, 検査; (書類などの)閲覧, 閲読. ◆ **~ in et⁴ nehmen** (…を)閲覧する, (…に)目を通す. **zur ~ kommen** 理解する; 納得する. **einsichtig** 囲 理解〈分別〉のある, 物分かりのよい; 理解しやすい.
Einsichtnahme 囡《官》(文書などの)閲覧, 閲読, 検分.
ein|sickern ⓐ (s)染み込む, 浸透する; (人が)潜入する.
Einsiedler 男《-s/-》(⊕ -in)隠者, 世捨て人.
einsilbig 囲 1〈単〉音節の; 無口な, そっけない.
ein|sinken* ⓐ (s)(ぬかるみに)はまる, 沈み込む; 崩れ落ちる; 陥没する;《目・ほおなどが》落ちくぼむ. **ein|sitzen*** ⓐ《刑務所に》収容されている. **ein|spannen** ⓐ《馬

を》車につなぐ; (…に)挟み込む;《話》(人を)仕事に引き入れる, 動員する.
ein|sparen ⓐ 節約する; 削減する, 切り詰める. **Einsparung** 囡《-/-en》節約《**von** et³》(…の)節約; 削減.
ein|speichern ⓐ 《電》《et⁴ [in et⁴]》(…を[…に])入力〈インプット〉する.
⊦speisen ⓐ 《電》《電気・水などを》供給する, 送り込む; 《電》《et⁴ in et⁴》(…を…に)入力〈インプット〉する. **⊦sperren** ⓐ 閉じ込める; 監禁する;《話》留置場〈刑務所に〉入れる; 押し込める.
ein|spielen ❶ (興行収益によってコストを)回収する. ❷《sich⁴》《規則・制度などが》なじむ, 根を下ろす. ◆《**gut**》**aufeinander eingespielt sein** 互いに息が合う. **⊦sprechen** ⓐ《**auf** j⁴》(人をしつこく)説得する; ⓑ(テープなどに)吹き込む. **⊦sprengen** ⓐ (…に)水をまく, 湿らせる; (爆破・打撃によって)攻め入[破]る. **⊦springen*** ⓐ《**für** j⁴》(人の代理に〈代役として〉人員を)援助する; (錠などが)パチンとかかる;《壁などが》へこむ; 《**sich⁴**》《陸上・スキーなどで競技前に》跳躍〈ジャンプの練習する》.
ein|spritzen ⓐ (液体などを)注入する; (薬を)注射する;《車》(燃料を)噴射する, 注入する; (…に)水をまく.
Einspruch 男 (⊕ objection)異議, 抗議; 《法》異議の申し立て.
einspurig 囲《鉄》単線の; 一車線の; 二輪《車の》.
einst [アインスト] 副 (⊕ once)かつて, 以前; 将来, 他日, いつの日か.
ein|stampfen ⓐ (…を)踏んで・突いて)詰め込む; 踏み固める; (古紙などを)つぶして紙パルプにする.
Einstand 男 ❶《南部;ｽｲｽ》就任, 入社; 入学; (就任披露の宴(パーティー). ❷《ｽｲｽ》ジュース. **~s-preis** 男 仕入れ値, [仕入れ]原価.
ein|stauben ⓐ (h, s)ほこりだらけになる. **⊦stauen** ⓐ《流水などを》せき止める. **⊦stechen** ⓐ《針などを》刺し込む, 突き刺す; (突いて…に)穴を開ける; 《**in** et⁴》突き刺す;《**auf** j-et⁴》突き刺す, (…に)突きかかる.
ein|stecken ⓐ ❶ 差し込む;《話》投函する; (金などを)ポケットにしまい込む;《話》懐に収める. ❷ (非難・侮辱などを)耐え忍ぶ, 被る.
Einsteck-kamm (髪に挿す)節櫛.
⊦tuch 《旧》ポケットチーフ〔上着のポケット用ハンカチ〕.
ein|stehen* ⓐ (s)《**für** et⁴》(…の)責任を取る, 引き受ける.
ein|steigen* [アインシュタイゲン]《stieg ein; eingestiegen》 ⓐ (s)(車・飛行機などに)乗り込む, 乗る; 《**in** et⁴》(…に)忍び込む, 《話》(…に)参加する; 《ｽｲｽ》ラフプレーする.
Einstein Albert, アインシュタイン(1879-1955; ドイツ生まれの物理学者).
Einsteinium 囡《-s/-》アインスタイニウム(元素名:《記号》Es).
einstellbar 囲 調節できる.
ein|stellen [アインシュテレン]《stellte ein; eingestellt》 Ⅰ ⓓ ❶ しまう, 入れる; (人を)雇う, 採(ﾄ)る. ❷ 調節する;

《*et*⁴ auf *et*⁴》(…を…に)合わせてセットする. ❸ 中止する. ❹ einen Rekord ~ 《スポーツ》タイ記録を出す. II ⓗ ⓢ 《*sich*⁴》《雅》やってくる, 現れる. ❺ 《*sich*⁴ auf *j-et*⁴》(…に対して)心積もり〔準備〕をする, 覚悟する;(人に)合わせる.
einstellig 形 《数》一桁の.
Einstellung 女 《-/-en》❶ 収納, 格納. ❷ 雇用, 採用. ❸ 調節, 調整. ❹ 中止, 停止. ❺ 考え方, 立場, 態度. ❻ 《映》ショット, カット. **~s-untersuchung** 女 採用試験(時)の調査.
Einstieg 男 《-[e]s/-e》登ること; 乗車; 乗船; 登山口; 乗り口; 乗車〈乗船〉口;(テーマなどへの)アプローチ. **~s-droge** 女 (ヘロインなど強い麻薬への)橋渡しとなる麻薬(マリファナ).
einstig 形 以前の, 昔の.
ein|stimmen ❶ 他 (楽器を)調弦〈チューニング〉する; 《*j*⁴ auf *et*⁴》(人を…の気分にさせる. ❷ 自 《in *et*⁴》(歌・演奏などに)加わる; (…に)同調する. **einstimmig** 形 《楽》斉声の; 全員一致の. **Einstimmigkeit** 女 《-/》単旋律; 《全員一致, (意見の)一致, 全会〈全員〉一致.
einst..malig 形 以前の, 昔の. **~mals** 副 以前, 昔; いつか, 他日.
einstöckig 形 2階建ての, 1階建ての.
ein|stöpseln ❶ (栓を)はめる; (電気器具を)コンセントにつなぐ. ト**stoßen*** ❶ 突き刺す; (壁・窓などを)突き破る; (ぶつけけがをする); (*et*⁴《mit *et*³》)…に(…で)…に突きかかる. ト**streichen*** 他 《*et*⁴《mit *et*³》》(…に…で)塗り込む, 擦り込む; 《話》(金を)手に入れる, 懐に入れる; (利益などと)自分のものにする; 原稿・台本などを)削って短くする. ト**streuen** 他 《*et*⁴《in *et*⁴》》(…を…の中に)まいて入れる; ちりばめる; 《*et*⁴《mit *et*³》》(…に)…を)たっぷりまぶす. ト**strömen** 自 《s》《in *et*⁴》(…に)流れ込む; (群衆などが…に)なだれ込む. ト**studieren** 他 《《*sich*³》《*et*⁴》》練習して覚え込む; 《*j*³ *et*⁴》(人に…を)教え込む, (人に…の)けいこをつける.
ein|stufen 他 格づけする, (…に)ランクをつける. **Einstufung** 女 《-/-en》格づけ, ランキング.
ein|stürmen 他 《auf *j*⁴》(人に)襲いかかる, 押し寄せる.
Einsturz 男 倒壊, 崩壊.
ein|stürzen 他 《s》倒壊〈崩壊〉する; (体制などが)崩れる; 《auf *j*⁴》(人に)のしかかる; (人を)不意に襲う; 他 倒壊させる.
einst..weilen 副 差し当たり, 当分の間, とりあえず; 当面. **~weilig** 形 《官》一時的な, 当分の, 当座の.
eintägig 形 1日を経た1日の; はかない.
Eintags.. 「1日の—一時の—, はかない…」の意. **~fliege** 女 《虫》カゲロウ; 《話》はかないもの.
ein|tasten 他 《エレクトロ》(データなどを)キー入力する. ト**tauchen** 他 浸す, 漬ける; 自 《s, h》潜る. ト**tauschen** 他 《*et*⁴《gegen *et*⁴》》(を[…と])交換する, 換える.
eintausend 数 《基数》1000, 千.
ein|teilen 他 《divide》《*et*⁴ in *et*⁴》(…を…に)区分〈分類〉する, 分ける; 《*j*⁴ zu

*et*³《für *et*⁴》》(人に仕事などを)割り当てる; 《《*sich*》*et*⁴》(時間・金などを)割り振る, 割り当てる; 《話》(家計のやりくり);配分.
eintönig 形 単調な; 退屈な. **Eintönigkeit** 女 《-/》単調さ, 一本調子; 退屈.
Eintopf 男. **~gericht** 中 煮込み料理, ごった煮.
Eintracht 女 《-/》一致, 融和, 協調.
einträchtig 形 一致した, 仲むつまじい.
Eintrag 男 《-[e]s/..träge》記入, 記載, 登録;(台帳・銘簿などの)記入〈登録〉事項, 記事; 覚書. ♦ ~ **tun** 《*et*³》(…を)損なう, 傷つける. **keinen ~ tun** 《*et*³》(…を)損なわない, 傷つけない.
ein|tragen* 他 《register》記入する; 登録する; 《*j*³ *et*⁴》(人に利害を)もたらす.
einträglich 形 もうかる, 有利な. **Einträglichkeit** 女 《-/》収益, もうけ.
Eintragung 女 《-/-en》記載, 登録, 登記; 記載, 書き込み.
ein|treffen* 《アイントレッフェン》《traf ein; eingetroffen》 他 《s》《arrive》到着する, 着く; (予感・予想などが)的中する.
ein|treiben* 《アイントライベン》 他 (家畜を)小屋に追い込む; (くいを)打ち込む;(金を)取り立てる.
ein|treten* 《アイントレーテン》《trat ein; eingetreten》 ❶ 他 《s》《enter》《in *et*⁴》(建物などに)入る, (団体・組織などに)入る; (水などが…に)入ってくる; 始まる, 生じる, 起こる; 《für *j-et*⁴》(…を)支持する. ❷ 他 (…を)踏み破る; (靴などを)はき慣らす.
ein|trichtern 他 《話》じょうごで注ぎ込む; 《*j*³ *et*⁴》(人に…を苦労して)飲ませる; 教え込む, 徹底させる.
Eintritt 《アイントリット》 男 《-[e]s/-e》(参 entry)入る; 入る; 入学; 加入, 参加; 入場料; 開始, 発生. **~s-gebühr** 女, **~s-geld** 中 入場料, 入会金.
Eintritts-karte 《アイントリッツカルテ》 女 《-/-n》《参 ticket》入場券.
ein|trocknen 他 《s》乾く; 干からびる.
ト**trudeln** 他 《s》《話》悠々と〈遅れて〉やってきる. ト**üben** 他 習い覚える; 練習する; 《*j*³ *et*⁴》(練習させて人に…を)教え込む, 覚えさせる; 《*sich*⁴ in *et*⁴》練習して身につける.
einund.. 「1」の意. **~zwanzig** 21.
ein|verleiben 他 《*et*⁴ *et*³》(…を…に)併合〈合併〉する, 組み入れる; 《*sich*³ *et*⁴》(知識・経験などを)身につける; 《話》(食べ物を)平らげる. **Einverleibung** 女 《-/-en》併合, 合併.
Einvernahme 女 《-/-n》《ジュリスラル》尋問, 審問, 事情聴取. **ein|vernehmen*** 他 《ジュリスラル》《法》(人を)尋問〈審問〉する, (人から)事情を聴取する.
Einvernehmen 中 《-/》協調, 融和, 親善関係; 了解. ♦ **ins ~ setzen** 《*sich*⁴ mit *j*³》(人と)話をつける.
einverstanden 《アインフェアシュタンデン》形 《agreed》《mit *j-et*³》(…に)同意している; (…を)了承〔了解〕した. **einverständlich** 形 合意の, 合意に基づく. **Einverständnis** 中 了承, 了解; 同意; 合意.
Einwaage 女 《商》(小売りのときの)量り減り, (缶詰などの)正味, 定量.

Einwand [アインヴァント] 男 《-[e]s/..wände》 (⇔ objection) 抗議, 異議, 反論: ~ erheben 抗弁する.

Einwanderer 男 《-s/-》 (⇔ ..wanderin, ..wanderin) (他国からの)移住者, 移民. **einwandern** 自 (s) (他国から)移住する, 入植する.

Einwanderung 女 《-/-en》 (入国)移住, 入植. **~s-behörde** 移民局, 入国管理庁. **~s-land** 移民(難民)〔大量受け入れ〕国.

einwandfrei 形 非難(異論)の余地のない, 申し分のない, 非の打ち所のない; 明白な.

einwärts 副 内側〈内側〉へ.

ein|wechseln 他 《et⁴ [in et⁴]》 (…で…に)両替する; スポーツ 《j⁴ für j⁴》 (人を人の代わりに出場させる, (人を人に)メンバーチェンジする. **wecken** 他 瓶詰めにする.

Einweckglas 中 (食品の)保存瓶.

Einweg- 「使い捨ての」; 一方向だけ機能する」の意. **-bahn** = Einschienenbahn. **-flasche** 女 使い捨て瓶. **-geschirr** 中 使い捨て食器. **-packung** 女 使い捨て包装(容器). **-spritze** 女 使い捨て注射器. **-verpackung** 女 使い捨て包装.

einweichen 他 (液体に浸して)柔らかくする, ふやかす; (洗濯物を)洗剤につけおく; (人を)びしょぬれにする.

einweihen 他 (…の)落成式を行う; (話) 《新品をおろす》; 《j⁴ in et⁴》 (人を秘密などに)打ち明ける; (人に…を)伝授する. **Einweihung** 女 《-/-en》 落成〈幕開通〉式, 開業〈開校〉式; 献堂式; 告白伝授; (話)使い初め.

einweisen * 他 《j⁴ in et⁴》 (人を…に)入居〈入院・入所〉させる; 収容する; (人を…に)就任させる, 任用する; 《j⁴ in et⁴》 (人に…の)手ほどきをする; (車などを)誘導する. **Einweisung** 女 《-/-en》 入居; 任用; 手ほどき; (乗り物の)誘導.

einwenden (*) 他 《et⁴ gegen et⁴》 (…を…に対する)反論として挙げる. **Einwendung** 女 異議, 反対意見; (法律) 抗弁〔権〕.

ein|werfen * 他 《et⁴ [in et⁴]》 (…を…の中へ))投げ入れる, 投函する; (言葉を)差し挟む; (物を投げて))窓を)壊す; (ボールを)スローインする; (シュートして)得点する. **-wickeln** 他 包む, くるむ; (髪を)カーラーに巻く; (話) (人を)言いくるめる. **-wiegen** 他 (⇔話) 量って入れる.

einwilligen 自 《in et⁴》 (…に)同意する, 承認する. **Einwilligung** 女 《-/-en》 同意, 承認. ♦ **eine ~ zu et³ geben** 《j³》 (人に…の)同意〈承認〉を与える.

einwirken 自 《auf j⁴ et⁴》 (…に)影響を及ぼす, 作用する; 働きかける; 織り込む. **Einwirkung** 女 作用, 影響.

Einwohner [アインヴォーナー] 男 《-s/-》 (⇔ **-in**) (⇔ inhabitant) 住民, 住人.

Einwohner-meldeamt [アインヴォーナァメルデアムト] 中 《-[e]s/..ämter》 (市役所などの)住民登録課.

Einwohnerschaft 女 《-/-en》 全住民.

Einwurf (硬貨の)投入, (郵便物の)投函; (硬貨の投入口, (郵便物の)差し入れ口; 投与; 異議, 反論; スポーツ スローイン.

Einzahl 女 文法 単数(⇔ Ez.).

einzahlen [アインツァーレン] 《zahlte ein; eingezahlt》他 《et⁴ auf et⁴》 (お金を)口座などに)払い込む; 預金する.

Einzahlung 女 《-/-en》 (代金の)入金, 払い込み; 預金. **~s-schein** 男 払い込み用紙; (郵) 郵便振替払い込み用紙.

einzäunen 他 (…に)塀を巡らす, 垣(柵(3))で囲むこと; 垣, 柵(3), 塀, 垣囲い.

einzeichnen 他 《et⁴ auf et³ in et⁴(3)》 (…の位置を図面などに)描く, 記入する; 《sich⁴ in et⁴》 (自分の名前をリストなどに)登録〈記入〉する. **Einzeichnung** 女 《-/-en》 記入.

einzel = einzeln.

Einzel- 名 《-s/-》 スポーツ シングルス. **-fall** 男 個々のケース; 特殊な場合. **-gänger** 男 《-s/-》 一匹狼(窈), 非社交家. **-haft** 女 独房禁固刑. **-handel** 男 小売〔業〕. **-haus** 男 一戸建ての家, 一軒家.

Einzelheit [アインツェルハイト] 女 《-/-en》 (⇔ detail)細目, 詳細, 委細.

Einzel-hof 男 一軒家〔の農家〕. **-kind** 中 一人っ子.

einzeln [アインツェルン] 形 ❶ 《⇔ individual》個々の, 個別的な, 一つ一つの, ばらばらの. ❷ (⇔ some)二三の, 若干の. ♦ **~ stehend** (離れて)ぽつんと立っている.

einzelnstehend 形 ⇒ einzeln ♦

Einzel-person 女 個〔々〕人. **-reise** 女 個人旅行. **-spiel** 中 スポーツ シングルス; 個人プレー; 単独 ソロ, 独奏. **-stehende[r]** 男 女 《形容詞変化》 一人住まいの人, 単身生活者. **-täter** 男 単独犯〔人〕. **-teil** 中 個々の部分; (個々の)部品. **-unterricht** 男 個人教授(レッスン). **-verkauf** 男 小売り. **-wesen** 中 個体, 個別的存在. **-zimmer** 中 (ホテルなどの)一人部屋, シングルルーム.

einziehbar 形 引き込みのできる; 回収〈取り立て〉可能な.

ein|ziehen * [アインツィーエン] 《zog ein; eingezogen》 ❶ 自 (s) (行進して)入場〈進入〉する; (…に)入居する, 移り住む; 浸透する. ❷ 他 (網・幕などを)手繰り寄せる; (壁・天井などを)取り付ける; (腹・腹などを)引っ込める; (金を)取り立てる, 回収する; 徴収する; (情報などを)収集する; 口語 (兵隊を)徴集〔召集〕する; (官職・機関などを)廃止する.

Einziehung 女 《-/-en》 (税金などの)徴収, (貸し金などの)回収, 取り立て; (財産などの)没収; (情報などの)収集; (兵員の)徴集, 召集.

einzig [アインツィヒ] 形 ❶ (⇔ only)唯一の, ただ一つの(一人の); (⇔ unique)比類のない. ❷ 副 ただ…だけ. ♦ **~ und allein** もっぱら…だけ, ひたすら. **-artig** 形 ワンリュームの. 比類のない.

Einzimmerwohnung 女 ワンルーム住居.

Einzug [アインツーク] 男 《-[e]s/..züge》 入場; (住居などへの)入居; (軍隊などの)進入; (賃金・税金などの)徴収. ♦ **seinen ~ halten** 入場

〈入城〉する; 入居する, (新しい住居に)引っ越す; (季節が)到来する. **~s=bereich** [男]([中]), **~s=gebiet** [中](都市の)経済圏; 都市エリア; (学校の)通学区域; (テレビなどの)サービスエリア; 〖地学〗(河川の)流域. **~s=ermächtigung** [女] 口座引き落とし.

ein|zwängen [他] 押し込む, 詰め込む; 締め付ける; 《*sich*4 **in** *et*4》(…に)無理に割り込む.

Eirene 〖ギ神〗エイレーネ(平和の女神).

eis [中]《-/-》〖楽〗嬰(えい)ホ(音名).

Eis [アイス] [中] ❶《-es/》([英] ice)氷; スケートリンク; アイスクリーム. ❷《-/-》〖楽〗嬰(えい)ホ(音名). ✦ ***auf ~ legen*** 《話》《*et*4》(…を)棚上げにする; (…に)冷却期間を置く. ***auf ~ legen*** 《話》《*j*4》(人に)猶予を与えておく. ***aufs ~ führen*** (人を)困らせる. ***Das ~ ist gebrochen.*** 気分がほぐれた. ***~ laufen*** [アイス]スケートをする. **=bahn** [女] スケートリンク; アイスバーン. **=bär** [男]〖動〗ホッキョクグマ(北極熊), シロクマ(白熊). **=becher** [男] アイスクリーム用カップ; カップに盛ったアイス. **=bein** [中]〖料〗アイスバイン(塩ゆでの骨付き豚肉); 《[複]》《話》冷えた足. ✦ ***~e bekommen*** 〈***kriegen***〉《話》足が冷える; 急におじけづく. **=berg** [男] 氷山. **=bergsalat** [男] レタス. **=beutel** [男] 氷嚢(ひょうのう). **=blumen** [複](窓に凍りついた)氷の結晶. **=brecher** [男] 砕氷船. **=creme** [女] アイスクリーム. **=diele** [女] アイスクリームパーラー.

Eisen [アイゼン] [中]《-s/-》([英] iron)鉄([記号] Fe), 鉄分; 〖薬〗鉄剤; (鉄製の)わな; 蹄鉄; 刀剣; 鎖; (登山用の)アイゼン; (ゴルフの)アイアン; アイロン, こて. ✦ ***auf ~ beißen*** 《**bei** *j*3》(人には)かなわない. ***ein heißes ~*** 危険な〈扱いにくい〉問題. ***ein heißes ~ an|fassen*** 〈***an|packen, an|rühren***〉危険を冒す. ***in die ~ steigen*** 〈***treten***〉急ブレーキをかける. ***Man muss das ~ schmieden, solange es heiß ist.*** 《諺》鉄は熱いうちに打て. ***Not bricht ~.*** 《諺》窮すれば通ず. ***zum alten ~ gehören*** 〈***zählen***〉老いて役に立たなくなる. ***zum alten ~ werfen*** 〈***legen***〉《話》(…を)お払い箱にする. ***zwei*** 〈***mehrere, noch ein***〉 ***~ im Feuer haben*** 《話》もう一つ〈いくつかの〉方策がある.

Eisenach アイゼナッハ(ドイツ中部の工業都市).

Eisenbahn [アイゼンバーン] [女]《-/-en》([英] railroad, railway)鉄道; 鉄道線路; 列車. ✦ ***Es ist*** [***die***] [***aller***] ***höchste ~.*** 《話》もう時間だ; 急がないと間に合わない. **=anlage** [女] 鉄道施設(駅・軌道など).

Eisenbahner [男]《-s/-》鉄道員, 鉄道マン.

Eisenbahn=fähre [女] 列車フェリー, 鉄道連絡船. **=knotenpunkt** [男] 鉄道の接続〈乗り換え〉駅. **=netz** [中] 鉄道網. **=schiene** [女] 軌条, 鉄道レール. **=schwelle** [女](レールの)枕木. **=überführung** [女] 跨線橋. **=übergang** [男] 鉄道踏切. **=unglück** [中] 鉄道事故. **=unterführung** [女] 鉄道のガード下の通路. **=wagen** [男] 鉄道車両. **=waggon** [男] 鉄道車両(特に貨物輸送用).

Eisen=beton [男] 鉄筋コンクリート. **=erz** [中] 鉄鉱石. **=glimmer** [男]〖鉱〗赤鉄鉱. **=guss** ([旧]**=guß**) [男] 鋳鉄.

eisenhaltig [形] 鉄を含んだ.

Eisen=hütte [女] 製鉄所. **=oxyd** [中]〖化〗酸化鉄. **=ring** [男] 鉄環. **=rohr** [中] 鉄管. **=träger** [男]〖建〗鉄製のトラス〈梁(はり)〉. **=waren** [複] 鉄製品. **=werk** [中] 製鉄所; 鉄製の飾り. **=zeit** [女]〖考古〗鉄器時代.

eisern [アイザァン] [形]([英] iron)鉄製の, 鉄の; 鉄のような, 強固な; 厳格な, 非情な; しっかりした. ✦ ***der Eiserne Vorhang*** 鉄のカーテン(冷戦時代の東西対決の象徴).

eisfrei [形] 凍結しない; 結氷していない.

Eisgang [男](春先の)解氷; (春先の川に流れ出した)流氷.

eis=gekühlt [形] 氷で冷やした. **=grau** [形] 灰白色の; 銀髪の.

Eis=heiligen [複](5月中旬の)寒の戻り. **=hockey** [中]〖スポ〗アイスホッケー.

eisig [アイズィヒ] [形]([英] icy)氷のように冷たい; 冷ややかな; 身も凍るほど寒い.

Eiskaffee [男] コーヒーフロート.

eiskalt [形] 氷のように冷たい; 冷淡〈冷酷〉な.

Eis=kunstlauf [男] フィギュアスケート〔競技〕. **=lauf** [男]〔アイス〕スケート.

eis|laufen* [旧]⇨ Eis ✦

Eis=läufer [男] スケーター. **=maschine** [女] アイスクリーム製造機. **=meer** [中] 氷海. **=pickel** [男]〖登山〗〔アイス〕ピッケル. **=punkt** [男]〖理〗氷点. **=revue** [女] アイススケートショー. **=salat** [男] レタス. **=schießen** [中] アイスシーセン(バイエルン地方のカーリングに似たスポーツ). **=schnelllauf** ([旧]**=schnellauf**) [男] スピードスケート〔競技〕. **=schnellläufer** ([旧]**=schnelläufer**) [男] スピードスケート選手. **=scholle** [女] 氷塊(浮氷・流氷など). **=schrank** [男]《話》冷蔵庫; アイスボックス. **=segeln** [中] 氷上ヨット競技. **=tanz** [男] アイスダンス. **=wein** [男] アイスワイン(初霜後に摘んだ凍ったぶどう果から作る高級貴腐ワイン). **=winter** [男] 氷のような厳冬. **=würfel** [男] アイスキューブ. **=zapfen** [男] つらら. **=zeit** [女] 氷〔河〕期.

eitel [アイテル] [形] ❶([英] vain)虚栄心の強い, うぬぼれた. ❷《古》むなしい, むだな; 内容に乏しい; 《無変化》純粋な, …だけの.

Eitelkeit [女]《-/-en》虚栄心, 見栄, うぬぼれ, 自尊心; 《雅》むなしさ. ✦ ***in seiner ~ verletzen*** 《*j*4》(人の)自尊心を傷つける.

Eiter [男]《-s/》〖医〗うみ, 膿(のう). **=beule** [女]〖医〗膿瘍(のうよう), おでき.

eiterig [形] = eitrig.

eitern [自] 化膿(かのう)する, うむ. **Eiterung** [女]《-/-en》〖医〗化膿.

eitl.. ⇨ eitel **eitler** ⇨ eitel

eitrig [形] 化膿(かのう)性の, 化膿した; 膿状の.

Eiweiß [中]《-es/-e; 単位 -/-》([英] white)卵の白身, 卵白; たんぱく〔質〕: tierisches ~ 動物性たんぱく.

eiweiß=haltig [形] たんぱく質を含む. **=reich** [形] たんぱく質の多い.

Eizelle [女] 卵細胞.

E

Ejakulation 180

Ejakulation 図 ((-/-en)) 射精.
EK 中 *Eisernes Kreuz* 鉄十字勲章.
EKD 中 *Evangelische Kirche in Deutschland* ドイツ福音教会.
ekel = eklig.
Ekel[エーケル] ❶ 男 ((-s/)) 吐き気, むかつき; 嫌悪[感]. ❷ 中 ((-s/-)) [腹]いやなやつ. ♦ ~ *erregend* 吐き気を催させる(ような); いやな. **ekelerregend** 形⇒Ekel ♦
ekelhaft[エーケルハフト] 形 ❶ 吐き気を催させる(ような). むかつかせる; いやな. ❷ [話]はなはだしい.
ekelig 形 = eklig.
ekeln 動 (人)に吐き気を催させる; (人を)いびり出す; (*sich* **vor** *j-er*³)(…に)吐き気を催す, (…が)いやでたまらない.
EKG, Ekg 中 *Elektrokardiogramm*.
Eklat[エクラ(ー)] 男 ((-s/-s)) センセーション, 大騒ぎ; スキャンダル. **eklatant** 形 センセーショナルな; 明白な, はっきりした.
eklektisch 形 折衷[主義]的な; 模倣の; 脈絡のない.
eklig 形 ❶ 吐き気を催させる(ような); いやな. ❷ [話] やっかいな; (人の) 気難しい, 意地の悪い. ❸ [話] はなはだしい.
Ekstase 図 ((-/-n)) 恍惚 (こうこつ), エクスタシー; [宗] 法悦, 忘我. **ekstatisch** 形 忘我の, 熱狂的な.
Ekzem 中 ((-s/-e)) [医] 湿疹 (しっしん).
EL 中 *Eßlöffel*.
Elaborat 中 ((-[e]s/-e)) [雅] (推敲 (すいこう) された) 労作; [腹] 駄文, 駄作.
Elan 男 ((-s/)) (感情の) 高揚, 感激; 意気込み.
Elastik 中 ((-s/-s)); 図 ((-/-en)) エラスティック (伸縮性のあるゴム性織物).
elastisch[エラスティシュ] 形 弾力のある, 弾むような, しなやかな; 融通性のある.
Elastizität 図 ((-/)) 弾(力)性, 伸縮性; しなやかさ, 適応能力, 柔軟性.
Elbe (die) ~ 図 エルベ(チェコからドイツを経て北海に注ぐ大河). ♦ *Wasser in die* ~ *tragen* むだなことをする.
Elb-Florenz エルベ河畔のフィレンツェ (Dresden の美称). **Elbsandsteingebirge** (das) ~ エルベ砂岩山地.
Elch 男 ((-[e]s/-e)) [動] ヘラジカ, オオシカ.
Eldorado 中 ((-s/-s)) エルドラド (南米の伝説上の黄金の国); 黄金郷, 楽園.
Elefant[エレファント] 男 ((-en/-en)) (※ elephant) [動] ゾウ(象). *wie ein* ~ *im Porzellanladen benehmen* (*sich*⁴) すべてをぶち壊すようなへまをしでかす. **-en-gedächtnis** 中 [話] (受けた仕打ちに対するも)きわめてよい記憶力. **-en-hochzeit** 図 [話] 象の婚礼 (二大企業の合併・二大政党の連立など).
elegant[エレガント] 形 (※ elegant) 上品な, 垢(あか)抜けした, 端正な, 優雅な; みごとな. **Eleganz** 図 ((-/)) [雅] 洗練, 優雅さ, エレガンス.
Elegie 図 ((-/-n)) (ギリシア詩法の) 哀歌; エレジー. **elegisch** 形 哀歌[体]の; 哀調を帯びた.
Elektra [ギ神] エレクトラ (Agamemnon と Klytämnestra の娘).
elektrifizieren 動 (鉄道などを) 電化する. **Elektrifizierung** 図 ((-/-en)) 電化.

Elektriker 男 ((-s/-)) 電気技師, 電気工.
elektrisch[エレクトリシュ] 形 (※ electric) 電気の, 電化の. **Elektrische** 図 [俗] 形容詞変化. [話・古] 市街(路面)電車.
elektrisieren 動 (…に) 帯電させる, 電流を通じる; [医] (人に) 電気療法を施す; (人を) びっくりさせる; 感動(熱狂) させる. 働 (*sich*) 感電する.
Elektrizität[エレクトリツィテート] 図 ((-/)) (※ electricity) 電気, 電力. **~s-gesellschaft** 図 電力会社. **~s-werk** 中 発電所. **~s-zähler** 男 積算電力計.
elektro.., Elektro..「電気による…」の意.
Elektro-artikel 男 電気製品. **-auto** 中 電気自動車.
Elektrochemie 図 電気化学.
Elektrode 図 ((-/-n)) 中 電極.
Elektro-dynamik 図 [理] 電気力学. **-enzephalograf, ..graph** 男 脳波計.
Elektro-fahrzeug 中 電動車両(電気自動車など). **-gerät** 中 電気器具. **-gitarre** 図 [楽] エレキギター.
Elektro-grafie, -graphie 図 ((-/)) [印] 電子複写法.
Elektro-herd 男 電気レンジ. **-industrie** 図 電気産業. **-ingenieur** 男 電気技師.
Elektro-kardiograf, -kardiograph 男 心電計. **-kardiogramm** 中 心電図, (※ EKG, Ekg) 心電図.
Elektrolyse 図 ((-/-n)) [理] 電気[分]解.
Elektro-magnet 男 電磁石. **elektromagnetisch** 形 [理] 電磁気の, 電磁的な. **-myogramm** 中 筋電図.
Elektron 中 ❶ [エ(レ)クトロン, エレクトロン] ((-s/-en)) [理] 電気素量, 電子. ❷ [エレクトロン] ((-s/)) [商標] エレクトロン(マグネシウム合金); エレクトラム (天然の金銀合金).
Elektronen-gehirn 中 電子頭脳. **-mikroskop** 中 電子顕微鏡. **-optik** 図 電子光学. **-orgel** 図 電子オルガン.
Elektronik 図 ((-/-en)) 電子工学, エレクトロニクス; 電子機器. **elektronisch** 形 電子[工学]の; ~es Buch 電子ブック, 電子出版物 | ~e Datenverarbeitung 電子データ処理.
Elektro-presse 図 電動ジューサー. **-rasierer** 男 電気かみそり. **-smog** 男 電子スモッグ(テレビなどからの電磁波).
Elektro-technik 図 ((-/)) 電気工学. **-techniker** 男 電気技師.
Element 中 ((-[e]s/-e)) (※ element) [構成] 要素, 成分; [化] 元素; [数] (集合の)元, 要素; [理] 素子, エレメント; 電池; (古代・中世で自然界を構成するとされていた) 基本物質; [雅] 自然力, 悪天候; [腹] 危険分子; [腹] 初歩, 基礎; 本領, 適所. ♦ *in seinem* ~ *sein* [まさに] 適材適所である. 水を得た魚のようである.
elementar[エレメンタール] 形 (※ elementary) 基本的な; 初歩的(の)(的)な; 原始(自然)の, 根元的な; 激しい; [化] 元素の.

Elementar-teilchen 中《理》素粒子.

Elen 中《動》《-s/-》= Elch.

elend [エーレント] 形 ❶ miserable) 惨めな, 哀れな, 悲惨な; 体調〔気分〕が悪い; 貧弱な; 《話》ひどい.

Elend 中《-s/》不幸, 悲惨《な状態》; 貧困. ✦ *das heulende (graue) ~ kriegen ⟨haben⟩* 《話》みじめな気持になる. *ein langes ~* 《話》背が高くやせた人. *Es ist ein ~ mit j-et¹*. (…は)ひどいありさまだ. *in ein Häufchen ~ sein* 見るも哀れな様子だ. *wie das leibhaftige ~ aussehen* 《話》体調がとても悪そうだ. **~viertel** 中 貧民街, スラム街.

Elevator 男《-s/-en》《穀物類を運ぶ》バケットリフト.

Eleve [エレーヴェ] 男《-n/-n》《...vin》《バレエ》学校の生徒; 農業実習生.

elf [エルフ] 数 《基数》《◉ eleven》11.

Elf 中《-s/-》《数字の》11; 《サッカーの》イレブン《サッカーチームなど》. ❷《話》11番路線のバス《市電》. ❷ 男《-en/-en》《◉ Elfe》《森に住む》妖精の, エルフ.

Elfenbein 中 象牙(ぞうげ); 象牙細工. **~arbeit** 女 象牙細工《品》. **elfenbeinfarben** 形 象牙色《アイボリー》の. **~küste** (die ~) 象牙(ぞうげ)海岸《コートジボワールのドイツ語名》. **~turm** 男 象牙(ぞうげ)の塔.

elfenhaft 形 妖精のような; 優雅な.

Elfer 男《-s/-》《話》= Elfmeter; 《方》11.

elferlei 形《無変化》11種類の.

elf-fach 形 11倍の. **~jährig** 形 11年を経た; 11歳の. **~mal** 副 11回, 11回, **~malig** 形 11回の.

Elfmeter-[ball] 男 ペナルティキック. **~schießen** 中 PK戦. **~schuss** ‹**-schuß**› 男《スポ》ペナルティシュート. **~tor** 中《スポ》ペナルティゴール.

elft [エルフト] 数《序数》《◉ eleventh》11番目の. ✦ *in der ~en Stunde* 最後の瞬間に.

elftausend 数《基数》1万1000.

Elftel 中 分数で11分の1の. **Elftel** 中《-s/-》11分の1.

elftens 副 11番目に.

Elias 《男名》 エリーアス; 《聖》エリア《旧約聖書の預言者》. ✦ *feuriger ~* 《話》《火の粉をまき散らす》蒸気機関車.

Elimination 女《-/-en》除去, 削除; 《数》消去《法》. **eliminieren** 他 除去する《排除する》; 《数》《未知数を》消去する; 《スポ》《対戦相手を》脱落させる.

Elisabeth 《女名》エリーザベト. **elisabethanisch** 形《英国の》エリザベス女王時代の, エリザベス1世《様式》の.

Elise 《女名》エリーゼ《< Elisabeth》.

elitär 形 エリートの; エリートぶった.

Elite 女《-/-n》《集合的に》エリート, 精鋭, えり抜きの人々.

Elixier 中《-s/-e》《薬》エリキシール《甘芳香のアルコール剤》; 錬金薬剤《霊液》; 秘薬.

Elke 《女名》エルケ.

..ell 「…の, …に関する, …的な」の意.

Ellbogen [エルボーゲン] 男《-s/-》《◉ elbow》ひじ. ✦ *seine ~ [ge]brauchen* がむしゃらに突き進む. *keine ~ haben* 《気が弱くて》我を通せない. **~bein** 中《医》尺骨. **~freiheit** 女《話》《ひじを動かす》ゆとり; 《他人を押しのけた結果の》行動の自由. **~gesellschaft** 女《話》他人を押しのけてでも, のし上がる社会. **~mentalität** 女 ごり押しの考え方.

Elle 女《-/-n》《医》尺骨; エレ《昔の尺度; 50-80cm》; エレ尺《ものさし》. ✦ *alles mit der gleichen ~ messen* 《話》一律に同じに扱う. *Er geht, als hätte er eine ~ verschluckt.* 彼はしゃちほこばって歩く. **~nbogen** 男 = Ellbogen.

ellenlang 形《話》やたらと長い, 長ったらしい.

Ellipse 女《-/-n》《数》楕円(だ__); 《言》省略; 省略文. **elliptisch** 形《数》楕円(だ__)の; 《言》一部省略した, 不完全な.

Eloquenz 女《-/》雄弁, 能弁.

El Salvador エルサルヴァドル《中米の共和国》.

Elsass 《das ~》 ‹**Elsaß**› エルザス, アルザス《Rhein 左岸, ドイツとの国境に接するフランスの地方》.

Elsass-Lothringen ‹**Elsaß-..**› アルザス-ロレーヌ《ドイツに接するフランス北東部の地域のドイツ語形》.

Elster 女《-/-n》《鳥》カササギ. ❷ (die ~) エルスター《ドイツ東部の川》: die Schwarze ~ 黒エルスター《Elbe の支流》 | die Weiße ~ 白エルスター《Saale の支流》. ✦ *eine diebische ~* 手くせの悪いやつ. *geschwätzig wie eine ~ sein* とてもおしゃべりだ.

Elter 中《生·医》《片方の》親. **elterlich** 形 両親の.

Eltern [エルタァン] 複《◉ parents》両親, 父母. ✦ *nicht von schlechten ~ sein* 《話》なかなかの《相当の》ものがある. **~abend** 男《夕方催される》父母会合. **~beirat** 男 父母会の役員会. **~haus** 中 親の家, 生家; 家庭. **~liebe** 女 親の愛.

Elternschaft 女《-/》《集合的に》父母であること.

Elysium 中《-s/》《ギ神》至福の国; 至福の境地.

em. 略 emeritiert.

Email [エマイ] 中《-s/-s》, **Emaille** [エマリェ, エマイェ] 女《-/-n》ほうろう, エナメル.

E-Mail 女《-/-s》E メール, 電子メール.

emaillieren 他 ほうろう引きにする, (…)にエナメルを塗る.

Emaki 中《-[s]/》絵巻.

Emanze 女《-/-n》《話》女性解放運動家.

Emanzipation 女《-/-en》《特に奴隷·女性などの》解放, 同権化. **emanzipieren** 他《人を》解放する; 《sich⁴》自立する.

Embargo 中《-s/-s》通商禁止; 《出入港禁止による》船舶拘留.

Emblem 中《-s/-e》象徴, 紋章, 国章.

Embryo 男《-s/-nen,-s》《生》胚(はい) 中《医》胎児.

Emden エムデン《ドイツ北西部, Nieder-

emer. 圏 *emeritiert.*

emeritiert 圏 定年退職した.

Emigrant 圏 (-[e]s/-en) ((⊗ -in)) 国外移住者, 移民; 亡命者. **Emigration** 囡 (-/-en) 国外移住, 移民; 亡命; 亡命先; 〔集合的〕亡命者たち. **emigrieren** 圀 (s) 国外移住する; 亡命する.

Emil 〖男名〗エーミール. **Emilia** 〖女名〗エーミーリア.

eminent 圏 すぐれた, 卓越した; 〖副詞的〗非常に, 顕著に.

Eminenz 囡 (-/-en) 〖カト〗閣下(枢機卿(ホゥ)の称号); 枢機卿. ✦ **graue ~** 陰の実力者.

Emirat 中 (-[e]s/-e) (回教徒の) 首長国.

Emission 囡 (-/-en) 〖商〗(紙幣・有価証券・切手などの)発行; 〖電〗(電磁波の)放出, 放射; 〖口〗(大気汚染物質の)放出, 排出; 〖放〗(尿などの)排泄(ﷺ); 〖ラ〗ラジオ放送. ~s-kurs 〖商〗発行価格.

emittieren 囮 〖商〗(有価証券などを) 発行する.

EMK 略 *elektromotorische Kraft* 〖理〗起電力.

Emmental (das ~) エンメンタール (スイス Bern 州の一地方). **Emmentaler** ((-s/-)) エンメンタールの人; エンメンタールチーズ; 圏 エンメンタールの.

e-Moll 中 (-/) 〖楽〗ホ短調 (記号 e).

Emotion 囡 (-/-en) 感情, 情緒. **emotional**, **emotionell** 圏 感情的な, 情緒的な; 感動的な.

emp.., Emp.. ⇒ ent.., Ent..

Empf. 略 *Empfänger.*

empfahl ⇒ empfehlen **empfand**, **empfände** ⇒ empfinden

Empfang [エンプファング] 圏 (-[e]s/..fänge) (ⓔ reception) 受け取ること, 受領; (客の)出迎え, もてなし; 招待パーティー, レセプション; (ホテルの)フロント. ✦ **in ~ nehmen** (…を)受け取る; (人を)出迎える.

empfangen* [エンプファンゲン] (**empfing; empfangen**) 囮 (ⓔ receive) 受け取る; (人を)迎える, もてなす; 〖雅〗受胎する; (放送を)受信する; 〖雅〗受胎する.

Empfänger 圏 (-s/-) ((⊗ -in)) 受け取り人; 〖商〗荷受人 ((⊗ Empf.)); 受信機; ~ unbekannt 〖郵〗受取人不明.

empfänglich [エンプフェングリヒ] 圏 (**für** *et*⁴) (外からの影響などを)受けやすい, 敏感な; (病気などに)かかりやすい. **Empfänglichkeit** 囡 (-/) 感じやすさ, 敏感さ, 感受性.

Empfangs-nahme 囡 〖商〗受理, 受領.

Empfängnis 囡 (-/-se) 受胎. **empfängnisverhütend** 圏 避妊の. **Empfängnisverhütung** 囡 避妊. ~s-mittel 中 避妊薬, 避妊用具.

Empfangs-bescheinigung 囡 領収証, 受領証. ~-**büro** 中 (ホテル・劇場などの)フロント, (会社などの)受付け[所]. ~-**dame** 囡 (ホテル・デパートなどの) 受付け嬢, 案内嬢.

empfängst ⇒ empfangen

Empfangszimmer 中 応接間(室).

empfängt ⇒ empfangen

empfehlen* [エンプフェーレン] (**empfahl; empfohlen**) ❶ 囮 (ⓔ recommend) 〖*j*³ *et*⁴〗(人に…を)勧める, 推薦する; 紹介する: *Empfehlen Sie mich bitte Ihrer Gattin!* 〖雅〗どうぞ奥様によろしくお伝え下さい. ❷ 囮 〖*sich*⁴〗望ましい, 得策である; 〖雅〗別れを告げる. ✦ [*auf französisch ⟨englisch⟩* ~] 〖話〗〖*sich*⁴〗(パーティーなどから)挨拶せずに帰る.

empfehlend 圏 好ましい, 有利な. **empfehlenswert** 圏 推薦に値する, 得策の.

Empfehlung [エンプフェールング] 囡 (-/-en) 勧め; 推奨; 推薦状, 紹介状; 〖雅〗よろしくとのあいさつ. ~s-**schreiben** 中 推薦状, 紹介状.

empfiehl, empfiehlst, empfiehlt ⇒ empfehlen

empfinden* [エンプフィンデン] (**empfand; empfunden**) 囮 (ⓔ feel) (…を) 〖*et*⁴ **als** *et*¹〗(…と)思う, 感じる. ✦ **nichts für** *j*⁴ ~ (人のことはどうでもいい. [*sehr*] *viel für j*⁴ ~ (人が) [とても]好きだ. **Empfinden** 中 (-s/) 感覚, センス; 感覚的な判断, 勘.

empfindlich [エンプフィントリヒ] 圏 (ⓔ sensitive) 感じやすい, 敏感な; (計器・フィルムなどが)高感度の; 神経質な; デリケートな, 傷つきやすい, 怒りっぽい; (品物が)傷みやすい; 手厳しい, 厳しい. ✦ *eine ~e Stelle* 弱点. **Empfindlichkeit** 囡 (-/-en) (皮膚などの) 感じやすさ, 敏感さ; (計器・フィルムなどの)感度; (物の)傷みやすさ; (病気に対する)弱さ.

empfindsam 圏 感じやすい; 繊細な; 感傷的な. **Empfindsamkeit** 囡 (-/).

Empfindung [エンプフィンドゥング] 囡 (-/-en) (ⓔ feeling) 感覚, 知覚; 感情, 気持ち. **empfindungslos** 圏 無感覚な; 感情のない, 冷酷な.

empfing, empfinge ⇒ empfangen **empföhle, empfohlen** ⇒ empfehlen **empfunden** ⇒ empfinden

Emphase [エンファーゼ] 囡 (-/-n) 強調. **emphatisch** 圏 強調した, 力を込めた.

empirisch 圏 経験的な, 経験による.

empor 圖 上の方へ, 高く.

empor-arbeiten, sich 〖*sich*⁴〗努力して昇進(出世)する.

Empore 囡 (-/-n) (特に教会堂などの回廊ふうの)2階席; (劇場の)2階桟敷(ﷺ).

empören [エンペーレン] (**empörte; empört**) 囮 (人を)憤慨させる, 怒らせる; 〖*sich*⁴〗(…について)憤慨する; 〖*sich*⁴ *gegen j*-*n*〗(…に対して)反抗する, 反乱を起こす. **empörend** 圏 けしからぬ, 腹立たしい. **Empörer** 圏 (-s/-) ((⊗ -in)) 反抗者; 反乱者, 反逆者.

empor-fahren* 圀 (s) 〖雅〗上昇する; (エレベーターなどで)上がる; (驚いて)急に立ち [跳び]上がる. ~**kommen*** 圀 (s) 上がって来る, 上昇する; 出世(出世)する. **Emporkömmling** 圏 (-s/-e) 成り上がり者, 成金.

empor-ragen 圀 そびえ立つ; **über** *j*-*et*⁴ 上回る. ~**schauen** 圀 見上げる, 仰ぎ見る. ~**steigen*** 圀 (s) 〖雅〗登る.

上昇する; 昇進する. ⊦**streben** [自] 向上〈出世〉に努める; (s)そびえ立つ.

empört, empörte ⇨ empören

empor|treiben* [他] 上方へ駆り立てる; (価格を)つり上げる.

Empörung [女] ((-/-en)) 憤慨, 憤激; 反抗; 反乱.

Ems (die ～)エムス(ドイツ北西部を経て北海に注ぐ川). ♦ 〔*Bad*〕～〔バート〕エムス(ドイツ Rheinland-Pfalz 州にある鉱泉の町). **Emscher** (die ～) エムシャー(Ruhr 地方を流れる Rhein 川の支流).

emsig [エムズイヒ] [形] せっせと働く, 勤勉な.

Emulsion [女] ((-/-en)) 〘化〙 乳濁液(にゅうだくえき), エマルジョン; 〘写〙 感光乳剤.

end.., End.. 「最終的な…, 終末の…, 末端の…」の意.

Ende [エンデ] I [中] ((-s/-n)) ❶ ([英] end)終わり, 最後, 結末; 最期, 死, 終焉. ❷ 端, 先端, 末尾; 切れ端; 《話》(残りの)道程, 道のり : ein gutes ～ かなりの道のり. ❸ 〘狩〙(シカの)枝角. ❹ 〘海〙 索(さく), ロープ. II Michael, エンデ(1929–95; ドイツの作家). ♦ ***an allen ～n*** 至る所に. ***am ～*** 終わりに; 結局; 《北部》 ひょっとすると. ***am ～ der Welt*** 世界〈地〉の果てに. ***am ～ sein*** 疲れ切っている; 《**mit** *et*³》 (…が)尽きた, (我慢などが)限界だ. ***am richtigen 〈falschen, verkehrten〉 ～ an|fassen*** 《話》 《*et*⁴》 (…に)上手に〈不器用に〉取り組む. ***beim rechten ～ an|fassen*** (…を)適切に処理する. ***bis ans ～ der Welt*** 地の果てまでも. ***Da ist doch das ～ von weg!*** それは無茶だ. ***das dicke ～*** 《話》 思いもよらぬ大難事. ***Das dicke ～ kommt nach 〈noch〉.*** 《話》 むずかしいことは後で起こる, 後が怖い. ***das ～ vom Lied*** 《話》 期待外れの結末. ***ein böses 〈kein gutes〉 ～ nehmen*** 悪い結末になる. ***ein ～ haben*** 終わる. ***ein ～ mit Schrecken*** 恐ろしい最期. ***ein ～ machen*** 《**mit** *et*³》 (…を)やめる. ***ein ～ machen 〈setzen, bereiten〉*** 《*et*³》 (…を)終える. ***ein ～ nehmen 〈haben〉*** 終わる, 果てる. ***～ gut, alles gut.*** 《ことわざ》 終わりよければすべてよし. ***Es geht mit j³ zu ～.*** (人は)もうだめだ〈死ぬ〉. ***kein 〈nie ein〉 ～ finden*** 《話》 終わり〈きり〉がない. ***letzten ～s*** 結局のところ, とどのつまりは. ***Mit j³ geht es zu ～.*** 《婉曲》 (人が)臨終だ. ***zu ～ bringen 〈führen〉*** (…を)終える. ***zu ～ gehen*** 終わる; 尽きる. ***zu ～ kommen*** 《**mit** *et*³》 (…を)終える. ***zu ～ sein*** 終わりである, 終わっている. ***zu welchem ～*** どんな目的で, なんのために.

End=effekt [男] 最終効果, 結末. ♦ ***im ～*** 最終的に; 結局は.

enden [エンデン] ((endete; geendet)) [自] ([英] end)終わる; (h, s)死ぬ.

End=ergebnis [中] 最終結果.

en détail [アンデタイ] 《フランス語》 〘商〙 小売りで; 個々に, 詳細に.

endgültig [エントギュルティヒ] [形] ([英] final)最終的な, 決定的な.

Endivie [女] ((-/-n)) 〘植〙 キクヂシャ, エンダイブ.

End=kampf [男] 決勝戦; 決戦.

Endlager [中] = Entlagerstätte.

end|lagern [他] (核廃棄物などをある場所に)最終的に貯蔵する. **Endlager=stätte** [女] (核廃棄物などの)最終貯蔵施設. **Entlagerung** [女] 最終貯蔵.

endlich [エントリヒ] ❶ [副] ([英] finally)ついに, ようやく; 最後に〔は〕, 結局〔のところ〕; やっと, もういいかげん〔に〕. ❷ [形] 〘数・理〙 有限の. **Endlichkeit** [女] ((-/-en)) 有限性.

endlos [形] 終わり〈果てし〉のない, 無限の; 継ぎ目のない.

Endogamie [女] ((-/-n)) 族内〈同族〉結婚.

Endometriose [女] ((-/-n)) 〘医〙 子宮内膜症.

Endorphin [中] ((-s/-e)) 〘生化〙 エンドルフィン(脳中の鎮痛物質).

End=produkt [中] 最終生産物. **=punkt** [男] 終点. **=spiel** [中] 最終戦, 決勝戦. **=spurt** [男] ラストスパート. **=station** [女] 終着駅.

Endung [女] ((-/-en)) 〘文法〙 語尾; 接尾辞.

Endverbraucher [男] 最終消費者. **=preis** [男] 〘商〙 末端小売価格.

endzeitlich [形] 世界終末時の, この世の終わりの.

Endzeitstimmung [女] この世の終わりといった悲観的な〈自暴自棄の〉気分.

Endziel [中] 最終目的〔地〕.

Energie [エネルギー] [女] ((-/-n)) ([英] energy)精力, 活力, エネルギー; 〘理〙 エネルギー.

> [関連語] alternative Energie [女] 代替エネルギー; Atommüll [男] 核廃棄物; Brennstab [男] 燃料棒; Castor-Behälter [男] カストア容器; Energieeinsparung [女] 省エネ; Energieversorgung [女] エネルギー供給; fossilen Brennstoffe [女] 化石燃料; Treibhauseffekt 温室効果; Heizkraftwerk [中] 火力発電; Kernkraftwerk [中] 原子力発電; regenerative Energie [女] 再生可能エネルギー; Rohstoffe [複] 原料; Schnellreaktor [男] 高速増殖炉; Solarenergie [女] 太陽エネルギー; Solarturmkraftwerk [中] タワー集光式太陽熱発電; Solarzelle [女] 太陽電池; Wasserkraftwerk [中] 水力発電; Wiederaufbereitungsanlage [女] 再処理施設; Windenergie [女] 風力エネルギー; Windkraftwerk 風力発電

Energie=bedarf [男] エネルギー需要. **=krise** [女] エネルギー危機.

energielos [形] 精力〈活気・気力〉のない.

Energie=politik [女] エネルギー政策. **=quelle** [女] エネルギー源. **=sparen** [中] エネルギー節減, 省エネ.

energiesparend [形] エネルギー節減〈省エネ〉の.

Energieversorgung [女] エネルギーの供給; 活力〔源〕の補給.

energisch [形] ([英] energetic)精力的な, 力強い; 断固とした.

eng [エング] [形] ([英] narrow)狭い; 窮屈な, きつい, ぴったりした; 限定〈局限〉された; 間隔の詰まった, 空きの少ない; 親しい, 親密な. ♦ ***nicht so ～ sehen*** 《話》 《*et*⁴》 (…に対して)寛大である.

Engadin (das ～)エンガディーン(スイス Graubünden 州にある Inn 川の渓谷地帯).

E

Engagement [アンガジュマーン] [中] 《-s/-s》 社会〈政治〉参加, アンガージュマン; (芸術家・芸能人の)雇用〔契約〕; 〖商〗(売買の)契約履行業務.

engagieren [アンガジーレン] [再] 《*sich*⁴》 参加〈関与〉する; [他] (芸術家・俳優などと)契約する. **engagiert** [形] 参加している.

Enge [女] 《-/-n》 狭さ; 狭量; 狭い場所. ✦ ***in die ~ geraten*** 窮地に陥る. ***in die ~ treiben*** (人を)窮地に陥れる.

Engel [エンゲル] ❶ [男] 《-s/-》 ([小] **-chen, Engelein, Englein**)([英] angel)天使〔のような人〕. ❷ Ernst, エンゲル(1821-96; ドイツの統計学者). ✦ 〔***auch***〕 ***nicht gerade ein ~ sein*** 《話》 いつも天使のように〈模範的に〉ふるまうとは限らない. ***der rettende ~*** 《話》 救いの神. ***die ~ im Himmelsingen hören*** 〈***pfeifen***〉 《話》 激痛を覚える. ***die gelben ~*** 《話》 黄色の天使たち(黄色の制服を着たADACのロードサービス員). ***Ein ~ geht*** 〈***fliegt***〉 ***durchs Zimmer.*** 天使が部屋を通って行く(会話が途絶えて静まり返る). ***ein ~ mit einem B davor*** 《戯》 いたずら小僧, きかん坊(Engel の前に B がつくと Bengel になる).

engelhaft [形] 天使のような.

Engelmacher [男] ([女] **-in**) 《話》 (もぐりの)堕胎医.

Engels Friedrich, エンゲルス(1820-95; ドイツの社会主義思想家).

Engels=geduld [女] (天使のような)計り知れない忍耐〈寛容〉. **=gesicht** [中] 天使の〔ような無邪気な〕顔.

engelsgleich [形] 天使のような.

Engels=zungen [複] ✦ ***mit ~*** 雄弁に.

Engerling [男] 《-s/-e》 〖虫〗 ジムシ(甲虫の幼虫).

eng=herzig [形] 心の狭い, こせこせした. **=hosig** [形] 《話》 きつい〈体にぴったり合った〉ズボンをはいた.

England [エングラント] ([英] England) イギリス; イングランド.

Engländer [エングレンダー] [男] 《-s/-》 ([女] **-in**)イギリス人; イングランド人.

englisch [エングリッシュ] [形] ([英] English)イギリス〈英国〉の, イギリス人〈ふう〉の; 英語の. **Englisch** [中] 《-[s]/》 (特定の)英語. **Englische[s]** [中] 《形容詞変化》 《冠詞と》 (一般的な意味での)英語.

engmaschig [形] (網・編み物などの)目の詰んだ.

Eng=pass ([旧]=**paß**) [男] 隘路(あいろ); 品不足; 供給不足の商品.

en gros [アングロ] 《フランス語》 〖商〗 卸で.

Engros=handel [男] 卸売り業. **=händler** [男] 卸売り業者〈商人〉. **=preis** [男] 卸売り価格.

eng=stirnig [形] 了見の狭い, 融通の利かない.

Enkel [エンケル] [男] 《-s/-》 ([女] **-in**)孫; 《雅》 子孫. **=kind** [中] 孫.

Enklave [女] 《-/-n》 (自国の領内にある他国の)飛び領地.

en masse [アンマス] 《フランス語》 《話》 大量に.

enorm [形] 非常に大きい; 法外な, すごい.

en passant [アンパサン] 《フランス語》 ついでに; 通りすがりに.

Enquete [アンケート〈テ〉] [女] 《-/-n》 アンケート; 《オーストリア》 ワークショップ, 研究集会.

Ensemble [アンサーンブル] [中] 《-s/-s》 〖楽・劇〗 (統一のある)全体; アンサンブル(少人数の劇団, 合唱〈合奏〉団); 〖服〗 (婦人服の)アンサンブル; 〖建〗 (都市建造物の)調和体〈性〉.

ent.., 非分離動詞の前つづり.

entarten [自] (s)堕落〈悪化〉する, だめになる; 〖生〗 退化する; 〖医〗 (組織などが)変成する. **Entartung** [女] 《-/-en》 堕落, 退廃; 堕落〈退廃〉現象; 〖生〗 退化, 変性.

entäußern [再] 《*sich*⁴ *et*²》 放棄〈断念〉する, やめる; 手放す.

entbehren [エントベーレン] 《entbehrte; entbehrt》 ❶ [他] ([英] miss) 《雅》 《*j*⁴》 (人が)いなくて寂しい; 《*et*⁴》 (…が)なくて不自由する; (…)なしで済ます. ❷ [自] 《雅》 《*et*²》 欠いている. **entbehrlich** [形] なくても済む, 不必要な. **Entbehrung** [女] 《-/-en》 欠乏, 不自由〔を耐え忍ぶこと〕.

entbieten* [他] 《*j*³ *et*⁴》 (人に歓迎の言葉などを)伝える, 述べる.

entbinden* [他] 《*j*⁴ *et*² 〈**von** *et*³〉》 (人を…から)解放する, (人に…を)免除する; [自] お産をする, 子供を産む.

Entbindung [女] 分べん, 出産; (義務などからの)解放, 免除. **~s=heim** [中] 産院.

ent=blättern [再] 《*sich*⁴》 (木が)落葉する; 《話》 服を脱ぐ. **=blößen** [他] 露出させる, むき出しにする; (考え・感情を)あらわにする; 《*sich*⁴》 裸になる. **=brennen*** [自] (s)(争い・戦争などが)勃発(ぼっ)する; 《**in** 〈**von**〉 *et*³》 (…の感情に)燃え上がる.

Entchen [中] 《-s/-》 Ente の縮小形.

entdecken [エントデッケン] 《entdeckte; entdeckt》 [他] ([英] discover)発見する, (…に)気づく; (人に)でくわす. **Entdecker** [男] 《-s/-》 ([女] **-in**)発見者.

Entdeckung [エントデックング] [女] 《-/-en》 ([英] discovery)発見; 発見物. **~s=reise** [女] 探検旅行.

Ente [エンテ] [女] 《-/-n》 ([小] **Entchen**) ([英] duck) 〖鳥〗 カモ(鴨), アヒル; 雌のカモ〈アヒル〉; 《話》 (新聞やラジオなどの)誤報; 《話》 (アヒル形の)男子用尿瓶. ✦ ***kalte ~*** コブラー(レモン・ミネラルウォーター・シャンペン・白ワイン等を混ぜた飲み物). ***lahme ~*** 《話》 のろま, 役立たず. ***wie eine bleierne ~ schwimmen*** 《戯》 金づちである, 泳ぎが下手である.

entehren [他] (名誉・面目などを)傷つける; (人の)名誉を汚す. **~d** [形] 不名誉な.

enteignen [他] 〖法〗 《*j*⁴》 (人の)財産を没収する; 収用する. **Enteignung** [女] 《-/-en》 〖法〗 公用徴収, 収用.

ent=eilen [自] (s) 《雅》 急いで立ち去る. **=eisen** [他] (…の)氷〈霜〉を除去する.

Entelechie [女] 《-/-n》 〖哲〗 エンテレキー, 完成態(アリストテレスの用語).

Enten=braten [男] カモ(鴨)のロースト.

Entente [アンターント〈テ〉] [女] 《-/-n》 〖政〗 (国家間の)協商, 協約.

enterben [他] (人の)相続権を奪う, (人を)勘当する. **Enterbung** [女] 《-/-en》 相続権剥奪(はく), 勘当.

Enterich [男] 《-s/-e》 〖鳥〗 雄ガモ, 雄のアヒル.

entern ⓗ 〖海〗(敵艦を)襲う,乗り移る.
ent·fachen ⓗ 〖雅〗(火を)燃え立たせる,あおる;(怒り・争いなどを)引き起こして,(感情を)かき立てる. =**fahren*** ⓗ (s) 〈j³〉(言葉・ため息などが人の口から)ふと漏れる;〈et³〉(音や光などが…から)ぱっと出て,漏れてくる. =**fallen*** ⓗ (s) 〖雅〗(人の手から滑り,落ちる;(人の記憶から抜け落ちる,忘記される;行われない;〈auf j⁴〉(人の取り分になる. (人に)割り当てられる.
entfalten [エントファルテン] 〖entfaltete; entfaltet〗 ❶ (畳んだものを)広げる;〈sich⁴〉(花などが)開く. ❷ (才能などを)伸ばす,発揮する;〈sich⁴〉(才能などが)伸びる,発現する. **Entfaltung** 囡 (-/-) 展開,発現. ♦ *zur ~ bringen* 発揮させる. *zur ~ kommen (gelangen)* 発揮される.
entfärben ⓗ 脱色(漂白)する;〈sich⁴〉〖雅〗(顔色が)青ざめる.
entfernen [エントフェルネン] ⓗ (entfernte; entfernt) ⓗ (⇔ remove) 取り除く,遠ざける;〈sich⁴〉遠ざかる,離れる.
entfernt [エントフェルント] 形 (⇔ distant) 遠く離れた;〖数値を示す語句と〗(…の)距離にある;かすかな;遠縁の. ♦ *nicht ~ <im Entferntesten>* 全然…ない. *weit davon ~ sein <zu 不定詞句>* …することとはまるで考えてもいない.
Entfernung [エントフェルヌング] 囡 (-/-en) (⇔ distance) 距離,隔たり;遠方;除去;切除,摘出;解雇;離脱. ♦ *auf eine ~ von …* …離れたところで(から). *aus der ~* 遠くから. **~s-messer** 中 距離計.
ent·fesseln ⓗ (激情を)かきたてる;引き起こす. =**fetten** ⓗ (…の)脂肪分を取り除く,脱脂する.
Entfettungskur 囡 (-/-en) 〖医〗脱脂療法.
entflammbar 形 可燃性の;(感情が)熱くなりやすい.
entflammen ⓗ (s) 〖雅〗〈für et⁴〉(人と何かに対して)感激させる,夢中にさせる;ⓗ (s)燃え上がる. ♦ *in Liebe zu j³ ~* (人に)恋の炎を燃やす.
ent·flechten* ⓗ (財閥などを)解体する;(編んだ物を)解く,(絡み合った物を)ほどく. **Entflechtung** 囡 (-/-en) 〖経〗(集中企業の)解体.
entfliegen* ⓗ (s) (鳥などが)飛び去る,(時間が)過ぎる.
entfliehen* [エントフリーエン] 〖entfloh; entflohen〗 ⓗ (s) (⇔ escape) 〈j³〉(…から)逃れる,逃げ去る,脱出(脱走)する;〖雅〗(時が)さっと過ぎ去る.
entfremden ⓗ 〈j⁴ j³-et³〉(…を…から)遠ざける,疎遠にする;〈sich⁴〉人と疎遠になる. **Entfremdung** 囡 (-/-en) 疎遠,(関係の)冷却化;〖哲〗疎外.
entfrosten ⓗ (…の)霜を取り除く,解凍する. **Entfroster** 囲 (-s/-) 霜取り装置,デフロスター.
entführen ⓗ 誘拐する(飛行機などを)乗っ取る;〈戯〉(人を)ちょっと借りる. **Entführer** 囲 (-s/-) (-in) 誘拐犯人;乗っ取り犯(人). **Entführung** 囡 (-/-en) 誘拐;乗っ取り,ハイジャック.

entgasen ⓗ (…の)ガスを抜く.
entgegen [エントゲーゲン] ❶ 〖3格支配〗 …に反して. ❷ 副 〖j-et³〗(…に)反して.
entgegen|arbeiten ⓗ 〈j³-et³〉(…に対して)反対行動をとる,妨害する.
|bringen ⓗ 〈j³ et⁴〉(人に…を)持って行く;(人に好意・尊敬などを)示す,寄せる. **|eilen** ⓗ (s) 〈j-et³〉(…に向かって)急ぐ. **|fahren*** ⓗ (s) 〈j-et³〉(乗り物で…に)向かう. **|gehen*** ⓗ (s) 〈j-et³〉(…に)向かって行く,出迎える. =**ge-kommen** ⇒ **entgegenkommen**. =**ge-setzt** (→ entgegensetzen) 形 〖正〗反対の,逆の,対立した. **|halten*** ⓗ 〈j³ et⁴〉(人に…を)差し出す;(人に…のことで)抗議する,異議を申し立てる.
entgegen|kommen* [エントゲーゲンコメン] 〖kam entgegen; entgegenge-kommen〗 ⓗ (s) 〈j³〉(人の方へ)やってくる,(人を)出迎える;譲歩・妥協する;(…に)応じる. **Entgegenkom-men** 中 (-s/) 好意;折り合う態度;譲歩,妥協. **entgegenkommend** 形 親切な,好意的な,協力的な.
entgegen|laufen* ⓗ (s) (人に向かって)駆け寄る;〈et³〉(意見などに)反する. **|nehmen*** ⓗ 〈et⁴〉受け取る. **|sehen*** ⓗ 〈et³〉予期する,待ち受ける. **|setzen** ⓗ 〈sich⁴ j-et³〉(…に対抗する. **|stehen*** ⓗ 〈j³〉(…と)対立(矛盾)している;(…の)妨げになっている. **|stellen** ⓗ 〈sich⁴ j-et³〉(…に)対抗する;対抗させる;〈sich⁴ j-et³〉(…に)対抗する,妨害する. **|strecken** ⓗ 〈j³〉(人に手などを)差し伸べる. **|treten*** ⓗ (s) 〈j³-et³〉(…に)立ち向かう,対抗する;〈j³〉(人の)身に起こる,身が受ける. **|wirken** ⓗ 〈et³〉(…の進行に)抑えを効かす,妨げる.
entgegnen ⓗ (⇔ reply) 〈auf et⁴ et⁴〉([…に]…と)答える,言い返す. **Ent-gegnung** 囡 (-/-en) 返答,反論.
entgehen* ⓗ (s) 〈j-et³〉(…から)逃れる,免れる.
entgeistert 形 驚いた,動揺した,放心した.
Entgelt 中 -[e]s/-e 代価,報酬,対価. **entgelten*** ⓗ 〈et⁴〉(…の)償いをする;〈j³ et⁴〉(人の…に)報いる,(人に…を)補償する. **entgeltlich** 形 有償(有料)の.
entgiften ⓗ 解毒(消毒)する;(雰囲気を)和らげる.
Entgiftung 囡 (-/-en) 解毒,消毒;(雰囲気の)緩和. **~s-mittel** 中 解毒剤.
entgleisen ⓗ (s)脱線する;(本議から)逸脱する,それる;はめを外す. **Entglei-sung** 囡 (-/-en) (列車の)脱線;(言動の逸脱,無分別,無軌道.
ent·gleiten* ⓗ (s) 〈j³〉(人[の手]から)滑り落ちる;(人の影響から)抜け出る. **|gräten** ⓗ (魚の)小骨を抜く(取る).
entgrenzen ⓗ 〖雅〗(…を境界・限界・枠などから)解放する. **Entgrenzung** 囡 (-/-en)
enthaaren ⓗ (…の)毛を抜く,むだ毛を除く.

Enthaarungs•mittel 中 脱毛剤.
enthalten* [エントハルテン] 《**enthielt; enthalten**》 ❶ 他 (® contain) 含む, 含有する. ❷ 他 《*sich⁴ et³*》 (…を)やめる, 抑制する. ❸ 他 含まれている. **enthaltsam** 形 控えめな, 節度のある; 禁酒した. **Enthaltsamkeit** 女 節制; 禁欲. **Enthaltung** 女 (-/-en) 節制; 禁欲; (投票での)棄権.

enthärten 他 (…の)硬さ〈硬度〉を取り除く; (水を)軟水にする.

enthaupten 他 《雅》 (人の)首をはねる. **Enthauptung** 女 《雅》 打ち首, 斬首(ざんしゅ).

ent•heben* 他 《雅》 《*j⁴ et²*》 (人を…から)解放〈免除〉する; (人から…を)奪う, 取り上げる. **=heiligen** 他 (…の)神聖さを汚す〈奪う〉.

enthemmen 他 《心》 (人)を抑圧〈抑制〉から解放する; (酒の)自制心を失わせる. **Enthemmung** 女 (-/) (抑圧からの)解放, リラックス.

enthielt ⇨ enthalten

enthüllen 他 (…の)覆いを取る; 《雅》 暴く, 暴露する; 《*j³ et²*》 (人に…を)打ち明ける; 《*sich⁴*》 あらわになる; 《*sich⁴ als j-et⁴*》 (…で)あることが分かる. **Enthüllung** 女 (-/-en) 除幕; 暴露. **~s•journalismus** 男 (スキャンダルを追い回す)暴露的ジャーナリズム.

enthülsen 他 (豆などの)さやを取る, 殻〈皮〉をむく.

Enthusiasmus 男 (-/) 熱中, 熱狂. **Enthusiast** 男 (*-en/-en*) 〘形 (-in)〙 熱狂的な人, 熱烈なファン〈支持者〉. **enthusiastisch** 形 熱中した, 熱狂的な.

ent•jungfern 他 (人の)処女を奪う. **=kalken** 他 (…の)石灰分を取り除く. **=keimen** 他 (ジャガイモなどの)芽を取り除く; (牛乳・水などを)殺菌〈消毒〉する; 自 (s) 《雅》 《*j³*》 芽生える, 発生する; (…家の)出である. **=kernen** 他 (果実の)芯(しん)を取る; (都市などの)過密状態を緩和〈緩和〉する. **=kleiden** 他 《雅》 (人の)衣服を脱がせる; 《*j⁴-et⁴*》 服を脱ぐ; 《*j-et⁴*》 (…から…を)取り去る, 取り去る.

entkommen* 自 (s) 《*j-et³*》 (…から)逃れる, 脱する.

entkorken 他 (瓶の)コルク栓を抜く.

entkräften 他 (人を)衰弱〈消耗〉させる; (主張などを)打ち破る, 覆す, 論駁する. **Entkräftung** 女 (-/-en) (体の)衰弱, 消耗; 論駁.

entladen* 他 (…の)積み荷を下ろす; (武器の)弾丸を抜く; (電池などを)放電させる; 《*sich⁴*》 (電池などが)放電する; 《*sich⁴*》 (爆発・怒りなどが)爆発する. **Entladung** 女 放電;(感情などの)爆発.

entlang [エントラング] ❶ 前 《後置では4格支配, 前置では3格支配または《空間的》に沿って, …に沿って, …伝いに. ❷ 副 《*an ～ et³*》 に沿って: Dort ～, bitte! そちらの方へどうぞ.

entlanggehen* 自 (s) 《*et⁴/an et³*》 (…に沿って)行く, 歩く.

entlarven 他 (人の)仮面をはぐ, 正体を現す; 《*sich⁴*》 仮面を脱ぐ; 正体を現す.

entlassen* [エントラッセン] 《**entließ; entlassen**》 他 《*j⁴ 〔aus et³〕*》 (人を…から)去らせる, 解放〈釈放〉する; 卒業〈退院〉させる; 解雇する. **Entlassung** 女 (-/-en) 退院; 釈放; 除隊; 卒業. 解雇, 解任, 免職; 解雇通告. **~s•gesuch** 中 辞職願, 辞表.

entlasten 他 (人の)負担を軽くする〈無くす〉; 〘法〙 (人の)罪を軽減する; 〘商〙 (口座の)赤字を黒字記入にする. **Entlastung** 女 (-/-en) 負担の軽減; 解放; 免責; 〘商〙 貸方記入.

Entlastungs•straße 女 バイパス. **=zeuge** 男 被告に有利な証人. **=zug** 男 臨時〈増発〉列車.

ent•lauben 他 (樹木の)葉を落とす. **=laufen*** 自 (s) 《*aus j-et³*》 (…から)逃げ去る, 脱走する. **=ledigen** 他 《*sich⁴ j-et³*》 (…から解放される; (…を)片付ける, 済ます, 果たす; (服などを)脱ぐ.

entleeren 他 空(から)にする; 《*sich⁴*》 空になる; 大便〈小便〉をする. **Entleerung** 女 (-/-en) 空(から)にする〈なる〉こと; 用便; 排せつ物.

entlegen 形 人里離れた, へんぴな; さびた, いっぷう変わった, なじみの薄い.

entlehnen 他 (言葉・概念などを)借用〈引用〉する. **Entlehnung** 女 (-/-en) 借用; 借用した事物; 借用語.

ent•leiben 他 《*sich⁴*》 《雅》 自殺する. **=leihen*** 他 借用する, 借用する.

entließ ⇨ entlassen

entloben 他 《*sich⁴*》 婚約を解消する. **Entlobung** 女 (-/-en) 婚約解消.

entlocken 他 《*j³ et⁴*》 (人から…を)誘い出す.

entlohnen 他 (他に)賃金〈報酬〉を支払う. **Entlohnung** 女 賃金〈報酬〉の支払い.

entlüften 他 (…の)換気〈排気〉をする, (…の)空気を抜く. **Entlüftung** 女 (-/-en) 換気; 排気; 換気〈排気〉設備. **~s•fenster** 中 換気窓, 換気口. **~s•schacht** 男 〘建〙 換気用立坑, 換気〈通風〉筒.

entmachten 他 (人の)権力〈勢力〉を奪う, (人)を無力化する.

entmannen 他 (人を)去勢する. **Entmannung** 女 (-/-en) 去勢.

entmenscht 形 人間性を失った. 人でなしの.

entmieten 他 (賃貸家屋などを)借家人を立ち退かせて空き家にする.

entmilitarisieren 他 非武装化する. **Entmilitarisierung** 女 非武装化.

entmündigen 他 (人に)禁治産の宣告を下す. **Entmündigung** 女 (-/-en) 禁治産宣告.

ent•mutigen 他 《® discourage》(人の意欲をそぐ, 士気〈意気込み〉をくじく, 失望させる, がっかりさせる. **=mythologisieren** 他 非神話化する.

entnehmen* [エントネーメン] 《**entnahm; entnommen**》 他 《*j³-et³*》 (…から…)を取り出す; 見て取る, 察知する; 《*et⁴ auf j⁴*》 〘商〙 (人あてに…を)為替で振り出す.

entnerven 他 (人の)神経を消耗させる

〈参らせる〉.
entnommen ⇨ entnehmen
Entourage [アントゥラージェ] [女] ((-/)) (特定の人の)取り巻き連中.
ent=puppen [他] ((*sich*[4])) (さなぎから)羽化する; ((*sich*[4] **als** *j-et*[4])) (思いがけぬ)正体を現す, 本領を発揮する. **=rahmen** [他] 脱脂する. **=rätseln** [他] (…の)なぞを解く, 解明する; 解読する. **=rechten** [他] (人の)権利〈人権〉を奪う. **=reißen*** [他] ((*j-et*[3] *et*[4])) (…から…を)奪い取る, ひったくる.
entrichten [他] (税・会費などを)納める, 支払う. **Entrichtung** [女] ((-/-en)) 支払い, 弁済.
ent=ringen* [他] ((雅)) ((*j*[3] *et*[4])) (人から…を)奪い取る, 強引に奪う; ((*sich*[4] *j-et*[3])) (…から)身を振りほどく. **=rinnen*** [自] (s) ((雅)) ((*et*[3])) 免れる, 逃れる; ((*et*[3])) (…から)流れ出る; (時間が)過ぎ去る. **=rollen** [他] ((雅)) (巻いたものを)広げる; (計画を)展開する; [自] (s) ((*et*[3])) (…から)転がり落ちる, こぼれ出る; [再] ((*sich*[4])) (景色などが)繰り広げられる. **=rosten** [他] (…の)さびを落とす〈除く〉.
entrücken [他] ((雅)) ((*j*[4] *et*[3])) (人を…から)遠ざける, 引き離す; ((*j*[4])) (人を)うっとりさせる. **Entrückung** [女] ((-/)) ((雅)) 引き離すこと; 放心状態, 忘我.
ent=rümpeln [他] (…の)がらくたを片付ける〈整理する〉. **=rüsten** [再] ((*sich*[4] **über** *j-et*[4])) (…に)憤慨する; [他] (人を)憤慨させる.
Entrüstung [女] ((-/-en)) 憤慨. **~s=sturm** [男] 憤激のあらし.
Entsafter [男] ((-s/-)) ジューサー.
entsagen [エントザーゲン] ((entsagte; entsagt))[自] ((雅)) (自由意志で…を)あきらめる, 放棄〈断念〉する. **Entsagung** [女] ((-/-en)) 断念, あきらめ.
entsalzen [他] (海水などを)脱塩する, 塩分を取り除く. **Entsalzungs=anlage** [女] (海水などの)脱塩装置〈施設〉.
entschädigen [他] ((*j*[4] **für** *et*[4])) (人に…を)補償〈賠償〉する. **Entschädigung** [女] ((-/-en)) 弁償, 補償[金], 埋め合わせ.
entschärfen [他] 【軍】(爆弾などの)信管を外す; (論説・映画などの)過激な箇所を削除する, ぼかす.
Entscheid [男] ((-[e]s/-e)) 決定, 判断, 判定, 裁定; 決心, 決断.
entscheiden* [エントシャイデン] ((**entschied; entschieden**))[他] ([英] decide)決定する; 判決を下す; [スポ] (…の)勝敗を決定する; ((*sich*[4])) 決心する; 決まる; 決着がつく; ((*sich*[4] **für** 〈**gegen**〉 *j-et*[4])) (…に有利〈不利〉な)決定を下す; [自] ((**über** *et*[4])) (…を)決める, 決定する.
entscheidend [エントシャイデント] [形] 決定的な.
Entscheidung [エントシャイドゥング] [女] ((-/-en)) ([英] decision)決定; 決心, 決断; 【法】裁判. ♦ *eine* ~ *in et*[3] *fällen* 〈*über et*[4] *treffen*〉(…に)決定を下す. **~s=frage** [女] 【文法】決定疑問[文]. **~s=kampf** [男], **~s=spiel** [中] [スポ] 決勝戦.
entschied ⇨ entscheiden
entschieden (→ entscheiden) [形] 断固とした, 決定的な, 明確な; 明白な, 明らかな; きっぱりと. **Entschiedenheit** [女] ((-/)) 断固たる態度.
ent=schlafen* [自] (s) ((雅)) (次第に)眠りこむ; 永眠する. **=schleiern** [他] ((雅)) (…から)ベールをはぐ; (秘密などを)暴く; ((*sich*[4])) ベールを脱ぐ; あらわになる.
entschließen* [エントシュリーセン] ((**entschloss**, [旧] ..schloß; **entschlossen**))[再] ([英] decide) ((*sich*[4] **zu** *et*[3] 〈+ zu 不定詞句〉)) (…をする)決心を固める. **Entschließung** [女] ((-/-en)) 決心; 決議, 決定.
ent=schloss ([旧]= **schloß**) ⇨ entschließen
entschlossen [エントシュロッセン] (→ entschließen) [形] 決心した; 決然とした: fest ~ sein ((+ zu 不定詞句)) (…しようと)固く決心している. **Entschlossenheit** [女] ((-/)) 決意; 決然とした態度.
entschlüpfen [自] (s) ((*j-et*[3])) (…からするりと)抜け出る; (言葉などがうっかり…から)漏れる.
Ent=schluss ([旧]= **schluß**)[エントシュルス] [男] ((-es/=**schlüsse**)) ([英] decision)決心, 決断.
entschlüsseln [他] 解読する; 解明する.
entschuldbar [形] (過失・行為などが)許され得る; 謝って済む.
entschuldigen [エントシュルディゲン] ((entschuldigte; entschuldigt)) ❶ [再] ([英] apologize) ((*sich*[4] **bei** *j*[3] **für** *et*[4] 〈**wegen** *et*[2]〉)) (人に…のことで)謝罪する, わびる. ❷ [他] ([英] excuse)許す; 釈明する; 免責する; (人の)不参加〈欠席〉を届け出る. ♦ *Entschuldigen Sie* [*bitte*]*!* すみません, ごめんなさい.
Entschuldigung [エントシュルディグング] [女] ((-/-en)) ([英] excuse)弁解, 弁明, 言い訳; (学校への)欠席届け; 許し; 謝罪. ♦ ~ [*bitte*]*!* すみません; 失礼. *um* ~ *bitten* ((*j*[4] **für** *et*[4] 〈**wegen** *et*[2]〉)) (人に…のことで)謝罪する, 許しを請う.
Entschuldung [女] ((-/-en)) 負債〈債務〉の免除.
entschwinden* [自] (s) ((雅)) ((*j*[3])) (人から)消えうせる; (時間などが)過ぎ去る.
entseelt [形] ((雅)) 魂の抜けた; 死んだ.
entsenden[(*)] [他] ((雅)) (使者・代表を)派遣する; (槍などを)投げる; (視線を)投げる; (光などを)発する.
entsetzen [エントゼッツェン] ((entsetzte; entsetzt))[他] (人を)ぎょっとさせる; ((*sich*[4] [**über** *et*[4]])) [(…に)]ぎょっとする. **Entsetzen** [中] ((-s/)) 驚愕(きょうがく), 恐怖.
entsetzlich [エントゼッツリヒ] [形] ([英] terrible)恐ろしい, 途方もない, ものすごい.
entsetzt (→ entsetzen) [形] ぎょっとした.
ent=seuchen [他] (…から[放射能・毒ガスなどの])汚染を除去する; 消毒〈殺菌〉する. **=sichern** [他] (銃などの)安全装置を外す. **=sinnen*** [再] ((*sich*[4] *j-et*[2]/ *sich*[4] **an** *j-et*[4])) 覚えている, 思い出す.
Entsorgung [女] ((-/-en)) ごみ〈廃棄物〉処理. **~s=firma** [女] ごみ〈廃棄物〉処理会社.
entspannen [他] ([英] relax)(…の)緊張を解く〈緩める〉; ((*sich*[4])) 緊張がほぐれる,

E

リラックスする。
Entspannung 囡 《-/-en》緊張緩和, 息抜き, リラックス. **～s=politik** 囡 《政》緊張緩和政策, デタント政策.
entspinnen* 働《*sich*》起こる, 生じる, 生まれる;《関係が》始まる.
entsprechen* 〔エントシュプレッヒェン〕《entsprach; entsprochen》 囲《*et*³》(…に)相当〈一致〉する;《要望などに》応える.
entsprechend 〔エントシュプレッヒェント〕 [形] ❶《*et*³》(…に)適した, 適当な, ふさわしい. ❷《3格支配: しばしば後置》…に応じて, 従って.
Entsprechung 囡 《-/-en》対応[関係]; 対応するもの.
ent=sprießen* 働 (s)《雅》《*et*³》(…から)芽生えする;(…に)由来する. **=springen*** 働 (s)源を発する;《*aus*》*et*³》(…に因［故］由来する;(…の)性のようである;(…から)脱走する. **=sprochen** ⇨ entsprechen. **=stammen** 働 (s)《*et*³》(…の)出身である;(…に)由来する.
entstehen* 〔エントシュテーエン〕《entstand; entstanden》 働 (s)《*aus*》生じる, 生まれる, 起こる.
Entstehung 囡 《-/-en》発生, 成立, 誕生. **～s=geschichte** 囡 発生〈成立〉史; 囡 創世記.
entstellen 働 醜くする, 不格好にする; ゆめる, 歪曲(詑)する. **Entstellung** 囡 《-/-en》不格好にすること; ゆがみ, 歪曲(詑).
entstören 働 《テレビ・電話の》雑音《電波障害》を取り除く. **Entstörungs=stelle** 囡《電話の》故障処理係.
entströmen 働 (s)《雅》《*et*³》(…から)流れ出る, 漏れる, ほとばしる.
enttäuschen 〔エントトイシェン〕《enttäuschte; enttäuscht》 働《disappoint》《人の》期待を裏切る, (人を)失望させる.
enttäuschend 〔エントトイシェント〕 [形] 《人を》失望〈がっかり〉させるような. **enttäuscht** [形]《*von* j³》*über et*³》…に》失望〈落胆〉した, がっかりした: Ich bin angenehm *enttäuscht*.《話》うれしい誤算だ.
Enttäuschung 囡 《-/-en》《disappointment》期待外れ, 幻滅; 失望, 落胆.
ent=thronen 働《人を》退位させる. **=völkern** 働《…の》人口を減少させる;《*sich*》人口が減少する.
entw. *entwerfer*.
ent=wachsen* 働 (s)《*j-et*³》(…から)成長して離れる;《(…から)生え出る, 生まれる. **=waffnen** 働《…の》武装を解除する; 敵意《対抗心》を失わせる.
Entwaldung 囡 《-/-en》森林伐採.
entwarnen 働 警報を解除する.
entwässern 働《湿地などを》排水する;《家屋・工場などに》排水工事を施す;(…から)水を抜く; 脱水する;《湖や川の水が》流出する. **Entwäss[e]rung** 囡 排水[工事]; 《化》脱水.
entweder 〔エントヴェーダー〕 [並列] ◆～ A *oder* B 《either…or…》A か B か《どちらか一方》. **Entweder-Oder** 匣《-/-》二者択一.

ent=weichen* 働 (s)《気体などが》漏れ出る;《*aus et*³》(…から)漏れ去る;《*j-et*³》(追っ手・危険などから)逃れる. **=weihen** 働《…の》神聖さを汚す〈奪う〉. **=wenden** 働《*j³ et*³》(人から…)を奪いする, 盗む.
entwerfen* 働《…の》下絵を書く, スケッチ〈デザイン〉する;《文章を》起草する.
Entwerfer 男《-s/-》デザイナー.
entwerten 働《…の》価値〈効力〉をなくす;《乗車券・入場券などに》はさみ《パンチ》を入れる;《切手に》消印を押す;《…の》価値を下げる; 〈金銭〉価値を下げる.
Entwerter 男《-s/-》《電車などの》自動刻印機.
entwickeln 〔エントヴィッケルン〕《entwickelte; entwickelt》 働《develop》《*sich*》《*zu j-et*³》…へと》発達〈発展〉する, 成長する; 囲《*aus et*³》(…から)発生する;《活動・能力などを》展開〈発揮〉する;《理論・計画などを》展開〈説明〉する;《方法・製品などを》開発する;《フィルムを》現像する. **Entwickler** 男《-s/-》現像液; 《話》《機械, 技術などの》開発〈研究〉者.
Entwicklung 〔エントヴィックルング〕 囡 《-/-en》《development》発育, 発達, 成長; 《機械などの》開発; 展開; 発揮; 《写》現像. ◆ *in der* ～ *sein* 開発中である.
Entwicklungs=bank 囡 開発銀行. **=geschichte** 囡 発達史; 囡 発生学. **=helfer** 男 《-s/-》《-in》開発援助〈技術協力〉要員. **=hilfe** 囡《発展途上国への》開発援助《資金》. **=land** 匣 発展〈開発〉途上国.
ent=winden* 働《雅》《*j³ et*³》(人の…)をもぎ取る;《*sich j-et*³》(身をよじって…から)体をふりほどく, 逃れる. **=wirren** 働《もつれなどを》解く, ほどく;《込み入った問題などを》解決〈収拾〉する. **=wischen** 働 (s)《話》《*j³》《*aus et*³》(…から)逃げる. **=wöhnen** 働《*j⁴ von et*³》《人に習慣などを》やめさせる; 《乳児を》離乳させる;《*sich⁴ et*³》習慣をやめる. **=würdigen** 働《人の》尊厳〈品性〉を失わせる, 辱める.
Entwurf 〔エントヴルフ〕 男《-[e]s/..würfe》設計[図]; 下絵, 下書き, スケッチ; 草案, 草稿; 《古》計画.
ent=wurzeln 働 根こそぎにする;《…の》よりどころを奪う. **=zaubern** 働 魔法《魔力》から解放する;《…の》魔力〈魅力〉を失わせる. **=zerren** 働《電・写真》《…の》ひずみを修正する;《過度ダイヤなどを》改正する. **=ziehen*** 働《*j-et*³》《…から…》を取り上げる; 取り上げる, 剥奪(景)する;《…の援助などを》取りやめる;《*j-et⁴ et³》(…を…から)遠ざける;(人に)禁断療法を施す;《*sich j-et³》(…から)身を離す, 逃れる;《…の》範囲外にある.
Entziehungs=kur 囡《医》《麻薬などの》禁断療法.
entziffern 働《暗号などを》解読〈判読〉する; 苦労して読む.
ent=zücken 〔エントツュッケン〕《entzückte; entzückt》 働《人を》有頂天にさせる, 魅了する, うっとりさせる;《*sich⁴ an et³》…にうっとりする. **=zückend** [形] 《charming》魅力的な, すばらしい. **=zückt** [形] 《*über et⁴/von et³》(…に)魅

Entzugs-erscheinung 女 禁断現象. **-schmerz** 男 [医] 禁断のさいの苦痛. 禁断痛. **-symptom** 中 [医] 禁断症状. **-therapie** 女 禁断療法.

entzündbar 形 燃えやすい, 可燃性の; 興奮しやすい.

entzünden [エントツュンデン] 動 (entzündete; entzündet) 他 (…に)火をつける; (感情を)かき立てる:《*sich*》火がつく, 燃え上がる:《*sich* an *et*⁴》(…がもとで議論・口論などに)火がつく, 巻き起こる:《*sich*⁴》炎症を起こす. **Entzündung** 女 (-/-en) 発火, 点火; 炎症.

entzwei 副 壊れた; 故障した.

entzweien 他 (人を)仲たがいさせる:《*sich* **mit** *j*³》(…と)仲たがいする.

entzwei-gehen* 自 (s) (二つに)割れる, 裂ける; 粉々に砕ける; だめになる. **-schlagen*** 他 (二つに)砕く, 粉々に砕く.

en vogue [アンヴォーク] [フランス語] 流行の, 人気のある.

Enzian 男 (-s/-e) [植] リンドウ; リンドウの根から取れる蒸留酒.

Enzyklopädie [エンツュクロペディー] 女 (-/-n) 百科事典(全書); [戯] 生き字引き; 物知り. **enzyklopädisch** 形 百科事典的な; 博識な.

Enzym 中 (-s/-e) [生化] 酵素. **enzymatisch** 形 酵素による, 発酵性の.

Eos 中 [ギリシャ神話] エオス(曙(あけぼの)の女神).

Epen ⇒ Epos

ephemer 形 一日限りのかの; はかない.

Ephesus, Ephesos エペソス, エフェソス(小アジアの古代ギリシャの都市). ◆ *der Tempel der Artemis zu* ~ エペソスのアルテミス神殿(古代世界七不思議の一つ).

Epidemie 女 (-/-n) 流行病, 疫病, 伝染病. **epidemisch** 形 流行[病]の.

Epidermis 女 (-/..men) [解] 表皮.

Epigone 男 (-n/-n) 亜流, (独創性のない)模倣者, エピゴーネン.

Epigramm 中 (-s/-e) [文芸] エピグラム, 格言〈寸鉄〉詩.

Epik 女 (-/) 叙事詩[文学]; 説話文学.

Epiker 男 (-s/-) 叙事詩人.

Epikur エピクロス(前341-271; 古代ギリシャの哲学者; 精神的快楽を追求).

Epilepsie 女 (-/-n) [医] 癲癇(てんかん). **Epileptiker** 男 (-s/- **-in**) 癲癇患者. **epileptisch** 形 癲癇性の.

Epilog 男 (-s/-e) エピローグ, 結語, 結び, (物語の)終章; [演] エピローグ.

episch 形 叙事詩[ふう]の; 説話体の.

Episode 女 (-/-n) [小] 挿話, エピソード; [演] エピソード, 間奏[部].

Epistase 女 (-/-n) [遺伝] (遺伝子効果の)上位.

Epistel 女 (-/-n) 書簡, 長たらしい手紙; 使徒書簡.

Epitaph 中 (-s/-e) 墓碑銘, (教会内壁の)記念碑墓.

epochal 形 画期的な, 劇的な, センセーショナルな.

Epoche [エポッヘ] 女 (-/-n) 時[代]代 (epoch) 画期的な時期; [地学]紀. ◆ ~ *machen* 新時代を画する. **epochemachend** 形 画期的な, エポックメーキングな.

Epos 中 (-/-Epen) [英雄]叙事詩.

Equipe [エキップ] 女 (-/-n) [馬術の]チーム; 選抜チーム; プロジェクトチーム.

er [エー] 代 [人称代名詞:3人称男性単数1格:2格 *seiner*, 3格 *ihm*, 4格 *ihn*] 所有性の(を 4) he, it) 彼; 彼は.

Er ❶ 中 (-/-s) 男の人; (動物の)雄. ❷ [元素記号] *Erbium*.

er.. 非分離動詞の前つづり.

..er 「…する(人や物), …歳の(人)」の意.

erachten [稀] 《*et*⁴ **für** 〈**als**〉 *et*⁴》 (…を…と) 見なす, 判断する:《*et*⁴ **als** *seine Pflicht* 〈*notwendig*〉 ~》…を義務〈必要〉とみなす. ◆ *meines Erachtens* / *meinem Erachten nach* / *nach meinem Erachten* 私の考えでは (略 m.E.).

erarbeiten 他《[*sich*³] *et*⁴》働いて手に入れる; (知識などを)習得する; (報告書を)共同で作り上げる.

Erb-adel 男 世襲貴族. **-anlage** 女 [生] 遺伝因子. [生] 遺伝性素因. **-anspruch** 男 相続請求権.

erbarmen 他 (人の)気持ちを起こさせる:《*sich*⁴ *j*²》(…を)かわいそうにく哀れに〉思う:《*dass [es] Gott erbarm'*》[話] 哀れなほどに. **Erbarmen** 中 (-s/) 哀れみ. ◆ *zum* ~ *sein* どうにもならない. **erbärmlich** 形 哀れな, 惨めな; みすぼらしい; くだらない, お粗末な; あさましい, 卑劣な; [話] 非常な. **erbarmungslos** 形 無慈悲な, 冷酷な; 同情のかけらもない.

erbauen 他 建設する; (人の)気を高めるとか, 精神的養育; 宗教的感動. **~s-buch** 中 信心の書, 精神修養書.

erbberechtigt 形 相続権のある.

Erbe [エルベ] ❶ 男 (-n/-n ..bin) 相続人. ❷ 中 (-s/) 遺産, 相続財産. ◆ *die lachenden* ~*n* [話] (うれしさで思わずほくそえむ)相続人.

er-beben 自 (s) 揺れる, 震える.

erben [エルベン] (erbte; geerbt) 他 相続する; [話] 譲り受ける; (遺伝的に)受け継ぐ: *Du hast wohl geerbt!* [戯] (気前のいい人に)遺産でも入ったか.

erbetteln 他《[*sich*³] *et*⁴》(ねだって〈せがんで〉)手に入れる. **erbeuten** 他 分捕る, 奪い取る, 略奪する.

Erb-faktor 男 遺伝因子. **-fehler** 男 遺伝的欠陥. **-feind** 男 宿敵, 不倶戴天(ふぐたいてん)の敵; 悪魔. **-folge** 女 相続; 王位継承.

erbieten* 《*sich*⁴ + zu 不定詞句》 [稀] (…しようと)申し出る.

Erbin 女 (-/-nen) Erbe ①の女性形.

Erb-information 女 遺伝情報.

erbitten* 他《[*j*³] *et*⁴》(人に)…を懇願する, 請い求める. ◆ *sich*⁴ ~ *lassen* 《+ zu 不定詞句》(頼まれて…することを)承諾する.

erbittern 他 (人を)怒らせる, 憤慨させ

erbittert る．《*sich*⁴ **über** *et*⁴》(…に)憤慨する．**er-bittert** ⦺ 怒った，憤慨した；必死の，激しい．**Erbitterung** 囡 《-/》怒り，憤慨．

Erbium 中 《-s/》エルビウム(元素名：Er)．

erb-krank ⦺ 遺伝病疾患のある．**Erb-krankheit** 囡 遺伝性疾患．

er-blassen ⦺ (s)(顔色などが)青ざめる．

Erb-lasser 男 《-s/-》（⦺ **-in**）被相続人．

erbleichen(*) ⦺ (s)《雅》(顔色などが)青ざめる；色あせる；死ぬ．

erblich ⦺ 遺伝性の，世襲の．

erblicken ⦺ 《erblickte, erblickt》《雅》見つける，目にする：《in *j-et*⁴》(…を…と)見なす，思う．

er·blinden ⦺ (s)《雅》(徐々に)目がくらむ；(ガラスなどが)曇る．**Erblindung** 囡 《-/-en》失明．

er·blühen ⦺ (s)《雅》(つぼみが)開く，(花が)咲く，栄える，成熟する．

Erbmasse 囡 《-/-n》《集合的》《法》相続財産，遺産；《生》遺伝素質．

erbosen ⦺ (人を)怒らせる，《*sich*⁴ **über** *j-et*⁴》(…に)腹を立てる．

Erb-pacht 囡 永代借地小作)[権]．
=prinz 男 (王侯の世子), 皇太子．

erbrechen* ⦺ 《*et*⁴ 《*sich*⁴》》吐く，嘔吐(する)．**Erbrechen** 中 嘔吐，吐き出し．✦ *bis zum* ～ヘどが出るほど．

Erb-recht 中 《法》相続権．

erbringen* ⦺ (利益などを)もたらす，生む；(証明などを)調達する．

Erbschaft 囡 《-/-en》遺産，相続財産；相続．**=s-steuer** 囡 相続税．

Erb-schleicher 男 《-s/-》（⦺ **-in**）遺産横領者．

Erbse 囡 《-/-n》《植》エンドウ，✦ *grüne* ～ グリーンピース．

Erb-stück 中 遺品，形見．**=sünde** 囡 《宗教》原罪．

erbte ⦺ 《erben》

Erbteil 中 (男)相続分；遺伝的素質．

Erd-achse 囡 地軸．**=altertum** 中 古生代，**=anziehung** 囡 地球の引力，**=apfel** 男 《南部》ジャガイモ．**=arbeiten** ⦺ 土木工事．**=atmosphäre** 囡 (地球を取り巻く)大気[圏]．**=bahn** 囡 《天》地球の軌道．**=ball** 男 《雅》地球．

Erdbeben [エァトベーベン] 中 《-s/-》(® earthquake)地震．**=diagnose** 囡 地震予知．

erdbeben·fest ⦺ 地震に対して堅固な，耐震性の．**=sicher** ⦺ 地震に対して安全な，耐震の．

Erdbeben=skala 囡 震度階[級]．**=stärke** 囡 震度．

Erdbeere [エァトベーレ] 囡 《-/-n》(® strawberry)イチゴ，イチゴの実．

Erd·bestattung 囡 土葬．**=boden** 男 地面，大地，✦ *dem* ～ *gleichmachen* (…を)完全に破壊する．*vom* ～ *verschwinden* (跡形もなく)消え去る；絶滅する．*wie vom* ～ *verschluckt sein* 突然姿を消す．*Ich würde [vor Scham] am liebsten in den* ～ *versinken. / Ich wäre [vor Scham] am liebsten in den* ～ *versunken.* (人は)穴があったら入りたいところだ．

Erde [エァデ] 囡 《-/-n》(® earth) ❶ 地球：(地球上の)世界：(天国に対して)現世，この世．❷ 大地，地面：(特定の)土地，地域：《雅》異郷の地に眠る．❸ 土，土壌；《電》アース．❹《電》アース．✦ *auf der* ～ *bleiben*《話》現実を見失わない．*auf* ～[*n*] この世で，現世で．*aus der* ～ *stampfen* (…を)魔法のようにすばやく出して見せる．*J*⁴ *deckt die kühle* ～．《雅》(人は)地下に眠っている．*unter der* ～ *liegen*《話》地下に眠る．*unter die* ～ *bringen*《話》《*j*⁴》(人の)寿命を縮める；(人を)埋葬する．*unter die* ～ *wünschen*《*j*⁴》(人)の死を願う．

erden ⦺ 《電》接地する，アースする．

erdenken* ⦺ 考え出す；でっち上げる．
erdenklich ⦺ 考え得る限りの．

Erden·paradies 中 地上の楽園．

erdfarben ⦺ 土色の．

Erdfrühgeschichte 囡 (古代史以前の)先カンブリア時代．

Erdg. 略 *Erdgeschoss*．

Erd·gas 中 天然ガス．

Erd·geschoss (⦺ **=geschoß**)[エァトゲショス] 中 《-es/-e》（建物の）1階(⦺ Erdg.)．

erdichten ⦺ でっち上げる．

erdig ⦺ 土の，土状の；《雅》土(泥)まみれの；土の香りのする．

Erd·innere[s] 中 《形容詞変化》地球の内部．**=karte** 囡 世界地図．**=klumpen** 男 土塊，土くれ．**=kruste** 囡 地殻．**=kugel** 囡 地球，地球儀．**=kunde** 囡 地理学．**=männchen** 中 (地中に住むかわいる)小人．**=nuss**(⦺ **=nuß**) 囡 《植》落花生，ピーナツ．**=oberfläche** 囡 地表，地球の表面．**=öl** 中 石油．

erdolchen ⦺ (人を短刀で)刺殺する．

Erdreich 中 土，土壌，地面．

erdreisten ⦺ 《*sich*⁴ ＋ *zu* 不定詞句》厚かましくも(ずうずうしくも)(…)する．

erdrosseln ⦺ 絞め殺す；圧殺する．

erdrücken ⦺ 押しつぶす；窒息させる；(不安・負担などが人の)しかかる．

Erd·rutsch 男 地滑り．**=scholle** 囡 土の塊．**=stoß** 男 地震の揺れ，震動．**=teil** 男 大陸，州．

erdulden ⦺ 耐え忍ぶ．

Erdung 囡 《-/-en》《電》アース．

Erd·urzeit 囡 始生代．**=wärme** 囡 地熱．**=zeitalter** 中 (地質学上の)代，層，紀．

...erei 尾 「不快な)反復；行為；場所」の意．

ereifern ⦺ 《*sich*⁴ **über** *et*⁴》(…に)むきになる，いきり立つ．

ereignen [エァアイグネン] ⦺ 《ereignete; ereignet》(® happen)《*sich*⁴》(事故などが)起こる，生じる．

Ereignis [エァアイグニス] 中 《-ses/-se》(® event)できごと，事件．✦ *ein freudiges* ～ おめでた(子供の誕生)．**ereignisreich** ⦺ 事件の多い，波乱万丈の．

ereilen ⦺ 《雅》(事件などが人を)不意に襲う．

Eremit 男 《-en/-en》隠者，世捨て人；《動》ヤドカリ．

ererbt ⦺ 相続した，遺伝的な，生得の．

erfahren* [エァファーレン] ❶ ⦺ 《er-

fuhr; erfahren》 (他) learn》《*et⁴* [*durch j⁴ ⟨von j³⟩*]》《*et⁴* [*von ⟨aus⟩ et³*] [*über j-et¹*]》《[新聞などから]〔…について〕…を知る; 《*et⁴* [*von ⟨aus⟩ et³*] [*über j-et¹*]》《[新聞などから]〔…について〕…を知る; 《(他) experience》経験する. 味わう; 《*雅*》《*von j³*] [*von j³*]》《[人から]憎しみ・同情などを]受ける. ❷ (他) 経験豊かな, ベテランの.

Erfahrung [エアファールング] 囡 《-/-en》《(他) experience》経験. ◆ *in ~ bringen* 調査をして…を聞き出す.
erfahrungs-gemäß 副 《(官) 記録》経験によれば. **=mäßig** 形 経験上の, 経験上の, 経験による.
erfand ⇨ **erfinden**
erfassen (他) 《(他) catch》(状況などを)把握《理解》する; 《(官) 記録》登録する; (車などが)…を巻き込む(感情などが)…を襲う; (原稿などを)タイプで打つ. ◆ *Du hast's erfasst!*〔話・皮肉〕君にもやっと分かったね. **Erfassung** 囡 《-/-en》把握; リストアップ; 登録.
erfechten* (他) (勝利・名声・利益などを)勝ち取る.
erfinden* [エアフィンデン] 《*erfand; erfunden*》 《(他) invent》発明《考案》する; でっち上げる, 考え出す. **Erfinder** 男 《-s/-》《-in》発明(考案)者, 発明家.
erfinderisch 形 発明の才のある, 創意に富んだ.
erfindlich 形 ◆ *nicht ~ sein* 見当がつかない, 理由が分からない.
Erfindung [エアフィンドゥング] 囡 《-/-en》《(他) invention》発明, 考案; 発明品; 作り事〔話〕, でっち上げ. ◆ *eine ~ machen* 発明する.
Erfolg [エアフォルク] 男 《-[e]s/-e》《(他) success》成果, 成功. ◆ *~ versprechend* 成功の見込まれた. 有望な. *von ~ gekrönt werden* 成功を収める.
erfolgen [エアフォルゲン] (自) 《*erfolgte; erfolgt*》(s) (結果として)起こる, 生じる; (行為が)行われる.
erfolglos 形 不成功の, 失敗の. **Erfolglosigkeit** 囡 《-/-》不成功, 失敗. **erfolgreich** 形 成功した.
Erfolgs-aussicht 囡 成功の見込み. **=chance** 囡 成功のチャンス. **=denken** 中 成功第一の考え. **=druck** 男 成功せねばというプレッシャー. **=geheimnis** 中 成功の秘密〈秘訣〉. **=quote** 囡 成功率. **=rate** 囡 成功率. **=rezept** 中 成功の秘訣. **=story** 囡 成功談, 出世物語, サクセスストーリー.
erfolgt, erfolgte ⇨ **erfolgen**
erfolgversprechend ⇨ **Erfolg** ◆
erforderlich 形 《(他) necessary》必要な.
erfordern [エアフォルダン] 《*erforderte; erfordert*》 (他) 《(他) require》(物事が)…を必要とする. **Erfordernis** 中 《-ses/-se》必要とされる, 必要条件.
erforschen (他) 探究(究明)する; 研究〈調査〉する; (胸中・秘密などを)探る. **Erforscher** 男 《-s/-》探究〈研究〉者. **Erforschung** 囡 《-/-en》探究, 究明; 研究, 調査.
erfragen (他) 《*et⁴* [*bei j³*]》(…を[人に])尋ねる, 聞き出す.
erfrechen (他) 《*sich⁴* + zu 不定詞句》厚

かましくも〈ずうずうしくも〉(…)する.
erfreuen [エアフロイエン] 《*erfreute; erfreut*》(他) 喜ばせる. 楽しませる; 《*sich⁴ an et³*》…を喜ぶ, 楽しむ; 《*sich⁴ et²*》(…を)享受する. ◆ *großer Beliebtheit ~ sich⁴* 非常な人気を博する.
erfreulich 形 うれしい, 喜ばしい, 好ましい, 好都合な. **erfreulicherweise** 副 幸いにも, うれしいことに. **erfreut** (→ erfreuen) 形 喜んでいる. **erfreute** ⇨ **erfreuen**
erfrieren (自) (s) 凍死する; (植物が)霜〈冷害〉にやられる; (指・耳などが)かじかむ, 凍傷にかかる; 《*sich⁴ et⁴*》(…が)凍傷になる. **Erfrierung** 囡 《-/-en》凍死; 凍傷; 冷害.
erfrischen [エアフリッシェン] (他) 《*erfrischte; erfrischt*》 《(他) refresh》《*j⁴* 《*sich⁴*》》(人を〈が〉)さわやかな気分にする〈なる〉, 元気づける.
Erfrischung [エアフリッシュング] 囡 《-/-en》 《(他) refreshment》さっぱりすること. 元気を回復させること;《元気回復のための》清涼飲料, 軽食. **~s-raum** 男 《劇場・デパートなどの》ティールーム, カフェ.
erfuhr ⇨ **erfahren**
erfüllen [エアフュレン] 《*erfüllte; erfüllt*》(他) 《(他) fill》(人の)心を満たす《満たす》;(義務・任務などを)果たす, 遂行する;(要求・要望などを)満たす. ❷ (他) 《*sich⁴*》(予言・予感などが)当たる; (願いが)かなう.
Erfüllung [エアフュルング] 囡 《-/-en》実現, 成就, 達成; (義務などの)遂行; 充足. ◆ *~ finden in et³*》(…に)満足を見出す. *in ~ gehen*(願望などが)実現する. **~s-ort** 男 《法》履行地.
erfunden ⇨ **erfinden**
Erfurt エアフルト(ドイツ Thüringen 州の州都).
erg., ergänze! (以下の文・語句を)補え.
Erg 中 《-s/-》 エルグ(エネルギー単位: 記号 erg).
ergänzen [エアゲンツェン] (他) 《*ergänzte; ergänzt*》《(他) complete》補う, 補足する, (不備・不足を)カバーする; 《*sich⁴* einander》補い合う.
Ergänzung 囡 《-/-en》補足, 補充; 補遺, 補足物; 《文法》補足語. **~s-band** 男 別巻, 補遺. **~s-nährstoffe** 男 《生化》補養素, 補助栄養素(ビタミン・必須脂肪酸など).
Ergastoplasma 中 《生化》エルガストプラスム.
ergattern (他) 《話》うまいこと手に入れる, まんまとせしめる.
ergaunern (他) だまし取る.
Erg.-Bd. = *Ergänzungsband*.
ergeben* [エアゲーベン] 《*ergab; ergeben*》 Ⅰ ❶ (他) 《(他) result》結果を生じる, (…に)結果となる; (…に)足りる, 十分である. ❷ (他) 《*sich⁴*》(結果として)生じる, 判明する; 《*sich⁴ j-et³*》(…にふける, 没頭する; 《*sich⁴ in et⁴*》(…に)従う; 《*sich⁴* [*j³*]》[人に]降伏する. Ⅱ 形 下属・古』心服《服従》した, 従順な. ◆ *Es ergibt sich so, dass ...* …という状況になる. *Ihr sehr ~er., / Ihr sehr ~e[n]~* (手紙の結びで)…より. **Ergebenheit** 囡 《-/-》心服, 忠誠; 服従.

Ergebnis [エアゲーブニス] [中] ⦅-ses/-se⦆ ([英] result)結果, 成果; 結論; 〖数〗(数式の)解答, 答え. **ergebnislos** [形] 成果のない, 無益な. **Ergebung** [女] ⦅-/⦆ 献身, 帰依, 専念; 服従, 恭順, 降伏.

ergehen* ❶ [自] (s) 〘雅〙 ⦅**an** j^4⦆ (人に)送付される; 〘官〙 (人に)命令・要請などが発せられる; ⦅*Es ergeht* j^3...⦆ (人が…の)状態にある. ❷ [再] 〘蔑〙 ⦅*sich*^{4} **in** et^3⦆ (…を)長々と続ける. ✦ **～ *lassen*** ⦅et^4 **über** *sich*^{4}⦆ (…を)甘受する.

ergiebig [形] 収穫の多い; (土地が)肥よくな; 実り多い. **Ergiebigkeit** [女] ⦅-/⦆ 豊饒(ほうじょう); 肥よく; 実りの多いこと.

ergießen* [再] ⦅*sich*^{4}⦆ (大量に)流れ出る, 流れ込む; あふれ出る.

erglühen [自] (s) 〘雅〙 赤くなる〈輝く〉; (顔などが)ほてる; (心が)燃え上がる.

ergo 〘ラテ語〙 それゆえに, したがって.

Ergonom [男] ⦅-en/-en⦆ 人間工学の専門家. **Ergonomie** [女] ⦅-/⦆ 人間工学. **ergonomisch** [形]

Ergosterin [中] ⦅-s/⦆ 〖生化〗 エルゴステリン(麦角・酵母など菌類に含まれるステロール). **Ergotamin** [中] ⦅-s/⦆ 〖生化〗 エルゴタミン(麦角(ばっかく)アルカロイド).

ergötzen [他] 〘古〙 (人を)楽しませる; ⦅*sich*^{4} **an** et^3⦆ (…を)楽しむ. **ergötzlich** [形] 〘雅〙 おもしろい.

ergrauen [自] (s)(髪が)白くなる; 年老いる, 老ける.

ergreifen* [エアグライフェン] ⦅**ergriff**; **ergriffen**⦆[他] ([英] grasp)つかむ, 捕らえる; (権力などを)握る; ⦅j^4⦆ (病気・感情などが…を)襲う, 捕らえる. **ergreifend** [形] 感動的な. **Ergreifung** [女] ⦅-/-en⦆ つかむ〈握る〉こと, 掌握; 逮捕.

ergriff ⇨ ergreifen **ergriffen** (→ ergreifen) [形] 感動した, 心を打たれた. **Ergriffenheit** [女] ⦅-/⦆ 感動.

ergründen [他] (原因・なぞを)究明〈解明〉する. **Ergründung** [女] ⦅-/-en⦆

Erguss ([旧] ..guß) [男] ⦅..gusses/..güsse⦆ 流出, 流出物; 〖地学〗(溶岩の)流出, 溶岩; 〖生理〗 射精; 〖医〗 内出血; (心情の)吐露; 〘蔑〙 長広舌.

erhaben [形] 崇高な, 壮大な, 高尚な; 隆起した, 盛り上がった; 〘蔑〙 お高くとまった; ⦅**über** *j-et*^{4}⦆ (…を)超越した. **Erhabenheit** [女] ⦅-/-en⦆ 崇高さ, 壮大さ, 高尚さ; 隆起.

erhalten* [エアハルテン] ⦅**erhielt**; **erhalten**⦆[他] ❶ ([英] get)受け[取]る, 頂く; (…)される; (結果として)得る. ❷ ([英] keep)保つ, 保存〈維持〉する. ✦ [*noch recht*] ***gut* ～ *sein*** 〘戯〙 年の割に若々しい. **Erhalter** [男] ⦅-s/-⦆ 維持[責任]者; 扶養者; 守護者〈神〉. **erhältlich** [形] 入手〈購入〉できる, 買える.

Erhaltung [女] ⦅-/⦆ 維持, 保存; 扶養. **～s=satz** [男] 〖理〗 (エネルギーなどの)保存法則.

erhängen [他] (人を)絞首刑にする; ⦅*sich*^{4}⦆ 首をつって死ぬ.

Erhard 〘男名〙 エーアハルト; Ludwig, エルハルト(1897–1977; 旧西ドイツの政治家; 首相(1963–66)).

er=härten [他] (発言を)裏づける, 強化する; 固くする, 鍛える; [自] (s)固くなる, 固まる. **=haschen** [他] とっさにつかむ, かすめ取る; ちらっと見る, (言葉を)聞き取る.

erheben* [エアヘーベン] ⦅**erhob**; **erhoben**⦆ I [他] ❶ ([英] raise)上げる. ❷ (…の)(苦情・異議などを)申し立てる, (声を)上げる. ❸ (料金・税などを)徴収する. ❹ ⦅*j-et*^{4} **zu** et^3 〈**in** et^4〉⦆ (…を…に)昇格〈昇進〉させる, 格上げする; (人の心を)高揚させる. II [再] ❶ ⦅*sich*^{4}⦆ 立ち〈起き〉上がる; ⦅*sich*^{4} [gegen *j-et*^{4}]⦆ ([…に対して]) 蜂起(ほうき)する; 飛び立つ; そびえる. ❷ ⦅*sich*^{4}⦆ (声が)上がる; 〘雅〙 (風が)起こる; (疑問〈問題〉が)生じる. **erhebend** [形] 高尚な, 荘厳な, 感動的な.

erheblich [エアヘープリヒ] [形] ([英] considerable)かなりの, 相当な, 重大な.

Erhebung [女] ⦅-/-en⦆ 高み, 隆起; 昇進, 昇格; 反乱, 暴動; (税・料金などの)徴収; アンケート, (公の)調査; (訴えの)提起.

erheitern [他] (人を)朗らか〈陽気〉にする; ⦅*sich*^{4}⦆ (空が)晴れる; (顔つきが)晴れやかになる; ⦅*sich*^{4} **über** et^4⦆ (…を)おもしろがる. **Erheiterung** [女] ⦅-/⦆ 陽気に〈楽しく〉すること; 気晴らし, 娯楽.

erhellen [他] ⦅et^4 〈*sich*^{4}〉⦆ 明るくする〈なる〉; (事態・問題などを〈が〉)明らかにする〈なる〉; [自] 〘雅〙 ⦅**aus** et^3⦆ (事態などが…によって)判明する. **Erhellung** [女] ⦅-/-en⦆ 明るくなること; 解明, 判明.

erhielt ⇨ erhalten

erhitzen [他] ⦅*j-et*^{4} 〈*sich*^{4}〉⦆ 熱する, 熱くする; 熱くなる, ほてる; (人を〈が〉)興奮〈逆上〉させる〈する〉. **Erhitzung** [女] ⦅-/-en⦆ 熱すること, 加熱; 興奮, 熱狂.

erhob, erhoben ⇨ erheben

erhoffen [他] 期待する.

erhöhen [他] (高さを)高くする; (価格・能率・速度・名声などを)高める, 上げる, 増す; 〖楽〗 (音を)半音上げる; (人を)昇進させる; [再] ⦅*sich*^{4}⦆ (価格・速度・名声などが)高まる, 上がる, (数量などが)増す.

Erhöhung [女] ⦅-/-en⦆ 高めること; (堤防の)かさ上げ, (建物の)上階建て増し; (価格の)引き上げ, 上昇, 高騰; (速度・効率の)増大, アップ; 昇進, 昇格; 〖楽〗 半音上げること; 丘; 隆起.

erholen [エアホーレン] ⦅erholte; erholt⦆ [再] ([英] recover) ⦅*sich*^{4}⦆ (健康・体力を)回復する, 取り戻す, 元気になる; 休養〈保養〉する. **erholsam** [形] 元気の回復に役立つ, 休養になる.

erholt, erholte ⇨ erholen

Erholung [エアホールング] [女] ⦅-/⦆ (元気・健康の)回復; 休養, 休息, 保養, レクリエーション. **erholungsbedürftig** [形] 保養〈休養〉の必要な.

Erholungs=gebiet [中] 保養地. **=heim** [中] 保養所.

erhören [他] 〘雅〙 (願いを)聞き入れる; (人の)願いを聞き入れる.

Erich 〘男名〙 エーリヒ.

Erika ❶ [女] ⦅-/..ken⦆ 〖植〗 ヒース. ❷ 〘女名〙 エーリカ.

erinnerlich [形] 思い出せる.

erinnern [エアインナァン] ⦅erinnerte; erinnert⦆[他] ([英] remind) ⦅j^4 **an** et^4⦆ (人に…を)思い出させる; ([英] remember) ⦅*sich*^{4} **an** *j-et*^{4}⦆ (…を)思い出す, 覚えている.

Erinnerung [エアインネルング] [女] 《-/-en》 ([英] memory)記憶, 思い出, 回想; 記憶力; 記念[品]. ♦ *in ~ bleiben* 《j^3》 (人に)記憶されている. *in ~ bringen* 《j^3 et^4》 (人に…を)思い出させる. *in ~ bringen* 《$sich^3$ et^4》 (…を)思い出す. *in ~ haben* (…を)忘れない. **~s=vermögen** [中] 記憶力.

Erinnye [女] 《-/-n》 〔ギ神〕 エリニュス(3人の復讐(ふくしゅう)の女神).

Eris 〔ギ神〕 エリス(不和の女神). **=apfel** [男] 〔ギ神〕 エリスのリンゴ; 争いの種.

erkalten [自] (s)冷たくなる, 冷える; (気持ちなどが)冷める.

erkälten [エアケルテン] 《erkältete; erkältet》 ❶ [再] 《$sich^4$》 風邪を引く: Ich habe mich *erkältet.* 風邪を引いた. ❷ [他] 《$sich^3$ et^4》 (胃腸などを)冷やして悪くする; 《雅》 (人の)感情を冷ます. **erkältet** [エアケルテット] [形] 風邪を引いた: Ich bin ~. 風邪を引いている.

Erkältung [エアケルトゥング] [女] 《-/-en》 ([英] cold)風邪, 感冒.

erkämpfen [他] 勝ち取る.

erkannt, erkannte ⇨ erkennen

erkaufen [他] 《et^4 **mit** et^3》 (…を…の代償として)獲得する, 入手する; (…を…で)あがなう; 《[$sich^3$] j-et^4》 (…を)買収する〈して手に入れる〉.

erkennbar [形] 見分けのつく, 識別できる.

erkennen* [エアケネン] 《**erkannte; erkannt**》 ❶ [他] ([英] recognize) 《j-et^4 [**an** et^3]》 ([…で] …を)識別する; (…を)認識する, 認める; 悟る; 見抜く; 《et^4 **als** et^4》 (…を…と)見なす; 〔商〕 (…を)貸方に記帳する. ❷ [自] 《雅》 《**auf** et^4》 〔法〕 (…の)判決を下す; 〔スポ〕 (…を)認定する. ♦ *zu ~ geben* (…を)悟らせる, 知らせる; 《$sich^4$》 素性(すじょう)を明かす.

erkenntlich [形] 感謝している; 認識できる, 識別できる. ♦ *~ sein* 《j^3》 (人に)感謝している. *~ zeigen* 《$sich^4$ **bei** j^3 **für** et^4》 (人の…に対して)感謝の意を表する.

Erkenntlichkeit [女] 《-/-en》 謝意; お礼の品〈行為〉.

Erkenntnis [エアケントニス] ❶ [女] 《-/-se》 認識, 理解; 洞察[力]; 認識能力. ❷ [中] 《-ses/-se》 《オーストリア》 〔法〕 判決, 刑の宣告. **=theorie** [女] 認識論.

Erkennung [女] 《-/》 認識, 識別; 鑑識. **~s=dienst** [男] (警察の)鑑識[課]. **~s=marke** [女] 〔軍〕 認識票. **~s=schein** [男] 〔商〕 更改証書, 利札引換券. **~s=zeichen** [中] 目印.

Erker [男] 《-s/-》 〔建〕 出窓.

erkiesen* [他] 選ぶ, 選出する.

erklärbar [形] 説明のつく.

erklären [エアクレーレン] 《erklärte; erklärt》[他] ❶ ([英] explain) 《j^3 et^4》 (人に…を)説明〈解説〉する; 《$sich^3$ et^4》 (…を)理解する; 《$sich^4$》 説明がつく. ❷ ([英] declare)(…を) 《j-et^4 [**für** et^4 〈[形]〉]》 (…を[…と])宣言〈宣告〉する; 《j-et^3 et^4》 (…に…を)布告〈表明〉する; 《j^4 **zu** et^3》 (人を…に)指名する; 《$sich^4$》 (態度・見解などを)表明する. **Erklärer** [男] 《-s/-》 説明〈解説〉者.

erklärlich [形] 説明のつく. **erklärt** (→ erklären) [形] 明白な, 断固たる; 自他共に認める. **erklärte** ⇨ erklären

Erklärung [エアクレールング] [女] 《-/-en》 ([英] explanation)解説; 解釈, 説明; ([英] declaration)(意見の)表明; 宣言.

erklärungsbedürftig [形] 説明の必要な.

erklecklich [形] 《雅》 かなりの.

er=klimmen* [他] 《雅》 (山などの)頂上によじ登る; (高位に)苦労して登[り詰め]る. **=klingen*** [自] (s)鳴り〈響き〉始める. **=kranken** [自] (s)病気になる.

Erkrankung [女] 《-/-en》 発病; 病気. **~s=quote** [女], **~s=rate** [女] 罹病(りびょう)〈発病〉率.

erkunden [他] 探り出す; 〔軍〕 偵察する.

erkundigen [エアクンディゲン] 《erkundigte; erkundigt》 [再] 《$sich^4$ [**bei** j^3] **nach** j-et^3》 ([人に] …を)問い合わせる, 尋ねる. **Erkundigung** [女] 《-/-en》 問い合わせ, 照会.

Erkundung [女] 《-/-en》 探索; 偵察.

Erl. [略] *Erlaucht* 閣下.

Erlagschein [男] 《オーストリア》 郵便為替[払い込み用紙].

erlahmen [自] (s)疲れる, だるくなる; (意欲・風雨などが)弱まる, 衰える.

erlangen [エアランゲン] 《erlangte; erlangt》[他] ([英] attain)手に入れる; (…に)到達する.

Erlangen エアランゲン(ドイツ Bayern 州北部の都市).

Erlass ([旧] ..laß) [男] 《..lasses/..lasse; オーストリア ..lässe》 (政令などの)公布; 政令, 布告; (義務・刑罰などの)免除.

erlassen* [他] (政令などを)公布する; 《j^3 et^4》 (人に…を)免除する.

erlauben [エアラオベン] 《erlaubte; erlaubt》[他] ([英] allow) 《[j^3] et^4》 ([人に] …を)許可する; (物事が[人に] …を)許容する, 可能にする; 《$sich^3$ et^4》 あえて(…)する. ♦ [*Na*] *~ Sie mal!* / *Erlaube mal!* 《話》 どうしてそんなことをする〈言う〉のか. *Was ~ Sie sich!* / *Was erlaubst du dir* [*denn* 〈*eigentlich*〉]! 《話》 何と失礼なことを.

Erlaubnis [エアラオプニス] [女] 《-/-se》 ([英] permission)許可. ♦ *die ~ geben* 〈*erteilen*〉 《+不定詞句》 《j^3》 (人に)…することを許す. *um ~ bitten* 《j^4》 (人に)許可を求める.

erlaubt, erlaubte ⇨ erlauben

erlaucht [形] 《雅》 高貴な, 貴顕の. **Erlaucht** [女] 《-/-en》 閣下(貴族, 特に Graf (伯爵)に対する尊称; [略] Erl).

erläutern [エアロイタァン] 《erläuterte; erläutert》[他] ([英] explain)(…の)解説をする, (…に)注釈〈説明〉を加える. **Erläuterung** [女] 《-/-en》 解説, 注[釈].

Erle [女] 《-/-n》 〔植〕 ハンノキ.

erleben [エアレーベン] 《erlebte; erlebt》 [他] ([英] experience)体験〈経験〉する, (人を)目の当たりに見る; (ある段階を)迎える, (…[の日]を)生きて迎える. ♦ *Du kannst etwas ~!* 痛い目をみるぞ. *Hat man je so* [*et*]*was schon mal erlebt!* 《話》 こんなことってあるか(驚き・怒りの叫び).

Erlebnis [エアレープニス] [中] 《-ses/-se》 経験, 体験.

E

erlebt, erlebte ⇨ erleben
erledigen [エアレーディゲン] (erledigte; erledigt) ⓗ (仕事などを)片づける, 済ます, 処理する(Die Sache hat *sich erledigt*. この件は片が付いている); 〖話〗(人の)面目を失わせる; (人を)殺す. **erledigt** ⓗ 〖話〗疲れはてた, へとへとになった. **Erledigung** ⓕ 〈-/-en〉処理, 解決; 用事.

erlegen ⓗ (獣を)仕留める; 〖南部・オ〗(料金などを)払い込む, 支払う.

erleichtern [エアライヒテァン] (erleichterte; erleichtert) ⓗ ❶ 〖j³ et⁴〗(人の)仕事などを軽減する, (…を)容易にする; (…の重さ・人の気持ちなどを)軽くする. ❷ 〖話〗〖j⁴ **um** et⁴〗(人から…を)巻き上げる. **Erleichterung** ⓕ 〈-/-en〉安堵(き); 軽減, 緩和; 軽減措置; 緩和剤.

erleiden* ⓗ (被害・損失などを)被る, 受ける; 〖雅〗(痛み・不幸などに)苦しむ, 悩む.

erlernen ⓗ 習得する. **Erlernbarkeit** ⓕ 〈-/〉習得可能な.

erlernen [エアレルネン] (erlernte; erlernt) ⓗ 習得する.

erlesen ⓗ えり抜きの, 極上の.

erleuchten ⓗ 照明する, 明るくする; (sich⁴) 明るくなる, (顔などが)輝く. ◆ *erleuchtet werden* 〖話〗(名案が)ひらめく, 悟る. **Erleuchtung** ⓕ 〈-/-en〉照明, 照らすこと; ひらめき; 悟り.

erliegen* ⓗ (s) 〖j-et³〗(…に)負ける, 屈する; 〖et³〗(病気・けがなどで)死ぬ; 〖et³〗(誤りを)犯す. ◆ *zum Erliegen bringen* (…をまひさせる, (…の)機能をストップする. *zum Erliegen kommen* 機能しなくなる, まひする.

erlisch, erlischt ⇨ erlöschen

erlog ⇨ erlügen **erlogen** (→ erlügen) ⓗ 偽りの, でっち上げの.

Erlös ⓜ 〈-es/-e〉売上金, 収益.

erlöschen* [エアレッシェン] (erlosch; erloschen) ⓗ (s) (火・明かりなどが)消える; (火山が)活動を止める; (ある感情が)消え失せる; (権利・契約などが)失効する, (血筋・負債などが)消滅する.

erlösen ⓗ (save) 〖j⁴ **aus** 〈**von**〉 et³〗(人を…から)救う, 救済〈解放〉する. **Erlöser** ⓜ 〈-s/-〉救い主, 救済〈解放〉者; 〖宗〗救世主, キリスト. **Erlösung** ⓕ 〈-/-en〉救済, 解放.

erlügen* ⓗ でっち上げる.

ermächtigen ⓗ 〖j⁴ **zu** et³〗(人に…の)権限〈全権〉を与える. **Ermächtigung** ⓕ 〈-/-en〉権限〈付与〉.

ermahnen ⓗ (人に)警告する, 厳しく注意する, (人を)諭す. **Ermahnung** ⓕ 〈-/-en〉警告, 注意, 訓戒.

Ermangelung ⓕ ◆ *in* 〖**in** *et²〗〈von j-et²*〉(…が)欠けているので, いないので.

ermannen ⓗ (sich⁴) 〖雅〗奮起する, ふるい立つ.

ermäßigen ⓗ (価格などを)引き下げる, 割り引く(**zu** *ermäßigtem* Preis 割引価格で); (税金などを)軽減する; (sich⁴)(料金などが)割り引かれる. **Ermäßigung** ⓕ 〈-/-en〉割引, 値下げ; 軽減.

ermatten ⓗ (s) 弱まり切る, 弱る; 弱(ぐ)る; (人を)疲労させる, 弱らせる. **ermessen*** ⓗ 評価〈判断〉する, 推し測る.

Ermessen ⓝ 〈-s/〉評価, 判断, 裁量: nach meinem ~ 私の考えでは. ◆ *in j²* ~ *stellen* (…を人の)裁量に任せる. *nach menschlichem* ~ 多分; 見たところ. ~**s-frage** ⓕ 〈個人の〉裁量に任された問題.

ermitteln ⓗ 突き止める, 探し出す; (数値などを)算出する, 求める; 〖法〗捜査する. **gegen** *j⁴* 〗(人の)捜査をする.

Ermittlung ⓕ 〈-/-en〉調査, 捜査. ~**s-verfahren** ⓝ 〖法〗捜査手続き.

ermöglichen ⓗ 〖j³ et⁴ **zu** 不定詞句〗(人に…〈することを〉)可能にする.

ermorden ⓗ (人を)殺害する. **Ermordung** ⓕ 〈-/-en〉殺害.

ermüden ⓗ 疲労させる; ⓗ (s) 疲労する, 疲れる; (金属が)疲労を起こす. **Ermüdung** ⓕ 〈-/-en〉疲労; 金属疲労.

ermuntern ⓗ 〖j⁴ **zu** et³〗(人を…するように)励ます, 元気づける; 〖j⁴〗(人の眠気を覚ます; (sich⁴) 眠気が覚める; (sich⁴ **zu** et³) …をする元気が出る.

Ermunterung ⓕ 〈-/-en〉激励, 励ましの言葉.

ermutigen ⓗ (人を)励ます, 元気〈勇気〉づける. **Ermutigung** ⓕ 〈-/-en〉激励, 励ましの言葉.

ernähren [エアネーレン] (ernährte; ernährt) ⓗ 〖j-et⁴ **mit** et³〗(人・動物に…で)養う; (人・動物を…で)育てる; 〖j⁴ **mit** 〈**von**〉 et³〗(人を…で)養う; (sich⁴ **von** 〈**mit**〉 et³) …で生計を立てている. ◆ *seinen Mann* ~ (仕事・職業などで)食うに困らないだけの収入を保証する. **Ernährer** ⓜ 〈-s/-〉, (ⓕ -**in**) 養い手, 扶養者.

Ernährung ⓕ 〈-/-en〉栄養を与えること; (Nahrung) 栄養; 食物; (家族などの) 扶養. ~**s-therapie** ⓕ 食餌(ピー)療法. ~**s-wissenschaft** ⓕ 栄養学. ~**s-wissenschaftler** ⓜ 栄養学者.

ernennen* ⓗ 〖j⁴ **zu** et³〗(人を…に)任命〈指名〉する; (大臣・後継者などに)任命〈指名〉する. **Ernennung** ⓕ 〈-/-en〉任命, 指名.

erneuern [エアノイアン] (erneuerte; erneuert) ⓗ (Ⓔ renew) 新しくする, 更新する; 修復する; (sich⁴) 新しくなる; 復活〈再生〉する. **Erneuerung** ⓕ 〈-/-en〉更新, 修復, 修繕.

erneut ⓗ 新たな, 改めての.

erniedrigen ⓗ (人の)品位を落とす, (人を)おとしめる; (sich⁴) 卑下する, へりくだる; (価格などを)下げる, 低くする; 〖楽〗(音を)半音下げる. **Erniedrigung** ⓕ 〈-/-en〉おとしめること, 辱め; 下げること, 低下; 〖楽〗半音下げること.

ernst [エルンスト] ⓗ (Ⓔ serious) まじめな, 真剣な; 本気の; 重大な, 深刻な. ◆ ~ *gemeint* 誠実な, まじめな. *es* ~ *meinen* 本気である. *Mit et³ ist es* 〖~〗. (人は…について)真剣〈本気〉である.

Ernst [エルンスト] ❶ ⓜ 〈-es/〉 (Ⓔ seriousness) まじめ, 真剣; 本気; 重大, 深刻さ. ❷ 〖男名〗エルンスト. ◆ *allen* ~**es** まじめのに. *der* ~ *des Lebens* 人生の厳しさ. ~ *machen* 〖**mit** *et³〗(…を)実行する. *tierischer* ~ 〖蔑〗くそまじめ.

=**fall** 男 深刻な状況〈事態〉, 万一の場合.

ernstgemeint 形⇒ ernst ◆

ernsthaft [エルンストハフト] 形 (= serious) 真剣な; まじめな, 本気の; 重大な, 深刻な. **Ernsthaftigkeit** 女 《-/》 まじめさ, 真剣さ. **ernstlich** 副 重大な; 本気の, 真剣な.

Ernte [エルンテ] 女 《-/-n》〈harvest〉収穫, 取り入れ; 収穫物: Ohne Saat keine ~. 〈諺〉まかぬ種は生えぬ. ◆ *furchtbare* 〈*schreckliche, reiche*〉 ~ *halten* (死神·疫病などが) 猛威を振るう. *J³ ist die ganze ~ verhagelt*. 〈話〉(失敗して人は) 落ちこんでいる. =**dankfest** 中 収穫〈感謝〉祭.

ernten [エルンテン] (erntete; geerntet) 他 (= reap) 収穫する; (成果などを) 手に入れる.

ernüchtern 他 (人の) 酔いを覚ます; (…を) 幻滅させる. **Ernüchterung** 女 《-/-en》酔いを覚ますこと; 幻滅, 興ざめ.

Eroberer 男 《-s/-》 《..rin》征服者, 侵略者.

erobern [エアオーバァン] (eroberte; erobert) 他 (= conquer) 征服〈攻略〉する; 《sich³ j-et⁴》 (…を) 手に入れる; 《j-et⁴》 (人の) 心をつかむ, (人の共感などを) 得る. **Eroberung** 女 《-/-en》 (= conquest) 征服, 侵略; 獲得 (したもの); 攻略地. ◆ *auf ~en ausgehen* 女の子なりそうとする. *eine* ~ *machen* / *~en machen* ガールフレンドを作る.

eröffnen [エアオフネン] 他 (eröffnete; eröffnet) 他 (= open) 開く, オープンする, 開始する (*das Feuer* ~ 中口 砲火の火蓋を切る); 開会 (開業, 開設, 開館) する; 〖法〗 (遺言状などを) 開封する; 〈雅〉 《*j-et⁴*》 (人に…を) 打ち明ける; 《*j-et⁴*》 (…に可能性·展望などを) 開く; 《sich³ *j³*》 (可能性·展望などが (人に)) 開ける. **Eröffnung** 女 《-/-en》 開始; 開店, 開業, 開設, 開会; 打ち明け話. *~s-bilanz* 女 開始時貸借対照表.

erogen 形 性欲を刺激する.

erörtern [エアエルタァン] 他 (erörterte; erörtert) 他 (= discuss) 論じる; 討議〈検討〉する. **Erörterung** 女 《-/-en》論究, 討議, 検討.

Eros I 男 〖神〗 ❶ (-/) エロス, 性愛; (自己中心的な) 自愛; (真·善·美への) 愛. ❷ (-/) 中口 エロス (小惑星の一つ). **Eros-Center** 中 公娼(こうしょう)施設, エロスセンター.

Erosion 女 《-/-en》 〖地学〗 侵食 (作用); 【医】 糜爛(びらん), 表皮剝離(はくり).

Erotik 女 《-/》エロチシズム; 性愛, 好色. **Erotiker** 男 《-s/-》好色家. **erotisch** 形 性愛的な; エロチックな, 好色な.

Erpel 男 《-s/-》雄ガモ.

erpicht 形 ◆ *sein* 《*auf et⁴*》 (…に) 熱望している.

erpressen 他 脅し取る; (人を) 恐喝する, ゆする. **Erpresser** 男 《-s/-》《-in》恐喝者, ゆすり. **erpresserisch** 形 恐喝的な. **Erpressung** 女 《-/-en》 ゆすり, 恐喝.

erproben 他 (…の) 性能をテストする; (能力などを) 試す, 確かめる. **erprobt** 形 実証済みの, 信頼のおける. **Erpro-**

bung 女 《-/-en》テスト〔してみること〕.

erquicken 他 (= refresh) (人の) 元気を回復させる, 気分をさわやかにする. **er-quicklich** 形 さわやかな, 快い, 喜ばしい. **Erquickung** 女 《-/-en》元気を回復させること〈もの〉, そう快にすること.

erraten* [エアラーテン] (erriet; erraten) 他 〈guess〉言い当てる, 明察する.

errechnen 他 算出する; 《*sich³*》 算出される; 《*sich³ et⁴*》 予測〈期待〉する.

erregbar 興奮しやすい, 敏感な. **Er-regbarkeit** 女 《-/》

erregen [エアレーゲン] 他 (erregte; erregt) 他 (= excite) 《…を》 興奮 〈激高〉させる; (人を怒りなどに) 挑発する; (感情などを) 呼び起こす; 《*sich⁴ über j-et⁴*》 (…について) 興奮する. **Erreger** 男 《-s/-》 〖医〗 病原体.

erregt (→ erregen) 形 興奮した; 《雅》 (海が) 荒れ狂った. **Erregtheit** 女 《-/》 興奮状態. **erregte** → erregen

Erregung 女 《-/-en》 興奮, 激高; (疑念·怒りなどを) ひき起こすこと, 惹起(じゃっき)すること.

erreichbar 到達できる, 手の届く; 連絡のつく: *Sind Sie telefonisch* ~? 電話で連絡がとれますか.

erreichen [エアライヒェン] 《erreichte; erreicht》 他 〈reach〉 (…に) 届く; (…に) 到達する; (…を) 達成する; (乗り物に) 間に合う; (人と電話などで) 連絡がとれる.

erretten 他 〈雅〉 (人を) 救う, 助ける.

errichten 他 建てる, 建設する, 築く; 設立する, (体制などを) 樹立する; 〖法〗 (遺言状を) 作成する. **Errichtung** 女 《-/-en》建立, 築造; 設立, 樹立; 〖法〗 (遺言状の) 作成.

erriet ⇒ erraten

erringen* 他 勝ち取る, 獲得する.

erröten 他 (s) 〈雅〉顔を赤らめる, ほおを紅潮する.

Errungenschaft 女 《-/-en》獲得物.

Ersatz [エアザッツ] 男 《-es/》 (= substitute) 代理〈代人〉, 代用, 補欠〈選手〉, 代役; 交替〔選手〕, 補欠〔選手〕; 補償, 代償; 〖法〗補充隊.

Ersatz.. 予備の, 代用の, 補欠の. =**dienst** 男 (兵役拒否者のための) 代替役務. =**droge** 女 (依存症になる恐れの少ない) 代用麻薬. =**handlung** 女 〖心〗代償行動. =**mann** 男 代役, 交代要員. =**mutter** 女 代理母. =**reifen** 男 予備タイヤ.

Ersatzteil [エアザッツタイル] 中 《(男)》 《-[e]s/-e》 予備部品, スペア.

ersaufen* 他 (s) 〈話〉おぼれ死ぬ; 水浸しになる; (エンジンが) オーバーフローする.

ersäufen 他 おぼれさせる. ◆ *seinen Kummer im Alkohol* ~ 酒で憂さを忘れる.

erschaffen* 他 創造する. **Erschaffer** 男 《-s/-》 創造者, 神. **Erschaffung** 女 《-/-en》 創造, 創作.

er=**schallen**(*) 他 (s) 《雅》 鳴り響く, 響き渡る. =**schaudern** 他 (s) 《雅》 おののく, りつ然とする. =**schauen** 他 《雅》 観察する. =**schauern** 他 《雅》 身震いする; ぞっとする, 背筋を冷たいものが走る.

erscheinen* [エアシャイネン] 《erschien; erschienen》 他 (s) ❶ (= appear)(ある場所に)現れる, 姿を現す; 《j³》(人に幽霊などが)現れる; 出席(出勤)する. ❷ 圓 (版)(刊行)される. ❸ 《j³》(人には…と)思われる. ❹ ⊞ -s/- 出現; 出版; 発行.

Erscheinung [エアシャイヌング] 囡 《-/-en》 ❶ 《無》 appearance)現れ, 現象; 出現. ❷ 外見. ❸ 幻, 幻影. ❹ 出版(刊行)物. ◆ *das Fest der ~ des Herrn* 〖宗〗顕現祭(1月6日). *in ~ treten* 現れる; 明らかになる.

erschien, erschienen ⇒ erscheinen
erschießen* 他 (人を)射殺(銃殺)する. = *erschossen sein* 圓 (人を)殺したくなっている. **Erschießung** 囡 《-/-en》射殺, 銃殺.
erschlaffen 圓 (s)力が抜ける, 弛緩(しかん)する; たるむ; 他 (人を)ぐったりさせる. **Erschlaffung** 囡 《-/》力が抜けること, 弛緩(しかん); たるみ.
er・schlagen* 他 ❶ 圓 (人を)殴り殺す; (落下物が人に当たって)死なせる. ❷ 圓 (驚いて)唖然とした. ⓒ 疲れ果てた.
=schleichen 他 《*sich³ et⁴*》(…を)不正な手段で〈へつらって〉手に入れる. **=schließen*** 他 (市場・土地などを)開発(開拓)する; 《…に…を》《*et⁴ aus et³*》(…を…から)推論(推定)する.
erschöpfen [エアシェプフェン] 《erschöpfte; erschöpft》他 ❶ 圓 (英 exhaust) 使い果たす; (人を)疲労こんぱいさせる: *Meine Geduld ist erschöpft.* 堪忍袋の緒が切れた. ❷ 《*sich⁴ et⁴*》《雅》(…に)尽きる.
erschöpfend 委曲を尽くした, 徹底的な. **Erschöpfung** 囡 《-/-en》消耗, 使い尽くすこと; (極度の)疲労.
erschrak(-st)* [エアシュラッケン] ❶ 他 (erschrak; erschrocken) (s) 《*vor j-et³*》《*über j-et⁴*》(…に)驚く, びっくりする. ❷ 他 (erschreckte; erschreckt) 《*sich⁴ vor et³* 《*über et⁴*》》《話》(…に)ぎょっとする. **erschreckend** 恐ろしい, 驚くべき, ぞっとするような.

erschrick, erschrickst, erschrickt ⇒ erschrecken
erschrocken (→ erschrecken) 驚いた, ぎょっとした.
erschüttern [エアシュッテァン] 《erschütterte; erschüttert》他 圓 (英 shake) 揺さぶる; (決心・信念などを)ぐらつかせる; (人に)ショック(感動)を与える. **Erschütterung** 囡 《-/-en》 (心理的な)ショック, 動揺; 激しい揺れ(振動).
erschweren 他 困難にすること, 妨げる. **Erschwernis** 囡 《-/-se》困難, 障害. じゃま. **Erschwerung** 囡 《-/-en》困難にすること, 妨害.
erschwindeln 他 《*sich³ et⁴*》(…を)詐取する, だまし取る.
erschwinglich 調達可能な, 工面できる.
ersehen* 他 《*et⁴ aus et³*》(…から)見てとる, (…が…から)分かる. ◆ *nicht mehr ~ können* 《方》《*j-et¹*》(…)がいやになる: Ich kann es nicht mehr ~. 我慢できなくなる.
ersehnen 他 《雅》《*sich⁴ et⁴*》待ち焦がれる, 熱望する.

ersetzen [エアゼッツェン] 《ersetzte; ersetzt》他 ❶ 圓 (英 replace) 《*j³ j-et¹*》(人の)…の代わりをする; 《*j-et¹ (durch et⁴)*》(…を[…で])取り替える, 交代(交替)させる, (人のあとを[人で])埋める: 《…を…に》置換する: 《*j³ j-et¹*》(人に)…を補償(弁償)する. **Ersetzung** 囡 《-/-en》代用, 代用, 補充; 交代, 弁償.
ersichtlich はっきり分かる, 明白な.
ersinnen* 他 《雅》思いつく, 考え出す.
erspähen 他 見つけ出す, 探し出す.
ersparen 他 ❶ (英 save)《*sich³ et⁴*》ためる: 節約して残す; 《*sich³ et⁴*》(貯金にて…を)手に入れる. ❷ 《*j³ et⁴*》(人に…を)免れさせる: 《*sich⁴ et⁴*》(…を)免れて, しないで済ます. **Ersparnis** 囡 《-/-se》 ❶ 節約. ❷ 《ふつう複 *-sen*》貯金, 蓄え. **Ersparung** 囡 《-/》(英 of) 節約, 倹約.
ersprießen* 他 (s)《雅》芽ぐむ.
ersprießlich 《雅》有益な, ためになる. 実りある.
erst [エアスト] ❶ 他 (英 first)《序数》《形容詞変化して》第一の, 最初の; 最上等の. ❷ 圓 (英 first) 最初に, まず第一に: やっと: 《条件文・願望文で》とにかく, まずは. ◆ *am ~en* まずしって, 第一に. *der 《die, das》 ~e beste* 行き当たりばったりの, 手当たり次第の. *~ recht* なおさら, 輪をかけて. *Erster von hinten* 《俗》一番最後の人, びりの人. *fürs Erste* 差し当たって, *zum Ersten* 第一に, まず.
er・starken 他 (s)《雅》じょうぶになる, 強くなる. **=starren** 他 (s)凝固する, 固まる: こわばる, 硬直する. **=statten** 他 《*j³ et⁴*》(人に…を)払い戻す, 返済する: 《…を》行う: *Bericht* 《*Meldung*》 *~* 報告〈通知〉する.
Erst・aufführung 囡 初公演, 初公開.
erstaunen [エアシュタオネン] 《erstaunte; erstaunt》他 (英 astonish)《*j⁵*》(英 astonish 《*über j-et⁴*》《*j-et¹*》(人と…で)驚かす; 圓 《*über j-et⁴*》(…に)驚く. **Erstaunen** ⊞ 《-s》 驚き. ◆ *in ~ versetzen* (人を)驚かす. *zu meinem ~* 驚いたことには.
erstaunlich [エアシュタオンリヒ] (英 astonishing) 驚くべき; すごい; 奇異な. **erstaunlicherweise** 驚いたことに.
erstaunt ⇒ erstaunen 他 驚いた.
erstaunte ⇒ erstaunen
Erst・ausgabe 囡 初版, 第1刷; 初版本.
erstbest 手当たり次第の, 行き当たりばったりの.
erstechen* 他 (人を)刺し(突き)殺す.
erstehen* 他 ❶ (英 うまく)購入する; 他 (s)《雅》(死から)よみがえる, 復活(復興)する: (新たに)生じる.
ersteigen* 他 (…の)上端まで登り詰める; (山に)登頂する.
ersteigern 他 競り落とす, 手に入れる. **Ersteigerung** 囡 《-/-en》
Ersteigung 囡 《-/-en》登頂.
erstellen 他 《官》建設(建造)する; (計画書などを)作成する.
erstemal 圓 ⇒ Mal ◆ **erstenmal** 圓 ⇒ Mal ◆
erstens [エアステンス] 圓 (英 first[ly]) まず第一に, 最初に[は].

erster 形 前者の.
erstgeboren 形 最初に生まれた, 第一子の. **Erstgeburt** 女 第一子; 処女作.
ersticken 自 (s) 窒息死する, 息が詰まる; 他 (人を)窒息死させる; (叫びなどを)おさえる, (笑い声などを)こらえる, 押し殺す.
Erstickung 女 (-/-) 窒息死.
erstklassig 形 第一級の, すばらしい; [スポーツ] 一部リーグの.
Erstling 男 (-s/-e) 処女作品; 第一子; (家畜の)初児; [聖書] (季節の)初物. **~s-film** 男 (映画監督の)処女作. **~s-roman** 男 (作家の)処女作.
erst-malig 形 最初(初回)の. =**mals** 副 初めて, 初回に. =**rangig** 形 最重要な; 一流の, 第一級の.
erstreben 動 [雅] 得ようと努力する, 追求(切望)する. **~s-wert** 形 努力のしがいのある, 努力(追求)に値する.
erstrecken 動 〈*sich*〉(時間・空間的に)延る, 広がる; 〈*sich⁴ auf j-et⁴*〉(…に)及ぶ, 向けられている; 〈…〉(…を)対象とする; [法律] (期間などを)延長する.
Erst-schlag 男 [軍] (先制の)第一撃: ein nuklearer ~ 核の先制攻撃. =**semester** 男 (第1学期在学中の)新入[大学]生.
erstunken ♦ *Das ist ~ und erlogen*. [話] 真っ赤なうそだ.
erstürmen 動 攻略をとる.
ersuchen 動 [雅] 〈*j-⁴ um et⁴*〉(人に…を)丁重に(公式に)要請する. **Ersuchen** 中 (-s/-) (公式の)要請, 要求.
er-tappen 動 (人を)不意打ちする, (人の悪事の)現場を押さえる; 〈*sich⁴ bei et³*〉(自分が…していることに)突然気付く. =**teilen** 動 〈*[j³] et⁴*〉(人に) *et⁴* を与える, 授ける. =**tönen** 動 (s) 鳴り始める; 鳴り響く, 響き渡る.
Ertrag 男 (-[e]s/..träge) (農作物などの)収穫, 収穫, 出来高; 収益.
ertragen＊ 動 [エアトラーゲン] (**ertrug**; **ertragen**)他 動 (⇔ bear) 耐える, 我慢する, 甘受する. **erträglich** 形 我慢できる, 耐えられる; まあまあ(まずまず)の.
ertragreich 形 収益(収穫)の多い.
Ertrag[s]-steigerung 女 (-/-en) 収益(収穫)の増加.
ertrank ⇒ ertrinken
ertränken 動 溺死(できし)させる.
erträumen 動 〈[*sich*] *j-et⁴*〉(…を)夢に見る(描く), (…に)あこがれる.
ertrinken＊ 動 [エアトリンケン] (**ertrank**; **ertrunken**)自 (s) (⇔ drown)おぼれ死ぬ, 水死する.
ertrotzen 動 [雅] 〈[*sich*] *et⁴*〉(…を)強引に手に入れる.
ertrug ⇒ ertragen
ertrunken ⇒ ertrinken
ertüchtigen 動 (人を)鍛える, トレーニングする. **Ertüchtigung** 女 (-/-) 鍛錬, トレーニング.
erübrigen 動 (節約して…を)残す, 余らせる; 〈*sich⁴*〉余計である.
Eruption 女 (-/-en) (火山の)爆発, 噴火; (熔岩などの)噴出; [医学] 発疹(はっしん).
erwachen 動 [エアヴァッヘン] (**erwachte**; **erwacht**)自 (s) (⇔ awake) [雅] 目を覚ます; 〈*aus et³*〉(夢眠などから)目が覚める.

〈*in j³*〉(疑念などが人の心に)生じる.
erwachsen＊ [エアヴァクセン] 《**erwuchs**; **erwachsen**》 ❶ 動 (s) (⇔ grow) 〈*aus et³*〉(…から)生じる, 起こる. ❷ 形 成人した, おとなの.
Erwachsenen-bildung 女 成人教育, 生涯教育.
Erwachsene[r] [エアヴァクセーネ(ナー)] 男女 [形容詞変化に] (⇔ adult) 成人, おとな.
erwacht, erwachte ⇒ erwachen
erwägen＊ 動 検討(吟味)する.
Erwägung 女 (-/-en) 検討, 吟味.
erwählen 動 (人を)選ぶ, 選び出す; 〈*j⁴ zu et³*〉(人を…に…).
erwähnen [エアヴェーネン] (**erwähnte**; **erwähnt**)他 動 (⇔ mention) (…に)言及する, 触れる. **~s-wert** 形 言及に値する.
Erwähnung 女 (-/-en) 言及.
erwarb ⇒ erwerben
erwärmen 動 (暖く温める), 〈*sich⁴*〉暖〈温〉まる; 〈*j⁴ für et⁴*〉(人に…に対して)興味を起こさせる; 〈*sich⁴ für et⁴*〉(…に)興味を抱く.
erwarten [エアヴァルテン] (**erwartete**; **erwartet**)他 動 ❶ 他 (⇔ wait for) (…の到着)を待ち受けている: ein Kind ~ 妊娠している. ❷ 他 (⇔ expect) (…を)期待(予想)する; 〈*+ zu* 不定詞句〉〈*+ dass* 文〉(…することを)期待(予想)する, (…すると)思う. ♦ *Das war zu ~.* 思った(予想)通りだ. **viel 〈wenig, nichts〉 ~** 〈*sich*〉 *von et³*〉(…に)大いに期待する(あまり(まったく)期待しない). **wie zu ~** 案の定; 予想通り.
Erwartung [エアヴァルトゥング] 女 (-/-en) (⇔ expectation) 期待, 待望; 予想, 見込み. **erwartungsvoll** 形 期待に満ちた.
er-wecken 動 [雅] (人の)目を覚まさせる; (よみがえらす; (感情・意識などを)呼び覚ます. =**wehren** 動 〈*sich⁴ j-et³*〉[雅] (…から)身を守る, (…を)防ぐ. =**weichen** 動 (…を)柔らかくする(なる); 軟化させる(する); (気持ちなどを)(が)和らぐ(ぐ), 和らげる(む).
erweisen＊ [エアヴァイゼン] 《**erwies**; **erwiesen**》他 動 ❶ (人に)好意・敬意などを表する, (人に奉仕を)する; (⇔ prove) 証明する, (…の)正しいことを示す; 〈*sich⁴ als et⁴*〉(…と)判明する.
erweitern [エアヴァイタァン] (**erweiterte**; **erweitert**)動 (⇔ widen) 広げる; 〈*sich⁴*〉 広がる: eine *erweiterte* Auflage (本の)増補版. **Erweiterung** 女 (-/-en) 拡大, 拡張.
Erwerb 男 (-[e]s/-e) 購入, 獲得, 取得; 習得; 獲得(取得)物; [官] 職業, 営業.
erwerben＊ [エアヴェルベン] (**erwarb**; **erworben**)他 動 (⇔ acquire) (土地・住居を)購入する, 獲得(取得)する, 手に入れる.
erwerbs-fähig 形 就業可能な. =**los** 形 無職の; [官] 未就職の(失業保険の対象とならない).
Erwerbslosen-fürsorge 女 失業者救済, 失業対策[事業]. =**quote** 女 失業率.
Erwerbs-quelle 女 収入源, 生計の源.

erwerbs=tätig 形 職に就いている. **-unfähig** 形 (病気などで)就業不能.

Erwerbung 女 (-/-en) 獲得, 取得, 購入; 獲得(取得)物, 購入品.

erwidern [エアヴィーダァン] (erwiderte; erwidert) 他 (⊗ reply) ([j³ *et*⁴] **auf** *et*⁴]) (人の…に対して) …と応答〈返答〉する. 答える; (…に)返礼する. **Erwiderung** 女 (-/-en) 答え, 返答, 応じること; 返報; 返礼; 応じる.

erwies, erwiesen ⇒ erweisen

erwiesenermaßen 副 立証どおり, 立証されたように.

erwirken 他 (手を尽くして)実現させる, 手に入れる.

erwischen 他 《話》(人を)捕らえる, 取り押さえる. つかまえて捕まえる; (列車・バスなどに)間に合う; (とっさの所で)つかむ; (…きたまま)手に入れる. ◆ **Es hat j⁴ erwischt.** 《話》(人は)病気だ, 死んだ, けがをした: 恋をした. **Mir kannst du viel ~!** 《話》何とでも言え(私は信じない).

erworben ⇒ erwerben

erwuchs ⇒ erwachsen

erwünscht 形 望ましい, 待望の, 歓迎すべき.

erwürgen 他 (人を)締め殺す, 絞殺(扼殺)する.

Erz [エーァツ, エルツ] 中 (-es/-e) 鉱石, 原鉱; 金属(鉱); 鉄(銅)合金; 《雅》青銅, ブロンズ.

erz.., Erz.. 「極端に…; 完全に…; 大…」の意; (E-)「首位の」の意.

erzählen [エアツェーレン] (erzählte; erzählt) 他 (⊗ tell) ([j³] *et*⁴]) (人に) …を物語る, 話す, 話して聞かせる; (([j³] *et*⁴ [**von** *j-et*³] **über** *j-et*³]) (人に…について) …を伝える. ◆ **Dem werde ich was ~!** 《話》彼に一言言いたいことがある. **Mir kannst du viel ~!** 《話》何とでも言え(私は信じない).

Erzähler 男 (-s/-) ② (⊗ -in) 語り手, 小説家. **erzählerisch** 形 語り手(として)の.

erzählt, erzählte ⇒ erzählen

Erzählung 女 (-/-en) (⊗ story) 話, 物語; (短編)小説.

Erz=bischof 男 (-s/...öfe) 大司教; (ギリシャ正教会の)大主教. **=bistum** 中 大司教区.

erzeigen 他 《雅》(([j³] *et*⁴]) (人に信頼・敬意などを)示す, 表す; (*sich*⁴ **als** *et*¹]) (…であることを示す).

erzeugen [エアツォイゲン] (erzeugte; erzeugt) 他 (⊗ produce) 生産する; (…) を生じさせる, 生み出す.

Erzeuger 男 (-s/-) (⊗ -in) 生産者; 父. **=abfüllung** 女 (ワインの)醸造元詰.

Erzeugnis [エアツォイクニス] 中 (-ses/-se) (⊗ product) 生産物; 製品, 作品.

erzeugt, erzeugte ⇒ erzeugen

Erzeugung 女 (-/-en) 生産, 産出, 製造.

Erz=feind 男 宿敵; 《宗》悪魔, サタン. **=gang** 男 鉱脈. **=gebirge** (das ~)エルツ山地(ドイツ・チェコの国境地域の山脈). **=herzog** 男 大公(オーストリア皇子の称号). **=herzogtum** 中 大公領.

erziehbar 形 教育可能な.

erziehen* [エアツィーエン] (erzog; er-

---

zogen) 他 (⊗ educate) (([j⁴] **zu** *et*³]) (人を…へと)教育する.

Erzieher 男 (-s/-) (⊗ -in) 教育者; (幼稚園などの)先生, 《家庭》教師.

erzieherisch [´´´´] , **erziehlich** 形 教育(上)の; 教育的な.

Erziehung [エアツィーウング] 女 (-/) (⊗ education) 教育, しつけ, 訓練; (植物の)栽培; 飼育.

Erziehungs=geld 中 育児手当. **=heim** 中 教護院, 感化院. **=minister** 男 教育大臣, 教育相. **=ministerium** 中 教育省. **=urlaub** 男 育児休暇. **=wesen** 中 教育制度. **=wissenschaft** 女 教育学; 教育学.

erzielen 他 (目指すものを)手に入れる, (目的などを)達成する.

erzittern 自 (s) (大地・家などが)震えた; 《雅》(感情で)震える.

Erzlager 中 《地学》《金属》鉱床.

erzog, erzogen ⇒ erziehen

erzürnen 他 (人を)怒らせる, 立腹させる; **sich⁴** ((**mit** *j³*)) (…のことで)怒る.

erzwingen* 他 無理強いする; (**von** *j³*) …を)強引に手に入れる.

es [エス] I 《人称代名詞: 3人称中性単数 1・4格: 2格 seiner, 3格 ihm》所有代名詞 **sein**) ① (⊗ it; he, she)それ, これ, あれ(人を示す既出の中性名詞を受けて)彼, 彼女. ② 《文または語句の意味を受けて》: Da kommt jemand. — Es ist mein Mann. 誰かを来ます—それは私の夫です. ③ 《文または語句の意味を受けて》: Unsere Mannschaft verlor das Spiel. — Ich habe ~ erwartet. 私たちのチームは試合に負けました—私もそれを予期していました. II 《形式的主語として》 ❶ 《自然現象として》: Es klingelt. ベルが鳴る | Es geht ihm gut. 彼は元気はよい | Es kommt auf den Preis an. 値段がが決め手だ. ❷ 《天候・気象などを表す動詞の主語として》: Es regnet ⟨schneit⟩. 雨〈雪〉が降る. ❸ 《成句の目的語として》: Ich habe ~ eilig. 私は急いでいます. ❹ 《前述の内容を受ける成句の目的語として》: Ich vermute ~, Ich nehme ~ an. 私はそう思います | Ich nehme ~ an. 私はそのように想像しています. ❺ 《文の仮の主語として》: Es ist etwas Schlimmes passiert. 悲惨なことが起こった | Es war einmal eine Prinzessin. 昔あるところに, 一人の王女様が住まれた. ❻ 《後続の語文〜ja 不定冠詞句を示して》: Ihm fällt ~ schwer, Nein ⟨nein⟩ zu sagen. 彼にはいいえと言うことが難しかい. ❼ 《lassen と共に再帰的用法で》: In dieser Stadt lässt ~ sich gut leben. この町は暮らしやすい. ❽ 《sein, werden, bleiben と形容詞と》: Es ist ⟨wird, bleibt⟩ warm. 暖かです⟨暖かくなる, 暖かいままです⟩. ❾ 《sein, werden と共に日時・季節を表す》: Es ist drei Uhr. 3時です | Es wird Herbst. 秋になります. ◆ **es gibt** *et*⁴…がある. いる, 存在する: Was gibt ~ Neues? なにかニュースは.

es, Es 中 (-/-) 《楽》変ホ音(音名); 《記号》変ホ短調; 《心》変ホ長調.

Es 略 *E*insteinium; *E*scudo.

E-Saite 女 《楽》(弦楽器の弦の) E 線.

Esc. 圏 *Escudo*.

Esche 囡 《-/-n》《植》トネリコ.

Escudo 男 《-[s]/-[s]》エスクード（ポルトガルなどの通貨：圏 Es[c]）.

Es-Dur 匣 《-/》《楽》変ホ長調（記号 Es）.

Esel [エーゼル] 男 《-s/-》（圏 **-in**）《動》ロバ；とんま，愚か者：So ein alter ～! 《話》なんてばかなんだ. ◆ *Der ～ geht voran.* とんまは出しゃばる. *ein ～ in der Löwenhaut* とらの威を借るきつね. *Ein ～ schimpft den andern Langohr.* 《話》目くそ鼻くそを笑う. *Wenn man den ～ nennt, kommt er schon gerennt.* 《話》うわさをすれば影. *Wenn's dem ～ zu wohl wird, geht er aufs Eis [tanzen].* 《話》調子に乗るとけがをする.

Eselei 囡 《-/-en》《話》ばかげた行為.

Esels・brücke 囡 （理解や記憶のための）ヒント，手がかり；《学生》とらの巻，あんちょこ. **＝ohr** 中 ロバの耳；（書籍などのページの隅の）耳折れ.

...esk 「...のような，...に似た」の意.

Eskalation 囡 《-/-en》段階的拡大，エスカレーション. **eskalieren** 他 段階的に拡大させる，エスカレートさせる；自 （s）エスカレートする.

Eskapade 囡 《-/-n》《馬術》逸走；《雅》逸脱行為；情事.

Eskimo 男 《-[s]/-[s]》エスキモー（今日ではふつう Inuit という）；エスキモー織. ◆ *Das haut den stärksten ～ vom Schlitten.* それはとんでもないことだ.

Eskorte 囡 《-/-n》護衛，護衛隊. **eskortieren** 他 （人を）護衛（護送）する.

es-Moll 匣 《-/》《楽》変ホ短調（記号 es）.

Espe 囡 《-/-n》《植》ヤマナラシ（ポプラの一種）. **～n-laub** 匣 ヤマナラシの葉. ◆ *wie ～ zittern* 《話》ふるえ上がる.

Esperanto 中 《-[s]/》エスペラント（国際補助語）.

Espresso 男 《-[s]/-s, ..si》エスプレッソコーヒー；中 《-[s]/-s》エスプレッソコーヒーを飲ませる店.

Esprit [エスプリー] 男 《-s/》エスプリ，才気，機知.

Esq. 圏 *Esquire*.

Esra 〔男名〕エスラ.

Essay, Essai [エセー] 男 中 《-s/-s》（圏 essay）エッセー，小論，随筆；試論.

Essayist 男 《-en/-en》エッセイスト，随筆家.

ess・bar (® **eß** =) 食べられる，食用になる.

Ess・besteck (® **Eß** =) 中 カトラリー（ナイフ・フォーク・スプーンのセット）.

Esse 囡 《-/-n》《中部》煙突；煙出し；《戯》シルクハット.

essen* [エッセン] 《*aß; gegessen*》 他 自 （® eat）食べる；食事をする：*zu Abend*〈*Mittag*〉 *～* 夕食〈昼食〉を食べる｜*sich ～ satt*〈*krank*〉 — 腹いっぱい食べる〈食べ過ぎて体を悪くする〉. ◆ *Das ist [bereits] gegessen.* 《話》それは[もう]済んだことだ. *Er wird nichts so heiß gegessen, wie es gekocht wird.* 《諺》案ずるより産むがやすし（煮たままの熱さで食べはしない）. ～ *gehen* （外へ）食事に行く，外食する. *Selber ～ macht fett.* 《話》わが身が第一（人に物をあげなければ富む）.

Essen [エッセン] Ⅰ 中 《-s/-》（® meal）食事；宴会；《話》食物，料理. ◆ *～ und Trinken hält Leib und Seele.* 《諺》衣食足りて礼節を知る. Ⅱ エッセン（ドイツ中西部の工業都市名）.

～s・reste 複 残飯，食べ残し.

Essenz 囡 《-/-en》本質，精髄，核心；エキス，（バニラなどの）エッセンス.

essenziell, ..tiell 形 本質的な；《化・生》不可欠の，必須の；《医》真性の.

Esser 男 《-s/-》食べる人.

Ess・geschirr (® **Eß** =) 中 食器. **＝gewohnheit** 囡 食習慣.

Essig [エスィヒ] 男 《-s/-e》酢. ◆ *Es ist ～ mit et³.* 《話》 ...は失敗だ，もうだめ(おしまい)だ. **～fliege** 囡 《虫》ショウジョウバエ. **～säure** 囡 酢酸.

Ess・löffel (® **Eß** =) 男 スプーン，大さじ. **＝stäbchen** 中 箸(ﾊｼ). **＝waren** 複 食[料]品，食物. **＝zimmer** 中 (® dining room) 食堂，ダイニングルーム.

Establishment 中 《-s/-s》（政治・社会的な）体制[側]，支配階層.

Este 男 《-n/-n》（圏 **Estin**）エストニア人. **Estland** エストニア（バルト三国の一つ）. **estnisch** 形 エストニア[人，語]の.

Estragon 男 《-s/》《植》タラゴン，エストラゴン（香辛料に用いられるヨモギの一種）.

Estrich 男 《-s/-e》（コンクリートなどの）たたき，床；《スイス》屋根裏[部屋].

ET 〔国籍符号〕エジプト.

etablieren 他 （...を）（® *sich*）（社会的に）地歩を固める，定着する，根づく. **etabliert** 形 定着した；体制側の.

Etablissement [エタブリスマー[ン]] 中 《-s/-s 《s¹-ｓ, -s¹》 会社，商店（にこぎれいなレストラン；ナイトクラブ，キャバレー.

Etage 囡 《-/-n》（® floor）（建物の）階.

Etappe 囡 《-/-n》（旅行やレースなどの）一区間，一行程；（発展の）段階；《軍》後方補給地，兵站(ﾍｲﾀﾝ)基地.

etappenweise 副 段階的に.

Etat [エター] 男 《-s/-s》《経》《国家》予算[案]. **etatmäßig** 形 予算[上]の.

etc. 圏 などなど（＜ *et cetera*）. **etc.pp.** 圏 ）等々，うんぬん.

etepetete 形 《話》気難しい；取り澄ました，気取った.

ETH 圏 *Eidgenössische Technische Hochschule* （スイスの連邦工科大学）.

Ethik 囡 《-/》（® ethics）倫理学；倫理，モラル.

Ethik-Kommission 囡 （臓器移植・安楽死などに関する）倫理委員会.

Ethikotheologie 囡 倫理神学.

ethisch 形 倫理学[上]の，倫理学的な；倫理的な，道徳的な.

ethnisch 形 民族的な，エスニックな.

Ethnograf, ..graph 男 《-en/-en》民族誌学者. **Ethnografie, ..graphie** 囡 《-/-n》民族誌学. **ethnografisch, ..graphisch** 形 民族誌の.

Ethnologie 囡 民族学.

ethnozentrisch 形 民族（種族）中心的な，自民族中心主義の. **Ethnozent-**

rismus 男 ⟨-/-⟩ 民族(種族)中心主義; (排他的な)自民族中心主義.

Ethos 田 中 ⟨-/⟩ [哲]エートス; 倫理感; 性格, 気質.

Etikẹtt 中 ⟨-[e]s/-n (-e, -s)⟩ ラベル, レッテル; 値札. **Etikẹtte** 女 ⟨-/-n⟩ エチケット, 礼儀作法; [パソコン] = Etikett.

etikettíeren 他 ⟨…に⟩ラベルを張る. 札をつける; (j⁴ [als et⁴]) (人に⟨…という⟩レッテルを張る.

ẹtliche [エトリヒェ] [不定代名詞・数詞; 形容詞変化] かなりの; [まれ] [いくらかの. ◆ ~ Mal[e] 何度か.

ẹtlichemal 副 ⇒ etliche ◆

Ẹtsch (die ~)エッチュ(南チロルを流れてアドリア海に注ぐ川).

Etüde 女 ⟨-/-n⟩ [楽] エチュード.

Etui [エトヴィー, エトュイー] 中 ⟨-s/-s⟩ (平たく小さな)入れ物, (小型の)眼鏡入れ, タバコケース.

ẹtwa [エトヴァ] 副 ❶ (数詞に添えて) およそ, 約, ほぼ. ❷ 例えば. ❸ [疑問文・条件文中で懸念を表して] ひょっとして, もしかしたら; [否定文で] 決して…でない. ◆ in ~ だいたいにおいて. wie ~ 例えば.

ẹtwaig 形 場合によっては起こり(あり)うる, 万一の.

ẹtwas [エトヴァス] [不定代名詞; 中性単数表示で無変化; 2格は用いない] ❶ (= something) 何か(あるもの)である,あること. ~ gegen j⁴ (mit j³) haben [話] 人に敵意(恨み)を持っている. ❷ しかるべき(語るに足る)事物; ひとかどの人物. ❸ (= a little) 少しの. ◆ das gewisse Ẹtwas haben 大変魅力的である. ❹ ~ という物(事). [so] ~ wie... …のようなもの.

Etymologíe 女 ⟨-/-n⟩ 語源学; 語源. **etymológisch** 形

Eu [記号] Európium. **EU** 略 Európäische Union ヨーロッパ連合.

euch ⇒ ihr I ⟨⟩

Eucharistíe 女 ⟨-/⟩ [カト教] 聖餐 (さん)式; [カト] 聖体; 聖体秘蹟(せき). **eucharístisch** 形 聖体の.

euer [オイアー] [ihr の所有代名詞; 男性1格, 中性1・4格; 男性2格 eu[e]r[e]s; 男性3格 eu[e]r[e]m; 男性4格・複数1格 eu[e]r[e]n; 女性・複数1・4格 eu[e]re; 女性2・3格, 複数2格 eu[e]rer] (数 your) 君らの, あなたたち(君たち)の.

euere, euerem, eueren, euerer, eueres, euerm, euern, euers ⇒ euer

euer=seits 副 = euerseits. **euers=wegen** 副 = eueretwegen. **euert=wegen** 副 = euretwegen. **…willen** 副 = euretwillen.

Eugen [男名] オイゲン.

Eukalýptus 男 ⟨-/-.ten, -⟩ [植] ユーカリ.

Eule [オイレ] 女 ⟨-/-n⟩ (数 owl) [鳥] フクロウ. ◆ ~n nach Athen tragen 余計なことをする; 蛇足を加える.

Eulenspiegel Till (Tyll) [オイレンシュピーゲル] (14世紀の伝説的ないたずら者で民衆本の主人公). **Eulenspiegelei** 女 ⟨-/-en⟩ いたずら, 悪ふざけ.

Eunomía [ギ神] エウノミア(秩序の女神).

Eunụch 男 ⟨-en/-en⟩ 去勢された男; 宦官(かんがん).

Euphemísmus 男 ⟨-/..men⟩ 婉曲(えんきょく)語法(語句).

Euphoníe 女 ⟨-/-n⟩ [言] ユーフォニー, 好音調(音便など).

Euphrát (der ~) ユーフラテス(ペルシャ湾に注ぐ川).

Euphrosýne [ギ神] エウプロシュネー (喜びの女神).

..eur 造 ⟨-/..euse⟩ 「…に従事する」男性(女性)の意.

Eurásien ユーラシア [大陸]. **eurásisch** 形 ユーラシアの.

Eurátom 女 ⟨-/⟩ ユーラトム, ヨーロッパ原子力共同体(< Európäische Atomgemeinschaft).

eure, eurem, euren, eurer ⇒ euer

eurerseits 副 君らの側(立場)で.

eures ⇒ euer

euresgleichen 副 [指示代名詞; 無変化] 君らと同様な人.

euret=wegen 副 君らのために. **=willen** 副 + um ~ 君らのために.

eurige [所有代名詞; 2人称親称複数の人称代名詞 ihr に対応; 形容詞変化] 君ら(あなたがた)・おまえたちのもの.

Euro 男 ⟨-[s]/-[s]⟩ ユーロ(ヨーロッパ通貨単位). **=cheque** 女 ⟨-s/-s⟩ ユーロチェック(ヨーロッパ各国で使用できる小切手). **=chequekarte, ..-Karte** 女 ユーロチェックカード(ヨーロッパ各国で通用するクレジットカード). **=City** 男 ⟨-s/-s⟩ オイロシティー(ヨーロッパ都市間特急列車; かつての TEE). **=dollar** 男 ⟨-s/-s⟩ ユーロダラー(米国外の銀行に預けられた米ドル資金). **=kommunísmus** 男 ユーロコミュニズム, 西欧共産主義.

Eurokrát 男 ⟨-en/-en⟩ ユーロクラット (ヨーロッパ共同体の事務局員). **Eurokratíe** 女 ⟨-/⟩ 欧州共同体の官僚機構; (集合的)欧州共同体[本部]の官僚.

Eurománrkt 男 ヨーロッパ共同市場(単一通貨ユーロの市場).

Európa [オイローパ] ❶ (数 Europe) ヨーロッパ[大陸], 欧州. ❷ ⟨-s/⟩ [ギ神] エウロペ(木星の衛星の一つ). ❸ [ギ神] エウロペ(ゼウスに誘拐された姫牛の姿となる).

Európäer [オイローペーア] 男 ⟨-s/-; -in⟩ ヨーロッパ人.

európäisch 形 (数 European) ヨーロッパの, 欧州の. ◆ das Európäische Parlamẹnt 欧州議会.

európäisieren 他 ヨーロッパ化する, 西欧化する.

Európa=meister 男 ヨーロッパ[選手権]チャンピオン. **=meisterschaft** 女 ヨーロッパ選手権[試合]. **=pokal** 男 ヨーロッパカップ(杯). **=rat** 男 欧州会議.

Európium 中 ⟨-s/⟩ [化] ユーロピウム (元素名; 記号 Eu).

Euro=scheck 男 = Eurocheque. **=tunnel** 男 ⟨-s/⟩ ユーロトンネル(ドーバー海峡を通って英仏間を結ぶ海底トンネル).

Eurozentrísmus 男 ⟨-/⟩ ヨーロッパ中心主義. **eurozentrístisch** 形

..euse ⇒ ..eur

Euter 甲 《-s/-》(牛・羊などの)乳房.
Euterpe 《[ギ]神》エウテルペ(音楽・叙情詩の女神).
ev. 甲 evangelisch. **e. V.** 甲 eingetragener Verein 登記[済]社団. **Ev.** 甲 Evangelium. **E.v.** 甲 Eingang vorbehalten 入金を条件とする.
Eva 《聖》エヴァ(Adam アダムの妻);《女名》エーファ,エーヴァ. ⑫ 《-/-s》裸の女.
evakuieren 他 《j⁴ aus et³》(人を場所から)避難〈疎開〉させる;(ある土地から)住民を立ち退かせる. **Evakuierung** ⑫ 《-/-en》(住民の)避難,立ち退き,疎開;口 排気,真空化.
evangelisch [エヴァンゲーリシュ] 形 《宗》新教の,福音派(プロテスタント)の (略 ev.);福音教の教えに基いた. **Evangelist** 男 《-en/-en》《宗》福音史家(マタイ・マルコ・ルカ・ヨハネの4人);(プロテスタントの)巡回伝道師,布教者. **Evangelium** ⑫ 《-s/..lien》《宗》福音;絶対の真理(典拠);福音書(略 Ev.). ◆ 《ein》~ sein für j⁴ 》(人にとって)絶対に信じるものである.
Evas-kostüm ⑫ 《im ~》《戯》(女性が)素っ裸で.
Event 男 ⑫ 《-s/-s》イベント.
Eventualität ⑫ 《-/-en》万一の場合,不測の事態.
eventuell [エヴェントゥエル] ❶ 形 万一の. ❷ 副 場合によって[は];ひょっとすると(略 evtl.).
Evergreen 男 《-s/-s》エバーグリーン(ジャズなどのスタンダードナンバー).
EVG 略 Europäische Verteidigungsgemeinschaft ヨーロッパ防衛共同体.
evident 形 明白な,明らかな.
Evidenz ⑫ 《-/-en》明白さ,自明の理;《哲》明証直観,(判断の直接的な確実性);《法》一覧表,リスト,登録名簿. ◆ in ~ halten (目録などを)最新のものにしておく,…を登録しておく.
Evolution ⑫ 《-/-en》発展,進展;《生》進化. **evolutionär** 形 発展〈進展〉の;《生》進化の.
evtl. 略 eventuell. **Ew.** 略 Einwohner. **EWG** 略 Europäische Wirtschaftsgemeinschaft ヨーロッパ経済共同体(EEC). **EWI** 略 Europäisches Wirtschaftsinstitut 欧州経済研究機.
ewig [エーヴィヒ] ❶ 形 永遠の,永久の,不変の;《副詞的に》とても長い;Ich habe dich schon ~ nicht gesehen. ずいぶん久しぶりだね. ❷ 《話》不断の,繰り返しの. ◆ auf ~ für 《immer und》 ~ 永久に,いつまでも;*der Ewige* 神. *~ und drei Tage* 《話》延々と果てしなく.
Ewigkeit ⑫ 《-/-en》《略 eternity》永遠,非常に長い時間;(死後の)永遠の世界. ◆ *in die ~ eingehen* 《abberufen werden, hinübergehen》《雅》天国に召される;永眠する.
Ew.M. 略 Eure 《Euer》 Majestät 陛下.
EWR 略 Europäischer Wirtschaftsraum ヨーロッパ経済圏. **EWS** 略 Europäisches Währungssystem 欧州通貨制度. **EWU** 略 Europäische

201 existieren

Währungsunion 欧州通貨同盟.
ex 間 《話》済んだ,終わって;死んで. ◆ 《auf》~ trinken (…を)一気に飲み干す.
Ex. 略 Exemplar. **Ex..** 「前の…,元の…」の意.
exakt [エクザクト] 形 《略 exact》正確な;精密な. **Exaktheit** ⑫ 《-s/》正確さ,厳密さ.
exaltiert 形 極度に興奮した,ヒステリックな.
Examen [エクザーメン] ⑫ 《-s/- (..mina)》《略 examination》試験:*ein ~ ablegen* 《machen》試験を受ける|*durch ein ~ fallen* 試験に落ちる.
~s-angst ⑫ 試験前(受験中)の不安.
Examina ⇒ Examen
Examinator 男 《-s/-en》試験官,審査員.
examinieren 他 (人に)試験をする;(人に)問いただす;検査(チェック)する.
Exchequer 男 《-s/》(英国の)大蔵省;(英国の)国庫.
exekutieren 他 (人を)処刑する;実行〈実施〉する;《法》差し押さえる. **Exekution** ⑫ 《-/-en》死刑執行,処刑;実行;《法》差し押え.
Exekutive ⑫ 《-/-en》執行権,行政権;《法》(集合的)執行機関(国家機関).
Exempel ⑫ 《-s/-》例,実例. ◆ *ein ~* 《an j³ mit et³》 *statuieren* (…に)見せしめにする. *die Probe aufs ~ machen* 実際に試してみる. *zum ~* 《古》例えば.
Exemplar [エクセンプラール] ⑫ 《-s/-e》 《略 specimen》サンプル,見本;個体;(書物の)部,冊(略 Ex., Expl.).
exemplarisch 形 例による,例示的な;模範的な;見せしめの.
exemplifizieren 他 《et⁴ mit 》《an et³》(…を例に挙げて…を)説明する.
exerzieren 自他 《軍》(兵員・部隊を)訓練する;《話》練習する(繰り返し練習する);(新技術などを)試みる,行う;《軍》他(部隊が)教練をする,教練する.
Exerzierplatz 男 練兵場.
Exil 甲 《-s/-e》国外追放,亡命;亡命地.
existent 形 存在する,実在の.
Existentialismus = Existenzialismus. **Existentialist** = Existenzialist. **existentialistisch** = existenzialistisch. **existentiell** = existenziell.
Existenz [エクシステンツ] ⑫ 《-/-en》《略 existence》存在,実在. ❶ 生存,実存;生活,生計;《話》悪い意味の形容詞と》人間. ~-angst ⑫ 存在(生活)の不安. ~-berechtigung ⑫ 生存(生活)権. ~-gründer 男 起業家. ~-grundlage ⑫ 生活(生存)の基盤. ~-gründung ⑫ 起業.
Existenzialismus 男 《-/-》《哲》実存主義. **Existenzialist** 男 《-en/-en》《-in》実存主義(哲学)者. **existenzialistisch** 形 実存(主義)的な,実存主義(的に関する). **existenziell** 形 実存的な;《人間》存在にかかわる;生命(死)にかかわる.
Existenz-kampf 男 生存競争. ~**minimum** 甲 最低生活費(条件).
existieren [エクスィスティーレン] 自 (existierte; existiert)① 《略 exist》存在す

る，ある；《**von** 〈**mit**〉 *et*³》（…で）生きて〈生活して〉いく．

exkl. [略] *exklusive*.

exklamatorisch [形] 感嘆〔の気持〕を表現する．

exklusiv [形] 排他的な；独占的な；閉鎖的な，特定の人だけに限られた．

exklusive ❶ [前] 《2格支配》〔商〕…を除いて（[略] exkl.）． ❷ [副] 《bis と》…を除いて（…まで）：～ Port 送料別で． **Exklusive** [女]《–/》（カトリック君主の教皇候補者に対する）拒否権． **Exklusivität** [女]《–/》排他的なこと，排他性．

Exklusivstory [女]（新聞・雑誌などの）独占記事．

exkommunizieren [他] 〔ｶﾄﾘｯｸ〕（人を）破門する．

Exkrement [中]《–[e]s/–e》排せつ物（尿・ふん便など）．

Exkurs [男]《–es/–e》（論文などの）補説，付説；（講演・講義での）脱線，余談．

Exkursion [女]《–/–en》研究〈調査〉旅行；研修旅行；遠足．

Exlibris [中]《–/–》蔵書票．

Exmatrikulation [女]《–/–en》（大学での）除籍，退学． **exmatrikulieren** [他]（人を）除籍する．

Exogamie [女]《–/–n》族外〈異族〉結婚．

exorbitant [形] 法外な，非常な．

Exot [男]《–en/–en》（[女] **-in**）（遠い国から来た）異国人；異国の動植物；《[複]》〔経〕外国有価証券． **Exotik** [女]《–/》異国情緒． **exotisch** [形]〔遠い〕外国〔産〕の；エキゾチックな，異国情緒のある．

Expander [男]《–s/–》〔ｽﾎﾟｰﾂ〕エキスパンダー（運動用具）．

Expansion [女]《–/–en》膨張；拡大，拡張，伸展；（国家の）領土拡大． **expansiv** [形] 拡大〈膨張〉する；膨張主義の．

Expedient [男]《–en/–en》（会社・商店などの）〔商品〕発送係；旅行社の社員． **expedieren** [他] 発送〈送付〉する；（人を）派遣する．

Expedition [女]《–/–en》（[英] expedition）調査旅行，探検；探検隊，調査団；発送部；発送；広告部．

Experiment [エクスペリメント] [中]《–[e]s/–e》（[英] experiment）実験，試み；大胆な企て． **experimentell** [形] 実験による；（芸術上の手法や作品などが）実験的な． **experimentieren** [自] 実験をする． **experimentierfreudig** [形] 実験に対して意欲的な，実験精神に富んだ． **Experimentiergerät** [中] 実験道具〈器具〉，実験機器．

Experte [男]《–n/–n》（[女] **..tin**）エキスパート，ベテラン，熟練者；専門家． **～n=ausschuss**（[旧] **=ausschuß**）[男]， **～n=kommission** [女] 専門家委員会．

Expertise [女]《–/–n》（専門家の）鑑定〔書〕．

Expl. [略] *Exemplar* 1.

explodieren [自]（s）爆発〈破裂〉する；《話》感情を爆発させる；爆発的に増加〈増大〉する．

Explosion [エクスプロズィオーン] [女]《–/–en》（[英] explosion）（感情の）爆発，（数値の）急増；爆発． ✦ *zur ～ bringen*（…を）爆発させる． **explosiv** [形] 爆発しやすい，爆発性の；激しやすい；爆発的な，激しい；〔言〕破裂音の．

Exponent [男]《–en/–en》（[女] **-in**）〔数〕〔冪(ﾍﾞｷ)〕指数，累乗の指数；（政党などの）代表的人物，代表者．

exponieren [他]（…を人目・危険・攻撃などに）さらす，目立つ場所におく；《*sich*⁴》人目を引く；（危険・攻撃などに）身をさらす．

exponiert [形] 人目を引きやすい，目立つ；攻撃〈危険〉にさらされた．

Export [エクスポルト] [男]《–[e]s/–e》（[英] export）輸出；輸出品． **=artikel** [男] 輸出品．

Exporteur [エクスポルテーア] [男]《–s/–e》輸出業者〈商社〉．

exportieren [他] 輸出する．

Exposé, Exposee [中]《–s/–s》報告書；解説書；計画〔書〕；（映画・文学作品などの）筋書き．

Exposition [女]《–/–en》〔文芸〕（ドラマの）導入〈呈示〉部；〔楽〕（ソナタ形式などの）呈示部；梗概(ｺｳｶﾞｲ)．

express（[旧] **expreß**）[副] 急いで，至急；速達便で；《方》特別に，わざわざ．

Express（[旧] **Expreß**）[男]《..presses/..presse》《ｵｰｽﾄﾘｱ》遠距離急行列車． **=brief** [男] 速達郵便． **=gut** [中]〔鉄〕急行便小荷物．

Expressionismus [男]《–/》表現主義（20世紀初頭の芸術運動）． **Expressionist** [男]《–en/–en》（[女] **-in**）表現主義の作家〈芸術家〉． **expressionistisch** [形] 表現主義の．

expressiv [形] 表現力に富んだ，表現力豊かな．

Express=zug（[旧] **Expreß=**）[男]《ｽｲｽ・話》〔遠距離〕急行列車．

exquisit [形] 精選された，より抜きの．

extemporieren [自] 即席でスピーチをする；即興で演奏〈演技〉をする，アドリブを入れる．

extensiv [形] 広範な，広範囲にわたる；〔農〕粗放的な；〔法〕拡張的な．

exterritorial [形]〔法〕治外法権の．

extra [エクストラ] I [副] ❶（[英] extra）別に，別個に；特別に；余分に． ❷ わざわざ，ことさら；わざと． ❸ 特に：Es geht mir nicht ganz ～. 《話》体調はあまりよくない． II [形] ❶《話》《無変化》特別の，格別の． ❷《南部》好みのうるさい． **Extra** [中]《–s/–s》特別仕様，オプション；[男]《–s/–s》〔映〕エキストラ．

extra.., Extra..「非常に…；特別の…，追加の…；…の範囲外の」の意．

Extra=ausgabe [女]（新聞の）号外，（雑誌の）臨時増刊号；特別〈臨時〉支出． **=ausstattung** [女] 特別装備〈設備〉，特注家具． **=blatt** [中]（新聞などの）号外．

extrafein [形] 極上の，最高級の．

Extrakt [男][中]《–[e]s/–e》〔化〕抽出物，エキス；（文章・本などの）抜粋；要点．

extravagant [形] 常軌を逸した，奇抜〈とっぴ〉な． **Extravaganz** [女]《–/–en》常軌を逸していること，奇抜〈とっぴ〉なこと；奇行，常軌を逸した行為〈事物〉．

Extrawurst [女]《ｵｰｽﾄﾘｱ》リヨン風ソーセージ． ✦ *eine ～ braten*《*j*³》（人を）特別扱い〈えこひいき〉する． *eine ～ [gebraten] kriegen* 特別扱いされる．

extrem [エクストレーム] 形 (⊗ extreme) 極度の, 極端な; 過激な. **Extrém** 甲 (-s/-e) 極端. ♦ **von (aus) einem ~ ins andere fallen** 極端から極端に走る. **Extremísmus** 甲 (-/-) 急進主義; 過激な行動. **Extremíst** 甲 (-en/-en) (⊗ -**in**) 急進主義者, 過激論者; 過激派. **extremístisch** 形 過激な, 急進的な, ラジカルな. **Extremität** 安 (-/-en) 先端, 末端; 手足, 四肢; 極端さ.
Exz. 略 Exzellenz.
exzellént 形 すぐれた, すばらしい. **Exzellénz** 安 (-/-en) 閣下, (大公使・司教たちは最高官一般に対する敬称 form Exz.); : Euer (Eure) ~ 《呼びかけ》閣下.
exzéntrisch 形 エキセントリックな, 常軌を逸した, とっぴな, 風変わりな;《数・天》離心の; 円 偏心の.
exzerpíeren 他 抜粋(抄録)する, 抜き書きする. **Exzérpt** 甲 (-[e]s/-e) 抜粋, 抜き書き.
Exzéß 甲 ⊗ **Exzéß** 甲 (..zesses/..zesse) 度を越すこと, 過度, 行き過ぎ; 放縦. **exzessív** 形 過度の, 極端の.
Ez. 略 Einzahl. **EZB** 略 Europäische Zentralbank 欧州中央銀行. **EZU** 略 Europäische Zahlungsunion ヨーロッパ決済同盟.

F

f, F 甲 (-/-) 《字母》エフ;《楽》ヘ(音名). ② 配号 (f) へ短調(品質表示で)純良;《F》へ長調. ♦ **nach Schema F** 型どおりに. **f** 略 ⊗ **forte**. **F** 略 Fahrenheit; Fluor;《国籍符号》フランス. **f.** 略 [und] folgende [Seite]; (ページと)次ページ; für; fecit; fiat. **F.** = Femininum. **f..** 略 Femto-. **Fa.** 略 Firma.
Fábel [ファーベル] 安 (-/-n) ① (⊗ fable) 寓話(ぶつ); 《話》作り話; *j³ eine [schöne] ~ auftischen* いかにでたらめを言う. ② (文学作品の)筋, ストーリー.
fábelhaft 《話》すばらしい; 途方もない, ばくな.
Fábel-tier 甲 空想(伝説)上の動物(竜・一角獣など). **-wesen** 甲 空想(伝説)上の生物(妖精など)・人ものど).
Fabrík [ファブリーク] 安 (-/-en) ① (⊗ factory) 工場, 製造所. **..fabrik** 「…の工場, …を次々に作り出す所」の意.
Fabrikánt 甲 (-en/-en) (⊗ -**in**) 工場主, 製造業者, メーカー.
Fabrík-arbeiter 甲 工場労働者, 工員.
Fabrikát 甲 (-[e]s/-e) 《工業》製品; (製品の)型, タイプ.
Fabrikatión 安 (-/-en) (工場での)生産, 製造.
Fabríkmarke 安 製造元商標, ブランド.
fabrizíeren 他 《話》有り合わせの物で作る;《へまがかなことを》しでかす.
fabulíeren 他 (物語を)創作する; でっち上げる;《*er⁴ von es³*》(…の)作り話(夢物語)をする.

Facétte [ファセッテ] 安 (-/-n) (宝石の)研磨面, (カットグラスの)切子面.
Fach [ファッハ] 甲 (-[e]s/**Fächer**) ① (家具,容器の)仕切り, 整理棚. ② (⊗ subject) 専門分野; 学科, 科目. ♦ **vom ~ sein** 専門家である. **-arbeiter** 甲 (職業訓練を受けた)技能〔熟練〕工. **-arzt** 甲 専門医. **-ausbildung** 安 専門教育. **-ausdruck** 甲 専門用語, 術語. **-bereich** 甲 専門領域; (大学の)専攻学科群, (広い領域の)学科. **-buch** 甲 専門書.
fächeln 自 (…に)風を送る; あおぐ.
Fächer ① 甲 (-s/-) 扇, 扇子; ファン, 扇風機. ② 安 ⊗ Fach
Fách-frau 安 Fachmann の女性形. **-gebiet** 甲 専門分野(領域). **-geschäft** 甲 専門店. **-hochschule** 安 専門単科大学(略 FH). **-idiot** 甲 専門ばか. **-jargon** 甲 専門分野での特殊用語; 業界の隠語. **-kenntnis** 安 専門的な知識. **-kreise** 複 専門家の世界(グループ).
fáchkundig 専門知識のある(に基づいた). **fáchlich** 形 専門の(的な).
Fáchliteratur 安 専門書(文献).
Fách-mann [ファッハマン] 甲 (-[e]s/-**leute** (=**männer**)) (⊗ expert) 専門家, 玄人(ぷ。), エキスパート; *Darin ist er ~.* そのことは彼がよく知っている.
fáchmännisch 形 専門家[として]の.
Fách-oberschule 安 専門上級学校 (Fachhochschule の入学資格が得られる). **-schule** 安 専修学校.
fáchsimpeln 自《話》専門(仕事)のことばかり話す.
Fách-sprache 安 専門[用]語. **-welt** 安 専門家世界. ♦ *in der ~ Welt* 専門家の間では. **-werk** 甲 木組み(ハーフティンバー)建築; 木組木家屋のトラス, 骨組み. **-werkhaus** 甲 木組み(ハーフティンバー)の家, 木骨家屋. **-wissen** 甲 専門知識. **-zeitschrift** 安 専門誌.
Fáckel 安 (-/-n) かがり火, トーチ;《太陽の》白斑(誌), ファキュラ.
fáckeln 自《話》ためらう, (どちらにするか)迷う.
Fáckel-stafette 安 (オリンピックの)聖火リレー. **-träger** 甲 たいまつを持つ人; 聖火ランナー. **-zug** 甲 たいまつ行列.
fad 形《南部・スイス》= fade.
fáde 形 味気ない; 風味の乏しい, 味気ない;《話》つまらぬ, ぴりっとしない.
fädeln 他 (針穴に糸を通す; (糸に通して)数珠状にする. **sich ⁴** うまくいきつける.
Fáden [ファーデン] 甲 (-s/**Fäden** (=**Fädchen**) ① (⊗ thread) 糸. ② 甲 つながり, 関係. ③ 〔無変化〕《海》尋(&) (水深単位) 約1.8メートル). ♦ *alle Fäden [fest] in der Hand halten* すべてを完全に把握している. *Alle Fäden laufen in j³ Hand zusammen.* すべて(人の)思うまである. *an einem dünnen (seidenen) ~ hängen* 危険にさらされている. *Fäden spinnen* 陰謀の罠を張り巡らす. *den ~ verlieren* 話の筋道を見失う. *der rote ~* 全体を貫くモチーフ(主題). *keinen guten ~ an j³ lassen*《話》

Fadenkreuz 204

(人を)徹底的にこき下ろす. **keinen guten ~ miteinander spinnen**《話》互いに折り合いが悪い. **keinen trockenen ~ [mehr] am Leibe haben**《話》ずぶぬれである. ■**kreuz**[中](接眼レンズの)十字線, クロスヘア. ♦ *im* ~ *haben*《話》(人を)一挙一動観察する. ■**nudel**[女]極細のひもヌードル, バーミセリ.

fadenscheinig[形](布目の見える程に)擦り切れた, (口実などが)見え透いた.

Fadenwurm[男]《動》線虫類.

Fadheit[女](-/-en) 味の[足りないこと; 退屈. 味気なさ.

Fading[中](-s/) 《通》フェーディング.

Fafnir, Fafner[男]《北欧神》ファーフニル (竜と化して宝を守る怪人).

Fagott[中][(-[e]s/-e)]《楽》ファゴット, バスーン. **Fagottist**[男](-en/-en)ファゴット奏者.

fähig[フェーイヒ][形] ❶ (≈ able)優れた能力才能のある, 有能な. (≈ *zu et.*, 雅 *et*[属])(…の)能力がある;[+ *zu* 不定詞句](…することができる). ...**fähig**「…できる, …が可能な」の意.

Fähigkeit[フェーイヒカイト][女](-/-en)(≈ ability)才能, 素質;《単数》能力, 手腕.

fahl[形]ほとんど色が付いていない, 青白い; 生気(活気)のない, 弱々しい.

Fähnchen[中](-s/-)[Fahne の縮小形]小旗. ❷ 《話》安物のぺらぺらのドレス.

fahnden[自]《**nach** *j-et³* / **auf** *j-et³*》(…)を捜索する; 探し索める.

Fahndung[女](-/-en)(警察の)捜査(捜索). ■**~aktion**[女]《警察》捜査(捜索)活動. ■**~foto**[中]手配写真.

Fahne[ファーネ][女](-/-n) [≈ Fähnchen, Fähnlein] ❶ (≈ flag)旗. ❷《単数》(酒を飲んだ)酒臭い口臭. ❸[印]棒組み校正刷り. ♦ *auf seine ~ schreiben* (…を)標榜する. *eine ~ haben* 酒臭い息をしている. ♦ *sich³ et³*(…)を網領として掲げる. *eine ~ haben* 酒臭い息をしている. *die ~ hochhalten*《話》自分の主義(立場)を守り続ける. *die ⟨seine⟩ ~ nach dem Wind drehen ⟨hängen⟩*[諷] 日和見[的な]行動をする. *mit fliegenden ~n zu j-et³ übergehen ⟨überlaufen⟩* 突然(…の)側に寝返る. ■**~n-eid**[男]軍旗への忠誠の誓い. ■**~n-flucht**[女](軍隊からの)逃亡, 脱走.

fahnenflüchtig[形]逃亡(脱走)した. ■**Fahnen-stange**[女]旗ざお. ♦ *das Ende der ~*《話》最終時点. ■**~träger**[男](-s/-in)旗手. ■**~wald**[男]林立する旗.

Fähnrich[男](-s/-e)[軍]士官候補生, 見習士官.

Fahr.[略] = Fahrenheit.

Fahr-ausweis[男]乗車(乗船)券, 乗車符;《ポ》運転免許証. ■**bahn**[女]車道; 車線.

fahr-bar[形] (車輪付きの)動かせる, 可動式の. ■**bereit**[形]発車(出航)の準備ができた.

Fähre[フェーレ][女](-/-n) フェリー[ボート], 渡し船.

fahren*[自][動][**fuhr; gefahren**][自] ❶ (s) (≈ drive)(人や物が)走る, 進む, 運行している;《**mit** *et³*》(人が乗り物

で)行く, ドライブ(旅行)する. ❷ (s,h) (乗り物で距離・道路などを)走る(einen Umweg ~ 回り道をする).《中》(自動車レースなどを)走る;(あるタイムで)走行する: *einen Rekord ~* オートレースで新記録を出す. ❸ (乗り物を)運転(操縦)する (*sich⁴ gut ⟨schlecht⟩ ~* ⟨道・車が⟩運転しやすい⟨にくい⟩);(…を物として)運ぶ, 乗せて行く;(…を燃料として)走行する. ❹ (機械・機器を)動かす, 操作する: *die Kamera ~* カメラを回す. ❺ (s)(人や動物が…へ)さっと動く; 跳び出す, 跳び込む(in die Höhe ~ 飛び上がる);(物が…に)すばやく進む(通る);《**mit** *et³*》(…の方へ)すばやく動かす;《**mit** *et³* **über** ⟨**durch**⟩ *et*⁴》(「手で」…に)なでる, (髪などを)すく. *einen ~ lassen*[下]おならをする. **~ lassen** [他](…を)手から放し, 逃がす; (…を)断念する, 捨てる. *gut ⟨schlecht⟩ ~*《話》《**mit** *j-et³*》(…と)うまく⟨うまくいかない⟩;(…で)成功⟨失敗⟩する. *Was ist in dich gefahren?*《話》君はいったいどうしたんだ. **fahrend**[形]運行(進行)中の; 移動する; 放浪⟨遍歴⟩する.

Fahrenheit[ファ] ❶《略》華氏(℃)(略 F.). ❷ Gabriel Daniel, ファーレンハイト(1686-1736; ドイツの物理学者; 華氏目盛りを創案).

fahrenlassen*[他]⇒fahren ♦

Fahrer[ファーラー][男](-s/-)《-in》(≈ driver)運転者, ドライバー;(職業としての)運転手. ■**~flucht**[女]ひき逃げ. ♦ *~ begehen* ひき逃げする.

Fahr-erlaubnis[女]運転許可; 運転免許証.

Fahr-gast[ファールガスト][男][(-[e]s/-gäste)](鉄道・バスの)乗客, 旅客. ■**geld**[中]乗車(乗船)料金, 《旅客》運賃. ■**gelderstattung**[女]運賃払い戻し. ■**gelegenheit**[女]交通の便. ■**geschwindigkeit**[女](車・船の)走行速度. ■**gestell**[中](自動車などの)車台, シャシー;(飛行機の)車輪部, 脚⟨ド⟩; 《話》脚, 足.

fahrig[形]せかせかした, 落ち着きのない; 無頓着な.

Fahrkarte[ファールカルテ][女](-/-n) ■**ticket**)乗車券, 乗船券, 切符. ■**~n-ausgabe**[女] = Fahrkartenschalter. ■**~n-automat**[男]乗車券自動販売機. 券売機. ■**~n-schalter**[男]乗車券売窓口, 切符売り場.

fahrlässig[形]不注意な, 軽率な. ♦ *~ e Tötung (Körperverletzung)*[法] 過失致死(傷害). **Fahrlässigkeit**[女](-/-en)不注意; 過失.

Fahr-lehrer[男]自動車教習所の教官.

Fährmann[男]フェリー[ボート]の運転士; 渡し守.

Fahrplan[ファールプラー..., ..**pläne**][男][(≈ timetable)運行時刻表; ダイヤ, 列車時刻表; 《話》予定, 段取り. **fahrplanmäßig**[形]時刻表⟨ダイヤ⟩どおりの, 定刻の.

Fahrpreis[男]運賃. ■**~erhöhung**[女]運賃値上げ. ■**~ermäßigung**[女]運賃割引. ■**~erstattung**[女]運賃払い戻し.

Fahrprüfung[女](自動車の)運転免許技能試験.

Fahrrad [ファールラート] 中 《-[e]s/..räder》 (® bicycle) 自転車. = **kurier** 陽 (自転車で宅配する)サイクルメッセンジャー. = **tour** 囡 自転車旅行, サイクリングツアー.

Fahr-rinne 囡 (船舶の)水路.

Fahr-schein [ファールシャイン] 陽 《-[e]s/-e》 (® ticket)乗車券, (特に市電・バスの)切符. = **schule** 囡 自動車教習所, 自動車学校. = **schüler** 陽 自動車教習所の教習生;列車(電車, バス)通学の生徒. = **spur** 囡 走行車線.

fährst ⇒ fahren

Fahrstuhl 陽 (® elevator)エレベーター. = **führer** 陽 エレベーター係.

Fahr-stunde 囡 (自動車教習所の)教習時間.

Fahrt [ファールト] 囡 《-/-en》 ❶ (車・船などの)走行, 進行; 運転; 走行速度, スピード. ❷ (乗り物を利用する)旅行, ドライブ, 航海. ❸ 『口』(出入り口付近の)ふしど; コンベア, トロッコ. ◆ *eine ~ ins Blaue machen* あてもなくドライブする(に出かける). *in ~ bringen*『話』(人を)激怒させる;(人を)憤慨させる. *in ~ kommen (geraten)*『話』(人が)憤慨する;憤慨している.

fährt ⇒ fahren

Fährte 囡 《-/-n》 狩〈獣の足跡〉;(追跡の)手がかり. ◆ *auf der richtigen (falschen) ~ sein* 正しい(誤った)方向に向かっている(方針をとっている). *auf die richtige (falsche) ~ bringen* (人を)正しい(誤った)方向に導く.

Fahrten-buch 中 運転日誌;旅日記.

Fahrt-richtung 囡 (乗り物の)進行方向, 進路. = **richtungsanzeiger** 陽 (自動車の)方向指示器, ウインカー. = **schreiber** 陽 タコグラフ.

fahr-tüchtig 形 (人・車が)安全に運転できる, 運転に適した.

Fahr-verbot 中 運転禁止. = **verhalten** 中 (運転者の)運転態度, (車両の)走行特性. = **wasser** 中 水路, 航路. ◆ *in j²-s ~ schwimmen* (人の)流れに巧みに乗り入れる. *in seinem (im) richtigen ~ sein* 水を得た魚のようである. 独壇場である. = **weg** 陽 車道. = **werk** 中 (自動車の)車体シャシー. = **wind** 陽 (帆走の際の)追い風, 順風;(走行している)方向から吹く風. = **zeit** 囡 (乗り物の)走行時間, 所要時間.

Fahrzeug [ファールツォイク] 中 《-[e]s/-e》 (® vehicle)乗り物, 車両.

Faible [フェーブル] 中 《-s/-s》 偏愛, 愛着.

fair [フェア] 形 公平(公正)な, フェアな, 正々堂々とした. **Fairness** (® **Fairneß**) 囡 《-/》 フェアな態度.

Fairplay, **Fair Play** 中 《--/》 『スポ』フェアプレー.

Fait accompli [フェタコンプリ] 中 《--/--s -s》 既成事実.

Fäkalien [フェカーリエン] 複 糞尿(ふんにょう).

Fakir 陽 《-s/-e》 (ヒンズー教・イスラム教の)行者;手品師.

Faksimile 中 《-s/-s》 『印』(古文書・絵画の)複写, 複製;ファクシミリ, ファックス.

Fakt 陽 中 《-[e]s/-en, -s》 事実. ◆ *~ ist [, dass]* ... ... である.

Fakten 複 ⇒ Faktum

faktisch 形 事実上の, 実際の;『口・話』事実上.

Faktor [ファクトーア] 陽 《-s/-en》 ❶ (® factor)要素, 要因, ファクター. ❷ 『数』因数;『生』遺伝(因)子;『商』代理人, 仲買人, 問屋.

Faktotum 中 《-s/-s, ..ten》 家事万端をこなす人, 家政婦; 女房役, なんでも屋.

Faktum 中 《-s/..ten》 事実; 出来事, 事件.

Faktur 囡 《-/-en》 『楽』曲の構成;『商』納品書, 送り状, インボイス. = **nbuch** 中 『商』仕入れ帳, 送品帳.

fakturieren 陋 『商』《...の》送り状(計算書)を作る. **Fakturist** 陽 《-en/-en》 『商』送状作成係.

Fakultät 囡 《-/-en》 (® faculty)(大学の)学部;『単数』『数』『旧』階乗. ◆ *[ein Kollege] von der anderen ~ sein*『話』考え方(生き方)が違う;ホモである.

fakultativ 形 任意の(自由選択)の, 強制ではない.

falb 形 (獣体が)黄灰色の. **Falbe[r]** 陽 《形容詞変化型》 淡黄色(黄灰色)の馬.

Falke [ファルケ] 陽 《-n/-n》 『鳥』タカ(鷹), タカ派, 強硬派. **Falkner** 陽 《-s/-》 鷹匠(たかじょう).

Fall [ファル] 陽 《-[e]s/Fälle》 ❶ (® fall)(単数)落下, 転落;転倒;衰退, 堕落. ❷ (® case)場合, 事例;事件, 出来事;症例. ❸ 『文法』格. ◆ *auf alle Fälle* どんな場合でも, 必ず;万一の場合に備えて. *auf jeden ~* どんな場合にも, 必ず;いずれにしろ. *auf keinen ~* 決して... でない. *Das ist der ~.* それはがあのケースだ. *der ~ sein* (あることが)事実である. *j²-s ~ sein* (人の)好みである, (人)向きである. *den ~ setzen* そのような場合を仮定(想定)する. *[den ~], gesetzt den ~, dass ... / im ~[e], dass ...* ... の場合には, ... と仮定すれば. *in jedem ~* どんな場合でも, いずれにしても. *Klarer ~!*『話』もちろんそうだ, *von ~ zu ~* ケースバイケースで. *zu ~ bringen* (... を)転倒させる;失脚(挫折)させる. *zu ~ [e] kommen* 転倒する;失脚する, 挫折する. **..fall** [im ..fall の形で]「... の場合に(は)」の意.

Fall-beil 中 ギロチン, 断頭台. = **beispiel** 中 (典型的な)具体例, 実際例. = **brücke** 囡 跳ね橋;攻城用の橋.

Falle 囡 《-/-n》 わな, 落とし穴;たくらみ, 計略;『話』寝床;(取っ手で動かすドアの)掛け金, 『ほる』(ドアの)取っ手. ◆ *eine ~ stellen* (j³)『話』(人に)わなを[し]かける, (人)を陥れようとする. *in die ~ gehen (geraten)* 『話』(人の)わなにかかる, 計略にはまる. *in die ~ gehen*『話』寝床に入る.

Fälles ⇒ Fall

fallen* [ファレン] 《fiel; gefallen》 動 (s) ❶ (® fall)落ちる;『話』*durch et²* (試験に)落ちる;(雨・雪などが)降る, (霜などが)降りる. ❷ 転倒(転落)する;(戦いで)倒れる, 戦死する. ❸ (温度・水位・価値などが)下がる, 下落(下降)する;(髪・布などが)垂れ下がる. ❹ 失効する, 撤廃される. ❺ (... の方へ)身を投げ出す: *j³ um den*

fällen [フェレン]（fällte; gefällt）他 ❶（樹木を）切り倒す，伐採する．❷（判定・判決を）下す．❸《笑》（垂線を）下ろす．
fallen lassen* 他⇨ **lassen**
Fallensteller 男《-s/-》わなを掛ける人．
Fall-geschwindigkeit 女 落下速度．=**grube** 女 落とし穴；陥穽．
fällig 形 支払期限のきた，満期の；時期のきた．行われる予定の．**~s-tag** 男 満期日．
Fallinie ⇨ **Falllinie**.
Fall-klappe 女 落とし戸，はね上げ戸；はねばた（航空機などの脱出用ハッチ．=**linie**（⊕ **Falllinie**）女 【スキー】フォールライン，最大傾斜線；直進登攀（ﾄｳﾊﾝ）コース．=**obst** 中 落果．
Fall-out, Fallout 男《-s/-s》放射性降灰．
falls [ファルス] 接 ❶（⊕ if）［条件］もし（ひょっとして）…ならば，…の場合に．❷《話》［可能性］…の場合のために．
Fallschirm 男 パラシュート，落下傘．=**jäger** 男 ［軍］ 落下傘部隊員．=**springer** 男 パラシュートで降下する人；スカイダイバー．
fällst ⇨ **fallen**, **fällen**
Fall-strick 男 落とし穴，わな．=**studie** 女 ケーススタディ，事例(症例)研究．=**sucht** 女 てんかん．
fallsüchtig 形 てんかん[性]の．
fällt, fällte ⇨ **fallen, fällen**
Falltür 女 (地下に通じる)跳ね上げ戸．(落とし穴用)落とし戸．
Fällung 女《-/-en》伐採；（判決などの）言い渡し，宣告．
fallweise 副 場合によって；時には．
Fallwind 男 (山から吹き下ろす)山おろし．
falsch [ファルシュ] 形 ❶（⊕ wrong）まちがった，誤りの，偽りの（⊕ false）にせの，偽造の，見せかけの；人造の．❷ 不誠実な，裏表のある：**mit j³[ein] ~es Spiel treiben** 人をだます．❸ その場にふさわしくない，不適切な．◆ **an den Falschen〈an die Falsche〉geraten〈kommen〉[bei j³]** 相手を間違えて(人の所に)行ってしまう．**~ liegen** **[mit et³]** （…の）判断を誤る．**Falsch verbunden!**（電話で）番号違いです！**Falsch** 中 ◆ **Es ist kein ~ an j³./An j³ ist kein ~.** （人は）誠実な人間だ．**ohne ~ sein** 誠実〈正直〉である．
fälschen 他 偽造する．**Fälscher** 男《-s/-》(⊕ **-in**) 偽造者．

fälschest ⇨ **falsch**
Falschgeld 中 にせ金．
Falschheit 女《-/》虚偽；誤り；不実．
fälschlich 形 誤った，間違った；偽りの．**~er-weise** 副 誤って，間違って．
Falsch-meldung 女 虚報，誤報．=**münzer** 男（⊕ **-in**）貨幣偽造者，にせ金作り．=**spieler** 男（トランプで）いかさまをする人．
Fälschung 女《-/-en》偽造；歪曲（ﾜｲｷｮｸ）；造造；模造品．
fälschungs-sicher 形（紙幣・証明書などが）偽造される恐れのない．
Falsett 中《-[e]s/-e》【楽】ファルセット，裏声．
Falt-blatt 中（広告などの）折り込み印刷物．=**boot** 中 折り畳み式ボート．
Falte [ファルテ] 女《-/-n》（⊕ **Fältchen**）（⊕ fold）（衣服の）ひだ，ひだ；（布地などの）しわ；【地学】褶曲（ｼｭｳｷｮｸ）．
fälteln 他（布地に）細かいひだをつける．
falten [ファルテン]（faltete; gefaltet）他 ❶（⊕ fold）折り畳む；（…に）折り目をつける；（顔などに）しわを寄せる；〈**sich**⁴〉しわが寄る．❷（手・指を）組む．
falten-los 形 折り目〈ひだ，しわ〉のない．=**reich** 形 ひだ(しわ)の多い．
Falten-rock 男 プリーツスカート．=**wurf** 男（衣服などの）ひだ付き．
Falter 男《-s/-》【虫】チョウ（蝶），ガ（蛾）．
falteten ⇨ **falten**
faltig 形 ひだのある，折り目のついた；しわの寄った，しわだらけの．
Falz 男《-es/-e》【製本】折り目；（表紙と背の間の）溝．**falzen** 他（紙を)折り畳む．
Fama 女《-/》ファマ（うわさの女神）；女《-/》うわさ，風評．
familiär 形 家族〈家庭〉の；親密な，打ち解けた；なれなれしい．
Familie [ファミーリエ] 女《-/-n》❶（⊕ family）家族，家庭；一族，一家，家系．❷【動・植】科．◆ **Das bleibt in der ~.** それは内緒だ．**Das kommt in den besten ~n vor.** それはよくあること(だいたことだ)，家庭的病．**Das liegt in der ~.** それは血筋だ．
Familien-anschluss（= **-anschluß**）男《..schlusses/》（使用人・下宿人などの）家族同様の待遇．=**betrieb** 男（企業などの）家族経営；家族企業，同族会社．=**buch** 中 家族登録簿．=**feier** 女（結婚式・誕生日などの）家族の祝い事，家庭行事．=**gericht** 中 家庭裁判所．=**kreis** 男 内輪，一家，親族．
Familien-name [ファミーリエンナーメ] 男《-ns/-n》性，名字．=**sinn** 男 家族意識．=**stammbuch** 中 家族登録簿．=**stand** 男 配偶関係（未婚・既婚・離別・死別の区別）．=**streit** 男 家族内のいさこざ，家庭争議．=**zusammenführung** 女（離散していた）家族の再会．=**zuwachs** 男 赤ん坊の誕生．
famos 形《話》すてきな，すばらしい．
Fan 男《-s/-s》ファン（熱狂的な愛好者）．
Fanal 中《-s/-e》合図，烽火．◆ （変革の先駆けとしての）合図，前兆．
Fanatiker 男《-s/-》（⊕ **-in**）狂信者，熱狂者．**fanatisch** 形（宗教・政治につ

いて)狂信的な, 熱狂的な. **Fanatismus** [男] 《-/》狂信, 熱狂.
fand, fände ⇨ finden
Fanfare [女] 《-/-n》〔楽〕ファンファーレ〔用トランペット〕.
Fang [男] 《-[e]s/Fänge》捕獲; 狩猟, 漁; 獲物; 収穫. ✦ *einen guten ~ machen* 〈*tun*〉大収穫〈大漁〉である; 思わぬ拾い物をする. ₌**arm** [男] 〔動〕触手; (タコ・イカの)足. ₌**ball** [男] キャッチボール. ✦ ~ *spielen* 《mit *j*^{3}》(人を)手玉にとる. ₌**einrichtung** [女] (電話の)逆探知装置.
fangen* [ファンゲン] 《fing; gefangen》 I [他] ❶ ([英] catch)捕らえる, 捕まえる; (人の)心を捕らえる(*sich*^{4} [*j*^{3}] *gefangen geben* 《話》[人に]降参する); (人を)わなにかける; まるめ込む. ❷ 受け止める. II [再] ❶ 《*sich*^{4} in *et*^{3}》(…に)捕まる. ❷ 《*sich*^{4}》バランスを取り戻す; 落ち着きを取り戻す.
Fang₌frage [女] かまを掛けた質問, 誘導尋問. ₌**netz** [中] 捕獲用の網; 〔空〕(滑走路の)オーバーラン防止網. ₌**quote** [女] 捕獲〈漁獲〉量の割当額. ₌**schaltung** [女] = Fangeinrichtung. ₌**schiff** [中] 漁船; 捕鯨船. ₌**schreckenkrebs** [男] 〔動〕シャコ(蝦蛄).
fängst, fängt ⇨ fangen
Fantasie [ファンタズィー] [女] 《-/-n》([英] fantasy)空想, 幻想; 夢想; 幻覚; 〔楽〕幻想曲. ₌**gebilde** [中] 空想[の産物].
fantasielos [形] 想像力〈夢〉のない.
fantasieren [自] 《von *et*^{3}》(…を)空想〈夢想〉する; うわごとを言う; 〔楽〕即興的に演奏する.
fantasievoll [形] 想像力豊かな, 夢のあふれた.
Fantast [男] 《-en/-en》([女] **-in**)《蔑》空想家, 夢想家. **Fantasterei** [女] 《-/-en》《蔑》空想, 夢想, 妄想.
fantastisch [ファンタスティッシュ] [形] ([英] fantastic)空想的〈幻想的〉な; 現実離れした; 《話》すばらしい, すてきな; 《話》信じられないような, 途方もない, 法外な.
Farad [中] 《-[s]/-》〔電〕ファラッド(静電容量単位: [記号] F).
Farb₌aufnahme [女] カラー撮影; カラー写真. ₌**band** [中] (プリンターなどの)印字用リボン, インクリボン. ₌**bild** [中] カラー写真. ₌**druck** [男] カラー印刷[物].
Farbe [ファルベ] [女] 《-/-n》 ❶ ([英] color)色, 色彩; 色調; 《単数》彩色, 着色; 音色. ❷ 絵の具, 染料, 塗料. ❸ シンボル[カラー], 象徴; 旗印. ❹ 〔ﾄﾗﾝﾌﾟ〕組札. ✦ *die ~ wechseln* 顔色を変える, 青ざめる; 主義主張を変える. *~ bekennen* 立場を明らかにする. *~ bekommen* 血色がよくなる, 健康になる; 活気づく. *~ verlieren* 血の気が失せる, 蒼白(ｿｳﾊｸ)になる.
farbecht [形] 色落ちしない, 変色しない.
Färbemittel [中] 染料.
färben ❶ [他] ([英] colour)染める, (…に)着色する; (叙述などを)潤色する; 《*sich*^{4}》染まる, 色づく. ❷ [自] 《話》色が落ちる.
farbenblind [形] 色覚異常の.
Farbenblindheit [女] 色覚異常.
Farbendruck [男] = Farbdruck.
farben₌freudig, ₌froh [形] 色彩に富んだ, カラフルな; 鮮やかな色を好む.
Farben₌lehre [女] 色彩論. ₌**spiel** [中] (夕焼け・宝石などの)色の微妙な変化.
Färber [男] 《-s/-》染色工, 染物師.
Färberei [女] 《-/-en》染色[技術]; 染色工場, 染物屋.
Farb₌fernsehen [中] カラーテレビジョン(技術・放送). ₌**fernseher** [男], ₌**fernsehgerät** [中] カラーテレビ(受像機). ₌**film** [男] カラーフィルム; カラー映画.
farbig [ファルビヒ] [形] ❶ 多色の, 多彩な; 色のある, (白・黒以外の)色を塗った; 有色人種の. ❷ 生彩のある, 変化に富んだ.
Farbige[r] [男][女] 《形容詞変化》有色人種の人.
Farb₌kissen [中] スタンプ台. ₌**kopie** [女] カラー複写〈コピー〉. ₌**kopierer** [男] カラー複写〈コピー〉機.
farblos [形] 無色の, 透明な; 血の気のない, 青ざめた; 精彩のない, 単調な; (政治的・宗教的に)無色の, 中立の.
Farb₌stift [男] 色鉛筆. ₌**stoff** [男] 色素. ₌**ton** [男] 色調, 色合い; 〔理〕色相.
Färbung [女] 《-/-en》染色, 着色; 色調; 色合い, 傾向.
Farce [女] 《-/-n》笑劇, ファルス; 茶番; 〔料〕(ひき肉などの)詰め物. **farcieren** [他] 〔料〕(…に)詰め物をする.
Farm [女] 《-/-en》(特に英米の)農場; (鶏・毛皮獣などの)飼育場. **Farmer** [男] 《-s/-》農場経営者.
Farn [男] 《-[e]s/-e》〔植〕シダ. ₌**kraut** [中] 〔植〕シダ(羊歯).
f.a.s., fas [略] *f*ree *a*longside *s*hip 〔商〕本船舷側(ｹﾞﾝｿｸ)渡し, 船側渡し[価格].
Fasan [男] 《-[e]s/-e, -en》キジ(雉).
Fasching [ファッシング] [男] 《-s/-e, -s》《南部・ｵｰｽﾄﾘｱ》謝肉祭, カーニバル.
Faschismus [男] 《-/》ファシズム. **Faschist** [男] 《-en/-en》([女] **-in**)ファシスト. **faschistisch** [形] ファシズムの, ファッショ的な.
Faselei [女] 《-/-en》《話》ばか話, たわごと. **faseln** [自] 《話》ばか話をする; とりとめのない〈くだらない〉ことを話す.
Faser [ファーザー] [女] 《-/-n》([小] **Fäserchen**)([英] fibre)繊維, 糸, 筋. ✦ *mit jeder ~* 〈*mit allen ~n*〉 *seines Herzens an j-et*^{3} *hängen* 《雅》(…に)一心に打ち込む. **faserig** [形] 繊維質の, (肉などが)筋っぽい; けば立った. **fasern** [自] (糸状に)ほつれる; けば立つ.
Faser₌schreiber [男] (一種の)フェルトペン. ₌**stoff** [男] 繊維原料; 〔生理〕繊維素, フィブリン.
Fass ([旧] **Faß**)[ファス] [中] 《Fasses; Fässer》([小] **Fässchen**, [旧] **Fäßchen**)([英] barrel)樽(ﾀﾙ); 《無変化》1樽[の量]; 《戯》でぶ: Bier vom ~ 生ビール. ✦ *Das schlägt dem ~ den Boden aus.* / *Das bringt das ~ zum Überlaufen.* そいつはひどすぎる. *ein ~ aufmachen* 《話》どんちゃん騒ぎをする. *ein ~ ohne Boden sein* 底の抜けた樽である, いくらやってもむだである〈きりがない〉. *so dick wie ein ~ sein* / *ein richtiges ~ sein* 《話》丸々と太っている.
Fassade [女] 《-/-n》(建物の)正面, 前面; 《ふつう蔑》外面, 上っ面.
fassbar ([旧] **faßbar**) [形] つかむことのでき

Fass・bier 中 (⑮ Faß -) たる詰めビール, 生ビール. **=boden** 男 たる底.

fassen [ファッセン] (faßte, faßte; gefasst, ⑮ gefaßt) I ④ ❶ [物を]つかむ. ❷ 理解(把握)する; (考えなどを)まとめる, 表現する. ❸ (人を)つかまえる; (ある感情が人を)襲う. ❹ (…の)容量を持つ; (人数を)収容できる. II ④ (手を伸ばして…に)触れる, つかむ. III ④ 《sich⁴》 心を落ち着ける, 冷静になる. ✦ **kurz** 《sich⁴》簡潔に述べる.

Fässer ⇒ Fass

Fassette 囡 = Facette.

fasslich (⑮ **faßlich**) 形 理解できる, わかりやすい.

Fasson [ファソー(ン)] 囡 (-/-s) (衣服・髪などの)型; (個人の)流儀, 生き方. ✦ **aus der ~ geraten** 〈話〉 太る.

fasste (⑮ **faßte**) ⇒ fassen

Fassung 囡 (-/-en) 枠, 縁(*ふち*); (宝石などの)台, (眼鏡の)フレーム, (電球の)ソケット; 形式; 稿, 版; 把握, 理解; 解釈; 自制, 落ち着き. **=s-kraft** 囡.

fassungslos 形 あっけにとられた, 呆然とした; 取り乱した.

Fassungsvermögen 中 収容能力, 容量; 理解力.

fast [ファスト] 副 (⑮ almost) ほとんど, ほぼ; もう少し, すんでのところで.

fasten 動 断食(絶食)する. **=kur** 囡 断食療法. **=zeit** 囡 断食期間; [宗] 四旬節(復活祭前の40日間の斎戒期).

Fastfood, Fast Food 中 (-[s]/) ファストフード.

Fastnacht [ファストナハト] 囡 (-/-) カーニバル, 謝肉祭.

Fasttag 男 断食日.

Faszination 囡 (-/-en) 魅力; 魅惑, 魅了. **faszinieren** 動 魅惑〈魅了〉する. **faszinierend** 形 魅惑的な.

Faszinosum 中 (-s/) 人を魅惑〈魅了〉するもの, (神秘的な力で)呪縛するもの.

fatal 形 不快な; 宿命的な; 致命的な.

Fatalismus 男 (-/) 宿命論, 運命論. **fatalistisch** 形 宿命論〈運命論〉的な.

Fata Morgana 囡 (-/-...nen, -s/-s) 蜃気楼(*しんきろう*); まぼろし.

Fatzke 男 (-n/-n ⟨-s/-s⟩) 〈話〉 気取り屋; うぬぼれ屋.

fauchen 動 (猫などが)フーッとうなる; (風が)ヒューヒューと鳴る; (蒸気機関車が)シュッシュッと音を立てる; 罵声(*ばせい*)を浴びせる.

faul [ファオル] 形 ❶ 腐った, 腐敗した. ❷ 怠惰な, だらけた. ❸ 〈話〉 疑わしい, うさんくさい, 怪しげな. ✦ **nicht ~** 一瞬のためらいもなく, 直ちに.

faulen 動 (s, h) 腐る; 腐敗する.

faulenzen 動 ぶらぶらする, 怠ける; なにもしないで過ごす. **Faulenzer** 男 (-s/-) 怠け者, ぶらぶらしている人; 〔商・話〕下敷き罫紙(*けいし*); (口) 勘定(計算)早見表.

Faulenzerei 囡 (-/-en) 怠惰.

Faulheit 囡 (-/) 怠惰, 無精, 怠け. ✦ **vor ~ stinken** 〈話〉 ひどい怠け者である.

faulig 形 腐りかけた.

Fäulnis 囡 (-/) 腐敗. **=erreger** 男 腐敗菌.

Faul・pelz 男 〈話〉 怠け者. **=tier** 中 〔動〕 ナマケモノ; 〈話〉 怠け者.

Faun [*ファウ*ン] 男 〔神〕 ファウヌス(半人半羊の森の神); ファウン (-[e]s/-e) 好色漢.

Fauna 囡 (-/-/.nen) 〔生〕 (特定の地域・時代の)動物相, ファウナ; 動物誌.

faunisch 形 好色な.

Faust [ファオスト] I 囡 (-/**Fäuste** ⟨⑮ **Fäustchen**⟩) 〈⑮ fist〉 握りこぶし, げんこつ; *j³* eine ~ **machen** ⟨- ⟩ *j³* に見せ肘(*こぶし*)を振り上げて脅す. ✦ **auf eigene ~** 独力で; 自分の責任で. **die ~ im Nacken spüren** 脅されて〈強制されている〉と感じる. **die ~ ⟨die Fäuste⟩ in der Tasche ballen** 怒りをじっとこらえる. **mit der ~ auf den Tisch schlagen ⟨hauen⟩** こぶしで机をたたく; 断固たる態度⟨処置⟩を取る. **mit eiserner ~** 力ずくで, 武力によって. **wie die ~ aufs Auge passen** 〔話〕 まったく釣り合わない; 矛盾も甚だしい; 適切である.

II Dr. Johann, ファウスト(中世ドイツの民間伝説の主人公).

Fäustchen 中 (-s/-) Faust I の縮小辞. ✦ **sich³ ins ~ lachen** ほくそ笑む.

faustdick 形 こぶし大の; ひどい, とてつもない. ✦ **es ~ hinter den Ohren haben** 抜け目がない, ずるがしこい.

Fäuste ⇒ Faust

fausten 動 (ボールを)こぶしで打つ.

Faust・handschuh 男 ミトン(親指だけが分かれている手袋). **=kampf** 男 〔雅〕 ボクシング.

Fäustling 男 (-s/-e) = Fausthandschuh.

Faust・pfand 中 〔法〕 占有質, 抵当物件. **=recht** 中 強者の権利. **=regel** 囡 大まかな規則. **=schlag** 男 パンチ.

Fauteuil [フォテーユ] 男 (-s/-s) 安楽いす.

Fauxpas [フォパ] 男 (-/-) 無作法.

favorisieren 動 (人を)ひいきする, 応援する; (スポーツで人を)本命視する. **Favorit** 男 (-en/-en) (囡 -in) お気に入り; 人気者; (スポーツで)優勝候補.

Fax 中 (-/-[e]s) ファックス.

faxen 動 ファックスを(で)送る.

Fax・gerät 中 ファックス機器. **=nummer** 囡 ファックス番号.

FAZ = Frankfurter Allgemeine [Zeitung für Deutschland].

Fazit 中 (-s/-e, -s) 結果, 結論. ✦ **das ~ aus *j³* ziehen** (…から)結論を導き出す.

FC = Fußballclub サッカークラブ.

FCKW = Fluorchlorkohlenwasserstoff. **FCKW-frei** フロンを使わない: **~es Spray** フロン[ガス]不使用スプレー. **FD** = Fern-D-Zug 長距離急行列車(現在は Fernexpress). **FDP, F.D.P.** = Freie Demokratische Partei (ドイツの)自由民主党; Freisinnig-Demokratische Partei (スイスの)自由民主党.

F-Dur 囡 〔楽〕 へ長調(記号 F).

FD-Zug 男 = FD.

Fe = Ferrum. **Febr.** = Februar.

Februar [フェーブルアール] 男 (-[s]/-e) ⟨⑮ February⟩ 2月(略 Febr.).

fec. = fecit.

fechten*《focht; gefochten》[自] 《mit j^3/gegen j^4》(人と)フェンシングをする, (剣で人と)闘う: einen Gang ~〘フェンシング〙一勝負する. **Fechter** [男]《-s/-》([女] -in)フェンシングの選手.

Fecht=kunst [女] フェンシング術; 剣術. **=meister** [男] フェンシング教師〈コーチ〉.

Feder [フェーダー] [女]《-/-n》 ❶ ([英] feather)羽毛, 羽; 《[複]》 羽布団; 布団, ベッド. ❷ ([英] pen)ペン, ペン先; 鵞(が)ペン; 《オーストリア》ペン軸. ❸〘工〙スプリング, ばね, ぜんまい. ✦ *aus den ~n holen* (人を)ベッドから引きずり出す, 起こしてくる. *~n lassen* 〔*müssen*〕《話》損害を被る. *in den ~n liegen* 〈*stecken*〉寝ている. *in die ~n gehen* ベッドに入る. *mit fremden ~n schmücken* 《*sich*^{4}》他人の功績を横取りする. *nicht aus den ~n kommen* 《話》(疲れていて)寝床から出ない, 起きない. *zur ~ greifen* ペンを執る.

Feder=ball [男] バドミントン; バドミントンの羽根, シャトルコック. **=ballspiel** [中] バドミントン. **=bett** [中] 羽布団. **=busch** [男] (鳥の)羽冠; (帽子などの)羽飾り. **=fuchser** [男] 規則一点張りの人; 三文文士.

federführend [形] (指揮・管轄の)権限〈責任〉のある. **Federführung** [女] 指揮, 監督, 責任.

Feder=gewicht [中] 〘スポーツ〙フェザー級〔の選手〕. **=halter** [男] ペン軸. **=kasten** [男] 筆箱, 筆入れ. **=krieg** [男] 《雅》筆戦, 紙上の論戦.

federleicht [形] 羽のように軽い.

Federlesen [中] ✦ *nicht viel ~*〔*s*〕*mit j-et^3 machen* (…に対し)何の配慮もなしに振舞う. *ohne viel ~s* / *ohne langes ~* 遠慮会釈もなく, ためらわずに. *zu viel ~s* 仰々しく; あまりにていねいに.

federn [自] 弾力性がある, ばねが利いている; [他] (…に)ばね〈スプリング〉をつける. **~d** [形] 弾力性のある; ばねの利いた.

Federstrich [男] ペンで書いた短い線. ✦ *mit einem* 〈*durch einen*〉 *~* さっと, あっさり, 一気に.

Federung [女]《-/-en》(車の)サスペンション; (ベッドなどの)スプリング.

Feder=vieh [中] 《話》家禽(かきん). **=waage** [女] ばね秤. **=wild** [中] 〘狩〙野鳥. **=zeichnung** [女] ペン画.

Fee [女]《-/-n》妖精(ようせい). **feenhaft** [形] 妖精(ようせい)のように美しい; おとぎ話のように魅力的な.

Fegefeuer [中] 〘カトリック〙煉獄(れんごく); 浄罪火.

fegen [フェーゲン] 《fegte; gefegt》 I [他] ❶ 《北部》([英] sweep)(部屋などを)掃く, ほうきで掃除する; (…を…へ〈から〉)掃き出す; (掃いて道を)作る. ❷ 《*et^4* von *et^3*》(…を…から)払いのける〈落とす〉. ❸ 《*j-et^4* in *et^4*》(…を…へ)追いやる. II [自] (s)(風が…へ〈を〉)吹き抜ける. **Feger** [男] 《-s/-》(小さい)ほうき; 《話》腕白小僧, おてんば娘; 気性の激しい女.

Fehde [女]《-/-n》争い, 不和. ✦ *in ~ liegen* 《mit j^3》(人と)不仲である, 反目している. **=handschuh** [男] ✦ *den ~ aufnehmen* 〈*aufheben*〉《雅》挑戦に応じる. *den ~ hin|werfen* / *den ~ vor die Füße werfen* 〈*ins Gesicht schleudern*〉 《雅》 《j^3》(人に)挑戦する, 決闘を申し込む.

fehl [副] ✦ *~ am Platz*〔*e*〕〈*am Ort*〉 *sein* ふさわしくない; 不適当である.

fehl.., Fehl.. 「誤った…, 失敗した…; 欠けた…, 足りない…」の意.

Fehl [男] [中]《-〔e〕s/》欠陥; 〘経〙欠損, 赤字. ✦ *ohne ~* 〔*und Tadel*〕非の打ち所のない, 申し分ない. **=anzeige** [女] (射撃訓練で)「外れ」の表示; 《間投詞的》いいえ, だめ, ノー.

fehlbar [形] 《雅》誤りを犯す, 不完全な.

Fehlbesetzung [女] 不適当な任用〈配属〉, ミスキャスト.

fehlen [フェーレン] 《fehlte; gefehlt》[自] ❶ (ある物が)ない, 欠けている; 《j^3》(人にとって物が)なくて困っている. ❷ 来ていない, 欠席している, 休む; 《j^3》(人にとって人が)いなくて寂しい. ❸ 《*Es fehlt* 〔j^3〕 *an et^3.*》(〔人に〕…が)不足している, 足りない. ❹ 《雅》過ちを犯す. ✦ *Das hat mir gerade noch gefehlt!* 《話》ああ, まったくついてない. *es j^3 an nichts ~ lassen* (人に)何一つ不自由な思いをさせない. *Na, wo fehlt's denn?* 《話》どうかしたのかい, 何が問題〈心配〉なのだ. *Viel fehlte nicht* 〈*Es fehlte nicht viel*〉, *und ...* 《+接続法 II》もう少しで…するところだった. *Weit gefehlt!* とんでもない; 大間違いだ.

Fehler [フェーラー] [男]《-s/-》 ❶ ([英] error)誤り, 過失, 間違い, ミス; 〘数〙誤差; 〘スポーツ〙反則, フォールト: einen ~ begehen 〈machen〉誤りを犯す〈間違える〉. ❷ ([英] fault)欠陥, 欠点, 短所.

fehler=frei [形] 誤り〈欠点〉のない. **=haft** [形] 誤り〈欠点〉のある. **=los** [形] 誤り〈欠点〉のない.

Fehler=quelle [女] 誤り〈故障〉の原因.

Fehl=farbe [女] 〘トランプ〙切り札でない組札; 手札にない組札; 変色した葉巻. **=geburt** [女] 流産.

fehl|gehen* [自] (s) 《雅》道を間違える, 道に迷う; 思い違いをする, 間違える; (弾などが)的を外れる. **|greifen*** [自] 《雅》過ちを犯す, 間違える.

Fehlgriff [男] 誤った措置〈処置, 選択〉.

fehl|interpretieren [他] 誤って解釈する.

Fehl=leistung [女] (言い間違い・書き間違いなどの)過誤〈失錯〉行為. **=schlag** [男] 失敗, 失策; (球技で)打ち損ない.

fehl|schlagen* [自] (s)(計画などが)失敗する, 失敗に終わる.

Fehl=schluss ([旧] =schluß) [男] 誤った推論〈結論〉. **=start** [男] 〘スポーツ〙フライング; 〘空〙離陸〈打ち上げ〉の失敗.

fehlte ⇨ fehlen

fehl|treten* [自] (s) 《雅》足を踏み外す; 過ちを犯す.

Fehl=tritt [男] (足の)踏み外し; 《雅》(道徳上の)過ち. **=urteil** [中] 誤った判決, 誤審; 誤った判断. **=verhalten** [中] 誤った行動〈態度〉, 逸脱行為. **=zündung** [女] (エンジンの)不着火, ミスファイア. ✦ *~ haben* 《話》鈍い; 愚かである.

Feier [ファイア] [女]《-/-n》([英] celebration)祝典, 祭典, 式典; 記念祭〔の行事〕: eine ~ in kleinem Rahmen 〈im Familienkreis〉内々〈身内だけ〉の祝い事

F

Feierabend 〈パーティー〉. ♦ **Keine ~ ohne A.** A(人名)はパーティーをはずすことがない. **zur ~ des Tages** この日を祝って.

Feier=abend 男 終業, 仕事じまい; 終業後の[自由]時間. ♦ **Damit ist [bei mir] ~!** そんなことはもう興味がない. **~ machen (haben)** (その日の)仕事を終わりにする. **Für mich ist ~! / Dann ist ~! / Dann mache ich ~!** [話]これでおしまいにしよう; もう嫌だ.

feierlich [ファイアリヒ] 服 祝典の, 厳かな, 荘重な, 格調の高い. **Feierlichkeit** 女 (-/-en) 儀式, 式典, 祭典; 壮厳さ, 厳粛さ, 威厳; 儀式的な言動.

feiern [ファイアン] 動 (feierte; gefeiert) ❶ (他) ⓔ celebrate) 祝う (祝典・祝賀などを); (人を)称賛する. ❷ (自) パーティー(祝賀会)を開いて楽しむ.

Feiertag [ファイアターク] 男 (-[e]s/-e) (ⓔ holiday) 休日; 祝(祭)日; 記念日. 【関連語】Neujahrstag 男 正月; Heilige Drei Könige 三博士の顕現日; Karneval, Fasching 男 謝肉祭; Ostern 中 復活祭; Maifeiertag 男 メーデー; Christi Himmelfahrt 女 キリストの昇天; Muttertag 男 母の日; Pfingsten 中 聖霊降臨祭; Fronleichnam 男 聖体の祝日; Tag der deutschen Einheit 男 ドイツ統一記念日; Mariä Himmelfahrt 女 マリアの昇天; Reformationstag 男 宗教改革記念日; Allerheiligen 中 万聖節; Sankt Martin 聖マルティノの祝日 (11月11日); Buß- und Bettag ざんげと祈りの日; Nikolaus 聖ニコラウスの祝日; Weihnachten クリスマス; Silvester 大晦日

feierte ⇒ feiern

feig 服 = feige.

feige [ファイゲ] 服 (ⓔ cowardly) 臆病(なく)な, いくじのない; ひきょうな, 卑劣な.

Feige [ファイゲ] 女 (-/-n) イチジク[の実, 木]. [話] (女性の)外陰部; 虚言. **~n=baum** 男 イチジクの木. **~n=blatt** 中 イチジクの葉.

Feigheit 女 (-/-) 臆病(なく)さ, ひきょうさ. **Feigling** 男 (-s/-e) 臆病(なく)者, 弱虫, いくじなし; ひきょう者.

feil 服 [廃] 金で買える, 金で意のままにする; 売り物の.

feilbieten* 他 [雅] 売りに出す.

Feile 女 (-/-n) やすり. ♦ **die letzte ~ an et¹ legen** (…に)最後の仕上げをする.

feilen 動 (…に)やすりをかける; ⓔ [話] **an et³** (…を)推敲する.

feilschen 自 値切る.

fein [ファイン] I 服 ❶ (ⓔ fine) (糸などが)細い, 繊細な; (粉などが)細かい, 精微(ビン)"ほ"な; (手足などが)きゃしゃな; (音・色などが)かすかな. ❷ (感情などが)繊やかな; (感覚が)鋭敏な; 精密な. ❸ 上質な, 純良な; 優秀な, 立派な; すてきな. ❹ 堅実な: 洗練された. II 副 [話] ちゃんと, みごとに, ひきょうな. ♦ **~ gemahlen** (コーヒー豆などが)細かく挽いた, 細かびきの. **~ heraus sein** (…は)[話] (難局を克服でき)いい状況にある. **das Feinste von Feinen** 最上(最良)のものである. **vom Feinsten sein** 最[最良]のものである.

Fein=abstimmung 女 微調整.

=bäckerei 女 (高級)菓子(ケーキ)店.

feind 形 ⇒ Feind ♦

Feind [ファイント] 男 (-[e]s/-e) (-in) (ⓔ enemy) 敵; 敵対(反対)者 (sich³ j⁴ zum ~ machen (人を)敵に回す); 敵軍, 敵国. ♦ **der böse ~ 服 悪魔. **es ~ (von et³) sein** (…)が嫌いである. **~ bleiben (werden)** (雅) (j-m⁴) (…に)敵意を持ち続ける(持つようになる), (…を)憎み続ける(憎むようになる). **~ sein** (j-m⁴) (…に)敵意を持っている, (…が)嫌いである. **Ran an den ~!** さあ仕事に取りかかろう.

feindlich [ファイントリヒ] 服 敵意のある. ..**feindlich** 「…に不利な(有害)な; …に敵対する, …を敵視する」の意. **Feindlichkeit** 女 (-/-en) 敵意; 敵対行為. **Feindschaft** 女 (-/-en) 敵意, 敵対関係.

feindselig 服 敵意のこもった, 憎悪に満ちた. **Feindseligkeit** 女 (-/-en) 敵意(複数)敵意; (複数) 戦闘, 戦争.

fein=fühlend 服 感情の細やかな. **fein=fühlig** 服 感じやすい, 思いやりのある; 敏感な. **Feinfühligkeit** 女 (-/-)

Fein=gefühl 中 思いやり, 繊細な感情.

feingemahlen ⇒ fein ♦

feinglied[e]rig 服 ほっそりした, きゃしゃな.

Feingold 中 純金.

Feinheit 女 (-/-en) 繊細; 精緻(セン)さ, 精巧さ; 上品, 洗練; 鋭敏, 敏感; 微細な点, 微妙なニュアンス.

Feinkeramik 女 ファインセラミック.

feinkörnig 服 粒の細かい; (フィルムが)微粒子の.

Feinkost 女 (-/-) (集合的) 高級な食品, 特選食品, グルメ食品.

feinmaschig 服 (網などが)目の細かい.

Fein=mechanik 女 精密工学. **=schmecker** 男 食通, 美食家, グルメ. **feinsinnig** 服 感覚が鋭敏(繊細)な, 神経細やかな.

feist 服 [蔑] (顔・ほほ・指が)膨らんだ, 太った, 丸々とした.

feixen 動 [話] せせら笑う.

Feld [フェルト] 中 (-[e]s/-er) ❶ (ⓔ field) 畑, 耕地; 野原. ❷ [単数で] [専門, 研究の]分野, [活動]領域. ❸ (ⓔ) 競技場, フィールド; (集合的) 参加選手, 参加チーム; 区画, 升目 (チェス盤の) 合. ❹ [単数] [DC] 戦場. ❺ **auf dem ~ der Ehre fallen** 戦死を遂げる. **aus dem ~ schlagen** [雅] (人を)撃退する. **das ~ behaupten** 自分の立場(地位)を守る. **das ~ beherrschen** (ある分野の)権威である. **das ~ räumen** 退却(譲歩)する. **das ~ streitig machen** (j³) (人と)争う. **das ~ überlassen** (j³) (人の前から退却する). **ein weites ~ sein** (議論などが)広範囲にわたる. **im ~ stehen** (兵士として)戦地にいる. **im weiten (im weitem) ~[e] stehen** 白紙の状態である. **ins ~ führen** (雅) (…を)論拠として持ち出す. **ins ~ rücken** 〈雅〉 出征する. **zu ~e ziehen** [雅] **[für j-et⁴]** (…のために)戦う; **[gegen j-et⁴]** (…と)対抗する.

Feld=arbeit 女 畑仕事; フィールドワー

ク. **=arzt** 男 軍医. **=bett** 中 (携帯用)折り畳み式ベッド. **=blume** 女 野の花. **=flasche** 女 (軍) 水筒. **=frucht** 女 農作物. **=herr** 男 軍司令官. **=jäger** 男 (ドイツ国防軍の)猟兵. **=marschall** 男 元帥. **=maus** 女 野ネズミ. **=salat** 男 (植) サラダ菜, ノジャ. **=schlacht** 女 野戦. **=spat** 男 (鉱) 長石. **=stecher** 男 双眼鏡. **=stuhl** 男 (携帯用)折り畳みいす.

Feld-Wald-und-Wiesen-.. 〖話〗「ありきたりの…, どこにでもある…の.

Feld=webel 男 (軍) 伍長;〖話〗いばりくさった女;〖戯〗ビールの泡. **=weg** 男 野道, 農道. **=zug** 男 出征, 出兵;〖話〗(大規模な)作戦行動;キャンペーン.

Felge 女 (車輪の)リム;腕支持回転.

Felix 男 フェーリクス. **Felizitas** 〖女名〗フェリツィタス.

Fell [フェル] 中 ((複) -(e)s/-e) ❶ (動物の)毛, 毛皮;なめし皮. ❷ (人間の)皮膚, 肌. ♦ *das ~ gerben 〈versohlen〉 j³* (人を)さんざん殴る. *das ~ über die Ohren ziehen* 〖話〗 (j³) (人を)だまして甘い汁を吸う. *das ~ versaufen* 〖話〗(埋葬の後で)故人をしのんで酒を飲む. *ein dickes ~ bekommen 〈kriegen〉* 〖話〗面の皮が厚くなる. *ein dickes ~ haben* 〖話〗鈍感である, 面(ﾂﾗ)の皮が厚い. *seine ~e davonschwimmen sehen* 希望が無残に打ち砕かれていく. *sein ~ zu Markte tragen* 〖話〗 *für j³* (人のため)に体を張って危険に身をさらす;売春する. *J³ juckt das ~* (人は)殴りたいほど態度が大きい. *Man soll das ~ nicht verkaufen, ehe man den Bären hat.* 〖ことわざ〗捕らぬたぬきの皮算用. *nur* 〔*bloß*〕 *noch ~ und Knochen sein* 骨と皮ばかりにやせている. *J³ sind die* 〔*alle*〕 *~e davon* 〔*weg*〕 *geschwommen.* (人の)望みが消え失せる.

Fels [フェルス] 男 ((複) -ens/-en) (雅) (複 rock), 岩, 岩石, 岩盤;〖雅〗岩塊. **=block** 男 岩塊.

Felsen 男 ((複) -s/-) 岩塊, 岩山;岩石.

felsenfest 形 岩のように硬い(揺るぎない), 確固たる, 不動の.

Felsen=höhle 女 岩穴, 岩窟(ｶﾞﾝ), 洞窟. **=kapelle** 女 石窟礼拝堂. **Fels=grotte** 女 岩の洞窟, 岩窟.

felsig 形 岩の多い, 岩だらけの;岩でできた.

Fels=wand 女 岩壁.

fem., Fem. = *Femininum* 〖言〗女性 〖名詞〗.

Feme 女 ((複) -/-n) 〖史〗フェーメ(中世における秘密刑事裁判所); (政敵などの殺害を決定する)秘密裁判.

Femel 男 ((複) -s/-) 麻やホップの雄株.

Feme=mord 男 秘密裁判による〖政治的〗暗殺.

feminin 形 女性の, なよしい;(男が)女みたいな;〖文法〗女性の.

Femininum 中 ((複) -s/..nina) 〖文法〗女性名詞.

Feminismus 男 ((複) -/) フェミニズム, 男女同権論, 女権拡張運動;〖医〗(男性の)女性化;〖生〗(雄の)雌性化.

Feminist 男 ((複) -en/-en) ((複) -in-) フェミニスト, 男女同権(女権拡張)論者.

Feministin 女 ((複) -/-nen) (女性の)男女同権(女権拡張)論者.

Femto.., femto.. 〖単位名と〗フェムト..(1000兆分の1の).

Fenchel 男 ((複) -s/) 植 ウイキョウ.

Fenn 中 ((複) -(e)s/-e) 〖北部〗沼沢地, 湿原.

Fenster [フェンスター] 中 ((複) -s/-) ❶ (複 window): 窓;開口部, 小窓, のぞき窓;窓ガラス: *das ~ aufmachen 〈öffnen〉* 窓を開ける | *das ~ zumachen* 〈*schließen*〉窓を閉める. ❷ 〖話〗ショーウインド一;〖ロ話〗(ディスプレー画面の)ウインドウ. ♦ *aus dem ~ 〈zum ~〉 hinausreden 〈hinausspechen〉* 一方的に熱弁をふるう, 受け手をねらって話す. *das Geld zum ~ hinauswerfen* 金を浪費する. *weg vom ~ sein* 世間から忘れられている.

fensterartig 形 窓のような, 窓状の.

Fenster=brett 中 窓の下枠, 窓台, 膳板(敷). **=briefumschlag** 男 窓付き封筒. **=flügel** 男 両開き窓の扉. **=kurbel** 女 (自動車などの)窓クランク. **=laden** 男 窓のよろい戸. **=nische** 女 窓のあるニッチ. **=platz** 男 窓側の座席. **=rahmen** 男 窓枠. **=rose** 女 〖建築〗ばら窓, 円花(ﾊﾅ)窓. **=scheibe** 女 窓ガラス.

Ferien [フェーリエン] 複 ❶ (複 vacation) (学校・大学・官庁などの)休暇: *in den ~ sein* (休暇で)休暇(休校)している | *~ machen* 休暇(閉校)する. ❷ (個人の)休暇: *~ machen* 休暇を取る | *~ haben/in ~ sein* 休暇を取っている: 休暇中である. ♦ *vom Ich contest* 命の洗濯. **=dorf** 中 休暇村. **=heim** 中 保養施設, 保養所. **=kurs** 男 休暇中の講習会. **=lager** 中 (休暇用)キャンプ場. **=ort** 男 (特定の人が)休暇を過ごす場所;保養地, 行楽地. **=paradies** 中 休暇天国(休暇で賑わう場所). **=reise** 女 休暇旅行.

Ferkel 中 ((複) -s/-) 子豚; 〖蔑〗不潔なやつ;ふしだらなやつ.

Ferkelei 女 ((複) -/-en) 卑劣な行為, みだらな〖卑わいな〗言動.

ferkeln 自 (豚が)子を生む;〖話〗みだらな〖卑わいな〗行為をする.

Ferment 中 ((複) -(e)s/-e) 〖生化〗酵素.

Fermentation 女 ((複) -/-en) 〖生化〗発酵〖作用〗.

fermentieren 他 発酵する(させる).

Fermium 中 ((複) -s/) フェルミウム(元素名:〖記号〗Fm).

fern [フェルン] 形 ((複) far) (時間・空間的に) 遠い, 遠くの, 遠い過去が〖将来〗の. ♦ *Das sei ~ von mir!* とんでもない, ~ *halten* [*j-et¹ von j-et²*] (…から)遠ざけておく; *sich⁴ von j-et³* [(…から)遠ざかっている. (…に)近づかない. ~ *liegen* (考えなどが)浮外れである, (人にとって)問題外である. ~ *stehen* [*j-et*] (…と)かかわり(関係)がない. **..fern** 「…とは無縁の, …から懸け離れた」の意.

Fern=abfrage 女 (留守番電話) Anrufbeantwortung mit ~*n* 留守番電話アクセス機能付き電話機. **=amt** 中 長距離電話

局.
fernbedienbar 形 遠隔操作可能な.
Fernbedienung 囡 遠隔操作, リモートコントロール, リモコン装置.
fern|bleiben* ⊕ (s) 《官》〔*et*³〕(…に)欠席する, 参加しない.
Ferne 囡 《-/-n》遠いこと, 遠距離; 遠方, 遠国; 遠い未来(過去). ◆ *Das liegt noch* 〔*schon*〕 *in weiter* ~. それはまだ先の(もうずっと前のことだ.
ferner [フェルナー] I 形 より遠い; 今後の, それ以後(以上)の. II 副 今後, これから先, 引き続き; さらに, そのほかに. ◆ *unter "ferner liefen" rangieren* 〔*eingestuft werden*〕《話》二流である.
fernerhin 副 今後は; そのほかにさらに.
Fern|express 《⊕ = expreß》男 長距離急行列車(略 FD). **=fahrer** 男 長距離トラック運転手.
ferngelenkt 形 遠隔操作の, リモートコントロールの.
Ferngespräch [フェルンゲシュプレーヒ] 中《-[e]s/-e》市外通話, 長距離電話.
ferngesteuert 形 遠隔操作による, リモートコントロールの.
Fernglas 中 双眼鏡.
fern|halten* ⊕ ⇔ fern ◆
fernheizen 他 (地域を)遠隔暖房する.
Fernheizung 囡 地域暖房.
fernkopieren 他 ファックスで(を)送る.
Fern|kopierer 男 ファックス機器. **=kurs** 男 通信講座. **=lastwagen** 男 長距離トラック. **=leitung** 囡 (ガス・水道などの)長距離導管; (電話の)長距離ケーブル. **=lenkung** 囡 遠隔操作(操縦), リモートコントロール. **=licht** 中 (自動車のヘッドライトの)ハイビーム.
fernliegen* ⊕ ⇔ fern ◆
Fernmelde|technik 囡 通信技術(工学). **=wesen** 中 遠隔通信施設(制度).
fernmündlich 形 電話による.
Fern|ost 《無冠詞で》極東. **=rohr** 中 望遠鏡. **=ruf** 男 通話, (市外からの)電話; 〔単数〕電話番号. **=schreiber** 男 テレタイプライター, テレプリンター.
Fernseh|ansprache 囡 《要人などの》テレビ演説.
Fernseh|apparat [フェルンゼーアパラート] 男《-[e]s/-e》テレビ《受像機》. **=beratung** 囡 テレビ相談. **=debatte** 囡 テレビ討論(会).
fernsehen* [フェルンゼーエン] 《sah fern; ferngesehen》 ⊕ テレビを見る.
Fernsehen [フェルンゼーエン] 中《-s/-》《⊕ television》テレビ《放送・画像・受像機など》. **Fernseher** [フェルンゼーアー] 男《-s/-》《話》 テレビ《受像機》; テレビの視聴者.
Fernseh|gerät 中 テレビ《受像機》. **=kamera** 囡 テレビカメラ. **=kommentator** 男 テレビの解説者. **=kultur** 囡 テレビ文化. **=moderator** 男 テレビの司会者. **=rede** 囡 テレビ演説. **=reporter** 男 テレビの報道記者(リポーター). **=sender** 男 テレビ《放送》局.

関連語 【ドイツのテレビ局】ARD (ドイツ第一放送), ZDF (ドイツ第二放送). 【有料テレビ(Pay-TV)】Sat 1, RTL plus, Pro 7, Tele 5. 【各地区のテレビ局】WDR (西ドイツ放送), BR (バイエルン放送), NDR (北ドイツ放送), SWR (南西ドイツ放送), HR (ヘッセン放送), SFB (自由ベルリン放送), SR (ザールント放送), RB (ブレーメン放送), MDR (中部ドイツ放送).

Fernseh|sendung 囡 テレビの番組. **=serie** 囡 テレビのシリーズ番組. **=spiel** 中 テレビドラマ. **=sprachkurs** 男 テレビ語学講座. **=turm** 男 テレビ塔. **=übertragung** 囡 テレビ中継.
Fernsicht 囡 展望, 遠望.
Fernsprech|amt 中 電話局. **=buch** 中 電話帳, 電話番号簿.
Fernsprecher [フェルンシュプレッヒャー] 男《-s/-》《⊕ telephone》電話《機》.
Fernsprechzelle 囡 電話ボックス.
fernstehen* ⊕ ⇔ fern ◆
Fern|steuerung 囡 遠隔操作(操縦), リモートコントロール. **=straße** 囡 長距離道路, 幹線道路. **=studium** 中 (大学・専門学校の)通信教育. **=unterricht** 男 通信教育. **=verkehr** 男 長距離交通《輸送》; 市外通話. **=waffe** 囡 長距離兵器. **=wirkung** 囡 遠隔作用; テレパシー.
Ferrum 中《-s/》《Eisen》《記号 Fe》.
Ferse [フェルゼ] 囡《-/-n》《⊕ heel》(足・靴・靴下の)かかと. ◆ *sich³ an j⁴ heften* 〔*hängen*〕/ *sich³ j³ an die* ~*n heften* 〔*hängen*〕(人を)つけ回す. *auf den* ~*n bleiben* 〔*sein*〕《*j³*》(人の)あとをつける. *auf den* ~*n folgen* 《*j³*》 (人の) すぐ後を追う. *auf den* ~*n haben* 《*j⁴*》 (人の)後をつけられている. *auf die* ~*n treten* 《*j³¹*》(人の)心を傷つける. **=n|geld** 中 ◆ ~ *geben* 逃げる, ずらかる.
fertig [フェルティヒ] 形 ❶ でき上がった, 完成した: Er ist noch nicht ~. 《話》彼はまだ一人前ではない. ❷ 《*mit et³*》(…を)終えた, …が済んだ. ❸ 用意(準備)のできた: Auf die Plätze, ~, los! 《競技》位置について, 用意, ドン. ❹ 《話》 疲れ果てた: völlig ~ sein 疲れ果てている. ◆ *es* ~ *bringen* 《+ zu 不定詞句》(…) する ことができる. ~ *bekommen* 《話》 (…を) 仕上げる, 成し遂げる. ~ *bringen* 《*kriegen*》(…を) 成し遂げる; 終わらせる. ~ *machen* 《話》《*et⁴*》(…を)完成する, 仕上げる; (…を)手厳しく批判(批評)する; (人を)消耗させる; 《俗》(人を)ぶちのめす, 殺す. ~ *sein* 《話》 びっくり仰天している; 支払い能力がない. 《*mit j³*》(人と)もうかかわりがない. ~ *stellen* (…を)完成(完了)する, 仕上げる. ~ *werden* 《話》 オルガニスムスに達する; 《話》《*mit j-et³*》(精神的に…に)打ち勝つ, (…を) 克服する; (人に対して)我を通す, (人を)意のままにする. **..fertig** 結合辞 「仕上がった, すぐに…できる」の意.
Fertigbau 男 プレハブ建築.
fertig|bekommen* ⊕, **bringen*** ⊕ ⇒ **fertig** ◆
fertigen 他 製造(製作)する; 《文書を》作成する; 《商》(荷物を)発送する.
Fertig|gericht 中 インスタント食品.

=**haus** 陽 プレハブ住宅.
Fertigkeit 囡 ⟨-/-en⟩ ⓔ skill熟練, 巧みさ; [医]技能, 腕前.
fertig=kriegen, =machen, =stellen 働 ⇨ fertig ✦
Fertigung 囡 製造, 製作;(文書の)作成. **~s=linie** 囡, **~s=straße** 囡 (流れ作業の)生産(組み立て)ライン.
Fertigware 囡 完成製品, 既製品.
Fertilisation 囡 ⟨-/-en⟩ 授精; 受精, 受胎.
fes, Fes 中 ⟨-/-⟩ [楽]変ヘ(の音名). **Fes** 中 ⟨-[ses]/-[se]⟩ トルコ帽.
fesch 陽 [南部・オストリア] 粋な, いかす, かっこいい.
Fessel [フェッセル] 囡 ⟨-/-n⟩ ❶ 手〈足〉かせ, 鎖; 束縛, 拘束: j^3 ~n an|legen / j^3 die ~n legen ⟨schlagen⟩ [雅] 人を鎖につなぐ; 束縛する. ❷ 足首; 繋(ﾂﾅ)ぎ(馬や牛のひづめとくるぶしの間).
=**gelenk** 中 (馬や牛の)繋.
fesseln [フェッセルン] 働 ⟨fesselte; gefesselt⟩ ❶ 縛る, 拘束する. ❷ (人を)引き付ける, 夢中にさせる.
fest [フェスト] 厖 ❶ ⓔ solid固まった, 固体(固形)の, ⓔ firm固い, 硬い; 不動(不変)の; 確固たる, 確実な, しっかりした. ❷ 丈夫な, 頑丈な. ❸ 固定した, 一定の: einen ~en Freund ⟨eine ~e Freundin⟩ haben 決まった恋人がいる. ✦ **~ angestellt** 常勤の. **~ befreundet sein** 大の親友である; 決まった恋人がいる.
..**fest** 厖 「…に耐える, 強い」の意.
Fest [フェスト] 中 ⟨-[e]s/-e⟩ ❶ 祭, 祭祀, 祝祭, パーティー; : Man muss die ~e feiern, wie sie fallen. [諺] 祭すな. ❷ (教会の)祝祭日. ✦ **Es ist mir ein ~.** [戯] それはどういたしまして. **Frohes ~!** おめでとうございます.
fest=angestellt 厖 ⇨ fest ✦ **=bleiben*** 働 ⟨s⟩ (信念などを)変えない, 譲歩⟨屈服⟩しない; [商] 持ち合いである.
Fest=essen 中 祝宴.
festest ⇨ fest
fest=fahren* 働 ⟨sich⁴ an j-et³⟩ (乗り物が)動けなくなる, 立ち往生する;(仕事などが)行き詰まる. **=fressen*** 働 ⟨sich⁴⟩ (ある場所に)食い込んで動かなくなる;(特定の考えなどが人の)念頭から離れない.
Fest=gelage 中 盛大な宴会. =**geld** 中 定期預金.
festgestellt ⇨ feststellen
festgewurzelt 厖 (木・伝統などが)しっかりと根をおろした.
Festhalle 囡 フェスティバルホール, 宴会場.
festhalten* [フェストハルテン] 働 ⟨hielt fest; festgehalten⟩ ❶ しっかりとつかんでいる; つかまえて離さない; 記録しておく; ⟨sich⁴ an $et³$⟩ (…に)しっかりつかまる. ❷ 厖 ⟨an $et³$⟩ (…に)固執する; [雅] ⟨$j³$⟩ (人に)味方する.
festigen 働 ⟨j-et³ $sich⁴$⟩ 強固にする⟨なる⟩, 確実なものにする⟨となる⟩.
Festigkeit 囡 ⟨-/-⟩ 強度, 硬さ; [医] 剛性; [口] 強度⟨抵抗⟩力;(精神的な)

強さ, 決然たる態度;(地位などの)安定.
Festigung 囡 ⟨-/-⟩ 強化; 安定化.
Festival 中 ⟨(ス)[プ]⟩ ⟨-s/-s⟩ フェスティバル, 音楽⟨演劇⟩祭.
fest=klammern 働 (クリップなどで…を)留める; ⟨sich⁴ an j-et³⟩ (…に)しがみつく. **=kleben** 働 ⟨$et⁴$ an $et³$⟩ (…を…に)貼り付ける; 働 ⟨an $et³$⟩ (…に)くっつく, へばりつく.
Festkleid 中 式服, 礼服; 晴れ着.
festklemmen 働 挟み込んで固定する.
Fest=komma 中 [雅] 固定小数点. =**körper** 陽 [自然] 固定体. =**[化・鉱] 結晶.
=**land** 中 大陸(島に対する)本土. =**sockel** 陽 [建・土] 基礎部.
festlegen 働 ❶ (計画・日程などを)決める;(規則などを)定める; ⟨j^4 **auf** $et⁴$⟩ (人に…の責任を持たせる; (人に)…をさせずける. ❷ (資本を)長期投資する. ❸ ⟨sich⁴⟩ 拘束される, 態度を明らかにする.
festlich [フェストリヒ] 厖 ❶ 祝祭の, 祭にふさわしい. ❷ 盛大な, 華やかな.
Festlichkeit 囡 ⟨-/-en⟩ 祭り, 祝典; お祝い気分; 荘厳, 華麗.
fest=liegen* 働 ❶ (期日などが)決まっている;(船が)座礁している; [商] (資本が)寝かされている. **=machen** 働 ❶ 固定する, 留める; 取り決める, 約定する. ❷ 働 [商] 停泊⟨係留⟩する.
Festmahl 中 [雅] 祝宴, 宴会.
festnageln 働 くぎで固定する; [話] ⟨$j⁴$ **auf** $et⁴$⟩ (人に約束などの)責任を持たせる.
Festnahme 囡 ⟨-/-n⟩ 逮捕.
festnehmen* 働 逮捕する.
Feston [フェストーン] 中 ⟨-s/-s⟩ 花綵(ﾊﾅﾂﾅ)(花・木の実で作った装飾); 懸花装飾, フェストゥーン.
Fest=ordner 陽 祝祭⟨宴会⟩の世話人, 幹事. =**platte** 囡 [電算] ハードディスク. =**preis** 陽 公定価格. =**rede** 囡 祝辞, 式辞. =**saal** 陽 宴会場.
festschrauben 働 ねじで固定する.
Festschrift 囡 記念論文集.
festsetzen 働 ❶ ⓔ fix (価格・期日などを)定める, 取り決める;(人を)拘留⟨勾留⟩する; ⟨sich⁴⟩ 付着する; 定住する, 居を定める; 根づく; ⟨sich⁴ **in** $j³$⟩ (考えなどが人の頭に)こびりつく. **Festsetzung** 囡 ⟨-/-en⟩ (期日・価格などの)取り決め; 勾留⟨拘留⟩, 拘禁.
fest=sitzen* 働 固定されている, ぴったり付着している; [話] 立ち往生する, それ以上先へ進めない.
Fest=speicher 陽 読み出し専用メモリー. =**spiel** 中 祝典劇, 記念上演; [複] フェスティバル, 音楽⟨映画, 演劇⟩祭.
fest=stehen* 働 確かである, 確定⟨決定⟩している; 安定している. **feststehend** 厖 固定した, 既定の; 強固な.
feststellen [フェストシュテレン] 働 ⟨stellte fest; festgestellt⟩ ❶ 確かめる, 突きとめる;(…に)気づく, (…を)認める. ❷ (…と)断言する. ❸ (部品などを)固定⟨ロック⟩する. **Feststellung** 囡 ⟨-/-en⟩ 確認, 査定, 確定; 主張.
Fest=tag 陽 祝祭日; [複] フェスティバル, 音楽⟨映画, 演劇⟩祭. =**treibstoff** 陽 固体燃料.

Festung [女] 《-/-en》 砦(とりで), 要塞(ようさい).

fest=verwurzelt [形] (木・伝統などが)しっかりと根づいた.

Festwert=speicher [男] = ROM.

Fest=woche [女] 祝祭週間; 《複》(音楽などの)フェスティバル週間. **=zug** [男] 祝祭パレード.

Fete [女] 《-/-n》 《学生》 パーティー, コンパ.

Fetisch [男] 《-[e]s/-e》 呪物(じゅぶつ), 物神(霊力を持つとして崇拝される物). **Fetischismus** [男] 《-/》 呪物〈物神〉崇拝; 〔医〕 フェティシズム(体の一部や衣服などに性欲を感じること).

fett [フェット] I [形] ❶ ([英] fat)脂肪の多い, 脂っこい; (肌や髪などが)脂性(あぶらしょう)の. ❷ 太った, 肥満した. ❸ 《話》 肥沃な, 地味のよい; (物質的に)豊かな, 有利な, もうかる. ❹ 〔印〕 肉太の, ボールド体の. ❺ 《俗・方》 泥酔した. ✦ ***die ~en Jahre*** 富裕な時期〈時代〉. ***~ gedruckt*** 太字〈ボールド体〉で印刷された.

Fett [中] 《-es (-s) /-e》 ([英] fat)脂肪, 油脂(ラード・グリースなど) : ~ schwimmt [immer] oben. 《諺》 金持ちはいつも得をする. ✦ ***das ~ ab|schöpfen*** 甘い汁を吸う. ***sein ~ bekommen*** 〈***ab|kriegen, kriegen***〉 《話》 罰が当たる; 当然の報いを受ける. ***sein ~ geben*** 《話》 《j^3》 (人を)しかり飛ばす. ***sein ~ weg|haben*** 《話》 罰が当たる. ***im eigenen ~ schmoren*** 《話》 自業自得である. ***im ~ schwimmen*** 〈***sitzen***〉 《話》 裕福に暮らす. ***von seinem ~ zehren*** 《話》 貯え〈財産〉を切り崩して食っていく.

fettarm [形] 脂肪の少ない, 低脂肪の.

Fett=auge [中] (スープなどの表面に浮いた)脂肪の玉. **=druck** [男] 〔印〕 肉太活字, ボールド.

fetten [他] (…に)脂を塗る, 油を差す; [自] (分離して)脂が浮く〈にじみ出る〉; 脂じみる.

Fettfleck [男] 脂の染み.

fettgedruckt [旧]⇨ fett ✦

Fettgehalt [男] 脂肪含有量.

fettig [形] 脂肪質の, 脂性の; 油〈脂〉で汚れた, 脂じみた; 脂っこい.

fettleibig [形] 肥満〈でっぷり〉した.

Fett=näpfchen [中] ✦ ***ins ~ treten*** 《話》 《**bei** j^3》 (うっかり人の)機嫌を損ねるようなことをする〈言う〉. **=sack** [男] 《卑》 肥満した人, でぶ. **=säure** [女] 〔化〕 脂肪酸. **=sucht** [女] 〔医〕 脂肪過多[症], 肥満[症]. **fettsüchtig** [形] 脂肪過多[症]の, 肥満体質の. **Fettwanst** [男] 《話》 でぶ, 太っちょ; 太鼓腹.

Fetus [男] 《-[ses]/-se, ..ten》 (妊娠3か月以降の)胎児.

fetzeln [他] 《方》 ずたずたに引き裂く.

Fetzen [男] 《-s/-》 ([小] ***Fetzchen***)ぼろ切れ, 切れ端; ぼろ着〈服〉; 断片. ✦ ***..., dass die ~ fliegen*** 《話》 猛烈に; しゃにむに. [***nur***] ***ein ~ Papier sein*** 紙切れ同然だ.

fetzig [形] 《話》 すごい, すごくいい.

feucht [フォイヒト] [形] ([英] moist)湿った, 湿度の高い. ✦ ***eine ~e Ansprache haben*** 《話》 つばを飛ばしてしゃべる. **feuchten** [動] 《雅》 ぬらす〈ぬれる〉, 湿らす〈湿る〉; 《$sich^4$》 (目が)潤む.

feuchtfröhlich [形] 《戯》 一杯機嫌の, 酒に浮かれた.

Feuchtigkeit [女] 《-/》 湿りけ, 湿気, 水分; 湿度.

feuchtwarm [形] 暖かく湿った; なま暖かい; 蒸し暑い.

feudal [形] 封建制の; 封建的な, 反動的な; 貴族的な; 《話》 豪華な, 豪勢な.

Feudal=gesellschaft [女] 封建社会. **=herr** [男] 封建君主, 領主.

Feudalismus [男] 《-/》 封建制[度]; 封建主義; 封建時代. **feudalistisch** [形] 封建制[度]の; 封建的な, 反動的な.

Feudalsystem [中] 《-s/》 封建制度.

Feuer [フォイアー] [中] 《-s/-》 ❶ ([英] fire)火 : das ~ an|zünden 〈an|machen〉 火を起こす | das ~ aus|löschen 〈aus|machen〉火を消す. ❷ 火事, 火災. ❸ 射撃, 砲火. ❹ 激情, 情熱; 輝き, きらめき. ✦ ***aus dem ~ reißen*** (失いかけた物を)あやうく救い出してよい結果に終わらせる. ***Bei j^3 ist gleich ~ unterm Dach.*** 《話》 (人が)すごく怒りっぽい. ***durchs ~ gehen*** 《**für** j^4》 (人のためなら)たとえ火の中水の中である. ***Feuer!*** 撃て; 火事だ. ***~ fangen*** 燃え出す, 火がつく; 夢中になる. ***~ geben*** 《j^3》 (人に)[タバコの]火を貸す. ***~ und Flamme sein*** 《**für** $j\text{-}et^4$》 (…に)熱中〈興奮〉している. ***~ unter dem Dach haben*** 家庭内にもめごとを抱えている. ***~ unter dem*** 〈***den***〉 ***Hintern*** 〈***Arsch***〉 ***machen*** 《俗》 《j^3》 (人の)しりに火をつける, (人を)せき立てる. ***das ~ vom Himmel holen*** とても聡明である. ***in ~ kommen*** 〈***geraten***〉興奮する. ***mit dem ~ spielen*** 火遊びする, 危ない橋を渡る. ***mit ~ und Schwert*** 武力を用いて, 手荒に. ***wie ~ und Wasser*** 水と油の, 正反対の. ***zwischen zwei ~ geraten*** 〈***kommen***〉進退窮まる.

Feuer=alarm [男] 火災警報. **=bestattung** [女] 火葬. **=eifer** [男] 熱心, 熱中, 熱意.

feuerfest [形] 耐火〈不燃〉性の.

Feuergefahr [女] 火災[発生]の危険, 引火の危険. **feuergefährlich** [形] 火災[発生]の危険のある, 引火しやすい.

Feuer=leiter [女] (建物の)避難用はしご; (消防車の)はしご. **=löscher** [男] 消火器. **=melder** [男] 火災報知器.

feuern ❶ [自] 《**mit** et^3》 (…を)燃やす, 暖房する; 《**auf** $j\text{-}et^4$》 (…に)発砲する; 《話》 (顔が)ほてる, (傷が)焼けつくように痛む, (酒が)きつい. ❷ [他] 《話》 放り投げる; (人を)首にする. ✦ ***eine ~*** 《話》 《j^3》 (人に)一発食らわす.

Feuerprobe [女] ✦ ***die ~ bestehen*** 試練に耐えぬく.

feuerrot [形] 火のように真っ赤な.

Feuers=brunst [女] 大火, 大火事.

Feuer=schiff [中] 灯台船. **=schutz** [男] 防火; 援護射撃. ✦ ***~ geben*** 《j^3》 (人を)援護する.

Feuer=stein [男] フリント(火打ち石やライターの石); 〔鉱〕 燧石(すいせき). **=taufe** [女] 最初の試練; 〔軍〕 砲火の洗礼, 初陣.

Feuerung [女] 《-/-en》 火を燃やすこと, 燃焼; 燃料; 燃焼装置, ストーブ, ボイラー.

Feuer=versicherung [女] 火災保険.

=**waffe** [女] 火器, 銃砲. =**wanze** [女]〔虫〕ホシカメムシ.
Feuer=wehr [フォイアーヴェーア] [女]《-/-en》消防[隊]. =**werk** [中] 花火; 熱弁.
Feuerzeug [フォイアーツォイク] [中]《-[e]s/-e》([英] lighter)ライター.
Feuilleton [フェイユトーン] [中]《-s/-s》(新聞の)文芸〈文化, 娯楽〉欄; 文芸欄の読み物. **Feuilletonist** [男]《-en/-en》文芸欄の執筆者;《蔑》雑文書き.
feurig [形] 燃えるような, 情熱的な; 火のような, 真っ赤な; きらめく, 輝く.
Fex [男]《-es/-e; -en/-en》《南部・オーストリア》愚か者, 酔狂なやつ; しゃれ者.
Fez [男]《-es/》《話》冗談, 悪ふざけ.
ff [略] fortissimo; sehr fein《品質表示》極上の. **ff.** [略] …ページ以下(< [und] folgende [Seiten]). **FF** [略] *französischer Franc* フランス・フラン. **fff** [略] fortississimo;〔商〕《品質表示》最極上の, 最純良の. **FH** [略] *Fachhochschule*.
Fiaker [男]《-s/-》《オーストリア》(2頭立ての)辻馬車; 貸馬車; 辻馬車の御者.
Fiasko [中]《-s/-s》不成功, 不評; 破滅, 挫折(ざせつ).
Fibel [女]《-/-n》絵入り初等読本; 入門書.
Fiber [女]《-/-n》繊維; ファイバー.
=**glas** [中] 繊維ガラス, ファイバーグラス.
Fibrin [中]《-s/》〔生化〕線維素, フィブリン. **fibrinös** [形]〔生化〕線維素〈フィブリン〉の〈を含有する〉.
Fibro=sarkom [中]〔医〕線維肉腫.
=**skop** [中]《-s/-e》ファイバースコープ.
Fiche [フィッシュ] [中] [男]《-s/-s》〔情報〕フィシュ(情報処理用のカード・フィルム).
ficht ⇨ fechten
Fichte ❶ [女]《-/-n》〔植〕トウヒ属; ドイツトウヒ; トウヒ材. ❷ Johann Gottlieb, フィヒテ(1762-1814; ドイツの哲学者).
Fichtelgebirge (das ~)フィヒテル山地(ドイツ Bayern 州北東部の山地).
Fichten=nadel [女] トウヒの葉; 松葉.
fichtst ⇨ fechten
ficken [動]《卑》《j^4/**mit** j^3》(人と)性交する.
fidel [形]《話》愉快な, 陽気な, 楽しい.
Fidel [女]《-/-n》フィデル(バイオリンの前身);《話》バイオリン.
Fidschi フィジー(南太平洋の共和国). **Fidschiinseln** [複] (die ~)フィジー諸島.
Fieber [フィーバー] [中]《-s/-》❶ ([英] fever)熱, 発熱;〔医〕熱病. ❷《雅》情熱, 熱狂.
fieberfrei [形] 熱のない, 平熱の.
Fieberfrost [男] 悪寒, 寒け.
fieberhaft [形] 熱の出る, 熱病の; 熱に浮かされた; 熱狂的な.
fieberig, fieberisch [形] = fiebrig.
fiebern [自] 熱がある, 発熱する;《**vor** j-et^3》(興奮・期待で)熱狂する;《**nach** j-et^3》(…を)熱望する.
Fieber=thermometer [中] 体温計.
fiebrig [形] 熱の出る, 発熱性の; 熱狂的な.
Fiedel [女]《-/-n》《話》バイオリン. **fiedeln** [他]《話》バイオリンで[へたに]弾く; [自] [へたな]バイオリンを弾く.
fiel, fiele ⇨ fallen

fies [形]《北部・話》吐き気を催すような, いやな; 卑しい, 口うるさい.
FIFA, Fifa [略] *Fédération Internationale de Football Association* 国際サッカー連盟, フィーファ.
fifty-fifty [副]《話》半々〈五分五分〉に.
Fig. [略] *Figur* 図形.
Figaro フィガロ(Mozart の歌劇『フィガロの結婚』などに登場する理髪師); [男]《-s/-s》《戯》髪師, 床屋; 告げ口する人.
fighten [自](スポーツで)積極的に攻撃する; [他](人と)激しく戦う.
Fighter [男]《-s/-》〔ボクシング〕ボクサー; (不屈の)闘士.
Figur [フィグーア] [女]《-/-en》([小] **Figürchen**) ❶ ([英] figure)姿, 容姿, 外観; 人物;《話・蔑》人間, 男; (劇・小説などの)登場人物. ❷ (絵や彫刻などの)像, 形象; キャラクター; (チェスの)駒; (トランプの)絵札. ❸ 図形; 模様, 図案([略] Fig.). ❹〔ダンス・スケート〕フィギュア;〔楽〕音型, フィギュア; 文飾, (文体の)あや. ✦ ***eine gute* 〈*schlechte*〉 ~ *machen* 〈*ab|geben*〉**《話》よい〈悪い〉印象を与える, 愛想がよい〈悪い〉. **figürlich** [形] 比喩(ゆ)的な; 外見〈容姿〉上の.
Fiktion [女]《-/-en》虚構, 作り話, フィクション;〔哲〕擬設;〔法〕擬制. **fiktiv** [形] 虚構の, 架空の.
Filet [フィレー] [中]《-s/-s》〔料〕ヒレ肉; (鳥の)胸肉; (骨・皮を除いた)魚の切り身;〔服〕フィレレース; 網地, ネット. =**steak** [中] ヒレ肉のステーキ.
Filiale [女]《-/-n》支店, 支社, 支部; 出張所.
Filialgeneration [女]〔遺伝〕雑種世代, 子の代, 後代(こうだい).
Film [フィルム] [男]《-[e]s/-e》❶ 映画. ❷ ([英] film)フィルム. ❸ (油や塗料の)被膜〈層〉;〔写〕感光膜. ✦ ***Da ist bei j^3 der ~ gerissen.*** (人の)記憶がそこで途切れている. =**aufnahme** [女] 映画撮影.
Filme=macher [男] ([女] **-in**)映画監督.
filmen [他] 映画に撮る, (…の)映画を制作する;《話》(人を)かつぐ, からかう; [自] 映画を撮る; 映画に出演する.
Filmfestspiele [複] 映画祭.
filmisch [形] 映画の, 映画による.
Film=kamera [女] 映画の撮影機.
=**kunst** [女] 映画芸術. =**regisseur** [男] 映画監督. =**riss** ([旧]=**riß**) [男] ✦ ***einen ~ haben***《話》突然思い出せなくなる.
=**schauspieler** [男] 映画俳優. =**star** [男] 映画スター. =**theater** [中] 映画館.
=**vorstellung** [女] 映画上映.
Filou [フィルー] [男] ([中])《-s/-s》《話》詐欺師, いかさま師;《戯》いたずら者, ずる賢いやつ.
Filter [男] ([中])《-s/-》フィルター, 濾過(ろか)器; (タバコの)フィルター;〔写〕フィルター;〔電〕濾波(ろは)器. =**anlage** [女] 濾過(ろか)装置〈施設〉. =**kaffee** [男] ドリップコーヒー.
filtern [他] (液体・気体を)濾過(ろか)する; (光・電波を)フィルターにかける; (コーヒーを)フィルターで入れる.
Filter=papier [中] 濾紙(ろし), 濾(こ)し紙.
=**zigarette** [女] フィルター付きタバコ.
filtrieren [他] 濾過(ろか)する, 濾(こ)す.
Filz [男]《-es/-e》〔織〕フェルト;《話》フェ

filzen ❶ 他 《話》(税関などで)徹底的に調べる；《j-s》フェルトのように固める，縮絨(じゅう)する． ❷ 自 フェルト[製]の．

Filzhut 男 フェルト帽．

filzig 形 フェルト状の；《話》けちな．

Filz|laus 女 《虫》毛ジラミ． **=schreiber** 男 **=stift** 男 フェルトペン．

Fimmel 男 ◆ **einen ~ [für et⁴] haben** (…に)熱狂している．

final 形 最後の，終局の；《文法》目的の．

Finale 中 (-[-s]-[-s]) フィナーレ，大詰め；《楽》終楽章；(オペラなどのフィナーレ)；《ス²》決勝戦．

Finanz 女 (-/-en) 金融：金融業界，金融業者；《複》(国家・公共団体の)財政，歳入． **=amt** 中 税務署． **=beamte(r)** 男 《形容詞変化にて》税務署員；財務(税務)官吏．

finanziell [フィナンツィエル] 形 金融(財政)上の，資金(金銭)の．

Finanzier [フィナンツィエー] 男 (-s/-s) 金融業者，銀行家；資金提供者，スポンサー．

finanzieren 他 (…に)出資する，資金を調達する；《商》クレジット(ローン)で買う；金繰りをつける． **Finanzierung** 女 (-/-en) 出資，資金調達．

Finanz-minister 男 大蔵(財務)大臣． **-ministerium** 中 大蔵(財務)省．

Finanz-politik 女 金融政策． **finanzpolitisch** 形 金融政策[上]の．

Finanz-system 中 金融システム． **-verwaltung** 女 金融行政(機関)，財務管理． **=wechsel** 男 《商》融通(金融)手形． **=wesen** 中 財政(制度)．

Findelkind 中 捨て子，拾い子．

finden* [フィンデン] **(fand, gefunden)** Ⅰ 他 ❶ (⇒ find) (偶然に)見つかる．(探していて)見つけ出す，発見する：《sich⁴》見つかる(見いだす)のを得る；《et¹ an j-et³》(…から喜び・楽しみなどを得る)； (…)される(Anwendung ・ Beachtung) ～使用(注目)される)． ❷ (…)を…であると思う，みなす；《…+ dass 文》(…)と思う． Ⅱ 自 (…)へ行き着く；(…から)出る． ◆ **Das [Es] wird sich alles ~.** 《話》今になんとかなるさ，いずれうまく行くさ． **nichts dabei ~** 別になんとも思わない；なんら問題を感じない．

Finder 男 (-s/-) (⇒ **-in**) 発見者，拾得者． **~lohn** 男 拾得者への謝礼[金]．

findig 形 機知にとんだ，明敏な；資源に富んだ． **Findigkeit** 女 (-/-) 利発さ，如才のなさ，機知．

Findling 男 (-s/-e) 捨て子，拾い子．

Finesse 女 (-/-n) 精巧さ，繊細さ；術策，策略；トリック．

fing, finge ⇒ **fangen**

Finger [フィンガー] 男 (-s/-) (⇒ finger) 手・手袋などの)指． ◆ **alle zehn ~ nach et³ lecken** 《sich³》(…)が欲しくてたまらない． **an den [fünf] ~n abzählen können** 《sich³》(…)が簡単に理解(予期)できる． **auf die ~ klopfen** 《j³》(人を)しかりつける． **auf die ~ sehen (gucken, schauen)** 《j³》(人から)指を離さない． **aus den ~n saugen** 《話》《sich³》et⁴》でっち上げる． **Das sagt mir mein kleiner ~.** 《話》それは勘で分かるよ． **den ~ auf die [brennende] Wunde legen** 悪事を暴く，痛い所を突く． **die ~ im Spiel haben** 《bei et³》(…に)一枚かんでいる． **die ⟨seinen⟩ ~ in et³ haben** 《話》(…に)手を出している． **der elfte ~** 《俗》ペニス． **die ~ nach et³ lecken** 《話》(…のことで)…が欲しくてたまらない． **die ~ verbrennen** 《話》《sich³ bei j³ ⟨an et³⟩》(人に(事で)痛い目に遭う． **die ~ von et³ davon lassen** 《話》(…から(そのことから)手を引く． **durch die ~ sehen** 《話》《j³》(人を)大目に見る． **eine[n] an jedem ~ haben** 《話》(ガール)フレンドがたくさんいる． **im kleinen ~ haben** 《話》《et¹》(…に)精通している． **in den ~ schneiden** 《sich³》とんでもない見込み違いをする． **in die ~ bekommen (kriegen)** 《話》(たまたま…)を手に入れる． **in die ~ fallen** 《話》《j³》(…)が(人)の手中に落ちる． **J³ jucken die ~ nach et³** 《話》(人は)…が欲しくてうずうずしている．**J³ juckt (kribbelt) es in den ~n** 《(+ zu 不定詞句)》(人は)…したくてうずうずしている． **keinen ~ rühren (krumm machen)** 《話》何ひとつ[しようと]しない． **klebrige ~ haben** 《話》手癖が悪い，盗癖がある． **lange (krumme) ~ machen** 《話》盗みを働く． **mit dem ~ 〈mit dem ~〉 auf j⁴ zeigen ⟨weisen⟩** (人に)後ろ指を指す，(人を)中傷する． **mit dem kleinen ~ machen** 《話》(…を)あっさりやってのける． **mit spitzen ~n anfassen** 《話》(…を)(嫌がって)指先でつまむ． **nicht gern die ~ schmutzig machen** 《話》《sich³》悪いやつである，自分の手を汚したがらない． **um den [kleinen] ~ wickeln** 《話》(人を)意のままに操る． **~ kommen (geraten)** 《話》《j³》(人に)捕まる；(…)の手にかかる． **an jedem ~ haben** 《話》ボーイ(ガール)フレンドがたくさんいる．

Finger-abdruck 男 指紋． **=breit** 形 **keinen ~ nachgeben** 一歩も譲らない． **=fertigkeit** 女 指先の器用さ，(ピアノ演奏などの)鮮やかな指さばき． **=handschuh** 男 (5本の指のある)手袋． **=hut** 男 (裁縫用の)指ぬき；《植》ジギタリス．

Fingerling 男 (-s/-e) 指サック；(手袋の)指．

fingern 自 《an ⟨in⟩ et³》(…の中を)指で触る(いじる)；他 《sich³》et⁴ aus et³》(…から)指で引っぱり出す；うまく処理する；《話》盗む．

Finger-nagel 男 指のつめ． **=ring** 男 指輪． **=satz** 男 《楽》運指法．

Finger-spitze 女 指先． ◆ **bis in die ~n** とことんまで． **Das muss man in den ~n haben.** 《話》これは体で分からなくてはいけない． **~n|gefühl** 中 繊細(鋭敏)な感覚，勘，こつ．

Fingerzeig 男 ヒント，示唆．

fingieren 他 捏造(ねつぞう)する，でっち上げる．

Finish 中 (-s/-s) 《ス²》ラストスパート，フィニッシュ；最後の仕上げ．

Fink 男 (-en/-en) アトリ科の鳥(アトリ・

ヒワ・カナリヤなど).
Finne [男] ((-n/-n)) ([女] **Finnin**)フィンランド人. **finnisch** [形] フィンランド〔人, 語〕の. **Finnland** フィンランド. **Finnmark** [女] フィンランドマルク([略] Fmk).
finster [フィンスター] [形] ❶ ([英] dark) 暗い, 真っ暗な; 陰気な, 陰うつな. ❷ 険悪な, 不機嫌な. ❸ 不気味な, 不吉な; いかがわしい, 怪しい, よこしまな. ✦ *im Finstern tappen* 暗中模索する.
Finsternis [女] ((-/-se)) ([英] darkness) 暗黒, 暗やみ; 〔天〕食: das Reich der ~ 〔聖〕闇(やみ)の国, 地獄. ✦ *eine ägyptische ~* 真っ暗やみ.
Finte [女] ((-/-n)) 〔スポ〕フェイント; 策略; 口実; ごまかし, みせかけ.
Firlefanz [男] ((-es/)) ((蔑)) がらくた, くだらないもの; ナンセンス, ばかげたこと.
firm [形] ((話)) ((**in** *et*^{3})) (…に)熟練〈精通〉した.
Firma [フィルマ] [女] ((-/..**men**)) ❶ ([英] company)会社, 商会, 商社([略] Fa.). ❷ 商号, 社名. ✦ *Die ~ dankt.* ((話・戯)) いえ, 結構です.
Firmament [中] ((-[e]s/)) ((雅)) 天空, 蒼穹(そうきゅう).
firmen [他] 〔カトリ〕(人に)堅信を施す.
Firmen ⇨ Firma =**chef** [男] 社長.
firmieren [自] 商号〈社名〉で営業する; [他] (書類などに)商号〈社名〉をサインする.
Firmung [女] ((-/-en)) 〔カトリ〕堅信〔礼〕.
firn [形] (ワインが)古い, 数年前の. **Firn** [男] ((-[e]s/-e)) 万年雪, 雪渓; ((オーストリ・スイ)) 万年雪で覆われた山頂; 氷河.
Firnis [男] ((-ses/-se)) ワニス, ニス; 見せかけ, 虚飾. **firnissen** [他] (…に)ワニスを塗る.
First [男] ((-[e]s/-e)) (屋根の)棟; ((雅)) (山の)尾根, 稜線.
fis, Fis [中] ((-/-)) 〔楽〕嬰(えい)へ(音名); [記号] ((f-)) 嬰へ短調; ((F-)) 嬰へ長調.
Fisch [フィッシュ] [男] ((-[e]s/-e)) ([小] **-chen, -lein**) ❶ ([英] fish)魚, 魚類; 魚料理. ❷ ((複)) 〔天〕魚座; ((話)) 魚座生まれの人. ✦ *Der ~ will schwimmen.* 魚料理にはワインがつきもの. *die ~e füttern* 魚にえさをやる; ((戯)) 船酔いして吐く. *ein großer 〈dicker〉 ~* ((戯)) 大物, 重要人物. *ein kalter ~* 冷淡な男. *faule ~e* 腐った魚; 信じ難い話, 真っ赤なうそ. *kleine ~e* 小物, 雑魚; 些事(さじ). *gesund und munter wie ein ~ im Wasser sein* ((話)) 水を得た魚のように元気だ. *weder ~ noch Fleisch sein* ((話)) 海のものとも山のものとも分からない; はっきりしない. =**bein** [中] 鯨ひげ. =**besteck** [中] 魚用ナイフとフォーク. =**dampfer** [男] 遠洋漁船.
fischen [フィッシェン] ((fischte; gefischt)) ❶ [自] ([英] fish)魚を釣る〈捕る〉, 漁をする; ((**nach** *et*^{3})) (…を手探りで)探す. ❷ [他] 釣る, 捕る; ((話)) 引っぱり出す, 取り出す: *sich*^{3} ein Mädchen ~ ((話)) 女の子をひっかける. ✦ *im Trüben ~* どさくさに紛れて得をする.
Fischer [男] ((-s/-)) ([女] **-in**)漁師, 釣り人. =**boot** [中] (沿岸漁業用の)漁船, 釣り舟.
Fischerei [女] ((-/-en)) 漁業.
Fisch=fang [男] 漁業, 漁; (漁の)獲物. =**filet** [中] 魚の切り身. =**geschäft** [中] 魚屋(店). =**grätenmuster** [中] 〔服〕杉綾, ヘリンボーン, 矢はず模様. =**händler** [男] 魚商人, 魚屋. =**laich** [男] 魚卵. =**markt** [男] 魚市場. =**mehl** [中] 魚粉. =**otter** [男] 〔動〕カワウソ. =**rogen** [男] (魚の)腹子. =**stäbchen** [中] フィッシュスティック(細長い魚のフライ). =**teich** [男] 養魚池. =**zucht** [女] 魚の養殖, 養魚. =**zug** [男] 網引き; 実入りのある仕事.
Fis-Dur [中] ((-/)) 〔楽〕嬰(えい)へ長調([記号] Fis).
Fisimatenten [複] ((話)) 逃げ口上, 言い逃れ.
fiskalisch [形] 国庫の, 国有の.
Fiskus [男] ((-/..ken (-se))) 国庫.
fis-Moll [中] ((-/)) 〔楽〕嬰(えい)へ短調([記号] fis).
Fisole [女] ((-/-n)) ((オーストリ)) インゲンマメ.
fispelig [形] ((方)) 落ち着きのない.
Fistel [女] ((-/-n)) 〔医〕フィステル, 瘻(ろう). =**stimme** [女] 〔楽〕ファルセット, 裏声.
fit [フィット] [形] ((話)) 体の調子がよい, 元気な.
Fitness=center ([旧] **Fitneß=**) [中] フィットネスセンター. =**gerät** [中] トレーニング用器具. =**raum** [男] トレーニング室. =**studio** [中] フィットネススタジオ.
Fittich [男] ((-[e]s/-e)) ((雅)) 翼. ✦ *unter seine ~e nehmen* (人を)庇護(ひご)する, 世話する.
fix [形] ((話)) 素早い, 機敏な; 固定した, 定着した; ((オーストリ)) 常任の. ✦ *~ und fertig sein* ((話)) すっかり仕上がっている; 疲れ果てている. *nicht [ganz] ~ sein* ((方)) 頭がおかしい.
Fixa ⇨ Fixum
fixen [自] 〔商〕(証券取り引きで)空売りする; ((話)) 麻薬を注射する. **Fixer** [男] ((-s/-)) ([女] **-in**) 〔商〕空売りする人; ((話)) 麻薬常用者. **Fixgeschäft** [中] 〔商・法〕定期行為〈取引〉.
fixieren [他] 固定する, 貼り付ける, 定着させる; (心・記憶に)留める; (文書に)書きとめる, 記録する; 〔写〕定着する; (日時・場所などを)確定する; ((*sich*^{4} **auf** *j-et*^{4})) (…に)心を奪われる.
Fixiermittel [中] 〔美〕定着剤; 〔写〕定着液; 〔理容〕セットローション.
Fixierung [女] ((-/-en)) 固定, 固着; 〔写〕定着; 決定, 確定; 凝視.
Fix=kauf [男] 〔商〕定期売買〈購入〉. =**kosten** [複] 〔商〕固定費. =**stern** [男] 〔天〕恒星.
Fixum [中] ((-s/..xa)) 定収入; 固定給.
Fjord [男] ((-[e]s/-e)) フィヨルド, 狭湾.
FKK [略] *Frei*körper*k*ultur 裸体主義. **FKK-Strand** [男] FKK信奉者専用の海岸. **fl.** [略] *F*lorin, *F*loren. **Fl.** [略] *Flo*rin. **FL** ((国籍符号)) リヒテンシュタイン.
Fla [略] *Flug*abwehr 防空.
flach [フラッハ] [形] ❶ ([英] flat)平らな, 水平な; 平たい, ぺしゃんこの. ❷ 低い, 浅い. ❸ 表面的な, 浅薄な, 平凡な.
Flachdach [中] 陸屋根(ろくやね), 平屋根.
Fläche [フレッヒェ] [女] ((-/-n)) 平面, 表面; 〔数〕面積; 平地, 平野; 床, フロア.
Flächen=bombardement [中], =**bombardierung** [女] 〔軍〕じゅうたん

Flächenmaß 面積単位, 平方尺.

flach=fallen* 自 (s) 自不行われない, 中止になる.

Flachheit 女 (-/-en) 平坦, 平らなこと; 皮相, 浅薄; 平凡; 浅はかな言動.

Flach-land 中 (-(e)s/) 平野. **=mann** 男 (獄) (酒を入れる携帯用の平たい)ポケットびん.

Flachs 男 (-es/) 植 アマ(亜麻); 亜麻の繊維; 話 冗談.

flachs=blond 形 (髪が)亜麻色の, 淡いブロンドの.

flachsen 自 話 冗談をいう, からかう.

Flach-zange 女 フラットノーズペンチ.

flackern 自 (灯火が)明滅する, ゆらめく; (声で)震える, (目が)落ち着きなく動く.

Fladen 男 (-s/-) 団子状のもの.

Flagge [フラッゲ] 女 (-/-n) (船 flag) (小さい)旗. ♦ **die ~ streichen** 旗を降ろす; 降参する. **~ zeigen** 旗戦にする. **unter falscher (fremder) ~ segeln** 偽名を使う; 素性を隠す.

flaggen 自 旗を揚げる.

Flaggschiff 中 旗艦.

Flair 中 (-s/) 雰囲気.

Flak 女 (-/-[s]) 高射砲 (< Flugabwehrkanone).

Flakon [フラコーン] 中 (-s/-s) 小瓶, 香水瓶.

flambieren 他 フランベする(食べ物にブランデーなどを注ぎ, 火をつけてアルコールを燃やす).

Flame 男 (-n/-n) (女 Flamin, Flämin) フラマン人(フランドルに住むゲルマン系住民).

Fläming (der ~) フレーミング(エルベ川南方の丘陵地帯).

Flamingo 男 (-s/-s) 鳥 フラミンゴ.

flämisch 形 フラマン人の, 言語の.

Flamme [フラメ] 女 (-/-n) (縮 **Flämmchen**) ❶ (船 flame) 炎, 火炎; 激情. ❷ (ガス器具の)火口(%), ❸ 話 恋人(女). ♦ **in [hellen] ~n stehen** 赤々と燃えている. **in [Rauch und] ~n aufgehen** 炎上する.

flammen 自 雅 炎を上げて燃える; (感情などが)燃え上がる, (顔が)紅潮する, (目などが)輝く.

Flammen=meer 中 雅 火の海. **=werfer** 男 火炎放射器.

Flammeri 男 (-[s]/-s) 料 フラメリ(食後の冷たいプディング).

Flammpunkt 男 引火点.

Flandern 中 フランドル(ベルギー・フランス北西沿岸地域).

Flanell 男 (-s/-e) 繊 フランネル.

flanieren 自 (s) ぶらつく, ぶらぶら歩く.

Flanier=meile 女, **=straße** 女 散策路, 遊歩道, ショッピング街.

Flanke 女 (-/-n) (獣の)横腹, わき腹; (山)(陣列の)側面; (登山)側面(急な山腹); (球技)ウイング; センタリング; (体操)(あし馬の横向き跳び越し)フランケン; シュート.

flanken 自 (体操)横向き跳び越しをする; 球技 センタリングする.

Flankenangriff 男 側面攻撃.

flankierend 形 ♦ **~e Maßnahmen** 雅 援護策.

Flansch 男 (-(e)s/-e) 工 フランジ.

flapsig 形 話 不作法な, 粗野な.

Flasche [フラッシェ] 女 (-/-n) (縮 **Fläschchen**) ❶ (船 bottle) 瓶, ボトル; ボンベ. ❷ 話 無能な, ぼんくら. ♦ **einer den Hals brechen** 瓶(ワイン)の栓を抜く. **zur~greifen** 大酒を飲む, 酒びたりになる. **zu tief in die ~ gucken (schauen)** 大いに飲んだくれる.

Flaschen=bier 中 瓶ビール. **=gas** 中 ボンベに詰められた...ガス. **=hals** 男 瓶の首; 路路路(状), (交通の)ネック. **=milch** 中 瓶詰めの牛乳. **=öffner** 男 栓抜き. **=pfand** 中 (商) 空き瓶預かり金. **=post** 女 (海に流す)瓶入りの手紙. **=schiff** 中 ボトルシップ(瓶の中に入れてある船の模型). **=zug** 男 (工) 滑車[装置].

flatterhaft 形 移り気な, 気まぐれな.

Flatterhaftigkeit 女 (-/).

flattern 自 (旗などが)はたはた(ひらひら)させる; (s) (〜へ)はたはた(ひらひら)と飛ぶ; (鳥などが)羽ばたきをする(落ちる); (不安や興奮で)わなわな震える; (心臓・脈が)速く打つ; 話 (車輪・スキーなどが)横揺れする, ぶれつく.

flau 形 弱い, 退屈な, つまらない; 売れ行き不振の, 不況の. ♦ **J³ ist ~.** 話 (人が)気分が悪い, めまいがする.

Flauheit 女 (-/) 弱さ; 気分が悪いこと, 不快感; 退屈; 不景気.

Flaum 男 (-(e)s/) ❶ (方) 馬の腹(腎臓)の脂肪. ❷ (鳥の)綿毛; 柔毛, うぶ毛, うぶひげ. **=feder** 女 (鳥の)綿毛.

flaumig 形 綿毛の(ある), うぶ毛の生えた; (羽)綿毛のように柔らかな.

Flause 女 (-/-n) ばかげた考え, くだらない思い付き; 言い逃れ.

Flaute 女 (-/-n) (海) 凪(ぎ); (商) 不振, 不景気, 不況; 不調, 沈滞, スランプ.

Fläz 男 (-es/-e) 話 粗野な人, 不作法者.

fläzen (sich⁴) 再 でれっとだらしなく座る(横になる, 立つ).

Flechte 女 (-/-n) (雅) 編んだ髪, お下げ; 植 地衣類; (医) 苔癬(☆).

flechten* [フレヒテン] (flocht; geflochten) 他 編む(に); 編んで作る.

Flechtwerk 中 (-(e)s/-e) 編み細工; 土建 (壁の下地になる)編み格子; 編んだ模様 (砂防用の)編み格子.

Fleck [フレック] 男 (-(e)s/-e) (縮 **-chen**) ❶ (船 stain) 染み, 汚れ; 汚点, 斑点, まだら, ぶち; 色の違う箇所. ❷ 話 箇所; (小さい)場所. ♦ **am falschen ~** 的はずれに, 不適切に. **einen ~ auf der [weißen] Weste haben** 心に傷を持っている. **nicht vom ~ kommen [mit e³]** (...が)はかどらない. **vom ~ weg** その場で, 即座に. **Fleckchen** (→ Fleck) 中 (-s/-) ちっぽけな場所; 小さな継ぎ布.

flecken 自 染み(斑点)がつく(仕事が)はかどる; 他 (sich⁴) 染み(斑点)がつく.

Flecken 男 (-s/-) 染み, 汚点; 継ぎ(布); (田舎のへんぴな)村, 町. **=entferner** 男 染み抜き剤.

fleckenlos 形 染み(汚れ)のない; 非の打ち所のない.

Fleckenwasser 中 染み抜き液.

Fleckfieber 中 = Flecktyphus.

fleckig 形 染み(斑点)のある, 染みだらけ

Flecktyphus 男 【医】発疹(ほっしん)チフス.
Fleder·maus 女 【動】コウモリ. **=wisch** 男 羽ばたき；落ち着きのない人.
Flegel 男 《-s/-》粗野な男, 不作法な人；《旧》(脱穀用の)からざお. **Flegelei** 女 《-/-en》粗野.
flegelhaft 形 粗野な, 不作法な. **Flegelhaftigkeit** 女 《-/-en》粗野, 不作法：粗野(不作法)な言動.
Flegeljahre 複 なまいき盛りの年ごろ.
flegeln 動 《sich⁴ auf ein et⁴》《話》(…に)だらしなく座る.
flehen [フレーエン]《flehte; gefleht》動 《雅》《bei j³ um et⁴》(人に)懇願〈嘆願, 哀願〉する；《zu j-et³》(…に)祈願する. **Flehen** 中 《-s/-》懇願, 嘆願, 哀願；祈願. **flehentlich** 形 懇願〈哀願〉する, 切なる.
Fleisch [フライシュ] 中 《-es (-s) /》(② flesh)肉；(② meat)(食用としての)(精神に対する)肉体；肉；肉液. ◆ *sein eigen[es] ~ und Blut* 《雅》血を分けた子〔たち〕. *ins ~ fressend* 肉食の, 肉となり肉となる, 身につく, 習性となる. *ins eigene ~ schneiden〈sich³〉* みすみす自分の首を絞めるようなことをする. *vom ~ fallen* やせる. **Fleisch·beschau** 女 食肉検査；(戯)(水着姿の)美人コンテスト. **=brühe** 女 【料】肉汁, ブイヨン.
Fleischer 男 《-s/-》(② butcher)肉屋(人), 食肉業者. **Fleischerei** 女 《-/-en》肉屋(店)；食肉業.
Fleisches·lust 女 《雅》肉欲, 情欲.
Fleisch·extrakt 中 【料】(ペースト状の)肉エキス.
fleisch·farben 形 肉色(肌色)の. **-fressend** 形 ⇒ Fleisch ◆
Fleisch·gericht 中 【料】肉料理. **=hacker** 男 【オーストリア】《話》= Fleischer；粗野 (粗暴)な人.
Fleisch·hauerei 女 【オーストリア】食肉〔製造〕販売業.
fleischig 形 肉づきのよい；【植】多肉性の, 果肉の豊富な(葉など)；厚い.
Fleisch·klößchen 中 【料】肉団子, ミートボール. **=konserve** 女 肉の缶詰.
fleischlos 形 (料理などで)肉を使わない；やせこけた.
Fleisch·waren 複 加工食肉製品. **=wolf** 男 肉ひき器, ミンチ器. **=wunde** 女 肉にまで達する傷. **=wurst** 女 肉ソーセージ.
Fleiß [フライス] 男 《-es/-》勤勉, 精励, 努力, 熱心. ◆ *Ohne ~ kein Preis.* 《諺》精かね植付かえぬ. *mit ~* 故意に, わざと.
fleißig [フライスィヒ] 形 (② diligent)勤勉な, 熱心な；念入りな.
flektieren 動 語形変化する(させる).
flennen 動 《話》泣きわめく.
Flensburg フレンスブルク(ドイツ北部, デンマークに接する都市).
fletschen 動 (歯を)むき出す.
flexibel 形 しなやかな；曲げやすい, 柔軟な；融通のきく. **Flexibilität** 女 《-/-》しなやかさ, 弾力性；柔軟性.
Flexion 女 《-/-en》【文法】語形変化.

Fließarbeit

flicht, flichtst ⇒ flechten
Flickarbeit 女 《-/-en》繕い仕事, (靴などの)修理；継ぎはぎ細工.
flicken 動 (…に)継ぎを当てて繕う；修理〔修繕〕する. ◆ *etwas am Zeug[e] ~ [wollen]* 《j³》(人の)あら探しをする.
Flicken 男 《-s/-》継ぎ布；(修理用の)革布, 板金. **Flickerei** 女 《-/-en》繕い仕事, 修理；継ぎはぎ細工.
Flick·schuster 男 靴直し；間に合わせのいいかげんな仕事をする人. **=werk** 中 【否定】継ぎはぎ細工, 寄せ集めの駄作. **=zeug** 中 つぎ布, 補修材料, 裁縫道具.
Flieder 男 《-s/-》【植】ライラック, リラ；【北部】ニワトコ.
Fliege 女 《-/-n》(② fly)【動】ハエ(蠅)；【話】蝶(ちょう)ネクタイ；【話】ちょびひげ. ◆ *eine〈die〉 ~ machen* 《俗》さっさと逃げる. *keiner ~ etwas zuleide〈zu Leide〉tun [können]* 虫も殺せぬ(ほど優しい). *matt wie eine ~ sein* くたくたになっている. *J⁴ stört die ~ an der Wand.* (人が)さされたにも腹を立てる. *zwei ~n mit einer Klappe schlagen* 《話》一石二鳥.
fliegen* [フリーゲン]《flog; geflogen》動 ❶ (s)(② fly)(鳥・飛行機などが)飛ぶ, 飛んで行く；(飛行機で)飛び, 飛んで行く；(s, h)(ある航路を)飛ぶ：*eine Kurve ~* 弧を描いて飛ぶ；*einen Looping ~* 宙返り飛行をする. ❷ (飛行機を)操縦する；(…を)空輸する：*sich⁴ gut〈schlecht〉~* (飛行機などが)操縦しやすい〈にくい〉；*fliegt es schwer〈leicht〉* 飛行が容易〈困難〉である. ❸ (s)(人・車などが…へ)飛ぶように動く, 素っ飛んで行く〈来る〉；(弾丸・ボールなどが)飛ぶ；(風に)吹き飛ばされる：*Die Zeit fliegt.* 《諺》光陰矢のごとし. ❹ (s)(風に)なびく, はためく；(s)(脈・息遣いなどが)激しくなる；(体が)震える. ❺ (s)《話》(…から)落下する(durch die Prüfung ~ 試験に落ちる)；《話》退学させられる, 首になる. ❻ (s)《話》《auf j-et⁴》(…に)夢中である. ❼ (s)《話》《auf j-et⁴》(…に)夢中である. **fliegend** 形 飛ぶような；飛んでいる, 宙に浮かんだ；移動する, 巡回中の；さまよう；急性の〔過性の〕.
Fliegen·fänger 男 ハエ取りリボン；【鳥】ヒタキ. **=fenster** 中 網戸. **=gewicht** 中 (ボクシングなどの)フライ級の選手. **=klappe** 女 ハエたたき. **=pilz** 男 【植】ベニテングタケ. **=schnäpper** 男 【鳥】ヒタキ. **=schrank** 中 蠅帳(はえちょう).
Flieger 男 《-s/-/-in》飛行士, パイロット；航空兵；飛ぶ動物；飛行機(競輪の短距離選手；短距離競走用馬). **fliegerisch** 形 飛行〔航空〕の.
fliehen* [フリーエン]《floh; geflohen》 ❶ (s)(② flee)《aus et³ /vor j-et³》(…から)逃れる, 逃亡する. ❷ 避ける. ❸ (s)(線・面が)斜め後ろへ延びた. **Fliehende[r]** 男 女 《形容詞変化》逃亡者.
Flieh·kraft 女 遠心力.
Fliese 女 《-/-n》【建】タイル. **fliesen** 動 (…に)タイルを張る.
Fliesenleger 男 《-s/-》タイル張り職人, タイル工.
Fließarbeit 女 《-/-》流れ作業.

Fließband 田 ベルトコンベヤー. **=arbeit** 囡 (ベルトコンベヤーでの)流れ作業. **=arbeiter** 團 ベルトコンベヤー[生産ライン]作業員. **=fertigung** 囡 ベルトコンベヤー式製造[法].

fließen* [フリーセン] (floss, ist geflossen) I ❶ (® flow)流れる;流れ出る(落ちる). ❷ (言葉などが)すらすら出る. ❸ (金・情報などが)入って来る. ❹ (衣服・髪・線などが流れるように)垂れる.

fließend [フリーセント] ® 流れる〔ような〕;流動的な.

Fließpapier 田 吸い取り紙.

Flimmer 團 (-s/-) ❶ [雅] きらめく光, ちらちらする光; 虚飾, 見せかけ. ❷ [生] 繊毛.

flimmern ® きらきら輝く, ちらちら光る;❷ [方] (床・電球などが)ぴかぴかに磨く.

flink ® 素早い; 敏捷(ぴん)な. **Flinkheit** 囡 (-/) 素早さ, 敏捷さ.

Flinte 囡 (-/-n) 猟銃, (昔の)火打ち石銃. ♦ **die ~ ins Korn werfen** (途中で)あきらめる, 投げ出す. **Der soll mir nur vor die ~ kommen!** 落としまえつけてやる.

Flipper 團 ピンボール遊び.

flirren ® きらきら(ちらちら)する, ゆらめく; ブーンと鳴る.

Flirt 團 (-[e]s/-s) いちゃつき, 戯れの恋.

flirten ® [mit j³] (人に)色目を使う, (人と)いちゃつく.

Flittchen 田 (-s/-) [話] 浮気娘, 尻軽女.

Flitter 團 (-s/-) [服] スパンコール; [贬] 金ぴかの安物; 虚飾. **=kram** 團 [贬] 安物のアクセサリー. **=wochen** 圏 ハネムーン.

Flitzbogen 團 おもちゃの弓. ♦ **gespannt wie ein ~ sein** [話] 興味津々である.

flitzen ® (s) [話] 疾走する, すっ飛んで行く; ストリーキングをする.

flocht, flöchte ⇒ flechten

Flocke 囡 (-/-n) (® **Flöckchen**) 薄片, 小片; [料] フレーク.

flockig ® 薄片状の, 細かくずのような; 柔らかい, ふわふわの.

flog, flöge ⇒ fliegen

floh ⇒ fliehen

Floh 團 (-[e]s/Flöhe) (® flea) [虫] ノミ. ♦ **die Flöhe husten [niesen] hören** [贬] 何でも知っている(つもりである). **einen ~ ins Ohr setzen** (j³) (人に)かなわぬ望みを抱かせる.

flöhe ⇒ fliehen

flöhen ® (人の)ノミを取る; [話] 身体検査をする, 金を巻き上げる.

Flohmarkt 團 のみの市, フリーマーケット.

Floppydisk 囡, **Floppy Disk** 囡 (-/-/-s) [計算] フロッピーディスク.

Flor 團 (-s/-e) ❶ [雅] 花盛り; 華やかなものの集まり; 全盛, 繁栄期. ❷ 紗(し); 喪服; (ビロード・じゅうたんなどの)けば.

Flora ❶ [ローマ神] フローラ(花と春の女神); [女名] フローラ. ❷ 囡 (-/-..ren) 厖 (特定の地域・時代の)植物相, フロラ; 植物誌; 植物誌の叢.

floral ® 花の, 花模様の.

Florentiner ❶ 團 (-s/-) フィレンツェ人; 厖 (つばの広い女性用の)麦わら帽子. ❷ (つばの広い女性用の)変わら帽子. **Florenz** フィレンツェ(イタリア中部の都市).

Florett 囡 (-[e]s/-e) [スポ] フルーレ.

florieren ® 花盛りである. 栄える; (商売が)繁盛する.

Florist 團 (-en/-en) (® -**in**) フラワーデザイナー; 花屋; 植物研究家, 植物学者.

Floskel 囡 (-/-n) 決まり文句; 美辞麗句.

floss (® **floß**) ⇒ fließen

Floß 囡 (-es/Flöße) いかだ; (釣り糸・漁網などの)浮き.

Flosse 囡 (-/-n) (魚の)ひれ; (スキンダイビング用の)足ひれ; (飛行機・潜水艦などの)安定板; [戯] 手, 足.

flösse ⇒ fließen

flößen ❶ (®木材を)いかだに組んで流す; いかだで運ぶ, 流し込む. ❷ ® いかだで川を下る. **Flößer** 團 (-s/-) いかだ師, いかだ乗り.

Flöte [フレーテ] 囡 (-/-n) ❶ (® flute) 笛, フルート; リコーダー. ❷ (オルガンの)フルート音栓. ❸ [話] ペニス.
♦ **eine ~ blasen** (® フルートを吹く; 笛のような声を出す; 甘い声でしゃべる; [方] 口笛を吹く. ♦ **~ gehen** 紛失する; 壊れる.

Flötenbläser 團 (-s/-) = Flötenspieler.

flöten|gehen*® = flöten ♦

Flöten|konzert 田 フルート協奏曲. **=quartett** 田 フルート四重奏曲. **=sonate** 囡 フルートソナタ(奏鳴曲). **=spieler** 團 フルート奏者, 笛を吹く人. **=ton** 團 フルートの音, 笛の調べ. ♦ **[die] Flötentöne beibringen** (j³) (人に)礼儀作法を教える, (人を)厳しくしつける.

Flötist 團 (-en/-en) (® -**in**) フルート奏者.

flott ® 活発な, きびきびした, 軽快な; [話]しゃれた, 粋な, スマートな; 魅力的な; 気楽な; 航行(走行)可能な.

Flotte 囡 (-/-n) 艦船; 艦隊, 船団; (漂白・染色用の)液. **~n=stützpunkt** 團 (外国におかれた)海軍基地. **~n=verband** 團 (特定任務の)艦隊, 機動艦隊.

flottmachen ® (船を)浮揚(離礁)させる; (故障車などを)走れるようにする.

Fluch [フルーフ] 團 (-[e]s/Flüche) ❶ (® curse) のろし, 悪態. ❷ のろい, 呪文. ❸ 天罰, たたり, 災い.

fluchbeladen ® [雅] のろわれた, たたりを受けた.

Flüche ⇒ Fluch

fluchen ® ののしる, 悪態をつく; [雅] (j·et³) (…を)のろう. **Flucher** 團 (-s/-) のろしを言う(のろう)人.

Flucht [フルフト] 囡 (-/-en) I ❶ (® escape) 逃走, 逃亡; 避難, 回避. ❷ [男] (シカなどの大きく高い跳躍). II (家・部屋・窓などの)列, 並び. ♦ **die ~ nach vorn antreten** (追い詰められて)反撃に転じる. **in die ~ schlagen** (人を)撃退する. **die ~ ergreifen [vor** j·et³**]** (…を恐れて)逃げ出す, 逃亡する.

flucht=artig ® 逃げるような, 大急ぎの.

fluchten ® (建物・部屋・窓などが)一直線に並べる(並んでいる).

flüchten [フリュヒテン] 《flüchtete; geflüchtet》 ❶ [自] (s)逃げる, 逃亡する; 脱走する; 逃避する. ❷ [他] 《雅》《*sich*^{4} vor *et*^{3}》(…から)逃れる.

Flucht=**geschwindigkeit** [女] (ロケットが地球の引力から離脱できる)脱出〈第二宇宙〉速度(秒速11.19km). =**helfer** [男] 逃亡幇助(ほうじょ)者. =**hilfe** [女] 逃亡幇助.

flüchtig [形] 逃亡中の; 慌ただしい; つかの間の, はかない; うわべの, 表面的な; ぞんざいな; 〖化〗揮発性の.

Flüchtigkeit [女] 《-/-en》慌ただしさ; 皮相; はかなさ; 〖化〗揮発性; = Flüchtigkeitsfehler. ~s=**fehler** [男] 軽率〈不注意〉な誤り, うっかりミス, 見落とし, 手落ち.

Flüchtling [フリュヒトリング] [男] 《-s/-e》難民, 避難者, 逃亡者; 亡命者. ~s=**hilfegesetz** [中] 難民救助法. ~s=**lager** [中] 難民収容所. ~s=**strom** [男] (大量に流れ込む)難民の群れ.

Flucht=**linie** [女] (透視画法の)消線. =**punkt** [男] (透視画法の)消〔尽〕点. =**versuch** [男] 逃亡〈脱走〉の企て.

fluchwürdig [形] 《雅》のろうべき, 忌まわしい.

Flug [フルーク] [男] 《-[e]s/**Flüge**》 ❶ ([英] flight)飛行, 飛翔(ひしょう), 飛ぶこと. ❷ (航空機の)便, フライト, 空の旅. ❸ 〖スキー〗(ジャンプ競技の)飛行. ✦ 〔*wie*〕 *im* ~〔*e*〕 素早く.

Flugabwehr [女] 対空防衛, 防空([略] Fla). =**kanone** [女] 高射砲([略] Flak).

Flug=**bahn** [女] 飛跡, 弾道, 飛行軌道〈コース〉. =**benzin** [中] 航空機用ガソリン. =**blatt** [中] ビラ, ちらし, パンフレット. =**boot** [中] 飛行艇. =**dauer** [女] 飛行時間.

Flüge ⇨ Flug

Flügel [フリューゲル] [男] 《-s/-》 ❶ ([英] wing)(鳥・昆虫・航空機などの)翼, 羽. ❷ (両開きの窓・戸の)扉; 〖医〗肺葉; 鼻翼; (建物の)翼部, そで; (隊形の)翼; 〖球技〗ウイング; (政党の)派; (扇風機・スクリューなどの)羽根, 回転翼. ❸ 〖楽〗グランドピアノ. ✦ *die ~ hängen lassen* 意気消沈している. *die ~ stutzen* 〈*beschneiden*〉《*j*^{3}》(人の)意欲〈やる気〉をそぐ. *die ~ verbrennen* 《*sich*^{3}》無謀なことをして痛いめに遭う. *~ verleihen* 《*j*^{3}》(人を)勇気づける. =**altar** [男] 観音〈両面〉開きの祭壇. =**fenster** [中] 観音開きの窓. =**kampf** [男] 派閥抗争.

flügel=**lahm** [形] 翼の利かなくなった; しょんぼりした, 意気消沈した.

Flügel=**streit** [男] 派閥抗争. =**stürmer** [男] 〖球技〗ウイング. =**tür** [女] 観音開きのドア.

Fluggast [男] (航空機の)乗客.

flügge [形] (ひな鳥が)飛べるようになった; ひとり立ちできる.

Flug=**geschwindigkeit** [女] 飛行速度. =**gesellschaft** [女] 航空会社.

Flug=**hafen** [フルークハーフェン] [男] 《-s/=**häfen**》([英] airport)空港. =**höhe** [女] 飛行高度. =**kapitän** [男] 〖空〗〔正〕操縦士, 機長. =**körper** [男] 飛行物体. =**linie** [女] 航空路. =**lotse** [男] 航空管制官. =**objekt** [中] 飛行物体. =**plan** [男] 飛行計画; 航空時刻表. =**platz** [男] (小さな)飛行場. =**preis** [男] 航空運賃. =**reise** [女] 空〈飛行機〉の旅.

flugs [副] 素早く, 大急ぎで; すぐに.

Flug=**sand** [男] (砂漠・砂丘などの)風で吹き寄せられた細かい砂. =**schein** [男] 航空券. =**schreiber** [男] フライトレコーダー. =**schrift** [女] パンフレット, 宣伝ビラ. =**steig** [男] ゲート.

flugtechnisch [形] 飛行〈航空〉技術〔上〕の.

Flug=**verkehr** [男] 空の交通, 空輸. =**zeit** [女] 飛行時間.

Flugzeug [フルークツォイク] [中] 《-[e]s/-e》([英] airplane)飛行機, 航空機. =**absturz** [男] (飛行機の)墜落〔事故〕. =**entführer** [男] ハイジャック犯. =**entführung** [女] (飛行機の)乗っ取り, ハイジャック. =**führer** [男] 飛行機の操縦士, パイロット. =**halle** [女], =**schuppen** [男] (飛行機の)格納庫. =**träger** [男] 航空母艦, 空母. =**treibstoff** [男] 航空機燃料.

Fluidum [中] 《-s/..da》〖理〗流体; ムード, 雰囲気, 魅力.

Fluktuation [女] 《-/-en》(物価などの)変動, 動揺. **fluktuieren** [自] 変動する, 揺れ動く.

Flunder [女] 《-/-n》〖魚〗カレイ(の一種). ✦ *platt wie eine ~ sein* 《話》びっくり仰天している.

Flunkerei [女] 《-/-en》《話》《単数》作り話をすること; うそ, ほら, 作り話.

flunkern [自] 《話》うそをつく, ほらを吹く, 作り話をする.

Fluor [中] 《-s/》弗素(ふっそ)(元素名: [記号] F).

Fluorchlorkohlenwasserstoffe [複] 〖化〗ハイドロクロロフルオロカーボン, フロン([略] FCKW).

Fluoreszenz [女] 《-/》蛍光. **fluoreszieren** [自] 蛍光を発する.

Fluorose [女] 《-/-n》〖医〗弗素(ふっそ)〔沈着〕症. **Fluorwasserstoff** [男] 〖化〗弗化(ふっか)水素. =**säure** [女] 〖化〗弗化(ふっか)水素酸, 弗酸(ふっさん).

Fluppe [女] 《-/-n》《話》紙巻きタバコ.

fluppen [自] 《話》タバコを吸う.

Flur ❶ [男] 《-[e]s/-e》廊下; 玄関〔の間〕, 通路; 玄関ホール; 床(ゆか). ❷ [女] 《-/-en》農地, 畑, 耕地; 《雅》野, 野原. =**bereinigung** [女] 耕地整理. =**garderobe** [女] 玄関ホールのコート掛け. =**schaden** [男] 畑〈作物〉の被害.

Fluss ([旧] **Fluß**) [フルス] [男] 《Flusses/**Flüsse**》([小] **Flüsschen**, [旧] Flüßchen) ❶ ([英] river)川, 河川. ❷ 流れ, 流動; 〖工〗溶融, 融解物, 溶塊. ✦ *im ~ sein* 進行中〈流動的〉である. *in ~ bringen* (…を)軌道に乗せる, (…を)進ませる. *in ~ kommen* 〈*geraten*〉(再び)動き出す.

fluss=**ab**〔**wärts**〕 ([旧] **fluß**=) [副] 川を下って, 下流へ.

Fluss=**arm** ([旧] **Fluß**=) [男] 支流.

fluss=**auf**〔**wärts**〕 ([旧] **fluß**=) [副] 川をさかのぼって, 上流へ.

Fluss=**bett** ([旧] **Fluß**=) [中] 河床. =**diagramm** [中] フローチャート, 流れ図.

flüssig [フリュスィヒ] [形] ❶ ([英] liquid) 液体の, 液状の. ❷ 流暢(りゅうちょう)な, よどみな

Flüssigei

い; 流れるような, スムーズな. ❸ 〖経〗流動性のある, (金が)すぐに使える: Ich bin im Moment nicht ~. 〘話〙いまま時のお金がない. ◆ ~ **machen** (資金を)調達する, (お金を)用意する: (資産を)現金化する 〘話〙(*sich*⁴) こっそりいなくなる.

Flüssig-ei 中 〖料〗卵と卵. **=gas** 中 液化ガス.

Flüssigkeit [フリュスィヒカイト] 女 《-/-en》 ❶ (® liquid) 液体; 溶液; 水分. ❷ なめらかさ, 流動性, 流暢(リュウチョウ)さ.

Flüssigkristall 中 〖化〗液晶. **=anzeige** 女 液晶ディスプレー.

flüssigmachen 他 ⇨ flüssig ◆

Fluss-lauf (邪 **Fluß-**) 男 川の流れ, 川筋. **=mittel** 中 〖化〗融剤, 媒溶剤, フラックス; 〖医〗カタル剤. **=mündung** 女 河口. **=niederung** 女 河原, 湿地. **=pferd** 中 〖動〗カバ. **=regulierung** 女 河川改修, 治水. **=schiffahrt** (邪 **=schifffahrt**) 女 河川航行. **=ufer** 中 川岸, 河岸.

flüstern [フリュスタン] (flüsterte; geflüstert) 他 (® whisper) ささやく, 小声で言う. ◆ *Das kann ich dir ~!* 〘話〙これは本当なんだ! ◆ *[et]was* ~ 〘話〙 ⟨*j*³⟩ (人に)はっきり言う, 非難する.

Flüster-propaganda 女 口(ロ)コミ [による宣伝].

flüsterte 〘 ⇨ flüstern

Flüster-ton 男 ささやき声.

Flut [フルート] 女 《-/-en》 ❶ (® flood) 上げ潮, 満潮. ❷ とうとうと流れる水, 洪水, 大水; 多数, 多量. ◆ *eine* ~ *von et*³ たくさんの(…).

fluten (s, h) 自 〘雅〙水かさが増す, あふれる; とうとうと流れる, 大量に流れる; (群衆などが)押し寄せる. どっと流れ込む: 〘*Es flutet.*〙潮が満ちる. 他 〖海〗(タンク・ドックなどに)注水する.

Flutlicht 中 (競技場などの)投光照明, フラッドライト.

flutschen 自 〘話〙(s)(つるりと)滑り落ちる; (事が)すらすら運ぶ.

Flut-welle 女 高潮. **=zeit** 女 満潮時. **Fm** 〖記号〗 Fermium. **FM** 〖記号〗 Frequenzmodulation. **Fmk** 〖記号〗 Finnmark.

f-Moll 中 《-/-》 〖楽〗へ短調(記号 f).

fob = free on board 〖商〗本船[積み込み]渡し. **Fob-klausel** 女 〖商〗エフオービー約款.

focht, föchte ⇨ fechten

Fock-mast 男 〖海〗フォアマスト. **=segel** 中 〖海〗フォースル.

Föderalismus 男 《-/》 〖政〗連邦主義 (制). **föderalistisch** 形 連邦主義 (制)の, 連邦主義. **Föderation** 女 《-/-en》 連合, 連邦; 連盟.

Fohlen 中 《-s/-》 子馬, 若駒.

Föhn 男 《-[e]s/-e》 〖気象〗フェーン.

föhnen 他 〘*j*⁴ (*sich*⁴)〙(人(自分)の)髪をドライヤーで乾かす; 〘話〙(髪などを)ドライヤーで乾かす.

Föhre 女 《-/-n》 〘方〙〖植〗マツ.

Fokus 男 《-/-(-se)》 〖光〗焦点, フォーカス. ❷ 〖医〗病巣.

Fol. = *Folio.*

Folge [フォルゲ] 女 《-/-n》 ❶ (® con- sequence) 結果, 成り行き; 帰結. ❷ 連続; 順序; (刊行物・テレビ番組などの)続き, シリーズ. ❸ 承諾, 了承: (命令・要求などに)応じること. ◆ ~ *leisten* [*et*³] (要求, 招待などに)応じる. *für die ⟨in der⟩* ~ 今後, 将来. *zur* ~ *haben* 結果として(伴う). **=erscheinung** 女 続発(連鎖).

folgen [フォルゲン] (folgte; gefolgt) 自 ❶ (® follow) 〙*j-et*³〘(…)について行く, (…)の後を追う, 追跡する. ❷ (s) 〙*j-et*³〙(…の話などについていって, 理解する. ❸ (s) 〙*j-et*³〙*auf j-et*³〙(…)に続いて生じる(起こる), (…の)次に来る:後を継ぐ. ❹ (s) 〙*aus et*³〙(…)から…という結論が出る. ❺ (s) 〙*j-et*³〙(…)に従う, 倣う, 服従する.

folgend 形 ❶ (® following) その次の, それに続く, 次の[ような]. ◆ *im Folgenden* 次に, これ以下に.

~*ermaßen*, ~*erweise* 副 以下のように.

folgen-reich 形 影響(効果)の大きい. **=schwer** 形 重大な影響を持つ, 重大な結果を引き起こす.

folgerichtig 形 首尾一貫した, 矛盾のない. **Folgerichtigkeit** 女 《-/-》 首尾一貫性.

folgern 他 〙*et*¹ *[aus et*³*]*〙(…を[…から])推論する. **Folgerung** 女 《-/-en》 推論, 結論; 演繹(エンエキ).

Folgesatz 男 〖文法〗結果文.

folgewidrig 形 首尾一貫しない, 矛盾した.

folglich 副 したがって, それだから.

folgsam 形 従順な, おとなしい. **Folgsamkeit** 女 《-/》 従順, 素直.

folgte ⇨ folgen

Folie 女 《-/-n》 ❶ 金属の薄片, 箔(ハク); (合成樹脂などの)薄片, ホイル, ラップ; 引き立て役. ❷ ばかげたこと, 愚行.

Folio 中 《-s/-s, ...lien》 〖印〗[全紙]二つ折り判, フォリオ判; 〖商〗(帳簿の)見開きページ.

Folklore 女 《-/-》 ® 民間伝承(民俗音楽・舞踊など); 民俗学. **Folklorist** 男 《-en/-en》 **-in** 女 民俗学者.

Folter 女 《-/-n》 拷問具(台); 拷問, 責め苦. ◆ *auf die* ~ *spannen* (人)をじらす. **=bank** 女 (中世の)拷問台.

Folterer 男 《-s/-》 拷問吏.

Folterkammer 女 拷問室.

foltern 他 拷問にかける; 責めさいなむ.

Fon = Phon.

Fön 男 《-[e]s/-e》 〖商標〗フェーン(ヘアドライヤー).

Fond [フォーン] 男 《-s/-s》 ❶ (車の)後部座席. ❷ 〖料〗肉汁, 煮汁.

Fondant [フォンダーン] 男 《-s/-s》 中 《-s》 フォンダン (砂糖に色素・香料を加えて作るボンボン).

Fonds [フォーン] 男 《-/-》 (® fund) 基金, 資金; 準備[積立]金 (経験・知識などの)蓄積; 〖経〗国債, 公債.

Fondue [フォンデュー] 女 《-/-s》 中 《-s/-s》 〖料〗フォンデュ.

fönen = föhnen.

Fontäne 女 《-/-n》 噴水.

foppen 他 からかう，だます．**Fopperei** 女 ((-/-en)) からかい，ひやかし．

Fora ⇒ Forum

forcieren 他 強引に押し進める，強化 (促進)する；自他 強行突破する．

Förde 女 ((-/-n)) 〖北部〗(平野部に深く入り込んだ)峡湾．

Förder-anlage 女 コンベヤー，搬送装置．**-band** ベルトコンベヤー．

Förderer 男 ((-s/-)) ((女 **Förderin**)) 促進者，支援者，後援者，パトロン；コンベヤー，搬送装置．

Förderkorb 男 〖鉱〗リフトケージ．

förderlich 形 有益な，役に立つ．

fordern [フォルダァン] ((forderte; gefordert)) 他 ❶ ((変 demand)) 要求(請求)する；必要とする；(補償を)強いる，出す．❷ (人に)大変な思いをさせる，(人を)煩わせる，呼び出す．

fördern [フェルダァン] ((förderte; gefördert)) 他 ❶ ((変 support)) 援助(支援)する，助成(促進，育成，振興)する．❷ 〖口〗(機械が進行を)推し進める；〖鉱〗採掘する．❸ 運搬する，呼び出す．✦ **zutage** ⟨**zu Tage**⟩ ~ (…を)明るみに出す．

forderte ⇒ fordern

förderte ⇒ fördern

Forderung [フォルデルング] 女 ((-/-en)) ❶ ((変 demand)) 要求，要請．❷ 〖商〗請求[額]，代価；〖法〗債権．❸ (法廷への)召喚；決闘の申し込み．

Förderung [フェルデルング] 女 ((-/-en)) ❶ ((変 support)) 援助，支援，助成，育成；促進，振興．❷ 〖鉱〗採掘[量]；〖口〗搬出，運搬．

Forelle [フォレレ] 女 ((-/-n)) 〖魚〗マス(鱒)，ニジマス，ヤマメ．

Foren ⇒ Forum

Forfait [フォアフェ] 中 ((-s/-s)) 〖スキー〗棄権．

Forint 男 ((-[s]/-; 単位 -/-)) フォリント (ハンガリーの通貨) ((略 Ft)).

Forke 女 ((-/-n)) 〖北部〗(乾草･堆肥用の)くま手，フォーク．

Form [フォルム] 女 ((-/-en)) ❶ ((変 form)) 形，外形，姿，形態；形式，方式(文法) 語形．❷ 行儀，作法，礼儀．❸ (選手の)コンディション．❹ (靴･菓子などの)型，型枠；鋳型．✦ **aus der ~ gehen** 太りすぎる．**[feste] ~ [en] annehmen** 形をなしてくる，まとまる．**in aller ~** 正式に．**in et² ~ / in ~ von et³** ~ として，(…の)形で．

formal [フォルマール] 形 ((変 formal)) 形式上の，外形上の；〖類〗形相の．

Formalie 女 ((-/-n)) 形式[的なこと]，((正式))手続き；慣例．

Formalin 中 ((-s/)) 〖商標〗ホルマリン．

Formalismus 男 ((-/.men)) 形式主義．

Formalität 女 ((-/-en)) ((正式))手続き；形式上の事柄．

Format 中 ((-[e]s/-e)) (本などの)判，型型；(単数)(人物の)大きさ．

formatieren [·····] 〖コンピュ〗(フロッピーディスクなどを)初期化する．

Formation 女 ((-/-en)) 形成，構成；〖軍〗編隊，隊形；〖地学〗岩層；〖紀〗〖群系．**~s-flug** 男 〖空〗編隊飛行．

formbar 形 形成できる；柔軟な．

formbeständig 形 (衣服などが)形崩れしない．

Formblatt 中 (役所などの)所定の用紙，記入用紙．

Formel [フォルメル] 女 ((-/-n)) ❶ ((変 formula)) 決まり文句，慣用句；慣用的な表現．❷ 〖理･数〗式，公式．❸ フォーミュラ (レーシングカーの規格)．✦ **auf eine [einfache] ~ bringen** (…を)簡潔に表現する．

formelhaft 形 型どおりの．

formell 形 正式の；形式上の；儀礼的な；堅苦しい．

formen [フォルメン] ((formte; geformt)) 他 ((変 form)) (…の)形を作る；(素材をある)形にする；(性格などを)形成する；((*sich*⁴))形をなす，形を帯びる．

Formenlehre 女 ((-/)) 〖言〗形態(語形)論；〖生〗形態学で；〖美〗美式論．

Former 男 ((-s/-)) 鋳型工．

Form-fehler 中 形式(手続き)上の不備；非礼．**-gebung** 女 造形，デザイン．

formieren [·····] 他 ((変 form)) (チームなどを)編成する；((*sich*⁴))形をつくる；整列する；隊列を組む．**Formierung** 女 ((-/-en))編成；整列．

..förmig 「…の形をした」の意．

förmlich 形 ❶ 正式の，形式にかなった，規則通りの；儀礼的な，儀礼的の，形式ばった，堅苦しい，儀礼的の．❷ まったくの，紛れもない，文字どおりの．

Förmlichkeit 女 ((-/-en)) 形式，正式手続きを形式にこだわること；儀礼的なこと，儀礼．

関連語 Geburtsanmeldung 女 出生届け; Geburtstag 男 誕生日; Namenstag 男 洗礼名の日; Taufe 女 洗礼; Kommunion 女 (カトリック)聖体拝領; Konfirmation 女 堅信; Einschulung 女 (小学校への)入学; Verlobung 女 婚約; Hochzeit 結婚式; Begräbnis 中 葬式

formlos 形 無定形の，形をなさない，不格好な；型にはまらない；無作法な．**Formlosigkeit** 女 ((-/))

Formosa 中 台湾．

Form-sache 女 形式(手続き，儀礼)上のことがら．

formte ⇒ formen

Formular [フォルムラール] 中 ((-s/-e)) 書式，申告(届)出，申込)用紙．

formulieren 他 言葉で言い表す，簡潔に表現する；定式(公式)化する．**Formulierung** 女 ((-/-en)) 表現；定式化．

Formung 女 ((-/-en)) 造形，形；(人格などの)形成．

formvollendet 形 形の完全な，形式の完全に整った．

Form-wechsel 男 〖口〗形式変更；融通手形，融(金)手形，空手形．

forsch 形 果敢な，たくましい，向こう見ずな．

forschen [フォルシェン] ((forschte; geforscht)) 自 ((変 research)) 研究(調査)する；((*nach j-et*²))(…を)捜し求める．

Forscher 男 ((-s/-)) ((女 **-in**))研究者，学者．

Forschung [フォルシュング] 女 ((-/-en)) ((変 research))研究，[学術]調査．

Forschungs-anstalt 女 研究施設

〈機関〉,研究所. **=institut** 中 研究所. **=klima** 中 研究環境. **=labor** 中, **=laboratorium** 中 研究実験室. **=reise** 囡 研究(調査)旅行. **=satellit** 中 学術探査衛星. **=semester** 中 (大学教員などの)研究休暇学期. **=stand** 男 研究の水準(現状). **=stätte** 囡 研究所. **=stipendiat** 男 研究給費(奨学)生. **=urlaub** 男 (大学教員などの)研究休暇. **=zentrum** 中 研究センター. **=zweig** 男 研究部門.

Forst 男 (-[e]s/-e, -en) 山林, 営林地区. **=aufseher** 男 森林監視人, 山番. **=beamte[r]** 男 《形容詞変化》森林官, 営林署員.

forsten 他 (森を)管理する.

Förster 男 (-s/-) (造園-in)林務官.

Försterei 囡 (-/-en) 林務官駐在所.

Forst=wirtschaft 囡 (-/-n) 林業, 山林経営.

Forsythie [ホゥォルズュ́ーッィエ] 囡 (-/-n) 【植】レンギョウ.

fort [フォルト] 副 ① (⇔ away) 立ち去って, なくなって; 離れて: *Fort* [mit dir]! 「おまえなんか」どこかへ行ってしまえ. ② (⇔ on) 先へ, 引き続いて. **◆~ und ~** 絶え間なく, 続けざまに. *in einem ~* 絶え間なく, 続けざまに. *und so ~* 等々(略 usf.).

fort-. 【分離動詞の前つづり】「離脱, 除去; 進行, 継続」の意.

Fort 中 (-s/-s) 砦(とりで), 要塞(^ようさい^).

fort=ab 副 《雅》今から, 今後は; その後. **=an** 副 今後は; その後.

Fortbestand 男 存続, 持続, 継続.

fort=bestehen* 自 存続する, 持続(継続)する. **=bewegen** 他 動かす, どける; (*sich*⁴) 動き続ける.

Fortbewegung 囡 移動, 前進.

fortbilden 他 (*sich*⁴) (講義やセミナーで)勉学する, 研修を受ける.

Fortbildung 囡 継続教育; 研修. **~s=kurs** 男 教養コース; (職業技術の)研修コース.

fort=bleiben* 自 (s) 行きっきりになっている. **=bringen*** 他 ① 運び(持ち)去る; 移動させる, 運ぶ, 動かす. ② (*sich*⁴) 生計を立てている, 暮らしている.

Fortdauer 囡 持続, 長続き.

fortdauern 自 持続(永続)する. **~d** 形 持続的な, 永続的な.

forte [フォルテ] 副 【楽】フォルテ, 強く(略 f.).

Fort=existenz 囡 存続.

fortfahren* [フォルトファーレン] 自 (fuhr fort; fortgefahren) ① (s) (乗り物で)出発する; {mit et³ / zu 不定詞句} (~を)続ける, 続行する. ② (車で)運び(連れ)去る.

Fortfall 男 (-[e]s/) 欠如, 脱落. **fort=fallen*** 自 (s) 脱落する, なくなる. **=fliegen*** 自 (s) 飛び立つ, 飛び去る. **=führen** 他 (連れ)去る; 続ける, 続行する; 受け継ぐ.

Fort=führung 囡 続行. **=gang** 男 出立, 出発; 進行, 進展; 経過.

fortgehen* 自 (s) 立ち去る; (状態が)続く, 続いている. **fortgeschritten** 形 進んだ, 進歩した. **Fortgeschrittene[r]** 男 《形容詞変化》中級(上級)者. **fortgesetzt** 形 絶え間ない, ひっきりなしの.

fortissimo 副 【楽】フォルティッシモ,

きわめて強く(略 ff.).

fortjagen 他 追い払う, 追い出す.

fortkommen* 自 (s) 立ち去(逃げ)去る; 前進する, 進歩する; はかどる; 成功する; 生計を立てる; (植物などが)生長する. **Fortkommen** 中 (-s/) 前進; 出世; 生計.

fortlaufen* 自 (s) 走り(逃げ)去る; 走り続ける; 続く. **~d** 形 連続した, 継続的な.

fort=leben 自 生き続ける; (名声などが死後も)残る. **=machen** 自 続ける; (s) 引っ越す. ② (*sich*⁴) (話) (話) ずらかる.

fortpflanzen 他 繁殖(増殖)させる; (音・光などを)伝える, 伝播(^でんぱ^)させる; (他) (*sich*⁴) 子孫を作る(残す); (音・光・評判などが)伝わる, 伝搬する, 波及する.

Fortpflanzung 囡 (-/-en) 生殖, 増殖; (音・光などの)伝播(^でんぱ^); 波及.

Fortran, FORTRAN [フォルトラン] 中 フォートラン(プログラム言語名: < 英 *formula translator*).

fortreißen* 他 (強い力で)引っ張る, 引き離す(裂く); ひったくる; (人の)心を奪う, (人を)感動させる.

Fortsatz 男 【生・医】突起.

fort=schaffen 他 連れ(運び)去る; 取り除く. **=schicken** 他 発送する; (人を)追いやる(出す). **=schleppen** 他 引きずって連れ去る, むりやり連れ去る; (*sich*⁴) 足を引きずりながら立ち去る; (会話などが)だらだらと続く. **=schreiben*** 他 (統計値・評価額などを)補正する; (計画などを)続行する. **=schreiten*** 自 (s) (⇔ progress)進歩する; 前進(進行)する.

Fortschritt [フォルトシュリット] 男 (-[e]s/-e) 進歩, 前進; 発達, 上達: [große] ~ machen (大いに)進歩する.

fortschrittlich [フォルトシュリットリヒ] 形 進歩的な, 現代的な; 進歩主義の; 未来を先取りした.

fort=schwemmen 他 (雨水・波などが)流し去る. **=schwimmen*** 自 (s) 泳ぎ去る; 漂い去る.

fortsetzen [フォルトゼッツェン] 他 (setzte fort; fortgesetzt) (⇔ continue) 続ける, 続行する; (*sich*⁴) 続く, (山が)連なる.

Fortsetzung [フォルトゼッツング] 囡 (-/-en) ① (⇔ continuation) 継続, 続行, 連続. ② (小説・番組などの)続き, 続編. **◆ ~ folgt** 次号(次回)に続く.

fort=stehlen* 他 (*sich*⁴) こっそり立ち去る(抜け出す). **=stoßen*** 他 押しく突き)のける. **=treiben*** 他 ① 追い払う(出す), 追いやる(立てる); (流れが船を)押し流す; 続ける; 追いやる. ② (s) 流れ去る, 漂流する.

Fortuna ① 【ローマ神】フォルトゥナ(幸運の女神): J^3 lacht (lächelt) ~. 人は幸運である. ② 幸運: ein Kind der ~ 幸運児.

fortwährend 形 持続的な, 絶え間のない, 不断の.

fortziehen* 他 引っ張っていく(どける); 他 (s) 引っ越す, 移動していく.

Forum 中 (-s/..ren) 専門部会(委員会); 公開討論の場, フォーラム. ② (-s/..ren, ..ra) 古代ローマの公共広場(集会や裁判が行われた). ③ フォーラム.

fossil 形 化石の, 化石化した; 太古の.

Fossil 中 ((-s/-ien)) 化石.
Föten 複 ⇨ Fötus
Foto [フォート] 中 ((-s/-s)) ❶ ((写真⟨(-s/-s)⟩写真、(< Fotografie): [von j-m] ein ～ machen [...の]写真を撮る. ❷ ((カメラ、写真機、(< Fotoapparat). =**album** 中 ((写真のアルバム).
Foto･apparat [フォートアパラート] 男 中 ((-[e]s/-e)) カメラ、写真機.
fotogen 形 写真映りのよい.
Fotograf [フォトグラーフ] 男 ((-en/-en)) ((女 -in)) カメラマン、写真家、写真屋.
Fotografie 女 ((-/-[i]en)) ((= photography)) 写真術；写真.
fotografieren [フォトグラフィーレン] ((fotografierte; fotografiert)) 他 ((= photograph)) 写真を撮る.
fotografisch 形 写真の.
Fotokopie 女 ((-/-[i]en)) (写真)複写、コピー.
fotokopieren 他 (複写機で)コピーする、(…の)コピーをとる.
Foto-montage 女 写真によるモンタージュ；写真モンタージュ写真. =**satz** 男 ((印 写真植字[組み版]. =**termin** 男 ((報道陣のために設定された)写真撮影の日時(日取り).
Fötus 男 ((-[ses]/-se, -ten)) ((妊娠3か月以降の)胎児.
Fotze 女 ((-/-n)) ((卑)) 膣(ち), ((女性の外陰部：((蔑)) 女, ばいた.
Foul 中 ((-s/-s)) ((スポ)) ファウル、反則.
foulen [ファオレン] 他 ((j⁴)) ((人に対して)) 反則をする、(人を反則で妨害する.
Foul-spiel 中 ((スポ)) ファウルプレー.
Fox 男 ((-[es]/-e)) = Foxterrier ；= Foxtrott. =**terrier** 男 フォックステリア ((小型愛玩(が)犬). =**trott** 男 フォックストロット(4分の4拍子の社交ダンス).
Foyer [フォワイエー] 中 ((-s/-s)) ((劇場・ホテルなどの)ロビー.
fp = fortepiano. **FPÖ** = Freiheitliche Partei Österreichs オーストリア自由党. **fr** = französisch ; früher. **Fr** = Francium.
Fr. = Frau 夫人；Franken；Freitag；Friedrich (その他 Fr で始まる名前).
Fracht [フラハト] 女 ((-/-en)) ((= freight)) 貨物、積み荷；貨物運賃、送料. =**brief** 男 ((貨物の)送り状、発送状. =**dampfer** 男 ((蒸気)貨物船.
Frachter 男 ((-s/-)) 貨物船；貨物発送人、荷主；運送業者.
frachtfrei 副 形 送料無料の、運送費売主負担の.
Fracht-gut 中 貨物、積み荷. =**kosten** 複 貨物運賃. =**raum** 男 ((船舶・航空機などの)貨物室. =**schiff** 中 貨物船. =**stück** 中 ((個々の)貨物、積み荷. =**verkehr** 男 貨物輸送.
Frack 男 ((-[e]s/-s, Fräcke)) 燕尾(び)服. ♦ **den ～ voll hauen** ((話)) ((j³)) ((人を)さんざん殴る.
Frage [フラーゲ] 女 ((-/-n)) ❶ ((= question)) 問い、質問. ❷ 問題；疑問(点). ♦ **außer ～ stehen** 〈etw⁴ ist⟩ 明白である、疑問の余地がない. **eine ～ stellen** ⟨j³ an j⁴⟩ (人に)質問する. **in ～** 〈nicht **in ～**〉 **kommen** 〈für et⁴〉 (…にとって) 問題になる(問題外である). **gar keine ～** sein 確実だ、疑問の余地がない. **in ～ stellen** (…を)疑問視する；危うくする. **ohne ～** 疑いなく、確かに. =**bogen** 男 問題用紙、質問表. =**brief** 男 質問状.

fragen [フラーゲン] ((fragte; gefragt)) I 他 ❶ ((ask)) ⟨j⁴ et⁴⟩ (人に…を尋ねる、聞く、質問する；⟨j⁴⟩ **nach** j-et³⟩ (人に…を尋ねる. ❷ ⟨j⁴⟩ **um** et⁴⟩ (人に)許可・助言などを求める、願う. II 再 ❶ ⟨sich⁴ et⁴⟩ (…を)熟考する. ❷ ⟨sich⁴⟩ (ある事が)疑わしい. III 自 ❶ ((ふつう否定文で)) ⟨nach j-et³⟩ (…を)気にかける、考慮に入れる. ♦ Da fragst du mich zu viel! ((話)) そんなこと私が知るもんか. **Da fragst du noch?** あたりまえのことを聞くな. **Das frage ich dich!** それはこちらが問きたいところだ. **Es fragt sich, ob ...** …かどうか疑わしい.
Fragepartikel 女 ((文法)) 疑問詞.
Frager 男 ((-s/-)) しつこく質問する人.
Fragerei 女 ((-/-en)) ((蔑)) (いろいろな)質問.
Frage-satz 男 ((文法)) 疑問文. =**steller** 男 ((-s/-)) ((女 -in)) 質問者. =**stellung** 女 質問(のしかた)、問題提起. =**wort** 中 ((-[e]s/-wörter)) 疑問詞. =**zeichen** 中 疑問符.
fragil 形 壊れやすい.
fraglich 形 疑わしい；問題の、当該の.
fraglos 副 疑いなく、間違いなく.
Fragment 中 ((-[e]s/-e)) 断片；破片、かけら；断章、[作品の]断簡；((美)) トルソー. **fragmentarisch** 形 断片〈破片〉の；断編(章)の.
fragte ⇨ fragen
fragwürdig 形 疑わしい、不確かな；問題ある；怪しげな、いかがわしい.
fraktal 形 ((数)) 次元分裂図形の、フラクタルの. **Fraktal** 中 ((-s/-e)) ((数)) 次元分裂図形、フラクタル.
Fraktion 女 ((-/-en)) ((議会中の)会派、議員団；(団体内部の)派[閥]；グループ；((化)) 分留(なっ)；(市町村内の)地区.
Fraktur 女 ((-/-en)) ((印)) ドイツ文字；((医)) 骨折(ごっ). ♦ **～ reden** ((話)) ((mit j³⟩ (人に)ずけずけものを言う.
Franc [フラーン] 男 ((-s/-s；単位-/-)) フラン(フランス・ベルギー・ルクセンブルクの通貨；略 Fr, 複数 Francs).
Francium 中 ((-s/)) フランシウム(元素；略 Fr).
frank 形 ♦ **～ und frei** 率直に；正直に.
Franke 男 ((-n/-n)) ((女 Fränkin)) フランク(フランク王国を建設した西ゲルマンの一部族)；フランケンの人.
Franken ❶ フランケン(ドイツ中央部、バイエルンの北部地域). ❷ 中 ((-s/-)) フラン(スイスの通貨；100 Rappen；略 Fr, sFr, sfr). =**reich** 中 ((-[e]s/)) フランク王国. =**wald** 中 ((der ～⟩) フランケンヴァルト(Fichtelgebirge から北西へ、Thüringer Wald に続く山地).
Frankfurt フランクフルト(ドイツの都市)：～ am Main ⟨a. M.⟩ フランクフルトアムマイン(フランクフルトの略；ゲーテの生地)；～ an der Oder ⟨a. d. O.⟩ フランクフルトアンデアオーデル(ドイツ北東部の都市). **Frankfurter** ❶ 女 ((-/-)) フランクフルター. ❷ 男 ((-s/-)) フ

ランクフルトの人; 〖囲〗〖不変化〗フランクフルトの.

frankieren 他 (…に)切手をはる; (…の)郵便料金を前納(別納)する.

Frankiermaschine 囡 郵便自動消印器.

fränkisch 形 フランケン[地方, 方言]の; フランク人の: das *Fränkische Reich* 〖史〗フランク王国.

franko 副 運賃無料.

Frankomanie 囡 (-/) フランス崇拝(かぶれ). **frankophil** 形 フランスびいきの, 親仏的の. **frankophob** 形 フランス嫌いの, 反仏的の.

Frankreich [フランクライヒ] 中 (⊛ France)フランス(首都 Paris).

Franse 囡 (-/-n) (布地の)房, 房飾り.

Franz ❶ 〘男名〙フランツ. **❷** 甲 (-/) 〘学生〙(授業料程払っての)フランス語.

franz. = *französisch* フランスの.

Franz·branntwein 圐 フランスブランデー(フランス産の焼酒).

Franziska 〘女名〙フランツィスカ.

Franziskaner 圐 (-s/-) / (⊛ **-in** 〘宗〙)フランシスコ会修道士. **=orden** 圐 〘宗〙フランシスコ〘修道〙会(アッシジの聖フランチェスコの創立した修道会).

Franzose [フランツォーゼ] 圐 (-/-n) (↔ **..zösin**) フランス人.

französisch [フランツェージィシュ] 形 (⊛ French)フランスの, フランス人(語)の. **Französisch** 中 (-[s]/-) (特定のフランス語. ◆ *sich⁴ auf ~ empfehlen* 〈*verabschieden⁴, drücken⁴*〉/ *auf ~ Abschied nehmen* 〖話〗 さよならも言わずにこっそり立ち去る(帰る). **Französische** 中 (形容詞変化) (言語名としての一般的な意味での)フランス語.

frappant 形 驚くほどの, 目を見張るよう な, 著しい.

Frappé, Frappee [フラペー] 圐 (-s/-s) 〖服〗フラッペ(浮き出し模様の織り地); 甲 (-s/-s) 〘飲〙フラッペ(砕いた氷を入れたアルコール飲料).

frappierend 形 〘雅〙驚くべき(ほど).

Fräse 囡 (-/-n) **①** = *Fräser*; 〖工〗フライス盤. **❷** 〘服〙(昔のひだ襟; フレーズひげ(再耳にまで届く細いあごひげ). **❸** 〘農〙ロータリー式耕ろん機. **fräsen** 他 フライス盤で削る(加工する). **Fräser** 圐 (-s/-) 〖工〗フライス工(労物); フライス工.

fraß ⇒ *fressen*

Fraß 圐 (-es/-e) **①** (特に猛獣の)えさ; **❷** 〘話〙まずい食物; (害虫などの)食害.

fräße ⇒ *fressen*

Fratz 圐 (-es/-e; -es・en/-en) かわいい子供(女の子); 〘悪〙いやな〘生意気な〙がき, 子供.

Fratze 囡 (-/-n) 恐ろしい顔, 醜い顔; 〘話〙顔, 面; 〘話〙しかめっ面, 百面相. ◆ *~n schneiden ⟨j³⟩* (人に)しかめっ面をする.

fratzenhaft 形 恐ろしい顔をした, しかめっ面の.

Frau [フラオ] 囡 (-/-en) (⊛ **woman**)(大人の)女, 女の人, **❷** (⊛ **wife**)妻: *j²s zur ~ nehmen* (人を)妻にする. **❸** (⊛ Mrs.)〘女性の姓・役職名・称号につけて〙…夫人, …様(略 Fr.): ~ Meier マイアーさん

〈夫人〉| *Sehr geehrte ~ Müller!* 〖手紙の冒頭〗敬愛するミュラー様. ◆ *eine ~ nehmen* 〘*sich³*〙(男性の)結婚する. **~ Holle** ホレおばさん(伝説・童話上の人物) = *Holle schüttelt die Betten.* 雪が降る. *die ~ des Hauses* 女主人. *Unsere Liebe ~* 聖母マリア. *die weise ~* 助産婦; 〘婉曲〙非合法に中絶処置を行う女性.

Frauen·arzt 圐 〘医〙産人科医. **=bewegung** 囡 女性解放運動, 婦人運動. **=emanzipation** 囡 女性解放, ウーマンリブ.

frauenfeindlich 形 女性に不利な, 女性度視の.

Frauengestalt 囡 女性の容姿; 女性(文学上の)女性像.

frauenhaft 形 女性的な, ならいの.

Frauen·hass 圐 (=**haß**) 形 女性への憎悪. **=haus** 中 女性の家(夫に虐待された女性の保護施設). **=klinik** 囡 婦人科病院. **=kloster** 中 女子修道院. **=krankheit** 囡 婦人病. **=mannschaft** 囡 女性チーム. **=minister** 圐 女性問題担当大臣. **=quote** 囡 (職場などの)女性採用率, 女性の占める割合; (あらかじめ定められた)女性の割当比率. **=rechtlerin** 囡 (-/-nen) 〖政〗女権〘運動〙論者; ウーマンリブの活動家. **=sache** 囡 (もっぱら)女性のなすべきこと, 女性の仕事. **=stimmrecht** 中 婦人参政権. **=verein** 圐 女性の団体, 女性の会〈サークル〉. **=wirt** 圐 = Kuppler. **=wirtin** 囡 = Kupplerin. **=zimmer** 中 〘蔑〙女.

Fräulein [フロイライン] 中 (-s/-(話-s/-s)) **①** お嬢さん, (未婚の)女性. **❷** (⊛ Miss) 〘未婚の女性に対する敬称〙…さん, …嬢, …様(略 Frl.). **❸** 〘話〙女店員, 女子従業員.

fraulich 形 (成熟した)ならいの.

Freak 圐 (-s/-s) 変わり者; …狂, おたく, マニア.

frech [フレヒ] 形 **①** 厚かましい, ずうずうしい, 生意気な: *j³ ~ kommen* 〖話〗人に対して無礼〘傲慢(こう)〙な態度をとる. **❷** 人目をひく, 思いきった; 挑発的な.

Frechdachs 圐 〘話〙(憎たらしくない)なまいきな子, 出しゃばりっ子.

Frechheit 囡 (-/-en) 厚かましさ, ずうずうしさ; 厚かましい〘ずうずうしい〙言動.

Fregatte 囡 (-/-n) フリゲート艦.

frei [フライ] Ⅰ 形 **①** (⊛ free)自由な, 束縛のない; 自主的な, 自立した, 独立の, 補助のない; フリーの, 〖ス〗ノーマークの. **❷** こだわりのない, 気兼ねのない; こだわり〘遠慮〙のない. **❸** 広々とした, 遮るものがない; 覆われていない, むき出しの: *sich⁴ ~ machen* 衣服を脱ぐ. **❹** すいている, ふさがっていない; 自由に使える; 暇な: *ein Zimmer ~ haben* 部屋が空いている. **❺** 無料の; 〖商〗渡し. **❻** 〘*von et³*〙(…のない), (…を)免れた. ◆ *~ bekommen* (…を)釈放してもらう; 〘話〙(仕事・学校などを)休みにしてもらう. *~ und ledig* 何の妨げもなく, 自由(勝手気まま)に. *Ich bin so ~!* (人から何か勧められて)では遠慮なく, お言葉に甘えて.

..frei 「…を免れている，…のない」の意.
Freia 女 [北欧神話] フレイヤ(愛の女神).
Frei-aktie 女 [商] 無償株. =**bad** 中 屋外プール.
freibekommen* ⇨ frei ♦
Freiberg フライベルク(ドイツ Sachsen 州にある工業都市).
freiberuflich 形 自由業の，フリーランスの.
Frei-betrag 男 非課税額，[基礎]控除額. =**beuter** 男 海賊; ぎりぎりの生. =**bier** 中 無料ビール.
freibleibend 形 拘束力(約定)のない.
Freibrief 男 [史] (各種特権の)特許状; (農奴の)解免状; 特別許可, 正当性保証. ♦ **als ~ für et⁴ ansehen** (betrachten) [et⁴] (…に)つけこんで(…を)する(果たす). **einen ~ für et⁴ ausstellen** (geben) [j³] (…を人の)自由裁量に任せる. **einen ~ für et⁴ haben** 特別に(…が)許されている. **kein ~ für et⁴ sein** (…が)許されるとはならない.
Freiburg フライブルク(ドイツ南西の大学都市).
Freidenker 男 (特に宗教上の)自由思想家. **freidenkerisch** 形 自由思想家的.
Freie[s] 中《形容詞変化》戸外. ♦ **im ~n** 屋外で. **ins ~ treten** (gehen) 戸外へ出る.
freien 自 (人と)結婚する; 自 (um j⁴) (人に)求婚する. ♦ **Jung gefreit hat nie gereut.** [諺] 早く結婚して後悔した者はない.
Freier 男 [-s/-] 求婚者. **~s-füße** ♦ **auf ~n gehen** 嫁探しをする, (男が)結婚したがっている.
freiest ⇨ frei
Frei-exemplar 中 贈呈本, 献本. =**frau** 女 [貴] 男爵夫人. =**fräulein** 中 バロン(男爵)令嬢. =**gabe** 女 解放, 釈放; 返還; (制限・制約などの)解除; (使用・公開などの)許可.
freigeben* 他 ❶ (人を)解放(釈放)する; 返還する; (…の)制限を解除する; (…の)使用を許可する. ❷ 自 [j³] (人に)短い休暇を与える.
freigebig 形 気前のよい; 人に物をあげたがる; [mit et³] (…を)物惜しみしない.
Freigebigkeit 女 [-/-] 気前のよさ.
Frei-gehege 中 (動物園などの)放し飼いの区域. =**geist** 男 = Freidenker. =**gepäck** 中 無料手荷物. =**grenze** 女 免税限度.
freihaben* 自 [話] (授業・仕事に)休みである.
Freihafen 男 [商] 自由港.
freihalten* 他 (人の)費用を支払う, (人に)おごる; (場所・席などを)空けて[取っておく; [et⁴ von et³] (…を…から)守る.
Freihandel 男 [商] 自由貿易. **~s-zone** 女 自由貿易地域.
freihändig 形 フリーハンドの; 手放しの; 仲買や競売によらない.
Freiheit [フライハイト] 女 [-/-en] ❶ 自 (英 freedom) 自由, 自立, 自由の身. ❷ 勝手, 気まま; 特権. ♦ **die ~ nehmen** [+ zu 不定詞句] (sich³) あえて(…をする)

る.

freiheitlich 形 自由を求める, 自由主義的な, リベラルな.
Freiheits-beraubung 女 [法] 監禁. =**entzug** 男 [法] 自由の剥奪, 禁固刑. =**kämpfer** 男 自由の戦士. =**krieg** 男 独立戦争; [複]; [史] (ナポレオンのヨーロッパ支配からの)解放戦争(1813-15年). =**liebe** 女 自由を愛する心. =**strafe** 女 [法] 自由刑.
freiheraus 副 率直に, 腹蔵なく.
Freiherr 男 (女 **Freifrau**) バロン, 男爵 (略 Frhr.).
Freiin 女 [-/-nen] バロン<男爵>令嬢.
Freikarte 女 無料入場券.
freikommen* 自 (s) 釈放(解放)され, 自由の身になる; 除隊になる; 脱出する.
Frei-konzert 中 = Freiluftkonzert. =**körperkultur** 女 [-/-] 裸体主義, ヌーディズム(略 FKK). =**korps** 中 [史] 義勇軍. =**land** 中 [農] 露地.
freilassen* 他 ❶ (人を)釈放(解放)する; (鳥などを)放す, かご(おり)から出す.
Freilassung 女 [-/-en] 釈放, 放免, 解放.
Freilauf 男 [工] 惰力走行(回転), フリーホイール.
freilegen 他 露出させる; 発掘する.
freilich [フライリヒ] 副 もちろん, 確かに; 当然.
Freilicht-bühne 女 野外劇場, 屋外の舞台. =**kino** 中 野外映画館. =**konzert** 中 野外[大]コンサート. =**museum** 中 野外博物館, 野外美術館. =**theater** 中 野外劇場.
freimachen ❶ 他 切手をはる. ❷ (sich⁴) 仕事を休む, 時間を空ける; (医者の前で)服を脱ぐ.
Freimaurer 男 フリーメーソンの会員.
Freimut 男 [-[e]s/-] 率直, 無遠慮.
freimütig 形 率直な, 無遠慮な; 隠し事をしない. *Freimütigkeit* 女 [-/-] 自由奔放, 率直, 腹蔵のないこと.
Freiplatz 男 授業料免除措置; (劇場の)無料席, 招待席.
freischaffend 形 自由で仕事をしている, フリー[ランサー]の.
Frei-schärler 男 [-s/-] 義勇兵. =**schütz** 男 (女 **schütze**) 男 [伝説] 魔弾の射手.
freisetzen 他 [理・医] (化学物質など)を遊離させる; (ある任務から人を)解放する, 配置転換する; 解雇する.
Freising フライジング(ドイツ Bayern 州, Isar 河畔の都市).
Freisinn 男 自由思想.
freisinnig 形 自由思想の.
freisprechen* 他 [法] (人に)無罪判決を下す; (見習いに)職人の資格を認める.
Frei-spruch 男 [法] 無罪判決. =**staat** 男 共和国, (ザクセン・バイエルン・テューリンゲンの)州. =**statt** 女, =**stätte** 女 避難所, 隠れ家.
freistehen* 自 [j³] (人に)許されている, (人の)自由である; 空いている.
Freistelle 女 授業料免除, 特待生待遇.
freistellen 他 [j³ et³] (人に…を)任せる, 委ねる; [j⁴ von et³] (人を[…から])解放する.

Frei=stil [男] 〔ｽﾎﾟｰﾂ〕フリースタイル;〔水泳〕自由型. **=stoß** [男] 〔ｻｯｶｰ〕フリーキック. **=stunde** [女] 自由時間.

Freitag [フライターク] [男] ((-[e]s/-e)) ([英] Friday)金曜日([略] Fr.).

Freitagabend [男] 金曜日の晩. **freitagabends** [副]

Freitagmittag [男] 金曜日の正午. **freitagmittags** [副]

Freitagmorgen [男] 金曜日の朝. **freitagmorgens** [副]

Freitagnachmittag [男] 金曜日の午後. **freitagnachmittags** [副]

Freitagnacht [女] 金曜日の夜. **freitagnachts** [副]

freitags [副] 金曜日に, 毎週金曜日に.

Freitagvormittag [男] 金曜日の午前. **freitagvormittags** [副]

Frei=tisch [男] (貧しい人のための)無料の食事. **=tod** [男] ((雅)) 自殺. **=treppe** [女] 屋外階段. **=übung** [女] 徒手体操. **=umschlag** [男] 切手の張ってある〔返信用〕封筒. **=wild** [中] 他人の食いものになりやすい人, かも; 被追放者.

freiwillig [フライヴィリヒ] [形] ([英] voluntary)自由意志の, 自発的な;〔軍〕志願の. **Freiwillige[r]** [男] [女] ((形容詞変化)) ボランティア, 自ら進んで何かやる人; 志願兵, 義勇兵. **Freiwilligkeit** [女] ((-/)) 自由意志, 自発性.

Frei=wurf [男] 〔球技〕フリースロー. **=zeichen** [中] (電話の)呼び出し音.

Freizeit [フライツァイト] [女] ((-/)) ❶ ([英] leisure)余暇, 暇; 自由時間; レジャー. ❷ 〔ｶﾄﾘｯｸ〕(数日間にわたる)修養会; 同好会の集まり. **=beschäftigung** [女] 余暇利用の〔趣味的な〕活動. **=gesellschaft** [女] レジャー社会. **=hemd** [中] レジャー用のシャツ. **=hose** [女] レジャー用のズボン. **=industrie** [女] レジャー産業. **=sport** [男] 余暇のスポーツ, レジャースポーツ.

freizügig [形] 居住移転の自由のある; 束縛されない, 自由な; 気前のいい. **Freizügigkeit** [女] ((-/))

fremd [フレムト] [形] ❶ ([英] foreign)よその, 異国の, 外国の. ❷ 他人の, 別の. ❸ ([英] strange)見知らぬ, なじみのない; 未知の, よそよそしい.

..fremd 「…に属さない, …の範囲外の; …をよく知らない; …に疎い」の意.

fremdartig [形] 外国〈異国〉ふうの; 異様な; 珍しい, 見慣れない. **Fremdartigkeit** [女] ((-/))

Fremde [女] ((-/)) ((雅)) 異郷, 他国, 外国. ⇨ Fremde[r] **~n=buch** [中] 宿帳, 宿泊人名簿.

fremdenfeindlich [形] よそ者〈外国の人〉に対して敵意〈悪感情〉をもった. ***Fremdenfeindlichkeit*** [女] よそ者〈外国の人〉に対する敵意.

Fremden=führer [男] 観光ガイド, 旅行案内人; 観光ガイドブック, 旅行案内書. **=legion** [女] (フランスの)外人部隊. **=verkehr** [男] 観光客〔の往来〕; 観光〔事業〕. **=verkehrsverein** [男] 観光協会, 観光案内所. **=zimmer** [中] 客室.

Fremde[r] [フレムデ〈ダー〉] [男] [女] ((形容詞変化)) ([英] foreigner)よその人, よそ者, 外国人; ([英] stranger)見知らぬ人; 他人.

fremdest ⇨ fremd

fremd|gehen* [自] (s) ((話)) 浮気をする.

Fremd=herrschaft [女] 外国による支配〈統治〉. **=kapital** [中] 〔経〕他人資本. **=körper** [男] 周囲にそぐわないもの〈人〉;〔医〕異物.

fremdländisch [形] 外国の, 外来の, 外国〈異国〉ふうの.

Fremdling [男] ((-s/-e)) ((雅)) よそ者.

Fremdsprache [フレムトシュプラーヘ] [女] ((-/-n)) ([英] foreign language)外国語. **~n=hochschule** [女] 外国語大学. **~n=kenntnis** [女] 外国語の知識.

fremd=sprachig [形] 外国語による; 外国語で書かれた〈を話す〉. **=sprachlich** [形] 外国語の, 外国語に関する.

Fremdwort [中] 外来語.

frenetisch [形] 熱狂的な, 熱烈な.

frequentieren [他] たびたび訪れる.

Frequenz [女] ((-/-en)) 来訪者数, 生徒〈学生〉数; 交通量; 頻度, 利用頻度数;〔理〕振動数, 周波数;〔医〕脈拍数, 心拍数.

Fresko [中] ((-s/..ken)) 〔美〕フレスコ〔壁〕画.

Fressalien [複] ((戯)) 食い物, えさ.

Fresse [女] ((-/-n)) ((話)) 口; 顔, つら. ♦ [Ach] *du meine ~!* 何てこった(驚きの言葉). *die ~ halten* 黙る. *die ~ polieren* / *eins auf* 〈*vor*〉 *die ~ geben* ((j³)) (人の)顔をぶん殴る. *eine große ~ haben* / *die ~ weit aufreißen* 大口をたたく, 偉そうなことを言う.

fressen* [フレッセン] ((**fraß; gefressen**)) [他] ❶ (([et⁴])) (動物が[…を])食べる; ((話))(人が[…を])むさぼり食う, 食らう; 食べて(…に)する; ((sich⁴)) 食べて(…に)なる. ❷ ((話))(燃料・資金などを)食う, 消費する. ❸ (…を)のみ込む, 理解する. ❹ (虫がかじって〈酸が腐食して〉穴を)作る; ((sich⁴ in 〈durch〉 et⁴)) (…へ)食い込む. ❺ ((et⁴/an et³)) (…を)侵食〈腐食〉する; ((an 〈in〉 j³)) (人を)むしばむ; ((um sich⁴)) (はれものなどが)広がる. ♦ *arm ~* ((j⁴)) (人の)財産を食い尽くす. *gefressen haben* (…を)把握する; ((話)) ((j-et⁴)) (…には)うんざりだ. *in sich⁴ fressen* (怒りなどを)ぐっと飲み込む. **Fressen** [中] ((-s/)) (動物の)えさ; ((話)) (人間の)食べ物, (まずい)食事. ♦ *ein ~ aus et³ machen* ((俗)) ((sich³)) (人の嫌がる…を)進んでやる. *ein gefundenes ~ für j⁴ sein* (人にとって)願ったりかなったりである. *zum ~ gern haben* (人を)食べてしまいたいほど好きである. *zum ~ sein* 〈*aussehen*〉 ((話)) (子供などが)食いつきたいほどかわいい. **Fresser** [男] ((-s/-)) ([女] -in)(大量に食べる)家畜; ((話)) 大食漢.

Fressnapf ([旧] Freß..) [男] (犬・猫の)餌皿(ｴｻﾞﾗ).

Frettchen [中] ((-s/-)) 〔動〕フェレット(ウサギ狩りに使われるケナガイタチの変種).

Freud ❶ [女] ♦ *~ und Leid* 苦楽; 人生の浮き沈み. *in ~ und Leid* 幸せなときも苦しいときも, いい時も悪い時も; いつも. ❷Sigmund, フロイト(1856-1939; オーストリアの精神分析学者).

Freude [フロイデ] [女] ((-/-n)) ([英] joy)喜び, うれしさ; 楽しみ : *j*³ mit *et*³ [eine]

～ machen 〈bereiten〉人を…で喜ばす | Das sind die ～ des Berufs.《反語》それは仕事上仕方がないことだ. ✦ **～ *haben*** 《**an** *et*³》(…を)楽しむ, (…に)楽しみを見出す. ***Geteilte ～ ist doppelte ～.***《諺》人と分かつ喜びは倍加する. ***mit ～n*** よろしいですとも; 喜んで, 楽しく. ***vor ～ an die Decke springen*** うれしくて天にも昇る気持だ.

Freuden·botschaft [女] うれしい知らせ, 吉報. ·**fest** [中] 祝賀会, 祝宴. ·**geschrei** [中] 歓声. ·**haus** [中] 売春宿, 娼家(しょうか). ·**mädchen** [中]《雅》売春婦. ·**tag** [男] うれしい日. ·**taumel** [男] 有頂天, 狂喜. ·**tanz** [男] 喜びのあまり踊りまわること. ✦ ***einen* 〔*wahren* 〈*wilden*〉〕 *～ aufführen* 〈*vollführen*〉** 喜び〈うれしさ〉のあまり跳び回る, 小躍りして喜ぶ. ·**träne** [女] うれし涙.

freude·strahlend [形] 喜びに輝いた, 喜色満面の.

freudig [フロイディヒ] [形] ([英] joyful) うれしい, 楽しい, 喜ばしい. **..freudig**「…するのが好きな; 喜んで…する」の意. **Freudigkeit** [女] 《-/》 うれしさ, 喜ばしさ.

freudlos [形] 喜び〈楽しみ〉のない.

freuen [フロイエン] 《freute; gefreut》 ❶ [再] 《*sich*⁴》 喜ぶ, うれしい; 《**an** *et*³/ 雅 *et*²》(…を)楽しむ, 見て喜ぶ; 《**auf** *et*⁴》([英] look forward to) (…を)楽しみにしている, 期待する; 《**über** *et*⁴》(…を)喜ぶ. ❷ [他] 喜ばせる. ✦ ***Freut mich!*** 初めまして. **freund** [形] [中]⇨ Freund ✦

Freund [フロイント] [男] 《-[e]s/-e》 ([女] **-in**) ❶ ([英] friend) 友人, 友達; 味方, 支持者: Jedermanns ～ ist niemandes ～.《諺》八方美人は真の友ではない. ❷ ボーイフレンド, 彼氏, (男の)恋人. ❸ 愛好者, ファン. ❹ 味方. ✦ ***dicke ～e sein*** とても仲がいい. ***～ Hein*** 死神. ***～ sein*** 《*j*³》(人に)好意〈友情〉を抱いている. ***～ und Feind*** 敵も味方もなくだれもが. ***～ werden*** 《*j*³》(人と)親しくなる. ***kein ～ von et*³ *sein*** (…を)好まない. ***zum ～ machen*** 《*sich*³ *j*⁴》(人を)友達にする.

Freundchen [中] 《-s/》《戯》(脅迫的な呼びかけで): Warte nur, mein ～! まあ待てよ, 君.

Freundin [フロインディン] [女] 《-/-nen》 (Freund の女性形) ❶ (女性の)友達. ❷ 恋人, ガールフレンド, 彼女.

freundlich [フロイントリヒ] [形] ❶ ([英] friendly) 親切な; 友好的な, 好意的な; 愛想のいい, 愛敬(あいきょう)のある. ❷ 快適な, 好ましい. **..freundlich**「…に好意的〈親切〉な; …を損なわない, …にやさしい」の意.

freundlicherweise [副] 親切にも.

Freundlichkeit [女] 《-/-en》 親切, 好意; 親切な行為〈言葉〉.

Freundschaft [フロイントシャフト] [女] 《-/-en》 ❶ ([英] friendship) 友情, 友好関係. ❷ 同棲関係. **freundschaftlich** [形] 友好的な, 好意的な; 親しい.

Freundschafts·besuch [男] 親善訪問. ·**dienst** [男] 友情からの奉仕, 親切. ·**spiel** [中] 〖スポ〗 親善〈友好〉試合.

freute ⇨ freuen

Frevel [男] 《-s/-》《雅》 悪事, 冒瀆(ぼうとく); 違反行為.

frevelhaft [形] よからぬ, 邪悪な, 冒瀆(ぼうとく)的な; 不法な; 不らちな.

freveln [自] 《雅》《**an** *j*³/**gegen** *et*⁴》(…に対して)悪事を働く, 不法な行いをする, 冒瀆する.

Freyja 〖北欧神〗 フレイヤ(愛の女神; Freyr の妹). **Freyr** 〖北欧神〗 フレイ(豊饒(ほうじょう)と平和の神; Freyja の兄).

Frhr. [略] *Freiherr*.

Friede [男] 《-ns/-n》《雅》= Frieden.

Frieden [フリーデン] [男] 《-s/-》 ❶ ([英] peace) 平和, 平穏, 和平; 平和〈講和〉条約: der Westfälische ～ 〖史〗 ウェストファリア〔平和〕条約. ❷ 平穏; 和合. ✦ ***dem ～ nicht trauen*** まだ一波乱ありそうに思う. ***seinen ～ mit j*³ *machen*** (人と)仲直りする. ***in ～ lassen*** (人を)そっとしておく. ***zum ewigen ～ ein|gehen*** 死ぬ.

Friedens·bewegung [女] 平和運動. ·**bruch** [男] 平和条約違反; 治安妨害. ·**chance** [女] 平和の訪れるチャンス. ·**forscher** [男] 平和研究家, 平和学者. ·**gespräch** [中] 講話条約締結のための予備交渉. ·**initiative** [女] 平和への主導権〈イニシアチブ〉. ·**konferenz** [女] 平和〈講和〉会議. ·**manifest** [中] 平和宣言. ·**ordnung** [女] 平和秩序. ·**pfeife** [女] (アメリカインディアンが和平の儀式に用いた)平和のパイプ. ✦ ***die ～ rauchen*** 《話》《**mit** *j*³》(人と)和解する. ·**plan** [男] 和平案. ·**soldat** [男] (国連の)平和部隊兵士, 国連軍兵士. ·**stifter** [男] 仲裁〈調停〉者. ·**truppe** [女] 平和部隊. ·**verhandlung** [女] 和平交渉. ·**vertrag** [男] 平和〈講和〉条約. ·**wahrung** [女] 平和維持.

friedfertig [形] 穏やかな, 温和な. **Friedfertigkeit** [女] 《-/》 温和, 温厚; 平和を好むこと.

Friedhof [フリートホーフ] [男] 《-[e]s/..höfe》 墓地, 霊園.

friedlich [フリートリヒ] [形] ❶ ([英] peaceful) 平和[的]な. ❷ 穏和な, 和やかな, 安らかな, 穏やかな, のどかな.

friedliebend [形] 平和を愛する.

Friedrich 《男名》 フリードリヒ. ✦ ***～ der Große*** フリードリヒ大王(1712-86; プロイセン王フリードリヒ2世〔在位1740-86〕).

Friedrichshafen フリードリヒスハーフェン(ドイツ Baden-Württemberg 州, Bodensee の北岸にある都市).

friedsam [形] 《雅》= friedlich.

frieren* [フリーレン] 《**fror; gefroren**》 I [自] ❶ ([英] freeze) (人が凍えるほど)寒さを感じる; 《**an** *et*³》(身体部分が)凍える, 冷える. ❷ 《*Es friert.*》 冷え込む; 氷点下になる; 氷が張る. ❸ (s) 凍る, 凍結する. II [他] 《話》《*J*⁴ *friert* [*es*]. / *Es friert j*⁴.》(人は)凍えるほど寒い, 冷える.

Friese [男] 《-n/-n》 ([女] **..sin**) フリース人, フリースランド人. **friesisch** [形] フリース[人, 語]の; フリースラントの. **Friesland** フリースラント(オランダ北部の州).

Frigg 〖北欧神〗 フリッグ(主神 Odin の妻).

frigid[e] [形] 冷淡〈冷静〉な; 〖医〗 冷感症の, (女性が)不感症の.

Frigidaire, Frigidär [男] 《-s/-s,-》《商標》 フリジデール(冷蔵庫).

Frikadelle [女] 《-/-n》 〖料〗 フリカデル

F

(ハンバーグのようなひき肉料理).

Frikassee 中 ((-s/-s)) 《料》フリカッセ (鶏肉などのホワイトソース煮).

frisch [フリッシュ] 形 ❶ 《⊕ fresh》新鮮な, 新しい; 取れたての, もぎたての; できたて(生じた)ばかりの; 清潔な. ❷ 元気な. ❸ すがすがしい. ❹ つらつとした, 若々しい, さわやかな. ❺ すがすがしい. ◆ *Frisch gewagt ist halb gewonnen*. 《諺》思いきってやれば半ばできたも同然だ. ~ *machen* 《*sich*⁴》 (入浴などで)さっぱりする. ~ *und munter* 《話》元気ではつらつとして.

..frisch「…したての」の意.

Frisch Max, フリッシュ(1911-91: スイスの作家).

Frische 女 ((-/-)) 新鮮さ, 新しさ; 元気, 生気, 活気; さわやかさ, すがすがしさ.

frischest ⇒ frisch

Frisch-fleisch 中 新鮮な生肉. **=haltepackung** 女 (食品の)真空パック.

Frischling 男 ((-s/-e)) 《狩》 (イノシシの)1歳子; 《戯》新入り.

Frischzelle 女 《医》 ((-s/-e)) ⇒ **-in**, **Friseuse** 女 ((⊕ hairdresser)) 理髪師, 理容師, 床屋.

frisieren [フリズィーレン] 《frisierte; frisiert》 他 ❶ (*j*⁴) (人の)髪を整える; 《髪》を整える. ❷ 取り繕う, ごまかす; 改ざんする: 改造する.

Frisier-mantel 男 理髪用肩掛け, 化粧用ケープ. **=salon** 男 理髪店, 美容院, 床屋(店).

Frisör 男 ((-s/-e)) = Friseur.

friss [フリス] 2 人 (*friß*), **frisst**, 3 人 (*frißt*) ⇒ **fressen**

Frist [フリスト] 女 ((-/-en)) 《⊕ period》期限, 期日, 締め切り: in kürzester ~ ごく短期間に | bis zu dieser ~ この期日までに. ❷ 猶予(期間). **fristen** (生活など)をなんとか続けていく; (手形の支払いを)延期する.

frist-gerecht 形 期限どおりの. **=los** 形 ❶ 猶予のない, 即刻の.

Frisur 女 ((-/-en)) 髪型, ヘアスタイル.

frittieren 他 《*frittieren*》《料》油で揚げる, フライにする.

Fritten 俗 フライドポテト.

Fritz 《男名》フリッツ(< Friedrich).

frivol 形 軽薄な, 軽はずみの, みだらな. 下品な. **Frivolität** 女 ((-/-en)) 軽薄さ; みだらな言動; 《服》タッチングレース編み.

Frl. = 嬢 (< *Fräulein*).

Fröbel Friedrich, フレーベル(1782-1852: ドイツの幼児教育者).

froh [フロー] 形 ❶ 楽しい, 愉快な, 朗らかな; ほっとした, 感激した: *über et*¹ / 雅 *et*² (…のことを)喜んでいる. うれしく思う, (…が)うれしい. ❷ (知らせなど)うれしい, 喜ばしき. 喜ばしい. ◆ *seines Lebens nicht mehr ~ werden* 悩み事が多くて心の休まることがない.

fröhlich [フレーリヒ] 形 ❶ 愉楽しそうな〈に〉, 喜んでいる〈に〉; 快活な, 陽気な〈に〉, うれしい: 楽しい, 面白い. ❷ 《話》よく考えずに. **Fröhlichkeit** 女 ((-/-)) 楽しさ, 上機嫌, 陽気.

frohlocken 他 (他人の失敗などに)歓声を上げる, 小躍りして喜ぶ.

Frohsinn 男 陽気さ, 快活さ.

fromm [フロム] 形 ((-er-;-st / frömmer; frömmst)) ❶ 《⊕ religious》敬虔(赤く)な, 信心深い; 宗教的な; 無邪気な. ❷ (動物などが)おとなしい, 忠実な, 従順な. **Frömmelei** 女 ((-/-en)) 信心ぶること, 偽信, 偽善.

frömmer ⇒ fromm

Frömmigkeit 女 ((-/-)) 敬けん, 信心深いこと; 宗教心.

Frömmler 男 ((-s/-)) 〈女 -in》信心ぶる人, 偽信者.

Fron 女 ((-/-en)), **Fron-arbeit** 女. **=dienst** 男 苦役; 〈史〉〈中世〉賦役(たき); 〈引〉奉仕活動.

frönen 他 《雅》 (*et*³) (享楽・酒などに)ふける, おぼれる.

Fronleichnam 男 〈カト〉聖体の祝日.

Front 女 ((-/-en)) 《⊕ front》 (建物の)正面; 前面; 《軍》 (隊列の)前列; 《軍》前線, 戦線, 戦地; (政治的な)戦線; (社会運動をする)グループ, 組織: 〈〇〉 先頭, 最先端; 《象》前線. ◆ ~ *machen* (*gegen j-et*⁴) (…に)対抗する, (…)に敵対する. *in ~ gehen* 《liegen》 (ランナーが)先頭を切っている.

frontal 形 前面の, 正面(から)の.

Frontal-zusammenstoß 男 正面衝突.

Front-antrieb 男 前輪駆動. **=scheibe** 女 (自動車の)フロントガラス.

fror, **fröre** ⇒ frieren

Frosch [フロシュ] 男 ((-[e]s/Frösche)) 《女 *Fröschchen*》 ❶ 《⊕ frog》 《動》 カエル (蛙). ❷ 〈楽〉 (弦楽器の弓の)ナット. ❸ ねずみ花火. ◆ *einen ~ im Halse ⟨in der Kehle⟩ haben* 《話》声がかれている. *Sei ⟨doch⟩ kein ~!* 《話》そう気取るな (仲間に入れ). *wie ein ~ aufblasen* ⟨*sich*⁴⟩ いばる, 偉ぶる. **=mann** 男 フロッグマン, 潜水夫, 潜水工作員. **=perspektive** 女 仰視図, ローアングル: 《物事を》下から見る〈眺める〉視点; 狭い視野.

Frost [フロスト] 男 ((-[e]s/Fröste)) ❶ 《⊕ frost》 (水点下の)寒気, 寒さ. ❷ 霜害, 凍傷. ❸ 悪寒(ホジ), 寒け. **=beule** 女 霜焼け, 凍傷.

frösteln ❶ 他 (寒さや恐怖に)震える. ❷ (非) 《*Es fröstelt j*⁴/*j*⁴ *fröstelt*.》 (人は)寒けがする.

frosten ❶ 他 冷凍する. ❷ (非) 《雅》 《*Es frostet*.》氷点下になる.

Froster 男 ((-s/-)) 冷凍庫, フリーザー.

frostig 形 凍てつくような寒さの; 冷ややかな, 冷淡な. **Frostigkeit** 女 ((-/-)) 寒さ.

Frost-schaden 男 霜害, 凍害. **=schutzmittel** 中 不凍液; (植物の)霜害防止剤.

Frottee 中 男 ((-[s]/-s)) タオル地.

frottieren 他 タオルでこする.

frotzeln 他 《話》 《*über*》*j-et*⁴》 (…を)からかう.

frs = *Francs* フラン.

Frucht [フルフト] 女 ((-/Früchte)) 《女 *Früchtchen*》 ❶ 《⊕ fruit》実, 果実; 果物. ❷ 《方》穀物. ❸ 《雅》成果, 産物;

賜物. ◆ **eine ～ der Liebe**《雅》愛の結晶; 私生児. **～ bringend** 実のなる, 実り豊かな; 効果的《有益》な. **verbotene Früchte** 禁断の木の実.

fruchtbar 形 実り豊かな;(土地が)肥えた; 実りの多い; 多産な. **～ machen**《*et*⁴ **für** *et*¹》(…を…の役に立てる.

Fruchtbarkeit 女(-/) 豊饒(ぼうじょう), 肥沃, 多産.

fruchtbringend 形 ⇒ **Frucht** ◆

Früchtchen 中(-s/-) **Frucht** の縮小形;《話・軽蔑》しつけの悪い子; ろくでなし.

Früchte ⇒ **Frucht**

fruchten 自 実を結ぶ; 効果がある.

Fruchtfleisch 中 果肉.

fruchtig 形 果実の香りのある.

Fruchtknoten 男《植》子房.

fruchtlos 形 実を結ばない, 不毛の, 不妊の; むだな, 効果のない. **Fruchtlosigkeit** 女(-/)

Fruchtsaft 男 果汁, フルーツジュース.

frugal 形 質素な, つましい; シンプルな.

früh [フリュー] ❶ 形(◎ **early**)(時刻・時期の)早い《くて》; 早期の(初期の)に); 早過ぎる, 早まった; 早生(はせ)の. ❷ 副 朝に. ◆ **von ～ auf** 幼少のころから, 子供のときから. **～auf** ⇨ **früh** ◆

Früh-aufsteher 男 早起きの人.

=begabung 女(子供に)早期に認められる才能《天分》; 早期に才能《天分》を発揮する子供.

Frühe 女(-/)《雅》早期; 初期. ◆ **in aller ～**早朝に. **in der ～** 朝に.

früher [フリューアー] 副 以前に, かつて, 昔.

Früh-erkennung 女 早期発見.

frühest ⇨ **früh**

frühestens 副 早くとも.

Früh-geburt 女 早産; 早産《未熟》児. **=gemüse** 中(季節の)はしりの野菜. **=jahr** 中 春.

Frühling [フリューリング] 男(-s/-e)(◎ **spring**)春; 青春, 興隆期. **～s-anfang** 男 春分(の日). **～s-gefühl** 中 ◆ **～e haben** (*bekommen*)《話・戯》熟年で再び恋をする. **～s-rolle** 女(中華料理の)春巻.

Frühmesse 女《カト》早朝ミサ.

frühmorgens 副 朝早く.

frühnhd. 略 **frühneuhochdeutsch.**

Früh-obst 中 早生(はせ)の果物. **=reif** 形 早熟の; 早生(はせ)の. **=schoppen** 男(軽く酒を飲むの)朝の会合《集まり》. **=start** 男 フライング.

Frühstück [フリューシュテュック] 中(-[e]s/-e) ❶ (◎ **breakfast**)朝食. ❷《話》朝の休憩時間.

frühstücken [フリューシュテュッケン] (**frühstückte**; **gefrühstückt**) 自 朝食を(にで)食べる.

Frühwarn-satellit 男《軍》早期警戒衛星. **=system** 中《軍》早期警戒システム.

frühzeitig 形 早い, 早めの, 早期の.

Frust 男(-[e]s/-) = **Frustration**.

Frustration 女(-/-en)《心》欲求不満, フラストレーション. **frustrieren** 他 欲求不満にさせる.

frz. 略 **französisch.**

Ft 略 **Forint.**

FU 略 **Freie Universität Berlin** ベルリン自由大学.

Fuchs [フクス] 男(-es/**Füchse**)((◎ **Füchschen**)(◎ **Füchsin**) ❶ (◎ **fox**)《動》キツネ(狐); キツネの毛皮;《話》ずるい《狡猾な》人, 海千山千の人. ❷《話》赤毛の人; 栗毛の馬;《動》ヒオドシ(チョウの一種). ❸《話》(学生組合の)新加入者, 新人. ◆ **Da kommt der ～ zum Loch heraus.** これで真相が明らかになった. **Die Füchse brauen.** 霧が立ち込めている. **Füchse prellen** (キツネをだますように)ずるをでる. **wo sich die Füchse (～ und Hase) gute Nacht sagen** へんぴな所. **=bau** 男《狩》キツネの巣穴.

fuchsen 他《話》激怒させる; 再《sich⁴》《**über** *et*¹》(…に)激怒する.

Fuchsie 女《植》フクシア属.

fuchsig 形 キツネ色の, 赤茶色の; 性急な;《話》激怒した.

Füchsin 女(-/-nen) 雌ギツネ.

Fuchsjagd 女(-/-en) キツネ狩り.

fuchsrot 形 キツネ色の, 赤茶色の.

Fuchsschwanz 男 キツネの尾; 片刃のの子;《植》ヒユ属.

fuchs[teufels]wild 形《話》怒り狂った.

Fuchtel 女(-/-) 厳しい規律. ◆ **unter der (seiner) ～ haben** (*halten*)(人を)厳しく監督する. **unter j-s ～ stehen**(人に)厳重に監督されている.

fuchteln 自《**mit** *et*³》(…を)振り回す.

fuchtig 形《話》激怒した.

Fuder 中(-s/-) フーデル(馬車1台分の量);《話》多量.

fuffzehn 方 = **fünfzehn**. ◆ 《**eine Fuffzehn** *machen*》《話》仕事を中断して一息入れる(15分休む).

Fuffziger 男(-s/-)《話》50ペニッヒ硬貨. ◆ **ein falscher ～** 《話》不正直《不実》な人, 信用できない人.

Fug 男 ◆ **mit ～ und Recht** 正当に; 当然のことなとして.

Fuge 女(-/-n) ❶ 継ぎ目, 合わせ目; 透き間. ❷ 《楽》フーガ, 遁走(とんそう)曲. ◆ **aus den ～n gehen** (*geraten*) ばらばらになる;《文藝表現》になる. **in allen ～n krachen** あちこちにがたがきている. **aus den ～ sein** ばらばら《文藝滅裂》である.

fügen [フューゲン] (**fügte**; **gefügt**) 他 ❶ (継ぎ合わせて)組み立てる. ❷《*et*¹ **an** *et*⁴ **zu** *et*³》(…を…に)継ぎ《組み》合わせる;《*sich*⁴ **zu** *et*³》継ぎ《組み》合わされる…ができる;《*et*¹ **in** *et*⁴》(…に)はまる, 合う. ❸《雅》(神・運命が)を仕組む; 定める. ❹《*sich*⁴ *j-et*³》(…に)従う, (…の)言うことをきく;《*sich*⁴ **in** *et*⁴》(いやなことを)甘受する, (…に)甘受する. ❺《雅》《*Es* **fügt** *sich*⁴, *dass*...》(…ということが)起こる, たまたま…ということになる.

Fugger フッガー(15-16世紀のドイツ初期資本主義を代表する資本家一族).

fügsam 形 従順な, 素直な; 扱いやすい. **Fügsamkeit** 女(-/)

fügte ⇨ **fügen**

Fügung 女(-/-en) 摂理, (運命の)定め, 天の配剤; 巡り合わせ;《文法》接続, 接

fühlbar

fühlbar 形 はっきりと分かる.
fühlen [フューレン]《fühlte; gefühlt》 I 他 ❶ (® feel)(肉体的・心理的に)感じる, 知覚する. (ある感情を)抱く; 直感する; 《j-et⁴ zu ...》(...が...するのを感じる)《過去分詞には fühlen も用いられる》. ❷ (...に)触って調べる. II 再 《sich³》(自分が...であると)感じる, 自分を(話)思い上がっている. III 自 ❶ 《nach et³》(...を)手探りで捜す, 探り《j³》(人に)同情する.
Fühler [フューラー] 男《生》触角; 触手. ✦ *seine 《die》 ～ ausstrecken* 探りを入れる.
fühlte ⇒ fühlen
Fühlung 女 (-/-en) 接触, 関係; 感じること. **=nahme** 女 (-/) 接触[すること].
fuhr ⇒ fahren
Fuhre 女 (-/-n) 荷を積んだ車(荷車1台分の)積み荷; (車での)運送, 運搬.
führe ⇒ fahren, führen
führen [フューレン] 《führte; geführt》 I 他 ❶ (® lead)(人・家畜を)導く, 連れて行く; 案内する (映画・食事などに)誘う. ❷ 指揮(指導)する, 率いる; 経営(管理)する司る. ❸ (人を...へ)導く, 至らしめる;《j⁴ auf et⁴》(人の注意を...へ)向ける. ❹ (...を手で...へ)運ぶ, 動かす, 持って行く; *et⁴ zum Mund 〈an die Lippen〉* ...を口へ持って行く. ❺ 官 (乗り物を)運転[操縦]する. ❻ (用具・楽器・言葉などを)(ある方法で)使う, 操る. ❼ (商品を扱っている. ❽ 官 《et⁴ bei 〈mit sich³〉》(...を)携行(携帯)する; (称号・標識などを)持って(つけて)いる. ❾ (人を)登録する. ❿ する, 行なう, 実行する; *den Beweis für et⁴ ～* ...を証明する | *einen Kampf ～* 戦う. II 自 ❶ (道などが...へ)通じて(行く); 《zu et³》(...の)結果となる. ❷ 先頭を行く リードする. III 再 《sich³》(行状が...で)ある. ✦ *zu weit ～* (説明が)長すぎる. **führend** 形 指導的な, 重要な.
Führer [フューラー] 男 (-s/-) (女 **-in**) ❶ (® leader)指導者, リーダー; 総統 (Hitlerの称号). ❷ (® guide)案内人(書), ガイド[ブック]. ❸ 官 運転手, 運転手. **=ausweis** 男 運転免許証. **=schaft** 女 (-/) 指導力, リーダーシップ; [集合的] 指導者[層], 案内者.
Führerschein [フューラーシャイン] 男 (-[e]s/-e) 《® driving licence》運転免許証: *den ～ machen* 運転免許をとる. **=entzug** 男 (-[e]s) 運転免許取り消し(停止).
Führersitz 男 運転(操縦)席.
Fuhr=mann 男 御者. **=park** 男 (会社などの)所有車.
führte ⇒ führen
Führung [フュールング] 女 (-/-en) ❶ 指導, 指揮; 指導部; 指導者たち(層). ❷ 案内, 案内人(ガイド付きの見学). ❸ 扱い[方], 使用[法]; 運転, 操作. ❹ 行状, [勤務, 服役]態度. ❺ リード, リード.
Führungs=fähigkeit 女 指導[能]力. **=kraft** 女 指導力; 指導的立場にある人. **=schicht** 女 指導者層.
führungsschwach 形 指導力の弱い.
Führungs=schwäche 女 指導力の

弱さ. **=stil** 男 指導スタイル(会社経営・部下統率の仕方). **=zeugnis** 中 《警察が発行する》行状(品行)証明書; [雇用者が出す]考課表.
Fuhr=unternehmen 中 運送業. **=unternehmer** 男 運送業者. **=werk** 中 荷馬車.
Fukien, Fujian 福建, フーチェン(中国, 華南地区東部の省).
Fulda フルダ(ドイツ中部の都市); (die ～) フルダ(Weser ヴェーザー川の支流).
Fülle 女 (-/-) ❶ 豊かさ, 豊満, 豊富, 大きさ; 充満, 充溢《に³》; 《南部》《料》詰め物. ✦ *in 《Hülle und》 ～* たっぷり, 豊富に.
füllen [フュレン] 《füllte; gefüllt》 ® fill 他 ❶ 《et⁴ mit et³》(容器などを[...で])満たす, 詰める. ❷ 《sich⁴ mit et³》(...で)いっぱい(満杯, 満員)になる; 《et⁴ in et⁴》(...を...に)満たす, 詰める; (空間・場所を)いっぱいにふさぐ, 占める, 満たす; (心を)満たす.
Füllen 中 (-s/-) 《雅》子馬, 若駒.
Füller [フュラー] 男 (-s/-) 万年筆; (文章などの)埋め草.
Füll=feder, =federhalter 男 万年筆. **=horn** 中 《ギ神》豊饒(ほうじょう)の角(花・果実などを盛ったヤギの角で豊かさの象徴); 《雅》豊富, 富.
füllig 形 豊満な, ふっくらした; 響きの豊かな.
Füllpistole 女 (ガソリン給油用のホースのピストル形ノズル.
Füllsel 中 (-s/-) (透き間を埋める)詰め物; (新聞・雑誌の)埋め草; 《料》詰め物.
füllte ⇒ füllen
Füllung 女 (-/-en) 詰めること; 詰め物; 充[ん材; 《建》(ドアの鏡板, パネルボード.
Füllwort 中 《文法》填辞(てんじ), 虚辞(修辞的・韻律的に用いる意味の希薄な語).
Fummel 男 (-s/-) 安物の粗末なドレス.
fummeln 自 《話》《an et³》(...をいじくり回す; 《in et³》(...の中を)まさぐる; 《nach et³》(...を)手探りで探す; 《mit j³》(人を)なでまわす, 愛撫(ぶ)する. ❷ 《et⁴ aus et³》(...から)手探りで取り出す; 《et⁴ in et⁴》(...を...に)手探りで入れる; (話)(ボールを)ドリブルし続ける.
Fund 男 (-es (-s) /-e) 発見[発掘]物; 拾得物; 発見, 発掘; 拾得: *einen ～ machen* 発見をする.
Fundament 中 (-[e]s/-e) 基礎, 土台; 基本, 根底. **fundamental** 形 基本的な, 根本的な, 本質的な; 重要な.
Fundamentalismus 男 (-/) 《雅》(宗教(政治)上の)原理主義. **Fundamentalist** 男 (-en/-en) 原理主義者. **fundamentalistisch** 形 (...の)基礎となる.
Fund=büro 中 (-s/-) 遺失物取扱(保管)所. **=grube** 女 豊かな鉱床(宝庫); 宝庫.
Fundi 男 (-s/-s) 《話》原理主義者.
fundieren 他 基礎づける, 確立する; 財政的に保証する.
fündig 形 《坑》(鉱脈が)有望な. ✦ *～ werden* 鉱脈を掘り当てる; (長く探した末に)見つける.
Fund=ort 男 発見場所, 出土地, 拾得場

所. **=sache** 囡 拾得物.
Fundus 男 《-/-》(劇場などにある)小道具一式；《単数》基礎, 基盤；(古代・中世ローマの)地所.
fünf［フュンフ］《基数》(＠ five)5.
Fünf 囡 《-/-en》(数字の)5；(トランプの)5の札；(さいころの)5の目；(成績評価の)5；《話》路線番号5のバス(市電). ◆ **~[e] gerade sein lassen**《話》細かいことにはこだわらない. **~ vor zwölf** 最後の時, ぎりぎりの時.
Fünf·eck 田 《-[e]s/-e》5角形.
fünfeckig 形 5角形の.
Fünfer 男 《-s/-》《話》5ペニヒ硬貨；(くじの)5連当たり数字. **Fünfer·…**「5連…」の意. **Fünferkarte** 囡 《乗車券・入場券などの》5枚つづり回数券.
fünferlei 形 《無変化》5種類の.
fünffach 形 5倍《5倍》の.
Fünfgangs·getriebe 田《自動車などの》5段ギア. **=schaltung** 囡《自動車などの》5段ギア.
fünf·hundert《基数》500. **=jährig** 形 5年を経た；5歳の.
Fünf·jahr[s]plan 男 5か年計画.
=kampf 男《競》5種競技.
Fünfling 男 《-s/-e》5つ子(の1人)；《圏》5つ子.
fünf·mal 副 5回；5倍. **=malig** 形 5回；5倍の.
Fünf·prozentklausel 囡 5パーセント条項(ドイツ選挙法で得票が5%以下の政党に議席を与えないこと).
fünft《序数》(＠ fifth)5番目の.
Fünftage·woche 囡 週5日〈週休2日〉制.
fünf·tägig 形 5日間の；生後5日の. **=täglich** 形 5日ごとの. **=tausend**《基数》5000.
fünftel《分数》5分の1の. **Fünftel** 田《-s/-》5分の1.
fünftens 副 5番目に.
Fünfuhrtee 男 《午後》5時のお茶.
fünfund… 副 ［10位の数と］「…5」の意.
fünfzehn［フュンフツェーン］《基数》(＠ fifteen)15. **Fünfzehn** 囡 《-/-en》(数字の)15. ◆ **eine ~ machen**《話》一休みする. **kurze ~ machen**《方》あっさり片づける. **fünfzehnerlei** 形 《無変化》15種類の.
fünfzehnhundert《基数》1500.
fünfzehnt《序数》15番目の.
fünfzehntel《分数》15分の1の.
fünfzehntens 副 15番目に.
fünfzig［フュンフツィヒ］《基数》(＠ fifty)50. **Fünfzig** 囡 《-/-en》(数字の)50.
fünfziger 形 《無変化》(ある世紀の)50年代の；《名詞の複数形と》50年代の. **Fünfziger** 男 《-s/-》(年齢の)50歳；50ペニヒ硬貨；50歳［台］の人；《圏》50歳台；50と記されたもの，…担当の；《話》当てにならない人，善人または. ◆ **ein falscher ~ sein**《話》当てにならない人，善人または.
fünfzigjährig 形 50年を経た；50歳の.
fünfzigst《序数》50番目の. **fünfzigstel**《分数》50分の1の.
fungieren 動 《als et⁴》(…として)役割を果たす.
Funk 男 《-s/-》(＠ wireless)無線電信；無線通信機；ラジオ放送［局］. **=bake** 囡 = Funkfeuer. **=dienst** 男 無線通信業務.

Funke［フンケ］男 《2格-ns, 3格-n, 4格-n；複数-n》(＠ spark)火花，閃光(獄)；ひらめき. ◆ **…, dass die ~n stieben (sprühen, fliegen)** きわめて素早く〈猛烈に〉…. **den ~n ins Pulverfass werfen〈mit et³〉**（…によって）危険なことをする（ささいなことで）大ごとを引き起こす. **ein ~[von]** …ごくわずかの….
funkeln 動 きらめく，きらきら輝く；(怒って]目が)ぎらぎらする.
funkel·nagelneu 形《話》真新しい，ぴかぴかの.
funken ❶ 動 無線で発信する. ❷ 火花を散らせる，スパークする；発砲《鉄砲〉する. ◆ **Bei den beiden hat es gefunkt.** 2人が恋に落ちた. **Es funkt.**《話》殴り合いしている；《会議などで)もめる；《bei j³》…には事情〈状況〉を悟る.
Funken 男 《-s/-》= Funke.
Funker 男 《-s/-》無線通信士.
Funk·feuer 田 《空·海》無線標識，ラジオビーコン. **=gerät** 田 無線《通信〉機. **=haus** 田 放送局. **=kolleg** 田 ラジオ〈テレビ〉講座. **=ortung** 囡 無線位置測定，無線測位. **=spruch** 男 無線通信［文］. **=station** 囡 無線局. **=steuerung** 囡 無線操縦，ラジコン. **=taxi** 田 無線タクシー. **=technik** 囡 無線通信工学. **=telefon** 田 無線電話.
Funktion［フンクツィオーン］囡 《-/-en》❶ (＠ function)機能，働き，効用，役目. ❷ 職務；地位. ❸ 《数》関数. ◆ **außer ~ setzen** 〈…⁴〉(…の)機能を不能とする. **in ~ treten**〈sein〉活動《中の》している). **funktional** 形 機能的な，機能上の.
funktionalisieren 動 機能的にする.
Funktionalisierung 囡 《-/-en》
Funktionär 男 《-s/-e》(＠ -in)(党·組合などの)役員，幹部.
funktionell 形 機能的な，機能上の.
funktionieren［フンクツィオニーレン］〈funktionierte; funktioniert〉動 機能する；役目を果たす；働く；作動する.
Funktions·störung 囡 機能障害. **=taste** 囡 《コン》ファンクションキー. **=verbgefüge** 田 《言》機能動詞結合〈構造〉.
Funk·turm 男 無線塔. **=verkehr** 男 無線通信《交信》. **=wesen** 田 《総称的》無線通信.
Funsel, Funzel 囡 《-/-n》《話》薄暗い灯火.
für［フューア］Ⅰ 前 《4格支配》❶ (利益·目的·用途》(＠ for) (…のために)の；…に与えるための〈の》；(手紙などが)…にあてた；…に適した；…に備えた：**Was kann ich ~ Sie tun?**(店員が客に)何を差し上げましょうか. ❷ (味方》…に賛成して，…に味方して. ❸ (関係·関連》…にとって［は］；…としては；…のところでは. ❹ (代理·代表·立場》…の代わりに；…を代表して；…の立場で. ❺ (代価·報酬·報い》(ある金額)とひきかえに，…に(対して). ❻ (共感·好意などの対象》

特定の動詞・名詞と結びついて》…に対する，…に. ❼ 《時間的》《期間を表して》…の間［の予定で］;《予定の日時を表して》…に. ❽ 《特性・同一性》…［である］と［して］. ❾ 《比較・割合》…にしては，…の割には. ❿ 《反復・連続: 無冠詞の同一語を反復して》…ずつ，…ごとに. ✦ **~ *sich*^{4}** 独りだけで，単独で，それ自体で. ***~ nichts und wieder nichts*** まったくむだに. ***~ und ~*** 《雅》永遠に; いつまでも.

Für [中]《-/》賛成; 利点 : das ~ und ［das］ Wider 賛否; 利害. **=bitte** [女] とりなし，口添え;〘ｶﾄﾘｯｸ教〙代願.

Furche [女]《-/-n》うねあい(うねの間の溝); わだち; (船の)航跡; (顔の)しわ;〘医〙(脳の)溝. **furchen** [他] (…に)溝を作る; (畑に)うねを立てる; (顔に)しわを寄せる; (船が…に)航跡をつける; (車が…に)わだちをつける.

Furcht ［フルヒト］ [女]《-/》 ❶ ([英] fear) 恐れ，恐怖; 不安，心配. ❷ 畏敬(いけい). ✦ ***aus ~ vor j-et***^{3} (…に対する)恐怖心から. ***~ erregend*** 恐怖を覚えさせる，恐ろしい.

furchtbar ［フルヒトバール］ [形] ([英] terrible)恐ろしい，怖い;《話》ひどい，ものすごい.

fürchten ［フュルヒテン］《fürchtete; gefürchtet》 ❶ [他] ([英] fear)《*et*^{4}/*sich*^{4} **vor** *j-et*^{3}》(…を)恐れる，怖がる;《+ dass 文または zu 不定詞句》(…ではないかと)恐れる〈心配する〉. ❷ [自]《**für** 〈**um**〉 *j-et*^{4}》(…のことを)気遣う，心配する.

fürchterlich ［フュルヒタリヒ］ [形] ❶ ([英] terrible)恐ろしい，ぞっとするような. ❷ 《話》不快な; ひどい. ❸ 《話》非常な，大変な.

furchterregend [旧]⇨ Furcht ✦

fürchtete ⇨ fürchten

furchtlos [形] 恐れない，勇気のある. **Furchtlosigkeit** [女]《-/》

furchtsam [形] 怖がりの，臆病(おくびょう)な. **Furchtsamkeit** [女]《-/》

füreinander [副] お互いのために，互いに.

Furie [女]《-/-n》〘ｷﾞ神〙フリア(復讐の女神); 気の荒い女; 狂暴.

Furier [男]《-s/-e》〘軍〙給養宿営係の下士官.

furios [形] 激しい，熱狂的な. **furioso** [副]〘楽〙フリオーソ，激しく，熱狂的に.

Furnier [中]《-s/-e》化粧板. **furnieren** [他] (…に)化粧板を張る.

Furore [女]《-/》[中]《-s/》 ✦ **~ *machen*** センセーションを巻き起こす; 好評を博す.

Fürsorge [女]《-/》([英] care)配慮，世話; 介助; (社会的な)援助，保護，扶助; 福祉［事業］; 福祉手当. **=amt** [中] 社会福祉事務所.

Fürsorger [男]《-s/-》([女] **-in**)福祉事業に従事する人，ケースワーカー，ソーシャルワーカー.

fürsorglich [形] 思いやりのある，よく気のつく.

Für=sprache [女] とりなし，調停，仲介; 口添え. **=sprecher** [男] ([女] **-in**)代弁者; 間に立って世話〈口添え〉する人，支援者.

Fürst ［フュルスト］ [男]《-en/-en》([女] **-in**) ❶ 〘史〙侯(中世ドイツで Kaiser または König に次ぐ領主の称号); 侯爵(Herzog と Graf の間の爵位); 支配者，君主. ❷ 《雅》第一人者. **~en=geschlecht** [中] 領主〈侯爵〉の一門〈家系〉.

Fürstentum [中]《-s/..tümer》侯国，侯爵領.

Fürstin [女]《-/-nen》《Fürst の女性形》(女性の)侯爵; 侯爵夫人.

fürstlich [形] 領主の; 侯爵の; 王侯のような; たっぷりの; 豪奢(ごうしゃ)な.

Furt [女]《-/-en》(歩いて渡れる)浅瀬.

Furtwängler Wilhelm, フルトヴェングラー(1886-1954; ドイツの指揮者).

Furunkel [男][中]《-s/-》〘医〙癤(せつ)，疔(ちょう)，ねぶと，はれもの.

Furunkulose [女]《-/-n》〘医〙癤(せつ)症，ねぶと症.

fürwahr [副]《雅》まことに，確かに.

Fürwort [中]〘文法〙代名詞.

Furz [男]《-es/Fürze》《俗》屁(へ)，おなら. ✦ ***aus einem ~ einen Donnerschlag machen*** ささいなことで大騒ぎをする. ***einen ~ lassen*** おならをする. **furzen** [自]《俗》放屁(ほうひ)する，おならをする.

Fusel [男]《-s/-》《話》(フーゼル油を含んだ)粗悪なブランデー; 安酒; = Fuselöl. **Fuselöl** [中]《-［e］s/ 種類-e》〘化〙フーゼル油.

Fusion [女]《-/-en》(企業・政党などの)合併，連合，統合;〘生〙(細胞の)融合;〘生理〙(両眼の像の)融合，融像;〘理〙核融合.

fusionieren [自] (企業や政党などが)合同〈合併〉する.

Fuß ［フース］ [男]《-es/**Füße**》([小] **Füßchen**) ❶ ([英] foot)足(くるぶしより下) : festen 〈leichten〉 *~es*《雅》しっかりした〈軽やかな〉足取りで | von Kopf bis ~ 頭のてっぺんから足の先まで | mit bloßen *Füßen* はだしで | über *seine* eigenen *Füßen* stolpern 足がもつれる; 不器用である. ❷ (物の)脚部，基底部; (家具の)足，台座; すその部分. ❸ 《話》(靴下の)足部(そく). ❹ 〘詩学〙詩脚. ❺ 《無変化》フィート(長さの単位; 約30cm). ✦ ***auf dem ~e*** すぐに. ***auf dem ~e folgen*** 引き続いて起こる; すぐ後に従う;《*j*^{3}》(人の)すぐ後に続く. ***auf den ~ 〈auf die Füße〉 treten***《*j*^{3}》(人の)足を踏む; (人を)侮辱する〈傷つける〉; しかりつける. ***auf den 〈seinen〉 letzten Füßen gehen*** 病気のために衰弱〈老衰〉している. ***auf die Füße fallen*** 危機を乗り越える〈脱する〉. ***auf eigene Füße stellen***《*sich*^{4}》独立〈自立〉する. ***auf eigenen Füßen stehen*** 経済的に独立〈自立〉している. ***auf festen Füßen stehen*** 基盤が堅い〈しっかりしている〉. ***auf freiem ~ sein*** まだ〈もはや〉自由の身である. ***auf freien ~ setzen*** (人を)解放する，釈放する. ***auf freundschaftlichem 〈gespanntem〉 ~ leben***《**mit** *j-et*^{3}》(…と)友好〈対立〉関係にある; (…と)仲がいい〈悪い〉. ***auf großem ~ leben*** 豪勢な〈ぜいたくな〉暮らしをする. ***auf tönernen 〈schwachen, schwankenden, wackligen〉 Füßen stehen*** しっかりとした基盤を持たない. ***den ~ auf den Nacken setzen***《*j*^{3}》(人に)思い知らせる，力を見せつける. ***die Füße in den Bauch stehen***《話》《*sich*^{3}》足が棒になるほど立ち尽くす. ***die Füße nach et***^{3} ***ab|lau-***

Ga

*fen ⟨wund laufen⟩《sich³》足を棒にして(…を)捜し回る. **die Füße unter j²Tisch strecken〈stecken, hängen〉**(人)の世話になっている. **die Füße vertreten**《sich³》(長い間座った後で)足の運動をする, 足をほぐす. **[festen] ~ fassen** 足場〈基礎〉を固める. **Füße bekommen haben** 消えてしまった, なくなってしまった. **gut zu ~ sein** 健脚である. **immer [wieder] auf die Füße fallen**(落ちても)常に〈何度でも〉うまく切り抜ける. **kalte Füße bekommen〈kriegen〉**おじけづく, 尻込みする. **kalte Füße holen**《sich³》失敗する. **mit beiden Füßen [fest] auf der Erde 〈im Leben〉 stehen** 足が地についている. **mit einem ~ im Grabe stehen** 棺おけに片足を突っこんでいる. **mit einem ~ im Gefängnis stehen** 犯罪すれすれのことをしている; (脈箱行きになるような)やばい仕事をしている. **mit dem linken ~ zuerst aufgestanden sein** 機嫌が悪い. **mit Füßen treten** (…を)手荒く扱う. **stehenden ~es** 直ちに. **vor ⟨über⟩ die Füße laufen**《j³》(人と)偶然出会う. **vor die Füße werfen**《j³ et¹》(怒った人の前に…を)たたきつける. **wieder auf die Füße helfen**《j³》(人を助けて)立ち直らせる;(人を)引き立てる. **zu ~ gehen** 徒歩で. **zu Füßen legen**《j³ et¹》(敬意を表して)人の…に捧げる. **zu Füßen liegen**《j³》(人を)尊敬〈崇拝〉する. **wie eingeschlafene Füße schmecken** 味が(飲み物か何か)抜けかけている. **abstreifer** 男 ⟨-s/-⟩ 靴ぬぐい;(靴の)泥落とし, ドアマット. **angel** 女 ⟨-/-n⟩(敵の侵入防止用に地面に打ち込まれた)釣〈釘〉付きの金具, 鉄菱(⸺). ⊞ 足器. 医学 足浴.
Fuß|ball [フースバル] 男 ⟨-[e]s/..bälle⟩ ⊞ football サッカー; サッカーボール. **=baller** 男 ⟨-s/-⟩ 話 = Fußballspieler.
Fußball-mannschaft 女 サッカーチーム. **=match** 男 サッカーの試合. **=platz** 男 サッカー場. **=spiel** 中 サッカー[の試合]. **=spieler** 男 サッカーの選手. **=toto** 男 トトカルチョ(サッカーくじ).
Fußbank 女 足載せ台.
Fußboden [フースボーデン] 男 ⟨-s/..böden⟩ ⊞ floor 床[板]. **=belag** 男 床に敷材(リノリウム・カーペットなど).
fußbreit 足幅の. **Fußbreit** 男 ⟨-/-⟩ 足の幅.
Fußbremse 女 ペダル(フット)ブレーキ.
Füße ⇒ Fuß
Fussel 女 ⟨-/-n⟩ 男 ⟨-s/-[n]⟩ (生地・織物などに)ぐけ, 毛玉. **fusselig** けば立った, ほころびた, ぼつれた, 擦り切れた. ♦ **den Mund ~ reden** 話 ⟨sich³⟩ 口をぬばくして言う. **fusseln** 話 (生地が)けば立つ, 毛玉が出る.
fußen 不 ⟨auf et³⟩ (…に)基づく.
Füssen フュッセン(Bayern 州の都市).
Fuß-ende 中 (ベッドなどの)足の方の端. **=fall** 男 ひざまずくこと, 平伏: einen ~ vor j³ machen 人の前にひざまずく.
Fußgänger [フースゲンガー] 男 ⟨-s/-⟩ ⊞ **-in**) 歩行者.

Fußgänger-zone [フースゲンガーツォーネ] 女 ⟨-/-n⟩ 歩行者専用区域, 歩行者天国.
Fuß-geher 男 [͡ːsǧ] = Fußgänger. **=gelenk** 中 足首の関節; 医学 足関節.
fußgerecht (靴が)足にぴったりの.
Fuß-matte 女 (玄関などの)靴ぬぐい, 中のフットマット. **=note** 女 脚注. **=pfad** 男 小道. **=pflege** 女 足の手入れ, ペディキュア. **=punkt** 男 ⟨築〉垂線の足; 天文 天底. **=schemel** 男 = Fußbank. **=sohle** 女 足底, 足の裏. **=spitze** 女 つま先. **=spur** 女 足跡. **=stapfe** 女, **=stapfen** 男 足跡. ♦ **in j² treten** (人の)例にならう; (人を)= Fußstapfen. **=tapfe** 女, **=tapfen** 男 = Fußstapfen. **=tritt** 男 [](ĸ); 侮辱的な待遇. **=volk** 中 [集合的] 歩兵; 下っ端; 陸軍連中. **=wanderung** 女 徒歩旅行. **=weg** 男 小道; 歩行距離(の道のり). **=wurzel** 女 医学 足根(足首の部分).
Futon 男 ⟨-s/-s⟩ (日本式の)ふとん.
futsch 話 なくなった, 失せた; 壊れた, だめになった.
Futter [フッター] 中 ⟨-s/-⟩ 飼料, えさ; [話] (人間の)食い物. ♦ **gut im ~ sein⟨stehen⟩** 栄養状態がよい. — 中 ⟨-s/-⟩ (衣服などの)裏, 裏地; 建築 (ドア・窓などの)枠囲い, 填材; 工学 (ばなどの)内張り; (旋盤の)チャック.
Futteral 中 ⟨-s/-e⟩ 入れ物, サック, ケース
Futter-beutel 男 (馬の首にかける)かい葉袋. **=krippe** 女 かいおけ. ♦ **an der ~ sitzen** 恵まれた地位にいる, よい暮らしをしている. **an die ~ kommen** 話 (実入りのよい)恵まれた地位に就く. **=mittel** 中 飼料.
futtern 中 話 もりもり食べる.
füttern [フッテルン] 他 (fütterte; gefüttert) ⓞ ❶ ⟨⊞ feed⟩ (動物に)えさをやる; [j⁴ mit et³] (子供・病人に)食べ物を食べさせる, (…に代るをふんだんに食べさせる; (コンピュータにデータなどを)入れる. ❷ (…に)裏[地]をつける; 内張りをする.
Futter-neid 男 (えさ・食べ物・利得・給料などについての)ねたみ. **=trog** 男 飼料桶け.
Fütterung 女 ⟨-/-en⟩ ❶ (動物に)えさをあげること, (病人・病人などに食べ物を食べさせること; (野鳥・野性動物などの)えさ台. ❷ 裏地をつけること; (衣服などの)裏, 裏地; (機械などの)内張り.
Futur 中 ⟨-s/-e⟩ (⊞ future) 文法 未来時制; 未来形.
Futurismus 男 ⟨-s/⟩ (美術・文芸の)未来派. **futuristisch** 未来派の.
Futurologe 男 ⟨-n/-n⟩ 未来学者. **Futurologie** 女 ⟨-/-⟩ 未来学.

G

g, G 中 ⟨-/-⟩ 『字母』ゲー; 楽 ト(音名). ❷ 記号 {g} ト短調; {G} ト長調.
g 記号 Gramm; 重量 Grad; Groschen. **G.** 記号 Gauß; Giga... **G.** Genitiv. **Ga** 記号 Gallium.

Gäa [ガーア]【神】ガイア(大地の女神).
gab ⇒ **geben**.
Gabardine 男 (-s/-) 囡 (-/-n)【服】ギャバジン.
Gabe 囡 (-/-n)【雅】(⊕ gift)贈り物,プレゼント;(非凡な)才能,天分;(薬の)投与[量].
gäbe ⇒ **geben**, ⇒ **gang**.
Gabel [ガーベル] 囡 (-/-n) (⊕ **Gäbelchen**) ❶ (⊕ fork) フォーク;え手;電話の受話器受け;(自転車の)ホーク;(馬車などの)轅(ながえ);(シカなどの)枝づの. ❷【天】両当たり. ◆ **eine gute ~ schlagen** たらふく食べる. **mit der fünfzigsten ~ essen**【戯】手づかみで食べる. **gabelförmig** 二またの,フォーク状の.
gabelig 囲 二またの,分岐した.
gabeln 他 (**sich⁴**) (道·枝などが)二またに分かれる,分岐する.(干し草などを)フォーク(くま手)で刺(さ)す(おろす).
Gabel·stapler 男 (-s/-)【商】フォークリフト. **Gabelung** 囡 (-/-en) 分岐[点], 二股に分かれる所.
Gabriel 男 ガブリエル(首席天使の一人).
Gabun ガボン(アフリカ西部の共和国).
gack (~, ~)コッコッ(めんどりの声).
gackern 他 (鶏·ガチョウなどが)コッコッ(ガアガア)と鳴く;【話】キャッキャッ笑う;ペチャクチャしゃべる.
gacks 囲 ⇒ **gicks** ◆
Gadolinium 囡 (-s/-) ガドリニウム(元素名:【記号】Gd).
gaffen 他【話】口をあけてポカンと見とれる;好奇の目で見る. **Gaffer** 男 (-s/-)
Gag 男 (-s/-s) ギャグ.
gaga 囲【話】老朽(ろうきゅう)した,おいぼれた,老人呆けの.
Gage [ガージェ] 囡 (-/-n) (俳優などの)報酬,ギャラ.
gähnen [ゲーネン] (gähnte; gegähnt) 他 ❶ (⊕ yawn) あくびをする: **Es herrscht ~de Leere**. がらんでる. ❷【雅】(穴などが)大きく口をあけている.
Gal 囡 (-s/-) ガル(加速度単位).
Gala 囡 (-/-) 正装,盛装;礼装;晴れ着: = **Galavorstellung**. ◆ **in ~ werfen** (**sich⁴**) 一張羅を着る. **=abend** 男 祝祭(特別記念公演)の夕べ;【戯】夕方の催し(パーティー). **=aufführung** 囡 特別記念公演. **=diner**, **=dinner** 囲 (公式の)祝宴,饗宴,晩餐(ばん)会. **=konzert** 囲 特別記念演奏会,ガラコンサート.
galaktisch 囲 銀河系の.
Galaktose 囡 (-/-n)【化】ガラクトース.
galant【雅】(女性に対して)丁重で親切な,礼儀正しい;色恋の,色好みの. **Galanterie** 囡 (-/-n) (女性に対して)丁重で親切なこと;(女性に対する)おあいそ,お世辞.
Galapagos·inseln 囡 (die -) ガラパゴス諸島(南太平洋,エクアドル領の火山島).
Galatea 囡【神】ガラティア(海の精).
Gala·vorstellung 囡 特別記念公演,ガラ公演.
Galaxie 囡 (-/-n) (銀河系外の)星雲.
Galaxis 囡 (-/..xien)【天】銀河系.

(銀河系外の)星雲.
Galeere 囡 (-/-n) (囚人·奴隷船がこいだ)ガレー船.
Galerie 囡 (-/-n) (⊕ gallery) ❶ (教会·宮殿などの)回廊,歩廊;アーケード[商店街]. ❷【劇】劇場の天井桟敷(さじき)の観客．❸ ギャラリー,画廊,絵画コレクション: **eine ~ schöner Frauen**【戯】美女たち. ◆ **für die ~ spielen** 受けをねらった演奏をする.
Galgen 男 (-s/-) 絞首台;(物をつるす)架台;(マイク·カメラをつるす)移動アーム. ◆ **an den ~ kommen**【話】絞首刑に処せられる. **am ~ enden** ひどい結末になる. **reif für den ~ sein** 罰せられて当然だ. **=frist** 囡 (期限までわずかの)猶予期間. **=humor** 男 引かれ者の小唄;ブラックユーモアー. **=vogel** 男, **=strick** 男【話】ならず者,ろくでなし;悪童.
Galiläa 囡【聖】ガリラヤ(イスラエル北部の地方).
Galionsfigur 囡【海】船首像.
Galle 囡 (-/-n) 胆汁;不機嫌,怒り;【植】虫瘤(こぶ): **seine ~ verspritzen** 【雅】毒舌を吐く;嫌味を言う. **j³ steigt ⟨kommt⟩ die ~ hoch.** / **j³ läuft die ~ über.** (人は)ひどく腹が立つ.
galle(n)·bitter 囲 ひどく苦い.
Gallen·blase 囡【解】胆嚢(たんのう). **=krebs** 男 胆嚢癌(がん). **=stein** 男 胆石.
Gallert 囡 (-[e]s/-e)【化】膠質(こうしつ)体,ゼラチン;【料】ゼリー.
gallertartig 囲 ゼリー状の,ゲル状の.
Gallerte 囡 (-/-n)【料】= **Gallert**.
Gallien 囡 ガリア(今日の北イタリア·フランス·ベルギーに当たる).
gallig 囲 胆汁のように苦い;怒りっぽい,不機嫌な;しらっぽい,意地の悪い.
gallisch 囲 ガリア[人,語]の.
Gallium 囲 (-s/-) ガリウム(元素名:【記号】Ga).
Galopp 男 (-s/-s, -e) (馬の)駆け足,ギャロップ;疾走;【楽】ギャロップ(4分の2拍子の輪舞(まい)). ◆ **im ~**【話】急いで: **im ~ durch die Kinderstube geritten sein**【話】礼儀作法を知らない,しつけが悪い. **galoppieren** 他 ギャロップで走る,疾走する;(人が)ギャロップで走らせる.
Galosche 囡 (-/-n) (ゴム製の)オーバーシューズ;【話】ぼろ靴.
galt ⇒ **gelten**
galvanisch 囲【電気】ガルヴァーニ電気の. **galvanisieren** 他 (…に)電気めっきをする;(人に)電気療法を施す.
Galvanismus 男 (-/-) ガルヴァーニ電気(直流電気);【医】電気療法.
Galvano 囲 (-s/-s)【印】電版版.
Galvano·meter 囲 (-s/-)【電気】電流計. **=plastik** 囡 (-/-en)【電気】電気鋳造[法],電気版.
Gamasche 囡 (-/-n) (革または布の)ゲートル. ◆ **~n haben**【話】**vor j-³**】(…)を怖がる.
Gambia ガンビア(アフリカ西部の共和国).
Gamma 囲 (-[s]/-s) ガンマ(ギリシャ字母の第3字: Γ, γ);【物】ガンマ,マイクログラム(100万分の1グラム:【記号】γ, μ g).
Gammel 男 (-s/-)【話】がらくた.

gammeln 《話》(食物が)腐る, いたむ; 何もせずにのらくら暮らす: (仕事で)だらだらやる. **Gammler** 男《-s/-in**》《話》ヒッピー, ドロップアウト.

Gamsbart = Gemsbart.

Gämse 女《-/-n》動 シャモア.

gang ◆ ～《's' gäng》*und gäbe sein* 習慣になっている; 普通のことである.

Gang [ガング] I 男《-[e]s/Gänge》 ❶ 歩き方(用),出かけること; 歩くこと, 散歩. ❷ (機械などの)動き, 作動(状態); (物事の)進行, 成り行き, 経過. ❸ 通路; 廊下. ❹ [料理](食事の)一皿, (コースの)一品; (試合のラウンド), 回. ❺ (自動車などの)ギア; im dritten ～ サード(ギア)で. ◆ einen ～ zu*legen* 速度(テンポ)を上げる. ～ zu*rück*schalten 速度(テンポ)を落とす. einen ～ nach Kanossa ⟨Canossa⟩ ma*chen* 屈辱に耐えること. Gänge erledigen [*gemacht*] (歩いて)買い物をする. seinen [*geordneten*] ～ gehen 自然の経過をたどる. im ～ sein 動いている, 進行中である. in ～ *bringen* [*setzen*] (機械などを)始動させること; (交渉などを)始める. in ～ *halten* (...を)動かし続ける. in ～ *kommen* 動き始める; 軌道に乗る. II 男《-/-s》(悪漢の)一味, ギャング. =**art** 歩き方, 足取り, (馬の)歩調; 試合運び.

gangbar 形 通行可能な; 実行可能な; 通用している; 売れ行きのよい.

Gänge ⇒ Gang I

Gängel=**band** 中 (幼児の)歩行バンド. ◆ am ～ [e] *führen* ⟨*haben*, *halten*⟩ (人を)操る. am ～ *gehen* (人の)言いなりになる.

gängeln 他 (人を)思いのままに操る, あごで使う.

gängig 形 普及している, 広く受け入れられている;【商】売れ行きのよい.

Gang=**schaltung** 女 (自転車・車などの)ギアシフトレバー.

Gangster [ギャング] 男《-s/-》ギャング, 悪漢.

Gangway [ギャングウェイ] 女《-/-s》(飛行機・船の)タラップ.

Ganove [ガノーヴェ] 男《-n/-n》《話》泥棒, 詐欺師; 犯罪者.

Gans [ガンス] 女《-/Gänse》 ❶《動 goose》ガチョウ(鵞鳥), (® Gänschen) ❷ 《愚, 馬》ばかな女.

Gänse=**blümchen** 中 =*blume* 植 ヒナギク, デージー. =**braten** 男 [料理]ガチョウの焼肉(ロースト). =**füßchen** 中《話》引用符. =**haut** 女 鳥肌. =**leber** 女 ガチョウの肝臓; [料理] フォアグラ. =*getrüffelte* ～ トリュフ入りフォアグラ. =**leberpastete** 女 ガチョウのレバー入りのパイ. =**marsch** 男 一列縦隊. ◆ im ～ gehen 一列縦隊で進む.

Gänserich 男《-s/-e》ガチョウの雄.

ganz [ガンツ] I 形 ❶《® whole》全部の, 全体の: von ~em Herzen 心から | das ～ Jahr hindurch 一年じゅうずっと | den ~en Tag 一日じゅう | die ～ Zeit über ずっと | die ～ Zeit über ずっと | in ～ Europa ヨーロッパ全域で. ❷ 丸ごとの, 全部の. ❸ 《話》かなりの, 相当の. ❹《話》壊れた〈破れた〉ていない. ❺ 《数詞》全部で, たった…だけの. II 副 非常に, きわめて, とても; まったく, 完全に《® アクセントを置かずに》かなり, 比較的に. ⇨ Ganze ◆ ～ und gar まったく, すっかり, 完全に. ～ und gar nicht 全然…ない.

Gänze ⇨ Ganze[s]

Ganze[s] [格変化] 中 全体. ◆ in seiner ～ 全体として. zur ～ 完全に; ことごとく.

Ganzen[s] 中《形容詞変化》全体, 全体, すべて. ◆ aufs Ganze gehen《話》とことんやる; (危険を承知で)徹底的に戦う. *Es geht ums Ganze*. のるかそるかである. *im Ganzen* として, 全体として; 総額で. *im* [*Großen und*] *Ganzen* / *im Ganzen* [*genommen*] 全体としては大体において. *nichts Ganzes und nichts Halbes sein* 中途半端である.

Ganzglastür 女 総ガラス張りのドア.

Ganzheit 女《-/-》全体, 統一体, 全体. **ganzheitlich** 形 全体的な.

Ganz=**leder** 中【製本】総革装. =**leinen** 中【製本】総クロス装.

gänzlich 形 まったくの, 完全な; まったく. 副 完全に, まったく, すっかり.

ganz=**seitig** 形 1ページ[大]の, 全面の. =**tägig** 形 一日中の, 全日[終日]のフルタイムの.

Ganztags=**schule** 女 (午後の授業もある)全日制学校.

gar [ガール] I 副 ❶ それどころか, その上. ❷《否定詞》全然, まったく(…しない): ～ keine Zeit haben 全然時間(ひま)がない. ❸《いったって, もしかして, まさか. ❹《古》とても, もしかして. ❺《zu などと》極めて. II 形 ❶ (食べ物について)よく煮えた〈焼けた, 火の通った〉. ❷ 耕作に適した. ❸《南部; オーストリア》使い尽くされた, なくなった.

Garage [ガラージェ] 女《-/-n》《® garage》車庫, ガレージ: das Auto in die ～ fahren 車を車庫に入れる. **garagieren** [ガラジーレン] 他《スイス》(車を)車庫に入れる.

Garant 男《-en/-en》保証人.

Garantie [ガランティー] 女《-/-n》《® guarantee》(商品に対する)保証[期間]. =**fonds** 男 担保基金. **garantieren** 他《[f³] *et*⁴》(人に…)の保証する, 請け合う; 《*für et*⁴》(…)を保証する; (…)に責任をもつ. **Garantie**=**schein** 男 保証書.

Garaus 男 ◆ *den* ～ *machen*《話》《j³》 (人に)とどめを刺す; (人)を殺す.

Garbe 女《-/-n》(穀物の)束, わら束; [軍] 集束弾道.

Garçonnière [ガルソニエール] 女《-/-n》《オーストリア》ワンルームのマンション(アパート).

Gardasee (der ～) ガルダ湖(イタリア北部, アルプス山麓の湖).

Garde 女《-/-n》[軍] 親衛隊; 仕事仲間. ◆ *noch* [*einer*] *von der alten* ～ *sein* 昔かたぎの人だ.

Garderobe [ガルデローベ] 女《-/-n》(劇場などの)クローク, 携帯品預り所; (クロークなどに)預ける荷物・帽子・手袋など, コート(帽子)掛け; (集合的に) 衣服, 衣装; 衣装部屋, 楽屋; コート掛け. =**n**=**ständer** 男 (スタンド式の)コート掛け.

Gardine [ガルディーネ] 女《-/-n》

curtain)(薄地の)カーテン : ～*n* auf|ziehen 〈zu|ziehen〉カーテンを開ける〈閉じる〉. ✦ ***hinter schwedischen*** **～** 《話》鉄格子〈刑務所〉の中に. **～n=arm** [男](引いたカーテンを留める)カーテンフック. **～n=predigt** [女] ✦ ***eine*** **～** ***halten*** 《話》《*j*³》(人を)きびしくしかりつける. **～n=stange** [女] カーテンレール; カーテン開閉棒. **～n=stoff** [男] カーテン生地.

Gardist [男] 《-en/-en》護衛〈親衛〉兵.

garen [動] 煮る, 煮える; 焼く, 焼き上がる; 炊き上げる〈上がる〉.

gären$^{(*)}$ [ゲーレン] 《gärte, **gor**; gegärt, **gegoren**》[自] ❶ (s, h)(酒類が)発酵する; 《**zu** *et*³》発酵して(…に)なる. ❷ 《**in** *j*³》(人の心に激情が)たぎる, 募る; 《*Es gärt.*》不満がたまる〈くすぶる〉.

Garmisch-Partenkirchen ガルミッシュパルテンキルヒェン(ドイツ南部の観光都市).

Garn [ガルン] [中] 《-[e]s/-e》 ❶ ([英] yarn)(紡いだ)糸. ❷ (漁業・狩猟用の)網; わな. ✦ ***sein*** 〈***ein***〉 **～** ***spinnen*** ほらを吹く, 作り話をする. ***ins*** **～** ***gehen*** 《*j*³》(人の)わな〈詐欺〉にかかる. ***ins*** **～** ***locken*** 〈***ziehen***〉(人を)わなにかける.

Garnele [女] 《-/-n》〔動〕小エビ類.

garni ⇨ Hotel garni

garnieren [他] 《*et*⁴ **mit** *et*³》(…に…で)飾りをつける; 〔料〕(…に…を)盛り合わせる.

Garnison [女] 《-/-en》〔軍〕駐屯部隊; 駐屯地.

Garnitur [女] 《-/-en》(家具・用具・衣服などの)一そろい, 一式; 肌着の上下; 〔軍〕軍装, 装備; 《話》(ランク別の)チーム, グループ; (衣服・帽子などの)飾り, 縁(ふち)飾り; (料理の)付け合わせ, (ケーキの)飾り.

Garn=knäuel [男] [中] 糸玉. **=rolle** [女] 糸巻き[筒].

garstig [形] いやな, 不気味な, 意地悪な.

Garten [ガルテン] [男] 《-s/**Gärten**》([小] **Gärtchen**)([英] garden)庭[園]; 菜園, 果樹園 : ein botanischer ～ 植物園. ✦ ***englischer*** **～** 英国式庭園. ***hängende Gärten*** テラス式庭園. ***quer durch den*** **～** 種々雑多に. **=arbeit** [女] 庭仕事, 園芸, 造園. **=architekt** [男] 造園家, 造園技師. **=bau** [男] 園芸. **=erde** [女] 庭土, 培養土. **=fest** [中] 園遊会, ガーデンパーティー. **=haus** [中] あずまや; 《話》裏庭に面した家, 裏屋. **=kresse** [女] 〔植〕コショウ(胡椒)ソウ. **=laube** [女] あずまや. **=schau** [女] 園芸展. **=schere** [女] 刈り込み〈剪定(せんてい)〉ばさみ. **=stadt** [女] 田園都市. **=tür** [女] 庭への扉. **=zaun** [男] 庭の垣根. **=zwerg** [男] 庭に飾る陶製の小人の人形; 《話》くだらないやつ.

Gärtner [ゲルトナー] [男] 《-s/-》([女] **-in**)庭師; 園芸家; 野菜栽培者.

Gärtnerei [女] 《-/-en》植木屋, 造園業者; 庭仕事.

gärtnerisch [形] 園芸[術]の.

gärtnern [自] (趣味で)園芸をする.

Gärung [女] 《-/-en》発酵; 動揺, 興奮; 動乱, 騒動. **～s=prozess** ([旧] = **prozeß**) [男] 発酵過程.

Gas [ガース] [中] 《-es/-e》 ❶ 気体; ガス; 〔軍〕毒ガス. ❷ (燃料用の)ガス; 《話》ガスこんろ〈オーブン〉. ❸ (自動車の)混合ガス; アクセル[ペダル]. ❹ = Gaskammer. ✦ ***aufs*** **～** ***treten*** アクセルを踏む. ***das*** **～** ***ab|drehen*** 《話》《*j*³》(人を)絞め殺す; 破滅させる. **～** ***geben*** アクセルを踏み込む; スピードを上げる. **～** ***haben*** 《話》酔っている; 幸福である. **=beleuchtung** [女] ガス灯[の光]. **=brenner** [男](ガス器具の)火口(ほくち). **=flasche** [女] ガスボンベ.

gasförmig [形] ガス状の, 気体の.

Gas=hahn [男] ガス栓. ✦ ***den*** **～** ***ab|drehen*** 《話》《*j*³》(人を)破滅させる. ***den*** **～** ***auf|drehen*** ガス栓を開ける; ガス自殺を図る. **=hebel** [男] アクセルペダル. **=heizung** [女] ガス暖房設備. **=herd** [男] ガスレンジ. **=kammer** [女] ガス室. **=kocher** [男](小型の)ガスこんろ. **=laterne** [女] ガス灯. **=leitung** [女] ガス管. **=licht** [中] ガス灯. **=mann** [男] ガス検針員. **=maske** [女] ガス〈防毒〉マスク. **=messer** [男] ガスメーター. **=ofen** [男] ガスストーブ; 《話》ガスレンジ. **=pedal** [中] アクセルペダル.

Gasse [ガッセ] [女] 《-/-n》([小] **Gässchen,** [旧] Gäßchen)([英] lane)(狭い)路地, 小道; 横丁[の住人たち]. ✦ ***über die*** **～** 持ち帰り用に.

Gassen=hauer [男] 《話》流行歌. **=junge** [男], **=bube** [男](街頭にたむろする)わんぱく小僧, 不良少年.

Gast [ガスト] [男] 《-[e]s/**Gäste**》 ❶ ([英] guest)客, 来客; (レストラン・ホテルなどの)お客, (劇団などの)客演者; ゲストとして出演〈参加〉する人, 〔スポ〕ビジター, アウェーチーム : ungebetene *Gäste* 招かれざる客. ❷ 《俗》やつ, 野郎. ✦ ***zu*** **～** ***haben*** (人を)[食事に]招いている. ***zu*** **～*[e]*** ***laden*** 〈***bitten***〉《雅》(人を)[食事に]招待する. ***zu*** **～** ***sein*** 《**bei** *j*³》(人の)客になっている, (人に)招かれている.

Gastarbeiter [男] (出稼ぎの)外国人労働者. **=deutsch** [中] 〔言〕(ドイツ在住の)外国人労働者の用いる混成ドイツ語. **=getto** [中] 外国人労働者居住地域. **=wohnheim** [中] 外国人労働者寮.

Gast=bett [中] (客用の)予備のベッド. **=dirigent** [男] 客演指揮者.

Gäste ⇨ Gast **=buch** [中] 来訪客記帳アルバム, 訪問者〈来客〉名簿; 宿泊者名簿, 宿帳. **=haus** [中] ゲストハウス, 来客用宿舎, 迎賓館.

gastfreundlich [ガストフロイントリヒ] [形] もてなしのいい, 客を歓待する. **Gastfreundlichkeit** [女] 《-/》

Gast=freundschaft [女] 《-/》歓待, 手厚いもてなし.

Gast=geber [ガストゲーバー] [男] 《-s/-》([女] **-in**)(客をもてなす)主人, ホスト; 主催者; 〔スポ〕ホームチーム.

Gast=haus [ガストハオス] [中] 《-es/**=häuser**》([英] inn)(レストランを兼ねる)宿屋, 旅館; 居酒屋. **=hof** [男] レストラン, 居酒屋; (レストランを兼ねた)宿屋. **=hörer** [男] (大学の)聴講生.

gastieren [自] 〔劇・楽〕客演する; 〔スポ〕ビジターでプレーする.

gastlich [形] = gastfreundlich. **Gastlichkeit** [女] 《-/》

Gast=mahl [中] 《雅》饗宴(きょうえん), 宴会.

=**mannschaft** [女] 〖ｽﾎﾟｰﾂ〗ビジター〔チーム〕. =**recht** [中] 客として保護〈歓待〉される権利. =**redner** [男] 招待〈ゲスト〉講演者.
Gastritis [女] 《-/..tiden》〖医〗胃炎.
Gastronom [男] 《-en/-en》〔高級〕レストランの主人; 調理師; 食通. **Gastronomie** [女] 《-/》レストラン〈飲食店〉業; 調理法; 食い道楽. **gastronomisch** [形]
Gast=spiel [中] 〖劇・楽〗客演; 〖ｽﾎﾟｰﾂ〗遠征試合, アウェー. =**stätte** [女] 飲食店, レストラン; 居酒屋; (レストランを兼ねた)宿屋. =**stättengewerbe** [中] 飲食店業, ホテル業. =**stube** [女] (旅館の)食堂.
Gasturbinen=antrieb [男] ガスタービン駆動〈推進〉.
Gast=wirt [男] 飲食店〈旅館〉の主人. =**wirtschaft** [女] (簡素な)飲食店; 旅館. =**zimmer** [中] 客間; (ホテルの)客室; 《ｵｰｽﾄﾘｱ》(旅館の)食堂.
Gas=uhr [女] ガスメーター. =**vergiftung** [女] ガス中毒. =**werk** [中] ガス製造工場. =**zähler** [男] ガスメーター.
GATT [中] 《-[s]/》ガット(関税・貿易に関する一般協定: < [英] *G*eneral *A*greement on *T*ariffs and *T*rade).
Gatte [ガッテ] [男] 《-n/-n》 ([女] **Gattin**) ([英] husband) 《雅; 敬称》ご主人, 夫君.
Gatter [中] 《-s/-》格子, 柵(さく), 垣根; 格子戸; 〖ｺﾝﾋﾟｭｰﾀ〗ゲート〔回路〕. =**schaltung** [女] 〖ｺﾝﾋﾟｭｰﾀ〗ゲート〔回路〕.
Gattin [ガッティン] [女] 《-/-nen》 (Gatte の女性形)([英] wife) 《雅; 敬称》奥様, 夫人.
Gattung [女] 《-/-en》種類; (文芸作品の)ジャンル; 〖動・植〗属. **~s=kauf** [男] 〖商〗種類売買. **~s=schuld** [男] 〖商〗種類債務. **~s=name** [男] ジャンル名; 〖動・植〗属名; 〖文法〗普通名詞.
GAU [略] *g*rößter *a*nzunehmender *U*nfall (原子力発電所などでの)想定可能な最大規模の事故.
Gaudium [中] 《-s/》, 《話》 **Gaudi** [中] 《-s/》 (南部・ｵｰｽﾄﾘｱ [女] 《-/》)気晴らし, 楽しみ.
Gaukelbild [中] 《雅》幻影.
Gaukelei [女] 《-/-en》, **Gaukelspiel** [中] 《雅》まやかし; みせかけ; 悪ふざけ, 茶番. **gaukeln** [自] (s) 《雅》(蝶が)ひらひら飛ぶ〈舞う〉; ごまかす; 手品を使う. **Gaukler** [男] 《-s/-》奇術〈手品〉師; 曲芸師; ペテン師, 詐欺師; 〖鳥〗ダルマワシ.
Gaul [男] 《-[e]s/Gäule》 《蔑》駄馬; 《方》馬. ♦ ***den ~ beim Schwanz aufzäumen*** あべこべなことをする, 手順を間違える. ***J***^{3} ***geht der ~ durch.*** 《話》(人が)自制心を失う. ***zu|reden wie einem lahmen ~*** 《話》《j^3》(人に)こんこんと言い聞かせる.
Gaullismus [男] 《-/》ドゴール主義.
Gaumen [男] 《-s/-》〖医〗口蓋(こうがい), 上あご; 《話》味覚. =**laut** [男] 〖言〗口蓋(こうがい)音. =**platte** [女] 〖歯科〗義歯床. =**segel** [中] 〖医〗口蓋(こうがい)帆, 軟口蓋.
Gauner [男] 《-s/-》 ([女] **-in**)詐欺師, 泥棒, ならず者; 《話》ずる賢い人, 策略家. **Gaunerei** [女] 《-/-en》詐欺, 悪事. **gaunern** [自] 悪事を働く. **Gaunersprache** [女] ならず者〈ごろつき〉の隠語.
Gauß [中] 《-/-》〖理〗ガウス(磁束密度の CGS 電磁単位: [記号] G).
gay [形] 同性愛〈ホモ, ゲイ〉の. **Gay** [男] 《-[s]/-s》同性愛の人, ホモ, ゲイ.
Gaza ガザ(西アジア, パレスティナ南西地方の都市).
Gaze [女] 《-/-n》ガーゼ薄織り, 紗(しゃ); (細線の)金網.
Gazelle [女] 《-/-n》〖動〗ガゼル(アフリカ産レイヨウ).
GB 《国籍符号》Großbritannien; [略] *G*eld und *B*rief 〖商〗売りと買い.
Gd [記号] *Gd*olinium.
Gdańsk グダニスク. ⇨ Danzig
G-Dur [中] 《-/》〖楽〗ト長調([記号] G).
Ge [記号] *Ge*rmanium.
geachtet ⇨ achten
Geächtete [男] [女] 追放された人; 〖史〗法律の保護を奪われた人.
geahnt ⇨ ahnen **geändert** ⇨ ändern **geangelt** ⇨ angeln **geantwortet** ⇨ antworten **gearbeitet** ⇨ arbeiten **geärgert** ⇨ ärgern
geartet (→ arten) [形] (…の)性質〈素質〉を持った.
geatmet ⇨ atmen **geäußert** ⇨ äußern
geb. [略] *geb*oren (…に)生まれた, 旧姓 (…の); *geb*unden 製本された.
Gebäck [ゲベック] [中] 《-[e]s/ 種類-e》菓子類(クッキー・ビスケット・タルトなど).
gebacken (→ backen I) [形] (パン・ケーキなどが)焼き上がった; 《方》(魚などが)フライにされた: ein frisch ~es Ehepaar 新婚ほやほやのカップル.
gebadet ⇨ baden
Gebälk [中] 《-[e]s/-e》 (屋根を支える)木組み, 梁(はり).
geballt (→ ballen) [形] 丸く固めた, 球状の; 集中した.
gebar ⇨ gebären
Gebärde [ゲベーアデ] [女] 《-/-n》 ❶ ([英] gesture)身ぶり, 手ぶり, 手まね, ジェスチャー. ❷ 《雅》態度, 挙動. **gebärden** [再] 《*sich*^{4}》(…の)態度をとる. **Gebärdensprache** [女] 身ぶり言語; 手話.
gebäre ⇨ gebären
Gebaren [中] 《-s/》ふるまい, 態度.
gebären* [ゲベーレン] 《**gebar**, **geboren**》[他] ([英] bear)(子を)産む, 出産する: j^3 ein Kind ~ (人との間に子を)もうける.
Gebärmutter [女] 〖医〗子宮.
Gebarung [女] 《-/-en》 《雅》ふるまい, 態度; 《ｵｰｽﾄﾘｱ》〖商〗業務執行; 簿記.
gebastelt ⇨ basteln
Gebäude [ゲボイデ] [中] 《-s/-》 ❶ ([英] building)建造〈建築〉物, 建物, ビル; 家屋. ❷ 体系; 構成. =**komplex** [男] 建造物の集まり, 建物群; 総合ビル.
gebaut (→ bauen) [形] (…の)体格の, 体つきをした; (…の)作り〈構成〉の.
gebebt ⇨ beben
gebe=freudig [形] 気まえのよい, 物惜しみしない.
Gebein [中] 《-[e]s/-e》 《雅》(人間の)全身, 身体, 四肢; 《複》遺骨, がい骨.
Gebell [中] 《-[e]s/》 (絶え間ない犬の)ほえ声; わめき声.
gebellt ⇨ bellen

G

geben* [ゲーベン] 〈**gab**; **gegeben**〉 I 他 ❶ (⊕ give) [j³ et⁴] (人に…を)与える,あげる;(人に…を)渡す;(人に…を)告げる,伝える:教える;[j³ (人からの)電話に人を]出す: Du gibst!《ゲームで》君が配る番だ. ❷ [j³ et⁴] (人に)動作を与える: j³ eine Antwort ~ 人に答える. ❸ [j³ et⁴ für et⁴] (人に)(…の)代金を支払う;売り渡す,譲る: Ich habe zehn Mark dafür gegeben. それに10マルク支払った. ❹ [et⁴ zu et³ in et⁴] (…を…へ)委託する,ゆだねる;(子供・動物などを)里子に出す,(施設に)預ける. ❺ (パーティーなどを)催す;(受け身)上演される. ❻ 生み出す,発生する: Zwei mal vier gibt acht. 2かける4は8 | Rauhe Fülle ~ gute Pferde.[諺] 荒馴は良馬なる. ❼ [j³ + zu 不定詞句] (人に…)させる: j³ zu verstehen ~ 人に理解させる. II [Es gibt j-et⁴.] ❶ ⇔ there is 〈are〉 (…が)いる,ある,存在する: Was gibt's Neues? 何か変わった(面白い)ことはないかい. ❷ es gibt et⁴ [+zu 不定詞句] (…)することがきる,(…)する必要がある. ❸ (自然現象などが)生じる;(料理・催し物が)出される. III 再 [sich⁴] (…の)態度をとる,ふるまう: sich⁴ geschlagen [als Fachmann] ~ 敗北を認める[専門家らしくふるまう,専門家ぶる]. ❷ [sich⁴ [wieder]] 弱まる. 和らぐ. ❸ [sich⁴] (機会などに)訪れる: wenn sich die Zeit gibt 暇ができたなら. ◆ Da gibt's [gar] nicht![話] 絶対に,必ず. Das gibt's ja gar nicht![話] あんなことは不可能だ(怒り・驚きの言葉). es [j³ ~] [話] (人を)殴るぐらる. Gibt es dich auch noch? [話・皮肉] (久しぶりに再会して)君はまだ生きていたのかい. Ich gäbe etwas ⟨viel⟩ darum, wenn...: …したいんですが,…は私はうれしいのだけれど. nichts ⟨viel⟩ auf et⁴~ (…に)重きを置かない⟨置く⟩. von sich³~ [話] (言葉などを)口に出す;(…を)吐く;(音を)発する. Was es nicht alles gibt! [話] こいつは驚いた. was gibt's, was hast du [話] 大急ぎで,できるだけ速く. Was gibt es? [話] どうしたの. Geben 中 [-s/-] 与えること;(トランプで)配ること. ◆ Du bist am ~, 君が配る番だ. ◆ auf ~ und Nehmen ギブアンドテイクの. **Geber** 男 [-s/-] 与える人,寄贈〈寄付〉者;送信機. ❷中 (手形の)振出人.

Gebet [ゲベート] 中 [-[e]s/-e] (⊕ prayer) 祈り,祈禱. ◆ ein ~ sprechen 祈りを唱える. sein ~ verrichten お祈りをする. ins ~ nehmen [話] (人を)諭す,(人に)厳しく言い聞かせる. ~buch 中 祈禱書.

gebeten ⇒ bitten **gebetet** ⇒ beten **gebettelt** ⇒ betteln
gebettet (→ betten) 便 置かれた;はめ込みの.
gebeugt ⇒ beugen
Gebiet [ゲビート] 中 [-[e]s/-e] ❶ (⊕ area)地域,地帯,地方. ❷ (⊕ territory)国家の,領地. ❸ (⊕ field) 学問などの分野,領域.
gebieten [雅] 他 [j³ et⁴] (人に)…を命令する,命令する;要求する. 他 [über j-et⁴] (…)を支配する,自由に

使える(できる). **Gebieter** 男 [-s/-] (女 -in) [古] 命令者,支配者;主人.
gebieterisch 形 高圧的(命令的)な;厳大な: 有無を言わせぬ.
Gebilde 中 [-s/-] (形づくられた)物,形成物:構成[体].
gebildet [ゲビルデト] ❶ (⊕ educated)教養のある,教育を受けた. ❷ 形成された,形づくられた. **Gebildete(r)** 男女 (形容詞変化)教養のある人,インテリ. 中 (集)知識階級.
Gebimmel 中 [-s/-] (ベル・鈴などが)リンリン(チンチン)鳴り続けること(音).
Gebinde 中 [-s/-] ❶ (穀物・花などの)束. ❷ (糸の)かせ;[雅] たる.[建] トラス.
Gebirge [ゲビルゲ] 中 [-s/-] ❶ 山地,山脈;山岳地帯. ❷ [古] 岩盤. **Gebirgig** 形 山地の,山の多い. **Gebirgs-kette** 女 山脈,連山,山並み. **-straße** 女 山岳道路. **-zug** 男 山脈,連山,山並み.
Gebiss 中 (Gebiß) 中 [..bisses/..bisse] ❶ (全部の)歯, 歯並び;入れ歯;馬銜(は).
gebissen ⇒ beißen
Gebläse 中 [-s/-] [工] 送風機(エンジンの過給機.
geblasen ⇒ blasen **geblättert** ⇒ blättern **geblendet** ⇒ blenden **geblickt** ⇒ blicken **geblieben** ⇒ bleiben **geblinkt** ⇒ blinken **geblitzt** ⇒ blitzen **geblüht** ⇒ blühen
geblümt 中 花柄で飾った. 美文調の.
geblutet ⇒ bluten **gebogen** ⇒ biegen **gebohrt** ⇒ bohren
geboren [ゲボーレン] (→ gebären) 便 ❶ (⊕ born) (…に…に)生まれた(動 geb.): Franz Kafka, ~1883 in Prag フランツ=カフカ、1883年プラハ生まれ. ❷ 生まれながらの,天性の(生来)の,生来からの. ❸ 旧姓(…)の(動 geb.): Frau Müller, ~e (geb.) Meyer ミュラー夫人,旧姓マイヤー. ◆ ~ sein [zu et³] 生まれつき(…の)素質〈才能〉がある.
geborgen (→ bergen) 便 安全な,守られた. **Geborgenheit** 女 [-/-]
geborsten ⇒ bersten
Gebot [ゲボート] 中 [-[e]s/-e] ❶ 戒律,おきて;(守るべき)ルール. ❷ 規則;命令,指図;要請: ein ~ erlassen 命令を出す. ❸ (競売・入札での)付け値. ◆ auf j²~ ⟨hin⟩ (人の)命令で. die Zehn ~e [聖] モーセの十戒. zu ~ stehen [j³] (人の)思いのままに使える.
geboten ❶ ⇒ bieten ❷ (→ gebieten) 便 必要である,適切な.
Gebr. 動 Gebrüder.
gebracht ⇒ bringen **gebrannt** ⇒ brennen **gebraten** ⇒ braten
Gebräu 中 [-[e]s/-e] 醸造酒,ビール; [話] 安酒(まずい)飲み物.
Gebrauch 中 [-[e]s/..bräuche] ❶ (⊕ use)使用[法],利用. ❷ 便 風習,習慣,しきたり,習わし. ◆ außer ~ [in] ~ kommen 使われなくなる(使われるようになる). ~ machen [von et³] [旧] (…)を使用〈利用〉する. in ⟨im⟩ ~ haben (…を)使っている. in ⟨im⟩ ~ (…を)使用/利用]している. in ⟨im⟩ ~ sein 使われている.
gebrauchen [ゲブラオヘン] (gebrauch-

Gedanke

te; gebraucht)⦿ ❶ (® use)使う, 使用〈利用〉する : zu nichts zu ~ sein 何の役にも立たない. ❷ 必要とする.
gebräuchlich ⦿ 使われている, 慣用の, ありふれた, 普通の. **Gebräuchlichkeit** 囡(⊖/)
Gebrauchs‑anweisung [ゲブラオホスアンヴァイズング] 囡(⊖/‑en) =**anleitung** (薬・器具などの)使用説明書. =**artikel** 團日用品.
gebrauchsfertig ⦿ すぐに使える.
Gebrauchs‑gegenstand 團 日用品〈実用品〉. =**grafik**, =**graphik** 囡(⊖/)商業グラフィック, グラフィックデザイン. =**grafiker**, =**graphiker** 團 グラフィックデザイナー. =**gut** 日用品, 耐久消費財. =**muster** 囡〔実用〕新案意匠, 登録意匠.
gebraucht ❶ → brauchen ❷ ⦿ (= gebrauchen) 使い古した, 中古の.
Gebrauchte ⦿ gebraucht
Gebraucht‑wagen 團 中古車. =**ware** 囡 中古品.
gebraut ⇒ brauen
gebrechen* ⦿ (雅) *Es gebricht j³ an et³.* j³ に〜が欠けている〈足りない〉. **Gebrechen** 囲(‑s/‑) 《雅》 (肉体的・精神的な)障害, 欠陥; 疾患. **gebrechlich** ⦿ 虚弱な; 病弱な, 老衰した; 欠陥のある; 壊れやすい. **Gebrechlichkeit** 囡(⊖/) 虚弱, 老衰; 不完全性, 壊れやすさ, もろさ.
gebrochen ⦿ ❶ (→ brechen) broken)折れた; 分割された; 落胆した, 意気消沈した, くじけた; (言葉が)ブロークンな, めちゃくちゃな. ❷ ⇒ gebrochen
Gebrüder 團 兄弟; (商) 兄弟商会(略 Gebr.).
Gebrüll 囲(‑[e]s/) (絶え間ない)わめき声, 叫び声, 歓声; (牛の)鳴き声; (猛獣の)咆哮(ほうこう)〈⇒〉.
Gebrumm 囲(‑[e]s/) (絶え間なく)うなること, ブンブンいう音, 騒音; つぶやき.
gebückt ⇒ bücken **gebügelt** ⇒ bügeln
Gebühr [ゲビューア] 囡(⊖/‑en) (公共の)料金; 謝礼, 手数〈使用〉料 : eine ~ erheben (bezahlen) 料金を徴収する〈支払う〉. ✦ nach ~ 相応に, しかるべく. über ~ 過度に, 不当に, 法外に.
gebühren ⦿ (j³) (人に)ふさわしい, 与えられて当然である; 当然(*sich*³) j³ にふさわしい. =**d** ふさわしい, 相応の, 当然の. =**frei** 無料の. **Gebührenordnung** 囡 料金〈報酬〉規定; 料金表.
gebührenpflichtig ⦿ 有料の.
gebummelt ⇒ bummeln
Gebumse 囲(‑s/) 《話》 (絶え間ない)ドスンドスン〈ガンガン〉という音.
gebunden (→ binden) 結ばれた, 縛られた; (*an et*⁴) に)束縛〈制約〉された; 婚約〈結婚〉した; (書物が)製本〈装丁〉された.
..gebunden 「…に限定された, …と結び」 の意.
gebürstet ⇒ bürsten
Geburt [ゲブーアト] 囡(⊖/‑en) ❶ (® birth) 出産, 分娩(べん) : eine leichte〈schwere〉~ 安産〈難産〉. ❷ 出生,

誕生, 生まれ. ❸ 家系, 家柄; 出身. ❹ (雅) 起源, 始まり, 成立; 産物. ✦ **von** ~ [an] 生まれながらに; 生来. =**en‑kontrolle** 囡 出生(産児)調節, 避妊, 家族計画. =**en‑rate** 囡 出生率. =**en‑rückgang** 囲 出生率の低下. =**en‑ziffer** 囡 出生率.
gebürtig ⦿ (…)生まれの.
Geburts‑anzeige 囡 誕生通知〈広告〉; 出生届. =**fehler** 囲 先天性欠陥. =**helfer** 囲 産科医. =**helferin** 囡 (女の)産科医, 助産師. =**jahr** 囲 生年. =**name** 囲 (出生時につく親の)姓, 名字.
Geburts‑ort [ゲブーアツオルト] 團 (‑[e]s/‑e) 出生地. =**schein** 囲 出生証明書.
Geburts‑tag [ゲブーアツターク] 囲(‑[e]s/‑e) (® birthday) 誕生日; 生年月日 : Herzliche Glückwünsche zum ~! 誕生日おめでとう. =**urkunde** 囡 出生証明書. =**wehen** 複 (医) 陣痛; 産みの苦しみ.
Gebüsch 囲(‑[e]s/‑e) 茂み, やぶ.
gebüßt ⇒ büßen
Geck 囲(‑en/‑en) (醜) きざな男, おしゃれな男, 伊達(だて)男; (方) ばか.
geckenhaft ⦿ きざな, おしゃれな; ばかげた.
Gecko 囲(‑s/‑s〈‑nen〉) (動) ヤモリ.
gedacht ⦿ (→ denken) 想像上の, 架空の; (…と)考えられた, 決めた. ⇒ gedenken
Gedächtnis [ゲデヒトニス] 囲(‑ses/‑se) ❶ (® memory) 記憶力; 記憶 : ein gutes ~ haben 記憶力がよい | *et*⁴ im ~ behalten …を記憶している | *sich*³ *et*⁴ ins ~ zurückrufen …を思い出す | *et*⁴ aus dem ~ verlieren …を忘れる. ❷ 思い出, 追憶; 記念. ✦ **ein ~ wie ein Sieb haben** (話) ひどく忘れっぽい. **kein ~ für *et*⁴ haben** (名前・顔・数字などが) なかなか覚えられない. =**feier** 囡 記念祭; 追悼式. =**hilfe** 囡 記憶の助けになるもの, 忘れないための手がかり. =**lücke** 囡 記憶の欠落部分. =**schwund** 囲 記憶喪失.
Gedächtnisse ⇒ Gedächtnis
gedämmert ⇒ dämmern
gedämpft ⇒ dämpfen
Gedanke [ゲダンケ] 囲(2格‑ns,3·4格‑n/‑n) ❶ (® thought) 考え, 思考; 着想, アイデア, 思いつき; 観念, 思想; 理念, 概念 : einen ~ n fassen 考えをまとめる | in ~ n versunken〈verloren〉sein 物思いに沈んでいる〈ぼんやりしている〉| Wie ist er auf den ~ n gekommen? / Was hat ihn auf den ~ n gebracht? どうして彼はそんなことを考えているのだろう〉| Mir kam der ~, … という考えが浮かんだ | der bloße ~ daran 考えただけでも | bei dem ~ n [+ zu 不定詞句] (…) するつもりで. ❷ (複) 意見, 見解. ❸ 意向, 計画 : mit dem ~ n spielen〈*sich*⁴ mit dem ~ n tragen [+ zu 不定詞句] (…してしようと)考える; (… することを)検討している. ❹ 心配. ✦ **auf andere ~ n bringen** (j⁴) (…)の気を紛らす. **auf dumme ~ n kommen** ばかなことを思いつく. *j²* ~ n lesen (人の)

gedankenarm

心のうちを読み取る. **~n über et⁴ machen** 《*sich*》(…を)熟考する;(…を)思い悩む. **Kein ~ [daran]!**〘話〙とんでもないよ, そんなことあるもんか. **Mach dir keine ~n!** 心配ご無用だ. [**um**] **einen ~n** ちょっとだけ, こころもち.

gedánken·arm 形 考えが貧弱な. **=austausch** 男 意見の交換. **=freiheit** 女 思想の自由. **=gang** 男 思考過程, 考え方. **=gut**〈ある民族・時代の〉思想, 思想の所産.

gedánken·los 形 思想のない, 軽率な;ぼんやりした. **Gedánken·losigkeit** 女(-/-en) 軽率, 放心;軽率な言動.

Gedánken·strich 男 ダッシュ(-). **=übertragung** 女 テレパシー, 以心伝心.

gedánken·verloren 形 物思いに沈んだ. **=voll** 形 考え込みがちな;心配そうな;思想〈想像力〉の豊かな. **Gedánkenwelt** 女 思想界, 観念の世界.

gedánklich 形 思想〈思考〉上の;想像上の, 抽象的な.

gedánkt ⇒ danken

Gedärm 中 [-[e]s/-e] 内臓, はらわた.

gedáuert ⇒ dauern

Gedéck 中 [-[e]s/-e] ⟨ナイフ・フォーク・皿・グラスなど1人前の⟩食器;定食.

gedéckt ⇒ decken ⇒ dehnen

Gedéih 男 ◆ **auf ~ und Verderb** 善かれ悪しかれ, どんな結果になろうとも.

gedéihen* [ゲダイエン] 《**gedíehen; gedíehen**》⾃(s)成長する, 育つ;繁栄する;はかどる. **Gedéihen** 中[-s/-]繁栄;成長;増大, 発展.

gedéihlich 形〘雅〙有益な, 実りある.

gedénken* [⁻ケデンケン]《**gedáchte; gedácht**》**❶** [+ zu 不定詞句](…する)つもりである. **❷** 《*j-et²*》(…を)思い出す, 覚えている;追悼する, しのぶ. **Gedénken** 中[-s/-] 思い出, 追憶, 記念.

Gedénk·feier 女 記念祭, 追悼式. **=stätte** 女 記念の地, 追悼の場:記念館. **=tafel** 女〈建物の外壁にはめ込んだ〉銘板. **=tag** 男 記念日;追悼日.

gedéutet ⇒ deuten

Gedícht [ゲディヒト] 中 [-[e]s/-e]〘 poem〙詩, 詩文. ◆ **ein ~ sein**〘話〙とてもすばらしい〈おいしい〉. **=sammlung** 女 詩集.

gedíegen 形 堅固な, しっかりした, 堅実な;⟨金属が⟩純粋な.〘話〙変な, こっけいな. **Gedíegenheit** 女 (-/-)

gedíeh, gedíehen ⇒ gedeihen **gedíent** ⇒ dienen

gedónnert ⇒ donnern

Gedränge 中 [-s/-] 混雑, 雑踏, 人込み;⟨ラグビー⟩スクラム. ◆ **ins ~ kommen ⟨geraten⟩**〘話〙《**mit et³**》(…のことで)窮地に陥る.

gedrängt (→ drängen) 形 簡潔な, 要領よくまとめた. **Gedrängtheit** 女 (-/-)

gedréht ⇒ drehen **gedróht** ⇒ drohen **gedróschen** ⇒ dreschen **gedrúckt** ⇒ drucken

gedrückt (→ drücken) 形 気落ちした,

憂うつな;〘経〙不景気な, 不況の;⟨価格・賃金が⟩低く抑えられた. **gedrúngen** (→ dringen) 形⟨体つきが⟩ずんぐりした.

Gedúld [ゲドゥルト] 女 (-/-) 〘 patience〙忍耐, 辛抱, 我慢, 根気: Bitte, haben Sie noch etwas ~! 今しばらくご辛抱〈お待ち〉ください. ◆ **bringt Rosen.** 辛抱が肝心. **in ~ fassen ⟨üben⟩** 《*sich*》じっと辛抱〈我慢〉する, 我慢して待つ. **Mit ~ und Spucke fängt man eine Mucke.** 根気〈忍耐〉があれば何事も成る. *J*³ **reißt die ~.**(人が)我慢できない.

gedúlden《*sich*》辛抱する, 我慢して待つ.

gedúldet ⇒ dulden, gedulden

gedúldig [ゲドゥルディヒ] 形 忍耐の〈我慢の〉ある, 根気のある.

Gedúlds·arbeit 女 忍耐力の必要な仕事. **=faden** 男 ◆ *J*³ **reißt der ~.**(人が)堪忍袋の緒が切れる. **=probe** 女 忍耐力を試すもの, 試練, 苦しい体験. **=spiel** 中 根気のいるゲーム.

gedúnsen 形 むくんだ, はれぼったい.

gedúrft ⇒ dürfen **gedúzt** ⇒ duzen

geéhrt (→ ehren) 形 尊敬された. ◆ **Sehr ~er Herr** 〈**~e Frau**〉拝啓⟨手紙で⟩.

geéicht (→ eichen) 形 検定済みの;精通した. ◆ **~ sein**〘話〙**auf et⁴**》(…に)精通している;とりわけ自信がある.

geéignet [ゲアイグネト] (→ eignen) 形〘 suitable〙適切な, ふさわしい;…向きの;有能な〈有能な〉.

geéilt ⇒ eilen **geéndet** ⇒ enden

geérbt ⇒ erben **geérntet** ⇒ ernten

Geest 中 (-/-en) ⟨北海沿岸のやせた⟩丘陵地.

gef. *gefallen* 戦死した.

Gefáhr [ゲファール] 女 (-/-en) 〘 danger〙危険, 危険な〈人〉, リスク, 角危険. ◆ [**auch**] **auf die ~ hin, dass...** という位険を冒しても). **auf eigene ~** 自己の責任で;**außer ~ sein** 危険を脱している. **~ bringend** 危険を伴う, 危険な. **~ laufen** 危険を冒す. **in ~ schweben** ⟨**sein**⟩ 危険な状態にある.

gefáhrbringend ⇒ Gefahr ◆

gefährden 他 危険にさらす. **gefährdet** 形 非行の傾向がある.

Gefährdung 女 (-/-) 危険にさらされること.

gefáhren ⇒ fahren

Gefáhren·gemeinschaft 女〘経〙危険分担協定. **=potenzial, =potential** 中 潜在的な危険, 危険の可能性. **=zone** 女 危険地帯⟨区域⟩.

gefährlich [ゲフェーアリヒ] 形 ❶〘 dangerous〙⟨物事が⟩危険な, 危ない, 物騒な. ❷〘話〙大げさな, びっくりするほどの. **Gefährlichkeit** 女 (-/-) 危険なこと, 危険性.

gefáhrlos 形 危険のない, 安全な. **Gefáhrlosigkeit** 女 (-/-)

Gefáhr·stelle 女 危険箇所. **=stoff** 男 危険物質.

Gefährt 中 [-[e]s/-e]〘雅〙乗り物, 車;馬車.

Gefährte [ゲフェーアテ] 男 (-n/-n) (女 **..tin**) 仲間, 友;伴侶, 連れ.

gefáhrvoll 形 危険に満ちた.

Gefälle 田 《-s/-》勾配(ぶぷ), 傾斜; 落差; 格差.

gefallen* [ゲファレン] ❶ 《gefiel, gefallen》 (s) 《j³》 (人の)気に入る; (人の)好みのもの〈人〉である. ❷ (→ fallen) 助戦死した (慇 gef.); 落ちた, 墜落した; 堕落した. ◆ *Das lasse ich mir ~!* / *So lasse ich mir das ~!* 《話》こいつこそいっぱい, 願ってもないことだ. *~ lassen* 〈*sich*⁴〉 *et*⁴》 (…を) ~ する, (…に)同意する. *in et*³ ~ 〈*sich*³〉 (…でいい気になっている. *wie es Ihnen gefällt* お好きなように.

Gefallen 田 ❶ 《-s/》 好意, 親切. ❷ 田 《-s/-》 好意, 親切. ◆ *einen ~ tun 〈erweisen〉* 《j³》 (人に)親切にする; *Kannst du mir einen ~ tun?* お願いしたいことがあるんだけど. *[sein] ~ finden 〈haben〉 an j-et*³》 (人に)お気に入る, (…を)好む. *nach* ~ 随意に, 任意に. *zu ~ reden* 《j³》 (人に)お世辞を言う. *zu ~ tun* 《*j³ et*⁴》 …をして人を喜ばすりる.

Gefallene[r] 男 《◉形容詞変化》戦死者.

gefällig ❶ 好ましい, 気に入る上, 望ましい; 親切な. ◆ *Hier 〈Da〉 ist etwas 〈was〉 ~!* 《話》さあおもしろくなる.

Gefälligkeit 女 《-/-en》 好意, 親切; 感じのよさ. **~s-akzept** 田 《南》(手形の)融通引き受け. **~s-wechsel** 男 《南》融通手形.

gefälligst 副頼むから, どうか.

Gefall-sucht 女 《-/》 機嫌とり, ごますり, 媚び. **gefallsüchtig** 機嫌とりの, 八方美人の.

gefällt ⇒ fällen, gefallen

gefaltet ⇒ falten

gefangen ⇒ fangen ◆ *~ halten* (人を)監禁〈拘留〉する. *~ nehmen* (人を)捕虜にする; (人を)魅了する.

Gefangene[r] 男 女 ⇒ Gefangene[r]

Gefangenen-lager 田 捕虜収容所.

Gefangene[r] 男 女 《◉形容詞変化》捕虜; 囚人.

gefangenhalten* 他 ⇒ gefangen ◆

Gefangennahme 女 捕虜にすること; 逮捕, 監禁.

gefangennehmen* 他 ⇒ gefangen ◆

Gefangenschaft 女 《-/-》 捕らわれの身; 監禁.

Gefängnis [ゲフェングニス] 田 《-ses/-se》 《prison》 刑務所, 監獄; 禁固. **=strafe** 女 懲役刑. **=wärter** 男 看守.

gefärbt (→ färben) 染めた, 色つきの; (主観的な)色のついた; 粉飾した.

Gefasel 田 《-s/》 くだらぬ話, むだ口.

Gefäß [ゲフェース] 田 《-es/-e》 ❶ 《◉vessel》 容器, うつわ, 入れ物〈おけ・つぼ・瓶など〉. ❷ 《生》血管, 脈管; 《植》 導管.

gefaßt (◉ **gefaßt**) (→ fassen) 平静な, 冷静な, 落ち着いた. ◆ *~ machen* 〈*sich*⁴〉 *auf et*⁴》 (…を)覚悟する. *~ sein 〈auf et*⁴》 (…を)覚悟している. **Gefaßtheit** 女 《◉ **Gefaßt-**》 落ち着き, 沈着.

Gefecht 田 《-[e]s/-e》 (小規模の)戦闘, たたかい. ◆ *außer ~ setzen* (人の)戦闘力を奪う. *ins ~ führen* (…を)論争の場に持ち出す.

gefechtsklar 形戦闘準備のできた.

gefegt ⇒ fegen **gefehlt** ⇒ fehlen

gefeiert ⇒ feiern

gefeit 形 ◆ *~ sein 〈gegen et*⁴》 (…に対して)抵抗力がある.

gefertigt ⇒ fertigen **Gefertigte[r]** 男 女 《◉形容詞変化》《南》署名人.

Gefieder 田 《-s/-》 《雅》(鳥の)羽, 羽毛. **gefiedert** 羽毛のついた, 羽のある; 《植》(葉の)羽状の.

gefiel ⇒ gefallen

Gefilde 田 《-s/-》 《雅》地方, 地域; 領域: *die ~ der Seligen* 《◉神》楽園.

gefl. 略 *gefällig*st, *gefälligst*.

Geflecht 田 《-[e]s/-e》 (髪・わらなどの)編んだ物, 編み細工; (小枝などの)群がり; 《解》 (神経・血管などの)叢(そう).

gefleckt (→ flecken) 染みの付いた; ぶちの, まだらの.

gefleht ⇒ flehen **geflickt** ⇒ flicken

geflissentlich 形 故意の, わざとの.

geflochten ⇒ flechten **geflogen** ⇒ fliegen **geflohen** ⇒ fliehen **geflossen** ⇒ fließen **geflüchtet** ⇒ flüchten

Geflügel 田 《-s/》 《集合的》(鶏などの)家禽(きん); 鶏の肉, 鳥肉. ◆ *~tes Wort* 成句; 名言.

Geflüster 田 《-s/》 ささやき, 私語.

gefochten ⇒ fechten

Gefolge 田 《-s/》 《集合的》随行者, 従者, 供の者; 葬列; 結果.

Gefolgschaft 女 《-/-en》 支持〈賛同〉者たち; 服従. 臣従; 従者. お付きの人々.

gefolgt ⇒ folgen **gefordert** ⇒ fordern **geformt** ⇒ formen **geforscht** ⇒ forschen

gefragt (→ fragen) 需要の多い, 人気のある人, ある物.

gefräßig 食い意地の張った, 大食の, 欲張りの. **Gefräßigkeit** 女 《-/》 大食; 食欲じり.

Gefreite[r] 男 《◉形容詞変化》 一等〈水〉兵.

gefressen ⇒ fressen **gefreut** ⇒ freuen

Gefrierbeutel 男 (冷凍用の)フリーザーバッグ.

gefrieren* 自 《s》 凍る, 氷〈凍〉結する.

Gefrier-fach 田 (冷蔵庫の)冷凍室. **=kette** 女 《経》低温流通機構, コールドチェーン. **=laster** 男 《話》, **=lastwagen** 男 冷凍食品輸送用トラック, 冷凍〈保冷〉車. **=punkt** 男 凝固点; 氷点. **=schrank** 男 冷凍庫. **=truhe** 女 (チェスト型の)大型冷凍庫.

gefroren ⇒ frieren, gefrieren

Gefrorene[s] 田 《◉形容詞変化》冷凍食品; 《南部》《話》アイスクリーム.

Gefüge 田 《-s/-》組み立て, 骨組み; 構造, 構成, 組織.

gefügig 従順な, おとなしい; 曲げやすい. **Gefügigkeit** 女 《-/》

gefügt ⇒ fügen

Gefühl [ゲフュール] 田 《-[e]s/-e》 ❶ 《◉feeling》感覚, 知覚, 手触り. ❷ 感情, 気持ち, 気分. ❸ (…に対する)感性, セ

ンス, 理解力. ❹ 予感, 感じ, 感触. ✦ *das höchste der ~e* 《話》 精いっぱい; せいぜい. *im ~ haben* 《et⁴》 (…が)勘で分かる. *mit gemischten ~en* 複雑な気持ちで.

gefühllos [形] 感覚が麻痺(まひ)した; 無情〈冷淡〉な, 心ない. **Gefühllosigkeit** [女] 《-/-en》 無感覚, 麻痺; 冷淡な言動.

Gefühls=ausbruch [男] (怒りなどの)感情の爆発.

gefühlsmäßig [形] 感情〈情緒〉的な; 気分的な.

Gefühls=mensch [男] 感情的な人; (理性ではなく)感情で動く人. **=sache** [女] ✦ *Et¹ ist* 〔*reine*〕 *~!* (…は)気持ち〈感性〉の問題だ.

gefühlt ⇨ fühlen

gefühlvoll [形] 感情豊かな; 優しい.

geführt ⇨ führen **gefunden** ⇨ finden **gefürchtet** ⇨ fürchten **gegähnt** ⇨ gähnen **gegangen** ⇨ gehen

gegeben (→ geben) [形] ❶ 与えられた, 所与の, 所定の; 当面の; 仮定の: unter den *~en* Umständen 現状〈実情〉では. ❷ 適切な, 当を得た. ✦ *~ sein* 《j³》 (素質・才能として人に)生まれつき備わっている. **~en=falls** [副] 場合によっては, 必要な場合は(⊛ ggf.).

Gegebenheit [女] 《-/-en》 実状, 実態, 現実, 事実; 〔哲〕 所与性.

gegen [ゲーゲン] **I** [前] 《4格支配》 ❶ (⊛ against) …に逆らって, …と反対方向に: ~ die Strömungen schwimmen 流れに逆らって泳ぐ. ❷ (⊛ against) …に反対して; …に対抗〈敵対〉して; …に反して; …を防ぐための: ~ Krebs kämpfen 癌と戦う | ~ den Befehl 〈*seinen* Willen〉 命令〈自分の意志〉に反して | ein Fußballspiel München ~ Dortmund ミュンヘン対ドルトムントのサッカーの試合. ❸ (⊛ toward) …に向かって, …の方へ; …向きの, …に面して: *et⁴* ~ das Licht halten …を明かりにかざす | 《名詞を反復して》 Rücken ~ Rücken 背中あわせに. ❹ …にぶつかって; …に押しつけて; …によりかかって: ~ die Tür schlagen ドアをどんどんたたく. ❺ 《時間》 …ごろに: ~ Mittag 〈dreizehn Uhr〉 昼〈1時〉ごろ. ❻ …に対して: allergisch ~ Pollen sein 花粉症である. ❼ …と交換に: ~ bar 現金で. ❽ …と対照して; …を背景として. **II** [副] 《数詞と》 およそ, 約: Es waren ~ 500 Leute da. 約500人の人がいた. ✦ *etwas ~ j-et⁴ haben* ⇨ haben ✦

Gegen.. 「対向, 対応, 対立」の意. **=angebot** [中] 〔商〕 カウンターオファー, (買い手の)反対申し込み. **=angriff** [男], **=*attacke*** [女] 反撃, 逆襲. **=anklage** [女] 〔法〕 反訴. **=antrag** [男] 反対動議〈提案〉, 対案. **=befehl** [男] 反対〈取り消し〉命令. **=besuch** [男] 答礼訪問. **=beweis** [男] 反証. **=bild** [中] 対をなすもの; 比肩〈対応〉するもの. **=buch** [中] 〔商〕 〔貸借〕対照簿. **=buchung** [女] 〔商〕 貸借対照式簿記.

Gegend [ゲーゲント] [女] 《-/-en》 ❶ (⊛ area) 地域, 地方, 地区; 市街区, 住宅地域. ❷ 周り, 付近; 《俗》 付近の住民, 隣近所の人々; (体の)部位. ✦ *in der ~ um...* 《話》 およそ…, …のころ.

Gegen=dienst [男] (好意に対する)お返し.

gegeneinander [ゲーゲンアイナンダー] [副] 相対して, お互いに. ✦ *~ stehen* 対立している; (発言などが)矛盾している, 食い違っている. **gegeneinander|stehen*** [旧]⇨ gegeneinander ✦

Gegen=fahrbahn [女] 対向車線. **=frage** [女] 反問. **=gerade** [女] 〔スポ〕 バックストレッチ. **=geschenk** [中] 返礼の贈り物, お返し. **=gewicht** [中] 釣り合いおもり, バランスウェイト. **=gift** [中] 解毒剤. **=kandidat** [男] 対立候補〔者〕. **=klage** [女] 〔法〕 反訴. **=konzeption** [女] (ある構想に対して)対案となるべき構想. **=kultur** [女] 〔社〕 カウンター・カルチャー, 対抗文化. **=leistung** [女] お返し, 代償; 〔法〕 反対給付. **=licht** [中] 〔写〕 逆光〔線〕. **=liebe** [女] 愛にこたえること; 支持, 賛成, よい反響. ✦ *auf ~ stoßen / ~ finden* 支持を受ける, 賛同を得る. **=maßnahme** [女] 対策, 対抗手段. **=mittel** [中] 解毒剤; 対抗策. **=partei** [女] 反対党〈派〉; 相手チーム, (裁判の)相手方. **=probe** [女] (逆算による)検算; (採決の際の)反対票の確認. **=rechnung** [女] 検算; 〔商〕 照合計算, 差引勘定; (債権者に対する債務者の)対抗計算〈請求〉書. **=rede** [女] 反論, 抗弁. **=reformation** [女] (16-17世紀の)反宗教改革. **=revolution** [女] 反革命〔運動〕.

Gegensatz [ゲーゲンザッツ] [男] 《-es/..sätze》 ❶ (⊛ contrast) 反対, 対照; 対立, 矛盾; 敵対〔関係〕. ❷ 〔楽〕 (フーガの)対位句, 対主題. ✦ *im ~ zu j-et³* (…と)比べて; (…と)逆に. *im ~ zu j-et³ stehen* (…と)対立している, 対照的である.

gegensätzlich [形] 反対の, 逆の, 対立〈矛盾〉した. **Gegensätzlichkeit** [女] 《-/-en》

Gegen=schein [男] 〔経〕 (証書などの)預かり証. **=schlag** [男] 反撃, 仕返し, 報復. **=seite** [女] 反対側, 裏面; 相手側.

gegenseitig [ゲーゲンザイティヒ] [形] (⊛ mutual) お互いの, 相互の; 双方〈両者〉の.

Gegenseitigkeit [女] 《-/》 相互性, 相互関係. **~s=geschäft** [中] 〔商〕 双務取引.

Gegen=spieler [男] 敵対者, 反対者; 政敵; 〔スポ〕 マークする選手; 〔劇〕 敵(かたき)役, 相手役. **=spionage** [女] 逆スパイ活動.

Gegenstand [ゲーゲンシュタント] [男] 《-[e]s/..stände》 ❶ (⊛ object) 物, 物体. ❷ (行為・思考・感情の)対象, 目的〔物〕, 的; 主題, テーマ. ❸ 《オーストリア》 (学校の)科目.

gegenständlich [形] 具体的な, 即物的な; 具象的な.

gegenstandslos [形] 根拠のない; 対象を持たない, 無意味〈無効〉な; 抽象的な.

Gegen=stimme [女] 反対票; 反対の声, 反対論; 〔楽〕 対声部. **=stoß** [男] 突き返し; 反撃, 逆襲. **=strategie** [女] 対抗戦略. **=strömung** [女] 逆流; 反対の機運. **=stück** [中] 対をなすもの; 匹敵するもの;

逆〈反対〉のもの. =**taktik** 図 対抗戦術.
Gegenteil [ゲーゲンタイル] 回 ⦅-[e]s/-e⦆ ❶ ⦅® opposite⦆ 反対, 反対しり. ◆ [*Ganz*] *im* ~ 逆に, 反対に, それどころか;⦅話⦆⦅受け答えで⦆とんでもない.
gegenteilig 匣 反対の, 逆の.
gegenüber [ゲーゲンユーバー] Ⅰ 匣 ⦅3格支配: 名詞の後ろにも置く⦆ ❶ ⦅® opposite⦆ ...の向かい側に: die Kirche ~ dem Bahnhof 駅の向かいの教会. ...に対して; ...と比べて: *j*³ ~ nett sein 人に対して優しい. Ⅱ 匣 向かいに, 向かい合って: ~ *von j-et*³ ⦅話⦆ ...の向かい側に.
Gegenüber 回 ⦅-s/-⦆ 向かいの⦅家の⦆人; 対立, 相克.
gegenüber=liegen* 回 ⦅*j-et*³⦆ (...に) 向かい合っている. =**sehen*** 回 ⦅*sich*⁴ *j-et*³⦆ (...に) 出くわす. =**sitzen*** 回 ⦅*j*³⦆ (人と) 向かい合わせに座っている. =**stehen*** 回 ⦅*j-et*³⦆ (...に) 向かい合って立っている; (...と) 対立している; (...に) 直面している; (...に対して...な) 態度をとる. =**stellen** 回 ⦅*j-et*³ *j-et*³⦆ (...を...と) 向かい合わせる: 対立⦅対照⦆する. (人を人と) 対決させる.
Gegenüberstellung 図 対置; 対比, 対照; 対決.
gegenüber=treten* 回 ⦅s⦆ ⦅*j-et*³⦆ (...の) 前に進み出る; (...に) 立ち向かう.
Gegen=verkehr 男 対向⦅反対⦆車線の交通; 対面交通. =**versicherung** 図 反対保証; 反対保険. =**vorschlag** 男 相互提案, 代案.
Gegenwart [ゲーゲンヴァルト] 図 ⦅-/-⦆ ❶ ⦅® present⦆ 現在, 現代;⦅文法⦆ 現在時称. ❷ ⦅® presence⦆ 居合わせること, 出席: *in seiner* ~ 彼の面前で.
gegenwärtig 匣 現在の, 現代の, 目下の; 記憶している; 居合わせている, 出席している. ◆ ~ *haben* (...を) はっきりと覚えている. ~ *sein* ⦅*j*³⦆ (人の) 記憶にある, (人が) 思い出る.
Gegenwarts=kunst 図 現代芸術.
gegenwartsnah 匣 現代に関する. 今日的な.
Gegenwarts=sprache ⦅経⦆ 現代語.
Gegen=wechsel 男 ⦅経⦆ 再手形. =**wehr** 図 抵抗, 防御. =**wert** 男 同等⦅等価⦆のもの; 代償⦅物⦆. =**wind** 男 向かい風. =**winkel** 男 対角. =**wirkung** 図 反作用, 反動. 反応.
gegen=zeichnen 他 (...に) 連署⦅副署⦆する.
Gegen=zeichnung 図 連署, 副署. =**zeuge** 男 ⦅訴訟で⦆ 相手方の証人. =**zug** 男 対向列車; 対抗手段⦅措置⦆; ⦅将⦆ 応じ手; ⦅心⦆ 反撃.
gegessen ⇒ essen **geglänzt** ⇒ glänzen **geglaubt** ⇒ glauben **geglichen** ⇒ gleichen **geglitten** ⇒ gleiten **geglommen** ⇒ glimmen **geglüht** ⇒ glühen
Gegner [ゲーグナー] 男 ⦅-s/-⦆ ⦅® -in⦆ ⦅® opponent⦆ ⦅軍⦆ 相手, ライバル; 相手チーム; 反対者, 異議を唱える人.
gegnerisch 匣 敵の, 対戦相手の; 敵対的な, 反対の.
Gegnerschaft 図 ⦅-/-⦆ ⦅集合的⦆ 敵, 対抗者.
gegolten ⇒ gelten **gegönnt** ⇒ gön-

nen **gegoren** ⇒ gären **gegossen** ⇒ gießen
gegr. ® *gegründet*.
gegraben ⇒ graben **gegraut** ⇒ grauen **gegriffen** ⇒ greifen **gegründet** ⇒ gründen **gegrüßt** ⇒ grüßen **geguckt** ⇒ gucken
geh. ® *geheim*; *gehe ftet* (本が) 仮綴の; *gehoben* (文体が) 雅語の.
Gehabe 圖 *geheim*; ⦅-s/⦆ 気取り, わざとらしい態度. **Gehaben** 回 ⦅-s/⦆ るまい.
gehabt ⇒ haben ⦅話⦆ 通例の.
gehackt ⇒ hacken
Gehackte[s] 匣 ⦅形容詞変化に⦆ ひき肉.
gehaftet ⇒ haften **gehagelt** ⇒ hageln
Gehalt [ゲハルト] Ⅰ 男 ⦅-[e]s/-e⦆ ❶ ⦅® content⦆ (成分の) 含有量, 濃度, 度合いの養分. ❷ (文学作品などの) 内容, 思想; 真価. Ⅱ 匣 ⦅-[e]s/-*hälter*⦆ ⦅® salary⦆ 給料, 給与.
gehalten ⇒ halten ◆ + *zu* 不定詞句 (…する) 義務を負っている; 節度のある, 慎重な.
Gehälter ⇒ Gehalt Ⅱ
gehalt=los 匣 栄養⦅養分⦆のない; 内容のない. =**reich** 匣 栄養豊富な; 内容の豊かな.
Gehalts=empfänger 男 給与所得者, サラリーマン. =**erhöhung** 図 昇給. =**struktur** 図 給与体系. =**stufe** 図 (給与の) 号俸, 給与等級. =**zulage** 図 (給与に追加される) 手当, 加俸.
gehaltvoll = gehaltreich.
gehandelt ⇒ handeln
gehandikapt ⦅→ handikapen⦆ 匣 (肉体・精神に) 障害のある; ⦅比⦆ ハンディをつけられた (けがなどで); ハンディのある.
Gehänge 匣 ⦅-s/-⦆ 下げ飾り (イヤリング・ペンダント・ネックレスなど); 剣帯; ⦅猟⦆ (猟犬の) 垂れた耳; ⦅地⦆ (山の) 斜面; ⦅卑⦆ (男性の) 睾丸, 陰嚢.
gehangen ⇒ hängen
geharnischt 匣 (表現が) 戦闘的な, 激烈な.
gehässig 匣 憎しみに満ちた, 悪意⦅敵意⦆のある. **Gehässigkeit** 図 ⦅-/-en⦆ 悪意, 敵意; 悪意⦅敵意⦆のある言動.
gehasst ⦅® *gehaßt*⦆ ⇒ hassen **ge=hauen** ⇒ hauen
gehäuft ⦅→ häufen⦆ 匣 度重なる, ひんぱんな.
Gehäuse 匣 ⦅-s/-⦆ ⦅®⦆ 箱, ケース, (時計などの) 側(が); ⦅口⦆ ケーシング; (リンゴの) 芯(し), (貝の) 殻(が); ⦅球⦆ ゴール.
geh=behindert 匣 歩行障害の.
Gehege 匣 ⦅-s/-⦆ (柵(さ)で囲んだ) 飼育場; (柵で囲われた) 猟場, 禁区. ◆ *ins* ~ *kommen* ⦅*geraten*⦆ ⦅*j*³⦆ (人の) 領分を侵す.
geheilt ⇒ heilen
geheim [ゲハイム] 匣 ⦅® secret⦆ 秘密の, ひそかな; 不思議な. ◆ ~ *halten* ⦅*et*⁴ *vor j*³⦆ (...を) 秘密にしておく, かくす. ~ *tun* 秘密めいた態度をとる, もったいをつける. *im Geheimen* ひそかに, 秘密裏に. *streng* ~ 極秘の⦅で⦆.
Geheim=agent 男 秘密諜報員, スパ

イ. =**bund** [男] 秘密結社. =**dienst** [男] 秘密情報機関; スパイ活動. =**dossier** [中] 秘密書類. =**fach** [中] (机などの)秘密の引き出し, 隠し引き出し.

geheim|halten* [旧]⇨ geheim ✦

Geheimhaltung [女] 秘密保持.

～s=gesetz [中] 機密保持法.

Geheimkode [女] 秘密暗号〈コード〉.

Geheimnis [ゲハイムニス] [中] 《-ses/-se》 ❶ ([英] secret)秘密, 隠し事 : ein ～ lüften 秘密を明かす. ❷ 神秘, 不可思議. ✦ ***ein offenes*** 〈***öffentliches***〉 ***～*** 公然の秘密. ***ein süßes ～ haben*** 身ごもっている. =**krämer** [男] 《蔑》なんでも秘密めかしたがる人.

Geheimnis=träger [男] 〔法〕(職業上)守秘義務を負う人. =**tuerei** [女] 《-/》 秘密めかした言動.

geheimnisvoll [形] ([英] mysterious)謎に満ちた, 不可解な, 神秘的な; 何かを隠しているような; いわくありげな.

Geheim=nummer [女] (電話・口座・金庫などの)秘密〈暗証〉番号, 隠し番号. =**organisation** [女] 秘密組織〈結社〉. =**papier** [中] 秘密書類. =**plan** [男] 秘密計画. =**polizei** [女] 秘密警察.

Geheimrats=ecken [複] 《戯》額の両側のはげ上がった部分.

Geheim=schrift [女] 暗号; 秘密文書. =**tipp** ([旧]=**tip**) [男] 秘けつ, (秘密の)ヒント; 穴場〔の店〕; (将来を嘱望される)逸材.

geheim|tun* [旧]⇨ geheim ✦

geheiratet ⇨ heiraten

Geheiß [中] 《-es/》 《雅》命令, 言いつけ.

geheißen ⇨ heißen **geheizt** ⇨ heizen **gehemmt** ⇨ hemmen

gehen* [ゲーエン] 《**ging**; **gegangen**》[動] (s) ❶ ([英] go)歩く; 《*et*^{4}》(道を)歩く : auf und ab 〈hin und her〉 ～ 行ったり来たりする | einen Umweg ～ 回り道をする. ❷ 行く (in die Stadt 〈auf die Post〉 ～ 町へ出かける〈郵便局へ行く〉 | 《zu のない不定詞句と》 schwimmen 〈tanzen〉 ～ 泳ぎ〈踊り〉に行く); (学校に)通う; 《**an** *et*^{4}》(ある活動を)始める. ❸ 〔立ち〕去る; 辞職〈退職〉する; 《婉曲》死ぬ. ❹ (ある世界・段階・状態に)入る : in Pension ～ 年金生活に入る. ❺ (…の)服装をしている; (…の)状態にある. ❻ (機械などが)作動する; (事態が)起こる, 進行する : So *geht* es in der Welt. 世の中はそうしたものだ. ❼ (…に)達する, 行き渡る; (ある時刻・年齢などに)近づく. ❽ (…に)向かって〈面して〉いる; 《**nach** *et*^{3}》(基準に)従う, (要望に)応える. ❾ (物が)入る, 通る; 可能である; 容認できる. ❿ 《**über** *et*^{4}》(人の能力・限界などを)越える; 《**an** *et*^{4}》(許可なく…を)使う; 《**mit** *j*^{3}》(異性と)つきあう; (電話・呼び鈴などが)鳴る; (パン生地が)膨らむ; (品物が)売れる; 命中する. ✦ ***einen ～ lassen*** おならをする. ***Es geht j-et***^{3}***...*** / ***Es geht mit j-et***^{3}***...*** (…の)具合が…である. ***Es geht um et***^{4}***.*** (…が)問題である; 大事なのは(…)である. ***～ lassen*** (…を)放って〈そっとして〉おく, 自由にさせる; 《*sich*^{4}》 抑制がきかなくなる, したい放題をする. ***gegangen werden*** 《話・戯》首になる. ***Geh mir doch damit*** 〔***vom Leib***〕***!*** 《話》そんなことで僕にかまわないでくれ. ***in sich***^{4} ***～*** 反省する. ***vor sich***^{4} ***～*** (事態が)進行する.

Gehen [中] 《-s/》 歩くこと, 歩行; 〔スポ〕 競歩.

Gehenkte〔**r**〕 [男] [女] 《形容詞変化》 絞首刑になった人.

gehen|lassen* [旧]⇨ gehen ✦

Geher [男] 《-s/-》 ([女] **-in**)競歩選手.

geherrscht ⇨ herrschen

geheuer [形] ✦ ***nicht*** 〔***ganz***〕 ***～ sein*** 気味がわるい, 安心できない; 怪しい.

Geheul [中] 《-〔e〕s/》 (絶え間なく)ほえること〈声〉; 《話》泣きわめくこと〈声〉.

geheult ⇨ heulen

Gehilfe [男] 《-n/-n》 ([女] **..fin**)下級職員〈社員〉; (資格を持った)職人, 店員; 助手, 手伝い; 〔法〕 幇助(ほうじょ)者.

gehindert ⇨ hindern

Gehirn [ゲヒルン] [中] 《-〔e〕s/-e》 ❶ ([英] brain)〔医〕脳, 脳髄. ❷ 《話》頭脳, 知力 : *sein* ～ an|strengen 知恵を絞る.
=**blutung** [女] 〔医〕 脳出血, 脳溢血(いっけつ).
=**chirurgie** [女] 〔医〕 脳外科〔学〕.
=**erschütterung** [女] 〔医〕 脳震盪(しんとう).
=**erweichung** [女] 〔医〕 脳軟化症.
=**geschwulst** [女] 〔医〕 脳腫瘍(しゅよう).
=**schlag** [男] 〔医〕 脳卒中. =**tumor** [男] 〔医〕 脳腫瘍. =**wäsche** [女] 洗脳.

gehoben (→ heben) [形] (社会的に)地位の高い; (言葉・文体などが)高尚な, 格調の高い; 高揚した; 意気盛んな, 晴れやかな.

gehofft ⇨ hoffen

Gehöft [中] 《-〔e〕s/-e》 農家の屋敷.

geholfen ⇨ helfen **geholt** ⇨ holen

Gehölz [中] 《-es/-e》 林, やぶ; 《[複]》 樹木.

Gehör [中] 《-〔e〕s/-e》 聴覚, 聴力; 耳を傾けること, 傾聴 : das absolute ～ 〔楽〕 絶対音感. ✦ ***～*** 〈***kein ～***〉 ***finden*** 《**bei** *j*^{3}》 (人に)聞き入れてもらう〈もらえない〉. ***～*** 〈***kein ～***〉 ***schenken*** 《*j*^{3}》 (人の言うことに)耳を貸す〈貸さない〉. ***～ verschaffen*** 《*sich*^{3}》 聞いてもらう. ***um ～ bitten*** (人に)耳を傾けてくれるように頼む. ***zu ～ bringen*** 《雅》 (…を)演奏〈朗読〉する. ***zu ～ kommen*** 《雅》 (朗読・演奏などが)行われる; 《*j*^{3}》 (人の)耳に入る.

gehorchen [ゲホルヒェン] 《gehorchte; gehorcht》[自] ([英] obey) 《*j-et*^{3}》 (…に)従う, 服従する; (人の)言うことを聞く.

gehören [ゲヘーレン] 《gehörte; gehört》 I [自] ❶ ([英] belong to) 《*j*^{3}》 (人の)もの〈所有〉である. ❷ 《**zu** *j-et*^{3}》 (…の)一部〈一員〉である. ❸ 《**zu** *et*^{3}》 (…に)必要である. ❹ (…に)ふさわしい. II [再] 《*sich*^{4}》 ふさわしい, 適切である. ✦ ***wie es sich*** 〈***sich's***〉 ***gehört*** しかるべく, 適当に.

gehörig [形] ふさわしい, 適当な; 《話》 多くの; したたかな, ひどい; 《雅》 《*j*^{3}》 (人の)所有で; 《**zu** *et*^{3}》 (…に)属する.

gehörlos [形] 耳の聞こえない.

Gehörnerv [男] 聴神経.

gehörnt [形] 角(つの)のある.

gehorsam [ゲホーアザーム] [形] ([英] obedient)従順な, すなおな, おとなしい.
Gehorsam [男] 《-s/》 服従.

Gehör=schaden [男] 聴覚障害.
=**sinn** [男] 聴覚.

gehört ⇨ gehören, hören **gehörte** ⇨

gehören

Geh=steig [ゲーシュタイク] 男 《-[e]s/-e》歩道.

Gehtnichtmehr 中 ◆ *bis zum ~* 《話》ぎりぎりの限界まで.

gehts, geht's ⇒ geht es.

gehungert ⇒ hungern **gehustet** ⇒ husten **gehütet** ⇒ hüten

Geh=weg 男 = Gehsteige.

Geier 男 《-s/-》ハゲタカ; 強欲な人. ◆ *Hol' dich (Hol's der ~!* 《話》くたばっちまえ; ちくしょう.

Geifer 男 《-s/》（動物の）よだれ；（泡状の）つば；ののしりの言葉, 悪態.

geifern （動物が）よだれをたらす, 口から泡をふく；《雅》のしる, 悪態をつく.

Geige 女 《-/-n》《◎ violin》バイオリン. ◆ *Der Himmel hängt [j³] voller ~n.* 人）に有頂天である. 幸福の極みである. *die erste (die zweite) ~ spielen* 指導的な役割〈脇役〉を演じる. *~ tanzen [nach j³]* （人の）言いなりになる. **geigen** 《話》バイオリンを弾く；《…を）バイオリンで弾く.

Geigen=bogen 男 バイオリンの弓. **=kasten** 男 バイオリンケース.

Geiger 男 《-s/-》《◎ -in》バイオリニスト. **=zähler** 男 ガイガー計数管.

geil 形 さかりのついた, 好色な, みだらな；(土地が)肥えすぎた；(植物が)伸びすぎた, 茂りすぎた；《話》すごい, いい. ◆ *sein (auf j⁴) sein* 《…が）欲しくてたまらない. **..geil** …が欲しくてたまらない；…に飢えたの意. **Geilheit** 女 《-/》好色, 欲情；肥沃, 繁茂.

geimpft ⇒ impfen **geirrt** ⇒ irren

Geisel 女 《-/-n》《◎ -s/-》人質. **=nahme** 女 《-/-n》人質を取ること.

Geiser 男 《-s/-》地学間欠泉.

Geisha 女 《-/-s》(日本の)芸者.

Geiß 女 《-/-en》《南独・スイス》シカ・ロシカの雌. **=bock** 男 雄ヤギ.

Geißel 女 《-/-n》苦難, 試練；むち打つこと；懲らしめる, 厳しく非難する. **Geißelung** 女 《-/-en》むち打つこと, 懲らしめること, 弾劾《気》, 厳しく非難すること.

Geist [ガイスト] 男 《-[e]s/-er》❶ 《◎ mind》精神の, 知力, 判断力；才気；viel ~ haben 才気にあふれている. ❷ 《◎ spirit》思潮, 気風；根本精神, 本質. ❸ 《…の）精神〈意志〉の持ち主；《…の）人. ❹ 生気, 精気, 活力；霊, 精霊. ❺ 《◎ ghost》幽霊, 亡霊. ❻ 《-[e]s/-無複》-e》精気, アルコール. ◆ *auf den ~ gehen [j³]* （人）をいらだたせる. *den (seinen) ~ aufgeben (aushauchen)* 《雅》息を引き取る. *der böse ~ / der ~ der Finsternis* 悪魔. *der Heilige ~* 聖霊. *ein dienstbarer ~er Diebstahl* 盗作〈行為〉.

Geister=bahn 女 （遊園地などの）お化け屋敷（巡りの乗り物）. **=beschwörer** 男 霊を呼び出す人, 降霊術師. **=erscheinung** 女 幽霊の出現), お化け. **=geschichte** 女 怪談, お化けの話.

geisterhaft 形 幽霊のような, 不気味な. **Geisterhand** 形 ◆ *wie von ~* 見えないもの（幽霊）の手によるかのように.

geistern 動 (s)幽霊のように現れる（さまよう)；幽霊のようにちらちら動く.

Geister=stadt 女 ゴーストタウン. **=stimme** 女 幽霊（のような声）, 《司》（クイズなどの）陰の声. **=stunde** 女 幽霊の出る時間, 真夜中(0時～1時). **=welt** 女 霊界, 幽界.

geistesabwesend 形 放心状態の, うわの空の, ぼんやりした. **Geistesabwesenheit** 女 《-/》放心状態.

Geistes=arbeiter 男 知的（頭脳）労働者. **=blitz** 男 《話》《霊感＝雅》のひらめき.

Geistesgegenwart 女 《-/》沈着, 冷静な態度. **geistesgegenwärtig** 形 沈着〈冷静)な.

geistesgestört 形 精神障害のある. **Geistesgestörtheit** 女 《-/》精神障害.

geisteskrank 形 精神病の. **Geisteskrankheit** 女 精神病. **Geistes=leben** 中 精神生活. **=schwäche** 女 精神薄弱. **=wissenschaften** 複 精神〈人文〉科学. **=zustand** 男 精神状態.

geistig [ガイスティヒ] 形 ❶ 《◎ mental)精神的な, 知的な；霊的な. ❷ アルコールを含んだ. ◆ *~es Eigentum* 知的所有権. *~er Diebstahl* 盗作[行為].

geistlich [ガイストリヒ] 形 宗教的な; 教会(聖職)の. **Geistliche[r]** 男 《形容詞変化》聖職者；司祭, 牧師. **Geistlichkeit** 女 《-/》《集合的》聖職者, 牧師, 僧侶.

geist=los 形 才気のない；面白みのない, 凡庸な. **=reich, ~ voll** 形 才気〈機知〉に富んだ；聡明な. **=tötend** 形 退屈な, くだらない.

Geiz 男 《-es/-e》けち, 吝嗇(ﾘﾝ). **geizen** 動 《mit er³》《…と）惜しむ, けちる. **Geizhals** 男 けちん坊, しみったれ.

geizig [ガイツィヒ] 形 けちな, しみったれた.

Geizkragen 男 《話》けち, しみったれ.

gejagt ⇒ jagen **gejubelt** ⇒ jubeln **gejuckt** ⇒ jucken **gekannt** ⇒ kennen **gekauert** ⇒ kauern **gekauft** ⇒ kaufen **gekaut** ⇒ kauen **gekehrt** ⇒ kehren **gekeucht** ⇒ keuchen

Gekicher 中 《-s/-》（絶え間なく）くすくす笑うこと（声).

gekippt ⇒ kippen **geklagt** ⇒ klagen **Geklatsche** 中 《-s/-》（絶え間ない）拍手; （絶え間ない）おしゃべり.

geklatscht ⇒ klatschen **geklebt** ⇒ kleben **geklemmt** ⇒ klemmen **geklettert** ⇒ klettern

Geklimper 中 《-s/-》（絶え間ない）カチャカチャ〈チャラチャラ〉鳴ること〈音〉; (ピアノ・ギターなどを）下手に鳴らすこと.

Geklingel 中 《-s/-》（絶え間ない）ベルなどが鳴ること〈音〉.

geklingelt ⇒ klingeln **geklommen** ⇒ klimmen **geklopft** ⇒ klopfen **geklungen** ⇒ klingen **geknackt** ⇒ knacken **geknallt** ⇒ knallen

Geknatter [中]《-s/》(機関銃・エンジンなどが)バリバリ鳴り続けること〈音〉.
geknickt (→ knicken) [形]《話》がっかり〈意気消沈〉した. **geknịet** ⇨ knien **gekniffen** ⇨ kneifen **geknüpft** ⇨ knüpfen **gekocht** ⇨ kochen **gekommen** ⇨ kommen **gekonnt** (→ können) [形] 巧みな, 上手な, できばえのよい. **gekörnt** ⇨ körnen **gekostet** ⇨ kosten **gekracht** ⇨ krachen **gekratzt** ⇨ kratzen
Gekreisch[e] [中]《-[e]s/》(絶え間なく)金切り声をあげること〈声〉; キーキー音を立てること.
gekreuzt ⇨ kreuzen **gekriegt** ⇨ kriegen
Gekritzel [中]《-s/》なぐり書き, 悪筆.
gekrochen ⇨ kriechen **gekündigt** ⇨ kündigen **gekünstelt** [形] 不自然な, わざとらしい; 気取った. **geküsst** ([旧] **geküßt**) ⇨ küssen
Gel [中]《-s/-e》〖化〗ゲル, 凝膠(ぎょうこう).
gelächelt ⇨ lächeln **gelacht** ⇨ lachen
Gelächter [中]《-s/-》大笑い, 哄笑(こうしょう), 爆笑; 《雅》物笑い〔の種〕.
gelackmeiert [形]《話》一杯食わされた, ぺてんにかけられた.
geladen (→ laden) [形] (銃が)装填(そうてん)した; 充電〈帯電〉した; 《話》《**auf** *j-et*^{4}》(…に)腹を立てた.
Gelage [中]《-s/-》大宴会, 酒池肉林.
gelagert (→ lagern) [形] …な状態の.
Gelände [ゲレンデ] [中]《-s/-》(自然のままの)土地, 地域; 地形; (特定の目的のための)土地, 用地, 敷地, 構内; (スキーの)ゲレンデ. ≈**fahrt** [女] (自動車などによる)クロスカントリー〔レース〕. ≈**fahrzeug** [中] オフロード車.
geländegängig [形] オフロード走行の, 道のない所でも走れる.
Geländelauf [男]〖スポーツ〗(徒歩での)クロスカントリー〔レース〕.
Geländer [中]《-s/-》手すり, 欄干; (歩道の)ガードレール.
gelandet ⇨ landen
Geländewagen [男] オフロード車.
gelang, gelänge ⇨ gelingen
gelangen [ゲランゲン]《gelangte; gelangt》[自] (s) ❶ ([英] reach) (…に)達する, 着く, 到達する. ❷《**zu** *et*^{3}》(…の)状態になる, (…〔される〕に)至る.
gelangt ⇨ gelangen, langen
gelassen [ゲラッセン] (→ lassen) [形] 冷静〈平静〉な, 平然とした, 落ち着いた. **Gelassenheit** [女]《-/》沈着, 冷静, 落ち着き.
Gelatine [女]《-/》ゼラチン.
gelaufen ⇨ laufen
geläufig [ゲロイフィヒ] [形] ❶ ([英] familiar) よく知られた, 周知の; なじみのある. ❷ 流ちょうな, よどみない. **Geläufigkeit** [女]《-/》周知, 熟練; 流ちょうさ.
gelaunt [形] 機嫌が〈気分〉が…である. ✦ ~ **sein** 《**zu** *et*^{3}》(…をする)気持ちになっている.
gelautet ⇨ lauten **geläutet** ⇨ läuten
gelb [ゲルプ] [形] ([英] yellow) 黄色の.
Gelb [中]《-s/-(話-s)》黄色.
gelbbraun [形] 黄褐色の.
Gelbe[r] [男] [女]《形容詞変化》黄色人種. **Gelbe[s]** [中]《形容詞変化》黄色〔の物〕. ✦ *das Gelbe vom Ei* 卵の黄身; 《話》最良のもの, 最善策.
Gelbfieber [中]〖医〗黄熱病.
gelbgrün [形] 黄緑色の.
Gelbkörper [男]〖医〗黄体(おうたい).
gelblich [形] 黄色っぽい, 黄ばんだ.
Gelbsucht [女]《-/》〖医〗黄疸(おうだん). **gelbsüchtig** [形]
Geld [ゲルト] [中]《-[e]s/-er》❶ ([英] money) 金(かね), 金銭, 貨幣; 富, 財産: kleines 〈großes〉 ~《話》小銭〈お札〉| ~ wechseln 両替する. ❷《複》資金, 資本, 基金; (証券取引で)買い〔注文〕. ✦ *das ~ auf den Kopf hauen* あり金をはたく. *das ~ aus der Tasche ziehen*《話》《*j*^{3}》(人に)散財させる; (人から)金を巻き上げる. *das große ~* 〈[*leichtes*] ~〉 *machen* 金をもうける. *sein ~ auf die Straße werfen* 〈*zum Fenster hinaus|werfen*〉《話》金を浪費する. *~ regiert die Welt.*〖ことわざ〗世の中万事金次第. *~ stinkt nicht.* 金は素性を語らない. *~ und Gut*《雅》全財産, いっさいがっさい. *sein ~ unter die Leute bringen*《話》散財する. *~ wie Heu haben / im ~ schwimmen*《話》うなるほど金を持っている. *sein ~ zum Schornstein hinaus|jagen* 金を浪費する. *Hier liegt das ~ auf der Straße.*《話》これはいい儲け口だ. *ins ~ gehen* (値段が)べらぼうに高い, 高くつく. *nach ~ stinken* 金がいくらでもある. *nicht für ~ und gute Worte*《話》絶対に…ない. *J*^{3} *rinnt das ~ durch die Finger.* (人は)金遣いが荒い. *zu ~ kommen*《話》(短期間に)金持ちになる. *zu ~ machen* (…を)売る.
≈**anlage** [女] 投資. ≈**automat** [男] 現金自動支払機. ≈**betrag** [男] 金額. ≈**beutel** [男] 財布; 《話》財力. ✦ *auf dem* 〈*seinem*〉 *~ sitzen*《話・蔑》けちである. ≈**bombe** [女] (銀行などで用いる金属製の)現金格納ケース. ≈**börse** [女]《雅》財布; 〖経〗金融市場. ≈**brief** [男] 現金書留. ≈**buße** [女] 罰金. ≈**einnahme** [女]〖商〗金銭受領〈領収〉; 入金額. ≈**einwurf** [男] (自動販売機の)硬貨投入口. ≈**entwertung** [女]《-/-en》〖経〗通貨価値の下落, インフレーション.
Gelder ⇨ Geld
Geld≈erwerb [男] 金もうけ, 営利.
Geldes≈wert [男] 金銭的価値; 有価物件(切符・装身具など); 貴重品. ✦ *mit* 〈*für*〉 *Geld und ~* 金や金になるすべての物で.
Geld≈frage [女] お金の〔有無〕の問題. ≈**geber** [男] 出資者, 資金供給者. ≈**geschäft** [中] 金融業, 金銭取り引き.
Geldgier [女] 金銭欲.
geldgierig [形] 金銭欲の強い.
Geld≈heirat [女] 金〈財産〉目当ての結婚. ≈**kapital** [中]〖経〗貨幣資本.
geldlich [形] 金銭上の.
Geld≈markt [男] 貨幣〈金融〉市場. ≈**menge** [女] 通貨供給量, マネーサプライ. ≈**mittel** [複] 資金, 財源.
geldpolitisch [形] 金融政策〔上〕の.

Geld=**quelle** [女] 財源, 資金源. =**sache** [女] 金銭問題. =**sack** [男] 金袋, (大きい)財布; 現金輸送嚢(のう); 《話》(けちの)成り金. =**schein** [男] 紙幣. =**schrank** [男] 金庫. =**strafe** [女] 罰金刑. =**stück** [中] 硬貨. =**summe** [女] 金額. =**system** [中] 貨幣制度. =**tasche** [女] 財布, 金入れ. =**umlauf** [男] 貨幣の流通; 通貨の流通高. =**umsatz** [男] 貨幣の売買〈取引〉[高]. =**verlegenheit** [女] (一時的な)現金不足, 手元不如意(ふにょい). =**waschanlage** [女] 《話》資金洗浄〈マネーロンダリング〉機関. =**wäsche** [女] 《話》資金洗浄, マネーロンダリング. =**wechsel** [男] 両替. =**wert** [男] 貨幣価値, 金銭的価値.

gelebt ⇨ leben **geleckt** (→ lecken) [形] 《話》(なめたように)きれいな.

Gelee [ジェレー] [中] ([男]) 《-s/-s》 〔料〕 ゼリー; 煮こごり.

gelegen (→ liegen) [形] (ある場所に)ある, 位置している; 好都合な; 重要な.

Gelegenheit [ゲレーゲンハイト] [女] 《-/-en》 ❶ ([英] opportunity) 機会, チャンス, 好機, : j^3 [die] ~ geben 〈bieten〉 《+ zu 不定詞句》 人に(…する)機会を与える. ❷ (特定の)場所; 《婉曲》便所. ❸ 掘り出し物, お買い得な品物. ✦ *bei* ~ 折りに触れて. *bei der ersten* 〈*besten*〉 ~ 機会があり次第. *die* ~ *beim Schopf ergreifen* 〈*fassen, nehmen, packen*〉 すばやく機会をとらえる. *wenn sich die* ~ *ergibt* 都合がよければ, 可能なら.

Gelegenheits=**arbeit** [女] 臨時の仕事. =**arbeiter** [男] 臨時雇いの労働者. =**delikt** [中] 出来心からの不法〈違法〉行為. =**dieb** [男] 出来心によるどろぼう. =**job** [男] 臨時のアルバイト. =**kauf** [男] 格安の買物, 掘出し物; 衝動買い. =**täter** [男] 出来心から罪を犯す人.

gelegentlich [ゲレーゲントリヒ] ❶ [形] 時折〈ときどき〉の. ❷ [副] 折を見て, 適当な機会に. ❸ [前] 《2格支配》《官》…の折りに; …のついでに.

gelegt ⇨ legen **gelehnt** ⇨ lehnen

gelehrig [形] 飲み込みの早い, 明敏な. **Gelehrigkeit** [女] 《-/》

gelehrsam [形] 飲み込みの早い; 博学な. **Gelehrsamkeit** [女] 《-/》

gelehrt [ゲレーァト] (→ lehren) [形] ❶ ([英] learned) 学問〈学識〉のある, 博学の; 学術〈学問〉的な. ❷ 《話》学者ぶった, 難解な, わかりにくい. **Gelehrte[r]** [男] [女] 《形容詞変化》 ([英] scholar) 学者, 学のある人.

Geleise [中] 《-s/-》 《オーストリア》 = Gleis.

geleistet ⇨ leisten

Geleit [中] 《-[e]s/-e》 《雅》 同行, 随行; 護衛; 《集合的》 随行員[団]. ✦ *das* ~ *geben* 《j^3》 (人を)見送って行く; (人に)随行する. *das letzte* ~ *geben* 《j^3》 (人の)葬儀に参列する. *freies* 〈*sicheres*〉 ~ 〔法〕 自由通行権. *zum* ~ (書物の)緒言; 前書き.

geleiten [他] 《雅》 (人に)同行する, (人を)送り届ける.

geleitet ⇨ geleiten, leiten

Geleit=**schiff** [中] 護衛艦. =**wort** [中] 序文, はしがき. =**zug** [男] 護送船団.

Gelenk [ゲレンク] [中] 《-[e]s/-e》 ([英] joint) 関節; 〔工〕 連結部, 継ぎ手. =**entzündung** [女] 〔医〕 関節炎.

gelenkig [形] しなやかな, 柔軟な, よく曲がる; 〔工〕 自在継ぎ手による. **Gelenkigkeit** [女] 《-/》 しなやかさ, 柔軟さ.

gelenkt ⇨ lenken

gelernt (→ lernen) [形] 熟練した, 一人前の. **gelesen** ⇨ lesen **geleuchtet** ⇨ leuchten **geleugnet** ⇨ leugnen **geliebt** ⇨ lieben

Geliebte[r] [男] [女] 《形容詞変化》 愛人, 情夫, 情婦; 恋人; (呼びかけで)いとしい〈かわいい〉人.

geliefert (→ liefern) [形] 《話》 破滅した, もうおしまいの.

geliehen ⇨ leihen

gelieren [ジェリーレン] [自] ゼリー化する, ゼリー状に凝固する.

gelinde [形] 《雅》 (気候などが)穏やかな; (程度が)軽い, 弱い; (表現が)控えめな.

gelindert ⇨ lindern

gelingen* [ゲリンゲン] 《**gelang; gelungen**》 [自] (s) ([英] succeed) 《j^3》 (事が人に)成功する, うまくいく: Es *gelang* mir, sie zu überreden. 彼女の説得に成功した. ✦ *nicht* ~ *wollen* 《j^3》 (物事が人には)どうしてもうまくいかない.

gelitten ⇨ leiden

gell [形] 《雅》 かん高い; [副] = gelt ②.

gellen [自] 鋭く響く, ガンガンする.

geloben [他] 《雅》 《[j^3] et^4》 ([人に]…を)誓約する, 誓う: das *Gelobte* Land 〔聖〕 約束の地 | $sich^3$ ~ 《+ zu 不定詞句》 (…することを)心に誓う.

Gelöbnis [中] 《-ses/-se》 《雅》 誓約.

gelobt ⇨ geloben, loben **gelockt** ⇨ locken **gelogen** ⇨ lügen **gelohnt** ⇨ lohnen **gelöst** (→ lösen) [形] 緊張の解けた, くつろいだ; 溶解した; (切符などが)購入された.

gelt ❶ [形] (牛などが)子を産まない, 乳を出さない. ❷ [副] 《南部》 ね, そうだろう.

gelten* [ゲルテン] 《**galt; gegolten**》 I [他] ❶ (…の)価値がある. ❷ 《*Es gilt* + zu 不定詞句》 (…することが)大切である, 今こそ(…)しなければならない; 《*Es gilt* et^4.》 (…が)かかっている. II [自] ❶ 通用する, 有効である; 《**für** j-et^4》 (…に)適用される. ❷ 《**als** et^1 〈形〉 / **für** et^4 〈形〉》 (…と)見なされている, (…で)通っている. ❸ 《j-et^3》 (…に)向けられている. ✦ ~ 〈*nicht* ~〉 *lassen* (…を)承認する〈認めない〉.

geltend [形] 通用している, 現行の. ✦ ~ *machen* (…を)主張する; 《$sich^4$》 影響〈徴候〉が現れる.

Geltung [女] 《-/》 通用[性], 有効[性]. ✦ *an* ~ *verlieren* 有効でなくなる, 信望を失う. ~ *verschaffen* 《$sich^3$》 勢力を得る, 重きをおかれるようになる; 《j-et^3》 (…が)重んじられるようにする. *zur* 〈*in*〉 ~ *bringen* (…を)引き立たせる, 効果的にする. *zur* ~ *kommen* 引き立つ, 効果を発揮する, 通用する. ~**s**=**bedürfnis** [中] 自己顕示欲. ~**s**=**dauer** [女] 有効〈通用〉期間. ~**s**=**drang** [男] = Geltungsbedürfnis.

geltungssüchtig [形] 病的な自己顕示欲に駆られた.

Gelübde [中] 《-s/-》 《雅》 誓い, 誓願.

gelungen (→ gelingen) 形 成功した, うまくいった. 《話》おかしな, 奇妙な.

Gelüst 中 (-es (-e) /-e) 《話》《雅》 (一時的で激しい)欲望, 欲情. **gelüsten** 《雅》《*Es gelüstet j⁴ nach et³.*》(人が…を熱望する, 欲しくてたまらない.

GEMA, Gema 女 *G*esellschaft für *m*usikalische *A*ufführungs- und mechanische Vervielfältigungsrechte (ドイツの音楽著作権協会.

Gemach 中 (-[e]s/Gemächer) 《雅》部屋, 間.

gemächlich ゆったりとした, のんびりした, 快適な. **Gemächlichkeit** 女

Gemahl 男 (-[e]s/-e) (女 -in) 《雅》ご主人, 夫君; (~in) 奥様, 夫人.

gemahlen ⇒ mahlen

gemahnen 《雅》《*j⁴ an j-et⁴*》(人に…を思い出させる.

gemahnt ⇒ gemahnen, mahnen

Gemälde [ゲメールデ] 中 (-s/-) (英 painting)絵, 油絵, 絵画; 描写. =**ausstellung** 女 絵画展. =**galerie** 女 画廊, ギャラリー.

gemalt ⇒ malen **gemängelt** ⇒ mangeln

gemasert 形 木目模様のついた.

gemäß ❶ 前 《3格支配; ふつう後置》 …によれば; …に従って(応じて). ❷ 形 《*j-et³*》 (…に)ふさわしい. =**gemäß** 造 (…に)従った, …にふさわしい. 造.

gemäßigt (→ mäßigen) 形 程よい, 適度の; 穏健な.

Gemäuer 中 (-s/-) 《雅》古い(壊れた)石積みの壁.

Gemauschel 中 (-/-) 《蔑》私利を得るための闇取引.

Gemecker 中 (-s/-) (ヤギなどが)絶え間なく鳴くこと(声); かん高い笑い声を立てること; 《話》文句を言うこと.

gemein [ゲマイン] 形 ❶ (英 mean)卑しい, 卑劣な. 下品な, 浅ましい. ❷ いまいましい, いやなひどい. : Mir ist ~ kalt. ひどく寒い. ❸ 普通の, 平常の, 並の. ❹ 公共の, 一般的な. 《*j-et³*》 (…と)共通の, 共通の. ✦ **~ haben** 《*et⁴ mit j-et³*》(…と)共に持つ. **~** 《*sich⁴ mit j-et³*》(人と交わって)身を落とす.

Gemeinde [ゲマインデ] 女 (-/-n) ❶ (英 community)地方公共団体〈自治体〉, 市町村; 《集合的》市町, 村: 市民, (地方)自治体の住民. ❷ 教区; 《集合的》教区民. ❸ 同好会, 愛好者団体. =**haus** 中 教区公会堂, 教区公民館. =**rat** 男 市町村会議員; 市町村会議員. =**steuer** 女 市町村税.

Gemein=eigentum 中 共有〈公共〉財産, 共有物; 共有地.
gemeingefährlich 形 公安を害する恐れのある, 公共的危険な人.
Gemeingeist 男 公共心, 公徳心.
gemeingültig 形 一般に当てはまる.
Gemeingut 中 (-[e]s) 共有〈公共〉財産, 共有物; 共有地.

Gemeinheit 女 (-/-en) 卑しさ, 卑劣さ; 下品, 粗野; 卑劣さ《下品》な言動: 《話》ひどいこと, いまいましいこと.

gemeinhin 副 一般に, 通常.
Gemeinnutz 男 (-es/) 公共の利益, 公益. **gemeinnützig** 形 公共の利益に役立つ, 公益的な.
Gemeinplatz 男 (陳腐な)決まり文句, 常套(セツ)句.

gemeinsam [ゲマインザーム] 形 共同の, 共通の; 共有の. ✦ **~e Sache machen** 《*mit j³*》(人と)結託する. **~ haben** 《*et⁴ mit j-et³*》(…の点で…と)共通している.
Gemeinsamkeit 女 (-/-en) 共通点, 共通性; 共同, 連帯.

Gemeinschaft [ゲマインシャフト] 女 (-/-en) ❶ (英 community)共同体, 共同社会, ゲマインシャフト; (考えなどを共有する人たちの)グループ. ❷ 共同, 連帯; 一体. ❸ 国家の連合: Europäische ~ ヨーロッパ共同体, EC (英 EG). **gemeinschaftlich** 形 共通の, 一体の. **Gemeinschafts=arbeit** 女 共同作業〈研究〉. =**bad** 中 共同入浴; 共同浴場. =**erziehung** 女 共学. =**gefühl** 中 共同体意識, 連帯感. =**geist** 男 奉仕精神, 公共心. =**klo** 中 共同便所. =**küche** 女 共同キッチン. =**produktion** 女 (番組·映画などの)共同制作. =**schule** 女 宗派混合学校. =**toilette** 女 共同便所. =**unternehmen** 中 合弁企業, ジョイントベンチャー. =**wohnung** 女 共同住宅.

Gemein=schuldner 男 《法》破産者. =**sinn** 男 公徳心, 公共心.
Gemein=wesen 中 共同体; 公共団体. =**wirtschaft** 女 《経》公共経済, 共同〈団〉営農. =**wohl** 中 公共の福祉.

gemeldet ⇒ melden
Gemenge 中 (-s/-) 混合物.
gemerkt ⇒ merken
gemessen (→ messen) 形 落ち着いた, 悠然たる; 控えめな; 適度の; ふさわしい, 然るべき態度; 慎重な; 威厳.
Gemessenheit 女 (-/-) 落ち着き, 悠然たる態度; 慎重; 威厳.
Gemetzel 中 (-s/-) 大量虐殺.
gemieden ⇒ meiden **gemietet** ⇒ mieten

Gemisch [ゲミッシュ] 中 (-[e]s/-e) (英 mixture)混合物: オイル混合燃料. **gemischt** (→ mischen) (英 mixed)混合した; 男女混合〈混声〉の; 低俗な, いかがわしい.
gemischtwirtschaftlich 形 (公共企業などが)半官半民の; (販売とサービス業務とを)兼業の.
gemocht ⇒ mögen **gemolken** ⇒ melken

Gemse 女 ⇒ Gämse.
Gemurmel 中 (-s/-) (絶え間ない)つぶやき, ぶつぶつ言う声.
gemurmelt ⇒ murmeln

Gemüse [ゲミューゼ] 中 (-s/-) (英 vegetable)野菜; 野菜料理. ✦ **junges** ~ 《戯》青二才, 若造. =**anbau** 男 野菜栽培. =**garten** 男 菜園: quer durch den ~ 《話》ごたまぜの, 雑多な. =**händler** 男 八百屋, 青果商. =**laden** 男 八

251　　　**genesen**

百屋(店). **=suppe** 女 野菜スープ. **=wasser** 中 《料》野菜しる，煮だし汁.
gemusst (＠ **gemußt**) ⇒ müssen
Gemüt [ゲミュート] 中 (-[e]s/-er) ❶ 心情, 心, 気立て, 気質. ❷ (ある気質の)人; (特に心理状態にある)人々. ❸ 《雅》(ある心理状態にある)人々. ❹ 感想, 情け知らずだ. ◆ **auf s ~ schlagen**〈**drücken**〉(j^3) (人の)心をわずらわせる〈重くする〉. **~ wie ein Fleischerhund**〈**wie ein Kohlenkasten**〉**haben**《話》情け知らずだ. **zu ~ führen** ($sich^3$ et^4) (…を)肝に銘じる.
gemütlich [ゲミュートリヒ] 形 ❶ 《® comfortable》居心地のよい, 快適な: くつろいだ, ゆったりした; 和やかな. ❷ 気のいい, 気さくな(人柄)のいい, 感じのいい. ◆ **~ machen** (es $sich^3$) 楽にする, くつろぐ.
Gemütlichkeit 女 (-/) 居心地のよさ, 快適さ, くつろぎ, 和やかさ; 人柄のよさ. ◆ **Da hört sich aber**〈**doch**〉**die ~ auf!**《話》そいつはひどすぎる〈とんでもないことだ〉. **in aller ~**《話》のんびりとくつろいで.
Gemüts=anlage 女 気質, 気立て. **=bewegung** 女 心の動揺, 感動.
gemütskrank 形 情動疾患の, 抑鬱[性]疾患にかかっている.
Gemüts=mensch 男《話》のんびりとした人; (人の心も知らない)のんき坊主. **=ruhe** 女 **in aller ~** ◆ (時間がたっても)ゆうゆうと, 急がずに. **=verfassung** 女 気性, 気立て, **=zustand** 男 気分, 心の状態.
gemütsvoll 形 情のある, 心のやさしい; 心のこもった.
gen 前《4格支配》《雅》…に向かって.
Gen 中 (-s/-e)《生》遺伝[因]子, ゲン(染色体中にある遺伝を規定する因子).
gen., Gen. 略 genannt 通称, Gen. 略 Genitiv. **..gen** 尾 «…を生じさせる; …にふさわしい»の意.
genagt ⇒ nagen **genähert** ⇒ nähern **genäht** ⇒ nähen **genannt** (→ nennen) 名づけられた; 言及された, (名前に添えて)通称, 別名. **genas** ⇒ genesen
genäschig 形 つまみ食いの好きな, 食い意地の張った.
genäse ⇒ genesen
genau [ゲナオ] I 形 ❶ 《® exact》正確な, 精密な, 詳しい; 厳密な. ❷ かつかつの, ❸ 金銭に細かい, しまり屋の. II 副 ちょうど, まさに; よく(知っている)しっかり(覚えている). ◆ **~ genommen** 厳密に正確に言えば, **~ nehmen** (et^4) (…に)几帳面に取り組む; (es mit et^3) (…について)厳格である.
genaugenommen ⇒ genau ◆
Genauigkeit 女 (-/) 正確, 精密, 詳細; 厳密; 《IT》精度.
genauso [ゲナオゾー] 副 まったく同じように, 《wie を伴って》(…と)同じくらい.
Genbank 女 遺伝子銀行.
Gendarm [ジャンダルム] 男 (-en/-en) (地方の)警官, 巡査. **Gendarmerie** 女 (-/-en)《ブランス》(地方駐在の)警察, 警官隊.
Gen=defekt 男 遺伝子欠陥. **=diagnostik** 女 遺伝子診断[法].
Genealogie 女 (-/) 系図, 系譜[学].

geneckt ⇒ necken
genehm 形《雅》(j^3) (人に)好ましい; 都合のよい.
genehmigen 他 《(j^3) (et^4)» (人に)…を許可〈認可〉する; 同意する; 《($sich^3$) (et^4)»(好きなものを)食べる, 飲む; 《話》(…を)奮発する. ◆ **einen ~**《話》($sich^3$) (一杯)ひっかける.
Genehmigung 女 (-/-en) 同意, 許可〈認可〉[する]書, **~s=pflicht** 女 (関係官庁などから)許可〈認可〉を受ける義務.
geneigt ⇒ neigen (…する)傾向がある, (…する)気のある: ❶ (…する)気のある: 喜んで(…する); (j^3) (人に)好意的な: 興味〈関心〉のある. ◆ **~ zeigen**〈**sich**〉 ($sich^4$ zu et^3) (…をする)気[傾向]がある. **Geneigtheit** 女 (-/), 傾向, (ある事をする気; 好意, 興味.
Genera ⇒ Genus
General [ゲネラール] 男 (-s/-e, ..räle) 陸軍〈空軍〉大将; 将軍; ‹‹‹»›(修道会の)総長; (救世軍の)総司令官.
General.. 「総合〈包括〉的な…; 最高位の…, 主たる…」の意. **~agent** 男 総代理人. **~agentur** 女《® 商》総代理店. **~bass** 男 (⊕=**=baß**) 男《楽》通奏低音の. **~direktor** 男 (企業の)総支配人; 代表取締役: 総監督.
Generäle ⇒ General
General=feldmarschall 男 陸軍元帥. **=handel** 男 (通貨貿易も含めた一国の)貿易全体. **=inspekteur** 男 (連邦国防軍の)総監. **=intendant** 男 劇場総監督・総支配人.
generalisieren 他 一般〈普遍〉化する.
Generalität 女 (-/-en)《®[集合的]》《古》一般〈普遍〉性.
General=konsulat 中 総領事館; 総領事の職. **=leutnant** 男 陸軍〈空軍〉中将. **=major** 男 陸軍〈空軍〉少将. **=oberst** 男 陸軍〈空軍〉大将. **=probe** 女《劇・楽》総稽古(げいこ), 総リハーサル, ゲネプロ. **=sekretär** 男 事務総長; 書記長.
General=staatsanwalt 男 (高等裁判所の)主席検事, 検事長. **=stab** 男《軍》参謀本部. **=streik** 男《軍》総会. **=versammlung** 女 総会; 株主総会. **=vertreter** 男 総代理人〈店〉. **=vollmacht** 女《法》包括代理権.
Generation [ゲネラツィオーン] 女 (-/-en) 《® generation》❶ 一世代, ジェネレーション; 同世代の人々; 一世代(約30年間). ❷ (技術製品などの)世代. ◆ **von ~ zu ~** 世代から世代へ, 代々. **~s=konflikt** 男 世代間の軋轢[あつれき]. **~s=unterschied** 男 世代間の相違. **~s=wechsel** 男 世代交代.
generativ《生》生殖の: **~e** Grammatik 女 生成文法.
Generator 男 (-s/-en) 発電機: ガス発生炉; 《IT》作製ルーティン.
generell 形 一般的な; 全般〈全体〉的な.
generös 形 《古》気前のいい; 寛大な, 度量の大きい. **Generosität** 女 寛大さ, 高潔さ; 気前のいいこと, 太っ腹.
Genese 女 (-/-n) 発生する, 成立する.
genesen* 自 [ゲネーゼン] ((**genas; genese-**

Genesis 252

sen⟩ ⓢ (s) ⦅雅⦆(病人が)治癒(回復)する，治る．
Genesis 囡 ⦅-/-⦆ ⦅聖⦆ 創世記; 発生．
Genesung 囡 ⦅-/-en⦆(病気の)治癒，回復．
Genetik 囡 ⦅-/-⦆ 遺伝学． **Genetiker** 男 ⦅-s/-⦆ ⦅囡 **-in**⦆ 遺伝学者． **genetisch** 形 遺伝の，遺伝的な; 遺伝学の．
Genever [ジェネーヴァー] 男 ⦅-s/-⦆ ジュニーバ(オランダ産のジン)．
Genf ジュネーブ(スイス南西部の都市)． **Genfer** 男 ⦅-s/-⦆ ⦅囡 **-in**⦆ ジュネーブの人; 形 ⦅無変化⦆ ジュネーブの．
genial (非凡な)才能のある: 天才的〈独創的〉な． **Genialität** 囡 ⦅-/-⦆ 天才的であること，天才的質; 独創性．
Genick 囡 ⦅-[e]s/-e⦆ 首筋，うなじ． ◆ **das ~ brechen** ⦅話⦆ ⦅j-et³⦆ (…を)破滅させる，駄目にする． ⦅sich³⦆ 破滅する． **im ~ sitzen** ⦅j³⦆ (人を)苦しめる． **starre ~** ⦅医⦆ 頭部硬直，髄膜炎．
genickt 形 nicken
Genie [ジェニー] 囡 ⦅-s/-s⦆ ⦅獨 genius⦆ (非凡な)才能，天才．

G

genieren [ジェニーレン] 動 ⦅sich⁴ wegen et²⦆ (…のことで)恥ずかしい〈ばつが悪い⦆と思う; ⦅sich⁴ vor j³⦆ (人に)気後れする． 遠慮(気兼ね)する．
genießbar ⦅おいしく⦆ 食べられる，飲める; ⦅話⦆ 機嫌がいい．
genießen* [ジニーセン] ⦅genoss, 囡 genoß; genossen⦆ 動 ⓐ ❶ ⦅enjoy⦆ 楽しむ，味わう，享受する，(教育を受ける)を得る． ❷ 食べる; 飲む．
Genießer 男 ⦅-s/-⦆ ⦅囡 **-in**⦆ 通人，食通; 享楽家． **genießerisch** 形 味を楽しむ;享楽的な．
Gen-industrie 囡 遺伝子⦅工学⦆産業．
genital 形 ⦅医⦆ 生殖器の，性器の． **Genitale** 中 ⦅-s/..lien⦆ 性器，生殖器．
Genitiv 囡 ⦅-s/-e⦆ ⦅文法⦆2格，所有格 ⦅略 Gen., G.⦆．
Genius 男 ⦅-/..nien⦆ ⦅獨⦆ 天才．
Gen-kur 囡 遺伝子治療．
Genmanipulation 囡 遺伝子操作．
genmanipuliert 形 遺伝子操作による．
Gen-medizin 囡 遺伝子医学． **-mutation** 囡 遺伝子突然変異． **Genom** 中 ⦅遺伝⦆⦅-s/-e⦆ ⦅ヒト⦆ゲノム．**-analyse** 囡 ⦅ヒト⦆ゲノム解析．**-forschung** 囡 ⦅ヒト⦆ゲノム研究．
genommen 形 nehmen
Genomprojekt 中 ヒトゲノム解析計画．
genoss ⦅囡 **Genoß**⦆ 形 genießen
Genosse [ゲノッセ] 男 ⦅-n/-n⦆ ⦅囡 **-in**⦆ (社会主義政党の)党員，党友，同志; (組合の)仲間，組合員．
genösse, genossen 形 genießen
Genossenschaft 囡 ⦅-/-en⦆ 同業〈共同〉組合． **~s-bank** 囡 信用協同組合，信用金庫．
Genossin 囡 ⦅-/-nen⦆ Genosse の女性形．
Genozid 中 ⦅-[e]s/-e, -ien⦆ (特定の民族・宗教的グループを狙った)集団虐殺，ジェノサイド．
Genre [ジャーンル] 中 ⦅-s/-s⦆ (特に芸術上の)種類，類型，様式，ジャンル． **.bild** 中．**=malerei** 囡 風俗画．
Gent 中 ガン(ベルギーの河港都市)．
Gen-technik 囡 **-technologie** 囡 遺伝子工学． **gentechnologisch** 形 遺伝子工学⦅上⦆の． **-therapie** 囡 遺伝子治療⦅法⦆．
Gentleman 男 ⦅-s/..men⦆ 紳士．
genug [ゲヌーク] 形 ⦅enough⦆ 十分に，たっぷりと． ◆ **~ damit! / Jetzt ist aber ~ haben** ⦅von j-et³⦆ (…に)うんざりしている． **selbst ~ sein** ⦅sich³⦆ 自分だけでやっていける．
Genüge 囡 ⦅-/-⦆ 充足，満足． ◆ **~ finden** ⦅haben⦆ ⦅an et³⦆ (…で)満足している． **~ tun** ⦅leisten⦆ ⦅et³⁽²⁾⦆ (願い・要求などに)応じる，(…)をかなえる．*J-Et³ geschieht ~*．(要求などが)満たされる． **zur ~** 十分⦅存分⦆に; 過度に．
genügen [ゲニューゲン] ⦅genügte; genügt⦆ 動 十分である，足りる; ⦅et³⦆ (…を)満足させる，満足に果たす． **genügend** 形 十分な，満足できる; (成績評価で)可．
genügsam 形 欲望のない，つつましい; 控え目な，節度のある． **Genügsamkeit** 囡 ⦅-/⦆ つつましいこと; 節度，控え目．
genügt, genügte ⇒ genügen
genugtun* 動 ⦅j-et³⦆ (人の要求などを)満足させる，かなえる． ◆ **nicht ~ können** ⦅+ zu 不定詞句⦆ ⦅sich³⦆ いくら(…)してしても足りない． **Genugtuung** 囡 ⦅-/-en⦆ 満足; 償等，弁償; 名誉回復; ⦅生⦆満足．
Genus 中 ⦅-s/..nera⦆ 種類，類種; ⦅生⦆属; ⦅文法⦆(名詞などの)性; (動詞の)態．
Genuss ⦅囡 **Genuß**⦆ [ゲヌス] 男 ⦅..nusses/..nüsse⦆ ❶ 飲食，味わうこと． ❷ 喜び，楽しみ，享楽． ◆ *in den ~ et³ kommen* (奨学金・年金などを)受ける，味を楽しむ; 享楽的な; 楽しい．
Genuss-mittel 中 ⦅囡 **Genuß-**⦆ 嗜好⦅しこう⦆品． **genuss-reich** 形 ⦅囡 **genuß-**⦆ 楽しい，愉快な．
Genuss-schein 中 ⦅囡 **Genuß-**⦆ ⦅株式会社の⦆受益証券． **-sucht** 囡 享楽⦅快楽⦆欲．
genuss-süchtig 形 ⦅囡 **genuß-**⦆ 享楽⦅遊び⦆好きの，楽しみを追い求める．
genützt ⇒ nutzen
Geodäsie 囡 ⦅-/⦆ 測地学．
geöffnet ⇒ öffnen
Geographie, -grafie 囡 ⦅-/⦆ 地理学． **Geograph, ..graf** 男 ⦅-en/-en⦆ 地理学者． **geographisch, -grafisch** 形
Geologe 男 ⦅-n/-n⦆ 地質学者． **Geologie** 囡 ⦅-/⦆ 地質学． **geologisch** 形
Geometer 男 ⦅-s/-⦆ 測量技師．
Geometrie [ゲオメトリー] 囡 ⦅-/-..n⦆ 幾何学． **geometrisch** 形
Geo-physik 囡 地球物理学．**-politik** 囡 地政学．
geordnet ⇒ ordnen
Georg ⦅男名⦆ ゲオルク． **George** Stefan, ゲオルゲ(1868-1933: ドイツの詩人)．
geo-stationär 形 地球を基準にして静止している．**=zentrisch** 形 地球中心の; 地球⦅から⦆の．
Gepäck 中 ⦅-[e]s/⦆ ⦅囡

baggage)《集合的》(旅行用)荷物. **ab-fertigung** 囡 手荷物の発送;手荷物取扱所. **annahme** 囡 手荷物受付[所, カウンター]. **aufbewahrung** 囡 手荷物一時預かり[所]. **ausgabe** 囡 手荷物引き渡し[所]. **karren** 囲 手荷物運搬用手押し車(カート). **netz** 囲 網棚. **schein** 囲 手荷物預かり証. **stück** 囲 (個々の)手荷物.

gepackt ⇨ packen
Gepäck|träger 囲 手荷物運搬人,赤帽;(自転車の)荷台. **wagen** 囲《鉄道》手荷物車.

geparkt ⇨ parken **gepasst** (⇨ gepaßt) ⇨ passen
gepfeffert (→ pfeffern) 厖《話》法外な(値段など);きわどい. **gepfiffen** ⇨ pfeifen

gepflegt [ゲプフレークト] (→ pflegen) 厖 手入れ(注意)の行き届いた;身だしなみのよい,上品な.高級な.洗練された.
gepflogen ⇨ pflegen **Gepflogenheit** 囡 (/-/-en)《雅》習慣,慣習.
gepflückt ⇨ pflücken **geplagt** ⇨ plagen
Geplänkel 囲 ‹-s/-› 小競り合い;軽い口げんか,(おもに半分の)論争.
geplant ⇨ planen
Geplapper 囲 ‹-s/-› おしゃべり.
geplatzt ⇨ platzen **geplaudert** ⇨ plaudern **gepocht** ⇨ pochen
Gepolter 囲 ‹-s/-› ガタガタいう音;がみがみ言うこと(声).
Gepräge 囲 ‹-s/-› (貨幣などの)刻印,型;《雅》顕著な特徴(特色).
Gepränge 囲 ‹-s/-›《雅》華美,華麗.
gepresst (⇨ gepreßt) ⇨ pressen **gepriesen** ⇨ preisen **geprüft** ⇨ prüfen **geprügelt** ⇨ prügeln
gepunktet 厖 水玉模様の.
geputzt ⇨ putzen **gequält** ⇨ quälen **gequollen** ⇨ quellen
Gera ゲーラ(ドイツ中東部の都市).
gerächt ⇨ rächen

gerade [ゲラーデ] I 厖 (⇔ straight)まっすぐな,一直線の,正直(率直)な,まったくの偶数の. II 圖 ❶ (⇔ just)ちょうど,まさしく;よりによって. ❷ (時間的に)ちょうど,その時ちょうど;たった今,つい先つき. ❸ 〈nicht ~〉《話》決して,必ずしも〈…でない〉. ❹《ふつう noch ~〉かろうじて,やっとのことで. ◆ *Du kommst mir ~ recht.*《話》ちょうどいい(まずい)所に来てくれた. ~*, als…, ~ als…, ~* ちょうど…したときに. ~ *biegen* (曲がったものなどを)まっすぐにする. ~ *dabei sein*《+ zu 不定詞句》(…の)最中である. ~ *stehen* まっすぐに立って(直立している. **Gerade** 囡《形容詞変化》《数》直線;《陸》直線コース,ホームストレッチ;《ボクシ》ストレート[パンチ].

gerade|aus [ゲラーデアオス] 圖 (⇔ go straight on)まっすぐに;一直線に;率直に. ⊢*biegen**囮《話》元どおりにする. ⇨ gerade ◆
geradeheraus 圖《話》率直に,あからさまに.
gerädert (→ rädern) 厖《話》疲れ果てた.

geradeso 圖 まさにそのように.
gerade|stehen* 圊《*für j-et¹*》(…に対して)責任を負う. ⇨ gerade ◆
gerade[s]wegs 圖 まっすぐに;単刀直入に,率直に,ざっくばらんに. **geradezu** 圖 まさに…と言えるほど,まったく,実に.

gerad-linig 厖 直線の,直線的な;直系の(子孫). **sinnig** 厖 率直な,正直な.
gerammelt (→ rammeln) 厖 ◆ ~ *voll sein* ぎゅうぎゅう詰めの.
Gerangel 囲 ‹-s/-›《話》取っ組み合い;いがみ合い,争い.
Geranie 囡 ‹/-n›《植》ゼラニウム;テンジクアオイ.
gerannt ⇨ rennen
Gerassel 囲 ‹-s/-› (絶え間なく)ガラガラ〈ガチャガチャ〉いうこと(音).
gerast ⇨ rasen
Gerät [ゲレート] 囲 ‹-[e]s/-e› ❶ 器具,用具,機械,装置;(特に)電器,ラジオ,テレビ. ❷《単数で;集合的》道具.
geraten* [ゲラーテン] I 《*geriet; geraten*》(s) ❶ (ある場所に)偶然に(誤って)行き着く《*an j-et¹*》(好ましくない…と)偶然かかわる. ❷ 《*in et¹*》(好ましくない状態に)陥る(なる),巻き込まれる: in Gefahr (Panik) ~ 危険(パニック)に陥る. ❸ (物事が人に)(…のように)運ぶ;(子供が)育つ. ❹ 《*nach j³*》(人に)似ている. II (~ raten) 圖《+ zu 不定詞句》(…することが)当を得た,得策な. ◆ *außer sich³ 〈Fassung〉* ~ 我を忘れる.
Geräteturnen 囲 器械体操.
Geratewohl 囲 ◆ *aufs* ~ 運を天に任せて;当てずっぽうに.
Gerätschaften 圈 道具類;家財道具.
geraubt ⇨ rauben
Geräucherte[s] 囲《形容詞変化》薫製肉.
geraucht ⇨ rauchen
geraum 厖《雅》(時間的に)かなり長い.
geräumig 厖 広い,広々した. **Geräumigkeit** 囡 ‹/-›
geräumt ⇨ räumen
Geräusch [ゲロイシュ] 囲 ‹-[e]s/-e› (⇔ noise)雑音,騒音;音,物音. **kulisse** 囡 背景音;音響効果,擬音.
geräuschlos 厖 音を立てない,静かな.
geräuscht ⇨ rauschen
geräuschvoll 厖 騒々しい,やかましい.
gerben (皮を)なめす. ◆ *das Fell 〈die Schwarte〉* ~《話》(*j³*)(人)を打ちのめす. **Gerber** 囲 ‹-s/-› 皮なめし工,製革工. **Gerberei** 囡 ‹/-en› 皮革業;製革工場;皮をなめすこと,製革[業]. **Gerb-säure** 囡《化》タンニン酸.
Gerd《男名》ゲルト.
gerechnet ⇨ rechnen
gerecht [ゲレヒト] 厖 ❶ (⇔ fair)公正な,公平な. ❷ 正当な,当然の. ❸ 《*et³*》(…に)適した,見合った. ◆ ~ *werden* 《*j-et³*》(…に)応じて評価する(扱う》. ..**gerecht**「…に適した,…に適合…になった」の意.
gerechtfertigt ⇨ rechtfertigen
Gerechtigkeit 囡 ‹/-› (⇔ justice)公正,公平;正義;《雅》司法;特権,権利. ◆ *Das ist ausgleichende* ~. それは

Gerede 国 ((-s/)) 《腹》おしゃべり, 雑談, むだ話; うわさ, 陰口; 《口》会話, 対話, 話し合い. ◆ **ins ～ bringen** [jʾ⁴] (人の)うわさをする; 悪評を立てる: **ins ～ kommen** ⟨**geraten**⟩ うわさの種になる.
geredet ⇒ reden **geregelt** ⇒ regeln
geregnet ⇒ regnen
gereichen 他 (*j³ zu er³*) 《人にとって…となる》.
gereicht ⇒ gereichen, reichen
gereift (→ reifen) 形 《成》成熟した. **gereinigt** 清潔の **gereist** ⇒ reisen
gereizt (→ reizen) 形 いらいらした, 怒った, 興奮した. **Gereiztheit** 女 ((-/)) いらだち, いらいら.
gerettet ⇒ retten
gereuen 他 《雅》(人を)後悔させる.
gereut ⇒ gereuen, reuen
Gerhard 《男名》ゲーアハルト.
Geriater 男 ((-s/-)) 老人医学の専門医, 老人病学者. **Geriatrie** 女 ((-/)) 老人医学.
Gericht [ゲリヒト] 中 ((-[e]s/-e)) ❶ 《食 dish》[温かい]料理. ❷ 《食 court》裁判所, 法廷; 《集合的》裁判官, 判事; 裁判; 審判. ◆ **das Jüngste** ⟨**das Letzte**⟩ ～ [宗] 最後の審判. ～ **halten** ⟨**zu** ～ **sitzen**⟩ **über** *j¹* (人を)裁く. [**hart, scharf**] **ins** ～ **gehen** ⟨**mit** *j³*⟩ (人を)厳罰に処する; 激しく非難する. **Hohes** ～! 裁判長!**vor** ～ **bringen** (…を)裁判ざたにする. **vor** ～ **kommen** (人が)裁判にかけられる; (事が)裁判ざたになる. **vor** ～ **stellen** (人を)裁判にかける, 訴える.
gerichtet ⇒ richten
gerichtlich 形 裁判[所]の, 司法の.
Gerichtsbarkeit 女 ((-/-en)) 《法》裁判権; 裁判権の行使.
Gerichts-beschluss (⊕ **-beschluß**) 男 裁判所の決定. **-hof** 男 法廷, 裁判所. **-kosten** 複 《複》裁判[訴訟]費用. **-medizin** 女 法医学. **-saal** 男 法廷. **-stand** 男 〘法〙裁判籍. **-tag** 男 公判日, 開廷日. **-verfahren** 中 裁判[訴訟]手続き. **-verhandlung** 女 審理; 弁論. **-vollzieher** 男 執行官.
gerieben (→ reiben) 形 《話》すれっからしの, ずるい.
geriet ⇒ geraten I
gering [ゲリング] 形 ❶ 《食 little》わずかな, 少ない; 小さい, 短い; 安い. ❷ 位の低い〈卑しい〉. ❸ 劣った, 粗悪な. ◆ **achten** ⟨**schätzen**⟩ (…を)軽視する, 侮る, 軽んずる, みくびる. **kein Geringerer als** …ほかならぬ…. **nicht das Geringste** 何一つ…でない. **nicht im Geringsten** 全然…でない.
geringachten 他 ⇒ gering ◆
geringfügig 形 取るに足りない, 微々たる, ささいな. **Geringfügigkeit** 女 ((-/-en)) 取るに足りない⟨ささいな⟩こと.
geringschätzen 他 ⇒ gering ◆ **geringschätzig** 形 軽蔑的の, 見下すような. **Geringschätzung** 女 軽蔑, 軽んずること.
gerinnen* 自 (s) (血液・ミルクなどが)凝固する. **Gerinnung** 女 ((-/)) 凝固.
Gerinnsel 中 ((-s/-)) 凝塊; 凝血; 小さな

流れ, 細流.
Gerippe 中 ((-s/-)) 骨格; 骸骨(だ); (船体・建物などの)骨組み; (作品・文章などの)構成, 粗立て. ◆ **ein** [**wandelndes**] ～ 〘話〙骨と皮ばかりの人.
gerippt 形 肋(%)状の, 畝(%)織りの; 〘植〙葉脈のある.
gerissen (→ reißen) 形 〘話〙ずる賢い, 抜け目のない. **gerittten** ⇒ reiten
Germane 男 ((-n/-n)) ゲルマン人. **Germanin** 女 ((-/-nin)) ゲルマン人. **Germanien** 中 ゲルマニア(民族大移動以前のゲルマン人居住地).
germanisch [ゲルマーニシュ] 形 ゲルマン人の, ゲルマンの. **die ～ en Sprachen** ゲルマン諸語(英語・ドイツ語・オランダ語・北欧諸語などを含む). **germanisieren** 他 ドイツ化する. **Germanisierung** 女 ((-/)) ドイツ化. **Germanist** 男 ((-en/-en)) 《-in) ドイツ(ドイツ文学)研究者, ゲルマニスト. **Germanistik** 女 ((-/)) ドイツ語〈文学〉研究. ドイツ〈ゲルマン〉学. **germanistisch** 形 ドイツ語〈文学〉研究の, ドイツ〈ゲルマン〉学の.
Germanium 中 ((-s/)) ゲルマニウム(元素名; 記号 Ge).
gern[e] [ゲルン〈ネ〉] 副 ⟨**lieber; am liebsten**⟩ ❶ (食 **gladly**) 好んで, 喜んで, 進んで: **Das habe ich nicht ～ getan**. 〘話〙悪気で〈わざと〉やったのではありません. ❷ 《期待・願望; 接続法II》…したい: **Ich hätte ～ eine Tasse Kaffee**. コーヒーを1杯ください. ❸ 《話者の許容を示して》…してもかまわない: **Das kannst du ～ haben**. それは持っていいよ. ❹ とかく(…しがちだ), よく(…する).
◆ [**Das ist**] ～ **geschehen**. (お礼に対して)どういたしまして, こちらこそ. **Der** (**Er**) **kann mich** [**mal**] ～ **haben**! 〘話・俗〙あんなやつはどうなってもいい. ～ **gesehen sein** 歓迎される. ～ **haben** (**j-et⁴**) (人が)好きだ. **gut und ～** 〘話〙優に(…を超え る), たっぷり. **Gernegroß** 男 ((-/-es)) 〘話〙いばりたがり屋.
gerochen ⇒ riechen
Geröll 中 ((-[e]s/-e)) (風化で山腹・河川などにたまった)岩屑(%), 多量の石ころ.
gerollt ⇒ rollen **geronnen** ⇒ rinnen, gerinnen
Gerontologie 女 ((-/)) 老年学.
geröstet ⇒ rösten
Gerste 女 ((-/ 稀-n)) 〘植〙大麦. **～n-korn** 中 大麦の粒; 〘医〙ものもらい. **～n-saft** 男 〘戯〙麦ジュース(ビールのこと).
Gert 《男名》ゲルト. **Gerta** 《女名》ゲルタ.
Gerte 女 ((-/-n)) しなやかな細枝(葉を取り去ったもの; 乗馬用の鞭(%)など).
Gertrud 《女名》ゲルトルート.
Geruch [ゲルフ] 男 ((-[e]s/Gerüche)) ❶ 《食 **smell**》におい, 香り. ❷ 嗅覚(%). ❸ 評判. ◆ **im ～ stehen** 評判になっている. **geruchlich** 形 においの. **geruchlos** 形 無臭の. **Geruchs-sinn** 男 嗅覚(%). **-störung** 女 嗅覚障害.
Gerücht [ゲリュヒト] 中 ((-[e]s/-e)) ((食 **rumor**)) うわさ, 風説, 風評, 評判. ◆

Das halte ich für ein ~. そんなことは信じない. **~e=macher** 陽 《蔑》うわさを流す人.
geruch=tilgend 脱臭効果のある, におい消しの.
gerückt ⇨ rücken **gerudert** ⇨ rudern **gerufen** ⇨ rufen
geruhen 《雅》[＋ zu 不定詞句] (…)してくださる.
gerührt (→ rühren) 形 感動した.
geruhsam ゆったりとした. 平穏な.
geruht ⇨ geruhen, ruhen
Gerümpel 中 《-s/》ガタばコつ音.
Gerümpel 中 《-s/》がらくた.
Gerundium 中 《-s/..dien》《文法》動名詞.
gerungen ⇨ ringen
Gerüst 中 《-(e)s/-e》(作業用の)足場; (計画などの)骨組み.
gerutscht ⇨ rutschen
gerüttelt (→ rütteln) 形 ✦ *ein ~es Maß* たくさんの. ✦ *voll sein* ぎっしり詰まっている.
ges, Ges 中 《-/-》《楽》変ト(音名); [配列] Ges-Dur. **ges.** *gesehen* 閲覧済.
gesagt ⇨ sagen
gesalzen (⇨ salzen) 形 (値段などが)ぼうに高い; (言葉などが)きつい, 手厳しい.
gesammelt (⇨ sammeln) 形 注意(精神)を集中した; 集められた, 収集された.
gesamt [ゲザムト] 形 《+ whole》すべての, 全部(全員)の.
Gesamt=arbeitsvertrag 男 《経》包括的賃金契約. **=ausgabe** 女 全集[版]; 《経済》総支出. **=betrag** 男 総額. **=bild** 中 全体像.
gesamtdeutsch 全ドイツの; (統一前の)東西両ドイツの.
Gesamt=eindruck 男 全体的印象. **=einnahme** 女 総収入.
Gesamtheit 女 《-/》全部, 全員; 公共. ✦ *in seiner ~* 全体として, 全般的に.
Gesamt=hochschule 女 《区域内の単科大学と専門単科大学を統合した》総合大学(略 GH). **=kontext** 男 全体の文脈(コンテクスト). **=kosten** 複 《経》費用総額. **=schuldner** 男 《法》連帯債務者. **=schule** 女 総合学校(Gymnasium, Realschule, Hauptschule の課程を含む). **=summe** 女 《経》総額, 総額. **=vereinbarung** 女 《経》(労使の)団体協約. **=verteidigung** 女 《軍事》(軍事防衛と民間防衛との)総合防衛. **=zahl** 女 総数.
gesandt ⇨ senden
Gesandte[r] 形 《形容詞変化》 《-/..tin》公使, [外交]使節. **Gesandtschaft** 女 《-/-en》公使館.
Gesang [ゲザング] 男 《-(e)s/Gesänge》 ❶ 歌うこと, 歌唱; (鳥などの)鳴き声; (楽器の)音色; 声楽. ❷ (⇨ song)歌, 歌唱. ❸ [詩学](叙事詩の)章, 編曲. **=buch** 中 賛美歌集, 聖歌集. **=verein** 男 合唱サークル.
Gesäß 中 《-es/-e》 しり, 臀部(ﾃﾝﾌﾞ).
gesät ⇨ säen **gesaust** ⇨ sausen
gesch. *geschieden*.
geschadet ⇨ schaden
geschaffen (→ schaffen II) 形 ✦ *wie ~ sein* 《für et⁴/zu et³》(…)にうってつけだ.
geschafft (→ schaffen I) 形 《話》へとへとに疲れた.
Geschäft [ゲシェフト] 中 《-(e)s/-e》 《⇨ -chen》 ❶ 《⇨ business》商売, 取引, ビジネス. ✦ *ist ~.* 《話》商売は商売. ❷ 商店, 会社, 事務所. ❸ 利益. ❹ 仕事, 業務, 用事. ✦ *sein großes 〈kleines〉 ~ machen 〈verrichten, erledigen〉* 《話》大便(小便)をする. **=e=macher** 男 《蔑》なんでも商売の種にする人.
geschäftig せわしい, 忙しげな. **Geschäftigkeit** 女 《-/》活気.
geschäftlich [ゲシェフトリヒ] 商売〈業務〉上の; 事務的な, ビジネスライクな, そっけない.
Geschäfts=abschluss (⇨ =abschluß) 男 売買契約[の締結]. **=anteil** 男 (資金の)持ち分. **=bereich** 男 管轄範囲. **=bericht** 男 《経》業務〈営業〉報告書, 決算報告書. **=brief** 男 ビジネスレター. **=essen** 中 (ビジネス上の)会食.
geschäftsfähig 《法》営業能力のある.
Geschäfts=frau 女 女店主; 女性実業家. **=freund** 男 取引先, 商売相手, 得意先.
geschäftsführend 形 業務を管理〈執行〉する代行の, 暫定の.
Geschäfts=führer 男 経営者, 取締役; (団体の事務局長, 支配人. **=führung** 女 経営, 運営; (集合的)経営幹部, 重役会. **=gang** 男 商売のなりゆき; 事務手続き. **=gebaren** 中 営業方針〈態度〉. **=haus** 中 会社; 商業用家屋, 店舗. **=jahr** 中 業務〈営業〉年度. **=kosten** 複 ✦ *auf ~* (費用の)会社負担で, 会社持ちで.
geschäftskundig 形 業務に通じた, 実務経験のある.
Geschäfts=lage 女 経営状態; 店舗の立地〈条件〉. **=mann** 男 実業家, ビジネスマン.
geschäftsmäßig 形 商売上の; 実務的な; 事務的な; 冷淡な.
Geschäfts=ordnung 女 《経》〈運営〉規定, 議員規則. **=papier** 中 業務報告〈案内〉書類; 《郵便》(割引料金になる)業務用印刷物. **=raum** 男 店舗, 営業所, オフィス. **=reise** 女 ビジネス旅行, 出張. **=schluss** (⇨ =schluß) 男 閉店, 終業. **=stelle** 女 営業所, オフィス; 支所, 支店. **=stille** 女 [商]不景気, 沈滞. **=straße** 女 商店街. **=stunden** 複 [商]営業〈執務〉時間. **=tagebuch** 中 《商》(毎日の)出納帳. **=träger** 男 代理人使〈公使〉.
geschäftstüchtig 形 商才にたけた, 商売上手な; 抜け目のない.
Geschäfts=verbindung 女 取引〈商売〉関係. **=viertel** 中 商店街, 繁華街; ショッピングセンター.
Geschäfts=zeit [ゲシェフツツァイト] 女 《-/-en》営業〈執務〉時間. **=zimmer** 中 執務室, オフィス. **=zweig** 男 営業部門, 部課.
geschah, geschähe ⇨ geschehen
geschält ⇨ schälen **geschaltet** ⇨ schalten **geschämt** ⇨ schämen **ge-**

geschärft ⇒ **schärfen** **geschätzt** ⇒ **schätzen** **geschaudert** ⇒ **schaudern** **geschauert** ⇒ **schauern** **geschaukelt** ⇒ **schaukeln** **geschauen** ⇒ **schauen** **gescheckt** 形 まだらぶちの, 斑点(はん)のある.

geschehen* [ゲシェーエン] 《geschah; geschehen》 自 (s) ❶ (® happen) 起こる, 生じる. ❷ 実施(実行)される, 行われる. 《j³》 (人の身に) ふりかかる. ◆ *Das geschieht ihm recht*.《話》あいつには当然の報いだ. いい気味だ. *Es ist um j-et⁴ ~.* (…が) だめになった, 無くなった. *Gern [e] ~!* どういたしまして. 喜んで甘受しよう. **Geschehen** 中 《-s/-》 できごと; (ことの) 成り行き, 動向, 経過. **Geschehnis** 中 《-ses/-se》《雅》できごと, 事件.

Gescheide 中 《-s/-》《狩》臓物.

gescheit [ゲシャイト] ❶ 形 (® clever) 賢い, 利口な; 分別がある. ❷ 《南部·話》きちんとした; とても. ◆ *nicht ~ werden* 《aus j-et³》(…には) 合点がいかない.

gescheitert ⇒ **scheitern**

Geschenk [ゲシェンク] 中 《-[e]s/-e》 (® present) 贈り物, プレゼント. ◆ *ein ~ des Himmels* 天からの授かり物, 思いがけない幸運. *ein ~ machen* 《j³》 (人に) 贈り物をする. *zum ~ machen* 《j³ et⁴》 (人に…を) 贈る.

geschenkt ⇒ **schenken**

Geschichte [ゲシヒテ] 女 《-/-n》 ❶ (® history) 史; (科目としての) 歴史 〔学〕; 歴史書. ❷ (® story) 物語, お話; 《話》作り話. ❸《話》事柄, できごと; 《話》恋愛関係 : *Das sind ja nette (schöne) ~n!*《反語》なんともありがたい (ひどい話) だ. ◆ *Alte (Mittlere, Neue) ~* 古代 (中世, 近代) 史. — *machen ~n!* 歴史に影響を与える. *Mach keine ~n!* くだらないことばかり言うな; もったいぶるな. **~n-buch** 中 物語の本. **~n-erzähler** 男 物語の語り手, 講談師.

geschichtlich 形 歴史的な, 歴史上の. **Geschichts-atlas** 男 歴史地図 〔図鑑〕. =**bewusstsein** 中 =**bewusstsein** 中 歴史意識. =**bild** 中 歴史像. =**denkmal** 中 歴史的記念碑 〔文化遺産〕. =**fälschung** 女 歴史の改ざん 〔歪曲〕. =**film** 男 歴史映画. =**schreiber** 男 歴史家, 歴史著作家 〔記述〕家. =**zahl** 女 歴史上重要な年数.

Geschick 中 《-[e]s/-e》 ❶ (® skill) 能力, 技能; 器用, 巧みさ. ❷《雅》運命; (社会·経済などの) 命運; (個人の) 境遇, 〔方〕秩序. **Geschicklichkeit** 女 《-/》器用性, 巧みさ, 手腕.

geschickt [ゲシックト] (→ schicken) 形 ❶ (® skilful) 器用な, 上手な, 巧みな. ❷ (® clever) 賢い, 利口な. ❸ 《南部》(道具が) 便利な, 使い易い; 好都合な.

geschieden (→ scheiden) 形 離婚した (® gesch.). **geschieht** ⇒ **geschehen geschienen** ⇒ **scheinen geschildert** ⇒ **schildern geschimmert** ⇒ **schimmern geschimpft** ⇒ **schimpfen**

Geschirr [ゲシル] 中 《-[e]s/-e》 ❶ 食器類; 食器一式. ❷ (輓馬(ばん)の) 馬具. ◆ *aus dem ~ schlagen (treten)* 怒りである; 裏切る, 不貞を働く. *ins ~ legen* 《sich⁴》(馬が) 引き始める; せっせと働く. =**schrank** 男 食器棚. =**spüler** 男 =**spülmaschine** 女 自動食器洗い機.

geschissen ⇒ **scheißen geschlafen** ⇒ **schlafen geschlagen** (→ schlagen) 形 まるまる (…時間も).

Geschlecht [ゲシュレヒト] 中 《-[e]s/-er》 ❶ (® sex) 性; 性別;《文法》性. ❷ (® race) 性別, 外陰部. ❸ 世代; 一族, 家系;《話》性. 種類, 類. ◆ *das dritte ~*《話》第三の性 (同性愛者の総称). *das männliche ~* 男性; 雄. *das starke ~* 男性〔女性〕. *das weibliche ~* 女性; 雌. **~er-konflikt** 男 男女間の争い (葛藤(かっとう)). **~er-rolle** 女 男女それぞれの役割.

geschlechtlich 形 性的な (に関する). **Geschlechts-akt** 男 性交, 交尾. =**hormon** 中 性ホルモン. =**krankheit** 女 =**leiden** 中 性病.

geschlechts-los 形 ❶ 無性の, 性別のない. =**neutral** 形 性別に関係ない.

Geschlechtsorgan 中 生殖器 〔官〕.

geschlechtsreif 形 性的に成熟した, 生殖能力のある.

Geschlechts-rolle = Geschlechter-rolle. =**teil** 中 《雅》性器, 外陰部. =**trieb** 男 性衝動, 性欲. =**verkehr** 男 性交. =**wort** 中《文法》冠詞.

geschleppt ⇒ **schleppen geschlichen** ⇒ **schleichen geschliffen** (→ schleifen) 形 洗練された, 磨き抜かれた; 研ぎ澄まされた, 鋭い.

geschlossen [ゲシュロッセン] (→ schließen) 形 ❶ (® closed) 閉ざれた, 閉鎖 (排他) 的な; 非公開の; (ドアなどが) 閉まった; (店などが) 閉店中 (休業中) の; 《口》閉店中 (狭義) の. ❷ まとまった, 一団 (一丸) となった. **Geschlossenheit** 女 《-/》統一性, まとまり.

geschluchzt ⇒ **schluchzen geschluckt** ⇒ **schlucken geschlummert** ⇒ **schlummern geschlungen** ⇒ **schlingen**

Geschmack [ゲシュマック] 男 《-[e]s/..mäcke》 ❶ (® taste) 味, 風味; 味覚. ❷ 好み, 嗜好(しこう), 趣味; 《美的な》センス; トレンド. ❸《雅》品位, 良俗. ❹《話》におい. ◆ *auf den ~ kommen* 味をしめる; だんだん好きになってくる. *~ finden (gewinnen)* 《an et³》(…が) 好きになる. *Über ~ lässt sich nicht streiten. / Die Geschmäck[e]r sind verschieden.*《話》蓼(たで) 喰う虫も好き好き, 好みは各人各様.

geschmacklos [ゲシュマックロース] 形 味のない, まずい; センスがよくない, 野暮な; 悪趣味な, 下品な. **Geschmacklosigkeit** 女 《-/-en》悪趣味, 無粋 〔言動〕.

Geschmacks-richtung 女 味; 好み. 趣味. =**sache** 女 ◆ *Das ist ~.* それは好み (趣味) の問題だ (人それぞれだ). =**verirrung** 女 悪趣味.

geschmackvoll [ゲシュマックフォル] [形] 趣味のよい, センスのよい, 上品な.
geschmeckt ⇨ schmecken
geschmeichelt ⇨ schmeicheln
Geschmeide [中] 《-s/-》〔高級〕装身具.
geschmeidig [形] 柔軟な, しなやかな; 巧妙な. **Geschmeidigkeit** [女] 《-/》しなやかさ; 機敏; (駆け引きの)うまさ.
Geschmier [中] 《-[e]s/》《蔑》べとべとするもの; へたな字, なぐり書き; 駄作.
geschminkt ⇨ schminken
geschmissen ⇨ schmeißen
geschmolzen ⇨ schmelzen
geschmückt ⇨ schmücken
geschnarcht ⇨ schnarchen
geschneit ⇨ schneien
geschniegelt (→ schniegeln) [形] 粋な. ✦ ~ *und gebügelt* 〈*gestriegelt*〉《話・戯》パリっとめかしこんで.
geschnitten ⇨ schneiden **geschnoben** ⇨ schnauben **geschoben** ⇨ schieben **gescholten** ⇨ schelten **geschont** ⇨ schonen
Geschöpf [ゲシェプフ] [中] 《-[e]s/-e》 ❶ ([英] creature)(神の)被造物, 生き物. ❷ 人間, やつ; 女の子. ❸ 空想の産物, 創作物.
geschöpft ⇨ schöpfen **geschoren** ⇨ scheren
Geschoss ([旧] **Geschoß**) [中] 《-es/-e》弾丸, 銃〈砲〉弾; 〔ｻｯｶｰ〕弾丸シュート; 〔建〕階. ₌**bahn** [女] 弾道.
geschossen ⇨ schießen
geschraubt (→ schrauben) [形] 気取った, 不自然な, わざとらしい.
Geschrei [中] 《-s/》(絶え間ない)叫び声, わめき声, 泣き声; 《蔑》(ささいなことでの)大騒ぎ: Viel ~ und wenig Wolle. 《諺》大山鳴動してねずみ一匹.
geschrieben ⇨ schreiben **geschrieen** ⇨ schreien **geschrien** ⇨ schreien **geschritten** ⇨ schreiten
geschunden ⇨ schinden
geschüttelt ⇨ schütteln
geschüttet ⇨ schütten
Geschütz [ゲシュッツ] [中] 《-es/-e》〔軍〕砲, 火砲, 大砲. ✦ [*ein*] *grobes* 〈*schweres*〉 ~ *auffahren* 《話》《**gegen** *j*[4]》(人に)ずけずけ物を言う. ₌**feuer** [中] 砲火; 砲撃.
geschützt ⇨ schützen
Geschützturm [男] (軍艦などの)砲塔.
Geschwader [中] 《-s/-》〔軍〕飛行連隊; 艦隊. **Geschwafel** [中] 《-s/》《蔑》おしゃべり, むだ話.
geschwankt ⇨ schwanken
geschwänzt ⇨ schwänzen
geschwärmt ⇨ schwärmen
Geschwätz [中] 《-[e]s/》《蔑》むだ話, おしゃべり, 雑談; うわさ話.
geschwätzig [形] おしゃべりな; 口の軽い. **Geschwätzigkeit** [女] 《-/》冗舌, 多弁, おしゃべりなこと.
geschwebt ⇨ schweben
geschweift (→ schweifen) [形] 尾のついた; 曲がった, 湾曲した.
geschweige [接] ✦ ~ [*denn*] … まして や…, …は論外だ.
geschwenkt ⇨ schwenken
geschwiegen ⇨ schweigen
geschwind [ゲシュヴィント] [形] 速い; 素早い.
geschwindelt ⇨ schwindeln
Geschwindigkeit [ゲシュヴィンディヒカイト] [女] 《-/-en》([英] speed)速度, 速さ, スピード.
Geschwindigkeits₌beschränkung [女], ₌**begrenzung** [女] 速度制限. ₌**messer** [男] 速度計. ₌**überschreitung** [女] 速度オーバー, スピード違反.
Geschwister [ゲシュヴィスター] [中] 《-s/-》(個々の)兄弟姉妹; 《複》兄弟姉妹. ₌**paar** [中] 兄と妹, 姉と弟.
geschwitzt ⇨ schwitzen
geschwollen (→ schwellen) [形] 膨らんだ; 誇張した; もったいぶった.
geschwommen ⇨ schwimmen
geschworen (→ schwören) [形] 断固とした, 妥協を知らない. ✦ *ein ~er Feind von et*[3] *sein* (…の)不倶戴天の敵である.
Geschworene ⇨ Geschworene[r]
~n₌gericht [中] 陪審裁判[所].
Geschworene[r] [男] [女] 《形容詞変化》陪審員.
Geschwulst [女] 《-/..wülste》〔医〕腫瘍(しゅよう).
geschwunden ⇨ schwinden
geschwungen (→ schwingen) [形] 湾曲した, 弓なりに曲がった.
Geschwür [中] 《-[e]s/-e》〔医〕潰瘍(かいよう).
Ges-Dur [中] 《-/》〔楽〕変ト長調([記号] Ges).
gesegelt ⇨ segeln **gesegnet** (→ segnen) [形] 祝福された, 幸福な; 豊富な, 恵まれた; 高齢の; 妊娠した.
gesehen ⇨ sehen **gesehnt** ⇨ sehnen
Geselchte[s] [中] 《形容詞変化》《南部・ｵｰｽﾄﾘｱ》薫製肉.
Geselle [ゲゼレ] [男] 《-n/-n》([女] ..lin) ❶ 職人. ❷ 若者; 《蔑》無頼漢. ❸ 仲間, 同僚, 友人.
gesellen [再] 《*sich*[4] [**zu**] *j-et*[3]》(人の)仲間になる, 加わる; (…に)付け加わる.
Gesellen₌prüfung [女] 職人資格試験. ₌**stück** [中] 職人資格試験課題作品.
gesellig [形] 人づきあいのいい, 社交的な, 人づき合いを好む; 楽しい(集まりなど); 〔生〕(ハチなどが)群居する, 群性の. **Geselligkeit** [女] 《-/-en》(気楽な)交際, 人づき合い; 懇親会, パーティ.
Gesellin [女] 《-/-nen》Geselle の女性形.
Gesellschaft [ゲゼルシャフト] [女] 《-/-en》 ❶ ([英] society)社会; 〔社〕利益社会, ゲゼルシャフト; 上流社会. ❷ 団体, 協会; 〔商〕会社; 組合. ❸ 集い, パーティー. ❹ ([英] company)連れ, 仲間; 同伴; つき合い. ✦ ~ *leisten* 《*j*[3]》人の相手をする. *in guter ~ befinden* 《*sich*[4]》先人と同じこと〈誤り〉をやっている. *zur ~* お付き合いで.
Gesellschafter [男] 《-s/-》 ❶ 〔話し〕相手, (気の合う)連れ; 社交家. ❷ 〔商〕(合資会社などの)共同出資〈経営〉者, 社員, 組合員. ₌**in** [女] 《-/-nen》 Gesell-

gesellschaftlich [ゲゼルシャフトリヒ] 形 ❶ (愛 social)社会の, 社会的な. ❷ 社交界の; 社交的な; 上流社会の.
Gesellschafts-anzug 男 (男性の)礼服, 夜会服.
gesellschaftsfähig 形 社交界にふさわしい.
Gesellschafts-form 女 社会形態. **-kleid** 中 イブニングドレス, 夜会服. **-kritik** 女 社会批判. **-ordnung** 女 社会秩序(体制). **-raum** 男 談話〈社交〉室, ラウンジ; 大広間. **-reise** 女 団体旅行. **-schicht** 女 社会階層. **-spiel** 中 (グループで楽しむ)遊戯, ゲーム. **-tanz** 男 社交ダンス. **-theorie** 女 社会理論. **-vertrag** 男 [法] 定款, 組合契約. **-wissenschaft** 女 社会科学.
gesengt ⇒ sengen **gesenkt** ⇒ senken **gesessen** ⇒ sitzen
Gesetz [ゲゼッツ] 中 (-es/-e) ❶ (愛 law)法, 法律; 法令, 条例, 規制. ❸ 法則. ◆ *nach dem – der Serie* 一連のことから推し量って. **-blatt** 中 法律公報, 官報(愛 Gbl.). **-buch** 中 法典, 法令集. **-entwurf** 男 法案. **-es-kraft** 女 法的効力. **-es-lücke** 女 法律の抜け穴.
gesetzgebend 形 立法の.
Gesetz-geber 男 立法者〈機関〉. **-gebung** 女 立法.
gesetzlich [ゲゼッツリヒ] 形 (愛 legal) 法律[上]の; 法定の; 合法的な.
gesetzlos 形 無法状態の; 不法な; 無法の. **Gesetzlosigkeit** 女 無法状態; 不法; 法律無視.
gesetzmäßig 形 規則的な; 合法的な, 法定の. **Gesetzmäßigkeit** 女 法則〈規則〉性; 合法〈適法〉性.
Gesetzpaket 中 一括〈抱き合わせ〉法案.
gesetzt (→ setzen) 形 分別のある, 冷静〈慎重〉な, 落ち着いた. ◆ ~ [*den Fall*], *dass* ... …と仮定すれば.
gesetztenfalls 副 (+ 従 文) もし(…)なら,(…と)仮定すれば.
Gesetztheit 女 (-/-) 落ち着き; 分別.
gesetzwidrig 形 違法の. **Gesetzwidrigkeit** 女 (-/-en) 違法.
geseufzt ⇒ seufzen **ges. gesch.** *gesetzlich geschützt* 法的に保護された.
gesichert ⇒ sichern
Gesicht [ゲズィヒト] 中 ❶ (-[e]s/-er) (愛 face)顔, 容貌; 顔つき, 表情; 人; 相手, 外観;〈雅〉視力, 視覚. ❷ (-[e]s/-e) (愛 vision)幻影, 幻. ◆ *am ~ ansehen / vom ~ ablesen* (j³ *et*¹) (人の顔から)…を読み取る. *aufs ~ fallen* 転んで顔を打つ. *aus dem ~ verlieren* (…を)見失う. *das ~ abwenden* 顔を背ける. *das ~ retten* 〈*wahren*〉面目を保つ. *das ~ verlieren* 失印する; 面目を失う. *das ~ zuwenden* (j-et³)(…に)顔を向ける. *das Zweite ~* 千里眼; 未来予知能力. *den Tatsachen ins ~ sehen* 現実を直視して避けない. *ein anderes ~ aufsetzen* 〈*machen*〉よそ行きの顔をする; 愛想よくする. *ein anderes ~ bekommen* 〈*kriegen*〉様子が変わる. *ein ~ haben* しかるべき体裁を整えている. *ein ~ machen wie drei* 〈*sieben, acht, vierzehn*〉 *Tage Regenwetter* 不機嫌な顔をする. *ein ~ ziehen* 不快な顔をする. *ein hippokratisches ~* 死相. *ein langes ~ machen* がっかりした顔をする. J³ *fällt das Essen aus dem ~*. (人が)食事を吐く. *~er schneiden* 〈*machen*〉顔をゆがめる. *gut* 〈*schlecht*〉 *zu ~ stehen* (j³)(人に)似合う〈似合わない〉. *im ~ geschrieben stehen* (j³)(人の)表情に表れている〈顔に書いてある〉. *ins ~ lachen* (j³)(人を)嘲笑(疣尝)する. *ins ~ lügen* (j³)(人に)ぬけぬけとうそをつく. *ins ~ sagen* 〈*schleudern*〉(j³ *et*⁴)(人に…を)はっきり言う. *ins ~ schlagen* (j-et³)(人の)顔をはたく〈殴る〉;(人を)侮辱する. *ins ~ sehen* (j-et³)(人の)顔をまじまじと見る;(現実などを)直視する. *ins ~ springen* [*wollen*] 〈話〉 (j³)(人に)ひどく腹を立てる. *nicht ins ~ schauen* 〈*sehen, blicken*〉 *können* (j³)(気恥かしくて, やましいことがあって)(人の)顔をまともに見ることができない. *vors ~/ zu ~ kommen*: *sein wahres ~ zeigen* 本性〈本性〉を表す. *wie aus dem ~ geschnitten sein* (j³)(人に)うり二つである. *zu ~ bekommen* (…を)見る,(人に)会う. *zu ~ kommen* (j³)(人の)目に留まる.
Gesichts-ausdruck 男 顔の表情. **-creme** 女 フェイスクリーム. **-farbe** 女 顔色. **-feld** 中 視野, 視界. **-kontrolle** 女 〈話〉(レストランなどで客種を見分ける)身なり〈服装〉チェック. **-kreis** 男 視野, 視界.
gesichtslos 形 (人が)個性のない.
Gesichts-maske 女 仮面, マスク; 〈化〉フェイスマスク; 美顔パック.
Gesichts-punkt [ゲズィヒツプンクト] 男 (-[e]s/-e) (愛 viewpoint)視点, 観点, 見地, 見方. **-wasser** 中 (顔につける)化粧水, ローション. **-winkel** 男 視角; 観点. **-züge** 複 容貌(紛).
gesiedelt ⇒ siedeln **gesiegt** ⇒ siegen
Gesims 中 (-es/-e) 【建】 コーニス, 軒蛇腹(紛).
Gesindel 中 (-s/-) 〈蔑〉ならず者.
gesinnt 形 (…な)考えを持った. ◆ *freundlich* 〈*feindlich*〉 ~ *sein* (j³)(人に)好意〈敵意〉を抱いている.
Gesinnung [ゲズィヌング] 女 (-/-en) (基本的な)考え方, 心構え, 態度; 主義. **-s-genosse** 男 同志.
gesinnungslos 形 無節操な, 無定見な. **Gesinnungslosigkeit** 女 (-/-) 無節操, 無定見.
Gesinnungs-lump 男 〈蔑〉日和見〈ご都合〉主義者. **-schnüffelei** 女 〈蔑〉思想調査; 政治信条の嗅ぎ回り.
gesinnungstreu 形 節操のある, 信条の固い; 自分の主義〈信条〉を守る.
Gesinnungswechsel 男 変節; 転向.
gesittet 形 しつけのよい, 礼儀正しい; 文明化された.
Gesöff 中 (-[e]s/-e) 〈話〉安酒.
gesoffen ⇒ saufen **gesogen** ⇒ saugen **gesollt** ⇒ sollen **gesondert**

(→ sondern) [形] 別個の, 個別の. **gesonnen** (→ sinnen) [形] 《+ zu 不定詞句》(…する)意図がある. **gesorgt** ⇨ sorgen **gesotten** ⇨ sieden **gespalten** ⇨ spalten

Gespann [中] 《-[e]s/-e》(車を引く)一連の牛馬; 牛馬が引く車; コンビ, ペア.

gespannt (→ spannen) [形] 期待〈好奇心〉に満ちた; 緊張した; (状況などが)緊迫した. **gespart** ⇨ sparen **gespendet** ⇨ spenden

Gespenst [ゲシュペンスト] [中] 《-[e]s/-er》 ❶ ([英] ghost)幽霊, 亡霊, お化け. ❷ (迫りくる)危機, 脅威. ✦ *~er sehen* 《話》 要らぬ心配をする. **gespensterhaft** [形] 幽霊のような, 薄気味悪い. **gespenstig, gespenstisch** [形] 幽霊のような, 不気味な.

gesperrt ⇨ sperren

Gespiele [男] 《-n/-n》 ([女] ..lin)遊び仲間; 《戯》 愛人, 恋人.

gespielt ⇨ spielen

Gespinst [中] 《-[e]s/-e》 紡いだもの, 織物; 入り組んだもの, もつれ; クモの巣.

gesponnen ⇨ spinnen

Gespött [中] 《-[e]s/》 嘲笑, (絶え間ない)あざけり, 愚弄; 物笑いの種. ✦ *zum ~ machen* (人を)笑い物にする.

gespottet ⇨ spotten

Gespräch [ゲシュプレーヒ] [中] 《-[e]s/-e》 ❶ ([英] conversation)会話, 対話, 対談; (交渉のための)話し合い, 会談. ❷ ([英] call)通話. ❸ 話題, テーマ. ✦ *ein ~ mit* j^3 *führen* (人と)話をする. *im ~ bleiben* 《mit j^3》(人と)話し合いを続ける〈接触を保つ〉. *im ~ sein* 話題〈議題〉になっている. *ins ~ kommen* 《mit j^3》(人と)話し合いを始める.

gesprächig [形] 話し好きな, おしゃべりな.

gesprächs=bereit [形] 話し合いの用意のある, すぐに話し合うことができる. **Gesprächs=bereitschaft** [女]

Gesprächs=einheit [女] (電話の)料金単位. **=gebühr** [女] 通話料金. **=partner** [男] 話し相手. **=stoff** [男] 話題, 話の種.

gesprächsweise [副] 話し合いで.

gespreizt (→ spreizen) [形] 気取った, 大げさな. **Gespreiztheit** [女] 《-/》 大げさ, 仰々しさ, 誇張.

gesprengt ⇨ sprengen **gesprenkelt** (→ sprenkeln) [形] 斑点(はんてん)のある. **gespritzt** ⇨ spritzen **gesprochen** ⇨ sprechen **gesprossen** ⇨ sprießen **gesprudelt** ⇨ sprudeln **gesprüht** ⇨ sprühen **gesprungen** ⇨ springen **gespuckt** ⇨ spucken **gespült** ⇨ spülen

Gespür [中] 《-s/》 勘, 直感.

gespürt ⇨ spüren

gest. [略] *gestorben* 死亡, 没.

Gestade [中] 《-s/-》 《雅》 岸.

Gestalt [ゲシュタルト] [女] 《-/-en》 ❶ ([英] figure)(人の)姿, 容姿, 体つき, 体格; (物の)形; 格好. ❷ 人影, 物影. ❸ (歴史上の)人物; 登場人物; 《話》 えたいの知れぬ人物. ❹ 〘心〙 ゲシュタルト, 形態. ✦ *~ annehmen* 〈*gewinnen*〉(計画などが)具体化する. *~ geben* 〈*verleihen*〉 《et^3》(考えなどを)明確にする〈言葉で述べる〉. *in ~ von* et^3 (…の)形で. *in seiner wahren ~ zeigen* 《$sich^4$》 正体〈本性〉を現す.

gestalten [ゲシュタルテン] 《gestaltete; gestaltet》 [他] ([英] form)(…を…な)形に作る, ものにする; 《$sich^4$》(…[の状態]に)なる. **Gestalter** [男] 《-s/-》 ([女] -in)作り手; 製作者, 企画者, デザイナー.

gestaltlos [形] 形のはっきりしない, 形を成していない.

Gestaltung [女] 《-/-en》 形成; 企画.

Gestammel [中] 《-s/》 つっかえながら話すこと, 訥弁(とつべん); 不明瞭な言葉〈文〉.

gestammelt ⇨ stammeln **gestammt** ⇨ stammen **gestampft** ⇨ stampfen **gestand** ⇨ gestehen

gestanden ❶ (→ stehen) [形] 経験豊かな. ❷ ⇨ gestehen

geständig [形] 罪状を認めた.

Geständnis [中] 《-ses/-se》 ([英] confession)自白, 告白.

Gestank [男] 《-[e]s/》 悪臭.

Gestapo [女] 《-/》 ゲシュタポ(ナチスの秘密国家警察; < *Ge*heime *Sta*ats*po*lizei).

gestarrt ⇨ starren **gestartet** ⇨ starten

Gestations=toxikose [女] 《-/-n》 妊娠中毒症.

gestatten [ゲシュタッテン] 《gestattete; gestattet》 [他] ([英] allow) 《j^3 et^4 〈zu 不定詞句〉》(人に…[すること]を)許す, 可能にする; 《$sich^3$ et^4》《雅》 思い切って(…)する. ✦ *Gestatten Sie* [*bitte, dass...*]! 《人の前を通るとき》 ちょっと失礼します; 《人に食べ物を勧めるとき》 どうぞ, いかがですか.

gestaunt ⇨ staunen

Geste [女] 《-/-n》 ([英] gesture)身ぶり, 手ぶり, ジェスチャー.

gesteckt ⇨ stecken

gestehen* [ゲシュテーエン] 《**gestand; gestanden**》 [他] ([英] confess)(犯行・秘密などを)自白〈白状〉する, 告白する, 打ち明ける. ✦ *offen gestanden* 率直に言えば.

Gestehungskosten [複] 〘商〙 原価, 生産費.

gesteigert ⇨ steigern

Gestein [中] 《-[e]s/-e》 岩石; 岩塊.

Gestell [中] 《-[e]s/-e》 台架, ラック; (機械・器具などの)台[座], 支持枠, 骨組み; 《話》 がりがりにやせた人; 脚; 林道.

gestellt (→ stellen) [形] 不自然な, わざとらしい, やらせの. ✦ *auf* $sich^4$ *selbst ~ sein* 自活している. *gut* 〈*schlecht*〉 *~ sein* 収入がよい〈よくない〉.

gestemmt ⇨ stemmen

gestern [ゲスタァン] [副] ([英] yesterday) きのう, 昨日: ~ Abend 〈Morgen, Nachmittag〉きのうの晩〈朝, 午後〉に. ✦ *nicht von ~ sein* 《話》 ひとかどの経験を積んでいる. **Gestern** [中] 《-/》 過去.

gesteuert ⇨ steuern **gestickt** ⇨ sticken **gestiefelt** (→ stiefeln) [形] 長靴を履いた. ✦ *~ und gespornt sein* 《話》 いつでも出発の準備ができている.

gestiegen ⇨ steigen

gestielt [形] 柄(え)のついた; 〘生〙 有柄(ゆうへい)の

の. **gestiftet** ⇒ stiften
Gestik 囡 《-/》身ぶり[ぶり].
gestikulieren 圓 身ぶり手ぶりで話す〔表現する〕.
gestimmt ⇒ stimmen
Gestirn 囲 《-[e]s/-e》《雅》天体.
gestirnt 膕《雅》星に覆われた.
gestoben ⇒ stieben
Gestöber 囲《-s/-》(雨・砂などの)吹き寄せ; 吹雪.
gestochen ⇒ stechen **gestohlen** ⇒ stehlen **gestöhnt** ⇒ stöhnen **gestolpert** ⇒ stolpern **gestopft** ⇒ stopfen **gestorben** ⇒ sterben **gestört** (→ stören) 膕 [精神]障害のある.
Gestöse = Gestationstoxikose.
gestoßen ⇒ stoßen
Gestotter 囲《-s/》《話》(絶え間なく)どもること, どもった話し方.
gestraft ⇒ strafen **gestrahlt** ⇒ strahlen
Gesträuch 囲《-[e]s/-e》やぶ, 茂み; 小枝(の束).
gestrebt ⇒ streben **gestreckt** ⇒ strecken **gestreichelt** ⇒ streicheln
gestreift (→ streifen) 膕 しま模様の, ストライプの. **gestreut** ⇒ streuen **gestrichen** (→ streichen) 膕 すり切りの; 一杯の. **gestrickt** ⇒ stricken
gestrig 膕 昨日の; 時代遅れの.
gestritten ⇒ streiten **geströmt** ⇒ strömen
Gestrüpp 囲《-[e]s/-e》やぶ, 茂み.
Gestühl 囲《-[e]s/-e》《集合的》(劇場・教会などの)いす席, いす.
gestunken ⇒ stinken **gestürmt** ⇒ stürmen **gestürzt** ⇒ stürzen
Gestüt 囲《-[e]s/-e》馬の飼育場;《集合的》飼育場の馬.
gestützt ⇒ stützen
Gesuch 囲《-[e]s/-e》(役所などへの)申請書.
gesucht (→ suchen) 膕 気取った, わざとらしい; 需要の多い, 人気のある.
gesund [ゲズント] 膕《gesünder, gesündest》❶ 《@ healthy》健康な, じょうぶな;(企業・計画などが)健全な, 堅実な. ❷ 健康によい, 健康を促進する, 健康的な; 有益な. ✦ *Bleib* ~! 元気でね. *Das ist* (*ganz*) ~ *für j⁴*. (人に)いい薬になる.
gesunden 圓 (s)《雅》健康になる; (経済などが)回復/健全化する.
gesünder, gesündest ⇒ gesund
Gesundheit [ゲズントハイト] 囡《-/》《@ health》(心身の)健康, 健全 : eine schwache ~ haben / von zarter ~ sein 体が弱い. ✦ *Auf Ihre* ~! (乾杯のときに)あなたの健康を祝して. ~! (くしゃみをした人に)お大事に. **gesundheitlich** 膕 健康に関する; 健康によい(ための).
Gesundheits-amt 囲 保健所, 衛生局. **-apostel** 囲《話》健康第一主義の人.
gesundheits-bewusst (⊖ ⚠ **bewußt**) 膕 健康を意識した, 健康に留意した.
Gesundheits-dienst 囲 公衆衛生業務. **-pflege** 囡 健康[衛生]管理. **-politik** 囡 保健政策. **-reform** 囡 健

康保険制度改正. **-schäden** 圈 健康障害. **gesundheitsschädlich** 膕 健康によくない, 非衛生的な.
Gesundheits-system 囲 健康保険制度. **-wesen** 囲 公衆衛生制度, 保健衛生機関. **-zustand** 囲 健康状態.
gesund-machen 匭 《*sich*》《話》巧みに金をもうける. ⌐**schrumpfen**, ⌐**stoßen*** 匭《話》(…の経営を)ダウンサイジングする, (…の)経営規模を縮小する;《*sich*》(不採算部門の閉鎖など)事業縮小によって経営の立て直しをはかる.
Gesundung 囡《-/》健康 治癒, 健康の回復;(経営の)健全化.
gesungen ⇒ singen **gesunken** ⇒ sinken **getadelt** ⇒ tadeln
Getäfel 囲《-s/》羽目[板].
getan ⇒ tun
Getändel 囲《-s/》戯れ; いちゃつき.
getankt ⇒ tanken **getanzt** ⇒ tanzen **getaucht** ⇒ tauchen **getauft** ⇒ taufen **getauscht** ⇒ tauschen **getäuscht** ⇒ täuschen **geteilt** ⇒ teilen
Getier 囲《-[e]s/-e》動物, (特に鳥・昆虫などの)小動物.
getippt ⇒ tippen **getobt** ⇒ toben **getönt** ⇒ tönen
Getose, Getöse 囲《-s/》(絶え間ない)轟音(㌵), とどろき.
getötet ⇒ töten
getragen (→ tragen) 膕 荘重な, 厳かな, 悠然とした; 着古した, 使い古した.
Getrampel 囲《-s/》《話》(ずっと)足踏みすること
Getränk [ゲトレンク] 囲《-[e]s/-e》《@ drink》飲み物, 飲料. **~e-karte** 囡 (飲食店での)飲み物のメニュー. **~e-steuer** 囡 飲酒税.
getrauen 囲《*sich*⁴(³)》(…をする)勇気がある.
getrauert ⇒ trauern **geträumt** ⇒ träumen **getraut** ⇒ getrauen, trauen
Getreide [ゲトライデ] 囲《-[e]s/-》《@ grain》穀物, 穀類. **~[an]bau** 囲 穀物の栽培. **-art** 囡 穀物の種類. **-feld** 囲 穀物畑.
getrennt ⇒ trennen **getreten** ⇒ treten
getreu ❶ 《*et²*》(原本・事実に)忠実な, 正確な;《雅》忠実な〔誠実〕な. ❷ 《³格支配; しばしば後置》…に応じて, 従って. **..getreu** 「…に忠実な」の意.
getreulich 膕 事実のままに; 忠実に.
Getriebe 囲《-s/-》伝動装置, ギア装置; 雑踏, 混雑, 喧噪.
getrieben ⇒ treiben **getrocknet** ⇒ trocknen **getroffen** ⇒ treffen, triefen **getrogen** ⇒ trügen **getropft** ⇒ tropfen
getrost 安心した.
getröstet ⇒ trösten **getrübt** ⇒ trüben **getrunken** ⇒ trinken
Getto 囲《-s/-s》ゲットー(ユダヤ人居住区域);(社会的少数民・貧民などの住む)スラム街.
Getue 囲《-s/》《話》気取り; 空騒ぎ.
Getümmel 囲《-s/》雑踏, 人込み.
geübt (→ üben) 慣れた, 熟達(熟練)した. **geurteilt** ⇒ urteilen

gewerkschaftlich

GeV 略 *Gigaelektronenvolt* ギガく10億〉電子ボルト.

GEW 略 *G*ewerkschaft *E*rziehung und *W*issenschaft (ドイツの)教員組合.

Gewächs [ゲヴェクス] 中 ((-es/-e)) ❶ 植物. ❷ …年もの〈…産〉のワイン. ❸ 〖医〗はれもの, 腫瘍(ほる). ❹ 〘話〙人物.

gewachsen (→ wachsen) 形 叙述的なままの: 成長した: 〈j-et³〉(…に)対処できる, 〈人に〉比肩できる. ♦ **~ fühlen** ⟨*sich*⁴ et³⟩ (…を)やりおおせると思う.

Gewächshaus 中 温室.

gewagt (→ wagen) 形 大胆な, 思い切った: きわどい: 洗練された, 抜け目のない.

gewählt (→ wählen) 形 洗練された, 抜け目のない.

gewahr ♦ **~ werden** ⟨j-et⁴⁽²⁾⟩ (…に)気づく.

Gewähr 女 ((-/-)) 保証. ♦ **~ leisten** ⟨**für** j-et⁴⟩ (…を)保証する.

gewahren (…に)気づく, 見つける.

gewähren [ゲヴェーレン] 他 ❶ ⟨*j³ et⁴*⟩ 〘雅〙⟨人³に〉かなえる, 認める; 与える, 授ける. ♦ **~ lassen** ⟨*j⁴*⟩ (人の)したいように(好きなように)させる.

gewährleisten ⇒ Gewähr ♦ **Gewährleistung** 女 保証; 担保.

Gewahrsam 男 ((-s/)) 保管; 拘禁, 拘置.

Gewährs|**mann** 男 保証人, (信頼できる)情報提供者, 消息筋.

gewährt⇒ gewähren, währen **gewährte**⇒ gewähren

Gewährung 女 ((-/-en)) 供与, 許可.

Gewalt [ゲヴァルト] 女 ((-/-en)) ❶ ⟨ⓔ power⟩権力, 権限, 支配権: **die ausführende** ⟨**gesetzgebende, richterliche**⟩ **~** 行政⟨立法, 司法⟩権. ❷ 暴力, 腕力, 強制: **~ in den Schulen** ⟨**im Familienkreis**⟩ 校内〈家庭内〉暴力 ❸ 威力, 猛威, 激しさ. ♦ **~ antun** ⟨*j-et³*⟩ (事実などに)わい曲する: 〈人に〉暴力を振るう; 〈人を強姦(ᆲ)する; ⟨*sich³*⟩ 自制する. **~ über j⁴ haben** 〈人を〉支配〈思いどおりに〉する. **höhere ~** 不可抗力. **in der ~ haben** ⟨*j-et⁴*⟩ (…を)コントロールできる. **in** ⟨*unter*⟩ **seiner ~ haben** 〈人を〉意のままにする. **in** ⟨*unter*⟩ *j³ s* **stehen** 〈人・物が人の〉なすがままにある. **mit aller ~** 全力で: 絶対に, なんとしても. **mit** ⟨*roher*⟩ **~** 力ずくで, 無理やりに. **=akt** 男 実力行使.

gewaltbereit 形 暴力行使の構えの, 暴力を辞さない.

Gewalten|**teilung** 女 〖政〗三権分立.

Gewaltfilm 男 暴力〈ヴァイオレンス〉映画.

gewaltfrei 形 暴力を用いない, 暴力によらない.

Gewaltherrschaft 女 圧制, 専制〈政治〕.

gewaltig [ゲヴァルティヒ] 形 強力な; 偉大な; 巨大な; (支配者などの)権力のある; 大変な数⟨量〉の, のすごい.

Gewalt-**kriminalität** 女 暴力犯罪. **=kultur** 女 暴力〈容認⟨賛美⟩の〉文化.

gewaltlos 形 非暴力の, 暴力によらない.

Gewalt-**marsch** 男 強行軍. **=maßnahme** 女 強制措置〈執行〉. **=monopol** 中 (国家・組織の)暴力の独占. **=potenzial, =potential** 中 潜在的暴力.

gewaltsam 形 力ずくの, 暴力による, 強制的な; 横暴な.

Gewalt-**szene** 女 (映画などの)暴力シーン. **=tat** 女 暴力行為.

gewalttätig 形 乱暴な. **Gewalttätigkeit** 女 乱暴なこと; 暴力行為.

Gewaltverzichts-**abkommen** 中 〘政〗武力不行使協定.

Gewand 中 ((-[e]s/..wänder (-e)) 〘雅〙式服, 礼服, 装束; 装い, 外見.

gewandelt ⇒ wandeln **gewandert** ⇒ wandern

gewandt [ゲヴァント] (→ wenden) 形 達者な, 上手な, 巧みな, 有能な; 抜け目がない, 如才ない. **Gewandtheit** 女 ((-/)) 器用, 達者; 練達, 熟練; 機敏, 敏活.

gewankt ⇒ wanken **gewann** ⇒ gewinnen **gewarnt** ⇒ warnen **gewartet** ⇒ warten

gewärtig ♦ **~ sein** ⟨⟨*sich*⟩ *et²*⟩ (…を)予期⟨覚悟〉している. **gewärtigen** 〘雅〙期待⟨予期〉する: 覚悟する.

Gewäsch 中 ((-es (-s) /)) 〘話〙むだ口, むだ話, おしゃべり.

gewaschen ⇒ waschen

Gewässer 中 ((-s/-)) 水のある所(河川・湖沼・海洋の総称), 水域(海洋などの)水.

Gewebe [ゲヴェーベ] 中 ((-s/-)) ❶ ⟨ⓔ fabric⟩織物, 布地; 網目: **ein ~ von Lügen** うその百. ❷ 〘生〗〖医〗組織. **=breite** 女 (布地の)織り幅, 布幅. **=probe** 女 〖医〗組織検査, 組織診.

gewechselt ⇒ wechseln **geweckt** (→ wecken) 形 機敏な, 利発な.

Gewehr [ゲヴェーア] 中 ((-[e]s/-e)) ⟨ⓔ rifle⟩ 〖小銃, 銃器, 鉄砲, 猟銃: **Das über!** 担え銃(つ)(号令). **Die ~e zusammen!** 銃を組め! **ab!** 立て銃(号令). **~ bei Fuß stehen** 立て銃の姿勢でいる; 身構えている. **Präsentiert das ~!** ささげ銃(号令). **Ran an die ~e!** 〘話〙さあ始めよう; もたもたするな.

gewehrt ⇒ wehren **geweht** ⇒ wehen **geweigert** ⇒ weigern

Geweih 中 ((-[e]s/-e)) (シカなどの)角(3).

geweint ⇒ weinen

Gewerbe [ゲヴェルベ] 中 ((-s/-)) ⟨ⓔ trade⟩商業・サービス業などの)業, 生業. ♦ **das älteste ~ der Welt** 売春. **das horizontale ~** 売春〘婦〙. **=abfall** 男 産業廃棄物. **=aufsichtsamt** 中 労働基準監督署. **=betrieb** 男 営業(商店・会社・工場などの)経営. **=schule** 女 職業〈専門〉学校. **=steuer** 女 営業税.

gewerblich 形 営業〘上〕の. **gewerbsmäßig** 形 職業としての, 商売の.

Gewerkschaft [ゲヴェルクシャフト] 女 ((-/-en)) 労働組合, 組合.

Gewerkschafter 男 ((-s/-)) ⟨ⓕ **-in**⟩ 労働組合員. **gewerkschaftlich** 形 労働組合の.

Gewerkschafts=funktionär 男 労働組合幹部. **=mitglied** 甲 労働組合員.

gewesen (→ sein) かつての，昔の. **Gewesene[s]** 甲 《形容詞変化》過ぎたこと，昔のこと，過去.

gewettet ⇨ wetten **gewichen** ⇨ weichen **gewichst** (→ wichsen) 男 《話》ずるい，抜け目ない.

Gewicht [ゲヴィヒト] 甲 《-[e]s/-e》 ❶ 《砂 weight》重さ，重量；体重，目方；重力. ❷ 重要性，重み. ❸ (はかりの)分銅，(振り子時計などの)おもり. ✦ *ein ganzes ~ in die Waagschale werfen* 全力を尽くす. *~ auf et⁴ legen / 《雅》~ beilegen* [*beimessen, geben*] (…に)重要視する. [*schwer*] *ins ~ fallen* (ある物が)重要である. *von ~* 重要な(重大な).

=heben 甲 《砂》重量挙げ.

gewichtig 重大(重要)な；重い，どっしりとした.

Gewichts=klasse 女 《砂》(ボクシングなどの)体重別クラス. **=kontrolle** 女 ウェートコントロール；重量制限. **=verlust** 男 体重(重量)の減少.

gewickelt ⇨ wickeln
gewidmet ⇨ widmen
gewieft 《話》抜け目のない，したたかな. **gewiegt** (→ wiegen) 《話》老練な. **gewiesen** ⇨ weisen
gewillt [+ zu 不定詞句] (…する)つもりの.

Gewimmel 甲 《-s/-》雑踏；群衆.
Gewimmer 甲 《-s/-》しくしく泣くこと.
Gewinde 甲 《-s/-》ねじ(溝)；(花・葉・小枝で編んだ)花輪.
gewinkt ⇨ winken

Gewinn [ゲヴィン] 男 《-[e]s/-e》 ❶ 《砂 profit》利益，収益，利得. ❷ 当たりくじ，賞金. ✦ *~ bringend* 利益をもたらす，もうかる，有益な. *~ ziehen* [*schlagen*] (*aus et³*) (…から)利益を得る. *von großem ~ sein* [*für j⁴*] (人に)大いにためになる. **=abführungsvertrag** 男 《経》利益支払い契約. **=anteil** 男 利益配当，〔利益〕配当金. **=anteilschein** 男 〔利益〕配当証券，利札. **=beteiligung** 女 (従業員への)利潤分配〔制度〕；利益参加.

gewinnbringend ⇨ **Gewinn**.
gewinnen* [ゲヴィネン] (*Gewann; gewonnen*) ❶ 《砂 win》手に入れる，取得する，獲得する，勝ち取る；(*j⁴ für et⁴*) (人を…の)味方にする；(…に)(ある場所に)行き着く. ❷ (争いに)勝つ. ❸ (くじ(の賞金)を)(くじに)当たる，(印章などに)よくなる，引き立つ；(*an et³*) (…で)増す. ❹ (石炭などを)掘り出す，採掘する. ✦ *Wie gewonnen, so zerronnen*, 《諺》悪銭身につかず. **gewinnend** 魅力的な，人を引きつける.

Gewinner 甲 《-s/- -in》勝者；受賞者，当選者. ✦ *auf der ~ Seite sein* 勝利への道を歩み，勝利を目前にしている.

Gewinn=liste 女 入賞者名簿，当選番号表. **=los** 甲 当たりくじ. **=nummer** 女 《砂 Gewinnnumber》(くじなどの)当たり番号. **=quote** 女 利益(利潤)率.

=rechnung 女 利益計算. **=spanne** 女 利幅，差益，マージン. **=sucht** 女 利欲，欲張り.

gewinn=süchtig 利欲にかられた，欲深い. **=trächtig** 利益をもたらすような.

Gewinn-und-Verlust-Rechnung 女 《簿》損益計算[書].
Gewinnung 女 《-/-en》産出，採掘.
Gewinnvortrag 男 《簿》(前期からの)利益繰越金.

Gewinsel 甲 《-s/》犬がクンクン鳴くこと；哀願，哀願.

gewirkt ⇨ wirken

Gewirr 甲 《-[e]s/-e》もつれ，絡まったもの；混乱，雑踏.

gewischt ⇨ wischen
gewispert ⇨ wispern
gewiss (《砂 **gewiß**) [ゲヴィス] I 《(gewisser, gewissest)》 ❶ 《砂 sure》確実な；(*et²*) (…に)確信している. ❸ ある程度の；ある〔種の〕，なんらかの. II きっと，必ず. ✦ *Aber* [*ganz*] *~!* もちろん. *~, aber …* 確かに…

Gewissen [ゲヴィッセン] 甲 《-s/-》《砂 conscience》良心，道徳心，善悪の観念；*ein gutes* [*schlechtes*] *~ haben* (心にやましいところがある・ない). ✦ *auf dem ~ haben* (*j-et⁴*) (悪事などを)働いている；(…に)責任がある. ✦ (人の)不安に責任がある. *ein* [*kein*] *~ aus et³ machen* [*sich³*] (…に)後ろめたさを感じる(感じない). *ins ~ reden* (人の)良心に訴える；(人を)いさめる. *ruhigen ~s / mit ruhigem ~* 良心にやましさを感じることなく. *J³ schlägt das ~*. (人は)良心の呵責(*かしゃく*)を感じている. *schwer aufs ~ fallen* (人の)心に重くのしかかる.

gewissen=haft [ゲヴィッセンハフト] 良心的な，丁寧な，きちょうめんな，きちんとした. **=los** 良心(道徳観念)のない，無節操な，いいかげんな.

Gewissens=bisse 複 良心の呵責(*かしゃく*)，やましさ. **=frage** 女 良心の問題. **=freiheit** 女 良心に従って行動する自由. **=konflikt** 男 良心の葛藤(*かっとう*). **=täter** 男 良心に従って法を犯す人，確信犯.

gewissermaßen [ゲヴィッサーマーセン] 言うなれば；ある程度に，ある意味で.
Gewissheit (《砂 Gewiß..》) 女 《-/-en》確信；確実性.

Gewitter [ゲヴィッター] 甲 《-s/-》《砂 thunderstorm》雷雨，(激しい雨を伴う)雷雨. **gewittern** 《砂 Es gewittert.》雷雨になる；雷が鳴り稲妻が走る.

Gewitter=regen 男 雷雨. **=stimmung** 女 雷雨(あるいは)の来そうな気配. **=wolke** 女 雷雨雲.

gewittrig 雷雨の[来そうな].
gewitzigt (経験を積んで)利口になった.
gewitzt 《砂》抜け目のない.

gewoben ⇨ weben **gewogen** ❶ (→ wiegen) 《雅》(*j³*) (人に)好意的な. ❷ ⇨ wägen **gewogt** ⇨ wogen

gewöhnen [ゲヴェーネン] (gewöhnte; gewöhnt) 《砂 accustom》(*j⁴ an et⁴*) (人を…に)なじませる，慣れさせる；(*sich³ an j-et⁴*) (…に)なじむ，慣れる.

Gewohnheit [ゲヴォーンハイト] 囡 ⟨-/-en⟩ ⓖ habit⟩(個人の)習慣, 癖, 習性; ⓖ custom⟩(文化・社会的な)慣習. ◆ *aus reiner ~* 癖で. *zur ~ machen* ⟨*sich*[*et*⁴]⟩ ⟨…を⟩習慣とする.

gewohnheits-gemäß 圏 習慣に従った, いつもような. **=mäßig** 圏 習慣的な, いつもの; 習性による.

Gewohnheits=mensch 男 決まりきった生活をする人. **=raucher** 男 常習の喫煙者. **=recht** 囲 常習の, 慣習的な. **gewohnheitsrechtlich** 圏

Gewohnheits=tier 中 = Gewohnheitsmensch. **=trinker** 男 飲酒常習者. **=verbrecher** 男 常習犯[罪者].

gewöhnlich [ゲヴェーンリヒ] ❶ ⟨ⓖ common⟩普通の, ありふれた; いつもの. ❷ ⟨蔑⟩下品な.

gewohnt ❶ → wohnen ❷ ⟨*sich*⁴⟩~ *sein* [*et*⁴] ⟨…に⟩慣れている.

gewöhnt ⇒ gewöhnen

Gewöhnung 囡 ⟨-/⟩ 慣れ; 順応.

Gewölbe 囲 ⟨-s/-⟩ 丸天井, 丸屋根, かまぼこ屋根; 丸天井の部屋.

gewölbt (→ wölben) 圏 アーチ形の, 丸天井の; 隆起した. **gewollt** (→ wollen) 圏 わざとらしい. **gewönne** ⇒ gewinnen **gewonnen** ⇒ gewinnen **geworben** ⇒ werben **geworden** ⇒ werden **geworfen** ⇒ werfen **gewrungen** ⇒ wringen

Gewühl 中 ⟨-[e]s/-e⟩ ごった返すこと, 乱雑さ; (引き出しなどを)ひっかき回すこと.

gewunden (→ winden) 圏 回りくどい; (道・川などが)曲がりくねった. **gewundert** ⇒ wundern **gewünscht** ⇒ wünschen **gewürfelt** (→ würfeln) 圏 市松模様の, チェックの.

Gewürm 中 ⟨-[e]s/-e⟩ ⟨集合的で⟩虫, 虫けら.

Gewürz [ゲヴュルツ] 中 ⟨-es/-e⟩ ⟨ⓖ spice⟩香辛料, 薬味, スパイス; 調味料. **gewürzig** 圏 スパイスの効いた.

Gewürznelke 囡 ⟨植⟩ チョウジ(丁子), クローブ.

gewusst ⟨ⓖ gewußt⟩ ⇒ wissen **gewütet** ⇒ wüten

gez. 略 gezeichnet 署名のある. **gezahlt** ⇒ zahlen **gezählt** ⇒ zählen

Gezänk 中 ⟨-[e]s/-⟩ ⟨絶え間ない⟩けんか, 口論.

gezeichnet (→ zeichnen) 圏 ⟨…の⟩模様のある; ⟨*von et*³⟩ ⟨病気・死などの⟩兆候の表れた. **gezeigt** ⇒ zeigen

Gezeiten 圏 ⟨潮の⟩干満. **=kraftwerk** 中 潮力発電所. **=wechsel** 男 ⟨潮の⟩干満の交代.

gezerrt ⇒ zerren **geziehen** ⇒ zeihen **gezielt** (→ zielen) 圏 ねらいを定めた, 的を射た.

geziemen ⟨*sich*⁴⟩ ふさわしい, 適切である; ⓖ ⟨*j*³⟩ ⟨人に⟩ふさわしい. **~d** 圏 ふさわしい.

geziert (→ zieren) 圏 気取った, わざとらしい.

Gezirpe 中 ⟨-s/-⟩ 虫の鳴き声.

gezittert ⇒ zittern **gezogen** ⇒ ziehen **gezögert** ⇒ zögern **gezuckt** ⇒ zucken **gezweifelt** ⇒ zweifeln

---

gezwickt ⇒ zwicken

Gezwitscher 中 ⟨-s/⟩ ⟨絶え間ない⟩さえずり; ⟨にぎやかな⟩おしゃべり.

gezwitschert ⇒ zwitschern **gezwungen** (→ zwingen) 圏 不自然な, わざとらしい. **gezwungenermaßen** 圖 強制的に, いやおうなしに; しかたなく.

gg Gauge ゲージ. **GG** 略 Grundgesetz 基本法. **ggf.** 略 gegebenenfalls. **ggT, g.g.T.** 略 größter gemeinsamer Teiler ⟨数⟩ 最大公約数. **GH** 略 Gesamthochschule.

Ghana ガーナ(アフリカ西部の共和国).

gib ⇒ geben

Gibraltar ジブラルタル(イベリア半島南端のイギリス植民地); *die Meerenge von* ~ ジブラルタル海峡. **Gibraltarer** 男 ⟨-s/-⟩ ジブラルタル人. **gibraltarisch** 圏 ジブラルタル[人]の.

gibst ⇒ geben

gibts, gibt's = gibt es. **gibt** ⇒ geben

Gicht 囡 ⟨-/⟩ ⟨医⟩ 痛風. **gichtbrüchig, gichtisch** 圏 痛風にかかった.

gicks 圖 ◆ *weder ~ noch gacksen* ⟨*wissen, verstehen*⟩ ⟨話⟩なんにも分からない/知らない.

Giebel 男 ⟨-s/-⟩ ❶ ⟨建⟩切り妻, 破風; 切り妻壁; ⟨戯⟩鼻. ❷ ⟨魚⟩フナ(鮒).

Gier 囡 ⟨-/⟩ 渇望, 貪欲⟨nach et³⟩. **gierig** 圏 貪欲な; …を渇望している.

gießen* [ギーセン] ⟨goss, ge=goss=en⟩ ⓗ ❶ ⟨ⓖ pour⟩注ぐ; ⟨植物に⟩水をやる. ❷ こぼす. ❸ ⟨溶かした金属を⟩流し込む, 鋳造する. ◆ *Es gießt in Strömen*. どしゃ降りである.

Gießen 中 ギーセン(ドイツ中部の工業都市).

Gießer 男 ⟨-s/-⟩ 鋳造(鋳物)工.

Gießerei 囡 ⟨-/-en⟩ 鋳造工場, 鋳造所; 鋳造[術].

Gießkanne 囡 じょうろ. ◆ *die ~ verbiegen* ⟨*sich*⁴⟩ ⟨俗⟩ ⟨男が⟩性病にかかる.

Gift [ギフト] 中 ⟨-[e]s/-e⟩ ⟨ⓖ poison⟩毒, 毒薬; 毒物. ◆ *Darauf kannst du ~ nehmen.* ⟨話⟩それは請け合うよ; それは絶対確実だ. *ein blondes* ~ ⟨話⟩魅惑的なブロンド美人. ~ *sein für j*¹ ⟨ある事が人にとって⟩有害である. ~ *und Galle speien* ⟨*spucken*⟩ ⟨話⟩当たり散らす; 怒りを爆発させる. ~ *versprizen* ⟨*versprühen*⟩ 毒舌を吐く, *voller* ~ *sein* 憎しみに満ちている. **=abfall** 男 有毒の⟨廃棄物⟩.

giften ❶ ⟨話⟩ ⟨人を⟩怒らせる; ⟨*sich*⁴ [*über et*⁴]⟩ ⟨…のことで⟩怒る. ❷ 有毒な, 悪意をつく.

Gift=gas 中 毒ガス.
gift=grün 圏 毒々しい⟨どぎつい⟩緑色の.
=haltig 圏 有毒の.

giftig 圏 毒[性]の; ⟨話⟩憎悪のこもった, とげのある; どぎつい, 毒々しい.

Giftler 男 ⟨-s/-⟩ ⟨ジューゲント⟩ 麻薬中毒者⟨常用者⟩.

Gift=mischer 男 毒を盛る人; 毒殺者; ⟨戯⟩薬剤師; 医師. **=müll** 男 有毒廃棄物. **=pflanze** 囡 有毒植物. **=pilz** 男 毒キノコ. **=schlange** 囡 毒蛇. **=stoff** 男 有毒物, 毒素. **=zahn** 男 (蛇の)毒

Giga.. 264

牙．◆ **die ~ ausbrechen**〈**ziehen**〉〖ﾌﾞ〗(人の)毒気を抜く，毒舌を封じる．
Giga..〖略〗ギガ・・(単位名と10億：〖記号〗G)．**Gigabyte**〖中〗〖電算〗ギガバイト．
Gigant〖男〗〈-en/-en〉〖雅〗〖神〗ギガンテス(巨人族); 巨漢．**gigạntisch**〖形〗巨人のような; 巨大な; 法外な．
Gigantomaníe〖女〗〈-/-n〉巨大癖，巨大マニア，偏執狂的巨大嗜好．**gigantománisch**〖形〗巨大癖(マニア)の．
Gịlde〖女〗〈-/-n〉①〖史〗ギルド(中世ヨーロッパの同業者組合); (趣味・利害などを同じくする人々の)協会，同好会．
gilt, gịltst ⇒ gelten
Gịmpel〖男〗〈-s/-〉①〖鳥〗ウソ; ②〖話〗お人よし．
Gịn〖中〗〈-s/-s〉ジン．
ging, gịnge ⇒ gehen
Gịnk[g]o, Gịnkjo〖男〗〈-s/-s〉〖植〗イチョウ．
Gịnster〖男〗〈-s/-〉〖植〗エニシダ．
Gịpfel［ギプフェル］〖男〗〈-s/-〉① (＠peak)頂上，頂上; (方)こずえ，頂点，絶頂，極致．② (＠summit)最高首脳会議，サミット．◆ **Das ist [doch] der ~!**〖話〗ずうずうしいにも程がある．
=diplomatíe〖女〗首脳(サミット)外交．**=konferénz**〖女〗首脳会議，サミット．**=kreuz**〖中〗山頂の十字架．
gịpfeln〖自〗〈**in** et³〉(・・においで)頂点(最高潮)に達する．
Gịpfel=punkt〖男〗頂点，絶頂．**=treffen**〖中〗首脳会議，サミット．
Gịps〖男〗〈-es/-e〉石膏〖ゲ〗; ②〖医〗ギプス．
gịpsen〖他〗〈(眼をとじに)しっくいを塗る; 石膏〖ゲ〗で補修する; 〖話〗〖腕などに〗ギプスをはめる．
Gịps=figúr〖女〗石膏〖ゲ〗像．**=verbạnd**〖男〗〖医〗ギプス[包帯]．
Giráffe〖女〗〈-/-n〉〖動〗キリン．
Giralgeld［ジラールゲルト］〖中〗〖商〗振替(※※※)貨幣．
Girạnt〖男〗〈-en/-en〉〖商〗裏書人，譲渡人．**Girát**〖男〗〈-en/-en, Giratár〉〈-s/-e〉〖商〗被裏書人，譲受人．**Giro** ⇒ Giro **girieren**〖他〗(手形・証券などに)裏書きする．
Girl〖女〗〈-s/-s〉〖話〗少女，女の子; 踊り子，ダンサー．
Girlạnde〖女〗〈-/-n〉花飾り，花綵(※※)．
Giro［ジーロ］〖男〗〈-s/-s または...ri〉〖商〗預金振替; (手形の)裏書き; 振替．**=kónto**〖中〗振替口座．**=verkéhr**〖男〗振替決済制度．**=zentrále**〖女〗振替決済銀行．
gịrren〖自〗(ハトが)クウクウ鳴く; こびを含んだ[泣かれた]声で話す[鳴く]．
gịs, Gịs〖中〗〈-/-〉〖楽〗嬰(宀)ト(音名); (gis)〖記号〗嬰(宀)ト短調．
Gischt〖女〗〈-[e]s/-e, 男〉〈-[e]s/-en〉泡立つ波; (波の)泡立ち，しぶき．
Gisela〔女名〕ギーゼラ．
gịs-Moll〖中〗〈-/-〉〖楽〗嬰(宀)ト短調(gis記号)．
Gitárre［ギター］〖女〗〈-/-n〉ギター．
Gịtter［ギター］〖中〗〈-s/-〉① 格子(格子状の)柵(⛩)．②〖電〗グリッド，メッシュ電極．③ (地図の)基盤目，方眼; 〖印〗回折格子．④〖化〗結晶格子．◆ **hinter ~ bringen**〖話〗(人を)監獄にぶち込

む．**hinter ~n sịtzen**〖話〗監獄に入っている．**=bett**〖中〗柵(§)つきベッド．**=fenster**〖中〗格子窓．**=tor**〖中〗格子門．**=zaun**〖男〗格子垣．
GKH〖略〗**Gelbkörperhormón** 黄体ホルモン．
Glacé, Glaceé［グラセー］〖男〗〈-[s]/-s〉光沢のある織物; = Glacéleder．**=handschuh**〖男〗①グラセキッドの革製の手袋．② **mit ~ anfassen**〖話〗(・・に)はれものに触るようにていねいに取り扱う．**=leder**〖中〗グラセキッドの革．
Gladióle〖女〗〈-/-n〉〖植〗グラジオラス．
glamourös〖形〗魅力に満ちた，魅力的な．
Glạnz［グランツ］〖男〗〈-es/-〉(＠shine)輝き，つや，光沢，栄光．◆ **mit ~ [und Gloria]**〖話〗みごとに．
glạnzen［グレンツェン］〖自〗(glänzte; geglänzt)① (＠shine)輝く，きらめく; (人が)目立つ，抜きんでている．② (紙に)光沢をつける．**~d**〖形〗輝く，きらめく．② 輝かしい，みごとな．
Glạnz=leder〖中〗つや出し革，エナメル革．**=leistung**〖女〗輝かしい実績．**=licht**〖中〗光沢，つや; (絵画の)光彩，ハイライト; (催し物などで)見せ場，ハイライト．
glạnzlos〖形〗光沢(つや)のない; さえない．
Glạnz=nummer〖女〗(サーカスなどの)人気のある出し物，呼び物．**=papier**〖中〗光沢紙，つや紙．**=politúr**〖女〗つや出し剤．**=punkt**〖男〗最高潮，クライマックス．
glạnzte ⇒ glänzen
glạnzvoll〖形〗輝かしい; 際立って見事な．
Glạnzzeit〖女〗全盛(隆盛)期，黄金時代．
Glas［グラース］〖中〗〈-es/Gläser〉(@glass)ガラス，① **Gläschen**〖中〗① ガラス，コップ; ガラス容器，ガラス瓶; ガラスコップ一杯の量; ガラス瓶一杯の量．③ 眼鏡(のレンズ); 望遠鏡; オペラグラス．◆ **ein ~ über den Durst trinken / zu tief ins ~ gucken〈schauen〉**〖話〗〖戯〗酒を飲み過ぎて酔っ払う．
glasartig〖形〗ガラス状の．
Glas=auge〖中〗義眼; (人形などの)ガラスの目．**=behälter**〖男〗ガラス容器．**=bläser**〖男〗ガラス吹き工．
Gläser〖男〗〈-s/-〉ガラス職人．**Gläser** ⇒ Glas **Glaseréi**〖女〗〈-/-en〉ガラス店; ガラス工業．
gläsern〖形〗ガラス[製]のような．
Glas=faser〖女〗グラスファイバー，ガラス繊維．**=haus**〖中〗(ガラスの)温室．◆ **Wer [selbst] im ~ sịtzt, soll nicht mit Steinen werfen**．〖諺〗すねに傷を持つものは他人のことをとやかく言うな．**=hütte**〖女〗ガラス工場．
glasíeren〖他〗(陶器などに)上薬をかける; ほうろうを引く; (菓子に)糖衣をつける．
glasig〖形〗ガラスのような(状の); 透明な; 冷たく光る; (目が)どろんとした，うつろな．
Glas=kasten〖男〗ガラス箱，ガラスケース; ガラス張りの小部屋; (ガラス屋根の)温床．
glasklar〖形〗ガラスのように澄んだ[透明な]; 明白な．
Glasmaleréi〖女〗ステンドグラス[画法]．
Glas=nudel〖女〗〖料〗透明ヌードル(はるさめなど)．**=palást**〖男〗(童話の)ガラスの城; 〖話〗ガラス窓のたくさんあるビル．**=röhre**〖女〗ガラス管．**=scheibe**〖女〗板

ガラス. **=scherbe** 囡 ガラスの破片. **=schrank** 男 ガラス戸棚. **=tür** 囡 ガラス扉(戸).

Glasur 囡 ⟨-/-en⟩ (陶器の)上薬, エナメル, ほうろう; (菓子の)糖衣.

glatt 形 ⟨glätter, glättest⟩ Ⅰ 形 ❶ (⊕ level)平らな(に), 平たい. ❷ (⊕ smooth)滑らかな(に), すべすべした; 円滑な, 差し障りのない: ein ~er Bruch 骨の単純骨折. ❸ 話 明らかな, まったくの. Ⅱ 副 ❶ すっきりと; まったく, すっかり. ◆ ~ **hobeln** [et⁴] (材木に)かんなをかけて滑らかにする. ~ **machen** (…の)しわを伸ばす. ~ **streichen** [et⁴] (布などの)しわを伸ばす; (髪を)撫で付ける. ~ **ziehen** [et⁴] (…を)引っ張って平らにする, (…の)しわを伸ばす. **Glätte** 囡 ⟨-/⟩ 滑らかさ, 平滑; 滑りやすいこと; (腹)如才なさ.

Glatt=eis 中 ⟨-es/⟩ (路面などの)つるつるの氷, 路面凍結. ◆ **aufs ~ führen** 話 (人を)危険な状況に誘い込む. **aufs ~ geraten** 知らないうちに困難な状況にはまり込む; (議論などに)どうしようもなくなる.

glätten 動 滑らかにする; (文などに)磨きをかける; (興奮などを)静める; ⟨sich⟩ 滑らかになる; (波などが)なぐ.

glätter, glättest ⇒ glatt

glatt=hobeln 他 ⟨◇◆⟩ (勘定を)精算する. ⇒ glatt ◆ **=machen**

glattstellen 他 [商] 清算〔皆済〕する. **Glattstellung** 囡 ⟨-/⟩ 清算, 差引勘定.

glatt=streichen* 他 ⇒ glatt ◆

glattweg 副 話 ちゅうちょせず, きっぱりと, あっさりと; まったく, 完全に.

glatt=ziehen* 他 ⇒ glatt ◆

glattzüngig 形 口のうまい, お世辞のじょうずな.

Glatze 囡 ⟨-/-n⟩ はげ(頭).

glatzköpfig 形 頭のはげた.

Glaube [グラオベ] 男 ⟨-ns,-ns・2格・4格-n, 複数-n⟩ ❶ (⊕ belief)信念, 確信, 信頼. ❷ 信仰, 宗教. ◆ **in gutem ~n / im guten ~n** そうすることが正しいと思って.

glauben [グラオベン] 動 ⟨glaubte; geglaubt⟩ ❶ (⊕ believe)信じる: …だと思う; (+ dass 文または zu 不定詞句) …と思う. ❷ 動 ⟨j-et³⟩ (…を)信じる. 信用する: *an j-et⁴* (…を)信仰する, (…の)存在を信じる; 信仰している. ◆ *Das ist doch kaum ⟨nicht⟩ zu ~.* 前代未聞だ. *dran ~ müssen* 話 いやをやめて合わせにする; 死ぬはめになる. *~ machen wollen* [*j⁴ et⁴*] (人に…を)信じ込ませようとする. *Ich glaube gar!* 話 とんでもない. *Wer's glaubt, wird selig.* 話 驚き感心して信じられない話だ.

Glaubens=bekenntnis 中 信仰告白; 宗教 信条; 信念. **=frage** 囡 信仰⟨宗教⟩の問題. **=freiheit** 囡 信教の自由. **=sache** 囡 信仰に関する事柄, 信仰の問題. **=wechsel** 男 改宗.

glaubhaft 形 信用できる, 信頼し得る, 本当の⟨事実らしい⟩.

gläubig 形 信心深い, 敬虔(ケイ)な; 信用しきった. **Gläubige[r]** 男 囡 ⟨形容詞変化⟩ 信者. **Gläubiger** 男 ⟨-s/-⟩ ⟨~-in⟩ 債権者. **Gläubigkeit** 囡 ⟨-/⟩ 信心深いこと, 敬虔(ケイ); 深い信頼.

glaublich 形 ◆ *Das ⟨Es⟩ ist kaum ~.* それはとても信じられない.

glaubte ⇒ glauben

glaubwürdig 形 信じる価値のある, 信頼するに足る.

Glaukom 中 ⟨-s/-e⟩ 医 緑内障.

glazial 形 氷河の; 氷河時代の.

gleich [グライヒ] Ⅰ 形 ❶ (⊕ equal)同じ(に), 等しく(い), イコールの; 類似の, 似通った: ~er Lohn für ~e Arbeit 同一労働同一賃金. ◆ 話 ⟨j³⟩ (人にとって)どうでもよい, 重要でない. ❷ ⟨数詞といっしょに⟩ 同じ. ❸ 〈疑問文・要求文などの中で〉 いったい, いくら〜でも. ◆ ~ **bleiben** 同じままである, 変わらない. ~ **bleibend** 不変の, 一定の, いつもと同じ. ~ **gesinnt** 同じ考えの, 志の. ~ **gestellt** (地位・等級などが)同等⟨同格⟩の. ~ **gestimmt** 同じ気持ちの, 同意の. ~ **lautend** 同文の; 同じ音の. **Gleich und Gleich gesellt sich gern.** [俗諺] 類は友を呼ぶ. **=altrig** 同じ年齢の, 同じ年の. **=artig** 同種の, 同質の; 非常によく似た. **Gleichartigkeit** 囡 ⟨-/⟩ 同種性, 同質.

gleichauf 副 同順位で, 同点で.

gleichbedeutend 形 同じ意味の.

Gleichbehandlung 囡 平等な扱い.

gleichberechtigt [グライヒベレヒティヒト] 形 同等の権利を持った. **Gleichberechtigung** 囡 ⟨-/⟩ 権利の平等, 男女同権.

gleich=bleiben*, ~bleibend ⇒ gleich ◆

Gleiche ⇒ Gleiche[s]

gleichen* [グライヒェン] 動 ⟨glich; geglichen⟩ ⟨j-et³⟩ (…に)似ている.

gleich=erbig 形 ⟨遺伝⟩ (遺伝子が)同型⟨ホモ⟩接合の.

gleichermaßen 副 同様に, 同じく.

Gleiche[s] 中 ⟨形容詞変化⟩ 同じ⟨同様の⟩もの. ◆ *Das kommt ⟨läuft⟩ auf das Gleiche hinaus.* 同じことになる. *Gleiches mit Gleichem vergelten* 同じことをやり返す, しっぺ返しする.

gleich=falls [グライヒファルス] 副 同じく, 同様に: *Schönes Wochenende! – Danke, ~!* よい週末を – ありがとう, あなたも. **=förmig** 形 同形の, 同様な; 単調な. **Gleichförmigkeit** 囡 ⟨-/⟩ 同形, 一様, 画一性; 単調⟨なこと⟩.

gleich=gesinnt, =gestellt, =gestimmt ⇒ gleich ◆

Gleichgewicht 中 ⟨-[e]s/⟩ (⊕ balance)釣り合い, 均衡, バランス; 落ち着き. ◆ **aus dem ~ kommen ⟨geraten⟩** バランスを失う; 度を失う. **das ~ halten ⟨verlieren⟩** バランスを保つ⟨失う⟩. **im ~ sein** 釣り合いがとれている. **ins ~ bringen** (…を)安定させる; 落ち着かせる.

gleichgültig [グライヒギュルティヒ] 形 無関心な, 無頓着な, 冷淡な; ⟨j³⟩ (人にとって)どうでもよい, 重要でない: *Es ist* [*mir*] *~, ob …* …かどうかは[私には]どう

Gleichgültigkeit 女 《-/》無関心, 冷淡.
Gleichheit 女 《-/》同じであること；同等；平等. **~s=zeichen** 中 《数》等号.
Gleichklang 男 《音の》和, 調和；一致.
gleich=kommen* 自 (s) 《*j³*に》同じである；匹敵する. **laufend** 形 《*mit*...と》平行の, 平行する. **=lautend** 形 《*mit*...と》gleich ♦ **=machen** 他 等しくする, 等分（平等）にする.
Gleich=macherei 女 《-/-en》《蔑》〔形式的な〕平等主義, 悪平等. **=maß** 中 均衡, 均斉, 規則正しいこと.
gleichmäßig 形 一様な, 規則正しい；均衡（均斉, バランス）のとれた；平等な. **Gleichmäßigkeit** 女 《-/》均衡, 均斉, 一様, 一定.
Gleichmut 男 《-[e]s/》平静, 冷静, 落ち着き, 平常心.
gleich=mütig 形 冷静な；平静とした.
=namig 形 同名の；《数》分母の等しい.
Gleichnis 中 《-ses/-se》比喩（ひゆ）, たとえ, 《話》.
gleichrangig 形 同じ地位（等級）の.
gleichsam 副 《雅》いわば, あたかも.
gleich=schalten 他 《褒》《独裁体制下で》各種団体・組織などを統制する.
Gleichschenklig 形 《数》二等辺の.
Gleichschritt 男 ♦ *im* ~ 歩調をそろえて.
gleichsehen* 自 《*j³*に》似ている. ♦ *Et¹ sieht j³ gleich.* 《話》《物事が》いかにも《人》らしいことである.
gleichseitig 形 《数》等辺の.
gleichsetzen 他 《*j⁻et¹* *mit* *j⁻et³*》《...と...》同じと見なす；同一視する.
Gleichstand 男 《-[e]s/》《競》同点, タイ〔スコア〕.
gleich=stellen 他 《*j⁻et¹* *mit* *j⁻et³*》《...と...》同列に置く；同等に扱う.
Gleichstellung 女 《-/-en》
Gleichstrom 男 《電》直流.
gleichtun* 他 《*es* *j³*》《人に》匹敵する.
Gleichung 女 《-/-en》方程式.
gleichviel 副 《間接疑問文と》どうであれ, 《...に》関係ない.
gleich=wertig 形 同じ価値の, 対等の；《数》等価の. **=wie** 接 《従属》《雅》ちょうど...のように. **=winklig** 形 《数》等角の.
gleichwohl 副 それにもかかわらず；《従属》《方》...にもかかわらず.
gleichzeitig 形 同時の, 一緒の；兼用の. **Gleichzeitigkeit** 女 《-/》同時性, 同時発生.
gleichziehen* 自 《*mit* *j³*》《人に》追いつく, 並ぶ；《競》同点（タイ）になる.
Gleis [グライス] 中 《-es/-e》《track》番線, ホーム；レール, 軌道. ♦ *auf ein totes* ~ *schieben*《話》押し上げかける, わきにする. *auf eins* ~ *schieben*《人を》左遷する；のけものにする. *aus dem* ~ *bringen*《*j¹*》《人の》平静を失わせる. *aus dem* ~ *kommen*《geraten*》《車両が》脱線する；《人が》平静を失う. *im* ~ *sein* 順調である；元気である. *in ausgefahrenen* ~*en bewegen* 《*sich¹*》ありきたりの行動をする；旧態依然としている. *wieder ins* 《*rechte*》 ~ *bringen*《...を》正常な状態に戻す. *wieder ins* 《*rechte*》 ~ *kommen*（あることが）再び正常な状態に戻る.
=anschluss 男 ⇒ **anschluß** 男 《鉄道》引き込み線.
gleißen*《雅》きらめく.
Gleit=bahn 女 《空》滑空コース；滑り台, ウォーターシュート. **=boot** 中 滑走艇, 水中翼船.
gleiten* [グライテン] 自 《glitt; geglitten》（s）《滑り》《über *et¹*》《...の上を》滑る；滑走（滑空）する；滑るように動く：*aus der Hand* ~ 手から滑り落ちる；*auf der Lohnskala* ~ スライド賃金率. ♦ *~de Arbeitszeit haben* フレックスタイム制である. **Gleiter** 男 《-s/-》グライダー.
Gleit=flug 男 滑空. **=flugzeug** 中 グライダー. **=komma** 中 《数》浮動小数点. **=schirm** 男 パラグライダー. **=schirmfliegen** 中 パラグライダーで飛ぶこと. **=schutz** 男 （自動車などの）滑り止め. **=zeit** 女 フレックスタイム.
Gletscher 男 《-s/-》氷河. **=brand** 男（高山での）雪焼け. **=spalte** 女 氷河の裂け目, クレバス.
glich, gliche ⇒ **gleichen**
Glied [グリート] 中 《-[e]s/-er》 **❶**《limb》（人間・動物の）手足, 肢；（指の）節. **❷**（member）構成要素, メンバー；《軍》項, 兵；《環, 輪, 《軍》列, 隊列. **❸**（男性）性器. **❹**世代. ♦ *in die* ~*er* 《*durch alle* ~*er*》 *fahren* 《*j³*》（恐怖などが人の）全身を走る. 《*noch*》 *in den* ~*ern stecken* 《*sitzen*》《ショック・不安などが）人の全身に（まだ）残っている. **=erfüßer** 男 《動》節足動物.
gliedern 他 分ける, 区分する；組み立てる, 構成する；《*sich¹* *in et¹*》《...に》分かれる, 《...で》構成される.
Glieder=puppe 女 手足の曲がる人形, 操り（マネキン）人形.
Gliederung 女 《-/-en》区分（論文などの）構成, 組み立て.
Glied=maßen 複 四肢. **=staat** 男（連邦を構成する）邦, 州.
gliedweise 副 列を組んで；列ごとに.
glimmen* 自 かすかに光る, 赤く光る.
Glimmer 男 《-s/-》《鉱》雲母（うんも）.
glimmern 自 きらきら光る；ちらちらする
glimpflich 形 大きな損害のない, どうにか無事の；寛大な, 穏やかな.
glissando 副 《楽》グリッサンド, 滑らかに《≒ gliss.》.
glitschen 自 （s）《話》滑る；《方》スケート（雪滑り）をする.
glitschig 形 《話》つるつるの, 滑りやすい；ぬるぬるの.
glitt, glitte ⇒ **gleiten**
glitzern 自 きらめく.
glitzrig 形 きらきら光る, ぴかぴかした.
global 形 地球全体の, 世界的な, グローバルな；全般（包括）的な；大づかみな. ♦ ~*er Temperaturanstieg* 地球温暖化. **globalisieren** 他 グローバル化する. **Globalisierung** 女 《-/》グローバル化.
Globe=trotter 男 世界漫遊〔旅行〕家.

Globus [男]《-/..ben》地球〈天球〉儀; 地球.

Glocke [グロッケ] [女]《-/-n》([小] Glöckchen) ❶ ([英] bell)鐘, 釣り鐘; 呼び鈴, ベル. ❷ 鐘形の帽子〈スカート〉; (フードつきの)ケープ; 〔植〕鐘形花冠; 鐘形のチーズ〈バター〉ケース. ♦ ***an die große ~ hängen*** (…を)あちこち言い触らす. ***die ~ läuten hören, aber nicht wissen, wo sie hängt*** (ある事について)正確な知識がない[にもかかわらず話す]. ***wissen, was die ~ geschlagen hat*** 事の重大さを分かっている. **~n=blume** [女]〔植〕ホタルブクロ属.

glocken=förmig [形] 釣り鐘形の. **=hell** [形] (鐘〈鈴〉の音のように)さえた, 澄んだ. **=rein** [形] (鐘〈鈴〉の音のように)澄んだ.

Glocken=schlag [男] 鐘を打つ音, 時鐘の音. ♦ ***auf den 〈mit dem〉 ~*** きっかり時間どおりに. **=spiel** [中] カリヨン, 組み鐘; 〔楽〕グロッケンシュピール, 鉄琴; ドアチャイム. **=turm** [男] 鐘楼, 鐘塔.

glockig [形] 鐘形の, 釣り鐘状の.

Glöckner [男]《-s/-》(教会などの)鐘つき番, 鐘楼守(もり).

glomm, glömme ⇨ glimmen

Gloria [中]《-s/》; ([女]《-/》)栄光, 栄誉; [中]《-s/-s》〔カトリック〕(ミサでの)栄光の賛歌, グロリア.

Glorie [女]《-/-n》栄光, 栄誉; = Glorienschein. **~n=schein** [男] (聖画像などの)光背, 光輪, 後光.

glorifizieren [他] (…の)栄光をたたえる, (…を)賛美する.

Gloriole [女]《-/-n》= Glorienschein.

glorios, glorreich [形] 栄光に満ちた; 《話・皮肉》すばらしい, みごとな.

Glossar [中]《-s/-e》(古写本などの)注釈集, 注解語彙(い); (巻末の)語彙解説.

Glosse [女]《-/-n》(辛口の)批評, コメント; (新聞などでの)寸評, 時評; (古写本に記された)注解, 注釈. **glossieren** [他] (…に)しんらつな批評を加える; (新聞などで…を)寸評する; (…に)注解を施す.

Glotz=auge [中] ぎょろ目; 〔医〕突出眼球.

Glotze [女]《-/-n》《話》テレビ[受像機].

glotzen [自]《話》目を丸くしてぽかんと見つめる; テレビを見る.

Glück [グリュック] [中]《-[e]s/》❶ ([英] [good]luck)幸運; 幸運の女神. ❷ ([英] happiness)幸福, 幸せ. ♦ ***auf gut ~*** 運を天に任せて. ***~ bringend*** 幸運をもたらす, 縁起のいい. ***~ haben*** 運がいい; 《**bei** j^3 **mit** et^3》(人のもとで…に)成功する. ***~ im Unglück*** 不幸中の幸い. ***sein ~ machen*** 成功する. ***~ verheißend*** さい先〈縁起〉のよい. ***sein ~ versuchen 〈probieren〉*** 運試しをする. ***mehr ~ als Verstand haben*** (予想以上に)運がいい. ***noch nichts von seinem ~ wissen*** どんな不幸が待ち受けているか分からない. ***Viel ~!*** ご幸運を; ご成功を. ***von ~ sagen 〈reden〉 können, dass...*** …であるのは幸運だと言ってよい. ***zum ~*** 幸運にも; 運よく. ***zu*** j^2 ***~*** (人が)幸いなことに.

glückbringend [旧]⇨ Glück ♦

Glucke [女]《-/-n》抱卵中の〈ひなを連れた〉めんどり.

glucken [自] 抱卵する; (めんどりが)コッコッと鳴く; 《話》ぼんやりして〈何もしないで〉いる.

glücken [自] (s)うまくいく, 成功する.

gluckern [自] (液体が)ドクドク〈ゴボゴボ〉と音を立て[て流れ]る.

glücklich [グリュックリヒ] I [形] ❶ ([英] lucky)幸運な〈に〉, 成功した, うまくいった; 無事な. ❷ ([英] happy)幸福な, 幸せな〈に〉. ❸ 具合〈都合〉のいい, 適切な. II [副]《話》ついに, やっと.

glücklicherweise [グリュックリヒァーヴァイゼ] [副] 幸運にも, 幸い.

Glücksache [女] = Glückssache.

Glücksbringer [男]《-s/-》幸運をもたらすもの〈人〉; お守り.

glückselig [形] この上なく幸福な, 至福の. **Glückseligkeit** [女]《-/-en》幸福[な出来事], 至福.

glucksen [自] = gluckern; クックと笑う.

Glücks=fall [男] 幸運[なケース], 僥倖(ぎょうこう). **=güter** [複] 財産, 富. **=kind** [中] 幸運児. **=klee** [男] (幸運をもたらす)四つ葉のクローバー. **=pfennig** [男] 幸運のペニヒ. **=pilz** [男]《話》幸運児. **=rad** [中] 回転抽選器. **=ritter** [男] 幸運を当てにする人, 山師. **=sache** [女] 運任せのこと. ♦ ***Das ist [reine] ~.*** それはまったく運次第だ. **=spiel** [中] (勝負が)運で決まるゲーム; 賭博(とばく), ギャンブル. **=spieler** [男] ギャンブラー. **=stern** [男] 幸運の星. **=strähne** [女] 幸運〈つき〉の連続. **=tag** [男] 運のいい日, 吉日.

glück=strahlend [形] 幸福〈喜び〉に輝く.

Glücks=treffer [男] まぐれ当たり.

glückverheißend [旧]⇨ Glück ♦

Glückwunsch [グリュックヴンシュ] [男]《-es/..wünsche》([英] congratulation)お祝いの言葉: Herzlichen ~ zum Geburtstag! 誕生日おめでとう. **=karte** [女] お祝いのカード〈はがき〉.

Glucose [女]《-/》グルコース, ぶどう糖. **Glucosid** [中]《-[e]s/-e》〔生化〕グルコシド(糖部がグルコースの配糖体).

Glühbirne [女] 電球.

glühen [グリューエン]《glühte; geglüht》[自] ([英] glow)赤熱する; 《**vor** et^3》(顔・ほお・耳が興奮などで)紅潮する, (人が)感情が激する〈燃え上がる〉. ♦ ***~d heiß*** 焼けるように熱い〈暑い〉, 灼熱(しゃくねつ)の.

glühendheiß [旧]⇨ glühen ♦

Glüh=faden [男] (電球の)フィラメント. **=hitze** [女] 灼熱(しゃくねつ). **=lampe** [女] 白熱電球. **=licht** [中] 白熱光.

glühte ⇨ glühen

Glüh=wein [男] グリューワイン(砂糖・香料を加えて温めた赤ワイン). **=würmchen** [中]《話》ホタル.

Glukose [女]《-/》= Glucose. **Glukosid** [中]《-[e]s/-e》= Glucosid.

Glut [グルート] [女]《-/-en》❶ (炎のない)赤い火; 白熱; 燃えさし, 残り火. ❷ 灼熱(しゃくねつ); (顔などの)ほてり; 激情.

Glutamin [中]《-s/-e》〔化〕グルタミン.

Glut=hauch [男] 熱気, 熱風; 熱い息吹. **=hitze** [女] 灼熱(しゃくねつ).

Glutin [中]《-s/》〔生化〕グルチン, 膠質

(た).
glutrot 燃えるように赤い, 真っ赤な.
Glycerin 中 ((-s/-)) = Glyzerin.
Glykogen 中 ((-s/-)) [生化] グリコーゲン, 糖原.
Glykolyse 女 ((-/-n)) [生化] 解糖.
Glykose 女 ((-/)) = Glucose.
Glykosid 中 ((-[e]s/-e)) [生化] グリコシド, 配糖体.
Glyptothek 女 ((-/-en)) 彫刻展示《美術》館.
Glyzerin 中 ((-s/-)) [化] グリセリン.
GmbH, G.m.b.H. 女 = *Gesellschaft mit beschränkter Haftung* 有限会社.
g-Moll 中 ((-/-)) [楽] ト短調(gg).
Gnade [グナーデ] 女 ((-/-n)) ❶ ((愛) mercy)慈悲, 哀れみ; 寵愛(ポネ), 好意; (神の)恵み, 恩寵(ネネッ). ❷ 赦免, 恩赦.
✦ **auf** ~ **und** 〈*oder*〉 *Ungnade* 運を天に任せて; 無条件で. *aus* ~ 〈*und Barmherzigkeit*〉[皮肉]恐れ多くも(…)してくださる. ~ *finden* [vor j³/vor j² *Augen*] (人の)気に入ってもらえる. ~ [*vor*] *Recht ergehen lassen* 寛大に振る舞う, 大目に見る. *in* ~ 好意的に. *in* [*hohen*] ~n *stehen* [bei j³] (人に)尊重される. *von* j² ~n (人)のおかげで. ~n-**akt** 男 慈悲の行為, 寛大な処置; 恩赦. ~n-**brot** 中 めぐみのパン, 施しの食べ物. ~n-**frist** 女 猶予期間. ~n-**gesuch** 中 恩赦の請願.
gnadenlos 無慈悲な, 情け容赦ない.
Gnaden-schuss 男 ((愛)) (死の苦しみを終わらせるための)とどめの一発. -**stoß** 男 (死の苦しみを終わらせるための)とどめの一突き. -**tod** 男 [雅] 安楽死. -**weg** 男 [法] 恩赦の道〈手段〉.
gnädig 用 慈悲深い; 寛大な; 寛大な: *Gnädige Frau!* [丁寧な呼びかけ]奥様.
Gneis 男 ((-es/-e)) [鉱] 片麻(光)岩.
Gnom 男 ((-en/-en)) (地下の宝を守る小人)地の精; [話] 小人. **gnomenhaft** 用 小人のような.
Gnosis 女 ((-/)) グノーシス, 神の認識, 霊的認識; グノーシス説《主義》.
Gobelin [ゴベレーン] 男 ((-s/-s)) ゴブラン織.
Göckel 男 ((-s/-)) [南部・話] おんどり.
Goebbels Joseph. ゲッベルス(1897-1945: ナチ・ドイツの政治家).
Goethe Johann Wolfgang von. ゲーテ (1749-1832: ドイツの詩人). -**haus** 中 ゲーテハウス(Frankfurt am Main にあるゲーテの生家および Weimar の旧居). -**Institut** 中 ゲーテインスティトゥート(ドイツ語の普及と国際交流促進を目的とする機関). **goethesch, goethisch** 用 ゲーテ[風]の.
Gogh Vincent van, ゴッホ(1853-90: オランダの画家).
Golan (der ~)ゴラン高原(シリア南西部).
Gold [ゴルト] 中 ((-[e]s/-e)) ❶ ((愛) gold) 金(元素記号 Au); 黄金; 金貨, 金製品. ❷ 金メダル. ❸ 金色, こがね色; 金髪. ✦ *Es ist nicht alles ~, was glänzt.* [諺]輝くものも必ずしも金ならず. ~ *in der Kehle haben* 美声の持ち主である; のどで稼いでいる. *nicht mit* ~ *zu bezahlen* 〈*aufzuwiegen*〉 *sein* (人・物が)お金で買えないほど貴重である; かけがえのないものである. *treu wie* ~ *sein* 非常に誠実である. -**barren** 男 金の延べ棒. -**barsch** 男 [魚]メバル属の魚. -**bestand** 男 [経]金保有高. -**blech** 中 金[めっき]の板.
goldblond 金髪の.
Gold-deckung 女 [経] 金《正貨》準備.
golden 用 ❶ ((愛) golden) 金(元素記号 Au)の, 黄金の; 金製の. ❷ 金色の. ❸ [雅] すばらしい, 貴重な; 全盛の: *der goldene Schnitt*; 金の黄金分割. ✦ *eine* ~ *Regel* 金科玉条.
Gold-farben, -farbig 金色の.
Gold-fasan 男 [鳥] キンケイ. -**fisch** 男 金魚. -**gehalt** 男 (貨幣・合金などの) 金含有量, 金含有度.
goldgelb 用 黄金(弯)の.
Gold-gewicht 中 金衡(弯)(貴金属・宝石の質量単位). -**gräber** 男 金鉱探求者, 金鉱を探す人. -**grube** 女 金鉱, 金山; [話] 大もうけのできる商売[店]. -**hortung** 女 [経] 金の保有[高].
goldig 用 [話] かわいい, 愛くるしい, チャーミングな; [方] 金の.
Gold-kind 中 [話] かわいい子. -**klausel** 女 [経] 金約款. -**klumpen** 男 金塊. -**medaille** 女 金メダル. -**mine** 女 金鉱. -**münze** 女 金貨. -**parität** 女 (為替相場の)金平価. -**punkt** 男 [経] 金[輸送]点. -**regen** 男 [植] キングサリ属; [話] (思いがけず手に入った)大金. -**reserve** 女 金準備.
goldrichtig 用 [話] 完全に正しい.
Gold-schmied 男 金細工師. -**stück** 中 金貨; [話] よくできた人. -**vorrat** 男 [経] 正貨準備[高]. -**waage** 女 金秤(ぶなヽ)(貴金属用の精密な天秤). ✦ *alles* 〈*jedes Wort*〉 *auf die* ~ *legen* 言葉を慎重に選ぶ; すべてを真に受ける. -**währung** 女 [経] 金本位制. -**waren** 複 [経] 金製品. -**wert** 男 [経] 金価格.
Golf ❶ 中 ((-s/)) ゴルフ. ❷ 男 ((-[e]s/-e)) (大きな)湾, 入り江.
Golfanrainerstaaten 複 ペルシャ湾[沿]岸諸国.
Golf-krieg 男 湾岸戦争(1991年, 多国籍軍とイラク軍との対決). -**krise** 女 湾岸危機. -**platz** 男 ゴルフ場. -**profi** 男, [話] -**pro** 男 ((-s/-s)) プロゴルファー. -**schläger** 男 ゴルフのクラブ. -**spieler** 男 ゴルファー. -**strom** (der ~)メキシコ湾流.
Golgatha, Golgot[h]a ゴルゴタ(エルサレム近郊のキリスト処刑地): 中 ((-[s]/)) 受難, 受苦.
Goliat[h] 男 ゴリアテ(Philister 族の巨人で David に殺された); 中 ((-s/-s)) 巨人.
gölte ⇒ **gelten**
Gomorr[h]a 中 Sodom
Gonagra 中 ((-/)) 膝痛風. **Gonarthritis** 女 ((-/..tiden)) 膝関節炎.
Gondel 女 ((-/-n)) (ヴェネツィアの)ゴン

ドラ; (気球・飛行船などの)つりかご, ゴンドラ. =**bahn** [女] ケーブルカー, ロープウエー. **gondeln** [自] (s, h)ゴンドラに乗って行く; (s) 《話》 のんびりとボートで行く; ぶらつく; 気ままに旅をする. **Gondoliere** [男] 《-/..ri》 ゴンドラの船頭.

Gong [男] ([中]) 《-s/-s》 〔楽〕 ゴング, どら, 仏教寺院の鐘; ゴング〈どら〉の音. **gongen** [自] ゴング〈どら〉を鳴らす. **Gongschlag** [男] ゴング〈どら〉を鳴らすこと; ゴング〈どら〉の音.

gönnen [ゲネン] 《gönnte; gegönnt》 [他] 《j^3 et^4》 ❶ (人の…を)快く認める. ❷ (人に…を)恵む, 与える. ✦ *eine Pause* 〈*Rast*〉 ~ 《*sich*^{3}》 休憩する. **Gönner** [男] 《-s/-》 ([女] **-in**)パトロン, 後援者. **gönnerhaft** [形] 恩着せがましい, パトロンぶった. **Gönnermiene** [女] 恩人づら, 後見人気取り. **Gönnerschaft** [女] 《-/》 保護, 後援; 《集合的》 パトロン, 後援者.

gönnte ⇨ gönnen

Gonorrhö[e] [女] 《-/-en》 〔医〕 淋疾(りんしつ), 淋病.

Goodwill [女] 《-s/》 〔商〕 (店・会社などの)信用, のれん, よい評判.

gor ⇨ gären

Gör [中] 《-[e]s/-en》 = Göre.

gordisch [形] ゴルディオスの. ✦ ***der ~e Knoten*** 難問. ***den ~en Knoten durchhauen*** 快刀乱麻を断つ.

göre ⇨ gären

Göre [女] 《-/-n》 《北部》 ちびっこ, がき; おてんば娘.

Gorilla [男] 《-s/-s》 〔動〕 ゴリラ; 《話》 (恐そうな)用心棒, (いかつい)ボディーガード.

Görlitz [中] ゲルリッツ(ドイツ中東部の町).

Gosche [女] 《-/-n》 《南部・オーストリア・スイス》 口.

Goslar [中] ゴスラー(ドイツ中部の保養地).

goss ([旧] **goß**) ⇨ gießen

Gosse [女] 《-/-n》 (道路の)側溝, どぶ; 社会の底辺. ✦ ***aus der ~ ziehen*** 〈***auflesen***〉 《話》 (人を)どん底の生活から救い上げる. ***durch die ~ ziehen*** 《j^4》 (悪評を立てて人の)顔に泥を塗る. ***in der ~ enden*** 〈***landen***〉 《話》 落ちぶれ果てる.

gösse ⇨ gießen

Gote [男] 《-n/-n》 ([女] **..tin**)ゴート人(ゲルマン民族の一種族).

Gotha [中] ゴータ(ドイツ中東部の都市).

Gotik [女] 《-/》 〔建〕 ゴシック様式(12-15世紀の芸術様式); ゴシック様式の時代.

Gotin [女] 《-/-nen》 Gote の女性形.

gotisch [形] ゴート人〈語〉の; 〔建〕 ゴシック様式の; 〔印〕 ゴシック字体.

Gott [ゴット] [男] 《-[e]s/**Götter**》 ([女] **Göttin**) ❶ ([英] god)(一神教, 特にキリスト教の)神, 創造主 : bei ~ schwören 神にかけて誓う. ❷ (多神教の)神. ✦ ***Ach, du lieber ~!*** 《話》 (あまり深刻ではない驚き・悲しみ・同情などを表して)おやまあ, なんてことだ, そんなひどい, ああどうしよう. ***Behüt' dich ~!*** 《南部・オーストリア》 さようなら. ***Da sei ~ vor!*** とんでもない. ***Das wissen die Götter.*** それはだれにも分からない; 神のみぞ知る. ***..., dass*** [***es***] ***~ erbarm'*** おそろしくひどく…. ***dem lieben ~ den Tag*** 〈***die Zeit***〉 ***stehlen*** 《話》 のらくらと日を送る. ***den lieben ~ einen guten*** 〈***frommen***〉 ***Mann sein lassen*** 《話》 (先のことは考えず)のんきに暮らす. ***Du bist wohl ganz von ~ verlassen!*** 《話》 君はまったくどうかしているよ; 君にはまったくあいそが尽きるよ. ***ganz und gar von ~*** 〈***von allen*** [***guten***] ***Göttern***〉 ***verlassen sein*** 頭がどうかしている. ***Gnade dir ~!*** お前はひどい目にあうぞ. ***~ befohlen!*** / ***Geh mit ~!*** 《雅》 さようなら, ごきげんよう. ***~ behüte*** 〈***bewahre***〉***!*** とんでもない. ***~ noch*** [***ein***] ***mal!*** 《話》 (焦りなどを表して)ちくしょう. ***~ sei Dank!*** やれやれ; ありがたい, よかった. ***~ sei Lob*** [***und Dank***]***!*** 神に賞賛と感謝を(祈りの文句); ああありがたい, ああよかった. j^2 ***~ sein*** (人に)かわいがられる. ***~ sei's geklagt!*** 残念ながら. ***~ sei's getrommelt und gepfiffen!*** 《話》 やれやれ. ***~ soll mich strafen, wenn ...*** 絶対確実に…だ. ***~ steh' mir*** 〈***uns***〉 ***bei!*** ああ驚いた. ***~ und die Welt*** あらゆるもの; すべての人々. ***~ verdamm' mich!*** 《卑》 こんちくしょう, いまいましい(ののしりの言葉). ***~ weiß*** 《挿入句として疑問詞と》 …かは神のみぞ知る〈だれも知らない〉. ***Götter in Weiß*** 《蔑》 白衣の神々; 医者ども. ***Grüß ~!*** こんにちは; おはよう; こんばんは; さようなら. ***J^4 hat ~ im Zorn erschaffen.*** (人は)ひどいやつである, 不愉快な存在だ. ***Helf' ~!*** くわばらくわばら(くしゃみをした人に対して). ***in ~es Namen*** 《話》 お好きなように; ご随意に, 私は構いませんよ. ***leider ~es*** 残念ながら. ***Mein ~!*** / ***Großer ~!*** 《話》 (驚き・悲しみ・同情などを表して)おやまあ; なんてことだ; そんなひどい; ああどうしよう. ***so ~ will*** うまくいけば. ***über ~ und die Welt reden*** 《話》 ありとあらゆること〈人々〉について語る. ***um ~es willen*** とんでもない; 《挿入句として》 いいかげんに. ***Vergelt's ~!*** 《方》 ありがとう. ***von ~es Gnaden*** 神のお恵みで. ***weiß ~*** 《話》 《挿入句として》 確かに; 本当に. ***wie ein junger ~*** すばらしい. ***wie ~ j^4 geschaffen hat*** (人が)一糸まとわずに, 丸裸で. ***wie ~ in Frankreich leben*** 《話》 ぜいたくに暮らす. ***Wollte*** 〈***Gebe***〉 ***~, dass ...*** 望むらくは…であってほしい. ***zu seinem ~ machen*** (…を)あがめる.

gott=ähnlich [形] 神のような. =**begnadet** [形] 神の恩寵(おんちょう)を受けた; 天分の豊かな. =**bewahre** [間] とんでもない, まっぴらごめんだ.

Götter ⇨ Gott

Götterbarmen [中] ✦ ***zum ~*** 《話》 みじめなほどに; ひどく下手な.

Götter=dämmerung [女] 〔北欧神〕 神々のたそがれ; 神々と世界の滅亡. =**speise** [女] ❶ 〔ギリシャ神〕 神々の食べ物; すばらしく美味な食べ物. ❷ 〔料〕 フルーツゼリー. =**trank** [男] 〔ギリシャ神〕 神々の飲み物; すばらしく美味な飲み物.

Gottes=acker [男] 《雅》 墓地. =**dienst** [男] (教会の)礼拝[式]; 〔カトリック〕 ミサ. =**furcht** [女] 神への畏敬(いけい)の念. =**haus** [中] 教会, 聖堂.

gotteslästerlich [形] 神を冒瀆(ぼうとく)する, 瀆神(とくしん)的な. **Gottes=lästerung** [女] (神への)冒瀆, 瀆神.

Gottes=lohn [男] (善行に対する)神の報

G

い. ♦ *um* [*einen*] ~ 無報酬で. =**mutter** 女 神の母(聖母マリア). =**reich** 国 天国, 神の国. =**urteil** 中 神の裁き;(古代･中世)神明裁判.
Gottfried〚男名〛ゴットフリート.
gott-gefällig 形〚雅〛神の御心にかなった. =**gewollt** 形〚話〛神によって定められた, 神のおぼしめしの.
Gottheit 女 (-/-en) 神性;神.
Gotthelf〚男名〛ゴットヘルフ.
Göttin[ゲッティン] 女 (-/-nen) 女神.
Göttingen 地 (-s/) ゲッティンゲン(ドイツ中部の大学都市). **Göttinger** 男 (-s/-) (形 **-in**)ゲッティンゲンの人;〚無変化〛ゲッティンゲンの.
göttlich 形 神の;神のような;神々しい;神についての;〚話〛すばらしい.
Gottlieb〚男名〛ゴットリープ.
gottlob 副 〚感嘆のことに〛, やれやれ.
gottlos 形 神を恐れぬ, 神の存在を認めない, 無神論の. **Gottlose[r]** 男/女〚形容詞変化〛神を認めぬ人, 神を恐れぬ者, 不信心者.
Gottseibeiuns 男 (-/)〚婉曲〛悪魔.
gotts-erbärmlich 形〚話〛ひどく哀れな;惨めな.
gott-verdammt 形〚話〛いまいましい. =**vergessen** 形 神を忘れた, 背徳の;〚話〛へんぴな. =**verlassen** 形 ❶ 神に見放されたかに思われた, のろわれた. ❷〚話〛へんぴな;荒涼とした. =**voll** 形 〚話〛すばらしい;〚反語〛ひどくこっけいな.
Götz〚男名〛ゲッツ. ♦ ~ *von Berlichingen*〚俗･婉曲〛くそくらえ.
Götze 男 (-n/-n) 偶像, 邪神像;〚複〛(無批判的)崇拝の的. ~**n-bild** 中 偶像, 邪神像. ~**n-diener** 男 偶像崇拝者. ~**n-dienst** 男 偶像崇拝. ~**n-glaube** 男 偶像信仰.
Goudakäse [ガオダケーゼ] 男 (-s/-) ゴーダチーズ(オランダの都市Goudaにちなむ).
Gourmand[グルマーン][] 男 食い道楽の人. **Gourmet**[グルメー] 男 (-s/-s) 美食家, グルメ;ワイン通.
Gouvernante[グヴェルナンテ] 女 (-/-n)〚廃〛おせっかい焼きのオールドミス.
Gouvernement[グヴェルネマーン] 中 (-s/-s) 政府, 総督府;県統治地区.
Gouverneur[グヴェルネーア] 男 (-s/-e) 県知事, (米国の)州知事, (植民地の)総督;(要さいなどの)司令官.
Gr. 略 Gros; Groß; Greenwich.
GR〚国籍符号〛ギリシャ.
Grab [グラープ] 中 (-[e]s/**Gräber** 〔複 grave〕) 墓, 墓穴. ♦ *bis ans* ~ / *bis über das* ~ *hinaus* 死に至るまで; *Liebe bis ans* [*ins*] ~ とこしえの愛. *das* ~ *des Unbekannten Soldaten* 無名戦士の墓. *das Heilige* ~ キリストの墓. *ein feuchtes* [*nasses*] ~ *finden* 水死する. *ein frühes* ~ *finden*〚雅〛夭折(ホシ)する. *sein* ~ *in den Wellen finden* 水死する. *ins* ~ 〈*an den Rand des* ~ *es*〉 *bringen* (人を)死に追いやる;苦しめる, 手をやく. *ins* ~ *folgen* [*j³*] (人)の後を追って死ぬ. *ins* ~ *sinken* 死ぬ. *mit einem Fuß* [*Bein*] *im* ~ *stehen*〚雅〛棺桶に片足を突っ込んでいる. *mit ins* ~ *nehmen* (秘密などを)

漏らさずに死ぬ. *selbst sein* ~ *graben* 〈*schaufeln*〉〚雅〛墓穴を掘る. *verschwiegen wie ein* ~ *sein* / *wie ein* ~ *schweigen* 口を固く, 堅く沈黙を守る. *J¹ würde sich⁴ im* ~ *herumdrehen,* ...... もし……ならば(人は)草葉の陰で嘆き悲しむことだろう. *zu* ~ *e tragen* (希望･計画などを)断念する;(人を)埋葬する.
grabbeln〚北部〛国 〈*in et³ nach et³*〉(…に)手を突っ込んで…を)探す; 国 〈*aus et³*〉(…から…を)取り出す.
graben* [グラーベン]〖*grub*; *gegraben*〗❶ 他 ⓐ dig)(穴などを)掘る;掘り出す〚雅〛 *in et¹* に ~ を…に刻み込む;〚雅〛 *sich⁴ in et¹*)(…に)食い込む, 刻み込まれる. ❷ 他 〈*nach et³*〉(…を求めて)掘る;〈*in et³*〉(場所を)掘る.
Graben [グラーベン] 男 (-s/**Gräben** 〚複〛) (防御の)濠, 堀; 〚O〛塹壕(炭). =**krieg** 男 塹壕戦(笠)戦.
Gräber ❶ 男 (-s/-) 掘る人;採掘者;墓掘り人. ❷ ⇒ Grab
Grabes-ruhe 女 (墓場のような)安らぎ. =**stille** 女 (墓場のような)静けさ. =**stimme** 女 〚話〛(墓の底からのような)陰気な声.
Grab-gesang 男 弔いの歌, 挽歌(ジ). =**gewölbe** 中 地下の納骨所. =**hügel** 男 墳墓. =**mal** 中 (-[e]s/..**mäler**) 墓標. =**platte** 女 平たい墓石 (教会内の)の墓碑板. =**schändung** 女 墓荒らし, 墓冒瀆(キ). =**schrift** 女 墓碑銘.
gräbst ⇒ graben
Grab-stätte 女 墓. =**stein** 男 墓石.
gräbt ⇒ graben
Grabung 女 (-/-en) 掘ること;発掘.
Grad [グラート] 男 (-[e]s/-e; 単位/-/) ❶ ⓐ degree) (温度などの)度. ❷ 程度, 度合い;〚法〛(親等の)次数;〚写〛(やけどの)度. ❸ 階級, 位. ♦ *um hundertachtzig* ~ *drehen* 〈*sich⁴*〉180度転回する;反対の立場に変わる.
grade 形 = gerade.
gradieren 他 (…の)程度を強く高くする; (塩水などを)濃縮する;(…に)目盛りや(段階)をつける.
Gradmesser 男 尺度.
graduell 形 等級(段階)上の;漸進的(段階的)な.
graduieren 他 (…に)目盛りや(等級)をつける;(人に)学位を授ける. **graduiert** 形 学位を持った, 大学を卒業した. **Graduierte[r]** 男/女〚形容詞変化〛大学卒業生, 学位取得者.
gradweise 副 段階的な(漸進的)な.
Graf 男 (-en/-en) (女 **Gräfin**) 伯爵; 〚史〛伯 (König に仕える高級官吏).
Graffito 中 (-[s]/..**ti**)〚美〛(壁･石板などに刻み込まれた)文様, 銘文;グラフィティ(壁などに描かれた落書き).
Grafik 女 (-/-en) グラフィックアート[の作品]. **Grafiker** 男 (-s/-) (形 **-in**) グラフィックアーチスト(デザイナー).
Gräfin 女 (-/-nen) 伯爵夫人;女性の伯爵.
grafisch 形 グラフィックアートの; 図表 〈グラフ〉 による.
Grafit = Graphit. **grafitisch** = graphitisch.

gräflich 形 伯爵の;伯爵のような.
Grafologe = Graphologe. **Grafologie** = Graphologie. **grafologisch** = graphologisch.
Grafschaft 女 ((-/-en)) 伯爵領;(イギリスの)州.
Grahambrot 中 グラハムパン, 全麦パン.
Gral 男 ((-s/)) グラール, 聖杯(アーサー王物語に現れる奇跡の杯).
gram 形 ((j³)) (人を)恨んだ.
Gram 男 ((-[e]s/-e)) ((雅)) 深い悲しみ,悲嘆.
grämen 他 ((雅)) (人を)深く悲しませる, 嘆かせる; ((sich⁴ über et³)) (…を)深く悲しむ, 嘆く. **gram=erfüllt** 形 悲しみに満ちた, 悲嘆に暮れた.
grämlich 形 不機嫌な, 気難しい.
Gramm [グラム] 中 ((-s/-e; 単位/-)) ((® gramm))グラム(重量単位; 記号 g).
Grammatik [グラマティク] 女 ((-/-en)) ((® grammar)) 文法; 文法書. **grammatikalisch** 形 = grammatisch.
Grammatiker 男 ((-s/-)) 文法学者; 文法家. **grammatisch** 形 文法[上]の, 文法的な; 文法にかなった.
Grammo=phon, =fon 中 ((-s/-e)) ((商標)) グラモフォン; 蓄音機.
gramvoll 形 悲嘆に暮れた, 傷心の.
Gran 中 ((-[e]s/-e)) ((単位/-)) ((薬)) グレーン(薬剤の単位=約65mg).
Granada グラナダ(スペイン南部の古都).
Granat 男 ((-[e]s/-e; 鉱物/-en)) ((鉱)) 石榴(ざくろ)石, ガーネット. **=apfel** 男 ((植)) ザクロの実. **=[apfel]baum** 男 ((植)) ザクロの木.
Granate 女 ((-/-n)) ((軍)) 榴弾(りゅうだん); ((スポ))(サッカーなどの)強烈なシュート. **=feuer** 中 榴弾砲撃. **=werfer** 男 ((軍)) 擲弾(てきだん)筒, 迫撃砲.
Grande 男 ((-n/-n)) (スペインの)大公.
grandios 形 壮大な, 雄大な; 圧倒的な.
Granit 男 ((-s/-e)) ((鉱)) 花崗(かこう)岩, 御影(みかげ)石. ♦ **auf ~ beißen** ((話)) ((bei j³)) ((mit et³)) (…[のこと]で)人の頑強な抵抗に遭う, (人に[要求などを])徹底的に拒絶される. **granıten** 形 花崗岩[質]の; ((意志・決意などが))堅い, 確固とした.
Granne 女 ((-/-n)) (麦などの)芒(のぎ); (哺乳動物の毛皮の)粗毛.
grantelnd 形 ((話)) 不機嫌である, ぶつぶつ文句を言う. **grantig** 形 ((南独・オーストリア)) 不機嫌な.
Granulat 中 ((-[e]s/-e)) 粒状にした(顆粒(かりゅう)化した)物質.
granulieren 他 粒状の, 顆粒状の. **granulös** 形 粒状の, 顆粒状の.
Grapefruit 女 ((-/-s)) グレープフルーツ.
Graphik = Grafik. **Graphiker** = Grafiker. **graphisch** = grafisch.
Graphit 男 ((-s/-e)) ((鉱)) 黒鉛, 石墨. **graphitisch** 形
Graphologe 男 ((-n/-n)) ((..gin)) 筆跡学者, 筆跡鑑定家. **Graphologie** 女 ((-/)) 筆跡学, 筆跡鑑定術. **graphologisch** 形
grapschen, grapsen 他 ((話)) ((nach et³)) (…に)さっと手を伸ばす, (…を)ひっつかもうとする; (…を)ひったくる, ひったくる.
Grapscher 男 ((-s/-)) 痴漢.

grapsen 他 ((方言)) 盗む, かっぱらう.
Gras [グラース] 中 ((-es/Gräser)) ((② Gräschen)) ❶ ((® grass))草; イネ科の植物; ((話)) マリファナ. ❷ 草地, 草むら, 芝生, 牧草, 草原地. ♦ **das ~ wachsen hören** ((話)) ((護)) 自分はとても利口だと思い込んでいる. **ins ~ beißen** ((話)) 死ぬ; くたばる. **über et³ ~ wachsen lassen** ((話)) (いやなことを)[早く]忘れる.
grasen 自 (家畜などが)草を食(は)む; ((話)) ((nach et³)) (…を)探し求める.
Gräser ⇒ Gras
Gras=fläche 女 草地, 牧場;芝生. **=fresser** 男 草食動物.
grasgrün 形 草色の.
Gras=halm 男 草の茎. **=hüpfer** 男 ((話)) キリギリス類.
grasig 形 草のような; 草の生えた.
Gras=land 中 草原地. **=mücke** 女 ((鳥)) ムシクイ. **=narbe** 女 芝土. **=platz** 男 草地; 芝生.
Grass Günter, グラス(1927‒ ; ドイツの小説家).
grassieren 自 (病気などが)蔓延(まんえん)する, はびこる; (うわさが)広まる.
grässlich 形 ((gräßl..)) [グレスリヒ] 形 ❶ ((® horrible)) 恐ろしい, ぞっとするような; 残忍な. ❷ ((話)) 途方もないようなこと. **Grässlichkeit** 女 ((® Gräß..)) 女 ((-/-en)) ぞっとするようなこと.
Grat 男 ((-[e]s/-e)) (山の)稜線, 尾根; ((建)) 隅棟(すみむね); ((工)) 鋼材のばり.
Gräte 女 ((-/-n)) (魚の)骨; ((複)) ((話)) (人間の)骨格.
Gratifikation 女 ((-/-en)) (クリスマスなどの)特別手当, 賞与; 祝儀.
Gratin [グラタ=ン] 中 ((-s/-s)) ((料)) グラタン.
gratis [グラーティス] 副 無料で, 無償で, ただで. ♦ **~ und franko** ((話)) 無料で.
Gratis=aktie 女 ((経)) 贈与株, 無償株. **=exemplar** 中 献[呈]本. **=probe** 女 (商品の)無料見本(サンプル). **=vorstellung** 女 無料公演. **=zustellung** 女 無料配達.
Gratulant 男 ((-en/-en)) 祝詞を述べる人, 祝賀客. **Gratulation** 女 ((-/-en)) 祝賀; 祝辞, 祝いの言葉.
gratulieren [グラトゥリーレン] ((gratulierte; gratuliert)) 自 ((® congratulate)) ((j³)) (人に)お祝いを言う; ((j³ zur)) ((zu²)) (…の機会に)お祝いを言う | **zur Hochzeit ~** 結婚のお祝いを言う | **Ich gratuliere!** おめでとう. ♦ **Darf ich [schon] ~?** (試験などで)うまくいったかい. **~ können** ((sich³)) ((話)) 喜んでいられる.
Gratwanderung 女 山の稜線を(尾根づたいに)歩くこと, 尾根歩き; 危い綱渡り.
grau [グラオ] 形 ❶ ((® gray))灰色の, ねずみ色の; 白髪の. ❷ 暗い, 陰気な; わびしい, 単調な, 悲観的な. ❸ はっきりしない, えたいの知れない, 漠然とした; 遠い昔の. ♦ **alles ~ in ~ sehen** 〈何でも〉悲観的に描く〈見る〉. **~ meliert** (髪が)白くなりかかった, 白髪の混じった. **Grau** 中 ((-s/-)) 灰色, ねずみ色.
grau=äugig 形 灰色の目の. **=blau** 形

灰色がかった青色の. =**braun** 暗褐色の, 灰褐色の.
Graubrot 中 (ライ麦粉を混ぜた)黒パン.
Graubünden グラウビュンデン(スイス東部の州).
Gräuel 《-s/-》(そっとするような)嫌悪感; 残虐行為. =**märchen** 中 ぞっとするような作り話. =**tat** 中 ぞっとするような行為.
grauen 《雅》薄明るくなる; 《話》灰色になる; (髪が)白くなる.
grauen [グラオエン] 《graute; gegraut》動《雅》《《Es graut》j³⁽⁴⁾. / j³⁽⁴⁾ graut [es]》(…が)怖がる, ぞっとする; 《sich⁴ vor j-es³》(…を)怖がる. **Grauen** 中 《-s/-》恐怖; 恐ろしいできごと; 嫌悪.
grauenhaft, grauenvoll 恐ろしい, ぞっとするような; 《話》ひどく悪い.
grauest ⇒ **grau**
grau-grün 灰緑色の. =**haarig** 白髪[混じり]の.
Graukopf 男 《話》白髪頭の[人].
graulen 《話》 ❶ 《《Es grault j³.》》(人が)恐怖を感じる; 怖がる. 《sich⁴ vor et³》(…を)恐れる, (…が)怖い, 気味が悪い. ❷ 他 (人を)いびり出す.
gräulich 他 ❶ ぞっとするような, 身の毛もよだつ; 《話》ひどい. ❷ 灰色がかった.
graumeliert 他 ⇒ **grau**
Graupe 女 《-/-n》 (◎ Gräupchen) 皮 割り麦. ♦ 《*große*》~*n im Kopf haben* 《獨》 とてつもないことを考えている.
Graupel 女 《-/-n》あられ. **graupeln** 自 《Es graupelt.》あられが降る. **Graupelwetter** 中 あられ混じりの天気.
Graus 《-es/》恐怖, 戦りつ.
grausam [グラオザーム] 形 ❶ 《cruel》残酷な, 残忍な; むごい; 《話》ものすごい, ひどい. ❷ 《-/-en》残酷な, 残忍な馬. **Grausamkeit** 女 《-/-en》残酷な, 残忍な馬.
Grau-schimmel 男 葦毛(ﾊﾞ)の馬.
grausen 自《非人称》《《Es graust j³./j³ graust [es]》》(…が)ぞっと怖がる. 《sich⁴》ぞっとする, 身の毛がよだつ. **Grausen** 中 《-s/》恐怖, 戦りつ.
grausig ぞっとするような, 身の毛もだつような; 恐ろしい; 《話》ひどい.
graute ⇒ **grauen**
Grau-zone 女 (両極間の)どちらともいえないところ, グレーゾーン, あいまいな部分.
Gravensteiner 男 《-s/-》 グラーヴェンシュタイン種のリンゴ.
Graveur [グラヴェーア] 男 《-s/-e (-in)》 (金属などの)彫刻師; 彫金師. **gravieren** 他 (金属・石・ガラスなどに)彫刻を施す, 彫り込める. **gravierend** 重大な, 深刻な. **Gravierung** 女 《-/-en》彫り込み.
Gravität 女 《-/》重々しさ, いかめしさ, とりつくろった威厳.
Gravitation 女 《-/》《理》重力, 引力. ~**s-gesetz** 中 万有引力の法則, 万有引力の法則. ~**kollaps** 中 《天》重力崩壊.
gravitätisch 重々しい, いかめしい.
Graz 男 グラーツ (オーストリア南東部の商工業都市).
Grazie 女 《-/-n》優美, 優雅; 気品; 神 グラツィア(優美の三女神); 《戯》美女. ♦ *Die ~n haben nicht an ihrer Wiege gestanden.* 彼女はあまり美人とは言えない. **grazil** 形《雅》優しい, たおやかな; (形):優美な:きゃしゃな. ほっそりした.
graziös 形 優美な, 優雅な.
Greenpeace 女 グリーンピース(1969年に結成された国際環境保護団体). ~**r** 男 《-s/-》グリーンピースの会員.
Gregor 男 グレーゴル. **gregorianisch, Gre.** 形 《教皇》グレゴリウスの: *der ~e Choral* 《楽》グレゴリオ聖歌 | *der ~e Kalender* グレゴリオ暦(現行の太陽暦). **Gregorius** 男 グレゴリウス.
Greif 《-[e]s/-e (-en/-en)》 ❶ 神 グリフィン(頭と翼がワシで体がシシの怪獣), 猛禽(ｷﾝ).
greifbar つかむことのできる, 手が届くほど近い; 手持ちの, 在庫の, すぐ入手[供給]できる(ものの). 具体的な.
greifen * [グライフェン] 《griff; gegriffen》I 他 ❶ 《《grasp》つかむ; 《と》つかまえる. ❷ (音を)弾く. II 自 ❶ (つかもうとして…)手を伸ばす. ❷ (ねじなどが)留まる. (歯車に)かみ合う. *hinter sich⁴* ~ *müssen* (ゴールキーパーが相手に)シュートされる. *um sich⁴* ~ (うわさ・病気などが)広まる. *zu hoch* (*zu niedrig*) *gegriffen sein* 過大(過小)評価されている. *zum Greifen nahe sein* ごく手近にある. **Greifer** 男 《-s/-》 (クレーン・ショベルカーなどの)グラブ[バケット]; 《獵》猟犬.
Greifswald グライフスヴァルト(ドイツ Mecklenburg-Vorpommern 州の都市).
Greif-truppe 女 (逃亡者・脱走兵などを追う)特別諜報隊. =**vogel** 男 猛禽(ｷﾝ).
greinen 自 《ぐすぐす泣く(泣き言を言う)》.
greis 形 《雅》高齢の; 白髪の.
Greis 男 《-es/-e》 (◎ -**in**) 老人(男). 年寄り, おじいさん. ~**en-alter** 中 高齢, 年寄り. **greisenhaft** 形 高齢の, 老衰した; 年寄りじみた. **Greisin** 女 《-/-nen》 老婦人(女), 年寄り, おばあさん.
grell (光が)ぎらぎらした, まぶしい; (色が)けばけばしい; (音・声が)かん高い.
Gremium 中 《-s/..mien》 委員会.
Grenadier 男 《-s/-e》 (特殊な)歩兵; (昔の)擲弾(ｿﾞ)兵.
Grenz-beamte[r] 男 (形容詞型変化) 国境税官吏(警備官). =**bereich** 男 国境地域; 境界領域. =**betrieb** 男 国境に接して採算のとれない限界企業. =**bewohner** 男 国境地帯の住民.
Grenze [グレンツェ] 女 《-/-n》 ❶ (border)境界[線], 国境. ❷ (® limit)限界, 限度. ♦ *Alles hat seine ~n.* すべて物事には限度がある. *seine ~n kennen* 節度(限度)をわきまえる. ~*n setzen (j-es³)* (…に)制約(制限)を設ける. *in die ~n verweisen (j⁴)* (人の)出過ぎたるまいをたしなめる. (人に)意見する. *in ~n halten* (人が)身をわきまえている; 節度を保つ; (…が)限度内である; まあまあである. *keine ~n sein ... (…が)限度内である; とどまるところがない. *über die grüne ~ gehen* 《話》不法に国境を越える.

grenzen 自 《**an** *et*⁴》(…に)隣接する；(…と)紙一重である.
grenzenlos 形 限りない，果てしない；途方もない. **Grenzenlosigkeit** 女 (/-) 無限；途方もないこと.
Grenz‐**fall** 男 どっちつかずの問題；特殊なケース. =**gänger** 男 《通勤·通学などのために》国境を往来する人；=**gebiet** 中 国境地域；《学問分野などの》境界《学界》領域. =**konflikt** 男 国境紛争. =**kontrolle** 女 国境警備(所)，国境警問. =**kosten** 複 《経》国境コスト. =**land** 中 国境地帯；国境を接する国. =**linie** 女 国境線，国境〔線〕. =**nutzen** 男 《経》限界効用. =**pfahl** 男 国境の杭(くい)，境界標柱. =**schutz** 男 国境警備〔隊〕. =**stein** 男 国境石. =**streitigkeit** 女 国境争い；国境紛争. =**übergang** 男 国境の通過，越境；国境通過地点；国境の検問所.
grenz‐**überschreitend** 形 国境を越える，越境の. **Grenz**‐**überschreitung** 女 越境；限度を越えること.
Grenz‐**verkehr** 男 国境の往来. =**wert** 男 限界値；《数》極限〔値〕.
Gretchen 《女名》グレートヒェン. =**frage** 女 グレートヒェンの問い(信仰·良心にかかわる根源的な問い).
Grete 《女名》グレーテ. **Gretel** 《女名》グレーテル.
Greuel 男 = Gräuel. =**märchen** 中 = Gräuelmärchen. =**tat** 女 = Gräueltat. **greulich** 形 = gräulich ①.
Griebe 女 (/-n) 脂を抜いたあとのベーコン；(ソーセージなどの)脂肪片；《方》口の周りの吹き出物.
Grieche 男 (n/-n) ギリシャ人.
Griechenland 中 (グリーヒェンラント) ギリシャ. **Griechentum** 中 (-s/) ギリシャ人精神；《集合的》ギリシャ人. **Griechin** 女 (/-nen) Grieche の女性形.

griechisch 〔グリーヒッシュ〕形 (＠ Greek)ギリシャ〔人，語〕の. **Griechisch** 中 (-[s]/) (特定の)ギリシャ語. **Griechische[s]** 中 《形容詞変化して》ギリシャ語. **griechisch-katholisch** 形 ギリシャカトリックの. **griechisch-orthodox** 形 ギリシャ正教の. **griechisch-römisch** 形 《歴史》グレコローマンの；= griechisch-katholisch.
grienen 自 《北部》にやにや笑う.
Griesgram 男 (-[e]s/-e) 気難しい屋. **griesgrämig** 形 気難しい.
Grieß 男 (-es/-e) 《料》祖挽(び)きの穀粉，セモリナ；《医》結石. =**brei** 男 《料》祖挽き粉のかゆ.
grießeln 自 粒状になる；《*Es grießelt.*》あられが降る.
griff ⇒ greifen.
Griff [グリフ] 男 (-[e]s/-e) ● 《＠ grip》つかむこと，握ること；扱い方：einen ~ in die Tasche tun ポケットに手を突っ込む. ● 《道具などの》握り，つまみ，柄(え)，取っ手，持ち手，〔剣の〕柄(つか)，ハンドル，レバー. ● 《楽》〔生地の〕手触り. ◆ einen ~ in die [*Laden*]*kasse tun* 金(きん)を盗む. **den glücklichen ~ haben** うまくいっている. **einen guten ~ haben** 器用である. **einen guten ~ mit j-et³ ge-**

tan haben (…を選んで)成功する. **im ~[e] haben** 〔*et*⁴〕の扱いに慣れる；(…を)掌握している. **in den ~ bekommen (kriegen)** 〔*et*⁴〕の扱いに慣れる，こつを飲み込む. **mit einem ~** いっさんに，たちまち，手っとり早く. **mit ~en und Kniffen** 手練手管で.
griffbereit 形 すぐに手に取れる(使える).
Griffbrett 中 《楽》《弦楽器の》指板(いた).
griffe ⇒ greifen.
Griffel 男 (-s/-) ● 石筆；《植》花柱；《話》指.
grifffest 形 《＠ grifffest》(ナイフ·象などの)柄(握り)のしっかりしている.
griffig 形 ● 握りやすい；(車がロードホールディングがよい，(路面が)滑らない(布などの)手触りがよい；《料》(小麦粉などが)粗挽きの.
Grill 男 (-s/-s) 《料》焼き網，グリル，ロースター；(自動車の)ラジエーターグリル.
Grille 女 (/-n) ● 《動》コオロギ；むら気，妄想；物思い，ふさぎの虫. ◆ **die ~n austreiben (vertreiben)** 〔*j*³〕(人から)雑念(不安)を追い出す，(人を)愉快にする. **~n fangen** むら気を起こす，ふさぎ込む. **~n im Kopf haben** むら気な考えに取りつかれている；ふさぎ込んでいる. **~n machen** 《*in den Kopf setzen*》〔*sich*³〕心配する，くよくよする.

grillen 他 焼き網(グリル)で焼く；**sich⁴ ~ [lassen]** 肌をこんがり焼く.
Grillrestaurant 中 グリルレストラン(網焼き料理が中心の店).
Grimasse 女 (/-n) しかめっ面，渋面(じゅうめん). ◆ **~ machen (ziehen, schneiden)** しかめっ面をする；渋面を作る.
Grimm 男 (-[e]s/) 《雅》憤怒，憤激. ◆ **die Brüder ~** グリム兄弟(グリム童話集および『ドイツ語辞典』の編者：Jacob [1785-1863]；Wilhelm [1786-1859]).
grimmig 形 凶暴な；激しい；厳しい.
Grind 男 (-[e]s/-e) かさぶた；(シカなどの)頭. **grindig** 形 かさぶただらけの.
grinsen 自 にやにやする，にたにた笑う.
grippal 形 インフルエンザの，流行性感冒の；インフルエンザに似た.
Grippe [グリッペ] 女 (/-n) 《＠ influenza》インフルエンザ，流感.
Grips 男 (-es/-) 《話》知恵，分別.
gr.-kath. 略 = griechisch-katholisch.
grob [グロープ] 形 (**gröber, gröbst**) ● 《＠ coarse》粗い，粗削りの；荒い，ごつごつした. ● 粗野な，無作法な；荒っぽい：*j*³ ~ **kommen** 《話》人に無礼な態度を取る. ● 大まかな，あらまの. ● ひどい，はなはだしい；重大な. ◆ **aus dem Gröbsten heraus sein** 《話》最大の困難(ピンチ)を乗り切っている，峠を越えている. **~gemahlen** (コーヒー豆·穀物などが)粗挽きの. =**gemahlen** 形 ⇒ grob ◆ **Grobheit** 女 (/-en) 粗雑さ；粗暴；乱暴の(無遠慮な)言動. **Grobian** 男 (-[e]s/-e) 粗野な人，がさつな男.
grobkörnig 形 粒の粗い，大粒の；《写》(フィルムの)粒子の粗い.
gröblich 形 ひどい.
grob‐**maschig** 形 《編み》目の粗い. =**schlächtig** 形 粗野な，荒っぽい.
gröbst ⇒ grob

Grog 男 (-s/-s) グロッグ(ラム酒などに砂糖と熱湯を加えた飲み物).

gróggy 形 ［ダジイ］ グロッキーになった; ふらふらの; [話]くたびれ果てた.

grö́len 他 [話]わめく，どなる，騒ぐ，(どら声を張り上げて)歌う.

Groll 男 (-[e]s/-) 恨み，怨恨(ᡯ̀̀͡ʌ).

gróllen 自 (jm) [**mit**] j³) (人を)恨んでいる; (雷鳴などが)鈍くとどろく．

Grö́nland 中 グリーンランド(世界最大の島; デンマーク領).

Grópius Walter, グロピウス(1883-1969; ドイツの建築家; Bauhaus を創立．

gr.-órth. 略 griechisch-*orthodox*.

Gros ❶ [グロー(ス)] 中 (-/-) (構成員の)大多数; [軍]主力． ❷ [グロス] 中 (-es/-se) グロス(12ダース; 略 G.).

Gróschen [グロッシェン] 男 (-s/-) ❶ グロッシェン(オーストリアの貨幣単位: 100分の1Schilling; 略 g). ❷ グロッシェン(ドイツの10ペニヒ硬貨に当たる金)．小銭，はした金． ✦ *Bei ⁓ ist der ⁓ [gefallen].* (人は話の)意味がようやくわかった(ぴんときた)．*Das ist allerhand für/n ⁓.* [話]そいつは思いもよらなかった．*Der ⁓ fällt bei j³ pfenningweise ⟨langsam⟩.* [話](人が)血の巡りが悪い，理解が遅い．*jeden ⁓ umdrehen* ⟨*müssen*⟩ [話] 倹約家である．*keinen ⁓ wert sein* [話]一文の価値もない．*nicht bei ⁓ sein* [話]頭がどうかしている．**=román** 男 [蔑]三文小説．

groß [グロース] I 形 (grö́ßer, größt) ❶ (英 big) 大きい，大規模な，広大な; 数量の多い; 背が高い; 長期の． ❷ 著しい，高度の，盛大な，大げさな． ❸ 年長の(成長した)，大人の． ❹ 偉い，偉大な; 重要(重大)な : ein ⁓*es Tier* [話] 大物． ❺ [雅]高貴な; 寛大な，私心のない． ❻ [話]すばらしい; 感嘆すべき． ❼ 大まかな，大体の． II 副 [話] ❶ (否定詞とともに)たいして(ほとんど)(…ない)． ❷ [疑問文・感嘆文で]そもそも，いったい． ✦ *den ⁓en Herrn ⟨die ⁓e Dame⟩ spielen* [皮肉]上流紳士⟨婦人⟩を気取る．*⁓ angelegt sein* 大規模な．*⁓ geschrieben werden* [話]重視される．*⁓ machen* [話]大便をする．*⁓ und breit* 詳しく，詳細に．*Groß und Klein* 大人も子供も，だれもかれも．*im Großen und Ganzen* 大体において．

Gróßabnehmer 男 [商]大口購買者．

gróßangelegt 形 ⇒ **groß**

gróßartig [グロースアーティヒ] 形 ❶ すばらしい，りっぱな; 堂々たる． ❷ [蔑]もったいぶった．

Groß-aufnahme 女 [写]大写し，クローズアップ．**=áuftrag** 男 大口注文． **=báuer** 男 大規模農家，大農場主． **=betríeb** 男 大企業，大規模経営; 大農経営． **=británnien** 中 グレートブリテン(イングランド・ウェールズ・スコットランドの総称); イギリス連合王国．**=búchstabe** 男 大文字．

Gróße 男 ⇒ **Groß[r]**

Grö́ße [グレーセ] 女 (-/-n) ❶ (英 size) 大きさ; 寸法; 身長，面積，容積; 寸法 : *in natürlicher ⁓* 等身大で． ❷ (英 greatness)重要性; 偉大さ． ❸ 偉大な人物, 大物，大家． ❹ [数・理]量，値． ✦ *eine unbekannte ⁓* 未知の数(量); 海のものとも山のものともわからない人．**=éinsatz** 男 大量投入．

Gróß-eltern [グロースエルテァン] 複 (英 grand parents)祖父母．**=énkel** 男 孫．

Größ́en-órdnung 女 大きさの等級; (特定の大きさの)規模体系．

gróßenteils 副 大半は，大部分[は]，たいてい，おおかた，おおむね．

Grö́ßen-verhä́ltnis 中 大きさの割合(比率)．**=wahn** 男 誇大妄想狂．

grö́ßenwahnsinnig 形 誇大妄想の．

Gróße[r] 男 [形容詞変化] おとな; 要人，偉人 : *unser Großer* ⟨*Größter*⟩ [話]うちの長男．

grö́ßer ⇒ **groß**

Gróß-fahndung 女 (警察の)大がかりな捜索．**=famílie** 女 大家族．**=formát** 中 (紙・本などの)大判．**=fürst** 男 (帝政ロシアなどの)大公．

gróßgeschrieben 形
✦ *⁓ werden* ⇒ **groß** ✦

Gróß-glockner (der ⁓) グロースグロックナー(オーストリア西部にある同国第一の高山)．**=grúndbesitz** 男 大土地所有．**=hándel** 男 卸売業．**=hä́ndler** 男 卸売商，問屋．

gróßherzig 形 [雅]寛大な．**Gróßherzigkeit** 女 (-/) 寛大さ; 気前のよさ．

Gróß-herzog 男 大公(Herr と Herzog の中間の爵位)．**=herzogtum** 中 大公国．**=hirn** 中 [解]大脳．**=hirnrinde** 女 [解]大脳皮質．**=industrie** 女 大企業，巨大産業．**=industrielle[r]** 男 [形容詞変化]大企業家(巨大産業の経営者)．**=inquisitor** 男 大審問官．

Grossíst 男 (-en/-en) [商]卸売商．

gróßjährig 形 成年に達した．

Gróß-káufhaus 中 大型店．**=káufmann** 男 卸売商，問屋; 豪商．**=kópfete[r]** 男 [形容詞変化][話]お偉方; 学生，大学を出た人，インテリ．

gróßkotzig 形 [蔑]いばりくさった，偉たぶった．

Gróßmacht 女 大国，強国．**gróßmächtig** 形 [雅]強大な．

Gróßmama 女 [話]おばあちゃん．

Gróßmannssucht 女 [蔑]いばり癖，権勢欲．

Gróßmaul 中 (-[e]s/..mä́uler) [話]ほら吹き，大口をたたく人．**gróßmäulig** 形 [話]ほらを吹きの，いばり屋の．

Gróßmut 女 (-/) 寛大さ; 気前のよさ．**gróßmütig** 形 寛大な; 気前のよい．

Gróßmutter [グロースムターァ] 女 (-/-mütter) (英 grandmother)祖母，おばあさん．✦ *Das kannst du deiner ⁓ erzählen!* そんなことだけが信じちゃ困る．

gróßmütterlich 形 祖母のような; 優しい，寛大な．

Gróß-neffe 男 おい(甥)の息子．**=nichte** 女 めい(姪)の娘．**=ónkel** 男 大おじ父，大叔父(親の伯父⟨叔父⟩)．**=papá** 男 [話]おじいちゃん．**=putz** 男 大掃除．**=raum** 男 大きな部屋; 広い範囲(地域)，広域．**gróßräumig** 形 広い部屋の[ある]; 容積の大きい; 広域の．

Gróßraum-bǘro 中 (仕切りのない)大

Groß-schanze 囡 《="》ラージヒル. **-schiffahrtsweg** 男 ⇨ **schiffahrts..**) 男 大洋航路.
groß|schreiben 他 (…の)語頭を大文字で書く. **Großschreibung** 囡 《-/-en》《文法》大文字書き.
Großsprecher 男 ほら吹き, 大口をたたく人. **großsprecherisch** ほら吹きの, 大口をたたく.
großspurig 形 いばった, 尊大な.
Groß-stadt [グロースシュタット] 囡 《-/-städte》-städter 男 大都市の住民.
großstädtisch 形 大都市の.
größt ⇨ **groß**
Großtante 囡 大伯母, 大叔母.
Großtechnik 囡 巨大技術. **großtechnisch** 形
Großtechnologie 囡 巨大技術, ビッグテクノロジー. **großtechnologisch** 形
Großteil 男 大部分は, たいてい. ◆ **zum ~ 大部分**
größtenteils 副 大部分は, たいてい.
größtmöglich 形 できる限り大きな, 最大限の.
Großtuer 《-s/-》 いばり屋.
großtuerisch 形 いばりくさった.
groß|tun* 自 《**mit** *et³*》(…に)いばる; 《*sich⁴* **mit** *et³*》(…を)自慢する.
Groß-unternehmen 中 大企業.
Groß-vater [グロースファーター] 男 《-s/-väter》(ⓔ grandfather) 祖父, おじいさん. **-wetterlage** 囡 広域気象状況, 天気概況. **-wild** 中 (ライオンなどの) 大形猛獣.
groß|ziehen* 他 (子供・家畜を)育て上げる, 養育(飼育)する.
großzügig [グロースツューギヒ] 形 ❶ 寛大な; 大まかな, 太っ腹な; 気まぐれない. ❷ 大規模な. **Großzügigkeit** 囡 《-/-》 寛大さ; 寛大さ.
grotesk 形 グロテスクな, 怪奇な.
Groteske 囡 《-/-n》 グロテスク, 怪奇趣味; 《芸》グロテスク模様.
Grotte 囡 《-/-n》 (人造の)洞くつ.
grub ⇨ **graben**
Grübchen 中 《-s/-》 小さなくぼみ; (あごなどの)くぼみ, えくぼ.
Grube [グルーベ] 囡 《-/-n》 《ⓔ Grübchen》 《ⓔ hole》 穴, くぼみ; 坑道, 鉱山; 墓穴. ◆ **in die** 《**zur**》 **~ fahren** 《話》 死ぬ; 葬られる. 《諺》 *Wer andern eine ~ gräbt, fällt selbst hinein.* 《諺》人を呪わば穴二つ.
grübe ⇨ **graben**
Grübelei 囡 《-/-en》 思い煩うこと; 思案; 物思い.
grübeln 自 《**über** *et⁴*》(…について)思い悩む, 思い煩う.
Gruben-arbeiter 男 坑員, 鉱山労働者. **-unglück** 中 坑内事故(災害).
Grübler 男 《-s/-》 《囡 **-in**》 よくよく考え込む人, 思い悩む人. **grüblerisch** 形 よくよく思い悩む.
grün [グリューン] 形 ❶ 《ⓔ green》 緑の, 緑色の; 草色の; 《政》緑の党の: **~er Salat** 《植》レタス; グリーンサラダ; **~er Star**

275

Gründerzeit

《医》緑内障. ❷ 未熟な; 生(き)の: 青くさい, 経験の乏しい: **ein Junge** 青二才. ◆ *Es wird j³ ~ und blau 《gelb》 vor den Augen.* 目の前がくらくらする. *eine ~ Hand haben* 《話》植物を育てるのがうまい. *~ und blau 《gelb》 ärgern* 《話》 《*sich*》 かんかんになって怒る. *~ und blau 《gelb》 schlagen* 《話》 (人を)さんざんなぐる. *im ~en Bereich sein* うまくいっている. *nicht ~ sein* 《話》 《*j³*》 (人に)好意を抱いていない; (人のことが)我慢ならない.
Grün 中 《-s/-(-話s)》 ❶ 緑色; (交通信号の)青. ❷ 《="》 グリーン. ❸ (ドイツ式トランプの)グリューン(スペードに当たる). ◆ *Das ist dasselbe in ~.* 《話》それは似たり寄ったりだ, 基本的には同じことだ.
-anlage 囡 緑地(帯), 緑地公園.
grün-äugig 形 緑色の目の.
Grund [グルント] 男 《-es(-s)/Gründe》 ❶ 《ⓔ ground》土地, 地所; (……の)地所; 土壌. ❷ 《ⓔ bottom》 (川・海・容器などの)底; (心の)奥底. ❸ 《ⓔ basis》基礎, 土台. ❹ 《ⓔ reason》理由, 根拠; 動機, 原因; **ohne ~** 理由もないのに. ❺ (織物・絵などの)【下】地; 背景. ◆ *auf den ~ gehen 《kommen》 et³* (…)の真相を究明する. *auf* **et²** ~ *auf* **et³** ~ (…)の基礎に基づいて. *den ~ zu* **et³** *legen* (…)の基礎を築く. *~ und Boden* 土地. *im ~ genommen* 基本的には; 結局のところ; 要するに. *in ~ und Boden* 徹底的に, さんざんに. *in ~ und Boden reden* (人を)徹底的にやっつける. *in ~ und Boden wirtschaften* (会社などを)つぶす, (財産などを)使い果たす. *von ~ auf* 《*aus*》 根底から; 完全に; 徹底的に. *zu ~e gehen* 衰える; 死ぬ, 沈没する. *zu ~e legen* 《*et³* *et⁴*》 (…)の基礎に(…を)置く. *zu ~e liegen* 《*et³*》 (…)の基礎になっている. *zu ~e richten* (…を)破壊する, 台なしにする, 滅ぼす.
grund|.., **Grund..** 「基本に…, 非常に…; 土地の…」の意.
grund-anständig 形 きわめて礼儀正しい; この上なく立派な.
Grund-ausstattung 囡 基本装備. **-bedeutung** 囡 基本的な意味; 原義. **-bedingung** 囡 基本的な条件. **-bedürfnis** 中 基本的な欲求. **-begriff** 男 基礎(根本)概念; 基礎知識. **-besitz** 男 土地所有; 所有地. **-besitzer** 男 土地所有者, 地主. **-buch** 中 土地台帳, 土地(不動産)登記簿. **-daten** 图 基本(基礎)データ.
Gründe ⇨ **Grund**
grund-ehrlich 形 まっ正直な, きわめて誠実な.
Grund-einheit 囡 《理》基本単位.
Grundel 囡 《-/-n》 《魚》 ハゼ.
gründen [グリュンデン] 《gründete; gegründet》 他 ❶ 《ⓔ found》 (…を)創設する. ❷ 《*et⁴* **auf** *et⁴*》 (…)の基礎を(…に)置く: (…に…の)基礎を置く; 《**auf** *et⁴*》 《*sich⁴* **auf** *et⁴*》 (…に)基づく.
Gründer 男 《-s/-》 《囡 **-in**》 創立者, 設立者, 創始者. **-aktie** 囡 《商》発起人株. **-jahre** 图 《史》 《普仏戦争直後の》泡沫会社乱立時代.

Grund=erwerb [男] 不動産取得.
gründete ⇨ gründen
grundfalsch [形] 根本的にまちがった.
Grund=farbe [女] 原色(赤, 黄, 青). **=fehler** [男] 根本的な誤り. **=festen** [複] 基礎, 土台. ✦ ***in seinen 〈bis in seine〉 ~ erschüttern*** (…を)根底からゆさぶる. **=fläche** [女] 〔数〕底面; 敷地面積. **=form** [女] 基本形, 原型; 〔文法〕不定詞; (変化する語の)原形, 原級. **=gebühr** [女] 基本料金. **=gedanke** [男] 根本思想; 主旨. **=gehalt** [男] 基本給. **=gesetz** [中] 根本法則; 〔法〕基本法, (ドイツの現行の)憲法(略 GG). **=herr** [男] 〔史〕(ドイツ中世の)荘園領主; 大地主. **=idee** [女] 根本理念.
grundieren [他] (壁などに)下塗りをする.
Grund=kapital [中] 〔経〕資本金, 基礎資本金; 株式資本. **=kenntnis** [女] 基礎知識. **=konsens** [男] 基本的合意. **=konzept** [中], **=konzeption** [女] 基本構想. **=kredit** [女] 〔経〕土地信用.
Grundlage [グルントラーゲ] [女] 《-/-n》 ([英] basis)基礎, 基盤; 根拠.
Grundlagen=kenntnis [女], **=wissen** [中] 基礎知識.
grundlegend [形] 基本〈根本〉的な.
Grundlegung [女] 《-/-en》 基礎〔固め〕, 基礎づけ.
gründlich [グリュントリヒ] ❶ [形] 徹底的〈抜本的〉な〈に〉, 綿密な〈に〉. ❷ [副] 《話》ひどく, 大いに. **Gründlichkeit** [女] 《-/》 徹底性.
Grund=linie [女] 〔数〕底辺; 〔テニス〕ベースライン; 〔バレーボール〕エンドライン; (政治などの)基本路線〈方針〉. **=lohn** [男] 基本賃金.
grundlos [形] 底なしの, (道などの)ぬかるんだ, (非難などが)根拠〈いわれ〉のない.
Grund=nahrungsmittel [中] (パン・米などの)基礎食品.
Grün=donnerstag [男] 〔キリスト教〕聖木曜日(復活祭直前の木曜日).
Grund=pfeiler [男] 〔建〕(建物・橋梁(きょうりょう)などの)基礎杭. **=recht** [中] 《ふつう [複]》〔法〕基本権, 基本的人権. **=regel** [女] 基本規則〈ルール〉, 原則. **=rente** [女] 地代; 基本年金. **=riss** ([旧]=**riß**) [男] 平面図, 見取り図; 概要, 概説, アウトライン.
Grundsatz [グルントザッツ] [男] 《-es/..sätze》 ([英] principle)原理, 原則; 主義, 信条. **grundsätzlich** [グルントゼッツリヒ] [形] 原則的な, 原理〈基本〉的な.
Grundsatzprogramm [中] (政党などの)基本綱領.
Grundschule [グルントシューレ] [女] 《-/-n》 基礎学校, 小学校.
Grundstein [男] 〔建〕礎石; 基礎. ✦ ***den ~ zu et³ legen*** (…の)礎石を置く; 基礎を築く. **=legung** [女] 礎石をおくこと; 定礎式, 起工式.
Grund=steuer [女] 土地税, 不動産税. **=stock** [男] 基礎, 元, 始まり. **=stoff** [男] 原料; 〔化〕元素. **=stoffindustrie** [女] 原料産業(鉱業・製鉄業など). **=strömung** [女] 底流, 基調.
Grundstück [グルントシュテュック] [中] 《-[e]s/-e》 土地, 地所. **~s=preis** [男] 地価.
Grund=stufe [女] 初級〈基礎〉〔課程〕; 基礎学校; 〔言〕(形容詞・副詞の)原級. **=text** [男] 原典, 原本, 底本; 原文. **=ton** [男] 〔楽〕基本音, 基音; (和音の)根音; 基調. **=übel** [中] 根本悪, 禍根. **=umsatz** [男] 〔医〕基礎代謝.
Gründung [男] 《-[e]s/》 〔農〕緑肥.
Gründung [女] 《-/-en》 創立, 設立; 〔建〕基礎工事.
Gründungs=feier [女] 設立〈創立〉記念パーティー〈式典〉.
grund=verkehrt [形] 根本的にまちがっている. **=verschieden** [形] 根本的に異なる.
Grund=voraussetzung [女] (重要な)基本的前提. **=wasser** [中] 地下水. **=wasserspiegel** [男] 地下水面〈水位〉. **=wehrdienst** [男] 基礎兵役. **=wissen** [中] 基礎知識. **=wort** [中] 〔文法〕(複合語の)基礎語. **=wortschatz** [男] 基礎語彙, 基本単語〔集〕. **=zahl** [女] 基数. **=zins** [男] 〔史〕地代. **=zug** [男] 基本的特徴, 主要な特性.
grünen [自] 《雅》緑色になる, 芽を出す.
Grüne[r] 《形容詞変化》 ❶ [男] 《話》お巡り(緑色の制服から); 《話》20マルク紙幣. ❷ [男] [女] 緑の党の党員; (die ~n) [複] 緑の党.
Grüne[s] [中] 《形容詞変化》 緑色; (自然の)緑; 《ふつう無冠詞で》生野菜; (飼料の)青草. ✦ ***im Grünen*** 野外〈郊外〉で. ***ins Grüne*** 野外〈郊外〉へ.
Grün=fink [男] 〔鳥〕カワラヒワ. **=fläche** [女] (町の中の)緑地, 緑地公園. **=futter** [中] (家畜の)青草飼料; 《戯》青野菜. **=gürtel** [男] (都市の)緑地帯, グリーンベルト. **=kohl** [男] 〔植〕チリメンキャベツ.
grünlich [形] 緑がかった, 緑色を帯びた.
Grünling [男] 《-s/-e》 〔植〕キシメジ; 〔鳥〕カワラヒワ; 未熟者, 青二才.
Grün=pflanze [女] 観葉植物. **=schnabel** [男] 《話》青二才, 若造; 新米. **=span** [男] 緑青(ろくしょう). **=specht** [男] 〔鳥〕アオゲラの一種. **=streifen** [男] (車道の)緑地帯, グリーンベルト.
grunzen [自] (豚などが)ブーブー鳴く; ぶつぶつ不平を言う.
Grünzeug [中] 《話》青物; 青二才.
Gruppe [グルッペ] [女] 《-/-n》 ([小] **Grüppchen**) ❶ ([英] group)グループ, 群, 集団; 〔軍〕分隊. ❷ 《北部》排水溝, (畜舎の)汚水溝.
Gruppen=arbeit [女] グループワーク, 集団作業. **=aufnahme** [女] 団体〈グループ〉撮影, グループ〈集合〉写真. **=druck** [男] 集団内での心理的圧力. **=dynamik** [女] 〔社会〕グループダイナミックス, 集団〈社会〉力学. **=egoismus** [男] 特定集団の利己主義, 集団エゴ. **=selbstmord** [男] 集団自殺. **=sex** [男] 乱交, グループセックス. **=therapie** [女] 〔医〕集団療法.
gruppenweise [副] グループをなして; グループごとに.
gruppieren [他] グループにする, グループ別に集める〈まとめる〉, 集める; 《*sich⁴ um j-et⁴*》 (…の)周りに集まる.
Gruppierung [女] 《-/-en》 グループにする〈なる〉こと; グループ, 集団.
Grusel=film [男] 恐怖〈ホラー〉映画. **=geschichte** [女] 怖い話, 怪談.

G

gruselig 形 ぞっとする, 怖い.

Grusel-kabinett 中 恐怖の(身の毛のよだつ)品物を並べた陳列室. = **szenario** 中 恐怖のシナリオ.

gruseln 自 《*Es gruselt ihr*[3(4)] *vor et*[3].》(人が…に)ぞっとする; 《*sich*[4]》ぞっとする.

Grusinien グルジア(旧ソ連系の共和国;1991年に独立; 首都トビリシ).

gruslig 形 = gruselig.

Gruß [グルース] 男 《-es/Grüße》 (＠ greeting)あいさつ(の言葉), 会釈; (旅行先などからの)あいさつ状, 便り. ◆ *der Deutsche ～* ナチス式の敬礼. *der Englische ～* 天使祝詞(マリアへの祈り)(マリアへの受胎告知)の天使のあいさつ).

grüßen [グリューセン] 他 《grüßte; gegrüßt》(＠ greet)(人に)あいさつをする; 《*sich*[4] *mit j*[3]》(人と)あいさつを交わす. ◆ *Grüß dich (Gott)!* (話) こんにちは.

Grütze 女 ❶ (＠ / 種類一粒) 粗ぴきの雑粒; 果汁入りのムース. ❷ 《-/》(話) 理解力.

Guatemala グアテマラ(中央アメリカの共和国およびその首都).

gucken [グッケン] 自 《guckte; gegucktt》(話) ❶ (＠ look) 見る, のぞく(*Guck mal!* 見て(ごらん)); (物が)のぞいて見える. ❷ (…な)目つきをしている.

Guck-fenster 中 のぞき窓. **-in-die-luft**, **-in-die-luft** 男 (話) 足元に注意せずぼんやりと歩く人. **-loch** 中 のぞき穴; (話・戯) 靴(靴下)の穴.

guckte → gucken.

Gudrun 女名 グードルーン.

Guerilla 女 《-/-s》ゲリラ戦; ゲリラ隊. **-krieg** 男 ゲリラ戦.

Gugelhupf 男 《-[e]s/-e》 (南部・オースト) バウンドケーキ.

Guillotine 女 《-/-n》ギロチン, 断頭台.

Gulasch 中 《-[e]s/-e, -s》料 グーラシュ(ハンガリー風シチュー).

Gulden 男 《-s/-》ギルダー(オランダの通貨; ＠ fl, hfl); (史) グルデン金貨.

Gülle 女 《-/》水肥, 下肥.

Gully 男 《-[s]/-s》(側溝などに設けられた)排水桝(ます).

gültig [ギュルティヒ] 形 (＠ valid) 有効な, 通用している; 妥当な, 当てはまる.

Gültigkeit 女 《-/》有効, 効力, 通用, 妥当性. **～s-dauer** 女 《-/》有効(通用)期間.

Gummi [グミ] ❶ 男 《-[s]/-[s]》① ゴム. ❷ 中 《-s/-s》消しゴム; (話) コンドーム. ❸ 中 《-s/-s》(話) ゴムバンド(ひも); 輪ゴム.

gummiartig 形 ゴム状の.

Gummi-ball 男 ゴムまり. **-band** 中 ゴムひも. **-bärchen** 中 クマ型のグミ (小粒のゼリー). **-baum** 男 植 ゴムノキ. **-boot** 中 ゴムボート.

gummieren 他 (…に)糊(の)をつける; (布に)防水加工する.

Gummi-handschuh 男 ゴム手袋. **-knüppel** 男 ゴム[製]の警棒. **-paragraph, paragraf** 男 (話) どしらにでも解釈できる条項. **-reifen** 男 ゴムタイヤ. **-ring** 男 輪ゴム; (輪投げ用の)ゴム輪; ゴム製パッキング. **-schlauch** 男 ゴムホース; (タイヤの)チューブ. **-sohle** 女

(靴の): ゴム底. **-stempel** 男 ゴム印.

Gunst 女 《-/》(＠ favor) 好意, 愛顧, 寵愛. ◆ *zu j*[3] *～en* (人に)有利になるように; (人の)ために.

günstig [ギュンスティヒ] 形 ❶ (＠ favorable) 好都合な, 有利な, 恵まれた. ❷ (古) 好意的な. **..günstig** 「…の点でたいへん有利(好都合)な」の意.

Günstling 男 《-s/-e》(貶) お気に入り, 寵児, 情実人事. **～s-wirtschaft** 女 《-/》えこひいき, 情実人事.

Günter 男名 ギュンター.

Gunther ギュンター(Nibelungenlied に登場するブルグントの王).

Gurgel 女 《-/-n》のど, のど首. ◆ *an die ～ wollen* (j[3]) (人を)破滅させようとする. *die ～ schmieren* (sich[3]) (話) のどを湿らせる; 一杯やる. *die ～ umdrehen* (j[3]) (話) (人)の息の根を止める. *die ～ zudrücken (zuschnüren)* (j[3]) (話) 人を〔経済的に〕破滅させる. *durch die ～ jagen* (話) (金を)全部飲んでしまう.

gurgeln 自 うがいをする; ガラガラ(ゴボゴボ)と音を立てる.

Gurgelwasser 中 うがい水(薬).

Gurke 女 《-/-n》 (＠ *Gürkchen*) 植 キュウリ; (話) キュウリの鼻 (鋭に変な古い物(車・靴など); 粗悪品; ペニス. **～n-salat** 男 料 キュウリのサラダ.

gurren 自 (ハトが)クウクウ鳴く; こびるように話す, 猫なで声を出す.

Gurt 男 《-[e]s/-e》(幅の広い)帯, ベルト; (自動車・飛行機などの)安全(シート)ベルト; 諮 (ドラムの)弦.

Gürtel [ギュルテル] 男 《-s/-》 ❶ (服)(衣服の)ベルト, バンド. ❷ 帯状地帯, ゾーン. ◆ *den ～ enger schnallen* ベルトをもっときつく締める; (話) 家計(経費)を切り詰める. **-linie** 女 ウエストライン; ボクシ ベルトライン. ◆ *ein Schlag unter die ～* ローブロー; フェアでないやり方. **-reifen** 男 ラジアルタイヤ. **-rose** 女 医 帯状疱疹(ヘルペス), 帯状ヘルペス. **-schnalle** 女 ベルトの締め金, バックル. **-tier** 中 動 アルマジロ.

gurten 他 安全(シート)ベルトをつける; 馬に鞍(くら)をつける(腹帯を締める). **gürten** 他 帯を締める; 《*j*[4] *mit et*[3]》(人に…)を締めつける.

GUS 女 《-/》*G*emeinschaft *U*nabhängiger *S*taaten 独立国家共同体(旧ソ連の新国名; ＠ CIS).

Guss 男 《-es/Gusses/Güsse》鋳造, 鋳込み; 鋳物; (液体の)注ぎかけ; 医 冷水(温水)噴水; 料 (菓子の)衣, コーティング; 流し口. ◆ [*wie*] *aus einem ～ sein* (作品などが)統一がとれている; 不自然なところがない. **-beton** 男 流し込みコンクリート.

Güsse → Guss

Guss-eisen 中 (＠ *Guss* -) 鋳鉄.
guss-eisern 形 (＠ *Guss* -) 鋳鉄製の.
Guss-form 女 (＠ *Guss* -) 鋳型.
-ware 女 鋳物製品.

Gusto 男 《-s/-s》(南部・オースト) 好み, 趣味; 欲求; (…にかって)好きな; 食欲.

gut [グート] 形 《*besser, best*》 (＠ good) ❶ よい, 善良な; 誠実な; 好意ある, 親切

な; 仲のよい; (技量の)優れた, 有能な; (成績評価で)優の(6段階中の2位); 性能がよい。 ❷ 健全な; 上等の, 良質のすばらしい, 価値のある。 ❸ 上品な, 上流の; 声望のある, 行儀のよい; 好ましい, 喜ばしい。 ❹ 好意的な, 親切な; まずまずの; 適切な。 ❺ 有効な。 ❻ (数・量の)十分な, たっぷりの。 ❻ 容易な ⇔ Gute[s] ✦ **alles, was ~ und teuer ist** [話] 金持ちと有名人たちみんな。 **Es geht j³ ~ mit et³**. (…は)元気である, よい状態にある。 具合がよい; (事が)うまく行く。 **es ~ haben** (treffen) 幸せである。 **~ aussehend** 器量のよい。 **~ gehend** 儲けの多い, 繁盛している。 **~ gelaunt** ご機嫌の。 **~ gelungen** うまくいった, 成功した。 **~ gemeint** 善意の, 好意的な。 **~ gesinnt** 好意的な; 誠実(立派)な, ちゃんとした。 **~ sein** [話] [für⁴] (…する)(力(能力)がある。 **~ situiert** 裕福な。 **~ sitzend** (服などが)ぴったり合っている。 **~ tun** [j³ et³] (…の)ためになる, (…に)効き目がある; [方] よく働いて〈勉強して〉いる。 **~ und gern** [話] 十分に, 楽に, 優に。 **Lass es ~ sein!** いい加減にやめろ。 **so ~ wie …** ほとんど…(である)。 **so ~ wie möglich** できるだけ。

Gut [グート] 中 ((-[e]s /Güter) (⑥ Gütchen) ❶ ⑥ goods)財産, 財貨。 ❷ 大農場。 ❸ 貨物; 商品, 物。

Gutachten 中 ((-s/-) 鑑定書。

Gutachter 中 ((-s/-) / **-in** 鑑定人。

gutartig 気立てのよい, おとなしい; [医] 良性の。 **Gutartigkeit** 図 ((-/)) 温良; 良性。

gut-aussehend ⇔ gut ✦ **bürgerlich** 中流家庭の; 家庭的な, 堅実な。

Gütchen 中 ((-s/-) 小地所; 小さな親切。 **~ ein ~ tun** [sich³ an et³] (…と)十二分に楽しむ。

Gutdünken 中 ((-s/-) 意見, 判断, 裁量。

Gute ⇔ Gute[r], Gute[s]

Güte [ギューテ] 女 ((-/)) ❶ (⑥ kindness) 親切, 好意。 ❷ 品質, 等級。 ✦ **Ach, du meine ⟨liebe⟩ ~!** [話] へえ, これは驚いた。 **~ klasse** [品質の]特級。

Gutenacht-kuss (中 (⑥ =kuß) 男 お休みのキス。

Gutenberg Johannes, グーテンベルク (1397頃-1468; ドイツの印刷術創始者)。

Gute(r) 男 ((形容詞変化)よい人, 善人; よい人し。

Güter ⇔ Gut ✦ **abfertigung** 女 貨物業務; 貨物取扱所。 **bahnhof** 男 貨物駅。 **gemeinschaft** 女 [法は] (夫婦間の)財産共同制。 **trennung** 女 (夫婦財産の)別産制。 **verkehr** 男 貨物輸送。 **wagen** 男 貨車。 **zug** 男 貨物列車。

Gute(s) 中 (形容詞変化)よいこと⟨もの⟩, 善。 ✦ **Alles ~!** お元気でね。 **im Guten sagen** [j³ et⁴] (人に…を)好意で⟨穏便に⟩言う。 **im Guten wie im Bösen** あともかくで。

Gütezeichen 中 (商品の)品質保証マーク。

gut-gehen*, -gehend, -gelaunt, -gelungen, -gemeint, -gesinnt ⇔ gut ✦

Gutgewicht 中 [商] (減損を見越した)添量, タラ。

gutgläubig 信じやすい, お人好しの; 善意の。

guthaben* ⇔ [et⁴ bei j³] (人に…の)貸しがある。 **Guthaben** 中 貸し; 預金[残高]。

gutheißen* ⇔ 是認する, 認める。

gutherzig 気立てのよい, 心優しい。

gütig [ギューティヒ] ❶ (⑥ kind) 善良な, 親切の; 寛大な。 ✦ **Zu ~!** [皮肉] これはご親切なことで。

gütlich (⑥ -en) 穏便な, 平和的な。 ✦ **~ tun** [sich⁴ an et³] (…を)存分に楽しむ。

gutmachen 償う, 弁償する; 恩返しをする; 返礼する; (親切などで遅れを)取り戻す; (公金を)残す, もうける。

gutmütig 温厚な, 親切な。 **Gutmütigkeit** 女 ((-/))

gutsagen [für j-et⁴] (…を)保証する。

Gutschein 男 (金銭・物品の)引換券, チケット, 無料券。

gutschreiben* 中 [商] [j³ et⁴] (貸方の口座に金額などを)記入する。

Gut-schrift 中 ((-/-en) 中 貸し, 貸し方記入; 口座貸金。 **herr** 男 (⑥ -in) 小作人を抱えた)地主; 領主。 **hof** 男 (家屋敷を含めての)農場。

gut-situiert, -sitzend, -tun* ⇔ gut ✦

guttural 中 のどの, 喉頭の; のどの奥で発せられる。

gutwillig 好意的な; すなおな, 従順な。

GV Generalversammlung 中; Gesangverein; [話] Geschlechtsverkehr。

Gymnasial-bildung 女 ((-/)) ギムナジウムでの教育。 **lehrer** 男 ギムナジウムの教師。 **Gymnasiast** 男 ((-en/-en)) (⑥ -in) ギムナジウムの生徒。

Gymnasium [ギュムナージウム] 中 ((-s/..sien)) ギムナジウム(大学進学希望者の標準課程): **aufs ~ kommen** ギムナジウムに入る。

Gymnast 男 ((-en/-en)) (⑥ -in) [古代ギリシアの]体育教師; 治療体操教師。

Gymnạstik [ギュムナスティク] 女 ((-/)) 体操; 治療体操。 **gymnạstisch**

Gynäkologe 男 ((-n/-n)) [産]婦人科医。 **Gynäkologie** 女 ((-/)) [産]婦人科[学]。 **gynäkologisch**

Gyroskop 中 ((-s/-e)) [理] ジャイロスコープ, 回転儀。

H

h, H 中 ((-/-)) ハー; [楽] ロ(音名); [記号] ⟨h⟩ ロ短調; [H] ロ長調。 **h** [記号] 時間 (⟨ラ⟩ hora)。 **H** [記号] Haben 貸し; Härte [鉱物] 硬度; Hochschule 大学; Haltestelle: 停留所; Herren 男子(殿方)用; Hoch 高気圧。 **H** [記号] Hydrogenium; Hertz; [国際符号] ハンガリー。 **h..** ⇔ Hekto-。

ha ああ(驚嘆・優越感の声)。 **ha** [記号] Hektar。 **Ha** [記号] Hahnium. **h.a.** [記号] hoc anno 今年(に)。

Haag (Den ~) ハーグ(オランダ西部の都

市で王宮所在地).
Haar [ハール] [中] ((-[e]s/-e)) ([小] **Härchen**)([英] hair)髪の毛, 毛髪, 頭髪; 体毛; (動物の)毛[皮]; [植] (葉・茎などの)毛. ♦ *an* 〈*bei*〉 *den* ~*en herbeiziehen* ((話)) ((*et*[4])) (…に)こじつける. *an einem* ~ *hängen* 風前のともしびである. *auf ein* ~/ *aufs* ~ ぴったり, 正確に. *die* ~*e* [*aus*|]*raufen* 〈*reißen*〉髪をかきむしる. *ein* ~ *in der Suppe finden* ((話)) あら探しする. ~*e auf den Zähnen* 〈*der Zunge*〉 *haben* ((話)) (特に女性が)気が強い. *in den* ~*en liegen* ((話)) ((*sich*[3])) けんかしている. *in die* ~*e fahren* 〈*geraten, kriegen*〉 ((話)) ((*sich*[3])) けんかになる. *kein gutes* ~ *an j-et*[3] *lassen* ((話)) (…を)こきおろす, 批判する. *kein* ~ *krümmen* ((*j*[3])) (人に)危害を加えない. *keine grauen* ~*e wachsen lassen* ((*sich*[3] **über** 〈**wegen**〉 *et*[4])) (…を)気にしない. *nicht* [*um*] *ein* ~/ [*um*] *kein* ~ 少しも…ない. *niemandem ein* ~ *krümmen* [*können*] おとなしい. *J*[3] *stehen* 〈*steigen*〉 *die* ~*e zu Berge.*/*J*[3] *sträuben sich die* ~*e.* ((話)) (人が)ぎょっとする. *um ein* ~/ *ums* ~ ((話)) きわどいところで, 間一髪で; ほんの少しだけ.
=**ansatz** [男] 髪の生え際. =**ausfall** [男] 脱毛[症], 抜け毛. =**boden** [男] 頭の地肌. =**breit** [中] ♦ *nicht* [*um*] *ein* ~/ [*um*] *kein* ~ 少しも…ない. =**bürste** [女] ヘアブラシ.
haaren [自] (動物・毛皮の)毛が抜ける; [再] ((*sich*[4])) (動物の)毛が抜け代わる.
Haar=**entferner** [男] 脱毛剤.
=**ersatz** [男] かつら, ヘアピース.
Haaresbreite [女] ♦ *um* ~ きわどい所で; ほんの少しだけ.
Haar=**farbe** [女] 髪の毛の色. =**färbemittel** [中] ヘアカラー, ヘアダイ. =**feder** [女] (時計などの)ひげぜんまい. =**festiger** [男] ((-s/-)) (整髪用)セットローション.
=**gefäß** [中] [医] 毛細[血]管.
haargenau [形] ((話)) 非常に精密〈正確〉な.
haarig [形] 毛深い, 毛むくじゃらな; ((話)) やっかいな, めんどうな.
Haarklammer [女] ヘアクリップ.
haarklein [形] 詳細な, 事細かな.
Haarklemme [女] ヘアクリップ.
Haarlem ハールレム(オランダ西部の都市).
Haar=**nadel** [女] ヘアピン. =**netz** [中] ヘアネット. =**öl** [中] ヘアオイル. =**riss** ([旧] =**riß**) [男] (陶器などの)細かいひび割れ.
=**röhrchen** [中] [理] 毛細管.
haarscharf [形] すぐそばの, すれすれの; = haargenau.
Haar=**schnitt** [男] 調髪, ヘアカット; 髪型, ヘアスタイル. =**spalterei** [女] ((-/-en)) ((蔑)) ささいなこと〈字句〉にこだわること. =**spray** [男] [中] ヘアスプレー.
haar=**sträubend** [形] ((話)) ぎょっとするような; あきれるほどひどい.
Haar=**teil** [中] ヘアピース. =**tracht** [女] 髪型. =**trockner** [男] ヘアドライヤー.
=**wasser** [中] ヘアローション〈トニック〉.
=**wickel** [男] カールクリップ, ヘアカーラー.
=**wuchs** [男] 毛髪の成長, 髪の伸び; 髪の濃さ〈量〉. =**wuchsmittel** [中] 育毛剤.
=**wurzel** [女] 毛根.
Hab [中] ♦ ~ *und Gut* ((雅)) 全財産.
Habe [女] ((-/)) ((雅)) 財産, 所有物. ♦ *fahrende* 〈*liegende*〉 ~ 動産〈不動産〉.
haben* [ハーベン] ((**hatte; gehabt**)) I [他] ❶ ([英] have)持っている, 所有〈保持〉している; 備えている; (…が)ある. ❷ 感じる, 心に抱く; (病気などに)かかっている; (…)する : mit j^3 Streit ~ 人とけんかする. ❸ (日時・天候などが…で)ある, (…が)ある : Morgen ~ wir keine Schule. ((話)) 明日は学校がない. ❹ 手に入れる. ❺ ((数量＋*et*[4])) (…から)なる. ❻ ((es＋形容詞)) (生活状態・状況などが…で)ある : es gut 〈schlecht〉 ~ 幸福〈不幸〉である. ❼ (…をある場所に…して)ある. ❽ ((＋zu 不定詞句)) (…)しなければならない; (…)することくもの〉がある; ((南部・ｵｰｽﾄﾘｱ・ｽｲｽ)) ((*Es hat j-et*[4].)) (…が)ある, 存在する. II [再] ((話)) ❶ ((*sich*[4])) もったいぶる. ❷ ((*sich*[4] **mit** j^3)) 人とけんかをする. III ((助動詞)) ((過去分詞と完了形を作る)) : Wir ~ schon gegessen. 食事は済ませました. ♦ *an sich*[3] ~ ((*et*[4])) (…が)癖になっている. *bei sich*[3] ~ (…を)身につけている. *Damit hat es etwas* 〈*nichts*〉 *auf sich.* それは重要である〈ない〉. *Damit hat sich's.* ((話)) 話はそれで終わりさ. *Das* ~ *wir alles schon gehabt.* 我々はすでにすべて知っている. *Dich hat's wohl!* / *Hat's dich* [*jetzt ganz*]? ((話)) 馬鹿なことを言うな, 頭がおかしくなったのか. [*Es*] *hat sich was!* ((話)) 話にもならん. *es in sich*[3] ~ ((話)) ちょっとしたものである; 難しい. *es mit* 〈*in, an*〉 *et*[3] ~ (…を)病んでいる. *es* [*sehr*] *mit j-et*[3] ~ (…が)大好きである. *etwas auf sich*[3] ~ 重要である. *etwas für sich*[4] ~ 役に立つ. *etwas gegen j-et*[4] ~ (…に)我慢〈賛成〉できない. *etwas* 〈*es*〉 *mit* j^3 ~ ((話)) (人と)[性的]関係がある, いい仲である. [*et*]*was* 〈*nichts*〉 *von j-et*[3] ~ ((話)) (…を〈と〉)楽しむ〈楽しめない〉; (…に)似ている〈いない〉. *gern* ~ ((*j-et*[4])) (…を)好む, (…が)好きである. *gut reden* ~ (部外者なら)なんでも言える. *hinter sich*[3] ~ (…を)終えている; 経験済みである. *Ich habe es von ihm.* それは彼から聞いた. *Ich hab's!* ((話)) ああ分かった, 見つけたぞ. *leicht lachen* ~ (部外者なら)笑える. *lieb* ~ ((*j*[4])) (人のことが)好きである, (人を)愛している. *nichts auf sich*[3] ~ 重要でない. *noch zu* ~ *sein* 決まった相手がいない. *nötig* ~ (…を)必要としている. *recht* ~ (説・意見が)正しい. *vor sich*[3] ~ ((*j-et*[4])) (…を)目前にしている, (…に)直面している. *wie gehabt* これまで通り, 変わりなく. *zu* ~ *sein* 手に入れられる, 買える; ((話)) 未婚である; ((**für** *et*[4])) (…を)好む.
Haben [中] ((-s/)) [商] 貸方(複式簿記の右の欄); 貸し[高].
Habe=**nichts** [男] ((-(-es) /-e)) ((話)) 一文なし〈無一物〉の人.
Haben=**seite** [女] [商] (帳簿の)貸方.
=**zinsen** [複] [商] 貸方利息.
Haber [男] ((-s/)) ((南部)) = Hafer.
Habgier [女] ((-/)) 貪欲(どんよく), 強欲; 物欲.
habgierig [形] 貪欲(どんよく)な, 強欲な.
habhaft [形] ♦ ~ *werden* ((雅)) ((*j-et*[2])) (…を)捕らえる〈手に入れる〉.

H

Habicht 男 (-s/-e) 【鳥】オオタカ.
Habilitation 女 (/-en) (論文を書いて)大学で教える資格[の取得].
habilitieren 再 (〔sich〕habilitierte; habilitiert) (論文を書いて)大学で教える資格を得る.
Habitus 男 (/-) (人の)外見, 容姿.
Habsburger 男 (-s/-) ハープスブルク家の人. 《形》ハープスブルク家の.
Hab-seligkeit 女 (/-en) こまごました持ち物.
Habsucht 女 (/-) = Habgier. **habsüchtig** 形 = habgierig.
Hächse 女 (/-n) 〔料〕(豚・小牛などの)すね肉.〔話・戯〕(人間の)脚.
Hack=beil 中 肉切り包丁. **=braten** 男 〔料〕ミートローフ. **=brett** 中 まな板. 〔楽〕ツィンバロン.
Hacke 女 (/-/-n) ❶ 鍬(くわ), つるはし;〔言いかえ〕おの, 鍬で耕すこと. ❷ 踵(かかと). ◆ *sich² an j²~ hängen* 〈*sich² j² an die ~*〉*hängen 〈heften〉* / *j³ nicht von den ~n gehen* (人に)つきまとう.〔*dicht*〕*auf den ~n sein 〈bleiben, sitzen〉*〔*j³*〕(人を)追いかけます. *die ~n nach et² ablaufen 〈abrennen〉 〔sich²〕* (…を求めて)駆けずり回る.
hacken [ハッケン] (hackte; gehackt) 他 ❶ (おのなどで~を)割る, たたきつぶる: (野菜・肉などを)刻む, たたいて(穴を)空ける;〔*j³ in et⁴*〕(人の…をおのなどで)切りつける. ❷ 〈くわで…を〉耕す, (作物の周りの土を)起こす. ❸ 〔*nach j-et³*〕(…を)くちばしでつつく;〔*j³(⁴)*〕(人の…を)くちばしでつつく.
Hacker 男 (-s/-) 〔電算〕ハッカー(コンピュータ・システムの不法侵入者).
Hack=fleisch 中 ひき肉. ◆ *~ machen*〔話〕〔*aus j³*〕(人を)ぶんなぐる. こっぴどくしかる(こき下ろす). **=klotz** 男 肉切り台;まな割り台. **=maschine** 女 肉を切る機; 肉ひき機. **=ordnung** 女 (上から下への)序列, ヒエラルキー.
Häcksel 男中 (-s/-) 切りわら(飼料).
hackte ⇒ hacken
Hader 男 (-s/-) 争い, いさかい, 口論する;〔*mit j³*〕(人と)争う, 口論する;〔*mit et³*〕(…に)不満を抱く.
Hades [ハデース] ハデス(冥界の王); 男 (/-) 冥界, 死者の国.
Hafen [ハーフェン] 男 (-s/-Häfen) (魚 harbor)港, 港湾; 避難所. ◆ *den ~ der Ehe ansteuern* 結婚をめざす. *im ~ der Ehe landen* / *in den ~ der Ehe einlaufen*〔戯〕結婚する. **=anlagen** 複 港湾施設. **=rundfahrt** 女 (観光としての)港内周遊(遊覧). **=stadt** 女 港湾都市, 港町. **=viertel** 中 港湾の臨港·港湾地区.
Hafer 男 (-s/-) (魚 oat)〔植〕カラスムギ, 燕麦(えんばく). ◆ *J⁴ sticht der ~*〔話〕(人が)調子に乗りすぎている. **=brei** 男 オートミールの粥. **=flocken** 複 ロールドオーツ(オートムギのフレーク). **=grütze** 女 ひき割りのカラスムギ.
Haff 中 (-[e]s/-s, -e) 潟(かた).
Hafnium 中 ハフニウム(元素名: 記号 Hf).
Haft 女 (/-) 〔法〕勾留(こうりゅう). ◆ *in ~ nehmen* (人を)拘留する.

..**haft**「…のような」の意.
Haftaussetzung 女 〔法〕拘留中止.
haftbar 形 〔*für et⁴*〕(…に対して)〔賠償〕責任がある. ◆ *~ machen*〔*j⁴ für et⁴*〕(人に…の)責任を負わせる.
Haftbefehl 男 〔法〕勾留(こうりゅう)令.
haften [ハフテン] (haftete; gehaftet) 自 ❶〔*an 〈auf, in〉 et³*〕(…に)〈ついて〔貼りついて〕〉いる. ❷〔*für et⁴*〕(…の)責任を負う, 請け合う. ◆ *~ bleiben* くっついたままである.
haften=bleiben* 自分 ⇒ haften ◆
haften = haften
Haftfähigkeit 女 (/-) 粘着性〔力〕;〔法〕〔心身の〕被拘留能力.
Haftglas 中 コンタクトレンズ.
Häftling 男 (-s/-e) 拘留者, 囚人.
Haftpflicht 女 〔法〕責任, 賠償義務. **haftpflichtig** 形 〔賠償義務のある. **Haftpflichtversicherung** 女 〔法〕責任保険.
Haftschale 女 コンタクトレンズ.
Haftung 女 (/-) 付着, 粘着, 固着;〔法〕責任; 損害賠償の義務.
Haft=urlaub 男 拘留中の外出休暇.
Hage=butte 女 ノイバラの実.
Hagel [ハーゲル] 男 (-s/-) ひょう(雹), あられ(霰);〔転〕散弾. **=korn** 中 あられ(ひょう)の粒;〔医〕(まぶたの)霰粒腫(さんりゅうしゅ).
hageln [ハーゲルン] (hagelte; gehagelt) 自 ❶ (魚 hail) 〔*Es hagelt.*〕ひょう〈あられ〉が降る. ❷ 雨あられと降り注ぐ.
Hagel=schauer 男 (短時間の)降ひょう, あられ. **=schlag** 男 (突然の)激しいあられ(降ひょう). **=wetter** 中 あられ〔ひょう〕を伴う嵐.
Hagen ハーゲン(ドイツ北部 Nordrhein-Westfalen 州の工業都市).
hager 形 やせた, ひょろひょろの. **Hagerkeit** 女 (/-)
haha 間 はは(明るい笑い声).
Häher 男 (-s/-) 〔鳥〕カケス.
Hahn [ハーン] 男 ❶ (-[e]s/Hähne) (魚 cock) おんどり; 風見鶏. ❷ (-[e]s/-en) (水道などの)栓, コック, 蛇口. ◆ *der gallische 〈welsche〉 ~* ガリアのおんどり(フランスの象徴). 〔*der*〕*~ im Korb*〔話〕(女に囲まれた男のように)ちやほや・大事にされている. *Kein ~ kräht nach j-et³*〔話〕(…をだれも相手にしない,〔…の〕面倒をだれも見ない. *so viel verstehen wie der ~ vom Eierlegen*〔話〕〔*von et³*〕(…を)全く分かっていない.
Hähnchen [ヘーンヒェン] 中 (-s/-) 雄鶏の若鶏; ローストチキン. **Hähne** ⇒ Hahn
Hahnen=fuß 男 〔植〕キンポウゲ属. **=kamm** 男 (おんどりの)とさか; 〔植〕ケイトウ. **=kampf** 男 闘鶏. **=schrei** 男 鶏の鳴き声. **=trittmuster** 中 千鳥格子の模様.
Hahnium 中 ハーニウム(元素名:記号 Ha).
Hai 男 (-[e]s/-e) 〔魚〕サメ. **..hai**「人を犠牲にして利益をむさぼる人」の意.
Haifisch 男 〔魚〕サメ.
Hain 男 (-[e]s/-e) 〔雅〕(小さな明るい)森, 林.
Hainantao, ..nandao 中 海南島, ハイナンタオ(中国広東省南部の島).

Häkchen (→ Haken) 男《-s/-》小さな鉤(訂);《文法》省略記号(').(文字の上。また下につける)符号(à, ç など). ◆ *Was ein ~ werden will, krümmt sich beizeiten*.(諺) ひとかどのものになろうとするなら早くから努力をはじめる.
Häkel・arbeit 女 かぎ針編み〔の編物〕.
häkeln 他 かぎ針で編む;自 かぎ針編みをする.
Häkelnadel 女 かぎ針.
haken ❶ 他《… e …》鉤(註)で留める《引っ掛ける》. 鉤状にして引っ掛ける;《 …》ステッキで引っ掛ける.《…に》トリッピングをする. ❷ 自《an e³》《…に》鉤(註)で引っ掛かっている.
Haken [ハーケン] 男《-s/-》(⊕ **Häkchen**)⊗ hook 留め金, 洋服〔帽子〕掛け, 鉤(訂), 掛けくぎ; フック, ホック; ハーケン; 釣り針; わな, 落し穴;《ジグザグフック》. ◆ *auf den ~ nehmen* (…を)運んで去る. *Da liegt* (*sitzt*) *der* ~. ここに難点がある. *einen ~ haben* (話) 難点(障害)がある. *einen ~ schlagen* (猟犬)急に方向を転じる. *mit ~ und Ösen* (話)あらゆる手口で. **=kreuz** 中 ハーケンクロイツ,鉤(訂)十字(ナチスの記章). **=nase** 女 かぎ鼻. **=wurm** 男 鉤虫(訂),十二指腸虫.
halb [ハルプ] ❶《⊕ half》《分数・無変化》2分の1. ❷ 半分の. ❸ 《中途半端(不完全)な》部分的な; 半ば, かなりの程度まで. ◆ ~ *gar* 生焼けの, 生煮えの;《中途半端な》. ~ *A, ~ B* まで(半分が)A, 半分(半分)がB. ~ *links* 斜め左に(で). ~ *nackt* 半裸の. ~ *offen* 半開きの. ~ *rechts* 斜め右に(で). ~ *tot* 半死半生の. ~ *lachen* (*sich*) 口ひげがよじれるほど笑う. ~ *trocken* 生乾きの. ~ *und* ~ 半々に; あまあの程度に;(話)ほとんど. *halb und ~ machen*(話)(*et¹*《*mit* *j³*》)(…と〔人と〕)折半する. ~ *voll* 半ばまで満ちた.
halb・amtlich 半ば公式の. **=automatisch** 半自動式の. **=bildung** 女 生半可な教養, 半可通. **=blut** 中 混血の人;(馬の)雑種. **=bruder** 男 異父〔異母〕兄弟. **=dunkel** 中 薄暗がり.
Halbe ⇒ Halbe(r, s)
Halb・edelstein 男 準宝石.
halbe-halbe 《 ~ *machen*》(話)《*mit j³*》(人と)折半する.
halben ⇒ halb
halber ❶《2格支配; 後置》…のために, …のゆえに, …が理由で. ❷《南部》半分, 半ば.
..halber 「…のために; …のせいで」の意.
Halbe(r, s) 《形容詞的変化》半分;(ビールなどの)中びん. ◆ *nichts Halbes und nichts Ganzes sein* (?) 中途半端である.
Halbheit 女《-/-en》(覆) 中途半端〔なやり方〕, 不完全な処置.
halbherzig 自信のない, 心のこもっていない.
halbieren 他 半分にする; 二等分する. **Halbierung** 女《-/-en》折半; 二等分.
Halb・insel 女 半島.
Halbjahr 中 半年. (2学期制で)1学期. **halb・jährig** 半年の; 生後半年の; 半年間の. **=jährlich** 半年ごとの, 年2回の.
Halb・kanton 男 (?) 準州. **=kreis** 男 半円. **=kugel** 女 半球.
halb・lang 中ぐらいの長さの, 長くも短くもない. ◆ [*Nun*] *mach* [*aber, mal*] ~*!* やりすぎるな, いい加減にしておけ. **=laut** 小声の.
Halbleder 中《製本》背革装.
halbleer 半分からっぽの. **=leiter** 男 半導体. **=leiter・industrie** 女 半導体産業. **=technik** 女 半導体技術. **=technologie** 女 半導体技術.
Halblinke[r] 《形容詞的変化》(??) レフトインナー. **halblinks** ⇒ halb ◆
halbmast (海) マストの中ほどに.
Halb・messer 男 半径. **=mond** 男 半月(月)形のもの.
halb・nackt, ・offen ⇒ halb ◆ **=part** 半々に. ◆ ~ *machen*《 ~ *machen*》(*et¹*《*mit j³*》)(…を〔人と〕)折半する.
Halbpension 女 2食付き宿泊.
Halbrechte[r] 《形容詞的変化》(??) ライトインナー.
halbrechts ⇒ halb ◆
halb・rund 半円(形)の.
Halb・schatten 男 半影; 薄暗がり. **=schlaf** 中 まどろみ, うたた寝. **=schuh** 男 短靴. **=schwergewicht** 中《ボクシング》ライトヘビー級. **=schwester** 女 異父〔異母〕姉妹.
halbseiden 絹綿混紡の; (話)ホモの; 当てにならない, 怪しげな.
Halb・starke[r] 《形容詞的変化》(話) 不良, ちんぴら. **=stiefel** 男 短いブーツ. **=stürmer** 男《サッカー》ハーフバック.
halb・tägig 半日間の. **=tags** 半日の間.
Halbtags・arbeit 女 半日仕事; 半日パートタイム. **=stelle** 女 半日勤務のポスト.
Halbton 男《楽》半音;《美・写》ハーフトーン, 中間調.
halb・tot ⇒ halb ◆ **・trocken** (ワインの) やや辛口の. **=voll** ⇒ halb ◆
Halbwaise 女 片親のない子供.
halbwegs 中途で; ある程度, まあまあ.
Halb・welt 女 花柳界. **=wertszeit** 女《理》(放射能の)半減期. **=wissen** 中《覆》生半可な知識.
halbwüchsig 未成年の.
Halb・zeit 女 ハーフタイム. **=zeug** 中 半製品.
Halde 女《-/-n》(覆) 山腹, 斜面; (鉱山の)ぼた山,(ごみや砂利などの)山. ◆ *auf* ~ *liegen* (話)売れ残っている.
half ⇒ helfen
Hälfte [ヘルフテ] 女《-/-n》❶《⊕ half》半分, 2分の1, 半ば, 中途. ❷ (??)

サイド. ♦ *die ~ abstreichen können* 〈*müssen*〉 (人を)完全に信じきれない. *meine bessere ~*〔戯〕私の女房;〔話〕私の夫.

Halfter ❶ 男 《-s/-》; 女 《-/-n》(馬の)端綱(なが), 頭絡(2%). **❷** 男 《-s/-》ホルスター(ピストルのケース).

Hall 男 《-[e]s/-e》響き, 反響, こだま.

Halle [ハレ] **❶** 女 《-/-n》(⊕ hall)公会堂, 会議場, 展示場, 屋内競技場. **❷** ハレ(ドイツ中部の工業都市).

halleluja ⊕ ハレルヤ. **Halleluja** 中 《-s/-s》ハレルヤ唱(聖歌).

hallen ⊕ 響く, 鳴り響く; 反響する.

Hallen-bad 中 屋内(室内)プール. **~kirche** 〔建〕ホール式教会(中廊と側廊が同じ高さの教会建築). **~sport** 屋内(室内)スポーツ, インドアスポーツ. **~wettkampf** 男 〔競〕屋内(室内)競技.

Hallig 男 《-/-en》ハリヒ(高潮の際に冠水する北海沿岸の小島).

hallo ⊕ **❶** [ハロ] おい, ちょっと(呼びかけの声);もし, もしもし. **❷** [ハロー, ハロ] わあ, おお(歓喜の声).

Halluzination 女 《-/-en》〔心〕幻覚. **halluzinogen** ⊕ 〔医〕幻覚を起こさせる. **Halluzinogen** 中 《-s/-e》幻覚剤(LSDなど).

Halm 男 《-[e]s/-e》 (⌂ **Hälmchen**》(草・穀物の)茎.

Halma 中 《-s/-》ハルマ(2人または4人でする飛び将棋の一種).

Halogen 中 《-s/-e》〔化〕ハロゲン. **~lampe** ⊕ ハロゲン灯.

Hals [ハルス] 男 《-es/Hälse》 (⌂ **Hälschen**》 (⊕ neck)首, 首筋;うなじ. **❷** (⊕ throat)のど. **❸** (びんなどの)首, くびれた部分, 首状(異衣の)吹き声. ♦ *am* 〈*auf dem*〉 *~ haben* 〔話〕 (…を)しょっている, 抱えている. *an den ~ werfen* 〈*sich³ j³*〕(人に)つきまとう, (人を)追い回す. *auf den ~ haben* 〔話〕 〈*j⁴*〕(人に)煩わされている, (人のことで)苦労する. *auf den ~ laden* 〈*sich³ j-et³*〕(やっかいな…を)しょい込む, (…で)苦労する. *auf den ~ schicken* 〈*hetzen*〉〔話〕〈*j³ j⁴*〕(人に人を)押しつける. *aus vollem ~* 大きな声で. *bis zum* 〈*über den*〉 *~* 非常に. *den ~ aus der Schlinge ziehen* 苦境を脱する. *den ~ brechen* 〈*abschneiden, umdrehen*〉 〔話〕〈*j³*〕(人の)息の根を止める. *den ~ setzen* 命とりとなる. *den ~ kosten* 〔話〕 〈*j⁴³*〕(人の)命取りとなる. *den ~ nicht voll* 〈*genug*〉 *kriegen können* 〔話〕飽くことを知らない, 強欲である. *den ~ verrenken* 〈*sich³ nach j-et³*〕〔話〕(…を)見たくてたまらない, 首を伸ばす. *Es geht um den ~.* それは死活問題だ. *seinen ~ riskieren* 命を懸ける. *~ über Kopf* 〔話〕慌てふためいて, 大急ぎで. *~ über Kopf in j⁴ verlieben* 〈*sich*〉(人に)すっかりぼうっとなってしまう. *in den falschen* 〈*verkehrten*〉 *~ bekommen* 〈*et⁴*〕(…で)むせる;〔話〕…に勘違いして怒る. *um den ~ fallen* 〈*j³*〕(人の)首に抱きつく. *um den ~ reden* 〔話〕〈*sich*〉口が災

いして地位を失う. *vom ~ bleiben* 〔*j³ mit et¹*〕(人を…で)煩わせない. *vom ~ halten* 〈*sich³ et⁴*〕(…と)関わりを持たない. *vom ~ schaffen* 〔話〕〔*sich³ j-et⁴*〕(…を)やっかい払いする. *zum* 〈*e*〉 *heraushängen* 〈*heraus*|*wachsen*〉 〔話〕〈*j³*〕(人を)うんざりさせる. **~abschneider** 男 〔蔑〕暴利をむさぼる人を食い物にする人. **~ausschnitt** 男 (衣服の)襟ぐり, ネックライン. **~band** 中 (犬の)首輪(ミニ)をまた)首の, チョーカー. **❷** ネクタイ;スカーフ.

halsbrecherisch ⊕ 命にかかわる危険極まる; 命知らずの.

Hals-bruch 男 首の骨折.

Hälse ⇒ Hals

Hals-entzündung 女 〔医〕咽喉(込)炎. **~kette** 女 ネックレス;(犬用の)鎖革の首輪. **~krause** 女 〔服〕ラフ. **Hals-Nasen-Ohren-Arzt** 男 耳鼻咽喉科医;〔略〕⊕ HNO-Arzt. **~schlagader** 女 〔解〕頸(5)動脈. **~schmerz** 男 のどの痛み, 咽喉痛.

halsstarrig ⊕ 強情な, 頑固な. **Halsstarrigkeit** 女 《-/-》強情, 頑固.

Hals-tuch 中 スカーフ, マフラー. **~weh** 中 〔話〕 = Halsschmerz. **~wirbel** 男 〔解〕頸椎(はつ).

halt [ハルト] ⊕ 止まれ;やめろ, ストップ. **❷** 間 〔南部・中部ドイツ〕…だから〔仕方がない〕, とにかく…よりほかない.

Halt [ハルト] 男 《-[e]s/-e》 **❶** 支え, 手がかり;よりどころ. **❷** 停車; 驥〕 停止, 休止;停留所. **❸** 《・》(土地の)広さ, 面積. ♦ *~ gebieten* 〔雅〕 〈*j-et³*〕(…を)阻止する. *~ machen* 止まる, 停止する. *nicht ~ machen* 〈*vor j-et³*〕(…に)容赦しない. *vor nichts* 〈*und niemandem*〉 *~ machen* (人をも物をも)蹂躙しない.

hält ⇒ halten

haltbar [ハルトバール] ⊕ (食品・製品が)持ちがよい, 長持ちする(日もちする);(主義などが)しっかりしている. **Haltbarkeit** 女 《-/-》耐久性, 丈夫さ;(食品の)持ちのよさ;(主義などの)有効性, 長持ちすること. **~s-datum** 中 (食品などの)品質保存(賞味)期限. **~s-dauer** 女 (食品などの)品質保存(賞味)期間.

Haltegriff 男 (バス・電車などの)つかみ革.

halten* [ハルテン] ⊕ 〈**hielt**; **gehalten**〉 I ⊕ **❶** (⊕ hold)持っている;つかむ, つかんで支える. **❷** (⊕ keep)維持する, 守る;〔規]要要素・陣地などを守り抜く; 固定する;(一定の位置・状態に)保つ;〔競〕(優勢・記録などを)保持する. **❸** 抑える; 〔競〕(ゴールキーパーがシュートを)防ぐ;(人を)引き止める. **❹** 飼っている. **❺** (使用人・愛人などを)抱えている. **❻** 行う, する(einen Mittagsschlaf = 昼寝をする)〔講演・演説などを). **❼** 〈*j-et³ für j-et³*〕(…と…)思う, 思う, 取り違える. **❽** 〔受対〕(…に)作られている. II ⊕ **❶** 〈*sich⁴*〕持ちこたえる, もつ;(食品が)持ちする: *Gute Waren ~ sich.* 〔話〕 よい品は長持ちする. **❷** 〈*sich⁴*〕自制する. **❸** 〈*sich⁴*〕(…に)姿勢を保つ;(方向・進路を)とる. **❹** 〈*sich⁴ an j³*〕(人に)付き従う, 頼る, すがる;〈*sich⁴ an et⁴*〕 (…を)尊重する, 守る;(…に)準拠する. III ⊕

Halten ❶ (® stop) 止まる, 停車する. ❷ (関係・品質・状態などが) 持続する, 長持ちする. ⬢ *zu j³*〉(人に)味方する. ❸ (武器で)狙う;(船で…に)向かう. ◆ *an sich* ~ 自分の服装(体面, 健康)に気を配る. *auf et⁴* ~ (…に)重きを置く, 尊重する, 大切にする. *es mit et³* ~〈…を〉取り扱う. *es mit j³* ~〈人と〉仲よくする. *sich⁴ nicht ~ lassen* / *nicht zu ~ sein* 通用しない. *nichts* 〈*viel*〉*von et³* ~ …を無視〈重視〉する.

Halte-platz 男 タクシー乗場. =**punkt** 男 臨時停留場.

Halter 男〈-s/-〉❶ 留め具, ホルダー; 取り付け金具. ❷ (車の持ち主, (動物の)飼い主. ❸ 万年筆; 靴下留め; ブラジャー. ❹ 牝牛など.

Halte-stelle [ハルテシュテレ] 女〈-/-n〉(® stop) (バス・路面電車の)停留所(都市高速鉄道・地下鉄の)駅. =**verbot** 田 駐車禁止[区域].

..haltig 形「…を含んでいる」の意.

haltlos 形 根拠のない, 支えのない, 情緒不安定な; 定見のない, だらしがない; 無定見; 無節操な.

Haltlosigkeit 女〈-/-〉心の不安定さ; 無定見; 無節操.

haltmachen 自⇒ Halt ◆

hältst 動⇒ halten

Haltung [ハルトゥング] 女〈-/-en〉❶ (® attitude) 姿勢, 構え; 態度, ふるまい, 考え方, 主義. ❷ 平静, 落ち着き. ❸ 飼育; (自動車の)保有. ❹ 処刑.

Haltverbot 田 = Halteverbot.

Halunke 男〈-n/-n〉ならず者, ごろつき; (戯) わんぱく小僧.

Hämatologie 女〈-/-〉血液[病]学.

Hamburg ハンブルク[ドイツ北部のエルベ河畔の州都).

Hamburger 男〈-s/-〉❶(® -in) ハンブルクの人; [無変化] ❷ [ハンバーガー] 男〈-s/-[s]〉ハンバーグステーキ, ハンバーガー. **hamburgisch** 形 ハンブルクの.

Hameln ハーメルン (ドイツ北西部の都市).

hämisch 形 悪意のある, 陰険な.

Hammel 男〈-s/-, Hämmel〉去勢した羊, 羊肉, マトン;(話) おろか者. =**beine** 複〈/〉~*die ~ lang ziehen* [話]〔兵〕(人に)こらしめる;(人に)おきゅうを据える.

囲語法 Hammelkeule 女 レッグ;Hammellende 女 ヒレ肉=**telett** 田 ロース肉;Hammelbug 男 もも肉; Hammelbrust 女 胸肉; Hammelbauch 男 バラ肉

Hammel-braten 男 羊の焼き肉, ローストマトン. =**fleisch** 田 羊肉, マトン. =**keule** 女 羊のもも肉. =**sprung** 男〔政〕羊の表決(全議員退場ののち賛・否・棄権に分かれたドアから再入場する採決法).

Hammer [ハンマー] 男〈-s/Hämmer〉(® Hämmerchen 田) ❶ (® hammer) ハンマー, 金づち, 木づち, 組(¤), ❷ (ハンマー投げの)ハンマー. ❸ (ピアノの)ハンマー. ❹ 〔医〕(中耳の)槌骨(²ッ). ❺ [話] 大きなミスすごい(とんでもない)事. ◆ *Das ist ein* ~! ーたいへんだ(とんでもない)事. *einen ~ haben* [話] 酔っている. *unter den ~ bringen* 競売にかける. *unter den ~ kommen* 競売に付される. =**klavier** 田〔楽〕

ハンマークラヴィーア(ピアノの前身).

hämmern ❶ 自 ハンマーで打つ;トントン打つ(たたく);(心臓)が鼓動をうつ; (脈が)打つ. ❷ 他 ハンマーで加工する, 鍛造にする;(…に)…を打ち込む.

Hammer-schlag 男 ハンマーで打つこと;[冶] ハンマースケール. =**werfen** 田 〔競〕ハンマー投げ.

Hammond-orgel [ハモンド..] 女 ハモンドオルガン.

Hammurabi, ..rapi ハムラビ(バビロニアの王「ハムラビ法典」の制定者).

hämo.., Hämo..「血液の…」の意.

Hämoglobin 田〈-s/〉〔生理〕ヘモグロビン, 血色素(Hb.).

Hämorrhoide, Hämorride 女〈-/-n〉[多くは複] 痔核.

Hampelmann 男 (おもちゃの) 操り人形(糸を引くと手足が動く);[話] 意志がない人, 人の言いなりになる人. ◆ *j³ zu einem seinen ~ machen* / *aus j³ einen ~ machen* (人を)意のままに操る.

Hamster 男〈-s/-〉〔動〕ハムスター.

Hamsterer 男〈-s/-〉[話] 買いだめをする人.

hamstern 他(食料品などを)ため込む; 買い占める.

Hand [ハント] 女〈-/Hände〉(® Händchen 田) ❶ (® hand) 手(手首から先); *Eine ~ wäscht die andere.* 世の中は持ちつ持たれつ. ❷ 人手; 保護[者], 支配[者], 所有[者]. ❸ 筆跡, 書法. ◆ *alle Hände voll zu tun haben* 仕事でてんてこまいである. *an der ~ haben* (j⁴) (人の)協力がいつでも得られる. *an〈in〉die ~ geben〈j³ et⁴〉*(人に…を)委ねる. *an die ~ geben〈j³〉*(人に)自分の意見を述べる;(人に)手を貸す. *an ~ et⁴ 〈von et³〉*(…に)基づいて;(…を)手がかりに. *an ~ geben 〈j³ et⁴〉*(人に…を)用立てる, 委ねる. *an Händen und Füßen gebunden sein* 無力である. *aus der ~* とりあえず, 差し当たり. *aus der ~ essen〈j³〉*(人の)言いなりになる. *aus erster ~* (当事者から)直接に, じかに;確かな筋から;正真正銘の. *aus zweiter ~* 間接的に;中古の. *bei der ~ haben* (…に)手元にもっている, 用意してある. *Das ist nicht von der ~ zu weisen.* そのことは否定できない. *Das liegt* 〔klar〕 *auf der ~!* それは明白だ. *Die Arbeit ging ihm leicht von der ~.* 彼はその仕事をやすやすとやってのけた. *die ~ auf et⁴ halten* (…を)手を抜かない. *die ~ auf et⁴ legen* [雅] (…を)手に入れる. *die ~ drauf geben〈j³〉*(人の)手を固く握り締める, (人と)握手する. *die ~ im Spiel haben〈bei et³〉* (…に)ひそかに関係〔関与〕している. *die Hände in den Schoß legen* 両手をひざの上に置く;何もしないで(暮らす). *die Hände über dem Kopf zusammenschlagen* [話] びっくり仰天する. *die ~ geben〈j³〉* (人と)握手する;(女性が人に)結婚の承諾を与える. *die ~ gegen j³ erheben*〈j³〉(人に)手を上げる, (人を)殴る. *die ~ über j³ halten* (人を)庇(ñ)う. *die letzte ~ an et⁴ legen* (…の)仕上げをする. *die öffentliche ~*〈*öffentlichen Hände*〉公共体, 国家;

当局. ***eine glückliche ~ haben*** 運がよい. ***eine grüne ~ haben*** 植物の育て方がうまい. ***eine milde* 〈*offene*〉 *~ haben*** 気前がよい. ***freie ~ haben*** 自由に裁量できる. ***freie ~ lassen* 〈*geben*〉** 《j^3》(人に)思いどおりにさせる. ***~ an*** *sich*[4] ***legen*** 自殺する. ***~ an|legen*** 手を貸す. ***~ in ~*** 手を携えて, 協力して. ***~ und Fuß haben*** よく考えられている, 筋が通っている. ***~ voll*** 一握り, 一つかみ; 少量. ***in andere Hände über|gehen*** 他人の手に渡る, 所有者が変わる. ***in der ~ haben*** (人を)意のままにできる, (…を)掌中に収めている; 《*sich*[4]》自制する. ***in die ~ bekommen*** (人を)意のままにする. ***in die ~* 〈*Hände*〉 *bekommen*** 〈《話》 ***kriegen***〉(偶然…を)手に入れる. ***in die ~ drücken*** 《j^3 et^4》(人に…を)握らせる. ***in die ~ geben*** 《j^3 et^4》(人に…を)委ねる. ***in die ~ nehmen*** (…を)引き受ける. ***in die ~* 〈*Hände*〉 *spielen*** 《j^3 et^4》(人に…が)手に入るようにうまく仕組む. ***in die ~ versprechen* 〈*geloben*〉** 《j^3 et^4》(人に…を)固く約束する. ***in die ~* 〈*Hände*〉 *fallen* 〈*kommen*〉** 《j^3》(人の)手中に帰する. ***in die Hände klatschen*** 拍手する. ***in die Hände spucken*** 《話》(手につばをして)本腰を入れて仕事に取りかかる. ***in festen Händen sein*** 《話》結婚相手が決まっている. ***in guten* 〈*schlechten*〉 *Händen sein*** 信頼できる〈できない〉人の手にある; 《**bei** j^3》(人に)大切に扱われている〈ひどい扱いを受けている〉. ***in*** *seiner* ***~ haben*** (…を)意のままにする. ***in*** j^2 ***~ legen*** (…を人に)委ねる. ***mit der linken ~*** 労せず, 造作なく. ***mit ~ an|legen*** 《**bei** et^3 selbst》(…にすすんで)手を貸す, 協力する. ***mit Händen und Füßen gegen*** *j-et*[4] ***wehren* 〈*sträuben*〉** 《話》《*sich*[4]》(…に)激しく抵抗する. ***mit Händen zu greifen sein*** 明白である. ***mit leichter ~*** 《話》たやすく. ***mit vollen Händen*** 気前よく. j^2 ***rechte ~ sein*** (人の)右腕である. ***rechter* 〈*linker*〉 *~* / *zur rechten* 〈*linken*〉 *~*** 右側〈左側〉に. J^3 ***rutscht die ~ aus.*** / J^2 ***~ rutscht aus.*** 《話》(人は)手が出る, ひっぱたく. ***schlanke ~*** 支障なく, 滞りなく. ***schnell* 〈*gleich, rasch*〉 *bei der ~ sein*** 《**mit** et^3》(…の)用意ができている. J^3 ***sind die Hände* 〔*und Füße*〕 *gebunden.*** (人は)どうすることもできない. ***um*** j^2 ***~ an|halten* 〈*bitten*〉**(人に)結婚を申し込む. ***unter den Händen haben*** 《et^4》(…に)従事している. ***unter der ~*** ひそかに, こっそり. ***von der ~ in den Mund leben*** その日暮らしをする. ***von der ~ weisen*** (…を)拒絶する. ***von ~ zu ~ gehen*** 所有者が転々と変わる. ***von langer ~ vor|bereiten*** 《et^4》(…の)準備を周到にする. ***zu*** j^2 ***Händen* / *zu Händen von*** j^3 《手紙の上書きで》(…)様あて. ***zur ~ gehen*** 《j^3》(人の)手助けをする. ***zur ~ haben*** (…を)持ち合わせて〈用意して〉いる. ***zur ~ nehmen*** (…を)手に取る. ***zur ~ sein*** 手元にある, 用意してある.

Hand=apparat [男] (電話機の)〔送〕受話器. **=arbeit** [女] 手仕事; 手作り〔の品〕; 手芸〔品〕.

handarbeiten [自] 手芸〈編物〉をする.

Hand=arbeiter [男] 手仕事をする人, 手工業者, 職人. **=aufheben** [中] 挙手. **=auflegen** [中], **=auflegung** [女] 〔宗〕按手(あんしゅ)〔礼〕(祝福・叙任などを受ける者の頭に手を置く行為). **=ball** [男] ハンドボール; ハンドボール用のボール. **=ballen** [男] 〔医〕指球(親指のつけ根の膨らみ). **=betrieb** [男] 手動〔操作〕. **=bewegung** [女] 手ぶり, 手まね; 手の動き, 手つき. **=bibliothek** [女] (図書館の)参考図書コーナー; (手元の)参考図書〈文献〉.

handbreit [形] 手の幅の.

Hand=breit [女] 手の幅, 手幅尺(約10 cm). **=bremse** [女] ハンドブレーキ. **=buch** [中] 案内書, ハンドブック, 便覧; 手引き書, マニュアル.

Händchen (→ Hand) [中] 《-s/-》 小さな手. ✦ ***ein ~ haben*** 《話》《**für** et^4》(…の)こつを心得ている. ***~ halten*** 《話》(恋人同士が)手を取り合っている.

Hand=creme [女] ハンドクリーム.

Hände ⇨ Hand

Hände=druck [男] 握手. **=klatschen** [中] 拍手.

Handel [ハンデル] [男] 《-s/**Händel**》 ❶ ([英] trade)売買, 取引, 商業, 商売; 貿易. ❷ 争い, けんか; 訴訟. ✦ ***~ und Wandel*** 商業活動. ***in den ~ kommen*** 市場に出回る; 《**mit** j^3》(人と)取引する. ***in Händel geraten*** 《**mit** j^3》(人と)けんかになる.

Händel Georg Friedrich, ヘンデル(1685-1759; バロック後期の作曲家).

handeln [ハンデルン] 《handelte; gehandelt》 I [自] ❶ ([英] act)行動する, ふるまう. ❷ ([英] handle) 《**von** et^3 / **über** et^4》(…を)取り扱う, 論じる. ❸ ([英] trade) 《**mit** *j-et*[3]》(…と)取り引きする; 《**mit** 〈**in**〉 et^3》(…を)商う, 売買する. ❹ 《**um** et^4》(…の値を)交渉する; 値切る. II [他] (市場で)売る. ✦ ***Es handelt*** *sich*[4] ***um*** *j-et*[4]***.*** (…のこと)である, (…が)問題〈重要〉である.

Handels=abkommen [中] (国家間の)通商協定. **=bank** [女] 商業銀行. **=barriere** [女] 貿易障壁. **=beziehungen** [複] 貿易〈取引〉関係. **=bilanz** [女] 貿易収支; 〔商〕営業収支. **=brief** [男] ビジネスレター, 商業信書, 商用書簡.

handels=einig [形] ✦ ***~ werden*** 商談がまとまる.

Handels=flotte [女] 《集合的》(一国の所有する)商船, 商船隊. **=friktion** [女] 貿易摩擦. **=gericht** [中] 商事裁判〔所〕. **=gesellschaft** [女] 商事会社, 商社. **=gesetz** [中] 〔法〕商法. **=gesetzbuch** [中] 商法典([略] HGB). **=gewicht** [中] 〔商〕(商品の)常衡〈常用〉ウエート. **=kammer** [女] ⇨ Industrie- und Handelskammer **=kapital** [中] 〔経〕商業資本. **=mann** [男] 行商人, セールスマン. **=marine** [女] = Handelsflotte. **=marke** [女] トレードマーク, 商標. **=mission** [女] 貿易使節団. **=organisation** [女] 販売組織. **=partner** [男] 商取引の相手; 貿易の相手国. **=politik** [女] 商業〈貿易〉政策. **=praktik** [女] 商慣習. **=recht** [中] 〔法〕商法. **=register** [中] 商業登記簿. **=reisende〔r〕** [男][女] = Handlungsreisende. **=schiff** [中] 商船.

‗schiffahrt 〈⇨ **‗schiffahrt**〉 女 海運, 通商航海. **‗schule** 女 商業学校. **‗spanne** 女 [商経] 売買格差, マージン, 利ざや. **‗stadt** 女 商業都市, 商都. **‗überschuss** 〈⇨ **‗schuß**〉 男 取引上の黒字; 貿易黒字.

handelsüblich 商慣習上の.
handelsüchtig 争いを好む, けんか好きの.

Handels‗verkehr 男 商取引, 交易; 通商貿易. **‗vertrag** 男 通商条約; 商事契約. **‗vertreter** 男 代理商人, エージェント. **‗ware** 女 商品. **‗wechsel** 男 [商] 商業手形. **‗weg** 男 通商路; 流通ルート. **‗wert** 男 市場価値, 取引相場. **‗zentrum** 中 商業(貿易)の中心地.

handelte ⇨ handeln
handeltreibend 形 商業〈貿易〉を営んでいる.

hände-ringend 両手をもみ絞るようにしての〈悲嘆・絶望のしぐさ〉; [古] 哀願的な, 必死の; 切実な; 差し迫まって; 切に.
Hände-schütteln 中 〈-s/-〉 (くり返しの)握手.

Hand-feger 男 掃除用ブラシ, 手ぼうき. **‗fertigkeit** 女 手先の器用さ. **‗fessel** 女 手かせ, 手錠.

handfest 〈角し争いが〉本気の, 激しい; 腕力のある, ごつい, がっしりした; 〈食物が〉栄養たっぷりの; (内容が)しっかりした.

Hand‗feuerwaffe 女 [軍] 軽火器. **‗fläche** 女 手のひら.
handgearbeitet 形 手作りの, 手製の.
Hand‗gebrauch 男 普段使い. **‗geld** 中 手付金, 頭金; (雇用の際の)支度金. **‗gelenk** 中 手首(の関節). ♦ *aus dem ~ (heraus)* [話] 何の準備もなしに, 即決で; [転義] たちどころに. *~ schütteln* [話] (…と)やすやすととりつける. *ein lockeres ~ haben* [話] 手が早い(すぐ殴る).
hand-gemacht 手作りの. **-gemein** 形 ♦ *~ werden 〈mit j³〉* (人と)殴り合いになる.
Hand-gemenge 中 殴り合い, 取っ組み合い; [古] 白兵戦. **‗gepäck** 中 [集合的] 手荷物.
hand-geschrieben 形 手書きの. **‗gestrickt** 形 手編みの; [俗] 自己流の.
Hand‗granate 女 手榴弾.
handgreiflich 明白な, すぐ分かる; つかみ合いの; 腕ずくの.
Hand‗griff 男 操作(法), 手練; (取り扱いの)こつ; ちょっとした骨折り; 取っ手, 柄, 握り, ハンドル. ♦ *mit einem ~ / mit ein paar ~en* いとも簡単に.
Handhabe 女 〈-/-n〉 (干渉・攻撃の)手がかり, 論拠, 根拠. **handhaben** 他 使用〈適用〉する; (機械などを)操作する; (法規などを)運用する; (案件などを)処理する. **Handhabung** 女 〈-/-en〉 操作, 使用; 運用; 処理.
Handharmonika 女 アコーデオン.
Handikap, Handicap [ヘンディケップ] 中 〈-s/-s〉 [競技] 不利な条件; 障害; [球] (バドミントン・ゴルフ・競馬などでは)ハンディ[キャップ]. **handi-**

kapen, handicapen (人を)不利な立場に置く; [球] (…に)ハンディ[キャップ]をつける.
Hand‗karren 男 〈-s/-〉 手押し車, カート. **‗koffer** 男 小型トランク, スーツケース. **‗korb** 男 手さげかご. **‗kuß** 男 (敬意・恭順を表す)手の甲へのキス. ♦ *mit ~ [an]nehmen (tun)* (…を)大喜びで受け入れる(する). **‗langer** 〈-s/-〉 下働きの職人; 手下, 手先.
Händler [ヘンドラー] 男 〈-s/-〉 (女 *-in*) 〈*in* dealer〉商人, 小売商人. ♦ *ein ambulanter (fliegender) ~* 行商人. **‗organisation** 女 販売組織.
Handlesekunst 女 手相占い, 手相学.
handlich 形 ハンディな; 使いやすい, 手ごろな; [古] すばしこい; 有能な.
Handlichkeit 女 〈-/-〉 手ごろなこと, 使いやすいこと; [携帯に]便利なこと.
Handlung [ハンドルング] 女 〈-/-en〉 ❶ 〈act〉行為, 行動, 行い. ❷ (小説・劇の)ストーリー, 筋. ❸ [古] 商店.
handlungsfähig 形 行動力のある; [法]行為能力のある.
Handlungs‗freiheit 女 行動の自由. **‗gehilfe** 男 商店従業員, 店員. **‗gewicht** 中 (商品の)常衡〈常用〉ウエート. **‗kapital** 中 商業資本. **‗reisende[r]** 男 [形容詞変化形] 外交販売員, 巡回注文取り. **‗vollmacht** 女 [法] 商事代理権. **‗weise** 女 態度, 行動の仕方. **‗zwang** 男 (特定の)行動を余儀なくされること.

Hand‗mikrofon, mikrophon 中 携帯用マイクロホン, ハンドマイク.
Hand-out, Handout 中 〈-s/-s〉 (会議・講演などの)配布資料, ハンドアウト.
Hand‗pferd 中 そえ馬(2頭立て馬車の右側の馬). **‗puppe** 女 遣い手の入る人形の操り人形. **‗reichung** 女 〈-/-en〉手助け, 援助; (行動・操作などの)助言; 指針, 指導要綱. **‗rücken** 男 手の甲. **‗satz** 男 [印] 手組み. **‗schelle** 女 手錠. **‗schlag** 男 手打ち. ♦ *keinen ~ tun* [話] 何一つ仕事をしない. **‗schreiben** 中 (高位の人の)自筆の親書; 推薦状.
Handschrift 女 筆跡; 筆法, 作風; 写本 (略 Hs., 複数 Hss.). **‗en-deutung** 女 筆跡鑑定学. **handschriftlich** 形 手書きの, 自筆の; 写本の.
Hand‗schuh [ハントシュー] 男 〈-[e]s -e〉 〈*e*〉 glove〉手袋. ♦ *den ~ aufnehmen (aufheben)* 挑戦に応じる. *den ~ hinwerfen (vor die Füße werfen, ins Gesicht schleudern)* 〈*j³*〉 (人に)挑戦する. **‗spiegel** 男 手鏡. **‗stand** 男 [体操] 倒立, 逆立ち. **‗streich** 男 奇襲. **‗strickapparat** 男 手動編物機.
Hand‗tasche [ハンドタッシェ] 女 〈-/-n〉 〈*in* handbag〉ハンドバッグ, 小物入れ. **‗teller** 男 手のひら.
Hand‗tuch [ハントトゥーフ] 中 〈-[e]s **‗Tücher**〉〈*e*〉 towel〉タオル, 手ぬぐい. ♦ *das ~ werfen 〈schmeißen〉* [俗] (敗北のサインとして)タオルを投げる; [話] (あきらめて)放棄する. *[ein] schmales ~* 細身で背の高い人. **‗umdrehen**

⊞ ◆ *im* ~ またたく間に; 即座に. =**voll** ⊞⇒ Hand ◆ =**wagen** 圐 手押し車; カート.

handwarm 形 人肌の, 微温の.
Handwerk [ハントヴェルク] 圉 (⊞ (-[e]s/-e) ❶ (職人の)仕事; 手工業; 職業. ❷ 職人階級. ◆ *das* ~ *legen* (*j*³) (人に)悪事をやめさせる. *sein* ~ *verstehen* その道の腕がたつ. *ins* ~ *pfuschen* (*j*³) 〖話〗(人の領分に)手出しをする. 口を出させる.
Handwerker [ハントヴェルカー] 圐 (-s/-) (⊕ **-in**)職人, 職工, 手工業者.
Handwerks-kammer ⊞ 手工業会議所. =**meister** 圐 手工業の親方(マイスター). =**zeug** 圐 職人の道具, 手工具.
Hand-wörterbuch ⊞ 中型辞典. =**wurzel** 囡 手首.
Handy [ヘンディ] ⊞ (-s/-s) 携帯電話.
Hand-zeichen 囷 手信号; (票決の際の)挙手; (非識字者の)署名代わりの記号. =**zeichnung** 囡 素描, デッサン; スケッチ.

hanebüchen 厩 ひどい, 途方もない. とんでもない.
Hanf 圐 (-[e]s/) (厩 アサ(麻), タイマ(大麻)); アサの繊維; アサの実. ◆ [*wie der Vogel*] *im* ~ *sitzen* 安楽に暮らす.
hanfen 厩 麻(製)の.
Hänfling 圐 (-s/-e) 〖鳥〗ムネアカヒワ; 〖話〗やせっぽち.

Hang [ハング] 圐 (-[e]s/**Hänge**) ❶ (⊕ slope)斜面, 坂; 傾斜. ❷ 性向, 傾向; 好み. ❸ 〖体操〗懸垂.
Hangar 圐 (-s/-s) 格納庫.
Hänge ⇒ Hang
Hänge-backen 圐 垂れ下がった頰. =**bahn** 囡 ロープウェイ, 懸垂型モノレール. =**bauch** 圐 たいこ腹; 垂れ下がった腹. =**boden** 圐 (上の)天袋, 袋棚. =**brücke** 囡 つり橋. =**busen** 圐 垂れ下がった乳房. =**gleiter** 圐 ハンググライダー. =**lampe** 囡 ペンダント(つり下げ式電灯). =**matte** 囡 ハンモック.
hangen* ⇒ hängen
Hangen 圐 ◆ *mit* ~ *und Bangen* 〖雅〗はらはらしながら.
hängen(*) [ヘンゲン] I 圐 (**hing**; **gehangen**) ❶ (⊕ hang)掛かっている, 垂れ[下がって]いる, くっついている; 垂れ下がっている: aus dem Fenster ~ 窓から身を乗り出している. 〖*an et*³〗 (視線が…に)離れない; (…に)執着する, 愛着がある: am Telefon ~ 〖話〗〖長〗電話をする. ❸ 〖話〗滞る, 先へ進まない; 〖*an et*³〗 (…に)次第である. II 他 (**hängte**; **gehängt**) ❶ 掛ける, ぶら下げる. ❷ (体の一部を)垂らす; (動物を)つなぐ; (人を)絞首刑にする. ❸ 〖*sich*⁴ *an j-et*⁴〗 (…に)しがみつく; くっつく; 執着する; 〖*sich*⁴〗 首をつる. ◆ ~ *bleiben* (ある場所に)引っ掛かっている, ぶらさがったままである; 付着している; 〖話〗留年する. 進級できない; ~ *lassen* (…をぶら下げておく, 掛けたままにしておく; (体の一部を)垂らしている; (人を)ほったらかしにする; 〖*sich*⁴〗 やる気をなくしている. *mit Hängen und Würgen* 〖話〗えらく苦労して. ▶**bleiben*** 圐 ⇒ hängen ◆ **hängend** (→ hängen) 囲 垂れ[下がっ

っ]ている, 引っ掛かっている: 覆いかぶさるような.
hängen|lassen* 他 ⇒ hängen ◆
Hänger 圐 (-s/-) 〖服〗スモック, サックドレス; 〖話〗連結車, トレーラー.
Hänge-schloss ⊞ =**schloß** ⊞ 南京(錠). =**schrank** 圐 つり戸棚.
Hanna 〖女名〗ハンナ.
Hannah 〖女名〗ハンナ.
Hanne 〖女名〗ハンネ(< *Johanna*).
Hannover 囷 ハノーヴァー, ハノーファー(ドイツ北西部の州).
Hannoveraner ❶ 圐 (-s/-) (⊕ **-in**)ハノーファーの人; ハノーヴァー種の馬. ❷ 囷 〖無変化〗ハノーヴァーの.
Hans 〖男名〗ハンス(< *Johannes*). 圐 (-/-Hänse) (凡人の代名詞として)やつ, …者; 愚か者: Jeder ~ findet seine Grete. 〖ことわざ〗割れなべにとじぶた(だれにもそれなりの妻がいる). ◆ ~ *Guckindieluft* よくつまずく人; (現実から逃避し)夢ばかり追いかける人. *im Glück* 運のいいやつ.
Hansa 囡 -/= Hanse.
Hänschen 〖男名〗〖Hans の愛称形〗ヘンスヒェン.
Hansdampf 圐 ◆ ~ *in allen Gassen* 物知りでおせっかいなやつ; 知ったかぶりの出しゃばり者.
Hanse 囡 (-/) 〖史〗ハンザ同盟. **Hanseat** 圐 (-en/-en) 〖史〗ハンザ市同盟に加入した商人; ハンザ[同盟]都市の市民.
hanseatisch 厩 ハンザ同盟の.
hänseln (人を)からかう, 冷やかす.
Hanse-stadt 囡 ハンザ同盟都市.
Hansnarr 圐 あほう, まぬけ, ばか者.
Hanswurst 圐 (18世紀のドイツ喜劇の)道化役者: おどけ者, ひょうきん者.
Hantel 囡 (-/-n) (器具などを)扱う; [せっせと]仕事をする. 働く.
hantieren (*mit et*³) (器具などを)扱う; [せっせと]仕事をする. 働く.
hapern 圐 (Happen) (…が)欠けている, 足りない; 〖*Es hapert an et*³.〗 (…が)欠けている, 足りない; 〖*Es hapert in* (*mit et*³.〗 (…が)うまくいかない, はかどらない.
Häppchen 圐 (-s/-) ほんの一口(の食べ物); カナッペ.
Happen 圐 (-s/-) 〖話〗ひと口(の食物). ◆ *ein fetter* ~ うまいもうけ口.
Happening ⊞ (-s/-s) 〖劇〗ハプニング(観客を日常性から切り離そうとする前衛演劇のアクション). =**künstler** 圐 (⊕ Happenist) 圐 (-en/-en) ハプニング芸術家.
happig 厩 〖北部〗がつがつした, 食欲旺盛な; 〖話〗ひどい, とてつもない.
Happyend, **Happy End** (⊕ Happy-End) ⊞ (-[s]/-[s]) ハッピーエンド.
Harass (⊕ Haraß) [ハ ラ ス] 圐 (..sses/..sse) (棚包用)木箱.
Harbin 哈爾濱, ハルビン(中国, 黒龍江省の省都).
Härchen (→ Haar) ⊞ (-s/-) 細かな毛.
Hardcover, **Hard Cover** (⊕ Hard cover) ⊞ (-s/-s) ハードカバーの書物. **Hardcovereinband**, **Hard-cover-Einband** (⊕ Hard-cover-Einband) 圐 ハードカバー[の装丁].

Harddrink, Hard Drink 男 (-s/-s) (アルコール分の多い)飲み物, 強い酒.
Hardliner 男 (-s/-) (政治的な)強硬路線論者/支持者.
Hardrock, Hard Rock 男 (--[s]/-) 〖楽〗ハードロック.
Hardware 女 (-/-s) 〖コンピュータ〗ハードウェア.
Harem 男 (-s/-s) ハレム, 後宮;〘集合的〙ハレムに住む女性.
Harfe [ハルフェ] 女 (-/-n) ❶ (® harp)ハープ, たて琴. ❷〖方〗耳草(殻穀)物/乾燥機. **Harfenist** 男 (-en/-en) (女 -in)ハープ奏者.

Harke 女 (-/-n) 〖北部〗くまで, レーキ. ◆ ～ zeigen, was eine ～ ist 〘話〙(j³)(人)に)率直に物を言う. **harken** 他 〖北部〗くまで(レーキ)でかき寄せる(ならす).

Harlekin 男 (-s/-e) アルルカン(イタリア喜劇の道化師);〘話〙ひょうきん者.

Harmagedon 中 (-s/-) 〘キリスト教〙ハルマゲドン(世界の終末の大戦争);[政治的]激戦.

härmen 再 (人を)深く悲しませる;〘sich³〙悲嘆にくれる.

harmlos [ハルムロース] 形 ❶ 悪意のない, 無邪気な. ❷ 無害の, 危険のない, 安全な, 害を加えない. **Harmlosigkeit** 女 (-/-en) 悪意のなさ, 無邪気, 無害;当たり障りのない言動.

Harmonie [ハルモニー] 女 (-/-n) (® harmony)〖楽〗和声, ハーモニー. ❷ 調和と和合;一致, 協調. ~ bedürfnis 中 (争いを好まない)融和(和合)への欲求.

Harmonien ⇒ Harmonium

harmonieren 自 〖楽〗和声になる;〘mit et³〙(…と)調和する, よく合う;〘mit j³〙(人と)仲がよい.

Harmonika 女 (-/-s, ..ken) 〖楽〗ハーモニカ;アコーディオン.

harmonisch 形 〖楽〗和声の, 協和音の;調和した, 釣り合いの取れた;和やかな, 仲のいい. **harmonisieren** 他 〖楽〗(メロディーに)和声をつける;調和(協調)させる.

Harmonium 中 (-s/..nien,-s) 〖楽〗ハルモニウム(足踏みオルガン).

Harn 男 (-[e]s/-e) 尿, 小便. ~ blase 女 膀胱;〖医〗. **harnen** 自 排尿する.

Harnisch 男 (-es/-e) よろい, 甲冑(ちゅう), 鎧甲(がっちゅう). ◆ in ～ bringen(人)を激怒させる. in ～ geraten(人)が激怒する. in ～ sein 怒っている.

Harn-leiter 男 〖医〗尿管. = probe 女 (検尿用の)尿のサンプル. = röhre 女 〖医〗尿道. = säure 女 〖化〗尿酸. = säurespiegel 男 〖医〗(血液中の)尿酸濃度, 尿酸値. = stoff 男 〖化〗尿素.

harntreibend 形 利尿性の. **Harnweginfektion** 女 〖医〗尿路感染.

Harpune 女 (-/-n) (捕鯨用の)もり. **harpunieren** 他 もりで撃ち込む.

harren 自 〘雅〙〘j-et²/auf j-et¹〙(…を)待ちこがれる, 待ちもうける(望む).

harsch 形 氷結した;〘雅〙無愛想な, ぶっきらぼうな. **Harsch** 男 (-[e]s/-[e]s) (表面が凍った)ざらめ雪, 硬雪.

hart [ハルト] Ⅰ 形 (härter; härtest) ❶ (® hard)かたい(く), 硬質の. ❷ つらい(く), たいへん, 苦しい. ❸ 厳しい(く), 苛酷な;非情(冷酷)な, 容赦のない. ❹ 強烈な(に), 激しい, 荒々しい. ❺ (印象・感じなどが)硬い, (色が)どぎつい;アルコールの強い(お酒). ❻ たくましい, タフな. ❼ 〘経〙(通貨などが)安定した. Ⅱ 副 密接して, すぐそばに, すれすれに. ◆ Es geht ～ auf ～. のるかそるかの(緊迫した)事態である. ~ gefroren 固く凍った. ~ gekocht (卵が)固ゆでの. ~ gesotten (卵が)固ゆでの. ~ im Nehmen sein (ボクサーが)打たれ強い;逆境に強い.

Härte [ヘルテ] 女 (-/-n) ❶ (® hardness)硬さ, 硬度. ❷ 厳しさ, つらさ. ❸ どぎつさ;強烈さ, 激しさ. ❹ 〘経〙(通貨・外国為替の)安定性, 強さ. ~ fall 男 (法の厳格な適用による)不公平(不利益)なケース. = grad 男 硬度, 硬度.

härten 他 硬くする(なる), 硬化させる(する).

härter, härtest ⇒ hart

Hartfaser 女 硬質繊維.

hart-gefroren, ~gekocht 形 ⇒ hart ◆

Hartgeld 中 硬貨, コイン.

hartgesotten 非情(冷酷)な;悔悛(しゅん)の情のない.⇒ hart ◆

Hart-glas 中 硬質ガラス. = gummi 中 硬質ゴム.

hartherzig 形 情け容赦のない. **Hartherzigkeit** 女 冷酷, 無情.

Hartholz 中 硬材.

hartleibig 形 便秘の;けちな. **Hartleibigkeit** 女 〖医〗便秘;けち.

Hartmut 〖男名〗ハルトムート.

hartnäckig [ハルトネッキヒ] 形 かたくなな, 執拗な;手慣い, (病気などが)治りにくい. **Hartnäckigkeit** 女 (-/-) 頑固, 強情.

Hart-pappe 女 硬質板紙. = platz 男 〘テニスなどの〙ハードコート. = spiritus 男 固形燃料アルコール.

Härtung 女 (-/-en) 硬化;〖金属〗焼き入れ.

Hartwurst 女 固いソーセージ(サラミソーセージなど).

Harz ❶ 中 (-es/-e) 樹脂, やに. ❷ (der ～)ハルツ(ドイツ中部の山地).

harzig 形 樹脂(やに)の多い;樹脂を含んだ;ねばねばした;〖口〗困難な, 厄介な;進捗(しない);渋滞した.

Hasch 中 (-s/-) 〘話〙⇒ Haschisch.

Haschee 中 (-s/-s) 〖料〗こま切れ肉の羊肉ケース.

haschen 他 素早く〈さっと〉捕まえる;〘nach et³〙素早くつかもうとする;得ようと努める;〘話〙ハッシッシュを吸う.

Haschisch 中 (-s/-) ハッシッシュ.

Hase [ハーゼ] 男 (-n/-n) (女 Häschen, 女 Häsin) ❶ (® hare)〖動〗ウサギ(兎), 野ウサギ;ウサギ肉(料理);〖方〗飼い〘家〙ウサギ. ❷ 〘話〙若くて魅力的な女(娘). ◆ Da liegt der ～ im Pfeffer. 〘話〙問題の〘原因〙はここにある. そこが難しいところだ. ein alter ～ sein 〘料〙ベテランである. falscher ～ 〖料〗ミートローフ. sehen〈wissen〉, wie der ～ läuft 〘話〙事態の成り行きを見守る(予知している).

Hasel-huhn 中 〖鳥〗エゾライチョウ.

=**maus** [女] 〔動〕ヨーロッパヤマネ.
=**nuss** ([旧]=**nuß**) [女] 〔植〕ハシバミの実, ヘーゼルナッツ; = Haselstrauch.
=**strauch** [男] 〔植〕ハシバミ〔の木〕.
Hasen=**braten** [男] 〔料〕ウサギの焼き肉. =**fuß** [男] 《話·蔑》臆病(おくびょう)者, 小心者. =**panier** [中] ✦ ***das ~ ergreifen*** さっさと逃げる. =**pfeffer** [男] (コショウの利いた)ウサギの煮込み料理.
hasenrein [形] 〔狩〕(猟犬がウサギを見つけても)命令があるまで追わない. ✦ ***nicht ganz ~ sein*** いかがわしい; うさんくさい.
Hasenscharte [女] 〔医〕口唇(こうしん)裂, 兎唇(としん), みつくち.
Haspel [女] 《-/-n》 ([男] 《-s/-》)巻き上げ機, ウインチ; 巻き取り枠, リール; 糸車; 脱穀リール. **haspeln** ❶ [他] (リールに…を)巻き取る; (リールから…を)繰り出す, (ウインチで…を)巻き上げる. ❷ [自] 《話》気ぜわしく働く; 早口にまくしたてる.
Hass ([旧] **Haß**)[ハス] [男] 《Hasses/》 ([英] hatred)憎しみ, 憎悪, 嫌悪.
hassen [ハッセン] 《hasste, [旧] haßte; gehasst, [旧] gehaßt》[他] ([英] hate)憎む, 憎悪する; (ひどく)嫌う, 嫌がる.
hassenswert [形] 憎むべき.
hass=**erfüllt** ([旧] **haß**=) [形] 憎悪に満ちた, 憎しみに凝り固まった.
hässlich ([旧] **häßlich**)[ヘスリヒ] [形] ❶ ([英] ugly)醜い, 見苦しい, ぶかっこうな. ❷ 不快な, いやな. ❸ いやらしい, 下劣な, ひどい. **Hässlichkeit** ([旧] **Häßlich..**) [女] 《-/-en》 醜いこと, 嫌なこと, 不快なこと, 嫌悪すべきこと; いやらしい〈嫌悪すべき〉言動.
Hass=**liebe** ([旧] **Haß**=) [女] 愛憎半ばする思い. =**objekt** [中] 憎悪〈憎しみ〉の対象.
hasste ([旧] **haßte**) ⇨ hassen
hast ⇨ haben
Hast [女] 《-/》 ([英] haste)性急さ, 慌ただしさ, 慌てること.
haste (< hast du) ✦ ***~ was, biste was*** 《話》金がある者は一目置かれる. [***was***] ***~, was kannste*** 《話》大急ぎで.
hasten [自] (s) 《雅》あたふたする; 大急ぎで行く.
hastig [ハスティヒ] [形] ([英] hasty)性急な, せかせかした, 急ぎの, 慌しい, 慌てた.
hat ⇨ haben
hätscheln [他] (人·動物を)愛撫する, なでる; ちやほやする, 甘やかす; (計画·思いつきなどに)執着する.
hatschi [間] ハクション(くしゃみ).
hatte ⇨ haben
hätte ⇨ haben
Hattrick [男] 《-s/-s》 〔サッカー·ハンドボール〕 ハットトリック; 〔スポーツ〕 三連勝.
Hatz [女] 《-/-en》 〔狩〕(猟犬を使う)狩り立て猟; 《話》(逃亡者の)追跡, 包囲; 《話·南部》せかせかすること.
Hau [男] 《-〔e〕s/-e》 伐採区; 《話》殴打. ✦ ***einen ~*** [***mit der Wichsbürste***] ***haben*** 知能が低い; 頭がおかしい.
Haube [ハオベ] [女] 《-/-n》 ([小] **Häubchen**) ❶ (女性用の)ずきん, 縁なし帽; 〔史〕(中世の歩兵の)鉄かぶと. ❷ ボンネット型ヘアドライヤー; (自動車の)ボンネット, (コーヒーポットなどの)保温カバー. ✦ ***unter der ~ sein*** 《戯》(女性が)結婚してしまっている. ***unter die ~ bringen*** 《戯》(女性を)結婚させる. ***unter die ~ kommen*** 《戯》(女性が)結婚する.
Haubitze [女] 《-/-n》 〔軍〕榴弾(りゅうだん)砲. ✦ ***voll wie eine ~ sein*** 《話》ぐでんぐでんに酔っ払っている.
Hauch [ハオホ] [男] 《-〔e〕s/-e》 ❶ ([英] breath) 《雅》〔吐〕息; そよ風, 微風. ❷ 気配; ほのかな香り, 雰囲気. ✦ ***ein ~ von et³*** かすかな(…), ほんのわずかな(…). ***den letzten ~ von sich³ geben*** 息を引き取る.
hauchdünn [形] ごく薄い; とても柔らかい; かすかすの: ein ~*er* Sieg 《話》辛勝.
hauchen [自] 息を吐きかける; [他] ささやく.
hauchfein [形] ごく細い〈繊細な〉, とても柔らかい.
hauchzart [形] ごく薄い〈繊細な〉.
Hau=**degen** [男] (両刃の)剣; 《古》つわもの.
Haue [女] 《-/-n》 《南部·オーストリア》 鍬(くわ), つるはし; 《話》殴打.
hauen(*) [ハオエン] 《haute, **hieb**; **gehauen**》 I [他] ❶ 《話》打つ, たたく, 殴る; 《話》《*sich*⁴》殴り合う, けんかする. ❷ 《《過去》haute》 《話》打ち込む; 刻んで〈たたいて〉作る; (鉱石を)切り出す. ❸ 《《過去》haute》 《方》(樹木を)伐採する; (薪を)割る. ❹ 《《過去》haute》 《話》投げつける; 《話》《*sich*⁴》(…へ)身を投げ出す. II [自] ❶ 打つ, たたく; 打ち〈切り〉かかる. ❷ (s) 《話》突き当たる, ぶつかる; 転ぶ, 倒れる. ✦ ***aus dem Anzug ~*** (人を)圧倒する; 打ちのめす. ***Das ist gehauen wie gestochen.*** それはどちらでも同じだ〈変わらない〉. ***eine ~*** 《話》《*j*³》人にびんたを食わす.
Hauer [男] 《-s/-》 ❶ 〔坑〕先山(さきやま)鉱員. ❷ 〔狩〕(雄イノシシの)きば. ❸ 《南部·オーストリア》ブドウ栽培者.
Häuer [男] 《-s/-》 《オーストリア》= Hauer ①.
Häufchen (→ Haufen) [中] 《-s/-》 小さな塊り; 《話》糞(ふん). ✦ ***wie ein ~ Elend*** 〈***Unglück***〉 ***aus|sehen*** 〈***da|sitzen, da|stehen***〉 《話》ひどくしょげている.
Haufe [男] 《-ns/-n》= Haufen.
häufeln [他] (干し草などを)積み上げる; (作物に)土寄せをする.
Haufen [ハオフェン] [男] 《-s/-》 ([小] **Häufchen, Häuflein**) ❶ ([英] heap)堆積; かたまり, …の山. ❷ 《話》多量, 多数. ❸ (人間·動物の)群れ; (特定の)集団; 部隊. ✦ ***auf einem*** 〈***einen***〉 ***~*** 一斉に. ***einen*** [***großen***] ***~ machen*** 《話》くそをする. ***über den ~ rennen*** 〈***fahren, reiten***〉 (…を)突き倒す, 車でひく, 馬でけ倒す. ***über den ~ schießen*** 〈***knallen***〉 (人を)撃ち殺す, 射殺する. ***über den ~ werfen*** 《話》(計画などを)覆(くつがえ)す, 台なしにする.
häufen [他] 積み上げる〈重ねる〉; 集積する; 《*sich*⁴》山積みになる; たまる.
haufenweise [副] 《話》たくさん, どっさり; 集まって.
Haufenwolke [女] 積雲.
häufig [ホイフィヒ] [形] ([英] frequent)たびたび〈しばしば〉起こる, よくある. **Häufigkeit** [女] 《-/》 頻発; 頻度, 度数.

Hausbewohner

Häufung 囡《-/-en》堆積(な); 蓄積, 頻発.
Haupt [ハオプト] 甲《-[e]s/Häupter》《⑰ Häuptchen》❶ 《雅 head》[雅]頭, 頭部. ❷ 長. ❸ 頂点, 最上部. ◆ *an ～ und Gliedern*《雅》まったく, どこから見ても. *aufs ～ schlagen*《雅》(人を)完全に打ち負かす. *zu Häuptem*《雅》頭の高さに; まくら元に.
haupt..., Haupt.. 「主な…, 主要な…」の意. **Hauptaltar** 男 (教会堂の本(中央)祭壇. **hauptamtlich** 形 専任(圧)勤の, 本務の. **Haupt・augenmerk** 甲 特別な注意《留眼》.
Haupt・bahnhof [ハオプトバーンホーフ] 男《-[e]s/..höfe》(大都市の)中央駅(略 Hbf.). **・bedingung** 囡 主要な条件.
hauptberuflich 形 本業(本職)の.
Haupt・beschäftigung 囡 主な仕事, 本業. **・bestandteil** 男 主成分. **・buch** 甲《③》元帳, 台帳. **・darsteller** 男《劇》主演俳優; 立役者.
Haupt・eingang [ハオプトアインガング] 男《-[e]s/..gänge》正門, 表玄関, 中央口.
Häuptel 甲《-s/-[n]》《南部・デー》(キャベツなどの)頭; タマネギの鱗茎(キ).
Häupter ⇒ Haupt
Haupt・fach 甲 (大学での)主専攻科目; (高校以下の)主要教科. **・gang** 男 (ビルなどの各階の) = Hauptgericht.
Haupt・gebäude [ハオプトゲボイデ] 甲《-s/-》本館, 母屋. **・gefreite[r]** 男《形容詞的変化》《軍》兵長.
Haupt・gericht [ハオプトゲリヒト] 甲《-[e]s/-e》《料》メインディッシュ. **・geschäft** 甲 主要業務; 本店, 本社. **・geschäftszeit** 囡 (商店などで)混み合う時間, 書き入れ時. **・gewinn** 男 (くじ・懸賞などの)1等賞. **・grund** 男 主な原因〈理由〉. **・haar** 甲《雅》頭髪, 髪. **・hahn** 男 (ガス・水道などの)元栓;《話》リーダー, 指導者. **・leitung** 囡 (電気の)幹線(ガス・水道)の本管.
Häuptling 男《-s/-e》(未開民族の)首長; 《話》(党派などの)首領.
Hauptmahlzeit 囡 (一日のうちの)主な食事(ドイツでは昼食).
Haupt・mann ❶ 男 (陸軍・空軍の)大尉, ハウプトマン(1862-1946; ドイツの劇作家). **・merkmal** 甲 主要な特徴. **・mieter** 男 (住居を家主から直接借りている)借家人. **・nenner** 男《数》公分母. **・person** 囡 主役, 主人公; 重要人物. **・postamt** 甲 中央郵便局; 本局. **・probe** 囡《劇・楽》総舞台(ミ'), 総ざらい, ゲネプロ. **・problem** 甲 主要な問題. **・quartier** 甲《軍》司令部, 本営, 本陣. **・rolle** 囡 主役.
Haupt・sache [ハオプトザッヘ] 囡《-/-n》最も重要な事. ◆ *in der ～* とりわけ, まず第一に; 主に, 概して. *zur ～ kommen* 核心に触れる.
hauptsächlich [ハオプトゼヒリヒ] ❶ 形《②main》主要な, 中心的な; 大切な; 第1の. ❷ 副 主に, とりわけ; 特に.
Haupt・saison (行楽などの)シーズン, 最盛期. **・satz** 甲《文法》主文, 主文; 基本原理(法則);《楽》主要楽節.

・schalter 男 メインスイッチ. **・schlagader** 囡《医》大動脈. **・schlüssel** 男 マスターキー, 親鍵(キモ). **・schuld** 囡 主な責任. **・schuldige[r]** 男囡 主たる責任のある人;《法》主犯, 主犯. **・schule** 囡 基幹学校(義務教育の上級段階). **・schüler** 男 基幹学校の生徒. **・sitz** 男 所在地. **・speicher** 男《コン》主記憶装置, メインメモリー.
Haupt・stadt [ハオプトシュタット] 囡《-/-städte》《② capital》首都; 州都.
hauptstädtisch 形 首都の.
Haupt・straße [ハオプトシュトラーセ] 囡《-/-n》(市内の)中心街路, メインストリート. **・stück** 甲 主要部, 中心部分. **・sünde** 囡《宗》大罪. **・ton** 男《音》主音, 根音;《言》第一アクセント. **・treffer** 男 (くじ・懸賞などの)1等賞金.
Haupt- und Staatsaktion 囡 (17~18世紀ドイツで虚飾・誇大な演じ方をしたどさ回りの政治劇). ◆ *eine ～ aus et³ machen*《話》(…を)持ち騒ぎする.
Haupt・ursache 囡 主な原因, 主因. **・verantwortung** 囡 主たる責任. **・verhandlung** 囡《法》公判. **・verkehrsstraße** 囡 幹線(主要)道路. **・verkehrszeit** 囡 ラッシュアワー. **・versammlung** 囡 総会, 〈経〉株主総会. **・werk** 甲 主要作品, 主著, 代表作. **・wort** 甲《文法》名詞.
Haus [ハオス] 甲《-es/Häuser》《⑰ Häuschen》❶《② house》家, 家屋; 自宅, 住まい; (特定の機能を持った)建物, 機関; 会館; 会社, 店. ❷ 家系, 家族, 家族; 家計; 家事. ❸ (集合的)家族の居住者, 家人. ❹《話》❺ カタツムリの殻. ❻《占星》(十二宮の)宮. ◆ *das ～ einrennen*（*einlaufen*）《話》《j³》(人の)家へ押しかける. *das ～ hüten* 外出を控える. *frei ～ liefern* 無料配達する. *in ～ wohnen* 隣り合って住んでいる. *Häuser auf j⁴ bauen*《人》に信頼を寄せる. *～ halten* 家計をやりくりする, つましく暮らす;《mit et³》(…を)節約(小倹約)する, やりくりする. *～ und Herd* 自分の居所, 自分の家. *und Hof* 家屋敷, 全財産. *ins ～ schneien*（*geschneit kommen*）《話》(人を)突然訪れる. *ins ～ stehen*《話》《j³》(人の)目前に迫っている. *Lieferung frei ～*《商》無料配達. *nach ～ gehen*（*fahren, kommen*）家へ帰る, 帰宅する. *vom ～ zu ～* 家から家へ. *von ～[e] aus* 生まれつき, 本来(元)来は. *zu ～[e] sein*《j³》にいる;《auf in, et³》(…)に精通している. **・angestellte** 囡《形容詞的変化》お手伝いさん, 家政婦. **・apotheke** 囡 家庭用常備薬(救急箱). **・arbeit** 囡 家事; 宿題. **・arrest** 男 自宅監禁(蟄居). **・arzt** 男 かかりつけの医者, 主治(家庭)医, ホームドクター. **・aufgabe** 囡 (学校の)宿題.
hausbacken 形 (ケーキなどが)自家製の, ホームメードの; 平凡な, 月並みな.
Haus・bank 囡 主力銀行, メインバンク. **・bar** 囡 ホームバー. **・bedarf** 男 家庭用必要量. **・besetzer** 男《-in》家屋の不法占拠者. **・besitzer** 男 家主, 大家. **・bewohner** 男 建物の居

Hausboot 290

住者〈住人〉. **-boot** 田(水上生活者の)居住船. **-brand** 男 家庭燃料. **-buch** 田 家庭常備書〈図書〉.

Häuschen 囲 (→ Haus) 田 ((-s/-, Häuserchen)) 小さい家;〖方〗(母屋の外の中庭にある)便所. ◆ **{ganz ⟨rein⟩} aus dem ~ bringen** 〖話〗(人を)〖すっかり〗興奮〈大喜び〉させる. **{ganz ⟨rein⟩} aus dem ~ sein** 〖geraten, fahren〗〖喜びのあまり〗興奮して我を忘れている〈忘れる〉.

Haus-diener 男 (上流家庭・ホテルなどの)使用人, ボーイ. **-durchsuchung** 囡 〖〖法〗〗家宅捜索.

Hause 囡 (単数3格の別形)

haus-eigen 形 その家の;専属〈直営〉の;会社〈施設〉所有の.

hausen 圓 (みじめな〈わびしい〉場所に)住む, 暮らす;(獣などが)生息する;〖話〗暴れ回る;(あらしなどが)荒れる.

Hausen 男 ((-s/-)) 〖魚〗シロチョウザメ.

Häuser ⇒ Haus

Häuserblock 男 街区, ブロック.

Häuserchen ⇒ Häuschen

Häuser-flucht 囡 = Häuserreihe. **-kampf** 男 〖軍〗市街戦などで家屋をめぐっての攻防戦. **-meer** 田 見渡すかぎりの家並み. **-reihe** 囡 家並み.

Haus-fassade 囡 建物の正面,家屋の前面. **-fliege** 囡 〖虫〗イエバエ(家蠅). **-flur** 男 (家の)ホール, 玄関の間(ま).

Haus-frau [ハオスフラオ] 囡 ((-/-en)) (㋐ housewife) 主婦;〔南部〕女主人. **-freund** 男 (女)家族の友人;妻の愛人〔情夫〕. **-friedensbruch** 男 〖〖法〗〗住居〈家宅〉侵入〖罪〗. **-gehilfin** 囡 家事手伝いの女性, お手伝いさん.

hausgemacht 形 自家製〈手作り〉の.

Hausgerät 田 家具, 世帯道具.

Haushalt [ハオスハルト] 男 ((-[e]s/-e)) ❶ 家政;家計;家事;世帯,所帯. ❷(国家の)財政, 予算. **haushalten*** = Haus ◆ **Haushälterin** 囡 ((-/-nen)) ハウスキーパー, 家政婦, お手伝いさん. **haushälterisch** 形 やりくり上手の, つましい;家事的うまい.

Haushalt[s]-abfall 男 家庭ごみ. **-ausschuss** 男 (= **ausschuß**) 予算委員会. **-debatte** 囡 予算審議. **-geld** 田 家計費. **-gerät** 田 家庭用品, 世帯道具. **-jahr** 田 会計年度. **-plan** 男 予算案;収支計画書. **-waren** 複 家庭用品, 日用品.

Haushaltung 囡 ((-/-en)) 家政, 家事, 家計;世帯.

Hausherr 男 家長, 主人, 世帯主.

haushoch 形 家ほど高い, 大変大きな, 著しい. ~ **gewinnen** 楽勝する. ~ **überlegen sein** 〖j³〗(人に)圧倒的な強さでいる.

hausieren 圓 (〖mit et³〗)(…を)行商する, 売り歩く;〖話〗言いふらす, 吹聴する, 触れ回る. **Hausierer** 男 ((-s/-)) (囡 **-in**)行商人.

Haus-jacke 囡 ふだん着のジャケット. **-kleid** 田 家庭着, ふだん着, 普段着. **-konzert** 田 家庭音楽会, ホームコンサート. **-lehrer** 男 家庭教師.

Häusler 男 ((-s/-)) (家持ちの)小作人.

häuslich 形 (㋐ domestic) 家〔庭〕の, 家族の;家庭的な, 家族思いの;家に引きこもりがちな;家事の好きな, やりくり上手な. ◆ ~ **niederlassen** ⟨**einrichten**⟩ 〖〖法〗〗 {**sich⁴ bei j³**} (人の所で)長居する. **Häuslichkeit** 囡 ((-/-)) 家庭的なこと, 家族思い;家にいること;家事の好き, やりくり上手.

Haus-mädchen 田 お手伝い〖さん〗. **-mann** 男 家事をする男〔亭主〕, 主夫. **-mannskost** 囡 質素な食事;平凡な成果〈結果〉. **-marke** 囡 所有者印, 屋号のマーク;ブランド〖商品〗, 銘柄〖品〗;〖話〗愛用のブランド〖品〗;〖話〗その店で安く飲むことのできるワイン.

Haus-meister [ハオスマイスター] 男 ((-s/-)) (囡 **-in**)(建物などの)管理人. **-mittel** 田 家庭薬. **-müll** 男 家庭ごみ. **-müllsammlung** 囡 家庭ごみの収集. **-musik** 囡 家庭音楽会, ホームコンサート. **-mutter** 囡 (施設などの)寮母;〔古〕主婦. **-nummer** 囡 (番地の一部としての)家の番号. **-ordnung** 囡 居住者心得;(家屋などの)使用規則;館内規則. **-rat** 男 〖集合的〗家財道具. **-ratversicherung** 囡 家財保険. **-recht** 田 〖〖法〗〗家宅不可侵権. **-schlüssel** 男 建物の入口(玄関)の鍵[つ]. **-schuh** 男 屋内履, 室内履き. **-schwamm** 男 〖菌〗ナミダタケ(木材を腐食させる菌).

Hausse [ホースセ〖ッ〗] 囡 ((-/-n)) 〖〖商〗〗(相場・物価の)上昇, 騰貴;好景気;好況.

Haus-segen 男 (玄関の戸・部屋の壁などにかけられた)祝福の言葉. ◆ **Bei ihm hängt der ~ schief.** 〖話〗彼の所ではごたごたがある.

Haussier [ホ(オ)スィエー] 男 ((-s/-s)) 〖〖商〗〗強気筋(買いにまわる筋). **haussieren** 圓 (相場が)上がる;強気相場を見込んで投機する, 買いあおる.

Haus-stand 男 所帯, 世帯, 家族. **-suchung** 囡 〖〖法〗〗家宅捜索. **-telefon** 田 屋内(館内)専用電話;内線電話. **-tier** 田 家畜, ペット. **-tür** 囡 (玄関の)ドア. **-verwalter** 男 (家屋・財産の)管理人. **-wart** 男 〖〖スイス〗〗 = Hausmeister. **-wirt** 男 家主, 大家. **-wirtschaft** 囡 家政, 家計;〖経〗自家(自給自足)経済. **-wurfsendung** 囡 〖〖商〗〗(ちらし・商品見本などの)投げ込み広告.

Haut [ハオト] 囡 ((-/Häute)) (囡 **Häutchen**) ❶ (㋐ skin) (人間の)皮膚, 肌. ❷ (動物の)皮;(植物の)皮, 上皮, 果皮;(液体の表面にできる)膜, 薄皮, (皮のような)表面を覆うもの. ❸ 〖ふつうふい性質を表す形容詞と〗人間. ◆ **auf der faulen ~ liegen** 〖話〗 **auf die faule ~ legen** 怠ける. **aus dem ~ fahren** 〖話〗かっとなる. **bis auf die ~ durchnässt ⟨nass⟩ sein** ぐっしょりぬれている. **die ~ abziehen** 〖j³〗(人から)暴利をむさぼる. **eine dicke ⟨dünne⟩ ~ haben** 〖話〗神経がずぶといく鈍感〉. **seine ~ so teuer wie möglich verkaufen / sich⁴ seiner ~ wehren** 〖話〗必死に抵抗する. **seine ~ zu Markte tragen** 他人のために危険を冒す;傷店で働く, 売春する. **in seiner ~ wohl ⟨nicht wohl⟩ fühlen** 〖話〗 {**sich⁴**} 境遇に満足している〈いない〉. **in**

keiner gesunden ⟨guten⟩ ~ stecken 病気がある. **j³ ist wohl ⟨nicht wohl⟩ in seiner ~.** 《話》(人が置かれた境遇に)満足している〈いない〉. **mit ~ und Haar [en]** 《話》まったく, すっかり, 身も心も. **mit heiler ~ davonkommen** 《話》無事に切り抜ける. **nicht aus der ~ können** 《話》(どうしても)都合⟨調達⟩できない. **nicht aus seiner ~ [heraus] können** 《話》生まれつきの性分を変えられない. **nicht in j³ stecken mögen** 《話》(人の)立場になりたくない. **nur ⟨bloß⟩ noch ~ und Knochen sein / nur ⟨bloß⟩ noch aus ~ und Knochen bestehen** 骨と皮にやせ細っている. **unter die ~ dringen ⟨gehen⟩** 《j³》(人の)心に深く染みる, (人を)感動させる, 夢中にさせる. =**arzt** 男 皮膚科専門医. =**ausschlag** 男 発疹(ほっしん), 皮疹. =**creme** 女 スキンクリーム.

Häute ⇒ Haut

häuten 他 (動物の)皮をはぐ;(アーモンドなどの)皮をむく;《sich⁴》(動物が)脱皮する.

haut-eng 形 体にぴったりした. [スキン]タイトの;ボディーラインをはっきり出す.

Hautevolee [オートヴォレー] 女 《-/-》《蔑》《戱》上流社会人, 上流階級.

Hautfarbe 女 皮膚(肌)の色.

haut-freundlich 形 肌に優しい.

Haut-krebs 男 皮膚癌(がん).

haut-nah 形 《j³》で密接に;《描写などが》生き生きとした, 真に迫る.

Haut-pflege 女 肌の手入れ, スキンケア. =**pore** 女 《解》皮膚の孔(汗孔・毛穴など). =**transplantation** 女 《医》皮膚移植手術.

Häutung 女 《-/-en》 皮をはぐこと;《動物の》脱皮.

Havanna 中 **①** ハヴァナ(キューバ共和国の首都). **②** 女 《-/-s》ハヴァナ産の葉巻. 男 《-s/-》ハヴァナコーヒー.

Havarie 女 《-/-n》(船・飛行機などの)損傷;(船・飛行機・大型設備の)事故;《オーストリア》自動車事故;《積荷の》損害.

Havel (die ~) ハーフェル(エルベ川の支流).

Hawaii-Inseln 複 (die ~) ハワイ諸島.

Haxe 女 《-/-n》《南部》= Hachse.

Haydn Franz Joseph. ハイドン(1732-1809;古典派時代のオーストリアの作曲家).

Hb 記号 *Hämoglobin*.

Hbf. 略 *Hauptbahnhof* 中央駅.

H-Bombe 女 水素爆弾.

H-Dur 中 《楽》口長調《略記 H》.

he 間 《話》《呼びかけ・詰問の声》.

He 記号 *Helium*.

Hearing 中 《-[s]/-s》公聴会, 聴聞会, ヒアリング.

Heb-amme 女 助産婦, 産婆.

Hebe-baum 男 《工》(物を)押し上げるジャッキ. =**bühne** 女 《工》(自動車工場などの)リフティングランプ;せり上げ台;(作業の足場となる)昇降台. =**kran** 男 巻き揚げクレーン, ホイスト.

Hebel 男 《-s/-》 てこ;レバー, 取っ手. ✦ **alle ~ in Bewegung setzen** 《話》あらゆ

る手を尽くす. **am längeren ~ sitzen** 相手より有利な立場にいる. **den ~ ansetzen** 《j³》始める, 手をつける. =**arm** 男 てこの腕.

heben* [ヘーベン] (*hob; gehoben*) I 他 **①** ~を上げる, 持ち上げる: *seine* Stimme ~ 《雅》声を張り上げる. **②** (~を…の方へ)乗せる, 移す, 動かす, 向ける(増強させる:《雅》(気分を)高揚させる. **③** (財宝などを)掘り出す(沈んだ船を)引き揚げる. II 《sich⁴》 **①** (幕・遮断機などが)上がる;(人が)立ち上がる;《雅》(山が)そびえる. **②** (飛行機が)上がる;《霧・煙などが)立ち上る, 上昇する. **③** (気分が)高揚する, (健康状態が)よくなる. ✦ **einen ~** 《話》一杯飲む.

Heber 男 《-s/-》《理》サイホン, ピペット, スポイト;ジャッキ;重量挙げ選手.

Hebeschiff 中 サルベージ船.

Hebräer 男 ヘブライ人. =**brief** 男 《新約聖書の》ヘブライ人への手紙. **Hebraika** 複 ヘブライ文化・歴史・言語関係文献. **hebräisch** ヘブライ(人・語)の.

Hebung 女 《-/-en》 **①** 発掘;《海》サルベージ. **②** 高揚, 昂揚(こうよう);助長, 促進. **③** 《韻》揚音節, 強音節;《地殻の》隆起.

Hechel 女 《-/-n》(麻などの)すきぐし.

hecheln ① 他 (麻などを)すきぐしでとく. **②** 他《über j-et⁴》 ···をこきおろす, …のあら探しをする;(犬が)荒い息をする.

Hecht 男 《-[e]s/-e》《魚》カワカマス;《話》《威勢のいい》若者.

hechten 自 《水泳》えび型(ジャックナイフ)飛び込みをする;《体操》伸身跳びをする;《ほび:ダイビングディングをする.(キーパーが)ダイビングキャッチをする.

Hecht-sprung 男 頭から飛び込むこと;《水泳》えび型(ジャックナイフ)飛び込み;《体操》伸身跳び;《ほび:ダイビングヘディング.(キーパーの)ダイビングキャッチ.

Heck 中 **①** 《-[e]s/-e、-s》船尾,艫(とも);(飛行機・自動車などの)後部,尾部. **②** 《-[e]s/-e》《北部》囲い;囲い地. =**antrieb** 男 (車の)後輪駆動.

Hecke 女 《-/-n》 生け垣;やぶ. **②** (動物の)一腹の子;ふ化期間;繁殖期;ふ化の場所;繁殖地.

hecken 他 (鳥や小動物が)繁殖する;《話》増える.

Hecken-rose 女 《植》(垣根に生える)野バラ. =**schütze** 男 狙撃(かた)兵. =

Heck-fenster 中 (自動車の)リアウインドー. =**motor** 男 (自動車の)リアエンジン. =**scheibe** 女 (自動車の)リアウインドーのガラス.

Hedonismus 男 《-/》《哲》快楽説;快楽主義.

Heer 中 《-[e]s/-e》 **①** 《⊕ army》軍, 軍隊;陸軍. **②** 大群. ✦ **ein ~ von et⁴ 多数(たくさん)の(…). **~es-dienst** 男 兵役, 行軍;行軍と行軍の連続. **~es-zug** 男 出兵, 出征, 行軍;行軍する軍隊.

Heer-führer 男 軍指令官, 将軍. =**lager** 中 陣営[地]. =**schar** 女 軍勢:おじいめの人の群れ. =**schau** 女 観閲[式]. =**zug** = Heereszug.

Hefe 女 《-/-n》 酵母菌, イースト;(醸造の際のおり, 沈殿物;(人間の)かす;最下

層. =**kuchen** [男] イーストを使ったケーキ. =**teig** [男] イースト入りパン生地.

Heft [ヘフト] [中] 《-[e]s/-e》 ❶ ([小] **Heftchen**)([英] notebook)ノート; 仮とじ本, 小冊子, パンフレット; (雑誌の)冊, 号; ヘフト(紙の単位:10枚). ❷ 《雅》(刀などの)柄, つか, 握り; 支配権, 主導権. ✦ *das ~ aus der Hand nehmen* ⟨*winden*⟩ 《j^3》(人から)主導権を奪い取る. *das ~ ergreifen* ⟨*in die Hand nehmen*⟩ 支配権を握る. *das ~ [fest] in der Hand haben* ⟨*behalten*⟩ 主導権を握っている.

Heftchen (→ Heft) [中] 《-s/-》 小さなノート, 小冊子; (食券などの)つづり; 《蔑》(コミック・ミステリーなどの)小冊子.

heften ❶ [他] (服などを)仮縫いする; (本などを)仮とじする; (ピンなどで…を)留める. ❷ [再] 《*sich*^{4}》(…から)離れない. ✦ *auf j^2 Fersen* ⟨*Sohlen*⟩ *~* 《*sich*^{4}》(人に)つきまとう, (人を)尾行する. *die Augen* ⟨*den Blick, die Blicke*⟩ *auf j-et^4 ~* 《雅》(…を)凝視する.

Heftfaden [男] 〔服〕しつけ糸, とじ糸.

heftig [ヘフティヒ] [形] 猛烈〈強烈〉な; 気性が荒い, 自制心の乏しい. **Heftigkeit** [女] 《-/》 激しさ; 激情; かんしゃく.

Heft=**klammer** [女] ホチキスの針; クリップ. =**maschine** [女] ステープラー(ホチキス), 書類とじ器. =**pflaster** [中] 絆創膏(ばんそうこう). =**zwecke** [女] 画びょう.

Hege [女] 《-/》 (森林・鳥獣などの)保護, 育成.

Hegel Georg Wilhelm Friedrich, ヘーゲル(1770–1831; ドイツの哲学者).

Hegemonialmacht [女] 覇権大国.

Hegemonie [女] 《-/-n》 ヘゲモニー, (政治的な)主導権, 覇権.

hegen [他] 《*j-et*^{4}》 保護する, 育成する, 育てる, 世話する; (ある感情を)心に抱く. ✦ *~ und pflegen* (…を)慈しみ育てる.

Hehl [中] [男] ✦ *ein[en]* ⟨*kein[en]*⟩ *~ aus et^3 machen* (…を)隠す〈隠さない〉.

hehlen [他] 隠す, 隠匿する. **Hehler** [男] 《-s/-》 ([女] **-in**)(盗品の)隠匿者, 故買人. **Hehlerei** [女] 《-/-en》 〔法〕贓物(ぞうぶつ)収得.

hehr [形] 《雅》 高貴な, 気高い.

hei [間] わあい(歓喜の声).

Heia [女] 《-/-[s]》 《幼児》 ベッド. ✦ *heia machen* おねんねする.

Heide ❶ [男] 《-n/-n》 ([女] ..**din**)異教徒; 非キリスト教徒; 不信心者. ❷ [女] 《-/-n》 荒野, 荒れ地(農業や牧畜に適さない平地); 荒野の植物(ヒース・エリカなど). ✦ *... dass die ~ wackelt* 《話》 非常に激しく.

Heidegger Martin, ハイデッガー(1889–1976; ドイツの哲学者).

Heide=**kraut** [中] 〔植〕ヒース, エリカ属. =**land** [中] 荒野, 荒地.

Heidelbeere [女] 〔植〕コケモモ[の実].

Heidelberg ハイデルベルク(ドイツ南西部の古都). **Heidelberger** [男] 《-s/-》 ([女] **-in**)ハイデルベルクの人; [形] 《無変化》 ハイデルベルクの.

Heide=**lerche** [女] 〔鳥〕(荒野や森の草地にすむ)モリヒバリ.

Heidemarie 《女名》 ハイデマリー.

Heiden.. 「異教徒の…; 《話》 ものすごい…, たいへんな」の意.

Heiden=**angst** [女] 《話》 非常な恐怖〈不安〉. =**geld** [中] 《話》 巨額の〈ばく大な〉金(かね). =**lärm** [男] 《話》 ものすごい騒音. =**respekt** [男] 《話》 非常な尊敬の念. =**spaß** [男] 《話》 ものすごい楽しみ〈喜び〉.

Heidentum [中] 《-s/》 異教[信仰].

heidi [間] さっ[と], あっ[という間に]; さあ(早く急げ); ばんざい, フレー.

heidnisch [形] 異教[徒]の.

heikel [形] 微妙な, やっかいな, 扱いにくい, デリケートな; 《南部》 好みのうるさい, 好き嫌いのある.

heil [ハイル] [形] 無事な; 無傷の, 壊れていない; 健康になった, 治癒した; (けがが)治った; 修理された.

Heil [ハイル] [中] 《-[e]s/》 ❶ 《雅》 平安, 幸福, 無事; 健康; あいさつの言葉: ~ Hitler! ハイルヒトラー(ナチス時代のあいさつ) | Ski ~! シーハイル(スキーヤーが交わすあいさつ). ❷ 〔キリスト教〕 救い, 恩寵(おんちょう). ✦ *sein ~ in der Flucht suchen* 逃げる. *sein ~ versuchen* うまくいくか試してみる.

Heiland [男] 《-[e]s/-e》 救世主(イエスキリストのこと); 救済者.

Heil=**anstalt** [女] (長期治療の)療養所; (中毒患者・精神病患者の)治療施設.

heilbar [形] (病気・けがが)治せる, 治癒可能な, 治療できる, いやせる.

Heilbronn ハイルブロン(ドイツ南西部の都市).

Heilbutt [男] 〔魚〕オヒョウ(大ヒラメ).

heilen [ハイレン] 《heilte; geheilt》 I [自] (s)(病気・傷などが)治る: Die Verletzung ⟨Der Arm⟩ *heilt* schnell. けが〈腕〉はすぐ治るよ. II [他] ([英] cure) ❶ 治す, 治療する; (害悪を)矯正〈除去〉する: eine Entzündung durch ⟨mit⟩ Penizillin ~ 炎症をペニシリンで治す | Die Zeit *heilt* alle Wunden. 《ことわざ》 時はすべての傷をいやす. ❷ 《*j^4* **von** *et^3*》 (人を…から)解放する, 救う; 《*j^4*》 (人の病気・傷・悪癖などを)治す, 治療する. ✦ *geheilt sein* 《話》 《**von** *j-et^3*》 (…とは)もうかかわりたくない.

Heilen [中] 《-s/》

heilfroh [形] とてもうれしい; ほっとした.

Heilgymnastik [女] 健康〈治療〉体操.

heilig [ハイリヒ] [形] ([英] holy)神聖な, 聖なる, 尊い; 信仰心のあつい, 敬けんな; 厳粛な, 大切な, 神聖で冒してはならぬ; 《話》 ひどい, たいへんな. ✦ *~ halten* (…を神聖なものとして)崇める. *~ sprechen* (教皇が人を)聖人の列に加える.

Heilig=**abend** [男] クリスマスイブ.

Heilige ⇨ Heiliger, Heiliges

heiligen [他] (神聖なものとして)崇(あが)める; 正当化する; (神・聖職者が)祝福する.

Heiligenschein [男] (神や聖者の)後光, 光輪. ✦ *mit einem ~ umgeben* 《*sich*^{4}》 見栄をはる.

Heilige[r] [男] [女] 〔カトリック〕 聖人, 聖女, 聖者; 《話》 あまりにも禁欲的な人. ✦ *ein sonderbarer* ⟨*wunderlicher*⟩ *~r* 変わったやつ, 変人. **Heilige[s]** [中] 《形容詞変化》 神聖, 神聖なもの.

heilig|halten* [他] ⇨ heilig ✦

Heiligkeit [女] 《-/》 神聖, 聖性; 猊下(げいか)(ローマ教皇に対する敬称).

heilig|sprechen* [旧]⇨ heilig ♦
Heiligtum [中] 《-s/..tümer》 神聖なもの; 聖所, 聖地; 聖遺物; 《話》(その人にとって)大切なもの, 宝物. **Heiligung** [女] 《-/-》 聖別, 聖化; 正当化.
Heilkraft [女] 治癒力, (薬などの)効き目. **heilkräftig** [形] 治癒力〈効き目〉のある.
Heil=kraut [中] 薬草. **=kunde** [女] 医学.
heillos [形] 救いがたい, 手の施しようがない; 嫌悪すべき; 邪悪な.
Heil=mittel [中] 治療薬; 治療方法. **=pädagogik** [女] 養護教育, (障害児のための)治療教育. **=pflanze** [女] 薬用植物, 薬草. **=praktiker** [男] (認定された)治療師, 療法士, セラピスト. **=quelle** [女] (治療効果のある)鉱泉, 療養泉.
heilsam [形] ためになる; 薬になる, 効く.
Heils=armee [女] 救世軍. **=bringer** [男] 〔宗〕救済をもたらす者, 神, 救世主.
Heil=stätte [女] (結核などの)療養所, サナトリウム.
heilte ⇨ heilen
Heilung [女] 《-/-en》 治療; 回復, 治癒, 癒(いや)し.
Heilungkiang 黒龍江, ヘイロンチアン(中国, 東北地区北部の省).
Heilungs=prozess ([旧]=prozeß) [男] 治療〈治癒〉の過程. **=quote** [女] (病気の)治癒率. **=rate** [女] (疾患の)治癒率.
Heilverfahren [中] 治療法〈処置〉, 療養.
heim [副] 家へ〈で〉, ふるさとへ〈で〉.
Heim [ハイム] [中] 《-[e]s/-e》 ([英] home)わが家, 住まい, 家; 施設, ホーム; 寮, 療養〈保養〉所; 宿泊所.
Heimarbeit [女] 家内労働, 内職; 家内工業の製品.
Heimat [ハイマート] [女] 《-/-en》 ([英] home)故郷, ふるさと, 郷里; (動植物の)原産地. **=kunde** [女] 郷土研究. **=kunst** [女] 郷土芸術. **=land** [中] 故国, 祖国.
heimatlich [形] 故郷の.
heimatlos [形] 故郷のない; 流浪の.
Heimatvertriebene[r] [男][女] 故郷を追われた人(特に第二次世界大戦後に旧ドイツ領から追放されたドイツ人).
heim|bringen* [他] 家〈故国〉まで連れて行く; 持って帰る.
Heimbuchung [女] ホームブッキング(コンピュータによる自宅からの予約など).
Heimchen [中] 《-s/-》 〔虫〕コオロギ. ♦ *~ am Herd* 《蔑》家事などの身近なことにしか興味を示さない女性.
Heimcomputer [男] 家庭用パソコン.
heimelig [形] 居心地のよい.
heim|fahren* [自] (s)(乗り物で)帰宅する; 帰郷する, 帰国する; 《婉曲》召される, 亡くなる; [他] (人を)乗り物で家まで送る. **Heimfahrt** [女] 帰宅, 帰郷, 帰国; 《婉曲》神に召されること, 死.
heim|führen [他] (人を)家まで連れて行く; (できごとなどが人にとって)帰国〈帰宅, 帰郷〉のきっかけとなる.
Heimgang [男] 《婉曲》神に召されること, 死. **heim|gehen*** [自] (s)帰宅する; 《婉曲》召される, 死ぬ.
heimisch [ハイミッシュ] [形] ❶ ([英] native)土着の, その土地の, 現地の, 地元の: die ~*e* Industrie 地場産業. ❷ なじんだ, 慣れ親しんだ; わが家の[ような].
Heimito 《男名》ハイミート.
Heimkehr [女] 《-/》 帰郷, 帰省; 帰宅; 帰還. **heim|kehren** [自] (s)帰郷〈帰省, 帰宅, 帰還〉する. **Heimkehrer** [男] 《-s/-》 帰国〈帰郷, 帰宅〉者, 帰還兵.
Heimkind [中] 施設[収容]の子供.
heim|kommen* [自] (s)帰宅〈帰国, 帰郷〉する. **|leuchten** [自] 《話》 《j^3》 (人を)追い返す.
heimlich [ハイムリヒ] [形] ([英] secret)秘密の; 内々の, 人目を忍ぶ; こっそり. ♦ ~, ***still und leise*** 《話》こっそりと. **Heimlichkeit** [女] 《-/-en》 秘密のこと, ないしょの話, 隠し事; 目立たない〈人目につかない〉こと.
Heimlichtuerei [女] 《-/-en》 思わせぶりな態度〈言動〉. **heimlich|tun*** [自] 秘密ありげにふるまう, 思わせぶりをする; 《**mit** *et*³》 (…を)秘密めかす.
Heim=mannschaft [女] 〔スポ〕地元〈ホーム〉チーム. **=reise** [女] 帰郷〈帰国, 帰省〉の旅. **=spiel** [中] ホームグラウンドでの試合, ホームゲーム. **=stätte** [女] すみか, 居所; 安住の地; (特に難民・帰還兵などのための)小住宅.
heim|suchen [他] (災難・不快感が人を)襲う; (人の所に)押しかける. **Heimsuchung** [女] 《-/-en》 不幸, 災難; 天罰; 訪問; 《南部》家宅捜索.
Heimtücke [女] 陰険, 狡猾(こうかつ), 悪意; 悪巧み. **heimtückisch** [形] 陰険な, 卑劣な.
heimwärts [副] 自宅〈故郷〉に向かって.
Heimweg [男] 家路, 帰路.
Heim=weh [ハイムヴェー] [中] 《-s/》 ホームシック, 郷愁, ノスタルジー, 望郷の念. **=werker** [男] 《-s/-》 日曜大工をする人.
heim|zahlen [他] 《j^3 *et*⁴》 (人に…の)仕返しをする; 報復をする. **|zünden** [自] 《スイ》= heimleuchten.
Heine Heinrich, ハイネ(1797-1856; ドイツの詩人). **heinisch** [形] ハイネ[ふう]の.
Heinrich 《男名》ハインリヒ. ♦ ***den flotten ~ haben*** 《話》下痢をしている. ***den müden ~ machen / auf müden ~ machen*** 《話》のろのろ仕事をする.
Heinz 《男名》ハインツ(< Heinrich).
Heinzelmännchen [中] 〔民俗〕(家事の手伝いをしてくれる)家の精の小人.
Heirat [ハイラート] [女] 《-/-en》 ([英] marriage)結婚, 婚姻, 縁組.
heiraten [ハイラーテン] 《heiratete; geheiratet》[動] ([英] marry)(人と)結婚する: ~ müssen 《話》(子供ができて)結婚するはめになる.
Heirats=antrag [男] 結婚の申し込み, プロポーズ. **=anzeige** [女] (はがき・新聞広告などによる)結婚通知; 新聞の求婚広告欄. **=gut** [中] 持参金.
heiratslustig [形] 結婚する気のある.
Heirats=schwindler [男] 結婚詐欺師. **=urkunde** [女] 婚姻証明書. **=vermittlung** [女] (業者による)結婚の仲介.
heischen 《雅》[他] 要求する; 懇願する; [自] 《**nach** *et*³》 (…を)要求する, 求める.
heiser [ハイザー] [形] しわがれた, かすれた,

ハスキーな.
heiß [ハイス] 形 ❶ (® hot)熱い, 暑い. ❷ 熱烈な, 情熱的な, ホットな. 激しい. ❸《話》危険な, 扱いにくい. ❹《話》〈レースで〉勝てそうな, 本命の, 有望な. ❺《話》わくわくさせる, 魅力的な. すごい, いかす. ❻《話》〈スポーツなどが〉スピードの出る, 高性能の. ❼《話》〈犬・猫が〉さかりのついた. 《話》〈人間が〉性的に興奮した. ❽ 圏 高度の放射能を持った. ◆ *Es geht ~ her.* 激論になる. かっかする. *Es überläuft j⁴ ~ und kalt. / Es läuft j³ ~ und kalt den Rücken hinunter [den Rücken herunter, über den Rücken].*〈人〉の背筋に冷たいものが走る. *~ ersehnt* 待ち焦がれた. *~ geliebt* 熱愛された. *~ reden [sich⁴]* 話しているうちにかっかする. *~ umstritten* 激しく論じられた. *weder [nicht] ~ noch kalt [~ und nicht kalt] sein* 中途半端である.

heiß-, Heiß..熱い…, 暑い…; 非常に…, 激しく….

heißblütig 形 情熱的な, 激しやすい.

heißen* [ハイセン]〈**hieß; geheißen**〉Ⅰ 自 ❶《1 格の述語名詞として》(…という)名前である: *Wie heißt du?* – *Ich heiße Erika.* お名前は – エリカです. ❷《(® mean)《1 格と》(ある事柄が)…を意味する, …という意味である: *Was soll das ~?* それはどういう意味(こと)ですか. ❸《1 格と》(表現などが)…となっている: *„FAZ" heißt Frankfurter Allgemeine Zeitung. FAZ* とはフランクフルターアルゲマイネ紙のことです. ❹《*Es heißt + dass* 文》(…と)述べられている: *Es heißt, dass er jetzt in Weimar lebt.* 彼は今ワイマールで暮らしているそうだ. ❺《*Es heißt + zu* 不定詞句》(…が)必要である: *Jetzt heißt es zupacken.* さあ, とりかかるのを(始めよう)*ず*. Ⅱ 他 ❶《雅》(® call)(…を)…と呼ぶ, みなす. ❷《j⁴ et⁴》(人に)…を命じる. ◆ *das heißt* すなわち, つまり, 詳しく言えば; ただし(® d.h.).

heiß-ersehnt 形 ⇒ heiß ◆

heißest ⇒ heiß, heißen

heißgeliebt 形 ⇒ heiß ◆

Heißhunger 男 猛烈な食欲; 渇望.

heißhungrig 形 激しい空腹(食欲)を覚えた, むさぼるような.

heißlaufen* 自 《*sich⁴*》(機械などが)加熱する.

Heiß-luftballon 男 熱気球. **-sporn** 男 〈-[e]s/-e〉熱しやすい人, 熱血漢.

heißumstritten 形 ⇒ heiß ◆

Heißwasserbereiter 男 〈-s/-〉湯沸かし器, ボイラー.

..heit 女 〈..hood/-〉「状態, 性質; 全体, 集合」を表す.

heiter [ハイター] 形 ❶(天気が)よい, 晴れた. ❷ (® cheerful)(人が)明るい, 陽気な. ❸《話》〈事柄が〉愉快な, 楽しい. ◆ *Das kann ja ~ werden.*《話・反語》これは困ったことになりそうだな. **Heiterkeit** 女 〈-/-〉明朗, 明るさ, 上機嫌; 笑い[声]; 晴天, 晴朗.

Heiz-anlage 女 集中暖房装置.

heizbar 形 暖房[装置]のある.

Heizdecke 女 電気毛布.

heizen [ハイツェン]〈heizte; geheizt〉 ❶ 自 (® heat)暖房する; (ストーブなどを)焚く〈*mit*〉(…を燃やして)暖まる. ❷ 他 熱を出す, 暖房する. ❸《*sich⁴*》暖まる. **Heizer** 男 〈-s/-〉ボイラーマン.

Heiz-fläche 女 伝熱(放熱)面. **-kessel** 男 暖房用ボイラー. **-kissen** 中 電気クッション. **-körper** 男 (暖房用の)放熱器, ラジエーター. **-lüfter** 男 電気温風機, ファンヒーター. **-material** 中 〔暖房用〕燃料. **-öl** 中 暖房用石油. **-sonne** 女 反射式電気ストーブ.

Heizung [ハイツング] 女 〈-/-en〉(® heating)暖房[装置]. ヒーター;《話》(暖房装置の)放熱器.

Hektar 中 〈-s/-〉ヘクタール(100 アール: 略号 ha).

Hektik 女 〈-/〉慌ただしさ, めまぐるしさ, 性急. **hektisch** 形 慌ただしい, 気ぜわしい. 性急. 《医》《旧》(熱が)消耗性の.

Hekto.. ヘクト(単位名詞と;100…; 略号 h).

Hekto-graf, -graph 男 〈-en/-en〉こんにゃく版(ゼラチン版)複写機. **-liter** 男 中 〈-s/-〉ヘクトリットル(100リットル: 略号 hl). **-pascal** 中 《気象》ヘクトパスカル(圧力・気圧の単位).

Hektor ❶《ギ神》ヘクトル(トロヤの王プリアモスの息子: Achill アキレウスに殺された). 《男名》ヘクトル. ◆ *rangieren wie ~ an die Buletten* 《俗》勇敢に立ち向かう.

Held [ヘルト] 男 〈-en/-en〉(® -in) ❶ (® hero)英雄, ヒーロー, 勇士; 戦士;(小説・戯曲などの)主人公, 主役. ◆ *den ~en spielen* 虚勢を張る. *der ~ des Tages [des Abends]* 世間の注目的の(時の)人である. *Du bist ein schöner ~.* 君はなんとも情ない. *kein ~ in et³ sein* 《話・戯》(…に)苦手である.

heldenhaft 形 英雄的な, 勇ましい.

heldenmütig 形 (英雄のように)勇敢な.

Helden-tat 女 英雄的な[傑出した]行為. **-tod** 男 《雅》(名誉の)戦死.

Heldentum 中 〈-s/〉英雄的精神[行為], 勇敢さ.

Helena ❶《ギ神》ヘレネ(スパルタの王妃: 彼女が元でトロイア戦争が起きた). 《女名》ヘレーナ.

Helene 《女名》ヘレーネ.

helfen [ヘルフェン]〈half; geholfen〉Ⅰ 自 ❶ (® help)(*j³*)(人を)手伝う; 支援(援助)する;《*j³ bei et³ / j³ + zu*不定詞句》(人が…するのを)助ける, 手伝う(► *zu* のない不定詞でほ過去分詞はふつう helfen): *Sie hat ihm kochen [beim Kochen] ~ [geholfen]*. 彼女は彼の料理を手伝った. ❷ 役に立つ;(薬などが)効く. ❸《*sich⁴*》(自力でなんとか)切り抜ける. ◆ *Hilf dir selbst, so hilft dir Gott.* 神は自らを助ける(せざるを得ない). *Ich kann mir nicht ~, [aber] ~ I* …するほかはない(せざるを得ない). *Ich werde [will] dir ~,* (+ zu 不定詞句) (…したら)承知しないからな (ただではおかないぞ). *j³ ist nicht mehr zu ~.* (病気・けがで人は)もう手の施しようがない(手遅れである). *j³ ist nicht [zu raten nicht] zu ~.* (人は)救いがたい.

Helfer 男 《-s/-》《⊕ **-in**》助力者, 支援者, 援助者, 協力者; 相談相手, 顧問. ◆ **~s=helfer** 男《悪事の加担者, 共犯者.
Helferzelle 安《免疫》ヘルパー[T]細胞.
Helgoland ヘルゴラント(北海のドイツ領の島).
Helikopter 男 《-s/-》ヘリコプター.
Helios 男《ギ神》ヘリオス《太陽神》.
heliozentrisch 形《天》太陽中心の, 地動説の.
Heliport 男《-s/-》ヘリポート.
Helium 中 《-s/-》ヘリウム《元素名: 記号 He》.
hell [ヘル] 形 ❶ 《bright》明るい; 《天候が》晴れた. ❷ 《色が》淡い, 薄い, 明るい. ❸ 《音が》澄んだ, 高い. ❹ 《話》利口な, 聡明な. ❺ 《話》まったくの, 大きな, 非常な. ◆ **~ lodernd** 炎々と燃え上がる.
hell=auf 副 大いに, 非常に, 声高に. **=blau** 形 淡青色の, 空色の, 水色の. **=blond** 形 淡い金髪の.
Helldunkel 中《明暗《光と影》の交錯; 《美》明暗法; 薄明.
Helle 安 《-/》明るさ.⇨ Helle[s]
Hellebarde 安 《-/-n》ほこやり《中世の武器》.
Hellene 男 《-n/-n》《-**nin**》ヘラス人《古代ギリシャ人》. **Hellenismus** 男 《-/》ヘレニズム.
Heller 男 《-s/-》ヘラー《昔の小額硬貨》. ◆ **bis auf ~ und Pfennig / bis auf den letzten ~**《話》一銭残らず. **kein** 《**nicht einen**》《**roten, blutigen**》**~ wert sein**《話》一文の値打ちもない.
Helle[s] 中《形容詞変化》明るさ, 明るみ, 明かり; 清明; 《黒ビールに対して》普通のビール.
Hellfeld 中《顕微鏡》明視野.
hell=häutig 形 《肌が》色白の, 白い肌の. **=hörig** 形 《壁などが》音の通りやすい. ◆ **~ machen**《人を》注意深くさせる. **~ werden**《人が》注意を払う, 耳をそばだてる.
Helligkeit 安 《-/-en》明るさ, 輝き; 《物》光度; 《天》《星の》等級. **~s=regler** 男 《照明器具などの》明暗調節スイッチ, ブライトコントローラー.
helllicht《⊕ **hellicht**》形 とても明るい. ◆ **am ~en Tage** 真っ昼間に, 白昼に.
hellodernd ⇨ hell ◆
hellsehen* 自《ふつう不定形で》透視する, 未来を見通す. **Hellsehen** 中 《-s/》千里眼, 透視. **Hellseher** 男《-s/-》千里眼《人》, 予言者.
hell=sichtig 形 先見の明がある. **=wach** 形 はっきり目覚めた; 頭がさえた.
Helm [ヘルム] 男 ❶ 《-[e]s/-e》《helmet》ヘルメット, 安全帽;《昔の》《軍用の鉄から成る》《建》塔の円屋根部分;《口》《煙突などの》円蓋《(数)》. ❷ 《-[e]s/-e》《斧, ハンマーの》柄.
Helmut《男名》ヘルムート.
Helsinki ヘルシンキ《フィンランドの首都》.
Helvetien, Helvetia ヘルヴェチア《スイスのラテン語形》.
helvetisch 形 スイスの.
Hemd [ヘムト] 中 《-es/-en》《⊕ **-chen**》《⊗ shirt》シャツ, ワイシャツ;《⊗ undershirt》アンダーシャツ, 肌着, 下着. ◆ **alles bis aufs ~ verlieren**《話》無一物《無一物に》になる. **bis aufs ~ ausziehen**《ausplündern》《話》身ぐるみはぐ. **Das ~ ist näher als der Rock.**《諺》わが身ほどかわいいものはない; 衣より腹は代えられぬ. **das ~ über den Kopf ziehen**《话》《話[i]》ほしいままにすべて取り上げる. **das letzte**《**sein letztes**》**~ hergeben / sich[3] das letzte**《**sein letztes**》**~ vom Leib**[**e**] **reißen**《话》《他人のために》財産のすべてを投げ出す. **ein halbes ~**《话》《なさけない若造; 弱虫》《话》. **kein**《**ganzes**》**~**《**mehr**》**am**《**auf dem**》**Leib haben**《话》《话》この上なく貧しい; すっかり落ちぶれている. **nass bis aufs ~ sein**《下着が》びしょぬれである. **wie sein ~ wechseln**《话》《意見・な度などを》頻繁に変える.
Hemdbluse 安 シャツブラウス.
~n=kleid 中 シャツドレス.
Hemdchen 中《→ Hemd》中 《-s/-》子供用《女性用》肌着
Hemd[en]=knopf 男 シャツのボタン.
Hemd=hose 安《服》コンビネーション《上下の続いた下着》.
Hemds=ärmel 男 《ワイ》シャツのそで. ◆ **in ~n** 上着なしで, ワイシャツ姿で. **hemdsärmelig** 形 ワイシャツのそでをまくり上げた; ざっくばらんな, 飾らない.
Hemi=sphäre 安 半球; 《医》脳半球.
hemmen [ヘメン] 他 《hemmte; gehemmt》《⊕ 動きを 阻む;《…に》ブレーキをかける;《自》《人の自由な行動を》妨げる, 止める, 邪魔する. **Hemmnis** 中 《-ses/-se》障害《物》, 妨げ.
Hemm=schuh 男 車輪止め; 妨害《障害》物. **=schwelle** 安 《心》《特定の行為を妨げる働きをする》阻止感《心》.
hemmte ⇨ hemmen
Hemmung 安 《-/-en》阻止, 阻止; 抑制《心》, 遠慮, ためらい, 気後れ; 《ぜんまい時計の》逃がし止め. **hemmungslos** 形 慎み《遠慮》のない, 思いのままの. **Hemmungslosigkeit** 安 《-/》慎みのないこと, 傍若無人.
Hend[e]yl=Huhn 中 《-s/-ne》《南部: オーストリア》ローストチキン; 若鶏.
Hengst 男 《-es/-e》雄馬; ロバ《ラクダの》雄.
Henkel 男 《-s/-》《なべ・水差しなどの》取っ手, 持ち手. **=korb** 男 手提げかご. **=krug** 男 取っ手付きのつぼ《水差し》.
henken 他 絞首刑にする.
Henker 男 《-s/-》絞首刑吏, 死刑執行人. ◆ **Beim**《**Zum**》**~!**《話》こんちくしょうめ. **den ~ nach et[3] fragen / sich[3] den ~ um et[4] scheren**《話》…する気になかった. **Hol' mich der ~!** **/ Hol's der ~!**《话》ちくしょう, いまいまし. [**Das**] **weiß der ~!** そんなこと知るもんか. **zum ~ gehen / sich[4] zum ~ scheren** 消え失せる; 雲を消す. **~s=knecht** 男 刑吏の手下;《首領など

Henkersmahlzeit

の)手下, 手先. **~s‐mahlzeit** 图 処刑前の最後の食事; (戯) 送別会.

Henne [ヘネ] 图 (‐/‐n) (動) hen めんどり; 鳥の雌.

Hepatitis 图 (‐/..titiden) (医) 肝炎. **‐virus** 图 (医) 肝炎ウイルス.

her [ヘーア] 副 ❶ (空間的) こちらへ, こっちへ. ❷ (時間的) さかのぼって, 今まで, これまで. ✦ *Es ist mit j-et nicht weit* ~. (話) …は(体に)したことはない. *hin und* ~ あちこちへ; 行ったり来たり. *von*... *her*…に基づいて.

her.. (分離動詞の前つづり)「(あちらから)こちらへ」の意.

Hera [ギ神] ヘラ(ゼウスの妻).

herab [ヘラップ] 副 (雅) (こちらの)下へ, 〈こちらに〉下って.

herab‐blicken = herabsehen.

‐fallen 图 (s) 〈こちらへ〉落ちてくる.

herablassen 图 ❶ 下に降ろす, 降りて来させる; 图 *sich*⁴) 降りて来る; 《*sich zu et*⁴》(皮肉) わざわざ〈気安く〉(…)してくれる〈身分を捨てて〈恥を忍んで〉(…) する. **‐d** 恩着せがましい, いんぎん無礼な, 傲慢な. **Herablassung** 图 (‐/‐) いんぎん無礼, 恩着せがましい態度.

herabsehen* 图 〈こちらへ〉見下ろす; 《*auf j-et*⁴》…を見下す, 軽蔑(%)する. **‐an j-et*⁴》(…を上から下まで)じろじろ見る.

herabsetzen 图 (価格・費用などを)下げる, (速度を)落とす; 見くびる, 過小評価する; けなす, おとしめる. **Herabsetzung** 图 (‐/‐en) (価格・費用などの)引き下げ, 減退, 縮小; 過小評価, 軽視.

herabwürdigen 图 (…の)品位(地位)をおとしめる, 〈*sich*⁴》(自分の)品位を下げる, 卑下する. **Herabwürdigung** 图 品位をおとしめること, 誹謗(%); 卑下.

Heraldik 图 (‐/‐) 紋章学.

heran [ヘラン] 副 こちらへ, 近寄って.

heran‐bilden 图 (人を)養成〈育成〉する; 《*sich*⁴》育つ, 育成される; (才能などが)開花する. **‐bringen** 图 連れて〈持って〉くる; 《*j-et zu et*⁴》(…を…に)届ける; なじませる. **‐fahren** 图 (s) (乗り物で) 〈近くに〉近寄る. **‐gehen*** 图 (s)《*an j-et*⁴》(…に)近寄する, 取りかかる.

heran‐kommen* [ヘランコメン] 〔*kam heran; herangekommen*〕图 (s) ❶ 〈独 come near〉こっちへ来る, 〈時間が〉近づいてくる. ❷ 《*an et*⁴》(…に)手が届く; 手に入れる. ✦ *an sich*⁴ ~ *lassen* (話)《*et*⁴》(…) のりひかえを見守る, 様子を見る. *nichts an sich*⁴ ~ *lassen* (話) 何も寄せつけない. **‐machen** 图 (話)《*sich*⁴ *an j-et*⁴》(魂胆を持って人に) 近づく, (積極的に…に) とりかかる. **‐nahen** 图 たえる, しぐく 近づく. **‐nehmen*** 图 たえる, しぐく. **‐reichen** 图 《*an j-et*⁴》(…に)手が届く, 達してくる; 《*an*》匹敵する. **‐tragen** 图 (掛けなどを)人に持ち込む, 申し出る. **‐treten*** 图 《*an j-et*⁴》(…に)近づく, 歩み寄る; 〈誘惑・疑問・問題などが…に〉迫る; 《*mit et*⁴ *an j*⁴》(…を人に)申し出る, 要求する. **‐wachsen*** 图 (s) 成長〈成熟〉する.

Heranwachsende(r) 图 图 (形容詞変化) 年長少年(法的には18歳以上21歳未満).

heran‐wagen 图 《*sich*⁴ *an j-et*⁴》(…に)あえて近寄る; あえて手をつける. **‐ziehen*** 图 ❶ 引き寄せる; (動物などを)育てる; (人を)育成する; 《*j*⁴ *zu et*⁴》(人を…に)用いる; 利用する; 考慮に入れる. ❷ 图 (s)〈近くへ〉近づいてくる.

herauf [ヘラウフ] 副 〈こちらの〉上へ, 〈こっちに〉上って. **‐arbeiten** 图 《*sich*⁴》努力〈苦労〉して登る〈出世する〉. **‐beschwören** 图 (災難・危険などを)引き起こす, 招く. **‐kommen*** 图 (s) 上がってくる, (天体が)昇ってくる; (危険などが)迫ってくる. **‐setzen** 图 (価格などを)引き上げる; (下に在った物を)上に置く〈載せる〉. **‐steigen** 图 (s) 昇ってくる; (霧が)立ち上がってくる; (雅) (夜明けや新時代などが)始まる. **‐ziehen** 图 ❶ 〈こちらへ〉引っ張り上げる. ❷ 图 (s) (雲霞などが)近づいてくる; (危険などが)迫ってくる; 下の方から〈南から〉引っ越してくる.

heraus [ヘラオス] 副 (中からこちらの外へ出て); (話) (法律・本などが)公布〈出版〉されて; 確定して: *Es ist noch nicht heraus*, *ob ...* …かどうかはまだ分からない.

heraus‐arbeiten ❶ 作り出す; 際立たせる, 強調する; (話) (埋め合わせのために休む時間の分を)余分に働く. ❷ 图 《*sich*⁴ *aus et*⁴》(ぬかるみ・苦境などから) 抜け出す. **‐bekommen*** 图 《*et*⁴ *aus et*⁴》(…を〈…の中から〉)取り出す; 得る, (秘密・謎を)聞き出す〈探り)出す; 突きとめる, (解答などを)見いだす; (ある額をお釣りに)もらう; 払い戻してもらう. **‐bringen*** 图 ❶ 〈…の中からこちらへ〉運び〈持ち〉出す; (話) 抜き取る; 《*et*⁴ *aus j*³》(秘密などを人から)聞き出す. ❷ 公にする, 出版する; 上演する; 市場に出す; 発売する. ❸ (声などを)発する, 出す. **‐fahren*** 图 (s) (乗り物で)〈車で…から〉出てくる; (ベッドなどから)飛び出す; (言葉などが人の口から)ひょいと出てくる. ❷ 图 (運転して乗り物を)外へ出す; (カーレースなどで記録を)出す; (勝利を)得る.

heraus‐finden* [ヘラオスフィンデン]〔*fand heraus; herausgefunden*〕 ❶ 图 (独 find out) 〜 たくさんの中から〉見つけ出す; (調べて)発見する, 突きとめる, わかる. ❷ 图 《*sich*⁴ *aus et*⁴》(…から)出る道を見つける; 苦境などから抜け出る. ❸ 图 《*aus et*⁴》(…から)抜け出る道を見つけ出す〈苦境から〉抜け出す.

herausfordern 图 (人に)挑む, 挑戦する; 挑発する; (挑戦して…を)招く, 引き起こす. **‐d** 挑戦的な; 挑発的な. **Herausforderung** 图 挑戦; 挑発; 大変だがやり甲斐のあること.

Herausgabe 图 返却; 返還; 出版.

herausgeben* [ヘラオスゲーベン]〔*gab heraus; herausgegeben*〕I 图 ❶ 〈中から出して〉こちらへ渡す〈戻す〉; (保管物・人質などを)出して渡す, 引き渡す; 返す. ❷ (本などを)編纂する; 出版する; (切手などを)発行する; (法令などを)発布する. ❸ (つり銭を)出す, 戻す. II 图 ❶ 《*j*³》(人に)受け答えをする. ❷ 《(人

auf *et*^{4}》([人に]…の)おつりを渡す.
Herausgeber [男] 《-s/-》 ([女] **-in**) 編集〈発行, 出版〉者.
herausgefunden ⇨ herausfinden
herausgegeben ⇨ herausgeben
heraus|gehen* [自] (s) 出ていく; (汚れなどが)落ちる, (ねじ・コルク栓などが)抜ける, 外れる, 取れる. ✦ ***aus sich^3 ～*** (気後れをなくして)自分の地を出していく, うち解けてくる; 気が大きくなる.
herausgekommen ⇨ herauskommen **herausgenommen** ⇨ herausnehmen **herausgestellt** ⇨ herausstellen
heraus|greifen* [他] (多数の中から…を)選び出す. ⊦**haben*** [他] 《話》外す, 抜き取る, (汚れなどを)落としてある; (人を)追い出してしまう; (事実・解答などを)見つけて〈探って〉いる. ⊦**halten*** [他] (…を中からこちらへ)出す, 差し出す; 《*j-et*^{4} [**aus** *et*^{3}]》(…を[…から])遠ざける. ⊦**hängen**(*) [自] 外に出ている〈垂れている〉; [他] 外に出す〈垂らす〉; 《話》(…であることを)鼻にかける. ⊦**hauen**(*) [他] (枝などを)伐採する, (石などを)切り出す; (素材から像・形を)彫って作る; 《話》(人を)自ら乗り出して助け出す. ⊦**heben*** [他] (こちらに)取り上げる, 取り出す; 際立たせる; 《*sich*^{4}》際立つ. ⊦**helfen*** [自] 《*j*^{3}》(人が)出てくるのに手を貸す; 《*j*^{3} **aus** *et*^{3}》(人を悪い状況から)助け出す; 《*sich*^{4}》(苦労して)道を切り開く. ⊦**holen** [他] 取って〈連れ出して〉くる; 救い出す; (秘密を)かぎ出す, 引き〈聞き〉出す. ⊦**kehren** [他] ひけらかす, 見せつける.
heraus|kommen* [ヘラオスコメン] 《**kam heraus; herausgekommen**》[自] (s) ([英] come out) 《**aus** *et*^{3}》(…から外へ)出てくる; (新製品が)市場に出る, 発売される; 《話》明るみに出る, 公になる; 《話》《**bei** *et*^{3}》(…の)結果として出る; 《話》(色・特徴などが)はっきり出る; 《話》《**mit** *et*^{3}》(…をやっと)口にし始める; 《話》(トランプで)最初の札を出す. ✦ ***Es kommt auf eins*** 〈***auf dasselbe, aufs gleiche***〉 ***heraus.*** 《話》結果は同じことだ. [***ganz***] ***groß ～*** 《話》(俳優などが)華やかにデビューする. ***selten ～*** 出無精〈引っ込み思案〉である.
heraus|kriegen = herausbekommen. ⊦***kristallisieren*** [他] 結晶として取り出す; 明確にする; 《*sich*^{4}》結晶化する, 明確になる. ⊦**locken** [他] (人を)おびき出す, 連れ出す; (金品を人から)巻き上げる; (秘密などを人から)うまく聞き出す. ⊦**machen** ❶ [他] 《話》取る, 抜く. ❷ [再] 《*sich*^{4}》《話》大きくなる, 成長する; (業績などが)伸びる; 成功する.
heraus|nehmen* [ヘラオスネーメン] 《**nahm heraus; herausgenommen**》 I [他] ❶ ([英] take out)取り出す; 《[*j*^{3}] *et*^{4}》([人から]…を)取り除く, 摘出する. ❷ 《*j*^{4}》(人を)退学させる; 《スポ》(選手を)退場させる. II [再] 《*sich*^{3} *et*^{4}》(…を)あえて〈あつかましくも〉する: *sich*^{3} zu viel ～ ずうずうしく振る舞う.
heraus|platzen [自] (s) 《話》(こらえ切れずに)笑い〈吹き〉出す; 《**mit** *et*^{3}》不意に言う. ⊦**putzen** [他] 飾り立てる; 《*j*^{4} 〈*sich*^{4}〉》着飾らせる〈着飾る〉. ⊦**ragen** [自] 突き出ている; 抜きん出ている, 卓越している, 優れている. =**ragend** [形] 卓越した, 傑出した. ⊦**reden** [再] 《*sich*^{4}》言い訳〈言い逃れ〉をする. ⊦**reißen*** [他] もぎ〈はぎ〉取る, (無理に)引き抜く〈ちぎる〉, はがす; 《*j*^{4} [**aus** *et*^{3}]》《話》(人を)窮地〈困難〉から救い出す; 《話》(失敗・不備の)埋め合わせをする, 補う. ⊦**rücken** [他] こちらに〈外へ〉動かす; (しぶしぶ…を)出す; [自] (s) (こちらへ)寄る; (外に)出る; 《話》《**mit** *et*^{3}》(しぶしぶ…を)言う, 話す. ⊦**rutschen** [自] (s) 外に滑り出る; 《*j*^{3}》(言葉が人の)口をついて出る. ⊦**schälen** ❶ [他] 皮〈殻〉をむいて取り出す; むき取る. ❷ [再] 《*sich*^{4}》明らかになる, 現れる; 《*sich*^{4} **aus** *et*^{3}》(着ている物を)脱ぐ. ⊦**schlagen*** ❶ [他] たたき出す, たたいて作る; 《話》(利益・金などを)巧みに手に入れる. ❷ [自] (s) (炎などが)噴き出す, 出てくる.
heraußen [副] 《南部・ｵｰｽﾄﾘｱ》戸外〈屋外〉のここで.
heraus|setzen [他] 外へ出す, 外へ置く; (人を)外へ追い出す, 立ち退かせる; 際立たせる, 強調する. ⊦**springen*** [自] (s) 飛び出す; (目・のどぼとけなどが)飛び出している; 《話》(利益などが)出てくる, 得られる. ⊦**stellen** ❶ [他] (こちらの)外へ出す〈立てる〉; 《スポ》退場させる; 強調する; (報道などが)取り上げる. ❷ [再] 《*sich*^{4}》明らかになる. ⊦**streichen*** ❶ [他] 削除する; 特に強調する; 褒めちぎる. ❷ [再] 《*sich*^{4}》自画自賛する. ⊦**treten*** [自] (s) 歩み出てくる, 現れる; (目・骨などが)飛び出す, 突き出る; (血管が)浮き出る. ⊦**wachsen*** [自] (s) 《話》《**aus** *et*^{3}》(子供が成長して衣服・いすなどが)合わなくなる. ⊦**werfen*** [他] 外へ投げる; 《話》(人を)放り出す. ⊦**ziehen*** ❶ [他] 取り出す; 抜く; 《*j-et*^{4} **aus** *et*^{3}》(…を…から)選び出す; 抽出〈抜粋〉する. ❷ [自] (s) 《**aus** *et*^{3}》(…から)出て来る〈行く〉; 撤退する.
herb [ヘルプ] [形] ❶ (飲食物などが)渋い, 苦い. ❷ つらい, 過酷な, 情け容赦のない. ❸ 無愛想な, 取り澄ました, そっけない.
Herbarium [中] 《-s/..rien》《集合的》(押し葉の)植物標本; 乾燥植物標本.
herbei [副] こちらへ.
herbei|eilen [自] (s) 急いでやって来る. ⊦**führen** [他] もたらす, 引き起こす. ⊦**lassen*** [再] 《*sich*^{4} **zu** *et*^{3}》(…に)しぶしぶ〈やっと〉応じる. ⊦**rufen*** [他] (人を)呼び寄せる. ⊦**schaffen** [他] 運んで〈連れて〉来る; 調達する, 取り寄せる.
her|bemühen [他] 《*j*^{4}》(人に)わざわざ来てもらう; 《*sich*^{4}》わざわざやって来る.
Herberge [ヘルベルゲ] [女] 《-/-n》ユースホステル; ([英] inn)簡易宿泊施設, [安]宿.
Herbert 《男名》ヘルベルト.
Herbheit [女] 《-/》辛さ, 渋み, 苦味; 辛辣(しんらつ)さ, 無愛想.
her|bitten* [他] (人に)来てもらうように頼む. ⊦**bringen*** [他] 連れて〈持って〉来る.
Herbst [ヘルプスト] [男] 《-[e]s/-e》([英] autumn)秋. =**anfang** [男] 秋分(9月23日ごろ). =**ferien** [複] 秋休み.
herbstlich [形] 秋の[ような], 秋らしい, 秋めいた.

Herbstzeitlose 女 (-/-n) 【植】イヌサフラン, コルチカム.

Herd [ヘアト] 男 (-es (-s) /-e) ❶ レンジ, かまど, コンロ. ❷ (災害などの)発生地(源), 中心[地]. ❸ 医 病巣; 【金属】(溶鉱炉などの)炉床. ◆ **am häuslichen (heimischen) ~** わが家で. **einen eigenen ~ gründen** 所帯を持つ.

Herde 女 (-/-n) (愈 herd) (家畜・野獣の)群れ; 獨 群衆, 鳥合(な)の衆; 雅 教区民. ◆ **der ~ folgen / mit der ~ laufen** 付和雷同する. **~n=mensch** 男 主体性のない人. **~n=tier** 中 群生動物 (群居動物); 獨 主体性のない人. **~n=trieb** 男 動 群生本能; 獨 (人間の)群集本能, 集団指向.

herein [ヘライン] 副 (外から)こちらの中へ.

herein=brechen* 自 (s) ❶ (壁などが内側へ)倒れ込む; (水がどっと流れ込む; 獨 **über** j⁴ (災害などが人の身に)降りかかる, 襲う; 獨 (夜に)急に始まる. **=bringen*** 他 (…を)持ち込む, 連れて入る; 話 (投資金・損失などを)取り戻す. **=fallen*** 自 (s) (中へ)落ちてくる; (光が)差し込んでくる; 話 **bei (mit** et³) (…で)不利益を被る, ひどい目に遭う; **auf** j=et⁴ (…に)ひっかかる, だまされる. **=geben*** 他 中の人へ渡してよこす; (球技)(ボールを)中へパスする. **=gekommen** ⇒ hereinkommen **=holen** 他 (外の…を)取りに行ってくる; 話 (損失を)取り戻す; 話 (利益などを)手に入れる.

herein=kommen* [ヘラインコメン] (**kam herein, hereingekommen**) 自 (s) (愈 come in) 入ってくる; 話 (商品が)入荷する; (金銭が)入ってくる. **=lassen*** 他 話 (こちらへ)入らせる. **=legen** 他 (中に)入れる; 話 だます, (人に)一杯食わせる. **=nehmen*** 他 商 (手形を)割り引く; (決算を)繰り越す. **=platzen** 自 (s) 話 突然入って来て邪魔する, 闖入(%%)する. **=schauen** 自 中へ視線を向ける, 立ち寄る, ちょっと顔を出す. **=schneien** 自 **Es schneit herein.** 雪が舞い込む; 話 (客などが)突然やって来る. **=strömen** 自 (s)(水などが大量に)流れ込んでくる; (群集などが)どっと押し寄せる. **=ziehen*** ❶ 他 引き入れる, 引っ張り込む. ❷ 自 (s) 中へ行進して来る; **Es zieht herein.** 透き間風が入る.

Herfahrt 女 (乗り物で・乗り物が)こちらに来ること; 帰路, 帰り.

her=fallen* 自 (s) **über** j⁴ (…に)襲いかかる; 話 (…を)厳しく批判する, けなす, 攻撃する; (食物に)もしゃむしゃる, がつがつと食べ出す. **=finden*** 自 (こちらへ)道を見つける.

Hergang 男 (事の)経過, なりゆき.

her=geben* [ヘーアゲーベン] (**gab her, hergegeben**) 他 ❶ (こちらへ)手渡す, よこす. ❷ 提供する; 差し出す. ❸ **viel, nichts, wenig** と (利益などを)もたらす, 産み出す. ❹ **sich für** et⁴ **(zu** et³) (悪事などに)関わり合う, 加担する. ◆ **sein Letztes ~** 全力を出し切る.

hergebracht (→ herbringen) 形 昔から伝えられてきた, 伝統的な.

her=gehen* 自 (s) ❶ **hinter** j³ (…の後から)ついて行く; **vor** j³ (…の)先に立って行く; **neben** j³ (…と並んで)行く. ❷ **Es geht her.** 話 (…に)経過・進行する. ❸ 雅 **nach=…** (こちらへ)やって来る. ◆ **Es ging über j=et⁴ her.** (蓄えの食料を)さんざん飲み食いする; (人に)非難(悪口)が浴びせられる. **~n** 自 動 同輩をともなって) さっそく(いきなり)(…)する.

her=gelaufen (→ herlaufen) 形 話 素性の知れない. **hergestellt** ⇒ herstellen

her=halten* 自 (こちらへ)差し出す; **~ müssen** 使われる, 利用される. **=holen** 他 (こちらへ)取ってくる; (人を)連れて(呼んで)くる. ◆ **weit hergeholt** こじつけの. **=hören** 自 (こちらに)耳を傾ける.

Hering [ヘーリング] 男 (-s/-e) 愈 herring 動 ❶ ニシン(鯡); 話 やせっぽちの人; (テントの)ペッグ. ◆ **wie die ~e** 話 ぎゅうづめの状態で. **~s=logger** 男 (ニシン漁用の)小型漁船.

herinnen 副 鉛 ぬ ここの中で, 中のここで.

her=kommen* [ヘーアコメン] (**kam her, hergekommen**) 自 (s) (こちらへ)来る; (…に)由来する, (…の)生まれ(出)である. **Herkommen** 中 習慣, 風習, 伝統. **herkömmlich** 形 習慣(伝統)的な, 昔ながらの.

Herkules [ヘーアクンフト] 男 ヘラクレス, ヘルクレス (怪力無比の英雄). **=-arbeit** 女 ヘラクレスのような怪力の持ち主. **=-arbeit** 女 ヘラクレスの(12の)難行;(途方もない労力を要する)大仕事. **herkulisch** 形 ヘラクレスのような怪力の; ヘラクレスの.

Herkunft [ヘーアクンフト] 女 (-/-künfte) (愈 origin) (人の)出身, 素性, 家柄; (物事の)起源, 由来; 語源; 生産地.

her=laufen* 自 (s) (こちらへ)走って来る; **hinter** j³ (…の)後をつけまわす, 後を追って走る; **neben** j³ (…と)並んで走る(歩く); **vor** j³ (…の)前を走る(歩く). **=leiten** 他 **et⁴ aus (von)** et³ (…を)…から)導き出す; (…からの)由来とする; **sich⁴ aus (von)** et³ (…に)由来する, (…の)出である. **=machen** ❶ 他 **sich⁴ über** j=et⁴ (勢いよく…に)取りかかる; (食べ物に)かぶりつく; (人を)激しく非難する. ❷ 自 **viel (nichts, wenig) ~** 見栄えがする(ぱっとしない). **viel (nichts, wenig) von** j=et³ **~** (…のことを)騒ぎ立てる(何も言わない, あまり言わない).

Hermann 男 ヘルマン.

Hermaphrodit 男 (-en/-en) 両性具有者; 生 雌雄同株; 動 両性動物.

Hermelin 男 (-s/-e) 動 オコジョ, エゾタチ; 中 (-s/-e) アーミン(オコジョの毛皮).

Hermes 『ギ神』ヘルメス (商業の守護神).

hermetisch 形 気密の, 密閉(密封)の; 完全防水の; 完全に遮断された.

hernach 副 方 その後で, 後で.

her=nehmen* 他 (…をある場所から)取って来る, 調達する; (肉体的・精神的に)締めつける, 多ゆ出させる; **sich³** j⁴ 厳しくしかる.

Hernie 女 (-/-n) 医 ヘルニア.

hernieder 副 雅 (こちらの)下へ, 下

方へ; (天・空から)地上へ.

heroben [副] 《南部・ｵｰｽﾄﾘｱ》 上のここで.

Herodot ヘロドトス(前484頃-425頃; ギリシャの歴史家).

Heroe [男] 《-n/-n》 《雅》 = Heros.

Heroen ⇨ Heroe, Heros

Heroin ❶ [中] 《-s/》 〘薬〙 ヘロイン. ❷ [女] 《-/-nen》 (女の)英雄; (物語などの)ヒロイン; = Heroine.

Heroine [女] 《-/-n》 ヒロイン役の女優.

heroisch [形] ([英] heroic)英雄的な, 勇ましい, 雄々しい.

Heroismus [男] 《-/》 《雅》 英雄的精神〈行為〉, 雄々しさ, 勇ましさ; ヒロイズム.

Herold [男] 《-[e]s/-e》 〘史〙 (王侯の)使者; 《雅》 (重要な知らせの)告知者, 先触れ.

Heros [男] 《-/..roen》 〘ｷﾞﾘｼｬ神〙 半神, 神人, 古代英雄; 《雅》 英雄, 勇者.

Herr [ヘル] [男] 《-n/-en》 ([小] **-chen**, [女] **-in**)([英] gentleman)男の人, 男性, 殿方; 紳士; ([英] Mr.) 《男性の姓・役職名・称号につけて》 …さん, …氏, …様([略] 単数1格 Hr.; 単数3・4格: Hrn.); (男の)主人, あるじ; 主君, 領主, 支配者 (**Wie der ~, so der Knecht.** 《諺》 主人が主人なら, 家来も家来); 〘ｷﾘｽﾄ教〙 主, 神. ✦ ***aus aller ~en Länder[n]*** あらゆる国々から. ***den großen ~n spielen*** 虚勢を張る, 偉ぶる. *sein* ***eigener ~ sein*** 自立している. ***~ der Lage 〈der Situation〉 sein*** 事態を把握している; 泰然自若としている. ***~ Ober!***(レストランで)ボーイさん. ***~ über j-et^4 sein*** (…を)支配する; 克服する. ***~ über sich^4 [selbst] sein*** 自制している. ***~ werden*** 《j-et^2 / **über** j-et^4》 (…を)支配する, 意のままにする, 克服する. ***Mein Alter ~*** 《戯》 うちのおやじ. ***Meine Damen und ~en!*** (スピーチの冒頭で)皆さん. ***Meine ~en!*** (男性たちに向かって)皆さん; 《俗》 なんてこった. ***nicht mehr ~ seiner Sinne sein / nicht mehr ~ über sich^4 selbst sein*** 自制心を失っている.

Herrchen (→ Herr) [中] 《-s/-》 小柄な男〈紳士〉; 犬の飼い主〈主人〉.

Herren ⇨ Herr =**artikel** [男] 紳士用品. =**bekleidung** [女] 紳士服, メンズウェアー. =**doppel** [中] 〘ﾃﾆｽ・卓球・ﾊﾞﾄﾞﾐﾝﾄﾝ〙 男子ダブルス. =**einzel** [中] 〘ﾃﾆｽ・卓球・ﾊﾞﾄﾞﾐﾝﾄﾝ〙 男子シングルス. =**haus** [中] 領主〈貴族〉の館(ﾔｶﾀ); 〘史〙 (1918年までのプロシア・オーストリアの)貴族院. =**konfektion** [女] 紳士用既製服.

herrenlos [形] 主人のいない; 持ち主〈飼い主〉のない, 野良の.

Herrenmahl [中] 〘聖〙 主の晩餐(ばんさん).

herrenmäßig [形] 紳士〈殿方〉にふさわしい; 支配者ふうの, 尊大な.

Herren=mensch [男] 君主型の人間, 支配欲の強い人, いばり屋. =**schneider** [男] 紳士服の仕立屋, テーラー. =**wort** [中] 〘聖〙 主〈イエス〉の言葉.

Herrgott [男] 《-s/》 《話》 主なる神, 主, キリスト; 《南部・ｵｰｽﾄﾘｱ》 キリスト十字架像. ✦ ***~ noch [ein]mal!*** 《卑》 《強いいらだち》 いまいましい. **~s=frühe** [女] ✦ ***in aller ~*** 《話》 夜明け〈明け方〉に.

her|richten ❶ [他] 整える, 用意する; (…の)手入れをする, 修繕〈修復〉する. ❷ [再] 《sich^4》 身なりを整える, 身じたくをする.

herrisch [形] 命令的な, 高飛車な, 尊大な, おうへいな.

herrlich [ヘルリヒ] [形] ([英] marvelous)すばらしい, 見事な; 華麗な, 壮大な.

Herrlichkeit [女] 《-/-en》 すばらしさ, 華麗, 壮麗; すばらしいもの〈こと〉.

Herrn ⇨ Herr

Herrschaft [ヘルシャフト] [女] 《-/-en》 支配, 支配権, 統治[権]; 権力, 覇権(はけん), 統轄; 《[複]》 (その場の)紳士淑女たち; 主人〈雇い主〉[一家]; 地主; 〘史〙 領地, 荘園. ✦ ***Alte ~en*** 《話・戯》 両親. ***~ [noch mal]!*** 《話》 いやはやなんてことだ. **herrschaftlich** [形] 領主〈主人〉の; 領主にふさわしい, りっぱな.

Herrschafts=struktur [女] 支配〈統治〉構造.

herrschen [ヘルシェン] 《herrschte; geherrscht》 [自] ([英] rule)支配する, 統治する, 君臨する, 大きな影響力を持つ; (ある状態が)支配的である, 広まっている.

Herrscher [ヘルシャー] [男] 《-s/-》 ([女] **-in**)支配者, 統治者; 君主.

Herrsch=sucht [女] 《-/》 支配〈権勢〉欲. **herrschsüchtig** [形] 支配〈権勢〉欲の強い, 人の上に立ちたがる.

herrschte ⇨ herrschen

her|rühren [自] 《**von** et^3》 (…に)由来〈起因〉する. |**sagen** [他] (詩・文章などを)暗誦する; 《ふつう nur so と》 口から出任せを言う. |**schauen** [自] こちらを見る. |**schreiben*** [自] 手紙を書いてよこす; [再] 《sich^4 **von** j-et^3》 《雅》 (…に)由来する. |**sehen*** [自] こちらを見る. |**setzen** ❶ [他] こちらへ置く; (人を)こちらに座らせる. ❷ [再] 《sich^4》 こちらに来て座る. |**stammen** [自] 《**von** j-et^3》 (…に)由来する, (…の)出身である.

her|stellen [ヘーアシュテレン] 《stellte her; hergestellt》 ❶ [他] ([英] produce)製造〈生産〉する; (状況などを)作り上げる, 築く, 樹立する; 復元する; (人の)健康を回復する; 《話》 こちらへ立てる〈置く〉. ❷ [再] 《sich^4》 (ある状態が)作り出される, 生じる, 成立する; 《話》 こちらに来て立つ.

Hersteller [男] 《-s/-》 生産〈製作, 製造〉者, メーカー; (出版社の)編集者.

Herstellung [女] 製造, 製作, 生産; (関係・和平などの)樹立, 成立; (健康の)回復; (建物などの)修復; (出版社の)編集部. **~s=kosten** [複] 製造〈製作〉費.

Hertz [中] 《-/-》 〘電〙 ヘルツ(振動数・周波数の単位; [記号] Hz.).

herüben [副] 《南部・ｵｰｽﾄﾘｱ》 こちら側で.

herüber [ヘリューバー] [副] (越えて)こちらへ, こちらの方へ. |**kommen*** [自] (s)こちらへやって来る. |**reichen** [自] こちらまで届く〈達する〉; [他] こちらに手渡す. |**ziehen*** [他] こちら側に引っ張る, 味方につける; [自] (s)こちら側にやって来る: j^4 zu sich^3 ~ 人を味方に引き入れる.

herum [ヘルム] [副] (まわりを)回って; まわりに; 周辺に; 《話》 《**um** と》 ほぼ〈およそ〉…くらい. ✦ ***~ sein*** (時が)過ぎ去ってしまっている; (ニュース・うわさなどが)広まっている; 《**um** j-et^4》 (絶えず…の)周りにいる, (…に)つきまとっている.

herum|ärgern [再] 《sich^4 **mit** j^3》 《話》 (人に)いつまでも腹を立てている.

⊦**bekommen*** = herumkriegen. ⊦**bringen*** [他] 《話》(ある時間を)つぶす, 過ごす; (うわさなどを)言い触らす, 話して回る. ⊦**bummeln** [自] 《話》(s)(あちこち)ぶらつき回る; だらだら時間を過ごす. ⊦**doktern** [自] 《話》《**an** *j*³》(人に)あれこれと素人療法を試みる; 《**an** *et*³》(修理をしようと…を)あちこちいじくり回す. ⊦**drehen** ❶ [他] 回転させる, 回す; 裏返す; (人に)方針を180度変えさせる, 転向させる; 《*sich*⁴》回転する, 向きを変える. ❷ [自] 《**an** *et*³》(…[のつまみなど]を)あちこち〈ごそごそ〉回す. ✦ *die Worte im Mund* ~ 《*j*³》(人の)言葉をねじ曲げて取る. ⊦**drücken** ❶ [他] 反対側へ押す. ❷ [再] 《話》《*sich*⁴》(ある所で)ぶらぶらと時を過ごす, 油を売る; 《*sich*⁴ **um** *et*⁴》気の進まないことを避ける, (…から)逃げる. ⊦**fahren*** [動] ❶ (s) 《話》《**um** *j-et*⁴》(乗り物で〈が〉…の周りを)回る, 走る; あちこち走り回る; 《*j*⁴》(人を)乗り物に乗せてあちこち回る. ❷ (驚いて)急に振り向く; 《**mit** *et*³》振り回す; 《**mit** *et*³ **in** *et*³》(手・指などで顔などを)なで回す. ⊦**führen** [動] ❶ (あちこち)連れて〈案内して〉回る. ❷ 《*et*⁴ **um** *et*⁴》(柵などを…に)巡らす; 《**um** *et*⁴》(道などが…を)巡っている, 取り囲んでいる. ⊦**gehen*** [自] (s)(ある場所を)歩き回る; (人の間を次々に)回る, 回覧される; 《**um** *j-et*⁴》(…の周りを)ぐるりと回る; 避ける; (うわさなどが)広まる, 人から人へと伝わる; 過ぎ去る. ⊦**horchen** [自] 《話》あちこち聞いて回る. ⊦**kommen*** [自] (s)回って来る; 《話》《**um** *et*⁴》避けて通る; 《話》あちこち旅をして回る; 《**mit** *et*³》(仕事などを)やり遂げる. ⊦**kriegen** [他] 《話》(人を)くどき落とす, 翻意させる, 説得して(…)させる; (ある時間を)過ごす, つぶす; (鍵などを)苦労して〈やっとのことで〉回す. ⊦**laufen*** [自] (s) ❶ 《話》あちこち歩き〈駆けずり〉回る; うろつく. ❷ 《**um** *j-et*⁴》(…の周りを)回る, 巡る; 迂回する; (垣などが…を)囲む. ❸ (…な身なりで)人前に出る. ⊦**liegen*** [自] 《話》(乱雑に)あちこちに散らばっている; 《話》(だらしなく)寝そべって〈ごろごろして〉いる; 《**um** *et*⁴》(…を)取り囲んでいる. ⊦**lungern** [自] (s, h) 《話》(ある場所で)ぶらぶらしている. ⊦**rätseln** [自] 《話》《**an** *et*³》(…の)なぞを解こうと考え巡らす. ⊦**reden** [自] 《話》《**um** *et*⁴》(肝心な…を避けて)つまらないことばかりしゃべる, どうでもいいことばかり話す. ⊦**reichen** [他] (料理の皿・写真などを)次々と回す; 《話》(人を)紹介して回る; [自] 《**um** *et*⁴》(…の周囲を)一回りするだけの長さがある. ⊦**reisen** [自] (s)あちこち旅して回る, たくさん旅行する. ⊦**reiten*** [自] (s)あちこち馬を乗り回す; 《**um** *et*⁴》(…の周りを)馬に乗って回る; 《俗》《**auf** *et*³》(…を)くどくどと繰り返す; 《**auf** *j*³》(人を)しつこく責める. ⊦**rennen*** [自] (s) 《話》あちこち走り回る; 《**um** *et*⁴》(…の周りを)走って回る. ⊦**schlagen*** [他] 《*et*⁴ **um** *j-et*⁴》(…を…に)巻きつける; 《話》《*sich*⁴ **mit** *j-et*³》(人と)殴り合いをする, 対決する, (問題などに)取り組む. ⊦**schleppen** [他] 《話》あちこち引きずって歩く, いつも持ち歩く; (人を)あちこち引きずり回す; (心配事・問題などを)いつまでも引きずっている, 解消できないでいる; (持病を)抱えている. ⊦**schnüffeln** [自] あちこちかぎ回る. ⊦**schreien*** [自] 《話》わめき立てる, どなり散らす. ⊦**sein*** [自]⇨ herum ✦ ⊦**sitzen*** [自] 《話》(何もせずに)ぼんやり座っている; 《**um** *et*⁴》(…を)囲んで座っている. ⊦**sprechen*** [再] 《*sich*⁴》(うわさなどが)口コミで伝わる, 広まる. ⊦**stehen*** [自] 《話》(何もせずに)ぼんやりつっ立っている; 《**um** *et*⁴》(…を)囲んで立っている;乱雑に置かれて〈立って〉いる. ⊦**streichen*** [自] (s)徘徊する. ⊦**tanzen** [自] 《**um** *j-et*⁴》(…のまわりを)踊りながら回る; あちこち踊りまわる, はね回る. ⊦**tragen*** [他] 《話》持ち歩く; (赤ちゃんなどを)抱いて歩き回る; (問題・悩みなどを)抱えている; (うわさなどを)触れ回る. ⊦**treiben*** [再] 《*sich*⁴》《話》あちこちほっつき歩く, 放浪する; ぶらつく. ⊦**werfen*** ❶ [他] 《話》投げ散らかす; (…の)向きを急に変える; 《*sich*⁴》寝返りを打つ. ❷ [自] 《話》《**mit** *et*³》(…を)よく使う. ⊦**ziehen*** ❶ [自] (s) 《話》あちこち移動〈巡回〉する; 《**um** *et*⁴》(…の周りを)行進する, 歩く. ❷ [他] 《話》あちこち引っぱり回す.

herunten [副] 《南部・ｵｰｽﾄﾘｱ》下のここに.

herụnter [ヘルンター] [副] (向こうの上からこちらの)下へ, (こちらへ)下って; 《話》南下して来て; (ある平面から)下ろして, 離れて. ✦ ~ *sein* 《話》(幕などが)下りて〈下がって〉いる; 疲れ果てている; (会社などが)不振に陥っている.

herụnter⊦bringen* [他] 下へ持って〈連れて〉来る; 《話》だめにする, 落ちぶれさせる, 被害を与える; 《話》(食べ物を)飲み下す. ⊦**fallen*** [自] (s)落ちて来る, 落ちる. ⊦**gehen*** [自] (s)(歩いて)降りて来る; 《話》遠ざかって行く; 《話》(飛行機が)降下する; (熱・価格などが)下がる; 《話》《**von** *et*³》(…から)立ち退く; 《**mit** *et*³ **von** *et*³》(…を…から)どける; 《話》《**mit** *et*³》(価格・速度などを)下げる. ⊦**gekommen** (→ herunterkommen) [形] 衰弱した; 堕落した; 落ちぶれた, 経営不振に陥った. ⊦**gerissen** ⇨ herunterreißen ⊦**handeln** [他] 《話》値切る, 値引きさせる, まけさせる. ⊦**hauen**⁽*⁾ [他] ✦ *eine* 〈*ein paar*〉 ~ 《*j*³》(人の)横っ面を張り飛ばす. ⊦**holen** [他] 下へ連れて〈持って〉くる; 《話》(飛行機を)撃ち落とす, (鳥を)射落とす. ⊦**kommen*** [自] (s)降りてくる; 《話》衰弱する; 堕落する; 落ちぶれる, 経営不振に陥る; 《話》《**von** *et*³》(悪い成績などが)上がる. ⊦**laden*** [他] [ｺﾝﾋﾟｭｰﾀ] ダウンロードする. ⊦**leiern** [他] 《話》(暗記した詩などを)単調に唱える; (ハンドルを回して…を)下ろす. ⊦**machen** [他] 《話》こき下ろす, 酷評する.

herụnter⊦nehmen* [ヘルンターネーメン] 《**nahm herunter, heruntergenommen**》[他] 下へおろす; (ラベルなどを)はがす. ⊦**putzen** [他] 《話》(人を)しかりつける. ⊦**reißen*** [他] 《話》引きちぎる, 引きはがす; (勢いよく…を)ひっくり返す, ひっくり返して落とす; 《方》(衣服を)着古す; 《話》こき下ろす. ⊦**schlucken** [他] 《話》(食べ物・錠剤を)飲み下す〈込む〉. ⊦**schrauben** [他] (ねじを回して…を)下げる; (要求

Herzenswunsch

などを)低くする。▶**sein*** ⇒ **herunter** ♦ **spielen** 他 《話》(曲を)単調に演奏する:(事件などを)軽視する。▶**wirtschaften** 他 《企業・会社などを》放漫経営〈経営の失敗〉によってだめにする。倒産させる:(財産などを)使い越す。▶**ziehen*** 他 引き(ずり)下ろす:(人を)堕落〈零落〉させる:引き下ろす。

hervor [ヘアフォーア] (こちらの外へ、手前へ。

hervor=brechen* 自 (s) 突然現れる。いきなり姿を現す:(感情などが)せきを切ったようにあふれ出す。▶**bringen*** 他 生み出す:(音・声を)出す、発する:(植物が花・実を)つける、(葉を)出す。▶**gehen*** 自 (s) 《**aus** et³》(…から)生まれる、(…の)出である:(…から)判明する:(…の結果…と)なる。▶**heben*** 他 強調する、際立たせる。▶**holen** 他 取り出す:(人を)連れ出す。▶**kehren** 他 (…を)誇示する、見せつける、ひけらかす。▶**locken** 他 (人を)おびき出す、誘い出す。▶**ragen** 自 そびえ立つ、突き出ている、目立つ。

hervorragend [ヘアフォーアラーゲント] 形 (E) excellent に抜きんでた、卓越した、抜群の、ずば抜けた。副 きわめて重要な。

hervor=rufen* 他 (ある結果を)呼び〈引き〉起こす:(人を)呼び出す、カーテンコールをする。▶**springen** 自 (s) 飛び出してくる(あぐらどが)突き出る。▶**stechen*** 自 突き出ている:目立つ、際立つ。▶**stehen*** 自 突き出ている、出っ張っている。▶**treten*** 自 (s) 歩み出てくる、出現する:(目・骨などが)突き出る、出っ張る:(物事柄などが)浮かび上がる、際立つ:世に出る。▶**tun*** 他 《*sich*⁴》抜きん出る、優れている:能力をひけらかす。▶**zaubern** 他 手品を使って[取り]出す:どこからともなくして出る。▶**ziehen*** 他 引き〈引っ張〉り出す。

herwärts 副 こちらへ来る方へ。

Herweg 男 こちらへ来る道。

Herz [ヘルツ] 中 《2格 -ens、3格 -en/-at》 **-chen** ❶ 《e heart》心臓:胸[部]。 ❷ 心:心情、気持ち、情緒の;関心、度胸 : traurigen ~ens 《雅》せつない思いで。 ❸ 心臓部、中心〈中央〉部;(レタスなどの)芯(心);《呼びかけて》いとしい人(子):❹ ❺ ハート形のもの;《図》ハート、ハートのカード;《料》(子牛・羊などの)心臓、ハツ。 ♦ *alles*, *was das* ~ *begehrt* 欲しいものすべて。 *am* ~*en liegen* 《*j*³》(物事が)人にとって気にかかる:重要である。*ans* ~ *gewachsen sein* 《*j*³》(人の)大切な〈愛着のある〉ものになっている。*ans* ~ *legen* 《*j*³ *j-et*》(人に…を)心にかけてほしいと頼む。*auf dem* ~*en haben* 《雅》(…を)言い出しかねている。*auf* ~ *und Nieren prüfen* 《話》(…を)徹底的に調べる、品定めする。*bei ihm ist ein* ~ *und eine Seele sein* 一心同体である。*J³ fällt* 〈*rutscht*〉 *das* ~ *in die Hose[n]*. 《話》(人が)すっかりおじけづく。*sein* ~ *an j-et hängen* 《…に》ほれ込む、(…に)執心する。*sein* ~ *an j³ verlieren* 《雅》(人に)ほれる、心を奪われる。*seinem* ~*en einen Stoß geben* ふんぎりをつける、決心する。*seinem* ~*en Luft machen* 《雅》感情をぶちまける。*J²* ~ *gehört et*³. 《雅》(人に)熱中〈専念〉している。*sein* ~ *schenken* 《*j*³》(人に)思いを寄せる。*J²* *schlägt höher*. (人の)心が高なる:(人が)感動する。*in die* ~ *[der Menschen] stehlen* 《*sich*⁴》人々の心を捉える。*in sein* ~ *schließen* 《人を》心に深くかわいがる。*ins* ~ *treffen* 《*j*³》(人の)心を深く傷つける。*J³ ist das* ~ *schwer*. (人は)憂うつな気持ちである。*kein* ~ *[im Leibe] haben* 血も涙もない、薄情である。*J³ lacht* 〈*hüpft*〉 *das* ~ *im Leib[e]*. 《話》(人は)大喜びをする。*leichten* ~*ens* 喜んで。*mit halbem* ~*en* 気乗りせずに、中途半端な気持ちで、うわの空で。*nicht das* ~ *haben* 《+ zu 不定詞句》《雅》(…する)忍びない。*et¹ nicht übers* ~ *bringen* 〈*es nicht übers* ~ *bringen*〉《+ zu 不定詞句》(…を)忍びない。*schweren* ~*ens* しぶしぶと、いやいやながら。*[sehr] zu* ~*en nehmen* 《*sich*³ *et¹*》(…を)肝に銘じる:真剣に受け止める。*vom* ~ *reden* 《*sich*⁴》(悩みなどを)洗いざらいしゃべってしまう。*von [ganzem]* ~ *en* 心より。*von* ~*en gern* 心から喜んで。*von* ~*en kommen* (言動が)真心からなされたものである。*J³ wird das* ~ *schwer*. (人は)憂うつな気持ちになる。

Herz=anfall 男 《医》心臓発作。**=beschwerden** 複 心臓病。**=blatt** 中 《植》子葉:(ふつう呼びかけて)かわいい子。

Herzchen (→ Herz) 中 《-s/-》小さいハート形のもの:愛する人:《蔑》あんよ人。

herzen 他 (人・動物などを)抱き締める、抱いて愛撫(*ぶ*)する。

Herzens, **Herzens** ⇒ Herz

Herzens=angst 女 《雅》心の底からの心配〈不安〉。**=bedürfnis** 中 《雅》心からの欲求。**=blatt** 中 《雅》(人にとって)切実な要求である。**=brecher** 男 女泣かせの男。**=grund** 男 ♦ *aus* ~ 心の底から。

herzensgut 形 心から善良〈親切〉な。

Herzens=lust 女 ♦ *nach* ~ 心ゆくまで、思う存分。**=wunsch** 男 心から(たっ

herzerfrischend 心をすがすがしくするような,自然で気持ちのよい. **=ergreifend** 心を打つ,感動的な.
Herzfehler 男 心臓の欠陥.
herzförmig ハート形の.
herzhaft 形 力強い,勢いのよい;きつい味の,香辛味の利いた;大胆な,勇ましい.
herziehen* 動 ① 引き寄せる; (*j-et⁴ hinter sich**) 引っ張って行く; (s) (hinter *j-et³*) (…の)後ろについて行く; (neben *j-et³*) (…の)前を歩いて行く; (こちらへ移って引っ越してくる) (話) (über *j-et⁴*) (噂で)…について話す; (…の)陰口をたたく.
herzig 形 かわいらしい,愛らしい.
Herz=infarkt 男 心臓梗塞症. **=kammer** 女 医 心室. **=klappe** 女 医 心臓弁,心房弁. **=klappenfehler** 男 医 心臓弁膜症. **=klopfen** 中 (s) 心臓[弁]鼓動[作].
herzkrank 形 心臓病の.
Herz=krankheit 女 心臓病. **=kranzgefäß** 中 (心臓の)冠状血管. **=leiden** 中 心臓病.
herzlich [ヘルツリヒ] 形 ① (寒 hearty) 心からの,心のこもった;親しげな. ② ひどく,とても;まったく. **Herzlichkeit** 女 (-/-) 真心,誠意;誠実;親切,好意.
herzlos 形 無情な,冷酷な,むごい. **Herzlosigkeit** 女 (-/-en) 無情,冷酷; (寒 冷酷)な言動.
Herz-Lungen-Maschine 女 医 人工心肺.
Herz=mittel 中 強心剤. **=muskel** 男 医 心筋.
Herzog 男 (-[e]s, ..zöge, -e) (寒 -in) 公爵(König と Fürst の間);(古代ゲルマン族の)将軍. **Herzogin** 女 (-/-nen) (女性の)公爵;公爵夫人;公妃. **Herzogtum** 中 (-s/..tümer) 公爵領,公国. **Herz=schlag** 男 医 心臓の鼓動;医 心拍;脈拍まひ. **=schrittmacher** 男 医 ペースメーカー(人工心拍調整器).
herzstärkend 形 心臓の働きを強める,強心剤の.
Herz=stillstand 男 医 心[拍]停止. **=transplantation** 女 医 心臓移植[術].
herzu 副 雅 こちら[の方]へ.
Herzversagen 中 (-s/-) 医 心不全.
herzzerreißend 形 胸の張り裂けそうな悲痛な.
Heß Rudolf. ヘス(1894-1987: ナチの副総統).
Hesse ① 男 (-n/-n) (寒 **Hessin**) ヘッセンの人. ② Hermann, ヘッセ(1877-1962: ドイツの詩人,小説家).
Hessen 中 ヘッセン(ドイツ中部の州: 州都 Wiesbaden).
Hessin 女 (-/-nen) Hesse ① の女性形. **hessisch** 形 ヘッセン[方言]の.
hetero.., **Hetero..** 「異種の…,異なった…」の意.
heterogen 形 異種の,異質の;不均質の,のくみ合った異なる要素から成る.
heterosexuell 形 異性愛の.
heterozygot 形 (遺伝子が)異型(ヘテロ)接合の. **Heterozygote** 女 (-/-n) (遺伝子の)異型(ヘテロ)接合体.

Hetzblatt 中 政治的扇動のための新聞 (パンフレット);アジビラ.
Hetze 女 (-/-n) 慌ただしさ,忙しさ,せわしなさ;扇動,アジ.
hetzen 動 ① 〈獲物を〉狩り立てる;〈犯人などを〉追い立てる,追い回す;(犬などを…に)けしかける;〈人を〉けしかける,せっつく,急かす,こき使う; (*sich*) せかせかと働く. ② (s) 急いで行く,つっ走る;大急ぎでやる,せかせかとする. **Hetzer** 男 (-s/-) (寒 **-in**) 扇動者,アジテーター,煽動(誤訳)家. **Hetzerei** 女 (-/-en) せわしなく急ぐこと,慌ただしいこと;嗾(しか)すこと,扇動. **hetzerisch** 形 扇動的な,あおる(かきたてる)ような.
Hetz=jagd 女 (獣犬による)追い立て猟. **=rede** 女 アジ[扇動的な]演説.
Heu 中 (-[e]s/) (寒 hay) 干し草,まぐさ. **Heu machen**, (俗) 稼ぐ マリファナ. ♦ **sein ~ im Trockenen haben** (話) 経済的にも安泰である;利益を確保してある. **=boden** 男 (納屋・家畜小屋などの)干し草置き場.
Heuchelei 女 (-/-en) 見せかけ;偽善.
heucheln 動 うわべを偽る;装う, (…のふりをする). **heuchlerisch** 形 偽りの,見せかけの;偽善的な.
heuer 副 (南部・オーストリア) 今年.
Heuer 女 (-s/-) [海] = Heumacher.
女 (-/-n) (船員の)給料;船員の雇用.
heuern 動 海 (乗組員として人を)雇い入れる;(船を)チャーターする.
Heu=ernte 女 干し草の刈り入れ.
heulen [ホイレン] (heulte; geheult) 動 ① (howl) (犬・オオカミなどが)遠ぼえをする; (風・サイレン・モーターなどが)うなる; (話) 泣き叫ぶ,わめく. ♦ **zum Heulen sein** (泣きたくなるほどに)嘆かわしい.
Heulkrampf 男 (話) = Weinkrampf.
Heumacher 男 干し草を刈る人.
heurig 形 (南部・オーストリア) 今年の,本年[度]の. **Heurige[r]** 男 (形容詞的変化) (オーストリア) 本年産ワイン[を飲ませる酒場],ホイリゲ.
Heu=schnupfen 男 医 枯草(のだ)熱,鼻カタル,花粉症. **=schober** 男 (積み上げた)干し草の山. **=schrecke** 女 バッタ (キリギリス・イナゴなど).
Heuss Theodor. ホイス(1884-1963: ドイツ連邦共和国初代大統領[1949-59]).
heute [ホイテ] 副 (寒 today) 今日,本日; 今日(ばん)[では];現今,現代. ♦ **~ oder morgen**(話) きょうか明日か,早急に. **lieber ~ als morgen**(話) できるだけ早く. **von ~ auf morgen**(話) たちまち(のうちに).
heutig [ホイティヒ] 形 今日の,本日の;今日(ばん)の,現代(現在)の.
heutzutage [ホイトツーターゲ] 副 (寒 nowadays) 今日(ばん)[では],当節,昨今.
Hexe [ヘクセ] 女 (-/-n) (寒 witch) 魔女;女の魔法使い; (陵) 邪悪な(意い地悪な) 女. **hexen** 動 魔法を使う. ♦ **Ich kann doch nicht ~.** 魔法使いじゃあるまいし(そんなに早くはできない).
Hexen=besen 男 魔女の乗るほうき; (臘)こんぐり草株. **=haus** 中 (寒) 魔女の家;ヘクセンハウス(レーブクーヘンでできたお菓子の家). **=jagd** 女 (中世の)魔女狩り;情容赦のない迫害. **=kessel** 男 大混乱,喧騒(なう). **=meister** 男 (男の)魔法使

い, 妖術師. **=schuss**（⑬= **schuß**）男
《記号》ぎっくり腰.

Hexerẹi 囡《-/-en》魔法, 妖術; 手品.

Hf 記号 ハフニウム(元素名＜*Hafnium*).

HF 略 高周波(＜*Hochfrequenz*). **hfl**
略 オランダフローリン(通貨単位ギルダーの
別称;＜*Hollands florijn*). **hg.** 略 *her-ausgegeben* 出版〈編集〉された. **Hg**
記号 *Hydrargyrum*. **Hg.** 略 *Heraus-geber*（複数 Hgg.）. **HGB** 略 *Handels-gesetzbuch* 商法典. **Hgg.** 略 *Heraus-geber*（複数）. **HGZ** 略 *Hochge-schwindigkeitszug* 高速列車. **HH** 略
Handelsochschule. **HHF** 略
Höchstfrequenz 超高周波.

Hibiskus 男《-/-ken》植 ハイビスカ
ス.

Hịddensee ヒッデンゼー（バルト海にある
島）.

hie 副 ◆ **~ und da** そこここに; ときどき.
~ A, ~ da 《*da*》 一方では A, 他方では B.

hieb ⇒ **hauen**

Hieb 男《-es/-e》❶（剣・棒などで
の）一撃, 打ち込み. ❷ 切り傷, 傷跡; あて
こすり, 批判的言葉. ❸ やすりの目;《方》
ほろ酔い（酒の）一口. ◆ **auf den ersten
~** 最初の一撃で. **auf einen ~**《話》一気
に. **einen ~ haben**《話》頭が少々いかれて
いる.

hiebe ⇒ **hauen**

hiebfest 形 ◆ **hieb- und stichfest**（証
拠などが）動かない, 反論の余地のない.

hielt, hielte ⇒ **halten**

hieniẹden 副《雅》この世で.

hier[ヒーア] 副《⑬ *here*》ここに, ここで,
この辺りで, この場で; 今, この時点で. ◆
~ behalten（…を）ここ〈手元〉にとどめて
置く. **~ bleiben** ここにとどまる. **~ lassen**
（…を）ここに置いて〈たままに〉しておく. **~
und da〈dort〉** あちこちに; ときどき. **~
und heute** 当今すぐにも. **~ zu Lande**
当地では. **nicht von ~ sein** この出身で
はない;《話》頭が少々おかしい. **von ~ an
〈ab〉** ここから, ここから先; 今から, この時
から.

hierạn ここに, ここで.

Hierarchịe 囡《-/-en》階層制, ヒエラル
キー; 序列;《宗》教階制度.

hierạuf 副 この上に〈へ〉; これに基づい
て; これについて; これに引き続き. **~ aus**
副 ここから, これから; このことから. **=be-halten** ⑬⇒ hier ◆ **bei** 副 この際
に〈傍らに〉; その際に. **=bleiben** ⑬ ⇒
hier ◆ **=durch** 副 ここを通って; この
ようにして; この書面により. **=für** 副 この
ために; これ対して; これについて. **=ge-gen** 副 これに対して; これに比べて.

hier-hẹr[ヒーアヘーア; ヒアヘーア] 副
こちらへ, ここへ. ◆ **~ gehören** これらは
わしい; ここに所属する. **~ kommen** こち
らに来る.

hierher=gehören, =kommen* 副
⇒ hier ◆

hier-herụm ここを回って;《話》この
あたりで. **=hịn** 副 こちら〈ここ〉へ.
=hịnter 副 この後に. **=ịn** 副 この中で
〈に〉; この点で〈に〉. **=lạssen*** ⑬⇒ hier
◆ **=mịt** 副 これを用いて, これによって,
これに関して; これで〈この言葉〉でもって;

《商》本状により. **=nạch** 副 これに従っ
て, これによって; この〈その〉後. **=nẹben**
副 これと並べて〈並んで〉; このほかに.

Hieroglỵphe 囡《-/-n》象形文字;
《複》《戯》難解な文字.

hier-ọrts 副《官》当地では, 当庁では.
=ü̈ber 副 この上方に; これを越えて; これ
について; この周りに; これに対し
て. **=ụm** 副 この周りに; これに対し
て. **=ụnter** 副 この下に; この中に.
=vọn 副 ここから, そこから; これについて;
それによって. **=vọr** 副 この前に; これに対
して. **=zụ** 副 このために; これについて;
ここへ; これに加えて. **=zulạnde** ⇒
hier ◆

hiesig 形 ここの, 当地の.

hieß, hieße ⇒ **heißen**

hieven[ヒーフェン]《海》ウインチで巻き上げる;
《話》（…を…へ）持ち上げる.

Hi-Fi-Anlage 囡 ハイファイセット.

high[ハイ]（麻薬で）興奮した;《話》気分が高
揚した, ハイな, ハッピーな.

Hightech（⑬ **High-Tech**）田《-[s]/》
（囡/-》≡ **Hochtechnologie**.

hihi 間 ひひひ（嘲笑[ちょうしょう]の声）.

Hijacker 男《-s/-》航空機乗っ取り犯,
ハイジャック犯.

Hịlde《女名》ヒルデ. **Hịldebrand**《男
名》ヒルデブラント. **Hịldegard**《女名》
ヒルデガルト.

hilf ⇒ **helfen**

Hịlfe[ヒルフェ] 囡《-/-n》（⑬ **help**）助
け, 援助, 支援, 救援, 救い; 手伝いの人, ア
シスタント; 役立つもの, 参考;（福祉・文化
事業などに対する）補助金;（補助的）手段.
◆ **Erste ~** 応急手当. **mit j-er ~**（…の）
協力で;（…の）おかげで;（…を）使って.

hilfe-flehend 形 助けを求めるような.

Hịlfe-leistung 囡 援助, 救援. **=ruf**
男 助けを求める叫び. **=stellung** 囡
《体操》補助, サポート; サポートする人.

hịlflos[ヒルフロース] 形 無援の, 助けのな
い, なすすべない, 途方に暮れた; 頼るもの
のない. **Hịlflosigkeit** 囡《-/》寄るべな
さ; 困惑, 当惑; 不器用さ.

hịlfreich 形《雅》人助けを好む, 親切な;
有益な, 役に立つ.

Hịlfs-aktion 囡（組織的な）救援活動.
=arbeiter 男 見習工, 臨時工〈雇い〉.

hịlfs-bedürftig 形 援助の必要な, 困
窮した. **=bereit** 形 助ける用意のある,
世話好きな.

Hịlfs-dienst 男 救助活動; 救援サービ
ス〈奉仕〉;（緊急時や戦争時の）救援組織
〈機関〉. **=gut** 男 救援物資. **=kraft** 囡
補助員, 助手. **=lehrer** 男 臨時教員, 代
理〈代用〉教員. **=linie** 囡 補助線;《数》
《楽》加線. **=mịttel** 男 補助手段; 補助
〈器〉具, 補装具;《複》補助〈義援〉金; 支
援物資. **=motor** 男 補助エンジン〈モー
ター〉. **=quelle** 囡 援用資料, 参考文献;
資金源. **=rakete** 囡 補助ロケッ
ト. **=sprache** 囡 国際補助言語（エスペ
ラントなど）.

hịlfst ⇒ **helfen**

Hịlfs-truppe 囡《軍》予備〈増援〉部
隊. **=verb** 男《文法》助動詞. **=werk**
田 救援事業〈機関〉.

hịlft ⇒ **helfen**

Himạlaja（der ~）ヒマラヤ.

Himbeere 囡 〖植〗(キイチゴ属の) ミヤマウラジロイチゴ(の実), ラズベリー(の実).

Himmel [ヒメル] 男 《-s/-》⓪ sky 空, 天〖空〗; ⓰ heaven〗天国; 〖命〗〖玉座・ベッドなどの〗天蓋(蕋). ◆ *aus heiterem* ~〖話〗まったくだしぬけに; 青天のへきれきのように. *[Das] weiß der [liebe] ~! / [Das] mag der Himmel wissen.*〖話〗そんなことが知るものか. *Dem ~ sei Dank!* 天に感謝あれ; ありがたや. *den ~ auf Erden haben* 極楽のような生活をする. *den ~ [auf Erden] versprechen [j³]* (人に) 極楽を約束する. *Gerechter* 〈*Gütiger*〉 ~! / [*Ach*] *du lieber ~!* 〖話〗 (驚嘆して)困ったな. *J³ [Für j⁴] hängt der ~ voller Geigen.*〖雅〗(人は)希望に胸をふくらませている. *~, Arsch und Zwirn* 〈*Wolkenbruch*〉! / *~, Herrgott, Sakrament!* / *~, Kreuz, Donnerwetter!*〖俗〗ちくしょう, いまいましい. *~ noch [ein]mal!* ちくしょう, なんということだ. *~ und Erde* 天と地; 〖料〗 ジャガイモとリンゴのピューレ. *~ und Hölle* 天国と地獄; けんけん遊び. *~ und Hölle* 〈*Erde*〉 *in Bewegung setzen* 〖話〗 あらゆる手段を用いる, 全力を尽くす. *im siebenten* ~ *sein / sich⁴ [wie] im siebenten* ~ *fühlen* 〖話〗 この上なく幸せである, この世の極楽にいる, 有頂天になっている. *in den* ~ *heben* (…を)褒めちぎる. *nicht* 〖*einfach*〗 *vom* ~ *fallen* 棚ぼた式には手に入らない. *Um [des] ~s willen!* とんでもない; お願いだから. *unter freiem* ~ 野外(戸外)で〖雅〗〖話〗確かに. *Weiß der* ~, *was* 〈*wann, wo*〉… *weiß der* ~ *wo*〗 …なのか天のみぞ知る, だれも知らない. *wie vom* ~ *gefallen* 〖話〗 突然に; *aus* ~ *schreien* 〈*stinken*〉〖話〗 言語道断である.

himmelangst 形 ◆ *Mir ist ~.* 私はすごく不安だ.

Himmelbett 巾 天蓋〖付き〗寝台.

himmelblau 形 空色の, 淡青色の.

Himmelfahrt 囡 《-/-》〖宗〗 昇天; 昇天の祝日; 〖話〗 命にかかわる危険な企て. **~s-kommando** 巾 〖軍〗 決死的〖命がけの〗任務〖使命〗; 決死隊.

himmelhoch 形 天まで届くような, 非常に高い.

Himmel=reich 巾 〖宗〗 天国.

himmel=schreiend 形 言語道断の, 劣悪な, ひどい.

Himmels=körper 男 天体; 星. **=kugel** 囡 〖天〗 天球. **=richtung** 囡 方位; 方向. **=schlüssel** 男 〖植〗 セイヨウサクラソウ. **=zelt** 巾 〖雅〗 天空, 蒼穹(紇ぅ).

himmel=weit 形 〖話〗 非常に違い; 無限に大きい.

himmlisch 形 〖雅〗 天上の, 天国の, 神に由来する; この世ならぬ, 神々しい; 〖話〗 すばらしい, 見事な. **Himmlische[r]** 男 〖形容詞変化に〗 神; 天使.

hin [ヒン] 副 あちらへ, 向こうへ; 先へ延びて (広がって); (時間的に) (ある時点に) 向かって, (ある時点まで) ずっと, 及んで. ◆ *auf et⁴ ~* (…に) 向けて; (…の) 点から; (…に) 基づいて. *~…, ~ her*〖話〗

であろうとなかろうと. *~ sein* 〖話〗(物が) なくなっている; 壊れている; (人が) 疲れ切っている; 死んでいる; 〖*in j⁴/von j³*〗(人に) 夢中である. *~ und her* 行ったり来たり; あちこち; あれこれ. *~ und wieder* ときどき, ~ *und zurück* 〖切符の〗往復. *nicht ~ und nicht her langen* 〈*reichen*〉〖話〗まるで足りない〖不足だ〗. *vor sich⁴ ~*(他人とは関係なく) 独りで; ぼんやりと.

hin.. 〖分離動詞の前つづり〗「あちらへ…」 の意.

hinab [ヒナップ] 副 向こうの下へ.

hinab=gehen* 自 (s) (歩いて)降りて行く. ⊦**sehen*** 自 見下ろす. ⊦**steigen*** 自 (s) 降りて行く; 悪化する.

hin=arbeiten 自 〖*auf et⁴*〗 (…を目ざして) 努力する.

hinauf [ヒナオフ] 副 向こうの上方へ.

hinauf=arbeiten 〖*sich⁴*〗 苦労して登る 〖*sich⁴ zu et³*〗 (…にまで) 努力して昇進[出世]する. ⊦**fahren*** 自 (s) (乗り物で(が))上って行く; (乗り物で)運び上げる, 上に連れて行く; (乗り物を)運転して上る. ⊦**führen*** 他 (人を)上へ連れて〖案内して〗行く; (道などが)上に通じている. ⊦**gehen*** 自 (s) 上って行く, 登る; (道などが) 上に通じている; 〖話〗(価格・温度などが) 上がる; (要求などが)高まる; 〖*mit et³*〗(価格を) 上げる. ⊦**schrauben** 他 ねじを回して上げる; 〖話〗 (値段を) 次第に上げる; (生産を)次第に高める; 〖*sich⁴*〗(飛行機・鳥などが) 旋回しながら上昇する. ⊦**setzen*** 他 (高い所へ) 上げる, 上に置く; (料金を) 上げる. ⊦**steigen*** 自 (s) (よじ) 登る.

hinaus [ヒナオス] 副 向こうの外へ. ◆ ~ *sein* 〖話〗 出かけた, 出ていった; 〖*über et⁴*〗 (時間・期間などを) 越えて〖過ぎて〗いる; (子供じみたことなどを) 乗り越えている.

hinaus=befördern 他 運び出す; 〖話〗 (人を) 追い出す. ⊦**begleiten** 他 (人を) 送って外に出す. ⊦**ekeln** 他 〖話〗 (人を) いびり出す, いびって追い出す. ⊦**fahren*** ❶ 自 (s) (乗り物で(が)) 出て行く, 出かける; 〖*über et⁴*〗(乗り物で(が)) …を越えて先へ行く. ❷ 他 (車などを) 外へ出す; (車で) 運び出す, 乗せて連れ出す. ⊦**fliegen*** 自 (s) (外へ) 飛び出して行く; (遠くへ) 飛んで行く; (職場を) 首になる.

hinaus=gehen* [ヒナオスゲーエン] 〖*ging hinaus; hinausgegangen*〗 自 (s) *go out*) 外に出て行く; (窓などが…に) 面して〖通じて〗いる; 〖*über j-et⁴*〗 (…を) 越える. ⊦**kommen*** 自 (s) 外へ出る, 出て行く; 〖*auf et⁴*〗 (…という) 結果になる, (…に) 終わる; 〖*über et⁴*〗 (…の) 先に進む. ⊦**laufen*** 自 (s) 走って出て行く; 〖*auf et⁴*〗 (…という) 結果になる; 目的としている; 〖*über et⁴*〗 (…を) 越えて乗り越える. ⊦**lehnen** 〖*sich⁴*〗 外へ身を乗り出す. ⊦**schicken** 他 外へ送り〖追い〗出す; 使いにやる; 送る; 送信する. ⊦**schieben*** 他 押し出す; 延期する; 長引かせる; 〖*sich⁴*〗 外へ出される; 〖*sich⁴*〗 延期になる; 長引く. ⊦**sein*** 自 (s) ⇒ *hinaus* ◆ ⊦**wachsen*** 自 (s) 〖*über et⁴*〗 (…を) 越えて伸びる (大きくなる); しのぐ, 凌駕(髭)する. ⊦**werfen*** 他 外へ投げる, 放り出す; (光線・視線などを) 外へ向け

る; (人を)追い出す; 首にする; 《*sich*^{4}》外へ飛び出る; 放り出される. ⊦**wollen*** [自] 外へ出ようとする; 《**auf** *et*^{4}》(…を)目的とする, 意図する, ねらう. ✦ ***hoch ~*** 大望を抱く; 高望みをする.

hinaus⊦ziehen* ❶ [他] (人を)引っ張り出す; 長引かせる; 延期する; 《*sich*^{4}》(道などが)延びる, 延期になる, 長引く. ❷ [自] (s)外へ〈遠くへ〉出て行く; (郊外・田舎などへ)引っ越す. ⊦**zögern** [他] 《話》先へ延ばす, 延期する; 《*sich*^{4}》先へ延びる, 遅れる.

hin⊦bekommen* [他] 《話》成し遂げる; 直す. ⊦**biegen*** [他] 《話》うまく処理する; (人を)思いどおりに操る.

Hinblick [男] ✦ ***im*** 〈***in***〉 ***~ auf*** *et*^{4} (…を)顧慮〈考慮〉して; (…に)関して.

hin|bringen* [他] 連れて〈持って〉行く; やり遂げる; しでかす; (時間を)過ごす.

Hindenburg Paul von, ヒンデンブルク (1847–1934; ドイツの大統領〔1925–34〕).

hinderlich [形] じゃま〈妨げ〉になる.

hindern [ヒンダァン] 《hinderte; gehindert》[他] ([英] hinder) 《*j*^{4} **an** *et*^{3}》(人が…するのを)妨げる, 妨害する, 阻む; (未然に)阻止する; 《*j*^{4} **bei** *et*^{3}》(人の仕事などの)じゃまをする.

Hindernis [ヒンダァニス] [中] 《-ses/-se》([英] obstacle)障害, 妨げ〈じゃま〉になるもの; 支障; 〖陸上・馬術〗障害物. ✦ ***~se in den Weg legen*** 《*j*^{3}》(人の)じゃま〈妨害〉をする. ⁼**rennen** [中] 〖馬術〗障害レース; 〖陸上〗障害物競走.

hinderte ⇨ hindern

hin|deuten [自] 《**auf** *j-et*^{4}》(…を)指し示す; 示唆〈暗示〉する, それとなく示す.

Hindin [女] 《-/-nen》雌ジカ.

Hindu [男] 《-[s]/-[s]》ヒンズー教徒.

hindurch [ヒンドゥルヒ] [副] 《**durch** *et*^{4}》《空間的》…を通して, 貫いて; 《4格名詞と; 時間的》…の間じゅう, …を通じて.

hinein [ヒナイン] [副] 〔向こうの〕中へ; (ある時点に)達するまで.

hinein⊦denken* [再] 《*sich*^{4} **in** *j-et*^{4}》(人の)身になって考える, (…のことを)身を入れて考える. ⊦**dürfen*** [自] 《話》入ることが許されている. ⊦**fallen*** [自] (s)(穴などに)落ち込む; 《**in** *et*^{4}》(光が…の中へ)差し込む; 《話》だまされる. ⊦**finden*** ❶ [自] 中へ入って行ける, 中への道が分かる. ❷ [再] 《*sich*^{4} **in** *et*^{4}》(…に)習熟する, 慣れる, 順応する. ⊦**fressen*** ❶ [再] 《*sich*^{4} **in** *et*^{4}》(虫が…の中に)食い進む; (酸などが…の中に)侵食〈腐食〉する. ❷ [他] 《*et*^{4} **in** *sich*^{4}》むさぼり食う; 《話》(怒り・悲しみなどを)じっとこらえる. ⊦**gehen*** [自] (s)中へ入って行く; 《**in** *j-et*^{4}》《話》収まる, 入る, 収容される. ⊦**geraten*** [自] (s) 《**in** *et*^{4}》(…に)入り〈迷い〉込む; (…に)巻き込まれる, 陥る. ⊦**gucken** [自] 《話》覗き込む. ⊦**knien** [再] 《*sich*^{4} **in** *et*^{4}》《話》(…に)没頭する, 打ち込む.

hinein⊦kommen* [ヒナインコメン] 《**kam hinein; hineingekommen**》[自] (s) 中へ入る; 《**in** *et*^{4}》(…に)入り込む; 《**in** *et*^{4}》(仕事などに)習熟する, 慣れる. ⊦**legen** [他] 中に入れる; (感情などを…に)込める, 投入する; 《話》(人を)だます, 欺く. ⊦**leuchten** [自] 中を照らす; (光が)中に差し込む; 《**in** *et*^{4}》(…に)光を投じる, 解明する. ⊦**mischen** [他] (…を…に)混ぜる, 混入する; 《*sich*^{4} **in** *et*^{4}》(…に)〔入り〕交じる; 干渉〈介入〉する. ⊦**passen** ❶ [自] 《**in** *et*^{4}》(…に)うまく入る, きちんと合う; 収まる, 入る, 収容できる; (…に)順応する. ❷ [他] うまく合わせる, はめ込む. ⊦**reden** ❶ [自] 口をはさむ; 《*j*^{3}》(…に)干渉する, 口出しする; 《**in** *et*^{4}》(…に向かって)語りかける; 《方》《**in** *j*^{4}》(人を)説得しようと努める. ❷ [再] 《*sich*^{4} **in** *et*^{4}》話をしているうちに(…の)状態になる. ⊦**riechen*** [自] 《話》《**in** *et*^{4}》(…を)ちょっと試して〈かじって〉みる. ⊦**schauen** [自] のぞき込む; ちょっと立ち寄る. ⊦**stecken** [他] 差し〈突っ〉込む; 《話》閉じ込める, 詰め込む; 《話》(お金・時間などを)つぎ込む. ⊦**steigen*** [自] (s) 《**in** *et*^{4}》(電車などに)乗り込む; 登る. ⊦**steigern** [再] 《*sich*^{4} **in** *et*^{4}》(思い・感情などを)募らせる; (…が)頭から離れなくなる. ⊦**stürzen** [自] (s) 《**in** *et*^{4}》(…に)墜落する, (…の)中へ落ちる; (…に)駆け込む; [他] 《*j*^{4} **in** *et*^{4}》(…を…に)突き落とす; 《*sich*^{4} **in** *et*^{4}》(…に)身を投げる; 没頭する. ⊦**wachsen*** [自] (s) 《**in** *et*^{4}》(体などが成長して…に)合うようになる; (成長して…に)達する; (成長・熟練して…に)なじんでくる, 慣れる. ⊦**ziehen*** ❶ [他] 《*j-et*^{4} **in** *et*^{4}》(…を…へと)引き入れる; 《*j*^{4} **in** *et*^{4}》(人を…に)巻き込む. ❷ [自] (s) 《**in** *et*^{4}》(列をなして…に)入って行く; (…に)引っ越していく, 入居する.

hin|fahren* [ヒンファーレン] 《**fuhr hin; hingefahren**》 ❶ [自] (s)(乗り物で〈が〉)走って行く; 《**über** *et*^{4}》(…の上を)軽くなでる, (風などが…の上を)吹き抜けていく; 《雅》逝去する. ❷ [他] (車で…を)乗せて〈運んで〉いく. **Hinfahrt** [女] 《-/-en》(ある場所へ乗り物で)行くこと, 旅行; 往路, 行き; 《雅》逝去.

hin|fallen* [自] (s)倒れる, 転ぶ; 落ちる; 《雅》《**vor** *j*^{3}》(人の前に)ひざまずく.

hinfällig [形] 役に立たない, 無効〈無用〉になった; もろくなった, 老衰した. **Hinfälligkeit** [女] 《-/》衰弱, 老衰; 無効, 無用.

hin|fliegen* [自] (s)(ある場所へ)飛んで行く; 飛ぶように走って〈過ぎ去って〉行く; 《話》転ぶ, 落ちる; [他] 空輸する. **Hinflug** [男] 行きの飛行〈フライト〉, 往便.

hinfort [副] 《雅》今後は, 将来は.

hin|führen ❶ [他] (…へ人を)導く, 案内する; 《*j*^{4} **zu** *et*^{3}》(人に…の)手ほどきをする. ❷ [自] (道が…に)通じている; (ある結果に)至る.

hing ⇨ hängen

Hingabe [女] 《-/》献身; 専念, 没入.

hinge ⇨ hängen

hin|geben* [他] 《*j*^{3} *et*^{4}》(人に…を)引き渡す; 犠牲にする, ささげる; 《*sich*^{4} *et*^{3}》(…に)没頭〈専念〉する, (…の)とりこになる; 《*sich*^{4} *j*^{3}》《雅・婉曲》(女性が)(人に)身を任せる. **~d** [形] 献身的な, 熱心な.

Hingebung [女] 《-/》献身, 没頭.

hingebungsvoll [形] = hingebend.

hingegen [副] それに反して, それとは逆〈反対〉に.

hin⊦gehen* [自] (s)(…へ)行く, 出かける; 《**zu** *j-et*^{3}》訪問する; 立ち去る; 《雅》亡

hingehören 自 《話》所属している；ふさわしい． ►**geraten** 自 (s)(ある場所に)行きつく，入り込んでしまう．

hingerissen (→ hinreißen) 自 夢中になって．

hingewiesen ⇒ hinweisen

hin̲|halten* 他 《*j³ et⁴*》(人に…を)差し出す；提示する；維持する，長引かせる；(人を)引き止めておく；持たせる．

Hinhalte-taktik 女 引き伸ばし戦術．

hin̲|hängen(*) 自 (s)垂れかかる(下がる)；宙ぶらりんである；《話》…に掛ける，下げる．

hin̲|hauen 《話》❶ 他 たたく，打つ；うまくいく，効果的である；《方》急ぐ；(s)ばったり倒れる．❷ 他 投げ出す(仕事などを)ほうり出す；びっくりさせる；ぞんざいに〈さっさと〉やってのける；《話》人を倒す；《sich⁴》横になる；身を伏せる．

hin̲|hören 自 耳を傾ける．

hinken 自 (片足が不自由で)ぎこちなく歩く；(s)ぎこちなく歩いて行く；ぎくしゃくしている，釣り合いがとれない．

hin̲|knien 自 (s) 《*sich⁴*》ひざまずく．

hin̲|kommen* 自 (s) (…へ)行く，達する；《*mit et³*》(なんとかで)間に合う；《話》(なんとか)うまくいく；正しい，合っている．

hin̲|kriegen 他 《話》= hinbekommen．

hinlänglich 形 十分な．

hin̲|legen [ヒンレーゲン] 他 (legte hin; hingelegt) (…を…に)横たえる，置く；(人を)横たわらせる，子供を寝かせる；(人に)(相当額を)支払う；《話》(演劇・演技などを)みごとにやってのける；《話》人を倒す；《*sich⁴*》横になる，寝る，《話》降参する．

hin̲|nehmen* 他 (運命・非難などを)受け入れる，甘受する；《話》連れて行く，(人を)夢中にさせる．

hin̲|neigen 自 《*zu et³*》(…に)気持ちが傾く；《*sich⁴ zu j-em*》《*et⁴ zu j-em*》(…の…の方へ)傾ける；《*sich⁴*》《雅》(…の方へ)身をかがめる． ►**raffen** 他 《*j⁴*》(死などが人の命を)奪い去る．

hin̲|reichen ❶ 他 《*j³ et⁴*》(人に…を)[手渡す]．❷ 自 《*bis zu et³*》(…まで)達する，足りる，十分である；《*mit et³*》(…で)足らせる． **~d** 形 十分な．

Hinreise 女 (/-/-n) (行きの)旅，往路．

hin̲|reißen* 他 むりやり引っ張っていく；(人の)心を奪う．*~ zu et³ lassen* 《*sich⁴*》(気持ちのままに)思わず(…)してしまう．

hin̲|richten 他 (人に)死刑を執行する，処刑する． **Hinrichtung** 女 死刑執行，処刑．

hin̲|schlagen* 自 《*auf et⁴*》(…を目がけて)打つ；(s) ばったり倒れる．

►**schleppen** 他 引きずって行く；《*sich⁴*》だらだら進む，長引く． ►**schmeißen*** 他 《話》投げ捨てる，投げ出す．

►**schreiben*** 他 書きつける；書きなぐる；《話》(会社・官庁などに)手紙を出す． ►**schwinden*** 自 (s) 《雅》消滅する，消えていく，なくなる． ►**sehen*** 自 目を向ける，見やる，眺める；見晴らす．

►**sein*** 自 ⇒ hin ♦

hin̲|setzen [ヒンゼッツェン] 他 (setzte hin; hingesetzt) 置く，据える；《*sich⁴*》腰を下ろす，着席する；《話》しりもちをつく；《話》驚く．

Hinsicht [ヒンズィヒト] 女 (/-/-en) 《respect》観点，見地，点． ♦ *in dieser 〈vieler〉 ~* この(多くの)点では；*in gewisser ~* ある意味で〈見方〉においては；*in ~ auf et⁴* …を顧慮〈考慮〉して；(…に)関して．*in jeder ~* あらゆる点で，どう考えても．

hinsichtlich 前 《2格支配》《官》…に関して，…について．

hin̲|siechen 自 《雅》(次第に)衰弱していく．

Hinspiel 中 〔競〕(2回勝負の)第一試合．

hin̲|spucken 自 (…に)つばを吐く． ♦ *wo man hinspuckt* 《話》いたるところに

hin̲|stellen [ヒンシュテレン] 他 (stellte hin; hingestellt) 他 (ある場所に)立てる，置く，配置する；《*j-et⁴ als j-et⁴*》(…を…と)みなす，言う；《*sich⁴*》(ある場所に)立つ． ►**steuern** 他 (s)(船などのある方向へ)向かう；(目的に向かって)まい進する；《*auf et⁴*》(…を)目ざす． ►**strecken** 他 《*j³*》(人に…)を差し出す；《雅》(人を)殺す；《*sich⁴*》寝そべる；(物が)延びる，広がる．

hin̲|tansetzen 他 無視する，なおざりにする，おろそかにする．

hinten [ヒンテン] 副 (⇔ behind) 後ろ〈後方・背後〉に；終わりに，端に；奥に，裏に；《話》とりわけ；(精神的発達が)遅れた． ♦ *am liebsten von ~ sehen* 《*j⁴*》(人が)大嫌いである．*Das ist vorn[e] wie ~.* それはどちらでも同じだ．*~ bleiben* 後って(遅れて)いる．*~ hineinkriechen* 〔卑〕《*j³*》(人に)膽面もなくへつらう．*~ nicht mehr hoch können* 窮境にある；身分ともに衰弱している． *~ runterfallen* 割りを食う，損をする．*~ und vorn* [え] どの点にしても，いつでも． *nicht [mehr] wissen, wo ~ und vorn[e] ist* すっかり途方に暮れてしまう．*von ~ ansehen* 《話》《*j⁴*》(人を)軽視する；(人に)背を向ける．*weder ~ noch vorn[e]* 「形」まるで…でない．

hinten-drein 副 = hinterher.

hinten-herum 副 後ろを回って，裏から；こっそりと，不正に；《俗》腹の辺りに．

hinten-nach 副 《南部》〔方〕= hinterher.《口》おあとから．

hinten̲|überfallen* 自 (s)あおむけに倒れる．

hinter [ヒンター] Ⅰ 前 (⇔ behind) 《3格・4格支配》《空間的》(3・4格と)…の後ろ(へ)，…の陰で〈に〉；《時間的》(3格と)…に遅れて，…のあとで；《順序・進行》(3・4格と)…の次に：(進歩・能力などが)…に遅れて，…より劣って．Ⅱ 形 後ろの，奥の．♦ *~ j-et³ her* (…の)後について，(…を)追って．*~ j-et³ hervor* (…の)陰から．

hinter-., Hinter-.「後ろへ(の)・の，奥へ …; 奥〈の〉…」の意．《造語成分》．

Hinteransicht 女 〔建〕背面[図]．

Hinterasien 東アジア，極東．

Hinterbacke [女] 《話》《[複]》 尻(しり).

Hinterbänkler [男] 《-s/-》 《蔑》 (後方の席に座る)陣笠(じんがさ)議員.

Hinterbein [中] (動物の)後ろ足, 後脚. ✦ ***auf die ~e stellen*** 〈***setzen***〉 《話》 《*sich*^{4}》 抵抗する; がんばる.

Hinterbliebene[r] [男] [女] 遺族.

hinter|bringen* [他] 《話》 後ろへ運ぶ; (食物を)飲み込む. **hinterbringen*** [他] 《*j*^{3} *et*^{4}》 (人に…を)こっそり知らせる, 漏らす.

Hinterdeck [中] 〔海〕 後甲板.

hinterdrein [副] = hinterher.

Hintere ⇨ Hintere[r]

hintereinander [副] (空間的に)相前後して; (時間的に)続けて.

Hintere[r] [ヒンテレ〈ラー〉] 《形容詞変化》[男] [女] 後ろの人; [男] 《話》 尻(しり).

hinterfragen [他] (…の)背景〈背後〉を探る.

Hinterfuß [男] (動物の)後ろ足(の下部).

Hintergedanke [男] 下心, 底意.

hinter|gehen* [自] (s) 《話》 後ろへ行く. **hintergehen*** [他] (人を)欺く, だます. **Hintergehung** [女] 《-/-en》 欺瞞(ぎまん).

Hintergrund [ヒンタァグルント] [男] 《-[e]s/..**gründe**》 ([英] background) 背景, 遠景; 背後; (事件・事態などの)背景, 背後の事情. ✦ ***im ~ bleiben*** / ***sich***^{4} ***im ~ halten*** 表に出ない; 脇役に徹する. ***im ~ haben*** 《話》 (計画・意図などを)秘密にしておく; (…を)予備として持っている. ***im ~ stehen*** 目立たない. ***in den ~ drängen*** 〈***spielen***〉 (…を)背景に押しやる; 目立たなくさせる. ***in den ~ geraten*** 〈***rücken, treten***〉 背後に退く, 存在がかすむ. **hintergründig** [形] いわくありげな, 意味深長な.

Hintergrund=information [女] (出来事などの)背後の情報. **=musik** [女] バックグラウンド=ミュージック, BGM.

Hinterhalt [男] 《-[e]s/-e》 待ち伏せ場所. ✦ ***im ~ haben*** 《話》 (…を)蓄えている. **hinterhältig** [形] 陰険な, 腹黒い.

Hinterhand [女] 《-/》 (馬などの)後脚部; 〔トランプ〕 後手. ✦ ***in der ~ haben*** 《話》 (…を)切り札として持っている. ***in der ~ sein*** 〈***sitzen***〉 有利な立場にいる.

Hinterhaupt [中] 〔医〕 後頭[部].

Hinterhaus [中] (街路に面しない)裏の家屋; 家屋の裏側.

hinterher [ヒンターヘーア, ヒンターヘーア] [副] (時間的に)後(あと)から, 後で; (空間的に)後ろから. ✦ ***~ sein*** 《話》 気を配っている; 《*j*^{3}》 (人の)後を追っている; 《**in** 〈**mit**〉 *et*^{3}》 (…で)遅れを取っている.

hinterher|laufen* [自] (s) 《*j-et*^{3}》 (…を)急いで〈走って〉追う; 《話》 (…を)しつこく追い回す. **|sein*** [旧]⇨ hinterher ✦

Hinterhof [男] 裏庭, 中庭.

Hinterindien インドシナ半島.

Hinterkopf [男] 後頭部. ✦ ***im ~ haben*** 〈***behalten***〉 (…を)覚えておく.

Hinterland [中] (都市・港などの)後背地; (堤防で守られている)内陸部; 〔軍〕 (戦線の)後方.

hinterlassen* [ヒンターラッセン] 《**hinterließ; hinterlassen**》 [他] 後に残す; 《*j*^{3} *et*^{4}》 (人に…を)遺産として残す; (人を)残して死ぬ. **Hinterlassenschaft** [女] 《-/-en》 死後に残したもの, 遺産. ✦ ***j***^{2} ***~ an|treten*** (人の)遺産を相続する; 《話・戯》 (人の)仕事を引き継ぐ.

hinterlegen [他] 預ける; 〔法〕 供託する. **Hinterlegung** [女] 《-/-en》 供託[金].

Hinterleib [男] (昆虫の)腹部.

hinterließ ⇨ hinterlassen

Hinterlist [女] ずる賢さ; 悪だくみ, 策略. **hinterlistig** [形] ずる賢い.

hinterm *hinter* dem.

Hintermann [男] (列・順番の)後ろの人; 後続車〈船〉; 《[複]》 〔球技〕 後衛, バック; 〔経〕 (手形の)次の裏書人; 陰の情報提供者; 黒幕. **=schaft** [女] 〔球技〕 後衛, バック.

hintern *hinter* den.

Hintern [男] 《-s/-》 《話》 尻(しり). ✦ ***auf den ~ setzen*** 《*sich*^{4}》 《話》 猛勉する; 尻もちをつく; (腰が抜けるほど)びっくりする. ***den ~ wischen können*** 《話》 《*sich*^{3} **mit** *et*^{3}》 (…を)はいて捨てるほど持っている. ***in den ~ kriechen*** / ***den ~ lecken*** 《話》 《*j*^{3}》 (人に)こびへつらう. ***in den ~ treten*** 《話》 《*j*$^{3(4)}$》 (人を)いじめる. ***mit dem*** [***nackten***] ***~ ins Gesicht springen*** 《卑》 《*j*^{3}》 (人を)どやしつける.

Hinterrad [中] 後[車]輪. **=antrieb** [男] (自動車の)後輪駆動.

hinterrücks [副] 背後から; 陰で.

hinters *hinter* das.

Hinter=seite [女] 後ろ側, 裏面; 《話》 尻(しり). **=sitz** [男] 後部座席.

hinterst ⇨ hinter II

Hinterteil [中] 《話》 尻(しり).

Hintertreffen [中] ✦ ***ins ~ bringen*** (人を)不利な状況に追い込む. ***ins ~ geraten*** 〈***kommen***〉 不利になる.

hintertreiben* [他] (計画などを)ひそかに妨害する.

Hinter=tür [女] 裏口. ✦ ***durch eine*** 〈***die***〉 ***~*** ひそかに, こっそり. ***eine ~*** 〈***ein Hintertürchen***〉 ***offen halten*** 〈***lassen***〉 《話》 《*sich*^{3}》 逃げ道をあけておく.

Hinterwäldler [男] 《-s/-》 《蔑》 田舎者; 時代遅れの人.

hinter|ziehen* 《方》[他] 《*j-et*^{4}》 後ろへ引っぱる; [自] (s) 裏〈奥〉の方へ引っ越す. **hinterziehen*** [他] (税金などを)ごまかす, 着服する. **Hinterziehung** [女] 《-/-en》 脱税.

hinüber [ヒニューバー] [副] (越えて)あちらへ. ✦ ***~ sein*** 《話》 向こうへ行ってしまっている; 死んでいる; 《話》 腐って〈壊れて〉いる; 《俗》 (人が)死んでいる.

hinüber|gehen* [自] (s) 向こう側へ行く; 《雅》 死ぬ. **|sein*** [旧]⇨ hinüber ✦ **|setzen** [他] 向こうへ渡す〈置く〉; [自] (s) 《**über** *et*^{4}》 (…の)向こうへ跳び移る.

hinunter [ヒヌンター] [副] 向こうの下へ.

hinunter|bringen* [他] 下へ持って〈連れて〉行く; 《話》 (飲食物を)飲み下す. **|fahren*** [自] (s) (乗り物で〈が〉)下って行く; [他] (乗り物で)運び下ろす; (乗り物を)運転して下りて行く. **|gehen*** [自] (s) (歩いて)降りて行く; 〔空〕 降下する; (道が)下り坂になっている. **|schlucken** [他] 飲み込む, 飲み下す; 《話》 (怒りなどを)ぐっとこらえる; (侮辱などに)耐える. **|spülen** [他]

(汚水などを)流す;洗い流す;《話》一息に飲み干す;《話》(飲み物を)飲み込む;(心配・怒りなどを)酒で紛らす. ├**stürzen** ⓔ ❶ ⓢ 転げ落ちる;駆け降りる. ❷ ⓔ 突き落とす;(落ち)飲み干す;《sich》飛び降りる[自殺をする]. ├**werfen*** ⓔ 投げ落とす;《話》(地面に)投げつける,倒す.
hinwärts 圓 向こうへ[行く途中で];行きに[は].
hinweg 圓《雅》向こうへ去って.
   ✦ **über ~ hin ~**(…を)越えて.
Hinweg 圓 (目的地への)往路,行き.
hinweg|gehen* ⓔ ⓢ《über *j-et*⁴》(…を)気に留めない,無視する;《über *et*⁴》(…を)通過して行く. ├**helfen*** ⓔ《*j*³ über *et*⁴》(人を助けて…を)乗り切らせる. ├**kommen*** ⓔ ⓢ《über *et*⁴》(困難・危機などを)乗り越える. ├**sehen*** ⓔ《über *et*⁴》(…越しに;向うを見る;《über *j-et*⁴》大目に見る;無視する. ├**setzen** ⓔ (s, h) 圓《über *et*⁴》(…を)飛び越える;《*sich* über *et*⁴》(…を)無視する. ├**täuschen** ⓔ《*j*⁴ über *et*⁴》(人に…を)思い違いをさせる;《*sich* über *et*⁴》(…を)思い違える;(…に)思い違いする.
Hinweis [ヒンヴァイス] 圓《-es/-e》 ⓔ《indication》指示,指摘,ヒント,手がかり;(病気などの)予兆;(本などの)注記,凡例;注意,情報,説明. ✦ **unter ~ auf *et*⁴**(…に)言及しながら;(…に)言及しながら;(…を)指摘[指示・説明]しながら.
hinweisen* [ヒンヴァイゼン]《**wies hin**; **hingewiesen**》❶ ⓔ《《*j*¹》auf *et*⁴》(人に…を)指摘《注意》する. ❷ ⓔ《auf *et*⁴》(標識などが…を)指示,示す,表す;暗示する.
Hinweistafel 囡 (指示・案内・注意・警告などの)表示板,標識,掲示板.
hinwerfen* ⓔ ほうり投げる;(言葉・考えを)ふと漏らす;(絵・文字などを書きなぐる;《話》(仕事をほうり出す;《話》うっかり落とす;《*sich*》地面に身を伏せる.
hinwieder 圓《雅》それに対して;こちらも同様に;他方;再び,またしても.
hinwirken ⓔ《auf *et*⁴》(…を)目ざす;手に入れようと努力する.
Hinz《男名》ヒンツ. ✦ **~ und Kunz**《話》だれも彼も. **von ~ zu Kunz**《話》手当たり次第に,だれにでも.
hinziehen ❶ ⓔ (人を…の方へ)引き寄せる《つける》;(交渉などを)長引かせる;(出発などを)延期する;《*sich*》(道などが)長く延びている;(交渉などが)長引く,(出発などが)先に延びる. ❷ ⓢ 引っ越す;(鳥・雲などがある方へ)渡る,移動する.
hinzu 圓 そのうえに,さらに.
hinzu...《分離動詞の前つづり》「付加,追加;参加」の意.
hinzu|denken* ⓔ 考慮に入れる,合わせて考える.
hinzu|fügen [ヒンツーフューゲン]《fügte hinzu; hinzugefügt》ⓔ《add》《*et*³ *et*⁴》(…に)…を)付け加える《足す》;付言する. **Hinzufügung** 囡《-/-en》添加,付加;添加物,付加物.
hinzu|kommen* ⓔ ⓢ《(その場に)来合わせる;仲間入りする;付け加わる. ├**setzen** ⓔ 付け加える;《*sich*》(…に)加わって座る. ├**treten*** ⓔ ⓢ 仲間に加わる;(事情などが)付け加わる.

├**tun*** ⓔ 付け加える. ├**zählen** ⓔ 数に加える;考慮に入れる. ├**ziehen*** ⓔ (専門家に)意見(参加)を求める.
Hiob【聖】ヨブ(あらゆる試練に耐えた). **~s-botschaft** 囡 悲報,凶報.
hipp ⓘ ➡ hurra
Hippe 囡《-/-n》(三日月形の刃をもつ)剪定(钴)用ナイフ;死神の鎌(钴).
Hippie 圓《-s/-s》ヒッピー.
Hippodrom 圓 囲《-s/-e》(年の市などの)曲馬館.
Hirn [ヒルン] 圓《-[e]s/-e》ⓔ《brain》《話》頭脳,知力;(牛・豚などの)脳髄;(人間の)脳. **~anhangsdrüse** 囡【解】(脳の)下垂体部. **~gespinst** 圓 空想《妄想》の産物,幻想,ばかげた考え. **~hautentzündung** 囡【医】髄膜(脳膜)炎.
Hirn⁻ 囡《-s/-s》《話》低能なやつ.
hirnlos 圓《話》頭の弱い.
Hirn-masse 囡 脳質. **~tod** 圓【医】脳死. **hirntot** 圓 脳死した.
Hirntumor 圓【医】脳腫瘍(𩑾꫚).
hirnverbrannt 圓《話》ばかげた,気味悪いじみた.
Hirsch 圓《-[e]s/-e》シカ;雄ジカ. **~fänger** 圓 剣刀. **~geweih** 圓 シカの枝角. **~horn** 圓 (加工材料としての)シカの角. **~käfer** 圓【虫】クワガタムシ. **~kuh** 囡 雌ジカ.
Hirse 囡《-/-[n]》【植】キビ(の類).
Hirt 圓《-en/-en》《雅》= Hirte.
Hirte 圓《-n/-n》《ⓔ Hirtin》羊《牛》飼い,牧人. **~n-brief** 圓 司教教書. **~n-junge** 圓 牧童,羊《牛》飼いの少年. **~n-mädchen** 圓 羊《牛》飼いの少女. **~n-stab** 圓 牧人のつえ;【宗】司教杖(ꪋ).
hissen ⓔ (旗・帆などを)揚げる.
Histamin 圓《-s/-》【化】ヒスタミン.
Histologie 囡《-/-》生理. 囡 組織学.
Histörchen 圓《-s/-》小話,逸話.
Historie 囡《-/-n》歴史;史学;物語. **Historiker** 圓《-s/-》《ⓔ -in》歴史家,史学者.
historisch [ヒストーリッシュ] 圓《ⓔ historical》歴史的な,歴史に関する;歴史上の;史実に基づいた.
Hit 圓 囲《-[s]/-s》《話》ヒット曲《番組,商品》;売れ筋;(麻雀の)1回分.
Hitchhiker 圓《-s/-》ヒッチ・ハイカー.
Hitler Adolf, ヒトラー(1889-1945;ドイツの独裁者でナチ党の党首). **~-gruß** 圓 ヒトラー式敬礼. **~-jugend** 囡 (ナチ時代の)ヒトラー青年団(= HJ).
Hitze [ヒッツェ] 囡《-/-》❶《ⓔ heat》暑さ,暑気,炎熱;熱さ,熱. ❷(突発的な)発熱,(ほのお)紅潮,のぼせ,上気. ❸ 興奮;激高;情熱;発情期. ✦ **fliegende ~** のぼせ,顔面紅潮. **in der ~ des Gefechts**《話》興奮のあまり.
hitzebeständig 圓 耐熱性の.
Hitzebläschen 圓【医】あせも.
hitzefrei 圓 (学校・職場が)暑気休みの.
Hitzewelle 囡【気象】熱波.
hitzig 圓 興奮しやすい,短気な,すぐにかっとなる;(議論などが)激しい,白熱した;(雌犬や雌猫が)盛りのついた.

Hitzkopf 男 短気な〈怒りっぽい〉人. **hitzköpfig** 形 短気な,怒りっぽい.
Hitzschlag 男 【医】熱射病, 熱中症.
HIV 略 ([-s]/-s]) 【医】ヒト免疫不全ウイルス, エイズウイルス(< 愛 human immunodeficiency virus). **HIV-Infektion** 女 HIV 感染. **HIV-Infizierte[r]** 男 【形容詞変化】HIV 感染者. **HIV-negativ** 形 HIV 陰性の. **HIV-positiv** 形 HIV 陽性の. **HIV-Träger** 男 HIV 感染キャリア).
Hiwi 男 ([-s/-s]) 大学の助手〈研究補助員)(< *Hilfswilliger*).
HJ 略 ([-/-]) *Hitler-Jugend*. **hl. heilig**. **h.l.** *hoc loco* ここに.
hm 間 ふん〈不審・批判・当惑・納得の声〉; エヘン, エヘン(せき払い).
h.m. *hujus mensis* 今月の(= d.M.).
H-Milch 女 ロングライフ〈長期保存〉牛乳.(< *haltbare Milch*).
h-Moll 中 ([-/-]) ロ短調(配音 h).
HNO-Arzt 男 耳鼻咽喉(ǎ)科医(< *Hals-Nasen-Ohren-Arzt*).
ho 間 へえ〈意外・拒否の声〉.
Ho 略 *Holmium*.
Hoangho (der ~)黄河, ホワンホー(青海省に発し, 中国北部を流れて渤海に注ぐ).
hob 過 ⇒ **heben**
Hobby 中 【ホビー】([-s/-s]) 趣味, 道楽, 余暇活動. **Hobby..** 素人の…, アマチュアの…, 趣味の…の意. **=raum** 男 道楽〈趣味〉専用の部屋.
höbe ⇒ **heben**
Hobel 男 ([-s/-]) かんな; 【料】スライサー. **=bank** 女 かんな台, 〈木工用の)工作台.
hobeln 他 (…に)かんなをかける, (溝などを)かんなで削って作る; 〈野菜を)薄切りにする. ♦ *Wo gehobelt wird, da fallen Späne*. まかな屑は出る.
Hobel-span 男 かんなくず.
hoc anno [ʒʔ 語] 副 本年, 今年[に] (愛 h. a.).
hoch [ホーホ] ❶ 形 (höher; höchst) 《付加語としては **hoh-**》 (愛 high)〈空間的に)高い, 丈の伸びた; 《数量を示す語と》…の高さの: まとまった (fünf Mann ~ 5人ぐらいでいっしょに);〈音などが)高い, 〈程度が)高い, 高度の, 高次の, 高等の;〈身分などが)高い, 高位の, 高貴の,〈価値が)高い, 高額の, 高級の;《数字と》乗; 【数】大物の. ❷ 副 上方へ向けて〈向かって〉; 元気よく; 非常に;《量》 北へ. ♦ *die höchste Zeit sein* 時期である. **~ achten** (人を)大いに尊敬〈尊重)する. **~ begabt** 天分の豊かな, 才能に恵まれた. **~ bezahlt** 高給の, 高収入の. **~ dotiert** 〈賞金・賞金などが)高額の; 〈官職・地位などが)高給の. **~ entwickelt** 高度に発達した. **~ gesteckt** (非現実的なほど)高く設定された〈目標・計画など〉. **~ gestellt** 高位〈高官〉の. **~ hinauswollen** 出世欲に燃えている, 身分不相応なことを望む. **~ schätzen** (…を)高く評価する, 大いに尊敬〈尊重)する. **~ stehend** 地位の高い; 優秀な. **~ und heilig versprechen** (…を)固く守ることを誓う. *wenn es ~ kommt* 高く見積もっても せいぜい, たかだか. *zu ~ gegriffen sein* 過大に評価されている. *zu ~ sein* 〖話〗 《j³/für j¹》

(人には)理解できない; 〖皮肉〗(言動が人の)理解を越えている, とっぴに思える.
Hoch 中 ([-s/-s])万歳(の声);〖気象〗高気圧(の略).
hoch.., **Hoch..**「非常に…; 高い…; 最盛期の…」「大いに…」「高く…」の意.
hoch-abstrakt 形 高度に抽象的な.
hochachten 他 ⇒ **hoch** ♦ **Hochachtung** 女 ([-/-]) 尊敬, 敬意. **hochachtungsvoll** 形 (手紙の結句)敬具.
Hoch-adel 男 【集合的】高位の貴族.
hoch-aktuell 形 きわめて今日的〈緊要)な: 非常にアクチュアル〈時事的)な.
Hoch-altar 男 〖宗〗主〈中央)祭壇. **=amt** 中 〖宗〗 荘厳 ミサ, 大ミサ. **=antenne** 女 屋上アンテナ.
hoch-arbeiten (*sich*⁴) 努力して出世する. **=auflösend** 形 【電】解像力〈分解能)の高い, 高解像度の: **~es Fernsehen** 高解像度テレビ, HDTV.
Hoch-bahn 女 高架鉄道. **=bau** 男 地上建築工事;地上建築物.
hoch-begabt 形 ⇒ **hoch** ♦ **=berühmt** 形 名高な有名な. **=betagt** 形 高齢の.
Hochbetrieb 男 〖話〗大にぎわい, 大混雑, 大はやり.
hochbezahlt 形 ⇒ **hoch** ♦
hochbringen* 他 運び上げる; 〖話〗(家の中へ〜を)連れて〈持って)来る; (子供を)育て上げる; (病人などを)回復させる; 〖話〗(人を)怒らせる.
hochbrisant 形 (火薬などが)破砕〈爆発)性の高い; 大いに論議を呼びそうな.
Hochburg 女 【思想・運動などの】中心地, 拠点.
hoch-dekoriert 形 多数の〔高位の〕勲章を与えられた. **=deutsch** 形 標準〈高地)ドイツ語の. **=dotiert** 形 ⇒ **hoch**
Hochdruck 男 〖気象〗高気圧; 【理・工】高圧; 〖図〗高血圧; 〖印〗 全力投球; 凸版印刷 [物]. **=gebiet** 中 〖気象〗 高気圧圏.
Hoch-ebene 女 高原, 高地.
hoch-empfindlich 形 高感度の. **=entwickelt** 形 ⇒ **hoch** ♦ **=explosiv** 形 爆発性の高い. **=fahrend** 形 〖雅〗不遜(¿ì)な, おうへいな. **=fein** 形 〖話〗とびきり上等な; 〖腕〗極上〈特上)の.
Hochfinanz 女 【集合的】財界の首脳.
hochfliegend 形 目標〈望み)の高い.
Hoch-flut 女 高潮, 満潮; 〖雅〗【比】人々のコンディション, 絶好調. **=format** 中 ・写真などの)縦長判. **=frequenz** 女 【電】高周波(の略 HF). **=gebirge** 中 高山, 高山系; 【地学】 高山形. **=gefühl** 中 高揚感, 歓喜の.
hochgehen* 自 (s) 〖話〗上る, 昇る; 〖話〗 激昂する; 〖雅〗爆発する; 〖話〗(犯人などが)逮捕〈摘発)される.
hochgeistig 形 高度に知的な.
Hochgenuss (中 **..genuß**) 男 格別の楽しみ〈味わい).
hochgeschraubt 形 〖話〗過度に高められた, 過大な〈期待など〉.
Hochgeschwindigkeits-bahn 女 高速鉄道. **=zug** 男 高速列車(愛 HGZ).
hoch-gesinnt 形 〖雅〗精神の高邁

hochgespannt 310

(猛)な, 気高い. **=gespannt** 形〖電・工〗高圧の; 極度に緊張した, 気が張り詰めた;〈期待などが〉過大な. **=gesteckt, =gestellt** 形⇒ hoch ◆ **=gestimmt** 形〖雅〗華やれした, 気分の高揚した. **=gestochen** 形〈話・蔑〉〈内容が〉難解な; 高慢な, お高くとまった. **=giftig** 形きわめて毒性の強い.

Hochglanz 男 高度の光沢, 強い輝き. **hoch-gradig** 形 高度の; 極度の, 非常な. **=hackig** 形〈靴などの〉かかとの高い. **hochhalten*** 他 高く掲げる〈抱き上げる〉; 尊重する, 大事にする.

Hochhaus 中 高層ビル〈建築物〉.

hoch|heben* 他 高く持ち上げる. **=herzig** 形〖雅〗高潔な; 寛大な. **=integriert** 形〖電子工〗高度集積の: ein 〜er Schaltkreis 高度集積回路. **=intellektuell** 形 高度の知性をもった, きわめて知的な. **=kalorisch** 形 高カロリーの. **=kant** 形〈角柱などが〉高位の. ◆ 〜 [zur Tür] hinauswerfen〈話〉(人を)たたき出す. **=karätig** 形〈宝石が〉高カラットの;〈金合金が〉高金位の; 高貴な, 傑出した.

hoch|kommen* 自(s)〈話〉上がって来る;〈水面に〉浮かび上がる; 立ち上がる;〈食べ物などが〉こみ上げる; 登場する; 出世する; 元気になる. **=komplex** 形 高度に複合した, きわめて複雑な.

Hochkonjunktur 女 好景気, 好況.

hoch|kriegen 他〈話〉〈なんとか〉持ち上げる;〈腕曲に〉(男根を)勃起(﹅)させる. ◆ einen ⟨keinen⟩ 〜 勃起する〈しない〉.

Hochland 中 高原, 高地.

hoch|leben 他 ◆ 〜 lassen [j⁴](人のために)万歳を唱える: J-Et¹ lebe hoch! (…)万歳.

Hochleistung 女 りっぱな業績〈成果〉; 高性能(能率).

höchlich 副 大いに, 非常に.

hochmolekular 形〖化〗高分子の.

Hochmoor 中 高層湿原.

Hochmut 男 高慢, うぬぼれ, 思い上がり. ◆ 〜 kommt vor dem Fall.〖諺〗おごれる者久しからず. **hochmütig** 形 高慢〈傲慢〉な, うぬぼれた.

hochnäsig 形〈話〉高慢ちきな.

hoch|nehmen* 他 持ち上げる, 抱き上げる;〈話〉(人を)からかう; (人から)大金を巻き上げる;〈話〉(人を)逮捕する.

Hoch-ofen 男 高炉.

hochprozentig 形 [höher..; höchst..] パーセンテージの高い.

hoch|rechnen 他 (あるデータ数値から)全体の最終的数値を推計〈予測〉する. **Hochrechnung** 女 (あるデータ数値に基づく)全体の推計.

hochrot 形〈耳・頬などが〉真っ赤な.

Hochsaison 女 最盛期, ハイ〈トップ〉シーズン, ピークの時期.

hoch|schätzen 他⇒ hoch ◆ **=schnellen** 自(s) 急に上がる. **Hochschule** [ホーホシューレ] 女 ⟨/ -n⟩ 大学; 単科大学. **Hochschul-lehrer** 男 大学教員. **=reife** 女 大学入学資格. **hochschwanger** 形 臨月の. **Hochsee** 女 外洋. **=fischerei** 女 遠

洋漁業.

Hoch-sommer 男 真夏, 盛夏.

Hochspannung 女〖電〗高圧; 緊張した状態. **〜s-leitung** 女 高圧〈送電〉線.

hoch|spielen 他 大げさに取りあげする, 過大評価する, 買いかぶる.

Hoch-sprache 女〖言〗標準語. **=sprung** 男〖走り競技〗高跳び.

höchst [ヘーヒスト] 副 極めて, はなはだ, 非常に.

Höchst-alter 中 (資格などの)最高年齢, 年齢の上限.

Hoch-stapler 男 ⟨-s/-⟩ (身分を偽る)詐欺師: はったり屋.

Höchst-belastung 女 最大負荷〈荷重〉. **=betrag** 男 最高額.

hochstehend 形⇒ hoch ◆

höchstens [ヘーヒステンス] 副〖数詞と〗せいぜい, たかだか, 多くても〖接続詞的〗…なら別だが.

Höchst-fall 男 ◆ im 〜 多くても, せいぜい. **=form** 女〖ス〗ベストコンディション. **=gebot** 中 (競売などでの)最高の付け値. **=geschwindigkeit** 女 最高速度. **=grenze** 女 上限.

Hochstimmung 女 ⟨/-⟩ 上々の気分〈雰囲気〉.

Höchst-leistung 中 最高の業績〈記録, 性能〉. **=maß** 中 最大限, 最高度. **=möglich** 形 できるかぎりの, 精いっぱいの. **=persönlich** 副 御みずから, じきじきに.

Höchstpreis 男 最高価格.

Hoch-straße 女 高架〖自動車〗道路. **Höchst-stand** 男 最高の状態〈水準〉. **höchstwahrscheinlich** 副 十中八九までは, きっと.

Höchstzahl 女 最大数値.

Hochtechnologie 女 先端技術, 高度科学技術, ハイテク.

hochtönend 形 大げさな.

Hochtour 女 登山: (機械の)高速回転. ◆ auf 〜en bringen〈話〉(…に)フル回転させる. auf 〜en laufen〈話〉(エンジンが)フル回転する, 急ピッチで進む.

hoch-trabend 形 大げさな. **=verdient** 形 非常に功績のある.

Hoch-verrat 男〖法〗国家反逆罪. **=verräter** 男 反逆罪の犯人, 国事犯. **=wald** 男 高木林. **=wasser** 中 高潮; 洪水; 満潮. ◆ 〜 führen (河川が)氾濫する. 〜 haben〈話・戯〉つんつるてんのズボンをはいている. **=stand** 男 高水位.

hochwertig 形 価値の高い, 栄養に富んだ.

Hoch-wild 中〖集合的〗〖狩〗大物猟獣. **würden** 女 ◆ Euer ⟨Eure⟩ 〜! (聖職者に対する呼称) 師よ, 閣下(ﾞ). **=zahl** 女〖数〗指数.

Hochzeit [ホッホツァイト] 女 ⟨/-en⟩ (⇔ wedding) 結婚式, 結婚披露宴. ◆ auf allen 〜en tanzen〈話〉どこへでも顔を出す. goldene 〜 金婚式(50年目). grüne 〜 婚礼の当日. nicht auf zwei 〜en tanzen können〈話〉二つのことは同時にはできない. silberne 〜 銀婚式(25年目). **hochzeitlich** 形 結婚式〈婚礼〉の.

Hohlspiegel

[関連語] Polterabend 陽 婚礼前夜のパーティー； Standesamtliche Trauung 囡 戸籍役場での結婚式； Familienbuch 匣 戸籍簿； Kirchliche Trauung 囡 教会での結婚式； Zeuge 陽 立会人； Eid 陽 誓い； Silberhochzeit 囡 銀婚式； Goldene Hochzeit 囡 金婚式

Hochzeits|feier 囡 結婚式，婚礼．**-mahl** 匣 婚礼の祝宴．**-nacht** 囡 新婚初夜．**-reise** 囡 新婚旅行，ハネムーン．**-tag** 陽 結婚式の日．
hóchziehen* 他 引き上げる；《話》(飛行機を) 急上昇させる；《話》(堀などを) 高く築く；(人を) からかう．
Hócke 囡 《-/-n》 (穀物などの) 刈り束の山，いなむら；かがんだ姿勢．
hócken 自 ❶ 《s》 しゃがむ，うずくまる；《話》(同じ場所に) 居続ける；(ぼんやり時を過ごす；《s》《体操》かがみ跳びをする．❷ 再 《*sich*》 しゃがむ；腰をおろす．
Hócker 陽 《-s/-》 (ひじ掛け・背もたれのない) いす，腰掛け，スツール．
Höcker 陽 《-s/-》 (ラクダなどの) こぶ；突起；隆起．**höckerig** 形 こぶ (隆起) のある；でこぼこした．
Hóckey 匣 《-s/》 《スポ》ホッケー．
Hóden 陽 《-s/-》 《解》睾丸(訟)，精巣．**-sack** 陽 《解》陰嚢(訟)．
Hof [ホーフ] 陽 《-［e］s/Höfe》 (囲 Höfchen) (中) 中庭，庭，サービスヤード；(囲 farm) (屋敷・納屋などを含む) 農家の屋敷；農場；(囲 court) (皇帝・諸侯などの) 宮廷；(集合的) 宮廷人，廷臣団；《気》暈(ミ)．♦ *den ~ machen* 《j³》 (女性の) ご機嫌を取る．*~ halten* (王侯が) 居を構える，宮廷生活をする．**-dame** 囡 女官．
hof|fähig 形 参内資格のある；人前に出られる，きちんとした．
Hóffart 囡 《-/》 《雅》傲慢(莎)，不遜(芝)，思い上がり．**hoffärtig** 形
hóffen [ホッフェン] 動 《hoffte; gehofft》 ❶ 他 《囲 hope》 他 ある，(…の) 実現を願う，望む，(…であればよいと) 思う．❷ 自 《*auf j-et¹*》 (…の) 援助・実現を当てにする，希望する，期待する．希望を抱く．
hóffentlich [ホッフェントリヒ] 副 望むらくは，願わくば…だとよいが．
Hoffmann Ernst Theodor Amadeus, ホフマン (1776-1822；ドイツロマン派の詩人・小説家・作曲家)．
Hóffnung [ホフヌング] 囡 《-/-en》 (囲 hope) 希望，期待，望み，見込み；期待される人 (物)．♦ *guter ~ sein* / *in ［der］ ~ sein* 《雅》妊娠している．*in die ~ kommen* 《婉曲》妊娠する．
hóffnungslos 形 希望・見込みのない，絶望的な；《話》どうしようもない．**Hoffnungslosigkeit** 囡
Hóffnungs-schimmer 陽 かすかな望み．**-strahl** 陽 希望の光．
hóffnungsvoll 形 希望 (期待) に満ちた；(前途の) 有望な．
hóffte ⇨ **hoffen**
Hófgang 陽 (囚人たちの) 中庭での散歩．
hófhalten* 自 ⇨ **Hof** ♦
Hófhund 陽 (農家などの) 番犬．
hofíeren 自 (人の) ご機嫌を取る，(人に) こびる．

hǿfisch 宮廷［ふう］の．
hǿflich [ヘーフリヒ] 形 (囲 polite) 丁寧な，礼儀正しい；エチケットをわきまえた．
Hǿflichkeit 囡 《-/-en》 丁寧な態度，(正しい) 礼儀作法；社交辞礼，お世辞，あいさつ．*~s-*besuch 儀礼的訪問．
Hǿfling 陽 《-s/-e》 廷臣，宮内官；《蔑》佞臣(綜)．
Hofmannsthal Hugo von, ホーフマンスタール (1874-1929；オーストリアの詩人)．
Hof|narr 陽 宮廷道化師．**-staat** 陽 (集合的) 廷臣．**-theater** 匣 宮廷 (王立) 劇場．**-tor** 匣 中庭へ通じる門．
hoh.. ⇨ **hoch**
Hǿhe [ヘーエ] 囡 《-/-n》 (囲 height) 高さ，標高；上方，上空；高所；高台，丘，丘陵；頂上 (程度の高さ，大きさ，度合い，水準，レベル)；頂点，極限；全盛期；頂上 (価値・身分などの) 高さ；《雅》垂線，高さ；《地学》頂格；天国．♦ *auf der ~ sein* 時代の先端にいる．《話》(体の) 調子がよい．*Das ist ja (doch) die ~!* 《話》とんでもない．*in die ~ fahren gehen kommen…* となる，激高する．*nicht ganz; auf der ~ sein* 体調 (健康) がすぐれない．
Hóheit 囡 《-/-en》 (国家) 主権，統治 (支配) 権；崇高 (荘重)，気高さ，気高さ；王家 (王族) の一員 (王族の敬称で) 殿下．*~s*-**gebiet** 匣 主権領域，領土．*~s*-**gewässer** 匣 領海．
hóheitsvoll 形 威厳に満ちた；尊大な．
Hóheitszeichen 匣 主権標章，国章 (紋章・国旗など)．
Hóhe-lied 匣 《聖》雅歌；《雅》賛歌．
Hóhen|-flosse 囡 《空》水平尾翼 (安定板)．**-flug** 陽 《空》高空飛行；時期的高揚．**-krankheit** 囡 高山病．**-leitwerk** 匣 《空》昇降舵．**-linie** 囡 等高線．**-messer** 陽 高度計．**-rauch** 陽 もや，かすみ．**-rausch** 陽 《医》(酸欠から) 高所多幸感；有頂天．**-schwindel** 陽 高所めまい．**-strahlung** 囡 宇宙線．
Hohenzóllern (der ~) ホーエンツォレルン (ドイツ Tübingen の南方，Zoller 山上の城)．
Hǿhenzug 陽 丘の連なり，連山．
Hǿhepunkt [ヘーエプンクト] 陽 《-［e］s/-e》 (囲 peak) 頂点，最高潮，クライマックス，絶頂．
hǿher ⇨ **hoch**
hohl [ホール] 形 (囲 hollow) 空(ミ)の，空洞のある；空虚な，内容のない；へこんだ，凹面の；(音・声などが) うつろな．
Hǿhle [ヘーレ] 囡 《-/-n》 (囲 cave) ほら穴，洞窟，洞穴；(動の) 巣穴；《話》みすぼらしい住居；ねぐら；眼窩(ボ)．♦ *sich⁴ in die ~ des Löwen begeben wagen* / *in die ~ des Löwen gehen* 《戯》虎穴(ネ゚) に入る．思い切ってやってみる；避けたい人物にあえて近づく．
hǿhlen 他 くぼめる，うつろにする．
Hóhlheit 囡 《-/》 中空；空虚，浅薄．
Hohl|-kopf 陽 《蔑》ばか，うつけ者，ばか．**-körper** 陽 中空体．**-kugel** 囡 中空の球．**-maß** 匣 容量，容積；《単位》容量計．升．**-saum** 陽 へムステッチ，糸抜きかがり飾り．**-spiegel** 陽 凹

Hohltier

面鏡. **=tier** 図 腔腸(ネネミネネ)動物.
Höhlung 図 (-/-en) 空洞, 凹み;くぼむこと.
Hohl|vene 田 大静脈. **=weg** 男 切り通し, 谷あいの道.
Hohn 男 (-[e]s/-) あざけり, 嘲笑(ひと). ◆ *Das ist der blanke ⟨reine, reinste⟩* ~. それはまったくばかげている. ~ *sprechen* (*j-et³*) (…を)ないがしろにする, 無視する.
höhnen 圄 あざける.
Hohngelächter 田 嘲笑(タミネ).
höhnisch 囲 あざけるような, ばかにした.
hohn|lächelnd, =lachend 囲《雅》嘲笑うように, ばかにしたように. **|sprechen*** ⇒ Hohn ◆
hoho 囲 へえ(意外・拒否の声).
hoi おや(驚嘆・批判の声).
Hokuspokus 男 (-/-) (魔法などの呪文で)チチンプイプイ; 魔術, 手品; いんちき, まやかし, ぺてん;《話》いたずら; がらくた. ◆ ~ *Fidibus* ⟨*dreimal schwarzer Kater*⟩ チチンプイプイ. ~ *verschwindibus!* チチンプイプイ消えてなくなれ(消すときの口調めいた呪文).
Holbein Hans, ホルバイン(1497和-1543; ドイツルネサンスの大画家).
hold [ホルト] 囲《雅》優美な, 愛くるしい; (*j-et³*) (…に)好意を寄せている.
Hölderlin Friedrich, ヘルダーリン(1770-1843; ドイツの詩人).
hold=selig 囲《雅》とても愛くるしい, 優美な.
Holding 図 (-/-s), **=gesellschaft** 図 持株会社.
holen [ホーレン] (holte; geholt) 囮 ❶ (et wood) (…を取りに行って)持ってくる, 取って⟨買って⟩くる, 取りに⟨買いに⟩いく, (人を)迎えに⟨呼んで⟩くる; 連れに⟨呼びに⟩いく. ❷ (*sich³* ~) 受ける, 手に入れる, 勝ち取る(= 不快なことなどを)招き寄せる. (病気に)かかる. ❸ (息を)吸う;《海》(帆・網を)たぐる;《ジ》追いつく. ◆ *Da* ⟨*Bei ihm*⟩ *ist nichts* ⟨*nicht viel*⟩ *zu* ~.《話》あそこ⟨彼のところ⟩にはろくなものはない.
holistisch 囲 全体論の⟨的な⟩.
holla おっ, 驚いた.
Holland オランダ ⟨王国⟩(die Niederlande の通称); ホラント(オランダ中部の州). ◆ *Jetzt ist* ~ *in Not* 今や窮地に陥っている. ことは救援が必要だ.
Holländer 男 (-s/-) (⇒ **-in**) ❶ オランダ人;(子供用の)四輪車. ❷ 囲《無変化》オランダの, **holländisch** 囲 オランダ⟨人, 語⟩の.
Holle ◆ *Frau* ~ ホレおばさん(ドイツの伝説や童話に登場する女性); Frau ~ schüttelt die Betten [aus]. 雪が降る.
Hölle [ヘレ] 図 (-/-n) ❶ 囲 hell) 地獄, 奈落;(地獄のような)苦しみ, 災難. ◆ *das Leben zur* ~ *machen* (*j³*) (人に)地獄の苦しみを味わわせる. *die* ~ *auf Erden haben* 生き地獄にいる; 極めて不幸な生活を送る. *die* ~ *heiß machen* 《話》(*j³*) (人を)さんざん苦しめる, 責めたてる. *Die* ~ *ist los.* 大騒ぎである;ひどい嵐である. *Zur* ~ *mit j-et³!* (…なんか)地獄へ落ちろ, 消えてなくなれ. *zur* ~ *wünschen*

《雅》(人を)のろう. **Höllen..**「地獄の…;《話》非常な…, 極度の…」の意.
Höllen=angst 図《話》極度の恐怖(不安). **=lärm** 男《話》大騒ぎ. **=maschine** 図 時限爆弾;《話》大騒音を発する機械. **=qual** 図《話》地獄の苦しみ. **=stein** 男 《話》硝酸銀, 硝酸銀.
höllisch 囲 地獄の⟨ような⟩;《話》とんでもない;《話》ものすごい.
Holm 男 (-[e]s/-e) ❶ (はしごの)親柱;(飛行機の)翼桁(たまた);《話》《体操》平行棒のバー. ❷《北部》小島;小さな半島, 岬(ぎ)[?].
Holmium 圄 (-s/) ホルミウム(元素名: 記号 Ho).
Holocaust 男 (-[s]/-s) ホロコースト(特にナチスドイツによるユダヤ人の大量虐殺); 大量殺人.
Holo=graphie, =grafie 図 (-/-n) 《光》ホログラフィー. **=gramm** 圄 (-s/-e) 《光》ホログラム, 立体写真.
hol[e]rig 囲 (道などが)でこぼこの; (文章・口調などが)粗い, たどたどしい.
holpern 圄 (s)(乗り物が)がたがた走る; (人が)よろめきながら歩く;(乗り物が)がたがたする; つえをついて読む⟨話す⟩.
holte ⇒ holen
holterdiepolter 囲 慌てて, どしどし, ⟨石などが⟩どろどろと.
Holz [ホルツ] 圄 (-es/Hölzer) (⇨ Hölzchen) (囲 wood) 木材, 木材, 用材, まき(新), たきぎ;木;木製; オーケストラの木管[楽器];《方》森. ◆ *aus dem gleichen* ⟨*aus anderem*⟩ ~ *[geschnitzt] sein* 同じ気質⟨異質⟩のものである. *aus dem* ~ *sein, aus dem man et¹ macht.* [某は]…にうってつけの素質がある. *aus feinem* ⟨*feinerem*⟩ ~ *[geschnitzt] sein* 生まれつき繊細である. *aus hartem* ⟨*härterem*⟩ ~ *[geschnitzt] sein* 生まれつき強靭(ち)である. ◆ *auf sich³ hacken lassen* (人がよって)なんでも我慢してしまう. ~ *in den Wald tragen* むだなことをする. ~ *sägen* ⟨《話》*schneiden*⟩《話》いびきをかく. ~ *vor sein* 木石ではない. *viel* ~ [*sein*] 多すぎる. [*viel*] ~ *vor der Hütte* ⟨*dem Haus, der Tür*⟩ *haben*《話》⟨戯⟩胸が大きい. *wie ein Stück* ~ *dastehen*(黙りこくって)ぽけっと木偶のように突っ立っている.
Holzapfel 男 ヤマリンゴ(の果実).
holzartig 囲 木材のような; 木質の.
Holz=bau 男 木造建築物;木造. **=bearbeitung** 図 木材加工, 木工. **=blasinstrument** 圄 木管楽器.
Hölzchen (→ Holz) 圄 (-s/-) 小木片; マッチ. ◆ *vom* ~ *aufs Stöckchen kommen*《話》話題からそれる.
holzen 圄 木を伐採する; まきを割る; 《ジ》ラフプレーをする.
Hölzer ⇒ Holz
hölzern 囲 (囲 wooden) 木製の; (動作・表現などが)ぎこちない, 硬い, 不器用な.
Holz=essig 男 木酢. **=fäller** 男 きこり. **=faser** 図 木質繊維. **=gas** 圄 木ガス. **=hacker** 男 きこり;《ジ》ラフプレーヤー. **=hammer** 男 木づち. ◆ *eins mit dem* ~ *abgekriegt haben*《話》頭がいかれている(悪い). *mit dem* ~ *beibringen* (*j³ et¹*) (人に…)を手厳しく教える.

=**hammermethode** [女] 強引な〈荒っぽい〉やり方; 詰め込み教育. =**handel** [男] 材木売買〈取引〉.

holzig [形] (木のように)堅い, かめない; 木質の; (野菜などが)繊維質の.

Holz=klotz [男] 丸太; 積み木; 武骨者. =**kohle** [女] 木炭. =**platz** [男] 木材置き場. =**schlag** [男] 伐採〔地〕. =**schnitt** [男] 木版彫刻; 木版画.

holzschnitt=artig [形] 木版画ふうの; 粗削りの, 大ざっぱな.

Holz=schnitzer [男] 木彫家. =**schnitzerei** [女] 木彫; 木彫〔作品〕. =**schuh** [男] 木靴. =**span** [男] 木くず, かんなくず. =**stich** [男] 木版彫刻; 木版画, 木版刷り. =**stoff** [男] 砕木パルプ; 木質素. =**stoß** [男] まき(薪)の山. =**taube** [女] 〖鳥〗モリバト.

Holzung [女] 《-/-en》 伐採; 樹林.

Holz=verkleidung [女] 〖建〗 板張り; 羽目板. =**weg** [男] ✦ *auf dem* ~ *sein* / *sich*^{4} *auf dem* ~ *befinden* 思い違いをしている. =**wolle** [女] (パッキング用の)木毛. =**wurm** [男] 木食い虫(木材の害虫の総称).

Homburg [男] 《-s/-s》 (der ~)ホンブルク帽(中折帽の一種). ✦ ***Bad*** ~ バートホムブルク(Hessen 州にある湯治場).

Homepage [女] 《-/-s》 〖ｺﾝﾋﾟｭｰﾀ〗 (インターネットなどの)ホームページ.

Homer ホメロス(古代ギリシャの詩人;『イリアス』『オデュッセイア』の作者).

homerisch [形] ホメロス〔ふう〕の. ✦ *ein* ~*es Gelächter* 大笑い.

Homo [男] ❶ 《-[s]/..mines》 人間. ❷ 《-s/-s》 《話》 同性愛者, ホモ. **homo..**, **Homo..** 「同じ…, 同種の…」の意.

Homoerotiker [男] 《-s/-》, **Homoerot** [男] 《-en/-en》= Homosexuelle.

Homofonie = Homophonie. **homofon** = homophon.

homogen [形] 同種の〔ものからなる〕, 同質〈均質〉の. **homogenisieren** [他] 均質化する. **Homogenität** [女] 《-/》 均質性, 同種性.

homonym [形] 〖言〗 同音異義の.

Homöopathie [女] 《-/》 〖医〗 同種療法, ホメオパシー(発病原因の薬を少量投与する).

homophob [形] 同性愛ぎらいの. **Homophobie** [女] 《-/》 同性愛に対する病的な嫌悪.

Homophonie [女] 《-/》 〖楽〗 ホモフォニー. **homophon** [形] ホモフォニーの.

Homosexualität [女] 《-/》 同性愛. **homosexuell** [形] 同性愛の, ホモの. **Homosexuelle**〔**r**〕 [男] [女] 《形容詞変化》 (特に男性の)同性愛者.

homozygot [形] 〖遺伝〗 (遺伝子が)同型〈ホモ〉接合の. **Homozygote** [女] 《-/-n》 〖遺伝〗 (遺伝子の)同型〈ホモ〉接合体.

Honduras ホンジュラス(中央アメリカの共和国; 首都テグシガルパ).

Honecker Erich, ホーネッカー(1912–1994; 旧東ドイツ最後の国家評議会議長).

Honig [ホーニヒ] [男] 《-s/ 種類-e》 ([英] honey)はちみつ; 甘美なもの; 甘言. ✦ ~ *um den Bart* 〈*um den Mund, ums Maul*〉 *schmieren* 《話》《j^3》 (人に)おべっかを使う, ごまをする. =**biene** [女] 〖虫〗ミツバチ. =**kuchen** [男] 蜂蜜入りケーキ. =**kuchenpferd** [中] ✦ *wie ein* ~ *lachen* 〈*grinsen, strahlen*〉 《話》 満面に笑みを浮かべる. =**lecken** [中] ✦ *kein* ~ *sein* 楽な〈楽しい〉ことではない.

honigsüß [形] 蜜のように〈非常に〉甘い; 妙になれなれしい.

Honorar [ホノラール] [中] 《-s/-e》 ([英] fee)(医者・弁護士・作家など自由業の人に対する)謝礼, 報酬; 著作権使用料.

honorarfrei [形] 謝礼なしの, 無報酬の.

Honoratioren [複] 《雅》 (町の)名士連, 有力者たち.

honorieren [他] 《j^4 〔**für** et^4〕》 (医師・弁護士などに〔…の〕)謝礼〈報酬〉を払う; (仕事などに〔謝礼・報酬を〕)支払う; (功績などに〔…で〕)報いる, ねぎらう; 〖商〗 (手形・小切手を)引き受ける, 支払う.

honorig [形] 尊敬すべき; 信頼できる.

Hooligan [男] 《-s/-s》 フーリガン(スタジアムなどで暴れる不良サッカーファン).

Hopfen [男] 《-s/-》 〖植〗 ホップ. ✦ ***Bei*** 〈***An***〉 ***ihm ist*** ~ ***und Malz verloren.*** 彼はどうにも救いようのない男だ.

hopp [間] それっ(激励・催促の声).

hoppeln [自] (s)ぴょんぴょん跳ねて行く; (車などが)がたがた走る.

hoppla [間] おっと(注意の声).

hops [間] ぴょん(跳躍を促す声); [副] たちまち. **Hops** [男] 《-es/-e》 (小さな)跳躍.

hopsa [間] 《幼児》 ひょい(跳躍を促す・勢いよく抱き上げる掛け声).

hopsen [自] (s)ぴょんぴょん跳ねて行く. ✦ *Das ist gehopst wie gesprungen.* 《話》 どっちだって同じことだ.

hops|gehen* [自] (s) 《話》 壊れる, 死ぬ; なくなる; 現行犯でつかまる.

Hora [女] 《-/..ren》 〖ｶﾄﾘｯｸ〗 (聖務日課の)時課.

Hör=apparat [男] 補聴器.

hörbar [形] 聞き取れる, 聞こえる.

Hörbehinderte〔**r**〕 [男] [女] 《形容詞変化》 聴覚障害者.

horchen [自] ([英] listen)聞き耳を立てる, 盗み聞きする; 注意深く聞く; 《方》 《**auf** j^4》 (人の)言いつけに従う.

Horcher [男] 《-s/-》 ([女] **-in**)立ち聞き〈盗み聞き〉する人.

Horchgerät [中] 〖軍〗 聴音機.

Horde [女] 《-/-n》 (ジャガイモ・果物・野菜の)保存用すのこ棚; (家畜の)檻(おり); (暴徒・不良などの)群れ, 集団, グループ; 〖社・民族〗 原始集団.

Hordein [中] 《-s/》 〖生化〗 ホルデイン(大麦に含まれる単純蛋白(たんぱく)質の一種).

hören [ヘーレン] 《hörte; gehört》 I [他] ❶ ([英] hear)(…〔の声・足音など〕が)聞こえる; 《j^4 + zu のない不定詞句》 (人が…するのが)聞こえる. ❷ ([英] listen)聞く, 傾聴する, 耳を傾ける; (人の)言い分〈意見, 話〉を聞く. ❸ 伝え聞く, 聞き知る; 《**von** j-et^3 〈**über** j-et^4〉 et^4》 (…について…を)耳にする, 聞く; 《et^4 **an** et^3》 (…を…で)聞き分ける. II [自] 耳が聞こえる; 《**von** et^3》 伝え聞く, 聞き知る; 《**von** j^3》 (人の)消息を聞く〈知る〉; 《**auf** j-et^4》 (…を)耳を澄まして聞く; (…の)言うことを聞く, (…に)従う. ✦ *Das lässt sich* ~. それは聞くに値する.

H

〔*etwas* 〈*nichts*〉〕 *von sich*^{3} ～ *lassen* 便りを出す〈よこさない〉. *etwas von j*^{3} *zu* ～ *kriegen* 〈*bekommen*〉《話》(人から)しかられる. *Hör mal!* / *Hören Sie mal!* 《話》(話を切り出すとき)あのね, まあ話を聞いてよ; (異議を唱えるとき, しばしば na を伴って)ちょっと待ってくれ, 冗談じゃない. *Hört! Hört!*(議会で発言者への同意や皮肉・嘲笑(ちょう)などを表して)賛成, そのとおり; ごもっとも. *Man höre und staune!* 《話》聞いて驚くなよ. *Sie werden noch von mir* ～*.* これからもお便りします; 《反語》このままでは済まないぞ. *J*^{3} *vergeht Hören und Sehen.* 《話》(人が)意識を失う, ぼうっとする. *Wer nicht* ～ *will, muss fühlen.* 《諺》言って分からぬ者は体で覚えねばならぬ.

Hören [中]《-s/》聞くこと; 聴覚. =**sagen** [中] ✦ *vom* ～ (人から)聞いて.

Hörer [ヘーラー] [男]《-s/-》([女] **-in**) ❶ ([英] listener)聞き手; (講演会・音楽会などの)聴衆; (ラジオの)聴取者; (大学の)聴講生; 受講者. ❷ ([英] receiver)(電話の)受話器; ヘッド〈イヤ〉ホーン.

Hörerschaft [女]《-/-en》《集合的》聴衆; 聴取者.

Hör=**fehler** [男] 聞き間違い; 聴覚障害, 難聴. =**funk** [男] (テレビに対して)ラジオ放送. =**gerät** [中] 補聴器.

hörig [形]《j^3》(人の)とりこになって, 言いなりで. **Hörige[r]** [男][女]《形容詞変化》〔史〕農奴. **Hörigkeit** [女]《-/-en》隷属; 〔史〕農奴身分.

Horizont [ホリツォント] [男]《-[e]s/-e》([英] horizon)地平線, 水平線; 状況; (知識・関心などの)範囲, 限界, 視野. **horizontal** [形] 水平の, 横の. **Horizontale** [女]《-/-n; 形容詞変化》水平線; 水平.

Horizontalkonzern [男]〔経〕水平型コンツェルン.

Hormon [中]《-s/-e》〔生理〕ホルモン.

hormonal [形] ホルモンの〈による〉.

Hörmuschel [女](電話機の)受話口.

Horn [ホルン] [中] ❶《-[e]s/**Hörner**》([小] **Hörnchen**)([英] horn)角(つの); 触角; 角笛, ホルン; (車・列車の)警笛, クラクション; 角製〈角形〉の杯; (山・岬などの)先端, 突端; 鉄床(かなとこ)の突端; 《話》瘤(こぶ). ❷《-[e]s/-e》角質; 角質材料. ✦ *auf die Hörner nehmen* 《話》(人を)猛攻撃する. *den Stier bei den Hörnern fassen* 〈*packen*〉いやな事に敢然と取り組む. *die Hörner ab|laufen* 〈*ab|stoßen*〉《話》《*sich*^{3}》(経験を積んで)角(かど)が取れる, 分別がつく. *die Hörner zeigen* 〈*bieten*〉《話》《j^3》(人に)抵抗する; 立ち向かう. *Hörner auf|setzen* 《話》《j^3》(夫に)隠れて浮気する. *ins gleiche* 〈*in dasselbe*〉 ～ *blasen* 〈*stoßen, tuten*〉《話》《**mit** j^3》(人に)同調する.

hornartig [形] 角(つの)状の; 角質の.

Hornberger [形] ✦ *Et*^{1} *geht aus wie das* ～ *Schießen.* 《話》(…が)徒労に終わる.

Hornbrille [女] 角(つの)〈べっ甲〉縁の眼鏡.

Hörnchen [ヘルンヒェン] (→ Horn) [中]《-s/-》クロワッサン; 〔動〕リス.

Hörner ⇨ Horn

hörnern [形] 角質の; 角(つの)製の.

Hörnerv [男] 聴神経.

Hornhaut [女]〔表皮〕角質層; 胼胝(べんち), たこ; 角膜.

hornig [形] 角質の; 角(つの)のように硬い.

Hornisse [女]《-/-n》〔虫〕スズメバチ.

Hornist [男]《-en/-en》ホルン奏者.

Horn=**konzert** [中]〔楽〕ホルン協奏曲. =**krebs** [男]〔医〕カンクロイド, 類癌(がん), 表皮癌. =**ochse** [男]《話》大ばか者, とんま, まぬけ. =**vieh** [中] ❶ (牛・羊・ヤギなどの)角(つの)のある家畜. ❷《蔑》大ばか者, とんま.

Horoskop [中]《-s/-e》(占星術の)天球図, 十二宮図; 占星術, 星占い.

horrend [形] 法外な, 途方もない.

Hörrohr [中]〔医〕聴診器; (旧式のらっぱ形)補聴器.

Horror [男]《-s/》恐怖, 戦慄(せんりつ). =**film** [男] ホラー映画. =**video** [中] ホラービデオ.

Hörsaal [ヘーアザール] [男]《-[e]s/..säle》(大学の)大講義室, 階段教室; 聴講者.

Horsd'œuvre [オ〈ホ〉ルデーヴレ] [中]《-s/-s》〔料〕オードブル, 前菜.

Hörspiel [中] ラジオドラマ, 放送劇.

Horst ❶《男名》ホルスト. ❷ [男]《-es(-s)/-e》(高所にある猛禽(もうきん)類の)巣; 空軍基地; 〔地学〕ホルスト, 地塁; 叢林(そうりん).

horsten [自] (猛禽(もうきん)が)巣を作る.

Hort [男]《-[e]s/-e》学童保育所, 託児所; 《雅》牙城, 本拠; 避難所; 《雅》財宝.

hörte ⇨ hören

horten [他] (金銭・食料などを)多量に蓄える, ため込む.

Hortensie [女]《-/-n》〔植〕アジサイ.

Hortnerin [女]《-/-nen》保母.

Hortung [女]《-/-en》(お金・食料などを)蓄えること.

Hör=**vermögen** [中] 聴力. =**weite** [女] 声〈音〉の聞こえる範囲.

Höschen (→ Hose) [中]《-s/-》小さなズボン〈パンツ〉; (女性の)パンティー.

Hose [ホーゼ] [女]《-/-n》([小] **Höschen**) ([英] pants)ズボン, スラックス; (女性・子供用の)パンツ, ショーツ; 〔動〕(馬の)後足の筋肉; (ワシ・タカなどの)腿の羽. ✦ *die* ～*n* 〔*gestrichen*〕 *voll haben* 《話》おびえきっている. *die* ～*n runter|lassen* 《話》開き直る. *die* ～*n stramm|ziehen* 〈*spannen*〉《話》《j^3》(人の)おしりをひっぱたく. *die* ～*n voll kriegen* 《親しい間柄で》おしりをひっぱたかれる. *J*^{3} *fällt* 〈*rutscht*〉 *das Herz in die* ～*n.* (人が)恐ろしさで震え上がっている. 〔*gehörig*〕 *auf die* ～*n setzen* 《話》《*sich*^{4}》腰を据えて勉強〈仕事〉に取り組む. *J*^{3} *geht die* ～ *mit Grundeis.* 《話》(人が)おっかなびっくりになる. *J*^{2} ～*n sind voll.* 《俗》(人が)おじけづいている. *in die* ～*n gehen* 《話》失敗に終わる. *in die* ～〔*n*〕 *machen* 《話》おびえきっている. *in die* ～*n steigen* ズボンをはく. *in die* ～*n müssen* 《幼》《**mit** j^3》(人と)雌雄を決することになる. 〔*zu Hause* 〈*daheim*〉〕 *die* ～*n an|haben* 《話》夫をしりに敷いている.

Hosen=**anzug** [男] (女性の)パンツスーツ. =**bein** [中] ズボンの脚の部分. =**boden** [男] ズボンのしりの部分. ✦ *auf den* ～ *setzen* 《話》《*sich*^{4}》腰を据えて勉強〈仕事〉に取りかかる. *auf seinen* ～ *fallen*

しりもちをつく. ***den ~ stramm ziehen*** 〈***versohlen***〉《j^3》(人の)しりをたたく. ***den ~ voll kriegen*** (子どもが)しりをたたかれる. =**bund** [男] ズボンのウエスト. =**falte** [女] ズボンの折り目. =**klammer** [女] (自転車に乗るときなどの)ズボンのすそ止め用クリップ. =**rock** [男] キュロットスカート. =**rolle** [女] (女優の演じる)男役. =**scheißer** [男] 《蔑》おくびょう者; 心配性の人. =**schlitz** [男] ズボンの前明き. =**tasche** [女] ズボンのポケット. ♦ ***aus der linken ~ bezahlen*** 《話》《et^4》(…の)代金をはした金のように払う. ***wie seine ~ kennen*** 《話》(…を)熟知している. =**träger** [男] ズボンつり, サスペンダー.

Hospital [中] 《-s/-e, ..täler》 (小規模の)病院; 《古》養老院, 養護院. =**infektion** [女] 〔医〕院内感染.

Hospitant [男] 《-en/-en》 ([女] **-in**)(大学の)聴講生; (路線の近い党派の客員となっている)無所属議員.

hospitieren [自] 《**bei** j^3》(参観者・聴講生として人の)授業に出る.

Hospiz [中] 《-es/-e》 (末期患者のための)ホスピス; (キリスト教会の経営する)宿泊所.

Hostess ([旧] **Hosteß**) [女] 《-/..tessen》 (博覧会などの)女性コンパニオン; スチュワーデス; 接客業の女性; 《婉曲》売春婦.

Hostie [女] 《-/-n》 〔ｷﾘｽﾄ教〕ホスチア, 聖体(聖餐(せいさん)式のパン). **~n=behälter** [男] ホスチアの容器. **~n=schrein** [男] ホスチア用の聖櫃.

Hotel [ホテル] [中] 《-s/-s》 ([英] hotel)ホテル, 宿. =**führer** [男] ホテル案内〈ガイドブック〉. **Hotel garni** [中] 《--/-s-s》 ホテルガルニ(宿泊と朝食だけの簡素なホテル).

Hotelier [ホテリエー] [男] 《-s/-s》 ホテル経営者, ホテル業者.

hott [間] はい, それ(馬などを進ませる声). ♦ ***einmal ~ und einmal har*** 〈***hü***〉 ***sagen*** 《話》しょっちゅう言うことが変わる. **Hottehü** [中] 《-s/-s》 《幼児》お馬.

h.p. HP [記号] 馬力(< [英] *h*orse-*p*ower). **Hptst.** [略] *H*aupt*st*adt. **Hr.** [略] *H*er*r* …様, …氏. **HR** [略] *H*essischer *R*undfunk ヘッセン放送.

Hradschin (der ~)ラジーン(Prag の城, およびその市区).

Hrn. [略] *H*er*rn* …様. **hrsg.** [略] *h*e*r*au*s*-*g*egeben 編集された. **Hrsg.** [略] *H*e*r*au*s**g*eber. **Hs.** [略] *H*and*s*chrift.

Hsian 西安, シーアン(中国, 陝西省の省都).

Hss. [略] Handschriften.

hu [間] ひゃあ, うわっ(恐怖・驚きの声).

hü [間] どう, それ(馬などへの掛け声). ⇨ hott ♦

Hub [男] 《-[e]s/Hübe》 (クレーンなどによる)巻き上げ, 引き上げ; (気筒内の)ピストンの往復行程.

hüben [副] ♦ ***~ und*** 〈***wie***〉 ***drüben*** こちら側でもあちら側でも; 敵味方ともに.

..huber 《話・蔑》「…の男, …してばかりいる男」の意. **..huberei** 《話・蔑》「…を過度に追い求めること」の意.

Hubraum [男] (ピストンの)行程容積, エンジン排気量.

hübsch [ヒュプシュ] [形] ([英] pretty)きれいな, かわいい; 好感を与える, 見た目〈響き〉のよい; 《話》かなりの, 著しい; 《話・皮肉》けっこうな, ひどい.

Hubschrauber [男] 《-s/-》 〔空〕ヘリコプター. =**landeplatz** [男] ヘリポート.

Hubstapler [男] 《-s/-》 フォークリフト.

huch [間] うわっ(嫌悪・驚きの声).

Hucke [女] ♦ ***die ~ voll hauen*** 〈***lügen***〉 《j^3》(人を)さんざんなぐる〈だます〉. ***die ~ voll kriegen*** しこたまなぐられる.

huckepack [副] 《話》 ♦ ***~ machen*** 《**bei** 〈**mit**〉 j^3》(人に)背負われる. ***~ nehmen*** (…を)背負う. ***~ tragen*** (…を)背負って行く.

hudeln 《方》 ❶ [自] ぞんざいな〈いいかげんな〉仕事をする; 《ｽｲｽ》ぶらぶらしている. ❷ [他] (人を)いじめる; いいかげんにやる.

Huf [男] 《-[e]s/-e》 ひづめ.

Hufeisen [中] 蹄鉄(ていてつ)(幸福の象徴とも考えられる). **hufeisenförmig** [形] 馬蹄(ばてい)形の. **Hufeisenmagnet** [男] 馬蹄(ばてい)形磁石.

Huf=lattich [男] 〔植〕フキタンポポ(せき止め剤に用いる). =**schlag** [男] ひづめの音; ひづめでけること. =**schmied** [男] 装蹄(そうてい)〈蹄鉄〉工.

Hüftbein [中] 〔医〕腰骨.

Hüfte [ヒュフテ] [女] 《-/-n》 ([英] hip)腰, ヒップ; 〔料〕腰肉. =**gelenk** [中] 〔医〕股(こ)関節. =**gürtel** [男] 〔服〕ガーターベルト. =**halter** [男] 〔服〕ガードル.

Huf=tier [中] 〔動〕有蹄(ゆうてい)類.

hüftlahm [形] (股(こ)関節の障害で)腰のなえた.

Hüft=weh [中] 腰痛. =**weite** [女] 〔服〕腰回りの寸法, ヒップ.

Hügel [ヒューゲル] [男] 《-s/-》 ([英] hill) 丘, 丘陵; (土などを盛り上げた)小山; 《雅》塚, 墳丘. **hüg[e]lig** [形] 丘のある, 丘陵状の; 起伏の多い.

Hugenotte [男] 《-n/-n》 ユグノー派の人(フランスのカルヴァン派新教徒).

Hugo [フーゴ] 《男名》フーゴー.

Huhn [フーン] [中] 《-[e]s/**Hühner**》 ([小] **Hühnchen**) ❶ ([英] fowl)ニワトリ(鶏). ❷ ([英] hen)めんどり; 〔料〕鶏[肉]; 《話・蔑》やつ. ♦ ***Da lachen ja die Hühner!*** 《話》ばかなことをいうな. ***das ~, das goldene Eier legt, schlachten*** 大事なものを不用意になくしてしまう. ***ein Hühnchen zu rupfen haben*** 《話》《**mit** j^3》(人と)決着をつけなければならない. ***mit den Hühnern auf|stehen*** 〈***zu Bett gehen, schlafen gehen***〉 《戯》早起き〈早寝〉する.

Hühnchen (→ Huhn) [中] ♦ [***noch***] ***ein ~ zu rupfen haben*** 《話》《**mit** j^3》(人に)弁明を求めなければならない, (人と)話をつける必要がある.

Hühner=auge [中] 〔医〕魚の目, 鶏眼(けいがん). ♦ ***auf die ~n treten*** 《話》《j^3》(人の)痛い所を突く, (人を)侮辱する; (忘れないように人に)念を押す. =**brühe** [女] 〔料〕チキンスープ〈ブイヨン〉. =**ei** [中] 鶏卵. =**farm** [女] 養鶏場. =**fleisch** [中] 鶏肉, チキン. =**futter** [中] 鶏のえさ. =**habicht** [男] 〔鳥〕アオタカ. =**hof** [男] 鶏舎の運動場; 養鶏場. =**stall** [男] 鶏舎, 鶏小屋. =**suppe** [女] チキンスープ. =**vogel** [男] 〔鳥〕キジ類〔の鳥〕. =**zucht** [女] 養鶏.

huhu [間] [フーフ] おーい(遠くの人などに呼びかける声); [フフー] わっ(脅しの声).

hui [間] ひゅっ(素早さ; 風のざわめき); うわあ(驚き・喜びの声). ✦ ***Außen* ⟨*Oben*⟩ *~ und innen* ⟨*unten*⟩ *pfui.*** うわべはよいが中身はお粗末. ***im* ⟨*in einem*⟩ *Hui*** [話] あっという間に.

Huld [女] ⟪-/⟫ ⟪雅・皮肉⟫ 恩寵(おんちょう), (目下の者への)好意.

huldigen [自] ⟪j^3⟫ ⟪雅⟫ (人に)敬意を表する, 忠誠を誓う; ⟪雅⟫ ⟪et^3⟫ (…を)信奉する, (…に)熱中する. **Huldigung** [女] ⟪-/-en⟫ 敬意[のしるし]; 忠誠の誓い.

huld=reich, =voll [形] ⟪雅・皮肉⟫ 恵み深い.

hülfe ⇨ helfen

Hülle [ヒュレ] [女] ⟪-/-n⟫ ❶ ([英] cover) 覆い, カバー, ケース; 入れ物, 封筒. ❷ [話] (身に着けている)服; [植] 外被, 包被. ✦ ***die sterbliche* ⟨*irdische*⟩ *~*** [雅] 遺骸(いがい), なきがら. ***in ~ und Fülle*** / [雅] ***die ~ und Fülle*** 豊富に; ふんだんに.

hüllen [他] ([英] cover) ⟪*j-et*^{4} **in** *et*^{4}⟫ (…を…に入れて)包む, くるむ; ⟪*et*^{4} **um** *et*^{4}⟫ (…に…を)巻く; (スカーフなどを…に)かける.

Hülse [女] ⟪-/-n⟫ (小筒状の)ケース, サック, キャップ, カプセル; (豆などの)莢(さや).

~n=frucht [女] [植] 莢果(きょうか)(豆など).

human [形] 人道的な, 人間的な; 人情味のある; [医] 人間[特有]の.

Humanbiologie [女] 人間生物学.

Humanengineering ([英] **Human engineering**) [中] ⟪- -/⟫ 人間工学, ヒューマン=エンジニアリング.

Human=ethologie [女] 人間行動学. **=genetik** [女] 人間遺伝学. **=genetiker** [男] **humangenetisch** [形]

Humanismus [男] ⟪-/⟫ ([英] humanism) 人道⟨人間⟩主義, ヒューマニズム; (ルネサンス期の)人文主義. **Humanist** [男] ⟪-en/-en⟫ ([女] **-in**) 人道⟨人間⟩主義者, ヒューマニスト; (ルネサンス期の)人文主義者. **humanistisch** [形] 人道⟨人間⟩主義的な, ヒューマニズムの; 人文主義の. **humanitär** [形] 人道的な, 博愛主義的な, 慈善の. **Humanitas** [女] ⟪-/⟫ (完全な)人間らしさ, 人間性; 人間愛. **Humanität** [女] ⟪-/⟫ 人間性, 人倫, ヒューマニティー.

Humboldt Wilhelm von, フンボルト(1767-1835; ドイツの言語学者・政治家). **Humboldt-Universität** [女] フンボルト大学(ベルリン大学の後身).

Humbug [男] ⟪-s/⟫ [話] まやかし, いかさま; ナンセンス, ばかげたこと.

Hummel [女] ⟪-/-n⟫ [虫] マルハナバチ. ✦ ***eine wilde ~*** [戯] おてんば娘. ***~n im Hintern haben*** [俗] 落ち着きがない; じっとしていられない.

Hummer [男] ⟪-s/-⟫ [動] ロブスター.

Humor [男] [フモーア] ⟪-s/-e⟫ ([英] humor) ユーモア[の才], しゃれっ気, おかしさ; 明朗快活[な性格]; [方] [上]機嫌, 気分; ユーモアのある作品.

Humoreske [女] ⟪-/-n⟫ フモレスケ(ユーモアのある短い物語); [楽] ユーモレスク.

Humorist [男] ⟪-en/-en⟫ ([女] **-in**) ユーモア作家; コメディアン. **humoristisch** [形] ユーモラスな, ユーモアに富んだ.

humor=los [形] ユーモアのない. **=voll** [形] ユーモアに富んだ.

humpeln [自] (片足が不自由で)ぎこちなく歩く; [方] (車が)がたがた揺れて走る.

Humpen [男] ⟪-s/-⟫ (ふたのついた)ジョッキ.

Humus [男] ⟪-/⟫ [農] 腐植質[の土].

Hund [フント] [男] ⟪-es (-s) /-e⟫ ([小] **Hündchen**) ([女] **Hündin**) ([英] dog) [動] 犬; [話] やつ, 野郎; [蔑] 犬畜生; [坑] (鉱石運搬用の)トロッコ, 手押し車. ✦ ***auf den ~ bringen*** [話] (人を)破滅させる. ***auf den ~ kommen*** [話] やせ衰える; うらぶれる; 成り下がる. ***bekannt sein wie ein bunter* ⟨*scheckiger*⟩ *~*** [話] どこへ行っても知られている; 顔が広い. ***Da liegt der ~ begraben.*** [話] そこに問題の根源がある. ***Das kann* ⟨*muss*⟩ *sogar einen ~ jammern.*** [話] 実に悲惨だ. ***Den Letzten beißen die ~e.*** [諺] 最後の者が貧乏くじを引く. ***der Große* ⟨*Kleine*⟩ *~*** [天] 大犬(おおいぬ)⟨小犬(こいぬ)⟩座. ***ein dicker ~*** [話] 言語道断[のふるまい]; 大失策; やっかいなしろもの. ***~e, die* [*viel*] *bellen, beißen nicht.*** [諺] ほえる犬はかまぬ. ***mit allen ~en gehetzt sein*** [話] 海千山千である. ***keinen ~ hinter dem* ⟨*hinterm*⟩ *Ofen hervor|locken* ⟨*vom Ofen locken*⟩ [*können*]** [話] ⟪**mit** *j-et*^{3}⟫ (…では)他人の気を引くことはできない. ***müde wie ein ~ sein*** [話] くたくたに疲れている. ***schlafende ~e wecken*** (不用意に他人に気づかせて)みすみす自分の利を失う. ***Von ihm nimmt kein ~ ein Stück* ⟨*einen Bissen*⟩ *Brot mehr.*** [話] あいつはもうだれからも相手にされない. ***vor die ~e gehen*** [話] 破滅への道をたどる. ***wie einen ~ behandeln*** [話] (人を)人間扱いしない. ***wie ein ~ leben*** [話] みじめな暮らしをする. ***wie ein* [*junger*] *~ frieren*** [話] ものすごく寒い. ***wie ~ und Katze leben* ⟨*sein*⟩** [話] 犬猿の仲である.

hunde.., Hunde.. 「犬の…; [話] 非常に…, ひどく[悪い]…」の意.

Hundeabteil [中] (列車の)犬を連れて乗れる車室.

hunde=elend [形] [話] ひどくみじめな; (気分が)ひどく悪い.

Hunde=fänger [男] 野犬捕獲員. **=hütte** [女] 犬小屋; あばら屋.

hundekalt [形] [話] ひどく寒い.

Hunde=kälte [女] ⟪-/⟫ [話] ひどい寒さ. **=kampf** [男] (競技としての)闘犬. **=kot** [男] 犬の糞(ふん). **=kuchen** [男] ドッグビスケット(犬のえさ). **=leben** [中] [話] みじめな生活, 困窮. **=marke** [女] 犬の鑑札; [話] 兵士の認識票; 私服警官のバッジ.

hundemüde [形] [話] くたくたに疲れた, 疲労困憊した.

hundert [フンダァト] ⟪基数⟫ ⟪語尾変化なし⟫ ([英] hundred) 100; 多数の. ✦ ***auf ~ bringen*** [話] (人を)かっかさせる. ***auf ~ kommen* ⟨*sein*⟩** [話] かっかする⟨している⟩.

Hundert ❶ [中] ⟪-s/-e⟫ ⟪無変化で⟫ 100, 100個, 100人; [複] 数百, 多数. ❷ [女] ⟪-/-en⟫ (数字の)100.

Hunderter [男] ⟪-s/-⟫ [話] 100マルク

紙幣:100,100の位の数:100の倍数.
hụnderterlei 形《話》さまざまな種類の, 多種多様な.
hụndertfach 形 100倍の〈100重〉の.
Hụndertjahrfeier 囡 100年祭.
hụndert-jährig 形 100年を経た, 100年間の:100の歳の. **=mal** 副 100回に:100倍. **=malig** 形 100回の:100倍の.
Hụndertmarkschein 男 100マルク紙幣.
hụndertprozentig 形 100パーセントの; 完全な; 全くの.
Hụndertsatz 男 パーセンテージ, 百分率.
hụndertst《序数》100番目の. ◆ **vom Hundertsten ins Tausendste kommen**《話》ますます本題からずれる.
hụndertstel《分数》100分の1の.
Hụndertstel (ニ´男)《-s/-》100分の1.
hụnderttausend《基数》10万.
Hụnde-schnauze 囡 犬の鼻. **=steuer** 囡 畜犬税. **=wetter** 回《話》ひどい天気. **=zucht** 囡 犬の飼育〈調練〉.
Hụndin (→ Hund) 囡《-/-nen》雌犬.
hụndisch 形《雅》卑劣な; 卑劣な.
Hụndsfott 男《-[e]s/-e, ..fötter》《雅》無頼漢, ろくでなし.
hụnds-gemein 形《話》卑劣《下品》極まる; 非常な. **=miserabel** 形《話》ひどくみじめな, 悲惨な.
Hụnds-stern 男《天》シリウス, 天狼(ろう)星. **=tage** 複 盛夏, 真夏(7月下旬から8月下旬まで).
Hüne 男《-n/-n》大男, 巨人. **~n-grab** 囲《考古》巨石古墳.
hünenhaft 形 巨大な.
Hụnger 男 [フンガァ]《-s/》《 hunger》空腹, 空腹感, 飢え, ひもじさ; 飢餓; 食糧不足, 飢饉; 食欲, 渇望, 切望. ◆ **~ haben** 腹がへる. **~ ist der beste Koch.**《諺》空腹にまずいものなし. **Guten ~!**《話》たっぷり召し上がれ, いただきます. **=kur** 囡《医》飢餓療法. **=leider** 男《話》貧乏人, 貧困者. **=lohn** 男 ひどく安い賃金, 薄給.
hụngern [フンガァン]《hungerte; gehungert》❶ 飢える. 食糧不足に見舞われる; 絶食〈減食・ダイエット〉している. ❷ (非《Es hungert j⁴》(人が)空腹である; 《Es hungert j⁴ nach et³》(人が…を)渇望〈切望〉する. ❸ 《sich⁴》絶食して〈減食して〉…になる.
Hụngersnot 囡 飢饉(ʹ), 食糧難.
Hụngerstreik 男 ハンガーストライキ, ハンスト.
hụngerte ⇒ hungern
Hụnger-tod 男 餓死, 飢え死に. **=tuch** 回 ◆ **am ~ nagen**《話》飢えている; ひどく貧しい.
hụngrig [フングリヒ] 形《 hungry》空腹の, ひもじい, 食欲がある;《雅》《nach et³》(…を)渇望〈切望〉した. **..hụngrig**「…を欲しがる, …に飢えた」の意.
Hụnne 男《-n/-n》フン族(の人)(4-5世紀ヨーロッパを侵略). **Hụpe** 囡《-/-n》(自動車の)警笛, クラクション.

hụpen [フーペン]《hupte; gehupt》自 警笛を鳴らす.
hụpfen 自 (s, h)《 hop》ぴょんぴょん跳ぶ, はねる, 跳んで行く〈通る〉.
Hürde 囡《-/-》《 hurdle》《陸上・馬術》障害物, ハードル; (放牧地の移動可能な)牧柵(ポ); (牧権で囲った)牧場; (ジャガイモ・果物・野菜の)保存用すのこ 棚. ◆ **eine ~ nehmen** ハードルを跳び越える: 困難を克服する.
Hürden-lauf 男《陸上》ハードル競走. **=läufer** 男《陸上》障害物〈ハードル〉競走選手. **=rennen** 回《馬術》障害レース. **=sprint** 男《陸上》100・110・200メートルの)障害物(ハードル)競走.
Hure 囡《-/-n》売春婦; ふしだらな女.
hụren 自《俗》相手構わずセックスする.
Hụrensohn 男《俗》ろくでなし.
Hurerei 囡《-/-en》《俗》性的にだらしないこと.
hurra 間 わあっ, やったあ, 万歳, フレー. **Hurra** 回《-s/-s》万歳の声.
Hurra-patriot 男 盲目的愛国者. **=patriotismus** 男 盲目的愛国心.
Hurrikan 男《-[e]s/-e, -s》《気象》ハリケーン.
hụrtig 形《方》速い, 敏しょうな. **Hụrtigkeit** 囡《-/》敏しょう, 迅速.
Husar 男《-en/-en》(元来はハンガリーの)軽騎兵. **=en-streich** 男大胆不敵な行為.

husch 間 さっ, ひゅっ(素早さの形容); すれっ, しっしっ(せき立てる声). ◆ **im《in einem》~《 Husch》** あっという間に.
hụschen 自 (s)さっと通り過ぎる.
Hụsserl Edmund, フッサール(1859-1938):ドイツの哲学者で, 現象学の創始者).
Hussit 男《-en/-en》《史》フス派の信徒.
hụsteln 自 軽い咳を〈咳ばらい〉をする.
husten [フーステン]《hustete; gehustet》《 cough》咳(せき)をする; (風邪で)咳が出る; 咳き込んで…を吐き出す. ◆ **auf et⁴**《話》(…に)はなもひっかけない, (…を)まるで無視する. **[et] was ¬ eins**《話》《ʲ³》(人の)頬[ぺ]たにべなこく断る.
Husten 男《-s/-》咳(ʻ), (風邪による)ひどい咳. **=anfall** 男《医》咳(せき)の発作. **=bonbon** 回 咳(ʻ)止めドロップ(飴). **=mittel** 回 咳(ʻ)止め薬. **=reiz** 男 咳(ʻ)込むこと.
hụstete ⇒ husten
Husum 回 フーズム(ドイツ北部の都市).
Hut¹ 男《-[e]s 《-s》/Hüte》《 Hütchen》❶ (@ hat) (縁のある)帽子; (きのこの)かさ. ❷ 帽子状のもの(金ふた・屋根など). ◆ **an den ~ stecken können**《話》《sich³ et⁴》(…が)打ち捨てておく(どうでもいものので待っておいてよい). **aus dem ~ machen**《話》(…を)とっさに(あっさり)やってのける. **den ~ ziehen** 《 vor j-et³》(…に)敬意を表する. **ein alter ~**《話》陳腐なもの, 使い古し. **eins auf den ~ geben** 《ʲ³》(人を)厳しくしかる. **eins auf den ~ kriegen**《話》厳しくしかられる. **~ ab!**《話》脱帽(感服して). **nichts am ~ haben**

Hutablage 318

《話》《**mit** *j-et*³》(…とは)関係[した]くない. **unter einen ~ bringen**《話》(…を)調和〈協調〉させる. **unter einen ~ kommen**《話》調和〈協調〉する. Ⅱ 《ラ》《話》此奴(ど), 野郎; 世話; 注意. ♦ **auf der ~ sein**《**müssen**》《**bei**〈**vor**〉*j-et*³》(…に対して)用心する. **in guter**〈**sicherer**〉**~ sein / sich⁴ in guter**〈**sicherer**〉**~ befinden** 大事に守られている. **in seine ~ nehmen**(人を)保護する.
Hut=ablage 囡 帽子掛け.
Hüte ⇒ Hut
Hütehund 男 牧羊犬.
hüten[ヒューテン]《hütete, gehütet》他(® look after)(子供・動物などの)番をする;(物を)保管する;《*sich*⁴ *vor j-et*³》(…に)用心する, 気をつける. ♦ **wie seinen Augapfel ~**《雅》(…を)大事にする.
Hüter 男 《-s/-》(® -in)番人, 見張り.
hütete ⇒ hüten
Hut=futter 田 帽子の裏地. **=ge-schäft** 田 帽子店. **=krempe** 囡 帽子のつば. **=macher** 男 帽子屋(職人). **=schnur** 囡 帽子のひも. ♦ **Das geht mir über die ~!**《話》いうほどすぎる.
Hütte[ヒュッテ]囡《-/-n》(掘っ建て)小屋;山小屋, ヒュッテ;(ガラスの)工場. ♦ **Hier lasst uns ~ bauen.**《話》ここに泊まる〈留まる〉ことにしよう.
Hütten=arbeiter 男 精錬工, 鋳造工. **=kunde** 囡《-/》冶金学. **=werk** 田 (金属・ガラス・陶磁器の)工場.
hutzelig 《話》しおれがつた, しなびた.
Hutzel=männchen 田《-s/-》(夜中に仕事をかたづけてくれる)家の精の小人;《話》小柄なしわくちゃじいさん. **=weiblein** 田《-s/-》しわくちゃばあさん.
hutzlig = hutzelig.
Hyäne 囡《-/-n》《動》ハイエナ;《話》(残忍つ)強欲な人.
Hyazinthe 囡《-/-n》《植》ヒヤシンス.
hybrid 1 不遜(な)な, 傲慢(な)な. 2 雑種の; ハイブリッドの. **Hybride**《-/-n》《植》雑種.
Hybridrechner 男 《電》ハイブリッド(混成型)計算機.
Hybris 囡《-/》不遜(な)さ, 傲慢(な)さ.
Hydra 囡《-/..dren》《ギ神》ヒュドラ(9つの頭を持つ海蛇);《動》海蛇(な)類.
Hydrant 男《-en/-en》消火栓; 給水栓.
Hydrargyrum 田《-s/》《化》水銀(記号 Hg).
Hydrat 田《-[e]s/-e》《化》水化物.
Hydraulik 囡《-/》《理》水力学, 水理学;《工》水圧装置. **hydraulisch** 水力の, 油圧の.
Hydren ⇒ Hydra
hydrieren 他 水素と化合させる.
Hydrodynamik 囡《-/》流体動力学.
Hydrogenium 田《-s/》《化》水素(記号 H).
Hydrolyse 囡《-/-n》《化》加水分解.
Hydrotechnik 囡《-/》水利工学.
Hygiene 囡《-/》衛生学; 保健衛生; 清潔, 衛生. **hygienisch** 衛生学の; 衛生的な, 清潔な.
Hymen 男《-s/-》(古代ギリシャの)婚礼の歌.
Hymne 囡《-/-n》(® hymn)賛歌, 頌歌(た);《宗》賛美歌, 聖歌; 国歌. **hymnisch** 賛[美]歌の, 頌歌の.
hyper.., Hyper..「過度に…, 極度の…; 過剰な…」の意.
Hyperbel 囡《-/-n》《数》双曲線;《修辞》誇張法. **hyperbolisch** 《数》双曲線の;《修辞》誇張された.
Hyperinflation 囡《-/》超インフレ.
Hyperschall=flug 男 極超音速飛行. **=flugzeug** 田 極超音速機.
Hypnos[ヒュプノース]《ギ神》ヒュプノス(眠りの神, Nyx の息子). **Hypnose** 囡《-/-n》催眠状態, トランス. **Hypnotherapie** 囡 催眠[術]療法. **hypnotisch** 催眠[術]の; 催眠作用のある. **Hypnotiseur** 男《-s/-e》催眠術師. **hypnotisieren** 他(人に)催眠術をかける; 魅了する.
Hypochonder 男《-s/-》《医》心気症(ヒポコンデリー)患者. **Hypochondrie** 囡《-/-n》《医》心気症, ヒポコンデリー. **hypochondrisch** 同上.
Hypokrit 男《-en/-en》偽善者.
Hypostase 囡《-/-n》《哲》(概念の)実体化, 具象化;《言》独立品詞化;《遺》(遺伝子効果の)下位.
Hypotenuse 囡《-/-n》《数》(直角三角形の)斜辺.
Hypothek 囡《-/-en》《法》抵当権; 担保; 負い目. **hypothekarisch** 抵当[権]の.
Hypotheken=bank 囡《商》抵当(不動産)銀行. **=brief** 男《商》抵当証券. **hypothekenfrei** 抵当に入っていない.
Hypotheken=gläubiger 男 抵当権者. **=schuldner** 男 抵当権設定者.
Hypothese 囡《-/-n》仮説, 仮定, 推測. **hypothetisch** 仮説に基づいた; 仮定の.
Hysterie 囡《-/-n》ヒステリー. **hysterisch** 男 ヒステリー[性]の; ヒステリックな, ひどく感情的な(興奮した).
Hz《記号》《理》*Hertz*.

I, i 田《-/-》《字母》イー.
i 間 げえっ(不快・拒否の声).
i. 略 *im*; *in*; *innen*; *innerhalb*; *innerlich*; *intra*. Ⅰ《国籍符号》イタリア;《ローマ数字》1;《縮略形を作る》《愛称形を作る》(Mutti ~);《短縮形を作る》(Drogi 麻薬中毒者).
Ia[アインスアー]《話》とびきりの, 極上の(< eins a).
i.A. 略 *im Auftrag* 委任されて, 代理で.
..iade「…のような行為」「…の競技会」の意.
iah 間 ヒーン(ロバの鳴き声).
iahen 自(ロバが)ヒーンと鳴く.
i.Allg. 略(® **i.allg.**)= *im Allgemeinen* 一般に; 概して. **IAO** 略 *Internationale Arbeitsorganisation* 国際労働機関(® ILO). **i.B.** 略(® **i.b.**)= *im Besonderen* 特に.
..ibel 略 ..abel

Iberien イベリア(スペインの古称). **iberisch** [形] イベリア〔人〕の.
IBFG [略] *I*nternationaler *B*und *F*reier *G*ewerkschaften 国際自由労働組合連合, 国際自由労連.
Ibis [男] 《-ses/-se》〔鳥〕トキ.
IC [略] *I*nter*c*ityzug. **ICE** [略] Intercity-express (都市間超特急列車).
ich [イッヒ] 《人称代名詞;1人称単数1格: 2格 **meiner,**3格 **mir,**4格 **mich**; 所有代名詞 **mein**》([英] I)私, 僕. ✦ ***mir nichts, dir nichts*** 《話》いきなり; 突然. ***von mir aus*** 《話》ご随意に. **Ich** [中] 《-[s]/-[s]》自己, 自分自身; 自我;〔心〕エゴ.
ichbezogen [形] 自己中心的な.
Ich=form [女] (物語・小説などの)一人称形式. **=sucht** [女] 利己主義, エゴイズム. **ichsüchtig** [形]
Ichthyologie [女] 《-/》魚類学. **Ichthyosaurier** [男] 《-s/-》〔古生〕魚竜〔類〕, イクチオサウルス.
Icing [中] 《-[s]/-s》〔ｱｲｽﾎｯｹｰ〕アイシング(反則の一種).
IC-Zug [男] *I*ntercity-Zug. **i.d.** [略] *i*n *d*er. **..id** ⇨ ..oid
ide. [略] *i*ndo*e*uropäisch.
ideal [イデアール] [形] ([英] ideal)理想的な, 模範的な; 理念〈観念〉上の, 実在しない. **Ideal** [中] 《-s/-e》理想; 理想像, 模範.
Ideal=bild [中] 理想〈模範〉像. **=fall** [男] 理想的なケース〈場合〉.
idealisieren [他] 理想化〈美化〉する. **Idealisierung** [女] 《-/-en》
Idealismus [男] 《-/》理想主義; 観念論. **Idealist** [男] 《-en/-en》([女] **-in**)理想主義者; 観念論者. **idealistisch** [形] 理想主義の; 観念論の.
idealtypisch [形] 〔社〕理想〈理念〉型の. **Idealtypus** [男] 理念型.
Idee [イデー] [女] 《-/-n》([英] idea)考え; 観念; 思いつき, アイデア, 着想; 理念, イデー; (指導的)思想. ✦ ***eine fixe Idee*** 固定観念. ***eine ～*** ほんの少し. ***keine*** 〈***nicht die geringste, nicht die leiseste***〉 ***～ von et³ haben*** 《話》(…について)全然知らない; (…が)さっぱり分からない.
ideell [形] 精神的な; 理念〈思想〉的な.
ideen=arm [形] アイデアに乏しい.
Ideenklau [男] 《話》アイデア盗用.
ideenreich [形] アイデアに富む.
identifizieren [他] ([英] identify)(…の)身元〈出所〉を確認する, 同定する; 《*j-et*⁴ **mit** *j-et*³》(…を…と)同一視する; 《*sich*⁴ **mit** *j-et*³》…と一体化する; …に同感する.
Identifizierung [女] 《-/-en》確認, 同定; 一致; 同一視.
identisch [形] 同一の, 一致した.
Identität [女] 《-/》同一性, 本人〔そのもの〕であること, 身元, 正体, アイデンティティ. **～s=krise** [女] アイデンティティの危機. **～s=nachweis** [男] 身元証明. **～s=verlust** [男] アイデンティティーの喪失.
Ideologe [男] 《-n/-n》([女] **..gin**)イデオローグ(イデオロギーの理論家); 空論家.
Ideologem [中] 《-s/-e》思考の産物; (イデオロギーを構成する, 個々の)観念価値.
Ideologie [イデオロギー] [女] 《-/-n》イデオロギー, 観念体系, 価値観; 観念学; 空理空論. **ideologiefrei** [形] イデオロギーにとらわれない, イデオロギーを離れた.
ideologisch [形] イデオロギー〔上〕の.
ideu[r]. [略] *i*ndo*eu*ropäisch. **idg.** [略] *i*ndo*g*ermanisch.
Idiom [中] 《-s/-e》慣用語法; 成句, 熟語; (特定の地域・集団に固有の)特殊語; 方言. **idiomatisch** [形] 慣用句の.
Idiot [男] 《-en/-en》([女] **-in**)〔医〕白痴〔者〕; 《話》愚か者, あほう. **～en=hügel** [男] (スキーの)初心者用スロープ. **idiotensicher** [形] 《話》(器具などが)だれにでも扱える. **Idiotie** [女] 《-/-n》〔医〕白痴; 《話》ばかげた〈愚かな〉言動. **idiotisch** [形] 〔医〕白痴の; 《話》ばかげた, 愚かな.
Idol [男] 《-s/-e》偶像.
IdS [略] *I*nstitut für *d*eutsche *S*prache ドイツ語研究所.
i.Durchschn. [略] *i*m *Durchschn*itt 平均して, 概して〔言えば〕. **IDV** [略] *I*nternationaler *D*eutschlehrer*v*erband 国際ドイツ語教師連盟.
Idyll [中] 《-s/-e》(平和な)田園〈牧歌〉的情景〈生活〉. **Idylle** [女] 《-/-n》田園詩, 牧歌; 田園〈牧人〉画; = Idyll. **idyllisch** [形] 田園的な, 牧歌ふうの.
i.e. [略] すなわち(< *id est*). **i.-e.** [略] *i*ndo-*e*uropäisch. **I.E., IE** [略] *I*mmunisierungs*e*inheit 免疫単位; *I*nternationale *E*inheit (抗生物質などの)国際単位. **IEA** [略] *I*nternationale *E*nergie-*A*gentur 国際エネルギー機関.
..ier 《ふつう軽蔑》「…を所有〈担当〉している男性; …を特徴とする男性」の意. **..ieren** 動詞を作る. **..ierung** -ieren 型動詞の女性名詞を作る.
i.e.S. [略] *i*m *e*ngeren *S*inne 狭義では; *i*m *e*igentlichen *S*inne 本来の意味で〔は〕.
Ifor [女] 《-/》和平実施部隊, 平和実施軍.
..ig 「…のある; …のような; …する〔ような〕; …の」の意.
IG [略] *I*ndustrie*g*ewerkschaft; *I*nteressen*g*emeinschaft.
Igel [男] 《-s/-》〔動〕ハリネズミ; 《話》強情な人; 《戯》いがぐり頭.
igitt [間] 《方》うへー(不快・拒否の声).
..igkeit 「態, 性質」を表す.
Ignatius de Loyola, イグナティウス(14*91-1556; イエズス会の創立者*).
Ignorant [男] 《-en/-en》([女] **-in**)無知〈無学〉な人; 愚か者. **Ignoranz** [女] 《-/》無知, 無学; 愚鈍. **ignorieren** [他] ([英] ignore)無視する, わざと見過ごす, 黙殺する.
i.H. [略] *i*m *H*aus[e] (手紙のあて名で) …気付. **IH** [略] *I*nter*h*otel.
IHK [略] *I*ndustrie- und *H*andels*k*ammer 商工会議所.
ihm ⇨ er, es **ihn** ⇨ er **ihnen** ⇨ sie ②
Ihnen ⇨ Sie ②
ihr [イーア] **I** 《人称代名詞; 親称》❶ 《2人称複数1格: 2格 **euer**,3・4格 **euch**; 所有代名詞 **euer**》([英] you)君たち, おまえたち, あなたがた. ❷ 3人称女性単数 sie の3格. ⇨ sie **II** 《所有代名詞》([英] her)彼女の; それの; ([英] their)彼らの; それらの.
Ihr [イーア] 《所有代名詞》([英] your)あな

ihre 320

た[がた]の, 君[ら]の, お前[たち]の. ▶2 人称敬称の人称代名詞 Sie に対応.
ihre ⇒ ihr II **Ihre** ⇒ Ihr **ihrem** ⇒ ihr II **Ihrem** ⇒ Ihr **ihren** ⇒ ihr II **Ihren** ⇒ Ihr **ihrer** ⇒ sie, ihr II **Ihrer** ⇒ Sie, Ihr
ihrerseits 副 彼女の側[立場]で; 彼らの側[立場]で. **Ihrerseits** 副 あなた[がた]の側[立場]で.
ihres ⇒ ihr II **Ihres** ⇒ Ihr
ihresgleichen [指示代名詞; 無変化] 彼女(彼ら)と同様な人. **Ihresgleichen** [指示代名詞; 無変化] あなた[がた]と同様な人. **ihresteils** 副 = ihrerseits. **Ihresteils** 副 = Ihrerseits.
ihretwegen 副 彼女(彼ら)のために. **Ihretwegen** 副 あなた[がた]のために.
ihretwillen 副 (um ~)彼女(彼ら)のために. **Ihretwillen** 副 (um ~)あなた[がた]のために.
ihrige [所有代名詞] 彼女[がた]のもの.
Ihrige [所有代名詞] あなた[がた]のもの.
IHS 略 = ΙΗΣΟΥΣ イエス[キリスト] (Jesus のギリシャ文字の書法; またラテン語 *Iesus Hominum Salvator* の略);= I.H.S. **I.H.S.** 略 *in hoc salus* ここに救いあり. **i. h. s.** 略 *in hoc signo* この印によりて. **i.J.** 略 *im Jahre...* 年に.
-ik 略 『行為・性質; ある[学問]分野全体』の意.

Ikarus 男 (神) イカロス; (人工翼で)空を飛ぼうとする人.
-iker 略 『…を特徴とする人』の意.
Ikon 中 (-s/-e) 『電算』アイコン.
Ikone 女 (-/-n) 聖画像, イコン. **~n-malerei** 女 (-/-en) イコン〈聖画像〉制作[芸術].
ikr. 略 *isländische Krone* アイスランドクローナ. **IKRK** 略 *Internationales Komitee vom Roten Kreuz* 赤十字国際委員会. **i.L.** 略 *im Lichten* 内のり〈内側寸法〉で. **iL.** 略 『l- で始まる形容詞と』 でないの意. **IL** 『国際記号』 イスラエル.
ill. 略 *illustriert* 図版入りの.
illegal 形 違法の; 非合法の. **Illegalität** 女 (-/-en) 違法性; 違法行為.
illegitim 形 不法な, 不正な; 不当な.
Iller (die ~) イラー(Donau 川の支流).
illiquid 形 (-) 流動資金の欠乏で, 支払不能の. **Illiquidität** 女 (-/) 《商》 流動資金の不足, 支払不能.
Illumination 女 (-/-en) イルミネーション, 電飾; 写本彩飾. **illuminieren** 他 (-) 《文》 イルミネーション[写本]で飾る(写本を)彩飾する.

Illusion [イルズィオーン] 女 (-/-en) 幻想, 幻影, 妄想; 思い込み, 錯覚; [手品のトリック], [絵空事の, 非現実的な, 無駄な.
illusorisch 形 幻想(錯覚)の, 絵空事の, 非現実的な, 無駄な.
illuster 形 《雅》 優れた, 立派な; 著名な.
Illustration 女 (-/-en) イラスト, イラストレーション（挿絵・図解など）; [図表・資料による]説明, 解説. **Illustrator** 男 (-s/-en) (-in) イラストレーター, 挿絵画家. **illustrieren** 他 (-)（…に）挿絵を つける, 図解する; [実例・資料で]説明[解説]する 『付け合わせで飾る.
Illustrierte [イルストリーァテ] 女 (《形容》

詞変化) グラビア雑誌, 画報.
Iltis 男 (-ses/-se) 《動》 ケナガイタチ; ケナガイタチの毛皮.
i.m. 略 *intramuskulär* 筋肉内〈へ〉の.
I.M. 略 *Ihre Majestät* 女王〈皇后〉陛下; *Innere Mission* キリスト教社会事業団.
im < *in dem*. **im...** [m あるいは p で始まる前綴りで] 『…でない』の意.
Image 中 (-[s]/-s) 《人間や商品などの》 イメージ. **=hebung** 女 イメージアップ. **-pflege** 女 イメージ作り; イメージの保持. **-verlust** 男 イメージダウン.
imaginär 形 想像上の, 架空の; 《数》虚の: eine ~ *Zahl* 《数》虚数.
im Allg. (*im allg.*) 略 *im Allgemeinen* 一般に, 概して. **im Bes.** (*im bes.*) 略 *im Besonderen* 個別に, 個々に.
Imbiss 男 (-es/) 『=Imbiß 《》』 (..bisses/..bisse) 軽食, 間食, スナック; = Imbissstube. **-stube** 女 軽《簡易》食堂, スナック.
Imitat 中 (-[e]s/-e) 模造品, 模造物.
Imitation 女 (-/-en) 模倣; まね; 模造品, イミテーション. **imitieren** 他 《の》模倣する. まねる. 物まねする; 模造する.
Imker 男 (-s/-) (-in) 養蜂家家.
Imkerei 女 (-/-en) 養蜂[業]; 養蜂場.
immanent 形 内部にある; 内在的な.
Immanuel 男名 イマヌエール.
Immatrikulation 女 (-/-en) （大学の)学籍簿登録, 入学手続き. **immatrikulieren** 他 (人を)学籍簿に登録する, 入学させる.
Imme 女 (-/-n) 《方・雅》《虫》 ミツバチ.
immens 形 巨大な, 無限の.
immer [インマー] 副 ❶ 《語 *always*》 いつも, 常に, 絶えず; …のたびごとに, 毎回. ❷ 『比較級と』 ますます…, いよいよ…: [ふつう *auch* と] およそ…はすべて: たとえ…であろうとも: *Was* [*auch*] ~ *er sagt* 彼が何を言おうとも. ❸ 『話』 《数詞と》 …ずつ, …ごとに. ❹ 《*so* +副詞などで強めの意》《話》 たいそう, 大変に. ❺ 《話》 『命令文で』 [要求・催促・激励を表して] さあ, とにかく; [無関心を表して] *nur, schon, inzwischen* など] 勝手に, 構わず. ❻ 《話》 [疑問文で] いったい. ◆ *auf* ~ [*und ewig*] / *für* ~ いつまでも, 永久に. ~ *mal* 《話》 時折. ~ *mehr* ますます, いっそう. ~ *noch / noch* ~ 今なお, 依然として; 未だ; なんといっても, たしかに. ~ *und* ~ 『話』 いつも. [~ *und*] ~ *wieder* 繰り返して. ~ *während* 不断の, 持続的な. *nicht* ~ いつも…とは限らない, 必ずしも…ではなく. *schon* ~ 前々から. *wie* ~ いつものように, 例によって.
immer=dar 副 永久に. **=fort** 副 いつも, 絶えず.
immergrün 形 《evergreen》 常緑の. **Immergrün** 中 (-s/-e) 《植》 ツルニチニチソウ《属》.
immerhin [インマーヒン] 副 それでも, ともかく; 言うのは; 少なくとも; 《譲歩文で *mögen* と》 なんなら.
immer=während 形 ⇒ immer ◆ **=zu** 副 いつも, 絶えず.
Immigrant 男 (-en/-en) (-in) （国外からの）移住者. **Immigration** 女 (-

/-en)(他国からの)移住，移民，亡命．**immigrieren** [自](s)(他国から)移住〈移民，亡命〉する．

Immission [女]《-/-en》〔法〕インミシオン(近隣地域への悪臭〈騒音，煙〉などの侵入)．**~s=schutz** [男] 環境汚染防止．

immobil [形] 動かない，移動できない；〔軍〕動員されていない．

Immobilie [女]《-/-n》不動産，固定資産．**~n=firma** [女] 不動産会社．**~n=geschäft** [中] 不動産取引[業務]．**~n=gesellschaft** [女] 不動産会社．**~n=händler** [男]，**~n=makler** [男] 不動産[取引]業者．

immun [形]〔医〕免疫[性]の；〔法〕(不逮捕特権・治外法権など)不可侵特権のある．

Immun=abwehr [女]〔医〕(生体の)免疫防衛．**=chemiker** [男] 免疫化学者．

immun=chemisch [形] 免疫化学の．**=geschwächt** [形]〔医〕免疫不全の．

immunisieren [他]《*j*4 gegen *et*4》(人に…への)免疫を与える．**Immunität** [女]《-/》〔医〕免疫[性]；〔法〕不可侵特権(不逮捕特権・治外法権など)．

Immun=reaktion [女]〔医〕免疫反応．**=schwäche** [女]〔医〕免疫不全．**=schwächekrankheit** [女]〔医〕免疫不全疾患(エイズなど)．**=system** [中]〔医〕(生体の)免疫システム．**Imp.** [略] *Im*perativ; *Imp*erator.

imperativ [形] 命令〈強制〉的な；〔文法〕命令法の．**Imperativ** [男]《-s/-e》〔文法〕命令法；(倫理的な)要求，おきて．**imperativisch** [形] 命令〈強制〉的な；〔文法〕命令法の．

Imperfekt [中]《-s/-e》〔文法〕〔未完了〕過去．

Imperialismus [男]《-/》帝国主義．**imperialistisch** [形] 帝国主義的な．

Imperium [中]《-s/..rien》帝国．**..imperium**「…帝国」の意．

impertinent [形] 厚かましい，ずうずうしい．**Impertinenz** [女]《-/-en》厚かましさ，ずうずうしさ；厚かましい言動．

Impf=ausweis [男] 予防接種証明書．

impfen [イムプフェン]《impfte; geimpft》[他]〔医〕(人に)予防接種する；〔生〕(培地に)接種する；《*j*3 *et*4》(人に感情などを)吹き込む．♦ **~ *lassen*** 《*sich*4》予防接種をしてもらう．

Impf=pistole [女] ピストル型注射器．**=stoff** [男] ワクチン．

Impfung [女]《-/-en》〔医〕〔予防〕接種．

Impfzwang [男](法的な)強制接種．

Imponderabilien [複] 計り知れないもの；〔理〕不可量物．

imponieren [自]《*j*3》(人に)感銘を与える；畏敬(いけい)〈感嘆〉の念を起こさせる．**Imponiergehabe[n]** [中]〔動〕(他の雄を威嚇し雌の気を引く)威圧行動．

Import [イムポルト] [男]《-[e]s/-e》(英 import)輸入；輸入品．**Importeur** [インポルテーア] [男]《-s/-e》輸入業者．**importieren** [他] 輸入する．**Import=quote** [女] 輸入割り当て額．

imposant [形] 印象深い；堂々とした．

impotent [形]〔医〕性交不能の．**Impotenz** [女]《-/》〔医〕インポテンツ，性交不能．

imprägnieren [他](化学溶液を…に)染み込ませる，(…に)防水〈防腐〉加工する．

Impresario [男]《-s/-s, ..ri》(演劇・演奏会などの)興行主．

Impression [女]《-/-en》印象．

Impressionismus [男]《-/》印象主義，印象派．**Impressionist** [男]《-en/-en》(女 **-in**)印象主義〈印象派〉の芸術家．**impressionistisch** [形] 印象主義の，印象派の．

Impressum [中]《-s/..ssen》〔印〕(書物の)刊記(発行者名・発行年月日など)，奥付．

Improvisation [女]《-/-en》即興で作ること，アドリブ，即興演奏〈演技〉．**improvisieren** [動] 即興で行う〈作る〉，即興演奏〈演技〉をする，アドリブで演じる．

Impuls [男]《-es/-e》刺激；衝動；〔理〕インパルス；衝撃電流．**impulsiv** [形] 衝動的な；とっさの；一時の感情にかられた．

imstande [副] ⇨ Stand ♦

in [イン] I [前](英 in, into)《3格・4格支配》❶《場所》《3格・4格支配》…の中に〈で，へ〉．❷《時点・期限》《3格支配》…〔中〕に；…のうち〈間〉に，(今から)…後に：~ der Nacht 夜に｜~ einem Monat 1ヶ月後に．❸《限定・関係・状態》《3格・4格支配》…では，…について；…の状態で〈へ〉：~ dieser Sache この件について｜~ Frage kommen 問題になる．❹《3格支配》《方法》…の仕方で(~ dieser Weise このように)；《程度》…で，…に[おいて]；《衣服》…を身につけて(~ Anzug 背広を着て)；《単位》…につき(90km ~ der Stunde 時速90キロ)．❺《分割》《4格支配》…に：*et*4 ~ zwei teilen …を2つに分ける．♦ ***bis* ~ *et*4 [*hinein*]**(…)まで．***bis* ~ *die späte Nacht* [*hinein*]** 夜遅く〈深夜〉まで．**~ *vielem*** 多くの点で．II [形]《話》人気がある；(物事が)流行している．

In [記号] インジウム(元素名 < *In*dium)．**in.** [略] *In*ch. **in..**「…でない」の意．**..in**「女性…，雌…」の意．

inadäquat [形] 不適当な，不適切な．

inaktiv [形] 活動的でない；退職〈退役〉した；〔化〕不活性の．

In=angriffnahme [女](仕事・問題などへの)着手，取り組み．**=anspruchnahme** [女] 要求，利用，使用；行使；多忙．

Inbegriff [男] 典型，権化；総体．**inbegriffen** [形]《**in** *et*3》(…に)含まれた．

In=besitznahme [女] 占有．**=betriebnahme** [女] 運転〈操業〉開始．

Inbrunst [女]《-/》情熱，熱意．**inbrünstig** [形] 情熱的な，熱烈な．

Inc. [略] *inc*orporated 会社〈法人〉組織の．**I.N.C.** [略] *in n*omine *C*hristi キリストの御名において．**IND**《国籍符号》インド．**Ind.** [略] *Ind*ikativ; *Ind*ex; *Ind*ossament; *Ind*ustrie. **I.N.D.** [略] *in n*omine *D*ei〈*D*omini〉神〈主〉の御名において．

Indefinitpronomen [中]〔文法〕不定代名詞．

indem [インデーム] ❶ [接]《従属》《時間的》…している間に，…しながら；《手段》…することによって；…なので．❷ [副] そうこうするうちに．

Indentgeschäft [中]〔商〕(海外貿易の)買付委託取引．

I

Inder 男 《-s/-》 (囡 **-in**)インド人.
indessen, indes 副 そうこうするうちに；けれども；《時間》…している間に；…であるのに対し，…である一方.
Index 男 ❶ 《-[es]/-e, ..dizes》索引，見出し；目録． ❷ 《-[es]/-e》(教会などの)禁書目録． ❸ 《-[es]/..dizes》《数・経》指数；(辞書の見出し語などの)肩番号.
indexieren 他 (…に)索引(インデックス)をつける；囲 (利率などを) 指数化する.
Index-lohn 男 囲 (物価指数の変動に応じた) 指数賃金． **=währung** 囡 囲 指数本位[制].
Indianer 男 《-s/-》 (囡 **-in**)アメリカインディアン〈先住民〉；インディアン. **indianisch** 形 アメリカインディアン[語]の.
Indien [**インディェン**] インド.
indifferent 形 無関心の；無作用の. **Indifferenz** 囡 無関心.
Indigo 男 《-s/-s》インジゴ，藍(ぁぃ).
Indik (der ~) インド洋.
indikativ 形 《-s/-e》《文法》直説法の（圈 Ind.）. **indikativisch** 形 直説法の.
Indio 男 《-s/-s》インディオ (中南米に住むアメリカ先住民).
indirekt 形 間接の，間接的な.
indisch 形 インド[人，語]の.
indiskret 形 無思慮な；口の軽い，秘密を守れない. **Indiskretion** 囡 《-/-en》
indiskutabel 形 論じる価値のない，問題にならない.
indisponiert 形 体調が悪い，不調の.
Indium 男 《-s/》インジウム (元素名；略号 In).
individualisieren 他 個別化する，個別(個体，特殊)性を明らかにする. **Individualist** 男 《-en/-en》個人主義者. **individualistisch** 形 **Individualität** 囡 《-/-en》個性；個性のある人.
individuell 形 個人的な，個別的な，個々の；個性的な.
Individuum [**インディヴィードゥウム**] 男 《-s/..duen》個人，個体；《話・蔑》《怪しい》やつ，変な人.
Indiz 囲 《-es/-ien》《法》状況(間接)証拠；徴候.
Indizes ⇒ Index
Indizienbeweis 男 《法》状況(間接)証拠による証明[].
indizieren 他 指示する，示す；証明する；《医》(適切な処置・療法を) 指示する；(書物に)索引をつける. **indiziert** 形 適切な；《医》 (症状に) 適応した.
Indochina インドシナ.
indoeuropäer 男 印欧(インドヨーロッパ)語族に属する人. **indoeuropäisch** 形 印欧(インドヨーロッパ)語族の.
Indogermane 男 《-n/-n》= Indoeuropäer. **indogermanisch** 形 = indoeuropäisch.
Indonesien インドネシア.
indossabel 形 囲 (手形などの)裏書きができる. **Indossament** 男 《-[e]s/-e》囲 (手形などの)裏書(圈 Ind.). **Indossant** 男 《-en/-en》囲 (手形などの)裏書人. **Indossat** 男 《-en/-en》 (囡 **-in**) 囲 (手形などの)被

裏書人，譲り受け人. **indossieren** 他 (手形などに)裏書きする.
Induktion 囡 《-/-en》《論》帰納[法]；《電》誘導. **~sstrom** 男 《電》誘導電流.
induktiv 形 帰納的な；誘導性の.
Indus (der ~) インダス(チベットに発しアラビア海に注ぐ川).
industrialisieren 他 (国・地域を)工業化する. **Industrialisierung** 囡 《-/》工業(産業)化.
Industrie [**インドゥストリー**] 囡 《-/-n》 (独 industry) 工業，産業，企業；業界. **=abfall** 男 産業廃棄物. **=abwasser** 田 工場廃水(廃液). **=aktie** 囡 囲 工業株. **=ausstellung** 囡 産業博覧会. **=berater** 男 産業コンサルタント. **=branche** 囡 業界，業種. **=design** 田 工業デザイン. **=erzeugnis** 田 工業製品. **=gebiet** 田 工業地帯(地域). **=gewerkschaft** 囡 産業労働組合(略 IG).
industriell 形 工業(産業)の. **Industrielle[r]** 男 囡 《形容詞変化》企業家，実業家.
Industrie-macht 囡 田 工業大国. **=magnat** 男 産業界の大物〈実力者〉. **=messe** 囡 産業見本市. **=müll** 男 産業廃棄物. **=politik** 囡 産業政策. **=roboter** 男 産業用ロボット. **=stadt** 囡 工業都市. **=standort** 男 産業所在地. **Industrie- und Handelskammer** 囡 商工会議所 (略 IHK).
induzieren 他 《er¹ aus et²》 (…を…から)帰納[的]に推論する；《電》(…を)誘導する；《心》(…を)感応させる.
ineffektiv 形 効果のない.
ineinander 副 互いに相手の中へ〈に〉；入り混じって． **◆ ~fügen** (…を) 組み合わせる，はめ込む． **~greifen** (歯車などが) かみ合う.
ineinander-fügen, -greifen* 他⇨ ineinander **◆**
inessentiell, inessenziell 形 非本質的な，重要でない.
Inf. = *Infinitiv*.
infam 形 下劣な，いやしい；《話》 ひどい，大変な. **Infamie** 囡 《-/-n》下劣；《冷》名誉毀損(ぼん).
Infant 男 《-en/-en》 (囡 **-in**)(スペイン，ポルトガルの)王子.
Infanterie 囡 《-/-n》歩兵[隊]. **Infanterist** 男 《-en/-en》歩兵.
infantil 形 幼稚な，子供じみた.
Infantizid 田 《-[e]s/-e》嬰児(ぇぃ)《新生児》殺し.
Infarkt 男 《-[e]s/-e》《医》梗塞(ﾞ).
Infekt 男 《-[e]s/-e》《医》感染症.
Infektion 囡 《-/-en》《医》感染，伝染；《話》感染症. **~skrankheit** 囡 感染症.
infektiös 形 感染性の.
Inferioritäts-komplex 男 《心》〔劣等〕コンプレックス.
infernalisch 形 地獄《悪魔》のような；《話》ひどい，大変な. **Inferno** 男 《-s/》地獄；《話》生き地獄，惨状.
Infiltration 囡 《-/-en》侵入；浸透；《医》浸潤. **infiltrieren** 他 《j³ et⁴》(人に…を注入する；浸透する，染み込む.
infinit 形 《文法》(動詞の)不定形の；無限

定の. **Infinitiv** 男 (-s/-e) 〖文法〗(動詞の)不定詞(翻 Inf.). **infinitivisch** 形
infizieren 他 (j⁴ [mit et³]》(人に〔…を〕)感染させる；《sich⁴》感染する．
in flagranti 〖ラテン語〗現行犯で.
Inflation [インフラツィオーン] 女 (-/-en) 〖経〗インフレ[ーション], 通貨膨張, 物価暴騰. **inflationär** 形 インフレ[傾向]の. **inflationistisch** 形 = inflationär; インフレ政策の.
Influenza 女 (-/) 〖医〗インフルエンザ, 流行性感冒.
Info 中 (-s/-s) 〖話〗(宣伝用)パンフレット；情報誌.
infolge 前 《2格支配》…の理由(原因)で. **infolgedessen** 副 その結果として, それゆえに.
Informant 男 (-en/-en) (《-in》情報提供者；〖言語〗資料提供者, インフォーマント.
Informatik 女 (-/) 情報科学.
Information [インフォルマツィオーン] 女 (-/-en) ❶ 情報, 知らせ；〖コン〗情報；データ：zu Ihrer ～ ご参考までに. ❷ (駅などの)案内/所.
Informations-austausch 男 情報交換. **-bank** 女 データバンク. **-büro** 中 観光案内所. **-defizit** 中 情報不足. **-dienst** 男 情報サービス. **-flut** 女 情報の氾濫, 洪水のような情報. **-frage** 女 相手から情報を得るための質問. **-gespräch** 中 情報交換のための話し合い. **-industrie** 女 情報産業. **-lücke** 女 情報の欠落部分. **-medium** 中 情報媒体, 情報メディア. **-quelle** 女 情報源. **-stand** 男 情報管理スタンド(ラック). **-system** 中 情報システム. **-technik** 女, **-technologie** 女 情報技術.
informationstheoretisch 形 情報理論[上]の.
Informations-überflutung 女 情報の氾濫, 洪水のような情報価値. **-wert** 男 情報価値.
informatorisch, informativ 形 情報[資料]として役に立つ；啓蒙的な.
informieren [インフォルミーレン] 《informierte；informiert》他 《j⁴ über et⁴》(人に…について)情報を与える, 知らせる, 教える；《sich⁴ über et⁴》(…について)問い合わせる；情報を得る.
Infostand 男 〖話〗= Informationsstand.
Infostrukturen 複 情報インフラ.
Infotainment 中 (-s/) 〖話〗インフォテインメント(情報娯楽番組).
infrarot 形 〖物〗赤外線[の].
Infrarot-aufnahme 女 赤外線撮影. **-bestrahlung** 女 赤外線照射. **-film** 男 赤外線フィルム.
Infra-schall 男 〖物〗超低周波音. **-struktur** 女 下部構造, インフラストラクチャー(生産や生活の基盤となる社会資本). **infrastrukturell** 形
Infusorium 中 (-s/..rien) 滴虫, 繊毛虫.
INF-Vertrag 男 (中距離核戦力全廃の)INF 条約(1987年).
Ing. 略 Ingenieur.
Inge 《女名》インゲ. **Ingeborg** 《女名》

インゲボルク.
Ingenieur [インジェニエーア] 男 (-s/-e) (《-in》(略 engineer) 技師, エンジニア, 技術者(略 Ing.). **-büro** 中 技術コンサルタント会社.
Ingenium 中 (-s/..nien) 創造力, 素質；天才.
Ing. [**grad.**] 略 graduierter Ingenieur 大学卒技師.
Ingrediens 中 (-/-..dienzien) 添加物, 成分.
Ingrid 《女名》イングリト[—ト].
Ingrimm 男 (-[e]s/) 憤懣(鶔) (内に秘めた)怒り, 憤慨. **ingrimmig** 形 憤慨(懾)している, 怒り狂った.
Ingwer 男 (-s/) ショウガ, ジンジャー.
Inh. 略 Inhaber.
Inhaber [インハーバー] 男 (-s/-) (《-in》(略 owner) 所有者, 持ち主, オーナー；保持者. ♦ *auf den ～ lautend* 〖商〗(小切手などで)持参人払いの. **-aktie** 女 〖商〗無記名株券. **-papier** 中 〖商〗無記名証券.
inhaftieren 他 拘留する.
Inhalation 女 (-/-en) 〖医〗吸入. **inhalieren** 他 《-/-en》吸入する；〖話〗(タバコの煙などを)深々と吸い込む.
Inhalt [インハルト] 男 (-[e]s/-e) (略 content) 中身, 内容；意味, 意義；体積, 容積；面積；包含. **inhaltlich** 形 中身〈内容〉に関する.
Inhalts-angabe 女 梗概(鶁), あら筋. **inhalts-los** 形 (中身〈内容〉の)ない. **-reich** 形 内容豊富な. **-schwer** 形 内容の重大な.
Inhaltsverzeichnis 中 (包装物などの)内容表示(目録)；(書物の)目次.
inhuman 形 〖雅〗人間らしくない；仮借のない, 苛酷(懇)な.
initial 形 初めの. **Initiale** 女 (-/-n) イニシャル, 頭文字；(章の最初の)飾り文字.
Initialzündung 女 起爆剤；(物事のきっかけとなる)起爆剤.
Initiative 女 (-/-n) イニシアチブ, 主導権；決断力；起業心, 進取の気性(精神)；住民運動；発議権；〖コン〗国民発議. **Initiator** 男 (-s/-en) (《-in》主導者, 首唱者；発起人.
Injektion 女 (-/-en) 〖医〗注射；(すき間への)注入, 充填(譔). **~s-nadel** 女 注射針. **~s-spritze** 女 注射器.
injizieren 他 注射する；注入する.
Inkarnation 女 (-/-en) 〖宗〗〖教〗受肉；権化, 化身；具現化.
Inkasso 中 (-s/-s,..kassi) 〖商〗(代金の)取り立て, 徴収. **-büro** 中 代金取り立て会社. **-provision** 女 〖商〗取り立て(徴収)手数料. **-vollmacht** 女 〖法〗取り立て〈徴収〉[代理]権. **-wechsel** 男 〖商〗取り立て手形.
inkl. 略 *inkl*usive.
inklusive 前 《2格支配》〖商〗…を含めて(略 inkl.). ▶ 2格を形式上明示できない複数名詞の場合には3格支配：～ *Getränken* 飲み物を含めて. ❷ 副 《*bis*と(…まで) 含めて.
inkognito 副 匿名(別名)で；お忍びで.
inkonsequent 形 首尾一貫しない, 矛盾した. **Inkonsequenz** 女 不整合, 矛盾.

in=konvertibel 形《経》(一国の通貨が他国の通貨に)交換不可能な. **=korrekt** 形 正しくない, 不正確な; 不適切な.
Inkrafttreten 中 (-s/) (法律などの)発効.
inkriminieren 他 (人に)罪を帰せる; (人を)告発する.
Inkubation 女 (-/-en) 《医》潜伏[期]; 《生》抱卵; 培養; (未発見の)保有. **~s=zeit** 女 潜伏期間.
Inland [インラント] 中 (-[e]s/) 国内; (集合的)国内の人々; 内陸[部], 内地; 奥地. **Inländer** 男 (-s/-) **=in** 女 内国居住者, 内地人; 自国民, 本国人. **inländisch** 形 国内の, 内国の.
Inlandsmarkt 男 国内市場.
inlett 中 (-[e]s/-e, -s) (羽ぶとんの)皮.
inliegend 形 《行政》同封の, 封入の.
in memoriam [ラ語] 《無変化の固有名詞として》(ある人を)記念して, 思い出に.
inmitten 前 《2格支配》《雅》…の中央(まん中)で; 副 中央に, まん中で.
Inn (der ~) イン川 (Donau 川の支流).
in natura [ラ語] 自然のままで[の姿]で, 実物で; (話) 現物で.
inne ♦ **~ sein** [et³] (…を)意識している, (…に)気がついている.
inne=haben* 他 (地位・官職などを)占めている; 《雅》(土地などを)所有している. **=halten*** 他 (in et³) (…を)中断する.
innen [イネン] 副 (= inside) 内, 中で, 内側(うち)に〈で〉; 中の, 中で; 《行政》屋内で.
Innen=antenne 女 室内アンテナ. **=architekt** 男 インテリアデザイナー, 室内装飾家. **=architektur** 女 インテリア[デザイン], 室内装飾[術]. **=aufnahme** 女 屋内スタジオ撮影. **=ausstattung** 女 内装; (衣服の)裏つけ. **=beleuchtung** 女 室内[室内]照明. **=designer** 男 室内装飾(インテリア)デザイナー. **=dienst** 男 内勤. **=leben** 中 内的〈精神〉生活; (話) 内情. **=minister** 男 内政大臣, 内相. **=ministerium** 中 内務省.
Innenpolitik 女 内政. **innenpolitisch** 形 内政(上)の.
Innen=raum 男 内部空間. **=seite** 女 内側, 内面. **=senator** 男 内務大臣, 内相. **=ski** 男 《スキー》(ターンのさいの)内(うち)スキー. **=spiegel** 男 (自動車の)室内バックミラー. **=stadt** 女 町の中心部, 都心. **=welt** 女 内心〈心〉の世界.
inner [インナー] 形 内面の, 内側の; 国内の; 内地の, 精神的な. **inner..** 「…の男」の意.
Innerasien 中 アジアの奥地, 中央アジア.
inner=betrieblich 形 企業内での, 社内の, 工場内[部]の. **=deutsch** 形 ドイツ国内の.
Innereien 複 臓物.
innerhalb [インナーハルプ] 前 (= within)《2格支配》…の中(内部)で; …以内に. ▶ 複数名詞で2格を明示できない場合は3格支配: ~ sechs Monaten 6ヶ月以内に. ♦ **von** [et³] (…)以内に.
innerlich [インナーリヒ] 形 内心の; 内面的な, 心の中の; 《薬》内服用の. **Innerlichkeit** 女 (-/) 内面[性]; 内心.
inner=parteilich 形 党内の. **=politisch** 形 = innenpolitisch.

innerst (▶ inner の最上級) 最も内部の; 奥底の. **Innerste[s]** 中 《形容詞変化》最も内部のもの, 内奥; 心の奥底.
inne=sein 自 ⊕ = inne ♦ **=werden*** 自 (s) [et²] (…を)意識する, …に気づく. **=wohnen** 自 [jー et³] (…に)内在する. 固有である.
innig [イーニヒ] 形 心からの, 切実な; 親密な; 緊密な. **Innigkeit** 女 (-/) 心のこもっていること, 思いやり; 誠実; 親密.
Innovation 女 (-/-en) 《技術》革新, 刷新.
Innsbruck インスブルック (オーストリア西部の都市).
Innung 女 (-/-en) 同業組合. ♦ **die ganze ~ blamieren** 《話・戯》仲間に恥をかかせる.
Innviertel (das ~) インフィルテル (Oberösterreich の一地方).
inoffiziell 形 非公式の; 内々の, 内密の.
in petto [イ語] ♦ **=haben** (話) (…を)もくろんでいる. **in puncto** [ラ語] …の点で, …に関して.
Input 中 (-s/-s) 《電算》インプット.
Inquisition 女 (-/-en) 異端審問.
ins = **in das**.
Insasse 男 (-n/-n), **=sin** 同乗者, 乗客; 同居者.
insbesondere 副 《= especially》特に, とりわけ, 殊に.
Inschrift 女 銘, 碑文.
Insekt [インゼクト] 中 (-[e]s/-en) 《= insect》昆虫. **~en=pulver** 中 粉末殺虫剤.
Insektizid 中 (-s/-e) 殺虫剤.
Insel [インゼル] 女 (-/-n) 《= island》島; 孤立した場所; (道路の高くなった)安全地帯; 《雅》言葉島, 孤立言語圏. **=bewohner** 男 島の住民, 島民. **=gruppe** 女 群島. **=mentalität** 女 島民に特有の気質, 島国根性. **=staat** 男 島国.
Inserat 中 (-[e]s/-e) (新聞・雑誌の)広告. **=en=teil** 男 広告欄. **Inserent** 男 (-en/-en) 広告主. **inserieren** 自 (in et³) (新聞・雑誌などに)広告を出す.
insgeheim 副 こっそりと, ひそかに.
insgesamt [インスゲザムト] 副 全部で, ひっくるめて.
Insidergeschäft 中, **=handel** 男 《経》(株式などの)インサイダー取引.
Insignien 複 (権威・身分などを示す)標章 (王冠・宝剣など).
..inski [ラ語・蔑]「…の男」の意.
insofern ❶ [インゾーフェルン] 副 その点では, そのかぎりでは. ❷ [インゾフェルン] 接 《従属》…である)点では; …である)限りは, …ならば. ♦ **=[…,] als …** …である点では(…).
insolvent 形 《商・経》支払い能力のない, 倒産した. **Insolvenz** 女 (-/-en) 《商》支払い不能, 破産, 倒産.
insoweit ❶ [インゾーヴァイト] ❷ 接 [インゾヴァイト] = insofern.
in spe [ラ語] 未来の〈将来〉の.
Inspekteur [インスペクテーア] 男 (-s/-e) 検査官, 検査官; 中隊 幕僚長.
Inspektion 女 (-/-en) 検査, 点検, 整備; 監督; 視察, 査察; 監督局[署].

~=reise 囡 視察旅行. **Inspektor** 囲 (-s/-en) 検査官, 視察官, 監督官.

Inspiration 囡 (-/-en) インスピレーション, 霊感, 暗示, ひらめき. **inspirieren** 囲 (*j¹ zu et³*) (人に…への)刺激〈示唆〉を与える, 霊感を与える.

Inspizient 囲 (-en/-en) (芝)舞台監督〈検査〉官; 舞台監督. **inspizieren** 囲 検査〈点検, 監察〉する.

Inst. 圈 *Instanz*; *Institut*.

instabil 囲 不安定な, 変わりやすい. **Instabilität** 囡 (-/-en) 不安定性, 変わりやすさ. **~s=faktor** 囲 不安定要素.

Installateur [インスタラテーア] 囲 (-s/-e) 設備工事業者 (配管工など). **Installation** 囡 (-/-en) (水道・電気・ガスなどの)配線〈配管〉工事; 配線〈配管〉設備; 囗 インストール. **installieren** 囲 (水道・電気などの設備を)取り付けする, 配線〈配管〉する; 囗 インストールする.

instand 良好な〈使える〉状態に.⇒ Stand ✦

Instandhaltung 囡 手入れ, 保守.

inständig 囲 さし迫った.

Instandsetzung 囡 修理, 修復; 保守管理.

instant 囲 [無変化: 名詞の後で](飲食物が)即席の, インスタントの.

Instant-getränk 匣 インスタント飲料. **=kaffee** 囲 インスタントコーヒー.

Instanz 囡 (-/-en) (⑳ Inst.) ❶ (官庁などの)管轄〈所轄〉部局. ❷ (裁判の)審: Berufungs*instanz* 控訴審.

Instinkt [インスティンクト] 囲 (-[e]s/-e) (⑳ instinct) 本能, 勘. **instinktiv** 囲 本能〈直覚〉的な. **instinktsicher** 囲 際立った本能を持ち合わせた.

Institut [インスティトゥート] 匣 (-[e]s/-e) (⑳ institute) 研究所, 施設, 機関, 協会, 学院, 養成所 (⑳ Inst.).

Institution 囡 (-/-en) 公共機関〈施設〉(学校・病院など); 〔社会的〕制度, 慣例.

instruieren 囲 (人に)知らせる, 教える; (人に)指示〈指図〉する.

Instruktion 囡 (-/-en) 指導, 教示; 指示, 通達, 囗 命令, インストラクション.

instruktiv 囲 (教育上)有益な, (理解の)役に立つ.

Instrument [インストルメント] 匣 (-[e]s/-e) (⑳ instrument) 器具, 器械; 楽器; 道具, 手段. **instrumental** 囲 器具道具の; 楽器の. **Instrumentalmusik** 囡 器楽[曲]. **Instrumentation** 囡 (-/-en) 匣 オーケストレーション; 器楽用編曲.

Instrumenten=brett 匣 計器盤, ダッシュボード. **=flug** 囲 計器飛行.

instrumentieren 囲 ⑳ (楽曲を)オーケストラ〈器楽〉用に編曲する; (…の)器具を取りつける.

Insulin 匣 (-s/) 囯 インシュリン.

inszenieren 囲 (劇などを)演出する; (事件などを)仕組む. **Inszenierung** 囡 (-/-en) 演出.

intakt 囲 無傷の, 完全な; 健全な.

Intarsia 囡 (-/..sien) 象眼細工, **..sie** 囡 ⇒ Intarsia.

integer 囲 〔雅〕(人格などが)りっぱな, 高潔な; 囗 整数の.

Integral 囲 (-s/-e) 囯 積分. **=rechnung** 囡 囯 積分法. **Integration** 囡 (-/-en) 囯 統合法; 統一; 囗 積分法. **integrieren** 囲 統合する, 集大成する; (*j-et¹ in et³*) (…を…へと)組み入れる, 統合する: *integrierte* Gesamtschule 総合学校. ❷ 囯 積分する. **Integrierung** 囡 (-/-en) 統合, 統一. **Integrität** 囡 (-/) (人格などの)高潔, 清廉; (領土などの)不可侵性.

Intellekt 囲 (-[e]s/) 知性, 知能, 思考力. **intellektuell** 囲 知性的な, 精神的な; 知識人(インテリ)の. **Intellektuelle[r]** 囲 〔形容詞変化〕知識人, インテリ.

intelligent [インテリゲント] 囲 (⑳ intelligent) 知力の優れた, 聡明な.

Intelligenz [インテリゲンツ] 囡 (-/-en) (⑳ intelligence) 知能, 知力, 聡明さ; 知識階級, インテリ層; 知識人. **=bestie** 囡 〔話〕すごく頭の切れる人; インテリぶった人. **=flucht** 囡 頭脳流出. **=quotient** 囲 知能指数(⑳ IQ). **=test** 囲 知能テスト〈検査〉.

Intendant 囲 (-en/-en) (⑳ -in) (劇場・放送局の)監督, 支配人.

intendieren 囲 意図する, めざす.

Intensität 囡 (-/-en) 激しさ, 強さ, 強度; 集中, 徹底性. **intensiv** 囲 激しい, 強烈な, 徹底的な; 強烈の, 激しい; 〔文法〕(動詞が)強意の. **..intensiv** 〔…が非常に多い〈強い〉, …を多く必要とする〉の意.

Intensiv=arzt 囲 集中治療専門医. **=behandlung** 囡 囯 集中治療.

intensivieren 囲 強める, 高める, 強化〈増大〉する.

Intensiv=kurs 囲 短期集中コース. **=landschaft** 囡 集約農業. **=medizin** 囡 集中治療医学. **=station** 囡 囯 集中治療室(病棟), ICU. **=therapie** 囡 囯 集中治療.

Intention 囡 (-/-en) 意図, 意志, 企て, 志向.

inter.., **Inter..** 囲 [前綴](相互)の意.

interaktiv 囲 双方向[性]の, 対話型(形式)の. **Interaktivität** 囡

Intercity=expresszug 囲 (⑳ **=Expreßzug**) 都市間連絡超特急列車(⑳ ICE). **=zug** 囲 (⑳ **=Zug**) インターシティー(都市間特急列車)(⑳ IC).

Interdikt 匣 (-[e]s/-e) 禁止; 囗囗 聖務禁止.

interdisziplinär 囲 学際的な, 複数の専門領域にまたがる.

interessant [インテレサント] 囲 (⑳ interesting) (物事が)興味ある, おもしろい; 囗 有望な; 利益のありそうな.

Interesse [インテレッセ] 匣 (-s/-n) (⑳ interest) ❶ 興味, 関心, 買う気: Das ist für mich nicht von ~. それには興味がない. ❷ 利益; 利害(関係). ✦ *aus ~* ある事から. ~ *haben* (*an et³*) (…に)興味〈関心〉がある. *mit* [*großem*] ~ [多大な]関心を持って; [大変]興味深く. ~ *wecken* 興味〈関心〉を呼ぶ.

Interesse=halber 囲 興味〈関心〉から. **=los** 囲 興味〈関心〉のない, 無関心な. **Interesselosigkeit** 囡

Interessen=gebiet 匣 関心領域.

=gemeinschaft 図 利益団体; 利益協同体, 企業連合(圏 IG). **=gruppe** 図 利益(圧力)団体.

Interess̲ent 男 (-en/-en) (圏 -in) 関心のある人(参加者·希望者など).

Interessen=vertretung 図 利益を代表すること; 利益代表者.

interessi̲e̲ren [インテレスィーレン](interessierte; interessiert) 他 (圏 interest)(人の)興味(関心)を引く; **j⁴ für et⁴ ~** (人に…に対する)興味(関心)を持たせる; **sich⁴ für et⁴ ~** (…に)興味(関心)を持つ. **interessi̲e̲rt** 形 (人が)興味を持った. ◆ **~ sein 《an j-et³》** (…に)関心がある.

Interface 図 (-/-s) [電算] インターフェイス.

Interfer̲e̲nz 図 (-/-en) 干渉; 妨害. [母語による]言語干渉.

Interfer̲o̲n 図 (-s/-s, -e) [生化] インターフェロン(ウィルス抑制因子).

Interie̲u̲r [アンテリエーア] 中 (-s/-s, -e) (部屋の)内部; 室内装飾, インテリア.

I̲n̲terim 中 (-s/-s) 合間, 中間期. **~s=regierung** 図 暫定政権. **~s=schein** 男 (経) 仮証券.

Interjekti̲o̲n 図 (-/-en) (文法) 間投詞, 感嘆詞.

interkontinent̲a̲l 形 大陸間の. **Interkontinent̲a̲lrakete** 図 大陸間ミサイル(弾道弾).

I̲n̲terlaken インターラーケン(スイスの観光保養地).

Inter=med̲i̲n 中 (-s/) 〔生化〕インテルメジン(メラニン細胞刺激ホルモン). **=mezzo** 中 (-s/-s, ..mezzi) 〔楽〕間奏曲; 〔劇〕幕間(ホェミ)寸劇.

intermitti̲e̲rend 形 断続的な. ◆ **eine ~e Quelle** 間欠泉.

intern 形 内輪の, ないしょの; 内部の.

Intern̲a̲t 中 (-[e]s/-e) (学校の)寄宿舎, 学寮; 寄宿制学校.

internation̲a̲l [インテルナツィオナール] 形 国際間の. **Internation̲a̲le** 図 (-/-n) 国際労働者同盟, インター[ナショナル]; インター[ナショナル]の歌.

Int̲e̲rne[r] 男 〔形容詞変化〕寄宿生, 寮生.

Internet 中 (-/-) インターネット.

intern̲i̲e̲ren 他 (敵国人を抑留する; (病人を)隔離する. **Intern̲i̲e̲rungslager** 中 抑留者収容所.

Internist 男 (-en/-en) (圏 -in) 内科医.

Interpol 図 (-/) インターポール, 国際刑事警察機構(< *Inter*national *Kriminalpolizeiliche Organisation*).

interpoli̲e̲ren 他 (原典などに)加筆[改ざん]する.

Interpr̲e̲t 男 (-en/-en) (圏 -in) 解釈者; 演奏者, 演奏家. **Interpretati̲o̲n** 図 (-/-en) 解釈; 演奏, 演出. **interpreti̲e̲ren** 他 解釈する; (…を)受け取る; (独自の解釈で)演奏[演出]する.

Interpunkti̲o̲n 図 (-/) 句読法. **~s=zeichen** 中 句読点.

Interr̲e̲gio 図 (-/-s) [鉄] **Interregio=zug** ((a) *Interregio*-Zug) インターレギオ, 地域間特急列車(ドイツ国内の主要都市を結ぶ, 圏 IR).

Interr̲e̲gnum 中 (-s/..gnen, ..gna) 暫定政権[の期間]; 〔史〕皇帝空位期間, (神聖ローマ帝国の)大空位時代(1254–73).

interrogat̲i̲v 形 質問の, 疑問の. **Interrogat̲i̲v** 中 (-s/-e) (文法) 疑問詞.

Interv̲a̲ll 中 (-s/-e) (時間的な)間隔; [楽] 音程.

interveni̲e̲ren 仲裁(調停)をする; (政) (他国の内政に)干渉する. **Interventi̲o̲n** 図 (-/-en) 仲裁, 調停; (他国の)内政干渉.

Intervi̲e̲w [インタヴュー, インタビュー] 中 (-s/-s) インタビュー; 面接調査; (政) 問診. **intervi̲e̲wen** 他 (人に)インタビューをする. **Intervi̲e̲wer** 男 (-s/-) (圏 -in) インタビューアー.

inthronis̲i̲e̲ren 他 (人を)即位させる.

intim 形 親密な, 内輪の; 性的関係のうちとけた, 気のおけない.

Intimbereich 男 = Intimsphäre; 陰部.

Intimi 男 = Intimus

Intimit̲ä̲t 図 (-/-en) 親密さ, 親しい関係; 〔つろんだ雰囲気; 性的な言動.

Intimsphäre 図 私生活(領域).

Intimus 男 (-/..mi) 親友.

intoler̲a̲nt 形 寛容でない, 狭量な; [医] (特定の物質に)耐性がない. **Intoler̲a̲nz** 図 不寛容, 狭量; [医] (特定の物質に)耐性のないこと, 不耐性.

Intonati̲o̲n 図 (-/-en) 〔言〕イントネーション, 抑揚, 音調; 〔楽〕(音色·音程などの)音[声]の出し方. **intoni̲e̲ren** 他 歌い(演奏し)始める; (音·声を)出す.

intra... 中 ...の内部の, ...の間.

intraarteri̲e̲ll 形 [医] 動脈内の.

in=transit̲i̲v 形 (文法) 自動[詞]の.

in=trav̲e̲nös 形 [医] 静脈内の.

Intrig̲a̲nt 男 (-en/-en) (圏 -in) 陰謀家, 策士. **Intr̲i̲ge** 図 (-/-n) 陰謀, 策略. **intrigi̲e̲ren** 自 **《gegen j⁴》** (人に)陰謀を企てる(巡らす).

introverti̲e̲rt 形 〔心〕内向的な.

Intuiti̲o̲n 図 (-/-en) 直観. **intuit̲i̲v** 形 直観的な.

intus 形 ◆ **einen ~ haben** ほろ酔い気分である. **~ haben** (…を)食べて(飲んで)しまっている; 理解している.

Inuit 男 イヌイット ⇒ Eskimo

invalide 形 (負傷·病気などで)働けない.

Inval̲i̲de ⇒ Invalide[r]

Inval̲i̲den=versicherung 図 傷病保険.

Inval̲i̲de[r] 男 〔形容詞変化〕身体障害者, 廃疾兵. **Invalidit̲ä̲t** 図 (-/) (身体障害による)勤務不能.

Invasi̲o̲n 図 (-/-en) 侵攻, 侵略.

Invent̲a̲r 中 (-s/-e) 在庫品(資産)目録; 在庫品, 資産. **inventarisi̲e̲ren** 他 (...の)在庫品(資産)目録を作る. **Invent̲u̲r** 図 (-/-en) 棚卸し.

Inversi̲o̲n 図 (-/-en) 逆転, 転換; (位置の)倒錯; (文法) 倒置; 〔化〕転化(現象); 〔生〕(遺伝子の配列順序の)逆転.

investi̲e̲ren 他 **《et⁴ in j-et³》** (金·労力などを...)につぎ込む, 投資する.

Investiti̲o̲n 図 (-/-en) 投資. **~s=gut** 中 [経] 投資(生産)財.

investiv 形 投資的な.
Investmentbank 女 投資銀行.
In-vitro-Fertilisation 女 《医》試験官内受精, 体外受精(略 IVF).
inwendig 形 内部の(内側の). ◆ **in- und auswendig kennen** 《話》《j-et⁴》(…に)精通している.
inwiefern 副 どの程度に; なぜ.
inwieweit 副 どの程度, どれくらい.
Inzahlung=nahme 女 《-/-en》《商》(新品代金の一部に充てる)下取り.
Inzest 男 《-es (-s) /-e》近親相姦(笈).
Inzucht 女 《-/-en》《生》近親交配; 近親結婚.
inzwischen [インツヴィッシェン] 副 そうこうするうちに, その間に.
Io = **Ionium**. **IOK** 中 Internationales Olympisches Komitee.
Ion 《-s/-en》《理》イオン.
~en=austausch 男 《理》イオン交換.
ionisieren 他 《理》イオン化する.
Iono=sphäre 女 《理》電離層.
IPA = Internationales Phonetisches Alphabet 国際音声字母.
i-Punkt (《 **I-Punkt**》) 男 = i-Tüpfelchen.
IQ 略号 = Intelligenzquotient. **Ir.** 略号 = Iridium. **ir..** 《r で始まる形容詞に》「…でない, 不…, 非…」の意. **Ir** 略号 Interregio. **IR.** = Infanterieregiment 歩兵連隊. **i. R.** = im Ruhestand 退職した. **I. R.** = Imperator Rex 皇帝(ヴィルヘルム二世の略号). **IRA** = Irisch-Republikanische Armee アイルランド共和国軍.
Irak (《(der)~》) イラク. **Iraker** 男 《-s/-》イラク人. **irakisch** 形 イラク(人)の.
Iran (《(der)~》) イラン. **Iraner** 男 《-s/-》イラン人. **iranisch** 形 イラン(人)の.
irden 形 陶製の, 瀬戸物の.
irdisch [イルディッシュ] 形 この世の, 世俗の, 浮き世の; はかない: 地[球]上の.
Ire 男 《-n/-n》(女 **Irin**) アイルランド人.
Irene 《女名》イレーネ.
irgend [イルゲント] 副 (特定できない)何か(あるもの), だれか(ある人);《副文で》なんとか, だれか.
irgend=ein 《不定代名詞》だれか〈何か〉ある; 任意の;《名詞的》(**~e**複数は irgendwelche) だれかがある. 何かあるもの(こと).
=einmal 《不定代名詞》いつかあるとき(一度).
=etwas 《不定代名詞》(特定できない)何か(あるもの). **=jemand** 《不定代名詞》だれか(ある人). **=wann** 副 いつか(あるとき). **=wie** 副 なんとかして, なんらかの方法で, どうにか; なんとなく, どことなく.
=wo 副 どこかで(に).
Iridium 中 《-s/》イリジウム(元素名: 略号 Ir.).
Irin 女 《-/-nen》Ire の女性形.
Iris 女 《-/-》《植》アヤメ, アイリス;《医》(目の)虹彩(汚);《気象》虹.
irisch 形 アイルランド(人, 語)の.
irisieren 自 虹(り)色に輝く.
IRK 中 Internationales Rotes Kreuz 国際赤十字. **IRL** 《国籍符号》アイルランド.
Irland アイルランド; アイルランド島(英領

北アイルランドを含めて). **Irländer** 男 《-s/-》(女 **-in**) アイルランド人. **irländisch** 形 アイルランド(人, 語)の.
Ironie [イロニー] 女 《-/-n》《修》irony 皮肉, 風刺; 反語, アイロニー; 意外なこと, 皮肉な結果. **ironisch** 形 皮肉な, 反語的な.
IRQ 《国籍符号》イラク.
irr 形 = **irre**.
irrational 形 非合理な, 非理性的な.
irre [イレ] 形 《② crazy》《話》とてつもない; 迷った: **~ Schafe** 《聖》迷える羊. ◆ **~ werden** 《an j-et³》(…に)自信を失う;《…》(信じられなくなる.
Irre 女 《-/-》誤り, まちがった方向. ⇨ **Irre**[r] ◆ **in die ~ führen** 《locken》(人)をだます; 惑わす: **in die ~ gehen** (まちがえる). 思い違いをする.
Irre[r] 《形容詞変化》狂人.
irreal 形 非現実的な.
=gehen* 自 (s)《雅》道に迷う; 思い違いをする.
irregulär 形 不規則な, 変則的な; 規則外の.
irreleiten 他 《雅》(人を)道に迷わせる, 惑わす; (人を)間違った道へ引きずり込む.
irrelevant 形 関係のない; 重要でない.
irremachen 他 (人を)迷わす, 惑わす.
irren 自 《irrte, geirrt》❶ 再 《sich⁴》思い違いをする. ❷ 自 思い違いをする; 判断を誤る: (s)(当てもなく)さすらう. ❸ 自 ⇨ beirren.
Irren=anstalt 女 精神病院. **=arzt** 男 精神科医. **=haus** 中 精神病院.
Irre[r] 男 《形容詞変化》狂人.
Irr=fahrt 女 道に迷うこと; 放浪. **=garten** 男 迷路, 迷宮, ラビリンス.
irrgläubig 形 異端の.
irrig 形 まちがった, 誤った.
irritieren 他 (人を)困惑させる; 悩ます, いらいらさせる.
Irr=läufer 男 誤配郵便物. **=lehre** 女 間違った教え, 邪説. **=licht** 中 鬼火, 狐火.
Irrsinn 男 狂気, 精神錯乱; ばかげたこと.
irrsinnig 形 気が狂った; 狂わんばかりの;《話》ものすごい.
Irrsinns=geld 中 《話》途方もない金.
=hitze 女 《話》途方もない暑さ.
irre ⇨ **irren**
Irrtum [イルトゥーム] 男 《-s/..tümer》《@ error》誤り, まちがい; 思い(考え)違い;《法》錯誤. ◆ **im ~ sein / sich⁴ im ~ befinden** まちがった(思い違いをしている). **irrtümlich** 形 まちがった, 誤った.
Irr=weg 男 まちがったやり方(考え).
IS 《国籍符号》アイスランド.
Isaak 《男名》イザーク.
Isar (die ~)イーザル(ドイツ南部を流れるドナウ川の支流). **Isar-Athen** イーザル河畔のアテナイ(München の俗称).
ISBN 女 = Internationale Standardbuchnummer 国際標準図書番号.
..isch 「…の, …的な: …に基づく」の意.
Ischias 中 《(医)女》《-/-》坐骨神経痛.
ISDN 中 = Integrated Services Digital Network デジタル総合サービス網.
..isieren 動詞を作る. **..isierung** 女
-isieren 形動詞の女性名詞を作る.

Islam 男《-[s]/》イスラム教, 回教.
Islamabad イスラマバード(パキスタンの首都).
islamisch 形 イスラム[教]の.
Island アイスランド. **Isländer** 男《-s/-》《-**in**》アイスランド人. **isländisch** 形 アイスランド[人, 語]の.
..ismus「…主義; …性」の意.
Ismus 男《-/-men》《複》空談; 主義.
ISO 圏 Internationale Normierungsorganisation 国際標準化機構《に基づくフィルム感度》.
Isolation 女《-/-en》隔離; 孤立; 絶縁[材], 断熱[材], 防音[材], 防水[材].
Isolator 男《-s/-en》絶縁体, 碍子(ﾞ); 口語 断熱(防音)材.
Isolde イゾルデ(Tristan 伝説の女主人公).
Isolierband 中 絶縁テープ.
isolieren 他《 isolate》隔離する, 孤立させる; 断熱(防音)構造にする; 口語 絶縁する; (sich³) 孤立する. **Isolier-station** 女《-/-en》隔離病棟. **Isolierung** 女《-/-en》隔離; 孤立; 口語 絶縁.
Isotherme 女《-/-n》気象 等温線.
Isotop 中《-s/-e》化学 アイソトープ, 同位元素. **-en-diagnostik** 女 アイソトープ診断[法]. **-en-effekt** 男 同位体効果.
Israel イスラエル. ◆ *der Auszug der Kinder ~[s]* イスラエルの子らの[エジプトからの]退去《戯》(示威の)一斉退場.
Israeli 男《-[s]/-s》女《-/-[s]》イスラエル人, イスラエル共和国民. **israelisch** 形 イスラエルの. **Israelit** 《-en/-en》《-**in**》イスラエル人, ユダヤ人. **israelitisch** 形 史 イスラエル人の.
iss(iß), **isst**(ißt)⇒ essen
ist 《 is》⇒ sein
..ist「…を職業とする人」,「…の信奉者」;「…主義者」の意.
Istbestand 男《 Ist-Bestand》現在実高, 在庫実数.
Isthmus 男《-/..men》地学 地峡.
Iststärke 女《 Ist-Stärke》女 軍 現有兵力.
Italien イタリア. **Italiener** 男《-s/-》《-**in**》イタリア人.
italienisch 形 イタリアの, イタリア人(語)の. **Italienisch** 中《-[s]/》(特定の)イタリア語. **Italienische[s]** 中《形 形容詞変化》(言語名としての)イタリア語.
ITB 圏 Internationaler Turnerbund 国際体操連盟. **..itis**「…の炎症」;《話》「…を病的なほど好むこと」の意.
i-Tüpfelchen (= **I-Tüpfelchen** 中《-s/-》)iの上の点; 最後の仕上げ. ◆ *bis aufs [letzte] ~* 個々の点に至るまで. **i-Tüpfel-Reiter** (= **I-Tüpfel-Reiter**) 男 細かいことにこだわる人.
..iv「…の性質(機能)をもつ, …的な」の意. **i.v.** 略 i.v. intravenös 静脈の. **I.V., i.V.** 略 in Vertretung 代理人(代表者)として; *in Vollmacht* 全権を委任されて.
IVF 略 In-vitro-Fertilisation. **IVG** 略 Internationale Vereinigung für germanische Sprach- und Literaturwissenschaft ドイツ(ゲルマン)語学・文学国際学会.
Yvonne [イヴォン] 《女名》イヴォンヌ.
IWF 略 Internationaler Währungsfonds 国際通貨基金(= IMF).
i.w.S. 略 *im weiteren Sinne* 広義で.

J

j, J 中《-/-》《字母》ヨット. **j.** 略 jährlich; jemand; jetzt. **J.** 【国籍符号】日本; 略 Jod; Joule. **J.** 略 Jahr.
ja [ヤー] 副 《 yes》(肯定・同意を表して)はい, ええ;《文末で疑問符とともに》…だよね(Du kommst auch, ~)? 君も来るよね;《問い返して》そうかい(Sie haben sich verloben. – Ja? 彼らは婚約したよー そうなの?);(前言を強めて)そうだ, いや[それどころか];(驚き・喜び・命令などを強めて)本当に;(ためらい・譲歩などを表して)まあまあ, …のさ. ◆ 否定を含む疑問文に対し, 答えが肯定の場合にはふつうja ではなく, doch を用いる.⇒ Je
Ja 中《-[s]/-[s]》肯定, 承諾, 同意を表す返事;賛成表. ◆ *~ (ja) sagen (zu* et³*)* (…に)賛成する. *zu allem ~ (ja) und Amen (amen) sagen* 《話》何にでもはいと言う.
Jabo 男《-s/-s》戦闘爆撃機(< Jagdbomber).
Jacht 女《-/-en》《 yacht》ヨット.
Jacke [ヤッケ] 女《-/-n》《 jacket》上着, ジャケット. ◆ *Das ist ~ wie Hose.* 《話》それはどちらでもよいこと(結果は同じ). *die ~ voll haben* 《話》《j³》(人を)さんざんに殴る. *die ~ voll kriegen* 《話》さんざんに殴られる. *die ~ voll lügen* 《話》《j³》(人を)さんざんだます. *eine alte ~ / alte ~n* 《話》陳腐な話.
Jacken-kleid 中 (女性用)ツーピース, スーツ. **-tasche** 女 上着のポケット.
Jackett 中《-s/-s(-e)》上着, ジャケット. ◆ *sich das ~ nass ~ brausen* (sich³)(ビールなどを)一杯やる.
Jade ❶ 男《-[s]/》(女《-/-n》)翡翠(ﾋｽｲ). ❷ die ~ ヤーデ(北海に注ぐ川).
Jagd [ヤークト] 女《-/-en》《 hunt》狩り; 狩猟;《集合的》狩りの対象となる獲物; 狩猟者の一行; 猟場, 追跡; 追求. ◆ *auf die (zur) ~ gehen* 狩りをする. *~ auf* et⁴ *machen* (…を)狩る; 追跡する
jagdbar 狩猟のできる.
Jagd-berechtigung 女《-/》狩猟権. **-beute** 女 狩猟の獲物. **-bomber** 男 戦闘爆撃機(= Jabo). **-flugzeug** 中 戦闘機. **-gewehr** 中 猟銃. **-grund** 男 猟場. ◆ *in die ewigen Jagdgründe* ~ *gehen* 《戯》死ぬ. **-haus** 中 狩りの合宿に用いる角笛. **-hund** 男 猟犬. **-hütte** 女 狩りの合宿用小屋. **-rennen** 中 障害競馬レース. **-revier** 中 猟区. **-schein** 中 狩猟免許証. ◆ *einen (den) ~ haben* 《話》(法的に)責任を問われない. **-schloss** 中(= **schloß**) (王侯の)狩猟用別邸, 猟場の館. **-wurst**

ヤークトブルスト(カラシ・ニンニクをきかせた ゆでソーセージ).

jagen [ヤーゲン] 《jagte; gejagt》 [動] ❶ (覆 hunt) (獲物を)狩る; 狩猟をする; 追跡 する; **nach** *et³* (…を)追求する; 駆る(追 い)立てる, 追い払う; **in** 〈**durch** *et⁴*〉 (…を…へ)突き刺す; 撃ち込む. ❷ (s) 急 ぐ, 疾走する; (時が)速く打つ. ◆ *Damit kannst du mich* ~. 《話》そんなこと ははまっぴらごめんだ. **Jagen** 田 〈-s/-〉 駆り立て, 狩猟; 疾走; (林道などで区画され た)林区. **Jäger** 男 〈-s/-〉 (複 **-in**) 狩 人(役), 猟師, ハンター; 狙撃兵; 戦闘 機. **Jägerei** 女 〈-/-en〉 狩猟, 狩猟術; 猟師間.

Jägerlatein 田 狩り自慢のほら話.
Jagst (die 〜)ヤクスト(Neckarの支流).
jagte ⇒ jagen
Jaguar 男 〈-s/-e〉 (覆) ジャガー.
jäh [形] 突然の, 不意の; (傾斜の)急な, 険し い. **Jäheit** 女 〈-/-〉
jählings [副] 突然, 不意に; 険しく.
Jahr [ヤール] 田 〈-[e]s/-e〉 (覆 year) 年, 1年[間]; 年度; 1年間, 歳月; 年 齢. ◆ *alle* ~ 毎年. *auf* ~ *und Tag* 日 付まで詳細に; 詳細にわたって, ことこまかに. *bei* ~*en sein* 《雅》もう若くはない. *dieses* ~今年. *in den besten* ~*en* 壮年期に. *in die* ~*en kommen* をとる. *in jungen* ~*en* 若い頃に. *für* 〈*um*〉~ 毎年, 年々. *jedes* ~. *nach* 〈*vor*〉~ *und Tag* (1年ほどろか)ず っと後になって(以前に). *nächstes* ~ 来 年. *seit* ~*en* ここ数年来. *seit* ~ *und Tag* (1年ほどろか)ずっと以前から. *übers* ~ 《話》1年後. *von* ~ *zu* ~ 年を追うごと に.
jahraus [副] ◆ ~, *jahrein* 年々歳々; 毎 年毎年.
Jahrbuch 田 年鑑, 年表.
Jahre ⇒ Jahr
jahrein ⇒ jahraus
jahrelang [形] 数年間の, 何年間もの.
jähren (*sich⁴*)1年目を迎える.
Jahres·**abonnement** 田 (雑誌·劇場 などの)年間予約. ·**abschluss** 男 〈複 = **abschluß**〉年[度]末の決算; 年度末の 決算, 本決算. ·**anfang** 男 年の初め; 年頭, 年初. ·**ausstoß** 男 《経》年産 高. ·**beitrag** 男 年会費. ·**bericht** 男 年次報告書; 年報. ·**bilanz** 女 年 度決算《貸借対照表》; 本決算; 《当該》年 度の成果. ·**durchschnitt** 男 年間平 均. ·**einkommen** 田 年間収入〈所 得〉, 年収. ·**ende** 田 年末. ·**feier** 女 (例年の)記念祭. ·**frist** 女 1年の期限. ·**gehalt** 田 年俸, 年間給与. ·**rate** 女 年賦[金]; 年率. ·**ring** 男 (木の)年輪. ·**schlussbilanz** 女 〈複 = **schlußbilanz**〉年度末決算, 本決算. ·**tag** 男 (例年の)記念日. ·**urlaub** 男 年次年給 休暇. ·**wechsel** 男 年が変わる(改ま る)こと, 年末年始. ·**wende** 女 年の変わり目; 年末年始. ·**wirtschaftsbericht** 男 《経》年次経済報告. ·**zahl** 女 (紀元の) 年数; (年月日の)年.
Jahreszeit [ヤーレスツァイト] 女 〈-/-en〉 (覆 season) 季節. ◆ *die vier* ~*en* 四季. **jahreszeitlich** [形] 季節の.

Jahrgang 男 年次, 年度; 同一年次[に 生まれた人], 同期[生]; あの年[次]のワイ ン; (雑誌などの)年間刊行分 (略 Jg., 略 Jgg.).
Jahrhundert [ヤールフンダァト] 田 〈-s/ -e〉 (覆 century) 世紀, 百年 (略 Jh.); 100年 [間]. **Jahrhundert..** 「100年の…; 世 紀に一度の…」の意.
jahrhunderte·**alt** [形] 数百年を経た, 数百年も昔の. ·**lang** [形] 数百年間の. ·**wende** 女 世紀の変わり目, 世紀末. ·**werk** 田 世紀の大事業.
jährlich [イェールリヒ] [形] (覆 annual)毎 年の, 例年の. **..jährlich** 「…年ごとの」の 意.
Jahr·**markt** 男 例年開かれる市, 年の 市. ·**pacht** 女 1年期間益貸借, 年間小作. ·**tausend** 田 千年[間]. ·**zehnt** 田 10年[間].
Jahwe, Jahve 男 ヤハウェ, エホバ, ヤーヴェ(旧約聖書中のイスラエルの神の名).
Jähzorn 男 突然の怒り, かんしゃく.
jähzornig [形] かっとなりやすい, かんしゃく持ちの.
Jak 男 〈-s/-s〉 [動] ヤク.
Jakob 《男名》ヤーコプ; =Jakobus. ◆ *auch nicht der wahre* ~ 《話》どうもまず い(疑わしい). *billiger* ~ (安物を売る)大 道商人. *Das ist der wahre* ~. これぞ探 し求めていたものだ; これこそ本物だ(反語 的にも用いる). *den billigen* ~ *abgeben* 《話》おざなりの理由をつける.
Jakobiner 田 〈-s/-〉 《史》 (フランス革命時代の)ジャコバン党員; ドミニコ会の修道士.
Jakobus 《男名》ヤコーブス; 《聖》ヤコブ.
Jalousette [ジャルゼット], **Jalousie** [ジャルズィー] 女 〈-/-n〉 ベネチアンブラインド.
Jalta ヤルタ(クリミア半島の港湾都市).
Jamaika ジャマイカ.
jambisch [形] 《詩》イアンボスの.
Jambus 男 〈-/..ben〉 《詩》イアンボス, 短長《弱弱》格.
Jammer [ヤンマー] 男 〈-s/〉 (覆 misery) 嘆き, 悲しみ, 嘆きの声[声]; 悲惨, 困窮, 惨めな状態. ◆ *ein Bild des* ~*s bieten* 〈*sein*〉悲惨な光景を呈する(である). *ein* ~ *sein* 《話》非常に残念である. ·**bild** 田 悲惨な光景〈姿〉. ·**geschrei** 田 悲嘆の叫び, 号泣. ·**gestalt** 女 哀れ な〈みすぼらしい〉姿; = Jammerlappen. ·**lappen** 田 《話》おくびょう者, いくじ なし; 優柔不断な人.
jämmerlich [形] ❶ 悲惨な, 哀れな; みす ぼらしい; 価値のない. ❷ 《話》ひどく, たいへん.
jammern [動] 嘆き悲しむ, 悲嘆にくれる; 《雅》(人を)気の毒がらせる. ◆ *jmdn.* 〈*um*〉 *j-et⁴* ~ (…を)[失ったことを]惜しむ.
jammerschade [形] 《話》ひどく気の毒な, とても惜しい. ◆ *Es ist* ~ *um j⁴*. (…)(人)は本当に惜しいことをした, まっ たく気の毒だった.
Jammertal 田 《雅》(不幸な場所としての)現世[での生活]; 嘆きの谷.

jammervoll 悲惨な, 哀れな.
Jan. Januar.
Jangtsekiang (der ~)揚子江.
Januar [ヤヌアール] 男 (-[s]/-e) 1月 (略 Jan.).
Janus ﾛｰﾏ神 ヤヌス(門・出入口の守護神). 男 (-/) 〖天〗ヤヌス(土星の衛星).
Japan [ヤーパン] 日本.
Japaner [ヤパーナー] 男 (-s/-) (⸰-in) 女 Japanese)日本人.
japanisch [ヤパーニッシュ] 形 (⸰ Japanese)日本の, 日本人(語)の. ◆ *das ~e Meer* 日本海. **Japanisch** 中 (-[s]/) (特定の)日本語. **Japanische[s]** 中 〖形容詞変化〗(言語名としての)日本語.
japanisieren 他 日本化する.
Japanologe 男 (-n/-n) (⸰ ..gin) 女 日本学者, 日本文化研究者. **Japanologie** 女 (-/) 日本学. **japanologisch** 形
japan-stämmig 日本人の血統を引いた, 日系の.
Japonismus 男 (-/) 〖美〗ジャポニスム (とくに19世紀後半から20世紀初頭にかけてのヨーロッパの日本趣味).
jappen 自 ⊕= japsen.
japsen 自 〖話〗あえぐ, 激しく息をする.
Jargon [ジャルゴーン] 男 (-s/-s) (特定の職業・階層などの)特殊[用]語, 隠語; 汚い言葉[遣い].
Ja-sager 男 (-s/-) (⸰ -in) 女 〖話〗イエスマン, 何でも「はい」と言う人.
Jasmin 男 (-s/-e) 〖植〗ジャスミン.
Jaspers Karl, ヤスパース(1883-1969; ドイツの哲学者).
Ja-stimme 女 賛成票.
jäten 他 (雑草などを抜き取る; (…の)草取りをする.
Jauche 女 (-/-n) 水肥(ﾐｽﾞｺﾞｴ), 下肥(ｼﾓｺﾞｴ). 〖話〗汚水; 〖医〗腐敗膿(ﾉｳ).
jauchzen 自 歓声をあげる; 〖雅〗(j⸰et⁴) (人に)拍手をおくる, 歓呼せる. **Jauchzer** 男 (-s/-) 歓声.
jaulen 自 (犬などが)悲しげにほえる.
Jause 女 (-/-n) 〖ｵｰｽﾄﾘｱ〗間食, おやつ, 軽食.
jawohl [ヤヴォール] 間 そうですとも; かしこまりました, 承知しました.
Ja-wort 中 (求婚などに対する)承諾の言葉.
Jazz [ジェズ, ヤッ] 男 (-/) 〖音〗ジャズ. **-band** 女 ジャズバンド.
je [イェー] ❶ 副 (⸰ ever) 〖過去や未来の時を漠然と示して〗かつて, これまでに; いつか, そのうち; それぞれに, それぞれ. ...ずつ. ❷ 接 〖従属〗(je + 比較級 ..., desto um so, je, immer) + 比較級 ...) = であればあるほどますます ...: *Je mehr man hat, desto (um so) mehr will man haben.* 〖諺〗持てば持つほど人はもっと欲しくなる. ❸ 前 〖4格支配〗...につき, ...ごとに (1格と用いられることが多い): ~ *abgelaufenen Monat / ~ abgelaufener Monat* 1か月経過するごとに. ❹ 間 (Ach ⟨O⟩ ~)ああとまあ!(驚嘆・同情の声). ~ *nachdem* ...... 次第で, ~ *und* ~ 〖雅〗時折々. *seit* [eh und] ~ 以前からずっと, ずっと昔(以前)から. *von* ~ [her] 昔から. 古来. *wie* [eh und] ~ これまでと同様に.

Jeanne d'Arc ジャンヌダルク(1412頃-31; フランスの救国の少女で殉教者).
Jeans [ジーンズ] 複 ジーンズ; ジーパン. **-anzug** 男 ジーンズスーツ.
jede 〖不定代名詞; 女性1・4格〗(► *diese* と同じ変化)どの ..., すべての; おのおの(それぞれ)の, だれ(どれ)も; すべての; おのおの. ⇒ **jedem** 不定代名詞 *jedem*, *jedes*の3格. **jeden** 不定代名詞 *jeder*の4格.
jedenfalls [イェーデンファルス] 副 (⸰ anyway)いずれにせよ, どのみち; とにかく, 何はともあれ, 必ず; 少なくとも.
jeder [イェーダー] 〖不定代名詞; 男性1格 (⸰ every)どの ..., すべての; おのおの(それぞれ)の; (⸰ 名詞的) どの ..., すべての; だれ(どれ)も, 〖不定冠詞と形容詞変化〗だれ(どれ)も, すべての.
jedermann 〖不定代名詞; 男性単数形; 2格 jedermanns〗 (⸰ everyone) (男女の区別なく)だれ(だれも)も, すべての人.
jederzeit [イェーダーツァイト] 副 (⸰ [at] anytime)いつでも, 常に; 今でも.
jedes 〖不定代名詞; 中性1・2・4格〗(dieses と同じ変化), 男性2格〗どの ..., すべての; だれ(どれ)も; すべての; おのおの.⇒ **jeder**
jedesmal ⇒ **Mal** ◆
jedoch [イェドッホ] 接 (⸰ however)しかしながら, とはいうものの, それなのに, けれども.
Jeep 男 (-[s]/-s) 〖商標〗ジープ.
jeglicher 〖不定代名詞; jeder と同じ変化〗〖雅〗= *jeder*.
je ◆ *seit* (*von*) ~ ずっと以前から.
Jehova 〖聖〗エホバ.
jemals [イェーマールス] 副 (過去に)かつて; (将来の)いつか.
jemand [イェーマント] 〖不定代名詞; 男性単数扱い: 2格 jemand[e]s, 3格 jemand[em], 4格 emand[en]〗 (⸰ someone)(男女の区別なく)だれか[ある人.
Jemen (der ~)イエメン.
jemine 間 ええっ(驚嘆・恐怖の声).
Jena イェーナ(ドイツ中東部の都市).
Jenaer 男 (-s/-) イェーナの人; 形 〖無変化〗イェーナの. ◆ *~ Glas* イェーナガラス(光学用特殊ガラス).
jene 〖指示代名詞; 女性・複数1・4格〗 (diese と同じ変化)⇒ **jener**
jenem 指示代名詞 *jener*, *jenes*の3格.
jenen 指示代名詞 *jener*の4格, *jene*の3格.
jener [イェーナー] 〖指示代名詞; 男性1格 (dieser と同じ変化), 女性2・3格, 複数2格〗あの; かの [有名な]; 〖名詞的〗〖ふつう dieser と対照的に〗前者; かの[有名な]人[事物].
jenes 〖指示代名詞; 中性1・2・4格〗(dieses と同じ変化), 男性2格〗あの.⇒ **jener**
jenseitig 向こう側の, あちら側の; あの世の.
jenseits ❶ 〖2格支配〗...のあちら側で, ...の向こう側に. ❷ 副 あちら側で, ...のあちら側に; 向こう側に. ◆ *~ von...* ...の向こう側に(で); ... を越えて: *~ von Liebe und Hass* 愛憎を超えて, 恩寵のかなたに. **Jenseits** 中 (-/) 〖雅〗あの世, 他界. ◆ *ins ~ befördern* 〖話・婉曲〗(人を)あの世へ送る(殺す).
Jersey 男 (-[s]/-s) 〖織〗ジャージー; (

(-s/-s) ジャージー(スポーツシャツ).
jerum 間 ＝ jemine.
Jerusalem エルサレム(イスラエルの首都; ユダヤ教・キリスト教・イスラム教の聖地).
Jesaja 男 イザヤ(ユダヤの預言者).
Jesu ⇒ Jesus
Jesuit 男 (-en/-en) 《宗》イエズス会士; 《蔑》陰謀家. **~en-orden** 男 《宗》イエズス会. **jesuítisch** 肥 イエズス会(士)の; 《蔑》陰謀家の, ずる賢い.
Jesus (全格無変化だが2·3格 Jesu,4格 Jesum, 呼格 Jesu) 男 イエス(キリストの名前); ~ *Christus* イエス[ズ]スキリスト. ♦ ~! / ~, *Maria* [*und Josef*]! たいへんだ, なんたることだ(驚き·恐怖·不快などの叫び).
Jesuskind 中 幼子イエス.
Jet [ジェット] 男 (-[s]/-s) ジェット機. **Jetlag** 男 (-s/-s) 時差ボケ. **jetten** [動] (s)ジェット機で飛ぶ; (ジェット機で)飛ぶ. 男 ジョブ[コンピュタの作業単位].
jetzig [イェツィヒ] 肥 現在の, 今日の.
jetzt [イェツット] 副 (＝ now) 今, 現在, 目下; 今や, もはや; 最近; 《話》今すぐ, すぐさまに. ♦ *Jetzt oder nie!* (やるなら)今をおいて他にはない.
Jetztzeit 女 現今, 昨今, 現在.
jeweilig 肥 そのつどの, 当面の.
jeweils [イェーヴァイルス] 副 そのつど, それぞれに.
Jg. ＝ Jahrgang. **Jgg.** ＝ Jahrgänge.
JH ＝ *J*ugend*h*erberge. **Jh.** ＝ *J*ahr*h*undert. **Jhdt.** ＝ *J*a*h*r*h*un*d*er*t*.
Jiang Zemin 江沢民(1926-; 中国の政治家; 国家主席(1993-]).
J.-Nr. ＝ *J*ournal*n*umme*r*.
Joachim 《男名》ヨーアヒム.
Job [ジョップ] 男 (-s/-s) 《話》(一時的な)仕事, アルバイト, 勤め口, 地位, 職場;
jobben 自 《話》アルバイトをする.
Jobsuche 女 《話》アルバイト探し.
Joch 中 (-[e]s/-e) (牛·馬の)くびき; 《比》束縛, 重圧, 苦労; (山の)鞍部(ぬぶ). **=bein** 中 ほお骨.
Jockei, Jockey [ジョッケイ, ジョッキ] 男 (-s/-s) (競馬の)騎手, ジョッキー.
Jod 中 (-[e]s/F) 沃素([ば]), ヨード(元素名; 記号 J).
jodeln 自 《-s/-》(Jödel) ヨーデルで歌う. **Jodler** 男 (-s/-) ヨーデル(の歌); **-in** 女 (-/-nen) ヨーデルを歌う人.
Jodoform 中 (-s/F) 《化》ヨードホルム.
Jodtinktur 女 (-/-en) 《薬》ヨードチンキ.
Joel 男 ヨエル(古代小預言者の一人).
Joga 男中 (-[s]/-) ヨガ.
joggen 自 ジョギングする.
Jogging [ジョギング] 中 (-s/F) ジョギング.
Joghurt, Jogurt [ヨーグルト] 男中 (-[s]/-[s]) ヨーグルト.
Jogi 男 (-s/-s) ヨガの行者(修業者).
Johann 《男名》ヨ[ー]ハン. **Johanna** 《女名》ヨハンナ.
Johannes ❶ 《男名》ヨハネス; 《聖》ヨハネ; (1)イエスの12使徒の一人. (2)旧約最後の預言者. ❷ 《男》陰茎, 男根, ペニス. **=passion** 女 《楽》ヨハネ受

難曲.
Johánni[s] 中 (-/-) 聖ヨハネの祝日(6月24日).
Johánnis=beere 女 《植》フサスグリ[の実]. **=fest** 中 ＝ Johannistag. **=nacht** 女 聖ヨハネの祝日の前夜. **=tag** 男 《宗》聖ヨハネの祝日(6月24日); 夏至[祭]. **=würmchen** 中 蛍.
johlen 自 (大声で)叫ぶ, わめく.
Joint 男 (-s/-s) マリファナタバコ; 《話》紙巻きタバコ.
Jointventure 中 (-[s]/-s) 合弁企業〈事業〉, ジョイント·ベンチャー.
Joker 男 (-s/-) (トランプの)ジョーカー.
Jolle 女 (-/-n) (船に積載される)小型ボート, ランチ; 小型ヨット.
Jona[s] 男 《聖》ヨナ(小預言者の一人).
Jónathan 男 (-s/-s) ジョナサン, 紅玉(リンゴの一種).
Jongleur [ジョングレーア] 男 (-s/-e) 曲芸師. **jonglieren** 自 (*mit* ~で) (…を用いて)曲芸をする; (…を)巧みに操る.
Joppe 女 (-/-n) 《服》(男性用ジャンパー; 普段着用の)ジャケット.
Jordan (der ~)ヨルダン(シリアに発して死海に注ぐ川). ♦ *über den* ~ *gehen* 〈俗〉死ぬ.
Jordanien ヨルダン.
Josef, Joseph 《男名》ヨーゼフ; 《聖》ヨセフ. ♦ *ein keuscher* ~ 《話》道徳堅固な男.
Josua 《男名》ヨーズア; 《聖》ヨシュア (Moses を継いだ Israel 人の指導者).
Jot 中 (-/-) ヨット(ドイツ語字母 J).
Joule 中 (-[s]/-) 《理》ジュール(エネルギー単位; 記号 J).
Journal 中 (-s/-e) (専門分野の)雑誌, ジャーナル; 《商》仕訳([ダン])帳; 《海》航海日誌; 日記. **Journalísmus** 男 (-/F) ジャーナリズム[活動], 報道機関; 《話》ジャーナリスティックな書き方.
Journalíst [ジュルナリスト] 男 (-en/-en) (⊕ **-in**) ⊕ *journalist* ジャーナリスト, 新聞·雑誌·報道記者. **Journalístik** 女 (-/F) 新聞学, ジャーナリズム論. **journalístisch** 肥 ジャーナリスティックな; 新聞学の.
jovial [ヨビアール] 肥 気さくな.
Jubel [ユーベル] 男 (-s/F) 歓喜, 歓呼[の声]. **=fest** 中 記念祝典, 祝賀会. **=jahr** 中 記念の年; 《宗》ヨベルの年(50年ごと); 聖年(25年ごとの大赦の年). ♦ *alle* ~*e* [*einmal*] 《話》ごくまれに.
jubeln [ユーベルン] 自 (jubelte; gejubelt) ❶ 歓声をあげる, 歓呼する.
Jubilar 男 (-s/-e) (⊕ **-in**) (誕生·結婚などの)記念日を祝ってもらう人.
Jubiläum 中 (-s/..läen) (⊕ ..周年の)記念祭, 記念の日. **~s=ausgabe** 女 記念出版[物].
jubilieren 自 《雅》歓声をあげる, 歓呼する; (鳥が)楽しそうにさえずる; 《話》記念日〈記念祭〉を祝う.
juchhe, juchhéi, juchhéirassa 間 わあい(歓声). **Juchhe** 中 《方·戯》天井桟敷.
Juchten 男中 (-[s]/F) ロシア革; ユフテン(ロシア革の香りの香水).

jucken [ユッケン] 《juckte; gejuckt》他 ❶ かゆい;《物が人に》かゆみを感じさせる,ちくちくする;《話》《*sich*⁴》《体の一部を》かく. ❷ 《話》《人の》関心をそそる. ◆ *Es juckt j⁴ an (auf) et³.* 《人は…がかゆい. *Es juckt j⁴ + zu 不定詞句*《話》人は(…)したくてたまらない. *Es juckt j⁴ nicht, dass...* 《…だなんて)痛くもかゆくもない.

Juckreiz 男 かゆみ.

Juda 中 『聖』ユダ(Jakob と Lea の息子で,ユダ族の祖;またユダ人をいう).

Judaist 男 《-en/-en》ユダヤ研究者,ユダヤ学者.

Judas 男 『聖』ユダ;男《-/-se》裏切り者, 陰険な卑劣漢. **=baum** 男 『植』セイヨウハナズオウ. **=kuss** (= **kuß**) 男 ユダのキス(好意を装った裏切り). **=lohn** 男 裏切りの報酬.

Jude 男 《-n/-n》(女 **Jüdin**)ユダヤ人;ユダヤ教徒. **~n=dorm** 男 『植』ナツメ. **~n=frage** 女 ユダヤ人問題. **~n=kirche** 女 『植』ホオズキ. **~n=stern** 男 ユダヤ人がナチス政権下でユダヤ人と認用を義務づけられた星形のマーク).

Judentum 中 《-[e]s/》ユダヤ人気質;《総称的に》ユダヤ民族.

Judenverfolgung 女 ユダヤ人迫害.

Judikative 女 《-/》司法権.

Jüdin 女 《-/-nen》Jude の女性形.

jüdisch 厖 ユダヤ[人]の; ユダヤ人らしい.

Judo ❶ 男 《-[s]/》柔道. ❷ 男 《-/-s》青年民主党員(FDP 青年部員;< *Jungdemokrat*).

Jugend [ユーゲント] 女 《-/》(英 youth)青春期, 青春[時代]; 若さ, 若々しさ;《集合的》青年たち, 未成年者, 青少年[男女]. ◆ *die reifere ~* 《戯》中年の, 中年の人たち. *von ~ an (auf)* 若い時から.

Jugend=alter 中 青春期. **=amt** 中 青少年保護局. **=buch** 中 青少年向き図書. **=erinnerung** 女 青春の思い出. **=film** 男 青少年向け映画.

jugendfrei 厖 (映画や本に関して)青少年にも見せてよい.

Jugend=freund 男 若いころの友人, 幼なじみ. **=fürsorge** 女 青少年教護. **=gefängnis** 中 少年刑務所. **=gericht** 中 『法』少年裁判所. **=gewalt** 女 若者(青少年)の暴力.

Jugend=herberge [ユーゲントヘルベルゲ] 女 《-/-n》 (英 youth hostel)ユースホステル(略 JH). **=hilfe** 女 『法』青少年の育成と教護. **=kriminalität** 女 青少年犯罪. **=kultur** 女 青年文化.

jugendlich [ユーゲントリヒ] 厖 (英 youthful)青春の, 年若い; 青年らしい; 若者向きの.

Jugendliche(r) 男 女 《形容詞変化》青少年, 年少者《14才以上18才未満の》. **Jugendlichkeit** 女 《-/》若さ, 若々しさ.

Jugend=liebe 女 少年(少女)時代の恋; 幼いころの恋人. **=schutz** 中 少年保護. **=sprache** 女 若者ことば. **=stil** 男 ユーゲントシュティール(1900年ごろの工芸・絵画に見られた芸術様式・). **=sünde** 女 若気の過ち. **=treff** 男

《話》若者の集まる場所. **=verbrechen** 中 青少年犯罪, 少年非行. **=weihe** 女 成人式(Konfirmation の代わりに非宗教団体が主催する, 旧東ドイツ製の). **=werk** 中 青年期の作品. **=wohnung** 女 (保護観察中の少年のための)青少年用住居. **=zeit** 女 青少年期, 青年時代.

Jugoslawe 男 《-n/-n》 (女 **~win**) ユーゴスラビア人, **Jugoslawien** ユーゴスラヴィア. **jugoslawisch** 厖 ユーゴスラヴィアの).

Juice 男 中 《-/ 種類-s》ジュース, 果汁.

Juist ユースト(北海にあるドイツ領の島).

Juli 男 《-[s]/-s》 (英 July)7月.

Julianus 『男名』ユリアーヌス(332-363; 古代ローマの皇帝; キリスト教団から「背教者」と呼ばれた).

Julier (der ~) ユーリアー(アルプス山中にある峠).

Julius 『男名』ユーリウス.

Jumbojet (= **Jumbo-Jet**), **Jumbo** 男 《-/-s》ジャンボジェット機.

Jumper 男 《-s/-》(プルオーバー風の)ジャケット.

jun. 略 *junior*.

jung [ユング] 厖 《jünger; jüngst》 (英 young)若い, 年少の, 幼い;若々しい, はつらつとした, 新鮮な, 新しい;出来立ての, 過ぎたばかりの. ◆ *Alt und Jung / Jung und Alt* 老いも若きも. *Jung gewohnt, alt getan.* 〖諺〗習い性となる. *von ~ an (auf)* 若いころから. *So ~ kommen wir nicht mehr (wieder) zusammen.* 〖俗〗もう少し一緒にいよう(楽しもう, 飲もう)じゃないか.

Jüngelchen 中 《-s/-》《蔑》青造, 青二才.

jungen 他 《動物が》子を産む.

Jungen ⇒ Junge

jungenhaft 厖 少年らしい;(女の子が)ボーイッシュな;(成人が)子供みたいな. **Jungenhaftigkeit** 女 《-/》少年らしさ, 男の子らしさ; 若々しさ.

Jungenstreich 男 男の子のいたずら.

Junge[r] 男 《形容詞変化》若い人.

jünger ⇒jung **Jünger** 男 《-s/-》 《-in》弟子, 門下生. **Jüngere[r]** 男 女 《形容詞変化》年下の人;(同名の父に対して)息子《略 d. J.》. ⇒ Junior

Junge[s] 中 《形容詞変化》 (動物の)子, (鳥の)ひな.

Jungfer 女 《-/-n》未婚の女性, 処女: *eine alte ~* 《話》オールドミス. **jüngferlich** 厖 処女のような; オールドミスのような, 取り澄ました.

Jungfern=fahrt 女 処女航海. **=häutchen** 中 『解』処女膜. **=rede**

(議員の)処女演説. **=schaft** 囡 ⦅-/⦆ 未婚, 処女⦅の純潔⦆.

Jungfrau ❶ 囡 ⦅⊕ virgin⦆処女, 乙女; 未婚の女性; 『天』乙女座; 『占星』処女宮 (黄道十二宮の一つ). **❷** (die ~)ユングフラウ山(スイスアルプスの高峰). ♦ *zu et³ kommen wie die ~ zum Kind* ⦅慣⦆ 偶然にも⦅思いがけず⦆…を手に入れる.

jungfräulich 肜 処女の, 乙女らしい; 汚されていない.

Junggeselle 男 独身者(男).
~n-heim 中 独身寮. **~n-stand** 男 (男性の独身⦅の身分⦆.

Jüngling [ユングリング] 男 ⦅-s/-e⦆ 若者, 青年; 『戯』若造, 青二才. **~s-alter** 中 『雅』青年期, 青春時代.

jüngst ❶ (→ *jung*) ❷ 副 最も若い; ごく最近の. 最後の. **❷** 副 『雅』最も近い, ついこの日. ♦ *der Jüngste Tag / das Jüngste Gericht* ⦅宗⦆ 最後の審判⦅の日⦆.

Jüngste[r] 男(囡) (形容詞変化) 末の息子(娘), 末っ子, 最近の物.

Juni 男 ⦅-[s]/-e⦆ ⦅⊕ June⦆6月.

junior 肜 年少の; ⦅略⦆jr., jun.).

Junior 男 ⦅-s/-en⦆ ⦅**-in**⦆ (父親に対して)息子; (商店・会社などの)若主人, 若社長, ジュニア, 二代目; ⦅戯⦆ ジュニア, 年少組. **=partner** 男 (若い)共同経営者; 追随者, 後衛.

Junker 男 ⦅-s/-⦆ (エルベ以東の)土地貴族, ユンカー; ⦅戯⦆ 田舎貴族; 青年貴族.

Junktim 中 ⦅-s/-s⦆ ⦅政⦆ (法案などの)付帯, 抱き合わせ, 一括請求.

Jünnan 雲南, ユンナン(中国, 西南地区南部の省).

Juno ⦅-⦆ 神 ユノ(ローマ最高の女神); 囡 ⦅-/-⦆ 『天』ジュノー(小惑星の一つ).

Junta [フンタ] 囡 ⦅-/-...ten⦆ (スペイン・中南米の)臨時政府⦅人民評議会⦆.

Jupiter ⦅-⦆ 神 ユピテル (最高神) 男 ⦅-s/-⦆ 『天』木星.

Jura ❶ 男 ⦅無冠詞で⦆ 法学, 法律学. **❷** 中 ⦅史⦆ 『地学』(中生代の)ジュラ紀; ジュラ系. **❸** (der ~)ジュラ(Rhone 川から Rhein 川に及ぶ弧状⦅半ゴ⦆山脈): der Fränkische ~ フランケンジュラ山脈.

Jürgen ⦅男名⦆ユルゲン.

Jurisprudenz 囡 ⦅-/⦆ 法学, 法律学.

Jurist 男 ⦅-en/-en⦆ ⦅**-in**⦆ 法学者; 法律家; 法学部の学生. **Juristerei** 囡 ⦅-/⦆ ⦅軽蔑⦆ 法学, 法律学; 法律家の仕事. **juristisch** 肜 法⦅律⦆学の; 法律上の, 法律家の.

Jury 囡 ⦅-/-s⦆ (展覧会などの)審査委員会; 陪審員.

Juso 男 ⦅-s/-s⦆ 青年社会党員(SPD 青年部員; < *Jungsozialist*).

just 副 ⦅雅⦆ よりによって; ちょうど今.

justieren 他 (計器などを)調整する; (貨幣を)検量する.

Justifikatur 囡 ⦅-/-en⦆ 『経』(計算書の)承認.

Justitia ⦅-⦆ 神 ユスティティア(正義の女神), 肜 ⦅-/⦆ 正義の女神像.

Justitiar = *Justiziar*.

Justiz 囡 ⦅-/⦆ **❶** 司法; 裁判; 司法権. **❷** 司法当局(機関). **=apparat** 男 司法機構.

Justiziar 男 ⦅-s/-e⦆ 法律顧問.
Justiz-irrtum 男 ⦅法⦆ 誤判, 誤審.
=minister 男 法務(司法)大臣, 法相. **=ministerium** 中 法務〈司法〉省.
=mord 男 ⦅法⦆ 司法殺人.
=wesen 中 司法制度.

Jute 囡 ⦅-/⦆ 『植』ジュート; ジュート繊維.

Jüte 男 ⦅-n/-n⦆ ユトラント人. **jütisch** 肜 ユトラント(人)の. **Jütland** ユトラント(北海とバルト海を分ける半島; 南部のみドイツ領で, 大部分はデンマーク領).

Juwel 中 ⦅-s/-en⦆ ⦅⊕ jewel⦆ 宝石; 宝飾品; 貴重なもの. **❷** 中 ⦅-s/-e⦆ ⦅話⦆ 貴重な⦅かけがえのない⦆人, 宝物.

Juwelier 男 ⦅-s/-e⦆ 宝石細工商; 宝石商人. **=geschäft** 中 宝石店.

Jux 男 ⦅-es/-e⦆ ⦅話⦆ ジョーク, 冗談. ♦ *aus ⦅lauter⦆ ~ ⦅und Tollerei⦆* ⦅話⦆ はしゃいで, ふざけて, 冗談から; ふざけ半分で. *einen ~ machen ⦅sich³⦆* 冗談を言う, からかう; ふざける.

jwd, j.w.d. = *janz* (= *ganz*) *weit draußen* ⦅戯⦆ すごく遠く離れて, はるか町はずれに, いやに不便なかなかに.

⊂ K ⊃

k, K 中 ⦅-/-⦆ ⦅字母⦆ カー. **k** ⦅記号⦆ *Karat*. **k.** ⦅略⦆ *kaiserlich*; *königlich*. **k..** キロー. **K** ⦅記号⦆ *Kalium*; *Krone*.

Kabarett 中 ⦅-s/-e, -s⦆(ティー-ス) カバレット (主に風刺劇を演じる小劇場); (カバレットの)出し物の, ショー. **Kabarettist** 男 ⦅-en/-en⦆ ⦅**-in**⦆ カバレットに出演する芸人. **kabarettistisch** 肜 演芸⦅風⦆の.

Kabbala 囡 ⦅-/⦆ カバラ(ユダヤ教の神秘思想).

kabbeln ❶ 再 ⦅*sich*⁴ ⦅*mit* *j*³⦆⦆ ⦅北部⦆ 《人と》口げんかをする. **❷** 自 ⦅海⦆ (海面が)波立っている.

Kabel [カーベル] 中 ⦅-s/-⦆ **❶** ⦅⊕ cable⦆ ケーブル, (電気器具の)コード. **❷** 『工・建』鋼索, ワイヤロープ; ⦅旧⦆ 海底ケーブル(での)通信; 海底電信. **=fernsehen** 中 有線ケーブルテレビ.

Kabeljau 男 ⦅-s/-e, -s⦆ 『魚』タラ(鱈).

kabeln 他 ⦅古⦆ ⦅*et⁴ an j⁴*⦆ (…を人に)海底ケーブル通信で送る; ⦅*an j⁴*⦆ (人に)海底ケーブル通信を打つ.

Kabelnetz 中 ケーブル網.

Kabine [カビーネ] 囡 ⦅-/-n⦆ 小部屋(試着室・更衣室・電話ボックスなど); (客船・飛行機の)客室, 船室; (ロープウェーなどの)ゴンドラ; (エレベーターの)ケージ. **~n-koffer** 男 (中仕切りのある)大型トランク.

Kabinett [カビネット] 中 ⦅-s/-e⦆ **❶** ⦅⊕ cabinet⦆ 内閣, 全閣僚. **❷** (宮殿などの)小部屋; (博物館などの)小展示室. **❸** (美術品などの)専門陳列棚. **❹** = *Kabinettwein*. **~s-sitzung** 囡 閣議.

Kabinett-stück 中 傑作, 妙技; ⦅美術品等の⦆貴重品, 逸品: *sich³ ein ~ leisten* ⦅話⦆ へまをじらかす. **=wein** 男 カビネットワイン(上質ワイン).

Kabrio 中 ⦅-[s]/-s⦆. **Kabriolett** 中 ⦅-s/-s⦆ キャブリオレー(ほろ屋根のクーペ型自動車); 1頭立ての2輪馬車.

Kabul カブール(アフガニスタンの首都).

Kachel 囡 (-/-n) 陶製タイル. **kacheln ❶** 他 (…に)タイルを張る. ❷ 話 大いに酒を飲む. **Kachelofen** 男 陶製タイル張りの暖炉.

Kacke 囡 (-/) (卑) 糞(ﾋﾞ); いやなこと. ◆ *Die ~ist am Dampfen*. やっかいなことになった. **kacken** 自 (卑) 糞(ﾋﾞ)をする.

Kadaver 男 (-s/-) [動物の]死体; 蔑 ぼんこつ同然の体. **~gehorsam** 形 絶対服従, 盲従.

Kadaverin 囡 (-s/) 生化 カダベリン(プトマインの一種).

Kadenz 囡 (-/-en) 楽 カデンツ, カデンツァ; 詩 (詩句の)終止形.

Kader 男 (ˈkaːdɐ) (-s/-) (組織の)幹部, エリートたち; スポーツ 主力メンバー.

Kadi 男 (-s/-s) カーディ(イスラム教国の裁判官); 話 法廷.

Kadmium 中 (-s/) カドミウム(元素記号 Cd).

Käfer 男 (-s/-) (⊗ beetle)(カブトムシ・テントウムシなど)甲虫; 話 (カブトムシ形の)フォルクスワーゲン車.

Kaff 中 (-s/-s, -e) 蔑 片田舎.

Kaffee [カフェー] 男 (-s/-s) (⊗ coffee)コーヒー; コーヒー豆; コーヒーノキ; コーヒーブレイク(タイム). ◆ *Das ist ja kalter ~*. 話 コーヒーはとっくに冷めた. **kalter ~** (コーラなどの)清涼飲料水. **=bar** 囡 コーヒー店(軽食もとれるコーヒー店). **=bohne** 囡 コーヒー豆. **=haus** 中 オーストリア 喫茶店. **=kanne** 囡 コーヒーポット. **=klatsch** 男 話 コーヒーを飲みながらのおしゃべり. **=kränzchen** 中 コーヒーを飲みながらのおしゃべり会の女性メンバー. **=löffel** 男 コーヒースプーン. **=maschine** 囡 コーヒーメーカー. **=mühle** 囡 コーヒーミル. **=pause** 囡 コーヒーブレイク(タイム). **=satz** 男 コーヒーの出し殻. **=tasse** 囡 コーヒーカップ.

Kaffer 男 (-s/-) 話 田舎者.

Käfig 男 (-s/-e) (⊗ cage)(動物の)艦; 鳥かご; 口 (ころ軸受けの)保持器. ◆ *im [in einem] goldenen ~ sitzen* 金はあっても自由がない.

Kafka Franz. カフカ(1883-1924; チェコスロヴァキアのユダヤ系ドイツ語作家).

Kaftan 男 (-s/-e) カフタン(中近東の子と娘の長い表衣).

kahl [カール] 形 ❶ (⊗ bald)はげの, 髪の毛のない, 丸坊主の. ❷ 葉・草木の生えていない; 家具(飾り)のない(部屋・壁など). ◆ *~fressen* (害虫が木)の葉を食い尽くす.

Kahlenberg (der ~)カーレンベルク(ウィーンの北西にある丘陵(ﾄﾞ)).

kahlfressen* 他 ⇒ **kahl** ◆

Kahlheit 囡 (-/) 毛のないこと, はげ; 草木(葉)のない状態; 殺風景.

Kahl=kopf 男 (-[e]s/..köpfe) はげ頭(の人). **kahlköpfig** 形

Kahlschlag 男 皆伐[地域].

Kahn 男 (-[e]s/Kähne) (⊗ **Kähnchen**)小舟, ボート; 艀(ﾊﾟ); 話 どた靴; 戯 ベッド.

Kai 男 (-s/-e, -s) 埠頭, 波止場, 桟橋.

Kaimauer 囡 (港の)岸壁.

Kain カイン(アダムの長男; 弟アベルを嫉妬から殺した). **~s=zeichen** 中 聖 カインの印.

Kairo カイロ(エジプトの首都).

Kaiser [★] 男 (-s/-) (⊗ **-in** 囡 emperor)皇帝, 天皇. ◆ *da sein〈hingehen〉, wo auch der ~ zu Fuß hingeht* お手洗いに行く. *dem ~ geben, was des ~s ist* カイゼルの物はカイゼルに返す. *um des ~s Bart streiten〈sich[4]〉* ささいなことでけんかをする.

Kaiser=adler 男 鳥 カタジロワシ.

Kaiserin 囡 (-/-nen) ‹Kaiser の女性形› 女帝; 皇后, 皇妃.

Kaiser=krone 囡 帝冠; 植 ヨウラクユリ. **=kult** 男 (古代ローマで皇帝と神を同一化する)皇帝礼拝.

kaiserlich 形 皇帝の(らしい), 帝国の.

Kaiser=reich 中 帝国. **=schnitt** 男 医療 帝王切開[術].

Kaisertum 中 (-s/..tümer) 帝政; 帝国.

Kajak 男 (-s/-s) スポーツ カヤック.

Kajüte 囡 (-/-n) 海 船室.

Kakadu 男 (-s/-s) 鳥 カカドゥー, ボタンインコ.

Kakao [★] 男 (-s/-s) (⊗ cocoa) ココア; ココアの粉; カカオ豆; 植 カカオノキ. ◆ *durch den ~ ziehen*(…を)からかう, 笑いものにする. **=bohne** 囡 カカオ豆.

Kakerlak 男 (-s, -en/-en) 虫 ゴキブリ; 旧 白子(ｼﾞ).

Kaki ❶ 囡 (-/-[s]) カーキ色. ❷ 男 (-[s]/-s) カーキ色の木綿生地.

Kaktus 男 (-/..teen (-s/-se)), **Kaktee** 囡 (-/-n) 植 サボテン.

Kalamität 囡 (-/-en) 苦境, 難局, ピンチ; (樹木・作物などの)壊滅的被害.

Kalaschnikow 囡 (-/-s) カラシニコフ(旧ソ連製の自動小銃).

Kalauer 男 (-s/-) だじゃれ.

Kalb [カルプ] 中 (-[e]s/Kälber) (⊗ **Kälbchen**) ❶ (⊗ calf)子牛; (シカ・キリンなど大型哺乳類の)子牛. ❷ 話 小娘, ねんね. ◆ *das Goldene ~ anbeten / um Goldene ~ tanzen* 金銭を極端に尊重する. *glotzen〈Augen machen〉wie ein [ab]gestochenes ~* すっとんきょうな顔(まぬけ面(ﾂﾞ))をする. *~ Moses*ばかな人間.

関連語 **Kalbskeule** 囡 もも肉; **Kalbsfilet** 中 ヒレ肉; **Kalbskotelett** 中 ローロイン; **Kalbsbrust** 囡 バラ肉; **Kalbsbauch** 男 バラ肉; **Kalbshals** 中 首肉; **Kalbshaxe** 囡 すね肉.

kalben 自 (牛・シカなどが)子を産む; 地学 (氷河が)氷片を押し出す.

Kälber ⇒ **Kalb**

kalbern 自 (子供のように)ふざける; 獣医 子を産む.

Kalb=fleisch 中 子牛の肉. **=leder** 中 子牛革.

Kalbs=braten 男 料理 子牛の焼き肉. **=fell** 中 子牛革; (子牛革を張った)太鼓. **=leber** 囡 料理 子牛の肝(ﾊﾞ)(レバー). **=schnitzel** 中 料理 子牛のカツレツ. **=wurst** 囡 料理 子牛のレバーソーセージ.

Kaldaune 女⟨-/-n⟩【料】(牛の)臓物(ぞう);【話】(人間の)はらわた.

Kaleidoskop 中⟨-s/-e⟩万華鏡(まんげきょう);千変万化するもの、めまぐるしい変化.

Kalender [カレンダー] 男⟨-s/-⟩ (⊗ calendar) カレンダー、こよみ、グレゴリオ(ユリウス)暦. ◆ *der gregorianische (julianische)* ～ グレゴリオ(ユリウス)暦. *im* ～ *[rot] anstreichen* 〈皮肉〉〈*sich*³ *et*⁴〉(ある日を)特別な日として記憶〈記録〉しておく. ～ *machen*〈話〉考えごとをする. **=jahr** 中 暦年(1月から12月まで).

Kalesche 女⟨-/-n⟩ カレッシュ(軽四輪馬車).

Kalfakter 男⟨-s/-⟩, **Kalfaktor** 男⟨-s/-en⟩ 雑用係;【方】密告者.

Kali 中⟨-s/-⟩ カリ塩;カリウム化合物.

Kaliban 男 ❶ カリバン(Shakespeareの『テンペスト』に登場する怪物). ❷ 〈比〉醜怪で残忍〈粗暴〉な人.

Kaliber 中⟨-s/-⟩(銃砲の)口径、内径. ◆ *vom selben* ～ 〈話・蔑〉同じ種類〈性質、性格〉の.

kalibrieren 他 (…の)口径〈内径〉を測る;〔計器を〕検定する;規格に合わせる.

Kalif 男⟨-en/-en⟩ カリフ(イスラム教徒の支配者の称号).

Kalifornium 中⟨-s/⟩ カリフォルニウム(元素名:記号 Cf).

Kaliningrad カリーニングラード(バルト海に臨むロシアの都市;旧称 Königsberg).

Kalium 中⟨-s/⟩ カリウム(元素名:記号 K).

Kalk [カルク] 男⟨-[e]s/ 種類-e⟩ ❶ ⟨⊗ lime⟩石灰;しっくい. ❷ 栄養分としてのカルシウム. ◆ *Bei ihm rieselt [schon] der* ～. 彼はもう老いぼれて[もうろくして]いる. **kalken** 他 (壁に)しっくい〈塗料〉を塗る;(畑に)石灰肥料を撒く.

Kalkerde 女⟨-/⟩ 石灰質土.

kalkhaltig 彫 石灰(カルキ)を含む、石灰質の. **kalkig** 彫 石灰質の;青白い.

Kalk-mangel 男 カルシウム欠乏症. **=stein** 男 石灰岩、石灰石.

Kalkül 中⟨-s/-e⟩【数】計算;打算;【数】(一般に)計算法. **Kalkulation** 女⟨-/-en⟩ ⟨⊗ -in⟩ 計算、算定、見積もり;打算、考量. **Kalkulator** 男⟨-s/-en⟩ 計算係、会計係;打算的な人. **kalkulieren** 他 ⟨⊗ calculate⟩ 算定する、見積もる;考慮に入れる;自 推測する.

Kalli-graph, -graf 男⟨-en/-en⟩ 能書家、能筆家の達人. **-graphie, -grafie** 女⟨-/⟩ 能書法、習字、書道. **kalli-graphisch, -grafisch** 彫 能筆の、能書風の、書道の.

Kalliope 女【神】カリオペ(叙事詩をつかさどる女神).

Kalme 女⟨-/-n⟩【気象】無風、凪ぎ.

Kalo 中⟨-s/-s⟩【商】目減り、(輸送中などの)重量〈分量〉減少.

Kalorie 女⟨-/-n⟩ カロリー(熱量の単位;記号 cal). **kalorjenarm** 彫 カロリーの少ない、低カロリーの. **Kalorjengehalt** 男 カロリー含有量. **kalorjenreich** 彫 カロリーの多い、高カロリーの.

kalt [カルト] 彫 (**kälter**; **kältest**) ❶ ⟨⊗ cold⟩ 冷たい、寒い;(料理などが)冷たい、冷めた. ❷ 冷淡な、冷やかな、感じの冷たい;無情な:あっさりした. ◆ *auf* ～*em Wege* 冷静に. ～ *bleiben* 冷静さを失わないでいる. ～ *lächelnd*〈蔑〉冷笑的に、ひややかに. ～ *lassen* [*j*⁴]〈人〉の心〈気持ち〉に影響しない.

kaltbleiben* 自⟨s⟩ → **kalt** ◆

kaltblütig 彫 冷血動物の;冷静な;【生】冷血の. **Kaltblütigkeit** 女⟨-/⟩

Kälte [ケルテ] 女⟨-/⟩ 冷たさ;氷点下…度;(態度・印象などの)冷淡さ、冷ややかさ.

kältebeständig 彫 不寒[性]の;寒さに強い. **Kälteeinbruch** 男 突然の寒波、寒波の襲来. **kälteempfindlich** 彫 寒さに敏感な(弱い).

Kälte-grad 男⟨-⟩ 氷点下の温度. **=maschine** 女 冷凍機.

kälter 彫 kalt の比較級.

Kälte-schutzmittel 中 不凍剤.

kältest 彫 kalt の最上級.

Kälte-technik 女 低温工学. **=welle** 女【気象】寒波.

Kaltfront 女【気象】寒冷前線.

kalt-herzig 彫 冷淡な;無情な.

-lächelnd, **-lassen** 他 → **kalt** ◆

-machen 他〈話〉(人)を殺す.

Kaltschale 女【料】冷たい果実スープ.

kaltschnäuzig 彫〈話〉そっけない、無愛想な;厚かましい. **Kaltstart** 男 (エンジンの)低温始動. **kaltstellen** 他〈話〉(人)の権勢を奪う、勢力を殺ぐ. **Kaltwasserkur** 女 冷水浴療法.

Kalvinismus 男⟨-/⟩【宗】カルヴィニズム、カルヴァン主義. **kalvinistisch** 彫 カルヴァン派の.

kalzinieren 他【化】煆焼(かしょう)する.

Kalzium 中⟨-s/⟩ カルシウム(元素名:記号 Ca).

kam 動 → **kommen**

kambial 彫【商】手形による〈関する〉.

Kambio 男⟨-s/..bi⟩【商】手形、為替.

Kambodscha カンボジア.

käme 動 → **kommen**

Kamee 女⟨-/-n⟩ カメオ.

Kamel 中⟨-[e]s/-e⟩⟨⊗ camel⟩【動】ラクダ;【話】とんま、愚か者、ばか、まぬけ. ◆ *Eher geht ein* ～ *durchs Nadelöhr, als dass …* …なんて絶対に起こるはずがない. **-haar** 中【織】キャメルヘア.

Kamelie 女⟨-/-n⟩ ツバキ(椿)、サザンカ(山茶花).

Kamellen 複 *alte* ⟨*olle*⟩ ～ 〈話〉陳腐な話.

Kamera [カーメラ] 女⟨-/-s⟩ (映画・テレビ撮影用)カメラ;(写真用)カメラ. ◆ *vor der* ～ *stehen* 映画・テレビに出演している.

Kamerad [カメラート] 男⟨-en/-en⟩ ⟨⊗ -in⟩ 学友、戦友;仲間、チームメイト、同僚. **Kameradschaft** 女⟨-/-en⟩ (仲間の)信頼関係、友情;仲間. **kameradschaftlich** 彫 仲間の、友達の、親密な. **Kamerad-schafts-ehe** 女 友愛結婚.

Kamera-einstellung 女 (焦点距離、絞り・シャッター速度などの)カメラ調整. **-mann** 男⟨..frau⟩ (映画・テレビの)カメラマン、撮影技師. **kamera-scheu**

Kamerateam

囲 カメラぎらいの,写真を撮られることのきらいな. **Kamerateam** 回 カメラマンのチーム,写真撮影班.

Kamille 囡 (-/-n) 回 カミルレ,カミツレ. **~tee** カミツレ茶(消炎・鎮痙剤).

Kamin [カミーン] 男 (ﾞ-s/-e) 回 fireplace (壁に設けた暖炉);煙突;【登山】チムニー(岩壁の間の狭い割れ目). ♦ *in den ~ schreiben* (…を)しかたなくあきらめる. **=feger** 男, **=kehrer** 男 [方] 煙突掃除人.

Kamm [カム] 男 (-[e]s/*Kämme*) (愛 *Kämmchen*) ❶ (愛 comb) くし; *sich³ mit dem ~ durchs Haar fahren* くしで髪をとかす. ❷ (鳥の)とさか(馬などのたがみ;(牛の)首肉,(豚の)肩肉. ❸ (山の)尾根;波頭. ♦ *alle (alles) über einen ~ scheren* (…を)何もかもいっしょくたに扱う; *Bei j³ liegt der ~ auf {bei, neben} der Butter.* (人の)家は整理整頓がしてない;怒っている. *J³ schwillt der ~.* (人が)得意になっている;怒っている.

kämmen 他 (愛 comb) くし(愛くし)ですく; (自分の)髪をとかす; *j³ {sich³} et¹* (自分の)髪をとかす.

Kammer [カマー] 囡 (-/-n) (愛 *Kämmerchen*) ❶ (愛 chamber) (物置用の)小部屋,納戸; (古・古)寝室. ❷ (解) 回 室,腔室. ❸ (政)回 議院,国会; (裁判所の)部;同業者団体. **=diener** 男 (王侯・貴人の)近侍.

Kammer-gericht 回 (中世の)宮廷裁判所; (ベルリンの)上級地方裁判所. **=jäger** 男 宮廷狩猟官;屋内害獣(害虫)駆除業者.

Kammer-musik 囡 室内楽. **=ton** 男 室内楽音(調子).

Kamm-garn 囡 回 ウーステッドヤーン,梳毛糸. **=rad** 回 歯車.

Kampagne 囡 (-/-n) (特に政治的な)運動,キャンペーン.

Kampanile 男 (-/-) (特にイタリアの)教会や別館の鐘楼.

Kämpe 男 (-/-n) [雅] 戦士,勇者.

Kampf [カンプフ] 男 (-[e]s/*Kämpfe*) ❶ (愛 fight, battle) *für {gegen, um} et¹* (…のためのに対する,を)戦い,戦闘,格闘,争い,対立;*in den ~ ziehen* 出陣する. ❷ 回 試合,競技. ♦ *den ~ ansagen {j-t³}* (…に対する)措置を明言する. **=abstimmung** 囡 賛否伯仲の票決,決戦投票. **=bahn** 囡 [体] 競技場,スタジアム. **kampfbereit** 形 戦闘準備のできた;好戦的な. **Kampf-bomber** 男 回 戦闘爆撃機.

Kämpfe ⇒ Kampf

kämpfen [ケンプフェン] (kämpfte; gekämpft) 自 ❶ (愛 fight) *für {um} j-et¹* (…のために;を求めて)戦う; *gegen j-et⁴ {mit j-et³}* (…と)戦う,争う,格闘する; 【mit *sich³*】思い迷う(あぐねる). ❷ *sich¹* 戦って(…になる);(…の方へ)苦労して進む.

Kämpfer 男 (-s/-) 模写(愛 *-in*) 男 戦闘員;戦士,闘士,斗士; [体](特に格闘技の)選手.

❷ [建](アーチの)迫台(熟).

kämpferisch 形 戦闘的な,闘志に燃えた,ファイトのある.

Kampf-flugzeug 回 戦闘機. **=gas** 回 毒ガス. **=gebiet** 回 戦闘(交戦)地域. **=geist** 男 闘志. **=gewühl** 回 乱戦,混戦. **=gruppe** 囡 戦闘団. **=hahn** 男 闘鶏のニワトリ;けんか好きの人. **=handlung** 囡 戦闘行為. **=hund** 男 闘犬用の犬. **Kampflos** 形 無戦闘(試合)なしの. **Kampflust** 囡 闘志,戦意. **kampflustig** 形 戦闘的な,好戦的な.

Kampf-platz 男 戦場; [体]競技場,スタジアム. **=preis** 男 (商) 競争価格. **=richter** 男 (法)審判員,ジャッジ. **=sport** 男 格闘技. **=stier** 男 闘牛用の雄牛. **=stoff** 男 回 大量殺傷物質(毒ガス・細菌・放射性物質など).

kampf-unfähig 形 戦えない,戦闘能力のない,試合を続けられない.

kampieren 自 キャンプ(野営)する.

Kanaan 地 カナン(パレスチナの西部地方の古称).

Kanada 地 カナダ(首都オタワ). **Kanadier** 男 (-s/-) (愛 *-in*) カナダ人: カナディアンカヌー; (氷河)安楽いす. **kanadisch** 形 カナダ(人)の.

Kanaille [カナイエ] 囡 (-/-n) [蔑] 悪党,ごろつき,ならず者.

Kanal [カナール] 男 (-s/*Kanäle*) (愛 *Kanälchen*) ❶ (愛 canal) 運河,水路,排水路,溝,下水道,暗渠(芗). ❷ (愛 channel) 周波数帯,チャンネル. ❸ (思想・情報などの)伝達経路,ルート. ❹ (解) (胃・腸などの)消化管. ♦ *den ~ voll haben* あきあき(うんざり)している; 酔っぱらっている. *den ~ voll laufen lassen {sich¹}* 酔っぱらう. **=gebühr** 囡 回 通行料.

Kanalisation 囡 (-/-en) 下水道網(設備). **kanalisieren** 他 (…の)下水(排水)設備を設ける; (社会的情動などに)はけ口を与える. **Kanalisierung** 囡 (-/-en) = Kanalisation; (社会不満などの)誘導;緩和.

Kanal-ratte 囡 [動]ドブネズミ. **=tunnel** 男 ドーバー(英仏)海峡海底トンネル. **=wähler** 男 チャンネル選択ボタン(スイッチ).

Kanapee 回 (-s/-s) [料]カナッペ; (戯)ソファー.

Kanaren 地 カナリア諸島.

Kanarienvogel 男 [鳥] カナリア.

Kandare 囡 (馬のはみ. ♦ *an der ~ haben* (人を)厳しく監督している; *j⁴ an die ~ nehmen* / *j³ die ~ anziehen* (人を)意のままに操る.

Kandelaber 男 (-s/-) 枝つき燭台(荃); すずしい街灯[柱].

Kandidat [カンディダート] 男 (-en/-en) (愛 *-in*) (愛 candidate) 候補者;応募者. ❷ 試験準備中の学生 (愛 cand.); (大学の最終試験前の)受験資格者. **~en-liste** 囡 候補者リスト.

Kandidatur 囡 (-/-en) 立候補. **kandidieren** 自 立候補する.

kandieren 他 (果実を)砂糖漬けにする.

Kandis 男 (-/) 氷砂糖.

Kaneel 男 (-s/ 種類-e) [白]肉桂(ﾆｯｹｲ), 桂皮(香料として用いる).

Känguru (旧 **Känguruh**) 中 (-s/-s) 《動》カンガルー.

Kaninchen [カニーンヒェン] 中 (-s/-) 《動 rabbit》《動》カイウサギ (飼い兎). **~bau** 男 ウサギの巣穴. **~stall** 男 ウサギ小屋.

Kanister 男 (-s/-) (ガソリンや水を入れて持ち運ぶ)四角い容器, ポリタンク; (持ち手つきの大型の)ブリキ缶.

kann ⇨ können

Kännchen 中 (-s/-) 《Kanne の縮小形》: 飲み ~ Kaffee bitte!(カフェで)コーヒーを小さいポットで願います.

Kanne [カネ] 女 (-/-n) (＝ **Ännchen**) ❶ 《＝ pot》ポット, (ふた付きの)水差し, (ふた付きの)ジョッキ (運搬用の)牛乳缶. ❷ 《話》サキソフォン. ♦ *Es gießt wie aus* 《*mit*》 ~*n*.[雨が]どしゃ降りだ. *in die ~ steigen*《学生》一気飲みする. **~gießer** 男 国酒屋政談家, 素人政治評論家.

Kannibale 男 (-n/-n, .lin)人食い(人種); 残忍(野蛮)な人. **kannibalisch** 形 人食い人種の; 残忍(野蛮)な; 《話》たいへんな, すごい.

kannst ⇨ **kannte** ⇨ kennen

Kanon 男 (-s/-s) 《楽》カノン; 規範, 規準; (書物の)正典 (-es) 《宗》教理, 典範.

Kanonade 女 (-/-n) (大砲の)連射; 《話》シュート.

Kanone [カノーネ] 女 (-/-n) ❶ 《＝ cannon》大砲, カノン砲; 《話》ピストル. ❷ 《話》名手, 名人, 名選手. ♦ *mit* ~*n auf Spatzen* 《*nach Spatzen*》 *schießen* 鶏を裂くに牛刀をもってする. *unter aller* ~ *sein*《話》(ひどくて)話にもならない, 最低である. **~n-boot** 中 《軍》砲艦. **~n-futter** 中 (犠牲になった)戦没兵士. **~n-kugel** 女 砲弾. **~n-rohr** 中 砲身; *Heiliges* ~! 《話》あら驚いた. **~n-stiefel** 男 (ひざまでの)長靴.

Kanonier 男 (-s/-e) 砲兵.

Kanonikus 男 (-/..ker) 《カ》司教座教会参事会員. **kanonisch** 形 規範となる; 《宗》教会法上の; 《神学》聖書正典の; 《楽》カノン形式の. **kanonisieren** 他 《宗》(死者を)聖人の列に加える.

Kanossa = Canossa. / 中 (-s/-s) = Kanossagang. **-gang** 男 カノッサ詣で; 意に反しての陳謝.

Kant Immanuel, カント (1724–1804; ドイツの哲学者).

Kantate 女 (-/-n) ❶ 《楽》カンタータ. ❷ 男 〔無変化〕《宗》カンターテの主日(復活祭後の第四日曜日).

Kante [カンテ] 女 (-/-n) ❶ 角, 稜(かど), ふち, きわ, へり, 端(は); 《コン・㌧》エッジ;《登山》稜線(ﾘｮｳｾﾝ). ❷ (衣服の)縁どり. ♦ *auf der hohen* ~ *haben* 《話》(ある金額を)蓄えている. *auf der* ~ *stehen* 《話》あぶなっかしく. *auf die hohe* ~ *legen* 《話》(金を)蓄える.

Kantel 女 (-/-n) 角材; 男 (-s/-) 直角定規.

kanten ❶ 他 (箱などを)傾ける. ❷ 他 《コン・㌧》エッジを立てる.

Kanten 男 (-s/-) 《北部》パンの切れ端.

Kanter-sieg 男 《スポ》楽勝, 大勝.

Kanthaken 男 ♦ *an* 《*beim*》 ~ *kriegen* 《*nehmen, packen*》《話》(j³に) 問いただす; (人を叱り飛ばす.

Kantholz 中 角材.

kantig 形 角のある, ごつごつした, (顔などが)角ばった; ぎこちない, 不器用な.

Kantine 女 (-/-n) (会社などの)食堂.

Kanton 広州, コワンチョウ(中国, 広東省の省都).

Kanton 男 (-s/-e) (スイスの)州; (フランス・ベルギーの)小郡; (旧プロイセンの)徴兵区. **Kantonese** 男 (-n/-n) 《ﾌﾞ》地方分権(連邦分立)主義者. **Kantonist** 男 (-en/-en) 《古》新兵. ♦ *ein unsicherer* ~ あてにならない人.

Kantor 男 (-s/-en) (教会の)合唱指揮者 (パイプオルガンも演奏する).

Kanu 中 (-s/-s) カヌー, 丸木舟.

Kanüle 女 (-/-n) 《医》カニューレ; 注射針.

Kanzel 女 (-/-n) (教会の)説教壇; (飛行機の)操縦席, コックピット.

Kanzlei 女 (-/-en) (王侯・聖職の)官房; 文書係室; 《南部・ｵｰｽﾄﾘ》(弁護士などの)事務所. **-sprache** 女 官庁語, お役所ことば; 古風で回りくどい言い回し.

Kanzler [カンツラー] 男 (-s/-) ❶ (ドイツ・オーストリアの)連邦首相; ドイツ帝国宰相. ❷ (大学の事務局長; (大使館の)1等書記官.

Kanzone 女 (-/-n) 《楽》カンツォーネ.

Kaolin 中 (-s/ 種類-e) カオリン(陶土の一種).

Kap 中 (-s/-s) 岬.

Kap. 略 **Kap**itel.

Kapaun 男 (-s/-e) (去勢した)食肉用雄鶏(ｵﾝﾄﾞﾘ); 柔弱な男.

Kapazität 女 (-/-en) (＝ capacity) 容量, 収容能力; 理解力; (工場などの)生産能力; 《電》蓄電量; 専門家, 権威者; エキスパート. **~s-reserve** 女 《経》(工場などの)余剰能力, 生産余力.

Kapee 中 (-s/-s) 理解[力]. ♦ *schwer von* ~ *sein* 物分かりが悪い.

Kapelle 女 (-/-n) ❶ (＝ chapel) 礼拝堂, チャペル; (大きめの教会の)典礼堂. ❷ 楽団, 楽隊, バンド; 教会の聖歌隊. ❸ 《化》(銀などの)分離用オーブン; (有毒ガスの)隔離検査室.

Kapell-meister 男 (楽団・オーケストラの)指揮者, 楽長.

Kaper 男 (-s/-) ❶ 《法》(公認の)敵船捕獲船, 私掠(ﾘﾂｸ)船; 海賊; 略奪者. ❷ 女 (-/-n) 《料》ケーパー(フウチョウボクの つぼみ). **Kaperei** 女 (-/-en) 《法》(公認の)敵船捕獲, 私掠[ﾘﾂｸ]. **kapern** 他 (船を)捕獲する; 《話》《*sich³ et³*》（…を)手に入れる; 《*sich³ j³*》(結婚相手・協力者を)つかまえる.

kapieren 他 《話》分かる, 理解する.

kapillar 形 髪の毛のように細い; 毛細の. **~-erscheinung** 女 毛細管現象.

kapital 形 主要な; 重大な; すごい; 《狩》大物の, りっぱな [角のある].

Kapital [カピタール] 中 (-s/-e -ien) ❶ 《＝ capital》資本, 資本金, 資金, 元金; 基金. ❷ 資本家[階級]. ♦ ~ *aus et³* をつかまえる.

Kapitalanlage 338

schlagen（…から）利益を得る；（…を）利用する. **=anlage** 囡 投資. **=anleger** 男 投資家. **=bildung** 囡 資本形成. **=flucht** 囡 資本の流出. 資本逃避. **=gesellschaft** 囡 [商] 物的資本会社, 株式会社. **kapitalisieren** 他 資本化する；換金する.

Kapitalismus [カピタリスムス] 男 (-/) 資本主義. **Kapitalist** 男 (-en/-en) (⊗ -in) 資本家；[俗] 金持ち；資本主義者. **kapitalistisch** 形 資本主義の, 資本主義的の；資本家的な.

Kapital-konto 中 [商] 資本（元劃）勘定. **=markt** 男 資本市場. **=steuer** 囡 資本税. **=transfer** 男 (外国への) 資本移転. **=verbrechen** 中 重大犯罪.

Kapitän [カピテーン] 男 (-s/- ; ⊗ -e) (⊗ captain) 船長；[空] 機長；⇒ zur See 海軍大将. ◆ ~ der Kapitäne, 主将. ◆ ~ der Landstraße [話] 長距離トラックの運転手. **=leutnant** 男 海軍大尉.

Kapitel [カピテル] 中 (-s/-) ❶ (⊗ chapter) (著作物の) 章 (⊗ Kap.). ❷ 問題, ことがら. ❸ [宗] 参事会. ❹ *ein ~ für sich sein* 複雑（やっかい）な問題である.

Kapitell 中 (-s/-e) [建] 柱頭.

Kapitol 中 (-s/) ❶ (das ~) カピトリ丘 (ローマ七丘の一つで, 古代ローマの聖地). ❷ (米国の) 国会議事堂.

Kapitulation 囡 (-/-en) 降伏；降伏条約. **kapitulieren** 自 (⊗ *vor j-et³*) (…に) 降伏する；[話] 降参する.

Kaplan 男 (-s/..pläne) [カトリ] 助任司祭, 礼拝堂つき司祭.

Kapok 男 (-s/) カポック, パンヤ.

Kaposi-Sarkom 中 (-s/-e) [医] カポジ肉腫 (特にエイズ患者にみられる).

Kappe 囡 (-/-n) (⊗ Käppchen) (⊗ cap) (縁なし) 帽子, ずきん；(器具の) キャップ；(容器の) ふた；[建] 穹窿 (かみわん) 形の屋根；[料] 包 (つつみ), 襞 (ひだ) ；被覆. ◆ *auf seine [eigene] ~ nehmen* (et¹ を) 自分の責任を負う. Et¹ *kommt [geht] auf j² ~*, 　「…については (人に) 責任がある」.

kappen 他 切る, 切り縮める；[話] (人を) つかまえる；(鶏などを) 去勢する；中断する, 止める.

Käppi 中 (-s/-s) ケピ (形軍帽の一種).

Kaprice 囡 (-/-n) 気まぐれ, 移り気.

Kapriole 囡 (-/-n) 跳躍, 飛び跳ねること；気まぐれ (いたずら), ふざけ.

Kaprize 囡 (-/-n ; [オス] -n) = Kaprice.

kaprizieren 再 (⊗ *sich auf et⁴*) (…と) 言い張る, (…に) 固執する.

kapriziös 形 気まぐれな, 移り気な.

Kapsel 囡 (-/-n) (⊗ Käpselchen) (丸い小さなケース, カプセルで) ；(瓶の) 王冠；[医] 包 (つつみ), 嚢 (のう) ；被膜.

Kapstadt ケープタウン (南アフリカ共和国, ケープ州の州都).

kaputt [カプット] 形 ❶ (⊗ broken) 壊れた, 故障した. ❷ 疲れきった, くたくたの；破綻（敗滅）した. ◆ *Bei ihm ist was* ~, [話] やつは少しおかしい.

kaputt=gehen* [カプットゲーエン] (ging kaputt; kaputtgegangen) 自 (s) [話] 壊れる, だめになる；(動植物が) 死ぬ, 枯れる.

kaputt=machen [カプットマヘン] (machte kaputt; kaputtgemacht) 他 [話] 壊す, 潰す, だめにする；(人を) 破滅させる；*sich¹* 疲れ果てる.

Kapuze 囡 (-/-n) [服] (コート・アノラックなどの) フード. **~n-anorak** 男 フードつきアノラック (パーカー).

Kapuziner 男 (-s/-) [宗] カプチン派修道士；カプチーノ (コーヒー). **=kresse** 囡 [植] ノウゼンハレン, キンレンカ.

Kar 中 (-[e]s/-e) [地学] カール (氷河の浸食によってできたU字状のくぼ地).

Karabiner 男 (-s/-) カービン銃；[登山] = Karabinerhaken. **=haken** 男 ばねリング, カラビナ.

Karabiniere 男 (-[s]/..ri) (イタリアの) 国家警察官.

Karacho 中 ◆ *mit* ~ [話] 全速力で, まっしぐらに.

Karaffe 囡 (-/-n) カラフ, デカンタ (ワインなどを入れる胴体のふくらんだガラス瓶).

Karajan Herbert von, カラヤン (1908-89) ；オーストリア生まれの指揮者.

Karambolage 囡 (-/-n) [話] (自動車などの) 衝突；[撞球] キャノン, キャロム (手玉を2個の的玉に当てること).

karambolieren 自 [撞球] キャロムを突く；(*mit et³*) (…と) 衝突する.

Karamell (⊗ Karamel) 男 (-s/) カラメル (砂糖を熱し詰めた状のもの).

Karamelle 囡 (-/-n) キャラメル.

Karaoke 中 (-s/-n) カラオケ. = **bar** 囡 カラオケバー.

Karat 中 (-[e]s/-e) [単位-/-) カラット (金の純度・宝石重量単位； [記号] k).

Karate 中 (-s/) 空手.

Karatschi カラチ (パキスタンの都市).

Karavelle 囡 (-/-n) カラベル (14-16世紀の小型帆船).

Karawane 囡 (-/-n) キャラバン, 隊商, (ラクダで旅をする一行)；長い列.

Karbatsche 囡 (-/-n) (革もひもで編んだ) 鞭.

Karbid 中 (-[e]s/-e) 炭化カルシウム, カーバイド.

Karbohydrase 囡 (-/-n) [生化] カルボヒドラーゼ (炭水化物加水分解酵素).

Karbol 中 石炭酸.

Karbonade 囡 (-/-n) [料] (子牛・豚・羊の) 背肉, フリカデル.

Karbunkel 男 (-s/-) [医] カルブンケル, 癰 (よう).

Kardamom 男 (-s/-e[n]) [植] カルダモン, ショウズク.

Kardan=gelenk 中 [工] 自在 (カルダン) 継手. **=welle** 囡 [工] カルダン軸.

Kardätsche 囡 (-/-n) (馬などの) 手入用ブラシ；けば立てブラシ.

Karde 囡 (-/-n) [植] ナベナ属；[織] 梳綿 (そうめん) 機.

kardinal 形 重要な, 基本的な, 主要な.

Kardinal 男 (-s/..näle) [カトリ] 枢機卿 (けい)；[鳥] ショウジョウコウカンチョウ；[植] カージナル (ロイアンのカクテル). **=fehler** 男 根本的 (致命的) な誤り (過失). **=frage** 囡 重要 (基本) 問題. **=zahl** 囡 基数.

Kardiogramm 中 (-s/-e) [医] 心拍曲線. **Kardioskop** 中 (-s/-e) [医] 心臓鏡.

Karenz [女] ((-/-en)) = Karenzzeit; 〔医〕節制. ≈**zeit** [女] (保険金支払いまでの)待ち期間; 猶予期間.
Karfiol [男] ((-s/)) 《南部・ｵｰｽﾄﾘｱ》〔植〕カリフラワー.
Kar≈freitag [男] ((-[e]s/-e)) 〔ｷﾘｽﾄ教〕聖金曜日(復活祭直前の金曜日).
Karfunkel [男] ((-s/-)) = Karfunkelstein; 《話》= Karbunkel. ≈**stein** [男] ルビー, ガーネット.
karg [形] ((-er; -st/kärger; kärgst)) わずかの, 乏しい; 簡素な; 地味のやせた, 不毛の. ✦ *~ sein* 《mit *et*³》(…を)惜しがる, けちけちする.
kargen [自] 《mit *et*³》(…を)節約する, けちけちする. **kärger** ⇨ karg **Kargheit** [女] ((-/)) 《雅》質素. **kärglich** [形] 簡素な; 質素な; みすぼらしい; わずかの, 乏しい.
Kargo [男] ((-s/-s)) 〔商・海〕船荷.
kärgst ⇨ karg
Karibik (die ~)カリブ海(中南米・西インド諸島に囲まれた海).
kariert [形] 格子じまの; 《話》混乱した, 支離滅裂な.
Karies [女] ((-/)) 〔医〕カリエス; 虫歯.
Karikatur [カリカトゥーア] [女] ((-/-en)) ([英] caricature)カリカチュア, 風刺漫画, 戯画. **Karikaturist** [男] ((-en/-en)) ([女] **-in**)風刺漫画家. **karikaturistisch** [形] 戯画的な. **karikieren** [他] 漫画で風刺する, 戯画化する.
kariös [形] 〔医〕カリエス[性]の.
Karitas [女] ((-/)) (キリスト教的な)隣人愛, 慈善. **karitativ** [形] (キリスト教的な)隣人愛に基づく, 慈善の, 福祉の.
Karl 《男名》カール.
Karl-Marx-Stadt カールマルクスシュタット(Chemnitz の旧称).
Karlsbad カールスバート(チェコ北西端の温泉地). **Karlsruhe** カールスルーエ(ドイツ南西部の工業都市).
Karmesin [中] ((-s/)) = Karmin.
karmesinrot [形] 深紅色〈えんじ色〉の.
Karmin [中] ((-s/)) カーマイン(天然の赤色色素深紅色).
Karneol [男] ((-s/-e)) 紅玉髄.
Karner [男] ((-s/)) 納骨堂, (墓地の)礼拝堂.
Karneval [男] ((-s/-e, -s)) カーニバル, 謝肉祭. **Karnevalist** [男] ((-en/-en)) ([女] **-in**)カーニバルの参加者(演説家・歌手). **karnevalistisch** [形] カーニバルの.
Karnickel [中] ((-s/-)) 《方》飼いウサギ, 家兎(かと); 《話》へまなやつ.
Kärnten ケルンテン(オーストリア南部の州).
Karo [中] ((-s/-s)) ひし形; 格子じま; 〔ﾄﾗﾝﾌﾟ〕ダイヤ. ✦ *~ trocken* 〈*einfach*〉《方》何もつけないパン.
Karosse [女] ((-/-n)) 儀装馬車.
Karosserie [女] ((-/-n)) (自動車の)車体, ボディー.
Karostoff [男] 格子じまの生地.
Karotin [中] ((-s/)) 〔化〕カロチン.
Karotinoide [複] 〔生化〕カロチノイド.
Karotte [女] ((-/-n)) ([英] carrot)〔植〕ニンジン; (特に)サンズンニンジン.
Karpaten [複] カルパート〈カルパチア〉山脈(ポーランド・スロヴァキア国境からルーマニアへのびる山脈).
Karpfen [男] ((-s/-)) ([英] carp)〔魚〕コイ(鯉). ≈**teich** [男] コイの養殖池.
Karre [女] ((-/-n)) = Karren.
Karree [中] ((-s/-s)) 方形, 四角形. ✦ *im ~* 方形〈四角形〉に.
Karren [男] ((-s/-)) ([小] **Kärrchen**)([英] cart)(小型の)荷車, 手押し車; 《蔑》ポンコツ自動車. ✦ *an den ~ fahren* 《話》(*j*³)(人を)厳しく非難〈攻撃〉する. *den ~ aus dem Dreck ziehen* 《話》事態を収拾する, 失敗を取り返す. *den ~ in den Dreck fahren* 《話》泥沼にはまる. *den ~ laufen lassen* 《話》事態を推移するに任せる. *Der ~ ist total verfahren.* 《話》にっちもさっちもいかない. *seinen ~ ins Trockne schieben* 《話》自分だけいい目を見ようとする. *nicht vor j² ~ spannen lassen* 《*sich*⁴》(人のために)苦労するつもりはない. *vor seinen ~ spannen* 《話》(人を)自分のために利用する.
Karriere [カリエーレ] [女] ((-/-n)) ❶ ([英] career)(職業上の)経歴, キャリア, 立身出世, 出世街道. ❷ 〔馬術〕全力疾走. ✦ *~ machen* スピード出世する. ≈**diplomat** [男] 本職〈生え抜き〉の外交官, キャリアの外交官. **karrieregeil** 《話》= karrieresüchtig.
Karriere≈leiter [女] 出世の階段, 出世コース. ≈**macher** [男] 《蔑》(他人を顧みずに)立身出世する〈した〉人. ≈**sprung** [男] 飛躍的な出世〈栄達〉.
Karrieresucht [女] 出世〈栄達〉への渇望, 出世欲. **karrieresüchtig** [形] 上昇志向の, 出世欲のある.
Kar≈samstag [男] 〔ｷﾘｽﾄ教〕聖土曜日(復活祭直前の土曜日).
Karst [男] ((-[e]s/-e)) 〔地学〕カルスト(石灰岩地域の溶食地形).
kart. [略] *kart*oniert.
Kartätsche [女] ((-/-n)) (昔の)散弾入り砲弾; 〔建〕壁ごて.
Karte [カルテ] [女] ((-/-n)) ([小] **Kärtchen**) ❶ ([英] card)カード, 紙片. ❷ [絵]はがき; グリーティングカード; 招待状; 名刺. ❸ (トランプ・ゲームの)カード, 札. ❹ ([英] ticket)(乗り物の)切符, 乗車券; (映画・芝居の)チケット, 入場券. ❺ (レストランなどの)メニュー. ❻ 地図; クレジットカード. ✦ *alle ~n in der Hand haben* 〈*behalten*〉主導権を握っている. *alles auf eine ~ setzen* いちかばちかの勝負に出る. *auf die falsche ~ setzen* 判断を誤る. *die gelbe* 〈*rote*〉 *~* 〔ｻｯｶｰ〕イエロー〈レッド〉カード. *die grüne ~* (自動車保険加入済を証明する)グリーンカード. *die* 〈*seine*〉 *~n aufdecken* / *die* 〈*seine*〉 *~n auf den Tisch* 〔*offen*〕 *legen* 手の内を明かす. *die ~n legen* 〈《方》*schlagen*〉 《*j*³》(人のことを)トランプ占いする. *die letzte ~ ausspielen* 切り札を出す. *in die ~n sehen* 〈*schauen, gucken*〉 《*j*³》(人の)手の内をのぞく. *mit gezinkten ~n spielen* いかさまをする. *mit offenen* 〈*verdeckten*〉 *~n spielen* 公明正大に〈下心をもって〉ことをする. *nach der ~ essen* メニューから単品を注文して食べる. *nicht in die ~n sehen* 〈*schauen, gucken*〉 *lassen* 《*sich*³》手の内を見せない

K

Kartei 图《-/-en》分類〈検索〉カード(一式); カード目録〈索引〉; カードボックス. **Kartei=karte** 图 検索カード. =**kasten** 图 カードボックス. =**schrank** 图 カードキャビネット.

Kartell 图《-s/-e》【経】カルテル, 企業連合; 学生組合連合; 党派連合. ◆ (価格などを)カルテルによって協定する.

kartellieren 他《経》カルテル化する.

Kartell=vertrag 图 カルテル協約. =**wesen** 图 《経》カルテル制度; カルテル化の傾向, カルテル汽.

Karten=brief 图 (カードと封筒の)折り畳み式便箋. =**haus** 图 トランプを組み立てた家; 砂上の楼閣; 【海】海図室. =**kunststück** 图 トランプ手品. =**leger** 图 (图 -in)トランプ占い師. =**spiel** 图 トランプ遊び(ゲーム); 一組のトランプ. =**telefon** 图 カード電話. =**zeichen** 图 地図記号.

Karthago カルタゴ(北アフリカに栄えたフェニキア人の植民都市).

Kartoffel [カルトッフェル] 图《-/-n》(愛 **Kartöffelchen**) ❶ (图 potato)ジャガイモ, 馬鈴薯(碕ù). ❷ 【話・戯】 (大型の)懐中時計; だんご鼻(特に靴下の大きな)穴. 空気の抜けたサッカーボール. ◆ *rin 〈rein〉 in die ~n, raus aus den ~n* 朝令暮改(のように前言を翻す). =**brei** 图 【料】(牛乳でといた)マッシュポテト. =**chip** 图 ポテトチップス. =**käfer** 图【虫】コロラドハムシ(ジャガイモの害虫). =**puffer** 图 【料】ポテトパンケーキ. =**salat** 图 【料】ポテトサラダ. =**schäler** 图《-s/-》ジャガイモ皮むき器.

Kartograph, **..graf** 图《-en/-en》地図学者; 地図〈海図〉製作者. **Kartographie**, **..grafie** 图《-》地図学; 地図〈海図〉作製法. **kartographieren**, **..grafieren** 他 地図を作製する. **kartographisch**, **..grafisch** 形 地図学(上)の, 地図作製(上)の.

Karton 图《-s/-s-e》厚紙, ボール紙; ボール紙の箱; カルトン(壁画などの実物大の下絵); 【印】正誤表. ◆ *Bei ihm rappelt's im ~.*《話》彼は頭がどうかしている. **kartoniert** 園 (本)が厚紙表紙の(愛 kart.).

Kartothek 图《-/-en》= Kartei.

Kartusche 图《-/-n》【軍】(弾薬の)薬筒; 【建】(バロック様式の)巻き軸装飾.

Karussell 图《-s/-e・-s》メリーゴーラウンド, 回転木馬. ◆ ~ *fahren* メリーゴーラウンドに乗る; めまぐるしく走り回る. 《話》 〖*mit j³*〗(人を)こっぴどくしかる.

Kar=woche 图 【キ教】受難週(復活祭前の1週間).

karzinogen 形 【医】発癌(弦)性の.

Karzinom 图《-s/-e》【医】癌(ら)腫.

Kasack 图《-s/-s》【服】カザック(女性用のゆったりしたオーバーブラウス).

Kaschemme 图《-/-n》いかがわしい酒場.

kaschieren 他(欠点などを)覆い隠す; (厚紙などに)〈紙・布〉を張る.

Kaschmir 图《-s/-e》【織】カシミア; (die ~) カシミール(インド北部の山岳地方).

Käse [ケーゼ] 图《-s/-》(愛 cheese) チーズ; 《話》ばかげたこと, くだらぬこと, ナン

センス. =**blatt** 图 【話】低俗な新聞, 大衆紙. =**glocke** 图 (つり鐘形の)チーズカバー.

Kasein 图《-s》【生化】カゼイン(牛乳中の燐(?)タンパク質).

Käsekuchen 图 チーズケーキ.

Käserei 图《-/-en》チーズ製造; チーズ工場.

Kaserne 图《-/-n》兵舎, 兵営; 《話》長屋. ~**hof** 图 営庭. ~**hofton** 图 乱暴な命令口調.

kasernieren 他 入営〈合宿〉させる.

käsig 形 チーズのような, チーズ状の; 《話》青白い, 血の気のない.

Kasino 图《-s/-s》(公営)賭博(浜)場, カジノ; クラブハウス, 会館; 【軍】士官食堂.

Kaskade 图《-/-n》(人工の)段々の滝; 滝状の仕掛け花火; (サーカスで)一気に落下するジャンプ.

Kasko 图《-s/-s》船体; 車体. =**versicherung** 图 船体〈車体, 機体〉保険.

Kaspar 〖男名〗カスパル.

Kasper 图《-s/-》カスパー(人形劇の道化役); 《話》おどけ者. **Kasperl** 图《-s/-[n]》(㋱) = Kasper. **Kasperle** 图《-s/-》 = Kasper. **Kasperletheater** 图 (Kasper を主人公とする)人形劇(劇場).

Kaspisee (der ~)カスピ海.

Kassa 图《-/..sen》(㋱) = Kasse ❷. **Kassa=geschäft** 图【商】現金取引(有価証券の)現物取引. =**markt** 图【商】(有価証券の)現物取引市場.

Kassandraruf 图 カッサンドラの予言(聞き入れられない凶事の予言).

Kasse [カッセ] 图《-/-n》❶ 金庫. ❷ (愛 cashier)店・売場などのレジ, 支払いカウンター, (銀行などの)出納窓口, (切符・入場券などの)売り場. ❸ (愛 cash) 現金; 《略》銀行, 信託銀行・医療保険. ❺ (愛 略》会社・店などの経理課. ◆ *getrennte machen* 割り勘にする, 自分の分は自分で払う. *gut 〈schlecht, knapp〉 bei ~ sein* 《話》懐が暖かい〈寒い, 寂しい〉. *in die ~ greifen / einen Griff in die ~ tun* 《話》公金を盗む, 横領する. ~ *machen* 大金をかせぐ; 勘定を締める. *Er¹ reißt ein [großes, gewaltiges, tiefes] Loch in j² ~.* (話》(…のために人は)大金を払わなければならない. *zur ~ bitten* 〖j⁴〗(人に)支払いを求める.

Kassel カッセル(ドイツ中部の工業都市). ◆ *Ab nach ~!*《話》とっととうせろ; (子供にむかって)早く寝なさい.

Kassen= = Kassa, Kasse

Kassen=arzt 图 健康保険医. =**bericht** 图 【商】会計報告. =**bestand** 图 現金残高. =**bon** 图 レシート. =**buch** 图 現金出納簿. =**erfolg** 图 (興行上の)大ヒット. =**schalter** 图 (郵便・役所・銀行などの)出納窓口. =**schlager** 图《-s/-》 = Kassenerfolg: ヒット商品. =**stand** 图 現金残高. =**sturz** 图 《話》残高照合. =**wart** 图 (公的・私的機関などの)金庫番, 会計係, 財務担当者. =**zettel** 图 【商】売上伝票, 領収書, レシート.

Kasserolle 图《-/-n》キャセロール, シ

チューべ, ソースパン.

Kassette [カセッテ] 囡 ((-/-n)) カセットテープ; (貴重品・現金などを入れる)小箱. 手提げ金庫; (フィルムの)カートリッジ; (書籍・レコードなどの)箱入りセット; 《建》(天井の)格縁. **Kassetten-rekorder** [カセッテンレコーダー] 男 ((-s/-e)) カセットテープレコーダー. **-spieler** 男 カセットプレーヤー.

Kassier 男 ((-s/-e)) 《南部；スイス》 = Kassierer.

kassieren 他 ⓐ collect》(…を)徴収する; (謝金などを)受け取る; 没収する; 《話》横領(奪取)する; 《俗》(…を)逮捕する; 取り消す (判決を)破棄する; (人を)罷免する; 免職にする. **Kassierer** 男 ((-s/-; 囡 -in)) 会計係, (店などの)レジ係, 出納係.

Kassiopeia 囡 ((-/-)) 《天》カシオペア座; 《ギ神》カシオペイア(Andromedaの母).

Kastagnette [カスタニェッテ] 囡 ((-/-n)) 《楽》カスタネット.

Kastanie [カスターニエ] 囡 ((-/-n)) 《植》クリ(栗); マロニエ(の木実). ♦ die ~n aus dem Feuer holen 《für j³》(人のために)火中の栗を拾う. ~n-baum 男 マロニエ(の木). **kastanienbraun** 彫 くり色(茶色)の.

Kästchenpapier 中 方眼(ৼ)紙.

Kaste 囡 ((-/-n)) カースト(インドの世襲階級); (アリなどの社会の)階級階層, 職型.

kasteien 《sich⁴》(信仰の目的で)苦行する; 禁欲する. **Kasteiung** 囡 ((-/-en)) 苦行; 禁欲.

Kastell 中 ((-s/-e)) 《古castle》(ローマ帝国の)城砦; (特に南ヨーロッパの)城, 砦.

Kastellan 男 ((-s/-e)) (城や公共建築物などの)管理人; 城代.

Kasten [カステン] 男 ((-s/Kästen)) ① ⓐ box, case》(四角い)箱, ケース; 《話》郵便ポスト; 陳列ケース; 《北部》引き出し; 《南部》戸棚, たんす. ② 《覆》大きい私大な建物, 学校, 刑務所; (軍隊の)営倉. ③ 《覆》(おんぼろの)車, 馬車, カメラ, テレビ, ラジオ. ④ 《体操》跳び箱; 《球技》ゴール. ♦ etwas auf dem ~ haben 《話》頭がよい, 有能である. **Kasten-geist** 男 階級的偏見. **-wagen** 男 箱型馬車, ライトバン.

Kastilien カスティーリャ(スペイン北部の地方).

Kästner Erich, ケストナー(1899-1974: ドイツの詩人・児童文学作家).

Kastor ① 《ギ神》カストル(ゼウスとレダの子でポルックスと双子). ② 《天》カストル(双子座の首星). ♦ wie ~ und Pollux sein (男同士が)親密である.

Kastrat 男 ((-en/-en)) 去勢された男; 《楽》カストラート. **kastrieren** 他 (人を)去勢する; 《話》(…から)有害な個所を取り除く.

Kasuist 男 ((-en/-en; 囡 -in)) 《哲》決疑論者; 詭弁にこだわる人. **Kasuistik** 囡 ((-/-)) 《哲》決疑論(法).

Kasus 男 ((-/-)) 《文法》(名詞などの)格; 場合, 出来事.

Kat 男 ((-s/-s)) 触媒 (< Katalysator).

Katafalk 男 ((-s/-e)) 《葬儀用の》棺台.

Katakombe 囡 ((-/-n)) カタコンベ(初期キリスト教時代の地下墓所).

Katalog 男 ((-[e]s/-e)) 目録, カタログ; 一覧表, リスト.

katalogisieren 他 カタログに載せる.

Katalonien カタロニア(スペイン北東部, 地中海沿岸地方の一地名).

Katalysator 男 ((-s/-en)) 《化》触媒; (自動車の)排気ガス浄化装置. **-auto** 中 排気ガス浄化装置つきの自動車.

Katalyse 囡 ((-/-n)) 《化》触媒作用.

Katapult 男 ((-[e]s/-e)) 《空》カタパルト, 飛行機射出装置(投石用の)パチンコ; 《史》投石機, 弩(炎). **katapultieren** (飛行機を)カタパルトで発射する; 《他》《sich⁴》カタパルトで脱出する.

Katar カタール(ペルシア湾沿岸の国).

Katarakt ① 男 ((-[e]s/-e)) 急流; (低い)滝. ② 囡 《医》白内障.

Katarrh, Katarr 男 ((-s/-e)) 《医》カタル; 《話》(鼻)風邪. **katarrhalisch, katarralisch** 彫 カタル性の.

Katgster 男 ((-s/-)) 土地台帳(登記簿), 不動産台帳.

katastrophal 彫 破滅的な, 恐ろしい, ひどい, ものすごい.

Katastrophe [カタストローフェ] 囡 ((-/-n)) ① ⓐ catastrophe》大災害, 大惨事, 大事故; 破滅, 破産. ② 《劇》カタストロフィー, (悲劇的)結末. ③ 惨劇. ~n-hilfe 囡 災害救助(活動). ~n-schutz 男 災害救助; 防災.

Kate 囡 ((-/-n)) 《北部》掘っ建て小屋.

Katechese 囡 ((-/-n)) 《宗教》教理問答, 公教要理説明; 問答形式による教育.

Katechet 男 ((-en/-en; 囡 -in)) 《宗教》教理教師. **Katechismus** 男 ((-/..men)) 《宗教》公教要理(書); 《宗教》教理問答[書].

kategorial 彫 範疇(凵̓ウ̓)上の.

Kategorie [カテゴリー] 囡 ((-/-n)) ⓐ category》カテゴリー, 範疇(凵̓ウ̓); 分類項目. **kategorisch** 彫 絶対的な(全面的)な; 断定的な;《哲》定言的な. **kategorisieren** 他 範疇(凵̓ウ̓)に入れる.

Kater [カーター] 男 ((-s/-)) ① ⓐ tomcat》雄猫; 《好》雄ヤマネコ. ② 《話》二日酔い: einen ~ haben 二日酔いである.

kath. 略 カトリックの (< katholisch).

Katharina 《女名》カタリーナ.

Käthe 《女名》ケーテ.

Katheder 中 ((-s/-)) 教壇, 教卓. **-blüte** 囡 教師のうっかりな失言.

Kathedrale 囡 ((-/-n)) 司教座聖堂, 大聖堂, カテドラル.

Kathete 囡 ((-/-n)) 《数》(直角三角形の)直角をはさむ辺.

Katheter 男 ((-s/-)) 《医》カテーテル.

Kathode 囡 ((-/-n)) = Katode.

Katholik 男 ((-en/-en; 囡 -in)) ⓐ catholic》《宗教》(ローマ)カトリック教徒(信者の人). **katholisch** [カトーリッシュ] 彫 カトリックの, カトリック教の(⊕ kath.). **Katholizismus** 男 ((-/)) カトリックの(教え).

Kathrin 《女名》カトリーン.

Katilinarier 男 ((-s/-)) (政治的な)不満分子, (反社会的な)過激(破壊)分子.

Kation 中 ((-s/-en)) 《化》陽(正)イオン.

Katja 《女名》カチャ(Katharinaの愛称).

Katmandu カトマンズ(ネパールの首都).
Katode 囡 《-/-n》 電 陰極.
katonisch 形 道徳的に厳しい(古代ローマの監察官 Cato にちなむ).
Katrin 《女名》 カトリーン.
Kattegat (das ~)カッテガト(スウェーデンとユトラント半島の間の海峡).
Kattun 男 《-s/-e》 《織》 コットン, 綿布(話) 殴打. **~ kriegen** 中口 激しい砲火を浴びる; さんざんしぼられる.
Katz ⇒ **Katze** ◆
katzbalgen 再 《*sich*⁴》 《話》 (子供・動物が)じゃれ合う, 取っ組み合いをする.
katzbuckeln 自 《話》 へつらう, ぺこぺこする.
Kätzchen 中 《-s/-》 ❶ 《Katze の縮小形》 子(小)猫; 可愛い娘(¿). ❷ 《植》 (シラカバ・柳などの)尾状花序, 穂.
Katze 《カッツェ》 囡 《-/-n》 (⊕ **Kätzchen**) ❶ 《⊕ cat》 猫; 雌猫; 《動》 ネコ属. ❷ ◆ *Da beißt sich die ~ in den Schwanz.* それは堂々巡りだ. *der ∕ die Schelle umhängen* 猫の首に鈴をつける; 分(½)の悪い危険な仕事をする. *die ~ aus dem Sack lassen* 本心を明かす. *die ~ im Sack kaufen* 吟味せずに物を買う. *Die ~ lässt das Mausen nicht.* 《諺》 三つ子の魂百まで. *herumgeben* 《*herumschleppen*》 *wie die ~ um den heißen Brei* 《um *et*³》 (…の)肝心な点に触れようとしない. *Katz(e)* und *Maus mit j*³ *spielen* 《j³》(人)じらす. *Wenn die ~ fort* 《*aus dem Haus*》 *ist, tanzen die Mäuse auf dem Tisch.* 《諺》 鬼のいぬ間の洗濯. *wie die ~ mit der Maus spielen* 《mit *j*³》(人)をさんざんじらす; 翻弄(㌮)する.
katzenartig 形 猫のような; ずるい.
Katzen-auge 中 猫の(ような)目; 猫目石, キャッツアイ; 《自転車などの》 後部反射鏡. **-buckel** 男 猫背.
katzenfreundlich 形 《うわべだけ》 愛想のいい.
Katzen-jammer 男 《話》 二日酔い(楽しみ・酔いのあとの)しらけ, むなしさ. **-musik** 囡 耳障りな音楽. **-sprung** 男 《話》 ごくわずかの距離. **-tisch** 男 (子供用の小さい)テーブル. **-wäsche** 囡 からすの行水.
kauderwelsch 形 訳の分からない, 分かりにくい. **Kauderwelsch** 中 《-[s] /》 訳の分からない言葉. **kauderwelschen** 自 訳の分からない話し方をする.
kauen 《カオエン》 他 《kaute; gekaut》 《⊕ chew》 ❶ かむ, かみ砕く; 《**an** 《**auf**》 *et*³》 (いらいらして~を)かむ, かじる. ◆ 《*die*》 *Nägel ~* (くせで)つめをかむ. *Gut gekaut ist halb verdaut.* 《諺》 よくかめば消化した (も同じ). *zu ~ haben* 《話》 《an *et*³》 (問題などを)なんとか片付ける.
kauern 《カオアン》 自 《kauerte; gekauert》 ❶ しゃがんでいる, うずくまっている. ❷ 《*sich*⁴》 (ある場所に)しゃがみ込む.
Kauf 男 《-[e]s/Käufe》 《⊕ purchase》 購入; 買った物. ◆ *in ~ nehmen* (付随的な悪条件などを)我慢する. *leichten ~s* 《雅》 軽々と. **-auftrag** 男 《経》 買い注文. **-bereitschaft** 囡 《経》 買い気. **-brief** 男 売買契約書.

kaufen 《カオフェン》 他 《kaufte; gekauft》 ❶ 《⊕ buy》 買う, 購入する: 《j³》(人)を買収する. ❷ 《⊕ 《場所で》買い物をする. ❸ 《不 *sich*⁴》 《口》 《人》 をつかまえて文句を言う, 罰する. ◆ *Dafür kaufe ich mir nichts.* ∕ *Dafür kann ich mir nichts ~.* それはなんの役にも立たない.
Käufer 男 《-s/-》 《⊕ -in》 《⊕ buyer》 買い手, 購入者; (商店の)客. **-markt** 男 《経》 買い手市場.
Kauf-fieber 中 《話》 購買熱. **-frau** 囡 女商人.
Kauf-haus 《カオフハオス》 中 《-es/-häuser》 《⊕ department store》 デパート, 百貨店. **-kraft** 囡 (通貨・個人などの)購買力, 支払い能力. **kaufkräftig** 形 購買力をもてる. **-laden** 男 ままごとセット; 小さな店. **-leute** 複 ⇒ Kaufmann. **-lust** 囡 購買意欲.
käuflich 形 金で買える, 売り物の; 買収できる.
Kaufmann 《カオフマン》 男 《-[e]s/..leute》 《⊕ merchant》 商人, 営業マン. ❷ 《古・方》 商店主; (小売の)食料雑貨商. **kaufmännisch** 形 商業(上)の; 商人の.
Kauf-preis 中 購入〈買入〉価格. **-summe** 囡 購入総額.
kaufte ⇒ kaufen
Kaufunger Wald (der ~)カウフンゲンの森(ドイツ Hessen 州にある山地).
Kauf-vertrag 男 売買契約書. **-zurückhaltung** 囡 《経》 買い控え. **-zwang** 男 購入の強制.
Kaugummi 《カオグミ》 男[中] 《-s/-s》 チューインガム.
Kaukasien カフカス, コーカサス(カスピ海と黒海間の地方).
Kaulquappe 囡 《動》 オタマジャクシ.
kaum 《カオム》 副 ❶ 《⊕ hardly》 ほとんど…ない; まさか…ないだろう. ❷ かろうじて, やっと, せいぜい. ❸ ~するやいなや, …するかしないかのうちに.
kausal 形 原因の; 因果関係の; 《言》 因由の. **Kausalbeziehung** 囡 因果関係. **Kausalität** 囡 《-/-en》 因果関係; 《哲・論》 因果性, 原因性. **Kausal-zusammenhang** 男 因果関係. **kausativ** 形 原因となっている; 《文法》 使役の.
Kau-tabak 男 かみタバコ.
kaute ⇒ kauen
Kaution 囡 《-/-en》 担保; 保釈金. (賃貸借の)保証金. ◆ *gegen ~ freilassen* (人)を保釈金をつんで釈放させる.
Kautschuk 男 《-s/ 種類-e》 生ゴム, 弾性ゴム.
Kautsky Karl. カウツキー(1854-1938; ドイツの社会主義者・経済学者).
Kauwerkzeuge 複 咀嚼(㍭)器官.
Kauz 男 《-es/Käuze》 《⊕ *Käuzchen*》 《鳥》 フクロウ, ミミズク; 《俗》 変人, 変わり者. **kauzig** 形 変わり者の, おかしな.
Kavalier 男 《-s/-e》 (特に女性に親切で礼儀正しい)紳士. **~s-delikt** 中 (名誉にかかわる軽い)微罪.
Kavalkade 囡 《-/-n》 騎馬行進〈行列》. **Kavallerie** 囡 《-/-n》 騎兵隊. **Kavallerist** 男 《-en/-en》 騎兵.

子や|事故による)|核|心溶融. ▪**seife** 女 硬質せっけん. ▪**spaltung** 女 [理] 核分裂. ▪**speicher** 男 [電算] コアメモリー装置. ▪**spruch** 男 核心をついた言葉, 名言. ▪**stück** 中 中心部分, 中核. ▪**technik** 女 原子核工学. ▪**teilung** 女 [生][細胞]核分裂. ▪**truppe** 女 精鋭部隊. ▪**verschmelzung** 女 [生] 細胞核融合. ▪**waffe** 女 核兵器.

kernwaffenfrei 核兵器のない, 非核の.

Kerosin 中 《-s/》ケロシン(ジェットエンジン用燃料灯油).

Kerstin 《女名》ケルスティン.

Kerze [ケルツェ] 女 《-/-n》 ❶ (＝candle) ろうそく;[口]《エンジンの》点火プラグ. ❷ [体操] 背側立ち ＝ 前方へ高くけり上げたバス. ▪**kerzengerade** 男 棒立ちの, まっすぐな, 垂直の.

Kerzen-licht 中 ろうそくの火(明かり). ▪**-ständer** 男 燭台(しょく), ろうそく立て.

kess (＝ **keß**) 形 なまいきな; いかす; シックな.

Kessel [ケッセル] 男 《-s/-》 ❶ (＝kettle) やかん, かま; 大型ボイラー. ❷ 盆地. ❸ [狩] 追い込み場(キツネなどの)巣穴, (イノシシの)ねぐら. ▪**haus** 中 ボイラー室. ▪**pauke** 女 [楽] ティンパニー, ケトルドラム. ▪**stein** 男 (やかんなどの)湯あか. ▪**treiben** 中 追い込み猟; 包囲戦(攻撃).

Ketchup, Ketchup 中 《-(e)s/-s》[料] ケチャップ.

Kette [ケッテ] 女 《-/-n》 ❶ (＝ **Kettchen** [女]) (＝chain) 鎖, チェーン; 束縛. ❷ 連鎖, 連続, 列. ❸ [商] 連鎖店舗, (商店などの)チェーン組織, 系列. ❹ [狩] (カモなどの)群れにてチェーン小編隊. ◆ **an die ~ legen** (…を)鎖につなぐ; (…の)行動の自由を束縛する.

ketten 他 《j-et¹ an et⁴》(…を…に)鎖でつなぐ; 束縛する; ⟨ *sich* an et⁴ ⟩ (…)に鎖でつながれる; 拘束される.

Ketten-antrieb 男 (自転車などの)伝動チェーン装置, 鎖伝動. ▪**brief** 男 チェーンレター(幸福の手紙など). ▪**fahrzeug** 中 無限軌道(キャタピラ)車両. ▪**geschäft** 中 チェーン店. ▪**glied** 中 鎖の(個々の)輪. ▪**hund** 男 (鎖につながれた)番犬; 子分. ▪**laden** 男 チェーン店. ▪**pflicht** 女 (降雪時などの)タイヤチェーン装着義務. ▪**raucher** 男 チェーンスモーカー, ヘビースモーカー. ▪**reaktion** 女 連鎖反応.

Ketzer 男 《-s/-》 異端者. **Ketzerei** 女 《-/-en》 異端[信仰]. **ketzerisch** 形 異端の.

keuchen [コイヒェン] 《keuchte; gekeucht》 自 あえぐ, 荒い息をする. 息を切らす; (s)あえぎながら進む;(転じ・言う).

Keuchhusten 男 [医] 百日ぜき.

keuche ＝ keuchen

Keule 女 《-/-n》(先の太い)こん棒; [料理用のもも肉. ▪**-n-schlag** 男 こん棒で打つこと; 大打撃.

keusch 形 純潔な, 汚れのない; はにかみやの. **Keuschheit** 女 《-/》 純潔, 童貞.

Kevin 《男名》ケヴィン.

Keyboard 中 《-s/-s》[楽] キーボード (コンピューターのキーボード).

Kfz 中 *Kraftfahrzeug* 原動機つき車両. ▪**-Mechaniker** 男 ▪**-Schlosser** 男 自動車整備工(修理工).

kg 略 *Kilogramm* キログラム. **KG** 略 女 《-/》 *Kommanditgesellschaft* 合資会社. **KGaA** 略 *Kommanditgesellschaft auf Aktien* 株式会社. **kgl.** 略 *königlich* 王の, **kgV, kg.V.** 略 *kleinstes gemeinsames Vielfaches* 《数》 最小公倍数. **kh., k.H.** 略 *kurzerhand*.

Khaki 中 《-[s]/》 ＝ Kaki.

Khan 男 《-s/-e》カーン, 汗(モンゴル・トルコの君主またはペルシア高官の称号).

Khartum ハルツーム(スーダンの首都).

kHz [電算] *Kilohertz*.

KI 略 *Künstliche Intelligenz* 人工頭脳.

Kiautschou 膠州, チャオチョウ(中国, 山東半島の南岸にあり, かつてドイツの租借地であった).

Kibbuz 中 《-/..buzim,-e》 キブツ(イスラエルの集団農場).

kichern 自 くすくす笑う; (意地悪そうに)ひっかっと笑う.

Kick-boxen 中 [ス] キックボクシング. ▪**boxer** 男 キックボクサー.

Kickelhahn (der ～) キッケルハーン (Thüringer Wald の一峰).

kicken 他[話]＝サッカーをする; 自 (ボール)を)ける, キックする. **Kicker** 男 《-s/-[s]》 (＝ **-in**) [話] サッカー選手, サッカーをする人.

Kickstarter 男 (オートバイなどのキックスターター, 始動ペダル).

kidnappen 他 (特に子供を)さらう, 誘拐する. **Kidnapper** 男 《-s/-》 (＝ **-in**) 誘拐犯人, 人さらい. **Kidnapping** 中 《-s/-s》 [宮刑] 誘拐.

Kiebitz 男 《-es/-e》 [鳥] タゲリ(田鳬); [戯] (トランプ・チェスなどで)おせっかいな見物人. **kiebitzen** 自 [話](チェス・トランプなどで)横から口出しをする; (他人のすることを)横からのぞき込む.

Kiefer¹ 男 《-s/-》 あごの骨. ❷ 女 《-/-n》 [動] 松; 松材.

Kiefern-zapfen 男 松かさ.

kieken 自 [北部] 見る, のぞく.

Kieker 男 ◆ *auf dem ~ haben* [話] (…を)不信の目で見る; 責める.

Kiel ❶ 男 《-(e)s/-e》(鳥などの)ペン; キール, (船の)竜骨. ◆ *auf- legen* (船の建造にとりかかる. **Kieler** 男 《-s/-》 キールの人 [無変化] キールの.

kielholen 他 [海] (修理などのために船を)傾ける.

Kiellinie 女 縦列陣形.

kieloben 副 (船がキール《底》を上にして).

Kiel-raum 男 船底倉庫. ▪**wasser** 中 (船の)航跡. ◆ *in j²~ segeln 《schwimmen》* (人に)追随する.

Kieme 女 (魚などの)えら.

Kien 男 《-(e)s/》肥松(こえ)(やにの多い松材). ▪**öl** 中 松根油.

Kiepe 女 《-/-n》 [北部・中部] 背負いかご.

Kierkegaard Sören, キルケゴール (18

Kies 男 《-es/ 種類-e》砂利. 《鉱》硫化鉱;《話》大金.
13-55: デンマークの思想家).
Kiesel 男 《-s/-》小石, 玉砂利. **=erde** 女《化》珪藻土(ﾙぃ), シリカ. **=säure** 女《化》珪酸(ﾌﾟ). **=stein** 男 石英, 玉砂利.
kiesen 他《雅》選ぶ.
Kiesgrube 女 砂利採取場〈坑〉.
Kiew キエフ(ウクライナの首都).
kiffen 他《話》マリファナ〈大麻〉を吸う.
kikeriki コケコッコー(おんどりの鳴き声). **Kikeriki** 中 (® cock-a-doodle-doo)《-(s)-s》おんどりの鳴き声;《-(s)-s》《幼児》こけこっこ(おんどりのこと).
killen 他《雅》殺す. **Killer** 男《-s/-》(女 **-in**)《話》殺し屋. **..killer**「…を撃退〈破壊〉するもの」の意. **Killer..**「致命の〈破壊的な〉…」の意. **Killer-kommando** 中 殺人奇襲隊, 殺人コマンド. **=satellit** 男《宇宙》キラー〈迎撃〉衛星. **=zelle** 女《免疫》キラー細胞, キラーTリンパ球.
Kilo [キーロ] 中《-s/-[s]》《単位-/-》キログラム(< *Kilogramm*).
Kilo.. キロ... (単位名も1000…: 記号 k).
=byte 中《電》キロバイト. **=gramm** 中 キログラム (記号 kg). **=hertz** 中《電》キロヘルツ(kHz). **=kalorie** 女 キロカロリー (記号 kcal). **=liter** 中 《電》キロリットル(kl).
Kilometer [キロメーター] 男《-s/-》キロメートル(記号 km). **=fresser** 男《話》長距離を休まず車で走る人(ドライバー). **kilometerlang** 何キロメートルもの. **Kilometerzähler** 男 (自動車などの)走行距離計.
Kilowatt 中《-s/-》《電》キロワット(記号 kW). **=stunde** 女《電》キロワット時(kWh).
Kimme 女《-/-n》(銃などの)照門;切り込み, 刻み目, (たるなどの)底板をはめる溝;《話》しりの割れ目. ♦ *auf der ~ haben*《話》(人を)つけねらう.
Kimono 男《-s/-s》(日本の)着物.
Kind [キント] 中《-[e]s/-er》 **Kindchen**, **Kindlein** ❶ (® child)子供, 児童, 小児. ❷ (親子関係における)子. ♦ *an ~es statt annehmen* (人を)養子にする. *das ~ beim rechten Namen nennen*《話》率直に〈歯に衣(ﾞ)着せずに〉物を言う. *das ~ mit dem Bade ausschütten* (慌てて)大切なものを不用なものといっしょに捨ててしまう;《話》角をためて牛を殺す. *Das ~ muss doch einen Namen haben.* 物事には呼び名がなくては困る,何とでも言い訳はできるものだ. *ein ~ der Liebe* 私生児である. *ein ~ in den Bauch reden* (j3) (人に)やっとの思いで信じ込ませる. *ein ~ machen* 〈*andrehen*〉(j3) (人に)子供をはらませる. *ein ~ von Lumpen kriegen*(ﾞ) くり仰天する. *kein ~ von Traurigkeit sein*(話) 楽天家である. *lieb ~ machen*(話) *sich1 bei j3*(人に)取り入る. *lieb ~ sein* (bei j3)(人に)気に入られようである. *mit ~ und Kegel* 一家そろって, 家族全員で. *unschuldig wie ein neugeborenes ~ sein* 全くの純真無垢である. *Wie sag' ich's meinem ~e?* それをどう
話したらいいだろう, どうも話しにくいなあ. *Wir werden das ~ schon schaukeln.*《話》われわれがきっとうまく片をつける.
Kindbett 中 産褥(⁢ﾞ). **Kindbetterin** 女《-/-nen》産婦. **Kindbettfieber** 中《医》産褥熱.
Kindchen (→ **Kind**) 中《-s/-, **Kinderchen**》小さな子, かわい子ちゃん.
Kinde ⇨ **Kind** (単数3格の別形)
Kinder ⇨ **Kind**
Kinder=arzt 男 小児科医. **=bett** 中 子供用ベッド. **=buch** 中 子供の本, 児童書.
Kinderchen ⇨ **Kindchen**
Kinder-chirurgie 女 小児外科〔学〕. **=dorf** 中 子供村(孤児の施設). **Kinderei** 女《-/-en》子供っぽいふるまいやいたずら), ばかげた行い. **Kinder-ermäßigung** 女 (料金などの)小児割引.
kinderfeindlich 子供ぎらいの;子供に対して無理解の: *eine ~e Gesellschaft* 子供にとって住みにくい社会.
Kinder-frau 女 ベビーシッター. **=freund** 男 子供好きな人. **kinderfreundlich** 子供好きの.
Kinder-funk 男 子供番組(制作部). **=fürsorge** 女 児童福祉.
Kinder-garten [キンダーガルテン] 男《-s/-gärten》幼稚園. **=gärtnerin** 女 幼稚園の先生, 保母. **=geld** 中 (国からの)児童〔育児〕手当. **=geschichte** 女 子供の本, 童話. **=gesicht** 中 子供の顔;童顔. **=hort** 男 学童保育所. **=kleidung** 女 子供服. **=krankheit** 女 (特に伝染性の)小児病;(新しい制度・機械などの)初期故障. **=kriminalität** 女 児童犯罪. **=krippe** 女 託児所, 保育所. **=lähmung** 女 《医》小児麻痺(⁢). **=landverschickung** 女 児童疎開.
kinderleicht 非常に簡単な, 子供でもできる. **Kinderlein** ⇨ **Kindlein**
Kinderlied 中 童謡.
kinderlos 子供のない.
Kinder=mädchen 中 ベビーシッター. **=märchen** 中 童話, おとぎ話. **=missbrauch** 男 幼児虐待, 児童虐待. **=mund** 男 子供の口;《話》おませな口. ♦ *~ tut Wahrheit kund.* ⟨諺⟩子供は真実を語る. *~ kennt keine Scheu vor der Wahrheit.*⟨諺⟩子供は真実を語る. **=narr** 男 親ばか, 子煩悩(⁢). 子供好きな人. **=prostitution** 女 児童売春. **=psychologie** 女 児童心理学.
kinderreich 子供だくさんの. **Kinderreichtum** 男 子供だくさん.
Kinder-schreck 男 子供が怖がる人. **=schuh** 男 子供靴. ♦ *den ~en entwachsen sein* / *die ~e ausgetreten* ⟨*ausgezogen, abgestreift*⟩ *haben* / *sich3 die ~e abgelaufen haben* もう子供ではない. *noch in den ~en stecken* まだ初歩〈初期〉段階である. **=schutzgesetz** 中 児童保護法.
kindersicher 子供を守る〔ための〕, 子供にとって安全な.
Kinder=sitz 男 (自転車の)子供用シート, (自動車の)チャイルドシート. **=spiel**

Kirchsprengel

田子供の遊び; たやすいこと. ◆ **ein ~ sein**〖話〗**《für j⁴》**(人にとっては)いとも簡単である. **=sprache** 囡 〖稀〗子供の片言. 幼児語. **=station** 囡 (病院の)小児科病棟. **=sterblichkeit** 囡 乳幼児死亡率. **=streich** 男 子供のする(いたずら). **=stube** 囡 子供部屋; 子供のしつけ. **=tagesstätte** 囡 全日制保育園 (Kita). **=teller** 男 (レストランなどの)子供用の料理(お子様ランチなど). **=wagen** 男 乳母車, ベビーカー. **=zeit** 囡 幼年時代. **=zimmer** 甲 子供部屋. **=zulage** 囡 児童手当.

Kindes|alter 甲 幼年期, 小児期. **=beine** 榎 ◆ **von ~n an** ごく幼い時から. **=liebe** 囡 〖雅〗(親に対する)子の愛, 孝心. **=missbrauch** (= **miß-brauch**) 男 Kindermissbrauch は. **=misshandlung** (= **mißhandlung**) 囡 幼児[児童]虐待. **=mord** 男 嬰児(*ネ゙*)殺し. **=mörder** 男 幼児殺害, 嬰児殺し. **=tötung** 囡 〖法〗嬰児(*ネ゙*)殺し.

Kindfrau 囡 女性的少女; 幼妻.
Kindheit [キントハイト] 囡 〈-/-〉 (= childhood) 幼少年時代, 幼い〈子供の〉こと.
kindisch [キンディッシュ] 囮 〈*覆*〉子供っぽい; 幼稚な; 子供じみた.
Kindlein (→ Kind) 甲 〈-s/-, Kindlein〉 〖雅〗小さな子; 幼児キリスト.
kindlich [キントリヒ] 囮 子供(ら)の(ような), 子供らしい, (年齢的に)幼い; 無邪気な, あどけない. **Kinds|kopf** 男 子供じみた人. **kindsköpfig** 囮 子供じみた.
Kindtaufe 囡 幼児洗礼[式].
Kinemathek 囡 〈-/-en〉 フィルムライブラリー. **Kinemato|graph**, = **graf** 男 〈-en/-en〉 (初期の)活動写真機.
Kinetik 囡 〈-/〉 〖理〗運動力学に関する芸術. **kinetisch** 囮 〖理〗運動力学上の; 〖美〗キネティックの.
King 男 〈-s/-s〉 〖話〗王者; 特別な存在.
Kinkerlitzchen 榎 〖話〗くだらないこと, ささいなこと.
Kinn [キン] 甲 〈-[e]s/-e〉 (= chin) [下]あご. **=backe** 囡 あご; あごの骨. **=bart** 男 あごひげ. **=haken** 男 〖拳〗アッパーカット. **=lade** 囡 下あご.
Kino [キーノ] 甲 〈-s/-s〉 (= cinema) 映画館; (映画の)上映(メディア意識として)の映画, 映画界. ◆ **ins ~ gehen** 映画に行く. **=gänger** 男 〈-s/-〉 (良く)映画によく行く人, 映画好き. **=reklame** 囡 映画の広告(宣伝); 広告映画.
Kintopp 甲 〈-s/-..töppe〉 〖話〗映画館.
Kinzig (die ~) キンツィヒ (1) Rhein 川の支流. (2) Main 川の支流.
Kionitis 囡 〈-/..tiden〉 〖医〗口蓋垂(ホミミナ)炎.
Kiosk [キオスク] 男 〈-[e]s/-e〉 (駅・街頭などの)売店, キオスク.
Kioto 甲 京都.
Kipf 甲 〈-[e]s/-e〉 〖南部〗細長いパン. **Kipfel** 甲 〈-s/-〉 〖南部・オース〗 **Kipferl** 甲 〈-s/-n〉 クロワッサン.
Kippe 囡 〈-/-n〉 〖話〗ごみ捨て場, タバコの吸い殻; 角(*ネ*), 先端, 末端; 〖体操〗蹴(*ヶ*)上がり, 倒立回転; 〖*化*〗廃石捨て場, ぼた山. ◆ **auf der ~ stehen** 〖話〗倒れかか

っている, 危機にひんしている. **kipp[e]lig** 囮 〖話〗(いすなどが)ぐらぐらする, 不安定な. **kippeln** 囮 (いすなどが)ぐらぐらする, 不安定である; **《mit e³》**(いすなどを)ぐらつかせる.

kippen [キッペン] 囮 (kippte; gekippt) ❶ 囮 (s)(傾いて)倒れる; 傾く, 悪くなる. ❷ 囮 斜めにする, 傾ける; (容器を傾けて…へ)空ける, 注ぐ; 〖話〗(酒などを)一気に飲む; (計画などを)中止する; (タバコなどを)途中でもみ消す; 〖話〗(人を)辞めさせる. ◆ **einen ~** 〖話〗一杯やる. **Kipper** 男 〈-s/-〉 ダンプカー.

Kipp|fenster 甲 引き倒し窓, 回転窓. **=karren** 男 〖土木〗カート, ねこ車. **Kipp-lore** 囡 ダンプトロッコ. **=schalter** 男 〖電〗タンブラースイッチ.

kippte ⇒ kippen
Kippwagen 男 ダンプカー.
Kirche [キルヒェ] 囡 〈-/-n〉 (⊚ **Kirchlein**) (= church) 教会(堂), 聖堂 ❷ (組織としての)教会. ❸ 礼拝, ミサ. ◆ **die ~ im Dorf lassen** ほどほどにしておく, 節度を保つ. **die ~ ums Dorf tragen / mit der ~ ums Dorf fahren**〈laufen〉 回り道をする, 回りくどいことをする. **~n-älteste[r]** 男 〖形容詞変化に〗教会〈教区〉の長老. **~n-bann** 男 〖カト〗 破門. **~n-besuch** 男 ミサ〈礼拝〉への参列. **~n-buch** 甲 教会〈教区〉記録簿. **~n-chor** 男 教会の合唱団, 聖歌隊. **~n-diener** 男 教会の職員.

kirchenfeindlich 囮 教会に反対の, 反教会の, 教会ぎらいの.

Kirchen|fürst 男 〖カト〗 高位聖職者 (大司教・枢機卿など). **=gemeinde** 囡 教会教区〈区民〉. **=geschichte** 囡 教会史. **=jahr** 甲 教会暦年 (Advent 第1日曜日に始まる). **=kampf** 男 (教会内での)教会闘争. **=konzert** 甲 (教会内での)教会音楽会. **=latein** 甲 (公用語としての)教会ラテン語. **=leute** 榎 〖Kirchenmann の複数〗教会員. **=licht** 甲 教会の明かり〈ろうそく〉. ◆ **kein** 〈**nicht gerade ein großes**〉 ~ **sein** 〖戯〗あまり利口でない〈頭のいい〉教会関係者ではない. **=lied** 甲 教会歌, 賛美歌. **=mann** 男 (高位の)教会関係者. **=maus** 囡 ◆ **arm wie eine ~ sein** 〖話〗 とても貧しい. **=musik** 囡 教会音楽. **=politik** 囡 (国の)対教会政策. **=rat** 男 〖プロ〗 教会区会議(議員); 地方教会会議(会員); (称号として)教会顧問. **=recht** 甲 教会法. **=schiff** 甲 (教会堂の)身廊, 中廊. **=spaltung** 囡 教会分立. **=staat** 男 〖史〗(イタリアの)教皇領; ヴァチカン市国. **=steuer** 囡 教会税. **=tag** 男 〖プロ〗 教会会議(総会). **=vater** 男 〖キリスト教〗 教父. **=vorstand** 男 〖プロ〗 教会管理委員.

Kirch|gang 男 教会〈礼拝〉に行くこと. **=gänger** 男 〈-s/-〉 (規則的に)教会〈礼拝〉に行く人. **=hof** 男 (教会隣接の)墓地.

kirchlich 囮 教会の, 教会の規則に従った, キリスト教式の.

Kirchner Ernst Ludwig, キルヒナー (1880–1936): ドイツの画家.

Kirch|spiel 甲. **=sprengel** 男 牧師

管区. ₌**turm** [男] 教会の塔. ₌**turmpolitik** [女] 偏狭な〈視野が狭い〉政治理念〈政策〉. ₌**weihe** [女] 献堂式.

kirre [形] おとなしい, 言うことを聞く. ✦ ~ *machen* 《話》(人を)手なずける.

kirren [他] 手なずける.

Kirsch [男] 《-[e]s/-》= Kirschwasser. ₌**baum** [男] 桜の木. ₌**blüte** [女] 桜の花.

Kirsche [キルシェ] [女] 《-/-n》 ([英] cherry)サクランボ, サクラ(桜)の木. ✦ ***Mit*** j^3 ***ist nicht gut ~n essen.*** 《話》(人とは)うまくやっていけない. **Kirschkuchen** [男] サクランボケーキ. **kirschrot** [形] サクランボのように赤い. **Kirschwasser** [中] キルシュワッサー, チェリーブランデー.

Kirsten 《男名》《女名》キルステン.

Kismet [中] 《-s/》〔ｲｽﾗﾑ教〕宿命.

Kissen [キッセン] [中] 《-s/-》 ([小] **Kisschen**, [旧] Kißchen)([英] cushion)クッション, まくら, 座布団. ₌**bezug** [男] まくら〈クッション〉カバー.

Kiste [キステ] [女] 《-/-n》 ([小] **Kistchen**) ❶ ([英] chest)木箱, 箱; (量の単位としての)1箱. ❷ 《話》自動車, 飛行機, 船; ベッド; (大きな)おしり. ❸ 《話》事柄, 事件.

Kita [女] 《-/-s》 全日制保育園(< *Kin*der*ta*gesstätte).

Kitsch [男] 《-[e]s/》芸術的価値のないもの, まがい物; (くだらない)日用品, がらくた. **kitschig** [形] 芸術的価値のない, 趣味の悪い; ミーハーな.

Kitt [男] 《-[e]s/ 種類-e》接着〈充てん〉剤; 《話》くだらないもの〈こと〉, がらくた.

Kittchen [中] 《-s/-》《話》刑務所.

Kittel [男] 《-s/-》上っ張り, 仕事着; 《南部》(男性用の)上着, ジャケット; 《ｵｰｽﾄﾘｱ》スカート. ₌**schürze** [女] 〔服〕エプロンドレス.

kitten [他] (接着剤で…を)継ぎ合わせる; (関係などを)修復する.

Kitz [中] 《-es/-e》ヤギ〈シカ〉の子.

Kitzel [男] 《-s/》むずがゆさ, くすぐったさ; (欲望の)うずき. **kitzelig** [形] = kitzlig.

kitzeln [他] くすぐる; むずむずさせる; 快く刺激する; (人の)心をそそる.

Kitzler [男] 《-s/-》〔医〕陰核, クリトリス.

kitzlig [形] くすぐったがりの; 敏感な; 扱いにくい, 微妙な.

k.J. [略] *k*ommenden 〈künftigen〉 *J*ahres 来年に, 来年の; *k*ommendes 〈künftiges〉 *J*ahr 来年に. **k.k.** [略] *k*aiserlich-*k*öniglich. **KKW** [略] *K*ern*k*raft*w*erk 原子力発電所. **kl** [記号] キロリットル(< *K*ilo*l*iter). **KL** [略] *K*onzentrations*l*ager. **Kl.** [略] *Kl*asse 等級.

Klabautermann [男] 〔民俗〕(危険を知らせる)船の精; 《北部》(苦境に現れる)救いの精.

klack [間] カチャッ(軽い衝撃音); ペチャッ(落下音). **Klacks** [男] 《-es/-e》《話》(バター・ソースなどの)少量. ✦ ***ein ~ sein*** 《**für** j^4》(人にとっては)何でもない, 朝飯前である.

Kladde [女] 《-/-n》雑記〈メモ〉帳; 〔商〕当座帳, 付け込み帳; 下書き, 草案.

kladderadatsch [間] ガタガタッ, ガラガラッ(落下音). **Kladderadatsch** [男] 《-[e]s/-e》《話》ガチャーンという音; 崩壊; 混乱; 倒産; 《話》口げんか; スキャンダル, うわさ話.

klaffen [自] (裂け目などが)大きく〈深く〉開いている.

kläffen [自] (犬が)キャンキャンほえる.

Kläffer [男] 《-s/-》キャンキャンほえる犬.

Klafter [男] [中] 《-s/-》[女] 《-/-n》尋(ひろ)(大人が横に広げた両腕の長さ: 約1.9m).

klaftern ❶ [他] (木材を)一棚ごとに積み上げる. ❷ [自] (鳥が) …の翼幅がある.

klagbar [形] 〔法〕告訴〈立件〉できる.

Klage [クラーゲ] [女] 《-/-n》 ❶ ([英] grief)嘆き, 悲嘆. ❷ 苦情, 不平. ❸ 〔法〕訴訟, 提訴, 告訴; 訴状. ₌**laut** [男] 悲嘆の声. ₌**lied** [中] 悲歌, 哀歌, 挽歌.

klagen [クラーゲン] 《klagte; geklagt》 ❶ [自] ([英] complain) 《**über** *j-et*⁴》(…について)苦情〈不平〉を言う; 〔法〕告訴する, 提訴する. ❷ [他] 《話》《j^3 et^4》(人に…を)訴える, こぼす; 苦痛を訴える, 悲痛の声をあげる. ✦ ***Ich kann nicht ~.*** (「ご機嫌いかが」の答えとして)まあまあです.

Klagenfurt クラーゲンフルト(オーストリア南部の都市).

Kläger [男] 《-s/-》 ([女] **-in**) 〔法〕原告.

Klage₌schrift [女] 〔法〕訴状. ₌**weib** [中] (葬式に雇われる)泣き女.

kläglich [形] 悲しげな, 悲痛な; かわいそうな, 哀れな.

klagte ⇨ klagen

Klamauk [男] 《-s/》《話》ばか騒ぎ, どたばた.

klamm [形] 湿って冷たい; かじかんだ; 《話》お金がない.

Klamm [女] 《-/-en》渓谷.

Klammer [クラマー] [女] 《-/-n》 ❶ ([英] clip)クリップ, ホチキスの針; 洗濯挟み; かすがい; 〔医〕創傷クリップ. ❷ ([英] bracket)〔印・数〕かっこ. ❸ 〔ボクシング〕クリンチ. ₌**affe** [男] 〔コンピュ〕《話》アットマーク(@).

klammern ❶ [他] 《et^4 **an** et^4》(…を…に)クリップ〈洗濯ばさみ〉で留める; 〔医〕(傷を)創傷クリップで接合する. ❷ [再] 《$sich^4$ **an** *j-et*⁴》(…に)しがみつく.

Klamotte [女] 《-/-n》《[複]》《話》衣類; 身の回りの品, がらくた; 《話》どたばた喜劇, 娯楽映画; 《方》がれき.

Klampfe [女] 《-/-n》《話》ギター; 《ｵｰｽﾄﾘｱ》かすがい.

klang ❶ [過] ⇨ klingen ❷ [命] ⇨ kling

Klang [クラング] [男] 《-[e]s/**Klänge**》 ❶ ([英] sound)音, 響き; 音色; ニュアンス. ❷ 《[複]》(曲の)調べ, 音楽.

klänge ⇨ klingen **Klänge** ⇨ Klang

Klang₌farbe [女] 〔楽〕音色, 音質. ₌**fülle** [女] 豊かな響き.

klanglich [形] 音〈響き〉の, 音色の.

klang₌los [形] 音〈響き〉のない; 響きの悪い; 〔言〕(音節が)アクセントのない. ₌**voll** [形] 響きのよい; 著名な.

klapp [間] カチャッ(軽い衝撃音).

Klapp₌bett [中] (壁に取り付けられた)折り畳み式ベッド. ₌**deckel** [男] = Klappe ①.

Klappe [女] 《-/-n》 ❶ (一端が固定されている)ふた; (郵便箱・ポケットの)垂れ〈折り〉ぶた; はねぶた. ❷ バルブ, 弁; (心臓の)弁〔膜〕; (管楽器の)鍵, キー; (飛行機の)フラップ; 肩章; (馬の)目隠し革; 〔映〕かちんこ. ❸ ハエたたき; 《話》口; 《話》ベッド. ✦

die* 〈*seine*〉 ～ *halten 《話》 黙る. ***eine große* 〈*freche*〉 ～ *haben* / *die große* ～ *schwingen*** 《話》 大口をたたく, ひけらかす. ***eins auf die* ～ *geben*** 《俗》 《*j*³》 (人に)パンチを食らわす. ***Halt die* ～!** 《話》 黙れ. ***zwei Fliegen mit einer* ～ *schlagen*** 《ことわざ》 一挙両得〈一石二鳥〉である.

klappen [クラッペン] 《klappte; geklappt》 I [自] ❶ パタンと鳴る. ❷ パタンと開く〈閉まる〉; 《話》 うまくいく, 成功する. II [他] ❶ (…を…へ)パタンと開く〈閉める, 畳む〉. ❷ 《話》 (犯人などを)捕らえる. ✦ ***zum Klappen bringen*** 《*et*⁴》 (…に)決着をつける. ***zum Klappen kommen*** 決着がつく. **Klappentext** [男] (書物の)カバーの折り返しに印刷された宣伝文. **Klapper** [女] 《–/–n》 鳴子; (カラカラ鳴る)玩具, がらがら. **klapperdürr** [形] 《話》 やせこけた, 骨と皮ばかりの. **klapperig** [形] = klapprig. **Klapper=kasten** [男], **=kiste** [女] 《話》 おんぼろピアノ〈ラジオ, テレビ〉; ぽんこつ車.

klappern [自] ガタガタ〈カタカタ, ガラガラ〉音を立てる; 《**mit** *et*³》 (…を)カタカタ〈コトコト〉鳴らす; ぺちゃくちゃしゃべる; (s)(…へ)ガタガタ音を立てて進む.

Klapper=schlange [女] 〔動〕 ガラガラヘビ; 《話》 性悪女. **=storch** [男] 《幼児》 (赤ん坊を運んでくるとされる)コウノトリ.

Klapp=horn [中] 〔楽〕 有鍵ビューグル. **=hut** [男] オペラハット(折り畳み式シルクハット). **=messer** [中] 折り畳みナイフ, ジャックナイフ. **=rad** [中] 折り畳み自転車.

klapprig [形] がたがたの, よぼよぼの.

Klapp=sitz [男] (劇場などの)跳ね上げ〈折り畳み〉いす; (バスなどの)補助いす. **=stuhl** [男] 折り畳み式いす.

klappte ⇨ klappen

Klapp=tisch [男] 折り畳みテーブル. **=tür** [女] 跳ね上げ戸, 落とし戸, はねぶた. **=verdeck** [中] (車の)折り畳み幌(ほろ).

klaps [間] パタッ(軽くたたく音). **Klaps** [男] 《–es/–e》 《話》 (軽く)ピシャンと打つこと〈音〉. ✦ ***einen* ～ *haben*** 《話》 気が変になっている.

klapsen [他] (人を)ピシャッとたたく.

Klaps=mühle [女] 《話》 精神病院.

klar [クラール] [形] ❶ ([英] clear)澄んだ, 曇り〈濁り〉のない, 透明な, 清澄な; (空が)晴れた, 雲のない. ❷ 明確な, 明せきな, 明瞭な, はっきりした, 明らかな, 誤解の余地のない. ❸ 〔海・空〕 準備のできた. ❹ 《方》 粒〈きめ〉の細かい. ✦ ***～ blickend*** 眼力の確かな, 冷徹な. ***～ denkend*** 頭脳明晰の. ***～ sehen*** 《話》 (状況・本質などが)はっきり分かる. ***～* 〈*im Klaren*〉 *sein*** 《*sich*³ **über** *et*⁴》 (…を)はっきり認識している. ***～ werden*** はっきりする; 《*j*³》 (人に)はっきり分かる; 《*sich*³ **über** *et*⁴》 (…が)はっきり分かる. ***klipp und* ～** はっきりと, 明確に. ***Na,* ～!** あたりまえさ.

Klara 《女名》 クラーラ.

Klär=anlage [女] 汚水処理施設; 浄水場. **=becken** [中] 浄化槽.

klar=blickend ⇨ klar ✦ **=denkend** [旧]⇨ klar ✦

klären [他] 澄ます, 清める; 明らかにする, 解明する; [再] 《*sich*⁴》 澄む; 明らかになる, 解明される; [自] 〔球技〕 クリアする.

klar|gehen* [自] (s) 《話》 うまくいく.

Klarheit [女] 《–/–en》 澄んでいること, 透明; 明確さ; 明せきさ.

Klarinette [女] 《–/–n》 〔楽〕 クラリネット. **～n=konzert** [中] 〔楽〕 クラリネット協奏曲. **～n=quintett** [中] 〔楽〕 クラリネット五重奏曲.

klar|kommen* [自] (s) 《話》 《**mit** *jet*³》 (…と)うまくやっていく; (…を)上手にこなす〈処理する〉; 理解する. **|legen** [他] 《*j*³ *et*⁴》 (人に…を)明らかにする, 説明する. **|machen** [他] 《*j*³ *et*⁴》 (人に…を)はっきり分からせる〈理解させる〉; 〔海・空〕 (…の)出帆〈離陸〉の準備をする; 《話》 (…の)代金を支払う. **|sehen*** [旧]⇨ klar ✦

Klarsicht=folie [女] 透明フィルム, ラップ. **=packung** [女] 透明包装.

klar|stellen [他] (事柄を)はっきりさせる, 正しく理解させる.

Klartext [男] (暗号を使わない)平(ひら)の文; 《話》 分かりやすい〈素直な〉文. ✦ ***im* ～** 《話》 はっきり言えば. ***～ reden*** 《話》 《**mit** *j*³》 (人と)率直に話す.

Klärung [女] 《–/–en》 浄化; 解明.

klar|werden* [旧]⇨ klar ✦

klass ([旧] **klaß**) [形] 《無変化》 《オーストリア》 = klasse.

klasse [クラッセ] [形] 《話》 すばらしい, すごい.

Klasse [クラッセ] [女] 《–/–n》 ❶ ([英] class)クラス, 学級; 学年; 教室. ❷ (社会的身分の)階級, 階層. ❸ 等級, ランク. ❹ (重量・年齢などによる)クラス, 級〔別〕, 種別. ❺ 部類, 部門; 〔生〕 綱(こう). ✦ ***Das ist* ～.** 《話》 そいつはすごい; ***eine* ～ *für sich*⁴ *sein*** まったく特別だ; 一級品だ. 〔***einfach***〕 ***～ sein*** 《話》 本当にすばらしい. **Klasse..** 《話》「とびきり上等な…; 抜群の…」の意.

Klassement [クラセマーン] [中] 《–s/–s; スイス –e》 分類, 等級; 〔スポ〕 順位〔表〕, ランキング〔リスト〕.

Klassen=arbeit [クラッセンアルバイト] [女] 《–/–en》 テスト, 筆記試験. **=beste**〔**r**〕 [男] [女] 《形容詞変化》 学級〈クラス〉の最優秀生徒. **=bewusstsein** ([旧] **=bewußtsein**) [中] 階級意識. **=buch** [中] (教師の)学級〈授業〉日誌, えんま帳. **=fahrt** [女] クラス旅行. **=gesellschaft** [女] 階級社会. **=hass** ([旧] **=haß**) [男] 階級間の憎悪. **=kamerad** [男] 級友, クラスメート. **=kampf** [男] 階級闘争. **=lehrer** [男] 学級担任の教師. **=sprecher** [男] 学級委員; 級長. **=unterschied** [男] 階級間の相違〈差別〉; 〔スポ〕 ランクの違うチームの能力差〈実力の違い〉. **=zimmer** [中] ([英] classroom)教室.

klassieren [他] 分類する, 等級に分ける; 〔坑〕 (鉱石を)選別〈分粒〉する. **Klassifikation** [女] 《–/–en》 = Klassifizierung. **klassifizieren** [他] 分類〈類別〉する, 等級に分ける. **Klassifizierung** [女] 《–/–en》 分類, 類別, 等級分け.

Klassik [クラスィク] [女] 《–/》 ❶ ([英] classic)古典文化(ギリシャ・ローマ時代の文化・芸術). ❷ (文学・芸術上の)古典主義, 古典期; 最盛期. ❸ クラシック音楽; クラ

K

シック様式. **Klássiker** 男 (-s/-) (女 **-in**)古典期の芸術家〈作家〉; 古典的巨匠〈作品〉.

klássisch [クラッシッシュ] 形 ❶ (⇔ classical)古典の,古代の,古代ギリシャ・ローマの. ❷ 古典派の,古典主義の,古典期の,クラシックの. ❸ 古典的な,伝統的な;模範的な;典型的な.

Klassizísmus 男 (-/-) [擬]古典主義.

klatsch 男 = klitsch.

Klatsch 男 (-[e]s/-e) ピシャッという音;《話》おしゃべり;陰口,ゴシップ. =**base** 女 《話》おしゃべり女.

Klátsche 女 (-/-n) ハエたたき;《話》おしゃべり女;《学生》とらの巻.

klátschen [クラッチェン] {klatschte; geklatscht} 自 ❶ バチッ[ピシャッ]と鳴る,手をたたく;《…に～へ》ピシャッとたたきつける;拍手する;拍手で(…を)表す. ❷ うわさ話をする;《j-³ 》(人について)告げ口をする. ◆ eine ～ 《j³》(人に)びんたを食らわせる. **Klátscher** 男 (-s/-)(女 -**in**)拍手かっさいする人. **Klátscherei** 女 (-/-en) 《話》陰口をたたくこと,うわさ話をすること. **Klátschgeschichte** 女 《話》うわさ話. **klátschhaft** 形 = klatschsüchtig.

Klatsch=maul 中 《話》うわさ好きな人. =**mohn** 男 《植》ヒナゲシ. **klátsch=nass** 形 (⇔ naß) 《話》びしょぬれの,ずぶぬれの. **Klatsch=présse** 女 《蔑》ゴシップ新聞. =**spalte** 女 《話》(新聞の)ゴシップ欄.

klátschsüchtig 形 うわさ話の好きな. **Klátschtante** 女 = Klatschbase.

kláuben 他 《南部;オーストリア》収穫する;(字句を)穿鑿する;粒より選起する;《方》(苦労して)より分ける;選別する.

Kláue 女 (-/-n) (猛獣・猛禽の)かぎづめ;ひづめ;《腹》手;魔の手;《話》悪筆;⌉ クラッチ,くぎ抜き. ◆ in die ～n geráten 《j³》 (人の)手中にはまる.

kláuen 他 《話》盗む,盗作する.

Kláuen=seuche 女 《獣医》口蹄疫(ていえき).

Kláus 《男名》クラウス.

Kláuse 女 (-/-n) (修道士の)個室,(隠者の庵(いおり)); (静かな)小部屋;峡谷,峡道.

Kláusel 女 (-/-n) (契約などの)[付帯]条項,約款,約定;《楽》カデンツ.

Kláusner 男 (-s/-)(僧院の)立ち入り禁制区域;隔絶. =**arbeit** 女 筆記試験. =**sitzung** 女 密会;(非公開)会議.

Kláviatur 女 (-/-en) (大学の)筆記試験[の答案]; (僧院の)立ち入り禁制区域;隔絶. =**arbeit** 女 筆記試験. =**sitzung** 女 密会;(非公開)会議.

Kláviatur 女 (-/-en) 《楽》鍵盤.

Klavíer [クラヴィーア] 中 (-s/-e) (⇔ piano)ピアノ. =**auszug** 男 《楽》ピアノ用スコア. =**spiel** 中 《楽》ピアノ演奏. =**spieler** 男 ピアノ演奏者,ピアニスト. =**stimmer** 男 ピアノ調律師. =**stunde** 女 ピアノのレッスン.

Klébe=band 中 接着テープ. =**mittel** 中 接着剤.

klében [クレーベン] {klebte; geklebt} ❶ 他 (⇔ stick) (…を…に)貼りつける,接着する,修理する. ❷ 自 (…に)貼りついている;《話》《an j-³》(…を離れない,(…に)執着する,まとわりつく;ねばねばしている. ◆ eine ～ 《j³》 (人に)びんたを食らわす. ～ bléiben 粘着した[くっついた]ままでいる;《話》落第[留年]する.

klében|bleiben* 自 ⇒ kleben ◆

Klébepflaster 中 絆創膏(ばんそうこう). **Kléber** 男 (-s/-) 《話》接着剤,粘着物;《話》落第生;《化》グルテン. **klébertig** 形 = klebrig. **Klébe=streifen** 男 接着テープ. **klébrig** 形 粘着性の,ねばねばする;《態度に対して》しつこい,ねちねちした.

Klébrigkeit 女 (-/-) 粘着性,粘度;しつこい態度〈行為〉.

Kléb=stoff 男 接着剤. =**streifen** 男 = Klebestreifen.

klébte ⇒ kleben

kléckern 《話》❶ 自 (s)(液体が)こぼれる,滴り落ちる;(仕事などが)ゆっくり進行する. ❷ 他《auf et⁴》(…を…の上に)こぼす. ◆ nícht ～, sóndern klótzen 《話》力・金などを出し惜しみない,派手にやる. **kléckerweise** 副 《話》[とぎれとぎれに]少量ずつ. **Kléckses** 男 (-es/-e) (インク・絵の具などの)染み,汚れ;《話》少量. **kléksen** 自 ❶ (…を)染みをつける;《話》絵〈字〉が下手である. ❷ 他《et⁴ auf et⁴》(バター・絵の具などを…の上に)ぽたりと落とす;塗る.

Klée [クレー] 男 (-s/-) (⇔ clover) 《植》クローバ,シロツメクサ[属]. ◆ **über den grünen ～ lóben** 《…を》ほめあげる. =**blatt** 中 クローバの葉;三人組;クローバ型立体交差路.

Kléiber 男 (-s/-) 《鳥》ゴジュウカラ.

Kléid [クライト] 中 (-[e]s/-er) (⇔ -**chen**) 《複》ドレス,ワンピース;《複》(⇔ clothes) 《集合的》衣服,衣類: ein zwéitéiliges ～ ツーピース. ◆ **aus den ～ern fállen** 《話》やせ細る. **Das ist ihm nicht in den ～ern [hängen (stécken)] geblieben.** 《話》それは彼を少しも悩ませた. **～er machen Léute.** 《諺》馬子にも衣装. **nicht aus den ～ern kómmen** 寝る暇もない. **Kléidchen** (→ Kleid) 中 (-s/-, Kleiderchen) 子供服;軽い普段着. **kléiden** 他 (⇔ dress)(人に…を)衣服を着せる;《et⁴ in et³》(感情などを言葉などで)表す,示す;(衣服などが人に)似合う.

Kléider ⇒ Kleid

Kléider=ablage 女 クローク[ルーム]. =**bügel** 男 (洋服の)ハンガー. =**bürste** 女 洋服ブラシ.

Kléider=chen ⇒ Kleidchen. =**haken** 男 (コートを掛けるための)フック,金具. =**schrank** 男 洋服だんす,衣装戸棚. =**ständer** 男 [スタンド式]コート掛け;《話》やせた人間. =**stoff** 男 服地.

kléidsam 形 (服・髪型などが)よく似合う.

Kléidung [クライドゥング] 女 (-/-en) (⇔ clothes) 衣服,衣類;服装,身なり. **～s=stück** 中 (個々の)衣服(上着・ズボン・シャツ・靴下など).

Kléie 女 (-/-n) ふすま,ぬか.

klein [クライン] 形 ❶ (⇔ little)小さい,小型の; 幼い; 短い,短時間の; 狭い,少な

い. ❷ ちょっとした, ささいな, 取るに足りない; 少量の. ❸ 平凡な, 無名の; 下層階級の; 卑小な. ◆ **bei Kleinem**〘北部〙少しずつ, 次第に. **bis ins Kleinste** 細部に至るまで. **ein — [es] bisschen / ein — wenig** ほんの少量(わずか)ばかり. **~ beigeben** 弱気になる, 譲歩する. **~ denkend** 狭量な. **~ gedruckt** 細かい字で印刷された. **~ geschrieben werden**〘話〙軽視される. **~ kariert**〘話〙こせこせした; 視野の狭い. **~ machen**(…を)小さく(細かく)する;〘話〙(お金を)くずす;〘話〙おしっこをする. **~ schneiden** 小さく切る, 細かく刻む.

Klein 匣 (-s/-)〘科〙(鳥・ウサギなどの)臓首, 前足;〘鉱〙(石炭などの)極細片.
Klein-arbeit 囡 (骨の折れる)細かい仕事. **=asien** 小アジア(アジア西部に突出した半島部大部分を占める). **=auto** 匣 小型自動車. **=bahn** 囡 軽便鉄道. **=bauer** 團 小農. **=betrieb** 匣 小企業, 小農経営. **=bildkamera** 囡 小型カメラ. **=buchstabe** 團 小文字.
Kleinbürger 團 (囡 -in) 小市民, プチブル; 俗物. **kleinbürgerlich** 囮 小市民(プチブル)的な; 俗物根性の. **Kleinbürgertum** 匣 (-s/) 小市民階級; 小市民(プチブル)の生活.
Kleinbus 團 マイクロバス.
Kleinchen 匣 (-s/(-)) おちびちゃん.
Kleincomputer 團 小型電算機, ミニコン[ピュータ].
kleindenkend ⇒ kleindenken
Kleine[r] 團〘形容詞変化〙小さい〈幼い〉子供; かわいい人. **Kleine[s]** 匣〘形容詞変化〙子供; 小さい物; ささいな事.
Klein-format 匣 小型サイズ. **=garten** 團 (郊外の)家庭菜園. **=gärtner** 團 家庭菜園の所有者. **=gebäck** 匣 ビスケット, クッキー.
kleingedruckt ⇒ klein ◆
Kleingeld 匣 小銭.
kleingläubig 囮 他人を信じられない, 疑い深い.
Klein-handel 團 小売り[業]. **=händler** 團 小売商人.
Kleinheit 囡 (-/) 小さなこと, 小規模なこと; 取るに足りなさこと.
Klein-hirn 匣〘解〙小脳. **=holz** 匣 細かく割った木, 薪[材]. ◆ **~ aus et³ machen / et⁴ in ~ verwandeln / et⁴ zu ~ machen**(…を)こなごなに打ち砕く. **j⁴ zu ~ machen / aus j³ Kleinholz ~**(人を)こてんぱんにやっつける.
Kleinigkeit 囡 (-/-en) ささいな〈細かい〉こと, 簡単な〈たやすい〉こと. **~s-krämer** 團 小事にこだわる人. **Kleinigkeits-krämerei** 囡 (-/) 小事にこだわること.
Klein-kalibergewehr 匣 小口径銃.
kleinkariert ⇒ klein ◆
Klein-kind 匣 幼児. **=kram** 團 こまごましたもの, ささいなこと. **=krieg** 團 (つ

まらないことをめぐる)トラブル; (絶え間のない)いさこざ.
kleinkriegen 砌〘話〙小さく砕く, ばらばらにする;(人を)屈服させる;打ちのめす;消費する, 使い果たす.
Klein-kunst 囡 (寄席での)演芸, 寸劇. **=kunstbühne** 囡 寄席; 小劇場. **=laster** 團, **=lastwagen** 團 小型トラック.
kleinlaut 囮 意気阻喪(きそう)した, おじけづいた, 急におとなしくなった.
kleinlich 囮 ささいなことにこだわる. **Kleinlichkeit** 囡 (-/-en) こせこせしたこと, (細かい言動に)現れた(する)態度.
kleinmachen ⇒〘話〙使い果たす, 消費する; ⇒ klein ◆
Kleinmut 匣 小心, 臆病(おく), 無気力.
kleinmütig 囮 小心の, 臆病な, 無気力な.
Kleinod 匣 (-[e]s/-ien) (高価な)装身具, 宝石;(-[e]s/-e)貴重な宝.
klein-schneiden* 砌 ⇒ klein ◆ **=schreiben*** 砌 小文字で書く; ⇒ klein ◆
Kleinschreibung 囡 小文字書き.
Kleinstaat 團 小国. **Kleinstaaterei** 囡 (-/) 小国分立.
Klein-stadt 囡 小都市. **=städter** 團 小都市の住民; 田舎者. **kleinstädtisch** 囮 小都市[風]の, 田舎じみた.
Kleinstwohnung 囡 ワンルームの住宅.
Klein-vieh 匣〘集合的〙小形家畜(羊・ウサギ・鶏など). ◆ **~ macht auch Mist.**〘成〙ちりも積もれば山となる. **=wagen** 團 小型[自動]車.
Kleist Heinrich von, クライスト(1777–1811; ドイツの作家).
Kleister 團 (-s/-種類) 糊(のり);〘話〙(まずい)おかゆ. **kleistern** 砌 **et⁴ an ⟨auf⟩ et⁴**(…を…に)糊(のり)で貼る.
Klematis 囡 (-/-)〘植〙センニンソウ属(クレマチス・テッセンなど).
Klemme 囡 (-/-n) ❶ やっとこ, ペンチ, クリップ;〘医〙鉗子(がん);〘電〙端子. ❷ 苦境.
klemmen [クレメン]砌 (klemmte; geklemmt) **j⁴** 〘体を…に〈へ〉〙挟む.〘**sich⁴**〙挟まれる.〘話〙〘〖j³〗 **et⁴**〙(人から)一寸くすねる. 砌 ❷ (ドアなどが)きつい, 開かない. ◆ **hinter j⁴ et⁴** ~〘**sich⁴**〙(人の)助力を頼む;(…に)精を出す.
Klemmer 團 (-s/-) 鼻眼鏡.
Klemm-schraube 囡 固定(締めつけ)ねじ;〘電〙端子ねじ.
klemmte ⇒ klemmen
Klempner 團 (-s/-) 板金工, 配管工.
Klempnerei 囡 (-/-en) 板金仕事; 板金工の仕事場.
Kleopatra クレオパトラ(前69–前30; エジプトの女王).
Klepper 團 (-s/-) 老いぼれ馬.
Kleptomane 團 (-n/-n)〘医〙盗癖のある人. **Kleptomanie** 囡 (-/) 〘心〙〘医〙盗癖.
Kleriker 團 (-s/-)〘カトリ〙聖職者, 司祭.
Klerus 團 (-/)〘集合的〙聖職者[階級].
Klette 囡 (-/-n) 〘植〙ゴボウ属, いが. ◆ **wie eine ~ hängen**〘**an j³**〙(人に)しつこく

く付きまとう.

Kletterei [女] 《-/-en》 登攀(とうはん).

Kletterer [男] 《-s/-》 登攀(とうはん)者.

klettern [クレッタァン] 《kletterte; geklettert》[自] (s, h) ❶ ([英] climb)よじ登る; はい降りる. ❷ (値段などが)上昇する.

Kletter=pflanze [女] つる植物. **=seil** [中] 登山用ザイル〈ロープ〉; 〔体操〕 つり綱. **=stange** [女] 〔体操〕 登り棒.

kletterte ⇨ klettern

klick [間] カチャッ(軽い金属音). **Klick** [男] 《-s/-s》 〔電算〕 マウスクリック(マウスのボタンを押す操作).

klicken [クリッケン] 《klickte; geklickt》 [自] カチリ〈カチャッ〉と音を立てる; 〔電算〕 (マウスで)クリックする.

Klicker [男] 《-s/-》 ビー玉.

Klient [男] 《-en/-en》 ([女] **-in**)弁護依頼人, クライアント. **Klientel** [女] 《-/-en》 《集合的》 (弁護士の)依頼人.

Kliff [中] 《-[e]s/-e》 崖.

Klima [クリーマ] [中] 《-s/-s,-te》 ([英] climate)気候; 雰囲気, 環境.

Klima=anlage [クリーマアンラーゲ] [女] 《-/-n》 エアコン, 空調設備.

Klimakterium [中] 《-s/》 更年期.

Klimate ⇨ Klima

klimatisch [形] 気候[上]の. **klimatisieren** [他] (部屋に)冷暖房装置〈エアコン〉を取り付ける, 空気調節をする. **Klimatisierung** [女] 《-/-en》 空気調節, エアコンディショニング.

Klimawechsel [男] (旅行・移住などによる)気候の変化; 転地[療養].

Klimbim [男] 《-s/》 《話》 ばかばかしい大騒ぎ, 興奮.

klimmen(*) [自] (s)よじ登る. **Klimmzug** [男] 〔体操〕 懸垂[双腕屈伸]運動.

klimpern [自] カチャカチャ〈チャラチャラ〉音を立てる.

Klimt Gustav, クリムト(1862-1918; オーストリアの画家).

kling [間] ✦ **~, *klang*** チリンチリン; カランコロン(明るく響く音).

Klinge [クリンゲ] [女] 《-/-n》 ([英] blade) (ナイフなどの)刃, 刀身; 《雅》 刀, 剣. ✦ ***die ~[n] kreuzen*** 《**mit** j^3》 (人と)刃を交える; 論争する. ***eine scharfe ~ führen*** 鋭く切り込む; 鋭い論陣を張る. ***über die ~ springen lassen*** 《j^4》 (人を)殺す; 破滅〈挫折(ざせつ)〉させる; 〔スポーツ〕 (相手に)反則行為をする.

Klingel [クリンゲル] [女] 《-/-n》 ([英] bell) ベル, 呼び鈴. **=beutel** [男] 鈴付き献金袋. **=knopf** [男] 呼び鈴の押しボタン.

klingeln [クリンゲルン] 《klingelte; geklingelt》[自] ❶ ([英] ring)ベルが鳴る, (電話などが)鳴る; 《*Es klingelt.*》 ベル〈呼び鈴〉が鳴る; ベルを鳴らす; 《[**nach**] j^3》 (人を)ベルを鳴らして呼ぶ. ❷ 《話》 (エンジンが)ノッキングする. ✦ ***Es klingelt bei*** j^3. 《話》 (人に)やっと理解できた〈考えが浮かんだ〉.

Klingelzug [男] 呼び鈴の引きひも.

klingen* [クリンゲン] 《**klang**; **geklungen**》[自] ❶ ([英] ring)響く, 鳴る. ❷ (…のように)聞こえる, 思える.

Klinik [クリーニク] [女] 《-/-en》 ❶ ([英] clinic)専門病院, クリニック; 大学付属病院. ❷ 臨床講義. **Klinikum** [中] 《-s/..ka, ..ken》 臨床実習[課程]; 大学付属病院. **klinisch** [形] 病院での; 臨床の.

Klinke [女] 《-/-n》 (ドアの)取っ手, ノブ; (機械の)レバー. ✦ ***die ~ in die Hand geben*** 《*sich*³》 つめかける. **~*n putzen*** 戸口ごとにセールス〈物ごい〉をして歩く.

klinken [自] (ドアの)取っ手を押す; レバーを動かす. **Klinker** [男] 《-s/-》 硬質れんが, クリンカー.

klipp [間] ✦ **~, *klapp*** カタコト. **~ *und klar*** 《話》 はっきりと, きっちりと.

Klipp [男] 《-s/-s》 クリップ; (万年筆などのキャップの)留め具; クリップ式イヤリング.

Klippe [女] 《-/-n》 岩礁; 障害, 困難. **klippenreich** [形] 岩礁の多い.

Klipper [男] 《-s/-》 快速帆船; 大型旅客機.

Klippfisch [男] 干鱈(ひだら), 棒鱈.

Klips [男] 《-es/-e》 クリップ式イヤリング.

klirren [自] (金属・ガラスなどが)カチャカチャ音を立てる.

Klirrfaktor [男] 〔電〕 ひずみ率.

Klischee [中] 《-s/-s》 決まり文句; 紋切型な考え; 偏見; 〔印〕 凸版.

klischieren [他] 〔印〕 凸版にする.

Klistier [中] 《-s/-e》 浣腸(かんちょう)[剤].

Klitoris [女] 《-/-, ..rides》 〔医〕 陰核, クリトリス.

klitsch [間] ピシャッ. **Klitsch** [男] 《-[e]s/-e》 《方》 軽い平手打ち; 粥(かゆ)[状のもの]; 生焼けのパン〈ケーキ〉.

Klitsche [女] 《-/-n》 《話》 さびれた農場〈工場〉; 寒村; 田舎の芝居小屋.

klitsch[e]=nass ([旧] = **naß**) [形] 《話》 ずぶぬれの.

klitschig [形] 《話》 (パンなどが)生焼けの.

klittern [他] つぎはぎで組み立てる; でっち上げる; 《方》 細かく分割する; 書きなぐる.

klitzeklein [形] 《話》 ちっぽけな.

Klo [中] 《-s/-s》 《話》 トイレ(< *Klo*sett).

Kloake [女] 《-/-n》 下水溝; 〔動〕 排せつ腔(こう).

Kloben [男] 《-s/-》 丸太; 武骨者; 小型の万力; ちょうつがい[などの軸]. **klobig** [形] ごつごつした; 武骨な.

klomm, klömme ⇨ klimmen

Klon [男] 《-s/-e》 〔遺伝〕 クローン(人工的無性増殖による複製生物). **klonen** [他] (…と)遺伝的に同一の個体群を[人工的に]作る, (…を)クローニングする. **Klonen** [中] 《-s/》 〔遺伝〕 クローニング.

klönen [自] 《北部》 雑談〈おしゃべり〉する.

klopfen [クロプフェン] 《klopfte; geklopft》 **I** [自] ❶ ([英] knock) 《**auf** et^4/**an** $et^{4(3)}$》 (…を)軽くたたく, ノックする; 《*Es klopft.*》 (誰かが)ノックする音が聞こえる. ❷ (心臓が)鼓動する, どきどきする; (エンジンが)ノッキングする. **II** [他] ❶ [トントンと]たたく. ❷ 《et^4 **aus** 〈**von**〉 et^3》 (…を…から)たたいて取り除く. ❸ たたいて示す. ❹ 《et^4 **in** et^4》 (…を…に)たたき込む. **Klopfer** [男] 《-s/-》 カーペットたたき; (ドアの)ノッカー.

klopf=fest [形] (ガソリンが)アンチノックの.

klopfte ⇨ klopfen

Klöppel [男] 《-s/-》 (太鼓などの)ばち;

(鐘の)舌;(レース編み用の)ボビン.
klöppeln [他] ボビンレース編みで作る.
kloppen [他] 《中部・北部》たたく.
Klops [男] 《-es/-e》 [料] 肉だんご.
Klosett [中] 《-s/-s, -e》トイレ; 便器.
Kloß [男] 《-es/Klöße》 ([小] **Klößchen**) (ジャガイモ・肉などの)だんご. ✦ ***einen ~ im Hals[e] haben*** 《話》(興奮のあまり)のどが締めつけられて声が出ない. =**brühe** [女] ✦ ***klar wie ~ sein*** 《話・戯》明白である.
Kloster [中] 《-s/Klöster》修道院, 僧院. =**bruder** [男] 平修士, 助修士. **klösterlich** [形] 修道院の[ような].
Klotz [男] 《-es/Klötze》 ([小] **Klötzchen**) 丸太; かたまり; 武骨者. ✦ ***ein ~ am Bein sein*** 《話》《*j*^{3}》(人の)重荷になっている. ***einen ~ ans Bein binden*** 〈***hängen***〉《話》《*sich*^{3} **mit** *j-et*^{3}》(やっかいな…を)しょいこむ. ***wie ein ~ schlafen*** ぐっすり眠っている.
klotzen [自] 大がかりに〈派手に〉行う; せっせと働く, 骨の折れる仕事をする; 《話》のそのそ動く; [サッカー] (相手の)すねをける.
klotzig [形] 丸太のような; ごつい, 武骨な; 《話》ばく大な, すごい.
Klub [クルプ] [男] 《-s/-s》 ([英] club) クラブ, サークル, 同好〈愛好〉会; クラブハウス〈室〉. =**jacke** [女] スポーツジャケット. =**sessel** [男] クラブチェア, 安楽いす.
Kluft [女] ❶ 《-/-en》《話》衣服, 衣装. ❷ 《-/Klüfte》岩の割れ目〈裂け目〉; ギャップ; (感情的な)溝.
klug [クルーク] [形] 《**klüger**; **klügst**》 ([英] clever) 利口な, 賢い, 賢明な; 経験豊富な, 巧妙な. ✦ ***Der Klügere gibt nach.*** 《諺》負けるが勝ち(賢い方が譲る). ***~ reden*** 知ったかぶりをする. ***nicht ~ werden*** 《**aus** *j-et*^{3}》(…が)理解できない; (…の)腹の中が読めない. **Klugheit** [女] 《-/-en》賢明さ, 利口, 抜け目なさ; 分別[のある態度]; 《複》《皮肉》利口ぶった発言.
klüglich [副] 《雅》賢明にも.
klug|reden ⇨ klug ✦
Klump [男] 《-[e]s/-e, Klümpe》《方》[料] 大きなだんご. ✦ ***in*** 〈***zu***〉 ***~ fahren*** 《話》(車などをぶつけて)めちゃめちゃに壊す. ***in ~ schlagen*** 〈***schmeißen, werfen***〉《話》コテンパンにやっつける, 粉々に壊す.
klumpen [自] 塊〈だんご〉になる, 固まる; 《**an** *et*^{3}》(…に)だんご状になってこびりつく.
Klumpen [男] 《-s/-》 ([小] **Klümpchen**) ([英] lump) 固まり; 一固まり, 一山.
Klumpfuß [男] えび足; [医] 内反足(ないはんそく).
klumpig [形] 固まりだらけの; だんご状の; 不格好な.
Klüngel [男] 《-s/-》派閥, 会派, 一味.
Klüver [男] 《-s/-》ジブ(船首の三角帆). =**baum** [男] ジブブーム, 第2斜檣(しゃしょう).
km [記号] キロメートル(< *Kilometer*).
k.M. [略] *kommenden Monats* 来月に〈の〉; *kommenden Monat* 来月に.
km/h [記号] 時速…キロ.
KMK [略] *Kultusministerkonferenz*.
kn [記号] [海] ノット(< *Knoten*).
knabbern [他] ぽりぽり食べる; [自] 《**an** *et*^{3}》(…の一部を)かじる. ✦ ***nichts mehr zu ~ haben*** 《話》(お金がなくて)暮らしていけない. ***[noch lange] zu ~ haben*** 《話》《**an** *et*^{3}》(…に)[当分]苦労しなければならない.
Knabe [男] 《-n/-n》 ([小] **Knäblein**) ([英] boy) 《雅》男の子, 少年, 童(わらべ); 《話》若者; やつ. **~n=alt** [男] [楽] 少年アルト. **~n=chor** [男] 少年合唱[団].
knabenhaft 少年〈男の子〉のような, ボーイッシュな.
Knack [男] 《-[e]s/-e》パリッという音.
Knäckebrot [中] 《-[e]s/-e》クネッケ(クラッカー状の黒パン).
knacken [クナッケン] 《knackte; geknackt》 I [自] ❶ ギシギシ鳴る, きしむ; 《*Es knackt.*》(ある場所で)パチパチ音がする. ❷ 《**mit** *et*^{3}》(…を)ポキポキ〈カチカチ〉鳴らす. ❸ (s) パチンと割れる, ポキッと折れる. II [他] ❶ パキッと割る; 壊す. ❷ (なぞ・暗号などを)解く. ✦ ***zu ~ haben*** 《**an** *et*^{3}》(…に)苦労する.
Knacker [男] 《-s/-》《方》= Knackwurst; クルミ割り; 《話》金庫破り. ✦ ***ein alter ~*** がんこな年寄り.
Knacki [男] 《-s/-s》《話》囚人.
knackig ❶ [形] カチン〈ピチン〉と音のする; (女の子が)ぴちぴちした. ❷ [副] 非常に.
Knack=mandel [女] 殻付きアーモンド. =**punkt** [男] (特定の問題に関して, その成否を左右する)決定的な点.
knacks [間] ポキッ. **Knacks** [男] 《-es/-e》《話》破砕〈折損〉音; ひび, 割れ目; (心身の)障害, 傷.
knackte ⇨ knacken
Knackwurst [女] クナックヴルスト(食べるとプチッとはじけるソーセージ).
Knall [男] 《-[e]s/-e》ドン〈バタン〉という音; 《話》騒ぎ; けんか. ✦ ***[auf] ~ und Fall / ~ auf Fall*** 《話》だしぬけに; 即座に. ***einen ~ haben*** 《話》頭がおかしい.
Knall=bonbon [男] [中] クラッカー(パーティーで用いる紙筒). =**effekt** [男] 《話》不意打ち的な効果.
knallen [クナレン] 《knallte; geknallt》 ❶ [自] バシッと鳴る; 《**auf** *et*^{4}》(…を狙って)撃つ; (s) 《話》《**gegen** *et*^{4}》(…に)ぶつかる; ぎらぎら光る. ❷ [他] 《話》(…を…へ)ぶつける, 投げつける; 《*sich*^{4}》《話》(…に〈へ〉)ドサリと倒れ込む. ✦ ***eine ~*** 《話》《*j*^{3}》(人に)一発お見舞いする.
Knall=erbse [女] かんしゃく玉, クラッカー. =**frosch** [男] ねずみ花火. =**gas** [中] [化] 爆鳴ガス.
knallhart [形] 《話》残忍な, 冷酷な, 容赦しない. **knallig** [形] けばけばしい, 派手な; 人目を引く; ものすごい.
Knall=kopf [男] 《話》愚か者. =**körper** [男] (爆竹・かんしゃく玉など); 爆竹, かんしゃく玉, クラッカー.
knallrot [形] 《話》どぎつい赤の.
knallte ⇨ knallen
knapp [クナップ] [形] ❶ ([英] short) 乏しい, 貧弱な; ぎりぎりの; きわめて近い. ❷ 簡潔な. ❸ ([英] tight) (衣類などが)窮屈な. ❹ …足らずの. ✦ ***~ halten*** 《*j-et*^{4}》(人に)必要なだけしか与えない; (…を)小出しにする.
Knappe [男] 《-n/-n》 ❶ [炭] 坑夫. ❷ (中世の)騎士に仕える若者, 小姓.

knapp|halten* [他] ⇨ knapp ✦
Knappheit [女] 《-/》 不足, 欠乏; (言語・文体などの)簡潔さ.
Knappschaft [女] 《-/-en》 《集合的》 鉱山労働者; 鉱員[共済]組合.
knapsen [自] 《話》 《**mit** *et*^{3}》 (…を)切り詰める, けちけちする.
Knarre [女] 《-/-n》 (おもちゃの)がらがら; 《話》 鉄砲.
knarren [自] ギシギシ鳴る; きしむ.
Knast [男] 《-[e]s/Knäste》 《話》 禁固〔刑〕; 刑務所, 監獄. ✦ ~ ***schieben*** 刑に服する. **Knaster** [男] 《-s/-》 《話》 安タバコ; 《古》 上等なタバコ.
knatschen [自] 《話》 だだをこねる, ぐずる; (ピチャピチャと)音を立ててかむ.
knattern [自] パチパチと音を立てる, ダッダッと音を立てて進む.
Knäuel [男] [中] 《-s/-》 糸〈毛糸〉の玉; (人間・動物の)群れ; もつれ合い, 混乱.
Knauf [男] 《-[e]s/Knäufe》 (ステッキなどの)丸い握り〈つまみ〉; (剣の)つか頭(がしら).
Knauser [男] 《-s/-》 《蔑》 けちん坊, しみったれ. **Knauserei** [女] 《-/-en》 《蔑》 ひどくけちけちすること. **knauserig** [形] 《蔑》 ひどくけちな. **knausern** [自] 《蔑》 《**mit** *et*^{3}》 (…を)けちる, ひどく切り詰める.
knautschen [他] 《話》 (布・紙などを)くしゃくしゃにする; [自] しわくちゃになる.
knautschig [形] 《話》 くしゃくしゃの; (布地などが)しわになりやすい.
Knautschzone [女] (自動車の)衝撃吸引部.
Knebel [男] 《-s/-》 さるぐつわ; (ひもなどを締めるための)締め棒; (ダッフルコートなどの)トッグル〈止め木〉[ボタン]. **=knopf** [男] トッグル〈止め木〉[ボタン]. **knebeln** [他] (人に)さるぐつわをはめる〈かませる〉; (人の)口を封じる.
Knecht [男] 《-[e]s/-e》 (農家などの)使用人; (⊛ servant) 《雅》 しもべ, 召し使い; 奴隷. **knechten** [他] 《雅》 (民衆などを)隷属させる, 制圧する. **knechtisch** [形] 卑屈な. **Knechtschaft** [女] 《-/》 奴隷状態; 隷属. **Knechtung** [女] 《-/-en》 制圧.
kneifen* [クナイフェン] 《**kniff**; **gekniffen**》 [動] ❶ (人を)つねる, つまむ(*j*^{4} in den Arm ~ 人の腕をつねる); 《[*j*^{4}]》 (服などが[人を])締めつける. ❷ 《話》 《**vor** *et*^{3}》 (…に)しりごみする. **Kneifer** [男] 《-s/-》 鼻眼鏡. **Kneifzange** [女] やっとこ, 鉗子(かんし).
Kneipe [女] 《-/-n》 《話》 飲み屋, 居酒屋; コンパ, 飲み会.
kneipen [他] [自] 《方》 = kneifen.
Kneipenwirt [男] 飲み屋のおやじ〈亭主〉.
Kneippkur [女] (冷水浴と自然食による)クナイプ式療法.
Knete [女] 《-/》 《話》 お金(かね). **kneten** [他] (粉・土などを)こねる; こねて作る; 粘土細工をする; (体を)もむ, マッサージする.
Knetmasse [女] ゴム粘土.
Knick [男] 《-[e]s/-e》 (急角度の)曲がり, カーブ; 折れ曲がった部分, (紙・布などの)折り目, (壁・卵などの)ひび[割れ]. ✦ ***einen ~ im Auge 〈in der Linse, in der Optik〉 haben*** 《話》 斜視である; 正しい見方をしない.

knicken [クニッケン] 《knickte; geknickt》 ❶ [他] 折り曲げる, 折り目を作る; 意気消沈させる. ❷ [自] (s) (ポキッと)折れ曲がる; 屈折する.
Knicker [男] 《-s/-》 猟刀; 《北部》 ビー玉; 《話》 けちん坊, しみったれ.
Knickerbocker [複] ニッカーボッカー.
knickerig [形] 《話》 けちな, しみったれの.
Knickfuß [男] 〔医〕 外反足(がいはんそく).
knickrig [形] = knickerig.
knicks [間] ポキッ.
Knicks [男] 《-es/-e》 ([若い]女性の)ひざをかがめてのおじぎ. **knicksen** [自] (女性が)ひざをかがめておじぎをする.
knickte ⇨ knicken
Knie [クニー] [中] 《-s/-》 ❶ (⊛ knee)ひざ, ひざがしら; (ズボンの)ひざの部分. ❷ (道・川・管などの)曲がり角, 屈曲部. ✦ ***auf die 〈das〉 ~ fallen*** ひざまずく. ***auf 〈in〉 die ~ zwingen*** 《雅》 (人を)屈服させる. ***in den ~n weich werden*** 《話》 不安〈恐怖〉でひざががくがくする. ***in die ~ brechen 〈fallen〉*** くずおれる. ***in die ~ gehen*** 《話》 ダウン〈降参〉する. ***übers ~ brechen*** 《話》 (…を)あわてて決める. ***übers ~ legen*** 《話》 《*j*^{4}》 (人の)おしりをひっぱたく. ***weiche ~*** 《話》 ひどい不安〈恐怖〉.
Knie=beuge [女] 《-/-n》 〔体操〕 ひざの屈伸運動. **=bundhose** [女] ニッカーボッカー. **=fall** [男] ひざまずくこと. **kniefällig** [形] ひざまずいた; 平身低頭の. ✦ ~ ***werden*** 《**vor** *j*^{3}》 (人に)ひざまずく.
Knie=gelenk [中] 〔医〕 膝(しつ)関節. **=gicht** [女] 〔医〕 膝(しつ)痛風. **=hose** [女] (ひざまでの)半ズボン. **=kehle** [女] 〔医〕 膝窩(しっか), ひかがみ.
knien [クニー[エ]ン] 《kniete; gekniet》 [自] ひざまずいている; [再] 《*sich*^{4}》 ひざまずく. ✦ ***in et***^{4} ~ 《話》 《*sich*^{4}》 (…に)専念〈没頭〉する.
Knie=scheibe [女] 〔医〕 膝蓋(しつがい)骨. **=schützer** [男] (スポーツ用の)ひざ当て. **=strumpf** [男] ハイソックス. **=stück** [中] 〔美〕 ひざから上の肖像画; 〔工〕 エルボ, L字管.
kniete ⇨ knien **kniff** ⇨ kneifen
Kniff [男] 《-[e]s/-e》 つねること; (仕事などの)こつ, 秘訣; 策略; 折り目, しわ.
kniffe ⇨ kneifen
kniff[e]lig [形] 《話》 めんどうな, やっかいな, 複雑な.
kniffen ❶ [他] (…に)折り目をつける. ❷ ⇨ kneifen
Knilch [男] 《-s/-e》 《話》 いやなやつ.
knips [間] パチリ, パチッ.
knipsen ❶ [他] (切符に)パチンとはさみを入れる; (カメラで)パチリと写す; (指で)パチンとはじき飛ばす; (スイッチなどを)パチッと入れる〈切る〉. ❷ [自] パチンと音を立てる.
Knirps [男] 《-es/-e》 ちび(男の子; 小男); 《商標》 クニルプス(折り畳み傘).
knirschen [自] ギシギシ鳴る, きしむ.
knistern [自] パチパチ〈パリパリ〉音を立てる; きしむ.
knitterfrei [形] (布地などが)しわにならない. **knittern** [自] (布地などが)しわになる; [他] (…に)しわをつける, しわくちゃにする.
Knobelbecher [男] ダイスカップ.

knobeln [自] 《um *et*⁴》(…を)さいころ〈じゃんけん〉で決める;(…を賭(か)けて)さいころを振る;《話》思案にふける.
Knoblauch [男] 〔植〕ニンニク.
Knöchel [男] 《-s/-》くるぶし;指の中間関節.
Knochen [クノッヘン] [男] 《-s/-》([小] **Knöchelchen**) ❶ ([英] bone)骨;《複》肢体;四肢,手足. ❷ 《蔑》野郎,やつ. ✦ *bis auf* 〈*in*〉 *die* ～ 徹頭徹尾,どこまでも. ₌**bruch** [男] 骨折. ₌**fraß** [男] 〔医〕カリエス. ₌**gerüst** [中] 骨格;《話》骸骨(がいこつ)〔のようにやせた人〕. ₌**haut** [女] 骨膜. ₌**krebs** [男] 〔医〕骨癌(がん). ₌**mark** [中] 〔医〕骨髄. ₌**mehl** [中] 骨粉. ₌**schinken** [男] 〔料〕骨付きハム.
knöchern [形] 骨の;骨製の;= knochig.
knochig [形] 骨ばった;骨太の.
knock-out, knockout [形] 〔ボクシング〕ノックアウトされた([略] k. o.). **Knock-out, Knockout** [男] 《-[s]/-s》〔ボクシング〕ノックアウト([略] K. o.).
Knödel [男] 《-s/-》〔料〕(ジャガイモなどの)だんご.
Knolle [女] 《-/-n》 ❶ 〔植〕(ダリア・ジャガイモなどの)塊茎,球根;(土などの)塊;こぶ;だんご;《話》だんご鼻. ❷ (駐車違反などの)違反カード. **Knollen** [男] 《-s/-》塊,だんご状のもの;(駐車違反などの)違反カード. **knollig** [形] 塊茎状の;(土などが)塊状の.
Knopf [クノプフ] [男] 《-[e]s/**Knöpfe**》([小] **Knöpfchen**) ❶ ([英] button)(服の)ボタン. ❷ (スイッチの)ボタン,つまみ. ❸ 《話》ちび;小男;愛らしい子供. ❹ 《方》結び目;つぼみ. ❺ 《話》小銭. ✦ *an den Knöpfen ab|zählen* 《話》《[*sich*³] *et*⁴》(…を)(ボタンで数えて)決める;(…を)成り行きにまかす. *Knöpfe auf den Augen* 〈*den Ohren*〉 *haben* 《話》目〈耳〉がよくない;よく見よう〈聞こう〉としない.
₌**batterie** [女] ボタン電池〈バッテリー〉.
knöpfen [他] ボタンを掛ける;ボタンで留める.
Knopfloch [中] ボタン穴,ボタンホール. ✦ *aus allen* 〈*sämtlichen*〉 *Knopflöchern* 《話》全身から;ものすごく. *aus allen* 〈*sämtlichen*〉 *Knopflöchern platzen* 《話》服がはちきれそうに太っている.
Knorpel [男] 《-s/-》軟骨. **knorp[e]lig** [形] 軟骨質〈状〉の.
Knorren [男] 《-s/-》木の節;切り株;丸太. **knorrig** [形] 節くれだった;頑固な.
Knospe [クノスペ] [女] 《-/-n》([小] **Knöspchen**)([英] bud)つぼみ,芽;兆し.
knospen [自] 芽を出す,つぼみをつける.
Knötchen (→ Knoten) [中] 《-s/-》〔医〕小結節.
knoten [他] 結ぶ;(…に)結び目をつける;《*et*⁴ **an** *et*⁴》(…を…に)結びつける.
Knoten [クノーテン] [男] 《-s/-》([小] **Knötchen**) ❶ ([英] knot)結び目,もつれ;葛藤,難関. ❷ 束ねた髪,まげ. ❸ (木の)こぶ;〔数〕交点;〔医〕結節. ❹ 《-/-》〔海〕ノット(速度単位:[記号] kn). ✦ *Bei j*³ *ist der* ～ *geplatzt* 〈*gerissen*〉. 《話》(人は)やっと合点がいった. *den* 〔*gordischen*〕 ～ *durch|hauen* 難題を一挙に解決する. *einen* ～ *ins Taschentuch machen* 《*sich*³》(ハンカチに結び目を作って)大事なことを忘れないようにする ₌**punkt** [男] (交通路の)分岐点,接続駅;〔理〕節点.
Knöterich [男] 《-s/-e》〔植〕タデ属.
knotig [形] 結び目のある;節(こぶ)のある;ごつごつした;〔医〕結節性の.
Know-how [中] 《-[s]/》ノウハウ,技術的な〈専門〉知識.
Knuff [男] 《-[e]s/Knüffe》こぶし〈ひじ〉でつつくこと. **knuffen** [他] 《話》(人を)軽くつつく,小突く.
knüll[e] [形] 《話》酔った;疲れ果てた.
knüllen [他] 手で丸める,しわくちゃにする;[自] (布地などが)しわになる.
Knüller [男] 《-s/-》《話》大好評のもの;センセーショナルなもの.
knüpfen [クニュプフェン] 《knüpfte; geknüpft》[他] ❶ ([英] tie)結ぶ,くくる,しばる;結んで〈編んで〉作る. ❷ 《*et*⁴ **an** *et*⁴》(…を…に)結びつける;《*sich*⁴ **an** *et*⁴》(…に)結びついている.
Knüppel [男] 《-s/-》こん棒,丸太;警棒;操縦桿(かん);変速レバー;クニュッペル(短い棒状のパン). ✦ *Da liegt der* ～ *beim Hund.* それは当然の〈思ったとおりの〉まずい結果だ. *einen* ～ *ans Bein binden* 〈*hängen*〉やっかいなことをしょいこむ. *ein* ～ *am Bein sein* / 〔*einen*〕 ～ *zwischen die Beine werfen* 《*j*³》(人に対して)邪魔だて〈妨害工作〉をする.
Knüppel₌ausdemsack [男] 《話》 ✦ ～ *spielen* さんざんに殴る.
Knüppeldamm [男] (湿原などに設けられた)丸太道.
knüppeldick [形] 丸太ん棒のように太い;《話》めちゃくちゃひどい.
knüppeln [他] (人を)こん棒で殴る;[自] 〔スポーツ〕汚い〈フェアでない〉試合をする.
Knüppel₌schaltung [女] (自動車の)フロアシフト. ₌**vers** [男] = Knittelvers.
knuppern [他] 《方》= knabbern.
knurren [自] (犬などが)うなる;(腹が)グーグー鳴る;ぶつぶつ〔不平を〕言う. **knurrig** [形] 不機嫌な,感じの悪い.
knuspern [動] 《*et*⁴/ **an** *et*³》(…を)カリカリ〈ポリポリ〉かじる.
knusp[e]rig [形] ぱりっと焼き上がった;《話》(女の子などが)ぴちぴちした.
Knute [女] 《-/-n》革のむち;圧政.
knutschen 《話》[他] (人を)抱きしめてキスする;[自] 《**mit** *j*³》(人と)抱き合ってキスをする. **Knutschfleck** [男] 《話》キスマーク.
Knüttel [男] 《-s/-》= Knüppel.
ko.., Ko.. 「いっしょの…」の意.
k.o. [形] *knock-out*. **K.o.** [男] 《-[s]/-[s]》= Knock-out.
Koalition [女] 《-/-en》(政党・国家の)提携,連携,連合. ～**s₌regierung** [女] 連立政府〈政権〉.
Koazervat [中] 《-[e]s/-e》〔生化〕コアセルベート,液滴.
Kobalt [中] 《-s/》コバルト(元素名:[記号] Co).
Koben [男] 《-s/-》家畜小屋;豚小屋.
Koblenz コーブレンツ(ドイツ中西部の産業都市).
Kobold [男] 《-[e]s/-e》コボルト(いたずら好きな家の精霊);いたずらっ子.

Kobolz [男] ✦ [*einen*] ～ *schießen* 〈*schlagen*〉《北部》とんぼ返りをする.
Kobra [女]《-/-s》コブラ(毒蛇).
Koch [コホ] I ❶ [男]《-[e]s/**Köche**》([女] **Köchin**)([英] cook)コック, 料理人, 調理士. ❷ [中]《-s/》《南部·ｵｰｽﾄﾘｱ》かゆ;(ムース·ジャムなど)かゆ状のもの. ✦ *Viele Köche verderben den Brei.*《ことわざ》船頭多くして船山に登る. II Robert, コッホ(1843-1910; ドイツの細菌学者).
Kochbuch [中] 料理の本, クッキングブック. **Köche** ⇨ Koch I
kochen [コッヘン]《kochte; gekocht》 I [他]([英] boil)煮る; 沸かす; 炊(た)く. II [自] ❶ ([英] cook)料理する. ❷ 沸く, 沸騰する, たぎる; 煮える. ❸《話》怒る; 荒れ狂う. ✦ *～d heiß* 煮えたぎるような, 煮えたぎるほど熱い. *zum Kochen bringen* (…を)沸騰させる; (人を)激怒させる.
kochendheiß [旧] ⇨ kochen ✦
Kocher [男]《-s/-》(小型の)こんろ; (キャンプ用の)コッヘル;《話》(タバコの)パイプ.
Köcher [男]《-s/-》矢筒; 双眼鏡のケース; ゴルフバッグ.
koch=fertig [形]〔料〕煮る〈加熱する〉だけで食べられる. =**fest** [形](布地などが)煮沸しても傷まない〈色落ちしない〉.
Koch=gelegenheit [女] 炊事〈台所〉設備. =**geschirr** [中] 飯盒(はんごう);《集合的》調理〈炊事〉器具. =**herd** [男] レンジ; かまど. =**kultur** [女] 料理文化, 食文化. =**kunst** [女] 料理法, 調理術. =**löffel** [男] 料理用スプーン. =**nische** [女](部屋のへこみなどに設けた)炊事コーナー, 小さな台所. =**platte** [女](電気レンジの)クッキングプレート; ホットプレート. =**rezept** [中] 調理法, 調理説明書〈文〉, レシピ. =**salz** [中] 食塩.
kochte ⇨ kochen
Kochtopf [男] 深なべ.
Koda [女]《-/-s》〔楽〕コーダ(楽曲の終結部);〔言〕音節末尾音.
kodd[e]rig [形]《北部》生意気な, あつかましい. ✦ J^3 *ist* ～ [*zumute* 〈*zu Mute*〉]. (人が)吐き気がする.
Kode [コート, コード] [男]《-s/-s》(暗号の)キー[ワード]; 暗号; 電信略号[簿];〔情報·言〕信号体系; 情報処理システム.
Köder [男]《-s/-》(獣·鳥·魚などをおびき寄せる)えさ; おとり. **ködern** [他] えさでおびき寄せる; (人を)うまい話などで釣る.
Kodex [男]《-[es]/-e, Kodizes》法令集, (特にローマ法の)法典; 不文律; (古代の)木簡; (中世の)手写冊子; (特定の分野の)規範集. **kodieren** [他](情報などを)コード〈符号〉化する. **Kodierung** [女]《-/-en》コード〈符号〉化. **kodifizieren** [他](法典を)編集する; (規範などを)体系化する, 確定〈成文化〉する.
Kodizes ⇨ Kodex
Koedukation [女]《-/》男女共学.
Koenzym [中]〔生化〕補酵素.
Koexistenz [女] 共存, 共在.
koexistieren [自] 共存する.
Koffein [中]《-s/》〔化〕カフェイン.
koffeinfrei [形] カフェインを含まない.
Koffer [コファー] [男]《-s/-》([小] **Köfferchen**) ❶ ([英] suitcase)トランク, スーツケース. ❷〔土木〕(道路の)路床工事のために掘削された部分. ❸《卑》〔軍〕重砲弾. ❹《話》ずうたいの大きい〈やたらとかさばる〉もの. ✦ *aus dem ～ leben* 旅暮らしをする. *die ～ packen* 荷物をまとめて旅に出る. *die ～ packen müssen* 〈*können, dürfen*〉《話》(会社を)首になる. *einen ～ stehen lassen*《戯》おならをする. =**gerät** [中] ポータブル機器(特にラジオ). =**radio** [中] ポータブルラジオ. =**raum** [男](自動車の)トランク[ルーム].
Kog [男]《-[e]s/Köge》干拓地.
Köge ⇨ Koog
Kogge [女]《-/-n》コグ(13-15世紀の舷側(げんそく)の高い帆船).
Kognak [コニャック] [男]《-s/-s》コニャック, ブランデー.
kohärent [形] 統一性〈一貫性〉のある;〔理〕干渉性の, コヒーレントな.
Kohl [コール] I [男]《-[e]s/ 種類-e》❶ ([英] cabbage)キャベツ; キャベツ料理. ❷《話》ばか話; ナンセンス. ✦ *Das macht den ～* [*auch*] *nicht fett.* それはなんの役にも立たない. *den* [*alten*] ～ [*wieder*] *aufwärmen* 古い話を蒸し返す. [*seinen*] ～ [*an*]*bauen* 〈*pflanzen*〉ひっそりと暮らす. II Helmut, コール(1930-; ドイツの政治家, 西独首相[1982-90], 統一ドイツ初代首相[1990-98]).
Kohldampf [男]《話》空腹.
Kohle [コーレ] [女]《-/-n》❶ ([英] coal)石炭. ❷ 木炭, 炭; デッサン用木炭. ❸《話》金(かね), 金銭. ✦ *feurige ～n auf* j^2 *Haupt sammeln* 寛大な態度を見せて(人を)恥じ入らせる. [*wie*] *auf* [*glühenden*] *～n sitzen* いらいらする. =**hydrat** [中] = Kohlenhydrat. =**kraftwerk** [中](石炭による)火力発電所. =**mikrofon** ([旧]= **mikrophon**) [中] 炭素マイクロホン, カーボンマイク.
kohlen [自] ❶ 炭化する; くすぶる;〔海〕(船が)石炭を積み込む. ❷《話》ばかげた話をする; ほらを吹く.
Kohlen=becken [中]〔地学〕石炭盆地; 火鉢. =**bergbau** [男] 石炭採掘, 炭鉱業. =**bergwerk** [中] 炭鉱.
Kohlen=dioxid [中] 二酸化炭素, 炭酸ガス.
Kohlen=gas [中] 石炭ガス. =**gebiet** [中] 炭田地帯. =**grube** [女] 炭坑. =**grus** [男] 粉炭. =**hydrat** [中] 炭水化物, 含水炭素.
Kohlen=monoxid [中] 一酸化炭素.
Kohlen=oxid [中] 酸化炭素(特に一酸化炭素).
kohlensauer [形]《..saur-》炭酸の.
Kohlen=säure [女] 炭酸. =**staub** [男]〔坑〕炭塵(たんじん); 粉炭.
Kohlen=stoff [コーレンシュトフ] [男]《-[e]s/》([英] carbon)炭素(元素名: [記号] C). =**stofffaser** ([旧]= **stoffaser**) [女] 炭素繊維. =**wagen** [男]〔鉄道〕石炭用貨車; 炭水車. =**wasserstoff** [男]〔化〕炭化水素.
Kohlepapier [中] カーボン[複写]紙.
Köhler [男]《-s/-》炭焼き人;〔魚〕タラ(鱈)科の魚.
Kohle=stift [男](デッサン用の)木炭. =**verflüssigung** [女]〔化〕石炭液化.

=zeichnung 囡 木炭画.

Kohl=kopf 男 キャベツの玉. **=meise** 囡〘鳥〙シジュウカラ.

kohlrabenschwarz 形 真っ黒(い).

Kohl=rabi 男 ((-[s]/-[s]))〘植〙コールラビ. **=roulade** 囡〘料〙ロールキャベツ. **=rübe** 囡〘植〙カブカンラン(飼料用野菜);〘戯〙(人の)頭.

kohlschwarz 形 真っ黒な,漆黒の.

Kohl=suppe 囡 キャベツスープ. **=weißlling** 男 ((-s/-))〘虫〙モンシロチョウ(紋白蝶).

koitieren 動 ((j⁴/mit j³)) (人と)性交する. **Koitus** 男 ((-/-))〘医〙性交,交接.

Koje 囡 ((-/-n)) (船室の)寝棚;〘話〙ベッド;(展示会場などの)ブース,ボックス.

Kojote 男 ((-n/-n))〘動〙コヨーテ.

Koka 囡 ((-/-)) 〘植〙コカ.

Kokain 男 ((-s/)) 〘化〙コカイン.

Kokarde 囡 ((-/-n)) (制帽の)帽章.

Kokerei 囡 ((-/-en)) コークス工場.

kokett 形 ((-[e]r/-est)) コケティッシュな.

Kokette 囡 ((-/-n)) コケット,媚態(ʙ).. **kokettieren** 動 ((mit j³)) (人に)こびを売る;((mit et³)) (…で)人の気を引こうとする;(…を)わざとちらつかせる.

Kokkus 男 ((-/..kken))〘細菌〙球菌.

Kokolores 男 ((-/))〘話〙ばかげた話,ナンセンス;ばか騒ぎ.

Kokon 男 ((-s/-s)) 繭(ʰ).

Kokos 囡 ((-/-)) ココヤシ.

Kokos=faser 囡 ヤシ皮革の繊維. **=fett** 男 ヤシ油. **=flocken** 複 ココヤシのフレーク. **=matte** 囡 ヤシ皮革のマット. **=nuss** ⇒ **nuß** ココナッツ. **=palme** 囡 = Kokos.

Kokotte 囡 ((-/-n)) 高級娼婦(ˢɴʷʟ).

Koks 男 ❶ ((-es/)) 〘鉱〙 コークス; 〘話〙金(ɴ). ❷ ((-es/-e)) コークス一片;〘話〙金(ɴ). **koksen** 動 〘話〙 コカインを吸う;(くっすり眠る.

Kolben 男 ((-s/-)) 〘軍〙(銃の)床尾;〘工〙ピストン;〘化〙 フラスコ;〘植〙(サトイモ科などの)肉穂(穴)花序;(シカなどの)幼角;〘話〙だんご鼻. **=hub** 男 〘工〙ピストンの工程(運動). **=motor** 男 〘工〙ピストンエンジン. **=stange** 囡 〘工〙ピストン杆.

Kolchose 囡 ((-/-n)), **Kolchos** (男)((-/-e)) コルホーズ(旧ソ連の集団農場).

Kolibri 男 ((-s/-s)) 〘鳥〙ハチドリ.

Kolik 囡 ((-/-en)) 〘医〙疝痛(cɘ).

Kolk=rabe 男 ((-n/-n))〘鳥〙ワタリガラス.

kollabieren 動 (s) 〘医〙 虚脱する;〘工〙重力崩壊する.

Kollaborateur [コラボラトェーア] 男 ((-s/-e)) **-in** (敵・占領軍などの)協力者.

Kollaboration 囡 ((-/)) (敵・占領軍などへの)協力. **kollaborieren** 動 ((mit et³)) (敵・占領軍などに)協力する.

Kollagen 男 ((-s/-e))〘生化〙膠原(ɢɴʳ)質,コラーゲン.

Kollaps 男 ((-es/-e)) 〘医〙虚脱;〘天〙重力崩壊;挫折.

Kolleg 男 ((-s/-s,..gien)) (大学の)講義;大学進学補習学校;〘⇌〙神学校.

Kollege [コレーゲ] 男 ((-n/-n)) (囡 **-gin**) ❶ (職場の)同僚,仲間,同業者. ❷ 〘話〙 (呼びかけとして)相棒: ～, kannst du mir mal helfen? おい,ちょっと手を貸してくれないか. **kollegial** 形 同僚らしい,同僚の. **Kollegialität** 囡 ((-/)) 同僚らしさ,同僚のよしみ.

Kollegium 男 ((-s/..gien)) 職場のスタッフ全員; (一つの学校の)全教員,教授団.

Kollekte 囡 ((-/-n)) (礼拝時の)献金.

Kollektion 囡 ((-/-en)) 収集品;〘服〙コレクション.

kollektiv 形 集団の,共同の;包括的な.

Kollektiv 甲 ((-s/-e)) 集団;作業グループ(チーム). **=eigentum** 甲 共有財産. **=erlebnis** 甲 集団体験. **=gesellschaft** 甲 合名会社.

kollektivieren 動 (農業経営などを)集団化する. **Kollektivierung** 囡 ((-/-en)) 集団化.

Kollektivismus 男 ((-/)) 〘経〙集産主義. **kollektivistisch** 形 集産主義の,の.

Kollektiv=prokura 囡 共同業務代理権. **=schuld** 囡 共同責任. **=vertrag** 男 (数か国間の)共同協約;〘団体[労働]〙協約. **=wirtschaft** 囡 (特に旧ソ連の)集団農場,コルホーズ.

Koller ❶ 男 〘ヨーク,カラー. ❷ 男 ((-s/-)) 〘話〙怒りの爆発;〘獣医〙(馬の暈倒(ʃɴ))病.

kollern 動 ❶ 〘話〙かんしゃくを起こす. ❷ (七面鳥などが)クークー鳴く.

Kolli ⇒ **Kollo**

kollidieren 動 (s) ((mit j-er³)) (車が…と)衝突する;((mit et³)) (意見・利害が…と)対立する;(催し物などが…と)かち合う.

Kollier 甲 ((-s/-s)) (上等な)ネックレス;〘服〙(襟の)毛皮の襟巻き.

Kollision 囡 ((-/-en)) (車などの)衝突(意見・利害の)対立. **=s=kurs** 男 航空機などとの衝突進路;(外交・政治上の)関係悪化,対決姿勢.

Kollo 甲 ((-s/-s, Kolli)) 〘商〙積み荷.

Kolloid 甲 ((-[e]s/-e)) 〘化〙 コロイド. **kolloidal** 形 〘化〙 コロイド[状]の.

kolloquial 形 談話ふうの.

Kolloquium 甲 ((-s/..quien)) (大学の)コロキウム;専門家(学術)討論会;シンポジウム.

Köln ケルン(ドイツ西部の大都市). **Kölner** 男 ((-s/-)) (囡 **-in**)ケルンの人; 形 〘無変化化〙ケルンの. **kölnisch** 形 ケルンの. **Kölnischwasser** 甲 オーデコロン.

Kolofonium 甲 ((-s/))〘化〙コロホニウム(バイオリンの弓に塗る樹脂).

kolonial 形 植民地の;〘生〙コロニー(集落,群落)の. **Kolonialherrschaft** 囡 植民地支配.

Kolonie [コローニー] 囡 ((-/-n)) ❶ (英 colony)植民地,海外領土;入植地,居留地. ❷ (特定国からの移住者の)居留地;(同郷の人たちが集まり住む)居住地/地区,街区;集落. ❸ 〘生〙コロニー,群落;群落.

Kolonisation 囡 ((-/)) 〘生〙植民地化,開拓化. **kolonisieren** 動 植民地化する,開拓する. **Kolonist** 男 ((-en/-en)) (囡 **-in**)入植者;居住地住民;外来植物.

Kolonnade 囡 ((-/-n)) 〘建〙コロネード,

柱列.
Kolonne 囡 (-/-n) (人の)列, 隊列; 縦列; (車などの)長い列; 縦に並んだ数字(単語)の例; 作業グループ; (新聞などの)縦の段; 《軍》縦隊. **~n-springer** 男 《話》先行列を次々と追い越すドライバー.
Kolophonium 中 = Kolofonium.
Koloratur 囡 (-/-en) 《楽》コロラチュラ(技巧的な多い音色).
kolorieren 他 (…に) 着色(彩色)する.
Kolorit 中 (-[e]s/-e) 彩色, 着色; 色合い; 雰囲気; 《楽》音色.
Koloss 男 (Kolosse**s**/..losse**s**/..losse) 巨像; 《話》巨人; 巨大なもの.
kolossal [コロサール] 形 巨大な 《話》非常な, 法外な.
Kolosseum 中 (-s/) コロセウム(古代ローマの円形劇場).
Kolportage 囡 (-/-n) 通俗文学, 三文小説; うわさを触れ回ること.
kolportieren 他 (うわさを) 触れ回る.
Kolumbien コロンビア.
Kolumne 囡 (-/-n) (新聞などの縦の) 段, (新聞などの)コラム. **~n-titel** 中 柱, 欄外見出し. **Kolumnist** 男 (-en/-en), **~in** 囡 (-/-nen) コラムニスト.
Koma 中 (-s/-s, -ta) 昏睡(ホンスイ), 意識不明.
Kombi 男 (-[s]/-s) = Kombiwagen.
Kombinat 中 (-[e]s/-e) コンビナート.
Kombination 囡 (-/-en) 連想, 推理, 推測; 結合; つなぎ; 《服》コンビネーション, 組合せ服; 《スポ》複合競技. **~s-gabe** 囡 推理力. **~s-schloss** (囡 = schloß) 男 ダイヤル錠, 文字合わせ錠.
kombinieren 他 組み合わせる. 結びつける; (さまざまな要件を組み合わせて) 推理(推論)する.
Kombi-wagen 男 ステーションワゴン, ライトバン. **-zange** 囡 万能ペンチ.
Kombüse 囡 (-/-n) (船の)厨房.
Komet 男 (-en/-en) 《天》彗星 ≒. **kometenhaft** 形 彗星(スイセイ)のような, あっという間の. **Kometenschweif** 男 《天》彗星の尾; コメット.
Komfort [コムフォーア] 男 (-s/) 快適さ; 便利な設備. **komfortabel** 形 快適な.
Komik 囡 (-/) こっけい, おかしさ.
Komiker 男 (-s/-) 《劇》喜劇俳優, コメディアン. **Komintern** 囡 (-/) コミンテルン (第三インターナショナル[1919–43]).
komisch [コーミッシュ] 形 ❶ (《英》funny) こっけいな. ❷ 変な, おかしな, 奇妙な.
Komitee 中 (-s/-s) 委員会.
Komma 囡 (-s/-s, -ta) ❶ 《文》(= comma) (句読点の)コンマ. ❷ 《数》小数点(音符の音の高さの差).
Kommandant 男 (-en/-en), **~in** 囡 (-/-en) 《軍》指揮官, 司令官. **Kommandantur** 囡 (-/-en) 《軍》司令部. **Kommandeur** [コマンデーア] 男 (-s/-e) 《軍》(大隊・師団の)指揮官, 司令官.
kommandieren 他 (部隊を)指揮する; (射撃・退却を)命令する; (人を)転属させる; 《話》人に命令口調で指図する.
Kommanditgesellschaft 囡 合資会社(略 KG) : ~ auf Aktien 株式合資会社(略 KGaA).
Kommando 中 (-s/-s ..den) 号令, 命令; 《軍》コマンド; 指揮権; 特命部隊, コマンド部隊; 指令部. **-brücke** 囡 船橋, ブリッジ. **-kapsel** 囡 (宇宙船の) 司令船. **-stab** 男 (司令部の)指揮棒. **-turm** 男 《軍》の司令塔; 艦艇の司令塔.
Kommata 囡 = Komma

kommen* [コメン] 《kam; gekommen》 自 (s) ❶ (≒ come) 来る. (ある場所に)到達する, 届く; (相手・目的地に視点を置いて)行く; (施設などへ)入る; (物が…に)収められる; 《俗》オルガスムスに達する. ❷ 現れる, 生じる (j³ gelegen (ungelegen) ~ 人にとって都合が良い(悪い)); (j³) (人に考え・感情などが)浮かぶ; (über j³) (人を)襲う;(事が)起こる. ❸ (zu et³) (目的・結論・論点などに)達する. 至る: (an zu et³) (名声・金などを)手に入れる: (auf et⁴) (重要な, 困難な・任務などを)就く; (auf et⁴) (…を)思い出す. ❹ (…する), (…始める): zur Anwendung ~ (…を)応用される | ins Stocken ~ 停滞する. ❺ (zu et³) (…する)時間・機会がある; (j³) (人に対して…に)振舞う (hinter et⁴) 見抜く (j³) (人に対して…に)振る舞う (auf j-et⁴) (…に)例付けられる (…の費用がかかる) (nach j³) (…に)似ている (似てくる). ❻ 《命令形で: 催促・勧誘などを表して》 さあ. ♦ Das durfte nicht ~./ Das hätte nicht ~ dürfen. それは言ってはならない. Das kommt davon! それは当然の結果(報い)だ. Es kommt zu et³, (好ましくない事象・出来事が)生じる, 現じる. ~ sehen (…を)予想する(予期する). Komme, was will (was [da] wolle)... どんなことがあっても… Et¹ kommt daher..., (...のためで...)である. mit et³ ~ (話·悟) (j³) (人に対して)煩わす. nichts ~ lassen (auf j³) (人の)悪口を言わせない. (wieder) zu sich³ ~ 我に返る; 意気に戻る. Wie komme ich dazu? どうして彼がそうしなければならないのか. Wie's kommt, so kommt's. なるようにしかならない. zu etwas ~ ひとかどの者になる, 成功する. zu nichts ~ ろくなものにならない, 失敗する; 仕事が手につかない. **Kommen** 中 (-s/) 来る(生じる)こと. ♦ ein reges ~ und Gehen 絶え間ない人の往来. im ~ sein 流行している. **kommend** 形 次の, 今後の, これからの.
kommensurabel 形 (..rabl..) 同一尺度で測れる; 割り切れる.
Kommentar 男 (-s/-e) 解説, 論評, コメント; 注釈, 注解書. **kommentarlos** 形 注釈(批評)抜きの. **Kommentator** 男 (-s/-en) 解説者, コメンテーター, 解説(論説)委員. **kommentieren** 他 解説(論評)する, コメントする; (…に)注釈をつける.
Kommers 男 (-es/-e) (学生の)飲み会, コンパ. **~s-buch** 中 学生歌集.
kommerzialisieren 他 商業化(営利化)する. **kommerziell** 形 商業[上]の; 営利[本位]の.
Kommilitone 男 (-n/-n), **~nin** 囡 (-/..nin) (大学の)学友.

Kommiss ([旧] **Kommiß**) [男] 《..misses/》《話》軍隊, 兵役. **Kommissar,** 《南部・スイ・オーストリア》 **Kommissär** [男] 《-s/-e》警部; (特定任務に就く)国家委員. **Kommissariat** [中] 《-s/-e》国家委員の職〈事務所〉; 《オーストリア》警察署. **kommissarisch** [形] 一時的に委託された, 代理の.

Kommission [コミスィオーン] [女] 《-/-en》 ❶ ([英] commission)〔専門〕委員会. ❷〔商〕委任,〔販売〕委託; 取り次ぎ. ✦ *in* ~ 委託を受けて. *in ~ geben* (…を)委託販売する. *in ~ haben* 《*et*⁴》(…の)注文がある.

Kommissionär [男] 《-s/-e》 ([女] **-in**) 委託販売業者, 問屋, 取次業者.

Kommissions=buch [中] 〔商〕注文〔控え〕帳. **=geschäft** [中] 委託販売業, 取次店. **=gut** [中] (返品可能の)委託販売品. **=sendung** [女] 委託送付〔商品〕. **=ware** [女] 委託〈取次〉商品.

Kommittent [男] 《-en/-en》〔販売〕委託者.

kommod [形] 《オーストリア》快適な, くつろいだ.

Kommode [女] 《-/-n》(引き出し付きの)整理だんす.

kommunal [形] 地方自治体の, 市町村の.

Kommunal=beamte[r] [男] 地方公務員. **=politik** [女] 地方政治〈行政〉. **=politiker** [男] 地方政治家. **=steuer** [女] 地方〈市町村〉税. **=wahl** [女] 地方選挙.

Kommune [女] 《-/-n》地方自治体, 市町村; (反体制的な)生活共同体, コミューン. ✦ *Pariser* ~ パリコミューン(1789-94年および1871年のパリの革命政府).

Kommunikant [男] 《-en/-en》 ([女] **-in**)〔カトリック〕聖体拝領者;〔言〕情報伝達関与者(送り手と受け手).

Kommunikation [コムニカツィオーン] [女] 《-/-en》 ❶ ([英] communication)コミュニケーション, 通信; (意志・情報などの)伝達. ❷ (相互の)関連, つながり, 交流. **~s=medien** [複] (情報などの)伝達媒体. **~s=mittel** [中] 伝達手段, 情報媒体. **~s=netz** [中] 通信網.

kommunikativ [形] 通信の, 伝達の.

Kommunikee = Kommuniqué.

Kommunion [女] 《-/-en》〔カトリック〕聖体拝領.

Kommuniqué [中] 《-s/-s》公式声明〔書〕, コミュニケ.

Kommunismus [コムニスムス] [男] 《-/》 ([英] communism)共産主義〔体制〕. **Kommunist** [男] 《-en/-en》 ([女] **-in**) 共産主義者; 共産党員. **kommunistisch** [コムニスティシュ] [形] ([英] communistic)共産主義の, 共産主義的な.

kommunizieren [自] 《**mit** *et*³》(…と)関連がある; 《**mit** *j*³》(人と)話し合いをする;〔カトリック〕(聖体を)拝領する.

Komödiant [男] 《-en/-en》 ([女] **-in**) 俳優, 役者; 食わせ者, 偽善者.

Komödie [コメーディエ] [女] 《-/-n》 ([英] comedy)喜劇, コメディー; 《話》おかしな〈こっけいな〉できごと; (見え透いた)芝居, 茶番〔劇〕. ✦ 〔*eine*〕 ~ 〔*vor*〕*spielen* 《*j*³》(人に対して)一芝居打つ.

Komp. [略] *Kompanie*.

kompakt [形] ぎっしり詰まった, コンパクトな; 《話》ずんぐりした.

Kompakt=platte [女], **=schallplatte** [女] コンパクトディスク, CD.

Kompanie [女] 《-/-n》 ([英] company)〔軍〕中隊([略] Komp.); 《古》商会, 会社 ([略] Co.). **=chef** [男] 〔軍〕中隊長. **=führer** [男] 〔軍〕中隊長. **=geschäft** [中] 〔商〕会社経営; 組合事業.

Komparation [女] 《-/》〔文法〕(形容詞・副詞の)比較変化. **Komparatistik** [女] 《-/》比較文学〈言語学〉. **Komparativ** [男] 《-s/-e》〔文法〕(形容詞・副詞の)比較級. **komparativ** [形] 比較の.

Komparse [男] 《-n/-n》〔劇・映〕エキストラ〔役者〕. **Komparserie** [女] 《-/-n》〔劇・映〕端役, エキストラ.

Kompass ([旧] **..paß**) [男] 《..passes/..passe》羅針盤, コンパス; (行動の)指針. **=nadel** [女] 磁針.

kompatibel [形] 《..tibl-》〔コンピュータ〕互換性のある, コンパチの; 両立する.

Kompendium [中] 《-s/..dien》概説, 要覧; ハンドブック.

Kompensation [女] 《-/-en》補償, 代償, 埋め合わせ, 相殺. **~s=geschäft** [中] 〔商〕バーター取引. **kompensieren** [他] 《*et*⁴ **durch** *et*⁴ 〈**mit** *et*³〉》(…を…で)補う, 補償〈相殺, 清算〉する.

kompetent [形] 専門知識〈学識経験〉のある; 権限〈資格〉のある.

Kompetenz [女] 《-/-en》専門知識, 学識経験; 管轄, 権限.

komplementär [形] 相補〈補完〉的な.

Komplementär [男] 《-s/-e》(合資会社の)無限責任社員. **=farbe** [女] 補色, 余色.

komplett [形] 完全な, すべて整った〈そろった〉; 《話》まったくの; 《オーストリア》満員の. **komplettieren** [他] (補充・補足して…を)完全なものにする.

komplex [形] 複合的な, 複雑な; 総合的〈包括的, 全面的〉な. **Komplex** [男] 《-es/-e》複合, 集合体; (一体を成す)建築物群;〔心〕複合観念, コンプレックス: im ~ 総合的〈多角的〉に. **komplexlos** [形] (心理的な)コンプレックスのない.

Komplice [男] 《-n/-n》= Komplize.

Komplikation [女] 《-/-en》面倒〈厄介〉なこと;〔医〕(余病の)併発, 合併症.

Kompliment [コンプリメント] [中] 《-[e]s/-e》お世辞. ✦ *Mein ~!* すばらしい; お見事. *nach ~en fischen* 《話》(謙遜(けんそん)して逆に)ほめられようとする.

Komplize [男] 《-n/-n》 ([女] **..zin**)共犯者.

komplizieren [他] ([英] complicate)複雑に〈ややこしく〉する; 《*sich*⁴》複雑になる. **kompliziert** [形] 複雑な, 込み入った, ややこしい, 厄介な, 扱いにくい.

Komplott [中] ([男])《-[e]s/-e》陰謀, 謀議. ✦ *ein ~ schmieden* 陰謀を企てる.

Komponente [女] 《-/-n》構成要素〈部分〉, 成分.

komponieren [他] ([英] compose)構成する, 組み立てる;〔楽〕作曲する.

Komponist [コンポニスト] [男] 《-en/-en》 ([女] **-in**)([英] composer)作曲家.

K

Komposition 囡 《-/-en》(芸術作品の)構成,作曲;音楽作品,楽曲;(物事の)組み立て.

Kompositum 匣 《-s/..ta, ..ten》〖文法〗合成語,複合語.

Kompost 匣 《-[e]s/-e》堆肥(ﾋﾞ). **=haufen** 匣 堆肥(ﾋﾞ)の山.

kompostieren 他 (わらなどを)堆肥(ﾋﾞ)にする;(畑などに)堆肥を施す.

Kompott 匣 《-[e]s/-e》(デザート用の)果物の砂糖煮,コンポート. **=teller** 匣 (＝Kompotteller) 匣 コンポート用の皿.

Kompresse 囡 《-/-n》湿布,圧迫包帯. **Kompression** 囡 《-/-en》圧縮(的). **Kompressor** 匣 《-s/-en》圧縮機,コンプレッサー. **komprimieren** 他 圧縮(圧搾)する;要約する.

Kompromiss (＝ **Kompromiß**) 匣 《..misses/..misse》妥協,譲歩,歩み寄り;折衷案. **kompromiss=bereit** 形 妥協の用意のある. **kompromisslerisch** (＝ **kompromiß..**) 形 妥協(主義)的な. **kompromiss=los** (＝ **kompromiß..**) 形 妥協しない,譲らない. **Kompromiss=lösung** 囡 (＝ **Kompromiß..**) 囡 妥協案,妥結.

kompromittieren 他 (人の)信用(評判)を傷つける,体面を汚す《sich^4》面目を失う. **Kompromittierung** 囡 《-/-》

Komtess (＝ **Komteß**) 囡 《-/..tessen》伯爵令嬢.

Kondensation 囡 《-/-en》〖理〗凝縮;〖化〗縮合. **Kondensator** 匣 《-s/-en》〖電〗コンデンサー;〖工〗(蒸気機関などの)凝水器,凝縮器.

kondensieren 他 (気体を)凝縮〈液化〉する,(液体を)濃縮する;(気体を)凝縮〈液化〉する. **kondensiert** 形 凝縮〈液化〉した. **Kondensmilch** 囡 コンデンスミルク. **Kondensor** 匣 《-s/-en》〖光〗集光レンズ装置.

Kondens=streifen 匣 飛行機雲. **=wasser** 匣 凝結〈結露〉水.

Kondition 囡 《-/-en》(人の)状態;体調,コンディション;(商取引の)条件. **konditional** 形 〖文法〗条件の. **Konditional=satz** 匣 〖文法〗条件文. **konditioniert** 形 《商》(…な)状態(品質)の.

Konditor 匣 《-s/-en》(囡 **-in**)菓子(ケーキ)製造業者,菓子(ケーキ)職人.

Konditorei [コンディトライ] 囡 《-/-en》❶ 《=cake-shop》ケーキ店《ふつう喫茶店を兼ねる》. ❷ 菓子製造業.

Konditorwaren 圈 菓子〈ケーキ〉類.

Kondolenz 囡 《-/-en》悔やみ;哀悼(の意). **=brief** 匣 悔やみ状. **kondolieren** 間 《j^3》(人に)お悔やみを言う.

Kondom [コンドーム] 匣 囡 《-s/-e(-s)》コンドーム.

Kondor 匣 《-s/-e》〖鳥〗コンドル.

Konduḱteur [コンドゥクテーア] 匣 《-s/-e》(ｽﾞﾊﾟ) 車掌.

Konfekt 匣 《-[e]s/-e》種皮つき砂糖菓子《南部・ｽﾞﾊﾟ》クッキー.

Konfektion 囡 《-/-en》既製服製造業(工場);既製服. **konfektionieren** 他 (規格品を)大量生産する;(布を)既製服に仕立てる.

Konfektions=anzug 匣 (男性用の)既製服. **=geschäft** 匣 既製服店.

Konferenz [コンフェレンツ] 囡 《-/-en》《＝ conference》会議,協議,会談. **=schaltung** 囡 多元通話(中継). **=sendung** 囡 多元放送. **=tisch** 匣 会議用のテーブル. **konferieren** 間 《mit j^3 über et^4》(人と…について)話し合う,協議する;《bei et^3》(…の)司会をする;他 (番組などの)司会をする.

Konfession 囡 《-/-en》宗派;信仰告白,告解(ｶﾞｲ);〖雅〗告白書. **konfessionell** 形 宗派の,信仰上の. **konfessions=los** 形 特定の宗派に属していない,無宗派の. **Konfessions=schule** 囡 〖宗〗宗派学校.

Konfetti 匣 《-[s]/》(カーニバルなどで投げ合う色とりどりの)紙ふぶき. **=parade** 囡 紙ふぶき(コンフェッティ)の花ふぶきのもとで行われるパレード.

Konfirmand 匣 《-en/-en》(囡 **-in**) 〖ｶﾞｲ〗〖ｸﾞ〗堅信礼のための教義学習を受ける少年,受堅者. **Konfirmation** 囡 《-/-en》〖ｶﾞｲ〗〖ｸﾞ〗堅信礼. **konfirmieren** 他 (人に)堅信礼を施す.

konfiszieren 他 没収〈押収〉する.

Konfitüre [コンフィテューレ] 囡 《-/-n》粒入りジャム.

Konflikt [コンフリクト] 匣 《-[e]s/-e》《＝ conflict》紛争,対立,衝突. ♦ **in ~ geraten** 《**kommen**》《**mit** et^3》(法律などに)違反する. **konfliktfreudig** 形 いざこざを恐れない,争いを好む. **Konflikt=lösung** 囡 紛争〈いざこざ〉の解決. **konfliktscheu** 形 いざこざを恐れる,争いを好まない. **Konfliktscheu** 囡 《-/》

Konföderation 囡 《-/-en》国家連合.

konform 形 一致した,相等しい. ♦ **~ gehen** 《**sein**》《**mit** j^3》(…と)〔考えが〕完全に一致している. **Konformismus** 匣 《-/》大勢順応〔主義〕.

Konfrontation 囡 《-/-en》対決;対立. **~s=kurs** 匣 政治路線: **auf ~ gehen** 対立路線を進む. **konfrontieren** 他 《j^4 [**mit**] et^3》(人を人と)対決させる;《j^4 [**mit**] et^3》(人を…に)直面させる;《et^4 mit et^3》(…を…と)対比する.

konfus 形 混乱した,こんがらかった;不明瞭な. **Konfusion** 囡 《-/-en》混乱;不明瞭さ.

Konfutse, Konfuzius 孔子,孔夫子 (前551‐479中国,儒教の祖).

Konglomerat 匣 《-[e]s/-e》(雑多なものの)集合体,複合体;〖鉱物〗礫岩(ﾚｷｶﾞﾝ);〖経〗複合企業,コングロマリット.

Kongo 《-s/》(**der**) ~ コンゴ.

Kongregation 囡 《-/-en》〖ｶﾞｲ〗修道[会];信心会;(枢機卿所管の)聖省.

Kongress (＝ **Kongreß**) 匣 《..gresses/..gresse》《＝ congress》(大規模な)会議,大会;国会議〈米国の議会,国会. **=halle** 囡 会議場. **=sprache** 囡 国際会議の会議〈使用〉言語.

kongruent 形 完全に一致した〈等しい〉;〖数〗合同の. **Kongruenz** 囡 《-/》一致,合致;〖文法〗(性・数・格・人称の)一致,呼応;〖数〗合同. **kongruieren**

一致する;〘数〙合同である.
Konifere 囡 ⟨-/-n⟩ 針葉樹〔類〕.
König [ケーニヒ] 男 ⟨-s/-e⟩ (⊛ **Königin**) ❶ (⊛ king)王,国王. ❷ 主君;第一人者. ❸ 〘ゲ〙キング.
Königin [ケーニギン] 囡 ⟨-/-nen⟩ (⊛ queen)女王,王妃;(女性の)第一人者: die ~ der Blumen 〘雅〙花の女王(バラ). ❷ 〘ゲ〙クィーン;〘ゲ〙女王.
königlich [ケーニクリヒ] 肜 ❶ (⊛ royal)国王の,王家の. ❷ 〘話〙王のように立派な;気前のよい,(贈り物などが)豪華な. ❸ 〘話〙すてきな,すばらしい. **König-reich** 匣 王国.
Königsberg ケーニヒスベルク(現在のロシア領 Kaliningrad の旧称).
Königs-haus 匣 王家,王室. ▪ **see** (der ~)ケーニヒスゼー(ドイツ Bayern 州の東南端にある湖).
Königtum ⟨-s/..tümer⟩王位,王権;王制;王国.
konisch 肜 円錐(状)形の.
Konj. 略 *Konjunktiv*.
Konjektur 囡 ⟨-/-en⟩ 判読, 校訂.
Konjugation 囡 ⟨-/-en⟩〘文法〙動詞の〔語形〕変化,活用. **konjugieren** 他 〘文法〙(動詞を)変化(活用)させる.
Konjunktion 囡 ⟨-/-en⟩ ❶〘文法〙接続詞. ❷〘天〙(2個の天体の)合. **Konjunktiv** 男 ⟨-s/-e⟩〘文法〙接続法.
Konjunktur 囡 ⟨-/-en⟩ 景気〔の動向〕,商況;好景気. ♦ **die ~ ausnutzen** 好況を利用する;時流に乗る. **~ haben** 景気がいい(商品が)よく売れる. **konjunkturell** 肜 景気の.
▪**flaute** 囡 景気の沈滞,不況. ▪**krise** 囡 経済危機,不況.
▪**politik** 囡 景気政策. ▪**spritze** 囡 景気刺激策.
konkav 肜 凹面の.
Konkav-linse 囡 〘光〙凹レンズ.
▪**spiegel** 男 〘光〙凹面鏡.
Konklave 匣 ⟨-s/-n⟩ 〘カト〙(枢機卿による)教皇選挙会議〔会場〕.
Konkordanz 囡 ⟨-/-en⟩ 用語索引,コンコーダンス;(特に)聖書索引. **Konkordat** 匣 ⟨-[e]s/-e⟩ (ローマ教皇と国家間の)政教条約,コンコルダート;〘ズィ〙(各州間の)条約.
konkret 肜 (⊛ concrete) 具体的な,具象的な: *auf ~e Weise* 現実に即した,はっきりした: *~e Kunst* 具象芸術. **konkretisieren** 他 (考え・計画などを)具体化する,具体的に述べる. **Konkretismus** 男 ⟨-/⟩ 具象主義. **konkretistisch** 肜 具体主義の. **Konkretum** 匣 ⟨-s/..ta⟩ 〘文法〙具象名詞.
Konkubinat 匣 ⟨-[e]s/-e⟩ 〘法〙内縁関係,同棲. **Konkubine** 囡 ⟨-/-n⟩ 〘蔑〙情婦,めかけ,愛人.
Konkurrent 男 ⟨-en/-en⟩ (⊛ **-in**) (⊛ rival)競争相手,ライバル. **Konkurrenz** 囡 ⟨-/-en⟩ (⊛ competition) 競争;経済競争;〘ジ〙競技〔会,種目〕,試合,コンクール;競争相手,ライバル. ♦ **außer ~** (審査対象者などの)特別参加の. **konkurrenzfähig** 肜 競争力のある. **Konkurrenzfähigkeit** 囡 競争能力.
Konkurrenz-gesellschaft 囡 競争社会. ▪**kampf** 男 〘経〙競争.
konkurrenzlos 肜 無競争の.
Konkurrenz-preis 男 競争価格.
konkurrieren 他 (**mit** *j³*)(人と)競争〈競合〉する.
Konkurs 男 ⟨-es/-e⟩ 破産,倒産;破産手続き. ♦ **in ~ geraten** 破産〈倒産〉する. ▪**erklärung** 囡 〘商〙破産宣告. ▪**masse** 囡 破産財団.
konkursreif 肜 破産寸前の.
Konkurs-verfahren 匣 破産手続き.
▪**verwalter** 男 破産管財人.
können* [ケネン]〔*ich (er) kann, du kannst;* 過去 *konnte*; 過去分詞 *gekonnt*〕(*et⁴* ⋯ が)できる,(⋯を知っている). ♦ 〘話の助動詞〙 過去分詞は **können** (⊛ can)⋯できる(*Ich kann Klavier spielen.* 私はピアノが弾ける);〘丁寧な依頼;疑問文で〙⋯ してくださいませんか(*Können Sie mir einen Gefallen tun?* すみませんがお願いしてよろしいですか);〘許可〙⋯してもよい(*Sie können jetzt gehen.* 帰ってもいいですよ);〘可能性〙⋯かもしれない,⋯でありうる(*Es kann regnen.* 雨が降るかもしれない). ❷ 〘本動詞同列に使われて;過去分詞は gekonnt〕 〔*et⁴*〕(⋯が)できる,(⋯を)知っている. ♦ 〘*gut*〕**~**〔*es*〕**mit** *j³* 〕(人と)うまくやっている.〔*Das*〕**kann sein.** そうかもね. **Können** 匣 ⟨-s/⟩ 能力,才能,手腕,力量,技量. **Könner** 男 ⟨-s/-⟩ (⊛ **-in**)能力のある人,できる人.
Konnex 男 ⟨-es/-e⟩ 関連,関係;交友関係,付き合い.
Konnossement 匣 ⟨-[e]s/-e⟩ 〘商〙船荷証券〈送り状〉.
Konnotation 囡 ⟨-/-en⟩ 〘言〙含意,共示義;〘論〙内包.
konnte, könnte ⇒ können
Konrad 〘男名〙コンラート.
Konrektor 男 ⟨-s/-en⟩ (⊛ **-in**)副校長,校長代理,教頭.
konsekutiv 肜 (時間的に)連続する,連続的な;結果を表す.
Konsens 男 ⟨-es/-e⟩ 意見の一致,コンセンサス;賛成,同意,許可. ▪**bildung** 囡 (意見の)一致を得ること,合意を作り上げること.
konsensfähig 肜 一致が可能な,合意可能な.
konsensuell 肜 合意〈意見の一致〉にもとづく.
konsequent 肜 筋道の通った,首尾一貫した;断固とした,徹底した. **Konsequenz** 囡 ⟨-/-en⟩ (⊛ consequence) (必然の)結果,(論理的な)帰結;首尾一貫〔性〕,徹底〔性〕. ♦ **die ~[en] ziehen** 〘*aus et³*〕(⋯から)結論を引き出す.
konservativ 肜 (⊛ conservative)保守的な;旧来の,伝統的な;〘医〙(外科手術によらない)保存的な. **Konservative(r)** 男〖形容詞変化〗保守的な人;〘政〙保守党員;保守的な人. **Konservativismus** 男 ⟨-/⟩ 保守主義;保守的な傾向〈考え〉.
Konservator 男 ⟨-s/-en⟩ (美術館・博物館の)学芸員;(文化財の)保存委員. **Konservatorist** 男 ⟨-en/-en⟩ (⊛ **-in**)音楽学校の生徒〈学生〉.
Konservatorium 匣 ⟨-s/..rien⟩ 音楽学校,音楽院,コンセルバトワール.

Konserve [女]《-/-n》缶詰〈瓶詰〉食品，(冷凍・乾燥させた)保存食品;《話》録音〈録画〉したもの; 保存血液. **~n=büchse** [女], **~n=dose** [女] 缶; 缶詰. **~n=fabrik** [女] 缶詰工場. **~n=musik** [女]《話》レコード〈テープ〉音楽.

konservieren [他] ([英] preserve)(食べ物などを)缶詰〈瓶詰〉にする;(血液などを)保存する;(絵画・建物などを)維持〈保存〉する. **Konservierung** [女]《-/-en》維持，保存，保持，保管; 缶詰，貯蔵. **~s=mittel** [中](食品の)〔合成〕保存料.

Konsignant [男]《-en/-en》〔商〕(特に外国貿易で委託販売の)委託者;(荷物の)発送人. **Konsignatar, Konsignatär** [男]《-s/-e》〔商〕(特に外国貿易で委託販売の)受託者，委託販売人;(荷物の)受取人. **Konsignation** [女]《-/-en》〔商〕(特に外国貿易の)委託〈取次〉販売〔店〕. **konsignieren** [他]〔商〕(特に外国貿易で商品を)委託販売に出す，取次店に送る; 特派する，出動させる.

Konsistenz [女]《-/》堅牢(けんろう)さ，粘度; 一貫性，整合性.

konsistorial [形]〔カトリック〕枢機卿(けい)会議の;〔プロテスタント〕(教会の)役員会の. **Konsistorium** [中]《-s/..rien》〔カトリック〕枢機卿(けい)会議;〔プロテスタント〕教会役員会.

Konsole [女]《-/-n》(壁に取り付けた)置物台;〔建〕持ち送り，コンソール;〔コンピュータ〕操作〈制御〉卓，コンソール.

Konsolidation [女]《-/-en》〔経〕(公債・国債などの)整理〔統合〕;(企業などの)合併; 再編. **konsolidieren** [他] 固める;〔経〕(公債・国債などを)整理〈統合〉する，再編する; [再]《*sich*[4]》固まる，強くなる. **Konsolidierung** [女]《-/-en》

Konsonant [男]《-en/-en》〔言〕子音.

Konsorte [男]《-n/-n》〔経〕Konsortium の構成員; 共犯者;《蔑》一味，一団，合同企業体〈〔国際〕借款団〉のメンバー.

Konsortial=geschäft [中] 共同取引.

Konsortium [中]《-s/..tien》〔経〕コンソーシアム，合同企業体，〔国際〕借款団，(借款や融資の)シンジケート〔団〕.

Konspiration [女]《-/-en》陰謀，共謀. **konspirativ** [形] 陰謀の，共謀の. **konspirieren** [自]《gegen *j-et*[4]》(…に対して)陰謀を企てる.

konstant [形]([英] constant)不変の，一定の，コンスタントな. **Konstante** [女]《-/-n; 形容詞変化》〔数〕定数.

Konstantin 《男名》コンスタンティーン;(~ der Große)コンスタンティヌス大帝(280頃-337; キリスト教を公認した最初のローマ皇帝). **konstantinisch** [形] コンスタンティヌス大帝〔ふう〕の.

Konstanz [中] コンスタンツ(ドイツ南西部の Boden 湖畔の都市).

konstatieren [他] 断言する;(…に)気づく; 確認する，突き止める.

Konstellation [女]《-/-en》情勢，状況;〔天〕天体の位置〈配置〉，星位.

konsternieren [他](人を)びっくり〈ろうばい〉させる. **konsterniert** [形] びっくりした.

konstituieren [他] ([英] constitute)(国家・団体などを)創設〈設立〉する;(組織・思考などを)形成する; [再]《*sich*[4]》構成〈設立〉される. **Konstitution** [女]《-/-en》〔医〕体質，素質;〔化〕分子構造;〔政〕憲法;〔カトリック〕教皇令;(修道会の)会憲. **konstitutionell** [形] 憲法による;〔医〕体質的な. **konstitutiv** [形] 本質〈根本〉的な.

konstruieren [他] ([英] construct)(機械などを)設計〈建造〉する;〔数〕作図する;(文・理論を)構成する;《蔑》でっち上げる. **Konstrukteur** [コンストルクテーア] [男]《-s/-e》([女] **-in**)設計者，考案者.

Konstruktion [コンストルクツィオーン] [女]《-/-en》❶ ([英] construction)設計; 開発，建築，組み立て; 構造，仕組み; 建造物. ❷〔言〕構文;〔数〕作図，図形;〔哲〕構成. ❸ 作り事，虚構. **~s=fehler** [男] 設計〈構造〉ミス. **konstruktiv** [形] 設計上の，構造上の; 建設的な.

Konsul [コンズル] [男]《-s/-n》❶ 領事. ❷〔史〕(古代ローマの)執政官. **Konsulat** [中]《-[e]s/-e》領事館; 領事職.

Konsultation [女]《-/-en》(医師などの専門家による)診断，相談，助言;(政府間などの)協議. **konsultieren** [他](…に)相談する;(人と)協議する.

Konsum [男]《-s/-s》[コンズーム] 消費，消費量; 摂取;[コンズーム，コンズーム] 消費組合〔の店舗〕. **=artikel** [男]〔経〕消費商品，消費物品，消費財.

Konsument [男]《-en/-en》([女] **-in**) 消費者.

Konsum=finanzierung [女]〔経〕消費者金融. **=genossenschaft** [女] 消費協同組合，生協. **=gesellschaft** [女] 消費社会. **=gut** [中]〔経〕消費財〈物資〉.

konsumieren [他] 消費する，(飲食物などを)飲む，食べる. **Konsumkultur** [女] 消費文化. **konsumorientiert** [形] 消費指向〔型〕の. **Konsumparadies** [中]《話》消費〔者〕天国. **Konsumtibilien** [複]〔経〕消費財〈物資〉.

Konsumtion [女]《-/-en》消費〔量〕.

Konsumverein [男] 消費協同組合.

Kontakt [コンタクト] [男]《-[e]s/-e》([英] contact)(人との)接触，連絡. **=abzug** [男]〔写〕べた焼き. **=anzeige** [女] 交際相手を求める〔新聞〕広告.

kontakt=arm [形] 人づきあいのへたな，つきあいの少ない，内気な. **=fähig** [形] 人づきあいのできる，人づきあいのよい.

Kontaktfläche [女] 接触面.

kontaktfreudig [形] 人なつこい，人づきあいのよい.

Kontakt=linse [女] コンタクトレンズ. **=mann** [男] 連絡員，渉外係. **=person** [女] 伝染病患者と接触した人; 連絡員. **=schale** [女] コンタクトレンズ.

Kontamination [女]《-/-en》〔言〕混交;(放射能などによる)汚染.

kontant [形]〔商〕現金の; 現金払いの.

Kontemplation [女]《-/-en》瞑想(めいそう)，観照; 観想.

Konten ⇨ Konto

Kontenplan [男]〔商〕貸借勘定表.

Konter=admiral [男] 海軍少将. **=bande** [女] 戦時禁制品;《古》密輸品.

Konterfei [中]《-s/-s, -e》肖像画.

Konter=mine [女]〔商〕(株を)売りに回ること，弱気. **konterminieren** [自]〔商〕(株式市場で)売りに回る.

kontern [自] 《j^3》(人に)反論する; 〘スポーツ〙反撃する, カウンターブローを放つ.

Kontext [男] 《-[e]s/-e》 コンテクスト, 文脈, 脈絡; 前後関係, 情況. **kontextual** [形] 〘言〙 文脈〈コンテクスト〉上の; (事実や事柄の)関連上の. **Kontextualismus** [男] 《-/》 (事物を状況・背景の中でとらえる)コンテクスチュアリズム, 脈絡〈関連〉主義.

Konti ⇨ Konto

Kontinent [コンティネント] [男] 《-[e]s/-e》 ([英] continent)大陸; ヨーロッパ大陸部. **kontinental** [形] 大陸[性]の.

Kontingent [中] 《-[e]s/-e》 割り当て量〈数〉, 分担額. **kontingentieren** [他] 割り当てる, (…の)割り当て制限をする.

kontinuierlich [形] ([英] continual)連続的な, 持続的な, 絶え間ない. **Kontinuität** [女] 《-/》 連続[性], 持続[性].

Konto [コント] [中] 《-s/..ten (-s, ..ti)》 ([英] account)〘商〙 口座; (貸借の)勘定, 収支計算[書]. ♦ ***auf dem ~ haben*** 《話》 《et^4》 (…の)罪を犯している; (…について)良心がとがめる, 責任がある. ***auf j^2 ~*** 《話》 (人の)付けで. ***auf j^2 ~ gehen 〈kommen〉*** 《話》 (人に)責任がある; (人の)おかげである. =**auszug** [男] (銀行口座の)残高通知書. =**buch** [中] 会計帳簿, 元帳. =**inhaber** [男] (銀行の)口座所有者〈取引先〉.

Konto=korrent [中] 〘商〙 交互計算; 当座勘定; [補助]元帳. **Konto=nummer** [女] 口座番号.

Kontor [中] 《-s/-e》 (商社・企業の)海外支店; 《南部》 事務所, オフィス.

Kontorist [男] 《-en/-en》 ([女] **-in**)(商店・商社の)事務員.

Konto=stand [男] 預金残高.

Kontra [中] 《-s/-s》 反対 : das Pro und ~ 賛否; 損得. **kontra.., Kontra..** 「反対の…, 対置した…」の意.

Kontrahent [男] 《-en/-en》 ([女] **-in**) (競争・論争などの)相手, 敵; 〘商〙 (契約の)相手方.

Kontrakt [男] 《-[e]s/-e》 契約[書].

Kontraktion [女] 《-/-en》 収縮; 〘言〙 縮約, 縮合; 〘経〙 金融引き締め.

kontraproduktiv [形] 反生産的な, 非建設的な.

konträr [形] 反対の, 対立する.

Kontrast [男] 《-[e]s/-e》 ([英] contrast) *対照, 対比, コントラスト.*

kontrastieren [自] 《**mit** 〈**zu**〉 et^3》 (…と)対照を成す, コントラストを示す; [他] 《et^4 **mit** et^3》 (…を…と)対照する.

kontrazeptiv [形] 〘医〙 避妊の : *~es* Mittel 避妊薬〈具〉. **Kontrazeptivum** [中] 《-s/..va》 〘医〙 避妊薬〈具〉.

Kontroll=abschnitt [男] (入場券などの)半券.

Kontrollampe [旧]⇨ Kontrolllampe.

Kontroll=befugnis [女] 監督〈監査, 査察〉の権限. =**behörde** [女] 監督官庁. =**bericht** [男] 監査報告.

Kontrolle [コントロレ] [女] 《-/-n》 ❶ ([英] control)検査, チェック; 監視, 管理. ❷ 統制, 抑制, 制御. **Kontrolleur** [コントロレーア] [男] 《-s/-e》 ([女] **-in**)検査〈監督〉官; 検札係, 車掌. **Kontrollgerät** [中] 制御装置. **kontrollierbar** [形] 制御〈検査, 監視〉できる, コントロールできる. **kontrollieren** [他] ([英] control)監督する, 管理する; (証明書・荷物などを)検査する, 取り締まる; 支配〈統制〉する, 制御する. **Kontrolliste** [旧]⇨ Kontrollliste.

Kontroll=lampe [女] パイロット〈警告〉ランプ. =**liste** [女] チェックリスト.

Kontrollor [男] 《オーストリア》= Kontrolleur.

Kontroll=punkt [男] 検問所, チェックポイント. =**raum** [男] 管制室; (放送・録音などの)調整室; (原子炉の)制御〈管制〉室. =**schild** [男] 《スイス》 (自動車の)ナンバープレート. =**spiegel** [男] 監視〈防犯〉ミラー. =**turm** [男] (空港の)管制塔, コントロールタワー. =**uhr** [女] タイマー; タイムレコーダー. =**zentrum** [中] コントロールセンター, 管制センター.

kontrovers [形] (意見の)対立した; 問題のある. **Kontroverse** [女] 《-/-n》 (激しい意見の)対立, 論争, 激論.

Kontur [女] 《-/-en》[男] 《-s/-en》 輪郭[線]. **kontur[en]los** [形] 輪郭のはっきりしない; 性格のあいまいな. **konturieren** [他] (…の)輪郭を描く〈示す〉.

Konus [男] 《-/-se, ..nen》 円錐(えんすい)[体]; 〘工〙 テーパー.

Konvent [男] 《-[e]s/-e》 〘カトリック〙 修道士総会; 修道士団; 〘プロテスタント〙 牧師の集会; 学生組合の集会. **Konventikel** [中] 《-s/-》 秘密の会合〈集会〉.

Konvention [女] 《-/-en》 慣習, しきたり; (国際間の)協定, 条約. **Konventionalstrafe** [女] 〘法〙 違約罰. **konventionell** [形] ([英] conventional)慣習的な, 伝統的な; 型にはまった, 堅苦しい; (兵器が核を用いない)在来型の, 通常の.

Konvergenz [女] 《-/-en》 収斂(しゅうれん), 収束. **konvergieren** [自] (一点に)集まる; 〘数〙 収束する.

Konversation [女] 《-/-en》 ([英] conversation)おしゃべり, 会話, 歓談. **~s=lexikon** [中] 百科事典. **~s=zimmer** [中] 《雅》 談話室. **konversieren** [自] 《**mit** j^3》 (人と)会話をする.

Konversion [女] 《-/-en》 改宗; (思想上の)転向; 〘言〙 (品詞の)転換; 〘理〙 (核燃料物質の)転換; 〘心〙 転化; 〘経〙 転換; 兌換(だかん); (通貨の)交換. **Konverter** [男] 《-s/-》 〘電〙 コンバーター, 転換器. **konvertierbar** [形] (通貨などが)交換可能な. **konvertieren** [自] (s, h)改宗する; [他] 〘経〙 兌換(だかん)する; (通貨を)交換する; 転換する; 〘コンピュータ〙 (データを)変換する; (人を)改宗させる. **Konvertit** [男] 《-en/-en》 ([女] **-in**)(特にカトリックへの)改宗者.

konvex [形] 凸面の.

Konvex=linse [女] 〘光〙 凸レンズ. =**spiegel** [男] 凸面鏡.

Konvoi [男] 《-s/-s》 護送船団〈部隊〉; (自動車などの)隊列.

Konvolut [中] 《-[e]s/-e》 (書類・印刷物の)束; 合本.

Konvulsion [女] 《-/-en》 痙攣(けいれん). **konvulsivisch** [形] 痙攣(けいれん)性の.

konzedieren [他] 《j^3 et^4》 (人に…を)容認〈承認〉する.

Konzentrat [中] 《-[e]s/-e》 濃縮液〈物〉, エッセンス; 要約, レジュメ.

Konzentration 囡《-/-en》集中, 集積, 集結; (精神などの)集中[力]; 《化》濃縮, 濃度. **~s=fähigkeit** 囡 集中力. **~s=lager** 画 (特にナチスの支配下の)強制収容所(略 KZ). **~s=schwäche** 囡 集中力欠如.

konzentrieren [コンツェントリーレン]《 konzentrierte; konzentriert》他 (图 concentrate)集中(集結)する; 《化》濃縮する; {sich⁴ auf et⁴} (…に)精神(注意)を集中する; {sich¹} (ある場所に)集まる.

konzentrisch 形 中心を同じくする, 同心円上の(~e Kreise 同心円). 一点に的を絞った.

Konzept 甲《-[e]s/-e》下書き, 素案; 計画, 企画, プラン, 構想. **◆ aus dem ~ bringen**(発言や行為に関して)人を混乱させる. **aus dem ~ kommen** (geraten)話の筋道が乱れる, 混乱する. **das (sein) ~ verderben** {j³}(人の)計画をつぶす. **nicht ins (in) ~ passen** {j³} (話) (人の)計画に合わない.

Konzeption 囡《-/-en》構想, 着想; 基本思想. 《医》受胎.

Konzern 画《-s/-e》《経》コンツェルン. **Konzernierung** 囡《-/-en》《経》コンツェルン形成.

Konzert [コンツェルト] 甲《-[e]s/-e》❶ (图 concert)コンサート, 演奏会. ❷ 協奏曲, コンチェルト. ❸ 《雅》協調, 調和. **-arie** 囡 《楽》演奏会用アリア (詠唱). **-flügel** 画 演奏会用グランドピアノ. **konzertieren** 他 コンサート(演奏会)を開く; 他 j⁴e¹) 共演する. **◆ konzertierte Aktion** 官民協調経済活動.

Konzert=meister 画 コンサートマスター. **-pianist** 画 ソロピアニスト. **-saal** 画 コンサートホール.

Konzession 囡《-/-en》《雅》譲歩; (官庁の)許認可. **konzessionieren** 他 (…に)許可(認可)を与える. **konzessiv** 形 《文法》認容(譲歩)の.

Konzil 甲《-s/-e (-ien)》《宗》公会議, 教会会議; 教会会議; 司教区の司教会議; (教職員・学生の各代表からなる)全学協議会. **konziliant** 形 融和的な, 愛想のよい.

konzipieren ❶ 構想する, (…の)草稿(草案)を作る; 計画(設計)する, 考案する. ❷ 他 受胎(妊娠)する.

Koog 甲《-[e]s/Köge》《北部》干拓地.

Kooperation 囡《-/-en》協力, 協同, 提携. **kooperationsbereit** 形 協力する用意がある, 協力を惜しまない. **Kooperationsbereitschaft** 囡.

kooperativ 形 協力(協同)による, 協力的な. **kooperieren** 他 {mit j³} (人と)協力する.

Koordinate 囡《-/-n》《数》座標.

Koordination 囡《-/-en》調整(調和)[を保つこと]; 協調; 《文法》(語句・文の)並列; 《化》配位.

koordinieren 他 (…の)調整(調和)をはかる; 同等(対等)にする. **koordiniert** 調和のとれた, 系統的な.

Kop. = *Kopeke.*

Kopeke 囡《-/-n》コペイカ(ロシアの貨幣単位; 略 Kop.).

Kopenhagen コペンハーゲン(デンマークの都).

Köpenick ケーペニック(Berlin の区).

Köper 画《-s/》あや織りの布.

kopernikanisch 形 コペルニクスの的な.

Kopf [コプフ] 画《-[e]s/Köpfe (ボ Köpfchen)》 ❶ (图 head)(人や動物の)頭, 頭部(首から上の部分); 頭蓋(点). ❷ 頭脳, 頭脳の働き(思考・判断・記憶など); 知力. ❸ (ある能力・性格を持った)人, 人物; (集団の)頭(♀); 首脳; 人数, 頭数: Viele *Köpfe*, viele Sinne.《諺》十人十色. ❹ (物の)上部, 上端, 先頭, 先端; 突出部; 頭(点) 花頭, 頭状花, (キノコの)かさ, (キャベツなどの)結球; 《ボ》クラブのヘッド. ❺ コインの表(肖像などのある面). **◆ an den ~ fassen (greifen)** {sich³}(困って)頭を抱える. **an den ~ werfen**《話》{j³ et⁴}(人に…をきっぱりと言ってつける). **auf den ~ herumtanzen (herumtrampeln)**《話》{j³}(人に対して)やりたい放題である. **auf den ~ hauen**《話》(ある金額を)つぎ込む. **auf den ~ spucken können** {j³} (人と比べて)図抜かて大きい; (人より)勝る; (人に対して)尊大な態度をとる. **auf den ~ stehen** 逆立ちしている; 逆立ちになる. **auf den ~ stellen** (…を)逆さにする; ごちゃごちゃにする; (言葉などを)曲解する; {sich³} 逆立ちする. **auf den ~ zusagen** {j³}(人に…)ずけずけと言う. **aus dem ~** 空で; 暗記して. **aus dem ~ schlagen**《話》{sich³ et⁴} (…を)忘れるようにする. **bis über den ~ in et³ stecken**《話》(…で)耐の激しい頭が痛む. **den ~ aus der Schlinge ziehen** うまく窮地を脱する. **den ~ einziehen** 首をくめる. **den ~ hängen lassen** しょんぼりする. **den ~ hinhalten**《話》(…の)保証をする; 責任をとる, しりぬぐいをする. **den ~ hoch tragen (halten)** 鼻(顔)が高い. **den ~ in den Sand stecken** (現実から)目をそらす; (人の)意地を失わせる. **den ~ mit et³ zerbrechen (zermartern)**《話》{sich³}(…に)頭を悩ます. **den ~ unter dem Arm tragen**《話》ヘとへとである, 病気が重い, 疲れきっている. **den ~ voll haben** <心配事で頭がいっぱいである. **den ~ waschen (jm)** {j³} (人に)きつく叱る. **den ~ zerbrechen** {sich³ über et⁴} (…に)頭を悩ます. **den ~ zurechtsetzen (zurechtrücken)** {j³} (人を)批判して正気に戻らせる. **durch den ~ gehen lassen** {sich³ et⁴} (…を)じっくり考える. **durch den ~ schießen** {j³} (人に) 突然思い浮かぶ. **einen klaren ~ bewahren** いらだたない; 冷静を保つ. **einen dicken (schweren) ~ haben** 二日酔いである; 頭痛がする. **Es geht um ~ und Kragen.** これは命にかかわる. **Es geht j³ im ~ herum.**《話》(…が)人の頭に絶えず気になる. **Es! geht (will) mir nicht in den ~.**《話》(…)私には理解できない(飲み込めない). **Es will mir nicht aus dem ~.** (…が人の)念頭から離れない. **im ~ [aus] rechnen** 暗算する. **in den**

～setzen〈*sich*³*et*⁴〉(…に)固く決意する。**～an ～** ひしめき合って(勝負ごとで)互角に。seinen ～ *aufsetzen*〈*durchsetzen*〉強情を張る、我を通す。**～hoch!** 気を落とすな。seinen ～〈~ *und Kragen*〉 *riskieren*〖話〗生命を賭けて(びっくりする)。**～ stehen** 〖話〗 *mit dem ～ durch die Wand wollen*〈*gegen die Wand rennen*〉〖話〗向こう見ずなことをする。*mit dem ～ voran* 頭から。*mit seinem ～ für et*¹ *einstehen* (…に)命を懸ける。*nicht auf den ~ gefallen sein* 〖話〗もともとばかではない。*nicht auf den ~ spucken lassen*〖話〗〖sich³〗頭が〈頭ごなしの〉言動を許さない。*nicht aus dem ~ gehen〈wollen〉*〖j³〗(人の)念頭から離れない、(…のことが)忘れることができない。*nicht in den ~〈hinein〉gehen〈hineinwollen〉*〖話〗(人には)腑に落ちない。*nicht wissen, wo einem der ~ steht* どこから手をつけてよいか分からないほどたくさん仕事がある。*J³ raucht der ~.*/ *J³ schwirrt der ~.* (人が)かなり頭を使う。*J³ steht der ~ nicht nach et*³*.* (人が…のことに)頭〈気〉がまわらない。*Et¹ steigt j³ zu ~.* (…で人)頭に血がのぼる。*über den ~ wachsen*〖j³〗(人より)背が高くなる；(人の)手に負えなくなる。*über die Köpfe hinwegreden* 聞き手のことは顧慮しないで打じ立てる。*über j²〈~ hin〉 weg*〈人の〉頭越しに。*〔um〕einen ~ kürzer〈kleiner〉 machen*〖j³〗(人の)首をはねる。*von〈vom〉 ~ bis Fuß* 頭のてっぺんから足の先まで；すっかり。*vor den ~ stoßen*〖話〗(人を)侮辱する。*Was man nicht im ~ hat, muss man in den Beinen haben.* 物忘れをすると余計な手間をかけることになる。*wie vor den ~ geschlagen sein* 仰天する。

Kopf=arbeit 图 頭脳労働。**=arbeiter** 男 頭脳労働者。**=bahnhof** 男 終端駅(到着列車が出発するターミナル)。**=ball** 男 〖スポ〗ヘディング。**=bedeckung** 图 帽子；ヘルメット。

Köpfchen (→ Kopf) 图〈-s/-〉〖話〗理解力、頭脳。图 頭状花序。

Köpfe ⇒ Kopf

köpfeln 图〖南部〗水に頭から飛び込む。ヘディングする。

köpfen 他 ❶ 图 (人を)斬首刑に処す。(…の)先端を切り落とす；〖話〗(ボトルを)開ける；〖スポ〗(ボールを)ヘディングする。❷ 图 〖方〗(キャベツの)結球する。

Kopf=ende 中 (ベッドの)頭部、まくら元、(テーブルなどの)上端。**=geburt** 图 逆子で産まれること。**=geld** 图 (犯人逮捕の)懸賞金、報奨金。**=haar** 图 頭髪。**=haut** 图 頭皮。**=hörer** 男 ヘッドホン。**=jucken** 中 頭皮のかゆみ。**=kissen**

kopflastig 圏 頭部が重い；機首〔船首〕の重さすぎる；頭でっかちの；〖話〗(酔って)頭がガンガンする

Kopfflaus 男 〖話〗 アタマジラミ。

kopflos 圏 頭(首)のない；思慮〈分別〉に欠けた；うろたえた、慌てふためいた。**Kopflosigkeit** 图〈-/-〉思慮〈分別〉のなさ、周章狼狽(ヾヾ)すること。

Kopf=mensch 男 〖話〗(物事を)頭で判断する人、理性の人。**=nicken** 中〈-s/-〉うなずくこと。**=nuss** (圏=**nuß**) 图 〖話〗拳(ぎ)で軽く頭をたたくこと；難題、難問。**=putz** 男 髪飾り。**=rechnen** 中 暗算。**=salat** 男 〖植〗 タマぢシャ、レタス。

kopfscheu 圏 〖話〗 おびえやすい。**~ machen** (人を)怖がらせる。**~ werden** おじける。

Kopfschmerzen [コプフシュメルツェン] 圏 (®) headache) 頭痛；心配；[*heftige*]**~ haben**〔ひどい〕頭痛がする。**keine ~ machen**〖*sich³ über et¹〈wegen et²〉*〗(…のことを)何も心配しない、気に病まない。**~ machen**〖*bereiten*〗〖*j³*〗(人の)頭痛の種である。

Kopf=schmerztablette 图 頭痛薬。**=schütteln** 中〈-s/-〉(否定して)頭を〔左右に〕振ること。**=sprung** 男 〖水泳〗(頭から水中に入る)前飛び。**=stand** 男 逆立ち、倒立。

kopfstehen* 圓 ⇒ Kopf ♦

Kopf=steinpflaster 中 円礫石舗装。**=steuer** 图 人頭税。**=stimme** 图 裏声、〖楽〗頭声、ファルセット。**=stütze** 图 (いすの)ヘッドレスト、まくら。**=tuch** 中 スカーフ。

kopf=über 副 真っ逆さまに。♦ **~ in et¹ stürzen**〖*sich⁴*〗(…に)没頭する。

Kopf=weh 中 = Kopfschmerzen。**=zerbrechen** 中 熟考、苦悩。**~ machen**〖*sich⁴ über et¹*〗(…のことで)苦慮する。

Kopie[コピー] 图〈-/-n〉(® copy)コピー、写し；〔芸術作品の〕模写、複製；〖コン〗プリント；模倣、猿真似。**Kopierbuch** 中〖商〗 控え帳。

kopieren[コピーレン] 他〈kopierte, kopiert〉❶ (® copy)コピーする、写しを作る、【タイプ】。❷ (…の)まねをする。♦ **~ und einfügen** コピー・アンド・ペーストをする。**Kopierer** 男〈-s/-〉〖話〗コピー機。

Kopier=gerät 中 = Kopierer。**=papier** 中 複写紙、コピー用紙；印画紙。

kopiert ⇒ kopieren

Kopilot 男〈-en〉副操縦士。

Koppel ❶ 图〈-/-n〉囲い地、柵をめぐらせた放牧地；(連結用具としての)革バンド〈綱〉(*eine ~ Pferde*〈*Jagdhunde*〉馬〈猟犬〉の群れ)；連動装置、カップラー、クランク。❷ 中〈-s/-〉(® /-n)(制服の幅広の腰ベルト、剣帯。

koppeln 他 (馬と馬を、騎手同士を)つなぐ；(各種装置を)連結する、結合する、接続する；〖*et¹ an et³〈mit et³〉*〗(車両などを…に)連結する；関連させる；結合する。♦ **gekoppelt sein〈*mit et³*〉**(…と)関連している；不可分である。**Kopp[e]lung** 图〈-/-en〉連結、接続、結合、連動；〖生・宇〗リンケージ；〖ロ〗カッブリング。

Kopra 图〈-/〉コブラ(乾燥させたココヤシの胚乳)。

Koproduktion 图〈-/-en〉合作、共同製作(の映画〔テレビ番組〕)。

Kopula 图〈-/-s, ..lae〉〖言〗コプラ、連辞；〖動〗繁辞(ξ)；〖動〗交尾。**kopulativ** 圏 〖言〗並列的な。

Koralle 囡 《-/-n》サンゴ(珊瑚); サンゴ虫; サンゴの宝飾品《装身具》. **~n-halsband** サンゴの首飾り. **~n-riff** 囲 サンゴ礁.

Koran 男 《-s/-e》コーラン(イスラム教の経典).

Korb [コルプ] 男 《-[e]s/Körbe (囲 Körbchen)》(囲 basket) かご, ざる; 球技 (バスケットボールなどの)バスケット; かご細工, 編み細工. ♦ *einen ~ geben* (j-m に)ひじ鉄を食らわす. *von j-m einen ~ bekommen* (*erhalten*) (人に)ひじ鉄を食らう;[話]3 *bei j-m einen ~ holen* (人に)ひじ鉄を食らう. **=ball** 男 (球技) ネットボール(2.5 m の高さのゴールにボールを入れる女子競技); バスケットボール. **=blütler** 男 《-s/-》(植物) キク科植物.

Körbchen (→ Korb) 囲 《-s/-》小さなかご; (幼児や動物用の)寝かご; (ブラジャーの)カップ.

Körbe ⇒ Korb

Korb-flasche 囡 (ワインを入れる)かご入り瓶. **=flechter** 男 《-s/-》囲 ひじ細工職人. **=flechterei** 囡 かご細工. **=geflecht** 囲 枝編み細工, かご細工. **=möbel** 男 囲 製家具. **=wagen** 男 囲製の乳母車.

Kord 男 《-[e]s/-e》コーデュロイ, コール天.

Kördel 男 《-s/-》組みひも;[中部・西部] 荷造り用のひも.

Kordon [コルドーン] 男 《-s/-s (ｺﾙﾄﾞ ﾝｽ-e)》(軍・警察の)非常《警戒》線; (勲章の綬の)広; 大綬.

Korea 囡 朝鮮(大韓民国と朝鮮民主主義人民共和国を含む地域の総称); 韓国; die Republik ~ 大韓民国(首都 Seoul ソウル); die Demokratische Volksrepublik ~ 朝鮮民主主義人民共和国(首都 Pjöngjang ピョンヤン). **Koreaner** 男 《-s/-》(囡 **-in**) 韓国《朝鮮》人. **koreanisch** 肥 朝鮮[人,語]の. **Korea-Straße**, **Koreastraße** (die ~) 朝鮮海峡.

Koriander 男 《-s/-》(植物) コエンドロ, コリアンダー(香辛料).

Korinthe 囡 《-/-n》種なし小粒干しブドウ; 囲 [話] ささいな事.

Kork 男 《-[e]s/-e》コルク; [中部・南部] コルク栓. **=eiche** 囡 (植物) コルクガシ.

korken 肥 《コルク[製]の》. ❷ (瓶に)コルク栓をする.

Korken 男 《-s/-》瓶のコルク栓. **=zieher** 男 《-s/-》コルク栓抜き.

Kormoran 男 《-s/-e》(鳥類) ウ(鵜).

Korn [コルン] I 男 ❶ 《-[e]s/種類-e》(囲 **Körnchen**) (⦅総称的⦆) 穀物, (その国・地方の)主要穀物. ❷ 《-[e]s/Körner》(穀物の)粒. ❸ (塩・砂などの)粒; 結晶. **=** 《-[e]s/》〖写〗乳剤の銀粒子; (印刷) 網版の網点; (物質の)表面状態; 木目・石目の粗さ,滑潤度. ❹ 《-[e]s/-e》(銃の)照星. II 囲 《-[e]s/-》[話] (穀物を原料とする強い)蒸留酒, コルン. ♦ *aufs ~ nehmen* (j-*et*)[話] ～をねらう.

Korn-blume 囡 (植物) ヤグルマギク(矢車菊). **=boden** 男 穀物置場.

Körnchen (→ Korn) 囲 《-s/-》ほんのわずか, ごく少量: ein ~ Wahrheit ほんのわずかな真理[話]. **körnen** 他 粒にする, 顆粒［状］にする;(…の表面を)ざらざらにする, 粒状の凹凸をつける.

Körner ⇒ Korn ❷

Kornett 男 《-[e]s/-e, -s》❶ 囲 (楽) コルネット. ❷ 男 〘史〙騎兵隊の旗手.

Kornfeld 囲 穀物畑. **körnig** 肥［状］の, 顆粒［状］の; (表面が)ざらざらした, ぶつぶつのある. **Kornkammer** 囡 穀倉(地帯).

Korona 囡 《-/-nen》(太陽の) コロナ, 光冠;〘電〙コロナ放電; [話] グループ, 仲間; 一座. **koronar** 肥 冠状の; (医) (心臓の)冠状血管《動脈》の.

Koronar-arterie 囡 (解) 冠動脈.

Körper [ケルパー] 男 《-s/-》(囲 **Körperchen**) ❶ (囲 body) 体, 身体, 肉体. ❷ 物体; 物質; 立体. ❸ (ワインなどの) こく, 濃度. **=bau** 男 体格.

körperbehindert 肥 身体に障害のある. **Körperbehinderte** [f] 《(形容詞的変化) 》身体障害者. **körpereigen** 肥［生】生体固有の. **Körperertüchtigung** 囡 身体の鍛練. **körperfremd** 肥［生〙生体にとって異質の. **Körper-fülle** 囡 肥満. **=geruch** 男 体臭. **=gewicht** 囲 体重. **=größe** 囡 身長, 体長. 体格の大きさ. **=haltung** 囡 姿勢. **=kontakt** 男 体と体との接触. **=kraft** 囡 体力. **=kult** 囲 肉体礼賛《賛美》. **=länge** 囡 = Körpergröße.

körperlich [ケルパーリヒ] 肥 ❶ (囲 physical) 肉体の, 体の. ❷ 有形の, 立体の, 物質的な. **Körperpflege** 囡 体の手入れ, 全身美容. **Körperschaft** 囡 《-/-en》 (法) 団体, 組織; 法人. **=[s]-steuer** 囡 法人税. **Körper-strafe** 囡 体刑, 体罰. **=teil** 男 体の部位: 肢体. **=temperatur** 囡 体温. **=treffer** 男［スポーツ］ボディーブロウ. **=wärme** 囡 体温.

Korpora ⇒ Korpus ❷

Korporal 男 《-s/..rale (..räle)》 〘軍〙 伍長(ﾌﾞﾁｮｳ). **Korporalschaft** 囡 《-/-en》 〘軍〙 分隊, 内務班. **Korporation** 囡 《-/-en》 法人, 団体; 学生組合;［史］同業組合《ギルド》.

Korps [コーア] 男 《-[コーア(ス)]/-[コーアス]》(囲 corps) 軍団; 大部隊 (同じ身分・職業の人の)集団; 学生組合. **=geist** 男 [雅] 仲間意識;（上層階級の）エリート意識.

korpulent 肥 肥満体の.

Korpulenz 囡 《-/》 肥満.

Korpus ❶ 男 《-/-se》 (戯) 人体, 肉体; [宗] 十字架上のキリスト像;（家具の）本体(取り外しのできない部分）. ❷ 囡 《-/-・pora》[専門] 資料などの総体, 集成, コーパス; 法規集成; 証拠資料.

Korpuskel 囡 《-s/-n》男 《-s/-》 (物理) (素) 粒子. **Korpuskularstrahlung** 囡 (物理) 粒子線.

korrekt [コレクト] 肥 ❶ (囲 correct) 正しい, 正確な. ❷ 適切な, 妥当な, 的確な; きちんとした, 申し分のない. **Korrektheit** 囡 (-/) 正確さ; 公正.

Korrektor 男 《-s/-en》(囡 **-in**) (印) 校正係.

Korrektur 囡 《-/-en》改正; 訂正; (印)

Kotelett

校正〔刷〕. **=zeichen** 中 校正符号.
Korrelation 囡 ⟨-/-en⟩ 相関関係.
Korrespondent [コレスポンデント] 男 ⟨-en/-en⟩ (囡 **-in**) ❶ ⓔ correspondent) (報道機関の) 通信員, 駐在員, 特派員. ❷ 経⟩ (企業の) 文書係, 通信係; 取引先, 提携先; 特派員.
Korrespondenz [コレスポンデンツ] 囡 ⟨-/-en⟩ ❶ ⓔ correspondence) 文通, (業務上の) 通信, 交信; 手紙, 書簡. ❷ 一致, 相応. **korrespondieren** 国 ⟨**mit** j^3⟩ (人と) 文通する; ⟨**mit** et^3⟩ ⋯と一致 (対応) する.
Korridor 男 ⟨-s/-e⟩ 廊下, 通路, 政⟩ 回廊 (地帯).
korrigieren 他 (ⓔ correct) (⋯の誤りを) 訂正する; 添削する; 印⟩ 校正する; 修正する, 改める.
Korrosion 囡 ⟨-/-en⟩ 化⟩ 腐食 化学⟩溶食.
korrumpieren 他 (人を) 買収する; 堕落 (腐敗) させる.
korrupt 形 堕落した; わいろの利く.
Korruption 囡 ⟨-/-en⟩ 汚職, 腐敗.
Korsar 男 ⟨-en/-en⟩ 海賊; 海賊船; コルセール (レース用2人乗りヨット).
Korsętt 中 ⟨-s/-s (-e)⟩ コルセット.
Kọrsika コルシカ (イタリアの西方にあるフランス領の島).
Korso 男 ⟨-s/-s⟩ 〔花馬車の〕パレード; 車馬を連ねたデモの列; (都市の) 大通り.
Korvętte 囡 ⟨-/-n⟩ コルベット (小型護衛艦). **~n- =kapitän** 男 海軍少佐.
Koryphäe 囡 ⟨-/-n⟩ (学問・芸術分野での) 第一人者, 大家.
koscher 形 (ユダヤ教の食事習慣の) おきてにかなった; 話⟩ 申し分のない.
Koseform 囡 言⟩ 愛称形.
Kosekans 男 ⟨-/-⟩ 数⟩ 余割, コセカント (略号 cosec).
kosen 国 ⟨**mit** j^3⟩, 他⟩ (人を) 愛撫する.
Kosename 男 愛称.
Kosinus 男 ⟨-/-(-se)⟩ 数⟩ 余弦, コサイン (略号 cos).
Kosmetik 囡 ⟨-/-⟩ 美容; ごまかし, 粉飾.
Kosmetika ⇒ Kosmetikum
Kosmetikerin 囡 ⟨-/-nen⟩ 女性美容師 (部員). **=seife** 囡 美容 (化粧) せっけん. **Kosmetikum** 中 ⟨-s/..ka⟩ 化粧品. **kosmẹtisch** 形 美容 (化粧) の; ごまかしの, うわべの.
kọsmisch 形 宇宙の, 宇宙的な; 無限の, 途方もない. **Kosmonaut** 男 ⟨-en/-en⟩ 囡 **-in**⟩ 宇宙飛行士. **Kosmopolịt** 男 ⟨-en/-en⟩ 囡 **-in**⟩ コスモポリタン, 世界主義者 (世界中に分布する動植物). **kosmopolịtisch** 形 コスモポリタンの, 世界主義の; 世界中の分布する.
Kọsmos [コスモス] 男 ⟨-/-⟩ 宇宙.
Kọst 囡 ⟨-/-⟩ 食べ物, 食事, 食事の世話. ✦ **in** ⟨**die**⟩ **~ bei** j^3 **geben** ⟨j^4⟩ (人の) 食事の世話を (人に) 頼む. **in** ⟨**die**⟩ **~ nehmen** ⟨j^4⟩ (人の) 食事の面倒を見る.
kọstbar [コストバール] 形 ❶ ⓔ valuable) 高価な, 値打ちのある. ❷ 貴重な, 大切な. ✦ **~ machen** [話] ⟨**sich**⟩ 思わせぶりな態度をとる, なかなか見れない姿を見せなくなる; 不可欠の存在になる. **Kọstbarkeit** 囡 ⟨-/-en⟩

高価 (貴重) な物; 高価 (貴重) であること.
kọsten 他 (ⓔ kostete; gekostet) 他 ❶ ⓔ cost) (⋯の) 値段である, (費用が) かかる, (時間を) 要する; ⟨$j^{4(3)}$⟩ (⋯に) 費やさせる, 失わせる. ❷ ⓔ taste) 味見する, (⋯の) 味を見る (試食) する. ✦ **etwas ~ lassen** [話] ⟨**sich**⟩ $^{4(3)}$ et^4⟩ (⋯に) お金をかける. **koste es, was es wolle** [話] どんな犠牲を払っても.
Kọsten [コステン] 複 (ⓔ cost) 費用, 経費, コスト, 出費; 負担; 犠牲. ✦ **auf** j^2 **~ / auf ~ von** j^2 (⋯の) 負担で; (⋯を) 犠牲にして. **auf seine ~ kommen** [話] 元を取る, 満足する. **~ sparend** 経費節減の.
=anschlag 男 費用の見積もり.
=anteil 男 費用 (経費) の負担分.
=aufwand 男 経費, 出費, 支出.
kọsten- =frei 形 = kostenlos. **=günstig** 形 安上がりの, 費用のかからない. **=los** 形 無料の. **=pflịchtig** 形 費用負担の義務のある.
Kọsten- =preis 男 費用価格, 原価. **=pụnkt** 男 話⟩ 価格; 費用. **=rẹchnung** 囡 費用 ⟨原価, コスト⟩ 計算. **=sẹnkung** 囡 費用の引き下げ, コストダウン.
kọsten- sparend 形 ⇒ Kosten ✦ **=trächtig** 形 費用 (経費) のかさむ.
Kọsten- voranschlag = Kostenanschlag.
kọstete = kosten
Kọstfracht 囡 商⟩ 運賃込み値段.
Kọst- =gänger 男 ⟨-s/-⟩ 囡 **-in**⟩ 賄いつきの下宿人; (食べ物等の) 常連. **=geld** 中 賄い賃. **=geschäft** 中 商⟩ 延期取引, 継越取引.
kọstlich [ケストリヒ] 形 ❶ ⓔ delicious) 美味な, 上等な. ❷ [話] 楽しい, すばらしい, 心地よい. ❸ 雅⟩ 貴重な, 高価な. **Kọstlichkeit** 囡 ⟨-/-en⟩ おいしい (とくの): すばらしいこと (もの).
Kọstpreis 男 原価, 費用, コスト.
Kọstprobe 囡 試食 (試飲) (品), 証例.
kọst- spielig 形 金のかかる, 高価な.
Kostüm [コスチューム] 中 ⟨-s/-e⟩ ❶ (ⓔ costume) (女性用の) スーツ, ドレス. ❷ (時代・地域に特有な) 衣装, 服装. ❸ 舞台衣装, コスチューム. **=ball** 男 仮装舞踏会. **=fest** 中 仮装 (ダンス) パーティー.
kostümieren 他 ⟨j^4⟩ (⋯に) 仮装させる; ⟨**sich**⟩ 仮装 (扮装) する; [話] 妙な (似合わない) 服装をする. **Kostümprobe** 囡 劇⟩ ドレスリハーサル.
Kọstverächter 男 ✦ **kein ~ sein** 美食家 ⟨享楽家⟩ である.
Kọt 男 ⟨-e(-s)/-e, -s⟩ 正⟩ 糞(ふん), 大便; 泥; 汚れ; 低劣. ✦ **durch den ~ ziehen** ⟨**in den ~ treten**⟩ ⟨j-et^4⟩ (⋯を) こきおろす; (⋯の) 顔に泥を塗る. **mit ~ bewerfen (besudeln)** 雅⟩ (⋯を) 中傷する.
Kotangens 男 ⟨-/-⟩ (ⓔ cotangent) 数⟩ 余接, コタンジェント (略号 cot).
Kotau 男 ⟨-s/-s⟩ (昔の中国流の) 叩頭(こうとう)礼. ✦ **seinen ~ machen** ⟨**vor** j^3⟩ (人に) 平身低頭する.
Kotelẹtt 中 ⟨-s/-s (-e)⟩ (子牛・豚・羊

Koteletten の)あばら肉;〔骨つきの〕カツレツ.
Koteletten 囡《-/》〔もみあげの〕ほおひげ.
Köter 圐《-s/-》〔蔑〕犬.
Kotflügel 圐〔自動車・自転車などの〕フェンダー,泥よけ.
kotieren 他〔商〕〔証券などを〕上場する;〔ある地点の〕高度を測定する.
kotig 形 糞(泥)だらけの.
Kotzbrocken 圐〔話〕むかつくようないやなやつ.
Kotze 囡《-/》〔話〕へど.
kotzen 自〔話〕へどを吐く. *Es ist zum Kotzen!* 〔話〕いまいましい. **kotzübel** 形〔話〕ひどい吐き気のする.
KP 略 Kommunistische Partei 共産党.
KPD 略 Kommunistische Partei Deutschlands ドイツ共産党.
Kr 略 Krone クローネ. **Kr** 記号 クリプトン(元素名<Krypton). **Kr.** 略 Kreis.
Krabbe 囡《-/-n》〔動〕カニ;〔話〕小エビ;〔元気な〕ちびっ子;女の子;こぶし花(ゴシック建築の葉草飾の浮き彫り).
krabbeln 自(s)〔昆虫などが〕がさがさ動き(はい)回る;〔幼児などが〕はいはいする. 他〔話〕〔人を〕くすぐる,むずがゆくする.
krach 間 ガタン, バリン. **Krach** 圐《-[e]s/-e, -s,〔話〕Kräche》騷音, 騷き;〔ガチャン・ドシン・メリメリなどの〕大きなすさまじい音;〔話〕けんか,口論,騷動;〔話〕経済危機, 恐慌, 破産;軍事衝突. ♦ *~ kriegen* けんかする. *~ machen 〈schlagen〉* わめき散らす,がなり立てる.
krachen[クラッヘン]《krachte; gekracht》自 ① (s) 〔話〕Es kracht.衝撃事故が起きる,争い(けんか,論争)が起きる.〔ドカン・メリメリっという〕音がする. ♦ *Bald 〈Gleich, Dann〉 kracht's!*〔話〕今に縁に決着的だ....*eine ~*〔話〕〔j³〕〔人に〕びんたを食らわす. **Kracher** 圐《-s/-》〔話〕老いぼれ;老人;かんしゃく玉, クラッカー.
krächzen 自〔カラス・カエルなどが〕カーカー(ガーガー)鳴く;〔話〕しわがれ声で話す(歌う);〔話〕嘆く.
Krad 囡《-[e]s/Kräder》バイク(< Kraftrad).
kraft 前《2格支配》...に基づく(よって).
Kraft[クラフト]囡《-/Kräfte》❶ (⊜ strength)力, 体力, 自然の力. ❷ 〔法規などの〕効力. ❸ 働き手, スタッフ;圐 勢力. ♦ *aus eigener ~* 自力で(になる). *außer ~ setzen* 失効させる. *bei Kräften sein* 元気である. *die treibende ~ sein* 推進役にある人がある. *in ~ 〈befindlich〉 sein* 効力がある. *in ~ gesetzt werden* 施行される. *in ~ setzen* 発効させる,実施(施行)する. *in ~ treten 〈bleiben〉* 発効する(効力がある). *mit aller 〈ganzer〉 ~* 全力で. *nach 〈besten〉 Kräften* 力の限り. *wieder zu Kräften kommen* 元気になる,健康を回復する.
Kraft-akt 圐 力わざ. *= anstrengung* 囡 体力の負担. *= aufwand* 圐 尽力,骨折り. *= ausdruck* 圐 汚い(乱暴な)言葉. *= brühe* 囡〔料〕濃厚なブイヨン〔肉汁〕.
Kräfte ⇨ Kraft
Kräftebedarf 圐〔経〕労働力需要.
Kraft-fahrer 圐〔官〕自動車運転者〔手〕.
Kraftfahrzeug 圐 自動車(オートバイなども含む)(⊜ Kfz). *=brief* 圐 自動車検査証,車検証. *=steuer* 囡《-/-》自動車税.
Kraft-feld 圐〔理〕力の場. *=futter* 圐 濃厚飼料. *=gerät* 圐 筋肉トレーニング器具.
kräftig[クレフティヒ]形 ❶ (⊜ strong) 力強い,頑強な, 頑丈な;力のこもった. ❷ 元気な,旺盛な;優秀な;勢いのよい,激しい. ❸ 栄養豊富な(色・におい)きつい. ❹ (表現などが)驚愕な,どぎつい. *..kräftig*「…を十分備えている;…の能力がある」の意. **kräftigen** (他) 〈sich〉体力を回復する. **Kräftigung**[(ウ)]囡〔強化;体力増強;回復〕.
kraftlos 形 力のない,弱々しい;〔法律などが〕無効な,失効した. ♦ *saft- und ~* まったく生気を失った.
Kraft-meier 圐〔話〕力自慢の人. *= probe* 囡 力比べ. *= rad* 圐 バイク. *= raum* 圐 筋肉トレーニング室. *= reserve* 囡 力の蓄え. *= stoff* 圐〔ガソリンなど〕動力用燃料.
kraft-strotzend 形 力みなぎった,力のはちきれそうな.
Kraft-übertragung 囡〔理〕力の伝達;〔エ〕トランスミッション. *=vakuum* 圐〔政〕〔国家力の〕真空地帯. *=verkehr* 圐 自動車運行.
kraftvoll 形 強力な;元気いっぱいの.
Kraft-wagen[クラフトヴァーゲン]圐《-s/-》(⊜ motor-car)自動車.
Kraft-werk[クラフトヴェルク]🏳️《-[e]s/-e》発電所. *=wort* 圐 汚い(乱暴な)言葉.
Kragen 圐《-s/-,〔南部・ǎ・Krägen》(⊜ Krägelchen)(⊜ collar)襟;エリ;〔方〕〔鳥類の〕首;〔骷の首;襟首,首,命. ♦ *am 〈beim〉 ~ haben*〔話〕〔j³〕〔人の〕首根っこを押さえる. *am 〈beim〉 ~ packen 〈fassen, nehmen〉 / am ~ kriegen*〔j⁴〕〔人の〕襟首を捕らえる;〔人を〕つかまえて〕問い詰める. *den ~ kosten*〔話〕〔j⁴{ᵈᵃᵗ}〕〔人の〕命取りになる. *Es geht j³ an den ~*〔人の〕生命がかかっている. *j³ platzt der ~*〔人の〕堪忍袋の緒が切れる.
Kragenweite 囡〔ワイシャツの〕首回り〈カラー〉サイズ;好み. ♦ *j² ~ sein* 〔話〕好きだ,好みだ.
Krähe[クレーエ]囡《-/-n》(⊜ crow) 〔動〕カラス, ハシボソガラス. ♦ *Eine ~ hackt der anderen kein Auge aus.* 〔習〕同じ利害を共にする者はかばい合う.
krähen 自〔おんどりが〕鳴く;〔話〕かん高い声でしゃべる〈歌う〉;〔幼児が〕歓声をあげる. **Krähenfüße** 圐 目じりの小じわ,カラスの足跡;〔話〕読みづらい〔釜くぎ流の〕文字.
Krähwinkel 甲《無冠詞で》〔話〕こせこせした田舎町.
Krake 圐《-n/-n》〔動〕大ダコ;〔北欧神〕クラーケ(ノルウェーの沖に現れるタコの姿を

した伝説上の怪物.

Krakeel 男《-s/》《話》(大声を上げての)けんか; 騒ぎ, 騒動. **krakeelen** 自《話》大声でわめく〈騒ぐ〉. **Krakeeler** 男《-s/-》《話》けんか〈口論〉好きな人.

krakeln 他自《話》読みにくい字を書く.

Kralle 女《-/-n》(鳥獣の鋭い)つめ; かぎづめ; 魔の手. ♦ **die ~n zeigen**〈j³〉(人に)刃向かう. **in die ~n bekommen**〈**kriegen**〉(…を)支配下におさめる.

krallen ❶《sich⁴ an j-et¹》つめをたてて…につかまる〈しがみつく〉;《sich¹ um et⁴》(手·指が)…をぎゅっとつかむ. ❷ 他 (手·指)をかぎづめのように曲げる;《et⁴ in 〈um〉et⁴》(手·指を曲げて)ぎゅっとつかむ;《話》くすねる;(人を)ひっ捕らえる.

Kram 男《-[e]s/》《話》がらくた; 用件, 仕事;(煩わしい)事. ♦ **den ganzen ~ hinwerfen**〈**hinschmeißen**〉仕事を途中で投げ出す; 仕事から降りる. **in den ~ passen**〈j³〉(人にとって)好都合である.

kramen 自《話》(ある場所を)ひっかき回す, ごそごそと探す;《et⁴ aus et³》(…から)ひっかき回して取り出す.

Krämer 男《-s/-》《 (女 -in)》方《(小さな食料品店を営む)小売商人;《蔑》こせこせした人. **=seele** 女《蔑》こせこせした人.

Kramladen 男《話》雑貨店.

Krampf [クランプフ] 男《-[e]s/Krämpfe》❶《話》痙攣(けいれん), 発作. ❷《話》むだな労力. ♦ **einen ~ drehen** 悪事を働く.

Krampf=ader 女《医》静脈瘤(りゅう).

krampfen 《sich⁴ in 〈um〉 et⁴》(必死になって)…をつかむ, …にしがみつく;《et⁴ in 〈um〉 et⁴》(必死になって指·手·足に)しがみつく,(指·手で)…をしっかり握る〈つかむ〉. **krampfhaft** 形 けいれんしたような; 引きつった; 懸命の.

Krampfhenne 女《蔑》ヒステリー女. **krampf=lindernd, =lösend** 形 医 鎮痙(ちんけい)性の.

Kran 男《-[e]s/Kräne -e》❶ クレーン, 起重機. ❷《-[e]s/Kräne -en》《方》(水道·ガス·たるの)栓, コック. **=führer** 男 クレーン操縦者.

Kranich 男《-s/-e》鳥 ツル.

krank [クランク] 形《kränker, kränkst》《 sick》病気の, 悩みのある;《野獣が》手負いの. — **Kranke** ⇒ **Kranke[r]**.

kränkeln 自 病気がち〈病弱〉である.

kranken 自《an et³》(不足·欠陥などに)苦しんでいる〈悩んでいる〉;《長い間…》を患っている. **kränken**《 hurt》(人の気持ちを傷つける;(人を)侮辱する.

Kranken=auto 匣 田 = Krankenwagen. **=bericht** 男 担当医が書く病状報告. **=besuch** 男 病気見舞い; 往診, 回診. **=bett** 匣 病床; 病人用ベッド. **=geld** 匣 (医療保険から支払われる)疾病給付金. **=geschichte** 女 病歴[簿]. **=gymnast** 男 リハビリ指導員.

Krankenhaus [クランケンハオス] 匣 《-es/..häuser》《 hospital》病院: **ins ~ gehen**〈**liegen**〉病院へ行く, 入院する | **aus dem ~ entlassen werden** 退院する. **=infektion** 女 病院での感染, 院内感染.

Kranken=kasse [クランケンカッセ] 女 《-/-n》健康保険[組合], 疾病保険金庫. **=kost** 女 病人食. **=lager** 匣《雅》病床. **=pflege** 女 看病, 看護. **=pfleger** 男 看護人(➔).

Kranken=schein [クランケンシャイン] 男《-[e]s/-e》健康保険証.

Kranken=schwester [クランケンシュヴェスター] 女《 nurse》看護婦. **=träger** 男 (救急車などの)患者運搬人. **=versicherung** 女 医療保険(会社).

Kranken=wagen [クランケンヴァーゲン] 男《-s/-》救急車, 病人輸送車. **=zimmer** 匣 病室.

Kranke[r] 男 女《形容詞変化》《 patient》病人, 患者.

kränker ⇒ **krank**.

krankfeiern 自《話》仮病を使って休む. **krankhaft** 形 病気による, (病気で)異常のある; 病的な.

Krankheit [クランクハイト] 女《-/-en》《 sickness》病気, 病. ♦ **an einer ~ leiden** 病気にかかっている. **von einer ~ genesen** 病気が治る.

  関連語 Erkältung 女 風邪; Grippe 女 流感; Schnupfen 男 鼻かぜ; Asthma 匣 喘息; Blinddarmentzündung 女 虫垂炎; Diabetes 男 糖尿病; Durchfall 男 下痢; Ekzem 匣 湿疹; Ausschlag 男 発疹; Hepatitis 女 肝炎; Lungenentzündung 女 肺炎; Herzinfarkt 男 心筋梗塞; Allergose 女 アレルギー性疾患; Anämie 女 貧血; Pollinose 女 花粉症; Hypertonie 女 高血圧症; Atopie 女 アトピー; Gastrospasmus 男 胃痙攣; Gicht 女 痛風; Glaukom 匣 緑内障; Herpes 男 ヘルペス; Herzinsuffizienz 女 心不全; Hirnblutung 女 脳出血; Hirnembolie 女 脳塞栓症; Krebs 男 癌; Leberzirrhose 女 肝硬変; Magengeschwür 匣 胃潰瘍; Niereninsuffizienz 女 腎不全; Prostatahypertrophie 女 前立腺肥大症; Quaddelsucht 女 じんま疹

Krankheits=bild 匣 症状. **=erreger** 男 病原体(菌). **=erscheinung** 女 症状, 症状.

kranklachen《sich⁴》《話》笑いころげる, 大笑いする.

kränklich 形 病弱な; 病気がちな.

krankmachen 自《話》= krankfeiern.

Krankmeldung 女 病気〈病欠〉届け.

krankschreiben* 他《 》(人の)病気診断書を書く.

kränkst ⇒ **krank, kränken**.

Kränkung 女《-/-en》人を傷つける〈失礼な〉言動; 無礼, 侮辱.

Kranz [クランツ] 男《-es/Kränze》《 Kränzchen》❶ (花·小枝などを編んだ)輪, 花輪, 花冠. ❷ 栄冠. ❸ 輪の形をしたもの; リング型ケーキ; 頭に巻きつけた編み髪; (タイヤの)リム.

Kränzchen 女《 Kranz》花冠《-s/-》《(定期的に集まる)女性サークル[の集い]》.

kränzen 他《雅》花輪〈花冠〉で飾る.

Kranzniederlegung 女 献花.

Krapfen 男《-s/-》《 Kräpfchen》ク

Krapp

ラッペン(揚げパンの一種).
Krapp 男 (-[e]s/-) 植 セイヨウアカネ; あかね染料.
krass 形 〈kraß〉 極端な; どぎつい; 際立った.
Krater 男 (-s/-) 噴火口, クレーター; (爆撃などでできた)大きな穴.
..kratie「…[主義]政体, …階級」の意.
Krätzbürste 女 ワイヤーブラシ;《話》気の強い反抗的な女〈若者〉. **krätzbürstig** 形《話》強情な〈反抗的な〉.
Kratze 女 (-/-n) かき落す道具, スクレーパー;《職》梳綿(ぁぅぁん)機.
Krätze 女 (-/-) 医 疥癬(ぜい); (金属の)溶滓(ようさい).
kratzen〔クラッツェン〕(kratzte; gekratzt〕I 他 ❶ 〈et⁴ scratch〉 (j³ 〈sich¹〉) (人を〈体を〉) かく、ひっかく、ひっかいて傷つける: (衣服などが〈に〉) ちくちくする. ❷ 〈et⁴ in et⁴〉 (…を…に) 刻み込む. ❸ 〈et⁴ von 〈aus〉 et³〉 (…から) かき取る: sich³ den Bart ― 《話》ひげをそる. II 自 (動物が) かく, ひっかく; (ガリガリ, ギーギー) 音を立てる.
♦ Es¹ kratzt j⁴ nicht.《話》(…は人にとって) 何ともない; (…は) 人の興味を引かない. **Krätzer** 男 (-s/-) ひっかく〈こする〉傷; かき落す道具, スクレーパー; 鉤蟲(こうちゅう)虫(寄生虫の一種).
Krätzfuß 男 片足を後ろに引いてする女性のおじぎ;《話》下寧なおじぎ.
kratzig 形《話》(布地などが) ごわごわくちくちくする: (ワインなどが) のどにひりひりする; (声などが) 耳障りな; 反抗的な.
krätzte → kratzen
krauen 他 指先で軽くかく.
Kraul 中 (-[s]/) 水泳 クロール [泳法]. **kraulen** 自 クロールで泳ぐ; = krauen.
kraus 形 縮れた, もじゃもじゃの; しわの寄った; (水面の) さざ波の立った; 混乱した, 支離滅裂な.
Krause 女 (-/-n) ひだ飾り, フリル; 髪の縮れ. **kräuseln** ❶ 他 縮れさせる: (…に) しわを寄せる: ひだをつける; (水面に) さざ波を立てる. ❷ 再 〈sich¹〉 縮れる: さざ波が立つ; (煙・雲が) 渦を描く. ❸ 自 しわになる; (煙・雲が) 渦を描いて昇る. **krausen** 他 縮れさせる: (…に) しわを寄せる; ひだをつける; 〈sich¹〉 しわだらけになる; 自 しわになる.
kraushaarig 形 縮れ毛〈巻き毛〉の.
Krauskopf 男 縮れ毛の頭〈人〉; 支離滅裂な話をする人, 頭の混乱した人.
Kraut〔クラオト〕中 (-[e]s/Kräuter) (♦ Kräutchen, Kräutlein) ❶ (♦ herb) 草; 茎, 葉. ❷ 煙 タバコ(食用にない). ❸《南部・スイス》キャベツ: Sauerkraut (塩・香辛料で発酵させたキャベツ). ❹《北西部》(リンゴ・ナシ・甜菜) から作った濃縮シロップ. ♦ Gegen j-et⁴ ist kein ~ gewachsen.《話》(…には手の施しようがない, ins ~ schießen 繁茂する; はびこる. ~ und Lot 混乱. wie ~ und Rüben《話》ごちゃごちゃ.
Kräuter=käse 男 薬草(ハーブ)入りチーズ. =**tee** 男 ハーブティー.
Kraut=junker 男 地方貴族; 大地主.

=**kopf** 男《南部・スイス》キャベツの玉.
Krawall 男 (-s/-e) 《俗》暴動: 騒音. =**macher** 男 (-s/-) 暴徒.
Krawallo 男 (-s/-s)《話》= Krawallmacher.
Krawatte〔クラヴァテ〕女 (-/-n) (♦ tie) ネクタイ. ♦ an 〈bei〉 der ~ nehmen 〈packen〉 〈j³〉 (人の) 首を絞める. die ~ zuziehen 〈卑〉 〈j³〉 (人の) 首を絞める. einen hinter die ~ gießen《話》 〈sich¹〉 一杯ひっかける. eiserne ~ 結び上がった形のネクタイ留め. ~n=**klipp**, ~n=**clip** 女 (クリップ形の) ネクタイ留め. ~n=**nadel** 女 ネクタイピン.
kraxeln 自 (s)《南部・話》よじ登る.
Kreation 女 (-/-en) ファッションデザイン; 創作. **kreativ** 形 創造的な, 創造力のある. **Kreativität** 女 (-/) 創造[性].
Kreatur 女 (-/-en) (♦ creature) (神の) 被造物, 生き物; 《醜》人間; 子分.
Krebs〔クレープス〕男 (-es/-e) ❶ 動 ザリガニ; (はさみのある) エビ(シャコ・ロブスターなど); 甲殻類. ❷ (♦ cancer) 医 癌. ❸ 縮刷版(ぞが). ❹ 医《古》巨蟹(きょが) 宮. ♦ ~ erregend 発癌(はつがん) 性の. **krebsartig** 形 癌(がん) 性の.
krebsen 自 ザリガニを捕る; (…に) 苦労してよじ登る.
krebserregend ⇒ Krebs ♦
Krebs=gang 男 後退, 後退り. =**geschwulst** 女 医 悪性腫瘍(しゅよう). =**geschwür** 中 医 悪性潰瘍(かいよう).
krebskrank 形 癌にかかった.
Krebs=mittel 中 制癌(せつがん) 剤. =**therapie** 女 癌治療法. =**vorsorge** 女《略》予防[対策]. =**zelle** 女 医 癌細胞.
Kredenz 女 (-/-en) 食器〈配膳(はいぜん)〉棚, サイドボード. **kredenzen** 他《雅》〈j³ et⁴〉 (人に飲み物などを) 勧める.
Kredit〔クレディート〕❶ 男 (-[e]s/-e) (♦ credit) 信用[貸し], 掛け[売り], クレジット; ローン, 借款; 信用. ❷ [クレーディット] 中 (-s/-s) 商 (帳簿の) 貸方 [欄], 債権. ♦ auf ~ 掛けで. einen ~ aufnehmen 〈einräumen〉 起債する, クレジットを設定する. einen ~ eröffnen 信用取引を開始する. einen ~ gewähren 〈sperren〉 〈j³〉 (人に) 信用貸しをする〈中止する〉.
Kredit=aufnahme 女《商》起債, クレジット設定, 借り入れ. =**bank** 女 信用銀行, 商業銀行. =**brief** 男《商》信用状, 委託信用証券. =**eröffnung** 女《商》信用口取り開始.
kreditfähig 形《商》信用〈クレジット〉を受ける能力のある. **Kreditfähigkeit** 女 (-/) 信用能力.
Kreditgeber 男 債権者, 貸し方.
kreditieren 他 〈j³ et⁴〉 (人に…を) 信用貸しする.
Kreditinstitut 中 金融機関.
Kredit=karte 女 クレジットカード. =**nehmer** 男 債務者, 借り方.
Kreditseite 女《商》貸方.
Kreditzins 男《商》(信用貸しの) 金利.
Kredo 中 (-s/-s) 信条; 宗 クレド(ミ

サの一部); 信仰告白.

Krefeld クレーフェルト(ドイツ Nordrhein-Westfalen 州の工業都市).

Kreide [クライデ] [女] ⦅-/-n⦆ ❶ ([英] chalk)チョーク, 白墨; ⦅話⦆ 借金(昔, 掛け売りの印をチョークでつけていたことに由来). ❷ 〔地学〕白亜(石灰岩の一種); 白亜紀〔層〕. ✦ *auf* ~ *leben* 月賦暮らしをする. *in der* ~ *stehen* ⟨*sein, sitzen*⟩ ⦅**bei** j^3 〔**tief**〕⦆ (人に)借金している. *in die* ~ *geraten* ⟨*kommen*⟩ ⦅**bei** j^3 〔immer tiefer〕⦆ (人に〔ますます多額の〕)借金をする. ~ *fressen* 自制する. *mit doppelter* ~ *schreiben* ⟨*an|schreiben*⟩ 借りた人をだまして借金額以上の額を請求する.

kreidebleich [形] 蒼白(そうはく)な.

Kreidefelsen [男] 〔地学〕白亜岩.

kreideweiß [形] 白亜のように白い, 蒼白(そうはく)な.

kreieren [他] 創造⟨創案⟩する.

Kreis [クライス] [男] ⦅-es/-e⦆ ❶ ([英] circle)円; 輪. ❷ 人の集まり, サークル, グループ; ⦅[複]⦆ 社会階層⟨集団⟩, …界. ❸ 範囲, 領域, …圏. ❹ 郡(Gemeinde の上位の行政単位; [略] Kr., Krs.). ❺ 〔電〕回路. ✦ J^3 *dreht sich alles im* ~. (人は)目が回る. *im* ~ *bewegen* ⟨*drehen*⟩ ⦅*sich*^{4}⦆ 回転する; 堂々巡りする. j^2 ~*e stören* ⦅雅⦆ (人の)〔仕事の〕じゃまをする. *seine* ~*e ziehen* ⦅雅⦆ (独自の方法によって)影響を及ぼす. *weite* ~*e ziehen* (影響・波紋などが)広がる; 広範囲に及ぶ.

Kreis=abschnitt [男] 〔数〕(円の)弓形. **=ausschnitt** [男] 〔数〕扇形. **=bogen** [男] 〔数〕〔円〕弧.

kreischen$^{(*)}$ [自] 金切り声を上げる; (のこぎりなどが)ギーギー音を立てる.

Kreisel [男] ⦅-s/-⦆ こま; 〔理〕ジャイロスコープ; ⦅話⦆ ロータリー, 環状交差路; 〔サッカー〕(味方同士で)ボールを回すこと. **=kompass** ([旧]=kompaß) [男] 〔空・海〕ジャイロコンパス. **kreiseln** [自] こまを回す; ぐるぐる回る, 旋回する. **Kreiselpumpe** [女] 〔工〕タービンポンプ, 遠心ポンプ.

kreisen [自] (周囲を)回る, 旋回⟨回転⟩する; 循環する.

Kreisfläche [女] 円の面積.

kreis=förmig [形] 円形の. **=frei** [形] 郡に属しない.

Kreislauf [男] 循環; 〔生理〕血液の循環, 血行. **=störung** [女] 〔医〕循環障害. **=versagen** [中] 〔医〕循環不全.

Kreislinie [女] 〔数〕円周; 環状の線.

kreisrund [形] 円形の, まん丸い.

Kreissäge [女] 丸鋸(まるのこ)〔盤〕; ⦅話⦆ かんかん帽.

Kreißsaal [男] 分娩(ぶんべん)室.

Kreis=stadt [女] 郡庁所在都市. **=tag** [男] 郡議会. **=umfang** [男] 〔数〕円周. **=verkehr** [男] ロータリー, 環状交差路.

Krem [女] ⦅-/-s⦆ (話[男] ⦅-s/-e, -s⦆) = Creme.

Kremation [女] ⦅-/-en⦆ 火葬. **Krematorium** [中] ⦅-s/..rien⦆ 火葬場.

kremen = cremen.

Kreml [男] ⦅-〔s〕/⦆ (モスクワの)クレムリン(旧ソ連政府・現ロシア政府).

Krempe [女] ⦅-/-n⦆ (帽子の)つば, 折り返し.

Krempel ❶ [男] ⦅-s/⦆ ⦅話⦆ 安物, がらくた, くず. ❷ [女] ⦅-/-n⦆ 〔織〕(羊毛・綿などをすく)梳毛(そもう)機.

Kren [男] ⦅-〔e〕s/⦆ ⦅南部・オーストリア⦆ 〔植〕セイヨウワサビ, ホースラディッシュ.

Kreol [中] ⦅-s/⦆ 〔言〕クレオール〔語〕.

krepieren [自] (s)爆発⟨破裂⟩する; ⦅卑⦆ くたばる, 死ぬ.

Krepp [男] ⦅-s/-s, -e⦆ 〔織〕クレープ, 縮み織; = Crêpe. **=sohle** [女] (靴の)クレープゴム底.

Kresol [中] ⦅-s/-e⦆ クレゾール.

Kresse [女] ⦅-/-n⦆ 〔植〕マメグンバイナズナ属, クレソン.

Kreta [中] クレタ島(エーゲ海南端にある島).

Krethi und Plethi [複] ⦅蔑⦆ 有象無象, いろんなやつ.

Kreuz [クロイツ] [中] ⦅-es/-e⦆ ❶ ([英] cross) 〔キリスト教〕十字架〔像〕; 十字(キリスト教信仰の象徴); (精神的な)苦痛, (神の)試練. ❷ 十字〔形〕, 十文字; 十字路; ばつ印; 〔楽〕嬰(えい)記号, シャープ(♯); 〔トランプ〕クローバ〔の札〕; (アウトバーンの)インターチェンジ. ❸ 〔医〕仙骨部, 腰. ✦ *aufs* ~ *legen* ⦅話⦆ ⦅j^4⦆ (人を)組み伏せる; (人を)だます; (女と)寝る. *aus dem* ~ *leiern* ⦅j^3 et^4⦆ ⦅話⦆ (人から…を)巻き上げる, せしめる. *das Deutsche Rote* ~ ドイツ赤十字. ([略] DRK). *das Eiserne* ~ 鉄十字勲章. *das* ~ *aus|hängen* ⦅話⦆ ⦅j^3⦆ (人を)いじめる, (人に)意地悪をする. *drei* ~*e machen, wenn* ... …してほっとする. *ein* ~ ⟨*drei* ~*e*⟩ *hinter j-et*^{3} *machen* ⦅話⦆ (…から)逃れてほっとする; (…を)やっかい払いして一息つく. *ein* ~ *schlagen* 十字を切る. *Es ist ein* ~ *mit ihm.* 彼は本当にやっかい者だ. *fast* ⟨*beinahe*⟩ *aufs* ~ *fallen* ⦅話⦆ (腰を抜かすほど)びっくりする. ~ *des Nordens* / *Nördliches* ~ 北十字星. ~ *des Südens* / *Südliches* ~ 南十字星. *kreuz und quer* あっちこっちに. *über*〔*s*〕 ~ *legen* ⟨*falten*⟩ (…を)十字形に⟨直角に⟩並べる. *über*〔*s*〕 ~ *sein* ⟨*stehen*⟩ ⦅**mit** j^3⦆ (人と)仲たがいしている. *zu* ~*e kriechen* 神妙にする; 降参する.

kreuz.., Kreuz.. 「十字〔架〕の…; 非常に…, ひどく…」の意.

Kreuz=band [中] 〔郵〕帯封; 〔建〕丁字形蝶番(ちょうつがい); 〔建〕十字嵌込み(はめこみ); 〔医〕十字靭帯(じんたい). **=bein** [中] 〔医〕仙骨, 仙椎(せんつい). **=blütler** [男] ⦅-s/-⦆ 〔植〕十字花科植物.

kreuz=dämlich [形] ⦅話⦆ 極めて愚かな, 大ばかの. **=ehrlich** [形] ⦅話⦆ 極めて誠実⟨正直⟩な.

kreuzen [クロイツェン] ⦅kreuzte; gekreuzt⦆ ❶ [他] ([英] cross)交差させる; 〔生〕交配させる; (…と)交差する, (…を)横切る; (…と)すれ違う; 〔商〕(小切手に)横線を入れる. ❷ [再] ⦅*sich*^{4}⦆ すれ違う; 交差する, 出会う. ❸ [自] 〔海〕ジグザグに帆走する; (あちこち)巡航する.

Kreuzer [男] ⦅-s/-⦆ 巡洋艦; 〔海〕クルーザー; クロイツァー(昔の南ドイツ・オーストリア・スイスの小額貨幣).

Kreuz=fahrer [男] 〔史〕十字軍の参加者. **=fahrt** [女] クルージング, 巡航; 〔史〕十字軍〔の遠征〕. **=feuer** [中] 〔軍〕十字砲火; 集中攻撃. ✦ *ins* ~ *der Kritik ge-*

K

kreuz=fidel 形 《話》ひどく陽気な. **-förmig** 形 十字形の.
Kreuz=gang 男 〔修道院などの中庭を囲む〕回廊. **=hang** 男 《体操》十字懸垂.
kreuzigen 他〈s4〉〔を〕十字架にかける,はりつけにする. **Kreuzigung** 女 (-/-en) 磔刑(なき);キリストの磔刑像.
kreuzlahm 形 《話》腰の痛い.
Kreuz-otter 女 (-/-n) 《動》マムシの一種,毒へび. **-ritter** 男 《史》十字軍の騎士;ドイツ騎士団の騎士. **=schiffahrt** 女 = **schiffahrt** 女 巡航,クルーズ.
kreuzte ⇒ **kreuzen**
Kreuzung [クロイツング] 女 (-/-en)
❶ (＠ crossing)交差点,十字版;〔線の〕交点. ❷ 《生》異種交配;(犬などの)雑種.
Kreuz-verhör 中 反対尋問. **=weg** 男 (キリスト) 十字架の道(キリスト受難の道). ◆ **am ~ stehen / an einen ~ gekommen sein** 岐路に立っている.
kreuzweise 副 十字に.
Kreuz-worträtsel 中 クロスワードパズル. **-zug** 男 《史》十字軍〔遠征〕;キャンペーン.

kribb[e]lig 形 《話》いらいらした.
kribbeln 自 《Es kribbelt j⁴〔in〕.》(人が)かゆい,むずむずする;(アリなどが)ぞろぞろはう;むずむず(ちくちく)する.
Cricket 中 (-s/) 《スポ》クリケット. **-spiel** 中 クリケット〔の試合〕. **-spieler** 男 クリケットの選手(競技者).
kriechen* [クリーヒェン] (kroch; gekrochen) 自 ❶ (s) (＠ creep)はって進む; (s) (乗り物が)ゆっくり(のろのろ)走る. ❷ (s, h) 《話》《喩 j³》(人に)ぺこぺこする. ◆ **nicht mehr ~ können** にっちもさっちもいかない. **Kriecher** 男 (-s/-) おべっか使い. **Kriecherei** 女 (-/-en) おべっか. **kriecherisch** 形 従属的な,卑屈な.
Kriech-pflanze 女 《植》匍匐(菊)植物. **-spur** 女 〔交通〕登坂(ほか)車線. **-tempo** 中 ◆ **im ~** 《喩》のろのろで. **-tier** 中 (-[e]s/-e) 爬虫(ほ話)類.
Krieg [クリーク] 男 (-[e]s/-e) (＠ war)戦争,戦い;争い,戦う. ◆ **der Kalte ~** 冷たい戦争,冷戦. **~ führend** 交戦中の.
kriegen [クリーゲン] (kriegte; gekriegt) 他 《話》❶ (＠ get)もらう,受け取る;〔努力して〕手に〔獲得〕する,実現する;(子供ができる);(人を)捕まえる;(乗り物に)間に合う;(好ましくないことに)見舞われる. ❷ (ある心理的・生理的状態に)なる;(ある事態を)生じる: Hunger (Heimweh) ~ おなかがすく(ホームシックにかかる). ❸ 《**et⁴ + zu** + 不定詞句》(…することができる);(…)しなければならない. ❹ (…をある状態に)する. ◆ **Das ~ wir schon wieder [hin].** 何とかなるよ. **es nicht über sich⁴ ~** 《話》気乗りしない.

Krieger 男 (-[e]s/-) 〔古代・中世の〕戦士,兵士. **kriegerisch** 形 好戦的な;戦争の,軍事の. **kriegführend** 形 ⇒ **Krieg** ◆ **Kriegführung** 女 戦争遂行;戦術.
Kriegs-ausbruch 男 戦争の勃発(歳). **=beil** 中 トマホーク(インディアンのいくさ斧(ね)). ◆ **das ~ ausgraben** 争いを始める. **das ~ begraben** 《話》矛(ほ)を収める.
kriegsbeschädigt 形 戦傷を受けた. **Kriegsbeschädigte[r]** 男 女 《形容詞変化》戦傷者.
Kriegsdienst 男 兵役,軍務. **=verweigerer** 男 兵役拒否者.
Kriegs-eintritt 男 〔特定の国が〕戦争に加わること,参戦. **-erklärung** 女 宣戦[布告]. **-fall** 男 戦争の事態. **-flotte** 女 〔集合的〕〔一国の〕艦隊,海軍力. **-fuß** 男 ◆ **auf [dem] ~ stehen [mit j-et³]** 〔人と〕仲が悪い;〔…に〕悪戦苦闘する. **-gefangene[r]** 男 女 《形容詞変化》捕虜. **-gefangenschaft** 女 捕虜の身の上. **-gericht** 中 軍法会議. **-gewinnler** 男 《蔑》戦争成金. **-hafen** 男 軍港. **-held** 男 戦争で武勲を立てた英雄. **-kamerad** 男 戦友. **-kunst** 女 戦術. **-list** 女 奇襲作戦;計略. **-macht** 女 軍事力,戦力;交戦国. **-marine** 女 〔集合的〕〔一国の〕海軍. **-müdigkeit** 女 厭戦(ホル)的,士気喪失. **-opfer** 中 戦争犠牲者. **-pfad** 男 ◆ **auf dem ~ sein** 攻撃的になろうとしている. **-recht** 中 戦時国際法;戒厳令. **-schaden** 男 戦争による被害〔損害〕. **-schauplatz** 男 戦争の舞台,戦場. **-schiff** 中 軍艦. **-schuld** 女 戦争責任;〔圈〕戦争による負債. **-verbrechen** 中 戦争犯罪. **-verbrecher** 男 戦争犯罪人. **-zeit** 女 戦時. **-zug** 男 出兵,出征. **-zustand** 男 戦争状態.
kriegte ⇒ **kriegen**
Kriemhild 《女名》クリームヒルト;クリームヒルト(「ニーベルンゲンの歌」の女主人公).
Krim (die ~) クリミア[半島].
Krimi [クリミ] 男 (-[s]/-[s]) 推理〔ミステリー〕小説(＜ *Kriminalroman*);犯罪映画(＜ *Kriminalfilm*). **kriminal** 刑法〔刑事〕上の.
Kriminal-beamte[r] 男 《形容詞変化》刑事. **-film** 男 犯罪映画(＝ Krimi).
Kriminalist 男 (-en/-en) 刑法学者;刑事. **Kriminalistik** 女 (-/) 犯罪捜査学. **kriminalistisch** 形 犯罪捜査学上の〔による〕.
Kriminalität 女 (-/) 犯罪. **~s-quote**, **~s-rate** 女 犯罪発生率. **~s-statistik** 女 犯罪統計.
Kriminal-kommissar 男 刑事係警部. **-polizei** 女 刑事警察(＝ Kripo). **-polizist** 男 (-en/-en) 刑事(＝ Kripo). **-roman** 男 推理〔ミステリー〕小説(＝ Krimi).
kriminell 形 犯罪の,犯罪的な;有罪の;《話》悪質な. **Kriminelle[r]** 男 女 《形容詞変化》犯罪人.
Krimskrams 男 (-,-es/) 《話》がらくた.
Kringel 男 (-s/-) 小さな円;(頭髪などの)渦巻き;ドーナツ形のクッキー.
kringeln 他 丸める,巻く 《*sich*⁴》丸くなる. ◆ **vor [Lachen]** 《*sich*⁴》身をよじって笑う. **zum Kringeln sein** 《話》とんだお笑い種である.

Kripo 女《-/-》刑事警察，刑事 (< *Kriminalpolizei*, *Kriminalpolizist*).

Krippe 女《-/-n》まぐさおけ; うまやの像 (キリスト降誕の情景を模した箱型飾の飾り).

Krippentod 男《-(e)s/》突然死.

Krise [クリーゼ] 女《-/-n》❶ (＠ crisis) 危機, 難局; 病状の峠. ❷ 【医】(病気の)峠. **kriseln** 動《*Es kriselt*.》危機が迫っている. **krisenfest** 形 危機(恐慌)に耐え得る. **Krisen=gebiet** 中 危機のある地域. **-management** 中 危機管理. **-stab** 男 (非常事態などの際の)危機対策本部. **-strategie** 女 危機打開(脱出)戦略.

Kristall [クリスタル] ❶ 男《-(e)s/-e》(＠ crystal) 【理】結晶; 【鉱】水晶. ❷ 中《-(e)s/-》クリスタルガラス(製品). **kristallen** 形 クリスタルガラス(製)の; 水晶のような. **kristallin(isch)** 形 【鉱】結晶質の, 結晶状の. **kristallisieren** 動《*sich*⁴》【化】結晶する.

Kristallnacht 女《-/》水晶の夜(1938年11月9日の夜にナチがユダヤ人の商店などに行った破壊活動).

Kristiania 中《-s/》ヒギスチャニア.

Kriterium 中《-s/..rien》判断基準; 〖ス〗選抜競技.

Kritik [クリティーク] 女《-/-en》❶ (＠ criticism) 批判; 非難. ❷ 論評, 評論〔文〕. ❸ 評論家たち. ✦ *unter aller* (*jeder*) *~ sein* 《話》論評にも値しない, 実になっていない.

Kritikalität 女《-/》【理】(核分裂の連鎖反応における)臨界.

Kritikaster 男《-s/-》うるさい評論家, 揚げ足取り.

Kritiker 男《-s/-》(女 **-in**) 批評家, 評論家; 毒舌家.

kritiklos 形 無批判な.

kritisch 形 批評的な; 批評眼のある: 批判的な; 本文校訂上の; 危機的な, 重大な; 転機の; 【医】臨界の.

kritisieren [クリティズィーレン] 動《*kritisierte; kritisiert*》批評〔批判〕する; 非難する. **Kritizismus** 男《-/》(カントの)批判哲学.

Krittelei 女《-/-en》あら探し. **kritteln** 動 あら探しをする. **Krittler** = **Krittler** 男《-s/-》あら探しの好きな人.

Kritzelei 女《-/-en》なぐり書き, 落書き. **kritzeln** 動 なぐり書きする.

kroch, kröche ⇒ *kriechen*

Krocket 中《-s/-》クロケット.

Krokant 男《-s/》クロカン(アーモンドやクルミ入りのカラメル糖菓子).

Krokette 女《-/-n》【料】コロッケ.

Krokodil 中《-s/-e》【動】ワニ, ワニ. **krokodilledern** 形 ワニ革の. **Krokodilstränen** 複《話》そら涙.

Kroko=gürtel 男《-s/-》ワニ革のベルト(バンド). **-handtasche** 女《話》ワニ革のハンドバッグ.

Krokus 男《-/-, -se》【植】クロッカス.

Krone [クローネ] 女《-/-n》(＠ Krön-chen) ❶ (＠ crown) 冠(の); 王冠; 君主; 王権. ❷ 最高のもの, 極致. ❸ 《話》頭. ❹ シャンデリア; 歯冠; 樹冠; 花冠(時計の)竜頭(カ゜カ); (シカの角の)上枝; (白い)波頭. ❺ (デンマーク・ノルウェーの)クローネ (略 kr.), (スウェーデン・アイスランドのクローナ) (略 K.), (チェコスロバキアの)コルナ (略 K.). ✦ *die ~ aufsetzen* 《話》《*er*³》(…に関して), これは話にないほどである (群を抜いている, 最高だ). *einen in der ~ haben* 《話》一杯やってご機嫌である. *in die ~ fahren* 《話》《*j*³》(人)を怒らせる. *in die ~ steigen* 《話》《*j*³》(人)を有頂天にさせる.

krönen 動 (＠ crown) 王位に就ける; (…の)頂を飾る.

Kronenkorken 男《略の》王冠.

Kronleuchter 男《-s/-》シャンデリア.

Kronos 男《-/》【神】クロノス (時の神).

Kron=prinz 男 皇太子. **-prinzessin** 女 皇太子妃; (王位を継承すべき)王女.

Krönung 女《-/-en》戴冠〔式〕; 圧巻, 頂点, クライマックス.

Kronzeuge 男 重要証人; (英米の裁判で)自己の減刑を条件に仲間に不利な証言をする) 共犯証人.

Kropf 男《-(e)s/Kröpfe》❶ (＠ Kröpf-chen) 【医】甲状腺腫(☆); (鳥の)嗉嚢 (の). **kröpfig** 形 【医】甲状腺腫(に)にかかった; 【経】こぶ病にかかった.

kross (＠ kroß) 形 【北部】(パン・焼き肉などが)かりかり(ぱりぱり)に焼けた.

Krösus 男《-, -sses/-se》大富豪.

Kröte 女《-/-n》【動】ヒキガエル; 【話】小さい子供; なまいきな小娘; ろくでなし; 【圏】《複》銭(?). ✦ *eine ~ schlucken* いやなことを甘受する.

Krücke 女《-/-n》松葉づえ; (象・つえなどの)柄, 握り; 【話】ろくでなし; ぼんこつ.

Krückstock 男 松葉づえ.

Krug 男《-(e)s/Krüge》(＠ **Krügel-chen**, **Krüglein**) (取っ手のついた)つぼ, かめ, 水差し; (ビールの)ジョッキ《*Der ~ geht so lange zum Brunnen, bis er bricht.* 悪事はいつかは破綻(ﾊ゜)する; 辛抱にも限度がある.); 【北部】(村の)居酒屋.

Kruke 女《-/-n》【北部】(首の短い)大型のつぼ(かめ); 変人.

Krume 女《-/-n》(＠ Krümchen) パンの中身(柔らかい部分); パン(ケーキ)くず.

Krümel 男《-s/-》(＠ **Krümelchen**) パン(ケーキ)くず; 【戯】小さい子供, おちびちゃん. ✦ *keinen ~ / nicht einen ~* 少しも(全然)…ない. **krümelig** 形 ぼろぼろになりやすい, もろい; パン(ケーキ)くずだらけの. **krümeln** 動 (ぽろぽろと)砕けやすい; (人が)パン(ケーキ)くずを出す; 園(パンなどを)細かく砕く, パン粉にする.

krumm [クルム] 形《-er; -st/krümmer; krümmst》❶ (＠ bent) 曲がった, 湾曲した; ゆがんだ; たるんだ. ❷ 【話】まともでない, 不正な. ✦ *~ nehmen* 《話》《*j*³ *et*⁴》(人の)…を悪くとる; (…のことで)気を悪くする. *~ und schief lachen* 《*sich*⁴》腹の皮がよじれるほど大笑いする.

krummbeinig 形 がに股の.

krümmen 動 ❶ 曲げる, たわめる. ❷ 《*sich*⁴》背をかがめる, 身をよじる; 曲がる, たわむ; (道・川が)曲がりくねる.

krümmer ⇨ krumm
krumm⊦lachen [自] 《sich⁴》《話》身をよじって笑い転げる. **⊦nehmen*** [他] ⇨ krumm ♦ **krümmst** ⇨ krumm
Krümmung [女] 《-/-en》湾曲; (道・川などの)カーブ; 〔数〕曲率; 曲げること.
Kruppe [女] 《-/-n》 (馬などの)尻(しり).
Krüppel [男] 《-s/-》身体障害者.
krüpp[e]lig [形] 身体に障害のある; (木などが)いびつな, 奇形の.
Kruste [女] 《-/-n》外皮, 殻(から), 皮殻, 甲殻; パンの[固い]皮; (菓子の)衣, 糖衣; かさぶた, 痂皮(かひ). **~n=tier** [中] 甲殻類[の動物]. **krustig** [形] 固い殻〈皮〉のある; かさぶた状の.
Krux = Crux.
Kruzifix [中] 《-es/-e》キリスト十字架像.
Krypta [女] 《-/..ten》〔建〕地下聖堂, クリプタ.
kryptisch [形] 謎めいた, あいまいな.
Krypton [中] 《-s/》クリプトン(元素名: [記号] Kr).
KSZE [略] *K*onferenz für *S*icherheit und *Z*usammenarbeit in *E*uropa 全欧安保協力会議. **=-Schlussakte** ([旧] = **-Schlußakte**) [女] 全欧安保協力会議最終文書(1975年ヘルシンキで調印).
Kt. [略] (スイスの)州 *Kanton*. **Ku** [記号] クルチャトビウム(< *Ku*rtschatovium).
Kuala Lumpur クアラルンプル(Malaysia の首都).
Kuba キューバ. **kubanisch** [形] キューバ[人]の.
Kübel [男] 《-s/-》 (大型の)おけ, たらい; 植木鉢. ♦ *Es gießt* [*wie*] *mit* 〈*aus, in*〉 *~n.* 《話》土砂降りの雨が降る.
Kuben ⇨ Kubus
Kubik=maß [中] 体積, 容積, 容量. **=meter** [男] ([中])立方メートル([記号] m³). **=wurzel** [女] 〔数〕立方〈三乗〉根. **=zahl** [女] 〔数〕立方数, 3乗数.
kubisch [形] 立方体の; 〔数〕3次〈3乗, 立方〉の. **Kubismus** [男] 《-/》〔美〕立体派, キュービズム. **Kubus** [男] 《-/-, ..ben》立方体; 〔数〕3乗, 立方.
Küche [キュッヒェ] [女] 《-/-n》 ([小] **Küchelchen**) ❶ ([英] kitchen)台所, キッチン, 調理場. ❷ 台所設備. ❸ 料理[法], 食事(調理された料理). ❹ 《集合的》料理人, 調理場従業員, コック. ♦ *in Teufels ~* 〈*in des Teufels ~*〉 *geraten* 〈*kommen*〉苦しいはめに陥る.
Kuchen [クーヘン] [男] 《-s/-》 ([小] **Küchelchen**)([英] cake)ケーキ, [洋]菓子, 焼き菓子. ♦ *Ja, ~!* 《話》ちぇっ, ちくしょう いまいましい. *kleiner ~* 《方》クッキー.
Küchen=abfall [男] 台所のごみ, 生ごみ.
Kuchenform [女] ケーキ枠型.
Küchen=gerät [中] 台所〈キッチン〉用品. **=herd** [男] [キッチン]レンジ, かまど. **=meister** [男] マイスターの資格を持つコック[長]. **=schabe** [女] 〔虫〕ゴキブリ. **=schrank** [男] 台所戸棚, 食器棚. **=zettel** [男] 献立[計画]表.
Kücken [中] 《-s/-》《ｵｰｽﾄﾘｱ》= Küken ①.
Kuckuck [男] 《-s/-e》 ([英] cuckoo)〔鳥〕カッコウ; 《戯》(差し押さえの)封印. ♦ *An et³* 〈*Bei j³*〉 *ist der ~ los.* 《話》…では〈人の所では〉大騒ぎである. [*Das*] *weiß der ~.* [それは]だれにも分からない; 実際[のことを言って]. *Der ~ soll dich holen!* / *Hol dich der ~!* くたばってしまえ. *ein ~ unter Nachtigallen* 《戯》専門家の中に交じったしろうと. *Zum ~* [*noch mal*]*!* こんちくしょうめ; うせやがれ. *zum ~ wünschen* 《婉曲》《j⁴》(人が)いなくなればよいと思う.
Kuckucks=ei [中] カッコウの卵; 《話》迷惑な贈り物. **=uhr** [女] かっこう〈はと〉時計.
Ku'damm クーダム(Berlin の大通り).
Kuddelmuddel [男] [中] 《-s/-》《話》混乱, ごたごた; 大騒ぎ.
Kufe [女] 《-/-n》 (そりの)滑り木; (スケートの)ブレード; (水上飛行機の)フロート; (ヘリコプターの)スキッド.
Kufstein クフシュタイン(Inn 川に臨むオーストリア Tirol 州の都市).
Kugel [クーゲル] [女] 《-/-n》 ([小] **Kügelchen**) ❶ ([英] ball)球, 球体, 飾り玉; 〔陸上〕砲丸; 〔球技〕(サッカー・ボウリングなどの)ボール. ❷ 《話》弾(たま), 弾丸. ❸ 〔医〕(関節の)骨頭. ♦ *eine ruhige ~ schieben* 《話》のんびり仕事をやる. **kugelfest** [形] 防弾の.
Kugelfisch [男] 〔魚〕フグ.
Kugelform [女] 球形. **kugelförmig** [形] 球形の.
Kugelgelenk [中] 〔医〕球関節.
kugelig [形] 球形の, 丸い形の. ♦ *~ lachen* 《話》《sich⁴》笑い転げる.
Kugel=kopf [男] (電動タイプライターの)活字ボール. **=lager** [中] 〔工〕ボールベアリング, 玉軸受け.
kugeln [他] 転がす; 《sich⁴》転がる (sich⁴ vor Lachen ~ 《話》笑い転げる); [自] (s) 転がる, 転がって行く. **kugel=rund** [形] まん丸い; 《戯》ころころに太った.
Kugelschreiber [クーゲルシュライバー] [男] 《-s/-》ボールペン([略] Kuli).
kugelsicher [形] 防弾の.
Kugelstoßen [中] 《-s/》〔陸上〕砲丸投げ.
kuglig [形] = kugelig.
Kuh [クー] [女] 《-/Kühe》 ([英] cow)雌牛; (キリン・ゾウなどの)雌; 《蔑》女. ♦ *da[ste]hen wie die ~ vorm neuen Tor* 〈*vorm Scheunentor*〉《話》途方に暮れている. *melkende ~* 乳牛; 収入源, 金のなる木. *so viel verstehen, wie die ~ vom Sonntag* 《von et³》(…について)何も知らない. **=handel** [男] 《蔑》裏取引. **=haut** [女] 雌牛の皮. ♦ *Das geht auf keine ~.* 《俗》それはとんでもないことだ〈ひどすぎる〉. **=hirt** [男] 牛飼い.
kühl [キュール] [形] ❶ ([英] cool)涼しい; 冷え冷えとした, うすら寒い; 冷たい. ❷ 冷静な; 冷ややかな, 冷淡な, つめたい.
Kühl=anlage [女] 冷凍〈冷却〉装置. **=box** [女] アイスボックス.
Kuhle [女] 《-/-n》くぼみ, くぼ地.
Kühle [女] 《-/》涼しさ, 冷気; 冷淡; 冷静さ. **kühlen** [他] 冷やす, 冷却する.
Kühler [男] 《-s/-》 (ワインなどを冷やす)アイスペール; 冷却装置, ラジエーター. **=haube** [女] (自動車の)ボンネット.
Kühl=haus [中] 冷蔵倉庫. **=kette** [女] 〔商〕低温流通機構網, コールドチェーン.

=**mittel** 中 冷却剤. =**raum** 男 冷蔵室.

Kühl-**schrank** [キューｒシュランク] 男 (-[e]s/ ~schränke) 冷蔵庫. =**-ung** 女 (-/-en) 冷却; 冷蔵装置; 涼しさ. =**turm** 男 冷却塔. =**wagen** 男 冷蔵車. =**wasser** 中 冷却水.

Kuhmilch 女 牛乳.

kühn [キューン] 形 ❶ (= bold) 大胆な, 勇敢な, 思い切った; 物おじしない. ❷ 厚かましい. **Kühnheit** 女 (-/-en) 大胆さ, 厚かましさ; 大胆な言動.

Kuhstall 男 牛小屋, 牛舎. **kuhwarm** 形 (牛乳が)搾りたてで温かい.

kujonieren 他 (人を)いじめる.

k.u.k. 略 kaiserlich und königlich[史] (旧オーストリア-ハンガリー帝国において)帝国および王国の.

Küken 中 (-s/-) ❶ (特に鶏の)ひな, ひよこ. ❷ [話] ちびっ子, 小さい子供; 小娘; (コックの)プラグ.

Kukuruz 男 (-[e]s/) [オーストリア] トウモロコシ.

kulant 形 (特に商売で)サービスのよい, まけてくれる. **Kulanz** 女 (-/) サービス.

Kuli 男 (-s/-s) ❶ クーリー(手荷物運搬用カート); 低賃金の労働者; クーリー, 苦力(昔の中国・インドなどの下層労働者). ❷ [話] ボールペン(< Kugelschreiber).

kulinarisch 形 料理[法]の; 美食の, 食通の.

Kulisse 女 (-/-en) ❶ 書き割り(舞台背景の大道具, パネル, セット); 背景, 周りを取りまくもの; [口] 連絡リンク; [商] 場外取引; (集合的) 場外仲買人. ~n-**schieber** 男 [話] (劇場の)大道具係, 裏方.

Kuller-**augen** 中複 [話] どんぐり眼(*gāguchi*).

kullern 自 (s)ころころ(ごろごろ)転がる; [mit *et³*] (目玉などを)くるくる回す; 他 *et⁴* (*sich⁴*) 転がす(転がる).

Kulmination 女 (-/-en) [天] (天体の)子午線通過, 南中; (できごと・経過などの)頂点, 最高潮. **kulminieren** 自 [天] (天体が)子午線を通過する, 南中する; 頂点(最高潮)に達する.

Kult 男 (-[e]s/-e) 祭式, 祭礼, 礼拝; (過度の)崇拝, 礼賛, 傾倒. **Kult.**= 熱狂的好評を博した〜.

Kulte ⇒ Kult, Kultus

Kultfigur 女 崇拝の対象となる人物.

kultisch 形 祭式の, 礼拝の.

Kultivator 男 (-s/-en) 耕転[機].

kultivieren 他 (= cultivate) (土地を)開墾する, 耕やす; (作物を)栽培する; (友情などを)はぐくむ; (言動を)洗練する; 培養する.

kultiviert 形 教養のある, 洗練された.

Kult-**stätte** 女 祭礼(礼拝)所.

Kultur [クrトゥーr] 女 (-/-en) ❶ (= culture) 文化; 教養, 修養; 修業. ❷ 耕作, 開墾; 栽培; [生] 培養. =**attaché** 男 (大公使館付きの)文化担当官. =**austausch** 男 文化交流. =**banause** 男 [蔑] (旅行用の)化粧ポーチ, 化粧ケース. =**beutel** 男 [蔑] (旅行用の)化粧ポーチ. =**denkmal** 中 (記念碑・建造物などの)文化記念物.

kulturell 形 (= cultural) 文化[上]の, 文化的.

Kultur-**erbe** 中 文化遺産. =**film** 男 文化(教育)映画. =**geschichte** 女 文化史. =**gut** 中 文化財. **Kultur**-**historiker** 男 文化史家. **kulturhistorisch** 形 文化史(上)の, 文化史的な. =**kreis** 男 文化圏. =**land** 中 耕作地(国); 文化国. =**landschaft** 女 文化景観(土地環境). =**leben** 中 文化活動. =**ministerium** 中 (旧東独の)文化省. =**politik** 女 文化政策. =**revolution** 女 (特に中国の)文化革命. =**schock** 男 カルチャーショック.

kulturspezifisch 形 (その)文化に特有の.

Kultur-**sprache** 女 文明語. =**stufe** 女 (民族や社会の)文化水準, 文化の発展段階. =**volk** 中 文明人, 文化国家的な人民. =**zentrum** 中 文化(文化)の中心(地); [施設としての]文化センター.

Kultus 男 (-/...te) = Kult; [官] 文化部門. =**minister** 男 (ドイツ各州の)文部大臣. =**ministerium** 中 (ドイツ各州の)文部省. =**senator** 男 文部大臣.

Kümmel 男 (-s/-) [植] キャラウェー, ヒメウイキョウ(香辛料に用いる). =**türke** 男 [俗・蔑] 愚か者. ◆ **wie ein ~ arbeiten** 骨身を惜しまず働く.

Kummer [クマr] 男 (-s/) ❶ (= sorrow) 苦しみ, 苦悩, 悩み, 心配, 悲しみ. ❷ [話] 難題, 不愉快なこと, しゃくの種.

kümmerlich 形 (= miserable) 哀れな, みすぼらしい, 貧しい; 不十分な, 乏しい; (生物の)発育不全の; (人間の)虚弱な.

kümmern [キュマrン] 他 (= look after) [*sich⁴* um *j-et⁴*] (…の)世話をする, 面倒をみる; (= care) [*sich⁴* um *j-et⁴*] (…に)心にかける. ❷ (人に)かかわりをもつ. **Kümmernis** 女 (-/-se) [雅] 心痛, 心配事. **kummervoll** 形 悲しみ(苦悩)に満ちた, 憂いに沈んだ.

Kumpan 男 (-s/-e) [口] 仲間, 友達; (悪事の)相棒; [蔑] やつ, 野郎.

Kumpel 男 (-s/-(s)) 鉱夫, 坑夫; [話] [仕事の]仲間, 同僚; 親友.

kumulieren 他 [*sich⁴*] 積み重ねる, 累積する; 併科される, 集中(集積)する.

kund 形 ◆ **~ [und zu wissen] tun** [雅] [*j³ et⁴*] (人に…を)知らせる.

kündbar 形 (契約などが)解約(破棄)可能な; (人が)解雇可能な.

Kunde [クンデ] ❶ 男 (-n/-n) (= ...din, = customer) 顧客, お得意[先]; 取引先; [話] (やっかいな)やつ. ❷ 女 (-/-n) [雅] 知らせ. ❸ 女 (...[*j³*] *et⁴*) [(人に…)を告げる, 知らせる. [von *et³*] (…について)知らせる.

Kunden-**beratung** 女 買い物相談[所]. =**dienst** 男 顧客サービス, アフターサービス; お客様サービス係(相談室). =**kreis** 男 顧客層, 得意客. =**werbung** 女 顧客獲得運動(広告・注文取りなど).

kundgeben* [雅] 他 (考えなどを)知らせる, 発表する; [*sich⁴*] 表される, 示される. **Kundgebung** 女 (-/-en) (政治的)集会; デモ; [雅] 表明, 告知, 声明, 表現.

kundig 形 (= expert) 専門知識のある, 精通した, 経験豊かな.

kündigen [キュンディゲン]（kündigte; gekündigt）動（…の）解約を予告する；動（j³）（人に）解雇の通告をする；賃貸契約の解約を申し出る．
Kündigung 女（-/-en）解雇，解約；解雇(解約)通知；解雇(解約)予告期間．
 ~s-**frist** 女《法》解雇予告期間．
 ~s-**schutz** 男（被雇用者・貸借人に対する）解雇(解約)の保護．
kund|machen 動《ﾞｵｰｽﾄ官》公布(告示)する．**Kundmachung** 女（-/-en）《ﾞｵｰｽﾄ》（法律などの）公布，告示．
Kundschaft 女（-/-en）①《集合的》顧客，得意先；《方》（個々の）顧客，買い物客．②《ﾞｽｲｽ的》偵察；情報収集．
Kundschafter 男（-s/-；女 -in）偵察員，情報収集者．
kund|tun* 動《雅》知らせる，表明(発表)する．**~werden*** 動(s)《雅》知らされる，知れ渡る．
künftig [キュンフティヒ]形（®future）来るべき，未来の，将来の，今後の．
 künftig-hin 副《雅》将来(は)は，今後．
Kunst [クンスト]女（-/Künste）①（® art）芸術，美術；芸術作品，美術品．②（® skill）技術，技能，技巧；器用．③作り物，まがい物，人工品．◆ alle seine Künste spielen lassen 話あらゆる手段を投入する．Das ist keine ~!話これは造作もないこと（朝飯前の仕事)だ．die schwarze ~ 魔術；《戯》印刷術．die sieben freien Künste（中世の）自由七学科（文法・修辞・弁証法・算術・幾何・天文・音楽）．eine brotlose ~ 金にならない仕事(技能)．~ sein 本物でない．mit seiner ~ am <zu> Ende sein 万事休す；もうお手上げだ．Was macht die ~? 仕事のぐあいはどうかね．**Kunst..**「芸術の…，人工(人造)の…」の意．
=akademie 女美術大学．**=ausstellung** 女美術(作品)展覧会．**=denkmal** 中芸術的遺産；記念碑的芸術作品．**=diamant** 男 人造ダイヤモンド．**=druck** 男（-[e]s/-e）美術印刷；複製画．**=druckpapier** 中《印》アート紙．**=dünger** 男 化学肥料．
Künste ⇒ Kunst
Kunst=eisbahn 女 人工スケートリンク．
Kunstelei 女（-/-en）わざとらしさ，作為，気取り；作為的作品．
Kunst=enzym 中 人工（合成）酵素．**=fahren** 中（-s/）自転車の曲乗り．**=faser** 女 化学（合成）繊維．**=fehler** 男 医療ミス．
kunstfertig 形 技巧の優れた，腕のいい．**Kunstfertigkeit** 女（-/）手腕．
Kunst=flieger 男 アクロバット飛行士．**=flug** 男 アクロバット飛行．**=freund** 男 芸術愛好家〈美術界のパトロン〉．**=fuß** 男 義足．**=gegenstand** 男 芸術作品，美術品．
kunstgerecht 形（専門的・技術的に）正しい，正確な．
Kunst=geschichte 女 美術史．**=gewerbe** 中（美術）工芸；（美術）工芸品．**=glied** 中 義肢．**=griff** 男 テクニック，こつ；手管（ｺﾞﾝ），策略，トリック．**=hand** 女 義手．**=handel** 男 美術品の

取引(売買)．**=handlung** 女 美術商の店，画廊．**=handwerk** 中 美術工芸，工芸品製作；工芸家．**=harz** 中 合成樹脂．**=historiker** 男 美術史家．**=hochschule** 女 美術大学．**=insel** 女 人工島．**=kenner** 男（美術）愛好者．**=kritiker** 男 美術（芸術）評論家．**=lauf** 男 フィギュアスケーティング．**=leder** 中 合成皮革．
Künstler [キュンストラー]男（-s/-；女 -in）①（® artist）芸術家；芸人．②名人，名手，達人．**künstlerisch** 形（® artistic）芸術的な；芸術家の．
Künstler=name 男 芸名，雅号，ペンネーム．**=pech** 中《戯》（ちょっとした）災難．
künstlich [キュンストリヒ]形（® artificial）人口の，人造の，本物でない；不自然な，作為的な．
Kunst=liebhaber 男 芸術(美術)愛好家．**=lied** 中 創作歌曲，芸術歌曲．
kunstlos 形 芸術性に欠ける；技巧的でない；素朴な．
Kunst=maler 男 画家．**=märchen** 中 創作童話．**=markt** 男 美術品市場．**=pause** 女（せりふの休みの）間(*)．
kunstreich 形 = kunstvoll．
Kunst=reiter 男（サーカスの）曲馬師．**=sammlung** 女 美術品のコレクション；《集合的》美術品のコレクション．**=schatz** 男（文化遺産としての）美術（工芸）品．**=schnee** 男 人工雪．**=schule** 女 美術(工芸)学校．**=schwimmen** 中 シンクロナイズドスイミング．**=seide** 女 人造絹糸（ﾚｺﾞﾝ），レーヨン．**=sprache** 女 人工言語（エスペラントなど）．**=springen** 中《水泳》飛び込み．
Kunst=stoff [クンストシュトッフ]男（-[e]s/-e）プラスチック，合成樹脂．**=stoff-folie** 女 プラスチックフィルム（ラップ，袋（ﾀﾞﾙ））．
Kunststück 中 芸当，曲芸，芸．
kunst=verständig 形 美術のわかる，芸術的センスのある．**=voll** 形 芸術性にあふれる；技巧に富んだ，精巧な；器用な．**=werk** 中 芸術作品，美術品；精巧な作品．**=wort** 中 人造新語（古典語などから作られた学術・技術用語）．
kunterbunt 形《話》色とりどりの；多彩な，変化に富んだ；乱雑な．
Kunz〔男名〕クンツ（< Konrad）．
Kupee = Coupé．
Küper 男（-s/-）《商》（貿易港の）貨物（倉庫）管理業者．
Kupfer [クプファー]①中（-s/）（® copper）銅，銅元素記号 Cu；銅器，銅貨．②《話》小銭．②中 女（-s/-e）銅版画．**=draht** 男 銅線．**=druck** 中 銅版印刷（物）；銅版画(印刷物)．**=geld** 中 銅貨．
Kupfermünze 女 銅貨．
kupfern 形 銅製の；銅色の，赤銅色の．
Kupferrohr 中 銅管．
kupferrot 形 赤銅色の．
Kupfer=schmied 男 銅細工師．**=stecher** 男 銅版画家；《出》キクイムシ．**=stich** 男 銅版画(印刷)；銅版画，エッチング．**=vitriol** 中《化》硫酸銅．
kupieren 動（犬の尾・耳を）切って短くする，切り詰める；（生け垣などを）刈り込む；（病気で）早期治療する．

Kupon [クポ－[ン]] [男] ((-s/-s)) クーポン[券]; (債券の)利札; (布の)切れはし, 端布.
Kuppe [女] ((-/-n)) (指・くぎ・ピンなどの)丸い先端部; (山の)円頂. **Kuppel** [女] ((-/-n)) 〔建〕丸屋根, 丸天井, ドーム.
Kuppelei [女] ((-/-en)) 売春仲介〈幹旋〉, ポン引き; 〔法〕淫行勧誘.
kuppeln [他] つなぐ, 接続する; (車両を)連結する; [自] (自動車の)クラッチをつなぐ. **Kuppler** [男] ((-s/-)) ([女] **-in**) (いかがわしい)結婚斡旋(あっせん)業者; 売春仲介者, ポン引き. **Kupplung** [女] ((-/-en)) 結合, 接続, 連結, カップリング; 〔鉄道〕連結器; 〔工〕継ぎ手; (自動車の)クラッチ[ペダル].
Kur [クーア] [女] ((-/-en)) ([英] cure)療養, 保養, 治療. ✦ *in die ~ nehmen* ((j^4)) (人を)しかる, (人に)意見する.
Kür [女] ((-/-en)) 〔スポ〕(体操・フィギュアスケートなどの)自由演技.
Kurator [男] ((-s/-en)) (大学の)事務局長; (財団などの)理事長. **Kuratorium** [中] ((-s/..rien)) (財団などの)理事会; (大学の)事務局; (公的機関の)管理委員会.
Kurbel [女] ((-/-n)) 〔工〕クランク, ハンドル. **-gehäuse** [中] (エンジンの)クランクケース.
kurbeln ❶ [自] クランクを回す; ((話)) (自動車の)ハンドルを回す; (s, h)(飛行機・自動車などで)ぐるりと回る. ❷ [他] クランク〈取っ手〉を回して動かす; ((話)) (タバコなどを)巻いて作る; 〔映〕(シーンを)撮影する.
Kurbelwelle [女] 〔工〕クランクシャフト.
Kürbis [男] ((-ses/-se)) カボチャ; ((話)) 頭. **-suppe** [女] 〔料〕カボチャスープ.
kuren [自] ((話)) 保養〈療養〉する. **küren**^(*) [他] ((雅)) (名誉会長などを)選ぶ.
Kurfürst [男] 〔史〕(神聖ローマ帝国の)選帝〈選挙〉侯.
Kurfürstendamm クーアフュルステンダム(Berlin の大通り).
Kurfürstentum [中] 〔史〕選帝〈選挙〉侯国. **kurfürstlich** [形] 〔史〕選帝〈選挙〉侯[国]の.
Kur-gast [男] 保養〈療養〉客. **-haus** [中] クアハウス, (保養地の)療養センター.
Kurie [女] ((-/-n)) 〔カトリック〕教皇庁.
Kurier [男] ((-s/-e)) (外交文書などの)使者, 急使; 伝令.
kurieren [他] ([英] cure) ((j^4 [von et^3])) (人を[病気などから])快復させる; (病気などを)治す.
Kurilen [複] (die ~)千島列島.
kurios [形] 奇妙な. **Kuriosa** ⇨ Kuriosum
Kuriosität [女] ((-/-n)) 奇妙さ; 奇妙なもの, 珍品, 骨董(こっとう)品.
Kuriosum [中] ((-s/..sa)) 奇妙さ; 珍奇な物.
Kur-ort [男] 保養〈療養〉地, 湯治場. **-park** [男] 保養地の遊歩公園.
kurpfuschen [自] もぐり〈無免許〉で治療をする. **Kurpfuscher** [男] ((-s/-)) もぐり〈無免許〉の医者; ((蔑)) やぶ医者. **Kurpfuscherei** [女] ((-/-en)) もぐりで治療すること; ((蔑)) でたらめな治療.
Kurs [クルス] [男] ((-es/-e)) ❶ ([英] course)(船・飛行機などの)針路, 航路, コース, ルート. ❷ 講習[会]; ((集合的)) 講習参加者. ❸ 〔商〕相場; (通貨などの)流通, 通用. ✦ *außer ~ sein* 〈*kommen*〉人気がない〈なくなる〉; 通用していない〈通用しなくなる〉. *außer ~ setzen* (…を)流通経路から外す; 無効とする. *hoch im ~ stehen* 相場が高い; 人気〈評価〉が高い.
Kursaal [男] 保養所のホール〈大広間〉.
Kurs-änderung [女] 〔経〕為替レート変更. **-bericht** [男] 相場表.
Kursbuch [クルスブーフ] [中] ((-[e]s/..bücher)) ([英] timetable)(列車)時刻表.
Kurschatten [男] ((戯)) 保養地で知り合った異性.
Kürschner [男] ((-s/-)) ([女] **-in**)毛皮加工職人. **Kürschnerei** [女] ((-/-en)) 毛皮加工業; 毛皮加工工場.
Kurse ⇨ Kurs, Kursus
Kurs-einbruch [男] 〔商〕相場の暴落. **-gewinn** [男] 〔商〕相場差益金, キャピタルゲイン, 値上がり益.
kursieren [自] (回覧などが)回る; (貨幣などが)出回る; (うわさが)広まる.
kursiv [形] 〔印〕イタリック体の.
Kurs-notierung [女] 〔商〕相場付け, 呼び値; (株式などの)相場; (外国為替の)交換レート. **-schwankung** [女] 相場変動. **-sturz** [男] 相場の暴落. **-teilnehmer** [男] (講習などの)受講生.
Kursus [男] ((-/Kurse)) 教程, コース; 講座, 講習[会]; ((集合的)) 受講者.
Kurs-verlust [男] 〔商〕相場差損金, 値下がり損, キャピタルロス. **-wagen** [男] 〔鉄道〕直通車両. **-wechsel** [男] コース変更. **-wert** [男] 〔商〕相場〈市場〉価格, 流通価値. **-zettel** [男] 〔商〕株式相場表.
Kurt ((男名)) クルト.
Kurtaxe [女] 保養〈療養〉滞在税, 入湯税.
Kurtisane [女] ((-/-n)) 王侯の愛人.
Kurtschatovium [中] ((-s/)) クルチャトビウム(元素名[記号] Ku).
Kür-übung [女] (体操・フィギュアスケートなどの)自由演技.
Kurve [クルヴェ] [女] ((-/-n)) ([英] curve) 曲線, カーブ, 曲がり角; ((複)) (女性の)曲線美. ✦ *die ~ heraus|haben* ((話)) 要領〈こつ〉を知っている. *die ~ kratzen* ((話)) さっさと逃げ出す. *die ~ kriegen* 〈*bekommen, schaffen*〉 ((話)) かろうじて切り抜ける, どうにか達成する. **kurven** [自] (s)曲がる, カーブする; ((話)) あちこち走り回る. **kurvenreich** [形] カーブの多い; ((話・戯)) (女性が)曲線美の.
kurz [クルツ] [形] ((**kürzer**; **kürzest**)) ❶ ([英] short)短い; 近い; 背丈の低い. ❷ 短時間の, 短期間の; 物忘れする. ❸ 簡潔な, ぶっきらぼうな; ((挿入句的に)) 簡単に言うと, 要するに; すばやい, 要領のよい. ✦ *binnen ~em* まもなく, やがて. *den Kürzer[e]n ziehen* ((話)) 損をする, 貧乏くじを引く. *es ~ machen* 大げさにしない. *in ~em* まもなく, 近いうちに. *~ fassen* ((*sich*^{4})) 簡潔に述べる. *~ gefasst* 簡潔な, 要約した. *~ gesagt* つまり, 要するに. *~ halten* ((j^4)) (人に)あまり金〈食物〉をやらない. *~ treten* (生活・支出面で)切り詰める; 控え目にやる. *~ und bündig* 要領よく, つぼを押さえて. *~ und gut* 要するに. *~ und klein schlagen* ((話)) ((et^4 〈alles〉))

K

(…を(全てを))粉みじんにする．**~ und schmerzlos**《話》ためらわず率直に．**seit ~em** 少し前から．**über ~ oder lang** 遅かれ早かれ．**vor ~em** 少し前に．**zu ~ kommen**《話》損をこうむる．

Kurzarbeit 陰《経》操業短縮，労働時間短縮．**kurz|arbeiten** 圓 短縮労働(操業)する．

kurz-ärm[e]lig 袖(き)の短い，半袖の．**-atmig** 息切れしやすい；息遣いの荒い；《医》呼吸促迫の；ぜんそくの．

Kürze 陰《-/-n》短さ；短縮；《表現の》簡潔さ．《文》短音節．**+ in aller ~** ごく手短に．**in ~** 近いうちに；まもなく．

Kürzel 陰《-s/-》速記記号，略字；略号．

kürzen 圓《shorten》短くする．《髪・爪などを》切る；《金額を》縮める；《給料などを》減らす，削減(減額)する；《数》約分する．

kürzer ⇨ **kurz**

kurzerhand ⇄ 即座に，あっけなく．

kürzest ⇄ **kurz**

Kurz-fassung 陰 要約；簡略版．**-film** 陰 短編映画．**-form** 陰《文》短縮形．

kurz-fristig 短期間の；短時間の，早急の；突然の，予告なしの．**-gefasst**（圓 **-gefaßt**）⇨ **kurz +**

Kurzgeschichte 陰 ショートストーリー，短編小説．

kurz|halten* ⇄ **kurz +**・**-lebig** 短命の，寿命の短い．

kürzlich[キュルツリヒ]《recently》最近，この間，先日，先ごろ，この前．

Kurz-nachricht 陰《重要項目だけの》スポットニュース．**-prosa** 陰 短い散文［作品］（短篇小説など）．

kurz|schließen* 圓《回路を》ショートさせる．**Kurz-schluss**（圓 **-schluß**）陽《電》ショート；《話》思考の短絡．

Kurzschrift 陰 速記［術］．

kurzsichtig 陰 近視の；近視眼的な；《医》近眼；《話》先見の明のない．**Kurzsichtigkeit** 陰《-/》近視；短見，浅慮．

Kurz-streckenlauf 陽 短距離競走．

kurzum ⇄ 要するに，手短に言えば．

Kürzung 陰《-/-en》短縮；《賃金などの》カット，縮減；《数》約分．

Kurzwaren 複 裁縫（手芸）用品．

Kurzweil 陰《-/》退屈しのぎ，気晴らし，慰み．**kurzweilig** 退屈しのぎの（気晴らしになる），楽しい．

Kurzwelle 陰《電》短波．**Kurzwellentherapie** 陰《医》短波療法．**~n-empfänger** 陽 短波受信機．

Kurzwort 陰 略語．

kusch《犬に向かって》伏せ，静かに；《ささげ》静かに，静かにして．**kuschelig**《話》温かくて肌ざわりの良い，《着心地》がよい．**kuscheln**《*sich* an *j-et*⁴》（…に）体をすりよせる；《*sich*¹ in *et*⁴》（…に）体をうずめる，潜り込む．

kuschen 圓《*sich*¹》（犬が）伏せをする；《vor *j*³》（人の前で屈する，（人が怖くて）黙り込む．

Kusine[クズィーネ]陰《-/-n》《圓 **Kusinchen**》《cousin》従姉妹(ピゼ)．

Kuss 陽《圓 **Kuß**》［クス］陽《Kusses/Küsse》圓 **Küsschen**，圓 **Küßchen**，

Küsslein，圓 **Küßlein**《kiss》キス，口づけ，接吻(ビソ)；**j³ einen ~ zuwerfen** （人に）投げキスを送る．

kuss-echt, kuss-fest（圓 **kuß-**）《口紅などが》キスしても色落ちしない．

küssen[キュッセン]《küsste, (küßte, geküsst) ⇄ geküßt》《*j*⁴ kiss》（…に）キスする，せっぷんする．

Kuss-hand（圓 **Kuß-**）陰 投げキス．**+ mit ~** 大喜びで．

Küssnacht キュスナハト（スイス Schwyz 州の都市；Tell の伝説で知られる）．

Küste[キュステ]陰《-/-n》《coast》海岸，沿岸［地方］，海辺．**~n-artillerie**陰 沿岸砲兵隊．**~n-gebiet** 陰 沿岸地域．**~n-gewässer** 陰 沿海，沿岸海域．**~n-handel** 陰 沿岸貿易．**~n-land** 陰 沿海地方．**~n-meer** 陰 沿岸領海．**~n-schifffahrt**（圓 **-schiffahrt**）陰 沿岸航行．**~n-schutz** 陰 護岸［施設］．**~n-strich** 陰 沿海地帯．**~n-wache** 陰 沿岸警備［隊］．

Küster 陽《-s/-》教会の使用人，寺男．

Kustos 陽《-/Kustoden》（博物館などの）学芸員．

Kutikula 陰《-/-s, ..lä, ..len》《生》クチクラ，角皮．

Kutsche 陰《-/-n》《coach》（大型4輪）馬車；《話・戯》おんぼろ自動車．**~r** 陽《-s/-》《馬車の》御者．**kutschieren** 圓《s》乗り物で行く；陰《人を》乗り物に乗せて行く．

Kutte 陰《-/-n》修道服；パーカー，フード付きコート；《南部》仕事着．

Kuttel 陰《南部・`s:ユィス`》（牛の）内臓．

Kutter 陽《-s/-》《海》（1本マストの）小型帆船，（エンジンつきの）小型漁船；カッター（艦船の救命ボート）．

Kuvert[クヴェーア]陰《-[e]s/-e（s》-s》》封筒；一人一人の食器（皿・ナイフ・フォークなどの一そろい）．

Kuvertüre 陰《-/-n》（菓子の）チョコレートアイシング．

Kuwait クウェート（ペルシア湾北西岸の首長国）．

KV 略《楽》**K**öchelverzeichnis ケッヘル番号．**kv., k.v.** kriegsverwendungsfähig．**kW** 略 キロワット．

k.W. **k**ommender **W**oche 来週の（次）；**k**ommende **W**oche 来週に．

Kwangtung 広東，コワントン（中国，華南地区中部の）．

kWh 略 キロワット時．

Kybernetik 陰《-/》サイバネティックス．

kybernetisch サイバネティックス的な．

Kyffhäuser[キフホイザー]《der ~》キフホイザー（ドイツ Thüringen 州と Sachsen-Anhalt 州の境界にある山脈）．

Kyklop 陽《-en/-en》⇨ Zyklop．

Kyniker 陽《-s/-》《哲》（古代ギリシアの）キニク学派の人；冷笑家，皮肉屋．

Kyrieeleison 陰《-s/-s》《宗》キリエ，哀れみの賛歌．

kyrillisch キリル[文字]の．

KZ 略 **K**onzentrationslager（特にナチス及び ソ 連の）強制収容所．**KZler**[カーツェットラー]陽《-s/-》強制収容所体験者，

L

l, L [中]《-/-》《字母》エル. **l** [記号] リットル(Liter). **l** [略] *Leu*. **l.** [略] *lies!* …と読むこと; *links* 左に. **L** 《国籍符号》ルクセンブルク; (ローマ数字の)50. **L.** [略] *Lira*.

la [間] ラ(歌声). **La** [記号] *Lanthan*. **LA** [略] *Lastenausgleich*.

Laacher See (der ～)ラーヘル ゼー(Rhein 川の西岸 Eifel 火山地帯にある湖).

Lab [中]《-[e]s/-e》キモシン, 凝乳酵素; (チーズ製造用の)凝乳素.

Laban [聖] ラバン(Jakob の義父). ♦ *ein langer* ～《話》背高のっぽ.

labberig [形]《話》(スープなどが)水っぽい, 気が抜けた; ぐにゃぐにゃした; だるい.

Labe [女]《-/》《雅》= Labsal.

Label [中]《-s/-》(レコードの)レーベル; [ｺﾝﾋﾟｭｰﾀ] ラベル.

laben [他]《雅》《*j*[4] [**mit** *et*[3]]》(人の気分を[飲食物で])さわやかにする, 元気づける; 《*sich*[4] **an** 〈**mit**〉 *et*[3]》(…で)元気になる, リフレッシュする〉.

labern [自]《話》(くだらない)おしゃべりをする.

Labferment [中] [生化] キモシン(凝乳酵素).

Labial [男]《-s/-e》[言] 唇音(p, b など).

labil [形] 不安定な; (病気・刺激に)弱い. **Labilität** [女]《-/-en》不安定性.

Labor [中]《-s/-s, -e》実験室(< *Laboratorium*). **Laborant** [男]《-en/-en》([女] **-in**)実験助手. **Laboratorium** [中]《-s/..rien》([英] laboratory)実験〈研究〉室([略] Labor).

laborieren [自]《話》《**an** *et*[3]》(仕事・病気などで)長い間苦労をする.

Lab·sal [中]《-[e]s/-e》(南部・ｵｰｽﾄﾘｱ [女]《-/-e》)気分をさわやかにするもの; 清涼剤.

Labyrinth [中]《-[e]s/-e》迷宮, 迷路, ラビリンス; [医] (内耳の)迷路.

Lache [女]《-/-n》《話》笑い声; 笑い方; 水たまり.

lächeln [レッヒェルン]《lächelte; gelächelt》[自]([英] smile)ほほえむ, にっこりする, 微笑する; 《**über** *j-et*[4]》(…を)おかしがる.

lachen [ラッヘン]《lachte; gelacht》[自]([英] laugh)笑う; 《**über** *j-et*[4]》(…を)あざ笑う. 笑い飛ばす; [他]《*sich*[4]》笑って(…に)なる. ♦ *Da* 〈*Hier*〉 *gibt's* [*gar*] *nichts zu* ～. それは笑いごとではない. *Dass ich nicht lache!*《話》(嘲笑的に)笑わせるよ. *Es* 〈*Das*〉 *wäre ja* 〈*doch*〉 *gelacht, wenn ...*《話》…ならとんだお笑い草だ. *gut* ～ *können* 〈*haben*〉[人ごとだから]笑っていられる. *nichts* 〈*nicht viel*〉 *zu* ～ *haben* 《**bei** *j*[3]》(人のもとで)苦労する, しごかれる. *Wer zuletzt lacht, lacht am besten.*《諺》最後に笑う者が最も笑う.

Lachen [中]《-s/》笑い, 笑い声. ♦ *J*[3] *vergeht* [*noch*] *das* ～. (人は)今に笑ってはいられなくなる〈ひどいことになる〉. *vor* ～ *aus|schütten*《*sich*[4]》腹をかかえて笑う. *zum* ～ *bringen* (人を)笑わせる. *zum* ～ *sein* 笑止千万だ.

Lacher [男]《-s/-》笑う人;《話》(突然の)笑い声. ♦ *die* ～ *auf seiner Seite haben* (討論などで)巧みな笑いで人を引き込む.

lächerlich [レッヒャーリヒ] ❶ [形] おかしい, こっけいな, お笑い草の; ろくでもない, ばかげた. ❷ [副] はなはだ. ♦ *ins Lächerliche ziehen* (…を)ちゃかす. **Lächerlichkeit** [女]《-/-en》おかしさ, ばかばかしさ; くだらないことがら.

Lach·fältchen [中] 笑いじわ. **·gas** [中] [化] 笑気(しょうき).

lachhaft [形]《蔑》ばかばかしい, 腹立たしい;《ふつう副詞的》はなはだしい.

Lach·krampf [男] けいれん性の笑い.

Lachs [男]《-es/-e》([英] salmon) [魚] サケ(鮭).

Lach·salve [女] 爆笑.

Lachs·fang [男] サケ漁. **lachsfarben** [形] サーモンピンクの.

Lachs·hering [男] [料] 燻製の塩漬けニシン(鰊). **·schinken** [男] ラックスシンケン(豚の背肉の生ハム).

lachte ⇨ lachen

Lack [男]《-[e]s/ 種類 -e》ワニス, ラッカー, エナメル; 漆; マニキュア; [植] ニオイアラセイトウ. ♦ *Der* ～ *ist ab.*《話》新鮮さ〈若さ〉がなくなった. [*Und*] *fertig ist der* ～.《話》これでオーケー〈でき上がり〉だ. **·affe** [男]《蔑》しゃれ男, きざなやつ. **·arbeit** [女] 塗り物; 漆工芸品.

Lackel [男]《-s/-》《南部・ｵｰｽﾄﾘｱ》《蔑》まぬけ, とんま.

lackieren [他] (…に)ワニス〈ラッカー, エナメル, 漆〉を塗る;《話》(人を)だます. ♦ *eine* ～《話》《*j*[3]》(人に)一発食らわす.

Lackleder [中] エナメル革.

Lackmus [男] [中]《-/》[化] リトマス. **·papier** [中] [化] リトマス試験紙.

Lackschuh [男] エナメル靴.

Lade [女]《-/-n》《方》引き出し; チェスト.

Lade·aggregat [中] (蓄電池の)充電装置. **·fähigkeit** [女] 積載能力. **·hemmung** [女] (銃の)装填(そうてん)故障. ♦ [*eine*] ～ *haben*《戯》頭が働かない. **·kontrolle** [女], **·kontrollleuchte** ([旧] = kontrolleuchte) [女] (自動車の)チャージ〈バッテリー〉警告灯.

laden* [ラーデン]《lud; geladen》[他] **I** ❶ ([英] load)(船・車などに)積む, 積み込む, 載せる; 《*et*[4] **auf** *j*[4]》(責任・罪などを人に)負わせる; 《*et*[4] **aus** 〈**von**〉 *et*[3]》(…を船・車などから)下ろす. ❷ (船・車などが荷を)積む, 積載する. ❸ (銃に)弾丸を込める; (電池などに)充電する, (導体に)帯電させる. **II**《雅》《*j*[4] [**zu** *et*[3]]》(人を[…に])招待する; [法] 召喚する. ♦ *schwer* 〈*ganz schön, schief*〉 *geladen haben*《話》泥酔している.

Laden [ラーデン] [男]《-s/Läden (まれ -)》([小] **Lädchen**)([英] store)店, 商店, 店舗; シャッター, 雨戸;《話》用件; 仕事, 事業; [球技] ゴール. ♦ *den* ～ *kennen* 事情に通じている. *den* ～ *schmeißen* 仕事をてきぱきかたづける, 店を切り盛りする. **·dieb** [男] 万引き犯人. **·diebstahl** [男] 万引き. **·einrichtung** [女] 店の内装〈イ

ンテリア). **=hüter** 男《話》店(㊞)ざらし〈売れ残り〉の商品. **=kette** 囡 チェーンストア〔網〕. **=preis** 男 店頭〈小売〉価格. **=schluss** (⊕ **-schluß**) 男 閉店[時刻]. **=schlusszeit** (⊕ **-schlußzeit**) 囡 閉店時刻. **=schwengel** 男《話》若い見習い店員. **=tisch** 男 (店の)売り台, カウンター. *+ et⁴ unter dem ~ bekommen*《話》…を不正なルートで入手する. **=tochter** 囡 ［?］(女性の)店員. **=zeiten** 複 店の営業時間.

Lade=platz 男 (貨物の)積み降ろし場. **=raum** 男 (船や飛行機の)貨物室. **=schein** 男 ［?］積み荷〈貨物引き換え〉証(船荷証券など).

lädieren 他 傷つける; 疲れさせる.

lädst ⇒ laden

lädt ⇒ laden

Ladung 囡 ⟨-/-en⟩ 貨物, 積み荷; 積載量; (銃砲などの)装塡;《話》かなりの量, 多量;［電］電荷, 電気量.

ladylike 囮 淑女らしい.

Lafette 囡 ⟨-/-n⟩［口］砲架.

Laffe 男 ⟨-n/-n⟩《古》きざなやつ.

lag ⇒ liegen

Lage [ラーゲ] 囡 ⟨-/-n⟩ ❶ (⊕ situation)状況, 立場, 状態, 情勢, 有様. ❷ 位置, 環境, 立地条件. ❸ 位, 胎位. ❹ (紙・葉(⁴)などの)層, 重なり;［製本］帳. ❺《話》同席の全員分の飲みもの. ❻［楽］声域, 音域; (弦楽器の)ポジション;《水泳》泳法. *+ die ~ peilen*《話》状況を探る. *in der ~ sein* (+ zu 不定詞句)(…)できる; (…)する立場にある.

läge ⇒ liegen

Lage=analyse 囡 状況〈情勢〉分析. **=bericht** 男 状況〈情勢, 戦況〉報告.

Lagen=staffel 囡《水泳》メドレーリレー〔チーム〕. **lagenweise** 副 層を成して.

Lageplan 男 (地域・建物の)見取り図, 配置図.

Lager [ラーガー] 中 ⟨-s/-ö ① (⊕ camp)宿営地, 宿営地, キャンプ場; 収容所; 寝床, 寝場所;［狩］(動物の)ねぐら; (思想的・政治的な)陣営;［口］軸受; ベアリング;［地学］地層, 鉱床. ❷ ⟨-s/-, **Läger**⟩［商］倉庫, 保管場所; 在庫品;［集］倉庫係員〈作業員〉. *+ auf ~ haben* (*et¹*) (…)を持ち合わせている; (…)について話題が豊富である. **=bestand** 男 在庫品〈ストック〉[の量]. **=bier** 中 ラガービール. **=buch** 中 在庫品台帳. **=feuer** 中 キャンプファイヤー. **=gebühr** 囡 倉庫[保管]料, 倉敷料. **=geld** 中 倉敷[保管]料, 倉敷料. **=geschäft** 中 倉庫業. **=halter** 男 倉庫業者. **=haus** 中 倉庫.

Lagerist 男 ⟨-en/-en⟩ 倉庫管理人.

Lagerleiter 男 キャンプのリーダー;(難民などの)収容所長.

lagern ❶ 他 (作物・商品などが)貯蔵〈ストック〉されている; (仮)寝床で)寝る; 宿営〈野営, キャンプ〉する; しまっておく; (機械などが)据えてある;［地学］(鉱物などが)埋蔵されている. ❷ 他 (作物・商品などを)貯蔵〈ストック〉する; 横たえる; 休ませる; (機械などを)据える. ❸ *sich⁴* 横になる; 休息する; *sich⁴*［層を成して］広がっている.

Lager=platz 男 宿営〈野営〉地, キャンプ場; 貯蔵〈保管〉場所. **=schein** 男 ［?］倉荷証券. **=stätte** 囡 寝床; 鉱床.

Lagerung 囡 ⟨-/-en⟩ 貯蔵, 保存; 軸受け, ベアリング; (鉱石の)成層, 層理.

Lagerverwalter 男 倉庫管理人.

Lage-skizze 囡 見取り図, 配置図.

Lago Maggiore (der ～)マジョーレ湖(イタリアとスイスにまたがる湖).

Lagune 囡 ⟨-/-n⟩ 潟(⁵), 礁湖, ラグーン.

lahm [ラーム] 囮 ❶ (手・足・体の)麻痺(⁸)した, 不随の, 不自由な. ❷《話》(疲労で)しびれた, 萎えた, へとへとの. ❸《話》退屈な; だらけた. *+ ～ legen (et¹)* (…の)活動することを妨げる〈止める〉, (…の)麻痺させる.

Lahm・arsch 男《俗》無気力な〈やる気のない〉やつ. **lahmarschig** 囮《俗》無気力な, やる気のない.

lahmen 他 足が不自由である; 麻痺している.

lähmen 他 (…を)麻痺(⁸)させる, 動けなくする; (…の気力や行動を)失わせる; 奪う.

Lahmheit 囡 ⟨-/⟩ (体の)不随, 麻痺(⁸);《話》無気力.

lahmlegen 他 ⇒ lahm ♦

Lähmung 囡 ⟨-/-en⟩ 不随, 麻痺(⁸); (活動などの)停滞, 停止.

Laib 男 ⟨-[e]s/-e⟩《単位/-⟩ (パン・チーズなどの)丸い塊.

Laich 男 ⟨-[e]s/-e⟩ (魚・カエルの)卵塊.

laichen 他 (魚・カエルが)産卵する.

Laichzeit 囡 (魚・カエルの)産卵期.

Laie [ライエ] 男 ⟨-n/-n⟩ (⊕ amateur)素人(⁵⁸), アマチュア, 門外漢;［?］宗教 平信徒. **～n-bruder** 男 ［?］信徒, 修道士, 助修士. **laienhaft** 囮 素人らしい.

Laien・priester 男 ［?］教区付きの司祭. **-schwester** 囡 ［?］信徒修道女, 修道女. **-spiel** 中 アマチュア演劇. **-spieler** 男 素人役者.

Laisser-faire [レセフェーア] 中 ⟨-/⟩ レッセフェール, 放任主義.

Lakai 男 ⟨-en/-en⟩ (王侯・貴族の)召し使い, 従僕;《蔑》卑屈な人, おべっか使い. **lakaienhaft** 囮《蔑》卑屈な.

Lake 囡 ⟨-/-n⟩ (塩漬け用の)食塩水.

Laken 中 ⟨-s/-⟩ シーツ.

lakonisch 囮 簡潔な, 短い.

Lakritze 囡 ⟨-/-n⟩ 甘草(⁵⁸)エキス[の菓子].

Laktalbumin 中 ⟨-s/-e⟩［生化］ラクトアルブミン; ラクトアルブミン.

Laktose 囡 ⟨-/⟩ 乳糖, ラクトース.

lala 副 ♦ *so ～*《話》まあまあ.

lallen 他 (乳児などが)回らぬ舌で話す; ろれつが回らない; 他 回らぬ舌で言う.

Lama 中 ⟨-s/-s⟩［動］ラマ;［織］ラマウール.

Lamaismus 男 ⟨-/⟩ ラマ教.

lamé, lamée 囮 Lamé 製の; 金糸〈銀糸〉を織り込んだ. **Lamé, Lamée** 中 [-s]/-s⟩ ラメ(金糸・銀糸などを織り込んだ布).

Lamelle 囡 ⟨-/-n⟩ (金属などの)薄板, プレート;［植］菌褶(⁵⁸);(キノコのひだ);(コケ類の薄板);［生］ラメラ.

lamentieren 他《話》(*über et⁴*) (…

を)嘆き悲しむ, 愚痴をこぼす; 《方》《**nach** *et*³/ **um** *et*⁴》(泣き言を並べて…を)ねだる, 物ごいする. **Lamento** [中] (-s/-s, ..ti) 嘆き; 〘楽〙哀歌, 悲歌.
Lametta [中] (-s/) 〘織〙ラメッタ(金属の細い箔糸(はくし); クリスマスツリー用銀〈金〉モール); 《皮肉》(やたらぶら下げた)勲章.
Lamm [ラム] [中] (-[e]s/**Lämmer**) ([小] **Lämmchen**)([英] lamb)子羊; 子羊の肉, ラム; 子羊の革; 子やぎ. ♦ ~ *Gottes* 神の子羊, キリスト. =**braten** [男] 子羊の焼き肉, ローストラム.
lammen [自] (羊・ヤギなどが)子を産む.
Lämmer ⇨ Lamm =**geier** [男] 〘鳥〙ヒゲワシ. =**wolke** [女] 《話》羊雲, 絹積雲.
Lamm=**fell** [中] 子羊の革, ラムスキン. =**fleisch** [中] 子羊の肉.
lammfromm [形] (子羊のように)おとなしい; とても忍耐強い. **Lammsgeduld** [女] 《話》(子羊のような)忍耐強さ.
Lampe [ランペ] [女] (-/-n) ([小] **Lämpchen**)([英] lamp)ランプ, 電灯, 明かり; 電球; 光源体. ♦ *die ewige* ~ 〘カトリ〙常明灯. *einen auf die ~ gießen* 《話》一杯ひっかける. ~**n**=**fieber** [中] (大勢の前に出るときの)極度の緊張〈不安〉, どきどきすること. ~**n**=**schirm** [男] ランプのかさ.
Lampion [ラムピオー[ン]] [男] ([中])(-s/-s) 提灯(ちょうちん).
lancieren [ランスィーレン] [他] (意図的に)世間に知らせる, 公にする; 世に出す.
Land [ラント] [中] (-[e]s/**Länder**, 雅-e) ([小] **Ländchen**) ❶ ([英] land)陸, 陸地, おか(陸). ❷ 耕地, 農地, 土地, 地所. ❸ ([英] country)田舎, 田園[地方]. ❹ 国, 国家. ❺ ([英] state)(ドイツ・オーストリアの)州. ♦ *an ~ ziehen* 《話》(…を)わが物にする. *Andere Länder, andere Sitten.* 《諺》所変われば品変わる. *auf dem flachen 〈platten〉 ~* 町を遠く離れて. *auf dem ~ wohnen* 田舎に住む. *aufs ~ gehen 〈ziehen〉*田舎へ行く〈移る, 引越す〉. *das Gelobte ~* 〘聖〙約束の地(カナン). *das Heilige ~* 〘聖〙聖地(パレスチナ). *das ~ der aufgehenden Sonne* 日出ずる国(日本). *das ~ der tausend Seen* 湖の国(フィンランド). *das ~ der unbegrenzten Möglichkeiten* 無限の可能性をもった国(アメリカ). *das ~ seiner Väter* 父祖の国, 祖国. *das ~, wo Milch und Honig fließt* 豊饒(ほうじょう)の地. *ins ~ gehen 〈ziehen〉*(時が)過ぎ去る. *~ in Sicht!* 〘海〙陸地が見えるぞ. *~ ist in Sicht.* 希望が見えてくる. *~ unter* 冠水[状態]. *wieder im ~[e] sein* 《話》帰国〈帰宅〉している. [*wieder*] *~ sehen* 先が見えてくる; 見通しがつく. *zu ~e* 陸路で; 《**bei** *j*³》(人の)故郷で, (人の)国では.
Land=**adel** [男] 地方貴族. =**arbeiter** [男] 農業労働者.
land=**auf** [副] ♦ ~, *landab* 国中至る所で. =**aus** [副] ♦ ~, *landein* 国から国へ, 至るところで.
Land=**besitz** [男] 土地所有. =**besitzer** [男] 土地所有者, 地主. =**bevölkerung** [女] 《集合的》地方〈農村〉の住民; 農村人口. =**bewohner** [男] 地方〈農村〉の住民; 〘生〙陸上の動物. =**butter** [女] (農場製の)並製バター.
Lande ⇨ Land
Lande=**erlaubnis** [女] (飛行機の)着陸許可.
landein [副] ⇨ landaus =**wärts** [副] 内陸へ.
landen [ランデン] (landete; gelandet) ❶ [自] (s)([英] land)着陸する, (飛行機で)到着する; 上陸する, 下船する; 《話》(…に)行き着く; 〘スポ〙着地する. ❷ [他] (人・荷物を)上陸させる; 陸揚げする. ♦ *nicht ~* [*können*] 《話》《**bei** *j*³》(人の)同意を得られない.
Land=**enge** [女] 地峡.
Lande=**operation** [女] 〘軍〙上陸作戦. =**platz** [男] (小さな)飛行場; ヘリポート; 船着き場.
Ländereien [複] 広大な私有地, 領地.
Länder=**kampf** [男], =**spiel** [中] 〘スポ〙国際試合.
Landes=**arbeitsamt** [中] (ドイツの)州労働局. =**farben** [複] 国旗〈州旗〉の色. =**grenze** [女] 国境; 州境(さかい). =**hauptmann** [男] 《オーストリア》州政府首相; 州知事. =**hoheit** [女] 国〈州〉の主権〈自治権〉. =**kind** [中] 《雅》臣民, 領民; 《戯》住民. =**kirche** [女] 〘プロテスタント〙領邦教会, ラント〈州〉教会. =**kunde** [女] 地域研究; 郷土史. =**liste** [女] (選挙候補者の)州リスト. =**rat** [男] 《オーストリア》州大臣〈閣僚〉. =**rechnungshof** [男] (ドイツ各州の)州会計検査院. =**regierung** [女] 州政府. =**sozialgericht** [中] 州社会裁判所. =**sprache** [女] 国語, 公用語. =**tracht** [女] 民族〈郷土〉衣装. =**trauer** [女] 国喪.
landesüblich [形] 国〈地方〉の習慣となっている, その国〈地方〉に特有の.
Landes=**vater** [男] 《雅》国父, 君主; 領主. =**verrat** [男] 国家反逆罪. =**verräter** [男] 国家反逆犯人, 売国奴. =**verteidigung** [女] 国土防衛, 国防. =**verweisung** [女] (-/-en) 国外追放. =**währung** [女] 国の通貨.
landesweit [形] 全国的な.
Landes=**zentralbank** [女] 州中央銀行([略] LZB).
landete ⇨ landen
Lande=**verbot** [男] (飛行機に対する)着陸拒否.
landfahrend [形] (定住の地をもたずに)あちこち移動する〈渡り歩く〉.
Landflucht [女] (農民の)離村.
Landfriede [男] (-ns/) ラントフリーデ(中世の治安維持令). ~**ns**=**bruch** [男] ラントフリーデ違反; 〘法〙騒乱罪.
Land=**gang** [男] 〘海〙(船員の)上陸許可; (船から陸地・他の船に渡す)渡り板. =**gemeinde** [女] ラントゲマインデ(ドイツの, 人口2,000以下の地方自治体). =**gericht** [中] 地方裁判所([略] LG).
landgestützt [形] (ミサイル兵器などが)地上に配備された.
Land=**gewinnung** [女] (埋め立てなどによる)陸地の拡張. =**gut** [中] 田舎の所有地. =**haus** [中] 田舎の家. =**jäger** [男] ラントイェーガー(平たくて堅い燻製ソーセージ); 《方》田舎の巡査. =**karte** [女] 地図. =**kreis** [男] 郡(行政区画).
landläufig [形] 一般的な; ありきたりの.
Landleben [中] 田舎暮らし, 田園生活.

L

ländlich [形] ([英] rural)田舎〈地方〉の; 田舎風の, ひなびた; 素朴な.

Land=macht [女] 陸軍国. **=mann** [男] 農夫, 農民. **=maschine** [女] 農業機械. **=messer** [男]〔土地〕測量技師. **=pfarrer** [男] 地方司祭, 田舎牧師. **=plage** [女] 悩みの種, やっかいなもの〈人〉. **=pomeranze** [女] 《話》田舎娘. **=rat** [男] 郡長; 《ｽｲｽ》州議会. **=ratte** [女] 《蔑》陸(おか)に住むやつ. **=regen** [男] 長雨. **=rücken** [男] (長く伸びた)山の背, 尾根.

Landschaft [ラントシャフト] [女] 《-/-en》 ([英] landscape)景観, 景色, 風景, 自然環境; 地域; (その土地の)周辺, 一帯.

landschaftlich [形] 風景〈景観〉上の; 方言的な, (言語的に)地域特有の.

Landschafts=gärtner [男] (公園・大庭園の)造園技師. **=maler** [男] 風景画家. **=pflege** [女] 〔自然〕景観保護. **=plan** [男] 自然景域景観計画図, L-プラン. **=schutzgebiet** [中] 自然景観保護区域.

Land=sitz [男] 田舎の領地〈別邸〉.

Lands=mann [男] ([女] =männin)同郷人, 同国人. **Landsmannschaft** [女] 《-/》 (大学生などの)同郷人会.

Land=spitze [女] 岬. **=stadt** [女] 地方都市, 田舎町. **=straße** [女] 幹線道路, 街道, 州道, 県道. **=streicher** [男] 浮浪者. **=streitkräfte** [複] 陸軍, 地上軍. **=strich** [男] 地帯. **=tag** [男] 州議会; 〔史〕領邦議会.

Landung [女] 《-/-en》 着陸; 着地; 着岸, 接岸; (軍の)上陸〔作戦〕. **~s=boot** [中] 〔軍〕上陸用舟艇. **~s=brücke** [女] 桟橋, 埠頭(ふとう).

Land=urlaub [男] (船員の)上陸休暇. **=vermessung** [女] 土地測量. **=volk** [中] 《集合的》田舎の人.

landwärts [副] (海から)陸の方向に.

Land=weg [男] (舗装してない)田舎道; 陸路. **=wirt** [男] 農業〈農場〉経営者; 農業技術者.

Landwirtschaft [ラントヴィルトシャフト] [女] 《-/-en》 ([英] agriculture)農業〔経営〕; 農場. **landwirtschaftlich** [形] 農業の. **~s=ministerium** [中] 農業省. **~s=schule** [女] 農業専門学校.

> [関連語] Anbaufläche [女] 可耕地面積; Artenschutz [男] 種の保存; Biobauer [男] 有機栽培農家; Biomasse [女] 生物量; Bodenkontamination [女] 土壌汚染; Bodensanierung [女] 土壌除染; Bodenschutz [男] 土壌保護; BSE [女] 狂牛病; Dürre [女] かんばつ; klonen クローニングする; Landschaftspflege [女] 自然環境保全; Nahrungskette [女] 食物連鎖; Nutzpflanze [女] 有益植物; Pestizid [中] 害虫駆除剤; Raubbau [男] 乱伐; Waldbau [男] 造林; Wasserhaushalt [男] 水分バランス

Landzunge [女] 岬.

lang [ラング] ❶ [形] 《länger, längst》 ([英] long)(空間的に)長い〈く〉, 細長い, 丈が長い; 《話》長身の; (時間的に)長い〈く〉, 長時間の; 長さが…の; 詳細な; 長たらしい, 冗長〈冗慢〉な. ❷ [副] 《話》(…に)沿って. ✦ *~ gestreckt* (空間的に)長く延びた. *~ und breit / des Langen* 〔*und Breiten*〕 長々と時間をかけて; 事細かに. *seit ~em* ずっと以前から.

lang=atmig [形] 長たらしい, 冗漫な. **=beinig** [形] 脚の長い.

lange [ランゲ] [副] 《länger, am längsten》 ([英] long)長い間, 長時間, 長期間; (いたずらに)長く, 延々と; 十分に, たっぷり; 《schon と》とっくに, 前々から: ~ nicht ... とうてい…ない, はるかに…に及ばない.

Länge [レンゲ] [女] 《-/-n》 ❶ ([英] length) 《空間的》長さ, 丈; 背丈, 上背; 〔競馬〕馬身; 〔ﾎﾞｰﾄ〕艇身. ❷ 《時間的》長さ. ❸ 詳しさ; 冗長さ. ❹ 〔地理〕経度: östliche 〈westliche〉 ~ 東経〈西経〉. ❺ 〔詩〕長音節. ✦ *auf die ~* 《話》長時間〈長期〉にわたって. *in die ~ ziehen* (…を)長引かせる; 《*sich*⁴》長引く. *um ~n gewinnen* 〈*verlieren, geschlagen werden*〉 《話》完勝〈完敗〉する.

langen [ランゲン] 《langte; gelangt》[自] 《話》(物が)足りる, 十分である; ([英] reach)(物が…まで)達する, 届く; (物を取るために…に)手を伸ばす. ✦ *eine ~* 《話》《*j*³》 (人に)平手打ちを食らわす. *Es langt j*³. 《話》(人には)我慢ならない.

längen [他] ❶ 長くする, 伸ばす; 《*sich*⁴》長くなる. ❷ (スープなどを)薄める.

Längen=grad [男] 〔地学〕経度. **=kreis** [男] 〔地学〕子午線, 経線. **=maß** [中] 長さの単位.

Langensee (der ~)マジョーレ湖(＝Lago Maggiore).

länger [形] [副] (→ lang, lange)より長い〈く〉.

Langeweile [女] 《2・3格で冠詞を伴う場合は Lang*en*weile, 無冠詞の場合は Lang*er*weile もある》退屈, 倦怠.

Langfinger [男] 《戯》すり; どろぼう.

lang=fristig [形] 長期の, 長期間の. **=gestreckt** [過分] ⇨ lang ✦ **=haarig** [形] (動物・織物などの)毛の長い; 長髪の. **=jährig** [形] 長年の, 多年にわたる.

Langlauf [男] 〔ｽｷｰ〕距離競技.

lang=lebig [形] (機械などが)寿命の長い, 耐久性のある. **|=legen** [再] 《*sich*⁴》《話》横になる, 寝る.

länglich [形] 縦長の, 細長い, 長めの. ✦ *~ rund* 楕円(だえん)形の.

Langmut [女] 《雅》寛容, 我慢〈辛抱〉強い心. **langmütig** [形] 《雅》寛容な, 我慢〈辛抱〉強い.

längs [前] 《2格支配, まれに3格》…に沿って; [副] 縦に.

Längs=achse [女] 縦軸, 長軸.

langsam [ラングザーム] ❶ [形] ([英] slow)遅い, ゆっくりした, のろい, (頭が)鈍い. ❷ [副] 次第に, だんだん; そろそろ. ✦ *~, aber sicher* 着々と. **Langsamkeit** [女] 《-/》 緩慢, ゆっくりなこと; 遅鈍, 怠慢.

Lang=schläfer [男] 朝寝坊の人. **=spielplatte** [女] LP レコード([略] LP).

Längs=schnitt [男] 縦断面〔図〕. **=seite** [女] (建物などの)長い方の側面.

längst [レングスト] [形] lang の最上級; [副] (→ lange)とっくに, ずっと以前から: ~ nicht ... とうてい…ない, はるかに…に及ばない. **längstens** [副] 《話》(時間的に)いくら長くても, せいぜい; 遅くとも.

lang=stielig [形] 柄〈茎〉の長い; 《話》退

Langstrecken-bomber 男《空》長距離爆撃機. **-flugzeug** 中 長距離航空機. **-lauf** 男 長距離競走. **-rakete** 女 長距離ミサイル.

langte ⇒ langen

Langweile 女 = Langeweile.

langweilen 他 (人を)退屈(うんざり)させる; (sich⁴) うんざり(退屈)する.

langweilig [ラングヴァイリヒ] 形 (◎ boring) ❶ ⟨古⟩ 退屈な, うんざりするような; 単調な. ❷《話》時間のかかる, のろい.

Langwelle 女 長波.

langwierig 形 長時間(期間)かかる; 手間のかかる, 長引く; やっかいな.

Langzeit-arbeitslose[r] 男/女《形容詞変化》長期間失業者. **-gedächtnis** 中《心》長期記憶. **-prognose** 女 長期予報. **-therapie** 女 長期治療法. **-wirkung** 女 長期的作用(効果, 影響).

Lanolin 中 ⟨-s/⟩ ラノリン, 羊毛脂.

Lanthan 中 ⟨-s/⟩ ランタン (元素名: 記号 La).

Lanze 女 ⟨-/-n⟩ 槍(長い柄の). ♦ eine ~ brechen ⟨einlegen⟩ für j³ (人のために)戦う, (人に)断固として味方する.

Lanzette 女 ⟨-/-n⟩ (手術・種痘用の)ランセット.

Laokoon 《神》ラオコオン (Troja の神官).

Laos ラオス.

Lao-tse, Laozi 老子(前4世紀ごろの中国の思想家).

La Paz ラパス(ボリビアの政府所在地).

lapidar 形 (表現などが)簡潔な, 荘重な.

Lapislazuli 男 ⟨-/-⟩ 《鉱物》ラピスラズリ, 瑠璃(忍).

Lappalie 女 ⟨-/-n⟩《戯》ささいなこと.

Lappen [ラッペン] 男 ⟨-s/-⟩ (◎ Läppchen) ❶ ぼろきれ, 布切れ; ぞうきん, (体をふく)タオル; 《服》ぼろ着. ❷《話》紙幣, お札. ❸ 犬の垂れ耳, 鶏の肉垂れ, (牛の)バラ肉; 《医》(肺などの)葉(よ); 《好》おどし布; 《話》水鳥の水かき; 牛の唇. ❹《服》いくじなし. ♦ durch die ~ gehen ⟨j³⟩ (人から)逃げる, 逃れる.

läppen 他《金属製品を研磨する, (…に)ラップ仕上げを施す.

läppern 他《方》(水などを)すする, ちびちび飲む. ♦ Es ⟨Das⟩ läppert sich.《話》ちりも積もれば山となる.

läppig 形《話》(布地などが)くたびれた, 形の崩れた; (皮膚が)たるんだ, しわの寄った.

läppisch 形《蔑》愚かな, ばかばかしい; わずかな, ほんの少量の.

Lapsus 男 ⟨-/-⟩ (小さな)失敗, へま.

Laptop 男 ⟨-s/-s⟩ 《三》ラップトップ.

LAR 《国別符号》リビア.

Lärche 女 ⟨-/-n⟩《植》カラマツ.

largo 副《楽》ラルゴ, ゆったりと.

Lärm [レルム] 男 ⟨-[e]s/⟩ (◎ noise) 騒音, やかましい音; 叫び(わめき)声. ♦ ~ schlagen 警鐘を鳴らす, 急を告げる; 文句をつける. Viel ~ um nichts.《話》《大山鳴動してねずみ一匹》. **-belästigung** 女 騒音公害. **lärmen** 自 ⟨h⟩ 騒ぐ, やかましくする. **Lärmschutzwall** 男 (高速道路などの)防音壁.

Lars 《男名》ラルス.

Larve 女 ⟨-/-n⟩ (◎ Lärvchen) 動 幼生, 幼虫; 《方》仮面, マスク; 《罵》 醜い顔; 《医》能面のような顔. **larviert** 形《医》(疾患が)仮面性の, 潜在性の.

las ⇒ lesen

lasch 形《話》生気(やる気)のない, けだるうな; 無気力な; 《方》味の薄い.

Lasche 女 ⟨-/-n⟩ 連結金具; (レールの)継ぎ目板; (靴の)舌革; (封筒の)ふた.

läse ⇒ lesen

Laser 男 ⟨-s/-⟩《理》レーザー. **-anlage** 女 レーザー発生装置. **-behandlung** 女 レーザー光線による治療. **-chirurgie** 女 レーザー [光線応用] 外科. **-drucker** 男 レーザープリンター. **-impuls** 男《理》レーザーインパルス. **-kanone** 女《理》レーザー砲. **-medizin** 女 レーザー[光線応用]医学. **-mikroskop** 中 レーザー顕微鏡. **-platte** 女 レーザーディスク. **-printer** 男 レーザープリンター. **-strahl** 男 レーザー光線. **-therapie** 女 レーザー療法.

lasieren 他 (…に)透明塗料(クリアラッカー)を塗る.

lass (ließ) ⇒ lassen

Lassafieber 中《医》ラッサ熱(ウイルス性の急性熱病).

lassen* [ラッセン] (ließ; gelassen, lassen)《使役の助動詞として過去分詞は lassen》 (◎ let) (人・物に…)させる, (人に…)してもらう (Der Lehrer lässt die Schüler Aufsatz schreiben. 先生は生徒に作文を書かせる | Lass mich gehen. 行かせてくれ); (人・物に…)させてなる, させてやる, (人・物に…)するのを許してくれ, ほうっておく (Sie lässt das Baby weinen. 彼女は赤ちゃんを泣かせたままにしておく); (sich⁴)(…)されうる, できる (Die Aufgabe lässt sich leicht lösen. この問題は簡単に解くことができる);《命令法で》⟨Lass ⟨Lasst⟩ uns + 不定詞⟩ (◎ Let's) (…)しよう. ❷ ⟨過去分詞は gelassen⟩ やめる, やめておく, やらない, (人を…へ)行かせる; (…へ)入れる; (…から)出す, 放つ; (…で…に)置いておく; (…を…に)預けていく〈おく〉; (人に…を)貸す. ❸ ⟨過去分詞 gelassen⟩ ⟨von et³⟩ (習癖など)をやめる, 断つ; 《古》 ⟨von j-et³⟩ (…と)別れる, (ある場所)を離れる. ♦ alles unter sich³ ~《話》おねしょする, 垂れ流す. Das lasse ich mir gut gefallen.《話》それはうれしい, それは大歓迎だ. Das muss man j³ ~.《話》その点は認めねばなるまい. einen ⟨fahren, streichen⟩ ~《俗》《話》へをこく. es sich³ wohl sein ~ 生活を楽しむ. hinter sich³ ~《町をどを》後にする, あとにする. nicht zu ~ wissen (sich³) われをわすれる.

lässig 形 ものやわらかな, 何気ない, 自然な; 無造作な;《話》 容易な, たやすい. **Lässigkeit** 女 ⟨-/⟩ さりげなさ; 容易なこと.

lässlich 形 (◎ lässlich) 《雅》《特に宗教的に》許される (罪・過失などが)ささいな;《古》寛容な.

Lasso 中(男) ⟨-s/-s⟩ 投げなわ.

lasst, lässt (ließ, läßt) ⇒ lassen

Last [ラスト] 女 ⟨-/-en⟩ (◎ load) 荷物, 積み荷, 荷重;《比》重荷, 負担, 借金,

責任;〔海〕バラスト;船倉. ✦ ***zu*** j^2 ***～en*** ⇨ zulasten ***zu*** j^2 ***～en gehen*** (人の)負担になる. ***zur ～ fallen*** 〈***werden***〉《j^3》(人に)苦労をかける. ***zur ～ legen*** 《j^3 et^4》(人に…の)責任〈負担〉を負わせる,(…を人の)せいにする.

=**auto** [中] トラック,貨物自動車.

lasten [自] 《**auf** *j-et*^{3}》(…に)のしかかっている;(…にとって)負担になる.

Lasten=**abwurf** [男] (空中からの)貨物投下(救援物資など). =**aufzug** [男] 貨物用リフト〈エレベーター〉. =**ausgleich** [男] 負担調整(第二次大戦の被害に対するドイツの補償施策; [略] LA). =**fallschirm** [男] 貨物投下用落下傘〈パラシュート〉.

lastenfrei [形] (特に経済的に)負担のない;抵当に入っていない.

Laster ❶ [中]《-s/-》悪徳;悪習,悪癖. ❷ [男]《-s/-》《話》= Lastauto. ✦ ***ein langes ～***《戯》のっぽ. **Lästerer** [男]《-s/-》([女] **Lästerin**)中傷者;瀆神(とくしん)者. **lasterhaft** [形] 悪習〈悪癖〉のある;不品行な,自堕落な.

Laster=**höhle** [女]《話》悪の巣窟(そうくつ). =**leben** [中] 自堕落な生活.

lästerlich [形] 中傷的な,口の悪い;不道徳な,破廉恥な. **Lästermaul** [中]《話》毒舌家. **lästern** [自]《蔑》《**über** *j-et*^{4}》(…について)陰口を利く;悪口を言う. **Lästerung** [女]《-/-en》中傷,悪口;(神への)冒瀆(ぼうとく). **Lästerzunge** [女]《話》毒舌家.

..**lastig**「…に偏りすぎた」の意.

lästig [レスティヒ] [形] やっかいな,煩わしい,じゃまな,迷惑な,しつこい: *sich*^{4} bei j^3 ～ machen《話》(人に)迷惑〈面倒〉をかける.

Last=**kahn** [男] はしけ,荷船(石炭船など).

Last=**kraftwagen** [ラストクラフトヴァーゲン] [男]《-s/-》トラック,貨物自動車([略] Lkw, LKW). =**pferd** [中] 荷馬. =**schiff** [中] 貨物船. =**schrift** [女]〔商〕借り〔方〕,借り方記入〔の通知書〕,口座引き落とし書. =**tier** [中] 荷役動物(馬やラクダ). =**träger** [男] 荷物運搬人.

Lastwagen [男] トラック,貨物自動車. =**fahrer** [男] トラック運転手.

Lastzug [男] トレーラートラック.

Lasur [女]《-/-en》透明塗料〈ラッカー〉;透明塗料〈ラッカー〉仕上げ. =**stein** [男]〔鉱物〕ラピスラズリ,瑠璃(るり).

lasziv [形] わいせつな;みだらな.

lat. [略] *lat*einisch ラテン語の.

Latein [ラタイン] [中]《-s/-》([英] Latin) ラテン語;ラテン語〈文学〉の授業. ✦ ***mit seinem ～ am Ende sein*** 途方に暮れる,万策尽きる.

Lateinamerika ラテンアメリカ.

Lateiner [男]《-s/-》ラテン語学習者. **lateinisch** [形] ラテン語の〈文字による〉.

Lateinsegel [中]〔海〕三角帆.

La-Tène-Zeit [女] ラテーヌ期(ヨーロッパの後期鉄器時代).

latent [形] 潜在する,隠れた;〔医〕潜伏性の. **Latenzzeit** [女]〔生理〕反応時間;〔医〕潜伏期間.

laterieren [他]〔商〕〔帳簿を〕ページごとに計算する.

Laterne [ラテルネ] [女]《-/-n》([英] lantern)街灯,ランタン,提灯(ちょうちん),カンテラ;〔建〕(丸屋根の)塔頂,(灯台の)灯室;(馬などの)鼻白(はなじろ). ✦ ***die rote ～***〔スポーツ〕最下位. ***mit der ～ suchen können***《話》(…を)捜すのに苦心する.

Latexfarbe [女] ラテックス塗料.

latinisieren [他] (名前などを)ラテン語化する,ラテン語風にする.

Latino [男]《-s/-s》(アメリカ大陸などの)ラテン系移民.

Latinum [中]《-s/》(試験などで認定された)ラテン語の知識.

Latrine [女]《-/-n》(外に穴を掘って作った)仮設トイレ. **～n**=**parole** [女]《蔑》うわさ話,デマ.

Latsch [男]《-[e]s/-e》《話》= Latschen.

Latsche [女]《-/-n》, **Latschenkiefer** [女]〔植〕ヨーロッパハイマツ.

latschen [自] (s)《話》のろのろ〈足を引きずって〉歩く.

Latschen [男]《-s/-》《話》(履き古した)靴;どた靴.

latschig [形]《話》(態度・動作が)だらしない;のろのろした.

Latte [女]《-/-n》(柵などに用いる)細長い板;〔スポーツ〕(高跳びの)バー;(ゴールの)クロスバー;(スキーの)板;〔林業〕まっすぐな若木〈苗木〉. ✦ ***auf der ～ haben***《話》(人を)嫌っている. [***eine***] ***lange ～***《話》背高のっぽ. ***eine*** [***lange, schöne***] ***～ von*** et^3《話》たくさんの〈いろいろな〉(…). ***einen auf der ～ haben***《話》ひどく酔っている. **～n**=**verschlag** [男] 板で仕切った部屋. **～n**=**zaun** [男] 木の柵.

Latus [中]《-/-》〔商〕(ページごとの)小計,(次ページへの)繰越高.

Latz [男]《-es/Lätze (オーストリア-e)》([小] **Lätzchen**)よだれ掛け;(吊りズボン・エプロンなどの)胸当て;(民俗衣装の)飾り布. ✦ ***eins*** 〈***eine***〉 ***vor den ～ knallen***《話》《j^3》(人に)一発食らわす,(人を)どやしつける. **Lätzchen** [中]《-s/-》よだれ掛け. **Latzhose** [女] 胸当てつきズボン,オーバーオール.

lau [ラオ] [形] (気候が)温暖な;(液体が)生ぬるい;(態度が)煮え切らない,中途半端な;〔商〕(需要が)低調な,低迷する. ✦ ***für ～***《方》ただで.

Laub [ラオプ] [中]《-[e]s/》([英] leaf)《集合的》葉,木の葉;〔トランプ〕スペード. =**baum** [男] 広葉樹.

Laube [女]《-/-n》園亭,あずまや;《[複]》〔建〕アーケード. ✦ [***Und***] ***fertig ist die ～!***《話》これでよし,万事完了だ. **～n**=**gang** [男] 木陰の道;アーケード;(アパートなどの)外廊下.

Laub=**frosch** [男] アマガエル(雨蛙). =**holz** [中] 広葉樹. =**säge** [女] 糸のこ. =**wald** [男] 広葉樹林. =**werk** [中] 木の葉;〔建・美〕葉形飾り.

Lauch [男]《-[e]s/-e》〔植〕ネギ属.

Laudatio [女]《-/-nes》賛辞,祝辞.

Lauer ❶ [男]《-s/-》2番しぼりワイン. ❷ [女] ✦ ***auf der ～ liegen*** 〈***sein, sitzen, stehen***〉待ち伏せする. ***auf die ～ legen***《*sich*^{4}》待ち構える.

lauern [自]《**auf** *j-et*^{4}》(…を)待ち伏せる,

ひそかにねらう; 《話》(チャンスなどを)うかがう, 待ち構える. **~d** [形] うかがうような, 陰険な.
lauest ⇨ lau
Lauf [ラオフ] [男] 《-[e]s/**Läufe**》 ❶ ([英] run)走行, 歩行; [スポ] ランニング, 競走, 滑走. ❷ (機械などの)作動, 運転; (物体の)運動; (物事の)推移, 経過, 進行, 進展. ❸ (川などの)流れ, 進路, 行路, 行程; (天体の)軌道. ❹ 銃身; (犬などの)脚. ❺ [楽] パッセージ; [コンピ] プログラムの実行. ✦ *freien* 〈*seinen*〉 *~ lassen* 《*et*^{3}》(…を)成り行きにまかせる, 抑制しない. *im ~[e] der Zeit* 〈*der Jahre*〉時〈年月〉が経つにつれ, 次第に. *in ~ setzen* 《*sich*^{4}》歩き〈走り〉出す. *seinen ~ nehmen* 着々と進む, もう止まらない.
Lauf=bahn [女] ([英] career)職歴, 履歴, キャリア; [スポ] 走路, トラック; (天体などの)軌道. **=bursche** [男] 使い走りの少年, メッセンジャーボーイ.
Läufe ⇨ Lauf
laufen* [ラオフェン] 《**lief; gelaufen**》 **I** [自] ❶ (s, h)([英] run)走る, 駆ける; [スポ] 競走する; (スキー・スケートなどを)する. ❷ (s)([英] walk)歩く, 歩いて行く; 《**gegen** 〈**in**〉 *et*^{4}》(…に)ぶつかる, 衝突する; (機械などが)動く, 作動〈回転〉する. ❸ (s)(水などが…へ)流れる, 滴る(*J*^{3} *läuft* die Nase. 鼻が出る); (チーズなどが)溶けて流れる; 《話》(商品などの)売れ行きが(…)である; 上映〈放映〉される. ❹ (s)(事態が)進行する; (裁判・捜査などが)継続中である; (契約などが)効力を持ち続ける, 有効である. **II** [他] (h, s)走って(記録を)出す. **III** [再] (sich^3 die Füße wund ~ 走って足を痛める | sich^4 müde ~ 走り疲れる | Es läuft sich ... 走り心地が(…)である. ✦ *auf Grund ~* 座礁する. *gelaufen sein* 《話》もう済んでしまっている〈変えられない〉. *lange nach et*^{3} *~* (…を)さんざん探し回る. *~ lassen* 《話》(人を)無罪放免する, 釈放する. *Na, wie läuft's?* 《話》調子はどうだい. *wie geschmiert ~* 《話》(事が)円滑に運ぶ, すらすらと進む.
laufend [形] 現在〈今〉の; 続きの, 絶え間ない; 日常の; 継続した. ✦ *auf dem Laufenden halten* 《*j*^{4}》(人に)絶えず最新の情報を提供する. *auf dem Laufenden sein* 〈*bleiben*〉最新の事情に通じている, 現状をよく知っている.
laufen|lassen* [旧]⇨ laufen ✦
Läufer [ロイファー] [男] 《-s/-》 ([女] **-in**) ([英] runner)走る人, 歩行者; [スポ] ランナー, 走者, 競走選手; [サッカー・ホッケー] ハーフバック; [チェス] ビショップ; (廊下・階段用の)細長い絨毯(じゅうたん); [工] (電動機などの)回転部, ローター; [畜] 離乳した子豚. **Lauferei** [女] 《-/-en》 《話》走り回ること, (無駄な)奔走, 骨折り.
Lauf=feuer [中] ✦ *wie ein ~* たちまち. **=fläche** [女] (タイヤの)接地面; (スキーの)滑走面. **=frist** [女] [商] (手形の)支払期限. **=gewicht** [中] (桿秤(さおばかり)などの)移動分銅. **=gitter** [中] ベビーサークル.
läufig [形] (雌犬が)盛りのついた.
Lauf=junge [男] 使い走りの少年, メッセンジャーボーイ. **=katze** [女] (クレーンの)走行ウィンチ台車. **=kundschaft** [女] 《集合的》浮動客[層], ふりの客. **=masche** [女] (ストッキングなどの)伝線. **=pass** ([旧]=**paß**) [男] ✦ *den ~ geben* 《話》《*j*^{3}》(人を)解雇する, (人と)絶交する. **=schiene** [女] (重量物などの移動用)ガイドレール. **=schritt** [男] 駆け足.
läufst ⇨ laufen
Lauf=stall [男] ([小] **..ställchen**)ベビーサークル. **=steg** [男] 歩み板; (ファッションショーなどの)エプロン, 張り出しステージ.
läuft ⇨ laufen
Lauf=werk [ラオフヴェルク] [中] 《-[e]s/-e》 [コンピ] ディスクドライブ; (機械の)動力〈駆動〉装置. **=zeit** [女] 所要時間; (レースの)タイム; (映画・演劇の)上演時間〈期間〉; [理] (電子などの)走行時間; (機械の)耐用期間; [商] (手形の)支払い期限; (負債の)償還期間; (契約の)有効期間. **=zettel** [男] 回状, 回覧書; (回覧物の)閲覧〈受領〉確認票; (貨物・郵便物の)事故追跡調査票; 作業工程票.
Lauge [女] 《-/-n》 アルカリ液; 灰汁(あく); (洗濯用)石けん水.
Lauheit [女] 《-/》 優柔不断な〈煮え切らない〉態度.
Laune [ラオネ] [女] 《-/-n》 ([英] mood)機嫌, 気分, 心持ち; 《複》 気まぐれ; むら気; (気まぐれな)思いつき. ✦ *gute* 〈*schlechte*〉 *~ haben* / *bei* 〈*nicht bei*〉 *~ sein* 機嫌がよい〈悪い〉.
launenhaft [形] 《-er/-est》 気まぐれな.
Launenhaftigkeit [女] 《-/》 気まぐれ.
launig [形] 上機嫌な; ユーモラスな.
launisch [形] 気まぐれな; 不機嫌な.
Laus [女] 《-/Läuse》 シラミ. ✦ *eine ~ in den Pelz setzen* 《*j*^{3}》(人に)やっかい〈面倒〉を引き起こす, (人に)不信の念を抱かせる; 《*sich*^{3}》やっかいを背負いこむ, ひどい目にあう. *J*^{3} *ist eine ~ über die Leber gelaufen* 〈*gekrochen*〉. 《話》(人は)機嫌が悪い.
Lausanne ローザンヌ(スイス西部の都市).
Laus=bub [男] 《-en/-en》 《南部》 わんぱく小僧, きかん坊. **=bubenstreich** [男], **=büberei** [女] 《-/-en》 (子供の)いたずら, 悪ふざけ.
Lausch=angriff [男] 盗聴工作.
lauschen [自] ([英] listen) 《**auf** *et*^{4}》 (…に)耳を澄ます; 《*j-et*^{3}》(…を)傾聴する; 立ち聞き〈盗み聞き〉をする. **Lauscher** [男] 《-s/-》 ([女] **-in**)立ち聞き〈盗み聞き〉する人; [狩] (シカ・キツネなどの)耳.
lauschig [形] ひっそりとした, 人目に付かない, 静かで過ごしやすい.
Läuse ⇨ Laus
Lause=bengel [男], **=junge** [男] 《話》 わんぱく小僧, きかん坊.
lausen [他] (…の)シラミを取[ってや]る; 《話》(人から)金を巻き上げる; 《話》(警官などが人の)身体検査をする. **Lauser** [男] 《-s/-》 《方》 わんぱく小僧. **lausig** [形] 《蔑》 いやな, ひどい; 惨めな; (金銭が)わずかばかりの; 《話》 たいへんな.
laust ⇨ lau, lausen
laut [ラオト] ❶ [形] ([英] loud)音〈声〉の大きい, 騒がしい, やかましい, うるさい. ❷ [前] 《2格または3格支配》 …に従えば; …により. ✦ *~ denken* ひとりごとを言う. ~

Laut [ラオト] 男 《-[e]s/-e》《® sound》音, 声;《言》音声;語音;音韻. ♦ ～ **geben** 吠えて知らせる.

lautbar 形 ♦ ～ **werden**《古》知れ渡る, うわさされる.

Laute 囡《-/-n》リュート (古い弦楽器).

lauten [ラオテン]《lautete; gelautet》自 ❶《語句などが》…となっている, (…と) 書かれている;《auf et⁴》(判決などが…という) の内容である:《…に》聞こえる: Der Brief lautet : … 手紙には「…」と書いてある. ❷ 他《雅》(…に) 聞こえる.

lauten ⇒ laut 自

läuten [ロイテン]《läutete; geläutet》他 ❶《® ring》(鐘が) 鳴る, 鳴り響く;(鐘を鳴らす; (鐘・ベルの時刻を) 告げる;(ドアのベルを) 鳴らす:《南部・オーストリア》(時計・呼び鈴などが) 鳴る: Es läutet 12 Uhr《zur Arbeit》. 正午時の鐘《始業のベル》が鳴っている. ♦ **von** ～ **hören**《過去形・完了形で》(…を) 小耳に挟む.

lauter [ラオター] 形 ❶《無変化》《話》…ばかり, ただ, …だけ. ❷ 形 純粋な, 澄みきった;誠実な. ❸ ⇒ laut **Lauterkeit** 囡《-/》純粋さ;誠実さ.

läutern 他 (…の) 不純物を除く, (…を) 浄化《精製》する;(金属を精錬する;蒸留する;(比) (人の心を清める, 純化する. **Läuterung** 囡《-/-en》浄化, 精製;蒸留.

lautest ⇒ laut ❶ **läutete** ⇒ lauten ❶

Läutewerk 中 (鉄切などの) 警報機;(玄関・時計などの) ベル.

lauthals 副 大声で, 声を張り絞って.

Lautlehre 囡《言》(音声学・音韻論を含めた) 語音論.

lautlich 形 音声《音韻》に関する.

lautlos 形 物音のしない, 静まりかえった;声を出さない. **Lautlosigkeit** 囡《-/》静寂;沈黙.

lautmalend 形 擬音〈擬声〉の. **Lautmalerei** 囡《-/-en》擬音〈擬声〉法〈語〉.

Lautschrift 囡 音声記号, 表音文字.

Lautsprecher [ラオトシュプレッヒャー] 男《-s/-》拡声器;《ラウドスピーカー. ～**box** 囡 スピーカーボックス;箱型スピーカー. ～**wagen** 男 宣伝車.

lautstark 形 大声の;騒々しい.

Lautstärke 囡 音〈声〉の大きさ, 音量. ～**regler** 男 音量調整器.

Laut～**system** 中《言》音組組織. ～**veränderung** 囡《言》音韻変化.

Läutwerk 中 (鉄切などの) 警報機;(玄関・時計などの) ベル.

lauwarm 形 なまぬるい〈温かい〉;熱意のない, 気乗り薄の.

Lava 囡《-/..ven》《地学》溶岩.

Lavendel 男《-s/》ラベンダー (薬草);《-s/-》ラベンダー香水.

lavieren《自》《sich³》困難を巧みに切り抜ける;他 巧みに操る;(水彩画の) 色をぼかす;(色を) ぼかして彩色する.

Lawine 囡《-/-n》雪崩(なだれ);《比》(事件などの) 殺到: eine ～ **von** Zeitschriften 大量の雑誌. 雑誌の中に大きな結果を招く. ..**lawine** 「すごく大量の…, 雪崩のようにおし寄せる…」の意.

lawinenartig 形 雪崩(な)のような.

Lawrencium 中《-s/》ローレンシウム (元素名:《記号》Lr).

lax 形 しまりのない, 緩い;ルーズな.

Laxheit 囡《-/》しまりのない〈ルーズなこと〉;ルーズさふるまい.

layouten [レーアウテン] 他《印》割り付ける〈レイアウト〉する.

Lazarett 中《-[e]s/-e》野戦病院. ～**schiff** 中《海》病院船.

Lazarus 男《-[ses]/-se》《話》苦悩する人;かわいそうな人. ♦ **ein armer** ～ 気の毒な人.

l.B. 略 laut Bericht 報道によれば. **Ld.** 略 limited . **Ldbd.** 略 Leder[ein]band. **LDPD, LDP** 略 Liberal-Demokratische Partei Deutschlands ドイツ自由民主党 (旧東ドイツの政党).

Lea レア(1) 女名. (2)《聖》Jakob の妻の一人). **Leander** [男名] レアンダー.

leasen [リーゼン] 他 リースで借りる.

Leasing [リージィング] 中《-s/-s》《経》リース, (機械器具などの) 賃貸体. ～**firma** 囡, ～**gesellschaft** 囡 賃貸業〈リース〉会社.

Lebehoch 中《-s/-s》万歳.

Lebemann 男《雅》《上流社会の》道楽者.

leben [レーベン]《lebte; gelebt》Ⅰ 自 ❶《® live》生きている, 生存している;(…の状態で) 暮らしている. 生活している;(…の場所に) 住んでいる;(動物が) 生息する. ❷《**von** et³》(…を食べて) 生きている;(…の収入で) 生活する;《**für** j-et⁴》(…を生きがいにする. (…のために) 生きる. Ⅱ 他 …な身で〈生活〉をする: ein glückliches Leben ～ 幸せな人生を送る. Ⅲ 中《**Es lebe doch.** 《話》生活心地よく! ♦ **nicht** ～ **und nicht sterben können** 息絶え絶える.

Leben [レーベン] 中《-s/-》 ❶《® life》生命, 生, 生存. ❷ 生涯, 一生, 人生. ❸ 生活, 暮らし(ぶり). ❹ 活気, 生気, 元気. ❺ 現実〈日常〉生活, 実生活. ❻ 生きがい, 大切なもの. ♦ ～ **erhalten** (人) を生かしておく. **am** ～ **sein**〈**bleiben**〉生きている〈生き続ける〉. **auf** ～ **und Tod** 生死をかけて. **aus dem** ～ **gegriffen** 現実的な〈に〉, リアルな. **aus dem** ～ **scheiden** 自殺する. **das ewige** ～ 永遠の命. **das** ～ **nehmen** [*sich*³] (自ら) 命を絶つ. **das** ～ **sauer machen** [*j³*] (人) を不愉快にさせる. **das** ～ **schenken** [*j³*] (人) を助ける. **das süße** ～ ぜいたくな生活. **durchs** ～ **schlagen** [*sich*⁴] 生存競争を生き抜く. **für sein** ～ **gern tun** (…を) 大好きである. **ins ewige** ～ **eingehen** 死ぬ. **ins** ～ **rufen** (…を) 設立〈創設〉する. **seinem** ～ **ein Ende machen** 〈**setzen**〉自殺する. ～ **in die Bude bringen** 座をもてなす, 雰囲気を盛り上げる. **sein** ～ **lassen** 命を落とす, 死ぬ. **seines** ～ **nicht mehr froh werden** いつも悩みを抱えている. **sein** ～ **teuer verkaufen** 必死に抵抗する. **Lebe wohl!** さようなら! ～ **Sie wohl!** (別れぎわに) 達者でね. お元気で. **mit dem** ～ **davonkommen** 危機を脱する. **nach dem** ～ **trachten** [*j³*] (人を) 殺そうとする;(人の

命をねらう. **nie im** 〜決して…ない. **So ist das 〜.** 人生とはそんなもの. **ums-bringen** (人を)殺す. **ums-kommen** 死ぬ, 急の不意の死を遂げる: 事故で死ぬ. **wie das blühende 〜 aussehen** とても元気(健康)そうに見える.

lebend 彫 生きている, 命ある; 現存の. **-frisch** 彫 (移植用臓器などが)生命を保って新鮮な. **Lebendgewicht** 中 (肉獣の)生体重量; 《諧謔》人間の体重.

lebendig [レベンディヒ] 彫 (⊕ alive) 生き生きとした, 活発な. 生気(活気)にあふれた; 生々しい, 生きている, 生命のある. **Lebendigkeit** 女(-/-)

Lebens-abend 男《雅》晚年, 人生のたそがれ. **-abschnitt** 男 人生(生涯)の一時期. **-ader** 女 (都市などの)生命線, ライフライン; 主要交通路. **-alter** 中 年齢; (生涯の)時期. **-anschauung** 女人生観. **-art** 女 生き方, 生活様式; 礼儀. **-auffassung** 女 人生観. **-aufgabe** 女 一生(生涯)の課題. **-bedingung** 女 生活(生涯)条件.

lebensbedrohlich 彫 生命を脅かす.

Lebens-dauer 女 寿命; (機械などの)耐用年数. **-ende** 中 生命の終わり, 臨終. **-erfahrung** 女 人生経験, 生活体験. **-erhaltungssystem** 中 生命維持システム. **-erwartung** 女 平均余命. ◆ **den 〜 abschneiden**《雅》(jｱ³)(人の)命を絶つ.

lebensfähig 彫 (新生児などが)生命力のある; 《転》生き残れる. **Lebensfähigkeit** 女 (-/-).

Lebensfrage 女 死活(重大)問題.

lebensfremd 彫 世事にうとい, 浮き世離れした. **Lebensfreude** 女 生きる喜び. **lebensfroh** 彫 生きる喜びに満ちた, 生活を楽しんでいる.

Lebens-gefahr [レーベンスゲファール] 女 (-/) 生命の危険. **lebensgefährlich** 彫 生命の危険な, 致命的な. **-gefährte** 男 生活の伴侶, 連れ合い. **-geister** 複 活気, 精気. **-gemeinschaft** 女 生活共同体; 同居. **-geschichte** 女 一生涯の物語, 伝記.

lebensgroß 彫 等身大の. **Lebensgröße** 女 ◆ **in** ⟨**voller**⟩ **〜** 実物大の, 等身大の.

Lebensgrundlage 女 生活の基盤.

Lebenshaltung 女 (-/) 生活の維持, 生計. **〜s-index** 男 生計費指数.

Lebens-interesse 中 重大(関心)事. **-jahr** 中 年齢. **-kosten** 複 生活費. **-kraft** 女 生命力, 活力, バイタリティー. **-lage** 女 生活状態, 境遇.

lebens-lang 彫 一生の, 終身の. **-länglich** 彫 (刑罰などが)終身の.

Lebens-lauf 男 経歷; 経歷書. **-licht** 中 《雅》命のともしび; (誕生日を祝う)ろうそく. ◆ **aus blasen** ⟨**auspuzten, auslöschen**⟩《jｳ³》(人の)命を奪う.

lebenslustig 彫 陽気な, 人生を楽しんでいる.

Lebensmittel [レーベンスミッテル] 中 (-s/-), 複 (⊕ food) 食料(品). **-chemie** 女 食品化学. **-geschäft** 中 食料品店. **-versorgung** 女 食糧供給(補給).

Lebens-möglichkeit 女 生活の可能性. **-motto** 中 人生の座右銘.

lebensmüde 彫 (人生に)疲れた. **Lebensmut** 男 生活に立ち向かう勇気; 生きようとする意欲. **lebensnah** 彫 リアルな; 現実に即した. **Lebensnerv** 男 生存(生活)に不可欠なもの. **lebensnotwendig** 彫 生きるために必要な, 非常に大事な.

Lebens-qualität 女 生活の質. **-raum** 男 生活空間, 生活圏; 《生》行動圏. **-rhythmus** 男 生活のリズム. **-standard** 男 生活水準. **-stellung** 女 終身職. **-stil** 男 生活様式; 生き方. **-unterhalt** 男 《医》生活費. **-versicherung** 女 生命保険. **-wandel** 男 生活態度, 品行. **-weg** 男 人生行路. **-weise** 女 生き方, 生活様式. **-weisheit** 女 人生の知恵, 処世訓. **-werk** 中 ライフワーク.

lebenswichtig 彫 生命にかかわる; きわめて重要な.

Lebens-wille 男 生きる意志. **-zeichen** 中 消息. **-zeit** 女 寿命, 生涯. ◆ **auf 〜** 一生涯, 終身. **-ziel** 中 人生の目標(目的). **-zweck** 男 人生の目的, 生存の意義.

Leber [レーバー] 女 (-/-n) (⊕ liver) 肝臓; レバー, レバー料理. ◆ **an der 〜 fressen**《jｳ³》(人を)悩ませる, いらいらさせる. **frisch** ⟨**frei**⟩ **von der 〜 weg reden** ⟨**sprechen**⟩ 思っていることを言う. **von der 〜 reden** ⟨**sich³ at⁴**⟩《…言》しゃべってうきを晴らす.

Leberfunktion 女 肝臓の機能, 肝機能. **-prüfung** 女 肝機能の検査.

Leberkäse 男 《料》レバーケーゼ(ドイツ風ミートローフ).

leberkrank 彫 肝臓病の.

Leber-pastete 女 《料》レバーペースト. **-test** 男 《医》肝機能検査. **-transplantation** 女 肝臓移植. **-verpflanzung** 女 《医》肝臓移植. **-wert** 男 《医》肝機能の数値. **-wurst** 女 レバーソーセージ. ◆ **die gekränkte** ⟨**beleidigte**⟩ **〜 spielen** ⟨**sein**⟩《話》ささいなことでむくれる.

Lebe-welt 女 生物界; 有閑⟨上流⟩階級. **-wesen** 中 生物.

Lebewohl 中 (-[e]s/-s, -e) (さようならという)別れのあいさつ.

lebhaft [レープハフト] 彫 ❶ (⊕ lively) 活発な(で), 元気のある, 生き生きとした, 活気に満ちた; 力強い(く); はっきりとした, 鮮明な. ❷ 激しく, きわめて. **Lebhaftigkeit** 女 (-/).

Lebkuchen 男 レーブクーヘン(はちみつ・香料入りケーキ).

leblos 彫 死んでいる; 活気(生気)のない. **Leblosigkeit** 女 (-/-) 死んだような状態; 活気(生気)のなさ.

Lebtag 男 (-[e]s/-e) 生涯. ◆ [**all**] **sein 〜** 生きている間中.

lebte ⇒ leben

Lebzeiten 複 生存期間. ◆ **bei** ⟨**zu**⟩ **〜** 生きている間に, 存命中に.

lechzen 動 (**nach** *at*⁴) (…を)渇望する.

leck 彫 (水などが)漏る, 浸水箇所のある.

Leck 中 (-[e]s/-s) 水漏れ⟨浸水⟩箇所.

lecken [レッケン] (leckte; geleckt) ❶ 他 (英 lick)なめる; 皮革. 《j⁴ et⁴》(人の…をなめる; 《et⁴ von et³》(…を)なめて取る. ❷ 自 《an et³》(…を)なめる; (容器が)漏る; (船が)浸水する. ✦ **Leck mich** 〖doch〗!〖卑〗ほっといてくれ.

lecker [レカー] 胴 おいしい, 食欲をそそる. **Leckerbissen** 男 おいしい食べ物; 珍味. **Leckerei** 安 《-/-en》おいしい食べ物; 甘い菓子. **Leckermaul** 中 〖話〗美食家; 甘党.

leckte ⇨ lecken

led. 略 ledig 未婚の.

Leder [レーダー] 中 《-s/-》 (英 leather) (なめした)革, 皮革; ガラス拭きのセーム革; 〖話〗サッカーボール. ✦ **ans ~ gehen 〈wollen〉**〖j³〗(人を)やっつけようとする. **das ~ gerben 〈versohlen〉**〖j³〗(人)をひどく殴る. **vom ~ ziehen 〈gegen j⁴〉**(人)の の のしる, (人に)けんか腰に言う. **was das ~ hält** 力限り, 激しく. =**band** 男 革装本. =**einband** 男 〖製本〗革装. =**handschuh** 男 革手袋, 手袋. =**hose** 女 (特に南ドイツやアルプス地方の)革(製半)ズボン. =**jacke** 女 革のジャケット〈上着〉.

ledern ❶ 自 革布で磨く; 〖話〗(人を)ぶん殴る. ❷ 胴 革製の; 革のように硬い; 〖話〗おもしろみのない.

Leder-rücken 男 〖製本〗背革製. =**waren** 複 皮革製品.

ledig [レーディヒ] 胴 《英 single》独身の, 未婚の《略 led.》;〖雅〗《et³》(…を)免れている, (…に)捕らわれない.

lediglich 副 《nur》ただ, 単に.

Lee 安 《-/》海 風下.

leer [レーア] 胴 《英 empty》空(から)の, 空いて(いる); がらんとした, 人気のない; 空虚な; 内容のない. ✦ **~ ausgehen** 分け前にあずかれない. **~ laufen** (機械・エンジンなどが)空転〈アイドリング〉する; (容器が)漏って空になる. **~ stehend** 空き家の, 使われていない (貨物などが)家具の入っていない. ..**leer**「「期待に反して」〈…が〉ない」の意. **Leere** 安 《形容詞変化》空(から), 空虚. ⇨ Leere〖s〗

leeren 他 《英 empty》(容器)を空にする; (英 fill)空(から)にする. 《sich⁴》空になる.

Leere〖s〗 《形容詞変化》空(から), 実体のないこと.

Leer-formel 安 白けた(空しい)決まり文句. =**gewicht** 中 (車両などの)自重(きかか). =**gut** 中 (空の)空容器 (空き瓶など). =**lauf** 男 (機械の)空転, アイドリング; 徒労.

leer-laufen*, =**stehend** 胴 ⇨ leer ✦

Leertaste 安 (キーボードの)スペースキー. **Leerung** 安 《-/-en》空にすること; (郵便ポストの)開鎖〈収集〉.

Leerverkauf 男 〖商〗空(から)売り.

Lefze 安 《-/-n》(動物の)唇.

leg. 略 legato.

legal 胴 合法的な, 適法の, 正当な. **legalisieren** 他 《…を》合法〈適法〉化する, 認可する. **Legalität** 安 《-/》合法(性), 合法性.

Legasthenie 安 読み書き障害.

Legastheniker 男 《-s/-》(安 **-in**)読み書き障害者.

Legation 安 《-/-en》〖ポ.〗教皇使節団; 枢機卿公邸.

legato 副 〖楽〗レガートで (滑らかに).

legen [レーゲン] 他 (英 lay) 横たえる, 〖横にして〗置く, 寝かせる (英 lie down) 横たえる, 寝かせぶ; 《j⁴ 〈sich⁴〉 auf den Rücken ~》 人をあおむけに寝かす〈寝る〉. ❷ 《…をある場所に》置く, 立てかける, しまう, 入れる. ❸ (レール・ケーブルなどを)敷く, 配管(配線)する; 〖卵を〗産む. ❹《sich⁴》(嵐・怒り・興奮が)治まる, 静まる.

legendär 胴 伝説上の, 伝説的な; 信じられない, 驚くべき.

Legende 安 《-/-n》聖人伝; 伝説, 言い伝え; (地図などの)記号説明.

leger [レジェーア] 胴 気楽な; 投げやりな.

Leges ⇨ Lex

legieren 他 (金属)を合金にする; (スープなどに)とろみをつける. **Legierung** 安 《-/-en》合金.

Legion 安 《-/-en》 (古代ローマの)軍団; 義勇軍, 傭兵隊; 〖話〗多数, 大勢. **Legionär** 男 《-s/-e》 (古代ローマの)軍団兵; 義勇兵; 傭兵隊.

Legislative 安 《-/-n》立法権; 立法府 (機関).

Legislatur 安 《-/-en》立法. =**periode** 安 (議員の)被選期間.

legitim 胴 合法的な; 正当な, もっともな; 公認の; 嫡出の. **Legitimation** 安 《-/-n》公認, 認定; 身分(資格)証明(書); (子供の)認知. **legitimieren** 他 正当 (合法)と認める; 《sich⁴》身分を証明する. (子)を認知する; 《sich⁴》身分を証明する. **Legitimierung** 安 《-/-en》正当〈合法〉と認めること, 資格認定, (子供の)認知; 身分の証明. **Legitimität** 安 《-/》合法(性), 正当性; 嫡出.

legte ⇨ legen

Leguan 男 《-s/-e》〖動〗イグアナ.

Lehen 中 《-s/-》(封建時代の)封土.

Lehm 男 《-〖e〗s/-e》粘土, ローム. =**boden** 男 粘土〈ローム〉質の土壌. =**grube** 安 粘土坑.

lehmig 胴 粘土質(の)の; 粘土だらけの.

Lehne 安 《-/-n》(いすの)背もたれ; ひじ掛け; 〖南部〗(山の)斜面.

lehnen [レーネン] (lehnte; gelehnt) ❶ 他 《英 lean》(壁などに)寄りかからせる, 立てかける. ❷ 自 《…に》立てかけてある; 《sich⁴ an 〈gegen〉 j⁴〈et⁴〉》…に寄りかかる; 《sich⁴ aus et³ 〈über et⁴〉》(…から)身を乗り出す.

Lehn-sessel 男 安楽いす. **Lehns-herr** 男 (中世の)封建領主〈君主〉. =**mann** 男 (中世の)封建家臣, 臣下. **Lehn-stuhl** 男 ひじ掛けいす.

lehnte ⇨ lehnen

Lehnwort 中 〖言〗借用語.

Lehr-amt 中 教職. =**anstalt** 安 教育施設, 学校. =**beauftragte〖r〗** 男安 《形容詞変化》 (大学の)非常勤講師. =**beruf** 男 教職; 見習い期間を要する職業. =**brief** 男 通信教育教材; 徒弟修業証書. =**buch** 中 教科書, 学習書. =**deputat** 中 (教師の)基準授業時間数.

Lehre [レーレ] 安 《-/-n》❶ 教え, 教訓;

lehren [レーレン] (lehrte; gelehrt) ⓗ ❶ (愛 teach) 〖j⁴〗 et³〗 〖人に〗…を教える; 授業をする, 指導する, 仕込む. ❷ 〖物事が示して〗教えている.

Lehrer [レーラー] 圐 〖-s/-〗 (愛 teacher) 教員, 教師; 先生. =**ausbildung** 囡 教員養成. =**fortbildung** 囡 教員再教育〔研修〕.

Lehrerschaft 囡 〖-/-〗 (学校または地区の) 教員全体. **Lehrerzimmer** 囲 教員職員室.

Lehrfach 中 授業科目, 学科; 教職. =**film** 圐 教材用映画. =**gang** 圐 教育課程, 講習. =**geld** 中 ◆ *Lass dir das ~ zurückgeben!* 〖話·戲〗 いったい今まで何を習ってきたんだ〔*teures*〕~ *geben* 〖zahlen〗 (失敗などして) 高い代償を払う.

lehrhaft 形 啓発的な, 教育的な. =**herr** 圐 親方, 師匠. =**jahr** 中 修業 〔見習い〕 年. =**junge** 圐 (男の) 徒弟, 見習い. =**knabe** 圐 = Lehrjunge. =**körper** 圐 教師団; (大学の) 教授団. =**kraft** 囡 教師.

Lehrling [レーアリング] 圐 〖-s/-e〗 実習生; 職業訓練生, 徒弟, 見習い, 弟子.

Lehrmädchen 中 (女の) 徒弟, 女子実習生. =**meister** 圐 師匠, 先生; (徒弟の) 親方. =**methode** 囡 教授 〔教育〕 法. =**mittel** 中 教材. =**plan** 圐 教育課程; カリキュラム; 指導案.

lehrreich 形 啓発的な, ためになる.

Lehrsatz 圐 定理. =**stelle** 囡 見習い 〔実習〕 の職場. =**stoff** 圐 教材. =**stück** 中 教訓劇. =**stuhl** 圐 (大学の) 教授のポスト, 講座.

lehrte ⇒ lehren

Lehrveranstaltung 囡 (大学での) 教育のための催し (講義・ゼミなど). =**vertrag** 圐 見習い契約. =**werkstatt** 囡 実習工場. =**zeit** 囡 見習い期間.

Leib [ライブ] 圐 〖-(e)s/-er〗 (愛 body) 肉体, 体; 腹. ◆ *alles an den ~ hängen* 〖話〗 衣服に有り金をはたく. *am eigenen ~ erfahren* 〈*zu spüren bekommen*〉 (…を) 身をもって体験する. *auf den ~ geschnitten* 〈*zugeschnitten, geschneidert*〉 *sein* 〖j³〗 (人の) 体にぴったり合う. *auf den ~ rücken* 〖j³〗 (人に) 押しこく迫る. *bei lebendigem ~ verbrennen* (人を) 火あぶりに処する. *der ~ Christi* 〈*des Herrn*〉 〖雌敎〗 聖体. *gesegneten ~es sein* 〖雅〗 妊娠している. *mit ~ und Seele* 全身全霊をかたむけて. *vom ~e bleiben* 〖*gehen*〗 〖j³ *mit et³*〗 (人を…で) 煩わせない. *vom ~e halten* 〈*sich³ j⁴*〉 (人に) 近寄らない. 〖*wie*〗 *auf den ~ geschnitten sein* 〖j³〗 (人に) ぴったりである. *zu ~e gehen* 〖*rücken*〗 〖et³〗 (難問などに) 取り組む; 〖話〗 (人に) つらくつらく迫る. **Leibarzt** 圐 侍医. =**binde** 囡 腹巻き.

Leibchen 中 〖-s/-〗 〖ウスラーク〗 男物アンダーシャツ; タイツ, レオタード.

Leibes ⇒ Leib

leibeigen 形 〖史〗 隷属の, 農奴の身分の. **Leibeigene[r]** 両 〖形容詞的変化〗 農奴. **Leibeigenschaft** 囡 〖-/.〗 農奴の状態 (身分); 農奴制.

leiben 動 ◆ *wie er* 〈*sie*〉 *leibt und lebt* あるがままの姿で.

Leibeserbe 圐 〖-n/-n〗 嫡出相続人. =**erziehung** 囡 体育. =**frucht** 囡 胎児. =**kräfte** 圐 *aus* 〈*nach*〉 ~*n* 力の限り. =**saft** 圐 体液. =**übungen** 圐 体育, 体操, 体練. =**visitation** 囡 身体検査.

Leibgarde 囡 親衛隊. =**gericht** 中 好みの料理, 大好物.

leibhaftig 形 〖…の〗 肉身の姿をした; 正真正銘の, 当人自身の. **leiblich** 形 肉体の; 肉親の. ◆ *das ~e Wohl* 身体的安楽を与えるもの, 衣食住, 食べ物.

Leibniz Gottfried Wilhelm, ライプニッツ (1646-1716): ドイツの哲学者·数学者.

Leibschmerz 圐 腹痛. =**speise** 囡 = Leibgericht.

Leibwache 囡 親衛隊; ボディーガード. =**wächter** 圐 (要人などの) 護衛 [の人]. =**wäsche** 囡 肌着. =**weh** 中 腹痛.

Leica 囡 〖-/-s〗 〖商標〗 ライカ (カメラ).

Leichenblass 〔=**blaß**〕 形 (顔が) 真っ青な. =**halle** 囡 遺体仮安置室. =**hemd** 中 経かたびら. =**öffnung** 囡 死体解剖. =**rede** 囡 弔辞. =**schändung** 囡 死体凌辱 (ゐょ), 屍姦 (ん). =**schau** 囡 検死. =**schmaus** 圐 葬儀の後の会食. =**starre** 囡 死後硬直. =**tuch** 中 遺体を包む白布. =**verbrennung** 囡 火葬. =**wagen** 圐 霊柩 (れいっ) 車. =**zug** 圐 葬列.

leichenblass 〔=**blaß**〕 形 (顔が) 真っ青な.

Leichnam 圐 〖-(e)s/-e〗 〖雅〗 遺体.

leicht [ライヒト] 形 ❶ (愛 light) 軽い, 軽量の; (愛 easy) 易しい, 容易な: *Das ist ~ gesagt, aber schwer getan.* 〖諺〗 言うは易しされど行うは難し. ❷ わずかの; 軽やかな, 軽快な; 気楽な; 軽薄な. ◆ ~ *bewaffnet* ❶❷ 軽装備で. ~ *machen* 〖*j⁴ um et⁴*〗 (人の) …を巻き上げる. ~ *fallen* 〖*j³*〗 (人にとって) 容易 〔簡単〕 である. ~ *machen* 〖*j³ et⁴*〗 (人に…) を楽にできるようにしてやる; 〈*sich³ et⁴*〉 (…を) 楽に片づける. ~ *nehmen* 〖*et⁴*〗 (…を) 軽く 〔安易に〕 考える. ~ *verdaulich* 消化しやすい. ~ *verderblich* 腐りやすい, 壊れやすい. ~ *verständlich* わかりやすい. ~ *verwundet* 軽傷の.

..leicht 〖…の容易な〗 の意.

Leichtathlet 圐 陸上競技の選手. =**athletik** 囡 陸上競技.

leichtbewaffnet 形 = leicht ◆

leichtblütig 形 陽気な, 楽天的な.

Leichter 圐 〖-s/-〗 〖海〗 はしけ; 水上コンテナ. **leichtern** 働 〖海〗 (船の) 積み荷をはしけでおろす.

leichtest ⇒ leicht
leichtfallen* ⇨ leicht ✦
leichtfertig 圏 軽率な, 無思慮な. そそっかしい.
Leichtfuß 男《話》軽率な男. **leichtfüßig** 圏 軽やかな足どりの.
Leichtgewicht 中〔競技〕ライト〈軽量〉級; ライト〈軽量〉級選手ら; 軽い人. **Leichtgewichtler** 男 (-s/-) ライト〈軽量〉級選手.
leichtgläubig 圏 信じやすい, だまされやすい. **Leichtgläubigkeit** 女 (-/) だまされやすいこと.
leicht|herzig 圏 のんきな, 気楽な. **=hin** 副 むぞうさに, あっさりと; さりげなく, そっと.
Leichtigkeit 女 (-/) 軽さ; 容易さ; 《話》たやすい仕事; 軽快さ. **leichtlebig** 圏 楽天的な, のんきな. **leichtlich** 副 容易に, 難なく.
leichtmachen* ⇨ leicht ✦
Leicht|matrose 男 2等船員. **=metall** 中 軽金属.
leichtnehmen* ⇨ leicht ✦
Leicht|öl 中 軽油.
leicht|sinn 男 軽率, 不注意. **leichtsinnig** 圏 軽率な, 無思慮な. うわついた, 軽薄な. 放埒(ほうらつ)な.
leicht|verdaulich, **=verderblich**, **=verständlich**, **=verwundet** ⇨ leicht ✦
Leichtwasserreaktor 男 軽水型原子炉.
leid 圏 (基¹) いやな, 不快な. ✦ *~ sein* (j³) (人に)悔やまれる. *~ sein ⟨haben⟩* 《話》 (j-t³) (人に)うんざりしている, (…に)飽き飽きしている. ⇨ Leid ✦
Leid [ライト] 中 (-s/-) 《sorrow》苦悩, 苦痛, 悲しみ, 悲嘆: *j³ ~ antun* 《雅》 *⟨sich³ ~ tun⟩* 自殺する. *etwas zu ~ tun* (j³) (人に)危害を加える. *[in] Freud und ~* ⇨ Freud ✦ *Geteiltes ~ ist halbes ~.* 悲しみ〈苦しみ〉も分かち合えばつらさが半分になる. *sein ~ klagen* (j³) (人に)自分の悩みを訴える. *~ tun* (j³) (人の)気の毒〈残念〉がらせる: *Es tut mir ~ um ihn.* / *Er tut mir ~.* 彼が気の毒だ. *Es tut mir ~, dass ... ...* は誠に残念に思う. *zu ~[e] tun* (j³ et³) (人に苦痛を)加える.
Leideform 女 〔文法〕 受動態(形).
leiden* [ライデン] (*litt; gelitten*) ● 自 《suffer》 (*an et³*) 〈病気に〉かかっている; *[unter et³]* (人が…に)苦しむ, 悩む; *[durch et⁴]* 〈物が…によって〉損害を受ける. 傷む. ● 他《雅》〈苦痛・損害などを〉被る. 我慢する, 耐える: *Es leidet j¹.* (人は…せずにはいられない. *~ können ⟨mögen⟩* (j-n) 〈人を〉好む. 好いている: *gut ⟨wohl⟩ gelitten sein ⟨bei j³⟩* (人に)好かれている. *⟨gut ⟨gern⟩⟩ ~ können ⟨mögen⟩* (j-n) (…が)好きだ. *nicht ~ können ⟨mögen⟩* (et⁴) (…を)我慢できない, (…が)大きらいだ.
Leiden I 中 (-s/-) 《illness》病気, 病苦, 苦しみ, 悲しみ 悲嘆: *ein langes ~* いつまでも長い人. **II** ライデン〈オランダ西部の都市〉.
leidend 圏 病気持ちの; 悲しげな.

Leidenschaft [ライデンシャフト] 女 (-/-en) 《passion》激情, 熱情, 情熱; 熱中. **leidenschaftlich** 圏 情熱的な, 〔気性の〕激しい; 情熱に満ちた, 熟した, 熱烈な. **Leidenschaftlichkeit** 女 (-/)
leidenschaftslos 圏 冷静な; 情熱のない, 冷淡な.
Leidens|gefährte 男 苦難を共にする人. **=genosse** 男 苦難を共にする人. **=geschichte** 女 《教》受難の歴史.
leider [ライダー] ● 副 《unfortunately》残念ながら, あいにく. ● 間 ⇨ leid
leidig 圏 いまいましい, 煩わしい; いやな.
leidlich 圏 まずまずの, 可も無く不可もない.
Leidtragende[r] 男女 《形容詞変化》被害者, 犠牲者.
leidvoll 圏 《雅》苦悩に満ちた.
Leidwesen 中 ✦ *zu j² ⟨großen⟩ ~* (人にとって)〔とても〕残念なことに.
Leier [ライアー] 女 (古代ギリシャの)竪琴(たてごと); ハーディガーディ(中世の弦楽器); 《話》クランク. ✦ *die alte ⟨die gleiche, dieselbe⟩ ~* 《話》聞きあきた話. **=kasten** 男 手回しオルガン. **leiern** ● 他 クランクで引き上げる; 手回しオルガンで演奏する; 単調に唱える. ● 自 ❶ クランクを回す; *[an et³]* (…を)回す; だらだらとしゃべる.
Leih|bibliothek 女 **=bücherei** 女 貸出文庫, 貸本屋.
leihen* [ライエン] (*lieh; geliehen*) 他 ❶ ✦ *lend* (j³ et⁴) (人に…を)貸す; (人に援助などを)与える. ❷ ✦ *borrow* *[sich³ et⁴] [von j³]* ((人から)…を)借りる.
Leih|gebühr 女 貸出料, 借り賃. **=haus** 中 質屋. **=mutter** 女 代理母. **=wagen** 男 レンタカー.
leihweise 副 貸借によって.
Leim [ライム] 男 (-[e]s/-e) にかわ; 鳥もち. ✦ *auf den ~ führen ⟨locken⟩* 《話》 (人を)わなにかける. *auf den ~ gehen ⟨kriechen⟩* 《話》 (j³) (人の)わなにかかる. *aus dem ~ gehen* 《話》ばらばらになる. **leimen** 他 にかわで接着する; (…に)にかわを塗る; 《話》(人を)だます; (いかさまで)負かす. **Leimfarbe** 女 水性塗料.
leimig 圏 にかわ質の; にかわ状の.
..lein 圏 「小さいもの, かわいらしいもの」の意.
Leine [ライネ] 女 (-/-n) 《line》綱, ひも, ロープ; 手綱; (舟の)留め綱. ✦ *~ haben ⟨halten⟩ / an die ~ legen* (j³) (人の)自由を縛る. *an die ~ lassen* 《話》 (j³) (人の)自由に任せる. *~ ziehen* 《話》逃げ出す.
leinen 圏 亜麻製〈織り〉の, リンネルの.
Leinen 中 (-s/-) 亜麻布, リンネル;《製本》クロス装丁. **=band** 男 クロス表装の本. **=Ln., Lnbd.** 《略》. **=zeug** 中 リネン製品.
Lein|öl 中 亜麻仁油. **=samen** 男 亜麻の種子, 亜麻仁(に). **=tuch** 中 敷布, シーツ. **=wand** 女 亜麻布;《映》カンバス; スクリーン.
Leipzig ライプツィヒ(ドイツ東部, Sachsen 州の工業都市). **Leipziger** 男 (-s/-) (**-in** 女) ライプツィヒの人; 圏 《無変

化》ライプツィヒの.
leise[ライゼ] 形 (⊕ quiet)《音・声などが》小さい, 低い, 静かな; そっと; かすかな, わずかな. ◆ *nicht im Leisesten* 少しも…でない. **Leisetreter** 男 《-s/-》《蔑》踏み込み非難に値する自己主張でない人.
Leiste 女 《-/-n》枠縁(絵); 桟(悲); 《建》押縁(紅); 〈織物の〉縁; 《解》鼠径部(紅紅).
leisten[ライステン]《leistete; geleistet》⓵ 成し遂げる, 遂行する; 《機能動詞として》達成する《機能動詞として》行なう: *j³ Gehorsam* ~ 人に従う. ⓶《*sich³ et⁴*》(思い切って)やってのける; 入手する. ◆ ~ *können*《*sich³ et⁴*》《経済的に…》をやる余裕がある.
Leisten 男 《-s/-》靴型. ◆ *alles über einen* ~ *schlagen* 何もかも一律に扱う. =**bruch** 男 《医》鼠径(紅)ヘルニア.
leistete ⇒ leisten
Leistung[ライストゥング] 女 《-/-en》業績, 成績, 成果; 性能, 機能; 工事, 仕事率; 能率, 実行, 遂行; 《法》給付.
=**s-bilanz** 女 《商》経常収支.
leistungsfähig 形 有能な; 性能《工学》のよい. **Leistungsfähigkeit** 女 《-/》《作業》能力, 性能, 工率; 《電》可能出力.
Leistungs-gesellschaft 女 能力《実力》主義社会. =**lohn** 男 出来高賃金, 能率給. =**prinzip** 中 能力《業績》主義. =**prüfung** 女 学力検査; 能力《性能》テスト.
leistungsschwach 形 《人が》能力の劣った; 成績の悪い《機械などが》性能の低い. **Leistungssport** 男 競技スポーツ. **leistungsstark** 形 《人が》能力のすぐれた; 成績のよい《機械などが》性能の高い; 高性能の.
Leistungs-test 男 能力《性能》テスト. =**zulage** 女 特別手当.
Leit-artikel 男〈新聞の〉社説, 論説; 〈雑誌の〉巻頭論文. =**bild** 中 理想像, 手本.
leiten[ライテン]《leitete; geleitet》他 ⓵ 《⊕ lead》率いる, 先導する; 指導《経営》する. ⓶ 《人を》案内する, 導く; 〈物〉を伝導する.
Leiter[ライター] ⓵ 男 《-s/-》《⊕ -in》《⊕ leader》指導者, 責任者, 管理《監督》者, 長, 指揮者, リーダー; 《理》導体. ⓶ 女 《⊕ ladder》はしご.
leitete ⇒ leiten
Leit-faden 男 入門書, 手引き. =**fähigkeit** 女 《理》伝導性, 伝導性. =**figur** 女 指導的な人物《像》. =**gedanke** 男《心〉根本》思想, 基本的な考え. =**hammel** 男 《群れの》先導の羊; 主謀者, ボスライン, リーダー. =**linie** 女 指針, ガイドライン; 車両通行区分《分離》線; 《軍》準線. =**motiv** 中 ライトモチーフ, 示導《主導》動機; 中心思想. =**planke** 女 ガードレール. =**satz** 男 指導原理. =**spruch** 男 題言, 座右の銘, モットー. =**stern** 男 導き手《特に北極星》; 指針. =**strahl** 男 信号《誘導》電波, ラジオビーコン. =**tier** 中 《群れの》先導獣, ボス, リーダー.
Leitung[ライトゥング] 女 《-/-en》⓵ 指揮, 監督, 統率; 指導, 管理; 司会; 首脳, 経営陣. ⓶ 女 〈水道・ガスなどの〉導管; 電線; 〈電話の〉回線; 《理》伝導. ◆ *auf der* ~ *sitzen*〈*stehen*〉《話》飲み込みが悪い. *eine lange* ~ *haben*《話》頭の回転が悪い. =**s-netz** 中 送電網; 〈水道・ガス〉の配管網. =**s-rohr** 中 〈水道・ガスなどの〉導管. =**s-wasser** 中 水道水.
Leit-währung 女 《国際間の》基準〈基軸〉通貨. =**werk** 中《空》尾翼; 《コン》制御装置. =**wort** 中 キーワード; = Leitspruch. =**zahl** 女 《ラ》ガイドナンバー. =**zins** 男 政策金利, 基準金利, 公定歩合.
Lektion[レクツィオーン] 女 《-/-en》《⊕ lesson》《テキストの》課; 授業, 講義; つらい経験, 教訓. ◆ *eine* ~ *erteilen*《*j³*》《人を》しかる.
Lektor 男 《-s/-en》《⊕ -in》〈出版社で〉原稿審査を担当する編集者; 《大学の外国語などの》講師.
Lektüre[レクテューレ] 女 《-/-n》《⊕ reading》読む物; 読書; 《授業での》講読.
Lena (die ~) レナ《ロシア連邦, 東シベリアを北流して北極海に注ぐ川》.
Lende 女 《-/-n》腰; 腰肉, ヒレ肉.
lendenlahm 形 腰の立たない.
Lenden-schurz 男 《料》腰布, 腰みの. =**stück** 中 《料》腰肉, ヒレ肉. =**wirbel** 男 腰椎(紅).
Lenin Wladimir Iljitsch, レーニン《1870-1924; ロシアの革命家》.
lenkbar 形 操縦《制御》可能な; 指導しやすい, 従順な.
lenken[レンケン]《lenkte; gelenkt》他 《⊕ steer》運転〈操縦〉する; 《*et⁴ auf et⁴*》(注意などを…へ)向ける, 導く; 指導する,《…の》舵取りをする; 指揮する. **Lenker** 男 《-s/-》《自動車・自転車などの》ハンドル; 《⊕ -in/-nen》運転者, 操縦者.
Lenk-rad 中 《自動車などの》ハンドル. =**stange** 女 《二輪車のバー状の》ハンドル.
lenkte ⇒ lenken
Lenkung 女 《-/-en》操縦, 運転, 操舵(誘); 指導, 指揮; 《自動車》操舵装置.
lento [楽]《レント, 遅く.
Lenz 男 《-es/-e》《⊕ Frühling》春, 青春; 《複》年齢. ◆ *einen schönen* ~ *faulen, ruhigen, sonnigen* ~ *haben*/*sich³ einen schönen* ~ *machen*《話》気楽に暮らしている.
Leonore《女名》レオノーレ.
Leopard 男 《-en/-en》《動》ヒョウ《豹》.

L

Lepra 女 《-/》《医》癩(*)病, ハンセン病. **lepros, leprös** 形 癩(*)病《ハンセン病》の.
…ler 中 《「…をする人」の意.
Lerche 女 《-/-n》《鳥》ヒバリ.
Lernbegier[de] 女 向学心, 知識欲. **lernbegierig** 形 知識欲旺盛(*紅)な.
lernbehindert 形 学習障害の.
lernbereit 形 学習意欲のある. **Lernbereitschaft** 女 学習意欲.
lerneifrig 形 勉強熱心な.
lernen[レルネン]《lernte; gelernt》他 《⊕ learn》習う, 学ぶ, 習得する; 《技術・習慣などを》覚える; 修業する: *eine Fremdsprache* ~ 外国語を習う | 《ない不定詞句と》 *kochen* ~ 料理を習う | 《+ zu 不定詞句》*Ich habe gelernt, mich zu beherrschen*. 私は我慢することを覚えた.| *Gelernt ist gelernt*.《諺》習い

覚えたことは身につく.
lernfähig [形] 学習能力のある. **Lernfähigkeit** [女] 学習〈習得〉能力.
Lern≈maschine [女] 学習〈教育〉機器. ≈**mittel** [中] 学習用品. ≈**software** [女] 学習用ソフトウェア.
lernte ⇨ lernen
Lernziel [中] 学習目標.
lesbar [形] 判読可能な; (文章が)平易な, 読みやすい.
Lesbe [女] 《-/-n》《話》= Lesbierin.
Lesbierin [女] 《-/-nen》レスビアン. **lesbisch** [形] (女性の)同性愛の.
Lese [女] 《-/-n》 (特にブドウの)収穫; 《雅》(詩の)アンソロジー.
Lese≈automat [男] 〔コンピ〕自動読み取り装置. ≈**buch** [中] 読本. ≈**drama** [中] レーゼドラマ(上演よりも読まれることを目的とした戯曲). ≈**exemplar** [中] 〔印〕刷り見本. ≈**gerät** [中] マイクロリーダー; 〔コンピ〕〔自動〕読み取り装置. ≈**gewohnheit** [女] 読書の習慣. ≈**kultur** [女] 読書文化. ≈**lampe** [女] 読書用の照明〈スタンド〉. ≈**maschine** [女] 〔コンピ〕〔自動〕読み取り装置.
lesen* [レーゼン] 《las; gelesen》[動] ❶ ([英] read)読む; (大学で)講義する; 朗読する; (データを)読み取る〈出す〉; 《*sich*^{4}》(…のように)読める; 《*sich*^{4}》(苦労して)最後まで読む. ❷ (ブドウなどを)摘む, 拾い集める; より分ける, 選別する. **lesenswert** [形] 一読に値する; 読む価値のある. **Leseprobe** [女] (新刊書の)内容見本; 〔劇〕本読み. **Leser** [男] 《-s/-》 ([女] **-in**)読者, 購読者; 〔コンピ〕読み取り機.
Lese≈ratte [女] 《戯》本の虫, 読書狂. ≈**raum** [男] (図書館などの)閲覧室; 読書室.
Leser≈brief [男] (新聞・雑誌などへの)投書. ≈**kreis** [男] 読者層.
leserlich [形] (筆跡などが)読みやすい. **Leserschaft** [女] 《-/》《集合的》読者〔層〕, 読書界. **Leserzuschrift** [女] (新聞・雑誌などへの)投書.
Lese≈saal [男] (図書館などの)閲覧室. ≈**stoff** [男] 読み物. ≈**zeichen** [中] しおり. ≈**zirkel** [男] (貸し本屋による)雑誌回覧サービス.
Lessing Gotthold Ephraim, レッシング (1729-81; ドイツ啓蒙主義の作家・批評家).
Lesung [女] 《-/-en》朗読〔会〕; 〔宗〕(聖書の)朗読, 読誦(どくじゅ); (議会での法案の)読会; (テキストの)異文.
Lethargie [女] 《-/》〔医〕嗜眠(しみん); 無気力, 無感動. **lethargisch** [形] 〔医〕嗜眠(しみん)〔性〕の; 無気力〈無感動〉の.
Lethe [女] 《-/》〔ギ神〕レテ(冥界(めいかい)の川).
Lette [男] 《-n/-n》 ([女] **Lettin**)ラトヴィア人. **lettisch** [形] ラトヴィア〔人・語〕の.
Lettland ラトヴィア(バルト三国の一つ).
letzt [レット] [形] ❶ ([英] last)最後の, 最終の. ❷ 最近の, 最新の; この前の. ❸ 究極の, 極限の; (品質が)最低の. ✦ *am Letzten* 最後に. *bis aufs Letzte* 完全に. *bis ins Letzte* 細かなところまで正確に, 綿密に. *bis zum Letzten* 非常に, 極端に. *fürs Letzte* (数えていって)最後に. *in ∼er* 〈*in der ∼en*〉 *Zeit* 最近. *sein Letztes für j-et*^{4} *geben* (…のために)最善を尽くす.
Letzt [女] ✦ *zu guter ∼* 最後には, とどのつまりは, 結局〔は〕.
letztemal, letztenmal [旧]⇨ Mal ✦
letztens [副] さきごろ, 先日; 最後に. **letzter** [形] 後者の. ⇨ letzt **letzthin** [副] 近ごろ, 最近; 先日. **letztjährig** [形] 去年の. **letztlich** [副] 結局のところ, 最後に, よく考えてみると.
letzt≈malig [形] 最後の. ≈**mals** [副] 最後に. ≈**willig** [形] 遺志〈遺言〉による.
Leucht≈boje [女] 〔海〕ライトブイ, 灯浮標. ≈**bombe** [女] 〔軍〕照明弾. ≈**diode** [女] 発光ダイオード.
Leuchte [女] 《-/-n》 ([英] light)明かり, ランプ; 照明器具; 《話》優秀な人, 権威.
leuchten [ロイヒテン] 《leuchtete; geleuchtet》[自] ([英] shine)光る, 輝く; 照る, 照らす. **∼d** [形] 光る, 輝いている.
Leuchter [男] 《-s/-》〔飾り〕燭台(しょくだい).
Leucht≈farbe [女] 発光塗料. ≈**feuer** [中] (船舶・航空機などのための)灯火標識. ≈**gas** [中] 都市ガス. ≈**käfer** [男] ホタル(蛍). ≈**kraft** [女] 明るさ; 〔天〕光度. ≈**kugel** [女] 曳光(えいこう)弾, 照明弾. ≈**reklame** [女] ネオン広告. ≈**röhre** [女] 蛍光管. ≈**schirm** [男] 蛍光板. ≈**stofflampe** [女] 蛍光灯. ≈**turm** [男] 灯台. ≈**zeichen** [中] 灯光信号. ≈**zifferblatt** [中] (計器などの)発光文字盤.
leugnen [ロイグネン] 《leugnete; geleugnet》[他] ([英] deny)否定〈否認〉する, (…では)ないと言う.
Leukämie [女] 《-/-n》〔医〕白血病.
Leukozyt [男] 《-en/-en》白血球.
Leumund [男] 《-[e]s/》評判, 聞こえ.
Leuna ロイナ(Saale 川に臨むドイツ Sachsen-Anhalt 州の工業都市).
Leute [ロイテ] [複] ([小] **Leutchen**) ❶ ([英] people)人々, 人たち. ❷ 《話》従業員, 部下; 仕事仲間, 同僚; 《話》家族. ✦ *unter die ∼ bringen* 《*et*^{4}》(…を)世間に広める, (…の)うわさをして回る. *unter die ∼ kommen* 《話》世間に知れ渡る. *Wir sind geschiedene ∼.* (そんなことをしたら)君〔たち〕とは絶交だ. **..leute** 「…の人々」の意. ► ..mann の複数形と同じ: Geschäfts*leute* = Geschäfts*männer* (< Geschäfts*mann*)実業家たち.
Leutnant [男] 《-s/-s (まれ-e)》少尉.
leutselig [形] (目下の者に)気さくな, 気やすい. **Leutseligkeit** [女] 《-/》気さくな〈気やすい〉こと.
Levi 〔聖〕レビ(Jakob の第3子でレビ族の祖).
Leviten [複] ✦ *die ∼ lesen* 《話》《*j*^{3}》(人を)厳しく叱る.
Lex [女] 《-/Leges》法; 法案.
Lexem [中] 《-s/-e》〔言〕語彙(ごい)素.
Lexika ⇨ Lexikon **lexikalisch** [形] 辞書の; 事典の; 〔言〕語彙(ごい)〔上〕の. **Lexiken** ⇨ Lexikon
Lexikograph, ..graf [男] 《-en/-en》辞書〈事典〉編集者. **Lexikographie, ..fie** [女] 《-/》辞書〈事典〉編集〔法〕, 辞書学. **lexikographisch, ..fisch** [形]

Lexikologie [女] ⦅-/⦆ 〔言〕語彙(ごい)論.
Lexikon [レクスィコン] [中] ⦅-s/..ka, ..ken⦆ ([英] encyclopedia) (百科的な)事典; (ことばの)辞書. ♦ *ein wandelndes* ~ *sein* 生き字引きである.
lfd. [略] *laufend*. **lfd.J., l.J.** [略] *laufenden Jahres, laufendes Jahr* 本年に, その年に. **lfd.M., l.M.** [略] *laufenden Monats* 今月に〈の〉, その月に〈の〉; *laufenden Monat* 今月〈その月〉に. **lfd. Nr.** [略] *laufende*〔r〕*Nummer*; (雑誌・シリーズなどの)最新号. **lfd.W., l.W.** [略] *laufender Woche* 今週に〈の〉, その週に〈の〉; *laufende Woche* 今週に, その週に.
lfr [略] *Luxemburger Franc* ルクセンブルクフラン. **LG** [略] *Landgericht*. **LH** [記号] *Lufthansa*. **Li** [記号] リチウム(元素名< *Lithium*).
Liaison [リエゾーン] [女] ⦅-/-s⦆ 恋愛関係; 情事; 〔言〕(フランス語の)リエゾン, 連音.
Liane [女] ⦅-/-n⦆ 〔植〕つる植物.
Liautung, Liaodong 遼東, リャオトン(中国東北部の半島).
Libanon (〔der〕~)レバノン.
Libelle [女] ⦅-/-n⦆ 〔虫〕トンボ; (水準器の)気泡管.
liberal [リベラール] [形] ([英] liberal)自由な, 寛大な, おおらかな; 自由主義〔思想〕の; 自由党の. **Liberale**〔**r**〕[男] [女] ⦅形容詞変化⦆ 自由主義者〈党員〉. **liberalisieren** [他] (制限・束縛を)緩和する; 〔商〕(貿易を)自由化する. **Liberalisierung** [女] ⦅-/-en⦆ 緩和, (貿易などの)自由化, 開放. **Liberalismus** [男] ⦅-/⦆ 自由主義, 自由〈寛容〉思想. **Liberalist** [男] ⦅-en/-en⦆ ([女] **-in**)自由主義者. **liberalistisch** [形] 自由主義の〈的な〉. **Liberalität** [女] ⦅-/⦆ 自由であること; 自由思想; 寛容.
Libero [男] ⦅-s/-s⦆ 〔サッ〕リベロ.
Libido [女] ⦅-/⦆ 〔心〕リビドー(性本能エネルギー); 性衝動.
Libretto [中] ⦅-s/-s, ..ti⦆ (歌劇などの)台本, リブレット.
Libussa ⦅女名⦆ リブッサ.
Libyen リビア.
..lich 「…の〔状態・性質〕, …に関する; …ごとの; …できる; やや…な」の意.
licht [形] 明るい; まばらな, 透けた; ⦅付加語的⦆ 内のりの.
Licht [リヒト] [中] ⦅-〔e〕s/-er⦆ 光; 照明; 電灯, 明かり, ランプ; ⦅雅⦆ ろうそく; 〔狩〕(野獣の)目; 〔美〕ハイライト. ♦ *ans* ~ *bringen* 〈*ziehen, zerren, holen*〉(…を)明るみに出す. *ans* ~ *kommen* 明るみに出る. *ans* ~ *treten* ⦅雅⦆ 現れる. *bei* ~ 〔*e*〕*besehen* ⦅話⦆ よく考えると. *das* ~ *der Welt erblicken* ⦅雅⦆ 誕生する. *das* ~ *scheuen* 後ろ暗いところがある. *ein bestimmtes* ~ *auf j-et*⁴ *werfen* (…に)一定の効果〈印象〉を与える. *ein* ~ *aufstecken* ⦅話⦆ ⦅*j*³⦆ (人に)真相を教える, (人を)たしなめる. *J*³ *geht ein* ~ *auf.* ⦅話⦆ (人に)突然事情が分かる. *grünes* ~ *geben* ゴーサインを出す, 着手の許可を出す. *hinters* ~ *führen* (人を)だます. *in einem guten* 〈*günstigen*〉 ~ *erscheinen* 〈*sich*⁴ *zeigen, stehen*〉好意的な印象を与える. *in einem milderen* ~ *sehen* (…を)今までより大目に見る. *in rosigem* 〈*im rosigsten*〉 ~ *sehen* 〈*darstellen*〉(…を)楽観視する. *ins rechte* ~ *rücken* 〈*setzen, stellen*〉 ⦅*j-et*⁴⦆ (…の)長所が分かるように配慮する. *kein* 〈*nicht gerade ein*〉 *großes* ~ *sein* ⦅話⦆ あまり賢くない. ~ *in et*⁴ *bringen* (…を)説明する. *sein* ~ *leuchten lassen* ⦅話⦆ 自分の才能〈知識〉を示す. *sein* ~ *unter den Scheffel stellen* けんそんして才能を隠す. *selbst im* ~ *stehen* ⦅話⦆ ⦅*sich*³⦆ みすみす損をする.
Licht=**anlage** [女] 照明設備. =**bild** [中] パスポートの写真; スライド. =**blick** [男] 一条の光明, 希望の光. =**bogen** [男] アーク放電. =**brechung** [女] 光の屈折. =**druck** [男] 〔理〕光圧; 〔印〕コロタイプ.
licht=**durchlässig** [形] 光線を通す. =**echt** [形] 耐光性の. =**elektrisch** [形] 〔理〕光電子の. =**empfindlich** [形] 感光性の; 光に敏感な.
lichten [他] ❶ (森などを)間伐(かんばつ)する, 透(す)かす; ⦅雅⦆ 明るくする; ⦅*sich*⁴⦆ 透(す)ける; (髪が)薄くなる; ⦅*sich*⁴⦆ ⦅雅⦆ 明るくなる. ❷ 〔海〕(いかりを)揚げる.
Lichter ⇨ Licht
Lichter=**baum** [男] クリスマスツリー.
lichterloh [形] 炎々と燃える. **Lichtermeer** [中] (大都会などの)光〈灯火〉の海.
Licht=**fleck** [男] 光が当たる明るい箇所. =**geschwindigkeit** [女] 光速. =**gestalt** [女] ⦅雅⦆ 輝く姿; 輝かしい人物.
lichtgrün [形] 淡緑色の.
Licht=**hof** [男] 〔建〕(採光用の)中庭; 〔写〕ハレーション. =**hupe** [女] (自動車の)パッシングライト. =**jahr** [中] 〔天〕光年. =**kegel** [男] (前照灯などの)円錐(えんすい)形に広がる光. =**maschine** [女] (自転車・自動車の)発電機, ダイナモ. =**mast** [男] 電柱, 灯柱. =**mess** ([旧]= **meß**) ⦅無冠詞で⦆ 〔カトリック〕聖母マリアの清めの祝日, 聖燭(せいしょく)祭(2月2日). =**messer** [男] 光度計; 〔写〕露出計. =**pause** [女] 青写真. =**quelle** [女] 光源. =**reklame** [女] 電光広告, ネオンサイン. =**satz** [男] 〔印〕写真植字. =**schacht** [男] 〔建〕採光吹き抜け. =**schalter** [男] 明かりのスイッチ. =**schein** [男] 光.
lichtscheu [形] 光を嫌う; 光に過敏な; 後ろめたい. **Lichtspiel** [中] 映画. **lichtstark** [形] 光の強い, 明るい. **Lichtstärke** [女] 〔理〕光度; (レンズの)明るさ.
Licht=**stift** [男] 〔コンピュ〕ライトペン. =**strahl** [男] 光線.
lichtundurchlässig [形] 光を通さない.
Lichtung [女] ⦅-/-en⦆ (伐採による)森の空き地.
Licht=**welle** [女] 光波. =**zeit** [女] 〔天〕光差.
Lid [中] ⦅-〔e〕s/-er⦆ まぶた.
Lido [男] ⦅-s/-s, ..di⦆ 砂州(さす).
Lid=**schatten** [男] アイシャドー.
lieb [リープ] [形] ([英] dear)大切な, だいじな; 愛らしい, かわいい; 好ましい; 親切な, 好意的な; 行儀がよい: *Lieber* Franz! ⦅手紙の冒頭で⦆ 親愛なるフランツ | Sei schön ~! (子供に向かって)行儀よくなさい. ♦ ~ *gewinnen* ⦅*j-et*⁴⦆ (…が)好きになる.

L

~ haben 《j⁴》(人を)愛している, (人が)好きである.

Lieb 匣《-(s)/》《雅》恋人《男女とも》.

liebäugeln 圓《**mit** *et³*》(…に)熱心している;《**mit** *j³*》(人に)色目を使う.

Liebchen 匣《-s/-》愛する女, 恋人, かわいい人;《腹》愛人.

Liebe [リーベ] 囡《-/-n》❶《英 love》愛, 恋愛: die unglückliche ~ 失恋; die unerwiderte ~ 片思い | ein Kind der ~ 私生児. ❷ 愛情, 慈愛; 好意; 愛らしさ. ❸《話》恋人. 好きなこと, お気に入り. ✦ **aus** ~ **zu** *jm/et³* tun …への愛ゆえ〈のため〉に…する; **bei alter** ~ あなたのことはとても愛しているんだけれども; **Die** 〔*des Mannes*〕**geht durch den Magen**. 男心は料理でつかむ. ✦ **auf den ersten Blick** 一目ぼれ. **mit** ~ 丹念に, 心して. **Tu mir die** ~ **und** …! どうか〈頼むから〉….

liebebedürftig 彫 愛情の必要な, 愛情に飢えた.

Liebelei 囡《-/-en》戯れの恋.

lieben [リーベン] (liebte; geliebt)囮《英 love》愛する; 大事にする, 大好きである;《…を》好むこ, (人に)恋をする. ✦ *~d* **gern tun**《*wollen*》(…を)喜んでする. *~* **lernen**《…を》次第に好きになる.

liebenlernen 圓⇒ lieben ✦

liebenswert 圈 愛すべき, かわいらしい, いとしい.

liebenswürdig [リーベンスヴュルディヒ] 形《英 kind》親切な, 好意的な. **liebenswürdigerweise** 圓 親切にも, 好意的に. **Liebenswürdigkeit** 囡《-/-en》親切, 好意; 親切な言動.

lieber [リーバー] ❶圓《⇒ lieb. ❷《⇒ gern》《英 rather》より好んで, (…より)むしろ, (…のほうが)よい, ましである | ich wüsste nicht, was ich ~ täte.《話·反語》そんなことはいやだよ | ~ heute als morgen 明日といわず今日にでも, 今すぐ | ~ spät als nie 遅れてもやらぬ〈来ぬ〉よりはまし.

Liebes brief 匣 ラブレター, 恋文. **=dienst** 匣 親切, 厚意. **=erklärung** 囡 愛の告白, 愛情の表明. **=gabe** 囡《雅》施し. **=geschichte** 囡 恋愛小説; 恋物語;《話》情事, アバンチュール. **=göttin** 囡 愛の女神. **=kummer** 匣 恋の悩み. **=mühe** 囡 ✦ **vergebliche**《*verlorene*》~ **sein** 骨折り損の〈徒労〉である. **=nacht** 囡 愛の営みの夜. **=paar** 匣 恋人同士, カップル. **=spiel** 匣《セックスの》前戯, ペッティング.

liebestrunken 彫 愛に酔いしれた. **Liebesverkäuferin** 囡 売春婦.

liebevoll 彫 愛心のこもった.

lieb-gewinnen✦, **-haben**✦ ⇒ lieb ✦

Liebhaber [リープハーバー] 匣《-s/-》《⇒ lover》愛好家, ファン; 恋人, 愛人, 不倫の相手(男性); 《芝居》二枚目. **Liebhaberei** 囡《-/-en》趣味, 道楽.

liebkosen(liebkoste; liebkost)囮《人》を愛撫(アイブ)する. **Liebkosung** 囡《-/-en》愛撫.

lieblich [リープリヒ] 彫《⇒ lovely》優くるしい, かわいらしい, 美しい; 好ましい;《ワインが》甘口の, 《香りが》芳やかな.

Liebling [リープリング] 匣《-s/-e》《⇒ favorite》お気に入り, 人気者. ✦ **mein ~!** おまえ, あなた《愛する者への呼び掛け》.

Lieblings- [リープリングス..] 《…》お気に入りの…, 大好きな…. の意.

lieblos 彫 愛情〈思いやり〉のない, 無愛想な, 冷淡な. **Lieblosigkeit** 囡《-/-en》愛情〈思いやり〉のないこと, 無愛想, 冷淡.

Liebreiz 匣《雅》愛らしさ, 優雅さ.

Liebschaft 囡《-/-en》情事, 色事.

liebst 彫《⇒ lieb》最愛の, 最も好きな. ⇒ **gern** ✦ **am ~en** 最も好んで〈喜んで〉.

Liebste[r] 囡《形容詞変化》《雅》恋人, 愛人.

liebte ⇒ lieben

Liechtenstein [リヒテンシュタイン] リヒテンシュタイン.

Lied [リート] 匣《-[e]s/-er》《⇒ song》歌; 《⇒》歌曲, リート; (鳥の)さえずり; 叙事詩. ✦ **ein ~ singen können**《*zu singen wissen*》《話》《**von** *et³*》《話》(…に)染みている. **Es ist immer das alte**《*gleiche*》~.《話》いつも同じことの繰り返しだ. **-er buch** 匣 歌の本, 歌曲集.

Liederjan 匣《-[e]s/-e》《話》ろくでなし.

liederlich [リーデルリヒ] 彫 だらしない, いいかげんな, ずさんな; 不品行な, 放縦な. **Liederlichkeit** 囡 だらしなさ; 放縦, ふしだら.

Liedermacher 匣《シンガー》ソングライター.

lief, liefe ⇒ laufen

Lieferant 匣《-en/-en》《⇒ -in》《商品の》納入〈配達〉業者, ファン. **Lieferauto** 匣 配送用ライトバン. **lieferbar** 彫 納入〈配達〉できる.

liefern [リーファン] (lieferte; geliefert) 囮《⇒ deliver》配達《配送》する; 納入〈納品〉する; 産出〈生産〉する; 提供する, もたらす: einen Beweis ~ 証明する | *sich³* einen Kampf ~ 互いに戦う.

Lieferschein 匣 納品書, 引き渡し証.

lieferte ⇒ liefern

Liefertermin 匣 納入期限.

Lieferung 囡《-/-en》納入, 配達, 配送; 納入品《刊行物の分冊》. **~s-geschäft** 匣 定期取引き渡し取引. **~s-preis** 匣 納入〈引き渡し〉価格.

Liefer-wagen 匣 配送用ライトバン. **=zeit** 囡 納期.

Liege 囡《-/-n》寝いす, カウチ. **=kur** 囡《特にドイツの》静臥〈セイガ〉療法.

liegen✦ [リーゲン]《lag, gelegen》囲 (h)〈南部·オーストリアで s〉《⇒ lie》❶ 横になっている; 寝ている; 《水平に》置かれている. ❷《ある場所·状態に》ある;《町·建物が…に》位置している; 《雪が》積もっている; 《霧が》かかっている: *Das Fenster liegt nach der Straße*. 窓が通りに面している. ❸《j³》《あることが人に》向いている, 適する: 《何か》《人の性》に合っている. ✦ **an** *j·et³* ~《…の》せいである, 《…が》原因である: Woran mag es nur ~, dass … いったい〈どうして〉…なのだろう. **an**《**bei**》*j³* ~《人》しだいである. **Es liegt** *j³* **viel**《*nichts*》**an** *j·et³*. 《人にとって…が》とても重要である《くまる

るで重要でない〉. **~** ***bleiben*** 横たわったままである, 寝たきりである; (雪などが)積もる; (仕事などが)片づかないでいる; (車などが)立ち往生する. **~** ***haben*** (…を)持っている, 在庫している. **~** ***lassen*** (…を)置いた〈寝かした〉ままにしておく; (仕事などを)放っておく.

liegen|bleiben*, **|lassen*** [旧] ⇨ liegen ✦

Liegenschaft [女] ⦅-/-en⦆ 土地, 地所, 不動産.

Liege=platz [男] 停泊地, 係船〈係留〉所. **=sitz** [男] リクライニングシート. **=stuhl** [男] (折り畳み式の)寝いす, デッキチェア. **=stütz** [男] 腕立て伏せ. **=wagen** [男] (座席がベッドになる)簡易寝台車.

lieh, liehe ⇨ leihen **lies** ⇨ lesen

Lieschen ⦅女名⦆ リースヒェン(< Liese). ✦ **~** ***Müller*** ありきたりの女.

Liese ❶ ⦅女名⦆ リーゼ(< Elisabeth). ❷ [女] ⦅-/-n⦆ ⦅話⦆ 女の子, 女.

ließ, ließe ⇨ lassen **liest** ⇨ lesen

Lift [リフト] [男] ❶ ⦅-[e]s/-e, -s⦆ エレベーター. ❷ ⦅-[e]s/-e⦆ (スキー場などの)リフト. **=boy** [男] エレベーターボーイ.

liften [他] (顔などの)しわを取る. **Lifting** [中] ⦅-s/-s⦆ 〘美容〙 しわ取り整形手術.

Liga [女] ⦅-/..gen⦆ 同盟, 連盟, 連合; 〘ｽﾎﾟｰﾂ〙 リーグ.

Ligatur [女] ⦅-/-en⦆ 〘印〙 合字(例: æ, ff); 〘楽〙 タイ; 〘医〙 結紮(けっさつ)〔法〕.

Ligen ⇨ Liga

liieren [再] ⦅sich⁴ mit j³⦆ (人と)〔性的な〕関係を結ぶ; ⦅sich⁴ mit et³⦆ (…と)提携する.

Likör [男] ⦅-s/-e⦆ リキュール.

lila [形] ⦅無変化⦆ ライラック色の, 藤色の. ✦ ***Es geht mir ~.*** ⦅話⦆ まあまあだ; どうにかやっているよ. **Lila** [中] ⦅-s/-(話-s)⦆ ライラック色, 藤色. **lilafarben** [形] ライラック色の.

Lilie [リーリエ] [女] ⦅-/-n⦆ ([英] lily) 〘植〙 ユリ(百合).

Liliputaner [男] ⦅-s/-⦆ ([女] **-in**)リリパットの住人(リリパットは『ガリバー旅行記』中の小人国); 小人(こびと).

lim. [略] *limited*.

Lima リマ(ペルーの首都).

limbisch [形] ✦ ***~es System*** 〘解〙 大脳辺縁系.

Limerick [男] ⦅-[s]/-s⦆ 〘詩〙 リメリック(5行の戯詩).

Limes [男] ⦅-/-⦆ (古代ローマの)辺境防壁; 〘数〙 極限〔値〕(〘記号〙 lim).

Limit [中] ⦅-s/-s, -e⦆ 限界, 限度; リミット; 〘商〙 指値(さしね). **limitieren** [他] 制限〈限定〉する; 〘商〙 (値段を)指定する.

Limonade [女] ⦅-/-n⦆ レモネード.

Limousine [女] ⦅-/-n⦆ リムジン.

lind [形] ⦅-er/-est⦆ ⦅雅⦆ (気候などが)温和な, 穏やかな; 優しい.

Linda ⦅女名⦆ リンダ.

Lindau リンダウ(ドイツ南西部の都市).

Linde [リンデ] [女] ⦅-/-n⦆ 〘植〙 ボダイジュ(菩提樹).

lindern [リンダァン] ⦅linderte; gelindert⦆ [他] ([英] ease) (苦痛などを)和らげる, 鎮める, 取り除く, 楽にする.

Linderung [女] ⦅-/⦆ (苦痛などの)鎮静, 緩和, 軽減. **~s=mittel** [中] 〘医〙 鎮痛剤.

lindgrün [形] 薄緑色の.

Lindwurm [男] (伝説の)竜, 大蛇.

Lineal [中] ⦅-s/-e⦆ ([英] ruler)定規.

linear [形] 直線的な; 〘数〙 線形の, 一次の.

..ling 「…な男〈やつ〉, …される人」の意: Säug*ling* 乳飲み子.

Linguist [男] ⦅-en/-en⦆ ([女] **-in**)言語学者. **Linguistik** [女] ⦅-/⦆ 言語学. **linguistisch** [形] 言語学〔上〕の.

Linie [リーニエ] [女] ⦅-/-n⦆ ❶ ([英] line) 線, 直線, ライン; 列; 戦列, 戦線; 〘ｽﾎﾟｰﾂ〙 ライン. ❷ (交通機関の)路線, 系統; 航〔空〕路. ❸ 方針; (政治上の)路線. ❹ 家系. ✦ ***auf der ganzen ~*** (あらゆる点で)完全に. ***in erster ~*** まず第一に. ***in letzter ~*** 最後に. ***in vorderster ~ stehen*** 最前線にいる. ***in zweiter ~*** 第二に. **~n=bus** [男] 路線バス. **~n=dichte** [女] 〘理〙 線密度. **~n=flug** [男] 定期航空路の便. **~n=kampf** [男] 〘政〙 路線闘争. **~n=maschine** [女] 定期便の飛行機. **~n=richter** [男] 〘球技〙 線審, ラインズマン. **~n=schiff** [中] 定期船.

linientreu [形] (党などの)路線に忠実な.

liniert [形] 罫(けい)の入った.

link [リンク] [形] ([英] left)左の, 左側〈左手〉の; (思想・政治的に)左寄りの, 左派〈左翼〉の; (布地などが)裏の; ⦅話⦆ いかがわしい, あやしい.

Linke [リンケ] [女] ⦅形容詞変化⦆ 左側; 左手; (政治上の)左派, 左翼. ⇨ Linke〔r〕

linken [他] ⦅話⦆ (人を)だます.

Linke〔r〕 [男] [女] ⦅形容詞変化⦆ 左派〈左翼〉の人.

linkisch [形] ぎこちない, 不器用な.

links [リンクス] I [副] ❶ 左に, 左側に ([略] l.): Die Augen ~! 〘軍〙 (号令)頭左(かしらひだり) | *Links* um! 〘軍〙 (号令)左向け左. ❷ (思想が)左寄りで, 左翼〔的〕に. ❸ 裏返しに. II [前] ⦅2格支配⦆ …の左〔側〕に: ~ des Rheins ライン川の左岸に. ✦ 〔***auf***〕 ***~ drehen*** ⦅話⦆ (人を)さんざんにやっつける. ***~ liegen lassen*** (人を)無視する. ***~ sein*** 左利きである. ***mit ~*** ⦅話⦆ いともやすやすと. ***nicht*** 〔***mehr***〕 ***wissen, was ~ und*** 〔***was***〕 ***rechts ist*** ⦅話⦆ 右も左もわからない. ***weder ~ noch rechts schauend*** まっすぐ〈わき目もふらず〉に.

Links=außen [男] ⦅-/-⦆ 〘球技〙 レフトウィング.

linksbündig [形] (行が)左ぞろえの.

Links=drall [男] 左回転, 左旋回; ⦅話⦆ (政治上の)左寄り, 左傾. **=extremismus** [男] 極左主義. **=extremist** [男] 極左主義者.

linksgerichtet [形] 左翼的な, 左傾した.

Linkshänder [男] ⦅-s/-⦆ ([女] **-in**)左利きの人. **linkshändig** [形] 左利きの.

linksherum [副] 左回りに.

Linkskurve [女] 左カーブ.

links=orientiert [形] 左翼的な, 左傾した. **=radikal** [形] 極左の.

Linksruck [男] ⦅話⦆ (選挙での)左派の躍進; (政府・党内などの)左傾化.

Links=trend [男] 左傾化の傾向〈趨勢〉.

linksum [副] 左回りに, 左へ回って.

Linksverkehr [男] (車の)左側通行.

L

Linoleum 图《-s/》リノリウム.
Linse [リンゼ] 图《-/-n》(® lens)レンズ; [職] レンズマメ; [医] (目の)水晶体.
linsen ® [話] 盗み見る, ひそかにのぞく.
linsenförmig ® レンズ状[形]の.
Linz リンツ(Donau 川に臨むオーストリア北東部の商工業都市).
Lipase 图《-/-n》[生化] リパーゼ(中性脂肪を加水分解する酵素).
Lipid ⊕ 《-[e]s/-e》[生化] 脂質.
lipoid ® [生化] リポイド様の; 脂肪性の.
Lipoid ⊕ 《-s/-e》[生化] リポイド; 類脂質.
Lippe [リッペ] 图《-/-n》(® lip)唇; [地] (ランなどの)唇弁(½¾): *sich*[3] *auf die ~n beißen* 唇をかむ. ♦ *an j*[2] *~n hängen* (j[3])の話を熱心に聞く; *auf den ~n ersterben* (j[3])(言葉が人の口から出かかって)消える. *auf die ~n drängen* (*sich*[3])(言葉が)口をついて出そうになる. *eine* (*dicke, große*) *~ riskieren* 無い大きな口を利く, 思ったことを言う. *über die ~n bringen* (…)思い切って口に出す. *über die* (j[2]) *~n kommen* (j[2])の口の端に上る.
Lippen-bekenntnis ⊕ 口先だけの信仰告白. **=kuss** (⊕= **kuß**) ® くちづけを離れ合うキス. **=laut** ® [言] 両唇音. **=stift** ® 口紅, リップスティック.
Liq. ® *Liquor*.
liquid ® 液体[状]の; [商] 換金可能の, 流動資産(現金)のある. 支払の可能.
Liquidation 图《-/-en》® (会社などの)解散, 整理; (医師などの)請求[書]; 粛清, 殺害. **liquidieren** ® (会社・団体を)解散(整理)する; (遺産・資産を)換金する; (負債などを)弁済する; (医師・弁護士などが)報酬を請求する; (争いごとなどを)解決する, 調停する; (政治的な理由などから人を)抹殺する(殺害する); ® (会社などを)解散する.
Liquidität 图《-/-en》® 支払能力; 流動性, 流動資産(預貯金など). **~s-engpass** (⊕= **engpaß**)® 流動性ネック. **~s-quote** ® [商経] 流動[性]比率.
Lira 图《-/Lire》リラ(イタリアの通貨単位; ® L, Lit).
Lisa [女名] リーザ(< Elisabeth).
lispeln ® 舌たらずに発音する; ささやく.
Lissabon リスボン(ポルトガルの首都).
List [リスト] 图《-/-en》(® list)策略, ペテン, トリック; 狡智さ. ♦ *mit ~ und Tücke* [話]知恵を絞って, 策を弄(?)して.
Liste [リステ] 图《-/-n》(® list)リスト, 一覧表, 名簿, 目録. ♦ *die schwarze ~* [話]ブラックリスト. **~n-platz** ® (比例代表選挙の)名簿順位. **~n-wahl** ® 名簿式比例代表制選挙.
listig ® ずる賢い, 狡猾(½¾)な.
Liszt Franz von, リスト(1811–86; ハンガリーのピアノ奏者・作曲家).
Lit. ® *Litera*, 文字.
Litanei 图《-/-en》[½¾] 連祷(½¾); [陵] (長たらしい)愚痴, 繰り言.
Litauen リトアニア(バルト三国の一つ).
Litauer ® 《-s/-》(⊕ **-in**)リトアニア人. **litauisch** ® リトアニアの[人, 語]の.
Liter ⊕ (⊕)《-s/-》リットル(容量単位; [記号] l).
Literarhistoriker ® 文学史家. **lite-**

rarhistorisch ® 文学史[上]の.
literarisch ® 文学[文芸]の, 文学的な.
Literat ® 《-en/-en》作家; [陵] 文士, 文人.
Literatur [リテラトゥーア] 图《-/-en》(® literature) の, 文芸[作品]目録; (ある民族・時代・言語の)著作[物], 書物; [陵] 作品. **=angabe** ® (論文などの)文献リスト. **=geschichte** ® 文学史. **=haus** ® 文学館. **=hinweis** ® 文献指示. **=kritik** ® 文芸批評. **=papst** ® [戯] 文壇の大御所(ボス). **=streit** ® 文学論争. **=verzeichnis** ® 文献リスト, 参考書目一覧. **=wissenschaft** ® 文芸学; 文学研究.
Litfaßsäule ® (円筒形の)広告柱(塔).
Lithium ® 《-s/0》リチウム(元素名; [記号] Li).
Lithograph, ..graf ® 《-en/-en》石版画家; 石版工. **Lithographie, ..fie** ® 《-/-n》石版印刷[術]; 石版; 石版画, リトグラフ. **lithographieren, ..fieren** ® 石版印刷する; 石版に描く: *ein lithographiertes Plakat* 石版印刷のポスター. **lithographisch, ..fisch** ® 石版[印刷]の.
litt ⇒ **leiden**
litte ⇒ **leiden**
Liturgie 图《-/-n》[½¾] 典礼, 礼拝式. **liturgisch** ® [½¾] 典礼の.
Litze 图《-/-n》組みひも, モール; [電] 可撓(¾)線, コード; (調幣の)子々口.
live ® [放送] 生(¾)実況の.
Live-aufnahme (® **Live-Aufnahme**) ® 生(¾)録音; ライブ録音. **=sendung** (® **Live-Sendung**) ® 生(¾)放送, 実況(現場)中継, 実況放送. **=übertragung** (® **Live-Übertragung**) ® 生(¾)中継.
Livree 图《-/-n》(ホテルの従業員などの)制服. **livriert** ® 制服を着た.
Lizenz 图《-/-en》(® licence)認可, 許可; 免許, ライセンス. **=ausgabe** ® 出版許可版(翻刻権)取得版. **=entzug** ® 許可取り消し; ライセンス剥奪. **=geber** ® 許認可(ライセンス)を与える人. **=gebühr** ® ライセンス料, 特許権使用料.
Lj. ® *Lichtjahr* 光年.
LKA ® *Landeskriminalamt*, (ドイツの)州刑事局.
Lkw, LKW [エルカーヴェー, エルカーヴェー] ® 《-[s]/-[s]》トラック(< *Lastkraftwagen*).
l.l. ® *loco laudato* 上記引用個所で.
Im [記号] [明] ルーメン(光束単位; < *Lumen*). **Ln.** ® *Leinen*; [印] クロス装.
Ln., Lnbd. ® *Leinenband, Leineneinband*.
Lob [ローブ] ® 《-[e]s/-e》(® praise)称賛, 賛美. ほめること. ♦ *über alles* (*jedes*) *~ erhaben sein* いくら褒めても褒めたりないほど褒めている.
Lobby ® 《-/-s, Lobbies》(議事堂内のロビー; (議員などの)陳情団; (ホテルなどの)ロビー. **Lobbyist** ® 《-en/-en》ロビイスト, 院外議会工作者.
loben [ローベン] ® (lobte; gelobt)® (® praise)褒める, 称賛する, たたえる. ♦ *Da*

lob' ich mir [doch] *et*⁴. (…が)欲しいところだな. **Das lob' ich mir!** いいね(いいと思うよ). **lobenswert** 形 称賛に値する, 感心な.

Lobhudelei 女 (-/-en) おべっか, へつらい, お世辞. **lobhudeln** 自 *j*³⁽⁴⁾ (人に)おべっかを使う, へつらう.

löblich 形 称賛すべき; [皮肉] 立派な.

Loblied 中 ◆ *ein* ～ *auf j-et¹ an stimmen* ⟨*singen*⟩ (…を)賛美する.

Lobotomie 女 (-/-n) [医] ロボトミー (大脳の前頭葉切断術).

lobpreisen¹⁽*⁾ 他 [雅] 賛美する, 褒めたたえる.

Lob-rede 女 賛辞. **=redner** 男 賛辞を連ねる人; おべっか使い.

lobte ⇒ **loben**

Locarno ロカルノ (スイス南部, Lago Maggiore 北岸の都市).

Loch [ロッホ] 中 (-[e]s/Löcher) (愛 **Löchelchen, Löchlein**) (愛 hole)穴, くぼみ, 裂け目; (動物の)巣穴; [話] むさ苦しい住まい, 穴蔵; [話] 刑務所; [話] しりの穴; [話] ホール. ◆ *auf* ⟨*aus*⟩ *dem letzten* ～ *pfeifen* [話] どんどにひっかって来る, 破産に直面である. *ein* ～ *in den Geldbeutel reißen* ひどく金がかかってしまう. *ein* ～ *zurückstecken* 望みを引き下げる. *Löcher* ⟨*ein* ～⟩ *in den Bauch fragen* [話] ⟨*j*³⟩ (人を)質問攻めにする. *Löcher* ⟨*ein* ～⟩ *in den Bauch reden* [話] ⟨*j*³⟩ (人に)しつこく話しかける. *Löcher* ⟨*ein* ～⟩ *in die Luft gucken* ⟨*starren*⟩ [話] ぼんやり夢想にふける. *Löcher* ⟨*ein* ～⟩ *in die Luft schießen* 的外れなことをする. *Löcher* ⟨*ein* ～⟩ *in die Wand stieren* 心ここにあらずで (ぽかんと)あらぬ方を見ている. *schwarzes* ～ [天] ブラックホール. *wie ein* ～ *saufen* [話] 底無しに酒を飲む.

Loch-eisen 中 つぼえがね; 穴ゲージ. **=lochen** 他 (…に)穴を空ける; (切符に)パンチを入れる; (カードに)パンチする. **=Locher** 男 (-s/-) カード穿孔機, 穴あけパンチ; パンチャー.

Löcher ⇒ **Loch**

löcherig 形 穴のあいた, 穴だらけの.

löchern 他 [話] ⟨*j*³⟩ (人に)しつこく尋ねる⟨頼む⟩.

Lochkarte 女 [電算] パンチ(穿孔)カード. **～n-maschine** 女 [電算] パンチカード処理機.

löchrig 形 穴だらけの.

Loch-stickerei 女 [服] アイレットエンブロイダリー (カットワーク). **=streifen** 男 [電算] 穿孔(*み*)テープ. **Lochung** 女 (-/-en) 穴をあけること, 穴あけ; 穴. **Lochzange** 女 穿孔(*な*)パンチ; 改札ばさみ.

Locke 女 (-/-n) (愛 **Löckchen**) (愛 curl)巻き毛, カールした髪.

locken 他 ❶ (髪を)巻き毛にする, カールする; ⟨*sich*⁴⟩ (髪が)カールする. ❷ (動物を)おびき寄せる; (人を)誘惑する; 勧誘する; (人の心をそそる. ～*d* 魅力的な, 気分をそそる.

Locken-kopf 男 巻き毛の頭(の人). **=wickler** 男 (-s/-) ヘアカーラー.

locker [ロカー] 形 (愛 loose) (ねじなどが)緩んだ, ぐらぐらの; (結び目などが)緩い; (規則などが)緩い, 厳しくない; (土などが)ぼろぼろの; (ケーキなどが)ふわふわの; (織物が)目の粗い; だらしない, ふしだらな, ルーズな; 薄い; ぐろい.

locker-lassen* 自 [話] あきらめる, 譲歩する. **=machen** 他 [話] (金を)支出する; **bei** *j*³ **e-t⁴** ～ (人に金を)出させる.

lockern 他 緩める, ほぐす; (規則などを)緩和する; ⟨*sich*⁴⟩ 緩む; (霧が)薄れる.

lockig 形 巻き毛の, カールした.

Lock-mittel 中 誘いをおびき寄せる手段, おとり. **=speise** 女 (おとりの)えさ. **=spitzel** 男 (おとり捜査の)おとり.

lockte ⇒ **locken** **Lockung** 女 (-/-en) 誘惑, 魅惑. **Lockvogel** 男 おとりの鳥; (捜索の)おとり.

Loden 男 (-s/-) ローデン (防寒・防水性の粗織りウール布地).

lodern 自 燃え上がる.

Löffel [レッフェル] 男 (-s/-) (愛 spoon)スプーン, さじ; スプーン一杯(の分量); (ウサギの)耳; [話] (人間の)耳. ◆ *den* ～ *sinken lassen* ⟨*wegwerfen, abgeben, wegschmeißen*⟩ [話] 死ぬ, 息をひきとる. *die Löffel* ⟨*auf sperren* ⟨*spitzen*⟩ [話] 耳を澄ます. *eins* ⟨*ein paar*⟩ *hinter die* ～ *geben* ⟨*hauen*⟩ [話] ⟨*j*³⟩ (人の) 横っ面(*奇*)を張りとばす. *hinter die* ～ *schreiben* [話] ⟨*sich³ et¹*⟩ (…を)しっかり覚えておく. *mit einem silbernen* ⟨*goldenen*⟩ ～ *im Mund geboren sein* 金持ちの家に生まれる. *über den* ～ *barbieren* ⟨*balbieren*⟩ [話] (人を)しゃあしゃあとだます.

Löffelbagger 男 パワーショベル.

löffeln 他 スプーンで食べる; スプーンですくう (かき回す); [話] 理解する. ◆ *eine* ～ [話] ⟨*j*³⟩ (人に)ぴんたをくらわす.

löffelweise 副 スプーンで, 一さじずつ.

log ⇒ **lügen**

Log 中 (-s/-e) (船の)測程器.

Logarithmentafel 女 [数] 対数表. **Logarithmus** 男 (-/..men) [数] 対数 (記号 log).

Logbuch 中 航海日誌.

Loge [ロージェ] 女 (-/-n) (劇場などの)ボックス席; 守衛室; フリーメーソンの支部(集会所).

löge ⇒ **lügen**

Logenbruder 男 フリーメーソンの会員.

Logger 男 (-s/-) ラガー (ニシン漁などの小型帆船).

Loggia 女 (-/..gien) [建] ロジア, 開廊; バルコニー.

logieren [ロジーレン] 自 泊まる; 他 (突く) (人を)泊める.

Logik 女 (-/-) 論理, 論法, 論理学.

Logis [ロジー] 中 (-[ロジー(ス)] /-[ロジース]) 住まい, 宿; [海] 船員室.

logisch [ロギッシュ] 形 (愛 logical)論理学の, 論理的な, 筋の通った; [話] 当然の, 当たり前な.

Logistik 女 (-/-) 記号論理学; [軍] 兵站(*が*); [経営] 企業兵站, ビジネスロジスティクス.

logo 形 ◆ *Das ist doch* ～. そんなこと当たり前さ. **Logo** 中 (-s/-s) (社

名·商品名などを示す)マーク, ロゴ.
Logopädie [女]《-/》〔医〕言語障害治療〈矯正〉.
Logos [男]《-/..goi》言葉; 意味, 思考; 〔哲〕ロゴス, 理性.
Lohe [女]《-/-n》〔製革〕タンニン樹皮末; 《雅》燃え上がる炎. **lohen** [他]〔製革〕タンニンでなめす; [自]《雅》燃え上がる.
Lohengrin ローエングリーン(白鳥伝説の主人公).
Lohgerber [男] 皮なめし工.
Lohn [ローン] [男]《-[e]s/**Löhne**》([英] pay)(日単位·週単位などで支払われる)賃金, 給料; 報い, 報酬. ✦ *in ~ und Brot stehen* 〈*sein*〉《**bei** j^3》(人に)雇われている. *um ~ und Brot bringen*《j^4》(人の)職を奪う. ⁼**arbeit** [女] 賃金労働.
Löhne ⇨ Lohn
lohnen [ローネン]《lohnte; gelohnt》[他]《[*sich*^{4}]》割に合う, (何かしら)利益をもたらす, 報われる; [他]《j^3 et^4》(人の…に)報いる; (…に)値する: Es *lohnt* [sich] nicht, darüber zu reden. そのことを話しても時間のむだだ.
löhnen [他](人に)賃金を支払う; 《話》(ある金額を)支払う.
lohnend (→ lohnen) [形] やりがいのある; 見る〈聞く〉価値がある.
lohnenswert [形] やりがいのある; 割の合う; (たっぷりの)報酬を得られるだけの; (大いに)ねぎらわれてしかるべきの.
Lohn⁼erhöhung [女] 賃上げ. ⁼**herr** [男] 雇用主; 雇い主. ⁼**kosten** [複] 賃金コスト. ⁼**nebenkosten** [複](社会保険費など, 雇用側の負担する)賃金付帯費用.
Lohn-Preis-Spirale [女]〔経〕賃金と物価の悪循環.
Lohnsteuer [女]《-/-n》(給与所得に対する)所得税. ⁼**jahresausgleich** [男](給与所得に対する)所得税の年末調整.
lohnte ⇨ lohnen
Lohntüte [女] 給料袋.
Löhnung [女]《-/-en》賃金の支払い; (支払われた)賃金.
Loipe [女]《-/-n》〔スキー〕ロイペ(距離競技のコース).
Loire (die ~)ロアール(フランス中部を流れる川).
Lok [女]《-/-s》機関車(< *Lok*omotive).
lokal [形]([英] local)その地方〈土地〉の, 地元の; 局地〈局部〉的な; 〔場〕所の.
Lokal [ロカール] [中]《-s (-es) /-e》([英] pub)飲食店, レストラン; 酒場, 居酒屋; 集会所. ⁼**adverb** [中]〔言〕所〈場所〉の副詞. ⁼**anästhesie** [女]〔医〕局所麻酔. ⁼**angabe** [女]〔言〕場所の添加語. ⁼**augenschein** [男]《オーストリア》現場検証. ⁼**blatt** [中] 地方紙; (新聞の)地方版. ⁼**bummel** [男]《話》はしご酒. ⁼**ergänzung** [女]〔言〕場所の補足語.
lokalisieren [他](火災などの)拡大を食い止める; 局限する; (…の)位置を確定する. **Lokalisierung** [女]《-/-en》(災害などの)拡大阻止, 局地化; 位置確定.
Lokalität [女]《-/-en》(特定の)場所; 土地柄; 《婉曲に》トイレ.
Lokal⁼nachricht [女] ローカルニュース. ⁼**patriotismus** [男](程度の越えた)郷土愛, お国自慢. ⁼**termin** [男]〔法〕現場検証, 法廷外審理.
Lokführer [男] 機関士.
Lokogeschäft [中] 即時〈現物〉取引.
Lokomotive [女]《-/-n》機関車. **Lokomotivführer** [男] 機関士.
Lokoware [女]〔商〕現品, 在庫現物.
Lokus [男]《-/-(-ses/-se)》《話》トイレ.
Lolli [男]《-s/-s》《幼児》棒のついた飴; 《俗》コンドーム.
Lombard [男][中]《-[e]s/-e》〔商〕質屋, 動産抵当貸付銀行. ⁼**geschäft** [中]〔商〕動産抵当貸借.
lombardieren [他]〔商〕抵当貸しする; 質〈抵当〉に入れる. **Lombardsatz** [男]〔経〕ロンバードレート金利.
Londoner [男]《-s/-》([女] **-in**)ロンドンの人; [形]《無変化》ロンドンの.
Look [男]《-s/-s》ルックス, ファッション; 外見.
Lorbeer [男]《-s/-en》〔植〕ゲッケイジュ(月桂樹); 〔料〕月桂葉, ベイリーフ; 月桂冠. ✦ *auf seinen ~en aus|ruhen*《話》《*sich*^{4}》栄誉に甘んじて手を抜いてしまう. *blutiger ~* 流血の栄冠. *~en ernten*《話》栄冠〈栄誉〉を得る. *keine ~en ernten können*《話》《**bei** 〈**mit**〉 et^3》(…で)栄誉を得ることができない. ⁼**kranz** [男] 月桂冠.
Lord [男]《-s/-s》(英国貴族の)卿(きょう).
Lore ❶ [女]《-/-n》トロッコ. ❷《女名》ローレ(< Leonore, Eleonore).
Lorelei, Loreley (die ~)ローレライ(ライン川右岸の巨岩, またその難所で船乗りを惑わす水の精).
Lorgnette [ロルニエテ] [女]《-/-n》柄付き眼鏡. **Lorgnon** [ロルニョーン] [中]《-s/-s》(柄付き)片眼鏡, モノクル.
Lorokonto [中]〔商〕(銀行が他の銀行に持っている)同業者預金口座.
los [ロース] I [形]([英] loose)(犬などが)放たれた, 逃げた; (ボタンなどが)緩んだ, 外れた, 取れた; 起こった, 始まった: Was ist denn ~? どうしたんだい? | Mit j^3 ist nichts 〈nicht viel〉 ~. 《話》(人は)調子が悪い. II [副]《催促を表して》さあ, 始めろ, 急げ; やれ, かかれ; 撃て; 離れて. ✦ *~ sein*《話》《*j-et*^{4}》(…を)なくす, (…から)解放される. *~ und ledig sein*《et^2》(…から)解放されている.
los..《分離動詞の前つづり》「開始; 分離, 解放」の意. **..los**「…のない」の意.
Los [ロース] [中]《-es/-e》❶([英] lot)くじ, くじ引き, 抽選; 宝くじ. ❷《雅》運命, 宿命; 境遇. ❸〔経〕ロット(製品の生産単位数量). ✦ *das große ~* 一等賞, 大当たり. *das große ~ ziehen* 〈*gezogen haben*〉《**mit** *j-et*^{3}》(…を選んで)とてもよい結果になる〈大変幸運である〉.
lösbar [形] 解決できる; 溶ける, 可溶性の.
los|binden* [他] 解き放す, 自由にする. |**brechen*** [自](s)(あらし·大声などが)突然起こる, 沸き上がる; 折れる, 砕ける; [他] 折り〈砕き〉取る.
Lösch⁼arbeit [女] 消火作業. ⁼**blatt** [中] 吸い取り紙.
löschen [レッシェン] [他] ❶《**losch; geloschen**》(火·明かりなどを)消す; (渇きなどを)癒す; 消し去る, 抹消する; 〔コンピュータ〕削除する, デリートする, 消す. ❷〔海〕(積み荷

Löwenmäulchen 399

を)陸揚げする; (船の)荷降ろしをする. **Löscher** 男《-s/-》インク吸い取り器; 消火器.

Lösch·fahrzeug 中 消防車. **=hütchen** 中 ろうそく消し. **=kopf** 男 (テープレコーダーの)消去ヘッド. **=mannschaft** 女 消防隊.

Löschung 女《-/-en》抹消, 削除; 清算, 免除; 消火.

los|drücken 他 (ピストルなどの)引き金をひく.

lose [ローゼ] 形 (a loose)(結び目などが)緩い; (服などが)だぶだぶの; (関係などが)緊密でない; ばらばらの, ばら売りの; 軽はずみな; 生意気な; 無遠慮な.

Lösegeld 中 身の代金.

los|eisen 他《話》《j⁴ von j-et³》(…から)自由にする《金などをせしめる》.

losen 自《um et⁴》(…を)くじで決める.

lösen [レーゼン](löste; gelöst) 他 ❶ 《 remove》《et⁴ von etw³》(…から)はずす, 離す《sich⁴ von et³》(…から)はがれる. 取れる(Eine Lawine löst sich. 雪崩が起きる); 《sich⁴ von j³》人から解放される. 離れる. ❷ 《loosen》《et⁴ sich⁴》(ねじなどを)緩める〈緩む〉, (結び目などを)解く〈解ける〉, ほどく〈ほどける〉, (痛み・緊張などが)和らげる〈やわらぐ〉解く, 取り除かれる. ❸ 《solve》《et⁴ sich⁴》(問題などを〈が〉)解く〈解ける〉, 解決する〈解決される〉. ❹ 《et⁴ in et³》(…を(…に))分解する《sich⁴ in et³》(液体などに)溶ける. ❺ (切符などを)買う. ❻ 《sich⁴》(銃が)暴発する.

losest ⇒ lose

los|fahren* [ロースファーレン](fuhr los; losgefahren) 自 (s)(乗り物で)出発する; 発車(発進)する; どなり出す《auf (gegen) j⁴》(…に)突進する, 襲いかかる.

los|gehen* [ロースゲーエン](ging los; losgegangen) 自 (s)出発する; 《auf j⁴》(…に)とびかかる; 《auf et⁴》(…を)目ざして進む; (催し物などが)始まる; (銃が)発射される; 《話》(ボタンなどが)取れる.

los haben 他 ◆ 《et》was 《nichts》~《話》少し心得がある《何も心得がない》. **=heulen** 自 (突然)泣き出す. **=kaufen** 他 (身の代金を払って人を)自由の身にする.

los|kommen 自 (s)《von j-et³》(…から)離れる. 逃れる.

los|lassen* [ロースラッセン]《ließ los; losgelassen》他 手放す; 解放する;《話》(言葉などを)口にする; 書き送る;《j⁴ auf j⁴》(人を…に)差し向ける. **=legen** 自《話》《mit et³》(…を)猛烈にとりく(しゃべり)始める.

löslich 形 可溶性の, 溶けやすい.

los|lösen 他《et⁴ sich⁴》離す(離れる)〈はがれる〉. **=machen** ❶ 他《話》離す, 外す;(綱などを)解く;自由にする《sich⁴ von et³》(…との)関係を断つ, 縁を切る. **=schießen*** 他 ❶ (s)突然走り始める;《auf j⁴》《話》(人に)突進する. ❷ 撃ち始める; 話を始める, 急いで話す. **=schlagen*** 他《auf j⁴》

(人に)殴りかかる;(軍隊が)戦闘を開始する: 奇襲をかける. 他 たたき落とす.《話》売り払う. **=schrauben** 他 (…の)ねじを外す. **=sprechen*** 他《von et³》(人を義務などから)解放する;《宗》赦免を与える; 購入の資格を認める. **=steuern** 自 (s)《auf j⁴》(…に向かって)まっしぐらに進む.

löste ⇒ lösen

Losung 女《-/-en》❶ 標語, スローガン; 《軍》合い言葉, 暗号;《宗》(日々唱える)聖書の教え. ❷ 《狩》(野獣や鳥犬の)糞(ふん). ❸ (日々の)収入, 売上高.

Lösung [レーズング] 女《-e/-en》《(a) solution》分解, 解明, 解決策; 答え;(契約などの)取り消し;《化》溶解; 溶液; 離すくはがす)こと; ゆるめること, 解放. **~s=mittel** 中《化》溶剤, 溶媒.

los|werden 自《話》(…から)逃れる,(…を)やっかい払いする.(考えなどを)捨て去る;売り払う;失う;(金を)払う.

=ziehen* 自 (s) 出発する, 出かける; 《über (gegen) j⁴》(人をこき下ろす, けなす.

Lot 中《-[e]s/-e》❶《土木・建》(垂直を決める)下げ振り;《測》測鉛; 鉛直;《数》垂線. ❷ はんだ. ◆ aus dem ~ bringen (…を)混乱させる, 元気でなくする. aus dem ~ sein / nicht im ~ sein 正常でない, 健康でない. im ~ sein 正常である, 元気である. ins [rechte] ~ bringen (…を)正常にする, もとどおりにする.[wieder] ins ~ kommen 正常になる, もとどおりになる, (人が)元気になる.

loten 他 (下げ振りなどで…の)垂直を確かめる;(測鉛で…の)水深を測る.

löten 他 (…を)はんだ付けする.

Lothringen ロートリンゲン, ロレーヌ(フランス北東部にある地方).

Lötkolben 男 はんだごて.

Lotos 男《-/-》《植》ハス.**=blume** 女《植》ハス(蓮). **=sitz** 男《仏》(ハスの花の形への連想から)あぐら.

lotrecht 形 垂直(鉛直)な. **Lotrechte** 女《形容詞変化》垂直(鉛直)線.

Lotse 男《-n/-n》《海》(水先案内人;《飛行機の)誘導員. **lotsen** 他《海》(船の)水先案内をする;《空》(飛行機を)誘導する;(人の)道案内をする;《話》(聞き伏せて人を)連れて行く.

Lotte 女《名》ロッテ(< Charlotte).

Lotterei 女《-/-en》怠惰, 無精.

Lotterie 女《-/-n》宝くじ, 富くじ. ◆ die reinste ~ sein 全くの偶然だ. **=spiel** 中 宝くじでの賭(か); 運任せ.

lott[e]rig 形 だらしのない, いいかげんな. **Lotterleben** 中 怠惰《だらしない》生活をする. **lottern** 自《方》だらしない生活をする. **Lotterwirtschaft** 女 放漫財政(経営).

Lotto 中《-s/-s》ロット(宝くじ・カードゲームの一種).

Löwe [レーヴェ] 男《-n/-n》《(a) Löwin》《(a) lion》《動》ライオン, 獅子(し);《天》獅子(し)座;《占》獅子(し)座宮.

Löwen=anteil 男 獅子(し)の分け前, 不当に多い分け前(イソップ寓話に由来する). **=männchen** 中 ライオンの雄. **=maul** 中, **=mäulchen** 中《植》キンギョソウ.

L

Löwenstimme 400

=**stimme** 図(ライオンのような)大声. =**weibchen** 図 ライオンの雌. =**zahn** 図 [植] タンポポ属.

loyal [ロアヤール] [形] 忠誠(忠実)な; 誠実. **Loyalität** 図(-/)忠誠; 誠意, 誠実.

LP 図 (-[s]) LP レコード (⊕ longplaying). ❷ 図 *Läuten und Pfeifen*; [鉄道] ベルと笛に出会の合図.

Lr [記号] ローレンシウム(元素名 < Lawrencium).

LSD 図 (-[s]/-) エルエスディー (幻覚誘発剤名; < *Lyserg*säure*d*iäthylamid).

lt. 略 *laut* …の文面によれば.

Lt[**n**]. 略 *Leutnant*. **Ltd.** 略 *limited*.

Lu [記号] ルテチウム(元素名 < *Lut*etium).

Lübeck リューベック(ドイツ北部, バルト海沿岸の港湾都市). **Lübecker** 図(-s/-)リューベックの人; [形] [無変化] リューベックの.

Luchs [ルックス] 図(-es/-e)[動] オオヤマネコ(の毛皮). ◆ *wie ein* ~ *aufpassen* (ヤマネコのように)油断なく見張っている. **luchsen** 図 [話] 見張る.

Lücke [リュッケ] 図 (-/-n) (⊕ gap)すきま, 割れ目, 亀裂(た。); 不備, 欠陥, 抜け落ち; (時間などの)空白; 損失. ~**n-büßer** 図 [話] 間に合せ, 埋め草; 代役.

lücken-haft [形] すきまく(欠陥)のある; 不完全な. =**los** [形] すきまのない; 完全な, 完ぺきな.

lud ⇒ **laden**

Lude 図 (-n/-n) [話] (売春婦の)ひも.

lüde ⇒ **laden**

Luder 図 (-s/-) [蔑] すれっからし, あばずれ女.

Ludolf [男名] ルードルフ.

Ludwig [男名] ルートヴィヒ.

Ludwigshafen ルートヴィヒスハーフェン(ドイツ南西部の工業都市).

Lues 図 (-/) 梅毒. **luetisch** [形] 梅毒[性]の.

Luft [ルフト] 図 (-/**Lüfte**) (⊕ **Lüftchen**) ❶ 図 (⊕ air)空気, 大気; 空気, 空中に. ❷ 外気, 戸外; 息; 微風. ◆ よば: *an die* ~ *gehen* 戸外へ(散歩)に出る. ❸ ゆとり, すき間: *Macht* ~! [話] どいてくれ. ◆ *an die [frische]* ~ *setzen* [話] (人)を払い箱にする, 首にする. *aus der* ~ *gegriffen (geholt) sein* 作りごとにすぎない. *Aus et³ ist die* ~ *raus.* [話] …が勢いをなくす. *J³ bleibt die* ~ *weg.* (驚いて人が)息が止まる. *die gleiche* ~ *atmen [mit J³]* (人)と同じ環境である. ~ *abdrehen (abdrücken)* [J³] (経済的に)人の息の根を止める. *die* ~ *anhalten* 息を殺す; [話] 黙る. *Die* ~ *ist rein (sauber).* ここなら大丈夫だ. *die* ~ *rauslassen* 怒りを抑える. *die* ~ *zum Atmen nehmen* [J³] (人)の行動を縛る. *Es liegt (ist) dicke* ~. [話] 事態は緊迫している. *frische* ~ *in et⁴ bringen* (…に)新風を吹き込む. *J³ geht die* ~ *aus.* [話] …は破産しそうである. *die* ~ *siebte* ~ *atmen* [戯] 刑務所(拘置所)にいる. *Halt [mal] die* ~ *an!* [話] 黙れ. *In et³ ist noch* ~ [drin]. [話] (…には)まだ何かする余地が残っている. *in der* ~ *hängen (schweben)* 未定である, 不安定である. *in der* ~ *liegen* 目前に迫っている. *in der* ~ *zerreißen* [話] (人)を散々やっつける; (特に芸術的なことに関して人)をこっぴどく批評する. *in die* ~ *gehen* 爆発する; [話] かんしゃくを起こす. *in die* ~ *gucken* 宙をにらむ. *in die* ~ *sprengen* (…)を爆破する. ~ *auflösen* [*sich*] 消え失せる. ~ *holen (schöpfen)* 一息つく. ~ *machen [et³]* [話] (感情などを)ぶちまける; [話] [*sich*] 憂さを晴らす. ~ *sein [für j⁴]* (人にとって)ものの数ではない. *nach* ~ *schnappen* あえぐ; (経済的に)ひっぱくする. *nicht von der* ~ ~ *(von* ~ *und Liebe) leben können* [話] かすみを食っては生きて行けない. *per* ~ 飛行機で, 空路で. *wie* ~ *behandeln* (人)を無視する.

Luft-abwehr 図 対空防衛. =**alarm** 図 空襲警報. =**angriff** 図 空襲. =**aufnahme** 図 空中撮影. =**ballon** 図 風船; 気球. =**bild** 図 航空写真. =**blase** 図 気泡, 泡, あぶく. =**brücke** 図 (応急策としての)空輸.

Lüftchen (→ **Luft**) 図 (-s/-) そよ風.

luftdicht [形] 気密性の.

Luftdruck 図 気圧; 爆風. =**messer** 図. =**messgerät** 図 (⊕ =**meßgerät**) 気圧計, バロメーター.

Lüfte ⇒ **Luft**

lüften 図 (衣服などに)風を当てる; (部屋に)風を通す(入れる). (…)を換気する; (秘密などを)漏らす. **Lüfter** 図 (-s/-) 換気装置, 換気扇; 通風装置, 通風口(管).

Luftfahrt 図 飛行, 航空; 空の旅. =**gesellschaft** 図 航空会社. =**industrie** 図 航空産業. =**karte** 図 航空地図. =**medizin** 図 航空医学. =**recht** 図 航空法.

Luft-federung 図 空気ばね. =**filter** 図 [機] エアフィルター. =**flotte** 図 航空部隊; 空軍. =**fracht** 図 航空貨物; エアカーゴ; 航空貨物運賃.

luft-gekühlt [形] 空冷式の. =**geschützt** [形] 風除けの. =**getrocknet** [形] 空気乾燥させた.

Luft-gewehr 図 空気銃. =**hansa** 図 (-/) ルフトハンザ(ドイツの航空会社; ⊕ LH). =**herrschaft** 図 制空権. =**hoheit** 図 領空権. =**hülle** 図 大気圏.

luftig [形] 通気性のよい; 薄物の; 風通しのよい; 風の吹き渡る; 軽薄な.

Luft-kampf 図 空中戦. =**kissen** 図 空気ばくら; エアマット; エアクッション. =**kissenfahrzeug** 図 ホバークラフト. =**korridor** 図 空中回廊(外国上空通過の航空界). =**krieg** 図 空中戦, 空襲. =**kühlung** 図 空冷, 空気冷却; 冷房[装置]. =**landetruppe** 図 空挺(益)部隊.

luftleer [形] 真空の.

Luft-linie 図 (2地点間の)最短距離. =**loch** 図 通気口; 空気穴; [話] エアポケット. =**Luft-Rakete** 図 空対空ミサイル. =**parade** 図 航空パレード. =**pirat** 図 ハイジャッカー. =**piraterie** 図 ハイジャック.

Luft-post [ルフトポスト] 図 (-/-en) (⊕ airmail)航空郵便, エアメール: *mit (per)* ~ 航空便で. =**raum** 図 領空.

Lust

=**raumverletzung** 囡 領空侵犯. =**reifen** 男 空気タイヤ. =**röhre** [医]気管. =**sack** 男 [鳥]気嚢(のう);(自動車の)エアバッグ. =**schacht** 男 通気立坑(धु). =**scheu** 囡 嫌気症;気鬱(ぶ)症. =**schicht** 囡 大気圏. =**schiff** 中 飛行船. =**schiffahrt** 囡 =**schiffahrt** 囡 飛行船旅行(輸送). =**schlange** 囡 (カーニバルなどで用いる)紙テープ、投げテープ. =**schloss** 中 =**schloß** 中 空中楼閣. =**schraube** 囡 プロペラ.

Luftschutz 男 防空. =**bunker** 男. =**keller** 男 防空壕, シェルター. =**sirene** 囡 空襲警報のサイレン.

Luft=**spiegelung** 囡 蜃気楼(どう). =**straße** 囡 航空路. =**streitkräfte** 囡 空軍. =**strom** 男 気流. =**stützpunkt** 男 空軍基地. =**taxi** 中 (近距離輸送用)ヘリコプター, 小型飛行機. =**temperatur** 囡 気温. =**transport** 男 空輸輸送;空輸.

Lüftung 囡 〈-/-en〉換気[装置].

Luft=**veränderung** 囡 転地[療養]. =**verkehr** 男 航空輸送, 空の交通. =**verkehrsabkommen** 中 (国際間の)航空協定. =**verpester** 男 大気汚染源. =**verschmutzung** 囡 大気汚染. =**versicherung** 囡 航空保険. =**verteidigung** 囡 防空. =**waffe** 囡 空軍. =**wäscher** 男 空気浄化装置(空気清浄器). =**wechsel** 男 転地[療養]. =**weg** 男 空路;航空輸送; (中) [通信]空路. =**widerstand** 男 空気抵抗. =**zufuhr** 囡 空気供給;通気, 換気. =**zug** 男 空気の流れ, 微風, すきま風.

Lug 中 ❖ ~ **und Trug** [雅]うそいつわり.

Lugano ルガーノ(スイス南部, ルガーノ湖北岸の都市).

Lüge [リューゲ] 囡 〈-/-n〉(囡 lie)うそ, いつわり; 虚偽; まやかし: eine faustdicke ~ 真っ赤なうそ. ❖ **eine fromme** ~ 善意からくるうそ. ~**n haben kurze Beine.** [諺]うそはすぐばれる. ~**n strafen** [j-et⁴] (…が)事実でないことを証明する;(人のうそを暴く.

lugen (人が)のぞく;(物が)のぞいて見えている.

lügen* [リューゲン] (log, gelogen) 他 (他 lie)うそをつく, 偽る;だます: 偽って言う: Wer lügt, der stiehlt. [諺]うそはどろぼうの始まり. ❖ **wie gedruckt** ~ [話]真っ赤なうそをつく.

Lügendetektor 男 うそ発見器.

lügenhaft 形 うその.

Lügen=**märchen** 中 うその話; でたらめ. =**maul** 中 [つよ]の.

Lügner 男 〈-s/-〉(男 **-in**)(囡 liar) うそつき. **lügnerisch** 形 うその;うそつきの.

Luise [女名] ルイーゼ.

Lukas ❶ [男名] ルーカス. ❷ [聖] ルカ: das Evangelium des ~ [nach ~] ルカによる福音書.

Luke 囡 〈-/-n〉天窓;ハッチ.

lukrativ 形 もうかる, 利益の上がる.

lukullisch 形 (食事が)ぜいたくな, 豪華な.

Lulatsch 男 〈-[e]s/-e〉 ❖ **ein langer** ~ [話] [皆り]のっぽの男.

lullen 他 小声で歌う;(他)(小声で)[子守歌などを]歌ってやる.

Lumbalgie 囡 〈-/-n〉[医] 腰痛.

Lumen 中 〈-s/-, …mina〉[理]ルーメン(光束単位; [記号] lm).

Lumineszenz 囡 〈-/-en〉[理] ルミネセンス(蛍光・燐光など).

Lümmel 男 〈-s/-〉[腹] 無作法者; [話]; やつ; [俗] ペニス. **Lümmelei** 囡 〈-/-en〉無作法な態度. **lümmelhaft** 形 無作法な. **lümmeln** 〈**sich**〉[話]だらしない格好で座る(寝そべる).

Lump 男 〈-en/-en〉ならず者, ごろつき. **lumpen** 他 ❖ **nicht ~ lassen** [話] 〈**sich**〉気前よくする, けちけちしない.

Lumpen 男 〈-s/-〉ぼろ, 布切れ; ぼろ服. ❖ **jn den ~ schütteln** [j⁴] (人を)激しく叱る, (人に)きちんと意見を言う. =**hund** 男 [蔑] ならず者, 悪党. =**sammler** 男 廃品回収業者; [蔑] 最終寝食をとる.

Lumperei 囡 〈-/-en〉下劣な行為;[話] さもないこと.

lumpig 形 ぼろぼろな, みすぼらしい; 下劣〈下品〉な; [話] わずかばかりの.

Luna [ローマ神] ルナ(月の女神); 囡 〈-/〉[雅] 月.

Lunch [ランシュ〈チュ〉] 男 〈-, -[e]s/-[e]s, -e〉軽い昼食, ランチ. **lunchen** [ランシェン〈チェン〉] 他 軽い昼食をとる.

Lüneburg リューネブルク(ドイツ北部の都市). **Lüneburger** 形 [無変化で]リューネブルクの.

Lunge [ルンゲ] 囡 〈-/-n〉 (他 lung) 肺, 肺臓. ❖ **aus voller ~ singen** (**schreien**) 声を張り上げて歌う〈叫ぶ〉. **die ~ aus dem Hals[e] (dem Leib) schreien** [話] あらん限りの声で叫ぶ. **eine gute ~ haben** [話] 声が大きい. **eiserne ~** [医] 鉄の肺, 人工心肺. **grüne ~** 緑地帯, 公園. **Schone deine ~!** あんまりしゃべるなよ. =**n**=**bläschen** 中 [医] 肺胞. =**n**=**entzündung** 囡 [医] 肺炎. =**n**=**flügel** 男 [医] 肺翼.

lungenkrank 形 肺病の.

Lungen=**krebs** 男 [医] 肺癌(だ). =**sanatorium** 中 肺結核療養所. =**tuberkulose** 囡 肺結核.

lungern 他 ぶらぶらしている.

Lunte 囡 〈-/-n〉導火線. ❖ **die ~ ans Pulverfass legen** 争いの火種になることをする. ~ **riechen** [話] 疑いを抱く, 危険を感知する.

Lupe 囡 〈-/-n〉虫眼鏡, ルーペ. ❖ **mit der ~ suchen können** [j-et⁴] (…は)簡単には見つからない. [**scharf**] **unter die ~ nehmen** [話] じっくり観察する. **lupenrein** 形 (宝石が)完全に無傷な; 欠点のない, 完璧な.

lüpfen 他 軽くちょっと持ち上げる.

Lupine 囡 〈-/-n〉[植] ルピナス, ハウチワマメ属.

Lurch 男 〈-[e]s/-e〉[動] 両生類.

Lust [ルスト] 囡 〈-/Lüste〉 (他 **-chen**) ❶ (…が欲しい〈したい〉)気持ち, 欲求, 意欲: Ich habe große ~, mitzu-

Lustbarkeit 402

kommen. いっしょに行く気が大いにある | Er hat keine ~, die Firma zu übernehmen. 彼には会社を引き受ける気がまったくない | Jetzt habe ich ~ auf ein Glas Bier. 今私はビールを1杯飲みたい。❷ (@ pleasure) 喜び, 楽しみ。❸ 性的な欲望, 情欲。◆ **~ und Leid**〔雅〕人生の苦楽。**mit ~ aus ~ und Liebe**〔雅〕喜んで, 快く, 専心して。**nach ~ und Laune** 気の向くままに。
Lustbarkeit 囡 ⟨-/-en⟩〚雅〛娯楽の催し。**lustbetont** 形 心地よい。
Lüste ⇒ Lust
Lüster 男 ⟨-s/-⟩ シャンデリア; 光沢; (ガラス・陶器の)うわぐすり。
lüstern 形 みだらな; 好色な: 渇望している。**..lüstern**「…を渇望(熱望)する, …を欲しがる」の意。
Lust 囡 ⟨-/-⟩ 好色, 渇望。
Lust-garten 男 (宮殿などの)遊楽庭園。 **=gefühl** 中 快感。
lustig [ルスティヒ] I 形 ❶ (@ merry) 楽しい(な); 愉快な(に); 陽気な, おもしろい, おかしい; ひょうきんな: Das kann ja ~ werden! 〔話・皮肉〕これはたいへんなことになるぞ。❷ (@ 活気のある): Das kannst du machen, wie du ~ bist. 〔話〕やりたいようにやっている。II 副 不元気に, 活発に。◆ **~ machen** ⟨sich⁴ über j-et⁴⟩「…をからかう, 笑い物にする」。**..lustig**「…するのが好きな, …したがっている」の意。
Lustigkeit 囡 ⟨-/-⟩ 楽しい(愉快な)事。
Lüstling 男 ⟨-s/-e⟩ 好色家, 女たらし。
lustlos 形 やる気のない, いやいやながらの; 〚商〛(相場が)気乗り薄の。
Lust-molch 男 〔話〕女たらし, 女好き。 **=mord** 男 快楽殺人。 **=mörder** 男 快楽殺人犯。 **=schloss** 中 (= schloß 中) (特に夏の離宮)。 **=spiel** 中 喜劇, コメディー。
Lutetium 中 ⟨-s/-⟩ ルテチウム(元素記号: Lu)。
Luther Martin, ルター(1483-1546: ドイツの宗教改革者)。**Lutheraner** 男 ⟨-s/-⟩ (@ **-in**) ルター派の人。**Lutherbibel** 囡 ルター[訳]聖書。**lutherisch** 形 ルター[派]の; ルター教会の。
lutschen 動 ⟨an et³⟩ (…を)しゃぶる, なめる: @ (@にある). **Lutscher** 男 ⟨-s/-⟩ 棒付きキャンディー。〔話〕おしゃぶり, (ゴムの)乳首。
lütt 形〔北部〕(klein)小さい。
Lüttich リエージュ(ベルギー東部の都市)。
Lutz 〖男名〗ルッツ。
Luv 中 ⟨-⟩〚海〛風上(4以)。
Lux 中 ⟨-/-⟩〚理〛ルックス(照度単位, 略 lx)。
Luxemburg ルクセンブルク(ドイツ・フランス・ベルギーに接する大公国およびその首都)。 **~er** 男 ⟨-s/-⟩ (@ **-in**) ルクセンブルク人; 形 〚無変化〛ルクセンブルクの。**luxemburgisch** 形 ルクセンブルク[人, 語]の。
luxuriös 形 豪華な, ぜいたくな, デラックスな。
Luxus [ルクスス] 男 ⟨-/-⟩ (@ luxury) ぜいたく, 豪華; 豪奢, 奢侈(⽋)。 **=artikel** 男 ぜいたく品。 **=ausführung** 囡 (自動車などの)デラックスタイプ, 豪華仕様。 **=ausgabe** 囡 (本の)豪華版。 **=leben** 中 豪華(⽋)ぜいたく)な生活。 **=villa** 囡 豪華な邸宅。
Luzern ルツェルン(スイス中部の州およびその州都)。
luzid 形 ⟨-er/-est⟩ 明るい; 明解な。
Luzifer 男 ⟨-⟩〚天〛明けの明星, 金星; ルチファー(サタンのこと)。
lx〔記号〕= Lux.
Lyase 囡 ⟨-/-n⟩〚生化〛リアーゼ; 付加酵素。
Lymphadenopathie 囡 ⟨-/-n⟩〚医〛リンパ節疾患。
lymphatisch 形 リンパ[性]の。
Lymphdrüsen-karzinom 中, **=krebs** 男 〚医〛リンパ腺癌(⽋)。
Lymphknoten 男 〚医〛リンパ節。 **=karzinom** 中, **=krebs** 男 〚医〛リンパ節癌(⽋)。
Lymphokin 中 ⟨-s/-e⟩〚免疫〛リンフォカイン(リンパ球が抗原に接触して放出するタンパク因子)。
lynchen 動 (人に)リンチ(私刑)を加える。 **Lynchjustiz** 囡 リンチ, 私刑。
Lyon リヨン(フランス南東部の都市)。
Lyra 囡 ⟨-/Lyren⟩ リラ(古代ギリシャの七弦琴♡); 堅琴; 〚軍楽隊の〛グロッケンシュピール; 中 琴座。
Lyrik [リューリク] 囡 ⟨-/⟩〚文〛抒情詩。
Lyriker 男 ⟨-s/-⟩ (@ **-in**) 抒情詩人。
lyrisch 形 抒情詩的な; 抒情的な, 情緒豊かな。
Lysin 中 ⟨-s/-e⟩〚生〛リシン(細胞を溶解する抗体); 〚生化〛リジン(人間や動物には必須アミノ酸の一つ)。
Lysis 囡 ⟨-/..sen⟩〚生化〛(細胞や細菌の)溶解。リーシス。
Lyzeum 中 ⟨-s/..zeen⟩〚古〛女子高等学校; 〖以〗ギムナジウムの上級課程。
LZB 略 = Landeszentralbank.

M

m, M 中 ⟨-/-⟩〚字母〛エム。 **m**〔記号〕Meter. **m**〔記号〕Minute; **männlich**; Maskulinum; mit. **m..**〔記号〕**milli..**. **M** 中 Mark. **M**〔ローマ数字〕1000. **M**〔国鉄符号〕マルタ. **M**〔記号〕Meile; mega..; Mach[zahl]. **M.** 略 **Magister**; Monsieur. **M** 略 **Mega..**. **Ma** 略 Mach; **Masurium**. **MA**〔国鉄符号〕モロッコ. **M.** 略 Mittelalter.
M.A. 略 Magister Artium 文学修士.
Mäander 男 ⟨-s/-⟩ (河川の)蛇行; 建・美 メアンダー, 雷文(分)模様.
Maar 中 ⟨-[e]s/-e⟩〚地学〛マール(平底円火口).
Maastricht マーストリヒト(オランダの工業都市).
Maat 男 ⟨-[e]s/-e, -er⟩ (ドイツ海軍の)4等兵曹.
Mach 中 ⟨-/-⟩〚理〛マッハ〔数〕(音速の単位; 略 M, Ma).
Mach-art 囡 (衣服の)仕立て, デザイン.
machbar 形 実行(実現)可能な.

Mache 囡 ⟨-/-⟩ 【話】作り事, 見せかけ, ごまかし; (文学作品の)手法, 技巧. ♦ **in der ~ haben** (…を)製作中である. **in der ~ haben / in die ~ nehmen** (人をさ)さん殴る; とっちめる.

..mache 【複】「作り物による…」, …の作り上げ」の意.

machen [マッヘン] 他 ⟨machte; gemacht⟩ I ❶ (≅ make) 作る: Geld ~ 【話】金をもうける. ❷ (≅ do) する, 行う: eine Reise ~ 旅行をする｜ein Foto [von j-et³] ~ (…の)写真を撮る. ❸ (…を…にする): *sich⁴ verständlich* ~ 自分の言う事をわかってもらう｜*j⁴ zum Vorsitzenden* ~ 人を議長に任命する. ❹ (⟨*j-et⁴*⟩ *et⁴*) (…に…を)引き起こす. ❺ 【話】(ベッド・髪などを)整える. ❺ 【話】(数・金額が…に)なる: Das macht [zusammen] 20 Mark. 全部で20マルクになります. II 自 【話】❶ (≅ *machen*) 取りかかる; (…の)仕事を始める｜*sich⁴ nach Hause* ⟨*auf den Weg*⟩ ~ 家路へ〈出発す〉. ❷ (物が…に)なる, 思える. III 自 【話】おもらし(そそう)する, 大便〈小便〉をする. ♦ *[Das] macht nichts!* 【話】なんでもない. ♦ (お礼・お詫びに対して)けっこうです. *es j³ ~* 【俗】(人を)性的に満足させる. *es [mit j³] ~* 【話】(人と)セックスする. *es nicht mehr lange ~* 余命いくばくもない. *es unter et³ nicht ~* 【話】(…以下では)不満でない. *ganz ~* 【話】(…を)修理〈修復〉する. *Mach dir nichts draus!* 【話】そんなことで怒るな. *Mach's* ⟨*Machs*⟩ *gut!* 【話】(別れのあいさつ)元気でね, うまくやれよ. 【話】*was* ⟨*wenig*⟩ *aus j-et³ ~* 【話】(…)をまったく(あまり)気にしない. *Was macht et¹?* 【話】(…)はどんな具合〈調子〉ですか. *zu schaffen ~* ⟨*j³*⟩ (人に)面倒をかける, (人を)てこずらせる.

Machenschaften 【複】【蔑】陰謀, たくらみ.

Macher 男 ⟨-s/-⟩ (≅ **-in**) 指導者; 首謀者; 実力者; 製造〈製作〉者.

..macher 「…を作る(する)人」の意.

Machinationen 【複】陰謀; 策略.

Macho 男 ⟨-s/-s⟩ = Matscho.

machs, mach's = mach es.

Macht [マハト] 囡 ⟨-/Mächte⟩ ❶ (≅ power) 力, 威力: aus eigener ~ 独力で. ❷ 権力, 支配力: *die ~ ausüben* 権力を行使する. ❸ 強国, 大国; 勢力(陣営); 兵力, 軍事力. ❹ 超自然的な力: höllische *Mächte* 地獄の力. ♦ *alles tun, was in j² ~ steht* (人の)力の及ぶ限りのことをする. *an die ~ sein* 権力の座に就いている. *an die ~* ⟨*zur ~*⟩ *kommen* 権力の座に就く. *die ~ ergreifen* ⟨*an sich⁴ reißen*⟩ 権力を奪う. *eine ~ sein* すばらしい, すごい. ♦ *geht vor Recht*. 【諺】勝てば官軍. *nicht in j² ~ stehen* ⟨*liegen*⟩ (人の)力の及ばぬことである. *mit aller ~* 全力で.

Macht=befugnis 囡 権限, 権能. **=bereich** 男 勢力範囲.

machte → machen

Mächte → Macht

Macht=ergreifung 囡 権力掌握. **=erhalt** 男 権力の保持(維持). **=gelüst** 中, **=gier** 囡 権力(権勢)欲. **=haber** 男 ⟨-s/-⟩ (≅ **-in**)権力者.

mächtig [メヒティヒ] 形 (≅ powerful) 強大な, 勢力のある; 巨大な, がっしりした; *et²* ~ *sein* (…)を意のままにできる; *(der deutschen Sprache ~ sein* ドイツ語に堪能である). ❷ 【話】(程度が)甚だしい, ひどい. ♦ *seiner selbst* ⟨*seiner Sinne*⟩ *nicht ~ sein* 【雅】自分(の感情)を抑制できない.

Macht=kampf 男 権力闘争. **macht=los** 形 無力な; 権力のない. **=lüstern** 形 = machthungrig. **Macht=politik** 囡 権力の政治. **=position** 囡 権力の地位. **=probe** 囡 力の比べ. **=spruch** 男 = Machtwort. **=stellung** 囡 強力である地位. **=übernahme** 囡 権力掌握. **=vakuum** 中 (国際間の)力の真空地帯. **=vollkommenheit** 囡 絶対的権力. ♦ *aus eigener ~* 独断で. **=wort** 中 絶対命令. ♦ *ein ~ sprechen* 鶴の一声で決まりをつける.

Machwerk 中 【蔑】駄作品; 粗悪品.

Machzahl(ᵈ), **Mach-Zahl** 囡 マッハ数(音速の単位).

Mäcker 男 ⟨-s/-⟩ 【北部】相棒.

張本人; 【北部】相棒.

MAD = Militärischer Abschirmdienst (ドイツの)軍事防諜(ᵇ)機関.

Madame [マダム] 囡 ⟨-/Mesdames [メダム]⟩ ❶ (既婚女性の姓につけて)…さん, …夫人; ❷ 一般的なHöflichな)奥様, マダム.

Mädchen [メートヒェン] 中 ⟨-s/-⟩ ❶ (≅ girl) 少女, 女の子; 娘; お手伝い, メイド; 【話】ガールフレンド. ♦ *~ für alles* 【話】何でもしてくれる人. **mädchenhaft** 形 少女らしい.

Mädchen=handel 男 婦女売買. **=internat** 中 寄宿制女子校; 女子学生(生徒)寮. **=name** 男 女性の名前(既婚女性の結婚前の).

Mädchentum 中 ⟨-s/-⟩ 少女(生娘(ᵏ))であること; 処女性.

Made 囡 ⟨-/-n⟩ 【虫】ウジ. ♦ *wie die ~ im Speck leben* 【話】ぜいたくな暮らしをする.

Madeira [マデーラ] 男 ⟨-s/-s⟩ (der ~) マデイラ産ワイン.

Mädel 中 ⟨-s/-⟩ (北部 -s, 南部ᵈ・ᵃ n)) = Mädchen.

Mademoiselle [マドモアゼル] 囡 ⟨-/Mesdemoiselles [メドモアゼル]⟩ ❶ (未婚女性の姓につけて)…さん, …嬢; ❷ (一般的なHöflichな)お嬢さん.

madig 形 (食品が)ウジのわいた, 虫食いの. ♦ *~ machen* 【話】(…)をけなす; 【話】*[j⁴ et¹]* (…)を台なしにする.

Madonna 囡 ⟨-/..nen⟩ 聖母マリア; 聖母マリア像. **Madonnengesicht** 中 聖母マリアのような顔.

Madrid 中 マドリード(スペインの首都).

Madrigal 中 ⟨-s/-e⟩ 【楽】マドリガル.

Maestro 男 ⟨-s/-s, ..stri⟩ (特に作曲・指揮などの)巨匠, マエストロ.

Maeterlinck Maurice, メーテルリンク (1862–1949) ベルギーの詩人・劇作家.

Ma[f]fia 囡 ⟨-/-s⟩ マフィア; (マフィア的

Mafiaboss 404

な)犯罪組織. ~**boss** (®=**boß**) 男 マフィアのボス(親玉). ~**methode** 囡 マフィアの手口(やり方).

mafios 形 マフィアの,マフィアふうの.

mag ⇒ **mögen**

Mag. 略 *Magister* 薬学士.

Magazin 囲 《-s/-e》 (® magazine) 倉庫; 書庫, 資料庫; (連発銃の)弾倉; (映写機の)スライドマガジン; 娯楽(グラビア)雑誌; ワイドショー番組.

Magd 囡 《-/Mägde》 (農家などの)下働きの女, 下女; 《古》少女, 処女.

Magdeburg マクデブルク(ドイツ中部の都市). **Magdeburger** 男 《-s/-》マクデブルクの人; 形 《無変化》 マクデブルクの. **magdeburgisch** 形 マクデブルクの.

Magen [マーゲン] 男 《-s/Mägen, -》 (® stomach) 胃. **mit dem ~ zu tun haben / es mit dem ~ haben** 胃を悪くしている. ◆ **auf den ~ gehen** ⟨*schlagen*⟩ 《j³》 (人の)胃にこたえる, 食欲をなくさせる;(人の)気分を台なしにする. *J³ dreht sich der ~ um*. 《話》 (人は)胃がむかつく. *J³ hängt der ~ in die Kniekehle* ⟨*in den Kniekehlen*⟩. 《話》(人は)腹ぺこだ. *im ~ haben* 《話》 《j⁴》(人に)腹を立てている. *J³ knurrt der ~*. 《話》(人の)腹がグーグー鳴る. (人は)空腹である. 〔*schwer*《話》〕 *Blei*〕 *im* ⟨*auf dem*⟩ *~ liegen* 《話》 《j³》(人の)胃にもたれる; (人の)気分を重くする;(人の)気に食わない.

Magen=**beschwerden** 覆 胃病. ~**bitter** 男 《-s/-》健胃薬草酒. ~**geschwür** 甲 胃潰瘍(かいよう). ~**grube** 囡 みぞおち. ~**knurren** 甲 腹がグーグー鳴ること.

magenkrank 形 胃病の.

Magen=**krebs** 男 胃癌(がん). ~**leiden** 甲 胃病. ~**pförtner** 男 〖医〗幽門. ~**saft** 男 胃液. ~**säure** 囡 胃酸. ~**schmerzen** 覆 胃痛. ~**verstimmung** 囡 胃の不調, 消化不良.

mager [マーガー] 形 (® lean)やせた; 脂肪分の少ない; 内容の乏しい, 貧弱な; (土地の)やせた, 不毛の; 〖印〗 〖活字の〗 肉細の. **Magerkeit** 囡 《-/》 やせていること; 貧弱さ; (土地の)不毛.

Mager=**milch** 囡 スキムミルク, 脱脂乳. **magersüchtig** 形 痩身(*そうしん*)症の; 拒食症の.

Magie 囡 《-/》 (® magic)マジック,魔術; 奇術; 手品; 魔力. **Magier** 男 《-s/-》魔法使い; 奇術師, マジシャン.

magisch 形 魔法の; 魔術的な, 不思議な.

Magister 男 《-s/-》 ❶ (人文科学系の)修士, マスター. ❷ 〖略〗 Mag.》 薬学士. ❸ 〖古〗 教師, 先生.

Magistrat 男 《-[e]s/-e》 ❶ 市参事会; 市役所; (古代ローマの)高級官吏(官庁). ❷ 《-en/-en》 〖古〗 (政府の)高官.

Magma 甲 《-s/..men》 〖地〗マグマ. ~**gestein** 甲 〖地〗火成岩. **magmatisch** 形 マグマの.

Magnat 男 《-en/-en》 ❶ 大実業家; (財界の)大立者; 大富豪; ❷ (昔のハンガリー・ポーランドなどの)貴族.

Magnesia 囡 《-/》 〖化〗酸化マグネシウム, マグネシア. **Magnesium** 甲 《-s/》マグネシウム(元素名: 〖記号〗 Mg).

Magnet [マグネート] 男 《-[e]s/-e; -en/-en》 (® magnet)磁石, マグネット; 電磁石; 注目(人気)の的. ~**band** 甲 磁気テープ. ~**blase** 囡 〖電子工学〗 磁気バブル. ~**blasenspeicher** 男 〖電算〗 磁気バブル記憶素子. ~**feld** 甲 磁界, 磁場.

magnetisch 形 磁力のある, 磁気を帯びた. **magnetisieren** 他 磁化する; 磁気療法を施す. **Magnetismus** 男 《-/》 磁気, 磁性; (医)磁気療法.

Magnet=**karte** 囡 〖電算〗 磁気カード(キャッシュカード・テレホンカードなど). ~**kernspeicher** 男 〖電算〗 磁心記憶装置; コアメモリー. ~**kopf** 男 磁気ヘッド. ~**nadel** 囡 磁針.

Magnet=**streifen** 男 (磁気カードなどの)磁気ストライプ. ~**zündung** 囡 マグネット(式)点火.

Magnifizenz 囡 《-/-en》 大学の学長.

Magnolie 囡 《-/-n》 〖植〗モクレン.

Mag.pharm. 略 *Magister pharmaciae* 〖ラテン〗 薬学士.

magst ⇒ **mögen**

mäh メェ(羊・ヤギの鳴き声).

Mahagoni 甲 《-s/》 マホガニー材.

Maharadscha 男 《-s/-s》マハーラージャ(インド天竺の尊称).

Mäh=**binder** 男 〖農〗バインダー.

Mahd ❶ 囡 (牧草・穀物などの)刈り入れ; 刈り取った牧草(穀物). ❷ 甲 《-[e]s/Mähder》 〖南ドイツ・オーストリア〗 山の牧草地.

Mäh=**drescher** 男 〖農〗コンバイン.

mähen ❶ 他 (牧草・穀物などを)刈る; (畑・草原の)作物を刈る. ❷ 自 《話》(羊・ヤギが)メェと鳴く.

Mäher 男 《-s/-》 〖農〗刈取機; 芝刈機; (® -**in**-/-nen) 刈り取り(草刈り)人. **Mahl** 甲 《-[e]s/-e, Mähler》 〖雅〗食事; 食物, 料理.

mahlen* ❶ 他 (穀物などを)(粉を)ひく: *Wer zuerst kommt, mahlt zuerst.* 《諺》 先んずれば人を制す. ❷ 自 (車輪が砂地で)空回りする.

Mahler Gustav, マーラー(1860-1911; オーストリアの作曲家・指揮者).

Mahlgang 男 ひき臼装置, 製粉機.

mahlte ⇒ **mahlen**

Mahlzahn 男 臼歯(*きゅうし*), 奥歯.

Mahlzeit 囡 《-/-en》 (® meal)食事. ~**!** 《話》いただきます; 召しあがれ; 〖昼食時のあいさつ〗 こんにちは, さようなら. ◆ 〔*Na dann*〕 *prost ~!* 《話》ひどいことになったぞ(なりそうだ).

Mähmaschine 囡 刈り取り(草刈り)機.

Mahn=**bescheid** 男 〖法〗支払命令; 督促決定. ~**brief** 男 督促状.

Mähne 囡 《-/-n》 (馬・ライオンなどのたてがみ); (俗) 長髪.

mahnen [マーネン] 他 (mahnte; gemahnt) ❶ ⟨*j⁴* 〖*zu et³*〗⟩ (人に…するように)催促する, 強く促す; ⟨*j⁴* **an** *et⁴* 〖*wegen et²*〗⟩ (人に…を)思い出させる, 勧告する. ❷ 自 〖狩〗(雌ジカが)鳴く. **Mahner** 男 《-s/-》督促者, 催告者.

Mahn-mal 中 《警告》の記念碑. **=schreiben** 中 督促状, 催告状.
mahnte ⇨ mahnen
Mahnung 女 (-/-en) 警告, 注意; 〖法〗催告; 督促状.
Mahr 男 (-[e]s/-e) 夢魔.
Mähre ❶ 女 (-/-n) 老いぼれ馬, やせ馬. ❷ 男 (-n/-n) 《雅-en》**-in** 女 (-/-nen) モラヴィア人.
Mai [マイ] 男 (-[e]s, -e/-e) 《雅-en》/-e) (֎ May) 5月：der Erste ～ メーデー. ◆ noch in ～ seines Lebens stehen 《雅》いまだ若々しい. wie einst im ～ かつて幸福だった日々のように. 《民俗》メイポール, 五月柱 (春祭の飾り柱). **=baum** 男 メイポール, 五月柱 (春祭の飾り柱). **=blume** 女 《植》春咲きの花: スズラン, タンポポ. **=bowle** 女 マイボウル (クルマバソウで芳香をつけたワイン).
Maid 女 (-/-en) 《雅》小娘.
Mai-feier 女 メーデー (の式典). **=fest** 中 (春の訪れを祝う)五月祭. **=glöckchen** 中 《植》スズラン. **=käfer** 男 《虫》コフキコガネ.
Mailand ミラノ (イタリア北部の都市 Milano のドイツ語形). **Mailänder** 男 (-s/-) ミラノの人; 《無変化形》ミラノの.
Mailbox 女 メールボックス.
mailen [メーレン] 動 (j³ et⁴) (人に…をメールで送る).
Main (der ～) マイン (ドイツ中央部を横断するライン川の支流) (֎ a. M.).
Mainz マインツ (ドイツ Rheinland-Pfalz 州の州都). **Mainzer** 男 (-s/-) マインツの人; 《無変化形》マインツの.
Mais 男 (-es/ 種類-e) 〖植〗トウモロコシ.
Maische 女 (-/-n) (ビール・ワイン・アルコールなどの) 原汁.
Maiskolben 男 トウモロコシの穂軸.
Majestät [マイェステート] 女 (-/-en) (֎ majesty) (皇帝·国王に対する尊称) 陛下：Seine ～ (国王)陛下 (֎ S[e]. M.) | Ihre ～ 女王陛下 (֎ I.M.) | Euer (Eure) ～ (呼びかけ) 陛下 (֎ Ew. M.). ❷ 王者の威厳; 荘厳さ.
majestätisch 形 威厳のある; 堂々とした, 荘厳な. **Majestätsbeleidigung** 女 (-/-en) 不敬罪; 《戯》ひどい侮辱.
Majolika 女 (-/-.ken,-s) マヨリカ陶器.
Majonäse 女 (-/-n) マヨネーズ.
Majoran 男 (-s/-e) 《植》マヨラナ, マージョラム (香辛料・薬用).
Majorat 中 (-[e]s/-e) 〖法〗長子相続権; 長子相続財産.
Majorität 女 (-/-en) (֎ majority) 多数, 過半数.
makaber 形 不気味な, ぞっとするような.
Makedonien = Mazedonien.
Makel 男 (-s/-) 《雅》恥, 不名誉; 汚点; 欠点; きず. **Mäkelei** 女 (-/-en) 《蔑》難癖をつけること, あら探し; (食べ物に)けちをつけること. **mäkelig** 形 あら探しばかりする, 口やかましい. **makellos** 形 汚点·欠点のない, 非の打ち所のない.
mäkeln 動 (an j-m³) (…に)文句を言う.
Make-up 中 (-s/-s) 化粧, メーキャップ; 化粧品.
Makkaroni 男 マカロニ; 男 (-[s]/-s) 《雅》イタリア人.
Makler [マークラー] 男 (-s/-) (֎ **-in**) (不動産·証券などの)仲買人, 仲介業者, ブローカー.
Mäkler 男 (-s/-) 《話》口やかましい人.
Maklergebühr 女 仲介(周旋)料.
mäklig 形 = mäkelig.
Mako 女 (-/-s); 男 (-[s]/-s) エジプト木綿.
Makrele 女 (-/-n) 〖魚〗サバ (鯖).
makro-, Makro-「大きい…, 長い…」の意.
makro-ökonomisch 形 巨視的(マクロ)経済の; 巨視的(マクロ)経済学[上]の. **makro-wirtschaftlich** 形 巨視的(マクロ)経済の.
Makulatur 女 (-/-en) 〖印〗刷り損じ紙; ほご; 再生紙. ◆ ～ reden 《話》くだらないことを言う.
mal [マール] 副 ❶ 《倍数を示す》…倍, 掛ける：Drei ～ zwei ist (macht) sechs. 3×2=6. ❷ 《話》《過去》以前, かつて. 《未来》いつか, そのうち. ❸ 《話》《話;手で記された》《命令文で》ちょっと, ほら; 《依頼の疑問文で》…かね. ◆ endlich ～《話》やっと. erst 《zunächst》～ とにかく; まず. ~A, ~B 《話》時には A, 時には B. nicht ～《話》…すらない. noch ～《話》もう一度. noch ～ so ～ 倍も…. nur ～《話》とにかく, いずれにせよ. wieder ～《話》またもや.
Mal [マール] 中 ❶ (-[e]s/-e) (度, time)回, 度. ❷ (-[e]s/-e) (皮膚のあざ, 染み, ほくろ; (-[e]s/Mäler) 《雅》碑, 記念碑 (-[e]s/-e) (ラグビーの)ゴール; (野球の)ベース. ◆ aufs ～《話》一度に. beim ersten ～ 1 度目に, 最初の時に. beim letzten ～ 最後に. das erste ～ 最初に, 初めて. das letzte ～ 最後に. ein für alle ～ 今回だけで; 最終的に, きっぱりと. einige ～ 二三度, 何度か. ein paar ～ 二三度; 数回. jedes ～ 毎回, そのつど. jedes ～, wenn… …の度ごとに, …する時はいつも. kein einziges ～ ただの一度も. ~für ～ そのつど. mit einem ～ [e] / mit ～ 突然. von ～ zu ～ 回を追うごとに. zum ersten (zweiten) ～ 初めて (2度目に). zum letzten ～ 最後に.
Malachit 男 (-s/-e) 〖鉱〗マラカイト, 孔雀石(くじゃく).
malad[e] 形 体調が悪い, 気分が優れない.
Malaise [マレーズ] 女 (-/-n) 《ス⁴中-s/-s》不調, 不快; 不満足な状態, 苦況.
Malakka マライ半島 (インドシナ半島の先端部). **=straße** (die ~) マラッカ海峡.
Malaria 女 (-/) 〖医〗マラリア.
Maläse = Malaise.
Malaysia マレーシア.
Malbuch 中 (子供の) お絵かき帳.
Malediven (複) モルジブ.
malen [マーレン] 動 (malte; gemalt) 他 ❶ (֎ paint) (絵の具で)描く, (…の)絵を描く：sich⁴ ～ lassen 自分の肖像を描いてもらう | in Öl ～ 油絵を描く. ❷ (…に)色を塗る; (文字を) ゆっくり丁寧に書く: sich³ die Lippen ～《話》口紅をさす.

Maler[マーラー]男《-s/-》,**-in**《女 painter》画家,絵かき;ペンキ屋,塗装工.

Malerei[マーレライ]女《-/-en》《無複 painting》絵画[芸術];画法(描かれた)絵. **malerisch** 形 絵画的な;絵のように美しい.

Malheur[マレーア]中《-s/-e, -s》《話》 ささいな困りごと.

maliziös 形 意地の悪い.

Mal-kasten 男 絵の具箱.

Mallorca マリョルカ, マジョルカ(地中海にあるスペイン領の島).

malnehmen* 動《数》《*et¹ mit et³*》(…に…を)掛ける.

malochen 動《話》重労働をする, せっせと(あくせく)働く.

Malta マルタ(地中海中部の島国).

malte ⇒ malen

malträtieren 動 虐待する;手荒く扱う.

Malve女《-/-n》《植物》ゼニアオイ属.

malvenfarbig 形 薄紫色の.

Malz中《-es/通例無複》麦芽, モルツ. **-bier**中 麦芽(モルツ)ビール. **-bonbon**男中《咳》止め用の麦芽飴あめ.

Malzeichen中 乗法(掛け算)記号.

Malzkaffee男 麦芽コーヒー.

Mama女《-s/-s》ママ.

Mami女《-/-s》《幼児》= Mama.

Mammakarzinom中《医》乳癌だん.

Mammon男《-s/無複》富, 金銭.

Mammut中《-s/-e, -s》《動物》マンモス. **-baum**男《植物》セコイア. **-projekt**中マンモス(巨大な)プロジェクト. **-prozess**男《法》マンモス訴訟.

mampfen 動《話》(ロいっぱいにほおばって)もぐもぐ食べる.

man[マン] 代❶《不定代名詞;男性単数*i*s:2·3·4格 は eines, einem, einen》《英 one,不特定なな》人:*Man* hat mir das Auto gestohlen. だれかに車を盗まれた 《『主語を指して》*Man* ist ja schließlich nicht immer zu Hause. いつも家にいるわけではないからね|《レシピなどで接続法と》*Man* nehme zwei Esslöffel Essig. 酢を大さじ2杯入れる|*Man* sagt, dass… …と言われている. ❷ 代《方》《命令などを強めて》さあ.

m.A.n. 略 meiner Ansicht nach 私の意見では.

Management中《-s/-s》マネジメント, 経営管理;(大企業の)経営管理スタッフ. **managen**[メニジェン]動《話》処理(操作)する;(スポーツ選手・芸能人など)のマネージャーを務める.

Manager男《-s/-》, (女 **-in**)(企業の)経営者, 支配人;(スポーツ選手・芸能人などの)マネージャー. **-krankheit**女《話》マネージャー病(ストレス病の一種).

manch[マンヒ]代《不定代名詞;性·数·格により変化》= mancher, manche, manches《無変化のこともある》. ❶ 《付加語的》いくつかの, あれこれの, かなりの, 幾人もの, たびたびの. ❷ 《名詞的》いくつか, 若干.

manche代《不定代名詞 manch の女性単数1·4格;女性・複数1格, 女性3格 **mancher**, 女性3格 **manchen**》⇒ manch, mancher, manche **manchem**代《不定代名詞 manch の男性·中性3格》⇒ manch, mancher, manche

manches **manchen**《不定代名詞 manch の男性3格, 複数3格》⇒ manch, mancher, manche

manchenorts 副 ここかしこに.

mancher《不定代名詞 manch の男性1格;2格 **manches**;3格 **manchem**《► 名詞に語尾 -s が現れると複数となることがある》⇒ manch, manche

mancherlei《不定代詞》《無変化》いろいろな. **mancherorts** 副 あちこちで.

manches 《► 2格 名詞に語尾 -s が現れると複数となることがある》⇒ manch, mancher

manchmal[マンヒマール]副《英 sometimes》ときどき;時に.

Mandäismus男《-/-》マンダ教.

Mandant男《-en/-en》《女 **-in**》《法》委任者;(弁護士への)訴訟依頼人.

Mandarin男《-s/-e》(1911年の辛亥以年の)前の中国の)高級官吏.

Mandarine女《-/-n》《植物》マンダリン(中国原産の甘柑かん類).

Mandat中《-[e]s/-e》(法的な)委任, 委託;(弁護士への)依頼;(選挙による議員への)委任;委任統治領.

Mandel女《-/-n》《植物》アーモンド;扁桃(へん)腺. **-baum**男《植物》アーモンドの木. **-entzündung**女《医》扁桃(へん)腺炎.

Mandoline女《-/-n》マンドリン.

..mane ⇒ ..omane

Manege女《-/-n》(サーカスの)円形演技場;(乗馬学校の)馬場.

Manfred[男名]マンフレート.

Mangan中《-s/無複》マンガン(元素記号:Mn).

Mangel[マンゲル]❶男《-s/Mängel》《無lack》《an et³》(…の)不足, 欠乏;《無 fault》欠陥, 欠点:an et³ ~ haben (leiden) …が不足している. ❷女《-/-n》(洗濯物をプレスする)ローラー. ◆ durch die ~ drehen / durch die ~ haben / in die ~ nehmen 《話》(人を)絞めつける;ひどい目にあわせる. **-beruf**男人手不足の職業(職種). **-erscheinung**女《医》《物質》欠乏症状.

mangelhaft 形 欠陥のある;不十分な;不足の(な);(成績評価で)不可.

Mangelkrankheit女《医》(ビタミン·ミネラルなどの)欠乏症.

mangeln[マンゲルン]動《mangelte;gemangelt》❶動《雅》《*j³*》(物が人に)不足している:*Es mangelt j³ an j-et³*.《人には…が欠けている, 不足している》:~ *de* Sachkenntnis 専門知識の欠如(不足). ❷他(洗濯物を粗く)ローラーをかける.

Mängel-rüge女(購入品に対する)クレーム.

mangels前《2格支配》…の欠如のために. ► 2格,まれに3格支配.

mangelte ⇒ mangeln

Mangelware女品薄(入手困難)な品;《無複》.

Mangold男《-[e]s/-e》《植物》フダンソウ, トウヂシャ.

Mangrove女《-/-n》《植物》マングローブ, 紅樹林.

Manie女《-/-n》病的な嗜好(とう), …狂

〈マニア〉;〔医〕躁病(そうびょう).

Manier [女]《-/-en》(〔英〕manner) しかた, やり方; (芸術作品などの)手法, 様式, 技巧; マナー, 作法;〔楽〕装飾音. **manieriert** [形] わざとらしい, 不自然な; 作為的な. **Manieriertheit** [女]《-/-en》わざとらしさ, 不自然さ, 気取り. **manierlich** [形] 行儀のよい; きちんとした; まずまずの.

manifest [形]《雅》はっきりした, 明らかな;〔医〕顕性の. **Manifest** [中]《-[e]s/-e》声明[書], 宣言[書].

Manifestation [女]《-/-en》表明; 公表;〔医〕(症状の)発現. **manifestieren** [他] 明らかに示す, 表明する;《*sich*⁴ **in** *et*³》(…に)はっきり現れる.

Maniküre [女]《-/-n》マニキュア; マニキュア師; マニキュアセット. **maniküren** [他](…に)マニキュアをする.

Manila マニラ(フィリピン共和国の首都).

Manipulation [女]《-/-en》(世論などの)操作; ごまかし;〔商〕相場〈株価〉操作;〔医〕(手術などの)処置, 手技. **manipulieren** ❶ [他](人・世論などを)操作する; (巧みに)操る, ごまかす. ❷ [自]《**an** *et*³》(…に)手を加える; (…を)操作する.

manisch [形] 病的なまでに高じた, 異常な;〔医〕躁病(そうびょう)の. =**-depressiv** [形]〔医〕躁鬱(そううつ)病の.

Manko [中]《-s/-s》不足; 欠陥;〔経〕赤字, 欠損.

Mann [マン] I [男] ❶《-[e]s/Männer》(〔小〕**Männchen, Männlein**)(〔英〕man)(成人の)男, 男性; (〔英〕husband) 夫, 主人, 亭主; (一般に)人, 者;《-[e]s/-》《数詞と》…人; スタッフ;《-[e]s/-en》《雅》家来, 家臣, 封臣. ❷《話》《間投詞的に》まあ, おや: ~[Gottes]!《怒り・警告》なんてことだ, なんだって | Mein lieber ~!《驚き・不快》おやおや, なんてことだ. II Thomas, マン(1875-1955; ドイツの作家). ✦ ***Alle ~ an Bord* 〈*Deck*〉!**〔海〕(号令)全員甲板へ. ***an den ~ bringen***《話》(…を)売りつける; 披露する. ***an den ~ bringen***《話》(人を)結婚させる. ***den starken ~ markieren* 〈*mimen*〉**《話》強がりを言う. ***den toten ~ machen***《話》あお向けに水に浮く. ***den wilden ~ spielen* 〈*machen*〉**《話》暴れる. ***der erste ~ an der Spitze sein*** 指導力がある. ***der kleine ~*** 小男;《話》(金持ちでない)普通人. ***der ~ des Tages*** 時の人. ***der ~ von* 〈*auf der*〉 *Straße*** 普通の市民. ***der schwarze ~*** (子供を脅かす)お化け. ***ein gemachter ~***《話》財を成した人, 成功者. ***Ein ~, ein Wort.***《諺》男子に二言なし. ***ein toter ~ sein***《話》お払い箱である. ***freier ~***〔サッカー〕リベロ. ***letzter ~***〔サッカー〕スイーパー. ***~ an ~*** ひしめきあって. ***~ decken*** 相手選手をマークする. ***seinen ~ ernähren***(職が)生計を支える. ***~ für ~*** 一人ずつ. ***~s* 〈*der ~*〉 *genug sein, [um]***《+ zu 不定詞句》(…を)十分やれる人である. ***seinen ~ stehen* 〈*stellen*〉** やり遂げる, 任を果たす. ***pro ~*** 一人につき. ***von ~ zu ~ sprechen*** 腹を割って話す. ***wie ein ~*** 男らしく; 一斉に, みんなそろって. ***wohl einen kleinen ~ im Ohr haben***《話》頭が少々おかしい.

..mann「…の人」の意.

mannbar [形](女性が)適齢期の; (少年が)性的に成熟した.

Männchen (→ Mann) [中]《-s/-, Männerchen》小男; (動物の)雄. ✦ ***~ machen*** (犬やウサギなどが)後足で立つ, ちんちんする;〔軍〕直立不動の姿勢を取る.

Mannequin [マネカー[ン]] [中]《-s/-s》ファッションモデル.

Männer ⇨ Mann

..männer ⇨ ..mann

Männerchen ⇨ Männchen

Männerchor [男] 男声合唱[団].

männerfeindlich [形] 男ぎらいの; 男性敵視の.

Männer=gesellschaft [男](男性優位の)男社会. =**hass** (〔旧〕=**haß**) [男] 男性への憎悪〈憎しみ〉.

männermordend [形]《話》男性を悩殺する; 男殺しの(女性). **Männersache** [女] 男の問題; 男の仕事;《[複]》男性用衣類. **Manneskraft** [女] 男としての力〈体力, 能力, 生殖力〉.

mannhaft [形] 男らしい, 勇敢な. **Mannhaftigkeit** [女]《-/-en》男らしさ, 雄々しさ.

Mannheim マンハイム(ドイツ Baden-Württemberg 州の河港都市). **Mannheimer** [男]《-s/-》マンハイムの人; [形]《無変化》マンハイムの.

mannigfach [形] さまざま〈いろいろ〉な, 多種多様な.

mannigfaltig [形] いろいろ〈さまざま〉な, 多様な, 変化に富んだ. **Mannigfaltigkeit** [女]《-/》多様性, 多種多様.

Männin [女]《-/-nen》男まさりの女性.

Männlein (→ Mann) [中]《-s/-》《戯》男.

männlich [メンリヒ] [形](〔英〕male) 男性の, 雄の; 男らしい, 男性用の. **Männlichkeit** [女]《-/-en》男らしさ;〔生〕雄性;《雅》男根.

Mannsbild [中]《南部・オーストリア・話》男; 野郎, やつ.

Mannschaft [マンシャフト] [女]《-/-en》(〔英〕team)(スポーツなどの)チーム;《集合的》(船の)乗組員; (飛行機の)搭乗員, クルー;〔軍〕《集合的》隊員;《[複]》(士官・下士官に対して)兵卒. **~s=führer** [男](チームの)キャプテン, 主将. **~s=geist** [男](チームの)団結心, 連帯感. **~s=kampf** [男]〔スポ〕団体戦.

mannshoch [形] 大人の背丈ほどの.

Mannsleute [複]《話》男たち, 男衆.

mannstoll [形](女性が)男狂いの.

Mannweib [中] 男のような〈男まさりの〉女性.

Manometer [中]《-s/-》〔理〕圧力計;《間投詞的に》(驚き・不満を表して)おやまあ, いやはや.

Manöver [中]《-s/-》(軍隊の)大演習; (軍隊の)作戦行動; (乗り物の)操縦, 操作;《蔑》策略, 手口. **manövrieren** ❶ [自](船が)巧みに航行する; 術策を用いる; 大演習を行う. ❷ [他](乗り物を…へ〈から〉)操縦する; (…を…へ〈から〉)巧みに連れて〈運んで〉いく.

Mansarde [女]《-/-n》(マンサード屋根の下の)屋根裏部屋. **~n=dach** [中]〔建〕

M

マンサード屋根.

manschen [自] 《話》 かき混ぜる, こね回す.

Manschette [女] 《-/-n》 そで口, カフス; 〔医〕(血圧計の)圧迫帯; (植木鉢の)飾りカバー; 〔レスリング〕 のど輪攻め; 〔機械〕 パッキンリング. ✦ ***~n vor j-et³ haben*** 《話》(…を)怖がる, 苦手とする. **~n=knopf** [男] カフスボタン.

Mantel [マンテル] [男] 《-s/**Mäntel**》 ([小] **Mäntelchen**) ❶ ([英] coat)コート, オーバー, マント. ❷ 〔工〕(パイプ・電線などの)外被, ジャケット; (チューブを覆う)タイヤ; (銃弾の)被甲; 〔動〕 外套(がいとう)膜. ❸ 〔数〕(円錐・円筒の)側面. ❹ 〔商〕(利札のない)証券の本券; (会社などの)組織形態表示(AG, GmbH など). ✦ ***den ~ des Schweigens über j-et⁴ breiten*** 《雅》(…について)沈黙を堅く守る. ***den ~ nach dem Wind*** [***e***] ***hängen*** 〈***kehren, drehen***〉 《話》 日和見的な態度をとる.

Mäntelchen (→Mantel) [中] 《-s/-》 小さなコート.

Manteltarif [男] 〔経〕 概括的賃金〔表〕. **=vertrag** [男] 概括的労働〈賃金〉協約, (業種)統一賃金契約.

Mantis [女] 《-/-》 〔虫〕 カマキリ.

mantschen = manschen.

Manual [中] ❶ [マヌアール] 《-s/-e》 (オルガン・チェンバロなどの)マニュアル, 手鍵盤(しゅけんばん); 〔商〕(毎日の)出納帳. ❷ [マニュアル] 〔コンピュータ〕(操作の)マニュアル.

manuell [形] 手の; 手による, 手作りの.

Manufaktur [女] 《-/-en》 〔経〕 工場制手工業, マニュファクチャー.

Manuskript [マヌスクリプト] [中] 《-[e]s/-e》 ([英] manuscript)原稿([略] Ms., Mskr.; 複数: Mss.); 写本.

Mao Tse-tung, Mao Zedong 毛沢東, マオツォートン(1893-1976; 中国の革命家・政治家).

Mappe [マッペ] [女] 《-/-n》 ([小] **Mäppchen**)書類かばん, ブリーフケース; ファイル, バインダー.

Mär [女] 《-/-en》 《古》 伝説, 物語; 《戯》 作り話.

Marathon [男] 《-s/-s》 = Marathonlauf; [中] 《-s/-s》 《話》 長々と続くもの(会議など). **Marathon..** 《話》「きわめて長くかかる…, 延々と続く…」の意.

Marathon=lauf [男] 〔陸上〕 マラソン. **=prozess** ([旧]=**prozeß**) [男] 《話》 長期にわたる訴訟. **=rede** [女] 《話》 延々と続くスピーチ. **=sitzung** [女] 《話》 延々と続く会議.

Marburg マールブルク(ドイツ中部の大学都市).

Märchen [メーアヒェン] [中] 《-s/-》 ([英] fairy tale)童話, メルヘン, おとぎ話; 《話》 作り話. **=buch** [中] 童話の本.

märchenhaft [形] 《-er/-est》 童話〈おとぎ話〉ふうの; すばらしく美しい; 《話》 信じられないくらいの, すばらしい.

Märchen=land [中] おとぎの国.

Marder [男] 《-s/-》 〔動〕 テン; テンの毛皮; 《話》 どろぼう.

Margarete 《女名》 マルガレーテ. **~n=blume** [女] 〔植〕 マーガレット.

Margarine [マルガリーネ] [女] 《-/》 マーガリン.

Marge [マルジェ] 《-/-n》 〔商〕(原価と売価との)値ざや, 利ざや, マージン; (店や地域による商品などの)価格差.

Margerite [女] 《-/-n》 〔植〕 マーガレット.

Marginal=analyse [女] 〔経〕 限界分析.

Marginalie [女] 《-/-n》 欄外注, 傍注.

Maria 《女名》 マリーア; 《Mariä/》 〔聖〕 〔聖母〕マリア: *Mariä* Himmelfahrt 〔カトリック〕 マリア被昇天の祝日(8月15日) | *Mariä* Verkündigung 〔カトリック〕 マリアへのお告げ〈受胎告知〉(3月25日). ✦ [***Jesus,***] ***~ und Josef!*** / ***Jesus, ~!*** / ***Jesses ~!*** (驚きを示し)何たることだ.

Maria Laach マリアラーハ(ドイツ西部, Bonn 南方のベネディクト会の大修道院).

Marianne 《女名》 マリアンネ.

Maria Theresia マリアテレジア(1717-80; オーストリアの女帝).

Mariazell マリアツェル(オーストリア Steiermark 州にある巡礼地).

Marie 《女名》 マリー(< Maria).

Marienbad マリーエンバート(チェコのボヘミア地方にある保養地).

Marien=bild [中] 聖母マリア像. **=fest** [中] 〔カトリック〕 聖母マリアの祝日. **=käfer** [男] 〔虫〕 テントウムシ.

Marihuana [中] 《-s/》 マリファナ.

Marille [女] 《-/-n》 《南部・オーストリア》 〔植〕 アンズ[の実].

Marinade [女] 《-/-n》 マリネード(肉・魚などの漬け汁); サラダドレッシング; 魚のマリネ.

Marine [女] 《-/-n》 《集合的》 海軍; 船舶, 海運; 〔美〕 海洋画. **marineblau** [形] ネイビーブルー〈濃紺〉の.

Marine=infanterie [女] 海兵隊. **=stützpunkt** [男] 海軍基地.

marinieren [他] (肉・魚を)マリネードに漬ける, マリネにする.

Mario 《男名》 マーリオ.

Marionette [女] 《-/-n》 マリオネット, 操り人形; 他人の言いなりになる人, 傀儡(かいらい). **~n=regierung** [女] 傀儡(かいらい)政府. **~n=theater** [中] 操り人形劇[場].

Mark [マルク] ❶ [女] 《-/-》 マルク(ユーロ導入前のドイツの通貨: 100Pfennig). ❷ [女] 《-/-en》 〔史〕 辺境; 〔ラグビー〕 タッチ. ❸ [中] 《-[e]s/》 〔医〕 髄, 髄質; 骨髄; 〔植〕 髄; 〔料〕 ピューレ. ✦ ***bis ins ~*** 骨の髄まで. ***das ~ aus den Knochen saugen*** 《話》 《j^3》(人の)骨の髄までしゃぶる, (人を)利用し尽くす. ***durch ~ und Bein*** 〈《戯》 ***Pfennig***〉 ***gehen*** 〈***dringen***〉 《j^3》(人の)骨身にこたえる. ***jede ~*** [***dreimal***] ***um|drehen*** 《話》 金にけちけちする. ***kein ~ in den Knochen haben*** 《話》 病弱だ. ***mit jeder ~ rechnen*** 倹約する.

markant [形] 際だった, 特徴のはっきりした, 顕著な.

Marke [マルケ] [女] 《-/-n》 ❶ ([英] mark)券, 札, 番号札; 身分証明書; 切手. ❷ ([英] brand)商標, 銘柄. ❸ 標識, 目印. **~n=artikel** [男] 銘柄品, ブランド商品. **~n=butter** [女] 純良バター. **~n=name** [男] 商標名, ブランド名. **~n=schutz** [男] 商標保護. **~n=ware**

masc.

図 銘柄品, ブランド品. **~n̠zeichen** 図 商標, トレードマーク.
mark·erschütternd 形 (骨の髄まで) ぞっとさせるような, すさまじい.
Marketing 中 (-[s]/-) マーケティング.
Markgraf 男 (史) 辺境伯.
markieren [マルキーレン] 動 (markierte; markiert) ⓗ (⸨ mark ⸩)(…に)印(標識, マーク)をつける; 際立たせる, 強調する; 〖話〗(…の)ふりをする. **Markierung** 女 (-/-en) 印(標識)をつけること; 目印, 標識, マーク.
markig 形 (声などが)力強い, きびきびした.
Markise 女 (-/-n) 〖建〗(バルコニーなどの)張り出し式)布製日よけ; マルキーズ形(宝石の長円形仕上げ); マルキーズ形式の宝石.
Markka 女 (-/-) マルカ(フィンランドの通貨: ⸨ mk, Fmk ⸩).
Mark·rechnung 女 〖経〗マルク勘定. **=stein** 男 (重大な)転機, 画期的事件. **=stück** 中 1マルク硬貨.
Markt [マルクト] 男 (-[e]s/**Märkte**) ⓗ (⸨ market ⸩)市(いち), 市場(いち); ❷ (町の中心にあり市の立つ)広場, 中央広場; ❸ 〖経〗市場; 市況; 需要, 販路. ✦ *der Gemeinsame ~* 欧州共同市場(Europäische Wirtschaftsgemeinschaft). *grauer ~*やみ市; やみ取り引き. *schwarzer ~*やみ市場; やみ取り引き. **=analyse** 女 市場分析. **=anteil** 男 市場占有率, マーケットシェア. **=aufkommen** 中 (農産物などの)[市場]出荷量. **=bude** 女 市(いち)の売店, 露店.

Märkte ⇒ **Markt**
markten 自 (*mit j³ um et⁴*)(人と…の)値段を交渉する; 値切る.
Markt·erschließung 女 市場開拓. **=forschung** 女 市場調査, マーケットリサーチ. **=frau** 女 市(いち)の女商人. **=führer** 男 マーケットリーダー(市場の先導役を果たす企業).
marktgängig 形 (商品が)売れ行きのよい.
Markt·halle 女 (ホール型の)中央市場, 屋内市場. **=lage** 女 〖経〗市場, 市況. **=lücke** 女 〖経〗市場間隙, 需給ギャップ. **=platz** 男 (町の中心にあって市(いち)の立つ)[中央]広場. **=preis** 男 市場価格, 市価, 時価. **=prinzip** 中 市場原理. **=regelung** 女 市場管理(統制).
markttreif 形 (製品が)市場性のある.
Markttreife 女 市場性.
Marktschreier 男 大声で誇大宣伝をする(大道)商人, 香具師(やし).
marktschreierisch 形 〖護〗香具師(やし)的な, 誇大宣伝の.
Markt·schwankungen 複 〖経〗[需給]変動. **=strategie** 女 (企業などの)市場戦略. **marktstrategisch** 形 市場戦略[上]の. **=tag** 男 市(いち)の立つ日. **=union** 女 (複数国家間の)市場の統合. **=wert** 男 市場価値.
Marktwirtschaft 女 市場経済. **marktwirtschaftlich** 形 市場経済の.
Markus (男名) マルクス; (聖) マルコ.
Marmelade [マルメラーデ] 女 (-/-en) ⓗ (⸨ jam ⸩)ジャム, マーマレード.
Marmor [マルモア] 男 (-s/-e) ⓗ

(⸨ marble ⸩)大理石. **=bild** 中 大理石像.
marmoriert 形 大理石模様の.
Marmorkuchen 男 マーブルケーキ(切り口が大理石模様になる).
marmorn 形 大理石の(ような).
Marmor·platte 女 大理石板. **=säule** 女 大理石の円柱.
marode 形 落ちぶれた; 堕落した.
Marokkaner 男 (-s/-) (ⓖ **-in**) モロッコ人. **marokkanisch** 形 モロッコの. **Marokko** 中 モロッコ.
Marone 女 (-/-n) クリの実; 焼きぐり.
Maroquin [マロカーン)] 中 (-/-s) 〖服〗モロッコ革.
Marotte 女 (-/-n) 奇癖.
Marquis [マルキー] 男 (-/-) (フランスの)侯爵. **Marquise** [マルキーゼ] 女 (-/-n) (フランスの)女の侯爵; 侯爵夫人.
Mars (ローマ神) マルス(軍神); 男 (-/-) 〖天〗火星.
marsch 間 〖軍〗前へ進め; 〖話〗行け, 急げ.
Marsch [マルシュ] ⓗ 男 (-[e]s/**Märsche**) ⓗ (⸨ march ⸩)行進; 行軍; 〖楽〗行進曲, マーチ. ⓘ 女 (-/-en) (北海沿岸の)湿地. ✦ *den ~ blasen (machen)* 〖話〗*j³*(人を)どやしつける. *in ~ setzen* 〖話〗*sich³* !! 出発する.
Marschall 男 (-s/..**schälle**) 元帥; (史) 主馬頭(しゅめのかみ). **~s·stab** 男 元帥杖(しょう)(本来は元帥である最高裁判権のシンボル).
marschbereit 形 行進準備の完了した; 〖話〗出発の用意ができた.
Märsche ⇒ **Marsch**
Marschflugkörper 男 〖軍〗巡航ミサイル.
marschieren 自 (s) (⸨ march ⸩)行進する; (速足で長距離を)歩く(; (物事が)着々と進む.
Marsch·kolonne 女 行進する隊列; 〖軍〗行軍縦隊. **=land** 中 = **Marsch** ②. **=musik** 女 行進曲.
Marsmensch 男 火星人.
Marter 女 (-/-n) 責め苦, 拷問; (肉体的・精神的)苦痛. **Marterl** 中 (-s/-n) 〖南部・オーストリア〗(事故・遭難現場に建てられる)列麺者記念碑. **martern** 他 拷問にかける; (精神的に)責めさいなむ.
martialisch 形 戦闘的な, 好戦(挑戦)的な; 恐ろしそうな, 怖い.
Martin (男名) マルティン.
Martina (女名) マルティーナ.
Martinshorn 中 (パトカー・消防車などの)サイレン.
Märtyrer 男 (-s/-) (ⓖ **-in**) 殉教者. **Märtyrium** 中 (-s/..rien) 殉教.
Marx Karl. マルクス(1818-83): ドイツの哲学者・経済学者). **Marxismus** 男 (-/-) マルクス主義, マルキシズム. **Marxist** 男 (-en/-en) (ⓖ **-in**) マルクス主義者, マルキスト. **marxistisch** 形 マルクス主義の.
März [メルツ] 男 (-, -es (雅-en) /-e) (⸨ March ⸩)3月. **=en·bier** 中 メルツェンビール(強い黒ビール). **Märzglöckchen** 中 スノーフレーク.
Marzipan 中 (-s/-e) マジパン, マルチパン(アーモンド粉のケーキ).
masc., Masc. 略 *Maskulinum* 〖言〗

Mascara

男性[名詞].

Mascara 女《-/-s》マスカラ; 中《-s/-s》マスカラ用ブラシ.

Masche 女《-/-n》(織物・網などの)目, メッシュ;〖話〗ちょう結びのリボン; ちょうネクタイ;〖話〗うまいやり口, ぺてん. ◆ durch die ~n des Gesetzes schlüpfen 法の網をくぐる. ~n-draht 中 金網.

Maschine [マシーネ] 女《-/-n》❶ (= machine)機械;〖話〗(車のエンジン); 飛行機; オートバイ; コンピュータ; タイプライター; ミシン; 洗濯機;〖話〗でぶ, 太ったやつ. ◆ ~ schreiben タイプライターを打つ. wie eine ~ arbeiten 機械のようにひたすら働く.

maschinell 形 機械による; 機械の[ような], 機械的な.

Maschinen-bau 男 機械製造; (専門分野としての)機械工学. =**fabrik** 女 機械[製造]工場.

maschinengeschrieben 形 タイプライターで打った. **Maschinengewehr** 中 機関銃, マシンガン (略 MG). **maschinenlesbar** 形〖電算〗読み取り可能な.

Maschinen-öl 中 機械油. =**park** 男 (工場内の)機械設備, プラント. =**pistole** 女 自動小銃. =**schaden** 男 機械の故障, エンジントラブル. =**schlosser** 男 機械[組み立て]工. =**schrift** 女 タイプ印書[書類]. =**sprache** 女〖電算〗機械言語.

Maschinerie 女《-/-n》機械装置;〖劇〗(機械仕掛けの)舞台装置; (社会の)機構.

maschineschreiben* 自 ⇒ Maschine. ◆

Maschinist 男《-en/-en》機械操作係; (船の)機関長.

Maser ❶ [マーザー] 女《-/-n》木目(ё);〖医〗〖話〗はしか, 麻疹. ❷ [メイザー] 男《-s/-》〖理〗メーザー. **maserig** 形 木目のある〈入った〉. **Maserung** 女《-/-en》木目[模様].

Maskaron 男《-s/-e》〖建〗仮面飾り (バロック建築の装飾用仮面).

Maske [マスケ] 女《-/-n》(= mask)仮面, 面, メークアップ; (舞踏会などで)仮面をつけた(仮装した)人; マスク, ガスマスク;〖写〗焼き枠; マスクフィルター;〖電算〗マスク. ◆ die ~ fallen lassen / die ~ von sich³ werfen 本性(正体)を現す. die ~ [vom Gesicht] reißen (j³) (人の)化けの皮をはがす, 正体を暴く. ~n-ball 男 仮面〈仮装〉舞踏会. ~n-bildner 男〖劇・映〗メークアップ係.

Maskerade 女《-/-n》仮装, 変装; 見せかけ, ごまかし; 仮面踏会; 仮装行列.

maskieren 他 (人に)仮面を付けさせる; 変装〈偽装〉させる; 覆い隠す;〖調〗(…に)ソースなどをかける; (菓子に)糖衣をなどをかける;〖写〗(…に)マスクフィルターをかける.

maskulin 形 男の; 男性的な, 男らしい; (女性が)男っぽい;〖文法〗男性の. **Maskulinismus** 男《-/》男性中心主義; 男権拡張論. **Maskulinum** 中《-s/..na》〖文法〗男性名詞 (略 m.).

Maso 男《-s/-s》〖話〗= Masochist.

Masochismus 男《-/》マゾヒズム, 被虐性愛;〖腹〗自虐趣味. **Masochist** 男《-en/-en》《反 -in》マゾヒスト;〖腹〗自虐趣味の人. **masochistisch** 形 マゾヒズムの, マゾヒスト的な.

maß ⇒ messen

Maß [マース] 中 ❶ 中《-es/-e》 (= measure)計量(測定)単位; 基準, ものさし, 尺度; サイズ, 寸法; 〖分〗韻; 中庸, 節度. ❷ 女《-/-e》(単位)= 〖南部〗〖話〗マース(ビールの容量単位)約1リットル. ◆ Das ~ ist voll. もう我慢も限界だ. das ~ vollmachen (我慢などの)限界に至らせる. ein gerüttelt ~ von (an) et³ たくさんの… in ~en / mit ~en 節度を守って, 適度に. kein ~ in et³ kennen (…について)節度がない. ~ halten ほどをこえる; 節度を守る. ~ nehmen 寸法(人を)殴り〈しっかり〉つける. mit einerlei (demselben) ~ messen 一律に判断する. mit zweierlei ~ messen えこひいきする. ohne ~ und Ziel 途方もなく. über die (alle) ~en 極めて, とてつもなく. weder ~ noch Ziel kennen 際限がない.

Massage 女《-/-n》マッサージ.

Maßanzug 男 オーダーメードのスーツ.

Masse [マッセ] 女《-/-n》 (= mass) 塊; 大量, 多数, 大群: eine ~ Geld 〖話〗大金; 大衆, 民衆;〖理〗質量;〖法〗相続財産;〖法〗破産財団. ◆ nicht die ~ sein〖話〗大したものではない.

mäße ⇒ messen

Maßeinheit 女 度量単位.

Massen.. 「大量の…; 集団の…; 大衆的な …」

..maßen「…のように, …されたように」の意.

Massen-andrang 男 (人の)殺到, 人だかり. =**artikel** 男 大衆生産品. =**bedarf** 男 大衆需要. =**blatt** 中 大衆紙. =**fabrikation** 女 大量生産. =**fertigung** 女 大量生産. =**gesellschaft** 女 大衆社会. =**grab** 中 共同墓穴. =**gut** 中 大量生産品; 大量貨物.

massenhaft 形 大量の, 多数の; 大衆的な なしての.

Massen-karambolage 女 多数の車両の衝撃. =**kommunikation** 女 マスコミュニケーション. =**konfektion** 女 既製服の大量製造; 量産既製服. =**kultur** 女 大衆文化; マスカルチャー. =**kundgebung** 女 大衆デモ; 大集会. =**kündigung** 女 大量解雇[通知]. =**medium** 中 マスメディア. =**mord** 男 大量殺人, 集団虐殺. =**produkt** 中 量産品. =**produktion** 女 大量生産, マスプロ. =**speicher** 男 大容量メモリ. =**psychose** 女 群衆心理. =**sterben** 中 大量死. =**tourismus** 男 大衆ツーリズム. =**universität** 女 マスプロ大学. =**vernichtungsmittel** 中 大量殺戮(さつりく)手段. =**versammlung** 女 大規模な集会.

Masseur [マセーア] 男《-s/-e》マッサージ師.

Masseuse [マセーズ] 女《-/-n》 Masseur の女性形; (マッサージサロンの)売春婦.

Maßgabe 女 割合, 比例. ◆ mit der ~, dass ... という条件で.

maß=gearbeitet 形 寸法に合わせて作られた(仕立てられた). **=gebend** 形 基準となる; 重要な; 権威のある. **=geblich** 形 決定的な. **=geschneidert** 形 寸法どおりに仕立てられた. **=halten*** 自⇨ **Maß ♦**

Maßhemd 中 注文仕立て〈オーダーメード〉のワイシャツ.

massieren 他 ❶ マッサージする. ❷ 軍 (部隊などを)集結させる.

massig 形 嵩高(かなか)の, どっしりした;《ふつう副詞的に》たくさんの.

mäßig [メースィヒ] 形 (® moderate) 適度の; 中くらいの, 並の; 穏当な; あまりよくない; さほど多くない, 乏しい.

..mäßig 「…のような; …にかなった; 《話》…に関する」の意.

mäßigen《雅》❶ 他 適度にする, 緩める;(感情などを)抑制する〈言葉などを〉和らげる. ❷ 再《sich⁴》自制する;《sich⁴》〈あらし・感情などが〉和らぐ, 弱まる.

Mäßigkeit 女 中庸, 適度.

Mäßigung 女 緩和, 抑制, 節制.

massiv 形 (® solid) 中身の詰まった;(建物などが)頑丈な; がっしりした; (材質に)混じりけのない, むくの; (攻撃などが)強烈な, 激しい. **Massiv** 中 《-s/-e》連山, 連峰, 山塊;《地学》地塊, 底盤.

Maß=krug 男 《南部:ぬふか》1マース(1リットル)入るビールジョッキ. **=liebchen** 中 《植》ヒナギク.

maßlos 形 度を越した, 極端な. **Maßlosigkeit** 女 《-/》過度, 極端, 法外.

Maßnahme [マースナーメ] 女 《-/-n》措置, 処置, 対策 **~n [gegen** *et⁴* **〈zu** *et³*〉**] ergreifen**[…に]対策を講じる.

Maßregel 女 措置, 処置; (行動)規範.

maßregeln 他 (人を)処分〈処罰〉する.

Maßschneider 男 注文服専門の仕立屋.

Maßstab [マース シュタープ] 男 《-[e]s/..stäbe》❶ 《® standard》尺度; 基準, 標準; ものさし; **einen strengen ~ [an** *j-et⁴*] **anlegen** […に] 厳しい判断を下す. ❷ (地図などの)縮尺.

maßstab=gerecht, =getreu 形 寸法〈縮尺〉どおりの.

maßvoll 形 穏健な; 節度のある.

Mast ❶ 男 《-[e]s/-en (-e)》《海》マスト, 帆柱; ポール, 支柱. ❷ 女 《-/-en》(食肉用家畜の)肥育;(集合的)肥育飼料. **=baum** 男 マスト, 帆柱. **=darm** 男 《解》直腸.

mästen 他 (家畜を)肥育する;(人間を)太らせる. **Mastschwein** 中 肥育された〈肥育用の〉豚. **Mästung** 女 《-/-en》(家畜の)肥育.

Masturbation 女 《-/-en》マスターベーション, オナニー, 自慰. **masturbieren** 自 オナニー〈マスターベーション〉をする; (人に)手淫を行う.

Masurka 女 《-/..ken,-s》マズルカ(ポーランドの民族舞踊); マズルカ舞曲.

Match 男 (中) 《-[e]s/-s (-e)》(スポーツ・チェスなどの)試合, ゲーム. **Matchball** 男 《球技》マッチポイント.

material [マテリアール] 形 《-[s]/-ien》❶ 《® material》(物的)材料, 原料; 素材; 器材, 資材; 人的資源, 人材. ❷ 資料, 題材, データ. **Materialfehler** 男 材料〈素材〉の欠陥.

materialisieren 他 《*er⁴*《*sich⁴*》》《理》物質化する;(心霊など)形体化する.

Materialismus 男 《-/》《哲》唯物論; 物質〈実利〉主義. **Materialist** 男 《-en/-en》唯物論者; 物質〈実利〉主義者. **materialistisch** 形 唯物論の, 唯物主義的な; 物質〈実利〉主義の.

Material=kosten 複 材料〈原料〉費. **=pause** 女 素材〈資材〉不足のための生産休止. **=prüfung** 女 材料検査.

Materie [マテーリエ] 女 《-/-n》❶ 《® matter》物質; 物質, 物質; (研究などの)題材, テーマ. **materiell** 形 物質〈上〉の; 物質的な; 金銭上の, 経済的な; 物質〈実利〉主義的な.

Mathe 女 《-/》《話》= Mathematik.

Mathematik [マテマティーク] 女 《-/》《® mathematics》数学. **Mathematiker** 男 《-s/-》《女 -in》数学者. **mathematisch** 形 数学の, 数学的な.

Matjeshering 男 塩漬けの若ニシン.

Matratze [マトラッツェ] 女 《-/-n》《® mattress》マットレス, 敷布団. **♦ an der ~ horchen / die ~ belauschen** ベッドで眠っている.

Mätresse 女 《-/-n》《古》(君侯の)側室;《戯》(妻のある男の)愛人, 妾(しう).

matriarchalisch 形 母権(制)の.

Matriarchat 中 《-[e]s/-e》母権制.

Matrikel 女 《-/-n》(官庁・教会が作成した)名簿, (大学の)学籍簿;《ごうふ》戸籍簿.

Matrix 女 《-/Matrizes, ..ces, ..zen》母型;《数》マトリックス, 行列.

Matrize 女 《-/-n》《印》母型; (謄写版の)原紙;《口》母型;(レコードの)原盤.

Matrone 女 《-/-n》(貴婦と品位のある)中年婦人;《蔑》太った女性.

Matrose 男 《-n/-n》《® sailor》船員, マドロス; (海軍の)二等水兵.

Matsch 男 《-[e]s/》《話》どろんこ, ぬかるみ; どろどろしたもの. **matschig** 形 《話》(果物などが熟しすぎて)ぶよぶよした, ぐちゃぐちゃの;(道路などが)ぐしゃぐしゃの, ぬかるんだ. 泥んこの.

Matscho 男 《-s/-s》マッチョ, 強くたくましい男.

matt [マット] 形 ぐったりした; 弱々しい; つやのない; (光・色が)鈍い;(写真がの)つや消しの; さえない, ぱっとしない, くすんだ;《ぷょ》詰んだ, 負けている;(相場が)弱気の. **♦ ~ setzen** (チェスで人を)負かす;(人を手も足も出ないようにする.

Matte 女 《-/-n》❶ 玄関マット;(競技用)マット. ❷ 《雅》(アルプス高地の)草地, 放牧場.

Matterhorn (**das** ~) マッターホルン(スイス・イタリア国境にあるアルプスの高峰).

mattest ⇨ **matt**

Matt=glas 中 すりガラス. **=gold** 中 つや消し金.

Matthäus 男 名 マテーウス; 《..thäi》マタイ(12使徒の一人). **♦ Bei ihm ist Matthäi am letzten.** 彼はもうお終いだ. **=evangelium** 中 《聖》マタイによる福音書. **=passion** 女《楽》マ

タイ受難曲.
Mattheit 囡 (-/-) 疲れきっていること; つや消しであること; 隠 不況.
Matthias 男 (-/-) マティーアス.
Matt-scheibe 囡 すりガラス; 写 (カメラの) 焦点ガラス; 話 テレビ画面, ブラウン管. ◆ [eine] ～ haben 頭がぼうっとしている.
Matur 囡 (-/-) スイ = Matura.
Matura 囡 (-/-) ギムナジウム修了試験 (ドイツの Abitur に当たる).
Mätzchen 中 (-s/-) 話 冗談, ばかげたこと; トリック, 策略, 手.
Mauer [マオアー] 囡 (-/-n) (＝ wall) (石・れんが・コンクリートの) 壁, 外壁; 塀; 城壁; 障壁; (乗馬の) 障害物; スポ (ゴール前の) 壁. ◆ die [Berliner] ～ (1990年までの) ベルリンの壁. die Chinesische ～ 万里の長城. in den ～ n von et³ 詩 (…) の中で, (…) において. **=blümchen** 中 話 壁の花 [男たちに注目されない地味な娘]. **mauern** ❶ 他 石で築く. ❷ 倒 壁 (石塀) を築く, 左官仕事をする; スポ 守備 (ディフェンス) を固める; 隠 勝負に出ない; 手の内を明かさない.
Mauer・öffnung 囡 (1989年11月9日の) ベルリンの壁の崩壊. **=segler** 男 鳥 ヨーロッパアマツバメ. **=stein** 男 (築工用) れんが. **=werk** 中 組積 [工事]; (建物の) 壁 [全体].
Mauke 囡 ◆ keine ～ zu et³ haben …する気がしない.
Maul [マオル] 中 (-[e]s/Mäuler) (＝ Mäulchen) (動物の) 口; 俗 (人間の) 口. ◆ das ～ aufmachen ⟨auftun⟩ 口をきく, 話す. das ～ aufsperren 話 あぜんとする. das [sein] ～ halten 話 黙っている; 秘密を守る. das ～ nicht aufkriegen 話 口がきけない. das ～ stopfen 話 (j³) (人の) 口を封じる. das ～ verbieten 話 (j³) (人の) 発言を禁じる. das ～ verbrennen 話 (sich⁴) 口が災いする. das ～ voll nehmen 大きな事を言う. das ～ [weit] aufreißen 大口をたたく. das ～ zerreißen 話 (sich³ über j⁴) 陰で (人の) 悪口を言う. ein großes ～ haben 大口をたたく, 偉そうに言う. ein schiefes ～ ziehen ⟨machen⟩ 口をとがらす. ein ungewaschenes ～ haben 話 口のきき方を知らない. sein ～ nicht aufkriegen 口を差しはさむことができないでいる.
Maulaffe 男 ◆ ～ n feilhalten 話・蔑 ぼかんと口を開けて見とれる.
Maulbeerbaum 男 植 クワ (桑).
maulen 倒 話 口をとがらす, ふくれっ面をする, 不平 (不満) を言う.
Mäuler ⇒ Maul
Maulesel 男 動 ケッテイ (雌ロバと雄馬の交配種).
maulfaul 形 話・蔑 口の重い, むっつりした.
Maul-korb 男 (犬・馬などの) 口輪; 話 箝口 (かん) 令. **=sperre** 囡 あごの痙攣 (けいれん); (馬などの) 開口障害. ◆ die ～ kriegen ⟨bekommen⟩ 話 びっくり仰天する. **=tier** 中 動 ラバ (雌ロバと雄馬の交配種). **=trommel** 囡 楽 びやぼん, 口琴 (こうきん). **=und Klauenseuche** 囡 (牛馬の) 口蹄 (こうてい) 疫 (＝ MKS).

Maulwurf 男 動 モグラ. **～s=haufen** 男 モグラの盛り土.
Maurer 男 (-s/-) 左官, れんが職人; フリーメーソンの会員. ◆ pünktlich wie die ～ sein 諺 時間をきちんと守る.
maurerisch = freimaurerisch.
Maurer-kelle 囡 左官ごて. **=meister** 男 左官の親方.
maurisch 形 ムーア人 (式) の.
Mauritius モーリシャス (インド洋のマダガスカル島東方にある島国); 囡 (-/-) (die ～) モーリシャス. 隠 モーリシャス 郵便 切手.
Maus [マオス] 囡 (-/Mäuse) (＝ Mäuschen) (＝ mouse) 〘ハツカ〙 ネズミ; 隠 かわいい子; 金銭. 隠 ニコラウス. ◆ Das kann die ～ auf dem Schwanz forttragen. 話 それはほんとにくわずかやでる. Da [von] beißt die ～ keinen Faden ab. 話 それはもう変えようがない. graue ～ 話 ぱっとしない (目立たない) 人. Mäuse merken 隠 策略に気づく. weiße ～ 話 交通取り締まりの警官. weiße Mäuse sehen 話 幻想を抱く.
Mauschelei 囡 (-/-en) 蔑 不正行為 (いんちきをする) こと.
mauscheln 倒 話 怪しげな商売をする; 不正を働く, いんちきをする; 訳の分からない話し方をする.
Mäuschen 中 (-s/-) ❶ (→ Maus): ～ sein ⟨spielen⟩ 話 こっそり居合わせる; こっそり聞く. ❷ 話 かわいい子. ❸ 解 尺骨端 (肘関節の先端), ぶつけると非常に痛い部分).
Mäuse ⇒ Maus
Mäusebussard 男 鳥 ノスリ.
Mause-falle 囡 ネズミ捕り器. **=loch** 中 ネズミの巣穴: Ich möchte mich am liebsten in ein ～ verkriechen. 話 穴があったら入りたいくらいだ.
mausen 話 ❶ 倒 ちょろまかす, 失敬する. ❷ 倒 方 (猫が) ネズミを捕る; 俗 性交する.
Mauser 囡 (-/-) (鳥の) 換羽, 羽が抜ける. **mausern** 再 (sich⁴) (鳥が) 新しい羽毛をつける, 換羽する: sich⁴ zu et³ ～ [話] 成長 (脱皮) して…になる.
mausetot 形 話 完全に死んだ.
mausgrau 形 ねずみ色の.
mausig 形 ◆ ～ machen (sich⁴) 話 生意気にふるまう.
Mausklick 中 コン マウスクリック (マウスのボタンを押す操作).
Mausoleum 中 (-s/..leen) (王侯などの) 墓所, 霊廟 (びょう).
Maus-taste 囡 コン マウスボタン.
Maut 囡 (-/-en) オース (道路・橋の) 通行料 (税); ドイ 税関.
m.a.W. ＝ mit anderen Worten 言い換えれば.
Max 男名 マックス.
Maxima ⇒ Maximum
maximal 形 最大 [限] の, 最高の; 副 述語的 最高の.
Maxime 囡 (-/-n) 原則, 規準, 主義; 格言, 処世訓, 箴言 (しんげん); ドイ 格律.
Maximilian 男名 マクシミリアーン.
Maximum [マクシムム] 中 (-s/..ma) 最大限, 最大値; 数 最大値; 気象 高気圧.

温度: 高気圧の中心. ♦ *Das ist ~.*《話》[これは]最高だ.
Maxirock 男 マキシスカート.
Max-Planck-Institut 中 マックス＝プランク研究所(ドイツの代表的な研究機関; 略 MPI).
Mayonnaise [マヨネーゼ] 女 = Majonäse.
MAZ [マツ] 女 《-/-》磁気録画(< *magnetische Bildaufzeichnung*).
Mazedonien マケドニア.
Mäzen 男 《-s/-e》《話》(芸術・文化・スポーツなどの)保護者, パトロン, 後援者. **Mäzenatentum** 中 《-s/》芸術・文化・スポーツなどの保護, 後援, 奨励.
Mazurka [マズルカ] 中 = Masurka.
mb 略 *Millibar*. **mbar** 略 *Millibar*.
m.c. 略 *mensis currenti* 今月の. **MC** 略 Musikkassette; [国籍符号] モナコ.
md. 略 *mitteldeutsch*. **m.d.** 略 *mano destra*《楽》右手で. **Md** 記号 *Mendelevium*. **Md.** 略 *Milliarde*[n]《数》10億. **MD** 略 *Maximaldosis* 極量; *Musikdirektor* 音楽監督. **mdal.** 略 *mundartlich*. **MdB, MdB.** 略 *Mitglied des Bundestages* (ドイツ)連邦議会議員. **MdL, MdL.** 略 *Mitglied des Landtages* (ドイツの)州議会議員. **MDR** 略 *Mitteldeutscher Rundfunk* 中部ドイツ放送. **m.E.** 略 *meines Erachtens* 私の考えでは.
Mechanik [メヒャーニク] 女 《-/-en》《略 mechanics》力学; 機械工学; メカニズム, 機構.
Mechaniker [メヒャーニカー] 男 《-s/-》機械工. **mechanisch** 形 《略 mechanical》機械の[装置による]; 機械的な, 自動[無意識]的な;《理》機械[力学]的な; 機械組織の. **mechanisieren** 他 機械化する. **Mechanisierung** 女 《-/-en》機械化. **Mechanismus** 男 《-/..men》《略 mechanism》機械装置, メカニズム, 機構, からくり, 仕組み;《理》機構論.
Meckerei 女 《-/-en》《話》苦情〈不平ばかりを言うこと. **meckern** 自 (ヤギが)メーメー鳴く; かん高い声で《話す》;《話》《*über et⁴*》(…について)不平を言う, ぶつぶつ不平を言う.
Mecklenburg メクレンブルク(Mecklenburg-Vorpommern 州のバルト海に面する地方). **-Vorpommern** 中 《-s/》メクレンブルクフォアポンメルン(ドイツ北東部の州).
Medaille [メダリェ] 女 《-/-n》《略 medal》メダル. **~n-gewinner** 男 メダル獲得《受賞》者, メダリスト.
Medaillon [メダリョ～ン] 中 《-s/-s》(首飾り用の)ロケット; (肖像などが浮き彫りにした)円形牌();《料》メダイヨン(円形に切った肉片).
mediäval 形 中世の. **Mediävistik** 女 《-/》中世研究.
Medien ⇨ Medium
Medien-steuerung 女 (意図的な)マスメディア操作. **medienwirksam** 形 マスメディアに対して効果的な.
Medikament [メディカメント] 中 《-[e]s/-e》《略 medicine》薬. **medikamentös** 形 薬剤による.

medio 副 《商》15日に.
Medio 男 《-[s]/-s》《商》(月の)15日(その日が土・日・祭日の場合は次の日). **-wechsel** 男 月中(ﾐ゙)払いの手形.
medisieren 自 蔭口をきく; 悪口を言う.
Meditation 女 《-/-en》瞑想, 沈思黙考.
mediterran 形 地中海[地方]の.
meditieren 自 《*über et⁴*》(…について)瞑想(ｿﾞ)する, 沈思黙考する.
Medium 中 《-s/..dien》 ❶ 中間物; 媒体, 媒介, メディア. ❷ 【理・生物】媒質, 培地, 培養基;【化】溶媒. ❸ (情報伝達の媒体, 手段) マスメディア. ❹ (心霊術の)霊媒.
Medizin [メディツィーン] 女 《-/-en》《略 medicine》医学; 薬. **Mediziner** 男 《-s/-》《略 -in》医学者, 医師; 医学部学生. **Medizingerät** 中 医療器具. **medizinisch** 形 医学[医術]の, 医療[薬用]の.
Medusa 《ギ神》 メドゥーサ (ゴルゴン三姉妹の末妹; 頭髪が蛇で, 見る者を石にしたという). **Medusenblick** 男 メドゥーサの視線; 恐ろしい目つき.

Meer [メーア] 中 《-[e]s/-e》 ❶ 《略 sea, mer》 海. ❷ 多量, 無数. **-busen** 男 湾. **-enge** 女 海峡.
Meeres-arm 男 細長い湾〈入江〉. **-boden** 男 海底. **-geologie** 女 海洋地質学. **-grund** 男 海底. **-höhe** 女 海抜高. **-kunde** 女 海洋学. **-park** 男 海中公園. **-säuger** 男 = **Säugetier** 中 海棲哺乳動物(クジラ, イルカなど). **-spiegel** 男 海面. **-straße** 女 海峡. **-strömung** 女 海流, 潮流.
meergrün 形 海緑色の.
Meer-katze 女 【動】オナガザル. **-rettich** 男 【植】セイヨウワサビ, ホースラディシュ.
Meersburg メールスブルク(ドイツ南部, Bodensee 北岸の都市).
Meer-schaum 男 【鉱物】海泡石. **-schweinchen** 中 【動】テンジクネズミ, モルモット. **-wasser** 中 海水.
Mega-. ❶ 「大きい, 巨大な」の意. ❷ メガ- (単位名と100万-;略 M).
Mega-bit 中 《Σ》メガビット. **-byte** 中 《Σ》メガバイト. **=chip** 男 《電子工》メガチップ.
Megafon = Megaphon.
Megahertz 中 《-/-》《理》メガヘルツ(略号 MHz).
Megalith 男 《-s/-e; -en/-en》《考古》(有史以前の)巨石.
Megaphon 中 《-s/-e》メガホン.
Mega-stadt 女 巨大都市. **-star** 男 《話》超特()級のスター.
Megatonne 女 メガトン(略号 Mt).

Mehl [メール] 中 《-[e]s/《種類の-e》《略 flour》(穀物の)粉; 小麦粉; 粉. **mehlig** 形 粉末状の; 粉だらけの; (果物などで果汁の少ない)ぼくほくばさばさした(小麦粉のように)生白い.
Mehl-speisen 中 麺類. **-tau** 男 (植物の)うどん粉病. **-type** 女 ティーペ(穀粉の粉の挽きの細かさの度合い).
mehr [メーア] ❶ 形 《*viel* の比較級》《無変化》《略 more》 より多くの, 一層の.

M

❷ [副] 《sehr の比較級》もっと，いっそう; 《否定詞と》もはや[…ない]. ✦ *immer* ~ ますます，いっそう. ~ *oder weniger* 〈*minder*〉多かれ少なかれ. ~ *und* ~ ますます. *nicht* ~ *und nicht weniger als* ... …とちょうど同じくらい.

Mehr [中] 《-[s]/》より多くの数量; 《ｽｲｽ》(表決の)多数. ≈**arbeit** [女] 時間外労働，超過勤務; 〘経〙剰余労働. ≈**aufwand** [男] 超過消費〈経費〉，超過支出. ≈**ausgabe** [女] 超過支出; (通貨の)超過発行. ≈**bedarf** [男] 超過需要. ≈**belastung** [女] 過重負担; 過負荷. ≈**betrag** [男] 超過額.

mehrdeutig [形] 多義的な，あいまいな.

Mehr≈einnahme [女] 余分な収入〈所得〉.

mehren [他] 《雅》《*et*⁴ 〈*sich*⁴〉》増やす〈増える〉，増加させる〈する〉.

mehrere [メーレレ] 《不定数詞; 形容詞と同じ変化をする》いくつかの，数個の，数人の; 様々な.

mehrerlei [形] 《無変化》いろいろな.

mehrfach [形] 何回〈何倍〉かの; 重複した，多重の. **Mehrfachwahl** [女] 多項選択; 複数の選択肢からの選択.

Mehrfamilienhaus [中] 多世帯用住宅，共同住宅.

Mehrfarbendruck [男] 多色刷り，カラー印刷. **mehrfarbig** [形] 多色の，カラフルな; 多色刷りの.

Mehrgebot [中] (競りでの)高値入札.

Mehrheit [メーアハイト] [女] 《-/-en》(㊥ majority)過半数，マジョリティ，大多数，大半; (表決での)過半数，多数 (absolute ~ 〘政〙絶対多数); 多数派，多数党. ✦ *die schweigende* ~ 声なき大多数. ~**s**≈**beschluss** ([旧] **beschluß**) [男] 多数決. **mehrheitsfähig** [形] (選挙などで)多数を獲得する力のある.

Mehrheits≈partei [女] 多数党. ≈**prinzip** [中] 多数決原理. ≈**wahl** [女] 多数決選挙.

mehrjährig [形] 数年間の，何年にもわたる; 〘植〙多年生の.

Mehr≈kämpfer [男] 〘ｽﾎﾟ〙多種目競技選手. ≈**kosten** [複] 超過経費. ≈**lieferung** [女] 過剰供給.

mehr≈malig [形] 数回にわたる，数回の. ≈**mals** [副] 数回，何度か.

Mehr≈parteiensystem [中] 複数政党制. ≈**preis** [男] 追加〈割増し〉料金，超過価格. ≈**produkt** [中] 剰余生産物.

mehr≈silbig [形] 〘言〙多音節の. ≈**sprachig** [形] 数か国語の〈による〉. ≈**stimmig** [形] 〘楽〙多声[部]の. ≈**stöckig** [形] 〘建〙多層の，数階建ての. ≈**stufig** [形] 多段[式]の. ≈**stündig** [形] 数時間の，何時間にもわたる. ≈**tägig** [形] 数日間の，何日にもわたる.

Mehrung [女] 《-/-en》《雅》増加，増大.

Mehrvölker≈staat [男] 多民族国家.

Mehrweg≈geschirr [中] リサイクル食器. ≈**verpackung** [女] リサイクル包装.

Mehrwert [男] 付加価値; (マルクス経済学の)剰余価値. ≈**steuer** [女] 付加価値税 ([略] MwSt., MWSt.).

Mehrzahl [女] (人·事物の)大半，大多数; 〘文法〙複数[形].

Mehrzweck.. 「多目的…」の意.

meiden* [マイデン] 《mied; gemieden》[他] (㊥ avoid)避ける，回避する; 控える.

Meier ❶ 《姓》マイアー. ❷ [男] 《-s/-》〘史〙封土管理官，地頭; 《方》農場監督.

Meile [マイレ] [女] 《-/-n》マイル([記号] M). ✦ *drei* 〈*sieben*〉 ~ *gegen den Wind* 《蔑》きわめて強烈に. ~**n**≈**stein** [男] 里程標[石]; 画期的なできごと. **meilenweit** [形] 何マイル〈数マイル〉も離れた; 《*von et*³》(…からは)ほど遠い.

Meiler [男] 《-s/-》原子炉; 炭焼きがま.

mein [マイン] ❶ 《所有代名詞; 変化形には **meine, meinem, meinen, meiner, meines** がある》(→ ich)(㊥ my)私の. ❷ 《人称代名詞》《古》= meiner. ✦ *Meine Herrschaften!* 皆さん. *Mein und Dein verwechseln* 〈*nicht unterscheiden können*〉《話》他人のものに手をつけたがる.

meine ⇨ mein, meinen

Mein≈eid [男] 虚偽の宣誓; 〘法〙偽証. **mein≈eidig** [形] 偽誓〈偽証〉の.

meinem ⇨ mein

meinen [マイネン] 《meinte; gemeint》[他] (h) ❶ (㊥ think) 《*et*⁴》(…と)思う; (…という)意見である: Was *meinst* du dazu? それはどう思う?| Das will ich ~! 《話》そうですとも. ❷ (㊥ mean)(…のことを)指して言う，意味する; (…を…の)つもりで言う; 《[zu *j*³] *et*⁴》([人に] …と)言う. ❸ ⇨ mein ✦ *Das war nicht so gemeint.* 悪気はなかったのだ. *es gut mit j*³ ~ (人に対して)好意的である. [*Ganz*] *wie Sie* ~*!* [どうなりと]お好きなように. *Ich meine ja nur* [*so*]. 《話》ちょっとそう思うだけだよ. *wenn Sie* ~ お望みなら.

meiner ⇨ ich, mein **meiner≈seits, meines≈teils** [副] 私の側〈立場〉では，私としては.

meines ⇨ mein ≈**gleichen** 《指示代名詞》私のような人.

meinet≈wegen [マイネトヴェーゲン] [副] 私のために; 《話》私としては: ~! 私は構わないよ | Also gut, ~! いいよ，構わないよ. ≈**willen** [副] ✦ *um* ~ 私のために.

meinige 《所有代名詞: 定冠詞を伴い，形容詞の弱変化による》《雅》私のもの.

Meiningen マイニンゲン(ドイツ中部，Thüringen 州の商工業都市).

meinte ⇨ meinen

Meinung [マイヌング] [女] 《-/-en》❶ (㊥ opinion)意見，見解，考え，信念: der ~ sein, dass ... …という意見である. ❷ 評価. ✦ *Ganz meine* ~*!* 全く同感です. [*gehörig*] *die* 〈*seine*〉 ~ *sagen* 〈《話》*geigen*〉 (*j*³) (人に)はっきり意見する〈いさめる〉. *nach meiner* ~/ *meiner* ~ *nach* 私の意見〈考え〉では. ~**s**≈**äußerung** [女] 意見の表明; 意見. ~**s**≈**austausch** [男] 意見交換.

meinungsbildend [形] 意見〈世論〉を作り上げる，世論形成に影響を与える.

Meinungs≈bildner [男] 世論指導者，オピニオンリーダー. ≈**bildung** [女] 意見〈世論〉の形成. ≈**forschung** [女] 世論調査. ≈**kauf** [男] (相場の値上がりを期待しての)おもわく買い. ≈**streit** [男] 意見をめぐる争い，議論. ≈**umfrage** [女] アンケー

Mendelevium

ト, 世論調査. =**umschwung** 男 世論の急変. =**verschiedenheit** 囡 意見〈見解〉の相違: いかない.

Meise [マイゼ] (-/-n) 〖鳥〗シジュウカラ. ◆ *eine 'ne' ~ haben* 〖話〗頭がおかしい.

Meißel 男 (-s/-) のみ, 彫刻刀.

meißeln 他 (彫像などを)のみで彫る, 彫刻する; (石などを)のみで加工する.

Meißen マイセン(ドイツ中東部の工業都市). **Meiß[e]ner** 男 (-s/-) (囡 **-in**) マイセンの人; 形 〖無変化〗マイセンの.

meist [マイスト] ❶ 形 〖*viel* の最上級〗(圏 most)最も多くの, 大多数の; たいていの. ❷ 副 〖*sehr* の最上級〗たいてい. ◆ *am ~ en* 〖副詞的〗いちばん, 最も.

meistbegünstigt 形 最恵国待遇の. **Meistbegünstigung** 囡 最恵国待遇. **~s=klausel** 囡 最恵国条項.

meist=beteiligt 形 持ち株(出資金)のいちばん多い. =**bietend** 形 (競売などで)最高値をつけた.

meistens [マイステンス] 副 (圏 mostly) たいてい, たいがい, 大部分.

Meister [マイスター] 男 (-s/-) (囡 **-in**) ❶ (圏 master)資格を持った親方, マイスター. ❷ 名人, 巨匠. ◆ *Übung macht den ~*. 〖諺〗名人は習練のたまもの. ❸ 〖雅〗師匠, 先生; 〖蔑〗(時に寓話などで)クマの (…) さん. ❹ 〖スポ〗チャンピオン; 選手権保持者. ◆ *Es ist noch kein ~ von Himmel gefallen*. 〖諺〗生まれつきの名人はいない. *seinen ~ finden* 〖in *j*³〗(人に)劣る〈負ける〉. *~ werden* 〈*sein*〉 *et*² *über et*² (…) を克服する〈している〉. **Meister..** 「親方の…」の意.

Meister=brief 男 親方〈マイスター〉免許状. =**gesang** 男 (14−16世紀の) 職匠〈工匠〉歌人の歌, マイスターゲザング.

meisterhaft, meisterlich 形 卓越した, 秀逸の: すばらしい, 見事な.

meistern 他 (圏 master) (感情などを) 抑える; (困難・問題などを) 克服する; (技術・言語などを)マスターする, 習得する; 〖*sich*⁴〗自制〈克己〉する.

Meisterprüfung 囡 親方〈マイスター〉資格試験.

Meisterschaft [マイスターシャフト] 囡 (-/-en) ❶ 名人芸. ❷ 〖スポ〗選手試合, 選手権, タイトル. **~s=spiel** 中 選手権試合.

Meister=singer 男 (14−16世紀の)職匠〈工匠〉歌人, マイスタージンガー. =**stück** 中 傑作; 名人芸; 親方〈マイスター〉資格審査のための課題作品. =**titel** 男 〖スポ〗チャンピオンタイトル. =**werk** 中 名作, 傑作; すぐれた業績.

meist=gefragt 形 一番需要の多い. =**gekauft** 形 一番よく買われる〈売れる〉. =**genannt** 形 一番多く名前を挙げられた(言及された).

Mekka [メッカ] メッカ(サウジアラビアの都市; マホメットの生地でイスラム教の聖地): (-/-s) メッカ(あこがれの地).

Melancholie [メランコリー] 囡 (-/) 憂鬱(症), メランコリー.

melancholisch [メランコーリッシュ] 形 憂鬱な; 寂しげな.

Melanin 囡 (-s/-e) 〖生化〗メラニン, 黒色素.

Melasse 囡 (-/-n) 糖蜜(含蜜).

Melatonin 中 (-s/) 〖生化〗メラトニン.

Melbourne メルボルン(オーストラリア南東部の港湾都市で, かつての首都).

Melchior メルヒオル(東方の三博士の一人).

Melde=amt 中 (市役所などの)住民登録課. **=gänger** 男 (-s/-) 〖軍〗伝令兵.

melden [メルデン] 他 ❶ (圏 report)報道〈報告〉する; 〖*j-et*¹ 〖*j*³〗*bei et*³〗(人に … を) 報告〈通報〉する; 〖*j*³ *zu et*³ *〈für et*⁴〉〗(人を…への参加者として)登録する. ❷ 再 〖*sich*⁴ *bei*〗(…) に連絡を取る, 消息を届け知らせる(sich krank ~ 病気〈病欠〉の届けを出す); 〖*sich*¹ 〖*bei*〗〗(人に) 面会する 〈*sich*⁴〗発言を求める; 〖*sich*¹ *zu et*³〗(…)への参加を申し出る. ◆ *nichts 〈nicht viel〉 zu ~ haben* 〖話〗口を出す権限がない; 出る幕がない.

Melde=pflicht 囡 (官庁・警察への)届け出〈申告〉義務(特に居住登録・伝染病報告など). **meldepflichtig** 形 届け出〈申告〉義務のある. =**stelle** 囡 住民登録所.

meldete ⇒ **melden**

Meldezettel 中 〖オ〗届け出〈申告〉用紙.

Meldung [メルドゥング] 囡 (-/-en) ❶ (圏 report)報道, 情報; 報告, 通知: 〖*bei*〗*j*³ ~ *über et*⁴ 〈*von et*³〉 *machen* 人に … について報告する. ❷ 届け出; 申し込み, 出願, 応募.

meliert 形 (生地などが)色の入り交じった, 霜降りの.

Melisse 囡 (-/-n) 〖植〗メリッサ, セイヨウヤマハッカ.

melken (*) 他 (圏 milk)(家畜の)乳を搾る; (乳を)搾る; 〖話〗〖*j*⁴〗(人から)金(品)を搾り取る. **Melker** 男 (-s/-) (囡 **-in**) 乳搾りをする人.

Melodie [メロディー] 囡 (-/-n) (圏 melody)メロディー, 旋律; 曲; 調べ; 〖言〗イントネーション, 抑揚.

melodisch 形 メロディー〈旋律〉に関する; メロディーの豊かな〈美しい〉; 口調のよい.

Melodrama 中 メロドラマ; 〖楽〗メロドラマ(音楽伴奏入りの詩の朗読).

Melone [メローネ] 囡 (-/-n) メロン; 〖話〗山高帽.

Membran 囡 (-/-en) 〖生〗膜, 薄膜, 皮膜, メンブラン; (電話機などの)振動板. **Membrane** 囡 (-/-n) = **Membran**.

Memme 囡 (-/-n) 〖話・蔑〗めめしい男.

Memoiren [メモアーレン] 複 回想録, メモワール.

Memorandum 中 (-s/..den, ..da) メモ, 簡単な記録; (外交上の)覚書.

Mencius 孟子(前372−289; 中国, 戦国時代の思想家・儒家).

Mendel Gregor Johann, メンデル(1822−84; オーストリアの遺伝学者, 遺伝学の創始者). ◆ *die mendelschen Gesetze* メンデルの〔遺伝〕法則.

Mendelevium 中 (-s/) メンデレビウム(元素名: 〖記号〗Md).

Mendelssohn Bartholdy Felix, メンデルスゾーン=バルトルディ(1809-47; ドイツの作曲家).

Menge [メンゲ] 囡 (-/-n) ❶ 量, 数量. ❷ 大量, 多数; 多数の人; 群衆: eine ~ guter Bücher 〈guter Büchern〉たくさんの良書 | Er hat Geld die ~. [話] 彼は金を持っている. ❸ [数] 集合. ◆ *Die ~ muss es bringen.* [諺] 数でこなすに限る(薄利多売). *eine ganze ~* [話] [かなり] たくさん. *in* [*rauen*] *~en* [話] 大量に. *jede ~* [話] たくさん, いくらでも.

mengen 他 混ぜる, 混合する; [*et⁴ in* 〈*unter*〉 *et⁴*] (…を)(…に)入れて混ぜる; [*sich⁴ mit et⁴*] (…と)混ざる, 混じり合う; [*sich⁴ unter et⁴*] (…に)紛れ込む; [*sich⁴ in et⁴*] [話] (…に)口出しをし干渉する).

Mengenlehre 囡 [数] 集合論.

mengenmäßig 形 量的な, 量に関する.

Mengen=notierung 囡 [経] (自国貨に対する)外貨の為替相場額. =**rabatt** 男 大口割引.

Ménière-Krankheit [メニエール..] 囡 メニエール病.

Meningitis 囡 (-/..tiden) [医] 髄膜炎.

Mensa [メンザ] 囡 (-/-s, ..sen) 学生食堂; [宗] 祭壇の台.

Mensch [メンシュ] I 男 (-en/-en) ❶ (⊗ human being) 人間, 人類; 人, 個々の人. ❷ [間投詞的に] [話] おい[こら]; おやまあ. II 甲 (-[e]s/-er) [女性を軽蔑して] あばずれ女. ◆ *Des ~en Wille ist sein Himmelreich.* [諺] 人のしたいことをするのが何よりである. *eine Seele von [einem] ~[en] sein* 人間的な親切な, 優しい人である. *ein neuer* 〈*anderer*〉 *~ werden / einen neuen ~en anziehen* すっかり心を入れ換える. 別人のようになる. *etwas für den äußeren ~en tun* [戯] 身なりに気を配る. *etwas für den inneren ~en tun* [戯] たっぷり飲み食いする. *kein ~ mehr sein* [話] くたくただ. *~ Meier!* [俗] こいつはたまげた. *nur* [*noch*] *ein halber ~ sein* くたくただ. *unter ~en gehen* 〈*kommen*〉 人中に出る, 人と交わる. *von ~ zu ~* 腹を割って, 率直に. *wieder* [*ein*] *~ sein* [話] 人心地がつく. *wie der erste ~* [話] おずおずと; ぎこちなく.

Menschen=affe 男 類人猿. =**alter** 串 一生涯; 一世代(約30年). =**experiment** 串 人体実験.

Menschen=feind 男 人間嫌いな. **menschenfeindlich** 形 (環境などが)人間嫌いの. =**fresser** 男 人食い人種; 鬼(のような人).

Menschenfreund 男 博愛主義者, 慈善家. **menschenfreundlich** 形 博愛の; (環境などが)人間の住める.

Menschen=gedenken 串 ◆ *seit ~* 有史以来. =**geschlecht** 串 人類. =**handel** 男 人身売買. =**händler** 男 人身売買者, 奴隷商人. =**hass** (⊕ =haß) 男 人間嫌い. =**jagd** 男 人間狩り. =**kenner** 男 人間通, 人を見る目のある人. =**kenntnis** 囡 人を見る目.

=**laus** 囡 [虫] ヒトジラミ(人虱). =**leben** 串 一生涯; 人生; 人命. **menschenleer** 形 人影(人気(ﾋ〝))のない.

Menschen=liebe 囡 人間愛, 隣人愛. =**menge** 囡 群衆. **menschenmöglich** 形 人間にできる, 人力(人知)の及ぶ(限りの). ◆ *das (alles) Menschenmögliche tun* 人力の及ぶ限りのことをする.

Menschenraub 男 誘拐; [法] 人間略奪[罪].

Menschenrecht 囲 人権. ~**s=organisation** 囡 人権擁護組織. ~**s=verletzung** 囡 人権侵害.

menschenscheu 形 人おじ(人見知り)する.

Menschen=schinder 男 人使いの荒い人. =**schlag** 男 (性格・考え方が似ている)人々, 人種. =**seele** 囡 ◆ *keine ~* だれも(…ない).

Menschenskind [間投詞的に] (驚き・非難・悲嘆を表して)おやおや; (非難を含んだ呼びかけで)おいこら, こいつめ.

menschenunwürdig 形 人間にふさわしくない, 非人間的な.

Menschen=verstand 男 人間の知恵(理解力). =**versuch** 男 人体実験. =**werk** 串 人間の業(仕事), 人造物. **Menschenwürde** 囡 人間の尊厳(品位). **menschwürdig** 形 人間らしい品位ある.

Menschheit [メンシュハイト] 囡 (-/) (⊗ mankind) [集合的] 人類.

menschlich [メンシュリヒ] 形 (⊗ human) 人間の, 人間的な; 人間味(思いやり)のある, 寛大な; [話] まずまずの, 人並みの. ◆ *Irren ist ~.* [諺] 過ちは人の常. **Menschlichkeit** 囡 (-/-en) (⊗ humanity) 人間性, 人間らしさ, 人情; 人間的弱さ(不完全さ).

Mensen ⇒ Mensa

Menses 男 [生理] 月経.

Menstruation 囡 (-/-en) [生理] 月経, 生理.

Mensur 囡 (-/-en) [医学] 間合い; (学生組合中の刀剣類による)決闘; [楽] (楽器の)各部位の比; [化学] メスシリンダー.

Mentalität 囡 (-/-en) メンタリティー, 心的傾向, 気質.

Menthol 串 (-s/) メントール, メンソール.

Mentor 男 (-s/-en) (青少年に対する)助言(指導)者, [家庭]教師, 教育係; (学生·教職志望者の)実習指導者, 教育顧問.

Menü [メニュー] 串 (-s/-s) コース料理; (レストランの)定食; [情報] メニュー.

Mephistopheles メフィスト[=フェレス](悪魔). **mephistophelisch** 形 (メフィストのように)邪悪な, 悪魔的な.

Mercedes-Benz 囡 (-/-) [商標] メルセデス=ベンツ.

Mergel 男 (-s/ 種類-) [地学] 泥灰岩, マール.

Meridian 男 (-s/-e) [天] 子午線, 経線.

Meringe 囡 (-/-n) [料理] メレンゲ.

Merkantilismus 男 (-/) [経済] 重商主義. **Merkantilist** 男 (-en/-en) 重商

主義者.
Merkblatt [中] 説明書, 注意書き.
merken [メルケン] 《merkte; gemerkt》 [他] ❶ ([英] notice)(…に)気づく: *Merkst du was?* 《話》 何か変だと思わないか; 〔やっと〕ぴんときたかい. ❷ ([英] remember) 《*sich*³ *et*⁴》(…を)覚えておく, 心に留める: Ich werd' mir's ~! 《話》 いまに仕返ししてやるぞ. ✦ *Du merkst aber auch alles.* 《話・皮肉》(察しの悪い人に)君は全く何にでもよく気が付くよ. *nichts ~ lassen* 《話》 《*sich*³》 何食わぬ顔をする.
merklich [形] 目につく, 目立つ, 顕著な.
Merk=mal [メルクマール] [中] 《-[e]s/-e》 特徴, 目印. **=spruch** [男] 格言, 標語.
merkte ⇨ merken
Merkur ❶ 〔ロ神〕 メルクリウス(商業の神). ❷ [男] 《-s/》 〔天〕 水星. ❸ [男] [中] 《-s/》 水銀. **Merkurialismus** [男] 《-/》 水銀中毒. **Merkur=stab** [男] 〔ロ神〕 メルクリウスの杖(つえ)(蛇が巻きつき羽が生えた杖).
merkwürdig [メルクヴュルディヒ] [形] ([英] odd)奇妙な, 変な, 怪しげな; 珍しい. **merkwürdigerweise** [副] 奇妙なことに. **Merkwürdigkeit** [女] 《-/-en》 奇異, 奇妙さ; 奇妙な物〈事〉.
Merkzeichen [中] (忘れないための)目印.
Merseburg メルゼブルク(ドイツ Sachsen-Anhalt 州の工業都市).
meschugge [形] 《話》 (頭の)いかれた.
Mesdames [メダム] ⇨ Madam
Mesdemoiselles [メドモアゼル] ⇨ Mademoiselle
Mesner [男] 《-s/-》 《方》 寺男, 教会雇い人.
Mesopotamien メソポタミア. **Mesopotamier** [男] 《-s/-》 メソポタミア人. **mesopotamisch** [形] メソポタミアの.
Mesozoikum [中] 《-s/》 〔地学〕 中生代.
Message [女] 《-/-s》 伝言, メッセージ; 知らせ, 便り; 情報.
Mess=ballon ([旧] **Meß**=) [男] 観測気球. **=band** [中] メジャー, 巻き尺.
messbar ([旧] **meß**=) [形] 測定〈計量〉可能な.
Mess=becher ([旧] **Meß**=) [男] 計量カップ. **=buch** [中] 〔カト〕 ミサ典書. **=daten** [複] 計測データ, 測定〈測量〉データ. **=diener** [男] 〔カト〕 ミサの侍者, ミサ答え.
Messe [メッセ] [女] 《-/-n》 ❶ ([英] mass) 〔カト〕 ミサ; 〔楽〕 ミサ曲: die ~ hören ミサに出席する | eine ~ lesen ミサを行う. ❷ ([英] fair)見本市, フェア; 《方》 年の市. ❸ 〔海〕 (艦船の)食堂〔にいる人々〕. **=amt** [中] 見本市事務局. **=gelände** [中] 見本市会場〈用地〉. **=halle** [女] 見本市の展示館〈パビリオン〉.
messen* [メッセン] 《maß; gemessen》 [他] ❶ 《数値を示す4格と》(…の)大きさがある. ❷ ([英] measure)測る, 測定〈計量〉する. ❸ 《*j-et*⁴ an *j-et*³》(…を…と)比較する, 比べて判断する; 《*sich*⁴ mit *j*³》 《雅》 (人と)優劣を競う. ✦ *nicht ~ können* 《*sich*⁴ mit *j*³》(人に)太刀打ちできない, かなわない.
Messer [メッサー] ❶ [中] 《-s/-》 ([英] knife)ナイフ, 小刀; かみそり; 〔医〕 メス. ❷ [男] 《-s/-》 測定器; 測量師. ✦ *ans ~ liefern* (密告などで人を)警察に売る. *auf des ~s Schneide stehen* どちらに転ぶかは微妙なところである. *bis aufs ~* 《話》 あらゆる手を尽くして; 極めて. *das ~ an die Kehle setzen* 《話》 《*j*³》(人を)脅迫して無理やりさせる. *das ~ in die Hand geben* 《*j*³ [selbst]》(人に)弱みを見せる. *J³ geht das ~ in der Tasche auf.* 《話》 (人は)怒り狂う. *ins offene ~ laufen* 〈*rennen*〉 《話》 《*j*³》(人に)乗せられる. *J³ sitzt das ~ an der Kehle.* 《話》 (人が)せっぱつまっている, 絶体絶命である. *unters ~ müssen* 《話》 手術を受けなければならない. *unters ~ nehmen* 《話》 (人を)手術する.
Messer=klinge [女] ナイフの刃. **=rücken** [男] ナイフの背〈峰〉. **=schneide** [女] ナイフの刃. **=spitze** [女] ナイフの切っ先; ほんの少量, 少々. **=stecher** [男] 《蔑》 すぐ刃物を振り回す人. **=stecherei** [女] 刃傷(にんじょう)沙汰〈騒ぎ〉. **=stich** [男] ナイフで刺すこと; ナイフによる刺傷.
Messe=stadt [女] 見本市の行われる都市. **=stand** [男] 見本市のブース.
Mess=gerät ([旧] **Meß**=) [中] ❶ 測定〈測量〉器具. ❷ 〔カト〕 ミサの道具. **=gewand** [中] 〔カト〕 ミサの祭服.
Messias [男] 《-/》 救世主, メシア(キリストの尊称).
Messing [中] 《-s/ 種類 -e》 黄銅, 真鍮(しんちゅう). **messingen** [形] 黄銅〈真鍮(しんちゅう)〉〔製〕の.
Mess=instrument ([旧] **Meß**=) [中] 測定〈測量〉器具.
Messner = Mesner.
Mess=station ([旧] **Meß**=) [女] 観測所. **=technik** [女] 測定〈測量〉術.
Messung [女] 《-/-en》 測量, 測定〔値〕.
Mess=wert ([旧] **Meß**=) [男] 測定値.
Mestize [男] 《-n/-n》 ([女] **Mestizin**)メスティソ(白人とインディオとの混血児).
MESZ [略] *m*itteleuropäische *S*ommer*z*eit 中部ヨーロッパ夏時間.
Met [男] 《-[e]s/》 (特に古代ゲルマン人の)蜜酒.
meta.., Meta.. 「高次の…, 次の…」の意.
Metageschäft [中] 〔商〕 共同経営.
Metall [メタル] [中] 《-s/-e》 ([英] metal) 金属. ✦ *~ verarbeitend* 金属加工の. **=arbeiter** [男] 金属工; 金属加工業者〈技師〉. **=detektor** [男] 金属探知機.
metallen [形] 金属〔性〕の; 金属的な.
Metallgeld [中] 硬貨.
metallic [形] 《無変化》 メタリックな; メタリックカラーの. **Metalliclackierung** [女] メタリックカラーのラッカー塗装.
Metallindustrie [女] 金属工業.
metallisch [形] 金属〔質〕の; 金属的な.
Metallski [男] メタルスキー.
Metallurgie [女] 《-/》 冶金学.
metallverarbeitend ([旧]⇨ Metall ✦
Metall=verarbeitung [女] 金属加工. **=waren** [複] 金属製品.
Metamorphose [女] 《-/-n》 (形態・状態の)変化, 変容; (人間の動物などへの)変身; 〔動・植〕 変態; 〔地学〕 (岩石・鉱物などの)変成作用; 〔楽〕 メタモルフォーゼ.

M

Metapher [女]《-/-n》〔修辞〕メタファー, 隠喩(いんゆ), 暗喩. **metaphorisch** [形] 隠喩(いんゆ)〈暗喩〉的な.

Metaphysik [女]《-/》〔哲〕形而(けい)上学. **metaphysisch** [形] 形而上〔学〕の.

Metasprache [女]《-/》メタ言語.

Metastase [女]《-/-n》〔医〕転移;〔修辞〕転嫁法. **metastasieren** [自]〔医〕転移する.

Meteor [男]([中])《-s/-e》〔天〕流星. **=eisen** [中]〔天〕隕鉄(いんてつ). **Meteorit** [男]《-en/-en; -s/-e》〔天〕隕石(いんせき).

Meteorologe [男]《-n/-n》気象学者. **Meteorologie** [女]《-/》気象学.

Meteorstein [男] 隕石(いんせき).

Meter [メーター] [男]([中])《-s/-》([英] meter)メートル(長さの単位: [記号] m). ✦ ***laufende ~***《話》延々と続く〈つながった〉. **=maß** [中] メートル尺. **=ware** [女] メートル売りの商品(布地・針金など).

Methan [中]《-s/》〔化〕メタン.

Methode [メトーデ] [女]《-/-n》([英] method)方法. ✦ ***~ haben*** それなりの考え〈計画性〉がある. **Methodik** [女]《-/-en》方法論; 教科教育法, 教授法. **methodisch** [形] 方法上の〈に関する〉; 一定の方法をもった, 体系〈組織〉的な.

Methodismus [男]《-/》〔プロテスタント〕メソジスト派〔の教義〕. **Methodist** [男]《-en/-en》([女] **-in**)〔プロテスタント〕メソジスト派の人. **methodistisch** [形] メソジスト派の.

Methodologie [女]《-/-n》方法論.

Methusalem〔聖〕メトセラ, メトシェラ(ノアと大洪水以前の祖先のひとり); [男]《-[s]/-s》《話》非常に長命の人. ✦ [***so***] ***alt wie ~ sein*** とても高齢である.

Methylalkohol [男]〔化〕メチルアルコール.

Metier [メティエー] [中]《-s/-s》本職; 専門, おはこ.

Metra, Metren ⇨ Metrum

Metrik [女]《-/-en》〔詩〕韻律論.

metrisch [形]〔詩〕韻律〔論〕の; 韻文の; メートル法による.

Metro [女]《-/-s》(パリ・モスクワなどの)地下鉄.

Metronom [中]《-s/-e》〔楽〕メトロノーム.

Metropole [女]《-/-n》, **Metropolis** [女]《-/..len》首都; 大都市; 中心地.

Metrum [中]《-s/..tren (..tra)》〔詩〕韻律, 音律;〔楽〕拍節.

Mette [女]《-/-n》〔カトリック〕(職務日課の)朝課(ちょうか), 朝の祈り.

Metternich Klemens Lothar von, メッテルニヒ(1773-1859; オーストリアの政治家).

Mettwurst [女] メットヴルスト(ペースト状の生ソーセージ).

Metzelei [女]《-/-en》大虐殺, 殺戮(さつりく); (食肉用鳥獣の)畜殺. **metzeln** [他] (人を)虐殺する; (食肉用鳥獣を)畜殺する.

Metzger [メッツガー] [男]《-s/-》《中部・南部》食肉業者, 肉屋.

Metzgerei [メッツガーライ] [女]《-/-en》《南部・西部・スイス》食肉製造販売業, 肉屋.

Meuchel=mord [男] 暗殺, 謀殺. **=mörder** [男] 暗殺者, 謀殺犯人.

meucheln [他] 暗殺〈謀殺〉する, だまし討ちにする. **meuchlerisch** [形] 暗殺〈謀殺〉的な, 陰謀による, だまし討ちの. **meuchlings** [副] 闇討ちで, 暗殺的に.

Meute [女]《-/-n》猟犬の群れ;《蔑》(不穏な)集団, ごろつきども;《話》一味, 仲間. **Meuterei** [女]《-/-en》(兵士・水夫・囚人などの)反乱, 暴動. **meuterisch** [形] 反乱〈暴動〉を企てた; 反抗的な. **meutern** [自] 反乱〈暴動〉を起こす;《話》不満を漏らす, 不平を訴える.

MEX [記号] メキシコ.

Mexikaner [男]《-s/-》([女] **-in**)メキシコ人. **mexikanisch** [形] メキシコ〔人〕の.

Mexiko メキシコ. **=-Stadt** メキシコシティー(メキシコの首都).

MEZ [略] *m*ittel*e*uropäische *Z*eit 中部ヨーロッパ標準時.

mf [記号]〔楽〕*mezzoforte*. **MF** [略] *M*ittel*f*requenz. **mg** [記号] *M*illi*g*ramm. **Mg** [記号] *Magnesium*. **MG** [略] *M*aschinen*g*ewehr. **Mgr.** [略] *Monseigneur*; *Monsignore*. **mhd.** [略] *m*ittel*h*och*d*eutsch. **MHz** [記号]〔理〕*Megahertz*. **Mi.** [略] *Mi*ttwoch.

miau [間] ニャー(猫の鳴き声). **miauen** [自] (猫が)ニャーと鳴く.

mich [ミヒ] ⇨ ich

Michael《男名》ミヒャエル;〔聖〕ミカエル(3人の主天使の一人). **Michaeli** [中]《-/》聖ミカエル大天使の日(9月29日).

Michel《男名》ミヒェル; [男]《-s/-》《蔑》愚直な人; (典型的)ドイツ人.

mick[e]rig [形]《話》ひ弱な; 貧弱な, みすぼらしい.

Midas〔ギ神〕ミダス(フリギアの王).

mied ⇨ meiden **miede** ⇨ meiden

Mieder [中]《-s/-》〔服〕コルセット; (民俗衣装の)胴衣. **=hose** [女]〔服〕パンティーガードル. **=waren** [複]〔服〕コルセット類, ファウンデーション.

Mief [男]《-[s]/》《話》(室内などの)濁った〈よどんだ〉空気; 沈滞した雰囲気.

miefen [自]《話》悪臭をたてる;《*Es mieft.*》嫌なにおいがする.

Miene [ミーネ] [女]《-/-n》顔つき, 表情, 顔色. ✦ ***gute ~ zum bösen Spiel machen*** 嫌なことも顔には出さずにいる. ***keine ~ verziehen*** 顔色ひとつ変えない. ***~ machen***《+ zu 不定詞句》(…する)そぶりを見せる. **~n=spiel** [中] 表情の動き.

mies [形]《話》嫌な, 不快な; 下劣な, くだらない. ✦ ***~ machen***《*j-et*^{4}》(…の)悪口を言う, (…を)けなす;《*j*^{3} *et*^{4}》(人の…に)けちをつける.

Miese [女]《-/-n》《俗》マルク硬貨;《[複]》《話》失点; 不足額; 欠損; 赤字. ✦ ***in den ~n sein*** (預金高が)マイナスである. **=peter** [男]《話》不平家, 不満家.

mies|machen [他] ⇨ mies ✦ **Miesmacher** [男]《-s/-》《話》なんにでもけちをつける人. **Miesmacherei** [女]《-/》《話・蔑》けちをつけてばかりいること.

Miesmuschel [女] イガイ, ムール貝.

Miete [ミーテ] [女]《-/-n》❶([英] rent)賃貸し, 賃借り; 家賃, レンタル料: bei *j*^{3} in 〈zur〉 ~ wohnen 人のところに間借りしている | kalte 〈warme〉 ~《話》暖房費別〈込み〉の家賃. ❷(ジャガイモなどを貯

蔵する)室(穴), 穴蔵; 干し草(わら)の山. ◆ [schon] die halbe ~ sein〘話〙もうできたく〈手に入れたく〉同然だ.

mieten 他 (mietete; gemietet; ⓢ rent) 賃借りする. **Mieter** 男 (‑s/‑) (ⓕ ‑in) 賃借り人, 借地借家人, 間借り人. **Miet=erhöhung** 女 賃貸料の値上げ. **Mieter=schutz** 男 〘法〙借家人{間借り人}保護.

mietete ⇒ mieten
mietfrei 形 賃貸料不要の.
Mietkauf 男 〘商〙使用賃借売買.
Mietling 男 (‑s/‑e) 〘蔑〙金品〈利益〉目当てに動く人; 〘古〙使用人, 召使.
Mietpartei 女 (同一建物に居住する)借家人1世帯.
Miets=haus 中 (‑es/...häuser) アパート(建物). =**kaserne** 女 〘話〙殺風景なアパート.
Miet=vertrag 男 賃貸借契約. =**wagen** 男 レンタカー; タクシー.
mietweise 副 賃貸で〈賃借りで〉.
Miet=wert 男 賃貸価格. =**wohnung** 女 (ⓔ apartment) アパート(一戸分の住まい).
Mieze[**katze**] 女 (‑/‑n) 〘話〙ニャンコ(猫の愛称).
Mignon [ミニョーン] ❶ ミニョン(ゲーテの『ヴィルヘルム・マイスターの修業時代』に登場する少女). ❷ 男 (‑s/‑s) お気に入り.
Migräne 女 (‑/‑n) 〘医〙偏頭痛.
mikro.., **Mikro..** ❶「小さい…, 微小な…」の意. ❷ マイクロ(単位名と; 100万分の1…).
Mikrobe 女 (‑/‑n) 微生物. **Mikrobiologie** 女 微生物学. **Mikrochip** 男 超小型集積回路, マイクロチップ. **Mikroelektronik** 女 マイクロエレクトロニクス. **Mikrofaser** 女 マイクロ繊維(絹よりも細くて軽い人工繊維). **Mikrofiche** 中 〘情報〙マイクロフィッシュ. **Mikrofilm** 男 マイクロフィルム. **Mikrofon** 中 (‑s/‑e) マイクロフォン. **Mikrokopie** 女 マイクロコピー, 縮小複写. **Mikrokosmos** 男 小宇宙(宇宙の縮図としての)人間. **Mikroliter** 男/中 マイクロリットル(1000分の1ml; 記号 μ l). **Mikromaschine** 女 超微小機械(マイクロマシン). **Mikromechanik** 女 (超微細な)マイクロメカニクス. **mikromechanisch** 形 **Mikrometer** ❶ 男 (‑s/‑) マイクロメーター, 測微計. ❷ 中 (‑s/‑) (100万分の1m; 記号 μ m). **Mikron** 中 (‑s/‑) (Mikrometer)ミクロン. **Mikronährstoff** 男 〘生化〙微量栄養素: 微量元素. **Mikronesien** ミクロネシア(西太平洋のほぼ赤道以北に散在する島群の総称).
Mikro-ökonomie 女 ミクロ経済学. **mikroökonomisch** 形 **Mikroorganismus** 男 微生物. **Mikrophon** = Mikrofon. **Mikroprozessor** 男 (‑s/‑en) 〘コン〙マイクロプロセッサー, 超小型演算処理装置. **Mikroskop** 中 (‑s/‑e) 顕微鏡. **mikroskopisch** 形 顕微鏡による; 顕微鏡的な; 微視的な. **Mikrostruktur** 女 微視的構造; ミクロ構造.
Mikrowelle 女 〘電〙マイクロ波, 極超短波; 〘話〙電子レンジ. **~n=herd** 男,

~n=gerät 中 電子レンジ.
Milbe 女 (‑/‑n) 〘動〙ダニ.
Milch [ミルヒ] 女 (‑/ 種類‑e[n]) (ⓔ milk) ミルク; ミルク; (化粧品の)乳液; 〘魚〙白子(しらこ); 〘植〙(ゴムノキなどの)樹液. ◆ wie ~ und Blut [aussehen] 若々しい. =**bart** 男 〘俗〙青二才, 若造. =**drüse** 女 〘医〙乳腺. =**flasche** 女 哺乳瓶; 牛乳瓶. =**gebiss** 中 (ⓖ gebiß) 〘医〙乳歯. =**geschäft** 中 牛乳店, 乳製品販売店. =**glas** 中 乳白(オパール)ガラス, くもりガラス; ミルクコップ. =**händler** 男 牛乳屋(配達人).
milchig 形 乳状の; 乳白色の, 白濁した.
Milch-kaffee 男 ミルクコーヒー. =**kanne** 女 牛乳缶. =**kuh** 女 牛乳牛. =**mädchenrechnung** 女 〘話〙とらぬタヌキの皮算用, 甘い計算. =**mann** 男 〘話〙牛乳配達人. =**produkt** 中 乳製品. =**pulver** 中 粉ミルク. =**reis** 男 ミルク粥. =**säure** 女 乳酸. =**straße** 女 銀河, 天の川. =**tüte** 女 (三角かい形の)牛乳パック. =**wirtschaft** 女 酪農〘業〙; 酪農場. =**zahn** 男 乳歯. =**zucker** 男 乳糖, ラクトース.
mild [ミルト], **milde** 形 (ⓖ mild) 穏やかな, 温和な; 寛大な, 寛容な; 慈悲深い(味があまりやかな, 刺激の少ない. ◆ ~e[ ]gesprochen 控えめに言えば. **Milde** 女 (‑/) 穏やかさ, 温和さ, 素和; 寛大, 寛容; (酒などの)まろやかさ, 口当たりの良さ; 慈悲, 慈善.
mildern (et⁴ 〈sich⁴〉) (痛み・興奮などを〈が〉)和らげる〈和らぐ〉, 静める〈静まる〉; 〈刑罰などを〉軽減する. **Milderung** 女 (‑/) 緩和, 鎮静; (刑罰などの)軽減.
mildest ⇒ mild
mildherzig 形 心優しい, 情け深い, 慈悲深い; 慈善的.
mildtätig 形 〘雅〙慈善の. **Mildtätigkeit** 女 (‑/) 慈善〘行為〙, 慈恵心.
Milieu [ミリエー] 中 (‑s/‑s) 環境, 境遇.
milieugeschädigt 形 (ⓖ ‑ß‑) (子供などの)環境による心的損傷を受けた.
militant 形 戦闘(闘争)的の, 好戦〈攻撃〉的な. **Militanz** 女 (‑/) 戦闘的(好戦的)なこと; 戦闘的態度〈行動〉.
Militär [ミリテーア] ❶ 中 (‑s/) (ⓕ military)軍隊, 軍〘部〙; ❷ 男 (‑s/‑s) 軍人, 将校. =**anlage** 女 軍事施設. =**arzt** 男 軍医. =**attaché** 男 大使館付き武官. =**ausgaben** 複 軍事支出. =**bündnis** 中 軍事同盟. =**dienst** 男 兵役, 軍務. =**diktatur** 女 軍部独裁. =**einsatz** 男 軍事力の投入; 軍隊の出動. =**gericht** 中 軍法会議, 軍事裁判〘法廷〙. =**gouverneur** 男 軍政官.
militärisch 形 軍の, 軍事上の〈の〉; 軍隊の; 〘儀式·作法などの〙軍隊式の.
militarisieren 他 (国·地域に)軍隊を配備する, 軍事施設を作る; (地域を)武装地帯にする; (国を)軍国主義化する.
Militarismus 男 (‑/) 軍国主義. **Militarist** 男 (‑en/‑en) 軍国主義者. **militaristisch** 形 軍国主義的な.
Militär=jeep 男 軍用ジープ. =**junta** 女 (クーデターなどによる)軍事政府〈政権〉. =**justiz** 女 軍事司法. =**konvoi** 男 戦車部隊. =**medizin** 女 軍事医学.

Militärmusik

=**musik** 図 軍楽. =**operation** 図 軍事作戦.
Militärpflicht 図 兵役義務. **militärpflichtig** 形 兵役義務のある.
militärpolitisch 形 軍事政策[上]の.
Militär=**regierung** 図 (占領地区などの)軍政府; 軍事政府. =**spionage** 図 軍事スパイ行為(活動).
militär=**strategisch** 形 軍事戦略[上]の.
=**zeit** 図 兵役期間.
Miliz 図 《-/-en》 市民軍, 民兵部隊; (社会主義国の)民警. **Milizionär** 男《-s/-e》市民兵, 民兵; (社会主義国の)警察官.
Mill. 100万(< *Million*).
Mille 図 《-/-》 〘話〙 1000マルク.
Milli... ミリ…(単位名と; 1000分の1).
Milliardär 男《-s/-e》 《-in》億万長者.
Milliarde [ミリアルデ] 図 《-/-n》 10億(⊗ *Md., Mrd.*). **milliardstel** 《分数》 10億分の1[の].
Milli=**bar** 図 《-s/-》 《気象》 ミリバール(配略 mb, mbar). =**gramm** 田 ミリグラム(配略 mg). =**liter** 田 ミリリットル(配略 ml).
Millimeter 男(田) ミリメートル(配略 mm). =**arbeit** 図 〘話〙きわめて精密な作業. =**papier** 田 1 ミリ目の方眼紙, グラフ用紙.
Million [ミリオーン] 図 《-/-en》 100万(⊗ *Mill., Mio.*) 〜 *en* 1000万 | *hundert* 〜 *en* 1億. **Millionär** 男《-s/-e》 《-in》 百万長者.
Millionen=**auflage** 図 (書籍などの)〔数〕百万の部数. =**blatt** 田 発行部数〔数〕百万の新聞.
millionenfach 形〔数〕100万倍の.
Millionen=**gewinn** 男 莫大な(巨額の)利益. =**metropole** 図 人口〔数〕百万の首都. =**stadt** 図 百万都市(人口が百万以上).
million[**s**]**tel** 100万分の1[の]. **million**[**s**]**tel** 田 《*°*(田)/-》 100万分の1.
Milz 図 《-/-en》 〘医〙脾臓(ひぞう). =**brand** 男〔医〕炭疽(たんそ).
Mime 男 《-n/-n》役者, 俳優. **mimen** (①) 〘話〙 (…のふりをする; 装う; (役を)演じる. **Mimese** 図 《-/-n》 〘動〙 擬態. **Mimesis** 図 《-/.mesen》 〘文芸〙 ミメシス, 模倣. **Mimik** 図 《-/-》 〘動〙 (特に俳優の)身振り, 表情, 演技. **Mimikry** 図 《-/-》 〘動〙 擬態; 擬装. **mimisch** 形 身振り(表情)の; 身振り(表情)による.
Mimose 図 《-/-n》 〘植〙 ミモザ, オジギソウ; 非常に感じやすい人. **mimosenhaft** 形 (オジギソウのように)非常に感じやすい, ひどく敏感な.
min., Min. 図 = *Minute*[*n*].
Minarett 田 《-s/-e, -s》 ミナレット(イスラム教寺院の祈りの塔).
Minden ミンデン(ドイツ Nordrhein-Westfalen の都市, Weser 川に沿う工業都市).
minder [ミンダー] 形 《⊚ *inferior*》 (質が)より劣った, 劣悪な; (量が)より少ない, わずかな. ► *wenig* および *gering* の比較級の役

420

割を果たす. ✦ *nicht* 〜劣らず:同じくらい.
minder=**begabt** 形 才能の乏しい. =**bemittelt** 形 資力(資産)の乏しい.
Minder=**betrag** 男 〔商〕差額. =**einnahme** 図 収入減; 欠損.
Minderheit [ミンダーハイト] 図 《-/-en》 《⊚ *minority*》 (多数に対する)少数; 少数派, 少数団体. 〜**s**=**regierung** 図 少数派政権.
minderjährig 形 未成年の(ドイツでは18歳未満). **Minderjährigkeit** 図 《-/》 未成年. **Minderjährige**[**r**] 男 図 《形容詞変化》 未成年者.
mindern 『雅』 〘 *et⁴* ⟨*sich⁴*⟩ 〙 減らす(減る), 減少させる(する). **Minderung** 図 《-/-en》
minderwertig 形 質の劣る, 粗悪な. **Minderwertigkeit** 図 《-/》 **Minderwertigkeits**=**gefühl** 田 〔心〕劣等感. =**komplex** 男 〔心〕劣等コンプレックス.
Minderzahl 図 ✦ *in der* 〜 *sein* 少数〔派〕である.
mindest [ミンデスト] 形 最も少ない. ► *wenig* および *gering* の最上級の役目を果たす. ✦ *nicht das Mindeste* ⟨*mindeste*⟩ 全然…ない. *nicht im Mindesten* ⟨*mindesten*⟩ まったく…ない. *zum Mindesten* ⟨*mindesten*⟩ 少なくとも.
Mindest=**abstand** 男 最小間隔. =**alter** 田 最低年齢. =**anforderung** 図 最低限の要求. =**betrag** 男 最低額.
mindestens [ミンデステンス] 副 《⊚ *at least*》 少なくとも; せめて, とにかく.
Mindest=**haltbarkeitsdatum** 田 (食料品の)〔最低〕賞味期限. =**lohn** 男 最低賃金. =**maß** 田 最小限, ミニマム. =**reserve** 図 〔金融機関の〕最低準備金.
Mine 図 《-/-n》 〘鉱〕坑, 鉱山, 鉱坑, 空洞; (鉛筆の)芯(しん); (シャープペンシル・ボールペンなどの)替え芯; (万年筆の)カートリッジ; 坑道; 〘商〕(取引所で)値のせり上げ. ✦ *eine* 〜 *[gegen j³] legen* 〘話〙 (人に対する)陰謀をたくらむ. 〜**n**=**feld** 田 地雷原, 機雷敷設海面. 〜**n**=**leger** 男 機雷敷設艦, 地雷敷設車. 〜**n**=**räumboot** 田 〘軍〙 掃海艇. 〜**n**=**räumung** 図 〘軍〙 地雷(機雷)除去. 〜**n**=**suchboot** 田 〘軍〙 掃海艇. 〜**n**=**suchgerät** 田 〘軍〙 地雷(機雷)探知機器. 〜**n**=**werfer** 男 迫撃砲.
Mineral [ミネラール] 田 《-s/-e, -ien》 《⊚ *mineral*》鉱物; ミネラル. =**bad** 田 鉱泉の湯治場.
Mineralien ⇒ Mineral
mineralisch 形 〔鉱〕鉱物[性]の; 鉱物を含む. **Mineralogie** 図 《-/》 鉱物学.
Mineral=**öl** 田 鉱油, 石油. =**quelle** 図 鉱泉, 鉱水. =**wasser** 田 鉱泉水; ミネラルウォーター.
Minerva [ナ神] ミネルバ(技術・芸術の女神).
Mini... 「小さな…」の意.
Miniatur 図 《-/-en》 (古写本などの)装飾画, 装飾文字; 細密画, 小画像. =**ausgabe** 図 小型版, 豆本. =**gemälde** 田 細密画.
minieren 動 (ある場所に)地雷を仕掛ける; 坑道を掘る.

Minima ⇨ Minimum

minimal 形 ごくわずかな；最小限の．

Minimum [ミーニムム] 中 (-s/-.ma) (愈 minimum) 最小限[の数，値]，ミニマム；[数] 極小．最小値．

Mini-rock 男 ミニスカート．**=spion** 男 [話] 超小型の盗聴器．

Minister [ミニスター] 男 (-s/-, ⚥ -in) (愈 minister) 大臣，長官．

Ministerial-beamte[r] 男 [形容詞変化] (省庁勤務の) 公務員．**=rat** 男 (省庁の) 参事官，部長．

ministeriell 形 大臣の；大臣の．

Ministerien ⇨ Ministerium

Ministerin 女 (-/-nen) 女性閣僚．

Ministerium [ミニステーリウム] 中 (-s/-.rien) 官庁，省[庁]；庁舎．

Minister-präsident 男 (-en/-en, ⚥ -in) 首相．(ドイツの) 州首相 (⇔ 連邦首相は Bundeskanzler); 総理大臣．**=rat** 男 [集合的] 閣僚(内閣; 閣僚会議．

Ministrant 男 (-en/-en, ⚥ -in) [カト] ミサの侍者．**ministrieren** 自 [カト] ミサの侍者を務める．

Minkwal 男 [動] ミンククジラ (鯨).

Minna 女 ♦ *die Grüne* ～ [話] 囚人護送車. *zur ~ machen* [話] (人を) こっぴどくしかりつける．

Minne 女 (-/-) ミンネ (中世騎士の恋愛感情)；愛．**=sang** 男 ミンネザング (中世騎士文学の恋愛詩)．**=sänger**, **=singer** 男 (-s/-) (中世の) 宮廷恋愛歌人，ミンネゼンガー．

Minorat 中 (-[e]s/-e) [法] 末子相続権；末子相続財産．

Minorität 女 (-/-en) 少数[派]．

Minotaur, Minotauros 男 [ギ神] ミノタウロス (牛頭人身の怪物)．

Minsk ミンスク (白ロシア(ベラルーシ) 共和国の首都)．

minus [ミーヌス] 副 **1** マイナスの, (…を)減じて, 引いて (⇔ plus); [電] 陰極に, マイナスに. **2** 中 [2格支配] (次の): ～を引いて. **Minus** 中 (-/-) 不足; 欠損[額], 赤字; マイナス; 足りない点．**=pol** 男 [電] 陰極. **=zeichen** 中 マイナス記号 (-).

Minute [ミヌーテ] 女 (-/-n) (愈 minute) (時間・角度の単位) 分, 分; [図楽] m, -. ♦ *auf die ~ [pünktlich]* 時間きっかりに. *bis zur letzten ~* 最後の瞬間まで. *in letzter ~, in der letzten ~* 時間ぎりぎりに. **minutenlang** 副 数分間の. **Minuten-zeiger** 男 (時計の) 長針．

..minütig, ..minutig 「…分にわたる」の意．

minuziös 形 = minuziös．

minütlich 副 1分ごとの．

..minütlich, ..minutlich「…分ごとの」の意．

minuziös 形 たいへん緻密な．

Minze 女 (-/-n) [植] ハッカ属．

Mio. 略 *Million[en]*.

Miozän 中 (-s/) [地学] 中新世．

mir [ミーア] ⇨ ich

Mirabelle 女 (-/-n) [植] イエロープラム．

Mirakel 中 (-s/-) 奇跡；(中世キリスト教の) 奇跡劇．

Mis-anthrop 男 (-en/-en) 人間嫌いな人, 非社交家．

mischbar 形 混合可能な, 混ぜやすい．

Misch-batterie 女 (-/-n) 混合の湯水の混合水栓. **=brot** 中 (小麦粉とライ麦粉とのミッシュブロート. **=ehe** 女 混宗(宗教)との結婚; [ナチ用語でユダヤ人との] 異宗婚; (ナチ用語でユダヤ人との) 異宗婚．

mischen [ミッシェン] (mischte; gemischt) **1** 他 (愈 mix) (*et⁴* *mit et³*) (…と…を) 混ぜる, 混合する; 調合する, (カクテルなどを) 混ぜ合わせてつくる; [*et⁴* *in ⟨unter⟩ et⁴*] (…を…に) 混ぜ入れる; [トランプを] 切る. **2** 再 [*sich⁴ mit et³*] (…と) 混ざる; [*sich⁴ in et⁴*] (…に) 介入〈干渉〉する; [*sich⁴ unter j⁴*] (人込みなどに) 紛れ込む. **Mischer** 男 (-s/-) 混合する人. [コンクリート] ミキサー; 混合〈調合〉する人．

Mischfutter 中 混合飼料. **Mischling** 男 (-s/-e) 混血児; [生] 雑種. **Mischmasch** 中 (-[e]s/-e) [話] ごたまぜ, まぜこぜ．

Misch-maschine 女 混合機. [コンクリート] ミキサー. **=pult** 中 ミキサー (スタジオの音声調整卓)．

mischte ⇨ mischen

Mischung 女 (-/-en) 混合物；調合 (ブレンド) 物; 雑種; 混合, 調合, ミキシング; 交配. **=verhältnis** 中 混合比．

Mischwald 男 (広葉樹と針葉樹の) 混合林．

miserabel 形 惨めな, 悲惨な: ひどい, つまらない, お粗末な. **Misere** 女 (-/-n) 窮状; 困苦．

Miso 中 (-[s]/-) [料] 味噌(そ)．

misogyn 形 [雅の] 女性嫌いの．

Mispel 女 (-/-n) [植] セイヨウカリン．

miss 女, **Miss..** ⇨ messen

miss.., Miß.. ⇨ miß.., Miß..「誤り, 失敗; 反対の, でない」の意．

miss-achten (⚥ miß-) 他 (missachtete, ⚥ miß.; missachtet, ⚥ miß..) (規則・忠告などを) 無視する; 軽視する．

Miss-achtung (⚥ Miß-) 女 無視; 軽蔑. **behagen** (⚥ miß-) 自 不快感, 不満. **=bildung** 女 奇形．

miss-billigen (⚥ miß-) 他 (…に) 賛成(同意) しない; 拒否する. **Miss-billigung** (⚥ Miß-) 女 不賛成, 不承認, 拒否．

Miss-brauch (⚥ Miß-) 男 (-[e]s/-e ⚥ bräuche) 乱用, 悪用; 虐待. **miss-brauchen** (⚥ miß-) 他 乱用(悪用)する; [雅](女性を)犯す. **miss-bräuchlich** (⚥ miß-) 形 乱用(悪用)の．

miss-deuten (⚥ miß-) 他 曲解する, 誤ってとる; 誤訳する. **Miss-deutung** (⚥ Miß-) 女 曲解; 誤解; 誤訳．

missen 他 [雅] なしで済ます．

Miss-erfolg (⚥ Miß-) 男 (-[e]s/-e) (愈 failure) 失敗. **=ernte** 女 凶作．

Misse-tat (⚥ Miß-) 女 悪行, 悪事; いたずら者. **=täter** 男 悪行をした人, いたずら者．

miss-fallen* (⚥ miß-) 自 [雅] (*j³*)

Missfallen (人の)気に入らない。**Miss̲fallen** (⊕ **Miß-**) 甲 {-s} {**über** *j-et*⁴} (…に対する)不満, 不快, 不興。**miss̲fällig** (⊕ **miß-**) 形 不機嫌そうな。

Miss̲-geburt (⊕ **Miß-**) 甲 奇形児; でき損ない; 《度》不愉快なやつ。**miss̲-gelaunt** (⊕ **miß-**) 形 不機嫌な。**Miss̲geschick** (⊕ **Miß-**) 甲 不運, 災厄, へま。

Miss̲gestalt (⊕ **Miß-**) 乙 奇形[の人], 醜いもの。**miss̲gestaltet** (⊕ **miß-**) 形 奇形の, 不格好な。

miss̲gestimmt (⊕ **miß-**) 形 不機嫌な。

miss̲-glücken (⊕ **miß-**) 乙 (s) {*j³*} (物事が人にとって)うまくいかない, 失敗に終わる。= **gönnen** (⊕ *j³ et⁴*) (人の…を)ねたむ, うらやむ。

Miss̲griff (⊕ **Miß-**) 甲 失策, 失敗。

Miss̲gunst (⊕ **Miß-**) 乙 ねたみ; 悪意, 怨恨。**miss̲günstig** (⊕ **miß-**) 形 ねたんでいる; 悪意のある。

miss̲-handeln (⊕ **miß-**) 乙 虐待する, いじめる; 乱暴に扱う。**Miss̲handlung** (⊕ **Miß-**) 乙 虐待。

Miss̲heirat (⊕ **Miß-**) 乙 身分の釣り合わぬ結婚。= **helligkeiten** 復 もめごと, ごたごた。

Mission [ミッスィオーン] 乙 {-/-en} (⊗ mission) 使命, 任務; 使節[団]; 宣教, 伝道。**Missionar̲**, {ﾐｯｽｨｵ-ﾅｰﾙ} **Missionär̲** 男 {-s/-e} (⊗ -in) 宣教師; 伝道師。**missionier̲en** (⊗ -nieren) 乙 宣教(伝道)する; キリスト教を広める; 布教をする。**Missions̲schule** 乙 ミッションスクール。

Miss̲-klang (⊕ **Miß-**) 甲 不協和音; 不和。= **kredit** 甲 ♦ **bringen** {*j-et³*} (…の)評判を落とす。**in ~ kommen** {*geraten*} 評判が落ちる。

miss̲-lang, -länge (⊕ **miß-**) ⇒ **misslingen**

miss̲lich (⊕ **miß-**) 形 不愉快な, 嫌な。= **liebig** 形 嫌われた, 不人気な。

miss̲-lingen* (⊕ **miß-**) [ミスリンゲン] {**misslang**, ⊕ **miß-**..; **misslungen**, ⊕ **miß-**..}(s) (⊗ fail) {*j³*} (人にとって)失敗に終わる, 失敗する。**Miss̲-lingen** (⊕ **Miß-**) 甲 {-s/} 失敗, 失敗。

Miss̲management (⊕ **Miß-**) 甲 [IT] 管理(経営)の失敗。

Miss̲mut (⊕ **Miß-**) 甲 不機嫌, 不満。**miss̲mutig** (⊕ **miß-**) 形 不機嫌な, 不満な。

miss̲-raten* (⊕ **miß-**) 乙 (s) 失敗に終わる。{*j³*} (物事が人にとって)うまくいかない: **ein ~es Kind** しつけの悪い子。

Miss̲stand (⊕ **Miß-**) 甲 不都合, 弊害。= **stimmung** 乙 不協和; {気持ちの}不快。

misst (⊕ **mißt**) ⇒ **messen**

Miss̲-ton (⊕ **Miß-**) 甲 不協和音。

miss̲-trauen (⊕ **miß-**) {*j-et³*} (…に)不信感をもつ。

Miss̲trauen (⊕ **Miß-**) [ミストラオエン] 甲 {-s/} 不信, 疑惑, 疑念。**~s-antrag** 甲 不信任案。**~s-votum** 甲 不信任投票; 不信の表明。

miss̲-trauisch (⊕ **miß-**) 形 疑い深い, 不信感に満ちた。

Miss̲-vergnügen (⊕ **Miß-**) 甲 不機嫌, 不快。**miss̲-vergnügt** (⊕ **miß-**) 形 不機嫌な。

Miss̲verhältnis (⊕ **Miß-**) 甲 不釣り合い, アンバランス。

miss̲-verständlich (⊕ **miß-**) 形 誤解を招きかねない; あいまいな。

Miss̲verständnis (⊕ **Miß-**) [ミスフェアシュテントニス] 甲 {-ses/-se} (⊗ misunderstanding) 誤解, 勘違い。

miss̲-verstehen* (⊕ **miß-**) [ミスフェアシュテーエン] {**missverstand**, ⊕ **miß-**..; **missverstanden**, ⊕ **miß-**..} (⊗ 誤解する。

Miss̲-weisung (⊕ **Miß-**) 甲 (地磁気の)偏差; {磁針の}偏差。= **wirtschaft** 乙 乱脈{放漫}経営。

Miss̲-wollen (⊕ **miß-**) 乙 {*雅*} {*j³*} (人に)悪意を抱く。

Mist 甲 ❶ {-[e]s/} 堆肥(たいひ); (家畜の)糞尿(ふんにょう); {話} ごみ, くず; {話} くだらぬ物(事), ばかげたこと。❷ {-[e]s/-e} {話} もや。♦ **Das ist nicht auf seinem ~ gewachsen**. {話} それは彼が考え出したものではない。= **bauen** {話} へまをやらかす。**wie ~ haben** (…を殴るほど持っている)。= **beet** 乙 堆肥(たいひ)温床。

Mistel 乙 {-/-n} {植} ヤドリギ(クリスマスに飾る)。

misten 乙 (家畜小屋を)掃除する; (畑に)堆肥(たいひ)を入れる; (家畜の)糞をする。

Mist̲-fink 甲 {話} 汚らしい(下劣な)男。= **gabel** 乙 {農} 堆肥(たいひ)フォーク。= **haufen** 甲 堆肥(たいひ)の山; 堆肥置場。

mistig 堆肥(たいひ)だらけの; {話} 嫌な, ひどい, 下劣な。

Mist̲-käfer 甲 {-s/-} {虫} センチコガネ。= **kerl** 甲 {-s/-} 下劣なやつ。= **kübel** 甲 {ｵｰｽﾄﾘｱ} ごみバケツ。

Mistral {-s/-e} ミストラル(南フランスの北西風)。

Mist̲stück 甲 {話} = **Mistkerl**。= **wetter** 甲 {話} ひどい悪天候。

Miszellen 復 (学術雑誌の)雑録, 雑記。

mit [ミット] 前 {3格支配} ❶ (⊗ with) {共同} …といっしょに, 共に, …を相手に; …を含めて; {付いたもの} …のついた; …を身につけて。❷ {手段・材料} …でもって, …を使って。❸ {継続・付帯状況} …で{もって}; …にしながら。❹ {同時・一致} …と同時に; …について; …で。❺ {関連} …に関して: **Was ist ~ Ihnen [los]?** どうかしましたか, 気分でも悪いのですか。Ⅱ 副 {話} ❶ いっしょに, ともに, さらに: ~ **dabei sein** 居合わせる | **Es lag ~ an ihm.** それも彼のところにあった。❷ {最上級} {最も} …の一人(一つ): ~ **der Beste in der Klasse** クラスでトップの一人。

mit- {分離動詞の前つづり} 「いっしょに{の}…; 共に, …と同時に; …の意。

Mit̲-angeklagte[r] 甲 {形容詞変化} (刑事事件の)共同被告人。= **arbeit** 乙 協力, 共同作業。

mit̲-arbeiten ({ar-beitete mit; mitgearbeitet}) 乙 共同で仕事{研究}をする; {**an** *et³*} (…に)参加する。

Mit̲arbeiter 甲 仕事{研究}仲間; 従業

mit|bekommen* 圏 もらう, 受け取る;理解する,聞き取る;小耳にはさむ,聞き知る. ▶**bekommen** 圏 共同の使用権がある.
Mit-benutzung 囡 共同利用(使用). =**besitz** 男 共有. =**besitzer** 男
mit|bestimmen* 圏 (…の)決定に参加する.
Mitbestimmung [ミットベシュティムング] 囡 [-/-en] 共同決定; 決定参加. ~**s-gesetz** 匣 (労働者の経営参加を保証する)共同決定法. ~**s-recht** 匣 共同決定権.
Mit-bewerber 男 競争相手,ライバル. =**bewohner** 男 (同じ建物,階段などの)同居者.
mit|bringen* 圏 持って(連れて)来る; 備えている.
Mit-bringsel 匣 [-s/-] 《話》みやげ.
=**bürger** 男 同じ国(市)の人; 同胞. =**eigentum** 匣 共有財産. =**eigentümer** 男 共有者.
miteinander 剾 互いに; 共に.
mit|empfinden* 圏 (感情を)分かち合う; (…に)共感する, 同情する.
Mit-erbe 男 共同相続人.
miterleben 圏 共に体験する.
Mit-esser 男 にきび; (圏 **-in**)《話》食事を共にする人.
mitfahren* [ミットファーレン] 圏《fuhr mit; mitgefahren》 圏 (s)いっしょに乗って行く,同乗する. **Mitfahrer** 男 (車などの)同乗者, 相乗りの相手.
Mitfahr-gelegenheit 囡 (燃料代など自動車相乗り)斡旋(%<)センター. =**zentrale** 囡
mit|fühlen* 圏《et⁴/mit j³》(…に;人に)共感(同情)する. ~**d** 圏 思いやりのある, 同情的な.
mit|führen 圏 携帯する; (川が砂などを)運ぶ. ▶**geben*** 圏《j³ et⁴》 (人に…を)持たせる; 《j³ j⁴》 (人が人を)同行させる. ▶**gefangen** 圏 共に捕らえられた.
Mitgefühl 匣 同情, 共感.
mit|gehen 圏 (s)同行する; (洪水などで)いっしょに押し流される; (講演などに)引き込まれる;《ビジ》(攻撃を)巧みにかわす. ◆ ~ **heißen〈lassen〉**《話》盗む.
mitgenommen (→ **mitnehmen**) 傷ついた; 疲れはてた. **mitgeteilt** ⇒ **mitteilen**
Mitgift 囡 [-/-en] 持参金. =**jäger** 男 持参金目当ての男.
Mitglied [ミットグリート] 匣 [-[e]s/-er] (圏 **member**)(団体等の)会員, 構成員, メンバー.
mitglieder-schwach 圏 会員の少ない. =**stark** 圏 会員の多い.
Mitglieds-ausweis 男 会員証. =**beitrag** 男 会費.
Mitgliedschaft 囡 [-/-en] 会員, 会; 会員格.
Mitglieds-karte 囡 会員カード. =**staat** 男 (条約機構の)加盟(参加)国.
mit|haben* 圏《bei et³》(…に)参加している; ▶**halten*** 圏《bei et³》(…に)参加している; ▶**halten*** 圏 (迷わずに)ついていく,競り合う. 圏 (テンポなど

を)保つ.

mit|helfen* 圏《**half mit; mitgeholfen**》圏《j³ bei et³》 (人に…のことで)力を貸す; (人の…を)手伝う.
Mithelfer 男 共犯者.
Mitherausgeber 男 共同編集(出版)者; 編集協力者.
Mithilfe 囡 協力, 助力. **mithilfe** ⇒ **Hilfe** ◆
mithin 剾 したがって, それゆえ.
mit|hören 圏 (…を)耳にする; 盗み聞きする.
Mithra, Mithras《ギ神》ミトラ(光の神).
Mit-inhaber 男 共同所有(出資)者.
mit|kämpfen 圏 共に戦う, 共闘する. ▶**kommen*** 圏 (s)いっしょに来る(行く); 《話》(歩調・話などに)ついていく, 《話》(…と)同じである. ▶**können*** 圏《話》同行できる; いっしょに来れる(行ける). ▶**kriegen** = **mitbekommen**.
mit|laufen 圏 (s)いっしょに走る; (他の作業と)同時に作動する. **Mitläufer** 男《軽》消極的な同調(賛同)者.
Mitlaut 男《言》子音.
Mitleid [ミットライト] 匣 [-[e]s/] (圏 **pity**) 同情, 思いやり, 哀れみ.
Mitleidenschaft 囡 ◆ **in ~ ziehen** (…を)巻き添えにする. **mitleidig** 圏 思いやりのある, 同情に満ちた. **mitleid(s)los** 圏 思いやりのない, 無情な.
mitmachen [ミットマッヘン]《**machte mit; mitgemacht**》❶ 圏 (…に)参加する, 加わる; 《話》(仕事などを)手伝う; 《話》(苦しいことを)体験する. ❷ 圏《bei et³》(…に)参加する; (手足・機械などが)思いどおりに動く.
Mitmensch 男 同胞. **mitmenschlich** 圏 人間仲間の; 同胞(相互)の.
mit|mischen 圏《話》おせっかいをやく; 積極的に参加する. ▶**müssen*** 圏 いっしょにしな(行かな)ければならない.
Mitnahme 囡 [-/-n] 携帯. =**preis** 男 持ち帰り(割引)価格.
mit|nehmen* [ミットネーメン]《**nahm mit; mitgenommen**》❶ 圏 持っていく; (人を)連れていく, 同伴する. ❷ 《話》(機会などを)利用する, 逃さないでおく; (風などが…)をひっかけて壊す. ❸ (…に)負担をかける, 疲れさせる, 打ちのめす.
mitnichten 剾 決して…ない.
Mitra 囡 [-/-ren]《カ》司教冠. **mitral** 圏 司教冠状の; 僧帽状の;《解》僧帽弁の. **Mitralklappe** 囡《解》(心臓の)僧帽弁.
mit|rechnen 圏 (同時に)計算する 圏 加算する, 勘定に入れる.
mit|reden 圏 口出しをする. 話に加わる; (意見を)言う. 話に加わる.
mit|reisen 圏 (s)いっしょに旅行する. **Mitreisende[r]** 男《形容詞変化》旅の連れ; (列車などに)乗り合わせた人.
mit|reißen* 圏 (& 下・走行などの際に)巻き添えにする; 熱狂(興奮)させる.
Mitren ⇒ **Mitra**
mitsamt《3格支配》…といっしょに(共に).
mit|schicken 圏 いっしょに送る; 《j³ j⁴》(人に…を)同伴させる.

M

mit|schneiden* [他] (放送番組などを)収録する. **Mitschnitt** [男] (放送のための)録音〈録画〉[のテープ].
mit|schreiben* [他] (口述・会話・講演などを)筆記する; (筆記試験などを)受ける.
Mitschrift [女] (口述による)筆記.
Mitschuld [女] 共犯; 同罪. **mitschuldig** [形] 共犯の; 同罪の; 共同責任の. **Mitschuldige[r]** [男] [女] 《形容詞変化》共犯者; 同罪者; 共同責任者.
Mitschüler [男] 同級〈同窓〉生.
mit|schwingen* [自] 共鳴〈共振〉する. **⸗singen*** [動] (歌を)声を合わせて歌う.
mit|spielen [自] ❶ 一緒に遊ぶ, 共演する, 競技に参加する; 賛同〈協力〉する. ❷ 《bei *j-et*[3]》(…に)関与する, 影響している; 《*j*[3]》(人の健康などを)害する, (人を)つらくさせる. **Mitspieler** [男] 遊び仲間, チームメイト, 共演者; 賛同〈加担〉者.
Mitspracherecht [中] 共同決定〈発言〉権.
mit|sprechen* [他] (…に)声を合わせる; [自] 口を出す; 賛同〈協力, 関与〉する.
mit|stricken [他] いっしょに編む; 《話》(…の成立に)協力する.
mittag [副] (…の日の)正午[ごろ]に, 昼に: heute 〈gestern, morgen〉 ~ [旧]⇨ Mittag ✦
Mittag [ミッターク] ❶ [男] 《-s/-e》([英] noon)昼, 正午; 昼休み; 《方》午後. ❷ [中] 《-s/》《話》昼食. ✦ *heute* 〈*gestern, morgen*〉 ~ 今日〈昨日, 明日〉の昼に. *gegen* ~ 昼〈12時〉ごろ. ~ *machen* 昼休みを取る. *über* ~ 昼の間に. *zu* ~ *essen* 昼食を取る.
Mittagessen [ミッタークエッセン] [中] 《-s/-》([英] lunch)昼食. ✦ *beim* ~ *sitzen* 昼食中である.
mittägig [形] 昼[どき]の.
mittäglich [形] [真]昼の, 昼ごとの.
mittags [副] 昼[どき]に.
Mittags⸗kreis [男], **⸗linie** [女] 〔天〕(天球の)子午線, 経線. **⸗pause** [女] 昼休み. **⸗ruhe** [女] 昼休み; 昼寝. **⸗schlaf** [男] 昼寝. **⸗tisch** [男] 昼食のテーブル; 昼の食卓. **⸗zeit** [女] 真昼どき.
Mit⸗täter [男] 〔法〕共犯者.
Mitte [ミッテ] [女] 《-/-n》([英] middle)中央, 中心; 中間, 中道: ~Mai 〈des Monats〉5月〈月の〉半ばに. ✦ *Ab durch die* ~! 立ち去れ. *die goldene* ~ 中庸, 中道. *in* 〈*aus*〉 *unserer* 〈*euerer*〉 ~ われわれ〈君たち〉の仲間のうちの.
mit|teilen [ミットタイレン] 《teilte mit; mitgeteilt》[他] ([英] inform) 《*j*[3] *et*[4]》(人に…を)知らせる, 通知する, 伝える; 《*sich*[4] *j*[3]》(人に)自分の気持ち〈考え〉などを打ち明ける. **mitteilsam** [形] 話好きな. **Mitteilung** [女] 《-/-en》報告, 通知, 知らせ.
Mittel [ミッテル] [中] 《-s/-》 ❶ ([英] means)手段, 方策; 対策, 措置. ❷ 薬, 薬品: ein ~ gegen 〈für〉 Kopfschmerzen 頭痛薬. ❸ 《[複]》資金, 資力, 金: mit öffentlichen ~ 公的資金で〈を使って〉. ❹ 平均[値]. ✦ *ins* ~ *legen* 《*sich*[4] **für** *j*[4]》(人のために)仲裁〈仲介〉に入る. [*nur ein*] ~ *zum Zweck sein* 《**für** *j*[4]》(人にとって)目的達成の道具にすぎない. *J*[3] *ist jedes* ~ *recht.* (人は)手段を選ばない. ~ *und Wege finden* 〈*suchen*〉(問題解決の)方策を見いだす〈探る〉.
Mittel⸗alter [中] ([英] Middle Ages)中世(⊛ MA.); 《戯》中年の人. **mittelalterlich** [形] 中世の; 《戯》中年の. **⸗amerika** 中央アメリカ, 中米. **⸗asien** 中央アジア.
mittelbar [ミッテルバール] [形] ([英] indirect)間接の, 間接的な.
Mittel⸗bau [男] 《-[e]s/》(大学の)中間職層(助手・講師など). **⸗betrieb** [男] 中企業.
mitteldeutsch [形] 中部ドイツ[語]の.
Mittelding [中] 《-[e]s/-e, -er》《話》中間物, あいのこ, どっちつかずのもの.
Mitteleuropa 中部ヨーロッパ. **mitteleuropäisch** [形] 中部ヨーロッパの.
Mittelfeld [中] (ある平面の)中央部; 〔ｽﾎﾟ〕中盤, ミッドフィールド; (マラソンなどで先頭集団に続く)中央集団. **⸗spieler** [男] (サッカーなどの)ミッドフィルダー.
Mittelfinger [男] 中指.
Mittelfrequenz [女] 〔電〕中周波.
mittelfristig [形] 中期間の.
Mittel⸗gebirge [中] (1000メートル程度の)中級山岳[地帯]. **⸗gewicht** [中] 〔ｽﾎﾟ〕ミドル級[の選手].
mittel⸗groß [形] 中くらいの大きさの, ミドルサイズの. **⸗hochdeutsch** [形] 中高ドイツ語の(⊛ mhd.).
Mittelklasse [女] (質や量の)中級, 中程度, 中型; 中流〈中産〉階級; (学校の)中級クラス. **⸗wagen** [男] 中型[乗用]車.
mittelländisch [形] 地中海[沿岸]の.
Mittel⸗latein [中] 中世ラテン語. **⸗läufer** [男] 〔球技〕センターハーフ. **⸗linie** [女] 中央線; (道路の)センターライン; (サッカー・ラグビーなどの)ハーフウェイライン; (テニスの)ハーフコートライン, センターサービスライン; 〔数〕正中線, 二等分線.
mittellos [形] 資産のない. **Mittellosigkeit** [女] 《-/》無資産, 無一文, 貧困.
Mittelmaß [中] 中程度; 平凡; 中庸. **mittelmäßig** [形] 《ふつう否定的なニュアンスで》中程度の; 普通の, 平凡な. **Mittelmäßigkeit** [女] 中程度, 平凡, 凡庸.
Mittelmeer [中] (das ~)地中海. **⸗klima** [中] 地中海の気候.
Mittelohr [中] 〔医〕中耳. **⸗entzündung** [女] 〔医〕中耳炎.
mittelprächtig [形] 《話・戯》中位の, まあまあの.
Mittelpunkt [ミッテルプンクト] [男] 《-[e]s/-e》([英] center) 〔数〕中心, 中[心]点; 中心[の人, 物], 中核.
mittels [前] 《2格支配》…を用いて, …によって. ►複数名詞が冠詞などを伴わないときは3格支配: ~ Drähten 針金を使って.
Mittel⸗scheitel [男] 髪の中分け, センターパート. **⸗schicht** [女] 中間層; (社会の)中流階級. **⸗schiff** [中] (教会堂の)身廊, 中廊(入り口と内陣の間). **⸗schule** [女] 中等学校(ドイツでは Realschule, スイスやかつてのオーストリアでは Gymnasium がこれに当たる).
Mittels⸗mann [男], **⸗person** [女] 仲介者; 〔商〕仲買人.

mittelst ❶ [前] = mittels. ❷ [形] まんまん中の.
Mittel=stadt [女] 中都市.
Mittel=stand [男] 中産階級, 中間層. **mittelständisch** [形] 中産階級の; (企業が)中規模の. **=stellung** [女] 中間の位置. **=straße** [女] 中央道路; 中道.
Mittelstrecke [女] 中距離. **~n=flugzeug** [中] 中距離航空機. **~n=jet** [男] 中距離用ジェット機. **~n=lauf** [男] 中距離競走. **~n=rakete** [女] 中距離ミサイル.
Mittel=streifen [男] (道路の)中央分離帯, センターライン. **=stufe** [女] 中級; (9年制ギムナジウムの)中級3学年. **=stürmer** [男] 〔球技〕センターフォワード. **=weg** [男] 中道. ✦ ***der goldene ~*** 黄金の中道, 中庸, 折衷案. **=welle** [女] 〔放送〕中波([略] MW.). **=wert** [男] 平均値. **=wort** [中] 〔文法〕分詞.
mitten [ミッテン] [副] (…の)まん中に〈で〉, まっただ中に〈へ〉: ~ auf der Straße 道のまん中で.
mitten=drin [副] 《話》そのまん中で, その最中に. **=durch** [副] 《話》そのまん中を貫いて, 真っ二つに; 《話》平均的に.
Mittenwald ミッテンヴァルト(ドイツアルプスのふもとにあるヴァイオリン作りの町).
Mitternacht [ミッターナハト] [女] 《-/》 ([英] midnight)午前零時, 真夜中; 《古》北. **mitternächtig** [形] 真夜中の. **mitternächtlich** [形] 真夜中[ごと]の. **mitternachts** [副] 真夜中に.
mittler [形] ([英] middle)中間の, まん中の; 中程度の, 中くらいの. **Mittler** [男] 《-s/-》仲介者, 仲介物.
mittlerweile [副] その間に.
mit|trinken* [動] 一緒に飲む〈酒を飲む〉.
mittschiffs [副] 〔海〕(船首と船尾の, または両舷(げん)の)中央に〈で〉.
Mittsommer [男] 夏至[のころ].
mit|tun* [自] 《**bei** 〈**in**〉 *et*³》(…を)いっしょにする; (…に)協力〈関与〉する.
Mittwinter [男] 冬至[のころ].
Mittwoch [ミットヴォッホ] [男] 《-[e]s/-e》 ([英] Wednesday)水曜日([略] Mi.).
Mittwoch=abend [男] 水曜日の晩. **mittwochabends** [副]
Mittwochmittag [男] 水曜日の正午. **mittwochmittags** [副]
Mittwochmorgen [男] 水曜日の朝. ***mittwochmorgens*** [副]
Mittwochnachmittag [男] 水曜日の午後. **mittwochnachmittags** [副]
Mittwochnacht [女] 水曜日の夜. **mittwochnachts** [副]
mittwochs [副] [毎]水曜日に.
Mittwochvormittag [男] 水曜日の午前. **mittwochvormittags** [副]
mitunter [副] 時として, ときおり.
mitverantwortlich [形] 《**für** *et*⁴》(…に)共同〈連帯〉責任のある. **Mitverantwortung** [女] 連帯〈共同〉責任.
mit|verdienen [自] (家族の一員として)共に稼ぐ, 共稼ぎする.
Mit=verfasser [男] ([女] **-in**)共著者. **=verschworene[r]** [男][女] 《形容詞変化》共謀者. **=welt** [女] 《集合的》同時代の人々.
mit|wirken [自] 《**an** 〈**bei**〉 *et*³》(…に)協力〈参加〉する; 《**in** *et*³》(…で)共演する; 作用し合う. **Mitwirkende[r]** [男][女] 《形容詞変化》協力者, 共演者. **Mitwirkung** [女] 協力, 協賛; 寄与; 出演, 共演.
Mit=wissen [中] (他人の秘密・悪事などを)関知していること; 共謀. **=wisser** [男] 《-s/-》 ([女] **-in**)(他人の秘密・悪事などを)関知している人; 消息通.
mit|wollen* [自] 《話》一緒に行きたがる, 同行を望む. **|zählen** [他] 算入〈加算〉する; 考慮に入れる; [自] 算入される; 考慮される; 計算を手伝う.
Mix [男] 《-/-e》混合物. **=becher** [男] シェーカー.
Mixed Pickles [旧]= Mixpickles.
mixen [他] (酒・果汁などを)混ぜ合わせる; (音を)ミキシングする. **Mixer** [男] 《-s/-》 ([女] **-in**)バーテンダー; (果汁などを作る)ミキサー; 録音技師; 音声調整卓, ミキサー.
Mix=getränk [中] カクテル; ミックスジュース. **=pickles** [複] 〔料〕ミックスピクルス.
Mixtur [女] 《-/-en》混合物; 〔薬〕水剤, 合剤; 〔楽〕(オルガンの)混合音栓.
Mizzi 《女名》ミッツィ.
mk [略] *Mark*ka.
MKS [略] *M*aul- und *K*lauen*s*euche.
MKS-System [中] エムケーエス単位系(メートル・キログラム・秒を基本とする; < *M*eter-*K*ilogramm-*S*ekunde-*System*).
ml [記号] *Milli*l*iter*. **Mlle.,** 《スイ》 **Mlle** [略] *M*ademoise*lle*. **Mlles.,** 《スイ》 **Mlles** [略] *M*esdemoise*lles*. → Mademoiselle. **MM.** [略] Messieurs. → Monsieur. **mm** [記号] *Milli*m*eter*. **Mme.,** 《スイ》 **Mme** [略] *M*ada*me*. **Mmes.,** 《スイ》 **Mmes** [略] *M*esda*mes*. → Madame. **Mn** [記号] *M*a*n*gan.
Mnemotechnik [女] 《-/》記憶術.
Mo [記号] *Mo*lybdän. **Mo.** [略] *Mo*ntag.
Moabit モアビート(ベルリンの一地区).
Mob [男] 《-s/》《集合的》下層民; 暴徒.
Möbel [メーベル] [中] 《-s/-; オーストリア・スイス -[n]》 ([英] furniture)家具; 《戯》無用の長物. ✦ ***altes ~*** 昔なじみ. ***die ~ gerade stellen*** 《話》《[**bei**] *j*³》(人を)厳しくしかる. **=stück** [中] (個々の)家具. **=tischler** [男] 指し物師, 家具職人.
mobil [形] 動く, 動かせる; 動きやすい, 移動〈可動〉性の; (軍隊・警察などが)出動可能な; 機動力のある; 〔経〕動産の, 可動性の, 換金しやすい; 《話》元気な, 活発な. ✦ ***~ machen*** (…を)[総]動員する.
Mobile [中] 《-s/-s》モビール.
Mobiliar [中] 《-s/-e》家財; 動産. **Mobilien** [複] 動産; 家財, 家具.
mobilisieren [他] 動員〈結集〉する; 活気づける, 活性化する; 〔経〕(資本などを)現金化〈流動化〉する; 動産化する. **Mobilität** [女] 《-/》(精神などの)活発さ, 柔軟性; 〔社〕(職業・地位・住所などの)社会的変動; 〔軍〕[戦時]動員態勢, 臨戦態勢.
Mobil=machung [女] 《-/-en》〔軍〕動員. **=telefon** [中] 携帯電話.
möblieren [メブリーレン] 《möblierte; möbliert》[他] ([英] furnish)(家・部屋に)家具〈調度〉を備えつける: ein *möbliertes* Zimmer 家具付きの部屋.
Mobster [男] 《-s/-》ギャングの一員, 悪

M

党.

mochte ⇨ mögen

möchte [メヒテ] 《話法の助動詞》 ❶ 《mögen の接続法Ⅱ》 ❷ 《現在の願望》(…)したい; (…が)欲しい : Ich möchte ins Kino gehen. 映画に行きたい | Was möchtest du, Kaffee oder Tee? 何がいい―コーヒーそれとも紅茶かい.

Möchtegern [男] 《-[s]/-e, -s》 《蔑》えらぶり屋, いばり屋. **Möchtegern..** 《話》「…ぶる人」の意.

mod. [略] *moderato*.

modal [形] 様式〈方式〉に関する; 〔文法〕話法の; 様態〈方法〉の. **Modalität** [女] 《-/-en》 様式, 方式, 方法; 〔哲〕様相; 〔文法〕話法性.

Modal=logik [女] 様相論理学. **=verb** [中] 〔文法〕話法の助動詞.

Mode [モーデ] ❶ [女] 《-/-n》 ([英] fashion)流行, はやり; ファッション, 〔ニュー〕モード; 《[複]》 流行の服; 《話》 風潮, 風俗, 習慣. ❷ [男] 《-[s]/-n》 ([女] 《-/-n》) 〔電・理〕モード. ✦ ***aus der ~ kommen*** 流行遅れになる. ***in ~ bringen*** (…を)はやらせる. ***in ~ sein*** はやりである, 人気がある. ***mit 〈nach〉 der ~ gehen*** 流行を追う. **=artikel** [男] 流行品. **=ausdruck** [男] 流行語, はやり言葉. **=dame** [女] (トップモードの)おしゃれな女性. **=designer** [男] 服飾〈ファッション〉デザイナー. **=geschäft** [中], **=haus** [中] 〔服〕ファッション専門店.

Model [中] 《-s/-s》 (写真などの)モデル.

Modell [モデル] [中] 《-s/-e》 ❶ ([英] model)模範, 手本; 標準, 試案; 〔縮尺〕模型, 見本; 試作品. ❷ 原型, ひな型; (製品の)型〔式〕, タイプ. ❸ (科学の)モデル; (小説・絵画・写真などの)モデル; ファッションモデル, マヌカン. ❹ 〔服〕オートクチュール; 《隠》 (新聞の広告欄などで)売春婦. ✦ ***~ sitzen 〈stehen〉*** 《j^3/für j^4》 (人の)モデルをつとめる. **=auto** [中] 模型自動車.

modellieren [他] (粘土・ろうなどで…の)形〈原型〉を作る; 形づくる, 形成する; (…の)モデル〈模型〉を作る.

Modell=kleid [中] (デザイナーの手になる)最新型〈トップモード〉の婦人服. **=rechnung** [女] モデル計算.

modeln [他] 形づくる; 変形する; [自] 《an *j-et*^{3}》 (…に)手を加える.

Modem [男] ([中]) 《-s/-s》 〔ｺﾝﾋﾟｭｰﾀ〕 モデム; 変復調装置.

Mode=macher [男] ファッションデザイナー. **=magazin** [中] ファッション雑誌.

Moden=geschäft = Modegeschäft. **=haus** = Modehaus. **=schau** [女] ファッションショー. **=zeitschrift** = Modezeitschrift.

Modepuppe [女] 《話》 トップモードで着飾った若い女性.

Moder [男] 《-s/》 腐敗〔物〕; かび.

moderat [形] 穏健な; 控え目な.

Moderation [女] 《-/-en》 (放送番組などの)司会.

moderato [副] 〔楽〕モデラート, 程よい速さで.

Moderator [男] 《-s/-en》 ([女] **-in**)司会者, 進行係; 〔理〕減速材.

Modergeruch [男] 腐臭; かび臭い.

moderieren [他] (…の)司会をする.

moderig [形] 腐敗した; かび臭い.

modern [モデルン] [形] ([英] modern)モダンな, 今風の, はやりの, 流行の[先端を行く]; 現代の, 今日の; 近代の.

modern [自] 腐敗する; かびる.

Moderne [女] 《-/》 近代, 現代; 近代〈現代〉精神; (芸術上の)近代主義.

modernisieren [他] 近代化する; 現代風〈今風, モダン〉にする.

Mode=salon [男] オートクチュール, 高級婦人服店. **=schau** [女] = Modenschau. **=schöpfer** [男] ファッションデザイナー. **=schriftsteller** [男] 流行作家. **=ware** [女] 流行品, 人気商品. **=wort** [中] 流行語. **=zeichner** [男] ファッションデザイナー. **=zeitschrift** [女] ファッション〈モード〉雑誌.

Modi ⇨ Modus

Modifikation [女] 《-/-en》 (部分的な)修正, 変更; 〔文法〕修飾. **modifizieren** [他] 修正〈変更〉する; 制限〈限定〉する; 〔文法〕(語を)修飾する.

modisch [形] 流行の, はやりの, 今風の; 最新モードの.

Modist [男] 《-en/-en》 ([女] **-in**)帽子デザイナー.

modrig [形] = moderig.

Modul [男] 《-s/-n》 〔建〕モジュール(建築物の基準寸法). **Modul** [中] 《-s/-e》 〔ｺﾝﾋﾟｭｰﾀ〕 モジュール(装置やプログラムの構成要素); 〔宇〕モジュール(宇宙船の中で独立した機能を持つユニット).

Modulation [女] 《-/-en》 変化; 調整, 調節; 〔電〕変調; 〔楽〕転調.

modulieren ❶ [他] 変化〈変形〉させる, 調整〈調節〉する; 〔電〕(周波数などを)変調する. ❷ [自] 〔楽〕 《**von** *et*^{3} **in** *et*^{4}》 (…調から…調へ)転調〔して演奏〕する.

Modus [男] 《-/..di》 方法, 方式, 様式; 〔文法〕話法; 〔楽〕旋法.

Mofa [中] 《-s/-s》 モーファ, モーターバイク (< *Motorfahrrad*).

Mogelei [女] 《-/-en》 《話》 いかさま; カンニング. **mogeln** [自] 《話》 《**bei** *et*^{3}》 (賭博(とばく)で)いんちきをやる, ごまかす, (試験で)カンニングをする.

Mogelpackung [女] (上げ底などの)まやかし包装, 上げ底商品.

mögen* [メーゲン] 《ich 〈er〉 **mag**, du **magst**; 過去 **mochte**; 過分 **mögen**, **gemocht**》 Ⅰ ❶ 《話法の助動詞; 過去分詞は mögen》 《願望》 …したい, …するのが好きだ; 《現在の願望接続法Ⅱで》 …したい. ❷ 《可能性》 …かも知れない, …だろう : Sie *mag* 〈*mochte*〉 etwa 30 sein. 彼女は30歳ぐらいだろう〈だったのだろう〉. ❸ 《譲歩》 …するがいい, …してもかまわない; 〔たとえ〕…であれ : Du *magst* tun, was du willst. 君は好きなようにすればいい | wer er auch sein *mag* 彼がだれであろうと. ❹ 《要求; ふつう接続法で》 …し; てもらいたい; …であるように, …であらんことを : *Möge* sie bald kommen! 彼女がすぐにも来てくれますように. Ⅱ 《本動詞的に; 過去分詞は gemocht》 ❶ (…が)好きだ; (…を)好む; (…が)欲しい : *Möchten* Sie ein Stück Kuchen? ケーキをいかがですか. ❷ 《意味上明らかな本

Mönchsorden

動詞を省略して》…したい: Ich möchte nach Hause (ins Kino). うちへ帰りたい（映画に行きたい）.

möglich [メークリヒ] 形 ❶ 《® possible》可能な，できる: Wenn ~, bitte sofort. できればすぐにお願いします． ❷ 《可能性として》起こりうる，考えうる: alles Mögliche versuchen あらゆる（いろいろな）ことを試みる.

möglichenfalls 副 可能な場合には，できれば；場合によっては.

möglicherweise [メークリヒャーヴァイゼ] 副 《® possibly》もしかすると，場合によっては.

Möglichkeit [メークリヒカイト] 女 《(-/-en)》 ❶ 《® possibility》《実現の》可能性； (Es besteht die ~, dass …)《…の》（可能な）手段, 場合. ❷ 機会. ❸ 《題》努力, 能力. ✦ *Ist es* ⟨*das*⟩ ⟨*denn*⟩ *die* ~*!* / *Ist* ⟨*denn*⟩ *das* ~*!* 《話》そんなことってあるのか．~なんて…できるだけ.

möglichst [メークリヒスト] （→ möglich) 副 可能な限り，できるだけ，なるべく.

Mohair [モヘーア] 男 《(-s/-e)》 = Mohär. =**mantel** 男 ⑭ = Mohärmantel. =**wolle** 女 = Mohärwolle.

Mohammed マホメット(570頃-632；イスラム教の創始者). **Mohammedaner** 男 《(-s/-)》（女 **-in**）イスラム教徒. **mohammedanisch** 形 イスラム教の，《徒》の. **Mohammedanismus** 男 《(-/)》ムハマドの教え，イスラム教，回教.

Mohär 男 《(-s/-e)》 種類 -s》モヘア（アンゴラヤギの毛）；モヘア織り. =**mantel** 男 モヘアコート. =**wolle** 女 モヘアの毛（ウール）.

Mohikaner 男 《(-s/-)》モヒカン族《の人》. ✦ *der letzte* ~ / *der Letzte der* ~《戯》最後の人.

Mohn 男 《(-[e]s/-e)》 【植】 ケシ属；ケシの実. =**brötchen** 中 モーンブレートヒェン（ケシの実入りのパン）.

Mohr 男 《(-en/-en)》 （女 **-in**）《古》ムーア人，黒人.

Möhre 女 《(-/-n)》, **Mohrrübe** 女 【植】ニンジン.

Moiré [モアレー] 男 《(-s/-s)》《布地の》波紋（モアレ）模様；（カラー印刷術・テレビ受像術の）波紋様のもん.

mokant 形 嘲笑な（な；冷笑的な.

Mokassin 男 《(-s/-s,-e)》 モカシン靴.

Mokick 男 《(-s/-s)》 キックスターター付きモペット.

mokieren 再 《*sich* ~ *über j-et*⁴》（…を）あざける，ばかにする.

Mokka 男 《(-s/ 種類 -s)》 モカ［コーヒー］；濃いコーヒー.

Mol 中 《(-s/-e)》 【理】 モル，グラム分子.

Molch 男 《(-[e]s/-e)》 【動】 有尾類（イモリなど）；《獣》やつ，野郎，男.

Moldau モルドバ，モルダビア（旧ソ連邦の共和国）；(die ~) モルダウ（チェコを流れるエルベ川の上流）.

Moldawien = Moldau.

Mole 女 《(-/-n)》 突堤，防波堤.

Molekül 中 《(-s/-e)》 【理】 分子． **molekular** 形 【理】 分子の.

Molekularbiologie 女 分子生物学. =**genetik** 女 分子遺伝学. =**gewicht** 中 【理】 分子量.

Molekül-masse 女 【化】 分子量. =**struktur** 女 【化】 分子構造.

Molke 女 《(-/-n)》 乳漿.

Molkerei 女 《(-/-en)》 乳業工場；酪農場《業》. =**butter** 女 上質バター.

Moll 中 《(-/-)》 【楽】 短調. ✦ *auf* ~ *gestimmt sein* 《戯》憂うつである.

Molle 女 《(-/-n)》 《{方}》 グラス1杯のビール；《中部》ベッド. ✦ *Es gießt mit* ~*n*. どしゃ降りだ.

mollig 形 《話》（特に女性が）ふっくらした（部屋・衣服が）暖かく気持よい.

Molluske 女 《(-/-n)》 軟体動物.

Molotowcocktail 男 火炎瓶.

Molybdän 中 《(-s/)》 モリブデン（元素記号：【化】 Mo).

Moment [モメント] 男 《(-[e]s/-e)》 《® moment》瞬間［一刻，時点． ❷ 中 《(-[e]s/-e)》 要因；動機；契機；［視］点；【理】モーメント，能率. ✦ *einen lichten* ~ *haben* 一時的に理性を取り戻す：名案が浮かぶ． *Einen* ~ *bitte!* 少しお待ち下さい． *im* ~ 今《のところ》；《話》すぐに． *jeden* ~ 今《すぐ》にも． ~ *[mal]!* 《話》《話し手を遮って》ちょっと待って.

momentan [モメンターン] 形 《® momentary》現時点（目下のこの瞬間の）一時的な．**Moment-aufnahme** 女 スナップショット.

Monaco モナコ（地中海沿岸にある公国およびその首都：パリ語形 Monak).

Monade 女 《(-/-n)》 【哲】 （不可分の）単一体；モナド，単子（実在の究極の単位）.

Monarch 男 《(-en/-en)》 （女 **-in**）君主． **Monarchie** 女 《(-/-n)》 君主制：君主国．**monarchisch** 形 君主の；君主制の；君主国の．**Monarchist** 男 《(-en/-en)》 （女 **-in**）君主制主義者《支持者》.

monastisch 形 修道院の.

Monat [モーナト] 男 《(-[e]s/-e)》 《® month》（暦の）月，1か月：nächsten ⟨letzten, vorigen⟩ ~ 来月〈先月〉 | den ganzen ~ ⟨über⟩ 丸1か月 | über ~*e* hin 数か月にわたって | jeden ~ 毎月 | im achten ~ sein 《話》妊娠8か月である．**monatelang** 副 数か月間もの． **..monatig** 「…か月間の（にわたる）」の意.

monatlich 形 《® monthly》月々の，毎月の． **..monatlich** 「…か月ごとの」の意.

Monats-binde 女 月経帯． =**blutung** 女 月経． =**einkommen** 中 月収． =**gehalt** 中 月給． =**karte** 女（乗車券・入場券などの）1か月定期券． =**rate** 女 月賦． =**schrift** 女 月刊誌． **monat[s]weise** 副 月ごとに，月ぎめで.

monaural 形 【医】 単耳の，片耳の；（音声・放送などが）モノラルの.

Mönch [メンヒ] 男 《(-[e]s/-e)》 《® monk》僧侶，修道僧；《{方}》雄雌雌：《{方}》角のないシカ． ❷ (der ~) メンヒ（スイス中部にそびえるアルプスの高峰）.

mönchisch 形 修道士（僧）の.

Mönchs-kloster 中 男子修道院，僧院． =**kutte** 女 修道服，僧衣． =**orden** 男 修道会.

M

Mönch[s]tum [中] ((-s/)) 修道士であること; 修道生活; 修道院制度.

Mond [モーント] [男] ((-[e]s/-e)) ❶ ([英] moon)月 : der volle 〈halbe〉 ～ 満〈半〉月. ❷ 〔天〕衛星. ❸ ((雅)) (暦の)月. ❹ ((戯)) はげ[頭] : einen ～ haben ((話)) はげている. ❺ 三日月形のもの(三日月形のクッキーなど). ✦ ***auf* 〈*hinter*〉 *dem ～ leben*** ((話)) 世事に疎い, 世間とは無縁の生活をする. ***auf den* 〈*zum*〉 *～ schießen können* 〈*mögen*〉** ((話)) ((j^4)) (人に)ひどく腹を立てている. ***den ～ an|bellen*** ((話)) 月に向かって吠える(虚勢をはって悪態をつくたとえ). ***der Mann im ～*** 月の男(日本の月のウサギに当たる). ***hinter dem ～* 〔*zu Hause*〕 *sein*** 考え方が古い〈遅れている〉. ***in den ～ gucken*** ((話)) (分け前をもらえないで)指をくわえて見ている. ***in den ～ schreiben*** ((話)) (…を)あきらめる. ***nach dem ～ gehen*** ((話)) (時計が)狂っている.

mondän [形] 高級好みの; 派手な; 豪華な.

Mond=aufgang [男] 月の出. **=fähre** [女] 月着陸船. **=finsternis** [女] 〔天〕月食.

mondhell [形] ((雅)) 月明かりの.

Mond=kalb [中] ((話)) まぬけ, ばか. **=landung** [女] 月面着陸. **=preis** [男] (あらかじめ割引を見込んだ)架空の正価; 法外な値段. **=rakete** [女] 月ロケット. **=schein** [男] ([英] moonlight)月光, 月明かり. ✦ ***Der kann* 〈*Du kannst*〉 *mir* 〔*mal*〕 *im ～ begegnen.*** ((話)) あいつ〈お前〉なんかまっぴらだ. **=scheintarif** [男] (電話の)夜間通話割引料金[表]. **=sichel** [女] 三日月. **=stein** [男] 〔鉱物〕月長石.

mondsüchtig [形] 夢遊病の. **Mondwechsel** [男] 月の満ち〈欠け〉始める日, 満月〈新月〉の日.

monetär [形] 通貨の, 貨幣の; 財政上の.

Monetarismus [男] ((-/)) 〔経〕マネタリズム, 通貨主義.

Moneten [複] ((話)) 金(かね), ぜに. **monetisieren** [他] 〔経〕(物・労働などを)貨幣〈金銭〉化する, 換金する.

Mongole [男] ((-n/-n)) ([女] ..lin)モンゴル人. **Mongolei** (die ～)モンゴル, 蒙古(中央アジア東部の広い高原地帯). **mongolid** [形] モンゴロイドの. **Mongolide[r]** [男] [女] ((形容詞変化)) モンゴロイド(東・中央アジアに分布する黄色人種). **mongolisch** [形] モンゴル[人, 語]の.

monieren [他] (…に)文句〈クレーム〉をつける, 苦情を言う.

Monismus [男] ((-/)) 〔哲〕一元論.

Monitor [モーニトア] [男] ((-s/-en)) ([英] monitor)監視装置; 〔コンピュータ〕モニター; ディスプレー[装置]; ([女] **-in**)監視者.

mono.., Mono.. 「単一〈単独〉の…」の意.

monochrom [形] モノクロの, 単色の, 白黒の. **Monochrom** [中] ((-s/-en)) 〔美〕単色画; モノクローム. **Monochromie** [女] ((-/)) 〔美〕単色.

Monogamie [女] ((-/)) 一夫一婦制.

monoglott [形] 一つの言語しか話さない.

Monografie = Monographie.

Monogramm [中] ((-s/-e)) モノグラム(頭文字を図案化した組み合わせ文字).

Monographie [女] ((-/-n)) (一つの事項に関する)個別論文〈研究書〉.

Monokel [中] ((-s/-)) 片眼鏡, モノクル.

monoklonal [形] 〔生〕単一の細胞クローンからなる; 単クローン性の.

Monokultur [女] 〔農〕単作[地・作物]; 単式農業.

Monolith [男] ((-s (-en) /-e[n])) モノリス(一つの巨石で作られた柱・像).

Monolog [男] ((-s/-e)) 独白, モノローグ.

Monomanie [女] ((-/-n)) 〔心〕偏執〈固定〉妄想, 偏執狂.

Monopol [中] ((-s/-e)) 〔経〕独占〈専売〉[権]; 独占企業体; 独占のための統合.

monopolisieren [他] 独占する.

Monopol=kapital [中] 独占資本. **monopolkapitalistisch** [形] 独占資本主義の. **=stellung** [女] 専売, 独占的地位.

Monotheismus [男] ((-/)) 一神論〈教〉.

monoton [形] (音・声が)単調な, 一本調子の; 退屈な. **Monotonie** [女] ((-/-n)) 単調; 退屈.

Monsieur [メスィエー] [男] ((-[s]/Messieurs)) …さん, …氏; (呼びかけとして)だんなさん.

Monster [中] ((-s/-)) 怪獣, 怪物. **=film** [男] 超大作映画; 怪獣映画.

Monstra ⇨ Monstrum

Monstranz [女] ((-/-en)) 〔カトリック〕聖体顕示台.

Monstren ⇨ Monstrum

monströs [形] 途方もない, 巨大な; 奇怪な, 恐ろしい; 〔医〕奇形の.

Monstrum [中] ((-s/..stren, ..stra)) 怪獣, 怪物; 巨大なもの; 〔医〕奇形体, 奇胎.

Monsun [男] ((-s/-e)) 〔気象〕モンスーン.

Montag [モーンターク] [男] ((-[e]s/-e)) ([英] Monday)月曜日([略] Mo.). ✦ ***blauen ～ machen*** ((話)) 月曜に仕事を休む〈さぼる〉. ***blauer ～*** 憂鬱な月曜日, ブルーマンデー.

Montagabend [男] 月曜日の晩. **montagabends** [副]

Montage [モンタージェ] [女] ((-/-n)) ❶ (機械などの)組み立て; 取り付け. ❷ 〔文芸・映〕モンタージュ[手法]. **=halle** [女] 組み立て工場.

montäglich [形] 月曜日ごとの.

Montagmittag [男] 月曜日の正午. **montagmittags** [副]

Montagmorgen [男] 月曜日の朝. **montagmorgens** [副]

Montagnachmittag [男] 月曜日の午後. **montagnachmittags** [副]

Montagnacht [女] 月曜日の夜. **montagnachts** [副]

montags [副] [毎]月曜日に.

Montags.. ((戯)) 「(仕事に身の入らない月曜日に作ったような)欠点だらけの…」の意.

Montagsdemonstration [女] 〔史〕月曜デモ(1989年 Leipzig の一般市民が毎月曜日に行った反政府デモ; ベルリンの壁崩壊のきっかけの一つとなる).

Montagvormittag [男] 月曜日の午前. **montagvormittags** [副]

montan [形] 鉱業の, 鉱山の; 山の.

Montan=industrie [女] 鉱業. **=union** [女] ヨーロッパ石炭鉄鋼共同体.

Montblanc (der ～)モンブラン(フラン

ス・イタリア国境のアルプス最高峰).
Monte Carlo モンテカルロ(モナコ公国の北部地区で, 国営カジノで有名).
Montenegro モンテネグロ(共和国).
Monteur [モンテーア] [男] ((-s/-e)) (機械などの)組み立て〈仕上げ〉工.
Montevideo モンテビデオ(ウルグアイの首都).
montieren [他] (機械などを)組み立てる; 取り付ける.
Montmartre モンマルトル(パリの北部地区).
Montur [女] ((-/-en)) ((話)) 作業服; ((戯)) 衣服; ((古)) 制服.
Monument [モヌメント] [中] ((-[e]s/-e)) ([英] monument)モニュメント, 記念碑; 記念物, 文化財. **monumental** [形] (記念碑のように)堂々たる, 壮大な.
Moor [中] ((-[e]s/-e)) 湿原. ⸗**bad** [中] [医] 泥土浴; 泥土浴保養地. **moorig** [形] 湿原の; 湿原のような; 沼地の多い.
Moos [中] ❶ ((-es/-e)) ([英] moss)コケ(苔); ((-es/Möser)) ((南部・オーストリア・スイス)) 湿原, 沼沢地. ❷ ((-es/)) ((話)) お金, ぜに. ✦ *~ ansetzen* コケが生える; ((話)) 古くなる. ⸗**beere** [女] [植] コケモモ.
moosig [形] コケの生えた, こけむした; ((南部・オーストリア)) 湿地状の; ぬかるみの.
Mop [田]= Mopp.
Moped [中] ((-s/-s)) モペット, 軽オートバイ(< *Mo*tor + *Ped*al).
Mopp [男] ((-s/-s)) モップ. **moppen** [他] モップで掃除する; (…に)モップをかける.
Mops [男] ((-es/Möpse)) ([小] **Möpschen** -s/-) [動] パグ(中国原産の小犬); ((話)) ずんぐりした人; ((複)) ((俗)) 豊かな胸; ((複)) ((話)) 金(かね), ぜに; マルク.
mopsen [他] ((話)) くすねる; [再] ((*sich*⁴)) ((話)) 退屈する.
mopsfidel [形] ((話)) ひどく陽気な.
Moral [モラール] [女] ((-/-en)) ([英] moral)倫理, 道徳, モラル; 教訓, 教え; 士気, 志操; 倫理学, 道徳哲学. ✦ *~ predigen* ((*j*³)) (人を)厳しく戒める. ⸗**apostel** [男] ((皮肉)) 道徳を説く人.
moralisch [モラーリシュ] [形] ([英] moral) モラルに関わる, 倫理上の; 道徳的な, 品行方正な; (集団の)士気〈規律〉に関する; ((え)) 教訓的な. ✦ *einen* 〈*den*〉 *Moralischen haben* ((話)) 良心がとがめる, ほぞをかむ. ***moralisieren*** [自] 道徳的観点から考察する; ((蔑)) お説教をする. **Moralist** [男] ((-en/-en)) ([女] **-in**) 道徳主義者; (特に16-18世紀フランスの)モラリスト; ((蔑)) 道学者. **Moralität** [女] ((-/-en)) モラリティー, 道徳性, 徳行.
Moral⸗kodex [男] 道徳規範. ⸗**predigt** [女] ((蔑)) お説教, 修身講話.
Moräne [女] ((-/-n)) [地学] (氷河の)堆石, モレーン.
Morast [男] ((-[e]s/-e, Moräste)) 沼沢地, 湿地; 泥, ぬかるみ. **morastig** [形] 沼地〈湿地〉状の; ぬかるみの.
Moratorium [中] ((-s/..rien)) [経] モラトリアム, 支払延期〈停止〉; ((話)) (計画実行などの)延期, 一時停止.
morbid [形] 病弱な; もろい.
Morchel [女] ((-/-n)) [植] アミガサタケ.
Mord [モルト] [男] ((-[e]s/-e)) ([英] murder)殺人, 殺害 (~ und Todschlag ((話)) 大げんか); 殺生(せっしょう); 破壊. ✦ *Das ist ja* 〔*reiner, der reine*〕 *~.* ((話)) それは〔全く〕殺生な話だ〈危険なことだ〉.
⸗**anschlag** [男] 殺害〈暗殺〉計画.
morden [自] 人殺しをする; [他] (人を)殺す.
Mörder [男] ((-s/-)) ([女] **-in**)殺人者, 人殺し, 殺人犯. ⸗**grube** [女] 人殺したちの巣窟(そうくつ)〈隠れ家〉.
mörderisch [形] 人殺しの; 凶悪〈残忍〉な; ((話)) 殺人的な, ものすごい.
mörderlich [形] ((話)) ものすごい.
Mordfall [男] 殺人事件.
Mord⸗gier [女] 殺意. **mordgierig** [形] 殺意に燃えた. ⸗**kommission** [女] ((話)) 殺人捜査班. ⸗**rate** [女] (特定の地域での)殺人発生率.
mords.., Mords.. ((話))「非常に…; とてつもない[量の] …」の意.
Mord⸗serie [女] 連続殺人.
Mords⸗kerl [男] ((話)) 大男; どえらいやつ. ⸗**lärm** [男] ((話)) すごい騒音.
mordsmäßig [形] ((話)) ものすごい.
Mords⸗wut [女] ((話)) 大憤激. ✦ *eine ~ im Bauch haben* ひどく腹を立てている.
Mord⸗tat [女] 殺人行為. ⸗**verdacht** [男] 殺人容疑. ⸗**versuch** [男] 殺人未遂. ⸗**waffe** [女] 殺人凶器.
Morelle [女] ((-/-n)) [植] モレロ(酸味のあるサクランボ).
Mores [複] 行儀, 礼儀作法. ✦ *~ lehren* ((話)) ((*j*⁴)) (人を)厳しくしかる; (人に)意見する.
morgen [モルゲン] [副] ([英] tomorrow)明日; 〔近い〕将来; ((特定の日を示す語の後で)) (…の)朝に: ~ früh 〈Abend〉明日の朝〈晩〉 | heute 〈gestern〉 ~ [旧]⇨Morgen
✦ ✦ *Bis ~!* じゃあまた明日(別れのあいさつ). *Morgen ist auch* 〔*noch*〕 *ein Tag.* ((諺)) 明日という日がないじゃなし, 明日は明日の風が吹く.
Morgen [モルゲン] [男] ((-s/-)) ❶ ([英] morning)朝; ((雅)) 始まり, あけぼの: des ~*s* ((雅)) 朝に | diesen ~ けさ | jeden ~ 毎朝. ❷ ((古)) 東. ✦ 〔*früh*〕 *am ~* 朝〔早く〕に. *Guten ~!* おはよう〔ございます〕. *guten ~ sagen* / 〔*einen*〕 *guten ~ wünschen* ((*j*³)) (人に)朝のあいさつをする. *heute* 〈*gestern*〉 *~* 今朝〈昨日の朝〉. *~!* ((話)) おはよう. *~ für ~* 毎朝毎朝. *wie der junge ~* ((話)) 若々しく. *vom ~ bis zum Abend* 朝から晩まで.
Morgen⸗ausgabe [女] (新聞の)朝刊. ⸗**dämmerung** [女] あけぼの, 夜明け.
morgendlich [形] 朝〈午前〉の; 朝らしい.
Morgen⸗essen [モルゲンエッセン] [中] ((-s/-)) 朝食. ⸗**frühe** [女] 早朝: in aller ~ ごく早朝に. ⸗**grauen** [中] 夜明け, 明け方. ⸗**kaffee** [男] 朝のコーヒー.
Morgen⸗land [中] 東洋, オリエント.
morgenländisch [形] 東洋の, オリエントの. ⸗**luft** [女] 朝の空気. ✦ *~ wittern* ((話)) チャンスの到来をかぎつける. ⸗**muffel** [男] 朝寝坊な〈寝起きの悪い〉人. ⸗**rock** [男] モーニングガウン. ⸗**rot** [中] 朝焼け; ((雅)) 始まり. ⸗**röte** [女] ((雅)) = Morgenrot.
morgens [モルゲンス] [副] 朝に, 午前に.

Morgen-stern 男 《話》明けの明星（金星）. =**stunde** 女 朝の時間: ~ hat Gold im Munde. 《諺》早起きは三文の得.

morgig 形 明日の.

Moritat 女 《-/-en》モリタート（大道芸人が歌う恐ろしい物語）.

Moritz 《男名》モーリッツ.

Morpheus 《ギ神》モルペウス（夢の神）.

Morphin, Morphium 中 《-s/-》モルヒネ. **morphiumsüchtig** 形 モルヒネ中毒の.

Morphologie 女 《-/》《生》形態学;《言》形態論, 語形論;《演》運動形態学.

morsch 形 腐って（古くなって）ぼろぼろの; 朽ちた.

morsen 他 モールス信号で送る.

Mörser 男 《-s/-》すり鉢, 乳鉢;《旧》臼砲（*%*).

Morsezeichen 中 モールス信号.

Mortadella 女 《-/-s》モルタデラソーセージ.

Mortalität 女 《-/》死亡率.

Mörtel 男 《-s/-》モルタル. **mörteln** 他 モルタルを塗る; モルタルで接合する.

Mosaik 中 《-s/-en, -e》モザイク.

mosaisch 形 ユダヤの; モーセの.

Moschee 女 《-/-n》モスク, イスラム寺院.

Moschus 男 《-/》麝香(じゃこう).

Mose ⇒ Moses

Mosel (die) 《-/》モーゼル（ライン川の支流）.

Möser ⇒ Moos

mosern 自 《話》不平《文句》を言う.

Moses ❶ (Mosis (Mose) /) 《聖》モーセ（前1350頃-1250頃: イスラエルの預言者）. ❷ 女 《-/》《海》《戯》（船の乗組員の）最年少者, 見習水夫; 船艙ボート. ◆ ~ und die Propheten 《話》金（は）, 金力.

Moskau モスクワ. **Moskauer** ❶ 男 《-s/-》（女 **-in**）モスクワの人. ❷ 形《無変化》モスクワの.

Moskito 男 《-s/-s》蚊(か).

Moslem 男 《-s/-s》（女 **Moslime**）イスラム教徒.

Most 男 《-[e]s/-e》モスト（未発酵ブドウ液）; 果汁;《南部・話・古》果実酒.

mosten 他 モスト《果汁》を作る;《果物の》果汁を搾る.

Mostrich 男 《-s/》《北東部》練りからし, マスタード.

Motel 中 《-s/-s》モーテル.

Motette 女 《-/-n》《楽》モテット.

Motiv [モティーフ] 中 《-s/-e》（形 **motive**）動機, 要因, 誘因;《文芸・美・楽》主題, モチーフ, 動機, 題材. **Motivation** 女 《-/-en》動機（理由）づけ, モティベーション. **Motivforschung** 女 《消費者の購買行動の》動機調査. **motivieren** 他 《…の》動機《理由》づけをする; （人に）動機を与える. **motiviert** 形 動機のある; 意欲《やる気》のある. **Motivierung** 女 《-/-en》動機《理由》づけ.

Motocross, Moto-Cross 中 《-/-e》モトクロス.

Motor [モートーア] 男 《-s/-en》（形 **motive**）エンジン, モーター; 原動機, 発動機; 原動力, 推進力. =**boot** 中 モーターボート. =**bootrennen** 中 モーターボート競走: 競艇.

Motoren-öl 中 エンジンオイル.

Motor-fahrrad 中 モーターバイク（＝Mofa）. =**fahrzeug** 中 原動機付き車両[自動車・オートバイ・スクーターなど]. =**flug** 中 発動機（エンジン）による飛行. =**haube** 女（自動車の）ボンネット.

Motorik 女 《-/》運動学;《医》運動神経による肢体・器官の）運動能力. **motorisch** 形 エンジン（モーター）で動く; 運動の. **motorisieren** 他 （産業方面で）機械化する; （…に）エンジン（モーター）を付ける; 《sich*》自動車を買う. **motorisiert** 形 自動車を持っている. **Motorisierung** 女 《-/-en》機械化, モータリゼーション.

Motorleistung 女 エンジン（モーター）の性能（出力）.

Motorrad [モートーアラート] 中 《-[e]s/-räder》オートバイ. =**brille** 女 オートバイ用風防ゴーグル. =**fahrer** 男 オートバイ運転者. =**rennen** 中 オートバイ競走（レース）.

Motor-raum 男 エンジンルーム. =**roller** 男 スクーター. =**säge** 女 電動のこぎり. =**schaden** 男 エンジン（モーター）の故障. =**schlitten** 男 スノーモービル. =**sport** 男 モータースポーツ.

Motte 女 《-/-n》ガ（蛾）; （衣類の）虫;《話》女の子. ◆ [**Ach,] du kriegst die ~n!** 《話》いつかは驚いた. **die ~n haben** 《話》肺病にかかっている. **mottenfest** 形 防虫加工を施した.

Motten-kiste 女 防虫衣料箱. =**kugel** 女 球形防虫剤. =**pulver** 中 粉末防虫剤.

Motto 中 《-s/-s》モットー, 標題, 座右銘;（書物などの）題辞, 題詞.

motzen 他 《話》不平《文句》を言う; 反抗的である;《方》ぶつとしている.

motzig 形 不機嫌な; 反抗的な.

Mountainbike [マウンテンバイク] 中 《-s/-s》マウンテンバイク.

moussieren 自 （シャンパンが）泡立つ.

Möwe [メーヴェ] 女 《-/-n》《鳥》カモメ.

Mozart Wolfgang Amadeus, モーツァルト（1756-91: オーストリアの作曲家）.

mp 《略》《楽》*mezzopiano*.

m.p. 《略》= manu propria 自筆で.

Mp 《略》Mittelpunkt 中心点.

MP [エムペー], **MPi** [エムピー] 女 Maschinenpistole. **MPI** 《略》Max-Planck-Institut マックス・プランク研究所. **Mrd.** 《略》*Milliarde*[n]. **m/s** 《略》*Meter je Sekunde* 毎秒＝メートル. **Ms.** 《略》Manuskript. **m/sec** 《略》*Meter pro (je) Sekunde* 毎秒＝メートル. **Msgr.** 《略》Monsignore. **Mskr.** 《略》Manuskript 原稿. **Mss.** 《略》Manuskripte (→ Manuskript). **Mt** 《略》*Megatonne*. **MTA** 《略》*medizinisch-technischer Assistent* 臨床検査士（技師）.

Mücke 女 《-/-n》《鳥》蚊(か);《南部》ハエ;《話》お金, マルク. ◆ **aus einer ~ einen Elefanten machen** 誇張して言う. **die (eine) ~ machen** 《話》ずらかる, 逃げ去る.

Muckefuck 男 《-s/》《話》（味の薄い）まずいコーヒー.

M

Mucken [複] ((話)) 気まぐれ, 偏屈. ✦ [*seine*] *~n haben* (人が)きまぐれである; (機械などが)調子が悪い.
mucken [自] ((話)) 不平を言う.
Mückenstich [男] 蚊(か)の刺し傷.
Mucker [男] ((-s/-)) いくじなし, 猫かぶり; 不機嫌な人, 不平家. **Mucks** [男] ((-es/-e)) ((話)) (抗議の)低いつぶやき, かすかな身動き. **mucksen** [自] 不平を言う.
Muckser [男] ((-s/-)) = Mucks.
mucksmäuschenstill [形] ((話)) 静まり返った.
müde [ミューデ] [形] ❶ ([英] tired)疲れた, くたくたの, だるい; (疲れて)眠い, 眠そうな. ❷ 力のない, 弱々しい. ❸ ((*j-et*²)) (…に)うんざり〈飽き飽き〉した. ✦ *nicht ~ werden* ((+zu 不定詞句)) (…するのを)やめない. **..müde**「…に疲れた, …に飽きた」の意. **Müdigkeit** [女] ((-/)) 疲労; 眠気. ✦ [*Nur*] *keine ~ vorschützen!* ((話)) ぐずぐず言うな, 言い訳は無用だ.
Muff [男] ❶ ((-[e]s/-e)) ([小] **Müffchen**) [服] マフ. ❷ ((-[e]s/)) ((北部)) かび臭さ.
Muffe [女] ((-/-n)) [工] スリーブ; ((話)) 不安, 恐怖.
Muffel [男] ((-s/-)) ((話)) 無愛想な人; (牛などの)鼻づら. **muffelig** [形] 無愛想な, 不機嫌な; かび臭い. **muffeln** [自] ((話)) 無愛想である; 口をもぐもぐする.
muffig, mufflig [形] かび臭い; 無愛想な.
muh [間] モー(牛の鳴き声).
Müh ⇨ Mühe ✦
Mühe [ミューエ] [女] ((-/-n)) ([英] pains) 苦労, 骨折り, 努力: ohne ~ 難なく. ✦ *der ~ 〈die ~〉 wert sein* 苦労〈努力〉のかいがある. *keine ~ scheuen* 苦労をいとわない. *mit ~ und Not* やっとのことで. *~ geben* ((*sich*³ mit *j-et*³)) (…のことで)努力する, がんばる. *~ geben 〈machen〉* ((+zu 不定詞句)) ((*sich*³)) (…するのに)骨を折る, 努力する. [*seine*] *~ haben* ((mit *j-et*³)) (…のことで)苦労する; ((+zu 不定詞句)) (…するのに)苦労する. **mühelos** [形] たやすい, 楽な.
muhen [自] (牛が)モーと鳴く.
mühen [再] ((*sich*⁴)) 努力する, 骨を折る; ((*sich*⁴ um *j-et*⁴)) (…の)面倒をみる.
mühevoll [形] 骨の折れる, 難儀な.
Mühewaltung [女] ((-/)) ((雅)) 骨折り, 努力.
Mühle [ミューレ] [女] ((-/-n)) ([英] mill)製粉機〈所〉; (コーヒー用などの)ミル; ((戯)) 自動車, バイク, 軽飛行機; ((無冠詞・ふつう単数で)) 西洋連珠(盤上の3連目の数を競う); (盤上にできた)3連. ✦ *durch die ~ drehen* ((話)) (人を)苦境に陥れる; (人を)責め立てる. *Wasser 〈Wind〉 auf j*² *~ sein* (人を)調子づかせる, (人に)加勢する. **~n=rad** [中] = Mühlrad. **~n=stein** [男] = Mühlstein.
Mühl=rad [中] 水車小屋の水車. **=stein** [男] 石うす.
Mühsal [女] ((-/-e)) ((雅)) 難儀, 辛苦.
mühsam [ミューザーム] [形] 骨の折れる, つらい. **mühselig** [形] 難儀な; 面倒な. **Mühseligkeit** [女] ((-/-en)) 難儀; 面倒, 手間のかかること.

Mulatte [男] ((-n/-n)) ([女] **..tin**)ムラット(白人と黒人の混血児).
Mulde [女] ((-/-n)) くぼみ, へこみ; 窪地(くぼち), 盆地; ((方)) (木製の)舟形容器; (製パン用の)こね桶(おけ).
Mülhausen ミュールハウゼン, ミュルーズ(フランス東部, アルザス地方の工業都市).
Mülheim ミュールハイム(ドイツ中西部の工業都市).
Muli ⇨ Mulus
Mull [男] ((-[e]s/-e)) ❶ (薄手の)モスリン; [医] ガーゼ. ❷ ((北部)) 腐植土.
Müll [ミュル] [男] ((-[e]s/)) ごみ, くず, 廃棄物. **=abfuhr** [女] ごみ回収. **=aufbereitungsanlage** [女] ごみ処理施設. **=berg** [男] ごみの山; 山のような[多量の]ごみ. **=beutel** [男] (ビニール製の)ごみ袋.
Mullbinde [女] ガーゼの包帯.
Müll=container [男] (屋外に置かれた)ごみ集積用大型コンテナ. **=deponie** [女] ごみ捨て場.
Müll=eimer [ミュルアイマー] [男] ((-s/-)) ごみバケツ. **=entsorgung** [女] ごみ処理.
Müller [男] ((-s/-)) ([女] **-in**)粉屋, 製粉業者.
Müll=haufen [男] ごみの山. **=kasten** [男] ごみ箱, ごみ容器. **=kippe** [女] ごみ捨て場. **=kutscher** [男] ((方)) ごみ運搬〈回収〉員. **=schlucker** [男] ダストシュート. **=tonne** [女] (円筒形の)大型ごみ容器. **=verbrennungsanlage** [女] ごみ焼却施設. **=verwertung** [女] ごみ再利用. **=wagen** [男] ごみ収集車.
mulmig [形] ((話)) (事態が)ただならぬ, さし迫った, 不快な.
Multi [男] ((-s/-s)) ((話)) 多国籍企業.
multi.., Multi..「多数〈多様〉な…」の意.
multi=ethnisch [形] 多民族の; 多民族混成〈共存〉の. **=faktoriell** [形] 多くの要素からなる.
Multikultur [女] 多重〈マルチ〉文化.
multi=kulturell [形] 多重〈マルチ〉文化の; 多文化的な. **=lateral** [形] 多面〈多角〉的な; 多国間の.
Multimediacomputer [男] マルチメディア・コンピュータ.
multimedial [形] マルチメディアの.
Multi=milliardär [男] (数十億・数百億の資産を有する)億万長者. **=millionär** [男] 億万長者.
multinational [形] 多国籍の.
Multiplikand [男] ((-en/-en)) [数] 被乗数. **Multiplikation** [女] ((-/-en)) [数] 乗法, 掛け算. **Multiplikator** [男] ((-s/-en)) [数] 乗数.
multiplizieren [他] [数] ((*et*⁴ mit *et*³)) (…に…を)掛ける, 乗じる; 増やす.
multipolar [形] 多極の; 多極的な.
Multi=polarität [女] 多極性. **=programming** [中] ((-s/)) [コンピュ] 多重プログラミング. **=talent** [中] 多方面の才能〈能力〉[をもった人]; マルチタレント.
Mulus [男] ((-/Muli)) ((戯)) (まだ学籍簿に登録されていない)大学の新入生.
Mumie [女] ((-/-n)) ミイラ.
mumifizieren [他] ミイラにする; [自] (s)ミイラ化する, ひからびる.
Mumm [男] ((-s/)) ((話)) 根性, 気力; 体

Mummelgreis 432

力.
Mummelgreis 男《蔑》老いぼれ.
Mumpitz 男《(-es)/》《話》ばかげたこと.
Mumps 男《(-)/》おたふく風邪.
Munch Edvard, ムンク (1863-1944; ノルウェーの画家・版画家).
München 中《地名》ミュンヒェン (ドイツ Bayern 州の州都). **Münchner** 男《-s/-》《⊗ **-in**》ミュンヒェンの人; 形《無変化》ミュンヒェンの.
Mund [ムント] 男《(-[e]s/Münder》《⊗ **Mündchen**》❶ 《⊗ mouth》(人間の) 口, 口元: mit vollem ~[e] ほおばったまま [で] | von ~ zu ~ beatmen 口から人工呼吸する. ❷ 人. ❸ 開口部; 坑口; 河口. ✦ **an** j^2 **~ [e] hängen** (人の言葉に聞き入る, 話を傾聴する. **den ~ aufmachen** (**auftun**) 口を利く. **den ~ fusselig** (**fransig, in Fransen**) **reden** (**sich**^{3}) 口をすっぱくして言う (が従容でもある). **den ~ halten** 《話》黙る: 秘密を守る. **den ~ nicht aufbekommen** (**aufkriegen**) 口を閉ざす. **den ~ öffnen** (j^3) (人を促して) 話させる. **den ~ stopfen** 《話》(j^3 [**mit** et^3]) ([角泊, 買収などで] 人の口を封じる. **den ~ verbieten** (j^3) (人に) 発言させない. **den ~ verbrennen** (**sich**^{3}) 口をやけどする; 口の辷って失言する. **den ~ voll nehmen** (食べ物を) ほおばる: 大口をたたく, 大げさに言う. j^3 **den ~ wässerig** (**wässrig**) **machen** / j^3 **läuft das Wasser im ~e zusammen**. 《話》(人の) 食欲を大いにそそる. **einen großen ~ haben** 《話》大口をたたく. [**immer**] **mit dem ~ vorneweg** (**voran**) **sein** 《話》小生意気な口を利く. **in aller** (**Welt, Leute**) **~ [e] sein** 世人の評判になっている, 誰でも知っている. **in den ~ legen** (j^3 et^4) (誘導して人に…を) 言わせる; (作中人物に…を) 語らせる. **in den ~ nehmen** (小さい子が…を) 口に入れる; 《話》(表現などを) 口にする. J^2 **~ steht nicht** (**nie**) **still**. 《話》(人の口が) 止まらない. **~ und Nase** (**Augen**) **aufsperren** (**aufreißen**) 《話》あぜんとする. **~ voll** 口いっぱい; 一口. **nach dem ~e** (**zum ~e**) **reden** 《話》(j^3) (人に) おべんちゃらを言う, 追従(??)する. **nicht auf den ~ gefallen sein** 打てば響くように応答する. **über den ~ fahren** 《話》(j^3) (人の) 話の腰を折る. **viel** [**dauernd**] **im ~ führen** (…を) 口癖とする, 多用する. **vom** (**am**) **~[e] absparen** (**sich**^{3} et^4) 食べるほうを節約して (…を) 手に入れる (成し遂げる). **von ~ zu ~ gehen** 《話》口コミで広まる.

Mund-art 女 方言, 訛り. **mundartlich** 形 方言の.
Munde ⇒ Mund
Mündel 中《-s/-》被後見人. ▶民法では男《(-[s]/-)》, 女子については女《(-/-n)》. **-geld** 中 (後見人の管理する) 被後見人の所有金.
munden 自 《雅》(j^3) (飲食物が人の) 口に合う.
münden 自 (s, h) (**in** $et^{4(3)}$) (河川などが…に) 流れ込む; (話などが…になる); (道などが…に [へ]) 通じている.
Münden ミュンデン (ドイツ Niedersach-sen 州の工業都市).

Münder ⇒ Mund
mundfaul 形 口の重い, 無口な.
Mund-fäule 女《-/-》《医》腐敗性口内炎. **=flora** 女《医》口内の細菌類; 口内細菌叢.
mundgerecht 形 食べやすい.
Mund-geruch 男 口臭. **=harmonika** 女 ハーモニカ. **=höhle** 女 口腔(??).
mündig [ミュンディヒ] 形 成年に達した (ドイツ・オーストリアでは満18歳, スイス満20歳); 大人の; 一人前の. **Mündigkeit** 女《-/》成年.
mündlich [ミュントリヒ] 形 《⊗ oral》口頭による, 口頭の, 口述の.
Mund-propaganda 女 口[伝] コミ.
M-und-S-Reifen 男 スノータイヤ (< *Matsch-und-Schnee-Reifen*).
Mundstück 中 (吹奏楽器の) 歌口, マウスピース; (タバコの) 吸い口; 馬銜(??).
mundtot 形 ✦ **~ machen** (j^4) (人の) 口を封じる.
Mündung 女《-/-en》河口; (道路などの) 出入口, 合流点; 銃口, 砲口.
Mund-voll 中 ⇒ Mund ✦ **-vorrat** 男 携帯食. 弁当. **=wasser** 中 口中洗い水. **=werk** 中《話》(話す道具としての) 口. **=winkel** 中 口の隅(?). 端(?). **=zu-Mund-Beatmung** 女《医》口対口人工呼吸法.

Munition 女《-/》弾薬. **=s-kasten** 男. **=s-kiste** 女 弾薬箱. **=s-lager** 中 弾薬庫.
munkeln 動 《話》(**von** et^3/**über** et^4) (…について) うわさをする.
Münster ❶ 中 (男)《-s/-》司教座聖堂, 大聖堂. ❷ ミュンスター (ドイツ中西部の産業・大学都市). **Münsteraner** 男《-s/-》ミュンスターの人; 形《無変化》ミュンスターの.
munter [ムンター] 形 《⊗ lively》活発 (快活) な, 生き生きとした; 健康な; 目が覚めている, 眠くない; むとんちゃくな. 平然とした. **Munterkeit** 女《-/》元気; 快活; 陽気; 鮮やかさ. **Muntermacher** 男《戯》刺激 (興奮) 剤.
muntrer ⇒ munter
Müntzer Thomas, ミュンツァー (1489頃-1525; ドイツの宗教改革者).
Münz-automat 男 (硬貨を用いる) 自動販売機.
Münze [ミュンツェ] 女《-/-n》《⊗ coin》硬貨, 貨幣, コイン; 記念メダル; 造幣局. ✦ **für bare ~ nehmen** (…を) 真に受ける. **in** (**mit**) **gleicher ~ heimzahlen** (j^3 et^4). (人に…で) 仕返しをする. **klingende ~** 現金. **münzen** 他 (金属などを) 貨幣に鋳造する. ✦ **gemünzt sein** (*auf* $j \cdot et^4$) (…にあてこすってある.
Münz-fernsprecher 男 コイン投入式公衆電話. **=fuß** 男 貨幣品位. **=kunde** 女 貨幣 (古銭) 学. **=sammlung** 女 コインの収集 (コレクション). **=tank** 中 (ガソリンスタンドの) コイン投入式自動給油機. **=telefon** 中 コイン電話 [機]. **=wechsler** 男 硬貨両替機. **=wesen** 中 貨幣制度.
mürb 形《南部:??》= mürbe.
mürbe 形 (肉・ケーキなどが) 柔らかい; もろ

くなった, 朽ちた; 弱気の, 無力な.
Mürbeteig 男 (ビスケット・クッキー用の)生地.
Murks 男 ((-es)-) 《話》やっつけ仕事.
murksen 自 《話》やっつけ仕事をする, だらだら仕事をする.
Murmel 女 (-/-n) ビー玉.
murmeln [ムルメルン] (murmelte; gemurmelt) 自 ❶ ♦ (murmur) つぶやく, (小声で) ぶつぶつ言う. ❷ (泉・小川などが) さらさら音を立てる, せせらぐ.
Murmeltier 中 《動》マーモット.
murren 《über et⁴》 (…について) ぶつぶつ[不平を]言う. **mürrisch** 形 不機嫌な; 気難しい.
Mus 中 ((-es/-e) 《料》ムース, マッシュ. ♦ ~ **zu ~ machen** 《話》(…を) たたきのめす.
Muschel [ムシェル] 女 (-/-n) ❶ 《Müschelchen》(⊗ shell) 貝, 二枚貝, 貝殻; 貝状のもの; 電話の受話器, 耳介; 《卑》膣(ち). **muschelig** 形 貝殻状の.
Muschelkalk 男 《地学》貝殻石灰岩.
Muschi, Muschi 女 (-/-s) 《幼児》猫; 《卑》女性性器.
Muse ❶ 《ギ神》ムーサ, ミューズ(文芸や学術をつかさどる9人の女神). ❷ 女 (-/-n) 文芸, 詩歌, 芸術. ♦ **die leichte (heitere) ~** 大衆芸術(軽いオペレッタなど). **die zehnte ~** 《戯》カバレット(文学的色彩の強い寄席風劇場); 映画.
museal 博物館(美術)館の, 博物館的な, こっとう的な.
Museen ⇒ Museum
Muselman 男 (-en/-en) (⊗ -in) 《古》イスラム教徒.
Musensohn 男 《戯》詩人; 大学生.
Museum [ムゼーウム] 中 (-s/..seen) (⊗ museum) 博物館; 美術館.
museumsreif 形 《話》博物館的な, こっとう的な, 古くさい.
Musical 中 (-s/-s) ミュージカル.
Musik [ムズィーク] 女 (-/-en) (⊗ music) 音楽; 《話》楽団, バンド, 気分. ♦ **Hinter (In) der ~ ist³ ist (sitzt, steckt)** ~, 《話》(…は) すばらしい. **~ im Blut haben** 生まれつき音楽の才がある. **~ in [für]² Ohren** (人にとって)快い[喜ばしい]事. **~akademie** 女 音楽大学.
Musikalien 複 楽譜; 音楽図書.
musikalisch 形 (⊗ musical) 音楽の, 音楽的な.
Musikant 男 (-en/-en) (⊗ -in) (バンドなどの)楽士, 楽手. **~en-knochen** 男 《話》ひじの先端.
Musik-automat 男 自動楽器; ジュークボックス. **-direktor** 男 音楽監督.
Musiker 男 (-s/-) (⊗ -in) (⊗ musician) (職業的な)音楽家, 作曲家, 演奏家(者), 楽団員, ミュージシャン.
Musik-fest 中 音楽祭. **-hochschule** 女 音楽大学. **-instrument** 中 楽器. **-kultur** 女 音楽文化. **-lehrer** 男 音楽教師.
Musik-stück 中 音楽作品, 楽曲. **-stunde** 女 音楽時間(レッスン). **-szene** 女 音楽界; 楽壇. **-truhe** 女 コンソール型ステレオ.

=**wissenschaft** 女 音楽学.
Musil Robert, ムーズィル(1880-1942: オーストリアの作家).
musisch 形 芸術の, 芸術的な; 芸術的才能(センス) のある.
musizieren 自 演奏する.
Muskat 男 ((-e]s/-e) = Muskatnuss.
Muskateller 男 (-s/-) マスカット(ブドウの品種名); マスカットワイン.
Muskat-nuss 女 (..nuß) 《料》ナツメグ.
Muskel [ムスケル] 男 (-s/-n) (⊗ muscle) 《医》筋肉, 筋. ♦ **seine (die) ~n spielen lassen** 力を誇示する; 力を誇示する. **-kater** 男 《医》筋肉の痛み(こり), 筋肉痛. **-kraft** 女 筋力, 体力. **-protz** 男 《話》筋肉[腕力]を自慢する男. **-riss** 男 (-riß) 《医》筋断裂. **-schwund** 男 《医》筋萎縮(..,)[症]. **-zerrung** 女 肉離れ.
Muskulatur 女 (-/-en) 筋肉[組織].
muskulös 形 筋骨たくましい.
Müsli 中 (-s/-) 《料》ミュースリ(牛乳にオートミール・果物などを入れて作る).
muss (⊙ **muß**) ⇒ müssen
Muss 中 (⊙ **Muß**) (-/-) やむをえないこと; 必然.
Muße 女 (-/-) 《雅》暇な時間, 余暇.
Muss-ehe 女 (⊙ **Muß-**) 《話》(妊娠したために) やむをえずする結婚.
Musselin 男 ((-s/-e) モスリン, メリンス.
müssen* [ミュッセン] (ich (er) muss, ⊙ muß, du musst, ⊙ mußt; 過去 musste, ⊙ mußte; 過去分詞 müssen, gemußt) Ⅰ ❶ 《話法の助動詞; 過去分詞 müssen》《義務・強制・必要・必然》(⊗ must) …しなければならない, …せずにいられない. ❷ 《強い確信と蓋然の形で》ぜひ…しないといけない; 《接続法Ⅱ で》…であってほしい: Das musst du gesehen haben! あれは見たかな. ❸ 《確信…or以接続法Ⅱ で》…であるはずだ: Er müsste gleich hier sein. 彼はもう来るはずだ. Ⅱ 《本動詞的に; 過去分詞 gemusst》❶ (…へ) 行かなければならない, (物を…へ) 運ばなければ[持って行かなければ] ならない: Jetzt muss ich zum Bahnhof. 今から私は駅へ行かなければならない | Der Brief muss zur Post. この手紙は郵便局へ持っていかねばならない. ❷ 《接続法Ⅱ で》…(を) しなければならない: (子供が小(大)便をする [Pipi] ~ (子供が) おしっこに行く. ♦ **Muss das sein?** しなければいけないですか, やめた方がいいのではないでしょうか.
Muße-stunde 女 暇な時間, 余暇.
müßig 形 (⊙ idle) 何もせずぶらぶらしている; 無意味な; 余計な.
Müßig-gang 男 無為, のらくら暮らすこと. ♦ **~ ist aller Laster Anfang.** 《諺》小人閑居して不善をなす. **-gänger** 男 (-s/-) (⊗ **-in**) ひま人, のらくら者.
musst (⊙ **mußt**), **musste** (⊙ **mußte**), **müsste** (⊙ **müßte**) ⇒ müssen
Muster [ムスター] 中 (-s/-) (⊗ model) ひな型, モデル; 手本, 模範; 典型 (布地などの)模様, 柄; 図案; (品物の)サンプ

ル，見本．=**beispiel** [中]〔模〕範例．=**buch** [中]〔商〕見本帳．=**exemplar** [中] 見本，サンプル．=**gatte** [男]《皮肉》模範的な夫．
mustergültig [形] 模範的な．
musterhaft [形] 模範的な．
Muster=karte [女]（布地や模様などの）見本カード．=**knabe** [男]《蔑》優等生（男子）．=**koffer** [男] 商品見本用ケース〈トランク〉．=**kollektion** [女] 商品見本集．=**messe** [女] 見本市．
mustern [他] 子細に観察する; 吟味〈点検〉する;〔軍〕（部隊などを）査閲する;（…の）入隊検査をする;（…に）模様をつける．
Muster=schüler [男]《皮肉》模範生．=**schutz** [男]〔法〕意匠保護．
Musterung [女]《-/-en》吟味，点検;〔軍〕査閲; 入隊検査; 模様〔をつけること〕．
Musterzeichner [男] 意匠デザイナー．
Mut [ムート] [男]《-[e]s/》（[英] courage）勇気，気力 (den ～ haben《+ zu 不定詞句》(…する)勇気がある);《雅》気分，気持ち．✦ *guten 〈frohen〉 ～es sein* 上機嫌である．*J^3 ist 〈wird〉 ... zu ～[e].*（人は…な）気分である〈になる〉．
mutagen [形]〔遺伝〕突然変異を起こさせる．**Mutagen** [中]《-s/-e》〔遺伝〕突然変異原(げん);〔突然〕変異誘発物質．
Mutante [女]《-/-n》〔遺伝〕突然変異体．**Mutation** [女]《-/-en》〔遺伝〕突然変異; 声変わり．**mutativ** [形]〔遺伝〕突然変異の; 突然変異による．
Mütchen [中] ✦ *sein ～ [an j^3] kühlen*（人に）八つ当たりする; うっぷんを晴らす．
mutieren [自]〔遺伝〕突然変異する; 声変わりする，変声期にある．
mutig [ムーティヒ] [形]（[英] brave）勇気のある，大胆な．**mutlos** [形] 勇気のない，おくびょうな，意気地のない，落胆した．**Mutlosigkeit** [女]《-/》勇気のないこと，おくびょう，腰抜け．
mutmaßen [他]《雅》推測〈推察〉する．**mutmaßlich** [形] 推測〈推定〉上の．**Mutmaßung** [女]《-/-en》推測．
Mutprobe [女] 肝試し．
Mutter [ムター] [女] ❶《-/Mütter》（[小] Mütterchen）（[英] mother）母，母親;〔工〕母型，雌型．❷《-/-n》ナット，雌ねじ．✦ *bei ～ Grün schlafen* 野宿する．～ *der Kompanie*《話》世話係．～ *Natur* 母なる自然．
Mütter ⇨ Mutter
Mütterberatungsstelle [女] 母子〈妊産婦〉相談所．
Mutter=bild [中] 母親像．=**boden** [男] 腐植土層，肥沃(ひよく)土．
Mütterchen（→ Mutter）[中]《-s/-》お母ちゃん; おばあさん．
Mutter=erde [女] = Mutterboden．=**freuden** [複] 母親である喜び．✦ ～ *entgegensehen*《雅》身ごもっている．=**gesellschaft** [女] 親会社．
Muttergottes [女]《-/》〔カトリック〕聖母マリア〔の像〕．
Mutter=haus [中]（赤十字などの）看護婦〈社会奉仕員〉養成所;〔カトリック〕（修道院の）母院; 本店，本社．=**komplex** [男]〔心〕マザー〈母親〉コンプレックス．=**korn** [中]〔薬〕麦角(ばっかく)（止血剤）．=**kuchen** [男]〔医〕胎盤．=**land** [中]（植民地に対する）本国; 原産地; 発祥地．=**leib** [男] 母体，子宮．
mütterlich [形] 母〔親〕の; 母方の; 母性的な．**mütterlicherseits** [副] 母方〔の血筋〕で．**Mütterlichkeit** [女]《-/》母親らしさ．
Mutter=liebe [女] 母の愛，母性愛．=**mal** [中] 母斑(ぼはん);（先天性の）あざ．=**milch** [女] 母乳．✦ *mit der ～ einsaugen*《話》（…を）子供のときに身につける．=**mord** [男] 母殺し．=**pass**（[旧]=paß）[男] 母子手帳．=**rolle** [女] 土地台帳; 母親としての役割．
Mutterschaft [女]《-/》母親であること; 母性．～**s=geld** [中]（産婦の）出産手当．～**s=urlaub** [男] 出産休暇．
Mutter=schiff [中]〔海〕母船;〔軍〕母艦．=**schutz** [男] 母性保護．
mutterseelenallein [副]《雅》ひとりぼっちで．
Muttersöhnchen [中] お母さん子，甘えっ子（男の子）．
Mutter=sprache [ムターシュプラーヘ] [女]《-/-n》（[英] mother tongue）母語，自国語;〔言〕祖語．=**sprachler** [男]《-s/-》ネイティブスピーカー．=**stelle** [女] ✦ ～ *vertreten*《bei j^3》（人の）母代わりを務める．=**tag** [男] 母の日．=**tier** [中]（特に家畜の）雌親．=**witz** [男] 生まれつきの才知．
Mutti [女]《-/-s》《Mutter の愛称》お母さん，ママ;《話》（中年女性に対して）おばさん．
Mutwille [男] いたずら心; 悪ふざけ．**mutwillig** [形] 悪ふざけの．
Mütze [ミュッツェ] [女]《-/-n》（[英] cap）縁なし帽;（ポットの）保温カバー．✦ *eine ～ voll Schlaf nehmen*《話》ひと眠りする．*eins 〈etwas〉 auf die ～ bekommen 〈kriegen〉*《話》ひどくしかられる．*nicht nach der ～ sein*《話》《j^3》（人の）好みに合わない．～**n=schirm** [男] 帽子のひさし．
m. W. [略] *meines Wissens* 私の知るかぎりで．**mw.** [略] *meinetwegen*．**MW** [記号] *Megawatt*．**mWS** [略] *Meter Wassersäule* 水柱(すいちゅう)メートル（圧力の単位）．**MwSt.** [略] *Mehrwertsteuer*．
Myanmar ミャンマー．
Mykenä, Mykene ミュケーナイ（古代ミュケーナイ文明の遺跡）．
Mykoplasmen [複]〔生〕マイコプラズマ（ウイルスと細菌の中間的性質の微生物）．
Myogramm [中]《-s/-e》〔医〕筋運動〈収縮〉記録図; ミオグラム．**Myograf, Myograph** [男]《-en/-en》〔医〕筋運動〈収縮〉記録装置; ミオグラフ．**Myoparalyse** [女]《-/-n》〔医〕筋〔性〕麻痺．**Myopathie** [女]《-/-n》〔医〕筋障害．**myopathisch** [形] 筋障害〔性〕の．
Myriade [女]《-/-n》《雅》数万．
Myrrhe, Myrre [女]《-/-n》没薬(もつやく)，ミルラ（香料・薬用）．
Myrte [女]《-/-n》〔植〕ギンバイカ．～**n=kranz** [男] ギンバイカの冠（花嫁がかぶる）．
Mysterienspiel [中]（中世の）神秘〈奇跡〉劇．**mysteriös** [形] 神秘的な; なぞめいた．**Mysterium** [中]《-s/..rien》神秘，不可思議;（宗教の）秘儀; 神秘劇．

Mystifikation 女《-/-en》神秘化.
mystifizieren 他 神秘化する;欺く,迷わせる.けむにまく.
Mystik 女《-/》神秘主義〈思想〉.
mystisch 形 神秘的な;神秘主義の;不可解な.
Mythe 女《-/-n》= Mythos.
Mythen ⇨ Mythos, Mythus.
mythisch 形 神話の,神話に関する;神話的な,神話化した.
Mythologie 女《-/-n》神話学,神話研究;《集合的》神話. **mythologisch** 形 神話学〔上〕の;神話〔上〕の.
Mythos, Mythus 男《-/..then》《複 myth》神話;神話的な事柄〈人物〉.
Myzel 中《-s/-ien》《生》菌糸体.
Mz. 略 *Mehrzahl* 複数.

N

n N 中《-/-》《字母》エヌ. **n.** 略 *Neutrum*; *nach*; *nördlich*; *nimm!*; *netto*. **'n** einen.→ ein
n.. 《記号》 *Nano...* **N** 《記号》 *Nitrogenium*; *Newton*; *Normal*; 《国籍符号》*Norwegen*. **N.** 略 *Nord, Norden*; *Nachnahme*. **N.** 略 *Neutrum*; *Nominativ*.
na 間 《話》ねえ,ああ,おい《異議・忠告・興奮・警戒・満足などの声》.◆ *Na also!* ほら,言ったとおりだろう. *Na gut〈schön〉!* まあいいや. *Na, so [et]was!* え,なんてことを. *Na und?* それがどうした. *Na, [und] ob!* 確かにそうだ.
Na 《記号》 *Natrium*.
Nabe 女《-/-n》(車輪などの)こしき.
Nabel 男《-s/-》へそ;核心;中心《種子の》へそ. ◆ *der ~ der Welt* 世界の中心. **nabelfrei** 形 へそを(おなかを)あらわにした,へそ丸見えの.
Nabel-schau 女《話》自己陶酔,自意識;《肌の》露出. **=schnur** 女 へその緒.
nach [ナーハ] I 前《3格支配》❶《方向》…へ《向かって》 ❶ …に向かってる《面している》: ~ *rechts〈oben〉* 右〈上〉へ.❷《after》《時間》…の後で,…過ぎ: *Es ist zehn ~ vier.* 4時10分過ぎだ. ❸《順序》…の次に: [*Bitte*] ～ *Ihnen!* お先にどうぞ. ❹《規準》…によれば,…から判断すると: ～ *mir folgen, daß...* 私に従って,~に応じて: *meiner Meinung ~ / ~ meiner Meinung* 私の考えでは. ❺《手本・模倣》…に倣って(ちなんで); …流《風》のような: *~ et³ riechen〈schmecken〉* …のにおい〈味〉がする. ❻《追求：特定の動詞と結びつく》…を求めて追って: *sich³ ~ j-et³ sehnen* …にあこがれる. II 《j³》 (人の)後から,(人を)追って: [*Alle*] *mir ~!*〔みんな〕私についてきなさい. ◆ *~ et³* …に応じて,従って. *~ und ~* だんだんと. *~ wie vor* 相変わらず.
nach.., Nach.. 「後〔に〕の,後の…,さらに…;模倣の…」の意.
nach äffen 他 (人などの)まねをする;物まねをする.
nachahmen [ナーハアーメン] 《ahmte nach; nachgeahmt》他《imitate》(人などを)まねる,模倣する: 手本とする: *nachgeahmter Marmor* 人造大理石. **nachahmenswert** 形 模倣に値する,見習うに足る,手本となる.
Nach-ahmer 男《-s/-》《女 -in》まねをする人,模倣者. **=ahmung** 女《-/-en》模倣;模造,模造品,まがいもの.
nach arbeiten 他《時間・仕事の遅れを》取り戻す; (…の)後から手を加える, (…を)手直しする;まねて作る《*j³*》(人に倣って仕事をする. ⊦**arten** 他 (s)《*j³*》(人)に似てくる.
Nachbar [ナハバール] 男《-n (-s) /-n》《女 -in》《neighbor》隣人,近所の人;隣り合わせにした人;隣国. **=haus** 中 隣家.
nachbarlich 形 近隣の;隣人の.
Nachbarn ⇨ Nachbar
Nachbarschaft 女《-/》《集合的》近隣の人々;近所,近辺;隣人関係,近所づきあい.
Nachbars-frau 女《近所》に住む女性. **=kind** 中 隣〈近所〉の子供.
Nachbarstaat 男 隣国,隣邦.
Nachbehandlung 女 後処理;《医》後処置,後療法,アフターケア.
nach bestellen 他 追加注文する.
Nachbestellung 女 追加注文《写真の》焼き増し.
⊦**nach beten** 他《蔑》受け売りする.
⊦**bilden** 他 模造〈複製〉する.
Nachbildung 女 模造〔品〕,複製品.
nach bleiben 他 (s)《方》後れを取る; (時計が)遅れる; (罰として)居残りをさせられる. ⊦**blicken** 他《*j-et³*》(…の後を)見送る.
Nachbörse 女《商》(取引所での)立ち会い後の取引.
nach datieren 他 (手紙などに)さかのぼった日付を入れる.
nachdem [ナーハデーム] 接《従属》《時間的》《after》…した後で; (…に)つれて《理由》…なので.
nach denken* [ナーハデンケン] 《*dachte nach; nachgedacht*》他《*über et⁴*》(…を)よく考えている,熟考する. **nachdenklich** 形 考えにふける, 物思いにふけった;考えこんでいる;《雅》考えさせられる,重大な.
nach drängen 他 無理やり押し入る.
Nachdruck [ナーハドルック] 男《-[e]s/-e》❶《emphasis》強調;力点,強勢,アクセント.❷《印》再販,増刷;リプリント;複製,複写;遺版復刻版. ◆ *mit ~* 力を込めて,強調して. ⊦**legen** 《*auf et⁴*》(…に)力点をおく, (…を)強調する.
nach drucken 他 再版〈復刻〉する.
nachdrücklich 形 強い調子の,断固とした.
nach eifern 他《*j-et³*》(…を)熱心に見習う. ⊦**eilen** 他 (s)《*j-et³*》(…の後を)急いで追う.
nacheinander [ナーハアイナンダー] 副 相次いで;次々に;順ぐりに.
nach empfinden* 他 その人の気持ちになって感じる.
Nachen 男《-s/-》《雅》小舟.
Nach-erbe 男《法》後位相続人. **=ernte** 女《農》二番収穫,二番刈り.
nacherzählen 他 (読んだ物などの内容を)自分の言葉で表現する. **Nacherzählung** 女《-/-en》(読んだ物・見聞きした物

Nachf. 略 Nachfolger[in].
Nachfahr 男 (-en (-s) /-en) 〖雅〗子孫.
Nachfolge 女 後継者たること.
nachfolgen 自 (s) (j-et³ ~) (…の)後に続く;(人を)手本にする. =**-d** 以下の,次の. **Nachfolger** 男 (-s/-) (⊕ **-in**)後継者,後任.
nachfordern 他 追加請求する.
Nachforderung 女 追加請求.
nachforschen 自 調査する. **Nachforschung** 女 調査.
Nachfrage [ナーハフラーゲ] 女 (-/-n) (⊕ demand) 需要;需要商品(物件);(投票所の)出口調査. ◆ *Danke für die {gütige} ~! / Danke der {gütigen} ~!* 〖皮肉〗ご親切なお尋ねありがとう. **nachfragen** 自 問い合わせる;〖商〗(商品を)求める.
Nachfrager 男 (-s/-) ⊕ 需要者.
Nachfrist 女 〖法〗(契約履行の)猶予期間.
nachfühlen 他 nachempfinden.
nachfüllen 他 補充する;(グラスなどに)注ぎ足す. =**geahmt** ⇒ nachahmen
nachgeben [ナーハゲーベン] (**gab nach; nachgegeben**) ❶ 自 (j-et³ ~) (…に)譲歩する,屈する,折れる;(押されて)たわむ,へこむ;崩れる;〖商〗(相場などが)下落する. ❷ 他 (j³ et⁴) (人に…を)更に与える. ◆ *nichts ~* (j³ {an} et³) (人に…で)劣らない.
nachgeboren 形 (兄や姉よりずっと後に生まれた;父の死後に生まれた.
Nach-gebühr 女 (受取人の支払う)郵便の不足料金. =**-geburt** 女 〖医〗後産.
nachgedacht ⇒ nachdenken
nachgegeben ⇒ nachgeben
nachgehen* 自 (s) (j³ ~) (⊕ follow) (j-et³) (人の)後を追う;(人に)ならう;(…を)調べる,調査(究明)する;(…に)専念する;(時計が)遅れる. =**gelassen** (→ nachlassen) 形 死後に行われた. =**geordnet** 形 〖官〗下位(下級)の. =**gerade** 副 除々に;ついに;まさに; ▷**geraten*** 自 (s) (j³) (人に)似ている.
Nachgeschmack 男 (食べ物・飲み物の)後味,後口.
nachgesehen ⇒ nachsehen
nachgewiesen ⇒ nachweisen
~er=maßen 副 証明(立証)されたように.
nach-giebig 形 譲歩しがちの,言いなりになる. 弱腰の,たわみやすい,しなやかな. ▷**gießen*** 他 (酒などを)注ぎ足す;(グラスなどに)注ぎ足す. ▷**grübeln** 自 〖über et⁴〗 (…を)よくよく考える.
Nachgründung 女 〖商〗(株式会社の)事後設立.
Nachhall 男 残響,反響,余韻. **nachhallen** 自 残響(余韻)となって残る,反響する.
nach-haltig 形 (影響・効果などが)後に〔まで〕残る.長く続く. ▷**hängen*** 自 〖et³〗(…に)ふける,思いをめぐらす;悔やむ;〖話〗はかどらない. ▷**helfen*** 自 (j-et³) (…の)助けをする,助ける;(…に)力を添えをする.
nachher [ナーハヘーア, ナーハヘーア] 副

(⊕ later)あとで,後ほど;そのあとで,それに次いで. あとから.
Nachhilfe 女 補習授業;助力,後押し. =**stunde** 女 補習授業.
Nachhinein 〈⊕ **nachhinein**〉 ◆ *im ~* 〖南独・オーストリア〗後から,後で.
nachhinken 自 (s) 〖話〗〖in et³〗 (…で)遅れをとる.
Nachhol-bedarf 男 取り戻す(埋め合わせの)需要;〖転〗繰り延べ需要.
nachholen 他 取り戻す,埋め合わせる;〖話〗後から連れて(持って)くる.
Nachhut 女 〖軍〗後衛(部隊).
nachjagen ❶ 自 (s) (j-et³) (…を)急いで追いかける;追跡する;(お金などを)追い求める. ❷ 他 〖話〗(j-et³ et⁴) (…に…を)急いで後から送る.
Nachklang 男 残響,余韻;(体験などの)思い出.
nachklingen* 自 (s) 余韻を引く;(体験などが)心に残る.
Nachkomme 男 (-n/-n) 子孫.
nachkommen* 自 (s) 後から来る(行く);(遅れずに)ついて行く;〖雅〗〖et³〗(…に)応じる. (…を)かなえる. **Nachkommenschaft** 女 (-/-) 〖集合的〗子,子孫. **Nachkömmling** 男 (-s/-e) (兄姉の子より)後で生まれた子供.
Nach-kriegszeit 女 戦後の時代. =**kur** 女 〖医〗後療法. 〈⊕ **-laß**〉 =**laß** 男 (-lasses/- lasse, ⊕ lässe) 遺産,遺品;〖商〗割引,値下げ.
nachlassen* [ナーハラッセン] (**ließ nach; nachgelassen**) ❶ 自 (⊕ decrease) 衰える,弱まる. 治まる. ❷ 他 緩める;〖商〗(j³ et⁴)(人に…だけ値引きする. 割り引く;〖話〗(…を)やめる.
nachlässig 形 いいかげんな(投げやり)な;そっけない. **Nachlässigkeit** 女 (-/-en) 投げやり(いいかげん)[な言動].
nach-laufen* 自 (s) (j-et³) (…を)追いかける;(…を手に入れようと)つけ回す. ▷**leben** 自 (j³) (…を)模範にして生きる. ▷**legen** 自 (燃料などを)つぎ足す.
Nachlese 女 摘み〈刈り〉残しの収穫;落ち穂拾い;〖転〗補遺,拾遺.
nachlesen* ❶ 他 〔書物などのある箇所を〕読み直す,読んで確かめる;(ブドウ・麦類などの)摘み〈刈り〉残りを収穫する. ❷ 自 (j³) (…に)ならって読む.
nachliefern 他 (…を)後になって〔追加として〕引き渡す. **Nachlieferung** 女 追加納品,後日納品.
nachlösen 他 (切符を)車内で買う.
nachm. 略 *nachmittags*.
nach-machen 他 〖話〗まねる;模造(偽造)する;後からやる. =**malig** 形 〖雅〗のちの. ▷**messen*** 他 測り直す.
Nachmieter 男 次の賃借人(賃借り)人.
nachmittag 副 (…の日の)午後に: *heute ~, morgen ~* ◆ */gestern ~* ▷
Nachmittag [ナーハミターク] 男 (-s/-e) (⊕ afternoon) 午後;午後の催し. ◆ *am ~ / des ~s* 午後に. *heute, gestern, morgen ~* 今日(昨日,明日)の午後に.
nachmittags [ナーハミタークス] 副 午後に. **Nachmittagsvorstellung** 女 午後の公演(興行),マチネー.

Nachnahme 囡《-/-n》着払い; 着払い郵便物. **=gebühr** 囡 着払い料金.
Nachname 男 名字, 姓.
nach|plappern 他《軽》(他人の言葉を)口まねする.
Nachporto 中 ＝ Nachgebühr.
nach|prüfen 他 再検査(再調査)する, チェックする; (人に)追試をする. **Nachprüfung** 囡 再検査, 再調査; 再試験.
nach|rechnen 他 検算する.
Nachrede 囡 陰口, 悪口; あとがき, 結語. **nach|reden** 他《j³ et⁴》(人の言葉を)受け売りする; (人の…を)うわさする.
Nachricht [ナーハリヒト] 囡《-/-en》
❶ 《⑧ news》知らせ, 通知, 便り, 伝言; 〖eine ~ von j-et³《über j-et⁴》geben 人に…について知らせる； j-m ~ hinterlassen 伝言する, 置き手紙をする. ❷ 〖覆〗ニュース, 報道通報.

【関連語】《主な通信社》APA エーピーエーオーストリア通信(ウィーン; ＜ Austria Presse Agentur); ATS-SDA スイス通信(ベルン; ＜ Agence Télégraphique Suisse-Schweizerische Depeschenagentur); ddp ディーディーピー(ボン; ＜ Deutscher Depeschendienst); dpa ディーピーエー(ハンブルク; ＜ Deutsche Presse-Agentur)

=dienst 男 通信社. **=moderator** 男(テレビの)ニュースキャスター. **=quelle** 囡 ニュースソース. **=satellit** 男 通信衛星. **=sperre** 囡 報道管制(規制). **=technik** 囡 通信技術(工学). **=wesen** 中 報道(情報)組織, 通信事業.
nach|rücken 他 (s)《j³》(人の)間隔を詰める; (前任者の)跡を継ぐ, 後任になる.
Nachruf 男 追悼.
nach|rufen* 他《j³ et⁴》(立ち去ろうとする人に)《…》と後ろから呼びかける.
Nachruhm 男 死後の名声.
nach|rühmen 他《j³ et⁴》(人の…を)褒めたたえる.
nach|rüsten 他 (機械に部品などを)取り付ける, 改良する; グレードアップする; (軍備を)増強する. **Nachrüstung** 囡 取り付け, 改良; 軍備増強.
nach|sagen 他 繰り返して言う, 復唱〈くりかえ〉する; 《j³ et⁴》(人の…を)うわさする; 告げ口をする.
Nach=saison 囡 シーズンオフ. **=satz** 男 追記, 補遺, 付録; 〖文法〗後置[副]文.
nach|schaffen* 他 模造(模倣)する.
+schauen 〖南部・スイス・オーストリア〗＝ nachsehen. **+schicken** 他《j³ et⁴》(人へ…を)後から送る; 転送する.
Nachschlag 男 〖話〗(食事の)お代わり; 〖軍〗後打撃.
nach|schlagen* (schlug nach; nachgeschlagen) ❶ 他 《…》(…を辞書などで)調べる; 《参考書などに》当たってみる. ❷ 自《…》(…で)調べる; (s)《雅》《j³》(気質・性格が)人に似ている. **Nachschlagewerk** 中 参考図書(事典・辞典・便覧など).
nach|schleichen* 自 (s)《j³》(人の)後をこっそりつける(追う).
Nachschlüssel 男 (不法に作られた)合

い鍵《かぎ》.
nach|schreiben* 他 (手本などに)ならって書く; (講義などを)書き取る. **Nachschrift** 囡 講義・講演などの)筆記録, ノート; (手紙の)追伸. **=schub** 男 〖軍〗(食糧・燃料などの)補給, 補給物資. **=schubbasis** 囡 補給基地. **=schuss** 《⟨-ssSchuss》 男 〖商〗追加払い, 追加出資; 〖球技〗こぼれ球シュート.
nach|sehen* [ナーハゼーエン]《sah nach; nachgesehen》 ❶ 自《j³ et³》を見送る, 目で追う. ❷ 他 調べる; 点検する; 《⑧ j³》(人の…を)大目に見る, 許す. **Nachsehen** 中 ♦ j³ bleibt das ~.(人には)何も成果がない。ばかを見る。das ~ haben 指をくわえて見ている, ばかを見る.
nach|senden*(*) 他《j³ et⁴》(人へ…を)後から送る; 転送する. **+setzen** 他《j³》(大急ぎで人の)後を追う, 追跡する.
Nachsicht 囡 《-/-》寛大, 寛容. **nachsichtig** 囲 寛大な, 思いやりのある.
nachsichtsvoll 囲 寛大な.
Nachsichtwechsel 男 〖商〗一覧[後定期]払い手形.
Nachsilbe 囡 〖文法〗後つづり, 接尾辞.
nach|sinnen* 他《⑧ j³》《über j-et⁴》(…について)熟考する, 黙考する.
+sitzen* 他 (罰として)居残りをする.
Nach=sommer 男 晩夏; 初秋.
=sorge 囡 事後処置(療法).
Nach=speise [ナーハシュパイゼ] 囡《-/-n》デザート. **=spiel** 中 〖劇〗後奏曲; 〖劇〗主演日の後の小劇; (事件の)余波; (性交後の)後戯.
nach|spielen 他《j³ et⁴》(人のあとについて…を)演奏する, (人の…を)まねて演じる(劇などを)再演する; 〖℗〗(ロスタイム分を)試合延長する. **+sprechen*** 他《j³ et⁴》(人の…)…を繰り返して言う, 復唱《ふくしょう》する. **+spüren** 自《j³》(人の)跡を《et³》(…を)追求する.
nächst [ネーヒスト] ❶ 囲 (→ nahe)【空間的】もっとも近い; 《⑧ next》【時間・順序】次の, 今度の. ❷ 〖3格支配〗〖雅〗…の傍〈そば〉に; …に次いで, …のほかに. ♦ der《die, das》 ~ e beste 近寄りの, 次の. fürs Nächste さしあたって. **nächstbest** 囲(次善の; 手当たり次第の, 手近な. ♦ der《die, das》 ~ e 手頃の, 手当たりしだいの(男・女・物).
Nächste ⇒ Nächste[r]
nach|stehen* 他《j³》〖話〗《an j³》(女などに)うるさくつきまとう, (人の)後を追い回す. **+stellen** ❶ 他 再調整(調整)する;《et³ et⁴》(…を…の後ろに置く); (時計を)遅らせる. ❷ 他《雅》《et³》(…を)追い回す;《j³》(人に)うるさくつきまとう.
Nachstellung 囡 〖文法〗後置; 追跡.
Nächstenliebe 囡 隣人愛.
nächstens 副 近いうちに, まもなく; 〖話〗ついには, 結局は.
Nächste[r] 男 〖形容詞変化〗〖雅〗最も身近な人, 隣人, 同胞. ♦ Jeder ist sich selbst der Nächste. だれしもが身が一番かわいい.
nächst|folgend 囲 すぐ次の.
=liegend 囲 ごく手近の, ごく当然な.

nächstmöglich 次に(第二に)可能な.
nach|streben 自 = nacheifern.
nach|suchen 自 探す, 調べる; (雅)〔**um** *et*⁴〕…を願い出る, 申請する.
nacht 副 (…の)夜に: heute 〔gestern, morgen〕~ ⇨ **Nacht** 女
Nacht [ナハト] 女 (-/Nächte) ① (愛 night)夜, 夜間, 晩; やみ; 明方: diese 〔letzte〕~ 今夜(昨夜) / in der ~ 夜(中)に. ◆ **bei ~ und Nebel** 夜陰に乗じて, こっそりと. **die Heilige ~** 聖夜, クリスマスイブ. **die (eine) ~ der langen Messer** 大虐殺. **die ~ um die Ohren schlagen** 〔話〕〔*sich*³〕一晩中起きている; 徹夜する. **die ~ zum Tage machen** 昼夜そる(でまで). **die Zwölf Nächte** 十二夜(クリスマスから1月6日の公現日まで). **Gute ~!** おやすみ, さようなら. **heute 〔gestern, morgen〕~** 今日(昨日, 明日)の夜に; (Na) **dann gute ~!** 〔話〕こりゃ参った!, さらば! **~ für ~** 毎晩, 夜な夜な. **über ~** ~ **über** 一夜にして, 突如として; 一晩中, 夜.
Nacht|arbeit 女 夜間作業, 夜業.
nachtblind 形 夜盲症(鳥目)の.
Nachtdienst 男 夜勤.
Nächte ⇨ Nacht
Nachteil [ナーハタイル] 男 (-[e]s/-e) (愛 disadvantage)不利, 不都合; 短所, 欠点, 弱点, デメリット. ◆ **im ~ sein / sich⁴ im ~ befinden** で 不利の立場にある. **j³ zum ~ gereichen / sich³ zu j² ~ verändern** (人にとって)不利となる, 悪い結果となる.
nachteilig [ナーハタイリヒ] 形 〔*j-et*³/für *j-et*⁴〕(…にとって)不利な, 損になる, 不都合な.
nächtelang 副 幾夜もの.
Nacht|eule 女 夜更かしの好きな人, 宵っぱり. **=falter** 男 〔虫w〕(蛾); 夜遊びする人. **=frost** 男 夜間の冷え込み. **=hemd** 中 ナイトウェア, ネグリジェ.
Nachtigall [-/-en] 女 〔鳥w〕ヨナタキリ, ナイチンゲール. ◆ **die ~ singen lehren wollen** 〔雅〕釈迦に説法. **~, ich hör' dir trapsen.** 〔話〕おまえの腹は読めたぞ.
nächtigen 自 〔雅〕(ある場所で)夜を過ごす, 泊まる.
Nachtisch [ナーハティッシュ] 男 (-[e]s/-) (愛 dessert)デザート.
Nacht|lager 中 寝床; 露宿, 夜営. **=leben** 中 (都会の)夜の歓楽; 夜遊び.
nächtlich 形 夜の, 夜間の.
Nacht|lokal 中 深夜(終夜)営業のバー (飲み屋), ナイトクラブ. **=mahl** 中 〔南独〕夕食. **=mensch** 男 夜型の人間. **=musik** 女 〔楽w〕セレナーデ. **=portier** 男 (ホテルなどの)夜間のフロント(守衛). **=quartier** 中 宿泊所.
Nachtrag 中 (-[e]s/..träge) 補遺, 追加. **nach|tragen*** 他 〔*j³ et⁴*〕(人に…を)後から持って行く, (人に…を)補足に書き加える, 付け加えて言う; 〔*j³ et⁴*〕(人の…を)恨む〔⇨〕追加記載する. **~d** 執念深い, しつこい. **nachträglich** 形 後からの, 遅ればせの; 追加の.
Nachtrags|haushalt 男 補正予算. **=zahlung** 女 追加支払い.

nach|trauern 自 〔*j³*〕(人の)死を悲しむ; 〔*et³*〕…を惜しむ.
Nacht|ruhe 女 夜の安息(睡眠).
nachts [ナハツ] 副 夜に, 夜中に.
Nacht|schicht 女 (交代制勤務の)夜勤; 夜間勤務員(班).
nachtschlafend 形 ◆ **bei (zu) ~er Zeit** 真夜中に, 人が寝静まっているときに.
Nacht|schwärmer 男 (蛾); 〔虫w〕夜遊びをする人. **=strom** 男 深夜電力. **=stuhl** 男 (病人・身障者用)いす形便器.
nachts|über 副 夜通し.
Nacht|tarif 男 深夜料金. **=tisch** 男 ナイトテーブル. **=topf** 男 室内用便器.
nach|tun* 他 〔話〕〔*j³ et⁴*〕(人の…を)まねる.
Nacht-und-Nebel-Aktion 女 夜間抜き打ち捜査.
Nacht|vorstellung 女 夜の公演, 夜の部. **=wache** 女 夜間当直, (病院などの)夜間看護. **=wächter** 男 夜間警備員; 夜警(員).
nachtwandeln 自 夢遊病で歩き回る.
Nacht|wandler 男 (女 -in) 夢遊病者. **=zeit** 女 夜の時間, 夜間. **=zeug** 中 〔話〕寝具類. **=zug** 男 夜行列車.
Nachuntersuchung 女 〔医〕(病後・手術後の)再検査.
nach|vollziehen* 他 (他人の思考・行動様式なとを)追体験して理解する, 跡づける. **|wachsen*** 自 (s)後から再び生えてくる, 再び生えてくる. **Nach-wahl** 女 事後選挙; 補充投票. **=wehen** 図 〔複〕後陣痛; 事後の苦しみ.
nach|weinen 自 〔*j-et³*〕(…を)思って泣く.
Nachweis 男 (-es/-e) 証明, 証拠, 実証. ◆ **den ~ für et⁴ erbringen 〔führen, liefern〕** …の証拠を提出する.
nachweisbar 形 証明(実証, 検証)できる, 明らかな.
nach|weisen* [ナーハヴァイゼン] (wies nach; nachgewiesen) 他 (愛 prove) 〔*j³ et⁴*〕(人に…を)実証(立証)する; 証明する; 〔*j³ et⁴*〕(人に…を)あっせんする. **nach|weislich** 副 明白な, 証明された.
Nachwelt 女 後世[の人々].
nach|werfen* 他 〔*j³ et⁴*〕(人に…を)後ろから投げつける; 〔話〕〔*j³ et⁴*〕(人に…を)くれてやる; ただ同然で与える; (コインを)追加投入する. **|wiegen*** 他 (確認のために)量り直す.
nach|wirken 自 後々まで影響(効果)を及ぼす. **Nach|wirkung** 女 後々まで残る影響(効果). **=wort** 中 (-[e]s/-e) あとがき, 後記. **=wuchs** 男 子供; 子孫; 後継者, 後進.
nach|zahlen 他 後で(清算して)支払う, 追加払いする. **|zählen** 他 数を確かめる, 検算する. **|zeichnen** 他 (絵などを)写す, 模写する.
nach|ziehen* 他 ❶ (足などを)引きずって(線・輪郭などを)なぞる; (ねじ・綱などを)締め直す; (植物・作物を)植え足す, 後作する. ❷ 自 (s) 後から 同調(追随)する; 〔*j³ et*³〕引き合いをついて行く; 〔口²〕(相手に合わせて)動を動かす.
Nach-zug 男 後発[臨時]列車. **=zügler** 男 (-s/-) (女 -in) 落後者; 遅

刻者, 遅れてやって来る人; (他の兄弟より)ずっと後で生まれた子.

Nạckedei [男] ((-s/-s)) ((戯)) 裸ん坊, 裸の子供; 裸の人.

Nạcken [ナッケン] [男] ((-s/-)) ([英] neck) 首(の後ろ側), 首筋, うなじ. ✦ ***auf dem ~ sitzen*** ((*j*³)) (人を)悩ませている. ***den ~ beugen*** ((雅)) ((*j*³)) (人を)屈服させる. ***den ~ steifen*** ⟨***stärken***⟩ ((*j*³)) (人を)がんばるように励ます. ***den ~ steif halten*** きぜんとしている. ***im ~ haben*** ((*j*⁴)) (人に)悩まされている. ***im ~ sitzen*** ((*j*³)) (人を)悩ませている, (人に)付きまとう. ***mit unbeugsamen*** ⟨***steifen***⟩ ***~*** きぜんとして. ***J³ sitzt die Angst*** ⟨***der Furcht***⟩ ***im ~.*** (人は)不安⟨恐怖⟩に脅えている.

nạckend [形] ((方)) = nackt.

Nạcken=schlag [男] 首筋への打撃; 手痛い打撃.

nạckig [形] ((話)) = nackt.

nạckt [ナックト] [形] ([英] naked) 裸の; むき出しの; あからさまな, 赤裸々な; 付属物⟨飾り⟩のない. **Nạcktheit** [女] ((-/)) 裸[であること], 覆いがないこと.

Nạckt=kultur [女] 裸体主義, ヌーディズム. **=samer** [男] ((-s/-)) 裸子植物. **=schnecke** [女] 〔動〕ナメクジ.

Nadel [ナーデル] [女] ((-/-n)) ([小] **Nädelchen**) ([英] needle) 針, 縫い針; ピン, 留め針; 飾りピン, かぎ針, 編み棒; 注射針; レコード針; エッチング針; (計器などの)指針; 〔植〕(針葉樹の)葉. ✦ ***an der ~ hängen*** ⟨***sein***⟩ /***auf der ~ sein*** ((話)) 麻薬に中毒している. ***mit heißer*** ⟨***mit der heißen***⟩ ***~ nähen*** ((話)) (…を)ぞんざいに行う. ***so still sein, dass man seine ~ fallen hören kann*** しんと静まり返っている. [***wie***] ***auf ~n sitzen*** ⟨***stehen***⟩ いらいら⟨やきもき⟩している. ***wie eine ~ suchen*** ((話)) (…を)くまなく探し回る.

Nadel=arbeit [女] 針仕事[による製品]. **=baum** [男] 針葉樹. **=drucker** [男] 〔電算〕ドットプリンター. **=holz** [中] 針葉樹材; 針葉樹. **=kissen** [中] 〔服〕ピンクッション, 針刺し, 針山.

nadeln [自] (s)(針葉樹が)落葉する; ((話)) 編み棒で編む.

Nadel=öhr [中] 針孔(めど)(針の穴). **=stich** [男] 針で刺すこと; 針で刺した傷; 〔服〕針目, ステッチ. ✦ ***~e versetzen*** ((*j*³)) (人に)ちくちくと嫌味を言う. **=streifen** [男] 〔服〕ピンストライプ. **=wald** [男] 針葉樹林.

Nadine ((女名)) ナディーネ.

Nagel [ナーゲル] [男] ((-s/Nägel)) ([小] **Nägelchen**) ❶ ([英] nail) くぎ. ❷ つめ: an den ~ kauen つめをかむ. ✦ ***an den ~ hängen*** ((話)) (…を)[中途で]放棄する. ***auf*** ⟨***unter***⟩ ***den Nägeln brennen*** / ***auf die Nägel brennen*** ((話)) ((*j*³)) (人にとって)火急のことである. ***den ~ auf den Kopf treffen*** ((話)) 急所を突く. ***ein ~ zu j² Sarg sein*** ((話)) (人の)悩みの種である. ***Nägel mit Köpfen machen*** ((話)) 完全にやり遂げる. ***unter den ~ reißen*** ⟨***ritzen***⟩ ((話)) ((*sich*³ *et*⁴)) (…を)くすねる, ちょろまかす.

Nagelfeile [女] 爪(つめ)やすり.

nagelfest [形] ⇨ niet- und nagelfest

Nagel=knipser [男] ((話)) 爪切り. **=lack** [男] ネイルエナメル(マニキュア液).

nageln [他] ((*et*⁴ **an** ⟨**auf**⟩ *et*⁴)) (…を…に)くぎ⟨びょう⟩で留める; 〔医〕(骨を)くぎで固定する; (…に)くぎ⟨びょう⟩を打ちつける; (…を)くぎ⟨びょう⟩を打って組み立てる; [自] くぎ打ちをする; ノッキングする.

nagelneu [形] ((話)) 真新しい, 新品の.

Nagel=pflege [女] つめの手入れ; マニキュア, ペディキュア. **=probe** [女] 確証(飲み干した杯を左親指のつめの上で逆さにした風習から). ✦ ***die ~ machen*** 綿密に確かめる. **=rochen** [男] 〔魚〕エイ. **=schere** [女] つめ切りばさみ.

nagen [ナーゲン] ((nagte; genagt)) [動] ((**an** *et*³)) (…を)かじる; ((*et*⁴ **von** *et*³)) (…を…から)かじり取る; (波などが…を)浸食する; ((**an** *j*³)) (人を)さいなむ, 苦しめる. ✦ ***nichts zu ~ und zu beißen haben*** ((話)) 何も食べるものがない.

Nager [男] ((-s/-)), **Nagetier** [中] 〔動〕齧歯(げっし)類.

nah [ナー] [形] [副] = nahe. **..nah** 「…に即した; …に近い; …に似た」の意.

Nah=aufnahme [女] 〔写〕接写; 〔映〕クローズアップ.

nahe [ナーエ] **I** [形] ((näher; nächst)) ❶ ([英] near) ((空間的に)) 近い, 近所の; そばの. ❷ ((時間的)) 間近の, 間もなくの, すぐ⟨じき⟩の. ❸ ((関係)) 密接な; 親密な. ❹ ((**an** + 数量)) およそ(…)の. **II** [前] ((3格支配)) …の近くに. ✦ ***aus*** ⟨***von***⟩ ***~ und fern*** / ***aus*** ⟨***von***⟩ ***fern und nah*** あちこちから. ***~ bringen*** ((*j*³ *et*⁴)) (人に…を)理解させる; (人に…への)興味を持たせる, (人を…に)親しませる; ((*j*⁴ *j*³)) (人を人へ)近づける, (人を人と)親しくさせる. ***~ daran sein*** ((+ zu 不定詞句)) まさに(…)しかけている. ***~ gehen*** ((*j*³)) (人の)心を痛ませる, (人を)悲しませる. ***~ kommen*** ((*et*³)) (…に)近い, ほとんど(…と)同じだ; ((*sich*³)) (人同士が)親しくなる. ***~ legen*** ((*j*³ *et*⁴)) (人に…を)勧める; ((*et*⁴)) (疑念・考えなどを)思いつかせる, 抱かせる. ***~ liegen*** すぐに思いつく; 容易に推測できる; 当然⟨自然⟩である. ***~ liegend*** 明白な, よく理解できる. ***~ sein*** ((*et*³)) いまにも(…)しそうである. ***~ stehen*** ((*j-et*³)) (人と)親しい⟨近い⟩関係にある; (考え方が…に)近い, (…)寄りである. ***~ stehend*** ((*j-et*³)) (人と)親密⟨懇意⟩な; (…に)近い. ***~ treten*** ((*j*³)) (人と)親密になる. ***von ~m*** 近くから; 間近で; よくよく. ***zu ~ treten*** ((*j*³)) (人の)気持ちを傷つける.

Nähe [ネーエ] [女] ((-/)) ((空間的)) 近く; ((時間的)) 間近; ((関係)) 近さ, 親しさ. ✦ ***aus der ~ betrachtet*** もっと詳しく見てみると. [***ganz***] ***in der ~*** [すぐ]近くに.

nahebei [副] ごく近くに, すぐそばに.

nahe|bringen*, |gehen*, |kommen*, |legen, |liegen*, =liegend [旧]⇨ nahe ✦

nahen ((雅)) [自] (s) 近づく, 迫る; [再] ((*sich*⁴ *j-et*³)) (…に)近づく.

nähen [ネーエン] ((nähte; genäht)) [動] ([英] sew) 縫う, 縫って作る; 縫い物をする.

näher [形] (→ nahe) より近い; より詳しい. ✦ ***~ bringen*** ((*j*³ *j-et*⁴)) (人に…を)より深く理解させる, もっとなじませる. ***~ kommen*** ((*j-et*³)) (人と)より親しくなる; (真理

などに)一層近づく〈迫る〉. **~ *liegen*** より当然〈自然〉である. **~ *liegend*** より自然な. **~ *stehen*** 《*j-et*³》(…に)より親しい〈近い〉関係にある. **~ *treten*** 《*j-et*³》(人と)より親密になる; (…を)検討する.
näher|bringen* [旧]⇨ näher ✦
Näherei [女] 《-/-en》 縫い物, 裁縫.
Nähere[s] [中] 《形容詞変化》もっと詳しいこと, 詳細.
Näherin [女] 《-/-nen》 縫い子, お針子.
näher|kommen*, **|liegen***, **-liegend** [旧]⇨ näher ✦
nähern [ネーアン] 《näherte; genähert》 [再] ([英] approach) 《*sich*⁴ *j-et*³》(…に)近づく, 近寄る, 接近する.
Näher-recht [中] [商] 先買権, 優先[買入]権.
näher|stehen* [旧]⇨ näher ✦
näherte ⇨ nähern
näher|treten* [旧]⇨ näher ✦
Näherungswert [男] [数] 近似値.
nahe|stehen*, **-stehend**, **|treten*** [旧]⇨ nahe ✦
nahezu [副] ほとんど, ほぼ.
Näh-faden [男], **-garn** [中] 縫い糸.
Nahkampf [男] [軍] 白兵戦; [ボクシング・フェンシング] 接近戦.
Näh-kästchen [中] (Nähkasten の縮小形). ✦ ***aus dem ~ plaudern*** 《話》(うっかり)[職業上の]秘密をもらす. **-kasten** [男] 裁縫箱. **-korb** [男] 裁縫道具入れ(のバスケット).
nahm ⇨ nehmen
Nähmaschine [女] ミシン.
nähme ⇨ nehmen
Nähnadel [女] 縫い針.
Nahost [男] 《-[e]s/》 《無冠詞で》 近東(地中海東部地域の総称).
Nähr-boden [男] 培地, 培養基. **-creme** [女] [美容] 栄養クリーム.
nähren ❶ [他] ([英] feed)(…に)栄養を与える, (…を)育てる; 養う; 扶養する; (感情などを)育む. ❷ [再] 《*sich*⁴ [**von** *et*³]》《雅》[…を]常食とする; […で]生計を立てる. ❸ [自] 栄養がある.
Nährgehalt [男] 栄養分.
nahrhaft [形] 栄養のある; (土地が)肥えた; 《話》もうかる, うまみのある.
Nähr-hefe [女] 栄養酵母. **-lösung** [女] 培養液; [医] 栄養液. **-mittel** [複] 栄養物, 滋養物; 穀物加工品(ヌードル・オートミールなど). **-präparat** [中] 栄養強化食品, 滋養剤. **-salze** [複] 栄養塩類. **-stoff** [男] 栄養素.
nährstoff-arm [形] 栄養素の乏しい. **-reich** [形] 栄養素に富んだ.
Nahrung [ナールング] [女] 《-/》 食物, 栄養, 養分 : feste 〈flüssige〉 ~ 固形〈流動〉食. ✦ **[*neue*] *~ bekommen*** 〈***erhalten, finden***〉強まる, 増す. **[*neue*] *~ geben*** 《*et*³》(疑い・うわさなどを)助長する.
~s-kette [女] [生] 食物連鎖.
Nahrungs-mittel [ナールングスミッテル] [中] 《-s/-》 食物, 食料品. **-sorge** [複] 日々の暮らし〈糧(かて)〉の心配. **-stoff** [男] = Nährstoff.
Nährwert [男] 栄養価. ✦ ***Das hat keinen [sittlichen 〈geistigen〉] ~.*** 《話》それは何の役にも立たない.
Näh-seide [女] 絹糸.
Naht [女] 《-/Nähte》 縫い目; [医] (傷口などの)縫合[部]; (頭蓋の)縫合; [工] (溶接・びょう止め部の)継ぎ目. ✦ ***aus den*** 〈***allen***〉 ***Nähten platzen*** 《話》 太りすぎる; (部屋などが)手狭になる. ***eine gute ~ saufen*** 《話》 大酒を飲む.
nähte ⇨ nähen
Nähtisch [男] 裁縫台.
nahtlos [形] 縫い目〈継ぎ目〉のない, シームレスの.
Nahverkehr [男] 近距離交通〈輸送〉.
Nähzeug [中] 裁縫道具.
Nahziel [中] 近い将来の目標.
Nairobi ナイロビ(ケニアの首都).
naiv [ナイーフ] [形] 素朴な; 無邪気な; 《蔑》 未熟な, 世間知らずの. ✦ ***den Naiven*** 〈***die Naive***〉 ***spielen*** 無知を装う.
Naivität [女] 《-/》 素朴, 無邪気; 無知.
Naivling [男] 《-s/-e》 《話》 お人よし.
Name [ナーメ] [男] 《2格 Namens, 3格 Namen, 4格 Namen; 複数 Namen》 ❶ ([英] name)名, 名前; 名称 : dem Kind einen ~ geben 子供に名前を付ける | *j*⁴ **bei** *seinem* ~ rufen 人の名前を呼ぶ | *j*⁴ nur dem ~ **nach** kennen 人を名前でしか知らない | **unter** falschem ~ 偽名で. ❷ 名声, 評判, 聞こえ. ✦ ***et*⁴ 〈*das Kind*〉 *beim* [*rechten*] *~ nennen*** (…について)歯に衣(きぬ)着せず言う, あけすけに言う. ***einen ~ machen*** 《*sich*³》 名を成す, 有名になる. ***im ~ von j*³** (人の)名前で, (人の)名において. ***Mein ~ ist Hase.*** 《話》 何も知りません.
Namen [男] 《-s/-》= Name.
Namen-gebung [女] 《-/-en》 命名.
namenlos [形] 名無しの; 匿名の; 無名の; 《雅》 言葉で言い表せないほどの, 名状しがたい.
namens [副] …という名の; [前] 《2格支配》《官》 …の名において.
Namens ⇨ Name
Namens-aktie [女] 記名株券. **-änderung** [女] 改名, 改姓. **-bruder** [男] 同名の男. **-papier** [中] [商] 記名証券. **-schild** [中] 表札; 名札. **-schwester** [女] 同名の女. **-tag** [男] [カトリック] 洗礼名〈霊名〉の聖人の日. **-vetter** [男] 同名の男. **-zug** [男] 署名, サイン; = Monogramm.
namentlich ❶ [形] 名前を挙げての, 記名による. ❷ [副] 特に, とりわけ.
Namenverzeichnis [中] 名簿, 人名索引.
namhaft [形] 有名な, 著名な; 相当な, かなりの. ✦ ***~ machen*** 《官》 《*j-et*⁴》 (…の)名前を挙げる.
Namibia ナミビア.
nämlich [ネームリヒ] ❶ [副] というのは, そのわけは; すなわち, つまり, 詳しく言うと. ❷ [形] 《雅》 同じ.
Nanking ❶ 南京(ナンキン)(中国, 江蘇省の省都). ❷ [男] 《-s/-e, -s》 [織] 南京木綿.
nannte ⇨ nennen
Nano.. ナノ…(単位名と; 10億分の1…: [記号] n). **-gramm** [中] [理] ナノグラム ([記号] ng). **-sekunde** [女] [理] ナノ秒 ([記号] ns). **-technologie** [女] ナノテクノロジー(10億分の1メートルの精度を扱う超微細な機械技術).

nanotechnologisch 形
nanu 間 おや，なんだって《驚き・不審の声》．
Napalmbombe 女 《軍》ナパーム〖爆〗弾，焼い弾．
Napf 男 《-[e]s/Näpfe》(◯ **Näpfchen**) 鉢，碗．=**kuchen** 男 《料》ナップクーヘン《鉢形スポンジケーキ》．
Naphtha 中/女 《-s/》《化》ナフサ．**Naphthalin** 中 《-s/》ナフタリン．**Naphthole** 中 《化》ナフトール．
Napoleon ～ Bonaparte, ナポレオン［1世］(1769–1821；フランス皇帝)．
napoleonisch 形 ナポレオン風の(の)，ナポレオンの．
Narbe 女 《-/-n》傷跡，癒痕(記)；あばた；《植》柱頭；草土．**narbig** 形 傷跡のある，癒痕(記)の．
Narkose 女 《-/-n》《医》麻酔．
Narkotikum 中 《-s/..ka》麻酔薬(剤)．
narkotisch 形 麻酔[性]の．
narkotisieren 他 《人に》麻酔をかける．
Narr [ナル] 男 《-en/-en》(◯ **Närrchen**, ◯ **Närrin**) (◯ fool) (◯ 雅) 愚か者；道化師(役)；カーニバルの参加者．◆ **einen ~en an j-et³ gefressen haben** 《話》《...に》ほれ込んでいる．**zum ～en haben** 〈halten〉《人を》からかう．**zum ～en machen** 《sich⁴》《人を》笑いものになる．
narren 他 《雅》《人を》からかう；だます．
Narren ⇒ Narr
Narren=freiheit 女 《カーニバル参加者や道化師の》無礼御免，放題．=**kappe** 女 道化帽《鈴のついた三角帽》．=**posse** 女 《雅》ばかげたこと，愚かごと．
narrensicher 形 《話》だれにでも簡単に扱える《機械・器具など》．
Narrenstreich 男 悪ふざけ，いたずら．
Narretei 女 《-/-en》悪ふざけ；愚行．
Narrheit 女 《-/-en》愚かさ；愚行；悪ふざけ．
Närrin 女 《-/-nen》⇒ Narr
närrisch 形 ばかげた，常軌を逸した；《話》はなはだしい，ものすごい；カーニバルの，大はしゃぎの．◆ **～ sein** 〈auf j-et³ / nach j-et³〉《...に》夢中である，目がない．
Narziss ～.**ziß** 男 《神》ナルキッソス，ナルシス；男《-，..zisses/..zisse》ナルシスト，うぬぼれ屋．**Narzisse** 女 《-/-n》《植》スイセン（水仙）．**Narzissmus** (◯..**zißmus**) 男 《-/》自己愛，自己陶酔，ナルシ[シ]ズム．**Narzisst** (◯..**zißt**) 男 《-en/-en》ナルシ[シ]スト，自己陶酔者．**narzisstisch** (◯..**zißtisch**) 形 ナルシ[シ]ズムの，自己陶酔の．
nasal 形 鼻の；《言》鼻音の，鼻音の，鼻にかかった．**Nasal** 男 《-s/-e》《言》= Nasal．
naschen 自 《et⁴/ von et³》（甘い物などを）間食（つまみ食い）する；《von et³》《...の一部を》かじる．
Näschen 中 《-s/-》⇒ Nase
Näscher 男 《-s/-》(◯ **-in**) 甘党；間食（つまみ食い）する人．**naschhaft** 形 間食（つまみ食い）好きな．**Naschkatze** 女 《話》= Nascher．
Nase [ナーゼ] 女 《-/-n》(◯ **Näschen**) (◯ nose) 鼻；嗅覚，勘；船首，機首，自動車の前部．◆ **an der ~ ansehen** 〈*j³ et⁴*〉《人の》顔つきから…を読みとる．**an der ~ herumführen** 《話》《人》を欺く．**an die eigene ~ fassen** 《話》《sich⁴》（他人のことより自分のことを）反省する．**auf der ~ herumtanzen** 《話》《*j³*》《人を》いいように操る，食い物にする．**auf der ~ liegen** 《話》病気で寝ている．**auf die ~ binden** 《話》《*j³ et⁴*》《人に…を》ざわざ話して聞かせる．**auf die ~ fallen** 《話》うつ伏せに倒れる；失敗する，挫折する．**aus der ~ ziehen** 《話》《*j³ et⁴*》《人から…について》うまうまと聞き出す．**die ~ begießen** 《話》酒をひっかける．
die〈*j²*〉**~ beleidigen** 《戯》ひどく臭い．**die ~ [gestrichen] voll haben**〈*von et-³*〉《...に》うんざりしている．**die ~ hängen lassen** 《話》しょげている．**die**〈*seine*〉**~ hoch tragen** うぬぼれている．**die**〈*seine*〉**~ in ein Buch stecken** 《話》本を読みふける，研究に没頭する．**die**〈*seine*〉**~ in et³ stecken** 《話》《...に》首を突っ込む．**die ~ vorn haben** 《話》トップにいる，せりに勝つ．**eine goldene ~ verdienen / die ~ vergolden** 《話》《sich⁴》たもうけする．**eine** [*lange*] **~ machen** 〈drehen〉《*j³*》《人》をばかにする．**eine die ~ drehen** 《*j³*》《人を》笑いものにする．**eins auf die ~ bekommen** 〈kriegen〉《話》一発もらう，なぐられる；どなられる，大目玉をもらう．**eins**〈*was*〉**auf die ~ geben** 《話》《*j³*》《人を》叱りつける．[*immer*] **der ~ nach** 《話》［どこまでも］まっすぐに．**immer mit der ~ vorn sein** 《話》なまいきである．**in der ~ stecken** 《話》《*j³*》《人の》大好物である．**in die ~ fahren** 〈steigen〉《話》《*j³*》《人の》気にさわる．**mit der ~ auf et⁴ stoßen** 《話》《*j⁴*》《人に…を》はっきり指摘する．*j² ~ sein* 《話》《人の》思い（期待）どおりである．**nicht weiter als seine ~ sehen** 《話》目先しか見ない．*J³ passt* 〈*gefällt*〉 *j² ~ nicht*. 《話》《人は人が》気にくわない．**pro** [*Mann und*] **~** 《話》一人当たり．**unter die ~ halten** 《話》《*j³ et⁴*》《...を人の目の前につきつける．**unter die ~ reiben** 《話》《*j³ et⁴*》《人に…を》くどくどと説明する．**vor der ~ ~ sein** 《話》《...は》人の鼻先に．**vor der ~ wegfahren** 《話》《*j³*》（乗り物が人）の目の前で発車（出発）する．**vor der ~ wegschnappen** 《話》目の前で横取りする．**vor der ~ zuschlagen** 《話》《*j³ et⁴*》（人の鼻先でドアなどを）ピシャリと閉める．**vor die ~ setzen** 《話》《*j³*》《人を人の上役にすえる．*vor j² liegen* 《人の》すぐ目の前にある．

naselang 副 = nasenlang．
näseln 自 鼻声で話す．
Nasen=bein 中 鼻骨．=**bluten** 中 《-s/》鼻血．=**flügel** 男 鼻翼，小鼻．=**haar** 中 鼻毛．=**höhle** 女 鼻腔(ミル)．=**kegel** 男 《宇》《ロケットやミサイルの》円錐(ホン)形頭部，ノーズコーン．
nasenlang 副 ◆ **alle ～** しょっちゅう；始終に．**in kurzen Abständen** 短い間隔で．
Nasen=länge 女 鼻の差．◆ **um eine ~ schlagen** 《人を》僅差で負かす．=**loch** 中 鼻孔，鼻の穴．=**rücken** 男 鼻筋，鼻梁(ミシン)．=《医》鼻骨(i．=**scheidewand** 女 鼻柱；《医》鼻中隔．=**spitze** 女 鼻の頭；鼻尖(シン)．◆ **an der ~**

an|sehen 《j^3 et^4》(人の顔色から…を)見て取る. =**stüber** [男]《-s/-》鼻の頭を指先ではじくこと. ✦ ***einen ~ bekommen*** 叱りつけられる. ***einen ~ geben*** 〈***versetzen***〉《j^3》(人を)叱りつける. =**tropfen** [複] 点鼻薬.

nase=rümpfend [形] 鼻にしわを寄せた, 小ばかにした態度の, 軽蔑〈拒否〉的な.

naseweis [形](特に子供が)なまいきな, こましゃくれた. **Naseweis** [男]《-es/-e》《話》なまいきな〈こましゃくれた〉子供.

nasführen [他] 欺く.

Nashorn [中]〘動〙サイ(犀).

naslang [副] = nasenlang.

nass ([旧] **naß**)[ナス] [形]《nasser; nassest/**nässer**; **nässest**》([英] wet)ぬれた, 湿った; 雨模様の, じめじめした; (ペンキなどが)乾いていない: *sich*^{4} 〈das Bett〉 ~ machen おもらし〈寝小便を〉する. ✦ ***für ~***《方・話》(入場料などが)無料で, ただで. ***~ machen***〘スポーツ〙《j^4》(人に)圧勝する. **Nass** ([旧] **Naß**) [中]《-(Nasses) /》《雅》水, 飲み水.

Nassau ナッサウ(ドイツ Rheinland-Pfalz 州の都市). **Nassauer** [男]《-s/-》ナッサウの人; 《話》人にたかる人; 《戯》にわか雨. **nassauern** [自]《話》人にたかる, 他人におごってもらう.

Nässe [女]《-/》湿気, 水分, しめりけ.

nässen ❶ [他]《雅》湿らす, ぬらす. ❷ [自](傷口などが)じくじくする; 湿って〈ぬれて〉いる; 〘狩〙(獣などが)小便をする.

nasser, nässer, nassest, nässest ⇨ nass

nass=forsch ([旧] **naß** =) [形] ばかに威勢のいい. =**kalt** [形] 雨で寒い〈冷たい〉.

Nass=rasur ([旧] **Naß** =) [女](電気かみそりでなく)せっけんを用いたひげそり. =**zelle** [女]〘建〙水回り(浴室・台所など).

Nation [ナツィオーン] [女]《-/-en》([英] nation)国民; 民族; 国家.

national [ナツィオナール] [形]([英] national)国民の; 国家の; 国家〈国粋〉主義的な; 愛国的な. **National=bewusstsein** ([旧]= **bewußtsein**) [中] 国民〈民族〉意識.

Nationale [中]《-s/-》《オーストリア》身上調書; 身上申告用紙.

National=einkommen [中]〘経〙国民所得. =**elf** [女]《-/》〘サッカー〙ナショナルチーム. =**farben** [複] ナショナルカラー. =**flagge** [女] 国旗. =**hymne** [女] 国歌.

nationalisieren [他] 国有〈国営〉化する; (人に)市民権を与える; 帰化させる. **Nationalisierung** [女]《-/-en》国有化; 国籍〈市民権〉取得.

Nationalismus [男]《-/》ナショナリズム, 国家〈国粋〉主義, 民族主義. **Nationalist** [男]《-en/-en》([女] **-in**)ナショナリスト, 国家〈国粋〉主義者. **nationalistisch** [形] 国家〈国粋〉主義の.

Nationalität [女]《-/-en》([英] nationality)国籍; 国内の少数民族.

~en=staat [男] 多民族国家.

National=kultur [女] 国民文化. =**literatur** [女] 国民文学. =**mannschaft** [女]〘スポーツ〙ナショナルチーム. =**ökonomie** [女] 国民経済学. =**park** [男] 国立公園. =**rat** [男]《オーストリア・スイス》国民議会; 国民議会議員. =**schande** [女] 国辱.

National=sozialismus [男] 国家社会主義, ナチズム([略] NS). **nationalsozialistisch** [形] 国家社会主義の, ナチスの. =**spieler** [男] ナショナルチームの選手. =**staat** [男] 民族国家. =**team** [中] = Nationalmannschaft. =**trainer** [男] ナショナルチームの監督〈コーチ〉.

NATO, Nato [女]《-/》ナトー, 北大西洋条約機構(< [英] *N*orth *A*tlantic *T*reaty *O*rganization).

Natrium [中]《-s/》ナトリウム(元素名: [記号] Na).

Natron [中]《-s/》〘化〙ナトロン; 重炭酸ソーダ. =**lauge** [女]〘化〙苛性(かせい)ソーダ溶液.

Natter [女]《-/-n》〘動〙ヤマカガシ(ヘビの一種); 毒蛇. ✦ ***eine ~ am Busen nähren*** 獅子(し)身中の虫を養う.

Natur [ナトゥーア] [女]《-/-en》❶ ([英] nature)自然, 自然界, 自然現象, 野性, 天然. ❷ 本性, 素質; 本質; 性質, 性分. ❸ (ある)性質の持ち主. ✦ ***gegen*** 〈***wider***〉 ***die ~ gehen*** 〈***sein***〉《j^3》(人の)性に合わない. ***in der ~ der Dinge liegen*** 当然の事である. ***von ~*** 〔***aus***〕生まれつき, 本来. ***zur zweiten ~ werden*** 《j^3》(人の)第二の天性〈習い性〉となる.

Naturalien [複](金の代わりになる)農産物; 食料品; 現物. =**sammlung** [女] 博物標本収集〔品〕.

Naturalisation [女]《-/-en》〘法〙帰化; 〘生〙(外来の動植物の)帰化; はく製化. **naturalisieren** [他] 国籍〈市民権〉を与える, 帰化させる; (外来の動植物を)帰化させる; (動物を)はく製にする.

Naturalismus [男]《-/..men》〘哲・文芸〙自然主義. **Naturalist** [男]《-en/-en》([女] **-in**)自然主義者. **naturalistisch** [形] 自然主義的な; 自然論的な.

Natural=leistung [女]〘経〙現物〈役務〉給付. =**lohn** [男] 現物給与.

Natur=anlage [女] 素質; 気質; 体質.

naturbelassen [形] 天然のままの; (食品が)無添加の.

Natur=bursche [男] 自然児. =**denkmal** [中] 天然記念物. =**diamant** [男] 天然ダイヤモンド.

naturell [形]《無変化》自然のままの. **Naturell** [中]《-s/-e》気質, 性分.

Natur=ereignis [中], =**erscheinung** [女] 自然現象.

naturfarben [形] 自然色の, 無着色の.

Natur=forscher [男] 自然研究者. =**freund** [男] 自然を愛する人.

natur=gegeben [形] 人力の及ばない, 必然的な, 不可避の. =**gemäß** [形] 自然〔の理〕にかなった; 当然の, 明白な.

Natur=geschichte [女] 進化史, 発生史. =**gesetz** [中] 自然法則, 自然律.

naturgetreu [形] 自然のままの, 実物どおりの; 写実的な.

Naturheilkunde [女] 自然療法.

naturhistorisch [形] 博物学〔上〕の.

Natur=katastrophe [女] 自然災害, 天災. =**kost** [女] 自然〈健康〉食品. =**kostladen** [男] 自然食品専門店. =**kunde** [女] 博物学. =**lehrpfad** [男] 自然観察〈教育〉用遊歩道.

natürlich [ナテューアリヒ] ❶ [形] ([英] natural) 自然の; 天然の, ありのままの; 飾り気のない, 素直な, 気取らない; 生まれつきの, 天性の; 当然な, 自明な. ❷ [副] ([英] of course) もちろん, 当然: Kommst du mit? — *Natürlich!* いっしょに行くかい — もちろんだよ. **natürlicherweise** [副] もちろん, 当然のことながら. **Natürlichkeit** [女] ((-/)) 自然さ, 自然らしさ; 素朴さ, 自明性.

Naturmensch [男] 自然人〈児〉; 未開人; 自然を愛する人.

natur·nahe [形] 自然に近い, 自然にかなった. **·notwendig** [形] 自然に生じる, 物理的に必然の, 必然的な.

Natur·phänomen [中] 自然現象. **·produkt** [中] 天然の産物; 農産物. **·recht** [中] 〔哲〕 自然法.

naturrein [形] 天然の, 無添加の.

Natur·schönheit [女] 自然美. **·schutz** [男] 自然保護. **·schutzgebiet** [中] 自然保護地域. **·spiel** [中] 《雅》 造化の妙, 自然のいたずら. **·trieb** [男] 本能. **·volk** [中] 未開〈原始〉民族. **·wissenschaft** [女] 自然科学. **·wissenschaftler** [男] ([女] **-in**) 自然科学者〈研究者〉. **·wunder** [中] 自然の驚異; 奇跡的な自然現象. **·zustand** [男] 自然〔のままの〕状態.

..naut 「…を研究する乗組員」の意.

Nautik [女] ((-/)) 〔海〕 航海学.

nautisch [形] 航海学の.

Navelorange [女] ((-/-n)) 〔植〕 ネーブル.

Navigation [女] ((-/)) 航海〔術〕; 航空〔術〕; 航法. **Navigator** [男] ((-s/-en)) 航海士; 航空士. **navigieren** [他] (船・航空機を)操縦〈運転〉する; [自] 正しい航路〈針路〉を航行する.

Nazaret[h] ナザレ(イスラエル北部の都市で, キリストの両親の出身地).

Nazi [男] ((-s/-s)) ナチ党員, ナチス(Nationalsozialist の蔑称). **Nazi·schwein** [中] 《蔑》 ナチの豚野郎.

Nazismus [男] ((-/)) 《蔑》 = Nationalsozialismus. **nazistisch** [形] 《蔑》 = nationalsozialistisch.

Nazi·verbrechen [中] 《話》 ナチの犯罪. **·verbrecher** [男] 《話》 ナチの犯罪者.

Nb [記号] ニオブ(元素名 < *Niob*).

NB [略] 注意せよ; ちなみに(< *notabene*).

n.Br. [略] *n*ördlicher *Br*eite 北緯(…度の). **NC** [略] *N*umerus *C*lausus.

Nchf. [略] *N*a*ch*folger[in]. **n.Chr.[G.]** [略] 西暦…年に(< *n*ach *Chr*isti *G*eburt).

nd. [略] *n*ieder*d*eutsch. **Nd** [記号] ネオジム(元素名 < *Neod*ym). **NDP** [略] [女] ((-/)) *N*ational-*D*emokratische *P*artei [Deutschlands]. **NDPD** [略] *N*ational-*D*emokratische *P*artei *D*eutschlands ドイツ国民民主党. **NDR** [男] ((-/)) 北ドイツ放送(< *N*ord*d*eutscher *R*undfunk).

ne [間] 《話》[ネー] いいえ;[ネ] 《文末で》ね(確認).

Ne [記号] ネオン(元素名 < *Ne*on).

Neandertaler [男] ((-s/-)) 〔考古〕 ネアンデルタール人.

Neapel [中] ナポリ(イタリア南部の都市 Napoli のドイツ語形).

Nebel [ネーベル] [男] ((-s/-)) ([英] fog) 霧; 〔天〕 星雲. ♦ ***bei*** **~** 霧の中で, 霧が出ると. ***wegen*** **~[s]** ***ausfallen*** 《話》 突然中止になる. **nebelhaft** [形] ぼんやりした, おぼろげな, はっきりしない. **Nebelhorn** [中] 〔海〕 霧笛. **nebelig** [形] = neblig. **Nebelkrähe** [女] 〔鳥〕 ハイイロガラス.

nebeln [自] 《雅》 ((*Es nebelt.*)) 霧がかかる; 〔農〕 (薬剤などを)噴霧する.

Nebel·nässen [中] ((-s/)) 霧雨. **·scheinwerfer** [男] (自動車の)フォグランプ. **·schleier** [男] 《雅》 薄霧, もや. **·schlussleuchte** ([旧] = **schluß..**) [女] (車の)後部フォグランプ. **·schwaden** [男] 霧の流れ.

neben [ネーベン] [前] 《3格・4格支配》 ❶ ([英] beside) 《隣接》 《3格と》 …の隣に, …の横に, …と並んで; 《4格と》 …の隣へ, …の横へ: Hans stellte sich ~ seine Frau. ハンスは彼の妻の隣に立った. ❷ 《3格と》 …のほかに; …と並んで: Hier kannst du ~ Lebensmitteln auch Alkohol kaufen. ここは食料品のほかにアルコール類も買えるよ. ❸ 《ふつう3格と》 …と比べると: *Neben* seiner Schwester hat er wenig Talent. 姉と比べると彼はあまり才能がない.

neben.., Neben.. 「隣の…; 付随的な…, 副次的な…」の意.

Neben·absicht [女] 下心, 他意, 別意.

nebenan [ネーベンアン] [副] 隣接して: das Kind von ~ 《話》 隣の家の子供.

Neben·anschluss ([旧] = **anschluß**) [男] 内線電話. **·arbeit** [女] 副業, アルバイト; 重要でない仕事. **·ausgabe** [女] 別途〈特別〉の支出; 新聞の地方版. **·bedeutung** [女] 副次的意味; 裏の意味.

nebenbei [ネーベンバイ] [副] ([英] besides) そのかたわらで; ついでに. ♦ **~** ***gesagt*** 〈***bemerkt***〉ついでながら, ちなみに.

Nebenberuf [男] 副業, サイドビジネス.

nebenberuflich [形] 副業の.

Neben·beschäftigung [女] 副業, サイドビジネス; 余技. **·buhler** [男] ((-s/-)) ([女] **-in**) 恋敵; 競争相手, ライバル.

nebeneinander [ネーベンアイナンダー] [副] (空間的に)互いに並んで, 隣り合って; (時間的に)同時に. ♦ **~** ***schalten*** 〔電〕 (…を)並列に接続する. **Nebeneinander** [中] ((-s/)) 並存, 共存.

nebeneinander|schalten [旧]⇨ nebeneinander ♦

Neben·eingang [男] わきの入口, 通用口. **·einkommen** [中], **·einkünfte** [複], **·einnahme** [女] 副収入, 臨時収入. **·erscheinung** [女] 付随〈随伴〉現象. **·fach** [中] 副専攻科目. **·fluss** ([旧] = **fluß**) [男] (河川の)支流. **·gebäude** [中] 付属の建物, 別館; 隣接家屋. **·gedanke** [男] 二次的な〈裏の〉意図. **·geräusch** [中] 雑音, ノイズ. **·gleis** [中] 〔鉄道〕 側線.

nebenher [副] = nebenbei.

nebenhin [副] ついでに.

Neben·kosten [複] 雑費; 追加費用. **·linie** [女] 傍系, 分家; 〔鉄道〕 支線. **·mann** [男] (居合わせた)隣の人. **·niere**

[女] 〘医〙 副腎(ふくじん). ≈**produkt** [中] 副産物. ≈**raum** [男] 隣室; 付属室(浴室・納戸など). ≈**rolle** [女] わき役.
Neben≈sache [女] 副次的な〈重要でない〉事柄. **nebensächlich** [形] 副次的な, 重要でない. ≈**saison** [女] オフシーズン. ≈**satz** [男] 〘文法〙 副文.
nebenstehend [形] 傍らの, 欄外の.
Nebenstelle [女] 内線電話; 支社, 支店. **~n≈nummer** [女] 内線番号.
Neben≈straße [女] 横道, 脇道, 横町, 裏通り. ≈**strecke** [女] 支線区間; バイパス. ≈**tätigkeit** [女] = Nebenbeschäftigung. ≈**umstand** [男] 付随的〈副次的〉な事情. ≈**verdienst** [男] 副収入. ≈**winkel** [男] 〘数〙 補角. ≈**wirkung** [女] 副作用.
neblig [ネーブリヒ] [形] 霧のかかった.
nebst [前] 《3格支配》《雅》 …と共に, …ともども.
nebulos, nebulös [形] ぼんやりした, あいまいな, おぼろげな.
Necessaire [ネセセーア] [中] 《-s/-s》 (旅行用・携帯用の)小物入れ.
Neckar [男] 《-s/》 (der ~)ネッカー(ドイツ西南部を流れるラインの支流).
necken [ネッケン] 《neckte; geneckt》[他] からかう, ひやかす; [再] 《*sich*⁴ **mit** *j-et*³》 …とふざけ合う. **Neckerei** [女] 《-/-en》 からかい, ひやかし. **neckisch** [形] いたずらっぽい, からかうような; ひょうきんな.
neckte ⇨ necken
nee [副] 《話》 いいえ.
Neffe [ネッフェ] [男] 《-n/-n》 甥(おい).
Negation [女] 《-/-en》 否定, 否認; 拒否; 〘文法〙 否定[詞].
negativ [ネーガティフ] [形] ([英] negativ)否定〈拒否〉の, 否定的な; 拒絶の; 消極的な; 思わしくない; 陰性の; 負〈マイナス〉の.
Negativ [中] 《-s/-e》 〘写〙 ネガ, 陰画.
Negativ≈bilanz [女] 〘商〙 赤字決算, 赤字収支. ≈**bild** [中] 〘写〙 ネガ, 陰画.
Neger [ネーガー] [男] 《-s/-》 ([女] **-in**)([英] Negro)黒人.
negieren [他] 否定〈否認〉する; 拒否する, 打ち消す.
Negligee, Negligé [中] 《-s/-s》 〘服〙 ネグリジェ.
Negoziation [女] 《-/-en》 〘商〙 (有価証券の)売却, 譲渡; (手形の)換金.
Nehemia, Nehemias ネヘミヤ(前5世紀のユダヤの指導者).
nehmen* [ネーメン] 《**nahm; genommen**》[他] ❶ ([英] take)手に取る〈持つ〉; 《*j-et*⁴ **mit** *sich*³》 (…を)持って〈連れて〉いく. ❷ 選び取る; (交通機関などを)利用する; (道・方向を)取る, たどる; 《[*sich*³] *j*⁴》 (人を)雇う. ❸ 受け入れる; 《*et*⁴ [**für** *et*⁴]》 (…を[…の代金として])受け取る, 求める; 《*et*⁴ **an** *sich*⁴》 (…を手元に)保管する, 預かる; 《*et*⁴ **auf** *sich*⁴》 (責任・罪などを進んで)負う, かぶる, 引き受ける; (薬を)飲む; 《[*sich*³] *et*⁴》 (…を自分のものとして)とる, もらう, 引き取る. ❹ 《話》 《*j*³ *et*⁴》 (人から…を)取り上げる, 奪う; 《*j*³ *et*⁴》 (人の…を)台無しにする; 《*j*³ *et*⁴》 (人から不安・負担などを)取り除いてやる; 〘軍〙 奪取〈占拠〉する; (障害物を)乗り越える〈切る〉. ❺ (…を…に)解する, 考える; 《*et*⁴ **für** *et*⁴》 (…を…と)みなす; 《*et*⁴ **als** *et*⁴》 (…を…と)解釈する; 想定する. ❻ (…)する : Rache 〔an *j*³〕 ~ 〔人に〕復讐する | Abschied 〔von *j*³〕 ~ 〔人に〕別れを告げる. ✦ ***nicht ~ lassen*** 《*sich*³ *et*⁴ 〈zu 不定詞句〉》 (…に)こだわる, どうしても(…を)しようとする. ***zur Frau*** 〈***zum Mann***〉 ***~*** 《*j*⁴》 (人と)結婚する. ***zu sich***³ ***~*** (人を)引き取る; (…を)食べる〈飲む〉. ***zu ~ wissen*** 《*j*⁴》 (人の)扱いを心得ている. **Nehmen** [中] 《-s/》 取ること, 受け[取]ること.
Nehrung [女] 《-/-en》 〘地学〙 (潟と外海を隔てる)砂州.
Neid [ナイト] [男] 《-[e]s/》 ([英] envy)ねたみ, 嫉妬(しっと), うらやみ, 羨望(せんぼう). ✦ ***blass*** 〈***gelb, grün***〉 ***vor ~ werden*** / ***vor ~ erblassen*** 激しいねたみを感じる. ***Das muss j***³ ***der ~ lassen.*** 《話》 (人の)その点は認めざるを得ない. ***vor ~ platzen*** 〈***bersten***〉 うらやましくてたまらない.
neiden [他] 《*j*³ *et*⁴》 (人の…を)ねたむ, うらやむ. **Neider** [男] 《-s/-》 ねたむ人.
Neidhammel [男] 《話》 ねたみ深い人.
neidisch [ナイディシュ] [形] ねたましい, うらやましい. ✦ ***~ sein*** 《**auf** *j-et*⁴》 (…を)うらやむ, ねたむ.
neidlos [形] ねたみのない.
Neige [女] 《-/-n》 《雅》 (グラスの底の酒などの)残り. ✦ ***bis zur ~*** 終わりまで, 残さず. ***zur ~*** 〈***auf die ~***〉 ***gehen*** 終わりに近づく.
neigen [ナイゲン] 《neigte; geneigt》 ❶ [他] 傾ける; 《*sich*⁴》 傾く, 身をかがめる, 《雅》 終わりに近づく, (道が)下りである. ❷ [自] ([英] tend) 《**zu** *et*³》 (…の)傾向がある, (…)しがちだ, (ある考え方に)傾く; (…)したがる.
Neigung [ナイグング] [女] 《-/-en》 ([英] tendency)傾き, 傾斜; 傾向, 好み, 関心, 嗜好(しこう); 《+ zu 不定詞句》 (…する)気; 愛情, 慕情. **~s≈ehe** [女] 愛情のある結婚生活.
~s≈winkel [男] 〘数〙 傾角.
nein [ナイン] [副] ❶ ([英] no)いいえ, いや; 《否定的質問に対して》 はい, ええ. ❷ 《独立的に》 とんでもない; 《驚きを表して》 あらあら; 《同意を求めて》 ねえそうでしょ, 違いますか. ⇨ Nein ✦
Nein [中] 《-[s]/-[s]》 否定の返事, 拒否, 否定, 反対. ✦ ***~ sagen*** 《**zu** *et*³》 (…に)いいえと答える, (…を)断る. ***nicht ~ sagen können*** いや〈ノー〉と言えない.
'nein [副] 《南部》 = hinein.
Nein≈sager [男] いつも反対する人.
≈**stimme** [女] 反対票.
Neiße [女] 《-/》 (die ~)ナイセ(ドイツ・ポーランドの国境を流れるオーデル川の支流).
Nekrolog [男] 《-[e]s/-e》 追悼の辞; 過去帳.
Nekromantie [女] 《-/》 降神術.
nekrophil [形] 死者を愛する; 死体嗜好(しこう)〈性愛〉の.
Nektar [男] 《-s/-e》 〘ギ神〙 ネクタル(神々の飲み物); 〘植〙 花蜜(かみつ); 果汁, ジュース.
Nektarine [女] 《-/-n》 〘植〙 ネクタリン.
Nelke [女] 《-/-n》 〘植〙 ナデシコ属(ナデシコ・カーネーションなど); クローブ, チョウジ(丁子).
Nemesis 〘ギ神〙 ネメシス(傲慢(ごうまん)な人

間を司する女神); 図《-/-》《比》因果応報，天罰．

Nennbetrag 男《経》額面，券面．

nennen* [ネンネン] 《**nannte**; **genannt**》他 (❀ name) ❶ 《*j-et*⁴ *j-et*⁴》(…を…と) 名づける，命名する．呼ぶ；《*sich*¹ *j*⁴》(…をなんで) 名のける．❷ 《*j-et*⁴ *j-et*⁴《形容詞》》(…を…であると) 言う，称する．❸ 《*j-et*⁴ *bei j-et*³《*mit et*³》》「…という呼び名で」呼ぶ．❹ 名指す，指名する，(…の) 名を挙げる; (…に) 言及する．

nennenswert 形 《ふつう否定詞と》取り立てて言う価値がある，特別な．

Nenner 男《-s/-》分母．◆ *auf einen [gemeinsamen] ~ bringen* 〈*et*⁴〉(…の) 一致〈共通点〉を見いだす．*einen [gemeinsamen] ~ finden* 共通点を見いだす．

Nenn-form 女《文法》不定詞． **=leistung** 女《工》定格出力(容量)．

nennte ⇒ nennen

Nennung 女《-/-en》名を挙げること；《ス》参加申し込み，エントリー．

Nennwert 男《経》額面(名目)価格．

neo-, Neo... 「新…，ネオ…」の意．

Neodym 中《-s/》ネオジム(元素名: 記号 Nd)．

Neokonservatismus 男《-/》新保守主義．**neokonservativ** 形 新保守の．**Neologismus** 男《-/..men》《言》新語，新造語．

Neon 中《-s/》ネオン(元素名: 記号 Ne)．

neonatal 形 生まれたばかりの；新生児の．**Neonatologe** 男《-n/-n》新生児専門の小児科医．**Neonatologie** 女《-/》新生児学．

Neonazi 男《-s/-s》ネオナチ(ネオナチズムの信奉者)．**Neonazismus** 男 (第二次大戦以後の) ネオナチズム．

Neon-lampe 女 ネオン灯；《話》蛍光灯．**=licht** 中 ネオン光〈灯〉．**=röhre** 女 ネオン管．

Nepal ネパール．

Nephritis 女《-/..tiden》《医》腎炎．

Nepp 男《-s/》《話》料金をふっかける〈ぼる〉こと．**neppen** 他《話》(人に) 料金をふっかける，ぼる．

Neptun ❶ 《ロ神》ネプトゥーヌス，ネプチューン(海の神)．❷ 男《-s/》《天》海王星．◆ [*dem*] ~ *opfern* 《戯》(船酔いで) 吐く，嘔吐する．

Neptunium 中《-s/》ネプツニウム(元素名: 記号 Np)．

Nerv [ネルフ] 男《-s/-en》(❀ nerve) 神経［組織］; 急所, 核心．*auf die ~en gehen*〈*fallen*〉《話》《*j*³》(人を) いらいらさせる．*den ~ haben*［+ zu 不定詞句］《話》(…する) 勇気がある〈…する神経〈あつかましさ〉がある．*den ~ töten*《*j*³》(人をひどく怒らせる．*die ~en behalten*〈*bewahren*〉冷静さを保つ．*die ~en verlieren* 冷静さを失う．*Du hast [vielleicht] ~en.* 何てずうずうしい，大胆な．*mit den ~en fertig sein Ende sein*《話》神経が参っている．*~en zeigen* 神経質になる，いらつき始める．*~en wie Drahtseile*〈*Stricke*〉*haben* 神経がずぶとい．

nerven 他 (人を) いらいらさせる; (人に) 神経に触る; (人に) しつこくせがむ．

Nerven-arzt 男 神経科医． **nerven-aufreibend** 形 神経をすり減らすような．

Nerven-bahn 女 神経索． **=beruhigungsmittel** 中 鎮静剤(精神/安定剤． **=block** 男《医》神経ブロック． **=bündel** 中《医》神経束；《転》極度に神経質な人． **=gas** 中《医》神経ガス． **=gift** 中《医》神経毒． **=heilanstalt** 女 精神〈神経〉病院． **=kitzel** 男《話》(心地よい) スリル, わくわくさせるもの〈こと〉．

nervenkrank 形 神経病(症) の．

Nerven-krankheit 女 神経病; 神経症, ノイローゼ． **=krieg** 男 神経戦． **=säge** 女《話》神経に触るやつ〈物事〉． **=schmerz** 男《医》神経痛．

nervenschwach 形 神経の細い, 神経質な衰弱した． **Nervenschwäche** 女 神経衰弱．

nervenstark 形 神経の太い．

Nerven-system 中 神経系． **=zelle** 女 神経細胞． **=zentrum** 中 神経中枢． **=zusammenbruch** 男 (極度の心身疲労による) 神経の破綻(た), 神経衰弱．

nervig 形 (腱などが) 引っ張った, 筋骨たくましい; (文章などが) 力強い． **nervlich** 形 神経[系]の, 神経に関する．

nervös [ネルヴェース] 形 (❀ nervous) 神経質の, いらだった; 緊張した, 神経の;《医》神経性の． **Nervosität** 女《-/》神経質, 神経過敏; いらいら［した状態］． **nervtötend** 形 神経を疲れさせる, いらいらさせる．

Nerz 男《-es/-e》《動》ヨーロッパミンク［の毛皮］． **=mantel** 男 ミンクのコート．

Nessel 女《-/-n》《植》イラクサ属．◆ *in die ~n setzen*《話》《*sich*¹ *mit et*³》(…がもとで) 刺勒(化)に陥る, いやな目にあう．*wie auf ~n sitzen* いらいらしている． **=fieber** 中《医》じんましん．

Nessessaire = Necessaire．

Nest [ネスト] 中《-[e]s/-er》(❀ nest) ⟨(❀ -chen -s-), Nesterchen⟩ (虫・鳥などの) 巣; 《話》ベッド, 寝床; 住み家;《話》(盗賊などの) 隠れ家, 巣窟．◆ *aufs leere ~ kommen* 《話》留守中の家を訪ねる．*das eigene [sein eigenes] ~ beschmutzen* 身内の悪口を言う．*ins gemachte* ⟨*warme*⟩ *~ setzen* 《*sich*¹》(…の) 縁付の家に入る．

nesteln 他《*et*⁴/*an et*³》(…を) ほどこう〈結ばう〉とする, いじくり回す．

Nest ⇒ Nest．

Nest-flüchter 男《-s/-》離巣鳥 (ガン, カモ, キジなど)． **=häkchen** 中《話》末っ子, 甘えん坊． **=hocker** 男 留巣鳥 (ワシ, タカ, スズメなど)．

Nestling 男《-s/-e》巣立ち前のひな鳥; 末っ子; 甘えん坊．

Nestor ❶ 《ギ神》ネストル (トロイア戦争でのギリシャ軍最長老の武将)．❷ 男《-s/-en》(ある分野での) 最長老, 老大家．

Nestwärme 女 一家団らん．

nett [ネット] 形 ❶ (❀ nice) 感じのよい, 親切な, 優しい: *Seien Sie so ~ und helfen Sie mir.* すみませんが手を貸してくれませんか | *Nett, dass du kommst.* 来てくれてありがとう．❷ かわいい, 愛らしい,

すてきな. ❸ 楽しい. ❹ 《話》相当な, かなりの. ❺ 《皮肉》ひどい, 困った. ◆ *Das kann ja ～ werden!* 《話・皮肉》こいつはとんだことになりそうだ.
netterweise 副 《話》親切にも.
nettest 形 ⇒ nett
Nettigkeit 女 (-/-en) 親切, 好意; 愛想.
netto 副 《商》正味で, 風袋なしで; (税金その他を差し引いて)手取りで(⇔ n.).
Netto=einkommen 中 実収入, 純所得. **=gewicht** 中 正味重量. **=lohn** 男 実賃(手取り)賃金. **=preis** 男 正価. **=produktion** 女 《経》(生産のために消費されたものを差し引いた)純生産量. **=sozialprodukt** 中 《経》(減価償却部分を差し引いた)国民純生産《高》.
Netz [ネッツ] 中 (-es/-e) ❶ (® net) 網, ネット; 策略, わな; 落し穴ネット; ゴールネット; クモの巣; 買い物ネット; 網棚. ❷ 道路網; 連絡網;《放送》ネットワーク;《医》(血管·神経などの)網状組織. ❸ (地図の)経線線;《数》(立体の)展開図. ◆ *im eigenen ～ verstricken* (*sich*⁴) みずから仕掛けた罠(に³)にはまる. *ins ～ gehen* (j³) (人の)わなにかかる. **=anschluss** 男 (= **=anschluß**) 《電》外線接続(器).
netzartig 形 網状の.
Netz=auge 中 《生》複眼. **=ball** 男 《球技》ネットイン[したボール].
netzen 他 《雅》湿らせる, 濡らす.
Netz=gerät 中 《電》交流整流機, エリミネーター. **=haut** 女 《解》網膜. **=karte** 女 均一周遊券. **=magen** 男 蜂巣(胃)胃(反芻(特)動物の第2胃). **=plan** 男 《数·問》 経時グラフ(計画図);《経》ネットワーク工程管理計画. **=spannung** 女 配電電圧. **=stecker** 男 交流用プラグ. **=werk** 中 網細工; 網状のもの(組織·道路·血管など); 線形グラフ;(コンピュータなどの)ネットワーク.

[関連語] Account 男 アカウント; Benutzer 男 ユーザー; Client 男 クライアント; Feuerwand 女 ファイアーウォール; Hostrechner 男 ホストコンピュータ; Internetdienstanbieter 男 プロバイダー; Intranet 中 イントラネット; IP-Adresse 女 IPアドレス; Knoten 男 ノード; lokale Netzwerk 中 LAN; Paket 中 パケット; Server 男 サーバー

neu [ノイ] 形 ❶ (® new) 新しい, 新品の; できたての, おろしたての; 初めての, 新任の. ❷ 新たな, 第二の, 次の, 別の; 一新された. ❸ 最近の, 近代の; 近世の. ◆ ～ *eröffnet* 新規開店(開業)の. *～ für alt* 《商》下取りサービスつきで. *～ gebacken* 《俗》新米の, その仕事についたばかりの; ほやほやの新米の. *seit ～estem* うんと最近から, 近ごろ. *von ～em* 改めて, 新規に.
Neu=ankömmling 男 新参者, 新顔, 新人. **=anschaffung** 女 新規購入(品).
neuartig 形 新種(新式)の. 新奇な.
Neu=auflage 女 (書物の)新版, 改訂版, 復刻版. **=ausgabe** 女 (書物の)新版, 改訂版. **=bau** 男 (-[e]s/-) (建物の)新築; 新築現場(工事); 中 (-[e]s/-ten) (新築の)建物; 新しい建物; 中 (-[e]s/-ten) (車などの)ニューモデル. **=wohnung** 女 新築家屋内の住居.
Neu=bearbeitung 女 (本などの)改訂(版); (劇などの)新翻色, アレンジ. **=beginn** 男 新たに始めること, 再出発. **=bildung** 女 新造, 新形成; 改造, 再形成; 新造語.
Neubrandenburg 中 ノイブランデンブルク(ドイツ北東部の都市).
Neu=bruch 男 新開墾(開拓)(地). **=bürger** 男 (新しく住みついた)新市民.
Neu-Delhi 中 ニューデリー(インドの首都).
Neudruck 男 復刻(版), リプリント.
Neue[r] 形[形容詞変化] 男 新酒; 男女 《話》新顔, 新人, 新しい人. ⇒ Neue[s]
neuerdings 副 このごろ, 近ごろ, 最近;《南部·スイス·オ》再び, 再度.
Neuerer 男 (-s/-) 改革(革新)者.
neuerlich 形 最新の, 新たな; 最近の; 副 改めて, 新たに. **neuern** 他 改革する, 刷新する.
neueröffnet 形 ⇒ neu
Neu=erscheinung 女 新刊[書], 新譜, 新発売.
Neuerung 女 (-/-en) 革新, 改新. **～s=sucht** 女 改革熱, 新しがり.
Neue[s] 中 [形容詞変化] 新しい事物. ◆ *auf Neues!* さあもうひと頑張りだ. *aufs Neue!* 改めて.
neuest ⇒ neu
neu[e]stens 副 つい最近, 近ごろ.
Neueste[s] 中 [形容詞変化] 新製品; 最新のニュース.
neu=gebacken 形 ⇒ neu ◆ **=geboren** 形 生まれたばかりの.
Neugestaltung 女 改造, 再編成, 改組.
Neugier[de] [ノイギーア[デ]] 女 (-/-) (® curiosity) 好奇心; 知りたがること. ◆ *aus* [*reiner*] ～ ただの好奇心から.
neugierig [ノイギーリヒ] 形 (® curious) 好奇心の強い; 詮索好きな: *auf j-et*⁴ ～ *sein* ...のことを知りたがっている.
Neuheit 女 (-/-en) 新しさ, 新新(わか)さ; 新しいもの, 新作品, 新刊書.
neuhochdeutsch 形 新高ドイツ語の; 近代標準ドイツ語の(略 nhd.).
Neuhumanismus 男 新人文主義, 新ヒューマニズム(18世紀後半にドイツで起こった精神運動). **neuhumanistisch** 形 新人文主義(新ヒューマニズム)の.
Neuigkeit 女 (-/-en) (® news) ニュース, 新しい出来事; = Neuheit.
Neu=inszenierung 女 《劇》新演出.
Neujahr [ノイヤール] 中 (-[e]s/-e) 元日, 正月: *zu* ～ 元日は. ◆ *Pros[i]t* ～*!* 新年おめでとう. **～s=konzert** 中 ニューイヤーコンサート.
Neu=land 中 新開地, 開拓地; 処女地; (学問の)新分野, 新領域. **=latein** 中 近代ラテン語.
neulich [ノイリヒ] 副 (® recently) この間, 先日, 最近.
Neuling 男 (-s/-e) 新人, 新入りの人, 社員, 初心者.
neumodisch 形 《ふつう軽蔑》ニューモードの; 今風の.
Neumond 男 新月(の日).
neun [ノイン] 《基数》(® nine) 9.

Neun 囡 ((-/-en)) 『数字の』9. ❶ 『トランプなどの』9の札. ❸ 『話』路線番号9のバス〈市電〉. ◆ *Ach, du grüne ~e!* 『話』あびっくりした. **-auge** 囲 『魚』ヤツメウナギ(八つ目鰻).

Neuneck 囲 ((-[e]s/-e)) 9角形.

neun-eckig 9角形の. **-einhalb** 『分数』無変化で9と2分の1.

Neuner 囲 ((-s/-)) 『話』= Neun ❶, ❸.

neunerlei 『無変化で』9種類の.

neun-fach 『基数』900. **-jährig** 9年を経た;9歳の. **-mal** 副9回;9倍. **-malig** 9回(倍)の. **-malklug** 『話』知ったかぶりの,物知りのつもりの.

neunt 『序数』第 ((ninth)) 9番目の.

neun-tägig 9日間の;生後9日の. **-täglich** 9日ごとの. **-tausend** 『基数』9000.

Neuntel 『分数』9分の1. **Neuntel** (3í'ntl) 囲 ((-s/-)) 9分の1.

neuntens 副9番目に.

neunund.. 〈10の位の数詞と〉…9.

neunzehn [ノインツェーン] 『基数』((**@** nineteen)) 19. **-hundert** 『基数』1900 (の). **neunzehnte** 『序数』19番目の. **neunzehntel** 『分数』19分の1の.

neunzig [ノインツィヒ] 『基数』((**@** ninety)) 90. **neunziger** 形 『無変化で』(ある世紀の)90年代の;〔名詞の複数形と〕90年代の. **Neunziger** 囲 ((-s/-)) (囡 -in)) 90歳(台)の人;((@ 90歳台;『話』90と記された数. **neunzigst** 『序数』90番目の.

neunzigstel 『分数』90分の1.

Neu-ordnung 囡 再編成; 新秩序. **-orientierung** 囡 新しい方向づけ. **-philologe** 囲 近代語学研究者,近代文献学者. **-philologie** 囡 近代語学研究.

Neuralgie 囡 ((-/-n)) 『医』神経痛.

neuralgisch 神経痛の.

Neurasthenie 囡 ((-/-n)) 『医』神経衰弱.

Neu-regelung 囡 新規則;規制変更. **-reich** 形 『貶』成金(趣味)の. **-reiche[r]** 囲 囡 『形容詞変化に成』金.

Neuritis 囡 ((-/..tiden)) 『医』神経炎.

Neurobiologe 囲 ((-n/-n)) 神経生物学者.

Neurochemie 囡 神経化学. **Neurochemíker** 囲 神経化学者. **neurochémisch** 神経化学(上)の.

Neurochirúrg 囲 神経外科医.

Neurohormón 囲 『生理』神経ホルモン.

Neurológe 囲 神経科医. **Neurologie** 囡 ((-/-)) 神経(科)学.

neuronal, neuronisch 形 ニューロン〈神経単位〉の.

Neurose 囡 ((-/-n)) ノイローゼ,神経症.

Neurótiker 囲 ((-s/-)) (囡 **-in**))ノイローゼ患者,神経症の人. **neurótisch** 形 ノイローゼ(症)の.

Neurotoxín 囲 ((-s/-e)) 『医』神経毒.

neurotóxisch 神経毒性の.

Neurotransmítter 囲 ((-s/-)) 『生化』神経伝達物質.

Neuschnee 囲 新雪.

Neuschwanstein ノイシュヴァーンシュタイン(Bayern 州南部にある城).

Neuseeland 囲 ニュージーランド.

Neusilber 囲 洋銀.

Neusprachler 囲 ((-s/-)) = Neuphilologe. **neusprachlich** 近代語の.

Neutr. 略 *Neutrum*.

Neutra ⇒ Neutrum

neutrál [ノイトラール] 形 ((**@** neutral)) 中立の,公平な,不偏不党の,どちらの味方にもならない(色;形)が無難な,なんにでも合う;当時り障りのない;『化』中性の;『電』帯電していない;『三』中性的.

..neutrál 『…に関して中立の,と無関係な,…に影響を与えない,…のない』の意.

Neutralisatión 囡 ((-/-en)) 中立化;『化』中和;一時中断. **neutralisieren** 中立化する;『化』中和化〈無害化〉する,(悪い)作用を取り除く;『スポーツ』(試合を)中断する.

Neutralísmus 囲 ((-/-)) 中立,公正.

Neutrén ⇒ Neutrum

Neutríno 囡 ((-s/-s)) 『理』ニュートリノ.

Neutrón 囲 ((-s/-en)) 『理』ニュートロン,中性子(記号 n). **-en-bombe** 囡 中性子爆弾.

Neutrum 囲 ((-s/..tra, ..tren)) 『文法』中性名詞;中性.

neuvermählt 形 ⇒ vermählt ◆

Neuwahl 囡 改選,再選.

Neuwert 囲 新品価額.

neuwertig 形 新品同様の;(中古品が)新品同様の〈価値のある〉.

Neuwort 囲 新語.

Neuzeit 囡 近代,現代. **neuzeitlich** 形 近代の;現代の,現代的な.

Newton ❶ Isaac, ニュートン(1642-1727;イギリスの数学者・物理学者・天文学者). ❷ 囲 『理』ニュートン(力の単位;記号 N).

NF 略 *Niederfrequenz* 『電』低周波;((-/-)) *Nationale Front*(共産圏諸国の)国民戦線. **N.F.** 略 *Neue Folge*(雑誌;シリーズ本などの)新シリーズ,続篇. **nhd.** 略 *neuhochdeutsch*.

ni 略 ((< *neuhochdeutsch*)). **Ni** 略 ニッケル(元素名 *Nickel*).

Nibelungen 囲 『ゲルマン神話』ニーベルンゲン族(ニーベルンゲンの宝を所有する小人族). **-lied** 囲 『ニーベルンゲンの歌』(13世紀に書かれた英雄叙事詩).

nicht [ニヒト] 副 ((**@** not)) …ではない,…しない: *Dieses Muster ist ~ japanisch.* この模様はあまり日本的ではない. ◆ *~, dass…* …というわけではないが; *~ eher … bis …* = eher ◆ *~ einmal* …すらない. = *im Geringsten* (*im Mindesten*) まったく…ない. *~ immer* = 必ずしも…ない;いつも…というわけではない. = *mehr* = もう…ない. *~ A noch* B A も B も…ない. *~A, sondern* B A ではなく B である. *~ nur A, sondern* [*auch*] B のみならず B もまた. *~so, als [da]ss… / ~ so …, um* [+ zu 不定詞句]…するほど…ではない. *~ so …, wie* = ohne ◆ *~ so sehr A, als [vielmehr]* B A というよりはむしろ B. *~, …[wahr]?*

Nichtachtung

《念を押して》…でしょう；…じゃないかね．
Nichtachtung 囡 無視；不敬．
nichtamtlich ⇒ amtlich ◆
Nicht-anerkennung 囡 不 承 認． =**angriffspakt** 男 不可侵条約． =**beachtung** 囡 《法》軽視; 囡 無視． =**bezahlung** 囡 不払い，滞納．
Nichte [ニヒテ] 囡 《-/-n》《＠ niece》姪(めい).
nichtehelich ⇒ ehelich ◆
Nicht-einhaltung 囡 《官》不履行． =**einmischung** 囡 不干渉，不介入． =**eisenmetall** 中 非鉄金属． =**erfüllung** 囡 《契約などの》不履行．
nichtig 形 《雅》取るに足りない，価値のない，重要でない；《法》無効の．
Nichtigkeit 囡 《-/-en》取るに足りないこと（もの）；無価値；《法》無効． ~**s-erklärung** 囡 《法》無効判決．
Nichtleiter 男 《電》絶縁体，不導体．
nichtmenschlich 形 人間でない，人間以外の．
Nichtraucher [ニヒトラオハー] 男 《-s/-》《＠ -in》たばこを吸わない人；禁煙車〈室〉． =**abteil** 中 禁煙［車］室，禁煙コンパートメント．
nichtrostend 形 ⇒ rosten ◆
nichts [ニヒツ] 代 《不定代名詞》《＠ nothing》何も…ない：Ich habe ~ zu essen. 食べる物が何もない｜Er weiß ~ davon. 彼はそのことは何も知らない｜Ich habe ~ dagegen, aber... それに異議はないが…． ◆ *Aus ~ wird ~.*《諺》まかぬ種は生えぬ． *in ~ auflösen* 《*sich*⁴》水泡に帰する． *mir ~, dir ~*《話》自分勝手に，だし抜けに．いきなり． ~ *ahnend* 全く事情わかっていない． ~ *als...* …だけ．~ *für j⁴ sein*《話》…向きではない． *Nichts für ungut!* どうか悪しからず． ~ *geben* 《話》《*auf et⁴*》《…を》無視する． ~ *sagend* 内容のない；うつろな． ~ *weniger als ...* …どころではない． *Nichts wie hin* 《*weg*》*!* 《話》さっさとうせろ． *Nichts zu danken.* どういたしまして． *Nichts zu machen!* / *Nichts da!* だめだ；話にならない． ~ *als* …あっという間．
Nichts 中 《-/-》《＠》無，空〔虚〕；取るに足りないもの，くず． ◆ *vor dem ~ stehen* 絶望的《破産‧自前》である．
nichtsahnend 形 ⇒ nichts ◆
Nichtschwimmer 男 泳げない人．
nichtsdesto-minder 副 ＝ nichtsdestoweniger． =**weniger** 副 それにもかかわらず；それでも．
Nichtsein 中 非存在；死．
nichtselbständig 形 ⇒ selbständig ◆
Nichts-könner 男 《蔑》能なし． =**nutz** 男 《-es/-e》《蔑》役立たず，ろくでなし．
nichts-nutzig 形 役立たず〔ろくでなし〕の，不届きな． =**sagend** 形 ⇒ nichts ◆
Nichts-tuer 男 《-s/-》《＠ -in》怠け《のらくら》者，働かない人． =**tun** 中 無為，怠惰．
nichtswürdig 形 下劣《卑劣》な．
Nichtswürdigkeit 囡 《-/-en》下劣《卑劣》[な言動]．

Nicht-wähler 男 《選挙の》投票しない人，棄権者． =**wissen** 中 無知；知らないこと． =**zutreffende[s]** 中 《形容詞変化》当てはまらないこと（もの）．
Nickel ❶ 中 《-s/-》ニッケル《元素記号 Ni》． ❷ 男 《-s/-》水の精，小鬼；《話》きかん坊，強情要因．
nicken [ニッケン] [nickte; genickt] 《＠ nod》うなずく，首を縦に振る．肯定する；《飛行が歩きながら》頭を上下させる；《眠りで》こっくりする，舟をこぐ． ❷ 自 《雅》うなずいて示す；《話》《ボールの》ヘディングする．
Nickerchen 中 《-s/-》《話》うたた寝，居眠り．
Nicki 男 《-s/-s》綿ビロードのセーター．
nickte ⇒ nicken ◆
Nidwalden ニートヴァルデン《スイス Unterwalden 州の東部の半州》．
nie [ニー] 副 《＠ never》決して…ない，一度も…ない． ◆ ~ *und nimmer* 《話》断じて《こんりんざい》…ない．
nieder [ニーダー] ❶ 副 《＠ low》《高さ‧位置が》低い；《地位‧身分などが》低い，下賤《下層》の；《程度‧評価が》低い；《数量が》少ない；安い；低劣《下劣》な．単純な，卑しい． ❷ 副 《＠ down》下へ，下に，下方に． ▷*nieder..*, **nieder.**. 「低い…下」「下へ…の」の意．
Niederbayern 中 ニーダーバイエルン《ドイツバイエルン州の北東部》．
nieder-brechen* 《雅》❶ 他 取り壊す． ❷ 国 《s》《建物などが》倒壊する；《人がくずおれる． =**brennen*** 他 《建物‧町を》焼き払う；国 《s》焼け落ちる，焼き払われる． =**deutsch** 形 低地ドイツ[語]の《＠ nd.》．
Niederdruck 男 《-[e]s/》《工》低圧．
nieder-drücken 他 押し下げる；押さえつける；《雅》意気消沈させる． =**fallen*** 国 《s》落ちする，落ちる；ひざまずく．
Niederfrequenz 囡 《電》低周波．
Niedergang 男 《雅》下降；日没；沈落，衰退；《海》ハッチ． **niedergehen*** 国 《s》《飛行機などが》着陸《降下》する；落下する；降る；降りる；沈む．
niedergeschlagen (→ niederschlagen) 意気消沈した，落ちこんだ． **Niedergeschlagenheit** 囡 《-/》意気消沈，落胆．
nieder-halten* 他 押さえつける；弾圧する；《感情などを》抑える． =**holen** 他 《旗などを》引き降ろす． =**kämpfen** 他 打ち負かす；《感情などを》抑えつける． =**knien** 国 《s》ひざまずく． =**knüppeln** 他 《こん棒で人を》打ち倒す；《デモなどを》鎮圧する． =**kommen*** 国 《s》《＠》降りてくる；《古》《*j³*》《人を》出産する，分娩《びんべん》する．
Nieder-kunft 囡 《-/..künfte》出産，分娩． =**lage** 囡 《-/-n》《＠ defeat》敗北，敗伏，降参；倉庫，貯蔵庫；支店．
Niederlande 複 《die ~》オランダ． ◆ *das Königreich der ~* ネーデルラント王国． **Niederländer** 男 《-s/-》《＠ -in》オランダ人． **niederländisch** 形 オランダ[人，語]の．
niederlassen* 他 《旗‧カーテンなどを》降ろす；《*sich*⁴》《…に〔へ〕》腰を下ろす（人などが》止まる；《*sich*⁴》《…に》定住する；開

業する. **Niederlassung** [女]《-/-en》営業所, 支店; 居住地.

nieder|legen [ニーダーレーゲン]《legte nieder; niedergelegt》[他] 下に置く; 横たえる; (仕事などを)やめる, 放棄する;《雅》書き記す; (建造物を)取り壊す. **Niederlegung** [女]《-/-en》下に置くこと; 放棄, 取り壊し.

nieder⊦machen [他] (人を)〔大量〕虐殺する; 激しく批判する. **⊦mähen** [他] (草・穀物などを)なぎ倒す, ばたばたと撃ち殺す. **⊦metzeln** [他] 虐殺する. **=molekular** [形]〘化〙低分子の.

Niederösterreich [中] ニーダーエーステライヒ(オーストリア東部の州).

nieder⊦prasseln [自] (s)《auf *j-et*⁴》(雨などが…に)ばらばらと降る; (非難などが…に)ふりかかる. **⊦reißen*** [他] 取り壊す, 引き倒す.

Niederrhein (der ～)低部ライン, ライン下流.

nieder|ringen* = niederkämpfen.

Niedersachsen ニーダーザクセン(ドイツ北西部の州). **niedersächsisch** [形] ニーダーザクセン〔人, 方言〕の.

nieder|schießen* [他] (人を)射殺する, 撃ち倒す.

Niederschlag [男]〘気象〙降水, 降雨, 降雪; 沈殿〔物〕, 結露;〘ボクシング〙ノックアウト. ✦ *seinen ～ in et³ finden* (考えなどが…の中に)表れている.

nieder|schlagen*[ニーダーシュラーゲン]《**schlug nieder; niedergeschlagen**》❶ [他] 打ち倒す〈のめす〉; 打倒する; 弾圧〈鎮圧〉する; 打ち切る; 免除する; (目などを)伏せる;〘化〙沈殿させる. ❷ [再]《*sich*⁴》結露する, 沈殿〈堆積〉する;《*sich*⁴ **in** *et*³》(考えなどが…の中に)表れる. **Niederschlagung** [女]《-/-en》打倒, 弾圧;〘法〙免訴, 免除.

nieder|schmettern [他] (人を)たたきのめす, 打ちのめす. **～d** [形] 意気阻喪させるような, 気のめいるような.

nieder|schreiben* [他] 書き記す.

Niederschrift [女] 執筆; 記録, 文書.

nieder⊦setzen [他] 下へ置く;《*sich*⁴》座る, 腰かける. **⊦stechen*** [他] (人を)刺し殺す. **⊦stimmen** [他] 投票で否決する. **⊦stoßen*** [他] (人を)突き倒す; 刺し殺す; [自] (s)《**auf** *et*⁴》(…めがけて)急降下する. **⊦strecken** [他]《雅》(人を)打ち倒す; (銃で)倒す; [再]《*sich*⁴》横になる.

Niedertracht [女]《-/》《雅》悪意, 卑劣, 破廉恥. **niederträchtig** [形] 悪意のある, 卑劣な, 破廉恥な;《話》ひどい, ものすごい. **Niederträchtigkeit** [女]《-/》卑劣さ, 破廉恥〔な行為〕.

nieder|treten* [他] (地面などを)踏み固める; (靴などを)履き減らす.

Niederung [女]《-/-en》低地; 下層.

Niederwald [男] 低木林, 矮林(わいりん).

nieder⊦werfen* ❶ [他] (敵を)打ち倒す〈負かす〉; (暴動などを)鎮圧する;《雅》(病気などが人を)打ちのめす; 投げ落とす. ❷ [再]《*sich*⁴》ひざまずく, くずおれる.

Niederwild [中]〘狩〙小物猟獣(ウサギなど).

niedlich [ニートリヒ] [形] ([英] cute)(小さくて)感じのいい, かわいらしい, 愛くるしい;《方》ちっぽけな.

Niednagel [男] (指先の)ささくれ.

niedrig [ニードリヒ] [形] ([英] low)(高さが)低い, 下方の; (価格・数量などが)低い, 少ない; (身分・地位などが)低い, 卑しい; 低次元の, 下劣な, 卑劣な, 意地の悪い. ✦ *～ stehend* 未開発〈未発達, 低水準〉の; 下位〈下級〉の. **Niedrigkeit** [女]《-/-en》低劣, 下劣, 低級; 低次元な言動.

Niedriglohn [男] 低賃金. **=land** [中] 低賃金国.

niedrig=prozentig [形] パーセンテージの低い. **=stehend** [旧]⇨ niedrig ✦

Niedrigwasser [中] (干潮時・乾季などの)最低水位.

niemals [ニーマールス] [副] ([英] never)決して…ない. ✦ *Niemals!* まっぴらだ.

niemand [ニーマント]《不定代名詞; 2格 niemand〔e〕s, 3格 niemand〔em〕, 4格 niemand〔en〕》([英] nobody)(男女の区別なく)だれも…ない.

Niemand [男]《-〔e〕s/》無名の人.

Niemandsland [中] 中立〈無人〉地帯, 緩衝地帯; 人跡未踏の地, 未知の分野.

Niere [女]《-/-n》腎臓(じんぞう). ✦ *an die ～n gehen*《話》《*j*³》(人に)痛手を与える, (人には)こたえる. **～n=bank** [女] 腎臓(じんぞう)バンク. **～n=braten** [男]〘料〙仔牛の腎臓(じんぞう)つき腰肉〔のロースト〕. **～n=entzündung** [女]〘医〙腎炎(じんえん). **～n=kolik** [女]〘医〙腎疝痛(せんつう). **～n=stein** [男]〘医〙腎石(じんせき), 腎臓(じんぞう)結石.

nieseln [自]《*Es nieselt.*》霧雨が降る.

Nieselregen [男] 霧雨, こぬか雨.

niesen [自] くしゃみをする.

Nießbrauch [男]〘法〙用益権.

Niet [男] ([中])《-〔e〕s/-e》= Niete ①.

Niete [女]《-/-n》❶ リベット, 鋲(びょう). ❷ 空くじ, はずれ; 失敗〔作〕, 出来損ない;《話》役立たず. **nieten** [他] びょう〈リベット〉で留める; (くぎに)頭をつける.

Nietenhose, Niethose [女]〘服〙(リベットを使った)ジーンズ.

niet- und nagel=fest [形] ✦ 〔*alles,*〕 *was nicht ～ ist*《話》持ち運べるもの〔すべて〕.

Nietzsche Friedrich Wilhelm, ニーチェ(1844-1900; ドイツの哲学者).

Niger ニジェール(西アフリカの共和国).

Nigeria [中] ナイジェリア.

Nihilismus [男]《-/》ニヒリズム, 虚無主義. **Nihilist** [男]《-en/-en》([女] **-in**)ニヒリスト, 虚無主義者. **nihilistisch** [形] ニヒリスティックな, 虚無〔主義〕的な.

Nike〘ギリ神〙ニケ(勝利の女神).

Nikolaus ❶《男名》ニーコラウス;〔聖〕ニコラウス(サンタクロースに当たる). ❷ [男]《-/-e, (戯: ..läuse)》〘カトリ〙聖ニコラウスの日(12月6日). **=tag** [男]〘カトリ〙聖ニコラウスの日(12月6日).

Nikosia ニコシア(キプロスの首都).

Nikotin [中]《-s/》〘化〙ニコチン.

nikotinarm [形] ニコチンの少ない.

nikotinfrei [形] ニコチンを含まない.

Nikotin=gehalt [男] ニコチン含有量. **=vergiftung** [女] ニコチン中毒.

Nil (der ～)ナイル(アフリカの大河).

Nilpferd [中]〘動〙カバ(河馬).

N

Nimbus 男 《-/-ses》栄光, 誉れ; 【美】(聖像などの)光背, 光輪.

nimm ⇒ nehmen

nimmer 副 [ニマー] 【雅】決して…(一度も)…ない; 《南部/オーストリア》もはや…ない.

Nimmerleinstag 男 ✦ **am** ~ 【話】決して…〔し〕ない. **bis zum〈auf den〉** ~ 【話】いつまでも.

nimmer-mehr 副 決して…〔し〕ない; 二度と…〔し〕ない, もはや…しないだろう, たゆまぬ. =**satt** 形 【話】飽き足りることのない, 満足(満腹)することのない.

Nimmersatt 男 《-,-(e)s/-e》満足を知らない人; 大食漢; 【鳥】トキコウ(コウノトリ科).

Nimmerwiedersehen 中 ✦ **auf** ~ 【話】いつまでも, 永久に.

nimmst, nimmt ⇒ nehmen

Niob 中 《-s/》ニオブ(元素名: 記号 Nb).

Nippel 男 《-s/-》【口】ニップル, 継ぎ管.

nippen 自 《**an** et³》(…を)ちびちび飲む, 少しずつ味わう.

Nippes 複 【話】(磁器などの)小さな置き物, 小物.

Nipp-sachen 複 = Nippes.

nirgends 副 [ニルゲンツ] (= nowhere) どこでも(どこにも)…ない.

nirgend[s]wo どこにも(どこへも) …〔し〕ない.

Nirwana 中 《-[s]/》【仏教】涅槃(ねはん), 寂滅.

Nische 女 《-/-n》壁がん, ニッチ(置物などを飾る壁などのくぼみ).

nisten 自 (鳥が…に)巣を作る; (…に)住みつく, 巣くう. **Nistkasten** 男 巣箱.

Nitrat 中 《-(e)s/-e》【化】硝酸塩.

nitrieren 他 硝酸処理する.

Nitrofarbstoff 男 ニトロ染料.

Nitrogenium 中 《-s/》窒素(元素名: 記号 N).

Nitroglyzerin 中 《-s/》【化】ニトログリセリン. **Nitrosamin** 中 《-s/-e》【化】ニトロソアミン. **Nitrotoluol** 中 《-s/》【化】ニトロトルエン.

Niveau [ニヴォー] 中 《-(s)/-s》(= level) 水平面; 水位, 潮位; (特定の)高さ; 水準, レベル; 程度; 【口】エネルギー準位. =**los** 形 レベルの低い, 質の悪い. =**voll** 形 レベルの高い, 質のよい.

nivellieren 他 (土地などを)平らく(水平)にする; 平均化する, ならす; 【測】測量する. **Nivellierung** 女 《-/-en》水準(平均)化; 地ならし; 測量.

nix 不定代名詞 【話】= nichts.

Nix 男 《-es/-e》【民俗】ニクス(人を誘惑して溺れさせる水の精). **Nixe** 女 《-/-n》【民俗】ニクセ(人魚の姿をした女の精); 【戯】(海岸などで)水浴する女性. **nixenhaft** 形 水の精のような.

n.J. = nächsten Jahres 来年に(の), 翌年に(の); nächstes Jahr 来年に, 翌年に.

NK = Neue Kerze 【理】新燭(しん).

nkr = norwegische Krone ノルウェークローネ. **NL** [略] 【郵便符号】= (Niederlande). **nlat.** = neulateinisch, 新ラテン語の.

nm. 略 nachmittags 午後に. **n.M.** =

nächsten Monats 来月に(の), 翌月に(の); nächsten Monat 来月に, 翌月に.

NN, N.N. 略 Normalnull. **NN, N. N.** 氏名不詳, 某. **NNO** 略 Nordnordost[en]. **NNW** 略 Nordnordwest[en]. **No.** 略 Numero. **No.** ナンバー(<ラテン語 numero. ふつう Nr. を用いる). **NO** 略 Nordost, Nordosten. **NÖ** 略 Niederösterreich.

Noah ❶ ✦ 《-[s], Noä/》【聖】ノア(Adam 直系第10代の族長で, 全人類の祖). ❷ 男名 ノアー. ✦ **die Arche** ~ 《Noä》ノアの箱船.

nobel 形 【雅】高貴な; 気高い, 品のある; 【話】気前のいい, おうような; 豪華な, 高級な.

Nobelherberge 女 【皮肉】高級〈豪華〉ホテル.

Nobelium 中 《-s/》ノーベリウム(元素名: No).

Nobelpreis 男 ノーベル賞. =**träger** 男 ノーベル賞受賞者.

Nobiswirt 男 【民俗】悪魔.

Noblesse 女 《-/-n》気品, 気高さ.

Nobody 中 《-[s]/-s, ..dies》無名の(名もない)人, 取るに足らない人.

noch [ノホ] Ⅰ 副 ❶ (= still) まだ, なお, いまだに; あとにまだ: Es gibt ~ den Nachtisch. まだデザートがあります. ❷ いずれ, 今に; 今のうちに; ぎりぎりで, やっと, かつ; つい, ほんの. ❸ その上. さらに: (**noch** so の形で選り抜き文で)いくとどんなに(…でも); 【比較級と】いっそう, さらに: Geht das ~ **in diesen** koffer rein? これはまだ君のトランクに入る?. ❹ なんとか, まだしも. ❺ 〔自問的に〕ええと…なんだっけ. Ⅱ 接 (= nor) 〔並列〕【雅】(否定詞と呼応して)(…も)…ない. ✦ **immer/immer** ~ いまだに: Er liegt **immer** ~ im Krankenhaus. 彼はまだ入院している. ~ **und** ~ 〈**als nöcher**〉いくらでも, 限りなく. ~ **und nochmals** / ~ **und** ~ **einmal** 何度も何度も繰り返して. **nur** ~ …しかない. **weder A** ~ **B** ⇒ A でもなく B でもない.

Nochgeschäft 中 【商】倍加特権つき取引, 倍加特権つき売り〈買い〉.

noch-mal 副【話】= nochmals. =**malig** 形 もう一度の, 再度の.

nochmals [ノホマールス] 副 もう一度, 重ねて, さらに, 改めて: noch und ~ 何回も何回も.

Nocken 男 《-s/-》【口】カム.

Nocturne 女 《-s/-s》; 中 《-/-s》【楽】ノクターン, 夜想曲.

Noir [ヌアール] 中 《-s/》(ルーレットで)ノアール, 黒(の数字).

NOK = Nationales Olympisches Komitee (各国の)国内オリンピック委員会.

nolens volens [なナ] 好もうと好まざるとにかかわらず, いやおうなしに.

nölig 形 【北部】ぐずな; ぐちの多い.

Nom. 略 Nominativ.

Nomade 男 《-n/-n》遊牧民[族].

Nomadentum 中 《-s/》遊牧〔生活〕; 流浪〔生活〕. **nomadisch** 形 遊牧民の; 流浪の. **nomadisieren** 自 遊牧生活をする; 流浪する.

Nomen 中 《-s/..mina》【文法】名詞; 名

詞的品詞(名詞・形容詞など).
Nomenklatur [女] 《-/-en》 術語〔集〕, 専門用語〔集〕.
Nomina ⇨ Nomen
nominal [形] 〔文法〕 名詞の, 名詞的な; 名目的な; 〔経〕 名目の.
Nominal=betrag [男] 〔商〕 券面額, 額面, 名目額. **=einkommen** [中] 〔経〕 名目所得.
Nominalismus [男] 《-/》 〔経〕 (貨幣価値論の)名目主義. **Nominalist** [男] 《-en/-en》 〔経〕 名目主義者.
Nominalwert [男] (貨幣などの)額面〈名目〉価格.
Nominativ [男] 《-s/-e》 〔文法〕 主格, 1格([略] Nom.).
nominell [形] 名目〈名義上〉の, 名前だけの, 表向きの; 〔商〕 額面〈名目〉価格上の.
nominieren [他] 《j^4》 (人を候補者などに)指名する, ノミネートする. **Nominierung** [女] 《-/-en》 指名, ノミネート.
Nonchalance [ノンシャラ〔ー〕ンス] [女] 《-/》 のんき〈気楽〉〔な態度〕. **nonchalant** [ノンシャラー〔ン〕] [形] のんき〈気楽〉な, 飾らない.
Nonkonformismus [男] 《-/》 (大勢に対しての)非同調主義.
Nonne [女] 《-/-n》 ([小] **Nönnchen**)([英] nun)修道女, 尼僧; 〔建〕 牝瓦(めがわら); 〔虫〕 ノンネマイマイ(ガの一種). **~n=kloster** [中] 女子修道院, 尼僧院.
Nonsens [男] 《-, -es/》 《話》 ナンセンス, 無意味なこと.
Nonstopflug, Non-Stop-Flug [男] 無着陸〈ノンストップ〉飛行.
Nonvalenz [女] 《-/》 〔商〕 支払い不能, 破産. **Nonvaleur** [ノンヴァレーア] [男] 《-s/-s》 〔経〕 無価値証券.
Noppe [女] 《-/-n》 〔織〕 ネップ, 節玉.
noppen [他] 〔織〕 (…の)ネップを除く; (糸などに)ネップを入れる.
Nord [ノルト] [男] 《-[e]s/-e》 《無変化・無冠詞で》 ([英] north)北([略] N); 北部; 《雅》 北風.
nord.., Nord.. 「北…」の意.
Nordafrika 北アフリカ.
Nordamerika [中] 北アメリカ〔大陸〕, 北米. **nordamerikanisch** [形] 北アメリカ〔人〕の.
Nordatlantik (der ~)北大西洋. **=pakt** [男] 北大西洋条約(→ NATO).
nordatlantisch [形] 北大西洋の.
norddeutsch [形] ドイツ北部の, 北ドイツの. **Norddeutschland** 北ドイツ, ドイツ北部〔地域〕.
Norden [ノルデン] [男] 《-s/》 ([英] north) 《ふつう無冠詞で》 北([略] N); 北部; 北国; (特に)北欧.
Norderney ノルデルナイ(Ostfriesland 諸島に属するドイツ領の島).
Nordeuropa 北ヨーロッパ, 北欧.
nordisch [形] 北欧の, 北方の; 北欧語の; 〔スポ〕 ノルディックの.
Nordkorea 北朝鮮(朝鮮民主主義人民共和国).
nördl. [略] *nördl*ich 北の.
Nordländer [男] 《-s/-》 ([女] **-in**)北国〈北欧〉の人.
nördl.Br. [略] *nördl*iche[r] *Breite* 北緯(…度).
nördlich [ネルトリヒ] ❶ [形] ([英] northern)北の; 北へ〈から〉の; 北部の. ❷ [前] 《2格支配》 …の北〈北方〉に.
Nordlicht [中] 北極光, オーロラ; 《戯》 北ドイツの人.
Nördlingen ネルトリンゲン(ドイツ Bayern 州中部の古い都市).
Nord=ost [男] 《無変化・無冠詞で》 〔海・気象〕 北東([略] NO); 《雅》 北東の風. **=osten** [男] 北東([略] NO); 北東部.
nord=östlich [形] 北東の; 北東へ〈から〉の; 北東部の; [前] 《2格支配》 …の北東に.
Nord-Ostsee-Kanal (der ~)北海・バルト海運河(北海に面する Elbe 河口とバルト海に面する Kiel 湾を結ぶ).
Nordpazifik (der ~)北太平洋. **nordpazifisch** [形] 北太平洋の.
Nordpol [男] 北極([略] NP).
Nordpolar=gebiet [中] 北極地方. **=meer** (das ~)北極海.
Nordrhein-Westfalen ノルトライン=ヴェストファーレン(ドイツ北西部の州; [略] NRW). **nordrhein-westfälisch** [形] ノルトライン=ヴェストファーレンの.
Nordsee (die ~)北海. **=kanal** (der ~)北海水路(アムステルダムと北海を結ぶ運河).
Nord-Süd.. 「南北…」の意. **Nord-Süd-Konflikt** [男] 〔政〕 南北問題.
Nordvietnam 北ベトナム(旧ベトナム民主共和国の通称).
nordwärts [副] 北方へ.
Nord=west [男] 《無変化・無冠詞で》 〔海・気象〕 北西([略] NW); 《雅》 北西の風. **=westen** [男] 北西([略] NW); 北西部.
nordwestlich [形] 北西の; 北西へ〈から〉の; 北西部の; [前] 《2格支配》 …の北西に.
Nordwind [男] 北風.
Nörgelei [女] 《-/-en》 あら探し, 不平.
nörgeln [自] 《*j-et*³》 (…の)あら探しをする, 不平を言う. **Nörgler** [男] 《-s/-》 ([女] **-in**)不平家, やかまし屋.
Norm [ノルム] [女] 《-/-en》 ([英] standard)規範, 規準; 標準, スタンダード; 〔工〕 規格; 《[複]》 〔法〕 法令; ノルマ, 基準労働〈仕事〉量; 〔スポ〕 (参加資格としての)標準記録; 〔印〕 折り丁書名, 折り票〔題〕.
normal [ノルマール] [形] ([英] normal)普通の, 人並みの, 通常の, 正常な; 標準的な, 正規の, 規格に合った; 〔化〕 規定〔液〕の; 《話》 (精神状態が)正常な, まともな.
Normal [中] 《-s/-e》 〔化〕 規定(溶液の濃度単位; [記号] N); 《話》 レギュラーガソリン.
Normale [女] 《形容詞変化; -/-n》 〔数〕 法線.
normalerweise [ノルマーラーヴァイゼ] [副] 通常は, 普通〈いつも〉なら.
Normal=gewicht [中] 標準体重. **=größe** [女] 標準身長.
normalisieren [他] 正常化〈修復〉する; 《*sich*⁴》 正常になる, 修復される. **Normalisierung** [女] 《-/》 正常化.
Normalität [女] 《-/》 正常〔状態〕.
Normal=maß [中] 〔理〕 (度量衡の)原器. **=null** [中] 《ふつう無冠詞》 平均海面〈水位〉([略] NN, N.N.). **=schanze** [女] 〔スキ〕 ノーマルヒル. **=spur** [女] 〔鉄道〕 (線路の)標準軌間. **=uhr** [女] 標準時計.

=**verbraucher** 男 普通の人, 庶民. =**zeit** 女 標準時. =**zustand** 男 普通の状態, 常態; [理] 標準状態(1気圧·0℃の).

Normandie 女 (/-/) (die ~)ノルマンディー(フランス北西部の地方).

Normanne 男 (-n/-n) ノルマン人. **normannisch** 形 ノルマン人(語)の.

normativ 形 標準となる, 規範的な.

Normblatt 中 (ドイツ規格統一委員会発行の)規格表.

normen, normieren 他 規格を定める, 規格化する.

Normierung 女, **Normung** 女 (/-/-en) 規格化.

Norwegen 中 ノルウェー. **Norweger** 男 (-s/-), (®) **-in**)ノルウェー人.

norwegisch 形 ノルウェー人(, 語)の.

Nostalgie 女 (/-/) [医] 郷愁, ノスタルジア; 懐古の情. **nostalgisch** 形 郷愁をそそる, ノスタルジックな, 昔懐かしい.

Nostradamus ノストラダムス(1503-66; フランスの占星術師).

Nostrokonto 中 [商] (取引先銀行との間の)当座勘定.

not 形 ◆ ~ **tun** 〈*sein*〉⇒ Not ◆

Not 女 [ノート] (/-/**Nöte**) (® need) ❶ 困窮, 貧苦; 苦しみ, 悩み, 窮地; 苦労, 艱難; ❷ 必要, 急迫. ◆ **aus der** / **eine Tugend machen** 災い転じて福となす. **aus** ~ なむなく; 必要に迫られて. **der** ~ **gehorchend** やむを得ず. **in** 〈**höchsten, tausend**〉 **Nöten sein** 窮地にある. **in** ~ **sein** (手形が)不渡りになっている. **in** ~ **und Tod** [雅] どんな逆境でも. **seine** 〈**liebe**〉 [**Müh und**] ~ **mit** *j-et* **haben** [話] (…のことで)苦労する, 手こずる. **mit knapper** 〈**genauer**〉 ~ やっとのことで. ~ **kennt kein Gebot.** [諺] 背に腹はかえられぬ. ~ **lehrt beten.** [諺] 苦しいときの神頼み. ~ **leidend** 困窮した; 被災した; [商] 不渡りの. ~ **macht erfinderisch.** [諺] 窮すれば通ず. ~ **tun** 〈*sein*〉必要である. **ohne** ~ 何不自由なく; 苦もなく; 必要もないのに. **wenn** 〈**wo**〉 ~ **am Mann ist** いざというときは. **zur** ~ やむを得なければ.

Nota 女 (/-s) [商] [覚書] 送り状; 勘定書, 書き付け.

notabene 副 注意[せよ]; ちなみに(® NB).

Not-adresse 女 [商] (手形の)予備支払人のあて名; 非常時連絡先. =**anker** 男 [海] 予備アンカー; 最後の手段, 頼みの綱.

Notar 男 (-s/-e) 公証人. **Notariat** 中 (-[e]s/-e) 公証人の職; 公証役場. **notariell** 形 公証人[作成]による.

Not-arzt 男 救急医.

Notat 中 (-[e]s/-e) 書き留められた〈メモした〉もの, 覚え書き, メモ.

Not-aufnahme 女 患者の受け入れ; 救急病棟(病室). =**ausgang** 男 非常出口. =**behausung** 女 仮住まい, 応急(仮設)住宅. =**behelf** 中 間に合わせ; 応急措置. =**beleuchtung** 女 非常灯. =**bremse** 女 (休日等における)医師·病院·薬局の救急業務. =**durft** 女 (/-/) 用便. ◆ **die** 〈*sei-*

ne〉 ~ **verrichten** 用を足す.

notdürftig 形 応急の, 一時しのぎの, まにあわせの; どうにか足りる.

Note 女 [ノーテ] [教] 楽書. ❷ (学校での)評点, 成績; [音] 得点. ❸ 銀行券, 紙幣; (外交上の)覚書(譜); 通告書; 注[釈]; メモ. ❹ 特徴, 特色, 感じ. ❺ [商] 勘定書, 書き付け. ◆ [*wie*] **nach ~n** 楽譜どおりに; [話] 完全に, すらすらと. **Note** ⇒ Not

Noten-bank 女 発券銀行. =**blatt** 中 (1枚の)楽譜. =**papier** 中 楽譜用紙, 五線紙. =**pult** 中 譜面台. =**schlüssel** 男 [音] 音部記号. =**ständer** 男 譜面台. =**wechsel** 男 (外交上の)覚書の交換.

Notfall 男 緊急の場合, 非常事態. **notfalls** 副 必要な場合には.

Notflagge 女 海難信号旗.

notgedrungen 副 やむをえなく, 必要に迫られて, やむを得ず.

Not-groschen 男 万一のための貯金. =**helfer** 男 救助者. =**hilfe** 女 救助. 救護, 救急処置. [法] 緊急救助.

notieren 他 書き留める; (*j*⁴) (人の住所·氏名などを)メモする; (…に)気付く; [商] (取引所が相場(値段)をつける, (株価などに)値をつける; [簿] 記帳する. **Notierung** 女 (/-/-en) 書き付け, メモ; [商] 相場, 時価; [簿] 記帳(法).

nötig [ネーティヒ] 形 (® necessary) 必要な, 不可欠な, なくてはならない. ◆ **Du hast** 〈*Er hat*〉 **es gerade** ~ ! 皮肉 不定詞句) (反語) 君(彼)には(…)される覚えはない. ~ **haben** (…を)必要としている.

nötigen (*j*⁴ *zu et*³) (人に…を)強要する, 強く勧める; *sich*³ **genötigt sehen** [*zu* zu 不定詞句] (…することを)余儀なくされる.

nötigenfalls 副 やむをえない〈必要な〉場合には.

Nötigung 女 (/-/) 強要, 強制.

Notiz 女 [ノーティーツ] 女 (/-/-en) (® note) 覚え書き, メモ; (新聞の短い)記事, 短信; *sich*³ ~en **machen** メモを取る. ◆ ~ **von** *j-et* **nehmen** (…に)注意を向ける. =**block** 男 (はぎ取り式の)メモ帳. =**buch** 中 メモ帳.

Notker [男名] ノートカー.

Notlage 女 苦境, 窮状, ピンチ.

notlanden [notlandete; notgelandet; notzulanden] 自 (s)(飛行機が)不時着する; (飛行機を)不時着させる. **Notlandung** 女 (/-/-en) (飛行機の)不時着.

notleidend 形 ⇒ Not ◆

Not-leidende(r) 男女 (形容詞変化) 困窮者, 貧困者. =**lösung** 女 暫定的な解決[策]. =**lüge** 女 やむをえずつくうそ. =**maßnahme** 女 非常〈緊急〉措置. =**nagel** 男 [話] 穴埋め, 埋め草; 代役, ピンチヒッター.

notorisch 形 悪名高い; 札つきの.

Not-pfennig 男 万一に備えての貯金. =**programm** 中 緊急対策計画. =**reif** 形 [農] (ほぼつぼみのため穀物·果実などが成長しきらぬまま)早期に熟した.

Notreserve 女 非常時の蓄え, 緊急用備蓄.

Notruf [ノートルーフ] 男 《-[e]s/-e》（警察・消防署などの）緊急通報；緊急電話番号．**=nummer** 女 非常[緊急]呼び出し[電話]番号；（高速道路などの）緊急連絡用電話ボール．**=signal** 中 非常[救難]信号，SOS．**=sitz** 男 補助席．

Notstand 男 非常[緊急]事態，有事；急迫避難．**=s-gebiet** 中 非常事態地域；被災地域．**=s-gesetz** 中 非常[緊急]事態法，有事法．

Not-strom 男（自家発電による）非常用電流．**-unterkunft** 女 非常[臨時]宿泊]所．**-verordnung** 女（非常事態の）緊急令．**-vorräte** 複 非常食．**-wehr** 女 《-/》正当防衛．

notwendig [ノートヴェンディヒ, ノートヴェンディヒ] 形 《⑧ necessary》必要不可欠な，欠くことのできない；必然的な，のやむをえない．♦ **ein ~es Übel** 必要悪．**Notwendigerweise** 副 必然的に，当然．**Notwendigkeit** 女 《-/-en》《⑧ necessity》必然［性］；必要［性］，必要なもの，必需品．必然的な事柄．

Not-zeichen 中 非常[救難]信号．**-zucht** 女 《-/》婦女暴行；強姦．

notzüchtigen ［notzüchtige; notgezüchtigt; zu notzüchtigen] 他《女性に》暴行を加える，強姦する．

Nougat [ヌーガト] 男 中《-s/-s》ヌガー．

Nov. = *November*.

Nova ⇒ *Novum*

Novalis ノヴァーリス（1772-1801；ドイツの詩人）．

Novelle [ノヴェレ] 女 《-/-n》● 短編小説．● 法 改正法（既存の法律の一部を改正・補完する法律）．**Novellist** 男 《-en/-en》（女 **-in**）短編小説作家．

November [ノヴェンバー] 男 《-[s]/-》《⑧ November》11月（略 *Nov.*）．

Novität 女 《-/-en》目新しいもの；最新のニュース．**Novize** 男 《-n/-n》（女 **..zin**）修練士；初心者．**Novum** 中 《-s/..va》《雅》新しい事物［視点］．

Np = *Neptunium*（元素名 = *Neptunium*）．**NP** 略 *Nordpol* 北極；*Nominalphrase* 名詞句．**NPD** = *Nationaldemokratische Partei Deutschlands* ドイツ国家民主党．**Nr.** = *Nummer* ナンバー．

Nrn. = *Nummern* (→ *Nummer* ①)．

NRT = *Nettoregistertonne* 純［登録］トン数．**NRW** = *Nordrhein-Westfalen*．**ns** 略 *nach* ⇒. **n.S.** = *nach Sicht* 一覧後．**NS** = *Nachschrift* 追伸；= n.S.; = *Nationalsozialismus* ナチズム，国家社会主義．**N. T.** = *Neues Testament* 新約聖書．

nu [話] = nun I. **Nu** 男 ♦ **im ⟨in einem⟩ ~** たちどころに；即座に．

Nuance [ニュアーンセ] 女 《-/-n》（色調・表現などの）微妙な差異，あや，ニュアンス．♦ **eine ~** ほんの少し．**nuancieren** 他《…に》ニュアンスをつける．

nüchtern [ニュヒテルン] 形 しらふの，酔っていない；何も食べていない；胃が空っぽの；冷静な，感情をまじえない；現実的［客観的］な；無味乾燥な，味気ない；［方］味のうすい〈薄い〉．**Nüchternheit** 女 《-/》しら

ふ；胃が空っぽの状態，空腹時；冷静；客観性；無味乾燥．

nuckeln 自（乳幼児が）おしゃぶりする；［俗］ちびちび飲む．

Nudel [ヌーデル] 女 《-/-n》● 《⑧ noodle》ヌードル，麺（は），パスタ．● 《形容詞を伴って》〈…な〉女の人，女性．♦ **auf die ~ schieben** ［方］《人を》からかう．

nudeldick 形 ［話］まるまる太った．

nudeln 他（小さい雞鳥（いきとう）の雞鳥（ガチョウなど）肥育する；《人に》たらふく食べさせる．**Nudelsuppe** 女 ヌードル入りスープ．

Nudismus 男 《-/》裸体主義，ヌーディズム．**Nudist** 男 《-en/-en》裸体主義者．

Nugat 男 中 《-[s]-s》ヌガー．

nuklear 形 原子［核］の，原子力の；核兵器の，核武装した．

Nuklear-angriff 男 核攻撃．**=energie** 女 核エネルギー．**=kriminalität** 女 核物質に関する犯罪．**=strategie** 女 核戦略．**=strom** 男 ［話］原子力発電による電流［電気］．**=technologie** 女 核技術．**=waffe** 女 核兵器．

Nuklease 女 《-/-n》［生化］ヌクレアーゼ，核酸分解酵素．**Nukleinsäure** 女 ［生化］核酸．**Nukleoprotein** 中 ［生化］核蛋白質（けく）質．**Nukleotid** 中 《-[e]s/-e》［生化］ヌクレオチド（核酸の構成単位）．

null [ヌル] 数 《基数；無変化》《⑧ zero》0, 零，ゼロ．♦ **in ~ Stunde** ゼロ時（新たなことが始まる時）；原点．**gegen ~ tendieren / gleich ~ sein** 全然ない；不可能である．**in ~ Komma nichts** ［話］すぐに，たちまち．**~ Komma nichts** 全然…ない．**~ und nichtig** 無効の．**J² Stimmung sinkt unter ~.**（人は）落ち込んでいる．

Null 女 《-/-en》● 《⑧ zero》（数字の）ゼロ；［無冠詞］（はかりなどの基準となる）ゼロ．❷ 無能，役立たず．⇒ null ♦

Null-.. 「…がないこと，ゼロ…」の意．

Nullachtfünfzehn.. ［話］「ありきたりの…，陳腐な…；どこにでもある」の意．

Null-diät 女 低カロリー食物療法．**=linie** 女 （目盛りの）零線，基準線．**=menge** 女 空集合（記号 φ）．**=punkt** 男 （目盛りの）零の点〈箇所〉．♦ **auf dem ~ an(kommen / den ~ erreichen**（気分がひどい状態に）落ち込む．**=runde** 女 （労賞折衝の）ゼロ回答の賃金交渉．**=tarif** 男 無料，ただ．♦ **zum ~** 無料で（ただ）で．**=wachstum** 中 ゼロ成長．

Numerale 中 《-s/..lien, ..lia》［文法］数詞．

Numeri ⇒ *Numerus*

numerieren 他 = nummerieren. **Numerierung** 女 = Nummerierung.

Numerik 女 《-/》[工］数値制御．

numerisch 形 数の，数値の．

Numerus 男 《-/..ri》［文法］（単数・複数などの）数；［数］真数．

Numerus clausus 男 《--/--》（大学などの）定員制限．

Numismatik 女 《-/》貨幣［古銭］学．

Nummer [ヌマー] 女 《-/-n》● 《⑧ number》⑧ Nr.）；番号；番地；電話番号；（自動車の）ナンバー；（服・靴などの）サイ

ズ; (新聞・雑誌などの)号. ❷ (サーカス・寄席などの)出し物; 《話》(軽音楽の)曲, ナンバー. ❸ 《話》人, やつ. ✦ *auf ~ Sicher* 〈*sicher*〉 *gehen* 《話》安全な道を取る. *auf ~ Sicher* 〈*sicher*〉 *sein* 〈*sitzen*〉 《話》刑務所に入っている. *eine große* 〈*dicke, gute*〉 *~ haben* 《bei j^3》(人に)高く評価されている. *eine* 〈*seine*〉 *~ ab|ziehen* 《話》自分を誇示する. *eine ~ sein* 注目されない. *eine ~* 〈*einige ~n, ein paar ~n*〉 *zu groß* 〔*für* j^4〕 *sein* 《話》(人の)手に余る. *~ eins* 《話》ナンバーワン; 第一人者. *~ null* 《話》トイレ.

nummerieren [他] (…に)〔通し〕番号を付ける. **Nummerierung** [女] 《-/-en》.

Nummern=konto [中] (番号だけの)無記名銀行口座. **=scheibe** [女] (電話機の)円形ダイヤル.

Nummernschild [ヌンマーンシルト] [中] 《-[e]s/-er》 (自動車の)ナンバープレート; (市街電車・建物などの)番号表示板.

nun [ヌーン] **I** [副] ❶ ([英] now) 今, 今や, 今から〔すぐに〕; 今度は; 今日(こんにち)〈現在〉では: *Nun* sind Sie dran. 今度はあなたの番です. ❷ 《間投詞的に》さあ, それで, それでは; まあ; 《疑問文で》そもそも, いったい: Können wir ~ gehen? それでは出かけようか | Was ist ~ los mit dir? いったいどうしたんだい. ❸ 《話し手の気持》それなのに; はたして; 遺憾ながら. ❹ そこで; すると; そのうち. ❺ 《つなぎの言葉として》さて, ところで, で. **II** [接] 《従属》《古》…した今は; …したからには; …したとき. ✦ *Ja ~!* そうですとも, いいですとも. *~ mal* 〈*einmal*〉 とにかく; なにしろ. *~ und nimmer* 〔*mehr*〕 絶対に…ない. *von ~ an* これからは; (過去のある時点について)その時から.

Nunchaku [中] 《-s/-s》 ぬんちゃく(元来は沖縄で使われていた武器).

nunmehr [副] 《雅》これから〈今から〉は, 今ではもう. **nunmehrig** [形] 《雅》今の, 現在の.

Nuntius [男] 《-/..tien》 〔カトリック〕教皇大使.

nur [ヌーア] [副] ❶ ([英] only) …だけ, …しかない, ただ…だけ, 単なる…, ほんの…; もっぱら, ひたすら: Es gab ~ etwas zum trinken. 飲み物しかなかった | Peter tut alles, was Beate ~ will. ペーターはベアーテが望むことならなんでもする. ❷ 《先行文への制限》ただ, ただし: Die Reise war schön, ~ war es ein bisschen heiß. 旅行はすばらしかったけれども, ただ少し暑かった. ❸ 《疑問文で》いったい; 《命令文などで》さあ; 《願望文・条件文で》〔せめて〕…さえ: Wie komme ich denn ~ dorthin? いったいどういう風にあそこへ行けばいいんだ | Wäre sie ~ jetzt hier. 今彼女さえここにいてくれたらなあ. ❹ 《副文で; 程度を強めて》できるだけ. ✦ *~ dass...* …でなければ, …を除けば. *~ noch* ⇨ noch ✦ *~ so* 《話》ひどく. *~ zu...* …すぎるほどに.

Nürnberg [中] ニュルンベルク(ドイツ Bayern 州の商業都市). **Nürnberger** [男] 《-s/-》 ([女] **-in**) ニュルンベルクの人; [形] 《無変化》ニュルンベルクの.

nuscheln [動] 《話》(不明瞭に)もぐもぐ話す.

Nuss ([旧] **Nuß**) [ヌス] [女] 《-/Nüsse》 ([小] **Nüsschen**, [旧] Nüßchen) ([英] nut) 木の実, ナッツ, 堅果; クルミ; 《蔑》人. ✦ *eine harte ~* 殻の堅い木の実; 《話》難問, 難題. *eine taube ~* くず. *eins auf die ~ geben* 《話》《j^3》(人の)頭をひっぱたく. *manche* 〈*eine*〉 *harte ~ zu knacken geben* 《話》《j^3》(人に)難問を持ち込む. *manche* 〈*eine*〉 *harte ~ zu knacken haben* 〈*bekommen*〉 《話》難問をしょい込む. **=baum** [男] 〔植〕クルミの木.

nuss=braun ([旧] **nuß=**) [形] くり色の.

Nuss=knacker ([旧] **Nuß=**) [男] クルミ割り器. **=schale** [女] クルミの殻.

Nüster [女] 《-/-n》 (馬の)鼻の穴, 鼻孔.

Nut [女] 《-/-en》, **Nute** [女] 《-/-n》 (木材などを接合するための)ほぞ穴.

Nutria [女] 《-/-s》 〔動〕ヌートリア; [男] 《-s/-s》 ヌートリアの毛皮〔のコート〕.

nutschen [他] 《中部》(あめ玉などを)しゃぶる; 〔化〕吸引濾過(ろか)する.

Nutte [女] 《-/-n》 《卑》売春婦.

nutz [形] 《南部》= nütze.

Nutz [男] ✦ *~ bringend* 有用〈有益, 有効〉な. *zu ~e machen* 《*sich*^{3} *et*^{4}》(…を)利用する, (…に)つけ込む. *j^3 zu ~* 〈*zu j^2 ~*〉 *und Frommen* 《古》(人の)ために. **=anwendung** [女] 利用, 応用.

nutzbar [形] 役に立つ, 利用可能な, 使える. **Nutzbarkeit** [女] 《-/》 有用性, 利用できること. **Nutzbarmachung** [女] 《-/-en》 利用, 活用, 実用化.

nutzbringend ⇨ Nutz ✦

nütze [形] ✦ *~ sein* 《〔**zu**〕 *et*^{3}》(…の)役に立つ.

Nutz=effekt [男] 〔理〕効率.

nutzen [ヌッツェン] 《nutzte; genutzt》 [自] 役に立つ; [他] ([英] use) 利用〈活用〉する, 役立てる.

Nutzen [ヌッツェン] [男] 《-s/》 ([英] profit) 利益; 有益, 利点, 強み.

nützen 《南部・オーストリア・スイス》= nutzen.

Nutz=fahrzeug [中] 実用車(バス・トラックなど). **=fläche** [女] (土地・建物の)有効面積. **=garten** [男] 実用園(果樹園・茶園など). **=holz** [中] (燃料用木材に対して)実用木材. **=last** [女] (貨車・トラックなどの)積載重量, 実荷重. **=leistung** [女] 〔工〕有効出力〈動力〉.

nützlich [ヌュッツリヒ] [形] ([英] useful) 役に立つ, 有益な; ため〈助け〉になる.

Nützlichkeit [女] 《-/》 有用性, 効用. **~s=denken** [中] 物事の有用性ばかりを重視する考え方, 実用主義.

nutzlos [形] ([英] useless) 役に立たない, 無益な, 無駄な. **Nutzlosigkeit** [女] 《-/》 無用, 無益, 無駄.

Nutznießer [男] 《-s/-》 ([女] **-in**) (あまり努力しないで)利益を得る人. **Nutznießung** [女] 《-/》 〔法〕用益権.

Nutzpflanze [女] 有用植物.

nutzte ⇨ nutzen

Nutzung [女] 《-/-en》 利用, 使用, 活用. **~s=recht** [中] 〔法〕利用権, 用益権.

Nutzwert [男] 利用価値.

n.u.Z. [略] *nach unserer Zeitrechnung* 西暦紀元(…年). **NVA** [略] *Nationale Volksarmee* 国家人民軍(旧東ドイツ国防軍の正式名称). **n.W.** [略] *nächster Wo-*

che 来週に〈の〉, 翌週に〈の〉; *nächste Woche* 来週に, 翌週に. **NW** [略] *Nord*-*west*[en].
Nylon [中]《-s/-s》ナイロン;《複》《話》ナイロンストッキング. =**strumpfhose** [女] ナイロンのパンティーストッキング.
Nymphe [女]《-/-n》〔ギ神〕ニンフ(美少女の姿をした精);〔虫〕ワカムシ(若虫).
Nymphomanie [女]《-/》〔医〕(女性の)性欲異常亢進(こうしん), 女子色情[症].

O

o, O [中]《-/-》《字母》オー.
o [間] おお(驚嘆・歓喜・悲嘆の声).
o. [略] *o*ben; *o*der; *o*hne. **O** ❶ [略] *O*st, *O*sten. ❷ [記号] *O*xygenium 酸素.
ö, Ö [中]《-/-》《字母》オー(o, O)のウムラウト. **ö.** [略] *ö*stlich. **o.a.** [略] *o*ben *a*ngeführt 上述〈上記〉[の]. **o.Ä.** ([旧] **o.ä.**) [略] *o*der *Ä*hnliche[s] …など, …等.
OAG [略] *O*st*a*siatische *G*esellschaft ドイツ東洋文化研究協会.
Oase [女]《-/-n》オアシス; 憩いの場; 楽園.
ob [オプ] I [接]《従属》❶ ([英] if, whether) …かどうか: Ich weiß nicht, ～ er kommt oder nicht. 彼が来るかどうか分からない. ❷《疑問文で》…かしら;《感嘆文で》もちろん: *Ob* wir es schaffen? 私たちにやれるかしら | Kommst du mit? – Und ～! いっしょに行くかい―もちろんだよ. ❸《譲歩》《gleich, schon, wohl を伴って》《雅》…ではあるが, …であるとはいえ. II [前]《2格支配, まれに3格支配》《雅》…ゆえに, …のために;《方》《3格支配》…の上方に: Rothenburg ～ der Tauber ローテンブルク・オブ・デア・タウバー. ✦ *als* ～ ... あたかも…であるかのように. ～ *A*, ～ *B* / ～ *A oder* [～] *B* A であれ B であれ: ～ Jung, ～ Alt 老いも若きも | ～ er will *oder* nicht 彼が好むと好まざるとにかかわらず.
o.B. [略]〔医〕*o*hne *B*efund 異常なし; *o*hne *B*ericht〔商〕振出無通知(手形).
OB [略] *O*ber*b*ürgermeister.
Obacht [女]《-/》注意.
ÖBB [略] *Ö*sterreichische *B*undes*b*ahnen オーストリア連邦鉄道.
obd. [略] *oberdeutsch*.
Obdach [中]《-[e]s/》住む所, 宿, (災害時の)宿泊所. **obdachlos** [形] (災害などで)住居を失った; ホームレスの.
Obdachlosen=asyl [中]〔避〕難民収容施設, (災害時の)宿泊施設, 避難所.
Obdachlose[r] [男][女]《形容詞変化》住む所のない人, 〔避〕難民; 浮浪者, ホームレス.
Obduktion [女]《-/-en》死体解剖, 検死, 剖検. **obduzieren** [他] 解剖する, 検死〈剖検〉する.
O-Beine [複] O 脚, がにまた. **o-beinig, O-beinig** [形] O 脚の, がにまたの.
Obelisk [男]《-en/-en》オベリスク.
oben [オーベン] [副] ([英] above)(空間的に)上に, 上の方に; 高い所〈空〉に; (建物の)階上に;《話》(社会的に)上位に, 上層部に; (文書中などで)上記で, 前の箇所で;《話》(地図の上方の意から)北で, 北方に. ✦ *bis hier* 〈*da*〉 ～ *stehen*《話》《j^3》(人には)うんざりだ. *nicht* [*mehr*] *wissen, wo* ～ *und* [*wo*] *unten ist*《話》何から手をつけてよいか分からない. ～ *erwähnt* 〈*genannt*〉上述〈前述〉の. ～ *halten*《*sich*^{4}》苦難を切り抜けていく. ～ *ohne*《話》トップレスで. ～ *stehend* 上述〈前述〉の. *von* ～ *bis unten* 上から下まで. *von* ～ *herab* (人を)見下すように; 偉そうに.
oben=an [副] 上端に; 上位〈上席〉に. =**auf** [副]《方》いちばん上に; (健康・気分が)上々で, すぐれて. =**drauf** [副] いちばん上に; [さらに]その上に: j^3 eins ～ geben《話》人の頭をコツンとやる; 人をしかり飛ばす. =**drein** [副] その上に, おまけに.
oben=erwähnt, =genannt [旧] ⇨ oben ✦
oben=hin [副] うわべだけ, ぞんざいに. =**hinaus** [副] ✦ *immer gleich* ～ *sein* 〈*gehen*〉《話》かっとなりやすい. ～ *wollen* 高望みをする.
obenstehend [旧]⇨ oben ✦
ober [オーバー] [形] ([英] upper)上[部]の, 高位の, 高等の, 重要な.
Ober [オーバー] [男]《-s/-》([英] waiter)ボーイ, ウエーター, 給仕; (ドイツ式トランプの)クイーン. **ober.., Ober..**《話》「途方もない…, 非常に…; …長; 上の…」の意.
Oberammergau オーバーアマーガウ(ドイツ Bayern 州南部の村).
Ober=arm [男] 上腕, 上膊(じょうはく), 二の腕. =**arzt** [男] (病院の各科の)主任医師, 医長; 軍医中尉. =**bau** [男] (建物・橋・道路などの)上部構造. =**bayern** オーバーバイエルン(バイエルン州の東南部). =**befehl** [男] 最高指揮権. =**befehlshaber** [男] 総司令官, 最高指揮官. =**begriff** [男] 上位概念. =**bekleidung** [女] (下着の上に着る)衣服. =**bett** [中] 掛け布団, 羽布団. =**bürgermeister** [男] (大都市の)市長([略] OB.). =**deck** [中] (船の)上甲板, メインデッキ; (2階建てバスの)上階.
oberdeutsch [形] 上部ドイツ語の(ドイツ南部・オーストリア・スイスの諸方言).
Obere[r] [オーベレ〈ラー〉] [男][女]《形容詞変化》上役, 上司, 幹部; [男]〔カトリック〕修道院長. **Obere[s]** [中]《形容詞変化》上部, 上面; 表層, 表面.
oberfaul [形]《話》怪しげな.
Oberfeldwebel [男] (陸軍・空軍の)曹長.
Oberfläche [オーバァフレッヒェ] [女]《-/-n》([英] surface)表面; 外面; 表層.
oberflächen=aktiv [形]〔理〕表面活性の. **Oberflächen=spannung** [女]〔理〕表面〈界面〉張力.
oberflächlich [形] ([英] superficial)表面的な, うわべだけの, 通り一遍の, 浅薄な.
Ober=franken オーバーフランケン. =**gericht** [中] (スイスの)州裁判所. =**geschoss** ([旧]= **geschoß**) [中] (建物の)上階(2階以上).
oberhalb [オーバァハルプ] [前]《2格支配》…の上方に, …の上手に; [副] 上方に.
Ober=hand [女] 優位. ✦ ～ *haben* 優勢である. =**haupt** [中]《雅》(団体の)長, トップ. =**haus** [中] (二院制議会の)上院. =**haut** [女]〔生〕表皮, 上皮. =**hemd**

Oberherrschaft

⊞ ワイシャツ, ポロシャツ. **=herrschaft** 図 ② 主権, 統治権; 主導権. **=hoheit** 図 ③ 主権, (他国への)支配権.

Oberin 図 《-/-nen》看護婦長;〖カト〗 女子修道院長;（修道会系の）女子施設長.

Ober-ingenieur 図 主任技師, 技師長.

ober-irdisch 圏 地上の, 地表の;〖電〗 (地中に対する)架空の.

Ober-italien 圏 北部(上部)イタリア. **=kante** 図 ② 上の縁(ふ). ◆ *bis* [*zur*] ~ *Unterlippe stehen*〘話〙『げョ』(人にとって)うんざりである. **=kellner** 圏 給仕長, ボーイ長. **=kiefer** 圏 上あご. **=kommando** 圏 最高指揮権; 総司令部. **=körper** 圏 (人間の)上半身, 上体. **=land** ⊞ 高地, 山岳地帯. **=landesgericht** ⊞ 上級地方裁判所(⊛ OLG.).

oberlastig 圏〖海〗(積み荷により)重心の高すぎる, トップヘビーな; 不安定な. **Ober-lauf** 圏 (河川の)上流. **=leder** 圏 靴の甲皮.

Oberleitung 図 (電車などの)架線(の); (企業などの)最高指揮権;（劇団などの）総監督. **~s-** [**omni**]**bus** 圏 トロリーバス.

Ober-leutnant 圏 (陸軍・空軍の)中尉 (⊛ Oblt.). **=licht** 圏 ❶ 〘天窓など〙 から差し込む光;〘劇〙ボーダーライト. ❷ 天窓; 高窓; 明かり取り. ❸ 天井〘照明〙灯.

Oberlippe 図 上唇(鼻の下を含むことがある). **~n-bart** 圏 口ひげ.

Ober-österreich 圏 オーバーエステライヒ(オーストリア中部の州; ⊛ OÖ.). **=prima** 図 オーバープリーマ(ギムナジウムの第9学年). **=primaner** 圏 Oberprima の生徒. **=realschule** 図 実科高等学校(ギムナジウムと同格で古典語を必修としない).

Oberrhein 圏 (der ~) 上部ライン. **oberrheinisch** 圏 上部ラインの, 〖地〙上部ラインの.

Obers 図 《-/》〖南部・チロル〗乳脂, 生クリーム; ホイップクリーム.

Obersalzberg (der ~) オーバーザルツベルク (Berchtesgaden 東方の山塊).

Oberschenkel 圏 大腿(紫)[部], ふともも; 〖昆虫の〙腿節(紫). **=halsbruch** 圏 大腿[骨]頸部骨折, 大腿骨頸部骨折. **=kopf** 圏〖解〗大腿[骨]頭部, 大腿骨頭(紫). **=muskel** 圏〖解〗大腿筋.

Ober-schicht 図〖社会の〗上層(上流)階級. **=schlesien** 圏 オーバーシュレージエン (Schlesien 東南部; 今はポーランド領). **=schule** 図 高等学校. **=schwester** 圏 看護婦長. **=seite** 図 上側; 表側, 表面. **=sekunda** 図 オーバーゼクンダ(ギムナジウムの第7学年). **=sekundaner** 圏 Obersekunda の生徒. **=seminar** 圏 (大学の) 上級ゼミナール(Hauptseminar の上).

oberst 圏 最も上の.

Oberst 圏 《-en, -s/-en (-e)》(陸軍・空軍の) 大佐.

Oberstaats-anwalt 圏 地方裁判所首席検事, 検事長.

456

もかもひっくり返す〘ぐちゃぐちゃにする〙.

Oberst-leutnant 圏 (陸軍・空軍の)中佐.

Ober-stübchen 圏〘話〙頭. ◆ *nicht* [*ganz*] *richtig im* ~ *sein* 頭が少しおかしい. **=studiendirektor** 圏 高等学校校長. **=studienrat** 圏 高等学校上級教諭(高校教諭の最高位). **=stufe** 図 (特に Gymnasium の)上級課程. **=tasse** 図 (受け皿に対して)カップ. **=taste** 図 (ピアノの)黒鍵(然). **=tertia** 図 オーバーテルツィア(ギムナジウムの第5学年). **=tertianer** 圏 Obertertia の生徒. **=verwaltungsgericht** ⊞ 上級行政裁判所.

Ober-wasser ⊞ ◆ ~ *bekommen* 〘*haben*〙優位に立つ(ふる), 勝味をしめる. **=weite** 図 胸囲, バスト. ◆ *zu wenig* ~ *haben*〘話〙偏狭(基か)である.

Obfrau 図 《-/-en》(団体などの)女性会長(代表者など);〖法〙女性審判長.

obgleich 腿 = obwohl.

Obhut 図〖雅〗保護, 庇護(弘), 後見.

obig 圏 上述(前述)の.

Obige 圏 図 図〖形容詞変化〗der (die) ~ 上記(上述)の人(⊛ d.O.).

Ob.-Ing. 圏 Oberingenieur の略.

Objekt 図 《-[e]s/-e》(⊛ object) 対象, 的, 対象物;〖言〗目的語;〖商〗客体, 客観; (不動産の)物件;〖哲〙 オブジェ. **objektiv** 圏 (⊛ objective) 客観的な; 事実に基づく; 公正な, 現実に即した. **Objektiv** 圏 《-s/-e》《顕微鏡・カメラの》[対物]レンズ. **Objektivität** 図 《-/》客観性; 公正さ. **Objektträger** 圏 《顕微鏡の》スライドガラス.

Oblate 図 《-/-n》〖料〗（丸形の）ウェファース, ゴーフル;〖宗〗オブラート〘剤;ょっ〙ホスチア.

Obleute ⇨ Obmann

obliegen[*]**, obliegen**[*] 圏 《雅》〖げ³〗(人の)責任(義務)である. **Obliegenheit, Obliegenheit** 図 《-/-en》〖雅〗義務, 責任, 職務.

obligat 圏〖皮肉〙お決まりの, いつもの;〖楽〗オブリガートの. **Obligation** 図 《-/-en》〖法〗債務; 〖経〗債券. **obligatorisch** 圏 義務の〘強制的の, 必須(ホッ)の〙; 〘法〙お決まりの.

Obligo 図 《-s/-s》〖商〗支払義務, 債務. **=buch** 圏〖商〗手形債務登録簿.

Oblt. 圏 Oberleutnant.

Obmann 圏 (pl ..männin, ..frau) (団体などの)会長;〖法〙審判長.

Oboe 図 《-/-n》〖楽〗オーボエ;（オルガンの）オーボエ音栓. **~n-konzert** ⊞ 〖楽〗オーボエコンチェルト〘協奏曲〙. **~n-sonate** 図〖楽〗オーボエソナタ. **Oboist** 圏 《-en, -in》オーボエ奏者.

Obolus 圏 《-/-, -se》ささやかな寄付金.

Obrigkeit 図 《-/-en》政庁, 政府機関, お上(益); 権力者. **obrigkeitlich** 圏 政府の, お上(益)の. **Obrigkeitsstaat** 圏 官治(官僚)国家.

obschon 腿 = obwohl.

Observatorium 図 《-s/..rien》観測所; 天文台; 気象台. **observieren** 囮 観測する;（嫌疑者などを）監視する.

obsiegen, ọbsiegen ⓗ 勝つ，勝利を得る．

obskūr よく分からない；うさんくさい，怪しげな．

obsolēt ⓗ 古風な，古臭い．

Obst [オープスト] ⓝ ⟨-(e)s/⟩ ⦅集合的⦆ (⟨ fruit⟩) 果物, フルーツ. ◆ *Danke für ~ [und Südfrüchte]!* ⦅話⦆お断りだね；意味ないし．

⦅関連語⦆ Ananas ⓕ パイナップル; Apfel ⓜ リンゴ; Apfelsine ⓕ オレンジ; Aprikose ⓕ アンズ; Banane ⓕ バナナ; Birne ⓕ 西洋ナシ; Erdbeere ⓕ イチゴ; Kirsche ⓕ サクランボ; Mandarine ⓕ ミカン; Orange ⓕ オレンジ; Pfirsich ⓜ モモ; Pflaume ⓕ プラム; Satsuma ⓕ ミカン; Zitrone ⓕ レモン; Zwetsche ⓕ プラム．

Ọbst-bau ⓜ 果樹(果物)の栽培．=**baum** ⓜ 果樹．=**garten** ⓜ 果樹園．=**händler** ⓜ 果物商人．

obstināt ⓗ 強情な，頑固な．

Ọbstkuchen ⓜ フルーツケーキ．

Ọbstler ⓜ ⟨-s/-⟩ (⦅南部⦆⟨ⓕ -in⟩) 果物栽培者；(果物から作った)蒸留酒，火酒．

Ọbstmesser ⓝ 果物ナイフ．

obstruiēren ⓗ 阻止(妨害)する；⦅医⦆(腸路などの)閉塞を起こす．**Obstruktion** ⓕ ⟨-/-en⟩ 阻止，⦅議事⦆妨害；⦅医⦆閉塞(症)；便秘．

Ọbst-saft ⓜ 果汁．=**salat** ⓜ フルーツサラダ．=**schale** ⓕ 果物殻；果物の皮．=**torte** ⓕ 果物のタルト，フルーツルテ．=**wein** ⓜ (ワイン以外の)果実酒．

obszȫn わいせつな，ひわいな，みだらな．**Obszönitǟt** ⓕ ⟨-/-en⟩ わいせつ；わいせつ言動．

Ọbus ⓜ ⟨-ses/-se⟩ トロリーバス(⟨ Oberleitungsomnibus⟩).

obwaltend 支配的な，支配的な．

Obwạldner オブヴァルデン(スイス Unterwalden 州の西部の半州)．

obwóhl [オプヴォール] ⓒⓙ ⦅従属⦆(⟨ although⟩) …だけれども，…にもかかわらず．

Ọchs ⓜ ⟨-en/-en⟩ ⦅南部・オースト⦆=Ochse.

Ọchse ⓜ ⟨-n/-n⟩ (⟨ ox⟩) (去勢した)雄牛; ⦅話⦆のろま，ばか．◆ *dastehen wie der ~ vorm neuen Tor* ⟨ vorm Berg, vorm Scheunentor⟩ 途方に暮れている．*den ~n hinter den Pflug spannen / den Pflug vor die ~n spannen* ⦅話⦆することがあべこべである．

ọchsen ⦅話⦆ ⓘ 猛勉強する．

Ọchsen-auge ⓝ ⦅建⦆(屋根の)丸窓；⦅菓⦆(円形の)乾菓；⦅方⦆(アーモンドなどの入った)丸形クッキー；目玉焼き；⦅植⦆ブラダルムム(キク科の一種)；⦅虫⦆ジャノメチョウの一種; ⦅鳥⦆ミソサザイ; ⦅医⦆牛眼, 牛眼. =**karren** ⓜ 牛車. =**schwanzsuppe** ⓕ ⦅料⦆オクステールスープ．=**tour** ⓕ ⦅戯⦆時間のかかる厄介な仕事．

ọcker ⓗ ⦅無変化⦆黄土色の．**Ọcker** ⓜ/ⓝ ⟨-s/-⟩ ⦅地学⦆黄土；⦅化⦆オーカー (黄土色顔料)．

od. ⓗ = oder または．

o.D. ⓗ = *ohne Datum* 日付の記載のない．

Ọde ⓕ ⟨-/-n⟩ ⦅文芸⦆頌歌(⟨ ⟨⟩), オード (高揚した感情の抒情詩形式)．

öde [エーデ], **öd** ⓗ 人気(⟨ ⟨⟩)のない，寂しい; (土地が)荒れ果てた，不毛の；退屈な，内容のない．**Öde** ⓕ ⟨-/-n⟩ 荒れ地；荒涼とした人気(⟨ ⟨⟩)のない，気配ない)さま．

Ödem ⓝ ⟨-s/-⟩ ⦅雅⦆呼吸．

Ödēm ⓝ ⟨-s/-e⟩ ⦅医⦆水腫(⟨ ⟨⟩), むくみ．

Ọdenwald (der ~) オーデンヴァルト (Main 川と Neckar 川にはさまれた山地)．

oder [オーダー] ⓒⓙ ⦅並列⦆ ❶ (⟨ or⟩) …か[または]…，…あるいは…. 〔命令文で〕さもないと．❷ つまり，言い換えれば．❸ ⦅話⦆違うかい，そうだろ．**不そのどちらかだ** *A ~ B* A か B か[どちらか一方]．**aber** さもなければは．**Ähnliche[s]** …など．**so** …とかそんなもの，…かそこいら．

Ọder (die ~) オーデル (ドイツ・ポーランドの国境を流れバルト海に注ぐ川)．

Ọder-Neiße-Linie (die ~) オーデル＝ナイセ＝ライン．

Ọdin ⦅北欧神⦆オーディン (最高神)．

Ọdipus ⦅ギ神⦆オイディプス(父を殺し，母と結婚したテバイの王)．=**komplex** ⓜ ⦅心⦆エディプスコンプレックス．

Ọdium ⓝ ⟨-s/-⟩ 汚点；汚名；敵意．

Ọdland ⓝ ⟨-[e]s/⟩ 不毛の地，荒地．

Odontologīe ⓕ ⟨-/-⟩ 歯科, 歯学．

Odyssēe ⓕ ⟨-/-n⟩ ⦅⦆オデュッセイア⦆ (ホメロスの長編叙事詩); 長い放浪の旅．

Odyssēus ⦅ギ神⦆オデュッセウス(『オデュッセイア』の主人公)．

oe = ö. **Oe** = Ö. **OE** = Ö.

OECD ⓕ 経済協力開発機構(⟨ ⓔ *Organization for Economic Cooperation and Development*).

Œuvre [エーヴル] ⓝ ⟨-s/-⟩ ⦅集合的⦆ (芸術家などの)全作品．

OEZ ⓕ ⟨-/⟩ *Osteuropäische Zeit* 東ヨーロッパ標準時．

Ofen [オーフェン] ⓜ ⟨-s/Öfen⟩ (⟨ⓔ *stove*) ストーブ；(料理用)オーブン．◆ *Der ~ ist aus.* ⦅話⦆もうおしまいだ．*ein heißer ~* ⦅話⦆高性能の車(バイク)．*hinterm ~ hocken* 家に閉じこもっている．=**bank** ⓕ 暖炉の前の長いす．

ọfenfrisch (パンなどが)焼きたての．

Ọfen-gabel ⓕ (暖炉の)火かき棒．=**heizung** ⓕ ストーブ暖房．=**rohr** ⓝ (暖炉と煙突との間の)煙道，室内煙突．=**röhre** ⓕ 天火，オーブン．=**schirm** ⓜ (防熱のためストーブの前に置く)ファイアスクリーン．=**setzer** ⓜ 暖炉工事職人．

ọffen [オッフェン] ⓗ ❶ (⟨ *open*⟩) (物が)開(⟨ ⟨⟩)いている; (店などが)開(⟨ ⟨⟩)いている，開館している; 開(⟨ ⟨⟩)かれた，遮るものがない，通行(通過)できる; (競技などが)出場制限のない．❷ 率直な，隠しだてしない，オープンな; (感情が)むきだしの, あからさまな．❸ (ポストが)空いている，ふさがっていない; 未決定〈未解決〉の; 未決済の．❹ (傷口が)開いている; 傷を負った; 量り売りの; (髪を)束ねて〈まとめて〉ない．◆ *~ bleiben* (ドアなどが)開いたままである; (案件・問題などが)未決〈未解決〉のままである．*~ für j-et³ sein / gegenüber j-et³ ~ sein* (…に対して)開かれている．*~ gesagt* ⟨*gesprochen*⟩ 正直言って．*~ halten*

(店・ドアなどを)開けておく; (地位・場所などを)空けて〈取って〉おく; ⦅*sich*³ *et*⁴⦆ (決定・実行などを)留保〈保留〉する. **～ *lassen*** (ドアなどを)開けておく; (地位・場所などを)空けておく; (問題・案件などを)未解決〈未決定〉のままにしておく. **～ *legen*** (…を)公にする, 公開する, 暴露する. **～ *stehen*** (ドアなどが)開いている; (地位などが)空いている; 〔商〕(勘定が)未払い〈未決済〉である; ⦅*j*³⦆ (公共施設などが利用者に)開かれている, 開放されている; (人の)裁量にゆだねられている.

Offenbach am Main オフェンバッハ アムマイン(ドイツ Hessen 州の工業都市).

offenbar [オッフェンバール, オフェンバール] [形] ([英] obvious)明らかな; はっきりした; [副] 見たところ〈どうやら〉…らしい.

offenbaren ❶ [他] ⦅*j*³ *et*⁴⦆ (人に秘密などを)打ち明ける, 漏らす, 告白する; 〔宗〕(神が…を)啓示する. ❷ [再] ⦅*sich*⁴ *j*³⦆ (…に)胸中を打ち明ける; ⦅*sich*⁴⦆ 明らかになる, 明るみに出る; ⦅*sich*⁴⦆ (神が)示現する.

Offenbarung [女] ⦅-/-en⦆ 打ち明け〔話〕, 告白; 〔法〕開示; 〔宗〕啓示; 天啓, 悟り, 閃き. **～s=eid** [男] 〔法〕(財産などに関する)開示宣誓. **～s=religion** [女] 〔宗〕啓示宗教.

offen|bleiben*, |halten* [自]⇨ offen ✦

Offenheit [女] ⦅-/-en⦆ 率直, 開放性; 公明正大, 偏見のなさ.

offen=herzig [形] 率直な, ざっくばらんな, 開けっ広げな; ⦅戯⦆(女性の服が)胸ぐりの大きい. **=kundig** [形] 明白な, 周知の, 分かりきった. **|lassen*, |legen** [他] ⇨ offen ✦

Offenmarkt [男] 公開市場. **=politik** [女] 〔経〕公開市場政策.

offensichtlich [形] 明らかな, 明白な; [副] どうやら(…のようだ).

offensiv [形] 攻撃的〈好戦的〉な, 攻勢の.

Offensive [女] ⦅-/-n⦆ 攻撃, 攻勢.

offen|stehen* [自]⇨ offen ✦

öffentlich [エッフェントリヒ] [形] ❶ ([英] public)公開の; 公認の, 公然たる, 周知の: ein ～*es* Geheimnis 公然の秘密. ❷ 公共の, 公衆の: die ～*e* Meinung 世論. ❸ 公の, 公的な, 公共の, 公立の.

Öffentlichkeit [エッフェントリヒカイト] [女] ⦅-/⦆ ⦅集合的⦆ ([英] public)世間, 世間一般の人々, 公衆, 公共; (裁判・会議などの)公開. ✦ ***an* 〈*in, vor*〉 *die* ～ *bringen*** (…を)世間に公表する. ***an* 〈*in*〉 *die* ～ *dringen*** 世間に知れ渡る. ***in* 〈*vor*〉 *aller* ～** 公然と; 人前で. ***unter Ausschluss der* ～** 傍聴禁止で, 非公開で. **～s=arbeit** [女] 広報活動; 宣伝, ピーアール.

öffentlich-rechtlich [形] 公法〔上〕の.

offerieren [他] 〔商〕(商品などを)売りに出す, オファーする; ⦅*j*³ *et*⁴⦆ (人に…を)差し出す, 提供する.

Offert [中] ⦅-〔e〕s/-e⦆ ⦅ｵｰｽﾄﾘｱ⦆= Offerte.

Offerte [女] ⦅-/-n⦆ (商品の)提供〔の申し込み〕, オファー; 提供物件; (提供物件の)価格〈条件〉提示, つけ値.

Offizialverteidiger [男] 国選〈官選〉弁護人.

offiziell [オフィツィエル] [形] ❶ ([英] official)公式の, 公的な, 公務の. ❷ 正式の; 形式ばった, 改まった; 〖話〗表向きの, たてまえの.

Offizier [オフィツィーア] [男] ⦅-s/-e⦆ ([英] officer)将校, 士官; (チェスで Bauer 以外の)大駒. **～s=anwärter** [男] 〔軍〕士官候補生. **～s=korps** [中] 将校団. **～s=schule** [女] 士官学校.

offizinell [形] 薬用の, 薬効のある; 〔薬〕局方の.

offiziös [形] 半公式の, 半官半民の.

offline ([英] off line) [副] 〔ｺﾝﾋﾟｭｰﾀ〕オフラインで.

öffnen [エフネン] ⦅öffnete; geöffnet⦆ [他] ❶ ([英] open)開ける, 開く, 広げる; ⦅*sich*⁴⦆ (ドア・つぼみなどが)開く. ❷ (店などを)開ける, 開店〈開場, 開館〉する. ❸ ⦅*sich*⁴ *j*³⦆ (人に)心中を打ちあける.

Öffner [男] ⦅-s/-⦆ オープナー(缶切り・栓抜きなど); (リモコン方式の)開扉装置.

öffnete ⇨ öffnen

Öffnung [女] ⦅-/-en⦆ 開ける〈開く〉こと, 開放; 開口部; 穴, 透き間. **～s=politik** [女] 門戸〈市場〉開放政策. **～s=zeit** [女] 開館時間; 営業時間.

Offsetdruck [男] ⦅-〔e〕s/-e⦆ オフセット印刷; オフセット印刷物.

o-förmig, O-förmig [形] O 字形の.

oft [オフト] [副] ⦅öfter, am öftesten⦆ ([英] often)しばしば, 何度も, よく, たびたび.

öfter [エフター] (→ oft) [副] より頻繁に; ⦅絶対的用法で⦆何度か, 数回. ✦ ***des Öfter*〔*e*〕*n*** 何度か; ときおり.

öfters [エフタァス] [副] ⦅方⦆ 何度か, 数回. **öftest** (→ oft) [副] ⦅am öftesten の形で⦆ 最もしばしば.

oft=malig [形] しばしば, たびたび. **=mals** [副] しばしば, たびたび, 何度も.

oh [間] おお(驚嘆・歓喜・悲嘆の声).

oha [間] 〖話〗まあ(驚きの声).

OHG [略] *O*ffene *H*andelsgesellschaft 合名会社.

Ohm ❶ [中] ⦅-/-⦆ 〔電〕オーム(電気抵抗の単位). ❷ Georg Simon, オーム(1789-1854; ドイツの物理学者).

ohne [オーネ] [前] ⦅4格支配⦆ ❶ ([英] without) …なしに〈で〉; …を用いずに; …を持たずに〈連れずに〉; …を含めずに. ❷ ⦅仮定⦆ …がなくては, …がないときには; ⦅接続法Ⅱと⦆ もし…がなかったら: *Ohne* Fleiß kein Preis. 〖諺〗労せずして得るものなし. ❸ 〖話〗⦅後続の名詞を省略して⦆ つけずに: Ich rauche ～. フィルターなしのタバコを吸います. ✦ ***nicht* 〔*so, ganz*〕 ～ *sein*** 〖話〗まんざら悪くもない, なかなか捨てたものでもない; なかなか油断できない; (ワインが)強い. **～ ...** ⦅＋ zu 不定詞句⦆ / **～ *dass...*** …することなしに, …せずに; …その結果は. ***Ohne mich!*** 私は除外してください. **～ *weiteres*** 簡単に, あっさり.

ohne=dies [副] = ohnehin. **=einander** [副] 互いに相手なしで. **=gleichen** [副] 比類なく. **=hin** [副] そうでなくとも, どっちみち, いずれにせよ.

Ohnmacht [オーンマハト] [女] ⦅-/-en⦆ ([英] faint)失神, 気絶; 無力, 脱力感.

ohnmächtig [形] ([英] unconscious)気絶した, 失神した, 意識不明の; 無力な.

Ohnmachtsgefühl 中 無力感.
oho 間 へえ, ほう《意外・異議の声》.
Ohr [オーア] 中 《-[e]s/-en》 (® ear) 耳; 聴覚: Es saust 〈braust〉 mir in den ~en. 耳鳴りがする. ◆ **auf den** 〈seinen〉 ~**en sitzen** 《話》うわの空で聞く. **auf diesem** 〈auf dem〉 ~ **schlecht** 〈gut〉 **hören** 《話》この耳はよくない. **aufs** ~ **legen** 〈hauen〉《話》《sich³ ~》横になる, 寝る. **bis über die** 〈beide〉 ~**en** 《話》ほとんど全身, まるまる. **die** ~**en hängen lassen** 《話》気落ちがっかり〉している. **die ~en lang ziehen** 《話》《j³》(人に)小言を言う. **ein ~ spitzen** 《話》じっくり耳を傾ける. **die ~en voll jammern** 《話》《j³》(人に)泣きごとを並べ立てる. **ein feines ~ für et⁴ haben** (…が)よく聞こえる; (…に)センスがある. **ein geneigtes** 〈offenes, williges〉 ~ **finden** 〈bei j³〉(人に)願いを聞き入れてもらう. **ein offenes ~ für et⁴ haben** (…を)聞き入れる. **eins** 〈ein paar〉 **hinter die ~en bekommen** 〈kriegen〉 《話》びんたを食らう. **ein paar hinter die ~en geben** 〈j³〉《話》びんたを食わす. **ganz ~ sein** 全身を耳にして聞く. **Hast du keine ~en?** 君は耳がないのか. **hinter den ~en kratzen** 《話》《sich³》(当惑して)頭をかく. **hinter die ~en schreiben** 《話》《sich³ et⁴》(…が)耳に残っている. **in den ~en liegen** 《話》《j³ mit et³》(人に)(…を)せがむ. **j³ klingen die ~en.** 《話》(どこかで話題にされて)くしゃみが出る. [leicht] **ins ~ gehen** (メロディーが)耳に入りやすい, 覚えやすい. **mit den ~en schlackern** 《話》大いにめんくらう. **mit halbem ~ zuhören** 〈~hinhören〉うわの空で聞く. **nichts für fremde** 〈zarte〉 ~**en sein** 他人〈女性〉には言えないことだ. **noch feucht** 〈noch nicht trocken〉 **hinter den ~en sein** 《話》まだ未熟である. **seinen ~en nicht trauen** 自分の耳を疑う. **seine ~en verschließen** 〈vor j³〉(人の)話に耳をかさない. **sein** ~ **leihen** 〈j³〉(人の)話に耳を傾ける. **tauben ~en predigen** いくら言っても通じない. **übers ~ hauen** (人を)だます; ぶらかす. **um ein geneigtes ~ bitten**《話》《bei j³》(人の)同意を求める; (人に)話を聞いてくれと頼む. **viel um die ~en haben** 《話》とても忙しい. **von einem ~ zum anderen strahlen** 〈grinsen〉《話》満面笑みに輝く〈ニタニタする〉. **zum einen ~ hinein- und zum anderen hinausgehen** 《話》《bei j³》(人には)話が右から左に抜ける, 馬耳東風だ. **zu ~en kommen** 〈j³〉(人の)耳に入る.

Ohr 中 《-[e]s/-e》 針の穴, めど; 取っ手.
Ohren-arzt 男 耳鼻咽喉科医. **-beichte** 囡 《宗教》告解室でのざんげ.
ohren-betäubend 形 耳をつんざくような, やかましい. **-fällig** 形 耳にはっきり聞こえる, 聞き逃しようのない. **-krank** 形 耳の病気にかかった.
Ohren-sausen 中 《-s/》 耳鳴り. **-schmalz** 中 耳あか. **-schmaus** 男

《話》耳に快いもの, 耳のごちそう(音楽など). **-schmerz** 男 耳痛. **-schützer** 男 (防寒用の)耳当て. **-sessel** 男 ウィングチェア(左右に頭受けのついた安楽いす). **-stöpsel** 男 耳栓(ぱん).
ohrenzerreißend 形 耳をつんざくばかりの.
Ohrenzeuge 男 自分の耳で聞いた[ことを証言できる]人.
Ohrfeige 囡 (ほおへの)平手打ち, びんた. **ohrfeigen** 他 (人の)横っらを張る, (人に)びんたを食らわせる. **Ohrfeigengesicht** 中 なまいきな〈ふてぶてしい〉顔つき.
Ohr-gehänge 中 ドロップイヤリング. **-läppchen** 中 耳たぶ. **-loch** 中 (ピアスのための)耳の穴. **[医] ohrmuschel** 囡 [医] 耳介(じかい). **-ring** 男 イヤリング. **-stecker** 男 ピアス. **-trommel** 囡 [楽] 鼓膜. **-trompete** 囡 耳管. **-wurm** 男 [虫] ハサミムシ 《話》覚えやすい流行歌; [俗] 追従家, おべっか使い.
..oid 形 「…に似た[もの〈物質〉]」の意.
o.J. = ohne Jahr[esangabe] 発行〈出版〉年の記載なし.
oje[mine] 間 ええっ(当惑・恐怖の声).
o.k., O.K. = okay. **o.K.** = ohne Kosten を除く. **OK** 中 Organisierte Kriminalität 組織犯罪.
Okarina 囡 《-/-..nen》オカリナ.
okay [オケー] ❶ = o.k., O.K.]《話》オーケー, 了解. ❷ 形 《話》良好な, きちんとした. 大丈夫な. 間違い〈支障〉のない: Es ist alles ~. 万事申し分なしだ. **Okay** 中 《-[s]/-s》 承認, 賛成.
Okkasion 囡 《-/-en》 買得品, 格安品.
okkult 形 超自然的な, 不可思議な.
Okkultismus 男 《-/》 神秘〈心霊〉学, 心霊主義, 心霊術, 神秘療法.
Okkultist 男 《-en/-en》 神秘〈心霊〉学[上]の, 心霊主義の.
Okkupant 男 《-en/-en》 占領国〈軍〉; 《法》 占取者. **Okkupation** 囡 《-/-en》 占領; 《法》 占取. **okkupieren** 他 占領する; 《法》 占取する.
Öko-.. 「自然環境保護の…, エコロジーの…」の意.
Öko-audit 中 環境監査(アセスメント). **-bewegung** 囡 生態系保全運動, 環境保全〈自然保護〉運動. **-freak** 男 環境保全〈自然食品〉マニア, エコフリーク. **-laden** 男 自然食品販売店.
Ökologe 男 《-n/-n》 生態学者. **Ökologie** 囡 《-/》 生態学, エコロジー.
ökologisch 形 生態学(エコロジー)の; 生態系の.
Ökonom 男 《-en/-en》 営農家, 農場管理人; 経済学者.
Ökonomie [エコノミー] 囡 《-/-n》 (® economy) 経済, 経済学; 経済性, 倹約, 節約; 家政; 管理; [南部・オ] 農業経営. **ökonomisch** 形 経済[上]の; 経済学の; 経済的な, 効率のよい, 無駄のない.
Öko-paxbewegung 囡 環境〈生態系〉保全・平和維持の[市民]運動. **-steuer** 囡 環境税. **-system** 中 生態系.
Okra-schote 囡 オクラのさや.
Okt. = Oktober.

Oktaeder 中 ⦅-s/-⦆ ⦅数⦆⦅正⦆八面体.
Oktant 男 ⦅-en/-en⦆ ⦅数⦆ 八分円; ⦅海⦆ 八分儀; ⦅天⦆ 八分儀座. **Oktanzahl** 女 ⦅化⦆ オクタン価.
Oktav 中 ⦅-s/-⦆ ⦅印⦆ 八つ折り判, オクタボ. **Oktava** 女 ⦅-/-.ven⦆ ⦅音⦆ オクターヴ; ⦅ギムナジウムの⦆ 第8学年. **Oktavaner** 男 ⦅-s/-⦆ ⦅-**in**⦆ ⦅女⦆ Oktava の生徒. **Oktavband** 男 八つ折り判の本. **Oktave** 女 ⦅-/-n⦆ ⦅楽⦆第8度[音程], オクターブ; ⦅詩⦆8行連句. = Oktava, Oktave
Oktett 中 ⦅-[e]s/-e⦆ 八重奏(唱)曲; 八重奏団.
Oktober [オクトーバー] 男 ⦅-[s]/-⦆ ⦅英 October⦆10月(略 **Okt.**). =**fest** 中 十月祭, オクトーバーフェスト(ミュンヘンのビール祭り).
Oktogon 中 ⦅-[e]s/-e⦆8角形の建物.
Oktopode 男 ⦅-n/-n⦆ ⦅動⦆ タコ類.
oktroyieren [---´---] 他 ⦅j³ et¹⦆ (人に…を)押しつける, 無理強いする.
okular 形 目の; 目にする, 視覚上の.
okulieren 他 ⦅…に⦆芽つぎをする.
Ökumene 女 ⦅-/-⦆ ⦅地理⦆ 人類生存地域; 全キリスト教徒. **ökumenisch** 形 ⦅地理⦆の; ⦅地理⦆ 人類生存地域の; 全キリスト教徒の.
Okzident 男 ⦅-s/-⦆ 西洋, ヨーロッパ; ⦅古⦆ 西[方]. **okzidental** 形 西洋(ヨーロッパ)の.
ö.L. 中 östlicher Länge 東経(…度)の.
Öl [エール] 中 ⦅-[e]s/ 種類-e⦆ ⦅英 oil⦆ 油, オイル; 石油; 食用油; ピーナツオイル; サンオイル; 油性塗料. ◆ ~ *auf die Wogen gießen* 興奮を静める. = *ins Feuer gießen* 火に油を注ぐ, 一段と激しい物にする. =**baum** 男 オリーブの木. =**berg** 男 (der ~) ⦅キリストが昇天したとされる⦆エルサレム近郊の橄欖(かんらん)山, オリーブ山. =**bild** 中 油絵.
Oldenburg オルデンブルク(ドイツ北西部の工業都市).
Oldie 男 ⦅-s/-s⦆ ⦅話⦆ むかしのヒット曲, なつメロ; むかしの映画.
Öldruck 男 ⦅-[e]s/-e⦆ ⦅印⦆ オイル印画; 油圧. =**bremse** 女 油圧ブレーキ. =**messer** 男 油圧計.
Oldtimer 男 ⦅-s/-⦆ 旧型の乗り物(特にクラシックカー); ⦅競⦆ 年季の入った選手.
Oleander 男 ⦅-s/-⦆ ⦅植⦆ セイヨウキョウチクトウ(西洋夾竹桃).
ölen 他 ⦅…に⦆油を塗る(差す); ⦅雅⦆⦅宗⦆ (人に)塗油する. ◆ *wie geölt gehen* ⦅話⦆ スムーズに進行する.
Öler 男 ⦅-s/-⦆ 給油(注油)器, 油差し.
Ölfarbe 女 油絵の具, 油性塗料.
OLG 女 Oberlandesgericht.
Ölgemälde 中 油絵. =**gewinnung** 女 石油の採掘(産出); 植物油の採取(産出). =**götze** 男 ◆ *wie ein ~* ⦅話⦆ でくのぼうのように; ぼかんとして. =**heizung** 女 石油暖房.
ölig 形 油の; 油っぽい, 油だらけの; ⦅蔑⦆ おべっかの, 人に取り入ろうとする.
Oligarchie 女 ⦅-/-n⦆ 寡頭制(政治).
Oligopol 中 ⦅-s/-e⦆ ⦅経⦆ 寡占.
oliv 形 ⦅無変化に⦆ オリーブ色の.
Olive 女 ⦅-/-n⦆ ⦅英 olive⦆ オリーブ; オリーブの実. ~**n**=**baum** 男 オリーブの木.
oliven=**farben**, =**farbig** 形 = olivgrün.
Oliven=**öl** 中 オリーブ油.
olivgrün 形 オリーブ色(黄緑色)の.
Öl=**kanister** 男 石油缶. =**kanne** 女 石油缶. =**katastrophe** 女 石油の大事故, 石油流出災害. =**krise** 女 石油危機. =**kuchen** 男 植物油の搾りかす, 油かす(家畜の飼料). =**kühler** 男 エンジンオイル冷却装置, オイルクーラー. =**lampe** 女 石油(灯油)ランプ. =**leitung** 女 石油送油(給油)管, パイプライン. =**malerei** 女 油絵法. =**mühle** 女 搾油所. =**ofen** 男 石油ストーブ, オイルヒーター. =**palme** 女 ⦅植⦆⦅ギニア⦆アブラヤシ. =**papier** 中 油紙. =**pest** 女 (原油流出などによる沿岸海域の)石油汚染. =**quelle** 女 石油泉(井). =**raffinerie** 女 精油所. =**sardine** 女 オイルサーディン(イワシの油漬けのイワシ). =**schicht** 女 油層. =**stand** 男 (タンク内の)油(オイル)の量. =**standmesser** 男 オイルゲージ. =**tank** 男 石油(オイル)タンク. =**tanker** 男 石油運搬船, タンカー. =**teppich** 男 水面に広がった油膜. =**tuch** 中 油布, オイルクロス(スキン).
Ölung 女 ◆ *die Letzte ~* ⦅宗⦆ 終油の秘跡.
Öl=**verbrauch** 男 石油の消費[量]. =**vorkommen** 中 石油の産出(埋蔵)地.
Olymp 男 ⦅-s/-⦆ ❶ (der ~)オリンポス(山頂に神々が住むと考えられたギリシアの高峰). ❷ ⦅話⦆⦅劇場の最上階観覧席, 天井桟敷; ⦅話⦆⦅学校⦆の教員室.
Olympia 中 ❶ オリンピア(古代オリンピック競技の行われた聖地). ❷ ⦅-[s]/⦆ ⦅雅⦆オリンピック競技大会. **Olympiade** 女 ⦅-/-n⦆ オリンピック競技大会; オリンピアード(古代ギリシアのオリンピック競技開催周期の4年間).
Olympia=**mannschaft** 女 オリンピックチーム. =**medaille** 女 オリンピックメダル. =**stadion** 中 オリンピックスタジアム.
olympisch 形 オリンピックの; オリンポス(の, 神々の)ような; こうごうしい, 崇高な.
Öl=**zeug** 中 (船員用の油布製)防水服. =**zweig** 男 オリーブの枝(平和の象徴).
Oma 女 ⦅-/-s⦆ ⦅幼児⦆ おばあちゃん; ⦅話⦆ 婦人.
..omane「…狂の人, …マニア」の意.
Ombudsmann 男 ⦅⦅..frau⦆⦆ オンブズマン, 行政監察委員.
Omega 中 ⦅-[s]/-s⦆ オメガ(ギリシャ字母の第24字: Ω, ω).
Omelett 中 ⦅-[e]s/-e, -s⦆, **Omelette** 女 ⦅-/-n⦆ オムレツ.
Omen 中 ⦅-s/Omina⦆ 前兆, 徴候, 兆し.
Omikron 中 ⦅-s/-s⦆ オミクロン(ギリシア字母の第15字: Ο, ο).
ominös 形 不吉な; 悪いことが起こりそうな; 怪しげな.
Omnibus 男 バス. =**bahnhof** 男 バスターミナル. =**linie** 女 バス路線.
omnipotent 形 (神の)全能の; 絶対的な権力を持った.
Omnium 中 ⦅-s/..nien⦆ ⦅集合的⦆ 総称

担保株券.

Onanie 女 ⟨-/-⟩ オナニー, 自慰.
onanieren 自 オナニー(自慰)をする.
Onaniervorlage 女 ⟨話⟩ オナペット.
ÖNB 女 ⟨-/-⟩ Österreichische Nationalbank オーストリア国立銀行; Österreichische Nationalbibliothek オーストリア国立図書館.
Ondit [オンディー] 中 ⟨-[s]/-s⟩うわさ.
ondulieren 他 ⟨j-et³⟩ (人の髪に・髪に)ウェーブをつける.
Onkel [オンケル] 男 ⟨-s/-・⟨話⟩-s⟩ (® uncle)おじ(伯父・叔父); ⟨幼児⟩(大人の男性に対して)[よそのおじさん;⟨腹⟩男. =**ehe** 女 ⟨話⟩(寡婦年金継続のため正規の再婚手続をしない)寡婦の内縁関係.
onkelhaft 形 おじのような; 親切な, 如才ない; ⟨皮肉⟩恩着せがましい.
onkogen 形 ⟨医⟩発癌(がん)性の.
Onkologie 女 ⟨-/-⟩ ⟨医⟩腫瘍(しゅよう)学.
online (® **on line**) 形 ⟨コン⟩ オンラインの. **Online-dienst** 男 ⟨コン⟩ オンラインサービス.
ONO ⟨略⟩ Ostnordost[en] 東北東.
Önologie 女 ⟨-/-⟩ ブドウ栽培法⟨学⟩; ワイン醸造学.
onomatopoetisch 形 ⟨言⟩擬声[語]の, 擬音[語]の.
Onomatopöie 女 ⟨-/-n⟩ ⟨言⟩擬音[語], 擬声語; ⟨修辞⟩声喩(ゆ)法.
Ontogenese 女 ⟨-/-n⟩ ⟨生⟩個体発生.
Ontologie 女 ⟨-/-⟩ ⟨哲⟩存在論.
Onyx 男 ⟨-[es]/-e⟩ ⟨鉱物⟩オニキス, 縞瑪瑙(しまめのう).
o.O. ⟨略⟩ ohne Ort ⟨Ortsangabe⟩ [印] 発行地の記載なし; ohne Obligo ⟨商⟩ 担保⟨保証⟩なしで. **OÖ.** ⟨略⟩ Oberösterreich.
o.ö.Prof. ⟨略⟩ ordentlicher öffentlicher Professor 国立⟨公立⟩大学[正]教授.
o.O.u.J. ⟨略⟩ ohne Ort und Jahr (書籍について)発行地および発行年の記載なし.
op. ⟨略⟩ Opus ⟨楽⟩作品. **o.P.** ⟨略⟩ = o. Prof.
OP 男 ⟨-[s]/-[s]⟩ ⟨医⟩手術室(< Operationssaal).
Opa 男 ⟨-s/-s⟩ ⟨幼児⟩おじいちゃん; ⟨話⟩おじさん.
opak 形 不透明な, 光を通さない.
Opal 男 ⟨-s/-e⟩ ⟨鉱物⟩ オパール, 蛋白(たんぱく)石; オパール織⟨の綿布⟩.
Opaleszenz 女 ⟨-/-⟩ ⟨医⟩乳白光; ⟨医⟩乳濁, オパール様混濁. **Opalglas** 中 乳白ガラス. **opalisieren** 自 乳白光を発する; ⟨医⟩乳濁している.
Op-Art (® **Op-art**) 女 ⟨-/-⟩ オプアート(光学的トリックを用いる抽象美術の一技法).
OPEC 女 ⟨-/-⟩ 石油輸出国機構(< ® Organization of Petroleum Exporting Countries).
Opel ⟨商標⟩ オペル(ドイツの自動車製造会社およびその車).
Oper [オーパァ] 女 ⟨-/-n⟩ (® opera) オペラ, 歌劇; オペラハウス, オペラ座. ♦ *an die* ⟨*zur*⟩ ~ *gehen* オペラ歌手になる. *in die* ~ *gehen* オペラを見に行く. ~*n erzählen* ⟨*reden, quatschen*⟩ ⟨話⟩ くだらないことを言う.
Opera ⇨ **Opus**

---

461 opportun

Operand 中 ⟨-en/-en⟩ ⟨コン⟩演算数, オペランド.
Operateur [オペラテーァ] 男 ⟨-s/-e⟩ ⟨医⟩(手術の)執刀医; 放送⟨無電⟩技師; ⟨コン⟩オペレーター; 映写技師.
Operation [オペラツィオーン] 女 ⟨-/-en⟩ ❶ (® operation) ⟨医⟩手術. ❷ ⟨軍⟩作戦[行動]. ❸ (学問上の)操作, 処理. ♦ ~ *gelungen, Patient tot* ⟨皮肉⟩手術⟨発想⟩はよかったが, 目的は達成されなかった. ~**s-basis** 女 ⟨軍⟩作戦基地. ~**s-code** 男 ⟨コン⟩操作⟨処理⟩コード. ~**s-kittel** 男 手術着. ~**s-saal** 男 手術室 (®OP).
operativ 形 ⟨医⟩手術の(による); ⟨軍⟩作戦[上]の; 実効のある; 実施上の.
Operator 男 ⟨-s/-en⟩ ⟨理⟩数学・論理の)作用素, 演算子; (® **-in**) ⟨コン⟩オペレーター.
Operette 女 ⟨-/-n⟩ オペレッタ, 喜歌劇; オペレッタ劇場⟨劇団⟩.
operieren [オペリーレン] (operierte; operiert) ❶ (® operate) ⟨医⟩ 手術する. ❷ (® 行動する; ⟨軍⟩作戦⟨軍事⟩行動をする; ⟨mit et³⟩ (…で)操作する; 使用する.
Opernglas 中 オペラグラス.
opernhaft 形 オペラ風の; (オペラのように)華麗⟨豪華⟩な.
Opern-haus 中 オペラハウス, オペラ座. =**sänger** 男 (® **-in**) オペラ歌手. =**text** 男 オペラ台本, リブレット.
Opfer [オプファァ] 中 ⟨-s/-⟩ (® sacrifice)(神への)いけにえ, 供え物; 犠牲[と]; 犠牲的行為; (教会などへの)寄付. ♦ *ein* ~*bringen* (…のために)犠牲を払う. *kein* ~ *scheuen* どんな犠牲もいとわない. *zum* ~ *bringen* ⟨*j-et³*⟩ (人のために…を)犠牲にする. *zum* ~ *fallen* ⟨*j-et³*⟩ (…の)犠牲になる.
opfer-bereit, -freudig 形 犠牲をいとわない, 献身的な.
Opfer-gabe 女 供物, いけにえ, ささげ物. =**lamm** 中 いけにえの小羊; ⟨宗⟩神の小羊(イエスキリストの別名); 無実の罪を着せられた人.
opfern 他 ⟨® sacrifice⟩ (*j³ et⁴*) (神に…を)いけにえとしてささげる; ⟨*j-et⁴ et⁴ für j-et⁴ et⁴*⟩ (…のために…を)犠牲にする, 捧げる; ⟨*sich für j-et*⟩ (…のために)犠牲になる. 身をささげる.
Opfer-sinn 男 犠牲心. =**stock** 男 (教会の)献金箱. =**tier** 中 いけにえの動物. =**tod** 男 犠牲的な死.
Opferung 女 ⟨-/-en⟩ いけにえをささげること; 犠牲にさせること; ⟨カト⟩(パン・ブドウ酒の)奉納式; 奉納祈願文.
opferwillig 形 = **opferbereit**.
Opiat 中 ⟨-[e]s/-e⟩ アヘン剤.
Opium 中 ⟨-s/-⟩ アヘン. =**krieg** 男 アヘン戦争(清国(しん)対イギリス; 1840-42). =**sucht** 女 アヘン中毒症.
Opossum 中 ⟨-s/-s⟩ ⟨動⟩ フクロネズミ; 男 ⟨-s/-s⟩ フクロネズミの毛皮.
Opponent 男 ⟨-en/-en⟩ (® **-in**) (討論の)相手, 反論者, 論敵. **opponieren** 自 ⟨*gegen j-et*⟩ (…に)反論⟨反対⟩する. 反抗⟨抵抗⟩する.
opportun 形 時宜にかなった, 好都合な; 適切な.

Opportunismus 男 《-/》日和見主義, ご都合主義, 無定見. **Opportunist** 男 《-en/-en》 (⚥ **-in**) 日和見主義者, 風見鶏のような人. **opportunistisch** 形 日和見主義的な, 無定見な.

Opposition [オポツィツィオーン] 女 《-/-en》反対派, 野党; 反論, 反対, 対立; 〘議・哲〙対当, 対立; 〘天〙(2個の天体の)衝(⁴). **oppositionell** 形 反対(対立)の; 反対派(野党)の. **Oppositionsführer** 男 野党指導者〈党首〉.

o.Prof. = *ordentlicher Professor* 正教授.

OP-Saal = Operationssaal.

optieren 自 《*für j-et*⁴》 (…のほうに)決める. (…を)選ぶ; (…の国籍を選ぶ).

Optik 女 《-/-en》光学; (光学機器のレンズ部分、光学系; (総称的の)光学メーカー; 視覚的印象; 外観. **Optiker** 男 《-s/-》 (⚥ **-in**) 眼鏡屋, 光学機器商; 眼鏡〈光学製品〉製作者.

optimal 形 最善〈最高〉の, 最適の. **optimieren** 他 最善の状態にする, できるだけ完全にする, 最大限に活用する.

Optimismus [オプティミスムス] 男 《- (⚥ optimism) 楽天主義, オプティミズム, 楽観論. **Optimist** 男 《-en/-en》 (⚥ **-in**) 楽天〈楽観〉主義者, 楽天家, のんきな人. **optimistisch** 形 楽天〈楽観〉的な, のんきな.

Optimum 中 《-s/..tima》 (ある条件下での)最善, 最高(度), 最大〈限〉; (生物の生存するための)最適条件〈環境〉.

Option 女 《-/-en》選択(権); 〘法〙国籍選択(オプション), 選択(我頭.

optisch 形 視覚的な, 目の; 光の, 光学〈上〉の; 外観〈上〉の.

Optoelektronik 女 《-/》オプトエレクトロニクス, 光(〘学〙)電子工学.

opulent 形 (食事が)豪華な.

Opus 中 《-/-Opera》芸術作品 (学術的な)著作; (芸術家などの)全作品, 全著作.

Orakel 中 《-s/-》神託, 託宣, 予言; お告げ; (神託を告げる)神宮. **orakelhaft** 形 神託のような; なぞめいた, 神秘的な. **orakeln** 自 《話》 なぞめいた言いかたをする, 予言する.

oral 形 口の; 〘医〙経口の; 口述の.

orange [オラ―ンジェ] 形 《無変化》オレンジ色の, だいだい色の.

Orange [オラ―ンジェ] 中 《-/》 (⚥ orange) 女 《-/-n》 オレンジ(の実); 女 《-/-n》 (話・詩)オレンジ色. **Orangeade** [オランジャーデ] 女 《-/-n》 オレンジエード(飲料).

Orangeat [オランジャ―ト] 中 《-[-e]s/種種-e》オレンジピール(オレンジの皮の砂糖漬). **orangefarben** 形 オレンジ色の, だいだい色の. **Orangensaft** 男 オレンジジュース.

Orangerie 女 《-/-n》オランジュリー (17-18世紀の庭園の南国植物用温室).

Orang-Utan 男 《-s/-s》 〘動〙オランウータン.

Oratorium 中 《-s/..rien》 〘楽〙オラトリオ, 聖譚(た)曲; 《宗教》祈禱(な)室.

Orbit 男 《-s/-s》 〘宇〙(天体・人工衛星などの)軌道, オービット. **orbital** 形 〘宇〙 軌道の; 〘医〙眼窩(ホタ)の. **Orbitalstation** 女 〘宇〙軌道科学ステーション.

Orchester [オルケスター] 中 《-s/-》 (⚥ orchestra) オーケストラ, 管弦楽(団); オーケストラボックス(ピット). **=begleitung** 女 オーケストラ伴奏. **=graben** 男 〘劇〙(の)オーケストラボックス(ピット). **=loge** 女 オーケストラボックス上の桟敷席. **=musiker** 男 オーケストラ/管弦楽(団)の団員. **=raum** 男 = Orchestergraben. **=stück** 中 オーケストラ用楽曲, 管弦楽曲.

orchestrieren 他 オーケストラ用に編曲する.

Orchidee 女 《-/-n》 〘植〙ラン(蘭).

ord. 略 = *ordinär* ②.

Orden [オルデン] 男 《-s/-》 ❶ 勲章. ❷ 結社; 教団, 修道会: der Deutsche ~ 〘史〙ドイツ騎士団. **~s=band** 中 勲章の綬(じ)(リボン). **~s=bruder** 男 修道会士. **~s=geistliche[r]** 男 〘形容詞化の〙修道会司祭. **~s=kleid** 中 修道会服. **~s=regel** 女 修道会の戒律. **~s=schwester** 女 修道女. **~s=stern** 男 星形勲章. **=verleihung** 女 叙勲.

ordentlich [オルデントリヒ] 形 ❶ 秩序のある, 整然たる, きちんとした: まじめな, 堅実な. ❷ 正規の, 本式の, 〘話〙ちゃんとした, まともな. ❸ (程度が)甚だしい, 相当な(非常に); たっぷり.

Order 女 《-, -n/-en》命令, 指示; 指示: 《-/-s》〘商〙注文, 指図. **=buch** 中 〘商〙受注控え簿, 注文文控え帳. **=klausel** 女 〘商〙(手形などの)指図条項. **ordern** 他 〘商〙(商品を)注文〈発注〉する. **Orderpapier** 中 〘商〙指図証券(手形・株券など).

Ordinale 中 《-s/..lia》, **Ordinalzahl** 女 序数.

ordinär 形 ❶ 下品な, 卑俗な; ありきたりの; 平凡な; 安物の. ❷ 〘商〙(書籍に関して)定価の, 値引きをした.

Ordinariat 中 《-[-e]s/-e》正教授のポスト〈地位〉; 〘ネテ〙司教区事務局.

Ordinarius 男 《-/..rien》 (大学の)正教授; 〘ネテ〙教会裁判権者 (司教・教皇など); 教区司教.

Ordinate 女 《-/-n》縦座標, Y 座標. **~n=achse** 女 〘数〙縦軸, Y 軸.

Ordination [オルディナツィオ―ン] 女 《-/-en》 〘ネテ〙 〘バプテス〙 牧師叙任(式); 〘エホ〙叙職(叙品)式; 〘医オ〙(医師の) 診察室. **ordinieren** 他 ❶ 〘ネテ〙 〘バプ〙 (人を)牧師に任じる; 〘エホ〙聖職に叙階〈叙品〉する; 〘医〙(薬を)処方する. ❷ 自 〘医オ〙診察する.

ordnen [オルドネン] 他 (ordnete; geordnet) ⓐ order) 整える; 整理〈分類〉する. 揃(そ)える; (問題・用件などを)処理する, 《*sich*⁴》 まとまる, 調整する.

Ordner 男 《-s/-》 (催し物などの)会場案内係 (書類などの)ファイル, バインダー.

Ordnung [オルドヌング] 女 《-/-en》 ❶ (⚥ order) 整理, 整とん; 秩序, 規律. 正常な状態; 満足, 同意. ❷ 構造, 機構. ❸ 規則, 規律; 条例. ❹ 序列, 階(グ); 等級. ❺ 〘生〙目(ン). ◆ *[ganz] in [der] ~ finden* (…を)適切〈ふさわしい〉と判断する. *Hier herrscht ~.* ここは整然としている〈規律が保たれている〉. *In ~!* 順調;

《話》オーケー，了解．**in ~ bringen**《…を》処理する，整える；《人を》健康にする．**in ~ gehen**《話》処理される．**in ~ kommen** 正常になる．**in ~ sein** 正常な状態である；きちんとしている；健康《元気》である．**~ halten** 整理整頓する；規律を守らせる．**zur ~ rufen**[j⁴]《人に》規律を守るよう注意する．

órdnungs=gemäß 形 規則どおりの；整然とした．**=halber** 副 秩序を保つために；規則上．**=liebend** 形 きちょうめんな．

Órdnungs=ruf 男 (議長などの)議事進行の秩序を促す声．**=strafe** 女 秩序罰(秩序違反に対する制裁(金)).

órdnungswidrig 形 秩序《規則》違反の．**Órdnungswidrigkeit** 女 秩序《規則》違反．**Órdnungszahl** 女 序数．

Órdo(n)nánz 女 (-/-en) 伝令兵．

ORF 略 ((-[s]/) オーストリア放送協会 (< *Österreichischer Rundfunk*).

Orgán [オルガーン] 中 (-s/-e) ❶ (② organ)《医・生》器官．❷ (特定の活動のための)機関，機構；機関紙；会報．❸ 声；音声．**♦ J³ hat kein ~ für et⁴./ J³ fehlt jedes ~ für et⁴.**《人には…のセンスがない．**=bank** 女 《医》臓器移植用の臓器銀行．**=gesellschaft** 女 《経》機関会社．

Organisatión [オルガニザツィオーン] 女 (-/-en) (② organization) 組織(体)，団体；組織化，構成；構造；《生》(生物体の)構成．

Organisátor 男 (-s/-en) (② -in) (催しなどの)オーガナイザー，主催者，運営人；組織〈運営〉が上手な人．**organisatórisch** 形 組織[上]の．

orgánisch 形 (② organic) 有機の，有機的《質》の；器官の，器質性の．

organisíeren [オルガニズィーレン] 他 (② organisieren; organisiert) ❶ (② organize) (催しなどを)計画申 備する；(活動などを)組織化〈編成〉する，(*sich⁴*) (活動・団体などが)組織[化]される；組織に統合する〈加入させる〉; (*sich⁴*) (人々が)組織〈団体〉を作る．❷ 《話》(飲食物などを)こっそり手に入れる，せしめる，調達する．**Organísmus** 男 (-/..men)《生》生体，有機体；生物； (有機的な)組織，機構．

Organíst 男 (-en/-en) (② -in) オルガン奏者．

Órgan=spénde 女 (-/-n) 《医》臓器提供．**=spender** 男 臓器提供者，ドナー．**=transplantation** 女 臓器移植．

Orgásmus 男 (-/..men) オルガスムス(性交の際の快感の絶頂)．

orgástisch 形 オルガスムスの．

Órgel 女 (-/-n) パイプオルガン．**=bauer** 男 パイプオルガン製作者．**=konzert** 中 パイプオルガン演奏(会)．

órgeln 自 手回しオルガンを鳴らす；《話》(風などが)ごうごう鳴る；《狩》(シカが)性愛の声をあげて鳴く．

Órgel=pfeife 女 パイプオルガンのパイプ．**=register** 中 パイプオルガンの音栓〈ストップ〉．**=spieler** 男 パイプオル

ガン奏者．**=walze** 女 《楽》(18世紀頃の)自動オルガン．**=werk** 中 オルガン曲．

Orgiásmus 男 (-/..men) (特に古代ギリシャの)飲めや歌えよの大騒ぎ．**Órgie** [オルギエ] 女 (-/-n) オルギア(古代ギリシャの酒神の祭り)；らんちき騒ぎ，狂宴．**♦ ~ (wahre) ~n feiern** 節度をわきまえない．

Oriént 男 オリエント，東洋；(特に)中近東．**♦ der Vordere ~** 近東．

Orientále 男 (-n/-n) (② -in) オリエント〈東洋〉の人；(特に)中近東の人．

orientálisch 形 オリエント〈東洋〉の；中近東の．**Orientalíst** 男 (-en/-en) (② -in) オリエント〈東洋〉学者．**Orientalístik** 女 (-/) オリエント〈東洋〉学．

orientíeren 中 ❶ (…の)方向〈方位〉を定める；[*sich⁴*] 自分の位置〈方向〉を知る，勝手が分かる．❷ [*et⁴* **an ⟨nach⟩** *j-et³*] (…を…に)方向付ける，合わせる； [*sich⁴* **an ⟨nach⟩** *j-et³*] (…に従って方向〈方針〉を取る，(…に)合わせる．❸ (…に)知らせる，情報を提供する；[*sich⁴* **über** *et⁴*] (…を)知る，(…の)情報を得る．❹ [*j-et⁴* **auf** *et⁴*] (…を…に)集中させる； [*sich⁴* **auf** *j-et⁴*] (…に)指向する，(…に)集中する．

..orientiert 形「…に照準を合わせた，…志向の，…をめざした，…本位の」．

Orientíerung 女 (-/-en) ❶ 方位〈位置〉の確認；方向づけ，定位，適応；方向〈位置〉感覚．❷ 情報提供；オリエンテーション，案内；知識．❸ 志向，方針，姿勢，態度．**=s=daten** 複 《経》経済政策の指針となるデータ．

orientíerungslos 形 (人が)人生の方向〈指針〉をもたない．

Orientíerungs=punkt 男 (位置・道順などの)目印になる所．**=sinn** 男 方向〈位置〉感覚．**=stufe** 女 進路選択課程．

originál [オリギナール] 形 (② original) 本物の，本来の；原物〈原作〉のオリジナルの．❷ 独特な，独創的な．❸ 《放送》現地[から]の，直接の，生〈実況〉の．

Originál [オリギナール] 中 (-s/-e) (② original) (コピーに対する)原物，オリジナル；本物，実物；原本，原典，原画，原物；(絵画・小説などの)モデル；《話》奇人，変人，(いい意味で)一風変わった人．**=ausgabe** 女 《印》原典版，原物(版)．

originalgetreu 形 原作に忠実な，実物そのままの．

Originál=größe 女 原寸大，実物大： **in ~** 実物大で．**=instrument** 中 《楽》オリジナル楽器(現代楽器のもの)．

Originalität 女 (-/) 独創性，創意，斬新さ，奇抜さ；原物〈本物〉であること．

originär 形 独自の，独創的な．

originéll 形 (② original) 独創的な，独特な，オリジナルな；《話》奇抜な，奇妙な．

Oríon [*神*] 《ギ神》オリオン(ポセイドンの息子；狩人)； 男 (-[s]/) 《天》オリオン座．

..órisch (形)の，(的)．

Orkán 男 (-[e]s/-e) 《気象》大暴風雨，ハリケーン．**orkán=artig** 形 ハリケーン〈嵐〉のような．

Orléans [オルレアーン] ((-/)) オルレアン(フランス中部の都市)．**♦ die Jungfrau von ~** オルレアンの少女(ジャンヌ・ダルク)．

Ornamént 中 (-[e]s/-e) (建物・工芸品などの)装飾〈模様〉．**ornamentál**

装飾の施された; 装飾的な.

Ornat [男] [中] 《-[e]s/-e》 (聖職者の)正装.

Ornithologie [女] 《-/》 鳥類学.

Orpheus 〔ギ神〕 オルフェウス(竪琴(たて)の名手).

Ort [オルト] ❶ [男] 《-[e]s/-e》 ([英] place)(特定の)場所, [箇]所; 村; 町; 村〈町〉の住民. ❷ [中] 《-[e]s/**Örter**》 〔坑〕 切り羽. ❸ [男] ([中]) 《-[e]s/-e》 先端, とんがり. ✦ ***am angeführten* 〈*angegebenen*〉 ~[*e*]** (本の)引用の文中で; 上掲書で([略] a.a.O.). ***an einem dritten ~*** 中立の場〈中立地点〉で. ***an ~ und Stelle*** 現場〈その場〉で; ただちに; しかるべき場所で. ***der astronomische ~*** 〔天〕 天体の位置; 星位. ***der geometrische ~*** 〔数〕 軌跡. ***der gewisse* 〈*stille, bewusste*〉 *~*** 《話》 トイレ. ***fehl am ~ sein*** 場違いである. ***höheren ~[e]s*** 上級官庁で; 上役のところで. ***vor ~*** 現場で, 現地で.

Örtchen [中] 《-s/-》 《話・婉曲》 トイレ.

orten [他] (船・飛行機の)位置を測定する.

orthodox [形] 〔宗〕 正統[信仰]の, 正教の; 正統派の; 《蔑》 因習的な, 頑迷な. **Orthodoxie** [女] 《-/》 〔宗〕 正統[信仰], 正教; (学問・芸術などの)正統性; 《蔑》 教条主義[的態度], 頑迷固陋(ころう).

Orthographie, ..grafie [女] 《-/-n》 〔言〕 正書法, 正字法. **orthographisch, ..grafisch** [形] 〔言〕 正書法〈正字法〉に関する.

Orthopäde [男] 《-n/-n》 ([女] **..din**)整形外科医. **Orthopädie** [女] 《-/》 整形外科[学]. **orthopädisch** [形] 整形外科の; 整形用の.

örtlich [形] ([英] local)その土地〈地域, 地方〉の; 局所〈局地, 局部〉の: *~e* Betäubung 〔医〕 局部麻酔.

Örtlichkeit [女] 《-/-en》 場所, 地方; 地域; その土地. ✦ ***eine gewisse ~ / die ~en*** 《話》 トイレ, 便所.

Orts=angabe [女] 地名表示; (郵便物の)宛て先表記.

ortsansässig [形] その土地に住んでいる, 地元の.

Ortschaft [女] 《-/-en》 (比較的小さな)町村, 村落, 集落.

ortsfremd [形] その土地に不案内な; その土地の者でない.

Orts=gespräch [中] 市内通話. **=kenntnis** [女] (その)土地〈町, 村〉に関する知識, 土地勘.

ortskundig [形] その土地[の事情]に詳しい, 土地勘のある.

Orts=name [男] 地名, 市町村名. **=netz** [中] 市内通話〈電話〉網; (電気などの)市内配線〈配管〉網. **=sinn** [男] 土地勘, 方向感覚. **=teil** [男] 集落の一部.

orts=üblich [形] その土地で通例〈慣習〉の, その町〈村〉なりの.

Orts=umgehung [女] 町の迂回路〈バイパス〉. **=verkehr** [男] 市内交通; 市内郵便; 市内通話. **=zeit** [女] 現地時間; 〔理〕 地方時. **=zuschlag** [男] 勤務地手当.

Ortung [女] 《-/-en》 (船・飛行機などの)位置〈方位〉測定.

Os [記号] オスミウム(元素名< *Osmium*).

Öse [女] 《-/-n》 鳩目(はと); 〔服〕 ループ.

Oskar 《男名》 オスカル. ✦ ***frech wie ~ sein*** 《話》 ものすごくあつかましい. ***trockner ~*** 《話》 干からびたパン.

Oslo オスロ(ノルウェーの首都).

Osman オスマン(1259-1326; オスマン帝国の建設者). **Osmane** [男] 《-n/-n》 ([女] **..nin**)オスマントルコ人. **Osmanisch** [形] オスマン[トルコ]の.

Osmium [中] 《-s/》 オスミウム(元素名).

Osmose [女] 《-/》 〔化・生〕 浸透.

Osnabrück オスナブリュック(ドイツ北西部の工業都市).

OSO [略] *Ost*südost[en] 東南東.

Ösophagus [男] 《-/..gi》 〔医〕 食道.

Ossi [男] 《-s/-s》 《話》 旧東ドイツの人.

Ost [オ[-]スト] [男] 《-[e]s/》 《無冠詞》 ([英] east)東([略] O); 東部; 《雅》 東風.

Ost.., ost.. 「東…」の意.

Ost=afrika 東アフリカ(インド洋と中部アフリカ地溝帯とにはさまれた地域).

Ostalgie [女] 《-/-n》 (旧東独国民の)東独への郷愁(Nostalgie をもじった造語).

ostalgisch [形] 東独への郷愁を抱いた.

ost=asiatisch [形] 東アジアの.

Ost=asien 東アジア.

Ost-Berlin 東ベルリン(1949-90年は旧東ドイツの首都).

Ostblock [男] 〔政〕 (1980年代までの)東欧〈社会主義〉圏.

ostdeutsch [形] ドイツ東部の; 旧東ドイツの. **Ostdeutsche[r]** [男] [女] 《形容詞変化》 旧東ドイツの人.

Ostdeutschland [中] ドイツ東部; 《話》 旧東ドイツ.

Osten [オステン] [男] 《-s/》 ([英] east)東([略] O); 東部; 東国, (特に)アジア, 東欧圏. ✦ ***der Ferne* 〈*Mittlere, Nahe*〉 *~*** 極東〈中東, 近東〉.

ostentativ [形] 目立つ; これ見よがしの.

Osteoporose [女] 《-/-n》 〔医〕 骨(こつ)粗鬆(しょう)症.

Osteosarkom [中] 〔医〕 骨肉腫.

Oster=ei [中] イースターエッグ(復活祭の彩色した卵). **=fest** [中] 復活祭[の祝い]. **=glocke** [女] 復活祭の鐘の音; 〔植〕 ラッパズイセン. **=hase** [男] (イースターエッグを運んでくるという)復活祭のウサギ[をかたどったケーキ]. **=insel** (die ~)イースター島(南太平洋上のチリ領の孤島). **=lamm** [中] 過ぎ越しの祝いに食べる小羊[をかたどったケーキ].

österlich [形] 復活祭の, 復活祭らしい.

Ostermontag [男] 復活祭の翌日の月曜日(祝日).

Ostern [オースターン] [中] 《-/-》 ([英] Easter)(キリスト教の)イースター, 復活祭; 復活祭の贈り物. ✦ ***..., wenn ~ und Pfingsten* 〈*Weihnachten*〉 *zusammenfallen* 〈*auf einen Tag fallen*〉** …など決してあり得ない.

Österreich [エースタライヒ] ([英] Austria)オーストリア(首都 Wien ウィーン).

Österreicher [エースタライヒャー] [男] 《-s/-》 ([女] **-in**)オーストリア人.

österreichisch [エースタライヒシュ] [形] オーストリア[人]の.

Österreich-Ungarn 〔史〕 オーストリア・ハンガリー帝国.

Oster=sonntag [男] 復活祭当日[の日

曜日). **=urlaub** 圏 復活祭休暇. **=woche** 圏 聖週間, 受難週(復活祭前の週).
Ost-europa 東ヨーロッパ.
ostfränkisch 東フランケン方言の.
Ost-friesland 東フリースラント(ドイツ Niedersachsen 州北部の, 北海に面する地方). **=germane** 圏 東ゲルマン人.
Ostindien 圏 旧名 インド(東南アジアの旧称); インド東部[地域]. **ostindisch** 東インドの; インド東部の.
Ostkirche 圏 〘宗教〙東方正教会; 東方正教会に属する教会.
östl. 圏 *östlich* 東の.
Ostler 圏 (-s/-) (⊕ **-in**) 〘話・蔑〙旧東ドイツの人.
östlich (⊕ eastern) 東の; 東へ〈から〉(の).
östl.L. 圏 *östliche*[r] *Länge* 東経(…度).
Ostpazifik (der ~) 圏 東太平洋. **ostpazifisch** 圏 東太平洋の.
Ostpolitik 囡 圏 東方政策; (西側諸国の)対東欧政策.
Ostpreußen 東プロイセン(旧ドイツ領; ポーランド・ソ連に併合された).
Ostrazismus 圏 (-/) (古代ギリシアの)陶片〈貝殻〉追放, オストラキスモス.
östrogen 發情性の; **~es** *Hormon* 發情ホルモン. **Östrogen** 圏 (-s/-e) 〘生化〙エストロゲン, 発情ホルモン物質.
Ostrom 囲 東ローマ[帝国].
Ostsee (die ~)バルト海. **=länder** 圏 バルト三国(エストニア・ラトビア・リトアニア).
Osttirol 東チロル.
ostwärts 副 東[方]へ.
Ost-West-Beziehungen 圏 〘政・経〙東西関係.
Ostwind 圏 東風.
Oszillation 囡 (-/-en) 〘理〙振動; 〘電〙発振; 〘地学〙(地殻の)昇降運動.
Oszillator 圏 (-s/-en) 〘電〙振動子; 〘電〙発振器. **Oszillograph**, **..graf** 圏 (-en/-en) 〘電〙オシログラフ, 振動記録器.
..othek ⇒ **.thek**
Otter 1 圏 (-s/-) 〘動〙カワウソ(獺). **2** 囡 (-/-n) 〘動〙マムシ(蝮). **~n-gezücht** 圏 悪い人たち〈やから〉.
Otto 〖男名〗オットー(< *Otfried*, *Otmar*); **von ~** 〘話〙ばかでかいもの.
Ottomane 囡 (-/-n) 低い背もたれのない寝椅子.
Ottomotor 圏 〘工〙オットーエンジン.
ÖTV 圏 囡 〖*Gewerkschaft Öffentliche Dienste, Transport und Verkehr*〗(ドイツの)公共企業体・運輸・交通労働組合(DGB 下位組織).
out 形 〘球技〙場外に, アウトになって; 〘話〙(タレントなどが)人気が落ちて; (事物が)流行遅れで.
outen [アオテン] 他 (*j[s]*) (人が)ホモセクシャルであることを公表する; 《*sich*¹ *als et*⁴》(自分が…であることを)公表する, 打ち明ける.
Outfit 圏 (-[s]/-s) 衣服, 服装, 身なり; 道具一式, 装備.
Output 圏 (-[s]/-s) 〘電〙出力; 〘電算〙出力, アウトプット.
Outsider 圏 (-s/-) 〘話〙部外者, アウトサイダー; 一匹狼(蝶る), つむじ曲がり.
Ouvertüre [ウヴェルテューレ] 囡 (-/-n) (オペラ・オペレッタの)序曲, 前奏曲.
Ouzo [ウーゾ] 圏 (-[s]/-s) ウーゾ(アニスから作ったギリシアの焼酎).
oval 卵形の, 長(楕(だ))円形の.
Oval 圏 (-s/-e) 卵形, 長(楕(だ))円形.
Ovar 圏 (-s/-e), **Ovarium** 圏 (-s/..rien) 〘解〙卵巣; 〘植〙子房.
Ovation 囡 (-/-en) 熱狂的な喝采(莞), 喝采の嵐.
Overall 圏 (-s/-s) つなぎ(上下のつながった作業服).
Overflow 圏 (-s/-s) 〘電算〙オーバーフロー(計算機の能力・容量などを超過すること).
Overheadprojektor 圏 (⊕ *Overhead-Projektor*) 圏 オーバーヘッドプロジェクター, OHP.
Overkill 圏 (-[s]/) 〘軍〙(核兵器による)過剰殺戮(菜)[力].
OVN 圏 囡 (-/) 〖*Organisation der Vereinten Nationen*〗国際連合.
ovopar 形 〘動〙卵生の.
ÖVP 圏 囡 〖*Österreichische Volkspartei*〗オーストリア国民党(オーストリアのキリスト教民主主義を唱える保守政党).
Ovulation 囡 (-/-en) 〘動〙排卵.
ovulationshemmend 〘医〙排卵を抑制する. **Ovulationshemmer** 圏 (-s/-) 〘医〙排卵抑制剤.
Oxalsäure 囡 〘化〙蓚酸(ぶる).
Oxer 圏 (-s/-) 〘馬術〙平行障害; 放牧地の柵(仕切り).
Oxid 圏 (-[e]s/-e) 〘化〙酸化物.
Oxidation 囡 (-/-en) 〘化〙酸化.
oxidieren (h, s)酸化する〈させる〉; さびる〈させる〉.
Oxyd 圏 (-[e]s/-e) = *Oxid*.
Oxydation 囡 (-/-en) = *Oxidation*.
oxydieren = *oxidieren*.
OZ 圏 〖*Oktanzahl*〗オクタン価.
Ozean 圏 (-s/-e) (⊕ ocean)大洋, 海洋. **=dampfer** 圏 外航船.
Ozeanien オセアニア, 大洋州(オーストラリアと太平洋南西部の島々から成る). **ozeanisch** 圏 大洋(海洋)の; オセアニア(大洋州)の. **Ozeanographie**, **..grafie** 囡 (-/) 海洋学. **Ozeanriese** 圏 〘話〙(外洋を航海する)大型船.
Ozon 圏 (-s/) 〘化〙オゾン. ◆ **~zerstörend** オゾン層を破壊する.
ozonfreundlich (⊕) オゾン層にやさしく(を破壊しない).
ozonisieren (⊕) オゾンで処理する.
Ozon-killer 圏 〘話〙オゾン層を破壊するもの(フロンガスなど). **=loch** 圏 オゾンホール.
Ozonosphäre 囡 オゾン層.
ozonreich オゾンの豊富な.
Ozon=schicht 囡 オゾン層. **=schwund** 圏 (大気汚染などによる)オゾン[層]消滅. **=therapie** 囡 〘医〙オゾン療法.
ozonzerstörend ⇒ *Ozon* ◆
Ozonzerstörung 囡 (フロンガスなどによる)オゾン[層]破壊.
o.Zw. 圏 *ohne Zweifel* 明らかに.

p, P 田《-/-》《字母》ペー. **p** 田《略》piano;《略》Punkt. **p**《記号》Pond; Proton; pico-. **p.** 動 protestiert《略》(手形などの)引き受け拒絶の. **P** 略 Parkplatz; Post; Personenzug;《記号》Phosphor;《国籍符号》ポルトガル. **P.**略 Pater; Pastor; Papst. **P...** 略 Pico-. **P** Peta-.

pa. 略《商》prima. **Pa**《記号》Pascal; Protactinium. **p.A.** 略 per Adresse ... 気付, ...方.

paar [パール] ❶《不定冠詞; 無変化》【ふつう ein ～】《◎ a few》2,3の, わずか〔ばかり〕の. ❷ 一 対になった. 《数》偶数の.

Paar [パール] 田《-[e]s/-e; 単位/-》《◎ Pärchen》《◎ pair》(2つで)一組のもの, 対, ペア; カップル. ♦ *zu ~en treiben* (人を)窮地に追い込む.

paaren 動《*et*⁴ **mit** *et*³》(…を…と)一組〈一対〉にする, 組み合わせる《動物を》交配する;《*sich*⁴ **mit** *et*³》(…と)一組〈一対〉にする,《*sich*⁴》(動物が)交尾する.

paarig 動一対の, 対をなす.

Paarlauf 團《氷》ペアスケーティング.

paarmal 函⇒ **Mal** ♦

Paarung 囡《-/-en》組み合わせ, 結合; 対(ウ); 交尾, 交配.

paarweise 動 対になって, 二人〈二つ〉ずつ, ペアで.

Pacht 囡《-/-en》(用益権の)賃貸借〔契約〕; (用益権の)賃貸借料. **pachten** 動 賃借りする. ♦ *gepachtet haben*《話》(法案などの)一括, 《法》独占している.

Pächter 團《-s/-》(◎ -in)(用益権の)賃借人; 小作人.

Pachtgeld 田(用益権の)賃借料, 小作料. **Pachtung** 囡《-/-en》(用益権の)賃貸借〔契約〕. **Pachtvertrag** 團(用益権の)賃貸借契約書. **pachtweise** 動賃貸借で.

Pack ❶ 田《-[e]s/-e, Päcke》《◎ Päckchen》包み, 一束. ❷ 田《-[e]s/》《話》《集合的》ならず者, やくざ.

Päckchen [ペックヒェン] (→ Pack) 田《-s/-》(2kg 以下の)郵便小包; 小箱; 小さい包〈束〉. ♦ *sein ~ zu tragen haben*《話》重荷を背負っている.

Pack|eis 田《気象》積氷.

packen [パッケン]《packte; gepackt》動 ❶ 《◎ pack》荷造りする, 詰める;...の中に(へ)入れ〈詰め込む〉, 包装する. ❷ ぐいとつかむ;(大などが...に)かみつく;(激情・熱などが人を)襲う;感動させる;(試験に)なんとか受かる. ❸《*sich*⁴》立ち去る. **packend** 動非常におもしろい, ぞくぞくするような. **Packen** 團《-s/-》(大きな)包み, 束;《話》たくさん, 大量.

Packer 團《-s/-》(◎ **-in**)荷造りする〈包装〉作業員; (イノシシ狩りの)猟犬.

Packerl 田《-s/-》《おスト》小荷物; 小さな箱.

Pack|esel 團 荷駄用のロバ. **=material** 田 包装用品. **=papier** 田 包装紙.

packte ⇒ **packen**

Packung [パックング] 囡《-/-en》 ❶ 《◎ package》包装, 包装絵〈箱〉; (包装された)パック, 袋, 箱; (商品の)一包み. ❷ 《医》湿布;《美容》パック. ❸ パッキング. ❹ 《ス》大敗.

Packwagen 團《鉄道》手荷物車.

Pädagoge 團《-n/-n》(囡 **-gin**)《話》教師, 教員; 教育学者. **Pädagogik** 囡《-/》教育学. **pädagogisch** 動 教育学〈上〉の; 教育上の.

Paddel 田《-s/-》(カヌーなどの)パドル. **=boot** 田 パドル付きボート(カヌーなど).

paddeln 動《s, h》カヌーをこぐ〈に乗る〉; 犬かきで泳ぐ.

Page [パージェ] 團《-n/-n》(ホテルなどの)ボーイ. **~n-|kopf** 團 おかっぱ頭.

Pagode 囡《-/-n》仏塔, パゴダ.

pah ちぇっ, ふん(軽蔑の声).

Pak 囡《-/[-s]》対戦車砲(< *Panzerabwehrkanone*).

Paket [パケート] 田《-[e]s/-e》(包装された)包み, 包装物, 荷物; 小包(2-20kg); (包装紙による)一括, セット;《商》(多数の)同種株券〔一組〕. **=annahme** 囡 小包受付窓口. **=bombe** 囡 小包爆弾. **=karte** 囡 小包送票. **=post** 田 郵便小包〔業務〕; 郵便小包配達車〈人〉. **=schalter** 田 小包受付窓口.

Pakistan パキスタン.

Pakt 田《-[e]s/-e》条約, 協定; 契約. **paktieren** 動《**mit** *j*³》(人と)協定〈結託〉する; 妥協する.

Palais [パレー] 田《-[パレース]/-[パレース]》館(*), 宮殿.

Paläontologie 囡《-/》古生物学. **Paläozoikum** 田《-s/》古生代.

Palast [パラスト] 團《-[e]s/..läste》宮殿; 豪華な館(*), 大邸宅.

Palästina パレスチナ(東地中海に面する地方). **Palästinenser** 團《-s/-》(◎ **-in**)(アラブ系の)パレスチナ人. **palästinensisch** 動 パレスチナの.

Palatin (der ～)パラティーノ(ローマ七丘の一つ).

Palatschinke 囡《-/-n》《話》パラチンケ(クレープ風ケーキ).

Palaver 囡《-s/-》《話》(だらだらとした)長い議論, 長話. **palavern** 動《話》《**über** *et*⁴》(…について)ながながと話す, 《無駄な》議論をする.

Palazzo 團《-s/..lazzi》宮殿.

Paletot [パルトー] 團《-s/-s》《服》パルト(ダブルのコート).

Palette 囡《-/-n》(絵の具の)パレット; 多彩, 多様; (フォークリフトの)荷台.

paletti 動 ♦ [*Es ist*] *alles* ～.《話》すべてオーケー.

Palisade 囡《-/-n》(木のくい・木のみで作った)柵, 垣根.

Palisander 囡 紫檀(ゼ)ん.

Palladium 田《-s/..dien》 ❶ パラジウム(元素名;《記号》Pd). ❷ パラディオン(守護神 Pallas の神像); 守護神像.

Palme 囡《-/-n》《植》ヤシ, シュロ;《雅》勝利の栄誉. ♦ *auf der ~ sein*《話》ひどく怒っている. *auf die ~ bringen*《話》(人を)激怒させる. *von der ~ he-*

runter|kommen 〖話〗平静を取り戻す.
Palm|öl 男 パーム油.
Palmsonntag 男 〖カト〗枝の主日(復活祭直前の日曜日).
Palmwedel 男 ヤシ(シュロ)の葉.
Pampa 女《-/-s》〖地学〗パンパス(南米, 特にアルゼンチンの大草原).
Pampelmuse 女《-/-n》〖植〗グレープフルーツ(の実).
Pamphlet 中《-[e]s/-e》(政治的な)中傷〈誹謗〉文書. **Pamphletist** 男《-en/-en》中傷文書の筆者.
pampig 形 〖蔑〗恥知らずな, 厚かましい, 無礼な.
Pan 1 〖ギ神〗牧神(ヤギの角・ひげ・脚を持ち, 音楽・舞踊を好む). ♦ *die Stunde des* ～ 〖雅〗暑い真昼時. **pan...**, **Pan...** 「全体にわたる」, 汎... の意.
Panama パナマ(中央アメリカの共和国; その首都). **=kanal** 男 パナマ運河.
Pandora 〖ギ神〗パンドラ(ゼウスが創った地上最初の女). ♦ *die Büchse der* ～ パンドラの箱(すべての災いを封じ込めた).
Paneel 中《-s/-e》〖建築〗羽目板, 鏡板.
Panflöte 女 〖ギ神〗パンの笛(パン); パンフルート.
Panier 中《-s/-e》〖古〗軍旗; 〖雅〗旗印, モットー. ♦ *auf sein* ～ *schreiben* 〖雅〗(...を)目標に掲げる.
panieren 動 (...に)フライ用の衣をつける. **Paniermehl** 中 (フライ用の)パン粉.
Panik 女《-/-en》(英 panic) 恐慌, 混乱, パニック. **=mache** 女 〖話〗パニック(混乱状態)に陥れること.
panisch 形 パニック(混乱状態)の.
Pankreas|karzinom 中《-/..e》〖医〗膵臓(ぞう)癌(がん), 膵癌. **=kopf** 中 〖解〗膵頭(とう). **=saft** 男 〖解〗膵液. **=sekret** 中 〖医〗膵液(さい).
Panmunjom 板門店, パンムンジョム(北朝鮮と韓国の国境沿いにある小村落).
Panne [パネ] 女《-/-n》(乗り物・機械の)故障, パンク; 〖雅〗失敗, 失策, ミス.
pannenanfällig 形 (自動車などが)故障を起こしやすい. **Pannendienst** 男 (特に自動車の)故障サービス.
Panoptikum 中《-s/..ken》ろう人形館; 珍品陳列室.
Panorama 中《-s/..men》パノラマ, 展望, 全景; パノラマ写真. **=bild** 中 パノラマ写真. **=scheibe** 女 (自動車の)広視界フロントガラス. **=spiegel** 男 (自動車の)広視界バックミラー.
panschen 動 (不純物を混ぜて)いんちきなワインを作る.
Pansen 男《-s/-》(反すう動物の)第一胃; 〖北部〗胃袋.
Panter = Panther.
Pantheismus 男《-/》汎(はん)神論.
Pantheon 中《-s/-s》パンテオン(古代ローマの万神殿); 神々.
Panther 男《-s/-》〖動〗ヒョウ(豹).
Pantine 女《-/-n》〖北部〗木のサンダル.
Pantoffel [パントッフェル] 男《-s/-n(話-)》(⇒ Pantöffelchen)(室内用)スリッパ. ♦ *den* ～ *schwingen* 〖話〗夫を尻に敷く. *unter dem* ～ *stehen* 〖話〗妻のしり

に敷かれている. *unter den* ～ *kommen〈geraten〉*〖話〗妻のしりに敷かれる. **=held** 男 〖蔑〗恐妻家. **=kino** 中 〖戯〗テレビ. **=tierchen** 中 〖動〗ゾウリムシ.
Pantolette 女《-/-n》ヘップサンダル.
Pantomime 1 女《-/-n》パントマイム, 無言劇. 2 男《-n/-n》(⇒ ..**min**) パントマイムの俳優. **pantomimisch** 形 パントマイムの; 身振りによる.
pantschen = panschen.
Panzer 男《-s/-》よろい, 甲冑(ちゅう); 〖軍〗戦車; 機甲部隊; 装甲板; 防護物; (カメ・甲虫などの)甲羅, 甲殻.
Panzerabwehr 女 〖軍〗対戦車防御. **=hubschrauber** 男 〖軍〗対戦車ヘリコプター. **=kanone** 女 〖軍〗対戦車砲. **=lenkrakete** 女 〖軍〗対戦車誘導ミサイル.
Panzer|faust 女 〖軍〗携行対戦車砲, バズーカ砲. **=glas** 中 防弾ガラス. **=hemd** 中 (昔の鎖かたびら. **=kreuzer** 男 装甲巡洋艦. **=mine** 女 対戦車地雷.
panzern 動 (軍艦などに)装甲する; *sich* よろいを着る.
Panzer|platte 女 装甲板, 甲鉄板. **=schlacht** 女 〖軍〗戦車戦. **=schrank** 男 鋼鉄製金庫. **=sperre** 女 対戦車障害物. **=truppe** 女 戦車部隊.
Panzerung 女《-/-en》装甲.
Panzer|wagen 男 〖軍〗装甲車; 戦車. **=weste** 女 防弾チョッキ.
Papa 男《-s/-s》〖幼児〗パパ.
Papagei 男《-en/-en;-s/-e》〖鳥〗オウム. **~en|krankheit** 女 オウム病.
Paparazzi 男《覆》パパラッチ.
Paperback 中《-s/-s》ペーパーバック.
Papier [パピーア] 中《-s/-e》(⇒ paper) 紙; 文書, 書類, 記録; 身分証明書, 免許証; 有価証券. ♦ *aufs* ～ *werfen* / *zu* ～ *bringen*(...を)書き留める. *nur auf dem* ～ *stehen* (*existieren*) 机上の空論にすぎない. *seine* ～ *bekommen* 〖話〗解雇される. **=deutsch** 中 形式ばった堅苦しいドイツ語, お役所ことば.
papieren 形 紙製の, (文体などが)複雑でわかりにくい.
Papier|fabrik 女 製紙工場. **=geld** 中 紙幣; お札. **=handtuch** 中 紙タオル, ペーパータオル. **=korb** 男 紙くずかご. **=krieg** 男 〖話〗(めんどうな)事務〈手続き〉書類. **=krieg** 男 〖話〗(役所などの煩雑な)書類のやりとり. **=maché, =maschee** [..マシェー] 中《-s/-s》混凝(ぎょう)紙, 紙粘土.
Papier|schlange 女 (カーニバルなどで投げる)紙テープ. **=schnitzel** 中 (ちり紙の)(細かい紙くず). **=serviette** 女 紙ナプキン. **=taschentuch** 中 ティッシュペーパー. **=tiger** 男 張り子の虎(とら). **=tuch** 中 ペーパータオル. **=tüte** 女 紙袋. **=währung** 女 紙幣本位(制). **=ware** 女 紙製品, 文房具.
papp ♦ *nicht mehr* ～ *sagen können* 〖話〗おなかがいっぱいだ.
Papp 男《-[e]s/-e》かゆ; 糊(のり). **=band** 男 堅表装〈ハードカバー〉の本.

=becher 男 紙コップ. **=deckel** 男 厚紙, ボール紙.

Pappe 女《-/-n》厚紙, 板紙, ボール紙;《話》はりこ, 糊(で).◆ **nicht von ～ sein**《話》それなりの人物である.

Pappel 女《-/-n》電 ポプラ.

päppeln 他《話》(人に)滋養のある物を与える, 栄養を取らせる.

pappen《話》自《*et¹* auf⟨an⟩ *et¹*》(…に～に)貼りつける; 自 貼りつく, くっつく.

Pappen,heimer 男 ◆ **seine ～ kennen**《話》相手のやりそうなことを心得ている. **,stiel** 男 ◆ **für⟨um⟩ einen ～**《話》ただ同然で; **keinen ～ wert sein**《話》全然価値がない. **keinen ～ sein**《話》はした金ではない, ばかにならない.

papperlapapp 間 ばかばかしい, やめてくれ(古臭・弁解を封じる声).

pappig 男 ペとつく, ペたべたした;（パンなどが)生焼けの.

Papp-karton 男 ボール箱,（本の)外箱. **=kasten** 男 ボール箱. **=maché, =maschee** 中《-[s]/-》= Papiermaché. **=schachtel** 女 ボール箱, カートン. **=schnee** 男 べた雪.

Paprika 男《-s/-[s]》電 ピーマン;【料】パプリカ.

Paps 男《-/-e》幼児》パパ.

Papst［パープスト］男《-[e]s/Päpste》(愛 pope) 電 ローマ教皇, 法王.

päpstlich 男 教皇の; 教皇流の. ◆ **～er als der Papst sein** 必要以上に厳しい.

Papsttum 中《-s/》教皇職(権); 教皇制.

Papyrus 男《-/...ri》パピルス;（古代の)パピルス紙; パピルス文書.

para..., Para...「…に似た; 準…; 副次的な…；…の周辺の」の意.

Parabel 女《-/-n》【修】寓話(ಕ್ಷ)的な;【数】放物線.

parabolisch 男 寓話(ಕ್ಷ)的な;【数】放物線[状]の. **Parabol=spie-gel** 男 放物面鏡. **Parabol=antenne** 女 パラボラアンテナ.

Parade［パラーデ］女《-/-n》電 parade) パレード; 観兵式;【スポーツ】パレード, 防御;【球技】(ゴールキーパーの)セービング;【馬術】停止. ◆ **in die ～ fahren** 《j-m》(人と)まっこうからやり合う. ◆ **,beispiel** 中 好例, 典型的な例.

Paradeiser 男《-s/-》《オーストリア》トマト.

Parade=pferd 中（自慢できるもの(人). **=schritt** 男【軍】観兵式の(パレードの)足並み. **=stück** 中 自慢の品. **=uniform** 女【軍】礼装, 正装.

paradieren 自 分列行進(パレード)をする;《雅》(これ見よがしに)展示されている;《雅》《*mit et³*》(…を)誇示する.

Paradies［パラディース］中《-es/-e》電 paradise) 楽園, パラダイス; 天国, 極楽;【宗】エデンの園;（古い教会の)柱廊つき前庭. **..paradies**「…にとって〈…の点で, …するための)楽園」の意. **paradiesisch** 男 楽園(天国)の(ような); この上なく楽しい. **Paradiesvogel** 男【鳥】フウチョウ(風鳥); ゴクラクチョウ(極楽鳥);《口》風呂敷.

Paradigma 中《-s/...men, -ta》範例, 模範;【言】パラディグマ(語形変化型).

paradox 男 逆説的な; 矛盾した;《話》奇妙な. **Paradox** 中《-es/-e》. **Paradoxon** 中《-s/..xa》逆説的な, パラドックス; 矛盾.

Paraffin 中《-s/-e》パラフィン;【化】メタン系飽和炭水素.

Paragleiter 男【空】パラグライダー, 宇宙グライダー;【空】ハングライダー, デルタグライダー. **Paragliding** 中《-s/》パラグライディング.

Paragraph, ,graf 男《-en/-en》(法律などの)条, 節, 項;（文章の)段落, 節（略号 §）. **=en,reiter** 男【話】規則一点張りの人.

Paraguay パラグアイ（南アメリカ中南部の共和国).

parallel［パラレール］男 平行の; 並行する, 同様進行の. **Parallele** 女《-/-n》 平行線; 類例;《楽》平行連声法. ◆ **in ～ bringen⟨setzen, stellen⟩**《*j-et⁴ mit j-et³*》(…の事と)対比する. **Parallelfall** 男 類似の事例(ケース). **Parallelität** 女《-/》平行(類似)性. **Parallelklasse** 女(同学年・同じ授業内容の)併行クラス, 併設クラス. **Parallelogramm** 中《-s/-e》【数】平行四辺形. **Parallel=schaltung** 女【電】並列接続.

Paralympics 複 国際身体障害者スポーツ大会, パラリンピック.

Paralyse 女《-/-n》医】麻痺(ಟ್ಟ).

paralysieren 他 医】麻痺(ಟ್ಟ)させる; 無力化する. **paralytisch** 男 医】麻痺(ಟ್ಟ)性の, 麻痺した.

Parameter 男《-s/-》数】パラメーター, 助変数;【統計】母数.

Paranoia 女《-/》パラノイア, 妄想症, 偏執病. **paranoid, paranoisch** 男 妄想(偏執)症の.

paraphieren 他《…に》仮調印する.

Paraphrase 女《-/-n》【言】言い換え; 意訳;【楽】パラフレーズ. **paraphrasieren** 他 言い換える. パラフレーズする.

Parapsychologie 女（心霊現象などを扱う)超心理学.

Parasit 男《-en/-en》寄生生物; 居候;【地学】側火山.

parasitär 男 寄生物の; 寄生的な; 居候の; 寄生虫の.

Parasiten=dasein 中 寄生虫的な存在. **=leben** 中 寄生虫的な生活.

parasitisch 男 = parasitär.

Parasitose 女《-/-n》医】寄生虫症.

parat 男 いつでも使える; 準備のできた.

Pärchen（～ Paar》中《-s/-》若いカップル, 恋人同士;（動物の)つがい.

Parcours［パルクーア］男《-/-》【馬術】障害物コース.

Pardon［パルドーン］男《-s/-》許し, 容赦;「～! 失礼, すみません.

Parenthese 女《-/-n》言】挿入文（語句); 挿入要素符(かっこ・ダッシュなど).

Parfüm 中《-s/-e, -s》, **Parfum** 中《-s/-s》 香水; 芳香. **Parfümerie** 女《-/-n》化粧私店(メーカー); 香料(店).

Parfümflasche 女 香水瓶. **parfümieren** 他《…に》香水をつける. **Parfüm=stäuber** 男 香水用スプレー.

pari 男 ◆ **～ stehen** 対等である, 五五分である. **über⟨unter, zu⟩～** 額面以上

〈以下，どおり〉で. **Pari** 中 〈-[s]/〉 商 平価，額面価格.

Paria 男 〈-s/-s〉パリア（インド南部の最下層民）；〈一般に〉下層民；世間のつまはじき.

parieren ❶ ⊕〔話〕(j-e³) 〈…の〉言うことを聞く. **❷** ⊕ 〈攻撃・質問を〉かわす，はぐらかす：〈馬術〉〈馬を〉停止させる.

Parikurs 男 商 額面相場，同相場，等価. 平価.

Paris ❶ [パリース] 中 パリ（フランスの首都）. **❷** [パリース] 古代神 パリス（トロイア王の王子；スパルタのヘレネを誘惑したため，トロイア戦争が起きた）：der Apfel des 〜 パリスのリンゴ；争い〈不和〉の種. **Pariser** 〈-s/-〉(⊕ **-in**) パリの人；中〔無変化〕パリの. **pariserisch** 中 パリの人の；パリ風の.

Parität 女 〈-/-en〉同等，平等；（宗派の）同権；商 平価，（外貨または金との）等価；平価.

paritätisch 中 同等の，平等の.

Pari=wechsel 男 商 平価手形.
=wert 男 商 額面価格，平価.

Park [パルク] 男 〈-s/-s (-e;中 **Pärke**)〉公園，庭園；（企業などの）保有全車両.

Parka 女 〈-/-s〉パーカー（フード付きのアノラック）.

Park=anlage 女 公園，庭園. **=bucht** 女 （道路の）一時駐車用の張り出した部分.

parken [パルケン] 中 (parkte; geparkt) 駐車する（車などを）停める.

Parkett 中 〈-[e]s/-e, -s〉寄せ木張りの床；バルケット（劇場の一階中央席）；商 証券取引〈売買〉市場，（取引所の）立会場；株式仲買人. **=fuß boden** 男 寄せ木張りの床.

Park=gebühr 女 駐車料.
Park=haus [パルクハオス] 中 〈-es/=häuser〉パーキングビル. **=licht** 中 駐車（表示）灯，パーキングライト. **=lücke** 女 駐車余地.
Park=platz [パルクプラッツ] 男 〈-es/=plätze〉駐車場，駐車できる場所. **=scheibe** 女 （フロントガラスに見せておく紙の）駐車開始時刻表示板. **=schein** 男 駐車票.
parkte ⇒ **parken**
Park=uhr [パルクウーア] 女 〈-/-en〉パーキングメーター. **=verbot** 中 駐車禁止. **=wächter** 男 公園の監視員；駐車場の係員.

Parlament [パルラメント] 中 〈-[e]s/-e〉⊕ parliament）議会，国会；国会議事堂. **Parlamentär** 男 〈-s/-e〉（休戦交渉などの）軍使. **Parlamentarier** 男 〈-s/-〉(⊕ **-in**) 国会議員，代議士. **parlamentarisch** 中 議会の（国会の）；議会制の. **Parlamentarismus** 男 〈-/〉議院内閣制；議会政治. **Parlaments=präsident** 男 国会議長. **=rede** 女 議会演説.

Parmesan 男 〈-s/〉, **=käse** 男 パルメザンチーズ.

Parnass (⊕ **Parnaß**) 男 〈-, ..sses/〉(der-)パルナッソス〔ギリシャ中部にある山地〕；文学界，文壇，詩壇.

Parodie 女 〈-/-n〉パロディー，もじり.
parodieren 中 パロディー化する，もじる. **parodistisch** 中 パロディー〔ふう〕の.

Parole 女 〈-/-n〉合言葉，標語，スローガン，モットー；デマ；主張.

Paroli 中 ◆ 〜 **bieten** (j³) （人に）やり返す，抵抗する.

Parsec 女 〈-/-〉天 パーセク（天体の距離単位：略号 pc）.

Part 男 〈-s/-s, -e〉分け前，持ち分；楽 パート，声部．声部；法 役；割り.

Part. 略 **Parterre** = **Partizip.**

Partei [パルタイ] 女 〈-/-en〉（⊕ party）党，政党，派，派閥，グループ；一団 組；法 （訴訟などの）当事者，一方；（集合住宅の）入居世帯. ◆ **für** j³) （人に）味方する. **〜 ergreifen 〈nehmen〉**（人に）味方する. **〜 sein** 先入観をもっている. **über den 〜en stehen** ⊕ 〈超党派的〉である.

関連語 [ドイツの政党] **CDU** (Christlich-Demokratische Union) キリスト教民主同盟. **CSU** (Christlich-Soziale Union) キリスト教社会同盟. **FDP** (Freie Demokratische Partei) 自由民主党. **SPD** (Sozialdemokratische Partei Deutschlands) ドイツ社会民主党. **Grüne** (Grünen) 緑の党. **Republikaner** 共和党. **PDS** (Partei des Demokratischen Sozialismus) 民主社会党. **Bündnis 90/Grüne** （旧東独地域の90等同盟／緑の党. **Deutsche Soziale Union** ドイツ社会同盟（旧東独地域の）.

[オーストリアの政党] **ÖVP** (Österreichische Volkspartei) オーストリア国民党. **SPÖ** (Sozialistische Partei Österreichs) オーストリア社会党. **FPÖ** (Freiheitliche Partei Österreichs) オーストリア自由党.

[スイスの政党] **SPS** (Sozialdemokratische Partei Schweiz) スイス社会民主党. **FDP** (Freisinnig-Demokratische Partei Schweiz) スイス自由民主党. **CVP** (Christlich-demokratische Volkspartei Schweiz) スイスキリスト教民主人民党. **SVP** (Schweizerische Volkspartei) スイス人民党.

Partei=austritt 男 離党，脱党. **=beschluss** (⊕ **=beschluß**) 男 党の決定〈決議〉. **=buch** 中 党員手帳. **=führer** 男 党首，党主.

Parteien=demokratie 女 政党制民主主義. **=staat** 男 政党制国家. **=verdrossenheit** 女 （国民の）既成政党に対する嫌気〈不信〉.

Partei=freund 男 政党内の仲間，党友. **=führung** 女 党の指導（部）. **=gänger** 男 〈-s/-〉(腹) 党のシンパ〈支持者〉. **=genosse** 男 （特にナチスの）党員.
parteiisch 中 〔腹〕中立でない，えこひいきする，不公平な.
Parteikader 男 （共産党などの）党幹部.
parteilich 中 党〔派〕の；= **parteiisch**. **Parteilichkeit** 女 〈-/〉党派性；不公平，えこひいき.

parteilos 中 政党〈党派〉に属していない，無党派〈無所属〉の.
Partei=mitglied 中 党員. **=nahme** 女 〈-/-n〉加担，支援. **=politik** 女 党の政策，党利党略. **=programm** 中 党の綱領. **=spende** 女 政党への献金，政治献金. **=spitze** 女 〔集合的〕党の首脳

Parteitag 470

部; 党の最高幹部たち. **=tag** 陽 党大会.
Parteiung 囡 ⟨-/-en⟩ 党派の分裂; 党派形成.
Partei=versammlung 囡 党大会. **=vorsitzende(r)** 陽 囡 ⟨形容詞変化⟩ 党委員長, 党首.
parterre [パルテル] 陽 1階に; 1階席で.
Parterre [パルテ(レ)] 匣 ⟨-s/-s⟩ 1階; ⟨劇場の⟩1階席.
Particell 囡 ⟨-/-e⟩, **Particella** [--/--lle] 囡 ⟨樂⟩略総譜.
Partie 囡 ⟨-/-n⟩ ⟨⟨® part⟩部分, 箇所; ⟨樂⟩声部, パート; ⟨オペラなどの⟩役(トランプ・ゴルフなどの)一勝負, 一試合; ⟨商⟩ロット(取引単位). ♦ **eine gute ⟨schlechte⟩ ~ machen** 金のある⟨ない⟩相手と結婚する. **mit von der ~ sein** ⟨話⟩グループに加わる.
partiell 陽 部分的な, 局部的な.
partienweise 陽 ⟨商⟩一口ずつ, 一口で.
Partikel ❶ 囡 ⟨-/-n⟩⟨文法⟩不変化詞(接続詞・前置詞・副詞など). ❷ 囡 ⟨-/-⟩囡 ⟨-/-n⟩⟨理⟩⟨微⟩粒子.
Partikularismus 陽 ⟨-/⟩地域エゴイズム, 地域主義; 地方分権主義.
Partisan 陽 ⟨-s, -en/-en⟩ (囡 **-in**) パルチザン, ゲリラ隊員, 遊撃隊員.
Partitur 囡 ⟨-/-en⟩ ⟨樂⟩総譜, スコア.
Partizip 匣 ⟨-s/-ien⟩ ⟨文法⟩分詞.
partizipieren 陽 ⟨**an** *et*⟩ (…に)関与する, (利益などの)分け前にあずかる.
Partner [パルトナー] 陽 ⟨-s/-⟩ (囡 **-in**) パートナー, 相手; 伴侶, 配偶者; (事業の)共同出資者. **Partnerschaft** 囡 ⟨-/-en⟩ パートナーシップ, 協力[関係].
Partner=stadt 囡 姉妹都市. **=suche** 囡 パートナー探し. **=tausch** 陽 夫婦交換, スワッピング.
partout [パルトゥー] 陽 ⟨話⟩どんなことがあっても, どうしても.
Party [パーティー] 囡 ⟨-/-s, ..ties⟩ パーティー. **=girl** 囲 ⟨蔑⟩パーティー好きの女の子.
Parzelle 囡 ⟨-/-n⟩ (農地の)一区画.
parzellieren 陽 (土地を)分割区画する.
Parzival パルツィファル(アーサー王伝説の円卓の騎士).
Pascal 囡 ⟨-/-⟩ ⟨理⟩パスカル(圧力単位)⟨記号 Pa⟩. **PASCAL** 匣 ⟨-s/-⟩ ⟨コンピ⟩パスカル(プログラミング言語の一つ).
Pascha ❶ 陽 ⟨-s/-s⟩ パシャ(昔のトルコ・エジプトで高官の称号); ⟨蔑⟩亭主関白.
❷ 陽 ⟨-s/-⟩ = Passah.
Pass (® **Paß**) 陽 ⟨-es/Passes/Pässe⟩ **❶** ⟨® passport⟩旅券, パスポート: einen **~ beantragen ⟨ausstellen⟩** パスポートを申請⟨交付⟩する. **❷** (山中の)狭い道, 峠道, 山道. **❸** ⟨球技⟩パス.
passabel 陽 ⟨話⟩まずまずの, 一応の, 受け入れられる.
Passage [パサージェ] 囡 ⟨-/-n⟩ **❶** 通過, 通行. **❷** (狭い)通路, 水路; アーケード. **❸** (論文などの)節, 章句; ⟨樂⟩パッセージ.
Passagier [パサジェーア] 陽 ⟨-s/-e⟩ (® passenger)(飛行機・船の)乗客, 旅客. ♦ **blinder ~** 不正乗客; 密航者. **=damp-**

=fer 陽 客船. **=flugzeug** 匣 旅客機.
=gut 匣 旅客手荷物.
Passah 囡 ⟨-s/-⟩, **=fest** 匣 ⟨ユダヤ教⟩過ぎ越しの祭. **=lamm** 匣 過ぎ越しの子羊.
Passant 陽 ⟨-en/-en⟩ (囡 **-in**) 通行人; 通りすがりの人; ⟨古⟩通過旅行者.
Passat 陽 ⟨-[e]s/-e⟩, **=wind** 陽 ⟨気象⟩貿易風.
Passau パッサウ(ドイツ南東部の都市).
Passbild (® **Paß..**) 匣 パスポート用写真. **=automat** 陽 パスポート用写真スピード撮影装置.
Pässe ⇨ Pass
passee, passé [パセー] 陽 ⟨話⟩過ぎ去った; 古めかしい.
passen [パッセン] ⟨passte, ® paßte; ge-passt, ® gepaßt⟩ **❶** 陽 (® fit)(服などのサイズが)ぴったり合う; (**zu** *j-et*) (…に)似合う, 釣り合う; ⟨数⟩(人にとって)都合がよい; ⟨数⟩バスする; ⟨話⟩あきらめる. **❷** (**auf** *et*・**in** *et*) (…を…に)合わせる; (= pass) ⟨球技⟩(ボールを)パスする; (*sich*) ⟨古⟩ふさわしい(Es *passt sich nicht, dass*…, …ということは適切でない). ♦ **Das könnte dir so ~.** そうだったら君には都合がいいのだろうけど(実際はそうはいかないよ). **Das passt zu dir.** いかにも君らしいね. **passend** 陽 ぴったりの, 適切な.
Passepartout [パスパルトゥー] 匣 ⟨ポ⟩定期乗車(入場)券; マスターキー.
Pass=foto (® **Paß** =) 匣 = Passbild.
=gang 陽 アンブル, 側対歩(四足獣の片側の両後脚を同時に前に出す歩き方).
pass=gerecht (® **paß**=) 陽 寸法どおりの.
passierbar 陽 通行(通過)可能な.
passieren [パスィーレン] ⟨passierte; passiert⟩ **❶** 陽 ⟨⟨s⟩ (® happen)起こる, 生じる, 発生する; 偶然…する; (*j-m*) (人の身に)起こる. **❷** 陽 ⟨h⟩ (® pass)通過する, 通り抜ける: ⟨料⟩裏ごしにかける.
=schein 陽 通過許可証, 入構証; ⟨古⟩通関免状.
passiert, passierte 陽 裏ごしの.
Passion 囡 ⟨-/-en⟩ 情熱; 強い愛着, 傾倒; ⟨キリスト教⟩キリストの受難[史]; キリスト受難の図⟨像⟩; 受難曲.
passioniert 陽 熱狂的な.
Passions=frucht 囡 ⟨植⟩パッションフルーツ. **=spiel** 匣 キリスト受難劇.
passiv [パスィーフ] 陽 (® passive)消極的な; 受動的な; 陽 受動態の. **Passiv** 匣 ⟨-s/-e⟩ ⟨文法⟩受動態, 受け身.
Passiva, Passive 復 ⟨商⟩負債.
Passivgeschäft 匣 ⟨商⟩受動的業務(銀行の受信業務など).
passivieren 陽 ⟨商⟩貸方に記帳する; ⟨化⟩(単金属を)不動態化する.
Passivität 囡 ⟨-/⟩ 受動的(消極的)態度, 消極性; ⟨化⟩(単金属の)不動態.
Passiv=rauchen 匣 受動喫煙(他人の吸うタバコの煙を吸わされること). **=seite** 囡 ⟨商⟩負債欄(貸借対照表の右側).
Pass=kontrolle (® **Paß** =) 囡 旅券検査. **=nummer** 囡 旅券番号. **=stelle** 囡 旅券発給所.
passte (® **paßte**) ⇨ passen

Passus 男 ⟨-/-⟩ (論文などの)節, 章句.
Pass-wort 中 (® Paß -) パスワード.
Paste 囡 ⟨-/-n⟩ [料] ペースト; パスタ剤.
Pastell 中 ⟨-[e]s/-e⟩ パステル[画]; パステル画法. ~**bild** 中 パステル画.
pastellen 形 パステルで描かれた, パステルトーンの.
Pastellfarbe 囡 ⟨-/-n⟩ パステル; パステルカラー. **pastellfarben** 形 パステルカラー(パステルトーン)の.
Pastete 囡 ⟨-/-n⟩ パステーテ(煮込み肉などを詰めたパイ, またそのパイ皮).
pasteurisieren 他 (牛乳などを)低温殺菌する.
Pastille 囡 ⟨-/-n⟩ 口中錠, トローチ.
Pastor 男 ⟨-s/-en⟩ (北部-s) [宗] 牧師.
Pate 男 ⟨-n/-n⟩ (⊗ ..tin) [宗] 教 (幼児の洗礼時の)代父. ◆ ~**stehen** [話] 《**bei** et³》(…に)影響を与える. ~**nkind** 中 教 代子(代父代母が責任を持つ対象の子供).
Patenschaft 囡 ⟨-/-en⟩ [宗] 教 代親(代父, 代母)であること.
patent 形 [話] 有能な(有益な), すばらしい; [方] スマートな.
Patent 中 ⟨-[e]s/-e⟩ 特許権, パテント; 特許状; 特許[品]; [海] (士官などの)任用辞令; [スイス] [営業]許可[書]. ~**amt** 中 特許庁. ~**anwalt** 男 弁理士.
patentieren 他 《**j**³ **et**⁴》(人に…の)特許を与える; [口] (鋼材などを)熱処理で強化する.
Patent-inhaber 男 特許権所有者. ~**lösung** 囡 最良の解決[策], 名案. ~**recht** 中 特許法; 特許権. ~**rezept** 中 最良の解決策, 名案. ~**schutz** 男 特許権保護.
Pater 男 ⟨-s/-, ..tres⟩ [宗] 修道[会]司祭, 神父. **Pater-noster** 中 ❶ ⟨-s/-⟩ [宗] 主の祈り. ❷ 男 ⟨-s/-⟩ 連続循環式エレベーター.
pathetisch 形 非常に情熱的な; 大げさな, もったいぶった.
Pathologe 男 ⟨-n/-n⟩ 病理学者. **pathologisch** 形 病理学の(的な); 病的な.
Pathophysiologie 囡 ⟨-/-⟩ 病態生理学. **pathophysiologisch** 形 病態生理学の, 感情の高揚.
Pathos 中 ⟨-/-⟩ 情熱; 荘重さ; 感情の高揚.
Patience [パシャーンス] 囡 ⟨-/-n⟩ [カード] ペーシェンス.
Patient [パツィエント] 男 ⟨-en/-en⟩ (⊗ -**in**) 患者, 病人.
Patin (→ Pate) 囡 ⟨-/-nen⟩ 代母.
Patina 囡 ⟨-/-⟩ (銅器などの)緑青.
Patisserie 囡 ⟨-/-n⟩ (ホテル・レストランなどの)製菓部; [スイス] ケーキ製造(販売)店; 喫茶店.
Patres ⇒ Pater
Patriarch 男 ⟨-en/-en⟩ 家長; (古代ユダヤの)族長; [宗] 大司教; (ギリシャ正教会の)総主教. **patriarchalisch** 形 父権制(家父長制)の, 家長のような.
Patriot [パトリオート] 男 ⟨-en/-en⟩ (⊗ -**in**) 愛国者. **patriotisch** 形 愛国的な. **Patriotismus** 男 ⟨-/-⟩ 愛国心.
Patrizier 男 ⟨-s/-⟩ (⊗ -**in**) (古代ローマの)貴族; (中世の)上層都市貴族の市民.
Patron 男 ⟨-s/-e⟩ (⊗ -**in**) [宗] 守護聖人; 教会寄進者; [話] (気にくわない)やつ, 野郎. **Patronat** 中 ⟨-[e]s/-e⟩ 保護, 後援; 協賛; [宗] 寄進権.
Patrone 囡 ⟨-/-n⟩ ❶ (銃の)弾薬筒, (インクの)カートリッジ; (フィルムの)パトローネ. ❷ (編み機などの)型紙, パターンカード. ~**n-gurt** 男 (機関銃の)弾薬帯. ~**n-hülse** 囡 薬莢(きょう). ~**n-tasche** 囡 (ベルトに着ける)弾薬盒(ごう).
Patrouille [パトルイェ] 囡 ⟨-/-n⟩ パトロール, 巡察; パトロール隊.
patrouillieren 自 パトロールする.
Patsche 囡 ⟨-/-n⟩ [話] (特に幼児の)手; 苦境, 窮地.
patschen 自 (水などが)ピチャピチャ音を立てる; (s) 《**auf** (**gegen**) **et**⁴》(頬などが…に)ピシャピシャ当たる; (s) 《**durch** ⟨**in**⟩ **et**⁴》(水・ぬかるみなどの中を)バシャバシャ歩く; 《**j**³ **auf** ⟨**in**⟩ **et**⁴》(人の…)を手の平でたたく.
Patschhand 囡 [幼児] お手々.
patsch-nass 形 (® -**naß**) [話] びしょぬれ(ずぶぬれ)の.
patt 形 [通例 述語的] [チェス] 手詰まりの.
Patt 中 ⟨-s/-s⟩ [チェス] 手詰まり; (政局などの)手詰まり(行き詰まり)状態.
patzen 自 [話] 小さなミスを犯す; とちる. **Patzer** 男 ⟨-s/-⟩ 小さなミス; よくやきまする人; とちる人. **patzig** 形 [話] つっけんどんな, そっけない, 失礼な; [スイス] ねばねばした(べとべとした).
Pauke 囡 ⟨-/-n⟩ [楽] ティンパニー. ◆ **auf die ~ hauen** [話] はしゃぎまわる; 大口をたたく. **mit ~n und Trompeten durchfallen** [話] (試験に)ものの見ごとに落第する. **mit ~n und Trompeten empfangen** [話] (人を)鳴り物入りで(盛大に)歓迎する. **pauken** 他 [話] 猛勉強する; [話] (…の)詰め込み勉強をする.
Pauken-fell 中 ティンパニーの皮; [解] 鼓膜. ~**schlag** 男 ティンパニーの響き. ◆ **mit einem ~** センセーショナルに.
Pauker 男 ⟨-s/-⟩ (⊗ -**in**) (詰め込み式の)教師; (ガリ勉する)生徒.
Paul [男名] パウル. [宗] 使徒パウロ.
Paulus [2格: -, Pauli] [宗] パウロ[ス]: *Pauli Bekehrung* 使徒パウロの回心; カトリックの祝日:1月25日.
Pausbacken 閣 ふっくらしたほお.
pausbäckig 形 ほおがふっくらした.
pauschal 形 一括した, 合計の; 概括的な, 大ざっぱな.
Pauschalbetrag 男, **Pauschale** 囡 ⟨-/-n⟩ [経済] 一括額, 総額; 一括価格(料金). **pauschalieren** 他 総計する, (…の)総額を見積もる. **pauschalisieren** 他 一括して扱う, 一般化する.
Pauschal-preis 男 一括価格. ~**reise** 囡 パッケージツアー, パック旅行. ~**summe** 囡 = Pauschale.
Pause [パオゼ] 囡 ⟨-/-n⟩ ❶ (® pause)休憩, 中休み, 間(*); 中断 《**eine ~ machen** ⟨**einschalten**⟩ 中休みする; 間をとる | **ohne ~** 間断なく》; [音] [楽] 休止符; (閑休止の)間(*). ❷ トレース(透写)図; 青写真. **pausen** 他 トレース〈透

写)する; (…の)青写真を作る.

Pausengymnastik 囡 《会社・工場などの》休憩時間の体操. **pausenlos** 圏 ぶっ続けの. **Pausenzeichen** 中 〖楽〗休止符. **pausieren** 〈自〉 (一時的に)中断する; 一休みする, 休憩する.

Pauspapier 中 トレーシングペーパー, 透写紙.

Pavian 男 《-s/-e》 〖動〗ヒヒ.

Pavillon [パヴィリオ[-ン, パヴィリヨーン] 男 《-s/-s》 あずまや; 《博覧会などの》パビリオン, 展示館; 《本館から突き出した》別館; 《四角な》大テント.

Pazifik (der ~)太平洋. **=küste** 囡 太平洋に面した海岸, 太平洋岸.

pazifisch 形 太平洋の.

Pazifismus 男 《-/-》平和主義. **Pazifist** 男 《-en/-en》 (囡 **-in**)平和主義者《運動家》. **pazifistisch** 形 平和主義の〈的な〉.

Pb 略 *Plumbum* 鉛. **p.c.** 略 *pro centum* パーセント. **pc** 略 Parsec.

PC 略 *Personalcomputer*.

PCB 略 *polychlorierte Biphenyl* ポリ塩化ビフェニール. **p.Chr.[n.]** 略 *post Christum [natum]* 西暦紀元後. **PCM** 男 《電〗パルス符号変調》: ~-Verfahren PCM 通信. **Pd** 略 *Palladium*. **PDS** 略 *Partei der Demokratischen Sozialismus* 民主社会党.

p.e. 略 *par exemple*.

Peanuts 複 《話》ささいなこと, とるにたらないこと.

Pech [ペヒ] 中 《-s 《-es》/ 種集=性》 《pitch》ピッチ. 瀝青(¡¬); 不運, 災難. ♦ *~ gehabt!* 《話》ついてなかったな. *~ haben* 運が悪い, ついていない. *~ und Schwefel zusammenhalten* 固く結ばれている. **=blende** 囡 〖鉱物〗瀝青ウラン鉱. **=fackel** 囡 ピッチを染み込ませた松明(¡¬). **=kohle** 囡 瀝青(¡¬)炭.

pech[raben]schwarz 形 《話》真っ黒な.

Pech=strähne 囡 不運続き. **=vogel** 男 《話》ついていない《運の悪い》人.

Pedal [ペダール] 中 《-s/-e》 《自転車・車・オルガンなどの》ペダル.

Pedant 男 《-en/-en》 (囡 **-in**)細かいことにこだわる《小うるさい》人. **Pedanterie** 囡 《-/-》細かいことにこだわること, 几帳面. **pedantisch** 形 細かいことにこだわる, こせこせした, 小うるさい; 厳格すぎる.

Peddigrohr 中 《編み細工用の籐(¡¬)》.

Pediküre 囡 《-/-n》ペディキュア; 《女性の》ペディキュア美容師. **pediküren** 他 (…に)ペディキュアをする.

Pegasus 《-/-》〖ギ神〗ペガソス《翼のある神馬》; 詩的創造力;〖天〗ペガサス座.

Pegel 男 《-s/-》水位計; 水位. **=stand** 男 水位.

Pegnitz (die ~)《-/-》ペーグニツ(Nürnberg を流れ, Main 川に合流する川).

Peilantenne 囡 〖電〗方位測定用アンテナ. **peilen** 他 〖電〗《水深・方位などを》測定する; 〈自〉 《話》(…に〜)目をやる. **Peilung** 囡 《-/-en》水深〈方位〉測定.

Pein [パイン] 囡 《-/》 《pain》苦痛, 苦悩; 痛み, 責め苦. **peinigen** 他 (人を)苦しめる, 悩ます, さいなむ, いじめる, 虐待する. **Peiniger** 男 《-s/-》(囡 **-in**)苦しめる人, 虐待者; 悩みの種.

peinlich [パインリヒ] 形 ® embarrassing)気まずい, 困った, きまりが悪い; きちょうめんすぎる; 〖法〗拷問を伴った. **Peinlichkeit** 囡 《-/-en》気まずさ, 困惑; 気まずい思いをさせる言動; やっかいな状況.

Peitsche [パイチェ] 囡 《-/-n》 ® whip)むち《鞭》. **peitschen** 他 むち打つ; 激しく打ち立てる; 〈自〉; 《gegen 〈an〉 et4》(雨・風などが…)激しく当たる, バタバタ鳴る〈はたく〉. **Peitschenhieb** 男 むち打ち.

pejorativ 形 〖語義〗悪化した, 軽べつ的〈否定的〉な意味の.

Pekinese 男 《-n/-n》 〖動〗ペキニーズ《中国原産の愛玩犬》; 北京(¡¬)っ子, 北京の人.

Peking 中 北京(¡¬) 《中国の首都》.

Pektin 中 《化》ペクチン.

Pektoralmuskel 男 〖解〗胸筋.

pekuniär 形 金銭上の, 財政上の.

Pelargonie 囡 《-/-n》 〖植〗ゼラニウム, テンジクアオイ.

Pelikan 男 《-s/-e》 〖鳥〗ペリカン.

Pelle 囡 《-/-n》 《北部》 《ジャガイモ・果物・ソーセージなどの》薄皮. ♦ *auf die ~ sitzen 〈liegen〉* 《話》 (j³)(人に)つきまとう, *auf die ~ rücken* 《話》 (j³)(人に)すり寄る; しつこく迫る; (人に)襲いかかる.

pellen 他 《北部》 《…の》皮をむく; {sich4} (皮が)はげる.

Pellkartoffel 囡 皮つきのゆでジャガイモ.

Peloponnes (der《die》~) ペロポネソス《ギリシャ南部の半島》.

Pelz [ペルツ] 男 《-es/-e》 ® fur)毛皮; 毛皮製品; 《話》《人の》皮膚. ♦ *auf den ~ rücken 〈kommen〉* 《話》 (j³)(人に)すり寄る; しつこく迫る. *den ~ waschen* (j³)(人をひどく殴る; しかる. *eins auf den ~ brennen 〈geben〉* 《話》 (人を)撃つ, 殴る. **=besatz** 男 《衣服の》毛皮の縁飾り.

pelz=besetzt 形 毛皮の縁飾りのついた. **=gefüttert** 形 毛皮の裏地のついた.

pelzig 形 ❶ 毛皮のような; 毛皮で覆われた;《果実・葉などの表皮が》綿毛で覆われた. ❷ かさかさの, ざらざらの.

Pelz=imitation 囡 毛皮のイミテーション《模造品》. **=kragen** 男 毛皮の襟. **=mantel** 男 毛皮のコート. **=mütze** 囡 毛皮帽. **=tier** 中 毛皮用の動物《ミンクなど》. **=werk** 中 毛皮[製品].

Pence ⇒ Penny

Pendant [パンダーン] 中 《-s/-s》対(¡¬)になるもの, 補い合うもの; 《古》耳飾り.

Pendel 中 《-s/-》振り子. **=bewegung** 囡 振り子運動.

pendeln 自 (振り子のように)揺れ動く; (s)(自宅と会社・学校などの)一定区間を往復する(通勤などが)折り返し運転する. **Pendel=tür** 囡 〖建〗スイングドア. **=uhr** 囡 振り子時計. **=verkehr** 男 自宅と会社《学校》との往復, 通勤, 通学;《電車などの》折り返し運転.

Pendler 男 《-s/-》 (囡 **-in**)通勤《通学》者.

Penelope 〖ギ神〗ペネロペ(Odysseus の妻, 貞女のかがみとされる).

Penes ⇨ Penis
penetrant [形]（におい・味が）ひどく強烈な;（態度などが）しつこい，厚かましい. **penetrieren** [他]（…に）浸透〈貫通〉する.
penibel [形] きちょうめんすぎる，細かすぎる;《方》やっかいな.
Penicillin [中]《-s/-e》= Penizillin.
Penis [男]《-/-se, Penes》陰茎，ペニス.
Penizillin [中]《-s/-e》〔薬〕ペニシリン.
Pennäler [男]《-s/-》（[女] **-in**）《話》高校生.
Pennbruder [男]《話》浮浪者; よく眠る人. **Penne** [女]《-/-n》《話》学校，高校;《話》安宿;《俗》売春婦. **pennen** [自]《話》眠る; ぼんやりしている;《俗》《mit j^3》（人と）寝る. **Penner** [男]《-s/-》= Pennbruder.
Penny [男]《-s/**Pennies**; 単位-/Pence》ペニー，ペンス（イギリスの補助通貨，100分の1Pfund: [略] p）.
Pensa, Pensen ⇨ Pensum
Pension [パンズィオーン] [女]《-/-en》❶ 年金，（上級公務員の）恩給;（公務員の）年金生活. ❷（食事付きの）簡易ホテル，ペンション;《まれ》食事付き宿泊〔料金〕.
Pensionär [男]《-s/-e》（[女] **-in**）年金〈恩給〉生活者;《ｽｲｽ》ペンションの宿泊者.
Pensionat [中]《-[e]s/-e》（特に女子の）全寮制学校.
pensionieren [パンズィオニーレン]《pensionierte; pensioniert》[他]（年金・恩給のつく公務員を）退職させる.
Pensionsalter [中] 年金の受給開始年齢. **pensionsberechtigt** [形] 年金受給資格のある.
Pensum [中]《-s/..sen, ..sa》（一定期間内に果たすべき）課題，宿題.
Pentagon [ペンタゴーン] [中]《-s/-e》〔数〕5角形;[ペンタゴン] ペンタゴン（アメリカ国防総省）.
Penthouse [中]《-/-s》〔建〕ペントハウス（ビルの最上階の高級住宅）.
Pepsin [中]《-s/-e》ペプシン.
Peptid [中]《-[e]s/-e》〔生化〕ペプチド.
per [前]《4格支配》《手段》…で，…によって;《期間》…までに; …につき.
Perchta, Perchte《Frau ~》《南部》〔ゲルマン伝説〕ペルヒタおばさん.
Perestroika [女]《-/》ペレストロイカ（とくに1980年代の旧ソ連の体制の改革）.
perfekt *[ペルフェクト] [形]（[英] perfect）* 完全な，完璧(かんぺき)な，欠陥のない;《話》決定された，最終的な. **Perfekt** [中]《-s/-e》〔文法〕完了〔時称〕. **Perfektion** [女]《-/》完全無欠. **Perfektionismus** [男]《-/》完全〈完璧〉主義.
perfid, perfide [形] 陰険な，不誠実な. **Perfidie** [女]《-/-n》陰険，不誠実; 背信行為.
Perforation [女]《-/-en》（切手などの）ミシン目; 穴開け，穿孔(せんこう);（フィルムの縁の）送り穴. **perforieren** [他]（…に等間隔に）穴を開ける;（紙などに）ミシン目をつける，（フィルムに）送り穴をつける.
Pergament [中]《-[e]s/-e》羊皮紙; 羊皮紙に書かれた古文書. =**papier** [中] 硫酸紙，パーチメント紙.
Pergola [女]《-/..len》〔建〕パーゴラ.
Perigäum [中]《-s/..gäen》〔天〕近地点.
Periode [ペリオーデ] [女]《-/-n》（[英] period）時期，期間，時代; 周期，サイクル; 月経;〔文法〕複雑複合文;〔楽〕楽段，大楽節. **~n=system** [中]〔化〕周期率表.
Periodikum [中]《-s/..ka》定期刊行物.
periodisch [形] 周期的な，定期的な.
peripher [形] 周辺の;〔医〕末梢(まっしょう)〔性〕の; 周辺的な，重要でない. **Peripherie** [女]《-/-n》周辺部; 周辺地域;〔ｺﾝﾋﾟｭｰﾀ〕周辺機器〈装置〉;〔数〕周，（特に）円周.
Periskop [中]《-s/-e》潜望鏡.
peristatisch [形]〔遺伝〕環境による.
Perle [ペルレ] [女]《-/-n》❶（[英] pearl）真珠，真珠貝;（ロザリオなどの）玉，（シャンパンなどの）泡;（汗などの）粒;（シカの角などの）こぶ; しずく，露. ❷ 至宝. ♦ *J^3 fällt keine ~ aus der Krone.*（人の）品位は少しも傷つかない. *~n vor die Säue werfen* 豚に真珠〔を与える〕. **perlen** [自]（s）（水・汗などが）玉となって滴る;（水などが）玉になる，（汗などが）玉となって浮かぶ; 水玉〈露〉で覆われる;（シャンパンなどが）泡立つ;（声などが）玉を転がすように響く.
Perlenkette [女] 真珠のネックレス.
Perl=huhn [中]〔鳥〕ホロホロチョウ. =**muschel** [女] 真珠貝. =**mutt** [中]《-s/》, =**mutter** [女]《-/》（貝殻の内側の）真珠層.
perlmuttfarben [形] 真珠〔層〕色の.
Perlon [中]《-s/》《商標》ペルロン，パーロン（化学繊維の一つ）.
perlonverstärkt [形] ペルロン加工によって強化された（糸など）.
Perm [中]《-s/》〔地学〕ペルム〈二畳〉紀.
permanent [形] 恒常的な，永続的な.
Permanenz [女]《-/》永続性.
per pedes《ﾗﾃﾝ語》徒歩で.
perplex [形]《話》あっけにとられた.
Perron [ペロー[ン]] [男]《-s/-s》《ｽｲｽ》プラットホーム.
Persenning [女]《-/-e[n], -s》〔海〕防水シート;〔織〕帆布.
Perser [男]《-s/-》（[女] **-in**）ペルシャ人; ペルシャ絨緞(じゅうたん); [形]《無変化》ペルシャの.
Persianer [男]《-s/-》ペルシャ子羊の毛皮.
Persien ペルシャ（イランの旧称）.
Persiflage [女]《-/-n》風刺.
persiflieren [他] 風刺する.
Persipan [中]《-s/-e》ペルジパーン（アンズ・モモの実の薄切りを入れたケーキ）.
persisch [形] ペルシャ〔人，語〕の.
Person [ペルゾーン] [女]《-/-en》（[小] **Persönchen**）（[英] person）（個々の）人，人間，人員; 人柄，人物; 容姿，風采; その人自身;〔法〕人格;〔ｷﾘｽﾄ教〕位格，ペルソナ;〔劇〕〔登場〕人物;〔文法〕人称;《話》女〔の子〕. ♦ *ich für meine ~* 私個人〈自身〉としては. *j^1 in [eigener, höchsteigener] ~*（人）おんみずから. *et^1 in ~ sein*（…）そのものである. *A und B in einer ~ sein* A であり同時に B でもある; A と B を兼ねている.
Personal [中]《-s/》《集合的》職員，社員，従業員，乗務〈乗組〉員，スタッフ; 使用人，召使. =**abteilung** [女] 人事部. =**akte** [女] 人事記録〈書類〉. =**ausweis** [男]（公式の）身分証明書. =**berater** [男]

P

人事(人材)コンサルタント. =beratung 囡 人事幹旋(業). =chef 阳 人事部長. =computer 阳 パーソナルコンピュータ, パソコン (® PC).

Personalien 榎 (住所·氏名·職業などを記した)個人記録, 身上書. personalisieren 他 個人的にする; 個人化する. Personalie 囡 ((-/-en)) 人柄, 人格, 人となり, パーソナリティー.

Personalkredit 阳 (経) 個人信用.

Personal=pronomen 伳 人称代名詞. =union 囡 同君連合(同一君主に統治される複数国家); 兼務.

Persönchen (→ Person) 田 ((-s/-)) かわいらしい子, 若い女性.

personell 形 (人事(職員)の), 人事的な.

Personen=aufzug 阳 (人の乗る)エレベーター. =beförderung 囡 旅客輸送. =gesellschaft 囡 人名を社名とする会社. =kraftwagen 阳 (中小企業に多い). =kraftwagen 阳 乗用車 (® Pkw, PKW). =kult 阳 個人崇拝. =name 阳 人名. =schaden 阳 ((人の損害, 人損. =stand 阳 (配)配偶関係(未婚·有配偶·死別など). =verkehr 阳 旅客輸送. =waage 囡 体重計. =wagen 阳 乗用車;旅客車. =zug 阳 旅客列車(各駅停車の普通列車).

Personifikation 囡 ((-/-en)) 人格化, 擬人化;体現, 化身. personifizieren 他 人格化(擬人化)する;体現する.

persönlich [ペルゼーンリヒ] 形 (per-sonal)個人的な, 個人(本人)の;... 私的な, 一身上の, その人なりの;((文法))人称の. ◆ ~ werden 個人(人身)攻撃をする. Persönlichkeit 囡 ((-/-en)) (® per-sonality) 個性(的) な, 人間性; (個性的な)人間, 人物; 有名人.

Perspektive 囡 ((-/-n)) (® perspective) ((絵·数)) 遠近法, 透視画法; 観点, 視点; (将来の) めや)展望, 見通し. perspektivisch 形 遠近法(透視画法)の.

Peru ペルー.

Perücke 囡 ((-/-n)) かつら.

pervers 形 (特に性的に)異常な, 倒錯した, 変態の; 《話》節度のない.

Perversion 囡 ((-/-en)) (心)(性的)倒錯. Perversität 囡 ((-/-en)) 変態, 性格異常; 異常(例題)行動.

pesen 自 《話》大急ぎで走る.

Peseta 囡 ((-/..ten)) ペセタ(スペインの通貨; ® Pta).

Peso 阳 ((-[s]/-[s])) ペソ(アルゼンチン·メキシコ·キューバ·フィリピンなどの通貨).

Pessar 伳 ((-s/-e)) ペッサリー.

Pessimismus 阳 ((-/-)) ((® pessimism))ペシミズム, 厭世(我)(悲観)主義. Pessimist 阳 ((-en/-en)) ((® -in)) 厭世(悲観)主義者, ペシミスト. pessimistisch 形 厭世主義の, 悲観的な.

Pest 囡 ((-/-)) ペスト, 黒死病; 疫病, (悪性の)伝染病; 害毒. ◆ die ~ an den Hals wünschen 《話》 J³ (人の)不幸を願う. wie die ~ stinken 《話》 ひどい悪臭を放つ.

Pestalozzi Johann Heinrich. ペスタロッチ(1746-1827: スイスの教育学者).

pestartig 形 (におい)いやな.

Peta..., Peta... ペタ... (単位名と; 10¹⁵; ((記号)) P).

Peter 阳 名) ペーター. ◆ dem ~ nehmen und dem Paul geben 借金して別の借金を返す. den schwarzen ~ zuschieben (zuspielen) 《話》 J³ (人に)罪をかぶせる.

Petersburg Sankt ~ サンクトペテルブルグ(ロシア北西部の都市; 旧名 Leningrad).

Petersilie 囡 ((-/-n)) (植) パセリ. ◆ J³ ist die ~ verhagelt. 《話》 J³ (人は)意気消沈している.

Peterwagen 阳 《話》 パトカー.

Petitesse 囡 ((-/-n)) 瑣末(言)な (取るに足らない)こと.

Petition 囡 ((-/-en)) 請願, 陳情.

Petra 囡名) ペートラ.

Petri ⇒ Petrus

Petrischale 囡 (細菌培養用の)ペトリ皿.

Petrochemie 囡 石油化学;岩石化学.

Petroleum 伳 ((-s/-)) 石油; (古) 石油. =lampe 囡 石油ランプ.

Petrus 阳 ペートゥルス; ((2格·, Petri)) ペテロ(12使徒の 1 人). ◆ Petri Heil! よくがまえよ(釣り仲間のあいさつ). wenn ~ mitspielt 《話》 もしも天気がよければ.

Petschaft 伳 ((-s/-e)) 封印, 印章.

Petting 伳 ((-s/-s)) ペッティング.

petto ⇒ in petto

Petunie 囡 ((-/-n)) ((植)) ペチュニア.

Petze 囡 ((-/-n)) 告げ口をする(ちくる)やつ. petzen 他 《話》 (子供がA人に)告げ口をする, ちくる.

peu à peu [ペアペ] ((語)) 少しずつ, だんだんに.

Pf Pfennig.

Pfad 阳 ((-[e]s/-e)) ((® Pfädchen)) ((® path)) 小道, 細道. ◆ auf ausgetretenen ~en wandeln 《雅》ありきたりのことをする. der ~ der Tugend 《雅》王道. die ausgetretenen ~en verlassen 独自のやり方をする. ein dorniger ~ 《雅》いばらの道. =finder 阳 ボーイスカウトの隊員; ボーイスカウト. =finderin 囡 ガールスカウトの隊員; ガールスカウト.

Pfaffe 阳 ((-n/-n)) ((蔑)) 坊主.

~n=hütchen 伳 (植) セイヨウマユミ.

Pfahl 阳 ((-[e]s/Pfähle)) ((® pole)) 杭(;'), (木の)柱, 支柱, ハイル, ((電)) (昔の)縦棒. ◆ ein ~ im Fleische 《雅》苦悩の種. in seinen vier Pfählen bleiben 自分の家(家の中)を出ない. =bau 阳 (水辺の)杭上(,)家屋.

pfählen 他 (果樹などを)支柱で支える, (... に)杭を打ち込む; ((史)) くし刺しの刑に処する.

Pfalz ❶ 囡 ((-/-en)) (中世ドイツの)皇帝(国王の)居城. ❷ ((die ~)) プファルツ(ドイツ南西部の地域で旧伯爵領). =graf 阳 (中世の)宮中伯.

Pfand ❶ 伳 ((-[e]s/Pfänder)) ((® pawn)) 担保, 抵当; 賃(金)金, デ

ポジット;《雅》証(あかし), 徴(きぎ). **pfändbar** 形 担保(抵当)となりうる, (担保として)差し押さえ可能な. **Pfandbrief** 男 《経》担保(抵当)証券. **pfänden** 動 (担保として)差し押さえる;(人に対して)差し押さえをする.

Pfänder ⇒ Pfand -**spiel** 中 (負けて取られた担保の品を, 余興として返してもらう)罰ゲーム.

Pfand-**haus** 中 質屋;[業]. -**leiher** 男 質屋(人). -**recht** 中 質権, 抵当権. -**schein** 男 質札.

Pfändung 女 (-/-en) 差し押さえ.

Pfanne [プファネ] 女 (-/-n) ① (取っ手の長い)フライパン, 平鍋(ひらなべ); ① (旧式砲の)火皿;(金属container)取り鍋; 中 関節腔(かん); 《建》バンタル瓦; 《地学》窪地(ほう), 小穴. ◆ **auf die ~ haben** 《話》(…をいつでも出せるように)用意している. **in die ~ hauen** 《話》(人を)さんざんやっつける.

Pfannkuchen [プファンクーヘン] 男 (-s/-) パンケーキ(ジャムなどを詰めた)揚げパン. ◆ **aufgehen wie ein ~** 《戯》ぶくぶく太る.

Pfarr-**amt** 中 牧師(主任司祭)職; 牧師(主任司祭)館. -**bezirk** 男 《宗》教区. -**buch** 中 《宗》聖登録.

Pfarre 女 (-/-n) 《方》= Pfarrei.

Pfarrei 女 (-/-en) = Pfarrbezirk; 《宗》牧師館;《宗》主任司祭職.

Pfarrer [プファラー] 男 (-s/-) 《宗》(-**in** 女) 《宗》主任司祭.

Pfarr-**haus** 中 牧師館; 《宗》主任司祭館. -**kirche** 女 教区教会.

Pfau 男 (-[e]s/-en, (まれ) -en/-en) 《鳥》クジャク(孔雀). ~**en**-**auge** 中 蛇の目紋様の鱗翅類; 《虫》クジャクチョウ. ~**en**-**feder** 女 クジャクの尾羽.

Pfd. = Pfund.

Pfd.St. = *Pfund Sterling* (貨幣単位としての)イギリスポンド.

Pfeffer [プファァー] 男 (-s 種類/-) 《植》(-**chen**) 《植》コショウノキ(の実); 刺激, 精彩, 元気. ◆ **eine ~ geben** (人に)刺激を与える. **hingehen (bleiben), wo der ~ wächst** 《話》どこかへ行ってしまう(しまっている). **im Hintern haben** 《話》そわそわしている. ~ **und Salz** (織物の霜降り紋様)灰色. -**gurke** 女 《料》コショウ入りピクルス. -**korn** 中 《植》コショウの実. -**kuchen** 男 ペファクーヘン(香辛料・蜂蜜入りのクリスマスケーキ). -**minz** 中 《植》ハッカ, ペパーミント; ハッカ入りキャンデー. -**minze** 女 《植》セイヨウハッカ; ペパーミント.

pfeffern 動 (…に)コショウをふりかける; スパイスを利かす;《話》(…へ)投げつける, 放り投げる. ◆ **eine gepfefferte bekommen** (…から)一発くらう. **eine ~ [geben]** (人に)びんたを食らわせる.

Pfeffer-**nuss** (-**nuß**) 女 小型のペファクーヘン.⇒ Pfefferkuchen

Pfeife [プファィフェ] 女 (-/-n) (= **Pfeifchen**) (動 pipe) 笛; 呼び子, ホイッスル; 汽笛; (パイプオルガンの)パイプ; 音管; (タバコを吸うための)パイプ. ◆ **nach j** ^{2} ~ **tanzen** 《話》(人の)言いなりになる.

pfeifen* [プファイフェン] (pfiff, gepfiffen) 動 ① 動 (動 whistle) 口笛を吹く, (笛などを)吹く; 笛を吹いて合図する;(ネズミなどが)チューチュー鳴く;(ヒューヒュー)鳴る. 《話》**auf j-et'** (…を)問題にしない. ② 動 口笛で演奏する. (ピーピーと音声を発する)《話》**j** ^{3} **et** ^{4} ~ (人に…を)打ち明ける. ◆ 《話》**sich**^{3} **) そらと信ける; 知らん顔を決め込む. [et] was ~** 《話》(人の願いを)拒む.

Pfeifenkopf 男 (喫煙用の)パイプの火皿; 能なし, 役立たず.

Pfeifer 男 (-s/-) 笛を吹く人.

Pfeif-**kessel** 男 笛吹きケトル(やかん). -**konzert** 中 《話》(聴衆・観衆の不満・非難の)口笛(指笛)のあらし, ブーイング.

Pfeil [プファイル] 男 (-[e]s/-e) (動 arrow) 矢; 矢印. ◆ **alle [seine] ~e verschossen haben** 抵抗(反論)の矢弾が尽きる. **schnell wie ein ~** 矢のように素早く.

Pfeiler 男 (-s/-) (ふつう四角い)柱, 支柱; 《建》橋脚, 橋桁.

pfeilgrade 副 一直線の. **Pfeilspitze** 女 矢じり, 矢先.

Pfennig 男 (-s/-e) 《単位/-/) ペニヒ(ユーロ導入前のドイツの通貨単位: 100分の1Mark: 略 Pf). ◆ **auf den ~ sehen** 金にけちけちする. **bis auf den letzten ~** ぴた一文無駄にせずに. **jeden ~ [dreimal] umdrehen** 《話》金遣いにけちけちする. **keinen ~ geben für et** ^{4} (…を)見限る. **keinen (nicht einen) ~ wert sein** (話) 一文の値うちもない. **mit dem ~ rechnen** 倹約する. **nicht für fünf ~** 《話》全然…ない. **Wer den ~ nicht ehrt, der ist des Talers nicht wert.** 《諺》小事をゆるがせにしては大事を成就しない.

Pfennig-**absatz** 男 高くて細長いヒール. -**fuchser** 男 (-s/-) 《話》けちん坊, しみんたれ.

Pferch 男 (-[e]s/-e) (家畜用の)囲い地; 檻(ぉり).

pferchen 動 (j-et⁴ in et⁴) (狭い場所に)人・家畜などを)押し[閉じ]込める.

Pferd [プフェールト] 中 (-[e]s/-e) (動 -**chen**) (動 horse) 馬; 木馬; 《体操》鞍馬(あんぱ); 《トランプ》ナイト, 騎士, 桂馬; 《古》騎兵. ◆ **aufs falsche (richtige) ~ setzen** 《話》(…の)判断を誤る. **das beste ~ im Stall** 《話》仲間内で一番有能なやつ. **das ~ am Schwanz aufzäumen** 《話》最初の選択を誤り, 誤った手順でことを始める. **die ~e scheu machen** 《話》(人を)びびらせる; (人を)不安にする. **J**^{3} **gehen die ~e durch** 《話》(人は)自制心を失う. **Keine zehn ~e bringen j**^{4} **irgendwohin.** 《話》(人は)てこでも動かない. ~ **stehlen können** 《話》(人と)一緒ならどんなことでもできる. **Trojanisches ~** 《雅》ありがたくない贈り物. **wie ein ~ arbeiten (schuften)** 《話》馬車馬のごとく働く.

Pferde-**apfel** 男 馬糞(ぶん). -**fuß** 男 馬の足; (悪魔などの)いずめのある足; 《医》尖足(せんそく). ◆ **Da schaut der ~ heraus.** 《話》そろそろ馬脚が現れた. **einen ~ haben** 《話》まずい(あやしい)点がある. =**kur** 女 《話》荒療治. =**länge** 女 《競》

Pferderennbahn

馬｝馬身．**=rennbahn** 囡 競馬のコース．**=rennen** 回 競馬．**=schwanz** 圐 馬の尾；ポニーテール(髪型)．**=stall** 圐 馬小屋．**=stärke** 囡 《理》馬力《略 PS》．**=wagen** 圐 馬車；荷馬車．

pfiff ⇨ pfeifen

Pfiff 圐 《-[e]s/-e》(口笛・呼び子などの)鋭い音；ピッ．《話》(…の)魅力，ポイント；《話》要領，こつ．

pfiffe ⇨ pfeifen

Pfifferling 圐 《-s/-e》《植》アンズタケ(食用キノコ)．♦ **keinen** (**nicht einen**) **~** 《話》 全然…ない．

pfiffig 囮 抜け目のない，要領(抜)のいい，ちゃっかりした，気のきいた．**Pfiffigkeit** 囡 《-/》 抜け目のなさ，要領のよさ．**Pfiffikus** 圐 《-[ses]/-se》 《話》 抜け目のないやつ，要領のいい男．

Pfingsten 圐 《-/-》 [プフィングステン] 《ふつう無冠詞；成句中では複数で扱われ，南部では定冠詞と共に》 《宗》聖霊降臨祭 (復活祭後の第7日曜日)．⇨ Ostern ♦

Pfingst=ferien 圏 聖霊降臨祭の休暇．**=fest** 回 聖霊降臨祭．**=montag** 圐 聖霊降臨祭の月曜日(第2日)．**=rose** 囡 《植》ボタン属(シャクヤクなど)．**=sonntag** 圐 聖霊降臨祭の日曜日(第1日)．

Pfirsich 圐 《-s/-e》 [プフィルジッヒ] モモ(桃)．

Pflanze 囡 《-/-n》 [プフランツェ] (⇨ **Pflänzchen**) (⇨ plant) 植物，草木．《話》 変わり者；ひねくれ者．

pflanzen 他 [プフランツェン] 《pflanzte; gepflanzt》 ❶ 植える，植え込む；《計》からかう；《sich⁴》 《話》(…に)でんと腰を下ろす．

Pflanzen=faser 囡 植物繊維．**=fresser** 圐 草食動物．**=kost** 囡 植物性食品．**=kunde** 囡 植物学．**=reich** 回 (海外の)プランテーション所有者．

pflanzlich 囮 植物の；植物性の．

Pflanzung 囡 《-/-en》 植えつけ；植林；栽培；(海外の)農園，プランテーション．

Pflaster 回 [プフラスター] 《-s/-》 (⇨ **Plästerchen**) ❶ 舗装(の)敷石；舗道；市街地：**ein gefährliches ~** (das) 騒々しい街．❷ ばんそうこう，こう薬．♦ [**das**] **~ treten** 《話》 足を棒にして街を歩き回る．

Pflasterer 圐 《-s/-》 舗装工．

Pflastermaler 圐 歩道などに絵を描く大道絵かき．**pflastermüde** 囮 (町を) 歩き疲れた；都会の怪しい倦怠感の．

pflastern, plästern 他 (道路を)舗装する；《話》(…に)ばんそうこうを張る．♦ **eine ~** 《話》(平手で)(人に)一発食らわす．

Pflasterstein 圐 (舗装用の)敷石；(丸い)ベンチストーン．

Pflaume 囡 [プフラオメ] 《-/-n》 (⇨ **Pfläumchen**) プラム，スモモ；《複》《下》(女性の外陰部)；まぬけ，大ばか．

pflaumen 自 《話》あてこすりを言う．**=baum** 圐 スモモの木．**=mus** 回 スモモのムース．

Pflege 囡 [プフレーゲ] 《-/-》 ❶ (⇨

care) 世話，看護，介護；(体の一部・建築物などの)手入れ．養生．❷ (学芸などの)保護，育成，保存；助成，振興．

=Altenpfleger 圐 老人介護士；**Begutachtung** 囡 審査；**Beiträge** 圏 保険料；**Betreuer** 圐 世話人；**Betreuungspersonal** 回 介護職員；**Geldleistung** 囡 現金給付；**Pflegebeihilfe** 囡 介護補助金，**Pflegebedürftige** 囡 要介護者；**Pflegebedürftigkeit** 囡 要介護状態；**Pflegefachkräfte** 圏 介護専門職；**Pflegeleistungserbringer** 圐 介護提供機関；**Pflegeteam** 回 介護チーム；**Pflegevergütung** 囡 介護報酬；**Pflegesachleistung** 囡 介護サービスの費用；**Sachleistung** 囡 現物給付；**Sozialarbeiter** 圐 ソーシャルワーカー；**Versorgungsvertrag** 圐 介護サービス契約；**Pflegeversicherung** 介護保険

pflegebedürftig 囮 介護(介護)の必要な．

Pflege=befohlene[r] 囡/圐 《形容詞変化》被保護者；里子；受け持ち児童(定）．**=dienst** 圐 介護サービス．**=** **ambulante Pflege** 訪問介護；**Ernährung** 囡 食事介護；**Dauerpflege** 囡 長期介護；**Finalpflege** 囡 末期介護；**häusliche Pflege** 囡 在宅介護；**Intensivpflege** 囡 集中介護；**Körperpflege** 囡 身体介護；**Kurzzeitpflege** 囡 ショートステイ；**Nachtpflege** 囡 ナイトケア；**Rehabilitation** 囡 リハビリ；**stationäre Pflege** 囡 入院介護；**Tagespflege** 囡 デイケア；**teilstationäre Pflege** 囡 部分介護

Pflege=eltern 圏 里親．**=fall** 圐 介護の必要な人．**=kind** 回 里子．

pflegeleicht 囮 手入れしやすい．

Pflegemutter 囡 (女の)里親．

pflegen(*) 他 [プフレーゲン] 《pflegte, pflog; gepflegt, 《雅》 gepflogen》 Ⅰ 他 ❶ 《規則変化》 (⇨ care for) (人の)世話をする，(…を)介護(介助)する；(…の)手入れをする．(動植物を)飼育(栽培)する．❷ 育成する．奨励する．助成する；大事にする．❸ 《規則変化》《+ zu 不定詞》 (いつも) (…する)．(…する)習慣である．Ⅱ 自 《**et²**》 (…) する．

Pflegepersonal 回 介護要員(スタッフ)．

Pfleger 圐 《-s/-》 (圐 **-in**) 看護士，動物園などの飼育係；《法》 (未成年者・病弱者などの)保護人，後見人；《計》 管理人，世話人．**Pflegeversicherung** 囡 介護保険．**pfleglich** 囮 (取り扱いが)注意深い，丁寧な．**Pflegschaft** 囡 《-/-en》 後見，後見．

pflegte ⇨ pflegen

Pflicht 囡 [プフリヒト] 《-/-en》 ❶ (⇨ duty) 義務，本分；義理；職責：**seine ~ erfüllen** 義務を果たす｜**Die … die** … そうお仕事にかかろう．❷ 《体》(体操などの)規定演技．♦ **Es ist j³ ~ und Schuldigkeit.** 《+ zu 不定詞》(…するのは人の)当然の務めだ．**in** [**die**] **~ nehmen** (人に) (人を)誓約させる．

pflicht=bewusst 囮 (= **bewußt**) 義務(責任)感のある，義理固さの．**Pflicht=bewusstsein** 回 (= **bewußtsein**) 義務(責任)感．**=brief** 圐 義務

で[仕方なく]書く手紙.
pflichteifrig 形 義務(責任)感の強い.
Pflicht-erfüllung 女 義務(責任)の遂行. **-exemplar** 中 [図書館などへの]義務納本. **-fach** 中 必修科目(教科). **-gefühl** 中 義務(責任)感.
pflichtgemäß 形 義務に従った, 義務上の. **..pflichtig** 尾 「…の義務がある, …しなければならない」の意.
Pflicht-optimismus 男 [役目柄もたざるを得ない]義務的な楽観主義.
pflichtschuldig 形 [義務(儀礼)上]当然の, 義務(儀礼)的な反した. **Pflichtteil** 男 [法][相続財産の]遺留分. **pflichttreu** 形 義務に忠実な. **Pflichttreue** 女 義務への忠実さ, 責任感; 律儀さ. **Pflicht-übung** 女 [体操などの]規定演技.
pflichtvergessen 形 義務を忘れた, 怠慢な.
Pflicht-versicherung 女 強制保険. **-verteidiger** 男 [法]国選弁護人.
pflichtwidrig 形 義務に反した.
Pflock 男 〈-[e]s/Pflöcke〉 杭(くい). ◆ *einen ~ (ein paar Pflöcke, einige Pflöcke) zurückstecken müssen* 〚話〛 要求を少なく[控え目に]する.
pflog, pflöge ⇨ pflegen
pflücken [プフリュッケン] 〈pflückte; gepflückt〉 他 〈(英) pick〉 (花・果実などを)摘み取る, 摘む.
Pflug 男 〈-[e]s/Pflüge〉 プラウ, 犂(すき), 鋤(すき);〚スポ〛 プルーク. ◆ *unter dem ~ kommen* 〚雅〛 耕地にされる. **pflügen** 他 犂(すき)で耕す, すく. **Pflug-schar** 女 (中) 犂(すき)の刃, 犂先.
Pforte [プフォルテ] 女 〈-/-n〉 〈(英) Pförtchen〉 ❶ 〈(英) gate〉 [庭などに通じる]門, 小さい門, 木戸 (an der ~ des neuen Lebens stehen 〚雅〛 新しい人生の門口にある);〚地〛 [山の]出入り口. ❷ 〚地学〛山峡, 盆地. ◆ *seine ~n schließen* 〚雅〛 [劇場などを]閉鎖[閉幕]する. **Pförtner** 男 〈-s/-〉 〈(女) -in〉 門番, 守衛, 受付係;〚医〛 幽門.
Pforzheim プフォルツハイム(ドイツ Baden-Württemberg 州の工業都市).
Pfosten 男 〈-s/-〉 支柱, 柱;〚球技〛 ゴールポスト.
Pr̥ote 女 〈-/-n〉 〈(英) Pfötchen〉 (動物の)[前]足;〚話〛 (人間の)手;〚話〛 下手な字, 悪筆. ◆ *die ~n bei et³ verbrennen* 〚話〛 (sich³) (…で)ひどい目に遭う.
Pfriem 男 〈-[e]s/-e〉 錐(きり), 目打ち.
Pfropf 男 〈-[e]s/-e〉 栓(せん);〚医〛 血栓.
pfropfen 他 (…に)接ぎ木をする (《複》 in et⁴); (…に)詰め込む. **Pfropfen** 男 〈-s/-〉 (瓶などの)栓, コルク栓.
Pfropfreis 中 〚園芸〛 接ぎ穂, 接ぎ枝.
Pfründe 女 〈-/-n〉 〚宗〛 聖職禄(ろく); 聖職禄を受ける人[の地位].
Pfuhl 男 〈-[e]s/-e〉 (汚れた)水たまり; どぶ池.
pfui 間 ぺっ, ちえっ(不快・憤慨の声).
Pfund [プフント] 中 〈単位-/-〉 ❶ 〈(英) pound〉 ポンド (重量単位: 500g; 略 Pfd.);ポンド(イギリス・トルコ

などの通貨;《記号》£). ❷ (サッカーで)強烈なシュート. ◆ *mit seinem ~e wuchern* 〚雅〛 才能を生かす. *sein ~ vergraben* 〚雅〛 才能を埋れさす.
pfundig 形 〚話〛 すばらしい, すてき.
pfundweise 副 〈(英) -in〉 (重さの)ポンド単位で;〚話〛 大量に.
Pfusch 男 〈-[e]s/-〉 ぞんざいな仕事, もぐりの仕事. **pfuschen** 自 〚話〛 ぞんざいな仕事をする;〚方〛 (トランプなどで)いかさまをする;〚話〛 もぐりで働く.
Pfuscher 男 〈-s/-〉 〈(女) -in〉 〚話〛 ぞんざいな仕事をする人; もぐりの職人[医者]; (トランプなどで)いかさまをする人.
Pfuscherei 女 〈-/-en〉 〚話〛 ぞんざいな仕事.
Pfütze 女 〈-/-n〉 〈(英) Pfützchen〉 水たまり;〚話〛 (グラスの中の)飲み残し.
Pg. 略 Parteigenosse. **PG** 略 Patentgesetz 特許法. **Pgn.** 略 Parteigenossin. -- Pg. **PH** 略 Pädagogische Hochschule 教育(教員養成)大学.
Phalanx 女 〈-/..langen〉 (古代ギリシャの重装歩兵の)密集隊形;(結束した)集団.
Phänomen [フェノメーン] 中 〈-s/-e〉 〈(英) phenomenon〉 現象, 事象; 珍事, 大事件; 天才, 鬼才; 第一人者.
phänomenal 形 現象[上]の, 現象に関する; 非凡な, 卓越した.
Phänomenologie 女 〈-/-〉 現象学.
Phantasie = Fantasie. **-gebilde** = Fantasiegebilde. **phantasielos** = fantasielos. **phantasieren** = fantasieren. **phantasievoll** = fantasievoll. **Phantast** = Fantast. **Phantasterei** = Fantasterei. **phantastisch** = fantastisch.
Phantom 中 〈-s/-e〉 〈(英) phantom〉 幻, 幻影; 幽霊;〚医〛 人体模型.
Pharisäer 男 〈-s/-〉 パリサイ人;(ユダヤ教の律法の厳格な古代ユダヤ教徒の一派);〚雅〛 偽善者, 独善家; ファリゼーア(生クリームをのせたラム酒入りのコーヒー). **pharisäisch** 形 パリサイ人のような; 独善[偽善]的な.
Pharmakologie 女 〈-/-〉 薬理(薬物)学. **Pharmazeut** 男 〈-en/-en〉 〈(女) -in〉 薬学者; 薬剤師. **Pharmazeutik** 女 〈-/-〉 薬学. **pharmazeutisch** 形 薬学(薬事)の, 製薬(調剤)の. **Pharmazie** 女 〈-/-〉 薬学.
Phase 女 〈-/-n〉 〈(英) phase〉 (発展などの)段階, 局面; 様相;〚電〛 位相;〚化〛 相;〚天〛 (天体の)[位]相.
Phenol 中 〈-s/-〉 フェノール, 石炭酸.
Pheromon 中 〈-s/-e〉 〚生化〛 フェロモン.
..phil 尾 「…を好む, …びいきの」の意.
Philanthrop 男 〈-en/-en〉 〈(女) -in〉 博愛主義者, 慈善家. **philanthropisch** 形 博愛主義の, 慈善的な.
Philatelie 女 〈-/-〉 切手研究(収集).
Philatelist 男 〈-en/-en〉 〈(女) -in〉 郵便切手研究(収集)家.
Philemon [〚ギ神〛] ピレモン. (Baucis の夫). *~ und Baucis* ピレモンとバウキス (旅人に身を変えた Zeus と Hermes を貧しいながらも歓待した律義な老夫婦).
Philharmonie 女 〈-/-n〉 フィルハーモニー (音楽協会・管弦楽団・音楽堂などの名の

も用いる). **Philharmoniker** 男《-s/-》《-in》フィルハーモニー管弦楽団［員］、交響楽団.

Philipp［男名］フィーリップ.

Philippinen 阌《(die ~)フィリピン. -**graben**（der ~)フィリピン海溝.

Philister 男《-s/-》俗物, 小市民. **philisterhaft** 形俗物的な, 教養のない.

Philodendron 男 中《-s/..dren》［植］フィロデンドン.

philogyn 形女性に好意的な, 女好きの.

Philologie 囡《-/-n》文献学: 文学語学研究. **Philologe** 男《-n/-n》《-in》..gin》文献学者; 文学語学研究家.

philologisch 形文献学[上]の, 文学語学的な; あまりにも学問的な傾向の.

Philosoph［フィロゾーフ］男《-en/-en》《-in》哲学者, 哲人.

Philosophie［フィロゾフィー］囡《-/-n》《※ philosophy》哲学; 人生観, 世界観. **philosophieren** 自《**über** et[3]》...(について)哲学的に思索する《論じる》.

philosophisch［フィロゾーフィシュ］形《※ philosophical》哲学[上]の, 哲学的な; 思索的な, 思慮深い.

Phiole 囡《-/-n》細首瓶, フラスコ.

Phlegma 中《-s/》粘液質; 鈍重, 無気力な. **Phlegmatiker** 男《-s/-》《-in》粘液質の人; 鈍重（無気力)な人.

phlegmatisch 形粘液質の; 鈍重な, 無気力な.

Phlox 男《-es/-e》囡《-/-e》［植］フロックス(キキョウナデシコ, シバザクラなど), ..**phob**「…を恐れる, …嫌いの」の意.

Phöbe, Phoibe［女名］フェーベ(土星の衛星の一つ).

Phobie 囡《-/-n》［医・心］恐怖[症].

Phöbos, Phöbus［男名］［ギ神］ポイボス (Apollo アポロの別称); 太陽, 日輪.

Phon［中《-s/-》［理］ホン(音量単位, ［音写］phon).

Phonem 中《-s/-e》［言］音素. **Phonetik** 囡《-/》音声学. **Phonetiker** 男《-s/-》《-in》音声学者. **phonetisch** 形音声学[上]の, 音声の.

Phönix 男《-[es]/-e》フェニックス, 不死鳥. ◆ **wie** [**ein**] ~ **aus der Asche** [**auf**]**steigen** 不死鳥のようによみがえる.

Phönizien フェニキア(シリア沿岸にフェニキア人が建てた古代都市国家群の総称).

Phonologie 囡《-/》［言］音韻論.

Phonothek 囡《-/-en》音声ライブラリー. **Phonotypistin** 囡《-/-nen》(録音テープを文書化する)女性タイピスト.

Phosphat 中《-[e]s/-e》燐酸（%）塩. **Phosphatid** 中《-[e]s/-e》［生化］ホスファチド, 燐(%)脂質.

Phosphor 男《-s/-e》燐素（%）(元素記号, ［音写］P). **Phosphoreszenz** 囡《-/》燐光[法]. **phosphoreszieren** 自燐光(%)を発する. **phosphorig** 形燐(%)を含む. **Phosphorsäure** 囡燐酸.

Photo = Foto. ■**album** = Fotoalbum. ■**apparat** = Fotoapparat.

Photochemie 囡光化学. **photochemisch** 形光化学[上]の.
◆ **~er Smog** 光化学スモッグ.

photogen = fotogen.

Photograph = Fotograf. **Photographie** = Fotografie. **photographieren** = fotografieren. **photographisch** = fotografisch.

Photokopie = Fotokopie. **photokopieren** = fotokopieren.

Photo·kopierer = Fotokopierer. ■**montage** = Fotomontage.

Photon 中《-s/-en》［理］光子, フォトン.

Photonen·antrieb 男［宇］光子推進. ■**triebwerk** 中［宇］光子ロケットエンジン.

Photo·reporter = Fotoreporter. ■**satz** 男［印］写真植字, 写植.

Photo·synthese 囡光合成.

Phototek 囡《-/-en》= Fothek.

Photozelle 囡［電］光電管; 光電池.

Phrase 囡《-/-n》《※ phrase》決まり文句, 決まった言い回し; 常套句; 成句, 慣用句；［文法］句；［楽］楽句, フレーズ. ~**n·drescher** 男《-s/-》《-in》［軽蔑］決まり文句ばかりを使う人.

phrasenhaft 形決まり文句ばかりの, (体裁だけで)中身のない, 空疎な.

Phraseologie 囡《-/-n》［文法］慣用語法; 慣用句便覧(収集).

pH-Wert 男 ペーハー値(水素イオン濃度).

Physik［フュズィーク］囡《-/》《※ physics》物理学.

Physika ⇒ Physikum

physikalisch 形《※ physical》物理学[上]の; 物理学的な. **Physiker** 男《-s/-》《-in》物理学者.

Physikochemiker 男物理化学者.

Physikum 中《-s/..ka》医学部前期試験(4学期修了後の基礎科目試験).

Physiognomie 囡《-/-n》人相, 容姿（%）; (動植物の)形状, 外観; (土地などの)形状, 景観.

Physiokrat 男《-en/-en》［経］重農主義者, 重農論者者. **Physiokratismus** 男《-/》重農主義.

Physiologe 男《-n/-n》《-in》..gin》生理学者. **physiologisch** 形生理学[上]の, 生理学的.

Physiologie 囡《-/》生理学.

Physiotherapeut 男《-en/-en》《-in》理学療法士.

Physiotherapie 囡《-/》理学療法.

physisch 形《※ physical》肉体(身体)的な, 体の; 自然の.

Pi 中《-[s]/-[s]》パイ(ギリシャ文字の第16字: Π, π);［数］円周率[[音写］π).

Piani ⇒ Piano

Pianino 中《-s/-s》［楽］（小型の)アップライトピアノ. **pianissimo** 副［楽］ピアニッシモ, きわめて弱く(略 pp). **Pianist** 男《-en/-en》《-in》..nin》ピアニスト, ピアニスト. **piano** 副［楽］ピアノの, 弱く(略 p). **Piano** 中《-s/-s, ..ni》［楽］弱奏;《-s/-s》［楽］ピアノ.

picheln 他［話］(酒を)飲む; 自［話］酒を飲む.

Picke 囡《-/-n》つるはし.

Pickel 男《-s/-》つるはし; 囡［医］にきび, 吹き出物. ■**haube** 囡 (先端にとんがりのある)プロイセン式軍帽.

pickelig [形] にきび〈吹き出物〉だらけの.
picken [他] ([英] peck)ついばむ, つつく; 《話》(指先などで)つまむ, つまみ〈拾い〉上げる; [自] (くちばしで)つつく, たたく.
Picknick [ピクニック] [中] 《-s/-e, -s》 野外での〈ピクニックの〉食事.
picknicken [自] 野外で食事をする.
Pico.. 〘理〙 ピコ(単位名と;1兆分の1; [記号] p).
Pidgindeutsch ([中] **Pidgin-Deutsch**) [ピジン..] [中] 〘言〙 ピジンドイツ語.
pidginisieren [他] 〘言〙 (ある言語を)ピジン化する.
Piedestal [中] 《-s/-e》 (円柱・彫像などの)台石, 台座; (サーカスで動物が乗る)台.
pieken [他] 《北部》 ちくりと刺す.
piek=fein [形] 《話》 とても上品な, 極上の, とびきりの. **=sauber** [形] 《話》 とても清潔な.
Piemont ピエモンテ(イタリア北西部のアルプス山麓地帯).
piep [間] ピーピー, チューチュー(ひな鳥・ネズミなどの鳴き声). ✦ ***nicht* [*einmal*] ～ *sagen*** 《話》 うんともすんとも言わない. ***nicht mehr* ～ *sagen können*** 《話》 ぐうの音もでない; 死んで〈くたばって〉いる.
Piep [男] 《-s/-e》 ピーピー鳴く声. ✦ ***einen* ～ *haben*** 《話》 頭がどうかしている. ***keinen* ～ *sagen*** 《話》 うんともすんとも言わない.
piepegal [形] 《話》 まったくどうでもよい.
piepen [自] (ひな鳥などが)ピーピー〈ピヨピヨ〉鳴く; (ネズミが)チューチュー鳴く; 《話》 《*Es piept.*》 (ポケットベルなどが)ピーピー音を立てる. ✦ ***Bei j³ piept es.*** (人は)頭がどうかしている. ***zum Piepen sein*** 《話》 噴飯ものである.
Piepen [複] 《話》 お金; マルク.
Piepmatz [男] 《-es/-e, ..mätze》 《幼児》 (小鳥を指して)ピー子ちゃん. ✦ ***einen* ～ *haben*** 《話》 頭がどうかしている.
piepsen [自] (ひな鳥などが)ピーピー鳴く; (ネズミが)チューチュー鳴く; かん高い声を出す〈で歌う〉; [他] かん高い声で言う〈歌う〉. **Piepser** [男] 《-s/-》 《話》 = Piep; ポケットベル.
Pier [男] 《-s/-e, -s》 (〘海〙[女] 《-/-s》) 桟橋, 埠頭(ふとう).
Piercing [中] 《-s/》 (ピアスをつけるために耳・鼻などに)穴をあけること.
piesacken [他] 《話》 いじめる, 苦しめる.
Pieta, Pietà [女] 《-/-s》 〘美〙 ピエタ(キリストの遺体を抱く聖母像).
Pietät [女] 《-/》 《雅》 崇敬の念, 宗教心.
pietätlos [形] 崇敬の念〈宗教心〉のない.
pietätvoll [形] 崇敬の念のあつい.
Pietismus [男] 《-/》 〘プロテスタント〙 敬虔(けいけん)主義(17-18世紀の改革運動). **Pietist** [男] 《-en/-en》 敬虔(けいけん)主義者.
piff [間] パン(銃声).
Pigment [中] 《-[e]s/-e》 (生体内にある)色素; 〘化〙 顔料.
Pik ❶ [中] 《-s/-s》 《無冠詞で》 〘トランプ〙 スペード; 《-s/-》 スペードの札. ❷ [男] 《-s/-e, -s》 山頂, ピーク. ✦ ***einen* ～ *auf j⁴ haben*** 《話》 (人を)ひそかに恨んでいる.
pikant [形] 薬味のきいた, ぴりっとする; きわどい; 魅力的な.
Pike [女] 《-/-n》 (中世末の歩兵の)長槍(なが). ✦ ***von der* ～ *auf dienen* 〈*lernen*〉** 《話》 下積みからたたき上げる.
Pikee [男] (オーストリア[中]) 《-s/-s》 ピケ(太いうね織りの綿布).
piken [他] ちくりと刺す.
pikieren [他] 〘園〙 (苗木を)移植する; (服などに)芯(しん)を入れる, 裏地をつける.
pikiert [形] 腹を立てた.
Pikkolo ❶ [男] 《-s/-s》 (飲食店の)給仕見習い. ❷ [中] [男] 《-s/-s》 〘楽〙 ピッコロ; ピッコロコルネット. ❸ [女] 《-/-[s]》 《話》 シャンペンの小瓶. **=flöte** [女] 〘楽〙 ピッコロ.
Piko.. = Pico..
Pikrin=säure [女] 〘化〙 ピクリン酸.
piksen [他] ちくりと刺す.
Piksieben [女] 〘トランプ〙 スペードの7. ✦ ***wie* ～ *dastehen* 〈*dasitzen*〉** 《話》 途方に暮れている; 無力である, 無視されている.
Piktogramm [中] 《-s/-e》 ピクトグラム(絵記号).
Pilatus Pontius, ピラトゥス; ピラト(サマリアおよびユダヤのローマ総督; イエス処刑の際の裁判官). ✦ ***von Pontius zu* 〈*nach*〉 ～ *laufen* 〈*geschickt werden*〉** 《話》 (役所の窓口などを)たらい回しにされる.
Pilger [男] 《-s/-》 ([女] **-in**) [聖地]巡礼者. **=fahrt** [女] 巡礼の旅.
pilgern [自] (s)巡礼する; 《話》 のんびり歩いて行く.
Pille [ピレ] [女] 《-/-n》 ([英] pill)丸薬; 錠剤; 《話》 経口薬; 《定冠詞と》 経口避妊薬, ピル. ✦ ***die* 〈*eine*〉 *bittere* ～ *schlucken*** 《話》 いやなことを甘んじて受け入れる. ***eine bittere* ～ *sein*** 《話》 《**für** *j⁴*》 (人には)いやなことである. ***eine* 〈*die*〉 *bittere* ～ *versüßen* 〈*verzuckern*〉** 《話》 《*j³*》 (人に)言いにくいことをソフトに言う. ***eine bittere* ～ *zu schlucken geben*** 《話》 《*j³*》 (人に)いやなことを言う〈する〉. **～n=knick** [男] (経口避妊薬普及による出産率急落を示す)ピル曲線.
Pilot [ピロート] [男] 《-en/-en》 ([女] **-in**) パイロット, 操縦士; (自動車・バイクの)スピードレーサー; 〘海〙 水先案内人. **Pilot..** 「実験〈試験〉的な…, 予備的な…; テスト…」の意. **Pilotenschein** [男] 〘空〙 操縦免許証. **Pilotfilm** [男] (視聴者の反応を見るための)試作〈パイロット〉フィルム.
Pils [中] 《-/-》 ピルゼンビール.
Pilsen ピルゼン(チェコ Böhmen 地方の工業都市). **Pilsner** ❶ [男] 《-s/-》 ピルゼンの人; [中] 《-s/-》 ピルゼンビール. ❷ [形] 《無変化》 ピルゼンの.
Pilz [ピルツ] [男] 《-es/-e》 〘植〙 キノコ(茸); 菌類. ✦ ***wie* ～*e aus dem* [*Erd*]*boden* 〈*aus der Erde*〉 *schießen*** 雨後のたけのこのように現れる.
=infektion [女] 〘医〙 真菌〈糸状菌〉感染. **=krankheit** [女] 〘医〙 真菌性疾患, 真菌症.
Piment [男] [中] 《-[e]s/-e》 オールスパイス, ジャマイカペッパー(香辛料).
PIN [記号] 暗証番号(< persönliche Identifikationsnummer).
Pinakothek [女] 《-/-en》 絵画館.
Pinasse [女] 《-/-n》 艦載用舟艇, 短艇.
pingelig [形] 《話》 こせこせした, 細かすぎる. **Pingeligkeit** [女] 《-/》

Pingpong [中]《-s/》卓球, ピンポン.
Pinguin [男]《-s/-e》〘鳥〙ペンギン.
Pinie [女]《-/-n》〘植〙カサマツ.
Pinke [女]《-/》《話》お金, ぜに.
pinkelfein [形]《話》上品な; 上品ぶった.
pinkeln [自]《話》小便をする;《*Es pinkelt.*》ばらばらと雨が降る.
Pinkepinke [女]《-/》= Pinke.
Pinne [女]《-/-n》〘海〙舵(かじ)の柄; (コンパスの)心軸; ピン, 画びょう. **pinnen** [他]《話》(画びょう・ピンなどで)留める.
Pinscher [男]《-s/-》ピンシャー(ドイツ産テリア犬);《話》取るに足らぬやつ, 凡人.
Pinsel [ピンゼル] [男]《-s/-》❶ 絵筆, はけ; 筆のタッチ; (野獣の耳・尾などの)毛のふさ;《話》陰茎. ❷《話》愚か者, まぬけ. ✦ ***auf den ~ treten*** 〈***drücken***〉《話》アクセルを踏む; スピードを上げる.
 pinseln [他] 筆で描く; (…に)筆で塗る.
 Pinselstrich [男] (1回の)筆の動き, 一筆; 筆のタッチ, 筆遣い.
Pinte [女]《-/-n》《話》飲み屋, 酒場.
Pinzette [女]《-/-n》ピンセット.
Pinzgau (der ~)ピンツガウ(オーストリア Salzburg 州, Salzach 川上流の地方).
Pionier [男]《-s/-e》([女] **-in**)先駆者, パイオニア, 草分け;〘軍〙工兵. **=geist** [男] 開拓者精神, フロンティアスピリット. **=tat** [女] 先駆的な行為, パイオニア的な仕事. **=zeit** [女] 草分けの時代, 創成期.
Pipapo [中]《-s/》《しばしば軽蔑的に》いろいろな付属品〈設備〉.
Pipeline [女]《-/-s》パイプライン.
Pipette [女]《-/-n》ピペット.
Pipi [中]《-s/》《幼児》おしっこ.
Pipi=fax [男]《-/》《蔑》つまらない〈くだらない〉こと. **Pipi=mädchen** [中]《話》若い〈世間知らずの〉女の子.
Pirat [男]《-en/-en》海賊.
 ~en=sender [男] (非合法の)海賊放送局.
Piraterie [女]《-/-n》海賊行為; シージャック; ハイジャック.
Pirol [男]《-s/-e》〘鳥〙コウライウグイス.
Pirouette [ピルエッテ] [女]《-/-n》〘バレエ・スケート〙つま先旋回, ピルエット, スピン;〘馬術〙後脚旋回.
Pirsch [女]《-/》〘狩〙忍び寄り猟.
 pirschen [自]〘狩〙忍び寄り猟をする; 忍び足で歩く, 忍び寄る.
Pisa ピサ(イタリア北西部の都市. 斜塔で知られる). ✦ ***der Schiefe Turm von*** 〈***zu***〉 ***~*** ピサの斜塔.
Piscina [女]《-/..nen》(初期キリスト教会の)洗礼盤; (中世の教会の)手洗い盤.
Pisse [女]《-/》《卑》小便. **pissen** [自]《卑》小便をする. **Pissoir** [ピソアール] [中]《-s/-e, -s》(男性用)トイレ.
Piss=ort ([旧] **Piß=**) [男]《卑》(男性用)公衆便所. **=pott** [男]《卑》室内用便器, おまる.
Pistazie [女]《-/-n》〘植〙ピスタチオ〔の実〕. **~n=kern** [男], **~n=mandel** [女], **~n=nuss** ([旧]= **nuß**) [女] = Pistazie.
Piste [女]《-/-n》〘スポーツ〙(レース場の)コース, 走路; (スキーなどの)滑降コース;〘空〙滑走路; (サーカスの)円形演技場の囲い; 未舗装道路. **~n=sau** [女], **~n=schwein** [中]《蔑》暴走スキーヤー.
Pistole [女]《-/-n》([英] pistol)ピストル, けん銃. ✦ ***die ~ auf die Brust setzen*** 《話》《j^3》(人に)決断を迫る. ***wie aus der ~ geschossen*** 《話》即座に.
 ~n=tasche [女] けん銃入れ, ホルスター.
 ~n=zweikampf [男] けん銃による決闘.
pitschepatsche=nass ([旧]= **naß**), **pitsch=nass** ([旧]= **naß**) [形]《話》びしょぬれの.
pittoresk [形] 絵のような, 絵のように美しい.
pizz. [略] *pizzicato.*
Pizza [女]《-/-s, Pizzen》〘料〙ピザ.
Pizzeria [女]《-/-s, ..rien》ピザ専門店.
pizzicato [副]〘楽〙ピッチカート, 弦を指ではじいて([略] pizz.).
Pjöngjang 平壌, ピョンヤン(朝鮮民主主義人民共和国の首都).
PKO [略] [複] (国連の)平和維持活動.
Pkt. [略] *Punkt.*
Pkw, PKW [男]《-〔s〕/-s》乗用車(< *Personenkraftwagen*).
PL《国名符号》Polen ポーランド. **Pl., pl.** [略] *Plural.*
Placebo [中]《-s/-s》〘医〙プラシーボ, 偽薬.
Plache [女]《-/-n》〘オーストリア〙(貨物などの)防水シート; (馬車・乳母車などの)ほろ.
placieren [旧]= platzieren.
placken [再]《$sich^4$》《話》ひどく苦労する. **Plackerei** [女]《-/-en》《話》苦労, つらい仕事.
pladdern《北部》[自]《*Es pladdert.*》雨がザーザー降る, どしゃ降りである; (雨などが)ザーザー音を立てる.
plädieren [自]〘法〙(弁護人が)〔最終〕弁論をする, (検事が)論告を行う;《**für** et^4》(…に)賛成する, (…を)支持する.
 Plädoyer [プレドアイエー] [中]《-s/-s》〘法〙(弁護側の)〔最終〕弁論, (検察側の)論告; 演説, 意見表明.
Plafond [プラフォー〔ン〕] [男]《-s/-s》〘商〙(信用貸しの)最高限度額.
Plage [女]《-/-n》苦しみ; 悩みの種, やっかいなもの. **=geist** [男] (うるさくせがんで)困らせる子, だだっ子.
plagen [プラーゲン]《plagte; geplagt》[他] 悩ませる, 苦しめる;《j^4〔**mit** et^3〕》(人を〔…で〕)困らせる; [再]《$sich^4$》苦労する.
Plagiat [中]《-〔e〕s/-e》剽窃(ひょうせつ), 盗作〔行為〕; 剽窃による作品, 盗作. **Plagiator** [男]《-s/-en》剽窃(ひょうせつ)者, 盗作者.
plagiieren [他] 剽窃(ひょうせつ)〈盗作〉する.
plagte ⇨ plagen
Plaid [プレート] [中] ([男])《-s/-s》(タータンチェックの)旅行用ひざ掛け.
Plakat [プラカート] [中]《-〔e〕s/-e》([英] poster)ポスター, 張り紙. **=farbe** [女] ポスターカラー. **plakatieren** [自] ポスターを張る; [他] ポスターで知らせる. **plakativ** [形] 人目を引く, はでな.
Plakat=säule [女] (ポスターを張る)広告円柱. **=träger** [男] サンドイッチマン; 広告板〈円柱〉.
Plakette [女]《-/-n》バッジ, ワッペン; (記念の)メダル.
plan [形] 平らな;《話》平板な.
Plan [プラーン] [男]《-〔e〕s/**Pläne**》([英] plan)計画, 企画, プラン; スケジュール; 設

計図; 見取図, 地図; 意図, もくろみ. ✦ ***auf dem ~ stehen*** 計画〈予定〉されている. ***auf den ~ rufen*** (人を)登場させる; (刺激して)行動を起こさせる; (好奇心などを)掻き立てる. ***auf den ~ treten*** / ***auf dem ~ erscheinen*** 現れる. ***nach ~ gehen*** 〈〔***ver***〕***laufen***〉計画どおりに進む. ***Pläne schmieden*** 計画を立てる.

Plane [女]《-/-n》防水シート; ほろ.

Pläne ⇨ Plan

planen [プラーネン]《plante; geplant》[他] ([英] plan)《*et*⁴/ zu 不定詞句》(…を / …することを)計画する, 予定する, …するつもりである : wie *geplant* laufen 計画どおりに進む.

Planet [プラネート] [男]《-en/-en》([英] planet)〘天〙惑星, 遊星 : der blaue ~/unser ~ 地球. **planetarisch** [形] 惑星の. **Planetarium** [中]《-s/..rien》プラネタリウム. **Planetoid** [男]《-en/-en》小惑星.

planieren [他] (土地などを)平らにする, 地ならしする. **Planierraupe** [女] ブルドーザー. **Planimetrie** [女]《-/》〘数〙面積測定〔計算〕; 平面幾何学.

Planke [女]《-/-n》(長い)厚板; 板囲い, 板塀.

Plänkelei [女]《-/-en》軽い口げんか; 〘軍〙小競り合い. **plänkeln** [自] 軽い口げんかをする; 〘軍〙小競り合いをする.

Plankton [中]《-s/》プランクトン.

planlos [形] 無計画な, 行き当たりばったりの. **Planlosigkeit** [女]《-/》. **planmäßig** [形] 計画〈予定〉どおりの; (交通機関が)時刻表どおりの, 定刻の; 計画的な, 計画に基づいた.

Planpreis [男] 〘経〙計画〈予定〉価格.

Planschbecken [中] 水遊び用プール.

planschen [自] 水をバシャバシャさせる, 水遊びをする.

Plan=spiel [中] 〘軍〙図上演習. **=sprache** [女] = Welthilfssprache. **=stelle** [女] 正規のポスト, 定員.

Plantage [女]《-/-n》(熱帯地方の)大農園, プランテーション. **~n=wirtschaft** [女] 大規模農業経営, プランテーション.

plante ⇨ planen

Plantschbecken = Planschbecken.

plantschen = planschen.

Planung [女]《-/-en》立案, 企画; (立案された)計画.

planvoll [形] 計画的な, 計画に基づいた.

Plan=wagen [男] ほろ馬車. **=wirtschaft** [女] 計画経済. **=ziel** [中] (社会主義経済での)計画目標.

Plappermaul [中]《話》おしゃべりな人.

plappern [動]《話》ぺちゃくちゃしゃべる.

plärren《蔑》[自]〔泣き〕わめく, がなり立てる; [他] わめいて言う.

Plasma [中]《-s/..men》原形質; 〘医〙血漿(けっしょう); 〘理〙プラズマ. **=zelle** [女]〘免疫〙プラズマ細胞.

Plastik [プラスティク] ❶ [女]《-/-en》彫刻作品; 彫刻, 彫塑, 造形美術; 具象性; 〘医〙形成術. ❷ [中]《-s/-s》合成樹脂, プラスチック, ビニール. **=besteck** [中] プラスチック製のナイフ・フォーク類. **=beutel** [男] ビニール袋. **=bombe** [女] プラスチック爆弾. **=eimer** [男] ポリバケツ. **=einband** [男] (書物の)プラスチック装丁; プラスチック表紙. **=flasche** [女] プラスチック製の瓶, ペットボトル. **=folie** [女] プラスチック箔(はく), ラップ. **=geld** [中] クレジットカード. **=helm** [男] プラスチック製のヘルメット. **=müll** [男] プラスチック廃棄物. **=sack** [男], **=tüte** [女] プラスチック製の袋, ポリ袋. **=verpackung** [女] プラスチック包装.

plastisch [形] ([英] plastic)立体的な; 具象的な, 情景が目に浮かぶ; 造形の, 彫塑の; 〘医〙形成の(~*e* Chirurgie 形成外科); 可塑性のある. **Plastizität** [女]《-/》具象性; 可塑性.

Platane [女]《-/-n》〘植〙プラタナス. **~n=allee** [女] プラタナスの並木道.

Plateau [プラトー] [中]《-s/-s》高原; 台地, 高台.

Platin [中]《-s/》プラチナ, 白金(元素名; 〘記号〙Pt). **platinblond** [形] (髪が)プラチナブロンドの.

Platitude ([旧] **Platitüde**) = Plattitüde.

Plato〔**n**〕プラトン(前427–347; 古代ギリシャの哲学者). **Platoniker** [男]《-s/-》プラトン学派の人; プラトン主義者; 観念論者. **platonisch** [形] プラトンの; プラトン哲学の, プラトン流の; 純粋に精神的な;《皮肉》内容のない; 口先だけの. ✦ ***eine ~e Liebe*** プラトニックラブ.

platschen [自] (水が)ピチャピチャ〈パシャパシャ〉音を立てる; (s)(水が…に)ピチャピチャと音を立ててぶつかる; (h, s)(水の中を)バチャバチャ歩く〈走る〉; (s)《話》《**auf** 〈**in**〉*et*⁴》(…に)バシャン〈ドスン〉と落ちる; 《*Es platscht.*》雨がざあざあ降る.

plätschern [自] バシャバシャ水音を立てる; 水遊びをする; (s)(水が)ピチャピチャ音を立てて流れる〈ぶつかる〉; (話などが)核心に触れないまま続く.

platt [プラット] [形] ([英] flat)平らな, 偏平な, 平たい; 平凡な, 平板な, つまらない; 明白な, まったくの, 自明の. ✦ ***~ sein***《話》《**über** *j-et*⁴》(…に)あきれ返っている.

Platt [中]《-[s]/》低地ドイツ語;《方》方言. **plattdeutsch** [形] 低地ドイツ語の.

Platte [プラッテ] [女]《-/-n》([小] **Plättchen**) ❶ ([英] plate)(木・石・金属などの)板, プレート, パネル; 平皿, 盆; 皿料理; レコード. ❷《話》はげ頭;《ｷﾞｬﾝｸﾞ》(ギャングなどの)一味. ✦ ***auf der ~ haben***《話》《*et*⁴》(…が)できる; (…を)よく知っている. ***auf die ~ bannen*** (人を)写真に撮る. ***Die ~ kenne ich.***《話》その話なら知ってるよ. ***die ~ putzen***《卑》ずらかる. ***eine neue*** 〈***andere***〉 ***~ auflegen***《話》話題を変える. ***gemischte*** 〈***kalte***〉 ***~*** サラダやハムのコールドミート料理. ***nicht auf die ~ kommen***《話》問題にならない, 不可能である. ***ständig dieselbe*** 〈***die alte, die gleiche***〉 ***~ laufen lassen***《話》いつも同じ話を繰り返す.

Plätt=eisen [中]《北部・中部》アイロン.

plätten《北部・中部》[他] (…に)アイロンをかける. ✦ ***geplättet sein***《話》あっけにとられている.

Platten=bau [男] (パネル工法による)鉄筋コンクリートプレハブ住宅. **=label** [中] レコードのラベル, レーベル. **=speicher** [男] 〘ｺﾝﾋﾟｭｰﾀ〙ディスク記憶〔装置〕. **=spieler** [男]

レコード〈ディスク〉プレーヤー.
platterdings [副]《話》絶対に.
plattest ⇨ platt
Platt=fisch [男]〔魚〕カレイ，ヒラメ. **=form** [女]（[英] platform）(車両の出入口の)デッキ; 展望台，(屋上の)テラス. **=fuß** [男]〔医〕扁平(へんぺい)足;《話》パンクタイヤ.
Plattheit [女]《-/-en》平凡，陳腐; 月並みな表現〈言い回し〉.
plattieren [他]〔工〕(…に)めっきする;〔織〕(糸を)混紡する.
Plattitüde [女]《-/-n》《雅》《蔑》月並み〈ありきたり〉な表現〈言い回し〉.
Platz [プラッツ] [男]《-es/Plätze》([小] Plätzchen) ❶ ([英] place)場所; ([英] seat)座席，空き：Ist dieser ～ frei? この席は空いていますか. ❷ ([英] space)(空間的)ゆとり，余地，余裕，スペース. ❸ 広場; 競技場：j^4 vom ～ stellen (選手を)退場させる. ❹ 席次，順位. ♦ *am ～[e]* この土地で. *am ～[e] sein* 適切である，当を得ている. *auf die Plätze verweisen*〔スポ〕(人を)抑えて優勝する. *ein ～ an der Sonne* 陽の当たる場所; 人生の成功，幸福. *fehl 〈nicht〉 am ～[e] sein* 場違いである. *keinen ～ haben*《in et^3》(…に)なじまない. *～ greifen*《雅》広まる; はびこる; 根を下ろす. *～ machen*《j^3/für j^4》(人のために)席〈場所，道〉を空けてやる; (人に)譲歩する. *～ nehmen* 席に着く，腰かける. *～ sparend* 場所を取らない，かさばらない，コンパクトな.
Platz=angst [女]〔医・心〕広場恐怖症;《話》閉所恐怖症. **=bedarf** [男]〔商〕地元〈現地〉需要.
Plätzchen [中]《-s/-》(Platzの縮小形);《方》(平たく小さい)クッキー，ビスケット; キャンデー，ボンボン.
Plätze ⇨ Platz
platzen [プラッツェン]《platzte; geplatzt》[自] ❶ (s)([英] burst)(風船・爆薬などが)破裂する; (縫い目が)ほころびる. ❷《話》(計画などが)つぶれる，失敗に終わる; (うそなどが)ばれる. ❸《話》《in et^4》(…に突然)飛び込む，入って行く.
Platzgeschäft [中]〔商〕同地〈現場渡し〉取引.
platzieren [他] ❶ (…を…に〈へ〉)配置する，据える; 置く，座らせる，席を与える;《$sich^4$》《話》座る，着席する; 泊める. ❷〔球技〕狙いをつけてけり込む〈打ち込む〉;〔ボクシ〕(パンチなどを)命中させる;《$sich^4$》〔スポ〕入賞する，好成績を収める. ❸〔商〕(株・債券を)投資家に売る. **Platzierung** [女]《-/-en》
Platz=karte [女]〔鉄道〕座席指定券. **=konzert** [中] 野外演奏会. **=mangel** [男] 場所〈スペース〉の不足. **=patrone** [女] (射撃訓練用の)空包. **=regen** [男] にわか雨. **=reisende[r]** [男][女]《形容詞変化》〔商〕市内〈地区内〉外交販売員.
platz=sparend [形] ⇨ Platz ♦
platzte ⇨ platzen
Platz=verkauf [男]〔商〕地元〈現地〉販売. **=vertreter** [男]〔商〕地場代理業者. **=wechsel** [男]〔球技〕コートチェンジ; ポジションの交代;〔座〕席の交代;〔商〕同地払い手形. **=wunde** [女]〔医〕裂傷.
Plauderei [女]《-/-en》おしゃべり，雑談; (新聞などの)雑文，漫筆. **Plauderer** [男]《-s/-》([女] Plauderin, Plaudrerin)話じょうずな人;《蔑》口の軽い人.
plaudern [プラオダァン]《plauderte; geplaudert》[自] ([英] chat)《über et^4/von et^3》(気楽に…について)おしゃべりする，雑談する; 秘密を漏らす.
Plauder=stündchen [中] 雑談のひととき. **=tasche** [女]《戯》おしゃべりな〈口が軽い〉人. **=ton** [男] 雑談口調.
plauschen [自]《方》おしゃべりする;《オーストリア》秘密を漏らす; うそをつく.
plausibel [形] 納得のいく，もっともな.
plauzen《方》❶ [自] ドシン〈バタン〉と音を立てる; (s)《auf et^4》(…の上に)ドシンと落ちる〈倒れる〉. ❷ [他] (ドアなどを)バタンと閉める〈開ける〉.
Play-back, Playback [中]《-/-s》プリレコ(音声を先に録音し後からそれに合わせて演技する); プレーバック，(録音・録画の)再生.
Play=boy [男] プレーボーイ. **=girl** [中] プレーガール; コールガール.
Plazenta [女]《-/-s, ..ten》〔医〕胎盤;〔植〕胎座.
Plazet [中]《-s/-s》同意，承諾，許可.
plazieren [他]＝platzieren.
Plebejer [男]《-s/-》(古代ローマの)平民;《蔑》無教養〈粗野〉な人. **plebejisch** [形] (古代ローマの)平民の; 無教養〈粗野〉な. **Plebiszit** [中]《-[e]s/-e》国民〈住民〉投票. **Plebs** [女]《-/》(古代ローマの)平民層，プレブス; [男]《-es/》([女]《-/》)《蔑》賤民(せんみん)層; 下層民.
pleite [形] ♦ *～ sein*《話》破産している;《戯》金の持ち合わせがない. **Pleite** [女]《-/-n》《話》破産，倒産; 失敗. ♦ *～ gehen 〈machen〉 / eine ～ schieben* 破産する. **Pleitegeier** [男]《話》(破産の象徴としての)ハゲタカ.
Plenar=saal [男] 本会議場，総会会場. **=sitzung** [女] 本〈全体〉会議，総会. **=versammlung** [女], **=vortrag** [男] (学会・国際会議などの)基調講演，全体講演.
Plenum [中]《-s/..nen》総会; 本会議.
Pleonasmus [男]《-/..men》冗語[法].
Pleuelstange [女]〔工〕(ピストンの)連接棒.
Plinse [女]《-/-n》《東部》〔料〕パンケーキ; ポテトパンケーキ.
Plissee [中]《-s/-s》〔服〕ひだ，プリーツ; プリーツ地. **plissieren** [他] (…に)プリーツ〈ひだ〉をつける.
Plombe [女]《-/-n》(鉛などの)封印; (歯の)充填(じゅうてん)材. **plombieren** [他] (小さな鉛などで…に)封印をする;《話》(歯に)詰め物をする.
plötzlich [プレッツリヒ] [形] ([英] sudden, suddenly)突然の，急な，いきなりの.
Plumbum [中]《-s/》鉛([記号] Pb).
Plumeau [プリュモー] [中]《-s/-s》小型の羽毛布団.
plump [形] (体つきなどが)不格好な; 鈍重な，のろい; ずうずうしい; 見え透いた. **Plumpheit** [女]《-/-en》不格好; 鈍重，不器用; ずうずうしい〈見え透いた〉言動.
Plumps [男]《-es/-e》《話》ドシン〈ズシン〉という音〈とぶつかること〉. **plump-**

Politik

sen 圄 《話》《*Es plumpst.*》ドシン《ズシン》という音がする: (s)ドシン《ズシン》と落ちる[倒れる, ぶつかる].
Plunder 男 《-s/-》《話》がらくた.
Plünderer 男 《-s/-》略奪者.
plündern [プリュンデルン]《*plünderte; geplündert*》(他)(町・店などから)略奪する, 奪う; 《戯》(…の中身を)[ほとんど]全部食べてしまう(使ってしまう). **Plünderung** 囡 《-/-en》略奪.
Plur. 略 *Plural.*
Plural 男 《-s/-e》《文法》複数〈形〉(圏 Pl.). **Pluralismus** 男 《-/》(社会・国家の)多元〈多様〉性; 多元主義; 多元論. **pluralistisch** 形 多元的な; 多元主義の; 多元論的な.
plus [プルス] ❶ 前 プラス, (…を)加えて, (記号 +); 【電】陽極に, (圏 ②【2格支配】(而)(…を)加えて.
Plus ⊞ 《-/-》《商》利益〈額〉; 黒字, 剰余金; 長所, 利点, 強み. **=betrag** 男《商》剰余〈利益〉額, 黒字.
Plüsch [プリューシュ, プリュッシュ] 男 《-[e]s/-種類-e》《織》プラッシュ, フラシ天(けばのある木綿の布, 毛). **Plüsch..** 形 《俗物根性的な…, プチブル的な》の意.
Plus=pol 男 【電】陽極. **=quamperfekt** ⊞ 【文法】過去完了〈形〉. **Pluszeichen** ⊞ プラス記号(+).
Pluto 男 《-/》【ギ】冥王〈男〉神.
Plutokratie 囡 《-/...tien》金権政治.
Plutonium ⊞ 《-s/》プルトニウム(元素名; 圏 Pu).
PLZ 略 *Postleitzahl.* **p.m.** 略 *pro mille* パーミル; *post meridiem* 午後; *post mortem* 死後〈の, に〉. **Pm** 記号 *Promethium.*
Pneu 男 《-s/-s》空気入りタイヤ; 【医】気胸[症, 術].
Pneumatik 囡 《-/-en》【理】気体学; 空気圧縮機; 男《-s/-s》(囡《-/-en》)空気入りタイヤ. **pneumatisch** 形 【精】霊の; 【口】圧搾空気で動く, 圧縮[圧]式の; 含気[性]の.
Pnompenh プノンペン(カンボジアの首都).
Po ❶ 囡 《-/-》 《話》しり, けつ. ❷ 記号 *Polonium.*
P.O. 略 *Professor ordinarius* 正教授.
Pobacke 囡 《話》尻[けつ]ぺた.
Pöbel 男 《-s/》民衆(たんじゅ); 暴徒; 《*nur*》 賎民(たみ)の意; 下品な; 乱暴な. **Pöbelherrschaft** 囡 衆愚政治.
pochen [ポッヘン]《*pochte; gepocht*》(他)トントンたたく, ノックする; (心臓・血管などが)鼓動する: an die Tür~ドアをノックする | *Es pocht.* だれかがノックしている. ◆ *auf et*⁴~(権利などを)主張する.
Pocke 囡 《-/-n》【医】天然痘; 膿疱(℃). **~n=impfung** 囡【医】種痘.
pockennarbig 形 あばたのある.
Podest ⊞(男)《-[e]s/-e》(小型の)踏台座; (階段の間の)踊り場.
Podex 男 《-[es]/-e》《話》しり, けつ.
Podium ⊞ 《-s/...dien》壇, 演壇, 教壇; 指揮台; 仮設舞台. **~s=diskussion** 囡 パネルディスカッション.

Poesie 囡 《-/-n》文芸, 文学; 詩, 韻文; 詩情. **Poet** 男 《-en/-en》 《詩》 **-in**[叙情]詩人. **Poetik** 囡 《-/-en》詩学; 詩学書.
poetisch [ポエーティシュ] (形) (圏 poetic[al])詩的な, 詩情豊かな; 詩の.
Pogrom 男 (⊞)《-s/-e》ポグロム(少数民族などに対する迫害).
Pointe [ポアンテ] 囡 《-/-n》(笑い話などの)落ち. **pointieren**[ポアンティーレン](他)強調する, 際立たせる. **pointiert** (形) 要点をついた, 的確な, 的を射た.
Pokal 男 《-s/-e》高脚杯, 台付き杯; 【スポ】優勝カップ〈杯〉; 優勝杯争奪戦. **=finale** ⊞ 優勝杯決定戦. **=spiel** ⊞ 【スポ】優勝杯争奪戦.
Pökel 男 《-s/-》(塩漬け用の)塩汁. **=fleisch** ⊞ 塩漬け肉.
pökeln 他 (魚・肉などを)塩漬けにする.
Poker 男 《-s/》ポーカー.
pokurz 形 《話》(スカート・パンティーなどが)おしりの見える程度に短い.
Pol [ポール] 男 《-s/-e》(圏 pole)極; 磁極; 【電】極, 電極. ◆ *der ruhende* ~(混乱にも動じない)他人を安心させる人, 大黒柱. [*nur*] *um denselben* ~*kreisen* 《話》一つのことにかかずらう. *zwischen zwei* ~*en hin- und herschwanken* 《話》板ばさみになっている. **polar** 形 極[地]の; 正反対の. **Polarisation** 囡 《-/-en》(光の)偏光; 【電・電磁】分極, 偏極; (思想的立場などの)対極〈分極〉化. **polarisieren** (他)(光を)偏光させる; (分子-磁性体などを)分極させる; (他)《*sich*⁴》分極化する, 対立点明らかになる. **Polarität** 囡 《-/-en》【理·電】極性; 対極性, 対立関係.
Polar=kreis 男 極圏. **=licht** ⊞ 極光, オーロラ. **=stern** 男 北極星.
Pole ❶ ⇒ Pol ❷ 男 《-n/-n》 (囡 **Polin**)ポーランド人.
Polemik 囡 《-/-en》(攻撃的な)論争, 論戦, 反論. **polemisch** (形) (発言などが)攻撃的な, 論争〈議論〉好きな. **polemisieren** 他 論争する: 《*gegen j-et*⁴》(論争などで…に対して)反論する.
polen (他) 【電】電極に接続する.
Polen ❶ ⇒ Pole ❷ ⊞ 《-s/》 ポーランド. ◆ *Noch ist* ~ *nicht verloren.* 《話》まだ望みはある. ~ *ist offen.* 《話》大騒ぎだ.
Polente 囡 《-/》《俗》警察.
Police [ポリース] 囡 《-/-n》《商》保険証券(証書).
Polier 男 《-s/-e》(建築の)現場監督, 職人頭.
polieren 他 磨く; (…の)つやを出す; (文章を)磨きをかける. **Polierwachs** ⊞ つや出しワックス.
Poliklinik 囡 《-/-en》 (病院の)外来診療所.
Polin 囡 《-/-nen》Pole の女性形.
Polio 囡 《-/》 **Poliomyelitis** 囡 《-/...litiden》 ポリオ.
Polit=büro ⊞ (共産党の)政治局. **=drama** ⊞ 政治劇〈ドラマ〉.
Politesse 囡 《-/-n》(駐車違反などを取締まる)婦人警官.
Politik [ポリティーク] 囡 《-/》(圏 politics)政治, 政策; 戦略, 策略, 術策.

Politika ⇒ Politikum

Politiker [ポリティーカー] 男 《-s/-》 《⊗ -in》《⊗ politician》政治家.

politikfähig 形 政治能力のある.

Politikum 中 《-s/..ka》政治的な事件; 政治問題. **politikunfähig** 形 政治能力のない. **Politikverdrossenheit** 女 政治に対する嫌気, 政治不信.

politisch [ポリーティッシ] 形 《⊗ political》政治の, 政治的な; 《⊗ politic》《政策的に》賢明な; 抜け目ない.

politisieren ❶ 自 政治を論じる. ❷ 他 《人の》政治意識を高める;《…を》政治問題化する. **Politisierung** 女 《-/》政治的関心の喚起; 政治問題化.

Politologe 男 《-n/-n》《⊗ ..gin》政治学者. **Politologie** 女 《-/》政治学.

Politik-spende 女 政治献金. **-spiel** 中 政治ゲーム.

Politur 女 《-/-en》《家具などの》つや, 光沢; 光沢剤, つや出し剤.

Polizei [ポリツァイ] 女 《-/》《⊗ police》警察, 警察署;《集合的に》警察, 警察官. **-aufsicht** 女 警察による保護観察. **-beamte(r)** 男 《形容詞変化》警察官. **-dienststelle** 女 警察署; 交番, 巡査派出所. **-gewalt** 女 警察権; 警察力. **-griff** 男 《両腕を背中に折り曲げる》警察式のつかみ《握り》. **-hund** 男 警察犬.

polizeilich 形 警察の;警察による;警察への. **polizeinotorisch** 形 《日頃から》警察に目をつけられている.

Polizei-präsident 男 警察本部長. **-präsidium** 中 《大都市の》警察本部. **-revier** 中 《管轄の》警察署;警察署の管轄区域. **-spitzel** 男 警察のスパイ. **-staat** 男 警察国家. **-streife** 女 警察のパトロール,《警察のパトロール隊》. **-stunde** 女 《風俗営業などの》法定閉店時刻. **-verordnung** 女 警察命令. **-wache** 女 警察, 巡査派出所, 駐在所.

Polizist [ポリツィスト] 男 《-en/-en》《⊗ -in》《⊗ policeman》警官, 巡査.

Polizze 女 《-/-n》《墺》= Police.

Polka 女 《-/-s》ポルカ(4分の2拍子の軽快な輪舞および舞曲).

Pollen 男 《-s/-》花粉. **-allergie** 女 花粉アレルギー.

poln. = polnisch.

polnisch 形 ポーランド(人, 語)の.

Polo 中 《-s/》 ポロ. **-hemd** 中 ポロシャツ.

Polonaise [ポロネーゼ], **Polonäse** 女 《-/-n》ポロネーズ(4分の3拍子のゆるやかな舞曲).

Polonium 中 《-s/》 ポロニウム(元素名; 《記号》 Po).

Polster [ポルスター] ❶ 中 《-s/-》《ソファーなどの》クッション; 《衣類の》パッド;《話》蓄え, 貯金;《話》皮下脂肪. ❷ 男 《-s/-, Pölster》まくら. ◆ *ein finanzielles* ~ 金銭的なゆとり. **-garnitur** 女 ソファーセット. **-möbel** 中 クッション入りの家具(安楽いす・ソファーなど).

polstern 動 《いすなどに》詰め物をし, クッションをする;《服》《…に》パッドを入れる. ◆ *gut gepolstert sein* 《戯》肉づきがいい, 経済的に余裕がある.

Polstersessel 男 安楽いす.

Polsterung 女 《-/-en》詰め物, クッション; 詰め物をすること.

Polterabend 男 《-s/-e》《民俗》婚礼前夜《玄関前で陶器類を割り砕くと新婚の二人に幸福をもたらすされる》.

Poltergeist 男 ポルターガイスト(家の中で音を立てる幽霊); 騒霊.

poltern 自 ガタガタ《ドンドン》と音を立てる;《*Es poltert.*》ガタガタ《ドンドン》という音がする;《s》《…へ》ガタガタ《ゴロゴロ》と音を立てて動く.

poly.., **Poly..** 「多くの…; いくつかの…」の意.

Polyamid 中 《化》 ポリアミド(合成繊維製造用). **Polyäthylen** 中 《化》 ポリエチレン. **Polyeder** 中 《-s/-》《数》多面体. **Polyester** 中 《-s/-》《化》ポリエステル.

polyfon = polyphon. **Polyfonie** = Polyphonie. **polyfonisch** = polyphonisch.

Polygamie 女 《-/》一夫多妻[制], 一妻多夫[制]; 《動》雑花性.

Polygon 中 《-s/-e》《幾何》 ポリゴーン.

polyglott 形 数か国語で書かれた;《人が》数か国語を話せる.

Polymer 中 《-s/-e》《化》重合体, ポリマー.

Polynesien ポリネシア(中部太平洋の島々のうちハワイ, サモア, トンガなど).

Polyp 男 《-en/-en》《動》ポリプ;《医》 ポリープ;《話》 タコ(蛸), イカ(烏賊);《話》 ポリ公, 警官.

polyphon 形 《楽》多声《ポリフォニー》の. **Polyphonie** 女 《-/》《楽》多声音楽, ポリフォニー. **polyphonisch** 形.

Polytechnikum 中 《-s/..ken, ..ka》《旧》《工業専門学校》. **polytechnisch** 形 総合科学技術の.

Polytheismus 男 《-/》多神論.

Polyvinylchlorid 中 《-[e]s/-》《化》 ポリ塩化ビニル《略 PVC》.

polyzentrisch 形 中心があちこちにある, 多中心の.

Pomade 女 《-/-n》ポマード.

pomadig 形 《話》のろのろ《ゆっくり》した, 緩慢な.

Pommern ポメルン(バルト海に面するMecklenburg-Vorpommern 州の一部).

Pommes frites [ポンフリット] 複 フライドポテト.

Pomp 男 《-[e]s/》華やかさ; けばけばしさ. **pomphaft** 形 はでな, けばけばしい. **pompös** 形 華やかな, 豪華な;大げさな.

Poncho 男 《-s/-s》《服》ポンチョ.

Pontifikalamt 中 《宗》司教《盛式》ミサ. **Pontifikat** 中 男 《-[e]s/-e》《宗》司教《教皇》の位(任期).

Ponton [ポントン, ポントーン] 男 《-s/-s》《浮き橋用の》平底舟. **-brücke** 女 浮き橋, 船橋.

Pony 《-s/-s》 ❶ 男 ポニー(小型の馬). ❷ 男 おかっぱの前髪.

Pool 男 《-s/-s》《経》プール, 企業連合.

poolen [プーレン] 他 《経》《資金利潤を》プールする.

Pop 男 《-[s]/》= Pop-Art; Popmusik.

Popanz 男 《-es/-e》〈古〉かかし；こけおどし；〈蔑〉他人の言いなりになる人.

Pop-Art 女 《◎ **Pop-Art**》《美》ポップアート.

Popel 男 《-s/-》〈話〉鼻くそ；《方》はなたれ小僧；くだらないやつ. **pop[e]lig** 形 《話・蔑》けちな，けちくさい．

Popelin 男 《-s/-e》, **Popeline** 女 《-/-》《織》ポプリン．

Popmusik 女 《楽》ポピュラー音楽．

Popo 男 《-s/-s》《話》しり．

Pop-sänger 男 ポピュラー歌手．**=star** 男 ポップスター．

populär [ポプレーア] 形 《◎ popular》大衆的な，人気のある，評判の；分かりやすい．**popularisieren** 他 世間に広める，普及させる；大衆向きにする．**Popularität** 女 《-/》人気，大衆性，知名度，人気．**~s-grad** 男 知名度，人気度．**populärwissenschaftlich** 形 （本などが）一般にわかりやすく書いてある．

Populismus 男 《-/》《政》（原理・信条の欠落した）大衆扇動〈迎合〉主義，人気取り政治．**Populist** 男 《-en/-en》大衆扇動〈迎合〉政治家．**populistisch** 形 大衆扇動〈迎合〉的な，人気取り政治の．

Pore 女 《-/-n》細かな孔；汗孔，毛穴；気孔（軽石などの）細孔．

Porno 男 《-s/-s》《話》ポルノ．**=film** 男 ポルノ映画．

Pornograph, ..graf 男 《-en/-en》ポルノ製作者；ポルノ作家．

Pornographie, ..grafie 女 《-/-n》ポルノグラフィー；ポルノ作品．

pornographisch, ..grafisch 形 ポルノグラフィーの．

Porno-industrie 女 ポルノ産業．**=kino** 中 ポルノ映画館．**=laden** 男 ポルノショップ．**=star** 男 ポルノ映画（ビデオ）のスター．**=video** 中 ポルノビデオ．

porös 形 《空・砂気などが》を通過する，透水（通気）性のある，多孔の．**Porosität** 女 《-/》通気性；多孔性．

Porphyr 男 《-s 稀 -e》《鉱》斑岩（はんがん）．

Porree 男 《-s/-s》《植》リーキ（ネギの一種）．

Porsche 男 《-s/-s》ポルシェ．

port. 略 = portugiesisch.

Portable 男 《-s/-s》ポータブルテレビ（ラジオ）．

Portal 中 《-s/-e》（宮殿・聖堂などの）壮大な正面玄関．

Portefeuille [ポルトフェーイ] 中 《-s/-s》《政》職掌；《経》金融資産，ポートフォリオ．

Portemonnaie [ポルトモネー] 中 《-s/-s》（小型の）財布．◆ **ein dickes ~ haben** 大金持ちである．

Portepee 男 《-s/-s》《軍》（将校・上級下士官の剣の）飾り緒．

Porti ⇒ Porto

Portier [ポルティエー] 男 《-s/-s;ティ-エ》守衛，門番；ドア係．**Portiere** 女 《-/-n》（ドアに下げる）厚手のカーテン．

Portion [ポルツィオーン] 女 《-/-en》（飲食物の）一人分，一人前；《話》量．◆ **eine halbe ~** 小柄な人．**portionsweise** 副

一人前〈一皿〉ずつ．

Portmonee = Portemonnaie.

Porto 中 《-s,..ti》郵便料金．**porto-frei** 形 郵送料不要の．**=pflichtig** 形 郵送料の必要な．

Porträt [ポルトレー] 中 《-s/-s; -[e]s/-e》《◎ portrait》肖像画（写真），ポートレート．**porträtieren** 他 （人の）肖像画を描く，肖像写真を撮る．

portug. 略 = portugiesisch.

Portugal 中 ポルトガル．**Portugiese** 男 《-n/-n》《◎ **.sin**》ポルトガル人．**portugiesisch** 形 ポルトガル〈人，語〉の．

Portwein 男 ポートワイン（ポルトガル産の甘口赤ワイン）．

Porzellan [ポルツェラーン] 中 《-s/-e》《陶》磁器；《陶》磁器の食器〈セット〉；《陶》磁器工芸品．◆ **~ zerschlagen** 形 （軽率な言動で）事をおろそかにする．**=laden** 男 陶磁器店，瀬戸物屋．

Posament 中 《-[e]s/-en》《服・工芸》縁飾り，飾りレース．

Posaune 女 《-/-n》《楽》トロンボーン．**posaunen** 他 トロンボーンを吹く；《話》吹聴する．**Posaunist** 男 《-en/-en》《◎ **-in**》トロンボーン奏者．

Pose 女 《-/-n》❶ ポーズ，（意識して構えた）姿勢．❷ （釣りの）浮き．

Poseidon 男 《神》ポセイドン（海の神）．

posieren 自 ポーズを取る．

Position 女 《-/-en》《◎ position》位置，場所；状況；姿勢；地位，ポスト；《航》順位；立場；ポジション，職；《経》品目，項目；（予算などの）内訳；措定．**positionell** 形 位置に関する．位置的な．

positiv [ポーズィティフ] 形 《◎ positive》肯定的，肯定的な；賛成の，望ましい；前向きの；好都合な，現実的〈具体的〉な；実証的な，確かな．◆ **in ~** ポジの；《数》正（プラス）の．**Positiv ❶** 中 《-s/-e》《文法》（形容詞・副詞の）原級．❷ 中 《-s/-e》《楽》（ペダルのない）小型オルガン．❸ 中 《写》ポジ．

Positiv-bilanz 女 《商》黒字決算．

Positron 中 《-s/-en》《原》陽電子，ポジトロン．

Positur 女 《-/-en》（身構えた）姿勢；《けい・冗談》構え．◆ **in ~ setzen**〈**stellen, werfen**〉《sich⁴》身構える；気取る．

Posse 女 《-/-n》笑劇，茶番劇．

Possen 男 《-s/-》《話》いたずら，悪ふざけ．◆ **einen ~ spielen**〔j³〕（人に）いたずらをする，（人を）からかう．**~ reißen** ふざける．**possenhaft** 形 こっけいな，おどけた，おかしい．

Possen-reißer 男 おどけ者，道化師．**=spiel** 中 = Posse.

Possessiv-pronomen 中 《文法》所有代名詞．

possierlich 形 （小猫などが）おどけた．

Post [ポスト] 女 《-/-en》《◎ post》（制度としての）郵便；《口語》郵便局；郵便物．◆ **Ab** 〔geht〕 **die ~!** さっそく出発〈開始〉だ；**mit gleicher ~** 別便で．

post.., Post.. 「…の後の，…以後の」の意．

postalisch 形 郵便の，郵便局による．

Postament 中 《-[e]s/-e》（記念碑・胸像などの）台座．

Post-amt 中 《-[e]s/

..ämter》郵便局. ..**annahmestempel** [男] (郵便の)消印, 受付印. ..**anweisung** [女] 郵便為替; 郵便為替用紙. ..**auto** [中] 郵便車. ..**bank** [女] (郵便の)銀行業務機関. ..**beamte(r)** [男] 《形容詞変化》郵便局員. ..**bezug** [男] (定期刊行物の)郵送による購読; 〔商〕郵便による注文. ..**bote** [男] 《話》郵便配達人. ..**card** [女] 《-/-s》《ｽｲ》テレフォンカード.

Pöstchen [中] 《-s/-》 (Posten ①の縮小形)あまり重要でない職.

Posten [ポステン] [男] 《-s/-》 ❶ ([小] **Pöstchen**)([英] post)(職業上の)地位, 身分, ポスト; 職〔場〕; 〔軍〕歩哨; 交番. ❷ 〔商〕(計算書などの)項目, (個々の)勘定科目, 費目, 内訳〔金額〕, 〔記入〕金額; 一口, ロット(商品の一定量). ✦ ***auf dem ～ sein*** 《話》体の調子がよい; 用心している. ***auf verlorenem ～ stehen ⟨kämpfen⟩*** 勝算がない. ***nicht 〔ganz〕 auf dem ～ fühlen*** 《話》《*sich*⁴》体調が悪い. ***～ schieben ⟨stehen⟩*** 歩哨に立つ.

Postenjäger [男] 《蔑》よい地位を得るためには手段を選ばぬ人, 出世亡者.

Poster [中] [男] 《-s/-(-s)》ポスター.

Post·fach [中] 〔郵便〕私書箱; (ホテルなどの)メールボックス. ..**gebühr** [女] 郵便料金. ..**geheimnis** [中] 信書の秘密, 郵便関係者の守秘義務. ..**giro** [中] 郵便振替. ..**giroamt** [中] 郵便振替貯金局. ..**girokonto** [中] 郵便振替口座.

posthum [形] = postum.

postieren [他] (見張りなどを)配置する, 部署に就かせる; [再] 《*sich*⁴》部署に就く.

Postillion [ポスティリヨーン] [男] 《-s/-e》郵便馬車の御者.

post·industriell [形] 〔経〕脱工業化社会の.

Post·karte [ポストカルテ] [女] 《-/-n》([英] postcard)郵便はがき. ..**kasten** [男] 《北部》郵便ポスト.

postlagernd [形] 局留めの.

Postleitzahl [ポストライトツァール] [女] 《-/-en》郵便番号([略] PLZ).

Pöstler [男] 《-s/-》 ([女] **-in**) 《ｽｲ》郵便配達人.

postmodern [形] 〔美〕ポストモダンの; ポストモダニズムに関する. **Postmoderne** [女] 〔美〕ポストモダニズム.

postnumerando [副] 〔商〕受領後に, 後払いで.

Postnumeration [女] 《-/-en》〔商〕後払い.

Postpaket [中] 郵便小包(2-20kg).

Postscheck [男] 《-s/-s》郵便小切手. ..**amt** [中] = Postgiroamt. ..**konto** [中] = Postgirokonto.

Postschließfach [中] = Postfach.

Post·skript [中] 《-〔e〕s/-e》, 《ｵｰｽﾄﾘｱ》 ..**skriptum** [中] 《-s/..ta》追伸([略] PS).

Post·sparbuch [中] 郵便貯金通帳. ..**sparkasse** [女] 郵便貯金局. ..**stempel** [男] 郵便スタンプ, 消印.

posttraumatisch [形] 〔医〕外傷後の; トラウマ⟨精神的外傷⟩後の.

Postulat [中] 《-〔e〕s/-e》命題; (道徳的な)要求; 要請, 公準; 〔数〕公理.

postulieren [他] (強く)主張⟨断言⟩する.

postum [形] 死後の; 死後に遺された.

postwendend [副] 折り返し〔の便で〕.

Post·wertzeichen [中] 《官》郵便切手, 郵券. ..**wurfsendung** [女] ダイレクトメール. ..**zustellung** [女] 郵便配達.

potent [形] (男性が)性的能力のある; 財力⟨勢力⟩のある. **Potentat** [男] 《-en/-en》《蔑》支配者, 権力者.

potential = potenzial. **Potential** = Potenzial. **..potential** = ..potenzial.

potentiell = potenziell.

Potenz [女] 《-/-en》 (男性の)性的能力; 〔数〕累乗.

potenzial [形] 可能性のある, 潜在的な. **Potenzial** [中] 《-s/-e》潜在能力, 可能性; 〔理〕ポテンシャル; 〔電〕電位. **..potenzial** 「潜在的な…」の意. **potenziell** [形] (可能性として)あり得る, 考えられる; 潜在的な. **potenzieren** [他] 高める, 強める; 〔数〕(数を)累乗する. **Potenzmittel** [中] 精力剤.

Potpourri [ポトプリ] [中] 《-s/-s》〔楽〕メドレー; 混合物, ごたまぜ.

Potsdam ポツダム(ドイツ Brandenburg 州の州都). **Potsdamer** [男] 《-s/-》ポツダムの人; [形] 《無変化》ポツダムの.

Pott [男] 《-〔e〕s/Pötte》《北部》つぼ, 深鍋, ポット; おまる; 船; 汽船. ✦ ***zu ～〔e〕 kommen*** うまくいく. ..**asche** [女] 炭酸カリウム. ..**wal** [男] マッコウクジラ(抹香鯨).

potz [間] ✦ ***Potz Blitz!*** ⇨ Blitz ✦

Poulet [プレ] [中] 《-s/-s》《ｽｲ》肥育した若鶏(ﾜｶﾄﾞﾘ).

poussieren [プスィーレン] ❶ [自] 《話》《**mit** *j*³》(人と)いちゃつく, できている. ❷ [他] (人に)おもねる, へつらう.

Poussier·stängel ([中] ..stengel) [男] 《戯》女たらし, プレーボーイ.

pp [略] pianissimo. **pp., ppa.** [略] *per procura* 代理で. **PP.** [略] Patres.→ Pater **P.P.** [略] *praemissis praemittendis* (回覧文書などのあて先に添えて)敬称略. **Ppbd.** [略] *Pappband* 厚紙⟨板紙⟩装丁の本. **ppp** [略] pianississimo. **P.prim.** [略] *Pastor primarius* 〔大聖堂〕主任司祭. **Pr** [記号] *Praseodym*. **PR** [略] *Public Relations* ピーアール, 広報活動.

Prä [中] 《-s/》《話》優位, 優先.

prä.., Prä.. 「前に…, 前もっての…」の意.

Pracht [プラハト] [女] 《-/》華麗, 壮麗. ✦ ***dass es eine ～ ist*** 《話》みごとに. ***eine wahre ～ sein*** 《話》みごとである. ..**ausgabe** [女] (書籍の)豪華版. ..**exemplar** [中] 《話》〔超〕一級品, 逸品, 申し分ない人⟨物⟩.

prächtig [プレヒティヒ] [形] ([英] splendid) 華麗な, 豪華な; みごとな, すばらしい.

Pracht·kerl [男] 《話》すばらしい男, 好漢. ..**stück** [中] 《話》逸品; すてきな人.

prachtvoll [形] = prächtig.

prädestinieren [他] 《*j*⁴ **für** *et*⁴ ⟨zu *et*³⟩》(人に…を)運命づける.

Prädikat [中] 《-〔e〕s/-e》評価, 評点; 称号, 尊称; 〔文法〕(文の)述語, 述部; 〔論〕賓辞(ﾋﾝｼﾞ). **prädikativ** [形] 〔文法〕述語⟨述部⟩的な. **Prädikatsnomen** [中] 〔文法〕述語内容詞.

Präferenz [女] 《-/-en》〔経〕(貿易関税などの)特恵. ..**zoll** [男] 〔経〕特恵関税.

Präfix [中]《-es/-e》〖文法〗接頭辞.
Prag プラハ(チェコの首都).
prägen [他] ❶ 刻印する, 刻み込む;〖工〗エンボスする, 打ち出す; (貨幣を)鋳造する. ❷ (…に)大きな影響を与える; 性格〈特徴〉づける; (新しい言葉などを)作り出す. ✦ ***ins Herz*** 〈***ins Gedächtnis***〉 ～《*sich*⁴ *j*³》(人の)心〈記憶〉に刻み込まれる.
Prager [男]《-s/-》プラハの人; [形]《無変化》プラハの.
Pragmatik [女]《-/-en》実用的〈実務的〉な感覚; 実務知識;《ｵｰｽﾄﾘｱ》公務員服務規定;〖言〗語用論. **Pragmatiker** [男]《-s/-》([女] **-in**)実際〈実践〉的な人, 実用主義者. **pragmatisch** [形] 実務〈実践, 実際〉的な, 実用的な; 実用主義的な;〖言〗語用論〔上〕の. **Pragmatismus** [男]《-/》実用〈実利〉主義, プラグマティズム.
prägnant [形] 簡潔〈簡明〉な.
Prägnanz [女]《-/》簡潔, 簡単明瞭.
Prägung [女]《-/-en》❶ (貨幣の)鋳造; 鋳造物; 刻印, 型押し. ❷ 特色, 特徴; 型, タイプ; 新しい表現; 造語.
prähistorisch [形] 先史時代の, 有史以前の.
prahlen [自] 自慢する, ひけらかす, 豪語する. **Prahler** [男]《-s/-》([女] **-in**)ほら吹き. **Prahlerei** [女]《-/-en》自慢. **prahlerisch** [形] 自慢たらたらの, 大言壮語の, 誇大な. **Prahlhans** [男]《話》ほら吹き.
Prahm [男]《-[e]s/-e, Prähme》平底船, はしけ.
präjudizieren [他]〖法〗(…に)仮決定を下す.
prakt. Arzt [略](特定科専門でない)開業医(< *prakt*ischer *Arzt*).
Praktik [女]《-/-en》実施方法, 扱い方; 手口.
Praktika ⇨ Praktikum
praktikabel [形] 実行可能の; 実際に使える; 実用的な.
Praktikant [プラクティカント] [男]《-en/-en》([女] **-in**)実習〈研修〉生.
Praktiken ⇨ Praktik, Praktium
Praktiker [男]《-s/-》([女] **-in**)実務家;《話》開業医. **Praktikum** [中]《-s/..ka, ..ken》実習, 研修. **Praktikus** [男]《-/-se》《戯》実務に明るい人, 知恵袋.
praktisch [プラクティシュ] ❶ [形]([英] practical)実際〈実地〉の, 実践的な; 実用的な, *便利な, 役に立つ*. ❷ [副]《話》事実〈実際〉上, (…も)同然.
praktizieren [自](医師が)開業している, 診療にあたっている; [他](方法などを)実地に移す, 実践する, 実行する;《話》(…を…に〈へ〉)手際よく移す〈入れる〉.
Prälat [男]《-en/-en》〖ｶﾄﾘｯｸ教〗高位聖職者.
Präliminarien [複](外交上の)予備交渉.
Praline [女]《-/-n》プラリーヌ(アーモンド・クリームなどをチョコレートでくるんだ菓子).
prall [形](はちきれそうに)ふくらんだ; ぴっちりした; (太陽が)強烈に照りつける.
Prall [男]《-[e]s/-e》激突, 衝突.
prallen [自](s)《**gegen** 〈**an, auf**〉 *j-et*⁴》(…に)激しくぶつかる, 衝突する; (太陽が)強く照りつける.
Prallluft=schiff ([旧] **Prallufft** =) [中]〖空〗軟式飛行船.

Präludium [中]《-s/..dien》〖楽〗前奏曲, プレリュード.
Prämie [プレーミエ] [女]《-/-n》([英] premium)賞金, 報奨〈奨励〉金; (労働に対する)特別賞与〈手当〉; (保険の)保険料;〖商〗(差金取引の)違約金; (国などの)助成金; 配当金; (大口購入の)割引; プレミアム. **～n=geschäft** [中]〖商〗選択〈差金〉取引(解約金を払えば契約解除できる定期取引).
prämieren, prämiieren [他](…に)賞〔金〕を与える.
Prämisse [女]《-/-n》前提〔条件〕, 仮定;〖論〗前提.
prangen [自] きらびやかに光り輝く;《**an** 〈**auf**〉 *et*³》(…に)人目につくように掛けて〈置いて〉ある.
Pranger [男]《-s/-》(罪人の)さらし柱. ✦ ***an den ～ kommen*** さらしものになる; 公然と非難される. ***an den ～ stellen*** (…を)さらしものにする.
Pranke [女]《-/-n》(猛獣の)前足;《戯》(人間の)ごつい手.
Pränumeration [女]《-/-en》〖商〗前払い. **～s=kauf** [男]〖商〗代金前払いによる購入〈買い入れ〉.
Präparat [中]《-[e]s/-e》調合〔薬〕品;〖医・生〗〔組織〕標本, プレパラート.
Präparator [男]《-s/-en》標本作製者.
präparieren [他](…の)標本を作る; (…の)準備〈予習〉をする;〖医〗(…の)解剖実習をする;《*sich*⁴》準備〈下調べ〉をする.
Präposition [女]《-/-en》〖文法〗前置詞. **präpositional** [形]〖文法〗前置詞〔付き〕の, 前置詞格の.
Prärie [女]《-/-n》(北米のミシシッピー川流域の)大草原.
Präsens [中]《-/..sentia, ..senzien》〖文法〗現在〔時称〕, 現在形. **präsent** [形](その場に)居合わせている, 出席している; 現存する. ✦ ***～ haben*** (…を)手もとに持っている; (…を)覚えている. **Präsent** [中]《-[e]s/-e》贈り物, プレゼント.
Präsentant [男]《-en/-en》〖商〗手形呈示人. **Präsentation** [女]《-/-en》プレゼンテーション, 披露; (文書の)提示, 提出;〖商〗手形の呈示.
Präsentia ⇨ Präsens
präsentieren [他]([英] present)《*j*³ *et*⁴》(人に…を)提供する, 差し出す;〖商〗《*j*³ *et*⁴》(人に手形を)呈示する;《*j*³ *j*⁴》(人に人を)引き合わせる;《*sich*⁴ [*j*³]》([人の前に])姿を見せる. **Präsentier=teller** [男](名刺・手紙などを乗せて差し出す)盆. ✦ [***wie***] ***auf dem ～ sitzen*** 衆人環視の的になっている.
Präsenz [女]《-/》(その場に)居合わせていること, 出席; 現存; 現員数; 現有兵力. **=bibliothek** [女] 館内閲覧制図書館.
Präsenzien ⇨ Präsens
Praseodym [中]《-s/》プラセオジム(元素名; [記号] Pr).
Präservativ [中]《-s/-e (-s)》,《俗》
Präser [男]《-s/-》コンドーム.
Präsident [プレズィデント] [男]《-en/-en》([女] **-in**)([英] president)大統領; 会長, 長官, 総裁, 議長, 学長, 理事長, 社長. **Präsidentschaft** [女]《-/》大統領〈会長・議長など〉の職務〈任期〉.

P

präsidieren 働 (*et³*)(会議などの)議長〔委員長〕を務める. **Präsidium** 回 (*-s/..dien*)議長〔会長〕職; 議長団, 理事会, 幹部会; (政党の)常任委員会.

prasseln 働 ❶ (火・油などが)バチバチと音を立てる. ❷ (s)(**auf** (*j-en*) *j-et¹*)(あられ・雨などが)パラパラ降りかかる;(質問・野次などが)浴びせられる.

prassen 働 ぜいたくに暮らす. **Prasserei** 回 (*-/-en*)ぜいたくざんまい〔の生活〕.

prätentiös 形 仰々しい, 大げさな.

Prater (der ~)プラーター(ウィーンの公園).

Präteritum 回 (*-s/..ta*)〖文法〗過去〔時制〕, 過去形.

Pratze 回 (*-/-n*)(猛獣の)前足; 〖戯〗(人間の)ごつい手.

präventiv 形 予防の. **Präventiv=krieg** 回 予防戦争. **=maßnahme** 回 予防措置. **=medizin** 回 予防医学.

Praxis [プラクシス] 回 (*-/Praxen*) ❶ (® practice)実践, 実行; 職務経験, キャリア; 慣行; (医師・弁護士などの)営業. ❷ 診療所, [法律]事務所.

praxisorientiert 形 実用向きの, 実践本位の.

Präzedenzfall 回 先例, 前例.

präzis, präzise [..*r/-st*]形 正確な, 明確な. **präzisieren** 働 より正確に言い直す, 具体化する. **Präzision** 回 (*-/*)精密; 正確, 明確. **~s=gerät** 回, **~s=instrument** 回 精密機器. **~s=maschine** 回 精密機械.

predigen 働 〖宗教〗(**über** *et⁴*)(…について)説教する; 働 (福音などを)説く. **Prediger** 回 (*-s/-*) (働 **-in**) 回 説教師, 伝道者; [話]唱道者. **Predigt** 回 (*-/-en*) 説教; 〔話〕お説教.

Preis [プライス] 回 (*-es/-e*) (® price) 価格; 物価; (③ prize)賞, 賞金, 賞金; 〖雅〗称賛. ✦ *hoch (gut) im ~ stehen* 値段が高い. *um jeden ~* [話]絶対に; *um keinen ~* [話]決して…しない. **=absprache** 回〖経〗価格協定. **=angabe** 回 価格表示. **=anstieg** 回 値上がり. **=aufgabe** 回 懸賞問題. **=aufschlag** 回 価格の割り増し. **=ausschreiben** 回 (*-s/-*) 懸賞(募集). **=auszeichnung** 回 価格表示. **=bildung** 回〖経〗価格形成. **=bindung** 回〖経〗(定価などによる)販売価格の拘束. **=brecher** 回 安売り業者. **=einbruch** 回 価格の暴落.

Preiselbeere 回 (*-/-n*)〖植〗コケモモ.

Preis=empfehlung 回 メーカー希望小売価格.

preisen* [プライゼン] 回 (**pries; gepriesen**) 働 (® praise) [雅](人を)ほめる, 称賛する; 働 (*sich⁴*)自賛する.

Preis=entwicklung 回 価格〈物価〉の動向, トレンド. **=erhöhung** 回 値上げ. **=ermäßigung** 回 値引き, 割引. **=frage** 回 懸賞問題; 難問; 価格問題. **=freiheit** 回 価格の自由化.

Preisgabe 回 (*-/*) 放棄, 断念; (秘密の)漏洩(ろうえい), 暴露.

preis=geben* [プライスゲーベン] (**gab preis; preisgegeben**) 働 (® abandon) (*j-et¹ j-et³*) (…を…に)ゆだねる; (人を)見捨てる; 放棄〔断念〕する; あきらめる; (〔*j³*〕*et⁴*) (〔人に〕秘密などを)明かす, 漏らす; (*sich⁴ j-et¹*) (人に)身を任す, (…に)身をさらす.

preisgebunden 形〖経〗価格が固定された. **Preisgefüge** 回〖経〗価格関係〔構造〕.

preisgekrönt 形 受賞した. **Preisgericht** 回 (競技会などの)審査委員会.

preisgünstig 形 価格安の, 割安な.

Preis=index 回 物価指数. **=kartell** 回〖経〗価格カルテル. **=konvention** 回 価格協定. **=krieg, kampf** 回 価格[引き下げ]戦争. **=lage** 回 価格レベル.

preislich 形 価格[上]の.

Preis=liste 回 価格表. **=nachlass** (® **=nachlaß**) 回 値引き, 割引. **=niveau** 回 価格〈物価〉水準. **=notierung** 回 (単位外貨幣に対する)自国貨の為替相場額. **=politik** 回 価格政策. **=richter** 回 受賞審査員. **=rückgang** 回 価格下がり. **=schild** 回 値札. **=schlager** 回 [話]特売品. **=schwankung** 回 価格〈物価〉の変動. **=senkung** 回 値下げ.

preis=stabil 形 価格〈物価〉の安定した. **Preis=stabilität** 回 価格〈物価〉の安定. **=steigerung** 回 価格〈物価〉の上昇. **=stopp** 回 価格凍結. **=sturz** 回 価格〈物価〉の暴落. **=träger** 回 受賞者. **=treiber** 回〖商〗(投機の)強気筋. **=treiberei** 回 (*-/*) 価格のつり上げ.

preiswert [プライスヴェーアト] 形 買い得な, (品質の面で)安い, 割安の.

prekär 形 (状況などが)やっかいな.

Prellbock 回〖鉄道〗(線路末端の)車止め; [話]スケープゴート.

prellen 働 [話](*j¹* **um** *et⁴*)(人の…をだまし取る); 働 (*sich⁴* **an** *et³/sich³ et⁴*) (体の一部を激しくぶつける); 働 (s) (**auf** (**gegen**) *et⁴*) (…に)激しくぶつかる. **Prell=stein** 回 (人口などの)衝突よけの縁石.

Prellung 回 (*-/-en*)〖医〗打ち身, 打撲傷.

Premier [プレミエー] 回 (*-s/-s*) = Premierminister. **Premiere** 回 (*-/-n*) (演劇・音楽の)初演, (映画の)封切り. **Premierminister** 回 首相, 総理大臣.

preschen 働 (s) [話]疾走する.

Presse [プレッセ] 回 (*-/-n*) (® press) 新聞[社], 雑誌[社]; マスコミ, ジャーナリズム; 論評; ジューサー, 圧縮機; 印刷機; (受験のための)私塾. **=agentur** 回 通信社. **=amt** 回 (政府の)新聞報道局; 広報室. **=erklärung** 回 記者会見での発表〈声明〉. **=freiheit** 回 出版〈報道〉の自由. **=kodex** 回 出版〈言論〉人の行動規範, 出版倫理綱領. **=konferenz** 回 記者会見. **=meldung** 回 新聞報道, ニュース.

pressen [プレッセン] 働 (**presste, ® preßte; gepresst, ® gepreßt**) (® press) 押す, 押し込む, 加圧する, プレスする; 絞る;

（…を…へ〈に〉）押しつける；（人に）強制する，強いる．
Presse=sprecher [男]（官庁・企業などの）広報係；報道官，スポークスマン．**=stelle** [女]（官庁・企業などの）広報室．
Press=glas（[旧] **Preß=**）[中] 押し型ガラス〔製品〕．**=holz** [中] 圧縮材．
pressieren《南部・ｵｰｽﾄﾘｱ・ｽｲｽ》[自] 急を要する，差し迫っている；[他]（人を）急がせる．
Pression [女]《-/-en》圧力，プレッシャー．
Press=kohle（[旧] **Preß=**）[女] 練炭．**=kopf** [男]（豚や子牛の頭を材料にした）ゼラチンソーセージ．
Pressluft（[旧] **Preß..**）[女] 圧搾空気．**=bohrer** [男] 圧搾空気ドリル〈削岩機〉．**=hammer** [男] エアハンマー．
Press=stoff（[旧] **Preß=**）[男]〔工〕可塑性材料．
presste（[旧] **preßte**）⇨ pressen
Prestige [中]《-s/》威信，信望，名声．
prestissimo [副]〔楽〕プレスティッシモ，きわめて急速に．
presto [副]〔楽〕プレスト，急速に．
pretiös = preziös．
Preussag [略] *Preuß*ische Bergwerks- und Hütten-*A*ktiengesellschaft プロイサク（ドイツの石油・石炭製品・非鉄金属製品製造会社）．
Preuße [男]《-n/-n》（[女] **..ßin**）プロイセン〈プロシア〉人．**Preußen** プロイセン，プロシア（元ドイツ北部・ポーランド北部を占めた王国）．**preußisch** [形] プロイセン〈プロシア〉〔人〕の；《話》厳格な；粗野な；高慢な．
preziös [形] 気取った，わざとらしい．
Priapus〔ｷﾞﾘｼｬ神〕プリアポ（豊穣（ほうじょう）の神）．
prickeln [自] ちくちく〈ひりひり〉する．**~d** [形] ちくちく〈ひりひり〉する；刺激的な．
Priel [男]《-[e]s/-e》（干潟内の）細い水流．
Priem [男]《-[e]s/-e》嚙（か）みタバコ．
priemen [自] 嚙（か）みタバコをかむ．
pries, priese ⇨ preisen
Priester [男]《-s/-》（[女] **-in**）（[英] priest）聖職者，祭司，僧侶；〔ｶﾄﾘｯｸ〕司祭．**=amt** [中] 聖職者〈司祭〉職．
priesterlich [形] 聖職者〈司祭〉の；おごそかな，いかめしい．**Priestertum** [中]《-s/》聖職者〈司祭〉職；聖職者〈司祭〉の身分．**Priester=weihe** [女]〔ｶﾄﾘｯｸ〕司祭叙品式．
prima［プリーマ］[形]《無変化》《話》すばらしい，すてきな，最高の；〔商〕第一級〈最高〉の［品質の］，極上の，（[略] pa.）．
Prima [女]《-/..men》プリーマ（ギムナジウムの第8・9学年；オーストリアでは第1学年）．
Primadonna [女]《-/..donnen》〔楽〕プリマドンナ；《蔑》スター気取りの人．
Primaner [男]《-s/-》（[女] **-in**）Prima の生徒．
Primar [男]《-s/-e》《ｵｰｽﾄﾘｱ》（病院の）医長．
primär [形] 第一の，最初の；一次的な，主要な；本源的な．
Primär=industrie [女] 一次産業．**=literatur** [女] 原典，原文，一次文献．
Primat ❶ [男][中]《-[e]s/-e》優位，優先〔権〕；〔ｶﾄﾘｯｸ〕教皇首位権；〔法〕長子〔相続〕権．❷ [男]《-en/-en》〔動〕霊長類．
Prima=ware [女]〔商〕一級品，極上品．**=wechsel** [男]〔商〕一号手形．
Prime [女]《-/-n》〔楽〕1度〔音程〕；音階の第1音，主音．
Primel [女]《-/-n》〔植〕サクラソウ，プリムラ．✦ **ein|gehen wie eine ~**《話》（肉体的・精神的に）限界に達する．
Primi ⇨ Primus
primitiv［プリミティーフ］[形] 原始的な，未開の；未発達の；素朴な，単純な，簡素な；低級な．**Primitivität** [女]《-/-en》原始性；単純；幼稚；幼稚な考え〈言動〉．**Primitivling** [男]《-s/-e》《話》幼稚な人．
Primus [男]《-/..mi, -se》首席の生徒．
Primzahl [女]〔数〕素数．
Printer [男]《-s/-》〔ｺﾝﾋﾟｭｰﾀ〕プリンター．
Printmedien [複]（新聞・雑誌などの）活字メディア．
Prinz［プリンツ］[男]《-en/-en》（[女] **-essin**）（[英] prince）王子，皇子，プリンス．
Prinzessin [女]《-/-nen》王女，プリンセス．
Prinz=gemahl [男] 女王の夫君．
Prinzip［プリンツィープ］[中]《-s/-ien, -e》（[英] principle）原理，原則；主義，信条，ポリシー．✦ ***aus ~*** 原則上，主義として．***im ~*** 原則としては，原則に従えば．
prinzipiell [形] 原則的な；根本的な．
Prinzipien ⇨ Prinzip
prinzipienlos [形] 主義のない，無原則の．**Prinzipienlosigkeit** [女]《-/》無原則．**Prinzipienreiter** [男]《蔑》主義〈原則〉にこだわる人．
prinzipientreu [形] 原則〈主義〉に忠実な．
prinzlich [形] 王子の；王子らしい．
Prior [男]《-s/-en》（[女] **-in**）〔ｶﾄﾘｯｸ〕修道会長；修道院長．
Priorität [女]《-/-en》優先〔権〕；〔優先〕順位；《[複]》〔商〕優先株．**~s=aktien** [複]〔商〕優先株．**~s=obligation** [女]〔商〕優先債券；担保付き社債．
Prise [女]《-/-n》（塩などの）ひとつまみ；〔法〕捕獲（敵船・積み荷など）．
Prisma [中]《-s/..men》〔理〕プリズム；〔数〕角柱．**prismatisch** [形]〔理〕プリズムの，プリズムによる；〔数〕角柱の．
Pritsche [女]《-/-n》板張りの寝台；トラックの荷台．
privat［プリヴァート］[形]（[英] private）個人的〈私的〉な；私有の；私用の；民営の，民間の，私立の；内々の．
Privat=adresse [女] 自宅の住所．**=angelegenheit** [女] 私事，私用．**=besitz** [男] 私有；私有物〈財産〉．**=detektiv** [男] 私立探偵．**=dozent** [男]（大学の）非常勤講師．**=eigentum** [中] 私有物〈財産〉．
Privat=geheimnis [中] 個人の秘密，プライバシー．**=hand** [女] 私有〔状態〕．✦ ***aus 〈von〉 ~*** 個人〔の所有物〕から．***in ~*** 個人所有の．
privatim [副] 個人的に；内々に．
Privat=initiative [女] 個人の指導力〈主導権〉．
privatisieren [自]（資産などで）悠々と暮らす；[他] 民営化する．**Privatisierung** [女]《-/-en》民営〈私有〉化．
Privatissimum [中]《-s/..ma》（優秀な

P

学生のための)少数特別講義.
Privat=leben [中] 私生活. **=patient** [男] 民間の医療保険加入患者. **=person** [女] 私人.
Privat=recht [中] 〘法〙私法. **privatrechtlich** [形] 〘法〙私法〔上〕の. **=sache** [女] 私事. **=schule** [女] 私立学校. **=sphäre** [女] 個人的な領域, プライバシー. **=stunde** [女] 個人教授. **=vergnügen** [中] 《話》自分の好きでしていること. **=vermögen** [中] 個人資産; 私有財産. **=versicherung** [女] 民間〈会社〉の保険. **=weg** [男] 私道. **=zimmer** [中] 私室.
P
Privileg [中] 《-[e]s/-ien,-e》特権.
privilegieren [他] (人に)特権を与える.
privilegiert [形] 特権的な.
pro [プロ] ❶ [前] ([英] per) 《4格支配》…当たり, …につき. ❷ [副] 賛成して. **Pro** [中] 《-s/-》賛成; 利点. ✦ *das ~ und Kontra* 損得, 功罪. **pro.., Pro..** 「…に賛成の, …びいきの」の意.
probat [形] 試験ずみの; 確実な; 役に立つ.
Probe [プローベ] [女] 《-/-n》 ([英] test)検査, 試験, テスト; ([英] sample)見本, サンプル; 〘劇〙リハーサル, けいこ. ✦ *auf die ~ stellen* (…を)試す, テストする. *auf ~* 試しに. *die ~ aufs Exempel machen* (主張などが正しいかどうか)検証する, 試してみる. *~ hören* 試聴する. *~ singen* (テストとして)歌う. **=abzug** [男] 〘印〙見本刷り; 〘写〙試し焼き. **=exemplar** [中] 見本品, サンプル. **=fahrt** [女] 試運転, 試乗.
probe|hören [旧]⇨ Probe ✦
Probe=jahr [中] (1年の)見習〈試用〉期間. **=lauf** [男] (機械・車などの)試運転; 〘陸上〙試走.
proben [他] 練習〈稽古〉する, リハーサルをする.
probe|singen* [旧]⇨ Probe ✦
Probe=spiel [中] テスト演技〈演奏, 試合〉. **=stück** [中] 見本品, 試供品.
probeweise [副] 試しに, 試験的に; 見本として.
Probezeit [女] 見習い〈試用〉期間.
probieren [プロビーレン] 《probierte; probiert》[他] ([英] test)(versuchen)試みる, 試す, 試食〈試飲〉する, やってみる. ✦ *Probieren geht über Studieren.* 《諺》習うより慣れよ.
Probier=stein [男] 試金石.
probiert, probierte ⇨ probieren
Problem [プロブレーム] [中] 《-s/-e》 ([英] problem)問題, 課題; もめごと, トラブル. ✦ *Kein ~!* 《話》問題ないよ. j^2 *~ sein* (人に)かかわることである. **Problem..** 「問題の多い…, 問題をはらんだ…」の意.
Problematik [女] 《-/》問題性; 《集合的》(特定の事柄に関する)諸問題, 問題点.
problematisch [形] 問題のある, やっかいな; 疑わしい, 不確かな. **problematisieren** [他] 論議する, 問題にする.
problem=bewusst ([旧]= **bewußt**) [形] 問題を意識した, 問題意識のある.
Problem=bewusstsein ([旧] = **bewußtsein**) [中] 問題意識. **=fall** [男] 問題の〈問題をはらんだ〉ケース. **=familie** [女] 問題のある家族. **=film** [男] 問題作の映画. **=kind** [中] 問題児.
problem=los [プロブレームロース] [形] 問題のない.
Problem=schüler [男] 問題のある生徒. **=stellung** [女] 問題提起. **=viertel** [中] 問題のある地区〈地域〉.
pro domo 〘ﾗﾃﾝ語〙自分のために.
Produkt [プロドゥクト] [中] 《-[e]s/-e》 ([英] product)生産物, 作物, 製品; 結果; 〘数〙積. **~en=börse** [女] (農作物などの)取引所. **~en=handel** [男] 農産物取引.
Produkt=familie [女] = Produktlinie. **=haftungsgesetz** [中] 製造物責任法.
Produktion [プロドゥクツィオーン] [女] 《-/-en》 ([英] production)生産, 製造; 制作; 生産高〈量〉; 生産物, 製品; 作品; 生産部門; 製作所. **~s=güter** [複] 〘経〙生産財. **~s=methode** [女] 生産方法. **~s=mittel** [中] 〘経〙生産手段. **~s=prozess** ([旧]= **prozeß**) [男] 〘経〙生産工程. **~s=technik** [女] 生産技術.
produktionstechnisch [形] 生産技術〔上〕の.
Produktions=verfahren [中] 〘経〙生産方式. **=verhältnisse** [複] 〘経〙生産関係.
produktiv [形] ([英] productive)生産的な, 多産の; 創造的な. **Produktivität** [女] 《-/》生産性, 生産力; 創造力.
Produktlinie [女] 製品ライン(特定企業の一連の関連商品); 生産ライン.
Produzent [男] 《-en/-en》 ([女] **-in**)生産者; (映画などの)制作者, プロデューサー.
produzieren [プロドゥツィーレン] 《produzierte; produziert》[他] ([英] produce)生産する; 製造〈製作〉する; 〘劇〙制作〈プロデュース〉する; 《*sich*⁴》《話》人目を引こうとする.
Prof. [略] *Professor*.
profan [形] 平凡な, ありふれた; 世俗的な.
profanieren [他] 世俗化する; (神聖なものを)冒とくする.
Profession [女] 《-/-en》職業; 生業.
Professional [男] 《-s/-e》= Profi.
Professionalität [女] 《-/》プロであること; プロ気質, プロ根性.
professionell [形] ([英] professional)職業的な, プロの; 専門家の.
Professor [プロフェッソーア] [男] 《-s/-en》 ([女] **-in**) ([英] professor)大学教授([略] Prof.); 《ｵｰｽﾄﾘｱ》(ギムナジウムの)教師: ein zerstreuter ~ 《戯》うっかり者, うかつなやつ. **professoral** [形] 教授の; 教授らしい; 学者ぶった, もったいぶった; 世事にうとい. **Professur** [女] 《-/-en》教授職〈地位〉; (大学の)講座.
Profi [プローフィ] [男] 《-s/-s》《話》プロ選手; プロ〈本職〉の人. **=golfer** [男] プロゴルファー.
Profil [中] 《-s/-e》横顔, プロフィール; 際立った特徴, 個性; 断面〔図〕; (タイヤ・靴底などの)溝. **profilieren** [他][再] 《sich⁴》世に出る, 有名になる. **profiliert** [形] 特色のある, 個性的な. **Profil=stahl** [男] 〘工〙形鋼(かたこう).
Profit [男] 《-[e]s/-e》利益, もうけ. **=denken** [中] 利益優先の考え方.
Profi=tennis [中] プロのテニス.
Profit=gier [女] 《蔑》(極端な)利潤追及.
profitieren [自] 《**bei** 〈**von**〉 *et*³》(…で

Profit-jäger 男《蔑》もうけ主義者〈一点張り〉の人. **=rate** 囡 [経] 利潤率. **=streben** 匣《蔑》利潤追求.
Proforma=rechnung 囡 [商] 仮計算[書]; 見積もり計算[書]. **=wechsel** 男 [経] 融通手形, 仮手形.
profund (知識などが)深い, 深遠な; 徹底的な; [医] 深在性の.
Prognose 囡 (-/-n) 予測;《気象》予報; [医] 予後. **Prognostik** 囡 (-/) [医] 予後学. **prognostisch** 形 予測的な; 予後の.
Programm [プログラム] 甲 (-s/-e) 番組, プログラム; 番組表;計画, 予定, スケジュール;《政党などの》綱領, 基本方針; [電算] プログラム. ◆ auf dem ~ stehen 予定に入っている. nach ~ 希望どおりに;予定どおりに. **=entwicklung** 囡 [電算] プログラム開発.
programmieren 他 [電算] プログラムをする,(プログラムを)コンピュータに入れる: ein programmiertes Unterricht プログラム学習. **Programmierer** 男 (-s/-) (⊠ **-in**) [電算] プログラマー. **Programmiersprache** 囡 [電算] プログラム言語, プログラミング言語. **Programmierung** 囡 (-/-en) [電算] プログラミング.
Programm=kino 匣 (商業ベースに乗らない映画を上映する)映画館. **=musik** 囡 [楽] 標題音楽. **=steuerung** 囡 [電算] プログラムによる機械の自動制御. **=zeitschrift** 囡 [放送] 番組ガイド誌.
Progression 囡 (-/-en) 前進, 進歩;(課税の)累進;[数] 数列.
progressiv [プログレスィーフ] 形 (⊠ progressive)進歩的な, 進歩主義的な; 漸進的な; 進行性の.
Projekt [プロイェクト] 甲 (-[e]s/-e) (開発・研究などの)計画, プロジェクト. **=gruppe** 囡 プロジェクトチーム.
projektieren 他 計画(企画)する.
Projektil 匣 (-s/-e) (小火器の)弾丸;《話》ロケット.
Projektion 囡 (-/-en) 映写; 投射, 投影; [数] 射影; [地学] 投影法.
~s=apparat 匣 = Projektor.
Projektor 男 (-s/-en) 映写機, プロジェクター. **projizieren** 他 投影する; 映写する; [数] 射影する.
Proklamation 囡 (-/-en) 告示, 公表, 宣言. **proklamieren** 他 告示〈公表〉する, 宣言する.
Pro-Kopf-Einkommen 匣 (住民などの)一人あたり所得額.
Proktologe 男 (-n/-n) 直腸(肛門)学者. **Proktologie** 囡 (-/) [医] 直腸(肛門)学科. **proktologisch** 形 直腸(肛門)学(上)の.
Proktoplastik 囡 (-/-en) [医] 直腸(肛門)形成術. **Proktoskop** 匣 (-s/-e) [医] 直腸鏡. **Proktostase** 囡 (-/-n) [医] 直腸痙攣性便秘.
Prokura 囡 (-/..ren) [商] 代理人, 委託; 業務代行代理権, 職権. **Prokuration** 囡 [商] 代理, 代行, 委任. **Prokurist** 男 (-en/-en) (⊠ **-in**)

[商] 支配人, 業務代行人.
Prolet 男 (-en/-en)《蔑》粗野な(不作法な)人物; = Proletarier. **Proletariat** 匣 (-[e]s/-e) プロレタリア, 無産〈労働者〉階級.
Proletarier 男 (-s/-) (⊠ **-in**) プロレタリア, 無産労働者. **proletarisch** 形 プロレタリア〈無産階級〉の.
Prolog 匣 (-[e]s/-e) プロローグ, 序章; [劇] 序幕, プロローグ.
Prolongation 囡 (-/-en) [商] (支払いの)猶予, 延期;(手形などの)書き換え, 更新. **~s=gebühr** 囡 [商] 延期手数料, 書き換え料, 繰越(逆)日歩. **~s=geschäft** 匣 [商] 繰り越し取引.
prolongieren 他 [商] (支払いの)延期〈猶予〉する;(手形を)書き換える, 更新する; [言語] (催し物などの)期間を延長する.
Promenade 囡 (-/-n) 遊歩道, プロムナード; 散歩.
promenieren 自 (s, h)《雅》散策(散歩)する.
Prometheus [ギ神] プロメテウス.
Promethium 匣 (-s/) [化] プロメチウム(元素記号: [化学] Pm).
Promi 男 (-s/-s)《話》有名人, 名士.
Promille 匣 (-[s]/-) パーミル(千分の1); [話] 血中アルコール濃度. **=grenze** 囡 (運転者の)血中アルコール濃度の許容限界.
prominent 形 傑出した, 錚々(そうそう)たる, 著名な. **Prominente[r]** 男女《形容詞変化》名士, 有名人. **Prominenz** 囡 (-/)《集合的》名士達; 有名; 重要性.
Promiskuität 囡 (-/) 乱交;(セックスの)相手を選ばないこと.
Promotion 囡 ❶ (-/-en) ドクターの学位授与(取得). ❷ (-/-) [商] 販売促進; 宣伝, 広告.
promovieren 他 ドクターの学位を取得する; ドクター論文を書く; (自[商]) (人に)ドクターの学位を授与する.
prompt 形 すばやい, 即座の. ❷《話》予想どおり, まんまと.
Pronomen 匣 (-s/-, ..mina) [文法] 代名詞. **pronominal** 形 [文法] 代名詞の; 代名詞的な.
Propaganda 囡 (-/) 宣伝〔活動〕, プロパガンダ. **Propagandist** 男 (-en/-en) (⊠ **-in**) 宣伝者;(政党のプロパガンダ)担当者;(新製品などの)宣伝担当者. **propagandistisch** 形 宣伝の; 宣伝色の濃い. **propagieren** 他 宣伝する,(広く)訴える.
Propan 匣 (-s/-) [化] プロパン. **=gas** 匣 プロパンガス.
Propeller 男 (-s/-) [空] プロペラ; [海] スクリュー.
proper 形《話》(服装・仕事などが)こざっぱりした, きちんとした.
Prophet [プロフェート] 男 (-en/-en) (⊠ **-in**) 予〔預〕言者. **Prophetie** 囡 (-/..ien) 予言, 預言. **prophetisch** 形 予言者の〔的〕な. **prophezeien** 他 予言する. **Prophezeiung** 囡 (-/-en) 予言.
prophylaktisch 形 予防の.
Prophylaxe 囡 (-/-n) [医] 予防.
Propolis 囡 (-/-) 蜂蝋(ろう), プロポリス (ミツバチの唾液と樹液の混合物質).
Proportion 囡 (-/-en) 割合, 比率; 大

きさ，規模；〖数〗比例．**proportional** 形 比例の；〖数〗比例した．**proportioniert** 形 釣り合い〈均整〉のとれた．

Proporz 男 (-es/-e) 〖オーストリア・スイス〗比例代表制議席；議会〈役職〉の比例配分．

proppenvoll 形 〖話〗すし詰めの．

propr.. ⇒ proper

Propst 男 (-[e]s/Pröpste) 〖カトリック〗司教座教会首席司祭；〖プロテスタント〗監督教区長．

Prosa [プローザ] 女 (-/) (英 prose) 散文；散文体．**Prosaiker** 男 (-s/-) = Prosaist；〖蔑〗つまらない〈無味乾燥な〉人．**prosaisch** 形 〖蔑〗無味乾燥な，つまらない．**Prosaist** 男 (-en/-en) (-in) 散文作家．

prosit [プローズィト] 間 乾杯： *Prosit Neujahr!* 新年おめでとう．

Prospekt 男〈オーストリア・スイス中性〉 (-[e]s/-e) (宣伝用の)パンフレット，カタログ；価格表．

prosperieren 自 繁栄〈繁昌〉する．
Prosperität 女 (-/-) 繁栄，繁昌；〖経〗好況．

prost [プロースト] 間 乾杯．

Prostata 女 (-/..tae) (Vorsteherdrüse) 〖医〗前立腺(ぜん).

prostituieren 他 (*sich*⁴) 売春する；〖蔑〗(お金のために)不本意な仕事をする．**Prostituierte** 女 (形容詞変化) 売春婦，娼婦．**Prostitution** 女 (-/) 売春．

prot. 略 *protestantisch*.

Protactinium 中 (-s/) プロトアクチニウム(元素名：略号 Pa)．

Protagonist 男 (-en/-en) 主人公，主役．

Protegé [プロテジェー] 男 (-s/-s) (有力者の)お気に入りの人．**protegieren** [プロテジーレン] 他 (人を)引き立てる，(...の)後ろ盾となる．

Proteid 中 (-[e]s/-e) 〖生化〗複合たんぱく質．**Protein** 中 (-s/-e) 〖生化〗たんぱく質(蛋白).

Protektion 女 (-/-en) ひいき，引き立て，後ろ盾．**Protektionismus** 男 (-/) 保護貿易主義，保護〔開発〕主義(論)．**Protektor** 男 (-s/-en) パトロン，後援者；保護国；(車輪・タイヤの)接地面．**Protektorat** 中 (-[e]s/-e) (国際間の)保護関係；保護領；後援，庇護(ひ).

Protest [プロテスト] 男 (-[e]s/-e) 抗議，異議；〖商〗(手形などの)拒絶証書．=**aktion** 女 抗議行動．

Protestant [プロテスタント] 男 (-en/-en) (女 -**in**) (英 Protestant)プロテスタント，新教徒．**protestantisch** [プロテスタンティシュ] 形 プロテスタントの，新教〔徒〕の．**Protestantismus** 男 (-/) プロテスタンティズム，新教．

Protestbrief 男 抗議書，抗議書．
protestieren [プロテスティーレン] (protestierte; protestiert) 自 **gegen** *j-et⁴*) (...に)抗議する，異議を唱える；〖商〗(手形などの)支払い〈引き受け〉を拒絶する．**Protest-kundgebung** 女 抗議デモ〈集会〉．=**note** 女 (外交文書としての)抗議書．=**resolution** 女 抗議決議(文).=**sänger** 男 プロテストソングの歌手．

=**schreiben** 中 = Protestbrief．=**song** 男 (体制批判の)プロテストソング．

Proteus ① 〖ギリシャ神〗プロテウス(自由に姿を変えられる海の老神)．❷ 男 (-/-) 変わり身の早い〈移り気な〉人．

Prothese 女 (-/-n) 〖医〗人工補装具，プロテーゼ(義肢・義歯・義眼など).

Protokoll 中 (-s/-e) (会議の)記録，議事録；認(にん)定書；(裁判所・警察の)調書；〖政〗外交儀礼． ♦ [*das*] ~ **führen** Notizen を取る．**zu ~ geben (nehmen)** (...を)記録(調書)に取らせる(取る)．**protokollarisch** 形 記録(調書)上の；記録(調書)に基づいた；外交儀礼の．**Protokollführer** 男 記録係，書記；調書作成者．**protokollieren** 他 (議事などを)記録する，調書に取る；自 調書(議事録)を作成する．

Proton 男 (-s/-en) 〖理〗陽子，プロトン(略号 p)．

Protoplasma 中 (-s/) 原形質．

Prototyp 男 (-s/-en) 原型，典型；〖工〗(航空機・車両・機械などの)原型(機)，試作モデル(機)．

Protozoon 中 (-s/..zoen) 〖動〗原生動物．

Protz 男 (-es/-e; -en/-en) 〖話〗自慢屋，いばり屋；自慢，思い上がり．

protzen 自 (**mit** *et³*) (...を)自慢する；ひけらかす．**protzig** 形 〖話〗見せびらかしの；いかにも高そうな．

Prov. 略 *Provinz* 州，県．

Provenienz 女 (-/-en) (旅行用)食料．

Proviant 男 (-s/-e) (旅行用)食料．

Provider 男 (-s/-) 〖コンピュータ〗プロバイダー．

Provinz [プロヴィンツ] 女 (-/-en) 州，省，県 (略 Prov.)；〖カトリック〗大司教管区；〖史〗古代ローマの属州；地方，田舎．**provinziell** 形 田舎(地方)の；田舎じみた；〖言〗方言の．**Provinzler** 男 (-s/-) (女 -**in**) 〖話・蔑〗田舎者．**Provinzstadt** 女 地方都市，田舎町．

Provision 女 (-/-en) (仲介・販売などの)手数料，歩合，口銭；利益配当． ♦ **auf ~ arbeiten** 歩合(=口銭)制で働く．

provisorisch 形 一時的な，仮の，暫定的な，臨時の．**Provisorium** 中 (-s/..rien) 暫定(応急)措置，間に合わせ．

Provitamin 中 (-s/-e) 〖生化〗プロビタミン(ビタミン前駆体).

Provokateur [プロヴォカテーア] 男 (-s/-e) 挑発者．

Provokation 女 (-/-en) 挑発；〖医〗誘発．**provokativ, provokatorisch** 形 挑発的な．**provozieren** 他 誘発する；怒らせる；挑発する．

Prozedur 女 (-/-en) (めんどうな)手続き，手順；〖コンピュータ〗サブルーチン．

Prozent 中 (-[e]s/-e) (単位/-) ❶ (英 percent)パーセント，百分率(％, v.H.；略号 %)．❷ 歩合，利息；歩合，手数料；割引，値引き．**..prozentig** 形 …パーセントの，の歩．

Prozent-rechnung 女 利息計算．=**satz** 男 パーセンテージ，百分率．**prozentual** 形 パーセント(百分率)による．

Prozess (旧 **Prozeß**) [プロツェス] 男 (..zesses/..zesse) 訴訟，裁判 (einen ~

Publizität

[gegen *j-et*⁴] führen […に対して]訴訟を起こす; 過程, 経過, 推移. ♦ **den ~ machen** {*j*³} (人を)告訴する. **kurzen ~ machen** [話] {**mit** *et*³} (…)を手早く片づける; (俗) (人を)あっさり殺す.
prozessieren ⾃ 訴訟を起こす.
Prozession 囡 (-/-en) (祝祭・葬送などの)行列, 行進.
Prozeß-kosten (⊕ Prozeß =) 訴訟費用.
Prozessor 男 (-s/-en) [電算] プロセッサー, 演算処理装置.
Prozeß-recht (⊕ Prozeß =) 中 訴訟法.
p.r.t. 略 pro rata temporis.
prüde 形 (性的なことを)ひどく恥ずかしがる, おおらかでない.
prüfen [プリューフェン] (prüfte; geprüft) 他 (⊕ test)検査(テスト)する, 調べる, 点検する; (⊕ examine) (人に)試験をする; (雅) (人に)試練を与える. **Prüfer** 男 (-s/-) (⊕ **-in**)検査官; 試験官.
Prüffeld 中 [工] 検査部門.
Prüfling 男 (-s/-en) 受験者; [工] 検査見本.
Prüf-stand 男 [工] 試験台. **=stein** 男 試金石.
prüfte ⇒ prüfen
Prüfung [プリューフンク] 囡 (-/-en) (⊕ examination)試験, 検査, テスト; eine ~ ablegen (machen)試験を受ける. **~s-arbeit** 囡 試験の答案. **~s-ergebnis** 中 試験(検査)結果.
Prügel 男 (-s/-) (⊕ Peitsch) 棍棒; [南部・おス] 棒, 丸太, こん棒. **Prügelei** 囡 (-/-en) 殴り合い. **Prügelknabe** 男 [話] スケープゴート.
prügeln [プリューゲルン] (prügelte; geprügelt) 他 (⊕ beat) (人を)棒で打つ, 殴打する; (*sich*⁴ [**mit** *j*³]) (人と)殴り合う; *j*⁴ zu Tode ~ 殴り殺す. **Prügelstrafe** 囡 笞刑(ちけい), 杖刑(じょうけい).
Prunk 男 (-[e]s/-) 豪華, 華麗, 華美.
prunken 自 華麗である。はでに目立つ; {**mit** *et*³} 誇示する, 見せびらかす. **prunk-süchtig** 形 はでが好きな. **-voll** 形 豪華(華麗)な.
prusten ⾃ 荒い息遣いをする, ハーハー言う, あえぐ; [話] (…を)ぷっと吹き飛ばす.
PS 略 Pferdestärke; Postskript[um].
Psalm 男 (-s/-en) (旧約聖書の詩篇中の個々の)詩. **Psalter** 男 (-s/-) (旧約聖書の)詩篇.
PSchA 略 Postscheckamt.
PSchKto 略 Postscheckkonto.
pseudo.., **Pseudo..** 「見せかけだけの…, 偽の」の意.
pseudonym 形 仮名な(偽名)による.
Pseudonym 中 (-s/-e) 仮名, 偽名, ペンネーム.
pst 間 しっ(沈黙・静粛を求める声).
PSV 略 Psychische Verteidigung 心理的防衛.
Psyche ❶ [ギ神] プシケ(エロスに愛された美少女). ❷ 囡 (-/-n) 精神; 心, 気持ち[のあや]; [オス] ドレッサー.
psychedelisch 形 サイケデリックな, 幻覚的な.
Psychiater 男 (-s/-) 精神科医.

Psychiatrie 囡 (-/-n) 精神医学; [話] 精神病院; 精神科. **psychiatrieren** 他 [オス] (人の)精神鑑定をしてもらう. **psychiatrisch** 形 精神医学上の.
psychisch 形 心的な, 精神に関する.
Psychoanalyse 囡 (-/-n) 精神分析[学]. **psychoanalysieren** 他 (人を)精神分析する; (人に)精神分析的治療を施す. **Psychoanalytiker** 男 (-s/-) 精神分析医(学者). **psychoanalytisch** 形 精神分析[学]の.
Psychofolter 囡 精神的拷問.
psychogen 形 [医・心] 心因性の.
Psychologie [プスィヒョロギー] 囡 (-/-) (⊕ psychology)心理学; 人の心理の理解; 心理作戦. **Psychologe** 男 (-n/-n) (⊕ **-gin**)心理学者; 人の心理がわかる人. **psychologisch** 形 心理学の, 心理学的な; 心理的な.
psychometrisch 形 計量心理学の.
Psychopath 男 (-en/-en) (⊕ **-in**) 精神病質. **Psychopathie** 囡 精神病質. **psychopathisch** 形 精神病質の.
Psychopharmakon 中 (-s/..ka) 向精神薬(精神に作用する薬物).
Psychose 囡 (-/-n) 心・因 精神病; 異常な精神(心理)状態.
psychosomatisch 形 心身の, 精神身体医学の.
Psychotherapeut 男 (-en/-en) (⊕ **-in**)精神療法医. **Psychotherapie** 囡 (-/-) 精神療法, 心理療法.
Psychotrauma 中 [心] 精神的外傷, トラウマ.
Pt 略 プラチナ. **Pta** 略 Peseta.
Ptose 囡 (-/-n), **Ptosis** 囡 (-/..sen) [医] 下垂; 眼瞼下垂.
Pu 略 プルトニウム.
puberal, **pubertär** 形 思春期の; [覆] 思春期に特有の, 未熟な.
Pubertät 囡 (-/-) 思春期, 年ごろ. **~s-krise** 囡 思春期危機.
pubertieren ⾃ 思春期に達する.
pubisch 形 恥部(陰部)の.
Publicity 囡 (-/-) 知名度を上げること; 宣伝, 広告.
Publicrelations, **Public Relations** ⊕ 広報[活動], ピーアール(⊕ PR).
publik 形 ♦ ~ **machen** (…を)公けにする. **~ sein** (**werden**)公けになっている.
Publikation 囡 (-/-en) 発表, 公表; 出版, 刊行; 出版(刊行)物.
Publikum [プーブリクム] 中 (-s/-) 聴衆, 観衆, 観客, 視聴者; 読者; (映画などの)ファン; (レストランなどの)客. **~s-erfolg** 男 読者(観衆, 聴衆)の好評を博すること; 大受けをねらった作品. **~s-magnet** 男 人気俳優(歌手).
publizieren 他 刊行(出版)する, 発表(公表)する. **Publizist** 男 (-en/-en) (⊕ **-in**)ジャーナリスト, 時事評論家; 新聞学者; 新聞学専攻の学生. **Publizistik** 囡 (-/-) 新聞学, 情報学, マスメディア研究; ジャーナリズム. **publizistisch** 形 新聞学(情報学)の, マスメディア研究の; ジャーナリズムの.
Publizität 囡 (-/-) 一般に知られている

こと，パブリシティ；（企業の）ディスクロージャー．

Puck [プック] 男 ⟨-s/-s⟩ パック（いたずら好きの小妖精）; 中 パック．

Pudding 男 ⟨-s/-e, -s⟩ 料 プディング，プリン．

Pudel 男 ⟨-s/-⟩ プードル，むく犬; 図 (ボウリングの)ガター． ◆ **des ~ Kern** 事の真相．**wie ein begossener ~** 話 すごくしょんぼり．**=mütze** 図 プードル帽子（毛糸で編んだつばなしの帽子）．

pudel-nass 形 ⟨=**naß**⟩ びしょぬれの，ぬれねずみの．**=wohl** 形 ◆ **~ sich füh-len** ⟨*sich*⁴⟩ すごくよい気分がいる．

Puder 男 田 ⟨-s/-⟩ 英 powder⟩（化粧・医療用の）パウダー，おしろい．**=dose** 図 コンパクト, おしろい入れ.

pudern 他 パウダー（おしろい）をつける．

Puder-quaste 図 パウダーパフ（ブラシ）．**=zucker** 男 粉砂糖．

puff 間 バン, ポン（鉄砲・破裂音）．

Puff ❶ 男 ⟨-[e]s/Püffe⟩ 話 （こぶし・ひじで）つくこと; 軽い一撃． ❷ 男 ⟨-[e]s/-e, -s⟩ 話 （ふた付きの）洗濯物入れ．❸ 男 ⟨-[e]s/-s⟩ 話 売春宿． ❹ 男 ⟨-[e]s/-s⟩ 西洋すごろく． ◆ **einen ~ (einige Püffe) vertragen [können]** 多少のことではこたえない．**=ärmel** 男 パフスリーブ（膨らみをつけた袖）．

puffen 他 話（こぶし・ひじで人を）軽く突く, こづく；（蒸気・ガスなどを）へやポッと吐き出す． 自（汽車・SLなどが）ポッポッ(シュッシュッ)と音を立てる；(s)ポッポッと音を立てて（走る）．

Puffer 男 ⟨-s/-⟩（車両の）緩衝器．ポテトパンケーキ．**=batterie** 図 電 バッファー[メモリー]．**=speicher** 男 電 バッファー（緩衝記憶装置）．**=staat** 男 政 緩衝国．

puh 間 ふーっ（不快・安堵などの声）．

pulen 他（北部・話）ほじくる; 自 ⟨**et**⁴ **aus et**³⟩（…から）ほじくり出す．

Pulk 図 ⟨-[e]s/-s, -e⟩ 群れ, 集団, 一群．

Pulle 図 ⟨-/-n⟩ 話 酒瓶．

pullen 自 海 こぐ；（馬が）突進する．

Pulli 男 ⟨-s/-s⟩ 話 = Pullover．

Pullover [プローヴァー] 男 ⟨-s/-⟩ プルオーバー, セーター．**Pullunder** 男 ⟨-s/-⟩ プルアンダー（袖なしのプルオーバー）．

Pulpa 図 ⟨-/-**Pulpen**⟩ 歯 歯髄； 植 果肉．

Puls [プルス] 男 ⟨-es/-e⟩ 英 pulse⟩ 脈, 脈拍［数］；電・通信 パルス． ◆ **den ~ fühlen** ⟨*j*³⟩（人の）脈をとる；（人の）意見を探る．**=ader** 図 医 動脈．

pulsen 脈打つ．**pulsieren** 自 脈打つ．

Puls-schlag 男 脈拍．**=wärmer** 男 ⟨-s/-⟩ マフ（防寒用の手首覆い）．

Pult [プルト] 中 ⟨-[e]s/-e⟩（上板が手前に傾斜した）机；演台；（学校で使う）机；書見台．

Pulver 中 ⟨-s/-⟩ 英 powder⟩ 粉, 粉状物；医 粉薬, 散薬； 火薬； 話 お金, ぜに． ◆ **das ~ (auch) nicht [gerade] erfunden haben** 話 あまり頭がよくない．**kein Schuss ~ wert sein** 話 なんの価値もない．**sein ~ verschossen haben** 話 万策尽き果てている;（議論で）持ち駒を全部出してしまった．**sein ~ trocken halten**

話 臨戦態勢にある． **=fass** 中 ⟨=**faß**⟩ 田 火薬のたる． ◆ **auf einem (dem) ~ sitzen** 非常に危険な状況にある．**einem ~ gleichen** 一触即発の状態にある．

pulverig 形 （粉末の）．**pulverisieren** 他 粉末にする；細かくする．

Pulver-kaffee 男 粉末（インスタント）コーヒー．**=schnee** 男 粉雪, パウダースノー．

pulvertrocken 形 からからに乾燥した．**Pulverturm** 男（昔の塔状の）火薬庫．

pulvrig 形 = pulverig．

Puma 男 ⟨-s/-s⟩ 動 ピューマ．

Pummel 男 ⟨-s/-⟩ 話 太っちょ．

pumm[e]lig 形 話 太っちょの．

Pump 男 ⟨-s/-e⟩ 話 借金． ◆ **auf ~** 借金で．

Pumpe [プンペ] 図 ⟨-/-n⟩ 英 pump⟩ ポンプ；（話）心臓．**pumpen** 他（ポンプで）入れる（くみ出す）；話 ⟨*j*³ **et**⁴⟩（人に…を）貸す；話 ⟨*sich*³⟩ **et**⁴ **von** *j*³⟩（…を人から）借りる．

Pumpernickel 男 ⟨-s/-⟩ プンパーニッケル（ライ麦製の黒パン）．

Pumps 図 ⟨-/-⟩ パンプス（ひもや留め金のない婦人靴）．

Punk 中 ⟨-[s]/-⟩ パンク（若者の反体制の風俗）; パンク族の若者．**Punker** 男 ⟨-s/-⟩ ⟨-in⟩ パンクロックミュージシャン; パンク族の若者．

Punkt [プンクト] 男 ⟨-[e]s/-e⟩ 英 **Pünktchen**⟩ ❶ 体 spot）点, 斑点; ビリオド; (i)e（などの）点; 文 付点. ❷ （英 point）地点, 場所. ❸ 論点, 問題点; 条項, 項目, 細目. ❹ 時点, 段階; **~zwei Uhr** 話12時きっかりに． ❺ 得点, 点数; スポ ポイント. ❻ 印 ポイント（活字の大きさの単位）. ◆ **auf den ~ bringen** ~ を正確に述べる. **auf den ~ kommen** 肝心な点に至る. **der ~ auf dem i (über i)** 最後の仕上げ; **der springende ~** 話（～の）重要な）点. **der tote ~** 行き詰まり; 疲労困憊（こん）のいかがわしい点; 不明な箇所. **ein schwacher (wunder) ~** 弱点, 痛い所. **Nun mach mal einen ~!** 話 もういいかげんにやめにしろ. **ohne ~ und Komma reden** 話 のべつ幕なしにしゃべる. **~ für ~** 一項目ずつ；一つ一つ（念入りに）．**~ Pünktchen** 中 ⟨=**Punkt**⟩ ⟨-s/-⟩ 小さな点．**=krawatte** 図 水玉模様のネクタイ．

punktieren 他（臓器に）穿刺（せん）する；（音符に）付点をつける．

Punktion 図 ⟨-/-en⟩ 医 穿刺［法］．

Punktlandung 図 空 精密着陸, ピンポイントランディング．

pünktlich [ピュンクトリヒ] 形 英 punctual⟩時間どおりの, 時間を守る．

Pünktlichkeit 図 ⟨-/⟩ 時間厳守, きちょうめん．

Punkt-richter 男 採点審判員．**=schrift** 図 点字．**=sieg** 男 スポ 判定勝ち．

punktuell 形 個々の点に関する．

Punktzahl 図（特にスポーツで）点数, スコア．

Punsch 男 ⟨-[e]s/-e, Pünsche⟩ パン

チ，ポンチ(砂糖・レモン・香料を混ぜた温かいアルコール飲料).
Punze [女]《-/-n》打ち抜きポンチ;(貴金属の品質証明の)極印. **punzen** [他](ポンチで)打ち抜く,(金属・皮などに)刻印する;(貴金属などに品質証明の)極印を打つ.
Pup [男]《-[e]s/-e》《話》おなら.
pupen [自]《話》おならをする.
Pupille [女]《-/-n》〘医〙瞳孔，ひとみ.
Puppe [プッペ] [女]《-/-n》([小] **Püppchen**)([英] doll)人形; 操り人形;〘虫〙さなぎ. ✦ ***bis in die ~n***《話》夜遅くまで. ***die ~n tanzen lassen***《話》人を意のままに操る;(宴席などで)陽気に騒ぐ; ひどく腹を立てる. **~n=gesicht** [中](美しいが無表情で)人形のような顔. **~n=haus** [中]人形の家，ままごと用の家;《戯》(ひどく小さくかわいらしい)家. **~n=hülle** [女]〘虫〙蛹包(ようほう)，[蛹(さなぎ)の入っている]繭. **~n=hülse** [女]〘虫〙蛹の抜殻. **~n=spiel** [中]人形劇，操り人形芝居. **~n=spieler** [男]人形遣い. **~n=theater** [中]マリオネット〈人形芝居〉劇場; 人形劇.
pur [形]純粋な;(酒が)ストレートの; まったくの.
Püree [中]《-s/-s》〘料〙ピューレ.
purgieren [他]きれいにする; [自]〘医〙便を出す.
Purin=base [女]〘生化〙プリン塩基. **=körper** [男]〘生化〙プリン体.
Purismus [男]《-/》〘言〙(特に外国語の影響を排除しようとする)言語純粋主義;〘美〙ピュリスム(美術作品を外来の様式から守ろうとする運動).
Puritaner [男]《-s/-》([女] **-in**)〘キリ教〙清教徒，ピューリタン;《蔑》禁欲的な人. **puritanisch** [形]清教徒〈ピューリタン〉の; 禁欲的な. **Puritanismus** [男]《-/》〘キリ教〙清教主義，ピューリタニズム.
Purpur [男]《-s/》(紫がかった)深紅色;(王・枢機卿(けい)の着用する)緋衣(ひ)，紫衣.
purpurn, purpurrot [形](紫がかった)深紅色の.
Purzelbaum [男]でんぐり返し.
purzeln [自](s)《話》ひっくり返る，転げ落ちる.
Pusan 釜山，プサン(韓国東南端の都市).
pusselig [形]根気の要る，手間のかかる;《話》(人が)つまらぬことに手間ひまをかける. **pusseln** [自]《話》小事にこだわる; あちこちいじくり回す.
Pußta [旧][女]《-/..ten》= Puszta.
Puste [女]《-/》《話》息;《話》ピストル. ✦ ***J³ geht die ~ aus.***(人の)息が切れる; お金が尽きる. **=kuchen** [男] ✦ [***Ja***] ***~!***《話》(期待が外れて)いやはや.
Pustel [女]《-/-n》〘医〙膿疱(のうほう).
pusten《話》[自](口をすぼめて)息を吹く; 息を切らす，あえぐ; [他](…を…へ)吹き飛ばす.
Puszta [女]《-/..ten》プスタ(ハンガリーの草原).
Pute [女]《-/-n》(雌の)七面鳥;《蔑》[ばかな，うぬぼれた]女. **Puter** [男]《-s/-》(雄の)七面鳥. **puterrot** [形]ひどく赤面した.
Putput [中]《-s/-[s]》トートットト，コーコッコッ(鶏を呼ぶ声);《幼児》こっこ(鶏).
Putsch [男]《-[e]s/-e》反乱，クーデター;《スイ》(軽く)突くこと. **putschen** [自]反乱〈クーデター〉を起こす;《スイ》こづく. **Putschist** [男]《-en/-en》([女] **-in**)反乱者，クーデター参加者.
Putz [男]《-es/》〘建〙化粧塗り，しっくい，モルタル; 盛装，晴れ着; アクセサリー;《話》けんか; 大騒ぎ. ✦ ***auf den ~ hauen***《話》けんかを始める; 大言壮語する; 大盤ぶるまいをする.
putzen [プッツェン]《putzte; geputzt》[他]([英] clean)きれいにする; 磨く;《南部・スイ》掃除する; [再]《*sich*⁴》(猫などが)毛繕いをする. **Putzer** [男]《-s/-》《話》(靴・機械などを)磨く人;〘建〙壁塗り職人，左官. **Putzerei** [女]《-/-en》(めんどうな)磨き仕事;《オース・トリア》ドライクリーニング店. **Putzfrau** [女]掃除のおばさん.
putzig [形]《話》(小さくて)かわいい，愛らしい.
Putz=lappen [男]ぞうきん，磨き布.
Putzsucht [女]《蔑》過度のおしゃれ好き. **putzsüchtig** [形]《蔑》おしゃれ〈はで〉好きの.
putzte ⇨ putzen
Putz=teufel [男]《話》掃除魔. **=zeug** [中]洗剤; 掃除用具.
puzzeln [パズルン] [自]ジグソーパズルをする. **Puzzle** [パズル] [中]《-s/-s》ジグソーパズル.
PVC [略] *P*oly*v*inyl*c*hlorid
Pygmäe [男]《-n/-n》([女] **Pygmäin**)ピグミー(アフリカなどの小人族). **pygmäenhaft** [形]ピグミーのような.
Pyjama [ピュジャーマ] [男](オース・トリア・スイ [中])《-s/-s》パジャマ.
pyknisch [形]〘医〙肥満型の.
Pyongyang = Pjöngjang.
Pyramide [女]《-/-n》ピラミッド; ピラミッド形のもの;〘数〙角錐(かくすい). **pyramidenförmig** [形]ピラミッド形の.
Pyrenäen [複](die ~)ピレネー(フランス・スペインの国境にある山脈).
Pyrmont ピルモント(ドイツ Niedersachsen 州の温泉地).
pyroklastisch [形]〘地〙火砕岩の，火成砕屑(さいせつ)岩: ein *~er* Strom 火砕流.
Pyroklastit [男]《-s/-e》〘地〙火砕岩，火成砕屑(さいせつ)岩.
Pyromane [男]《-n/-n》([女] **..nin**)〘心・医〙放火狂. **Pyromanie** [女]《-/》〘心・医〙放火狂〈癖〉.
Pyrotechnik [女]《-/》花火製造法.
Pyrrhus=sieg [男]犠牲の多い〈割りに合わない〉勝利.
Pythagoras ピタゴラス(前580頃-497頃; 古代ギリシャの数学者で哲学者). **pythagoreisch** [形]ピタゴラス[学派]の.
Pythonschlange [女]〘動〙ニシキヘビ.

Q

q, Q [中]《-/-》《字母》クー. **Q.b.A.** [略] *Q*ualitätswein mit *b*estimmtem *A*nbaugebiet 指定栽培地域上質ワイン.
q.e.d. [略] *q*uod *e*rat *d*emonstrandum 以上証明済. **QS.** [略] *Q*uecksilber*s*äule 水銀柱.

quabbelig 形 《話》ぶりぶりした；ぶよぶよの. **quabbeln** 自 (プディングなどが)ぶりぷりしている.

Quacksalber 男 (-s/-) 《蔑》もぐりの医者，やぶ医者. **Quacksalberei** 女 (-/-) いんちき治療.

Quader 男 (-s/-(r-n)) 【建】角石(かく)，(角柱形の)切り石；【数】直方体.

Quadrant 男 (-en/-en) 【数】四分円；(座標系の)象限；【天・幾】四分儀.

Quadrat [クヴァドラート] 中 ❶ (-[e]s/-e) 《数》正方形，真四角；(四角形の)街区，ブロック；《数》2乗，平方. ❷ (-[e]s/-e[n]) 【印】クワタ(行末などを埋める込め物). ◆ *im ~* とても；まったく.

quadratisch 形 正方形の，平方の；2次の.

Quadrat・kilometer 男 中 平方キロメートル(記号 km²). **~latschen** 複 《戯》どた靴；でかい足. **~meter** 男 中 平方メートル(記号 m²).

Quadratur 女 (-/-en) 《数》求積法；【天】矩(く)；◆ *die ~ des Kreises <des Zirkels>* 求積法；解決不可能な問題.

Quadrat・wurzel 女 《数》平方根. **~zahl** 女 《数》2乗数. **~zentimeter** 男 中 平方センチメートル(記号 cm²).

quadrieren 他 方眼状に区切る．

Quadrille [クヴァドリリャ] 女 (-/-n) カドリール(2組または4組の男女が踊るダンス).

quadro・phon, -fon 形 (録音再生の)4チャンネルステレオシステムの. **Quadro・phonie, -fonie** 女 (-/-) 4チャンネルステレオシステム[の放送]. **quadro・phonisch, -fonisch** 形 4チャンネルステレオシステムの.

quak 間 クワッ(アヒル・カエルなどの鳴き声). **quaken** 自 (カエル・アヒルなどが)クワックワッと鳴く；(赤ん坊が)ギャーギャー泣く；《話》(ラジオなどが)ガアガアと音を立てる；(が)ギャアギャアわめく. **quäken** 自 《話》キイキイ泣き始める.

Quäker 男 (-s/-) (~-**in** 女) クエーカー教徒.

Qual [クヴァール] 女 (-/-en) (⊗ pain) 苦しみ，苦痛；苦悩，苦渋. ◆ *die ~ der Wahl haben* 《戯》選択に迷って悩む.

quälen クヴェーレン (quälte; gequält) 他 ❶ (⊗ pain) (人を)苦しめる，責める；(*j⁴* {mit et³/ zu et⁴ 不定詞}) (人を「…で／…するように」)困らせる．❷ (*sich⁴*) 苦しむ；《話》(物事へ)苦労して進む. **Quäler** 男 (-s/-) (⊗ -**in** 女) 苦しめる人；虐待する人. **Quälerei** 女 (-/-en) 責めさいなむこと，虐待，いじめ；つらい仕事. **Quälgeist** 男 《話》だだっ子．

Qualifikation 女 (-/-en) 資格付与〈認定〉；(付与された)資格；(価値・質の)判定，評価；【競】出場資格；【法】(証)明書類. **~s-spiel** 中 【競】予選.

qualifizieren ❶ 他 (⊗ qualify) (*j⁴ für et⁴* {*zu et³*}) (人に…に必要な資格〈能力〉を与える；(*j⁴-et⁴ als et⁴*) (…と…と判定〈認定，評価〉する. ❷ (*sich⁴ für et⁴* {*zu et³*}) (…の)資格〈適性〉を取る；【競】出場資格を得る. **qualifiziert** 形 資格〈能力〉のある，適格の；有能な；(仕事などが)特定の能力〈資格〉を必要とする；【商】制限〈条件〉つきの；変態的な．

Qualität [クヴァリテート] 女 (-/-en) ❶ (⊗ quality) 質，品質；【言】音質，音色；《俚》(人の)優れた性質，資質，質. **qualitativ** 形 質の上での，質的な，品質の.

Qualitäts・arbeit 女 しっかりした仕事；優良品. **~steigerung** 女 品質向上〈改善〉. **~verbesserung** 女 品質改善〈向上〉. **~ware** 女 上等の品，優良品. **~wein** 男 (Tafelwein の上の)上級ワイン，上物のワイン (略 QbA). ◆ *~ mit Prädikat* 肩書き付き上級ワイン (略 QmP).

Qualle 女 (-/-n) 【動】クラゲ．

Qualm [クヴァルム] 男 (-[e]s/) もうもうとした煙；《南部》湯気，蒸気；もや. ◆ *Bei j³ ist ~ in der Küche <Bude>*，《話》()の家庭には不和がある. *Mach nicht so viel ~!* 《話》そう騒ぎ立てるな.

qualmen 自 もうもうと煙を出す；(ストーブなどが)煙る，くすぶる；《話》(ぶかぶかタバコを)吹かす. **qualmig** 形 もうもうと煙がうち立ち込めた，煙がたちこめる.

quälte ⇒ **quälen**

qualvoll 形 苦痛に〈苦悩に〉満ちた．

Quant 中 (-s/-en) 【理】量子．

Quäntchen 中 (-s/-) ごく少量．

Quanten ⇒ **Quant**, **Quantum**

Quanten・chemie 女 量子化学. **~elektronik** 女 量子エレクトロニクス. **~mechanik** 女 量子力学. **~physik** 女 量子物理学. **~theorie** 女 量子論．

quantifizieren 他 数量(定量)化する.

Quantität [クヴァンティテート] 女 (-/-en) (⊗ quantity) 量，数量. **quantitativ** 形 量的な，数量的な．

Quantum 中 (-s/..ten) 量，分量．

Quappe 女 (-/-n) オタマジャクシ；【魚】カワメンタイ(タラ科)．

Quarantäne 女 (-/-n) 検疫；(防疫のため)隔離. **~station** 女 検疫所／隔離施設．

Quark ❶ [クヴァルク] 男 (-[e]s/) 凝乳，カッテージチーズ；《話》くだらないばかげたこと. **❷** [クヴォーク] 中 (-s/-s) 《理》クォーク. ◆ *seine Nase in jeden ~ stecken* 何にでも首をつっこむ．

Quart ❶ 女 (-/-en) 【印】4切判，カルト(剣の交差姿勢の一つ)；《楽》4度〔音程〕. ❷ 中 (-s/-e) 《製本》4切紙四つ折り判．

Quarta 女 (-/..ten) クヴァルタ(ギムナジウムの第3学年；オーストリアでは第4学年)．

Quartal 中 (-s/-e) 四半期，3か月. **~[s]・abschluss** 男 **~[s]・abschluß** 男 四半期末. **~[s]・ende** 中 四半期末，季末. **~[s]・säufer** 男 《話》周期的に大酒を飲む癖のある人．

quartal[s]weise 副 《商》四半期ごとに，3か月ごとに，季ごとに．

Quartaner 男 (-s/-) (⊗ -**in** 女) Quarta の生徒．

Quarte 女 (-/-n) 【楽】4度〔音程〕．

Quarten ⇒ **Quart**, **Quarte**

Quartett 中 (-[e]s/-e) 【楽】4重奏〔唱〕の曲；4重奏〈唱〉〔団〕．

Quartier 中 (-s/-e) (一時的な)宿，宿泊所；【軍】宿営；《オーストリア》市区. ◆ *in ~*

liegen 宿営している. **~ machen** 《軍》宿営する. **~ nehmen** 《**bei** *j³*》(人の所に)宿を取る. **-macher** 男 《軍》設営係.

Quarz 男 《-es/-e》《鉱物》クォーツ, 石英. **-uhr** 女 クォーツ時計.

quasi, **Quasi-**.「準…, 擬似…」の意.

quasseln 自 《話》ぺちゃくちゃしゃべる.

Quassel-strippe 女 《戯》電話魔. 《蔑》おしゃべり(人).

Quaste 女 《-/-n》《北部》刷毛(け); 房[飾り]. **Quäste** 女 《-/-n》房[飾り].

quatsch 間 パシャッ, ペチャン.

Quatsch 男 《-[e]s/》《話》くだらないくばかげた〕こと, ばか話; 《北部》(街路のぬかるみ, 泥んこ. **-bude** 女 《蔑》議会.

quatschen 《話》 自 くだらないことをしゃべる; 《**mit** *j³*》(人と)おしゃべりする: ピチャピチャ音を立てる. **Quatschkopf** 男 《話》おしゃべりなやつ.

quatsch-nass (⊕ **naß**) 形 《話》ずぶぬれの.

Quecke 女 《-/-n》《植》カモジグサ属.

Quecksilber 男 《-s/》水銀(元素名: 《記号》Hg). ✦ *im Leib* 《*im Hintern*》 *haben* 《話》ひどく落ち着きがない, うごまかしている. **Quecksilber-säule** 女 水銀柱. **-vergiftung** 女 水銀中毒.

quecksilbrig 形 水銀の(ような)だ: じっとしていない.

Quell 男 《-[e]s/-e》《雅》泉: 源.

Quelle [クヴェレ] 女 《-/-n》 ❶ 《spring》泉; 水源, 源泉; 鉱泉. ❷ 出典, 典拠, 資料. ✦ *an der ~ sitzen* 情報・物品などを手に入れやすい立場にいる.

quellen(*) ❶ 他 (s)わき出る, 流れくあふれ)出る; 盛り上がる, 膨れ上がる: (水気などを吸ってふやける, 膨れる. ❷ 他 《規則変化》(豆・米などを)ふやかす.

Quellen-angabe 女 引用文献目録; 出典典拠. **-forschung** 女 史料〔出典〕研究. **-material** 女 資料, 文献. **-text** 女 原典.

Quell-fluss (⊕ **-fluß**) 男 源泉水流. **-gebiet** 男 水源地. **-wasser** 男 わき水.

Quengelei 女 《-/-en》《話》だだをこねること, 感情をこぼすこと; 不平, 不満.

quengeln 自 《話》だだをこねる; 不平の多い, 愚痴っぽい. **quengelig** 形 (子供が)だだをこねる, ぐずる: 不平を並べる, 愚痴をこぼす.

Quentchen (⊕ **Quäntchen**.

quer [クヴェーア] 副 《横 across》横に, [斜めに]横切って; 副 横向きの: ひねくれた. ✦ *~ gehen* 《話》《*j³*》(人にとって)うまくいかない: しくじる. **~ gestreift** 横じまのくある〕. **~ legen** 《話》《*sich*⁴》《意図・計画を邪魔立てする. **~ schießen** 《話》邪魔[妨害]をする. **~ und ~** あちこちに, 縦横に.

Quer-achse 女 横軸. **-balken** 男 横桁(な); 根太(ホ); 《球技》(ゴールの)クロスバー. **-denker** 男 ひねくれ者.

querdurch 副 横切って.

Quere 女 《-/》斜め, 横. ✦ *in die ~ kommen* 《geraten, laufen》《*j³*》(人に)ばったり出くわす; (人の)行く手を遮る.

queren 他 横切る, 横断する.

quer-feldein 副 (道を通らず)野原を横切って. **Querfeldein-lauf** 男 《競》クロスカントリー. **-rennen** 男 《競》(車での)クロスカントリー, モトクロス.

Quer-flöte 女 横笛. **-format** 中 《印刷》横長判.

quer-gehen*, **-gestreift** 形⇒ quer ✦

Quer-holz 男 横桁. **-kopf** 男 つむじ曲がり, あまのじゃく.

quer-köpfig 形 つむじ曲がりの, あまのじゃくの. **-legen** 他⇒ quer ✦

Quer-pfeife 女 ファイフ(鼓笛隊などの高音の横笛). **-ruder** 男 《空》補助翼.

querschießen 他⇒ quer ✦

Quer-schiff 男 (教会堂の)翼廊, 袖廊(Å), トランセプト. **-schläger** 男 跳ね返った弾丸は$(\lg)$ つむじ曲がりな人. **-schnitt** 男 横断面[図]; (全体の構成・特徴などを示す)断面, 概観.

querschnitt(s)-gelähmt 形 《医》横断麻痺(キ)の.

Quer-straße 女 (大通りと交差する)横の通り〔道〕. **-strich** 男 横線. **-summe** 女 《数》(2桁(ボ)以上の数の各桁の数の和. **-treiber** 男 《話》妨害者.

quer-über 副 斜め向こうに, はす向かいに: 斜めに横切って.

Querulant 男 《-en/-en》《古 **-in**》不平家. **querulatorisch** 形 苦情(不平)の多い; けんか好きな. **querulieren** 自 (やたらに)不平(苦情)を言い立てる.

Querverbindung 女 横の連絡(つながり).

Quetsche 女 《-/-n》 ❶ 《話》マッシャー; しぼり器. ❷ 狭い店, 小さな村. ✦ *in einer* 《*der*》*~ sein* 苦境にある.

quetschen ❶ 他 《…を…に》押しつけ挟み込む: 《*j³ et⁴*》(人の…に)打撲傷を負わせる: 《*j³ et⁴*》(人の…を)手で強く押す: (ジャガイモなどを)押しつぶす. (果物を)絞る. ❷ 再 《*sich⁴*》 人込みをかき分ける: 打撲傷を負う.

Quetsch-falte 女 《服》ボックスプリーツ. **-kartoffeln** 複 《料》マッシュポテト. **-kommode** 女 《戯》アコーデオン.

Quetschung 女 《-/-en》《医》挫傷(し,), 打撲傷.

Queue [ケー] 中 《-s/-s》キュー; 女 《-/-s》長館の列.

quick 形 《北部》元気な, 活発な. **-lebendig** 形 元気な, はつらつとした.

quiek 間 キーッ(子供などの鳴き声).

quieken 自 (豚・ネズミが)キーキー(チューチュー)鳴く: キャーキャー騒ぐ《笑》. ✦ *zum Quieken sein* とてもおかしい.

quietschen 自 (ドアなどが)キーキーときしむ; 《話》キャーキャー騒ぐ《笑》.

quietsch-fidel 形 きわめて陽気な. **-gesund** 形 きわめて健康な. **-lebendig** 形 《話》きわめて活発な, 元気一杯の. **-vergnügt** 形 《話》とても心楽しげな, すっかり満悦な.

Quilt 男 《-s/-s》《織》キルト.

quilten 他 (…に)キルティングする。
Quinta 女 (-/..ten) クヴィンタ(ギムナジウムの第2学年;オーストリアでは第5学年)。
Quintaner 男 (-s/-) ⇒ **-in** 女 Quinta の生徒。
Quinte 女 (-/-n) ①第5度;【音程】。②⇒ Quinta, Quinte
Quintessenz 女 本質, 核心。
Quintett 中 (-[e]s/-e) ①【楽】クインテット, 5重奏(唱)[曲];5重奏(唱)団。
Quirl 男 (-[e]s/-e) ①撹拌(炊)用泡立て器;【数】じっとしていない人(子供);【植】輪生【葉の輪生している部分】。
quirlen (卵・クリームなどを)撹拌(袋)器・泡立て器で泡を立ててかき混ぜる;泡を巻く;⑪渦を巻いて流れる。**quirlig** (話)じっとしていない, せかせかした;活気のある。【植】輪生(½)の。
Quisling 男 (-s/-e) (敵・占領軍などへの)協力者;裏切者。
Quito キート(南米エクアドルの首都)。
quitt 形 ◆ ~ **sein** (**mit** *j³*)(人には借りがない;(人とは)関係がない, (人と)絶交している。~ **werden** (**mit** *j³*) (人と)話がつく;(人との仲を)清算する。
Quitte 女 (-/-n) 【植】マルメロ[の実]。
quitte[n]gelb 形 淡黄色の。
quittieren 他 (…の)領収書を切る, 受領のサインをする[*et⁴* **mit** *et³*](…に…で)たえる。対応する;(職などを)辞める。
Quittung 女 (-/-en) 【商】 receipt]領収書, レシート;報い。
Quivive [キヴィーフ] 中 ◆ **auf dem ~ sein** (話)用心く警戒)している。
Quiz 中 (-/-)クイズ。 ~ **master** 男 (-s/-)クイズ(番組)の司会者。
Quotation 女 (-/-en) 【商】値付け。
Quote 女 (-/-n) 割り当て、持ち分、配当(分担)額;(全体に占める)割合, 比率。 **~n-aktie** 女 【商】 比例株。 **~n-regelung** 女 (議席などを一定の比率で女性に割り振る)「クォータ割り当て」制度。
~n-rückversicherung 女 【商】割合再保険, 比例による再保険。
Quotient 男 (-en/-en) 【数】商。
quotieren 他 【商】相場をつける, (値を)さす, 言う, つける;(価値を)見積もる, 評価する。 **Quotierung** 女 (-/-en)
quotisieren 他 【商】(ある額を)配当する。 **Quotisierung** 女 (-/-en)
quo vadis [クヴォー語]【主よ】あなたはどこへ行かれるのですか; どうなることでしょう (不安・疑惑の表現)。

R

r, R 中 (-/-) (字母)エル。**R** ❶ ⇒ Rabatt. ❷ 【略】Röntgen; Reaumur; (国籍符号)Rumänien。**r.** 略 rechts; rund. **R.** 略 Regiment; recipe.
Ra 【略】ラジウム(元素名 < *Radium*)。
Rabatt 男 (-[e]s/-e) 【商】値引き, 割引;割戻し, リベート。
Rabatte 女 (-/-n) 縁取り花壇; (そで・襟などの)折り返し;広がる。
rabattieren 他 (*j³ et⁴*) (人に…を)値引きする。**Rabattmarke** 女 割引サービス券, 謝恩券。
Rabatz 男 (-[e]s/) (話) 大騒ぎ;声を張り上げての抗議。
Rabauke 男 (-n/-n) (話)よた者, 不良, ちんぴら; 乱暴者。
Rabbi 男 (-[s]/-nen, -s) 【ジュ教】ラビ (聖職者の尊称)。 **Rabbiner** 男 (-s/-) (ユダヤ教の)律法学者, 聖職者。
Rabe [ラーベ] 男 (-n/-n) (⇒ **Räbchen**) (⇒ raven)カラス。 ◆ **ein weißer ~** 世にもまれなこと。**schwarz wie ein ~** (**die ~n**) 真っ黒な; ひどく汚れた。 **stehlen wie ein ~** (**die ~n**) 手癖が悪い。
Raben-eltern 複 (蔑)冷酷な両親。**-mutter** 女 (蔑)冷酷な母親。
rabenschwarz 形 真っ黒, 漆黒の。
rabiat 形 乱暴な, 怒り狂った; 断固たる。
Rabulist 男 (-en/-en) 【蔑】三百代言。**Rabulistik** 女 (-/) (三百代言的な)言いくるめ。

Rache [ラッヘ] 女 (-/) 復讐(ぶ̄ぅ), 報復, 仕返し。 ◆ **die ~ des kleinen Mannes** かなわぬ相手への弱者の仕返し。 **~ ist süß (Blutwurst)** (戯)意趣返しは楽し (普し) うもの)。 **~ nehmen (üben)** (**an** *j³* **für** *et⁴*) (人に…の)仕返しをする, (人に)仕返しをする, (人に)〜をやり返す。 **-akt** 男 報復行為, 仕返し, 仇討ち。 **-durst** 男 (雅)復讐心。 **-engel** 男 復讐の天使。
Rachen 男 (-s/-) のど;(哺乳類, (猛禽などの)大きく開けた口。 ◆ **aus dem ~ reißen** (*j³ et⁴*) (人から…を)強奪する。 **den ~ nicht voll (genug) kriegen können** ちっとも満足しない。 **den ~ stopfen** (*j³*) (人を)黙らせる。 **in den ~ werfen** (*j³ et⁴*) (人に…を)与えてためる。
rächen [レッヒェン] (rächte; gerächt) ❶ (…の)あだを討つ, 復讐(ぶ̄ぅ)する。 ❷ (*sich*) 仕返しをする; 報いを受ける。
Rachen-höhle 女 【医】咽頭腔(ﾛ̈ぅ)。 **-krebs** 男 【医】咽頭癌。 **-mandel** 女 【医】咽頭扁桃(½)。 **-putzer** 男 (話) (のどがひりひりする)強い酒。
Rächer 男 (-s/-) ⇒ **-in** 女 (雅)復讐者(ぶ̄ぅ)・仕返し人。 **rachgierig** 形 復讐心に燃えた。
Rachitis 女 (-/..tiden) 【医】 佝僂(ぶ)病。 **rachitisch** 形 【医】佝僂(ぶ)病の。
Rachsucht 女 (雅)復讐心。 **rachsüchtig** 形 = rachgierig.
rächte ⇒ rächen
Racker 男 (-s/-) (話)いたずらっ子。
rackern 再 (*sich*) (話)身を粉にして働く。
Racket 中 (-s/-s) テニスラケット。
rad 【略】ラド(放射能被ばく単位;< 英 *radiation absorbed dosis*)。
Rad [ラート] 中 (-[e]s/**Räder**) (⇒ **Rädchen**) (⇒ wheel)車輪, 輪状のもの; (歯)車; 自転車。 ◆ **Bei** *j³* **ist ein ~ locker (fehlt ein ~)** (話)…は頭がおかしい, 少し頭が足りない。**das fünfte ~ am Wagen** (話)じゃま者, 余計者。 **~ fahren** 自転車で走る, サイクリングする; 【話】上役にへつらう部下ぐらいにいる; 《体操》側転する。 **~ schlagen** (クジャクが)尾を広げる; 《体操》側転する。 **unter die Räder kommen** (**-raten**) 身を持ち崩す;【話】落ちぶれる。
Radar 男 (-s/-e) レーダー, 電波探知機。 **-falle** 女 (話) = Radarkontrolle.

=**gerät** レーダー装置. =**kontrolle** レーダーによるスピード違反取り締まり. =**meteorologie** 図 レーダー気象学. =**schirm** 男 レーダースクリーン. =**station** 図 レーダー基地.

Radau 男 《(-s/-)》《話》大騒ぎ, 騒動. ◆ ~ **machen** 《話》騒ぐ.

Rädchen (→ Rad) 中 《(-s/-, Räderchen)》小さい車輪(歯車); 子供用自転車, 三輪車; 《(-s/-)》《服・料》ルレット.

Rad-dampfer 男 外輪船.

radebrechen 他 《(外国語を)たどたどしく話す.

radeln 自 (s) 《話》自転車で走る.

rädeln 他 (布地に)ルレットで線をつける; (パン生地などに)ルレットできざぎざをつける. **Rädels-führer** 男 (騒動などの) 首謀者.

Räder ⇒ Rad

Räderchen ⇒ Rädchen

rädern 他 《史》車裂きの刑に処す. **Räderwerk** 中 歯車(車輪)装置;《比》複雑な制度(システム), からくり.

radfahren* 他 《Rad ◆ **Radfahrer** 男 自転車に乗る人;《話》上役にへつらい部下にいばる人.

Rad-fahrweg 男 自転車専用道. =**felge** 図 (車輪の)リム. =**gabel** 図 (自転車の)フォーク.

Radi 男 《(-s/-)》《南部・オストリア》《服》ダイコン (大根). ◆ **einen ~ kriegen** 《話》しかられる.

radial 放射状の;《数》半径の.

Radiator 男 《(-s/-en)》放熱器, ラジエーター.

radieren 他 (® erase) (**an** et³) 消しゴム で)こすり(消し)取る, 消す;《印》削り(こすり)取る, 消す; エッチングで描く.

Radier-gummi 男 消しゴム. =**nadel** 図 エッチング針.

Radierung 図 《(-/-en)》エッチング.

Radieschen 中 《(-s/-)》《植》ハツカダイコン, ラディッシュ; ◆ **die ~ von unten ansehen** 〈sehen〉《戯》《戯》とうの昔に墓の下に眠っている.

radikal [ラディカール] 《® radical》 徹底的な, 容赦のない; 過激な, 急進的な. **Radikaldemokrate** 男 急進民主主義者. **radikaldemokratisch** 急進民主主義的な. **Radikale[r]** 男 《形容詞変化》 過激(急進)派の人. **radikalisieren** 他 過激(急進的)にさせる; 《sich》過激化する, 急進的になる. **Radikalismus** 男 《-/..men》過激主義, 急進派. **Radikalkur** 図 徹底的(根治)療法.

Radio [ラーディオ] 中 《(-s/-s)》 (® radio) ラジオ; ラジオ放送.

radioaktiv 放射能のある, 放射性の: **ein ~ verseuchtes Gebiet** 放射能汚染地帯. **Radioaktivität** 図 《(-/)》放射能.

=**apparat** 男. =**gerät** 中 ラジオ受信機.

Radiologie 図 《(-/)》放射線[医]学. **Radionuklid** 中 《放》放射性核種. **Radio-recorder** 男 ラジカセ. =**sonde** 図 《気象》ラジオゾンデ. =**telefonie** 図 《(-/-n)》無線電話. =**telegrafie** 図 無線電信. =**teleskop** 中 電波望遠鏡.

Radiowecker 中 ラジオ兼用目覚まし時計.

Radium 中 《(-s/)》ラジウム (元素名: 記号 Ra).

Radius 男 《(-/..dien)》《数》半径; 行動半径, 活動範囲.

radizieren 他 《数》(…の)根を求める.

Rad-kappe 図 《自動車などの》ホイールキャップ. =**kranz** 男 (車輪の)リム. =**lager** 中 駐輪場.

Radler 男 《(-s/-)》 (® **-in**) 自転車に乗る人, サイクリスト;《南部》ラードラー(ビールとレモネードを混ぜた飲み物).

Radon 中 《(-s/)》ラドン (元素名: 記号 Rn).

Rad-profi 男 プロの競輪選手. =**rennbahn** 図 自転車競技場[のコース]. =**rennen** 中 自転車レース.

radschlagen* 自 ⇒ Rad ◆

Radtour 図 サイクリング.

RAF ® **Rote-Armee-Fraktion** 赤軍派.

raffen 他 (金銭などを)あくどく〈強引に〉かき集める; (スカートなどのすそを)からげる; (カーテンなどを)絞る; (物語などを)要約する.

Raffgier 図 《話》強欲. **raffgierig** 欲の深い, 強欲な, あくどい.

Raffinement [ラフィヌマーン] 中 《(-s/-s)》洗練, 精妙; 技巧なさ, 狡猾(こうかつ).

Raffinerie 図 《(-/-n)》(砂糖などの)精糖工場; 精錬所. **Raffinesse** 図 《(-/-n)》技巧を凝らすこと, 狡猾(こうかつ); 精妙; (最新の技術を集めた)精巧な設備.

raffinieren 他 精製(精錬)する. **raffiniert** 精製された; 洗練された; 精妙な;《蔑》抜け目がない, 狡猾(こうかつ)な.

Raffke 男 《(-s/-s)》《蔑》(教養のない)成り上がり者, にわか成金; 強欲な人.

Rage 図 《(-/)》《話》激怒; 興奮. ◆ **in der ~** 興奮して; 慌てて.

ragen 自 (® tower) そびえる, 突出する.

Ragione [ラジョーネ] 図 《(-/-n)》《スイス》《商》登記〈登録〉済みの商会.

Ragout [ラグー] 中 《(-s/-s)》《料》ラグー(シチューの一種). **Ragout fin, Ragoût fin** [ラグフェン] 中 《(- -/-s -s)》《料》ラグー・ファン (ラグーを貝がらなどに入れてオーブンで焼いたもの).

Rahe 図 《(-/-n)》《海》(横帆用の)ヤード.

Rahel [女名] ラーヘル.

Rahm 男 《(-[e]s/)》《南部・オストリア》《スイス》クリーム, 乳脂. ◆ **den ~ abschöpfen** ちゃっかり一番よいところを手に入れる.

Rahmen [ラーメン] 男 《(-s/-)》(® **Rähmchen**, ® frame) 枠; 額縁; 枠組み; 範囲; 《比》~ **des Möglichen** 可能な範囲で. ◆ **aus dem ~ fallen / nicht in den ~ passen** 型破りである. **in den ~ sprengen** 枠(限界)を打ち破る. **im ~ bleiben** (通常の)枠内にとどまる.

Rahmen-erzählung 図 《文芸》枠物語. =**gesetz** 中 《法》(大綱だけを定めた)外郭法律. =**thema** 中 枠組みとなるテーマ.

rahmig 《南部》クリームの多い; クリ

ーム状の.
Rahm⸗käse [男] 《南部》 クリームチーズ.
Rah⸗segel [中] 〔海〕 横帆.
Rain [男] 《-[e]s/-e》 あぜ〔道〕, 畔(くろ); 《南部・スイ》 斜面, 坂.
Raison [レゾーン] = Räson.
räkeln = rekeln.
Rakete [ラケーテ] [女] 《-/-n》 (英 rocket)ロケット; 〔軍〕 ミサイル; 打ち上げ花火. ✦ *wie eine* ~ 電光石火に, ぱっと.
Raketenabschuss ([旧] ..abschuß) [男] ロケット〈ミサイル〉発射. ⸗**basis** [女] ロケット〈ミサイル〉発射基地. ⸗**rampe** [女] ロケット〈ミサイル〉発射台.
Raketenabwehr [女] 〔軍〕 対ミサイル防衛, ミサイル迎撃. ⸗**system** [中] 〔軍〕 対ミサイル防衛システム.
Raketen⸗angriff [男] 〔軍〕 ミサイル攻撃. ⸗**antrieb** [男] ロケット推進.
raketenbestückt [形] (軍艦などが)ミサイル装備した.
Raketen⸗leitsystem [中] 〔軍〕 ミサイル誘導システム. ⸗**waffe** [女] ミサイル兵器. ⸗**werfer** [男] ロケット砲.
Rakett [中] 《-[e]s/-e, -s》= Racket.
Ralle [女] 《-/-n》 〔鳥〕 クイナ(水鶏).
Rallye [女] 《-/-s》 (スイ[中] 《-s/-s》)ラリー, 自動車耐久レース.
RAM [ラム] [中] 《-[s]/-[s]》 〔電子工〕 ラム, ランダムアクセスメモリー.
Ramm⸗bär [男] (くい打ち機の)落とし槌(つち). ⸗**bock** [男] = Rammbär; 〔史〕 城壁破砕機.
rammdösig [形] 頭のくらくらした, もうろうとした; 愚かな.
Ramme [女] 《-/-n》 くい打ち機; (地固め用の)胴突(どうづき).
rammeln ❶ [他] 《話》 《*et*⁴ **in** *et*⁴》 (…を…に)打ち〈押し〉込む. ❷ [再] 《*sich*⁴》 (子供などが)取っ組み合い〈押し合いへし合い〉をする; 《*sich*⁴ **an** *et*³》 (…に)ぶつかる. ❸ [自] 《**an** *et*³》 (…を)揺さぶる; 〔狩〕 交尾する. **rammen** [他] (くいなどを)打ち込む; (車などに)激突する.
Rampe [女] 《-/-n》 傾斜路; 車寄せのスロープ; (高速道路の)ランプ; (貨物の)積み降ろし場; (ロケットの)発射台; 〔劇〕 舞台の前縁, エプロンステージ. ✦ *über die* ~ *gehen* 〈*kommen*〉 《話》 人気を博す. ~**n**⸗**licht** [中] (舞台の)フットライト. ✦ *das* ~ *scheuen* 人前で目立ちたがらない. *im* ~ [*der Öffentlichkeit*] *stehen* 注目を集めている, 脚光を浴びている.
ramponieren [他] ひどく損傷する, 傷だらけにする. **ramponiert** [形] 傷だらけの; 落ちぶれた, みすぼらしい.
Ramsch [男] 《-[e]s/-e》 見切り品, がらくた; 〔トランプ〕 ラムシュ(スカートで親のなり手がないとき最多得点者が負けとなる).
ramschen [他] 《話》 (見切り品などを)買いあさる. **Ramschladen** [男] 見切り品〈安物〉店; 量販店.
ran [副] 《話》= heran.
Rand [ラント] [男] 《-[e]s/**Ränder**》 (英 edge)縁, へり, 端, 外れ; 限界; 欄外, 余白. ✦ *am* ~*e* 《話》 ついでに. *am* ~*e des Grabes stehen* 死に瀕している. *am* ~*e liegen* あまり重要でない. *am* ~*e verstehen* 《*sich*⁴》 当然である; 明白である. *außer* ~ *und Band sein* 〈*geraten*〉 《話》 羽目を外している〈外す〉. *Halt den* ~*!* 《話》 黙れ. *zu* ~*e kommen* 《**mit** *j-et*³》 (人と)うまく折り合う; (…を)うまい具合に処理する.
randalieren [自] ばか騒ぎする; 暴れ回る.
Randalierer [男] 《-s/-》 暴れ者, 熱狂的なサッカーファン.
Randbemerkung [女] 欄外の注〈書き込み〉, 傍注; (談話の)つけたしの言葉.
Rande ⇨ Rand (単数3格の別形)
rändeln [他] (硬貨などの)周囲にギザギザをつける.
Ränder ⇨ Rand
rändern [他] (…に)縁をつける.
Rand⸗erscheinung [女] 付随〈随伴〉現象. ⸗**frage** [女] 周辺の〈瑣末(さまつ)な〉問題. ⸗**gebiet** [中] 周辺地域〈領域〉; (国土の)辺境. ⸗**gruppe** [女] (社会的に疎外された)周辺集団.
randlos [形] 縁なしの.
Rand⸗steller [男] 《-s/-》 (タイプライターの)マージンストップ. ⸗**streifen** [男] (高速道路などの)路肩(ろかた), 待避路線.
Ranft [男] 《-[e]s/Ränfte》 (小 **Ränftchen** -s/-) パンの耳〈皮〉; パンの切れ端.
rang ⇨ ringen
Rang [ラング] [男] 《-[e]s/**Ränge**》 (英 rank)地位, 身分, 階級, 序列; (英 class)等級; (くじの)賞金順位; 〔スポ〕 ランキング, 順位; (劇場の)階上席. ✦ *alles, was* ~ *und Namen hat* 名士の面々すべて. *den* ~ *ab|laufen* 《*j*³》 (人を)しのぐ, (人に)勝る. *den* ~ *streitig machen* 《*j*³》 (人と)優劣を競う. *ersten* ~*es* きわめて重要な, 第一級の. *von* ~ 重要な, 第一級の.
⸗**abzeichen** [中] 階級章. ⸗**älteste[r]** [男] [女] 《形容詞変化》 (その他位で)最古参者, 最長老.
Range [女] 《-/-n》 (オーストリア[男] 《-n/-n》)いたずらっ子, わんぱく; おてんば.
ränge ⇨ ringen
Ränge ⇨ Rang
Rangelei [女] 《-/-en》 取っ組み合い.
rangeln ❶ [自] 《話》 取っ組み合いをする, (子供が)じゃれ合う. ❷ [再] 《*sich*⁴》 のびをする; 取っ組み合いをする.
Rangier⸗bahnhof [ランジーア..] [男] 〔鉄道〕 操車場.
rangieren [ランジーレン] [他] 〔鉄道〕 (車両を)入れ替える; [自] (…の)位置〈順位〉にいる; 《**unter** *et*³》 (…に)分類される.
Rangier⸗gleis [中] 〔鉄道〕 仕分け線.
Rang⸗liste [女] 階級別名簿; 〔スポ〕 ランキングリスト, 順位表, 番付. ⸗**ordnung** [女] 順位, 序列. ⸗**stufe** [女] (個々の)順位.
ran|halten* [再] 《*sich*⁴》 《話》 急ぐ; せっせと仕事する.
rank [形] 《雅》 すらりとした, しなやかな. ✦ ~ *und schlank* すらりとした.
Rank [男] 《-[e]s/Ränke》 悪だくみ, 策略, 陰謀; 《スイ》 曲がりくねった道; こつ.
Ranke [女] 《-/-n》 〔植〕 蔓(つる), 巻鬚(まきひげ).
ranken [再] 《*sich*⁴ **um** *j-et*⁴》 (…に)蔓(つる)で巻きつく. **Rankengewächs** [中] 攀縁(はんえん)植物.
Ränke⸗schmied [男] 陰謀家, 策士.
ränke⸗süchtig [形] 策略〈陰謀〉好きの. ⸗**voll** [形] 策略〈陰謀〉だらけの.

ran|kommen* [自] (s) 《話》近づいて来る. |**lassen*** [他] 《話》近づける. |**machen** [再] 《話》《*sich*^{4} **an** *j-et*^{3}》(…に)とりかかる; (人に)取り入る.
rann, ränne ⇨ rinnen
ran|nehmen* 《話》= herannehmen.
rannte ⇨ rennen
Ränzel [中] ([男]) 《-s/-》ナップザック. ✦ *sein ~ schnüren* 旅じたくをする; 荷物をまとめて出て行く.
Ranzen [男] 《-s/-》([小] **Ränzchen**) ランドセル, リュックサック; 《話》太鼓腹; 背中. ✦ *den ~ voll hauen* 《*j*^{3}》(人を)さんざん殴る. *den ~ voll kriegen* 《話》さんざん殴られる. *den ~ voll schlagen* 《話》《*sich*^{3}》満腹する. *einen hübschen ~ zu|legen* 《*sich*^{3}》みごとな太鼓腹になる.
ranzig [形] (油やバターなどが)腐った, 鼻をつくにおいのする.
Rap [男] 《-[s]/-s》ラップ[ミュージック].
Raphael ラファエル((1)男名. (2)大天使の一人).
rapide, rapid [形] 迅速な, 急激な.
Rapier [中] 《-s/-e》細身の剣; 〔ﾌｪﾝｼﾝｸﾞ〕ラピエール.
Rappe [男] 《-n/-n》黒馬.
Rappel [男] 《-s/-》《話》一時的な妄想.
rappelig [形] 《話》いら立った, 落ち着きのない.
rappeln 《話》[自] ガタガタ〈カタカタ〉音を立てる; (乗物が)ガタガタ走る(*Es rappelt* am Fenster. 窓がカタカタ鳴っている); 《*sich*^{4}》体を動かす, (苦労して)体を起こす. ✦ *Bei j*^{3} *rappelt es* 〔*im Kopf*〕. 《話》(人は)頭がおかしい.
Rappen [ラッペン] [男] 《-s/-》ラッペン(スイスの補助通貨, 100分の1 Franken: [略] Rp.).
Rapper [男] 《-s/-》ラップ[ミュージック]歌手.
Rapport [男] 《-[e]s/-e》(業務などの)報告[書]; [相互]関係; 〔織〕反復模様.
rapportieren [他] 〔商〕(金額などの記載を)他の帳簿に移す.
Raps [男] 《-es/ 種類 -e》アブラナ; 菜種.
Raptus [男] 《-/-》〔医〕ラプツス, 発作; 《-/-se》《話》= Rappel.
Rapunzel [女] 《-/-n》([小] **Rapünzchen**) 〔植〕ノヂシャ, サラダナ.
rar [形] 珍しい; (数が少なくて)貴重な, まれな. ✦ *~ machen* 《話》《*sich*^{4}》めったに顔を見せない; たまにしか来ない.
Rarität [女] 《-/-en》希有な存在, 希少価値; 骨董品, 貴重品; 珍品.
rasant [形] 《話》ものすごく速い; 《話》魅力的な; (弾道が)水平に近い. **Rasanz** [女] 《-/》《話》猛スピード; 《話》魅力.
rasch [ラッシュ] [形] ([英] quick) 速い, 素早い.
rascheln [自] カサカサ〈ガサガサ〉音を立てる; 《**mit** *et*^{3}》(…を)ガサガサいわせる; 《*Es raschelt.*》ガサガサ音がする.
raschest ⇨ rasch
rasch=lebig [形] 短命の.
rasen [ラーゼン] 《raste; gerast》[自] (s) ([英] rush) 《話》(猛スピードで)走る, 疾走〈暴走〉する; (h, s) 暴れ回る, 荒れ狂う.
Rasen [ラーゼン] [男] 《-s/-》([英] lawn) 芝; 芝生; 〔ｽﾎﾟｰﾂ〕競技場, フィールド. ✦ *J*^{1} *ruht unterm ~./J*^{4} *deckt der kühle* 〈*grüne*〉 *~.* (人は)すでに故人である.
rasend [形] たけり狂った, 荒々しい; ものすごく速い; 激しい.
Rasen=mäher [男] 芝刈り機. =**platz** [男] 芝地, 草地; 〔ﾃﾆｽ〕グラスコート. =**sprenganlage** [女], =**sprenger** [男] 芝生用散水器〈スプリンクラー〉.
Raser [男] 《-s/-》《話》暴走族.
Raserei [女] 《-/-en》逆上, 半狂乱; (車などの)暴走, 疾走.
Rasier=apparat [男] 安全〈電気〉かみそり. =**creme** [女] シェービングクリーム.
rasieren [ラズィーレン] 《rasierte; rasiert》[他] ([英] shave) (人の)ひげをそる; (…の)毛をそる; (毛を)そる; 毛をそって(…に)する; 《話》(人を)だます; 《*sich*^{4}》(自分で)ひげそりをする.
Rasierer [男] 《-s/-》《話》電気かみそり.
Rasier=klinge [女] 安全かみそりの刃. =**messer** [中] (折り畳み式の)かみそり.
rasiert, rasierte ⇨ rasieren
Rasier=wasser [中] シェービングローション. =**zeug** [中] ひげそり道具〈用品〉.
Räson [レゾーン] [女] 《-/》理性, 分別. ✦ *zur ~ bringen* 《*j*^{4}》(人に)道理をわきまえさせる. *zur ~ kommen* 道理をわきまえる. **räsonieren** [自] 《**über** *et*^{4}》(…について)不平〈文句〉を並べる.
Raspel ❶ [女] 《-/-n》(目のあらい)やすり; 〔料〕おろし金(がね). ❷ [男] 《-s/-》(やすりの)削りくず; 〔料〕(ケーキやパンにふりかけるチョコレートなどの)フレーク. **raspeln** [他] (…に)やすりをかける; おろし金でおろす.
Rasse [ラッセ] [女] 《-/-n》([英] race) 人種, 種族; 〔動〕品種, 血統. ✦ *~ haben* / 〔*von*〕 *~ sein* 《話》血統がよい; (ワインなどが)香りが良い; (女性が)才色兼備である. =**hund** [男] 純血種の犬.
Rassel [女] 《-/-n》(おもちゃの)がらがら. =**bande** [女] 《話》騒々しい子供の一団.
rasseln [自] ガチャガチャ音を立てる; (s) ガチャガチャ音を立てて進む. ✦ *durchs Examen ~* 《話》試験に落第する.
Rassen=diskriminierung [女] 人種差別. =**frage** [女] 人種〈民族〉問題. =**krawall** [男] 人種[間の]暴動〈騒乱〉. =**politik** [女] 人種〈民族〉政策. =**trennung** [女] 人種隔離. =**vermischung** [女] 混血, 品種混交.
Rasse=pferd [中] 純血種の馬.
rasse=rein [形] 純血種の.
rassig [形] 血統のよい, 純血種の; 熱情的な, 生き生きとした; (ワインが)香りがよい.
rassisch [形] 人種的な, 人種上の.
Rassismus [男] 《-/》人種差別[主義].
Rassist [男] 《-en/-en》([女] **-in**) 人種差別主義者.
Rast [ラスト] [女] 《-/-en》([英] rest) 休息, 一休み, 休憩. ✦ *ohne ~ und Ruh*/*weder ~ noch Ruh* うまずたゆまず.
raste ⇨ rasen
rasten [自] 休息する; 〔ｽﾎﾟｰﾂ〕不戦勝をする. ✦ *Wer rastet, der rostet./Rast' ich, so rost' ich.* 《ことわざ》遊ぶ体に錆(さび)がつく.
Raster [男] 《-s/-》〔印〕網目スクリーン; [男][中] 《-s/-》〔ﾃﾚﾋﾞ〕ラスター, 走査パターン. =**ätzung** [女] 〔印〕網[目]版.

=**fahndung** [女] (コンピュータに入力された個人データの活用による)網目スクリーン犯罪捜査.

Rast=haus [中] 休憩所; (高速道路の)レストハウス, ドライブイン. =**hof** [男] (高速道路の)宿泊施設つきレストハウス.

rastlos [形] 休みない, 不断の; 落ち着きのない. **Rastlosigkeit** [女] ((-/)) 休みないこと; 落ち着きのなさ.

Rast=platz [男] 休憩地; (高速道路の)パーキングエリア. =**stätte** [女] (高速道路の)休憩所, サービスエリア.

Rasur [女] ((-/-en)) ひげそり〔あと〕; 削除, 抹消〔箇所〕.

Rat [ラート] [男] ((-〔e〕s/**Räte**)) ([英] advice)助言, 提言, アドバイス(j^3 einen ~ geben 人に助言する); 相談, 協議; 手段, 方策; 委員会, 参事会; ([女] **Rätin**)評議員. ✦ ***Da ist guter ~ teuer.*** これは困った(助言を求められて). ***Kommt Zeit, kommt ~.*** ((ことわざ)) 待てば海路の日和(ひより)あり. ***mit ~ und Tat beistehen*** ((j^3)) (人を)全面的に支援する. ***~ halten*** ((雅)) 討議〈相談〉する; ((**mit** j^3)) (人と)相談する; ((**mit** *sich*^{3})) とくと考えてみる. ***~ ⟨keinen ~⟩ wissen*** ((*sich*^{3})) 良策〈妙案〉がある〈ない〉. ***zu ~e gehen*** ((雅)) ((**mit** j^3)) (人と)協議〈相談〉する; ((**mit** *sich*^{3})) とくと考えてみる. ***zu ~e ziehen*** ((*j-et*^{4})) (人に)助言を求める, (情報を得ようと本などを)参照する.

rät ⇨ raten

Rate [女] ((-/-n)) 分割払い金〈額〉; 割合, 歩合, 率. ✦ ***auf ⟨in⟩ ~*** 分割払いで.

Räte ⇨ Rat

raten* [ラーテン] ((**riet**; **geraten**)) [動] ❶ ([英] advise) ((j^3)) (人に)助言を与える, (人に)忠告する; ((j^3 *et*^{4} ⟨**zu** *et*^{3}⟩)) (人に…を〈…をするよう〉)助言〈勧告〉する. ❷ ([英] guess)言い当てる, 推測する: Dreimal darfst du ~! ((話)) (3回言えば当たるような)分かりきったことさ. ✦ ***Das möchte ich dir auch ~!*** ((話)) そうした方が身のためだぞ. ***J^3 ist nicht zu ~.*** (人は)救いようがない. ***Lass dir das geraten sein!*** ((話)) ちゃんと言うことを聞けよ. ***nicht zu ~ 〔noch zu helfen〕 wissen*** ((*sich*^{3})) 困りきっている.

Raten=betrag [男] 分割支払い金. =**geschäft** [中] 月賦販売. =**kauf** [男] 分割払い購入.

ratenweise [副] 分割払いで, 月賦で.

Ratenzahlung [女] 賦払い〔金〕.

Räte=regierung [女] 評議会政府.

Rate=spiel [中] 当てっこ遊び, なぞなぞ.

Ratgeber [男] ([女] **-in**)助言者, カウンセラー, 顧問, 相談役; 案内書, 手引き.

Rathaus [ラートハオス] [中] ((-es/..**häuser**)) ([英] city hall)市役所, 市庁舎.

Ratifikation [女] ((-/-en)) (条約の)批准. **~s=urkunde** [女] 批准書.

ratifizieren [他] (条約などを)批准する. **Ratifizierung** [女] ((-/-en)) = Ratifikation.

Rätikon (der ⟨das⟩ ~)レーティコン(オーストリアとスイスの国境にある, 東アルプスの一部をなす山塊).

Rätin [女] ((-/-nen)) (女性)評議員.

Ratio [女] ((-/)) 〔哲〕理性.

Ration [女] ((-/-en)) 割当〈配給〉量; 一日分の食料.

rational [ラツィオナール] [形] ([英] rational)合理的な. **rationalisieren** [他] 合理化する; (行為などを)正当化する.

Rationalisierung [女] ((-/-en)) 合理化; 〔経〕合理化, リストラ; 〔心〕正当化. **~s=kartell** [中] 〔経〕合理化カルテル. **~s=maßnahme** [女] 合理化対策〈措置〉.

Rationalismus [男] ((-/)) 〔哲〕合理論〈主義〉, 理性論〈主義〉. **Rationalist** [男] ((-en/-en)) ([女] **-in**)合理主義者, 理性論者. **rationell** [形] 能率的〈経済的〉な; 合理的な, 目的にかなった.

rationieren [他] 配給〔制に〕する, 配分する. **Rationierung** [女] ((-/-en)) (生活必需品の)分配, 配分, 〔統制〕配給.

ratlos [形] 途方に暮れた. **Ratlosigkeit** [女] ((-/)) 困惑, 途方に暮れること.

ratsam [形] 得策の, 賢明な.

Rats=beschluss ([旧]= **beschluß**) [男] 評議会〈参事会〉決議, 市会決議.

ratsch [間] バリッ(紙などを裂く音).

Ratschlag [ラートシュラーク] [男] ((-〔e〕s/..**schläge**)) ([英] advice)忠告, 助言.

ratschlagen [自] ((**mit** j^3 **über** *et*^{4})) (人と…について)協議する.

Rat=schluss ([旧]= **schluß**) [男] 決定, 決断.

Rätsel [レーツェル] [中] ((-s/-)) 謎々, パズル, クイズ; 謎, 不可解なもの, 神秘. ✦ ***〔ein〕 ~ aufgeben*** ((j^3)) (人に)謎をかける; (人に)難問を浴びせる. ***ein ~ sein ⟨bleiben⟩*** ((j^3)) (人にとって)不可解である, 謎である. ***in ~n sprechen ⟨reden⟩*** 謎めいたことを言う. ***vor einem ~ stehen*** 難問に直面している. =**ecke** [女] (新聞などの)クイズコーナー. =**frage** [女] 謎解きの問題.

rätselhaft [形] ([英] mysterious)謎めいた, 不可解な; 神秘的な.

rätseln [自] 頭をひねる, 考え悩む; 憶測する. **Rätselraten** [中] ((-s/)) 謎解き, 謎謎〔遊び〕; 憶測, あて推量.

Rats=herr [男] (中世都市の)市参事会員. =**keller** [男] 市庁舎の地下レストラン. =**saal** [男] 大会議室; 市会会議室. =**sitzung** [女] (参事会・市会などの)会議.

rätst ⇨ raten

Ratte [ラッテ] [女] ((-/-n)) ([英] rat)(大型の)ネズミ, ラット; いやな女〈男〉. ✦ ***Die ~n verlassen das sinkende Schiff.*** ((ことわざ)) 偽りの友は災難から〈いざとなると〉逃げ出すものだ(ネズミは沈む船を見捨てる). ***wie eine ~ schlafen*** ぐっすり眠る. **~n=falle** [女] ねずみ捕り器〈わな〉. **~n=fänger** [男] ネズミ捕り; 大衆扇動者. **~n=gift** [中] ねこいらず, 殺鼠(さっそ)剤. **~n=schwanz** [男] ネズミの尾; ((戯)) お下げ髪; ((話)) (解けがたい)もつれ, 一連の不快事〈難問〉.

rattern [自] ガラガラ〈ガタガタ〉音を立てる; (s)ガラガラ〈ガタガタ〉走ってゆく.

ratzekahl [副] ((話)) すっかり, まったく.

rau [ラオ] [形] ([英] rough)(表面が)ざらざらした, 粗い; 荒れた, 険しい; (声が)しわがれた; 粗暴な. ✦ ***in ~en Mengen*** ((話)) たく

Rauminhalt

さん: 大量に.
Rau Johannes, ラウ(1931- ; ドイツの政治家; 大統領1999-).
Raub 陽((-es)/) ❶ 強奪, 略奪; 誘拐. 獲物, 個食, 犠牲. ◆ **ein ～ der Flammen werden** 〘雅〙焼失する.
Raub‑.「略奪の…; 違法な…」の意.
Raub‑bau 男乱作乱, 乱作, 乱獲; 酷使: **mit** *seiner* **Gesundheit ～ treiben** 健康のことを考えずに身体を酷使する. **=druck** 男 (著作権を無視した)不法出版; 海賊版.
Raubein 男 ([-[e]s/-e]) 〘話〙無骨者; 〘ス〙ラフプレーヤー. **raubeinig** 肥 〘話〙無骨な; ブレーのラフな.
rauben [ラオベン] ((raubte; geraubt)) 他 (8 rob) (j³ et⁴) (人から…)を奪う; (人の…)を失わせる; 自 強盗を働く.
Räuber [ロイバー] 男 ([-s/-]) (8 robber) 盗賊, 強盗; 強奪者; 〘生物〙捕食者(ライオン・オオカミなど). ◆ *unter die* **～ gefallen sein** 食い物にされる. **=bande** 囡 盗賊の一味. 強盗団. **=geschichte** 囡 盗賊物語; 〘話〙荒唐無稽 (ぐけい) の作り話. **=höhle** 囡 盗賊の巣窟 (そうくつ).
räuberisch 肥 強盗の, 盗賊の; 強欲な; 〘動〙捕食性の. **Räuber=zivil** 男 〘戯〙くずれた(だらしない)服装.
Raubfisch 男 肉食魚.
Raub‑gier 囡 略奪欲. **raubgierig** 肥 食欲(&%)な. **=katze** 囡 ネコ科の肉食獣 (トラ・ライオンなど). **=kopie** 囡 無断(海賊)コピー. **=kopierer** 男 無断でコピーをする人. **=lust** 囡 ＝Raubgier. **=mord** 男 強盗殺人. **=mörder** 男 強盗殺人犯. **=ritter** 男 (中世の)盗賊騎士.
raubte ⇨ rauben
Raub‑tier 甲 肉食獣, 猛獣. **=überfall** 男 強盗のための襲撃. **=vogel** 男 肉食鳥, 猛禽(きん). **=zeug** 甲 狩猟の対象になるいう害鳥獣(カラス・のら犬など).
Rauch [ラオホ] 男 ([-[e]s/]) (8 smoke) 煙. ◆ *in* **～ aufgehen**/ *sich³ in ～ auflösen* 消え失せる. あと形もなくなる. *in* **～ und** (*Flammen*) **aufgehen** 焼失する. *Kein ～ ohne Flamme.* 〘諺〙火のない所に煙は立たぬ. **=abzug** 男 煙出し, 煙突. **=bekämpfung** 囡 喫煙運動. **=belästigung** 囡 (タバコのけむりによる)迷惑, 煙害. **=detektor** 男 煙探知器.
rauchen [ラオヘン] ((rauchte; gerauch)) 他 (8 smoke) 煙を出す; 〘話〙 *Es raucht.* 煙る, いる; タバコを吸う, (タバコなどが)煙る. ◆ *dass es nur so raucht* 〘話〙非常に激しく, がむしゃらに.
Raucher [ラオハー] 男 ([-s/-]) ❶ (**-in**) (8 smoker) 喫煙者. ❷ 〘無定冠〙 (列車などの)喫煙車(席, 室).
Räucher=aal 男 燻製ウナギ.
Raucher=abteil 甲 (列車の)喫煙者用コンパートメント. **=ecke** 囡 喫煙コーナー.
Räucher=fisch 男 燻製の魚.
rauchern [ラオヘルン] ((Es raucherst j⁴./ J³ raucherst.)) 人がタバコを吸いたがる.
räuchern 他 (魚・肉などを)燻製にする;

❶ **mit et³)** (香を)たく.
Räucher=speck 男 燻製ベーコン. **=waren** 複 燻製品.
Rauch‑fahne 囡 たなびく煙. **=fang** 男 煙道, レンジフード; (オリ)煙突. ◆ *in den ～ schreiben* 〘話〙 諦める.
rauchfarben 肥 煙色の, 灰色の.
Rauch‑fleisch 甲 燻製肉. **=gas** 甲 煙ガス, 煙突の排気. **=glas** 甲 曇りガラス. **=glocke** 囡 (都会・工業地帯などの)スモッグ(もや)の層.
rauchig 肥 煙がいっぱいの, くすぶった; 煙ですすけた; 曇った, 煙色の; しわがれ声の.
rauchlos 肥 無煙(性)の.
Rauch‑säule 囡 煙の柱. **=schwaden** 複 もうもうとした(大量の)煙.
rauchte ⇨ rauchen
Rauch‑verbot 甲 喫煙禁止, 禁煙. **=vergiftung** 囡 煙中毒. **=verzehrer** 男 吸煙(消煙)装置. **=ware** 囡 タバコ類; 毛皮類; 複 毛織品. **=wolke** 囡 煙雲.
räudig 肥 疥癬(かいせん)にかかった.
rauf 〘話〙＝ herauf, hinauf.
Raufaser=tapete 囡 表面がざらざらの壁紙.
Rauf‑bold 男 けんか早いやつ, 乱暴者. **Raufe** 囡 ([-/-n]) (家畜用)かいば格子.
raufen (草などを)むしり取る, 引き抜く; *sich⁴* **mit j³** 〘話〙 (人と)取っ組み合いをする; 争う: 取っ組み合いをする. ◆ *die Haare ～* (*sich³*) (絶望のあまり)髪をかきむしる. **Rauferei** 囡 ([-/-en]) 取っ組み合い. **Raufhandel** 男 取っ組み合い. **rauflustig** 肥 けんか好きの.
rauh 肥 ＝ rau.
Rauh‑bein 甲 ＝ Raubein. **rauhbeinig** 肥 ＝ raubeinig.
Rauheit 囡 ([-/]) 粗い(荒い)こと, でこぼこがあること; (声が)しわがれていること; 調子はずれ; 粗野(不作法)なふるまい.
rauhest 肥 ＝ rauest.
Rauh‑fasertapete 囡 ＝ Raufasertapete. **rauhhaarig** 肥 ＝ rauhaarig.
Rauhreif 男 ＝ Raureif.
Raum [ラオム] 男 ([-[e]s/**Räume**]) ((囲 **Räumchen**) (8 room) 部屋; 空間; (8 space) 場所; 余地, 余裕; 地域; 宇宙. ◆ *im ～* **stehen** 解決を求められている. *im ～* **stehen lassen** (…をそのままにしておく. **～ geben** (〘雅〙 (…に) 活動のための余地を与える. **～ sparend** スペース(場所)をとらない. **=anzug** 男 宇宙服. **=aufteilung** 囡 (部屋の)間仕切り(; 絵やページなどの)レイアウト. **=bild** 甲 立体画像. **=dichte** 囡 体積密度.
Räume ⇨ Raum
räumen [ロイメン] 他 ((räumte; geräumt)) (建物・場所などを)立ち退く, 明け渡す; 片づける, (…の)中身を処分する; 取りのける, どかす.
Raum=ersparnis 囡 空間(場所)の節約. **=fähre** 囡 スペースシャトル. **=fahrer** 男 宇宙飛行士. **=fahrt** 囡 宇宙飛行. **=fahrzeug** 甲 宇宙船.
Räumfahrzeug 甲 除雪車.
Raum‑flug 男 宇宙飛行. **=helm** 男 (宇宙服の)宇宙帽. **=inhalt** 男 〘数〙体

積, 容積; 容量. =**labor** [中] 宇宙実験室, スペースラボ. =**lehre** [女] 幾何学.
räumlich [形] 空間の, 場所的な; 立体的な, 三次元の, ステレオの. **Räumlichkeit** [女] ⦅-/-en⦆ 空間性, 広がり; ステレオ効果; 部屋, 居室.
Raum=**mangel** [男] スペース不足. =**maß** [中] 容積単位. =**meter** [男] [中] 〔林〕 ラウムメートル(積み重ねた木材の体積単位: 1立方メートル; [略] rm). =**ordnung** [女] 国土整備. =**pflegerin** [女] (通いの)掃除のおばさん. =**pilot** [男] = Raumfahrer. =**planung** [女] 地域開発計画, 国土計画.

[関連語] Raumordnung [女] 国土整備; Außenentwicklung [女] 郊外型新開発; Binnenentwicklung [女] 既成市街地新開発; überörtliche Planung [女] 広域計画; Bebauungsplan [男] 地区詳細計画 (B- プラン); Flächennutzungsplan [男] 土地利用準備計画(F- プラン); Landschaftsplan [男] 自然景域景観計画 (L- プラン); qualifizierter Bebauungsplan [男] 完全地区詳細計画; Außenbereich [男] 建設抑制地区; Erschließung [女] 地区施設整備; Umlegung [女] 土地区画整理; Sanierung [女] 再開発; Grenzlegung [女] 土地整理, 境界整理

=**schiff** [中] 宇宙船. =**schifffahrt** ([旧] =schiffahrt) [女] 宇宙[船による]飛行. =**sonde** [女] 宇宙探査機.
raumsparend [形] ⇨ Raum ✦
Raumstation [女] 宇宙ステーション.
räumte ⇨ räumen
Raum=**teiler** [男] 間仕切り家具.
Räumung [女] ⦅-/⦆ 除去, 清掃; 〔商〕 在庫一掃, 棚ざらえ; 掃海; 明け渡し, 立ち退き; 〔軍〕 撤退. **~s**=**klage** [女] 〔法〕 明け渡し〈立ち退き〉の訴え. **~s**=**verkauf** [男] 〔商〕 在庫一掃セール, バーゲンセール.
raunen ⦅雅⦆[他] ささやく; [自] ⦅**über** *et*⁴⦆ (…について)ひそひそ話す; (森・風などが)ざわめく; (川などが)サラサラ流れる.
Raupe [女] ⦅-/-n⦆ ([小] **Räupchen**) 毛虫, 青虫; 〔工〕 カタピラー; (金モール付きの)肩章. ✦ **~n im Kopf haben** ⦅話⦆ 頭がおかしい. **~n in den Kopf setzen** ⦅話⦆ ⦅*j*³⦆ (人に)変な考えを吹き込む.
~n=**fahrzeug** [中] カタピラー車.
~n=**kette** [女] カタピラー.
Raureif [男] 霧氷.
raus [副] ⦅話⦆= heraus, hinaus.
Rausch [男] ⦅-es (-s) /Räusche⦆ ([小] **Räuschchen**)酔い, 酩酊(めいてい); 陶酔, 熱狂, 興奮: *sich*³ einen ~ an|trinken ⦅話⦆ 酔っぱらうまで飲む | *sich*³ einen ~ kaufen ⦅話⦆ やけ酒を飲む.
rauschen [ラオシェン] ⦅rauschte; gerauscht⦆[自] ❶ (h, s)(水音・風音などが)ざわめく, ざわざわ〈さらさら〉鳴る: ein ~*des* Fest ⦅話⦆ 陽気な祭り. ❷ (s)ざあざあ〈さらさらと〉流れる〈進む〉; ⦅話⦆ 足早に行く.
Rauschgift [中] 麻薬. =**fahnder** [男] 麻薬捜査〈取締〉官. =**handel** [男] 麻薬取り引き, 麻薬密売. =**sucht** [女] 麻薬中毒.
rauschgiftsüchtig [形] 麻薬中毒の.
Rausch=**gold** [中] 模造金箔(きんぱく). =**tat** [女] 〔法〕 酩酊(めいてい)上での行為〈犯行〉.
rauschte ⇨ rauschen
räuspern [再] ⦅*sich*⁴⦆ 咳(せき)払いをする.
raus|schmeißen* [他] ⦅話⦆ ほうり出す, 投げ捨てる; (人を)追放〈解雇〉する. **Rausschmeißer** [男] ⦅-s/-⦆ ⦅話⦆ (酒場の)用心棒; (舞踏会の)ラストダンス.
Raute [女] ⦅-/-n⦆ ひし形; ひし形紋; 〔植〕 ヘンルーダ. **rautenförmig** [形] ひし形の.
Razzia [女] ⦅-/Razzien, -s⦆ (警察の)〔一斉〕手入れ.
Rb [記号] ルビジウム(< *Rubidium*). **RB** [中] ⦅-/⦆ ブレーメン放送(< *Radio Bremen*). **Rbl, Rbl.** [略] *Rubel*. **RC** ⦅[国籍符号]⦆ 中華民国(台湾). **RCH** ⦅[国籍符号]⦆ チリ. **rd.** [略] *rund* 概数…, 約….
Re ❶ [中] ⦅-s/-s⦆ 〔トランプ〕 (スカートで)レー(子の Kontra に対して親が言う). ❷ [記号] レニウム(< *Rhenium*).
Re. [略] *Rupie*.
re.., Re.. 「元の状態に…; 改善して…」の意.
Reagens [中] ⦅-/..genzien⦆, **Reagenz** [中] ⦅-es/..zien⦆ 〔化〕 試薬.
Reagenz=**glas** [中] 〔化〕 試験管. =**papier** [中] 〔化〕 試験紙.
reagieren [レアギーレン] ⦅reagierte; reagiert⦆[自] ([英] react)反応する(auf einen Vorschlag sauer ~ ⦅話⦆ 提案に苦い〈渋い〉顔をする); ⦅**mit** *et*³⦆ (…と)化学反応をする.
Reaktion [レアクツィオーン] [女] ⦅-/-en⦆ ([英] reaction)反応, 反響; (政治的)反動, 保守. **reaktionär** [形] 反動的な, 保守的な, 保守主義の. **Reaktionär** [男] ⦅-s/-e⦆ ([女] **-in**)反動的な人. **Reaktor** [男] ⦅-s/-en⦆ 原子炉; 〔理〕 反応器〈装置〉.
real [レアール] [形] ([英] real)現実〈実際〉の; 現実的な, 現実に即した; 〔経〕 実質の.
Real=**einkommen** [中] 〔経〕 実質所得. =**gymnasium** [中] (現代語・自然科学重点の)実科ギムナジウム.
Realien [複] 事実, 実体; 専門知識.
Realisation [女] ⦅-/-en⦆ 〔商〕 換金, 現金化, 売却.
realisierbar [形] 実現可能な; 〔商〕 換金可能な, 売り物になる.
realisieren [レアリズィーレン] ⦅realisierte; realisiert⦆[他] ([英] realize)(計画などを)実現する; 理解〈認識〉する; 〔商〕 換金する, (現金で)売却する. **Realisierung** [女] ⦅-/-en⦆ 実現, 現実化; 理解, 認識; 〔商〕 換金, (現金での)売却.
Realismus [男] ⦅-/⦆ 現実〈実利〉主義, リアリズム; 〔文芸・美〕 写実主義; 〔哲〕 実在〈実念〉論. **Realist** [男] ⦅-en/-en⦆ ([女] **-in**)現実主義者, 実利主義者; 写実主義の作家〈芸術家〉; 〔哲〕 実在論者. **Realistik** [女] ⦅-/⦆ 写実性.
realistisch [レアリスティシュ] [形] 現実〈実利〉的な, リアリズムの, 写実[主義]的な, リアルな; 〔哲〕 実在〈実念〉論の.
Realität [女] ⦅-/-en⦆ ([英] reality)現実, 現実性; 実在, 存在; 事実; ⦅複数で⦆ ⦅オーストリア⦆ 不動産. **~s**=**verlust** [男] 現実[感覚]の喪失.
Real=**kapital** [中] 〔経〕 現実資本(商品

資本と生産資本). **=kredit** 男 (商) 対物信用, 不動産信用. **-lexikon** 中 百科事典. **-lohn** 男 実質賃金.
Realo 男 (-s/-s) 《話》現実的政治家.
Realschule 女 実科学校.
Real-Time-System 中 [ˌriːəlˈtaɪm-] リアルタイム処理システム.
Reassekuranz [レアセクランツ] 女 (-/-en) 《経》再保険.
Rebe 女 (-/-n) 〔植〕ブドウ[の房]; 《雅》ブドウの木.
Rebẹkka 女 レベッカ.
Rebẹll 男 (-en/-en) (女 **-in**) 反乱(反逆)者, 暴徒: 反抗的な人. **rebelliẹren** 自 (gegen j-et⁴) (…に対して)反乱を起こす; 反抗する. **Rebelliọn** 女 (-/-en) 反乱, 暴動. **rebẹllisch** 形 反乱の, 反抗的な, 挑戦的な.
Rebhuhn 中 〔鳥〕ヨーロッパヤマウズラ.
Reb=laus 女 ブドウネアブラムシ(ブドウにつく害虫). **=sorte** 女 ブドウの品種. **=stock** 男 ブドウの木.
Rebus 男 (-/-) 《話》判じ絵.
Rec. = recipe (処方箋にて)処方(服用)せよ.
Rechaud [レショー] 男 (-s/-s) ホットプレート(料理の卓上保温器).
rẹchen 他 (中部/南部) (道などを)熊手で掃除する(ならす);(落葉などを)熊手で払い(かき)集める. **Rẹchen** 男 (-s/-) (中部/南部) 熊手, レーキ; (方) (機に並べた)コート掛け; (水路などのごみよけ格子.
Rẹchen=anlage 女 電算設備, コンピュータ. **=art** 女 計算法. **=aufgabe** 女 計算問題; 算数の宿題. **=buch** 中 計算の教科書. **=exempel** 中 計算問題. **=größe** 女 〔数〕演算数, オペランド. **=künstler** 男 計算(暗算)の達人. **=maschine** 女 計算機.
Rẹchenschaft [レッヒェンシャフト] 女 (-/-) 弁明, 釈明, 申し開き. ♦ **=ablegen** (geben) (j³) (人に)釈明する. **~ (keine) ~ schuldig sein** (j³) (人に)釈明の義務がある(ない). **~ verlangen** (fordern) (von j³) (人に)釈明を求める. **zur ~ ziehen** (j⁴ für et⁴) (人に [...について])釈明を求める.
=s=bericht 男 事業報告[書], 決算報告[書].
Rẹchen=scheibe 女 円形計算尺. **=schieber** 男 計算尺. **=zentrum** 中 計算センター.
Recherche [レシェルシェ] 女 (-/-n) 探究, 調査. **recherchieren** [レシェルシーレン] 他 探究(調査)する.
rẹchnen [レヒネン] (rechnete, gerechnet) ❶ 他 (計 calculate)計算する; 《mit et³》(お金を)やりくりする; (auf j-et⁴) (…を)当てにする, 頼りにする; (mit j-et³) (…を)予期する, 当てにする. ❷ 計算する, 計算(考慮)に入れる; (j⁴ zu et³) (人を…と)みなす, (人を…に)数え入れる; (j-et mit zu) (…と…に)加入する.
Rẹchner 男 (-s/-) (女 **-in**) 計算する人; 打算的な人, 計算機. **rẹchnergesteuert** 形 コンピュータ制御された. **rẹchnerisch** 形 (通算の用法なら) 計算上の; 打算的な.
Rẹchnerkern 男 〔工〕中央処理装置, CPU.

rẹchnete ⇨ rechnen
Rẹchnung [レヒヌング] 女 (-/-en) (商 bill)計算書, 請求書; 見込み, もくろみ; 計算, 計算問題; 〔商〕送り状, インボイス; 借り[方]. ♦ **auf** (für) **eigene ~** 自分の費用で, 自分の責任で. **auf** j² **~ gehen** (kommen) 事が人の責任である. **die ~** (für et⁴) **präsentieren** 〘話〙(j³) (人に)勘定をとらせる. **die ~ ohne den Wirt machen** 《話》見込み違いをする. **eine ~ aufmachen** (j³) (人に)借りを返してもらう. **in ~ setzen** (stellen, ziehen) (…を)考慮する. **nach** j² **~** (…人)の見込みでは. **~ [ab]legen (über** et⁴) (…の)会計報告をする. **seine ~ aufmachen** 《話》(j³) (人に)対案を出す. **J³ auf** *⁴ **geht auf.** (人の)思いどおりに事が運ぶ. **~ tragen** (j-et³) (…の)考慮に入れる.
Rẹchnungs=abschluss (_亀_ **=abschluß**) 男 〔年度末]決算, 予算. **=betrag** 男 〔請求金額, 代金. **=buch** 中 会計簿; 〘亀〙 = Rechenbuch. **=führung** 女 会計, 簿記. **=jahr** 中 会計年度. **=legung** 女 決算; 決算報告[書]. **=prüfer** 男 会計監査役. **=prüfung** 女 会計監査. **=wesen** 中 会計制度; 会計(監査)事務.

rẹcht [レヒト] ❶ (商 right) 適当な(適切な;場合のいい), 結構な, 正しい, まちがいない; 正当な, 正しい. ❷ 右[側]の; (思想的・政治的に)右翼の. ❸ 相当な, かなりの; (副詞的に)非常に. ❹ 〔数〕直角の. ♦ **Recht ♦ alles, was ~ ist** これだけは確かだが. **gerade ~ kommen** 〘話〙(j³) (人にとって)ちょうどよい必要な,期待の(皮肉で反対の意味にも使われる). **jetzt (nun) erst ~** 〘話〙ますますもって. **nur (nicht mehr als) ~ und billig sein** 〘話〙(当然しごくである. **~ geschehen** 〘話〙(j³) (人に) 当然の報いだ. **~ und schlecht/schlecht und ~** まがりなりにも; どうにかこうにか. **Tue ~ und scheue niemand.** 〘諺〙行い正しければ恐れるものなし. **Was dem einen ~ ist, ist dem anderen billig.** 〘諺〙道理に二つはない(君にとって正しいなら私にとっても正しいのだ). 〘諺〙
Rẹcht [レヒト] 中 (-[e]s/-e) ❶ (商 right) 権利, 権限 (商 = [dazu] haben, [+ zu 不定詞句] …する権利がある); 正当性, 公正, 正義. ❷ (law) 法, 法律. 〔圏〕 〔古〕 法学. ♦ **auf seine ~ pochen** 自分の権利を主張する. **für ~ erkennen** (…を)正当と認める. **im ~ sein** 意見なが正しい. **mit ~** 当然に. **~ behalten (bekommen, erhalten, haben)** 見が正しいとされる. **sein ~ fordern (verlangen)** 権利を要求する(主張する). **~ geben** (j³) (人の)意見を認める, (人に)同意する. **~ sprechen** 〘雅〙判決を下す. **von ~s wegen** 本当は;法律上. **zu ~** 当然. **zu seinem ~ kommen** 権利が認められる.
Rẹchte 女 〔形容詞変化化〕右手, 右側; (商 the right)右翼, 右派. ⇒ **Rechte[r], Rechte[s] ♦ zur ~n** 右側(右手)に.

Rechteck 長方形, 矩形(ﾊﾞ).
rechteckig 長方形の, 矩形状の.
rechten ⓥ 《雅》〖mit j³ über (um) et¹〗 (人と[…について]) 口論する.
rechtens (⊕ Rechtens) ◆ *Es ist ~, dass ...* …は当然のことだ.
Rechte[r] 囲〖形容詞変化〗右翼〈右派〉の人; 正しい人, ふさわしい人. 直角. **Rechte[s]** 囲〖形容詞変化〗正しいこと, 適切なこと.

rechtfertigen [レヒトフェルティゲン] 《rechtfertigte; gerechtfertigt》ⓥ (⊕ justify) (行為・主張を) 正当化する. 弁護する; (*sich*⁴) 自己弁護する. 釈明する; 〖*sich*⁴ *aus et³*〗 (…によって) 当然とされる.
Rechtfertigung 囡《-/-en》正当化; 釈明.
rechtgläubig ⓐ 正教の, 正統信仰の.
Rechthaber ⓜ《-s/-》(⊕ -in) 独善家, ひとりよがりの人. **rechthaberisch** ⓐ 独善的な, ひとりよがりの.
rechtlich ⓐ 法律上の; 合法〈正当〉的な; 正義の. **Rechtlichkeit** 囡《-/》合法〈正当〉性; 正直.
rechtlos ⓐ 法的権利〈保護〉のない.
rechtmäßig ⓐ 合法的な, 正当な.
Rechtmäßigkeit 囡《-/》合法性.
rechts [レヒツ] 圓 右に, 右側に(⊛ r.); (思想上・政治上)右翼に; (布地などの表側に; 〖2格支配〗…の右側に; ◆ *nicht mehr wissen, wo* 〖*was*〗 *~ und* 〖*was*〗 *links ist* 右も左も分からなくなってしまう. *weder ~ noch links schauen* わき目も振らずに進む.
Rechts=abbieger ⓜ《-s/-》 右折車. =**anspruch** ⓜ 法的な請求権.
Rechts=anwalt [レヒツアンヴァルト] ⓜ《-[e]s/..wälte》(⊕ ..wältin) (⊕ lawyer) 弁護士. =**auskunft** 囡 法律相談.
Rechtsaußen ⓜ《-/-》〖ス⟧ ライトウイング.
=**beistand** ⓜ 法律顧問. =**bruch** ⓜ 法律違反.
rechtsbündig ⓐ (行末が) 右ぞろえの.
rechtschaffen ⓐ 正直な, 誠実な; 《話》非常な, 大変な.
Rechtschreibung 囡 正書法.
rechts=drall ⓐ (銃の) 右腔縫(ﾂ)の; 《話》(政治家などの) 右傾化の. =**empfinden** ⓝ 《…を法と意識とする感覚, 正義感. =**extremist** ⓜ 極右主義者.
rechtsfähig ⓐ 権利能力のある.
Rechtsfähigkeit 囡 権利能力.
Rechts=fall ⓜ 訴訟事件. =**gelehrte[r]** ⓜ 〖形容詞変化〗 法律学者.
rechtsgerichtet ⓐ 右寄りの, 右翼の.
Rechts=grundlage 囡 法律の基礎, 法律的基盤.
rechtsgültig ⓐ 法律上有効な.
Rechts=gutachten ⓝ 司法鑑定. =**handel** ⓜ 訴訟, 係争.
Rechts=händer ⓜ《-s/-》(⊕ -in) 右ききの人. **rechtshändig** ⓐ 右ききの.
rechtsherum 圓 右回りに.
Rechts=historiker ⓜ 法律史学者. =**kraft** 囡 法的効力.
rechtskräftig ⓐ 〖法〗確定力のある.
Rechts=kurve 囡 右カーブ. =**lage** 囡 法的状況. =**mediziner** ⓜ 法医学者.
rechtsmedizinisch ⓐ 法医学の. =**mittel** ⓝ 上訴, 控訴. =**nachfolger** ⓜ 権利〈義務〉継承者. =**norm** 囡 法規範. =**pflege** 囡 司法. =**philosophie** 囡 法哲学.
Recht=sprechung 囡《-/-en》〖法〗裁判; 司法.
rechtsradikal ⓐ 極右の.
rechtsrum 圓《話》右回りに.
Rechts=schutz ⓜ 法的な保護, 権利保護.
rechtsseitig ⓐ 右側の.
Rechts=spruch ⓜ 判決.
Rechts=staat ⓜ 法治国家. **rechtsstaatlich** ⓐ 法治国家にふさわしい.
=**streit** ⓜ 法律上の争い, 係争.
=**trend** ⓜ 右傾化の傾向〈趨勢〉.
rechtsum ⓥ ◆ *Rechtsum kehrt!* (号令で) 右向け右.
rechts=unwirksam ⓐ 法的に無効の. =**verbindlich** ⓐ 法的拘束力のある.
Rechts=verdreher ⓜ《話》法律を曲解〈悪用〉する人. 〖戯〗弁護士.
=**verdrehung** 囡 法律の曲解〈悪用〉.
=**verkehr** ⓜ 右側通行. =**verletzung** 囡 法律違反〈行為〉. =**verstoß** ⓜ 法の抵触, 法律違反. =**weg** ⓜ 法的手段.
rechts=widrig ⓐ 違法の. =**wirksam** ⓐ 法的効力のある.
Rechtswissenschaft 囡 法〔律〕学.
recht=wink=lig ⓐ 〖数〗直角の.
=**zeitig** ⓐ 時宜を得た, ちょうどよい時の; タイミングよく, 定刻に.
Reck ⓝ《-[e]s/-e, -》鉄棒.
Recke ⓜ《-n/-n》《雅》(特に中世騎士物語の) 英雄, 勇士, 勇者.
recken ⓥ (手足などを) 伸ばす.
Reclam Anton Philipp, レークラム (1807-1895: ドイツの出版業者). ◆ *~s Universal-Bibliothek* レクラム文庫.
Recorder ⓜ《-s/-》= Rekorder.
recyceln [リサイケルン] ⓥ 再利用する, リサイクルする. **recycelbar** ⓐ 再生利用〈リサイクル〉可能の.
Recycling ⓝ《-[s]/》再利用, 再生, リサイクルすること.

関連語 Altglas ⓝ 使用済みガラス瓶; Altmaterial ⓝ 資源ごみ; Altpapier ⓝ 古紙; Deponie 囡 ごみ集積場; Der Grüne Punkt グリューン·プンクト; Einwegverpackung 囡 使い捨て容器; Kompostierung 囡 堆肥化; Mehrwegflasche 囡 リターナブルびん; Mülltrennung 囡 ごみの分別; Mülltonne 囡 ごみ収集コンテナ; Recyclingpapier ⓝ 再生紙; Verpackung 囡 包装材

=**papier** ⓝ 再生紙. =**zentrum** ⓝ リサイクルセンター.
Redakteur [レダクテーア] ⓜ《-s/-e》(⊕ -in) (新聞・雑誌などの) 編集者〈部〉.
Redaktion 囡《-/-en》編集; 編集部; 〖集合的〗編集部員. **redaktionell** ⓐ 編集上の, 編集部〈編集者〉の.
Rede [レーデ] 囡《-/-n》(⊕ speech) 演説, スピーチ; 談話; あいさつの言葉; 発言; 答弁; 釈明; うわさ, 話題; 話し方; 〖言〗談

話, 話法. ♦ **die ~ verschlagen** ⟨j³⟩ (人 をあぜんとさせる. **eine ~ halten** 演説す る. **Es geht die ~, dass** ... …といううわ さだ. **große ~n schwingen** ⟨話⟩ 大口をたたく. **in die ~ fallen** ⟨j³⟩ (人)の話を遮る. **langer ~ kurzer Sinn** ⟨話⟩ 要するに. **nicht der ~ wert sein** … したことはない. **~ [und Antwort] stehen** ⟨j³⟩ (人に)釈明する. **Von j-et³ ist die ~**. (…が)話題になる. **Von et³ kann keine ~** ⟨**nicht die ~**⟩ **sein**. ⟨話⟩ (…は) 話題にもならない. **zur ~ stellen** ⟨j⁴⟩ (人 に)釈明を求める.
Rede=fluss (㊥ =**fluss**) 圀 能弁, 多弁.
=**freiheit** 圀 言論の自由. =**gabe** 圀 弁舌の才.
redegewandt 厖 弁の立つ, 口達者な, 弁舌さわやかな.
Rede=kunst 圀 巧みな弁舌, 雄弁術; (Rhetorik)修辞学. =**manuskript** ㊥ 演説⟨講演⟩の草稿.
reden [レーデン] ⟨redete; geredet⟩ ❶ 圁 (㊥ talk) ⟨**mit** j⁴ **über** j-et⁴ ⟨**von** j-et³⟩⟩ (人と/…について)話す, 論じる ⟨**mit** sich³ selbst ~ 独り言を言う⟩; ⟨**vor** ⟨**zu**⟩ j³⟩ **über** et⁴ ⟨**von** et³⟩ (…について) 演説⟨講演⟩をする; ⟨**über** j-et³⟩ (…について)う わさする, 陰口をたたく. ❷ 圁 談話. ❸ 個 ⟨sich³⟩ 話す⟨する⟩ ⟨…に⟩なる. ♦ **Darüber lässt sich ~.** ⟨話⟩ それは話し 合う価値がある. **gut ~ haben** (局外者だ から)気楽になんとでも言える. **Reden ist Silber, Schweigen ist Gold.** ⟨諺⟩ 雄弁は銀, 沈黙は金. **~ lassen** 言わせる. **mit** sich³ ~ **lassen** 話し合いに応じる. **~ machen** ⟨**von** sich³⟩ 世間を騒がす.
Redens=art 圀 決まった言い回し, 慣用 句; 決まり文句.
Rederei 圀 (⟨/-en⟩) おしゃべり, 饒舌 (ぜうぜつ); うわさ.
Rede=schreiber 圀 演説草稿の起草 者. =**strom** 圀 (とうとうたる)弁舌, 能 弁. =**talent** ㊥ 弁舌の才.
redete ⇒ **reden**
Rede=wendung 圀 言い回し, 語法, 表現法; 慣用句⟨表現⟩. =**wettbewerb** 圀 弁論大会, スピーチコンテスト.
redigieren 個 (雑誌などを)編集する.
redlich 厖 (㊥ honest) 正直な, 誠実な, 信頼のおける; 非常に. **Redlichkeit** 圀 (⟨/-⟩) 正直, 誠実.
Redner 圀 (⟨-s/-⟩) (㊥ -**in**) 講演⟨演説⟩ 者, 講師; 能弁⟨雄弁⟩な人. =**bühne** 圀 演壇.
rednerisch 厖 演説家としての.
Rednerpult ㊥ 演壇のテーブル.
redselig 厖 話好きな, おしゃべりな.
Redseligkeit 圀 (⟨/-⟩) 饒舌(ぜうぜつ), 話好 き.
Reduktion 圀 (⟨/-en⟩) 縮小, 削減; (価格などの)引き下げ; 単純化, 還元; ⟨言⟩ 圧縮; ⟨音⟩ (母音の)弱化・脱落.
redundant 厖 (情報などが)余分な⟨過剰 な⟩, 重複した. **Redundanz** 圀 (⟨/-en⟩) ⟨言⟩ 冗長性.
reduzieren [レドゥツィーレン] (reduzierte; reduziert) 個 (㊥ reduce) ⟨**et⁴ auf** et⁴⟩ (数量・金額などを)減らす, 削 減する, 引き下げる, (規模などを)縮小する,

絞り込む; ⟨**et⁴ auf** et⁴⟩ (…を…に)簡略化 する, 還元する. ⟨**sich⁴ auf** et⁴⟩ (…にまで) 減る, 落ち込む, 弱まる. **Reduzierung** 圀 (⟨/-en⟩) 削減, 縮小.
Reede 圀 (⟨/-n⟩) 圁 (港外の)泊地, 錨 地(ぼうぢ). **Reeder** 圀 (⟨-s/-⟩) 船主; 海運 業者. **Reederei** 圀 (⟨/-en⟩) 海運業, 船会社.
reell 厖 堅実な, 信頼できる; 現実の.
Reeperbahn (die) レーパーバーン (Hamburg の歓楽街).
Ref. = **Referandar**.
Refäktion 圀 (⟨/-en⟩) ⟨商⟩ (傷物や欠損商 品などの)値引き. **refaktieren** 個 ⟨商⟩ (傷物や欠損商品などを)値引きする.
Referat ㊥ (⟨-[e]s/-e⟩) (㊥ report) 研 究⟨調査⟩報告, (ゼミでの)発表者; (官庁 などの)専門部局, 課. **Referendar** 圀 (⟨-s/-e⟩) (㊥ -**in**) 公務員研修生(第1次 国家試験合格後の試補候補者). **Referendum** ㊥ (⟨-s/..den, ..da⟩) 国民投票.
Referent 圀 (⟨-en/-en⟩) (㊥ -**in**) 研究 ⟨調査⟩報告者, (ゼミでの)発表者; ⟨論⟩ス の査読者; (官庁などの)担当官.
Referenz 圀 (⟨/-en⟩) 紹介状, 推薦状; 推薦⟨身元保証⟩人; ⟨商⟩信用照会先; ⟨哲⟩⟨言⟩指示⟨作用⟩. **referieren** 個 ⟨**et⁴ über** et⁴⟩ (…について)研究⟨調査⟩報 告する; 批評する.
Reflation 圀 (⟨/-en⟩) ⟨経⟩ 通貨再膨 脹, リフレーション.
reflektieren ❶ 個 (光や音を)反射する; 反映する. ❷ 圁 ⟨**über** et⁴⟩ (…について) 熟考する, 反省する; ⟨**auf** et⁴⟩ (…を) 手に入れようと考える, ねらう; ⟨**auf** et⁴⟩ ⟨商⟩ …を買い気がある.
Reflektor 圀 (⟨-s/-en⟩) 反射鏡, 反射器; 反射望遠鏡; (原子炉の)反射体.
reflektorisch 厖 反射的な, 反射によ る.
Reflex 圀 (⟨-es/-e⟩) (光・熱などの)反射 ⟨生理⟩ (神経・腱⟨けん⟩などの)反射; 反映, 映 像. =**bewegung** 圀 ⟨生理⟩ 反射運動. =**handlung** 圀 反射的行動.
Reflexion 圀 (⟨/-en⟩) ⟨理⟩ (光・熱などの)反射; 反映; 反省, 沈思, 熟考. **reflexiv** [-ks~] 厖 反射的な; ⟨文法⟩ 再帰的な. **Reflexiv** ㊥ (⟨-s/-e⟩) =**pronomen** ㊥ ⟨文法⟩ 再帰代名詞.
reform. = **reformiert.**
Reform [レフォルム] 圀 (⟨/-en⟩) 改革, 革新, 刷新; 改良.
Reformation 圀 (⟨/-en⟩) ⟨史⟩ 宗教改 革; ⟨雅⟩ 改良. =**s-tag** 圀 宗教改革記 念日. **Reformator** 圀 (⟨-s/-en⟩) 宗教 改革者(ルターなど); 改革者. **reformatorisch** 厖 宗教改革の; 改革の, 改良の.
reformbedürftig 厖 改革⟨改良⟩を要 する. **Reformer** 圀 (⟨-s/-⟩) (㊥ -**in**) 改革者⟨論 者⟩.
reformfähig 厖 改革能力のある. **Reformfähigkeit** 圀
reformfreudig 厖 改革意欲のある, 改 革⟨改良⟩を厭(いと)わない. **Reformhaus** ㊥ 健康⟨自然⟩食品専門店. **reformieren** 個 改革⟨改善⟩する.
reformiert [レフォルミーアト] 厖 ❶ 改革 ⟨改良⟩された. ❷ ⟨宗⟩ 改革派の, カルヴァン 派の.

Reform-kost 女 健康〈自然〉食品.
-kurs 男 改革路線.
Refrain 男 (-s/-s) (詩・楽曲の)リフレイン, 繰り返し.
Reg. = *Regiment* (略) 連隊.
Regal [レガール] 中 (-[e]s/-e) (® shelf) 棚; 本棚; 商品棚.
Regatta 女 (-/..ten) レガッタ.
Reg.-Bez. = *Regierungsbezirk*.
rege [レーゲ] 形 活気のある, 盛んな; 活発な, 活動的な.
Regel [レーゲル] 女 (-/-n) (® rule) 規則, 決まり; 規準; 習慣; 《生理》月経. ◆ *die goldene* ~ 《宗教》黄金律(マタイ7. 12の掟に与えられた名称). *in der 〈in aller〉* ~ 通例は; 原則として. *Keine* ~ *ohne Ausnahme.* [諺] 例外のない規則はない. *nach allen* ~*n der Kunst* 徹底的に; すっかり; 完璧に.
regelbar 形 調整(調節, 制御)できる.
Regel-blutung 女 《生理》月経, 生理. -**fall** 男 いつもの場合(ケース).
regellos 形 規則(性)のない; 無秩序な.
regelmäßig [レーゲルメースィヒ] 形 (® regular) 規則正しい; 均斉(調和)のとれた. **Regelmäßigkeit** 女 (-/) 規則正しさ, 規則性.
regeln [レーゲルン] 他 (regelte; geregelt) (® regulate) 整える, 規制(調整)する; 《副》調整がつく. **regelrecht** 形 規則どおりの, 正規(正式)の; 〈話〉まったくの. **Regelsystem** 中 調整(制御)システム. **Regelung** 女 (-/-en) 規制, 整理, 制限, 調整; 規定, 取り決め.
Regelventil 中 〖工〗制御(調整)弁.
regelwidrig 形 規則違反の; 反則の.
regen 他 (® move) (手足をなど少し)動かす; 《sich》(少し)動く; 活動する; 《雅》(感情などが)呼び起こされる, 現れる.
Regen [レーゲン] 男 (-s/-) (® rain) 雨. ◆ *Auf* ~ *folgt Sonnenschein.* [諺] 楽あれば苦あり. *aus dem 〈vom〉* ~ *in die Traufe kommen* 〈話〉小難を逃れて大難に陥る. *ein warmer* ~ 〈話〉(金銭面での)恵みの雨. *im* ~ *〈stehen〉 lassen* 〈話〉 *in den* ~ *stellen*〉〈人を〉見捨てる.
regenarm 形 雨量の少ない.
Regenbogen 男 虹(にじ). **regenbogenfarben** 形 虹色の.
Regenbogen-haut 女 《解》(目の)虹彩(こうさい). -**presse** 女 (けばけばしい)ゴシップ誌.
regendicht 形 防水の.
Regeneration 女 (-/-en) 再生, 回復, 復元; 更新, 刷新; 〖生〗(個体の一部の)再生[力]; 再生; 回収.**regenerieren** 他 《et¹》再生〈回復, 復元〉させる; 《sich》再生〈回復・復元〉する.
Regen-fall 男 降雨. -**gebiet** 中 降雨地帯. -**guss** (⑥ -*guß*) 男 (短時間の)土砂降り. -**haut** 女 (ビニールなど薄手の)レインコート.
Regen-mantel [レーゲンマンテル] 男 (-s/ -*mäntel*) (⑥ raincoat) レインコート. -**menge** 女 雨量, 降水量. -**pfeifer** 男 《鳥》チドリ.
regenreich 形 雨の多い.
Regensburg レーゲンスブルク(ドイツ南東部の商業都市). **Regensburger ①**
男 (-s/-) レーゲンスブルクの人; 女 《-/-》レーゲンスブルクソーセージ. ❷ 形 《無変化》レーゲンスブルクの.
Regen-schauer 男 にわか雨, 夕立.
Regenschirm [レーゲンシルム] 男 (-[e]s/-e) (® umbrella) 雨傘. ◆ *gespannt wie ein* ~ *sein* 《戯》好奇心でいっぱいである.
Regent 男 (-en/-en) (® -*in*) 元首, 君主; 摂政.
Regen-tag 男 雨天の日. =**tropfen** 男 雨の滴, 雨粒.
Regentschaft 女 (-/-en) 摂政政治; 摂政職; 摂政期間.
Regen-wasser 中 雨水. -**wetter** 中 雨天. ◆ *ein Gesicht wie drei 〈sieben〉 Tage* ~ *machen* 〈話〉不機嫌な顔をする. -**wolke** 女 雨雲. -**wurm** 男 《動》ミミズ. -**zeit** 女 雨期.
reger = *rege*
Regie [レジー] 女 (-/) 演出, 監督; 管理; *in eigener* ~ 〈話〉独力で.
regieren [レギーレン] 《regierte; regiert》 自 (® govern) 統治〈支配〉する; 他 統治〈支配〉する; (車・機械などを)操作〈操縦〉する.
Regierung [レギールング] 女 (-/-en) (® government) 政府, 内閣; 統治, 支配. ~**s-antritt** 男 (元首・首相などの)就任. ~**s-bezirk** 男 行政区画; 県 (Land と Kreis の中間の行政区画; ® Reg.-Bez.). ~**s-bildung** 女 組閣. ~**s-chef** 男 内閣首班, 首相. ~**s-erklärung** 女 政府声明. ~**s-form** 女 政治形態, 政体. ~**s-maschine** 女 政府専用機. ~**s-partei** 女 与党. ~**s-sitz** 男 参事官, 政府〈官庁〉所在地. ~**s-sprecher** 男 政府スポークスマン.
Regime [レジーム] 中 (-s/-〈-s〉) 政治体制. -**kritiker** 男 反政府〈反体制〉分子.
Regiment 中 (-[e]s/-e) 統治, 支配. ◆ *das* ~ *führen* 極めて厳格である. *ein strenges* 〈*hartes*〉 ~ *führen* 極めて厳格である.
Region 女 (-/-en) 地域, 地帯; 分野, 領域; 【医】(体・器官の)部位. ◆ *in höheren* ~*en schweben* 《雅》夢想にふけっている. **regional** 形 地域的な; 【医】局所の. **Regionalblatt** 中 地方紙〈新聞〉.
Regisseur [レジセーア] 男 (-s/-e) (® -*in*) 演出家, 映画監督; ディレクター.
Register [レギスター] 中 (-s/-) (® register) (書物などの)索引, インデックス; (公的な)記録簿, 戸籍簿; 【楽】(オルガンの)音栓[群], ストップ. ◆ *alle* ~ *ziehen* 〈*spielen lassen*〉あらゆる手で臨む. -**tonne** 女 〖海〗登録トン数(2. 83m³; ® RT).
Registratur 女 (-/-en) 登録, 登記; 記録〈文書〉保管; (記録・文書の)保管戸棚, 書類棚; 【楽】(オルガンの)音栓; ストップ装置.
registrieren 他 登録〈登記〉する; 記録する; 心〈記憶〉に留める; (…に)気づく; 〖事実として〗確認する. **Registrierkasse** 女 自動金銭登録器, レジスター. **Registrierung** 女 (-/-en) 登録, 登記; 記録; 心〈記憶〉に留めること.
Reglement [レグレマーン] 中 (-s/-

-s,ⁿ⁻ᵉ/–e》〔服務〕規程; ルール. **reglementieren** [他] 規則で縛る, 規制する.
Regler [男] 《-s/-》〔工〕調整〈調節〉器. ⁼**bügeleisen** [中] (温度調節器つき)自動アイロン.
reglos [形] = regungslos.
regnen [レーグネン] 《regnete; geregnet》[自] ([英] rain) 《*Es regnet.*》雨が降る, 雨が降っている; (s)(雨のように)降る.
regnerisch [形] 雨がちの, よく雨の降る; 雨模様の.
regnete ⇨ regnen
Reg.-Rat [略] *Regierungsrat* 参事官.
Regress ([旧] **Regreß**) [男] 《..gresses/..gresse》〔法〕遡求(そきゅう); 償還請求; 〔哲〕後退. **regressiv** [形] 後退〈逆行〉する; 〔心〕退行的な; 〔法〕遡求(そきゅう)的な; 〔哲〕後退的な.
regsam [形] 活動的〈活発〉な. **Regsamkeit** [女] 《-/》活動的〈活発〉なこと.
Regt. [略] *Regiment*〔軍〕連隊.
regulär [形] 規則どおりの; 正規の; 通常の; 《話》まったくの, 文字どおりの.
regulativ [形] 規定する, 規制的な.
Regulator [男] 《-s/-en》調整器〈装置〉; 〔工〕レギュレーター; 振り子時計.
regulieren [他] 調整〈調節〉する; 規制する; (河川を)改修する; (歯列を)矯正する; 〔商〕清算〈決算〉する; 補償する. **Regulierung** [女] 《-/-en》調整; 規制; (河川の)改修; (歯列の)矯正.
Regung [女] 《-/-en》([英] emotion)(突然の)心の動き; 活動; (かすかな)動き. **regungslos** [形] 〔じっと〕動かない, 身動きしない.
Reh [中] 《-[e]s/-e》〔動〕ノロ〔ジカ〕.
Rehabilitation [女] 《-/-en》リハビリテーション, 社会復帰; 復権, 名誉回復.
rehabilitieren [他] (人の)名誉を回復させる, (人を)復権させる; (病人などを)社会復帰させる. **Rehabilitierung** [女] 《-/-en》復権, 名誉回復; 社会復帰.
Rehbock [男] ノロジカの雄.
reh⁼braun, ⁼farben [形] 赤味を帯びた淡褐色の.
Reh⁼geiß [女] ノロジカの雌. ⁼**kalb** [中] ノロジカの子. ⁼**posten** [男] 鹿弾(しかだま)(大粒の散弾). ⁼**rücken** [男] 〔料〕ノロジカの背肉.
Reibe [女] 《-/-n》《話》= Reibeisen. ⁼***kuchen*** [男] (鉢形の)スポンジケーキ.
Reib⁼eisen [中] 〔料〕おろし金(がね).
reiben* [ライベン] 《**rieb; gerieben**》❶ [他] ([英] rub)こする, 摩擦する; ぬぐう; すり込む; すりつぶす. ❷ [自] こすれる, すれる. ❸ [再] 《*sich*⁴》(…が)擦れてできる; 《*sich*⁴ **an** *j*³》(人と)あつれきを生じる. ✦ ***die Hände*** ～ 《*sich*³》(満足して)もみ手をする. **Reiberei** [女] 《-/-en》いざこざ, もめごと; 不和, あつれき. **Reibfläche** [女] (マッチ箱の)摩擦面.
Reibung [女] 《-/-en》こすること, 摩擦; 研磨; 磨滅; 粉末化, すりつぶし; = Reiberei. **～s⁼fläche** [女] 摩擦面; 《話》不和〈いさかい〉のもと.
reibungslos [形] 支障〈妨害〉のない, スムーズな. **Reibungswiderstand** [男] 〔工〕摩擦抵抗.
reich [ライヒ] [形] ([英] rich)金持ちの, 裕福な; (内容の)豊かな; 《**an** *et*³》(…の)豊富な; 豪華な. ✦ ～ ***geschmückt*** 装飾の多い, 飾り立てられた.
Reich [ライヒ] [中] 《-[e]s/-e》([英] empire)帝国, 王国, 国; (特定の)世界, 領域; 〔動・植〕界(かい). ✦ ***ins*** 〈***in das***〉 ～ ***der Fabel gehören*** 作り話〈絵空事〉である. ***ins*** ～ ***der Fabel verbannen*** 〈***verweisen***〉(…を)作り話とみなす.
..reich 「…の多い, …が豊富な」の意.
reichen [ライヒェン] 《reichte; gereicht》❶ [自] ([英] reach)(…まで)届く, 達する; 足りる, 間に合う. ❷ [他] 《*j*³ *et*⁴》(人に…を)差し出す, 手渡す. ✦ ***Mir reicht's!*** /***Jetzt reicht es mir aber!*** /***Nun reicht es aber!*** 《話》もうたくさんだ.
Reichenau (die ～)ライヒェナウ(Bodensee 最大の島).
reich⁼geschmückt [旧] ⇨ reich ✦ ⁼**haltig** [形] 内容豊富な.
reichlich [形] たっぷりした; ゆったりした; 《数詞と》…以上の; 《副詞的》《話》かなり, 非常に, ふんだんに.
Reichs⁼bahn [女] (ドイツ帝国, および旧東ドイツの)国有鉄道. ⁼**kanzler** [男] ドイツ〔帝国〕首相(1871–1945). ⁼**stadt** [女] 〔史〕(1806年までの)帝国直属都市. ⁼**tag** [男] 〔史〕(1871–1945年の)帝国議会; (スウェーデンなどの)国会〔議事堂〕.
reichs⁼unmittelbar [形] 〔史〕神聖ローマ帝国直轄の.
reichte ⇨ reichen
Reichtum [ライヒトゥーム] [男] 《-s/..tümer》([英] wealth)富; 豊かさ; 《[複]》財産.
Reichweite [女] 〔手の〕届く距離; 〔軍〕射程; 〔空〕航続距離; 〔放送〕サービスエリア; 〔理〕(荷電粒子の)飛程.
reif [ライフ] [形] ([英] ripe)(果実などが)熟した, (ワインなどが)熟成した, 食べ〈飲み〉ごろの; 《**für** *et*⁴》(…への)機の熟した; (心身が)成熟した.
Reif [男] ❶ 《-[e]s/》霜. ❷ 《-[e]s/-e》《雅》指輪, 腕輪.
..reif 「…がぜひとも必要な〔ほど悪い状態の〕」の意.
Reife [女] 《-/》成熟, 熟成; 円熟. ✦ ***mittlere*** ～ 中等教育修了.
reifen ❶ [自] (s)(果実などが)熟する, (人が)成熟する, (考え・時機などが)熟す; 《*Es reift.*》霜が降りる. ❷ [他] 《雅》(果実などを)熟させる, (人を精神的に)成熟させる; (たるなどに)たが〈輪〉をはめる.
Reifen [ライフェン] [男] 《-s/-》輪; 腕輪; (新体操の)輪, フープ; ([英] tire)(車の)タイヤ. ⁼**panne** [女] タイヤの破損, パンク. ⁼**wechsel** [男] タイヤ交換.
Reife⁼prüfung [女] 高校卒業〈大学入学〉資格試験. ⁼**zeugnis** [中] 高校卒業〈大学入学〉資格証書.
reiflich [形] 徹底的な, 入念な.
Reifrock [男] (張り骨入りの)フープスカート.
Reigen [男] 《-s/-》輪舞. ✦ ***den*** ～ [***be***]***schließen*** しんがりを務める. ***den*** ～ ***eröffnen*** 《雅》一番手を務める.
Reih [女] ✦ ***in*** ～ ***und Glied*** 隊列を組んで, 整列して.
Reihe [ライエ] [女] 《-/-n》([英] row)列,

R

並び; 整列, 配列; 一連, 連続; 《不定冠詞と》かなり〈いくらか〉の数; ([英] order)順番; 順序; シリーズ; グループ, 仲間; [数] 級数. ✦ ***an der ~ sein / an die ~ kommen*** 順番が回ってくる. ***aus der ~ kommen*** 〈***sein***〉《話》混乱する〈している〉; 気持ちが乱れる〈乱れている〉. ***aus der ~ tanzen*** 〈***fallen***〉《話》自分勝手にふるまう, 決められたことを守らない. ***außer der ~*** 飛び入りで. ***bunte ~ machen*** (会席で)男女を交互に配する. ***der ~ nach / nach der ~*** 順々に, 順番に従って. ***Die ~ ist an*** j^3. 次は(人の)番である. ***in die ~ bringen*** 《話》(…を)修理する; (人を)健康にする. ***in eine ~ mit*** j^3 ***stellen*** 《$sich^4$》(人と)同等になる, (人に)劣らなくなる. ***in einer ~ mit*** j^3 ***stehen*** (人と)同等である. ***nicht in der ~ sein*** 《話》気分が優れない. ***wieder in die ~ kommen*** 復旧する, 直る; 健康を取り戻す.

R

reihen [他] ❶ 《et^4 〈$sich^4$〉》(一列に)並べる〈並ぶ〉, 連ねる〈連なる〉. ❷ (生地などを)粗く縫う, 仮縫いする.

Reihen=fabrikation [女], **=fertigung** [女] 流れ作業式生産. **=folge** [女] 順序, 順番, 序列. **=haus** [中] (同型住宅が連なる)テラスハウス. **=schaltung** [女] [電] 直列接続. **=untersuchung** [女] [医] 集団検診.

reihenweise [副] 《話》たくさん, 多数; 列を成して, 次々に.

Reiher [男] 《-s/-》[鳥] サギ; アオサギ.

reihern [自] 《話》ゲーゲー吐く.

reihum [副] 順々に, ぐるっと.

Reim [ライム] [男] 《-[e]s/-e》([英] rhyme) [詩] 韻, 脚韻; (韻を踏んだ)短詩; 格言. ✦ ***einen*** 〈***seinen***〉 ***~ auf*** et^4 ***machen*** 《話》《$sich^3$》(…を)理解する. ***keinen ~ auf*** et^4 ***machen können*** 《話》《$sich^3$》(…が)分からない.

reimen [他] 《et^4 **auf** et^4》(語と語に)韻を踏ませる; 韻文で書く; 《$sich^4$》韻を踏む; [自] 韻を踏む, 詩作をする. **reimlos** [形] 韻を踏んでいない, 無韻の.

Reim=schmied [男] 《蔑》へぼ詩人.

rein [ライン] ❶ [形] ([英] pure)純粋な, 混ぜ物のない; ([英] clean)清潔な, 汚れていない; 純潔な, けがれのない; まったくの, 純然たる. ❷ [副] 《話》= herein, hinein. ✦ ***im Reinen sein*** 《**mit** j-et^3》(…が)よく分かっている; (人と)話し合いがついている. ***ins Reine bringen*** 《et^4》(…に)けりをつける. ***ins Reine kommen*** けりがつく; 《**mit** j^3》(人と)話し合いがつく; 《**mit** $sich^3$ [selbst]》納得〈決心〉する. ***ins Reine schreiben*** (…を)清書する. ***~ waschen*** 《$sich^4$》身の証しを立てる.

Reineclaude [レネクローデ] [女] 《-/-n》= Reneklode.

Reineke Fuchs [男] 《-/》[文芸] 狐のライネケ(中世ヨーロッパで広く親しまれた動物叙事詩の主人公).

Reinemache=frau [女] (時間給で仕事をする)清掃業者の女性スタッフ.

Reinemachen [中] 《-s/》掃除, 清掃.

Rein=ertrag [男] 純[収]益, 実利, 実益.

reineweg [副] 《話》まったく, まさしく.

Reinfall [男] 《話》期待外れ, 失望.

rein|fallen* [自] (s) 《話》落ちる, 落ち込む; 《**auf** j-et^4》(詐欺[師]などに)ひっかかる.

Reingewinn [男] 純益.

Reinhard 《男名》ラインハルト.

Reinheit [女] 《-/》純粋, 純正; 清潔, きれいさ.

Reinhold 《男名》ラインホルト.

reinigen [ライニゲン] 《reinigte; gereinigt》[他] ([英] clean)きれいにする, 掃除〈清掃, 洗浄〉する; 精製〈精錬〉する; 《$sich^4$ **von** et^3》(…から)足を洗う.

Reinigung [ライニグング] [女] 《-/-en》清掃, 洗浄, 浄化; 精製; 消毒; クリーニング店. **~s=mittel** [中] 洗剤, 洗浄剤; 染み抜き剤.

Reinkultur [女] [生] (菌の)純粋培養: Dummheit in ~ 《話》ばかそのもの.

reinlich [形] きれい好きな; 清潔な; 明確な. **Reinlichkeit** [女] 《-/》きれい好きなこと; 清潔.

reinrassig [形] (動物が)純血種の.

Reinschrift [女] 清書, 浄書.

re=integrieren [他] (前科者・麻薬患者などを)社会復帰させる.

rein|waschen* [他] ⇨ rein ✦

Reis [ライス] ❶ [男] 《-es/ 種類 -e》稲, 米[粒]; ご飯. ❷ [中] 《-es/-er》([小] **Reischen, Reiserchen, Reislein**) 《雅》小枝, 細枝; 若枝; 接ぎ枝〈穂〉.

Reisbrei [男] 米がゆ.

Reise [ライゼ] [女] 《-/-n》([英] travel)旅, 旅行. ✦ ***auf die ~ gehen / sich⁴ auf die ~ machen*** 旅に出る. ***auf die ~ schicken*** 《j^4》(人を)旅立たせる; [陸上] スタートさせる; [球技] (人に)ロングパスをする. ***auf ~n gehen*** 旅に出る. ***auf ~n sein*** 旅行中である. ***die*** 〈***seine***〉 ***letzte ~ an|treten / auf die große*** 〈***letzte***〉 ***~ gehen*** 《雅》死ぬ, 死出の旅につく. ***eine ~ machen*** 旅行する, 旅に出る. ***Gute*** 〈***Glückliche***〉 ***~!*** いい旅〈楽しいご旅行〉を(送別のあいさつ). **=andenken** [中] 旅の記念品〈みやげ〉. **=apotheke** [女] 旅行用医薬品. **=begleiter** [男] 旅の同行者; ツアーコンダクター, (旅行の)添乗員. **=bekanntschaft** [女] 旅で得た知人. **=beschreibung** [女] 紀行文. **=buch** [中] 旅行案内書; (単行本の)旅行記.

Reisebüro [ライゼビュロー] [中] 《-s/-s》旅行社, 観光案内所.

reisefertig [形] 旅支度のできた.

Reise=fieber [中] 《話》旅行前の興奮状態. **=flughöhe** [女] [空] (旅客機などの)巡航飛行高度. **=führer** [男] 旅行案内人, ガイド; 旅行案内書, ガイドブック. **=gepäck** [中] 旅行手荷物. **=gesellschaft** [女] 団体旅行客; 旅の道づれ. **=koffer** [男] 旅行かばん, スーツケース, トランク. **=kosten** [複] 旅費. **=krankheit** [女] 乗り物酔い. **=leiter** [男] 旅行ガイド, 添乗員.

reiselustig [形] 旅行好きの.

reisen [ライゼン] 《reiste; gereist》[自] (s) ([英] travel)旅行する, 旅をする; 旅に出る; 行商する, 外交販売する: geschäftlich 〈in die Ferien〉 ~ 仕事で〈休暇で〉旅行する. ✦ ***Reisen bildet.*** 《諺》旅は人生を豊かにする.

Reisende[r] [ライゼンデ〈ダー〉] [男] [女]

Rektapapier

《形容詞変化》(圐 traveller)旅行者,旅人;乗客;外交販売員,セールスマン. =**Reise-necessaire** 回 (-s/-s)旅行用化粧ポーチ. =**papiere** 圐旅行に必要な書類(旅券・査証・予防接種証明書など). =**pass** 圐 (=**paß**) パスポート,旅券. =**plan** 圐旅行計画. =**scheck** 圐トラベラーズチェック. =**tagebuch** 圐旅日記. =**tasche** 囡旅行かばん,スーツケース. =**verkehr** 圐旅行者の行き来. =**welle** 囡 (観光シーズンなどの)旅行の波. =**ziel** 回旅行の目的地.

Reisfeld 回稲田,たんぼ.

Reisig 回 (-s/) 柴(しば),粗朶(そだ). =**besen** 圐柴(しば)ぼうき.

Reißaus 圐 ♦ ~ **nehmen** 《話》一目散に逃げ出す.

Reißbrett 回製図板.

reißen*[ライセン](**riss**, 圐 riß; **gerissen**)Ⅰ 囮 ❶ (圐 tear) 〈et¹ [in et¹]〉(…を[…に])引き裂く,ちぎる,破る;(et¹ in et¹)(破れ・傷などを…に)引き裂いて作る. ❷〈j³〉et¹ aus 〈von〉 et³〉(…を[人の]…から)もぎ取る,引き抜く. さぎ[ら](j⁴ aus dem Schlaf 〈einen Gedanken〉 ~ 人を眠りからたたき起こす〈物思いから現実へ連れ戻す〉); (et¹ an sich¹)(…を)むりやり手に入れる,奪う. ❸(…へ)急に〈素早く〉動かす (den Fahrrad zur Seite ~ 自転車のハンドルを急に切る); (陸上)(ハードル・バーを)ひっかけて倒す〈落とす〉; (野獣が他の動物に)襲いかかって殺す. Ⅱ 圐 〈sich⁴ um j-et¹〉《話》(…を)[彼らと]手に入れようとする. Ⅲ 圐 (s,h)ちぎれる,裂ける,破れる; 〈an et³〉(…を勢いよく・無理に)引っ張る. ♦ [*innerlich*] **gerissen sein 〈werden〉**《話》心が揺れて決断できない;優柔不断である.

reißend (動きが)激しい,急な.

Reißer 圐 (-s/-) 《映・映画・小説などの》ヒット作; ヒット商品.

reißerisch 圐うけねらう.

Reißfeder 囡 (製図用の)烏口(からす).

reißfest 圐切れ〈裂け〉にくい.

Reiß-leine 囡 (パラシュートの)開き綱; (気球の)ガス抜き弁柴. =**nagel** 圐画鋲(がびょう). =**schiene** 囡 (製図用の)T字定規. =**verschluss** (=**verschluß**) 圐ファスナー,ジッパー. =**wolf** 圐シュレッダー,裁断機. =**zahn** 圐 (猛獣の)牙,日歯(きば). =**zwecke** 囡画鋲(がびょう).

reiste ⇒ **reisen**

Reit-bahn*[ライテン] 囡乗馬場. =**bahn** 囡 馬場.

reiten*[ライテン] (**ritt**, **geritten**) 囮 (s, h) ⟨ride⟩ (et¹)/⟨auf et³⟩ (馬などに)乗って行く〈来る〉; 乗馬をする; 〈et¹〉(馬術競技などに)出場する.

Reiter 圐 (-s/-)(圐 -in)(馬などの)乗り手,騎手; 騎兵; ((南独)) 乾草架; 索引カードのつまみ,ラベル. ♦ **spanischer** ~ 有刺鉄線の柵(さく). =**standbild** 回騎馬像.

Reit-gerte 囡乗馬用むち. =**hose** 囡乗馬ズボン. =**kunst** 囡馬術. =**pferd** 回乗用馬. =**schule** 囡乗馬学校;(南部~〈北〉) メリーゴーランド. =**sport** 圐 (スポーツとしての)乗馬. =**stiefel** 圐乗

馬靴. =**tier** 回乗用動物(馬・ロバ・ラクダなど). =**turnier** 回馬術競技. =**wechsel** 圐《商》騎乗⟨融通⟩手形. =**weg** 圐馬専用の乗馬道. =**zeug** 回《集合的に》乗馬用具.

Reiz [ライツ] 圐 (-es/-e) 刺激; 魅力. ♦ **einen ~ ausüben 〈auf** *j-et¹*⟩ (…を)刺激する; (…の人の心を)ひきつける.

reizbar 囮 刺激に敏感な;怒りっぽい.

Reizbarkeit 囡 (-/) 神経過敏; 短気.

reizen [ライツェン] (**reizte**, **gereizt**) 囮 ❶ (人の)興味⟨関心⟩を引く, (人を)魅惑する, 引きつける;⟨j⁴⟩ **zu** et³ 〈zu et³ zu 不定詞句⟩](人を)刺激して…させる. ❷ (人・動物を)いらだたせる, 挑発する; (身体器官を)刺激する.

reizend [ライツェント] 囮 (圐 charming) 魅力的な,感じのよい: Das ist ja ~! 《反語》これはとんだ結構なことだ.

reizlos 囮 香辛料の効いていない,味のない; 魅力のない,つまらない.

Reiz-mittel 回 刺激⟨興奮⟩剤;誘惑手段. =**schwelle** 囡 刺激閾(いき).

reizte ⇒ **reizen**

Reizung 囡 (-/-en) 刺激; 怒り. =**zvoll** 囮魅力的な,心をそそる.

Reizwort 回 《心》刺激語;刺激的な(人々を刺激する)言葉.

Rekapitulation 囡 (-/-en) 要約; ((生)) 反復発生. **rekapitulieren** 囮 要約して繰り返す: もう一度思い浮かべてみる.

rekeln 囲 ⟨*sich*⁴⟩ 《話》 ゆったりと体を伸ばす.

Reklamation 囡 (-/-en) 苦情, クレーム.

Reklame [レクラーメ] 囡 (-/-n) 宣伝, 広告; 《話》散らし, ポスター, テレビコマーシャル; **für** et¹ ~ **machen** (…の)宣伝をする. =**effekt** 圐広告効果. =**feldzug** 圐広告キャンペーン.

reklamieren 囮 (…について)苦情を言う,クレームをつける; 囲 ⟨**gegen** et¹⟩ (…に)異議を申し立てる.

Rekombination 囡 (-/-en)((遺)) (遺伝子または DNA)組み換え.

rekonstruieren 囮 復元〈再建〉する; (事件などを)再現〈再構成〉する.

Rekonstruktion 囡 (-/-en) 復元, 再建; 再現, 再構成, 復元物.

Rekonvaleszẹnt 圐 (-en/-en) (圐 -in) 回復期にある人. **Rekonvaleszẹnz** 囡 (-/) 回復期.

Rekọrd [レコルト] 圐 (-[e]s/-e) ⟨record⟩[最高記録, レコード]: **einen ~ aufstellen** ⟨**brechen**, **verbessern**⟩ 最高記録を作る⟨破る, 更新する⟩. **Rekọrd..** 「記録的な, 最高の」の意. **Rekọrd..** 圐 (-s/-) レコーダー, 録音器.

Rekọrd-halter 圐 (圐 -in) 最高記録保持者. =**zeit** 囡最高記録のタイム, レコードタイム.

Rekrụt 圐 (-en/-en) (圐 -in) ((軍)) 新兵. **rekrutieren** 囮 ⟨et¹ **aus** j³⟩ (チームなどを[人の中から])組織する; ⟨*sich*⁴ **aus** j³⟩ (チームなどが人から)なっている;(従業員などを)募集する; ((古)) ((新兵を))徴集する.

rektal 囮 《医》直腸の; 直腸による.

Rękta-papier 回記名証券.

=**scheck** [男] 記名〈裏書禁止〉小切手.
=**wechsel** [男] 記名〈裏書禁止〉手形.
Rektion [女] ((-/-en)) 〔文法〕格支配.
Rektor [男] ((-s/-en)) ([女] **-in**)校長;(大学の)学長;〔カトリック〕(教会付属〈経営〉施設の)〔院〕長. **Rektorat** [中] ((-[e]s/-e)) Rektor の職〈任期〉; 学長〈校長〉室.
Relais [リレー] [中] ((-/-)) 〔電〕リレー, 継電器; ((古)) 駅馬車の中継所.
Relation [女] ((-/-en)) 関係, 関連.
relativ [レラティーフ] [形] 相対的な, 比較上の.
relativieren [他] (価値などを)相対化する. **Relativismus** [男] ((-/)) 〔哲〕相対論; 相対主義.
Relativität [女] ((-/-en)) 相互関連性; 相対性. **~s=prinzip** [中] 〔理〕相対性原理. **~s=theorie** [女] 〔理〕相対性理論.
Relativpronomen [中] 〔文法〕関係代名詞.
relaxen [自] くつろぐ, リラックスする.
Relegation [女] ((-/-en)) 退学〈放校〉処分. **relegieren** [他] 退学処分にする.
relevant [形] (特定の視点や関連から見て)重要な, 意味のある.
Relief [中] ((-s/-s, -e)) 〔美〕浮き彫り, レリーフ; 〔地学〕(地表の)起伏, 高低; (起伏を表示した)地表〈海底〉の模型.
Religion [レリギオーン] [女] ((-/-en)) ([英] religion)宗教; 宗教心, 信仰〔心〕.
~s=freiheit [女] 宗教〈信教〉の自由.
~s=unterricht [男] 宗教の授業.
~s=wissenschaft [女] 宗教学.
religiös [レリギエース] [形] ([英] religious) 宗教の, 宗教的な; 信心深い, 敬虔(けいけん)な.
Religiosität [女] ((-/)) 宗教性, 敬虔さ.
Relikt [中] ((-[e]s/-e)) (過去の)名残, 遺物; 〔生〕遺存種; 〔言〕遺存形.
Reling [女] ((-/-s, -e)) (船の)手すり.
Reliquie [女] ((-/-n)) 〔カトリック〕聖遺物.
Remagen レーマーゲン(ドイツ Rheinland-Pfalz 州の工業都市).
Rembrandt van Rijn, レンブラント(1606-69; オランダの画家).
Remilitarisierung [女] ((-/)) 再軍備.
Reminiszenz [女] ((-/-en)) 思い出, 追憶; 類似〔性〕.
remis [レミー] [形] 〔スポ・チェス〕引き分けの.
Remise [女] ((-/-n)) 倉庫, 物置; 車庫.
Remittende [女] ((-/-n)) (落丁・乱丁などによる出版社への)返本.
remittieren [他] (出版社へ不良品を)返本する; [自] 〔医〕(病状が)軽快する.
Remoulade [レムラーデ] [女] ((-/-n)) 〔料〕レムラード(マヨネーズに香辛料を加えたもの).
rempeln [他] ((話)) (相手を)押しのける; 〔サッカー〕(相手に)ショルダーチャージをする.
Remus 〔ロ一神〕レムス.
Ren [中] ((-s/-s, -e)) 〔動〕トナカイ.
Renaissance [レネサーンス] [女] ((-/-n)) ルネサンス, 文芸復興期; (文芸・思想などの)復興〔運動〕.
Rendezvous [ランデヴー, ラーンデヴ] [中] ((-/-)) デート; (宇宙船の)ランデブー.
Rendite [女] ((-/-n)) 〔経〕(投下資本の)利回り; (有価証券などの)利子率.
René ((男名)) ルネ.
Renegat [男] ((-en/-en)) (特にキリスト教からの)改宗者; 転向者; 変節者.
Reneklode [女] ((-/-n)) 〔植〕レーヌクロード(セイヨウスモモの一品種).
renitent [形] 反抗的な.
Renn=bahn [女] 走路, コース. =**boot** [中] 競艇用モーターボート.
rennen* [レネン] ((rannte; gerannt)) [動] ❶ (s)([英] run)走る, 駆ける; 〔スポ〕競走する; (h) ((sich⁴)) 走って(…な状態に)なる; 走って(…を…に)する: [sich³] die Füße wund ~ 走って足を痛める. ❷ ((an 〈gegen〉 j-et⁴)) (…に)ぶつかる, 激突する; ((et⁴ in et⁴)) (刃物などを…に)突き刺す. ✦ *ein Loch in et⁴ ~* ((話)) ((sich³)) (走って…を)痛める. *in et⁴ ~* (知らず知らず破滅などへ向かって)突き進む, 突進する.
Rennen [中] ((-s/-)) 競走, レース. ✦ *Das ~ ist gelaufen.* ((話)) 事は終わった, もう手遅れだ. *das ~ machen* ((話)) 勝つ; 成功する. *gut im ~ liegen* ((話)) いい位置にいる; 優位に立っている.
Renner [男] ((-s/-)) 優秀な競走馬; ((話)) 売れ筋の商品.
Renn=fahrer [男] (自動車・自転車などの)レーサー. =**lenker** [男] (自転車の)競走用ハンドル〔バー〕. =**pferd** [中] 競走馬. =**platz** [男] 競輪〈競馬〉場, スピードレース場. =**rad** [中] 競走用自転車. =**schuh** [男] (陸上競技用の)スパイクシューズ. =**sport** [男] 競走スポーツ(競馬・競輪・オートレースなど). =**stall** [男] 厩舎(きゅうしゃ); ((集合的)) (馬主所有の)競走馬; (自動車レースの)ファクトリーチーム. =**strecke** [女] 競走距離, 競走区間.
rennte ⇨ rennen
Rennwagen [男] レーシングカー.
Renommee [中] ((-s/-s)) 評判; 名声, 声望. **renommieren** [自] ((mit et³)) (…を)自慢する. **renommiert** [形] 評判のよい, 名声の高い.
renovieren [他] (建築物などを)修復〈改修〉する. **Renovierung** [女] ((-/-en)) (建築物などの)修復, 改修.
rentabel [形] 採算のとれる, もうけになる.
Rentabilität [女] ((-/)) 採算性.
Rente [レンテ] [女] ((-/-n)) 年金, 恩給; (資産からの)定期収入(利子・地代・家賃など). ✦ *auf 〈in〉 ~ gehen* ((話)) 年金生活に入る. *auf 〈in〉 ~ sein* ((話)) 年金生活者である. **~n=alter** [中] 年金受給年齢.
~n=empfänger [男] 年金受給者.
Rentier ❶ [中] ((-[e]s/-e)) 〔動〕トナカイ. ❷ [男] ((-s/-s)) = Rentner.
rentieren [再] ((sich⁴)) 利益をあげる, もうかる; 報われる. **Rentner** [男] ((-s/-)) ([女] **-in**)年金生活者.
Reorganisation [女] 再編成, 改組.
reorganisieren [他] 再編成〈改組〉する.
rep. [略] *repartiert* (出資額に応じて)分配〈配当〉された. **Rep.** [略] *Republik*.
reparabel [形] 修理〈修繕〉可能な.
Reparation [女] ((-/-en)) (戦争の)賠償; 〔医〕修復.
Reparatur [レパラトゥーア] [女] ((-/-en)) ([英] repair)修理, 修復, 補修.
reparaturbedürftig [形] 修理〈修繕〉の必要な.
Reparatur=kosten [複] 修理〈修繕〉

費. =**werkstatt** [女] 修理〈整備〉工場.

reparieren [レパリーレン] 《reparierte; repariert》[他] ([英] repair)修理する, 改修〈補修〉する, 直す : den Wagen ~ lassen 車を修理してもらう.

repartieren [他] (費用を)割り当てる; (株などを)割り振る.

repatriieren [他] (捕虜などを)本国へ送還する; (人の)国籍を回復させる.

Repertoire [レペルトアール] [中] 《-s/-s》 レパートリー.

repetieren [他] くり返す, 復習する; [自] 留年する.

Repetier=**gewehr** [中] 自動連発銃.

Replik [女] 《-/-en》 返答, 答弁; 〔法〕 再抗弁; 〔美〕 レプリカ. **Replikation** [女] 《-/-en》 (遺伝物質の)〔自己〕複製.

Report [男] 《-〔e〕s/-e》 報告〔書〕, レポート; 〔商〕 繰り延べ日歩, 順日歩; (繰り延べ取引に際しての相場の)値上がり; (繰り延べ取引の相手から支払われるべき)差額.

Reportage [女] 《-/-n》 ルポルタージュ.

Reporter [男] 《-s/-》 ([女] **-in**)レポーター, ルポライター, 取材記者.

Reportgeschäft [中] 繰り延べ取引.

repräsentabel [形] 堂々とした.

Repräsentant [男] 《-en/-en》 ([女] **-in**)代理人; 代表者; 代議士. **~en**=**haus** [中] 下院.

Repräsentanz [女] 《-/-en》 〔商〕 業務代理, 代理店.

Repräsentation [女] 《-/-en》 代表〔すること〕; 代表〈代理〉機関; 体面を保つこと. **repräsentativ** [形] 代表する, 代表的な; 代表制の; 堂々たる, りっぱな.

repräsentieren [他] 代表する; 表す, 示す; [自] 体面を保つ.

Repressalie [女] 《-/-n》 報復措置. **repressiv** [形] 報復的な, 抑圧的な.

Reprint [男] 《-s/-s》 〔印〕 リプリント〔版〕, 復刻版.

Reprise [女] 《-/-n》 〔楽〕 反復, (ソナタ形式での)再現部; 〔劇〕 再演; 〔映〕 再上映, リバイバル; 〔経〕 (相場の)回復.

Repro [女] 《-/-s》; [中] 《-s/-s》 複製品(< *Repro*duktion).

Reproduktion [女] 《-/-en》 再生, 再現; 〔印〕 複写, 複製; 〔経〕 再生産.

reproduzieren [他] 再生〈再現〉する; 〔印〕 複写〈複製〉する; 〔経〕 再生産する.

Reptil [中] 《-s/-ien (-e)》 〔動〕 爬虫(はちゅう)類. **Reptilienfonds** [男] 《話》 (政府の)機密費, 秘密の買収基金.

Republik [レプブリーク] [女] 《-/-en》 ([英] republic)共和国; 共和制.

Republikaner [男] 《-s/-》 ([女] **-in**)共和主義者; (特に米国の)共和党員.

republikanisch [形] 共和制〈共和国〉の; 共和党〔支持〕の.

Republikflucht [女] (旧東ドイツで)西ドイツへの逃亡.

Repudiation [女] 《-/-en》 〔経〕 (債務履行の)拒否; (国債などの)支払い拒否.

Reputation [女] 《-/》 (よい)評判, 名声.

Requiem [中] 《-s/-s (オーストリア ..quien)》 〔カトリック〕 レクイエム, 死者のためのミサ; 〔楽〕 鎮魂ミサ曲, レクイエム.

requirieren [他] 〔軍〕 (物資などを)徴発する. **Requisit** [中] 《-〔e〕s/-en》 必需品; (映画・演劇の)小道具. **Requisiteur** [レクヴィズィテーア] [男] 《-s/-e》 〔劇〕 小道具係. **Requisition** [女] 《-/-en》 〔軍〕 (物資などの)徴発.

Resektion [女] 《-/-en》 〔医〕 切除.

Reservat [中] 《-〔e〕s/-e》 (動植物の)保護区域; 先住民保留地.

Reserve [女] 《-/-n》 蓄え; 〔商〕 準備〈積立〉金, 予備費; 予備軍; 〔スポーツ〕 補欠, 控え; 控え目な〈打ち解けない〉態度. ✦ ***aus der ~ locken*** (人を)打ち解けさせる. ***in ~ haben* 〈*halten*〉**(…を)予備にとっておく. ***offene ~n*** 正規積立金. ***stille ~n*** 秘密積立金; 《話》 隠し金. =**fonds** [男] 予備基金, 準備金. =**schlüssel** [男] 予備の鍵, スペアキー.

reservieren [レザァヴィーレン] 《reservierte; reserviert》[他] ([英] reserve)取っておく, 残して〈確保して〉おく, 予約する. **reserviert** [形] 予約済みの; 控え目な, 遠慮がちな; 打ち解けない. **Reservist** [男] 《-en/-en》 予備役軍人; 〔スポーツ〕 補欠選手. **Reservoir** [レゼルヴォアール] [中] 《-s/-e》 貯水タンク; ストック.

Residenz [女] 《-/-en》 (君主などの)居城, 邸宅; (君主が居住する)首都. **residieren** [自] (君主が)居城を構える.

Resignation [女] 《-/-en》 あきらめ, 断念; 忍従. **resignieren** [自] あきらめる, 断念する. **resigniert** [形] あきらめきった, 覚悟を決めた.

resistent [形] 〔医〕 抵抗力のある.

Resistenz [女] 《-/-en》 〔医〕 抵抗力; 抵抗運動, レジスタンス.

resolut [形] 決断力のある.

Resolution [女] 《-/-en》 決議〔文〕.

Resonanz [女] 《-/-en》 〔理〕 共鳴, 共振; 反響.

resorbieren [他] 吸収する.

Resorption [女] 《-/-en》 吸収.

Resozialisierung [女] 社会復帰.

resp. [略] *resp*ektive あるいは, または.

Respekt [男] 《-〔e〕s/》 ([英] respect)尊敬, 敬意; (本や手紙などの)余白. ✦ ***~ einflößend*** 尊敬〈畏敬〉の念を起こさせる.

respektabel [形] 尊敬に値する, りっぱな; かなりの, 相当な.

respekt=**einflößend** [旧]⇨ Respekt ✦

respektieren [他] 尊敬する, (…に)敬意を抱く, (立場・見解・決定などを)尊重する; 〔商〕 (手形を)引き受ける.

respektlos [形] 失礼〈無礼〉な. **Respektlosigkeit** [女] 《-/-en》 失礼, 無礼; 失礼〈無礼〉な言動.

Respekts=**person** [女] 尊敬すべき〈りっぱな〉人物; 名士. **Respekt**=**tag** [男] 〔商〕 恩恵日(手形の支払い猶予期間).

respekt=**voll** [形] うやうやしい, 丁重な. =**widrig** [形] = respektlos.

Respiro [男] 《-〔s〕/》 〔商〕 支払い猶予.

Ressentiment [レサンティマーン] [中] 《-s/-s》 ルサンチマン, 怨恨(えんこん), 遺恨(いこん).

Ressort [レソーア] [中] 《-s/-s》 所轄. =**chef** [男], =**leiter** [男] (部・局などの)長.

Rest [レスト] [男] ❶ 《-〔e〕s/-e》 ([英] rest)余り, 残り; (差し引きした)残り, 不足分; 遺物, 名残; 〔数〕 余り; 差; 〔化〕 基. ❷ 《-〔e〕s/-er (スイス -en)》 〔商〕 残品. ✦ ***den***

~ geben《話》(j-et³)(すでに弱っている…に)とどめの一撃をかける，追い討ちをかける．den ~ holen《話》《sich³》病気を悪化させる．Der ~ ist für Sie. おわりは貴方のためにとっておいてください．Der ~ ist Schweigen. これ以上語らない方がいい．

Restaurant [レストラーン] 匣 ⟨-s/-s⟩ (⑥ restaurant) レストラン，料理店．

Restauration 囡 ⟨-/-en⟩ ❶ [レスタウラツィオーン] (絵画・建築物などの)修復，復元;(旧体制への)復古;王政復古．❷ [レストラスィオーン]《話》= Restaurant.

restaurativ 形 復古「主義」的な．

restaurieren 他 (絵画・建築物などを)修復(復元)する;(旧体制)を復活させる．

Rest|bestand 男 在庫量，残高．**=betrag** 男 残額，残高．

Resteverkauf 男 商 残品売り出し．

Rest|forderung 囡 商 残余債権．**=kaufgeld** 中 商 仕入れ残金．**=lager** 中 商 売れ残りの在庫[残品]:(破産者の)残余商品．

restlich 形 残りの，余った．

restlos 形 余すところなく，残らず．

Restriktion 囡 ⟨-/-en⟩ 制限，規制，保留．**restriktiv** 形 制限的な．

Rest|risiko 中 (万全の策を講じたあとの)残余のリスク．

restrukturieren 他 (…の)構造を手直しする，再構成(編成)する;(企業などを)再構築(リストラ)する．**Restrukturierung** 囡 ⟨-/-en⟩ (企業などの)再構築，リストラクチャリング．

Rest|urlaub 男 (取得権利のある)残りの休暇．

Restzahlung 囡 商 残金支払い．

Resultat [レズルタート] 中 ⟨-[e]s/-e⟩ (⑥ result)結果，成果，結論;数 解答．**resultieren** 自 《aus et³》(…から)結果として生じる;《in et³》(…の)結果になる．

Resümee 中 ⟨-s/-s⟩ レジュメ，要約． ◆ das ~ ziehen 総括する．**resümieren** 他 要約する，(…の)要旨を述べる．

Retardat 中 ⟨-[e]s/-e⟩ 商 (支払いの)遅滞分．**retardieren** 他 遅らせる;(…の)進行を妨げる．

retirieren 自 (s) 戯 トイレに行く．

Retorte 囡 ⟨-/-n⟩ 化 レトルト．◆ aus der ~ 人工的な．**~n-baby** 中 試験管ベビー．

retour [レトゥーア] 副 戻って，後ろへ．**Retourkutsche** 囡《話》(売り言葉に対する)買い言葉，しっぺ返し．

retrospektiv 形 回顧的な．

Retrovirus 男 レトロウイルス(RNA遺伝子と逆転写酵素をもつウイルス)．

retten [レッテン] 他 (rettete; gerettet) (⑥ save)救う，救助する．(安全な場所に)保護する，守る;《sich⁴》助かる，逃避する．◆ Bist du noch zu ~?《話》お前，気は確かか．**nicht mehr ~ können**《zu ~ wissen》《sich⁴ vor j-et³》もはや(…から)逃れようがない．**nicht mehr zu ~ sein**《話》もう救いようがない，放って置くしかない．**Rette sich, wer kann!**《話》逃げられる者は逃げろ，自分の身は自分で守れ．**Retter** 男 ⟨-s/-⟩ (囡 -in)救い手，救助者．

Rettich 男 ⟨-s/-e⟩ 植 ダイコン．

Rettung [レットゥング] 囡 ⟨-/-en⟩ (⑥ rescue)救助，救出;行政 救助隊，救急車; j³ ~ bringen 人を救出する． ◆ j²letzte ~ sein《話》(人の)頼みの綱である．**~s-anker** 男 海 予備アンカー;比喩頼みの綱．**~s-boje** 囡 救命ブイ．**~s-dienst** 男 救助活動;救助隊．**~s-gerät** 中 救命具．**~s-gürtel** 男 救命ベルト;安全ベルト．**~s-insel** 囡 大型救命いかだ．

rettungslos 形 助かる見込みのない，絶望的な．

Rettungs-mannschaft 囡 救助隊．**=medaille** 囡 人命救助章《メダル》．**=ring** 男 救命浮き輪．**=wagen** 男 救急車．**=weste** 囡 救命胴衣，ライフジャケット．

Retusche 囡 ⟨-/-n⟩ (写真の)修整．**retuschieren** 他 (写真の)修整する．

Reue [ロイエ] 囡 ⟨-/-⟩ 後悔，悔恨．

reuen [ロイエン] 他 (reute; gereut) 他 (人を)後悔させる，悔やませる．**reuevoll** 形 深く後悔している．

Reukauf 男 商 違約金付き売買．

reumütig 形 後悔している．

reüssieren 自 成功する．

revalieren 他 出費分を回収する;商 補償する，償う;弁済する．**Revalierung** 囡 ⟨-/-en⟩ 補償，補填，代償，賠償;(負債の)弁済，補填(ヘル)．

Revalvation 囡 ⟨-/-en⟩ 経 平価切り上げ．

Revanche [レヴァ[ー]ンシェ] 囡 ⟨-/-n⟩ 報復，仕返し，雪辱(の機会)，リベンジ．**=kampf** 男 雪辱戦;リターンマッチ．

revanchieren [レヴァンシーレン] 再 《sich⁴ für et⁴》(…に)報復する;《sich⁴ [bei j³] für et⁴》(j⁴人に)…のお返しをする．**Revanchismus** [レヴァンシスムス] 男 ⟨-/⟩ (政治上の)報復主義．

Reverenz 囡 ⟨-/-en⟩ (深い)敬意，尊敬;敬礼．

Revers ❶ 中 [レヴェルス] ⟨-/-⟩ ⟨-es/-e⟩ 商 保証書;対証，返り証．❷ 男[レヴェーア] (⟨-/-⟩ [レヴェーア[ス]]/-[レヴェーア[ス]])(背広・コートなどの襟の)折り返し，ラペル．

revidieren 他 検査(点検)する;校閲する，改訂する．

Revier 中 ⟨-s/-e⟩ 所轄地区(区域);警察管区;鉱区;営林区;動物 配慮区域;領域(領域)ははり;軍隊 医務室．

Revirement [レヴィルマーン] 中 ⟨-s/-s⟩ (公務員，特に外交官の)異動;商 (債権者と債務者間の)相殺;差引勘定．

Revision 囡 ⟨-/-en⟩ 検査，点検，監査，校閲;修正;改訂;法律 上告．

Revisor 男 ⟨-s/-en⟩ 検査官，点検官，監査員;校正者．

Revolte 囡 ⟨-/-n⟩ 反乱，暴動．

revoltieren 自《gegen j-et³》(…に反乱，暴動を)起こす;(…に)反抗する．

Revolution [レヴォルツィオーン] 囡 ⟨-/-en⟩ (⑥ revolution)革命;変革．

revolutionär 形 革命の;革命的な．

Revolutionär 男 ⟨-s/-e⟩ (囡 -in)革命家;改革者．**revolutionieren** 他 (…に)革命をもたらす．

Revolutions=führer 男 革命の指導者. **Revoluzzer** 男 ⟨-s/-⟩ [蔑] 革命家気取りの人.

Revolver 男 ⟨-s/-⟩ リボルバー, 回転式連発け銃; [口] タレットヘッド.

Revue [レヴュー] 囡 ⟨-/-n⟩ [劇] レビュー; 評論雑誌. ◆ ~ **passieren lassen** (…を)次々に思い浮かべる.

Reykjavik レイキャビク(アイスランドの首都).

Rezensent 男 ⟨-en/-en⟩ (囡 **-in**) (書物・映画・演劇などの)批評家, 評論家.

rezensieren 他 批評(論評)する.

Rezension 囡 ⟨-/-en⟩ (書物・映画・演劇などの)批評, 評論. **~s-exemplar** 中 書評用贈呈本.

Rezept [レツェプト] 中 ⟨-[e]s/-e⟩ (囡 prescription) [医] 処方箋(せん); [料] 調理法(説明書), レシピ.

rezeptfrei [レツェプトフライ] 形 (薬が)処方箋(せん)が不要の. **rezeptieren** 他 (薬を)処方する.

Rezeption [レツェプツィオーン] 囡 ⟨-/-en⟩ 受け入れ, 受容; (ホテルの)フロント, 受付.

rezeptiv 形 受容の, 受容的な; 感受性豊かな, 敏感な.

Rezeptpflicht 囡 (薬の販売時の)医師の処方箋(せん)提示の義務. **rezeptpflichtig** 形 (薬の)処方箋の必要な.

Rezession 囡 ⟨-/-en⟩ [経] 景気後退.

rezessiv 形 [生] 劣性の.

rezipieren 他 受け入れる, 受容する.

reziprok 形 相互の; 相関的な; 逆の.

Reziprozität 囡 ⟨-/⟩ 相互主義.

Rezitation 囡 ⟨-/-en⟩ 朗読, 朗唱, 朗詠. **Rezitativ** 中 ⟨-s/-e⟩ [楽] レチタティーヴォ, 叙唱. **Rezitator** 男 ⟨-s/-en⟩ (詩歌などの)朗読(朗詠)者. **rezitieren** 他 (詩歌などを)朗読(朗詠)する.

R-Flucht 囡 = Republikflucht.

R-Gespräch 中 料金受信者払い通話, コレクトコール.

Rgt. 略 *Regiment* 連隊. **rh** 略 *Rh*esusfaktor negativ [医] Rh マイナス因子. **Rh** 略 *Rh*esusfaktor positiv [医] Rh プラス因子; [記号] ロジウム(元素名⟨*Rhod*ium⟩).

Rhabarber 男 ⟨-s/-⟩ [植] ダイオウ(大黄), [園](根茎は薬用).

Rhapsodie 囡 ⟨-/-n⟩ 狂想詩(曲).

Rhein [ライン] (der ~)ライン(スイスからドイツ・オランダを経て北海に注ぐ川). **-fall** (der ~)ライン瀑布(ばく)(スイスのSchaffhausen の近くにある滝).

Rheingau (das ~)ラインガウ(ドイツRheinland–Pfalz 州の丘陵地).

Rhein-Herne-Kanal (der ~)ライン=ヘルネ運河.

Rheinhessen ラインヘッセン(Rheinland–Pfalz 州に属する).

rheinisch 形 ライン[川]の.

Rheinland (das ~)ラインラント(1946年までは Preußen の州; それ以後は Nordrhein-Westfalen 州と Rheinland–Pfalz 州に分かれた: 略 Rhld.).

Rheinland-Pfalz ラインラント=プファルツ(ドイツ中西部の州).

Rhein-Main-Donau-Groß-

schifffahrtsweg (⊕ ..**schiffahrts**..)(der ~)ライン=マイン=ドナウ運河(Rhein 川と Donau 川を結ぶ).

Rhein-Marne-Kanal (der ~)ライン=マルヌ運河.

Rheinpfalz (die ~)ラインプファルツ(かつての伯爵領で, 現在は Rheinland–Pfalz 州に属する).

Rhein-Rhone-Kanal (der ~)ライン=ローヌ運河.

Rheinschifffahrt (⊕ = **schiffahrt**) 囡 ライン川の水運; ライン川の船旅.

Rheinseitenkanal (der ~)ライン側設運河(Elsaß 地方の運河).

Rhenium 中 ⟨-s/⟩ レニウム(元素名: [記号] Re).

Rheostat 男 ⟨-[e]s/-e (-en/-en)⟩[電] レオスタット, 可変抵抗器.

Rhesus=faktor 男 [医] Rh 因子.

Rhetorik 囡 ⟨-/⟩ 修辞学.

rhetorisch 形 修辞学の, 修辞的な; 美辞麗句の.

rheumatisch 形 リウマチ性の.

Rheumatismus 男 ⟨-/..men⟩, **Rheuma** 中 ⟨-s/⟩ [医] リウマチ.

Rhinozeros 男 ⟨-/-ses/-se⟩ [動] サイ; [話] まぬけ, 愚か者.

Rhld. 略 *Rhein*land.

Rhodesien ローデシア(今日の Sambia および Simbabwe).

Rhodium 中 ⟨-s/⟩ ロジウム(元素名: [記号] Rh).

Rhododendron 男 中 ⟨-s/..dren⟩[植] シャクナゲ(石楠花).

Rhombus 男 ⟨-/..ben⟩ [数] ひし形.

Rhön (die ~)レーン(Hessen 州と Bayern 州の境に横たわる山地).

Rhonchus 男 ⟨-/-⟩ [医] (肺部聴診の際の)水泡音, ラッセル音, 乾音.

Rhone (die ~)ローヌ(フランス南部を南に流れて地中海に注ぐ川). **Rhonetal** (das ~)ローヌ渓谷.

Rhythmen ⇨ Rhythmus

Rhythmik 囡 ⟨-/⟩ リズム論, 律動法; リトミック, リズム体操. **rhythmisch** 形 リズミカルな; リズムの, リズムに関する.

Rhythmus [リュトムス] 男 ⟨-/..men⟩ (囡 rhythm)リズム, 律動. **~gefühl** 中リズム感.

RIAS [リーアス] [略] ベルリンの旧アメリカ管理地区放送; < *R*undfunk *im amerikanischen Sektor*).

Riboflavin 中 ⟨-s/⟩ [生化] リボフラビン. **Ribonuklein=säure** 囡 [生化] リボ核酸, [略] RNS.

Ribose 囡 ⟨-/-n⟩ [生化] リボース.

Ribosom 中 ⟨-s/-en⟩ [生化] リボソーム(細胞質に含まれ, たんぱく質とリボ核酸からなる微小粒子).

Richard [男名] リヒャルト.

Richt=antenne 囡 [電] 指向性(ビーム)アンテナ.

richten [リヒテン] (richtete; gerichtet) ❶ 他 (direct) (…を…へ(に))向ける, 調整する; 修復する; [軍] 整える, 仕立てる; [真っすぐに]立てる; [雅] (人を)裁く; 処刑する. ❷ 再 《*sich*¹》(…に)向く; 《*sich*⁴ *nach j-et*³》(…に)従って行動する, (…)次第である; 《*sich*¹》身仕度をする;

《sich⁴ selbst》《雅》自決する. ❻《雅》《über j-et⁴》(…について)裁く.
Richter [リヒター] 男 《-s/-》 (女 -in) (judge)裁判官, 判事; ⇒審判員.
richterlich 裁判官の, 司法の.
Richter|spruch 男 判決. **=stuhl** 男 裁判官席〔判事席〕;法廷.
richtete ⇒ richten
Richt|fest 中 上棟式. **=funk** 男 中 指向性無線.
richtig [リヒティヒ] I 形 ❶ (英 right) 正しい, 正当な;《話》(気持を)trefffen 核心を突く. ❷ 適切な《に》ふさわしい《に》, きちんと: Du bist mir gerade der (die) Richtige!おまえは使いものにならない. ❸ 正真正銘の, 本当の. II 副 《話》❶ とても, まったく. ❷ 案の定. 果たして. ◆ nicht ganz ~ [im Kopf (im Oberstübchen)] sein《話》頭がどうかしている. Richtig! そのとおり. **= gehend** (時計が)正確な. **= liegen** 予期し通りである. **= stellen** 《を》正しくする, 訂正する.
Richtig|befinden 中 商 確認, 照合.
richtiggehend 形 《話》本当の, まったくの. ⇒ richtig
Richtigkeit 女 《-/》正しい, 正当性. ◆ Damit hat es seine ~. それは正しい.
richtig|liegen*, **=stellen** ⇒ richtig ◆
Richt|linie 女 方針, 規約. **=preis** 男 標準〔適正〕価格;(生産者の)希望価格;暫定価格. **=schnur** 女 測鉛; 《雅》規範, 基本線. **=strahler** 男 電 ビームアンテナ.
Richtung [リヒトゥング] 女 《-/-en》 (英 direction) 方向, 方角;(政治・芸術などの)傾向, 流れ; 流派 : aus allen ~en 四方八方から | in ~ Berlin fahren ベルリンの方へ行く. **=s|kampf** 男 (政党内などの)路線闘争.
richtungweisend 形 方向〔方針〕を示す, 指針となる.
Richt|wert 男 基準値. **=zahl** 女 標準値.
Ricke 女 《-/-》《独》 ノロ〔ジカ〕の雌.
rieb, riebe ⇒ reiben
riechen* [リーヒェン] 《roch; gerochen》動 (英 smell) ❶ においがする(aus dem Mund ~ 口から臭い | nach Schweiß (Alkohol) ~ 汗(酒)くさい); ❷ 《話》《nach et³》(…が)疑われる. ❷《an et³》(…の)においをかぐ;《et⁴》嗅ぎ取る. 察知する. ◆ Du darfst mal dran ~. 《話》(あげなければ)見るだけならいいよ. **nicht ~ können** 《j-et³》(…を)好きになれない;(…を)予測できない.
Riecher 男 《-s/-》《話》鼻, 嗅覚. ◆ einen guten 〈den richtigen〉 ~ haben [für et⁴] 《話》(…に対する)鋭い.
Ried 中 《-[e]s/-e》《独》 ヨシ, アシ(草);(ヨシなどの生えた)沼沢地, 湿地.
rief, riefe ⇒ rufen
Riefe 女 《-/-n》 溝, 筋目. **riefeln** 動《に》溝(筋目)をつける.
Riege 女 《-/-n》 《独》組, チーム.
Riegel 男 《-s/-》かんぬき (ドアなどの差し込み〈スライド〉錠);(ドアロックの)舌;電

封鎖線, 防御線;《二》(フリーキックに対する)壁;棒ブロ一. (コートなどの)飾りベルト.
◆ einen ~ vorschieben 《j-et³》(…を)やめさせる.
Riemen [リーメン] 男 《-s/-》 ❶ (女 Riemchen)細帯, 平ひも;革ひも, ベルト;(靴の)革ひも;《口》[伝動]ベルト;《独》《縦長の》床材;《話》長大な書類〔記事〕. ❷ (舟の)オール, かい, ろ. ◆ am ~ reißen 《sich⁴》ひとふんばりする:ぐっとこらえる. **den ~ enger schnallen**《sich³》 ベルトをきつく締めねばならぬ:《話》出費〈生活〉を切り詰める. **in die ~ legen**《sich⁴》《話》張り切って働く, 全力を尽くす.
Riese [リーゼ] 男 《-n/-n》 (女 -sin) (英 giant) 巨人, 大男, 巨漢;巨木, 高山, 巨大建築:《=》 巨星;巨大企業. 男 《-n/-n》(木材搬出用の)滑り道. ◆ nach Adam ~《話》正確に計算して.
Rieselfeld 中 下水濯漑《二》農地.
rieseln 動 (h, s)さらさら〈ちょろちょろ〉流れる.
Riesen.. [リーゼン] 『巨人の一, 巨大な一, 非常な一;ものすごい一』の意.
Riesen|arschloch 中 《卑》大まぬけ, 大ばか. **=erfolg** 男 大成功;大当たり. **=felge** 女 (体操)(鉄棒の)大車輪. **=gebirge** (das) ~ リーゼンゲビルゲ (ポーランドとチェコの国境にまたがる山地). **=gewinn** 男 《話》巨額の利益. **riesen|groß** 形 巨大な. **=haft** 形 巨人のような, 巨大な;法外な.
Riesen|krach 男 《話》ものすごい音, 大騒音;大げんか, 大騒動. **=rad** 中 (遊園地の)大観覧車. **=schlange** 女 大蛇, うわばみ. **=schritt** 男 《話》大きな歩幅. **=slalom** 男 《二》大回転競技. **=unternehmen** 中 《話》巨大企業.
riesig [リーズィヒ] 形 (英 gigantic) 巨大な;《話》もすごい, 法外な.
Riesin 女 《-/-nen》 Riese の女性形.
Riesling 男 《-s/-》 (白ワイン用の)リースリング種のブドウ;リースリングワイン.
riet, ⇒ **raten riete** ⇒ **raten**
Riff 中 《-[e]s/-e》岩礁, 暗礁;浅瀬;《地学》リーフ.
Riffel 女 《-/-n》麻櫛《二》, 亜麻こき;(牧体表面の)波状文紋様, うねり. **riffeln** (亜麻を)すく;(…に)波形の起伏をつける.
Riga リガ(ラトヴィアの首都).
Rigi (der 〈die〉 ~) リーギー(スイス中部Schwyz 市西方の山塊).
rigoros [リゴロース] 形 厳然たる, 厳しい;容赦ない.
Rikscha 女 人力車.
Rilke Rainer Maria. リルケ (1875–1926; ドイツの詩人).
Rille 女 《-/-n》 (細い)溝, 刻み目;(皮膚の)しわ.
Rimesse 女 《-/-n》 《商》〔為替〕送金為替, 為替手形. **=n|wechsel** 男 《商》送金手形, 為替.
Rind [リント] 中 《-[e]s/-er》 牛;《話》牛肉.
関連語 Roastbeef 中 サーロイン; Renderfilet 中 ヒレ肉; Rinderkeule 女 もも肉; Rinderbug 男 肩肉; Rinderbrust 女 ブリスケ; Rinderkamm 男 首肉;Fehlrippe 女 肩ロース; Spannrippe 女 肉; Haxe 女 すね肉

Rinde [女] 《-/-n》 樹皮; (チーズ・パンの)皮; 〔医〕皮質.
Rinder ⇨ Rind =**braten** [男] 〔料〕ローストビーフ. =**filet** [中] 〔料〕牛のヒレ肉. =**wahnsinn** [男] 《話》狂牛病.
Rind=fleisch [リントフライシュ] [中] 《-[e]s/》 ([英] beef)牛肉. =**leder** [中] 牛革. =**vieh** [中] 《集合的》牛; 《蔑》ばか.
rinf. [略] *rin*forzando.
Ring [リング] [男] 《-[e]s/-e》 ([小] Ringelchen, Ringlein)([英] ring)指輪; 輪, 環; 環状道路; 〔ボクシ〕リング; 《複》〔体操〕つり輪; 組合, 連合〔体〕; 〔経〕企業連合; サークル, 同好会. ✦ *die ~e tauschen* 〈*wechseln*〉《雅》指輪を交わす, 結婚する. =**bahn** [女] 〔鉄道〕環状線. =**buch** [中] ルーズリーフ, リングブック. =**ecke** [女] (ボクシングなどの)リングのコーナー.
Ringel [男] 《-s/-》 (らせん状の小さな)輪; 巻き毛; 巻きパン. =**blume** [女] 〔植〕キンセンカ(金盞花).
Ringel=locke [女] 巻き毛.
ringeln [他] 輪にする; 《*sich*[4]》 輪になる; 巻く; 巻きつく.
Ringel=reihen [男] 手をつないで輪になって踊る遊び. =**spiel** [中] 《オーストリア》メリーゴーラウンド. =**taube** [女] 〔鳥〕モリバト. =**wurm** [男] 〔動〕環形動物(ミミズなど).
ringen* ❶ [自] 格闘する; 取っ組み合いをする; 《**nach** *et*[3]/**um** *et*[4]》 (…をめざして)努力する. ❷ [他] 《雅》(絶望や悲しみで両手を)もみ合わせる: j^3 *et*[4] **aus** der Hand ~ 人の手から…を奪い取る. ❸ [再] 《*sich*[4] **von** 〈**aus**〉 *et*[3]》 (言葉などが…から)漏れる. **Ringen** [中] 《-s/》 格闘; レスリング; 相撲; 奮闘, 努力. **Ringer** [男] 《-s/-》 格闘者, レスラー, 力士.
Ringerlösung [女] 〔医〕リンゲル液.
Ringfinger [男] 薬指. **ringförmig** [形] 環状の, 輪状の. **Ringkampf** [男] 〔スポ〕格闘技; 《話》取っ組みあい.
Ring=mauer [女] (城塞や都市の)環状囲壁. =**richter** [男] (ボクシングの)審判, レフェリー, ジャッジ.
rings [副] まわりに, ぐるりと.
Ringseil [中] リングのロープ.
ringsherum [副] ぐるりと; まわりを取り囲んで.
Ringstraße [女] 環状道路.
rings=um [副] = ringsherum. =**umher** [副] = ringsherum.
Rinne [女] 《-/-n》 溝; 導水路; (船の)水路; 雨どい; 〔狩〕(猛禽(もうきん)用の)捕獲網.
rinnen* [リネン] 《**rann**; **geronnen**》[自] (s)(静かに)流れる, (ゆるやかに)流れ落ちる; 水漏れがする.
Rinnsal [中] 《-[e]s/-e》 《雅》細い流れ; 小川, 細流.
Rinnstein [男] (道路の)側溝; (歩道の)縁石. ✦ *im ~ enden* 〈*landen*〉落ちぶれる.
R.I.P., RIP [略] *requiescat in pace* 安らかに眠らんことを.
Rippchen (→ Rippe) [中] 《-s/-》 〔料〕(特に豚の)骨付きあばら肉.
Rippe [リッペ] [女] 《-/-n》 ([小] Rippchen)([英] rib)肋骨(ろっ), あばら; (暖房器などの)フィン; 〔工・建〕リブ; 〔植〕葉肋. ✦ *nicht aus den ~n schlagen* 〈*schneiden, schwitzen*〉 *können* 《話》《*sich*[3] *et*[4]》(お金などを)どこから工面したらよいのか分からない. *nichts auf den ~n haben* 骨と皮ばかりにやせている. **~n=fell** [中] 〔医〕胸膜. **~n=fellentzündung** [女] 〔医〕胸膜炎. **~n=speer** [男] [中] (豚の)塩漬けばら肉. **~n=stoß** [男] わき腹をつつくこと.
Risiko [リーズィコ] [中] 《-s/-s, ..ken; オーストリア Risken》 ([英] risk)危険, リスク; 冒険: auf eigenes ~ 自己の危険負担で, 自分の責任で. ✦ *das ~ laufen* リスクを冒す, 冒険をする. *ein* 〈*kein*〉 *~ ein|gehen* 危険を冒す〈冒さない〉.
Risiko.. 「危険にさらされた…; 危険となる…」の意.
Risikofaktor [男] 危険要因〈因子〉.
risiko=frei [形] 危険のない. =**freudig** [形] 好んで危険に挑む, 危険を恐れない.
Risiko=geburt [女] (母子の生命の危険を伴う)リスク分娩. =**gesellschaft** [女] 危険要因をはらむ社会. =**gruppe** [女] (病気の感染など)危険度の高いグループ.
risikolos [形] 危険のない.
Risiko=management [中] 危険管理, リスクマネジメント. =**potenzial** [中] 危険の可能性, 潜在的な危険. =**prämie** [女] 〔経〕危険割増金. =**verteilung** [女] 〔経〕危険分配.
riskant [形] 危険を伴う.
Risken ⇨ Risiko
riskieren [リスキーレン] 《riskierte; riskiert》[他] ([英] risk)あえてする; (…の)危険を冒す.
Riskontro [中] 《-s/..tri》 〔商〕決済, 清算; 在荷明細書, 商品在高帳.
Rispe [女] 《-/-n》 〔植〕円錐(えんすい)花序.
riss ([旧] **riß**) ⇨ reißen
Riss ([旧] **Riß**)[リス] [男] 《Risses/Risse》 ひび, 割れ目, 裂け目, 破れ目; (皮膚の)ひび, あかぎれ; 〔工・数〕図面; 設計図.
risse ⇨ reißen
Risse, Risses ⇨ Riss
rissig [形] 裂け目〈ひび〉の入った.
Riss=wunde ([旧] **Riß**=) [女] 裂創(れっそう).
Rist [男] 《-es/-e》 足の甲; 手の甲.
rit. [略] *rit*ardando; *rit*enuto.
ritard. [略] *ritard*ando.
ritardando [副] 〔楽〕リタルダンド, しだいに速度をゆるめて([略] rit., ritard.).
Riten ⇨ Ritus
riten. [略] *riten*uto.
ritenuto [副] 〔楽〕リテヌート, ただちに速度をゆるめて.
Ritratte [女] 《-/-n》 〔商〕戻り手形, 逆手形.
ritt ⇨ reiten
Ritt [男] 《-[e]s/-e》 乗馬; 遠乗り, 騎馬. ✦ *auf einen ~/in einem ~* 《話》ひと息に. *ein ~ über den Bodensee* 無謀な企て.
ritte ⇨ reiten
Ritter [リター] [男] 《-s/-》 ([英] knight) (中世の)騎士; (騎士教団の)騎士; 貴婦人に仕えるナイト; (古代ローマの)騎兵; (高位勲章の)受勲者. ✦ *arme ~* フレンチトースト.
Ritter=burg [女] 騎士の居城. =**dichtung** [女] (中世の)騎士文学. =**gut** [中] 〔史〕騎士領. =**kreuz** [中] (ナチス時代の)

ritterlich

騎士鉄十字勲章.
ritterlich 形 騎士の〔階級〕の;騎士道にかなった;(女性に対する)礼儀心得た.
Ritter-orden 男 ((中古))(十字軍時代の)騎士団,騎士修道会. **-schlag** 男 ((史)) 刀礼(刀で肩を軽く打つ騎士任式). **-sporn** 男 ((植)) ヒエンソウ.
Rittertum 中 ((-(e)s/)) 騎士制度;騎士社会;騎士文化,騎士道;騎士階級.
rittlings 副 馬乗りになって.
Ritual 中 ((-s/-e, -ien)) = Ritus; ((口)) 典礼儀式書;決まりきったしぐさ. **rituell** 形 儀式〔次第〕の;形式的な; 壮厳な. **Ritus** 男 ((-/Riten)) (宗教上の)儀式, 典礼.
Ritz 男 ((-es/-e)) 引っかき傷, ひっかき傷, ひび;= Ritze. **Ritze** 囡 ((-/-n)) 割れ目, 裂け目, すき間. **Ritzel** 中 ((-s/-)) ((工)) 小歯車, ピニオン.
ritzen 他 (…の表面に)掻(き)傷をつける;(…に)ひび(割れ目)を入れる;刻みつける, 彫り込む;(自分で)うまく処理する. ◆ **Die Sache ist geritzt.** ((話)) 一件落着だ.
Rivale 男 ((-n/-n)), **-lin** 囡 競争相手, 好敵手, ライバル. **rivalisieren** 自 [mit j²um e⁴] (人と…で)競(きそ)う, 張り合う. **Rivalität** 囡 ((-/-en)) 対抗, 競争.
Rizinus 男 ((-/-, -se)) ((植)) トウゴマ, ヒマ;= Rizinusöl. **-öl** 中 ヒマシ油.
r.-k. = römisch-katholisch ((ラテン)) ローマ・カトリック教会の. **RK** = Rotes Kreuz 赤十字(社). **rm** = Raummeter. **RM** ((記号)) = Reichsmark. **Rn** ((記号)) ラドン(元素名＜Radon). **RNS** ((記号)) Ribonukleinsäure リボ核酸.
Roastbeef 中 ((-s/-s)) ((料)) ローストビーフ.
Robbe 囡 ((-/-n)) ((動)) 鰭脚(ひれあし)類(アザラシ・オットセイ・セイウチなど).
robben 自 (h, s) 匍匐(ほふく)前進する.
Robe 囡 ((-/-n)) (裁判官・聖職者などの)ガウン, ローブ; ((服)) ローブデコルテ.
Robert 男名 ロベルト.
Robinsonade 囡 ((-/-n)) ((文芸)) ロビンソンクルーソー風の冒険物語風.
roboten 自 ((話)) 重労働をする. **Roboter** 男 ((-s/-)) ロボット. **roboterhaft** 形 ロボットのような(ぎこちない動作など).
robust 形 (人が)じょうぶな, たくましい; (物が)頑丈な.
roch ⇒ **riechen**
Rochade 囡 ((-/-n)) ((チェス)) キャスリング; ((スポ)) ポジション入れ替え.
röche ⇒ **riechen**
röcheln 自 のどをゼイゼイ(ゴロゴロ)鳴らす, あえぐ.
Rochen 男 ((-s/-)) ((魚)) エイ.
rochieren 自 ((チェス))キャスリングする; (h, s) ((スポ))ポジションチェンジする.
Rock [ロック] 男 ((-(e)s/Röcke)) ❶ ((◎ Röckchen)) ((◎ skirt)) スカート; ((方)) (男物の)上着. ❷ ((-s/-[s])) ((◎)) ロック音楽: ロックンロールダンス. ◆ **hinter jedem ~ herlaufen** 〈**her sein**〉 女と見ればしりを追い回す.
Rocken 男 ((-s/-)) (紡ぎ車の)糸巻き棒.
Rocker 男 ((-s/-)) 暴走族.

Rock-schoß 男 (えんび服など)のすそ. ◆ **sich⁴ an j² ~ hängen** (人に)付きまとう;(人に)頼りきっている. **-zipfel** 男 スカート(ドレス)のすそ. ◆ **an j² hängen** ((話)) (人に)付きまとう;(人に)頼りきっている. 〔**gerade noch**〕 **am** 〈**beim**〉 **~ halten** 〈**erwischen**〉 ((話)) (立ちさろうとする人を)引きとめる.
Rodel 男 ((-s/-)) ((南部・スイス)) 小型そり, リュージュ.
Rodeland 中 開墾地.
Rodelbahn 囡 そりの滑走路.
rodeln 自 (h, s) そりで滑走する.
Rodelschlitten 男 (小型の)そり, リュージュ.
roden 他 開墾する;(樹木の)根を掘り起こす;(根菜類を)掘り上げる, 収穫する.
Rodung 囡 ((-/-en)) 開墾; = Rodeland.
Rogationes 複 ((カト)) (キリスト昇天日に先立つ三日間の)祈願行列.
Rogen 男 ((-s/-)) (魚の)腹子(はらご).
Rogener 男 ((-s/-)) (子もちの)雌魚.
Roggen 男 ((-s/ 種類)) ライ麦. =**brot** 中 ライ麦パン.
Rogner 男 ((-s/-)) = Rogener.
roh [ロー] 形 ((-er/-e[st])) ❶ ((◎ raw))生(の);加工していない, 未処理の;大ざっぱな;粗野な.
Roh-bau 男 (壁・屋根・天井などだけの)粗造りの建築(物), 骨組み. =**baumwolle** 囡 原綿. =**daten** 複 (未処理の)生データ. =**eisen** 中 銑鉄(せんてつ).
Roheit 囡 = Rohheit.
Roherz 中 原鉱, 粗鉱.
rohest ⇒ **roh**
Rohgewicht 中 (加工前の)素材重量.
Rohheit 囡 ((-/-en)) 粗野, 粗暴;粗野な(粗暴な)言動.
Roh-kost 囡 生野菜, 果物. = **köstler** 男 菜食主義者.
Rohling 男 ((-s/-e)) ((蔑)) 乱暴者; ((工)) (仕上げ前の)半加工品.
Roh-material 中 = Rohstoff. =**produkt** 中 半製品; 原料品.
Rohr [ローア] 中 ((-(e)s/-e)) (⓪ Röhrchen)) ❶ アシ, ヨシ;ガマ;アシの茂み. ❷ ((◎ pipe, tube)) 管, パイプ;銃身, 砲身; ((南部・スイス)) オーブン. ◆ **ein ~ verlegen** ((俗)) 排便する. **ein schwankendes ~ im Wind sein** 風に揺れるアシのようである, 容易に決心がつかない. **volles ~** ((俗)) 全速力で. =**bruch** 男 (ガス・水道などの)導管の破裂.
Röhrchen 中 ((-s/-)) Rohr の縮小形;Röhre の縮小形.
Rohrdommel 囡 ((-/-n)) ((鳥)) サンカノゴイ(サギ科).
Röhre [レーレ] 囡 ((-/-n)) (⓪ Röhrchen)) ((◎ pipe, tube)) 管, パイプ;オーブン;電子管(真空管・ネオン管など); ((話)) テレビ; (モグラなどの)地下通路. ◆ **in die ~ gucken** 〈**sehen**〉 ((話)) (分け前をもらえず)に指をくわえて見ている;テレビを見る. **kommunizierende ~n** ((口)) 連通管.
röhren 自 (シカが交尾期に)鳴く; ((俗)) (人が)どなる; ((話)) (エンジンなどが)うなる.

Röhrenknochen [男] 〘医〙 管状骨.
Rohrgeflecht [中] 籐(とう)細工.
Röhricht [中] 《-s/-e》 ヨシ〈アシ〉の茂み.
Rohr=kolben [男] 〘植〙 ガマ属. **=leger** [男] 配管工. **=leitung** [女] 配管, パイプライン. **=möbel** [中] 竹〈籐(とう)〉細工の家具. **=netz** [中] 配管網, 管路. **=post** [女] 《-/》 気送便[装置](パイプ網を通じて書類を空気力で送達する). **=sänger** [男] 〘鳥〙 ヨシキリ. **=spatz** [男] 〘鳥〙 オオジュリン(ホオジロ科). ✦ *wie ein ~ schimpfen* 大声でわめく. **=stock** [男] 籐(とう)のむち. **=stuhl** [男] 籐(とう)いす. **=zucker** [男] 蔗糖(しょとう).
Roh=seide [女] 生糸. **=stoff** [男] 原料. **=zucker** [男] 粗糖. **=zustand** [男] 未加工状態.
Rokoko [中] 《-[s]/》 ロココ(18世紀の装飾的芸術様式).
Roland 《男名》 ローラント.
Rolladen [旧]= Rollladen.
Roll=bahn [女] 〘空〙 滑走路; 〘軍〙 (臨時の)軍用補給道路. **=brett** [中] スケートボード.
Rolle [ロレ] [女] 《-/-n》 ([小] **Röllchen**) ❶ ([英] role)(劇の)役; 役割; 役目; 立場. ❷ ロール, 巻いたもの, 丸めたもの; (家具の)キャスター; ころ; 滑車. ❸ 〘空〙(曲芸飛行の) 〘体操〙 回転; (曲芸飛行の)横転. ✦ *aus der ~ fallen* 《話》 はしたないことをする. *eine ~ spielen* 重要である; 《**bei** *et*³》 (…において)一つの役割を果たしている. [*gern*] *eine* [*große*] *~ spielen mögen* 〈*wollen*〉出しゃばりである. *in j*² *~ versetzen* 《*sich*⁴》 (人の)身になって考える. *keine ~ spielen* 重要〈大事なこと〉ではない. *seine ~ ausgespielt haben* もはや名声〈地位〉を失っている.
rollen [ロレン] 《rollte; gerollt》 [動] ❶ ([英] roll)(s)転がる, 転がって行く; 転がす, 転がして移動させる; 《*sich*⁴》 転がって行く, 転げ回る; (s)(車などが)動く, 走る; (涙などが)流れる. ❷ 巻く, 丸める; 《*et*⁴ **zu** *et*³》 (…を丸めて…を)作る; 《*et*⁴ **in** *et*⁴》 (…を…に)くるむ. ❸ 《*et*⁴/ **mit** *et*³》 (頭・目などを)ぐるぐる回す; 《*et*⁴》 (R 音を)巻き舌で発音する. ✦ *ins Rollen bringen* 《話》 (…を)動きださせる. *ins Rollen kommen* 《話》 動きだす.
Rollen=besetzung [女] 配役, キャスティング. **=lager** [中] 〘工〙 ローラーベアリング. **=spiel** [中] 〘心〙 役割遊び.
Roller [男] 《-s/-》 スクーター; 〘鳥〙 ローラーカナリア; (大波の)うねり; (ペンキ塗り用)ローラー. **rollern** [自] (h, s)スクーターに乗って遊ぶ; スクーターで行く.
Roll=feld [中] (空港の)離着陸場(駐機場・誘導路・滑走路の総称). **=film** [男] 〘写〙 ロールフィルム.
Rolli [男] 《-s/-s》 《話》 タートルネックセーター.
Roll=kommando [中] (警察などの)機動隊. **=kragen** [男] 〘服〙 タートルネック. **=kunstlauf** [男] フィギュア=ローラースケート. **=laden** [男] 巻き上げブラインド〈シャッター〉. **=mops** [男] 〘料〙 ロールモップス(キュウリなどを巻いたニシンのマリネ).
Rollo [中] 《-s/-s》 巻き上げブラインド.
Roll=schrank [男] 巻き込みシャッターつき戸棚. **=schuh** [男] ローラースケート〔靴〕. **=sitz** [男] (競技用ボートの)スライディングシート. **=steg** [男] (桟橋と船の間の)脚輪つき渡り板. **=stuhl** [男] 車いす.
rollte ⇨ rollen
Rolltreppe [女] エスカレーター.
Rom Ⅰ [ローム] ローマ(イタリアの首都) : ~, die Ewige Stadt 永遠の都ローマ. ✦ *~ ist auch nicht an* 〈*in*〉 *einem Tag erbaut worden.* 《ことわざ》 ローマは一日にして成らず. *Zustände wie im alten ~* 《話》 (古代ローマ末期のような)お話にならないひどい状態. Ⅱ [ロム] [男] 《-/Roma》 (非ドイツ系の)ジプシー.
ROM [ロム] [中] 《-[s]/-[s]》 〘コンピュ〙 ロム(読み出し専用メモリー).
Roman [ロマーン] [男] 《-s/-e》 ([英] novel)〔長編〕小説.
Roman 《男名》 ローマン.
Romancier [ロマンスィエー] [男] 《-s/-s》 長編小説作家.
Romane [男] 《-n/-n》 ([女] **..nin**)ロマン人(ロマンス語を話すフランス・イタリア・スペイン人など).
romanhaft [形] 小説風の; 小説めいた.
Romanheld [男] ([女] **-in**)小説の主人公.
Romani [中] 《-[s]/》 ロマーニー語, ジプシー語.
Romanik [女] 《-/》 ロマネスク(11-12世紀の芸術様式).
romanisch [形] ロマンス語の; ロマンス語系民族の; ロマネスク様式の.
Romanist [男] 《-en/-en》 ([女] **-in**)ロマンス語〈文学〉研究者; ローマ法学者.
Romanistik [女] 《-/》 ロマンス語〈文学〉〔研究〕; ローマ法研究.
Romanschriftsteller [男] ([女] **-in**)長編小説作家.
Romantik [女] 《-/》 ロマン主義; ロマンチックなこと. **Romantiker** [男] 《-s/-》 ([女] **-in**)ロマン主義者, ロマン派の芸術家; ロマンチスト, 空想〈夢想〉家.
romantisch [ロマンティシュ] [形] ([英] romantic)ロマン派の, ロマン主義の; ロマンチックな.
Romanze [女] 《-/-n》 ロマンス(14世紀スペインの物語詩); 〘楽〙 ロマンス.
Römer [男] 《-s/-》《[女] **-in**-/-nen》 ローマ市民; 古代ローマ人; レーマー杯(脚付き大型ワイングラス); 《-s/》 (der ~)レーマー(フランクフルト・アム・マインの旧市庁舎).
Rom=fahrer [男] ローマへの旅行者〈巡礼者〉. **=fahrt** [女] ローマ旅行〈巡礼〉.
römisch [形] ローマ〔人〕の; 古代ローマ〔人〕の. **römisch-katholisch** [形] ローマ=カトリックの.
röm.-kath. [略] *röm*isch-*kath*olisch.
Rommé, Rommee [ロメ, ロメー] [中] 《-s/-s》 〘トランプ〙 ラミー.
Romulus [男] 〘ロ神〙 ロムルス(ローマの初代の王; Remus と双生児の兄弟).
Ronde [女] 《-/-n》 〘工〙 円形プレス板金; 〘軍〙 巡回, パトロール; 巡察将校.
Rondell [中] 《-s/-e》 円形花壇; 円形広場; 円形の散歩道; (要塞の)円塔.
röntgen [他] (…に) X 線をかける〈照射する〉, (…の) X 線検査をする.
Röntgen Wilhelm Conrad, レントゲン (1845-1923; X 線を発見したドイツの物理

R

学者); 囲 《-[s]/-》レントゲン(照射線量の単位); 略 R, r). =**aufnahme** 囡 [写] X 線撮影[法]; X 線写真. =**behandlung** 囡 [医] X 線(レントゲン)治療. =**bestrahlung** 囡 [医] X 線照射. =**bild** 囲 [医] X 線(レントゲン)写真. =**diagnose** 囡 [医] X 線(レントゲン)診断. =**diagnostik** 囡 [医] X 線診断学[法]. =**durchleuchtung** 囡 [医] X 線(レントゲン)透視. =**gerät** 囲 [医] X 線(レントゲン)撮影)装置.

Röntgenologe 男《-n/-n》 [医] 放射線[専門]医. **Röntgenologie** 囡 《-/》放射線医学.

Röntgen-strahlen 榎 [理] X 線. =**untersuchung** 囡 [医] X 線検査.

rosa 形 《無変化》 (® pink)バラ色の, 桃色〈ピンク〉の. **Rosa** 画 《-[s]/《-s》》バラ色, 桃色, ピンク. **rosarot** 形 バラ色〈桃色〉の.

rösch 形 [鉱物] 粒の粗い, 中塊の.

Röschen (→ Rose) 画 《-s/-》小さなバラ; カリフラワーの球[芽], ブロッコリー.

Rose [ローゼ] 囡 《-/-n》 (® **Röschen, Röslein**) (® rose)バラ;バラの花; [建] 教会などのばら窓; (羅針盤の)コンパスカード; (ライチョウなどの)肉冠; [医]丹毒. ◆ *Keine ~ ohne Dornen.* 《ことば》とげのないバラはない; 美しいものにも欠点はあるものだ. *nicht auf ~n gebettet sein* 《雅》つらい思い〈苦しい生活〉をしている.

rosé [ロゼー] 形 《無変化》淡いピンクの. **Rosé** 画 《-[s]/-[s]》バラ色. 画 《-s/-s》 = **Roséwein**.

Rosen-holz 画 [植] ローズウッド(家具材). =**kohl** 画 [植] メキャベツ. =**kranz** 画 [カトリ] ロザリオ(祈りと9用の数珠); ロザリオの祈り(特に主の祈り, アヴェマリア).

Rosenmontag 画 バラの月曜日(謝肉祭の前日).

Rosenöl 画 バラ油. **rosenrot** 形 バラ色. **Rosenstock** 画 バラの木.

Rosette 囡 《-/-n》 (® **Roset**) ロゼット(バラ形装飾); [建] バラ窓; バラ形の飾り, 花結びのリボン; ロゼット形のローズ形カット.

Roséwein [ロゼー..] 画 ロゼワイン.

rosig 形 バラ色の.

Rosine 囡 《-/-n》干しブドウ, レーズン. ◆ *die 〈besten, dicksten, größten〉 ~n aus dem Kuchen picken* 《ことば》《sich³》一番よい所を手に入れる. *〈große〉 ~n im Kopf haben* 《話》遠大な計画を抱いている.

Rosmarin 画 《-s/》 [植] ローズマリー(香油·香料).

Ross (® **Roß**) 画 《Rosses/Rosse》 (® **Rösschen** 画 ® **Rößchen**; ® **Rösser** 画 ® **Rößser**》 [南部·ドイツ·オーストリア]馬; 《詩》馬; 《話》ばか者. ◆ *auf dem 〈seinem, einem〉 hohen ~ sitzen / sich¹ aufs hohe ~ setzen* 偉そうな態度をとる. *hoch zu ~* さっそうと馬に乗って, 馬上豊かに. *~ und Reiter nennen* あらわさまなことを言う. *von seinem hohen ~ herunterkommen 〈heruntersteigen〉* 《話》高慢な態度を捨てる. =**apfel** 画 《戯》馬ふん. =**breiten** 榎 [気象]無風帯(北緯·南緯 30° 辺の海上).

Rössel 画 《-s/-》 [チェス] ナイト.
Rösselsprung 画 [チェス] ナイト跳び(四方八方への桂馬飛び); 桂馬飛びパズル.

Ross-haar 画 《® **Roß**-》(詰め物用の)馬の毛. =**kastanie** 囡 [植] トチノキ属(マロニエなど). =**kur** 囡 《話》荒療治.

Rost [ロスト] 画 ❶ 《-es 〈-s〉 /》さび; [俗] さび病. ❷ 《-[e]s/-e》 (鉄製の)格子; (ストーブの)火格子; (オーブンの)焼き網. =**braten** 画 焼き肉.

rostbraun 形 赤褐色の.
Röstbrot 画 トーストしたパン.

rosten 動 《s, h》さびる. ◆ *Alte Liebe rostet nicht.* 《ことば》昔の恋は忘れがたい. *nicht ~d* さびない, ステンレス製の. *Wer rastet, der rostet.* 《ことば》休めば体にさびがつく.

rösten [レステン] (röstete; geröstet) 動 あぶる, いる; [穀] 炒〈いる〉; (コーヒーを): *〈sich¹〉 in der Sonne ~* 《話》日に焼ける.

rostfarbig 形 さび色の. **Rostfleck** 画 さびた箇所; (布などの)さびの染み.
rostfrei 形 さびない; さびのない. **rostig** 形 さびた; さび色の; しわがれた.
Röstkartoffeln 榎 《方》フライドポテト.

Rostock ロストック(ドイツ北東部の港湾工業都市).

rostrot 形 = rostbraun.
Rostschutzmittel 画 さび止め剤.

rot [ロート] 形 《**röter, rötest/-er, -est**》 (® **red**)赤い; (政治的に)赤の, 共産(社会)主義の: *Roter Tisch* 赤ワイン | eine *Rote* 赤毛の女性. ◆ *Heute ~, morgen tot.* 《ことば》朝〈今〉に紅顔, 夕べに白骨. *~ werden* (羞恥·当惑などで)赤くなる. *~ glühend* 赤熱した. **Rot** 画 《-s/-《(話》-s)》赤, 赤色; 赤信号; [無冠詞] ロート(ドイツ式トランプのハート).

Rotation 囡 《-/-en》回転; (天体の)自転; 輪作; (閣僚ポストなどの)交替.
=**s·maschine** 囡 輪転印刷機.

rotbackig 形 頬の赤い.
Rotbart 画 赤ひげ[の男].
rot·blond 形 赤みがかったブロンドの.
=**braun** 形 赤褐色の.
=**buche** 囡 [植] ヨーロッパブナ.
=**dorn** 画 [植] セイヨウサンザシ.
Röte 囡 《-/》赤さ, 赤み, 赤色; [植] アカネ. **Rötel** 画 《-s/-》 [鉱物] 代赭石(だいしゃせき). = Rötelstift. **Röteln** 榎 [医] 風疹(ふうしん). **Rötelstift** 画 (デッサン用の)赤チョーク. **röten** 動 《雅》赤くする, 赤く染め: *〈sich¹〉* 赤くなる, 赤らむ.

röter, rötest ⇒ rot
Rotfuchs 画 アカギツネ; アカギツネの毛皮; 栗毛の馬; 《護》赤毛の人.
rot·glühend 形 ⇒ rot ◆ =**haarig** 形 赤毛の.
Rothaut 囡 《戯》アメリカインディアン.
Rothenburg ローテンブルク(ドイツ南部の観光都市). **Rothenburg ob der Tauber** ローテンブルクオプデアタウバー(Bayern 州北西部, Tauber の河畔の古都).

Rothirsch 画 [動] アカシカ.
rotieren 動 《h, s》回転する; (天体の)自転する; (閣僚ポストなどの)順送りする; 《話》(興奮して)あたふたする, まごまごす

Rot=**käppchen** 中 (グリム童話の) 赤ずきんちゃん. =**kehlchen** 中 《-s/-》 〖鳥〗 〖ヨーロッパ〗コマドリ. =**kohl** 男〖植〗赤キャベツ. =**kraut** 中〖植〗ムラサキキャベツ. =**lauf** 男〖医〗丹毒.

rötlich 赤みがかった, 赤っぽい.

Rotlicht 中 (治療用・暗室用などの) 赤色光線; 赤ランプの光;〖話〗赤信号. =**sünder** 男〖戯〗赤信号無視の交通違反者. =**viertel** 中 (酒場・売春宿などの密集する) 紅灯の巷(ちまた).

Rotor 男 《-s/-en》〖電〗回転子と;〖空〗 (ヘリコプターなどの) 回転翼.

Rotschwänzchen 中〖鳥〗ジョウビタキ[属].

rot|sehen*[動]〖話〗(赤い布で興奮した牛のように) かっとなる.

Rot-stift 男 赤鉛筆. ◆ *dem* ~ *zum Opfer fallen*《予算項目などが》削られる. *den* ~ *ansetzen* 予算を削る. =**tanne** 女〖植〗ドイツモミ.

Rotte 女 《-/-n》〖俗〗輩(やから), 暴徒; 群; 一団・一味; 徒党, 集団; 〖鉄道・林〗作業班の; 〖軍〗(2機・2曳の)編隊.

Rotterdam ロッテルダム (オランダ西部の河港都市).

Rotunde 女 《-/-n》円形建造物.

Rotwein 男 赤ワイン.

rotwelsch 中 隠語の. **Rotwelsch** 中 《-[e]s/》隠語.

Rotwild 中〖狩〗アカシカ.

Rotz 男 《-es/》〖俗〗鼻汁. ◆ *der ganze* ~ 一切合切, すべて. ◆ *und Wasser heulen*〖俗〗顔じゅうグシャグシャにして激しく泣く. **rotzen** 男〖俗〗(音を立てて) 鼻をかむ《する》; たん（つば）を吐く.

Rotzfahne 男〖俗〗ハンカチ. **rotzfrech** 男〖俗〗小なまいきな. **rotzig** 男〖俗〗鼻水をたらした; なまいきな. ずうずうしい.

Rotz-junge 男〖俗〗はなたれ小僧, なまいきなやつ; = Rotzjunge.

=**nase** 女〖俗〗鼻汁をたらした鼻; = Rotzjunge.

Rouge [ルージュ] 中 《-s/-s》 ルージュ (ほお紅・口紅など) (ルーレット台の赤).

Roulade 女 《-/-n》〖料〗ロラーデ (牛肉のロール巻き);〖楽〗ルラード.

Rouleau [ルロー] 中 《-s/-s》巻き上げブラインド.

Roulett [ルレット] 中 《-[e]s/-e, -s》, *Roulette* [ルレット] 中 《-s/-s》 ルーレット; (銅版画などのルーレット, 点線器. **Roulett-tisch** 男 (*Roulettisch*) 男ルーレット台.

Route [ルーテ] 女 《-/-n》ルート, 進路.

Routine [ルティーネ] 女 《-/》熟練, 習熟; 決まりきった仕事 (手順). **Routine..** 「定例の…, 決まりきった…, 型どおりの…」の意. **routinemäßig** 型どおりの, 定例の, マンネリ.

=**prüfung** 女 定期試験. =**untersuchung** 女 定期検査 (検診).

Routinier [ルティニエー] 男 《-s/-s》熟練者. **routiniert** 熟練した, 手慣れた; 型にはまった.

Rowdy [ラオディ] 男 《-s/-s, ..dies》乱暴者, ごろつき.

Royalismus 男 《-/》王制主義.

Rp. 略 *recipe*; *Rappen*. **RP**, **R.P.** 略

521　　　　　　　　　　　　　　　　　　　　　　　　　　　　　　**rückbuchen**

réponse payée (電報で) 返信料つき.

r.r. 略 *reservatis reservandis* 保留すべきものを保留して, しかるべき留保つきで.

Rs 略 = Rupien. **RSFSR** 略 *Russische Sozialistische Föderative Sowjetrepublik* ロシア社会主義連邦ソビエト共和国. **R.S.V.P.** 略 *répondez, s'il vous plaît* (招待状でご返事乞う). **RT** 略 *Registertonne* 登録トン数. **Ru** 略 ルテニウム (元素名 < *Ruthenium*).

Rubbelkarte 女 スクラッチカード.

rubbeln 〖北部〗ごしごしこする, 摩擦する.

Rübe [リューベ] 女 《-/-n》《〖植〗 **Rübchen**》〖植〗 カブ, カブラ; ビート; 〖俗〗なまいきなやつ. *Gelbe* ~ 〖南部〗ニンジン. *Rote* ~ アカカブ.

Rubel 男 《-s/-》 ルーブル (ロシアの通貨 ◎ Rbl). ◆ *Der* ~ *rollt*. 〖話〗大金が動く.

Rubens Peter Paul. ルーベンス (1577-1640; フランドルの画家).

Rüben-weißling 男 《-s/-e》〖虫〗モンシロチョウ. =**zucker** 男 甜菜 (てんさい) 糖.

rüber 〖話〗= herüber; あちらへ.

rüber.. 〖話〗「こちら側へ…; あちら側へ…」の意.

Rubidium 中 《-s/》ルビジウム (元素名 : 〖記号〗Rb).

Rubikon (der ~) ルビコン (イタリア中部を東流してアドリア海に注ぐ小さな川). ◆ *den* ~ *überschreiten* ルビコン川を渡る (重大な決断を下す).

Rubin 男 《-s/-e》〖鉱物〗 ルビー, 紅玉; (時計の) 石.

Rubrik 女 《-/-en》欄, 段; 分類項目, 部門, 部類.

Rübsame[n] 男〖植〗アブラナ (油菜).

ruchbar 男 ◆ ~ *werden*〖雅〗知れ渡る.

ruchlos 非道な. 邪悪な, 破廉恥な. **Ruchlosigkeit** 女 《-/-en》卑劣, 破廉恥; 卑劣な (破廉恥な) 言動.

ruck 男 よいしょ. ◆ *~*, *zuck* たちどころに, あっという間に.

Ruck 男 《-[e]s/-e》(急激な) 一瞬の動き, 衝撃. ◆ *in einem* ~ 〖話〗 一気に. 《*innerlich*》 *einen* ~ *geben* 〖話〗《*sich*³》(いやなことに取りかかる) 決心をする.

rück.., **Rück..** 「元へ戻って…; 後ろの…」の意.

Rück-ansicht 女 (建物などの) 後ろ姿; 背面図. =**antwort** 女 返答, 回答; 返信; 返信用はがき.

ruckartig (動きが) がくんとした; 不意の, 突然の.

Rück-ausfuhr 女〖商〗再輸出. =**bleibsel** 中 《-s/-》残余, 残金.

Rückblende 女 回想場面, フラッシュバック. **rückblenden** 動 フラッシュバックする.

Rückblick 男 回顧. ◆ *im* 《*in*》 ~ *auf et*⁴ 《…を》回顧して. **rückblickend** 回顧的な.

rückbuchen 動〖商〗(銀簿の誤記を反対記入によって) 訂正する. **Rückbuchung** 女 《-/》〖商〗訂正記入, 対消.

Rück・bürge 男 [商] 償還義務を負う］保証人． **bürgschaft** 女 (-/-en) [商] 債務保証．

rück|datieren 他 《不定詞・過去分詞で》[商] (実際の日より前の)日付にする．

rucken 自 ぐんぐん(ぴくん)と動く; 《an et³》(…を)ぐいと動かす(引っ張る)．

rücken [リュッケン] (rückte; gerückt) 他 ずらす, 動かす, 寄せる;《**an** 《**mit**》 et³》…ずらす, 動かす, 寄せる. (s)《…の方へ少し》動く, 進む, 寄る．

Rücken [リュッケン] 男 (-s/-) (⇔ back)背, 背中; 手(足の甲, 鼻眼鏡(窟)の)背;(刃物の)峰; 尾根; 無冠词[水泳]背泳. ◆ **den ~ beugen** 《j³》 (人に)屈服させる;《**vor** j³》 (人に)屈服する. **den ~ decken 《freihalten》**《j³》 (人を)守る. 支援する;《*sich*》 防御する. **den ~ frei haben** 自由に行動できる. **den ~ kehren《wenden》** 《j⁻et³》 (…を)見捨てる. **den ~ stärken《steifen》**《話》《j³》 (人に) 勇気づける. (人を)援助する. **der verlängerte ~** 《話》おしり. **einen breiten ~ haben** 肩幅(背幅)が広い; 《話》 (批判などに)びくともしない. **einen krummen ~ machen** 背をかがめる; ぺこぺこする. *fast 《beinahe》 auf den ~ fallen* 《話》とても驚く. *hinter j³~* 《人に》知られず. *im ~ haben*《j⁻et¹》(…を)後ろ盾にしている. *《nichts》 hinter dem ~ haben《j³》*(人を)裏切る. *J³ läuft es《heiß und kalt》 über den ~《den ~ herunter》*. (人は)ぞっと(ひやりと)する. *mit dem ~ zur《an der》 Wand* 背水の陣で．

Rücken=deckung 女 [軍]背面援護. **=lehne** 女 (いすの)背もたれ. **=mark** 中 《-[e]s/》 [解] 脊髄(ৣ). **=muskel** 男 [解] 背筋(ৣ). **=schmerz** 男 背中の痛み. **=schwimmen** 中 [水泳] 背泳. **=stärkung** 女 精神的な援助(かい). **=wind** 男 追い風.

Rück・erstattung 女 払い戻し, 返済.

Rückfahrkarte [リュックファールカルテ] 女 (-/-n) 往復乗車(乗船)券.

Rück・fahrt [リュックファールト] 女 (-/-en) (乗り物での)帰路, 復路. **=fall** 男 逆戻り; [医] (病気の)再発; [法] 累犯; [法] (財産の旧所有者への)復帰, 帰属. **rückfällig** 形 逆戻りの; [医] 再発の; [法] 累犯の．

Rück・flug 男 帰りのフライト(飛行), 帰還飛行. **=frage** 女 再度の問い合わせ. **rück|fragen** 自《**bei** j³》 (人に) 再度問い合わせる, 再照会する. ト**führen** 他 [商] (貨物などを)返送する.

Rück・führung 女 (捕虜などの)送還; [商] (貨物などの)送還. **=gabe** 女 返却, 返還; (サッカーなどの)バックパス. **=gang** 男 (人口・病気などの)減少, 減退; (価格などの)下落．

rückgängig 形 後戻りの; 退行(退化, 減退, 減少)しつつある; (価格が)下落気味の. ◆ **~ machen** (…を)取り消す, キャンセルする．

Rück・gewährung 女 [商] 返還, 返付; 戻り税. **=gewinnung** 女 取り戻し; 回収; 再生[利用]. **=grat** 中 (⇔

backbone) 背骨; [医] 脊柱(♩); 基盤; 意志をくじく;(人を)敗産させる. *das ~ stärken《steifen》*《j³》 (人を)支援する. *~ haben《zeigen》* 気骨がある(を示す). **=griff** 男 再使用(利用), 再登用. **=halt** 男 支援, バックアップ. ◆ *ohne ~* 無条件で, 全面的に; 腹蔵なく．

rückhaltlos 形 無条件の, 全面的な; 腹蔵のない．

Rück・hand 女 (テニスなどの)バックハンド[ストローク]. **=indossament** 中 [商] (手形の)戻り裏書. **=kampf** 男 [スポーツ] リターンマッチ. = Rückspiel.

Rückkauf 男 [商] 買い(請)戻し, (保険契約の)払戻金返戻(ৄ), 解約. **~s=recht** 中 [商] 買い戻し権.

Rück・kehr [リュックケーア] 女 (-/-) 帰還; 復帰. **=kopplung** 女 [電・ラジオ] フィードバック, 帰還. **=kunft** 女 [雅] 帰着, 帰還. **=lage** 女 (非常時の)貯蓄金, (企業の)積立金, 準備金, 引当金; [スポーツ] 後傾姿勢．

Rück・lauf 男 逆行; 逆流, 還流; (火薬発射時の)反動; (ピストンの)戻り行程; (テープなどの) 巻戻し. **rückläufig** 形 逆行する; 回帰性の; [商] (値が)下落する, 下向きの．

Rück・licht [リュックリヒト] 中 (-[e]s/-er) 尾灯, テールランプ. **=lieferung** 女 [商] 返還, 戻り荷(ৄ).

rücklings 副 あお向けに; 後ろから; 後ろ(背後)から．

Rück・marsch 男 [軍] 退却; 帰還. **=nahme** 女 取り下げ, 撤回. **=porto** 中 [商] 返信(返送)料. **=prall** 男 (ボール・弾丸などの)はね返り. **=prämie** 女 [商] 差益金(ৄ). **=reise** 女 帰りの旅, (族の)帰路. **=ruf** 男 [電]折り返し電話; コールバック. ↑ (欠陥商品の) 回収.

Rucksack [ルックザック]男 (-[e]s/..säcke) リュックザック. **=urlauber** 男 リュックサック一つの休暇旅行者．

Rück・schau 女 回顧. **=schlag** 男 反動; はね返り;(ボールなどの)リターン; (火薬発射時の)反動; (突然の悪化); (病気の)再発. **=schluss** 男 **=schluß** 男 (結果から原因を求める) 帰納的推理. **=schritt** 男 後退, 退歩; 反動. **rückschrittlich** 形 反動的な. **=seite** 女 裏面, 裏ページ; 裏側; 後ろ側, 裏手．

Rücksicht [リュックズィヒト] 女 (-/-en) 《⇔ consideration》 配慮, 気配り, 思いやり; [雅] 考慮すべき事情, 理由. ◆ *aus《in, mit》 ~ auf j⁻et¹* (…を)考慮して. *ohne ~ auf Verluste* 《話》ぜひとも, 無理を顧みず. *~ nehmen 《auf j⁻et¹》* (…のことを)思いやる, (…に)気を配る. **=nahme** 女 (-/-) 考慮, 配慮, 顧慮．

rücksichtslos [リュックズィヒツロース] 形 配慮のない, 容赦ない; 傍若無人の, がむしゃらな. **Rücksichtslosigkeit** 女 (-/-) (他人に対する)配慮の欠如; 容赦(仮借)のなさ; 傍若無人, 乱暴. **rücksichtsvoll** 形 配慮(気配り)の行き届いた．

Rück・sitz 男 (自動車などの)後部座席. **=spiegel** 男 (自動車などの)バックミラー. **=spiel** 中 [スポーツ] (2試合制の)第2試

合. **sprache** 女〔問題解決をめざす〕話し合い. 従って. ♦ **nach ~ mit** *j³* (…と)の話し合って. **~ nehmen ⟨halten⟩ mit** *j³*⟩ (人と)協議する.

Rückstand 男 遅滞; [ご話] (相手からの)遅れ, 差; 未払い金, 未回収金:残留物, 残りかす.

rückständig 形 進歩〔開発〕の遅れた;時代遅れの: 遅滞した;未払いの.

Rückständigkeit 女 (-/-) 進歩〔開発〕の遅れ; 時代遅れ; 遅滞; 未払い.

Rück-stellungen 複 [商] 引当金. =**stoß** 男 [車] 反跳; 体の反動, 後座, 反動; 〔噴射による〕反動〔推進〕, リアクション. =**strahler** 男 〔自動車などの〕後部反射板, キャッツアイ.

rückte ⇒ rücken

Rücktritt [リュックトリット] 男 ((-[e]s/-e)〕辞任, 辞職; 退職, 引退;〔契約の〕解除, 取り消し;脱退: = Rücktrittbremse. =**bremse** 女〔自転車のペダルを逆に踏む〕コースターブレーキ. **~s-kosten** 複 キャンセル料.

rückvergüten 形 〔利益や支払金の中から〕払い戻す, リベートとして支払う.

Rückvergütung 女 払い戻し, リベート.

rückversichern 形 再保険に加入させる: 〈*sich*⁴〉再保険をかける;(自分の)身の安全を図る. **Rückversicherung** 女 再保険;身の安全を図ること, 安全策.

Rück-wand 女 後方の壁;〔家具の〕背板;〔日めくり暦の〕台紙. =**wanderer** 男 〔故郷・移住先などからの〕帰国者.

rückwärtig 形 後方の, 背後の: [軍] 〔戦線〕後方の.

rückwärts [リュックヴェルツ] 副 ① (⊗ backward)〔空間的に〕後ろへ, 後ろ向きに;逆〔方向〕に;〔時間的に〕〔過去に〕さかのぼって;「南部: ごき」後ろに, 背面で. ♦ **~ gehen** 後退する, 不振になる.

Rückweg 男 帰り道, 家路. ♦ **den ~ abschneiden ⟨verlegen⟩** [雅] 〈*j³*〉(人)の退路を断つ.

ruckweise 形 ぐいと, ぐっと, がたんと: 断続的に.

rückwirkend 形 [法] 遡及(ᡂヶぅ)的な;[心] 逆行の. **Rückwirkung** 女 反応, 反作用;効果.

rückzahlbar 形 〔ローンなどが〕返済〔償還〕できる. **Rückzahlung** 女〔借金などの〕返済〔株式・公債などの〕償還.

Rück-zieher 男 ((-s/-)) 〔計画などの〕取りやめ, 撤回|**einen ~ machen** 〔計画などを〕撤回する| **~ machen** 【話】前言を取り消す)). =**zug** 男 後退; [軍] 退却, 撤退.

rüde 形 粗野な, 不作法な, 下品な.

Rüde 男 ((-n/-n)) (犬・オオカミ・キツネなどの)雄;〔猟〕大形のイノシシ狩りの猟犬.

Rudel 中 ((-s/-)) 〔シカ・オオカミ・カモシカなどの〕群れ;〔人・車の〕集団;[中部] = Ruder.

Ruder 中 ((-s/-)) (⊗ rudder) 舵(ᔥ);〔飛行機の〕方向舵(ᔥ), 尾翼;〔ボートの〕オール. ♦ **am ~ sein ⟨bleiben⟩** 実権を握っている. **ans ~ kommen ⟨gelangen⟩** 実権を握る. **aus dem ~ ⟨den ~n⟩ laufen** 舵がきかなくなる; [話] 思わぬ展開をみせる. **in die ~ legen** [海] 力漕する| **alle ~** 全力を尽くす. =**boot** 中 オールでこぐボート. **Ruderer** 男 ((-s/-)) (⊗ **Ruderin**) こぎ手, 漕手(ੲ਼). **rudern** [ルーダァン] 形 (ruderte; gerudert) ① ⓓ (⊗ cry) (何らかの合図のために)叫ぶ; [雅] (⊗ call) 〈**nach** *j-et*〉(…を求めて)呼ぶ, 呼びかける. ② 偽 (⊗ call) 呼び寄せる:叫ぶ; 〈*j⁴ et*¹〉(人を…と)呼ぶ; (人に)電話する; (人を)必要とする. ♦ **wie gerufen kommen** [話] 〈*j³*〉(人にとって)ちょうどよいときに来る.

Rufer 男 ((-s/-)) 呼ぶ〔叫ぶ〕人. ♦ **ein ~ in der Wüste** 世に入れられぬ警世家.

Rüffel 男 ((-s/-)) [話] 〔上司などからの〕叱責(ᔥᔥ), 咎め, 大目玉.

rüffeln 形 [話] 激しくしかりつける.

Ruf-mord 男 〔他人の名誉に対する〕中傷. =**name** 男 (他に対する) 呼び名. =**nummer** 女 電話番号. =**säule** 女 (アウトバーン脇きの)緊急電話ボックス. =**weite** 女 声の届く距離. =**zeichen** 中 〔放送局の〕コールサイン;〔電話の呼び出し音;[言] 感嘆符(!).

Rugby 中 ((-[s]/)) [ごき] ラグビー.

Rüge 女 ((-/-n)) 叱責(ᔥᔥ), 非難(ᔥ).

rügen 形 しかる.

Rügen リューゲン (Mecklenburg-Vorpommern 州のバルト海上の島).

Ruhe [ルーエ] 女 ((-/)) (⊗ rest) 休息; 休養; 睡眠; (⊗ silence) 静けさ, 平穏; 平安;〔精神の〕平静さ; 冷静さ: 静止〔状態〕, 停止. ♦ **die ~ haben** [話] 〈*et*¹⟩永遠する. **die ~ vor dem Sturm** 嵐の前の静けさ. **die ~ weghaben** [話] 冷静そのものである. **Immer mit der ~!** [話] 慌てるな. **in** [雅] 〜) ゆっくりと. **in die ewige ~ eingehen** [雅] 永眠する. **in ~ setzen** 退職〈退官, 退役〉する (略 i.R.). **in ~ lassen** 〈*j⁴* [**mit** *et*³]) (人を…で)じゃまさない. **keine ~ geben** [話] 〈*j³*〉(人)にしつこくせがむ, (人)を絶えず悩ます. **keine ~ lassen** 〈*j³*〉(人)に安らぎを与えない. **zur letzten ~ betten ⟨bringen, tragen⟩** [雅] (人)を埋葬する. **zur ~ begeben** 〈*sich*⁴〉就寝する. **zur ~ setzen** 〈*sich*⁴〉引退する, 年金生活に入る.

ruhebedürftig 形 休息の必要な.
Ruhe=gehalt 中 公務員の年金. **=geld** 中 (勤労者保険の)年金. **=jahr** 中 Sabbatjahr. **=lage** 女 休止状態, 定位置. **=losigkeit** 女 不安.

ruhelos 形 落ち着きのない; 安らぎのない, 不安な. **Ruhelosigkeit** 女(/-) 落ち着きのないこと; 不安.

ruhen [ルーエン] (ruhte; geruht) 自 ❶ (要 rest) 〖話〗休息する; 静かに永眠する ◆ *Ruhe sanft!* (墓碑銘として)安らかに眠れ. ❷ 休みしている, 止まっている, (審議などが)中断している; (ある場所に)置かれている, (責が)支えられている; **auf** *j-et³* (視線が…から)離れたい. **◆ *nicht ~ und rasten/weder ~ noch rasten*** 片時も休まない, 働きづめだ. **~ lassen** [*et⁴*] (問題などに手をつけずに)放っておく.

ruhenlassen* 他 → ruhen ◆

Ruhe=pause 女(休憩)時間; 小休止. **=stand** 男 退職者の身分. **◆ *in den ~ gehen* (*treten*)** 退職する. **=ständler** 男 退職者, 年金生活者. **=stätte** 女 憩いの場所; 墓. **=stellung** 女 休息の姿勢; 回転軸の静止位置, 定位置. **=störer** 男(/-s/-) 平和〈治安〉を乱す者. **=störung** 女 平和, 治安〉を乱すこと. **=tag** 男 休日, 定休日. **=zeit** 女 休憩時間.

ruhig [ルーイヒ] ❶ 形 (要 quiet, still)静かな(に), 穏やかな(に); 動かない; 平穏な(に); (人物・性格が)落ち着いた, (気持ちが)安らかな(に), (色が)落ち着いた. ❷ 副 安心して, 気にしないで, かまわず. **◆ ~ *stellen*** (骨折部位を)固定する.

ruhigstellen* 他 → ruhig ◆

Ruhm [ルーム] 男(/-[e]s/-) (要 fame) 名声, 栄誉, 栄光. **◆ *nicht* (*gerade*) *mit ~ bekleckert haben* 〖話〗 (*sich⁴*)** 大したことはなかった.

ruhmbedeckt 形 誉れ高い.

rühmen 他 賞賛する; **an** *j³* *et⁴*〉(…を)賞める; (*sich⁴* *et² (an)*〉自慢する.

rühmenswert 形 称賛に値する.

Ruhmesblatt 中 **◆ *kein ~ sein*** 〖話・数〗誉れとはならぬ.

rühmlich 形 称賛すべき, 立派な.

ruhm=los 形 無名の; 名声皆無. **=redig** 形 自慢たらたらの. **=reich, =voll** 形 名誉ある, 栄光の.

ruhn → ruhen.

Ruhr 女(/-en) 〖医〗赤痢. ❷ (die ~)ルール(ドイツ西部を流れるライン川の支流). **=amöbe** 女 〖動〗赤痢アメーバ(アメーバ赤痢の病原虫).

Rühr=ei 中〖料〗スクランブルドエッグ, 洋風いり卵.

rühren [リューレン] (rührte; gerührt) 他 ❶ (要 stir) 〖*et⁴ in et³*〗(…を)かきまぜる. こね回す; 〖*et⁴*〗(手足などを)〖少し〗動かす; 〖*j⁴*〗(人の)心を動かす, 共感同情を誘う; 〖*sich⁴*〗動く (*Kein Blatt* 〈*Nichts*〉 *rührt sich.* 静まり返っている.); 〖*sich⁴ [bei] j³*〗(人と)連絡をとる. ❷ 〖雅〗〖*von et³*〗(…に)起因する. **◆ *Da rührt sich nichts.*** 反応がない. **◆ *nicht ~ können* (*sich⁴*)** 〖話〗(金などが)なくて身動きがとれない, *Et¹* *rührt daher, dass…* 〖話〗(…は)…が原因である. ***Rührt euch!*** 〖軍〗休め.

rührend 形 感動的な.

Ruhrgebiet (das *~)*ルール地方(ドイツ西部の工業地帯).

rührig 形 活動〈行動〉的な, 活発な, きびきびした; 積極的な. **rührselig** 形 (人が)感動しやすい, 涙もろい; (物語などが)センチメンタルな.

Rührstück 中 泣かせる芝居.

Rührung 女(/-en) 感動, 感激, 同情; (手足などを)動かすこと; 活動; 身動き; 折, かきまぜ; こね回すこと; 接触; (楽器を)打たく鳴らすこと.

Ruhung → ruhen.

Ruin 男(/-s) 没落, 破滅, 破産; 破産.

Ruine [ルイーネ] 女(/-n) (要 ruin) 廃墟; 〖複〗廃墟, 廃址の山. **ruinieren** 他 破滅〈荒廃〉させる; 破産させる; (健康, 身体を)害する, 破壊する; 破滅的に害する. **ruinös** 形 破滅〈荒廃〉的な; 害を及ぼす.

rülpsen 自 〖話〗げっぷが出る.

rum 副 〖話〗= herum. **◆ *Es ist ~ num.*** いずれにせよ同じだ.

Rum 男(/-s/-s) ラム酒.

Rumäne 男(/-n/-n) (女 **=nin**)ルーマニア人. **Rumänien** 中 ルーマニア.

rumänisch 形 ルーマニア〔人, 語〕の.

Rumba 男(/-s) 〖音〗ルンバ.

rum=hängen* 自 (時間つぶしに)ぶらぶらする. **=kriegen** 他 〖話〗お祭り騒ぎで, 賑わい, 雑踏; がらくた; 〖北部〗年の市. **◆ *den* [*ganzen*] *~ kennen* 〈*verstehen*〉** からくりが分かっている. *der ganze ~* いっさいがっさい, 一切のもの. **=platz** 男 〖北部〗(年の市などの)移動遊園地.

Rumor 男(/-s) 騒音, 騒音.

rumoren 自 騒ぐ, 騒音を立てる; 不満を爆発させる; (腹などが)ゴロゴロ鳴る; (感情などが)込み上げる.

Rumpelkammer 女 〖話〗物置き, 納戸.

rumpeln 自 (h, s) ゴトゴト〈ゴロゴロ〉音を立てる; (s)ゴトゴトと走る; 他 〖話〗ごしごし洗う.

Rumpelstilzchen 中(/-s) ルンペルシュティルツヒェン(民話の意地悪な精).

Rumpf [ルムプフ] 男(/-[e]s/-e **Rümpfe**) (要 trunk) (人間・動物の)胴, 胴体; (船・飛行機の)胴体[部].

rümpfen 他 (鼻などに)しわを寄せる.

Rumpsteak 中 〖料〗(牛の)ランプステーキ.

Rumtopf 男 果物のラム酒漬け; ラム酒漬け用のつぼ.

Run 男(/-s/-s) 突進, 殺到; 〖商〗(銀行の)取り付け; (市場への)買い殺到.

rund [ルント] ❶ 形 (要 round) 丸い〈く〉, 円形の; まるまるした, ふっくらした; まろやかな(に), 円満な; 〖話〗端数のない, ちょうどの. ❷ 副 〖数詞と約, およそ (要 rd.); 一回りして. **◆ *um j-et⁴ ~ (gehen)* [*kommen*]** (…を回って). **~ *um die Uhr*** 24時間ぶっ通して. 絶え間なく.

Rund 中(/-[e]s/-e) 円形(球形)のもの; 周辺. **=bau** 男 (上から見て)円形の建物. **=blick** 男 四方の展望全景; (辺りを)見回

Runde [ルンデ] 女 《-/-n》 ❶ 車座〈円陣〉になった人々;仲間, グループ;(その場の仲間に)ふるまう酒の量. ❷ 一巡り, 一回り;巡遊, 見回り. ❸ 周遊, 周遊; (トラックの)一周, (ボクシングなどの)ラウンド; (トランプなどの)一勝負. ♦ **die ~ machen** 《話》(うわさなどが)広まる; 手から手へと渡る. **über die ~n bringen** 《話》(…を)乗り切る, やってのける; (人を助けて)難しい状況を切り抜けさせる. **über die ~n helfen** (j³) (人を助けて)難しい状況を切り抜けさせる. **über die ~n kommen** 《話》(困難な状況)を切り抜ける.
Rundell 中 《-s/-e》 = Rondell.
runden 中 《et⁴ sich⁴》 円形〈球形〉にする〈なる〉; 仕上げる〈仕上がる〉.
rund|erneuern 他 (摩耗したタイヤに)溝を付け直す.
rundest ⇒ rund
Rund|fahrt 女 (乗り物による)一周, 周遊旅行, 遊覧. **-flug** 男 一周遊覧飛行. **-frage** 女 アンケート.
Rundfunk [ルントフンク] 男 《-(s)/》 (⊕ radio) ラジオ放送局. **=gebühr** 女 ラジオ受信料. **=gerät** 中 ラジオ受信機. **=hörer** 男 ラジオ聴取者. **=programm** 中 ラジオ番組. **=satellit** 男 放送衛星. **=sender** 男 ラジオ放送局. **=sendung** 女 ラジオ放送. **=station** 女 ラジオ放送局.
Rund|gang 男 一周, (徒歩による)一巡; 見回り, パトロール; 《建》回廊. **-gesang** 男 《楽》輪唱.
rund·heraus 副 率直に, ずけずけと. **-herum** 副 周囲に〈で〉, ぐるりと; ぐるぐると; まったく, すっかり.
Rund·holz 中 丸太, 丸材. **-lauf** 男 循環, 回転; (遊園地の)回転ぶらんこ.
rundlich 形 丸みを帯びた, ほぼ円形〈球形〉の; (女性が)ふっくらした, 丸々した.
Rund·reise 女 周遊旅行. **-schau** 女 見回すこと; 展望. **-schreiben** 中 = Rundbrief.
rund·um 副 周囲に〈で〉, ぐるりと. **-umher** 副 四方で.
Rundung 女 《-/-en》 丸み, 円〈球〉形; (女性の)曲線美.
rundweg 副 きっぱりと.
Rune 女 《-/-n》 ルーン〈ルーネ〉文字. **-n·schrift** 女 ルーン文字, ルーネ文字.
Runkelrübe 女 飼料用ビート.
runter 副 《話》= herunter, hinunter.
Runzel 女 《-/-n》 (皮膚などの)しわ, わだかまった. **runzelig** 形 しわを寄せる; しわにする; 《sich⁴》 しわが寄る, ひだができる.
Rüpel 男 《-s/-》 不作法者.
Rüpelei 女 《-/-en》 不作法(な言動).
rüpelhaft 形 不作法な.
rupfen 他 むしり取る, 引き抜く; (鳥などの)羽毛をむしる; 《話》(j⁴)(人から)金銭を巻き上げる.
Rupfen 男 《-s/-》 粗麻布, ジュート.
Rupie 女 《-/-n》 ルピー(インドなどの貨幣単位: ⇒ Re, 複数: Rs).
ruppig 形 (言動の)不作法な, 野卑な; (髪などが)乱れた; (服などが)みすぼらしい.

Ruprecht 男名 ループレヒト. ♦ **Knecht ~** 従者ループレヒト(聖ニコラウスまたは幼児キリストの従者).
Rur ⇒ die ~ル(Maas 川の支流).
Rüsche 女 《-/-n》 《服》ひだ飾り, ルーシュ.
russ. russisch.
Ruß 男 《-es/》 すす; カーボンブラック.
Russe [ルッセ] 男 《-n/-n》 (⊕ **Russin**) (⊕ Russian) ロシア人.
Rüssel 男 《-s/-》 象・豚などの鼻; 《虫》吻(ふん), 吸管; 《俗》(人間の)鼻, 口.
rußen 他 すすを出す; すすでよごれる. **rußig** 形 すすけた, すすで汚れた.
Russin 女 《-/-nen》 Russe の女性形.
russisch [ルスィシュ] 形 (⊕ Russian) ロシア(人, 語)の.
Russland (⊕ **Ruß.**) [ルスラント] 中 (⊕ Russia) ロシア. **-deutsche[r]** 男女 《形容詞変化》 ロシアに移住したドイツ人, ドイツ系ロシア人.
rüsten 他 ❶ 準備する; 軍備を整える. ❷ 他 準備(用意)する; 装備する; 《j³》(人を)美しく装う; 飾り立てる; 《sich⁴ für et⁴ zu et³》 (…の)準備をする.
Rüster 女 《-/-n》《植》ニレ(楡).
rüstern 形 ニレ[材]の.
rüstig 形 (特に高齢者が)達者な, かくしゃくとした; 元気な, 活発な.
rustikal 形 田舎ふうの; 素朴な; 無骨な, 荒削りの.
Rüstung [リュストゥング] 女 《-/-en》 軍備, 武装; (中世の)甲冑(ちゅう). **-s·industrie** 女 軍需産業. **-s·kontrolle** 女 (国際間の)軍備管理.
Rüstzeug 中 (特定の)道具一式, 七つ道具; (仕事に必要な)知識, 技能.
Rute 女 《-/-n》 ❶ (細い)枝; 枝を束ねたむち; 釣りざお; 占い棒; 《動》(犬・狐などの)尾; ルーテ(昔の長さの単位で 2. 87 – 4. 67m). ♦ **mit eiserner ~** 容赦なく. **eine ~ aufbinden** 《sich⁴ [selbst]》 厄介な義務(仕事)を背負い込む.
~n·gänger 男 《-s/-》 占い棒で水脈(鉱脈)を探る人.
Ruth 女名 ルート; 《聖》ルツ.
Ruthenium 中 《-s/-》 ルテニウム(元素名; ⊕ Ru).
Rutsch 男 《-es (-s) /-e》 滑ること; 山〈崖〉の崩れ, 地滑り; 《話》ルート・リスなどの動き; 小旅行. ♦ **auf einen ~** 一気に. **in einen ~** 一気に. **Guten ~ !** 《話》(小旅行に出かける人へ)元気で行っていらっしゃい, 道中ご無事で. **Guten ~ ins neue Jahr!** (年末に)よいお年を. **-bahn** 女 滑り台; (水上の)滑降斜面.
Rutsche 女 《-/-n》 (木材・貨物などが滑り落ちと)シュート, 滑送路; 《工》滑降斜面; 《鉄》滑降斜面; 《南部》足台.
rutschen [ルッチェン] 《rutschte; gerutscht》他 ❶ 滑る; 滑って転ぶ〈落ちる〉; ずれる. ❷ 《話》体がずれる, 詰める. ❸ 《話》ちょっと出かける. ♦ **ins Rutschen kommen ⟨geraten⟩** 滑る. スリップする. **rutschfest** 形 滑り止めを施した, 滑らない. **rutschig** 形 (道・靴などが)つるつる滑る, 滑りやすい.
rutschte ⇒ rutschen
rütteln [リュッテルン] 《rüttelte; gerüt-

telt)[動] ([英] shake) ⟪*j-et*⁴/ **an** *et*³⟫ (…を)揺する, 揺り動かす; 揺れる; (s)(車などが)揺れながら進む. ✦ ***Daran ist nicht zu ~.*** それは変えようがない.

Ruwer (der ~)ルーヴァー(Mosel 川の支流).

R.V.S.V.P. [略] *répondez vite, s'il vous plaît* (招待状で)すみやかにご返事を請う.

Rwanda ルワンダ(中央アフリカ内陸部の共和国).

RWE [略] [中] ⟪-/⟫ *R*heinisch-*W*estfälisches *E*lektrizitätswerk エル・ヴェー・エー(ドイツの電力・化学製品などの会社).

S

s, S [中] ⟪-/-⟫ ⟪字母⟫ エス. **s** [記号] *Se*kunde. **S** [略] *S*üd[en]; *S*chilling (オーストリアの通貨); [記号] *S*iemens; *S*chwefel; ⟪国籍符号⟫ スウェーデン. **'s** = es (▶'は省略されることがある: gibts < gibt es). **s.** [略] *s*iehe!(論文などで)見よ, 参照せよ. **S.** [略] *S*eite; *S*an, *S*ant', *S*anta, *S*anto, 聖…. **s.a.** [略] *s*iehe *a*uch! …をも見よ; *s*ine *a*nno (発行)年代不詳. **Sa.** [略] *Sa*mstag, *S*onn*a*bend; *Sa*chsen; *S*umm*a*.

S

Saal [ザール] [男] ⟪-[e]s/Säle⟫ ([小] **Sälchen**) ([英] hall)ホール, 広間; 集会場.

Saale (die ~)ザーレ(Elbe 川の支流).

Saanen ザーネン(スイス Bern 州の都市).

Saar (die ~)ザール(Mosel 川の支流).

Saarbrücken ザールブリュッケン(ドイツ南西部の工業都市). **Saarbrücker** [男] ⟪-s/-⟫ ザールブリュッケンの人; [形] ⟪無変化⟫ ザールブリュッケンの.

Saargebiet (das ~)ザール地方.

Saarland (das ~)ザールラント(ドイツ南西部の州). **Saarländer** [男] ⟪-s/-⟫ ([女] **-in**)ザールラント[州]の人; [形] ⟪無変化⟫ ザールラントの. **saarländisch** [形] ザールラント[州]の.

Saat [女] ⟪-/-en⟫ 種まき, 播種(はしゅ); (農作物の)種子; 球根; 苗. ✦ ***Wie die ~, so die Ernte.*** ⟪諺⟫ 因果応報. **=gut** [中] (農作物の)種子; 球根. **=krähe** [女] 〔鳥〕ミヤマガラス. **=zeit** [女] 播種(はしゅ)期.

Saba シバ(南アラビアの古代王国).

Sabbat [男] ⟪-s/-e⟫ (ユダヤ教の)安息日(金曜日の日没から土曜日の日没まで).

Sabbatical [中] ⟪-s/-s⟫ (大学教員などに与えられる1年間の)研究休暇.

sabbern [自] ⟪話⟫ よだれを垂らす.

Säbel [男] ⟪-s/-⟫ サーベル; 〔ﾌｪﾝｼﾝｸﾞ〕 サーブル. ✦ ***mit dem ~ rasseln*** 武力をちらつかせて脅す. **=beine** [複] ⟪話⟫ がに股, O 脚.

säbeln [他] (肉などを)不器用に切る.

Sabotage [サボタージェ] [女] ⟪-/-n⟫ サボタージュ, 妨害, 破壊. **=trupp** [男] 妨害〈破壊〉工作班.

Saboteur [サボテーア] [男] ⟪-s/-e⟫ ([女] **-in**)サボタージュ〈妨害〉する人. **sabotieren** [他] サボタージュ〈妨害〉する.

Saccharin [中] ⟪-s/⟫ 〔化〕 サッカリン(人工甘味料).

Sachalin サハリン.

Sachanlage [女] 〔経〕 有形資産, 固定資産(土地家屋機械など). **=vermögen** [中] 〔経〕 固定資産.

Sach=bearbeiter [男] ([女] **-in**)担当者, 専門職員. **=beschädigung** [女] 〔法〕器物損壊.

sachbezogen [形] 事柄に関連した〈即した〉. **Sachbuch** [中] 実用書, (一般向け)解説書. **sachdienlich** [形] 有用な, (事件などの)解明に役立つ.

Sache [ザッヘ] [女] ⟪-/-n⟫ ([小] **Sächelchen**) ❶ ([英] thing) ⟪複⟫ 物; (身の回りの)衣類, 食料品; 品物. ❷ ([英] affair)事, 事柄; 問題, テーマ : Das ist nicht deine ~. それは君の知った事ではない | Die ~ ist die, dass... つまり…ということなんだ. ❸ 〔法〕 法律問題; 訴訟事件, 件. ❹ 目的, 理想. ❺ ⟪複⟫ ⟪話⟫ 時速 : mit 120 ~*n* fahren 時速120キロで走る. ✦ ***bei der ~ bleiben*** 本題をそれない. ***bei 〈nicht bei〉 der ~ sein*** ⟪話⟫ 気持ちを〔仕事に〕集中している〈気が散っている〉. ***bewegliche ~n*** 動産. ***Das ist eine ~ für sich.*** それは別問題だ. ***Das ist nur eine halbe ~.*** それはまだ片づいていない. ***Das ist so eine ~.*** それは難しい問題だ. ***eine beschlossene ~*** もう決まった事〔柄〕. ***gemeinsame ~ machen*** ⟪**mit** *j*³⟫ (人と)結託する. 〔***hart***〕 ***zur ~ gehen*** 〔ｽﾎﾟｰﾂ〕 反則行為を犯す. ***in eigener ~*** 自分に関することについて, 自分のために. ***Mach* 〔*keine*〕 *~n!*** ⟪話⟫ (驚きを表して)そんなばかな. ***nicht jedermanns ~ sein*** だれでも気に入る〈わかる〉というものではない. ***nichts zur ~ tun*** 本質的ではない. ***~n gibt's* 〔*die gibt's gar nicht*〕*!*** (怒り・驚きを表して)そんなばかな. ***seiner ~ sicher 〈gewiss〉 sein*** ⟪*sich*³⟫ 言動に自信がある. ***seine ~ verstehen*** ⟪話⟫ 仕事がよくできる. ***sagen, was ~ ist*** 意見を率直に言う. ***unbewegliche ~n*** 不動産. ***unverrichteter ~*** 目的を果たさずに; 成果なく. ***Zur ~!*** 本題に戻ろう; 本筋に戻れ. ***zur ~ kommen*** 本題に入る.

..sache 「…に関わる事柄, …の問題」の意.

Sächelchen (→ Sache) [中] ⟪-s/-⟫ 小さな物; きれいな小物; ⟪話⟫ いかがわしい〈うさんくさい〉こと.

Sach=einlage [女] 〔経〕 (会社設立などの際の)現物出資. **=firma** [女] 〔商〕 製品や業種を社名に持つ会社.

sachfremd [形] その事柄にふさわしくない. **Sachgebiet** [中] 専門分野〈領域〉. **sachgemäß** [形] 適切な, ふさわしい.

Sach=gründung [女] 〔商〕 現物出資による会社設立. **=kapital** [中] 〔経〕 物的資本. **=katalog** [男] (図書の)件名〈事項別〉目録. **=kenntnis** [女] 専門知識. **=konto** [中] 〔商〕 現物〈物的〉勘定.

sachkundig [形] 専門知識のある.

Sach=lage [女] 事態, 現状. **=leistung** [女] 現物給付〈支給〉. **=lexikon** [中] 事典.

sachlich [ザッハリヒ] [形] ([英] objective) 客観的な, 公平な(ein ~er Mensch 冷静な人); 事実に即した; 実質的な; 実用的な(~ richtig sein 事実関係からして正しい).

sächlich [形] 〔文法〕 中性の.

Sachlichkeit [女] ⟪-/⟫ 客観性; 即物性, 実用性.

Sach=register 男 件名〈事項〉索引. **=schaden** 男 物心損害, 物損.
Sạchse 男 (-n/-n) (女 **Sächsin**) ザクセン人(ゲルマンの一部族); ザクセン[州]の人. **Sạchsen** ザクセン(ドイツ東部の州; 州都 Dresden ドレスデン; 略 Sa).
Sachsen-Anhalt ザクセン・アンハルト(ドイツ中部の州; 州都 Magdeburg).
sächsisch 形 ザクセン[人, 方言]の.
Sạchspende 現物寄付.
sacht 形 (音・動きなどが)静かな, ゆるやかな; 穏やかな; かすかな.
sạchte 副《話》徐々に, ゆっくりと.
Sạchverhalt 男 事情, 実態.
Sachverständigen=gutachten 中《専門家》の鑑定[書].
Sach-verständige(r) 男 女《形容詞変化》専門家, スペシャリスト.
Sach=walter 男 (-s/-) 代理人;《法》管財人. **=weiser** 男 = Sachregister. **=wert** 男 《商》の実質価値, 有価物件. **=wissen** 中 専門知識.

Sạck [ザック] 男 (-[e]s/**Säcke**) (**縮 Säckchen**)(**集 sack**) 袋; 単位としては無変化 [**集 sack**]袋; 《南部》ズボンのポケット; 財布; 目の下のたるみ; 涙囊(ホット);《腹》野郎;《俗》陰囊部. ◆ **auf den ~ fallen (gehen)**《話》《俗》(人の)厄介者になる. **den ~ zubinden** 事を終える. **ein ~ voll**《話》たくさんの. **Es ist dunkel wie in einem ~**《話》真っ暗である. **in ~ und Asche gehen**《話》(…を)痛んでいる;(人を)手なずけている. **in den ~ hauen**《話》逃げ出す, 放り出す. **in den ~ stecken**《話》(人に)勝っている; (人を)丸め込む. **in ~ und Asche gehen** 悔い改める. **mit ~ und Pack**《話》いっさいがっさい持って. **~ Zement!**《話》ちくしょう; 信じられない. **in den ~ greifen müssen**《話》大金を払う. **voll wie ein ~**《話》ぐでんぐでんに酔った.

Säckel 男 ◆ **den ~ füllen**《話》《sich³》私腹をこやす. **tief in den ~ greifen**《話》大金を支払う.

sạcken ❶(穀物などを)袋に詰める. ❷(主)沈む; 沈下する.
Sạckerl 中 (-s/-) 《オーストリア》紙(ビニール)袋.
Sạck=gasse 女 袋小路, 行き詰まり. **=hüpfen** 中 (-s/-), **=laufen** 中 (-s/-) 袋跳び競走(子供の遊び). **=leinwand** 女 袋布, ズック. **=pfeife** 女《楽》バグパイプ, ブルドンなき付きハンガリー風笛. **=tuch** 中 (-[e]s/ ..er) 袋布, ズック;《南部》ハンカチ.

Sadịsmus 男 (-/..men) サディズム, 加虐性愛;《腹》加虐趣味. **Sadịst** 男 (-en/-en)(女 **-in**)サディスト; 加虐趣味の人. **sadịstisch** 形 サディズムの, 加虐趣味の. **Sadọ** 中 (-[s]/) = Sadist. **Sadomasochịsmus** 男 (-/) サドマゾヒズム, 加虐被虐性愛.

säen [ゼーエン] 他 (säte; gesät)(**集 sow**)(種を)まく. **dünn gesät sein** まれである, 少ない. **wie gesät** びっしりと, たくさん. **Säen** 中 種まき.

Safari 女 (-/-s) サファリ(野生動物の観察・狩猟旅行).
Safe [ゼーフ, セイフ] 男 中 (-s/-s) 金庫; 貸金庫室. **=knacker** 男《話》金庫破り.

Safersex, Safer Sex 男 (エイズ予防のり)より安全なセックス[の仕方].
Saffian 男 (-s/) ヤギ革.
Safran 男 (-s/-e)《植》サフラン;(黄色のサフラン色素; サフラン香料.
safrangelb 形 あざやかな黄色な.

Saft [ザフト] 男 (-[e]s/**Säfte**) (**縮 Säftchen**) (集 **juice**) ジュース, 果汁, 汁, 水分; 樹液; 図《肉汁; 《集》《話》電気, エネルギー; 《俗》精液. ◆ **im eigenen ~ schmoren**《話》(挟策などが)放置される. **im eigenen (in seinem eigenen) ~ schmoren lassen**《話》(苦労している人をそのまま)傍観している. **ohne ~ und Kraft sein**《話》生気がない. **saftig** 形 ❶ juicy 果汁の多い, ジューシーな; (葉などが)青々とした;《話》法外な, 下品な. **Sạftladen** 男《腹》うまくいっていない店. **saftlos** 形 液汁(汁気)のない; 活気(元気)のない.

Saga 女 (-/-s)《文芸》サガ(12-14世紀のアイスランドの散文物語).
Sage [ザーゲ] 女 (-/-n) (**集 legend**) 伝説; 説話, 言い伝え; うわさ; 作り話. ◆ **Es geht die ~, dass ...** …といううわさだ.
Säge [ゼーゲ] 女 (-/-n) (**集 saw**)のこぎり;《南部》テケー製材所. **=blatt** 中 鋸耳(がなり)(のこぎりの歯のついた鋼板). **=bock** 男 木挽(コナ)台; 虫山 ノコギリカミキリ. **=fisch** 男《動》ノコギリエイ. **=mehl** 中 おがくず. **=mühle** 女 製材所. **=muskel** 男《解》側鋸(きり)筋.

sagen [ザーゲン] 他 (sagte; gesagt) ❶ (集 say) ((j³) et¹/et¹ (**zu** j³)) (人に)…を言う, 述べる, 伝える; (**sich³** et¹) …を心に思う, 自分に言い聞かせる; (**et¹ zu et³**) …について意見を言う; (…に) 主張する; ((j³) et¹) …に秘密などを打ち明ける; ((j³) et¹) (人に…するよう)命じる: **Da sage ich nicht nein.**《話》喜んでやってみよう **Ich hab's dir ja gleich gesagt!**《話》だから言ったじゃないか | **Ich will dir was ~.**《話》君に言っておくことがある | **Dagegen ist nichts zu ~.**《話》それは文句のつけようがない. ❷ (et¹ **zu** et³ od. j³) **~ zu ... und ~ zu ...** と呼ぶ; (**et¹ von et³**) (…を…だと) 言う. 9 (事物の…) を意味する. ◆ ... **[ach] was sage ich** ... (言い直して) いや... | **besser (richtiger) gesagt** もっと正確に言えば. **Das ist noch nicht gesagt.** まだ分からない, そうとも限らない. **Das kann ich dir ~/Ich kann dir ~.**《話》本当だよ, 覚悟はいいか: そうだな, まったくだ. **Das kannst du (kann) ~!**《話》まったく君の言うとおりだ. **Das musste einmal gesagt werden**《話》言いたいことだけど言っておこう. **das Sagen haben**《話》発言権がある. **Das ~ Sie?** 本当にそうですか? **Das sagt sich so leicht (einfach).**《話》言うだけならとも簡単だ. **etwas (nichts) zu ~ haben**《話》指図のできる立場にある (ない); (事物の…) 重要である (ない). **Ich würde ~. ...** ええまあ…というところでしょう. **Lass dir das gesagt sein!**《話》覚えていろよ. **Man sagt,...** ... という話で, **nichts ~ wollend** 無意味な, 内容のない. **nicht zweimal ~ lassen**《sich³ et¹》(申し出に)

すぐさま応じる. ***Sag bloß!*** 《話》へぇーそれはすごい. ***Sag bloß, ...*** 《話》もしかして…じゃないだろうね. ***Sag das nicht!*** 《話》そうかねえ. ***~ lassen*** 《*sich*^{3} *et*^{4}》(…を)言われる, 聞く. ***..., ~ wir, ...*** そうそう, 例えば. ***Sagen wir* 〔*doch*〕 ...** …なんてどうだい. ***~ wir* 〔*ein*〕*mal*** たとえば. ***sage und schreibe*** 《話》(信じられまいが)なんと, 本当に. 〔***So***〕 ***gesagt, getan.*** 事はたちまち実行された. ***um nicht zu ~, ...*** …とは言わないまでも. ***unter uns gesagt*** ここだけの話だが. ***nichts gesagt haben*** 《話》《**von** *et*^{3}》(…のことは)言ってないよ; (…を)してよい〈してくれ〉とは言わなかった. ***nichts ~ lassen*** 《話》《*sich*^{3} **von** *j*^{3}》(人の)言うことを聞かない, 命令に従わない. ***was ich noch ~ wollte*** ところで, 忘れないうちに言っておこう. ***Was Sie nicht ~!*** (驚いて)本当ですか, まさか. ***Wem sagst du* 〈*~ Sie*〉 *das!*** 《話》それは言われなくても分かっていますよ. ***Wenn ich es* 〔*dir doch*〕 *sage!*** 《話》本当だよ, うそじゃないよ. ***Wer sagt's denn?*** 《話》言ったとおりだ(だれがそんなこと言っているのだ). ***wie man sagt/wie man zu ~ pflegt*** よく言うように, いわゆる. ***wie* 〔*oben*〕 *gesagt*** 上述のように. ***wie soll ich* 〔*es*〕 *~*** (言葉を探して)えーと, どう言ったらいいか. ***..., will ~, ...*** つまり, 要するに, はっきり言えば.

sägen [自] のこぎりをひく; 《戯》いびきをかく; [他] (のこぎりで)切る, 作る.

sagenhaft [形] 伝説上の; 伝説的な; 《話》すばらしい, ものすごい.

Säge=späne [複] おがくず. **=werk** [中] 製材所.

Sago [男] (ｵｰｽﾄﾘｱ[中])《-s/-》サゴ(サゴヤシから採ったでんぷん).

sagte ⇨ sagen **sah** ⇨ sehen

Sahara (die ~)サハラ(アフリカの砂漠).

sähe ⇨ sehen

Sahne [ザーネ] [女] 《-/》 ([英] cream)生クリーム, 乳脂; ホイップクリーム. ✦ ***absolute* 〈〔*aller*〕 *erste*〉 *~ sein*** 《話》とびきり上等である. **=kännchen** [中] (コーヒー用の)クリーム入れ, クリーマー. **sahnig** [形] クリームの豊富な; クリーム状の.

Saison [女] [ゼゾ[ー]ン] 《-/-s (ｵｰｽﾄﾘｱ-en)》 ([英] season)季節, (旅行・スポーツ・ファッションなどの)シーズン; (作物などの)出回り期, 旬. ✦ ***~ haben*** 《話》需要が多い.

saisonal [形] シーズンの, 季節的な.

Saison=arbeit [女] 季節労働. **=ausverkauf** [男] 季末大売り出し.

saisonbedingt [形] シーズン〈季節〉に左右される. **Saisonschwankung** [女] (労働力などの)季節的変動.

Saite [女] 《-/-n》 (楽器の)弦; (ラケットの)ガット. ✦ ***andere* 〈*strengere*〉 *~n aufziehen*** 《話》これまでよりも厳しい態度で臨む. **~n=instrument** [中] 弦楽器. **~n=spiel** [中] 《雅》弦楽器演奏.

Sakko [男] (ｵｰｽﾄﾘｱ[中])《-s/-s》替え上着.

sakral [形] 礼拝のための; 宗教上の; 〔医〕仙骨の.

Sakrament [中] 《-[e]s/-e》〔ｶﾄﾘｯｸ〕秘跡; 〔ﾌﾟﾛﾃｽﾀﾝﾄ〕聖礼典. ✦ ***~* 〔*noch mal*〕*!*** 《俗》こんちくしょう.

Sakrileg [中] 《-s/-e》瀆聖(とくせい); 冒瀆.

Sakristan [男] 《-s/-e》〔ｶﾄﾘｯｸ〕聖具室係.

Sakristei [女] 《-/-en》〔ｶﾄﾘｯｸ〕聖具室.

säkular [形] 《雅》百年ごとの; 百年に一度の; 世俗の. **säkularisieren** [他] (教会財産を)国有化する; 脱教会化〈世俗化〉する. **Säkularisierung** [女] 《-/-en》(教会財産の)国有化; 世俗化.

Salamander [男] 《-s/-》〔動〕サンショウウオ.

Salami [女] 《-/-[s]》 (ｽｲｽ; [男] 《-s/-》)サラミソーセージ. **=taktik** [女] 《話》サラミ戦術(なしくずしに目的を達すること).

Salär [中] 《-s/-e》《ｽｲｽ》給与, 賃金.

Salat [ザラート] [男] 《-[e]s/-e》 ([英] salad) 〔料〕サラダ; 〔植〕サラダ菜; レタス; 《話》ごたまぜ. ✦ ***Da haben wir den ~!*** 《話》これは困ったことになったぞ. ***der ganze ~*** なんでもかんでも. **..salat** 「ごちゃごちゃの…, ごちゃまぜの…」の意.

Salat=besteck [中] サラダ用サーバー(大型フォークとスプーン). **=öl** [中] サラダ油. **=schüssel** [女] サラダボウル. **=soße** [女] サラダ用ドレッシング.

salbadern [自] 《話》長々と大げさに話す.

Salbe [ザルベ] [女] 《-/-n》軟膏(なんこう), 塗り薬.

Salbei [男] 《-s/》; [女] 《-/》〔植〕サルビア.

salben [他] 〔ｶﾄﾘｯｸ〕(人に)聖油を塗る.

Salbung [女] 《-/-en》〔ｶﾄﾘｯｸ〕塗油〔式〕.

salbungsvoll [形] 《蔑》大げさな, もったいぶった.

Sälchen (→ Saal) [中] 《-s/-》小ホール.

Salchow [男] 《-s/-s》〔ｽｹｰﾄ〕サルコー(ジャンプの一種).

saldieren [他] 〔商〕決算〈清算〉する; (勘定を)支払う. **Saldierung** [女] 《-/-en》〔商〕決算, 清算.

Saldo [男] 《-s/..den, ..di, -s》〔商〕残高, 差額; 差引残高. ✦ ***per ~*** 残高に基づき; 《話》結局は. **=betrag** [男] 〔商〕残高. **=konto** [中] 〔商〕差引勘定, 清算〔額〕. **=übertrag** [男], **=vortrag** [男] 〔商〕残高繰越. **=wechsel** [男] 〔商〕残高清算手形.

Säle ⇨ Saal

Saline [女] 《-/-n》製塩所; 塩田.

Salm [男] ❶ 《-s/-e》《方》(長たらしい)おしゃべり. ❷ 《-[e]s/-e》〔魚〕サケ(鮭).

Salmiak [男][中] 《-s/》〔化〕塩化アンモニウム. **=geist** [男] アンモニア水.

Salmonellen [複] サルモネラ菌. **Salmonellose** [女] 《-/-n》〔医〕サルモネラ症.

Salome 《女名》ザ[ー]ロメ; 〔聖〕サロメ.

Salomo 《2格-s, ..monis》〔聖〕ソロモン(David の息子で, イスラエルの王): die Sprüche *~s* 〈*Salomonis*〉(旧約聖書の)箴言(しんげん). **Salomon** = Salomo. **salomonisch** [形] ソロモンのような; 賢明な; 適切な.

Salon [ザロ[ー]ン] [男] 《-s/-s》理容室, 美容院; 客間, 応接室; サロン(文士・芸術家などの集い).

salonfähig [形] (礼儀作法などが)社交界〈上流社会〉にふさわしい, 人前に出られる.

Salonwagen [男] 〔鉄道〕デラックス客車.

S

salopp (言葉遣い・態度・身なりなどが) ぞんざいな、くだけた、気楽な.
Salpeter 男 〈-s/〉【化】硝酸カリウム, 硝石. **=säure** 女 硝酸.
salpetrig 形 硝石の, 亜硝酸の.
Salt, SALT [ゾールト] 【ソールト】《Strategic Arms Limitation Talks》(1969年から米ソ間で始められた)戦略兵器制限交渉.
Saltato 男 〈-s/-s, ..ti〉【楽】サルタート (弓を弾ませる奏法).
Salto 男 〈-s/-s, ..ti〉【体操】宙返り; einen ~ springen 宙返りする.
Salto mortale 男 〈--/--..ti ..li〉3回転宙返り; 命がけの離れ業.
Salut 男 〈-[e]s/-e〉 礼砲.
salutieren 自 〈*vor*〉 *j³* (人に)敬礼をする; 礼砲を発射する.
Salve 女 〈-/-n〉 一斉射撃.
Salz [ザルツ] 中 〈-es/-e〉 (< *salt*) 塩; 食卓塩; 【化】塩(<えん>). ♦ *attisches* ~【雅】味のあるウィット. *nicht das* ~ *in der Suppe gönnen* [*j³*] (人を)ねたんでいる. *nicht das* ~ *zum Brot* (*zur Suppe*) *haben* ひどく貧しい生活をしている. ~ *in* (*auf*) *die Wunde streuen* (傷ついている人などを)さらに締めつける. ~ *und Brot macht* (*die*) *Wangen rot.* 【諺】粗食は健康のもと.
Salzach (die =) ザルツァッハ(Inn 川の支流で, Salzburg の市中を流れる).
salz=arm 形 塩分の少ない.
Salzbergwerk 中 岩塩採掘所.
Salzburg ザルツブルク(オーストリア中部の都市). **Salzburger** 男 〈-s/-〉; **-in** ザルツブルクの人; 形 【無変化】ザルツブルクの. ♦ ~ *Festspiele* ザルツブルク音楽祭.
salzen (*) 他 〈...(に)...〉塩を加える, 塩味にする; 塩漬けにする.
Salz=fass (⊕ =**faß**) 中 (食卓の)塩入れ, 【戯】 頭と鎖骨の間のくぼみ. **=fleisch** 中 塩漬け肉. **=gehalt** 男 塩分. **=gewinnung** 女 製塩. **=gurke** 女 塩漬けキュウリ.
salzhaltig 形 塩分を含んだ. **Salzhering** 男 塩漬けニシン(鰊).
salzig [ザルツィヒ] 形 塩辛い, しょっぱい; 塩味の, 塩分を含んだ.
Salzkammergut (das =) ザルツカンマーグート(オーストリア中部の山岳と湖沼に富む地方).
Salz=kartoffeln 複 【料】(皮をむいた)塩ゆでのジャガイモ. **=lake** 女 (食品保存用の)塩水. **=säule** 女 岩塩の柱. ♦ *zur* ~ *erstarren* あぜんとして立ちすくす. **=säure** 女 塩酸. **=stange** 女 (塩をまぶした)棒状ビスケット. **=streuer** 男 ふりかけ式の塩入れ.
salzte ⇒ salzen
Salz=wasser 中 食塩水; 海水; = Salzlake. **=werk** 中 製塩所.
..sam「…されうる,…しやすい;…する;…を有する;…な性質の」の意.
Sä=mann 男 【雅】種をまく人.
Samaria サマリア(パレスチナ中部の歴史的地方). **Samariter** 男 〈-s/-〉; **-in** サマリア人; 【雅】病人などの救護に献身的な人; 【ス】救急隊員.
Samarium 中 〈-s/〉 サマリウム(元素記

号 Sm).
Sä=maschine 女【農】種まき機.
Samba 男 〈-/-s〉 【話・トゥジドゥウ】 〈-s/-s〉 サンバ(舞曲).
Same 男 〈-ns/-n〉 【雅】 種, 実, 種子.
Sambia ザンビア(アフリカ南部の共和国).
Samen [ザーメン] 男 〈-s/-〉 (< *seed*) 種(<たね>), 実, 種子; 起源, もと; 精液, 精子.
=bank 女 【医】 精子銀行. **=erguss** (⊕ **=erguß**) 男 【生理】 射精. **=faden** 男 【生理】 精子. **=handlung** 女 種子店. **=korn** 中 【植】 種子. **=leiter** 男 【解】 輸精管.
Sämerei 女 〈-/-en〉 種子, 苗床; 種苗, 種苗店.
sämig どろっとした; とろみのある.
Sämisch=leder 中 セーム革.
Samland ザームラント(ロシア連邦西端バルト海に面する海岸地方; 旧ドイツ領).
Sämling 男 〈-s/-e〉 実生(<みしょう>)の苗木.
Sammel=auftrag 男 【商】 (小売商からの卸商への)一括注文; (いくつかの口座への)一括振り込み. **=band** 男 著作集; 選集, 文集. **=becken** 中 貯水池, ため池; タンク. **=begriff** 男 集合概念. **=bestellung** 女 一括注文; 共同購入. **=büchse** 女 募金箱. **=lager** 中 (捕虜・難民などの)収容所. **=linse** 女【光】 集束レンズ. **=mappe** 女 書類ばさみ, ファイル.
sammeln [ザメルン] 他〈*sammelte; gesammelt*〉(< *gather*) «*er*⁴ *sich*¹» 集める(集まる); 集う; (賞賛などを)集める; (経験などを)積む; «*sich*⁴» (精神を)集中する.
Sammel=nummer 女 (電話の)代表番号. **=platz** 男 集積場所; 集合場所; **=punkt** 男 集結地点.
Sammelsurium 中 〈-s/..rien〉 【話】 ごたまぜ, 寄せ集め.
sammelte ⇒ sammeln
Sammel=transport 男 (難民などの)集団輸送; 〈家畜・貨物などの〉一括輸送. **=überweisung** 女 【商】 (複数口座への)一括振り込み. **=werk** 中 (複数の著者の)作品集, 論文集.
Sammler 男 〈-s/-〉; «**-in**» 収集家, コレクター; 募金者.
Sammlung [ザムルング] 女 〈-/-en〉 (< *collection*) 収集, 採集; 募金; 収集品, コレクション; 論文(法令)集, 選集; 寄付金; 美術館, 博物館; 陳列室.
Samoa サモア(南太平洋にある諸島). **=inseln** (die =) サモア諸島.
Samos サモス(エーゲ海南東部にあるギリシャ領の島). **=** 男 〈-/-〉 サモス産ワイン.
Samowar 男 〈-s/-e〉 サモワール(ロシアの湯沸かし器).
Samstag [ザムスターク] 男 〈-[e]s/-e〉 (< *Saturday*)(特に南部・西部・トリオルゲ) 土曜日(=Sonnabend).
Samstagabend 男 土曜日の晩.
samstagabends
Samstagmittag 男 土曜日の正午.
samstagmittags
Samstagmorgen 男 土曜日の朝.
samstagmorgens
Samstagnachmittag 男 土曜日の午後. **samstagnachmittags**
Samstagnacht 女 土曜日の夜.

samstagnachts 副

samstags 副 毎土曜日に.

Samstagvormittag 男 土曜日の午前. **samstagvormittags** 副

samt 前 《3格支配》…と共に(いっしょに), …を含めて. ◆ *~ und sonders* 例外なく, すべて.

Samt 男 ([-e]s/-e) ビロード, ベルベット. **samtartig** 形 ビロードのような. **Samthandschuh** 男 ビロードのような手袋. ◆ *mit ~en anfassen* (人を)丁寧に扱う. **samten** 形 ビロード(製)の; ビロードのような. **samtig** 形 ビロードのような.

sämtlich [ゼムトリヒ] 形《不定数詞》〈the whole〉全部の, すべての.

Samtpfötchen 中 (猫などの)ビロードのように柔らかい前足; 〈子供などの〉丹く柔らかい手. **samtweich** 形 ビロードのように柔らかい.

Samum 男 ([-s/-s, -e]) (北アフリカ・アラビアなどの)砂あらし.

Sana サヌア, サナー (北イエメンの首都).

Sanatorium 中 ([-s/..rien]) 療養所.

Sand [ザント] 男 ([-e]s/種類 -e) 砂; 砂地; 種類としての砂; [-e]s/-e, *Sände*) 砂漠. ◆ *auf den ~ setzen* (試合で人を)馬から突き落とす, 打ち負かす. *auf ~ gebaut sein* [雅] 砂上の楼閣である. *in den ~ verlaufen* 成果のないままに終わる. *~ im Getriebe sein* [話] (…の)妨害となっている. *~ in die Augen streuen* [話] [j³] (人を)だます. *wie ~ am Meer* (浜の砂のように)無数に.

Sandale 女 ([-/-n]) サンダル.

Sandalette 女 ([-/-n]) (ヒールの高い女性用の)サンダルシューズ.

Sand|bahn 女 (オートバイ用の)ダートコース. **=bank** 女 (/..bänke) 砂州.

Sandelholz 中 白檀(だん)材.

sandig 形 砂だらけの; 砂を多く含んだ; 砂地の.

Sand|kasten 男 砂場; (軍) 砂盤. **=korn** 中 砂粒. **=kuchen** 男 パウンドケーキ. **=mann** 男, **=männchen** 中 砂男(子供の目に砂をまいて眠らせるという小人). **=papier** 中 紙やすり, サンドペーパー. **=platz** 男 (テニス) クレーコート.

Sandra 《名》女性名.

Sand|sack 男 砂袋; [ボクシ] サンドバッグ. **=stein** 男 砂岩. **=strand** 男 砂浜. **=sturm** 男 砂あらし.

sandte ⇒ senden

Sand|uhr 女 砂時計. **=wich** 男/中 ([-/-[e]s; -[e]s/-e]) サンドイッチ. **=wüste** 女 砂漠.

sanft [ザンフト] 形 (⊗ soft) 柔らかい, 快い; 優しい, 親しげな, ソフトな; 穏やかな, なだらかな; 安らかな, 落ち着いた. ◆ *Ein gutes Gewissen ist ein ~es Ruhekissen*. (諺) 心にやましいことがなければ安眠できる.

Sänfte 女 ([-/-n]) 駕篭(ご), 輿(こし).

sanftest ⇒ sanft

Sanftheit 女 ([-/]) 柔和, 温和, 穏やかさ.

Sanftmut 女 優しさ, 柔和さ, 辛抱強さ.

sanftmütig 形 優しい, 柔和な, 辛抱強い.

sang ⇒ singen

Sang 男 ([-e]s/Sänge) 歌うこと; 歌, 歌曲. ◆ *mit ~ und Klang* 鳴り物入りで; [話] もののみごとに.

sänge ⇒ singen

Sänger [ゼンガー] 男 ([-s/-]) (⊗ -in) (⊗ singer)歌手, 声楽家.

sanglos 形 ([-/-]) ◆ *sang- und klanglos* [話] こっそりと.

Sanguiniker 男 ([-s/-]) (⊗ -in) 快活な(陽気な)人, 楽天家. **sanguinisch** 形 快活な, 楽天的な.

sanieren ❶ 他 (都市を)再開発する; (家屋を)改修する; [経済] (企業などを)立て直す, 再建する. **❷** 再 (*sich*) [話] [蔑] (いかがわしい方法で)金を稼ぐ.

Sanierung 女 ([-/-en]) (都市の)再開発, 近代化; 改修, 改装; (企業などの)立て直し, 再建. **=s=gebiet** 中 (都市などの)再開発地域.

sanitär 形 衛生上の, 体を清潔にする.

Sanitäter 男 ([-s/-]) 救急隊員; [口] 衛生看護兵 (⊗ Sani).

Sanitäts-behörde 女 保健所, 公衆衛生局. **=kasten** 男 救急箱. **=rat** 男 衛生功労医(名誉称号); [略] 医官(称号); 保健衛生審議会. **=wagen** 男 救急車. **=wesen** 中 [口]衛生部; 衛生制度(施設).

San José サンホセ (コスタリカ共和国の首都).

sank, sänke ⇒ sinken

Sankt [ザンクト] 形 (⊗ saint) 《人名・地名などにつけて》聖… (略 St.).

Sankt Bernhard (*der ~*) ザンクトベルンハルト(スイス・イタリア・フランス3国の国境にあるアルプス越えの峠). ◆ *der Große ~* 大ザンクトベルンハルト(スイスとイタリアを結ぶ峠). *der Kleine ~* 小ザンクトベルンハルト(フランスとイタリアを結ぶ峠).

Sankt Gallen ザンクトガレン(スイス北東部の州(や州都)).

Sankt Gotthard (*der ~*) ザンクトゴットハルト(スイス中部にあるアルプス越えの峠).

Sankt Helena セントヘレナ(アフリカの西方, 大西洋上にあるイギリス領の島).

Sanktion 女 ([-/-en]) 制裁; 許可, 認可. **sanktionieren** 他 許可(認可)する; [法] (…に)同意(承認)する.

Sankt Moritz サンモリッツ(スイスのGraubünden 州にある観光・保養地).

Sankt-Nimmerleins-Tag 男 ([-[e]s/]) [戯] ⇒ Nimmerleinstag.

Sankt Pauli ザンクトパウリ(Hamburgの市区で, 歓楽街 Reeperbahn がある).

Sankt Petersburg サンクトペテルブルグ(ロシア西部の都市; 1924–91年は Leningrad と呼ばれた).

Sankt Pölten ザンクトペルテン(オーストリア東部の工業都市).

San Marino サンマリノ(イタリア東部にある小共和国, およびその首都).

sann, sänne ⇒ sinnen

San.-Rat = *Sanitätsrat*.

San Salvador サンサルヴァドル(エルサルヴァドルの首都).

Sansibar ザンジバル(アフリカ東海岸タンザニア東部の島).

Sanskrit 中 (-s/) サンスクリット, 梵語 (ボン).

Santiago de Chile サンチアゴデチリ (チリの首都).

Saphir 男 (-s/-e) 【鉱】サファイア.

Sappe 女 (/-n) 【軍】(敵陣に向かって掘られる)対壕(ごう).

Sara 【女名】ザーラ.

Sarajevo サライェヴォ, サラエボ (ボスニア・ヘルツェゴビナ共和国の首都).

Sardelle 女 (/-n) 【魚】アンチョビー (地中海などで取れるイワシ). **~n=paste** 女 アンチョビーペースト.

Sardine 女 (/-n) 【魚】イワシ. ♦ **wie die ~n in der Büchse** すし詰めで, 押し合いへし合いしながら. **~n=büchse** 女 イワシの缶詰.

Sardinien サルディーニャ (イタリアの西, 地中海にある大きな島の大島).

sardonisch 形 引きつった; 悪意ある.

Sarg 男 (-[e]s/Särge) 棺, ひつぎ.

Sarin 中 (-s/) 【化】サリン (毒性の強い神経ガス).

Sarkasmus 男 (-/..men) 辛辣(しんらつ)なあざけり, 皮肉; あざけりの言葉.

sarkastisch 形 あざけりに満ちた, 皮肉な.

Sarkom 中 (-s/-e) 【医】肉腫(いっしゅ).

Sarkophag 男 (-s/-e) (貴人用の豪華な)棺.

saß, säße ⇒ sitzen

Satan 男 (-s/-e) 【聖】サタン, 悪魔; 【傲】極悪非道なやつ.

Satanas 男 (-/-) = Satan.

satanisch 形 サタン(悪魔)のような.

Satanismus 男 (-/-) サタン崇拝; 【文芸】悪魔主義. **Satanskerl** 男 【話】極悪非道な奴.

säte ⇒ säen

Satellit [ザテリート] 男 (-en/-en) (◎ satellite) 衛星; 【宇】人工衛星; 【職】衛星国, 取り巻き. **~en=fernsehen** 中 衛星テレビ放送. **~en=sendung** 女 衛星放送(番組). **~en=staat** 男 衛星国. **~en=stadt** 女 衛星都市. **~en=übertragung** 女 衛星中継.

Satin [ザテーン] 男 (-s/-s) 【織】サテン, しゅす.

satinieren 他 (/-/-n) 【紙】(紙・革などに)光沢(つや出)し仕上げをする.

Satire 女 (/-n) 【文】風刺的な作品.

Satiriker 男 (-s/-) 風刺作家; 風刺家, 皮肉屋. **satirisch** 形 風刺的な; 皮肉たっぷりの.

Satisfaktion 女 (/-en) 【雅】名誉回復.

satt [ザット] 形 ① (飲み食いの) 腹いっぱいの, 自己満足している, 満ち足りた; (色などが)濃厚な, 鮮やかな. ♦ **nicht ~ werden** (**~ nicht ~ kriegen** [+ zu 不定詞句])(…て)飽きることがない. **~ bekommen** 〈kriegen〉 【話】〈j-et[an er.]〉(…に) 飽き飽きする, (…が)いやになる. **~ essen 〈sich〉** 【話】〈j-et[an er.]〉(…を)たらふく食べる. **~ haben** (sein) 【話】〈j-et[an er.]〉(…に)うんざりしている, (…に)飽き飽きしている; 〈es zu 不定詞句を伴って〉(…するのに)うんざりしている. **~ sehen 〈hören〉** 【話】〈sich[an er.]〉 (…を)見飽きる(聞き飽きる).

Sattel 男 (-s/Sättel) (◎ Sättelchen) (◎ saddle) (馬の)くら; (自転車などのサドル; 【体操】(鞍馬の)鞍部; 【医】鼻軟(びなん), ♦ **aus dem ~ heben** (人を)失脚させる. **fest im ~ sitzen / sich¹ im ~ halten** 安泰である. **in allen Sätteln gerecht sein** 何でもやりこなせる. **j⁴ in den ~ heben / j⁴ in den ~ helfen** (人を)重要な地位に就ける. **=dach** 中 【建】切り妻屋根.

sattelfest 形 (ある分野に)精通した.

Sattelgurt 男 (馬の)腹帯.

satteln 他 (…)にくらを置く. ♦ **gesattelt sein für er.]** (…の)準備ができている.

Sattel=pferd 中 鞍馬(しゅ)(2頭立て馬車の左側の馬). **=schlepper** 男 セミトレーラー用牽引(いん)車. **=tasche** 女 (くらの両側につける)くら袋; (自転車のサドルバッグ)(工具袋). **=zeug** 中 【集合的】[馬術]馬具類.

Sattheit 女 (/-) 満腹感; 自己満足, うぬぼれ; (色などの)濃さ, 深さ.

sättigen 他 満腹にする; (要求・好奇心などを)満たす, 満足させる; 【化】飽和させる; 【経】過剰供給させる, だぶつかせる.

Sättigung 女 (/-en) 満腹, 飽食; 【化】飽和[状態]; 【経】供給過剰.

Sattler 男 (-s/-) (馬具・トランクなど大型皮革製品を作る)皮革職人.

Sattlerei 女 (/-en) 大型皮革製品加工[業, 工場].

sattsam 副 いやというほど, うんざりするほど; 十二分に.

saturiert 形 【傲】自己満足した; (経済的・物質的に)満ち足りた.

Saturn = Saturnus; 男 (-s/) 【天】土星. **saturnisch** 形 サトゥルヌスの; 土星の, 太古の. **Saturnus** 中 (-/) 【神】サトゥルヌス (農耕の神).

Satyr 男 (-s/-n, -e) 【ギ神】サテュロス (山羊の足と角を持つ山谷の精で Dionysos デュオニュソスの好色な従者); 好色漢.

Satz [ザッツ] 男 (-es/Sätze) (◎ Sätzchen) ❶ (◎ sentence) 文; 【理・数】定理, 法則; 【楽】楽章; 【印】植字, 組み版. ❷ (テニスなどの)セット, 回; 一組, 一そろい, セット. ❸ 一跳び, 一跳躍, ジャンプ; **Mach mal'n ~** 【話】消えうせろ, 行ってしまえ. ❹ 沈殿物, (飲み物の底に残る)かす, 澱(おり). **=aussage** 女 【文法】述語. **=ball** 男 【球技】セットポイント. **=bau** 男 【文法】文章構造.

Sätze ⇒ Satz

Satz=ergänzung 女 【文法】目的語. **=gefüge** 中 【文法】付帯文, 複合文. **=gegenstand** 男 【文法】主語. **=glied** 中 【文法】文成分, 文肢 (主語・目的語・状況節など). **=lehre** 女 【文法】統辞論, シンタクス. **=spiegel** 中 【印】版面(がん).

Satzung 女 (/-en) 会則, 規約; (地方自治体の)条例; 【法】規定, 定款.

Satz=verbindung 女 【文法】重文(文同士の結合したもの). **=zeichen** 中 【文法】句読点.

Sau 女 (/-Säue) 【動】雌豚; 【俗】不潔なやつ. ♦ **die ~ rauslassen** 【話】はめを外す. **Keine ~ war da.** 【話】

人っ子ひとりいなかった. **unter aller ~** 《話》めちゃくちゃな. **eine gesengte ~**《俗》ひどくぶさまに. 一目散に. **zur ~ machen**《話》(人を)さんざんにしかりつける.

sau.., **Sau..** 《話》非常に…, ものすごく…; ひどい…, ものすごい…の意.

sauber [ザオバー] 形 ❶ 《◎ clean》清潔な, きれいな, 洗いたての(仕事などは)きちんとした, 正確な, 完璧(炊)な(道徳的に)きれいな, まともな(Er ist nicht ganz ~.《話》彼はどこか信用がおけない. ❷ ひどい, 大変な; 相当な(Das ist ~. 《話》それはすごい). 《南部・オーストリア》かわいらしい, シックな. ◆ **~ halten** (…を)清潔にして(きちんと)しておく; (*et*⁴ **von** *j*³)(…を…から)守る. **~ machen** (…を)掃除する, きれいな(きちんとした)ものにする.

sauberhalten *他 ⇒ sauber ◆

Sauberkeit 女 《-/》清潔; 整然; 正確; 入念. 潔癖さ.

säuberlich 形 きちんとした; 入念な.

saubermachen 他 ⇒ sauber ◆

säubern 他 《◎ clean》きれいにする, (…の)汚れを取る; (*et*⁴ **von** *et*³) (…から…を)取り除く, 排除(駆除)する.

Säuberung 女 《-/-en》掃除, 清掃, 汚れ落とし; 排除, 駆除. **~s-aktion** 女 《不純分子の》浄化運動, パージ.

Saubohne 女 《植》ソラマメ.

Sauce [ゾーセ] 女 《-/-n》= **Soße**.

Sauciere [ソスィエーレ] 女 《-/-n》(舟形の)ソース入れ.

Saudi-Arabien サウジアラビア.

saudumm 形《話》大ばかの.

sauer [ザオアー] 形 《◎ sour》酸っぱい; 酸味のある, 酢で調味した; 不機嫌な. 怒った; つらい, 骨の折れる; 《化》酸性の. ◆ **Gib ihm Saures!**《話》あいつをぶんなぐれ. **~ aufstoßen** (*j*³) (人に)苦い思いをさせる. **saurer Regen** 酸性雨.

Sauer-ampfer 男 《植》スイバ, スカンポ. **=braten** 男 《料》ザウアーブラーテン(酢漬け牛肉のロースト).

Sauerbrunnen 男 炭酸水; 炭酸水.

Sauerei 女 《-/-en》《俗》不潔, 乱雑; 卑劣(卑猥(ひわ))な言動.

Sauer-kirsche 女 《植》スミノミザクラ. **=klee** 男 《植》カタバミ. **=kraut** 中 《料》ザウアークラウト(発酵させた塩漬けキャベツ).

Sauerland (das ~) ザウアーラント(ドイツ中西部 Nordrhein-Westfalen 州の Ruhr 川と Sieg 川の丘陵地).

säuerlich 形 ちょっと酸味のある(酸っぱい); 不機嫌(不満)そうな.

Säuerling 男 《-(e)s/-e》炭酸泉.

Sauermilch 女 サワーミルク.

säuern 他 酢漬けにする; (…に酢・レモン汁などで)酸味をつける. 自 (h, s) (発酵して)酸っぱくなる.

Sauerstoff 男 酸素 (元素名). **=apparat** 男 **=gerät** 中 酸素吸入装置. 人工呼吸器. **=mangel** 男 酸素の欠乏.

sauersüß 形 甘酸っぱい;《話》うれしいような腹立たしいような.

Sauerteig 男 パン種.

sauertöpfisch 形《話》不機嫌な, 仏頂面の.

Saufbruder 男《話》酒飲み仲間.

saufen*(*) [ザオフェン] (soff; gesoffen) 他 《動物が》飲む; 《話·蔑》(人間が大酒を)飲む; がぶ飲みする; 自《話·蔑》大酒を飲む; 酒を飲みすぎる(…に)なる. ◆ **wie ein Loch** ⟨**Schlauch**⟩ **~** 底なしの酒飲べえである.

Säufer 男 《-s/-》 **-in** 《-/-nen》大酒飲み.

Sauferei 女 《-/-en》《話》大酒を飲むこと, 暴飲; 酒盛り. **Saufgelage** 中 酒盛り.

säufst, **säuft** ⇒ **saufen**

Saugbagger 男 《土木》吸い上げ式浚渫(しゅん)機.

saugen(*) [ザオゲン] (saugte, sog; gesaugt, gesogen) 他 ❶ 《◎ suck》吸う, しゃぶる; (*et*¹ **aus** *et*³) (…から…を)吸い出す, 吸い取る. 自 吸いつく, 吸う, 飲む. ❷ 《*et*¹》(…のほこりなどを)掃除機で吸い取る.

säugen 他 (…に)授乳する.

Sauger 男 《-s/-》 (ほ乳瓶の)乳首; (乳児用の)おしゃぶり; サイフォン; 電気掃除機.

Säuger 男 《-s/-》. **Säugetier** 中 哺乳(ほっ)動物, 哺乳類.

saugfähig 形 吸湿(吸収)性の.

Saug-flasche 女《化》吸引瓶; 《医》吸引瓶.《化》ろ過瓶. **=heber** 男 《理·工》サイフォン.

Säugling 男 《-(e)s/-e》赤ん坊.
~s=heim 中 乳児院, 乳児保育施設.
~s=pflege 女 乳児保育.
~s=schwester 女 乳児保育[専門]看護婦. **~s=sterblichkeit** 女 乳児死亡率.

Saug-napf 男《動》吸盤. **=pumpe** 女 《工》吸い上げポンプ. **=rohr** 中 吸い込み(吸い上げ)管; 《医》ピペット.

säuisch 形《話》下品な, 卑猥(ひわ)な; ひどい.

Saukälte 女《話》ひどい寒さ.

Säule [ゾイレ] 女 《-/-n》 (◎ column) 円柱, 支柱; 《◎》大黒柱; 円形広告柱; 《◎》柱体, 多角柱.
~n=bau 中《建》列柱建築物.
~n=gang 中 《建》柱廊, コロネード.
~n=halle 女《建》柱廊広間.

Saulus サウル (改宗して使徒となった Paulus のヘブライ名). ◆ **aus einem ~ ein Paulus** ⟨**zu einem Paulus**⟩ **werden** / **vom ~ zum Paulus werden** 《話》攻撃の急先鋒であったのが一転して熱心な支持者になる; 宗旨変えをする.

Saum 男 《-(e)s/Säume》《◎ Säumchen》(衣類の折り返しした)すそ, 縁取り; 《雅》縁(ふち), 端.

sau-mäßig 形《話》ひどい, 大変な; なさけない, みじめな.

säumen ❶ 他《雅》ためらう, ぐずぐずする. ❷ 他《雅》縁取りをする; 縁取りをする; 《雅》(…の)縁並みに並んでいる.

säumig 形 支払いが遅れた. **Säumigkeit** 女 《-/》遅延, 遅滞; ためらい.

Saum-pfad 男 荷馬などの通る細い山道. **=sattel** 男 荷鞍(に).

saumselig 形《雅》(仕事などが)遅い, いいかげんな.

Saumtier 中 (細い山道用の)荷駄動物

(ラバ・ロバなど).
Sauna [女]《-/-s, ..nen》サウナ.
Säure [女]《-/-n》酸味, 酸っぱさ;〔化〕酸. **säure=beständig, =fest** [形] 耐酸性の.
Saure-Gurken-Zeit ([旧] **Sauregurkenzeit**) [女]《戯》(商売・政治などの)夏枯れ時期.
säurehaltig [形] 酸を含む.
saurer ⇨ sauer
Saurier [男]《-s/-》恐竜.
Saus [男] ✦ *in ~ und Braus leben*《話》ぜいたくざんまいの暮らしをする.
Sause [女]《-/-n》《話》(酒がたっぷり出る)宴会; はしご酒, 飲み歩き.
säuseln [自](風・木の葉などが)ザワザワと音を立てる,(s)(木の葉などが)さらさらと落ちる; [他] ささやく, 声をひそめて言う.
sausen [ザオゼン]《sauste; gesaust》[自](ザワザワ・ゴーゴー・ヒューヒューなどと)音を立てる;(s)疾走する; 大急ぎで行く. ✦ *durch et⁴ ~*《話》(試験に)落ちる. *einen ~ lassen*《俗》一発屁(へ)をする.
Sau=stall [男] 豚小屋;《俗》汚い部屋.
sauste ⇨ sausen
Sauwetter [中]《話》ひどい天気.
sauwohl [形] ✦ *~ fühlen*《話》《sich⁴》すごく気分がいい.
Savanne [女]《-/-n》〔地学〕サバンナ.
Saxhorn [中]〔楽〕サックスホーン.
Saxophon, ..fon [中]《-s/-e》〔楽〕サクソフォン. **Saxophonist, ..fonist** [男]《-en/-en》サクソフォン奏者.
Sb [記号] アンチモン(元素名< *Sti*bium).
SB [略] *S*elbst*b*edienung.
S-Bahn [エスバーン] [女]《-/-en》都市高速鉄道(近郊線・環状線なども含む; < *S*chnell*bahn*, *S*tadt*bahn*).
SBB [複] *S*chweizerische *B*undes*b*ahnen スイス連邦鉄道. **s.Br.** [略] *s*üdlicher *Br*eite 南緯の. **sc.** [略] *sc*ilicet すなわち; *sc*ulpsit (彫刻家が署名に添えて) …これを彫れり.
Scandium [中]《-s/》スカンジウム(元素名: [記号] Sc).
sch [間] しっ(静粛・退去を求める声).
Schabe [女]《-/-n》〔虫〕ゴキブリ;《南部》イガ(衣蛾); そぎ取りナイフ.
=fleisch [中](牛の)赤身のひき肉.
schaben ❶ [他](…の)表面をそぎ取る;〔料〕おろし金にかける; みじん切りにする; すり身にする; こする;《et⁴ von 〈aus〉 et³》(…を…から)こすり取る. ❷ [再]《sich⁴/sich³ den Bart》《戯》ひげをそる.
Schaber [男]《-s/-》そぎ取り道具;〔工〕きさげ, スクレーパー.
Schabernack [男]《-[e]s/-e》いたずら, 悪ふざけ;《方》いたずら小僧.
schäbig [形] みすぼらしい, 使い古しの (ein *~er* Rest《話》わずかな残りもの); 卑劣な,《話》わずかな. **Schäbigkeit** [女]《-/-en》みすぼらしさ; 卑劣; けち; 卑劣な〈けちな〉言動.
Schablone [女]《-/-n》型紙, 型板; 紋切り型, 決まりきった型. **schablonenhaft** [形] 型にはまった, 月並みな.
Schabmesser [中] スクレーパー, そぎ取りナイフ.
Schabracke [女]《-/-n》馬衣(ばん), 鞍(くら)敷き;(ソファーなどの)飾りカバー;(カーテンの)金具覆い;《話》おいぼれ馬; がらくた.
Schach [シャッハ] [中]《-s/-s》([英] chess)チェス;(チェスの)王手. ✦ *in 〈im〉 ~ halten*《話》《j⁴》(人の)動きを封じる. *~ bieten*《雅》《j³》(人に)自制を求める. *~ und matt!*〔チェス〕詰みだ. **=brett** [中] チェス盤.
Schacher [男]《-s/》けちくさい値段の交渉; 抜け目のない取り引き.
Schächer [男]《-s/-》〔聖〕(キリストとともに処刑された)盗賊.
schachern [自] うるさく値段の交渉をする, がめつい取り引きをする.
Schachfigur [女] チェスのこま.
schachmatt [形]〔チェス〕王手詰めにされた; 疲れきった. ✦ *~ setzen* (人を)王手詰めにする;《話》(人を)追い詰める.
Schach=spiel [中] チェス; チェスの対局; チェスのセット. **=spieler** [男] チェスをする人, チェスの選手.
Schacht [男]《-[e]s/Schächte》縦穴;(エレベーター・高炉などの)シャフト;〔坑〕立坑(たてこう);〔土木〕マンホール.
Schachtel [シャハテル] [女]《-/-n》([小] **Schächtelchen**)([英] box)(厚紙などでできた)箱. ✦ *alte ~*《蔑》ばばあ. **=beteiligung** [女]〔経〕(4分の1以上の)持ち株による他会社への関与. **=dividende** [女]〔経〕持ち株[利益]配当. **=gesellschaft** [女]〔経〕(他の会社が4分の1以上の株を所有している)従属会社, 子会社, 系列会社. **=halm** [男]〔植〕トクサ属.
schachteln [他]《et⁴ in et⁴》(入れ子式に…を…へ)はめ込む.
Schachtel=privileg [中]〔経〕持ち株減税特典. **=satz** [男]〔文法〕(副文が重なってこみ入った)箱入り文.
schächten [他]〔ユダヤ教〕(動物を)けい動脈を切って殺す.
Schachzug [男] 駆け引き,(うまい)手.
schade [シャーデ] [形]《述語的》残念な; 気の毒な; 惜しい. ✦ *Das 〈Es〉 ist ~.* 残念だ. *Um j-et⁴ ist es ~.* (…については)残念だ, 気の毒だ; 惜しい. *Wie 〈Zu〉 ~!* 残念だなあ. *zu ~ sein*《für j-et⁴》(…にとっては)もったいない.
Schädel [シェーデル] [男]《-s/-》頭蓋(がい)骨; 頭. ✦ *J³ brummt der ~.*《話》(人は)頭ががんがんする. *den ~ einrennen*《話》《sich³》強情を張ってひどい目に遭う. *einen dicken 〈harten〉 ~ haben*《話》頑固〈強情〉である. **=bruch** [男]〔医〕頭蓋骨骨折.
schaden [シャーデン]《schadete; geschadet》[自]([英] harm)《j-et³》(…を)害する, 傷つける, 損なう: Das *schadet* nichts.《話》それはどうということはない.
Schaden [シャーデン] [男]《-s/**Schäden**》([英] damage)損害; 損傷, 傷; 破損; 不利益; 損; 障害. ✦ *Ab 〈Fort, Weg〉 mit ~!* とにかくやめろ. *Durch ~ wird man klug.*《ことわざ》失敗で人は賢くなる. *~ leiden 〈nehmen〉*《雅》《an et³》(…に関して)被害〈損傷〉を受ける. *Wer den ~ hat, braucht für den Spott nicht zu sorgen.*《ことわざ》失敗すれば嘲笑されもする. *zu ~ kommen* 傷を負う. **=ersatz** [男] 補

S

Schadenfreude 534

償, 損害賠償. **=freude** 女 他人の不幸を喜ぶ（ざまあみろという）気持ち.

schadenfroh 他人の不幸を喜んだ, いい気味だと思っている.

schadete ⇒ **schaden**

schadhaft 形 破損した; 傷物の.

Schadhaftigkeit 女 (-/) 破損, 傷み.

schädigen 他 (評判などを) 傷つける, 貶 (ﾅｼ)める. **Schädigung** 女 (-/-en) (評判などを) 傷つけること, 損害.

schädlich [シェートリヒ] 形 (⊗ harmful) 有害な, 悪影響を与える. **Schädlichkeit** 女 (-/) 有害性.

Schädling 男 (-s/-e) 有害動物 (害虫など), 有害植物. **~s-bekämpfung** 女 有害生物の防除 (駆除). **~s-bekämpfungsmittel** 中 有害生物駆除剤 (殺虫剤など).

schadlos 形 [an j-et³] für et⁴ ~ halten (sich⁴) […に] …の埋め合わせをする.

Schadstoff 男 有害物質.

Schaf [シャーフ] 中 (-[e]s/-e, 縮 Schäfchen, Schäflein) (⊗ sheep) 羊; 〖話〗お人よし; 単純な人, ばか. ♦ das schwarze ~ (大勢の中の変わり者. 聖書 ～e von den Böcken scheiden (trennen) よいものを悪いものから切り離す. ein verirrtes ~ 罪人. **=bock** 男 雄羊.

Schäfchen (→ Schaf) 中 (-s/-) 小羊, 〖話〗かわいこちゃん, おちびちゃん; = Schäfchenwolke. ♦ sein[e] ～ scheren 〖話〗(他人を犠牲にして) 大もうけする. sein ～ ins Trockene bringen 〖話〗自分の利益だけは確保する. **=wolke** 女 羊雲, 高積雲.

Schäfer 男 (-s/-, 複 -in) 羊飼い, 牧羊者. **Schäferei** 女 (-/-en) 牧羊場; 牧羊業.

Schäfer=hund 男 牧羊犬; シェパード. **=stündchen** 中 (恋人同士の) 逢引.

Schaff 中 (-[e]s/-e) (⊗ 縮 Schäffchen) 女 (⊗ shell) 〖南部・西部〗 桶.

schaffen(*) [シャッフェン] I (schaffte; geschafft) 他 (⊗ manage) 成し遂げる; 切り抜ける, うまくいく, 間に合う. II 自 (南部) (人を)へとへとに疲れさせる; (⊗ …へ)運ぶ. 再 (南部) 働いて (…に) なる. 自 (sich⁴) 働いて (…に) なる. II (schuf, geschaffen) 他 (⊗ create) 創造 (創作) する, 造り (作り) 出す, もたらす. ♦ etwas (nichts) zu ～ haben (mit j-et³) (…と) かかわりがある, 関係がある. wie geschaffen sein für j-et³ (zu j-et³) (…のために) 造られたようだ. zu ～ machen (j³) (人を) 困らせる, 悩ませる: (sich³) 何やら忙しくする. **Schaffen** 中 (-s/-) 創造; 芸術作品. **schaffend** 形 創造的な.

Schaffens=drang 男 創作意欲 (衝動). **=freude** 女 創造 (創作) の喜び. **=kraft** 女 創造力 (創作力).

Schaffhausen シャフハウゼン (スイス北端の州および同州の州都).

Schaf=fleisch 中 羊肉.

Schaffner [シャフナー] 男 (-s/-, 複 -in) 車掌.

schaffte ⇒ **schaffen**I

Schaffung 女 (-/) 創出; 創設.

Schaf=garbe 女 〖植〗セイヨウノコギリソウ. **=herde** 女 羊の群れ. **=hirt** 男 羊飼い. **=leder** 中 羊皮.

Schafott 中 (-[e]s/-e) 断頭台.

Schaf=pelz 男 羊の毛皮. **=schur** 女 羊毛刈り.

Schafs=esel 男 〖話〗まぬけ, とんま. **=fell** 中 羊の毛皮. ♦ ein Wolf im ～ 羊の皮をかぶった狼, 善良を装った危険な狼. **=käse** 男 羊乳チーズ. **=kopf** 男 〖古〗羊頭ゲーム; 〖話〗まぬけ, あほう. **=pelz** = Schafpelz.

Schaft 男 (-[e]s/Schäfte) 柄 (ぇ); (ヤリの) さお; (銃の) 銃床; (長靴の) 胴; 柱身; 〖植〗羽軸; 〖建〗花茎; 〖木〗樹幹.

..schaft 「人間などのグループ; 状態, 機能」の意.

schäften 他 (…に) 柄 (軸) をつける; (植物を) 接ぎ木する.

Schaft=stiefel 男 長靴.

Schaf=wolle 女 羊毛. **=zucht** 女 羊の飼育.

Schah 男 (-s/-s) シャー (ペルシアの国王·皇帝).

Schakal 男 (-s/-e) 〖動〗ジャッカル.

Schäker 男 (-s/-, 複 -in) ひょうきん者; いちゃついている人.

schäkern 自 (mit j³) (人を) からかう, (人と) ふざける; いちゃつく.

schal 形 (ビールなどが) 気の抜けた; (冗談などが) 味気ない, 退屈な.

Schal [シャール] 男 (-s/-s) (⊗ scarf) マフラー, スカーフ, 襟巻き; ショール; (窓の両袖の) カーテン. **=brett** 中 〖建〗背板 (こ) (片面に樹皮面を持つ厚い板).

Schale [シャーレ] 女 (-/-n) ❶ (⊗ bowl) (平たく浅い) 鉢, 皿; 平たいカップ; (⊗ peel) (果物·穀物などの) 皮, 外皮; (⊗ shell) (卵·果実·貝などの) 殻; (電子の) 殻; (シカなどの) ひづめ. ♦ die seines Spottes (Zorns) über j³ aus=gießen (人を) 嘲罵 (ちょうば) する, (人に) 怒りをぶちまける. in ～ sein 〖話〗りっぱな身なりをしている. in ～ werfen (schmeißen) 〖話〗(sich⁴) めかし込む.

schälen [シェーレン] (schälte; geschält) 他 (⊗ peel) (…の) 皮をむく, 殻 (から) をむく; (袋の) 皮がはがれる; (et⁴ aus et³) (…から) むいて取り出す.

Schalen=obst 中 堅果 (クルミなど). **=tier** 中 〖動〗甲殻類. **=wild** 中 ひづめを持つ野獣 (シカ·ノノジなど).

Schalk 男 (-[e]s/-e, Schälke) いたずら好き, ひょうきん者. ♦ j¹ hat ～ im Nacken./ j³ sieht den ～ aus den Augen./ j³ sitzt der ～ im Nacken. (人は) ひょうきんだ, 茶目っ気のある. **schalkhaft** 形 おどけた, 茶目っ気のある. **Schalkhaftigkeit** 女 (-/-en) 茶目っ気, おどけたこと.

Schall [シャル] 男 (-[e]s/-e, Schälle) (⊗ sound) 音; 音響, 響き. ♦ leerer ～ (～ und Rauch) sein むなしい, 無意味なことである. **=boden** 男 (弦楽器の) 共鳴板.

schall=dämmend 形 遮音的 (防音) の. **=dämpfend** 形 消音 (遮音) 的の.

Schalldämpfer 男 消音器 (装置); (自動車などの) マフラー; (楽器の) 弱音器.

schalldicht 形 音を通さない, 防音の.

Schälle ⇨ Schall
schallen(*) 圖 鳴り響く.
Schall-geschwindigkeit 囡 音速. **-isolierung** 囡 音の遮断, 防音. **-mauer** 囡 音速の壁.
Schallplatte [シャルプラッテ] 囡 (-/-n) レコード. **~n-aufnahme** 囡 レコード録音.
schallschluckend 吸音[性]の.
Schall-trichter 男 (電話機・管楽器の)朝顔. **-welle** 囡 【電】音波.
Schalmei [シャルマイ] 囡 ❶ シャルマイ, カラムス(木管楽器の); (オルガンの)リード音栓.
Schalotte 囡 (-/-n) 【植】エシャロット, ワケギ.
schalt ⇨ schelten
Schalt-anlage 囡 【電】開閉[切り替え]装置. **-bild** 囡 【電】回路の[配線]図. **-brett** 囡 【電】制御盤.
schälte ⇨ schälen
schalten [シャルテン] 圖 (schaltete; geschaltet)他 ❶ (® switch)(スイッチを)入れる, 操作する, 切り替える; (*sich*⁴)(ギアなどを)入れる, 切り替える; 【電】接続する. ❷ 〖話〗理解する. ◆ **~ und walten** 思うように(好きなように)やっていく.
Schalter [シャルタ] 男 (-s/-) ❶ (® switch)スイッチ; (役所・銀行・駅などの)窓口. **-beamte[r]** 男 (形容詞変化)窓口係; (駅の)出札係. **-dienst** 男 窓口業務. **-halle** 囡 (駅・郵便局などでの) (出札口)の並ぶホール.
schaltete ⇨ schalten
Schalthebel 男 【電】開閉(スイッチ)レバー; 〖話〗(自動車の)変速レバー.
Schalt-jahr 电 うるう年. ◆ **alle ~e [ein]mal** 〖話〗きわめてまれに. **-knüppel** 男 (自動車の)変速(シフト)レバー. **-kreis** 男 【電】回路. **-plan** 男 【電】 (機器の)配線図. **-pult** 电 【電】制御卓, コントロールデスク. **-stelle** 囡 (影響力の大きな)重要な地位. **-tafel** 囡 【電】制御盤. **-tag** 男 うるう日.
Schaltung 囡 (-/-en) スイッチ(開閉器)の操作, 切り替え. 接続; 変速, ギアチェンジ; 【電】配線, 回路の配列.
Schalung 囡 (-/-en) 【建】板張り, 板囲い; (コンクリートの)型枠.
Schaluppe 囡 (-/-n) スループ(1本マストの小型帆船); 船載ボート.
Scham [シャーム] 囡 (-/) (® shame)恥ずかしさ, 羞恥心; 〖雅〗恥部; aus 〈vor〉 ~ 恥ずかしくて, 恥ずかしさから.
Schamane 男 (-n/-n) 【民俗】シャーマン. **Schamanismus** 男 (-/) 【民俗】シャーマニズム.
Schambein 电 【解】恥骨.
schämen [シェーメン] (schämte; geschämt)再 (*sich*⁴)恥じる, 恥ずかしく思う: Schäm dich! 恥を知れ! | *sich*⁴ ~ *wegen et*² ... のことで恥ずかしく思う | *sich*⁴ *vor j*³ ~ j³に対して恥じる.
Scham-gefühl 电 羞恥心. **-gegend** 囡 【解】恥部. **-haar** 电 【解】陰毛.
schamhaft 恥ずかしがりの, 恥ずかし

そうな, はにかんだ. **Schamhaftigkeit** 囡 (-/) 内気, 恥ずかしがり.
Schamlippe 囡 【解】陰唇.
schamlos 破廉恥な, 恥知らずの, ずうずうしい; 羞恥(は°)心(慎み)のない.
Schampon, Schampun 电 (-s/-s) 破廉恥, 破廉恥行為, 厚顔; 厚かましさ, ずうずうしさ.
Schamott 男 (-s/) 〖方〗がらくた.
Schamotte 囡 (-/) 【鉱】耐火粘土. **-stein** 男 耐火れんが, シャモット.
Schampon, Schampun 电 (-s/-s) シャンプー.
schamponieren, schampunieren 他 (髪を)シャンプーする.
Schampus 男 (-/) 〖話〗シャンパン.
schamrot (恥ずかしさで)赤面した.
Schamröte 囡 (恥ずかしさからの)赤面.
schämte ⇨ schämen
Schamteile 複 【解】恥部, 陰部.
Schand.. 〖複〗「恥ずべき…」の意.
schandbar 恥ずべき, 卑しむべき, 不名誉な;〖話〗ひどい, 不快な.
Schande [シャンデ] 囡 (-/) (® shame)恥, 恥辱, 不面目, 不名誉: *j³* ~ **bringen** (machen) j³に恥をかかせる. ◆ *zu* ~**n** だめになった, 壊れて.
schänden 他 冒涜(ぼ)する, (名誉など)を汚す, 辱める.
Schänder 男 (-s/-) 名誉を汚す者, 冒涜(ぼ)者; 凌辱者.
Schandfleck 男 汚点, 不名誉.
schändlich 恥ずべき, 卑劣な, 不名誉な;〖話〗ひどい, とんでもない.
Schändlichkeit 囡 (-/-en) 卑劣さ, 不名誉; 破廉恥な言動.
Schand-mal 电 (罪人たちのらく印); 汚点, 不名誉. **-maul** 电 〖蔑〗毒舌, 悪口; 口汚い人. **-pfahl** 男 (中世の罪人用の)さらし柱. **-tat** 囡 破廉恥な行為. ◆ *zu jeder* ~ **〈zu allen ~en〉 bereit sein** 〖話〗どんなことでもやりかねない.
Schändung 囡 (-/-en) 侮辱; 冒涜(ぼ).
Schanghai 上海(は°)(中国, 華東地区北部の中央政府直轄都市).
Schank 男 (-[e]s/ 〖まれ〗Schänke) 酒場; 酒場のカウンター.
Schänke 囡 (-/-n) = Schenke.
Schanker 男 (-s/-) 【医】下疳(ほ°).
Schank-erlaubnis 囡 【法】酒場営業許可. **-tisch** 男 (酒場の)カウンター. **-wirt** 男 酒場の主人, バーテンダー. **-wirtschaft** 囡 酒場.
Schanxi 山西, シャンシー(中国, 華北地区北西部の省). **Schantung** 山東, シャントン(中国, 華北地区東部の省).
Schanze 囡 (-/-n) 【軍】土塁, 保塁; 〖競〗ジャンプ台, シャンツェ; 【船】船尾甲板. **schanzen** 自 保塁を築く; 〖学生〗猛勉強する.
Schar [シャール] 囡 (-/-en) ❶ (® crowd)(人間・動物の)群れ, 集団; 多数. ❷ 电 (-[e]s/-e) 〖農〗鋤(す)先. ◆ *in* **[großen 〈hellen〉] ~en** 群れをなして. **~en** *von et³* 非常に多くの(…).
Scharade 囡 (-/-n) 【言】(ジェスチャーによる)言葉(つづり)当てゲーム.
Schäre 囡 (-/-n) 岩礁島.
scharen 他 (*sich*⁴ *um j-et*¹) (…の)周

りに集まる; [他] ⦅j^4 **um** *sich*^{4}⦆ (人を自分の周りに)集める. **scharenweise** [副] 群れをなして.

scharf [シャルフ] [形] ⦅**schärfer, schärfst**⦆ ❶ ([英] sharp)鋭い, 鋭利な. ❷ (味・においが)刺激性のある, 辛い; (感覚的に)刺激的な. ❸ ([英] hard)厳しい, 激しい; しんらつな; 強度〈過度〉の; 急激な. ❹ (知覚・洞察力などが)鋭い, 鋭敏な, 明晰(めいせき)な; 厳密〈精密〉な. ❺ (輪郭などが)はっきりした, 鮮明な; (目鼻だちが)鋭い. ❻ 実弾の. ❼ (犬が)かみつく癖のある. ✦ ～ *sein* 《話》⦅**auf** *j-et*^{4}⦆ (…を)欲しがる, (人に)ご執心である.

Scharfblick [男] 鋭い洞察力, 炯眼(けいがん).

Schärfe [女] ⦅-/-n⦆ 鋭さ; (薬品などの)強い腐食性; 刺激の強さ; 厳しさ; 鮮明さ; 激しい言葉〔のやりとり〕.

Scharf=einstellung [女] 〔写〕ピント合わせ.

schärfen [シェルフェン] ⦅schärfte; geschärft⦆ [他] ([英] sharpen)(刃物を)研ぐ; (感覚などを)研ぎすます, 磨く; ⦅*sich*^{4}⦆ (感覚などが)磨かれる.

S

Schärfentiefe [女] (レンズの)焦点深度.

schärfer ⇨ scharf

scharf=kantig [形] 角〈縁〉の鋭い. =**machen** [他] 《話》(犬などを…に)けしかける; (人を)唆す, 扇動する.

Scharf=macher [男] 《話》扇動者, アジテーター. =**richter** [男] 死刑執行人. =**schießen** [中] 実弾射撃. =**schütze** [男] 狙撃(そ)兵; 〔球技〕シュートのうまい人.

scharfsichtig [形] 慧眼(けいがん)の.

Scharfsinn [男] 鋭い洞察〈理解〉力. **scharfsinnig** [形] 洞察〈理解〉力の鋭い.

schärfst ⇨ scharf

schärfte ⇨ schärfen

Scharlach [男] ⦅-s/-e⦆ 緋色(ひいろ), 深紅色; 〔医〕猩紅(しょうこう)熱. =**fieber** [中] 《話》〔医〕猩紅(しょうこう)熱.

scharlachrot [形] 緋色(ひいろ)の.

Scharlatan [男] ⦅-s/-e⦆ 《蔑》ほら吹き, いかさま師. **Scharlatanerie** [女] ⦅-/-n⦆ いかさま; いんちきな言動.

Scharnier [中] ⦅-s/-e⦆ (ドアなどの)ちょうつがい, ヒンジ.

Schärpe [女] ⦅-/-n⦆ 〔服〕エシャルプ(肩や胸にかける幅広の飾り帯).

scharren [自] (地面などを)ガリガリかく; (不満の意を表して)足で床をすり鳴らす; [他] (地面を)かく, (足や道具で…を)かき出す.

Scharte [女] ⦅-/-n⦆ 刃こぼれ; 割れ〈裂け〉目; ひび割れ; (城壁の)銃眼; 風隙(ふうげき)(山の尾根のV字形の切れ込み). ✦ *eine* ～ 〔*wieder*〕 *aus|wetzen* 研いで刃こぼれを直す; 《話》失策をとり返す.

Scharteke [女] ⦅-/-n⦆ 《蔑》くだらない古本; 《蔑》(感じの悪い)中年女.

schartig [形] 刃の欠けた; 深い割れ目のある.

scharwenzeln [自] (h, s) ⦅**um** j^4/**vor** j^3⦆ 《話》(人に)こびへつらう.

Schaschlik [男][中] ⦅-s/-s⦆ 〔料〕シャシリック(串焼きの一種).

schassen [他] 《話》(人を)追い出す, 追い払う.

Schatten [シャッテン] [男] ⦅-s/-⦆ ([英] shadow)影; 陰, 日陰; 人影, 物影; 幻影; 亡霊; 尾行者; 不幸なこと, 暗雲. ✦ *aus* j^2 ～ *heraus|treten* (人の)陰から姿を現す. *das Reich der* ～ 冥界(めいかい). *einem* ～ *nach|jagen* 《雅》幻影を追う. *einen* ～ *haben* 《話》頭がおかしい. *in das Reich der* ～ *hinab|steigen* 死ぬ. *in den* ～ *stellen* (…を)しのぐ. *in* j^2 ～ *stehen* (人のために)影が薄い. *nicht über seinen* ～ *springen können* 自分の本性は変えようがない. *nur noch der* 〈*ein*〉 ～ *seiner selbst sein* 見る影もないほどやつれている. *seinen* ～ *auf et*^{4} *werfen* (…に)影を落とす. *vor seinem eigenen* ～ *fürchten* ⦅*sich*^{4}⦆ 自分の影に脅える, ひどくびくびくしている. *wie ein* ～ *folgen* ⦅j^3⦆ 影のごとく(人に)付きまとう.

Schatten=bild [中] 影法師, シルエット, 影絵. =**boxen** [中] シャドーボクシング. =**dasein** [中] ✦ 〔*nur*〕 *ein* ～ *führen* 〈*fristen*〉 ひっそりと暮らす.

schattenhaft [形] 《雅》影のような; ぼんやりとした.

Schatten=kabinett [中] 影の内閣. =**morelle** [女] 〔植〕スミノミザクラ〔の実〕. =**riss** ([旧] =**riß**) [男] シルエット, 影絵. =**seite** [女] 光の当たらない側; 欠点; 短所. ✦ *auf der* ～ *des Lebens stehen* 恵まれない境遇にある. =**spiel** [中] 影絵芝居; 影絵芝居の脚本; 影絵遊び.

schattieren [他] (…に)陰〈陰影〉をつける; 明暗〈濃淡〉の差をつける; 〔園〕(苗などに)日覆いをかける. **Schattierung** [女] ⦅-/-en⦆ 陰影〈濃淡〉をつけること; 色合い; ニュアンス, 微妙な差. **schattig** [形] 日陰の, 暗い.

Schatulle [女] ⦅-/-n⦆ (鍵のついた小さな)宝石箱, 貴重品入れ.

Schatz [シャッツ] [男] ⦅-es/**Schätze**⦆ ([小] **Schätzchen**) ❶ ([英] treasure)宝物; 財宝; 収集品, コレクション. ❷ 豊富, 多数: ein ～ **an** 〈**von**〉 Erfahrungen 豊富な経験. ❸ 宝物; 大事なもの; 《話》(親しい人に対して)おまえ, あなた; 親切な人. =**anweisung** [女] 国庫証券.

schätzbar [形] 評価〈見積もり〉可能な; 価値のある.

Schätze ⇨ Schatz

schätzen [シェッツェン] ⦅schätzte; geschätzt⦆ [他] ([英] estimate)見積もる, 査定する; 評価する: Ich *schätze*, dass... 《話》私は…と思う. ✦ *glücklich* ～ 《話》⦅*sich*^{4}⦆ うれしく思う. **schätzenswert** [形] 尊重すべき, りっぱな.

Schatz=gräber [男] (埋蔵された)宝を探す人. =**kammer** [女] 宝蔵; 宝庫; (イギリスの)大蔵省. =**kanzler** [男] (イギリスの)大蔵大臣. =**kästchen** [中] 宝物を入れる小箱. =**meister** [男] 会計委員; 王室〈国家〉財務官.

schätzte ⇨ schätzen

Schätzung [女] ⦅-/-en⦆ 見積もり; 査定, 評価; 推定; 高い評価, 尊重.

schätzungsweise [副] ざっと見積もって, おおよそ.

Schätzwert [男] 査定〈評価〉価値.

Schau [シャオ] [女] ⦅-/-en⦆ ❶ ([英] show)展覧会; 陳列, 展示; (テレビ・舞台での)ショー〔番組〕; 《話》見せ物, 注目を引

くための行為. ❷ 観点. ✦ *die ~ stehlen* 《話》《j^3》(人を)目立たなくする. *eine* [*große*] 〈*seine ~*〉 *ab|ziehen* 《話》注目を引こうとする, 気取る. *eine* 〈*die*〉 *~ machen* もったいぶる. いばる. *eine* 〈*die*〉 *~ sein* 《話》すごい, すばらしい. *zur ~ stehen* 《まれ》展示〈陳列〉されている. *zur ~ stellen* (…を)陳列する; 見せびらかす. *zur ~ tragen* 《蔑》(…を)顔〈表情〉に出す; (衣服などを)見せびらかす; (意見などを)はっきり示す; (外見を)装う, ふりをする.

Schau=bild [中] 図表, グラフ; 立体模型. **=bude** [女] (年の市の)見せ物小屋.

Schauder [男] 《-s/-》 《雅》(恐怖などによる)戦慄(せんりつ), おののき; (ぞっとするような)寒け. ✦ *~ erregend* ぞっとする, 身の毛もよだつ. **schaudererregend** ⇨ Schauder ✦ **schauderhaft** [形] 《話》ひどい, とんでもない.

schaudern [シャオダァン] 《schauderte; geschaudert》[自] (英 shudder)(寒さ・恐怖などで)身震いする, ぞっとする; 《$J^{4(3)}$ *schaudert* [*es*].》(寒さ・恐怖などで人が)身震いする, ぞっとする.

schauen [シャオエン] 《schaute; geschaut》[自] ❶ (英 look)見る, 眺める: j^3 ins Auge 〈in die Augen〉 ~ 人の目をじっと見る; 人を正視する. ❷ 《**auf** et^4》(…に)注意する, 気をつける; 《**nach** et^3》(…の)めんどうを見る. ❸ (…な)顔つき〈表情〉をする. ❹ 《+ zu 不定詞句または dass 文》(…しようと)努力する. ❺ 調べてみる, 確かめる. ✦ *Schau, schau!* (驚いて)おやおや, まあまあ.

Schauer [シャオアー] ❶ [男] 《-s/-》 (英 shower)にわか雨, 夕立; 短時間に激しく降る雪〈あられ〉; 《雅》寒け; 身震い, 戦慄(せんりつ); = Schauermann. ❷ [男] [中] 《-s/-》 《方》物置小屋, 納屋; (屋根の)ひさし. **=geschichte** [女] 怪談, 怪奇物語, こわい〈残酷な〉話.

schauerlich [形] ぞっとするような, 不気味な; 《話》ひどい, とんでもない.

schauern [シャオアン] 《schauerte; geschauert》[動] ❶ 《*Es schauert* j^3./ *Es schauert* $j^{4(3)}$ **vor** et^3.》(人は[…に])ぞっとする, 身震いする. ❷ 《まれ》《*Es schauert.*》にわか雨〈雪, あられ〉が降る.

schauerte ⇨ schauern

Schaufel [シャオフェル] [女] 《-/-n》 (英 shovel)シャベル; シャベル一杯の量; ちり取り, ごみ取り; (タービンなどの)羽根, (オールの)ブレード.

schaufeln [他] シャベルですくう〈運ぶ〉; (穴などを)シャベルで掘る; [自] シャベルを使う; (s)(外輪船が)航行する.

Schaufelrad [中] (タービンなどの)羽根車, ランナー; (外輪船の)外車.

Schaufenster [シャオフェンスター] [中] 《-s/-》 ショーウインドー. **=auslage** [女] ショーウインドーの展示品. **=bummel** [男] 《-s/-》 ウインドーショッピング.

Schau=kasten [男] (ガラス張りの)ショーケース, 展示箱.

Schaukel [女] 《-/-n》 ぶらんこ; シーソー.

schaukeln [シャオケルン] 《schaukelte; geschaukelt》[動] ❶ (英 swing)ぶらんこをする; (ロッキングチェアなどに座り)体を揺する; 揺らす, 揺り動かす; (乗り物などが)揺れる; (s)揺れながら進む. ❷ 《話》うまく処理〈解決〉する.

Schaukel=pferd [中] 揺り木馬. **=politik** [女] 《蔑》日和見政策〈主義〉. **=stuhl** [男] 揺りいす, ロッキングチェア.

schaukelte ⇨ schaukeln

Schau=laufen [中] 《-s/》 (フィギュアスケートなどの)エキジビション.

Schau=lust [女] 物見高さ, やじ馬根性. **schaulustig** [形] 物見高い, やじ馬的な. **Schaulustige**[**r**] [男] [女] 《形容詞変化》物見高い人, やじ馬.

Schaum [シャオム] [男] 《-[e]s/ Schäume》 (英 foam)泡, あぶく; 《雅》はかないもの. ✦ *~ schlagen* 泡を立てる; 《話》ほらを吹く, 大言壮語する. **=bad** [中] 泡ぶろ; 泡ぶろ用入浴剤.

Schäume ⇨ Schaum

schäumen [自] 泡立つ; 《雅》ひどく興奮する; (s)泡立って流れる; [他] 〔工〕(…に)気泡を生じさせる.

Schaum=gebäck [中] 〔料〕メレンゲ. **=gummi** [男] フォームラバー.

schaumig [形] 泡の; 泡でできた.

Schaum=kamm [男] 泡立つ波頭. **=krone** [女] = Schaumkamm; (ビールなどの)盛り上がった泡. **=löscher** [男] 泡消火器. **=schläger** [男] 〔料〕泡立て器; 《蔑》はったり屋, ほら吹き. **=schlägerei** [女] 《蔑》はったり, ほら, 大言壮語. **=stoff** [男] 発泡スチロール. **=wein** [男] スパークリングワイン; 《話》シャンペン.

Schau=packung [女] (中身が空の)展示用の包装商品. **=platz** [男] (事件などの)現場: vom ~ ab|treten 公的活動から引退する; 《雅》世を去る. **=prozess** (旧 **prozeß**) [男] (宣伝効果をねらった)公開裁判.

schaurig [形] ぞっとする〈身の毛もよだつ〉ような, ぞっとする, 身の毛もよだつ, 恐ろしい; 《話》不快な, ひどい.

Schauspiel [シャオシュピール] [中] 《-[e]s/-e》 (英 play)演劇, 芝居; (劇的な)光景, 見もの. ✦ *ein ~ für* [*die*] *Götter* 面白い光景.

Schauspieler [シャオシュピーラー] [男] 《-s/-》 (女 **-in**)(英 actor)俳優, 役者; 演技者. **Schauspielerei** [女] 《話》役者稼業; 《ふつう軽蔑》お芝居, 茶番. **schauspielerisch** [形] 俳優〈役者〉としての; 見せかけの, お芝居の. **schauspielern** [自] 《話》役者のまねごとをする; 《蔑》お芝居をする.

Schauspiel=haus [中] 劇場. **=kunst** [女] 演劇芸術; (芝居の)芸. **=schule** [女] 演劇学校, 俳優養成所.

Schau=steller [男] (年の市の)興行師, 見せ物師. **=stück** [中] 陳列〈展示〉品.

schaute ⇨ schauen

Scheck [シェック] [男] 《-s/-s》 (英 check)小切手; 《-en/-en》= Schecke. **=betrug** [男] 小切手詐欺.

Schecke [男] 《-n/-n》 まだらの雄馬〈雄牛〉; [女] 《-/-n》 まだらの雌馬〈雌牛〉.

Scheckheft [中] 小切手帳.

scheckig [形] まだらの, ぶちの. ✦ *~ lachen* 《話》《*sich*^{4}》大笑いする.

scheel [形] 《話》ねたましげな; うたぐり深い; 軽蔑的な.

Scheffel [男] ((-s/-)) シェッフェル(昔の穀物量・耕地面積の単位); 大桶(おけ). ✦ *in* 〔*vollen*〕 *~n* 大量に, たくさん. **scheffeln** [他] 《話》 大量にかき集める, ため込む. **scheffelweise** [副] 《話》 大量に.

Scheibe [シャイベ] [女] ((-/-n)) ([小] Scheibchen)円盤, 円板; 板ガラス; (パン・チーズなどを薄く切った)一切れ, スライス; 〔スポ〕(射撃・弓術の)標的, (陸上競技の)円盤; 《話》 レコード; 〔工〕 パッキング; ベルト車. ✦ *eine ~ ab|schneiden* 〔*können*〕 《話》 ((*sich*^{3} von *j-et*^{3})) (…を)手本にする. **~n=bremse** [女] 〔工〕ディスクブレーキ. **~n=schießen** [中] 標的射撃. **~n=waschanlage** [女] (自動車の)ウインドーウォッシャー. **~n=wischer** [男] (自動車などの)ワイパー.

Scheich [男] ((-s/-e, -s)) (アラブ諸国で)王侯; 首長, 族長; シャイフ(アラブ諸国の首長などの称号); 《話》 ボーイフレンド.

Scheide [女] ((-/-n)) (刀の)鞘(さや); 〔植〕 葉鞘(ようしょう); 〔医〕 膣(ちつ), ワギナ; 《古》 境界.

scheiden* [シャイデン] ((schied; geschieden)) ❶ [他] ([英] divorce)離婚させる; ([英] separate) ((*et*^{4} von *et*^{3})) (…を…から)区別〈選別〉する; 区切る, 分ける, 区分する; (複数の人を)分ける; 〔化・金属〕 (成分・化合物などを)分離する, 分析する; 選鉱する. ❷ [自] (s) 《雅》 別れる, 去る; 死ぬ. ❸ [再] ((*sich*^{4})) 分かれる, 異なる.

Scheide=wand [女] 隔壁; 〔理・医〕 隔膜. **=wasser** [中] 〔化〕 硝酸. **=weg** [男] 分かれ道. ✦ *am ~ stehen* 岐路に立つ.

Scheidung [シャイドゥング] [女] ((-/-en)) ([英] divorce)離婚, 離別; 区別; 区分. **~s=grund** [男] 離婚の理由. **~s=kind** [中] 両親が離婚した子供. **~s=klage** [女] 離婚の訴え. **~s=prozess** ([旧]=prozeß) [男] 離婚訴訟. **~s=urteil** [中] 離婚判決.

Scheik [男] ((-s/-e, -s)) (アラブ諸国で)王侯; 首長, 族長.

Schein [シャイン] [男] ((-[e]s/-e)) ❶ ([英] light)光, 輝き, 光沢, つや. ❷ ([英] appearance)外見; 見せかけ, うわべ; 〔哲〕 仮象. ❸ 証明書, 認定書, 認可書; 紙幣, お札. ✦ *Der ~ trügt.* 《諺》 人は見かけによらぬ. *zum ~* 見せかけだけ.

schein.., Schein.. 「見せかけだけの…, 形だけの」の意.

Schein=angriff [男] 見せかけの〈陽動作戦による〉攻撃; 〔スポ〕 フェイント. **=asylant** [男] 偽装政治亡命者.

scheinbar [シャインバール] ❶ [形] ([英] seeming)見せかけの, うわべの, 外見上の. ❷ [副] 外見上は; どうやら…らしい.

Schein=ehe [女] 偽装結婚.

scheinen* [シャイネン] ((schien; geschienen)) [自] ([英] shine)光を発する; 光る, 輝く, (日が)照る, さす; ((+ zu 不定詞句)) (…である)らしい; ((*Es scheint*, dass ...)) (…である)らしい.

Schein=firma [女] ダミー会社, ペーパーカンパニー. **=friede** [男] 見せかけ〈うわべだけ〉の平和. **=gewinn** [男] 〔経〕 名目利益, 表面上の利益.

scheinheilig [形] 《蔑》 善人ぶった, 偽善的な. **Scheinheilige[r]** [男][女] ((形容詞変化)) 善人ぶる人, 偽善者.

Schein=heirat [女] 偽装結婚. **=leitwert** [男] 〔電〕 アドミタンス. **=tod** [男] 〔医〕 仮死〔状態〕.

schein=tot [形] 〔医〕 仮死状態の; 《話》 余命いくばくもなさそうな. **=trächtig** [形] 見かけだけ妊娠した, 偽妊娠の.

Scheinwerfer [シャインヴェルファー] [男] ((-s/-)) ヘッドライト; サーチライト, 探照灯; スポットライト.

Scheiß [男] ((-/)) 《話》 くだらない事.

scheiß.., Scheiß.. 《蔑》「非常に, あまりにも…; ひどい…, どうしようもない…」の意.

Scheiß=angst [女] 《話》 (たまらない)不安. **=dreck** [男] 《話》 ふん便; 汚物; くだらない事. ✦ *einen ~* 《話》 全然…ない.

Scheiße [女] ((-/)) 《話》 ふん便, くそ; くだらない事〈物〉. ✦ *aus der ~ ziehen* (人を)苦境から救う. *durch die ~ ziehen* (…を)くそみそにけなす. *in der ~ sitzen* 〈*stecken*〉 窮地に陥っている. *Verdammte ~!* くそっ, ちくしょう.

scheiß=egal [形] 《話》 まったくどうでもいい.

scheißen* [自] 《話》 くそをする; 屁(へ)をひる; ((**auf** *j-et*^{4})) (…を)まったく相手にしない. ✦ 〔*et*〕*was ~* ((*j*^{3})) (人の)望みをはねつける. **Scheißer** [男] ((-s/-)) 《卑》 = Scheißkerl.

scheißfreundlich [形] 《話》 いやに〈妙に〉親切な; 親切めかした, おためごかしの.

Scheißkerl [男] 《話》 ((ふつう間投詞的に)) ろくでなし; くそったれ.

Scheit [中] ((-[e]s/-e (オーストリア・スイス -er))) 薪(まき).

Scheitel [男] ((-s/-)) 頭頂; 髪の分け目; 頂上; 〔天〕 天頂; 〔数〕 頂点. ✦ *vom ~ bis zur Sohle* 頭のてっぺんからつま先まで. **scheiteln** [他] (髪を)分ける.

Scheitelpunkt [男] 頂点; 〔天〕 天頂.

scheitern [シャイタァン] ((scheiterte; gescheitert)) [自] (s)失敗する, 挫折する; ((**mit** *et*^{3}/**an** *j-et*^{3})) (…のせいで)だめになる, つぶれる; 難破する, 座礁する. ✦ *zum Scheitern verurteilt sein* 挫折〈失敗〉する運命にある.

Schellack [男] ((-[e]s/-e)) セラック(動物性の天然樹脂).

Schelle [シェレ] [女] ((-/-n)) ❶ ([英] bell)鈴; 《方》 (柄のついた)小型の鐘; 《方》 呼び鈴, (戸口の)ベル; (ドイツ風トランプの)ダイヤ. ❷ 止め輪; 《複》 手錠. **schellen** [自] 《方》 (ベルなどが)鳴る; ベルを鳴らす. **Schellen=baum** [男] トルコクレセント(T字形の棒先に鈴をつけた楽器; 軍楽隊などで用いる).

Schellfisch [男] 〔魚〕 タラ.

Schelling Friedrich Wilhelm von, シェリング(1775–1854; ドイツの哲学者).

Schelm [シェルム] [男] ((-[e]s/-e)) いたずらっ子, ひょうきん者; 《古》 泥棒. ✦ *J*^{1} *hat den ~ im Nacken* 〈*hinter den Ohren*〉. / *J*^{3} *sieht der ~ aus den Augen.* / *J*^{3} *sitzt der ~ im Nacken* 〈*hinter den Ohren*〉. (人が)いたずら好きだ.

Schelmerei [女] ((-/-en)) いたずらっぽい性格; いたずら. **schelmisch** [形] いたずらっぽい; 《古》 悪めいた.

Schelte [女] ((-/-n)) 《雅》 きびしい小言,

非難.

schelten* [シェルテン] 《**schalt**; **gescholten**》[動] 《雅》([英] scold)しかる, 非難する; 《j^4 et^4》(人を…と)ののしる. **Scheltwort** [中] 《雅》ののしりの言葉, 悪口.

Schema [シェーマ] [中] 《-s/-s, **Schemata**, **Schemen**》([英] pattern)型, ひな型; 規準, 枠組み; 見取り図, 図解. ✦ ***nach ~ F*** 《話》しゃくし定規に. **schematisch** [形] 図式による; 《蔑》型にはまった, お決まりの, 機械的な. **schematisieren** [他] 図式化する; 《蔑》型にはめる, 画一化する. **Schematismus** [男] 《-/..men》形式主義, 画一主義; 〔哲〕図式主義; 《オーストリア》等級別公務員名簿; 〔カトリック〕教区統計.

Schemel [男] 《-s/-》(背もたれ・ひじ掛けのない)腰かけ, (低い)踏み台, 足台.

Schemen ❶ [男] [中] 《-s/-》幻影, 幻; 《南部》仮面. ❷ ⇨ Schema **schemenhaft** [形] 影〈幻〉のような, おぼろな.

Schenke [女] 《-/-n》(特に田舎の)小料理屋〔兼旅館〕; 居酒屋.

Schenkel [シェンケル] [男] 《-s/-》太もも; 〔数〕(角を挟む)辺; (はさみ・コンパスなどの)脚. =**bruch** [男] 〔医〕大腿(だいたい)骨折.

schenken [シェンケン] 《**schenkte**; **geschenkt**》[他] ❶ ([英] give, present) 《j^3 et^4》(人に…を)贈る, プレゼントする, (勇気などを)与える: j^3 et^4 als Andenken 〈zum Geburtstag〉 ~ 人に…を記念〈誕生日のプレゼント〉として贈る | et^4 *geschenkt* bekommen …をプレゼントされる〈贈られる〉. ❷ 《機能動詞として動作名詞などと》: j^3 Achtung ~ 人に敬意を払う | j^3 Glauben 〈Vertrauen〉 ~ 《雅》人を信用する. ❸ 《j^3 et^4》(人から不快なものなどを)取り除く; 《雅》(…の)酌をする. ✦ ***Das ist wirklich* 〈*fast, halb, beinahe*〉 *geschenkt.*** 《話》それはただ同然だ. ***Geschenkt!*** 《話》ほっとけ; どうでもいいさ. ***geschenkt zu teuer sein*** 《話》欲しくもない.

Schenkung [女] 《-/-en》〔法〕贈与; 贈与物.

scheppern [自] 《話》(缶・皿などが)ガチャガチャ音を立てる; 《話》《*Es scheppert.*》衝突事故がある.

Scherbe [女] 《-/-n》(ガラス・陶器などの)かけら, 破片. ✦ ***in ~n gehen*** 《話》粉々に砕ける. ***~n bringen Glück.*** 《ことわざ》かけらは幸福をもたらす.

scherbeln [自] 《方》にぎやかに踊る.

Scherben [男] 《-s/-》《南部・オーストリア》= Scherbe; 《南部》植木鉢; (陶器の)素焼の素地. =**haufen** [男] (ガラス・陶器などの)破片の山.

Schere [シェーレ] [女] 《-/-n》([英] scissors)はさみ; (甲殻類などの)はさみ; 〔体操〕両脚交差; 〔レスリング〕ヘッドシザーズ; 〔経〕価格差; 懸隔, 開き.

scheren(*) I 《**schor**; **geschoren**》[他] (短く)刈る, 切る(*j^3* die Haare ~ 人の髪を刈る, 散髪してやる); (生け垣などを)刈り込む. II 《scherte; geschert》[他] 《話》(人の)気にかかる; [再] 《$sich^4$ **um** j-et^4》《話》(…を)気にかける; 《$sich^4$》(…へ)行く; [自] (s) 〔海〕コースからそれる〈外れる〉.

Scheren=**bewegung** [女] 〔経〕価格差変動. =**schleifer** [男] 刃物研ぎ師. =**schnitt** [男] 切り絵.

Schererei [女] 《-/-en》《話》もめごと, めんどうなこと.

Scherflein [中] 《-s/-》少額の寄付金.

Scherge [男] 《-n/-n》《蔑》権力の手先.

Scherkopf [男] (電気かみそりの)ヘッド.

scherwenzeln [自] (h, s) 《**um** j^4/**vor** j^3》《話》(人に)こびへつらう.

Scherz [シェルツ] [男] 《-es/-e》([英] joke)冗談, しゃれ, からかい: Mach keinen ~! 《話》冗談はよせよ. ✦ ***~ beiseite!*** / ***Ohne ~!*** 冗談は抜きにして.

scherzando [副] 〔楽〕スケルツァンド, スケルツォ風に, 陽気に.

Scherz=**artikel** [男] いたずら道具(仮面・爆竹など).

scherzen [自] ふざける; 冗談を言う; 《**über** j-et^4》(…を)からかう.

scherzhaft [形] 冗談めかした, ふざけた.

Scherzo [中] 《-s/-s, ..zi》〔楽〕スケルツォ.

Scherzwort [中] 冗談.

scheu [ショイ] [形] ([英] shy)物おじする, 内気な; (動物が)臆病な; (特に馬が)驚いて興奮した, 気が立った. **Scheu** [女] 《-/》物おじ, はにかみ; 畏敬(いけい), 恐れ.

scheuchen [他] 脅して追い払う.

scheuen [他] 恐れる, 避ける; [再] 《$sich^4$ **vor** j-et^3》(…を)恐れる, (…)できない; [自] 《**vor** j-et^3》(馬などが…に)おびえる.

Scheuer [女] 《-/-n》《西部・南部》納屋. =**besen** [男] 《北部》(柄の長い)床ブラシ. =**bürste** [女] 掃除用ブラシ. =**lappen** [男] ぞうきん.

scheuern [他] 磨いてきれいにする; 《et^4 **von** et^3》(汚れなどを…から)ぬぐい取る, こすり落とす; 《et^4 **an** et^3》(体などを…に)こすりつける; [再] 《$sich^4$ **an** et^3》(…を)すりむく; [自] すれる. ✦ ***eine* 〈*ein paar*〉 ~** 《話》《j^3》(人に)びんたを一発〈数回〉食らわす. **Scheuertuch** [中] ぞうきん.

scheuest ⇨ scheu

Scheu=**klappe** [女], =**leder** [中] (馬の)目隠し革.

Scheune [女] 《-/-n》納屋, 穀倉. **~n**=**drescher** [男] ✦ ***wie ein ~ essen* 〈*fressen*〉**大食いをする, がつがつ食う.

Scheusal [中] 《-s/-e (話 ..säle)》化け物, 怪物; 極悪人; 醜い人, いやなやつ.

scheußlich [ショイスリヒ] [形] ぞっとする; 嫌な, 憎むべき; 《話》不快な, うとましい. **Scheußlichkeit** [女] 《-/-en》ぞっとすること; ぞっとするようなもの〈言動〉.

Schi [シー] [男] 《-s/-er (-)》= Ski.

Schicht [シヒト] [女] 《-/-en》([英] layer)層, (表面を覆う)膜; ([英] class)(社会)階層, 階級; ([英] shift)(交替制労働の)就業時間; シフト労働時間; (交替制労働の)作業方, 交替組. ✦ ***~ machen*** 《話》仕事を終える. =**arbeit** [女] 〔時間〕交代制労働. =**arbeiter** [男] 〔時間〕交代制労働者.

Schichte [女] 《-/-n》《オーストリア》(鉱物の)層, (表面を覆う)膜.

schichten [他] 積み重ねる; 《$sich^4$》層状になる; [自] 〔地学〕層理を作る.

Schicht=**gestein** [中] 〔地学〕堆積(たいせき)岩. =**lohn** [男] 〔時間〕交代制労働に対する賃金.

Schichtung 囡 (-/-en) 層を成すこと, 成層; 〘地学〙層理.
Schicht-unterricht 男 交代(二部)制授業. **-wechsel** 男 シフト交代.
schichtweise 副 層をなして; 交代制で.
schick [シック] 形 (服などが)シックな, しゃれた, 洗練された; 垢ぬけした; 流行の. **Schick** 男 (-s/-) (服装などの)しゃれたセンス; スマートな態度; 〘方〙秩序.
schicken ⇒ **schicken** 〖schickte; geschickt〗 ❶ 他 ⦅send⦆ ⦅an j-n⦆ et⁴⦆ (人に…を)送る, 届ける; (人を…へに)行かせる, 遣わす, 派遣する. ❷ 再 ⦅sich⁴⦆ うまく順応する, 適する; ふさわしい, 似合う: Er weiß, was sich schickt. 彼はマナーを心得ている.
schicklich 形 〘雅〙礼儀にかなった; 穏当な, 適切な. **Schicklichkeit** 囡 (-/) 〘雅〙礼儀作法にかなっていること.
Schicksal [シックザール] 中 (-s/-e) ⦅fate⦆運命, 宿命; 天命. ✦ ~ spielen ⦅話⦆…の役を見せつける. **seinem ~ überlassen** (人を)見捨てる. **schicksalhaft** 形 運命的な.
Schicksals-frage 囡 (事態を決定する)重大な問題. **-glaube** 男 宿命論, 決定論. **-schlag** 男 運命の打撃, 決定的な不幸.
schickte ⇒ **schicken**
Schiebe-dach 中 (車などの)スライド式ルーフ. **-fenster** 中 スライド式の窓.
schieben* [シーベン] 〖schob; geschoben〗 ❶ 他 ⦅push⦆押す, 押し込む; ⦅et¹ auf j-et⁴⦆ (責任などを…に)押しつける, (…を…に)転嫁する. ❷ 再 ⦅sich⁴⦆ ゆっくり動く. ❸ 自 やみ取引をする.
Schieber 男 (-s/-) 闇商人; かんぬき; 引き戸; すべり弁(ファスナーのスライダー; 差込み便器; ⦅話⦆(ダンスの)ワンステップ. **Schiebetür** 囡 引き戸.
Schieblehre 囡 ⦅ノギス⦆, キャリパス; (計算尺の)カーソル. **Schiebung** 囡 (-/-en) ⦅話⦆不法取引; えこひいき.
schied ⇒ **scheiden**
Schiedam スヒーダム(オランダ南西部 Rotterdamの西にある町).
schiede ⇒ **scheiden**
Schieds-gericht 中 仲裁裁判所; 〘スポ〙審判団. **-richter** 男 仲裁裁判官; 仲裁者; (コンテストの)審査員; 〘スポ〙審判員. **-spruch** 男 〘法〙仲裁裁定.
schief [シーフ] 形 斜めの, 傾いた, ゆがんだ; 正確でない, 不当な. ✦ **~ ansehen** (疑い・軽蔑から)横目で見る. **~ gehen** ⦅話⦆(物事が)失敗に終わる: Das wird schon ~ gehen! ⦅話・反語⦆きっとうまく行くさ. **~ geladen sein** ⦅話⦆酔っている. **~ gewickelt** ⦅話⦆ひどく思い違いをした. **~ liegen** ⦅話⦆間違っている. **~ treten** (靴のかかとを)斜めに履き減らす.
Schiefer 男 (-s/-) スレート, 〘粘〙粘板岩, 〘鉱〙⦅薄い⦆木片, とげ. **-dach** 中 スレート屋根.
schieferig 形 スレート⦅粘板岩⦆状の, スレート色⦅濃い灰青色⦆の.
Schiefer-tafel 囡 (筆記用の)石板, 石盤.
schief-gehen*, **-gewickelt**, **-**

schief ✦ **lachen** ⦅sich⁴⦆ 体をよじって大笑いする, 笑い転げる.
Schieflage 囡 おかしな⦅間違った⦆状況.
schief- liegen*, **-treten*** ⇒ **schief**
schielen 自 斜視⦅やぶにらみ⦆である; ⦅話⦆(…の方を)盗み見る; ⦅auf et⁴/nach et³⦆ (…をもの欲しげに見る.
schien ⇒ **scheinen**
Schienbein 中 〘医〙脛骨(すねぼね); 向こうずね.
schiene ⇒ **scheinen**
Schiene [シーネ] 囡 (-/-n) ⦅rail⦆ (鉄道の)線路, レール, 軌条; (カーテン・引き戸の)レール; 〘医〙副木; T定規.
schienen 他 〘医〙(骨折した腕などに)副木(そえぎ)を当てる. ✦ **geschient sein** 〘鉄〙にレールが敷いてある.
Schienen-bus 男 レール(軌道)バス. **-netz** 中 鉄道網. **-strang** 男 長々と伸びる鉄道線路.
schier ❶ 副 純粋な, 明らかな. ❷ 副 ほとんど; 危うく.
Schier ⇒ Ski
Schierling 男 (-s/-e) 〘植〙ドクニンジン.
Schieß-befehl 男 射撃⦅発射⦆命令. **-bude** 囡 (年の市などの)射的場.
schießen* [シーセン] 〖schoss od. schoß; geschossen〗 他 ⦅shoot⦆ ❶ (銃で…を)撃つ, 射撃する, 発射する; (矢を)放つ, (人・動物を撃つ, 射殺する; ⦅auf j-et⁴/nach j-et³⦆ (…をねらって)撃つ. ❷ (s)勢いよく動く, 発射する; 勢いよく育つ, 早く伸びる. ❸ (…に)ぴんたをくらう. ✦ **eine ~ lassen** ⦅俗⦆ (…に)ぴんたを食らわす.
Schießen 中 (-s/-e) 射撃, 発砲; 発射; 射撃競技会. **wie das Hornberger ~ ausgehen** ⦅話⦆骨折り損のくたびれもうけに終わる. **zum ~ sein** ⦅話⦆こっけい極まる. **Schießerei** 囡 (-/-en) 撃ち合い; 無用な乱射.
Schieß-hund 男 猟犬. **-platz** 男 射撃練習場. **-pulver** 中 火薬. **✦ das ~ nicht erfunden haben** ⦅話⦆あまり頭がよくない. **-scharte** 囡 (城壁などの)銃眼. **-scheibe** 囡 射撃の標的. **-stand** 男 射撃競技場; ⦅= Schießbude.
Schifahrer 男 (-in) ⇒ Skifahrer.
Schiff [シフ] 中 (-[e]s/-e) (男 -chen) ⦅ship⦆船; 〘建〙(教会の)身廊(しんろう). ✦ **ein ~ auf Kiel legen** 造船の建造を始める. **klar ~ machen** 甲板掃除をする; ⦅話⦆きちんと整とんする.
Schiffahrt ⇒ Schifffahrt. **~s-linie** ⇒ Schifffahrtslinie. **~s-weg** ⇒ Schifffahrtsweg.
schiffbar 形 (運河などが)航行可能な.
Schiffbau 男 造船業; 造船術. **-industrie** 囡 造船業. **-technik** 囡 造船技術.
Schiffbruch 男 難破, 難船. ✦ **~ erleiden** ⦅話⦆⦅mit bei et³⦆ (…で)失敗する. **schiffbrüchig** 形 難破した: **der ~ die Schiffbrüchige** 難船者.
Schiffchen (⇒ Schiff) 中 (-s/-) 小舟; おもちゃの舟; 〘手工〙(織機の)杼(ひ), シャトル; 〘植〙(蝶形花弁の)舟弁.
Schiffe ⇒ Schiff

schiffen ⓥ 《俗》(男性が)小便する; 《Es schifft.》《話》激しい雨が降る.
Schiffer 男 ⟨-s/-⟩ ⓒ **-in** 船長; 船主. **=klavier** 中 《戯》アコーディオン. **=mütze** 女 船員帽. **=scheiße** 女 ◆ *dumm 〈doof〉 wie ~ sein*《卑》大ばかである.
Schiff*fahrt 女 船舶航行, 航海, 水運. **~s-linie** 女 [定期] 航路. **~s-weg** 男 航行路.
Schiffs-arzt 男 船医. **=junge** 男 見習い水夫(船員). **=papiere** 覆 船舶航行(証書類(船舶・乗組員・乗客・貨物などの記録). **=raum** 男 船の積載容量. **=schraube** 女 (船の)スクリュー. **=zwieback** 男 (船舶の非常食用)乾パン.
Schikane 女 ⟨-/-n⟩ 弱者に対する)嫌がらせ, 意地悪; (自動車レースの)難所. ◆ *mit allen ~n*《話》(自動車・住居が)あらゆる設備を備えた. **schikanieren** (弱者を)嫌がらせる(意地悪)する. **schikanös**《話》意地の悪い, 陰険な.
Schi-läufer 男 = Skiläufer.
Schild [シルト] ❶ 男 ⟨-[e]s/-er⟩ ⟨⓪ -chen⟩ 看板, 案内(表示)板, ラベル, 名札, 標識, 値札. ❷ 中 ⟨-[e]s/-e⟩ ⟨⓪ shield⟩ 盾; 盾の紋章. ◆ *auf den [er]heben* (人を)指導者と仰ぐ. *im ~e führen* *et⁴* [*gegen j-et¹*]《話》(…に対して)たくらむ.
Schild*drüse 女 ⟨医⟩ 甲状腺. **~n-karzinom** 中, **~n-krebs** 男 ⟨医⟩ 甲状腺癌(⟨がん⟩).
schildern [シルダァン] (schilderte; geschildert) ⓥ ⟨⓪ describe⟩ 描写する, 叙述する, 説明する.
Schilderung [シルデルング] 女 ⟨-/-en⟩ 描写, 叙述.
Schild*krot 中 ⟨-[e]s/⟩ 《バコウ》 べっこう. **=kröte** 女 ⓥ カメ. **=kröten-suppe** 女 ウミガメのスープ. **=patt** 中 ⟨-[e]s/⟩ べっこう. **=wache** 女 ⟨軍⟩ 歩哨(⟨しょう⟩), 歩哨勤務.
Schilf 中 ⟨-[e]s/-e⟩ 《植》 ヨシ, アシ. **=rohr** 中 《植》 ヨシ, アシ; ヨシの茎, ストロー.
Schilift 男 = Skilift.
Schiller Friedrich von, シラー(1759–1805): ドイツ古典主義の作家, 劇作家). ◆ *Das ist eine Idee 〈ein Gedanke〉 von ~.*《話》それは名案だ. **=locke** 女 生クリーム入りパイの一種; ツノザメの腹肉の薫製.
schillern ⓥ さまざまな色(玉虫色)に輝く.
Schilling [シリング] 男 ⟨-s/-e; 単位/-⟩ シリング(オーストリアの通貨, 100 Groschen: ⟨記号⟩ S, öS, ÖS); (昔の)シリング貨幣.
schilpen ⓥ (雀などが)チュンチュン鳴く.
schilt, schiltst ⇒ schelten
Schimarathon 男 ⟨-s/-s⟩ = Skimarathon.
Schimäre 女 ⟨-/-n⟩ 妄想, 幻影.
Schimmel 男 ⟨-s/-⟩ 黴(⟨かび⟩); 白馬. **schimmelig** 形 黴(⟨かび⟩)の生えた.
schimmeln ⓥ (h. s) 黴(⟨かび⟩)が生える, 黴臭くなる: *et⁴ ~ lassen*《話》…をそのまま放っておく.
Schimmel*pilz 男 糸状菌, 黴(⟨かび⟩). **=reiter** 男 白馬の騎士.
Schimmer 男 ⟨-s/-⟩ 弱い光, かすかな輝き, 鈍い輝き; わずかな名残. ◆ *keinen [blassen] 〈nicht den leisesten〉 ~ von et³ haben*《話》(…について)何も知らない.
schimmern [シマァン] ⓥ (schimmerte; geschimmert) ⟨⓪ shimmer⟩ かすかに光る.
schimmlig 形 = schimmelig.
Schimpanse 男 ⟨-n/-n⟩ ⓥ チンパンジー.
Schimpf 男 ⟨-[e]s/-e⟩ 侮辱. ◆ *mit ~ und Schande* さんざん侮辱して.
schimpfen [シンプフェン] (schimpfte; geschimpft) ⓥ ⟨⓪ curse⟩ ⟨*auf* 〈*über*〉 *j-et⁴*⟩ (…の)悪口をいう, (…を)ののしる, 罵倒する; ⟨*j-et¹-et²*⟩ (…を…と)ののしる, 《*mit j³*》(人に)激しく批判する, 叱(⟨しか⟩)る.
schimpflich 形 不名誉な, 屈辱的な.
Schimpf*name 男 (軽べつの)あだ名, ののしりの言葉. **=wort** 中 (ののしる時の)乱暴な言葉; 悪口; 悪態.
Schindel 女 ⟨-/-n⟩ こけら葺(⟨ふ⟩)きの材). **=dach** 中 こけら葺(⟨ふ⟩)きの屋根.
schinden* ⓥ (人・動物を酷使(⟨こくし⟩)する; 不正に入手する; 《話》(入場料・運賃などを)払わずに済ます, ごまかす; (動物・動木などの)皮をむく: 《⟨*sich* mit et³*⟩ (…で)さんざん苦労する.
Schinder 男 ⟨-s/-⟩ 酷使者, 虐待者; 皮はぎ人. **Schinderei** 女 ⟨-/-en⟩ 酷使, 虐待; つらい仕事, 苦役, ひどい労苦.
schindete ⇒ schinden
Schindluder 男 ◆ *~ treiben*《話》《*mit j-et*》(…を)酷使する, 痛めつける.
Schinken [シンケン] 男 ⟨-s/-⟩ ハム; (豚などの)もも肉; 《話》(人間の)しり; 金だけかけた大作(映画など); 分厚いだけの本; 大きな絵. **=brot** 中 ハムを挟んだ(挟んである)パン. **=wurst** 女 シンケンヴルスト(ソーセージの一種).
Schippe 女 ⟨-/-n⟩ ⟨⓪ Schippchen⟩ 《北部・中部》 シャベル, スコップ; 《話》(トランプの)スペード. ◆ *auf die ~ nehmen* ⟨*laden*⟩《話》(人を)からかう. *eine ~ ziehen* ⟨*machen*⟩《話》(不満げに)下くちびるを突き出す.
schippen ⓥ 《北部・中部》シャベルですくう(掘る, 運ぶ).
Schirm [シルム] 男 ⟨-[e]s/-e⟩ ❶ ⟨⓪ umbrella⟩ 傘, 日傘; 落下傘, (キノコ・クラゲなどの)傘, (ランプの)シェード. ❷ (光線・放射線などの)遮(⟨さえぎ⟩)る板(ストーブの)遮熱板; (帽子の)ひさし; (テレビ・X線撮影機などの)受像面, 画面, スクリーン. **=bild** 中 ブラウン管上の映像; X線映像; レントゲン写真.
schirmen ⓥ 守る, 保護する, かばう.
Schirm*herr 男 保護者, 後援者, パトロン. **=herrschaft** 女 後援, 賛助. **=mütze** 女 ひさしのある帽子. **=ständer** 男 傘立て.
Schirokko 男 ⟨-s/-⟩ 《気象》シロッコ(地中海沿岸の熱風).
Schi-schuh 男 = Skischuh.

Schịsma 中 ⦅-s/..men (-ta)⦆ ⦅宗教⦆ シスマ, 教会分裂.

Schi-sport 男 = Skisport.

Schiss (⊳ **schiß**) ⇒ **scheißen**

Schiss 男 (⊳ **Schiß**) ⦅Schisses/..sse⦆ ⦅卑⦆ ふん; くそ; 恐怖. ◆ ~ **haben** ⟨**kriegen**⟩ 怖がる, おじける.

schisse ⇒ **scheißen**

Schiwa ⦅シ゚ヴ゚ァ⦆ シヴァ (三主神の一で破壊の神).

schizophrẹn 精神分裂[症]の; 支離滅裂な. **Schizophrenịe** 女 ⦅医・心⦆ 精神分裂[症].

schlạbbern 動 ❶ ⦅話⦆ (スープ・水などを) ぺチャクチャと音をたてて飲む(すする). ❷ 食べ物をこぼす, 食べ散らかす; (食べ物をこぼして)衣服を汚す; ⦅方⦆ ぺチャクチャおしゃべりする.

Schlạcht ⦅シュラハト⦆ 女 ⦅-/-en⦆ (⊛ battle) 戦闘, 戦い; ⦅競技⦆ 試合. ◆ **wie nach einer ~ aussehen** ⦅話⦆ 混乱を極めている. **=bank** 女 畜殺台.

schlạchten 動 (食肉用の鳥獣を)殺す, 畜殺する; (人を)虐殺する; ⦅獣⦆ (飲食物の)入れ〈缶〉を開ける. **Schlạchten-bummler** 男 ⦅話⦆ (遠征について回る)熱狂的スポーツファン, サポーター.

Schlạchter 男 ⦅-s/-⦆ ⦅北部⦆ 畜殺業者, 肉屋. **Schlạchter** 女 ⦅-s/-⦆ = Schlachter. **Schlạchterei** 女 ⦅-/-en⦆ ⦅北部⦆ 畜殺業; 肉店. **Schlạchterei** 女 ⦅-/-en⦆ Schlachterei; ⦅大量⦆ 殺戮(りく).

Schlạcht-feld 中 戦場 ❙ **Er ist auf dem ~ geblieben.** ⦅雅⦆ 彼は戦死した. **=fest** 中 (農家で)豚をつぶして新鮮な肉のごちそうを振舞う日. **=haus** 中 畜殺場・中 = Schlachthaus. **=hof** 男 = Schlachthaus. **=kreuzer** 男 巡洋戦艦. **=opfer** 中 いけにえ [の動物]. **=ordnung** 女 ⦅北部・中部⦆ 戦列, 戦闘隊形. **=plan** 男 戦闘計画. **=ruf** 男 (合戦を前にしての)鬨(とき)の声, 雄たけび. **=schiff** 中 戦艦. **=vieh** 中 畜産用家畜.

Schlạcke 女 ⦅-/-n⦆ (石炭・コークスなどの)燃えがら, 燃えかす; ⦅金属⦆ 鉱滓(さい), スラグ; ⦅地学⦆ 噴石, 溶岩; ⦅医⦆ (食品中の)繊維質.

schlạckern 動 ⦅北部・中部⦆ ⦅獣・俗⦆ ぶらぶらしている, (ひざが)がくがくしている; ⟨**mit** et^3⟩ ~ をぶらぶら動かす.

Schlạckwurst 女 (牛・豚肉に脂身を加えた)直腸詰めソーセージ.

Schlaf ⦅シュラーフ⦆ 男 ⦅-[e]s/-⦆ (⊛ Schläfchen) ❶ (⊛ sleep) 眠り, 睡眠; 睡魔, 眠け ❙ **der ewige** ⟨**letzte**⟩ ~ ⦅雅⦆ 永遠の眠り(死) ❙ **in ~ sinken** ⟨**fallen**⟩ ⦅雅⦆ (疲れて)眠りに込む. ❷ ⦅話⦆ 目やに.
◆ **den ~ aus den Augen reiben** ⟨**sich**³⟩ 目をこすって眼を覚ます. **den ~ des Gerechten schlafen** ⦅話⦆ 安心してぐっすり寝る. **den ~ nehmen** ⟨**rauben**⟩ ⟨**j**³⟩ (人の)眠りを奪う, (人を)眠らせない. **im ~ können** ⟨**beherrschen**⟩ ⦅話⦆ ⟨**et**⁴⟩ (～を)いとも簡単にやってのける. **nicht im ~...** ⦅話⦆ 決して(夢にも)...ない. **=anzug** 男 パジャマ, 寝巻.

Schläfchen (→ Schlaf) 中 ⦅-s/-⦆ 居眠り, うたた寝. **Schlaf-couch** 女 ⦅-/-es (話 -en)⦆ ソファーベッド.

Schläfe ⦅シュレーフェ⦆ 女 ⦅-/-n⦆ ⦅医⦆ こめかみ, 側面部.

schlafen* ⦅シュラーフェン⦆ 動 ⦅**schlief**; **geschlafen**⦆⊛ ❶ (⊛ sleep) 眠る, 眠っている; 寝る, 休む; ⟨**sich**⁴⟩ 寝て(...に)なる ❙ *Es schläft sich*⁴... ⦆ 寝どころが(...)だ. ❷ 泊まる, 夜を明かす; ⦅話⦆ ⟨**mit** j^3⟩ (人と)寝る, 性交する. ❸ ⦅話⦆ ぼうっとしている.

Schlafens-zeit 女 寝る時間, 就寝時. **Schläfer** 男 ⦅-s/-⦆ ⊛ **-in** 女 眠っている人; ⦅動⦆ ヤマネ. **schläfern** 動 ⦅⊛ *schläfert j*⁴.⦆ 人は眠い, 眠くなる.

schlạff 形 たるんだ, だらりと垂れた, 張りのない; ぐったりとした; しなびた; ⦅獣⦆ 無気力な, 退屈な. **Schlạffheit** 女 ⦅-/-⦆ たるんで(ぐったりして)いること; ⦅獣⦆ 無気力, 退屈.

Schlaf-gast 男 泊まり客. **=gelegenheit** 女 宿泊設備.

Schlaf-ittchen 中 ◆ **am** ⟨**beim**⟩ ~ **nehmen** ⟨**fassen, haben, kriegen, packen**⟩ ⦅話⦆ (人を)捕まえる.

Schlaf-krankheit 女 ⦅医⦆ 睡眠病. **=lied** 中 子守歌.

schlaflos 形 眠らない; 眠れない. **Schlaflosigkeit** 女 ⦅-/-⦆ 眠らないこと; 不眠, 不眠症.

Schlaf-mittel 中 睡眠薬. **=mütze** 女 ❶ 寝巻の頭巾; ⦅獣⦆ 元気のない(鈍い)人. **schlafmützig** 形 元気のない, 鈍い.

schläfrig ⦅シュレーフリヒ⦆ 形 (⊛ sleepy) 眠い; 眠気を誘う, けだるい. **Schläfrigkeit** 女 ⦅-/-⦆ 眠気; けだるさ.

Schlaf-rock 男 ナイトガウン, バスローブ. **=saal** 男 バイ枕の皮. **=saal** 男 (寮などの)大部屋. **=sack** 男 シュラーフザック, 寝袋.

schläfst ⇒ **schlafen**

Schlaf-stadt 女 ⦅話⦆ ベッドタウン. **=sucht** 女 ひどい眠気, 嗜眠(きみん). ⦅医⦆ 嗜眠[症].

schläft ⇒ **schlafen**

Schlaftablette 女 (錠剤の)睡眠薬.

schlaftrunken 形 寝ぼけた. **Schlaftrunkenheit** 女 ⦅-/-⦆ 寝ぼけ状態.

Schlafwagen 中 ⦅鉄道⦆ 寝台車.

schlafwandeln 動 (h, s) 夢遊(夢中歩行)する. **Schlafwandeln** 中 ⦅-s/-⦆ 夢遊病. **Schlafwandler** 男 ⦅-s/-⦆⊛ **-in** 女 夢遊病者. **schlafwandlerisch** 形 夢遊病者のような.

Schlafzimmer 中 寝室.

Schlag ⦅シュラーク⦆ 男 ⦅-[e]s/Schläge⦆ (⊛ blow) 打撃, 一撃, 殴打; (激しい)打撃音; ⦅スポ⦆ パンチ, ブロー; ⦅蹴⦆ ショット; ⦅水泳・ローイング⦆ ストローク; ⦅テニス⦆ ショット, ストローク. ❷ 鼓動, 脈拍; 振動[音]; 時を刻む音; (小鳥などの)鳴き声. ❸ 衝撃, 電撃, 落雷; 発作; 痛手, ショック; 騒ぎ. ❹ (人の)タイプ; 血縁の)種類. ❺ ⦅林業⦆ 伐採区域; ⦅農⦆ 作付区域. ❻ ⦅服⦆ (ロープなどの)巻き; ⦅服⦆ (スラックスの)すその広がり; (スープなどの)大きく一すくい; ⦅料理⦆ ホイップクリーム. ◆ **auf einen ~** ⦅話⦆ 一挙に, 突然. **Der ~ soll dich treffen!** ⦅俗⦆ こんちくしょう. **einen ~ haben** ⦅話⦆ 頭がおかしい. **einen ~ versetzen** ⟨**j**³⟩ (人に)一撃を

加える;(人に)ショックを与える. *einen vernichtenden ~ gegen j⁴ führen* (人に)壊滅的打撃を与える. *ein ~ ins Gesicht sein* [[話]](人にとって)ひどい侮辱である. *ein ~ ins Kontor sein* [[話]] 大変な (いやな) 打撃である. *ein ~ ins Wasser sein* 効果がない. *ein ~ unter die Gürtellinie* 卑劣なやり口, アンフェアな行為. *keinen ~ tun* ふてくされて何もしない. *mit einem ~[e]* [[話]] 一気に. *~ auf ~* やつぎばやに. *j⁴ trifft ⟨rührt⟩ der ~* [[話]] (人は) 仰天する. *wie vom getroffen ⟨gerührt⟩ sein* 仰天してふためいている. *zum entscheidenden ~ ausholen* 決定的攻撃に出ようとする. **Schlag=ader** 囡 [[医]] 動脈. **=anfall** 男 [[医]] 卒中発作.
schlagartig 厖 突然の, 不意の, 急の.
Schlag=baum 男 (国境・踏切などの)遮断機, 遮断棒. **=bohrer** 男 衝撃式ボーリング機; 振動式ドリル. **=bolzen** 男 (銃の)撃鉄, 撃針.
Schläge ⇒ Schlag
Schlägel 男 ⟨-s/-⟩ ⟨坑⟩ ハンマー.
Schlägelchen 中 ⟨-s/-⟩ [[話]] 軽い卒中発作.
schlagen* [シュラーゲン] ⟨schlug; geschlagen⟩ I ⓐ ⇒ *strike*) 打つ, たたく, ぶつ, 殴る (…を~へ) 打つ, 打ちたたき)込む, 打ち据える (つける), 打ち (たき)落とす (j³ *aus der Hand* ~ 人の手から…をたたき落とす | *ein Ei in die Pfanne* ~ 卵を割ってフライパンに落とす);(たたいて…に…)作る (*ein Loch in die Wand* ~ たたいて壁に穴を空ける). ❷ (拍子を)とる;(打楽器を)打ち鳴らす, 弾く, 奏する. ❸ (戦いに・試合に)勝つ, (に)打ち負かす. ❹ (卵白・生クリームなどを)泡立てる;(たたいて泡を立てる). (*et⁴ zu et³* ⟨*auf et⁴*⟩ ある金額を…に)加える. II ⓑ ❶ たたく, 打つ, 殴る (j³ *ins Gesicht* ~ 人の顔を殴る);(s) ⟨*mit et³*⟩ (体の一部を…に)打ちつける, 打ちつき当てる. ❷ (打つような音を出す)(時計が時刻を)打つ; (脈拍が)打つ, (心臓が)鼓動する; (小鳥が)鳴く;(ほが炎が舌を)たつかせる. ❸ (s, h) (煙が)吹き出す, (炎が)吹き出る (*nach* j³) (…に)向かう; (近似す). III ⓒ ⟨*sich⁴* ⟨*mit* j³⟩⟩ (人と)殴り合いをする; (*sich⁴*) ⟨…へ(に)⟩向かう; ⟨*sich⁴*⟩ (試合・討論などでに)戦う; ⟨*sich⁴*⟩ *auf et⁴*⟩ (人・意見などに)悪影響を及ぼす. ⟨*sich⁴*⟩ *ein Bein über das andere* ~ 足を組む. *geschlagen geben* ⟨*bekennen*⟩ ⟨*sich⁴*⟩ [[話]] 敗北宣言をする. *geschlagen sein* [[話]] ⟨*mit* j-et³⟩ …に悩まされている. *Jetzt schlägt es dreizehn.* [[話]] もう我慢できない.
schlagend 厖 説得力のある, 的を射た, 有効な;[[化]] (ガスが)爆発性の.
Schlager [シュラーガー] 男 ⟨-s/-⟩ 流行歌, ヒット曲;(商品に)売れ筋, ベストセラー.
Schläger 男 ⟨-s/-⟩ 《球技》打者 (ラケット;スティック;バット;クラブ);《料》泡立て器;[[話]] 乱暴者. **=bande** 囡 乱暴者の集団, 不良グループ.
Schlägerei 囡 ⟨-/-en⟩ 殴り合い, けんか.
Schlager=komponist 男 流行歌の

作曲家.
Schlagersänger 男 流行⟨人気⟩歌手.
schlagfertig 厖 (人が)打てば響くような, 機転の利く, (答えが)当意即妙の. **Schlagfertigkeit** 囡 機転, 当意即妙.
Schlag=instrument 中 打楽器.
Schlag=kraft 囡 [[軍]]打撃⟨衝撃⟩力;(軍隊などの)戦闘力;(議論などの)説得力. **schlagkräftig** 厖 打撃⟨衝撃⟩力のある; (軍隊などの)戦闘力のある;(議論などが)説得力のある. **=leiste** 囡 [[建]] (両開き窓・扉の)当たり木. **=licht** 中 [[美]] ハイライト;. ◆ *ein ~ auf j-et⁴ werfen* (…を)際立たせる. **=loch** 中 道路に空いた穴. **=mann** 男 コックス. **=obers** (⟨オーストリア⟩) = Schlagsahne. **=ring** 男 拳闘(⟨俗⟩)(指にはめる金属製の格闘具);[[楽器の]] つめ, ピック. **=sahne** 囡 泡立てた生クリーム, ホイップクリーム. **=schatten** 男 [[美]] (人物・物体が投げる)影; 投影部. **=seite** 囡 [[海]] 偏航⟨(⟨俗⟩) 《風潮・酩酊による》傾斜); *Er hat ~.* [[話]] 彼は千鳥足だ.
schlägst ⇒ schlagen
Schlag=stock 男 (警官の)警棒;(太鼓の)ばち.
schlägt ⇒ schlagen
Schlag=uhr 囡 (音で時刻を知らせる)ボンボン時計. **=werk** 中 (時計の)打鳴装置. **=wetter** 中 [[坑]] 爆発性坑内ガス;坑内ガス爆発.
Schlagwort [シュラークヴォルト] 中 ⟨-[e]s/-e⟨-wörter⟩⟩ 標語, スローガン, キャッチフレーズ; うたい文句; ⟨-[e]s/-wörter⟩ (図書館の目録の)内容見出し. **=katalog** 男 (図書館などの)内容目録.
Schlagzeile [シュラークツァイレ] 囡 ⟨-/-n⟩ (新聞の)大見出し, ヘッドライン; ◆ *~n machen* センセーションを巻き起こす.
schlagzeilen 動 [[話]] 大見出しにする, でかでかと書き立てる.
Schlag=zeug 中 打楽器. ドラムセット. **=zeuger** 男 打楽器奏者, ドラマー.
schlaksig 厖 [[話]] のっぽでひょろりとした.
Schlamassel 男 ⟨-s/-⟩ [[話]] 腹立たしい⟨むずかしい⟩事態, 困難.
Schlamm [シュラム] 男 ⟨-[e]s/-e, Schlämme⟩ (⇒ *mud*) 泥; ぬかるみ; ヘドロ; 汚泥(⟨化⟩); [[地⟨金⟩]] 沈泥.
schlämmen 動 (池などの)泥をさらう;[[工]]⟨水を⟩分析する(水に溶かして比重や大きさで選び分ける). [[建]] (木などに)たっぷり水をやる.
schlammig 厖 泥を含んだ, 泥だらけの, ぬかるみの, 泥の.
Schlamm=lawine 囡 泥流;(火山噴火などによる)土石流. **=packung** 囡 [[医]] 泥パック(リューマチ療法).
Schlampe 囡 ⟨-/-n⟩ [[蔑]] (服装などの)だらしない女.
schlampen 動 [[話]] ぞんざいな仕事をする; ⟨*mit et³*⟩ (…を)いい加減に扱う; (ズボンなどが)ずり落ちている; 大きな音を立てて食べる⟨飲む⟩. **Schlamperei** 囡 ⟨-/-en⟩ [[話]] (服装・態度・仕事などの)だらしなさ. **Schlampig** 厖 [[話]] (服装・態度・仕事などの)だらしない, (仕事が)いい加減な. **Schlampigkeit** 囡 ⟨-/-en⟩ [[話]]

だらしなさ; だらしない行状.
schlang ⇨ schlingen
Schlange [シュランゲ] [女] 《-/-n》 ([英] snake)ヘビ(蛇); 狡猾〈陰険〉な女性; 長蛇の列; 〔工〕蛇管. ✦ *Da beißt sich die ～ in den Schwanz.* それでは堂々めぐり〈悪循環〉だ. *eine ～ am Busen nähren* 《雅》獅子身中の虫を養う. *～ stehen* 長蛇の列を作って並ぶ. *winden wie eine ～* 《*sich*^{4}》なんとか窮地を脱しようとする.
schlänge ⇨ schlingen
schlängeln [再] 《*sich*^{4}》(蛇などが)身をくねらせて進む; (道・川などが)蛇行する; (人ごみなどを)巧みにかきわけて進む.
Schlangen=biss ([旧]=**biß**) [男] 〔毒〕蛇がかむこと; 〔毒〕蛇にかまれた傷. =**leder** [中] 蛇革(じゃがわ). =**linie** [女] 蛇行〈波状〉線. =**mensch** [男] (体をくねらせる)軽業師.
schlank [シュランク] [形] ([英] slim)ほっそりした, スリムな; しなやかな, きゃしゃな.
Schlankheitskur [女] 痩身〈ダイエット〉療法.
Schlankmittel [中] やせ薬.
schlankweg [副] 《話》あっさり, 無雑作に; まったく.
schlapp [形] たるんだ; 《蔑》無気力な.
Schlappe [女] 《-/-n》《話》失敗, 損失.
schlappen [自] だらりと垂れ下がっている; (靴が)ぶかぶかである; (犬などが)ピチャピチャと水を飲む; (s)足を引きずって歩く, (スリッパなどを)パタパタ引きずる; [他] ピチャピチャすすりながら食べる〈飲む〉.
Schlapphut [男] つばの広いソフト帽, スローチハット.
schlapp|machen [自] 《話》へたばる, (途中で)ついていけなくなる.
Schlappschwanz [男] 《蔑》いくじなし, 弱虫.
Schlaraffenland [中] 逸楽郷(働かずに快楽のみを追う夢の国). **schlaraffenländisch** [形] 極楽〈逸楽郷〉のような.
Schlaraffenleben [中] 怠惰〈安逸〉な生活.
schlau [シュラオ] [形] ([英] cunning)抜け目のない; 狡猾な; 《話》利口な, 賢い. ✦ *ein ～es Leben machen* 《話》《*sich*^{3}》快適な生活をする. *nicht ～ werden* 《話》《**aus** *j-et*^{3}》(…が)理解できない, (人の)心が読めない.
Schlauberger [男] 《-s/-》《話》ずる賢い〈要領のいい〉やつ.
Schlauch [シュラオホ] [男] 《-[e]s/Schläuche》 ([英] hose)(水道・ガスなどの)ホース, 管, (タイヤの)チューブ; 〔医〕ゾンデ, カテーテル; (酒などを入れる)革袋; 《話》狭く細長い部屋, うなぎの寝床; 《話》あんちょこ, 古典語の訳本. ✦ *auf dem ～ stehen* 《話》行き詰まっている. *ein ～ sein* 《話》《*j*^{3}》(人にとって)長く続くつらい作業である. =**boot** [中] ゴムボート.
Schläuche ⇨ Schlauch
schlauchen [他] 《話》(人を)くたくたにする, 疲れさせる.
schlauchlos [形] (タイヤなどが)チューブレスの.
Schläue [女] 《-/》= Schlauheit.
schlauest ⇨ schlau
Schlaufe [女] 《-/-n》(ひもなどの)ループ; 止め輪; つり手; (電車などの)つり革; 〔スキー〕(ストックの)手革.
Schlauheit [女] 《-/》ずる賢さ, 利口.
Schlau=kopf [男], =**meier** [男] 《話》ずる賢い〈要領のいい〉やつ.
Schlawiner [男] 《-s/-》《話》ずる賢いやつ, 海千山千の人.
schlecht [シュレヒト] ❶ [形] ([英] bad)悪い, よくない; 劣った; 不都合な, 不運な; 不快な; 不道徳な, 不品行の, 問題のある; 気分が悪い. ❷ [副] なかなか…できない. ✦ *J*^{3} *geht es schlecht.* (人は)具合が悪い; お金がない. *mehr ～ als recht* どうにかこうにか, 完璧というわけにはいかないが, かろうじて. *nicht ～* 《話》少なからず, 大いに, とても, 非常に. *～ gelaunt* 機嫌の悪い, 不機嫌な. *～ machen* 《話》(…を)けなす, 中傷する. *～ und recht* どうにかこうにか, まがりなりにも.
schlechterdings [副] まったく, 全然; とにかく.
schlechtest ⇨ schlecht
schlecht=gehen*, =**gelaunt** [旧]⇨ schlecht ✦
schlechthin [副] 《名詞の後》そのもの〔ずばり〕; 《形容詞の前》まったく, 断然.
Schlechtigkeit [女] 《-/-en》悪さ, 悪行, 悪事; 悪徳, 堕落.
schlecht=machen [旧]⇨ schlecht ✦ =**weg** [副] まったく, 断然.
schlecken 《南部・オーストリア》[他] [ぺろぺろ]なめる, (特に甘いものを)つまむ; [自] 《**an** *et*^{3}》(…を)[ぺろぺろ]なめる.
Schleckerei [女] 《-/-en》《南部・オーストリア》おいしい物; 甘い物, (甘い)菓子.
Schleckermaul [中] 《話》甘党.
Schlegel [男] 《-s/-》木槌(きづち); (太鼓・木琴などの)ばち; 《南部》(食肉の)もも肉.
Schlehdorn [男] 《-[e]s/-e》, **Schlehe** [女] 《-/-n》〔植〕スローベリー, リンボク.
Schlei (die ～)シュライ(ドイツ Schleswig-Holstein 州東海岸の峡湾).
Schleiche [女] 《-/-n》〔動〕アシナシトカゲ; 《話》ぐず, のろま.
schleichen* [シュライヒェン] 《**schlich**; **geschlichen**》[自] (s) [再] 《[*sich*^{4}]》 ([英] creep)こっそり歩く〈入る, 出る〉. **～d** [形] 忍び寄るような, ひそかに増大する; 〔医〕潜行性の. ✦ *Schleich dich!* 《南部》出ていけ.
Schleicher [男] 《-s/-》《蔑》陰謀〈策謀〉家.
Schleich=handel [男] 密貿易, 禁制品売買, やみ商売. =**weg** [男] 抜け道, 間道; 不法〈不正〉手段. =**werbung** [女] (記事や番組に秘かに紛れ込ませた)もぐり〈偽装〉広告.
Schleie [女] 《-/-n》〔魚〕テンチ(ヨーロッパ産のコイ).
Schleier [シュライアー] [男] 《-s/-》 ([英] veil)ベール, 覆い; 〔写〕かぶり; 〔植〕(キノコの)菌膜; 〔鳥〕(メンフクロウの)顔盤. ✦ *den ～ des Geheimnisses lüften* 秘密のベールをはぐ. *den ～ des Vergessens* 〈*der Vergessenheit*〉 *über et*^{4} *breiten* (…を)忘れ去る. *den ～ nehmen* 《雅》尼になる. =**eule** [女] 〔鳥〕メンフクロウ.
schleierhaft [形] ✦ *～ sein* 〈*bleiben*〉

《話》(j³) 《人にとって》不可解である.

Schleife 囡《-/-n》❶ 蝶結び; 《髪·帽子などの》リボン; 蝶ネクタイ; 《ひも》ループ; 《大きな》カーブ, 湾曲; 《飛行機の》旋回. ❷ 滑合, シュート; 滑り台; 荷物鬼ぞり.

schleifen⁽*⁾ [シュライフェン] Ⅰ 囡《**schlifft; geschliffen**》❶ 囮《刃物などを》砥ぐ, 《宝石などを》磨く, 研磨する; 《兵士たちを》厳しく鍛える. しごく《文章などを》推敲(すいこう)する. ❷ 囮(s, h)滑る, 滑走する. Ⅱ 囡《schleift; geschleift》囮 drag》引きずる, 引っ張る; 《話》《人を説得して連れて行く; 《物を》取り壊す; 《h, s》《するすると》すべる; 〔s〕足を引きずって歩く.

Schleifer 囡《-s/-》研磨工, 研ぎ師, 宝石細工師; 《楽》シュライファー(1) 装飾音; (2) ゆったりしたワルツ); 《旧》初年兵訓練係.

Schleif-lack 囡《家具用などの》つや出しワニス. **-stein** 囡 砥石.

Schleim 囡《-[e]s/-e》粘液; 《医》粘液. **-absonderung** 囡 粘液の分泌. **-drüse** 囡《解》粘液腺.

Schleimer 囡《-s/-》 . **Schleimscheißer** 囡《醜》おべっか使い.

Schleimhaut 囡《解》粘膜.

schleimig 粘液(性)の, ねばねばした.

Schleimsuppe 囡《料》麦がゆ.

schlemmen 囮〔s〕ゆっくりと, ゆっくりと散歩する. **Schlendrian** 囡《-[e]s/》《話》いいかげんな《だらだらした》仕事ぶり.

schlenkern ぶらぶら振る《動かす》; 投げる, 放り出す; 囡《mit et³》《…を》ぶらぶらさせる; 〔s〕《方》ぶらぶら歩きをする.

Schlepp 囡《+ im ~ haben 〖j-et⁴〗《…》を》引き連れて《引っ張って》いる. **in ~ nehmen** 《…を》引き連れて《引っ張って》いく. **-dampfer** 囡《海》タグボート.

Schleppe 囡《-/-n》《婦人服の》長すそ; 〖農〗土ならし具.

schleppen [シュレッペン]《schleppte; geschleppt》❶ 囮《drag》《乗り物を》牽引する, 曳航(えいこう)する; 《人を》無理に連れていく, 《重いものを》苦労して運ぶ, 引きずる; 《sich》苦労しながら移動する《運ぶ》, 《時間などが》長々と続く; 《話》さんざん苦労する. ❷ 囡《衣服などが》床《地面》を引きずっている. **schleppend** だらだらと, だらけた, 《足取りが》重いのろまな.

Schlepper 囡《-s/-》《醜》客引き; 《逃亡などの》手引きをする人; 〖自〗運搬作業員, トラクター, 牽引車; 引き船, 曳船.

Schlepp-lift 囡《スキー》ティーバーリフト. **-netz** 囡 底引き網, トロール網. **-schifffahrt** (旧 **-schiffahrt**) 囡《船の》曳航〔業〕. **-tau** 囡《-[e]s/-e》牽引《えん》索, 引き網. **+ im ~ haben 〖j-et⁴〗**《…》を》引き連れて《引っ張って》いる. **ins ~ nehmen** 《…を》引き連れて《引っ張って》いく.

schleppte ⇒ schleppen

Schlesien シュレジア, シュレージエン(ポーランド南部の重工業地帯; 旧ドイツ領).

Schlesier 囡《-s/-》《囡 -in》シュレジアの人. **schlesisch** 囡 シュレジアの《方言》の.

Schleswig シュレースヴィヒ(ドイツ Schleswig-Holstein 州の港湾都市).

Schleswig-Holstein シュレースヴィヒ＝ホルシュタイン(ドイツ北部の州).

schleswig-holsteinisch 囡 シュレースヴィヒ＝ホルシュタイン[州]の.

Schleuder 囡《-/-n》投石器; (おもちゃの)ぱちんこ; 《洗濯機の》遠心脱水機; 遠心分離装置; 《話》自動車; オートバイ. **-ball** 囡《スポ》シュロウダーバル; シュロウダーバル用のボール. **Schleud[e]rer** 囡《-s/-》投石役, 行商人.

Schleuder-honig 囡《遠心分離機で処理した》精製はちみつ.

schleudern ❶ 囮《勢いをつけて》ほうり投げる, 投げ飛ばす; 《カタパルトで》打ち出す; 遠心分離機にかける; ❷ 囮 横すべりして衝突する, ハンドルをとられる. **+ ins Schleudern bringen 〖j-et⁴〗**《人の》コントロールを失わせる; 《人に》どうしてよいかわからなくさせる; **ins Schleudern geraten《kommen》** 《事態に対処できなくなる, 《自動車が》ハンドルをとられる.

Schleuder-preis 囡 捨て値, 見切り価格. **-sitz** 囡《空》《戦闘機などの》射出座席.

schleunig 《雅》非常に速い, 至急の, 迅速な. **schleunigst** 囮 即座に, 大至急.

Schleuse 囡《-/-n》《河川·運河の》水門, 閘門(こうもん); 《無菌室·高圧室などの》エアロック; 《古》下水溝. **+ Die ~n des Himmels öffnen sich. / Der Himmel öffnet seine ~n.** 《雅》《天の水門が開いたように》激しい雨が降る.

schleusen 《船を》水門を通過させる; エアロックを通す; 《…を閉門などを》通過させる; 《…を…に》苦労して, 入れる.

schlich, schliche ⇒ schlafen

Schliche 囡《復》計略, 策略. **+ j³ auf die ~ kommen / hinter j²** **~ kommen** 《人の》策略を見抜く.

schlicht[シュリヒト] ❶ 囡《simple》簡素な, 質素な; 単純な; 純朴である, ありのままの; 全くの. ❷ 囮 間違いなく, 明らかに. **~ und einfach《ergreifend》** 《話》まったくもって.

schlichten 囮 調停《仲裁》する; 仕上げ削りをする. **Schlichter** 囡《-s/-》《囡 -in》 調停者, 仲裁者.

schlichtest 囮 schlicht, schlichten

Schlichtheit 囡《-/》簡素, 質素, 地味, 素直, 素朴.

Schlichtung 囡《-/-en》調停, 仲裁; 《口》表面仕上げ.

Schlick 囡《-[e]s/-e》《海底などの》泥土.

schlief, schliefe ⇒ schlafen

schliefig 《方》《パン·クッキーなどが》生焼けの.

Schliemann Heinrich, シュリーマン (1822–90; ドイツの商人; トロヤ遺跡を発掘).

Schließe 囡《-/-n》《ベルトなどの》締め《留め》金, バックル.

schließen* [シュリーセン] 《**schloss**, [旧] schloß; **geschlossen**》 ❶ [他] ([英] close)閉める, 閉じる; 《*sich*^{4}》閉まる, 閉じる; (…に)封をする, ふたをする; 閉じ込める; しまう; 終える, 締めくくる; (契約などを)結ぶ, 締結する; 結論づける. ❷ [自] 閉まる, 鍵(かぎ)がかかる; 終わる, おしまいになる; 〖商〗(株式相場が…で)引ける; 《**von** 〈**aus**〉 *et*^{3} **auf** *et*^{4}》 (…から…を)推論する. ✦ ***in sich***^{3} **~** (…を)含んでいる; 伴う. ***Lass mich für heute ~! /Hiermit möchte ich für heute ~!***(手紙の結びなどで)今日のところはこれにて〔おしまい〕.

Schließer [男] 《-s/-》《[女] -**in**-/-nen》 ❶ 門番, ドア係; 看守; (劇場などの)座席案内人. ❷ 閉め具; (ドアなどの)掛け金.

Schließfach [中] コインロッカー; (銀行の)貸金庫; 私書箱.

schließlich [シュリースリヒ] [副] ([英] finally)最後に, ついに, とうとう, しまいには, 結局は, しょせんは. ✦ ***~ und endlich*** 《話》とどのつまりは.

Schließmuskel [男] 〖医〗括約筋; 〖動〗(斧足(おのあし)類の)閉介筋, 貝柱.

Schließung [女] 《-/-en》 (工場などの)閉鎖; (議会の)討論打ち切り; (集会の)解散; (婚姻・契約などの)締結.

schliff ⇨ schleifen I

Schliff [男] 《-〔e〕s/-e》 (宝石などの)研磨, カット; 仕上げ; 研磨面, カット面; 洗練, 上品さ; 洗練された言動. ✦ ***den letzten ~ geben*** 《*et*^{3}》(…に)最後の磨きをかける, (…の)最後の仕上げをする.

schliffe ⇨ schleifen I

schliffig [形] = schliefig.

schlimm [シュリム] ❶ [形] ([英] serious)重大な, ゆゆしい, 深刻な; ([英] bad)悪い, よくない, 嫌な; (道徳的に)悪い; 腕白な; (体の一部が)炎症を起こした, 痛む. ❷ [副] 《話》ひどく, とても. **schlimmstenfalls** [副] 最悪の場合でも, せいぜい.

Schlinge [女] 《-/-n》 (ひも・針金などの)輪; 投げ縄; つり包帯; (鳥獣を捕えるための)わな; 危いこと, 窮地. ✦ ***die ~ zu|ziehen*** 《**bei** *j*^{3}》(人の)息の根を止める. ***in der eigenen ~ fangen*** 《*sich*^{4}》自縄自縛に陥る.

Schlingel [男] 《-s/-》《話》(生意気な)少年.

schlingen* [シュリンゲン] 《**schlang; geschlungen**》[他] ❶ ([英] tie) 《*et*^{4} **um** *et*^{4}》(…を…に)絡ませる, 巻きつける; 《*sich*^{4} **um** *et*^{4}》(…に)絡まる, 巻きつく; 結ぶ, 編む. ❷ ([英] swallow)(よくかまずに)飲み込む; がつがつ食べる.

schlingern [自] (船が)横揺れ〈ローリング〉する; (s)(船が)横揺れしながら進む. ✦ ***ins Schlingern geraten*** 〈***kommen***〉(自動車が)ハンドルをとられる.

Schlingpflanze [女] つる植物(アサガオ・フジなど).

Schlips [シュリプス] [男] 《-es/-e》 ([英] tie)ネクタイ. ✦ ***auf den ~ getreten fühlen*** 《話》《*sich*^{4}》侮辱されたと感じる. ***auf den ~ treten*** 《話》《*j*^{3}》(人を)侮辱する; (人の)気持を傷つける.

Schlitten [シュリッテン] [男] 《-s/-》 ([英] sled)そり, リュージュ; (グライダーなどの)滑走部; 《話》大きくて高価な自動車; (タイプライターなどの)キャリッジ; (旋盤の)往復台; 〖造船〗進水台. ✦ ***~ fahren*** 《話》《**mit** *j*^{3}》(人を)しかりつける; (人に)意地悪する. ***unter den ~ kommen*** 〈***geraten***〉《話》落ちぶれる, 堕落する.

=**fahren** [中] 《-s/》そり〈リュージュ〉に乗ること, そりすべり. =**fahrt** [女] そり〈馬そり〉を走らせること; そり旅行.

schlittern [自] (h, s)スケートをする; (s)(雪・床などで)つるりと滑る, スリップする; (s) 《**in** *et*^{4}》(まずい状態に)ずるずる陥る.

Schlittschuh [シュリットシュー] [男] 《-〔e〕s/-e》 ([英] skate)スケート靴; スケート. ✦ ***~ laufen*** 〈***fahren***〉スケートをする. =**bahn** [女] スケートリンク. =**läufer** [男] スケートをする人, スケーター.

Schlitz [男] 《-es/-e》細長いすきま, 裂け目; (郵便ポストなどの)差し入れ口, (自動販売機などの)現金投入口; (服の)スリット, あき. =**auge** [中] (特にモンゴロイド系の)細い〈切れ長の〉目; 《蔑》細い目をした人.

schlitzäugig [形] 細い〈切れ長の〉目の.

schlitzen [他] (…に)スリット〈切れ目〉を入れる, (…を)縦に切り開く.

Schlitz=**ohr** [中] 《話》ずるいやつ. =**verschluss** ([旧] = **verschluß**) [男] (カメラの)フォーカルプレーンシャッター.

schlohweiß [形] (髪が)真っ白な.

schloss ([旧] **schloß**) ⇨ schließen

Schloss ([旧] **Schloß**) [シュロス] [中] 《Schlosses/**Schlösser**》 ([小] **Schlösschen**, [旧] Schlößchen)([英] lock)鍵(かぎ), 錠前, ロック; (バッグなどの)留め金; (ベルトの)バックル; 〖動〗(二枚貝の)靭帯(じんたい); 〖軍〗(銃の)遊底; ([英] castle)城館, 宮殿; 大邸宅. ✦ ***ein ~ im*** 〈***auf dem***〉 ***Mond*** 砂上の楼閣. ***ein ~ vor dem Mund haben*** 沈黙している. ***ein ~ vor den Mund legen*** 〈***hängen***〉《*j*^{3}》(人に)口止めする. ***hinter ~ und Riegel sein*** 《話》獄中にいる; 保管庫にしまってある.

schlösse ⇨ schließen

Schlosser [男] 《-s/-》機械工.

Schlösser ⇨ Schloss

Schlosserei [女] 《-/-en》 (小さな)機械〈修理〉工場; 機械工の仕事; 機械いじり.

Schloss=**herr** ([旧] **Schloß**=) [男] 城主, 館(やかた)の主人. =**hund** [男] ✦ ***wie ein ~ heulen*** 《話》(子供が)大声で泣きわめく. =**park** [男] 宮殿〈城〉の庭園.

Schlot [男] 《-〔e〕s/-e (Schlöte)》《方》(工場・汽船などの)煙突; 〖地学〗(火山の)火道; (カルスト地帯の)穴; 《話》役立たず, でくのぼう. ✦ ***wie ein ~ rauchen*** 〈***qualmen***〉《話》もうもうとタバコを吸う.

schlottern [自] (体が)ぶるぶる〈がたがた〉震える; (衣服が)だぶつく. **schlottrig** [形] (体が)ぶるぶる〈がたがた〉震える; (衣服が)だぶだぶの.

Schlucht [女] 《-/-en (雅 Schlüchte)》峡谷, 山峡.

schluchzen [シュルッフツェン] 《schluchzte; geschluchzt》[自] ([英] sob)むせび泣く, すすり泣く. **Schluchzer** [男] 《-s/-》むせび〈すすり〉泣き.

Schluck [シュルック] [男] 《-〔e〕s/-e (**Schlücke**)》 ([小] **Schlückchen**) [中] 《-s/-》 ([英] mouthful)一飲み, 一口〔の量〕. ✦ ***ein*** 〔***kräftiger, tüchtiger***〕 ***~ aus de***

Pulle 《話》ものすごい数〈量〉.

Schlụck=auf [男] 《-s/》 しゃっくり.

schlụcken [シュルッケン] 《schluckte; geschluckt》 ❶ [他] ([英] swallow)飲み込む; 《話》吸い込む; 吸収する, 《話》消費する, 甘受する. ❷ [自] 物を飲み込む; (驚き・緊張で)かたずをのむ. ✦ ***einen ～ gehen*** 《話》酒を飲みに行く. ***zu ～ haben*** 《**an** *et*^{3}》(…で)苦労する. **Schlụcken** [男] 《-s/》 しゃっくり.

Schlụcker [男] ✦ ***ein armer ～*** 《話》哀れなやつ.

Schlụck=impfung [女] ワクチンの内服. **=specht** [男] 《戯》大酒飲み.

schlụckte ⇨ schlucken

schlụckweise [副] 一口ずつ.

schlu̲d[e]rig [形] 《蔑》ぞんざいな, いい加減な; (服装などの)だらしない.

schlu̲dern [自] ぞんざいな〈いい加減な〉仕事をする.

schlug, schlü̲ge ⇨ schlagen

Schlụmmer [男] 《-s/》 《雅》まどろみ, (静かな)眠り.

schlụmmern [シュルマァン] 《schlummerte; geschlummert》[自] 《雅》まどろむ, (静かに)眠る; (能力・資源などが)眠っている.

Schlund [男] 《-[e]s/Schlünde》 のど; (動物の大きく開いた)口; 《雅》(洞窟・火口などの)深い穴; 深淵(しんえん).

Schlupf [男] 《-[e]s/Schlüpfe》 〘工〙滑り; 〘動〙(ひなの)孵化(ふか); (昆虫の)羽化.

schlụ̈pfen, 《南部・オーストリア》 **schlụpfen** [自] (s)([英] slip)(…へ〈に〉)するりと出る〈入る〉; (卵・さなぎなどから)孵化(ふか)〈羽化〉する; (服を)さっと着る〈脱ぐ〉.

Schlụ̈pfer [男] 《-s/-》 パンティー.

Schlụpfloch [中] (壁などの)抜け穴, (ネズミなどの)くぐり穴; 隠れ家〈場所〉.

schlụ̈pfrig [形] (湿って)滑りやすい; いかがわしい. **Schlụ̈pfrigkeit** [女] 《-/-en》 滑りやすさ; いかがわしさ; いかがわしい言動.

Schlụpfwinkel [男] (動物の)隠れ穴; 隠れ家, 潜伏場所.

schlụrfen [自] (s)足を引きずって歩く; 《方》= schlürfen.

schlụ̈rfen [他] (スープなどを)すする, ずるずる音を立てて飲む, (酒などを)ちびりちびり飲む; [自] (飲みながら)ずるずる音を立てる; *(s)* 《方》足を引きずって歩く.

Schlụss ([旧] **Schluß**) [シュルス] [男] 《Schlusses/**Schlüsse**》 ❶ ([英] end)終わり, おしまい, 最後, 結末; ([英] conclusion)結論, 推論. ❷ (窓・戸などの)閉まりぐあい; 〘馬術〙(騎乗者の)脚の締めつけ; 〘楽〙カデンツァ; 〘電〙ショート; 〘商〙(株式取引の)取引〈売買〉単位. ✦ ***Mit j-et^3 ist ～.*** (人は)もう死ぬ, 力が尽きた; (…は)もうだめだ. ***～ machen*** 終業する; 《**mit** *j-et*^{3}》(…との)交渉を断つ; 《**mit** *sich*^{3} 〈dem Leben〉》《話》自殺する.
=abrechnung [女] 最終決済〈決算〉.
=akt [男] 〘劇〙最終幕; 大詰め; 閉会式.
=bemerkung [女] (著作の)結語, 結び.
=bilanz [女] 〘商〙期末貸借対照表.
=brief [男] 〘商〙売り渡し書.

Schlụ̈sse ⇨ Schluss

Schlụ̈ssel [シュリュセル] [男] 《-s/-》 ([小] -**chen**)([英] key)鍵(かぎ), キー; (問題解決の)手がかり, ヒント; 解答; 分配方式; 〘楽〙音符記号; 〘工〙スパナ. **Schlụ̈ssel..** 「鍵となる…, 重要な…, 中心的な…」の意.

Schlụ̈sselbein [中] 〘医〙鎖骨.
=bruch [男] 〘医〙鎖骨骨折.

Schlụ̈ssel=blume [女] 〘植〙プリムラ, セイヨウサクラソウ. **=bund** [男] ([中])鍵(かぎ)束. **=erlebnis** [中] (ある人を理解する鍵となる)決定的な体験.

schlụ̈sselfertig [形] 即時入居可能の.

Schlụ̈ssel=industrie [女] 基幹産業. **=kind** [中] 《話》鍵(かぎ)っ子. **=loch** [中] 鍵(かぎ)穴. **=position** [女] 重要なポスト〈地位〉. **=ring** [男] 鍵(かぎ)のリング状の頭; キーホルダーのリング. **=stellung** [女] 重要な地位; 〘軍〙要衝. **=wort** [中] 開錠用の組み合わせ文字; キーワード; 暗号化された語〈文言〉. **=zahl** [女] 〘経〙割当額を決定する指数.

Schlụss=folgerung ([旧] **Schluß=**) [女] 結論, 帰結.

schlụ̈ssig [形] 説得力のある; (証拠などが)証明力のある. ✦ ***～ sein 〈werden〉*** 《*sich*^{3} **über** *et*^{4}》(…について)決心がついている〈つく〉. **Schlụ̈ssigkeit** [女] 《-/》 説得力.

Schlụss=licht ([旧] **Schluß=**) [中] (列車・自動車などの)尾灯; 《話》最後尾; びり. **=note** [女] 〘商〙契約念書, 契約報告書, 売買契約書. **=pfiff** [男] 〘スポーツ〙ファイナルホイッスル. **=punkt** [男] 〘文法〙終止符, ピリオド; 終点, 究極点. ✦ ***einen ～ unter 〈hinter〉 et^4 setzen*** (…に)終止符を打つ, けりをつける. **=rechnung** [女] 〘商〙決算; 〘数〙三数法. **=runde** [女] 〘スポーツ〙(競走の)最後の1周; (ボクシングなどの)最終ラウンド; 決勝戦. **=satz** [男] 結びの言葉〈文〉; 結論; 〘楽〙終楽章. **=stein** [男] 〘建〙(アーチの)頂点; 要石(かなめいし); 頂点, 極. **=strich** [男] (文書・計算書などの)末尾の横線. ✦ ***einen ～ unter et^4 ziehen 〈machen〉*** (…に)けりをつける. **=verkauf** [男] 季末大売り出し. **=wort** [中] 結びの言葉; 閉会の辞; あとがき.

Schma̲ch [女] 《-/》 恥辱, 屈辱.

schmạchten 《雅》[自] (空腹・渇きなどに)苦しむ; 《**nach** *j-et*^{3}》(…を)思い焦がれる, 渇望する. **～d** [形] せつなそうな, センチメンタルな.

Schmạchtfetzen [男] 《話》(センチメンタルな流行歌・芝居・映画・小説などの)お涙ちょうだい物. **schmạ̈chtig** [形] きゃしゃな. **Schmạchtlocke** [女] 《蔑》額に垂らした巻き毛. **schma̲chvoll** [形] 屈辱的な.

schmạckhaft [形] おいしい, 食欲をそそる. ✦ ***～ machen*** 《話》《*j*^{3} *et*^{4}》(人に…を)魅力あるものに見せる. **Schmạckhaftigkeit** [女] 《-/》 美味, おいしさ.

schmä̲hen [他] 《雅》(人を)中傷する.

schmä̲hlich [形] 《雅》破廉恥な; 屈辱的な, 不名誉な; ひどい, 甚だしい.

Schmä̲h=rede [女] 中傷演説; 悪口. **=ruf** [男] 悪口(あっこう)雑言(ぞうごん), 罵詈(ばり). **=schrift** [女] 中傷文書.

Schmä̲hung [女] 《-/-en》 中傷; 悪口.

schmal [シュマール] [形] 《-er;-st/schmäler; schmälst》 ([英] narrow)(幅が)

schmälern 他 減らす; (名声などに)疵をつける. **Schmälerung** 女 (-/-en) 減少; けちをつけること(けちがつく)こと.

Schmalfilm 男 〖写〗8ミリ〈16ミリ〉フィルム. **-kamera** 女 8ミリ〈16ミリ〉フィルム用カメラ.

Schmalhans 男 ◆ *Bei j³ ist ~ Küchenmeister*. 〖話〗(人の所では)食うや食わずだ.

Schmalkalden シュマルカルデン(ドイツ Thüringer Wald 南西にある町).

Schmal-seite 女 (部屋・机などの)短辺. **-spur** 女 〖鉄道〗狭軌の. **schmalspurig** 形 〖鉄道〗狭軌の; 〖口〗シュプールの幅が狭い.

schmalst, schmälst ⇒ **schmal**

Schmalz 中 (-es/-e) (獣肉の)脂; 〖方〗溶かしたバター; 〖話〗感傷的なこと(もの). **schmalzig** 形 感傷的になりやすい.

Schmankerl 中 (-s/-n) 〖南部・オーストリア〗シュマンケル(薄焼きのクレープ).

schmarotzen 他 〖蔑〗(bei j³に)人のもとで)居候する; 〖生〗寄生する. **Schmarotzer** 男 (-s/-) (他 女 -/-n) 居候, 食客; 寄生生物. **schmarotzerisch** 形 寄食の(ような); 寄生の, 寄生的な. **Schmarotzertum** 中 (-s/-) 居候生活; 寄生.

Schmarre 女 (-/-n) 〖話〗切り傷, 引っ掻き傷; 傷跡.

Schmarren 男 (-s/-) 〖オーストリア・南部〗〖料〗シュマレン(甘いパンケーキ)一種. ナンセンス. ◆ *einen ~ ...* 全然～ない.

Schmatz 男 (-es/-e) (他 **Schmätzchen**) 音を立てるキス.

schmatzen 自 (食べる時に)ピチャピチャ音を立てる; (キスを)チュッと音を立ててする;（ミルクなどを)ピチャピチャなめる.

schmauchen 他 (タバコなどを)おいしそうに吸う, くゆらす.

Schmaus 男 (-es/Schmäuse) 〖戯〗ごちそう; 宴会. **schmausen** 〖戯〗楽しく食事をする; 他 おいしく食べる.

schmecken [シュメッケン] ((schmeckte; geschmeckt)) 他 ❶ (他 *taste*) **nach** *et³*) …の)味がする (Das *schmeckt gut* 〈*salzig*, *nach* *Fisch*〉. これは美味しい〈塩辛い, 魚の味がする〉; [*et¹*] (…の)味見をする, 味わう. ❷ 自 [*j³*] (人にとって) おいしい, 〖話〗*(j³*)(人の気に入る. *Schmeckt es* [*dir*]? おいしい？ ❸ 自 **nach** *et³* (…に)おいする. ◆ *Lass es dir* 〈*euch*〉 [*gut*] *~!* さあ召し上がれ. *nach ~ nicht* 〖古〗代わり映えしないほどおいしい. *nicht ~ können* (人を)〖薬味チック〗. *rauf und runter ~* 〖話〗(料理が)ひどくまずい.

Schmeichelei 女 (-/-en) おせじ, おべっか. **schmeichelhaft** 形 よい気持ちにさせる, 自尊心をくすぐる. **Schmeichelkatze** 女 ねだり方のうまい子供(小娘).

schmeicheln [シュマイヒェルン] ((schmeichelte; geschmeichelt)) 自 ❶ (他 *flatter*) [*j³*] (人に)おせじを言う, おべっかを使う; [*j-e³*] (人に)うれしい気持ちにさせる, (自尊心などを)くすぐる; [*j-a³*](…を)引き立てる : Das Foto *schmeichelt ihr*. 写真は彼女を実際よりよく見せる. ❷ 他 〖*sich³*〗 [+ *zu* 不定詞句] (… であると)自惚れる, うぬぼれる〔[*sich³* in *et⁴*]〕(…に)心地よく響く. **Schmeichler** 男 (-s/-) (他 **-in**) おせじ屋, おべっか使い, おべっか使い, おじぎたたらの.

schmeißen* [シュマイセン] ((schmiss, 他 schmiss; geschmissen)) 〖話〗 ❶ (他 *fling*) [*et⁴*/*mit et³*] (…を…へに)投げる, ほうる (*mit Geld um sich⁴ ~ お金をばらまく*); (仕事などを)中途で投げ出す; (…を)放棄する; (…を)引き受け出す〔*sich⁴* in den Sessel〉—安楽いすにどっかと座る); 〖*sich⁴*〗 [*in et⁴*] (服などに)身に着ける; [*sich⁴ auf et⁴*] (…に)熱中する. ❷ (事業・課題などを)うまく処理する, (店・家事を)切り盛りする. ❸ (酒をおごる; (パーティーを)開く. ◆ *Mich hat's geschmissen.* 〖話〗私は気分が悪い.

Schmeißfliege 女 〖虫〗クロバエ.

Schmelz 中 (-es/-e) エナメル, ほうろう; 歯のエナメル質; (視覚・聴覚に訴える)好ましさ, つや.

schmelzbar 形 可融性の.

Schmelze 女 (-/-n) 融解; 〖工〗溶融体, メルト; 〖地学〗溶岩.

schmelzen* [シュメルツェン] ((schmolz; geschmolzen)) ❶ (他 *melt*) 自 (s) [熱で]溶ける; (h)溶かす. ❷ (s) (疑いなどが)解ける, (気持ちが)和らぐ, (財産などが)なくなる. **～d** とろけるような, 心地よい.

Schmelz-hütte 女 製錬所. **-käse** 男 〖料〗チーズスプレッド. **-ofen** 男 〖工〗溶解炉. **-punkt** 男 〖理〗融点. **-tiegel** 男 〖工〗るつぼ. **-wasser** 中 雪解け水.

Schmerbauch 男 〖話〗太鼓腹; 太鼓腹の人.

Schmerz [シュメルツ] 男 (-es/-en) (他 *pain*) 痛み, 苦痛; 心痛, 悲しみ, つらさ | Geleiter ~ ist halber ~. 〖諺〗苦痛も分かち合えば半分. ◆ *Hast du sonst noch ~en?* / *Sonst hast du keine ~?* 〖話〗ほかにも〔やっかいな〕要望があるのか. ~, *lass nach!* 〖話〗そんなばかな(立腹の表現). **-dämpfung** 女 鎮痛. **schmerzen** 自 (他 *hurt*) 痛む; 他 (人を)悲しませる, 傷つける.

Schmerzens-geld 中 〖法〗慰謝料. **-mann** 男 〖美〗キリスト受難図(像). **-mutter** 女 〖美〗悲しみの聖母の像(像), ピエタ. **-schrei** 男 苦痛の叫び.

schmerzfrei 形 痛みのない; 痛みを伴しない.

schmerzhaft 形 痛い; つらい, 悲しい. **Schmerzhaftigkeit** 女 (-/-) 痛さ; つらさ.

schmerzlich 形 つらい, 悲しい. **Schmerzlichkeit** 女 (-/-) つらさ, 悲しさ.

schmerzlindernd 形 痛みを和らげる. **schmerzlos** 形 痛みのない, 無痛の. **Schmerzlosigkeit** 女 (-/-) 無痛.

Schmerzmittel 中 鎮痛薬(剤).

schmerzstillend 鎮痛の, 痛みを取る.
Schmerz=tablette 囡 鎮痛剤(錠剤).
=**therapeut** 男 鎮痛療法士.
schmerztherapeutisch 鎮痛療法[上]の. **Schmerztherapie** 囡 鎮痛(苦痛軽減)療法.
Schmetterball 男 《球技》スマッシュボール.

Schmetterling [シュメッタリング] 男 《-s/-e》(⊛ butterfly)チョウ, 蛾; 瞬躞(シュン)類;《俗話》伸身(シン)宙返り;《水泳》バタフライ. ◆ *ein flatternder ~ sein*《話》生活態度が安易だ. **~s=stil** 男《水泳》バタフライ.

schmettern ⓒ (⊛ smash)《…を~へ》激しくたたき〈投げ〉つける;《球技》(ボール)をスマッシュする;(トランペットなどが)高らかに響き渡る(鳴り響く). ◆ *einen ~* 《話》(酒)を一杯ひっかける.

Schmidt Helmut, シュミット《1918-》, ドイツの政治家; SPDの党主で, 旧西ドイツの首相(1974-82)》.

Schmied 男《-[e]s/-e》(⊛ smith)鍛冶(カジ)屋; 金属細工師. ◆ *Jeder ist seines Glückes ~*. 《諺》幸運のかぎは汝(ナンジ)からの手にあり.

Schmiede 囡《-/-n》鍛冶(カジ)屋〈場〉; 鍛造工場. ◆ *vor die rechte ⟨richtige⟩ ~ gehen ⟨kommen⟩* しかるべき〈人〉の所へ行く. =**eisen** 甲 鍛鉄, 鍛鉄; 鍛冶鉄製品.

schmiedeeisern 甲 鍛鉄製の.
schmieden ⓒ (鉄などを)鍛える; 鍛造する;(計画を)立てる, (陰謀を)企てる. ◆ *Man muss das Eisen ~, solange es heiß ist.*《諺》鉄は熱いうちに鍛えよ.

schmiegen ⓒ 《*et* an ⟨in⟩ *et*⁴》(頭・顔などを…に)もたせかける;《*sich*⁴ an j-*et*⁴/ *sich*⁴ an in *et*⁴》(…に)もたれる, 寄りかかる;《*sich*⁴ an *et*⁴》(服が…に)ぴったり合う. **schmiegsam** 甲 しなやかな, 柔軟な; 順応性のある.

Schmiere 囡《-/-n》 ❶ 油脂, グリース; べとべとした汚れ;《方》(パンに塗る)ペースト; ペーストを塗ったもの;《方》殴打; 警官, おまわり. ◆ *~ stehen ⟨bei et⁴⟩*《盗みをするときの》見張り役をする.

schmieren ⓒ ❶ 塗り〈書き〉する;(ペンキなどが)汚れ〈染み〉を作る;にじむ. ❷ ⓒ (⊛ smear)(…に)油を差す; 塗る, 磨きつける; 書きなぐる, 落書きする;《話》(人を)買収する;《俗》(得点の多いカードを)出す. ◆ *eine ⟨ein paar⟩ ~* 《話》(人)にびんたを食らわす. *wie geschmiert gehen ⟨laufen⟩*(事が)すらすらと運ぶ.

Schmiererei 囡《-/-en》 《話》なぐり書き, 塗りたくり; 下手な絵; 悪文.
Schmier=fett 甲 潤滑油. =**fink** 男《話》字の汚い〈下手な〉子; 服〈物〉が汚い子;(壁に)落書きする人; ゴシップ記事を書く人. =**geld** 甲 《話》わいろ. =**heft** 甲 《話》雑記帳, メモ帳.

schmierig 甲 ぬるぬる(べとべと)した; べとべとに汚れた;《俗》いやらしい; 下品な.
Schmier=käse 男 チーズスプレッド.
=**mittel** 甲 潤滑剤. =**öl** 甲 潤滑油.
=**papier** 甲 《話》下書き(メモ)用紙.
=**seife** 囡 軟せっけん, カリせっけん.
=**wurst** 囡 (ペースト状)ソーセージ.
=**zettel** 男 (小さな)メモ用紙.

schmilz, schmilzt ⇒ schmelzen
Schminke 囡《-/-n》化粧品.
schminken [シュミンケン] 《schminkte; geschminkt》 ⓒ (⊛ make up)(…に)化粧をする, メークする;《*sich*⁴》化粧をする: *ein geschminkter Bericht* 粉飾された報告. **Schminkraum** 男《テレビ出演者のための》化粧室.

schmirgeln ⓒ (…に)紙やすりをかける.
Schmirgelpapier 甲 紙やすり, サンドペーパー.

schmiss (⊛ **schmiß**) ⇒ schmeißen
Schmiss 男《-es/Schmisse; Schmisse》《学生》決闘による刀傷; 活気, 勢い.

schmisse ⇒ schmeißen
schmissig 甲 《話》威勢のいい, 活気にあふれた.

Schmöker 男《-s/-》《北部》喫煙者;《話》(低価な)娯楽本. **schmökern** ⓒ 《話》(娯楽本など)を読む, ゆったり読書する.

schmollen ⓒ ふてくされる, すねる.
Schmollmund 男 ◆ *einen ~ machen ⟨ziehen⟩* (不満げに)下くちびるを突き出す.

schmolz, schmölze ⇒ schmelzen
Schmonzes 男《-/-》《話》ばか話.
Schmorbraten 男 肉の蒸し煮.
schmoren ⓒ (肉などを)蒸し煮にする;
ⓒ (肉などが)蒸し煮になる;《話》暑すぎうだる. ◆ *~ lassen*《話》(…を)ほうっておく; (人を)じりじり待たせる.

Schmorgurken 耳 《料》炒(イタ)めキュウリの蒸し煮.

Schmu 男《-s/0》《話》いんちき, ごまかし.
schmuck 甲 感じのよい, こざっぱりした.
Schmuck [シュムック] 男《-[e]s/-e》(⊛ ornament)飾り, 装飾;《集合的》装飾品, 装身具.

Schmuck=blatttelegramm (⊛ =**blatttelegramm**) 甲 (飾りつきの)慶賀〈祝賀〉電報.

schmücken [シ ュ ミ ュ ッ ケ ン]
《schmückte; geschmückt》ⓒ (⊛ decorate)飾る, 飾りつける. 美しく装う; ⓒ 《*sich*⁴》着飾る, (アクセサリーで)おしゃれする.

Schmuck=industrie 囡 装飾品〈装身具, 宝石〉産業. =**kästchen** 甲 宝石箱;《話》こぎれいな部屋.

schmucklos 飾りのない; あっさりした, 簡素な.

Schmuck=sachen 耳 装身具, アクセサリー. =**stück** 甲 装身具, アクセサリー;(自慢の人物;《戯》恋人.

schmückte ⇒ schmücken
schmuddelig 甲 汚い, 不潔な.
schmuddlig 甲 = schmuddelig.
Schmuggel [シュムゲル] 男《-s/0》密輸.
schmuggeln ⓒ 密輸する; 密かに持ち込む〈持ち出す〉, こっそり連れ込む〈連れ出す〉. **Schmuggelware** 囡 密輸品.
Schmuggler 男《-s/-》(囡 -**in**》密

輸業者.

schmunzeln 自 にたっと笑う, にんまりする.

Schmus 男 《-es/》《話》ばかげたこと; 美辞麗句, おせじ. **Schmusekatze** 女《話》(愛撫を求めて)すり寄ってくる猫; いちゃつくのが好きな女の子. **schmusen** 自《話》《mit j^3》(人を)かわいがる, 愛撫する; 《蔑》《[mit] j^3》(人に)おせじを言う. **schmusig** 形 (人が)おべっか使いの; 愛情に飢えた, 愛撫を求める.

Schmutz [シュムッツ] 男 《-es/》汚れ; 泥; ほこり; あか; 《南部・スイ》(豚・ガチョウなどの)脂肪. ♦ *durch den ~ ziehen / in den ~ ziehen* 〈*treten, zerren*〉 / *mit ~ bewerfen* (…を)くそみそに言う. *einen* [*feuchten*] *~ an|gehen* 《話》《j^4》(人には)まったく関係がない. *~abweisend* 汚れのつかない〈つきにくい〉. *~ und Schund* 俗悪な作品.

schmutz=abweisend ⇨ Schmutz ♦ **=empfindlich** 形 汚れやすい.

schmutzen 自 汚れる; 他《南部・スイ》(…に)油〈脂〉を塗る.

S

Schmutz=fink 男《話》汚い〈不潔な〉やつ. **=fleck** 男 汚れ; 泥の染み.

schmutzig [シュムッツィヒ] 形 (英 dirty)汚れた, 汚ない, 不潔な, 下品な, いやらしい, いかがわしい; 《南部・スイ》脂っこい. ♦ *~e Hände haben* 手が汚ない; 《話》悪事を働いたことがある.

Schmutz=konkurrenz 女〔商〕不正競争. **=schicht** 女 汚れの薄層, 表面の汚れ. **=titel** 男〔製本〕前とびら, 小とびら. **=wasser** 中 汚水.

Schnabel [シュナーベル] 男 《-s/ Schnäbel》(小 Schnäbelchen, Schnäbelein)(鳥の)くちばし; (水差しなどの)注ぎ口; (クラリネットなどの)吹き口; (船の)舳先(へさき). ♦ *den ~ auf|machen* 〈*auf|tun, auf|sperren*〉口を開く, 話す. *den ~ halten* 《話》黙る. *den ~ stopfen* 《話》《j^3》(人を)黙らせる. *den ~ verbrennen* 《話》《$sich^3$》舌禍を招く. *reden* 〈*sprechen*〉, *wie einem der ~ gewachsen ist.* 《話》ずけずけと物を言う. *seinen ~ an anderen Leuten wetzen* 《話》他人の悪口を言う.

schnäbeln 自 再 《[$sich^4$]》(鳥が)互いにくちばしを触れ合う; 《戯》(人が)やさしくキスし合う.

Schnabel=tasse 女 (病人用の)吸い飲み. **=tier** 中〔動〕カモノハシ.

schnabulieren 他《話》うまそうに[ばくばく]食べる.

schnacken 自《北部》話す; おしゃべりする.

Schnake 女 《-/-n》〔虫〕ガガンボ; 《方》カ(蚊).

Schnalle [シュナレ] 女 《-/-n》(小 Schnällchen)(靴・ベルトの)留め金具, バックル; 《南部・オーストリア》(ドアの)取っ手; 〔狩〕(雌犬の)陰部; 《話・蔑》ふしだらな女性.

schnallen 他 (…の)留め金を締める; 《et^4 an 〈auf〉 et^4》(…を…にベルトで)固定する, 縛りつける; 《et^4 von et^3》(ベルトなどで固定された物を…から)外す; 《話》理解する, 分かる; 《方》だます. **Schnallenschuh** 男 バックルつきの靴.

schnalzen 自 ピチッ〈パチッ〉という音を立てる.

Schnäppchen 中 《-s/-》《話》買い得商品, 廉価品. ♦ *ein ~ machen* お得な買い物をする.

schnappen ❶ 自 《nach et^3》(動物が…を)さっとくわえようとする(nach Luft ~《話》口をぱくぱくさせる, あえぐ); (s)(物が…へ)さっと動く, パタンと閉まる〈開く〉. ❷ 他 (動物が)さっとくわえる; 《話》《[$sich^3$] j-et^4》(…を)さっとつかむ〈取る〉, ひっつかむ; (人を)捕らえる, 逮捕する. ♦ *Es hat ihn geschnappt.* 《話》彼は病気になった〈けがをした〉. *geschnappt haben* (…が)事が[やっと]のみこめた. わかった. *Jetzt hat's* [*aber*] *geschnappt.* 《話》もう我慢できない.

Schnapp=messer 中 ジャックナイフ. **=schloss** (旧 = schloß) 中 ばね錠. **=schuss** (旧 = schuß) 男〔写〕スナップ[ショット].

Schnaps 男 《-es/Schnäpse》(小 Schnäpschen, Schnäpslein)火酒(ブランデー・ウイスキー・ジン・ウォッカなど, アルコール分の高い蒸留酒の総称). **=brennerei** 女 蒸留酒工場. **=bruder** 男《話》[大]酒飲み, 酒の強い人. **=bude** 女《話》飲み屋, 酒場. **=idee** 女《話》非現実的な思いつき〈考え〉. **=leiche** 女《戯》強い酒を飲み過ぎて酔いつぶれた人. **=nase** 女《話》(酒焼けした)赤鼻.

schnarchen [シュナルヒェン] 《schnarchte; geschnarcht》自 (英 snore) いびきをかく.

schnarren 自 ガラガラと音を立てる, ジリジリと鳴る; ガラガラ声で話す.

schnattern 自 (ガチョウなどが)ガーガー鳴く; 《話》ぺちゃくちゃしゃべる; 《方》(寒さなどで)震える.

schnauben(*) 自 荒い鼻息を立てる; = schnäuzen.

schnaufen 自 荒い息遣いをする, はあはあ言う. **Schnaufer** 男 《-s/-》《話》呼吸, 息遣い; 《スイ》青二才, 若僧. ♦ *den letzten ~ tun* 《話》息を引き取る.

Schnauzbart 男 口ひげ.

Schnauze 女 《-/-n》(小 Schnäuzchen)(動物の)口, 鼻面(はなづら); 《話》(人間の)口; 《話》(車の)ノーズ, ボンネット; (飛行機の)機首; 《話》(水差しなどの)注ぎ口. ♦ *die ~ auf|machen* 口をきく. *die ~ halten* 《話》黙っている. *die ~ polieren* 〈*lackieren*〉《話》《j^3》(人の)顔をなぐる. *die ~ voll haben* 《話》《von j-et^3》(…に)うんざりしている. *eine große ~ haben* 《話》大言壮語する. *frei nach ~* 《話》思いつくままに. **schnauzen** 自《話》がみがみ言う, どなりつける.

schnäuzen 再 《$sich^4$/$sich^3$ die Nase》チンと鼻をかむ.

Schnauzer 男 《-s/-》シュナウツァー(ひげの長い小型犬); 《話》= Schnauzbart.

Schnecke [シュネッケ] 女 《-/-n》(英 snail)〔動〕カタツムリ; 《蔑》のろまな人間; 〔医〕蝸牛(かぎゅう)殻; 渦巻きパン; 〔楽〕(バイオリンなどの頭部の)渦巻き, スクロール; 〔建〕(柱頭の)渦巻き装飾; (耳の上で)渦巻き状に巻いた髪型. ♦ *zur ~ machen* 《話》(人を)こっぴどくしかりつける.

schneckenförmig 形 渦巻形の, 螺旋(らっ)状の.

Schnecken-haus 中 カタツムリの殻. **=post** 女 ⇔ *auf* die〈話〉のろのろと. **=tempo** 中〈話〉ゆっくりした速度.

Schnee [シュネー] 男 (-(e)s/) ⓔ snow) 雪; [料] 泡立てた卵白, メレンゲ; (白い粉末状の)麻薬(コカイン・ヘロイン); [ES] (電波障害による)スノー. ◆ *aus dem Jahre* ~ (古語) 大昔の, im *Jahre* ~ /*an-no* ~ (古語) 大昔に. ~ *von gestern* 〈話〉 だれの興味も引かないもの.

Schneeball 男 雪玉, 雪だんご; [植] ガマズミ属〈の木〉. **=schlacht** 女 雪合戦. **=system** 中 連鎖販売取引, マルチ商法, ネズミ講式販売; 〈連鎖繰ばの連鎖伝達方式.

Schnee=besen 男 [料] 泡立て器. **=blindheit** 女 雪盲(☆), 雪盲(ぼう). **=brille** 女 (紫外線よけの)雪めがね, スノーグラス. **=decke** 女 降り積もった雪. **=fall** 男 降雪, 雪.

schneefrei 形 (服を)雪のない.

Schnee=gestöber 中 吹雪, 雪あらし. **=glöckchen** 中 [植] ユキノハナ属(マツユキソウなど). **=grenze** 女 [地学] 雪線 (万年雪の限界線). **=huhn** 中 [鳥] ライチョウ(雷鳥).

Schnee=kette 女 (タイヤの)スノーチェーン. **=könig** 男 ◆ *sich wie ein* ~ *freuen* 〈話〉 大喜びする. **=mann** 男 雪だるま. **=matsch** 男 雪解けのぬかるみ. **=mobil** 中 雪上車. **=pflug** 男 除雪機; [スキー] ブルークネーゲン. **=schauer** 男 にわか雪. **=schaufel** 女 雪かき用シャベル. **=schmelze** 女 雪解け. **=schuh** 男 かんじき. **=sturm** 男 猛吹雪, 吹雪, ブリザード. **=treiben** 中 猛吹雪, 雪の吹きだまり. **=wechte** 女 (⑪= *Wächte*) 雪庇(☆). **=wehe** 女 = *Schneeverwehung*.

schneeweiß 形 雪のように白い, 純白の.

Schneewittchen 中 (-s/) 白雪姫(おとぎ話の主人公の名).

Schneid 男 (-(e)s/) 〈南部・オーストリア〉女 (-/) 勇気, 度胸. ◆ *den* (*die*) ~ *abkaufen* (がふ) 〈人を〉おじけづかせる.

Schneidbrenner 男 [工] 切断トーチ.

Schneide 女 (-/-n) 刃の刃; [地学] 狭い尾根. ◆ *auf der Messers* ~ *stehen* (どうなるか)きわどい所である.

schneiden* [シュナイデン] (*schnitt*; *geschnitten*) 動 I ◉ ⓔ *cut*) 切る, 切り抜く(分ける); (切って, 切って, 彫って)作る; 刈る; [法] 裁断する; (テープ・フィルムを)編集する; *sich³* [*vom Friseur*] *das Haar* ~ *lassen* [床屋に]散髪してもらう. **2** (人に)切りかかる; 切開[手術]をする; (動物を)去勢する. **3** 〈…と〉交差する; *sich²* (線・道路が)交差する; (カーブを)内側すぎて走る; (人・車の)前に割り込む; [卓球・テニス] (ボールを)カットする; (人を窮屈に)無視する. II ◉ ❶ (刃物が)切れる; [in *et⁴*] (うっかり内部を)切る, (指などに)切りをつける. ❷ [in *et⁴*] (…に)食い込む, (寒さなどが)人の身を刺す, (非難などが人に)こたえる. ◆ *Da hast du*

dich [*gewaltig*] *geschnitten*. 〈話〉 それは勘違いだ思いもはなはだしい. *eine Fratze* 〈*Grimasse*〉 ~ しかめっ面をする. **schneidend** 形 (寒さ・痛みなどが)身を切るような; (口調が)厳しい, しんらつな.

Schneider [シュナイダー] 男 (-s/-) ⓔ *-in*) 仕立屋, テーラー; [虫] シュナイダー(スカートで30点未満の得点); [卓球] シュナイダー(11点未満の得点); [工] 切断器, カッター. ◆ *aus dem* ~ [*heraus*] *sein* 〈話〉 ピンチを脱している; 〈話〉 30点に達している. *wie ein* ~ *frieren* 〈話〉 ひどく凍える.

Schneiderei 女 (-/-en) 仕立作業場; [衣装部]; 仕立業[職].

Schneider=kostüm 中 オーダーメードのスーツ. **=kreide** 女 [服] チャコ(裁断用のチョーク).

schneidern 動 (服を)仕立てる.

Schneider=puppe 女 [服] 人台(だっ).

Schneide=zahn 男 [医学] 切歯, 門歯.

schneidig 形 ❶ きびきびとした, 威勢のよい; スマートな. ❷ 刃のついた.

schneien [シュナイエン] (*schneite*; *geschneit*) 動 ❶ ◎ (ⓔ *snow*) (*Es schneit.*) 雪が降る. ❷ (s) (雪のように)舞い落ちる.

Schneise 女 (-/-n) [林造] 林道帯; 非植林帯; [空] (滑走路の) 緩衝地帯.

schneite ⇔ *schneien*

schnell [シュネル] 形 ⓔ *fast*) (速度・動作が)速い, すばやい, 迅速な; 即席の, すぐできる, スピードの出せる: *Mach* ~! 早くしろ, 急げ! ◆ ~*es Geld machen* 手っ取り早く金を稼ぐ.

Schnell=läufer 男 = *Schnellläufer*. **=bahn** 女 都市高速鉄道 (⑪ S-Bahn). **=bauweise** 女 [建] プレハブ工法. **=boot** 中 海軍魚雷[哨戒]艇; (競技用の)高速艇. **=dreher** 男 [商] 売れ足の早い商品. **=drucker** 男 [ES] 高速プリンター.

Schnelle 女 (-/-n) 早瀬, 急流; 速さ, 急ぎ. ◆ *auf die* ~ さっさと, 短時間に.

schnellebig 形 = *schnelllebig*.

schnellen 動 (s) 跳ねる(飛ぶ); (物価などが)高騰する.

Schnellleser 男 = *Schnellleser*.

schnellfüßig 形 足の速い.

Schnellhefter 男 書類ばさみ, ファイル.

Schnelligkeit 女 (-/-en) 速さ, スピード; 迅速さ, 敏速(ぶん)さ.

Schnell=imbiss 男 (⑪ *-imbiß*) ファーストフードの店, 簡易食堂. **=kochplatte** 女 [料] (電熱式の)急速熱板. **=kochtopf** 男, **=kocher** 男 [工] 圧力がま(なべ). **=kraft** 女 弾力. **=läufer** 男 [スポーツ] 高速疾走者; [工] 高速機械; 短〈中〉距離走者.

schnell=lebig 形 移り変わりの激しい. **=leser** 男 [ES] 高速読み取り装置.

schnellstens 副 〈話〉 できるだけ速く, 大急ぎで. **schnellst=möglich** 形 できるだけ速い.

Schnell=straße 女 [法] 即決裁判手続きの; [工] 高速処理. **=waage** 女 自動秤(ばかり).

Schnellzug [シュネルツーク] [男] 《-[e]s/..**züge**》〘鉄道〙急行列車. ⁼**zuschlag** [男] 急行料金.

Schnepfe [女] 《-/-n》 ❶〘鳥〙シギ(鴫). ❷《蔑》(女性をののしって)売女(ばいた).

Schneppe [女] 《-/-n》《中部》(水差しなどの)注ぎ口; 《卑》＝ Schnepfe ②.

schneuzen [旧] ＝ schnäuzen.

Schnick⁼schnack [男] 《-[e]s/》くだらないおしゃべり; がらくた, くず.

schniegeln [他] 《話》飾りたてる; [再] 《*sich*^{4}》着飾る, めかす. ✦ ***geschniegelt und gebügelt*** 〈***gestriegelt***〉《話》めかしこんで.

schnipp [間] パチッ(指を鳴らす音); チョキッ(はさみの音). **Schnippchen** [中] ✦ ***ein ~ schlagen*** 《話》《j^3》(人の)手をのがれる, 裏をかく.

Schnippel [男] [中] 《-s/-》端布(はぎれ).

schnippeln 《話》[他] 細かく切る, 切り刻む; 《*et*^{4} **aus** *et*^{3}》(…を…から)切り取る; (穴などを)切り開ける; [自] 《**an** *et*^{3}》(…から)少し切り取る. **schnippen** [他] 指ではじく〈さっと払う〉; [自] (指で)パチンと鳴らす.

schnippisch [形] (若い女性について)つんとした, 小生意気な.

Schnipsel [男] [中] 《-s/-》＝ Schnippel.

schnipseln ＝ schnippeln.

schnipsen ＝ schnippen.

schnitt ⇨ schneiden

Schnitt [シュニット] [男] 《-[e]s/-e》([英] cut) ❶ 切ること, 切断; 〘医〙切開; 切れ目, 切り口; 切り傷; 切断面, 断面[図]. ❷ (衣服の)裁ち方, 仕立て; 〘服〙型紙, パターン; (髪の)カット; (映画のテープなどの)カッティング, 編集; 〘スポーツ〙(テニスなどの)カット. ❸ 《話》平均[値]. ✦ ***der goldene ~*** 〘数〙黄金分割. ***einen guten*** 〈*seinen*〉 ***~*** [***bei et***^{3}] ***machen*** 《話》(…で)ひともうけする. ⁼**blume** [女] 切り花.

schnitte ⇨ schneiden

Schnitte ❶ [女] 《-/-n》《方》(パン・肉などの)スライス, 薄切り; 《方》(ハム・チーズなどを載せた)スライスパン; 《オーストリア》ワッフル. ❷ Schnitt の複数形.

Schnitt⁼fläche [女] 切断面, 切り口. ⁼**holz** [中] 挽(ひ)き材.

schnittig [形] (車などが)かっこいい, スマートな.

Schnitt⁼lauch [男] 〘植〙チャイブ, アサツキ. ⁼**muster** [中] 〘服〙型紙; パターンシート. ⁼**punkt** [男] 交差点, 交わる所; 〘数〙交点. ⁼**stelle** [女] 接点; 狭間; 〘コンピュータ〙インターフェース. ⁼**wunde** [女] 切り傷.

Schnitzel [中] 《-s/-》〘料〙薄切りのカツレツ; [中] [男] 《-s/-》切れ端, 切りくず.

schnitzeln [他] (野菜などを)切り刻む; 《方》＝ schnitzen.

schnitzen [動] 彫る, 彫刻する.

Schnitzer [男] 《-s/-》(［女］ **-in**) 彫刻家; 《話》間違い, へま. **Schnitzerei** [女] 《-/-en》彫刻品; 彫刻.

Schnitzmesser [中] 彫刻刀.

schnob, schnöbe ⇨ schnauben

schnodd[e]rig [形] 《話》生意気な.

schnöde [形] 《雅》卑しい; くだらない; 軽蔑的な.

Schnorchel [男] 《-s/-》(潜水艦・潜水用の)シュノーケル.

Schnörkel [男] 《-s/-》(家具などの)渦巻き模様; (署名などの)飾り曲線; (余分な)美辞麗句. **schnörk[e]lig** [形] 渦巻き模様のある; ごてごてと飾りたてた.

schnorren [他] 《話》ねだる, せびる, たかる. **Schnorrer** [男] 《-s/-》《話》こじき; たかり屋.

Schnösel [男] 《-s/-》《話》生意気な〈ばかな〉若者.

Schnüffelei [女] 《-/》嗅(か)ぎ回ること, 詮索(せんさく); シンナーを吸うこと.

schnüffeln ❶ [自] (動物が)くんくん嗅(か)ぐ; 《話》鼻水をすする; 嗅(か)ぎ回る, こっそり調べる; 秘かに調査する; 《話》シンナーを吸う. ❷ [他] (においなどを)くんくん嗅(か)ぐ; 《話》(シンナーなどを)吸う.

Schnüffler [男] 《-s/-》(他人の事を)嗅(か)ぎ回る人; スパイ; 《話》シンナー常用者.

Schnuller [男] 《-s/-》《話》(乳児の)おしゃぶり; 《方》(ほ乳瓶などの)乳首.

Schnulze [女] 《-/-n》《話》(感傷的な)流行歌; (映画などの)お涙ちょうだいもの.

schnupfen [動] (嗅(か)ぎタバコなどを)鼻から吸う〈かぐ〉.

Schnupfen [シュヌプフェン] [男] 《-s/》鼻風邪.

Schnupf⁼tabak [男] 嗅(か)ぎタバコ.

schnuppe [形] ✦ ***~ sein*** 《話》《j^3》(人にとって)どうでもいいことである.

schnuppern [自] 《**an** *j-et*^{3}》(犬などが…の)においをくんくん嗅(か)ぐ; [他] (…の)においを嗅(か)ぐ: Seeluft ~ 《話》海辺で過ごす.

Schnur [シュヌーア] [女] 《-/**Schnüre** (-en)》([小] **Schnürchen**)([英] string)ひも, ロープ; ([英] cord)《話》(電気器具の)コード. ✦ ***über die ~ hauen*** 〈***treten***〉《話》はめを外す, 度を過ごす. ⁼**band** [中] 締めひも; 靴ひも. ⁼**boden** [男] 〘劇〙すのこ(背景を操作する舞台上方の空間).

Schnürchen (→ Schnur) [中] 《-s/-》短いひも. ✦ ***wie am ~*** 《話》すらすらと.

Schnüre ⇨ Schnur

schnüren [他] (…の)ひもを結ぶ; ひもで縛る; 《*et*^{4} **um** *et*^{4}》(ひもを…に)掛けて縛る; (ひもなどが…を)締めつける.

schnurgerade [形] 一直線の, まっすぐの.

Schnurkeramik [女] 〘考古〙縄文式土器; 縄文式文化; 縄目模様の土器.

schnurlos [形] コードレスの: ein ~*es* Telefon コードレス電話.

Schnurrbart [男] 口ひげ. **schnurrbärtig** [形] 口ひげを生やした.

Schnurre [女] 《-/-n》笑い話, 逸話.

schnurren [自] (猫が)のどを鳴らす; (モーターなどが)ブーンと音を立てる; (s)(…へ)ブーンと音を立てて行く.

Schnurrhaar [中] (猫などの)ひげ, 触毛.

Schnür⁼senkel [男] 靴ひも. ⁼**stiefel** [男] 編み上げ靴.

schnurstracks [副] 《話》一直線に; すぐさま.

schnurz [形] ✦ ***~ sein*** 《話》《j^3》(人にとって)どうでもいいことである.

Schnute [女] 《-/-n》([小] **Schnütchen**) 《方》(特に子供の)口; 《話》膨れっ面.

schob, schöbe ⇨ schieben

Schober 陽《-s/-》(屋根付きの)干し草小屋;《南部・テ;ワ》(積み上げた)藁わら〈干し草〉の山.

Schock [ショック] 陽 ❶《-[e]s/-s ;-e》（⊗ shock）(精神的な)打撃, ショック, 衝撃. ❷《-[e]s/-》ショック(古い数量単位:60個); 陰多数.

schocken 他《話》(人に)ショック療法を施す.

schock=gefroren=gefrostet 形 急速冷凍された. **schockieren** 他《人に)ショックを与える;(…を)ギョッとさせる.

schofel[ig] 形《話》卑しい, 浅ましい; みすぼらしい.

Schöffe 陽《-n/-n》(⊗ **Schöffin**)《法》(民間から選ばれる)参審員, 参審裁判官.

schoflig 形 = schofel.

Schoko 陰《-/-s》《話》= Schokolade.

Schokolade [ショコラーデ] 陰《-/-n》(⊗ chocolate) チョコレート; ココア. **~n=tafel** 陰 板チョコ.

Schola 陰《-/-lae》(中世の)聖歌隊員養成学校, スコラ・カントルム.

Scholastik 陰《-/》スコラ哲学;《蔑》偏狭な知識, 机上の空論. **Scholastiker** 陽《-s/-》スコラ哲学者;《蔑》(現実的でない)学者. **scholastisch** 形 スコラ哲学の;《蔑》細かすぎる, 非現実的な.

Scholle 陰《-/-n》土の塊, (平たい)土くれ; 土地, 耕地; 故郷(の地);(流氷の)塊; 〖地学〗地塊;〖魚〗ツノガレイの一種.

schölle ⇒ schallen

schölte ⇒ schelten

schon [ショーン] 副 ❶《時間的》(⊗ already)もう, すでに, 早くも;今までに;《量・度合》…だけでもう, ただ…だけでも;《schon [mal] gar nicht の形で》先行する否定を強めて》ましてや…にいたっては全然な い. ❷《強調》本当に, まったく;《確信・保証》きっと, 必ず;《実現不可能な望みに含めて》《命令文で》どういいから, さあ, さっさと;《条件文で》どうせ…なら), いったん《…する は》;《疑問文で》いったい) …;というのだ;《譲歩・容認》確かに, なるほど;《否定詞を含む問いを打ち消して》, そんなことはない. ♦ **Wenn ~, denn ~!**《話》どうせやるからにはとことんまでやろう. 要りかかった船だ.

schön [シェーン] 形 ❶《⊗ beautiful》美しい, きれいな;《⊗ nice》すばらしい, 快適な, すてきな;晴天の; みだしの;りっぱな, 親切な;《話》かなりの, 相当の;《話・反語》ごりっぱな, 結構な. ❷ とても, ずいぶん;《話》《同意を表して》いい, 分かった, 結構です;《話》《命令を強めて》ちゃんと. ♦ **Bitte ~!**《話》《客に何かを差し出して》どうぞ;《店員が客に対して》何を差し上げましょうか, ご用はなんでしょうか;《相手から押し迫られる時に》ほらどうぞね, 約束どおりですよ. **Danke ~! / Schönen Dank!** どうもありがとうございます. **Das ist [ja] alles ganz ~ und gut《gut und ~》, aber...**《話》おっしゃることはすべてまことにもっともですが, しかし…. **Das wäre zu ~, um wahr zu sein.**《話》その話がちょっとうますぎる. **Das wäre**

ja noch ~er.《話》それはとんでもないことだ. **Grüßen Sie ihn ~ von mir.** よろしくと伝えてください. **Schöne Grüße《Schönen Gruß》an ihn!** 彼によろしく. **wie man so ~ sagt / wie es so ~ heißt** よく言われるように.

Schönberg Arnold. シェーンベルク(1874-1951:オーストリア生まれの作曲家).

schonen [ショーネン] 他《schonte; geschont》大切にする(扱う)する;《*sich*⁴》体をいたわる, 無理をしない.

schonend 形 思いやりのある, 寛大な.

Schoner 陽《-s/-》カバー, 覆い;〖海〗スクーナー(2本マストの帆船).

schönfärben 他 調色りする, 言い繕う.

Schönfärberei 陰 調色り, 言い繕い.

Schonfrist 陰 猶予期間.

Schöngeist 陽 文学(芸術)愛好家, 好事家(ポ). **schöngeistig** 形 文学《芸術》の; 文学《芸術》を愛好する, 好事家の.

Schönheit [シェーンハイト] 陰《-/-en》(⊗ beauty) 美, 美しさ; 美人; 美しいもの(所), 景勝地. **~s=fehler** 陽 全体の美しさを損なうもの; 小さな欠点. **~s=industrie** 陰 美容産業. **~s=königin** 陰 美人コンテストの優勝者, 美の女王. **~s=korrektur** 陰 美容整形. **~s=mittel** 中 化粧品. **~s=operation** 陰 美容整形手術. **~s=pfläs-terchen** 中 付けぼくろ. **~s=pflege** 陰 美容[術].

Schonkost 陰 ダイエット食; 病人食, 治療食.

schönmachen《話》他《*sich*⁴》(女性が)着飾る, おめかし《おしゃれ》する.

Schönschrift 陰 きちんとした(きれいな)字;《話》清書.

schonte ⇒ schonen

schöntun* 自《話》(*j³*)(人に)お世辞を言う.

Schonung 陰《-/-en》大事に(大切)にすること; 思いやり; 養生, 静養; 保護林.

schonungslos 形 容赦のない, 思いやりのない.

Schonzeit 陰〖狩〗禁猟期間.

Schopenhauer Arthur. ショーペンハウアー(1788-1860: ドイツの哲学者).

Schopf 陽《-[e]s/Schöpfe》頭髪;(馬などの)前髪;(鳥の)冠毛.

schöpfen [シェプフェン] 他《schöpfte; geschöpft》 ❶《⊗ scoop》汲くむ;《空気》(息を)吸う;(勇気などを)もらう; (紙をすくう)《雅》創造する. ❷《狩》(鹿などが)水を飲む. ♦ **aus dem vollen ~** ありあまる暮らしをする.

Schöpfer 陽《-s/-》(⊗ **-in**) 創始者, 創作者; 創造者; 神, 造物主; 手おけ;〖料〗しゃくし.

schöpferisch 形 創造的な; 独創的な.

Schöpf=kelle=löffel 陽 しゃくし.

schöpfte ⇒ schöpfen

Schöpfung 陰《-/-en》(⊗ creation) 創造, 創作; 作品, 創造物;《神の》被造物, 宇宙. **~s=geschichte** 陰 [神の]天地創造の物語.

schoppen 他《南部・ラ・ノリ》(…に)詰め込む(る);(ガチョウを)肥育する.

Schoppen 陽《-s/-》(⊗ **Schöpp-chen**) 4分の1リットルのワイン(ビール); シ

ヨッペン(昔の液量単位:2分の1リットル); 《南部・ｽｲｽ》哺乳(ほにゅう)瓶.
Schöps [男] 《-es/-e》 《方》(去勢された)雄羊.
schor, schöre ⇨ scheren
Schorf [男] 《-[e]s/-e》 かさぶた; ふけ; 〔植〕瘡痂(そうか)病. **schorfig** [形] かさぶたのできた; かさぶた状の; ひび割れた.
Schorle, Schorlemorle [女] 《-/-n》 ([中]-s/-s) ショルレ(ソーダー水で割ったワイン・アップルジュース).
Schornstein [ショルンシュタイン] [男] 《-[e]s/-e》 ([英] chimney)煙突. ♦ *Der ~ raucht.* 《話》景気がいい. *in den ~ schreiben* 《話》(借金などを)帳消しにする. =**feger** [男] 煙突掃除夫.
schoss ([旧] schoß) ⇨ schießen
Schoß [ショース] ❶ [男] 《-es/Schöße》 ([英] lap)ひざ; もも; 《雅》(女性の)お腹; 母胎; 内部; 保護; (燕尾(えんび)服などの)すそ. ❷ [女] 《-/-en, Schöße》 ([縮] Schößchen) 《ｵｰｽﾄﾘｱ》スカート. ♦ *in den ~ fallen* 《j^3》(苦労せずに人の)手に入る.
Schoss ([旧] Schoß) [男] 《Schosses/Schosse》= Schößling.
Schößchen [中] 《-s/-》 (スカートやワンピースなどの)すそのフリル.
schösse ⇨ schießen
Schöße ⇨ Schoß
Schoß=hund [男] 愛玩(あいがん)犬. =**kind** [中] 甘やかされている子.
Schössling ([旧] Schößling) [男] 《-s/-e》 若枝; (取り木して育てた)若木.
Schote ❶ [女] 《-/-n》 (豆などの)さや; 《方》エンドウ; 〔植〕長角果. ❷ [男] 《-n/-n》 《方》愚か者.
Schott [中] 《-[e]s/-e[n]》 (船の)隔壁.
Schotte [男] 《-n/-n》 ([女] ..tin)スコットランド人.
Schotter [男] 《-s/-》 玉石; 砂利, 砕石.
schottern [他] (道路などに)砂利〈砕石〉を敷く.
schottisch [形] スコットランド[人]の.
Schottland スコットランド. **Schottländer** [男] 《-s/-》 ([女] -in)スコットランド人.
schraffieren [他] (…に細い)平行線を引く, (地図などに)けば〈ハッチング〉を付ける.
Schraffur [女] 《-/-en》 (細い)平行線, (地図の)けば, (製図の)ハッチング.
schräg [シュレーク] [形] ❶ 斜めの, はすの; 《話》変わった, めずらしい. ❷ 《話》まともでない, 風変わりな. ♦ *ein ~er Vogel* 信用のおけないやつ.
Schräge [女] 《-/-n》 傾き, 傾斜[面].
Schräg=lage [女] 傾斜姿勢; 〔医〕(胎児の)斜位. =**schrift** [女] 〔印〕イタリック体. =**seilbrücke** [女] 斜張橋. =**streifen** [男] 〔服〕バイアステープ. =**strich** [男] 斜線, スラッシュ(/).
schrägüber [副] 斜め向かいに.
Schramme [女] 《-/-n》 かき傷, すり傷.
Schrammelmusik [女] シュランメル音楽(バイオリン・ギター・アコーデオンによるウィーンの民俗音楽).
schrammen [他] (…に)かき傷〈すり傷〉をつける.
Schrank [シュランク] [男] 《-[e]s/Schränke》 ([縮] Schränkchen)戸棚, キャビネット; 食器棚; たんす. ♦ *Er ist ein ~.* 《話》彼はがっちりとした体をしている. =**bett** [中] (外見が戸棚のような)折り畳み式ベッド.
Schranke [シュランケ] [女] 《-/-n》 遮断機, (通行を止める)横木, 柵; 限界, 制約. ♦ *in die ~n fordern* 《雅》《j^4》(人に)挑戦する. *in die ~n treten* 《雅》《für j-et^4》(…のために)戦う. *in die 〈seine〉 ~n [ver]weisen* 《雅》(行き過ぎを)たしなめる. *in ~n halten* (…を)制限する; 《$sich^4$》限度〈節度〉を守る. *vor den ~n [des Gerichts] stehen* 《雅》法廷に立つ.
Schränke ⇨ Schrank
schränken [他] (のこぎりの歯を)左右交互に目立てする.
schrankenlos [形] 無制限の; 節度のない, 奔放な. **Schrankenlosigkeit** [女] 《-/》 無制限; 節度のなさ, 奔放.
Schrankenwärter [男] 〔鉄道〕踏切番〈警手〉.
Schrankfach [中] 戸棚の仕切り〈区切り棚〉. **schrankfertig** [形] (洗濯物などが)戸棚にしまうばかりに仕上がった.
Schrank=koffer [男] (中に衣服をつるせる)大型トランク. =**wand** [女] 作りつけのユニット戸棚.
Schrapnell [中] 《-s/-e, -s》 〔軍〕榴(りゅう)散弾.
schrappen 《北部》[他] こすってきれいにする, 磨く; 《et^4 von et^3》(汚れなどを…から)こそぎ落とす; (金を)かき集める.
Schraubdeckel [男] (びんなどの)ねじりぶた, ねじ込み栓.
Schraube [シュラオベ] [女] 《-/-n》 ([縮] Schräubchen)([英] screw)ねじ, ボルト; (船の)スクリュー; (飛行機の)プロペラ; 〔ｽﾎﾟｰﾂ〕(体操・飛び込みなどの)ひねり. ♦ *Bei j^3 ist eine ~ locker 〈los〉.* 《話》(人は)頭のねじが一本緩んでいる, まともでない. *die ~n fester anziehen* 《話》《j^3》(人に)締めつけを厳しくする. *die ~ überdrehen* 《話》過度の要求をする. *eine alte ~* 《話》梅干しばあさん. *eine ~ ohne Ende.* 際限のないもの.
schrauben(*) [他] 《et^4 an 〈auf, in〉 et^4》(…を…に)ねじって〈ねじで〉留める, ねじ込む; 《et^4 aus 〈von〉 et^3》(…を…から)ねじって〈ねじをゆるめて〉外す; (いすなどを回して)高く〈低く〉する; [再] 《$sich^4$》(…へ)ぐるぐる回りながら行く.
Schrauben=dampfer [男] スクリュー船. =**gewinde** [中] ねじ山. =**kopf** [男] ねじ頭, ボルト頭部. =**linie** [女] 渦巻き線, らせん. =**mutter** [女] 雌ねじ, ナット. =**schlüssel** [男] スパナ, レンチ. =**zieher** [男] 《-s/-》 ねじ回し, ドライバー.
Schraub=stock [男] 万力, バイス. =**verschluss** ([旧] =verschluß) [男] ねじぶた, ねじ栓.
Schrebergarten [男] (都市郊外に設けられた)家庭菜園.
Schreck [シュレック] [男] 《-[e]s/-e》 ([英] fright)驚き, 驚愕, (一時的な)恐怖 : einen ~ bekommen ぎょっとする. ♦ *[Ach] du [mein lieber 〈heiliger〉] ~! / ~, lass nach!* 《話》なんてことだ. *vor ~* 驚いて, 怖くて.
schrecken(*) [シュレッケン] ❶

((schreckte; geschreckt))[他] ((雅)) (人を)驚かす, 怖がらせる; ((ｵｰｽﾄﾘｱ)) ((sich⁴)) 驚く; (ゆで卵などを)急激に冷やす. ❷ ((schreckte, schrak; geschreckt))[自] (s) ((aus et³)) (眠りから)急にさめる; ((雅)) 驚く; 〔狩〕(鹿などが)驚いて鳴く.

Schrecken [シュレッケン] [男] ((–s/–)) ([英] fright)驚き, 驚愕, 恐怖; 恐ろしさ; 恐ろしい人〈もの〉, 心配の種. ✦ *in ~ versetzen* (人を)ぎょっとさせる. *~ erregend* 恐怖を起こさせる, 恐ろしい. **schrecken=erregend** ⇨ Schrecken ✦

schreckensbleich [形] 恐怖で青ざめた.

Schreckens=botschaft [女] 恐ろしい知らせ, 凶報. **=herrschaft** [女] 恐怖政治. **=meldung** [女], **=nachricht** [女] = Schreckensbotschaft. **=szenario** [中] 恐怖のシナリオ.

Schreck=färbung [女] 〔動〕 威嚇(いかく)色. **=gespenst** [中] 恐ろしい人〈こと〉; 危険, 危機.

schreckhaft [形] おくびょうな, 気の小さい.

schrecklich [シュレックリヒ] [形] ([英] terrible)恐ろしい, 怖い; ((話)) 不快な, ひどい, ものすごい. **Schrecknis** [中] ((–ses/–se)) ((雅)) 恐ろしいもの.

Schreck=schuss ([旧]=schuß) [男] 威嚇射撃. **=sekunde** [女] 驚愕(きょうがく)〈恐怖〉の一瞬; 〔法〕(車の運転などで危険の認知から対処行動までの)緊急対応時間.

Schrei [シュライ] [男] ((–[e]s/–e)) ([英] cry)叫び[声], 泣き声, 悲鳴; 鳴き声. ✦ *der letzte* 〈*neueste*〉 *~* ((話)) 最新流行.

Schreibblock [男] (はぎ取り式)メモ帳.

schreiben* [シュライベン] ((schrieb; geschrieben)) ❶ [他] ([英] write)(人が[文字・文章などを])書く; 執筆する; ((j³ [einen Brief]/[einen Brief] an j⁴)) (人あてに)手紙を書く; (…と)書く; (新聞が[…を])報道する; ((et⁴ auf et⁴ 〈zu et³〉)) (…を…に)記入する: Der Arzt *schreibt* sie krank. 医者は彼女に病気の診断書を書いた | *sich⁴* krank ~ lassen 病気の診断書を書いてもらう. ❷ [自] (筆記具の)書き味が…である, 書ける. : *sich⁴* müde ~ 書き疲れる. ✦ *die Finger wund ~* ((sich³)) 書きものをしてペンだこができる. *ins Reine ~* (…を)清書する. **Schreiben** [中] ((–s/–)) ([英] letter)書簡, 書状, 手紙; 書くこと. **Schreiber** [男] ((–s/–)) ([女] **-in**) (手紙などを)書く〈書いた〉人; ((蔑)) 作者, 筆者, 書き手, 作り手; 文書作成係, 書記官; 筆記具.

Schreiberei [女] ((–/–en)) ((蔑)) ひたすら書くこと; ((話)) 書かれたもの.

Schreiberling [男] ((–s/–e)) ((蔑)) (乱作する)三文文士, へぼジャーナリスト.

schreibfaul [形] 筆無精な.

Schreib=feder [女] ペン先. **=fehler** [男] 書き間違い. **=gerät** [中] 筆記用具. **=heft** [中] 筆記帳; 習字帳. **=kopf** [男] 〔ｺﾝﾋﾟｭｰﾀ〕 レコードヘッド. **=kraft** [女] 〔速記〕タイピスト. **=krampf** [男] 〔医〕 書痙(しょけい). **=-Lese-Speicher** [男] ランダム・アクセス・メモリー. **=mappe** [女] 紙ばさみ, ペーパーホルダー.

Schreibmaschine [シュライブマシーネ] [女] ((–/–n)) ([英] typewriter)タイプライター. **~n=papier** [中] タイプ用紙. **~n=printer** [男] 〔ｺﾝﾋﾟｭｰﾀ〕プリンター.

Schreib=papier [中] 筆記用紙. **=pult** [中] (天板の傾斜した)書き物机. **=schrift** [女] 筆記体; 〔印〕 スクリプト体.

Schreibtisch [シュライプティシュ] [男] ((–[e]s/–e)) 机, 事務〈書き物〉机. **=täter** [男] (事件の)黒幕.

Schreibung [女] ((–/–en)) 書き方; スペリング.

Schreib=unterlage [女] デスクマット, 下敷き. **=waren** [複] 文房具. **=warengeschäft** [中] 文房具店. **=weise** [女] (語の)スペリング; (文章の)書き方, 文体. **=zeug** [中] ((集合的)) 筆記用具.

schreien* [シュライエン] ((schrie; geschrien, [旧] geschrie[e]n))[自] ([英] shout) ((nach et³)) (…を求めて)叫ぶ, 大声を出す; 泣き叫ぶ; (動物が)鳴く; [他] 叫ぶ, 大声で言う, (…と)叫ぶ; [再] ((sich⁴)) 大声をあげて(…に)なる. ✦ *Das ist zum Schreien.* ((話)) それはお笑いだ. **schreiend** [形] (色彩などが)どぎつい, けばけばしい, 派手な; (行いなどが)とんでもない, 甚だしい. **Schreier** [男] ((–s/–)) ([女] **-in**)わめき立てる人; 泣き叫ぶ子供; やたら不平を言う人. **Schreierei** [女] ((–/–en)) ((蔑)) わめき立てる〈泣き叫ぶ〉こと. **Schreihals** [男] ((話)) わめき立てる人; よく泣き叫ぶ子.

Schrein [男] ((–[e]s/–e)) ((雅)) 貴重品箱, ひつ; 聖遺物入れ; 寺院.

Schreiner [男] ((–s/–)) ([女] **-in**) ((方)) 家具職人, 指物師. **Schreinerei** [女] ((–/–en)) ((方)) 指物, 家具製作業; 家具製作所.

schreinern [自] ((方)) (素人が)大工仕事をする; [他] 日曜大工で作る.

schreiten* [シュライテン] ((schritt; geschritten))[自] (s) ([英] stride) ((雅)) (ゆう然と)歩く; ((zu et³)) (…に)取りかかる, (…を)始める.

schrie ⇨ schreien

schrieb ⇨ schreiben

Schrieb [男] ((–s/–e)) ((蔑)) 手紙.

schriebe ⇨ schreiben

schriee ⇨ schreien

Schrift [シュリフト] [女] ((–/–en)) 文字; 〔印〕 活字, 字体; 筆跡; 著作物; 論文; (公的な)文書. ✦ *die* 〔*Heilige*〕 *~* 聖書. **=art** [女] 〔印〕 活字の種類, 字体. **=bild** [中] 〔印〕 字面(じづら); 文字の形〈特徴〉.

schriftdeutsch [形] (標準ドイツ語の)書き言葉の; 標準ドイツ語の.

Schriften=reihe [女] (出版社の)双書, シリーズ.

Schrift=führer [男] (会議などの)記録係, 書記. **=gelehrte[r]** [男] ((形容詞変化)) (ユダヤ教の)律法学者. **=gießer** [男] 活字鋳造工〈業者〉. **=grad** [男] 〔印〕 活字の大きさ. **=leiter** [男] 編集長〈主幹〉.

schriftlich [シュリフトリヒ] [形] 文字による, 書かれた, 文書の. ✦ *Das kann ich dir ~ geben.* ((話)) それが確かなことは請け合うよ.

Schrift=satz [男] 〔法〕 準備書面; 〔印〕 植字, 組み版. **=setzer** [男] 〔印〕 植字工. **=sprache** [女] 標準文章語.

Schriftsteller [シュリフトシュテラー] 男 《-s/-》(⇔ 女 writer) 作家, 文筆家, 著者. **schriftstellerisch** 形 作家としての. **Schriftstellername** 男 筆名, ペンネーム.

Schriftstück 中 (公的な)文書, 書類.

Schrifttum 中 《-s/》〔集合的〕(特定分野の)文献, 刊行物.

Schrift-verkehr 男, **=wechsel** 男 文書の往復; 往復文書. **=zeichen** 中 文字. **=zug** 男 筆遣い, 筆致; 字体, 書体; 男 筆跡.

schrill 形 かん高い, けたたましい.

schrillen 自 けたたましい音を立てる.

Schrippe 女 《-/-n》〔方〕シュリッペ(縦の割れ目のある小型パン).

schritt ⇒ schreiten

Schritt [シュリット] 男 《-[e]s/-e》① (⇔ step) 歩み, 一歩; 足取り; 《-[e]s/-[e]》一歩の距離, 歩幅: feierlichen ~es 荘重な足取りで. ② 措置, 手段. ③ (ズボンの)股下. ◆ *auf ~ und Tritt* 絶えず, どこへも. *den ersten ~ tun* 着手する. *den ersten ~ zu et³ machen* (…への)第一歩を踏み出す. *den zweiten ~ vor dem ersten tun (machen)* 手順を間違える. *der erste ~* 第一歩, 始まり. *drei ~e vom Leib[e] bleiben* 《口》*(j³)* (人に)あまり近づかない. *einen ~ zu weit zu (gehen) 度を過ごす. im ~ fahren* 車が徐行する. *~ für ~* 一歩一歩, ゆっくりと, 着々と. *~ halten [mit j-et³]* (…に)遅れないようにする. *~ um ~* 次第に.

schritte ⇒ schreiten

Schritttempo 中 = Schritttempo.

Schritt=länge 女 歩幅; 〔服〕(ズボンの)股下(またした). **=macher** 男 (自転車競技の)ペーサー; 〔医〕ペースメーカー; 〔比〕心臓ペースメーカー; 創始者, 先駆者. **=tempo** 中 歩くくらいの速さ.

schrittweise 副 一歩一歩; 徐々に.

Schröder Gerhard, シュレーダー (1994-: ドイツの政治家; 首相[1998年-]).

schroff [シュロッフ] 形 無愛想な, ぶっきらぼうな; つっけんどんな; 急な, 突然の; 切り立った, 険しい. **Schroffheit** 女 《-/-en》無愛想な事; 無愛想な言動; 険しい.

schröpfen 他 《医》 (人に)吸角治療を施す; 《話》 (人から)金を巻き上げる; 《農》 (穀物の苗の成長を抑制する為に)樹皮に切れ目を入れる.

Schrot 男 中 《-[e]s/-e》粗ぴきの穀粉; 散弾; (硬貨の)地金重量. ◆ *ein Mann von echtem (altem) ~ und Korn* 志操堅固な(昔気質(かたぎ)の)男. **=brot** 中 粗ぴき粉のパン.

schroten 他 (穀物などを)粗ぴきする.

Schrot=flinte 女 散弾銃. **=mühle** 女 (穀物の)粗ぴき機. **=säge** 女 (丸太切断用の)大型のこぎり.

Schrott [シュロット] 男 《-[e]s/-e》スクラップ, くず鉄; 《話》がらくた; くだらない話. **=händler** 男 くず鉄商. **=haufen** 男 くず鉄の山; 〔話〕ぽんこつ車. **=platz** 男 くず鉄集積所.

schrottreif 形 (車などが)スクラップするしかない. **Schrottwert** 男 《経》スクラップ価値.

schrubben 他 《話》(ブラシなどで)こする, 磨く. **Schrubber** 男 《-s/-》(柄の長い)掃除ブラシ, 床ブラシ.

Schrulle 女 《-/-n》とっぴな考え; 奇妙な癖; 〔俗〕偏屈なばあさん.

schrullenhaft, **schrullig** 〔話〕風変わりな, 偏屈な; (考えなどが)とっぴな.

schrumpelig = schrumplig.

schrumpfen 自 (s) 縮む; しなびる; 減少する, 少なくなる. **Schrumpfung** 女 《-/-en》収縮; 萎縮(いしゅく); 減少, 縮小.

schrumplig 形 〔話〕しわだらけの, しなびた.

Schrunde 女 《-/-n》ひび, あかぎれ; (岩の)裂け目. クレバス.

schrundig 形 ひび割れた, あかぎれのある; 割れ目のある.

Schub 男 《-[e]s/Schübe》押し, 突き; (ボウリングの)スロー; 〔口〕推力; 〔口〕剪断(せんだん); 《運輸・処理の順》の一回分; 〔医〕(病状の悪化を伴う)発作.

Schuber 男 《-s/-》(書籍の)外箱, ケース; 〔オーストリア〕さし錠, 門(かん)こ.

Schubert Franz, シューベルト (1797-1828: ウィーンの作曲家).

Schub=fach 中 引き出し. **=kahn** 男 (内陸水路で Schubschiff に押されて進む無動力の)貨物運搬用はしけ. **=karre** 女, **=karren** 男 (ふつう一輪の)手押し車. **=kraft** 女 〔口〕推力; 剪断(せんだん)力.

Schublade [シューブラーデ] 女 《-/-n》引き出し.

Schubs 男 《-es/-e》《話》(軽い)一突き. **schubsen** 他 《話》(…を)軽く突く, 押す.

schüchtern [シュヒテァン] 形 (⇔ shy) 内気な, 引っ込み思案の; 恥ずかしがりの; おずおずとした. **Schüchternheit** 女 《-/》内気, 引っ込み思案.

schuf, **schüfe** ⇒ schaffen

Schuft 男 《-[e]s/-e》《蔑》ならず者, 悪党.

schuften 〔話〕自 あくせく働く, 大変な仕事をする; 他 (sich³) あくせく働く (…に)なる. **Schufterei** 女 《-/-en》《蔑》あくせく働くこと; 骨の折れる仕事; 破廉恥(はれんち)な行為.

schuftig 形 卑劣な, 破廉恥な.

Schuh [シュー] 男 《-[e]s/-e》① (⇔ shoe) 靴 : *die ~e (an)ziehen (aus)ziehen* 靴を履く(脱ぐ). *Die ~e drücken.* 靴がきつい. ② (つえなどの)石突き, (畳じおなどの)はめ輪; 〔運〕踏鞴(たたら); 車輪止め. ◆ *an den ~en abgelaufen haben* (sich³ et³) (…を)とうに経験済みである(知っている). *die ~e nach et³ ablaufen* 《話》 (sich³) 〔む なしく〕〔…を〕求めて〕駆けずり回る. *in die ~e schieben* 《話》 (j³ et³) (人に…の責任)を)なすりつける. *Umgekehrt wird ein ~ daraus.* 《話》 真相はまるで逆だ. *wissen, wo j⁴ der ~ drückt* 〔話〕(人の) 〔ひそかな〕悩み(心配)を知っている.

Schuh=anzieher 男 《-s/-》靴べら. **=band** 中 靴ひも. **=bürste** 女 靴ブラシ. **=creme** 女 靴墨, 靴クリーム. **=geschäft** 中 靴屋(店). **=größe** 女 靴のサイズ. **=löffel** 男 靴べら. **=ma-**

cher 圏 靴職人, 靴屋(人). **=plattler** 圏 [-s/-] シューブラットラー(太もも・ひざ・靴底をたたきながら踊るアルプス・チロル地方の民俗舞踊). **=punkt** 圏 靴底. ◆ **die ~n nach et³ ablaufen** [話] **(sich³)** (…を求めて)駆けずり回る. **=spanner** 圏 靴型. **=werk** 圏 《集合的》靴. **=wichse** 囡 [話]靴墨, 靴クリーム.

Schuko-stecker 圏 [電] 安全配線用.

Schul-abgänger 圏 [-s/-] 卒業生. **=anfänger** 圏 (小学校の)新1年生, 新入生.

Schul-arbeit [シュールアルバイト] 囡 [-/-en] 宿題; 《複》授業中の課題: 学校教育活動. **=arzt** 圏 校医. **=aufgabe** 囡 宿題; [独] 授業中の課題. **=bank** 囡 (机のついた)教室の腰掛け. ◆ [noch] **die ~ drücken** [話] まだ学校に通っている. **=beispiel** 圏 適切な見本, 典型的な例. **=besuch** 圏 通学; 授業参観(視察). **=bildung** 囡 学校教育.

schuld 形 責任のある. ◆ Schuld ♦ **J-E¹ ist an et³ ~.** (…は…について)罪(責任)がある.

Schuld [シュルト] 囡 [-/-en] ❶ 責任; 責め, 落ち度; 罪; 罪悪感: Die ~ liegt an (bei) ihm. 彼に責任がある. ❷ 借金, 負債. ◆ **mehr ~en haben als Haare auf dem Kopf haben** [話] 莫大な借金をかかえている. **~en haben (machen)** [bei j³] (人に)借金のある(をする). **~ geben** [j³ **an et³**] (…を人の)せいにする. **~ haben** [an et³] (…に)責任がある. [tief] **in j²** **sein (stehen)** [雅] (人に)深く恩義を感じている. **zu ~en kommen lassen** [sich³ **et¹**] (…の)罪を犯す.

schuld-beladen 形 罪を背負った. **=bewusst** 形 [≠bewußt] 自分の罪を意識した, 後ろめたそうな.

Schuldenbuch 囡 [-[e]s/-bücher] 国軍債務原簿; 要注意者名簿, ブラックリスト. **schulden** [j³ **et³**] [j³ **et³**] (人に…の)借りがある; [j³ **et³**] (人に対して…の)義務がある. **=erlass** 圏 (圏**=erlaß**) 負債の免除, 借金の棒引き.

schuldenfrei 形 負債のない; (不動産などが)抵当に入っていない. **Schuldenlast** 囡 借金(負債)の重荷.

schuldfähig 形 [法] 責任能力のある. **Schuldfrage** 囡 罪の有無の問題. **schuldfrei** 形 罪のない, 潔白な. **Schuldgefühl** 中 罪悪感, 罪の意識. **schuldhaft** 形 [法] (故意・過失を含めて)責めのある, 自己の責任による. **Schuldienst** 圏 教職.

schuldig [シュルディヒ] 形 ❶ (② guilty)責任がある; 罪のある; [法] 有罪(有罪)である. ❷ [j³ **et³**] (人に…の)借りのある, (人に…を)返す(果たす)義務がある; 当然払うべきである. ◆ **nichts ~ bleiben** [j³] (人に)負けずにやり返す. **Schuldige[r]** 圏 [形容詞変化] 責めを負うべき(有罪の)人.

Schuldigkeit 囡 [-/] 義務, 責任. ◆ **seine [Pflicht und] ~ tun** 自分の務めを果たす. **Schuldkomplex** 圏 [心] 罪悪コンプレックス. **schuldlos** 形 罪(責任)のない.

Schuldner 圏 [-s/-] 囡 **-in** 債務者, (他人から)借りのある人.

Schuld-posten 圏 債務額(条項), 貸方. **=recht** 中 債権法. **=schein** 圏 借用証書, 債務証書. **=spruch** 圏 [法] 有罪宣告(判決). **=verschreibung** 囡 債券証書, 借用証書; 債券. **=zuweisung** 囡 (特定の人に)罪ありと主張すること, (…への)責任転嫁(なっ).

Schule [シューレ] 囡 [-/-n] (② school) ❶ 学校; 教習(養成)所. ❷ 授業; (個人の)指導, 教え; 調練, 修練; 試験: in die ~ (zur ~) gehen 学校に通う. ❸ 学派, 流派. ❹ (楽器などの)教則本. ◆ **alle ~n durch sein (durchgemacht haben)** あらゆる人生経験を積んでいる, 世故にたけている. **aus der ~ plaudern** 秘密を外部に漏らす. [**die**] **Hohe** ~ 高等馬術; 最高難度技. **in die ~ gegangen sein [bei j³]** (人のもとで)学んだ. **~ machen** [多くの人に]模倣される.

schulen 他 (人を)訓練する, (人に)専門(職業)教育を施す; (体・技などを)鍛える, 修練(鍛錬)する; (動物を)調教する.

Schul-englisch 中 学校で習う英語. **Schüler** [シューラー] 圏 [-s/-] (囡 **-in**) (② pupil) 生徒, 児童; 弟子, 教え子, 門下生. **=austausch** 圏 (外国との)生徒交換, 交換留学. **=ausweis** 圏 生徒(学生)証.

Schülerin [シューレリン] 囡 [-/-nen] (**Schüler**の女性形)女生徒.

Schüler-karte 囡 学割乗車券. **=lotse** 圏 交通安全係の生徒. **=mitverwaltung** 囡 (学校管理への)生徒参加; 生徒自治会. **=zeitung** 囡 学校新聞.

Schul-ferien 圏 《複》学校の休暇. **=fernsehen** 中 学校向けテレビ放送(番組). **=fest** 中 学園祭.

schulfrei 形 授業のない, 休校の.

Schul-freund 圏 学校友だち, 学友; 同窓生. **=funk** 圏 学校向けラジオ放送(番組). **=geld** 中 授業料. ◆ **das ~ zurückgeben lassen** [話] **(sich³ et¹)** 何ひとつ身につかない. **=haus** 中 校舎. **=heft** 中 学校用ノート. **=hof** 圏 校庭.

schulisch 形 学校の, 学校に関する.

Schul-jahr 中 学年; (学校の)年度. **=junge** 圏 (男の)学童, 男子生徒. **=kamerad** 圏 = Schulfreund. **=kenntnisse** 圏 《複》学校で得た知識. **=kind** 中 学童, 生徒. **=klasse** 囡 (学校の)クラス, 学級; 学年. **=lehrer** 圏 学校教員. **=leiter** 圏 [-s/-] (囡 **-in**) 校長. **=mädchen** 中 (女子の)学童, 女子生徒. **=mappe** 囡 通学かばん.

Schulmeister 圏 《戯》教師, 先生; 《蔑》教師的物知りぶる人. **schulmeisterlich** 形 教師ぶった, 物知り顔の. **schulmeistern** [蔑] 他 (人に)物知り顔に教える. 倉 物知り顔でじらす.

Schul-pflicht 囡 就学義務の義. **schulpflichtig** 形 就学義務のある, 学齢に達した. **=ranzen** 圏 ランドセル. **=rat** 圏 視学官, 学校教育主事官; [官] 教育委員会. **=reform** 囡 学制改革. **=schiff** 中 練習船. **=schluss** 圏 (圏**=schluß**) (毎日の授業の)終業, 放課; [方] 卒業. **=schwänzer** 圏 [話] 授

Schulspeisung

業をサボる生徒. **=speisung** 囡 学校給食. **=sprecher** 男 生徒会長, (教員に対して)生徒側の代表. **=stress** 〈= **streß**〉男 学校でのストレス. **=stunde** 囡 授業時間. **=tasche** 囡 通学かばん.

Schulter [シュルター] 囡 (-/-n) 〈@ shoulder〉肩; (衣服の)肩の部分; 肩肉. ♦ **auf beiden ~n** 〈*Wasser*〉**tragen** 二また をかける. **auf die leichte** ~ **nehmen** …を軽く〈いいかげんに〉考える. **auf seine ~n nehmen** (…の責任)を引き受ける. **auf j²** **~n ruhen** 〈*liegen*〉(人の)双肩にかかっている. **auf j²** **~n sehen** (人の説〈成果〉を踏まえる;(人に)頼って論じる. **die kalte** ~ **zeigen** 〈『話』〉(人に)冷淡な〈すげない〉態度をとる. **an** ~ 〈人が〉触れ合うほどに;互いに協力して. **über die ~ ansehen** (人を)見下す.

Schulter:blatt 甲 【解】肩甲骨.
schulterfrei 形 【服】肩の露出した. 肩ひもを(ストラップのない).
Schulter:gelenk 甲 【医】肩関節. **~klappe** 囡 (軍服などの)肩章.
schulterlang 形 (髪などが)肩まで届く.
schultern 他 肩に担ぐ; 〈じゅうを〉(相手に)フォールする.
Schulter:riemen 男 (軍服の)肩帯(ランドセルなどの)肩ひも. **~sieg** 男 〈じゅう〉フォール勝ち. **~stück** 甲 (軍服などの)肩章.

Schulung 囡 (-/-en) 教育, 訓練; 練成, 修練; 講習〈会〉. **~s-kurs** 男 講習〈研修〉会.

Schul:unterricht 男 学校での授業. **=versagen** 甲 (生徒の)学校の授業についてゆけないこと, 落ちこぼれ. **=wanderung** 囡 学校の遠足, ハイキング. **=weg** 男 通学路. **=weisheit** 囡 机上の学問の裏付けのない知識, 理屈. **=wesen** 甲 学校制度〈組織〉. **=zeit** 囡 修学期間, 学生時代. **=zeugnis** 甲 学校での成績証明書, 通知表, 通信簿.

Schumann Robert, シューマン(1810-1856 ドイツロマン派の作曲家).

schummeln 〈『話』〉(トランプなどでい)いかさまをやる, ごまかす; 〈他〉(…を…へ)ごまかして持ち込む, 紛れ込ませる.
schummerig 形 (部屋・照明などが)薄暗い; 『方』辛党しそうな.
schummern 〈他〉『方』〈**Es schummert.**〉薄暗く〈薄明るく〉なる, (次第に)日が暮れる, 夜が明ける; 〈地図に〉高度別の濃淡(けば)をつける.
schummrig 形 **= schummerig**.
Schund 男 (-[e]s/) 低俗な本〈映画〉(特に読み物); 『話』粗悪品, がらくた. **=literatur** 囡 低俗な読み物.
schunkeln 他 (腕を組み合い音楽に合わせて)体を揺らしたり体を揺らしながら進む; 『方』(乗り物が)揺れる; 〈他〉揺れながら進む.
schupfen 他 『南部・スイス・オーストリア』(軽く)突く; 投げる.
Schupo 男 (-/) 保安警察官 (< *Schutzpolizei*); 囡 (-s/-s) 保安警察 (< *Schutzpolizist*).
Schuppe 囡 (-/-n) 〈@ *Schüppchen*〉(魚などの)鱗; 鎧(ガ)の; 小札(ガ); (頭のふけ; (皮膚の)鱗屑(リン), 落屑(ラッ); 『生

(チョウの)鱗粉; 『植』鱗片. ♦ **J³** **fällt es wie ~n von den Augen**, 〈人〉の目から鱗が落ちる. (人に)突然納得がゆく.
schuppen 他 (魚の)うろこを取る; 〈**sich**〉(皮膚が)むける; うろけが出る.
Schuppen 男 小宮庫, 押屋.
Schuppen 男 (-s/-) 物置小屋; 納屋; 車庫; 『覆』建物.
schuppenartig 形 うろこ状の.
Schuppentier 甲 【動】センザンコウ.
schuppig 形 うろこで覆われた; ふけだらけの; うろこ状の.
schupsen 他 『南部』小突く, 押す.
Schur 囡 (-/-en) (羊毛の)刈り取り; (刈り取った)羊毛; (芝生・生垣などの)刈り込み; (牧草などの)刈り入れ.
Schür:eisen 甲 火かき棒.
schüren 他 (かきまぜて)火をおこす; (感情を)あおり立てる.
schürfen ❶ 他 〈**nach es³**〉(…を)探鉱〈試掘〉する; 地面を掘りおこす; 探究する; ひっかく〈くする〉ような音を立てて動く. ❷ 他 (鉱石などを)採掘する; 〈*sich es³*〉(ひざなどを)擦りむく; 〈**sich**〉擦りむく.
Schürfwunde 囡 擦り傷.
Schürhaken 男 火かき棒.
Schurke 男 (-n/-n) 〈@ **-kin**〉『覆』悪党, ごろつき, 悪人.
Schurkenstreich 男 悪業.
Schurz 男 (-es/-e) 前掛け; 『方』エプロン; (未婚人の)腰巻き, 腰巾.
Schürze [シュルツェ] 囡 (-/-n) 〈@ *apron*〉エプロン, 前掛け. ♦ **an der hängen** 〈*j³*〉(人の)言いなりである, (人から)自立できないでいる. **hinter jeder ~ her sein** 〈*herlaufen*〉**/ den ~n nachlaufen** 女のしりを追い回す.
schürzen 他 (衣服の)すそをたくし上げる, からげる; (唇などを)突き出す, への字に曲げる; 『雅』(結び目を)作る.
Schürzen:band 甲 エプロン〈前掛け〉のひも. **~jäger** 男 『話』女のしりを追い回す男, プレイボーイ.
Schuss 男 〈@ **Schuß**〉[シュス] 男 〈*Schusses/Schüsse*〉❶ 〈@ *shot*〉射撃, 発砲; 発射『音』; 発射(距離); 銃声, 砲声, 弾丸; 銃創. ❷ 〈球技〉シュート『力』; 【ス】〈スキーの〉ショット. ❸ 疾走, 突進; 『植』急速な成長〈発育〉. ❹ (-/-) (酒類のわずかな一振り, 一つまみ. ❺ 〈紡〉発砲(ロ);【繊】緯糸(ピッ). ♦ **einen** ~ **tun** 〈*machen*〉『話』背が急に伸びる. **einen** ~ **von den Bug geben** 〈*j³*〉(人に)厳しく警告する. **ein** ~ **in Ofen** 〈*ins Knie*〉完全な失策. **ein** ~ **ins Schwarze** 的中, 図星, 大当たり. **in** ~ **bringen** 〈…〉をきちんと整備〈修理〉する, 元どおりにする. **in** 〈*im*〉 ~ **haben** 〈*halten*〉〈…〉をちゃんと管理しておく. **in** ~ **kommen** 『話』順調にスタートする; 活発になる; 健康になる, 良好な状態になる. **in** 〈*im*〉 ~ **sein** 『話』よく手入れされている; 調子がよい, 元気である; (植物が)ぐんぐん伸びている. **keinen ~ Pulver wert sein** 『話』なんの値打ちも〈価値〉もない. **vor dem ~ kommen** 〈狩〉『*j³*〉(猟物が)人の射程内に入る. **weit** 〈*im*〉 ~ **kommen** 〈*j³*〉(人の前に)都合よく現れる. **weit** 〈*am*〉 **vom** ~ 『話』安全な所に; (ある位置から)遠く離れた所に. **zum** ~ **kommen** 『話』

腕を振るうチャンスがある.
Schuss=bereich ([旧] **Schuß** =) [男] 射界.
schuss=bereit ([旧] **schuß** =) [形] 射撃〈撮影〉準備のできた.
Schüsse ⇨ Schuss
Schussel [男]《-s/-》《話》そそっかしい人, 忘れっぽい人.
Schüssel [シュッセル] [女]《-/-n》([英] bowl)深皿, どんぶり, 鉢, ボール; (深皿に盛った)料理; 〘地学〙盆地; 《話》[ぼろ]自動車. ✦ *aus einer ~ essen* 《話》苦楽を共にする, 同じ釜の飯を食う. *vor leeren ~n sitzen* 《話》ひもじい思いをする.
schusselig [形] = schusslig.
schusseln [自] 《話》そそっかしいふるまいをする; うっかりミスを犯す; (s)そわそわ〈せかせか〉と歩き回る; あたふたと行く.
Schuss=fahrt ([旧] **Schuß** =) [女] 〘スキー〙直滑降. =**feld** [中] 射界.
schuss=fest ([旧] **schuß** =) [形] 防弾の.
schusslig ([旧] **schußlig**) [形] そそっかしい, せかせかした.
Schuss=linie ([旧] **Schuß** =) [女] 〘軍〙射線. ✦ *sich*^{4} *in die ~ begeben* / *in die ~ geraten* 〈*kommen*〉世間の批判の的になる. =**richtung** [女] 射撃方向. =**verletzung** [女] 銃創. =**waffe** [女] 銃器, 銃砲. =**wechsel** [男] (銃の)撃ち合い. =**weite** [女] 射程[距離]. =**wunde** [女] 銃創.
Schuster [男]《-s/-》靴屋(人), 靴職人. ✦ *auf ~s Rappen* 《話》徒歩で. *~, bleib bei deinem Leisten!* 《諺》もちはもち屋だ, 余計なことはするな.
schustern [自] 《蔑》いいかげんな仕事をする.
Schute [女]《-/-n》はしけ; 〘服〙ポーク(ひさしが反り返った婦人帽).
Schutt [シュット] [男]《-[e]s/》がれき, (石・レンガなどの)くず; (燃えない)ごみ, 廃材; 《方》ごみ捨て場. ✦ *in ~ und Asche legen* (…を)廃虚と化する. *in ~ und Asche liegen* 〈*sinken*〉廃虚と化している〈化する〉. =**abladeplatz** [男] ごみ〈がれき〉捨て場.
Schütte [女]《-/-n》(食器戸棚の)小引き出し; 振り出し容器(石炭バケツなど); 〘海〙荷積みシュート; 《方》わら束; 《スイ》(穀物・わらを蓄える)屋根裏; 〘狩〙えさ場.
Schüttel=frost [男] 〘医〙悪寒[戦慄(せんりつ)]. =**lähmung** [女] 〘医〙振戦麻痺(パーキンソン病).
schütteln [シュッテルン] 《schüttelte; geschüttelt》[他] ([英] shake)揺する, 振る, 揺すって落とす; [再] 《*sich*^{4}》体を揺する; [自] 揺れる, 振れる; 《**mit** *et*^{3}》(…を)振る.
schütten [シュッテン] 《schüttete; geschüttet》[他] ([英] pour)(液体・粉末などを)ざあっと空ける, 注ぐ, 入れる; [自] 《話》《*Es schüttet.*》雨がざあざあ降る.
schütter [形] (毛髪・木立などが)薄い, まばらな; 《雅》貧弱な, 乏しい.
schüttern [自] (がたがた)揺れる, 震動する.
schüttete ⇨ schütten
Schüttgut [中] 〘経〙ばら物〈荷〉, ばら積み貨物(土砂・石炭・穀物など).
Schutt=halde [女] がれき〈ごみ〉の山; 〘坑〙ぼた山; 〘地学〙崖錐(がいすい), テーラス. =**haufen** [男] がれき〈ごみ〉の山.
Schutz [シュッツ] [男]《-es/-e》([英] protection)保護, 防御; 《**gegen** *et*^{4}/**vor** *et*^{3}》防護物, 防具, プロテクター; 安全〈保安〉装置. ✦ *in ~ nehmen* (人を)かばう〈守る〉. *zu ~ und Trutz* 防衛のために.
Schutz=anstrich [男] 保護〈防腐〉塗装. =**anzug** [男] 保護服(防火服・防毒服など).
schutzbedürftig [形] 保護の必要な.
Schutz=befohlene[r] [男][女]《形容詞変化》〘法〙被保護者. =**behauptung** [女] 〘法〙(信頼性の乏しい)自己弁護. =**blech** [中] (自転車などの)泥よけ; (機械の)保護カバー. =**brief** [男] 〘史〙(君主・国家が与える)保護状; (自動車の)保険証書. =**brille** [女] 保護眼鏡. =**dach** [中] (雨・日差しなどを防ぐ)ひさし屋根, 上屋(うわや).
Schütze ❶ [男]《-n/-n》射手; 射撃クラブの会員; 〘球技〙シューター; 〘軍〙狙撃兵; 〘天〙射手(いて)座; 〘占星〙人馬宮; 射手座生まれの人. ❷ [女]《-/-n》(水門の)開閉板.
schützen [シュッツェン] 《schützte; geschützt》[他] ([英] protect)《*j-et*^{4} [**gegen** *j-et*^{4}/**vor** *j-et*^{3}]》(…を[…から])守る, 防ぐ; [法的に]保護する; 《*sich*^{4} **gegen** *et*^{4} 〈**vor** *et*^{3}〉》(…から)身を守る: *geschützte Tiere* (捕獲禁止の)保護動物.
Schützenfest [中] 射撃大会.
Schutz=engel [男] 〘カトリック〙守護天使; 庇護(ひご)者.
Schützen=graben [男] 〘軍〙塹壕(ざんごう). =**hilfe** [女] 《話》援護, 支援. =**könig** [男] 射撃大会の優勝者; 〘球技〙最も多くシュートした選手.
Schutz=farbe [女] 〘軍〙迷彩色; 保護塗料. =**färbung** [女] 〘動〙保護色. =**frist** [女] 〘法〙(著作権などの)保護期間. =**gebiet** [中] (自然の)保護区域; 〘史〙保護領. =**gebühr** [女] 保証料; 《話》(飲食店などの)所場代. =**geld** [中] (飲食店などの)所場代. =**gelderpressung** [中] (犯罪組織などによる)上納金の強制取り立て. =**gitter** [中] 保護格子; 〘電〙遮蔽(しゃへい)格子. =**haft** [女] 〘法〙保護検束. =**heilige[r]** [男][女]《形容詞変化》〘カトリック〙守護聖人. =**helm** [男] (工事現場などの)保護帽, ヘルメット. =**herrschaft** [女] (他国に対する)保護[統治]権; 後援, 賛助. =**hülle** [女] 保護カバー. =**hütte** [女] 〘登山〙避難小屋. =**impfstoff** [男] 〘医〙予防ワクチン. =**impfung** [女] 〘医〙予防接種. =**insel** [女] (道路の)安全地帯. =**kappe** [女] (機器の)保護キャップ. =**klausel** [女] 〘経・政〙保護約款.
Schützling [男]《-s/-e》被保護者, (人から)世話を受けている人.
schutzlos [形] 保護のない; 無防備の.
Schutz=mann [男]《-[e]s/..männer, ..leute》《話》警官, 巡査. =**marke** [女] 商標. =**maske** [女] 保護マスク; ガスマスク. =**maßnahme** [女] 保護〈予防〉措置. =**mittel** [中] 予防手段; 予防薬. =**netz** [中] (墜落の危険を防ぐ)防護ネット; (窓などの)防虫網. =**patron** [男] 〘カトリック〙守護聖人. =**polizei** [女] 保安警察([略] Schupo).

S

=**raum** [男] 防空壕(ごう), シェルター. =**schicht** [女] 保護被膜; (塗りの)保護層. =**schild** [男] 防御用の盾; 遮蔽(しゃへい)用シールド. =**staffel** [女] 〔史〕(ナチの)親衛隊(略 SS).
schützte ⇨ schützen
Schutz=umschlag [男] (本の)カバー. =**vorrichtung** [女] 安全〈保安〉装置; 防護装置. =**zoll** [男] 保護関税.
Schw. [略] *Schwester.*
schwabb[e]lig [形] 《話》(ゼリーなどが)ぶりぶりした; (腹などが)だぶだぶした.
schwabbeln [自] 《話》ぶるんぶるんと揺れる; 《方》ぺちゃくちゃしゃべる.
Schwabe [男] 《-n/-n》 (女 **Schwäbin**) シュヴァーベン人. **schwäbeln** [自] シュヴァーベン方言〈なまり〉で話す.
Schwaben シュヴァーベン(ドイツ南西部の地方). =**streich** [男] 《戯》無分別な行為.
Schwabing シュヴァービング(München 北部の住宅地区; 作家・芸術家などの居住する町として知られる).
schwäbisch [形] シュヴァーベン〔人, 方言〕の.
schwach [シュヴァッハ] [形] 《**schwächer, schwächst**》 ❶ (英 weak)弱い, 弱々しい; もろい(Nur nicht ~ werden! 《話》 しっかりしろ; 弱音を吐くな); 〔商〕(相場・市況などが)弱気の, 不況の. ❷ (能力・性能が)劣る; (濃度の)薄い; (内容・印象に)乏しい; (数量的に)少ない; 〔文法〕弱変化の. ✦ ***Du machst mich ~! / Mach mich nicht ~!*** 《話》 そいつはたまげた. **~ *machen*** 《話》(人の)体力を弱める; (人を)弱気にさせる.
..schwach 「…が弱い, …に問題がある; …が少ない, …が劣る」の意.
Schwäche [シュヴェッヒェ] [女] 《-/-n》 (英 weakness)弱さ; 衰弱, 衰え; 機能不全; 弱点, 欠点, 短所, 弱み; 苦手, 不得手; 《**für** *j-et*[4]》 (…に対する)盲愛. =**anfall** [男] 突然の脱力感, 急速な〔体力の〕衰え.
schwächen [他] 衰弱させる, 弱らせる, 弱める; 低下する.
schwächer ⇨ schwach
Schwachheit [女] 《-/-en》 弱いこと, 衰弱状態; 弱点, 欠点. ✦ ***Bilde dir keine ~en ein!*** 《話》 甘い幻想を抱くな.
Schwachkopf [男] 《蔑》低能, ばか. **schwachköpfig** [形] 頭の弱い, 低能の.
schwächlich [形] 虚弱な, 病弱な.
Schwächling [男] 《-s/-e》 《蔑》 虚弱者; 意志薄弱者, 弱虫, いくじなし.
schwachsichtig [形] 〔医〕弱視の.
Schwachsinn [男] 《話》 ばかげたこと, ナンセンス; 〔医〕精神遅滞. **schwachsinnig** [形] 《話》 ばかげた; 〔医〕精神遅滞の.
schwächst ⇨ schwach
Schwachstrom [男] 〔電〕弱電流.
Schwächung [女] 《-/》 弱める〈弱まる〉こと, 虚弱化; 弱体化.
Schwaden [男] 《-s/-》 (空中に漂っている)霧〈もや, 煙〉の塊; 〔坑〕坑内ガス.
Schwadron [女] 《-/-en》 〔軍〕(昔の)騎兵中隊.
schwafeln [自] 《話》〔長々と〕くだらないおしゃべりをする.
Schwager [シュヴァーガー] [男] 《-s/**Schwäger**》 (女 **Schwägerin**)義兄, 義弟, 義理の兄〈弟〉. **Schwägerin** (→ Schwager) [女] 《-/-nen》 義姉, 義妹, 義理の姉〈妹〉. **Schwägerschaft** [女] 《-/-en》 義兄弟〈義姉妹〉関係; 〔法〕姻族関係; 《集合的》義理の兄弟姉妹.
Schwalbe [シュヴァルベ] [女] 《-/-n》 (小 **Schwälbchen**) (英 swallow)ツバメ(燕). ✦ ***Eine ~ macht noch keinen Sommer.*** 《諺》 早合点は禁物.
~n=nest [中] ツバメの巣.
~n=schwanz [男] ツバメのしっぽ; 《戯》燕尾服〔のすそ〕; 〔虫〕キアゲハ.
Schwall [男] 《-[e]s/-e》 どっと押し寄せてくるもの; (液体・気体の)奔流.
schwamm ⇨ schwimmen
Schwamm [シュヴァム] [男] 《-[e]s/**Schwämme**》 (小 **Schwämmchen**) ❶ (英 sponge) 〔動〕海綿; スポンジ. ❷ ナミダタケ; 《南部・オーストリア》 キノコ; 〔医〕海綿腫. ✦ ***mit dem ~ frisieren 〈kämmen〉 können*** 《戯》 《*sich*[4]》 はげている. **~ *drüber!*** 《話》 そのことは忘れよう, もうその話はやめよう.
Schwammersuppe [女] 《オーストリア》 〔料〕キノコ入りスープ.
schwammig [形] 海綿状の, スポンジのような; ぶくぶく〈ぶよぶよ〉した; 漠然とした.
Schwan [シュヴァーン] [男] 《-[e]s/**Schwäne**》 (小 **Schwänchen**)(英 swan)ハクチョウ(白鳥); 〔天〕白鳥(はくちょう)座. ✦ ***Mein lieber ~!*** 《話》(驚いて)あれまあ; (相手をたしなめて)おいこら.
schwand, schwände ⇨ schwinden
Schwäne ⇨ Schwan
schwanen [自] 《話》 《*j*[3]》 (不快なことなどが人に)予感される.
Schwanengesang [男] 《雅》 白鳥の歌(作曲家・詩人などの最後の作品).
schwang ⇨ schwingen
Schwang [男] ✦ ***im ~[e] sein*** 《話》 はやっている. ***in ~ kommen*** はやる.
schwänge ⇨ schwingen
schwanger [シュヴァンガー] [形] (英 pregnant)妊娠している. ✦ **~ *sein 〈gehen〉*** 《戯》 《**mit** *et*[3]》 (…に)余念がない, うつつを抜かす.
..schwanger 「…でいっぱいの, …をはらんでいる, …の可能性を秘めた」の意.
Schwangere [女] 《形容詞変化》 妊婦.
schwängern [他] 妊娠させる, はらませる; 《*et*[4] **mit** *et*[3]》 (…を…で)充満させる.
Schwangerschaft [女] 《-/-en》 妊娠.
~s=abbruch [男] 妊娠中絶.
~s=test [男] 妊娠テスト. **~s=unterbrechung** [女] 妊娠中絶. **~s=verhütung** [女] 避妊.
schwank [形] 《雅》 (細長くて)しなやかな; 揺れる, ゆらゆらする; 不安定な.
Schwank [男] 《-[e]s/Schwänke》 〔文芸〕笑話, 笑劇; (下品で)おかしい話.
schwanken [シュヴァンケン] 《schwankte; geschwankt》[自] 揺れる, 揺れ動く, ぐらつく, 安定しない; (どちらにするか)迷う. ✦ ***ins Schwanken geraten*** 動揺〈変動〉し始める, 不安定になる.
schwankend [形] 揺れる, ぐらつく; 不確かな, 不安定な. **Schwankung** [女]

《-/-en》揺れ, 動揺, 迷い; 不安定, 変動.

Schwanz [シュヴァンツ] [男] 《-es/Schwänze》 ([小] **Schwänzchen**)([英] tail) (動物の)尾, しっぽ; (行列・編成の)〔最〕後尾; 長い列; 連続; 《俗》 ペニス; 野郎. ♦ ***auf den ~ treten*** 《話》 (j^3) (人の)感情を害する. ***den ~ ein|ziehen*** 《話》 おじけづく, しり込みする. ***den ~ hängen lassen*** 《話》 しょんぼりする, 観念する. ***einen ~ machen 〈bauen〉*** 《話》 再試を受けるはめになる. ***kein ~ ...*** だれも…ない.

schwänzeln [自] (犬が)しっぽを振る; (s) (犬が)しっぽを振りながらいく; 《話》 (女性が)気取って歩く; (h, s) 《話》 《**vor** j^3/**um** j^4》 (人に)へつらう.

schwänzen [他] 《話》 (学校などを)サボる. **Schwänzer** [男] 《-s/-》 《話》 (授業などを)サボる生徒〈学生〉, サボり屋.

schwapp [間] パチャッ(水などの跳ねる音); ピシャッ(むちなどで打つ音).

Schwapp [男] 《-[e]s/-e》 《話》 パチャッ〈ピシャッ〉という音.

schwappen [自] (液体が)パチャパチャ音を立てる; (s)(液体が)パチャッとこぼれる, (波などが)はねかかる; [他] (液体を)パチャッとこぼす.

Schwäre [女] 《-/-n》 《雅》 はれもの, 化膿(かのう)した箇所.

Schwarm [男] 《-[e]s/Schwärme》 (動物・人の)群れ; 《話》 あこがれの的.

schwärmen [シュヴェルメン] 《schwärmte; geschwärmt》[自] 群がる, 群れをなす; (s)群がって移動する; 《**für** *j-et*⁴》 (…に)夢中になる, 熱を上げる; 《**von** *j-et*³》 (…のことを)夢中になって話す. **Schwärmer** [男] 《-s/-》 ([女] **-in**)熱狂〈感激〉しやすい人; 夢想〈空想〉家; (宗教改革時の)熱狂派; ねずみ花火; 〔虫〕 スズメガ. **Schwärmerei** [女] 《-/-en》 熱狂, 熱中. **schwärmerisch** [形] 熱狂的な, 夢中の.

Schwarte [女] 《-/-n》 (豚肉・ベーコンなどの)厚皮; 〔狩〕 (イノシシなどの)皮; 《話》 (人間の)皮膚; 《話》 厚い本; 〔医〕 胼胝(べんち); 〔林〕 (製材時に切り落とす)背板. ♦ ***bis 〈dass〉 die ~ kracht*** 《話》 くたくたになるまで〈ほど〉. ***die ~ gerben*** 《話》 (j^3) (人を)打ちのめす. **~n=magen** [男] 〔料〕 シュヴァルテンマーゲン(豚の胃に厚皮などを詰めたソーセージ).

schwarz [シュヴァルツ] [形] 《**schwärzer**; **schwärzest**》 ([英] black) ❶ 黒い(das *Schwarze* Meer 黒海 | der *schwarze* Tod 〔史〕 黒死病(ペスト) | *sich*⁴ ~ ärgern 《話》 かんかんに怒る); 黒っぽい, 黒ずんだ; 黒人の. ❷ 《話》 汚れた: Der Kuchen ist ~ geworden. 《話》 ケーキが焦げてしまった. ❸ 《話》 不正な, 邪悪な; 不吉な, 不運な; 卑劣な. ♦ ***alles ~ in ~ sehen*** なんでも悲観的に見る. ***Da kannst du warten, bis du ~ wirst.*** 《話》 いくら待ってもむだだ(待つ方の寿命が先に来る). ***~ auf weiß*** 書面で. ***~ sehen*** 《話》 悲観的〈否定的〉な見方をする. ***J³ wird ~ vor den Augen.*** (人は)目の前が真っ暗になる, 気を失う. **Schwarz** [中] 《-[es]/-》 黒, 黒色; 《無冠詞で》 黒服, 喪服; (チェス・囲碁などの)黒の駒(こま)〈石, 札〉. ♦ ***aus ~ Weiß machen*** 黒を白と言いくるめる.

schwarz.., Schwarz.. 「無許可〈非合法〉の…」の意.

Schwarzafrika ブラックアフリカ(Sahara 以南のアフリカ).

Schwarzarbeit [女] 不法労働, もぐりの仕事. **schwarz|arbeiten** [自] 不法労働をする. **Schwarzarbeiter** [男] 不法労働者.

schwarzäugig [形] 黒い目の.

Schwarzblech [中] (防腐加工のされていない)薄鋼板.

schwarzbraun [形] こげ茶色の.

Schwarz=brot [中] 黒パン. **=drossel** [女] 〔鳥〕 クロウタドリ.

Schwärze [女] 《-/-n》 黒さ, 黒色; 暗さ, 暗黒; 黒色染料; 〔印〕 黒インキ.

schwärzen [他] 黒くする〈染める〉; 《南部・オーストリア》 密輸する.

Schwarze[r] 《形容詞変化》[男] [女] 黒人; 《話》 黒髪の人; カトリック系政党の党員〈支持者〉; [男] 《オーストリア》 ブラックコーヒー.

Schwarze[s] [中] 《形容詞変化》 (的の)黒点. ♦ ***ins Schwarze treffen*** 的の黒点を射当てる, 的を射たことを言う. ***nicht das Schwarze unter dem [Finger]nagel gönnen*** 《話》 (j^3) (人に)何一つ与える気がない.

schwärzer, schwärzest ⇨ schwarz

schwarz|fahren* [自] (s)無賃〈不正〉乗車する. **Schwarzfahrer** [男] 無賃〈不正〉乗車の客.

schwarzhaarig [形] 髪の黒い.

Schwarz=handel [男] やみ〈不正〉取引. **=händler** [男] やみ商人.

schwarz|hören [自] 《話》 受信料を払わずにラジオを聴取する; (聴講料を払わずに)もぐりで聴講をする. **Schwarzhörer** [男] 《-s/-》 (ラジオの)不正聴取者; (大学の)もぐりの聴講者.

Schwarz=kunst [女] 〔美〕 メゾティント(銅版彫刻の一種). **=künstler** [男] 魔法〈妖術(ようじゅつ)〉使い; 印刷業者.

schwärzlich [形] 黒みがかった, 黒ずんだ, 黒っぽい.

Schwarz=markt [男] やみ市場; ブラックマーケット.

schwarzrotgolden, schwarz-rot-golden [形] 黒赤金3色の.

schwarz|sehen* [自] 受信料を払わずにテレビを視聴する. ⇨ schwarz ♦

Schwarz=seher [男] 《話》 悲観論者, ペシミスト; (テレビの)不正視聴者. **=sender** [男] 《話》 無免許の放送局.

Schwarzwald (der ~)シュヴァルツヴァルト(ドイツ南西部の山地).

schwarz[-]weiß [形] (模様などが)黒と白の; (フィルムなどが)白黒の.

Schwarzweiß=fernseher [男] 白黒テレビ受像機. **=film** [男] 白黒映画; 〔写〕 モノクロフィルム.

Schwarz=wild [中] 《集合的》 〔狩〕 イノシシ(猪). **=wurzel** [女] 〔植〕 キクゴボウ, セイヨウゴボウ.

Schwatz [男] 《-es/-e》 ([小] **Schwätzchen**) 《話》 おしゃべり, 雑談.

schwatzen, 《南部》 **schwätzen** [自] おしゃべりをする; 《蔑》 (くだらないことを)しゃべる; 秘密をもらす; (授業中に)私語をする; [他] (くだらないことを)しゃべる.

S

Schwätzer 男 (-s/-) (⊗ -in) 〘蔑〙おしゃべり屋. **schwatzhaft** 形 おしゃべりな, 口が軽い. **Schwatzhaftigkeit** 女 (-/) おしゃべりなこと.

Schwebe 女 ◆ *in* [*der*] ～ 宙に浮いて; 決着がつかずに. **-bahn** 女 ロープウェー, 懸垂式モノレール. **-balken** 男 〘体操〙平均台.

schweben [シュヴェーベン] 自 (schwebte; geschwebt)⦅⊗ float⦆(空中・水中に)浮かんでいる; (負債が)短期のものである; (s) (…へ)ゆっくりと飛んで(流れて)いく, 漂う. **schwebend** 形 未決の; 宙に浮いた.

Schweb[e]stoff 男 〘化〙懸濁物質.
schwebte ⇒ schweben
Schwebung 女 (-/-en) 〘理〙うなり.
Schwede 男 (-n/-n) (⊗ **-din**) スウェーデン人. **Schweden** スウェーデン 〔の〕.
schwedisch 形 スウェーデン[人, 語]の.

Schwefel [シュヴェーフェル] 男 (-s/) 硫黄(ホラ)〔元素名 S〕.
schwefel-gelb 形 硫黄色の. **-haltig** 形 硫黄を含んだ.
schwefelig 形 = schweflig
Schwefel-kies 男 〘鉱物〙黄鉄鉱. **-kur** 女 〘医〙硫黄(ホラ)泉療法.
schwefeln 他 二酸化硫黄で殺菌(防腐)処理する.
Schwefel-säure 女 硫酸. **-verbindung** 女 硫化物.
Schwefelwasserstoff 男 〘化〙硫化水素.
schweflig 形 硫黄(ホラ)を含んだ(色などが)硫黄のような.
Schweif 男 (-[e]s/-e) 〘雅〙(長くてふさふさした)尾; (すい星の)尾.
schweifen 自 ⦅(s)⦆さすらう, さまよう; 放浪する.
schweifwedeln 自 (犬が)尾を振る; (人が)へつらう.
Schweige-geld 中 口止め料. **-marsch** 男 (デモ・葬送の)無言の行進. **-mauer** 女 (情報を聞き出そうとはせず)に決き込む沈黙の壁.

schweigen* [シュヴァイゲン] 自 (schwieg; geschwiegen) 黙る ≪ *über et*³/*zu et*³ ≫(…について)黙っている. 沈黙している, しゃべらない. ◆ *von j-et*³ *ganz zu ～* (…は)言うに及ばず.

Schweigepflicht 女 (職務上の)守秘義務.
schweigsam 形 (⊗ silent)無口な, 口数の少ない, ほとんどしゃべらない.
Schweigsamkeit 女 (-/)無口さ, 寡黙.

Schwein [シュヴァイン] 中 (-[e]s/-e) (⊗ **-chen**) (⊗ pig)ブタ; 〘話〙豚肉, ポーク(ただし⇒ Schweinefleisch); 〘蔑〙(自分勝手な)人; 〘話〙幸運. ◆ *kein ～ ...* 〘話〙だれも…ない. **Haben wir etwa zusammen ～ *e gehütet?*** なれなれしい口を利く な. **～ *haben*** 〘話〙(思いがけず)運がよい.

〖関連語〗 **Schinken** 男 もも肉; **Schinkenspeck** 男 ランプ; **Kotelett** 中 ロース肉; **Schweinefilet** 中 ヒレ肉; **Vorderschinken** 男 前すね肉; **Bruststück** 中 胸肉; **Schweinekamm** 男 肩肉; **Schweinebauch** 男 スペアリブ; **Eisbein** 中 すね肉.

Schweine-braten 男 豚の焼き肉, ロ ーストポーク. **-fett** 中 豚脂, ラード. **-fleisch** 中 豚肉, ポーク. **-fraß** 男 〘卑〙ひどい食物. **-hund** 男 〘卑〙卑劣漢, ろくでなし. ◆ *der innere ～* 〘話〙弱気, いくじなき. **-kotelett** 中 〘料〙ポークカツレツ, 豚カツ.
Schweinerei 女 (-/-en) 〘蔑〙不潔, 無秩序; 不快なこと, 頭にくること; ふしだらな行為; 卑狢(ʒ)なこと.
Schweine-schmalz 中 豚脂, ラード. **-stall** 男 豚小屋; 〘話〙散らかった部屋, 不潔な住まい.
Schweinfurt シュヴァインフルト(ドイツ Bayern 中の工業都市).
Schweinigel 男 〘話〙不潔なやつ; 卑狢(ʒ)な冗談を言うやつ. **schweinigeln** 自 〘話〙汚す; 猥談(ビッ)をする. **schweinisch** 形 〘話〙ひどく不潔な; 下品な, 卑狢(ʒ)な; 下劣な.
Schweins-galopp 男 ◆ *im ～* 〘話〙大あわてで, 大急ぎで(走りまわるなど). **-leder** 中 豚革. **-rippchen** 中 〘南部〙カツ〙豚の骨付きあばら肉.

Schweiß [シュヴァイス] 男 (-es/-e) ⦅⊗ sweat⦆汗; 〘狩〙(獣や猟犬の流す)血. ◆ *im ～ *e seines Angesichts*** 額に汗して, 自分で働いて. *in ～ *gebadet sein*** びっしょり汗をかいている. **-ausbruch** 男 汗が噴き出ること. **schweißbedeckt** 形 汗まみれの, 汗だらけの.
Schweiß-blatt 中 〘服〙汗よけ(パッド). **-brenner** 男 溶接バーナー. **-drüse** 女 汗腺(セ).
Schweiße 女 = Schweiß (単数3格の別形)
schweißen 他 溶接する; 〘狩〙(手負いの獣が)血を流す; 〘方〙汗をかく.
Schweißer 男 (-s/-) 溶接工.
Schweißfüße 複 脂足.
schweißgebadet 形 汗びっしょりの.
schweißig 形 汗ばんだ, 汗まみれの.
Schweißnaht 女 溶接の継ぎ目.
schweißnaß 形 汗にぬれた.
Schweiß-perle 女 玉のような汗. **-stelle** 女 溶接部(箇所).
schweiß-treibend 形 発汗を促す. **-triefend** 形 汗の滴る, 汗びっしょりの. **Schweißtropfen** 男 汗の滴, 玉のような汗.
Schweitzer Albert, シュヴァイツァー(1875-1965; アルザス生まれの神学者, 医師, 音楽家).

Schweiz [シュヴァイツ] 女 (-/) ◆ *(die ～)* スイス. **Schweizer** 男 (-s/-) (⊗ **-in**)スイス人; 〘富農〙(教皇のスイス人衛兵; 酪農家. ❷ 形 〖無変化〗スイスの. **schweizerdeutsch** 形 スイスドイツ語の. **schweizerisch** 形 (⊗ Swiss) スイスの, スイス人(方言)の.

Schwelbrand 男 (炎を上げずにくすぶっている火事. **schwelen** 自 (火が)くすぶる, 弱く燃える; (憎悪などが)くすぶる, たま

る; [他] (石炭などを)低温乾留する.

schwẹlgen [自] 大いに〈楽しく〉飲み食いする; 《雅》《**in** *et*^{3}》(…に)耽(ふ)ける, 浸る. **Schwelgerei** [女] 《-/-en》 飽食; 享楽, 耽溺(たんでき). **schwẹlgerisch** [形] (食事などが)豪勢な; 享楽的な.

Schwẹlle [女] 《-/-n》 敷居; 境界, 境目; 〘心·生理〙 閾(いき); 〘鉄道〙 まくら木; 〘建〙 梁(はり), まくら材; 〘地学〙(土地の)隆起.

schwẹllen$^{(*)}$ [シュヴェレン] ❶ [自] (s) 《**schwoll; geschwollen**》 ([英] swell)膨れる, 膨張する; (音が)大きくなる; (感情が)込み上げる. ❷ [他] 《規則変化》 膨らませる.

Schwẹllenwert [男] 〘生理〙 閾値(いきち); 〘経〙 限界価格.

Schwẹllkörper [男] 〘医〙 海綿体.

Schwẹllung [女] 《-/-en》 腫(は)れ; 〘医〙 腫脹(しゅちょう); 腫れた箇所; 膨らみ.

Schwẹmme [女] 《-/-n》 (一時的な)供給過剰; 《オーストリア》 デパートの特売場; 《話》 一杯飲み屋. ✦ ***in die ～ reiten*** 《話》(人を)飲みに誘う; (人を)窮地に陥れる.

schwẹmmen [他] (水が…を…へ)押し流す; 洗い流す; 《オーストリア》(洗濯物を)すすぐ; (馬などを)水浴びさせる.

Schwẹmmland [中] 〘地学〙 沖積地.

Schwẹngel [男] 《-s/-》 鐘の舌; ポンプの柄.

Schwenk [男] 《-[e]s/-s (-e)》 急転回, 方向転換; 〘映〙 パン. **schwẹnkbar** [形] 旋回〈転回〉可能の; 回転式の.

schwẹnken ❶ [他] [高々と]振る, 振り回す; (…の)向きを変える, (…を)旋回させる; 〘映〙(カメラを)パンする; ゆすぎ洗いする; (肉などを)炒(いた)める. ❷ [自] (s) 《**mit** *et*^{3}》(…を)振る; (…へ)向きを変える, 転回する. **Schwẹnkkran** [男] 旋回クレーン. **Schwẹnkung** [女] 《-/-en》 方向転換, 旋回; 転向.

schwer [シュヴェーア] I [形] ❶ ([英] heavy)(目方の)重い, 重量のある. ❷ (…の)目方〈重さ〉のある: Wie ～ bist du? 《話》[君は]体重はどのくらいですか. ❸ (気持が)重苦しい, 沈んだ, 重い. ❹ (動きが)鈍重な, 不器用な: Er ist ～ von Begriff. 《話》 彼は頭の回転が鈍い. ❺ ([英] serious)(罪·責任などの)重大な; (程度の)はなはだしい, 激しい. ❻ ([英] difficult)(仕事などが)難しい, つらい; 難解な. ❼ 《話》 多額の, 多量の; 濃密な; (料理が)しつこい; (味·香りなどが)濃厚な. II [副] 非常に, ひどく. ✦ ***～ behindert*** 重度身体障害の. ***～ beschädigt*** ひどい損傷を受けた; 重度身体障害の. ***～ bewaffnet*** 重装備の. ***～es Geld kosten*** 《話》 高くつく. ***～ fallen*** 《*j*^{3}》(人にとって)難しい, つらい, 大変である. ***～ krank*** 重病の; 〘狩〙 手負いの. ***～ machen*** 《*j*^{3} *et*^{4}》(人の…を)困難な〈辛い〉ものにする. ***～ nehmen*** (…を)深刻に受け止める, 心配する. ***～ tun*** 《*sich*$^{3(4)}$ **mit** *et*^{3}》(…のことで)ひどく苦労する. ***～ verdaulich*** 消化しにくい, 消化の悪い. ***～ verletzt*** 重傷の. ***～ verständlich*** 理解しにくい, 難解な. ***～ verwundet*** 重傷の.

Schwer·arbeit [女] 重労働. **·arbeiter** [男] 重労働に従事する人. **·athletik** [女] 重競技(ボクシング·重量挙げなど).

schwer·behindert [旧]⇨ schwer ✦

Schwerbehinderte[r] [男] [女] 《形容詞変化》 重度身体障害者. **·beschädigt** [旧]⇨ schwer ✦ **·bewaffnet** [旧]⇨ schwer ✦ **·blütig** [形] 鈍重な, 慎重な.

Schwere [女] 《-/》 重さ, 重量, 重み; 〘理〙 重力; 難しさ, 困難さ; 深刻さ; 厳しさ; 激しさ; きつさ. **·feld** [中] 〘理〙 重力場.

schwerelos [形] 無重力の; 《雅》 軽やかな; 心配事のない. **Schwerelosigkeit** [女] 《-/》 無重力; 《雅》 軽やかさ.

Schwerenöter [男] 《-s/-》 《話》 色男; 海千山千.

schwer|fallen* [旧]⇨ schwer ✦

schwerfällig [形] (動作·頭の回転が)鈍い, のろい, ぎこちない. **Schwerfälligkeit** [女] 《-/》 鈍さ, のろさ, ぎこちなさ.

Schwergewicht [中] 〘スポーツ〙 ヘビー級; ヘビー級選手, 《戯》 体重の重い人; (物事の)重点, 主眼.

Schwergewichtler [男] 《-s/-》 〘スポーツ〙 ヘビー級選手.

schwerhörig [形] 耳の遠い, 難聴の.

Schwerhörigkeit [女] 《-/》 難聴, 聴力障害.

Schwerin シュヴェリーン(ドイツ北部の工業都市).

Schwer·industrie [女] 重工業. **·ion** [中] 〘理〙 重イオン. **·ionenbeschleuniger** [男] 〘理〙 重イオン加速器. **·kraft** [女] 〘理〙 重力.

schwerkrank [旧]⇨ schwer ✦

Schwer·kriegsbeschädigte[r] [男] [女] 《形容詞変化》 重度戦傷者. **·kriminalität** [女] 重犯罪. **·kriminelle[r]** [男] [女] 《形容詞変化》 重犯罪者.

schwerlich [副] ほとんど〈おそらく〉…ないだろう. **schwer|machen** [旧]⇨ schwer ✦

Schwermetall [中] 重金属.

Schwermut [女] 憂うつ, ふさぎ込むこと. **schwermütig** [形] 憂うつな, 心の重い. **Schwermütigkeit** [女] 《-/》 憂うつ.

schwer|nehmen* [旧]⇨ schwer ✦

Schwer·öl [中] 重油.

Schwerpunkt [男] 〘理〙 重心; (物事の)重点, 力点, 核心. **·programm** [中] 重点プログラム〈計画〉. **·streik** [男] 拠点ストライキ.

Schwert [シュヴェーアト] [中] 《-[e]s/-er》 ([英] sword)剣, 刀; 武力; 〘海〙(帆船の)センターボード. ✦ ***Das ～ des Damokles hängt 〈schwebt〉 über*** *j*^{3}. (人は)常に危機にさらされている. ***ein zweischneidiges ～*** 両刃(もろは)の剣(つるぎ).

Schwert·fisch [男] 〘魚〙 メカジキ. **·lilie** [女] 〘植〙 アヤメ属, アイリス.

schwer|tun* [旧]⇨ schwer ✦

Schwerverbrecher [男] 重罪犯人.

schwer·verdaulich, **·verletzt**, **·verständlich**, **·verwundet** [旧]⇨ schwer ✦

Schwerwasserreaktor [男] 〘原子力〙 重水炉.

schwerwiegend [形] 重大な, 重要な.

Schwẹster [シュヴェスター] [女] 《-/-n》 ([小] **-chen**)([英] sister)姉妹, 姉, 妹; 〘カトリック〙 修道女, シスター; 看護婦. **schwẹsterlich** [形] 姉妹のような; 仲のいい.

Schwesternschaft 囡 《-/-en》《集合的》看護婦; ［カト］女子修道団体.
Schwestern=schule 囡 看護学校. **=tracht** 囡 《女の》姉妹服; ［カト］修道女服.
SchwG *Schwurgericht*.
schwieg, schwiege ⇒ **schweigen**
Schwieger=eltern [シュヴィーガーエルタァン] 圀 《複》《妻の》夫《妻》の両親. **=mutter** [..ムタァ] 囡 《-/=mütter》姑(しゅうとめ), 義母, 夫《妻》の母. **=sohn** [..ゾーン] 圐 《-[e]s/=söhne》婿, 娘の夫. **=tochter** [..トホタァ] 囡 《-/=töchter》嫁, 息子の夫. **=vater** [..ファータァ] 圐 《-/=väter》舅(しゅうと), 夫《妻》の父.
Schwiele 囡 《-/-n》たこ; ［医］胼胝(べんち), 胼胝. **schwielig** 屺 たこのできた.
schwierig [シュヴィーリヒ] 屺 《◎ difficult》難しい, 困難な; やっかいな; 《人が》気難しい, 扱いにくい.
Schwierigkeit [シュヴィーリヒカイト] 囡 《-/-en》《◎ difficulty》困難, 難しさ; 面倒, やっかい; 難局, 苦境; 不和; ［楽］（演技などの）難度.

schwill, schwillst, schwillt ⇒ **schwellen**
Schwimm=bad 匣 水泳プール［施設］. **=bagger** 圐 浚渫(しゅんせつ)船. **=bahn** 囡 《競泳の》コース. **=becken** 匣 《水泳》プール. **=blase** 囡 《魚の》浮き袋; 《海藻類の》気胞. **=dock** 匣 浮きドック.
schwimmen* [シュヴィメン] 《**schwammt**; **geschwommen**》 《◎ swim》 ❶ (s, h) 泳ぐ, 水泳をする; 《……で》泳いで行く; (s, h) 《水面に》浮く, 漂う. ❷ (s) 《話》水浸しである; 《目が》涙に濡れている; 《話》《**in** et³》 《……に》浸っている: **in** Geld ~ 大金持ちである. ♦ **vor** [den] Augen ~ 《j³》 《物が人の目に》 ぼやけて見える, かすんで見える.
Schwimmen 匣 《-s/》水泳. ♦ **ins** ~ **kommen** 《**geraten**》 《話》もたつく, まごつく.
Schwimmer 圐 《-s/-》《◎ -in》 泳ぐ人, 泳者; 水泳選手; 《釣りの》浮き; 《水上飛行機の》フロート.
Schwimm=gürtel 圐 救命浮き輪. **=haut** 囡 《鳥の》水かき. **=kran** 圐 クレーン船. **=lehrer** 圐 水泳指導員. **=sport** 圐 水泳競技. **=stadion** 匣 競泳場《スタジアム》. **=verein** 圐 スイミングクラブ. **=vogel** 圐 《水かきのある》水鳥. **=wagen** 圐 水陸両用車. **=weste** 囡 救命胴衣, ライフジャケット.
Schwindel [シュヴィンデル] 圐 《-s/》《複》めまい, 眩暈(げんうん); 《話》詐欺, ぺてん. ♦ **der ganze** ~ 《話》いっさいがっさい. **=erregend** めまいを起こさせる《ような》; 《値段などが》目がくらむような. **=anfall** 圐 めまいの発作.
Schwindele[i 囡 《-/-en》《複》詐欺, ぺてん; うそ, 虚言.
schwindel=erregend ⇒ **Schwindel**
♦ **=frei** 屺 めまいを起こさない.
schwindelig 屺 = **schwindlig**.
schwindeln [シュヴィンデルン] 《**schwindelte**; **geschwindelt**》 ❶ 《*Es schwindelt* j³《j⁴》》 《人に》めまいがする. ❷ 《話》 《たわいのない》うそをつく, ごまかす.
schwindelnd 屺 目もくらむような.

schwinden* [シュヴィンデン] 《**schwand**; **geschwunden**》 ⓢ (s) 《雅》（しだいに）なくなる, 消える, 減る. ♦ *j³* ~ *die Sinne.* 《人は》気を失う.
Schwindler 圐 《-s/-》《◎ -in》詐欺師, ペテン師. **schwindlig** 屺 めまいがする: 目がくらむような.
Schwindsucht 囡 《-/》《古》肺病. ♦ ~ **im Geldbeutel haben** 《話》あまりぐうたらを持っていない.
Schwinge 囡 《-/-n》《雅》翼; 《方》平かご; ［口］搔き棒.
schwingen* [シュヴィンゲン] 《**schwang**; **geschwungen**》 《◎ swing》 ❶ ⓢ 振る, 振り動かす. ❷ ⓢ 揺れる, 揺れ動く; 《音が》鳴り響く. ❸ ⓢ 《*sich*⁴》 《身をつけて……へ》移動する: 《話》 《鳥が》飛び立つ. ♦ **eine Rede** ~ 《話》演説をする. **Schwinger** 圐 《-s/-》［ボクシング］スイング. **Schwingtür** 囡 《前後に開く》スウィングドア.
Schwingung 囡 《-/-en》《前後・左右への》振れ, 揺れ; ［物］振動; ［物］発振; 《体などの》震え; 《心の》ときめき. **=s=zahl** 囡 ［物］振動数; 《振動》周波数.
schwipp 間 ピシャッ（むち などで打つ音）; ピチャッ（水の跳ねる音）.
Schwips 圐 《-es/-e》《話》ほろ酔い.
schwirren 《(s)》《(h)》 ⓢ ブーンと音を立てる; (s) 《昆虫・弾丸などが》 ヘリコプターと飛んでいく; (s) 《話》 《人が……に》大急ぎですっ飛んでいく. ♦ *j³* **schwirrt der Kopf.** 《話》《人は》頭が混乱している.
Schwitzbad 匣 発汗浴《サウナなど》.
schwitzen [シュヴィッツェン] 《**schwitzte**; **geschwitzt**》 ❶ ⓢ 《◎ sweat》汗をかく : **im** Schwitzen kommen 《人は》 汗をかく | *sich*⁴ **nass** ~ びっしょり汗をかく | **das Hemd** **nass** ~ シャツを汗でびっしょりにする. ❷ ⓢ 《壁などが》結露する; 《樹木が》樹脂を出す; 《料理などを》きつね色にいためる.
Schwitz=kur 囡 ［医］発汗療法.
schwitzig 屺 ⇒ **schwitzen**
Schwof 圐 《-[e]s/-e》《話》 ダンスパーティー.
schwoll, schwölle ⇒ **schwellen**
schwömme ⇒ **schwimmen**
schwören* [シュヴェーレン] 《**schwor**; **geschworen**》 ❶ ⓢ 《◎ swear》誓う, 宣誓する; 《話》断言する: ❷ ⓢ 《**auf** *j⁴/et⁴*》 《……を》信じきっている.
Schwuchtel 囡 《-/-n》 《蔑》《女性的な》同性愛の男, 《女役の》ホモ.
schwul [シュヴール] 屺 《話》ホモ《同性愛》の.
schwül [シュヴュール] 屺 ❶ 蒸し暑い, うっとうしい; 《雰囲気などが》重苦しい. ❷ 官能的な, 悩ましい.
Schwüle 囡 《-/》蒸し暑さ; 重苦しさ.
Schwule(r) 圐 《形容詞変化》ホモ.
Schwulitäten 《複》 《話》苦しい立場, 苦境.
Schwulst 圐 《-[e]s/Schwülste》 《蔑》《表現の》誇張; 虚飾. **schwulstig** 屺 腫れ上がった, 厚ぼったい; 《比喩》 = **schwülstig**. **schwülstig** 屺 《蔑》誇張的な, ごてごてした.
schwummerig 屺 《話》めまいのする, 気分の悪い; 不安な, 怖い.

Schwund [男] 《-[e]s/》消失; 減少, 減退; 〘医〙萎縮(いしゅく); 〘商〙目減り; 〘電〙フェーディング. ⁼**ausgleich** [男] 〘電〙フェーディング防止; (ラジオなどの)自動音量調節〔装置〕.

Schwung [シュヴング] [男] 《-[e]s/ Schwünge》 ([英] swing)揺れ, 振動, (体・手の)振り, スイング; 弾み; 躍動; 活気, 生気, 力強さ; (精神の)高揚; (線の)弧; 〘スキー〙〔平行〕回転; 《話》多量, 積み重ね. ✦ *in ~ bringen* 《話》(…を)活気〈元気〉づける. *in ~ kommen* 《話》活気〈元気〉づく. *in ~ sein* 《話》活気がある. *~ holen* 弾みをつける. ⁼**feder** [女] (鳥の)風切り羽.

schwunghaft [形] (商売などが)盛んな, 活気のある; 元気のいい, 活発な.

schwunglos [形] 活気〈生彩〉のない.

Schwungrad [中] 〘工〙はずみ車, フライホイール.

schwungvoll [形] 生き生きとした, 活気のある; (線・字体などが)躍動的な.

Schwur [男] 《-[e]s/Schwüre》誓い, 誓約, 宣誓.

schwüre ⇨ schwören

Schwurgericht [中] 陪審裁判所.

Schwyz シュヴィーツ(スイスのいわゆる「原初三州」の一つ; 州都も同名).

Scientologe [サイエントローゲ] [男] 《-n/-n》Scientology の信奉者. **Scientology** [女] 《-/》サイエントロジー.

s. d. [略] *s*iehe *d*ort!; *s*ieh[e] *d*ies! これを見よ. **SD** [略] [男] 《-/》 *S*icherheits*d*ienst (ナチの)秘密情報機関. **SDA** [略] [女] 《-/》 *S*chweizerische *D*epeschen*a*gentur スイス通信社. **Se** [記号] セレン(元素名< *Se*len). **Se.** [略] *Se*ine.

Seal [男] [中] 《-s/-s》アザラシの毛皮; アザラシの毛皮のコート〈服〉.

Sebastian 《男名》ゼバスティアン.

sec [記号] 〘数〙セカント(< *Sek*ans); 秒(< *Se*kunde).

sechs [ゼクス] 《基数》([英] six)6.

Sechs [女] 《-/-en》 ❶ (数字の)6. ❷ (トランプの)6の札. ❸ (さいころの)6の目. ❹ (成績評語の)6(最低). ❺ 《話》路線番号6のバス〈市電〉.

Sechs⁼eck [中] 《-[e]s/-e》6角形.

sechseckig [形] 6角形の.

sechs⁼einhalb 《分数》6と2分の1の.

Sechser [男] 《-s/-》(くじの)6連当たり数字; 《方》= Sechs ①, ③, ⑤.

sechserlei [形] 《無変化》6種類の.

sechsfach [形] 6倍〈6重〉の.

sechs⁼hundert 《基数》600. ⁼**jährig** [形] 6年を経た;6歳の. ⁼**mal** [副] 6回; 6倍. ⁼**malig** [形] 6回の;6倍の. ⁼**monatig** [形] 6か月を経た, 生後6か月の. ⁼**monatlich** [形] 6か月〈半年〉ごとの.

sechst 《序数》([英] sixth)6番目の. ✦ *der ~e Sinn* 第6感.

Sechstage⁼rennen [中] (自転車の)6日間耐久レース.

sechs⁼tägig [形] 6日間の; 生後6日の. ⁼**täglich** [形] 6日ごとの. ⁼**tausend** 《基数》6000.

sechstel 《分数》6分の1の. **Sechstel** [中] (スイ); [男] 《-s/-》6分の1.

sechstens [副] 6番目に.

sechsund.. 《10の位の数詞と》…6.

Sechsundsechzig [中] 《-/》(トランプゲームの)66. **Sechszylinder** [男] 《-s/-》《話》6気筒エンジン車.

sechzehn [ゼヒツェーン] 《基数》([英] sixteen)16. ⁼**hundert** 《基数》1600〔の〕.

sechzehnt 《序数》16番目の.

sechzehntel 《分数》16分の1の.

Sechzehntel [中] (スイ); [男] 《-s/-》16分の1; 〘楽〙16分音符.

sechzig [ゼヒツィヒ] 《基数》([英] sixty) 60.

sechziger [形] 《無変化》(ある世紀の)60年の;60年代の. **Sechziger** [男] 《-s/-》([女] **-in**)60歳〔台〕の人; 《複》60歳台.

sechzigjährig [形] 60年を経た;60歳の. **sechzigst** 《序数》60番目の.

sechzigstel 《分数》60分の1の.

SED [女] 《-/》(旧東ドイツの)ドイツ社会主義統一党(< *S*ozialistische *E*inheitspartei *D*eutschlands).

Sediment [中] 《-[e]s/-e》〘化〙沈殿物; 〘医〙沈渣(ちんさ); 〘地学〙堆積(たいせき)物. ⁼**gestein** [中] 堆積岩.

See [ゼー] ❶ [男] 《-s/-n》([英] lake)湖, 湖水. ❷ [女] 《-/-n》([英] sea)海, 海洋; 波, 波浪. ✦ *auf hoher* 〈*offener*〉 *~* 沖で, 外海で. *auf ~ bleiben* 《雅》(船員が)海で死ぬ. *in ~ gehen* 〈*stechen*〉出港〈出帆〉する. *zur ~ fahren* 〈*gehen*〉船員〈水兵〉になる. *zu ~* 船で, 海路で. ⁼**adler** [男] 〘鳥〙オジロワシ. ⁼**bad** [中] 海辺の保養地; 海水浴場. ⁼**bär** [男] 〘動〙オットセイ; 《話》老練な船員; 〘海〙(突然の)大波. ⁼**beben** [中] 海底地震. ⁼**fahrer** [男] 海員, 船員. ⁼**fahrt** [女] 航海, 海運; 船旅.

seefest [形] (船・積み荷が)航海〈航行〉に耐えられる; (人が)船酔いしない.

See⁼fisch [男] 海魚. ⁼**frachtbrief** [男] 船荷証券. ⁼**gang** [男] 波浪, 風浪. ⁼**gefahr** [女] 〘商〙(保険の)海上危険. ⁼**gefecht** [中] 海戦.

seegestützt [形] (ミサイル兵器などが)海上〔艦艇〕に配備された. **Seegras** [中] 〘植〙アマモ属(海藻). **seegrün** [形] 青緑色の, 海のように青い.

See⁼hafen [男] 海港; 港町. ⁼**handel** [男] 海上貿易. ⁼**herrschaft** [女] 制海権. ⁼**hund** [男] 〘動〙アザラシ(海豹); アザラシの毛皮. ⁼**igel** [男] 〘動〙ウニ. ⁼**karte** [女] 海図.

seeklar [形] 出航〈出帆〉準備の整った.

Seeklima [中] 海洋性気候.

seekrank [形] 船に酔った. **Seekrankheit** [女] 《-/》船酔い.

See⁼krieg [男] 海戦. ⁼**lachs** [男] 〘魚〙シロイトダラ(北太西洋産のタラの一種).

Seeland シェラン(デンマーク最大の島).

Seele [ゼーレ] [女] 《-/-n》([小] Seelchen) ❶ ([英] soul)心, 精神; 霊, 霊魂, 魂. ❷ (…な)人, (…の)心の持ち主; (…の)中心人物; 《複》住民. ✦ *auf der ~ brennen* 《j^3》(人の)切望の的である. *auf der ~ knien* 《話》《j^3》(人に)せがむ. *auf die ~ binden* 《話》《j^3 et^4》(人に…のことを)くれぐれも頼む. *auf j^2 ~* 〈j^3 *auf der ~*〉 *liegen* 〈*lasten*〉(人の)心に重くのしかかる. *aus der ~ sprechen* 《j^3》(人の)気

Seelenfriede[n]

持ちを代弁する. *aus tiefster (ganzer) ~* 心の底から. *die ~ aus dem Leib fragen (j³)* (人に)根掘り葉掘り尋ねる. *die ~ aus dem Leib schreien (sich)* 声を限りに叫ぶ. *eine gute ~* 思いやり; 親切な人, 善人. *eine schwarze ~ haben* よこしまな心を持っている. *eine ~ von Mensch (von einem Menschen)* 非常心の優しい人である. *in der ~ / in tiefster ~* 心から. *Jetzt (Dann) hat die liebe (arme) ~ Ruh.* これでもう心残りはない. *keine ~* だれも…ない. *mit Leib und ~* 全身全霊を傾けて. *von der ~ reden (schreiben) (j³ et⁴)* (…の)話して「書きつけて」気が楽になる. *Zwei ~n und ein Gedanke.* 身は二つでも心は一つ.
Seelen=friede[n] 陽 心の安らぎ. =**größe** 囡 《雅》 心の気高さ.
seelengut とても気だてのよい.
Seelen=heil 匣 《宗》 魂の救済（死者の冥福など）. =**hirt** 陽 《宗》 魂の牧者（神父, 牧師などのこと）. =**leben** 匣 内面(精神)生活.
seelenlos 《雅》 心のこもっていない.
Seelen=qual 囡 深い苦悩. =**ruhe** 囡 心の平静.
seelen=ruhig 落ち着き払って. =**vergnügt** 匣 満足しきった; 楽しい.
Seelenverkäufer 陽 《蔑》 (金のためなら)友人を売ってもはずかしい輩; ぼろ船.
seelenverwandt 匣 気心の知れた, 気の合った. **Seelenverwandtschaft** 囡 (-/-) 《性質•趣味などの》一致, 相性.
seelenvoll 匣 心のこもった.
seelisch 匣 心の, 精神の; 魂の.
See=löwe 陽 《動》 トド; アシカ.
Seel=sorge 囡 司教, 牧会. =**sorger** 陽 (-s/-) 司教者, 牧会者.
See=luft 囡 海(海岸)の空気. =**macht** 囡 海軍力; 海軍国. =**mann** 陽 船乗り, 海員, 船員, 水夫. **seemännisch** 匣 船乗りの; 船乗りらしい.
Seemannsgarn 匣 ♦ *~ spinnen* (船乗りが)海の体験を, ほら話をする.
Seemeile 囡 海里(1852m: 略 sm).
Seenot 囡 海難. =**kreuzer** 陽 海難救助船. =**ruf** 陽 海難救助を求める無線.
s.e.e.o. 《略》 *salvo errore et omissione* 過失と省略とはこの限りにあらず.
See=ohr 匣 アワビ. =**pferdchen** 匣 《動》 タツノオトシゴ. =**räuber** 陽 海賊. **Seeräuberei** 囡 (-/-) 海賊行為.
See=recht 匣 海洋法. =**reise** 囡 海の旅, 船旅. =**rose** 囡 《植》 スイレン(水蓮); 匣 《動》 イソギンチャク. =**schaden** 陽 《商》 海損. =**schiff** 匣 外洋船. =**schiffahrt** 囡 《旧》 航海, =**schlacht** 囡 海戦. =**schlange** 囡 《動》 ウミヘビ; 《神話》 大海蛇(怪物). =**stern** 陽 《動》 ヒトデ. =**streitkräfte** 複 海軍. =**tang** 陽 海藻, 海草.
seetüchtig 匣 (船が)航海に適した.
See=ufer 匣 海岸; 湖岸. =**vogel** 陽 海鳥. =**volk** 匣 海洋民族. =**warte** 囡 海洋気象台.
seewärts 劇 (陸から)海に向かって.

See=weg 陽 航路; 海路. =**wind** 陽 海風, 潮風. =**zunge** 囡 《魚》 シタビラメ科(シタビラメなど).
Segel 匣 [ゼーゲル] (-s/-) 《英 sail》 (船•車船•ヨットなどの)日よけ, 天幕. ♦ *die ~ streichen* 帆をおろす; 降伏する. *mit vollen ~* 帆を風にいっぱい受けて; 全力を出して. *unter ~ gehen* 出帆する. =**boot** 匣 小型帆船; ヨット.
segelfliegen グライダーで飛ぶ, 滑空する(飛行)ること.
Segel=flieger 陽 グライダー乗り(操縦者). =**flug** 陽 グライダー飛行, 滑空. =**flugzeug** 匣 グライダー, 滑空機. =**klub** 陽 ヨットクラブ.
segeln [ゼーゲルン] (segelte; gesegelt) ❶ (s) 《英 sail》 (人•船が)帆走する(させる); 航海する. (区間を (h))帆走される. ❷ (s, h)滑空する. ❸ (s) 《話》 (…)に(つ)き出される, 放り出される; (s) 《話》 *(durch et⁴)* に(で)落ちる.
Segel=regatta 囡 帆走競技, ヨットレース. =**schiff** 匣 帆船. =**schlitten** 陽 氷上ヨット.
segelte → **segeln**
Segeltuch 匣 帆布.
Segen 匣 [ゼーゲン] (-s/-) 《英 blessing》 《宗》 祝福, 祝福の祈り(言葉); (神の)恵み, 幸福; 福祉; 《豊かな》 取得. ♦ *der ganze ~* 《話》 (あまりありがたくない)一切合切. *j² ~ haben* (人の)同意(了解)を得ている. *seinen ~ zu et³ geben* 《話》 (…)に同意する.
segens=reich, =voll 匣 祝福に満ちた; 恵まれた; 至福の; 幸福, 恩恵, をもたらす.
Segenswunsch 陽 祝福の言葉.
Segler 陽 (-s/-) 帆船, ヨット; グライダー; 《-in》 ヨット乗り; グライダー乗り; 《鳥》 アマツバメ.
Segment 匣 [-[e]s/-e] 部分; 《数》 弓形; 球欠; 《動》 体節; 環節; 《言》 (発話文などの)分節.
segnen [ゼーグネン] (segnete; gesegnet) ⑫ 《英 bless》 祝福する; 匣 讃える. **Segnung** 囡 (-/-en) 祝福, 恩恵.
sehbehindert 匣 視力障害のある.
sehen* 匣 [ゼーエン] (sah; gesehen) 《英 see》 I ⑫ ❶ (…が)見える, (自然にが目)入る(ある) (関心を持って)見る, (die Dinge objektiv ~) 物事を客観的に見る) (…を)眺め(鑑賞)する. ❷ (人に)会う. ❸ (*et⁴ + 形容詞*) (…を…と)判断(評価)する (*et⁴ in j-et³*) (…で…であると)見なす (*das Angebot preiswert ~* その商品を安いと見る); 見てとる. 悟る; [間接疑問文と] (…かどうかであるか)見て確かめてみる. II ⑥ ❶ [目が見える, 視力が](…)である; (…の)方を見る, (…へ)目を向ける. ❷ *(nach j-m)* (…)に関心を寄せる; (…)を世話する. III ⑫ *sich*⁴ (…) ❶ 見られる, 目に入る. ❷ (…)と思う, 気づく. ~ *: sich*⁴ *zu et³ gezwungen ~* (人は)せざるをえないと思う. ♦ *am liebsten von hinten ~* (人の)存在が煩わしい. *gern ~* (…)を望む, 好む. *kommen ~* (…)を予知(予期)する. *Man muss ~, wo man bleibt.* 《話》 せっかくのメリットを利用しない手はない. *nicht mehr ~ können* 《話》 (…は)

見るのもいや〈うんざり〉である. ***~ lassen*** 《話》《*sich*^{4} **bei** *j*^{3}》《話》(人の所に)顔を出す〈立ち寄る〉; 《*sich*^{4}》見るに値する, 人目に耐えられる. ***~ lassen können*** 《*sich*^{4} **mit** *j-et*^{3}》(…については人前で)披露〈自慢, 誇りに〉できる. ***Sieh da!*** / ***Und siehe da!*** / 《戯》***Sieh mal*** 〔***einer***〕 ***guck!*** これは驚いた. 〔***und***〕 ***hast du*** 〈《話》***haste***〉 ***nicht gesehen*** 《話》あっという間に. ***wieder ~*** 《*j-et*^{4}》(人に)再会する, (…を)再訪する.

sehens=**wert**, =**würdig** [形] 一見に値する. **Sehenswürdigkeit** [女] 《-/-en》一見に値する美術品〈建築物〉; 名所.

Seher [男] 《-s/-》(《女》**-in**) 予言者, 千里眼(人); 〔狩〕(ウサギなどの)目. =**blick** [男] 予言者〈予見者〉の眼力, 千里眼. **seherisch** [形] 予言的な, 未来を予知する.

Seh=**fehler** [男] 視覚欠陥. =**feld** [中] 視野. =**kraft** [女] 視力.

Sehne [女] 《-/-n》 〔医〕腱(ケン); (弓の)弦; 〔数〕弦.

sehnen [ゼーネン] 《sehnte; gesehnt》[再] (h) 《*sich*^{4} **nach** *j-et*^{3}》(…に)あこがれる; (…を)懐かしがる; 切望する.

Sehnen=**scheide** [女] 〔医〕腱鞘(けんしょう). =**zerrung** [女] 腱(ケン)の挫傷(ざしょう), 筋違え.

Sehnerv [男] 〔医〕視神経.

sehnig [形] 筋の多い, 筋っぽい; 筋肉質の.

sehnlich [形] (願望などが)切なる.

Sehnsucht [ゼーンズフト] [女] 《-/..süchte》 ([英] longing) 《**nach** *j-et*^{3}》(…への)あこがれ, 思慕; 郷愁. **sehnsüchtig**, **sehnsuchtsvoll** [形] あこがれに満ちた, 切なる.

sehnte ⇨ sehnen

sehr [ゼーア] [副] 《**mehr**; **am meisten**》([英] very)非常に, きわめて, たいへん, とても; 激しく, ひどく.

Seh=**schärfe** [女] 視力. =**störung** [女] 視力障害. =**test** [男] 視力検査. =**vermögen** [中] 視力. =**weite** [女] 視界.

sei ⇨ sein

seicht [ザイヒト] [形] ([英] shallow)(池・川・海などの底が)浅い; 浅薄な, 皮相な. **Seichtheit** [女] 《-/-en》浅いこと; 浅薄な言動.

seid ⇨ sein

Seide [ザイデ] [女] 《-/-n》 ([英] silk)絹, シルク, 絹糸; 絹織物.

Seidel [中] 《-s/-》〔ビール〕ジョッキ.

seiden [形] 絹〔製〕の; 絹のような.

Seiden=**bau** [男] 《-〔e〕s/》養蚕〔業〕. =**faden** [男] 絹糸. =**papier** [中] 薄葉(うすよう)紙. =**raupe** [女] カイコ(蚕). =**strumpf** [男] 絹の靴下. =**weberei** [女] 絹織業; 絹織工場.

seidenweich [形] 絹のように柔らかな.

seidig [形] 絹のようにつややかな.

Seife [ザイフェ] [女] 《-/-n》 ([英] soap)せっけん; 〔坑〕(砂金などを含む)砂鉱床.

seifen [他] せっけんで洗う.

Seifen=**blase** [女] シャボン玉. =**lauge** [女] せっけん液. =**oper** [女] (テレビ・ラジオの)連続メロドラマ, ソープオペラ. =**pulver** [中] 粉せっけん. =**schale** [女] せっけん皿. =**schaum** [男] せっけんの泡. =**sieder** [男] ♦ ***J*^{3} *geht ein ~ auf.*** 《話》(人に)事情がぱっと分かる. =**wasser** [中] せっけん水.

seifig [形] せっけんだらけの; せっけんのような.

seihen [他] (液体を)こす, ろ過する.

Seil [ザイル] [中] 《-〔e〕s/-e》 ([英] rope)(じょうぶな)綱, 縄, ロープ, (登山用の)ザイル. =**bahn** [女] ロープウェー; ケーブルカー. =**brücke** [女] 吊(つ)り橋.

Seiler [男] 《-s/-》綱〈ロープ〉作り職人.

seil|hüpfen [自] (s)縄跳びをする. **Seilhüpfen** [中] 《-s/》縄跳び.

Seilschaft [女] 《-/-en》〔登山〕(ザイルで結ばれた)ザイルパーティー; 《蔑》派閥グループ. **Seilschwebebahn** [女] ロープウェー; ケーブルカー.

seil|springen* [自] (s)縄跳びをする. |**tanzen** [自] (h, s)綱渡りをする.

Seil=**tänzer** [男] 綱渡り師. =**winde** [女] 〔工〕ケーブルウインチ.

Seim [男] 《-〔e〕s/-e》《雅》粘液; はちみつ.

sein* [ザイン] 《**war**; **gewesen**》 **I** ([英] be) [自] (s)(…)である; (ある場所に)ある, いる, 所在する; ある, いる, 存在する; 起こる, 行われる. **II** ([英] be) 《助動詞》 ❶ 《場所の移動・状態の変化を示す自動詞などの過去分詞と完了時称を作る》…した, …し終えている, …して〔しまって〕いる. ❷ 《他動詞の過去分詞と状態受動を作る》…されている. ❸ 《zu 不定詞と受動の可能・義務を表す》…されうる; …できる; …されねばならない. ♦ ***das ist*** つまり, すなわち([英] d.i.). ***Das wär's.*** これ〈それ〉くらいのものだ; それで全部〈十分〉です. ***dem sei, wie ihm wolle*** / ***sei es, wie es will*** 事情〈事態〉がどうであれ. ***es ist an j*^{3}** 《+ zu 不定詞句》(人が…をする)番だ, (人には…をする)使命がある. ***Es ist an dem.*** そのとおりだ. ***Es ist nichts mit et*^{3}.** 《話》(…は)無意味である. ***Es sei!*** 《話》(私は)それで結構だ. ***es sei, dass ... = sei es, dass .../ Es sei denn,*** 〔***dass***〕***...*** …でない限り, …でなければ. ***J*^{3} *ist*** 〔***es***〕 ***nach et*^{3}.** 《話》(人は…したい)気分である. ***J*^{3} *ist es um et*^{4} *zu tun.*** (人には…が)重要〈関心事〉である. ***Ist*** 〔***irgend***〕***etwas?*** 《話》何か変わった〈心配な〉ことでもあるかね. ***Keiner will es gewesen ~.*** だれも自分がしたと認めようとしない. ***Mit j*^{3} *ist*** 〔***et***〕***was.*** 《話》(人は)体のぐあいが悪い. ***nicht ~*** 《話》だめ〈禁止〉である. ***nicht so ~*** 《話》そんなけちなことはしない〈言わない〉. ***nichts ~*** 《話》役に立たない. ***sei dem, wie ihm wolle*** 事情〈事態〉がどうであれ. ***sei es, dass ...*** たとえ…であろうと. ***sei es A, sei es B /sei es A oder B / sei es, dass A, sei es, dass B*** AであれBであれ, AもBもともに. ***Sei's denn*** 〈***drum***〉***! /So sei es!*** 《話》(私は)それで結構だ. ***wer ~*** 《話》名声がある, ひとかどの人物だ. ***wie dem auch sei*** 事情〈事態〉がどうであれ. **III** 《所有代名詞: 変化は **seine, seinem, seinen, seiner, seines** となる》([英] his, its)彼の; それの, その; 《人称代名詞》《古》= seiner.

Sein [中] 《-s/》存在, 実在; 生存.

seine ⇨ sein III

Seine (die ~)セーヌ(フランス東部に発し, イギリス海峡に注ぐ川).

seinem, seinen ⇨ sein III **seiner** ⇨ er, es; sein III
seiner·seits [副] 彼の側〈立場〉では, 彼としては. ·**zeit** [副] そのころ, 当時.
seines ⇨ sein III
seinesgleichen 《指示代名詞: 無変化》彼と同様な人; それと同様な事物. ✦ *nicht* ～ *haben* / ～ *suchen* とびきり優れている.
seinet·wegen, ·halben [副] 彼のために. ·**willen** [副] ✦ *um* ～ 彼のために.
seinige 《所有代名詞: 変化は meinige に準じる》彼〈それ〉のもの.
seismisch [形] 地震学の; 地震による.
Seismo·graph, ·graf [男] 《-en/-en》地震計. **Seismologie** [女] 《-/》地震学.
seit [ザイト] ❶ [前] 《3格支配; 過去のある時点から現在までの継続を表す》([英] since) …以来, …から今までずっと; …の間ずっと. ❷ [接] = seitdem. ✦ ～ *alters* 〔*her*〕 昔から. ～ *kurzem* ついこの間から. ～ *langem* / ～ *längerem* もう長いこと.
seitdem [ザイトデーム] ❶ [副] それ以来〈以降〉. ❷ [接] 《従属》([英] since) …して以来, …から.
Seite [ザイテ] [女] 《-/-n》([英] side) ❶ (左右・前後などの)側(がわ), 側面; (事柄・性格などの)側面, 一面; (薄い・平らな物の)面, 片面; (立体などの)面; (図形の)辺; (方程式の)項; 方向, 方面. ❷ わき, そば, 傍; わき腹; (動物の)わき腹の肉: *sich*³ die ～*n* vor Lachen halten 《話》腹をかかえて大笑いする. ❸ (本の)ページ, (新聞の)紙面 ([略] S.). ❹ (競技・交渉などの)相手; 派; 味方; (…の)筋(すじ); 〔球技〕サイド. ❺ (家系の) …方(かた). ✦ *an die* ～ *stellen* 《*j-et*⁴ *j-et*³》(…を…と)比べる. *an j*² *grüne* ～ 《話》(人の)すぐそばに. *an j*² ～ (人と)並んで. *auf der einen* ～ *A, auf der anderen* ～ *B* 一方では A, 他方では B. *auf die* ～ *legen* (金を)蓄える. *auf die* ～ *schaffen* 《話》(…を)ひそかに持ち去る, かっぱらう; 《話》(人を)殺す. *auf j-et*² ～*n* (…の)側で〔は〕. *auf seine* ～ *ziehen* 〈*bringen*〉(人を)味方につける〈抱き込む〉. *nicht von der* ～ *gehen* 〈*weichen*〉《*j*³》(人の)そばを離れない. ～ *an* ～ ぴったり並んで. *j*² *starke* 〈*schwache*〉 ～ *sein* 《話》(人の)得意〈不得意〉である. *von der* ～ *an|sehen* 《話》(軽蔑して・怪しんで人を)横目で見る. *von seiner guten* 〈*besten*〉 ～ *zeigen* 《話》《*sich*⁴》よい〈最もよい〉面を見せる. *von j-et*² ～*n* (…の)側から. *zur* ～ *springen* 〈*treten*〉《*j*³》(人の)援助にかけつける. *zur* ～ *stehen* 《*j*³》(人を)援助する, (人に)味方する. *zu j-et*² ～*n* (…の)かたわら〈わき, そば〉に.
seiten ⇨ aufseiten, vonseiten
Seiten.. 「わきの…, 側面の…」の意.
Seiten·ansicht [女] 側面, 側面図. ·**ausgang** [男] 横〈わき〉の出口, 通用口. ·**blick** [男] 流し目, 横目. ·**drucker** [男] 〔コンピュ〕ページプリンター. ·**eingang** [男] 横〈わき〉の入口, 通用口. ·**einsteiger** [男] (生え抜きではなく)他の分野から鞍替えしてきた人. ·**flügel** [男] 〔建〕側翼, そで. ·**gang** [男] (車両の)片廊下; (座席間の)通路; 〔建〕側廊, アイル; 〔馬術〕二蹄(てい)行進. ·**gebäude** [中] 〔建〕付属建築物, 別館. ·**gewehr** [中] 〔軍〕銃剣. ·**hieb** [男] 〔ジシ〕(決まり手としての)横面(よこ), サイドカット; あてこすり. ·**lage** [女] 横向きの姿勢; 側位.
seitenlang [形] 何ページにもわたる.
Seiten·lehne [女] (いすの)ひじ掛け. ·**leitwerk** [中] 〔空〕垂直尾翼. ·**linie** [女] (家系の)傍系; 〔鉄道〕支線; 〔スポ〕サイドライン; 〔ラグ〕タッチライン; 〔魚〕側線. ·**ruder** [中] 〔空〕方向舵(だ).
seitens [前] 《2格支配》《官》…の側から.
Seiten·schiff [中] 〔建〕(教会堂の)側廊, アイル. ·**springer** [男] 《話》浮気をする人. ·**sprung** [男] 浮気; 《古》横跳び. ·**stechen** [中] (刺すような)わき腹の痛み; 差し込み. ·**straße** [女] 横町, 裏通り; 脇道. ·**streifen** [男] (アウトバーンの避難用)路肩. ·**stück** [中] わきの部分; わき腹肉; 対をなす物, 片割れ. ·**tasche** [女] (上着などの)わき〈サイド〉ポケット.
seitenverkehrt [形] 左右あべこべの.
Seiten·wagen [男] サイドカー. ·**wand** [女] 側壁; (トラックなどの)側面板. ·**wechsel** [男] 〔球技〕サイド〈コート〉チェンジ. ·**wind** [男] 横風. ·**zahl** [女] 〔総〕ページ数; 〔印〕ページ番号, ノンブル.
seither [副] それ以来; これまで.
..seitig 「…による, …が原因の; …に関する; …の側〈方〉の」の意.
seitlich ❶ [形] わき〈横〉の; 横からの; 横への. ❷ [前] 《2格支配》…の横〈傍ら〉に.
..seits 「…の側で; …の方向に」の意.
seitwärts ❶ [副] わき〈横〉へ; わき〈横〉に. ❷ [前] 《2格支配》= seitlich.
Sek., sek. [略] 秒(< *Sek*unde).
Sekans [男] 《-/-, ..kanten》〔数〕セカント, 正割([記号] sec.).
Sekante [女] 《-/-n》〔数〕割線.
sekkant [形] 《オーストリア》厚かましい, 煩わしい.
sekkieren [他] (人を)煩わす, 悩ます.
Sekret ❶ [中] 《-[e]s/-e》〔生〕分泌物. ❷ [女] 《-/-e》〔カトリック〕(ミサの)密誦(しょう).
Sekretär [ゼクレテーア] [男] 《-s/-e》([女] **-in**) ❶ ([英] secretary)秘書, 書記; (官庁の)書記官, 事務官; (党・組合の)書記長. ❷ (書棚付きの)ライティングデスク; 〔鳥〕ヘビクイワシ. **Sekretariat** [中] 《-[e]s/-e》秘書課, 文書課; (団体・政党などの)事務局, 書記局; 官房.
Sekretärin [ゼクレテーリン] (→ Sekretär) [女] 《-/-nen》(女性の)秘書; 書記官, 事務官; 書記長.
Sekt [男] 《-[e]s/-e》スパークリングワイン, シャンパン.
Sekte [女] 《-/-n》(正統から分離した)宗派; (思想的・政治的な)党派, 分派, セクト.
Sektierer [男] 《-s/-》宗派の信者; セクト主義者. **sektiererisch** [形] 宗派の; 分派的な, セクト的な.
Sektion [女] 《-/-en》部門, セクション, 課; 〔医〕死体解剖; (船舶の)建造部品.
Sektor [男] 《-s/-en》〔専門〕分野, 領域; 〔数〕扇形; (第二次大戦後のベルリン・ウィーンの)分割占領地区.
sekunda [形] 〔商〕二級品の. **Sekunda** [女] 《-/..den》ゼクンダ(ギムナジウムの第6・7学年; オーストリアでは第2学年).
Sekundaner [男] 《-s/-》([女] **-in**) Se-

Selbstverleugnung

kunda の生徒.

Sekundạnt 图 〈-en/-en〉（決闘の）立会人，介添人; 『ビリヤード』セコンド.

sekundär 厖 二次的な，副次的な.

Sekundär-energie 囡 二次エネルギー. **-literatur** 囡 参考文献，二次文献.

Sekundawechsel 圐 『商』二号手形.

Sekụnde [ゼクンデ] 囡 〈-/-n〉 ❶（配電s）; 『話』瞬時，ちょっとの時間: Eine ～ (bitte)! ちょっと待って. ❷『理』（角度・経緯度の）秒（″）; 『楽』2度『音程』. ◆ **auf die** ～ 時間きっかりに. **～n-kleber** 圐『話』瞬間接着剤.

sekunden-lang 厖 数秒間の. **-schnell** 厖 あっという間に.

Sekunden-schnelle 囡〈-/〉**in** ～ の一瞬のうちに. **-zeiger** 圐（時計の）秒針.

sekundieren ⓘ〈j-n²〉(…に)協力する，バックアップする; 『ビリヤード』(j³)(人の)セコンドを務める. (決闘で)介添人を務める.

sekụndlich, sekündlich 圕 毎秒の，1秒ごとの.

sel. 圕 亡くなった，故…（< *selig*）.

selb 厖 同一の.

sẹlber [ゼルバー] 圕 『話』= selbst.

sẹlbst [ゼルプスト] 圕 ❶ 自分で，それ自体: *Selbst ist der Mann.* 『諺』独立独歩が男子の身上. ❷『語句の直前で』…さえも. ◆ *nicht mehr* j^1 ～ *sein* 別人のようである. ～ *gebraut* 自家醸造の. ～ *gedreht* 手巻きの（タバコなど）. ～ *genug sein* 〈*sich*³〉他人とつきあわない，一人でいることに満足する. ～ *geschneidert* 自分で仕立てた，手製の（服など）. ～ *gestrickt* 手編みの. *et*¹ ～ *sein* (…)そのものである. ～ *verdient* 自分で稼いだ. ～ *wenn* ... たとえ…でも. *von* ～ ひとりでに，おのずから，*von* ～ *versuchen* 〈*sich*〉自明である. Selbst 囡〈-/〉自己，自我. Selbst.. 「自己…，セルフ…」の意.

Sẹlbstachtung 囡 尊敬，自負.

selbständig 圕 = selbstständig. **Selbständigkeit** 囡〈-/〉= Selbstständigkeit.

Sẹlbst-auslöser 圐『写』セルフタイマー. **-bedienung** 囡 セルフサービス. **-bedienungsladen** 圐 セルフサービスの店. **-befriedigung** 囡 自慰行為. **-behauptung** 囡 自己主張. **-beherrschung** 囡 克己，自制[心]. **-bestätigung** 囡『心』自己確認. **-bestimmung** 囡 自己決定; 自律，自治. **-bestimmungsrecht** 圐 自己決定権，自決権. **-beteiligung** 囡（保険医療費などの）自己負担. **-betrug** 圐 自己欺瞞(ぎ).

sẹlbst-bewusst, 〈圕⇒ bewußt〉 厖 自覚した，自負心のある.

Sẹlbst-bewusstsein 圃 〈圕⇒ bewußtsein〉 圐 自己意識，自負，自尊心. **-bildnis** 圃 自画像. **-disziplin** 囡 自己規制，自制[心]. **-einschätzung** 囡 自己評価; 『税』（税金の）自己査定. **-entfaltung** 囡 自己啓発（開発）. **-erfahrung** 囡 自己の経験. **-erhaltung** 囡 自己保存. **-erhaltungstrieb** 圐 自己保存本能. **-erkenntnis** 囡 自己認識. **-fahrer** 圐（車を自分で運転する人; 自分で動かす車いす，自動エレベーター. **-finanzierung** 囡 自己金融.

sẹlbst-gebraut, -gedreht 〈圕⇒ selbst ◆〉

sẹlbst-gefällig 厖 うぬぼれの強い，高慢な. **Selbstgefälligkeit** 囡 うぬぼれ，高慢. **-genügsam** 厖 自己満足の，自足した. **-gerecht** 厖 独りよがりの，独善的な. **-geschneidert** 〈圕⇒ selbst ◆〉

Sẹlbst-gespräch 圃 独り言; 『劇』モノローグ.

sẹlbst-gestrickt 〈圕⇒ selbst ◆〉. **-herrlich** 厖 独裁的な; 独断的な.

Sẹlbst-herrschaft 囡 独 裁 政 治. **-herrscher** 圐 独裁者，独裁的君主. **-hilfe** 囡 自助; 『法』自力救済.

sẹlbstironisch 厖 自嘲的な.

sẹlbstisch 厖 利己的な.

Sẹlbst-justiz 囡（非合法の）私的制裁，リンチ. **-kasteiung** 囡『雅』修業・ざんげなどの目的で）己(だ)のを苦しめること.

sẹlbstklebend 厖 粘着剤付)つきの.

Sẹlbst-kontrolle 囡 自己規制，セルフコントロール. **-kosten** 圐 原価，実費. **-kritik** 囡 自己批判. **selbstkritisch** 厖 自己批判的な，自分に厳しい. **Sẹlbst-läufer** 圐（宣伝なしで）自然に売れる物; おのずから進行してゆくもの. **-laut** 圐 母音. **-lob** 圐 自賛，自慢.

sẹlbstlos 厖 私心（私欲）のない，無私の. **Sẹlbstlosigkeit** 囡〈-/〉無私，無欲.

Sẹlbst-mord 圐 自殺: ～ *begehen* 自殺する. **-mörder** 圐 自殺者.

sẹlbstmörderisch 厖 自殺的な，きわめて危険な; 自殺の.

Sẹlbstmord-gedanke 圐 自殺をしようという考え. **-kommando** 圃 決死隊，特攻隊. **-quote** 囡 自殺発生率. **-versuch** 圐 自殺未遂.

sẹlbstredend 厖『話』もちろん，言うまでもなく.

Sẹlbst-reflexion 囡 自己反省，自省. **-reklame** 囡 自己宣伝. **-schuss** (**-schuß**) 圐 自動発射装置. **-schutz** 圐 自己防衛，自衛.

sẹlbstsicher 厖 自信のある. **Sẹlbstsicherheit** 囡〈-/〉自信.

sẹlbstständig [ゼルプストシュテンディヒ] 厖 〈圕 independent〉自主的な，自立した; 独立した; 自分の，自営の. ◆ *nicht* ～ 自立〈独立〉していない. ～ *machen* 〈*sich*〉（一本立ちする）: 『戯』迷子になる. **Sẹlbstständigkeit** 囡〈-/〉自立，独立，自主[性].

Sẹlbst-steuerung 囡 自動操縦. **-sucht** 囡 私欲，利己心.

sẹlbst-süchtig 厖 利己的な. **-tätig** 厖 自動式の; 自発的な，積極的な.

Sẹlbst-täuschung 囡 自己欺瞞(ぎ). **-überschätzung** 囡 うぬぼれ，慢心. **-überwindung** 囡 自制，克己.

sẹlbst-verdient 〈圕⇒ selbst ◆〉. **-vergessen** 厖 我を忘れた，無我夢中の.

Sẹlbst-verlag 圐 自費出版. **-ver-**

selbstverliebt 570

leugnung 囡 自己否定;献身.
selbst・verliebt 圏 自己陶酔的な,ナルシスティックな. **=verschuldet** 圏 自分に責任のある,自分のせいの.
Selbst・versenkung 囡 (艦船の)自沈. **=versicherung** 囡 自家に保険. **=versorger** 團 (-s/-) 自給自足者; 《戯》 自炊者.

selbstverständlich [ゼルプストフェアシュテントリヒ] **①** 囮 (natural) 自明の, 当然の, 分かりきった. **②** 圃 (of course) もちろん, 当然, 言うまでもなく.
Selbstverständlichkeit 囡 当然; 自明なこと.

Selbst・verständnis 回 自己理解. **=verteidigung** 囡 自力防衛, 自衛. **=vertrauen** 回 自信. **=verwaltung** 囡 自治権. **=verwaltungsrecht** 回 自治権. **=verwirklichung** 囡 自己実現. **=wählferndienst** 團 ダイヤル市外通話. **=zerstörung** 囡 自滅.
selbstzufrieden 圏 自己満足した.
Selbstzufriedenheit 囡 自己満足.
Selbstzweck 團 自己目的.
sęlchen 他 《南部・オストリア》 (肉などを) 燻製にする.
Selektion 囡 (-/-en) 選択; 選抜; 《生》 淘汰(とう).
Selen 回 (-s/) セレン, セレニウム (元素記号 Se).
Selene 囡 《ギ神》 セレネ (月の女神).
sẹlig [ゼーリヒ] 圏 **①** 至福の, 祝福された; 《宗》 天国にいる; きわめて幸福な, 大喜びの; 《話》 ほろ酔いの. ♦ **~ preisen** 《+4》 (故人を) 至福であるとたたえる. **~ sprechen** (故人を) 福者の列に加える. **..selig** […の喜びにあふれた] …の性質の の意. **Selige[r]** 陽囡 (形容詞変化) 故人; 《カト》 福者.
Seligkeit 囡 (-/-en) 《宗》 至福, 浄福; 無上の喜び, 歓喜.
seligpreisen*, **=sprechen***⇨ selig ♦ **Seligsprechung** 囡 (-/-en) 列聖.
Sellerie 團 (-s/-[s]); 囡 (-/-・オストリア -n) 《植》 セロリ.
sẹlten [ゼルテン] **①** 圏 (rare) まれな, めったにない; 珍しい. **②** 圃 (seldom) まれに [しか…ない]; 《話》 めったにないほど, 並外れて.
Seltenheit 囡 (-/-en) 珍しいこと, 希少性; 珍品. **~s・wert** 團 希少価値.
Selterswasser 回 《話》 ミネラルウォーター; 炭酸水.
seltsam [ゼルトザーム] 圏 (strange) 奇妙な, 変な, 不思議な. **Seltsamerweise** 圃 奇妙なことに, 不思議なことに. **Seltsamkeit** 囡 (-/-en) 奇妙さ, 不思議; 奇妙なできごと.
Semạntik 囡 (-/) 《言》 意味論.
semạntisch 圏 《言》 意味論の.
Semẹster [ゼメスター] 回 (-s/-) (semester) (2学期制大学の) 学期に在学中の学生. ♦ **ein älteres (höheres) ~** ちょっと年をとった学生.
semi.., **Semi..** 「半分の…, 半ばの…」の意.
Semi-finale 回 《スポ》 準決勝, セミファイナル. **=kolon** 回 《文法》 セミコロン (;).
Seminar [ゼミナール] 回 (-s/-e (ゼミナーリエン..rien)) (seminar) (大学の) ゼミ[ナール], 演習; (学部を構成する) 研究室 (所). **=arbeit** 囡 ゼミ (演習) のレポート.
Seminarist 團 (-en/-en); 囡 (-in) 神学校生; 教員研修生.
Semiotik 囡 (-/) 記号論 (学).
Semịt 團 (-en/-en); 囡 (-in) セム人, セム族 (の人) (ノアの子孫といわれる).
semịtisch 圏 セム人 (語) の.
Sẹmmel [ゼメル] 囡 (-/-n) 《南部・オストリア》 《料》 (小麦で皮の硬い) 小型の白パン. ♦ **wie warme ~n weggehen** 《話》 (…が) 飛ぶように売れる.
Sẹmmering (der -/) ゼメリング (オーストリアとイタリアを結ぶアルプス越えの峠).
sen. = senior 父の…, 1世.
Senat 團 (-[e]s/-e) (古代ローマの) 元老院; (アメリカなどの) 上院; (ベルリン・ハンブルク・ブレーメンの) 市政府; (大学の) 評議会; 《法》 (裁判所の) 部. **=ausschuss** 團 (◎ **=ausschuß**) 評議員会; 市参事会.
Senator 團 (-s/-en) (古代ローマの) 元老院議員; (アメリカなどの) 上院議員; 市参事会員; (ベルリン・ハンブルク・ブレーメンの市政府の) 大臣, 長官; (大学の) 評議員.
Sẹndbote 團 使者.
Sẹnde-anlage 囡 送信 (放送) 施設. **=antenne** 囡 送信用アンテナ. **=bereich** 團 《放送》 サービスエリア, 放送受信区域. **=folge** 囡 《放送》 放送プログラム. **~ gebiet** 回 = Sendebereich. **=leiter** 團 《放送》 プロデューサー.
sẹnden* [ゼンデン] 他 **①** (sandte, sendete; gesandt, gesendet) (◎ send) (3格 et⁴ et² (an j³)) (「人に」…を) 送る; 派遣する. **②** (sendete; gesendet) 放送する, 送信する. **Sẹnde-pause** 囡 《放送》 休止時間.
Sẹnder [ゼンダー] 團 (-s/-) (ラジオ・テレビの) 放送局; 送信所; 発信機, 発信人.
Sẹnde-raum 團 《放送》 放送スタジオ. **=reihe** 囡 連続 (シリーズ) 番組. **=schluss** 團 (◎ **=schluß**) 放送終了.
sẹndete ⇨ senden
Sẹnde・zeichen 回 《放送》 コールサイン. **=zeit** 囡 送信時間; 放送時間.
Sẹndung 囡 (-/-en) **①** 発送, 送付; 発送物, 送付物 (小包・貨物など); (ラジオ・テレビの) 放送, 放映; (ラジオ・テレビの) 番組: auf **~ sein** 《話》 放送中のもの, オンエアしている. **②** 《雅》 使命; 重大任務. **~s-bewusstsein** 回 (◎ **=bewußtsein**) 使命感.
Senegạl セネガル (アフリカ西部の共和国).
Sẹnf [ゼンフ] 團 (-[e]s/-e) カラシ, マスタード; 《植》 カラシ (芥子), カラシ菜. ♦ **einen langen ~ machen** 《話》 無用な長話をする. **seinen ~ dazugeben müssen** 《話》 (問われもしないのに) 口を出す, 口を挟む, なんにでも口を出す. **sẹnffarben** 圏 カラシ色の, 黄褐色の.
Sẹnf・gas 回 《化》 マスタードガス, イペリット (毒ガスの一種). **=gurke** 囡 キュウリのからし味ピクルス.
Sẹnge 囡 《北部・中部》 殴打.

sengen ❶ [他] 焦がす; 〔料〕(鳥などの)毛焼きをする; 〔織〕(糸を)けば焼きする. ❷ [自] 焦げる; (太陽が)じりじり照りつける. ✦ ***~d und brennend*** 略奪放火を働いて.

senil [形] 老いぼれた, もうろくした; 〔医〕老人性の. **Senilität** [女] 《-/》 老齢; 老衰.

senior [形] (同名の息子と区別するために人名に後置されて)父の, …1世([略] sen.).

Senior [男] 《-s/-en》 ([女] **-in**)(息子に対して)父親; (経営陣の)最長老, 会長; 《[女] **-in**》〔ｽﾎﾟ〕シニアクラスの選手;年金生活者; シルバーエイジの人; (学生組合の)筆頭幹部. **~en≈heim** [中] 老人ホーム. **~en≈pass** ([旧]= **paß**) [男] シルバーパス. **~en≈teller** [男] (レストランなどで少量で値段の安い)老人用の一皿.

Senkblei [中] = Senklot.

Senke [女] 《-/-n》 くぼ地, 低地.

Senkel [男] 《-s/-》 靴ひも; = Senklot. ✦ ***in den ~ stellen*** 《話》(人を)しかる.

senken [ゼンケン] 《senkte; gesenkt》[他] 下ろす, 下げる; 低下〈減少〉させる; 《*sich*⁴》 下がる, 下り坂になる.

Senk≈fuß [男] 〔医〕扁平(へんぺい)足. **≈grube** [女] 汚物ため. **≈kasten** [男] 〔工〕潜函(せんかん), ケーソン. **≈lot** [中] 〔土木・建〕(測深用の)おもり, 下げ振り.

senkrecht [ゼンクレヒト] [形] ([英] vertical)垂直な, 鉛直の; 《ｽｲｽ》心のまっすぐな, 誠実な. ✦ ***Bleib ~!*** 《話》落ち着け; しっかりしろ. ***das einzig Senkrechte*** ただ1つの正しいこと. **Senkrechte** [女] 《形容詞変化; まれ-/-n》〔数〕垂線; 垂直線.

Senkrecht≈starter [男] 〔空〕垂直離着陸機; 《話》破格のスピード出世した人; 大ヒット〔商品〕.

senkte ⇨ senken

Senkung [女] 《-/-en》 沈下, 沈降; 低下, 減少; 〔詩〕抑音部, 弱音節.

Senn [男] 《-[e]s/-e》 ([女] **-in**) 《南部・ｽｲｽ・ｵｰｽﾄﾘｱ》 アルプス山地の酪農家, 牧人.

Senne 《南部・ｵｰｽﾄﾘｱ》[男] 《-n/-n》= Senn; [女] 《-/-n》 (アルプスなどの)高原放牧地.

Senner [男] 《-s/-》 ([女] **-in**) 《南部・ｵｰｽﾄﾘｱ》= Senn.

Sennhütte [女] (アルプス山中の)酪農小屋.

Sensation [ゼンザツィオーン] [女] 《-/-en》 ([英] sensation)センセーション, 大騒ぎ, 大事件; 〔医〕感覚, 知覚.

sensationell [形] センセーショナルな, あっと驚かすような, 刺激的な.

Sensations≈gier [女] センセーショナルなことへの渇望. **≈nachricht** [女] センセーショナルなニュース. **≈prozess** ([旧]= **prozeß**) [男] センセーショナルな〈耳目をひく〉裁判.

Sense [女] 《-/-n》 大鎌(がま). ✦ ***Jetzt ist [aber] ~!*** 《話》やめろ, おしまいだ.

sensibel [形] 感じやすい, 繊細な; 〔医〕感覚〈知覚〉の. **sensibilisieren** [他] (人を)敏感にする, 感じやすくさせる; 〔医〕(…に)アレルギーを起こさせる; 〔写〕(…に)感光性を与える. **Sensibilität** [女] 《-/》 感じやすいこと, 感受性, 敏感さ; 感度.

Sensor [男] 《-s/-en》 センサー, 感知装置; タッチスイッチ. **sensorisch** [形] 感覚の, 感覚的な. **Sensortaste** [女] 〔電〕タッチスイッチ.

Sensualismus [男] 《-/》 〔哲〕感覚論.

Sentenz [女] 《-/-en》 金言, 格言; 〔法〕判決; 《[複]》〔宗〕神学の命題論集.

sentenziös [形] 金言〈格言〉ふうの; 金言〈格言〉を多く含んだ.

sentimental [ゼンティメンタール] [形] ([英] sentimental)感傷的な, 感じやすい; 涙を誘う, センチメンタルな. **Sentimentalität** [女] 《-/-en》 感傷, 多感.

Seoul [ゼウール, ゼーウル] ソウル(韓国の首都).

separat [形] 離れた, 別々の; 独立した.

Separat≈eingang [男] 専用の出入り口.

Separatismus [男] 《-/》 (宗教・政治の)分離〈分立〉主義. **Separatist** [男] 《-en/-en》 分離〈分立〉主義者.

Séparée [ゼパレー], **Separee** [中] 《-s/-s》 (レストラン・酒場の)個室.

sepia [形] 《無変化》セピア色の, 暗褐色の. **Sepia** [女] 《-/..pien》 〔動〕コウイカ; イカの墨; セピア色の顔料.

Sepsis [女] 《-/Sepsen》 〔医〕敗血症.

Sept. [略] *September*.

September [ゼプテンバァ] [男] 《-[s]/-》 ([英] September)9月([略] Sept.).

Septima [女] 《-/..men》 《ｵｰｽﾄﾘｱ》 ゼプティマ(ギムナジウムの第7学年). **Septimaner** [男] 《-s/-》 ([女] **-in**) 《ｵｰｽﾄﾘｱ》 Septima の生徒.

septisch [形] 〔医〕敗血症の; 病原菌に汚染された.

sequentiell = sequenziell.

Sequenz [女] 《-/-en》 継続, 連続; 〔宗〕続誦(ぞくしょう); 〔楽〕反復進行; 〔ﾄﾗﾝﾌﾟ〕一連の続きカード; 〔映・ﾃﾚﾋﾞ〕シークエンス, 連続場面; 〔ｺﾝﾋﾟｭｰﾀ〕シーケンス, 順序.

sequenziell [形] 〔ｺﾝﾋﾟｭｰﾀ〕シーケンシャル, 順〔次〕の, 逐次の.

Sera ⇨ Serum

Serail [ゼラーユ, ゼライ〔ル〕] [中] 《-s/-s》 (トルコのスルタンの)宮殿.

Serbe [男] 《-n/-n》 ([女] **..bin**)セルビア人. **Serbien** セルビア. **serbisch** [形] セルビア〔人, 語〕の. **serbokroatisch** [形] セルボクロアチア〔語〕の.

Seren ⇨ Serum

Serenade [女] 《-/-n》 〔楽〕セレナード, 小夜曲.

Sergeant [男] 《-en/-en (-s/-s)》 (英・米・仏軍の)上級下士官(軍曹・曹長など).

Serial [中] 《-s/-s》 (テレビ・ラジオの)続き物, 連続〈シリーズ〉物.

Serie [ゼーリエ] [女] 《-/-n》 ([英] series)一続き, 連続; (本・小説などの)続き物, シリーズ; (新聞・番組などの)連載記事, 連続番組; 大量生産〔品〕; 〔電〕直列. ✦ ***in ~ gehen*** 大量生産される. ***in ~ herstellen 〈fertigen〉***(…を)大量生産する.

seriell [形] 〔ｺﾝﾋﾟｭｰﾀ〕シリアル, 直列の, 逐次の.

serienmäßig [形] シリーズになった.

Serien≈nummer [女] 通し番号. **≈produktion** [女] シリーズ〈大量〉生産. **≈schaltung** [女] 〔電〕直列接続.

serienweise [副] (製造などについて)連続方式で, シリーズで; 《話》大量に, 多量に.

seriös [形] まじめな, 真剣な; 堅実な; 信頼のできる. **Seriosität** [女] 《-/》 まじめ, 真

S

剣; 堅実.
Sermon 男 (-s/-e) 《話》退屈な長談義, お説教.
Serologie 女 (-/) 【医】血清学.
seronegativ 形 血清反応が陰性の. **seropositiv** 形 血清反応が陽性の.
Serpentine 女 (-/-n) つづら折りの山道;《山道の》カーブ, 曲面部.
Serum 中 (-s/..ren, ..ra) 【医】血清; 免疫血清.
Service ❶ [ゼルヴィース] 中 (-s/-) 食器セット. **❷** [ゼーアヴィス, ゼルヴィス] 男 (-/-s) (® service) 《客への》サービス; アフターサービス;【テニ・卓球】サーブ.
 =nummer 女 無料サービスの電話番号, フリーダイヤル.
servieren 他 (® serve) 《食事などを》出す, 配る; 給仕する; 《話》手渡す;【球技】《ボールを》サーブする.
Serviererin 女 (-/-nen) ウエートレス.
Servier=tisch 男 給仕台, サイドテーブル. **=tochter** 女〔ス¹〕= Serviererin. **=wagen** 男 テーブルワゴン.
Serviette [ゼルヴィエッテ] 女 (-/-n) ナプキン. **~n=ring** 男 ナプキンリング.
servil 卑屈な. **Servilität** 女 (-/) 卑屈, 追従.
Servo=bremse 女 【自】サーボブレーキ. **=lenkung** 女 【自】パワーステアリング. **=motor** 男 【自】サーボモーター.
Servus [ゼルヴス] 間 《南部・南ドイツ》《親しい間のあいさつで》やあ, こんちは; またな.
Sesam 男 (-s/-s) 【植】ゴマ;【料】ゴマ《胡麻》; ゴマの種子. **♦ ~, öffne dich!** 開けゴマ.
Sessel [ゼッセル] 男 (-s/-) (® armchair) 安楽いす, ひじ掛けいす; 地位, ポスト; 《ス¹》いす. **=lift** 男 (スキー場などの)チェアリフト.
sess=haft (®seß=) 定住している.
Session 女 (-/-en) **❶** [ゼッスィオーン] (長期間の)会議; 会期. **❷** [セッション] (-/-s) 【楽】《ジャム》セッション.
Set ❶ 男 (-[s]/-s) 【印】セット(活字幅の単位). **❷** 中 (-[s]/-s) セット, セット;【ピンポン】ランチョンマット;【服】アンサンブル;【心】構え, 態度.
Setter 男 (-s/-) セッター(猟犬の一種).
Setz=ei 中 【料】目玉焼き.
sętzen 他 (setzte; gesetzt) I (® set) **❶** (…を…に〈へ〉)置く, 入れる, あてがう; (人を…に)座らせる, 腰かけさせる; 《魚を池などに》放つ, 《鳥をかごの中へ》入れる; 《…を…の状況(状態)に》する(et⁴ in 〈außer〉 Betrieb = …の運転を開始〈中止〉する|j⁴ auf Diät ~ 人に食餌療法を指示する); (子を)産む. **❷** 《et⁴ an et⁴》 (金・労力・時間などを…に)投入する, 費やす; 《et⁴ auf j-et⁴》 (金を…に)賭ける, 《期待を人に》かける. **❸** 設定する; (アクセントを)置く; 《優先順位を…に》つける; 《j-et⁴ et⁴》 (…に期限・限度を)設ける; 《sich⁴ et⁴》 (目標を設定する. **❹** 《…を…に記す》(句読点を打つ);【印】植字する;(帆を)揚げる. II 《sich⁴》 **❶** (sit down)(…に〈へ〉)腰かける, 座る. **❷** 《sich⁴》 沈む. 澱む. III 自 **❶** (s, h) 《über et⁴》 …を飛び越える. **❷** 《auf j-et⁴》 …に賭ける, (人を)当てにする.

♦ Es setzt [et]was 《Prügel, Schläge, Ohrfeigen, Hiebe》.《話》暴力さたが起こる. **Ich will mich nur erst ~.** 《話》私はひどく急いでいるんだ.

Sętzer 男 (-s/-) 【印】植字工〈組版〉工.
Setz=fehler 男 誤植. **=kasten** 男 【印】活字箱, 活字ケース;【農】苗箱.
Setzling 男 (-s/-e) 【農】苗木;(養魚池の)稚魚.
Setzmaschine 女 【印】植字機.
setzte ⇨ setzen
Seuche [ゾイヒェ] 女 (-/-n) 伝染病, 疫病; 悪習, 悪弊. **seuchenartig** 形 伝染病(疫病)のような; 流行性の.
Seuchen=bekämpfung 女 伝染病対策, 防疫. **=herd** 男 伝染病の発生地. **=kunde** 女 疫学, 流行病学.
seufzen 自 (seufzte; geseufzt)溜め息をつく, うめく; (…と)ため息まじりに言う. **Seufzer** 男 (-s/-) (深い)ため息.
seufzte ⇨ seufzen
Sevilla セビリア, セビリヤ(スペイン南西部, アンダルシアの中心都市).
Sex 男 (-[es]/) 《話》性, セックス; 性行為, 性交; 性的魅力. **=appeal** 男 (-s/) 《話》性的魅力. **=bombe** 女 【話】非常にセクシーな女性〈女優〉. **=industrie** 女 セックス産業.
Sexismus 男 (-/) 性差別; 女性蔑視(゜). **Sexologie** 女 (-/) 性科学.
Sex=shop 男 セックスショップ. **=spiel** 中 セックスプレー. **=symbol** 中 セックスの象徴(シンボル).
Sexta 女 (-/..ten) ゼクスタ(ギムナジウムの第1学年; オーストリアでは第6学年).
Sextaner 男 (-s/-) 《形 -in》 Sexta の生徒. **=blase** 女 **♦ eine ~ haben** 《戯》しばしば尿意をもよおす.
Sextant 男 (-en/-en) 【航】六分儀.
Sexte 女 (-/-n) 【楽】6度(音程).
Sextourismus 男 買春ツアー.
sexual = sexuell.
Sexual=berater 男 セックスカウンセラー. **=erziehung** 女 性教育. **=hormon** 中 【生理】性ホルモン.
Sexualisierung 女 (-/) 性的側面の強調; 性意識の付与. **Sexualität** 女 (-/) 性生活, 性行為. 性衝動.
Sexual=kontakt 男 性的な接触. **=kultur** 女 性文化. **=kunde** 女 (教科としての)性教育. **=leben** 中 性生活. **=mörder** 男 異常性欲による快楽殺人犯. **=partner** 男 性交《性行為》の相手. **=störung** 女 性障害. **=straftat** 女 性的犯行. **=wissenschaft** 女 性科学.
sexuell 形 性の, 性的な.
Sexus 男 (-/-) 性, セックス.
sexy 形 《無変化に》《話》セクシーな.
Sezessionskrieg 男 【史】(アメリカの)南北戦争(1861-65).
sezieren 他 解剖する; 細かく分析する.
Seziermesser 中 【医】解剖刀, 外科用メス.

sf = sforzando. **SfB** 略 Sender Freies Berlin 自由ベルリン放送.
sforzando 副 【楽】スフォルツァンド, 強いアクセントをつけて(® sf).

sfr.《ﾌﾗ》 **sFr.** 圏 Schweizer Franken スイスフラン. Sg., sg. Singular.

Shag [シェグ] 男《-(s)-s》シャグ(細かく刻んだ巻タバコ). **pfeife** 囡 シャグ用のパイプ.

Shampoo [シャンプ, シェンプー]

Shampoon [シャンプーン, シェンプーン] 中《-s/-s》ヘアシャンプー. **shampoonieren** 他 (髪を)シャンプーする.

Shenzhen 深圳(セミ). 中 シェンチェン(香港に隣接する中国の経済特別区).

Sheriff [シェリフ] 男《-s/-s》(イギリスの)地方長官;(アメリカの)保安官.

Sherry [シェリ] 男《-s/-s》シェリー酒.

shocking 形 ショッキングな,けしからぬ.

Shop [ショプ] 男《-s/-s》商店,ショップ.

Shorts [ショーツ] 複 ショートパンツ.

Show 囡《-/-s》ショー. **business** (中 = businessß) 中 ショービジネス. **master** 男《-s/-》(テレビ番組の)ショーの司会者.

Si 圏 珪素(ｶｲ)(元素名 < Silicium).

Sjam [シャム] シャム(タイの旧称). **katze** 囡 シャム猫.

Sibirien 中 シベリア. **Sibirier** 男《-s/-》, **in** 囡 シベリア人. **sibirisch** 形 シベリアの.

sich [ズィヒ] 《再帰代名詞》《性・数の区別なく3人称および敬称2人称の3・4格をさす》❶ 《=oneself》自分に(を). ❷ 《=互いに[を]》お互いに(を). ◆ an und für ～ そもそも,それ自体は. es in ～ haben 手強(ﾂ)い;しっかりしている. sich ～ lassen される. 例: Das Buch lässt sich gut lesen. この本は面白い.

Sichel 囡《-/-n》鎌(ｶﾏ)(小さい三日月形の鎌). **sichelförmig** 形 三日月形の. **sicheln** 他 鎌(ｶﾏ)で刈る.

Sichelzelle 囡 医 鎌状(ｶﾏｼﾞｮｳ)赤血球. **～n-anämie** 囡 医 鎌状赤血球貧血症.

sicher [ズィヒァー] I 形 ❶ 《= safe》安全な,危険のない. ❷ 《=reliable》信頼のおける,当てになる. ❸ 《= certain》確かな,確実な,予想を裏切らない. ❹ 《= sure》確信した: [sich³] et² ～ sein ⟨et² が⟩確信している. ❺ (態度などが)落ち着いた,冷静沈着な. II 副 きっと,間違いなく. (相づちで)確かに: Ich komme ～. 私はかならず行きます. ◆ Aber ～, sagte Blücher. 《話・戯》全然間違いないよ. Sicher ist ～. 《諺》念には念を入れよ. ..**sicher** 「…の点で確実(安全)な:…に耐えうる」の意.

sicher|gehen* 圓(s) 堅実な道を歩む, 安全策を取る.

Sicherheit [ズィヒァーハイト] 囡《-/-en》❶ 《= safety》安全, 無事. ❷ 《= certainty》確かさ, 確実性; 確信; 信頼性.圏 保証; 担保, 抵当. ♦ in ～ wiegen 《sich》自分は安全だと思い込んでいる. mit ～ 確かに, 確信をもって. **～s-abstand** 男 安全車間距離. **～s-ausschuss** (中 = ausschuß) 男 公安委員会. **～s-bestimmung** 囡 安全規則(の諸項目). **～s-bindung** 囡 (スキーの)セーフティビンディング. **～s-garantie** 囡 安全保障. **～s-glas** 中 安全ガラス. **～s-gurt** 男 (自動車・飛行機など)シートベルト.

sicherheitshalber 副 安全を保つために; 用心のために.

Sicherheits-kette 囡 安全用ドアチェーン. **=leistung** 囡 商 保証に担保の提供. **=nadel** 囡 安全ピン. **=netz** 囡(サーカスなどの)安全用ネット. **=personal** 中 (連合的)保安要員. **=rat** 男 (国連の)安全保障理事会. **=schloss** (中 = schloß) 中 安全錠. **=standard** 男 安全基準. **=struktur** 囡 政 安全保障機構. **=system** 中 安全[対策]システム. **=technik** 囡 安全[管理]技術. **=überprüfung** 囡 安全点検. **=ventil** 中 (装置の)安全弁. **=vorkehrung** 囡 安全対策. **=vorschrift** 囡 安全規則.

sicherlich 副 きっと, 必ずや.

sichern [ズィヒァーン] 他 (sicherte; gesichert) ❶ 《= secure》安全にする, 守る; 確かなものにする: sich⁴ gegen et⁴ ⟨vor et³⟩ ⟨…に対して⟩身を守る; [j³ et³] (人に…を)確保してやる; 情報 (データ)をセーブする.

sicher|stellen 他 保管する; (警察などが)…を押収する; (食料供給などを)確保する; (生活・将来を)保障する; 確保する.

Sicherung 囡《-/-en》保護, 保全, 確保, (銃などの)安全装置; 電 ヒューズ. **～s-verwahrung** 囡 法 保安拘禁.

Sicht [ズィヒト] 囡《-/》(= sight)視力, 視界; 見地, (物的の)一覧, 展示. ◆ auf kurze ⟨lange⟩ ～ 短期⟨長期⟩的に[見て]. außer ～ sein 視界から外れる. bei erster ～ 一目で. in ～ sein ⟨kommen⟩ 視界の中にある⟨視界に入る⟩.

sichtbar [ズィヒトバール] 形 《visible》 見ることができる, 可視の; 明らかな, 顕著な. **Sichtbarkeit** 囡《-/》目に見えること; 明白さ.

Sicht-beton 男 建 (外壁などの)打ち放しコンクリート. **=blende** 囡 (目隠しのための)衝立(ｼﾞ), カーテン, 仕切り. **=einlage** 囡 経 普通預金.

sichten 他 (書類などに)目を通して整理する; (遠くのものを)認める, 目にする.

Sicht-geschäft 中 商 先物(ｻｷﾓﾉ)取引. **=grenze** 囡 可視(視野)限界.

sichtlich 形 明らかな;目に見える. 副 見るからに, 目に見えて.

Sichttag 男 商 (手形の)一覧(呈示)日; 商 (手形の)一覧期間日; (手形満期後の)支払い猶予期間.

Sichtung 囡《-/》整理, 選別; 遠くに見つけること.

Sicht-verhältnisse 複 気象 視界状況, 視程. **=vermerk** 男 査証, ビザ. **=wechsel** 男 商 一覧払い手形. **=weite** 囡 視界, 視程.

Sickergrube 囡 (浸透式の)下水(排水)坑.

sickern 圓(s) (液体が)染み込む, にじむ, 浸透する. **Sickerwasser** 中 浸透水.

Sideboard 中《-s/-s》食器棚, サイドボード.

sie [ズィー] ❶ 《人称代名詞:3人称女性単数》1・4格:2格 **ihrer**, 3格 **ihr**; 所有代名詞は **ihr**》《= she, it》(女性名詞を受けて)彼女, それ. ❷ 《人称代名詞:3人称複数》1・4格:2格 **ihrer**, 3格 **ihnen**; 所有代名詞は **ihr**》《= they》(男・女・中性の複数名詞を受けて)彼

ら, 彼女ら, それら.

Sie [ズィー] ❶ 《人称代名詞;2人称1・4格:2格 **Ihrer,**3格 **Ihnen**; 所有代名詞は **Ihr**》([英] you)あなた〔がた〕, 君〔たち〕, おまえ〔たち〕(→ du). ❷ [女] 《-/-〔s〕》 《話》(動物の)雌.

Sieb [中] 《-〔e〕s/-e》 ふるい, 茶漉(こ)し : *et*[4] durch ein ～ rühren …をふるいにかける. =**druck** [男] スクリーン印刷法〈印刷物〉.

sieben [ズィーベン] I 《基数》([英] seven)7. II [他] (穀物などを)ふるいにかける, (液体を)濾(こ)す; 選別する, ふるい分ける. **Sieben** [女] 《-/-en》 (数字の)7; (トランプの)7; 《話》路線番号7のバス〈市電〉.

Siebeneck [中] 7角形.

sieben=eckig [形] 7角形の. =**einhalb** 《分数; 無変化》7と2分の1の.

Siebener [男] 《-s/-》 《方》(数字の)7; 路線番号7のバス〈市電〉.

siebenerlei [形] 《無変化》7種類の.

siebenfach [形] 7倍〈7重〉の.

Siebengebirge (das ～)ジーベンゲビルゲ(ドイツ中西部のライン右岸の山地).

siebengescheit [形] 知ったかぶりの.

Siebengestirn [中] 〔天〕 すばる, プレアデス星団.

sieben=hundert [ズィーベンフンデルト] 《基数》700. =**jährig** [形] 7年を経た; 7歳の.

sieben=mal [副] 7回;7倍. =**malig** [形] 7回の;7倍の.

Siebenmeilen=schritt [男] ✦ *mit ～en* 《話》 すごい速さで. =**stiefel** [複] (1歩で7マイル進むという)7マイル靴.

Sieben=sachen [複] 《話》 七つ道具, (常時必要な)所持品 : *seine* ～ packen 《話》(出かけるために)身仕度をする. =**schläfer** [男] 〔キリスト教〕 眠れる7殉教者の日(6月27日); 〔動〕 ヤマネ.

siebent 《序数》= siebt.

sieben=tägig [形] 7日間の; 生後7日の. =**täglich** [形] 7日ごとの. =**tausend** 《基数》7000.

siebentel 《分数》= siebtel.

siebenund.. 《10の位の数詞と》 …7.

siebt 《序数》([英] seventh)7番目の.

siebtel 《分数》7分の1の. **Siebtel** [中] (スイス[男])《-s/-》7分の1.

siebtens [副] 7番目に.

siebzehn [ズィーブツェーン] 《基数》([英] seventeen)17. =**hundert** 《基数》1700〔の〕. **siebzehnt** 《序数》17番目の. **siebzehntel** 《分数》17分の1の.

siebzig [ズィーブツィヒ] 《基数》([英] seventy)70. **siebziger** [形] 《無変化》(ある世紀の)70年の;70年代の. **Siebziger** [男] 《-s/-》 ([女] **-in**)70歳〔台〕の人; 《[複]》70歳台.

siebzigjährig [形] 70年を経た;70歳の.

siebzigst 《序数》70番目の.

siebzigstel 《分数》70分の1の.

siech [形] 《雅》 長患いの, 病身の.

Siechtum [中] 《-s/》 《雅》 長患い.

Siedehitze [女] 沸騰点; 炎暑.

siedeln [ズィーデルン] 《siedelte; gesiedelt》[自] ([英] settle)住み着く, 入植する.

sieden(*) [ズィーデン] 《siedete, **sott**; gesiedet, **gesotten**》 ❶ [自] ([英] boil)沸騰する, 沸く; 煮えたぎる, ゆだる. ❷ [他] 《南部・オーストリア》 煮る, ゆでる; (コーヒー・茶などを)入れる. ✦ *Et*[1] *fällt j*[3] *～d heiß ein.* 《話》(人が…を)不意に思い出す. *vor Wut ～* 激怒する.

siedendheiß [旧]⇨ sieden ✦

Siede=punkt [男] 〔理〕 沸〔騰〕点. =**wasserreaktor** [男] 沸騰水型原子炉.

Siedler [男] 《-s/-》 ([女] **-in**)入植者, 開拓民, 移民.

Siedlung [ズィードルング] [女] 《-/-en》 (都市近郊の小さな庭つきの)住宅団地, 郊外の団地; 団地の住民; 開拓地; 集落, 居住地; 入植, 植民; 群体, コロニー.

Sieg [ズィーク] ❶ [男] 《-〔e〕s/-e》 ([英] victory)勝利; (競技などでの)勝ち, 優勝. ❷ (die ～)ズィーク(Rhein 川の支流).

Siegel [ズィーゲル] [中] 《-s/-》 ([英] seal)封印, 印章; 印鑑, 判. ✦ *unter dem ～ der Verschwiegenheit* 絶対秘密で. =**lack** [男] 封蝋(ふうろう). **siegeln** [他] (…に)封印する; (文書に)押印する.

Siegelring [男] 印章付き指輪.

siegen [ズィーゲン] 《siegte; gesiegt》[自] ([英] win)勝つ, 勝利する.

Siegen ズィーゲン(ドイツ Nordrhein-Westfalen 州の都市).

Sieger [ズィーガァ] [男] 《-s/-》 ([女] **-in**) ([英] winner)勝〔利〕者, (競技の)優勝者; 征服者. ✦ *zweiter ～ werden* 〈*bleiben*〉 《話》 試合に負ける. =**ehrung** [女] 〔スポーツ〕 (勝者の)表彰〔式〕. =**kranz** [男] (勝者に与えられる)栄冠, 月桂冠.

sieges=bewusst ([旧]= **bewußt**) [形] 必勝を期している, 勝利を確信した. =**gewiss** ([旧]= **gewiß**) [形] 《雅》 勝利を確信した.

Siegeskranz [男] = Siegerkranz.

siegessicher [形] 勝利を確信した.

Siegestor [中] 〔球技〕 ウイニングゴール; 凱旋(がいせん)門.

siegestrunken [形] 《雅》 勝利に酔いしれた.

Siegeszug [男] 無敵の進軍; 大躍進.

Siegfried 《男名》 ジークフリート; ジークフリート(ゲルマン伝説の英雄).

sieghaft [形] 《雅》 勝利を確信した, 勝ち誇った.

Sieglinde 《女名》 ズィークリンデ(＜Nibelungen 伝説の Siegfried の母).

Siegmund 《男名》 ズィークムント(＜Nibelungen 伝説の Siegfried の父).

Siegprämie [女] (プロスポーツで)勝者に与えられる賞金.

siegreich [形] 勝利を収めた; 無敵の.

siegte ⇨ siegen

sieh, siehe, siehst, sieht, ⇨ sehen

Siel [男] [中] 《-〔e〕s/-e》 (堤防の)水門; 《北部》 排水〈下水〉管.

Siele [女] 《-/-n》 (輓馬(ばん)の)引き具. ✦ *in den ～n sterben* 仕事中に死ぬ.

Siemens [中] 《-/-》 〔電〕 ジーメンス(電導度の単位[記号] S). ✦ 〔*die*〕 *～ AG* ジーメンス株式会社(ドイツの総合電機コンツェルン).

siena [形] 《無変化》 シエナ色の, 赤褐色の.

Sierra Leone シエラ=レオネ(アフリカ西

Siesta 囡 ⟨-/-s, ..sten⟩ 昼休み; 昼寝.
siezen [話] 他 (人を) Sie で呼ぶ, (人に) Sie で呼ぼうと話す; [sich⁴ mit j³] (人と) Sie で呼び合う, (互いに) Sie を使って話す.
Sigel 中 ⟨-s/-⟩, **Sigle** 囡 ⟨-/-n⟩ 略記号; 速記記号, 略字.
Sigma 中 ⟨-[s]/-s⟩ シグマ(ギリシャ語アルファベット第18文字: Σ, σ).
Signal [ズィグナール] 中 ⟨-s/-e⟩ 《= signal》信号, 合図; 警報; [鉄道]信号機. ♦ ~e setzen 指標をたてる. =**anlage** 囡 [交通]信号設備, 信号機.
Signalflagge 囡 [海][国際]信号旗.
signalisieren 他 信号で知らせる, (…の)信号をする; 通信する.
Signal=lampe 囡 信号灯. =**mast** 男 信号柱[マスト]. =**pistole** 囡 信号用ピストル.
Signatarmacht 囡 ⟨-/-en⟩ 調印当事国, 条約加盟国.
Signatur 囡 ⟨-/-en⟩ 署名, サイン, 筆跡; 記号, 符号, 分類番号(薬の処方牋, 外航に書かれた)使用上の注意.
Signet 中 ⟨-s/-e, -s/-s⟩ 出版社のロゴ⟨社標⟩; 商標.
signieren 他 (自著・自作に)署名⟨サイン⟩する; (本に)分類番号をつける.
signifikant 形 [意味の]ある, 重要な.
Signum 中 ⟨-s/ -gna⟩ (頭文字などによる)サイン, 落款, しるし, シンボル, 記号.
Silbe [ズィルベ] 囡 ⟨-/-n⟩ 《= syllable》[言]音節, シラブル. ♦ mit keiner ~ erwähnen [et⁴] (…について)一言も触れない. =**n=trennung** 囡 [文法]分綴(ﾙﾂ)[法], つづりの分け方.
Silber [ズィルバー] 中 ⟨-s/⟩ 《= silver》銀; 銀製品; 銀貨; [ﾓﾂ]銀メダル; 銀色の光(月光など). =**barren** 男 銀の延べ棒, 銀地金. =**bergwerk** 中 銀山, 銀鉱山. =**besteck** 中 銀食器(ナイフ・フォーク・スプーン). =**blick** 男 やぶにらみ.
silberfarben 形 銀色の.
Silber=fischchen 中 [虫]セイヨウシミ, セイヨウ銀ギツネ; 銀ギツネの毛皮. =**gehalt** 男 銀の含有量, 銀の純度. =**geld** 中 銀貨. =**geschirr** 中 銀食器(皿・杯など).
silber=grau 銀ねずみ色の. =**haltig** 形 銀を含む.
Silberhochzeit 囡 銀婚式.
silberig 形 = silbrig.
Silber=löwe 男 [動]ピューマ. =**münze** 囡 銀貨.
silbern [ズィルバァン] 形 《= silver》銀の, 銀製の; 銀色の; (音が)明るく澄んだ.
Silber=papier 中 [話](包装用の)銀紙; アルミ箔(ﾊｸ). =**pappel** 囡 [話] ウラジロハコヤナギ, ハクヨウ(白楊), ギンドロ. =**schmied** 男 ⟨..din⟩ 銀細工師. =**streifen** 男 ♦ ein ~ am Horizont 一縷の希望⟨好転⟩の光. =**waren** 複 銀食器, 銀製品.
silbrig 形 銀のような; 銀色に輝く.
Silhouette [ズィルエッテ] 囡 ⟨-/-n⟩ シルエット; 影絵, 切り絵.
Silicagel 中 ⟨-s/⟩ シリカゲル(乾燥剤).

Silicium 中 ⟨-s/⟩ 珪素(ｹｲｿ)(元素名: 配号 Si).
silieren 他 (牧草・穀物などを)サイロに貯蔵する.
Silikat 中 ⟨-[e]s/-e⟩ 珪酸(ｹｲｻﾝ)塩.
Silikon 中 ⟨-s/-e⟩ シリコーン.
Silikose 囡 ⟨-/-n⟩ [医] 珪肺(ｹｲﾊｲ)症.
Silizium 中 ⟨-s/⟩ = Silicium.
Silo 男[中] ⟨-s/-s⟩ [工・農]サイロ.
=**futter** 中 サイロ飼料.
Silvester [ズィルヴェスター] **❶** 中 ⟨-s/-⟩ 大晦日(ﾐｿｶ). **❷** [男名] ジルヴェスター. =**abend** 男 大晦日(ﾐｿｶ)の夕べ.
Simbabwe ジンバブエ(アフリカ南東部の共和国).
Simili 中 ⟨-s/-s⟩ (特に宝石の)模造品. =**stein** 男 人造[模造]宝石.
Simon [男名] ジーモン; [聖] シモン(12 使徒の代表者ペテロのこと).
Simonie 囡 ⟨-/-n⟩ [カト.] 聖職売買.
simpel 形 簡単な, 単純な; 素朴な, 質素な, 簡素な; 愚かな, 幼稚な. **Simpel** 男 ⟨-s/-⟩ [話] 単純な人, お人よし. **simplifizieren** 他 単純化する.
Simplon=pass ⟨der ~/..pässe⟩ ジンプロン峠(スイス南部とイタリアを結ぶアルプス越えの峠).
Sims 男[中] ⟨-es/-e⟩ (壁面の)棚; 窓敷居; [建築] 胴蛇腹(ｺﾞﾗ), 軒蛇腹.
Simson [男名] ジムゾン; [聖] サムソン(Israel の英雄).
Simulant 男 ⟨-en/-en⟩ (囡 -in)仮病を使う人. **Simulation** 囡 ⟨-/-en⟩ シミュレーション; 模擬運転[訓練]; [商] 空(ｶﾗ)取引. **Simulator** 男 ⟨-s/..ren⟩ [宇宙]模擬運転[訓練]装置, シミュレーター.
simulieren 他 (…の)ふりをする, (…を)装う; (…の)シミュレートをする, (シミュレーターで…の)模擬訓練をする.
simultan 形 同時の.
Simultan=dolmetscher 男 同時通訳者. =**gründung** 囡 [商] (株式会社)設立.
sin 配号 [数] サイン, 正弦(<Sinus).
Sinai ⟨der ~/⟩ シナイ(エジプト北東部, 紅海に突き出た半島とその南部の山地).
sind = sein I, II
sine tempore [ｽﾞｲﾈ ﾃﾝ- ポレ] (大学の講義などの)開始が15分の遅れなしに, 定刻どおりに (略 s. t.).
Sinfonie 囡 ⟨-/-n⟩ [楽] 交響曲, シンフォニー; [雅] (多様なものの)調和. =**konzert** 中 シンフォニーコンサート. =**orchester** 中 交響楽団.
sinfonisch 形 交響曲⟨シンフォニー⟩の.
Sing. [略] Singular 単数.
Singapur シンガポール. ♦ die Straße von ~ シンガポール海峡.
Singdrossel 囡 [鳥] ウタツグミ.
singen* [ズィンゲン] ⟨sang, gesungen⟩ **❶** (＝ sing) 歌う; (鳥が)さえずる; 歌を歌って(…を…の状態)にする; [sich⁴] (人が)歌って(…に)なる; [雅] (歌の具合が…である) (Es singt sich\...](ある場所で)歌い具合が(…で)ある. **❷** [歌う ような音を立てる(風が)鳴る. **❸** [von j-et¹] (詩の形で)…を物語る. **❹** [話] [俗] 犯人が](泥を)吐く. ♦ ~ können [話] [et⁴](…は)もうさんざん聞かされた.

Single 田《-[s]/-[s]》(テニスなどの)シングルス; 囡《-/-s》(レコードの)シングル盤; 團《-[s]/-[s]》独身者.

Sing-sang 團 (単調で抑揚のない)歌声, 鼻歌; へたくそな歌. **-spiel** 田《楽》ジングシュピール, 歌唱劇. **-stimme** 囡 歌声, 声楽パート.

Singular 團《-s/-e》《文法》単数[形].
singulär 彫 珍しい, まれな; 独特な.
Singvogel 團 《鳥》鳴禽《愛》類.

sinken* 《zin/ken》《sank; gesunken》 圓 (s) (⇔ sink) ❶ 沈む, (ゆっくりと)沈下する; (泥などに)めり込む; 倒れ込む, くずおれる; (in et⁴) (…の状態に)陥る; in den Schlaf ~《雅》眠りに落ちる. ❷ 低下[減少]する; 次第になくなる.

Sinn 《ツィン》團《-[e]s/-e》 ❶ (⇔ sense)感覚, 知覚; 〔團〕性欲; (für et⁴) (…に対する)感受性, 興味, 関心, センス. ❷ (⇔ mind)意識, 望み, 考えかた, 意向. ❸ (⇔ meaning)意味, 意義, 目的. *aus dem ~ kommen* (j³) (人に)忘れ去られる. *aus dem ~ schlagen* (sich³ et⁴) (…を)あきらめる, 忘れる. *bei ~en sein* 正気である; *der sechste ~* (im sechster)~ 第六感. *durch den ~ gehen* (fahren) (j³) (人の)頭に浮かぶ. *etwas (nichts) im ~ haben* (mit j-et³) (…と)関係がある(ない). *seine fünf ~e nicht (richtig) beisammen haben* 正気でない, 頭がおかしい. *seine fünf ~e zusammennehmen (zusammenhalten)* 頭をはっきりさせる, 集中する. *im ~ haben* (…を)計画する, もくろむ. *im ~ liegen* (j³) (人に)気にかかる. *in den ~ kommen* (j³) (人の)頭に浮かぶ. *nicht aus dem ~ gehen* (j³) (人の)念頭を去らぬ(意味するところ)ではない. *ohne ~ und Verstand* よく考えずに. *J³ steht der ~ nach et³* (人は…を)望んで(欲して)いる. *[wie] von ~en sein* 分別を失っている.

Sinnbild 囲 象徴, シンボル. **sinnbildlich** 彫 象徴的な, 比喩(⟨喩⟩)的な.

Sinne ⇒ **Sinn** (複数形: 単数3格の別形)
sinnen* 《zin/nen》《sann; gesonnen》 圓 《雅》思案する, 考えに沈む; (über et⁴) (…についてよく考える; (auf et⁴/et⁴) (…をたくらむ; 思いを巡らす.

Sinnen-freude 囡 感覚的な喜び; 〔團〕官能的悦楽. **-genuss** (⇔ **genuß**) 團《雅》官能的悦楽. **-lust** 囡 官能的快楽, 官能的悦楽. **-mensch** 團 官能主義者, 享楽家. **-rausch** 團 官能的陶酔.

sinn-entleert 彫 意味(内容)のない. **-entstellend** 彫 意味をゆがめる.

Sinnes-änderung 囡 心変わり, 変心. **-art** 囡 性向, 物の考え方, 気質. **-eindruck** 團 感覚的印象. **-organ** 団 感覚器官. **-störung** 囡 感覚障害. **-täuschung** 囡 錯覚, 幻覚, 幻想. **-wahrnehmung** 囡 (感覚器官による)知覚, 知覚. **-wandel** 團 心変わり, 変心.

sinnfällig 彫 具体的な, はっきりした.
Sinn-gedicht 団《文芸》格言詩, 寸鉄詩. **-gehalt** 團 意味内容.
sinn-gemäß 彫 意味(内容)に即した. **-getreu** 彫 意味に忠実な.

---

sinnieren 圓 思案する, 思い煩う.
sinnig 彫 考え抜かれた. 〔話〕思い過ごしの.

sinnlich《ツィンリヒ》彫 感覚の, 感覚的な; 知覚しうる; 感性的な; 官能的な, セクシーな. **Sinnlichkeit** 囡《-/》感性; 官能性.

sinnlos《ツィンロース》彫 無意味な, むだな, 役に立たない; 《蔑》正体をなくした. **Sinnlosigkeit** 囡《-/-en》無意味; 無意味な言動.

sinnreich 彫 意味深い; 考え抜かれた.
Sinnspruch 團 金言, 格言.
sinnverwandt 彫《文語》同義の.
Sinn-voll 彫 意味のある, 有意義な; よく考えられた, 賢明な. **-widrig** 彫 矛盾した, つじつま合わない, 理に反した.

Sinologie 囡《-/》中国学.
Sinter 團《-s/-》鉱泉沈殿物, 湯の花.
sintern 圓 焼結する; 圓 (s)《冶金》焼結[靫化]する. **-in** 図《-/-en》《冶金》焼き付けする.
Sintflut 囡《-/》《聖》ノアの大洪水. ♦ *Nach mir (uns) die ~!* あとは野となれ山となれ.

Sinto《-s/..ti》(ドイツ系の)ジプシー(→ **Rom II**) : *Sinti und Roma* ジプシーたち.

Sinus 團《-/-, -se》《数》正弦, サイン(⇒ **sin**); 《解》洞. **-kurve** 囡《数》正弦曲線, サインカーブ.

Siphon 團《-s/-s》サイフォン.
Sippe 囡《-/-n》氏族, 部族; 一族[郎党]; 〔話〕親類.
Sippschaft 囡《-/-en》一族, 親戚(⟨戚⟩); 〔蔑〕一味, 連中.

Sirene 囡《-/-n》❶《神》セイレン(上半身は女下半身が鳥の姿をした海の怪物); 妖婦(⟨婦⟩); サイレン, 警報機; 《動》カイギュウ(海牛)〔類〕. **-ngeheul** 団 (うなるようなサイレンの音.

sirren 圓 (昆虫などが)ブーンと(ブンブン)いう; (s) (昆虫などが)ブーンと飛んで行く.

Sirup 團《-s/種類-e》シロップ; 《楽》シロップ剤.

sistieren 圓 (活動などを)一時停止⟨中止⟩する; 警察に連行する, 逮捕する.

Sisyphos, Sisyphus《ジ神》シシュポス(コリントの王).

Sisyphusarbeit 囡 シシュポスの仕事, 徒労.

Sit-in 団《-[s]/-s》(デモなどの)座り込み.

Sitte《ツィッテ》囡《-/-n》(⇔ **custom**) 慣習, 風習; 風俗; 〔團〕礼儀作法, 礼儀正しさ. **-nlehrer** 〔皮肉〕道徳家, 礼儀作法を説く人. **-nbild** (ある時代の)風俗描写; 風俗画. **-in dezernat** 団 (警察の)風俗取り締まり班. **-ngeschichte** 囡 風俗史. **-ngesetz** 団 道徳律. **-nlehre** 囡 倫理学, 道徳哲学.

sittenlos 彫 不道徳な, 不品行な; 礼儀知らずの. **Sittenlosigkeit** 囡《-/》不道徳, 不品行; 礼儀知らず.

Sitten-polizei 囡 警察の風紀取り締まり係. **-prediger** 道徳を説く人, 道学者. **-richter** 團 道徳家.

sittenstreng 彫 道徳の厳しい.
Sitten-strolch 團 痴漢, 変質者. **-verderbnis** 団《雅》道徳の退廃.

=verfall 男 道徳の退廃.
Sittich 男 ((-s/-e)) 〘鳥〙 インコ.
sittlich [ズィットリヒ] (㊥ moral) 道徳上の; 道徳的な, 道徳にかなった; 風俗に関する.
Sittlichkeit 囡 ((-/-)) 道徳, 人倫, 風紀; 道徳心, 倫理感. **~s=verbrechen** 中 性犯罪.
sittsam 礼儀正しい; しとやかな.
Sittsamkeit 囡 ((-s/-)) 礼儀正しさ; つつましさ.
Situation [ズィトゥアツィオーン] 囡 ((-/-en)) (㊥ situation) 状況, 事情, 立場, 境遇; 局面, 社会情勢. ◆ **Herr der ~ sein** ⟨**bleiben**⟩ 状況を掌握している.
situationell ㊥ 状況的な, シチュエーション上の; ⦅文⦆ 発話場面上の. **Situationskomik** 囡 異常な状況から生まれるおかしさ(こっけい).
situieren ㊥ (ある関連のなかへ) 置く.
situiert ㊥ (…の) 経済状態(地位)にある. ◆ **gut** ⟨**wohl**⟩ **~ sein** 恵まれた生活にある.
Sitz [ズィッツ] 男 ((-es/-e)) ❶ (㊥ seat) 座席, (いす・ズボンなどの) 腰くい(よが当たる部分); 議席; 所在地; ありか; 座りかた, 座り. ◆ **auf einen ~** ⦅話⦆ 一気に. **vom ~ hauen** ⟨**reißen**⟩ ⦅話⦆ (人を) 興奮させる. **~bad** 腰湯. **~demo**, **~demonstration** 囡 座り込みデモ.
sitzen* [ズィッツェン] (saß, gesessen) ㊦ (南部, スイス, オーストリアs) ❶ (㊥ sit) (…に) 座っている, 腰かけている (bequem ~ 心地よく座っている); (動物が …に) いる, 泊まっている; (…に) 留まって (ついて) いる; (ある場所に) 留まっている; (議会・委員会などのメンバーである) ⦅話⦆ 刑務所に入っている. ❷ (物が) ついている, 取り付けている; (衣服が) 体に合っている. ❸ (ある感情的なくとり) が身についている. ❹ ⦅話⦆ (ある技術が) 身についている. ◆ **auf** **er**³ **~ haben** ⦅話⦆ ほろ酔いかげんである. **locker ~** ⦅話⦆ (人から) すぐ離れたがる. **~ bleiben** 座ったままでいる; ⦅学⦆ 留年 (落第) する; (ダンスパーティーで) 相手が見つからない; (パン生地が) 膨らまない; **auf** **et**³ **~** (商品に) 買い手がつかない; **auf** **f**³ (嫁残などが) 人に難れない. **~ lassen** (j¹) (人に) 席を譲る; (人を) 棚ざらえにする; ⦅学⦆ (人を) 留年 (落第) させる; 置き去りにする; 尻をすえる; (女を棄てる; ⦅話⦆ (人をすっぽかすか食わす) (**et**⁴ **auf sich**³) (…に) 甘さする.
sitzenbleiben* ㊦ ⇒ sitzen ◆
sitzend 座ったままの.
sitzenlassen* ㊥ ⇒ sitzen ◆
Sitz=fläche 囡 (いすの) 座, シート; ⦅話⦆ しり. **~fleisch** 中 ⦅話⦆ しり. ◆ **kein ~ haben** ⦅話⦆ 腰が落ちつかない, 根気がない. **~ haben** ⦅話⦆ (客が) なかなか腰を上げない. **~gelegenheit** 囡 座る場所 (物). **~gruppe** 囡 いすなどのセット. **~kissen** 中 いすクッション; 座布団. **~möbel** 中 いす家具. **~ordnung** 囡 席順, 座席. **~platz** 男 座席. **~streik** 男 座り込みストライキ.
Sitzung [ズィッツング] 囡 ((-/-en)) (㊥ meeting) 会議, 集会; (議会の開会, 裁判所の) 開廷; (絵の) モデルになること; (一回一回の) 歯の治療.
~s=bericht 男 議事報告, 議事録.
~s=periode 囡 (議会などの) 会期.
~s=saal 男 会議室, 会議場.

Sizilien シチリア (イタリア南部の島).
s.j. sc. ⦅ラ⦆ **salvo jure** ⦅法⦆ 権利をそこなうことなく. **SJ, S.J.** ⦅ラ⦆ Societas Jesu ⦅ラ⦆ イエズス会.
Skala 囡 ((-/..len, -s)) (計器の) 目盛り; 段階, 等級; ⦅楽⦆ 音階.
Skalde 男 ((-n/-n)) スカルド (9-14世紀の北欧の宮廷詩人).
Skale 囡 (計器の) 目盛り.
Skalen ⇒ Skala, Skale **-faktor** 男 ⦅コンピュータ⦆ スケールファクタ.
Skalpell 中 ((-s/-e)) ⦅医⦆ 外科用メス.
skalpieren ㊥ (人の) 頭皮をはぎ取る.
Skandal [スカンダール] 男 ((-s/-e)) (㊥ scandal) スキャンダル, 醜聞; ⦅方⦆ スキャンダル, 大騒音. **skandalös** ㊥ スキャンダラスな, 恥ずべき. **skandalträchtig** ㊥ スキャンダルをはらんだ.
skandieren ㊥ (詩句などを) 韻律を踏まえて朗読する; (語句を) 区切りながらリズミカルに唱える.
Skandinavien スカンディナヴィア (半島). **Skandinavier** 男 ((-s/-)) スカンディナヴィア人. **skandinavisch** ㊥ スカンディナヴィア (人, 語) の.
Skat 男 ((-[e]s/-e, -s)) スカート (3人で行うトランプゲームの一種); (スカートで使う) 伏せ札.
Skateboard 中 ((-s/-s)) スケートボード. **Skateboarder** 男 ((-s/-)) スケートボードで遊びをする人.
skatologisch ㊥ 糞便(学)学 [上]の; 糞便嗜好性(な), ⟨スカトロジーの⟩.
Skat=spieler 男 (トランプゲームの) スカートを楽しむ人.
Skelett 中 ((-[e]s/-e)) 骨格; 骸骨; ⦅建⦆ 骨組み.
Skepsis 囡 ((-/-)) 懐疑癖. **Skeptiker** 男 ((-s/-)) 懐疑家, 疑い深い人.
skeptisch ㊥ 疑い深い, 懐疑的な.
Sketch 男 ((-[e]s/-e[s], -s)) 風刺寸劇.
Ski [シー] 男 ((-s/-er)) (㊥ ski) スキー; **~ laufen** ⟨**fahren**⟩ スキーをする. ◆ **~ alpin** アルペンスキー. **~ nordisch** ノルディックスキー. **~brille** 囡 (スキー用の) ゴーグル. **~fahrer** 男 スキーヤー. **~läufer** 男 スキーヤー. **~lift** 男 スキーリフト. **~marathon** 男 スキーマラソン. **~piste** 囡 ⦅ス⦆ 滑降コース.
Skipper 男 ((-s/-)) (ヨットの) 艇長, スキッパー.
Ski=schuh 男 スキー靴. **~sport** 男 スキー競技. **~sprung** 男 スキーのジャンプ.
Skizze [スキッツェ] 囡 ((-/-n)) (㊥ sketch) スケッチ, 素描, 略図; (小説などの) 小品; スケッチふうの小品 (短編); スケッチ. **~n=buch** 中 スケッチブック.
skizzenhaft ㊥ スケッチふうの.
skizzieren ㊥ スケッチする; (…の) 見取図 (略図) を書く; (…の) 概略を述べる; (…の) 草案 (ラフスケッチ) する.
Sklave 男 ((-n/-n)) (㊥ .vin) 奴隷.
~n=arbeit 囡 奴隷労働, 苦役.
~n=auktion 囡 奴隷の競売.

Sklavenhaltergesellschaft 578

~n-haltergesellschaft 囡《史》奴隷制社会. **~n-handel** 男 奴隷売買. **~n-mentalität** 囡 奴隷根性. **~n-raub** 男 奴隷狩り.

Sklaverei 囡 (-/) 奴隷の身分; 奴隷制度; 奴隷のような状態; 苦役.

sklavisch 形 奴隷のような、奴隷的な; 卑屈な; 主体性のない.

Sklerose 囡 (-/-n) 【医】硬化[症].

skontieren 他 《商》割引する.

Skonto 男中 (-s/-s ..ti)) 《商》《現金》割引.

Skontration 囡 (-/-en) 《商》相殺, 決済; 帳簿と現品の照合. **skontrieren** 他 《商》相殺する、差引勘定する; 《帳簿と現品を》照合する. **Skontro** 中 (-s/..ren, -s) 《商》相殺, 決済; 商品在庫帳.

Skorbut 男 (-[e]s/) 【医】壊血病.

Skorpion 男 (-s/-e) 【動】サソリ; 《天蠍(さ)座》《占星》天蠍(さ)宮.

skr schwedische Krone スウェーデンクローナ.

Skript 中 (-[e]s/-e,-en) 原稿, 草稿; 《講義などの》筆記ノート; 《-[e]s/-s》映・放 台本, シナリオ.

Skrofel 囡 (-/-n) 【医】頚部(沈)リンパ腺(⑥)腫瘍(は), 《復》 = Skrofulose.

skrofulös 形 【医】瘰癧性の; 腺病質の. **Skrofulose** 囡 (-/-n) 【医】腺病.

Skrupel 男 (-s/-) 良心の呵責(と)、ためらい; 疑念. **skrupellos** 形 良心の呵責(と)のない, 恥知らずの. **Skrupellosigkeit** 囡 (-/) 厚顔無恥.

Skulptur 囡 (-/-en) 彫刻; 彫刻品, 彫像.

Skunk 男 (-s/-s,-e) 【動】スカンク; 《-s/-s》スカンクの毛皮.

skurril 形 奇妙な, 奇抜な.

S-Kurve 囡 (道路などの) S 字形カーブ.

Skylab 中 (-s/-s) 《宇宙》（米国の）有人宇宙実験室, スカイラブ.

Skythien スキティイ(黒海とカスピ海の北方および東方の古代名).

s.l. 《§》 sine loco [発行]場所不詳.

Slalom 男 (-s/-s) 《スキー》回転競技, 《スキー》スラローム.

Slang 男 (-s/-s) スラング, 俗語; (特定社会の)隠語.

Slawe 男 (-n/-n) 《女..win》 スラブ人.

slawisch 形 スラブ[人, 語]の.

Slawist 男 (-en/-en) 《女..in》 スラブ学者, スラブ語学《文学》研究者. **Slawistik** 囡 (-/) スラブ学, スラブ語学《文学》研究.

Sliwowitz 男 (-[e]s/-e) スリボビッツ (スモモから作られる蒸留酒).

Slip [スリップ] 男 (-s/-s) 《服》 (女性用の)パンティー, ショーツ; (男性用の)ブリーフ; 口 スリップ, 横滑り; 【海】伝票.

Slipper [スリパ] 男 (-s/-s) スリップオン[シューズ], 《俗》《-s/-) スリッパー (男性用ひも靴コート).

Slogan [スロ一ガン] 男 (-s/-s) スローガン, (宣伝用の)キャッチフレーズ.

Slowake 男 (-n/-n) 《女..kin》 スロヴァキア人. **Slowakei** (die ~) スロヴァキア (1993年チェコと分離独立). **slowakisch** 形 スロヴァキア[人, 語]の.

Slowene 男 (-n/-n) 《女..nin》 スロヴ

ェニア人. **Slowenien** スロヴェニア(旧ユーゴスラヴィア). **Slowenier** 男 (-s/-) 《女-in》 = Slowene. **slowenisch** 形 スロヴェニア[人, 語]の.

Slowfox 男 (-[es]/-e) 《ダンス》スローフォクストロット.

Slum 男 (-s/-s) スラム街, 貧民窟(⑥).

sm 【略】海里 (< See meile). **Sm** 【略】サマリウム (< Samarium). **S.M.** 【略】 Seine Majestät 陛下.

Smaragd 男 (-[e]s/-e) 【動物】 エメラルド. **smaragden** 形 エメラルドの; エメラルドグリーンの. **smaragdgrün** 形 エメラルドグリーンの.

smart 形 てきぱきした, 抜け目のない; 洗練された, あか抜けた. **Smartie** [スマ[一]ティ] 男 (-s/-s) 《話》 smart な男《やつ》.

Smog [スモク] 男 (-[s]/-s) スモッグ. **-alarm** 男 スモッグ警報.

Smoking 男 (-s/-s) 《服》スモーキング, タキシード.

Smörgåsbord [スモ一ルゴスボルト] 中 (-s/-s) 《料理》 スモーガスボード (北欧, 特にスウェーデンのバイキング料理).

Smörrebröd 中 (-s/-s) 《料理》スモーレブロード (ライ麦パンにバター・ハム・卵などをのせたデンマークのオープンサンド).

SMV 【略】《§》 Schülermitverwaltung 生徒自治会.

Sn 【略】錫(すず) (《§》 stannum).

Sniff 男 (-s/-s) 《話》 (コカイン・シンナーなどの)吸引.

Snob 男 (-s/-s) 《軽》 (紳士気取りの)俗物, スノッブ. **Snobismus** 男 (-/..men) 紳士気取り, スノビズム; 紳士気取りの言動. **snobistisch** 形 俗物的な, 紳士気取りの.

Snowboard 中 (-s/-s) 《スポ》スノーボード. **snowboarden** 自 (h, s) スノーボードで滑走する, スノーボードをする. **Snowboarder** 男 (-s/-) 《女-in》 スノーボードをする人.

so [ゾー] I 副 ❶ (%§ so) 《程度》それ《これ》ほど、それほどまで《こんなに》; とても, たいへん, 非常に. ❷ (%§ thus) 《様態・方法》 そのように, こんな《そんな》ふうに; そうこういう状況(態度, 手順, 意味)で: So und nicht anders ist es! まさにそのとおりだ | Gut ~! 《話》それでいい | Recht ~! 《話》そのとおりだ. ❸ 《so ein, so was, so was, so jemand の形で》 (%§ such) 《話》そんな《こんな》 [もの, 人]; 《話》そうい《こう》 いうたぐいの[もの, 人]; 《憤慨・驚き》: [Na,] ~ was 《話》なんてことだ. ❹ 《話》《数詞と》およそ, だいたい, ざっと; 《話》《表現をぼかして》まあ; 《命令文で》さあ, もう; 次には; ところで, さて. ❺ 《論理的帰結》それなら, それで, それで. ❼ 《発言・分用の由来》いわく, (…に)よれば. II 接 《従属》 ❶ 《譲歩》 ふつう auch [immer] を伴って いかに(…)だけれども: So lob es mir auch tut, ich kann ihn nicht verzeihen. 残念ながら, 彼を許すことはできない. ❷ (so…, (副文), so…) 《主文の形で》 …だけれども, …なだけ, …ほど: So gut das Angebot ist, ~ wählerisch wird man beim Einkauf サービスがよいほど選り好みも激しくなる

❸《極限》…であるかぎり, できるだけ: Ich tue es, ~ gut ich kann. できるかぎり上手にやる. ✦ ***bald ~, bald ~/einmal ~, einmal ~*** ある時はそうで, またあるときはこうで. ***erst ~, dann ~*** 始めはそうで, 後からこうで. ***nicht ~ ..., als dass ...*** 〈, ***um***《+ zu 不定詞句》〉⇨ nicht ✦ ***nicht ~ sein***《話》けちけちしない. ***... oder ~***《話》それくらい. ***A, ~ dass B*** A の結果 B. ***~ genannt*** ([略] sog.). いわゆる, 世間で言うところの. ***~ gut wie ...*** ほとんど…だ, …も同然だ. ***~ oder ~***《話》いずれにせよ, いかなる場合でも. ***~ und ~***《話》もともと, どっちみち. ***und ~ weiter 〈fort〉*** …など([略] usw. 〈usf.〉). ***wenn ich ~ sagen darf*** 言うなれば.

SO [略] *S*üd*o*st[en] 南東.

So. [略] *So*nntag 日曜日.

s.o. [略] *s*ieh[e] *o*ben! 上記を参照せよ.

sobald [ゾバルト] [接]《従属》([英] as soon as) …するや否や.

Socke [ゾケ] [女]《-/-n》([小] **Söckchen**)([英] sock)ソックス, 靴下. ✦ ***auf den ~n sein***《話》《j^3》(人を)追跡する. ***auf die ~n machen***《話》《*sich*⁴》(急いで)出発する, 出かける. ***J^3 qualmen die ~n.***《話》(人は)心がせいている. ***von den ~n sein***《話》あきれて〈びっくりして〉いる.

Sockel [男]《-s/-》(建物の)土台, 基礎; (彫像などの)台座; (電球などの)口金(くちがね), ソケット. **=betrag** [男]〔経〕(賃上げ・昇給の)基本ベース.

Soda [女]《-/》; [中]《-s/》〔化〕ソーダ, 炭酸ナトリウム; [中]《-s/》ソーダ水, 炭酸水.

sodann [副] それから, そのあとで; さらに, その上に.

sodass ([旧] **sodaß**)[ゾーダス] [接]《従属》《オーストリア》= so dass. ⇨ so ✦

Sodawasser [中] ソーダ水, 炭酸水.

Sodbrennen [中]《-s/》胸焼け.

Sodoku [中]《-/》〔医〕鼠毒(そどく), 鼠咬(そこう)症.

Sodom〔聖〕ソドム(住民の不信・不倫のため, Gomorrha とともに神の火で焼かれた町). ✦ ***~ und Gomorrha*** (悪徳の町)ソドムとゴモラ;《話》大混乱, てんやわんや.

Sodomie [女]《-/-n》獣姦(じゅうかん).

soeben [ゾエーベン] [副]([英] just now)ついさっき, たった今, 今しがた; ちょうど今, 目下.

Soest [ゾースト] ゾースト(ドイツ Nordrhein-Westfalen 州の都市).

Sofa [ゾーファ] [中]《-s/-s》([英] sofa)ソファー, 長いす. **=kissen** [中] ソファー用クッション.

sofern [ゾフェルン] [接]《従属》= insofern II.

soff, söffe ⇨ saufen

Soffitte [女]《-/-n》〔劇〕一文字[幕]; チューブ状電球.

Sofia [中] ソフィア(ブルガリアの首都). **Sofioter** [男]《-s/-》ソフィアの人; [形]《無変化》ソフィアの.

sofort [ゾフォルト] [副]([英] at once)すぐに, 直ちに, 即刻, 即座に. ✦ ***ab ~*** 今からすぐに, 即刻. **Soforthilfe** [女] 緊急援助. **sofortig** [形] 即座の. **Sofortmaßnahme** [女] 緊急処置〈措置〉.

soft [形](男性が)やさしげな, 柔和な.

Soft=eis ([新] **Soft-Eis**) [中] ソフトアイスクリーム.

Softie [男]《-s/-s》《隠》感傷的な若者.

Software [女]《-/-s》〔コンピュータ〕ソフトウエア.

sog ⇨ saugen

Sog [男]《-[e]s/-e》気流〈水流〉の吸引, (巻き込まれそうな)渦;〔海〕潜流; (抗しがたい)誘惑; 吸引力.

sog. [略] いわゆる(< *so* genannt).

sogar [ゾガール] [副]([英] even) …さえも, …までも, …すら; しかも, それどころか.

söge ⇨ saugen

sogenannt [新]⇨ so ✦

sogleich [ゾグライヒ] [副] すぐに, 直ちに.

Sohle [ゾーレ] [女]《-/-n》([英] sole)足の裏; 靴底; 靴下の底; (靴の)中敷き; 川底, 谷底, 底面;〔坑〕水平坑道; 坑道床面;《方》うそ. ✦ ***sich⁴ an j^2 ~n 〈sich⁴ j^3 an die ~n〉 heften***《話》(人を)つけ回す. ***auf leisen ~n*** 足音を忍ばせて. ***die ~n [nach et³] ab\|laufen 〈wund laufen〉***《話》《*sich*³》(…を求めて)ひたすら歩き回る. ***Es brennt j^3 unter den ~n.***《話》(人は)足元に火がついている, 気がせいている. ***[längst] an den ~n abgelaufen haben***《話》《*sich*³ *et*⁴》(…を)とうの昔に知っている.

sohlen [他](靴の)底革を張る; [自]《方》うそをつく.

Sohn [ゾーン] [男]《-[e]s/**Söhne**》([英] son)息子. ✦ ***der verlorene ~***〔聖〕(後悔して家に帰ってきた)放とう息子.

soigniert [ソアニーアト] [形] 身だしなみのよい.

Soiree [ソアレー] [女]《-/-n》夜会, イブニングパーティー.

Soja=bohne [女] 大豆. **=soße** [女] 醤油(しょうゆ).

Sokrates ソクラテス(前470頃-399; 古代ギリシャの哲学者). **Sokratiker** [男]《-s/-》ソクラテス信奉者.

sokratisch [形] ソクラテス流の; 賢明な.

Sol〔ロ-神〕ソール(太陽の神).

solang[e] [ゾラング〈ゲ〉] [接]《従属》([英] as long as)《時間的》…の〈する〉間じゅう; ([英] so long as)《条件》…である限り.

solar [形] 太陽の, 太陽に関する.

Solar=batterie [女]〔理〕太陽電池. **=boot** [中] ソーラーボート. **=energie** [女]〔理〕太陽エネルギー.

Solarium [中]《-s/ ..rien》〔医〕太陽灯照射室.

Solar=mobil [中] ソーラーカー. **=technik** [女] 太陽エネルギー利用技術. **=zelle** [女]〔理〕太陽電池. **=zellenrechner** [男] 太陽電池つき電卓.

Solawechsel [男]〔商〕約束手形.

Solbad [中]〔医〕塩泉浴; 塩泉浴場.

solch [ゾルヒ]《指示代名詞; 性・数・格により変化; → solcher, solche, solches》(► 無変化・形容詞変化もある)([英] such)そんな, こんな, あんな;《話》たいへんな.

solche《指示代名詞 solch の女性・複数1・4格; 女性・複数2格, 女性3格 **solcher**, 複数3格 **solchen**》: Es war eine ~ Hitze, dass... …みたいな暑さだった | Es gibt oft ~ und ~.《話》そういった連中はよくいるものだ. ⇨ solch, solcher

sọlchem《指示代名詞 solch の男性・中性3格》⇨ solch, solcher, solches
sọlchen《指示代名詞 solch の男性1格,複数3格》⇨ solch, solcher, solche
sọlcher《指示代名詞 solch の男性1格;女性 **solches**:複数 **solchem**;4格 **solchen**》(▶名詞に語尾 -s が現われると2格は solchen となる)⇨ solch, solche
sọlcherart《無変化》そうした種類の;そのようにした. **sọlcherlei**《無変化》そのような, その種の.
sọlchermaßen 副 そのようにして, それほどに.
sọlches《指示代名詞 solch の中性1・2・4格;中性3格は solchem》(▶名詞に語尾 -s が現われると2格は solchen となる)⇨ solch, solcher
Sold 男《-[e]s/-e》(特に軍隊での)給料, 俸給.
Soldạt [ゾルダート] 男《-en/-en》(⊕ -in)兵士, 兵隊; 軍人 (bei den ~en sein《話》軍務についている). 《比》ヘイ [タイ] アリ. **soldạtisch** 形 軍人の, 兵士の; 軍人らしい.
Sọ̈ldling 男《-s/-》《蔑》(金目当てで仕事を請け負う)雇われ者.
Sọ̈ldner 男《-s/-》傭兵(ﾖｳﾍｲ).
Sohle 女《-/-n》塩水, 塩製泉.
solid 形 = solide.
solidạrisch 形 一致団結した, 連帯した. **solidarisieren**《sich⁴ mit j³》(人と)連帯する. **Solidaritạ̈t** 女《-/》堅忍; 堅実.
Solingen ゾーリンゲン(ドイツ中西部の工業都市).
Solịst 男《-en/-en》(⊕ -in)独唱者, 独奏者, ソリスト; ソロダンサー; 《スポーツ》個人プレーをする人.
soll ⇨ sollen
Sọll 中《-[s]/-[s]》《商》借り [高]; 借方, 負債; ノルマ, 基準生産(作業量. **-bestand** 男《-[e]s/-Bestände》《商》《計画》(希望)残高, 計画(希望)在庫数.
sọllen*[ゾレン]《ich (er) soll, du sollst; 過去 sollte;過去分詞は sollen: 主題以外の意志を示す》I《話法の助動詞; 過去分詞は sollen: 主題以外の意志を示す》❶《義務・道徳的要求》…すべきである;《禁止: 否定制と》(Du sollst nicht töten. 《聖》あなたは殺してはならない);《第三者の意志・要求》…するように言われている(Er befahl mir, ich solle sofort hinausgehen. 彼は私に「すぐ出て行け」と命じた);《疑問文で相手の意志を尋ねて》…しましょうか.…したらいかがでしょうか;《話し手の意志・要求》(Du sollst gleich zu mir kommen. すぐ私のところへ来たまえ). ❷《予定・運命》…することになっている, …するはずである. ❸《疑問文で不審・疑惑を示して》: Was soll das bedeuten? それはどういう意味なのだろうか. ❹《第3者の主張・うわさ》…だそうである, …ということ. ❺《接続法 II sollte の形で》《仮定の意味を弱めて》(Es wäre tragisch, wenn er sie heiraten sollte. もし彼が彼女と結婚するということになれば悲劇になるだろう);《忠告》(Wir sollten etwas für unsere Gesundheit tun. 私たちは自分の健康によいことをしたほうがよいのだが). II《不定詞を伴わず本動詞的に》過去分詞は gesollt) 《話》(人は…へ(に)) 行くべきである, (物は…へ(に)) 持って(運んで)行くべきである (Du sollst ins Bett. もうベッドに入りなさい);《意味上明らかな本動詞を省略し, 文脈を表すか, das, was soll et》(Was soll denn das? それは一体どういうことだ.
Sọllseite 女《商》(帳簿の)借方.
sollst ⇨ sollen
Sọll-stärke (⊕ - -Stärke) 女《軍》(部隊の)定員.
sọllte ⇨ sollen
Sọllzinsen 複《商》借方利息.
solo 副 ソロで;《話》独りで. **Sọlo** 中《-s/-s,..li》独唱, 独奏;《音》ソロのダンス; 《トランプの》ソロ.
Sọlo-konzert 中《楽》独奏楽器のための協奏曲(コンチェルト); 独奏(独唱)会, ソロコンサート. **-tänzer** 男(バレエなどの) ソロダンサー.
solvẹnt 形《商》支払い能力のある.
Solvẹnz 女《-/》《商》支払い能力.
solvieren 他《商》(負債などを)支払う.
Somạlia ソマリア(アフリカ東端の民主共和国).
Somaliland ソマリランド(アフリカ大陸の東端に突き出た地方).
Sombrero 男《-s/-s》ソンブレロ(広縁の帽子).
somịt 副 したがって, それゆえに; これで.
Sommelier [ゾリエー] 男《-s/-s》ソムリエ(レストランのワイン係).
Sọmmer [ゾマー] 男《-s/-》(⊕ sum-mer) 夏: der ~ des Lebens《雅》人生の盛り. **-anfang** 男 夏至(の日). **-fahrplan** 男《鉄道》夏ダイヤ.
Sọmmer-ferien [ゾマーフェーリエン] 複(学校の)夏休み, 夏期休暇. **-frische** 女 避暑[地]. **-frischler** 男《-s/-》避暑客. **-halbjahr** 中 夏を含む半年間; (大学の)夏学期. **-kleid** 中 サマードレス. **-kleidung** 女 夏服, サマーウェア.
sọmmerlich 形 夏の, 夏らしい.
Sọmmer-loch 中(商売・政治などの)夏枯れどき. **-mantel** 男 サマーコート. **-reifen** 男(スノータイヤに対して)普通タイヤ. **-residẹnz** 女(国家元首・王侯などの)夏の居所(城域).
sọmmers 副 夏に; 毎夏.
Sọmmer-schlussverkauf (⊕ = -schluß..) 男 夏物一掃大売り出し. **-semester** 中 夏学期. **-sprosse** 女 そばかす. **sọmmersprossig** 形 そばかすのある. **-tag** 男 夏の日;《気象》夏日 (ドイツでは25度以上);《比》《盛り》冬送りの祝日(四旬節の第4日曜日). **-zeit** 女 夏季; 夏時間, サマータイム.
somnambul 形 夢遊病の.
Somnambulịsmus 男《-/》《医》夢遊症, 夢遊病.
Sonar 中《-s/-e》超音波による水中探知; ソナー, 水中探知装置.
Sonate 女《-/-n》《楽》ソナタ.
Sọnde 女《-/-n》《医》ゾンデ, カテーテル;《拓》探鉱用ゾンデ;《気象》ラジオゾン

sonder 形《4格支配》《雅》…なしで.
Sonder-.. 「特別な…」の意.
Sónder-abteil 中《鉄道》特別コンパートメント(車室). **=anfertigung** 女(製品の)特別仕様. **=angebot** 中バーゲン[セール], 特価提供; 特売品. **=auftrag** 男 特別委任, 特殊任務. **=ausführung** 女 特別注文, オーダーメード. **=ausgabe** 女(書籍の)特別版, 普及(中)版;(新聞・雑誌などの)特別号; 特別(臨時)支出.
sonderbar [ゾンダーバール] 形 (英 strange) 奇妙な, 変な, おかしい. **sonderbarerweise** 副 奇妙なことに.
Sónder-berichterstatter 男 (-in) (新聞社などの)特派員. **=druck** 男 (論文などの)抜き刷り, 別刷り. **=fahrt** 女(電車などの)特別(臨時)運転. **=fall** 男 特殊ケース, 特例.
sondergleichen 形《名詞に後置して》比類ない, この上ない.
Sonderinteressen 複 特殊利益.
sonderlich 形《否定詞と》特別な; 奇妙な, 変な: ohne ~e Mühe これといった苦労もなく.
=müll 男 (有害な)特殊ごみ(廃棄物).
sondern [ゾンデァン] ❶ 接 (英 but)《並列先行の補足, kein と呼応して》…でなくて…, むしろ…. ❷ 《et⁴ von et³》(…を…から)えり分ける, 区分する. **◆ nicht nur A, sondern auch B** 《英 not only A but also B》A だけでなく B も.
Sónder-nummer 女(新聞・雑誌などの)特集号.
Sónder-preis [ゾンダープライス] 男 (-es/-e) 特別価格, 特価. **=recht** 中 特権. **=regelung** 女(特殊例〉規定.
sonders 副 ⇒ samt ◆
Sónder-schule 女 特殊学校(障害者の教育機関). **=sprache** 女《言》特殊語(職業語・専門語・仲間語など). **=stellung** 女 特殊な地位.
Sonderung 女 (-/-en) 区別, 選別.
Sónder-urlaub 男《軍》特別休暇. **=wirtschaftszone** 女(社会主義国家の)経済特(別)区. **=ziehungsrecht** 中《経》(IMF の)特別引き出し権. **=zug** 男《鉄道》特別(臨時)列車.
sondieren 動 ゾンデを用いて検査する; 《j⁴/bei j³》(人に)探りを入れる.
Sonétt 中 (-[e]s/-e)《詩》ソネット(14行詩).
Song 男 (-s/-s) 歌謡曲, 流行歌; ソング(社会風刺的な歌).
Sonnabend [ゾンアーベント] 男 (-s/-e)(英 Saturday)《特に北部・中部》土曜日(＝Sa.).
Sónnabendabend 男 土曜日の晩(夕方). **sonnabendabends** 副
Sónnabendmittag 男 土曜日の正午. **sonnabendmittags** 副
Sónnabendmorgen 男 土曜日の朝. **sonnabendmorgens** 副
Sónnabendnachmittag 男 土曜日の午後. **sonnabendnachmittags** 副
Sónnabendnacht 女 土曜日の夜. **sonnabendnachts** 副

Sónnabendabends 副〔毎〕土曜日に.
Sónnabendvormittag 男 土曜日の午前. **sonnabendvormittags** 副
Sonne [ゾネ] 女 (-/-n) ❶ (英 sun) 太陽, 太陽の光[熱], 日(ひ);《天》恒星;《紫外線療法用の》太陽灯; 反射型(小型)電気ストーブ. **◆ Die ~ zieht Wasser.**《話》空模様があやしい. **Heute mein ich es ~ gut.** 今日はいい陽気だ〔天気がいい〕. **~ im Herzen haben** いつも陽気である, 明るい人である.
sonnen 再《sich⁴》日光浴をする; 《sich⁴ in et³》(…を)享受する.
Sónnen-aufgang 男 日の出. **=bad** 中 日光浴.
sonnenbaden 自 日光浴をする.
Sónnen-bestrahlung 女 日射, 日照. **=blume** 女《植》ヒマワリ(向日葵). **=brand** 男 日焼け. **=brille** 女 サングラス. **=creme** 女 日焼け止めクリーム. **=dach** 中 日よけ, 日覆い. **=einstrahlung** 女 日が差しこむこと, 日射. **=energie** 女 太陽エネルギー, 太陽熱. **=ferne** 女《天》遠日点. **=finsternis** 女《天》日食. **=fleck** 男 太陽の黒点.
sonnengebräunt 形 日焼けした.
Sónnenjahr 中《天》太陽年.
sonnenklar 形《ゾンネンクラール》《雅》太陽が明るく輝く;《ゾンネンクラール》《話》明々白々な, あたりまえの.
Sónnen-kollektor 男 (-s/-en) 太陽エネルギー収集装置, ソーラーコレクター. **=kraftwerk** 中 太陽熱発電所. **=licht** 中 日光. **=milch** 女 日焼け止め乳液. **=nähe** 女《天》近日点. **=öl** 中 サンオイル. **=röschen** 中《植》ハンニチバナ属.
Sónnen-schein 男 [ゾネンシャイン](-[e]s/)(英 sunshine) 日光; 最愛の人〈子〉. **=schirm** 男 日傘, パラソル. **=seite** 女 日の当たる側; 南側; 明るい(肯定的な)面. **=stäubchen** 中 日の光の中に浮かぶ細かなちり. **=stich** 男 日射病: einen ~ haben 日射病にかかっている;《話》頭がおかしい. **=strahl** 男 太陽光線, 日光. **=studio** 中 日焼けサロン. **=system** 中《天》太陽系. **=tierchen** 中《動》太陽虫類. **=uhr** 女 日時計. **=untergang** 男 (英 sunset) 日の入り, 日没.
sonnenverbrannt 形 日焼けした;(植物の)強い日ざしで)赤茶けた.
Sónnen-wende 女 夏至; 冬至.
sonnig 形 よく晴れた, 日当たりのよい; 陽気な, 明朗な;(苦労知らずで)明るい.
Sónntag [ゾンターク] 男 (-[e]s/-e)(英 Sunday) 日曜日(英 So.). **◆ Es ist nicht alle Tage ~.** いつもよいことがあるわけではない. **Goldener ~**《古》クリスマス直前の日曜日.
Sónntagabend 男 日曜の晩(夕方). **sonntagabends** 副
sonntäglich 形〔毎〕日曜日の; 日曜日らしい.
Sónntagmittag 男 日曜の正午. **sonntagmittags** 副
Sónntagmorgen 男 日曜日の朝. **sonntagmorgens** 副
Sónntagnachmittag 男 日曜日の午後. **sonntagnachmittags** 副

Sonntagnacht 女 日曜日の夜. **sonntagnächts** 毎日曜日に.

Sonntags 毎日曜日に. **Sonntags=anzug** 男《日曜の》晴れ着. **=arbeit** 女 日曜《休日》の労働. **=ausflug** 男 日曜日の行楽. **=beilage** 女《新聞の》日曜増刊付録. **=dienst** 男 日曜勤務. **=fahrer** 男《話》日曜ドライバー. **=kind** 中 日曜日生まれの子;《話》幸運児. **=ruhe** 女 日曜日の静けさ《安息,憩い》. **=staat** 男《戯》晴れ着.

Sonntagvormittag 男 日曜日の午前. **sonntagvormittags** 日曜日の午前に.

sonnverbrannt 男 = sonnenverbrannt.

Sonnwendfeier 女 夏至の火祭.

sonor [ゾノール]《声が》よく響く, 朗々たる.

sonst [ゾンスト] 副 ❶ (＝ besides) そのほかに, それ以外に, さらに, 以前. ❷ いつもは, ふだんは. ❸ かつて, 以前. ❹ (＝ otherwise)《接続詞的に》そうでなければ. ✦ *Sonst noch [et]was?*《店員が客に》ほかに何かお入り用のものは. **~ wie**《話》ほかの何らかの方法で, 何とかして. **~ wo**《話》ほかのどこかで.

sonstig 男 その他の; いつもの; 以前の.

sonst=wie, =wo 副 ⇒ sonst ✦

sooft 男《從屬》…するたびごとに, いつ…[する]ときはいつも; 《譲歩》何度…しても.

Sophie 女《名名》ゾフィー.

Sophist 男 (-en/-en)《古代ギリシャの》ソフィスト; 詭弁(きべん)家. **Sophisterei** 女 (-/-en) 詭弁, へ理屈. **Sophistik** 女 (-/) ソフィストの教え; へ理屈, こじつけ. **sophistisch** 男 ソフィスト学派の; 詭弁家の, こじつけの.

Sopran [ゾプラーン] 男 (-s/-e) ソプラノ; ソプラノ歌手. **Sopranist** 男 (-en/-en) ボーイソプラノ歌手. **Sopranistin** 女 (-/-nen)《女性の》ソプラノ歌手.

Sorbe 男 -n/-n ソルビア人《ドイツ東部のスラヴ系少数民族》.

Sorbet[t] 男 中 (-[e]s/-e) シャーベット.

sorbisch 男 ソルビア[人, 語]の.

Sorbonne (die-) ソルボンヌ《パリ大学の通称》.

Sorge [ゾルゲ] 女 (-/-n) ❶ (＝ worry) 心配, 気づかい, 悩みの種: j^3 ~n machen ⸺ 人に気遣をかける | $sich^3$ ~n machen 心配している. ❷ (＝ care) 世話; 配慮, ✦ **= tragen** 男 [für *jet*4] (…に) 配慮する. **Keine ~!** これは任せなさい, 私がします. *Lass das nur meine ~ sein!* 私に任せなさい.

Sorgenfalte 女 苦労のためにできたしわ. **sorgenfrei** 男 なんの心配もない, 気楽な. **Sorgenkind** 中 心配をかける子; めんどうな問題, 悩みの種.

sorgen=los 男 なんの心配もない. **=voll** 男 心配そうな; 心配に満ちた.

Sorge=pflicht 女《法》《子供に対する両親の》保護(扶養)義務. **=recht** 中《子供に対する両親の》保護〔扶養〕権.

Sorgfalt 女 (-/) 入念, 綿密.

sorgfältig [ゾルクフェルティヒ] 男《＝ careful》入念な, 綿密な, きちょうめんな. **Sorgfältigkeit** 女 (-/) 入念, 綿密.

sorglich 男 入念な, 綿密な; 思いやりのある.

sorglos 男 不注意な, 軽率な; 心配しない, のんきな. **Sorglosigkeit** 女 (-/) 不注意, 軽率; のんき.

sorgsam 男 慎重な, 注意深い. **Sorgsamkeit** 女 (-/) 慎重, 注意深さ.

sorgte ⇒ sorgen

Sorte [ゾルテ] 女 (-/-n) ❶ (＝ sort)《商品などの》品質, 等級;《栽培植物などの》品種, 種類;《話》《人間などの》種類, タイプ. ❷ (＝ 様式) 外[国通貨, 外国紙幣《貨幣》, 外貨. **~n=kurs** 男《商》外貨交換レート. **~n=markt** 男《商》外貨[取引]市場.

sortieren 男 分類《区分》する, えり分ける. 整理する; 《電算》《データを》ソートする.

Sortiermaschine 女《郵便物・パンチカードなどの》自動選別機.

Sortiment 中 (-[e]s/-e)《商》品[目], 品数, セット; 書籍販売業, 本屋.

SOS 男 (-/) エスオーエス, 遭難信号.

sosehr 男《從屬》どんなに…しても.

soso ❶ 男《皮肉・無関心に》へえ, ほほう, なるほど. ❷ 副《話》まあまあ, どうにか[こうにか].

SOS-Ruf 男 エスオーエスの信号.

Soße [ゾーセ] 女 (-/-n) (＝ sauce) 《料》ソース;《サラダ用の》ドレッシング; 《俗》汚水, 泥水.

sostenuto 男《楽》ソステヌート, 音の長さを十分保って.

sott, sötte ⇒ sieden

Soubrette [ズブレッテ] 女 (-/-n)《楽》スブレット《オペラなどの小間使い役》; スブレット役のソプラノ歌手.

Soufflé, Soufflee [ズフレー] 中 (-s/-s)《料》スフレ.

Souffleur [ズフレーァ] 男 (-s/-e)《劇》プロンプター. **Souffleuse** [ズフレーゼ] 女 (-/-n)《劇》女性のプロンプター. **soufflieren** 男 中《劇》プロンプターを務める; 男 [j^3 et4] (人に…を) 小声で教える.

Sŏul, Sôul Seoul.

soundso 男《話》これこれ, しかじか.

Souper [スペー] 中 (-s/-s)《雅》晩餐(ばんさん). **soupieren** [スピーレン] 男 晩餐(さん)をとる.

Soutane [ズターネ] 女 (-/-n)《カソ》スータン《聖職者の黒衣》.

Souterrain [ズテレーン, ズーテレーン] 中 (男) (-s/-s)《半》地階.

Souvenir [ズヴェニーア] 中 (-s/-s)《旅行の記念[品], 思い出の品》, みやげ=**laden** 男 みやげ物店. =**löffel** 男 紋章などのついたみやげ用スプーン.

souverän [ズヴェレーン] 男 ❶ 主権を有する, 独立した; 絶対的な, 専制的な; 超然とした; 卓越した. **Souverän** 男 (-s/-e) 主権者, 君主. **Souveränität** 女 (-/) 主権; 独立, 自由.

soviel [ゾフィール] ❶ 男《從屬》(＝ a far as) 《判断の根拠》…[する]かぎりでは

《限度》…[する]だけ［《譲歩》ふつう auch を伴って］いくら…しても．❷ ⇨ viel も．

soweit［ゾヴァイト］圖 ❶ ⟨＠ as far as⟩《従属》…[の]かぎりでは． ❷ ⇨ weit ✦

sowenig［ゾヴェーニヒ］圖 ❶ ⟨＠ 《譲歩》ほんのわずかしか…しないにもかかわらず． ❷ ⇨ wenig ✦

sowie［ゾヴィー］圖 ⟨＠ as well as⟩《並列》…とならびに…，および：《従属》…するやいなや．

sowieso［ゾヴィゾー］圖 ❶《ゾ－ヴィ́ゾ－》どっちみち，いずれにせよ．どうせ： Das ∼! 《話》それはあたりまえだ．❷《ゾ－ヴィ́ゾ－》《ふつう名詞的に》これこれしかじか．

sowjetisch 圏 ソビエト［連邦］の．

Sowjetologe 男 ⟨(-n/-n)⟩ ソビエト学者，ソビエト語学〈文学〉研究者．

Sowjetologie 女 ⟨(-/)⟩ ソビエト学，ソビエト語学〈文学〉研究． **sowjetologisch** 圏 ソビエト学〈上〉の，ソビエト語学〈文学〉研究の．

Sowjet=republik 女 ソビエト共和国（旧ソ連を構成する共和国）． =**russland**（＠ = **rußland**）ソビエトロシア．=**union**（die ∼）ソビエト連邦（1991年崩壊；＠ SU）．

sowohl［ゾヴォール］圖 ✦ ∼ A als [auch] B / ∼ A wie [auch] B A も B も．

sozial［ゾツィアール］圏 ⟨＠ social⟩社会［上］の，社会的な：社会福祉の，社会生活をする．自助 群生体の，社会生活をする．

Sozial=abgaben 複 ⟨雇用者•被雇用者双方が醵出する⟩社会保障〈保険〉分担金． =**amt** 回 福祉事務所，民生局．=**arbeiter** 男 ソーシャル〈ケース〉ワーカー．社会民生官員．=**demokrat** 男 社会民主主義者；社会民主党員．=**demokratie** 女 社会民主主義：社会民主主義． **sozialdemokratisch** 圏 社会民主主義の．=**fall** 男 生活保護該当者．

sozialgerecht 圏 社会的に公正な．

Sozial=gericht 中 社会裁判所．=**hilfe** 女 生活保護．

Sozialisation 女 ⟨(-/-en)⟩ 社会[主義]化：国有（公営）化する．《社•心》（人を）社会に適応させる． **Sozialisierung** 女 ⟨(-/)⟩ 社会主義化：国営（公営）化；《社•心》社会化．

Sozialismus［ゾツィアリスムス］男 ⟨(-/...men)⟩ ⟨＠ socialism⟩社会主義．

Sozialist 男 ⟨(-en/-en)⟩（女 ⟨(-in)⟩ 社会主義者；社会党員．

sozialistisch［ゾツィアリスティシュ］圏 社会主義の：社会主義的な．

sozialkritisch 圏 社会批判の．

Sozial=leistungen 複 社会保障給付．=**neid** 男 ⟨社会階層間のねたみ，他の社会集団に対するそねみ⟩．=**partner** 男 労働協約当事者（雇用者と被雇用者）．=**politik** 女 社会（社会福祉）政策．=**produkt** 中 《経》（一年間の）国民総生産［高］．=**revolution** 女 社会革命．

sozialschwach 圏 社会的弱者の．

Sozial=versicherung 女 社会保険．=**wissenschaften** 複 社会科学．

Soziologe 男 ⟨(-n/-n)⟩ 社会学者．

Soziologie 女 ⟨(-/)⟩ 社会学．

soziologisch 圏 社会学[上]の．

Sozius 男 ⟨(-/-se (..zii))⟩ 《商》共同経営の社員，組合員；⟨(-/-se)⟩（オートバイの）同乗者．=**sitz** 男（オートバイなどの）［後部］同乗座席．

sozusagen 圖 ⟨＠ so to speak⟩いわば，言ってみれば．

Sp. 略 *Spalte*（新聞・本などの）段，欄．

SP 略 Südpol 南極．

Spachtel 男 ⟨(-s/-)⟩（女 ⟨(-/-n)⟩ へら，パテナイフ，パレットナイフ；パテ，接合剤． **spachteln** 他（パテなどを）へらで塗る，（割れ目などを）へらで平らにする；《話》へらく（パテナイフを使う；《話》べろりと平らげる．

Spagat 男 ⟨(-[e]s/-e)⟩《体操》シュパガート，前後開脚座；⟨俗⟩スプリット．

Spag[h]etti 複 スパゲッティ．

spähen 他 様子をうかがう；見張る，見守る．**Späher** 男 ⟨(-s/-)⟩（女 ⟨(-in)⟩ 見張り，偵察者：探偵，スパイ．**Spähtrupp** 男 ⟨軍⟩偵察隊．

Spalier 中 ⟨(-s/-e)⟩ 格子垣，（歓送迎の為の）両側の人垣．

Spalt 男 ⟨(-[e]s/-e)⟩（＠ *Spältchen*）すきま，割れ目：亀裂，ひび；《意見などの》相違：分裂． **spaltbar** 圏 割れる〈裂ける〉ことができる，分裂（割れる）できる；⟨理⟩核分裂性の． **Spaltbarkeit** 女 ⟨(-/)⟩ ⟨理⟩核分裂性．

Spalte［シュパルテ］女 ⟨(-/-n)⟩（＠ *Spältchen*）（＠ crack）割れ目，裂け目，亀裂；⟨印⟩（新聞・本の）段，欄；⟨写真⟩薄切り．

spalten(*)［シュパルテン］（spaltete; gespalten, gespaltet）他 ⟨＠ split⟩ ❶ 割る，裂く；《sich*》割れる，裂ける，ひびが入る．❷（原子核などを）分裂させる，分解する．=⟨化⟩（化合物を）分解する；《sich*》（党・グループなどが）分裂する．

spaltenlang 圏 （新聞などの記事が）1段分の，数段分の．

spaltete ⇨ spalten

Spalt=pilz 男 ⟨旧⟩ 分裂菌類． =**produkt** 中 ⟨理⟩核分裂生成物：⟨化⟩分解生成物．

Spaltung 女 ⟨(-/-en)⟩ 分割，分裂；不和．

Span 男 ⟨(-[e]s/Späne)⟩（木・金属の）削りくず，おがくず． ✦ *dass die Späne fliegen* がむしゃらに． *Späne machen* 《話》いんどうを言う． *Wo gehobelt wird, [da] fallen Späne.*《諺》鉋（かんな）をかけるばくすが出る（大事を行うには多少の犠牲はつきもの）．=**ferkel** 中 （離乳前の）子豚．

Spange 女 ⟨(-/-n)⟩（＠ *Spängchen*）留め金，バックル；ブローチ；ヘアクリップ；ブレスレット；（靴の）ストラップ；歯列矯正用アーチ．

Spaniel 男 ⟨(-s/-s)⟩ スパニエル（猟犬）．

Spanien 中 ⟨(-s/)⟩（＠ Spain）スペイン（首都マドリード）．

Spanier［シュパーニエア］男 ⟨(-s/-)⟩（女 ⟨(-in)⟩ スペイン人．

spanisch［シュパーニシュ］圏（＠ Spanish）スペイン［人］，語）の：∼*er* [roter] Pfeffer トウガラシ． ✦ *Das kommt mir ∼ vor.* 《話》私にはこれがおかしく思える． *Das sind für ihn ∼e Dörfer.*《話》

spann 584

それは彼にはさっぱり分からない. **~er Reiter** (有刺鉄線を巻いた)移動用防御柵(?). **~e Wand** (折り畳み式)屏風(ぴょう).
spann ⇨ spinnen
Spann 男 ((-[e]s/-e)) 足の甲. **=beton** 男 ((口)) PS (プレストレスト)コンクリート.
Spanne 女 ((-/-n)) 指尺(親指と小指を広げた長さ約20cm); 隔り, 距離; (短い)時間, 期間; ((商)) マージン.
spannen [シュパネン] ((spannte; gespannt)) I 他 ❶ ((を stretch))(布・綱などを)ぴんと張る; ((sich[4]))(糸などが)ぴんと張られる; ((et[4] über et[4]))(…を…の上に)張り渡す; ((et[4] in et[4]))(…を…に)挟み込む, セットする; (銃の撃鉄を)起こす; (母を)引き絞る; ((et[4] an (vor) et[4]))(馬などを馬車などに)つなぐ. ❷ ((南部・なり)) ((話)) (…に)気づく, (…が)分かる.
II 自 (衣服が)きつい.

spannend [シュパネント] 形 ((を exciting))はらはらとさせる, わくわくさせる, 興奮させる; Mach's nicht so ~! ((話)) そんなに気をもたせないでくれよ.
Spanner 男 ((-s/-)) (服用)ハンガー; ラケットプレス; 靴型; ((虫))シャクガ; ((話))見張り役.
Spann|kraft 女 (ばねの)弾力; ((理)) 張力; 気力, 活力. **~schraube** 女 (楽器などの)調節ねじ.
spannte ⇨ spannen
Spannung [シュパヌング] 女 ((-/-en)) ((を tension)) (弦・綱などを) 張られていること; 緊張; 期待; 興奮; サスペンス; 緊張(敵対)状態; ((理)) 張力; 応力; ((電)) 電圧. **~s-abfall** 男 電圧低下. **~s-gebiet** 中 (政治的)緊張地域.
spannungsgeladen 形 緊張に満ちた, はらはらさせる.
Spannungs=messer 男 電圧計. **=prüfer** 男 ((電)) テスター, 検電器. **=regler** 男 電圧調整器.
Spannweite 女 (鳥・飛行機などの)翼長; (行動などの)範囲, 幅; ((建))(橋などの)スパン, 張り間.
Spant 男 ((-[e]s/-e)) (船の)助(じょ)材; (飛行機の)翼小骨, リブ.
Spar|buch 中 預金通帳. **=büchse** 女 貯金箱. **=einlage** 女 預金, 貯金.
sparen [シュパーレン] ((sparte; gespart)) 他 (を save) ❶ ((et[4] auf (für) et[4]))(金を…のために)蓄える. 貯金する. 貯(た)める; ((et[3] an et[3]))(…を)節約(倹約)する ❷ ((j[3] et[4]))(人に…を)きせない, (人の…を)おしどさせる; ((sich[3] et[4]))(…を)しないでおく: Spar dir deine Ratschläge! そんな忠告なんか聞きたくないよ. ◆ **Spare in der Zeit, so hast du in der Not.** ((話)) 備えあれば憂いなし.
Sparer 男 ((-s/-)) ((女-in)) 預金者; 倹約家.
Sparflamme 女 (ガスコンロなどの)とろ火. 弱火: auf ~ leben つましく暮らす.
Spargel 男 ((-s/-)) アスパラガス.
Spar|geld 中 貯金. **=kasse** 女 貯蓄銀行. **=konto** 中 (銀行の)貯蓄口座.
spärlich 形 乏しい, 不十分な, わずかな.
Spar|maßnahme 女 節約措置, 引き締め策. **=quote** 女 ((経))(国民所得に対する)貯蓄率.

Sparren 男 ((-s/-)) ((建)) 垂木; ((話)) 変な考え. ◆ **einen ~ [zu viel (zu wenig)] haben** ちょっと頭がおかしい.
Sparring 女 ((-s/)) ((ボクシング)) スパーリング.
sparsam [シュパールザーム] 形 ❶ (economical) 倹約的な, つましい; 経済的な, 安上がりの; 少ない; わずかな. **Sparsamkeit** 女 ((-/)) 倹約, つましさ, 経済性.
Sparschwein 中 豚の形の貯金箱.
Sparta スパルタ(古代ギリシャの都市国家).
Spartakiade 女 ((-/-n)) スパルタキアード(旧社会主義圏の国際総合競技大会).
spartanisch 形 スパルタ(人)の; スパルタ式の; 激しい; 質素な.
sparte ⇨ sparen
Sparte 女 ((-/-n)) 部門, 分野; (スポーツの)種目; (新聞の)欄.
Spaß [シュパース] 男 ((-es/Späße)) ((を Späßchen)) ❶ ((を joke))冗談, ふざけ; ((を fun))楽しみ, おもしろさ: Du machst mir ~! ((皮肉))うれしいことをやってくれるね; 怒るよ. ◆ **ein teurer ~ sein** ((話)) 高いものにつく. **keinen ~ verstehen** 冗談がわからない, ユーモアを解しない. **Mach keinen ~ 〈keine Späße〉!** ((話))ご冗談でしょう, ふざけるな. **~ beiseite!** 冗談はさておき, 冗談はよせよ. **~ machen** 冗談を言う, ふざける. **~ muss sein!** ほんの冗談だよ. **seinen ~ treiben (mit j[3])** (人を)からかう, ひやかす. **Viel ~!** 楽しんできてね.
spaßen 自 冗談を言う, ふざける, ちゃかす. ◆ **Mit j-et[3] ist nicht zu ~.** (…の)ふくびてはいけない.
spaßeshalber 副 ((話)) 冗談に, おもしろ半分に.
spaßhaft 形 おもしろい, おかしな.
spaßig 形 愉快な, 楽しい; 機知に富む, ひょうきんな.
Spaß=macher 男 ((-in))冗談のうまい人, ひょうきん者. **=verderber** 男 ((-s/-)) ((-in))興をそぐ人. **=vogel** 男 ((数)) = Spaßmacher.
Spat 男 ((-[e]s/-e, Späte)) ((鉱物)) へげ石, スパー.
spät [シュペート] 形 ❶ ((を late))(時刻・時間の)遅い; 末期の, 終わりごろの. ❷ 普通より遅い, 遅れた; おくれての: zu ~ kommen 遅刻する. ◆ **Besser ~ als nie 〈als gar nicht〉.** ((話)) 遅ればせでもやりました. **Wie ~ ist es?** 今, 何時ですか.
Spatel 男 ((-s/-)) へら, パレットナイフ; パテナイフ; ((医)) 舌圧子.
Spaten 男 ((-s/-)) すき, くわ, スコップ.
später [シュペータ] 形 ❶ ((を later))後(のち)の, 後からの. ❷ 副 ((に)), 後で, その後: Auf ~! /Bis ~! ((話)) またあとで.
spätest ⇨ spät
spätestens 副 遅くとも.
Spät=folge 女 ((医)) 後遺症. **=gotik** 女 ((美)) 後期ゴシック様式(時代)(14世紀後半-15世紀). **=herbst** 男 晩秋. **=latein** 中 (3-6世紀ごろの)後期ラテン語. **=lese** 女 シュペートレーゼ(遅摘みのワイン). **=obst** 中 晩生(ぱん)の果物. **=schicht** 女 (シフト勤務での)遅番. **=sommer** 男 晩夏.
Spatz 男 ((-en (-es) /-en)) ((を Spätzchen))((女 Spätzin))(sparrow)((鳥))スズ

メ (Er isst wie ein ～. 《話》 彼は小食だ); 《話》 かわいらしい子供. ✦ ***Besser ein ～ in der Hand als eine Taube auf dem Dach.*** 《ことわざ》⇨ Sperling ✦ ***Das pfeifen die ～en von den ⟨allen⟩ Dächern.*** 《話》 だれでもそれを知っている. ***～en im Kopf haben*** 《話》 頭がいかれている. **～en=hirn** [中] 《話》 浅知恵.

Spätzle [複] 《南部》 〘料〙 シュペッツレ(ヌードルの一種).

Spät=zünder [男] 《話》 飲み込みの遅い人; 成熟の遅れている⟨いた⟩子供. **=zündung** [女] 〘工〙 (エンジンの)遅れ⟨遅延⟩点火; 《戯》 飲み込みが遅いこと.

spazieren [シュパツィーレン] 《spazierte; spaziert》[自] (s) (あてもなく・のんびりと)ぶらつく. ✦ ***～ fahren*** ドライブ⟨サイクリング⟩に出かける, 舟遊びをする; (人を)ドライブに連れていく. ***～ führen*** (…を)散歩に連れていく. ***～ gehen*** 散歩する.

spazieren|fahren*, **|führen**, **|gehen*** [旧]⇨ spazieren ✦

Spazierfahrt [女] ドライブ; サイクリング; 舟遊び.

Spazier=gang [シパツィーアガング] [男] 《-e[s]/=gänge》 ([英] walk) 散歩, 散策. **=gänger** [男] 《-s/-》 ([女] **-in**) 散歩する人, 散策者. **=stock** [男] 散歩用ステッキ. **=weg** [男] 散歩道, 遊歩道.

SPD [略] *Sozialdemokratische Partei Deutschlands* ドイツ社会民主党.

Specht [男] 《-[e]s/-e》 〘鳥〙 キツツキ, ケラ.

Speck [シュペック] [男] 《-[e]s/ 種類-e》 ([英] bacon) ベーコン; (豚などの)脂肪 (Eier mit ～ 〘料〙 ベーコンエッグ); 《話》 ぜい肉. ✦ ***den ～ riechen*** おかしい⟨怪しい⟩と思う. ***Ran an den ～!*** 《話》 さあ仕事にかかろう.

speckig [形] 脂じみた, 脂ぎった; 《話》 でぶの; 《方》 (パンなどが)生焼けの.

Speck=scheibe [女] ベーコンのスライス. **=seite** [女] (脂身のある)豚のわき腹肉. **=stein** [男] 〘鉱物〙 凍石, 滑石.

spedieren [他] (貨物などを)運送⟨輸送⟩する. **Spediteur** [シュペディテーア] [男] 《-s/-e》 運送業者.

Spedition [女] 《-/-en》 運送, 輸送; 運送業; 運送店⟨会社⟩; (企業内の)発送部. **～s=kosten** [複] 運送費.

Speech [男] 《-es/-e, -es》 演説, スピーチ; 談話, おしゃべり.

Speer [男] 《-[e]s/-e》 (武器としての)槍(やり); 〘陸上〙 投げ槍. **=werfen** [中] 《-s/》 〘陸上〙 槍(やり)投げ.

Speiche [女] 《-/-n》 (車輪の)輻(や), スポーク; (腕の)橈骨(とうこつ). ✦ ***in die ～n fallen ⟨greifen⟩*** 《雅》 《et^3》 (運命・歴史などの)歩みを止めようとする.

Speichel [シュパイヒェル] [男] 《-s/》 唾液(だえき), つば, よだれ. **=drüse** [女] 〘医〙 唾液(だえき)腺. **=fluss** ([旧]= **fluß**) [男] 〘医〙 唾液(だえき)分泌過多. **=lecker** [男] 《-s/-》 ([女] **-in**) 《蔑》 おべっか使い. **=leckerei** [女] 《蔑》 へつらい, ごますり.

Speicher [シュパイヒャー] [男] 《-s/-》 倉庫; 穀物倉; 納屋; 《方》 屋根裏[部屋]; 〘コンピュ〙 記憶装置, 記憶素子, メモリー. **=adresse** [女] 〘コンピュ〙 記憶アドレス. **=chip** [男] 〘コンピュ〙 メモリー用半導体チップ, 記憶素子. **=kapazität** [女] 〘コンピュ〙 記憶容量.

speichern [シュパイヒャァン] 《speicherte; gespeichert》[他] (倉庫などに)貯蔵⟨保管⟩する, 蓄える; 〘コンピュ〙 (データを)セーブする, 記憶装置に入れる.

Speicherung [女] 《-/-en》 貯蔵, 蓄積; 〘コンピュ〙 セーブ, 保存.

Speicherwerk [中] 〘コンピュ〙 記憶装置.

speien* [自] 《雅》 つばを吐く, 嘔吐(おうと)する, 戻す; [他] 吐く, 噴出する.

Speis ❶ [男] 《-es/》 《方》 モルタル, 漆喰(しっくい). ❷ ⇨ Speise ✦

Speise [シュパイゼ] [女] 《-/-n》 ([英] food) 料理, 食べ物; 《北部》 デザート, ケーキ. ✦ ***Speis[e] und Trank*** 《雅》 飲食物, ごちそう. **=brei** [男] かゆ状の食物; 〘医〙 糜粥(びじゅく). **=eis** [中] アイスクリーム. **=kammer** [女] 食料貯蔵室.

Speisekarte [シュパイゼカルテ] [女] 《-/-n》 ([英] menu) メニュー, 献立表.

speisen [自] ([英] eat) 《雅》 食事をする; [他] 《雅》 食べる; 《雅》 (人に)食事をふるまう; 《et^4 mit et^3》 (…に…を)供給する, 入れる.

Speisen=aufzug [男] (ホテルなどの)料理運搬用リフト. **=folge** [女] (食事の)コース. **=karte** [女] メニュー. **=rest** [男] 食べ残し, 残飯; (歯についた)食べかす. **=röhre** [女] 〘医〙 食道. **=saal** [男] (ホテルなどの)食堂. **=wagen** [男] 〘鉄道〙 食堂車. **=zimmer** [中] 食堂, ダイニングルーム.

Speisung [女] 《-/-en》 《雅》 給食; 食事の配給; 給水, 給電.

Spektakel [男] 《-s/-》 《話》 大騒ぎ, 騒動; [中] 《-s/-》 (センセーショナルな)事件, 見もの. **spektakulär** [形] 華々しい, センセーショナルな.

Spektra ⇨ Spektrum

Spektral=analyse [女] 〘理〙 スペクトル分析. **=farbe** [女] 〘理〙 スペクトル色.

Spektrum [中] 《-s/ ..tren, ..tra》 〘理〙 スペクトル; 多彩さ, 多様性.

Spekulant [男] 《-en/-en》 ([女] **-in**) 投機家, 相場師.

Spekulation [女] 《-/-en》 〘哲〙 思弁, 思惟(しい); 推測; 〘経〙 投機, 思惑. **～s=objekt** [中] 投機の対象.

Spekulatius [男] 《-/-》 スペクラチウス(クリスマス用のクッキー).

spekulativ [形] 〘哲〙 思弁的な; 推測⟨推察⟩による; 〘経〙 投機⟨思惑⟩的な.

spekulieren [自] 《**auf** et^4/**mit** et^3》 (…に)投機をする, 思惑を試みる; 《話》 《**auf** et^4/**mit** et^3》 (…を)当てにする; 熟考する.

Spelunke [女] 《-/-n》 《蔑》 いかがわしい酒場; 汚い部屋.

Spelze [女] 《-/-n》 (穀物の)もみ殻; 〘植〙 穎(えい).

spendabel [形] 《話》 気前のよい, 物惜しみしない.

Spende [女] 《-/-n》 寄付⟨義援⟩金; 援助物資.

spenden [シュペンデン] 《spendete; gespendet》[他] 寄付する, (自発的に)与える.

Spender [男] 《-s/-》 ([女] **-in**) 寄付⟨寄贈⟩者; (臓器などの)提供者, ドナー; 献血者. **=organ** [中] 臓器提供者の臓器.

spendete ⇨ spenden

spendieren [他] 《話》《j^3 et^4》(人の…の代金を)気前よく払う, (人に…を)おごる.

Spendierhosen [複] ✦ *die ~ an\|haben* 気前がよい, 物惜しみをしない.

Spengler [男] 《-s/-》《南部・オーストリア・スイス》板金工.

Sperber [男] 《-s/-》〔鳥〕ハイタカ.

Sperenzchen [複], **Sperenzien** [複] 《話》めんどう, ごたごた; 妨げ.

Sperling [シュペルリング] [男] 《-s/-e》([英] sparrow)スズメ(雀). ✦ ***Ein ~ in der Hand ist besser als eine Taube auf dem Dach.*** 《ことわざ》高望みはしないほうがよい(手中のスズメは屋根上のハトに勝る).

Sperma [中] 《-s/ ..men, -ta》〔生理〕精液. **Spermin** [中] 《-s/》〔生化〕スペルミン. **Spermium** [中] 《-s/ ..mien》〔生理〕精子, 精虫.

Spermizid [中] 《-[e]s/-e》〔医〕(避妊などのための)殺精子剤.

sperrangelweit [形] 《話》(ドア・窓などが)ぎりぎり〈いっぱい〉に開かれた.

Sperre [女] 《-/-n》 ❶ (通行止めなどの)遮断物, 柵, バリケード(**Da habe ich eine ~.** 《話》ここが理解できない); (駅の)改札口, (劇場などの)入り口. ❷ 通行止め; 閉鎖; (一般に)禁止, 停止; 〔球技〕妨害; 〔スポーツ〕出場停止[処分].

sperren [シュペレン] 《sperrte; gesperrt》 ❶ [他] (通路などを)遮断する, 封鎖する; (電気・ガスなどを)止める; (小切手・口座などを)支払い停止にする; 〔スポーツ〕(人を)出場停止処分にする; 《*j-et*^{4} **in** et^4》(…を…に)閉じ込める; 〔印〕(…の)字間を空ける. ❷ [再] 《*sich*^{4} **gegen** et^4》(…に)逆らう, 抵抗する. ❸ [自] 《南部・オーストリア》(戸・窓が)きちんと閉まらない.

Sperr=feuer [中] 〔軍〕弾幕. **=gebiet** [中] 封鎖区域, 立ち入り禁止区域. **=gut** [中] かさばる貨物. **=guthaben** [中] 〔商〕封鎖勘定; 封鎖債権. **=holz** [中] (ベニヤなどの)合板.

sperrig [形] (荷物・家具などが)場所をとる, かさばる; 手に余る, 扱いにくい.

Sperr=konto [中] 〔商〕封鎖勘定, 封鎖預金口座. **=kreis** [男] 〔電〕反共振回路, ウェーブトラップ. **=müll** [男] 粗大ごみ. **=sitz** [男] (劇場などの)特別仕切り席. **=stunde** [女] (店舗の)法定閉店時刻.

sperrte ⇨ sperren

Sperrung [女] 《-/-en》遮断, 封鎖; 差し止め, 禁止; 〔心〕阻害; = Sperre ①.

Spesen [複] (業務上の)経費, 雑費. ✦ ***Außer ~ nichts gewesen*** 《戯》骨折り損のくたびれもうけ. **=ritter** [男] 《蔑》社用族.

Spessart (der ~)シュペッサルト(ドイツ中部, Odenwald の北東にある山地).

Speyer シュパイヤー(ドイツ Rheinland-Pfalz 州, Rhein 川沿いの都市).

Spezerei [女] 《-/-en》香辛料, スパイス; 《[複]》《オーストリア》特選食品.

Spezi [男] 《-s/-, -s》《話》《南部・オーストリア・スイス》親友; シュペーツィ(レモネードとコーラをまぜた飲み物).

Spezial=ausbildung [女] 特殊専門教育. **=ausführung** [女] 特別仕上げ. **=chip** [男] 〔コンピュータ〕特殊[半導体]チップ. **=fach** [中] 専門〈専攻〉科目. **=fahrzeug** [中] 特殊車両. **=gebiet** [中] 特殊〈専門〉分野. **=geschäft** [中] 専門店.

spezialisieren [他] 特殊化する; 《*sich*^{4} **auf** et^4》(…を)専門的に扱う. **Spezialisierung** [女] 《-/-en》特殊化; 専門化.

Spezialist [男] 《-en/-en》([女] **-in**)([英] specialist)スペシャリスト, 専門家.

Spezialität [女] 《-/-en》特殊性, 特殊才能〈技能〉, 特技; 専門, 専攻; (土地の)特産品, 名産, 名物; (店の)自慢料理.

speziell [シペツィエル] ❶ [形] ([英] special)特別な, 特殊な, 独特の; 専門的な. ❷ [副] 特に, 特別に, わざわざ, …こそ：Du ~ solltest das wissen. 《話》君ならなおのことそれを知っているはずなのに.

Spezies [女] 《-/-》種類; 〔動・植〕(分類上の)種. **=schuld** [女] 〔商〕特定物債務.

Spezifikation [女] 《-/-en》詳述; 明細〈仕様, 規格〉書.

Spezifikum [中] 《-s/ .. ka》特性, 特徴; 〔医〕特効薬.

spezifisch [形] 特殊な, 特定の; 特有の, 特異な：das ~*e* Gewicht 〔理〕比重.

..spezifisch 「…に特有〈特徴的〉な」の意.

spezifizieren [他] 個々に明確にする; 詳細に記す. **Spezifizierung** [女] 《-/-en》詳述.

Sphäre [女] 《-/-n》活動〈勢力〉範囲, 領域, 圏; 天球. ✦ ***in höheren ~n schweben*** 《戯》空想にふける; 浮き世離れしている. **sphärisch** [形] 天球の; 球面の.

Sphinx [女] 《-/》〔ギリシャ神〕スフィンクス(頭が人間で体がライオンの怪物); [女] 《-/-e ([男] -/-e, Sphingen)》スフィンクス像.

Spickaal [男] 《北部》薫製のウナギ(鰻).

spicken ❶ [他] (…に)ベーコンを挟み込む; 《話》《et^4 **mit** et^3》(…に…を)ぎっしり詰め込む; 《話》(人に)わいろを使う. ❷ [自] 《話》カンニングする; 《スイス》(s)試験に落ちる.

Spiegel [シュピーゲル] [男] 《-s/-》 ❶ ([英] mirror)鏡; 〔医〕検鏡, スペキュラ. ❷ 水面, 水位; 〔印〕版面. ❸ (血液中の)成分濃度〈含有量〉, レベル. ❹ 〔服〕(タキシードなどの光沢のある)折り襟; フリンジ(房飾り); (制服の)階級章. ❺ 〔狩〕(シカ・鳥の)白斑, 斑紋. ❻ 一覧表; 座席表; 度次〈順位〉表. ❼ (書名に用いて)…鑑, 典範, 法令集. ❽ 〔海〕(垂直に平らな)船尾, 艫(とも). ❾ (Der ~)『シュピーゲル』(ドイツの週刊誌). ✦ ***den ~ vor\|halten*** 《j^3》(人に向かって)ずけずけと欠点をあげつらう. ***hinter den ~ stecken können*** 《話》《*sich*^{3} et^4》(…を)よく覚えておかねばならない. ***nicht hinter den ~ stecken*** 《話》《*sich*^{3} et^4》(…を)人目に触れさせない.

Spiegelberg シュピーゲルベルク(Schiller の『群盗』に登場する盗賊).

Spiegelbild [中] 鏡の映像. **spiegelblank** [形] 鏡のように光る.

Spiegel=ei [中] 〔料〕目玉焼き. **=fechterei** [女] 《-/-en》《蔑》まやかし, いかさま. **=fernrohr** [中] 反射望遠鏡. **=glas** [中] 磨き板ガラス, 鏡用ガラス.

spiegelglatt [形] 鏡のように平らな, つるつるの.

spiegeln [他] 《et^4》(像などを)映す, 反映

Spiegel-reflexkamera 女 レフレックスカメラ. **-schrift** 女 鏡文字, 逆転文字. **-teleskop** 中 反射望遠鏡.

Spiegelung 女 (/-/-en) 反映, 反射; 鏡の映像; 蜃気楼(%?).

Spiel [シュピール] 中 (-[e]s/-e) ❶ (英 play) 遊び, いたずら(に似た): 行・芸等・遊具での動き; 機械・工具の遊び. ❷ ゲーム, 試合, 競技, 勝負; (一試合中の区切りとしての)ゲーム. ❸ 賭(*)けごと, ギャンブル. ❹ プレー; 演技(カード・道具などの)一組, セット, 一式. ◆ *auf dem ~ stehen (sein)* 危険にさらされている. *aufs ~ setzen* (…を)賭する, 危険にさらす. *aus dem ~ bleiben* 局外にとどまる, 関わりを持たずにいる. 無関係のままである. *aus dem ~ lassen* (…を)局外に置く, 巻き込まない. *ein ~ verloren geben* 負けを認める, 敗を覚悟する. *das ~ zu weit treiben* 事をやり過ぎる, 度を過ごす事. *ein ~ mit dem Feuer* 火遊び, 危ない橋. *gewonnenes ~ haben (bei j³)* (人に対して)勝算がある. *ins ~ bringen* (…を)担ぎ出す事, 持ち出す. *ins ~ kommen* 活動し始める. *leichtes ~ haben (mit j-et³)* (…を)あっさり片づける. *[mit] im ~ sein* かかわり合いがある.

Spiel-art 女 変種. **-automat** 男 自動ゲーム機. **-ball** 男 (遊戯用・球技用の)ボール, まり; 『競技』手球; 『ビリヤード』ゲームポイント; もて遊ばれる物(人). **-bank** 女 (/-en) 公認賭博(**)所, 賭場, カジノ. **-brett** 中 (チェスなどの)遊戯盤; 『ビリヤード』バックボード. **-dose** 女 オルゴール.

spielen [シュピーレン] (spielte; gespielt) ❶ (英 play) 遊ぶ(遊ぶする). ❷ (試合を)する, プレーする; (試合・球技が〜で)行なわれる. ❸ 賭(*)けをする, ギャンブルをする. ❹ 演奏する; (CD を)かける; 演技する; (役を)演じる; 上演(上映)されている; (ラジオなどが)鳴っている; 『トランプ』(カードを)出す. ❺ (事件・物語などが)展開(進行)する. ❻ (…を)装う: *Was wird hier gespielt?* 『話』ここで何があったのだ. どうしたのか. | *kranken ~* 仮病を使う. ◆ *[mit et³] ~* (…を)もてあそぶ. ◆ ~ *lassen [et³]* (…のうちの)力を(真価)を発揮させる. **-d** たやすい.

Spieler [シュピーラー] 男 (-s/-) 〔英 -in〕 (英 player) プレイヤー, 選手, 競技者; 演奏者; ギャンブラー; 賭博者.

Spielerei 女 (/-/-en) 戯れ, ふざけ, 気晴らし; たやすいこと.

spielerisch 形 遊びの, 遊び半分の; のびのびとした, 競技(試合)式(戯)味した.

Spielerwechsel 男 選手交替.

Spiel-feld 中 競技場, グラウンド, コート. **-film** 男 劇映画.

spielfrei 形 試合(上演)のない.

Spiel-gefährte 男 (子供の)遊び仲間. **-halle** 女 ゲームセンター. **-hölle** 女 賭博(*)場. **-kamerad** 男 (子供の)遊び仲間. **-karte** 女 トランプカード, カルタ札. **-kasino** 中 公認賭博(**)所, カジノ. **-leiter** 男 『演出家; (映画の)監督; (クイズ番組などの)司会者; (競技

の)審判員. **-macher** 男 『スポーツ』 ゲームメーカー. **-mann** 男 (中世の)吟遊詩人; 鼓笛隊員. **-marke** 女 (賭博(*)場の)チップ, 取り札. **-plan** 男 (一定期間の上演・上映予定表, 演目. **-platz** 男 (子供用の)遊び場; (運動用の)場所. **-raum** 男 (活動・自由裁量の)余地; (ハンドルなどの)遊び. **-regel** 女 ゲーム(競技)の規則; (一般に)慣行, ルール. **-sachen** 複 おもちゃ. **-straße** 女 (子供の遊び場に開放した)道路.

spielte → spielen

Spiel-technik 女 『楽』演奏技術. **spieltechnisch** 形 演奏技術[上]の. **-theorie** 女 ゲーム理論. **-tisch** 男 ゲームテーブル; 賭博(*)台; (オルガンの)演奏台. **-uhr** 女 オルゴール時計. **-verbot** 中 『スポーツ』出場禁止. **-verderber** 男 (-s/-) 〔英 -in〕 座(遊・楽しみの)興をそぐ人. **-waren** 複 (商品としての)玩具(**). **-weise** 女 演奏法; 演技法; 演技法. **-zeit** 女 『演劇』演劇シーズン; 上演時間; 『スポーツ』試合時間.

Spielzeug [シュピールツォイク] 中 (-s/-e) (英 toy) おもちゃ, 玩具.

Spieß 男 (-es/-e) 槍; 投げ槍; 『狩』(若クジカなどの)槍状の角; 『料』焼き串(*). ◆ *den ~ gegen j³ kehren* (人を)攻撃する, 非難する. *den ~ umdrehen (umkehren)* (相手と同じ方法)で攻勢に転じる, 逆ねじを食わせる. *wie am ~ brüllen (schreien)* 『話』大声で『泣き』わめく.

Spießbürger 男 俗物, 俗衆. **spießbürgerlich** 形 偏狭(俗衆)的な. **Spießbürgertum** 中 偏狭な生活, 俗物根性.

spießen 他 (*et⁴ auf ⟨in⟩ et⁴*) (…を…に)突き通す; 刺して留める; 串(*)に刺す; (*sich⁴*) 『話』挟まる, つかえる.

Spießer 男 (-s/-) 『狩』(角の枝分かれする前の)雄の2歳少女; 〔英 -in/-/-nen〕 = Spießbürger.

Spießgeselle 男 (悪事の)共犯者; 『戯』仲間.

spießig 形 『蔑』 = spießbürgerlich.

Spießrute 女 (刑罰に使う)先のとがったむち, しなやかな若枝. ◆ ~ *laufen* むち打ちの刑罰を受ける.

Spike 男 (-s/-s) (運動靴・タイヤなどの)スパイク; スパイクシューズ; スパイクタイヤ.

Spill 中 (-[e]s/-e) 『海』(錨(*)などの)巻き上げ装置, キャプスタン.

Spin 男 (-s/-s) 『理』スピン; 『言』スピン.

spinal 形 脊柱(**)の, 脊椎(*)の; 脊髄性の.

Spinat 男 (-[e]s/-e) 『植』ホウレンソウ.

Spind 中 (-[e]s/-e) ロッカー.

Spindel 女 (/-n) 紡錘(*); 〔建〕軸; 心棒; 『建』(らせん階段の)親柱. **spindeldürr** 形 ひょろひょろの.

Spinett 中 (-[e]s/-e) 『楽』スピネット (16~18世紀のハープシコード).

Spinne [シュピネ] 女 (/-/-n) (英 spider) 動物 クモ(蜘蛛); 『話』(やせこけた)いやな女. ◆ *Pfui ~!* ああ, いやだ.

Spinnefeind (⦿ spinnefeind) ◆ ~ *sein*《話》[*mit*] *j³*》(人に)激しい敵意〈憎悪〉を抱いている.
spinnen* [シュピネン] (**spann**; **gesponnen**) (⦿ spin) ❶ 〈糸を〉紡ぐ〈クモ・カイコが〉糸を出す, 巣を作る; 〈糸を出して〉巣を作る: ein Netz von Lügen ~ うその網を張りめぐらす. ❷ 〈計画などを〉考える: Das ist alles *gesponnen*. それはでっち上げだ.
Spinnengewebe 匣 クモの巣.
Spinner 匣 ⟨-s/-⟩ (⦿ **-in**) 紡ぎ手, 紡績工;《話》頭のおかしいやつ;〖虫〗カイコガ〈蚕蛾〉. **Spinnerin** (回転する擦錘[フシ])紡錘.
Spinnerei 囡 ⟨-/-en⟩ 紡績[業]; 紡績工場;《話》変なアイデアを出すこと; 変なアイデア, たわごと.
Spinn-gewebe 匣 クモの巣.
=maschine 囡 ⟨紡〗紡績機, 紡糸機. **=rad** 匣 糸車, 紡ぎ車. **=webe** 〖方〗= Spinngewebe.
Spinoza Baruch ⟨Benedictus⟩ de, スピノザ(1632-77; オランダの哲学者).
spintisieren ⦾《話》[*über et*⁴] (…について)つまらぬことを〈あれこれ〉考える.
Spion 匣 ⟨-s/-e⟩ (⦿ **-in**) スパイ(ドアのぞき窓; 訪問者の様子を見るために窓の外にかける)のぞき鏡.
Spionage 囡 ⟨-/⟩ スパイ活動. **=abwehr** 囡 防諜[ボウチョウ]〖活動〗, スパイ防止. **=netz** 匣 スパイ網, スパイ組織.
spionieren ⦾ スパイ活動をする;《戯》こっそり調べる〈探る〉.
Spionin 囡 ⟨-/-nen⟩ 女スパイ.
Spirale 囡 ⟨-/-n⟩ らせん, 渦巻き曲線; 渦巻き状のもの(コイル・ばねなど). **=feder** 囡 渦巻きばね.
spiralförmig 肜 らせん形の. **Spiralnebel** 匣 〖天〗渦状星雲.
Spiritismus 匣 ⟨-/⟩ 精霊崇拝, 心霊信仰. **Spiritist** 匣 ⟨-en/-en⟩ (⦿ **-in**) 交霊術者, 霊媒. **spiritistisch** 肜 交霊術の.
Spiritual 匣 ⟨-s/-s⟩ (特に米国の)黒人霊歌.
Spiritualismus 匣 ⟨-/⟩ 〖哲〗唯心論; 〖宗〗霊信仰.
spirituell 肜 精神の; 心霊の; 宗教上の.
Spirituosen 覆 ⟨-/-n⟩ アルコール飲料, 酒類.
Spiritus 匣 [シュピーリトゥス] ⟨-/-se⟩ [エチルアルコール, 酒精(スピリトゥス)]⟨-/-[スピーリトゥース]⟩ 気息, 息; 精霊; 精神, 魂; 活気. **=kocher** 匣 アルコールこんろ; モペット(小型バイク); 小型自動車. **=lampe** 囡 アルコールランプ.
Spital 匣 ⟨-s/..täler⟩ 〖南ドイツ・スイス〗病院.
spitz [シュピッツ] 肜 ❶ (⦿ pointed)先のとがった, 先の鋭い, 鋭い; (声・音が)鋭い, かん高い; 辛辣[シンラツ]な, 皮肉な. ❷《話》(顔が)げっそりやせた, やつれた;《話》好色の.
Spitz 匣 ⟨-es/-e⟩ スピッツ(ポメラニア種の小型犬); 〖話〗ほろ酔い. ◆ *Mein lieber ~!* 何ということだ!
Spitzbart 匣 とがったあごひげ. **spitzbärtig** 肜 とがったあごひげ[の/のある].
spitzbekommen* ⦿ = spitzkriegen.
Spitzbogen 匣 〖建〗尖頭[センカン]アーチ.
Spitzbube 匣 (⦿ **..bübin**) ならず者, ごろつき; 〖戯〗なまいきな子(男の子); シュピッツブーベン(ジャムをはさんだクッキー). **spitzbübisch** 肜 いたずらっぽい.
spitze 肜 〖無変化〗〖話〗すてきな.
Spitze [シュピッツェ] 囡 ⟨-/-n⟩ ❶ (⦿ top)先端, 頂上, 頂点(葉巻などの吸い口; 〈靴の〉つま先; 〈行列などの〉先頭; 首位, トップ; 首脳部; 〖話〗すばらしい〈人物〉; 最高速度; 最高速度. ❷ [gegen *j-et*⁴] (…に対する)あてこすり. ❸ レース〖編み〗; 〖商〗余剰; 端艘, 端糸. ◆ *an die ~ setzen* [*sich*⁴] 〖話〗リードする. *auf die ~ treiben* (…を)極端なまでに押し進める. *die ~ bieten* [*j-et*³] (…に)果敢に立ち向かう. *die ~ des Eisbergs* 氷山の一角. *die ~ nehmen* [*ab*]*brechen*] [*et*³] (…の)危険な所を取り除く, (…を)和らげる.
Spitzel 匣 ⟨-s/-⟩ スパイ. **spitzeln** ⦿ スパイを働く.
spitzen ⦿ (⦿ sharpen) (…の)先をとがらす; [*sich*⁴ *auf et*⁴]〖話〗(…を)じりじりしながら待ち受ける; 〖話〗注意する, 気をつけて行る. **Spitzen..** 「先端の…; 一流の…, トップ[クラス]の…; 最高の…」の意.
Spitzen=gehalt 匣 最高所得. **=geschwindigkeit** 囡 最高速度. **=gruppe** 囡 〖競走の〗先頭集団; トップクラス. **=kandidat** 匣 (比例代表制選挙でのその党の第一位候補者. **=klasse** 囡 最高級[品], トップクラス[のもの]. **=leistung** 囡 最高のできばえ(成績); ピーク出力(電力); 〖工〗最高記録; 〖農〗最高生産量, 最高(水準)の業績. **=lohn** 匣 最高賃金. **=marke** 囡 最高級ブランド. **=organisation** 囡 (数個の[経済]団体を統括する)中央機関(組織). **=platz** 匣 トップの座. **=reiter** 匣 トップクラスの騎手(ジョッキー); トップの選手(チーム). **=steuersatz** 匣 最高税率. **=strumpf** 匣 レースの靴下. **=tanz** 匣 〖舞〗トーダンス. **=technologie** 囡 先端科学技術, 高[最]技術. **=zeit** 囡 〖交〗(交通・生産などの)ピーク時; 〖スポ〗ベストタイム.
Spitzer 匣 ⟨-s/-⟩ 〖話〗鉛筆削り; 〖南ドイツ〗スピッツ(小型犬).
spitzest = spitzt
spitzfindig 肜 細事にこだわる; こうるさい. **Spitzfindigkeit** 囡 ⟨-/-en⟩ 細事にこだわること; へ理屈.
Spitzhacke 囡 つるはし.
spitzig 肜 = spitz.
Spitzkehre 囡 (道路の)ヘアピンカーブ; 〖スキー〗キックターン; 〖鉄道〗スイッチバック.
spitzkriegen ⦾ 〖話〗見抜く.
Spitz=maus 囡 〖動〗トガリネズミ; 〖話〗細面の人. **=name** 匣 あだ名.
spitzwinklig 肜 鋭角の.
Spleen 匣 ⟨-s/-e, -s⟩ 酔狂な考え; 奇妙な癖. **spleenig** 肜 風変わりな; 酔狂な.
spleißen*(⦾) 〖北部〗(木などを)割る, 裂く; ⦾ (s)(木などが)割れる, 裂ける.
splendid 肜 気まえのよい; 輝かしい, すばらしい.
Splint 匣 ⟨-[e]s/-e⟩ 〖工〗割りピン, コ

ッタ;= Splintholz. **=holz** 甲 〖林〗辺材, 白太(ﾄ).
Splitt 男 (-[e]s/-e) 〖道路などに敷く〗砕石, 砂利.
splitten 〖経〗(株式を)分割する.
Splitter 男 (-s/-) 〖木・ガラス・金属などの細かい鋭い〗破片; とげ.
splitter=fasernackt 形 〖話〗すっ裸の. **=frei** (ガラスなどが)割れても粉々にならない.
Splittergruppe 女 分派.
splitterig (ガラス・木などが)裂けて(割れ)やすい; (板などが)ささくれた.
splittern 自 (s)裂ける: 割れて粉々になる.
splitternackt 形 〖話〗すっ裸の.
Splitterpartei 女 (議会の)小会派.
splittersicher 形 = splitterfrei.
Splitting 甲 (-s/-) 〖法〗(夫婦の収入に対する)分割課税; 〖経〗(株式などの)分割; 〖政〗(2票制投票の異なる党への)分割投票.
SPÖ *Sozialdemokratische Partei Österreichs* オーストリア社会民主党.
Spoiler 男 (-s/-) (飛行機・自動車の)スポイラー.
spönne ⇒ spinnen
spontan 形 自然発生的な, 自発的な; 無意識的な, とっさの. **Spontaneität** 女 (-/-en)自発性; 自発的な言動.
Sporaden 複 (die ~)スポラデス(エーゲ海南東部にあるギリシャ領の諸島).
sporadisch 形 散在する; 散発性の.
Spore 女 (-/-n) 〖植〗胞子, 芽胞(ホﾀ).
Sporen 複 ⇒ Spore, Sporn
Sporentierchen 複 〖動〗胞子虫類.
Sporn 男 (-[e]s/Sporen) (乗馬靴の)拍車; 刺激, 励み; (-[e]s/-e, Sporen) 〖動〗(鳥・昆虫の)けづめ; 〖植〗距(ｴ)(花蜜の貯蔵庫); (軍艦打角の)艦首(ﾋﾞ). ♦ die [ersten] Sporen verdienen (sich³) 初手柄を立てる.
spornen (馬に)拍車を当てる(かける); (人を)鼓舞(激励)する.
Spornrädchen 甲 拍車の端の小歯車.
spornstreichs 副 大急ぎで, さっそく; まっしぐらに.
Sport 男 [シュポルト] (-[e]s/-(-e))〖複 sport〗スポーツ, 運動; (教科の)体育; (個々の)スポーツ種目; (個人の)趣味, 気晴らし, ホビー. ♦ einen ~ daraus machen [+zu 不定詞句] (sich³) (...を)おもしろ(冗談)半分にする. **=abzeichen** 甲 (運動能力テスト合格者の)スポーツバッジ. **=angler** 男 スポーツとして釣りを楽しむ人. **=anlage** 女 スポーツ施設. **=anzug** 男 スポーツウェア. **=art** 女 スポーツ種目. **=artikel** 男 スポーツ用品. **=arzt** 男 スポーツ専門医. **=bericht** 男 スポーツ記事(ニュース). **=blatt** 甲 スポーツ新聞(紙). **=freund** 男 スポーツ好きな(ファン); スポーツ仲間. **=gerät** 甲 スポーツ器具, 運動用具. **=geschäft** 甲 スポーツ用品店. **=gymnastik** 女 スポーツ体操; Rhythmische ~ 新体操競技. **=halle** 女 体育館, 室内競技場. **=hemd** 甲 スポーツシャツ; ポロシャツ. **=herz** 甲 〖医〗スポーツ心臓. **=idol** 甲 スポーツ界のアイドル, アイドル選手. **=journalist** 男 スポーツジャーナリスト. **=klub** 男 スポーツクラブ. **=lehrer** 男 体育教師.
Sportler 男 [シュポルトラー] (-s/-) (女 **-in**)スポーツマン, スポーツ選手.
sportlich [シュポルトリッヒ] 形 スポーツに関するの, スポーツマンらしい; (服などが)スポーティーな.
Sport=maschine 女 スポーツ用軽飛行機. **=medizin** 女 スポーツ医学. **=nachrichten** 複 スポーツニュース. **=platz** 男 (戸外の)運動場, グランド. **=reporter** 男 スポーツ(報道)記者. **=schaden** 男 スポーツ(による)障害. **=schuh** 男 スポーツシューズ(登山靴, スキー靴などを含む).
Sportsmann 男 スポーツマン.
Sport=veranstaltung 女 スポーツ大会. **=verein** 男 スポーツクラブ(略 SV). **=wagen** 男 スポーツカー; バギー(ｶﾞ)(幼児用ベビーカー). **=wart** 男 スポーツ団体(連盟)の役員. **=zeitung** 女 スポーツ新聞.
Spot 男 〖放送〗スポットコマーシャル; 〖劇〗スポットライト. **Spotlight** 甲 (-s/-s) 甲 スポットライト.
Spott 男 (-[e]s/) 嘲笑(ﾁｮｳ), あざけり. **=bild** 甲 戯画, カリカチュア.
spottbillig 形 〖話〗二束三文の.
Spötteleei 女 (-/-en) (軽い・意地の悪い)ひやかし, 皮肉. **spötteln** 自 《über j-et》(...をやさしく)ひやかす; 皮肉る.
spotten 〖シュポッテン〗(spottete; gespottet) 自 《mock》《über j-et》(...)をあざける, 嘲笑(ﾁｮｳ)する, あざ笑う; 〖雅〗(et³)(...)を問題にしない; (ことがらが...の)対象外である. ♦ *Das spottet jeder Beschreibung.* それはとうてい筆舌に尽くしがたいほど(ひどいもの)だ. **Spötter** 男 (-s/-) (女 **-in**)嘲笑(ﾁｮｳ)者, 皮肉屋.
spottete ⇒ spotten
Spottgeld 甲 はした金.
spöttisch 形 嘲笑(ﾁｮｳ)的な; 皮肉っぽい.
Spott=lust 女 嘲弄(ﾁｮｳ)癖. **=preis** 男 〖話〗捨値.
sprach ⇒ sprechen
Sprach=akt 男 〖言〗言語行為(行動). **=barriere** 女 〖言・社〗言語障壁, 言葉の壁.
sprachbegabt 形 語学の才能のある.
Sprach=begabung 女 語学の才能. **=behinderung** 女 言語障害. **=benutzer** 男 〖言〗言語使用者. **=didaktik** 女 言語教授法.
Sprache 女 [シュプラーヘ] (-/-n) 〖複 language〗❶言語, 言葉. ❷発音, 話; 話し方, 表現(法); 発言(のしかた). ♦ *J³ bleibt die ~ weg.* *J³ verschlägt es die ~.* (人は)びっくりして言葉を出ない. *die gleiche ~ sprechen (reden)* 〜 考え方が(互いに)話が通じ合っている. *die ~ auf et⁴ bringen* (...について)話を始める. (...を)話題にする. *die ~ verschlagen (rauben)* 《雅》(驚かれて人を)口も利けなくする. *eine andere ~ reden (sprechen)* 話が通じない. *eine deutliche ~ sprechen (reden)* 自分の意見をはっきりと言う. *in sieben ~n schweigen* 〖戯〗一言も発言しない, 黙りこくっている. *mit der ~ herausrücken* 〖話〗しぶしぶ(ためら

spräche ⇒ sprechen

Sprachengewirr 中 言語の混乱. ◆ *ein babylonisches* ~ 《比》言語の混乱.

Sprach·fehler 男 言語上の間違い. **=forscher** 男 語学研究者. **=führer** 男 外国語ガイドブック〈会話集〉. **=gebiet** 中 言語圏. **=gebrauch** 男 言語の慣用. **=gefühl** 中 言語感覚, 語感.

sprachgewaltig 形 言語を駆使する能力を持った.

Sprach·insel 女 《言》言語島, 孤立言語圏. **=kenntnisse** 複 外国語の知識. **=kompetenz** 女 《言》(母語の)言語能力. **=kritik** 女《言・哲》言語批判(批評, 評論).

sprachkundig 形 外国語の上手な.

Sprach·kurs 男 語学講座〈講習会〉. **=labor** 中 ラボ(LL)教室. **=lehre** 女 文法. **=lehrer** 男 語学教師. **=lenkung** 女 言語統制.

sprachlich 形 言葉の, 言語[上]の; 語法上の.

sprach·los 形 口の利けない; 無言の, 暗黙の. **=mächtig** 形 = sprachgewaltig.

Sprach·mischung 女 《言》言語混合〈混交〉. **=nachricht** 女 ボイスメール. **=pathologie** 女 言語病理学. **=pflege** 女 言語育成. **=reinigung** 女 国語浄化. **=rohr** 中 メガホン; 代弁者;〈自主性のない同調者〉. **=schatz** 男 語彙(い). **=störung** 女 言語障害. **=studium** 中 言語研究. **=typ** 男《言》言語類型. **=unterricht** 男 語学の授業. **=wissenschaft** 女 言語学. **=zentrum** 中 言語中枢; 語学センター.

sprang, spränge ⇒ springen

Spray 中 《-s/-s》スプレー.

Sprech·anlage 女 インターホン. **=blase** 女 《漫画などの》吹き出し. **=chor** 男 シュプレヒコール.

sprechen* [シュプレッヒェン] 《sprach; gesprochen》 動 《⊗ speak》 ❶ 話す, 話をする;《ある言語を》話す;《*sich*³》(人と人が) 話し合う;《zu j³》《über j-et²/von j-et³》 (人に[…について])演説〈講演〉する;《zu j³》《et²》(人に[言葉を]) 言う;《über j-et²/von j-et³》(…を)話題とする. ❷ 意見〈見解〉を述べる;《法》(判決を)宣告する;《祝福の言葉を)贈る;《zu j³》(人に)命令〈指示〉する. ❸ 《für j⁴/im Namen j²》(人に)代表する;《für j-et²》(…に)賛成〈味方〉する, 《事物が…)に立証している,《事物が…に)有利に働く;《gegen j-et³》(…に)反対する,《事物が…を)否定する, 不利に働く. ❹ 《aus et³》(…に)表れている: Aus seiner Miene *spricht* Hass. 彼の顔つきからは憎しみの色が見てとれる. ◆ *auf j-et⁴ schlecht* 《*nicht gut*》 *zu* ~ *sein* (…を)快く思わない, 嫌っている. *auf j-et⁴ zu* ~ *kommen* (…を)話題にする. *für sich⁴* ~ 自明のことである. *mit sich³* ~ 独り言を言う, 自問自答する. *~ lassen* 《*et⁴*》(…に)物を言わせる. **sprechend** 形 表情豊かな; 雄弁な, 意味ありげな; 具体的な, 確実な.

Sprecher [シュプレヒャー] 男 《-s/-》(⊗ **-in**)(⊗ speaker)話し手; 語り手; アナウンサー; ナレーター;(国体などの)代表者; スポークスマン.

Sprech·funk 男 無線通話. **=funkgerät** 中 トランシーバー. **=platte** 女 朗読レコード.

Sprech·stunde [シュプレヒシュトゥンデ] 女 《-/-n》(医者の)診療時間. **=stundenhilfe** 女 診療助手〈看護婦など). **=übung** 女 話し方の練習(言語障害者の)発声訓練. **=weise** 女 話し方. **=zimmer** 中 面会〈応接〉室(医者の)診察室.

Spree (die ~)シュプレー(Berlin市内を流れる Elbe川の支流). **=wald** (der ~) シュプレーヴァルト(ドイツ南東部, Spree川上流の地方).

Spreize 女 《-/-n》《土木·建》支え, 支柱, 突っぱり;《体操》開脚[姿勢].

spreizen 動 (脚·指·翼などを)広げる; 《*sich*⁴》 気取る; 《*sich*⁴ *gegen et*⁴》(気取って…を)遠慮する, 断る.

Spreng·anlage 女 = Sprenger.
=bombe 女 爆弾.

Sprengel 男 《-s/-》(教会の)管区, 教区;(官庁の)管轄区域.

sprengen [シュプレンゲン] 《sprengte; gesprengt》動 ❶ 《⊗ blow up》爆破する; 《*et⁴ durch* 《*in*》 *et⁴*》爆破して(…を…に)作る; 破裂させる;(集会などを)解散させる. ❷ (水を…に(へ))かける, まく;《…に》水をまく, 散水する. ❸ (s)(馬で)駆け抜ける.

Sprenger 男 《-s/-》スプリンクラー.

Spreng·kapsel 女 雷管. **=kopf** 男 弾頭. **=körper** 男 爆発物; 爆弾. **=kraft** 女 爆裂〈爆破〉力. **=ladung** 女. **=satz** 男 (砲弾などの)炸薬(☆).

Sprengstoff 男 爆薬. **=anschlag** 男 爆弾テロ.

sprengte ⇒ sprengen

Sprengung 女 《-/-en》爆発; 爆破; 破裂; 水まき; 《雅》追い立て.

Spreng·wagen 男 散水車. **=wedel** 男《宗教》(散水用の)散水はけ. **=wirkung** 女 爆破効果.

Sprenkel 男 《-s/-》斑点.

sprenkeln 動 (…に)斑点をつける, (…を)まだらにする.

Spreu 女 《-/》もみがら. ◆ *die ~ vom Weizen trennen* 《*sondern*》《雅》価値のあるものとないものを分ける.

sprich, sprichst, spricht ⇒ sprechen

Sprichwort [シュプリヒヴォルト] 中《-[e]s/..wörter》ことわざ, 格言.

sprichwörtlich 形 ことわざ的な, ことわざで言われた; よく知られた.

sprießen⁽*⁾ ❶ 《sprießte; gesprießt》 動 《建》 支える. ❷ 《spross, sproß; gesprossen》 動 (s)《雅》 発芽する, 芽を吹く; 生え出る; 出現する.

Springbrunnen 男 噴水, 噴泉.

springen* [シュプリンゲン] 《sprang; gesprungen》 動 ❶ (s, h)《⊗ jump》跳ぶ, 跳ねる, 跳躍〈ジャンプ〉する;跳び跳ねて行く;《方》(…へ)急ぐ; 飛び起きる. ❷ 《物》(物が)弾む, バウンドする;《方》(物が)飛び越える. ❸ (s)《*von et³ zu et³*》(〈…から〉…へ突然)話題を変える;《*von* *et*³] **auf** *et*⁴》([…から] …へ急に)状況〈位置〉が変わる. ❹ (s)ひびが入る, 割れる; (弦などが)プツンと切れる; (唇が)ひび割れる. ✦ **~ lassen**《話》《*et*⁴》(…の)代金を払ってやる, (…を)おごる.

Springer [男]《-s/-》([女] **-in**)〔ス゚ポ〕ジャンプ〈跳躍〉選手; 飛び込み選手;〔チェス〕ナイト; 跳躍動物(バッタ・カエル・カンガルーなど); 臨時交代要員. ✦ ***ein junger ~***《話》青二才, 若造.

Springer≈stiefel [男]〔服〕スカイダイバー用の深靴〈ブーツ〉.

Springflut [女] 大潮.

Spring≈insfeld [男]《-[e]s/-e》《戯》元気のいい〈ひょうきんな〉若者.

Spring≈messer [中] 飛び出し〈折りたたみ〉ナイフ. **≈reiten** [中]《-s/》〔馬術〕障害飛越. **≈seil** [中] 縄跳び用の縄.

Sprinkler [男]《-s/-》スプリンクラー, 散水器. **≈anlage** [中] スプリンクラー装置.

Sprint [男]《-s/-s》〔ス゚ポ〕短距離競走; 全力疾走. **sprinten** [自](h, s)〔ス゚ポ〕全力疾走する, スパートする; (s)《話》[全力で]走って行く. **Sprinter** [男]《-s/-》([女] **-in**)〔ス゚ポ〕短距離走者, スプリンター.

Sprit [男]《-[e]s/ 種類-e》酒精, エチルアルコール;《話》ガソリン; 火酒(かしゅ), 強い酒.

Spritz≈apparat [男] 噴霧器, スプレー;〔写〕スプレー=ガン, エアブラシ. **≈beutel** [男](ケーキ作り用)絞り出し袋. **≈düsen-vergaser** [男] = Vergaser.

Spritze [シュプリッツェ] [女]《-/-n》❶ 注射器; 注射; 注入; : an der ~ hängen《話》麻薬中毒になっている. ❷ 消防ポンプ; 放水ノズル; 噴霧器; 散水器; (クリームの)絞り出し袋;《話》ピストル, 機関銃.

spritzen [シュプリッツェン]《spritzte; gespritzt》❶ [他](液体を)はねかける; 散水〈放水〉する; (植物に)[農]薬を散布する; 塗料を吹き付ける;《[*j*³] *et*⁴》(人に…を)注射する;《話》《*j*⁴ 〈*sich*⁴〉》(人に〈自分で〉)注射する : *j*⁴ nass ~ 人に水をはねかける. ❷ [自](s, h)(水・油などが)はねる, 飛び散る;《*Es spritzt.*》(水・油などが)はねる;《**mit** *et*³》(うっかり水・絵の具などを)ひっかける; (…へ)注射する.

Spritzer [男]《-s/-》跳ね, 染み, 汚れ; 斑点; (振りかけた)少量の液体; 吹きつけ塗装工;《話》麻薬常習者.

Spritz≈fahrt [女]《話》(マイカーでの)小ドライブ. **≈guss** ([旧]≈**guß**) [男]〔金属〕ダイカスト(加圧鋳造法).

spritzig [形](ワインなどが発泡性で)さわやかな味の; 才気煥発(かんぱつ)の, 生き生きとした; 敏捷(びんしょう)な, (自動車の)加速のよい.

Spritz≈kuchen [男] シュプリッツクーヘン(ドーナツに似た菓子). **≈lack** [男] 吹きつけ塗料. **≈lackierung** [女](ラッカーなどの)吹きつけ塗装. **≈pistole** [女] 吹きつけ塗装器, スプレーガン. **≈schutz** [男] 跳ねよけ, 泥よけ.

spritzte ⇨ spritzen

Spritztour [女](マイカーでの)小ドライブ.

spröde [形] もろい, 壊れやすい; (皮膚が)かさかさの; (髪が)ぱさぱさした; (声が)しわがれた; (題材などが)扱いにくい; (女性が)よそよそしい, つっけんどんな. **Sprödigkeit** [女]《-/》もろさ; かさかさしていること; (女性の)よそよそしさ.

spross ([旧] **sproß**) ⇨ sprießen ②

Spross ([旧] **Sproß**) [男]《Sprosses/Sprosse》([小] **Sprösschen**, [旧] Sprößchen) 芽, 新芽;《雅》子孫, 息子.

Sprosse [女]《-/-n》([小] **Sprösschen**, [旧] Sprößchen) ❶ (はしごの)段; (窓などの)桟, 横木;〔狩〕(シカの)枝角. ❷ Spross の複数形.

sprösse ⇨ sprießen ②

sprossen [自]《雅》(樹木が)新芽を吹く; (s)発芽する; 生え出る.

Sprossenwand [女]〔体操〕肋木(ろくぼく).

Sprössling ([旧] **Sprößling**) [男]《-s/-e》《話》子供; 息子.

Sprotte [女]《-/-n》〔魚〕ニシンの一種.

Spruch [シュプルッフ] [男]《-[e]s/ Sprüche》([小] **Sprüchelchen, Sprüchlein**) 格言, 金言, 箴言(しんげん); 決まり文句, スローガン, 標語; 判決; 裁定. ✦ ***Sprüche machen* 〈*klopfen, kloppen*〉**《話》空疎な言葉を並べ立てる, 大げさなことを言う. **≈band** [中]《-[e]s/ ..bänder》(スローガンなどを書いた)横断幕.

Sprüche ⇨ Spruch

spruchreif [形] 判断を下せる段階の.

Sprudel [男]《-s/-》炭酸水;《話》炭酸入りレモネード;《オーストリア》清涼飲料水.

sprudeln [シュプルーデルン]《sprudelte; gesprudelt》❶ [自](s, h)ほとばしる, 沸き出る; (熱湯などが)沸騰する;《**vor** *et*³》(…に)早口でまくしたてる. ❷ [他] 噴出させる;《オーストリア》かき混ぜる.

Sprühdose [女] スプレー容器.

sprühen [シュプリューエン]《sprühte; gesprüht》❶ [自](s, h)([英] spray)(しぶき・火花などが)飛び散る; きらめく;《*Es sprüht.*》小雨が降る〈ぱらつく〉. ❷ [他] 吹きつける, 噴霧する.

Sprüh≈regen [男] 霧雨.

sprühte ⇨ sprühen

Sprung [シュプルング] [男]《-[e]s/ Sprünge》([英] jump) 跳躍, ジャンプ; 飛躍, 進歩, 昇進; (せりふなどを)抜かすこと; 脱落; (演技の)脱線;《話》ほんのわずかの距離〈時間〉; ひび割れ, 亀裂;〔狩〕(鹿などの)群れ. ✦ ***auf dem ~ sein***《話》急いでいる. ***auf dem ~ sein* 〈*stehen*〉**《+ zu 不定詞句》《話》(…)しようとしている. ***auf die Sprünge helfen***《話》《*j*³》(人に)手を貸してやる;《反語》(人の)じゃまをする. ***j*³ *auf* 〈*hinter*〉 *die Sprünge kommen* / *hinter j*² *Sprünge kommen***《話》(人の)計略を見抜く. ***auf die Sprünge machen***《話》《*sich*⁴》逃亡する. ***auf einen ~***《話》ちょっと; 短時間. ***den ~ wagen*** 冒険をする. ***einen ~ in der Schüssel haben***《話》頭がおかしい. ***ein ~ ins Dunkle* 〈*ins Ungewisse, ins kalte Wasser*〉** 向こう見ずの冒険. ***keine großen Sprünge machen können*** ぜいたくなことはできない.

Sprung≈bein [中]〔医〕距骨(きょこつ). **≈brett** [中]〔体操〕踏み切り板(ばん);〔水泳〕飛び板.

Sprünge ⇨ Sprung

Sprung≈feder [女] コイルばね, スプリング. **≈grube** [女]〔陸上〕(跳躍の)ピット, 着地用砂場.

sprunghaft [形](人・性格などが)変わりや

S

すい,移り気な:《変化などが》急激な.
Sprunghaftigkeit 安 《-/》変わりやすい性格;急激さ.
Sprung=lauf 男 《ㇲㇳ》 ジャンプ競技.
=pferd 中 《体操》跳馬(器具).
=schanze 安 《ㇲㇳ》 ジャンプ台. **=seil** 中 縄跳び用の縄. **=tuch** 中 (火消とき飛び降りる人を救う)救命布. **=turm** 男 《水泳》 (高飛び込みの)飛び込み台.
SPS 略 《-》 Sozialdemokratische Partei der Schweiz スイス社民主党.
Spucke 安 《-/》 つば,つばき. ◆ *Mir blieb die ~ weg*. 《話》 あきれて物が言えなかった.
spucken 自 (つばを吐く〈*sich*³ in die Hände ~〉《話》意気込んで仕事にかかる〉;(煙などを)吐き出す;《話》吐く,戻す;《話》(エンジンが)ノッキングする.
Spucknapf 男 痰壺(うそ)つぼ.
spuckte ⇒ spucken
Spuk 男 《-(e)s/-e》幽霊現象;《話》大騒ぎ. ◆ *Mach keinen ~ darum!* そんなことでばか騒ぎするな.
spuken 自 (幽霊が…に)出没する;《s》(幽霊が…に)行く.◆ *Bei j³ spukt es*. 《話》 *Es spukt bei j³ [im Kopfe]*. 《話》 (人)は頭がおかしい. **Spukgeschichte** 安 怪談. **spukhaft** 形 幽霊の出そうな.
Spülbecken 中 流し,シンク.
Spule 安 《-/-n》巻き枠,リール;糸巻,ボビン;《電》コイル.
Spüle 安 《-/-n》= Spülbecken.
spülen [シュピューレン] 《spülte; gespült》他 ❶ (食器を)洗う;食器洗いをする;ゆすぐ;《洗たく物を》ゆすぎ落とす,洗浄する. ❷ (水洗トイレの)水を流す.自(波などが…を……)押し流す.
Spül=maschine 安 自動皿洗い機. **=mittel** 中 食器用洗剤.
Spülung 安 《-/-en》すすぎ洗い,すすぎ洗い;注水,潅水;洗浄装置.
Spülwasser 中 すすぎ水;洗浄水;(食器を洗った後の)汚れ水.
Spulwurm 男 《医》カイチュウ(回虫).
Spund 男 ❶ 《-(e)s/Spünde》 (樽などの)栓;《工》さね. ❷ 《-(e)s/-e》《話》新米,若造,青二才;新兵. **=wand** 安 《土木》矢板壁,矢板囲い.
Spur [シュプーア] 安 《-/-en》 《(英) trace, track》足跡,車のわだち,(スキーの)シュプール;(事物の)手がかり;痕跡(こんせき),名残;(道路の)車線,レーン;(スキーの)滑降コース;(車輪の)走行軌跡;(録音テープなどの)トラック;徴量. ◆ *auf der falschen ~ sein* 見当ちがいをしている,思い違いをしている. *auf der ~ sein 〈bleiben〉 〈j³ (et³)〉* (…の)手がかりをつかんでいる. *auf die 〈richtige〉 ~ bringen 〈j³〉* (人)に手がかり〈ヒント〉を与える. *auf die ~ kommen 〈j³ (et³)〉* (…の)手がかりをつかむ. *auf j²* ~*en wandeln 〈in j² ~en treten〉* (人)の(した)とおりにする,真似をする. *eine heiße ~* 《話》 有力な〈重要な〉手がかり. *keine ~ / nicht die ~* 全然…ない.
spürbar 形 感じ取れる;顕著な.
spuren 自 《ㇲㇳ》 シュプールをつける;《話》言われたとおりにする,忠実に従う.

spüren [シュピューレン] 《spürte; gespürt》他 《⊛ feel》感じる;(感覚で)気づく,ピンとくる;《*et³/nach et³*》 狩る (獲物が…の)におい を追う.
Spuren=element 中 《生化》(動植物中の)微量元素. **=sicherung** 安 《犯行現場などの》証拠保存.
Spürhund 男 《猟犬:捜索犬;《話》探索好きな人;スパイ.
..spürig 『…車輪の』.
spurlos 形 痕跡(こんせき)のない.
Spür=nase 安 《話》 鋭敏な鼻;鋭い鑑識力. **=sinn** 男 (猟犬などの)鋭敏な嗅覚(きゅうかく);鋭い勘;予知能力.
Spurt 男 《-(e)s/-s (-e)》 《ㇲㇳ》 スパート. **spürte** ⇒ spüren
spurten 自 《s, h》 《ㇲㇳ》 スパートする;《話》急いで走る.
spurtschnell 形 《ㇲㇳ》 スパートの速い;(車が)出足の速い.
Spurweite 安 輪距(車輪の間隔);《鉄道》軌間,軌幅.
Spurz 男 《*sich*⁴》 《北部》急ぐ.
Squash 安 《-/》 スカッシュ(飲み物);《球技》 スカッシュ.
Sr 略 ストロンチウム(< Strontium).
SR 略 Saarländischer Rundfunk ザールラント放送. **SRG** 略 Schweizerische Radio-und Fernseh-Gesellschaft スイス放送. **s.S.** 略 *siehe Seite …* …ページを参照せよ. **SS** 略 Schutzstaffel (ナチの)親衛隊.
ß 安 《-/-》エスツェット.
SSD 略 《-/》Staatssicherheitsdienst. **SSO** 略 Südost[en] 南南東. **SSR** 略 Sozialistische Sowjetrepublik ソビエト社会主義共和国. **SSW** 略 Südwest[en] 南南西.
st ちょっと(注意を促す声)=: pst.
s.t. 略 《ㇲㇳ》 *sine tempore.* **St** 略 *Saint* 聖〔なる〕. **St.** 略 *Sankt* 聖…; *Saint* 聖〔なる〕; *Stück* 個; *Stunde* 時間. **Sta.** 略 *Santa* 聖〔なる〕.
Staat [シュタート] 男 《-(e)s/-en》 《⊛ state》国家,国:(連邦国家の)州;《話》晴れ着,よそ行きの服. ◆ *ein [wahrer] ~ sein* 《実に》華々である. *in vollem ~* 盛装して. *[nur] zum ~* 見せびらかすために. *[viel] ~ machen* ぜいたくをする; 《話》 《*mit j-et³*》 (…を)見せびらかす.
=en=bund 男 国家連合.
staatenlos 形 無国籍の. **Staatenlose[r]** 男 《形容詞変化》 無国籍者,無国籍人.
staatlich [シュタートリヒ] 形 国家の,国の;国有の,国立の:国家による.
Staats=akt 男 国家的行事;《話》晴れがましい儀式. **=aktion** 安 ◆ *eine [Haupt- und] ~ machen 〈aus et³〉* (…のことで)大げさに騒ぎ立てる. **=angehörige[r]** 男 安 《形容詞変化》 国民. **=angehörigkeit** 安 《-/》国籍. **=anleihe** 安 《経》国債. **=anwalt** 男 検事,検察官. **=anwaltschaft** 安 《⊛》検察庁;《集合的》検事,検察官. **=apparat** 男 《集合的》国家機構. **=bankrott** 男 国家財政破綻(はたん). **=beamte[r]** 男 《形容詞変化》国家公務員,官吏. **=begräbnis** 中 国葬. **=besuch** 男 (首相・政府高官などの)公式外国訪問.

Staats=bürger 男 国民, 公民.
staatsbürgerlich 国民の, 公民の. **=bürgerschaft** 女 公民権, 国籍. **=chef** 男 国家元首の. **=dienst** 男 国家公務員の職務.
staatseigen 国有の.
Staats=eigentum 中 国有財産. **=examen** 中 国家試験. **=feind** 男 (国家に対する)反逆者, 国賊. **=form** 女 国家形態, 政体. **=gebiet** 中 国土, 国土. **=geheimnis** 中 国家機密. **=gewalt** 女 国家権力, 国権. **=haushalt** 男 国家財政. **=hoheit** 女 国家主権. **=holding** 女 〖経〗 holdingsgesellschaft. **=kanzlei** 女 (ドイツ・スイスなどの各州の)内閣官房. **=kasse** 女 国庫. **=kosten** 複 国費: auf ~ 国費で. **=kunst** 女 国政上の手腕.
Staats=mann 男 [大]政治家.
staatsmännisch 政治家らしい, 政治家の.
Staats=minister 男 国務大臣, (バイエルン州などの)州大臣, (ドイツの旧次官の次官. **=monopolkapitalismus** 男 国家独占資本主義. **=oberhaupt** 中 国家元首. **=parlament** 中 (米国の)州議会. **=partei** 女 (一党独裁の)国家政党. **=präsident** 男 大統領. **=prüfung** 女 国家試験.
Staatsrat 男 枢密院; 枢密顧問官; (旧東ドイツの)国家評議会; (スイスの)州参事会. **~s=vorsitzende[r]** 男 [形容詞的変化] (旧東ドイツの)国家評議会議長.
Staats=recht 中 国法. **staatsrechtlich** 国法上の. **=schulden** 複 国の負債;国債. **=sekretär** 男 (各省の)次官. **=sicherheitsdienst** 男 国家公安局, シュタージ(旧東ドイツの秘密警察:略 Stasi; 略 SSD). **=streich** 男 クーデター. **=theater** 中 国立劇場. **=verdrossenheit** 女 (一般国民の)国家に対する嫌気(不信), 政情不信. **=vertrag** 男 [国際]条約; 〖哲〗 国家契約.

Stab [シュターブ] 男 -[e]s/Stäbe (⦿ Stäbchen) (⦿ stick) 棒, 杖, (リレーの)バトン, (棒高跳びのポール) (⦿ staff) スタッフ, 要員; 〖軍〗参謀, 幕僚. ◆ **den ~ über** j⁴ **brechen** 〖雅〗(人に)とどめを刺す.
Stäbchen (→ Stab) 中 -s/- 小さな棒;箸; 〖化〗(網膜の)桿状(体)体; 〖職〗 鋼鑰み;〖話〗紙巻きタバコ.
Stab=führung 女 〖楽〗指揮. **=hochspringer** 男 棒高跳び選手. **=hochsprung** 男 棒上棒高跳び.
stabil 安定な, しっかりした. 安定した. **Stabilisator** 男 -s/-en 〖工〗 振れ止め, スタビライザー; (食品)安定剤.
stabilisieren 他 頑丈にする;安定させる. **Stabilisierung** 女 /-en 安定(固定)化. **Stabilität** 女 / 安定性;安定.
Stabreim 男 〖韻〗頭韻(とういん).
Stabs=arzt 男 軍医大尉(一尉). **=chef** 男 幕僚長. **=feldwebel** 男 (陸軍・空軍の)准尉. **=offizier** 男 佐官; 参謀(司令部付き)将校.
Stab=wechsel 男 〖陸上〗(リレーの)バ

トンタッチ.
stacc. 略 staccato.
staccato 副 〖楽〗 スタッカートで, 音を区切って.
stach, stäche ⇒ **stechen**
Stachel [シュタッヘル] 男 -s/-n (⦿ thorn)(植物の)とげ,(動物の)針;(金属製の)とげ,針先, (心の)痛み, (心を刺すの)とげ; 心を駆り立てるもの. ◆ **wider ⟨gegen⟩ den ~ löcken ⟨lecken⟩** 〖雅〗あえて逆らう(たてつく). **=beere** 女 〖植〗セイヨウスグリ(の実).
Stachel=beerstrauch 男 〖植〗 セイヨウスグリの木. **=draht** 男 有刺鉄線. **=drahtverhau** 男田 鉄条網. **=häuter** 男 -s/- 棘皮(きょくひ)動物.
stachelig どげのある; とげだらけの; ちくちくする; とげとげしい.
stacheln (ちくちくと人を)苦しめる; (j⁴ zu et³)(人を…へと駆り立てる): ⦿とげを刺す,ちくちくさす.
Stachel=rochen 男 〖魚〗アカエイ. **=schwein** 中 〖動〗ヤマアラシ.
stachlig = stachelig.
Stachus 男 シュタッフス(1)男名. (2)ミュンヘンの中心部にあるカールスプラッツの別名).
Stadel 男 -s/-nぞ子-/Städel) 〖南部・オーストリア〗(農家の)納屋; 干し草小屋.
Stadien ⇒ Stadion, Stadium
Stadion [シュターディオン] 中 -s/-.dien (⦿ stadium) 競技場, スタジアム.
Stadium 中 -s/..dien (進行・発展の)段階, 時期.

Stadt [シュタット] 女 -/Städte (⦿ Städtchen) (⦿ town, city) 町, 市, 都市; 〖集合的〗 市民, 町の人々; 市(町)当局. ◆ **die Ewige ~ ⟨永遠の都⟩, die Goldene ~ ⟨プラハ⟩. die Heilige ~ ⟨イエルサレム⟩. in ~ und Land** 市中町で, 都市と田舎で. **=autobahn** 女 市内高速自動車道. **=bahn** 女 市街鉄道.
stadtbekannt 町じゅうに知れ渡った.
Stadt=bezirk 男 市区. **=bibliothek** 女 市立図書館. **=bild** 中 都市の景観(たたずまい).
Städte ⇒ Stadt
Städtebau 男 -[e]s/ 都市計画.
Städter 男 -s/- (⦿ -in)都市居住者, 市民, 町民; 都会育ちの人.
Stadt=flucht 女 都会脱出(地方への移住). **=gas** 中 都市ガス. **=gebiet** 中 市域. **=gespräch** 中 町じゅうのうわさ; (電話の)市内通話. **=guerilla** 女 都市ゲリラ戦; 男 都市ゲリラ兵.
städtisch [シュテーティッシュ] 市の, 都市(町)立の; 都会的な.
Stadt=kern 男 市(町)の中心部, 都心. **=kreis** 男 市(Landkreisに属さない特別市). **=kultur** 女 都市文化. **=mauer** 女 市の囲壁. **=mitte** 女 市の中心部, 都心.
Stadt=plan [シュタットプラーン] 男 -[e]s/..pläne (⦿ street map) 市街地図, タウンマップ. **=planung** 女 都市計画. **=rand** 男 市(町)のはずれ, 都市周辺地域. **=randsiedlung** 女 郊外の団

地**.-rat** 男 市議会, 市参事会; 市会議員, 市参事会員. **-recht** 回 (中世の)都市法; 都市権(都市およびその市民に与えられる権.利). **-rundfahrt** 囡 (バスなどの)市内巡り〈観光〉. **-staat** 男 都市国家. **-streicher** 男 家を持たない都市生活者, ホームレス. **-teil** 男 市区, 町区; [集合的に] [話] 市区の住民. **-tor** 回 (壁で囲まれた中世都市の)市門. **-väter** 複 [話] 市(町)の有力者たち. **-verkehr** 男 市内交通. **-verordnete[r]** 男 [形容詞変化]市会(町会)議員. **-verwaltung** 囡 市(町)の行政; 市(町)当局; [集合的に] 市(町)職員. **-viertel** 回 街区, 町の一画. **-wappen** 回 市(町)の紋章. **-werke** 複 市(町営)企業, (交通・水道・電気・ガスなどの)公共事業を担当する)市施設局.

Staedtler [商標] シュテトラー(文房具用品メーカー).

Staffage 囡 ⟨-/-n⟩ (引き立て役の)添えもの, 装飾物; [絵] 点景.

Staffel 囡 ⟨-/-n⟩ [競] リレー(団体戦)のチーム; [軍] 梯形(編成; 飛行中隊); [薬] 飛行隊; 車などの)隊列; [南部] 階段, 段.

Staffelei 囡 ⟨-/-en⟩ 画架, イーゼル.

Staffellauf 男 [競] リレー競走.

staffeln 他 (…に)段階(等級)をつける; [軍] 梯形(に)配列する.

Staffelpreis 男 [経] (商品に対する)段付け(等級別)価格.

Staffelung 囡 ⟨-/-en⟩ 段階〈等級〉づけ.

Stagflation 囡 ⟨-/-en⟩ [経] スタグフレーション(不況+インフレーション).

Stagnation 囡 ⟨-/-en⟩ 停滞; [商] 不振; [医] (景気の)停滞, 沈滞; 不振; [医] 鬱血(勢).

stagnieren 自 停滞する; よどむ.

stahl ⇒ **stehlen**

Stahl 男 ⟨シュタール⟩ 男 ⟨-[e]s/Stähle (Stahle)⟩ @ steel 鋼, 鋼鉄; [雅] 刀, 剣, 刃. **-beton** 男 [建] 鋼筋コンクリート. **stahlblau** (鋼のように)青白く輝く. **Stahlblech** 回 薄鋼板.

stähle ⇒ **stehlen Stähle** ⇒ **Stahl**

stählen 他 (鋼のように)鍛える; (人〈心身〉を)鍛える.

stählern 鋼の, 鋼鉄製の(鋼のように)硬い.

Stahl-flasche 囡 (鋼鉄製の)ボンベ. **-gitarre** 囡 スチールギター. **stahlhart** [鋼のように]硬い.

Stahl-helm 男 鉄かぶと. **-industrie** 囡 鉄鋼産業. **-kammer** 囡 (銀行などの)鋼鉄製金庫室. **-möbel** 複 スチール家具. **-rohrmöbel** 複 スチールパイプ製家具. **-stich** 男 鋼版彫刻術; 鋼版画. **-waren** 複 鋼鉄製品. **-werk** 回 製鋼所. **-wolle** 囡 スチールウール.

stak ⇒ **stecken**

stäke ⇒ **stecken**

staken 他 (舟を)棹(ᵹᵘ)で進める; (干し草などを)フォークで刺して持ち上げる; 自 (s, h)棹で舟を進める.

staksen 自 (s) [話] ぎこちなく歩く.

Stalagmit 男 ⟨-s/-e;-en/-en⟩ [地学] 石筍(ᵐᵘ). **Stalaktit** 男 ⟨-s/-e;-en/-en⟩ [地学] 鍾乳(ᵐᵘ)石.

Stalin Iossif Wissarionowitsch, スターリン(1879-1953; ソ連の政治家).

Stall 男 ⟨-[e]s/Ställe⟩ @ **Ställchen** 家畜小屋; 厩舎(ᵏᵘ); [集合的] (同一厩舎所属の)競走馬. ◆ *ein ganzer* ~ *voll* [話] 非常に多くの.

Stall-knecht 男 家畜係の下男. **-magd** 囡 搾乳係の下女.

Stallung 囡 ⟨-/-en⟩ 家畜小屋, 厩舎.

Stamm [シュタム] 男 ⟨-[e]s/Stämme⟩ @ **Stämmchen**, @ **trunk) (木の)幹, 樹幹; 種族, 部族, 一族, 家系; [生] (分類の)門; [文法] 語幹; [商] 正規(基本)兵力; [動] (家畜などの)一群れ; 中核(基幹)をなすもの. ◆ *vom* ~ *Nimm sein* [戯] ひどく欲が深い. **-aktie** 囡 [商] 普通株, 親株. **-baum** 男 家系図; 血統; [系] 系統樹; [言] (文構造を示す)樹形図. **-buch** 回 サイン帳, 記念帳; [畜] 血統登録簿. ◆ *ins* ~ *schreiben* [j³ etᴬ] (人に～を言い聞かせる.

Stämme ⇒ **Stamm** (単数3格の別形)

Stämme ⇒ **Stamm**

Stamm-einlage 囡 [商] (有限(責任)会社社員の)基本出資[金].

stammeln [シュタメルン] (stammelte; gestammelt; ⓐ stamp) 口ごもりながら言う; 口ごもる; つまりながら話す; [医] 吶音(ᵗᵘ)である.

stammen [シュタメン] (stammte; gestammt) 自 [aus etᴬ] (…の)出身である; [aus etᴬ/von j³] (…に)由来する.

Stammesgeschichte 囡 [生] 系統発生.

Stamm-form 囡 [文法] 動詞の基本形(不定詞・過去・過去分詞); [生] 祖先原型. **-gast** 男 (飲食店などの)常客, 常連. **-halter** 男 跡取り〈継ぎ〉, 家督相続者. **-haus** 回 (企業の)(創業以来の)本社屋; [史] (領主の)先祖代々の館(ᵏᵘ).

stämmig (体格の)がっしりした; ずんぐりした.

Stamm-kapital 回 [商] (有限会社の)資本金. **-kneipe** 囡 [話] 行きつけの飲み屋. **-kunde** 男 ⟨-n/-n⟩ (店の)常連. **..din** 囡 常連客. **-lokal** 回 行きつけの飲食店(酒場). **-mutter** 囡 (女の)祖先; イヴ(人類の祖). **-personal** 回 [集合的] (企業の)正社員. **-platz** 男 (劇場・飲食店などでの)定席. **-silbe** 囡 [言] 語幹音節. **-sitz** 男 本社(所在地); (貴族の家系の)発祥の地. **-tafel** 囡 系図.

stammte ⇒ **stammen**

Stammtisch 男 (飲食店の)常連のテーブル; [集合的] 常客, 常客; (定期的な)仲間内の集まり.

Stammutter 囡 = **Stammmutter**.

Stammvater 男 (男の)祖先; アダム(人類の祖). **stammverwandt** 同じ種族(一族)の.

Stamm-vokal 男 [言] 幹母音. **-wähler** 男 (特定の政党への)固定投票者. **-wort** 回 [言] 語根.

stampfen [シュタンプフェン] (stampfte; gestampft) ⓐ stamp) ❶ 自 (強く)足踏みをする; (s)(…へ)足音を鳴らして歩く行く; ドシンドシンと音を立てる. ❷ 他 (床・地面などを)どしんと踏む; 突き詰めてしつぶす, (突いて)砕く.

Stampfer 男 ⟨-s/-⟩ [土木] 突き固め機; [料] ジャガイモつぶし器, マッシャー.

stampfte ⇒ stampfen **stand** ⇒ stehen

Stand [シュタント] 男 (-[e]s/Stände) (⊗ standing) ❶ 直立の状態；静止状態．❷ 状況，状態，形勢．❸ (計器などの)目盛り位置；(太陽などの)高度；(為替の)レート．❹ (物売り)スタンド，売店，売り台；(見本市などの)ブース．❺ (社会的)階級，階級，身分；職業．❻ (立っている)場所，居場所；(タクシーなどの)乗り場．❼ (馬小屋内の)仕切り；(駐車場の)一区画；(電車の)運転席．❽ *aus dem ~ [heraus]* 話 即座に．*außer ~[e] sein* 〈+ zu 不定詞句〉(…)できる立場にない；(…の)能力がない．*einen schlechten (keinen guten) ~ haben* 話 *[bei j³]* (人に)受けがよくない．*einen schweren (keinen leichten) ~ haben* 話 立場が悪い，苦しい状態である．*im ~e ⟨in gutem ~⟩ sein* 〈+ zu 不定詞句〉(…)できる；(持 物 zu¹ に)ある．*in den [heiligen] ~ der Ehe treten* 雅 結婚する．*in ~ halten* (…を)手入れしておく，維持する．*in ~ sein* 〈会社〉(使える)状態である．*in ~ setzen* (…を)修理〈補修〉する；〈+ zu 不定詞句〉(人が…)することができるようにする．*J¹ ist im ~e und...*，〈人が〉(…)できる．*zu ~e bringen* 困難を乗り越えて…を)成し遂げる，完成させる；公式 (…を元の状態に)戻す．*zu ~e kommen* 困難を乗り越えて)実現される，うまくいく．

Standard 男 (-s/-s) (⊗ standard) 規準，標準；水準；(度量衡の)原器；(貨物の)本位；(貨物の)法定純度．*ausrüstung* 女 標準装備．

standardisieren 他 規格化する．

Standardisierung 女 (-/-en) 規格〈標準〉化，規格統一．*sprache* 女 標準語．*werk* 中 基本的な作品，基本文献．

Standarte 女 (-/-n) ❶ 方形旗(元首旗・王旗・連隊旗など)．❷ 狩 (キツネなどの)尾．

Standbild 中 立像．

Ständchen (→ Stand) 中 (-s/-) 小さい売店〈スタンド〉；楽 セレナーデ．

Stände ⇒ Stand (単数3格の別形)

Stände ⇒ Stand

Ständer 男 (-s/-) 三角旗，ペナント．

Ständer 男 (-s/-) 台，スタンド；架 (水鳥以外の)野鳥の脚；蛋白 間柱；電 固定子．

Ständerat [シュテンデラート] 男 (-[e]s/..räte) ❶ 全州議会(上院に相当)．❷ 全州議会議員．

Standesamt 中 戸籍役場．**standesamtlich** 形 戸籍役場の．

Standesbeamte[r] 男 [形容詞的変化] 戸籍役場職員．

standes-bewusst (⊗ =bewußt) 形 身分を自覚した，身分意識の強い．**Standesdünkel** 男 身分上のうぬぼれ．**standesgemäß** 形 身分にふさわしい．**Standesunterschied** 男 身分の相違．

Standfahrrad 中 (体力づくりのための)エアロバイク．

standfest 形 座りのよい，安定した．**Standfestigkeit** 女 安定，不動；落ち

着き；毅然(きぜん)とした態度．*geld* 中 (露店などの)場所代；鉄道 貨車留置料．*gericht* 中 法 即決軍事裁判[所]．

standhaft 形 毅然とした．**Standhaftigkeit** 女 (-/-) 毅然とした態度．

standhalten* 自 (*j-et³*) (…に)持ちこたえる，(…に)屈しない．

ständig [シュテンディヒ] 形 (⊗ constant) 絶え間ない，ひっきりなしの；定まった，定期的な；常設〈常任〉の．

ständisch 形 身分上の；身分制の；(昔) 州の．

Stand-licht 中 (自動車の)駐車灯．*ort* 男 現在地，位置；立地；(生物の)生息場所；軍 駐屯地；(特定の問題における)立場，見地．*pauke* 女 話 お説教，お小言．*eine ~ halten* (j³) (人に)小言を言う．

Stand-punkt [シュタントプンクト] 男 (-[e]s/-e) (⊗ point of view) 立場，観点；見解；地点，位置．*den ~ klarmachen* (j³) (人を)きつくたしなめる，(人に)はっきりと言う．*quartier* 中 基地．*recht* 中 戒厳令．**standrechtlich** 形 戒厳令下の．*uhr* 女 箱型大時計．*ung* 中 留站．*waage* 女 (体操) 水平バランス．*wild* 中 (生息地を変えない)留鳥．

Stange [シュタンゲ] 女 (-/-n) (⊗ Stängelchen) 棒，さお，支柱，ポール；(2) バー；(鳥の止まり木；(鹿などの)角．*bei der ~ bleiben* 話 がんばる，じっととらえる．*bei der ~ halten* (j⁴) (人に)最後までがんばらせる．*die ~ halten* (j³) (人に)味方する．*eine ~ angeben* 話 大ぼらを吹く．*eine ~ Geld* 話 大金．*von der ~* 話 既製服の，あり合わせの．

Stängel 男 (-s/-) 植 茎：*Fall nicht vom ~!* 話 驚くなよ．*fast vom ~ fallen* 話 びっくりする．

Stangen-bohne 女 インゲンマメ．*brot* 中 棒状のパン．*spargel* 男 (長いままの)アスパラガス．

stank, stänke ⇒ stinken

Stänker 男 (-s/-) 話 絶えずいざこざを起こす人；動 ケナガイタチ．**Stänkerei** 女 (-/-en) 話 絶えずいざこざを起こすこと．**Stänkerer** 男 (-s/-) 絶えずいざこざを起こす人．**stänkern** 自 いざこざを起こす；悪臭を発する．

Stanniol[papier] 中 (-s/-e) すずアルミ[箔(はく)]，銀紙．

Stannum 中 (-s/-) 錫(すず)の (記号 Sn)．

Stanze 女 (-/-n) 型抜き器；穿孔(せんこう)器，パンチ；押し型．**stanzen** 他 型抜きする；打ち抜いて作る；タイプ パンチする；(文字・模様などを)型押しする．

Stapel 男 (-s/-) (積み重ねた)山，堆積；造船台；商品倉庫，在庫[品]；になる パッチ．*vom ~ lassen* (船を)進水させる；話 (演説などを)一席ぶつ．*lauf* 男 (船の)進水式．

stapeln 他 積み重ねる；(知識などを)蓄積する；倉庫 蓄積〈集積〉させる，倉庫に入れる．*sich⁴* 積み重なる，山積みになる．

Stapel-platz 男 商品置き場；商品倉庫．*ware* 女 多量に積み重ね可能な商品．

Stapfe 囡 ⟨-/-n⟩ = Stapfen.
stapfen 圓 (h, s) 地面を踏みしめて歩く.
Stapfen 男 ⟨-s/-⟩ 足跡.
Star[シュタール] 男 ⟨-s/-e⟩ スター, 花形; ⟨-[e]s/-e⟩ 〘医〙そこひ; ⟨-[e]s/-e;複-en⟩ 鳥 ホシムクドリ. ◆ **den ~ stechen** 〘話〙(人に)事実を突きつける. **-gast** 男 花形スター. **-allüren** 履 スター気取りのふるまい.
starb ⇒ **sterben**
stark [シュタルク] 形 ⟨stärker; stärkst⟩ (® strong) ❶ (力の)強い, 強力な; じょうぶな; 強気の, 強固な, 激しい, 大きい. ❷ (成分の)濃い(効き目などが), 強い. ❸ 太い; 多数の, (数量の)大きい. ❹ 有能な, 優れた; 得意な, 得手な. 〘話〙 いい!〈反語〉 ひどい. ❺ 〘文法〙 強変化の. — **machen** 〘話〙 ⟨sich¹ für j-et¹⟩ (…のために)尽力する. **..stark** 「…の強い, …の優れた」の意.
Stärke [シュテルケ] 囡 ⟨-/-n⟩ ❶ (® strength) 力, 強さ; (程度の)強さ, 激しさ, 力量, 大きさ; 直径; 数量; 人数; 長所, 強み; 得意; (成分の)濃さ, 濃度; 効き目. ❷ (® starch) でんぷん. **-mehl** 魯 粉末でんぷん.
stärken 個 強くする; 元気づける; (洗濯物などを)糊(のり)づけする.
stärker, stärkst ⇒ **stark**
Starkstrom 男 高圧電線. **-leitung** 囡 高圧電線.
Stärkung 囡 ⟨-/-en⟩ 強化; 元気づけ; (元気回復のための)軽い食事. **~smittel** 魯 強壮剤.
Starlet(t) 魯 ⟨-s/-s⟩ 〘話〙スター気取りの新人女優.
Starnberger See (der ~) シュタルンベルク湖 (ドイツ Bayern 州南部にある).
starr [シュタル] 形 (® stiff) (体などが)硬い, 硬直した. こわばった; ぎこちない, 固苦しい. 固定した; 頑固な, 融通のきかない.
Starre 囡 ⟨-/-⟩ 硬直, こわばり.
starren 個 ⟨starrte; gestarrt⟩ (® stare) ⟨**auf j-et¹**⟩ (…を)じっと見つめる; 凝視する (**ins Leere** ~ 虚空をむむ); ⟨**von ⟨vor⟩ et³**⟩ (全体が…)だらけである; (空に)突き出て〈そびえている〉.
Starrflügel 魯 固定翼. **-flugzeug** 魯 固定翼機. **Starrflügler** 男 ⟨-s/-⟩ 〘空〙 固定翼機〈航空機〉.
Starrheit 囡 ⟨-/-⟩ 硬直, こわばり; 頑固.
Starr-kopf 男 頑固者. **-krampf** 男 〘医〙 硬直性痙攣(けいれん). **-sinn** 男 強情, 頑固. **starrsinnig** 形 強情な, 頑固な.
starrte ⇒ **starren**
Start [シュ(ス)タルト] 男 ⟨-[e]s/-s ⟨-e⟩⟩ (® start) (競技の)スタート; (仕事・休暇などの)始まり; スタートライン; (競技への)出場, 参加; (飛行機の)離陸; 発射; 発進地点. ◆ **an den ~ gehen** スタートラインに就く; 競技にスタートする.
START [シュ(ス)タルト] 男 Strategic Arms Reduction Talks 戦略兵器削減交渉.
Start-bahn 囡 〘空〙 離陸用滑走路. **startbereit** 形 スタート〈出発, 離陸〉準備のできた.
starten [シュタルテン] ⟨startete; gestartet⟩ 圓 (s) ⟨® start⟩ スタートする, 出発する; (レースに)参加〈出場〉する; 個 スタート〈始動〉させる, 開始させる.
Starter 男 ⟨-s/-⟩ 〘スポ〙 スターター, 出発係員; (競技の)出場者; (エンジンの)始動装置. **Start-erlaubnis** 囡 (レースへの)出場許可; 〘空〙 離陸許可.
startete ⇒ **starten**
Start-hilfe 囡 (仕事などの)スタート時の資金援助; (エンジンの)始動援助装置; (飛行機などの)離陸用補助エンジン. **-hilfekabel** 魯 (自動車の)バッテリーケーブル. **-kapital** 魯 (会社などの)設立資本.
startklar 形 = **startbereit**.
Start-leitzentrum 魯 〘宇宙〙 地上管制センター. **-rampe** 囡 (ロケット・ミサイルなどの)発射台. **-schuss** ⟨-schuß⟩ 男 スターターのピストル発射; 開始の合図. **-signal** 魯 スタートの合図. **-sprung** 男 〘スポ〙 スタート時の飛び込み. **-Vertrag** 男 (米ソ間の)戦略兵器削減条約 (1991). **-zeichen** 魯 スタートの合図.
Stasi 囡 ⟨-/-⟩ ⟨-[s]/-⟩ [シュタージ] ⟨ Staatssicherheitsdienst⟩.
Staßfurt シュタスフルト (ドイツ Sachsen-Anhalt 州中部の鉱業都市).
Statik [シュタ‐] 囡 ⟨-/-⟩ 〘理〙 静力学; 静止〈平衡〉状態. **Statiker** 男 ⟨-s/-⟩ 静力学の専門家.
Station [シュタツィオーン] 囡 ⟨-/-en⟩ (® station) 駅; 停留所; (病院の)科, 部局; 拠点; 観測所; 放送局; 滞在, 休憩. ◆ **~ machen** 滞在する.
stationär 形 固定した; 変動のない, 停滞している; 〘医〙 入院による.
stationieren 個 配備する; (軍隊を)駐留(駐屯)させる.
Stationierung 囡 ⟨-/-en⟩ 配備; 駐留. **~s-kosten** 複 駐留〈駐屯〉費用. **~s-streitkräfte** 複 駐留軍. **~s-truppe** 囡 駐留部隊.
Stations-arzt 男 (病棟の)医長. **-schwester** 囡 (病棟の)婦長. **-vorsteher** 男 駅長.
statisch 形 〘静力学上〙の; 静的な, 静止状態の; 平衡している.
Statist 男 ⟨-en/-en⟩ ⟨-® -in⟩ 〘劇・映〙 (せりふのない)端役; エキストラ; 重要でない人物. **Statisterie** 囡 〘集合的〙端役〈エキストラ〉連中.
Statistik [シュタティスティク] 囡 ⟨-/-en⟩ (® statistics) 統計学; 統計. **statistisch** 形 統計学の; 統計的な.
Stativ 魯 (カメラなどの)三脚.
statt [シュタット] 〘2格支配〙 前 instead of) …の代りに; ◆ **an j-et² ~** …の代わりに; ⟨~ + zu 不定詞句または dass 文⟩ ⇒ **anstatt** ◆
Statt 囡 ⇒ **statt** ◆
stattdessen 副 その代わりに.
Stätte 囡 ⟨-/-n⟩ 場所, 場所.
statt-finden* [シュタットフィンデン] ⟨**fand statt; stattgefunden**⟩ 圓 (h) (祭り・会議などが)催される, 行われる, ある. **⊢geben*** 圓 〘官〙 許す (請願・陳情などを)聞き届ける. **-gefunden** ⇒ **stattfinden**
statthaft 形 〘雅〙 許可された; 合法的な.
Statthalter 男 ⟨-s/-⟩ ⟨® -in⟩ 〘史〙 代

官; 総督; 《ｽｲ》州知事; 市町村長.

stattlich [シュタットリヒ] [形] (姿・形などが)堂々たる〈とした〉, 立派な; (数量などが)かなりの, 相当の. **Stattlichkeit** [女] 《-/》堂々としていること; 豪華さ.

Statue [女] 《-/-n》立像.

Statuette [女] 《-/-n》小立像.

statuieren [他] 確立〈確定〉する.

Statur [女] 《-/-en》体格.

Status [男] 《-/-》 ([英] status)状態, 状況; 〘商〙資産状態; (社会的な)地位, 身分; 法的地位; 〘医〙病状; 体質. **=symbol** [中] ステータスシンボル.

Statut [中] 《-[e]s/-en》規約, 定款.

Stau [男] 《-[e]s/-s, -e》交通渋滞; (水・風などの)よどみ, 停滞.

Staub [シュタオプ] [男] 《-[e]s/ (-e, Stäube)》 ([小] Stäubchen)([英] dust)ちり, ほこり, 微粉. ✦ ***aus dem ~[e] machen*** 《話》《*sich*[4]》こっそり逃げる, ずらかる. ***in* 〈*durch*〉 *den ~ ziehen* 〈*zerren, treten*〉**(…を)あしざまに言う. ***~ aufwirbeln*** 《話》物議をかもす. ***~ saugen*** 掃除機で掃除する. ***vor j*[3] *im ~ kriechen* 〈*liegen*〉 / *sich*[4] *vor j*[3] *in den ~ werfen*** 《雅》(人の前に)平身低頭する. **[*wieder*] *zu ~ werden*** 《雅》土に帰る, 死ぬ. **=beutel** [男] 〘植〙葯(ﾔｸ); (電気掃除機の)集塵(ｼｭｳｼﾞﾝ)袋.

staubdicht [形] 防塵(ﾎﾞｳｼﾞﾝ)の, ほこり〈ちり〉を通さない.

Stäube ⇨ Staub

Staubecken [中] 貯水池.

stauben [自] 《*Es staubt.*》ほこりが立つ; ほこりが立つ; (人が)ほこりを立てる.

stäuben [自] (地面などが)ほこりが立つ; (s)(雪片などが)ちりのように飛び散る; [他] 《*et*[4] **über** 〈**auf**〉 *et*[4]》(粉末などを…に)振りかける.

Staub=faden [男] 〘植〙花糸(ｶｼ). **=fänger** [男] 《話》ほこりのつきやすい調度品. **=flocken** [複] 綿ぼこり. **=gefäß** [中] 〘植〙雄しべ.

staubig [シュタオビヒ] [形] ほこりまみれの.

Staub=korn [中] ほこり〈ちり〉の粒子. **=lunge** [女] 〘医〙塵肺(ｼﾞﾝﾊﾟｲ). **=mantel** [男] ダスターコート.

staubsaugen ⇨ Staub ✦

Staub=sauger [男] 電気掃除機. **=tuch** [中] ぞうきん, ふきん, ダスター. **=wolke** [女] 砂塵(ｻｼﾞﾝ).

stauchen [他] (…を…に〈へ〉)強くぶつける; (たたいて)圧縮する; 《話》(人を)しかりつける; 〘工〙(ボルトなどを)プレス機で作る. **Stauchung** [女] 《-/-en》強くぶつけること; (強くたたいて)圧縮すること.

Stau=damm [男] 堰堤(ｴﾝﾃｲ), ダム.

Staude [女] 《-/-n》〘植〙多年生草本(ｿｳﾎﾝ); 〘園〙宿根草; 《南部》潅木(ｶﾝﾎﾞｸ), 低木; サラダ菜の球.

stauen [他] せき止める; 〘海〙積み込む; [再] 《*sich*[4]》せき止められる; (交通が)渋滞する; (ストレスなどが)たまる.

Stauer [男] 《-s/-》荷役労務者.

Staumauer [女] = Staudamm.

staunen [シュタオネン] 《staunte; gestaunt》[自] 驚く, びっくりする; 感嘆する. **Staunen** [中] 《-s/》驚嘆, 賛嘆. **staunenswert** [形] 驚くべき, 感嘆に値する.

Staupe [女] 《-/-n》 (犬などの)ジステンパー; (公開の)笞(ﾑﾁ)打ちの刑.

Stau=see [男] (河川をせき止めて造った)貯水池, 人造湖.

Stauung [女] 《-/-en》 (流れ・水の)せき止め; 交通渋滞; 〘医〙鬱血(ｳｯｹﾂ).

~s=leber [女] 〘医〙鬱血(ｳｯｹﾂ)肝.

Std. [略] *Stunde* 時間(60分). **Stdn.** [略] *Stunden* 時間(Std. の複数形). **Ste** [略] *Sainte* 聖[なる].

Steak [シュテーク] [中] 《-s/-s》〘料〙ステーキ.

Stearin [中] 《-s/-e》〘化〙ステアリン.

Stech=apfel [男] 〘植〙チョウセンアサガオ(朝鮮朝顔). **=eisen** [中] のみ, たがね.

stechen* [シュテッヒェン] 《**stach; gestochen**》[動] ([英] stick) ❶ 《[*et*[4]] **in** *et*[4]》([…を]…に〈へ〉)[突き]刺す : Ich habe mir 〈mich〉 in den Finger *gestochen*. 私は自分の指を刺した. ❷ (蚊・蜂などが)刺す; (とげなどが)ちくちくする; (心が)ちくちく痛む; (太陽が)じりじりと照りつける. ❸ (根元から)切り取る. ❹ 〘ﾄﾗﾝﾌﾟ〙(上位札で…を)取る; 切り札である. ❺ 《*sich*[4] **an** *et*[3]》(体にとげなどを)刺す. **Stechen** [中] 《-s/-》〘馬術〙優勝決定レース. ✦ ***wie gestochen schreiben*** きちんとした字を書く.

stechend [形] (においが)鼻を突くような; (痛みが)刺すような; (目つきが)鋭い.

Stecher [男] 《-s/-》銅〈鋼〉版彫刻師.

Stech=fliege [女] 〘虫〙サシバエ. **=ginster** [男] 〘植〙ハリエニシダ. **=heber** [男] ピペット. **=karte** [女] (タイムレコーダーの)タイムカード. **=mücke** [女] 〘虫〙カ(蚊). **=palme** [女] 〘植〙セイヨウヒイラギ. **=schritt** [男] (ひざを曲げず足を高く上げる)閲兵式歩調. **=uhr** [女] タイムレコーダー. **=vieh** [中] 《ｵｰｽﾄﾘｱ》《集合的》刺殺法で畜殺される家畜. **=zirkel** [男] (地図上の距離を測る)分割器, ディバイダー.

Steck=brief [男] 〘法〙指名手配書; (製品・人物などの)簡単なデータ. **steckbrieflich** [形] 指名手配書による.

Steckdose [シュテックドーゼ] [女] 《-/-n》〘電〙コンセント.

stecken(*) [シュテケン] 《steckte, 雅 stak ; gesteckt》 I [他] ❶ (…を…に)突っ込む, 差し込む, 差し入れる; (…を…に〈へ〉)留める, はめる : *j*[3] einen Ring an den Finger ~ 人の指に指輪をはめる. ❷ (種子・球根を)植えつける; 《話》《*et*[4] **in** *et*[4]》(金・労力などを…に)つぎ込む; 《話》(人を…へ〈に〉)送り込む. ❸ 《話》《*j*[3] *et*[4]》(人に…を)ひそかに告げる; 《話》やめる, (…から)手を引く. II [自] ❶ (h; 南部・ｵｰｽﾄﾘｱ・ｽｲｽ s)入っている, はまって〈はさまって, ささって〉いる. ❷ 《話》(場所・状態に)いる, ある; 《話》《**in** *j-et*[3]》(能力・才能が人に)ある, (金などが…に)つぎ込まれている. ✦ ***einen ~ haben*** 《話》ほろ酔い気分である. ***es j*[3] ~** (人を)しかりつける. ***gesteckt voll sein*** ぎっしり詰まっている. ***hinter et*[3] ~** 《話》(…の)陰にいる, 裏に潜んでいる. ***hinter j-et*[4] ~** 《*sich*[4]》(仕事などに)取り組む; (人を)たきつける. ***in Schwierigkeiten ~*** 困窮している. ***In j*[3] *steckt etwas.*** 《話》(人は)有能である. ***~ bleiben*** 立ち往生している, 先に進まない; 行き詰まる. ***~ lassen*** (鍵などを)差し込んだ〈突っこ

んだ)ままにしておく.
Stecken 圏 (⸺s/⸺) 『南部』棒; 杖(2), ステッキ.

stecken|bleiben*, ⸺ **lassen*** ⓤ⇒ stecken ✦

Steckenpferd 圉 春駒(皆)(馬の頭に柄を付け,またがって遊ぶ玩具); 趣味, 道楽.

Stecker 圐 [シュテッカー] 『電』(⸺s/⸺) 『電』プラグ. **Steckkontakt** 圐 『電』コンセント; プラグ.

Steckling 圐 (⸺s/⸺e) 挿し木用の枝 (挿し芽用の)苗.

Steck|**nadel** 囡 ピン, 留め針. ✦ *eine ~ im Heuhaufen ⟨Heuschober⟩ suchen* [話] まったく見込みのないことをす る. *wie eine ~ suchen* (…を懸命に探し回る. ⸺**rübe** 囡 『方』『南部』スウェーデンカブ. ⸺**schlüssel** 圐 ボックススパナ. ⸺**schuss** (⸺**schuß**) 圐 盲管銃創.

steckte ⇨ stecken

Steckzwiebel 囡 タマネギの苗.

Stefan [男名] シュテファン.

Steg 圐 (⸺[e]s/⸺e) 小さな橋; 陸橋, 歩道橋; 小残橋; (桁から岸に渡す)渡り板; 小径, 細道; (眼鏡の)ブリッジ; (弦楽器の)駒; (ズボンのすそから足の裏の)ストラップ.

Stegreif 圐 ✦ *aus dem ~* 準備もなしに, 即座に.

Steh-**aufmännchen** 围 起き上がりこぼし. ⸺**empfang** 圐 立食形式のレセプション(パーティー).

stehen* [シュテーエン] *⟨*stand; gestanden⟩ *⟨*h; 南部⸱オーストリア⸱スイスでは sn⟩ ❶ 立っている. ❷ (機械などが)動かない, 止まっている. ❸ *⟨j³⟩* (人に)似合う. ❹ (場所⸱状態に)ある, いる; (…な状況⸱状態)である; *⟨Es steht.⟩* (状況⸱状態が…)である: *Wie steht's?* 調子はどうだい. ❺ (…と)書いてある; *⟨auf et⁴⟩* (計器などが…を)指している; *⟨vor et³⟩* 困難⸱危機的状況に)直面している; *⟨über j-et³⟩* (…の上位にいる, (…に)抜きんでている; *⟨unter et³⟩* (特定の状況⸱状態)にある: *unter Aufsicht* ~ 監視されている|*unter Anklage* ~ 起訴されている. ❻ [話] でき上がっている, 済んでいる. ❼ *⟨auf et⁴⟩* (犯罪に対して)科せられる; [話] *⟨auf j-et⁴⟩* (…が)大好きである; *⟨bei j³⟩* (物事が)人)次第である; *⟨für et⁴⟩* (…を)代表する; *⟨zu et³⟩* (行為などに)責任を持つ, (約束などを)守る; *⟨zu ⟨hinter⟩ j³⟩* (人に)対して…ない)立場⸱姿勢を取る. ❽ *⟨Es steht + zu* 不定詞句⟩ (…)されなければならない, という. ✦ *bis oben ⟨bis hier ⟨hin⟩, bis da oben⟩ ~* [話] *⟨j³⟩* (人を) うんざりさせる. ⸺ **bleiben** 立ち止まる; 動かなくなる, 停止する; 置き忘れられる. ⸺ *lassen* そのままにしておく, 放っておく; 置いておく; (草木などを)生やしておく, (放置)にする; (食物などに)口をつけないでおく; (人を)無視する; 置き忘れる. ⸺ *bleiben ⟨mit j-et³⟩* (…)次第である. *teuer zu ~ kommen* *⟨j⁴³⟩* (人には)高いものにつく. **Stehen** 圐 立っていること; 停止.

stehenbleiben* ⓤ⇒ stehen ✦

stehend *(→* stehen) 圐 直立の; 立った ままの; 停止している; 固定された, 停滞した; 常設の, 常備の.

stehenlassen* ⓤ⇒ stehen ✦

Steh-**geiger** 圐 (⸺s/⸺) 長距離競輪選手; 長距離競走馬; [方] 信頼できる人; 『雑工』 (垣根⸱塀⸱扉などの)[杵]柱.

Steh-**kragen** 圐 立ち襟, スタンドカラー. ⸺**lampe** 囡 フロアスタンド. ⸺**leiter** 囡 脚立(𥪧).

stehlen* [シュテーレン] ⟨stahl, gestohlen⟩ ❶ *⟨j³⟩* (人から…を)盗む, (人の財産などを)奪う; *⟨sich⁴⟩* (…から時間などを)奪う. ❷ *⟨sich⁴⟩* (…)にこっそり出て〈入って〉行く, (…)に忍び込む. ✦ *gestohlen bleiben ⟨werden⟩ können* *⟨j³⟩* (人にとって)どうでもいいことである.

Steh-**platz** 圐 立ち見席; (電車などの)立ち席. ⸺**pult** 圐 (立ったまま読み書きできる)書見台, 高机.

stehts, steht's = steht es.

Stehvermögen 圐 (肉体的な)耐久力, スタミナ; (精神的な)粘り.

Steiermark (die ⸺) シュタイアーマルク (オーストリア東南部の州).

steif [シュタイフ] (⊂ stiff) ❶ (体の部分が)硬直した, こわばった; (物体が)堅い, 曲がらない; (動作⸱態度などが)ぎこちない, 不自然な, 堅苦しい; (プディングなどが)固めの; (住の度数の高い, きつい; 『海』(風⸱波などが)強い, 激しい. ✦ *~ und fest* [話] 頑強に; 執拗(𥯱)に.

steifen ⓤ (体を)こわばらせる, 緊張させる; [方] (衣類に)糊(⸺)をつける.

steifhalten* ⓤ = steif halten. ⇨ Nacken, Ohr ✦

Steifheit 囡 (⸺/) 堅さ, 硬直 [状態]; ぎこちなさ, 堅苦しさ.

Steig 圐 (⸺[e]s/⸺e) (狭い)急坂, 山道.

Steigbügel 圐 あぶみ; 『解』(中耳の)あぶみ骨. ✦ *den ~ halten* *⟨j³⟩* (人の)立身出世の手助けをする. ⸺**halter** 圐 『嫐』 他人の立身出世の手助けをする⟨踏み台となる⟩人, かばん持ち.

Steige 囡 (⸺/⸺n) 『南部』『雑工』急こう配の車道; 『北部』小さな階段; (野菜などを並べる)木枠の箱; (家畜などの)(小動物用の)木枠の小屋⟨おり⟩.

Steig-**eisen** 圐 (登山用の)アイゼン; (電柱などの)足踏かけの金具.

steigen* [シュタイゲン] ⟨stieg; gestiegen⟩ ⓢ (s) (⊂ climb) ❶ (…へ⸱に)登る, 上る, 乗る; (道が)上りになる; (…から ⟨ヘ⟩)降りる, 下る; 上昇する, 舞い上がる, 昇る; (数値⸱程度などが)高くなる, 増大する, 増す. ❷ [話] *⟨j³⟩* *⟨auf et⁴⟩* (人の…)を踏む: *Sie stieg mir auf dem Fuß.* 彼女は私の足を踏んだ. ❸ [話] (行事などが)催される, 行われる.

steigend 圐 上昇する, 増大する.

Steiger 圐 (⸺s/⸺) 『鉱』坑内監督技師; 船客用桟橋.

steigern [シュタイゲルン] ⟨steigerte; gesteigert⟩ ⓤ (⊂ increase) ❶ 値上げる, 高める, 強める, 増大させる; 『文法』(形容詞⸱副詞を)比較変化させる. ❷ ⓢ *⟨sich⁴⟩* 高まる, 増大する, 増大する; [話] *⟨sich⁴⟩* 腕を上げる, 記録を伸ばす.

Steigerung 囡 (-/-en) 上昇, 増大. 強化; 〖文法〗比較変化. **~s-rate** 囡 上昇率. **~s-stufe** 囡 〖言〗比較の等級(比較級·最上級).
Steigung 囡 (-/-en) 傾斜, こう配; 上り坂; (ねじなどの)ピッチ.
steil [シュタイル] 围 ⓓ steep)傾斜·勾配が急な, 険しい, 切り立った; 垂直の; 〖球技〗高い. 〖話〗すごい, いかす.
Steilhang 围 急斜面.
Steilheit 囡 (-/) 急峻, 険しさ.
Steil=küste 囡 絶壁の海岸. **=pass** (围-/⊕-pässe) 囡 スルーパス. **=ufer** 围 切り立った岸.
Stein [シュタイン] 围 (-[e]s/-e) ⓓ stone)石; 石材, れんが; 墓石; 石碑; 宝石(時計の)石, 駒; (ゲーム用の)石; 〖植〗種, 核; 〖医〗結石. ♦ *einen ~ im Brett haben* 〖話〗*bei j³*! (人の)受けがいい, (人に)ひいきされている. *den ersten ~ auf j⁴ werfen* (人への非難の)口火を切る. *den ~ ins Rollen bringen* 事態を進展させる. *der ~ der Weisen* 賢者の石; すべてのなぞを解く英知. *der ~ des Anstoßes* つまずきの石, しゃくの種. *Der ~ kommt ins Rollen.* 事態が動き始める. [die]~e *aus dem Weg räumen* (j³)(人の)障害を除いてやる. *ein Herz von ~* 冷ややかな心. *Es friert ~ und Bein.* 〖話〗骨身にこたえる寒さだ. *J³ fällt kein ~ aus dem Herzen von der Seele*. (人に)ほっとする. *J³ fällt kein ~ aus der Krone*. (人の)品位は損なわれない. *keinen ~ auf dem anderen lassen* 〖喩〗すべてを破壊しつくす. *~e in den Weg legen* (j³)(人の)じゃまをする. *~ und Bein schwören* 〖話〗おごそかに(固く)誓う, きっぱり断言する.
stein.., **Stein..** [石の(ような)]…; 非常に…の意.
Steinadler 围 〖鳥〗イヌワシ(犬鷲).
steinalt 围 非常に年老いた.
Stein=bock 围 〖動〗アイベックス(ヤギの一種); 〖天〗山羊(⿢)座; 〖占星〗摩羯(⿢)宮; 山羊座生まれの人. **=brech** 围 (-[e]s/-e) 〖植〗ユキノシタ(雪の下). **=bruch** 围 採石場, 石切り場. **=butt** 围 〖魚〗(大型の)ヒラメ(鮃). **=druck** 围 石版印刷[術]; 石版画, リトグラフ.
Steiner Rudolf, シュタイナー(1861-1925; ドイツの思想家).
steinern 围 石[造り]の; 無情な, 冷酷な; 頑固な.
Stein=erweichen ⊕ *~ zum ~* 〖話〗見るも哀れな[話]. **=frucht** 囡 〖植〗核果(モモ·サクランボなど). **=garten** 围 (高山植物などを配した)岩石庭園. **=gut** ⊕ 陶土, 陶器用粘土; 陶器.
steinhart 围 石のように堅い, かちかちの.
steinig 围 石だらけの, 石の多い.
steinigen 他 (j⁴)投石により死刑に処する.
Steinkohle 囡 石炭; 瀝青(⿢)炭. **~n=bergwerk** ⊕ 炭鉱.
Stein=marder 围 〖動〗ブナテン. **=metz** 围 (-en/-en) 石工(⿢). **=obst** ⊕ 〖集合的〗核果(モモ·サクランボなど). **=pilz** 围 〖植〗ヤマドリタケ.
steinreich 围 大金持ちの.

Stein=salz ⊕ 岩塩. **=schlag** 围 落石; 砕石. **=setzer** 围 舗装工. **=wurf** 围 投石. ♦ *[nur] einen ~ weit [entfernt]* すぐ近くに.
Steinzeit 囡 〖考古〗石器時代. **=mensch** 围 〖人類〗石器時代人.
Steiß 围 (-es/-e) 尻; 尻(い); 〖狩〗(鳥の短い)尾.
Stellage [シュテラージェ] 囡 (-/-n) 棚, 台架; 〖取〗複会選択権付取引. ストラドル. **=geschäft** ⊕ 複合選択権付取引, ストラドル.
stellar 围 〖天〗恒星の.
Stelldichein ⊕ (-[s]/-[s]) 逢(ぁ)い引き, 密会; 会合. ♦ *ein ~ geben* (sich³) デートする; 一堂に会する.
Stelle [シュテレ] 囡 (-/-n) ⓓ place) ❶ 場所; 箇所. ❷ 順位, 位置; 〖数〗位, 桁(⿢). ❸ 職, 勤め口; 官庁, 役所. ❹ 立場, 代理, 役. ♦ *an j²* ~ (人の)代わりに. *auf der ~* 直ちに, 即刻, その場で. *auf der ~ treten* 足踏みする, 停滞する. *nicht von der ~ kommen* はかどらない. *zur ~ melden* (sich⁴) 出頭する. *zur ~ sein* その場に居合わせる.
stellen [シュテレン] (stellte; gestellt) I 他 ⓓ put) ❶ (…を…へ立てて)置く, 立たせる, 据える, 設置する. ❷ (器機などを)調整(調節)する, セットする; (時計の時刻を合わせる; (目標などを)設定する; [*et⁴ auf ⁴] (時計を…時に)合わせる; (…をある状態に)しておく. ❸ 〖猟〗(j*et⁴)(人に)…を用意する, 提供する; (犯人などを)追い詰める. ❹ 機能動詞として熟語的に) : *et⁴ zur Diskussion ~* …を論議(討議)する | *eine Forderung ~* 要求する. II 再 (*stand*) ❶ (*sich⁴*) (…へ)立つ. ❷ (*sich⁴ j-et³*) (警察に)出頭する; (…に)応じる, (…を)受けて立つ. (*sich⁴ hinter j⁴*) (人に)味方する, (人を)弁護する. ❸ (*sich⁴*) (…の)ふりをする. ♦ *gestellt sein* (auf sich⁴ [selbst]) (経済的に)自立している. *gut mit j³ ~* (人と)好意を得ようとする. *gut ~* (人を)よい者にする.
Stellen=angebot ⊕ 求人. **=gesuch** ⊕ 求職.
stellenlos 围 職のない, 失業中の.
Stellen=nachweis 围 職業紹介〔公共の〕職業紹介所. **=vermittlung** 囡 職業紹介.
stellenweise 副 ところどころに.
Stellenwert 围 〖数〗桁(⿢)の値(例: 352の5の為る桁の値は10); 価値; 意味.
Stell=macher 围 車大工. **=schirm** ⊕ 衝立立て, 衝立障子, 屏風(⿢).
stellte ⇒ **stellen**
Stellung [シュテルング] 囡 (-/-en) ⓓ position) ❶ 姿勢, ポーズ; 位置; 〖軍〗陣地; 地位, 職, ポスト. ❷ 立場; 態度, 意見. ♦ ~ *nehmen* 《für 《gegen》 j-et⁴》 (…に賛成(反対)の)立場をとる; 《zu *et³*》 (…について)態度を決める.
Stellungnahme 囡 (-/-n) 態度決定, 所信表明; 意見, 見解.
Stellungs=befehl 围 召集令状. **=gesuch** ⊕ 求職の申し込み. **=krieg** 围 陣地戦.

stellungslos 形 失業中の.
Stellungssuche 女 求職.
stellvertretend 形 代理の, 代行の.
Stell-**vertreter** 男, **vertretung** 女 代理(人, 職務の代行). =**werk** 中[鉄道]信号所; [軍中]野戦操作室.
Stelze 女 《-/-n》 竹馬; [話] (細長い)脚(²); [鳥] セキレイ(科); 義足; [料] [料理]アイスバイン; 子牛のすね肉. **stelzen** 自 (s)竹馬に乗って歩く; ぎこちなく大股で歩く.
Stemm-**bein** 中 [スポーツ]軸足. =**bogen** 男 [スキー]シュテムボーゲン. =**eisen** 中 [工作](広刃の)のみ.
stemmen [シュテメン] 《stemmte; gestemmt》他 ❶ (重い物を)頭上に持ち上げる; (腕・手などを)突っ張る, 押し当てる; 《sich⁴》 (…に〈へ〉)体を強く押し当てる; 《sich⁴ **gegen** et⁴》 (…に)抵抗(反抗)する. ❷ 《et⁴ **in** et⁴》 (穴を〈に〉)切って掘る(ほる). 自 (話)(ビールなどを)飲む. ✦ **einen ~ 一杯やる.**
Stempel [シュテンペル] 男 《-s/-》 (④ stamp)スタンプ, 判(³); (押された印), 捺印(⁴), 消印; 検印; 焼き印; [口] プレス型, 父型(ポンプなどの)ピストン; [植] めしべ; [建]坑道支柱. ✦ **den ~ von** j-et³ **tragen** (…の)特徴があらわれる. **seinen ~ aufdrücken** 《j-et³》(…の)特徴となっている.
Stempel-**bruder** 男 [話] 失業者. =**farbe** 女 スタンプインキ. =**kissen** 中 スタンプ台.
stempeln 他 (…に)スタンプを押す, (郵便物に)消印を押す, (貴金属に)極印を打つ; (名前などを)スタンプで押す; 《j⁴ **zu** et³》(人に…の)烙印(⁵⁰)を押す. ✦ **~ gehen** [話]失業手当を受けに行く.
Stempel-**steuer** 女 印紙税. =**uhr** 女 タイムレコーダー.
Stengel = Stängel.
Steno 女 《-/》 [話]速記[術](< Stenographie). =**bleistift** 男 = Stenostift.
Stenograf 《-en/-en》 (④ **-in**)速記者. **Stenografie** 女 《-/-n》 速記[術]; 速記文字. **stenografieren** 他 速記する. **stenografisch** 形 速記[術]の; 速記による.
Stenogramm 中 《-[e]s/-e》 速記原稿.
Stenograph 《-en/-en》 = Stenograf. **Stenographie** 女 《-/》 = Stenographie. **stenographieren** = stenografieren. **stenographisch** = stenografisch.
Stenostift 男 (芯の柔らかい)速記用鉛筆. **Stenotypist** 男 《-en/-en》 (④ **-in**)速記タイピスト.
Stentor-**stimme** 女 (ギリシア神話の英雄ステントルのような)ものすごい大声.
Stenz 男 《-es/-e》 [話] [蔑] 伊達男, ダンディー; (売春婦の)ひも.
Step 中 = Stepp.
Stephan 男 シュテファン.
~s-**dom** 男 《der ~》 《寺院名》シュテファン大聖堂(ウィーンの首都大司教座教会).
Stepp [シュテップ] 男 《-s/-s》[話]タップダンス; (三段織りの)ステップ.
Stepp-**anorak** 男 キルティングのアノラック. =**decke** 女 キルティングの掛け布

団.
Steppe 女 《-/-n》ステップ(大草原地帯).
steppen ❶ 他 [服](…に)キルティングをする. ❷ 自 タップダンスをする.
Stepper 男 《-s/-》(④ **-in**)タップダンサー. **Stepptanz** 男 (④ Steptanz) タップダンス.
Sterbe-**alter** 中 死亡年齢, 享年. =**bett** 中 臨終の床. =**fall** 男 死亡. =**geld** 中 (保険から支払われる)死亡一時金. =**haus** 中 (ある人が)死亡した家. =**hilfe** 女 安楽死, 安死術に= Sterbegeld. =**kasse** 女 葬祭互助会. =**klinik** 女 ホスピス.

sterben * [シュテルベン] 《starb; gestorben》 自 (s) (④ die)死ぬ(Hungers (den Hungertod) ~ 餓死する); 《an et³》 (病気などで)死亡する; 《**für** j-et³》 (…のために)命を落とす, (…に)殉じる; [話] 《**vor** et³》 (…のあまり)死にそうである. ✦ **Daran (Davon) stirbt man nicht.** [話] そんなことで死にはしない, 大したことはない. **gestorben sein** [話](計画などが)だめになった; 《**für** j⁴》 (人にとって)死んだも同然である. **Sterben** 中 《-s/》 死. ✦ **im ~ liegen** 死に瀕(²)している. **zum ~ langweilig** 死ぬほど退屈な.
sterbens-**krank** 形 重体の, 危篤の; ひどく気分が悪い. =**müde** 形 [雅] 疲れ果てた.
Sterbens-**wort** 中, =**wörtchen** 中 ✦ **kein** (**nicht ein**) ~ **sagen** うんともすんとも言わない.
Sterbe-**ort** 男 死亡地. =**quote** 女, =**rate** 女 死亡率. =**sakramente** 複 臨終の秘跡. =**statistik** 女 死亡統計. =**stunde** 女 臨終. =**urkunde** 女 死亡証明書.
sterblich ❶ 形 死ぬべき運命の: die Sterblichen [雅] 死すべき定めの者たち, 人間. ❷ 副 [話] 死ぬほど.
Sterblichkeit 女 《-/》 死ぬべき運命; 死亡者数. **~s**-**ziffer** 女 死亡率.
Stereo 中 《-s/-s》 《-/》ステレオ, 立体音響 (< Stereophonie); [印]ステレオ版, 鉛版.
=**anlage** 女 ステレオ装置. =**aufnahme** 女 立体撮影; ステレオ録音. =**box** 女 ステレオ用スピーカーボックス.
stereofon 形 = stereophon.
Stereofonie 女 《-/》 = Stereophonie.
Stereogramm 中 《-s/-e》立体画, 実体画; 実体図法.
Stereometrie 女 《-/》 立体幾何学.
stereophon 形 ステレオの.
Stereophonie 女 《-/》 ステレオ, 立体音響(④ Stereo).
Stereoskop 中 《-s/-e》ステレオスコープ, 立体鏡. **stereoskopisch** 形 立体感を与える, 立体的に見える.
stereotyp 形 型にはまった, 紋切り型の; [印]ステロ版(鉛版)の.
steril 形 無菌の, 滅菌した; [生] 不妊の, 生殖不能の; 実を結ばない; 非生産的な, 不毛な; (部屋などが)殺々とした.
Sterilisation 女 《-/-en》 滅菌, 殺菌; 不妊化, 断種. **sterilisieren** 他 滅菌 (殺菌)する, 消毒する; (…に)不妊手術を施す. **Sterilisierung** 女 《-/-en》 = Ste-

601　　　　　　　　　　　　　　　　　　　　　　　　　　　　　　**Stich**

rilisation. **Sterilität** 囡 《-/》無菌状態;《医》不妊性(症);《植》不念(にん)性;不毛, 非生産性.

Stern [シュテルン] 男 ❶ 《-[e]s/-e》（⊗ **-chen**）《⊗ star》星; 星回り, 運勢;（芸能界・スポーツ界の）人気者, スター; 星印, アステリスク; 星形飾章, 星形菓子（馬の額の）星形白斑(はん);《Der Stern》『デァ シュテルン』(ドイツの週刊誌). ❷ 《-s/-e》《雅》舵尾. ◆ die ~e vom Himmel holen [jʃ⁸/für j⁴] (人のためらに) どんなことでもする. die ~e vom Himmel holen wollen 不可能なことをやってのけようとする. in den ~en [geschrieben] stehen ～の先どうなるかまったく分からない. nach den ~en greifen 不可能なことを企てる. ~e sehen《話》(なぐられたりして) 目から火が出る. unter einem glücklichen [guten, günstigen] ~ geboren sein《雅》幸運の星の下に生まれている. unter einem glücklichen [guten, günstigen] ~ stehen 幸運に恵まれている. unter fremden ~en《雅》異郷で.

Stern∥bild 囲 星座.

Sternchen (→ Stern) 囲《-s/-》小さな星; 星印, アステリスク（＊）; 映画界などのスターの卵.

Stern∥deuter 男 《-s/-》占星術者. **=deutung** 囡 占星術.

Sternen∥banner 囲 星条旗. **=himmel** 男《雅》＝ Sternhimmel.

sternenklar 星の明るい.

Sternenzelt 囲《雅》星空.

Sternfahrt 囡 異なる出発点からゴールを目指す自動車（オートバイ）ラリー.

sternhagelvoll《話》泥酔した.

Sternhaufen 男 星団.

sternhell 星の明るい.

Stern∥himmel 男 星空. **=karte** 囡《天》星図.

sternklar 星の明るい.

Stern∥kunde 囡 天文学. **=motor** 男《工》星形発動機. **=schnuppe** 囡 流星. **=stunde** 囡《雅》運命の時, 世紀の一瞬. **=system** 囡《天》恒星系. **=warte** 囡 天文台. **=zeit** 囡《天》恒星時.

Steroid 囲《-[e]s/-e》《生化》ステロイド: das anabole ~ 蛋白(ぱく)同化（アナボリック）ステロイド. **=hormon** 囲《生化》ステロイドホルモン.

Sterz 男《-es/-e》(鳥などの) 尾; すきの柄;《南部》シュテルツ(穀粉料理).

stet 形《雅》いつまでも変わらない; 絶え間ない; 不断の : Steter Tropfen höhlt den Stein.《諺》点滴石を穿(うが)つ.

Stethoskop 囲《-[e]s/-e》《医》聴診器.

stetig 形 絶え間ない, 不断の, 恒常的な.

Stetigkeit 囡《-/》絶え間ないこと, 持続性, 恒常性.

stets [シュテーツ] 副 いつも, 常に.

Stettin シュテティーン（ポーランド北西部, Oder 川河口の港湾都市; 1945年までドイツ領）.

Steuer [シュトイア] ❶ 囲《-s/-》（自動車の）ハンドル;（船の）舵(だ);（飛行機の）操縦桿(かん) (hinter dem ~ sitzen その車を運転している). ❷ 囡《-/-n》（⊗ tax）税金; 租税;《⊗》税務署.

Steuer∥anweisung 囡《財政》コント

ロール=ステートメント. **=aufkommen** 囲（年間の）税収総額.

steuerbegünstigt 形 税制上の優遇措置のある，（普通よりも）税金が安い.

Steuer∥behörde 囡 税務署. **=berater** 男 税理士. **=bescheid** 囲 納税告知書，税額査定書. **=bilanz** 囡《商》徴税貸借表.

Steuerbord 《⊕船男》《-[e]s/-》《海》右舷(げん), 右舷(uげん). **steuerbord[s]** 副《海》右舷へ, 右舷へ.

Steuer∥erhöhung 囡 増税. **=erklärung** 囡 納税申告（書）. **=erlass** (⊕ -erlaß) 男 免税. **=erstattung** 囡 税の還付. **=flüchtling** 囲 国外逃税(tot)者（納税逃れのため国外に移住する人）.

steuerfrei 形 非課税の, 免税の.

Steuer∥gelder 複 税金, 税収. **=gerät** 囲 制御装置. **=hinterziehung** 囡 脱税. **=klasse** 囡 課税基準の等級. **=knüppel** 男《空》操縦桿.

steuerlich 形 税務上の. 税法上の.

Steuer∥mann 男 航海士（ボートの舵手(だ)), コックス; 工 制御技師. **=marke** 囡 収入印紙（犬の鑑札.

steuern [シュトイアン] (steuerte; gesteuert)《⊗ steer》❶ 他 操縦（運転）する; 操る, 操作する;（機械などを）制御（コントロール）する;《海・空》（一定の進路を）取る. ❷ 自《s》進む, 進路を取る;《雅》《et⁸》(…を) 防止に（抑止）する.

Steuer∥oase 囡, **=paradies** 囲《話》税金の安い国, タックス・ヘイブン.

steuerpflichtig 形 納税義務のある, 税金のかかる. **Steuerpflichtige[r]** 囡《形容詞変化》納税義務者.

Steuer∥politik 囡 税務政策, 税政. **=prüfer** 男 会計監査人, 公認会計士. **=prüfung** 囡 会計監査. **=pult** 囲《電》制御盤, コントロールテーブル. **=rad** 囲（自動車などの）円型ハンドル;（船の）舵輪(りん);（飛行機の）操縦桿. **=reform** 囡 税制改革. **=ruder** 囲（船・飛行機の）舵(かじ). **=satz** 男 税率. **=schraube** 囡 ◆ an der ~ drehen/die ~ anziehen (drehen)《話》増税する. **=schuld** 囡 未納の税金. **=senkung** 囡 減税. **=system** 囲 制御装置（システム）.

steuerte ⇒ steuern

Steuerung 囡《-/-en》操縦, 操舵(だ);（機械などの）制御, コントロール; 操縦(操縦)装置;《雅》防止, 抑止.

Steuer∥veranlagung 囡 税額の査定. **=zahler** 男《-s/-》納税者.

Steward 男《-s/-s》（船・飛行機の）スチュワード,（男性の）客室乗務員.

Stewardess （⊕ **Stewardeß**） 囡《-/..dessen》スチュワーデス,（女性の）客室乗務員.

StGB 圈 *Strafgesetzbuch* 刑法典.

stibitzen 他《話》《j³ et⁴》(人から…を) くすねる, 盗む.

stich ⇒ stechen

Stich [シュティヒ] 男《-[e]s/-e》❶ 刺すこと, 突き; 刺し傷; 刺すような（鋭い）痛み; 縫い目, ステッチ; 銅版（銅版画）の. ❷（他の色に淡い色合い(einen ~ ins Blaue haben 青みがかっている);《口》一番強いカードで取ったカード. ◆ einen

Stichbahn 602

[leichten] ~ **haben**〚話〛(物が)腐りかけている; (人が)頭がおかしい. **einen ~** [**ins Herz**] **geben**〚雅〛(j³) (人の心に)ぐさっとくる. **im ~ lassen**(…を)見捨てる. 放棄する, 指し. **~ halten**〚論〛主張などが)確かである, ゆるぎない. **-bahn** 女〚鉄道〛分岐線.

Stichel 男 《-s/-》彫刻刀, 彫刻のみ.
Stichelei 女 《-/-en》(絶え間ない)いやみ, あてこすり; 針仕事.
sticheln 自 《**gegen** j⁴》(人に)いやみ(悪口)を言う; 針仕事をする.
stichfest 形 ‡ **hieb- und ~**〚証拠などが〛確実な, 覆せない.
Stichflamme 女 吹き出る(上がる)炎.
stichhalten* ⇒ Stich ‡
stichhaltig 形〚論〛主張などが〛確固とした, ゆるぎのない. **Stichhaltigkeit** 女 《-/》〚論〛主張などの〛確かさ; 説得力のあること.
Stichling 男 《-s/-e》〚魚〛トゲウオ.
Stich-probe 女 抜き取り検査, 無作為抽出検査. **-säge** 女 ひき回しのこ.

stichst, sticht ⇒ **stechen**
Stich-tag 男 (公的行事などの)期日, 実施日. **-waffe** 女 刺す(突く)武器(やりなど). **-wahl** 女 決選投票.
Stichwort 中 《-[e]s/-wörter》(辞書などの)見出し語; 《-[e]s/-e》(相手役のせりふの)きっかけとなるせりふ; 《-[e]s/-e》(要点だけを書いた)覚え書き, メモ. **stichwortartig** 形 箇条書きの, メモ風の. **Stichwortverzeichnis** 中 見出し語索引.
Stichwunde 女 刺し傷, 突き傷.

sticken [シュティッケン] 《**stickte**; **gestickt**》他 刺しゅうをする; 縫い付ける.
Sticker 男 《-s/-》(貼付用の)ステッカー. **Stickerei** 女 《-/-en》刺しゅう(品); 刺しゅう細工. **Stickgarn** 中 刺しゅう糸.
stickig 形 (空気・部屋が)息の詰まるような, むっとする.
Stick-luft 女 息の詰まるような(むっとする)空気. **-muster** 中 刺しゅうの模様〈図案〉. **-nadel** 女 刺しゅう針. **-rahmen** 男 刺しゅう枠.
Stickstoff 男 窒素(元素名: N). **-dünger** 男 窒素肥料.
stickte ⇒ **sticken**
stieben (*) 自 (h, s) 飛び散る, (ほこりが)舞う; (s) (…へ)あわてて(急いで)走る.
Stiefbruder 男 異父〈異母〉兄弟(連れ子同士の).

Stiefel [シュティーフェル] 男 《-s/-》(長ブーツ; 長靴型のジョッキ. ‡ **seinen alten ~ weitermachen**〚話〛旧態依然としている. **Das sind zweierlei [zwei Paar, zwei verschiedene] ~!**〚話〛それはまった く別の話だ. **die [lecken ⟨]talken⟩] ~**〚j³〛(人に)へつらう. **einen ~ einbilden**〚**sich³**〛うぬぼれが強い. **einen ~ zusammenreden (zusammenschreiben)**〚話〛くだらないことを言う〈書く〉. **einen [tüchtigen, gehörigen, guten] ~ vertragen [können]**〚話〛酒が強い.

Stiefelknecht 男 (長靴用の)靴脱ぎ台.
stiefeln 自 (s) 〚話〛大またで重々しく歩く.

Stief-eltern 複 継父母, 義父母. **-geschwister** 複 異父〈異母〉兄弟姉妹(連れ子同士の); 義理の兄弟姉妹. **-kind** 中 継子(芳). **-mutter** 女 継母. **-mütterchen** 中〚植〛サンシキスミレ(三色菫), パンジー.

stiefmütterlich 形 継母のような; 愛情のない. ‡ **~ behandeln** (…を)継子扱いにする.

Stief-schwester 女 異父〈異母〉姉妹(連れ子同士の); 義理の姉妹. **-sohn** 男 義理の息子. **-tochter** 女 義理の娘. **-vater** 男 義父.

stieg, stiege ⇒ **steigen**

Stiege [シュティーゲ] 女 《-/-n》狭くて急な階段; 〚南部・オーストリア〛階段; (野菜などを入れる)木箱.

Stieglitz 男 《-es/-e》〚鳥〛ゴシキヒワ.
stiehl, stiehlst, stiehlt ⇒ **stehlen**

Stiel 男 《-[e]s/-e》(道具などの)柄, 持ち手; (グラスの)脚(アイスキャンデーなどの)棒; 〚植〛茎; 花柄(&). **-auge** 中 (カニなどの)柄眼.

stier 形 (目が)うつろな, 表情のない; 〚アーストリア〛無一文の.

Stier 男 《-[e]s/-e》種牛, 雄牛; 〚天〛牡牛(座); 〚占星〛金牛宮; 牡牛座生まれの人. ‡ **brüllen wie ein ~**〚話〛(主に男性が)大声で叫ぶ. **den ~ bei** ⟨**an**⟩ **den Hörnern packen ⟨fassen⟩** 敢然と難事に立ち向かう.

stieren 自 (ぼんやりと)見つめる; (雌牛が)発情している.

Stier-kampf 男 闘牛. **-kämpfer** 男 闘牛士.

stier-köpfig 形 頑固な. **-nackig** 形 猪首(、、;)の, 首の太い.

Stiesel 男 《-s/-》〚話〛がさつ者.
stießt, stieße ⇒ **stoßen**
Stießel 男 《-s/-》 ⇒ **Stiesel**.

Stift [シュティフト] 男 ❶ 《-[e]s/-e》鉛筆; 筆記具; (頭のない)釘, ピン; 見習い. ❷ 中 〚-[e]s/-e (-en)》宗教団体(財団) の; 〚話〛参事会. 修道院, 神学校.

stiften [シュティフテン] 他 《stiftete, gestiftet》 ⟨⟩ **found**〛(基金で)建てる, 創設〈設立〉する; 寄贈(寄付)する; (ある状態を)作り出す, もたらす. ‡ **~ gehen**〚話〛こっそり逃げる, ずらかる.

stiften|gehen* 自 ⇒ **stiften** ‡
Stifter I 男 《-s/- -in》創立〈設立〉者; 寄付〈寄贈〉者; ある事物を招く〈人; 張本人. II **Adalbert**, シュティフター (1805-68) オーストリアの作家).

stiftete ⇒ **stiften**
Stifts-kirche 女〚カ〛〚プ〛参事会教会, 司教座教会.

Stiftung [シュティフトゥング] 女 《-/-en》 ⟨⟩ **foundation**〛財団; 財団の運営する施設〈機関〉; (特定の目的のための)寄付, 寄金; 創立, 創設, 設立. **~s-fest** 中 創立祝賀祭(記念祭).

Stiftzahn 男 継ぎ(差し)歯.
Stigma 中 《-s/ ..men, -ta》〚史〛(奴隷や罪人に押された)焼き印(を); 〚宗〛(キリストの)聖痕(…); 汚名; 〚医〛特徴; 〚医〛徴候; 〚植〛(めしべの)柱頭; 〚動〛眼点, 気門.

stigmatisieren 他 (人に)烙印(;;)を押す; (人に)聖痕(…)をつける.

Stil [男] 《-[e]s/-e》 ([英] style)文体; (建築・音楽・文学などの)様式, 表現スタイル; 〔ｽﾎﾟｰﾂ〕型, 動き方; やり方, 流儀. ✦ ***im großen ~/großen ~s*** 大規模に.
Stil≈blüte [女] (言いまちがえたための)こっけいな表現. ≈**bruch** [男] 様式〈文体〉上の不統一.
Stilett [中] 《-s/-e》 (細身の)短剣.
Stilgefühl [中] 様式〈文体〉に対するセンス.
stilgerecht [形] 様式にかなった.
stilisieren [他] 〔美〕 様式化する; (…の)文体を練る. **Stilisierung** [女] 《-/-en》 〔美〕様式化; 文体を整えること.
Stilist [男] 《-en/-en》 ([女] **-in**)文章家; 〔ｽﾎﾟｰﾂ〕独特の型を持つ選手. **Stilistik** [女] 《-/-en》 文体論; 文体論に関する書物.
stilistisch [形] 文体上の; 〔美〕様式上の.
still [シュティル] [形] ❶ ([英] still)静かな, 音のしない; おとなしい, 物静かな, 無口の. ❷ 無言の, ひそかな, 人知れぬ: der *Stille* Freitag 〔ｷﾘｽﾄ教〕(復活祭前の)聖金曜日. ❸ 静止した, じっとした, 平穏な. ✦ ***Es ist ~ um j-et⁴ geworden.*** (…は)世間の関心を呼ばなくなる. ***im Stillen*** 〔心〕ひそかに, 内心で; こっそりと.
Stille [シュティレ] [女] 《-/》 ([英] quietness)静けさ, 静寂; 沈黙; 平穏; 〔経〕不況, 不景気, 閑散, 〔景気〕不振. ✦ ***gefräßige ~*** 《戯》 食事中〈食後〉の沈黙. ***in aller ~*** ひそかに, 内輪で.
Stilleben [旧]= Stillleben.
stillegen [旧]= stilllegen. **Stillegung** [旧]= Stilllegung.
stillen [他] (痛み・せきなどを)止める, 和らげる; (欲求を)満たす; (赤ん坊に)授乳する.
Stillhalte≈abkommen [中] 〔経〕 支払い猶予協定; (政党間などの)休戦協定.
still|halten* [自] じっとしている; 反対しない, 抵抗しない. **Stillhaltung** [女] 〔経〕 支払猶予.
stilliegen* [旧]= stillliegen.
Stillleben [中] 〔美〕静物画.
still|legen [他] (…の)運転〈操業, 活動〉を中止する; 機能を麻痺(ﾏﾋ)させる; 閉鎖する; (路線などを)廃止する; (交通などを)止める, 麻痺させる; 〔医〕(骨などを動かないように)固定する. **Stilllegung** [女] 《-/-en》 運転〈操業〉の中止, (工場などの)閉鎖.
still|liegen [自] 営業〈操業〉を停止している, 活動〈運転〉していない.
stillos [形] 様式のない, 様式の統一を欠いた; 悪趣味な, 下品な. **Stillosigkeit** [女] 《-/-en》 様式の不統一; 悪趣味, 下品; 悪趣味〈下品〉なもの.
still|schweigen* [自] 黙っている, 沈黙を守る. **Stillschweigen** [中] 《-s/》 沈黙; 黙秘. ✦ ***in ~ hüllen*** 《*sich*⁴》 固く口を閉ざす. **stillschweigend** [形] 無言の.
still|sitzen* [自] (仕事をしないで)じっとしている, 何もしないでいる.
Stillstand [男] 静止, 停止; 停滞.
still|stehen* [自] 止まっている; 停滞している; 不動の姿勢をとる.
stillvergnügt [形] 内心満足した.
Stilmöbel [中] アンティーク家具.
stilvoll [形] 様式の整った, 様式上の統一のとれた; 趣味のいい.

Stimm≈abgabe [女] 投票. ≈**band** [中] 〔医〕声帯.
stimmberechtigt [形] 投票権のある.
Stimm≈berechtigte[r] [男] [女] 《形容詞変化》 有権者. ≈**bruch** [男] (特に男の子の)声変わり.
Stimme [シュティメ] [女] 《-/-n》 ([小] **Stimmchen**)([英] voice)(人の)声; 歌声; 鳴き声; 意見; (世論の)声; 発言; 投票〔権〕; 票数; 合唱の声部, パート. ✦ ***seine ~ ab|geben*** 投票する. *seine* ~ ***erheben*** 声を発する, 話し始める.
stimmen [シュティメン] 《stimmte; gestimmt》 ❶ [自] 合っている, 正しい; 《es, etwas などを主語として》 うまくいっている (〔Das〕 *stimmt*! そのとおりだ | Bei dir *stimmt*'s wohl nicht 〔ganz〕? 《話》 君は頭がどうかしてるんじゃないか); 《**zu** *j-et*³/**auf** *j-et*⁴》 (…と)〔うまく〕合う, 適合する; 投票する. ❷ [他] (人を…の)気分にさせる; 〔楽〕(楽器の)調子を合わせる, 調律する, チューニングする. ✦ ***Stimmt so!*** 《話》 (レストランなどで)これでいいです(釣り銭は取っておいてください). ***Stimmt's, oder hab' ich recht?*** 《話》 ほら私が言ったとおりだろ.
Stimmen≈auszählung [女] 得票の集計. ≈**gewinn** [男] 得票数. ≈**gleichheit** [女] 同数得票. ≈**imitation** [女] 声帯模写. ≈**mehrheit** [女] 過半数の得票.
Stimm≈enthaltung [女] (投票の)棄権; 白紙投票. **Stimmen≈verlust** [男] 得票数の減少.
Stimmer [男] 《-s/-》 (楽器の)調律師.
Stimmgabel [女] 〔楽〕音叉(ｵﾝｻ).
stimmhaft [形] 〔言〕有声の.
stimmig [形] 調和のとれた, 矛盾のない.
Stimmlage [女] 〔楽〕声域.
stimmlich [形] 声の, 音声〔上〕の.
stimmlos [形] 声の出ない; か細い声の; 〔言〕無声の.
Stimm≈recht [中] 投票権. ≈**ritze** [女] 〔医〕声門. ≈**stock** [男] (弦楽器の)魂柱(ｺﾝﾁｭｳ); (ピアノの)ピン板.
stimmte ⇨ stimmen
Stimmung [シュティムング] [女] 《-/-en》 ([英] mood)気分, 気持; 雰囲気, ムード; 情緒; 風潮; 〔商〕景気, 商況, 相場の雰囲気; 〔楽〕調律. ✦ ***~ machen*** 《**für** 〈**gegen**〉 *j-et*⁴》 (…に対して)賛成〈反対〉の態度をとる. ~**s≈hoch** [中] 気分の高揚. ~**s≈kanone** [女] 《話》 場を盛り上げるのがうまい人. ~**s≈mache** [女] 《蔑》 世論操作. ~**s≈tief** [中] 気分の沈滞〈落ち込み〉. ~**s≈umschwung** [男] 気分〈雰囲気〉の急変; 意見〈世論〉の急変; 〔商〕(相場の)景気の転換.
stimmungsvoll [形] 情緒豊かな, 趣のある; 雰囲気のいい.
Stimmungswechsel [男] = Stimmungsumschwung.
Stimm≈vieh [中] 《蔑》 (候補者から見た)有権者, 票の種. ≈**wechsel** [男] = Stimmbruch. ≈**zettel** [男] 投票用紙.
Stimulans [中] 《-/ ..lantia, ..lanzien》 〔医〕興奮剤.
Stimulation [女] 《-/-en》 刺激; 鼓舞.
stimulieren [他] 興奮させる, 刺激する; 鼓舞する, (人の)やる気をかき立てる.

S

Stimulus 男《-/..li》刺激; 鼓舞.

Stink.. 「悪臭のある…;《俗》非常に…,極度に…」の意.

Stinkbombe 女 悪臭弾.

stinken* [シュティンケン] 《stank; gestunken》自 臭い, いやなにおいがする(Mir stinkt's!《話》もううんざりだ); 《nach e³》(…の)においがする;《話》疑いを気配》がある;《話》怪しい. ✦ nach Geld ~《話》腐るほどお金がある. **stinkend** 悪臭のある;《話》手に負えない.

stinkfaul 形 ひどく怠惰な.

stinkig 形《話》臭い, 悪臭のある; 鼻持ちならない; 怒っている.

Stink=käse 男 匂いのきついチーズ. =**kerl** 男 いやな(卑劣な)やつ. =**langweilig** 形《話》ひどく退屈な. =**seriös** 形《話》ひどくまじめ(真剣)な. =**solid** 形《話》ひどく頑丈な, しっかりした.

Stinktier 中《動》スカンク;《話》(がまんならない)いやなやつ. =**wut** 女《話》激怒, 激昂.

Stipendiat 男 《-en/-en》(女 **-in**)奨学生, 給費生.

Stipendium [シュティペンディウム] 中 《-s/..dien》(● scholarship)奨学金, 研究助成金.

stippen 《北部》他《e⁴ in e⁴》(…に)浸す;《e⁴ mit e³》(…を…で)ぬぐい消す;《…に》そっと触れる. 自 そっとたたく.

Stippvisite 女《北部》短い訪問.

stirb, stirbst, stirbt ⇨ **sterben**

Stirn [シュティルン] 女 《-/-en》(● forehead)額, おでこ. ✦ an der ~ ablesen (j³ e¹)(人の表情に…を)見て取る(読み取る). an der (auf der) ~ geschrieben stehen (j³)(人の顔に)表れている. an die ~ fassen (greifen)(sich³)(びっくりして・絶望して)額に手をあてる. die ~ bieten (j-et⁴)(…に)敢然と立ち向かう. die ~ haben (+zu 不定詞句)厚かましくも(…)する. die ~ runzeln (über j-et⁴)(…を)非難する. mit eiserner (eherner) ~ くじもせずに.

Stirn=band 中 ヘアバンド; はち巻き. =**bein** 中《解》前頭骨.

Stirne 女 《-/-n》《雅》= Stirn.

Stirn=höhle 女《解》前頭洞. =**locke** 女 額に垂れた巻き毛. =**riemen** 中 《口》馬(牛)の額革. =**runzeln** 中 《-s/》額にしわを寄せること. =**seite** 女 《建》建物などの)正面, 前面. =**wand** 女 正面(前面)の壁.

Sto. 略 Santo.

stob, stöbe ⇨ **stieben**

stöbern 《in e³》《…の》中を引っかき回して捜す; (本などを)パラパラめくる;《nach e³》(これはと思う…を)探す; (雪などが)舞う;《Es stöbert.》雪が吹きつける;《北部》《風などが》吹き抜ける.

stochern 《in e³》《…の中を)つつき回す, かき回す.

Stock I [シュトック] 男 《-[e]s/Stöcke》(● Stöckchen) (● stick) 棒, つえ, ステッキ; (スキーの)ストック; (ホッケーの)スティック; (ビリヤードのキュー); 指揮棒; (ドラムの)スティック; (釜(かま)の株, 根茎; 鉢植え; 切り株; 養蜂箱; (教会の)募金箱;《南部》薪割り台; (中世のさらし台, 枷(かせ). ❷ 《-[e]s/-》(● floor)(建物の)階, ストック;《商》資本(金); 株券, 有価証券. ✦ **am ~ gehen**《話》つえをすがって歩く; 金に困っている: 体調がよくない. **Da gehst du am ~!**《口》びっくりしたろうが. **einen ~ verschluckt haben**《話》(棒でも飲み込んだように)こちこちになって立ちつくしている. **über ~ und Stein** がむしゃらに.

stock.., **Stock..**「棒[状]の…;《話》完全に…, ひどく」の意.

stock=besoffen 形《話》泥酔した. =**dumm** 形《話》大ばかの. =**dunkel** 形《話》真っ暗.

Stöcke ⇨ **Stock** I ❶

stöckeln 自《s》《話》ハイヒールを履いて気取って歩く.

Stöckelschuh 男 ハイヒール.

stocken 自 [一時的に]止まる, 停止する; (仕事などが)滞る, 停滞する; (交通が)渋滞する; 言葉に詰まる; 足を止める; (h. 《南部·オーストリア·スイス》などが)凝固する; (紙·布·などに)かびの染みがたかる. ✦ **ins Stocken kommen (geraten)** 停滞する. **J³ stockt der Atem (das Herz)**. (人は)息(心臓)が止まるかと思う. **~d** 途切れ途切れの, つかえながらの.

Stockente 女《鳥》マガモ.

stockfinster 形《話》真っ暗.

Stock=fisch 男《魚》ボウダラ(棒鱈); 《謗》退屈ななつ, うすのろ. =**fleck** 男 (湿気·かびによる布·紙などの)染み.

Stockholm ストックホルム(スウェーデンの首都).

stockig 形 かび臭い, 染みだらけの;《方》強情な, 頑固な.

Stock=punkt 男《化》凝固点. =**schirm** 男 ステッキ傘. =**schnupfen** 男《医》閉塞(〜)性慢性鼻風; 鼻づまり. =**steif** 形《話》(姿勢·態度などが)こちこちの. =**taub** 形《話》まったく耳の聞こえない.

Stockung 女 《-/-en》(呼吸などの)停止; 停滞, 渋滞; 言葉に詰まること.

Stock=werk [シュトックヴェルク] 中《(● floor)(建物の)階. =**zahn** 男《南部·オーストリア》奥歯.

Stoff [シュトフ] 男 《-[e]s/-e》物質; 原料; 要素; 生地, 布地; 素材, 材料; 題材; テーマ; アルコール, 酒類; 麻薬;《隠》資料. =**bahn** 女 帯状の布地, 反物. =**ballen** 男 巻いた布地.

Stoffel 男 《-s/-》《話》無骨者, 礼儀を知らない人.

stofflich 形 素材(題材)上の; 物質的な; 布地の.

Stoff=name 男《言》物質名詞. =**tier** 中 縫いぐるみ. =**wechsel** 男《医·化》新陳代謝, 物質交代.

stöhnen [シュテーネン] 《stöhnte; gestöhnt》自《口》うめく, うめき声を上げる; 《über e⁴》(…に)悲鳴をあげる, 不平を言う.

Stöhnen 中 《-s/》うめき声.

Stoiker 男 《-s/-》《哲》ストア学派の人, 克己(禁欲)主義者. **stoisch** 形《哲》ストア学派の; 禁欲的な; 沈着な. **Stoizismus** 男 《-/》《哲》ストア主義, 克己

〈禁欲〉主義; 沈着冷静.
Stola 囡 ⦅-/..len⦆ ⦅宗⦆(女性用の)ストール; ストラ(古代ローマの女性用肩衣); ⦅カトリック⦆司教・司祭の祭服肩垂帯(ネクタイ状).
Stolle 囡 ⦅-/-n⦆ ⦅料⦆シュトレン(レーズン・アーモンド入りのクリスマスケーキ).
Stollen 男 ⦅-s/-⦆ = Stolle; 地下道; ⦅鉱⦆横坑, 通洞; (靴・タイヤなどの)スパイク; ⦅韻⦆分詩節.
stolpern [シュトルペァン] (stolperte; gestolpert) 釼(s)(釼 stumble)《**über** et⁴》(…に)つまずく, 足がもつれる;(…の方へ)よろめき歩く;《**über** *j-et*》(…に)出くわす.
stolz [シュトルツ] 形 (釼 proud) ❶ 誇らしげな, 誇り高い《auf *j-et* ～ sein ～を誇りにしている》; 満足した, 高慢な, 尊大な (Warum so ～? ⦅話⦆何をそんなにいばっているのか). ❷ 堂々とした, りっぱな;(金銭が)とても高い.
Stolz [シュトルツ] 男 ⦅-es/⦆ (釼 pride)《auf *j-et*⁴》(…への)誇り, プライド, 自尊心, 自負心; 高慢, うぬぼれ, 思い上がり; 自慢⦅の種⦆. **stolzieren** 釼(s)いばって〔偉そうに〕歩く.
stopfen [シュトプフェン] (stopfte; gestopft) ❶ 動《*et*¹ in *et*⁴》(…を)詰め込む, 押し込む; ⦅楽⦆(管楽器に)弱音器を付けて音を抑える; 繕う, (裂け目などを)ふさぐ. ❷ 便秘を起こす; 下痢を止める;(食物が)満腹感を与える. ❸ ⦅話⦆がつがつ食べる. **Stopfen** 男 ⦅-s/-⦆ ⦅方⦆栓.
Stopf-garn 匣 かがり糸. **=nadel** 囡 かがり針.
stopp 間 ⦅話⦆ストップ, 止まれ.
Stopp 男 ⦅-s/-s⦆ 停止, 止まる〈止める〉こと; 中止, 中断.
Stoppel 囡 ⦅-/-n⦆ 刈り株; ⦅話⦆無精ひげ; 収穫後の田畑. **=bart** 男 ⦅話⦆無精ひげ. **=feld** 匣 収穫後の田畑.
stoppelig 形 無精ひげを生やした; 髪の短い.
stoppeln 釼 落ち穂を拾う;(落ち穂などを)拾う; ⦅話⦆かき集める; でっちあげる.
stoppen [シュトッペン] (stoppte; gestoppt) 釼 止める, ストップする(侵入などを)阻止する;(相手のプレーをフリーに)ストップする;(時間を)ストップウォッチで計る. 釼 止まる, 途中で止まる: *Stopp mal!* ⦅話⦆ちょっと待て.
Stopper 男 ⦅-s/-⦆ ⦅蹴⦆ストッパー;(機械の)止め具;⦅海⦆止め綱.
Stopplicht 匣 (自動車の)ストップライト, 制動灯.
stopplig 形 = stoppelig.
Stopp-preis 男 ⦅Stoppreis⦆ 男 (公定)最高価格. **=schild** 匣 一時停止標識. **=uhr** 囡 ストップウォッチ.
Stöpsel 男 ⦅-s/-⦆(浴槽などの)栓; ⦅電⦆⦅バナナ⦆プラグ; ⦅話⦆太っちょ小僧.
Stör 男 ⦅-[e]s/-e⦆ ⦅魚⦆チョウザメ.
Storch [シュトルヒ] 男 ⦅-[e]s/Störche⦆ (釼 stork) ⦅縮 **Störchin**⦆; ⦅俗⦆コウノトリ. ♦ *Nun* ⟨*Da*⟩ *brat' mir einer einen ～!* ⦅話⦆こいつは驚いた, そんなばかなことがあるものか. *wie ein* ⟨*der*⟩ *～ im Salat gehen* ⦅話⦆いばって気どって歩く. **～en-nest** 匣 コウノトリの巣.
Store [シュ⟨ス⟩トーア] 男 ⦅-s/-s⦆ レースのカーテン.
stören [シュテーレン] (störte; gestört) 他 (釼 disturb)(人の)じゃまをする; 妨げる, 妨害する;(人の)気に障る;《*sich*¹ *j-et*³》(…のことで)気分を損なう,(…を)不快に思う.
Störenfried 男 ⦅-[e]s/-e⦆ 邪魔ばかりする人, 平和を乱す人.
Stör-faktor 男 妨げとなる要素; ⦅工⦆干渉係数. **=geräusch** 匣 (電話・ラジオなどの)雑音, ノイズ.
Storm Theodor, シュトルム(1817-88), ドイツの詩人, 小説家.
stornieren 他 ⦅商⦆(帳簿の誤記を)反対記入によって訂正する; 返金する;(注文・契約などを)取り消す, キャンセルする.
Storno 男 ⦅-s/..ni⦆ ⦅商⦆(帳簿の誤記記入)訂正, 対消,(注文などの)取り消し.
störrisch 形 強情な, 反抗的な.
Stör-schutz 男 ⦅電⦆受信障害対策. **=sender** 男 妨害電波発信所.
störte ⇒ stören
Störung 囡 ⦅-/-en⦆ 邪魔, 妨げ, 妨害; 故障, 変調;⦅医⦆障害;⦅気象⦆擾乱(じょう),低気圧. **～s-stelle** 囡 (電話の)故障係.
Story 囡 ⦅-s, ..ries⦆ 短編小説;(映画などの)あらすじ, ストーリー; 伝記⦅物語⦆; ルポルタージュ.
Stoß [シュトース] 男 ⦅-es/Stöße⦆ 突く⟨突き刺す⟩こと; けること; 衝突(フェンシングなどの)突き;(水泳・ボートの)ストローク;(地震などの)振動;(心臓の)鼓動; 荒い息づかい;(砲丸の)投擲 (とう);(ボウリングの)一投げ; 積み重ね, 一山;⦅ラグビー⦆攻撃;⦅鉄道⦆(レールなどの)継ぎ目; ⦅服⦆(そでなどの)あて布. ♦ *einen ～ erleiden* 《信頼などが》揺らぐ. *einen ～ geben* 《*sich*³ 〈*seinem Herzen*〉》ふんぎりをつける. *einen ～ geben* 〈*versetzen*〉《*j*³》(人に)ショックを与える.
Stoßdämpfer 男 (車両などの)ショックアブソーバー, 緩衝器.
Stöße ⇒ Stoß
Stößel 男 ⦅-s/-⦆ 乳棒; ⦅工⦆タペット.
stoßen *(stieß; gestoßen)* ❶ 他 (釼 push) ❶ 《**gegen** ⟨**an**⟩ *et*⁴》(…を)突く, 押す, たたく, 打つ, けとばす. ❷ ぶつける;《*sich*³》ぶつかる;(s)ぶつかる, 衝突する: *sich*³ *den Kopf am* ⟨*an den*⟩ *Schrank* ～ 頭を戸棚にぶつける;*gegen einen Baum ～* 木にぶつかる. ❸ (s)《**auf** *et*⁴》(偶然…に)出合う, 出くわす. ❹ ぶつかる;《**auf** *et*⁴》(…を)急襲する;《**zu** *j*³》(人と)いっしょになる;(h, s)《**an** *et*⁴》(…に)隣接している. ❺ (笑いなどが人を)突然襲う, ❺(車が)がくんと人揺れる. ❻ (砲丸を)投げる.
stoßfest 形 衝撃に強い⦅耐える⦆.
Stoßgebet 匣 (危急時に唱える)とっさの祈り. **Stoßgesichert** 形 (腕時計などが)耐衝撃性の.
Stoß-kraft 囡 (ピストンなどの)衝撃力; 迫力; 能動力, 行動力. **=seufzer** 男 深いため息, ため息とともにもらす感嘆. **=stange** 囡 (自動車の)バンパー.
stößt ⇒ stoßen
Stoß-trupp 男 ⦅軍⦆突撃隊. **=verkehr** 男 ラッシュアワーの交通.
stoßweise 副 断続的に;(書類などが)山

積みになって.
Stoß=**zahn** [男] (象・アザラシなどの)牙. =**zeit** [女] ラッシュアワー; かきいれ時.
Stotterer [男] ((-s/-)) ([女] ..rin)吃(きつ)音の人, どもる人. **stottern** [自] どもる, つかえながら言う. ✦ *auf Stottern* ((話)) 分割払いで.
Stövchen [中] ((-s/-)) (ろうそくの熱を利用したティーポットなどの)保温器.
StPO [略] *Strafprozessordnung*.
Str. [略] *Straße* …街, …通り.
stracks [副] (寄り道せずに)まっすぐに; 直ちに, 早速.
Stradivari [女] ((-/-[s])) ストラディヴァーリのヴァイオリン.
Straf=**androhung** [女] 刑罰による威嚇〈脅し〉. =**anstalt** [女] 刑務所. =**antrag** [男] 〔法〕 告訴. =**anzeige** [女] 〔法〕 告発. =**arbeit** [女] (生徒への)罰としての課題〈宿題〉. =**aufschub** [男] 〔法〕 刑の執行延期〈猶予〉. =**aussetzung** [女] 〔法〕 刑の執行停止, 執行猶予. =**bank** [女] 〔スポ〕 ペナルティベンチ, 退場席.
strafbar [形] 処罰すべき, 罪になる.
strafbewehrt [形] 〔法〕 処罰の対象となる, 可罰の. **Strafbefehl** [男] 〔法〕 (科刑の)略式命令.
Strafe [シュトラーフェ] [女] ((-/-n)) ([英] punishment)罰, 処罰, 刑罰; 罰金, 科料; ばち, 報い. ✦ *Das ist eine ~ Gottes.* ((話)) それは天罰だ. *in ~ nehmen* 〔法〕 (人を)処罰する. *unter ~ stehen* 処罰される. *unter ~ stellen* (…を)処罰する.
strafen [シュトラーフェン] ((strafte; gestraft)) [他] ([英] punish) ((j^4 **für** et^4 〈**wegen** $et^{2(3)}$〉)) (人を…のかどで)罰する, 処罰する. ✦ *gestraft sein* ((話)) ((**mit** j-et^3)) (…に)さんざん苦労させられている.
Straf=**erlass** ([旧]= **erlaß**) [男] 〔法〕 刑の免除.
straff [形] (綱やひもが)ぴんと張った, (姿勢が)しゃんとした; しわのない; 厳格な.
straffällig [形] ✦ *~ werden* 犯罪を犯す.
straffen [他] (綱などを)ぴんと張る; 引き締める, きちっと仕上げる; [再] (($sich^4$)) (綱などが)ぴんと張る, (筋肉や表情が)緊張する, こわばる. **Straffheit** [女] ((-/)) ぴんと張っていること, 緊張; 簡潔.
straffrei [形] 〔法〕 罪にならない.
Straf=**freiheit** [女] 〔法〕 刑の免除, 無罪放免. =**gefangene[r]** [男][女] ((形容詞変化)) 囚人, 既決囚. =**gericht** [中] 〔法〕 刑事裁判所; 裁き; 刑罰. =**gesetz** [中] 〔法〕 刑法. =**gesetzbuch** [中] 刑法典 ([略] StGB). =**justiz** [中] 刑事司法[機関]. =**kammer** [女] (地方裁判所の)刑事部.
sträflich [形] 処罰に値する, 許しがたい.
Sträfling [男] ((-s/-e)) 受刑者, 囚人. *~s*=*kleidung* [女] 囚人服.
straflos [形] = straffrei.
Straf=**mandat** [中] 罰金支払い命令書, 交通違反キップ. =**maß** [中] 〔法〕 刑量.
strafmildernd [形] 減刑される, (情状を)酌量すべき.
Strafmilderungsgrund [男] 〔法〕 刑量軽減の理由.
strafmündig [形] 〔法〕 刑事責任年齢に達した.
Straf=**porto** [中] 不足郵税料金. =**predigt** [女] ((話)) 訓戒, お説教. =**prozess** ([旧]= **prozeß**) [男] 〔法〕 刑事訴訟. =**prozessordnung** ([旧] ..**zeß..**) [女] 〔法〕 刑事訴訟法([略] StPO). =**punkt** [男] 〔スポ〕 減点. =**raum** [男] 〔サッ〕 ペナルティエリア.
Straf=**recht** [中] 〔法〕 刑法.
strafrechtlich [形] 刑法上の.
Straf=**register** [中] 前科歴; ((話)) 過去の悪業. =**richter** [男] 刑事裁判官. =**sache** [女] 刑事事件. =**schärfung** [女] 〔法〕 刑量加重. =**schärfungsgrund** [男] 〔法〕 刑量加重の理由. =**stoß** [男] 〔サッ〕 ペナルティキック. =**tat** [女] 犯罪行為. =**täter** [男] 犯罪者. =**tatverdächtige[r]** [男][女] ((形容詞変化)) 犯行の容疑者.
strafte ⇨ strafen
strafunmündig [形] 〔法〕 刑法上の成年に達していない, 刑事責任を負う必要のない. **Strafverfolgung** [女] 〔法〕 刑事訴追. **strafverschärfend** [形] 〔法〕 刑の加重される.
strafversetzen [他] 左遷する.
Straf=**versetzung** [女] 左遷. =**vollstreckung** [女] 刑の執行. =**vollzug** [男] 行刑, 刑の執行.
strafwürdig [形] 処罰に値する.
Straf=**wurf** [男] 〔球技〕 ペナルティスロー. =**zettel** [男] = Strafmandat.
Strahl [シュトラール] [男] ((-[e]s/-en)) ([英] ray)光線, 光; 噴流, 噴出; 〔理〕 放射線; 電磁波; 〔数〕 射線, 半直線. =**antrieb** [男] ジェット推進.
strahlen [シュトラーレン] ((strahlte; gestrahlt)) [自] 光を発する, 光り輝く; ((**vor** et^3)) (…に)顔を輝かせる; 電波を出す; 放射能を出す; [他] 〔理〕 (光・熱を)発する.
Strahlen=**abfälle** [複] 放射性廃棄物. =**behandlung** [女] 〔医〕 放射線療法. =**belastung** [女] 〔医〕 放射線の影響. =**biologie** [女] 放射線生物学. =**brechung** [女] 光線の屈折. =**bündel** [中] 光束, 光線束; 〔数〕 束線.
strahlend [形] 輝くような, (気分・空などが)晴れやかな.
Strahlen=**diagnostik** [女] 〔医〕 放射線診断法. =**dosis** [女] 放射線量.
strahlenförmig [形] 放射状の.
strahlenkrank [形] 放射線疾患の〈にかかった〉. **Strahlenkranke[r]** [男][女] ((形容詞変化)) 放射線疾患患者.
Strahlen=**müll** [男] 放射線廃棄物. =**schutz** [男] 放射線防護[装置]. =**schutzplakette** [女] フィルムバッジ(被曝(ひばく)線量の測定具).
strahlensicher [形] 放射線防護の.
Strahlentierchen [中] 〔動〕 放散虫.
Strahler [男] ((-s/-)) 光源; ランプ; 放射体; 放熱器, (赤外線)ヒーター.
strahlig [形] 放射状の.
strahlte ⇨ strahlen
Strahltriebwerk [中] ジェットエンジン.
Strahlung [女] ((-/-en)) 〔理〕 放射, 輻射(ふくしゃ); (放射線・電磁波などの)照射. *~s*=**energie** [女] 〔理〕 放射〈輻射(ふくしゃ)〉エネルギー. *~s*=**intensität** [女] 〔理〕 放射〈輻射(ふくしゃ)〉強度. *~s*=**wärme** [女]

Strähne 囡《-/-n》髪の房；〖毛糸・糸など の〗束，かせ；一連の出来事，一時期．
strähnig〖髪の〗房状の，束した．
Stralsund シュトラールズント〖ドイツ Mecklenburg-Vorpommern 州バルト海に臨む港湾都市〗．
Stralzierung 囡《-/-en》〖商〗〖会社・団体などの〗整理解散；〖負債などの〗清算，弁済．
stramm〖綱などが〗ぴんと張った，〖服がぴったりした〗；〖姿勢が〗直立不動の；〖体が〗がっしりした，たくましい；〖規律が〗厳しい，教義にこだわる．◆ **~ ziehen**（…をぴんと〖引っ〗張る，引き締める．
stramm stehen* 国〖気をつけ〗の姿勢をとる．**stramm ziehen*** ⇒ **stramm** ◆
Strampelhöschen 匣 ロンパース．
strampeln 足をばたばたさせる，もがく；(s) 〖話〗自転車で行く．
Strand［シュトラント］男《-[e]s/Strände》(⊕ beach)浜，海浜，海岸，渚[なぎさ]．**=anzug** 男 ビーチウエア．**=bad** 匣（砂浜の）〖海〗水浴場，〖川や海の〗水浴場．
stranden 国 (s)座礁〖難破〗する；〖雅〗挫折する，落伍する．
Strand=gut 匣（漂着した）海難貨物，漂着物．**=hafer** 男〖植〗ハマムギ，ハマニンニク．**=hotel** 匣 ビーチホテル．**=korb** 男（浜辺で使う日光浴・休息用の）かごいす．◆ **=läufer** 男〖鳥〗オバシギ．**=raub** 男 海難貨物の窃取．**=wache** 囡（高潮などに対する）海岸の見張り．
Strang［シュトラング］男《-[e]s/Stränge》(⊕ rope)綱，ロープ；〖馬・牛の〗引き綱；〖糸・毛糸の〗束；〖医〗〖神経などの〗繊維の束〖小説などのプロット〗，筋．◆ **am selben (gleichen) ~ ziehen**〖an einem ~, an demselben ~〗**ziehen**〖mit j³〗（人と）同じ目標を追い求める．**über die Stränge schlagen (hauen)**〖話〗度を越して，はめを外す．**wenn alle Stränge reißen**〖話〗やむを得なければ．**=pressen** 囡《-/-s》〖金属やプラスチックなどの〗押し出し成形，所圧．
strangulieren 他 絞殺する．
Strapaze 囡《-/-n》（肉体的な）辛労，難儀，労苦，困難．**strapazfähig** 匣《⊋》＝strapazierfähig．**strapazieren** 他 酷使する，〖体を〗酷使する；ひどく疲れさせる．**strapazierfähig** 匣 酷使に耐える，丈夫な，大変な．**strapaziös** 匣 ひどく骨の折れる，大変な．
Straps 匣《-es/-e》靴下どめ，ガーター．
Strass（⇔ **Straß**）男《-, Strasses/ Strasse》ストラス（人造宝石用の鉛ガラス）；〖ストラス製の〗人造宝石．
Straßburg ストラスブール（フランス東部の都市）．**Straßburger** 男《-s/-》（囡 **-in**）ストラスブールの人；匣〖無変化〗ストラスブールの．
Straße［シュトラーセ］囡《-/Straßen》(⊕ street) ❶ 道路，街路，通り；街道 (auf der ~. 道で，路上で)；（所在地・居住地としての）…街，…通り〖の Str.〗（Ich habe ~ und Hausnummer von ihm.〖話〗私は彼の住所を知っている）．❷〖集合的〗通りの〖住民〗；海峡；

海路．◆ **auf der ~ liegen (sitzen, stehen)**〖話〗職〖住居〗がない，路面に迷う．**auf die ~ gehen**（家から）通りに出る；〖話〗デモをする；売春する．**auf die ~ schicken**〖話〗〖j⁴〗（人に）売春をさせる．**auf die ~ setzen (werfen)**〖話〗（人を不当に）解雇する；〖間借り人などを〗追い出す．**auf offener ~** 公衆の面前で，公然と．**die ~ pflastern können**〖話〗〖mit j-et〗（…が）掃いて捨てるほどある〖いる〗．**eine (ein Mädchen) von der ~ holen**〖ばい〗．**Verkauf über die ~**（店の前での）街頭販売．

Straßen=anzug 男 ふだん着，街着．**=arbeit** 囡 道路工事．
Straßen=bahn［シュトラーセンバーン］囡《-/-en》(⊕ streetcar)路面電車，市電．**=bahner** 男《-s/-》（囡 **-in**）路面電車の乗務員．
Straßenbahn=haltestelle 囡 路面電車の停車場．**=linie** 囡 路面電車の路線網．**=netz** 匣 市街電車の路線網．
Straßen=bau 男 道路建設〖工事〗．**=belag** 男 路面．**=beleuchtung** 囡 道路〖街路〗照明．**=blockade** 囡 道路封鎖．**=bube** 男 ＝ Straßenjunge．**=café** 匣 道路に張り出したコーヒー店〖喫茶店〗．**=decke** 囡 道路の表層，路面．**=demo** 囡 **=demonstration** 囡 街頭デモ．**=dirne** 囡 ＝ Straßenmädchen．**=feger** 男 道路清掃作業員；《獨》テレビの人気番組．**=graben** 男（道路の）側溝．**=haftung** 囡（タイヤの）路面保持性能．**=handel** 男 街頭販売．**=händler** 男 露天商，大道商人．**=junge** 男《貶》〖街頭にたむろする〗不良少年，浮浪児，ストリートチルドレン．**=kampf** 男 市街戦．**=karte** 囡 道路地図，ロードマップ．**=kehrer** 男《-s/-》道路清掃作業員．**=kehrmaschine** 囡 道路清掃車．**=kind** 匣（とくに発展途上国などのスラム街の）宿無し浮浪児，ストリートチルドレン．**=kreuzer** 男《話》大型乗用車．**=kreuzung** 囡 交差点．**=kriminalität** 囡 路上犯罪〖すり・ひったくり・恐喝・傷害など〗．**=lage** 囡（自動車の）走行安定度，ロードホールディング．**=lärm** 男 街頭の騒音．**=laterne** 囡 街灯．**=mädchen** 匣 街娼〖ばい〗．**=markierung** 囡 路面標識〖センターラインなど〗．**=meisterei** 囡《-/-en》道路管理事務所．**=netz** 匣 道路網．**=prostitution** 囡 街頭売春．**=raub** 男 追いはぎ，つじ強盗〖行為〗．**=reinigung** 囡 道路清掃；道路清掃管理部〖事務所〗．**=sammlung** 囡 街頭募金．**=sänger** 男 大道芸人〖つじ音楽師〗の歌手．**=schild** 匣 道路名表示板；道路，道しるべ．《話》道路〖交通標識〗．**=sperre** 囡 道路閉鎖〖のさく〗［ ］．**=strich** 男 街頭売春．**=terror** 男 街頭テロ．**=tunnel** 男 道路用トンネル．**=überführung** 囡（大道の上を渡る）陸橋，高架橋．**=unterführung** 囡（大道の下をくぐる）地下道．**=verhältnisse** 匣 道路事情．

Straßenverkehr［シュトラーセンフェアケーア〗男《-[e]s/》道路交通．**~s=amt** 匣 陸運局．**~s=ordnung** 囡 道路交通規則．

Straßen-walze 囡 ロードローラー.
-wischer 男〔‹ス›〕= Straßenfeger.
-zustand 男 道路状況.
-zustandsbericht 男 (ラジオなどの)道路情報.

Stratege 男 ‹-n/-n› 戦略家; 策略家.
Strategie 囡 ‹-/-n› 戦略, 戦術, 計画.
-papier 中 ‹-s/-e› 戦略文書; (政党などの)基本戦略策定計画書.
strategisch 戦略的な, 戦術的な.
Stratosphäre 囡 ‹-/› 成層圏.
stratosphärisch 成層圏の.
sträuben (毛を)逆立てる; ‹sich⁴› (毛が)逆立つ; ‹sich⁴ [gegen *j*-et¹]› (…に)抵抗する, (…に)逆らう.

Strauch [シュトラオホ] 男 ‹-(e)s/Sträucher または Sträuchlein 中› bush) 低木; 灌木(笠); 《話》灌木.
straucheln 男 (s) 《雅》つまずく; 犯罪を犯す.
Strauchwerk 中 灌木の列(植え込み); やぶ; 〖集合的〗木の枝.

Strauss Richard, シュトラウス (1864-1949) ドイツの作曲家.

Strauß [シュトラオス] ❶ 男 ‹-es/Sträuße 男 Sträußchen 中› (花·枝などの)束; ‹-(e)s/-e› 〖鳥〗ダチョウ. ❷ Johann, シュトラウス (1825-99 = オーストリアの作曲家). **-en-ei** 中 ダチョウの卵. **-en-feder** 囡 (帽子飾りに使われる)ダチョウの羽.

Strazze 囡 ‹-/-n› 〖商〗控え帳, 帳簿, 会計簿.

Strebe 囡 ‹-/-n› 〖建〗支柱, 方杖(燥), 枝(受⁴), 筋(⁴). **-balken** 男 〖建〗筋交(⁴)い, 筋(受⁴). **-bogen** 男 〖建〗飛び控え.

streben [シュトレーベン] (strebte; gestrebt) 男 (⬡ endeavor) [nach *et*³] (…を得ようと)努力する, (…を)追い求める; [自 (s)] (…の方へ)ひたすらに向かう, まっしぐらに進む; [自] 《話》勉強する. **Streben** 中 ‹-s/› 努力, 奮闘, 追求.

Strebepfeiler 男 〖建〗バットレス, 控え柱(楽).

Streber 男 ‹-s/› 《軽 -in› 《蔑》出世主義者, がり勉家. **Streberei** 囡 ‹-/› 《蔑》出世主義者, がり勉. **Streber-tum** 中 ‹-s/› 《蔑》出世主義者.

strebsam 努力家の, 勤勉な.
Strebsamkeit 囡 ‹-/› 努力, 勤勉.
strebte ⇒ streben
streckbar 広げる(伸ばす)ことができる; 伸展性(伸展性)のある.

Strecke [シュトレッケ] 囡 ‹-/-n› ❶ 道のり, 距離; 区間; 〖鉄道〗の線路区間; 〖スポ〗コース; 〖競〗距離. ☆ スタートする. ❷ 〖数〗線分; 〖化〗坑道; 〖狩〗〖集合的〗獲物. ✦ **auf der ~ bleiben** [話] 挫折(意)する. 失敗する; 落伍(²)する. **zur ~ bringen** (…を)仕留める; (犯人などを)逮捕(殺傷)する.

strecken [シュトレッケン] (streckte; gestreckt) [他] (⬡ stretch) ❶ [*et*⁴ ‹sich⁴›] (体·手足を(体を))伸ばす; 引き伸ばす; ‹sich⁴› [über³] (キーパーが)ボールに飛びつく. ❷ (液体などを)薄める (備蓄食料などを)倹約して食い延ばす. ✦ **alle viere von sich³ ~** [話] 大の字になる, 手足を伸ばして体を伸ばす. **zu Boden ~** [話] (人
を)なぐり倒す.

Strecken-abschnitt 男 〖鉄道〗区間. **-arbeiter** 男 〖鉄道〗保線作業員.
-netz 中 路線網, 鉄道(空路)網.
-netzplan 男 路線図. **-stillegung** (⟨⬡ -stillegung⟩) 囡 〖鉄道〗路線廃止.
-wärter 男 〖鉄道〗線路巡回員.
streckenweise 区間ごとに, とぎれとぎれに, 休み休み.

Streckmuskel 男 〖医〗伸筋.
streckte ⇒ strecken
Streckverband 男 〖医〗伸展包帯.
Streetworker 男 ‹-s/› 街頭補導(奉仕)員.

Streich [シュトライヒ] 男 ‹-(e)s/-e› いたずら, 悪ざ; 〖雅〗(手·むちなどによる)一撃. **auf einen ~** 一撃で, 同時に. **einen ~ spielen** [*j*³] (人に)いたずらをする; (人を)だしぬく. **zu ~ kommen** [mit *et*³] (…を)うまく使いこなす.

streicheln [シュトライヒェルン] (streichelte; gestreichelt) [他] (⬡ stroke) [*j-et*⁴/³] **über *et*³** (…を/[人の]…をそっと)なでる, さする.

streichen* [シュトライヒェン] (strich; gestrichen) [Ⅰ自] ❶ なでる, さする; [自] **über (durch) *et*⁴**] (人の…を)なでる, さする: **die Geige ~** 《雅》バイオリンを弾く | **sich³ über die Augen ~** 目をこすう. ❷ (…から)払いのける. ❸ [*et*⁴ **auf (in) *et*⁴ (⟨ *et*³⟩ mit *et*³**] (…に…を)塗る: **Butter auf Brot (das Brot mit Butter) ~** パンにバターをつける | **Frisch gestrichen!** ペンキ塗りたて. ❹ (塗り)で消す, 削除する, (計画などを)取りやめる. ❺ (減速のためにホールを)逆にこぐ. (船の帆·旗を)降ろす. [Ⅱ自 (s) **durch *et*⁴**] (…をぶらぶら歩く; (風が)吹き渡る; (鳥が)低くかすめて飛ぶ; 〖地学〗(山脈が)伸びている (地層が)走向する. **Streicher** 男 ‹-s/› ⟨⬡ -in⟩ 弦楽器奏者.
streichfähig (バターなどが軟らかくて)塗りやすい, (塗料が)塗りがよい.
Streichgarn 中 〖織〗ウーステッドヤーン, 梳毛(⁴)糸.

Streichholz [シュトライヒホルツ] 中 ‹-es/-hölzer⟩ (⬡ match) マッチ.
-kopf 男 マッチの頭. **-schachtel** 囡 マッチ箱.

Streich-instrument 中 弦楽器.
-käse 男 (パンなどに塗る)ソフトチーズ.
-orchester 中 弦楽合奏(団).
-quartett 中 弦楽四重奏曲(団).
Streichung 囡 ‹-/-en› 削除, 抹消.
Streif 男 ‹-(e)s/-e› 《雅》線条, 縞(⁴);
パトロール. **-band** 中 帯封[郵便].
Streife 囡 ‹-/-n› パトロール[隊].
streifen [シュトライフェン] (streifte; gestreift) [他] ❶ (…に)軽く触れる, かすめる. 言及する; (指輪を)はめる; かぶる; (…から)外す; (布·縞(⁴)模様)を入れる. ❷ [自] (s). [**durch *et*⁴**] (…をぶらつく, さらう.
Streifen [シュトライフェン] 男 ‹-s/›
❶ (⬡ strip) 細長い帯状のもの. 縞(⁴); 筋(⁴); 〖話〗映画. ✦ **in ~ schneiden lassen** [*sich*⁴ **für *j*¹**] (人のために身を粉にして) 尽力する. **nicht in den ~ passen** [話] (人の)計画に不都合である.

Streifen=dienst 男 パトロール勤務. **=wagen** 男 パトロールカー.
streifig 形 しわになった, 筋がついた.
Streif=licht 中 (さっとかすめる)一筋の光; (短い)説明. **=schuss** (⊕ **=schuß**) 男 擦過銃創.
streifte ⇒ streifen
Streifzug 男 パトロール, 巡検; 略述, 概観.
Streik [シュトライク] 男 (-[e]s/-e) (⊕ strike) ストライキ: in den ~ treten ストに突入する. **=brecher** 男 ストライキ不参加者, 스破り.
streiken [シュトライケン] 自 (streikte; gestreikt) ⊕ ストライキをする(に参加する); 《話》 (機械などが)急に動かなくなる.
Streikende[r] 男 《形容詞変化》 スト参加者.
Streik=geld 中 (組合が負担する)ストライキ手当. **=kasse** 囡 ストライキ資金. **=posten** 男 (スト時の)ピケ(要員). **=recht** 中 ストライキ権. **=welle** 囡 波状ストライキ.
Streit [シュトライト] 男 (-[e]s/-e) 争い, いさかい; 論争, 口論; けんか. ♦ **einen ~ vom Zaun[e] brechen** 《話》 不意にけんかを始める. **ein ~ um des Kaisers Bart** ささいなことを巡る争い. **im ~ liegen [mit** j^3**]** (人と)争っている. **=axt** 囡 戦闘用の斧(話). ♦ **die ~ begraben** 《話》 争いをやめる.
streitbar 形 好戦的な, 論争好きな.
streiten* [シュトライテン] 自 (stritt; gestritten) ⊕ (≒ quarrel) 争う, 口論する; 《雅》 戦う. ♦ **Wenn zwei sich ~, freut sich der Dritte.** 《諺》 漁夫の利(二者が争えば第三者が得).
Streiter 男 (-s/-) (⊕ **-in**) 《雅》 闘士, 戦士. **Streiterei** 囡 (-/-en) 《蔑》 (くだらない)争い, いさかい.
Streit=fall 男 争い事; 訴訟. **=frage** 囡 争点となっている問題. **=gegenstand** 男 争いの対象; 《法》 訴訟物. **=gespräch** 中 口論; 論争.
streitig 形 争点となっている. ♦ **~ machen** [j^3 **et**^{4}] (人と…の)権利を巡って争う. **Streitigkeiten** 複 もめごと, 紛争.
Streit=kräfte 複 戦力, 兵力; 軍隊. **=kultur** 囡 (自己の立場を鮮明に主張する)闘令/論争文化.
streitlustig 形 けんか好きな; 好戦的な.
Streit=punkt 男 争点. **=sache** 囡 争い事, 争事件, 事件; 係争事件, 訴訟事項. **=schrift** 囡 論争文書; 論難書.
Streit=sucht 囡 けんか好きな性質.
streitsüchtig 形 けんか好きな, 攻撃的な.
Streitwert 男 《法》 訴訟物の価額.
streng [シュトレング] 形 ❶ (⊕ strict) 厳しい, 容赦しない. ❷ 厳密で細緻な, 正確な, 絶対の; きっちりとした. ❸ (味;においなどが)きつい, 強烈な. ♦ **ein ~es Regiment führen** きわめて厳しい, 厳格をもって臨む. **~ genommen** 厳密に言うと(考えると).
Strenge 囡 (-/-) 厳しさ, 厳格さ; 厳密さ; きつさ.
streng=genommen ⊕ ⇒ streng ♦

gläubig 形 厳格に信仰を守る.
Stress (⊕ **Streß**) [シュトレス] 男 《Stresses/Stresse》 ストレス, 抑圧, 精神的緊張.
Stressor 男 (-s/-en) 医 《ストレスを引き起こす》 有害因子.
Streu 囡 (-/-en) 男 (家畜などの)敷きわら, 寝わら, 敷き葉. **=büchse** 囡 = Streuer.
streuen [シュトロイエン] 他 (streute; gestreut) ⊕ (scatter) ❶ …を振りかける. まき散らす: **et**^{4} **mit et**^{3}**/ auf et**^{4} (路面に…を)まく. ❷ (容器の)容器から漏れる(散乱)される; 《統計》(平均値から)ずれる. 《医》 (腫瘍が)転移する; (弾頭が)飛び散る. **Streuer** 男 (-s/-) (卓上の)調味料入れ.
streunen 自 (s,h) 《話》 うろつく, 歩き回る.
Streu=salz 中 (路面凍結時の)まき塩. **=sand** 男 (路面凍結時の)まき砂.
Streusel 男 囡 (-s/-) 《料》 シュトロイゼル(小麦粉・砂糖・バターで作り, ケーキの上に振りかける). **=kuchen** 男 《料》 シュトロイゼルクーヘン.
streute ⇒ streuen
Streuung 囡 (-/-en) 散在, 散りまくこと; 《物》 (光の)散乱; 統計で平均値からの分散. **Streuzucker** 男 グラニュー糖.
strich ⇒ streichen
Strich [シュトリヒ] 男 (-[e]s/-e) (⊕ **Strichelchen**, **Strichlein**) (鉛筆などで引いた)線; ひとなで, ひと塗り; ボーイング(弦楽器の運弓); (線を引いて)消すこと, 削除; 毛足, 毛(髪)の向き; (鳥などの)飛行, 移動; 売春地区. ♦ **auf den ~ gehen** 街娼(ガイショウ)をしに行く. **auf den ~ schicken** [j^4] (人を)街娼をやらせる. **einen [dicken] ~ unter et**^{4} **machen** 《話》 (…に)けりをつける. **einen ~ durch die Rechnung machen** [j^3] (人の)計画をだめにする. **gegen (wider) den ~ gehen** [j^3] 《話》 (人の)性に合わない. **keinen ~ tun (machen)** 《話》 まったく手をつけない. **nach ~ und Faden** [話] 徹底的に. **noch auf dem ~ gehen können** 《話》 まだ酔っぱらっていない. **nur ein ~ [in der Landschaft] sein** 《話》 非常にやせている. **unter den ~ kommen** 結論として. **unter dem (unterm) ~ sein** [話] 低級である.
striche ⇒ streichen
stricheln 他 (…に)平行線を細かく引く; (…に)けば(線影)をつける.
strichen (⊕ 《話》) (売春の目的で)街に出かける; 街娼で売春する. **Stricher** 男 = Strichjunge. **Stricherin** 囡 (-/-nen) = Strichmädchen.
Strich=junge 男 《話》 (街娼の)男娼(ダンショウ). **=kode** [.. コード] 男 (商品のバーコード.
Strich=mädchen 中 《話》 街娼(ガイショウ). **=punkt** 男 《文法》 セミコロン(;). **=regen** 男 通り雨. **=vogel** 男 漂鳥.
strichweise 副 局地的に, ところどころ.
Strichzeichnung 囡 線画.
Strick 男 (-[e]s/-e) 縄, 綱, ロープ; 《話》 主に子供に対する呼びかけ)わんぱく坊主. ♦ **an einem (am gleichen, an demselben) ~ ziehen** 同じ目的を持つ.

stricken

den ~ nehmen/sich³ den ~ kaufen können《話》まったく行き詰まっている. den ~ nicht wert sein 劣悪である. einen ~ drehen《話》(j³ aus et³)《人を…に絡めて》陥れる. wenn alle ~e reißen《話》万策尽きたときには. zum ~ greifen《einen ~ nehmen《雅》首をつる.

stricken [シュトリッケン]《strickte; gestrickt》他 (象 knit) 編む; 編み物をする.

Stricker 男 《-s/-》(象 -in) 編み物職人.

Strick-garn 中 編み糸, 編み物用毛糸. **=hemd** 中 ニットのシャツ. **=jacke** 女 毛糸編みの上着, カーディガン. **=leiter** 女 縄ばしご. **=maschine** 女 編み機. **=nadel** 女 編み棒.

strickte ⇒ stricken

Strick-waren 複 ニットウェア. **=weste** 女 ニットのチョッキ. **=zeug** 中 編みかけのもの; 編み物用具.

Striegel 男《-s/-》(家畜手入れ用の)硬質ブラシ, 馬ぐし. **striegeln** 他 (馬の毛をブラシで手入れする.

Strieme 女《-/-n》, **Striemen** 男《-s/-》ミミずばれ. **striemig** 形 ミミずばれのある.

strikt 形 厳格な; 厳密な; 厳しい.

string. 略 stringendo ストリンジェンド, しだいに速く.

Strippe 女《-/-n》《話》ひも, ロープ; 電話. ◆ an der ~ haben《j⁴》《人と》電話で話をしている. an der ~ hängen 電話にかじりついている.

strippen 自《話》ストリップショーを行う; 《臨》演奏などのアルバイトをする.

Striptease [-ティーズ]《-/》ストリップショー.

stritt, stritte ⇒ streiten

strittig 形 未解決の; 係争中の.

Stroh 中《-[e]s/》(象 straw)わら. ◆ leeres ~ dreschen《話》中身のない話をする; むだなことをする. ~ im Kopf haben《話》頭が悪い.

strohblond 形 淡いブロンドの.

Stroh-blume 女 《植》ムギワラギク. **=dach** 中 わらぶき屋根.

strohfarben 形 わら色の. **Strohfeuer** 中 わらを燃やした火; つかの間の感激(興奮). **strohgelb** 形 淡黄色の.

Strohgewicht 中 (ボクシングの)ストロー級= Strohgewichtler. **=gewichtler** 男《-s/-》(ボクシングの)ストロー級選手. **=halm** 男 わらすじ; ストロー. ◆ an einen ~ klammern《sich⁴》はかない望みにすがる. nach dem rettenden ~ greifen わらをもつかもうとする. **=hut** 男 わら帽子.

strohig 形 わらのような; 味気ない.

Stroh-kopf 男《話》愚か者. **=mann** 男 = Strohpuppe; (表向きだけの)名義人, ダミー. **=matte** 女 むしろ, わらござ. **=puppe** 女 わら人形. **=sack** 男 わら布団. ◆《Ach》du gerechter《heiliger》~! 何たることだ, これは困った. **=wisch** 男 わら束(?ゕ); わらのたわし. **=witwe** 女《話》一時やもめ(夫が不在中の妻). **=witwer** 男《話》一時やもめ(妻が不在中の夫).

Strolch 男《-[e]s/-e》浮浪者; ならず者, ごろつき; 《戯》腕白坊主. **strolchen** 自 (s) 放浪する, ほっつき歩く.

Strom [シュトローム] 男《-[e]s/Ströme》❶ (象 river) (海に注ぐ)川, 大河. ❷ (象 stream)(人の)とうとうたる流れ, 奔流; (液体・気体の)大量の流れ; (人・車などの)盛んな流れ. ❸ (象 current) 電流, 電気; 電力. ◆ in Strömen 激しい勢いで; 大量に. mit dem ~《gegen den ~, wider den ~》schwimmen 川下(川上)へ向かって泳ぐ; 時流に乗る(逆らう). ~ führend 導電性の.

stromab = stromabwärts.

Stromabnehmer 男 集電装置(電車のパンタグラフなど); 電力の消費者.

strom-abwärts 副 川下へ, 流れを下って. **=aufwärts** 副 川上へ, 流れを逆にして.

Stromausfall 男 停電.

Ströme ⇒ Strom

strömen [シュトレーメン]《strömte; geströmt》自 (s) (象 stream) とうとうと(大量に)流れる.

Stromer 男《-s/-》《蔑》浮浪者.

Strom-erzeuger 男 発電機. **=erzeugung** 女 発電.

stromförmig 形 ⇒ Strom ◆

Strom-gebiet 中 (川の)流域. **=kabel** 中 電力ケーブル. **=kreis** 男 電気回路. **=leitung** 女 送電線. **=linie** 女 流線. **=linienform** 女 流線形. **stromlinienförmig** 形 流線形の. **=mast** 男 鉄塔, 送電塔. **=netz** 中 送電網. **=quelle** 女 電源. **=rechnung** 女 消費電力請求書. **=schiene** 女 (電気)第三(軌条)レール. **=schnelle** 女 急流. **=sperre** 女 送電停止, (計画的)の停電. **=stärke** 女 電流の強さ. **=stoß** 男《電》インパルス.

strömte ⇒ strömen

Strömung 女《-/-en》(象 current) (水・空気の)流れ, 水流, 気流; 海流, 潮流; 時代の傾向.

Strom-unterbrecher 男《電》ブレーカー. **=verbrauch** 男 電力消費; 消費電力. **=versorgung** 女 電力供給. **=wender** 男《-s/-》《電》整流子. **=zähler** 男 積算電力計.

Strontium 中《-s/》ストロンチウム(元素名; 《記号》Sr).

Strophe 女《-/-n》《詩》詩節, 連.

strotzen 自《話》《vor et³》(…)に満ちあふれている, (…)だらけである.

strubbelig 形《話》じゃもじゃ(ぼさぼさ)の. **Strubbelkopf** 男 もじゃもじゃ頭[の人].

Strudel 男《-s/》渦, 渦潮; 渦巻き; 《料》(果実入りの)渦巻きパイ. **strudeln** 自 渦を巻く; 他《南部》かき混ぜる.

Struktur 女《-/-en》構造, 構成.

Strukturalismus 男《-/》構造主義.

strukturell 形 構造[上]の, 構造的な.

strukturieren 他 (…を…の仕方で)構造化する; 《sich⁴》(…)の構造を持つ.

Strumpf [シュトルムプフ] 男《-[e]s/Strümpfe》(象 stocking) (ひざ上までの)長靴下; ストッキング; ガス灯のマントル. ◆ auf die

Strümpfe machen 《話》《sich⁴》『急いで出はける〈立ち去る〉. *J²* ***Strümpfe ziehen Wasser.*** 《話》(人の)靴下がずり落ちている. **=band** 中 (ゴムの)靴下留め.
Strümpfe ⇨ Strumpf
Strumpf•halter 男 靴下留め; ガーター. **=gürtel** 男 ガーターベルト.
Strumpf•hose 囡 《服》パンティーストッキング. **=maske** 囡 ストッキングによる覆面. **=waren** 複 靴下類.
Strunk 男 《-[e]s/Strünke》（（ **Strünkchen**）(木の)切り株；(キャベツなどの)太く短い茎.
struppig 形 (髪が)もじゃもじゃ〈ぼさぼさ〉の.
Struwwel•kopf 男 《方》Strubbelkopf. **•peter** 男 もじゃもじゃ頭のペーター(1845年に出版された絵本とその主人公)；もじゃもじゃ頭の男の子.
Strychnin 中 《-s/》《化》ストリキニーネ.
Stube [シュトゥーベ] 囡 《-/-n》(（ **Stübchen, Stüblein**》《⇒ **room**》南部・ｵｰｽﾄﾘｱ》間間; (兵舎・寄宿舎などの, 数人用の)居室; 兵舎(寄宿舎)の居住者. ♦ ***die gute ~*** 《今》特別な場合にだけ使われる部屋. **~n=älteste[r]** 男《形容詞変化》(兵営学生寮などの)同室長. **~n=arrest** 男《話》(罰としての)禁足, 外出禁止. **~n=fliege** 囡 ｲｴﾊﾞｴ(家蝿). **~n=gelehrte[r]** 男《形容詞変化》《蔑》(世事に疎い)書斎学者. **~n=hocker** 男《蔑》自宅に無精な人, 家にこもっている人.
stuben•rein 形 (犬などが)部屋を汚さない; 《話》下品でない.
Stuck 中 《-[e]s/》(壁面仕上げ・装飾用の)化粧しっくい, スタッコ.
Stück [シュテュック] 中 《-[e]s/-e》(（ **Stückchen**》 ❶ (⇒ **part**) (全体から切り離された)部分(切片・断片・破片・破片など). ❷ (⇒ **piece**) ... 個, ...枚・頭・など》(⇒ **St.**) : ***ein [schönes] ~ Geld*** かなりのお金. ❸ (悪い)行い, いたずら(話), や. ❹ 戯曲, 芝居; 楽曲. ❺ 《商》有価証券《債権, 株券》; 貨幣, 硬貨. ♦ ***aus⟨von⟩ freien ~en*** 自発的に. ***ein ganzes⟨gutes⟩ ~*** かなり, 大いに, たくさん. ***ein starkes ~ sein*** 不届き千万である. ***ein ~ abschneiden*** 《話》《sich³ von j-et⁴》(...を)自分の手本にする. ***ein ~ leisten*** 《sich³》とんでもないことをしでかす. ***große ~e auf j⁴ halten*** 《話》(人)を高く評価する. ***im⟨an⟩ ~*** 《方》(スライスなどでなく)固まりで. ***in ⟨an⟩ einem ~*** 《話》一気に, 一挙に. ***in ~e gehen⟨brechen⟩*** 《話》《sich⁴》**~ reißen lassen** 《話》《sich⁴ für j⁴》(人のために)粉骨砕身する. ***in vielen ⟨allen⟩ ~en*** 多くの〈すべての)点で. ***nur ein ~ Papier*** 価値〈意味〉のない文書.
Stückarbeit 囡 出来高払いの仕事.
Stuckateur [シュトゥカテーア] 男 《-s/-e》スタッコ職人, 化粧しっくい細工師.
stückeln 動 1.〈物〉をつぎ足〈継ぎ足〉する; 《商》(公債・株式などをきまざまな額面に)分割する; 継ぎはぎする. **Stückelung** 囡 《-/-en》《商》(有価証券の)額面価格.
Stücker 副 《話》約...個.

stuckern 動 《北部》(車)がガタガタ揺れる;《s》...に揺れながら走って行く.
Stück=gut 中 ばら売りの商品; 《鉄道・海》小口扱い貨物. **=kauf** 男 個別売買. **=lohn** 男 出来高払い賃金.
Stückpreis 男 単価. **stückweise** 副 一つずつ; 少しずつ.
Stück=werk 中 ♦ *~ sein⟨bleiben⟩* 中途半端である. **=zahl** 囡 個数. **=zinsen** 複 《商》経過利息.
stud. = *studiosus* 大学生.
Student [シュトゥデント] 男 《-en/-en》《(⇒ **-in**》《⇒ **student**》大学生(オーストリアでは高校生も指す).
Studenten=ausweis 男 学生証. **=demo, =demonstration** 囡 学生デモ. **=futter** 中 《話》学生のおやつ(干しブドウ・クルミ・アーモンドのミックス). **=heim** 中 学生寮. **=revolte** 囡 (既存の体制を批判する)大学生の反乱〈暴動〉.
Studentenschaft 囡 《-/-en》《集合的》(ある大学・土地の)全学生. **=wohnheim** 中 = Studentenheim.
studentisch 形 大学生の.
Studie 囡 《-/-n》(予備作業的な)研究[報告]; 論文;《美》習作.
Studien ⇨ Studie, Studium
Studien=beihilfe 囡 奨学金. **=beratung** 囡 (大学での学生に対する)学習指導, 助言. **=direktor** 男 高等学校教頭(職種名; 旧東ドイツでは名誉称号). **=fach** 中 [大学での]専攻[科目], 専門分野. **=fahrt** 囡 修学〈研修〉旅行.
studienhalber 副 (大学での)勉学〈研究〉のために.
Studien=jahr 中 (2学期からなる大学の)学年; 学生時代. **=plan** 男 (大学での)カリキュラム; 研究・調査計画. **=rat** 男 高等学校教頭(職種名; 旧東ドイツでは名誉称号). **=referendar** 男 高等学校教諭研修生(職種名). **=reise** 囡 研究〈調査〉旅行.
studieren [シュトゥディーレン] 《studierte; studiert》動 1. 《⇒ **study**》❶ 大学で学ぶ, 大学生である; 専攻する. ❷ 研究する, 詳しく調べる; 《話》細かく吟味する;《せりふ・歌などを)覚え込む. **Studierende[r]** 男・囡《形容詞変化》大学生. **studiert** 形 大学教育を受けた, 大学出の. **Studierte[r]** 男・囡《形容詞変化》大学出. **Studierzimmer** 中 書斎;(学生の)勉強部屋.
Studiker 男 《-s/》《戯》大学生.
Studio [シュトゥーディオ] 中 《-s/-s》《美》アトリエ; 《放送》スタジオ; 《劇・舞踊など》レッスン室; 小劇場; ワンルーム住居.
Studiosus 男 《..si/..si》《戯》大学生.
Studium [シュトゥーディウム] 中 《-s/..dien》《⇒ **study**》大学・専門学校での勉強, 学問, 研究, (詳しい)調査; 丹念に読むこと; (演技などの)習得.
Stufe [シュトゥーフェ] 囡 《-/-n》《⇒ **step**》❶ (はしご・階段などの)段; 段階, 水準; レベル, 程度, 等級. ❷ 《楽》度, 音程;(色の)度合. ❸ 《工》(多段式機構の)段[数], 《地学》階; 段丘. ♦ ***auf einer ~ ⟨auf der gleichen ~⟩ stehen*** 《mit j³》

stufen 他(…に)〇段をつける; 分階する.
Stufen-barren 男 〖体操〗段違い平行棒. **-folge** 女 〈段落の〉順序, 順位, 等級; 段階的推移〈発展〉, 漸進.
stufenförmig 形 段状の, 階段状の; 段階的な, 漸次の.
Stufen-leiter 女 段ばしご; 〈地位などの〉段階, 位階.
stufenlos 形 無段階〈式〉の.
Stufentheorie 女 〖経〗〈経済発展に関する〉段階説.
stufenweise 副 段階的に, 徐々に.
Stuhl [シュトゥール] 男 (-[e]s/**Stühle**) (⑭ **Stühlchen**) ❶ (⑭ chair) いす; 地位, 職場. ❷ 大便; 便通, 排便; 〈病・夜間用の〉携帯トイレ. ◆ **den ~ vor der Tür stellen** 〖俗〗〈人を〉首にする. **elektrischer ~** 〈死刑執行用の〉電気いす. **[fast] vom ~ fallen** 〖話〗ひどく驚く. **heißer ~** 〖話〗オートバイ, バイク. **vom ~ reißen** 〖話〗〈人を〉ひどく驚かす. **zu~[e] kommen** 〖話〗〈**mit** *et*³〉〈…を〉てきぱきと片づける, うまく処理する. **zwischen zwei Stühlen setzen** 〈**sich**⁴〉あぶ
を取らずになる.
Stuhlheim 中 いすの間.
Stühle ⇒ Stuhl (単数3格の別形)
Stühle ⇒ Stuhl
Stuhl-gang 男 便通, 排便. **-lehne**女 いすの背.
Stukkateur [シュトゥカテーア] 男 = Stuckateur.
Stulle 女 (-/-n) 〔北部〕オープンサンドイッチ.
Stulpe 女 (-/-n) 〈衣服・靴などの〉折り返し; 〔北部〕〈なべ・つぼなどの〉ふた.
stülpen 他 折り返す; 〈ポケットなどを〉裏返す; 〈*et*¹ **auf** 〈**über**〉*et*⁴〉〈…に〉かぶせる. **Stulpenstiefel** 男 折り返しのある長靴(深靴). **Stülpnase** 女 上向きに反った鼻.
stumm [シュトゥム] 形 (⑭ dumb) ❶ 口が利けない; 〈驚いて〉声が出ない; 無言の, 無口の, 沈黙した. ❷ 〖映〗サイレントの. ❸ 無表記な〈無音の〉; 〈地図などが〉文字や記号による説明がない. ◆ **~ machen** 〈人を〉黙らせる; 〈俗〉殺す.
Stummel 男 (-s/-) (⑭ **Stümmelchen**) 〈使って〉短くなったもの; 〈タバコの〉吸い殻, 〈ろうそくの〉燃えさし.
Stumme[r] 男 〈形容詞変化形〉口の利けない人, 啞(ぶ)者.
Stummfilm 男 無声映画.
Stummheit 女 (-/-) 口の利けないこと; 無言, 沈黙.
Stumpen 男 (-s/-) 帽子のボディー; 両切りの葉巻きタバコ; 〔南部〕切り株.
Stümper 男 (-s/-in **-in**) 〔蔑〕不器用者, 能なし. **Stümperei** 女 (-/-en) 〔蔑〕不器用な仕事; 拙劣な作品. **stümperhaft** 形 〔蔑〕不器用な. **stümpern** 自 〔蔑〕不細工な仕事をする.

stumpf [シュトゥムプフ] 形 ❶ (⑭ blunt) 切れ味が悪い, なまくらな; 先が丸く

なった; 〈頭の働き・感性が〉鈍い; 無気力〈無表情, 無関心〉な. ❷ 光沢〈つや〉のない; ざらついた; 〈色が〉にぶい; 気の抜けた, 味気ない. **Stumpf** [シュトゥムプフ] 男 (-[e]s/**Stümpfe**) 切り株. ◆ **mit ~ und Stiel ausrotten** 〈…を〉根こそぎにする.
Stumpfheit 女 (-/-) 鈍さ, 鈍感, 切れ味の悪いこと.
Stumpf-nase 女 だんご鼻. **-sinn** 男 無関心, 無気力; 退屈, 単調; ばかばかしさ. **stumpf-sinnig** 形 無関心な, 無気力な; 退屈な. **-winklig** 形 〖数〗鈍角の.
Stündchen (→ Stunde) 中 (-s/-) 〖愛〗1時間弱, 小1時間. ◆ *J*² **letztes ~ ist gekommen** 〈**hat geschlagen**〉. 〈人〉の最後のが来た.
Stunde [シュトゥンデ] 女 (-/-n) (⑭ **Stündchen**, **Stündlein**) ❶ (⑭ hour) 1時間; 〈≈ St., std. 複数: Stdn. 〖記号〗st, h〉. ❷ 〈特定の〉時点; 時, 時刻; 瞬間: **in der vierten ~** 〖話〗3時から4時の間に. ❸ 〈学校の〉授業; 個人教授〈レッスン〉. ◆ **die blaue ~** 〖雅〗たそがれの時. **die schwere ~** 〖雅〗〈妊婦の〉分娩(%)の時. **die ~ der Wahrheit** 真実が明らかになる〈真価を発揮する〉時. **die ~ X** 〈予測されることが起こるはずの〉某時刻. **ein Mann der ersten ~** 最初〈創業時〉から居合わせた人. **in elfter 〈zwölfter〉 ~/in letzter ~** ぎりぎり〈の時間〉になって. *J*² **letzte ~ hat geschlagen** 〈**ist gekommen**〉. 〈人〉の最期の時が来た. **von dieser ~ an** / 〖雅〗 **von ~ an** 〈**ab**〉この時以降. **wissen, was die ~ geschlagen hat** 自分を取り巻く状況の厳しさを知っている. **zur ~** 目下のところ.
stünde ⇒ stehen
stunden 他 〈*j*³ *et*⁴〉〈人に対して…の〉支払いを猶予する.
Stunden-geschwindigkeit 女 時速. **-glas** 中 砂時計. **-kilometer** 男 (⑭) 時速…キロ〈略記〉km/h, km/st〉.
stundenlang 形 数時間の, 何時間もの.
Stunden-lohn 男 時給. **-plan** 男 〈仕事や授業の〉時間割り, 時間表.
stundenweise 副 時間単位で.
Stundenzeiger 男 〈時計の〉時針, 短針.
..stündig 「…時間の〈にわたる〉」の意.
stündlich 形 ❶ 1時間ごとの, 毎時間の. ❷ 1時間ごとに, 毎時間; 今すぐにでも; 時々刻々と.
..stündlich 「…時間ごとの」の意.
Stundung 女 (-/-en) 支払い猶予.
Stunk 男 (-s/) 〖話〗けんか, 口論, いがみ合い; 腹立ち.
Stunt 男 (-s/-s) 〖映〗危険な演技, 離れわざ.
stupid[e] 形 〔蔑〕愚かな, 頭の悪い; 〈仕事などが〉単調な, 退屈な.
Stups 男 (-es/-e) 〖話〗つつく〈軽く突く〉こと. **stupsen** 他 〖話〗〈人を〉つつく, 軽く押す. **Stupsnase** 女 〖話〗短くて上を向いた鼻.
stur [シュトゥーア] 形 〔蔑〕頑固な, 強情な, 一徹な; 執着した, こだわった; 〈仕事などが〉単調な, 退屈な.

stürbe ⇨ sterben

Sturheit 女 《-/-》《雅》頑固, 強情; 執着.

Sturm [シュトゥルム] 男 《-[e]s/Stürme》 ❶ 《® storm》あらし, 暴風; 時化(ピ); 興奮, 激怒. ❷ 《®》突撃, 襲撃; 進撃, 殺到. ❸ （サッカーなどの）前衛, フォワード. ◆ **ein ~ im Wasserglas** コップの中のあらし. **~ laufen** 《**gegen** et⁴》 （…に対して）激しく抗議（抵抗）する. **~ läuten** 《**klingeln, schellen**》（警鐘みたいに）引く鈴・ブザーをしつこく鳴らす. **~ und Drang** シュトゥルム・ウント・ドラング, 疾風怒涛(ど)（18世紀後半のドイツにおける反合理主義的文学運動）. =**angriff** 男 《®》突撃. =**boot** 中 《®》敵前上陸（渡河）用舟艇.

Stürme ⇨ Sturm

stürmen [シュテュルメン] 《stürmte; gestürmt》《® storm》 ❶ 《Es stürmt.》あらしが吹き荒れる; (s)（強風が）吹き渡る, 押し寄せる. 《®》突撃する. （…を）急襲して奪い取る; 《球技》（相手陣内で）攻撃する; 前衛を務める.

Stürmer 男 《-s/-》《球技》（サッカーなどの）フォワード, 前衛.

Sturmflut 女 《暴風による》高潮.

sturm-frei 形 《軍》難攻不落の. ◆ **eine ~ Bude** 《戯》家主が干渉されず異性が出入りできる下宿部屋.

=**gepeitscht** 形 《®》（海などが）渦巻く; （樹木などが）大揺れの.

Sturmglocke 女 警鐘.

stürmisch 形 《® stormy》あらしの（吹き荒れる）; あらしのような, 激しい; 熱烈な; 急速(急激)な, 大慌ての.

Sturmregen 男 暴風雨.

sturmreif 形 暴風雨が熟した.

Sturm=schaden 男 暴風雨の被害. =**schritt** 男 ◆ **im ~** 足早に; 大急ぎで.

stürmte ⇨ stürmen

Sturm=vogel 男 ミズナギドリ類. =**warnung** 女 暴風［雨］警報. =**wind** 男 《雅》暴風.

Sturz [シュトゥルツ] 男 《-es/Stürze》 ❶ 《® fall》急激な落下, 転落, 墜落; （気温などの）急激な低下, （物価などの）急落, 転倒; 失脚; （政権などの）崩壊. ❷ （車輪のキャンバー; 《口》（鉱石などの）堆積場. ❸ 《-es/-e, Stürze》《建》楣(じ)（窓や戸口の上部の横木）, 《建》《木の切り株.=**acker** 男 《粗く）ぶり返した畑. ❷ 《-》急流, 急流, 激流.

stürzen [シュテュルツェン] 《stürzte; gestürzt》 ❶ (s)《® fall》（勢いよく）落ちる, 転落（墜落）する; （…から…へ）突き落とす（倒す）; 《**sich**⁴》身を投げる; （温度・物価などが）急激に下がる (Tränen **stürzten** ihr aus den Augen. 彼女の目からどっとあふれた.); 《雅》（かけが）急傾斜に落ち込んでいる. ❷ (s)《® rush》突進する. 駆け付ける; 《**sich**⁴ **auf** et⁴》 …に突進する; 失脚する（させる）; （政権などが）崩壊する（させる）. ❸ （…を）逆さまにする.

Sturz=flug 男 《空》急降下. =**gut** 中 ばら荷（砂利・石炭などの）. =**helm** 男 （オートバイ用の）ヘルメット. =**kampfbomber** 男. =**kampfflugzeug** 中《空》急降下爆撃機（⇒ Stuka）. =**see** 女 = Sturzwellen.

Sturzwellen 女 砕け落ちる波.

Stuss 《**Stuß**》 男 《Stusses/》《話》ばかげた言動.

Stute 女 《-/-n》雌馬; （ロバ・ラクダなどの）雌.

Stuttgart シュトゥットガルト（ドイツ南西部の工業都市）. **Stuttgarter** 男 《-s/-n》 **-in** 女 シュトゥットガルトの人; 形 《無変化》シュトゥットガルトの.

Stütz 《-es/-e》《体操》腕支持姿勢. =**balken** 男 《建築》支持梁(り).

Stütze [シュテュッツェ] 女 《-/-n》《® support》支え, 支柱; 支持, 補佐; よりどころ, 頼り; 《雅》束(ミ), 支持器具; 橋脚, （口）失業保険金. ◆ **die ~n der Gesellschaft**《皮肉》社会の柱（顔ぶれ）.

stutzen ❶ （驚いて）立ち止まる（くるむ）; （不審などで）はっと（ぎょっと）する. ❷ （ひげ・植木などを）切り込む, （犬の耳・尾などを）切り詰める.

Stutzen 男 《-s/-》身丈の短い猟銃; 《口》（パイプ接続用の）継手; ストッキング.

stützen [シュテュッツェン] 《stützte; gestützt》《® support》 ❶ （倒れて落ちないように）支える; 支持（支援）する; 《商・経》（買い付け・融資などによって相場・物価など）を持ちこたえる, 安定させる, （値を）（買い）支える; （…を…に）もたせかける; 《**sich**⁴ **auf** et⁴》（倒れないように…に）もたれる. ❷ 《et⁴ **auf** 《**durch**》 et⁴》（推測などを…で）裏づける; 《**sich**⁴ **auf** et⁴》（…に）基づく, 依拠する.

Stutzer 男 《-s/-》気取りくうぬぼれ屋.

stutzerhaft 形 気取った, うぬぼれた.

Stutzflügel 男 小型グランドピアノ.

stutzig 形 ◆ **~ machen** （人を）びっくりさせる. **~ werden** びっくりする.

Stütz=kurs 男 （学力の劣った生徒に対する）補習コース. =**mauer** 女 （土どめの）擁壁. =**pfeiler** 男 支柱. =**punkt** 男 支点; 拠点; 軍事基地.

stützte ⇨ stützen

Stützuhr 女 置時計.

Stützung 女 《-/-en》《商・経》（相場などの）買い支え. =**skauf** 男 《商・経》買い支え.

StVG 略 *Straßenverkehrsgesetz* 道路交通法. **StVO** 略 *Straßenverkehrsordnung* 道路交通規則. **StVZO** 略 *Straßenverkehrs-Zulassungs-Ordnung* 道路交通許可規則.

Styling 中 《-s/》工業デザイン, （特に自動車などの）スタイリング.

Styropor 中 《-s/》《商標》スチュロポール（発泡スチロール）.

s.u. 略 *siehe unten!* 下記を参照せよ.

SU 略 *Sowjetunion* （旧）ソ連.

sub.., **Sub..** 略 「下の…, 下位の…; 副…, 亜…」

subalpin 形 アルプス山麓(ミ)地方の; 《地学》亜高山性の.

subaltern 形 下位の, 下級の; 《蔑》（精神的に）自主性のない; 卑屈な.

Subjekt 中 ((-[e]s/-e) (英 subject) 主体, 主観; (文法) 主語; 主権; 話題; (話) やつ, 野郎; (医) 主題, (特にフーガの) テーマ. **subjektiv** 形 (英 subjective) 主観的な, 個人的な; (哲) 主観(主体)の. **Subjektivismus** 男 (-/-) (哲) 主観論, 主観主義; 自己中心主義. **Subjektivität** 女 (-/-) (哲) 主観性; 主体性; 主観的(個人的)な見解, 偏見.

Subkultur 女 (社) 下位文化, サブカルチャー.

subkutan 形 (医) 皮下の.
sublim 形 高尚な; 洗練された; 微細な.
Sublimat 中 (-[e]s/-e) (化) 昇華物; 昇汞(しょうこう). **sublimieren** 他 高尚にする, 純化(洗練)する; (化) (物質を)昇華させる; (心) (性衝動などを)昇華させる.
Submission 女 (-/-en) (商) 入札, 請負. **~s-preis** 男 入札(請負)価格.
subordinieren 他 下位に置く; (文法) (文を)従属させる.
Subskribent 男 (-en/-en) (女 -in) (書籍などの) 予約注文者. **subskribieren** 他 (et⁴ auf et⁴) (書籍などを)予約注文する; (国債などに)応募する.
Subskription 女 (-/-en) (書籍などの) 予約注文; (署名による)出資の約束, (債券などの)申し込み. **~s-preis** 男 予約価格.
Subst. 略 *Substantiv*.
substantiell 形 = substanziell.
Substantiv 中 (-s/-e) (文法) 名詞(略 Subst.). **substantivieren** 他 (文法) 名詞化する. **substantivisch** 形 (文法) 名詞の; 名詞的な.
Substanz [ズプスタンツ] 女 (-/-en) (英 substance) 物質; 実体; 内容, 中身; 本質; (哲) 実体; 基盤, 資産, 元手(もとで); 元金, 元本(がん). ✦ *an die ~ gehen* (話) (J³)(人の)体力(気力)を消耗させる.
substanziell 形 実質(本質)的な; (哲) 実体的な; (物質)物質(上)の; (食物などが) 滋養分に富んだ, 栄養ある.
Substitut 男 (-en/-en) (女 -in) 代理人; (商) 副代理人, (大きな店で)売場責任者代理; 中 (-s/-e) 代替物.
subtil 形 繊細な, 鋭敏な; 精緻(せいち)な; 微妙な, 扱いにくい.
subtrahieren 他 (et⁴ von et³) (…を …から)引く, 引き算する. **Subtraktion** 女 (-/-en) 減算; (数) 減法, 引き算.
subtropisch 形 (地学) 亜熱帯(性)の.
Subunternehmer 男 下請け業者〈企業〉.
Subvention 女 (-/-en) (国家などの) 補助金. **subventionieren** 他 (…に) 補助金を与える.
Subventions-abbau 男 補助金削減. **=begehren** 中 (経済) 補助金申請. **=politik** 女 (経済) 補助金政策.
subversiv 形 政治体制の転覆を図る.
Such-aktion 女 (nach j³) (人に対する)捜索(捜査)活動. **=anzeige** 女 尋ね人広告. **=dienst** 男 (特に第二次世界大戦後の)行方不明者捜索機関.
Suche 女 (-/-n) 探すこと, 探索, 捜査; 猟犬を用いた猟. ✦ *auf die ~ machen* 〈*begeben*〉 〈*sich*⁴〉 捜索に出発する.

suchen [ズーヘン] ((suchte; gesucht)) 他 ❶ (⊛ look for) (j-et⁴ / nach j-et³) (…)を探す, 探し求める; 探る; (コン) 検索する. ❷ (et⁴ hinter ⟨in⟩ j-et³) (…に…を) 勘ぐる, 憶測する. ❸ (雅) [+zu 不定詞句] (…しようと)試みる, 努める. ✦ *Da kannst du lange ~.* (話) 探してもむだだよ. *gesucht und gefunden haben* (話) 〈*sich*⁴〉 (夫婦などが)まったくお似合いだ. *seinesgleichen ~* 匹敵するものがない. *Suchen spielen* (方) 隠れんぼする. *zu ~ haben* (ある場所に)用事がある : *Du hast hier nichts zu ~.* (話) ここは 君の来るところじゃない.

Sucher 男 (-s/-) (女 -in) 探し求める者, 探索(捜索)者, 探求者; (カメラ・望遠鏡などの)ファインダー.
Such-gerät 中 探知器; 捜索レーダー. **=kartei** 女 (警察) 捜査ファイル. **=scheinwerfer** 男 サーチライト, 探照灯.
Sucht 女 (-/Süchte, -en) (薬物などへの)病的な欲求, 嗜癖(しへき), 中毒, 依存; 過度な欲望.
suchte ⇒ suchen
süchtig (薬物などの)中毒(症)の, 病的な欲求を持つ. **Süchtige[r]** 男女 (形容詞変化) (薬物などの)中毒者, 常用者.
..süchtig 「…が欲しくて(したくて)たまらない」の意.
Sud 男 (-[e]s/-e) 煮沸; 煮出し汁.
Süd [ズュート] 男 (-[e]s/-) (⊛ south) 南(⊛ S); 南部; (雅) 南風.
süd.., Süd.. 「南…」の意.
Süd-afrika 南アフリカ. **=afrikaner** 男 南アフリカ人. **südafrikanisch** 形 南アフリカ(人)の.
Südamerika 南アメリカ[大陸], 南米. **südamerikanisch** 形 南アメリカ[人]の, 南米(人)の.
Sudan ((der)) スーダン (アフリカ北東部の共和国).
süddeutsch 形 ドイツ南部の, ドイツ南方の. **Süddeutschland** 南ドイツ, ドイツ南部[地域].
Sudelei 女 (-/-en) (蔑) ぞんざいな仕事(よけた)。なぐり書き. **sudeln** 他 (蔑) ぞんざいな仕事をする; (字・絵などを)なぐり書きする.
Süden [ズューデン] 男 (-s/) (⊛ south) 南(⊛ S); 南部; 南国, 南欧.
Sudeten ((die ~)) ズデーテン (チェコスロバキアの国境地帯の山地). **=land** ズデーテン地方.
Süd-europa 南ヨーロッパ, 南欧. **=früchte** 複 (地中海〈熱帯〉産の果物. **=korea** 南朝鮮(大韓民国).
südl. 略 *südliche* 南の.
Südländer 男 (-s/-) 南国〈南欧〉の人.
südl.Br. 略 *südliche[r] Breite* 南緯 (…).
südlich [ズュートリヒ] (⊛ southern) ❶ 形 南の; 南⟨から⟩の; 南部の. ❷ 副 ⟨2 格支配⟩ …の南に.
Südost 男 南東(⊛ SO).
Südostasien 東南アジア.
Südosten 男 (-s/) 南東(⊛ SO); 南東部. **südöstlich** ❶ 形 南東の; 南東〈から〉の; 南東部の. ❷ 副 ⟨2格支配⟩

…の南東に.
Südpazifik (der ~)南太平洋.
südpazifisch 形 南太平洋の.
Süd-pol 男 南極. **=polarmeer** (das ~)南極海.
Südsee (die ~)南洋(特に南太平洋). **=inseln** (die ~)南洋(南太平洋)諸島.
Süd-tirol 南チロル(Tirol のうち, Brenner 峠より南のイタリア領地方).
südwärts 副 南方へ.
Süd-west 男 ([e]s/ ® SW); 雅 南西の風. **=westafrika** 南西アフリカ. **=westen** 男 南西(® SW); 南西部.
südwestlich ❶ 形 南西の(南西へからの); 南西部の. ❷ 前 『2格支配』…の南西に.
Südwind 男 南風.
Suezkanal (der ~)スエズ運河(地中海と紅海を結ぶ運河).
Suff 男 ([-e]s/ 話 (多量の)飲酒; 酩酊(☆); 飲酒癖.
süffeln 動 (酒を)楽しみながら飲む, たしなむ. **süffig** 形 (ワインなどが)口当たりのいい, 飲みやすい.
süffisant 形 思い上がった; 人をばかにした. **Suffisanz** 女 (/-) うぬぼれ, 思いあがり, 傲慢さ.
Suffix 中 ([-es/-e) 《文法》接尾辞.
suggerieren 動 ([j^3 et^4] (人に…を)示唆(暗示)する, ほのめかす, 信じ込ませる, 吹き込む; ([j^3] et^4) (人に …の) 感じを与える. **Suggestion** 女 (/-en) 示唆, 暗示(作用), ほのめかし. **suggestiv** 形 示唆(暗示)的な; 示唆力のある.
Suggestiv-frage 女 誘導尋問. **-wirkung** 女 暗示効果.
Suhl 中 ズール(ドイツ中部の都市).
Suhle 女 (/-n) 《狩》ぬた場(イノシシ・シカなどが泥浴びをする水たまり).
suhlen 動 ($sich^4$) 《狩》(イノシシ・シカなどが)泥浴びをする.
Sühne 女 (/-n) 雅 (罪・過ちの)償い. **sühnen** 動 雅 (罪・過ちの)償いをする, (…の)埋め合わせをする; ® (**für** et^4) (過ちなどの)償い(埋め合わせ)をする.
Sühne-opfer 中 《宗》贖罪供(氵`）のいけにえ. **-termin** 男 《法》調停期日.
Suite [スヴィーテ, ズィーテ] 女 (/-n) 家 組曲; (ホテルなどの)スイートルーム.
Suizid 中 ([-e]s/-e) 自殺. **suizidgefährdet** 形 自殺のおそれのある.
Sujet [ジュジェー] 中 (-s/-s) (芸術作品の)テーマ, 題材, モチーフ.
Sukzession 女 (/-en) 連続; 相続; 王位継承; 『植』(植物群落の)遷移.
sukzessiv 形 漸次的な, 少しずつの.
sukzessive 副 少しずつ, だんだん.
Sulfat 中 ([-[e]s/-e) 《化》硫酸塩.
Sulfid 中 ([-[e]s/-e) 《化》硫化物.
Sulfit 中 ([-s/-e) 《化》亜硫酸塩.
Sulfonamid 中 ([-[e]s/-e) 《薬》スルホンアミド, サルファ剤.
Sultan 男 (-s/-e) (® **-in**)サルタン(イスラム教国の君主, 特にトルコ皇帝); サルタンの称号.
Sultanine 女 (/-n) スルタナ(大粒の種なし干しブドウ).
Sulz 女 ([-/-en) 《南部》= Sülze.
Sülze 女 ([-/-n) 煮こごり, アスピック(ゼリー)料理.
Sumer 《史》シュメール(Mesopotamien 南部の古代名称).
summarisch 形 要約(概括)した; 大まかな.
Summe [ズメ] 女 ([-/-n) (® **Sümmchen**)(® **sum**) 和, 総和; 合計, 総計; 総数; 金額.
summen 動 (ハチなどが)ブーンと羽音を立てる; (モーターがブーンとうなる); (s)(ハチなどがブーンと飛ぶ); ® ハミングする.
Summer 男 (-s/-) ブザー.
summieren 動 集計する; ($sich^4$) 累積(増大)する, かさむ.
Sumo-kämpfer 男, **-ringer** 男 相撲(力士).
Sumpf [ズムプフ] 男 ([-[e]s/Sümpfe) 沼地, 沼沢地, 湿地; (悪の)泥沼. **=boden** 男 沼状の地面, 湿地.
sumpfen 動 《話》夜通し飲み明かす; 自堕落な生活を送る.
Sumpf-fieber 中 《医》沼状熱, マラリア熱. **-gas** 中 メタンガス. **-gebiet** 中 沼沢地域, 湿地地帯. **-huhn** 中 『鳥』ヒメクイナ; 《戯》大酒飲み; 道楽者.
sumpfig 形 沼地のような, じめじめした.
Sumpf-land 中 沼地, 沼沢地, 湿地. **-pflanze** 女 『植』(好湿性)植物. **-vogel** 男 『鳥』渉禽(\u{3093})類.
Sums 男 (-es/) 《話》(つまらぬことでの)大騒ぎ; (くだらない)おしゃべり.
Sund 男 ([-[e]s/-e) 海峡(特にデンマーク・スウェーデン間のエーレ海峡).
Sünde [ズュンデ] 女 ([-/-n) (® **sin**)(道徳・宗教上の)罪, 罪業, 罪過; 悪徳; 背徳行為. ♦ **eine ~ wert sein** 《戯》ぜひとも手に入れたい. **eine ~ wider den (Heiligen) Geist** 『聖』(永遠に許されることのない)聖霊を汚す罪. **hässlich** 〈**faul**〉 **wie die ~ sein** ひどく醜い〈怠惰である〉. **wie die ~ fliehen** 〈**meiden**〉 (…を)忌み嫌う.
~n-bock 男 《話》スケープゴート; j^4 **zum ~ machen** 《話》人に罪をかぶせる. **~n-fall** 男 《聖》(アダムとイヴの)原罪, (人間の)原罪. **~n-geld** 中 《中世教会の贖宥(《☆》)金; 《話》法外な金額.
sündenlos 形 罪のない, 潔白な.
Sünden-register 中 《戯》告解記録; 《戯》(これまでに犯した)罪業の数々. **-vergebung** 女 罪の許し.
Sünder 男 (-s/-) (® **-in**)罪人; 違反者, 犯罪者.
Sündflut 女 《話》《聖》ノアの洪水.
sündhaft 形 罪深い, 不道徳な; すごい, 非常な; 副 すごく, 非常に.
sündig 形 罪深い, 不道徳な.
sündigen 動 (罪・過ちを)犯す; 大いに食べる〈飲む〉.
super [ズーパー] 形 《無変化》《話》すばらしい, すてきな. **Super** 女 (-s/-) スーパーガソリン; 男 (-s/-) スーパー受信機.
super..., Super.. 《話》『非常に…, 極度に…; 抜群の…; 特大の…』の意.
Super-benzin 中 ハイオクガソリン(® **Super**). **=chip** 男 『電子工』スーパーチ

ップ. =**computer** [男] スーパーコンピューター. =**ding** [中] 《話》特大品; 超豪華版のもの. =**dividende** [女] 〔商〕特別〈追加〉配当. =**-G** [男] 《-s/-s》〔ﾁｪｽ〕スーパー大回転. =**-GAU** [男] (原子力発電所での)想定可能な最大の事故; 《話》ひどい故障.
Superintendent [男] 《-en/-en》 (プロテスタントの)教区監督.
superklug [形] 《話》とても利口な; ひどく利口ぶった.
Superlativ [男] 《-s/-e》〔文法〕最高〈最上〉級; 誇張〔した表現〕.
Super=macht [女] 超大国.
Super=markt [ズーパーマルクト] [男] 《-[e]s/ =märkte》スーパーマーケット.
=**tanker** [男] 〔海〕マンモスタンカー.
Süppchen (→ Suppe) [中] ✦ *sein eigenes ～ kochen* 《話》独りよがりな行動を取る. *sein ～ gern am Feuer anderer kochen* 《話》他人のふんどしで相撲を取る.
Suppe [ズッペ] [女] 《-/-n》 ([小] Süppchen)(㊥ soup)スープ; 濃霧; 汗. ✦ *die ～ [, die man sich eingebrockt hat,] aus|löffeln* 《話》自分のしたことの後始末をつける, 自分がまいた種を刈り取る. *die ～ versalzen* 《話》《j^3》(人の)楽しみに水を差す. *eine schöne ～ ein|brocken* 《話》《j^3 〈sich^3〉》(人〈自分〉を)不利な状況へ追い込む. *in die ～ fallen* 《話》《j^3》(人の)食事中に訪ねる. *in die ～ spucken* 《話》《j^3》(人の)計画をめちゃめちゃにする. ～ *haben* 《方》幸せである.
Suppen=fleisch [中] スープ用の肉. =**grün** [中] スープ用の香りづけ野菜(ニンジン・セロリ・パセリなど). =**kasper** [男] 《話》スープの嫌いな子供. =**knochen** [男] 〔料〕スープ用の骨. =**kraut** [中] = Suppengrün. =**schüssel** [女] (スープ用の)鉢, 深皿. =**tasse** [女] スープカップ(ふつう両側に取っ手がついている). =**teller** [男] スープ皿. =**würfel** [男] (さいころ形の)固形スープ.
Supplement [中] 《-[e]s/-e》補充, 補足; 付録, 補遺, 増補; 〔数〕補角.
Suppressor [男] 《-s/-en》〔遺伝〕抑制遺伝子.
supra.., Supra.. 「…を超越した, 超…」の意.
supraleitend [形] 〔理〕超伝導の.
Supraleiter [男] 超伝導体.
Surfbrett [サーフブレット] [中] サーフボード. **surfen** [自] (h, s)サーフィンをする. **Surfer** [男] 《-s/-》サーファー. **Surfing** [中] 《-s/》波乗り, サーフィン.
Surinam スリナム(南アメリカ北東岸の共和国).
Surm [男] 《-s/-er》《ｵｰｽﾄﾘｱ》ばか, 田舎者; 百姓.
Surplus [中] 《-/-》〔商〕剰余〔金〕; 〔繰越〕残高.
Surrealismus [男] 《-/》シュールレアリズム, 超現実主義.
surren [自] (h, s)ブンブン鳴る; (s)ブーンと音を立てて飛ぶ.
Surrogat [中] 《-[e]s/-e》 (当座の)間に合わせ, 代用品; 〔法〕代位物.
Susanne 《女名》ズザンネ.
suspekt [形] 疑わしい, 不審な; 怪しげな, いかがわしい.
suspendieren [他] (法律・国交などを)一時停止する; 《j^4 **von** et^3》(人を…から)解放〈免除〉する; (人を)停職にする; 〔医〕(手足を)つる; 〔化〕懸濁(ｹﾝﾀﾞｸ)化する.
Suspension [女] 《-/-en》 (法律・国交などの)一時停止; (公務員などの)停職〈休職〉処分; 〔化〕浮遊液, 懸濁(ｹﾝﾀﾞｸ)液; 〔医〕(つり包帯による)懸吊(ｹﾝﾁｮｳ).
süß [ズュース] [形] (㊥ sweet)甘い, 甘口の; 甘美な, 快い; かわいい, 愛らしい; 魅力的な; 思いやりのある; いやに愛想のよい. **Süße** [女] 《-/》甘さ, 甘味; 甘美さ; 愛らしさ. **süßen** [他] (…に)甘味をつける.
süßest ⇨ süß
Süßholz [中] 〔植〕カンゾウ(甘草). ✦ ～ *raspeln* 《話》(男性が女性に)甘い言葉をささやく.
Süßigkeit [ズュースイヒカイト] [女] 《-/-en》 (㊥ sweet)(チョコレート・ボンボンなどの)甘いもの, 砂糖, 菓子; 《雅》甘さ, 甘味; 甘美.
Süßkirsche [女] 〔植〕セイヨウミザクラ.
süßlich [形] 甘味を帯びた, 甘ったるい; 《蔑》感傷的な; 妙になれなれしい.
süßsauer [形] 甘酸っぱい; 機嫌がいいような悪いような.
Süß=speise [女] (デザート用の)甘いもの(プリンなど). =**stoff** [男] 人工甘味料. =**waren** [複] 甘いもの, お菓子. =**warengeschäft** [中] 菓子屋. =**wasser** [中] 真水, 淡水. =**wein** [男] 甘口ワイン.
Suva スバ(フィジーの首都).
SUVA [ズーヴァ] [略] [女] 《-/》 Schweizerische *U*nfall*v*ersicherungs*a*nstalt スイス傷害保険会社. **s.v.** [略] salva venia 失礼ながら; sub voce …という見出し語の下に. **SV** [略] *S*port*v*erein 体育〈スポーツ〉協会. **SVP** [略] [女] 《-/》 Schweizerische *V*olks*p*artei スイス人民党. **svw.** [略] so viel wie (…と)同じくらい多くの; sinnverwandt 同義の. **SW** [略] Südwest[e]n 南西[部].
Swapgeschäft [スヴォップゲシェフト] [中] 〔商〕スワップ〈乗り換え〉取引.
Swasiland スワジランド(アフリカ南部の王国).
Sweatshirt [中] 《-s/-s》〔服〕スウェットシャツ(ゆるい厚地のスポーツ用シャツ).
SWFD [略] *S*elbst*w*ähl*f*ern*d*ienst.
Swimmingpool [男] 《-s/-s》水泳プール.
Swine (die ～)スヴィーネ(Oder 川河口の支流の一つ).
Swing [男] 《-[s]/》〔楽〕スイングジャズ〔の曲〕; 〔商〕(二国間の貿易協定での)信用割り当ての最高額.
Switchgeschäft [中] 〔商〕スイッチ〈切り替え〉貿易.
SWR [略] *S*üd*w*est*r*undfunk 南西ドイツ放送(SWF と SDR が合体).
Sybaris 〔史〕シュバリス(イタリア南東部にあったギリシャの植民市; 住民のぜいたくな生活で有名).
Syllogismus [男] 《-/..men》三段論法.
Sylt [中] ジュルト(北海の北フリージア諸島の一つ; ドイツ領).
Symbiose [女] 《-/-n》〔生〕共生.
Symbol [ズュムボール] [中] 《-s/-e》 (㊥

symbol)象徴, シンボル; 記号, 符号.
Symbolik [女]《-/》象徴的意味, 象徴性; 象徴〈記号〉の使用; 象徴的表現; 象徴学.
symbolisch [形] 象徴〈比喩〉的な; 象徴を用いた; 記号の; 記号による.
symbolisieren [他] 象徴する, (…の)シンボルである; 記号で表す, 記号化する.
Symmetrie [女]《-/-n》〔左右〕対称, シンメトリー; 均整. **symmetrisch** [形]〔左右〕対称の; 均整のとれた.
Sympathie [ズュンパティー] [女]《-/-n》([英] sympathy)共感, 共鳴; 好感; 同意, 賛同; 〘心〙 感応力. =**streik** [男] 同情ストライキ.
Sympathikus [男]《-/》〘医〙 交感神経.
Sympathisant [男]《-en/-en》([女] **-in**)同調〈支持〉者, 共鳴者, シンパ.
sympathisch [ズュンパーティシュ] [形] 好感の持てる, 好ましい, 感じのよい; 〘医〙 交感神経の.
sympathisieren [自]《**mit** *j-et*[3]》(…に)共感〈同調〉する, 好意〈好感〉を持つ.
Symphonie [ズュムフォニー] [女]《-/-n》交響曲, シンフォニー.
Symposion [中]《-s/ ..sien》, **Symposium** [中]《-s/ ..sien》討論会, シンポジウム.
Symptom [ズュンプトーム] [中]《-s/-e》〘医〙 症候, 症状, 徴候; (よくないことの)予兆, 前兆, しるし. **symptomatisch** [形] 徴候を示す, 前兆となる; 〘医〙 症候性の; 症状の, 対症的な.
syn.., Syn.. 「一緒に…, 共同で…」の意.
Synagoge [女]《-/-n》シナゴーグ(ユダヤ教の会堂).
synchron [形] 同時の; 〘電〙 同期〈同位相〉の; 〘言〙 共時〔論〕的な.
Synchrongetriebe [中] 同期かみ合い式〈シンクロメッシュ〉変速機.
Synchronisation [女]《-/-en》〘電〙 同期化; (外国映画の)吹き替え.
synchronisieren [他] 同時に行わせる; 〘電〙 同期化する; (外国映画などを)吹き替える. **Synchronisierung** [女]《-/-en》= Synchronisation.
Synchron=**rechner** [男] 〘電算〙 同期式計算機. =**satellit** [男] 〘宇宙〙 同期衛星. =**schwimmen** [中] シンクロナイズドスイミング.
Syndikat [中]《-[e]s/-e》〘経〙 シンジケート, 企業合同; (ギャングなどの)シンジケート; (団体の)法律顧問部.
Syndikus [男]《-/-se, ..dizi》(団体などの)法律顧問.
Synergieeffekt [男] 相乗効果.
Synkope [女]《-/-n》〘言〙 語中音消失(子音に挟まれた弱い母音の脱落; 例: ew'ger < ewiger); 〘医〙 意識の瞬断.
Synkope [女]《-/-n》〘楽〙 シンコペーション切分〔法〕. **synkopieren** [他] 〘楽〙 (リズムなどを)シンコペーションによって変える; 〘言〙 (音節の)語中音を脱落させる.
Synode [女]《-/-n》〘カトリック教〙 教会会議.
synonym, synonymisch [形] 同義〈類義〉〘語〙の. **Synonym** [中]《-s/-e》同義〈同意〉語, 類〔義〕語.
Syntax [女]《-/-en》〘言〙 統語〈統辞〉論, 構文論, シンタクス. **syntaktisch** [形] 統語論の, シンタクスの.
Synthese [女]《-/-n》総合, 統合; 〘哲〙 (弁証法における定立と反定立の)ジンテーゼ; 〘化〙 合成. **synthetisch** [形] 総合の, 総合〈統合〉的な; 〘化〙 合成の.
Synthesizer [ズュンテサイザ] [男]《-s/-》シンセサイザー.
Syphilis [女]《-/》梅毒. **syphilitisch** [形] 梅毒〔性〕の.
SYR 《国籍符号》シリア.
Syrakus シラクーザ, シュラクサイ(イタリア南部, Sizilien 島の港湾都市; 古代に都市国家として発展した).
Syrer [男]《-s/-》= Syrier.
Syrien シリア. **Syrier** [男]《-s/-》([女] **-in**)シリア人. **syrisch** [形] シリア〔人〕の.
System [ズュステーム] [中]《-s/-e》([英] system) ❶ 体系, 機構; 仕組み; 体制, 制度; 系統; 〘生〙 分類; 〘電算〙 システム. ❷ (なんらかの)筋道, 手順, 計画〔性〕. ✦ ***periodisches* ～** 〘化〙 (元素の)周期系. **～ *in et*[4] *bringen*** (…に)筋道を立てる. =**analyse** [女] 〘情報〙 システム分析, システム・アナリシス. =**analytiker** [男] システム=アナリスト, システム分析家.
Systematik [女]《-/-en》システム〈体系〉化; 〘生〙 分類学.
systematisch [ズュステマーティシュ] [形] ([英] systematic)体系的な, 組織的な, 計画性のある, 順序立った; 分類上の; 〘生〙 分類〔学〕上の. **systematisieren** [他] システム〈体系〉化する, 系統立てる.
systembedingt [形] システム〈構造〉上の原因で生じた.
System=**ingenieur** [男] 〘電算〙 システム・エンジニア.
systemkonform [形] 体制に順応な, 体制順応〔派〕の.
System=**kritik** [女] 体制批判. =**kritiker** [男] 体制批判者.
system=**kritisch** [形] 体制に批判的な, 体制批判の. =**technisch** [形] システム工学〔上〕の.
s.Z. [略] *seinerzeit* その当時, そのころ.
Szenarium [中]《-s/ ..rien》台本, 脚本; シナリオ原案; (演じられる)場面.
Szene [スツェーネ] [女]《-/-n》([英] scene)場面, シーン; 舞台; 情景, 光景; 出来事; 激しい口げんか, 口論; 大騒ぎ; 《話》活動分野. ✦ ***auf offener* ～** 舞台上で, 上演中に. ***die* ～ *beherrschen*** 脚光を浴びている. ***eine* ～ *machen*** 《*j*[3]》(人を)非難する, (人に)文句をつける. ***in* ～ *gehen*** (芝居などが)上演される. ***in* ～ *setzen*** 《*j-et*[4]》(…を)演出する; (…の)手はずを整える; (人を)引き立てる; 《*sich*[4]》(自分を)売り込む〈ひけらかす〉. **～n**=**wechsel** [男] 〘劇〙 場面転換.
Szenerie [女]《-/-n》舞台; (印象的な)光景, 景色, 風景.
szenisch [形] 舞台〔上〕の; 舞台向きの.
Szetschuan 四川, スーチョワン(中国, 西南地区北部の省).
Szylla 〘ギリシャ神〙 スキラ(海の女の怪物で近づく船乗りを取って食べた). ✦ ***aus* 〈*von*〉 *der* ～ *in die Charybdis geraten*** 《比》一難去ってまた一難. ***zwischen* ～ *und Charybdis*** 《比》前門の虎(とら)後門の狼(おおかみ).

S

t, T [(-/-)] 《字母》テー. **t** 《記号》Tonne; Tankstelle. **t** 《記号》Triebwagen; Tausend; Tara; Tritium.
T.. 《記号》Tera.. **T-** 《記号》Tomus. **Ta** 《記号》Tantal; Tara.

Tabak [タ(-)ク] 男 ((-s/ 種類‒e)) 《(tobacco)》タバコ; 《植》タバコ; 葉タバコ. ◆ *starker* ～《話》ひどいこと; 信じがたいこと. =**bau** 男 タバコの栽培.
Tabak=laden [タ[-]バクラーデン] 男 ((-s/= **läden**)) タバコ屋.
Tabaks=beutel [タ[-]バクス..] 男 刻みタバコ入れの袋. =**dose** 女 (円筒形の) 刻みタバコ容器. =**pfeife** 女 (喫煙用) パイプ.
Tabak=steuer 女 タバコ税. =**trafik** 女 《スイス》タバコ店, 喫煙具店. =**waren** 複 タバコ製品.
tabellarisch [タベラーリシュ] 形 一覧表式の. **tabellarisieren** 他 一覧表にする.
Tabelle [タベレ] 女 ((-/-n)) 《(table)》表, 一覧表, リスト, 目録; 《競》順位表. ～**n=form** 女 一覧表形式. ～**n=führer** 男 首位のチーム《選手》. ～**n=kalkulation** 女 《電算》表計算 《ソフト》, スプレッドシート. ～**n=lesen** 中 ((-s/)) 《電算》テーブル索引, テーブル=ルックアップ. ～**n=platz** 男 《競》順位表での位置, 順位.
tabellieren 他 ((-s/-)) 表にする, 製表する. **Tabelliermaschine** 女 《電算》製表 (作表) 機.
Tabernakel [タベルナーケル] 中 ((-s/-)) 聖櫃 (ひつ); 《建》(聖像などの) 天蓋.
Tablett [タブレット] 中 ((-[e]s/-e, -s)) 《(tray)》盆. ◆ *auf einem silbernen (goldenen)* ～ *servieren (anbieten)* 《戯》((j³ et⁴)) (人に…を) ものして手渡す. *nicht auf* ～ *kommen* 《話》問題にならない; 考慮の余地がない.
Tablette [タブレッテ] 女 ((-/-n)) 錠剤. **tabletten=abhängig** 形 (睡眠剤・覚醒剤などの) 錠剤依存症の.
tabu 形 タブーの, 禁忌 (禁ちゅう) の.
Tabu 中 ((-s/-s)) タブー, 禁忌 (事項).
tabufrei 形 タブーにとらわれない.
tabuieren, tabuisieren 他 タブーとする, タブー視する. **tabuistisch** 形 タブーに関する.
Tabula rasa [(-/-)] 女 白紙; 《写真》タブララサ (心の白紙状態). ◆ ～ *machen* ((*mit et³*)) (…を) ばっさり削除する, 一掃する.
Tabulatur 女 ((-/-en)) 《楽》タブラトゥール (職匠歌人の作家規則); タブラチュア (14‒18世紀の器楽記譜法).
Tabu=schranke 女 (タブー(禁忌)による) 抑制. =**thema** 中 タブー(禁忌)に抵触するテーマ. =**wort** 中 タブー(禁忌)に抵触する言葉, 禁句.
Tacheles [タヘレス] 中 ◆ ～ *reden* 《話》腹蔵なく話す, ずけずけものを言う.
Tacho 男 ((-s/-s)) 《話》タコメーター (= *Tachometer*).
Tacho=graph, =graf 中 ((-en/-en))

タコグラフ, 走行記録計. =**meter** 男 (中) タコメーター, 回転速度計 《略》T (*Tacho*).

Tadel [ターデル] 男 ((-s/-)) 非難, 批判, 叱責 (しっ); 欠点, 非難すべき点.
tadellos [ターデルロース] 形 非の打ちどころのない, 欠点のない; すばらしい.
tadeln [ターデルン] ((tadelte; getadelt)) 他 けなす, 非難する. **tadelnswert** 形 非難に値する. **tadelsüchtig** 形 文句 (難癖) をつけたがる, あら探しの好きな.
Tadler 男 ((-s/-)) (～ **-in**)) しかる (非難する) 人; あら探しをする人.
Tadschikistan 中 タジキスタン (中央アジアの共和国).
Taf. 《略》*Tafel* 図版, 図表.
Tafel [ターフェル] 女 ((-/-n)) 《(*Täfelchen*)》❶ 《(board)》(木・石・金属などの) 板; 掲示板, 黒板; 石盤; 《電》配電盤; 板状のもの. ❷ 《(table)》(Tabelle) 一覧表; 図印 (全ページ大の) 図版, 図表; 《美》パネル絵画; 《建》(祝宴などの) ごちそう, 食卓. ◆ *die* ～ *aufheben* 宴をお開きとする. **tafelfertig** 形 (料理が) 食卓にすぐ出せる. **Tafelland** 中 《地学》卓状地, 高原. **tafeln** 自 食卓につく, 食事する.
täfeln 他 (壁などに) 化粧板を張る.
Tafel=obst 中 新鮮な果物. =**runde** 女 食卓に集まった人々. =**silber** 中 銀製食器.
Täfelung 女 ((-/-en)) 化粧板の張り付け; (壁材としての) 化粧板, 鏡板.
Tafel=wasser 中 (瓶入りの食卓用) ミネラルウォーター. =**wein** 男 テーブルワイン (食事用の軽いワイン); ターフェルワイン (最も手軽なドイツワイン). =**werk** 中 化粧板, 鏡板; 図版の多い本.
taff 形 《話》強靭 (きょう) な, たくましい; 荒野な, 荒々しい.
Taft 男 ((-[e]s/-e)) 《織》タフタ, 薄琥珀 (こはく).
Tag [ターク] 男 ((-[e]s/-e)) ❶ 《(day)》昼, 昼間, 日中の光. ❷ 1日, 一日. ❸ 記念の日. ❹ 時期, 時代, 日々, 生涯. ❺ 《鉱》会議, 大会. ◆ *acht* ～ *e* 1週間. *alle* ～ *e* 毎日. *an den* ～ *bringen* 《ziehen》(…を) 明るみに出す, 暴く. *an den* ～ *kommen* 知られる, 暴かれる. *an den* ～ *legen* (…を) 明らかにする. *auf seine alten* ～ *e* 高齢で, 老境に. *bei* ～ *[e] besehen* よく (詳細に) 考えてみれば. *bessere* ～ *e gesehen haben* 昔はもっとよい暮らしをしていた. *den ganzen* ～ *den lieben langen* ～ *den* ～ *über* 一日中, 終日. *den* ～ *stehlen* 《j³》 (人の仕事の時間を割く. *der Jüngste* ～ 《宗》 最後の審判の日. *der* ～ *des Herrn* 《宗》日曜日). *der* ～ *X* エックスデー (いつか来る重大な日). *dieser* ～ *e* 近いうちに; 最近. *einen nach dem andern* 毎日. *eines (schönen)* ～ *es* 《いつか》ある日に. *Guten* ～! / 《略》～! こんにちは; いらっしゃいませ; お早ようなさい; ただいま; 《拒絶の返答》とんでもない; まっぴらだ. *seinen guten* ～ *haben* きげん (体調) がいい. *Guten (guten)* ～ *sagen* 《話》 《bei j³》 (人を) ちょっと訪ねる. *jeden* ～ 毎日. *klar (offen) zu* ～ *liegen* 明白である. *Man soll den* ～ *nicht vor dem Abend*

loben. 《ｽﾞｲ》 ことは最後まで見届けなくてはならない. ***nach* 〈*seit*〉 *Jahr und* ～** ずっと後に〈以前から〉. **～ *der offenen Tür*** (公共施設などの)公開日. ***J*[2] *～e* 〈*Die ～e von et*[3]〉 *sind gezählt.*** (…の)寿命はもうそう長くない. **～ *für* ～** 毎日. ***über* 〈*unter*〉 *～[e]*** 坑外〈坑内〉で. ***unter ～s*** 一日中, 終日. ***von einem ～ auf den ander[e]n*** 次の日にはもう; 突然に. ***zu ～e bringen* 〈*fördern*〉** (…を)採掘する; 明るみに出す. ***zu ～e kommen* 〈*treten*〉** 明るみに出る.

tagaus [副] ✦ **～, *tagein*** 明けても暮れても, 毎日毎日.

Tag=bau [男] 《南部》= Tagebau. **=dienst** [男] 昼間の勤務.

Tage ⇨ Tag (複数形単数3格の別形).

Tagebau [男] 〖坑〗 露天掘り.

Tage=buch [ターゲブーフ] [中] 《-[e]s/ =bücher》 ([英] diary)日記; 日記帳; 〖商〗 商品売上帳. **=dieb** [男] 《蔑》 怠け者, 怠惰な人. **=geld** [中] (出張の)日当; (健康保険の)一日当たり入院給付金.

tagein [副] ⇨ tagaus ✦

tagelang [形] 数日間に及ぶ, 何日もの.

Tage=lohn [男] 日給, 日当. **=löhner** [男] ([女] **-in**)日雇い労働者.

tagen [自] (会議が)開会される; 会議を開く; 《話》 酒盛りをする; 《雅》 明るくなる: Es *tagt.* 夜が明ける | Es *tagt* mit *et*[3]. 《ｽｲ》 …の見通しがつく.

Tagereise [女] 日帰り旅行; (車や馬での)1日の道のり.

Tages=ablauf [男] 一日の経過〈進行〉. **=anbruch** [男] 夜明け. **=arbeit** [女] 一日でできる仕事; 日々の仕事, 日課. **=befehl** [男] 〖軍〗 日課命令. **=creme** [女] Tageskrem. **=gericht** [中] (レストランなどで)日替わりの料理, 本日の料理. **=gespräch** [中] 時〈きょう〉の話題, 大ニュース. **=heim** [中] (昼間の)託児所. **=heimschule** [女] 学童保育所〈施設〉. **=karte** [女] 1日有効の乗車券〈入場券〉, 1日券; (レストランの)日替わりメニュー. **=kasse** [女] (劇場などの)昼間の切符売り場; 〖商〗 一日の売上高. **=krem** [女] 〖美容〗 デイクリーム. **=kurs** [男] 〖経〗 当日の相場; 一日講習会. **=leistung** [女] 1日の仕事量〈能率〉.

Tageslicht [中] 昼間の光; 日光. ✦ ***ans ～ bringen* 〈*ziehen, zerren, holen*〉** (…を)明るみに出す. ***das ～ scheuen*** 世間をはばかる. **=film** [男] 〖写〗 昼光〈デーライト〉用フィルム. **=projektor** [男] = Overheadprojektor.

Tages=mutter [女] 保育ママ(幼児を昼間自宅で預かる).

Tagesordnung [女] 議事日程〈プログラム〉. ✦ ***an der ～ sein*** 日常茶飯事である. ***auf die ～ setzen*** (…を)議事日程に載せる. ***Zur ～!*** 本題に戻ってください. **～s=punkt** [男] (会議などであらかじめ予定された個々の)議題([略] TOP).

Tages=pensum [中] 一日のノルマ. **=politik** [女] (日々変化する問題を扱う)政治, 政策. **=preis** [男] 〖経〗 時価. **=presse** [女] 《集合的》 日刊新聞〈紙〉. **=satz** [男] 〖法〗 (罰金の)日割り金額; 1日分の入院治療費. **=stunde** [女] 1日のある時間. **=suppe** [女] (レストランなどで)日替わりの〈本日の〉スープ. **=tief** [中] (その日の株価の)最安値. **=zeit** [女] 1日のうちのある時間[帯]. ✦ ***die ～* [*ent*]*bieten*** 《*j*[3]》 (人に朝・昼・晩の)あいさつをする. **=zeitung** [女] 日刊新聞〈紙〉. **=zinsen** [複] 〖商〗 日歩.

tageweise [副] 日々; 日割りで; 何日間も.

Tagewerk [中] 《雅》= Tagesarbeit.

Tagfalter [男] 〖虫〗 チョウ(蝶).

taghell [形] 昼のように〈非常に〉明るい.

..tägig 「…日間の〈にわたる〉」の意.

täglich [テークリヒ] [形] ([英] daily)毎日の; 日々の, 日常の: *～e* Gelder 〖商〗 コールマネー.

..täglich 「…日ごとの」の意.

tags [副] 昼間に, 日中に. ✦ **～ *darauf*** その次の日に. **～ *zuvor* 〈*davor*〉** その前の日に.

tagsüber [副] 昼の間ずっと; 昼間.

tagtäglich [形] 毎日毎日の.

Tagundnachtgleiche [女] 《-/-n》 〖天〗 春分〈秋分〉の日.

Tagung [ターグング] [女] 《-/-en》 ([英] conference)(専門家などによる大規模な)会議, 集会, 大会.

[関連語] Ausschuss [男], Komitee [中] 委員会; Lenkungsausschuss [男] 運営委員会; Sonderausschuss [男] 特別委員会; Unterausschuss [男] 小(分科)委員会; Vorbereitungsausschuss [男] 準備委員会; Arbeitsgruppe [女] 作業部会; Expertengruppe [女] / Sachverständigengruppe [女] 専門家グループ; Podiumsdiskussion [女] パネルディスカッション; Projektgruppe [女] タスクフォース, 特別小委員会; Vorstand [男] 理事会; Eröffnungssitzung [女] 開会式; nichtöffentliche Sitzung [女] クローズドセッション, 非公開会議; Plenum [中] 総会, 本会議; Abschlusssitzung [女] 閉会式

Tagwechsel [男] 〖商〗 確定日払い手形.

Tahiti タヒチ(南太平洋の島).

Taifun [男] 《-s/-e》 〖気象〗 台風.

Taiga [女] 《-/》 〖地学〗 タイガ(シベリア地方の針葉樹林地帯).

Taille [タリエ] [女] 《-/-n》 ([英] waist)ウエスト; ウエストのサイズ; 〖服〗 コルセット, ボディス. ✦ ***per～*** コートを着ないで. **taillieren** [他] 〖服〗 (…の)ウエストを細く仕立てる; 〖ﾄﾗﾝﾌﾟ〗 (…の)カードを開いて見せる.

Taipeh 台北, タイペイ(台湾の首都).

Taiwan 台湾. **=straße** (die ～)台湾海峡.

Take [男] [中] 《-s/-s》 〖映〗 ショット; 《話》 (大麻・マリファナタバコなどの)一吸い.

Takel [中] 《-s/-》 〖海〗 滑車装置, テークル. **Takelage** [女] 《-/-n》 《集合的》 (帆船の)索具. **takeln** [他] (帆船を)艤装(ぎそう)する. **Takelung** [女] 《-/-en》 (帆船の)艤装(ぎそう); 艤装様式. **Takelwerk** [中] = Takelage.

Takt [タクト] [男] 《-[e]s/-e》 〖楽〗 拍子; 調子, ペース; 小節; 〖詩〗 タクト, 拍節; 常識, 礼儀, 思いやり; 如才なさ; 〖工〗 サイクル, ストローク; 工程. ✦ ***aus dem ～ bringen*** 《*j*[4]》 (人の)調子を狂わせる; (人を)困惑させる. ***aus dem ～ kommen*** 調子が狂

う. **den ~ angeben** 拍子を取る; 音頭を取る. **ein paar ~e** [話] 少し.
taktfest [英雅] 拍子の正確な; しっかりとした; 信頼できる.
Takt=geber 男 [電気] クロック, 刻時装置. **=gefühl** 中 (相手を思いやる)細やかな感情; マナー感覚.
taktieren 動 戦術を用いる; 戦術を使う.
Taktik 女 《-/-en》 [軍事] 戦術, 作戦; 策略, かけひき. **◆ die ~ der verbrannten Erde** [軍事] 焦土戦術.
Taktiker 男 《-s/-》 戦術家; 策略家.
taktisch 戦術(作戦)上の; かけひきのうまい.
taktlos 思いやりに欠ける; 失礼な. **Taktlosigkeit** 女 《-/-en》 思いやりのなさ; 無礼; 不作法.
Takt=stock 男 [英雅] 指揮棒. **=strich** 男 [音楽] (楽譜の) 縦線, 小節線.
taktvoll 思いやりのある; 礼儀正しい.
Tal [タール] 中 《-(e)s/Täler》 《 @ Tälchen》 (@ valley) 谷, 谷間; 渓谷; [話] 《集合的》谷間の住民. **◆ zu Tal(e)** 谷の方へ; 谷を下って.
tal=ab(wärts) 副 谷を下って, 谷底へ.
Talar 男 《-s/-e》 (裁判官などの) 法服; (大学教授の) ガウン; (聖職者の) 祭服.
tal=auf(wärts) 副 谷を上って, 谷の上方へ.
Talent [タレント] 中 《-(e)s/-e》 《 @ talent》 才能, 素質, 天分; 才能のある人.
talentiert 形 才能のある, 有能な.
talentlos 才能 (素質) のない.
Talentprobe 女 (若い芸術家の)デビュー作品. **talentvoll** 形 天分に恵まれた.
Taler 男 《-s/-》 ターラー (昔のドイツの銀貨).
Täler 男 ⇒ Tal
Talfahrt 女 (船での) 川下り; (道路などの)下り; (景気・通貨の)下落.
Talg 男 《-(e)s/-e》 種脂の脂肪; [医] 皮脂. **=drüse** 女 [解] 脂腺 (┐), 皮脂腺.
talgig 形 獣脂色の; 脂ぎった.
Talisman 男 《-s/-e》 魔よけ, 護符.
Talk 男 ❶ [タルク] 《-(e)s/-》 [鉱物] 滑石, タルク. ❷ [トーク] 《-s/-s》 おしゃべり; 談話, 話し合い. **=erde** 女 [化] 酸化マグネシウム, 苦土.
Tal=kessel 男 すり鉢状の谷.
Talk=master 男 (テレビの) トークショーの司会者. **=show** 女 (@ Talk-Show)トークショー.
Talkum 中 《-s/-》 滑石粉 (滑剤・化粧品などに用いる); = Talk ❶.
Tallin(n) タリン (エストニアの首都).
Talmi 中 《-s/-》 タルミ (金色の銅合金); 紛いもの, 無価値なもの.
Talmud 男 《-(e)s/-e》 タルムード (ユダヤ教の教典).
Talon [タローン] 男 《-s/-s》 (入場券などの) 半券; [商業] 配り残りの札; [商業] 更改証書; [音楽] 弓のナット.
Tal=sohle 女 谷底; (景気などの) どん底状態. **=sperre** 女 ダム.
talwärts 副 山を下って, 谷の方へ.
Tambour [タンブーア, タンブール] 男 《-s/-e》(ăt-arm) [軍事] 鼓手; [建築] ドラム (円筒状の壁); [紡績機械の] シリンダー.

Tamburin 中 《-s/-e》 [楽器] タンバリン; タンブール (円形刺しゅう枠).
Tampon 男 《-s/-s》 [医学] タンポン, 止血栓; [印刷] インキボール.
Tamtam 中 ◆ **viel ~ um j-et⁴ ~** [話] (…のことで) 大騒ぎをする.
tan 数学 タンジェント.
Tand 男 《-(e)s/-》がらくた, つまらないもの.
Tändelei 女 《-/-en》 遊び, ふざけ, いちゃつき. **tändeln** 動 《 mit j³》 (人と)戯れる, いちゃつく; 遊び半分がやる.
Tandem 中 《-s/-s》 タンデム (2人乗り自転車; 縦2頭立ての2輪馬車).
Tang 男 《-(e)s/-e》 [植] 海藻.
Tanganjikasee (der ~) タンガニーカ湖 (タンザニアとザイールとの国境をなす).
Tangens 男 《-/-》 正接, タンジェント (記号 tan). **Tangente** 女 《-/-n》 [数学] 接線; 接線; [音楽] タンジェント (クラビコードの打弦棒); バイパス道路.
Tanger タンジール (ジブラルタル海峡に面すモロッコの港湾都市).
tangieren 動 [数学] (直線が…に) 接する; (人に) 影響を与える, (物事に) 関係する.
Tank 男 《-s (-es)/-(e)s》 (液体・ガスなどの)タンク, 貯蔵槽; 戦車.
tanken [タンケン] 動 《tankte; getankt》 他 ❶ (ガソリンなどを) タンクに入れる. ❷ (…に) 給油する : Er hat zu viel getankt. [話] 彼は酒を飲みすぎた.
Tanker 男 《-s/-》 油槽船, タンカー.
Tank=fahrzeug 中 タンクローリー. **=lager** 中 《-s/-》 石油などの貯蔵所. **Tankstelle** [タンクシュテレ] 女 《-/-n》 ガソリンスタンド, 給油所.
tankte ⇒ tanken
Tank=uhr 女 (自動車の) 燃料計. **=wagen** 男 = Tankfahrzeug. **=wart** 男 ガソリンスタンドの店員.
Tann 男 《-(e)s/-e》 [雅] モミの森.
Tanne 女 《-/-n》 (@ Tännchen》 [植] モミ; モミの木. **=nbaum** 男 モミの木; クリスマスツリー.
Tannen=holz 中 モミ材. **=nadel** 女 モミの針葉. **=wald** 男 モミの森. **=zapfen** 男 [植物] モミの毬果 (がっ).
Tannhäuser 男 タンホイザー (13世紀ドイツの吟遊詩人).
Tansania タンザニア (東アフリカ中央部の国).
Tantal 中 《-s/-》 タンタル (元素記号: Ta).
Tantalus=qualen 複 (目前にある欲しいものを手に入れることのできない) タンタロスの苦しみ.
Tante [タンテ] 女 《-/-n》 《 @ Tantchen》(@ aunt) おば (伯母, 叔母); [話] (よその) おばさん. おばちゃん; [尊] 《隠》 女性. **◆ ~ Meier** [話] トイレ. **=Emma-Laden** 男 (小さな) 食料品店.
Tantieme 女 《-/-n》 [商] 利益配当; 歩合; 印税.
Tanz [タンツ] 男 《-es/Tänze》 《 @ Tänzchen》 (@ dance) 踊り, 舞踏, ダンス; ダンスパーティー; ダンス音楽. 舞踏曲; [話] 大騒ぎ. **◆ der ~ um das Goldene Kalb** 金銭欲. **einen ~ aufführen** [話] 些細なことで目くじらを立て

る. ***einen ～ mit j³ machen*** 《話》(人と)口論する. ***ein ～ auf dem Vulkan*** 危機的状況の中でのお祭り騒ぎ. =**abend** [男] ダンスの夕べ, 夜の舞踏会. =**bär** [男] (サーカスなどの)踊りを仕込まれたクマ. =**bein** [中] ✦ ***das ～ schwingen*** 《戯》踊り続ける.

Tänze ⇨ Tanz

tänzeln [自] (h, s)踊るように歩く; (馬が)跳ねながら進む.

tanzen [タンツェン] 《tanzte; getanzt》[動] ([英] dance) ❶ 踊る, ダンスをする; 《*sich*⁴》踊って(…に)なる; (木の葉・波などが)舞う, ゆらゆら揺れる. ❷ (s)(…から〈へ〉)踊りながら行く; (s)(喜びなどで)跳ね回る.

Tänzer [男] 《-s/-》 ([女] **-in**)踊り子, ダンサー; (ダンスの)パートナー.

Tanz=**fläche** [女] ダンスフロア. =**gesellschaft** [女] 舞踏会, ダンスパーティー. =**kapelle** [女] ダンス音楽の楽団〈バンド〉. =**kurs** [男] ダンス講習会. =**lehrer** [男] ダンス〈踊り〉の教師. =**lokal** [中] ダンスのできるレストラン〈酒場〉. =**musik** [女] 舞踊〈ダンス〉音楽; 舞曲. =**saal** [男] 舞踏会の広間; ダンスホール. =**schritt** [男] (ダンスの)ステップ; (バレエの)パ. =**schule** [女] ダンススクール. =**stunde** [女] ダンスのレッスン.

tanzte ⇨ tanzen

Tanz=**tee** [男] (午後の)ダンスの集い. =**turnier** [中] 社交ダンスのコンテスト. =**vergnügen** [中] ダンスパーティー.

Tapet [中] ✦ ***aufs ～ bringen*** 《話》(…を)話題にする. ***aufs ～ kommen*** 《話》話題になる.

Tapete [タペーテ] [女] 《-/-n》壁紙; 壁布. ✦ ***die ～n wechseln*** 《話》転居〈転職〉する. **～n**=**tür** [女] (壁と同じ壁紙を張った)隠しドア. **～n**=**wechsel** [男] 《話》環境を変えること(転居・転職など).

tapezieren [他] (…に)壁紙を張る; 《ｵｰｽﾄﾘｱ》(ソファーなどを)張り替える.

Tapezierer [男] 《-s/-》壁紙張り職人, 室内装飾家; 《ｵｰｽﾄﾘｱ》いす張り職人.

Tapfe [女] 《-/-n》, **Tapfen** [男] 《-s/-》足跡.

tapfer [タプファー] [形] ([英] brave)勇敢な, 勇ましい; 毅然(きぜん)とした, 泣き言を言わない. **Tapferkeit** [女] 《-/》勇敢な態度, 雄々しさ.

Tapir [男] 《-s/-e》〔動〕バク(獏).

tappen [自] (h, s)(おぼつかない足取りで)パタパタ歩く〈進む〉. ✦ ***im Dunkeln*** 〈***Finstern***〉 **～** 暗中模索する.

täppisch [形] ぎこちない; 不器用な.

Taps [男] 《-es/-e》《話》ぶきっちょな人; 軽くたたくこと〈音〉.

tapsen [自] (h, s) 《話》= tappen.

tapsig [形] 《話》= täppisch.

Tara [女] 《-/ ..ren》〔商〕風袋(ふうたい)〔の目方〕([略] T, Ta).

Tarantel [女] 《-/-n》〔動〕タランチュラ(大型の毒グモ). ✦ ***wie von der*** 〈***einer***〉 **～** ***gestochen*** 〈***gebissen***〉 《話》いきなり, 気が狂ったように.

Tarantella [女] 《-/-s, ..len》タランテラ(南イタリアの民族舞踊).

Taravergütung [女] 〔商〕風袋差し引き. **Taren** ⇨ Tara **tarieren** [他] 〔商〕(…の)風袋(ふうたい)の目方を量る.

Tarif [タリーフ] [男] 《-s/-e》料金, 運賃; 税率〔表〕; 賃金〔規準, 表〕. =**gruppe** [女] (賃金表上の)職種. =**kommission** [女] 賃金委員会.

tarif=**lich,** =**mäßig** [形] 料金〈賃金〉に関する, 料金〈賃金〉表による.

Tariflohn [男] 協定賃金.

Tarif=**partner** [男] 賃金交渉の相手(使用者と労働組合). =**runde** [女] (労使間の)賃金交渉. =**system** [中] 賃金体系. =**verhandlung** [女] (労使間の)賃金交渉. =**vertrag** [男] 賃金協約.

tarnen [他] 擬装〈カムフラージュ〉する.

Tarn=**farbe** [女] 迷彩色. =**kappe** [女] 〔伝説〕隠れみの〈ずきん〉; 《話》かつら. =**organisation** [女] 擬装団体.

Tarnung [女] 《-/-en》擬装, 迷彩, カムフラージュ; 擬態.

Tarock [中] [男] 《-s/-s》タロック(トランプゲームの一種).

Tasche [タッシェ] [女] 《-/-n》 ([小] **Täschchen**)([英] bag)かばん, バッグ, 袋; (Geldtasche)財布; ([英] pocket)(衣服の)ポケット. ✦ ***auf der ～ liegen*** 《話》《*j*³》(人に)養ってもらっている. ***aus der ～ ziehen*** 《話》《*j*³ *et*⁴》(人から金などを)巻き上げる. ***aus eigener*** 〈***der eigenen***〉 **～** ***bezahlen*** (…を)自腹を切って支払う. ***die*** 〔***eigenen***〕 ***～n füllen*** 《話》《*sich*³》私腹を肥やす. ***die ～n füllen*** 《話》《*j*³》(人に)不当にもうけさせる. ***in der ～ haben*** 《話》(…を)完全に手中に収めている, (人を)意のままにできる. ***in die eigene ～ arbeiten*** 〈***wirtschaften***〉 《話》不正な手段で利益を得る, 私腹を肥やす. ***sich⁴ in die eigene*** 〈***sich⁴ selbst in die***〉 **～** ***lügen*** 《話》だまされる. ***in die eigene ～ stecken*** 《話》(…を)横領〈着服〉する. ***j³ in die ～*** 〈***in j² ～***〉 ***arbeiten*** 〈***wirtschaften***〉(人に)不当にもうけさせる. ***in die ～ stecken*** 《話》《*j*⁴》(人より)勝っている. 〔***tief***〕 ***in die ～ greifen müssen*** 《***für et⁴***》(…のために)大金を支払わなければならない. **～n**=**ausgabe** [女] (本の)ポケット版.

Taschen=**buch** [タッシェンブーフ] [中] 《-[e]s/ =**bücher**》(ペーパーバックの)小型本, 文庫本. =**dieb** [男] すり. =**flasche** [女] (ウイスキーなどの)ポケットボトル. =***geld*** [中] お小遣い, ポケットマネー. =**krebs** [男] 〔動〕イチョウガニ. =**lampe** [女] 懐中電灯. =**messer** [中] (折り畳み式の)ポケットナイフ. =**rechner** [男] ポケット電卓. =**schirm** [男] 折り畳み傘. =**spiegel** [男] ハンディーミラー. =**spieler** [男] 手品〈奇術〉師. =**spielerei** [女] 手品, 奇術.

Taschen=**tuch** [タッシェントゥーフ] [中] 《-[e]s/ =**tücher**》([英] handkerchief)ハンカチ. =**uhr** [女] 懐中時計. =**wörterbuch** [中] ポケット辞典.

Tasmanien タスマニア(オーストラリア南東方の島).

Tasse [タッセ] [女] 《-/-n》 ([小] **Tässchen**, [旧] Täßchen)([英] cup)(コーヒー・紅茶用の取っ手つきの)カップ; カップ一杯分; 《ｵｰｽﾄﾘｱ》(Tablett)盆. ✦ ***eine trübe ～*** 《話》退屈な〈間の抜けた〉やつ. ***Hoch die***

~n! / ~n hoch!《話・戯》乾杯. **nicht alle ~n im Schrank 〈Spind〉 haben**《話》頭がおかしい. **~n-kopf** 男《話》計量カップ.

Tastatur [タスタトゥーア] 女《-/-en》(ピアノなどの)けん盤;(コンピュータなどの)キーボード.

Taste [タステ] 女《-/-n》(ピアノなどの)けん;(コンピュータなどの)キー;プッシュボタン. ◆ *mächtig* **in die ~n greifen** 力強いタッチでピアノを弾く.

tasten 自《*nach et*[3]》(…を求めて)手探りする,探る;他《*sich*》手探りで進む;他 探り当てる:《文字・番号などのキー(ボタン)》を押す.

Tasten-fernsprecher 男.⇒**telefon** 中 プッシュホン.

Taster [-s/-] 男 0 触感器(触角・触毛など);他 通信電鍵;中 (コンピュータなどの)キーボード;口口 キャリパス;キーパンチャー,植字工.

Tast-haar 中[動]触毛. **=organ** 中[動]触覚器. **=sinn** 中 触覚.

tat ⇒ **tun**

Tat [タート] 女《-/-en》(⊕ deed)行為,行動,行い;実行;犯行. ◆ *auf frischer ~ ertappen*《…を現行犯で捕まえる. *in der ~* 事実,本当に;実際は. *in die ~ umsetzen* (…を)実行に移す. **=bestand** 男 事実関係,事情;口口 (犯罪の)構成要件.

täte ⇒ **tun**

Tat-einheit 女[法](行為の)観念的な競合(複数の罪に当たる行為).

Taten-drang 男 行動意欲. **=durst** 男 激しい行動意欲.

taten-durstig 形 行動意欲に燃えた. **=froh** 形 行動好きの,行動的《積極的》な. **=los** 形 無為の,何もしない.

Täter [テーター] 男《-s/-》(⊕ -in)犯人,加害者,主犯;他[法](集合的で)犯人. **=beschreibung** 女 犯人の人相書. **=gruppe** 女 犯人グループ.

Täterschaft 女《-/》行為者《犯人》であること;口口《集合的》犯人.

Tatform 女[文法]能動態.

tätig [テーティヒ] 形 働いている,勤めている;活動中の;活動的な;積極《能動》的な. ◆ *~ werden* (…の)行動を起こす.

tätigen 他 (商業活動などを)行う;(契約などを)結ぶ.

Tätigkeit [テーティヒカイト] 女《-/-en》(⊕ activity)仕事,勤務;活動,行動;(器官・機械などの)働き,作動,作用. ◆ *in ~ setzen* (…を)作動させる. **~s-bereich** 男 活動範囲《分野》. **~s-merkmal** 中 職業上の特徴. **~s-wort** 中[文法]動詞.

Tatkraft 女 実行〈行動〉力. **tatkräftig** 形 実行力のある,精力的《活動》的な.

tätlich 形 力ずくの,暴力による. **Tätlichkeit** 女《-/-en》暴力行為.

Tat-ort 男[犯行]現場.

tätowieren [テトヴィーレン] 他 (人に)入れ墨をする;(…の模様を)入れ墨する. **Tätowierung** 女《-/-en》入れ墨をすること.

Tatsache [タートザッヘ] 女《-/-n》(⊕ fact)事実,現実. ◆ *nackte* **~n** あるがままの事実;《戯》ヌード. ◆ *den ~n ins Auge sehen* 現実を直視する. **~!**《話》本当

だよ. *vollendete* **~n schaffen** 既成事実を作る. *vor vollendeten* **~n stehen** 既成事実を突きつけられる. *vor vollendete* **~n 〈vor die vollendete ~〉 stellen* [j4] (人に)既成事実を突きつける. **~n-bericht** 男 事実の報道,ルポルタージュ.

tatsächlich [タートゼヒリヒ] ❶ 形《⊕ actual》事実の,本当の,実際[上]の. ❷ 副 実は,本当は《に》.

tätscheln 他 軽くたたいて愛撫《す》する.
tätschen 他《話》(不器用に・不用意に)つかむ,触る.

tätutata タテュータター,ピーポピーポ (救急車・消防車・パトカーなどの警笛).

Tatze 女《-/-n》(⊕ *Tätzchen*)(猛獣の)前足;《話》《武骨な》手;《南部》(罰として)手の甲をたたくこと.

Tau [タオ] ❶ 男《-[e]s/》(⊕ dew)露. ❷ 中《-[e]s/-e》太綱,ロープ. ❸《-[s]/-s》タウ(ギリシア字母の第19字: T, τ). ◆ *~ treten* 露草を踏む. *vor ~ und Tag*《雅》朝まだきに,朝早く.

taub [タオプ] 形《⊕ deaf》耳の聞こえない;感覚のまひした,しびれた: 気の抜けた;《穀などが)実の入らない.

Taube [タオベ] ❶ 女《-/-n》(⊕ *Täubchen*, ⊕ *Täubin*)(⊕ pigeon)ハト(鳩);(政治などで)ハト派[の人],穏健派. ❷ ⇒ **Taube[r]** ◆ *Die gebratenen ~n fliegen nicht ins Maul.* 口口 棚からぼた餅は落ちてこない(ハトの丸焼きを口に飛びこむはない).

taubenblau 形 (ハトの羽のような)青灰色の. **Taubenschlag** 男 鳩合舎(にゃぐ~). ◆ *Hier geht es zu wie in einem* **~**. 《話》ここは人の出入りが激しい.

Taube[r] 男 女《形容詞変化》耳の聞こえない人,聴覚障害者.

Tauber (die ~)タウバー(Main 川の支流).

Täuberich 《-s/-e》雄バト.

Taubheit 女《-/》耳の聞こえないこと,聾《ぅ》;聴聾;植物(植物の)結実不能.

taubstumm 形 聾唖(ぅ)の.

tauchen [タオヘン] 他(tauchte; getaucht) ❶ 自《h, s》(⊕ dive)(水に)潜る,潜水する; (s) *aus et*[3]《…から》浮かび上がる;《*in et*[4]》(…に)消える. ❷ 他《⊕ dip》(…に)浸す,漬ける,沈める.

Taucher 男《-s/-》(⊕ -in)水に潜る人,潜水夫,ダイバー. **=anzug** 男 潜水服. **=ausrüstung** 女 潜水装備. **=brille** 女 潜水めがね,(スキンダイビングの)足びれ,フィン. **=krankheit** 女 医 潜水病. **=maske** 女 潜水マスク.

tauchte ⇒ **tauchen**

Tauchtiefe 女 潜水深度;(船の)喫水.

tauen 自《*Es taut.*》雪や氷が解ける;(s) (雪・氷が)解ける,水になる.

Tauern 男 タウエルン(オーストリアにある東アルプスの一部をなす山群);(der ~)タウエルン(Tauern 越えの峠).

Tauf-becken 中 口口 教 洗礼盤. **=buch** 中 = Taufregister.

Taufe [タオフェ] 女《-/-n》口口 教 洗礼,洗礼式;(子の命名の会食);洗礼,洗礼盤などの命名式. ◆ *aus der ~ heben* [j4] (代父・代母として)洗礼に立ち会う;

《話》(…を)創立する. *über die ~ halten* 《j^4》(代父・代母として人の)洗礼に立ち会う.

taufen [タオフェン] 《taufte; getauft》[他] ❶ (人に)洗礼を施す(*sich*^{4} ~ lassen 洗礼を受ける); 《*j-et*^{4} [*et*^{4}]》(…に[…という])洗礼名をつける, (…を[…と])命名する. ❷ 《話》(雨が人を)ずぶぬれにする.

Täufer [男] 《-s/-》 [ｷﾘｽﾄ教] 洗礼を授ける人; 再洗礼派の人.

taufeucht [形] 露にぬれた.

Taufkapelle [女] [ｷﾘｽﾄ教] 洗礼堂.

Täufling [男] 《-s/-e》 [ｷﾘｽﾄ教] 受洗者.

Tauf=name [男] 洗礼名. **=pate** [男] 代父. **=patin** [女] 代母. **=register** [中] 受洗者名簿.

tau=frisch [形] とても新鮮な, みずみずしい, とりたての; 真新しい.

Taufstein [男] 洗礼盤.

taufte ⇨ taufen

Taufzeuge [男] 洗礼立会人, 名親, 代父母.

taugen [自] 《für *et*^{4}/zu *et*^{3}》(…の)役に立つ, (…に)適している, (…)向きである: Die neue Alarmanlage *taugt* nicht. 新しい防犯装置は役に立たない.

Taugenichts [男] 《-[es]/-e》 《蔑》 なまけ者, ろくでなし.

tauglich [形] 《für *et*^{4}/zu *et*^{3}》(…に)役に立つ, 適した; 兵役に適格の. **Tauglichkeit** [女] 《-/》 有益, 役立つこと.

Taumel [男] 《-s/》 めまい, ふらつき; 陶酔. **taum[e]lig** [形] めまいのする; もうろうとした. **taumeln** [自] (h, s)ふらつく, よろめく; ふらふらと歩いていく.

Taunus (der ~)タウヌス(ドイツ中西部の山地).

Taupunkt [男] [理] 露点.

Tausch [男] 《-[e]s/-e》 ([英] exchange) 交換; 交易.

tauschen [タオシェン] 《tauschte; getauscht》[動] ([英] exchange) 《*j-et*^{4}/mit *j-et*^{3}》(…を)交換する; 《mit j^3》(人と)交替する: das Zimmer mit j^3 ~ 部屋を人と取り替える | [mit] Partner ~ パートナーを交換する. ✦ *mit niemandem* 〈*keinem*〉 *~ wollen* 今の境遇に満足している.

täuschen [トイシェン] 《täuschte; getäuscht》 ❶ [他] ([英] deceive)だます, 欺く; 裏切る; 《*sich*^{4}》思い〈考え〉違いをする; 《*sich*^{4} in j^3》(…に)失望する; [ｽﾎﾟｰﾂ](人に)フェイントをかける. ❷ [自] 間違った印象を与える, 錯覚を起こさせる.

täuschend [形] 見間違えるほどの.

Tausch=geschäft [中] [物々]交換. **=handel** [男] 物々交換; 交換貿易. **=objekt** [中] 交換物.

tauschte ⇨ tauschen

täuschte ⇨ täuschen

Täuschung [トイシュング] [女] 《-/-en》 だますこと, 欺瞞(ぎまん); [法] 詐欺; [ｽﾎﾟｰﾂ] フェイント; 錯覚, 思い違い. ✦ *eine fromme ~* 善意のうそ. **~s=manöver** [中] 偽装工作, フェイント.

Tauschwert [男] [商] 交換価値.

tausend [タオゼント] 《基数》([英] thousand)千; 多数〈無数〉の. ⇨ Tausend ✦

Tausend ❶ [中] 《-s/-e》 千, 千個, 千人; 《複》 数千, 多数. ❷ [女] 《-/-en》 (数字の)1000. ✦ *~e* 〈*tausende*〉 *und Abertausende* 〈*abertausende*〉何千何万という[おびただしい数の]人〈物〉.

Tausender [男] 《-s/-》 《話》 千マルク紙幣; 1000という数, 1000の位の数; 1000の倍数; 1000メートル級の山.

tausenderlei [形] 《話》 種々[雑多]の.

tausendfach [形] 千倍の.

Tausend=fuß [男], **=füßer** [男] 《-s/-》, **=füßler** [男] 《-s/-》 [動] ムカデ, 多足類.

tausendjährig [形] 千年[間]の. **Tausendkünstler** [男] 《話》 何でもできる〈こなせる〉人.

tausend=mal [副] 千回; 千倍. **=malig** [形] 千回の; 千倍の.

Tausend=sassa [男] 《-s/-[s]》 《戯》 何でもできるすごい人.

tausendst 《序数》 千番目の.

tausendstel [形] 《分数》 千分の1の.

Tausendstel [中] ([ｽｲｽ][男]) 《-s/-》 千分の1. **tausendstens** [副] 千番目に.

Tautologie [女] 《-/-n》 類語反復.

Tau=tropfen [男] 露のしずく. **=werk** [中] 《集合的》 [海] 索具. **=wetter** [中] 雪解けの陽気; (国際関係などの)緊張緩和. **=ziehen** [中] 《-s/》 [ｽﾎﾟｰﾂ] 綱引き.

Taverne [女] 《-/-n》 (イタリア風の)居酒屋, 食堂.

Taxameter [中] ([男]) 《-s/-》 タクシーのメーター.

Taxator [男] 《-s/-en》 査定人, 鑑定士.

Taxe [女] 《-/-n》 料金, 使用料; 査定価格, 評価額; タクシー.

taxen = taxieren.

Taxi [タクスィ] [中] ([ｽｲｽ][男]) 《-s/-s》 タクシー.

taxieren [他] 《話》(価値などを)見積もる, 評価〈査定〉する; 《話》じろじろ見る.

Taxi=fahrer [男] タクシーの運転手. **=stand** [男] タクシー乗り場.

Taxus [男] 《-/-》 [植] イチイ.

Tb ❶ [記号] テルビウム(元素名 < *Terbium*). ❷ [略] *Tuberkulose* 結核. **TbB** [略] [女] 《-/-》 *Tuberkelbakterie*, *Tuberkelbakterium*, *Tuberkelbazillus* 結核菌. **Tbc** [略] = Tb ②.

Tbilissi トビリシ(グルジアの首都).

Tc [記号] テクネチウム(元素名 < *Technetium*).

Tct. [略] Tinktur チンキ[剤]. **Te** [記号] テルル(< *Tellur*).

teaken [ティーケン] [形] チーク材の, チーク製の. **Teakholz** [ティーク..] [中] チーク材.

Team [ティーム] [中] 《-s/-s》 チーム, グループ, 集団. **=arbeit** [女] チームワーク, 共同作業, グループ研究. **=geist** [男] チームの一体感〈連帯感〉.

Technetium [中] 《-s/》 テクネチウム(元素名: [記号] Tc).

Technik [テヒニク] [女] 《-/-en》 ([英] technology)科学技術, 工学, テクノロジー; ([英] technique)技法, 技術, テクニック; 機械設備; (機械の)仕組み, メカニズム; 《ｵｰｽﾄﾘｱ》 工科大学.

Techniker [テヒニカー] [男] 《-s/-》 ([女] **-in**)([英] engineer)技術者, 技師, エンジニア; 技巧家, テクニシャン.

Technikum 中 《-s/ ..ka, ..ken》工業専門学校.

technisch [テヒニッシュ] 形 (® technical)科学技術の, 工学の; 技術方面の. **..technisch** 「…に関する, …する上での」の意.

technisieren 機械〈工業〉化する. **Technisierung** 囡 《-/》機械〈工業〉化.

Technokrat 男 《-en/-en》テクノクラート; 技術万能主義者. **Technokratie** 囡 《-/》テクノクラシー; 技術万能主義. **technokratisch** 形

Technologie 囡 《-/-n》科学〈工業〉技術, テクノロジー. **technologisch** 形 テクノロジーの, 科学〈工業〉技術の.

Techtelmechtel 中 《-s/-》《話》戯れの恋, 情事.

Teckel 男 《-s/-》《北部》ダックスフント.

Teddybär 男 クマのぬいぐるみ.

Tee [テー] 男 《-s/ 種類 -s》(® tea)お茶, 紅茶; 茶の葉; 《雅》チャ(茶); (午後の)お茶の会(集い). **♦ Abwarten und ~ trinken!** そうやさ, 様子を見てみよう.

TEE 中 《-/-》ヨーロッパ横断特急列車(< ® *Trans-Europ-Express*).

Tee-beutel 男 ティーバッグ. **=ei** (® Tee-Ei) 卵形茶こし. **=gebäck** 中 (紅茶に添えて出す)クッキー. **=geschirr** 中 (集合的)ティーセット(ティーポットなど). **=kanne** 囡 ティーポット. **=kessel** 男 やかん. **=löffel** 男 ティースプーン. **=maschine** 囡 紅茶沸かし器.

Teenager 男 《-s/-》ティーンエージャー.

Teepott 男 《北部》ティーポット.

Teer 男 《-[e]s/ 種類 -e》(石炭・木材などを乾留して得た)タール.

teeren (…に)タールを塗る; (道路を)タール舗装する. **teerig** 形 タール状の; タールを塗った; タールを染み込ませた.

Tee-rose 囡 《植》コウシンバラ. **Teer-pappe** 囡 (屋根などに用いる)タール厚紙, タールフェルト.

Tee-service 中 ティーセット. **=tasse** 囡 紅茶茶碗. **=wagen** 男 (お茶などを運ぶ)ティーワゴン. **=wärmer** 男 《-s/-》(ティーポットの)保温カバー.

Tegernsee (der ~)テーゲルン湖(ドイツ Oberbayern にある).

Teheran テヘラン(イランの首都).

Teich [タイヒ] 男 《-[e]s/-e》(® pond)池, 沼. **♦** *der große* **~** 《戯》大西洋. **=rose** 囡 《植》スイレン(水蓮).

Teig [タイク] 男 《-[e]s/-e》(パン・ケーキなどの)生地. **teigig** 形 (パン・ケーキなどが)生焼けの; こね粉のように柔らかい, ぶよぶよの. **Teigwaren** 複 麺類, パスタ.

Teil [タイル] 男 中 《-[e]s/-e》(® **-chen**) 男 (® part)部分, 一部; (書物などの)部, 編; 一方, 片側. ❷ 中 (® share)分け前, 取り分, 割り前, 負担分. ❸ 中 《-[e]s/-e》部品, パーツ. **♦** *das bessere* **~** *erwählt〈gewählt〉haben* 他人より恵まれた境遇にある. *ein gut* **~** かなりの, 多くの. *ich für mein〈er〉* **~** 私としては. *sein〈en〉* **~** *abhaben〈weghaben, bekommen haben〉*《話》すでに分け前にあずかっている; 縮手をこうむっている. *sein〈en〉* **~** *bekommen〈kriegen〉*罰が当たる; 当然の報いを受ける. *sein〈en〉* **~** *denken* sich³ (黙っていても)自分なりの考えを持っている. *sein〈en〉* **~** *geben* (j³) (人に)率直にものを言う. *seinen* **~** *zu tragen haben* 生活が楽ではない.

teilbar 形 分けられる, 分割可能の; 《数》割り切れる, 整除できる. **Teilbarkeit** 囡 《-/》分けられること, 分割可能; 《数》割り切れること, 整除可能.

Teilbetrag 男 総額の一部, 個々の金額.

Teilchen (→ Teil) 中 《-s/-》小さな部品; 《口》粒子; 《方》クッキー. **=physik** 囡 《理》粒子物理学. **=strahlung** 囡 《理》粒子線.

teilen [タイレン] (® teilte; geteilt) ❶ (® divide)分ける, 分割する; 《*sich*⁴》分かれる. ❷ (® share)分配する; 《*er*⁴ *mit j*³》(…を人と)共有する; (意見などを)共にする; 《*sich*⁴ *mit j*³ *in er*⁴》(…を人と)分担する, 分かち合う; 《*sich*⁴ *in den Gewinn*~》もうけを分け合う. ❸ 《*er*⁴ *durch er*⁴》(数を数で)割る.

Teil-erfolg 男 部分的な成功〈成果〉. **=ergebnis** 中 部分的成果. **=gebiet** 中 (専門分野などの)一領域, 一部門.

teilgenommen ⇨ teilnehmen

teilhaben* 《*an er*³》(…に)関与〈参加〉している, (…を)分かち合う.

Teilhaber 男 《-s/-》《-in 囡》《経》(企業などの)出資者, 株主.

teilhaftig 《*er*²》(…に)関与して; かかわって.

teilmöbliert [タイルメブリールト] 形 (貸間などが)一部家具付きの.

Teilnahme [タイルナーメ] 囡 《-/》《*an er*³》(…への)参加, 関与, 興味; 《雅》同情; 悼やみ. **teilnahmeberechtigt** 形 参加〈出場〉資格のある.

teilnahmslos 形 無関心な. **Teilnahmslosigkeit** 囡 《-/》無関心.

teilnahmsvoll 形 深い関心〈興味〉を示した; 思いやりのある.

teilnehmen* [タイルネーメン]《nahm teil; teilgenommen》圓 ❶ (® take part)《*an er*³》(…に)参加〈出席〉する. ❷ 《*an er*³》(喜び・苦しみを)分かち合う.

Teilnehmer [タイルネーマー] 男 《-s/-》《® **-in**》(® participant)参加者, 出席者, 参列者; (電話などの)加入者. **=verzeichnis** 中 参加〈加入〉者名簿.

teils [タイルス] 副 《partly》一部, 部分的に; Wie geht's? – *Teils*, **~**. 元気かい—まあまあだよ. **♦ ~ A, ~ B** 一部は A あるいは一部は B, ある時は A またある時は B.

Teil-strecke 囡 (道程・鉄線の)一部区間. **=strich** 男 目盛り線.

teilte ⇨ teilen

Teilung [タイルング] 囡 《-/-en》(® division)分割; 分配, 分担; 《数》割り算; 分かれ(ている)こと; 分裂, 分立.

teilweise 副 部分的な.

Teil-zahlung 囡 分割払い. **=zeitarbeit** 囡 (本来の仕事以外の)副業.

teilzeitbeschäftigt パートタイムの, 非常勤の. **Teilzeitbeschäftigte[r]**

Teilzeit-**schule** 囡 定時制学校(職業学校/夜間学校など).
Teint [テーン] 男《-s/-e》顔色; 肌の色.
T-Eisen 中 『工』T 形鋼.
Tel. 略 *Telefon*.
.tel 《数詞と分数を作る》 …分の1の;: Fünftel 5分の1.
Tel Aviv テルアビブ(イスラエルの都市).
tele-.., Tele..「遠い…;: テレビの…」の意.
Tele-**arbeit** 囡 (パソコンなどを利用しての)在宅勤務. =**fax** 中 ファックス[機].
telefaxen 他 ファックスを(で)送る.
Telefax-**gerät** 中 ファックス機器.
=**nummer** 囡 ファックス番号.
Telefon [テレフォーン] 中《-s/-e》(⊛ telephone)電話; 電話機. =**anruf** 男 電話(をかけること). =**apparat** 男 電話機.
Telefonat [テレフォナート] 中《-[e]s/-e》= Telefongespräch; =: Telefonanruf.
Telefon-**buch** [テレフォーンブーフ] 中《-[e]s/..bücher》電話帳, 電話番号簿. =**gebühr** 囡 電話料金. =**gespräch** 中 電話での会話, 通話. =**hörer** 男 電話の受話器.
telefonieren [テレフォニーレン] (telefonierte; telefoniert) 自 (⊛ telephone) 電話をかける,電話する(《mit j³》(人)に電話で話す: nach Japan ~ 日本に電話する.
telefonisch [テレフォーニッシュ] 形 電話による: 電話で: Sind Sie ~ erreichbar? 電話で連絡がとれますか. **Telefonist** 男《-en/-en》(⊛ **-in**)電話交換手.
Telefon-**karte** [テレフォーンカルテ] 囡《-/-n》テレフォンカード. =**kette** 囡 電話連絡網. =**netz** 中 電話網.
Telefon-**nummer** [テレフォーンヌマー] 囡《-/-n》電話番号. =**verbindung** 囡《-/-en》電話の接続, 回線.
Telefon-**zelle** [テレフォーンツェレ] 囡《-/-n》[公衆]電話ボックス. =**zentrale** 囡 (オフィスなどの)電話交換室.
telegen 形 テレビ向きの, テレビ映りのよい.
Telegraf 男《-en/-en》電信機.
=**en**-**amt** 中 電信局.
Telegrafie 囡《-/-》電信. **telegrafieren** (《j³ et⁴》(人に…を)電報で知らせる, 打電する. **telegrafisch** 形 電信(電報)による. **Telegrafist** 男《-en/-en》(⊛ **-in**)電信技手, 通信士.
Telegramm [テレグラム] 中《-s/-e》電報. =**stil** 男 電文体, 簡潔な文体.
Telegraph 男《-en/-en》= Telegraf.
Telegraphie 囡《-/-》= Telegrafie.
telegraphieren = telegrafieren.
telegraphisch = telegrafisch.
Telekolleg 中 テレビの通信教育講座.
Telekom 囡《-/-》テレコム(ドイツ電信株式会社).
Telekommunikation 囡 (コンピュータ,テレビなどによる)遠距離通信.
=~**s**-**netz** 中 遠距離通信網.
telekopieren 他 ファクシミリで送る.
Telekopierer 男《-s/-》ファクシミリ, ファクス.
Telemark 男《-s/-s》『スキー』テレマーク (回転技術の一種).
Teleobjektiv 中 『写』望遠レンズ.
Telepathie 囡《-/-》テレパシー. **telepathisch** 形 テレパシーの(による).
Telephon 中 = Telefon. **telephonieren** 自 = telefonieren. **telephonisch** 形 = telefonisch. **Telephonist** 男 = Telefonist.
Teleskop 中《-s/-e》望遠鏡. **teleskopisch** 形 望遠鏡の(による).
Tele-**spiel** 中 テレビゲーム[機]. =**star** 男 テレビスター.
Television 囡《-/-》テレビ放送.
Telex 中《-/-[e]s》テレックス.
telexen 他 テレックスで送信する.
Tell Wilhelm, テル(スイスの伝説的英雄).
Teller [テレル] 男《-s/-》❶ 《⊛ plate》皿: 皿一杯分の.. ❷ 〖スキー〗ストックリング.
tellerförmig 形 皿形の.
Teller-**gericht** 中 (店で出される)手軽な皿料理. =**wäscher** 男 (飲食店で)皿洗い係.
Tellur 中《-s/》テルル(元素名: 〖記号〗Te).
Tellus 〖ローマ神〗テルス(大地の女神).
Tempel [テムペル] 男《-s/-》 (⊛ temple)神殿, 寺院; 堂. ◆ *zum ~ hinausjagen* 《hinauswerfen》《話》(人)を追い出す.
Tempelhof テンペルホーフ(Berlin 南部の市区; 空港があるι).
Tempel-**schändung** 囡 神殿(聖所)冒瀆(ぼうとく)罪. =**raub** 男 寺院荒し.
Temperafarbe 囡 テンペラ絵の具.
Temperament [テンペラメント] 中《-[e]s/-e》(⊛ temperament)気質, 気性; 激しい性格; 活気, 情熱.
temperament-**los** 形 元気(活気)のない, 無気力な. =**voll** 形 気性の激しい, 個性の強い; 情熱的な, 活気のある.
Temperatur [テムペラトゥーア] 囡《-/-en》(⊛ temperature)温度, 気温; 体温; 〖気〗平均律. =**abfall** 男 温度(気温)下降. =**erhöhung** 囡 気温(体温)の上昇. =**rückgang** 男 温度下降.
=**schwankung** 囡 気温(体温)の変動.
=**sturz** 男 (急激な)温度下降.
temperieren 他 ほどよい温かさに.
Tempi ⇒ Tempo ②
Tempo [テムポ] 中 ❶《-s/-s》速度, スピード; テンポ: ~! 〖話〗急げ. ❷《-s/..pi》〖楽〗演奏速度, テンポ. ◆ *aufs ~ drücken*/~ *machen* 〖話〗速度を上げる. =**begrenzung** 囡. =**limit** 中 速度制限.
Tempora ⇒ Tempus
temporal 形 〖文法〗時称(時制)の.
Tempo-**sünde** 囡 〖話〗スピード違反.
=**sünder** 男 スピード違反者.
Tempus 中《-/..pora》〖文法〗時称, 時制.
ten. 略 *ten*uto.
Tendenz [テンデンツ] 囡《-/-en》(⊛ tendency)傾向, 動向; 性向. **tendenziell** 形 一般的な)傾向に沿った. **tendenziös** 形 傾向的な, 偏向的な.
Tendenzliteratur 中 傾向文学.
tendieren 自 《nach 〈zu〉 et³》(…に)傾いている,(…の)傾向がある.

Teng Hsiao-ping [テン(グ)ヒシャオピン] 鄧小平, トシャオピン(1902-97; 中国の政治家).

Tenn ((-s/-e)) (⁽ˣ¹⁾) = Tenne.

Tenne ((-/-n)) 男 (納屋などの)脱穀場.

Tennis [テニス] 中 ((-/)) テニス. **=ball** 男 テニスボール. **=ellbogen** 男 エルレンボーゲン(=**arm** 男 ((医)) テニス用肘(ひじ)(テニスによるスポーツ障害). **=hemd** 中 テニス用シャツ. **=hose** 女 テニス用(半)ズボン. **=klub** 男 テニス同好会〈クラブ〉. **=platz** 男 テニスコート. **=schläger** 男 テニスのラケット. **=spiel** 中 テニスの試合. **=spieler** 男 テニスをする人〈の選手〉. **=spielplatz** 男 テニスコート. **=star** 男 テニスのスター選手. **=turnier** 中 テニストーナメント.

Tenor ❶ ((-s/..nöre)) 男 〖楽〗 テノール(男声の最高音域); テノール歌手. ❷ ((-s/-e)) 男 (発言・論述などの)内容, 主旨; 〖法律〗 判決主文.

Tenorist ((-en/-en)) 男 テノール歌手.

tenuto 形 副 〖楽〗 テヌート, 音の長さを十分に保って.

Teppich [テピヒ] 男 ((-s/-e)) (⁽³⁾ carpet) じゅうたん, カーペット; 〖方〗 毛布. ◆ *auf dem ~ bleiben* 〖話〗 現実を踏まえる. *unter den ~ kehren* 〖話〗 (…を)闇に葬る, 秘密にする. **=boden** 男 じゅうたんを敷き詰めた床; 敷き詰めじゅうたん. **=kehrer** 男 じゅうたん掃除機. **=klopfer** 男 じゅうたんたたきの棒. **=schaum** 男 じゅうたん用洗剤.

Tera.. テラ…(単位名を1兆 : 略号 T).

Terbium ((-s/)) 中 テルビウム(元素名; 略号 Tb).

Term ((-s/-e)) 男 〖数・論〗 項.

Termin [テルミーン] 男 ((-s/-e)) (⁽³⁾ date) 日時, 期限; (診療などの)予約; 〖商〗 開延日, 出荷日; 〖商〗 支払日; 引き渡し日. ◆ *zu ~ stehen* 予定に入っている.

Terminal [テーアミナル] 中 ((-s/-s)) (空港・駅などの)ターミナルビル(ホール), 〈~s/-s), 〖電算〗 端末装置, 端末機.

Terminbörse 女 〖商〗 先物取引所.

termingemäß, =gerecht 形 期限〈期日〉どおりの, 期限内の.

Termin=geschäft 中 〖商〗 定期取引; 先物取引.

Termini ⇒ Terminus

Termin=kalender 男 日程〈予定〉表. **=kurs** 男 〖商〗 先物相場. **=lieferung** 女 〖商〗 先渡し・先くりし渡し. **=markt** 男 〖商〗 (金融)商品の先物市場; 定期取引市場.

Terminologie ((-/-n)) 女 専門語彙(ごい)〈用語〉, 術語.

Terminus 男 ((-/..ni)) 術語, 専門用語; 期限, 期日.

Terminverkauf 男 〖商〗 先物売り.

Termite ((-/-n)) 女 〖虫〗 シロアリ.

Terpentin ((-s/-e)) 中 (⁺⁾¯⁷¹ᵗ) テレピン松やに; テレピン油. **=öl** 中 テレピン油.

Terrain [テレ(-)ン] 中 ((-s/-s)) 土地, 地域, 地形; 領域, 分野; 建築敷地〈用地, 地所〉. ◆ *das ~ sondieren* 情勢をさぐる.

Terrakotta ((-/..ten)) 女 テラコッタ(素焼き粘土); 〈⁻.〉テラコッタ土器.

Terrarium ((-s/..rien)) 中 テラリウム(両生類・爬虫(はちゅう)類などの陸生飼育器); (動物園の)爬虫類館.

Terrasse [テラッセ] 女 ((-/-n)) (建物のテラス; 段々畑; 〖地学〗 段丘.

terrassenförmig 形 段々の〈段状の〉.

Terrazzo ((-s/..zi)) 男 〖建〗 テラゾー(モザイク様の床・壁材); テラゾー張りの床.

Terrier ((-s/-)) 男 テリア(小型犬).

Terrine ((-/-n)) 女 (ふた付きの)大鉢, スープ鉢.

territorial 形 領土(領地)に関する; 縄張り上の. **Territorialgewässer** 複 領水; 領海. **Territorium** ((-s/..rien)) 中 (⁽³⁾ territory) 領土, 領地, 縄張り; 〖商〗 営業区域.

Terror ((-s/)) 男 〖政〗 恐怖政治; (非常な)恐怖, 不安; 〖話〗 ロげんか. **=akt** 男 テロ行為.

terrorisieren 他 テロ手段で恐怖に陥れる; (人を)悩ませる.

Terrorismus ((-/)) 男 テロリズム; 恐怖政治; テロリスト集団. **Terrorist** ((-en/-en)) 男 **-in** 女 テロリスト. **terroristisch** 形 テロの(による).

Terror=szene 女 テロリストの世界〈領域〉. **=tat** 女 テロ行為.

Tertia ((-/..tien)) 女 テルツィア(ギムナジウムの第4・5学年; オーストリアでは第3学年).

Tertiawechsel 男 〖商〗 三号手形.

Tertien ⇒ Tertia

Terz ((-/-en)) 女 〖楽〗 3度(音程); 〖フェンシング〗 第3の構え; 〖カト〗 (聖務日課の)第3時課.

Terzett ((-[e]s/-e)) 中 〖楽〗 三重奏(唱); 三重奏〈唱〉曲(団); 三人組; 〖韻〗 テルツェット.

Tesafilm ((-[e]s/)) 中 〖商標〗 テーザフィルム(セロファンテープ).

Tessin テッシン(スイス南部の州).

Test ((-[e]s/-s, -e)) 男 テスト, 試験; 検査, チェック.

Testament [テスタメント] 中 ((-[e]s/-e)) 遺言(状); 〖宗教〗 神との契約. ◆ *das Alte (Neue) ~* 旧約(新約)聖書. *sein ~ machen können* 〖話〗 覚悟をする.

testamentarisch 形 遺言〈書〉の(による).

Testaments=eröffnung 女 遺言状の開封. **=vollstrecker** 男 遺言執行人.

Testat ((-[e]s/-e)) 中 証明書; (特に大学の)聴講証明書; (製品の)検査済証.

Testbild 中 〖テレ〗 (画面調整用の)テストパターン. **testen** 他 テスト(検査, 試験)する; 試す(*j-et⁴ auf et⁴*) (…の…をテストする). **Testfall** 男 テストケース.

testieren 他 遺言で指定する; (…の)証明をする; 〈自〉 遺言書を作成する.

Testosteron ((-s/)) 中 〖生化〗 テストステロン(男性ホルモン).

Test=person 女 被験者. **=pilot** 男 テストパイロット. **=puppe** 女 (衝突事故などの実験に用いる)テスト用人形. **=stopp** 男 核実験停止. **=strecke** 女 (自動車などの)テストコース.

Tetanus ((-/)) 男 〖医〗 破傷風.

Tete-a-tete, Tête-à-tête [テタテート] 中 ((-/-s)) あいびき, デート.

Tetraeder 男 《-s/-》四面体.
Tetragon 中 《-s/-e》四角(四辺)形.
Tetralogie 女 《-/-n》(古代ギリシャの)四部劇(三つの悲劇と一つの風刺劇より成る);(文学・音楽などの)四部作.

teuer [トイアー] 形 《⊕ ⊖ teuer》値段の高い, 高価な; 高くつく, 費用のかさむ;《⊕ dear》雅 貴重な, 大切な; いとしい. ◆ **~ zu stehen kommen**《j⁴¹³》(人にとって)よくない結果になる; 高いものにつく.

Teuerung 女 《-/-en》物価の上昇. **~s-rate** 女 物価上昇率. **~s-zulage** 女 (賃金の)物価スライド手当.

Teufel [トイフェル] 男 《-s/-》《⊕ -in》(⊕ devil)悪魔, 悪霊, サタン; 悪魔(鬼)のような人. ◆ **auf ~ komm raus**《話》全力を尽くして. **beim ~ sein**《話》だめになる, なくなる. **Das weiß der ~.**《話》そんな事知るもんか. **den ~**《話》まったく … ない, 全然ない. **den ~ an die Wand malen**《話》縁起でもない事をいう. **den ~ auf den Hals laden**《sich³》めんどうな事を背負い込む. **den ~ (durch den) Beelzebub austreiben** 毒をもって毒を制する. **Der ~ ist los!**《話》大騒ぎだ. **Der ~ soll ihn holen.**《…など》くたばってしまえ. **Der ~ steckt im Detail.** 問題を起こすのはきまって些細なことだ. **des ~s Gebetbuch (Gesangbuch)**《戯》トランプ. **dem ~ sein**《話》気が狂っている. **ein armer ~** かわいそうな奴. **Es müsste doch mit dem ~ zugehen, wenn …**《話》… という事はまず起こらない. **fürchten wie der ~ das Weihwasser**《話》(… を)ひどく恐れる. **Hole (Hol') der ~! / Der ~ soll dich holen!**《話》死んでしまえ. **In j⁴ ist wohl der ~ gefahren.**《話》(人は)理性を失っている. **In j⁴ ist der ~ gefahren.**《話》(人は)気が狂っている. **in [des] ~s Küche bringen**《話》(人を)窮地に陥れる. **in [des] ~s Küche kommen**《話》窮地に陥る. **In [des] ~s Namen! / In drei ~s Namen!**《話》畜生め, 勝手にしろ! **Pfui ~!**《話》だれも … ない. **Pfui ~!**《話》畜生め. **J⁴ reitet der ~.**《話》(人は)頭がおかしくなっている, 気が違っている. **Scher dich zum ~!**《話》消えろ, 失せろ. **~ auch! /~, ~!** これは驚いた, なんということだ. **~ noch [ein]mal!** こんちくしょう, くそ. **vom ~ besessen sein** 悪魔に取りつかれている. **Weiß der ~!**《話》そんなこと知ったことか. **wenn man vom ~ spricht** うわさをすれば影. **wie der ~** 非常にすばやく. **zum ~ jagen (schicken)**(人を)追い払う. **Zum ~ mit dir!** お前なんかろくでもない, なくなる. **zum ~ sein (gehen)**(人を)呪い殺したいと思う.

Teufelei 女 《-/-en》邪悪な魂胆; 悪魔の所業, 残虐非道.

Teufels-austreibung 女 《-/-en》宗 悪魔ばらい. **=kerl** 男 《話》勇敢な〈勇気のある〉男. **=kreis** 男 悪循環.

teuflisch 形 凶悪な, 残虐な;《話》ものすごい, ひどい.

teurer ⇨ **teuer**

Teutoburger Wald (der ~)トイトブルク山地(ドイツ北西部の山地).

Teutone 男 《-n/-n》チュートン人; 典型的なドイツ人.

Text [テクスト] 男 《-[e]s/-e》(⊕ text) テキスト, 本文, 原文; 聖書の句; 歌詞, 台本. ◆ **aus dem ~ bringen**《話》(j⁴)(人の)頭を混乱させる. **aus dem ~[e] kommen**《話》話の筋道が分からなくなる; 困惑する. **den ~ lesen**《話》(j³)(人に)小言を言う. **Weiter im ~!**《話》先を続けなさい. **=buch** 中《楽》台本, リブレット. **=dichter** 男《楽》作詞家;(歌劇の)台本作家.

texten(広告の)文案〈コピー〉を作成する;(流行歌を)作詞する;⊕ 広告の文を作る; 作詞する.

Texter 男 《-s/-》《⊕ -in》広告文案作者, コピーライター;(歌謡曲の)作詞家.

textil 形 紡績の, 織物の: 繊維〈織物〉工業の. **Textilfabrik** 女 紡績工場, 織物工場. **textilfrei** 形《戯》すっ裸の. **Textilgeschäft** 中 服飾品〈服地〉店. **Textilien** 複 繊維製品. **Textilwaren** 中 ≈ Textilien.

Textkritik 女 本文批評, 原典批判.

textlich 形 本文の〈原典〉についての.

Text-programm 中《計算》ワードプロセソフト. **-sorte** 女 《言》テキストの類型(会話文・広告文など). **-stelle** 女 テキストの一部分〈箇所〉.

Textur 女 《-/-en》組織, 構造, 構成; 地質 木目;《鉱物》石理.

Textverarbeitung 女 《計算》文書作成編集処理, テキスト処理. **~s-anlage** 女 《計算》ワードプロセッサー. **~s-gerät** 中 テキスト処理機器(ワードロ・コンピュータなど). **~s-programm** 中《計算》≈ **Textprogramm. ~s-system** 中 ワードプロセッサー. **~s-technik** 女 テキスト処理技術.

Tezett 中 ◆ **bis ins [letzte]⟨bis zum⟩ ~**《話》とことん; 徹底的に.

TG = Transformationsgrammatik《言》変形文法.

Th 《記号》トリウム(元素名< *Thorium*).

TH 《-/-[s]》工科大学(< *technische Hochschule*).

Thaddäus《男名》タデーウス;《聖》タダイ(十二使徒の一人).

Thailand タイ.

Thalia《ギ神》タレイア(喜劇・幸福の女神).

Thallium 中 《-s/》タリウム(元素名:《記号》Tl).

Theater [テアーター] 中 《-s/-》(⊕ theater)劇場; 劇団, 一座;《集合的》観客; 上演, 演じること; 演劇;《話》もめ事, 騒動. ◆ **~ machen**《話》大騒ぎする. **~ spielen**(しろうとが)劇を演じる;《話》(人をだますために)芝居をする. **~ vormachen**《話》(j³)(人に)ひと芝居うつ. **=besuch** 男 芝居見物, 観劇. **=besucher** 男 芝居〈演劇〉の客, 観劇客. **=karte** 女 芝居の切符. **=kasse** 女 劇場の切符売り場. **=probe** 女 舞台げいこ, リハーサル. **=raum** 男 劇場内部, 劇場内. **=stück** 中 戯曲, 脚本.

Theatralik 女 《-/》芝居がかった表現〈態度〉, 仰々しさ. **theatralisch** 形 芝居がかった, 仰々しい, 大げさな.

Theben テーバイ(ギリシャの古代都市国家であった都市).

..thek 「…の収集〈貸出〉所」の意.

Theke 囡 《-/-n》 (バーなどの)カウンター.

Thema (テーマ) 中 《-s/..men, -ta》 (❀ theme)テーマ, 主題; 【❀】テーマ, 主題. ✦《Nummer》eins 【話】重要〈メイン〉テーマ. **Thematik** 囡 《-/-en》 (一連の)テーマ; テーマの展開技法. **thematisch** 囲 テーマ(に関する); 【❀】主題にマッチした, 主題を展開させる. **thematisieren** 他 《❀を》テーマ(主題)にする.

Themen ⇒ Thema. **..bereich** 男 テーマ(の属する)領域.

Themis 『ギ神』 テミス (掟(ホミ)の女神).

Theodor 【男名】 テオドール.

Theologe 男 《-n/-n》 (囡 ..gin)神学者; 神学生. **Theologie** 囡 《-/-en》 神学. **theologisch** 囲 神学(上)の.

Theoretiker 男 《-s/-》 (囡 -in) 理論家; 【蔑】空論家.

theoretisch 囲 理論的な, 理論の; 理論では.

theoretisieren 自 理論的に考察する; 空論をもてあそぶ.

Theorie [テオリー] 囡 《-/-n》 (❀ theory)理論, 学説; 理相. ✦ graue ~ sein 空論である.

Therapeut 男 《-en/-en》 (囡 -in)セラピスト, 療法(治療)士, 治療専門家. **Therapeutik** 囡 《-/》 治療学. **therapeutisch** 囲 治療の. **Therapie** 囡 《-/-n》 治療; 治療法. **therapierbar** 囲 治療可能な.

Therese 【女名】 テレーゼ.

thermal 囲 熱の; 熱に関する; 温泉の, 温泉による.

Thermal..bad 中 温泉(湯治)場; 温水プール. **..quelle** 囡 温泉.

Therme 囡 《-/-n》 温泉; 【複】 (古代ローマの)公衆浴場. **thermisch** 囲 熱の. **thermochemisch** 囲 熱化学(上)の. **Thermodynamik** 囡 《-/》 熱力学.

thermolabil 囲 【生化】 (毒素・酵素などが)非耐熱性の, 熱に侵されやすい.

Thermomantel 男 [ライナー付]コート.

Thermometer [テルモメーター] 中 《-s/-》 (❀ thermometer)温度計, 寒暖計; 体温計.

thermo-nuklear 囲 【核】 熱核の, 核融合の. **=plastisch** 囲 熱可塑性の.

Thermos..flasche 囡 【商標】 テルモス瓶(魔法瓶). **=gefäß** 中 テルモス〈魔法瓶〉容器. **=kanne** 囡 【商標】 テルモスポット(魔法瓶).

thermostabil 囲 【生化】 (毒素・酵素などが)耐熱性の. **Thermostat** 男 《-[e]s/-e; -en/-en》 サーモスタット.

Thesaurus 男 《-/..ren, ..ri》 (特に古典語の)大辞典; 分類語彙(%)集; シソーラス (情報検索用索引).

These (テーゼ) 囡 《-/-n》 (論証されるべき)命題, テーゼ, 仮説.

Theseus 『ギ神』 テセウス (Herkules と並ぶ英雄).

Thetis 『ギ神』 テティス (海の女神).

Thing 中 《-[e]s/-e》 (古代ゲルマンの)民会.

Thomas 【男名】 トーマス; 【聖】 トマス. (1) 12使徒の一人. (2) ~ von Aquin, トマスアクイナス; 1225頃-74; イタリアの神学者・哲学者. ✦ ein ungläubiger ~ 疑い深い人 (使徒トマスがはじめイエスの復活を疑ったことから).

Thon 男 《-s/-s》 『スイ』 【魚料】 マグロ, ツナ.

Thor 【北欧神】 トール (雷神).

Thorium 中 《-s/》 トリウム (元素名: 【記号】 Th).

Thriller 男 《-s/-》 スリラー小説〈映画〉.

Thrombose 囡 《-/-n》 【医】 血栓症.

Thron [トローン] 男 《-[e]s/-e》 王位, 帝位; 王座, 玉座; 王権; 【戯】 (子供用の)便器. ✦ auf den ~ heben (人を)王位に就ける. Jn als ~ anerkennen (人の地位〈権威〉が揺らぐ. vom ~ stoßen [§] (人の地位を奪う. **=besteigung** 囡 即位.

thronen 自 堂々と〈泰然と〉座っている; そびえ立つ.

Thron..erbe 男 = Thronfolger. **..folge** 囡 王位〈帝位〉継承. **..folger** 男 《-s/-》 (囡 -in)王位〈帝位〉継承者. **..himmel** 男 玉座の天蓋. **..räuber** 男 王位〈帝位〉篡奪(#)者. **..rede** 囡 (議会開会式での)王(皇)の言葉.

Thulium 中 《-s/》 ツリウム (元素名: 【記号】 Tm).

Thunfisch 男 【魚】 マグロ.

Thur (die ~) トゥール (Rhein 川の支流, スイスの Thurgau 地方を貫流).

Thurgau (der ~) トゥールガウ (スイス北東部の州; 州都フラウエンフェルト).

Thüringen テューリンゲン (ドイツ中部の州; 州都 Erfurt). **Thüringer** 男 《-s/-》 (囡 -in)テューリンゲンの人; 囲 【無変化】 テューリンゲンの.

THW 略 Technisches Hilfswerk 技術救援活動組織 (ドイツ内務省の管轄下で, 自然災害や大規模事故のさいのボランティア活動に従事).

Thymian 男 《-s/-e》 【植】 ジャコウソウ (麝香草); 【料】 タイム (香辛料).

Thyssen テュッセン (ドイツの鉄鋼・機械の会社).

Ti 【記号】 チタン (元素名 < Titan).

Tiara 囡 《-/..ren》 (ローマ教皇の)三重冠; (古代ペルシア王の円錐(��)形の)冠; (カトリックの)司祭冠.

Tiber (der ~)テヴェレ (イタリア中部に発し, ローマ市内を流れて地中海に注ぐ川).

Tibet ❶ チベット (中国南西部の自治区). ❷ 男 《-s/-e》 チベット毛織物 (ウーステッド織り); チベット羊毛皮.

Tick 男 《-[e]s/-s》 奇妙な性格 (癖, 考え); 少し, わずか; 【医】 チック (顔などの筋肉のけいれん). **ticken** 自 カタカタ〈カチカチ〉鳴る.

Ticket [ティケット] 中 《-s/-s》 切符 (航空券・乗船券など).

ticktack (時計の)カチカチ, チクタク.

Ticktack 中 《-s/-s》 【幼児】 時計.

Tiebreak, Tie-Break 中 《-s/-s》 【テ】 タイブレーク.

tief [ティーフ] 囲 ❶ (❀ deep)深い; 深遠な, 深みのある; 奥行きのある, 奥深い; 音の低い,

(時間的に)遅い. ❷ ([英] low)(位置・音程などが)低い, 下方の. ❸ 深刻な, 強烈な, 非常な. ❹ (色が)濃い. ✦ ***nicht ~ gehen*** ⟪**bei** j^3⟫ (人を)あまり感動させない. ***~ betrübt*** 深く悲しんでいる, 憂いに沈んだ. ***~ bewegt*** 深く感動した. ***~ blickend*** 洞察力のある. ***~ empfunden*** 〈***gefühlt***〉衷心からの. ***~ gehend*** 深い所まで達する; 根本的な. ***~ greifend*** 根本的〈徹底的〉な; 核心に触れる. ***~ liegend*** (雲などが)低く垂れこめた; (目が)くぼんだ. ***~ schürfend*** (研究などが)奥の深い, 深く掘り下げた. ***~ stehend*** 低い所にある; 程度の低い. **Tief** [中] ⟪-s/-s⟫ 〘気象〙 低気圧; 〘海〙 水路, みお; 気落ち, 落胆.

tief.., Tief.. 「深い…, 低い…; 非常に…, 心の底から…; 濃い…; 完全に…」の意.

Tief=angriff [男] 〘軍〙 低空攻撃. **=bau** [男] (道路・トンネルなどの)地下〈地表〉工事, 土木工事.

tief=betrübt, =bewegt [旧]⇨ tief ✦ **=blau** [形] 濃紺の. **=blickend** [旧] ⇨ tief ✦

Tiefdruck [男] 凹版印刷; 〘理〙 低圧; 〘気象〙 低気圧([略] T). **=gebiet** [中] 〘気象〙 低気圧[圏]([略] T).

Tiefe [ティーフェ] [女] ⟪-/-n⟫ ([英] depth) 深さ, 深み; 奥行き; 心の深淵; (声の)低さ; (色の)濃さ.

Tief=ebene [女] 〘地学〙 低地, 平地.

tief=empfunden [旧]⇨ tief ✦

Tiefen=psychologie [女] 深層心理学. **=wirkung** [女] 深部への効果〈作用〉; (絵・舞台などの)立体効果.

tief=ernst [形] きわめて厳粛〈真剣〉な.

Tief=flug [男] 低空飛行. **=gang** [男] 〘海〙 喫水. **=garage** [女] 地下の車庫, 地下駐車場.

tief|gefrieren* [他] 冷凍保存する. **=gefrostet** [形] 冷凍保存した. **=gefühlt, =gehend** [旧]⇨ tief ✦ **=gekühlt** [形] = tiefgefrostet. **=greifend** [旧]⇨ tief ✦ **=gründig** [形] (検討が)徹底的な; (思想が)深遠な; (土地が)地下の深い所までやわらかい.

Tiefkühl=fach [中] (冷蔵庫の)冷凍室. **=kost** [女] 冷凍食品. **=kette** [女] 〘商〙 コールドチェーン. **=truhe** [女] (キャビネット型の)冷凍庫.

Tief=kühlung [女] 冷凍. **=kühlware** [女] 冷凍食品. ***=land*** [中] (海抜200メートル以下の)平地.

tiefliegend [旧]⇨ tief ✦ **Tiefpunkt** [男] 最底〈最悪〉の状態, どん底. **tiefrot** [形] 深紅の. **Tiefschlaf** [男] 熟睡.

tief=schürfend [旧]⇨ tief ✦ **=schwarz** [形] 真っ黒な.

Tiefsee [女] 〘地学〙 深海. **=forschung** [女] 深海海洋学.

Tiefsinn [男] 深い意味〈思想〉; 物思い, 沈思. **tiefsinnig** [形] 深い意味を持った, 深遠な; ふさぎ込んだ.

Tiefstand [男] 最低〈最悪〉の状態; 最低水位; 〘経〙 不況.

tief|stapeln [自] 過小評価する. **=stehend** [旧]⇨ tief ✦

Tiegel [男] ⟪-s/-⟫ 〘金属〙 るつぼ.

Tienan-Men-Platz (der ~)天安門広場.

Tientsin 天津, ティエンチン(中国, 河北省東部の都市).

Tier [ティーア] [中] ⟪-[e]s/-e⟫ ([小] **-chen**)([英] animal)動物; けだもの; ⟪話⟫ (…な)人: ein gutes ~ お人好し. ✦ ***ein hohes*** 〈***großes***〉 **~** 名士, 重要人物. **=art** [女] 動物の種類. **=arzt** [男] 獣医. **=freund** [男] 動物好き〈愛好家〉. **=garten** [男] (比較的小規模の)動物園.

tierhaft [形] 動物的な, けだもの〈畜生〉のような.

Tier=haltung [女] 動物飼育. **=heilkunde** [女] 獣医学. **=heim** [中] (野良犬などの)家畜収容施設.

tierisch [形] ❶ ([英] animal)動物の; 動物性の: *~e* Stärke 〘生化〙 グリコーゲン. ❷ 残忍な, がさつな; ものすごい, 強烈な: mit *~em* Ernst くそまじめに.

Tierkreis [男] 〘占星〙 獣帯, 黄道(こうどう)十二宮. **=zeichen** [中] 〘占星〙 獣帯記号.

Tierkunde [女] 動物学.

tierlieb [形] 動物好きの.

Tier=medizin [女] 獣医学. **=park** [男] (大規模な)動物園. **=pfleger** [男] 動物飼育係.

Tierquälerei [女] 動物虐待.

Tier=reich [中] 動物界. **=schutz** [男] 動物保護. **=schutzverein** [男] 動物愛護協会. **=versuch** [男] 動物実験. **=welt** [女] 動物界. **=zucht** [女] 動物飼育; 畜産.

tifteln = tüfteln.

Tiger [ティーガー] [男] ⟪-s/-⟫ ([女] **-in**) ([英] tiger) 〘動〙 トラ(虎). **=auge** [中] 〘鉱物〙 虎眼(こがん)石.

Tigris (der ~)ティグリス(ユーフラテス川と合流しペルシア湾に注ぐ川).

Tilde [女] ⟪-/-n⟫ ティルデ, 波形符(例: ñ); 波形〈スワング〉ダッシュ(~).

tilgbar [形] 抹消〈削除〉できる; 絶滅できる; 返済〈償却〉可能な. **tilgen** [他] 消す, 除去〈削除〉する; (借金を)返済する.

Tilgung [女] ⟪-/-en⟫ 除去, 削除, 根絶; (借金の)返済, 償却. **~s=anleihe** [女] 〘商〙 定時償還債. **~s=aufschub** [男] 〘商〙 償還延長〈猶予〉. **~s=fonds** [男] 〘商〙 減債基金. **~s=quote** [女] 〘商〙 定時償還率. **~s=streckung** [女] 〘商〙 償還期間の延長.

Timbre [テーンブレ] [中] ⟪-s/-s⟫ 〘楽〙 音色, 音質.

Timor ティモール(インドネシア領小スンダ列島内の島).

Timotheus 〘聖〙 テモテ, ティモテオス (Paulus の弟子).

Timur ティムール(1336-1405; アジアの大征服者でティムール王朝の祖).

tingeln [自] (安キャバレーなどを渡り歩いて)ショーを演じる; (s)ショーを演じながらあちこち渡り歩く, どさ回りをする.

Tingeltangel [中][男] ⟪-s/-⟫ 旅回りの一座〈楽団〉; (出し物のある)大衆酒場, 安キャバレー; (安キャバレーなどの)出し物.

Tinktur [女] ⟪-/-en⟫ 〘薬〙 チンキ剤.

Tinnef [男] ⟪-s/⟫ ⟪話⟫ くだらないもの, がらくた; ばかげたこと.

Tinte [ティンテ] [女] ⟪-/-n⟫ ([英] ink)インク. ✦ ***Das ist klar wie dicke ~.*** ⟪話⟫ それは分かりきったことだ. ***in der ~ sitzen*** 〈***sein***〉 ⟪話⟫ 苦境にある. ***in die ~ ge-***

Tintenfass 630

raten 〔話〕苦境に陥る. **in die ~ reiten** 〔話〕(人を)苦境に陥れる. **~ gesoffen haben** 〔話〕頭がおかしい. **Über et⁴ ist viel ~ verspritzt worden.** 〈…について〉いろいろ書かれている. **~n-fass** 中 (= **-faß**) 中 インクつぼ. **~n-fisch** 男 〔動〕イカ (烏賊); タコ (蛸). **~n-fleck** 男 インクの染み. **~n-gummi** 男 インク消しゴム. **~n-klecks** 男 ≒ Tintenfleck. **~n-löscher** 男 〔無変化〕インク吸い取り器; ペン型インク消し, 修正ペン. **~n-stift** 男 水性ボールペン. **~n-strahldrucker** 男 〔三〕インクジェットプリンタ ー.

Tipp (⑮ Tip) [ティプ] 中 ⦅-s/-s⦆ (= ⑮ tip) ヒント, 助言, アドバイス; ギャンブル (トト)の予想記入用紙.

Tippelbruder 男 〔話〕浮浪者, 宿無しの男. **~n** (s) 〔話〕とぼとぼ歩く.

tippen [ティッペン] (tippte; getippt) 自 ❶ (⑮ type) 〔話〕ワープロ(パソコン)で書く; タイプライター(ワープロ)を打つ. ❷ 〈**auf** 人・**an** 人⁴〉〔指先で〕軽くたたく, 触れる: an die Sache ~ 〔話〕例の件に言及する. ❸ 宝くじを買う: 〈**auf** et⁴〉…を予想する. ✦ **Daran ist nicht zu ~.** 〔話〕それは動かしようがない (異論のないこと).

Tipp--Ex 中 ⦅-/⦆〔商標〕ティップエックス (修正液). **-fehler** 男 〔話〕(キーの) タッチミス. **-fräulein** 中 〔古〕女性タイピスト. **-schein** 男 (宝くじの当たり番号) の予想記入用紙.

tippte ⇒ tippen

tipptopp 形 〔話〕非の打ち所がない, 申し分のない, 最高の.

Tippzettel 男 ≒ Tippschein.

Tirade 女 ⦅-/-n⦆長たらしい話, むだ口; 批判的な話(記事); 〔楽〕ティラード (装飾音の一種).

Tiramisu 中 ⦅-s/-s⦆〔料〕ティラミス (デザート菓子).

Tirol ティロール, チロル (オーストリア西部の州). **Tiroler** 男 ⦅-s/-⦆ (= **-in**) ティロールの人; 形 〔無変化〕ティロールの.

Tisch [ティッシュ] 男 ⦅-(e)s/-e⦆ (= **-chen**) 〔家具〕テーブル, 食卓; テーブルと同席の人々. ✦ **am grünen ~** 机上の理論で. **am runden ~** 同等の権利で, 対等に. **an einen ~ bringen** 〈人を〉話し合いの席につかせる. **an einen ~ setzen** 〈**sich⁴ mit** j³〉〈人と〉討議する, 話し合う. **auf den ~ des Hauses legen** 〔話〕…を公けにする. **auf den ~ hauen** (**schlagen**) 厳しい態度に出る. **bar auf den ~** 〔des Hauses〕〔話〕現金で. **bei ~** 食事中に. **nach ~** 食後に. **reinen ~ mit et³ machen** 〔話〕⟨…に〉片をつける, 決着をつける. **über den ~ ziehen** 〔話〕⟨人を⟩だまして甘い汁を吸う. **unter den ~ fallen** 〔話〕無視される. **unter den ~ fallen lassen** 〔話〕⟨…を⟩無視する: 取り止める. **unter den ~ trinken** (**saufen**) 〔話〕⟨人を⟩酔いつぶれさせる. **vom grünen ~ aus** 机上の理論で. **vom ~ bringen** ⟨…を⟩片づける. **vom ~ müssen** 〔話〕解決が求められる. **vom ~ sein** 〔話〕片がついている, 解決済みである. **vom ~ wischen** 〔話〕⟨…を⟩無視する. **von ~ und Bett getrennt sein** (夫婦

が)別居中である. **vor ~** 食前に. **zum ~ des Herrn gehen** 聖餐(た)を受ける. **zu ~ [sein]**: **Bitte zu ~!** 食卓にきてください. **zu ~** ⟨**ein**⟩**laden** ⟨人を⟩食事に招く.

Tisch-bein 中 テーブルの脚. **-computer** 男 デスクトップコンピュータ. **-dame** 女 (テーブルで男性の右隣に座る) パートナーの女性. **-decke** 女 テーブルクロス.

tischfertig 形 そのまま食卓に出せる, すぐ食べられる(インスタント食品など).

Tisch-gast 男 食事に招かれた客. **-gebet** 中 食前(食後)の祈り. **-gesellschaft** 女 会食; 食事者一同. **-gespräch** 中 食卓での会話 (雑談). **-herr** 男 (テーブルで女性の左隣に座る) パートナーの男性. **-kante** 女 テーブルの縁 (ち). **-karte** 女 (テーブルなどで座席を指定する)卓上の名札. **-lampe** 女 卓上電気スタンド.

Tischler 男 ⦅-s/-⦆ (= **-in**) 家具職人, 指物師. **Tischlerei** 女 ⦅-/-en⦆家具製作業所, 指物業; 指物師の仕事場.

Tisch-nachbar 男 食卓で隣に座った人. **-platte** 女 テーブルの甲板(\)れ. **-rechner** 男 デスクトップコンピュータ. **-rede** 女 会食でのスピーチ, テーブルスピーチ. **-rücken** 中 テーブルの動き(霊媒による心霊現象の一種).

Tischtennis 中 卓球, ピンポン. **-netz** 中 卓球のネット. **-spieler** 男 卓球をする人, 卓球選手.

Tisch-tuch [ティッシュトゥーフ] 中 ⦅-(e)s/ **-tücher**⦆テーブルクロス. ✦ **das ~ zwischen sich³ und j³ zerschneiden** ⟨entzweischneiden⟩〔雅〕⟨人と⟩絶交する. **-vorlage** 女 配付資料, ハンドアウト. **-wäsche** 女 食卓用布類 (テーブルクロス・ナプキンなど). **-wein** 中 〔辛口で軽い〕食事用ワイン, テーブルワイン. **-zeit** 女 〔特に昼の〕食事時間; (職場の)昼休み.

Tisiphone 〔ギ神〕ティシポネ (復讐(ホビ)の女神).

Tit. 略 ≒ Titel.

Titan ⦅**-en/-en**⦆ ❶ 〔ギ神〕ティタン〔神族〕(巨神族); 男 巨人; 偉人, 巨匠. ❷ 中 ⦅-s/-⦆チタン(金属元素記号: 〔三〕 Ti).

Titane 中 ⦅-n/-n⦆ = Titan ❶.

titanisch 形 タイタン気質の; 巨大な, 偉大な.

Titel [ティーテル] 男 ⦅-s/-⦆ ❶ (= title) 称号, 肩書き; 学位; 〔三〕タイトル. ❷ 題名, タイトル, 表題; 本, (新聞の)見出し. **-bild** 中 (書物の)口絵; (雑誌の)表紙絵. **-blatt** 中 (書物の)扉; 中 = Titelseite. **-held** 男 (小説などの)題名となっている主人公. **-kampf** 男 〔三〕選手権試合, タイトルマッチ.

titeln 他 ⟨…に⟩表題(題名)をつける.

Titel-rolle 女 〔劇〕主題役(題名と同じ役の役). **-seite** 女 (新聞の)第一面; (雑誌の)表紙. **-träger** 男 称号(肩書き)の所有者; 〔三〕選手権(タイトル)保持者. **-verteidiger** 男 〔三〕選手権(タイトル)防衛者.

Tito Josip, チトー (1892-1980: ユーゴスラビアの政治家で, 初代大統領).

Titte [女]《-/-n》《卑》乳首; 乳房.

Titular [男]《-s/-e》名義〈肩書き〉だけの人; 名誉職の人. **Titulatur** [女]《-/-en》称号, 肩書き; 称号〈肩書き〉で呼ぶこと. **titulieren** [他] 肩書き〈称号〉で呼ぶ.

Titus〖聖〗テ[ィ]トス(使徒 Paulus の弟子).

TJ《国籍符号》中華人民共和国. **tkm** [略] *T*onnen*k*ilo*m*eter. **Tl** [記号] タリウム(＜ *T*hal*l*ium).

T-Lymphozyt [男]《-en/-en》〖免疫〗T リンパ球.

Tm [記号] ツリウム(元素名＜ *T*huliu*m*).

TN《国籍符号》チュニジア. **TNT** [略] (*T*ri*n*itro*t*oluol)トリニトロトルエン.

Toast [男]《-[e]s/-e, -s》トーストパン; 乾杯の辞. **toasten** [他] (パンを)トーストにする; [自]《**auf** *j-et*⁴》(…に)乾杯の辞を述べる. **Toaster** [男]《-s/-》トースター.

Tobak [男]《-[e]s/-e》《古》タバコ.

Tobel [男] [中]《-s/-》《南部・オーストリア・スイス》峡谷.

toben [トーベン]《tobte; getobt》[自] ([英] rage)半狂乱になる, 暴れる; (あらしなどが)猛威を振るう, 荒れる; (子供が)はしゃぎ回る; (s)(…を)騒ぎながら通る.

Tobias《男名》トビーアス.

Tobsucht [女] 狂乱[状態].

tobsüchtig [形] 狂乱状態の.

tobte ⇨ toben

Tochter [トホター] [女]《-/**Töchter**》([小] **Töchterchen**)([英] daughter)娘; 子会社. =**gesellschaft** [女] 子会社.

Tod [トート] [男]《-[e]s/-e》([英] death)死; 消滅, 最期; 死神. ✦ ***auf den ~*** 命がけで; 全く. ***auf den ~ krank sein*** 重体である. ***dem ~ ins Auge schauen*** 〈***sehen***〉生死をさまよう. ***den ~ finden***《雅》死ぬ. ***der nasse ~*** 溺死. ***der schwarze ~*** 黒死病, ペスト. ***der ~ von et³ sein*** (…の)破滅〈終末〉を意味する. ***der weiße ~*** (雪崩や雪中での)凍死. ***des ~es sein***《雅》死なざるを得ない. ***Es geht um ~ oder Leben.*** 生死がかかっている. ***in den ~ gehen***《**für** *j-et*⁴》(…のために)死ぬ. ***tausend ~e sterben***《雅》死ぬほど不安である. ***~ und Teufel!***《話》ちくしょう. ***weder ~ noch Teufel fürchten*** / ***sich⁴ nicht vor ~ und Teufel fürchten*** 何も恐れない. ***zu ~e*** ものすごく, 死ぬほど. ***zu ~e kommen*** 命を落とす. ***zu ~e reiten*** 〈***hetzen***〉(…を)死ぬほどこき使う.

tod..「死ぬほど…; 極めて…」の意.

todbringend [形] 致命的な.

Tode ⇨ Tod (複数形単数3格の別形).

tod=ernst [形]《話》きわめて深刻〈真剣〉な.

Todes=ahnung [女] 死の予感. =**angst** [女] 死の恐怖〈不安〉; 死ぬほどの恐怖〈不安〉. =**anzeige** [女] 死亡広告〈通知状〉. =**erklärung** [女]〖法〗(失踪(そう)者の)死亡宣告. =**fall** [男] (家族などの)死亡, 内輪の不幸. =**gefahr** [女] 死の危険. =**jahr** [中] 没年. =**kampf** [男] 死との戦い. =**kandidat** [男] 死期の迫っている人. =**kuss** ([旧]= **kuß**) [男] 死神の口づけ.

todesmutig [形] 決死の, 必死の.

Todes=opfer [中] (災害・疫病などで死亡した)犠牲者. =**schwadron** [女] テロ暗殺集団. =**spirale** [女]〖スケート〗(フィギュアスケーティングのペアの演技での)デス=スパイラル. =**stoß** [男] とどめ[の一突き], 致命的打撃. ✦ ***den ~ geben*** 〈***versetzen***〉《*j-et*³》(…に)決定的なダメージを与える. =**strafe** [女] 死刑. =**streifen** [男] (死の危険のある)立ち入り禁止地帯. =**stunde** [女] 死亡時刻; 臨終. =**tag** [男] 死亡した日; 命日. =**ursache** [女] 死因. =**urteil** [中] 死刑の宣告. =**verachtung** [女] 死を恐れないこと: mit ~《話》何食わぬ顔で; 平然と. =**zone** [女] = Todesstreifen.

todfeind [形] 激しい敵意を抱いた.

Todfeind [男] 不倶戴天(ふぐたいてん)の敵, 仇敵(きゅうてき).

tod=krank [形] 重体の; 危篤の. =**langweilig** [形]《話》死ぬほど退屈な.

tödlich [形] 命にかかわる, 致命的な; 非常な, 極度の; ひどい.

tod=müde [形]《話》くたくたに疲れた. =**schick** [形]《話》きわめて洗練された. =**sicher** [形]《話》絶対確実な.

Todsünde [女]〖カトリック〗大罪.

Tofu [男]《-[s]/》〖料〗豆腐.

Togo トーゴ(西アフリカの共和国).

Tohuwabohu [中]《-[s]/-s》大混乱, めちゃくちゃ.

Toilette [トアレテ] [女]《-/-n》([英] toilet) ❶ トイレ, 便所, 化粧室; 便器. ❷ 身支度, 化粧; (女性の)盛装. **~n=artikel** [男] 化粧用品. **~n=garnitur** [女] 化粧道具一式. **~n=papier** [中] トイレットペーパー. **~n=schüssel** [女] (便所の)便器. **~n=seife** [女] 化粧せっけん. **~n=tisch** [男] 化粧台.

toi, toi, toi [間]《話》(相手や自分の成功を祈って)しっかり, がんばれ.

Tokaj トカイ(ハンガリーの町で, ワインの産地).

Tokio [中] 東京.

tolerant [トレラント] [形] 寛容〈寛大〉な.

Toleranz [女]《-/-en》寛容, 寛大;〖医〗(薬品・毒物などに対する)耐性;〖工〗公差, 許容差. =**grenze** [女] 許容限界.

tolerieren [他] 容認〈許容〉する;〖工〗(誤差を)許容する. **Tolerierung** [女]《-/-en》許容, 容認.

toll [トル] [形]《話》すばらしい, すごい, 最高の; ([英] mad)気の狂った.

Tolle [女]《-/-n》《話》ウェーブした髪の房, ふさふさした巻毛.

tollen [自] (子供などが)はしゃぎ回る; (s)はしゃぎながら駆けて行く.

Tollhaus [中] (昔の)精神病院.

Tollheit [女]《-/-en》危険な〈非常識な〉行為.

Tollkirsche [女]〖植〗ベラドンナ(ナス科の有毒植物).

tollkühn [形] 向こう見ずな, 無鉄砲な.

Tollkühnheit [女] 無鉄砲なこと; 無鉄砲な言動.

Toll=patsch [男]《-[e]s/-e》《話》ひどく不器用な人. **tollpatschig** [形]《話》ひどく不器用な. =**wut** [女]〖医〗狂犬病.

Tolpatsch ([旧]= Tollpatsch. **tolpatschig** ([旧]= tollpatschig.

Tölpel [男]《-s/-》《蔑》間抜け, とんま;〖鳥〗カツオドリ. **tölpelhaft** [形]《蔑》間

T

Tolstoi Lew, トルストイ(1828-1910: ロシアの作家).
Toluolvergiftung 囡 トルエン中毒.
Tom. = *Tomus*.
Tomate [トマーテ] 囡 《-/-n》 〖植〗 トマト;トマトの木. ◆ *[eine] treulose ~* 頼りにならない人. **~n auf den Augen haben** 〖話〗物が見えていない, 見落とす. **~n=ketchup**, **~n=ketschup** 囲 〖料〗トマトケチャップ. **~n=mark** 囲 《-[e]s/》〖料〗トマトピューレー.
Tombola 囡 《-/-s..len》福引き.
Ton [トーン] I 《-[e]s/Töne》 ① 《複 sound》音, 音響, 音声; ことば; 楽音. ❷ アクセント, 強勢. ❸ 話し方, 口調; 雰囲気. ❹ 《複 tone》色調. II 《-[e]s/種複-e》粘土, 陶土. ◆ *den ~ angeben* 指導的な立場にある, リーダーシップをとる. *der gute (feine) ~* エチケット. *Der ~ macht die Musik.* 〖諺〗もの言いようが肝心. *einen anderen (schärferen) ~ anschlagen* 今までとは別の〈今までより厳しい〉態度を取る. *einen ~ am Leib haben* 〖話〗ロさがない言い方をする. *große (dicke) Töne reden (schwingen, spucken)* もったいぶる, 大ぼらをふく. *im ~ vergreifen [sich⁴]* 不適切な言い方をする. *j-et¹ in den höchsten Tönen loben (von j-et³ in den höchsten Tönen reden)* 〈…を〉べたぼめする. *~ läuft!* 音楽スタート. *zum guten ~ gehören* 礼儀〈エチケット〉にかなっている.
Ton=abnehmer 囲 (レコードプレーヤーの)ピックアップ.
ton=angebend 厖 指導的な, 影響力のある.
Ton=anlage 囡 (マイク・スピーカーなど) 音響設備. **=arm** 囲 (レコードプレーヤーの)トーンアーム. **=art** 囡 〖楽〗調(長調: Dur, 短調: Moll); 語調, 口調. ◆ *eine andere (schärfere) ~ anschlagen* それまでとは別の〈今までより厳しい〉態度を取る. **=aufnahme** 囡 録音. **=aufzeichnung** 囡 = *Tonaufnahme*.
Tonband [トーンバント] 囲 《-[e]s/..bänder》 《複 tape》録音テープ. **=aufnahme** 囡 テープ録音. **=gerät** 囲 テープレコーダー.
Tondichtung 囡 〖楽〗トーンポエム, 音詩; 〖楽〗楽曲: 作曲.
Töne ⇒ *Ton*
tönen 自 (白黒写真を)あとから着色する.
tönen 他 (tönte; getönt) ❶ 国 《複 sound》(音などが)鳴り響く; 聞こえる; 〖話〗《**von** *et³*》〈…を〉ひけらかす. ❷ 他 〈…に〉色をつける, 〈…を〉染める.
Tonerde 囡 〖化〗アルミナ. **=mineral** 厎 粘土鉱物.
tönern 圏 粘土(製)の; 陶器(製)の.
Ton=fall 囲 口調, 話し方; イントネーション, (文の)抑揚. **=film** 囲 〖映〗トーキー. **=frequenz** 囡 〖電〗音声〈可(聴)〉周波. **=gefäß** 囲 陶器, 陶製の食器; 土器. **=geschirr** 囲 陶製の食器.
tonhaltig, tonig 厎 粘土を含んだ.
Tonika 囡 《-/..ken》〖楽〗(調の)主音: 主音上の三和音.
Tonikum 囲 《-s/..ka》強壮剤.

Ton=ingenieur 囲 録音技師, ミキサー.
tonisch 厎 〖楽〗主音の; 厎〖医〗強直性の, 強壮性の.
Ton=kopf 囲 (プレーヤーの)ピックアップ. **=kunst** 囡 〖雅〗音楽. **=künstler** 囲 〖雅〗作曲家. **=lage** 囡 〖楽〗音域. **=leiter** 囡 〖楽〗音階.
tonlos 厎 抑揚のない; (声の)張りのない.
Tonmeister 囲 録音技師.
Tonnage [トナージェ] 囡 《-/-n》 (船舶の)トン数; (一国の)船舶総トン数.
Tonne [トネ] 囡 《-/-n》 (⑪ **Tönnchen**) 大きなたる; ドラム缶; 〖重量単位〗トン; 総登録トン数; 〖話〗太った人, でぶ. **~n=gewölbe** 囲 〖建〗半円筒ヴォールト. **~n=kilometer** 囲 〖交〗トン・キロメートル(1トンの荷を1キロメートル輸送すること: 略 tkm).
tonnenweise 副 トン単位で; 大量に.
Ton=pfeife 囡 陶製のパイプ. **=qualität** 囡 音質. **=sprache** 囡 〖言〗(中国語のような)声調〈声調〉言語; 〖言〗音声語(ある作曲家・ある時代の音楽などに特徴的な音楽的特性). **=spur** 囡 〖映〗サウンドトラック.
Tonsur 囡 《-/-en》〖カト〗トンスラ(昔の聖職者の剃髪(ﾃｲﾊﾂ)した頭).
Tontaubenschießen 囲 クレー射撃.
tönte ⇒ *tönen*
Ton=techniker 囲 〖映・放〗音声〈録音〉担当技術者. **=träger** 囲 録音媒体(テープ・CDなど).
Tönung 囡 《-/-en》色づけ; 色調, 色あい.

TOP [トプ] 囲 = *Tagesordnungspunkt*.
top.., Top.. 〖話〗「非常に…, きわめて…; 最高(級)の…, トップレベル(クラス)の…」の意.
Topas 囲 《-es/-e》〖鉱物〗トパーズ, 黄玉.
Topf [トプフ] 囲 《-[e]s/Töpfe》 (⑪ **Töpfchen**) 《複 pot》 (丸くて底の深い)鍋(ﾅﾍﾞ), つぼ; 植木鉢; 室内用便器. ◆ *alles in einen ~ werfen* 一把一からげに扱う. *in die Töpfe gucken* (j³) (人に)お節介をやく. *Jeder ~ findet seinen Deckel.* 〖諺〗われ鍋に閉じ蓋(ﾌﾀ). *wie ~ und Deckel zusammenpassen* ぴったり合っている. **=blume** 囡 鉢植えの花.
Töpfchen (→ *Topf*) 囲 《-s/-》子供用のおまる.
Töpfe ⇒ *Topf*
Topfen 囲 《-s/》〖南部・ﾄﾞｲﾂ〗凝乳, カード.
Töpfer 囲 《-s/-》(⑪ *-in*) 陶工; 暖炉工事人. **Töpferei** 囡 《-/-en》陶芸; 製陶業; 製陶工場; 陶器類.
Töpfer=scheibe 囡 (製陶用の)ろくろ(ﾛｸﾛ). **=ware** 囡 陶磁器類.
Topf=gucker 囲 《-s/-》〖戯〗台所でのなべをのぞきたがる人; 〖腹〗おせっかいな人, せんさく好きな人. **=lappen** 囲 (布製の)なべつかみ. **=pflanze** 囡 鉢植え植物.

Top=leistung 囡 = *Spitzenleistung*. **=management** 囲 (大企業の)最高幹部(当陣). **=manager** 囲 (大企業の)最高幹部. **=modell** 囲 トップモデル.
Topo=graph, =graf 囲 《-en/-en》地

Totenwache

形用量技師. **graphie, grafie** 女(/-/-n) 地形図, 地势図, 地形測量; 《気象》等圧面天気図; 《医》局所解剖学. **topo-graphisch, -grafisch** 形 地形(地勢)に関する; 《医》局所(局部)の.
Topologie 女 (/) 位相幾何学.
topp 間 よしっ(同意の声).
Topp 男 (-s/-e[n], -s) 《海》マストの先端; 《話》《劇場の》最上階の席. **♦ vor - und Takel** 《海》帆を下して.
Top-spieler 男 トップクラスの選手. **-spin** 男 (-s/-s) 《球技》トップスピン.
Tor[トーア] **①** 中 (-[e]s/-e) (⊗ gate)門; 出入口; （門の）扉; 《球技》ゴール; ゴールイン; 《話》旗門. **②** 男 (-en/-en) (⊗ Törin) (⊗ fool) 馬鹿者, お人好し, 愚か者. **♦ ins eigene - schießen** オウンゴールを入れる; 《話》自殺行為をする. **vor den ~en** 町(建物)の外で. **-einfahrt** 女 広い入口.
Torero 男 (-(s)/-s) 闘牛士.
Tores-schluss 男 **= schluss** 男 閉門. **♦ [kurz] vor ~** 締切りぎりぎりで.
Torf 男 (-[e]s 種類/-e) 泥炭; 泥炭土. **-boden** 男 泥炭土. **-moor** 中 泥炭湿原. **-mull** 男 ピートモス (土壌改良用の乾燥泥炭).
Torheit 女 (/-en) 愚かさ; 愚かな行為, 愚行.
Torhüter 男 《球技》ゴールキーパー.
töricht [テーリヒト] 形 (⊗ foolish) 愚かな, ばかな, ばかげた.
torkeln 自 (s, h) よろける, ふらつく, よろよろ歩く.
Tor-lauf 男 《スキー》回転競技, スラローム. **-linie** 女 《球技》ゴールライン.
torlos 形 《球技》無得点の, ノーゴールの.
Tormann 男 《球技》ゴールキーパー.
Tornado 男 (-s/-s) トルネード(北米の大竜巻), 二人乗り双軸戦斗機.
Tornister 男 (-s/-) 《軍》背のう; 《古》ランドセル.
torpedieren 他 《軍》魚雷攻撃する; 妨害する, 阻む. **Torpedierung** 女 (/-/-en) 魚雷攻撃; 妨害, 阻止.
Torpedo 男 (-s/-s) 魚雷. **-boot** 中 魚雷艇.
Tor-pfosten 男 《球技》ゴールポスト. **-raum** 男 《球技》ゴールエリア. **-schluss** 男 (⊗ schluß) ⇒ Toresschluss門限. **-schlusspanik** 女 (⊗ schlußpanik) チャンスを逃すのではないかという不安. **-schuss** 男 (⊗ schuß) 《スポ》シュート. **-schütze** 男 シュートを決めた選手.
Torsion 女 (/-en) 《工》ねじり, ねじれ; 《医》《空間曲線の》ねじれ率.
Torso 男 (-s/-s, ..si) 《美》トルソー; 未完成の作品.
Torsten 《男名》トルステン.
Tort 男 (-[e]s/-e) いやがらせ, 害.
Torte 女 (/-n) (⊗ Törtchen) トルテ (円型のデコレーションケーキ). **~n-boden** 男 《料》タルト(トルテ)の台. **~n-heber** 男 ケーキサーバー.
Tortur 女 (/-en) 困難; 難儀; 拷問なこと.
Tor-wächter 男 (昔の)市門の門番. **-wart** 男 《球技》ゴールキーパー. **-weg** 男 (-[e]s/-e) 《球技》ゴールキーパー; (昔の)

市門の門番. **-weg** 男 門から玄関までの道.
tosen 自 (あらし・波などが)轟音(ど)を立てる. 荒れ狂う.
Toskana 中 トスカーナ(イタリア中部の地方および州名).
tot [トート] 形 (⊗ dead) **❶** 死んだ, 死んでいる; （植物が）枯れた. **❷** 死んだような, 生気のない; 疲れ切った; 機能しない; 効力のない; 活気のない; 無機の: **ein ~es Rennen** 《同》同着引き分けレース. **♦ halb ~ vor Angst (Schrecken) sein** 《話》不安(驚き)で生きた心地がしない. **mehr ~ als lebendig sein** くたくた に疲れている; 生きた心地がしない. **~ geboren** 死産の. **~ stellen (sich[4])** 死んだふりをする. **~ und begraben sein** 《話》忘れ去られている.
total [トタール] 形 完全な, 全面的な; 副 まったく, 完全に, すっかり: **Er ist ~ blau**. 『話』彼はへべれけだ.
Total-ausfall 男 《経》全損. **-ausverkauf** 男 在庫一掃大売り出し. **-ergebnis** 中 総括的結論, 最終結果.
Totalisator 男 (-s/-oren) 馬券発売所 (⊗ Toto);《気象》積算降水量計.
totalisieren 他 《数》合計する, 締める.
totalitär 形 全体主義的な; 包括的な.
Totalitarismus 男 (-/) 全体主義.
Totalität 女 (/-/) 全体; 全体性; 《数》全面的な権力行使; 《天》皆既食.
totaliter 副 全く, 完全に, 完全に.
Total-operation 女 《医》《手術による》臓器の完全摘出. **-prothese** 女 《医》総入れ歯. **-schaden** 男 （修理不能な）完全な破損. **-verlust** 男 全損. **-verriss** 男 (⊗ verriß) 《話》完膚(な)なきまでの酷評.
tot-arbeiten (*sich[4]*) 《話》くたくたになるまで働く. **-ärgern** 再 (*sich[4]*) 《話》かんかんに怒る.
Tote ⇒ Tote[r]
Totem 中 (-s/-s) 《民族》トーテム. **-pfahl** 男 トーテムポール.
töten [テーテン] 他 (tötete; getötet) (⊗ kill) 殺す, 殺害する; だめにする; 《話》(タバコの火を)消す: **sich[4] ~ aus Gram** 悲しみのあまり自殺する. **Wenn Blicke ~ könnten!** 《話》なんて怖い目つきだ.
Toten-bahre 女 棺台. **-beschwörung** 女 (/-/-en) 死者の霊を呼び出すこと, 召魂. **-bett** 中 臨終の床.
toten-blass 形 (⊗ blaß) 死人のように青ざめた, 真っ青な.
Toten-blässe 女 死人のような青白い顔色. **-feier** 女 葬儀, 葬式; 慰霊祭. **-geläute** 中 弔鐘(どう). **-glocke** 女 弔鐘. **-gräber** 男 墓掘り人; 墓守り; 《虫》シデムシ, ハネカクシの一種. **-hemd** 中 死者に着せる白衣, 経帷子(きょう). **-kopf** 男 どくろ, しゃれこうべ; (毒物の表示の)どくろ印; 《虫》メンガタスズメの一種. **-maske** 女 デスマスク. **-messe** 女 《宗》葬儀ミサ. **-reich** 中 死者の国, 黄泉(こ)の国. **-schein** 中 死亡診断書. **-starre** 女 死後硬直.
totenstill 形 しんと静まり返った.
Toten-stille 女 死の静けさ. **-tanz** 男 死の舞踏. **-wache** 女 通夜.

Tote[r] [トーテ(ター)] 男女《形容詞変化》死人, 死者. ✦ *Die Toten soll man ruhen lassen.* 〘諺〙故人の悪口は言うな.

tötete ⇒ töten

tot|fahren* 他 (車で)ひき殺す. =**geboren** ⇒ tot ✦

Totgeburt 女 死産; 死産児.

tot|lachen* 《*sich*⁴》〘話〙死ぬほど笑う, 笑いこける. ✦ *zum Totlachen sein* とてもおもしろい. ├**laufen*** 他 《*sich*⁴》〘話〙すたれる; 成果なしに終わる.

Toto 男中 (-s/-s) 馬券発売所: サッカーのトトカルチョ. =**schein** 男 〔サッカー〕トトカルチョの投票用紙.

tot|sagen 他 (人が)死んだ(終わった)と〔誤って〕言い触らす. ├**schießen*** 他 《*sich*⁴》〘話〙ピストル自殺する.

Totschlag 男 〘法〙故殺.

totschlagen* 他 ❶ 殴り殺す; 〘話〙(時間を)つぶす. ✦ *Dafür lasse ich mich ~.*〘話〙まちがっていても絶対にもういい, 絶対に確かだ. *Du kannst mich ~,* / *Und wenn du mich totschlägst, ...*〘話〙絶対に〈間違いなく〉….

Totschläger 男 (-s/-) 〘殴り殺すための〙武器, 凶器.

tot|schweigen* 他 (人を)黙殺する. ├**stechen*** 他 《*sich*⁴》刺し殺す. ├**stellen*** 《*sich*⁴》死んだまねをする. ⇒ tot ✦ ├**treten*** 他 踏み殺す.

Tötung 女 (-/-en) 殺害, 殺人; 〘法〙殺害.

Toupet [トゥペー] 中 (-s/-s) ヘアピース, トゥペー(逆毛を立てた前髪).

toupieren 他 (前髪を)逆毛にして膨らませる.

Tour [トゥーア] 女 (-/-en; 《英》trip, tour) 遠足, ハイキング; 小旅行. ❷ 区間, 距離; ルート. ❸ 手口, やり方: 計画. ❹ (機械の回転); 旋回. ❺ 運動, 一連の動作. ✦ *auf ~ bringen* (人を)興奮させる; 活気づける. *auf ~en kommen* 気分が活気づく. *auf ~ sein* 〈*gehen*〉〘話〙旅行中である〈旅行に出かける〉. *auf vollen* 〈*höchsten*〉 *~en laufen* フル回転する. *in einer ~* 休むことなく, 絶えず. *seine ~ kriegen* 〈*haben*〉機嫌が悪い.

Touren|rad [トゥーレン…] 中 ツーリング用自転車. =**wagen** 男 ラリー用自動車. =**zahl** 女 〘工〙回転数. =**zähler** 男 〘工〙回転数表示計.

Tourismus 男 (-/-; =**industrie**) 観光[旅行]. =**industrie** 女 観光産業.

Tourist [トゥリスト] 男 (-en/-en; 《英》=**in**) 〈《英》tourist〉旅行者, 観光客.

Touristen|information [トゥリステンインフォマツィオーン] 女 〘スイス〙観光案内所. =**klasse** 女 (飛行機・船などの)ツーリスト〈エコノミー〉クラス. =**visum** 中 観光ビザ.

Touristik 女 (-/-) 観光事業, 旅行会社; 観光[旅行]. **touristisch** 形 観光[旅行]の.

Tournee 女 (-[-s]/-) 〘演〙巡業, 演奏公演/旅行.

Tower 男 (-[-s]/-) 〘空港の〙管制塔.

TR 〘国籍符号〙トルコ.

Trab 男 (-[-s]/) (馬の) 速 歩(撃); *sich*⁴ *in ~ setzen* 〘話〙駆け出す. ✦ *auf ~ bringen* (人を)せかす. *auf ~ kommen* 〘話〙急いでやって来る. *auf ~ sein* せかせかと動き回っている. *Die Toten ~ halten* ひっきりなしに動き続けさせる.

Trabant 男 (-en/-en) 〘天〙衛星; 〘歴〙親衛兵, 取り巻き; 《雅》〘戯〙子供たち; 〘商標〙トラバント(旧東ドイツの小型車). =**en-siedlung** 女 〘都市周辺の〙住宅団地. =**en-stadt** 女 衛星都市; ベッドタウン.

traben 自 (s) 〘馬〙速歩で駆ける; (s) 〘話〙(人が)走って行く. **Traber** 男 (-s/ -) 速歩レース用の馬. **Trabrennen** 中 速歩レース.

Tracht 女 (-/-en) 〈《英》costume〉 (時代·地域·職業などに特有な)衣装, 服装; 民族衣装; 髪〈ひげ〉の型; (一担ぎ分の)荷, 積み荷; ミツバチが運んで来る花粉と蜜[量]. ✦ *eine ~ Prügel bekommen* 〘話〙さんざん殴られる.

trachten 《雅》 自 《*nach et*³》 (…を)得ようと努める《得ようとする》. **Trachten** 中 〘雅〙願望, 志向.

trächtig 形 (動物が)妊娠している《雅》《*von*〈*mit*〉*et*³》(…で) 一杯の, (…に)満ちた. **..trächtig** 「…をはらんでいる, …が起こりそうな」の意. **Trächtigkeit** 女 (-/-) (動物の)妊娠; 《雅》豊富, 満ちていること.

tradieren 他 伝承する, 口伝する.

Tradition [トラディツィオーン] 女 (-/-en) 〈《英》tradition〉伝統, しきたり, 慣例, ならわし.

traditionell [トラディツィオネル] 形 伝統的な, 慣例の, しきたりによる. 昔ながらの.

traditions|bewusst (《旧》= **bewußt**) 形 伝統を意識した. **Traditions-bewusstsein** (《旧》= **bewußtsein**) 中 伝統意識.

traf ⇒ treffen

träf 〘スイス〙適切な, 的を射た.

träfe ⇒ treffen

Trafik 女 (-/-en) 〘オーストリア〙タバコ店.

Trafo 男 (-/-s) 〘電〙変圧器, トランス(< *Transformator*).

Tragbahre 女 担架.

tragbar 形 持ち運べる, 携帯用の; 着ておかしくない; 我慢できる; 負担できる.

Trage 女 (-/-n) 背負子(ら); 担架.

träge [トレーゲ] 形 (-r/träg[e]st) 不活発な; 怠惰な, 無精な, ものぐさな; 〘理〙慣性の; 〘口〙不活性の; 〘商〙不振の.

tragen* [トラーゲン] (**trug**; **getragen**) 他 ❶ 〈《英》carry〉運ぶ, 持って行く; 《*sich*⁴》運び具合が(…で)ある; 《*et*⁴ *bei sich*³》(…を)携帯している. ❷ 〈《英》wear〉(服を)着ている, (帽子を)かぶっている, (髭を)はやしている, (眼鏡を)かけている, (アクセサリーを)つけている; (手足·髪型を…に)している; 《*sich*⁴》着心地[履き心地]が(…で)ある. ❸ 〈《英》bear〉(物が…を)支える; (…の重さに)耐える; (不快なことに)耐える; (費用·責任などを)負う. ❹ (実を)つける, 実のなる; (動物が子を)はらんでいる; (利子を)生む; 《*sich*⁴ 〈*selbst*〉》〘商〙採算が合う〈取れる〉. ❺ 身に·称号などを持っている; 《*sich*⁴ *mit et*³》(…を心に抱いている. ❻ (声,音声が)響く. ✦ *schwer an et*³ *zu ~ haben* 重たい(…を)持ち運ぶ, (…を)重荷と感じる, (…に)悩まされる. *zum*

Tragen kommen 活用される；効き目を現す．
Träger [トレーガー] 男《-s/-》(⊕ **-in**) 運ぶ人，運搬者；ポーター（病院の）担架要員；新聞配達人；（勲章などの）保持者；（事業などの）担い手，担い手；［所轄〕機関；［建〕土台，支柱；ズボン吊り，サスペンダー．
trägerlos 形 肩ひものない．
Trägerrakete 女 打ち上げ（推進）ロケット．
tragfähig 形 荷重負担に耐えうる．
Trag-fläche 女〔空〕主翼．**=flächenboot** 中 水中翼船．**=flügel** 男〔空〕主翼．
Trägheit 女《-/》 不活発，（動作の）のろさ；怠情，無精；［理〕慣性；［商〕不振．**～s-moment** 中〔理〕慣性モーメント．
Tragik 女《-/》 悲惨さ；悲しみ；悲劇性．
tragikomisch 形 悲喜劇の；悲喜劇的な．**Tragikomödie** 女 悲喜劇．
tragisch [トラーギッシュ] 形 (⊕ tragic) 悲劇的な，悲惨な；《文芸》悲劇の，悲劇風の．◆ *Nimm es nicht so ～!* そんなに悪く取るな．
Trag-korb 男 背負いかご．**=last** 女 (動物などの運ぶ)荷；(旅客の)手荷物．
Tragöde 男《-n/-n》 (⊕ **..din**) 悲劇俳優．
Tragödie [トラゲーディエ] 女《-/-n》 (⊕ tragedy)悲劇；悲劇的な（恐ろしい）出来事；惨事．
Tragriemen 男 （ショルダーバッグなどの）つり ひも；［軍〕（銃つり）帯；握り皮．
trägst ❶ ⇒ tragen ❷ ⇒ träge
trägt ⇒ tragen
Tragweite 女 射程距離；到達距離；影響の大きさ．
Trainer [トレーナー] 男《-s/-》 (⊕ **-in**) 〔スポ〕 トレーナー，コーチ；（馬術）調教師；［競馬〕調教師；競走馬．
trainieren [トレニーレン] 自 (trainierte; trainiert) (～[sich⁴]) の練習をする；（選手・チームなどを）訓練する；鍛える；（馬などを）調教する．
Training [トレーニング] 中《-s/-s》 練習，トレーニング，訓練，トレーニングウェア．**～s-anzug** 男《-[e]s/..züge》 トレーニングウェア．**～s-gerät** 中 トレーニング器具．**～s-hose** 女 トレーニングパンツ．
Trakl Georg，トラークル（1887-1914：オーストリアの詩人）．
Trakt 男《-[e]s/-e》 （建物の）翼部，ウィング；翼部の居住者；［医〕（消化器の）管，路；（神経の）束．
Traktat 男中《-[e]s/-e》 (⊕ **Traktätchen**) 論文；小冊子，パンフレット；中編文書．**traktieren** 他《*j⁴* mit *et³*》（人を…で）苦しめる，虐待する．
Traktor 男《-s/-en》 トラクター，牽引（けん）車．
trällern 他（…のメロディーを）ラララと歌う（口ずさむ）（ヒバリなどが）さえずる．
Tram [トラム] 女《-/-s》〔中〕《-[s]/-s》，**=bahn** 女《南部・オーストリア・ス》 市電．
Trampel 男《-s/-》（中）《-s/-》 ぐず，のろま．
trampeln ❶ 自 足を踏み鳴らす；（乱暴に）ドタドタと歩いて（走って）音を立てる．❷ 他 踏みつけて（…の状態に）する；（靴の汚れなどを）足踏みをして取り除く；（踏み固めて道
などを）作る．
Trampel=pfad 男〔話〕 踏み固めてできた道．**=tier** 中〔動〕フタコブラクダ；〔話〕=Trampel．
trampen [トレンペン] 自《-(s)》ヒッチハイクをする．
Trampolin 中《-s/-e》〔体操〕トランポリン．
Tramp=schiff 中〔海〕不定期船．**=schiffahrt** 中 (⊕ **=schiffahrt**) 女〔海〕不定期航路[運行]．
Tran 男《-[e]s/*種類*-e》鯨油，魚油．◆ *im ～* 〔話〕〔酒・眠気で〕ぼうっとなって．
Trance 女《-/-n》催眠状態．
Tränchen 中《-s/-》(Träne の縮小形) 涙の滴．
Tranchierbesteck [トランシーア..] 中= Tranchierbesteck．**tranchieren** = tranchieren．**Tranchiermesser** = Tranchiermesser．
Träne 女《-/-n》 (⊕ **Tränchen**) (⊕ tear) 涙；つまらない退屈な）人．◆ *die Augen voll ～ haben* 目に涙をためる．*keine ～ nachweinen* (*j-et³*) (…を)悲しまない，悔やまない．*mit einer ～ im Knopfloch* 〔戯〕涙にぬれるほど感激して；そら涙を流して．
tränen 自（目が）涙を出す．
Tränen=drüse 女〔解〕涙腺（るい）．◆ *auf die ～ drücken* 〔映画・演劇などが〕泣かせる，涙を誘う．**=gas** 中 催涙ガス．**=gasgranate** 女 催涙弾．**=sack** 男〔解〕涙嚢（のう）．
tranig 形 魚油の[ような]；〔話〕のろまな．
trank ⇒ trinken
Trank 男《-[e]s/Tränke》〔雅〕飲み物．
tränke ⇒ trinken
Tränke 女《-/-n》 (動物の)水飲み場；(動物の水を飲む)容器．**tränken** 他 (動物に)水を飲ませる；《*et⁴* mit *et³*》(…に…を)染み込ませる．
trans..., Trans.. 「横切って…，通り抜けて…；向こう側へ…を越えて」の意．
Transaktion 女（金融がらみの）大規模取引．
Transaminase 女《-/-n》〔化〕トランスアミナーゼ，アミノ基転移酵素．
trans=atlantisch 形 大西洋の向こう側の；大西洋横断の．
Transchierbesteck [トランシーアベシュテック] 中 カービングセット（肉切りナイフとフォーク）．**transchieren** (料理した肉を)切り分ける．**Transchiermesser** 中 カービングナイフ，切り分け用ナイフ．
Transfer 男《-s/-s》 交換，やり取り；外国への送金（支払い）；（ホテル・空港間などの）連絡輸送；［スポ〕金銭トレード；［心〕学習の転移．
transferieren 他（金を）外貨（外国為替）で送金する；（金を）振り込む；［スポ〕（人を）金銭トレードする；［オースト・官〕（人を）転任させる．
Transformation 女《-/-en》 変形；変換；［電〕変圧．**～s=grammatik** 女 変形文法（⊕ TG）．
Transformator 男《-s/-en》〔電〕変圧器，トランス．(⊕ Trafo)．

transformieren [他] 変形〈変換〉する; 〔電〕変圧する.
Transfusion [女] ((-/-en)) 〔医〕輸血.
Transistor [男] ((-s/-en)) 〔電〕トランジスター; = Transistorradio. ≈**radio** [中] トランジスターラジオ.
Transit [男] ((-s/-e)) 乗り継ぎ, トランジット(旅行者が第三国を通過すること); 〔商〕通過(商品が第三国を通過すること); [中] ((-s/-s)) = Transitvisum. ≈**gut** [中] 〔商〕通過貨物. ≈**handel** [男] 〔商〕通過貿易(第三国を通過する他国間の貿易).
transitiv [形] 〔文法〕他動[詞]の.
Transit≈verkehr [男] (旅客・商品の)通過往来. ≈**visum** [中] 通貨査証〈ビザ〉. ≈**ware** [女] 〔商〕通過商品. ≈**zoll** [男] 〔商〕(通過商品に対する)通過[関]税.
Transkription [女] ((-/-en)) 〔言〕(他の文字・記号への)転写; 〔楽〕編曲.
Transmission [女] ((-/-en)) 〔工〕伝動装置; 〔理〕(光・音波の)透過.
Transmitter [男] ((-s/-)) (無線の)送信機; 〔生化〕[神経]伝達物質.
Transp. [略] *Transport* 繰越[高].
transparent [形] 透明な; 透けて見える; 分かりやすい. **Transparent** [中] ((-[e]s/-e)) 横断幕; 透かし絵.
Trans≈piration [女] ((-/)) 発汗; 〔植〕蒸散作用. **transpirieren** [自] 発汗する; 〔植〕蒸散する.
Trans≈plantation [女] ((-/-en)) 〔医〕移植; 〔園芸〕接ぎ木. **transplantieren** [他] 〔医〕移植する.
Transport [トランスポルト] [男] ((-[e]s/-e)) (英 transportation)輸送, 運送, 運搬; 輸送物, 貨物; 〔商〕繰越[高].
transportabel [形] 輸送可能な; 携帯用の.
Transportarbeiter [男] 運搬作業員. **Transporter** [男] ((-s/-)) 輸送船; 輸送機; 貨車; 大型トラック. **Transporteur** [トランスポルテーア] [男] ((-s/-e)) 運送業者; 分度器. **transportfähig** [形] (病人などが)移送に耐えられる.
Transport≈hubschrauber [男] 輸送用ヘリコプター.
transportieren [トランスポルティーレン] ((transportierte; transportiert)) [他] 輸送する, 運ぶ; (機械などが)送り出す; 〔商〕繰り越す.
Transport≈kosten [複] 運送費, 運賃. ≈**mittel** [中] 輸送手段〈機関〉.
Transrapid [男] ((-[s]/)) 《商標》トランスラピート(リニアモーター式鉄道).
Transvestit [男] ((-en/-en)) 〔心〕服装倒錯者(異性の服装をする人).
transzendent [形] 〔哲〕超越的な; 〔数〕超越数の. **transzendental** [形] 〔哲〕(スコラ哲学で)超越的な; (カント哲学で)先験〈超越論〉的な.
Trapez [中] ((-es/-e)) 〔数〕台形; 空中ぶらんこ. ≈**künstler** [男] 空中ぶらんこ曲芸師.
trapp [間] タッタッタ(靴音); パカパカ(ひづめの音).
trappeln [自] (s)トコトコ〈パタパタ〉歩く; パタパタ〈パカパカ〉と足音を立てる.
trappen [自] (s)ドタドタと歩く; ドタドタ足音を立てる.
trara [間] パンパカパーン(歓声).
Trara [中] ((-s/)) ラッパの音; 《話》大騒ぎ. ✦ *mit großem* ～ 《話》盛大に.
Trassant [男] ((-en/-en)) 〔商〕手形振出人. **Trassat** [男] ((-en/-en)) 〔商〕手形支払人, 名宛(なあて)人. **Trasse** [女] ((-/-n)) (道路などの)予定線; 鉄道線路.
trassieren [他] (計画道路などを)実測する; 〔商〕(手形を)振り出す.
trat, träte ⇨ treten
Tratsch [男] ((-[e]s/)) 《話》うわさ話; 陰口. **tratschen** [自] 《話》うわさ話をする; 陰口をたたく.
Tratte [女] ((-/-n)) 〔商〕為替〈振出〉手形. ～**n≈avis** [男] [中] 〔商〕為替手形の振り出し通知. ～**n≈kredit** [男] 〔商〕手形信用.
Trau≈altar [男] ✦ *vor den* ～ *treten* 《雅》《**mit** j^3》(人と)教会で結婚式を挙げる.
Traube [トラオベ] [女] ((-/-n)) ([小] **Träubchen**)ブドウ[の房]; (花・果実の)房; (人の)群れ. ✦ J^3 *sind die* ～*n zu sauer.* (人は)負け惜しみを言う. ～**n≈lese** [女] ブドウ摘み, ブドウの収穫. ～**n≈saft** [男] グレープジュース. ～**n≈zucker** [男] ブドウ糖.
trauen [トラオエン] ((traute; getraut)) ❶ [自] (英 trust) 《$j\text{-}et^3$》(…を)信用〈信頼〉する : *Trau*, schau, wem! 《諺》人を信用する前によく人物を確かめよ. ❷ [他] (牧師などが人の)結婚式を執り行う. ❸ [再] 《*sich*^{4} + zu 不定詞句》(…する)勇気がある; 《*sich*^{4}》あえて(…へ)行く, あえて(…から)出る.
Trauer [トラオアー] [女] ((-/)) (英 grief) 悲痛; 悲嘆, 悲しみ; 服喪期間; 喪服. ≈**anzeige** [女] 死亡広告; 死亡通知. ≈**binde** [女] 喪章. ≈**demo** [女], ≈**demonstration** [女] 哀悼デモ. ≈**fall** [男] (家族などの)死亡. ≈**flor** [男] ((-s/-e)) 喪章. ≈**gefolge** [中] 《集合的》会葬者. ≈**geleit** [中] 《集合的》会葬者. ≈**jahr** [中] (1年の)服喪期間. ≈**karte** [女] (黒枠つきの)死亡通知カード; (死者の遺族への)お悔やみカード. ≈**kleidung** [女] 喪服. ≈**kloß** [男] 《話》陰気な〈暗い〉やつ. ≈**marsch** [男] 葬送行進曲.
trauern [トラオァン] ((trauerte; getrauert)) [自] 《**um** j^4/**über** et^4》(…のことを)嘆き悲しむ, (故人を)悼む; 喪に服している.
Trauer≈rand [男] 死亡通知の黒枠. ≈**schleier** [男] 喪服のベール. ≈**spiel** [中] 悲劇; 《話》悲劇的なできごと.
trauerte ⇨ trauern
Trauer≈weide [女] 〔植〕シダレヤナギ. ≈**zeit** [女] 服喪期間. ≈**zug** [男] 葬列.
Traufe [女] ((-/-n)) 雨どい.
träufeln [他] (液体を…へ〈に〉)滴らす.
traulich [形] 居心地のよい, 和やかな.
Traulichkeit [女] ((-/)) 居心地のよさ, 快適.
Traum [トラオム] [男] ((-[e]s/**Träume**)) (英 dream)夢; あこがれ; 《話》夢のようにすばらしいもの. ✦ *Aus* [*ist*] *der* ～*!* / *Der* ～ *ist ausgeträumt!* 望みは消えた. *nicht im* ～ 《話》夢にも…ない. *Träume sind Schäume.* 《諺》夢はうたかた.
traum.., Traum.. 「夢の[ような]…; 理想的な…, すばらしい…」の意.

Trauma [中]《-s/ ..men, -ta》〘心〙トラウマ, 心的外傷, ショック;〘医〙外傷. **traumatologisch** [形] 外傷〈創傷〉学〔上〕の.
Traum=bild [中] 夢に現れる姿; 理想像. **=deuter** [男]《-s/-》(⊗ **-in**)夢の分析家; 夢占い師. **=deutung** [女] 夢の解釈〈分析〉; 夢占い.
Träume ⇨ Traum
träumen [トロイメン]《träumte; geträumt》[動] ❶ ([英] dream)夢を見る, (…を)夢に見る;《**von** *j-et*³》(…の)夢を見る, (…を)夢見る, あこがれる. ❷ 空想にふける; ぼんやりしている. ✦ ***Du träumst wohl!***《話》なに寝ぼけてるんだ. ***nicht* 〈*nie*〉 ～ *lassen***《話》《*sich*³ *et*⁴》(…を)夢にも思わない.
Träumer [男]《-s/-》(⊗ **-in**)夢想家.
Träumerei [女]《-/-en》夢想.
träumerisch [形] 夢見がちな; うっとりした, 夢見るような.
Traum=fabrik [女]《戯》夢工場(映画会社のこと). **=figur** [女]《話》夢の〈理想的な〉体型. **=frau** [女]《話》(夢のような)すばらしい女性.
traumhaft [形] 夢のような; 美しい, すてきな.
Traumland [中] 夢の国.
träumte ⇨ träumen
traum=verloren [形] 夢想にふけった, ぼんやりした. **=wandlerisch** [形] 夢遊病者のような.
Traumwelt [女] 夢〈空想〉の世界.
traurig [トラオリヒ] [形] ([英] sad) ❶ 悲しい, つらい, 悲しんでいる; 悲しそうな. ❷ かわいそうな, 哀れな; みすぼらしい.
Traurigkeit [女]《-/-en》悲しみ; 悲しい出来事.
Trau=ring [男] 結婚指輪. **=schein** [男] 婚姻証明書.
traut [形]《雅》打ち解けた, 気のおけない.
traute ⇨ trauen
Traute [女]《-/》《話》勇気, やる気.
Trauung [女]《-/-en》結婚式.
Trauzeuge [男] 結婚立会人.
Travestie [女]《-/-n》〘文芸〙(有名な作品の)戯文化, もじり, パロディー.
Trawler [男]《-s/-》トロール漁船.
Treber [複](ビール・ワインの)搾りかす.
Treck [男]《-s/-s》(家財道具を車に積んだ難民・移民などの)隊列.
Trecker [男]《-s/-》トラクター.
Trecking = Trekking.
Treff ❶ [中]《-s/-s》〘トランプ〙クラブ. ❷ [男]《-s/-s》《話》集まり, 会合; 集合〈待ち合わせ〉場所.
treffen* [トレッフェン]《traf; getroffen》[動] ❶ (►[自]では sein 支配)([英] hit)〔…に〕命中する, 当たる; (…に)命中させる, 当てる. ❷ ([英] meet)(人に)出会う, 出くわす;《*sich*⁴ **mit** *j*³》(約束して人と)会う; (s)《**auf** *j-et*⁴》(予期せず…に)出会う, 遭遇する,〘スポ〙(…と)対戦する;《*Es trifft sich*, dass...》〔たまたま〕…が起きる. ❸ 言い当てる, 的確にとらえる; (罪などが人に)帰せられる;《*Es trifft j-et*⁴.》(…の)順番である. ❹ (人の)心を傷つける, (人に)ショックを与える; (天災・不幸などが…を)襲う. ❺《機能動詞として動作名詞と》する: eine Entscheidung 〈eine Wahl〉 ～ 決定〈選択〉する. ✦ ***es* 〔*mit et*³〕 *gut* 〈*schlecht*〉 *treffen*** (…に関して)運がいい〈悪い〉. ***Es trifft sich gut.*** それは好都合だ; それは運がいい. ***Getroffen!*** ご名答; 図星だよ. ***getroffen fühlen***《*sich*⁴》悪口を言われていると思う; 心が傷つく.
Treffen [中]《-s/-》会合, 集会, 集まり; 会談;〘スポ〙対戦;〘軍〙小ぜり合い. ✦ ***ins ～ führen***《雅》(…を)論拠に持ち出す.
treffend [形] 的確な, 適切な.
Treffer [男]《-s/-》命中弾;〘球技〙ゴール;〘ボクシング〙トゥシュ; 当たりくじ;《話》大当たり.
trefflich [形]《雅》優れた, 卓越した.
Trefflichkeit [女]《-/》優秀さ, 卓越.
Treffpunkt [男] 集合〈待ち合わせ〉場所; (流行などの)中心地.
treffsicher [形] 確実に的を射る; 的確な, 適切な. **Treffsicherheit** [女] 命中率; (判断・表現などの)的確さ.
Treib=eis [中] 流氷, 浮氷.
treiben* [トライベン]《**trieb**; **getrieben**》[動] ❶ ([英] drive)(人・家畜などを…へ〈から〉)追い立てる;《*j*⁴ **in** *et*⁴ 〈**zu** *et*³〉》(人を…するよう)せき立てる, (人を)追いやる〈込む〉; (…を…へ)押し流す; (s, h)漂う, 流される, 漂流する; (s)(…へ)流されていく; (機械を)動かす, 駆動する. ❷ (行為・活動を)する, (よからぬことを)やる, しでかす: Ackerbau ～ 農業をする | Spionage ～ スパイ活動をする | es zu weit ～ やりすぎる. ❸ (釘・ねじなどを…に)打ち込む;《*et*⁴ **durch** 〈**in**〉 *et*⁴》(トンネルなどを…に)掘る. ❹ 板金加工する〈で作る〉; (葉・つぼみ・花を)つける; 芽吹く. ✦ ***es* 〔*mit j*³〕 ～** (人と)セックスをする. **～ *lassen***《*sich*⁴ **von** *et*³》(流れなどに)身を任す; (事態などを)傍観する. ***Sport* ～** スポーツする.
Treiben [中]《-s/-》人々の〔活発な〕営み, にぎわい, 混雑; (よからぬ)行動, 振舞い;〘狩〙追い出し猟.
Treiber [男]《-s/-》〘狩〙勢子(せこ); 御者; (人を仕事に)駆り立てる人;〘コンピュ〙ドライバ.
Treib=gas [中] 燃料ガス; スプレー用のガス. **=haus** [中] 温室. **=hauseffekt** [男] (地球温暖化をもたらす)温室効果. **=holz** [中] 流木. **=jagd** [女]〘狩〙追い出し猟. **=mittel** [中]〘化〙ガス発生剤;〘料〙膨材(ふくらし粉・イーストなど); スプレー用のガス. **=öl** [中] 燃料油. **=rad** [中]〘工〙動輪. **=riemen** [男]〘工〙駆動ベルト. **=sand** [男] 流砂. **=stoff** [男] 動力用燃料.
Trekking [中]《-s/-s》トレッキング(ガイドつきの山歩き).
Trema [中]《-s/-s, -ta》〘言〙トレマ, 分音符(例: フランス語の naïf).
Trenchcoat [男]《-[s]/-s》〘服〙トレンチコート.
Trend [トレント] [男]《-s/-s》傾向, 流れ.
trennbar [形] 分割〈分離〉可能な.
trennen [トレネン]《trennte; getrennt》[他] ([英] separate) ❶ 引き離す, 分ける;《*sich*⁴》(一体であった物が)分かれる, (夫婦などが)別れる;《*sich*⁴ **von** *j-et*³》(人と)別れる, (物を)手放す: Die Mannschaften *trennten sich* 0:0 (= null zu null). 両チームは0対0で引き分けた | *getrennte* Kasse machen 勘定を別々に払

う｜**getrennt leben** 別居している． ❷ 区別する，〈物が〉隔てる；分解する；〈電話を〉切る．

Trennlinie 囡 境界線．

trennscharf 厖 〚電〛〈受信機が〉分離のよい；〖哲・統計〗区別〈弁別〉の精密な．

Trenn-schärfe 囡 〚電〛分離度；〖哲・統計〗区別〈弁別〉能力． **=scheibe** 囡 〈防犯用〉仕切りガラス〈プラスチック〉板．

trennte ⇨ **trennen**

Trennung 囡 (-/-en) 別れ，別離；別れ〈離れる〉こと；分離；隔離；区別；〖文法〗分綴(ㄇ)． **~s-entschädigung** 囡．**~s-geld** 匣 単身赴任手当． **~s-strich** 匣 〖文法〗〈行末の〉ハイフン． ✦ **einen ~ zwischen et¹ ziehen〈machen〉**…をはっきりと区別する．

Trennwand 囡 仕切り壁．

Trense 囡 (-/-n) 〖馬術〗小勒(ᇰ)；〖北部〗組み〈編み〉ひも．

trepp-ab 副 階段を下へ〈下りて〉． **=auf** 副 階段を上へ〈上って〉．

Treppe [トレッペ] 囡 (-/-n) (❀ stay) 階段． ✦ **die ~ hinauffallen**〈話〉思いもかけず昇進〈出世〉する． **die ~ hinuntergefallen〈heruntergefallen〉 sein** 〚話〛散髪してもらっている． **~n-absatz** 匣 〈階段の〉踊り場． **~n-geländer** 匣 階段の手すり． **~n-haus** 匣 〚建〛〈家の〉階段スペース． **~n-stufe** 囡 〈階段の〉段，段． **~n-witz** 匣 遅まきの思いつき〈知恵〉，後知恵．

Tresen 匣 (-s/-) 〖北部・中部〗〈店・酒場の〉カウンター．

Tresor 匣 (-s/-e) 金庫；〈銀行の〉金庫室．

Tresse 囡 (-/-n) 〖服〗ブレード，モール，組みひも．

Trester 匣 〈果実酒の〉搾りかす．

Tret-boot 匣 ペダルボート． **=eimer** 匣 ペダル式ごみバケツ．

treten* [トレーテン] (trat; getreten) 動 (❀ step) ❶ (s) 〈人が…へ〉歩む，歩いて行く，〈…へ〉歩み入る；(s) **[in et¹]** 〈…に〉足を踏み入れる；(s) 〈物が〉現れる，〈汗・涙などが…に〉浮かぶ． ❷ (s) 〈ある状態に〉入る，**[in et¹]** 〈…に〉近い〈…にみ込む〉踏んで〈蹴って〉作る；踏んで〈…の状態に〉する；**(sich)** **et¹ in den Fuß** 〈うっかり足などに〉踏み込んで刺す；(s) **j-et¹ auf et¹** 〈人・動物の…〉に踏む，踏みつける；(s) **[j-et¹]** 〈人・動物など…〉を踏む，踏みつける；(s) **j-et¹ in den Rücken** 〜の背中を蹴る；(s) **[nach j-et¹]** 〈…を〉蹴ろうとする；(s) 〈キックを〉する． ❸ (s) 〈機能範囲として動作名詞と〉**[in et¹]** 〈状態に〉入る，〈行為を〉始める：**in [den] Streik ~** ストに入る **in Kraft ~** 発効する．

Tret-mühle 囡 踏み車装置；〚話〛単調な仕事． **=rad** 匣 踏み車．

treu [トロイ] 厖 (❀ faithful) 忠実な，誠実な；偏愛ない；浮気しない：**Du bist 〖ja〗 ~!** 〚話〛君はうぶなんだねえ． ✦ **~ ergeben** 忠実な，

Treu 囡 ✦ **auf ~ und Glauben** 〔相手を〕信頼して．

..treu 「…に忠実な，…どおりの」の意．

Treubruch 匣 不信，背信．

treubrüchig 厖 背信〈裏切り〉の．

Treue 囡 (-/-) 誠実，信義；〈描写などの〉正確さ，厳密さ．

Treu-eid 匣 忠誠の誓い．

treu-ergeben 厖 ⇨ **treu** ✦

treuest ⇨ **treu**

Treu-hand 囡 〖法〗信託． **=händer** 匣 (-s/-) (囡 -in) 受託者．

Treuhand-gebiet 匣 〖法〗〈国連の〉信託統治領． **-geschäft** 匣 〖法〗信託行為〈業務〉． **-gesellschaft** 囡 〖法〗信託会社．

treuherzig 厖 純真な，信じやすい．

Treuherzigkeit 囡 (-/-) 純真さ，無邪気．

treulich 厖 忠実な，誠実な．

treulos 厖 不誠実な，不実な． **Treulosigkeit** 囡 (-/-) 不誠実，不実；不貞．

Trevira 囡 (-/-) 〖商〗トレビーラ〈ポリエステル系合成繊維〉．

Triage 囡 (-/-) 〖商〗粗悪〈選外〉品．

Triangel 匣 (〖ⅧⅢ匣〗) (-s/-) 〖楽〗トライアングル；〖行〗〈衣服の〉かぎ裂き．

Triathlet 匣 (-en/-en) Triathlon の選手． **Triathlon** 匣 (-s/-s) 〖スポ〗トライアスロン〈距離競技・射撃・大回転〉；〖ア〗トライアスロン，鉄人競技〈水泳・自転車競技・マラソン〉．

Tribalismus 匣 (-/-) 〈未開民族の〉部族意識，部族主義．

Tribun 匣 (-s/-e; -en/-en) 〖史〗〈古代ローマの〉護民官；武官，司令官．

Tribunal 匣 (-s/-e) 〖史〗〈古代ローマの〉司令官席；〈裁判の時の〉政務官席；〖上級〗裁判所，法廷． ✦ **vor ein ~ stellen〈bringen〉**〈人を〉公に非難する．

Tribüne 囡 (-/-n) 〈スタジアムなどの〉観客席；〈集合的〉観客，観衆．

Tribut 匣 (-[e]s/-e) 〈古代ローマの〉租税；〈戦勝者が課する〉貢納金，貢ぎ物；〈災害などの〉犠牲者；〈業績などに対する〉賞辞．

tributpflichtig 厖 租税を納める義務を負った．

Trichine 囡 (-/-n) 〚動〛旋毛虫．

Trichloräthan 匣 (-s/-) 〖化〗トリクロロエタン．

Trichter 匣 (-s/-n) [ʃɔkɔt∫] 漏斗；〈管楽器・蓄音機の〉朝顔；〈すり鉢形の〉弾痕；〈火山の〉クレーター． ✦ **auf den [richtigen] ~ bringen** 〚話〛〈人に〉こつを飲み込ませる． **auf den [richtigen] ~ kommen** 〚話〛こつが分かる．**der Nürnberger ~** ニュルンベルクのじょうご〈あんちょこ，とらの巻〉． **trichterförmig** 厖 漏斗状の．

Trick 匣 (-s/-s) 策略，ぺてん；いんちき；手品，マジック；こつ，秘けつ． **=aufnahme** 囡 特殊撮影． **-film** 匣 特撮映画． **-kiste** 囡 〚話〛あれこれの策略；〚ア〛駆使されたトリック．

trickreich 厖 策略の多い；〚ア〛トリックを多用する．

Trickschlag 匣 〚ア〛トリックショット．

tricksen 動 〚話〛〈特にサッカーで〉トリックプレーをする．**Trickser** 匣 (-s/-) 〚話〛tricksen する人．**Trickserei** 囡 (-/-en) 〚話〛tricksen すること．

trieb ⇨ **treiben**

Trieb [トリープ] 匣 (-[e]s/-e) 衝動，〈人

Trivialität

能的な)欲求, 欲望；(木の)芽, (木化する前の)若枝；〔口〕伝動, 駆動；伝動装置；小歯車, ピニオン；意欲, 願望.
triebe ⇒ **treiben**
Triebfeder 囡 ぜんまい, ばね；原動力, 動機.
triebhaft 形 衝動的な, 欲求に駆られたであること.
Triebhaftigkeit 囡 (/-) (単数)本能的)であること.
Trieb-kraft 囡 原動力, 推進力；発芽(成長)力；膨張力. **~mörder** 男 衝動的欲求(とくに性的欲求)からの殺人者. **~rad** 甲 動輪, 駆動輪. **~sand** 男 流砂. **~täter** 男 衝動的欲求(特に性的欲求)から罪を犯す人. **~verbrechen** 甲 衝動的犯罪. **~wagen** 男 〔口〕動力車. **~werk** 甲 〔口〕駆動(伝動)装置.
Trief-auge 甲 〔話〕ただれ目. **triefäugig** 形 〔話〕ただれ目の.
triefen(*) (triefte, 〔雅〕troff; getrieft, 〔古〕getroffen) (h) (s)(液体が)滴る, ポタポタ垂れる；«vor⟨von⟩ et³»(…で)ぬれている.
trief-nass (⊕=naß) 形 〔話〕びしょぬれの.
Trier トリーア(ドイツ西部, モーゼル河畔の古都).
triezen 他〔話〕いじめる.
triff, triffst, trifft ⇒ **treffen**
Trift 囡 (/-en) 〔地学〕吹送流；牧牧；放牧地；家畜の通り道. **triftig** 形 ❶ 説得力のある, もっともな, 納得できる. ❷ 〔海〕漂流している.
Trigonometrie 囡 (/-) 〔数〕三角法.
trigonometrisch 形 三角法の.
Trikolore 囡 (/-n) 三色旗(特にフランス国旗).
Trikot [トリコー, トリコ] 甲 囡 (-s/-s) 〔織〕トリコット. **Trikotage** [トリコターシュ] 囡 (/-n) トリコット製品.
trilateral 形 三面の(三辺の)；三者間の.
Triller 男 (-s/-) 〔楽〕トリル, 顫音(タネ)；(鳥の)さえずり. **~ einen ~ [unterm Pony] haben** 〔話〕頭がおかしい.
trillern 他 トリルで歌う(演奏する)；(鳥が)さえずる；ホイッスルを吹く；⑥ トリルで歌う(演奏する)；ホイッスルで合図する.
Trillerpfeife 囡 ホイッスル.
Trillion 囡 (/-en) 百京(ੁ)(Million の3乗, 10⁸).
Trilogie 囡 (/-n) (小説・楽曲などの)三部作.
Trimester 甲 (-s/-) (3学期制の) 1学期.
trimmen 他 (人を)鍛練する, 鍛える；〔話〕《j⁴ auf et⁴ ⟨zu et³⟩»(人に…を)教え込む, しつける；《et⁴ auf et⁴»(…を…用に)しつらえる, 仕立て変える；(犬の)毛を刈る, トリミングをする；(無線機の)波長をとる；《無線機の可変コンデンサー.
Trimmer 男 (-s/-) 〔話〕運動して体を鍛える人；〔無線機の可変コンデンサー.
Trinidad und Tobago トリニダード=トバゴ(カリブ海の共和国).
trinkbar 形 飲用に適した.
Trinkbecher 男 コップ, 杯.
trinken* [トリンケン] (trank; getrunken) 他 ❶ (⇔drink)(飲み物を)飲む；酒を飲む；《auf et⁴»(…を祝って)乾杯する；

《*sich*⁴》飲んで(…に)なる：Der Wein lässt sich ～./Der Wein ist zu ～./Den Wein kann man ～. このワインはなかなかいける. ❷ 〔話〕 味(∛の)が(…で)ある, 《*Es trinkt sich⁴*…》飲み具合が(…で)ある. ♦ **einen ～** 〔話〕 (酒を)一杯やる.
Trinker 男 (-s/-) 大酒飲み, アルコール中毒者. **~heilanstalt** 囡 アルコール中毒患者療養所, 断酒センター.
trink-fest 形 酒に強い. **~freudig** 形 酒好きの.
Trink-gefäß 甲 飲用物用容器(グラス, ジョッキなど). **~gelage** 甲 酒宴.
Trink-geld [トリンクゲルト] 甲 チップ. **~glas** 甲 グラス. **~halle** 囡 (湯治場の) 鉱泉水を飲む部屋；飲料の売店. **~halm** 男 ストロー. **~kur** 囡 (鉱泉などの)飲泉療法. **~spruch** 男 乾杯の辞. **~wasser** 甲 飲用水, 飲み水.
Trio 囡 (-s/-s) 〔楽〕三重奏(唱)；三重奏団；三人組.
Trip 男 (-s/-s) 小旅行；遠足；〔話〕(麻薬による)トリップ, 酩酊状態；〔話〕(一時的な)…熱, 凝り.
Tripoli[s] トリポリ(リビアの首都).
trippeln 他 (s)ちょこちょこ歩く(走る).
Tripper 男 (-s/-) 〔医〕淋病(ホネャ).
Triptyk, Triptik 甲 (-s/-s) (自動車・船舶の)国境通過許可証.
trist 形 悲しい, わびしい；荒涼とした.
Tristan トリスタン(ケルト伝説の人物).
Triste 囡 (/-n) 〔南部・オーストリア〕(棒に積み上げられた)干し草の山.
Triton ❶ 男 〔天〕 トリトン(半人半魚の海神). ❷ 男 〔天〕トリトン(海王星の衛星の一つ)；《-en/-en》〔文〕トリトン(トリトンたち(海神の従者たち)). ❸ 囡 (-s/-en) 〔楽〕トリトン, 三重陽子.
tritt ⇒ **treten**
Tritt [トリット] 男 (-[e]s/-e) ❶ (⇔step)歩み, 足取り；足音. ❷ 歩調, 足並み；**im gleichen ～** 同じ歩調で；足並みをそろえて. ❸ けること；足指；〔野〕足跡；(ヤマドリなどの)足跡. ❹ 踏み板；脚立；〔古〕踏段. ♦ **einen ～ bekommen 〈kriegen〉**〔話〕首になる, 解雇される. **~ fassen** 立ち直る；〔軍〕歩調をそろえる. **~brett** 甲 (バスなどの昇降口の)ステップ.
trittfest 形 (台はしごなどが)踏んでもぐらつかない(壊れない). **Trittleiter** 囡 脚立.
trittst ⇒ **treten**
Triumph [トリウムフ] 男 (-[e]s/-e) (⇔triumph) 大勝利, 大成功；(勝利・成功の)喜び, 満足；〔古〕(古代ローマの)凱旋, 凱旋パレード. ♦ **~ feiern ⟨erringen⟩** 勝利を祝(収める. **triumphal** 形 輝かしい, 堂々とした；勝利の歓呼に包まれた.
Triumphbogen 男 凱旋門(カホシネ).
triumphieren 他 勝利(成功)を喜ぶ, 歓呼を挙げ, 大喜びして笑う；《*über j-et*¹》(…に対して)勝利を収める, (…に)打ち勝つ. **~d** 形 勝ち誇った；意気揚々とした.
Triumphzug 男 凱旋(パレード, 行列；勝利のパレード.
trivial 形 重要でない, 平凡な, ありふれた；通俗的な. **Trivialautor** 男 通俗作家. **Trivialität** 囡 (/-en) 陳腐；ありきたり

の言葉〈考え〉. **Trivialliteratur** [女] 通俗文学.

trocken [トロッケン] [形] ❶ ([英] dry)乾いた, 乾燥した; 雨の降らない; 干からびた, 水気のない, かさかさの; しわがれた: *trock[e]ner* Husten から咳(ぜき). ❷ 無味乾燥な, そっけない, つまらない, (食品について)何もつけない, 何も載せない. ❸ (ワインなどが)辛口の. ✦ *auf dem Trock[e]nen sitzen* 〈*sein*〉《話》(金がなくて)動きが取れない; もう酒がない. **～ *sein*** 《話》酒を飲まずにいる.

Trocken≈automat [男] (洗濯物の)自動乾燥機. ≈**batterie** [女] 乾電池. ≈**beerenauslese** [女] 乾粒選果ワイン(最高級ワイン). ≈**boden** [男] 屋根裏の物干し場. ≈**eis** [中] ドライアイス. ≈**element** [中] 乾電池. ≈**gemüse** [中] 乾燥野菜. ≈**gestell** [中] (スタンド型の)物干し台. ≈**haube** [女] 〔美容〕ボンネット型ヘアドライヤー.

Trockenheit [女] 《-/-en》 乾燥状態; 無味乾燥; 乾季.

Trocken≈klo [中], ≈**klosett** [中] (水を使わない)簡易便所. ≈**kurs** [男] (雪なしでの, スキーの)地上初歩講習〈コース〉.

trocken|legen [他] (赤ん坊の)おむつを取り替える; (沼などを)干拓する; 《話》(人に)禁酒させる. **Trockenlegung** [女] 《-/-en》おむつ交換; 干拓; 禁酒.

Trocken≈milch [女] ドライミルク, 粉ミルク. ≈**rasierer** [男] 電気かみそり; 電気かみそりでひげをそる人. ≈**reinigung** [女] ドライクリーニング. ≈**shampoo** [中] ドライシャンプー. ≈**spiritus** [男] 固形アルコール. ≈**zeit** [女] 乾季.

trocknen [トロックネン] 《trocknete; getrocknet》[動] ❶ ([英] dry)(…を)乾かす; (s, h)乾く. ❷ (汗などを)ふく, ぬぐう.

trockner ⇨ trocken

Trockner [男] 《-s/-》 (トイレの)エアタオル; (洗濯物の)乾燥機.

Troddel [女] 《-/-n》 ふさ飾り.

Trödel [男] 《-s/》 ❶ 《話》古物, がらくた, 古着, 古道具. ❷ = Trödelmarkt.

Trödelei [女] 《-/-en》《話》ぐずぐずすること.

Trödel≈kram [男] 《話》= Trödel ①. ≈**markt** [男] のみの市, がらくた市.

trödeln [自] 《話》ぐずぐずする, ゆっくりやる; (s)ぶらぶら歩く; 《古》古物を商う.

Trödler [男] 《-s/-》 ([女] **-in**)古物商; ぐず, のろま.

troff, tröffe ⇨ triefen

Trog [男] 《-[e]s/Tröge》 (家畜の)えさ桶(おけ); (パンの)こね桶; 〔地学〕細長い窪地(くぼち); 〔気象〕気圧の谷.

Troja トロイ[ア](小アジア北西部, トロアス地方の遺跡).

trollen [再] 《*sich*⁴》《話》すごすごと立ち去る; [自] (s) 《話》ぶらぶら歩く.

Trommel [トロメル] [女] 《-/-n》 ([英] drum)太鼓, ドラム; 回転円筒容器(洗濯機のドラムなど). ✦ *die ～ rühren* 〈*schlagen*〉《話》《für *j-et*⁴》鳴り物入りで(…を)宣伝する. ≈**fell** [中] 太鼓の皮; (耳の)鼓膜. ≈**feuer** [中] 集中砲火.

trommeln [自] 太鼓をたたく; 《**gegen** 〈**an**〉 *et*⁴》 (戸などを)ドンドンたたく; [他] (曲に)太鼓を入れる, (太鼓で)リズムを取る.

Trommel≈ofen [男] 筒形〈回転〉炉. ≈**schlag** [男] 太鼓〈ドラム〉を打つこと; 太鼓〈ドラム〉の音. ≈**schlägel** ([旧]= **schlegel**) [男] 太鼓〈ドラム〉のばち. ≈**speicher** [男] 〔コンピュ〕磁気ドラム装置. ≈**wirbel** [男] 太鼓の連打.

Trommler [男] 《-s/-》 鼓手; ドラマー.

Trompete [トロムペーテ] [女] 《-/-n》 ([英] trumpet)トランペット, ラッパ.

trompeten [自] トランペットを吹く; (象などが)ほえる; 《話》大きな音を立てて鼻をかむ; 大声で話す.

Trompeten≈rohr [中] トランペットのバルブケース. ✦ *Scheiße im ～!* くそっ, いまいましい. **Trompeter** [男] 《-s/-》 トランペット奏者; 〔軍〕らっぱ手.

Trope [女] 《-/-n》 〔修辞〕転義法.

Tropen [複] 〔地学〕熱帯, 熱帯地方. ≈**anzug** [男] トロピカルスーツ. ≈**helm** [男] トーピー(熱暑をさえぎるヘルメット帽). ≈**koller** [男] 《-s/》 〔医〕熱帯神経症. ≈**krankheit** [女] 熱帯病.

Tropf [男] 《-[e]s/Tröpfe》 まぬけ, 愚か者; 《-[e]s/-e》 〔医〕点滴装置.

tröpfchenweise [副] 一滴ずつ; ポタポタと; ほんの少量ずつ.

tröpfeln [自] (s)滴り落ちる; 《*Es tröpfelt.*》 雨がぽつんぽつんと降る; [他] (…を…に〈へ〉)滴らせる.

tropfen [トロプフェン] 《tropfte; getropft》[動] ❶ (s)([英] drop)(液体が)滴る, ぽたぽた落ちる; (h)(液体を…の上へ)滴らせる, 滴下する. ❷ (物が)滴を垂らす; 《*Es tropft.*》 雨がぽつぽつ降る: Ihm *tropft* die Nase. 彼ははなを垂らしている.

Tropfen [トロプフェン] [男] 《-s/-》 ([小] **Tröpfchen**) ❶ ([英] drop)しずく, 水滴; 《[複]》 滴薬. ❷ 少量(の液体). ✦ *ein edler* 〈*guter*〉 *～* 上等のワイン〈ブランデー〉. *ein ～ auf den heißen Stein sein* 《話》焼け石に水である. **tropfenförmig** [形] 滴状の. **tropfenweise** [副] 一滴ずつ; ポタポタと; 《話》少しずつ.

Tropfinfusion [女] 《-/-en》 〔医〕点滴.

tropf≈nass ([旧]= **naß**) [形] びしょぬれの.

Tropfstein [男] 〔地学〕鍾乳(しょうにゅう)石. ≈**höhle** [女] 鍾乳(しょうにゅう)洞.

tropfte ⇨ tropfen

Trophäe [女] 《-/-n》 戦利品; 狩猟の記念物(角・毛皮など); トロフィー.

tropisch [形] 熱帯[性]の.

Tropo≈sphäre [女] 対流圏.

troppo [副] 〔楽〕トロッポ, 極度に.

Tross ([旧] **Troß**) [男] 《-es/-e》 〔軍〕輜重(しちょう)隊, 物資補給隊; お供の人々; 行列.

Trosse [女] 《-/-n》 〔海〕大索, 太綱.

Trost [トロースト] [男] 《-[e]s/》 ([英] comfort)慰め, 慰安, 励まし. ✦ *nicht* 〔*ganz, recht*〕 *bei ～[e] sein* 《話》頭がちょっといかれている. **trostbedürftig** [形] 慰めの必要な.

trösten [トレーステン] 《tröstete; getröstet》[他] ([英] comfort)(人を)慰める, 元気づける, なだめる; 《*sich*⁴》 自らを慰める, 気をとり直す〈紛らす〉.

Tröster [男] 《-s/-》《[女] **-in**/-nen》 慰める人; 慰めとなる物.

tröstlich [形] 慰め〈励まし〉となる.

trostlos 形 絶望した；わびしい；荒涼とした．**Trostlosigkeit** 女 (-/) 絶望，わびしさ；荒涼，殺風景．

Trostpreis 男 残念賞．

trostreich 形 非常に慰めになる．**Tröstung** 女 (-/-en) 慰め，慰安．

Trott 男 (-[e]s/-e) (馬の)速足(はや)，トロット；単調な繰り返し．

Trottel 男 (-s/-) 《話》まぬけ，とんま．

trottelhaft 形 まぬけな(とんまな)．

trotteln 自 (s) ぶらぶら歩く．

trotten 自 (s) のろのろ歩く． **Trottoir** [トロトアール] 中 (-s/-e, -s) 《雅》歩道．

trotz [トロッツ] 前 ❶《2格支配》(＊南部・オーストリアでは3格支配》in spite of …にもかかわらず．**Trotz** 男 (-es) 反抗(心)． ♦ **zum ~** (j-et³) …に逆らって，(…を)ものともせずに．

Trotz-alter 中 反抗期．

trotzdem [トロッツデーム] ❶ 副 (＊ nevertheless) にもかかわらず，それなのに． ❷ 《従属》 副 (although) (obwohl) …にもかかわらず．

trotzen 動 《雅》(j-et³) (…に)反抗する，逆らう，抵抗する；(…をものともしない；(子供などが)反抗的である，強情である．

trotzig 形 反抗的な，強情な，言うことをきかない．

Trotzkopf 男 反抗的な人，利かん坊．**trotzköpfig** 形 反抗的(頑固)な．**Trotzreaktion** 女 反抗的反応．

Trouble 男 (-s/) 《話》トラブル，厄介な事，面倒な事態．

trüb 形 = trübe．

Trubel 男 (-s/) 混雑，騒ぎ．

trübe [トリューベ] 形 ❶ (＊ cloudy) 濁った，不透明な；(光などが) 鈍い，くすんだ；(空・ガラスなどが) 曇った． ❷ (気分などが) 暗い，悲しい；疑わしい，不確実な；いかがわしい． ♦ **im Trüben fischen** 混乱を巧みに利用する．

trüben [トリューベン] (trübte; getrübt) 他 ❶ (液体を) 濁らせる，(空・ガラスなどを)曇らせる；《sich⁴》(液体が)濁る，(空・ガラスが)曇る． ❷ (気分を)暗くする，(関係などを)損う；《sich⁴》(気分が)暗くなる，(関係が)悪化する． ❸ (判断力・記憶力などを)鈍らせる；《sich⁴》(記憶力・判断力などが)鈍くなる，(意識が)混濁する．

Trübheit 女 (-/) 曇り；陰うつ．

Trübsal 女 (-/-e) 《雅》悲しみ，悲哀，憂うつ．♦ **~ blasen** 《話》ふさぎ込んでいる；意気消沈している．

trübselig 形 憂うつな，陰気な；もの悲しい，わびしい．**Trübseligkeit** 女 (-/) 憂うつ，陰うつ．

Trübsinn 男 憂うつ，意気消沈．**trübsinnig** 形 憂うつな，ふさぎ込んだ．

trübte ⇨ trüben

Trübung 女 (-/-en) 濁り，混濁；曇り；陰り；(人間関係などの)悪化．

Truck 男 (-s/-s) トラック，貨物自動車．**Trucker** 男 (-s/-) トラック運転手．

Trude [女名] トゥルーデ(＜ Gertrud)．

trudeln 自 (s) くるくる回りながら(スピンしながら)落ちる．

Trüffel 女 (-/-n) 《話》トリュフ，セイヨウショウロ(松露)；トリュフ(ショウロ形のチョコレートケーキ)．

trug ⇨ tragen

Trug 男 (-[e]s) 《雅》欺くこと，だますこと；錯覚．**-bild** 中 幻影；幻像．

trüge ⇨ tragen

trügen* 他 (人を)欺く，だます，(人に)錯覚を起こさせる．**trügerisch** 形 人を欺くような；見せかけだけの；当てにならない．

Trug-schluss 男 (= **schluss**) 誤った推論(結論)，詭弁(!)；《論》偽推論．

Truhe 女 (-/-n) 長持(#*)，チェスト．

Trümmer [トリュマー] 複 がれき；残骸，破片． ♦ **in ~ gehen** がれきとこなごなに壊れる．**in ~n liegen** がれきの山と化している．**-feld** 中 廃墟．**-generation** 女 (第二次世界大戦での敗北を体験した)廃墟(?)の世代．**-haufen** 男 がれきの山．

Trumpf 男 (-[e]s/Trümpfe) 切り札；決定的手段，絶対的優位． ♦ **alle Trümpfe aus der Hand nehmen** (j³) (人の)お株を奪う，有利な立場をくつがえす．**alle Trümpfe in der Hand (in den Händen) haben** 切り札，有利な条件をそろえている．**einen ~ ausspielen** 切り札(奥の手)を使う．**~ sein** 切り札である；花形的存在である．

trumpfen 自 (1)切り札を出す；奥の手を出す；他 (1) 切り札で切る．

Trunk 男 (-[e]s/Trünke) (2)飲み物；(常習的)飲酒癖．

trunken 形 (人・表情などが)陶酔した．♦ **~ vor Glück** 幸福に酔いしれた．

Trunkenbold 男 [大]酒飲み，のんだくれ．

Trunkenheit 女 (-/) 酒酔い，酩酊(*)；陶酔[状態]．

Trunksucht 女 アルコール中毒．**trunksüchtig** 形 アルコール中毒の．

Trupp 男 (-s/-s) 《複》**Trüppchen**) 一団，グループ，チーム．

Truppe [トルッペ] 女 (-/-n) (＊ troop) 《小さな》一座；部隊；前線部隊；《複》軍隊，軍勢． ♦ **nicht von der schnellen ~ sein** 《話》仕事がのろい．**~n-abzug** 男 《軍》撤退，撤収．**~n-führer** 男 部隊長，～**n-parade** 女，**~n-schau** 女 閲兵式．**~n-übung** 女 (軍隊の)演習．

Trust 男 (-[e]s/-e, -s) 《経》トラスト，企業合同．

Trut-hahn 男 (雄の)シチメンチョウ．**-henne** 女 (雌の)シチメンチョウ．**-huhn** 中 シチメンチョウ．

Trypsin 中 (-s/) 《生化》トリプシン(膵液(%)中のたんぱく質分解酵素)．

Tryptophan 中 (-s/) 《生化》トリプトファン(アミノ酸の一つ)．

Tschador 男 (-s/-s) チャドル(イスラム教徒の女性が頭にかぶる黒木綿のベール)．

Tschaikowski Pjotr Iljitsch, チャイコフスキー(1840-93; ロシアの作曲家)．

tschau 間 《話》バイバイ．

Tscheche 男 (-n/-n) (女 **..chin**)チェコ人． **Tschechei** (die ..) チェコ＝Tschechien． **Tschechien** チェコ＝die ~e Republik チェコ共和国．**Tschechin** チェコ(人，語)の：die ~e Republik チェコ共和国．

tschechisch 形 チェコ(人，語)の：die ~e Republik チェコ共和国．

Tschechoslowakei (die ~/) 《旧》チェコスロヴァキア(1993年にチェコとスロヴァキアに分離)．

Tschechow Anton Pawlowitsch, チェーホフ(1860-1904; ロシアの劇作家).

Tschetschene 陽 (-n/-n) チェチェン人(カフカスコーカシニアン)の一種族).

Tschetschenien (-s/-) チェチェン(ロシアの北コーカサスに位置する共和国).

tschilpen 動 (スズメが)鳴く.

Tsch[o]u En-lai 周恩来, チョウエンライ(1898-1976; 中国の政治家).

Tschungking 重慶, チョンチン(中国, 四川省南東部の河港都市).

tschüs, tschüss 間 《話》さよなら, バイバイ, じゃあまた(親しい人に対する別れのあいさつ).

Tsd. 略 1000(< *Tausend*).

T-Shirt [ティーシャート] 曱 (-s/-s) T シャツ.

TU 略 *t*echnische *U*niversität 工科総合大学.

Tuba 囡 (-/..ben) 楽 チューバ; 医 耳管; 卵管.

Tube [トゥーベ] 囡 (-/-n) (愛 tube) チューブ; 医 耳管; 卵管. ◆ **auf die ~ drücken** 《話》アクセルを踏む, スピードを上げる. **~katarr[h]** 男 医 耳管カタル; 卵管カタル.

Tuberkel 男 (-s/-) (稀に囡 (-/-n) 医 結核結節. **~ bazillus** 男 医 結核菌(⊕ TbB).

Tuberkulin 囡 (-s/) 医 ツベルクリン(注射液). **tuberkulös** 形 結核性の; 結核に冒された.

Tuberkulose 囡 (-/-n) 結核(⊕ Tb, Tbc).

Tübingen テュービンゲン(ドイツの南西部の大学都市).

Tuch [トゥーフ] 甲 (-[e]s/Tücher) (愛 Tüchelchen, Tüchlein) 布, 布切れ(ショール・タオル・テーブルクロス・ふきんなど). (-[e]s/ 種類-e) (愛 cloth) 布地, 生地. ◆ **ein rotes (das rote) ~ für j⁴ sein** 《話》(人を)挑発する, 怒らせる.

Tuchent 囡 (-/-en) 《南部・オーストリア》羽毛布団.

Tücher 複 → Tuch

Tuch-fabrik 囡 織物工場. **~fühlung** 囡 肌が触れ合うほどの近さ, 至近距離. ◆ **~ mit j³ haben / auf ~ mit j³ sein** 《話》(人と)触れ合うほど近くにいる.

tüchtig [テュヒティヒ] 形 (愛 capable; 愛 **in** *et*³) (...に)有能な, 優秀な, できる; (法面用法)よい 大量の, たっぷりとした: Freie Bahn dem *Tüchtigen*! 有能なものにもっと機会を. ❷ たっぷり, しっかりした, 大いに.

..tüchtig 「...に適した, ...する能力がある」の意.

Tüchtigkeit 囡 (-/) 能力, 力量; 適性.

Tücke 囡 (-/-n) 悪意; 悪だくみ, 策略. ◆ **[seine] ~n haben** 一筋なわではいかない, 油断できない.

tuckern 動 (エンジンが)ブルブル音を立てる; ブルブル音を立てて進む(行く).

tückisch [テュキシュ] 形 陰険な, 悪意のこもった; (物事について)油断のならない, 危険が潜んでいる.

Tuff 男 (-s/ 種類-e) 鉱 地学 凝灰岩.

Tüftelei 囡 (-/-en) 《話》根気を悩ます仕事; 苦労; やっかいな仕事.

tüfteln 動 《話》(**an** *et*⁴) (...に)根気よく取り組む, 頭を悩ます.

Tugend [トゥーゲント] 囡 (-/-en) (愛 virtue); 徳, 美徳, 美点, 道徳的な) 有徳, 美徳を備えていること; 《古》 貞潔. **~bold** 男 《蔑》 過度に道徳ぶる人.

tugendhaft 形 有徳の, 高潔な. **Tugendhaftigkeit** 囡 (-/) 有徳, 高潔.

Tugendheld 男 有徳(高潔)の士; 《蔑》過度に道徳ぶる人.

Tüll 男 (-s/ 種類-e) 服 チュール(網目状の薄い布).

Tülle 囡 (-/-n) 《方》(ポットなどの)注ぎ口; (燭台の)ろうそく差し入れ口; (ストップなどの)柄つぎ.

Tulpe [トゥルペ] 囡 (-/-n) (愛 tulip) 植 チューリップ; (ビールのチューリップグラス.

..tum 「...であること; ...として生活すること; ...のような行為; ...らしい性質; ...の領土; ...など(もの), ...のすべて」の意.

tummeln (*sich*⁴) (子供などが)跳ね回る, はしゃぎ回る; 《方》急ぐ. **Tummelplatz** 男 (子供の)遊び場, 遊園; 活動の場所(中心地).

Tumor 男 (-s/-en) 医 腫瘍(しゅよう), 腫瘤(しゅりゅう). **~zelle** 囡 (*sich*³) 医 腫瘍細胞.

Tümpel 男 (-s/-) 池, (小さな)沼.

Tumult 男 (-[e]s/-e) 騒動, 反乱.

tumultuarisch 形 騒然とした; 騒乱状態の.

tun* [トゥーン] (*tat; getan*) I 他 ❶ (愛 do) (仕事・行為などを)する, 行う(Was kann ich für Sie ~? (店員が客に)何を差し上げましょうか; (窓口などで) ご用件はなんでしょうか; (医者が患者に)どうしましたか | viel 〈wenig〉 zu ~ haben 忙しい〈暇だ〉); 《動作名詞》(...を)する, 行う(einen Fall ~, einen Sprung ~, (転倒する). ❷ 《**sich**³ *et*⁴》(人のある行為を)する, 及ぼす(人に害などを)加える); 《**sich**³ *et*⁴》(害などを)被る. ❸《話》(...を～へ)置く, 入れる(人を施設などへ)やる, 行かせる. II 自 ❶ (...の)ように)ふるまう, (...の)ふりをする(*Es tut sich....* 《口》)が起きる, 行われる. ❷ 《助動詞》(文頭にアクセントのある不定詞または現在形または過去形で)行為を強調する; 現在形または過去形で）願望を表す(*Kennen tue* ich ihn nicht. 彼のことは知りません); (täte + 不定詞の形で願望を表す) (*Das täte mich freuen.* そうだとうれしいのですが). ◆ **Damit ist es nicht getan.** それで事が済んだけではない; それだけでは十分とは言えない. **Es ist um *j-et* getan.** 《雅》...は終わりだ. **es ist nun mal nicht anders ~** それが(ある人の)流儀である; それ以下の（数量・範などで）ではならない. **es ~** 《話》(ある物で)十分である; (ある物の)代用になる; (機械などが)動く, 作動する; 儲かる性交する. [*Es] tut mir Leid.* 残念です; お気の毒です; 遺憾です. [*Es] tut nichts.* なんともない; 平気だよ. **es unter dem (darunter) nicht ~** それ以下の(数量・範など)ではならない. *gut daran ~* (+ zu 不定詞句) (...)するのがよい. *J³ ist [es] um j-et⁴ zu ~.* 《雅》(人にとって)...が気がかりだ(大事なことである. *kund und zu wissen ~* (...を)知らせる. **Mit es³ ist es getan.** (...で)十分である. *nichts ~ als* (+ zu 不定詞句)

《話》(…)してばかりいる. **Was tut's!** 何だがだって言うの. **weh** ⇨ **wehtun** ◆ **zu ~ bekommen** (《話》) **kriegen**) 《[es] mit j-et³》 (人から)ひどい目に遭わされる, **~ haben** 《[es] mit j-et³》 (…)を目の前にしている; 仕事(交渉)相手にしている; (身体部位の)調子を悪くしている; 病気を患っている; 《etwas》 mit j-et³》 (…と)関連がある, (人が…と)かかり合いがある; 《mit et³ nichts》(人が…と)かかわりがない, (物が…と)関連がない, (人が…に)責任がない; 《mit sich³ selbst》(個人的な問題)を抱えている. **zu ~ haben wollen** 《mit j-et³ nichts [mehr]》 (…とは)かかわりたくない; (…)を避ける.

Tun 中 (-s/-) 行為, ふるまい, 行い. ◆ **Sein ~ und Treiben** 中 (人の)行状.

Tünche 女 (-/-n) (壁用の)水性[白色石灰]塗料; 見せかけ.

tünchen 他 (…)に水性塗料を塗る.

Tundra 女 (-/-/dren) 《地学》ツンドラ, 凍土帯.

Tunell 中 (-s/-e) 《南部·スイス》= Tunnel.

Tunesien 中 チュニジア(北アフリカ中央部, 地中海に面する共和国).

Thunfisch 男 = Thunfisch.

Tunhuang 中 敦煌, トンホワン(甘粛省西部の都市; 千仏洞で有名).

Tunichtgut 男 (-, -[e]s/-e) ろくでなし, やっかい者.

Tunika 女 (-/..ken) 《服》チュニカ(古代ローマの下着·家庭着).

Tunis チュニス(チュニジアの首都).

Tunke 女 (-/-n) 《方》ソース.

tunken 他 《方》 《et⁴ in et³》(…に)浸ける, 浸す.

tunlich 形 当を得た, 適切な; 賢明な.

tunlichst 副 できるだけ; 必ず, ぜひとも.

Tunnel [トゥネル] 男 (-s/- (-s)) ((® door)) tunnel) トンネル; 地下道.

Tunte 女 (-/-n) 《俗》こうるさい(不快な)おばさん; (女性の)ホモセクシュアルの人.

Tüpfelchen 中 (-s/-) 小さな点, 小斑点(はんてん). ◆ **das ~ auf dem i** 《話》最後の仕上げ(i の上の点).

tüpfeln 他 (…に)(小さな)斑点をつける.

tupfen 他 《et³ auf et³》(液体を…に)軽くつける, 《et⁴ von et³》(…から)軽く拭き取る; 《et⁴ (an) et⁴》軽く触れる(たたく). **Tupfen** 男 (-s/-) 点, 斑点丸; 水玉模様. **Tupfer** 男 (-s/-) = Tupfen; 《医》綿球, タンポン.

Tür [テューア] 女 (-/-en) 《® door》戸, 戸口, 扉; 戸口, 玄関; **von ~ zu ~ gehen** 家を一軒一軒回って行く. **Du kriegst die ~ nicht zu!** 《話》まさか, 信じられない. **die ~ für et⁴ offen halten** 《雅》(…には)交渉の余地がある. **die ~ offen lassen** 《nicht zuschlagen》機会を閉ざさない, 可能性を残しておく. **die ~ von außen zumachen** 《話》出て行く, 姿を消す. **die ~ vor der Nase zuschlagen** 《j-³》(人に)門前払いを食わせる. **die ~ weisen** 《j-³》出て行けと言う. **eine ~ offen halten** 《sich³》可能性(逃げ道)を残しておく. **hinter verschlossenen ~en** 秘密裡に, こっそりと. **mit der ~ ins Haus fallen** 《話》急に頼みごとを切り出す. **offene ~en einrennen** 《話》存在しない敵と戦う; 無駄なことをする. **offene ~en finden** 《話》歓迎される, 受け入れられる. **J³ stehen alle ~en offen**. 《雅》(人は)至る所で歓迎を受けている. **und Tor öffnen** 《et³》 (…)を助長する. **vor der ~ stehen** (あることが)目前に迫っている. **vor die ~ setzen / zur ~ hinausbefördern** 《話》(人を)追い出す. **vor seiner eigenen ~ kehren** 他人のことに口出ししない. **zwischen ~ und Angel** 手短に; 急いで.

Türangel 女 ドアの蝶番(ちょうつがい).

Turban 男 (-s/-e) ターバン.

Turbine 女 (-/-n) 《工》タービン. **~nantrieb** 男 タービン推進.

Turbo-Prop-Flugzeug 中 ターボプロップ機.

turbulent 形 大騒ぎの, 騒々しい; 騒然とした; (渦が)乱れた.

Turbulenz 女 (-/-en) 騒々しさ; 騒動; 《気象》乱気流; (流体の)乱れ.

Türe 女 (-/-n) 《方》= Tür.

Türen ⇨ Tür

Tür-flügel 男 (観音開きの)扉, 開き戸. **-füllung** 女 ドアの鏡板. **-griff** 男 ドアの取っ手.

Türke 男 (-n/-n) (女..kin) トルコ人.

Türkei (die ~) トルコ.

Turkestan トルキスタン(中央アジアの南部から中国にかけての地方).

Türkis 男 (-es/-e) トルコ玉《石》; 中 (-/-) トルコ玉の青緑色. **türkisch** 形 トルコ(人, 語)の. **türkisfarben** 形 トルコ玉色の, 青緑色の.

Tür-klinke 女 (-/-n) ドアの取っ手. **-klopfer** 男 (玄関の)ドアノッカー.

Turkmenistan トルクメニスタン(中央アジア南西部の共和国).

Turm [トゥルム] 男 (-[e]s/Türme) 《® Türmchen》塔, やぐら; 《ジャンプ·タワー(将棋の飛車に当たる); 《水泳》飛び込み台; 《軍》(潜水艦の)司令塔, (戦車の)砲塔. ◆ **elfenbeinerner ~** 象牙の塔.

türmen ❶ 他 《sich⁴》高く積み重なる; 山になる. ❷ 自 (s) 逃げ去る, 逃げる.

Türmer 男 (-s/-) (昔の)塔の番人.

Turmfalke 男 《鳥》チョウゲンボウ.

turmhoch 形 とても高い; 副 差をつけて, はるかに.

Turm-springen 中 (-s/-) 《水泳》高飛び込み. **-springer** 男 高飛び込みの選手. **-uhr** 女 (教会などの)塔の時計.

Turnanzug 男 体操服(服).

turnen 自 (s) 体操をする; (子供が)はね回る; (s) (…)の演技をする. **Turnen** 中 (-s/-) 《器械》体操; 体操; 《学》体操の授業.

Turner 男 (-s/-) (女..in) 体操選手. **turnerisch** 形 体操選手の; 体操の.

Turn-fest 中 体育祭, 体操競技会. **-gerät** 中 体操器具. **-halle** 女 体育館. **-hemd** 中 体操シャツ, ランニングシャツ. **-hose** 女 体操ズボン, トレーニングパンツ.

Turnier 中 (-s/-e) 勝ち抜き試合, トーナメント; (中世の騎士の)馬上試合.

turnieren [自] (中世の騎士が)馬上試合を行う.
Turn=lehrer [男] 体操〈体育〉の教師. **=schuh** [男] 運動靴, スニーカー. **=stunde** [女] (学校での)体育の時間. **=übung** [女] 体操の練習; 体操の演技. **=unterricht** [男] 体育の授業.
Turnus [男] 《-/-se》 輪番, ローテーション; 周期, (一定の)間隔.
turnus=gemäß [副] 交代〈輪番〉制で; 一定の順番〈間隔〉で. **=mäßig** [形] 交代〈輪番〉制の; 一定の順番〈間隔〉で.
Turn=verein [男] 体操協会〈クラブ〉. **=zeug** [中] 《集合的》 体操具(体操服・体操靴など).
Tür=öffner [男] (室内のボタンで操作する)玄関ドア自動開錠装置. **=rahmen** [男] ドア枠; 出入口の枠. **=schild** [中] ドア〈戸口〉の表札. **=schließer** [男] ドアチェック; ドア係, ドアマン. **=schnalle** [女] 《南部・ｵｰｽﾄﾘｱ》 ドアの取っ手. **=spion** [男] 《話》 ドアののぞき窓.
turteln [自] 《戯》 (男女が)いちゃつく; 《古》 (ハトが)クウクウ鳴く. **Turteltaube** [女] 〔鳥〕 コキジバト.
Tusch [男] 《-[e]s/-e》 ファンファーレ.
Tusche [女] 《-/-n》 墨; 墨汁; 〔美容〕 マスカラ; 《方》 水彩絵の具.
tuscheln [自] 《mit j^3》 (人と)ひそひそ話をする; [他] 《j^3 et^4》 (人に…を)ささやく.
tuschen [他] 墨で描く; (…に)墨で輪郭をつける; (まつげに)マスカラを入れる.
Tusch=farbe [女] 《方》 水彩絵の具. **=kasten** [男] 《方》 (水彩画用の)絵の具箱; 《蔑》 厚化粧した女. **=malerei** [女] 水墨画. **=zeichnung** [女] 製図; (墨色の)ペン画; 《方》 水彩画.
Tussi [女] 《-s/-s》 《蔑》 女の子, 娘.
Tute [女] 《-/-n》 《話》 警笛, 号笛.
Tüte [テューテ] [女] 《-/-n》 ([小] Tütchen) (買った物を入れる)紙袋, ビニール袋. ✦ *nicht in die ~ kommen* 《話》 問題にならない. *~n kleben 〈drehen〉* 《話》 刑務所に入っている. *wie eine ~ voll Mücken angeben* 《話》 大ぼらを吹く.
tuten [自] (警笛〈号笛〉が)プープー〈ボーボー〉と鳴る; (車などが)警笛を鳴らす. ✦ *von Tuten und Blasen keine Ahnung haben* 《話》 何も分かっていない.
Tutor [男] 《-s/-en》 チューター(下級生に助言指導する上級生); (ローマ法の)後見人.
Tüttel [男] 《-s/-》 ([小] -chen) 小さな点; 乳頭.
tutti [副] 〔楽〕 トゥッティ, 全合奏で.
tutti quanti 《ｲﾀﾘｱ語》 すべてみな, 残らずすべて, 誰もかれも, 何もかも.
TÜV [テュフ] [男] 《-/》 [略] Technischer Überwachungs-Verein 技術監査協会.
TV ❶ [テーファオ, ティーヴィー] [女] 《-/-》 [略] テレビ(< Television). ❷ [男] [テーファオ] 《-/-》 [略] 体操協会(< Turnverein).
Tweed [男] 《-s/-s, -e》 〔織〕 ツイード.
Twen [男] 《-[s]/-s》 20代の人.
Twist [男] 《-es[-s]/-e》 〔織〕 より糸; 《-s/-s》 〔ダンス〕 ツイスト; 〔テニス〕 ひねり球; 〔体操〕 ひねり.
Tyche 〔ギリシャ神〕 ティケ, テュケ(幸運の女神); [女] 《-/》 運命; 幸運, 僥倖(ぎょうこう).
Tycoon [タイクーン] [男] 《-s/-s》 大君(徳川将軍に対する当時の外国人たちの呼称); (政界・財界の)大立物, 巨頭.
Typ [テューブ] [男] 《-s/-en》 ❶ ([英] type) 型, 類型, タイプ; (製品の)モデル, 機種; あるタイプの人. : Sie ist mein ~. 《話》 彼女は私の好みのタイプだ | Dein ~ wird verlangt. 《話》 君に電話だよ. ❷ 典型. ❸ 《-s/-en; -en/-en》 《話》 (若い)男, やつ.
Type [女] 《-/-n》 〔印〕 活字; 《ｵｰｽﾄﾘｱ》 型, 型式; 小麦粉の等級; 《話》 奇人, 変わり者. **~n=druck** [男] 活版印刷[術]; 活版印刷物. **~n=rad** [中] (電子タイプライターの)デイジーホイール.
Typhus [男] 《-/》 〔医〕 チフス. **=fliege** [女] 〔虫〕 イエバエ(家蠅).
typisch [テューピシュ] [形] ([英] typical) 《für et^4》 (…に)典型的な; 特有の; (…)らしい. **typisieren** [他] 類別する; 類型化する; 《ｵｰｽﾄﾘｱ》 規格化する. **Typisierung** [女] 《-/-en》 類別; 類型化; 《ｵｰｽﾄﾘｱ》 規格化.
Typo=graph, =graf [男] 《-en/-en》 〔印〕 活版植字〈印刷〉工; 活版植字機. **Typo=graphie, =grafie** [女] 《-/-n》 活版印刷[術]; (書物の)印刷の体裁. **typo=graphisch, =grafisch** [形] 活版印刷[上]の, 活版印刷術の : ~*es* Maßsystem 活字の大きさのシステム.
Typologie [女] 《-/-n》 類型学; 類型[体系].
Typoskript [中] 《-[e]s/-e》 タイプ原稿.
Typus [男] 《-/ ..pen》 = Typ.
Tyr 〔北欧神〕 チュール(戦争の神).
Tyrann [テュラン] [男] 《-en/-en》 ([女] -in) 暴君, 専制君主, 独裁者; (古代ギリシャの)僭主(せんしゅ); 暴君. **Tyrannei** [女] 《-/》 専制政治, 暴政; 暴虐, 独裁. **tyrannisch** [形] 専制的な, 独裁的な. **tyrannisieren** [他] (自分の意志を押しつけて人を)いじめる, 虐げる.
Tz = Tezett.
T-Zelle [女] 〔免疫〕 (リンパ球の) T 細胞, T リンパ球.

U

u, U [中] 《-/-》 《字母》 ウー. **U** [記号] Uran. **u.** [略] und. **ü, Ü** [中] 《-/-》 ウー(u, U)のウムラウト. **u.a.** [略] und andere[s] およびその他, …など; unter anderem, unter anderen とりわけ, 中でも. **u.Ä.** ([旧] u.ä.) [略] und Ähnliche[s] およびその他同様のもの, …など. **..ual** ⇒ ..al **u.a.m.** [略] und andere[s] mehr およびその他いろいろ, …等々. **u.Ä.m.** ([旧] u.ä.m.) [略] und Ähnliches mehr その他これに類するもの, 等々. **U.A.w.g.** [略] Um Antwort wird gebeten (招待状などで)ご返事を請う. **u.A.z.n.** [略] um Abschied zu nehmen お別れのごあいさつまでに. **UB** [略] Universitätsbibliothek. **UBA** [略] Umweltbundesamt.
U-Bahn [ウーバーン] [女] 《-/-en》 ([英] subway) 地下鉄(< Untergrundbahn).
übel [ユーベル] [形] ([英] bad) (人が)いやな, 不快な, 吐き気のする; 病気の; (性格が)悪い, 卑劣な, ひどい; (事態・状態などが)悪い, 困った, まずい : Er ist ~ dran. 《話》 彼

のぐあい〈状態〉はよくない. ✦ ***nicht*** ～ 《話・反語》悪くはない(大いに結構だ). ***nicht*** ～ ***Lust haben*** 《+ zu 不定詞句》(…)するのにやぶさかではない, できることなら(…)したいくらいだ. ～***gelaunt*** 不機嫌な. ～***gesinnt*** 悪意のある〈を抱いた〉. ～***nehmen*** 《[j^3] et^4》([人の]言動を)悪く取る, 恨む, 根に持つ. ～***riechend*** 臭い, 悪臭を発する. ～***vermerken*** 《j^3 et^4》(人の…を)不快に思う. ～***werden*** 《j^3》(人は)気分が悪くなる. ～***wollend*** 悪意を抱いた, 意地の悪い. ***wohl oder*** ～ 望もうと望むまいと, どっちみち.

Übel [中] 《-s/-》 ([英] evil)[害]悪; 弊害; 災難, 窮状, 苦境; 悲運, 不幸; 《雅》病, 患い. ✦ ***das kleinere*** ～〈***das kleinere von zwei*** ～***n***〉 ***wählen*** 災い〈害〉の少ない方を選ぶ. ***das*** ～ ***an der Wurzel packen*** 災いの根を絶つ. ***ein notwendiges*** ～ 必要悪. ***Ein*** ～ ***kommt selten allein.*** 《諺》降れば土砂降り(災難は重なるものだ). ***vom*** 〈***von***〉 ～ ***sein*** 悪い, 害がある. ***zu allem*** ～ さらに悪いことに.

Übelbefinden [中] 気分のすぐれない状態, 不調, 不快.

übel=gelaunt, **=gesinnt** [形]⇨ übel ✦

Übelkeit [女] 《-/-en》 気分のすぐれない状態, 不快感; 吐き気.

übel=launig [形] 不機嫌な, いらいらした. **=nehmen*** [他]⇨ übel ✦

übel=nehmerisch [形] すぐに気を悪くする, すぐにふてくされる. **=riechend** [形] ⇨ übel ✦

Übel=stand [男] 不都合な状態, 障害, 弊害. **=tat** [女] 《雅》悪事, 犯罪. **=täter** [男] 悪人, 犯罪者. **=wollen** [中] 悪意, 敵意.

übelwollend [形]⇨ übel ✦

üben [ユーベン] 《übte; geübt》[動] ❶ ([英] practice)練習する, 稽古する; 《$sich^4$ in et^3》(…を)練習する: $sich^4$ in Geduld ～ 我慢強い. ❷ 訓練〈トレーニング〉する. ❸ (…を)示す, 行う, する: Gewalt ～ 暴力を振るう | Verrat ～ 裏切る.

über [ユーバー] I [前] 《3格・4格支配》 ❶ ([英] over, above)《位置》《3・4格と》《離れた上》…の上[方]に〈へ〉(Der Hubschrauber kreist ～ der Stadt. ヘリコプターが町の上を旋回している); 《被覆》…を覆って(*einen* Mantel *über* dem Kleidung tragen 洋服の上にコートを着ている); 《動作》《4格と》…を越えて, …の向こう側に, …を伝って, …を横断して; …を経由〈通過〉して(～ den Fluss schwimmen 川を泳いで渡る); 《場所》…の上[一面]へ; …の至る所へ(von der Höhe ～ die Stadt blicken 高みから町を見下ろす); 《ふつう bis ～》…を超えてその上〈下〉まで(Der Fluss trat ～ die Ufer. 川が氾濫した). ❷ 《超過・支配》《3・4格と》《数量》…以上, …を超えて(～ Erwarten 予想以上に); 《支配》《4格と》…を支配〈監督〉して; 《3格と》…の上位に, …を超越して(～ den Dingen stehen 超然としている). ❸ 《テーマ》《4格と》…について, …に関して(～ den Umweltverschmutzung sprechen 環境汚染について話す); 《手段》(電話・ラジオなど)を通して, …によって(et^4 ～ alle Sender bringen …をすべての放送局を通じて流す); 《理由》《3格と》…のために(～ der Aufregung 興奮のあまり); 《感情の誘因・対象》《感情を表す動詞・形容詞と》($sich^4$ ～ *j-et*^{4} ärgern …のことで怒る). ❹ 《期間》《4格と》(während) …の間中[ずっと](～*s* Wochenende verreisen 週末はずっと旅行する); …のうちに; …を過ぎて: fünf Minuten ～ zehn 《話》10時5分過ぎ); (今から) …後に(heute ～ acht Tagen 1週間後の今日). ❺ 《従事》《3格と》…しながら(～ der Arbeit sitzen 仕事にいそしんでいる). ❻ 《金額》《4格と》(小切手などについて) …の額に達する, …と等価の: eine Quittung ～ 50 DM 50マルクの領収証. ❼ 《反復》《無冠詞の4格名詞と》…を何度も繰り返して, …を次から次へと(Fehler ～ Fehler machen 何度も間違える). II [副] 《数詞と》…以上; 《時間を表す4格の語と》…の間で[ずっと]: seit ～ eine Stunde 1時間以上前から | die ganze Zeit ～ その間ずっと. III [形] 《話》残っている; 《j^3》(人より)上位にある; 《j^3》(あることが人には)うんざりしている. ✦ ～ ***haben*** 《*j-et*^{4}》(物が)残っている; (人・物に)うんざりしている. ～ et^4 ***hinaus*** (…を)越えて. ～ ***sein*** 《話》《j^3 **in** et^3》(人に…の点で)勝っている. ～ ***und*** ～ すっかり; 完全に.

über.. 《分離動詞・非分離動詞の前つづり》「[上から]覆うように…, 越えて…, 向こう側へ…; 過度に…」の意: *über*|hängen 上に張り出している | *über*fahren (車が人を)ひく | *über*|setzen (向こう岸へ)渡す | *über*springen 跳び越える | *über*|arbeiten 残業する | *über*schätzen 過大評価する.

U

überall [ユーバーアル, ユーバーアル] [副] ([英] everywhere)至るところ, どこ〈どんな状況〉でも. ✦ ～ ***und nirgends*** 定まっていない.

überall=her [副] ✦ ***von*** ～ 四方八方〈至る所〉から. **=hin** [副] 四方八方〈至るところ〉へ.

überaltert [形] 高齢化した, 高齢者の多い; 古くさい, 時代遅れの. **Überalterung** [女] 《-/-en》 高齢化, 高齢者層過剰; 時代遅れ.

Überangebot [中] 供給過剰.

überängstlich [形] 気の小さい, 心配症の, おどおどした.

überanstrengen [他] 酷使する; [再] 《$sich^4$》無理をする, 過労になる. **Überanstrengung** [女] 無理, 過労; 酷使.

überantworten [他] 《雅》《*j-et*^{4} *j-et*^{3}》(…を…の保護・管理に)任せる, ゆだねる; (…を警察などに)引き渡す.

über|arbeiten [自] 超過勤務をする.

überarbeiten [他] (原稿などに)手を加える; 《$sich^4$》働きすぎる, 過労になる.

Überarbeitung [女] 《-/-en》 改訂, 加筆; 過労.

überaus [副] 《雅》非常に, とても.

überbacken* [他] (オーブンなどで)さっと焼く.

Überbau [男] 《-[e]s/-ten》 [建] (橋の)上部構造, (建物の)上部突出部分(バルコニーなど); [法] 越境建築[物]; 《-[e]s/-e》

(マルクス主義の用語で)上部構造.

überbeanspruchen [他] (…に)負担をかけすぎる.

über|behalten* [他] 《話》残しておく.

Überbein [中] 〔医〕外骨症.

über|bekommen* [他] 《話》(…に)うんざりする, いやになる.

überbelasten [他] (…に)過重な荷を積む; (人に)過度の負担をかける. **Überbelastung** [女] 負担過重; 〔電〕過負荷.

überbelegt [形] 定員〈重量〉オーバーの, 超満員の.

überbelichten [他] 〔写〕(フィルムを)露出しすぎる. **Überbelichtung** [女] 〔写〕露出オーバー.

Überbeschäftigung [女] 〔経〕超完全雇用.

überbetonen [他] 強調しすぎる.

überbevölkert [形] 人口過剰〈過密〉の. **Überbevölkerung** [女] 人口過剰〈過密〉.

überbewerten [他] 過大評価する.

überbieten* [他] (競売などで人より)高値をつける; 凌駕(りょうが)する, しのぐ, 上回る.

über|bleiben* [自] (s) 《話》(ものが)残っている. **Überbleibsel** [中] 《-s/-》残り, 余り; 遺物.

über|blenden [他] 〔映・放〕(映像・音声などを)フェードアウト〈イン〉によって切り替える. **Überblendung** [女] 〔映・放〕フェードアウト〈イン〉による切り替え.

Überblick [ユーバーブリック] [男] 《-[e]s/-e》 ([英] view) 見晴し, 展望, 眺望, 俯瞰(ふかん); 概観, 概説; 洞察力, 見通す力.

überblicken [他] 見渡す, 展望する; 概観する, 見通す.

überbringen* [他] 《j^3 et^4》(人に…を)届ける; 伝える. **Überbringer** [男] 《-s/-》([女] **-in**)(小切手などの)持参人; 伝達者. **Überbringung** [女] 《-/-en》持参; 伝達.

überbrücken [他] (時間を)つぶす; (困難な状況を)[とりあえず]切り抜ける, (対立などを)調整〈調停〉する.

Überbrückung [女] 《-/-en》(困難などの)克服; 調停, 橋渡し, とりなし; (時間の)穴埋め. **~s=kredit** [男] 〔商〕短期[信用]貸付, 短期金融, ブリッジローン.

überbürden [他] 《雅》《j^4 **mit** et^3》(人に…の点で)過重な負担を負わす.

überdachen [他] (…に)屋根をつける.

überdauern [他] (ある年月を)生き残る; (…に堪えて)生き延びる. **überdecken** [他] 覆う; 覆い隠す.

überdenken* [他] よく考える, 熟考する.

überdeutlich [形] あまりにも明白〈明確〉な; きわめて明白〈明確〉な.

überdies [副] そのうえ, おまけに; どっちみち. **überdimensional** [形] 並はずれて大きな.

überdosieren [他] (薬などを)過量に投与する〈取り分ける〉. **Überdosis** [女] (薬の)過量の服用〈投与〉.

überdrehen [他] (ぜんまいなどを)巻きすぎる; (エンジンの)回転数を上げすぎる. **überdreht** [形] 《話》(緊張・疲労などで)ひどく興奮した, はしゃいだ.

Überdruck [男] 《-[e]s/-e》〔印〕重ね刷り; 〔切手〕(変更・追加のための)加刷; 《-[e]s/ ..drücke》〔工・理〕超過圧. **=kabine** [女] 〔空〕与圧室.

Über=druss ([旧]= **druß**) [男] 《-es/》うんざりすること. **überdrüssig** [形] 《j-$et^{2(4)}$》(…に)うんざり〈あきあき〉した.

überdüngen [他] (…に)肥料をやりすぎる.

überdurchschnittlich [形] 平均以上の, 普通より上の.

Übereifer [男] 過度の熱心さ, 張り切りすぎ. **übereifrig** [形] 熱心すぎる.

übereignen [他] 《j^3 et^4》(人に…を)譲渡する. **Übereignung** [女] (財産などの)譲渡.

übereilen [他] 慌てて〈よく考えずに〉する. **übereilt** [形] 急ぎすぎた, 性急な. **Übereilung** [女] 《-/-en》性急, 軽率, 拙速.

übereinander [副] 上下に, 重ねて; 相互に. ✦ **~ *legen*** (…を)重ね合わせる, 積み重ねる. **~ *schlagen*** (腕・足を)組む, 折り重ねる.

übereinander|legen, **|schlagen*** [旧]⇨ übereinander ✦

übereingestimmt ⇨ überein|stimmen

überein|kommen* [自] (s) 《雅》《**mit** j^3 + zu 不定詞句》(人と…することで)一致する, 合意〈同意〉する. **Übereinkommen** [中] 合意; 協定. **Übereinkunft** [女] 合意; 協定.

überein|stimmen [ユーバーアインシュティメン] 《stimmte überein; übereingestimmt》[自] ([英] agree)(意見・考えなどが)一致する; 《**in** et^3 **mit** j^3》(…の点で人と)意見が合う; 調和する. **~d** [形] (意見などが)一致した; 調和の取れた. **Übereinstimmung** [女] 合意, [意見の]一致.

überempfindlich [形] [神経]過敏な; 〔医〕過敏性の, アレルギー性の.

Überempfindlichkeit [女] [神経]過敏; 〔医〕過敏症, アレルギー性〈疾患〉. **~s=reaktion** [女] 過敏反応.

über|essen* [他] 《$sich^3$ et^4》(…を)食べ飽きる. **überessen*** [再] 《$sich^4$ **mit** 〈**an**〉 et^3》(…を)食べすぎる.

überfahren* [ユーバーファーレン] 《**überfuhr**; **überfahren**》[他] ([英] run over) 轢(ひ)く, はねる; (信号などを)見落として通過する; (ゴールなどを)通過する; 《話》(人を)言いくるめる; 無視する; 〔スポ〕(人に)圧勝する. **über|fahren*** [他] (h, s)(船で)向こう側へ渡す〈渡る〉.

Überfahrt [女] (川・湖・海を)船で渡ること, 渡航.

Überfall [男] 襲撃, 不意打ち; 《話》突然〈不意〉の訪問; 〔土木〕(ダムの)越流口; 越流口からの排水; 〔法〕(隣接地への)果実の落下. **überfallen*** [他] ([英] attack) 襲う, 襲撃する; 《話》不意に訪れる; (恐怖・疲労などの感情が人を)襲う. **überfällig** [形] (乗り物などが)到着予定時刻を過ぎている; とっくに時機を逸した; 〔経〕(為替手形などが)満期を過ぎた, 期日を過ぎた. **Überfall[s]kommando** [中] (警察の)特別機動隊.

überfliegen* [他] (…の上を)飛び越える; (…に)ざっと目を通す; ざっと見渡す; (表情が顔などに)さっと表れる.

über|fließen* [自] (s)(液体・容器が)あ…

れる. **überfließen*** [他] (液体が…に)あふれる.
überflügeln [他] (人を)しのぐ, 勝る.
Überfluss ([旧] ..**fluß**) [男] 過剰, 過多, 余剰, 過分. ✦ ***zum* 〈*zu allem*〉 ～** おまけに. **=gesellschaft** [女] 物のあり余った社会, (過剰)消費社会.
überflüssig [ユーバーフリュスィヒ] [形] 余計な, 余分の, 不必要な, だぶついた.
über|fluten [自] (s) (水・川が)あふれる. **überfluten** [他] (水・川が…に)あふれる; 《*j*⁴》(感情が人の心を)満たす.
überfordern [他] (…に)過大な要求をする; 〘商〙 (…に)不当な値段を要求する, 掛け値する. **Überforderung** [女] 過大な要求, 重荷; 〘商〙 掛け値, 不当な値段.
überfragen [他] (人には)手に余る質問をする. ✦ ***Da bin ich überfragt.*** それは難しくて答えられない.
überfremden [他] 〘経〙 (…に)過度に外資を導入する. **überfremdet** [形] (異文化などの)影響を過度に受けた; 外国資本に強く支配された. **überfressen*** [再] 《*sich*⁴》《話》 (人間が)食べ過ぎる.
über|führen [他] 輸送〈移送〉する; 《*et*⁴ **in** *et*⁴》 (…を…に)変える, 移行させる. **überführen** [他] ＝ über|führen; 《*j*⁴ [*et*²]》 (人に[犯行などを])認めさせる; (橋が…に)かかっている. **Überführung** [女] 輸送, 移送; 罪状立証; 陸橋, 高架橋.
Überfülle [女] 過多, 過剰, 充満.
überfüllen [他] 満たし〈入れ, 詰め〉すぎる. **Überfüllung** [女] 詰めすぎ, 超満員.
Überfunktion [女] 〘医〙 機能亢進(こうしん).
überfüttern [他] (家畜などに)えさを与えすぎる; 《話》 (子供に)食物を与えすぎる.
Übergabe [女] 引き渡し, 譲渡; 〘軍〙 降伏, 明け渡し.
Übergang [ユーバーガング] [男] (‐[e]s/..**gänge**) 越えて〈渡って〉行くこと; 渡る〈横切る〉所, 橋, 踏切, 横断歩道, 国境通過点; 移行, 推移, 変化, 変転; 過渡〈移行〉期; [季節の]変わり目; 一時的〈中間的〉なもの. **～s=bestimmung** [女] 〘法〙 経過規定. **～s=erscheinung** [女] 過渡的現象; 〘工〙 過渡現象; 〘化〙 転移〈遷移〉現象. **～s=lösung** [女] 暫定的解決[策]. **～s=mantel** [男] 合着のコート, スプリングコート. **～s=phase** [女] 過渡的な段階〈局面〉. **～s=stadium** [中] 過渡的段階; 〘医〙 転換〈転位, 移行〉期. **～s=zeit** [女] 過渡期; 季節の変わり目; 〘理〙 遷移時間.
Übergardine [女] (二重カーテンの)内側の厚地のカーテン.
übergeben* [他] (英 hand over) 《*j*³ 〈**an** *j*⁴〉 *et*⁴》 (人に…を)手渡す; (人に…を)ゆだねる, 委託〈譲渡〉する; (敵などに…を)明け渡す; 《*j*³ *et*⁴》 (人に…を)公開する; [再] 《*sich*⁴》 吐く, 嘔吐(おうと)する.
Übergebot [中] 〘商〙 (競売で他人よりも)高い指し値.
über|gehen* [自] (s) 《**zu** *et*³》 (…へ)移る, 移行する; (…に〈へ〉)移る; 立場を変える; 《**auf** *j*⁴/**in** *et*⁴》 (所有権が…に)移る; 《**in** *et*⁴》 (物が…に)変わる; 《雅》 (液体が)あふれる; (目が)涙であふれる.
übergehen* [他] 無視する; 見落とす, 見過ごす; (ページなどを)飛ばす, 抜かす.
über=genug [副] 十二分に, あり余るほど; うんざりするほど.
Übergepäck [中] 〘空〙 重量超過手荷物. **Übergewicht** [中] (人間の)太りすぎ; (郵便物などの)超過重量; 優勢. ✦ [*das*] **～ *bekommen* 〈*kriegen*〉** 《話》 平衡を失う. **übergewichtig** [形] 体重超過の, 太りすぎの.
übergießen* [他] 《*j-et*⁴ **mit** *et*³》 (…に…を)注ぐ, たっぷりかける.
überglücklich [形] 非常に幸福な, 大喜びの.
über|greifen* [自] (ピアノ演奏・器械体操などで)手を交差させる; 《**auf** *et*⁴》 (火・病気などが…へ)広がる, 移る. **Übergriff** [男] 干渉, (余計な)口出し.
übergroß [形] 大きすぎる. **Übergröße** [女] (服・靴などの)特大サイズ.
über|haben* [他] 上に着て〈羽織って〉いる; (…に)うんざりしている.
überhand ✦ **～ *nehmen*** (犯罪・事故などが)急激に増える〈広まる〉.
überhand|nehmen* [自] ⇨ überhand ✦
Überhang [男] (建物の)張り出し; (岩・船首などの)突出部, オーバーハング; (隣の地所に)突き出た枝; 〘商〙 (商品の)過剰, 残余; 在庫[品]; 肩掛け, ケープ.
über|hängen[(*)] [自] (枝などが)垂れ下がっている, (ひさし・岩などが)張り〈突き〉出ている; [他] 《*j*³ *et*⁴》 (人の肩に…を)かける.
überhäufen [他] 《ま》 《*et*⁴ **mit** *et*³》 (…に…を)山積みにする; 《*j*⁴ **mit** *et*³》 (人に…を)どっさり与える.
überhaupt [ユーバーハオプト] [副] ❶ (英 in general) 一般に, 概して, もともと. ❷ (英 at all) 《否定詞と》 全然(…ない), およそ(…ない); 《疑問・非難》 一体全体, そもそも (Das kommt ～ nicht in Frage. それはまったく問題にならない); 《条件》 もしも, 仮に. ❸ 特に, とりわけ. ❹ 《und と》 《話》 それはさておき, それに.
überheben* [再] 《*sich*⁴》 重い物を持ち上げて筋などを傷める; [他] 《雅》 《*j*⁴ *et*²》 (人を…から)解放する. **überheblich** [形] 思い上がった, 不遜(ふそん)な, 傲慢(ごうまん)な, 横柄(おうへい)な. **Überheblichkeit** [女] (‐/) 思い上がり, 尊大.
überheizen [他] 暖房しすぎる.
überhitzen [他] 過熱させる. **Überhitzung** [女] (‐/) 過熱.
überhöht [形] 法外に高い; (スピードを)出しすぎの.
überholen [ユーバーホーレン] (überholte; überholt) [他] (英 overtake) 追い越す, (…より)勝る; (機械などを)オーバーホール〈分解修理〉する. **über|holen** [他] (舟で)対岸へ渡す; [自] (船が)傾く.
Überhol=spur [女] 追い越し車線.
überholt [形] 古くなった, 時代遅れの.
Überholverbot [中] 追い越し禁止.
über|hören [他] (うっかりして)聞き落とす〈漏らす〉; 聞き流す. **=irdisch** [形] この世のものではない, 超自然的な, 信じられないほどの. **=kandidelt** [形] 《話》 (性格などが)常軌を逸した, 突拍子もない.
Überkapitalisierung [女] (‐/) 〘経〙 過大資本化, 資本過剰.
über|kippen [自] (s) バランスを失って倒

überkleben れる, ひっくり返る; 《話》(声が)上ずる.
überkleben 他 《…の上に重ねて張る.
Überkleidung 安《雅》(ドア・壁などの)化粧覆い, 上張り.
überklug 形《皮肉》ひどく利口な.
überkochen 自 s 煮(ふ)きこぼれる.
überkommen* ❶ 他 (j³ が)(感情が人を)襲う, (人に)おそ起こる. ❷ 他 [j³/auf j⁴](人に)受け継がれていた, 伝統的な.
Überkonjunktur 安《商》過熱景気.
überkreuzen 他 横切る; 交差させる; 《sich》(互いに)交差する.
überkriegen 他《話》(…に)うんざりする.
Überkultur 安 爛熟(就じゅく)文化, 過度の洗練.
überladen* ❶ 他 (…に)荷を積みすぎる; (…に)過度の負担をかける. ❷ 他 荷を積みすぎる; ごてごてと飾り立てる.
Überlager 中《商》在庫過剰, ストックのしすぎ.
überlagern 他《sich》重なる, 重なり合う. **Überlagerung** 安(-/-en)重なること, 重層;《信》スーパーヘテロダイン.
Überland-bus 男 長距離バス. **=leitung** 安 遠距離送電線.
überlassen* [ユーバーラッセン]《überließ; überlassen》他 ❶ (j³ が)(人に…を)譲る, 渡す, 使わせる;《商》売る. ❷ (j-et³ j-et⁴)(人に…を)託する, 預けさせる;《sich⁴ et³》(…に身を)任せる, (考えなどに)ふける. ❸ (j⁴ et³)(人を…(の状態)に)放っておく. **Überlassung** 安(-/-en)ゆだねること, 譲渡; 委託, 委任.
überlasten 他 (…に)荷を積みすぎる; (…に)負担をかけすぎる. **Überlastung** 安(-/-en)重量超過; 負担過剰; 過労;《電》過充電, 過負荷.
Überlauf 男 溢水(いっすい)口,(あふれた水の)流出口,(ダムなどの)余水路;《宗》オーバーフロー. **überlaufen*** ❶ 自 s (液体・容器が)あふれる; (敵方に)寝返る. **überlaufen*** 他 (感情が人を)襲う;《スポ》(ラインタッチの相手・ラインなどを)オーバーランする;(ハードルなどを)跳び越える;(相手のディフェンスを)突破する;(…のところへ)殺到する. **Überläufer** 男 (敵方に)寝返った者.
überlaut 形 声(音)の大きすぎる.
überleben 他 (survive)生き延びる;(人より)長生きする;《sich》時代遅れになる. ロング_e_[r]《形容詞変化》生存者, 生き残り. **Überlebens-chance** 安 生き残る見込み(チャンス),生存の可能性. **überlebens-groß** 形(彫像などが)実物より大きな.
Überlebens-kampf 男 生き残るための戦い, サバイバルレース. **=künstler** 男 生き残りの名人(達人). **=training** 中 生き残る能力を身につける訓練, サバイバルトレーニング.
überlegen [ユーバーレーゲン]《überlegte; überlegt》❶ 他《consider》《sich⁴ et⁴》(…と)よく考える, 熟慮・思案する. ❷ 形《superior》優れて勝っている, 優勢である; 高みから見下ろした. **überlegen** 他 上にかぶせる;《j³》(人に…を)かける;《話》(膝として子供を)ひざに乗せてしりをたたく;《sich⁴》身を乗り出す;(船が)横に傾く.
Überlegenheit 安(-/-) 優勢, 優越.
überlegt 形(物事が)熟慮された;《人が》慎重な.
Überlegung 安(-/-en)よく考えること, 熟慮.
überleiten 他《zu et³/in et⁴》(…へ)移行する. **Überleitung** 安 移行, 橋渡し.
überlesen* 他 読み落とす;(…に)急いで(ざっと)目を通す.
überliefern 他 …を後の世代に伝承する, 伝える;《雅》(j-et⁴ j-et³)(人に…に引き渡す, ゆだねる. **Überlieferung** 安(-/-en)伝承; 言い伝え, 伝説; 伝統, 慣習, しきたり.
überließ ⇒ überlassen
überlisten 他 欺く, ぺてんにかける.
überm《話》< über dem
übermachen 他 (j³ et⁴)(人に…を)遺産として残す.
Übermacht 安 優勢, 優位, 圧倒.
übermächtig 形 優勢な, 優位の;(感情などが)抑えられない, 激しい.
übermalen 他 (…の上に)再度色を塗る; 塗りつぶす.
übermannen 他 (眠気・感動などが人を)襲う; 打ち負かす.
Übermaß 中 過度, 過剰, 過多.
übermäßig 形 過度な, 過多の, 極端な.
Übermensch 男 (特にニーチェの言う)超人. **übermenschlich** 形 超人的な.
übermitteln 他《j³ et⁴》(…に)伝える, 伝達する. **Übermitt[e]lung** 安(-/-en)伝達, 送付.
übermögen 他 打ち負かす, 征服する.
übermorgen [ユーバーモルゲン] あさって, 明後日.
übermüdet 形 くたくたに疲れた.
Übermüdung 安(-/-en)過労, 疲労. **~s-ringe** 複 過労による目のふちの隈(くま).
Übermut 安(-[e]s/)大はしゃぎ, 悪乗り, はめを外すこと. ◆**~ tut selten gut** 《諺》 驕(おご)れる者久しからず. **übermütig** 形 はしゃぎ回る, 悪乗りした.
übern《話》< über den
übernächst 形 次の次の.
übernachten [ユーバーナハテン]《übernachtete; übernachtet》自(ある場所に)泊まる,(ある場所で)夜を明かす. **übernächtig**,《発音》**übernächtigt** 形 徹夜して寝不足で)ひどく疲れた. **Übernachtung** 安(-/-en)宿泊.
übernahm ⇒ übernehmen
Übernahme 安(-/-n)受け取ること; 引き取り;(任務・責任などの)引き受け(継ぎ);(企業の)買収;(思想・アイデアなどの)借用.
über-national 形 超国家的な.
über-natürlich 形 超自然的な; 実物より大きな.
übernehmen* [ユーバーネーメン]《übernahm; übernommen》他 ❶《take over》譲り受ける, 受け取る; 引き継ぐ;(任務・責任などの)引き受ける; 編入(併収)する. ❷(他人の文章・考えなどを)借用する. ❸《sich⁴》《bei et³》(…で)無理をする. **übernehmen*** 他《sich⁴ et⁴》(コートなどを)羽織る;《銃を肩に担ぐ》(船が波を)かぶる;《話》(積み荷・乗客を)引き受ける. **Über

nehmer 陽 (-s/-) [商] 引受人, 請負人; 譲り受け人.
über|ordnen 他 《*et³ j-et⁴*》 (…に…を) 優先させる; (*j-et³ j-et⁴*) (…より…を) 上位に置く. **=örtlich** 形 地域を越えた, 多地域にわたる, 広範囲の. **=parteilich** 形 超党派の.

überplanmäßig 形 [経] 予定〈計画〉を上回る[成果をあげた].
Überproduktion 陰 [経] 過剰生産; [医] 過剰分泌.
überprüfen 他 [再]検査する, 点検する. **Überprüfung** 陰 [再]検査.
überquellen* 自 (s) あふれ出る, こぼれる; 《くずかごなどが》あふれる.
überqueren [ユーバークヴェーレン] 《überquerte; überquert》 他 《cross》横切る, 横断する, 渡る. **Überquerung** 陰 (-/-en) 横断.
überragen 他 (…の) 上にそびえ立つ; しのぐ, (より) はるかに勝る. **~d** 形 卓越した. 優れた.
überraschen [ユーバーラッシェン] 《überraschte; überrascht》他 ❶《surprise》(*j⁴* [*mit et³*]) (人を[予期せぬことで]) 驚かす. ❷ (人の) 不意をつく; (…の現場を) 押さえる.
überraschend 形 思いがけない; 不意の, 突然の.
überrascht 形 不意をつかれた, びっくりした.
Überraschung [ユーバーラッシュング] 陰 (-/-en) 《surprise》(予期せぬことによる) 驚き; 驚くようなことがら; 不意(不慮) のできごと; (思いがけない) 贈り物. **~s-effekt** 陽 不意討ち〈意外性〉の効果.
überreden [ユーバーレーデン] 《überredete; überredet》 他 《persuade》 (*j⁴ zu et³*) (人を…するように) 説得する, 説き伏せる.
Überredung 陰 (-/-en) 説得. **~s-kraft** 陰 説得力.
überregional 形 地方〈地域〉の枠を越えた. **Überregulierung** 陰 規制過多〈過剰〉. **überreich** 形 たいへん豊富〈豪華〉な; 有り余るほどの.
überreichen [ユーバーライヒェン] 《überreichte; überreicht》他 (*j³ et⁴*) (人に…を) 授与する; 進呈する, (おごそかに) 差し出す.
überreichlich 形 たいへん多くの.
Überreichung 陰 (-/-en) 授与, 贈呈.
überreif 形 熟しすぎた, 熟れ過ぎた.
überreizen 他 過度に刺激する〈興奮させる〉. **überreizt** 形 過度に興奮した. 神経過敏な.
überrennen* 他 (人を) 走って突き倒す; (急襲して敵[陣]などを) 撃破する; [話] (一方的にまくしたてると) 言いくるめる.
Überrest 陽 残り物, 残骸(^ご^ん), 遺跡. ♦ *die sterblichen* **~e** 形 遺体.
überrieseln [雅] (…の上を) さらさらと流れる; (恐怖などが…を) 走る.
überrollen 他 (戦車などが敵[陣]などを) ひき潰してしまう; 踩躙(じゅうりん) する; (列車などだんだんが) まき込む, 飲み込む.
überrumpeln 他 (人を) 不意打ちする.

Überrumpelung 陰 (-/-) 不意打ち, 奇襲.
überrunden 他 (競走で人を) トラック1周回以上離す; 大差をつける.
übers [話] <über das
übersah ⇒ **übersehen**
übersät 形 《*mit* 〈*von*〉*et³*》 (…で) 一面の.
übersättigen 《*j-et⁴* [*mit et³*]》 (…に[…で]) 飽きさせる〈厭わせる〉; 贓にする ほど与える; [化] (液体などを) 過飽和にする. **übersättigt** 形 《*von et³*》 (…に) あきあき(うんざり) した; [化] 過飽和の.
Übersättigung 陰 あきあきすること, 飽食; [化] 過飽和.
Überschallgeschwindigkeit 陰 超音速.
über|schatten 他 (…を) 影で覆う; (喜びなどに) かげりを与える. **=schätzen** 他 過大評価する; 買いかぶる.
Überschau 陰 概観, 概要, 要約.
überschauen 他 見渡す, 見晴らす; 概観する.
überschäumen 自 (s) (ビールなどが) 泡立ってあふれる; (気持ちが) 高まる.
überschlafen* 他 (…を) 一晩熟考する.
Überschlag 陽 概算, 見積もり; [体操・空] 回転; 宙返り; [電] フラッシュオーバー.
über|schlagen 他 (足・腕を) 組む; ❶ (火花が) 飛ぶ, (波が) どっと襲いかかる; 《*in et⁴*》 (極端な状況に) 高まる; (声が) うわずる. **überschlagen*** 他 ❶ 省略する, 飛ばす; (費用などを) 概算する, 見積もる; 《*sich⁴*》ひっくり返る, 宙返りする; 《*sich⁴*》 (波が) 砕け散る; 《*sich⁴*》 (声が) うわずる; 《*sich⁴*》 (事件などが) 次々と重なる〈起きる〉. ❷ なまぬるい, なま暖かい.
überschlägig, überschläglich 形 概算の, 大ざっぱな.
überschnappen 自 (s, h) (錠などが) パチンと音を立てて外れる; (s) [話] (声が) ひっくり返る; 頭が変になる.
überschneiden* 他 (…の) 線などが交わる; (行事などが) かち合う; (問題などが) 重なり合う. **Überschneidung** 陰 (-/-en) 交差; 重なること.
überschreiben* 他 (…に) 表題をつける; 《*et⁴* 〈*auf j⁴*〉》(…を人の名義に) 書き換える; [情] 上書きする.
überschreien* 他 (…の声・音などを) 大きな声でかき消す〈圧倒する〉; 《*sich⁴*》叫んで声をからす.
überschreiten* 他 (国境などを) 越える, (橋などを) 渡る; (限度などを) 超過する; (規則などを) 犯す. **Überschreitung** 陰 (-/-en) 超える〈越える〉こと, 超過; 違反.
Über|schrift [ユーバーシュリフト] 陰 (-/-en) 《title》表題, タイトル; 見出し. **=schuh** 陽 オーバーシューズ.
überschuldet 形 債務超過の.
Über|schuss (*..schuß*) 陽 過剰, 余り; 利潤. **überschüssig** 形 過剰の, 余分の.
Überschuss-produktion (*..schüß..*) 陰 過剰生産.
überschütten 他 《*j-et⁴ mit et³*》(…に…を) 注ぎかける, (…に砂などを) かける; 《*j⁴ mit et³*》 (人に…を) たんまり与える; (人に質問・非難を) 浴びせる.

Überschwang 男 《-[e]s/》（感情の）横溢(おういつ)，高ぶり． **überschwänglich** 形 喜びにあふれ返った；熱狂的な，大げさな．

über|schwappen 自 (s) 《話》〈液体が〉こぼれる；〈容器から液体で〉あふれる．

überschwemmen 他 (≈ flood)〈川などが…を〉氾濫する，〈…を〉水浸しにする；《j-et⁴ mit et³》〈…を…で〉あふれさせる．**Überschwemmung** 女 洪水；〈商品・情報などの〉氾濫．

überschwenglich 形 = überschwänglich．

Übersee 女《無冠詞で》海外(特にアメリカ)．**=dampfer** 男 外国航路の汽船．**=handel** 男 海外貿易．

übersehbar 形 見渡せる，見晴らしのよい；概観できる，見積もりのきく．

übersehen* [ユーバーゼーエン] (übersah; übersehen) 他 ❶ (≈ overlook)見落とし，見のがす，見失う；無視する．❷ 見渡す，見晴らす，展望する；〈結果を〉評価する．**über|sehen*** 他《sich⁴ an et³》〈…を〉見飽きる．

über|sein* 自 übrig **+** **übersenden**(*) 他 《j³ et⁴》〈人に…〉を送る．

übersetzen [ユーバーゼッツェン] (übersetzte; übersetzt) 他 (≈ translate) 翻訳する；書き換える，翻案する．**über|setzen** 他〈人を〉舟で渡す；自 (s, h) 舟で渡る．**Übersetzer** 男 (**-in** 女) [翻]訳者；通訳者；〈コ〉翻訳プログラム．

Übersetzung [ユーバーゼッツング] 女 《-/-en》 (≈ translation)翻訳，通訳；訳されたもの；〈工〉ギア；回転〔歯車〕比．**~s-preis** 男 翻訳賞．

Übersicht 女 (全体の)見通し，展望，概観；概要，一覧〔表〕．**übersichtlich** 形 見通しのきく；一目でわかる，明快な．**Übersichtlichkeit** 女 《-/》見通しのきくこと；一目瞭然，明快さ．

über|siedeln, übersiedeln 自 (s)（ある場所へ）引っ越す，転居〔移転〕する．**Übersied[e]lung** [ユーバーズィード〔デ〕ルング，ユーバーズィード〔デ〕ルング] 女 《-/》 転居；移住．

übersinnlich 形 超感覚的な．

überspannen 他〈橋などの上に〉かかっている；《et⁴ mit et³》〈…の上に…〉を張る，張って覆う；〈弦・綱などを〉強く張りすぎる．**überspannt** 形 極端な；現実的でない；少し狂った（いかれた）．**Überspanntheit** 女 《-/-en》 極端な〔現実的でない〕こと．

überspielen 他〈弱点などを〉巧みに隠す，カバーする；《et⁴ auf et⁴》〈…の…へ〉ダビングをする；〈…の〉裏をかく．**überspielt** 形 プレーのしすぎでコンディションを落とした．

über|spitzen 他 とがりすぎる，誇張する． **überspitzt** 形 極端な，誇張した．

überspringen* 他 (s)〈火花などが〉飛び移る；〈炎が〉燃え移る；《auf et⁴》〈別の話題などに〉飛ぶ；〈尾根などが〉飛び移る．

übersprudeln 自 (s)〈炭酸水などが〉泡立ってあふれる；〈湯などが〉吹きこぼれる．

überspülen 他〈波などが〉洗う，水浸しにする；〈人に〉水をかける．

über|staatlich 形 超国家的な． **=ständig** 形 残った，古くなった（作物などが）取穫されずに残った．

über|stehen 他〈屋根などが〉張り出している．**überstehen*** 他 (≈ overcome)〈困難などを〉克服する，乗り越える．

übersteigen* 他〈垣根・山などを〉〔乗り〕越える；〈基準・能力・期待などを〉上回る，〈…〕以上である．

übersteigern 他〈要求・価格などを〉過度に高くする，つり上げすぎる．**Übersteigerung** 女 《-/-en》 やり過ぎ，過剰．

über|steuern 他《電》過変調する；〈…の〉ボリュームを上げすぎる；〈車が〉オーバーステアする． **=stimmen** 他〈相手を〉投票で破る；〈動議などを〉反対多数で否決する． **=strahlen** 他《雅》くまなく照らす， 色あせさせる；《雅》〈波麗(は)うを〉喜びなどが〉溢れんばかりの．

überstreichen* 他 《et⁴ mit et³》〈…に…〉を塗る．

überstreifen 他〈衣類を〉さっと着る．

überströmen 自 (s)〈水が〉溢れ出る，〈川が〉氾濫〔にする〕；《雅》《auf et⁴》〈感情などが人に〉移る，伝染する．**überströmen** 他 水浸しにする，〈川が…に〉氾濫〔にする〕する．**überströmend** 形〈喜びなどが〉溢れんばかりの．

Überstunde [ユーバーシュトゥンデ] 女 《-/-n》 超過勤務時間，時間外労働，残業．

überstürzen 他（よく考えずに）大急ぎで〔慌てて〕する；《sich⁴ bei et³》〈何かを〉大急ぎでやって〔慌てて〕する；《sich⁴》〈事件などが〉次々と生じる，相次ぐ．**überstürzt** 形 大急ぎの，性急〔軽率〕な．**Überstürzung** 女 《-/》 大急ぎ，大慌て．

übertölpeln 他 だます，ぺてんにかける．**Übertölp[e]lung** 女 《-/-en》 ぺてんにかけること．

übertönen 他（さらに大きな音が）聞こえなくする，〈…の〉声〔演奏など〕をかき消す．

Übertrag 男 《-[e]s/..träge》〔帳簿の〕繰り越し；繰越高．**übertragbar** 形 《auf et⁴》〈…に〉転用できる；（切符などが）他人が使用できる；〈病気が〉伝染性の．

übertragen* [ユーバートラーゲン] Ⅰ (übertrug; übertragen) 他 ❶ 中継放送する；〔…へ〕書き写す，転写する；〔帳簿の〕繰り越す；翻訳〔翻案〕する；《et⁴ auf et⁴》〈…を他の物に〉転用〔応用〕する；〈…を…に〉伝達〈伝送〉する；録音する；〈二〔通〕 伝達する；Blut ～ 輸血する．❷ 《j³ et⁴》〈人に…を〉委任（譲渡）する；《et⁴ auf j⁴》〈病気などを人に〉移し，感染させる；《sich⁴ auf j⁴》〈病気・心情などが人に〉移る，伝わる．Ⅱ 形 （意味が）比喩〔的〕な；〈二〔譲〕．

Übertragung [ユーバートラーグング] 女 《-/-en》 ❶ 中継放送；〔電〕通信；翻訳，翻案；書き換え，転用，適用；〔動力の〕伝達，伝動；〈二〔譲〕．❷ （職務・権限などの）委託，委譲；譲渡；（病気の）伝染，感染．**~s-befehlung** 女 〔電〕伝送命令．**~s-geschwindigkeit** 女 〔電〕転送速度．**~s-quelle** 女（病気の）感染源．**~s-recht** 〔テレビなどの〕中継放送権，放映権．**~s-vermerk** 男〔電〕

übertreffen* 他 《*j*⁴ **an** (**in**) *et*³》(人に…の点で)勝る, 優れている. (人を)凌駕する; (ある事が予想などを)上回る, 越える.

übertreiben* [ユーバートライベン] (übertrieb; übertrieben) 他 ⓔ exaggerate) 大げさに言う, 誇張する. (…を)やりすぎる, 度を越す. **Übertreibung** 女 《-/-en》やり過ぎ, 行き過ぎた行為; 誇張; はったり; 行き過ぎた行為.

übertreten* 自 (h, s)《*j*³》(走り幅跳びなどで)踏み切り線を踏み越える; (s)(川が)氾濫(はんらん)する; (s)《**in** *et*¹》(身体組織などの中に)入り込む; (s)《**zu** *et*³》(他党などに)くら替えする; 《**in** *et*⁴》(人生の次の段階に)入る. 《雅》(法規などに)違反する. ✦ **den** **Fuß** ~《*sich*³》足を踏み違えてくじく. **Übertretung** 女 《-/-en》違反, 反則; 《古》軽犯罪.

übertrieb ⇨ übertreiben

übertrieben 形 《ⓔ excessive》過度の, 行き過ぎた, 大げさな.

Übertritt 男 (他党などへの)くら替え; 改宗, 移行.

übertragen ⇨ übertragen

übertrumpfen 他 (…に)勝る; 《とう》(…よりも)強いカードで切る(勝つ).

übertünchen (壁などを)塗装する; (…の)うわべを飾る.

über-übermorgen 副 《話》しあさって, 明明後日.

überversichern 他 《経》(…に)超過保険をかける. **Überversicherung** 女 《経》超過保険.

übervölkert 形 《ⓔ》人口過剰(の), 人が多すぎる. **Übervölkerung** 女 《-/》人口過剰(過密).

übervoll 形 (容器に)あふれるほどいっぱいの; (列車などが)超満員の.

übervorteilen 他 (人を)だまして甘い汁を吸う.

überwachen 他 監視する, 見張る. **Überwachung** 女 《-/-en》監視, 監督, 見張り. ~**s-kamera** 女 監視カメラ.

überwältigen 他 打ち負かす, 取り押さえる; (感情などが人を)圧倒する. ~**d** 形 圧倒的な. **Überwältigung** 女 《-/-en》圧倒, 制圧.

überwand ⇨ überwinden

überwechseln 自 (s)(…へ)移動する.

überweisen* [ユーバーヴァイゼン] (überwies; überwiesen) 他 《*j*³ 《**an** *j*⁴》》《商》(銀行・郵便局を通じて人に金を)振り替える, 振替で(送る); (医者が患者を別の医者のもとへ)送る.

Überweisung [ユーバーヴァイズング] 女 《-/-en》《商》口座振込み, 《口座》振替, 振込金, 送金; 委託, 付託; 回付; (医者が患者を別の医者のもとへ)送ること. ~**s-auftrag** 男 《商》振替依頼, 送金命令. ~**s-formular** 中 《商》振替用紙. ~**s-scheck** 男 《商》振替小切手.

überwerfen* 他 《*j*³》(人に衣服などを)ひっかけて着せる. **überwerfen*** 他 《*sich*⁴ **mit** *j*³》(人と)不和になる, 《*sich*³》仲たがいする.

Überwert 男 《経》超過価値.

überwiegen* [ユーバーヴィーゲン] (überwog; überwogen) 自 勝る, 優る. (数量が)より多い; (…を)圧倒している. **überwiegend** (数量的に)優れ, 圧倒的な. 副 主として.

überwies, überwiesen ⇨ überweisen

überwinden* [ユーバーヴィンデン] 《überwand; überwunden》他 ❶ (ⓔ overcome) 乗り越える, 克服する; 脱却する; 撲滅する; 《*sich*⁴》自分の気持ちに打ち勝つ: **Ich habe mich überwunden, meinen Fehler zuzugeben.** 私はようやく自分の間違いを認めざるを得なかった. ❷ 《雅》打ち負かす. **Überwindung** 女 克服; 克己.

überwintern (人・動物が)越冬する, 冬ごもりする; (動物を)冬眠にする; 他 (植物を)冬越しさせる. **Überwinterungs-mannschaft** 女 (南極観測基地などの)越冬隊.

überwog, überwogen ⇨ überwiegen

über-wölben (…の上に)アーチ(ドーム)状にかぶせる; (…の上に)丸屋根(アーチ)をかぶせる. **-wuchern** (雑草などが)一面に生い茂る. **-wunden** ⇨ überwinden

Überwurf 男 ケープ, マント; 《スポーツ》(レスリングの)腰にかかえてのバック投げ.

Überzahl 女 《-/》圧倒的多数. ✦ **in der ~ sein** 大半〈多数〉を占めている.

überzählen 他 数え直す, 検算する.

überzählig 形 余分の; 余計な.

überzeichnen 他 (性格などを)誇張して描く.

überzeugen [ユーバーツォイゲン] 《überzeugte; überzeugt》他 《ⓔ convince》《*j*⁴ **von** *et*³》(人に…を)納得(確信)させる; 《*sich*⁴ **von** *et*³》(正しいかどうかを)きちんと調べる. **überzeugend** 形 納得のいく, 説得力のある. **überzeugt** 形 《**von** *et*³》(…を)確信している; 信念を持った.

Überzeugung [ユーバーツォイグング] 女 《-/-en》《ⓔ conviction》確信, 信念; 納得させること, 説得. ~**s-kraft** 女 説得力.

überziehen* (衣類を)上に着る, 羽織る. ✦ **eins eine paar** ~ 《j*³》(殴る)《二三発》殴る. **überziehen*** 他 《ⓔ cover》《*et*⁴ **mit** *et*³》(…を…で)覆う, (…に…を)かぶせる; (予算・時間などを)オーバーする; (球技で)回しすぎる; 《とう》《*sich*⁴ **mit** *et*³》(…で)次第に覆われる.

Überziehung 女 《商》(預金の)超過(額), 口座貸し越し. ~**s-kredit** 男 《商》過振り, 信用貸し, 当座貸し越し.

überzüchtet 形 極端な品種改良で生命力の弱まった (機械などが)改造によってバランスの崩れた.

Überzug 男 (家具の)カバー; (ケーキ・薬などの)糖衣, 衣; 《口》コーティング, 被覆.

übler ⇨ übel

üblich [ユーブリヒ] 形 《ⓔ usual》通例の, 普通の, いつもの. **üblicherweise** 副 ふ

U-Boot

つうは、通常.
U-Boot 中 潜水艦 (< Unterseeboot).
übrig [ユープリヒ] 形 残りの,残っている,余った; そのほかの. ♦ *ein Übriges tun* 《話》 だめ押しする. *etwas 〈nichts〉 ~ haben 《für j-et¹》* (…に) 共感〈関心〉を持つ〈持たない〉; *im Übrigen* ところで (= übrigens). *nichts 〈vieles, genug〉 zu wünschen ~ lassen* 全く期待どおりである(期待にそぐわない). *~ behalten* (…を)残して〈取って〉おく. *~ bleiben* 残っている. *~ lassen* 《j³ et¹》 (人に…を)残す, 余す; 残しておく.
übrig behalten*, ▸**bleiben*** ⇔ übrig ♦
übrigens [ユーブリゲンス] 副 《by the way》ところで, ことよると, ついでに.
übrig lassen* ⇔ übrig ♦
übte ⇔ üben
Übung [ユーブング] 女 (-/-en) ❶ 《practice》 (能力の) 訓練, トレーニング; 習熟, 熟練; (修道士の) お勤め. ❷ 練習問題; 《体操》演技; トレーニング, ゼミナール; 《体操》演技 ❸ (大学での)演習, ゼミナール; 《体操》演技 ❸ (大学での)演習, ゼミナール. ♦ *~ macht den Meister.* 《諺》 習うより慣れよ. **~s-buch** 中 練習帳; 教則本.
u.d.Ä. 略 《u.d.ä.》 *und dem Ähnliche*[*s*] その他これに類するもの, …など.
u.dgl.[**m.**] 略 《und dergleichen [mehr]》および同様のもの, …など.
u.d.M. 略 *unter dem Meeresspiegel* 海面下で. **ü.d.M.** 略 *über dem Meeresspiegel* 海抜….
Udo 〖男名〗ウード.
UdSSR 略 《USSR》 *Union der Sozialistischen Sowjetrepubliken* (旧)ソ連.
ue = ü.
u.E. 略 *unseres Erachtens* われわれの考えでは.
Ue, UE = Ü.
U-Eisen 中 U形鋼.
u.f. 略 *und folgende* [*Seite*] …および次のページ.
Ufer [ウーファー] 中 (-s/-) 《shore》 (海・湖・河川の)岸. ♦ *vom anderen ~ sein* 《話》 ホモである. **~böschung** 女 岸の斜面.
uferlos 形 際限のない, 果てしない. ♦ *ins Uferlose gehen* きりがない.
uff 間 ほっ (安堵ぎの声).
u.ff. 略 = *und folgende* [*Seiten*] …および次ページ以下.
Uffz. 略 *Unteroffizier* 下士官.
UFO, Ufo [ウーフォ] 中 (-[s]/-s) 未確認飛行物体, ユーフォー (< *unbekanntes Flugobjekt*).
Uganda ウガンダ(東アフリカの共和国).
U-Haft 女 《法》 《未決》勾留(␤) (< *Untersuchungshaft*).
UHF 略 *Ultrahochfrequenzwelle*.
Uhr [ウーア] 女 (-/-en) ❶ 《clock, watch》 時計. ❷ 《o'clock》 …時: *Wie viel ~ ist es? / Wie viel ~ haben Sie?* 何時ですか | *Es ist ein ~ zehn.* 1時10分です. ♦ *rund um die ~* 《話》 24時間ぶっ通しで. ♦ *ist abgelaufen.* 《雅》 (人の)寿命が尽きた. *um 〈gegen〉 ... ~* …時 (時ごろ) に.

-kette 女 時計の鎖. **-macher** 《男》**-in**女 時計屋(人); 時計修理工. **-werk** 中 時計の歯車装置; ぜんまい仕掛け. **-zeiger** 中 時計の針. **-zeigersinn** 中 時計回り, 右回り. **-zeit** 中 (時計の示す)時刻.
Uhu 男 (-s/-s) 《鳥》 ワシミミズク.
u.i.s. = *ut infra.*
Ukas 男 (-ses/-se) 《戯》 命令, 指令.
Ukraine 女 (-/) (die ~) ウクライナ (ヨーロッパ東部の共和国). **Ukrainer** 《男》**-in** 女 (-/-) ウクライナ人.
UKW 略 *Ultrakurzwelle*.
Ulk 男 (-s/-e) 冗談; いたずら. **ulken** 自 冗談を言う; いたずらする. **ulkig** 形 《話》 こっけいな, おもしろい; おかしい.
Ulm ウルム (ドイツ南西部の都市).
Ulme 女 (-/-n) 《植》 ニレ 《楡》 樹.
Ulrich 〖男名〗ウルリヒ. ♦ *den Heiligen ~ anrufen* 《話》 嘔吐(ξ)する.
Ulrike 〖女名〗ウルリーケ.
Ulster 男 (-s/-) アルスター (ベルト付きの防寒用長コート).
ult. = *ultimo* 月の最終日に, 月末に: ~ *April* 4月末に.
Ultima Ratio 《= *Ultima ratio*》女 最後の手段(打開策).
ultimativ 形 最終通告の形で.
Ultimatum 中 (-s/...ten) 最後通告 (通牒).
Ultimo 男 (-s/-s) (毎) 月の最終日, 月末, みそか. ♦ *per ~* 月末 (まで) に; 月末勘定で. **-abrechnung** 女 月末決算. **-geschäft** 中 《商》 月末清算. **-regulierung** 女 《商》 月末清算. **-wechsel** 男 月末払いの手形.
ultra-, Ultra-. 「極度な…, 極端に…, 超…」の意.
ultragroß 形 超大型の.
Ultrahoch-frequenzwelle 女 《電》 極超短波 (略 UHF).
Ultrakurzwelle 女 超短波, FM (略 UKW). **-sender** 中 FM 放送局.
ultramarin 形 ウルトラマリンの, 群青(ぐん)色の. **Ultramarin** 中 (-s/) ウルトラマリン, 群青色.
ultrarot 形 赤外線の. **Ultrarot** 中 赤外線.
Ultraschall 男 《理》 超音波: 《医》 超音波診療 (検査). **-untersuchung** 女 《医》 超音波検査. **-welle** 女 超音波.
ultraviolett 形 《理》 紫外線の. **Ultraviolett** 中 (-s/) 紫外線 (略 UV).
um [ウム] I 前 《4格支配》 ❶ 《空間的》 《around》 …の周りに〈を〉; …を巡って; …を曲がって. ❷ 《時間的》 《at》 …時 […分]に; 《about》 …のころに: ~ *ein Uhr* / ~ *ein Uhr* | ~ *Mittag* 昼ごろに. ❸ 《about》 《関連》 …に関して, …を巡って: *Es geht ~ Leben und Tod.* 命にかかわる問題だ. ❹ 《目的·原因》 …を求めて; …のためで〈ことで〉: *der Kampf ~s Dasein* 生存競争. ❺ 《比較における差異を表す》 …の差〈分〉だけで: ~ *drei Jahre älter sein* 3つ年上である. ❻ 《ある期間ごとを示す》 *ein Jahr ~ das andere* 隔年に. ❼ …を失って, なくして: ~ *et⁴ kommen* …を失う. …と交換に: ~ *jeden Preis* 是非とも.

Umfassung

II 圏《従属》❶《um... + zu 不定詞句》《目的》…するために;《結果》…して, しかし;《前置き》…するとして: Sie gingen in die Stadt, ～ etwas einzukaufen 彼らは買い物をしに町へ行った｜～ deine Wortre zu gebrauchen 君の言い方をすれば. ❷《zu + 不定詞句》あまりに…なので…できない, …するには…すぎる: Ich war zu hungrig, ～ weiterzugehen. おなかがすきすぎて それ以上歩けなかった. ❸《形容詞 + genug, um... + zu 不定詞句》…するには十分…である: Du bist schon groß genug, um... + zu 不定詞句》das verstehen zu können. もう大きいのだからそのくらい分かるでしょう. ❹《nicht so +形容詞, um... + zu 不定詞句》…するほど…ではない: Er ist nicht so klug, ～ das einzusehen. 彼はそれが見抜けれる程利口ではない. **III** 圏《話》終わって. ⇒ je ❷, umso ♦ *je*《+比較級》… *so*《+比較級》❖ ~*sich*《自分の所から》…; 辺りに一面: あちこち. ~ [*die*] ... [*herum*] (…の周りに) およそ…. ~*j-et*[4] *herum* (…の周りに(を); (…を)曲がって; (…)ごろに. ~*sein*《話》終わって(過ぎて)いる. ~*und*~ いたるところ, あちこちくまなく; 徹底的に. ~*j-et*[2] *willen* (…の)ために.

um..《分離動詞の前つづり》「周りへ; 回転; 移動; 変更; 喪失」の意;《非分離動詞の前つづり》「周りに; 迂回」の意: *um*|*bilden* 周りに作り変える｜*um*|*wenden* 裏返す｜*um*|*ziehen* 改装する｜*um*|*bauen* 改装する｜*um*|*kommen* 命を落とす｜*um*|*schließen* 取り囲む｜*um*|*gehen* 避けて通る.

u.M. 圏 = *unter dem Meeresspiegel* 海面下/~. **ü.M.** 圏 = *über dem Meeresspiegel* 海抜/~.

ụm|adressieren 個 (手紙などの)あて名を変更する.
Ụmänderung 囡 変える, 変更(改訂)する.
Ụmänderung 囡 変更, 変化.
ụm|arbeiten 個 作り変える(直す), 書き変え, 改造, 改作する. **Ụmarbeitung** 囡 (-/-en) 作り変え, 改造, 改作; 改造品.
umạrmen [ウムアルメン] (umạrmte, umạrmt) 個 抱く, 抱きしめる, 抱擁する. **Umạrmung** 囡 (-/-en) 抱擁.
Ụmbau 阳 (-[e]s/-ten) 建て直し, 改築, (組織の)改組, 再編成; (劇)(舞台装置の)転換; 改築された建物. **Ụm|bauen** 個 建て直す, 改築する, (組織などを)再編(改組)する; (劇)(舞台装置を)転換する: *et*[4] *zu et*[3] (…を…に) ｜**umbaụen** 個 (*et*[4] *mit et*[3]) (…を建物・塀で)囲む.
ụm|benennen 個 改称する. **Ụmbenennung** 囡 改称.
ụm|besetzen 個 (地位・配役などを)入れ替える. **Ụmbesetzung** 囡 配置転換, 配役の変更.
ụm|betten 個 (病人を)別のベッドに移す; (遺体を)改葬する. **Ụmbettung** 囡 (病人の)ベッドの移し変え; 改葬.
ụm|biegen* 個 折り曲げる; ゆがめる, 歪曲する; (乗り物を)大きく折れ曲がる; (人や車が) U ターンする.
ụm|bilden 個 作り変える, 改造(組織などを)改造; (組織の)改組, 再編成. **Ụmbildung** 囡 改造; (組織の)改組, 再編成.
ụm|binden* 個 (*j*[3] *et*[4]) (人に…を)結び(巻き)つける. **Ụmbindung** 囡 (…の)ページをめくる; (*j*[3]) (人の)譲めくりをする. ▶**blicken** 個 (*sich*[4]) 辺りを見回す; 振り返る.
ụm|brechen* 個 (木などを)折って倒す; (紙を折り曲げる; (畑を鋤(g)き返す, 掘り返す; 囲 (木などで)折る, 折れる; 囲 折れ曲がる. **umbrẹchen*** 個 (活字・組版を)ページ組みにする.
ụm|bringen* [ウムブリンゲン] (brạchte ụm; umgebrạcht) 個 (= kill) (人を)殺す, 殺害する; (*sich*[4]) 自殺する: (人を)殺す: *sich*[4] *vor et*[3]《話》(死ぬほど)…に熱中する. ♦ *nicht umzubringen sein*《話》殺しても死なない, びくともしない.
Ụmbruch 阳 (-[e]s/..brüche) (政治・社会的な)大変革, 転換; (印)(活字・組版の)ページ組み, メーキャップ.
ụm|buchen 個 (旅館・飛行機などの)予約を変更する; (ある金額を振替える, 振り替える. ▶**denken** 個 考え方を(根本的に)改める, 考え直す.
▶**deuten** 個 (…の)解釈を変える, (…に)新しい解釈を与える. ▶**disponieren** 個 計画・予定を変更する.
ụm|drehen [ウムドレーエン] (drẹhte ụm; umgedrẹht) 個 (β turn) 回転させる, 回す; (スイッチを)ひねる; 裏返す; (ページを)めくる; 囲 (*sich*[4]) 回転(反転)する, 向きを向きを変える, 振り返る: 囲 (h, s) 向きを変える, 反転する, U ターンする. **Ụmdrehung** 囡 [ウムドレーウング] 回転(して)の自転. ❷ [ウムドレーウング] 逆転, 反転.
Ụmdrehungs|zahl 囡 回転数.
Ụmdruck 阳 (-[e]s/-e) 転写, 複写(物).
umeinạnder 囲 互いに相手を巡って, 互いに相手のことを.
Ụmerziehung 囡 再教育.
ụm|fahren* 個 (乗り物で)ひき倒す; 囲 (s) (乗り物で)回り道する. **umfahrẹn*** 個 (乗り物で…の周りを回る(迂回する); (指・棒でなぞる.
ụm|fallen* 囲 (s) 倒れ(こむ); 昏倒(沒)する;《話》意見(立場, 態度)を突然変える.
Ụmfang 阳 [ウムファング] (-[e]s/..fänge) ❶ 回りの長さ, 外周. ❷ 大きさ, 広がり, 周を及ぼ. (音)音域. ❸ (ある事柄の)規模, 範囲, スケール. ❹ (保険の)補償範囲. **umfạngen*** 個《雅》(人を)抱く, 抱擁する; (*sich*[4]) 抱き合う; (雨や夜・静けさなどが)包む.
umfänglich 形 かさばった, 広範囲の.
umfạngreich [ウムファングライヒ] 形 (β extensive) 範囲の広い, 膨大な, 大規模な, 大掛かりな.
umfạssen [ウムファッセン] (umfạsste, β umfạsste; umfạsst) 個 (β umfạsst) 個 (あ数量のものを)持っている, 含む; (人を)抱く, 抱擁する; (*sich*[4] *gegenseitig*]) 抱き合う; 聞き納める; 囲む, 包囲する. ❷ **ụm|fassen** 個 (台に宝石を)はめ替える; (北部)(人を)抱き寄せる. **umfạssend** 形 ほぼ完全な; 包括的な, 広範な. **Ụmfassung** 囡 抱擁; 囲むこと; 囲 ❶ 包囲,

Umfeld 包括; 囲い, 枠.
Umfeld 中 〖個人を取り巻く〗環境.
um|fliegen* 自 (s) 吹き倒さ (ひっくり返る.
um-fliegen* 他 〖…の〗周りを飛び回る; 迂回して飛ぶ.
um|formen 他 作り変える, 改造する; 〖電流を〗変換する. **Umformung** 女 改変; 改造; 〖電〗変換.
Umfrage 女 アンケート.
um|frieden 他 〖…に〗囲いを巡らす.
um|füllen 他 〖別の容器に〗詰め(入れ)替える.
um|funktionieren 他 〖…の〗機能〈役目〉を変える.
umgab ⇒ umgeben
Umgang [ウムガング] 男 (-[e]s/) 〖≒ contact〗交際, つきあい, 交流, 交際相手; 〖≒ dealing〗取り扱い, 使い方; 対応, 操作. ◆ **kein ~ sein** 〖話〗**für** j¹〗(人にとって)ふさわしい交際相手ではない.
umgänglich 形 人当たりの〈愛想〉がいい.
Umgangssprache 女 〖標準語と方言の中間に位置する〗口語, 口語体, 話しことば. **umgangssprachlich** 形 日常会話〈口語, 話し言葉〉の.
umgarnen 他 (人を)籠絡(な)する, 丸め込む, 味方につける.
umgeben* [ウムゲーベン] 〔**umgab**; **umgeben**〕 他 〖≒ surround〗取り囲む〈く〉.
umgebracht ⇒ umbringen
Umgebung [ウムゲーブング] 女 (-/-en) 周辺, 付近一帯, 近辺; 〖周辺の〗環境; 周辺の人々, 取り巻き, 側近.
Umgegend 女 周辺.
um|gehen 自 (s) 〖うわさ・疫病などが〗広まる; 〖幽霊が〗出没する; 〖**mit** j-et³〗 〖…を…に〗扱う, 〖…と…に〗つきあう; 〖**mit** et³〗〖計画などを〗胸に抱いている. **um-gehen*** 他 迂回(ク)する, 避けて通る; 〖軍〗(敵軍の)後方に回る; 〖めんどうなどを〗回避する; 〖法律などを〗擦り抜ける.
umgehend 副 即座の, できるだけ早い.
Umgehung 女 (-/-en) 迂回〈う〉; 回避; 迂回路, バイパス. **~s-straße** 女 迂回〈ク〉路, バイパス.
umgekehrt [ウムゲケールト] 形 〖≒ reverse〗逆の, 反対の, 裏返しの : ... und ~ そしてその逆もまたそのとおり.
umgekommen ⇒ umkommen
um|gestalten 他 〖**et¹ in et⁴〗〖zu et³**〗 〖…を…に〗作り変える, 改造〈改装〉する. **Umgestaltung** 女 改造, 改装.
umgestiegen ⇒ umsteigen
umgezogen ⇒ umziehen
um|gießen* 他 〖**et⁴ in et⁴**〗〖液体などを〗移し〈つぎ〉替える; 〖…を〗こぼす, ぶちまける; 〖金属〗〖金属を〗鋳直(ホ)す. **▶graben*** 他 〖畑・土などを〗掘り返す, 鋤(ス)き返す.
umgrenzen 他 〖さくなどで…を〗囲む; (テーマなどの)範囲を限定する.
um|gruppieren 他 〖…の〗編成〈配列〉を替える, 組み替える. **Umgruppierung** 女 編成〈配列〉替え, 組替え.
um|gucken 他 〖**sich⁴**〗 〖話〗辺りを見回す; 〖話〗 〖**sich⁴ nach** j-et³〗 〖…を〗振り返って見る. 振り向く. **▶haben*** 他 〖話〗着ている, 身につけている.

▶hacken 他 〖鋤(ス)で畑・土をすき返す; 〖鋤で草・根などを〗根こそぎにする.
Umhang 男 (-[e]s/..hänge) 肩かけ, ケープ.
um|hängen 他 〖別の位置に〗掛け替える; 〖**j³ et⁴**〗 (人の肩・首に)…をかける.
Umhängetasche 女 ショルダーバッグ.
um|hauen 他 〖木などを〗切り倒す; 〖話〗 (人を)殴り倒す; (ある事が人を)仰天させる; (臭気などが人を)まいらせる; 〖酒が〗酔わせる.
umher 副 辺り〖一面〗に, 周りをぐるりと; あちこちに. **umher-** 〖分離動詞の前つづり〗 「ぐるりと…; あちこちへ…」の意.
umher|blicken 他 あちこち見回す, あっちこっちする. **▶gehen*** 自 (s) あちこち歩き回る. **▶irren** 自 (s) あちこちさまよう. **▶ziehen*** 自 (s) あちこちを旅して回る.
umhin|können* 自 ◆ **nicht ~** 〖≒ zu 不定詞句〗 〖…を〗せざるをえない, 〖…〗する他ない.
um|hören 他 〖**sich⁴ nach et³**〗 (〖…について〗) あちこちに聞いて回る〈問い合わせる〉.
umhüllen 他 〖**j-et⁴ mit et³**〗 〖…を…で〗覆う, くるむ, 包む. **Umhüllung** 女 (-/-en) 覆う〈包む〉こと; 覆い, 包装, カバー.
U/min 略 毎分回転数 (≒ **U**mdrehungen pro **Min**ute).
Umkehr 女 (-/) 後戻り, 引き返すこと.
umkehrbar 形 〖逆転〗できる; 可逆的な.
um|kehren 自 (s) 引き返す, 戻る. 他 〖≒ reverse〗(…の裏表を)ひっくり返す, 逆にする; (事態を)逆転させる; (順序を)逆にする; 〖**sich⁴ nach** j³〗 〖…の方を〗振り向く; 〖**sich⁴**〗 (事態などが)逆転〈一変〉する.
Umkehr-film 〖写〗リバーサルフィルム. **▶schluss** 男 〖論〗**schluss**〗 〖論〗逆の推論.
Umkehrung 女 (-/-en) 逆になること, 逆転; (音程・和音・主題の)転回〖形〗. **Umkehrwetterlage** 女 大気の逆転現象.
um|kippen 自 (s) 転倒する; 〖話〗卒倒する; ガラリと変わる, 一変する; (河川が)生物の住めぬ状態になる. 他 ひっくり返す.
umklammern 他 抱き〈握り〉締める, (…に)しがみつく; (敵を)包囲する; 〖ボクシング〗 (相手と)クリンチする. **Umklammerung** 女 (-/-en) しがみ〈抱き〉つくこと; 包囲; 〖ボクシング〗クリンチ.
um|klappen 他 (いすなどを)バタンと畳む〈開く〉; 〖話〗卒倒する.
um|kleiden 他 (人に)着替えさせる. **umkleiden** 他 〖**et⁴ mit et³**〗 〖…を…で〗包む, 覆う.
Umkleideraum 男 更衣室.
um|knicken 他 (紙などを)折る, 折りたたむ 自 (s) 足をくじく; 折れ曲がる.
um|kommen* 自 〖ウムコメン〗〖**kam um**; **umgekommen**〕 (s) 〖≒ die〗(事故・災害などで)死ぬ; 〖**vor et³**〗 (…で)我慢できない, 〖…で〗死にそうだ.
Umkreis 男 (-es/-e) 周囲, 周辺地域; 範囲; 身辺; 〖数〗外接円.
umkreisen 他 〖…の〗周りを回る; 旋回する; 公転する.

úm|krempeln ⓗ (そで·ズボンなどを)くくり上げる;(シャツ·靴下などを)裏返す;《話》根本から変える.
úm|laden* ⓗ (荷を)積み替える.
Úmlage 囡 割当金.
úm|lagern ⓗ (…を)保管(保存)場所を変える. **umlágern** ⓗ 取り囲む.
Úmland 串 周辺地域.
Úmlauf 勇 ⟨-[e]s/..läufe⟩ 循環;〖経〗(資本·貨幣の)流通;回転,円運動;〖天体〗の公転;〖医〗瘭疽(ः̄).◆ *in ⟨im⟩~sein* 流通している;伝えられている. *in~setzen ⟨bringen⟩* (貨幣などを)流通させる;(うわさなどを)広める.**~bahn** 囡〖天体·人工衛星〗の周回軌道.
úm|laufen* ⓗ (走って…を)突き倒す;ⓘ(s)回転する;〖天〗公転する;(風が絶えず方向を変える;(血液などが)循環する;〖経〗(資本·貨幣が)流通する;(うわさが)広まる;(回程などが)周りを取り巻く. **umláufen*** ⓗ (人を)別の所へ(走り)回る;(天体の)周りを回る(公転する).
Úmlauf-mittel 串〖経〗流通手段;通貨. **~zeit** 囡〖経〗流通期間;有効期間.
Úmlaut 勇 ⟨-[e]s/-e⟩ 〖言〗ウムラウト,変母音(例: ä, ö, ü, äu).
úm|lauten ⓗ 〖言〗(母音を)変音(ウムラウト)する.
úm|legen ⓗ 横にする,寝かす;倒す;《話》(人を)殺す;射殺する;《俗》(女性と)性交する;(襟などを折り曲げて倒す;(カレンダーなどを)めくる;(人を別の所へ移す;(期日を)変更する;《j³ *et⁴*》(人にショール·ネックレスなどを)掛ける;《*et⁴ auf j⁴*》(経費などを人に)割り振る,配分する.
úm|leiten ⓗ 迂回(ɔ̈)させる.

Úmleitung [ウムライトゥング] 囡 ⟨-/-en⟩ 迂回(ɔ̈),;迂回路. **~schild** 串 迂回(ɔ̈)路標識. **~straße** 囡 迂回(ɔ̈)路,バイパス.
úm|lenken ⓗ (…の)向きを変える,(…を)方向転換をする.**⊦lernen** ⓗ 新しい仕事を覚えるく身につける);考え直す. **⊦liegend** ⓟ 付近の,周辺の.
ummáuern ⓗ 壁で囲む.
úm|melden ⓗ (…の)名義を変更する. **⊦modeln** ⓗ 作り変える,改造(改装)する. **⊦münzen** ⓗ 《*et⁴ in et⁴*》(…だと)曲げて解釈(主張)する,言いくるめる.
umnáchtet ⓟ 《雅》精神錯乱の.
Umnáchtung 囡 ⟨-/-en⟩《雅》精神錯乱.
úm|nebeln ⓗ (霧などが)包み込む;(感覚などを)鈍らせる. **úm|packen** ⓗ (荷物などを)詰め替える(トランクを)詰め直す.
úm|pflanzen ⓗ (木などを)植え替える. **umpflánzen** ⓗ 《*et⁴ mit et³*》(…の)周囲に木などを)植える.
úm|pflügen ⓗ (畑を)鋤(ఇ)き返す. **⊦polen** ⓗ 〖電〗転換させる. **⊦quartieren** ⓗ (人を別の宿に移す.
úm|rahmen ⓗ 縁取る(絵を)額縁に入れる. **Úmrahmung** 囡 ⟨-/-en⟩ 縁取り;額縁.
umránden ⓗ (…の)縁を飾る,縁を飾る. **Umrándung** 囡 ⟨-/-en⟩ 縁[飾り].
umránken ⓗ (蔓(ǧ)が…に)巻きつく.
úm|räumen ⓗ (…の)配置を換える.
úm|rechnen ⓗ 《*et⁴ in et⁴*》(…に)換算する.

Úmrechnung 囡 換算. **~s-kurs** 勇,**~s-satz** 勇〖商〗換算率(レート),換算率(両替)率. **~s-tabelle** 囡 換算表;〖商〗為替相場表. **~s-wert** 勇〖商〗換算額,換金価値.
úm|reißen* ⓗ 突き(引き)倒す. **umréißen*** ⓗ (…の)輪郭を描く;概要を述べる.
úm|rennen* ⓗ (走っていって)突き倒す.
umríngen ⓗ 取り囲む.
Úm-riss 勇 ⟨-es/-e⟩ (⥳ outline)輪郭,概要,アウトライン.
úm|rühren ⓗ かき混ぜる(回す).
úm|rüsten ⓗ (…の)装備を替える.
ums < **um das**
úm|satteln ⓗ くら替えする;《話》《*auf et⁴*》(…に)転職(転科)する.
Úmsatz 勇 ❶ 売上〖高〗;売れ行き.❷〖医·化〗代謝,変換;〖印〗組替え. **~kapital** 串〖経〗資本. **~rückgang** 勇 売り上げ減少. **~statistik** 囡〖商〗統計. **~steigerung** 囡 売り上げ増加. **~steuer** 囡 売上[取引]税. **~vergütung** 囡 売上返戻金.
úm|säumen ⓗ (…の)端を折り返す(折り返してまつる).

úm|schalten [ウムシャルテン]《*schalte um; umgeschaltet*》ⓗ (⥳ switch over)(スイッチ·ギアなどを)切り替える,気持ちを切り換える;《*von et³ auf et⁴*》(信号などが)(…に)切り替わる.
Úmschalter 勇 [切り換え]スイッチ,(キーボードの)シフトキー.
Úmschalt-taste 囡 (キーボードの)シフトキー.
Úmschau 囡 辺りを見回すこと;展望.◆*halten ⟨nach et³⟩* 辺りを見回して(…を)探す. **úm|schauen** ⓘ 《*sich⁴*》見回す;振り向く.
umscháchtig ⓟ 交代制の.
Úmschichtung 囡 重ね(積み)直し;(社会の)階層変動.
umscíffen ⓗ (…の)まわりを航行する,(…を)迂回して航行する.

Úmschlag [ウムシュラーク] 勇 ⟨-[e]s/..schläge⟩ ❶ 封筒;(本などの)カバー;湿布. ❷ 突然の(急激な)変化. ❸ (ズボン·そでの)折り返し.❹ 積み替え. ❺〖商〗商品を売却する.
úm|ärmeln ⓗ 折り返し袖(ț),カフス.
úm|schlagen* ⓗ ❶(ページを)めくる;(袖(ț)などを)折り返す,まくる;(木を打ち〈切り〉倒す;《*j³ et⁴*》(人に衣服などを)まとわせる,掛ける;(貨物などを)積み替える;〖商〗(商品を)売却する. ❷ ⓘ(s)(天候·気分などが)急変(激変)する.
Úmschlag-geschwindigkeit 囡〖商〗(商品の)回転速度;(貨物の)積み替え速度. **~platz** 勇 (貨物の)積み替え地(所). **~zeit** 囡 (商品の)回転時間;(貨物の)積み替え時間.
úm|schließen* ⓗ 取り囲む,包囲する;(両側に)抱く,握り締める;包含する,含む. **úm|schlingen*** ⓗ (…に)抱きつく,巻きつく. **umschlíngen*** ⓗ (鳥などが…に)巻きつく.
úm|schnalken ⓗ ひっくり返す;(事態が人を)動揺させる;(酒が酔わせる;(計画などを)台無しにする. **⊦schnallen**

[他]《[j^3] et^4》([人の]体に…を)巻いて金具で締める.

um|schreiben* [他] 書き改める〈直す〉; 〔商〕《et^4 **auf** j-et^4》(…を…に)名義変更する; (手形などを別の口座などに)振り替える. **umschreiben*** [他] 言い換える, パラフレーズする; 明確に〔限定〕する; (…の)要点を述べる. **Umschreibung** [女] 書き直し; (名義などの)書き換え, 変更; (為替などの)振替. **Umschreibung** [女] (権限などの)限定; 言い換え, 婉曲(えんきょく)な表現; パラフレーズ.

Umschrift [女] (他の文字での)書き換え; 転写; (硬貨などの)周囲の刻銘.

um|schulden [他] 〔商〕(負債を)別の〈より有利な〉負債に乗り換える; (…の)負債期限を変更する. **Umschuldung** [女]《-/-en》〔商〕借り換え; 負債期限変更, リスケジューリング; 負債返却, 償還.

um|schulen [他] (人を)転校させる; 再教育する; [自] 別の仕事を覚える.

Umschulung [女] 転校; 再教育.

~s=kurs [男] 再教育コース〈講習〉.

um|schütten [他] (容器などを傾けて)こぼす; (液体などを)他の容器に移す.

umschwärmen [他] (虫などが…の)周りに群がる; (ファンなどが)取り巻く〈囲む〉.

Umschweife [複] ✦ ***ohne ~*** 単刀直入に.

um|schwenken [自] (s)向きを変える; 考え〈方針〉を変える. **umschwirren** [他] (虫が…の)周りにブンブン群がる.

Umschwung [男] (情勢の)激変, 急変; 〔体操〕回転; 《スイ》敷地.

um|segeln [他] (ヨットなどで)周航する, 迂回(うかい)する.

um|sehen* [再]《*sich*[4]》([英] look around)(ある場所を)見回す, 見て回る; 振り向く〈返る〉; 《*sich*[4] **nach** j-et^3》(…を)探し回る. ✦ ***Du wirst dich noch ~!*** 《話》いずれ君も自分の思い違いを知るようになるさ. **Umsehen** [中]《-s/》見回す〈振り向く〉こと. ✦ ***im ~*** あっという間に.

um|sein* [旧]⇨ um ✦

umseitig [形] (紙などの)裏面の, 裏ページの.

um|setzen [他] (他の場所へ)移す, 置き換える; (…の)席を替える; 《et^4 **in** et^4》(…を…に)変換〈転換〉する; 〔商〕(商品を)売る, 売却〈処分〉する, 換金する; [再]《*sich*[4] **in** et^4》(…に)変わる, 転化〈変化〉する.

Umsetzer [男] 〔電算〕変換器.

Umsicht [女] 思慮深さ, 慎重さ.

umsichtig [形] 思慮深い, 慎重な.

um|siedeln [動] (s, h)移住〈転居〉する〈させる〉. **Umsiedelung** [女] 移住, 転居.

Umsiedler [男] 移住者, 移民.

um|sinken* [自] (s)(よろよろと)倒れる.

umso [副] それだけいっそう. ⇨ je ✦ **~**《+比較級》, ***als*** 〈***weil***〉 ... …だからますます〈なおのこと〉(…).

umsonst [ウムゾンスト] [副] ([英] free)無料で, ただで; ([英] in vain)むだに, いたずらに. ✦ ***nicht ~*** いわれ〈理由〉なく(…なのではない), 十分な理由があって(…なのだ).

umsorgen [他] (人の)世話をする, めんどうを見る.

um|spannen [他] (馬・牛などを)車につなぎ替える; 〔電〕変圧する. **umspannen** [他] (両腕で)抱きかかえる; (手首などを)握りしめる; 包含する. **Umspanner** [男] 〔電〕変圧器, トランス.

Umspannwerk [中] 変電所.

umspielen [他] (波が…の周りを)戯れる; (微笑が口元に)漂う; 〔球技〕(人の周りを)ドリブル〈パス〉しながら動く.

um|springen* [自] (s)(風向きなどが)急に変わる; 《**mit** j^3》(人を…に)扱う, あしらう; 〔スキ〕ジャンプターンをする; 〔体操〕持ち手を変える. **umspringen*** [他] (…の)周りを飛び回る.

um|spulen [他] (フィルム・テープなどを)巻き戻す.

Umstand [ウムシュタント] [男]《-[e]s/..stände》❶ ([英] circumstance)事情, 事態, 状況, 情勢: je nach den *Umständen* 状況次第で. ❷ (余計な)手間, 労力, めんどう: Bitte machen Sie [sich³] keine *Umstände*! どうぞお構い〈お気遣い〉なく. ✦ ***in anderen Umständen sein*** 妊娠している. ***ohne [alle] Umstände*** さっさと, あっさりと. ***unter allen Umständen*** どんな場合も, どうしても. ***unter keinen Umständen*** 決して〈どんなことがあっても〉…しない. ***unter Umständen*** ひょっとすると, おそらく([略] u. U.). **umständehalber** [副] 事情があって, 都合により. **umständlich** [形] めんどうな, 手間のかかる; 回りくどい, 要領を得ない. **Umständlichkeit** [女]《-/》回りくどさ, めんどう[なこと]; 煩雑; 冗長.

Umstands=kleid [中] 妊婦服, マタニティードレス. **=kleidung** [女] 妊婦服, マタニティーウェア. **=krämer** [男]《話》しゃくし定規な人. **=wort** [中] 〔文法〕副詞.

umstehen* [他] (…の)周りに立っている, (…を)取り囲んでいる. **umstehend** [形] 周囲を取り巻く, 周りに立っている; 裏ページの, 裏面の.

Umsteigekarte [女] 乗り換え切符.

um|steigen* [ウムシュタイゲン]《**stieg um; umgestiegen**》[自] (s)([英] change)乗り換える; 《話》《**auf** et^4》(専門などを…に)変更する, くら替えする.

um|stellen [他] 置き換える, (…の)位置を変える; 〔スポ〕(チームのメンバーの)ポジションを替える; (スイッチなどを)切り替える; 《et^4 **auf** et^4》(…を…に)切り替える; 《*sich*[4] **auf** et^4》(…に)切り替わる, 順応する. **umstellen** [他] 取り巻く, 包囲する. **Umstellung** [女] 配置転換, 移動; 調整, 切り替え; 順応, 適応.

um|stimmen [他] (人の)気分〈考え〉を変える. **|stoßen*** [他] 突き倒す, (…に)ぶつかってひっくり返す; (計画・決定などを)覆す; 無効にする. **|stricken** [他] (人を)まるめ込む.

umstritten [形] 賛否両論のある, 評価の定まっていない; 議論の余地のある.

um|strukturieren [他] (…の)組織〈構造〉を改革する. **Umstrukturierung** [女]《-/-en》組織〈構造〉改革.

um|stülpen [他] (おけなどを)逆さまにする; (ポケットを)裏返しにする; (袖(そで)を)折り返す; (生活を)根本的に変える.

Umsturz [男] 変革, 革命, 転覆.

um|stürzen [他] ひっくり返す, 転覆させる; [自] (s)ひっくり返る, 倒れる, 転覆する.

Umstürzler [男] ((-s/-)) ([女] **-in**) ((蔑)) (政府などの)転覆を企てる人, 革命家. **umstürzlerisch** [形] 政府の転覆を企てる, 革命的な. **Umsturzversuch** [男] 革命〈政府転覆〉の企て.

um|taufen [他] 〔宗〕(人に)再洗礼を施す; ((話)) (…の)名を改める.

Umtausch [男] (売買商品の)交換, 取り替え; (外貨への)両替.

um|tauschen [ウムタオシェン] ((tauschte um; umgetauscht)) [他] ([英] exchange) ((*et*⁴ **in** 〈**gegen**〉 *et*⁴)) (…を…と)換える, 交換する; 両替する.

Umtrieb [男] 〔反体制的〕策動, 策謀; ((ｽｲ)) めんどうな雑用; 手間; 〔林〕輪伐期; 〔坑〕回り線.

Umtrunk [男] 回し飲み; 飲み会.

um|tun* ((話)) ❶ [他] ((*j*³ *et*⁴)) (人に衣類を)羽織らせる, 巻きつける. ❷ [再] ((*sich*⁴ **nach** *j-et*³)) (…を)探し求める; ((*sich*⁴ **in** *et*³)) (…を)見て回る, (商売を)営む.

U-Musik [女] ポピュラー音楽 (< Unterhaltungs*musik*).

um|wälzen [他] (岩などを)転がす, ひっくり返す; (水・空気を)循環させる; 浄化して再利用する. **~d** [形] 画期的な, 革命〈変革〉的な. **Umwälzung** [女] ((-/-en)) 革命, 変革; (水・空気の)循環, 浄化.

um|wandeln [他] ((*et*⁴ **in** *et*⁴ 〈**zu** *et*³〉)) (…を…に)変化〈変形〉させる; ((*sich*⁴)) 人が変わる. **umwandeln** [他] ((雅)) (…の周りを)散策する.

Umwand[e]lung [女] ((-/-en)) 変化; 変形; 変換; 転位.

um|wechseln [他] ((*et*⁴ **in** *et*⁴)) (…を…に)両替する, くずす.

Umweg [ウムヴェーク] [男] ((-[e]s/-e)) 回り〈寄り〉道, 迂回(うかい)路: auf einem ~ über *et*⁴ …を経由して | auf ~*en* erfahren 間接的に〈人づてに〉知る.

Umwelt [ウムヴェルト] [女] ((-/-en)) ([英] environment)環境, 自然〈生活〉環境; (ある人の)周囲の〈付き合いのある〉人々.

[関連語] Alternativenergie [女] 代替エネルギー; Alternativkraftstoff [男] 代替燃料; Entwaldung [女] 森林破壊; fossiler Brennstoff [男] 化石燃料; globaler Temperaturanstieg [男] 地球温暖化; Kohlendioxid [中] 二酸化炭素; Ozonschicht [中] オゾン層, Ozonabbau [男] オゾン層破壊; Recycling [中] リサイクル; Regenwald [男] 熱帯雨林; säurer Regen [男] 酸性雨; Treibhauseffekt [男] 温室効果; Verwüstung [女] 砂漠化; Wiederaufforstung [女] 森林再生

Umweltauto [中] ((話)) 低公害〔自動〕車. **umweltbedingt** [形] 環境の制約を受けた, 環境に左右された. **Umweltbelastung** [女] 環境汚染. **umwelt=bewusst** ([旧] =**bewußt**) [形] 環境〔問題〕を意識した. **Umwelt=bewusstsein** ([旧] =**bewußt..**) [中] 環境問題の意識. **Umwelt=bundesamt** [中] (ドイツの)連邦環境庁([略] UBA). =**einfluss** ([旧] =**einfluß**) [男] 環境の及ぼす影響. =**erhaltung** [女] 環境保全〈維持〉. **umwelt=feindlich** [形] 環境を損なう. =**freundlich** [形] 環境に優しい. =**gefährdend** [形] 環境破壊〈汚染〉の. =**gerecht** [形] = umweltverträglich.

Umwelt=gesetzgebung [女] 環境立法. =**industrie** [女] 環境〔保全〕産業, エコロジー産業. =**katastrophe** [女] 大規模な環境破壊. =**kriminalität** [女] 環境汚染〈破壊〉犯罪. =**krise** [女] 環境危機. =**papier** [中] 再生紙. =**planung** [女] 環境保護計画. =**politik** [女] 環境政策. =**problem** [中] 環境問題. =**schäden** [複] 環境悪化による損害〈被害〉.

umweltschonend [形] 環境をいたわる, 環境を汚染〈破壊〉しない.

Umwelt=schutz [ウムヴェルトシュッツ] [男] ((-es/)) 環境保護. =**schützer** [男] ((-s/-)) ([女] **-in**)環境保護論者.

Umweltschutz=industrie [女] 環境保全産業. =**maßnahmen** [複] 環境保護のための措置. =**papier** [中] 再生紙.

Umwelt=steuer [女] (環境保全のための)環境税. =**störung** [女] 環境破壊. =**technik** [女], =**technologie** [女] (環境保全に役立つ)環境関連技術. =**verbrechen** [中] = Umweltkriminalität. =**vergiftung** [女] 環境汚染. =**verschmutzer** [男] ((-s/-)) 環境汚染源. =**verschmutzung** [女] 環境汚染.

umweltverträglich [形] 環境と調和した〈共存できる〉, 環境を損なわない: eine ~*e* Technologie 環境と両立する技術.

um|wenden⁽*⁾ [他] 裏返す; (車などの)方向転換をする; ((*sich*⁴ [**nach** *j*³])) [人の方を]振り向く, 反転する; [自] (h, s)向きを変える; (車が) U ターンする.

umwerben* [他] (人に)求愛する, 言い寄る.

um|werfen* [他] 倒す, ひっくり返す; (計画などを)台なしにする; ((話)) (知らせなどが人を)仰天させる, (人に)衝撃を与える; (酒が)酔わせる; ((*sich*³ *et*⁴)) (衣類などを)さっと羽織る. **~d** [形] 衝撃的な; とっぴな.

um|werten [他] 評価し直す, 再評価する.

umwickeln [他] ((*et*⁴ **mit** *et*³)) (…の周りに…を)巻きつける.

um|widmen [他] ((*et*⁴ **in** *et*⁴ 〈**zu** *et*³〉)) (…の使用目的を…に)変更する, (…を…に)改めて使用〈利用〉する.

um=winden* [他] ((*et*⁴ **mit** *et*³)) (…の周りに…を)巻きつける; (つるなどが…に)巻きつく. =**wittern** [他] ((雅)) (秘密・危険などが)取り巻く. =**wölken** [他] (雲・霧などが)覆う; ((*sich*⁴)) 曇る, 雲で覆われる; (表情などが)暗くなる.

umzäunen [他] 柵(さく)で囲む. **Umzäunung** [女] ((-/-en)) 柵(さく)で囲むこと; 柵.

um|ziehen* [ウムツィーエン] ((**zog um**; **umgezogen**)) ❶ [自] (s)([英] move)引っ越す, 移る. ❷ [他] (人に)着替えさせる, ((*sich*⁴)) 着替える; 別の場所に移す. **umziehen*** [他] (…の)周りを囲む; (雲・霧などが)包む, 覆う; ((*sich*⁴)) 雲で覆われる.

umzingeln [他] 包囲する. **Umzingelung** [女] ((-/-en)) 包囲.

Umzug [男] ([英] move)転居, 引越し, 移転; パレード, 行進.

UN [女] ((-/)) 国連 (< [英] United Nations).

un.., Un.. 「…でない; 不…, 無…」の意.

unabänderlich [形] 変更できない.

unabdingbar 形 絶対に必要な，不可欠の；《法》合意によっても変更できない．

unabhängig [ウンアプヘンギヒ] 形 《〜 independent》《**von** *j-et*》(…に)依存していない，(…から)独立した，自主的な．**Unabhängigkeit** 女 独立，自主性，自立．

un=abkömmlich 形 手が離せない，抜けられない．**=ablässig** 形 絶え間ない，不断の．**=absehbar** 形 (広大で)見渡せない；果てしない；予測のつかない．

unabsichtlich 形 故意(意図的)でない，何気ない．**unabweisbar, unabweislich** 形 拒否できない；強制的な．**unabwendbar** 形 不可避の．

unachtsam 形 不注意な，うかつな．**Unachtsamkeit** 女 不注意，うかつ．

unähnlich 形 《*j-et*》(…に)似ていない．**Unähnlichkeit** 女 似ていないこと．

unanfechtbar 形 反論の余地のない，疑わしくない．

un=angebracht 形 適切でない，ふさわしくない．**=angefochten** 形 疑う者のいない，一般に認められた；だれにも妨げられない；《勝利者が》他を引き離した．**=angemeldet** 形《訪問などで》予告なしの；《役所などに》無届けの．**=angemessen** 形 適当でない，ふさわしくない．

unangenehm [ウンアンゲネーム] 形 不快な，不愉快な，好ましくない，不都合な，いやな．

un=angepasst 形《〜 angepaßt》(周囲の環境や大勢に)順応しない．

unangetastet 形 手をつけていない；(権利などが)侵害されていない．**unangreifbar** 形 攻撃不能の；《批判/反論》の余地のない，(権利などが)侵しがたい．

unannehmbar 形 受け入れがたい．**Unannehmlichkeit** 女 不愉快なこと．

unansehnlich 形 みすぼらしい，見栄えのしない；わずかばかりの．

unanständig 形 不作法な，失礼な，ぶしつけな；いかがわしい，《やり口などが》汚い；《法》法外に，ひどく．**Unanständigkeit** 女 不作法，わいせつ；不作法(わいせつ)な言動，わいせつ出版物．

unantastbar 形 不可侵の；申し分のない．**unappetitlich** 形 食欲をそそらない，まずそうな；不潔な．

Unart 女 不快な流儀(習慣)，不作法；(子供の)行儀の悪いふるまい，いたずら．**unartig** 形 (子供が)行儀のよくない，言うことを聞かない，わんぱく〈いたずら〉な．

unartikuliert 形 発音の不明瞭(ﾒﾝﾘｮｳ)な；(聴いても)理解できない．**unästhetisch** 形 美的でない；汚らしい，不快な．

unaufdringlich 形 でしゃばらない；控えめな．**unauffällig** 形 目立たない，(人に)気づかれない．**unauffindbar** 形 見つからない，発見できない．**unaufgefordert** 副 要請(要求)されずに，自発的に．**unaufhaltsam** 形 引き止めがたい，とめどない．**unaufhörlich** 形 絶え間ない．

unauflöslich 形 (なぞなどが)解けない，解決できない；(関係などが)解消されえない；(液体などが)不溶性の；(結び目などが)ほどけない．

unaufmerksam 形 不注意な；気の散った；(他人に対して)気配りの足りない．**Unaufmerksamkeit** 女 不注意，うかつ；気配りのなさ．

unaufrichtig 形 不誠実な，偽りの．**Unaufrichtigkeit** 女 不誠実；不誠実な言動．

unaufschiebbar 形 延期不可能な．

unausbleiblich 形 避けがたい，必至の．**unausführbar** 形 (計画・提案などが)実行(実現)不可能な．

unausgeglichen 形 調和の取れていない，一様でない；気むずかしい；《簿記》(収支が)不均衡な．

unausgegoren 形 (理論・計画などが)十分に練られていない，完成していない．**unausgesetzt** 形 絶え間のない，不断の．**unauslöschlich** 形 《雅》忘れがたい，深く印象に残る．**unausrottbar** 形 根絶しがたい．**unaussprechlich** 形 (感情が)筆舌に尽くしがたい．**unausstehlich** 形 (不快感で)堪えがたい，憎らしい．**unausweichlich** 形 不可避の．**unbändig** 形 制御できない，手に負えない．**unbar** 形 現金によらない，キャッシュレスの．

unbarmherzig 形 無慈悲な，冷酷な．**Unbarmherzigkeit** 女 無慈悲，冷酷．

un=beabsichtigt 形 故意でない．**=beachtet** 形 (誰も)注意を払わない．**=beanstandet** 形 異議を唱えられない．**=beantwortet** 形 答えに返事のない．**=bebaut** 形 (土地が)建物のない；休耕中《未開墾》の．**=bedacht** 形 無思慮な，軽率な．**=bedachtsam** 形 《雅》≒ unbedacht．**=bedarft** 形 《話》経験のない〈乏しい〉，未熟な；素朴な．**=bedeckt** 形 覆われていない，露出した．**=bedenklich** 形 心配のない，安心な；(人が)ためらいのない．**=bedeutend** 形 重要でない，大したことのない；ささいな．

unbedingt [ウンベディンクト] 形 《〜 absolute》無条件の，絶対の；副 ぜひとも，必ず，どうしても．

unbefahrbar 形 (道路などが)走行《航行，通行》できない．

unbefangen 形 無邪気な，こだわりのない，天真らんまんな；偏見のない，公正な．**Unbefangenheit** 女 無邪気，天真らんまん；公正．

un=befleckt 形 染み〈汚れ〉のない；純潔無垢(ﾑｸ)の．**=befriedigend** 形 不十分な．**=befriedigt** 形 満足していない．**=befristet** 形 期限付きでない．

unbefugt 形 資格(権能)のない．**Unbefugte**[r] 男女《形容詞的変化》資格（権能）のない人．

unbegabt 形 才能（素質）のない．

unbegreiflich 形 理解できない，不可解な；想像を絶する．**Unbegreiflichkeit** 女 《-/》理解できない《不可解な》こと．

unbegrenzt 形 制約のない，限りない．

unbegründet 形 根拠〈理由〉のない．

unbehaart 形 毛のない．

Unbehagen 中 不快感．**unbehaglich** 形 不快な；居心地のよくない．

unbeholfen 形 ぎこちない，煩わされない．**unbeherrscht** 形 自制心のない，感情を抑えられない．**unbehindert**

の.
unbehólfen 形 ぎこちない; 不器用な.
Unbehólfenheit 女 (-/) ぎこちなさ; 不器用.
unbeírrbar 形 惑わされることのない.
unbeírrt 形 迷いのない, いちずな.
unbekánnt [ウンベカント] 形 (＝ unknown)(j³) (人に)知られていない, (人には)未知の, 知らない; 面識がない: 有名でない: Empfänger ～ (郵便で)受取人不明.
Unbekánnte[r] 形容詞変化 男女 《数》未知数.
un‐bekléidet 形 裸の. **‐bekömmlich** 形 消化の悪い, 体〈健康〉によくない.
unbekümmert 形 悩みのない, 気楽な; のん気な. **Unbekümmertheit** 女 (-/) 気楽; のん気.
unbelástet 形《責任・心配などの》重荷を負っていない; 担保抵当のない; 旧政権との関係が《抵当に入っていない. **unbelébt** 形 生命を持たない; 生物の住んでいない; 活気のない. **unbelehrbar** 形 頑固しがたい, 頑固な. **unbelíchtet** 形《写》未感光の.《話》頭の弱い.
unbelíebt 形 (人々に)好まれていない, 人気のない. **Unbelíebtheit** 女 不人気.
unbemánnt 形《船・飛行機などが》乗員のいない, 無人の. **unbemérkbar** 形 (ほとんど)目につかない, 気づかれない.
unbemérkt 形 気づかれない.
unbemíttelt 形 資産のない, 貧乏な.
unbenómmen 形 ◆ ～ sein《bleiben》(j³) (人の)自由裁量に任されている.
unbenútzt 形 利用《使用》不能の.
unbeóbachtet 形 (他人から)監視《観察》されていない.

unbequém [ウンベクヴェーム] 形 (＝ uncomfortable)快適でない, 心地よくない; いやな, やっかいな; 妥協しない.
Unbequémlichkeit 女 〔居心地の悪さ, 不快〕女 (面倒)なことがら.
unberéchenbar 形 算定できない; 予測のつかない, 人の気まぐれな. **unberéchtigt** 形 権限〈資格〉のない, 不当な.
unberücksichtigt 形 考慮されていない. **unberúfen** 形 資格《権限》のない.**unberührt** 形 触れられていない; 自然のままの; 処女の; 心を動かさない; 平然たる. **unbeschádet** 前《2格支配》しばしば名詞の後置される》《…にもかかわらず; 無事ない. **unbeschädigt** 形 破損していない, 無傷の. **unbeschäftigt** 形 仕事のない; 職のない.
unbescheíden 形 厚かましい.
Unbescheídenheit 女 厚かましさ.
unbeschólten 形 身の打ち所のない, 申し分のない. **unbeschránkt** 形 遮断機のない, 《権力が》絶対の. **unbeschränkt** 形 制限のない. **unbeschreíblich** 形 言葉に表せないほどの, 筆舌に尽くしがたい. **unbeschríeben** 形《紙などに》何も書かれていない, 空白の. **unbeschwért** 形 苦悩のない, 気楽な.
unbeséelt 形 魂のない; 生命のない; 生気のない. **unbeséhen** 形 調査しなしの, 下見ない. **unbesétzt** 形 (場所などが占められていない, (席が)空いている. **unbesíegbar** 形 征服《克服》できない, 無敵の. **unbesíegt** 形 無敗

の.
unbesónnen 形 軽率な. **Unbesónnenheit** 女 軽率; 軽率な言動.
unbesórgt 形 心配していない.
unbestándig 形 不安定な; 移り気な, 気まぐれな. **Unbestándigkeit** 女 不安定; 移り気, 気まぐれ.
unbestätigt 形 未確認な; 非公式の.
unbestéchlich 形 買収の効かない; 何物にも左右されない.

unbestímmt [ウンベシュティムト] 形 (＝ uncertain)漠然とした, はっきりしない, 決まっていない; 未定の. **Unbestímmtheit** 女 漠然としていること.

unbestréitbar 形 反論《異論》の余地のない, 明白な. **unbestrítten** 形 反論されていない, 一般に認められている; 確実な.
unbeteíligt 形 参加《関与》していない; 無関心な. **unbetónt** 形 アクセント《強勢》のない. **unbeträchtlich** 形 取るに足らない, ごくわずかの. **unbeúgsam** 形 ひるむことのない; 妥協しない, 強情な.
unbewácht 形 監視されていない; 見張りのいない. **unbewáffnet** 形 武器を持たない; 非武装の: mit ～em Auge 《戯》肉眼で. **unbewältigt** 形 《困難などが》克服されていない, 《課題などが》片のついていない. **unbewándert** 形 《in 《auf》 et³》 (…に)精通していない.
unbewéglich 形 動かない; 固定した.
Unbewéglichkeit 女 不動; 固定; 無表情.
unbeweísbar 形 証明《立証》不可能な. **unbewíesen** 形《まだ》証明《立証》されていない. **unbewóhnbar** 形 住むことのできない, 居住に適さない.
unbewóhnt 形《人の》住んでいない.
un‐bewússt 形 (＝ bewußt)《ウンベヴスト》無意識の, 自覚的でない; 気づいていない. **unbezáhlbar** 形 (高くて)支払えない; 《貴重で値のつけられない; 《話》金で買えない, かけがえのない. **unbezáhlt** 形 未支払いの. **unbezähmbar** 形 制御〈抑制〉できない. **unbezwíngbar**, **unbezwínglich** 形 攻略《征服》しがたい; 《困難・障害が》克服されない; 《感情・苦痛などが》抑えきれない.

Únbilden 複《雅》つらさ, 厳しさ.
Únbildung 女 無教育, 無教養.
Únbill 女 (-/) 《雅》不当な仕打ち.
únbillig 形《雅》公正でない, 不当な.
Únbilligkeit 女 (-/) 《雅》不公正.
únblutig 形 血を流さない, 無血の.
unbotmäßig 形《戯》反抗的な.
Únbotmäßigkeit 女 反抗的態度.
unbráuchbar 形 使えない; 役に立たない; **für et**⁴ (…に)向いていない.
Unbráuchbarkeit 女 使用不能.
unbürokrátisch 形 官僚《お役所》的でない. **únchristlich** 形 非キリスト教的な, キリスト教徒らしくない.

und [ウント] 接 (＝ and)《列挙・並列》…と, …および, …そして, また; …したり…したり; 《加算》…足す…: 3 ～ 5 macht 《ist》 8. 3足す5は8. ❷《時間的順序》《～ [dann]》そして, それから. ❸《結果》だから, それで; すると. ❹《強調》同語を繰り返して》…また…; 《形容詞と》ますます. ❺《命令文の後で》そうす

れば; そして(…してくれ): Sei so gut ~ mach das Fenster auf! 窓を開けてくれないかい. ❻《対比》ところが, それなのに. ❼ とんでもない: Sie ~ ein braves Mädchen! あの娘(こ)がおとなしいいい子だって(まさか, とんでもない). ❽《間投詞的》: *Und?* /Na, ~? ふーん, ほほう, それで? ✦ *~ andere[s]* 〔*mehr*〕などなど([略] u.a. 〔m.〕). *Und ob!* 《話》もちろん, 言うまでもない. *~ so* …など, …とかなんとか. *~ so fort* 〈*weiter*〉 …など([略] usf. 〈usw.〉). *Und wie!* 《話》《強い肯定》もちろん, 言うまでもない. *~ zwar* つまり, しかも, それも.

Undank [男] 恩知らず[な行為]. ✦ *~ ist der Welt Lohn.* 《諺》忘恩は世の習い.

undankbar [形] 恩知らずの, 感謝しない; 割に合わない. **Undankbarkeit** [女] 恩知らず; 割に合わないこと.

undatiert [形] 日付のない. **undefinierbar** [形] 定義できない; つかみどころのない. **undenkbar** [形] 考えられない, 想像できない. **undenklich** [形] ✦ *seit ~er Zeit* / *seit ~en Zeiten* 大昔から. *vor ~er Zeit* / *vor ~en Zeiten* 大昔に.

Underdog [男] 《-s/-s》負け犬, 敗北者, 敗残者. **Underground** [男] 《-s/》(社会の)地下組織, 暗黒街; アングラ[劇, 音楽]. **Understatement** [中] 《-s/-s》〔文学・劇〕控え目な表現.

undeutlich [ウンドイトリヒ] [形] はっきりしない; あいまいな. **undeutsch** [形] 非ドイツ的な, ドイツふうでない. **undicht** [形] (水が)漏れる, (空気を)通す.

Undine ウンディーネ(水の精).

Unding [中] ✦ *ein ~ sein* 《話》ばかげている, ナンセンスだ.

undiszipliniert [形] 規律のない, だらしのない.

unduldsam [形] 不寛容な; 狭量な. **Unduldsamkeit** [女] 不寛容; 狭量.

undurchdringlich [形] (やぶなどが)足を踏み入れられぬほど密生した; (霧・闇などが)見通せぬほど濃い〈暗い〉; (表情などが)本心の見えない. **undurchführbar** [形] 実行〈実施〉不可能な. **undurchlässig** [形] (光線・液体・気体などを)通さない, 透過させない. **undurchsichtig** [形] 不透明な; 見通せない; いかがわしい.

uneben [形] (地面などが)平らでない, でこぼこの; 起伏のある. ✦ *nicht ~* 《話》なかなかいける, 悪くない. **Unebenheit** [女] 《-/》(地面などの)でこぼこ, 起伏.

unecht [形] 模造〈人造〉の; 偽造の; うわべ〈見せかけ〉だけの; 〔化・織〕退色性の. **unedel** [形] 気高くない, 卑しい: *~e* Metalle 〔化〕卑金属. **unehelich** [形] (子供が)非嫡出の; (母親が)未婚の.

Unehre [女] 《雅》不名誉, 恥辱.

unehrenhaft [形] 不名誉な, 恥ずべき. **unehrerbietig** [形] 《雅》非礼な, 敬意のない.

unehrlich [ウンエーァリヒ] [形] (人・性格などが)不誠実な, 不正直な; (方法などが)不正な, 欺瞞(ぎまん)的な. **Unehrlichkeit** [女] 不誠実, 不正直.

uneigennützig [形] 利己的〈自己本位〉でない, 私心のない. **uneigentlich** [副] ✦ *eigentlich A, aber ~ B* 《戯》本来はAだが, 特別にB.

uneingeschränkt [形] 無制限の, 制約〈拘束〉のない. **uneingeweiht** [形] 事情に通じていない, 門外漢の. **uneinheitlich** [形] 不統一な, 一貫していない; 画一的でない.

uneinig [形] 意見が異なる. **Uneinigkeit** [女] 意見の不一致; 争い, あつれき.

uneinnehmbar [形] 難攻不落の, 征服できない.

uneins [形] 《mit j^3》(人と)意見が異なる.

unempfänglich [形] 《für et^4》(…に対して)感受性がない; (病気などに)かかりにくい. **Unempfänglichkeit** [女] 感受性のなさ, 鈍感.

unempfindlich [形] 《gegen et^4》(寒さなどに)強い; (病気などに)抵抗力のある; (布地などが)傷みにくい, 色あせない. **Unempfindlichkeit** [女] 強靭(きょうじん)さ; 抵抗力; 堅牢(けんろう)さ, 丈夫さ.

unendlich [ウンエントリヒ] [形] ([英] endless)無限の, 果てしない, 計り知れない; ものすごい, 非常な. ✦ *bis ins Unendliche* 果てしなく; いつまでも. **Unendlichkeit** [女] 無限[の大きさ], 果てしなさ; 永遠; 《話》終わりそうもない長い時間.

unentbehrlich [ウンエントベーァリヒ] [形] ([英] indispensable)不可欠の, どうしても必要な, 必須(ひっす)の. ✦ *~ machen* 《$sich^4$》なくてはならない存在〈人物〉になる. **unentgeltlich** [形] 無報酬の, 無償の, ただの. **unentrinnbar** [形] 《雅》免れがたい, 不可避の. **unentschieden** [形] 未決定の, はっきりしない; 〔スポ〕引き分けの.

unentschlossen [形] 決心がつかない, 優柔不断の; どっちつかずの. **Unentschlossenheit** [女] 優柔不断; どっちつかず.

unentschuldbar [形] (過失などが)許しがたい. **unentwegt** [形] 《述語的用法なし》不屈の; 《戯》頑迷な; 絶え間ない. **unentwirrbar** [形] もつれて解けない; (事態が)収拾困難な. **unerbittlich** [形] 容赦ない, 非情な, 冷厳な.

unerfahren [形] 経験不足の, 未熟な. **Unerfahrenheit** [女] 《-/》経験不足, 未熟.

unerfindlich [形] 《雅》説明がつかない; 不可解な. **unerforschlich** [形] 《雅》不可解な, 計り知れない. **unerfreulich** [形] うれしくない, 喜ばしくない; 不愉快な. **unerfüllbar** [形] (要求・願望などが)満たせない, 実現不可能な. **unerfüllt** [形] (要求・願望などが)満たされていない; 欲求不満の. **unergiebig** [形] 収量〈利益〉の少ない; (土地が)不毛の; (仕事が)成果の上がらない. **unergründlich** [形] (謎・秘密などが)解明できない; (表情などが)謎めいた.

unerheblich [形] ささいな, 重要でない.

unerhört [形] [ウンエアヘーァト] 前代未聞の, 途方もない; けしからぬ; とんでもない, ものすごい. **unerkannt** [形] 正体を悟られない, 誰だか分からない. **unerkennbar** [形] 見分けのつかない. **unerklärlich** [形] 説明のつかない, 不可解な. **unerlässlich** ([旧] ..läß..) [形] 不可欠の, 必須(ひっす)の. **unerlaubt** [形] 許されてい

ない, 無許可の, 不法な. **unerledigt** 形 (仕事などが)[まだ]片のついていない, 未処理の; (事件などが)未解決の. **unermesslich** 形 (⊕ ..meß..) はかりがたい, 計り知れない; 無限の; 非常な. **unermüdlich** 形 うむことのない, 不屈の. **unerquicklich** 形 [雅] 不愉快な. **unerreichbar** 形 (遠くに)手が届かない; (目標が)到達できない; (人が)連絡のつかない. **unerreicht** 形 (記録などが)前人未到の. **unersättlich** 形 飽くことを知らぬ, 食欲[旺]. **unerschlossen** 形 未開拓の; 未開発の. **unerschöpflich** 形 くみ尽くせない, 無尽蔵の, 無限の. **unerschrocken** 形 恐れを知らな, 勇気のある, 豪胆な. **unerschütterlich** 形 (信念などが)ゆるがない, 確固たる. **unerschwinglich** 形 (高価すぎて)手が出ない, (費用を)工面できない. **unersetzlich** 形 (人材などが)かけがえのない; 取り返しのつかない, 償えない. **unersprießlich** 形 [雅] 利益をもたらさない; 効果〈効能〉のない. **unerträglich** 形 たえがたい, 我慢できない. **unerwähnt** 形 言及されない.

unerwartet [ウネアヴァルテット] 形 (⊕ unexpected) 予期しない, 思いがけない, 不意の; 出し抜けの. **unerwidert** 形 (返事〈返答〉のない; 報われない. **unerwünscht** 形 好ましくない. **unerzogen** 形 しつけ〈行儀〉の悪い.

UNESCO [ウネスコ] 女 (-/-) ユネスコ, 国連教育科学文化機関.

unfähig [ウンフェーイヒ] 形 (⊕ incapable) 無能な; ふさわしくない; 《**zu** *et*³ (…の) 能力がない, (…) できない. **Unfähigkeit** 女 無能, できないこと.

unfair 形 公平〈フェア〉でない.

Unfall [ウンファル] 男 (-[e]s/..**fälle**) (⊕ accident) 事故, 災害: einen ~ haben 事故に遭う. =**anzeige** 女 (管理者による)事故の届け出[義務]. =**arzt** 男 救急医. =**beteiligte**[**r**] 男 (形容詞変化) 〔交通〕事故の関係者.

Unfall=flucht 女 (-/-en, ..**flüchte**) ひき逃げ. =**freibescheinigung** 女 無事故証明書. =**gefahrenquelle** 女 事故発生源. =**kommando** 中 事故救急隊〈救助隊〉. =**ort** 男 事故現場. =**risiko** 中 事故の危険度〈率〉. =**schaden** 男 事故による被害〈損害〉. =**schutz** 男 事故防止[措置]. =**station** 女 救急病棟〈処置室〉. =**statistik** 女 事故統計. =**stelle** 女 事故現場. =**verhütung** 女 事故防止. =**verlust** 男 事故による損失. =**versicherung** 女 (対人の)事故保険. =**verursacher** 男 事故を起こした人. =**wagen** 男 事故で壊れた車. =**ziffer** 女 事故発生率.

un=fassbar 形 (⊕ ..**faß**..), **un=fasslich** 形 (⊕ ..**faß**..) 不可解な; 想像を絶する.

unfehlbar 形 誤りを犯すことのない; 確実な, 誤れもない. **Unfehlbarkeit** 女 (⊖ 無謬〈ミュウ〉性) 〔教皇の〕不謬〈ミュウ〉性.

unfein 形 下品な. 不作法な.

unfern 形 《2格支配》…から遠くない所で, …の近くに; 中 ~ **von** *et*³… から遠くない所で. **unfertig** 形 未完成の, 一人前でない.

unflätig 形 [雅] 野卑〈粗野〉な, けがらわしい. **Unflätigkeit** 女 (-/-en) 野卑; けがらわしい野卑な言動.

unfolgsam 形 (子供などが)従順でない. **unförmig** 形 不格好でない. **unförmlich** 形 形式〈格式〉ばらない, くだけた. **unfrei** 形 自由でない; [史]隷属民の; (人が)のびのびとしていない, 窮屈な; [郵] 料金未納の. **unfreiwillig** 形 自発的でない, 不本意な; 思いがけない.

unfreundlich [ウンフロイントリヒ] 形 ❶ (⊕ unfriendly) 不親切な, 友好的でない, よそよそしい; 好ましくない, 感じの悪い, 不快な. ❷ 雨模様の. **Unfreundlichkeit** 女 不親切, 無愛想; 不親切〈無愛想〉な言動.

Unfrieden 男 不和, いさかい, あつれき.

unfruchtbar 形 (土地が)不毛の, やせない; (議論などが)無益な, 実りのない. **Unfruchtbarkeit** 女 不毛; 不妊; 無益.

Unfug 男 (-[e]s/) 〈意味のない〉こと; 迷惑な行為, 乱暴.

..ung [動詞の女性名詞化] 『行為; 行為の結果』の意.

ungangbar 形 (道などが)通行不能の.

Ungar 男 (-n/-n) 女 (-in) ハンガリー人. **ungarisch** 形 ハンガリー[人, 語]の. **Ungarn** 中 ハンガリー.

ungastlich 形 客あしらいの悪い; (土地・家屋などが)滞在〈居住〉する気になれない, 居心地のよくない. **ungeachtet** 形 《2格支配: ときに後置される》…にもかかわらず. **ungeahnt** 形 予期されない, 予想外の. **ungebärdig** 形 [雅] 粗暴な. **ungebeten** 形 (客などが)招かれていない, 来て欲しくない. **ungebildet** 形 教養のない. **ungeboren** 形 [まだ]生まれていない. **ungebräuchlich** 形 一般に用いられていない, めったに使わない. **ungebraucht** 形 未使用の.

Ungebühr 女 不穏当な言動, 無作法; 侮辱. **ungebührlich** 形 (ふるまいなどが)不穏当な, 無礼な; (値段が)法外な.

ungebunden 形 束縛されない, 気ままな; (本が)未製本の, 仮との; [文芸] 散文の. **ungedeckt** 形 覆われていない; (食卓が)食器を並べていない; [中口] 無防備の, 援護のない; [商] 不渡りの; [軍] 裸の; 無担保の.

Ungeduld 女 焦り, いらだち, 短気. **ungeduldig** [ウンゲドゥルディヒ] 形 (⊕ impatient) 短気な, せっかちな; いらいらした. **ungeeignet** 形 《**für** *et*⁴》(…に) 不適当である, 向いていない.

un=gefähr [ウンゲフェーア] 形 (⊕ approximately) およそ, 約, ほぼ: おおよその, だいたいの. ♦ **von** ~ 偶然に; 自ら進んで. =**gefährdet** 形 安全な, 危険な目に遭わない. =**gefährlich** 形 安全な, 危険のない. =**gefällig** 形 不親切な, 無愛想な. =**gefärbt** 形 染色の施していない; ありのままの. =**gefragt** 形 問われもしないのに; (前もって質問を聞かないで). =**gefüge** 形 [雅] 大きくて不格好な, ごつくてぎこちない, たどたどしい. =**gehalten** 形

ungeheißen〖雅〗怒っている, 憤慨した. =**gehei**ß**en**〖副〗命令されないのに, 自発的に. =**gehemmt**〖形〗(人が)気後れしない, ひるまない;(感情などが)抑えられない:抑制できない.

ungeheuer〖形〗(数量・力などが)ものすごい, 途方(とてつも)ない, 莫大な, 非常な. **Ungeheuer**中《-s/-》(伝説・童話の)怪物, 怪獣;人でなし, 言語道断な人;醜悪な(巨大な)もの. **ungeheuerlich**〖形〗けしからぬ, もってのほかの, 腹の立つ. **Ungeheuerlichkeit**女《-/-en》言語道断;もってのほかの言動.

un·gehindert〖形〗妨げられない, 邪魔されない. =**gehobelt**〖形〗(板などが)かんなのかかっていない;粗暴な;(表現などが)荒削りの, ぎこちない.

ungehörig〖形〗無作法な. **Ungehörigkeit**女《-/-en》無作法(な言動).

ungehorsam〖形〗従順でない, 反抗的な. **Ungehorsam**男〖形〗不従順, 不服従;〖軍〗抗命.

un·geklärt〖形〗未解明の. =**gekündigt**〖形〗解雇予告なしの.

un·gekünstelt〖形〗気取らない, ありのままの. =**gekürzt**〖形〗短く(省略)していない.

ungelegen〖形〗都合の悪い. **Ungelegenheit**女〖形〗不都合, 面倒.

ungelehrig〖形〗(人・動物が)教え(仕込み)にくい, 物覚えの悪い. **ungelenk**〖形〗ぎこちない, 不器用な. **ungelernt**〖形〗職業訓練を受けていない;無学の. **ungelogen**〖形〗〖話〗本当に, 実際は.

Ungemach中〖雅〗苦労, 面倒;災難.

ungemein〖形〗並外れた.

ungemütlich〖形〗居心地の悪い;〖話〗不機嫌な. **Ungemütlichkeit**女〖形〗居心地の悪いこと.

ungenannt〖形〗匿名の, 名前を伏せた.

ungenau〖形〗不正確な;あいまいな, ずさんな, いい加減な. **Ungenauigkeit**女〖形〗不正確;あいまいさ;不正確(ずさん)な点, ミス.

ungeniert〖形〗気がねのない, 平気な. **Ungeniertheit**女《-/-》無邪気, 平気.

ungenießbar〖形〗飲食に適さない;(まずくて)食べられない;〖話〗近寄りがたい, 不機嫌な.

ungenügend〖形〗不十分な, 不足な;〖成績評語で〗不可(6段階中の第6位). **un·genützt**〖形〗未利用の. **ungeordnet**〖形〗無秩序な. **ungepflegt**〖形〗手入れのしていない;身だしなみのよくない. **ungerächt**〖形〗〖雅〗報復のなされていない.

ungerade〖形〗奇数の. **ungeraten**〖形〗不恰好な;(子供が)しつけの悪い.

ungerechnet〖形〗計算(勘定)に入れない;〖"2路支配"〗=として, 別として.

ungerecht〖形〗不公正な, 不当な. **ungerechtfertigt**〖形〗正当化できない, 不当な. **Ungerechtigkeit**女〖形〗不公正, 不当;不当な言動.

ungeregelt〖形〗無規律な, 無秩序な.

ungereimt〖形〗つじつまの合わない, ばかげた(計算). **Ungereimtheit**女《-/-en》つじつまの合わない(計算). 〖話〗無駄.

un·gern〖ウングルン〗〖副〗いやいやながら,

しぶしぶ. =**gerührt**〖形〗感情を動かされない, 平然とした. =**gerupft**〖形〗♦ + davonkommen 無事に切り抜ける (逃れる). =**gesagt**〖形〗語られない.

ungesalzen〖形〗無塩の;塩に漬けていない. =**geschehen**〖形〗♦ ~ **machen**(…を)起こらなかったことにする.

Ungeschick中無器用な, 不手際な, ぎこちなさ. **Ungeschicklichkeit**女 = Ungeschick; 無器用で不手際な, ぎこちない)やり方. **ungeschickt**〖形〗無器用な, 不手際な, ぎこちない;〖南部〗要領の悪い. **Ungeschicktheit**女《-/-》= Ungeschick.

un·geschlacht〖形〗(体などが)いかつい, 大きくて不恰好な;粗野な, 不作法な. =**geschliffen**〖形〗(刃物・宝石などが)研磨されていない;洗練されていない. =**geschmälert**〖形〗減らされていない, そっくりそのままの. =**geschminkt**〖形〗化粧をしていない, 素顔のままの;粉飾のない. =**geschoren**〖形〗毛を刈られていない;じゃまされない. ♦ ~ **davonkommen (bleiben)** 無事に切り抜ける. ~ **lassen** (人を)そっとしておく. =**geschrieben**〖形〗書かれていない. =**geschützt**〖形〗保護されていない, 無防備の;雨ざらしの. =**gesehen**〖形〗他人に見られずの. =**gesellig**〖形〗非社交的な;〖動〗非群居性の.

ungesetzlich〖形〗非合法の, 違法の. **Ungesetzlichkeit**女非合法(違法)性;違法行為.

ungesittet〖形〗不作法な, 失礼な. **ungespitzt**〖形〗とがっていない, (鉛筆などが)けずっていない. ♦ **Dich hau' ich ~ in den [Erd]boden!**〖話〗きさまをただではおかないぞ. **ungestaltet**〖形〗(自然などが)人の手の加わっていない.

ungestempelt〖形〗スタンプの押してない;〖郵〗消印のない.

ungestört〖形〗じゃまされない, 円滑な. **Ungestörtheit**女《-/-》じゃまされないこと, 円滑.

ungestraft〖形〗処罰されない.

ungestüm〖雅〗激しい, 熱烈な;荒々しい. **Ungestüm**中《-[e]s/-》〖雅〗激しさ, 猛烈さ;熱烈さ.

un·gesund〖形〗健康でない;健康に悪い, 不健全な. =**geteilt**〖形〗分割されていない, そっくりそのままの;全員一致の. =**getreu**〖形〗誠実でない. =**getrübt**〖形〗濁り(曇り)のない.

Ungetüm中《-[e]s/-e》(伝説上の)怪物;〖話〗巨大な(不恰好な)もの.

un·geübt〖形〗訓練を積んでいない, 未熟な. =**gewandt**〖形〗不器用な, ぎこちない. =**gewaschen**〖形〗洗っていない, 汚れたままの.

un·gewiss[⇨ **gewiß**]〖ウングヴィス〗〖形〗〈 uncertain 〉不確かな;不明確な;確信の持てない.

Ungewissheit〖形 **..gewiß..**〗女不確実, はっきりしないこと. ~**s-faktor** 中不確定要素.

un·gewöhnlich[ウンゲヴェーンリヒ]〖形〗〈 unusual 〉普通でない, 異例の, 珍しい;驚くべき, ことのほかの. =**gewohnt**〖形〗慣れていない;いつもと違った. =**gewollt**

Ungeziefer 中 《-s/-》《集合的》有害小動物《ネズミ・ゴキブリ・ノミなど》,害虫.

ungezogen 形 しつけ《行儀》の悪い,無作法な,腕白な. **Ungezogenheit** 女《-/-en》しつけ《行儀》の悪さ;無作法.

ungezügelt 形 抑制されていない,奔放な.

ungezwungen 形 無理のない,自然な,のびのびした. **Ungezwungenheit** 女《-/》《態度の》自然さ,闊達(な).

Unglaube 男 信じ《ようと》しないこと;不信仰,不信心,信用できそうもない,事実らしくない.**unglaubhaft** 形 信じられない,信用しない,懐疑的な;信仰《心》のない,不信な. **Gläubige[r]** 男《形容詞変化》不信心者.

unglaublich 形《⁑ incredible》とんでもない,けしからん;信じられ[ほどの]ものすごい,非常な.

unglaubwürdig 形 信じられない,信憑性のない. **Unglaubwürdigkeit** 女《-/》信じられないこと,疑わしさ.

ungleich 形《⁑ unequal》同じでない,違った,不平等な,釣り合いの取れないに,ずっと. **=artig** 形 同種《同質》でない;均質でない,むらのある. **=förmig** 形 同形でない;同根《=様》でない.

Ungleichgewicht 男 不均衡,アンバランス. **Ungleichheit** 女 不同,不平等,不釣り合い,不ぞろい.

ungleichmäßig 形 均等でない,不規則な;不ぞろいな. **Ungleichmäßigkeit** 女 不規則,不ぞろい.

Unglück《ウングリュック》 中《-[e]s/-e》 ① 《⁑ accident》《大きな》事故,災害,不幸なできごと. ② 《⁑ misfortune》不運,不幸,災い,災難. ◆ *Ein ~ kommt selten allein.*《諺》弱り目にたたり目,泣きっ面に蜂. **ins ~ bringen**《stoßen, stürzen》《雅》《人を》不幸に陥れる. *in sein ~*《ins ~》 *rennen*《それとは知らずに》破滅に向かって突き進む. *zu allem ~* さらに運が悪いことに.

unglücklich《ウングリュックリヒ》形《⁑ unfortunate》不都合な;不運な,不成功の;《表現などが》不適切な《⁑ unhappy》悲しい,不幸.

unglücklicherweise《ウングリュックリヒャーヴァイゼ》副《⁑ unfortunately》不幸にもあいにく,残念ながら.

Unglückselig 形 不運な;哀れな.

Unglücks=fall 男 不幸な出来事, **=rabe** 男《話》運の悪い人,ついてない人. **=tag** 男 事故の起きた日;運の悪い日,厄日.

Ungnade 女 不機嫌. ◆ *bei j³ in ~ fallen / sich³ j² ~ zuziehen*《人の》機嫌を損ねる. **ungnädig** 形 不機嫌な;不愛想な.

ungültig《ウングュルティヒ》形 無効の,通用しない. **Ungültigkeit** 女 無効,失効.

Ungunst 女《状況の》不利;不機嫌,不愛想. ◆ *zu j² ~en*《人にとって》不利なように. **ungünstig** 形《*für j-et¹*》《…にとって》都合の悪い,不利な;《雅》好意的でない.

un=gut 形 いやな,何か《悪いこと》がありそうな;邪悪な. ◆ *Nichts für ~!* 悪い意味で言ってるのではないですよ;怒らないで下さいよ. **=haltbar** 形 持ちこたえられない;《球技》《シュートなどに》阻止《防御》できない. **=handlich** 形 扱いにくい. **=harmonisch** 形 不調和な.

Unheil 中《雅》《大きな》災厄.

unheilbar 形 不治の,《病気が》治らない. **Unheilbarkeit** 女《-/》不治,治癒不能. **unheilvoll** 形 不吉な.

unheimlich《ウンハイムリヒ》形 不気味な,薄気味悪い;《話》ものすごい.

unhöflich《ウンヘーフリヒ》形 失礼な,不作法な,礼儀をわきまえない. **Unhöflichkeit** 女 無礼,無作法;無礼な言動.

Unhold 中《-[e]s/-e》《古 ⁑ =in》悪魔,妖怪《はっ》;残忍な人;変質者.

unhörbar 形《音などが》聞きとれない.

unhygienisch 形 非衛生的な,不潔な.

uni 形《無変化》単色の,一色の;《生地の》無地の. **Uni** 中《-s/-s》単色;無地.

Uni 女《-/-s》《話》大学《< Universität》.

UNICEF《ウーニツェフ》女《-/》ユニセフ,国連児童基金.

unieren 動《宗教などを》統一する.

uniform 形 同じ形の,一様的な.

Uniform 女《⁑ uniform》制服,ユニホーム.

uniformieren 動《人に》制服を着せる;画一化する.

Uniformität 中《-/-en》画一《均一》性,個性のないこと.

Unikum 中《-s/..ka》《世界に》ただ一つしかないもの《-s/-s》めったにないもの,珍品;《話》変わり者.

unilateral 形 一方だけの;《国際間で》一方的な,片務的な.

uninteressant 形 興味《関心》を引かない,つまらない,おもしろくない;《雅》利益《もうけ》にならない. **uninteressiert** 形 興味のない,無関心な,つまらなさそうな.

Union《ウニオーン》女《-/-en》《⁑ union》《国家・団体などの》連合,連盟,同盟,連邦.

unisono 副《楽》ユニゾンで,同音で.

universal 形 全般的な,あらゆる領域にわたる;全世界的な;普遍的な.

Universal=bank 女《すべての金融サービスを提供し得る》ユニバーサル銀行《ドイツでは Deutsche Bank, Dresdner Bank など》. **=mittel** 中 万能薬.

universell 形 全般的《普遍的》な;万能の;多目的の.

Universität《ウニヴェルズィテート》女《-/-en》《⁑ university》《総合》大学《⁑ Uni》. **~s=klinik** 女 大学付属病院. **~s=professor** 男 大学教授.

Universum 中《-s/-》宇宙;無限の多様性.

Unke 女《-/-n》《動》スズガエル《鈴蛙》;《話》悲観的な予言者はかりする人.

unken 動《話》悲観的な予言をする.

unkenntlich 形 見分けがつかない,識別《判読》できない. **Unkenntlichkeit** 女《-/》識別《判読》不可能. **Unkenntnis** 女 無知,知らないこと. ◆ *in ~ lassen*《*j³ über et⁴*》《人に…について》知らせずにおく.

ụnkindlich 子供らしくない、ませた.
ụnklar [ウンクラール] 形 不明確な、あいまいな、分かりにくい、はっきりしない; 濁った、曇った. ◆ *im Unklaren lassen* ⟨*j*⁴⟩ ⟨*sich*² *über* *et*³⟩ (…について)はっきり知らせておく. *im Unklaren sein* ⟨*sich*² *über* *et*³⟩ (…について)はっきりわかっていない. **Ụnklarheit** 囡 不明確, 不明瞭な点.
ụn-klug 形 賢明(利口)でない. **=kollegial** 形 同僚らしくない, よそよそしい. **=kompliziert** 形 複雑でない, 単純な. **=kontrollierbar** 形 制御(コントロール)できない, 手に負えない.
Ụnkosten [ウンコステン] 複 予定外の支出, 余分な経費; 《話》費用(全体), 出費. ◆ *in geistige ~ stürzen* ⟨*数*⟩ ⟨*sich*⁴⟩ 大いに頭を使う. *in ~ stürzen* ⟨*数*⟩ ⟨*sich*⁴ *für j-et*⁴⟩ (…のために)大変な出費をする.
Ụnkraut [ウンクラウト] 中 ⟨-[e]s/..kräuter⟩ ⟨⊗ weed⟩ 雑草. ◆ *~ vergeht* ⟨*verdirbt*⟩ *nicht*. 憎まれっ子世にはばかる. **=bekämpfungsmittel** 中 除草剤.
ụn-kultiviert 形 洗練されていない, 無作法な, 粗野な. **=kündbar** 形 解約(解雇)できない. **=kundig** 形 《専門》知識のない. ◆ *et*² *sein* 《雅》(…に)不案内である. (…を)知らない. **=längst** 副 ついこの先ごろ, ほんの最近. **=lauter** 形 《雅》(手段などが)不純な, 不正な. **=leidlich** 形 不機嫌な, 無愛想な; 我慢のできない, 耐えがたい. **=leserlich** 形 (筆跡などが)読みにくい. **=leugbar** 形 否定できない, 明白な. **=lieb** 形 ⟨*j*³⟩ (人にとって)好ましくない. **=liebsam** 形 ひどくいやな.
unlin[i]iert 形 (紙などに)罫線(_)の入っていない. **ụnlogisch** 形 非論理的な.
un-lösbar 形 (問題などが)解けない, 解答不能な; (関係などが)解けない(結び目などが)ほどけない. **=löslich** 形 溶けない, 不溶性の; (関係などが)解けない.
Ụnlust 囡 気の進まないこと, 嫌気; 《商》(株式市場での)いやな気. **ụnlustig** 形 気の進まない, いやいやながらの.
ụn-manierlich 形 行儀の悪い, 不作法な. **=männlich** 形 男らしくない.
Ụnmaß 中 《雅》過剰, 過度, 過多.
Ụnmasse 囡 大変な数(量).
ụnmaßgeblich 形 重要(決定的)でない.
ụnmäßig 形 節度のない; 異常なほどの.
Ụnmenge 囡 大変な数(量).
Ụnmensch 男 人でなし, 冷酷な人. **ụnmenschlich** 形 非人間的(冷酷)な; 途方もない. **Ụnmenschlichkeit** 囡 非人間性, 冷酷; 非人間的な行為.
ụnmerklich 形 気づかない; 気づかないほどの. **ụnmissverständlich** [⊗ ..miß..] 形 誤解の余地のない, 明白な.
ụn-mittelbar [ウンミッテルバール] ❶ 形 ⟨⊗ immediate (じかの)〉直接(じか)の, 直接的な. ❷ 副 (時間的・空間的に)すぐに, まっすぐに. **=möbliert** 形 (賃貸などが)家具付きでない. **=modern** 形 近代(現代)的でない, 時代遅れの.
ụnmöglich [ウンメークリヒ] ❶ 形 ⟨⊗ impossible⟩ 不可能な, 不可能な, ありえない; 《話》とんでもない, 非常識な; ひどい. ❷ 副 《können と》《話》とても(決して)…

できない; …であるはずがない. ◆ *~ machen* ⟨*j*⁴⟩ (人)の立場(面目)を失わせる, (人に)恥をかかせる. **Ụnmöglichkeit** 囡 不可能性; 不可能な事柄, ありえないこと.
ụn-moralisch 形 不道徳な, きちんとしていない. **=motiviert** 形 動機のない; 理由のない.
ụnmündig 形 未成年の; 未熟な. **Ụnmündigkeit** 囡 未成年(であること); 未熟さ.
ụnmusikalisch 形 音楽の才(センス)のない.
Ụnmut 男 不機嫌; 不満. **ụnmutig** 形 不機嫌な; 不満の.
ụnnachahmlich 形 まねのできない.
ụnnachgiebig 形 頑固な, 強情な. **Ụnnachgiebigkeit** 囡 ⟨-/⟩ 頑固, 強情.
ụnnachsichtig 形 容赦のない, 厳しい.
ụnnahbar 形 近寄りがたい, とっつきにくい.
ụnnatürlich 形 自然に反する; 不自然な, わざとらしい. **Ụnnatürlichkeit** 囡 不自然さ, わざとらしさ.
ụnnennbar 形 《雅》言葉で言い表せないほどの; 言うに言われぬ.
ụn-normal 形 普通でない, 異常な. **=notiert** 形 《商》 相場(値段)のつけられていない(株式が)上場されていない.
ụn-nötig [ウンネーティヒ] 形 必要でない, むだな. **=nütz** 形 無益な; 役に立たない.
UNO, Ụno [ウー/] 囡 ⟨-/⟩ ⟨⊗ United Nations Organization⟩. 国連⟨⊗ United Nations Organization⟩.
ụnordentlich 形 だらしのない; 整とんされていない, 乱雑な. **Ụnordentlichkeit** 囡 ⟨-/⟩ だらしなさ; 乱雑.
Ụnordnung [ウンオルドヌング] 囡 ⟨-/⟩ 無秩序, 混乱, めちゃくちゃ.
ụn-organisch 形 《化》 無機の, 無機物の; 有機的でない. **=paarig** 形 《生》 対の; 対生しない, 対になっていない.
ụnparteiisch 形 中立の, どちらにも味方しない; 不偏不党の. **Ụnparteiische[r]** 男 囡 《形容詞変化》 不偏不党の人; 《スポ》審判, レフェリー.
ụnparteilich 形 無党派の; = *unparteiisch*. **Ụnparteilichkeit** 囡 党派に属さないこと; 無所属; 中立.
ụn-passend 形 不適切な; 不都合な. **=passierbar** 形 (道路などが)通行不能の; (川が)流れない.
ụnpässlich [⊗ ..päß..] 形 体調(気分)の優れない. **Ụnpässlichkeit** [⊗ ..päß..] 囡 ⟨-/-en⟩ 体の不調.
ụn-persönlich 形 事務的な, ビジネスライクな; 個性のない, 没個性の; 《文法》非人称の. **=pfändbar** 形 差し押さえの対象にならない. **=politisch** 形 政治的でない, 政治に関心のない. **=populär** 形 人気(うけ)のない, 評判の悪い. **=praktisch** 形 実用的でない, 使いにくい; (人が)不器用な, 手際のよくない. **=problematisch** 形 問題のない, 問題(困難)を引き起こさない. **=produktiv** 形 生産的でない. **=proportioniert** 形 均整の取れていない, バランスの悪い.
ụnpünktlich 形 時間(期限)を守らない, 遅れる, 遅刻(遅延)した. **Ụnpünktlich-**

keit 女 時間にルーズなこと; 遅配, 遅延.

unqualifiziert 形 無資格(能力)の; 特別な資格(能力)がからない; 《蔑》低レベルの, 知的なさらけ出し.

unrasiert 形 ひげをそっていない.

Unrast 女 《雅》あせり; 慌ただしさ.

Unrat 男 -[e]s/ 汚物; ごみ. ◆ ~ **wittern** (怪しいことに)気づく, 不審に思う.

unrationell 形 非合理的な.

unratsam 形 得策でない.

unrecht [ウンレヒト] 形 (⊗ wrong)(道徳的に)正しくない; 適切でない, 不都合な. ⇒ Unrecht ◆ ~ **an die Unrechten geraten** ⟨**bei** *j*³⟩ (人に)お門違いの頼みごとをする. ~ **tun** ⟨*j*³⟩ (人に)不当なことをする. (人を)不当に評価する.

Unrecht 中 不正, 不当, 不法; 不正行為; 誤り, まちがい. ◆ *im* ~ *sein* / *im* ~ *befinden* (人が)正しくない, まちがっている. *ins* ~ *setzen* ⟨*j*⁴⟩ (人を)悪者にする (*sich*⁴ [*mit et*³/*durch et*⁴] *selbst*] (…によって)自分の首を絞める. *mit* ⟨*zu*⟩ ~ 不当に[も], 誤って. ~ *bekommen* 不当な扱い(評価)を受ける; (評価として)誤りとされる. ~ *geben* ⟨*j*³⟩ (人の言うことを)誤りとして退ける. ~ *haben* まちがっている. 正しくない.

unrechtmäßig 形 違法の. **Unrechtmäßigkeit** 女 違法性; 違法行為.

Unrechts=staat 男 非法治国家.

unredlich 形 不正直, 不〈誠 実〉な; 不正な言動の. **Unredlichkeit** 女 不正直, 不誠実; 不正直(不誠実)な言動.

unreell 形 いかがわしい.

unregelmäßig 形 不規則な, 等間隔ではない; そろわない, むらのある. **Unregelmäßigkeit** 女 不規則性; 違法(不正)行為.

unreif 形 熟していない; 未熟な.

unrein 形 不潔な, 汚れた, (息が)臭い; (音・色などが)濁った, 純粋でない. ◆ *ins Unreine schreiben* ⟨*reden*⟩ (…を)下書きする. *ins Unreine sprechen* ⟨*reden*⟩ 《話》まだ十分に考えのまとまっていないことを話す. **Unreinheit** 女 不潔; 濁り, 不純; 汚れ, 汚れ(濁り)の元; 吹き出物. **unreinlich** 形 きれい好きでない.

unrentabel 形 利益の上がらない, もうからない; 割に合わない.

unrettbar 形 救いようがない.

unrichtig 形 正しくない, まちがった, 誤った; 不適切な. **Unrichtigkeit** 女 不正確さ, 不適切.

Unruh 女 (-/-en) (時計の)テンプ輪.

Unruhe [ウンルーエ] 女 (-/-n) ❶ 騒がしさ, 喧騒(灯); 不穏〈不満〉な空気; 怒り; 《雅》騒動, 暴動. ❷ 落ち着きのなさ; 不安, 心配. **=herd** 男 騒乱の中心地, 紛争の火元. **=stifter** 男 騒ぎ(ごたごた)を起こす人; 反徒, 暴徒.

unruhig [ウンルーイヒ] 形 (⊗ restless) 落ち着きのない, 動揺した; 騒がしい, にぎやかな; 不安な, 心配そうな.

unrühmlich 形 不名誉な, みっともない.

uns [ウンス] ⇒ **wir**

un=sachgemäß 形 不適切な, 正しくない. **=sachlich** 形 客観的でない, 事実に則さない.

---

unsagbar, 《雅》**unsäglich** 形 口では言えないほどの, 非常に大きい〈激しい〉.

unsanft 形 手荒な, 乱暴な.

unsauber 形 不潔な, 汚れた; 不正確な, いいかげんな; (手段などが)フェアでない. **Unsauberkeit** 女 不潔; 不正確; (手口の)汚さ; 汚れた個所; 汚い手口.

unschädlich 形 無害な. ◆ ~ **machen** (有害物質・爆弾などを)処理する, 退治する. **Unschädlichkeit** 女 無害, 無害性.

unscharf 形 不鮮明な, ピントのぼけた; 精密・鋭敏でない; 漠然とした.

unschätzbar 形 計り知れないほどの, 非常に大きな. **un=scheinbar** 形 地味な, 目立たない.

unschicklich 形 ぶしつけな, 場所がらをわきまえない.

unschlüssig 形 決心のつかない, 迷いのある, 優柔不断な. **Unschlüssigkeit** 女 不決断, 優柔不断.

unschön 形 美しくない; 不快な, いやな; 不愉快な.

Unschuld [ウンシュルト] 女 (-/-)
innocence: 無実な; 無罪; 無邪気, 無邪気; 《雅》純潔, 処女性. ◆ **die gekränkte ~ spielen** 潔白を疑われたと憤慨してみせる. **die ~ nehmen** ⟨**rauben**⟩ ⟨*j*³⟩ (人の)純潔を奪う. **eine ~ vom Lande** 《話》都会(世間)ずれをしていない少女.

unschuldig [ウンシュルディヒ] 形 (⊗ innocent) ⟨**an** *et*³⟩ (…について)無実の, 無罪の; 無邪気な, 悪意のない; 汚れ〈罪〉を知らない; 純潔な, 童貞〈処女〉の.

Unschulds=blick 男 無邪気な目つき; 何食わぬ目つき. **=lamm** 中 《皮肉》無垢の子羊 (悪いことのまったくできない人).

unschwer 形 難なく, たやすく.

Unsegen 男 《雅》災厄; 呪(%)い.

unselbstständig, unselbständig 形 自立していない, 依存的な; 自主的でない・独創のない. **Unselbstständigkeit, Unselbständigkeit** 女 自立していないこと, 非自主性, 他者依存.

unselig 形 《雅》忌まわしい, 呪うべき, 不吉な; 不幸な, 不運な.

unser [ウンザー] ❶ 《所有代名詞》(▶ 1 人称の人称代名詞 wir と対応; 変化形は **uns**[**e**]**re**, **uns**[**e**]**ren** / **unsern**, **uns**[**e**]**rer**, **uns**[**e**]**res** / **unsers** (⊗ our))) 私たちの. ❷ 《人称代名詞》 wir の 2 格.

unsere ⇒ **unser** ①

unsereiner 《不定代名詞》(2 格 unsereines, 3 格 unsereinem, 4 格 unsereinen) われわれ (私たち)のような者 (人間).

unser[**e**]**m**, **unser**[**e**]**n**, **uns**[**e**]**rer** ⇒ **unser** ①

unser[**er**]**seits** 副 われわれの側で[は], われわれとしては.

unseres ⇒ **unser** ①

unseres=gleichen 《指示代名詞: 無変化化》私たちと同様な人. **=teils** 副 = unsererseits.

unserige 《所有代名詞; 変化形は meinige に準じる》私たちのものの.

unsert=wegen, =halben われわれのために, われわれのために. **=willen** ◆ *um* ~ われわれのために.

unsicher [ウンズィヒャー] 形 ❶ (⊗ uncertain)不確実な, はっきりしていない; 信頼のおけない, 当てにならない. ❷ 確信が持てない, 自信のない, 心もとない, 不安な; 不慣れな, へたな; 安全でない, 物騒〈危険〉な. ✦ ～ *machen* (…を)荒らし回る. **Unsicherheit** [女] 安全でないこと; 不確実性; 危なっかしさ; 不確実な事柄.

unsichtbar [形] 目に見えない. ✦ *～ machen* 《話》《*sich*[4]》姿を消す.

Unsinn [ウンズィン] [男] 《-[e]s/》 ([英] nonsense)くだらない〈ばかげた〉こと, ナンセンス, でたらめ; 悪ふざけ, いたずら; 無意味, 無意義: ～ machen 《話》ばかげたことをする | ～! 《話》ナンセンスだ, ばかばかしい. **unsinnig** [形] 無意味な, ナンセンスな, くだらない; 法外な; 《話》非常な.

Unsitte [女] 悪習, 悪癖. **unsittlich** [形] 不道徳な; みだらな. **Unsittlichkeit** [女] 不道徳; わいせつ; 不道徳な言動.

un=solidarisch [形] 《蔑》連帯感をもたない, 連帯意識に欠けた. **=solide** [形] 堅牢(けんろう)〈丈夫〉でない; 信頼のおけない, 堅実でない. **=sozial** [形] 反社会的な, 社会的弱者に配慮の足りない. **=sportlich** [形] スポーツマンタイプでない, 運動神経の鈍い; スポーツマンシップに反する.

unsre, unsrem, unsren, unsrer ⇨ unser ① **unsrerseits** [副] = unsererseits. **unsres** ⇨ unser ① **unsres=gleichen** [副] = unseresgleichen. **unsrige** 《所有代名詞》= unserige.

unstatthaft [形] 《雅》許されていない, 適当でない.

unsterblich [形] 不死の, 永遠の; 不滅の, 不朽の; [副] 《話》非常に, ひどく. **Unsterblichkeit** [女] 不死; 不滅.

Unstern [男] 不吉な星, 不運.

unstet [形] 《雅》落ち着きのない; 移り気の. **Unstetigkeit** [女] 落ち着きのなさ; 移り気; [数] 不連続.

unstillbar [形] (渇き・欲望などが)静められない, いやしがたい, 満たされない; (出血などが)止められない. **Unstimmigkeit** [女] 《-/-en》不一致, 矛盾; 不一致点, 矛盾点; 意見の相違. **unstreitig** [形] 議論の余地のない, 明白な.

Unstrut [女] 《-/》 (die ～)ウンストルート(Saale 川の支流).

Unsumme [女] 巨額[の金], 大金.

unsymmetrisch [形] 非対称の.

Unsympath [男] 《-en/-en》《蔑》感じの悪い〈性に合わない〉やつ.

unsympathisch [形] 好感の持てない; 感じのよくない, 気にくわない.

unsystematisch [形] 体系的でない.

untadelig [形] 申し分のない, 非の打ちどころのない.

Untat [女] 非行, 悪行. **untätig** [形] 無為の, 何もしない. **Untätigkeit** [女] 無為, なにもしないでいること.

untauglich [形] 役に立たない; 《für *et*[4]》(…に)向かない, (…)できない. **Untauglichkeit** [女] 役に立たないこと; 不適格.

unteilbar [形] 分割できない; [数] 割り切れない, 整除できない. **Unteilbarkeit** [女] 不可分, 割り切れないこと.

unten [ウンテン] [副] ❶ ([英] below)下に, 下の方に〈で〉, 低い所に〈で〉; 下位に, (社会の)下層に〈で〉; 階下に; 《話》南[の地方]で. ❷ (文書などで)下記に: Siehe ～! 下記参照([略] s. u.). ✦ *～ durch sein* 《話》《**bei** *j*[3]》(人の)信用を失っている; (人に)見限られている.

unter [ウンター] **I** [前] 《3･4格支配》❶ ([英] under) 《空間的》…の[真]下に, …の下側に: ～ einem Baum 木の下に | ～ der Dusche stehen シャワーを浴びる | Der Schiff liegt 250 Meter ～ dem Meeresspiegel ([略] u.d.M.) versunken. 船は海面下250メートルに沈んでいる | *et*[4] ～ die Lampe stellen …を電灯の下に置く | *sich*[4] ～ die Dusche stellen シャワーの下に立つ. ❷ 《劣位》…の下位に, …より劣って, …に達していない: ～ dem Durchschnitt liegen 平均以下である | ～ aller Kritik sein 批評に値いしないひどい出来である | Die Temperatur sinkt ～ null. 気温が氷点下になる. ❸ 《下属･支配下･圧制下》…の支配下で, …のもとで: ～ der Regierung der SPD 社会民主党の政権下 | ～ Naturschutz stehen 自然保護法の保護下にある | ～ Umständen ([略] u.U.)場合によっては | ～ amerikanischen Einfluss geraten アメリカの影響下に入る. ❹ 《所属･分類》…に所属して, …のもとに: ～ der Rubrik *et*[2] …の項目のもとに | ～ falschem Namen 名前を騙(かた)って | Ich bin ～ dieser Rufnummer zu erreichen. 私はこの電話番号のところにいる | ～ einen Bereich fallen ある領域に属する. ❺ 《未満》…に達しない数の, …未満の: Jugendliche ～ 16 Jahren 16歳未満の青少年. ❻ 《混在･介在》([英] among) …の間で, …の中で: Streit ～ den Freunden 友達間のけんか | ～ die Soldaten gehen 兵隊になる. ❼ 《随伴状況･進行中の行為》《3格》…しながら, …する中で: ～ Angst びくびくしながら | ～ Tränen 涙ながらに. ❽ 《条件･状況》《3格》…の[状態]のもとで: ～ der Bedingung, dass ... …という条件付きで | ～ großem Beifall 拍手喝采を受けながら. ❾ 《最中･期間》《3格》…の間に: ～ der Woche [その]週の間は. **II** [副] 《数詞と》…未満で, …に達しない: Es waren ～ 50 Besucher. 50人にも満たない客しかいなかった. **III** [形] 《/-st》下方の, 下部の: die ～e Elbe エルベ川下流 | das ～e Tischende 下座. ✦ ***Das bleibt ～ uns.*** われわれだけの話にしておこう. ***einer ～ vielen sein*** あまり重要でない. *～ sich*[3] 自分たちだけで; 仲間うちで. ***～ anderem*** 〈***anderen***〉([略] u.a.)とりわけ, 中でも, 数ある中で, …をも含めて, 例えば, なかんずく. ***～ sich**[3]* ***haben*** (…を)指揮して〈率いて〉いる. *～ et*[3] ***hervor*** (…の)下から. *～ et*[3] ***[hin]durch*** (…の)下を通って. ***～ uns [gesagt]*** ここだけの話だが. ***～ vier Augen*** 二人だけで[内密に].

Unter [男] 《-s/-》ウンター(ドイツ式トランプのジャック).

unter.. 《分離動詞･非分離動詞の前つづり》「下に〈へ, から〉; 低く; 過小に」の意: *unter*|gehen 沈む | *unter*malen 下塗りをする | *unter*|kriegen 打ち負かす | *unter*drücken 抑圧する | *unter*schätzen 過小評価〈軽視〉する.

Unter=abteilung 図 下位部門〈区分〉. **=arm** 男 前腕, 下腕〈伝〉. **=art** 女《生》亜種. **=bau** 男 下部構造, 基礎, 土台; 基盤, 組織.
unterbelichten 他《写》(フィルムを) 露出不足にする. **Unterbelichtung** 女《写》露出不足.
Unterbeschäftigung 女《経》不完全雇用.
unter=besetzt 形 定員に満たない. **=bewerten** 他 過小評価する.
unter=bewusst 形《⊕ bewußt》意識に上らない, 意識下の, 潜在意識の. **Unter=bewusstsein** 中 (= bewußt.)《⊕ 田 旧正書法》潜在意識, 潜在意識.
unterbieten* 他 (…よりも)安い値をつける;《口》(記録を)縮める.
Unterbilanz 女《商》赤字決算.
unterbinden* 他 阻止する;《医》(血管などを)結紮(な)する. **unterbleiben*** 自 (s)起こらない, 行われない.
unterbrechen* [ウンタープレッヒェン] 他 (unterbrach; unterbrochen) ❶ (= interrupt) 中断する. (一時的に)中止する. (妊娠を)中絶する; 遮る, じゃまする; 妨げる; 中継する. **Unterbrecher** 男《電》断続器〈装置〉. **Unterbrechung** 女中断, 一時休止; 停電; (交通などの)不通; 話に割って入ること, 話を遮ること.
unterbreiten* 他《雅》j^3 et^4](人に…を)提出する.
unter|bringen* 他 [et^4 in et^3] (…を…に)しまう, 収納する;《口》(人を…に)宿泊させる, (家を借りる場所で)就職させる, (原稿などを)採用してもらう. **Unterbringung** 女 (-/-en) 収納; 収容; 宿泊; 泊まる所, 宿舎.
unterbrochen ⇒ unterbrechen
unterderhand 副《⊕ Hand ◆
unterdes[sen] [ウンターデス(..デッセン)] 副 その間に, そうするうちに.
Unterdruck 男 (-[e]s/..drücke) 低圧; (口)負圧〈低〉圧. (医) 低血圧.
unterdrücken [ウンタードリュッケン] 他 (unterdrückte; unterdrückt) ❶ 押さえつける, 抑圧〈弾圧〉する; (感情などを)抑える, こらえる, 押し殺す; (事実などを)公表しない. **Unterdrücker** 男 弾圧〈抑圧〉者. **Unterdrückung** 女 (-/-en) 弾圧, 抑圧, 鎮圧; 抑制, 秘匿.
unterdurchschnittlich 形 平均以下の. **untereinander** 副 (上下に)重なり合って; お互いの間で; 自分たちだけで.
unterentwickelt 形 発育不全〈不良〉の; 開発の遅れた, 発展途上の.
unterernährt 形 栄養不良の. **Unterernährung** 女 栄養不良.
Unterfamilie 女《生》亜科.
unterfangen* 他 (建造物の)沈下防止工事をする;《sich⁴ + zu 不定詞句》《雅》あえて(厚かましくも)…する. **Unterfangen** 中 (-s/-) 大胆な企て, 冒険.
unterfassen 他 (人に)腕を貸す; (人を)わきの下から支える. **unterfertigen** 他《官》(書類に)署名する.
Unterfranken ウンターフランケン.
unterführen 他 (道路などを下に通す.《印》(繰り返される語・数字などを反復記号 (〃)で代用する. **Unterführung** 女

(立体交差の)下をくぐり抜ける道, 地下道;《印》語·数字を反復記号で示すこと.
Untergang [ウンターガング] 男 (-[e]s/..gänge) (= setting)(太陽・月などが)沈むこと, 日没; (水中に)沈むこと, 沈没; 没落, 滅亡, 破滅, 破壊. **~s=stimmung** 女 没落〈破滅〉の暗い気分.
Untergattung 女《生》亜属.
untergeben 形 [j^3](人の)部下の, (人に)仕えている. **Untergebene[r]** 男 女《形容詞変化》部下, 配下の者, 家来, 手下.
unter|gehen* [ウンターゲーエン] 自 (ging unter; untergegangen) ❶ (s) (= go down) (太陽・月などが)沈む, 没する; (= sink) (水中に)沈む, 沈没する; (声・姿などが聞こえ〈見え〉なくなる: 没落〈滅亡, 破滅〉する.
untergeordnet 形 下位の, 従属の; 副次的な.
Unter=geschoss 中《⊕ geschoß》地階, 半地階; 1階. **=gewicht** 中 重量〈体重〉不足.
untergliedern 他 小分けする, 細分する. **Untergliederung** 女 小分け, 細分.
untergraben* 他 (肥料などを)埋め込む, 混ぜる. **untergraben*** 他 (徐々に…の)土台をむしばむ.
Untergrund 男 (表土の下の)下層の土壌; (建造物の)地盤;《絵》絵の下塗り; 地下組織; 地下活動. **=bahn** 女 (= subway)地下鉄(⊕ U-Bahn). **=bewegung** 女 地下運動.
untergründig 形 地下(地中)の; 隠れた, 目立たない; 秘密の.
Untergrund=literatur 女 (反政府・反体制の)地下文学. **=organisation** 女 地下(運動)組織. **=presse** 女 地下出版物.
unterhaken 他 (人と)腕を組む.
unterhalb [ウンターハルプ] 前《2格支配》…の下の方に; 副 下〈下方〉に.
Unterhalt 男 生計, 生活費; 扶養料, 養育費; 維持; 維持費.
unterhalten* [ウンターハルテン] 他 (unterhielt; unterhalten) ❶ (= support) (人を) 養う, 扶養する. ❷ (= maintain) 維持する(管理する, 営む, いい状態に保つ. ❸ もてなす, 楽しませる;《sich⁴ mit j^3 [über et^4]》(人と[…について])歓談する;《sich⁴ mit et^3》[…を]楽しむ.
unterhalten* 他 下にかくす.
unterhaltend 形 楽しい, おもしろい.
Unterhalter 男 (⊕ -in) エンターテイナー, 芸能人.
unterhaltsam 形 楽しい, おもしろい; もてなしの上手な.
unterhaltsberechtigt 形 扶養を受ける権利のある.
Unterhalts=kosten 複 扶養料. **=pflicht** 女 扶養義務.
Unterhaltung [ウンターハルトゥング] 女 (-/-en) ❶ (= conversation) (楽しい)おしゃべり, 会話, 歓談: 話し合い: 《mit j^3 [über et^4] eine ~ führen》人と[…について]歓談する. ❷ (= entertainment) 娯楽, 楽しみ, 気晴らし. ❸ 維持, 経営; 扶養. **~s=industrie** 女 娯楽産業. **~s=kosten** 複 扶養料; 維持費.

～s=literatur 図 娯楽〈通俗〉文学.
～s=musik 図 軽音楽(U-Musik).
unterhandeln 他 《紛争解決などの交渉をする。**Unterhändler** 図 紛争解決などの交渉使節，特使。**Unterhandlung** 図 《紛争解決などの》交渉．

Unter-haus 中 《二院制議会の》下院．**=hemd** 中 肌着，肌着，アンダーシャツ．
unterhielt ⇒ unterhalten
unterhöhlen 他 ＝ untergraben．
Unter-holz 中 《森林の》下生え．**=hose** 図 ズボン下; パンツ、パンティー．
unterirdisch 形 地中の，地下の; 《神話》冥界の; ひそかな．
Unterjacke 図 アンダーシャツ．
unter-jochen 他 《人を支配下に置き，抑圧する．**=kellern** 他 《...の》地下室を作る．
Unter-kiefer 男 下あご．**=kleid** 中 《服》 スリップ; ペチコート．**=kleidung** 図 《集合的に》肌着類．
unterkommen* 自 《...に》泊まる; 《話》...に勤める; 《mit et³》《原稿などを》採用してもらう; 《南部・オースト》《j³》《人の身に》起こる．
Unterkommen 中 宿; 就職口．
Unterkörper 男 下半身．
unterkriegen* 他 《話》打ち負かす． ◆ *nicht ～ lassen《sich⁴》* くじけない．
unterkühlen 他 《...の》体温を平熱以下に下げる；《口》《気体・液体を》過冷却する. **unterkühlt** 形 冷静な, クールな．
Unterkunft [ウンタークンフト] 図 《-/-künfte》 宿, 宿泊所．
Unter-lage 図 下敷き, 敷物; 基盤；《複》資料, 必要書類, 証拠書類; 《図》《接ぎ木の》台木．**=land** 中 低地．
Unter-lass (他 = laß) 中 ◆ *ohne ～* 絶えず；絶えず．**unterlassen*** 他 やめておく，控える，しない．
Unterlassung 図 《-/-en》 控えること; 怠ること; 《法》不作為．**～s=delikt** 中 不作為犯罪．
Unterlauf 男 《川の》下流．
unterlaufen 自 《s》《知らぬ間に》紛れ込む；《話》《j³》《人に》出会う; 他 《スポ》《低い姿勢で相手の下方から攻める；《人の》裏をかく． ◆ *eine mit Blut ～ Stelle* 内出血した箇所．
unterlegen 他 下に置く，敷く．**unterlegen ①** 他 《et⁴ mit et³》《...の下で敵打ちをする; 《et⁴ 楽譜・歌詞にする》 **②** 《→ unterliegen》 《j³ 《an et³》《...に》劣っている, 弱い．**Unterlegene**[r] 男 女 《形容詞変化》敗者, 弱者．**Unterlegenheit** 図 《-/》 劣っていること, 劣勢．
Unterleib 男 下腹部．
unterliegen* 自 《s》《et³》《...に》負ける, 屈する; 《...に》支配されている; 《...を》受ける．
Unterlippe 図 下唇．
unterm 〈話〉= unter dem
untermalen 他 《絵の》下塗りをする；《et⁴ mit et³》《...のバックに音楽をつける，流す．**Untermalung** 図 《-/》《美》《絵画の》下塗り; 効果音[楽]．
untermauern 他 《建物の》基礎工事をする; 《主張などを》裏づける, 根拠づける．

untermengen 他 《et⁴ mit et³》《...を...と》混ぜる．
Untermensch 男 下等な人間; 人でなし; 下等人種《ユダヤ人・ジプシーなどに対するナチスの用語》．
unter-mieten 他 転貸借, 又貸し, 又借り．**=mieter** 男 転借人, 又借り人．
unterminieren 他 《名声などを》徐々に傷つける; 《...の》地雷を敷設する．
unter-mischen 他 混ぜる．**untermischen** 他 《et⁴ mit et³》《...に...を》混ぜる．
untern 〈話〉< unter den
unternehmen* [ウンターネーメン] 《unternahm; unternommen》 他 《undertake》企てる; 《措置などを》講じる；行う．
Unternehmen 中 《-s/-》 《= enterprise》企て，計画，事業；企業．

｜関連語｜Aktiengesellschaft 図 株式会社《➅ AG》; Gesellschaft mit beschränkter Haftung 有限会社 《➅ GmbH》; Kapitalgesellschaft 図 資本会社; Kommanditgesellschaft 合資会社《➅ KG》; Offene Handelsgesellschaft 図 合名会社《➅ OHG》; Personengesellschaft 図 /Personalgesellschaft 図 人的会社; Genossenschaft 図 協同組合．

unternehmend 形 意欲的な．
Unternehmens-beratung 図 企業コンサルタント業務．**-führung** 図 企業経営．**-geheimnis** 中 企業秘密．**-strategie** 図 企業戦略．
Unternehmer 男 《-s/-》《➅ -in》企業家，事業主; 経営者．**unternehmerisch** 形 企業家《経営者》の; 企業家的な．
Unternehmung 図 《-/-en》 企て，試み; 《口》 作戦; 企業．**～s=geist** 男 進取の気性，事業欲，起業家精神．
unternehmungslustig 形 やる気のある，意欲《積極》的な．
unternommen ⇒ unternehmen
Unteroffizier 男 下士官《陸軍・空軍の》．
unter-ordnen 他 《et⁴ et³》《...を...の》下位に置く; 《...に》従属させる; 《*sich⁴ j³*》《人の言うことに》従う．**Unterordnung** 図 《下位にある《従属している》こと; 《文法》従属; 《生》亜門．
Unter-pfand 中 《雅》 しるし，あかし．**-prima** 図 ウンターブリーマ《ギムナジウムの第8学年》．**-primaner** 男 《-s/-》《➅ -in》 Unterprima の生徒．
unterprivilegiert 形 《社会的・経済的に》恵まれない, 不利な．
Unterprogramm 中 《電算》 サブルーチン．
unterreden 他《*sich⁴ mit j³*》《人と》話し合う, 協議する．**Unterredung** 図 《-/-en》 話し合い, 協議．
Unterricht [ウンターリヒト] 男 《-[e]s/-e》《= lesson》授業, レッスン．
unterrichten 他 《ウンターリヒテン》《unterrichtete; unterrichtet》他 《= teach》《教師として》教える; 《j⁴ in et³《von et³》《人に...について》知らせる, 伝える: *sich⁴ über et⁴ ～*

…についての情報を得る.
Unterrichts=brief [男] 通信教育の教材. **=fach** [中] 授業科目, 教科. **=stunde** [女] 授業時間. **=wesen** [中] 学校制度.
Unterrock [男] ペチコート; スリップ.
unters 《話》< unter das
untersagen [他] 《[*j*³] *et*⁴》([人に]…を)禁じる, 禁止する.
Untersatz [男] (食器・植木鉢・置物などの)下に敷く物, 受け皿, 台; 〔論〕(三段論法の)小前提.
unterschätzen [他] 過少評価する, 軽視する.
unterscheiden* [ウンターシャイデン] 《unterschied; unterschieden》[他] ❶ ([英] distinguish)区別〈類別〉する; 《*j-et*⁴ von *j-et*³》(…を…と)区別する; 《zwischen *et*³ und *et*³》(…と…とを)区別する, 見分ける; 《*sich*⁴ von *et*³ [in *et*³, durch *et*⁴]》(…と[…の点で])区別される. ❷ 判別〈識別〉する; (知覚的に)認める, 弁別する.
Unterscheidung [女] 区別, 識別. **~s=vermögen** [中] 識別〈判別〉能力.
Unterschenkel [男] 下腿(かたい), すね. **=muskel** [男] 〔解〕下腿(かたい)筋.
Unterschicht [女] (社会の)下層階級.
unter|schieben* [他] 下に押し入れる〈差し込む〉; 《*j*³ *et*⁴》(人に偽物などを)すり変えて渡す. **unterschieben*** [他] 《*j*³ *et*⁴》(人に…を)こっそり押しつける; (…を人の)せいにする.
unterschied ⇨ unterscheiden
Unterschied [ウンターシート] [男] 《-[e]s/-e》([英] difference)相違[点], 違い; 区別. ✦ *der kleine* ~ ペニス. *ein* ~ *wie Tag und Nacht* 雲泥の差. *im* ~ *zu j-et*³/*zum* ~ *von j-et*³ (…とは)違って.
unterschieden [形] 異なった. **unterschiedlich** [形] 異なった, 違った, まちまちの, いろいろな. **unterschiedslos** [形] 区別のない, 一様な.
unter|schlagen* [他] (腕・足を)組む, 重ね合わせる. **unterschlagen*** [他] (金などを)横領する, 着服する; (事実・情報などを)隠しておく, 握りつぶす. **Unterschlagung** [女] 《-/-en》横領, 着服, 使い込み; 握りつぶし.
Unterschlupf [男] 避難所, 逃げ場; 隠れ家. **unter|schlüpfen** [自] (s) 《in *et*³/bei *j*³》(…のもとに)逃げ込む, 身を隠す.
unterschreiben* [ウンターシュライベン] 《unterschrieb; unterschrieben》[他] ([英] sign)(手紙・文書などに)署名する, サインする; 《話》(…に)同意する.
unterschreiten* [他] (予定の金額・時間などを)下回る, (ある範囲内に)押さえる.
unterschrieb, unterschrieben ⇨ unterschreiben
Unterschrift [ウンターシュリフト] [女] 《-/-en》([英] signature)署名, サイン.
unterschwellig [形] 意識下の, 潜在的な; 表面には現れない, 隠された.
Unterseeboot [中] 〔軍〕潜水艦(略 U-Boot). **unterseeisch** [形] 海面下〈海中, 海底〉の. **Unterseetunnel** [男] 海底トンネル.
Unter=seite [女] 下側; 裏側, 裏面. **=sekunda** [女] ウンターゼクンダ(ギムナジウムの第6学年). **=sekundaner** [男] Untersekunda の生徒.
unter|setzen [他] 下に置く. **untersetzen** [他] 《*et*⁴ mit *et*³》(…に…を)混ぜる; (自動車のギアを)シフトダウンする. **Untersetzer** [男] 〔論〕(三段論法の)小前提. **untersetzt** [形] ずんぐりした, 小太りの.
unter|sinken* [自] (s)沈む, 沈没する.
unterspülen [他] (水が…の)根元をえぐる; 洗い流す.
unterst [ウンタァスト] [形] 最も下の. ✦ *das Unterste zuoberst kehren* 《話》ひっくり返す, ごちゃごちゃにする.
Unterstand [男] 地下壕; 避難場所; 《オーストリア》宿. **unterstandslos** [形] 《オーストリア》住む所のない, 宿なしの.
unter|stehen* [自] 物陰に立っている, 避難している. **unterstehen*** [自] 《*j-et*³》(…の)下にいる, 支配下にある; [再] 《*sich*⁴ + zu 不定詞句》厚かましくも(…)する. **unter|stellen** [他] 下に置く; しまう, 収納〈格納〉する; 《*sich*⁴》避難する, 物陰に入る. **unterstellen** [他] 《*j-et*⁴ *j-et*³》(人・部局などを…の)下に置く, 管轄下〈支配下〉に置く; 《*j*³ *et*⁴》(人に…を)なすりつける, (人が…をしたと)中傷する; 仮定する. **Unterstellung** [女] 収納; 雨やどり. **Unterstellung** [女] 管轄下におくこと; 配属; 中傷, 誹謗; 憶測.
unterstreichen* [他] ([英] underline)(…に)アンダーラインを引く; 強調する, 力説する. **Unterstreichung** [女] アンダーライン[を引くこと]; 強調.
Unterstufe [女] 初級(ギムナジウムの低学年).
unterstützen [ウンターシュテュッツェン] 《unterstützte; unterstützt》[他] ([英] support)支援〈援助, 後援〉する; 促す.
Unterstützung [ウンターシュテュッツング] [女] 《-/-en》([英] support)援助, 支援; 支持, 促進; 補助〈援助〉金.
untersuchen [ウンターズーヘン] 《untersuchte; untersucht》[他] ([英] examine)調べる, 調査する, 検査する; 診察する; 分析する; 研究する.
Untersuchung [ウンターズーフング] [女] 《-/-en》([英] examination)調査, 検査; 診察; 取り調べ; 分析; 研究[論文]. **~s=anstalt** [女] 〔法〕未決監. **~s=ausschuss** ([旧] =ausschuß) [男] 調査委員会. **~s=gefangene[r]** [男] [女] 《形容詞変化》未決囚. **~s=haft** [女] 〔法〕勾留(こうりゅう), 未決勾留(略 U-Haft). **~s=häftling** [男] 〔法〕未決囚. **~s=richter** [男] 〔法〕予審判事.
Untertage=bau [男] 〔坑〕坑内採掘.
untertags [副] 《オーストリア》昼の間ずっと.
untertan [形] 《*j-et*³》(…の)臣下である; (…の)意のままである. ✦ ~ *machen* 《雅》《*sich*³ *j-et*⁴》(…を)服従させる, (…をみずからの)意のままにする. **Untertan** [男] 《-s, -en/-en》(君主国の)臣民, 臣下.
untertänig [形] 卑下した, へりくだった.
Untertasse [女] (カップの)受け皿. ✦ *fliegende* ~ 空飛ぶ円盤.
unter|tauchen [他] 沈める, 浸す; [自] (s)

(水中に)潜る; 姿をくらます.
Unterteil 中 下部. **unterteilen** 他 区分する, 分ける. **Unterteilung** 女 区分.

Unter-tertia 女 ウンターテルツィア(ギムナジウムの第4学年). ⇒**tertianer** Untertertia の生徒.

Untertitel 男 副題, サブタイトル; 《映》字幕; キャプション.

Unterton 男 下方倍音; 〈声にひそむ〉調子, 響き.

untertreiben* 他 実際よりも控えめに言う, 過小評価する. **Untertreibung** 女 《-/-en》 控えめに言うこと, 過小評価.

untertunneln 他 〈…の〉下にトンネルを掘る, 〈…を〉トンネルで貫く. **untervermieten** 他 〈住居などを〉転貸〈又貸〉する. **unterversichern** 他 〈…に〉一部保険をかける.

Unterwalden ウンターヴァルデン(スイスの「原始三州」のひとつ). **Unterwalden nid dem Wald** ウンターヴァルデンニードデムヴァルト. **Unterwalden ob dem Wald** ウンターヴァルデンオブデムヴァルト.

unterwandern 他 〈組織などに〉潜入する.

unterwärts 副 下方で; 下の方へ.

Unterwäsche 女 下着〈肌着〉類.

Unterwasserkamera 女 水中カメラ.

unterwegs 副 [ウンターヴェークス] 中 途中で; 旅〈輸送〉の途上で; 戸外で. ◆ *Bei ij^3 ist ein Kind (etwas) ~.* 《話》〈人は〉妊娠している.

unterweisen* 他 《雅》〈*j^4* [*in et*^{3}]〉〈人に〈…を〉〉教える, 教示〈伝授〉する. **Unterweisung** 女.

Unterwelt 女 冥界《(☆))》; 〈都会などの〉暗黒街, 犯罪者たち.

unterwerfen* 他 (⊛ subject)征服〈制圧〉する; 《*ij^4 et*^{3}》〈人に…を〉課す, 受けさせる; 《*sich* *j-et*^{3}》〈人に〉屈服〈降伏〉する, 〈…に〉従う, 〈…を〉〈甘んじて〉受ける. ◆ *unterworfen sein [j-et^3]* 〈…に〉左右されている. **Unterwerfung** 女 《-/-en》征服, 制圧; 屈服, 服従. **unterwürfig** 形 卑屈な, へりくだった. **Unterwürfigkeit** 女 《-/》卑屈, 屈従.

unterzeichnen [ウンターツァイヒネン] (unterzeichnete; unterzeichnet) 他 〈sign〉〈…に〉署名する, サインする. **Unterzeichner** 男 女 《形容詞変化》〈官〉署名者. **Unterzeichnete[r]** 男 女 《形容詞変化》《官》署名者. **Unterzeichnung** 女 署名, サイン.

Unterzeug 中 《話》下着〈肌着〉類.

unterziehen* 他 下に着る(はく); 《料》切るように混ぜる; 《服》〈袋などを〉下にはめる. **unterziehen*** 他 《*j-et*^{3} *et*^{3}》〈…に…を〉課する; 《*sich* *et*^{3}》〈仕事・苦労などを〉引き受ける; 〈試験・手術などを〉受ける.

untief 形 深くない, 浅い. **Untiefe** 女 〈川などの〉浅い所, 浅瀬.

Untier 中 怪物, 怪獣.

untilgbar 形 《雅》消しがたい, ぬぐいがたい. **untragbar** 形 耐えられない, 我慢できない; 負担できない. **untrennbar** 形 不可分の; 《文法》非分離の.

untreu 形 不誠実な; 不実〈不貞〉な. **Untreue** 女 不誠実; 裏切り, 不貞; 《法》背任.

untröstlich 形 ひどく落胆した〈悲しい〉.

untrüglich 形 紛れもない, 確実な.

untüchtig 形 無能な, 役立たずの.

Untugend 女 悪癖, 悪習.

untunlich 形 得策〈適切〉でない.

untypisch 形 典型的でない; 類型的でない.

unüberbrückbar 形 越えがたい溝のある, 調停不能の.

unüberlegt 形 見渡せないほど大きな; 計り知れない. **unübersetzbar** 形 翻訳不能の. **unübersichtlich** 形 見通しのきかない; 分りにくい, ごちゃごちゃした. **unübertragbar** 形 譲渡できない; 転用できない. **unübertrefflich** 形 無比の, 卓越した. **unübertroffen** 形 勝るものない, 無敵の. **unüberwindlich** 形 克服しがたい; 解決しにくい.

ungänglich 形 不可避の; 絶対必要な.

unumschränkt 形 限りのない, 無制限の. **unumstößlich** 形 変更不可能な; 最終的な. **unumstritten** 形 議論の余地のない. **unumwunden** 副 率直に, あからさまに. **ununterbrochen** 形 絶え間のない, 連続した. **unveränderlich** 形 不変の. **unverändert** 形 変わらない.

unverantwortlich [ウンフェアアントヴォルトリヒ] 形 無責任な.

unverarbeitet 形 未加工の; 理解不十分の. **unveräußerlich** 形 譲渡できない; 販売に適さない. **unverbesserlich** 形 改善できない, 変えようのない; よどまらない, そっけない. **unverbindlich** 形 拘束力〈義務〉のない; よそよそしい, そっけない. **unverblümt** 形 率直な, あからさまな. **unverbraucht** 形 使い古されていない, まだ残っている; 新鮮な. **unverbrennbar** 形 燃えない, 不燃性の. **unverbrüchlich** 形 《雅》〈約束・信念など〉固い, 揺るぎない. **unverbürgt** 形 保証されていない, 不確実な. **unverdächtig** 形 疑わしい点のない. **unverdaulich** 形 〈食物が〉消化されない〈できない〉; 《話》難解な. **unverdaut** 形 〈食物が〉未消化の; 《話》十分理解されていない.

unverdient 形 受けるに値しない, 不相応な; 不当な. **~er-maßen**, **~er-weise** 副 分不相応に; 不当に.

unverdorben 形 腐敗していない, 純真な. **unverdrossen** 形 たゆみない, 辛抱強い; あくまでも.

unverehelicht 形 未婚の. **unvereinbar** 形 《*mit et*^{3}》〈…と〉相いれない, 両立しない. **unverfälscht** 形 混ぜもののない, 純粋な. **unverfänglich** 形 無難な, 害のない.

unverfroren 形 厚かましい, 無礼な. **Unverfrorenheit** 女 《-/-en》厚顔無恥, 無礼; 無礼な言葉.

unvergänglich 形 不滅の, 不朽の. **Unvergänglichkeit** 女 不滅, 不朽.

unvergessen 形 記憶に残っている, 忘

れられていない. **unvergesslich** (形 ..vergeß..) (いつまでも)忘れられない. **unvergleichlich** 形 比類ない; 非常な. **unverhältnismäßig** 形 過度の(極端)に.

unverheiratet [ウンフェアハイラーテト] 形 未婚の, 独身の. **unverhofft** 形 思いがけない, 予想外の. ◆ *Unverhofft kommt oft.* 《諺》思いがけないことはよくあることだ. **unverhohlen** 形 あからさまな, むき出しの. **unverkäuflich** 形 売り物にならない; 非売品の. **unverkennbar** 形 紛れもない, 明白な. **unverlangt** 形 要求されていない. **unverletzbar** 形 傷つけられない, 不死身の. **unverletzlich** 形 侵すことのできない, 不可侵の. **unverlierbar** 形 無償の. **unvermählt** 形《雅》= unverheiratet.

unvermeidbar 形 不可避の. **unvermeidlich** 形 不可避の; 《皮肉》お定まりの. **unvermerkt** 形 気づかれず; 知られずに. **unvermindert** 形 減少(衰弱)することのない, 元のままの. **unvermischt** 形 混じりけのない. **unvermittelt** 形 突然の, いきなりの.

Unvermögen 中 無能;《商》支払不能. **unvermögend** 形 財産のない. **unvermutet** 形 予期せぬ, 予想外の. **Unvernunft** 女 無分別, 軽率. **unvernünftig** 形 無分別な, 軽率な. **unveröffentlicht** 形 未刊の, 未公開の. **unverpackt** 形 包装されていない. **unverrichtet** 形 成し遂げられない. ~-er-dinge, ~-er-sache 副⇒ Ding, Sache ◆

unverschämt [ウンフェアシェームト] 形 恥知らずな, ずうずうしい;《話》法外な, 途方もない. **Unverschämtheit** 女 (-/-en) 恥知らず, 厚顔無恥; 恥知らずな言動.

unverschlüsselt 形 暗号化されていない; 生の, あからさまの. **unverschuldet** 形 自分に責任のない, いわれのない. **unversehens** 副 思いがけず, 不意に. **unversehrt** 形 無傷の; 損傷・故障のないこと;《法》保全, 完全無欠(の状態). **unversöhnbar, unversöhnlich** 形 和解〈妥協〉できない, かたくなな. **unversorgt** 形 扶養してくれる人のない. **Unverstand** 男 無分別. **unverstanden** 形 理解してもらえない. **unverständig** 形 思慮〈分別〉のない. **unverständlich** 形 よく聞き取れない, 理解できない, 不可解な. **Unverständnis** 中 無理解.

unverstellt 形 うわべを装わない, 率直な. ◆ *nichts ~ lassen* あらゆる手段を尽くす.

unverträglich 形 (食物が)消化の悪い; 協調性のない;《医》両立しない;(薬などが)適合しない. **Unverträglichkeit** 女 (-/-) 消化困難; 不適合性;《医》適合性のなさ.

unverwandt 形 目をそらさない, 紛れもなき. **unverwechselbar** 形 取り違えようのない. **unverwehrt** 形 拒まれた(禁じられて)いない. **unverwertbar**

形《商》換金できない. **unverwundbar** 形 傷つかない, 不死身の. **unverwüstlich** 形 じょうぶな, しっかりした; くじけない, 不屈の. **unverzagt** 形 物おじしない, ひるまない. **unverzeihlich** 形 許されない, 弁解できない. **unverzichtbar** 形 不可欠の, 必須(ひっす)の. **unverzinslich** 形 無利子の. **unverzollt** 形 関税のかからない; 関税未納の. **unverzüglich** 形 遅延のない, 即座の. **unvollendet** 形 未完成の.

unvollkommen 形 不完全な. **Unvollkommenheit** 女 不完全(な点). **unvollständig** 形 不完全な, 不備な. **Unvollständigkeit** 女 不完全, 不備.

unvorbereitet 形 準備のできていない, 思いがけない. **unvoreingenommen** 形 先入観(偏見)のない. **unvorhergesehen** 形 思いがけない, 不測の. **unvorschriftsmäßig** 形 規定〈規則〉違反の.

unvorsichtig 形 不注意な, 軽はずみな. **Unvorsichtigkeit** 女 不注意, 軽率; 不注意な言動.

unvorstellbar 形 想像できない, ものすごい. **unvorteilhaft** 形 得にならない, 不利な;(服などが)似合わない. **unwägbar** 形 計量不能の; 計り知れない. **unwahr** 形 真実でない, 虚偽の. **unwahrhaftig** 形 誠意のない, 不正直な.

Unwahrheit 女 真実〈本当〉でないこと, 虚偽; うそ.

unwahrscheinlich [ウンヴァールシャインリヒ] 形 ありそうもない, 本当とは思えない;《話》途方もない. **Unwahrscheinlichkeit** 女 現実性のない; ありそうもないことがら.

unwandelbar 形《雅》永久に不変の. **unwegsam** 形 道のない, 通行困難な. **unweiblich** 形 女性的でない, 女性らしくない. **unweigerlich** 形 不可避の, 必然的な. **unweit** 前 2格支配》… から遠くないところに;副 «unweit von et³» …から遠くない所で.

unwert 形 ◆ ~ *sein (scheinen)*《雅》 «et²» (…に)値しない, (…に)ふさわしくない. **Unwert** 男《雅》無価値.

Unwesen 中 悪事, 乱暴狼藉(ろうぜき);《雅》乱雑.

unwesentlich 形 本質的でない, 重要でない.

Unwetter [ウンヴェター] 中 (-s/-) 《気 storm》あらし, 雷雨.

unwichtig [ウンヴィヒティヒ] 形 重要〈大事〉でない. **unwiderlegbar** 形 反論〈反証〉の余地のない. **unwiderruflich** 形 取り消しのきかない, 最終的な. **unwiderstehlich** 形 抵抗しきれない. **unwiederbringlich** 形《雅》取り戻すことのできない; かけがえのない.

Unwille 男, **Unwillen** 男 (-s/-) 《雅》不機嫌, 憤慨. **unwillig** 形 不機嫌な; いやいやながらの. ◆ ~ *sein* « + zu 不定詞句» (…する)のをいやがる.

unwillkommen 形 歓迎されない. **unwillkürlich** 形 自分の意志によらない, 思わず知らずの. **unwirklich** 形 事実でない; 非現実的な, 架空の.

unwirksam 形 効果〈効力〉のない, 無効の. **Unwirksamkeit** 女 無効.

unwirsch 形 無愛想な. **unwirtlich** 形 居心地のよくない〈土地などが〉荒涼とした; 〈気候が〉厳しい. **unwirtschaftlich** 形 不経済な, 非経済的な.

unwissend 形 何も知らない, 無知な; 無意識な. **Unwissenheit** 女 《-/》何も知らないこと, 無知; 無学. **unwissenschaftlich** 形 学問的でない, 非科学的な. **unwissentlich** 副 それと知らずに.

unwohl 形 〔ウンヴォール〕気分〈体調〉が優れない, 心地のよくない, 気持ちの悪い. **Unwohlsein** 中 〔一時的な〕体の不調.

unwohnlich 形 住み心地の悪い.

unwürdig 形 体面を傷つけるような, 侮辱的な; 〔j-et²〕〈…に〉ふさわしくない, 値しない. **Unwürdigkeit** 女 《-/》侮辱的なこと; 価値〈品位〉のないこと.

Unzahl 女 無数. **unzählbar** 形 数えきれない, 無数の; 〖文法〗 不可算の. **unzählig** 形 数えきれない, 無数の.

unzähmbar 形 〈動物が〉飼い慣らすことのできない, 手懐けられない.

Unze 女 《-/-n》 オンス〔昔の重量単位〕.

Unzeit 女 ◆ zur ~ 都合の悪いときに. **unzeitgemäß** 形 時代に合わない; 季節〈時期〉はずれの.

unzerbrechlich 形 頑丈〈じょうぶ〉な. **unzerreißbar** 形 引きちぎれない, 裂けない. **unzerstörbar** 形 破壊できない, 確固とした. **unzertrennlich** 形 離れることのない, とても仲のよい. **unziemlich** 形 〔雅〕不適切な: ふさわしくない, よしさない. **unzivilisiert** 形 未開の, 文明化されていない; 洗練されていない.

Unzucht 女 みだらな性行為. **unzüchtig** 形 みだらな, わいせつな.

unzufrieden 形 満足していない; 〔mit et³〕〈…に〉不満な. **Unzufriedenheit** 女 不満足, 不平.

unzugänglich 形 〖容易には〗近づけない; 近づきがたい. **Unzugänglichkeit** 女 到達困難; 入手困難; とっつきにくさ.

unzulänglich 形 不十分な, 足りない. **Unzulänglichkeit** 女 不十分: 不足.

unzulässig 形 許されない, 禁じられた.

unzumutbar 形 不当な, 容認できない.

unzurechnungsfähig 形 〔心神喪失などで〕責任能力のない. **Unzurechnungsfähigkeit** 女 責任能力のないこと.

unzureichend 形 不十分な, 足りない.

unzusammenhängend 形 関連のない, 支離滅裂な. **unzuträglich** 形 〔j-et³〕〈…に〉有害な〈不利な〉. **unzutreffend** 形 該当しない, 当てはまらない, 正しくない.

unzuverlässig 形 信用できない, 当てにならない. **Unzuverlässigkeit** 女 信用できない〈当てにならない〉こと.

unzweckmäßig 形 目的に合わない, 不適当な. **unzweideutig** 形 はっきりとした, あいまいでない. **unzweifelhaft** 形 疑う余地のない, 確かな.

üppig 形 〔ユッピヒ〕《(文) luxuriant》 繁茂した; 豊かな, 豊富な;《穀物などが》豊満な; 〔方〕思い上がった, 厚かましい. **Üppigkeit** 女 《-/》《植物などの》繁茂; 豪華さ; 《想像力などの》豊かさ; 《肉体の》豊満さ.

up to date 〔英語〕最先端の, 最新の; 現代的な, 当世風の.

Ur 中 《-[e]s/-e》原牛〔ヨーロッパ畜牛の一種〕.

ur..., Ur.. 「非常に…; 原初の…, 根源的な…; 最初の…」の意.

u.R. = **unter Rückbittung**〔閲覧後の〕返却を願って.

Ur-abstimmung 女 〖法〗原投票; ストライキ投票. **Ur-ahn** 男 の曾祖父. 〔方〕曾祖父. **Ur-ahne** 女 《-/-n》 = Urahn; 女 《-/-n》女の始祖;〖方〕曾祖母.

Ural (der ~) ウラル山脈; ウラル川. **-gebiet** (das ~) ウラル地方. **-gebirge** (das ~) ウラル山脈.

ur-alt 形 非常に古い, 太古の; 高齢の.

Urämie 女 《-/》尿毒症.

Uran 中 《-s/》ウラン〔元素記号:　〖記号〗〕. **-erz** 中 ウラン鉱石.

ur-anfänglich 形 いちばん初めの, そもそもの; 最初からの.

Urania 女 ウラニア〔(1)天文の女神. (2) Aphrodite の別名〕.

Uranus 〔男名〕〖神〗ウラノス〔天の神〕. 男 〖天〗天王星.

ur-aufführen 他 〈芝居などを〉初演する;〈映画を〉封切する. **Ur-aufführung** 女 〈芝居などの〉初演;〈映画の〉封切り.

urban 形 都市の; 都会的な; 洗練された.

urbar 形 ◆ ~ machen 〈…を〉開墾する. **Urbarmachung** 女 《-/-en》開墾.

Ur-bewohner 男 原住民. **-bild** 原像, 原型. **-christentum** 中 〔初期〕キリスト教.

ur-eigen その人独自の, 個人的な, 私的な.

Ur-einwohner 男 原住民. **-eltern** 複 人類の祖; 祖先. **-enkel** 男 ひまご, 曾孫〔子〕: 子孫. **-form** 女 原形.

Urft 女 《-/》(die ~) ウルフト〔Rur 川の支流〕.

urgemütlich 形 非常に気持ちのよい, きわめて快適.

Urgeschichte 女 先史時代; 先史学. **urgeschichtlich** 形 先史時代の.

Ur-großeltern 複 曾祖父母. **-großmutter** 女 曾〔祖〕祖母. **-großvater** 男 曾〔祖〕祖父. **-grund** 男 《俗》最初, 根本; 根源的理由.

Urheber 男 《-s/-》 創始者, 発起人, 主唱者; 〖法〗 **-recht** 中 著作権〖法〗. **urheberrechtlich** 形 著作権上の. **Urheberschaft** 女 原作者であること.

Uri ウーリ〔スイス中部の州でいわゆる「原初三州」の一〕.

Uriel 〔男名〕 ウリエル.

urig 形 以前のままの; おかしな, 変な.

Urin 男 《-s/-e》〖医〗尿. **urinieren** 自 尿を排出〈放尿〉する. **Urin-probe** 女 〔検尿用の〕尿のサンプル. **-untersuchung** 女 尿検査, 検尿.

urkomisch 形 ひどくこっけいな.

Urkunde 女 《-/-n》(der ~, document) 〔公的な〕書類, 文書, 証書〔文〕, 古文書. **~n-fälschung** 女 文書

偽造. **~n-lehre** 囡 古文書学.
urkundlich 形 文書(証書)の; 文書(証書)に基づく.
Urlaub [ウーアラオプ] 男 (-[e]s/-e) (® vacation)(長期)休暇. **urlauben** 自 《話》休暇をとる, 休暇を過ごす. **Urlauber** 男 (-s/-) (® -in)休暇中の人, 休暇で旅行中の人. 嗣 帰休. **Urlaubsgeld** 匣 (雇用主の支払う)休暇手当; 《話》(過労などで)休暇を必要としている. **Urlaubsreise** 囡 休暇旅行.
Urmensch 男 原始人;《人類》原人; 人類の祖.
Urne 囡 (-/-n) 骨壺(⅗); 投票箱.
Urinde 囡 (-/-n) 同性愛の女性.
Urologe 男 (-n/-n) 泌尿器科医.
Urologie 囡 (-/-) 泌尿器器[学].
urologisch 形 泌尿器器[学]の.
urplötzlich 副 まったく突然の.
Ur-produkt 匣 (®)原産品.
=quelle 囡 源泉;起源.
Ursache 囡 (-/-n) (® cause)原因; 理由. ◆ *Keine ~!*(Danke!に対して)どういたしまして. **~ werden** 原因となる, 因果的な. **ursächlich** 形 原因の.
Urschrift 囡 原本. **urschriftlich** 形 原本の.
urspr. = *ursprünglich* 元来は.
Ursprache 囡 (®)原語;(翻訳に対する)原語.
Ursprung [ウーアシュプルング] 男 (-[e]s/..sprünge) (® origin)起源, 根源;源泉;出所, 由来, 発端;《数》(座標の)原点.
ursprünglich [ウーアシュプリュングリヒ, ウーアシュプリュングリヒ] ❶ 形 original)元の, 本来の; 最初の;(® natural)自然のままの, 手つかずの. ❷ 副 もともとは. **Ursprünglichkeit** 囡 (-/-) 原始性, 自然性.
Ursprungs-land 匣 (商品などの)生産〈原産〉地. **=nachweis** 男 産地証明. **=zeugnis** 匣 原産地証明書.
Urstand 男 ◆ *[fröhliche] ~ feiern* (滅びたと思われていたものが)復活する.
Urstoff 匣 《哲》原質. 元素.
Ursula 《女名》ウルズラ.
Urteil [ウアタイル] 匣 (-s/-e) (® judgment)判断, 判定;判決;判断力;《法》判決, 判決文. ◆ *ein ~ fällen* 判決(判断)を下す.
urteilen 自 (urteilte; geurteilt) (® judge) *〈über j-et〉*(…について)判断〈評価〉する; 意見を述べる.
Urteils-begründung 囡 《法》判決理由. **=fähigkeit** 囡 判断力. **=kraft** 囡 判断力. **=spruch** 男 判決主文. **=vermögen** 匣 判断力. **=vollstreckung** 囡 判決の執行.
urteile ⇒ urteilen
Urtext 男 初稿;(翻訳に対して)原文, 原典.
Urtierchen 匣 原生動物.
urtümlich 形 原初の;自然のままの.
Uruguay ウルグアイ(南アメリカ南東部の共和国). **Uruguay-Runde** 囡 (die ~)ウルグアイラウンド(1986年に開始された国際間の多角貿易交渉).
Ur=urenkel 男 やしゃご, 玄孫.

=urgroßmutter 囡 高祖母.
=urgroßvater 男 高祖父.
Ur- vater 男 (男性の)祖先; 人類の祖. **=volk** 匣 (諸民族の祖としての)原民族;原住民. **=wald** 男 原始林, 原生林, ジャングル. **=welt** 囡 太古の世界.
urweltlich 形 太古の世界〈大昔〉の.
urwüchsig 形 自然のままの, 素朴な;野生の, 元の.
Ur-zeit 囡 太古, 原始時代. ◆ *in 〈vor, zu〉 ~en* 太古に. *seit ~en* 大昔から. **=zeugung** 囡 (生物の自然〈偶然〉発生. **=zustand** 男 原始状態.
US = USA.
USA [ウーエスアー] アメリカ合衆国(ドイツ語名: *die Vereinigten Staaten von Amerika*).
Usbekistan ウズベキスタン(中央アジアの国).
Usedom ウーゼドム(バルト海にある島;大部分はドイツ領).
User 囡 (-s/-) 麻薬常用者.
usf., **u.s.f.** 副 *und so fort* …などなど.
Usowechsel 男 《商》慣習間限つき手形.
Usurpator 男 (-s/-en) (王位などの)簒奪者. **usurpieren** 他 (地位・権力などを)さん奪する, 奪い取る.
Usus 男 (-/-) 慣習, 慣例.
usw., **u.s.w.** 副 *und so weiter* …などなど.
Ute 《女名》ウーテ.
Utensilien 榎 (仕事の)用具《道具》類.
Uterus 男 (-/..ri) 子宮.
Utgard 《北欧神》ウートガルト(巨人・魔神の国).
Utilitarier 男 (-s/-) = Utilitarist.
Utilitarismus 男 (-/-) 《哲》功利主義, 功利説. **Utilitarist** 男 (-en/-en) 功利主義者. **utilitaristisch** 形 功利主義の.
Utopia 匣 (-s/) 《ふつう無冠詞》ユートピア.
Utopie [ウトピー] 囡 (-/-n) ユートピア, (非現実的な)理想; 夢物語, 空想の産物.
utopisch 形 ユートピアの, 観念的な;空想〈夢想〉的な, 非現実的な. **Utopist** 男 (-en/-en) (® -in)ユートピアン, 空想〈夢想〉家.
Utrecht 匣 ユトレヒト(オランダ中部の都市).
u.U. 副 *unter Umständen* 事情によっては. **u.ü.V.** 副 *unter üblichem Vorbehalt* 慣例の留保〈条件〉つきで. **UV** *Ultraviolett* 紫外線. **u.v.a.[m.]** 副 *und viele[s] andere* mehr) およびその他 多数. **UvD** *Unteroffizier vom Dienst* 当直下士官.
Uvular 男 (-s/-e) 《言》口蓋(ಖ)音.
u.W. 副 *unseres Wissens* われわれの知るところでは.
Ü-Wagen 男 《放送》中継車(< *Übertragungswagen*).
Uwe 《男名》ウーヴェ.
u.Z. 副 *unsere[r] Zeitrechnung* 紀元…年に.
Uz 男 (-es/-e) 《話》からかい, ひやかし.
uzen 他 《話》(人を)からかう.
u.zw. 副 *und zwar* 詳しく言うと.

v, V 男 (-/-) 〖字形〗ファウ. **V ❶** 〖記号〗Vanadium; Volt; Volumen; 〖国籍符号〗バチカン市国(Vatikanstadt). **❷** 〖ローマ数字〗5. **❸** 略 Verband, Vereinigung, Verein. **v.** 略 vom (日付でのから) (～ 3. Juni 6月3日のから); von (人名での) フォン; vor antį: vidi 〖?〗略 私は見た. **V.** Vers. **VA** 〖記号〗Voltampere. **v.a.** 略 vor allem 特に、とりわけ.

Vabanque, va banque [ヴァバ(ー)ンク] ❶ ~ **spielen** のるかそるかの大勝負をする. **Vabanque-spiel** のるかそるかの大勝負, リスクの大きい企て.

Vademekum 中 (-s/-s) 〖携帯用の〗ハンドブック, 入門書.

Vaduz 中 ファドゥーツ(リヒテンシュタインの首都).

vag 形 = vage.

Vagabund 男 (-en/-en) 浮浪者. **vagabundieren** 自 放浪(浮浪)生活をする; (s) 放浪する.

vage 形 あいまいな, 漠然とした, 不正確な.

Vagina 女 (-/..nen) 〖医〗ワギナ, 膣(ちつ).

vakant 形 空いている; 空席の, 欠員のあること; 空席, 欠員; 空いているポスト.

Vakuum 中 (-s/..kua, ..kuen) 〖理〗真空; 空白状態. ~**pumpe** 女 真空ポンプ. **vakuumverpackt** 形 (食品などが)真空パックされた.

Vakzine 女 (-/-n) 〖医〗ワクチン; 痘苗(とうびょう).

Valentin 《男名》ヴァレンティーン. ~**s-tag** 男 バレンタインデー(2月14日).

Valenz 女 (-/-en) 〖化〗原子価; 〖言〗(動詞などの)結合価.

Valet 中 さよなら(別れのあいさつ). ◆ ~ **sagen** 〖 (j-e^3) 〗 (…に)別れを告げる, (…を)断念する.

Valeur [ヴァレーア] 中 (-s/-s) 〖商〗有価証券.

Valuta 女 (-/..ten) 外国通貨; 対価, 交換価値; 〖商〗利子起算日. **valutieren** 他 〖商〗(…の)利子起算日を定める.

Vamp 男 (-s/-s) 妖婦(ふ), あやしい魅力のある女性.

Vampir 男 (-s/-e) 吸血鬼; 高利貸し; 〖動〗チスイコウモリ.

Vanadin 中 (-s/), **Vanadium** 中 (-s/) 〖化〗バナジウム(元素記号 V).

Vandale 男 (-n/-n) = Wandale.

Vandalismus 男 (-/) = Wandalismus.

vanille 形 〖無変化〗バニラ色の, 淡黄色の. **Vanilleeis** 中 バニラアイスクリーム.

VAR 略 Vereinigte Arabische Republik アラブ連合共和国.

variabel 形 可変の, 変動する; 変わりやすい. **Variante** 女 (-/-n) 変形, 異形; 変種; 〖文芸〗(写本などの)異本, 異文; 〖言〗バリアント. **Variation** 女 (-/-en) 変動, 変化; 変形; 変奏; 〖楽〗変奏曲; 〖生〗変異; 〖数〗変容, 二均差. **Varietät** 女 (-/-en) 〖生〗変種. **Varietee, Va-**

rieté [ヴァリエテー] 中 (-s/-s) バリエテー (歌・踊り・手品・曲芸などを見せる寄席演芸). **variieren** 他 さまざまに変化させる; 自 (主題を)変奏する; 自 さまざまに変化する.

Vasall 男 (-en/-en) (中世の)封建家臣. 封臣; 家臣, 家来. ~**en-staat** 男 〖雅〗属国.

Vase [ヴァーゼ] 女 (-/-n) (◎ **Väschen**) (◎ vase) 花瓶, 花器, つぼ.

Vaselin 中 (-s/) 〖化〗ワセリン.

Vater [ファータ-] 男 (-s/Väter) ❶ (◎ **Väterchen**) (◎ father) 父, 父親; 保護者; 指導者; 〖話〗(年輩の男性への呼びかけ)おやじ; 創始(発案)者; 〖複数で〗祖先. ❷ 〖宗〗神; 〖宗〗神父. ◆ **Ach, du dicker** ~! 〖話〗これはたまげた. **der Heilige** ~ [**in Rom**] ローマ教皇. **sich zu den Vätern versammeln** / **zu seinen Vätern versammelt werden** 〖雅〗永眠する.

Väterchen (→ Vater) 中 (-s/-) お父ちゃん, おじいさん; ~ **Frost** 〖戯〗冬将軍.

Vater-freuden 複 ◆ ~ **entgegensehen** 女 もうすぐ父になる. ~**haus** 中 〖雅〗生まれ育った家, 生家.

Vaterland [ファータラント] 中 (-[e]s/..länder) 祖国, 故国, 母国. **vaterländisch** 形 〖雅〗祖国の;祖国の愛国的な. **Vaterlandsliebe** 女 〖雅〗祖国愛, 愛国心.

väterlich 形 父親の, 父親からの; 父方の; 父親らしい, 父親にふさわしい. **väterlicherseits** 副 父方で.

vaterlos 形 父親のいない.

Vater-mord 男 父親殺し(行為). ~**mörder** 男 父親殺し(犯人).

Vaterschaft 女 (-/) 父親であること, (法的な)父子関係. ~**s-klage** 女 〖法〗父子関係確認訴訟.

Vater-stadt 女 生まれ育った町, 故郷の町. ~**stelle** 女 父親の地位. ◆ ~ **vertreten** [**bei** (**an**) j^3] (人の)父親代わりをする, 主親(ちちおや)である. ~**unser** 中 (-s/-) 〖宗〗主の祈り.

Vati 男 (-s/-s) 〖話〗お父ちゃん, パパ.

Vatikan 男 (-s/) ヴァチカン(ローマの宮殿で教皇庁の所在地); 教皇庁; 教皇統治. **vatikanisch** 形 ヴァチカンの. **Vatikanstadt** (die ~) ヴァチカン市国.

V-Ausschnitt 男 〖服〗V ネック. **v.c.** 略 verbi causa 例えば. **v. Chr.** 略 vor Christus 西暦紀元前…年に. **v. Chr. G.** 略 vor Christi Geburt = v Chr. **v.D.** 略 vom Dienst 勤務中の, 当直の. **VDE** 略 Verband Deutscher Elektrotechniker ドイツ電気技術協会. **VDI** 略 Verein Deutscher Ingenieure ドイツ技術者協会. **VDS** 略 Vereinigte Deutsche Studentenschaften ドイツ学生連盟. **vdt.** 略 vidit 見た(彼女)は見た, 了承した. **VEBA, Veba** [フェーバ] 略 Vereinigte Elektrizitäts- und Bergwerks-Aktiengesellschaft フェーバ(ドイツのエネルギー・化学関係の会社).

Vegetarier 男 (-s/-) (◎ -**in**) 菜食主義者, ベジタリアン.

vegetarisch[ヴェゲターリッシュ]形 菜食(主義)の. **Vegetation** 女 《-/-en》植生, 植物相;(植物の)生長, 生育. **vegetativ** 形 植物的な無性の(性)の;〖生〗植物自律神経的な. **vegetieren** 自 ひどい暮らしをする.

vehement 形 激しい. **Vehemẹnz** 女 《-/》激しさ.

Vehikel 中 《-s/-》(古くさい)乗り物;手段,方法.

Veilchen[ファイルヒェン]中 《-s/-》(⊛ violet)〖植〗スミレ(葉).◆ 殴られた後の目の周りの青あざ. ◆ *blau wie ein ~ sein* 〈話〉酔って(酔っている). *im Verborgenen blühen*(スミレのように)ひっそり暮らしをする. **veilchenblau** 形 すみれ色の. **~** 〈話〉泥酔した.

Veitstanz 男 〖医〗舞踏病.

Vektor 男 《-s/-en》ベクトル;〖遺伝〗ベクター(ウイルスやプラスミドから他の細胞に注入される DNA 断片).

Velo 中 《-s/-s》〖スイス〗自転車.

Velours[ヴェルーア/ヴェルーアス]- 《/-[ヴェルーアス]》〖織〗ベロア;〈-〉 《-/-》= Veloursleder. **~leder** 中 スエード革.

Vene 女 《-/-n》静脈.

Venedig ヴェネツィア、ヴェニス(イタリアの都市).

venerisch 形 〖医〗性病の.

Venetien ヴェネツィア(イタリア北東部;イタリア語形 Venezia).

Venezianer 男 《-s/-》(⊛ **-in**)ヴェネツィアの人. **venezianisch** 形 ヴェネツィアの.

Venezolaner 男 《-s/-》(⊛ **-in**)ベネズエラ人, ベネズエラの. **Venezuela** ベネズエラ[人]. **Venezuela** ベネズエラ.

Venn 中 《-s/》(das ~)フェン. ◆ *das Hohe ~* ホーエスフェン(das Rheinische Schiefergebirge の高原沼沢地).

venös 形 〖医〗静脈性の.

Ventịl 中 《-s/-e》弁, バルブ; 安全弁;(金管楽器の)ピストン;(オルガンの)風信調節弁. **Ventilation** 女 換気, 通風;送風;換気(通風)装置. **Ventilator** 男 《-s/-en》換気装置, 換気筒;扇風機, 送風機. **ventilieren** 他 (…の)換気をする;慎重に考慮(検討)する.

Venus 女 《-/-》〖天〗金星;〖ロ神〗ヴェヌス,ウェヌス(恋の女神でギリシア神話のAphrodite アフロディテに当たる):die ~ von Milo 〖芸〗ミロのヴィーナス. **~berg** 男 〖解〗恥丘;〖俚民〗ヴェーヌスベルク(女神 Venus ヴェヌスが住むという山). **~sonde** 女 金星探査機.

ver.. 非分離動詞の前つづり.

verabfolgen 他 (*j³* et⁴)(人に…を)与える, 手渡す.

verabreden[フェアアブレーデン](verabredet; verabredet)他 《*sich⁴* **mit** *j³*》(人と)会う約束をする; 他 ⟨*et⁴* **mit** *j³*⟩[人と]決める, 約束する: Ich bin schon *verabredet*. 先約があります.

Verabredung[フェアアプレードゥング]女 《-/-en》(⊛ appointment)(人と会う)約束, 取り決め, 申し合わせ;eine ~ treffen(デートなどの)約束をする.

verabreichen 他 (*j³* et⁴)(人に飲食物・薬などを)与える. **Verabreichung** 女 《-/-en》供与, 投与.

verabsäumen 他 (機会などを)逃す;(時間に)遅れる;(なすべきことを)怠る.

verabscheuen 他 (…を)ひどく嫌う. **~s‧wert** 形 〖雅〗嫌悪すべき.

verabschieden[フェアアブシーデン]《 verabschiedete; verabschiedet 》他 《*sich⁴* 〔**von** *j-et³*〕》(人に)〔…に〕別れを告げる;《話》(…に)免れる他 (人に)別れを告げる;(議案)を成立させる;*verabschiedet werden* 見送りを受ける;離任(退職)する;(議案が)成立する. **Verabschiedung** 女 《-/-en》見送り,送別,いとまごい;(法案などの)議決.

verabsolutieren 他 絶対化する.

verạchten[フェアアハテン](verachtete; verachtet)他 despise)軽蔑する;見下す,軽視する. ◆ *nicht zu ~ sein* 《話》ばかにならない. **Verạchter** 男 《-s/-》(⊛ **-in**)軽蔑する人. **verạchtlich** 形 軽蔑的な,見下すような;軽蔑される.

Verạchtung[フェアアハトゥング]女 《-/-》軽蔑する,見下すこと,軽視.

verạlbern 他 《話》からかう.

verạllgemeinern 他 一般化する. **Verạllgemeinerung** 女 《-/-en》一般化.

verạlten 他 (s)時代遅れになる, すたれる.

Veranda 女 《-/-den》ベランダ.

verạnderlich 形 変わりやすい, 安定しない《ein ~er Stern/ein *Veränderlicher*》〖天〗変光星》;変わりうる. **Verạnderlichkeit** 女 《-/-en》変わりやすさ, 可変性.

verạndern[フェアエンダーン](veränderte; verändert)他 (⊛ change)《*j-et³* 《*sich⁴*》》変える〈変わる〉、変化させる⟨…する⟩;(職場を変える)、転職する.

Verạnderung[フェアエンダールング]女 《-/-en》(⊛ change)変化;変更;変動,変革.

verạnkern 他 (船を)錨(いかり)で固定する;係留する(電柱などを)支線で固定する;確定する(投錨),確定. **Verạnkerung** 女 《-/-en》(船の)投錨,固定;確定.

verạnlagen 他 (*j-et⁴* **mit** et³)(…の課税額を…)査定する. **verạnlagt** 形 《…の)素質(性向)がある.

Verạnlagung 女 《-/-en》税額の査定;素質,性向.

verạnlassen 他 (⊛ cause)(…の)誘因となる, (…を)引き起こさせる;(*j⁴* **zu** et³)(人にとって…の)きっかけとなる;指令(指示)する. **Verạnlassung** 女 《-/-en》誘因, きっかけ;指令,指示.

verạnschaulichen 他 《*j³*》et⁴)(人に)(…を)具体的に説明する. **Verạnschaulichung** 女 《-/-en》具体的説明.

verạnschlagen 他 見積もる.

verạnstalten[フェアアンシュタルテン](veranstaltete; veranstaltet)他 (⊛ organize)(行事などを催し,取り行なう,実施する;(…を)やらせる. **Verạnstalter** 男 《-s/-》(⊛ **-in**)主催者,開催者,オルガナイザー.

Verạnstaltung[フェアアンシュタルトゥング]女 《-/-en》主催,開催;催し物,行

事, イベント. **～s=kalender** [男] 行事予定表.
verantworten [他] (…の)責任を負う; 《*sich*⁴ **für** *et*⁴ 〈**wegen** *et*²〉》(…の)釈明をする.
verantwortlich [フェアアントヴォルトリヒ] [形] ([英] responsible) 《**für** *j-et*⁴》(…のことで)責任がある; 《*j*³ [**gegenüber**]》(人に対して)[説明する]責任がある; 責任を伴う, 重要な. **Verantwortlichkeit** [女] 《-/-en》責任; 責任事項〈範囲〉.
Verantwortung [フェアアントヴォルトゥング] [女] 《-/-en》([英] responsibility) 《**für** *et*⁴》(…についての)責任, 責務; 釈明; 責任感 : *j*⁴ zur ～ ziehen 人の責任を問う; 人の〈に〉釈明を求める. **verantwortungs=bewusst** ([旧]= **bewußt**) [形] 責任を自覚した.
Verantwortungs=bewusstsein ([旧]= **bewußt..**) [中], **=gefühl** [中] 責任感.
verantwortungs=los [形] 責任感のない. **=voll** [形] (任務などが)責任の重い; (人が)責任感の強い.
veräppeln [他] 《話》(人を)からかう.
verarbeiten [フェアアルバイテン] 《verarbeitete; verarbeitet》[他] ([英] process) 加工する, 加工して作る; (記憶·データなどを)処理する; (食物を)消化する, こなす; (読書·体験などを)心の糧とする; 乗り越える. **verarbeitet** [形] 働き疲れた; (手などが)仕事で荒れた; (…に)でき上がった. **Verarbeitung** [女] 《-/-en》加工, 細工; 消化, 消費; 処理; できばえ, 仕上がり.
verargen [他] 《雅》《*j*³ *et*⁴》(人の…を)悪くとる.
verärgern [他] (人の)感情を害する. **Verärgerung** [女] 《-/-en》不機嫌, 立腹.
verarmen [自] (s)貧しくなる, 貧困化する. **Verarmung** [女] 《-/-en》貧困化; 貧困.
verarzten [他] 《話》(人に)応急手当てをする; 《[*j*³] *et*⁴》([人の]傷を)手当てする.
verästeln [再] 《*sich*⁴》枝分かれする, 分岐する. **Verästelung** [女] 《-/-en》枝分かれ, 分岐; 枝分かれした部分.
verätzen [他] (酸などが)腐食する.
verausgaben [他] [再] 《*sich*⁴》精力を使い果たす, へとへとになる.
veräußerlich [形] 売却〈譲渡〉可能な.
veräußern [他] 売却〈譲渡〉する. **Veräußerung** [女] 売却, 譲渡.
Verb [ヴェルプ] [中] 《-s/-en》〖文法〗動詞.
Verba ⇨ Verbum
verbal [形] 言葉による, 口頭の; 〖文法〗動詞の. **Verbalinspirationslehre** [女] 〖神学〗逐語霊感〈神感〉説(聖書の語句はすべて聖霊の啓示によるものとする説). **verballhornen** [他] (字句などを)訂正するつもりでかえって悪くしてしまう.
verband ⇨ verbinden
Verband [フェアバント] [男] 《-[e]s/..bände》 ❶ ([英] bandage)包帯. ❷ 連盟, 連合; 〖軍〗部隊, (飛行機の)編隊; 〖生〗群れ, 群団; 〖建〗仕口(しぐち), 接合. ✦ *im* ～ 集団を作って, 編隊を組んで. **=kasten** [男] 包帯箱, 救急箱. **=material** [中] 包帯材料(ばんそうこう·ガーゼなど).
Verbands=kasten [男] = Verbandkasten. **=material** [中] = Verbandmaterial. **Verband[s]zeug** [中] = Verbandmaterial.
verbannen [他] (罰として国外へ)追放する; 追い払う. **Verbannung** [女] 《-/-en》追放, 流刑.
verbarg ⇨ verbergen
verbarrikadieren [他] 《*et*⁴ [**mit** *et*³]》(…に[…で])バリケードを築く; [再] 《*sich*⁴》バリケードを作って立てこもる.
verbauen [他] ふさぐ; 台なしにする; 建築のために使い果たす; 建て損なう; 〖建〗《*et*⁴ **mit** *et*³》(…を…で)補強する.
verbeißen* [再] 《*sich*⁴ **in** *j-et*⁴》(…に)食らいつく; 執着する; [他] 〖狩〗食い荒らす; 《[*sich*³] *et*⁴》(…を)歯を食いしばってこらえる.
Verben ⇨ Verb, Verbum
verbergen* [フェアベルゲン] 《**verbarg; verborgen**》[他] ([英] hide)隠す, 秘密にする; 《*sich*⁴ [**vor** *j-et*³]》([…から])隠れる : *sich*⁴ hinter *et*³ ～ …の陰に隠れる; (事柄が)…の陰に潜んでいる. **Verbergfärbung** [女] 〖動〗隠蔽色.
verbessern [フェアベッサァン] 《verbesserte; verbessert》[他] ([英] improve)改善する, 改良する, よくする; 《*sich*⁴》よくなる, 向上する; 改善される; 暮らし向きがよくなる; ([英] correct)(…の誤りを)正す; 《*sich*⁴》自分の発言を訂正する.
Verbesserung [フェアベッセルング] [女] 《-/-en》改良, 改善, よくすること; 訂正, 修正. **verbesserungsfähig** [形] 改良〈改善〉の余地のある, 改良できる.
verbeugen [再] ([英] bow) 《*sich*⁴ [**vor** *j*³]》([…に])おじぎをする. **Verbeugung** [女] おじぎ, 会釈.
verbeulen [他] へこませる, でこぼこにする. **verbiegen*** [他] 曲げてだめにする; (性格などを)ゆがめる; [再] ([自]) 《[*sich*⁴]》曲がってしまう, ゆがむ.
verbieten* [フェアビーテン] 《**verbot; verboten**》[他] ([英] forbid) 《*j*³ *et*⁴》(人に…を)禁じる, 禁止する; 《*sich*⁴ [**von** selbst]》不可能である, (当然)考えられない.
verbilligen [他] 《*et*⁴ 〈*sich*⁴〉》(価格などを〈が〉)安くする〈なる〉; 値引き〈割引〉する〈になる〉. **Verbilligung** [女] (価格などの)引き下げ; 値引き, 割引.
verbinden* [フェアビンデン] 《**verband; verbunden**》[他] ❶ (…に)包帯を巻く. ❷ ([英] connect) 《*et*⁴ **mit** *et*³》(…を…と)つなぐ, 結合する, 結びつける, 組み合わせる; 《*j*⁴ **mit** *j*³》(ある事柄が人と人を)結びつける; 《*sich*⁴ [**mit** *j*³]》([人と])いっしょになる, 提携する; 《*sich*⁴ **zu** *et*³》合同して(…に)なる. ❸ 《*et*⁴ **zu** *et*³》(…を結合させて…に)作り上げる; 《*sich*⁴ [**mit** *et*³]》([…と])混じり合う, 一体となる; 〖化〗化合する; 《*sich*⁴ **zu** *et*³》〖化〗化合して(…に)なる. ❹ 《*j-et*⁴ **mit** *j-et*³》(電話交換手が…を…と)つなぐ. ❺ 〖印〗(書物を)綴じまちがえる. ✦ *verbunden sein* 《雅》《*j*³》(人に)感謝している, 恩義を感じている.
verbindlich [形] 愛想のいい, 親切な; 拘束力を持つ. **Verbindlichkeit** [女] 《-/-en》愛想のいい〈親切な〉態度; 愛想; 拘束力, 束縛; 義務; 《[複]》〖商〗債務.

Verbindung [フェアビンドゥング] 女《-/-en》❶ 《® connection》結合，結びつき；接続；(人との)交流，連絡，関係；コネ，縁故；(物事との)関連，関係；組合，組織．❷ （交通の)連絡，交通手段（持ち歩き)時刻表．❸ 《電signature》連結，結線．❹ 《数》(2点間の)直線；《化》化合物． ♦ **eine ～ eingehen**《化》《mit et³》(…と)化合する．**in ～ bringen**《et¹ mit et³》…を…に関連づける．**in ～ mit j-et³**》(人と)連絡を取る．**in ～ setzen**《sich⁴ mit j³》(人と)連絡をつける，(人に)コンタクトをとる．**in ～ stehen**《mit j-et³》(…と)関連がある，(…と)交流がある．**～s-linie** 女[2点間を結ぶ]結線．**～s-mann** 男《複 ...männer, ...leute》連絡員，仲介者(® V-Mann)．**～s-offizier** 男 連絡将校．
verbissen (→ verbeißen) 形 根気(粘り)強い；怒りを抑えた，苦虫をかみつぶしたような；しゃにむに固執する．**Verbissenheit** 女《-/-》根気(粘り)強さ；不機嫌；しゃにむに固執.
verbitten* 他《sich⁴ et¹》(いやなことを)断る．
verbittern 他 不機嫌(不快)にする；《j³ et¹》(人の…を)つらい気分にする．
Verbitterung 女《-/-en》気難しさ，不機嫌.
verblassen 自 (s) 色あせる；輝きを失う；《雅》(記憶・印象などが)消える.
verbläuen 他《話》(人を)さんざん殴る，ぶちのめす.
Verbleib 男《-[e]s/》《雅》所在，ありか；消息．**verbleiben*** 自 (s) とどまる，残る；取り決める，話をつける；《述語名詞と》(いつまでも)…のままである.
verbleichen(*) 自 (s) 色あせる，輝きを失う.
verblenden 他（人の)目をくらませる，(人の)分別を失わせる；《建》《et¹ mit et³》(…を…で)化粧仕上げをする；(歯列を)外装する．**Verblendung** 女 無分別；化粧仕上げ；(歯列の)外装.
verblichen 他 = verbläuen.
verblichen 自 (s) 色あせる，輝きを失った；《雅》亡くなった.
verblöden 自 (s) 《話》頭がおかしくなる，ぼける；痴呆《ºく》になる；他（人を)白痴化する.
verblüffen 他 (人を)びっくり(仰天)させる，唖然(₨)とさせる．**Verblüffung** 女《-/-en》びっくり(仰天)すること.
verblühen 自 (s) (花が)盛りを過ぎる，しぼみ始める；《雅》えん曲を過ぎる，退屈なの．**verbluten** 自 (s) 出血多量で死ぬ，失血死する．**verbocken** 他《話》だいなしする.
verbohren 他《sich⁴ in et⁴》(…に固執する；(…に)没頭する．**verbohrt** 形《話》頑固(頑迷)な．**Verbohrtheit** 女《-/-》頑固(頑迷)さ.
verborgen❶ 他《j³ et¹》(人に…を)貸し出す．❷（→ verbergen) 形 人里離れた，隠れた；人目につかない． ♦ **im Verborgenen** こっそりと．**Verborgenheit** 女《-/-》隠れていること.
verbot → verbieten.
Verbot [フェアボート] 中《-[e]s/-e》《® prohibition》禁止，禁令.

verboten [フェアボーテン] (→ verbieten) 形 禁じられた，禁制の；《話》考えられないような，ひどい．**～er-weise** 副 禁止されているにもかかわらず.
verbracht, verbrachte ⇒ verbringen
verbrämen 他《et¹ mit et³》(…に…で)縁飾りを付ける；(美辞麗句で)飾り立てる，えん曲に表現する.
verbrannt, verbrannte ⇒ verbrennen
Verbrauch 男 消費[量], 使用[量].
verbrauchen [フェアブラオヘン]《verbrauchte; verbraucht》他《® consume》消費する；使い果たす(切る)；《sich⁴》体力を使い果たす．**Verbraucher** [フェアブラオホァ] 男《-s/-》《女 -in》消費者；(電気・水道・ガスなどの)使用者．**～schutz** 男 消費者保護．**～verband** 男 消費者団体．**～zentrale** 女 消費者センター．
Verbrauchsgüter 複 消費財(物資).
Verbrauch[s]steuer 女 消費税.
verbrechen* 他《悪事などを)する.
Verbrechen [フェアブレッヒェン] 中《-s/-》《® crime》犯罪，罪：**ein ～ an j³ begehen**《verüben》(人に対して)犯罪を犯す． ♦ **Es ist doch kein ～!** 別に構わないじゃないか．**～s-industrie** (マフィアなどの)犯罪産業．**～s-quote** 女，**～s-rate** 女 犯罪発生率．**～s-vorbeugung** 女 犯罪予防．
Verbrecher [フェアブレッヒァ] 男《-s/-》《女 -in》犯罪者，犯人．**～bande** 女 犯罪者の一味，犯罪者集団．
verbrecherisch 形 犯罪を恐れない；犯罪者になりかねない，犯罪的な.
verbreiten [フェアブライテン]《verbreitete; verbreitet》他《® spread》広める，散布する，伝染させる；放射する；《sich⁴》広まる，広がる；《sich⁴ über et⁴》(…について)長広舌をふるう.
verbreitern 他 (…の)幅を広げる，(…を)拡幅する；《sich⁴》幅が広がる．**Verbreiterung** 女《-/-en》拡幅，拡張；拡幅箇所.
verbreitet (→ verbreiten) 形 広く流布した，普及した，行き渡った．
Verbreitung 女《-/-》流布，普及；伝播(ディ)，伝染．**～s-gebiet** 中 (動植物の)分布区域；(疫病の)蔓延(ξ)地域．
verbrennbar 形 可燃性の.
verbrennen [フェアブレンネン]《verbrannte; verbrannt》他 (s, h) 《® burn》燃える，焼ける，焼却する；《化》燃焼[する]；焼け死ぬ；焼き殺す；火葬[する]；焦げる；焼け焦がす；日焼けする；他 日焼けさせる；(日照りで)からからにする，枯れさす；(人を)やけどさせる；《sich³ et¹》(…を)やけどする，《sich³ et⁴》(…に)やけどする；《sich⁴ [selbst]》焼身自殺する． ♦ **den Mund 《die Zunge》～《sich³ an et³》**(熱い食物などで)口(舌)をやけどする；《話》口がすべったために，舌禍を招く．
Verbrennung 女《-/-en》燃焼，焼却；火葬；やけど．**～s-anlage** 女 焼却施設．**～s-maschine** 女，**～s-motor** 男 内燃機関．

verbrieft [形] 文書保証〈確認〉された.
verbringen* [フェアブリンゲン] 《**verbrachte; verbracht**》[他] ❶ ([英] spend) (時を)過ごす. ❷ (…を…へ)運ぶ, 連れていく;《方》使い果たす, 浪費する.
verbrüdern [再] 《*sich*⁴ **mit** *j*³》(人と)親交を結ぶ.
verbrühen [他] 《*j*⁴ [**mit** *et*³]》(人を[熱湯などで])やけどさせる. **Verbrühung** [女] 《-/-en》(熱湯での)やけど.
verbuchen [他] 〔商〕帳簿に記入する, 記帳する. **Verbuchung** [女] 〔商〕帳簿への記入, 記帳.
Verbum [中] 《-s/..ba, ..ben》〔文法〕動詞.
verbummeln [他] 《話》(時間を)無駄に過ごす; うっかり忘れる; [自] (s)身を持ち崩す, 堕落する.
Verbund [男] 〔経〕(企業などの)合同, 連合, 提携; 〔工〕(部品などの)結合.
verbunden ⇨ verbinden
verbünden [再] 《*sich*⁴ **mit** *j*³》(人と)同盟を結ぶ.
Verbundenheit [女] 《-/》連帯, 結びつき. **Verbündete[r]** [男][女] 《形容詞変化》盟約〈同盟〉者; 《複》同盟〈連合〉国; 同盟〈連合〉軍.
Verbund=glas [中] 〔工〕二重〈ペア〉ガラス. **=lochkarte** [女] 〔コンピ〕複合パンチ〈穿孔(せんこう)〉カード. **=system** [中] (鉄道・バスなどの相互の)連絡乗り継ぎシステム.
verbürgen [他] 保証する; [再] 《*sich*⁴ **für** *j-et*⁴》(…の)保証をする, 請け合う.
verbüßen [他] 〔法〕(刑に)服する.
verchromen [他] クロムめっきする.
Verdacht [フェアダハト] [男] 《-[e]s/..dächte》([英] suspicion)疑い, 疑惑, 嫌疑, 容疑: *j*⁴ in ～ haben 人を疑っている | in ～ geraten 〈kommen〉疑われる; 嫌疑をかけられる. ✦ ***auf*** ～ 《話》あてずっぽうで. ～ ***schöpfen*** 《**gegen** *j*⁴》(人に対して)疑念を抱く.
verdächtig [フェアデヒティヒ] [形] ([英] suspicious)疑わしい, 怪しい; 《*et*²》(…の)容疑がある: der 〈die〉 *Verdächtige* 容疑者. ✦ ～ ***machen*** 《*sich*⁴》疑いを招く.
verdächtigen [フェアデヒティゲン] 《verdächtigte; verdächtigt》[他] 《*j*⁴ [*et*²]》(人に[…の])嫌疑をかける, 疑う. **Verdächtigung** [女] 《-/-en》嫌疑, 容疑.
Verdachtsmoment [中] 容疑事実.
verdammen [他] 厳しく非難する, 弾劾する; 〔キリスト教〕(人に)永劫(えいごう)の罰を下す, (人を)地獄に落とす; 《*j*⁴ **zu** *et*³》(人に…を)余儀なくさせる. **～s=wert** [形] 《雅》弾劾〈非難〉すべき.
Verdammnis [女] 《-/》〔キリスト教〕劫罰(ごうばつ), 永遠の断罪. **verdammt** (→ verdammen) [形] 《話》いまいましい, しゃくに障る; 《話》ものすごい, 異常な.
verdampfen [自] (s)蒸発〈気化〉する; (怒りなどが)治まる; [他] 蒸発〈気化〉させる. **Verdampfer** [男] 〔工〕蒸発装置, 蒸化器, エバポレーター. **Verdampfung** [女] 《-/-en》蒸発, 気化.
verdanken [フェアダンケン] 《verdankte; verdankt》[他] ([英] owe) 《*j*³ *et*⁴》(…は人の)おかげである.
verdarb ⇨ verderben
verdaten [他] 〔コンピ〕データ化する.
verdattert [形] 《話》びっくり仰天した.
verdauen [他] ([英] digest)消化する, こなす; よく理解する. **verdaulich** [形] 消化のよい〈できる〉. **Verdaulichkeit** [女] 《-/》消化のよさ, 消化性〈度〉.
Verdauung [女] 《-/》消化, こなれ. **～s=apparat** [男] 消化器官. **～s=beschwerden** [複] 消化不良. **～s=spaziergang** [男] 腹ごなしの散歩. **～s=störung** [女] 消化不良.
Verdeck [中] 《-[e]s/-e》(馬車・トラックなどの)幌(ほろ); (船の)上甲板. **verdecken** [他] 覆い隠す.
Verdeckungsmanöver [中] 隠蔽(いんぺい)〈隠匿〉工作.
verdenken* [他] 《*j*³ *et*⁴》(人の…を)悪くとる, 恨みに思う.
Verderb [男] 《-[e]s/》(食品の)腐敗; 《雅》破滅, 滅亡.
verderben* [フェアデルベン] 《**verdarb; verdorben**》❶ [他] ([英] spoil) 《[*j*³] *et*⁴》([人]の…を)台なし〈めちゃめちゃ〉にする; 《*sich*³ *et*⁴》(胃・目などを)傷める; (人を)堕落させる. ❷ [自] (s)(食料品が)腐る, 傷む; 堕落する. **Verderben** [中] 《-s/》腐敗; 堕落; 身の破滅, 不幸, 滅亡. ✦ ***An*** *et*³ ***ist nichts mehr zu*** ～. (…は)もはやどうにもならない, もうだめだ. ***es mit*** *j*³ ～ (人と)仲たがいする, (人の)機嫌を損ねる.
verderblich [形] (食品が)腐り〈傷み〉やすい; (精神的・道徳的に)有害な.
verdeutlichen [他] 明確〈明らか〉にする.
verdeutschen [他] (外来語を)ドイツ語化する; ドイツ語に翻訳する; 《話》《*j*³ *et*⁴》(人に…を)分かりやすく説明する.
verdichten [他] 〔理・工〕圧縮する; 濃密〈濃厚〉にする; [再] 《*sich*⁴》濃くなる.
Verdichtung [女] 圧縮, 濃密化. **～s=raum** [男] 人口稠密(ちゅうみつ)地域.
verdienen [フェアディーネン] 《verdiente; verdient》[他] ❶ ([英] earn) 《[*sich*³] *et*⁴》(金を)稼ぐ, もうける; 収入がある, 働いている: Beide Eheleute ～. 夫婦が共稼ぎしている. ❷ ([英] deserve)(…に)値する, ふさわしい. ✦ ***Das habe ich nicht*** [***um dich***] ***verdient.*** 君にこんなことをされるいわれはない. ***nicht besser*** 〈***anders***〉 ～ 《*et*⁴》(…の目に遭うのは)当然だ.
Verdienst [フェアディーンスト] [男] 《-[e]s/-e》([英] earnings)収入, 稼ぎ, もうけ, 利益; [中] 《-[e]s/-e》([英] merit)功績, 功労. **=ausfall** [男] 収入の減少.
verdienstlich [形] = verdienstvoll.
Verdienst=quelle [女] 収入源. **=spanne** [女] 〔商〕販売利益, 差益, 利ざや.
verdienstvoll [形] 功績〈功労〉のある; 称賛に値する.
verdient (→ verdienen) [形] 功績〈功労〉のある; 当然の. ✦ ～ ***machen*** 《*sich*⁴ **um** *j-et*⁴》(…に)貢献する. **～er=maßen** [副] 功績〈功労〉にふさわしく.
Verdikt [中] 《-[e]s/-e》〔法〕(陪審員の)評決; 手きびしい批評.
verdirb, verdirbst, verdirbt ⇨ verderben
verdolmetschen [他] 《*j*³ *et*⁴》(人に…

V

verdonnern 他《話》(*j⁴* **zu** *et³*)(人に…の)刑を宣告する:(人に仕事などを)命じる. **verdoppeln** 他 (*et⁴* (*sich⁴*))2倍にする(なる). **Verdopp[e]lung** 囡 (-/-en)倍増, 倍加;重複.

verdorben (→ verderben) **Verdorbenheit** 囡 (-/)腐敗した, 傷んだ; 堕落した. **Verdorbenheit** 囡 (-/)腐敗, 退廃.

verdorren 自 (s)枯れる, 干からびる.

verdrängen 他 押しのける, 排除する;《心》(いやな記憶などを)抑圧する;(船舶が…の)排水量である. **Verdrängung** 囡 (-/-en)排除;《心》抑圧;《海》(船の)排水量.

ver=drehen 他 無理にねじる;《話》(事実などを)わい曲する, ゆがめる;《話》(フィルムを)大量に消費する. : **dreht** 《話》頭のおかしな, 気が変になった; とっぴな. **dreifachen** 他《話》3倍にする(なる). **dreschen*** 他《話》(人をさんざん)叩く.

verdrießen* 他《雅》不愉快にする. 怒らせる. **◆ es sich⁴ nicht ~ lassen** 労を惜しまない. **verdrießlich** 不機嫌な〈不満に他な〉;《雅》不愉快にさせる, 腹立たしい. **Verdrießlichkeit** 囡 (-/-en)不機嫌, 不愉快(ゆかい)なことがら.

verdross (過 **verdroß**), **verdrösse** ⇒ verdrießen

verdrossen (→ verdrießen) 不機嫌な **Verdrossenheit** 囡 (-/)不機嫌.

verdrücken 他《話》(食べ物を)ぺろりと平らげる;《方》(衣服などを)しわくちゃにする;《話》(話》こっそり立ち去る. = *sich⁴*《口》《俗》(鉱屑が)つぶれる, 細くなる.

Verdruss 男 (..**druß**) (-es/..drusses /..drusse)不機嫌, 不愉快.

ver=duften 自 (s)《話》(人が)こっそり逃げ出す, ずらかる. **dummen** 他, 自(h)(人を〈が〉)愚鈍にする〈なる〉, 白痴化する

verdunkeln 他 暗める;明かりを消す;(人の幸福などに)陰りを与える;《灯行》を隠す;《*sich⁴*》暗くなる;(表情が)曇る. **Verdunk[e]lung** 囡 (-/-en)暗くすること, 遮光;《法》証拠隠滅;遮光幕, 暗幕. **Verdunk[e]lungsgefahr** 囡 《法》証拠隠滅の恐れ.

verdünnen 他 (液体などを)薄める;希釈する;《口》(ある地域の兵力を)削減する;《*sich⁴*》薄まる. 先細りになる. **Verdünnung** 囡 (-/-en)薄めること〈薄まること〉, 希薄化; 薄め液. **◆ bis zur ~ tun** (…をうんざりするほど繰り返す.

verdunsten 自 (s, h) 蒸発〈気化〉する(させる). **Verdunster** 男 (-s/-)加湿器.

verdürbe ⇒ verderben

ver=dursten 自 (s)のどが渇いて死ぬ;《話》死ぬほどのどが渇く. : **dürstern** 他 (*et⁴* (*sich⁴*))暗くする〈なる〉;陰うっにする〈なる〉. **dutzt** 他 あっけにとられた. **ebben** 自 (騒音などが)次第に弱まる〈静まる〉. **edeln** 他 洗練する;(…の)品質を高める;精錬(精練)する;(芽接ぎで)品種改良する;《料》(味をの)

整える.

verehren [フェアエーレン]《verehrte; verehrt》他 ❶ 尊敬する; 崇拝する, あがめる. ❷ 他 《*j³*》(人に…を)贈る. **Verehrer** 男 (-s/-) ⊕ -**in** 崇拝者: ファン. **Verehrung** 囡 尊敬, 敬慕. **Verehrungs=voll** 尊敬の念に満ちた. **=würdig** 尊敬に値する.

vereidigen 他 (人に)宣誓させる. **Vereidigung** 囡 (-/-en)宣誓.

Verein [フェアアイン] 男 (-[e]s/-e) (⊕ association)協会, 社団, クラブ, 同好会: **ein eingetragener ~** 社団法人(略 **e. V.**). **◆ im ~ mit j-m** (…と)協力〈提携〉して, **in trautem ~** [*mit j³*]《戯》『間の悪いことに(人と)同席するはめになって. **lahmer**《seltsamer》~ 変な連中.

vereinbar (**mit** *et³*) (…と)一致〈合致〉する.

vereinbaren [フェアアインバーレン]《vereinbarte; vereinbart》他 (*et⁴* **mit** *j³*)(…と人と取り決める. 協定する;(*et⁴* **mit** *et³*)(…と…とを)合わせる, 一致させる. **Vereinbarung** 囡 (-/-en) 取り決め, 合意, 協定: **eine ~ [mit** *j³***] treffen** [人と]取り決める.

vereinen 他 (⊕ unite)一つにまとめる. (*et⁴* **mit** *et³*) (…を…と)一緒にする;(意見・調和)させる. まとめる; (*sich⁴*) 一つになる, 人々が寄り集まる.

vereinfachen 他 簡素化〈単純〉化する. **Vereinfachung** 囡 (-/-en)簡素〈単純〉化.

vereinheitlichen 他 (規格などを統一する. **Vereinheitlichung** 囡 (-/-en) 統一;(製品などの)規格化.

vereinigen [フェアアイニゲン]《vereinigte; vereinigt》他 (⊕ unite)一つにまとめる; 統合〈合併〉する; (結集》一つにまとめる. 合併される. 寄り集まる; 《*sich⁴*》《雅》性交渉もつ.

vereinigt 統一した: **die Vereinigten Staaten [von Amerika]** アメリカ合衆国│**Vereinigtes Königreich von Großbritannien und Nordirland** イギリス連合王国.

Vereinigung [フェアアイニグング] 囡 (-/-en) (⊕ union) 統合, 一体化, 統一; 合併; 協同; 一致, 調和; 結社, グループ.

vereinnahmen 他《官》(金を)受け取る. 徴収する;《話》独占する.

vereinsamen 自 孤独になる. **Vereinsamung** 囡 (-/)孤独, 孤立化.

vereinseitigen 他 一面的なものにする;一面的にする.

Vereins=mitglied 中 会員.

ver=einzelt 時たまの(時折の); 散発的な. = **eisen** 自 (s) 凍りつく; 着氷する; 他 《部位に》冷凍麻酔をかける. = **eist** 凍結(氷結)した; (表情の)こわばった. = **eiteln** 他 (計画などを)つぶす, 阻止する, 挫折させる.

vereitern 他 《*j³ et¹*》(人に…への)嫌悪感〈反感〉をもたせる. **Vereiterung**(-/-en)囡 《医》化膿.

verekeln 他 (*j³ et¹*)(人に…への)嫌悪感〈反感〉をもたせる.

verelenden 自 (s)貧困化する, 零落する. **Verelendung** 囡 (-/)貧困化.

verenden 自 (s)(動物が)死ぬ;(人が)の

verengen 他 狭くする; 窮屈にする; (sich⁴) 狭くなる; 窮屈になる. **verengern** 他 (衣服を細くする, 縮める; (sich⁴) 狭くなる, 狭まる. **Verengung** 囡 (-/-en) 狭くなる(する)こと; 狭くなった箇所.

vererben 他 《j³ et¹/et¹ an j¹》 (人に…を)遺産として残す, 相続させる; 《話》譲る; (j³ et¹/et¹ auf j¹) (人に…を)遺伝させる; 《sich⁴》遺伝する.

Vererbung 囡 (-/-) 遺伝, 遺伝質. **～s-lehre** 囡 遺伝学.

verewigen 他 不滅(不朽)のものにする; 永続させる; 《sich⁴》自分の名を記す〈刻む〉.

**verfahren* 自 ❶ 《s》(…の)やり方をする, (…に)ふるまう ❷ 《車が燃料を》消費する; 《sich⁴》(車で)道に迷う. 2 囲 行き詰まった.

Verfahren [フェアファーレン] 囲 (-s/-) (他 method)方式, 手順, 方法, やり方, 手続き; 行動様式; 《法》訴訟手続き. **～s-regel** 囡 手続き(操作)上の規則. **～s-technik** 囡 生産技術, プロセス工学.

Verfall 囲 (-[e]s/-) (建物の)荒廃; (肉体の)衰え, 衰弱; (国家などの)没落, 衰退, 崩壊; (文化・道徳の)退廃; (切符などの)期限切れ; 《商》(手形などの)満期.

**verfallen* 自 《verfiel; verfallen》 《s》 ❶ (他 decline) (建造物が)崩壊する. ❷ (体が)衰弱する; (国などが)衰亡する; (文化・道徳などが)衰退する, 廃れる. ❸ 有効期限が切れる; 《商》(手形などが)満期になる. ❹ 《j-et¹》(…のとりこになる; 《et¹》(…)の餌食を受ける. ❺ 《in et¹》(…の状態に)陥る, 《…に》なる. ❻ 《auf j-et¹》(…を)思いつく.

Verfalls-datum 囲 (食品などの)保存(賞味)期限; (手形債務などの)満期の日付. **-erscheinung** 囡 衰退(退廃)現象.

Verfalltag 囲 (手形などの)満期日, 支払期日.

verfälschen 他 (食品の)品質を落とす; (事実などを)わい曲する; (文書などを)改ざんする. **Verfälschung** 囡 (食品などの)品質を落とすこと; 偽造, 変造; 偽物, わい曲された物.

verfangen* 再 《sich⁴ in et³》(…に)巻き込まれる, 絡まる. **verfänglich 厄介な, 間の悪い; ばつの悪い.

verfärben 他 《dat》変色する; 色を変える; 《対》(野獣が季節で)毛色が変わる; (太陽などが)変色させる.

verfassen 他 執筆する; (文書などを)作成する. **Verfasser** 囲 (-s/-) (女 -in)起草(作成)者; 著者, 執筆者.

Verfassung [フェアファッスング] 囡 (-/-en) ❶ 《他 constitution》憲法. ❷ 心身の状態, 調子. **verfassunggebend** 囮 憲法制定の.

Verfassungs-änderung 囡 憲法改正. **-beschwerde** 囡 《法》憲法抗告, 憲法異議の訴え.

Verfassungsgericht 囲 憲法裁判所. **verfassungsmäßig** 囮 憲法に基づく, 憲法上の.

Verfassungs-schutz 囲 憲法擁護; 《話》(ドイツの)連邦憲法擁護庁. **-verstoß** 囲 憲法違反.

verfassungswidrig 囮 憲法違反の, 違憲の.

verfaulen 自 《s》腐る.

verfechten* 他 (自説・権利などを)強く擁護〈主張〉する. **Verfechter** 囲 《主腰》者. **Verfechtung** 囡 (-/-) (自説・権利などの)擁護, 主張.

verfehlen 他 (他 miss)(的)を外す, (目的を)達成しない; (人を)行き違いになる. **Verfehlung** 囡 (-/-en) 過失, まちがい.

verfeindet 囮 仲たがいした, 敵対した.

verfeinern 他 洗練する, 精巧にする; 《sich⁴》洗練される.

verfemen 他 《雅》追放する.

verfertigen 他 (工芸品などを)制作する, こしらえる. **Verfertigung** 囡 制作.

Verfettung 囡 (-/-en) 《医》脂肪化; 肥満; 脂肪変性.

verfeuern 他 (石炭などを燃料にして)燃やす; (弾丸を; 《隊》薬を)撃ち尽くす.

verfiel ⇒ **verfallen**

verfilmen 他 (小説などを)映画化する; マイクロフィルム化する. **Verfilmung** 囡 (-/-en) 映画化; 映画化作品.

ver-filzen 他 《s》(繊維などが)フェルト化する; (髪が)もつれる. **-finstern** 他 (空などを)暗くする, 曇らす; 《sich⁴》(空などが)暗くなる, 曇る. **-flachen** 他 (土地などが)平ら(平坦(ﾀﾝ))になる; (川などが)浅くなる; (話などが)薄っぺら(平板)になる; 俗 平らにする.

verflechten* 他 《et¹ mit et³》(…を…と)編み〈より〉合わせる; 《sich⁴》結びつく, 絡み合う. **Verflechtung** 囡 (-/-en) 編み合わせ; 絡み合い; 密接な関連; 《経》(企業などの)結合, 集中.

ver-fliegen* 自 《s》(煙などが)消え去る, (香水などが)揮発する; (怒りなどが)収まる; (時が)どんどん過ぎ去る; 《sich⁴》飛行針路を見失う. **-fließen* 自** 《s》(境界などが)ぼやける; (色が)混じり合う; 《雅》(時が)過ぎ去る. **-flixt** 《話》どうしようもない, いやな; 俗 とても, 非常に. ♦ *Verflixt [noch mal]!* ええい, くそっ. *Verflixt und zugenäht!* ちくしょうめ. **-flossen** (→ verfließen) かつての, 以前の.

ver-fluchen 他 のろう; (過去などを)悔やむ, のろう. **-flucht** 囮 《話》いまいましい; 非常な, ものすごい. ♦ *Verflucht [noch mal]! / Verflucht und zugenäht!* くそ, こんちくしょう.

verflüchtigen 他 (液体を)蒸発〈気化〉させる; 《sich⁴》蒸発〈気化〉する; 《話》(物が)なくなる, (人が)蒸発する.

verflüssigen 他 液化させる; 《sich⁴》液化する. **Verflüssigung** 囡 (-/-en) 液化.

verfolgen [フェアフォルゲン] 《verfolgte verfolgt》他 ❶ 《他 pursue》追う, 追跡する; 《法》訴追する; 迫害する; (人に)つきまとう, 《et¹ mit et³》(人を…で)マークする; 《j³ mit et³》(人を…で)悩ます. ❷ (…の動きを)目で追う, (注意して)見る; (足跡などを)たどる, (目的・計画などを)追求する. **Verfolger** 囲 (-s/-) (女 -in) 追跡

Verfolgung 女 《-/-en》追跡; 《目的の》追求; 《法》訴追; 迫害. **~s=angst** 女 自分が追跡される《という》不安. **~s=jagd** 女 《大掛かりな》追跡, 追求. **~s=rennen** 中 《自転車競技の》追い抜きレース. **~s=wahn** 男 《心》被害妄想, 追跡〈迫害〉妄想.

verformen 他 変形させる, ゆがめる;《金属などを》成形する; 《sich⁴》変形する, ゆがむ. **Verformung** 女 《-/-en》変形, ゆがみ; 変形箇所.

ver=frachten 他 運送する, 積み込む;《戯》《人を》送り込む, 送り買る. =**franzen** 《sich⁴》 他 《飛行機が》方向を見失う, コースを外れる;《話》道に迷う.

verfremden 他 《見慣れたものを》異様なものにする;《文芸》劇 異化する. **Verfremdung** 女 《-/-en》異化.

ver=frieren 他 冷え切った, かじかんだ; 寒がりの. =**frühen** 《sich⁴》 他 《予定・予想より》早く来る〈起こる〉. =**frühstücken** 他 《話》《金などを考えねばすに》いっぱり使う. **früht** (→ verfrühen) 他 早すぎる, 時期尚早の.

verfügbar 他 自由に使える, 意のままにできる.

verfügen [フェアフューゲン] 《verfügte; verfügt》 ① 他 《über j-et⁴》（…の）自由のままに使う: 自由に使える, 持っている: *Verfügen* Sie über mich! 私を自由にしつけて下さい. | über Beziehungen ～ コネがある. ② 他 《職権によって》命令〈指示〉する;《sich⁴》 身を運ぶ.

Verfügung [フェアフューゲング] 女 《-/-en》 ① 《役所・裁判所などによる》指示, 命令, 決定, 処分. ② 自由に決められる自由. ◆ **zur ~ haben** （…を）自由に使える. **zur ~ stehen** 《j³》 （人の）自由に使える〈意のままに〉なっている. **zur ~ stellen** 《j³ et⁴》 《人に》 …を自由に使わせる. **~s=gewalt** 女 自由裁量〈処分〉権.

verführen [フェアフューレン] 《verführte; verführt》 他 《zu et³》 そそのかす, 誘惑する;《zu et³》 そそのかす, 誘惑する. **Verführer** 男 誘惑者. **verführerisch** 他 心をそそる; 魅惑〈魅力〉的な. **Verführung** 女 誘惑.

verfünffachen 他 5倍〈5重〉にする.

Vergabe 女 《資格・賞などの》授与; 《仕事などの》委託. **vergaben** 他 《ス》贈与〈寄贈〉する; 遺贈する.

ver=gaffen 《sich⁴ in j⁴》 （人に）ほれ込む. =**gällen** 《j³ et⁴》 （人の楽しみなど）を台なしにする, ぶち壊す. =**galoppieren** 《sich⁴》他《話》慌てて〈はずみで〉…と言ってしまう. =**gammeln** 《話》① 他 《食品が》悪くなる, 腐る;《人が》だらしなく生きる. ② 他 《時を》無為に〈のらくらと〉過ごす.

vergangen [フェアガンゲン] 他 過ぎ去った, 過去の: das ～ Jahr 去年.

Vergangenheit [フェアガンゲンハイト] 女 《-/-en》《o past》過去; 過去のできごと, 過去の人生, 経歴, 来歴;《文法》過去時称. **vergänglich** 他 移ろいやすい, つかの間の; はかない. **Vergänglichkeit** 女 《-/-》はかなさ, 無常.

vergasen 他《石炭などを》ガス化する. 《毒ガスで殺す;《害虫を》薫煮で駆除する. **Vergaser** 男 《-s/-》《内燃機関などの》気化器, キャブレター.

vergaß, vergäße → vergessen

Vergasung 女 《-/-en》《石炭などの》ガス化, 気化; 毒ガスによる殺害〈駆除〉.

vergeben 他 《地位・賞などを》与える, 授ける;《仕事などを委託する》;《雅》《j³ et⁴》（人の罪などを）許す; 《⁵》《ゴールなどを》逃す;《sich³ etwas (nichts)》自分の品位を落として〈保つ〉;《sich⁴》 《ミ》 カードを配りまちがう.

vergebens [フェアゲーベンス] 副 《o in vain》いたずらに, いたずらに, 成果なく, 無意に.

vergeblich [フェアゲーブリヒ] 他 むだな, 無益な, むなしい. **Vergeblichkeit** 女 《-/-》 むだ《無益》なこと, 徒労, むなしさ.

Vergebung 女 《-/-en》《雅》赦免.

vergegenwärtigen 《sich³ et⁴》 他 …を思い浮かべる, 考えてみる.

vergehen* 他 《フェアゲーエン》 《verging, vergangen》 ① 他 (s) 《o pass》《時が》過ぎ去る, たつ; 消えうせる; 弱まる:《雅》死ぬ:**vor et³**（…のあまり）死にそうだ, （…で）たまらない. ② 他 《sich⁴ gegen et⁴》（…に違反する;《sich⁴ an j³》（人に）暴行する;《sich⁴ an et³》（…を）盗む, 壊す. **Vergehen** 他 違反行為, 軽犯罪; 消滅, 消失.

vergeistigt 他 精神的な, 超俗的な.

vergelten* 他 《j³ et⁴》（人の…に）報いる. 仕返しする.

Vergeltung 女 報い, 仕返し, 報復. **~s=maßnahme** 女 報復措置.

vergesellschaften 他 共有《国有》化する; 社会化《個人を》社会に適合させる, 社会化する》; 《sich⁴》共生する.

vergessen* [フェアゲッセン] 《vergaß, vergessen》《o forget》忘れる; 思い出せない; 置き忘れる, し忘れる:《über et³ j-et⁴》（…に夢中で）…を忘れる. | Ich habe mich zu ～ 我を忘れる, 逆上する:《雅》《et² j-er²》南部地方《j-er² auf j⁴》（…を）忘れる: Das kannst du ～! そのことは忘れてくれ, 気にしなくていい | **leicht ～ sein**《…は》忘れやすい. ◆ **nicht 《nie》 ～**《j³ et⁴》（人が…を）してくれたことの恩を忘れない.

Vergessenheit 女 《-/-》 忘却.

vergesslich (他 .**geß**...) [フェアゲスリヒ] 他 忘れっぽい. **Vergesslichkeit** (他 .**geß**..) 女 《-/-》 忘れっぽさ.

vergeuden 他 浪費する. **Vergeudung** 女 《-/-en》浪費.

vergewaltigen 他 《女性に》強姦〈ごうかん〉する, レイプする;《規則などを》ねじ曲げる. **Vergewaltigung** 女 《-/-en》 強姦, レイプ; わい曲.

ver=gewissern 他 《sich⁴ + 副文》 …ということを確かめる; 《sich³ et²》（…を）確認する. =**gießen*** 他 《液体などを》こぼす; 《血・涙・汗を》流す.

vergiften [フェアギフテン] 《vergiftete; vergiftet》他 《o poison》（…に）毒を入れる《盛る》; 毒殺する; 毒する, 害する:

*sich*⁴ an Pilzen ～ キノコにあたる.
Vergiftung [女] 《-/-en》 毒を入れる〈盛る〉こと; 毒殺; 中毒.
vergilben [自] (s)(紙・写真などが)黄ばむ, 黄変する.
verging ⇨ vergehen
vergiss ([旧] **vergiß**) ⇨ vergessen
Vergissmeinnicht ([旧] **Vergiß..**) [中] 《-[e]s/-[e]》 〔植〕 ワスレナグサ.
vergisst ([旧] **vergißt**) ⇨ vergessen
vergittern [他] (…に)格子をつける.
Vergitterung [女] 《-/-en》 格子をつけること; 格子.
verglasen [他] (…に)ガラスをはめる; ガラス張りにする. **Verglasung** [女] 《-/-en》 ガラスをはめること; 窓ガラス.
Vergleich [フェアグライヒ] [男] 《-[e]s/-e》 ([英] comparison)比較, 対比; たとえ; 〔修辞〕 直喩(ちょくゆ); 〔法〕 和解, 和議; 〔ﾎﾞｸｼﾝｸﾞ〕 練習試合. ◆ ***einen ～ zwischen A und B anstellen*** 〈***ziehen***〉 A と B とを比較する. ***im ～ mit*** 〈***zu***〉 ***j-et***³ (…と)比較して.
vergleichbar [形] 比較できる.
vergleichen* [フェアグライヒェン] 《**verglich; verglichen**》[他] ❶ ([英] compare) 《*j-et*⁴ [**mit** *j-et*³]》 (…を[…と])比較する, 比べる; 《*sich*⁴ **mit** *j*³》 (人に)匹敵する : Das ist nicht zu ～ [mit *j-et*³]. それは[…とは]比べものにならない | *verglichen* mit *et*³…と比べると. ❷ 《*j-et*⁴ **mit** *j-et*³》 (…を…に)たとえる. ❸ 《*sich*⁴ **mit** *j*³》 〔法〕 (人と)和解する, 和議を結ぶ.
Vergleichs=maßstab [男] 比較基準.
vergleichsweise [副] 他と比較して, 比較的; 例えば.
verglich, verglichen ⇨ vergleichen
verglühen [自] (s)(光・火などが)次第に消えていく; (流星などが)燃え尽きる.
vergnügen [再] 《*sich*⁴ **mit** *et*³》 (…を)楽しむ, (…で)楽しく過ごす.
Vergnügen [フェアグニューゲン] [中] 《-s/-》 ([英] pleasure)楽しみ, 喜び, 満足; 娯楽 : Es war mir ein ～, Sie kennen zu lernen. — Das ～ ist ganz meinerseits 〈auf meiner Seite〉. お目にかかれてうれしく存じます―私の方こそうれしゅうございます | Mit wem habe ich das ～? (電話口などで)どなた様でしょうか | *j*³ ～ machen 人を喜ばせる. ◆ ***mit [dem größten] ～*** 喜んで[いたします]. ***Viel ～!*** 大いに楽しんでいらっしゃい. **vergnüglich** [形] 楽しい, 愉快な; 楽しそうな.
vergnügt [フェアグニュークト] [形] 楽しそうな, 上機嫌の; 楽しい, 愉快な.
Vergnügung [フェアグニューグング] [女] 《-/-en》 楽しみ, 娯楽; 気晴らし, パーティー, 楽しい催し. **～s=park** [男] 遊園地. **～s=reise** [女] 行楽, (楽しみで行く)旅行. **～s=steuer** [女] 遊興〈娯楽〉税.
vergnügungssüchtig [形] 遊び好きの, 享楽的な.
vergolden [他] (…に)金箔をはる, 金めっきする; 金色にする; 美化する. **Vergoldung** [女] 《-/-en》 金箔をはること, 金めっきすること; 美化; 金箔, 金めっき.
vergönnen [他] 《雅》 《*j*³ *et*⁴》 (人に…を)快く与える〈許す〉.
vergöttern [他] (人を)熱烈に崇拝する; 熱愛する. **Vergötterung** [女] 《-/-en》 熱烈な崇拝, 偶像視.
vergraben* [他] ([英] bury)地中に埋める, 埋蔵する; 隠す; [再] 《*sich*⁴ [**in** *et*⁴⁽³⁾]》 ([…に])潜る, 没頭する.
vergrämen [他] (人を)怒らせる; 〔狩〕 (野獣を)脅して追い立てる. **vergrämt** [形] 《雅》 苦悩に満ちた.
ver=graulen [他] 《話》 (人を無愛想に)追い払う; 《*j*³ *et*⁴》 (人の楽しみなどを)台なしにする. **=greifen*** [再] 《*sich*⁴》 取りちがえる, (楽器で)弾きまちがう; 《*sich*⁴ **an** *j*³》 (人を)強姦(ごうかん)する, (人に)暴行を働く; 《*sich*⁴ **an** *et*³》 (…を)横領する. **=greisen** [自] (s)老け込む; 高齢化する. **=griffen** (→ vergreifen) [形] 品切れの; 絶版の.
vergrößern [フェアグレーサァン] 《vergrößerte; vergrößert》[他] ❶ ([英] enlarge) 《*et*⁴ 〈*sich*⁴〉》 大きくする〈なる〉, 拡大〈拡張〉する, 引き伸ばす, 増大させる〈する〉. ❷ 《話》 住居〈店〉を拡張する; もっと広い家〈店〉に移る.
Vergrößerung [女] 《-/-en》 拡大, 拡張; 増大; 引伸ばし; 肥大; 引伸ばした写真. **～s=glas** [中] 拡大鏡, ルーペ, 虫めがね.
vergucken [再] 《話》 《*sich*⁴ **in** *j*⁴》 (人に)ほれる; 《*sich*⁴》 見誤る.
Vergünstigung [女] 《-/-en》 特典, 有利; 割引.
vergüten [他] 《*j*³ *et*⁴》 (人に…を)補償〈弁償〉する; (人に…の)報酬を払う; 〔金属〕 (鋼などに)焼き入れをする; 〔光〕 (レンズに)コーティングする. **Vergütung** [女] 《-/-en》 補償, 弁償; 補償金; 報酬; 〔金属〕 焼き入れ; 〔光〕 (レンズの)コーティング.
verh. [略] *verh*eiratet.
verhaften [フェアハフテン] 《verhaftete; verhaftet》[他] ([英] arrest)逮捕する. **verhaftet** [形] 《*et*³》 (…に)強く影響された.
Verhaftung [女] 逮捕; 拘禁.
～s=welle [女] (短期間の)連続逮捕.
verhallen [自] (s)(音などが)次第に消えてゆく〈鳴りやむ〉.
verhalten* [フェアハルテン] 《**verhielt; verhalten**》 I ❶ [再] ([英] behave) 《*sich*⁴》 (…なように)ふるまう, 態度を取る; 《方》 《*sich*⁴ **mit** *j*³》 (人に)あいそよくする; 《*sich*⁴》 (…な)状況〈事情〉にある; 《*sich*⁴ **zu** *et*³ wie...》 (…に対して…と)等しい関係にある. ❷ [他] 《雅》 抑える, 抑制する; (歩みを)止める; (手綱で馬を)止める; 《ｽｲｽ》 《*j*³ *et*⁴》 (人の口・耳などを)[手で]押さえる, ふさぐ. ❸ [自] 《雅》 歩みを止める, 立ち止まる. II [形] (感情などを)抑えた, 押し殺した; 控えめな, 慎重な.
Verhalten [フェアハルテン] [中] 《-s/-》 態度, ふるまい; 行動, 反応. **verhaltens=auffällig** [形] 〔医・心〕 行動が異様〈異常〉な.
Verhaltens=forscher [男] 動物行動学者. **=forschung** [女] 〔動物〕行動学. **=maßregel** [女] 行動の規範. **=norm** [女] 行動規範. **=störung** [女] 〔医・心〕 行動障害. **=weise** [女] 行動様式, ふるまい方.
Verhältnis [フェアヘルトニス] [中] 《-ses/-se》 ❶ ([英] proportion)割合, 比率, 釣り合い; 〔数〕 比例. ❷ ([英] relation)対人

関係,(組織間の)関係; 親近感; 《話》愛人関係. ❸ 《複》([英] condition)境遇, 環境; 状況, 情勢. ✦ ***über seine ~se leben*** 分不相応な生活をする.

verhältnismäßig [フェアヘルトニスメースィヒ] ❶ [副] ([英] relatively)比較的, わりあいに; 相当に. ❷ [形] 比例した; 釣り合いの取れた.

Verhältnis=mäßigkeit [女] 釣り合いのとれていること. =**wahl** [女] 比例代表制選挙. =**wahlsystem** [中] 比例代表制. =**wort** [中] 〔文法〕前置詞.

Verhaltungs=forscher [男] = Verhaltensforscher. =**forschung** [女] = Verhaltensforschung. =**maßregel** [女] = Verhaltensmaßregel.

verhandeln [フェアハンデルン] 《verhandelte; verhandelt》[動] ❶ ([英] negotiate) 《**mit** j^3 **über** et^4/ et^4 **mit** j^3》(人と…について)交渉する, 折衝する. ❷ 〔法〕《et^4/ **gegen** j^4/ **über** et^4》(…を / 人に対して / …の件で)審理する; 折衝する. ❸ 《蔑》(…を)売りに出す.

Verhandlung [フェアハンドルング] [女] 《-/-en》交渉, 折衝, 協議, 相談; 〔法〕審理. **~s=basis** [女] 交渉基盤.

verhandlungs=bereit [形] 話合い〈交渉〉の用意がある. =**fähig** [女] 〔法〕(被告などが心身の面で)審理に耐え得る.

Verhandlungs=tag [男] 開廷日, 公判日. =**tisch** [男] 交渉のテーブル.

verhandlungs=unfähig [形] 〔法〕(被告などが心身の面で)審理に耐え得ない.

Verhandlungsweg [男] ✦ ***auf dem ~*** 交渉によって.

verhangen [形] 雲に覆われた; 覆い〈カーテン〉を掛けた.

verhängen(*) [他] 《et^4 **mit** et^3》(…を…で)覆う; (刑罰などを)科する; (禁止令などを)布告する. **Verhängnis** [中] 《-ses/-se》(恐ろしい)運命, 悲運, 不運. **verhängnisvoll** [形] 命取りとなる, 致命的な, 宿命的な.

ver=harmlosen [他] (危険などを)軽視する. =**härmt** [形] 悲しみに〈心痛のために〉やつれた. =**harren** [自] 《雅》《**auf** 〈**bei, in**〉 et^3》(立場などに)固執する. =**harschen** [自] (s)(雪が)凍結する; (傷が)かさぶたになる.

verhärten [他] 《et^4 〈$sich^4$〉》堅くする〈なる〉, 硬化させる〈する〉; 《j^4 〈$sich^4$〉》かたくな〈非情〉にさせる〈なる〉; [自] (s)堅くなる, 硬化する; かたくな〈非情〉になる. **Verhärtung** [女] 硬化; (皮膚などの)堅くなった箇所.

ver=haspeln [再] 《$sich^4$》《話》何度も言いまちがいをする. =**hasst** ([旧] **haßt**) [形] いやな, 嫌いな; 憎まれている. =**hätscheln** [他] 《話》(人を)甘やかす.

Verhau [男] [中] 《-[e]s/-e》〔軍〕バリケード; 逆茂木(さかもぎ), 鉄条網; 《話》からみ合ったもの; 紛糾.

ver=hauen* [他] 《話》(人を)さんざん殴る; (答案などを)まちがえる; 《$sich^4$》計算違いをする. =**heben*** [再] 《$sich^4$》重い物を持ち上げて腰〈筋〉を痛める. =**heddern** 《話》[他] (糸などを)こんがらからせる; 《$sich^4$ **in** et^3》(…に)ひっかかる, 絡まる; つかえる.

verheeren [他] (国土などを)荒廃〈壊滅〉させる. **~d** [形] 壊滅的な; 《話》ひどい, とんでもない. **Verheerung** [女] 《-/-en》荒廃, 壊滅.

ver=hehlen(*) [他] 《雅》《j^3 et^4》(人に…を)隠す, 秘密にする. =**heilen** [自] (s)(傷が)治る, (傷口が)ふさがる. =**heimlichen** [他] 《j^3 et^4》(人に…を)隠す, 秘密にする.

verheiraten [フェアハイラーテン] 《verheiratete; verheiratet》[再] ([英] marry) 《$sich^4$ **mit** j^3》(人と)結婚する; [他] 《雅》《j^4 **mit** j^3 〈**an** j^4〉》(人を人と)結婚させる.

verheiratet [フェアハイラーテト] [形] 結婚している, 既婚の([略] verh.). **Verheiratete[r]** [男] [女] 《形容詞変化》既婚者. **Verheiratung** [女] 《-/-en》結婚, 婚姻.

verheißen* [他] 《雅》《j^3 et^4》(人に…を)予言する, (…の)前兆を示す. **Verheißung** [女] 《-/-en》《雅》約束: das Land der ~ 〔聖〕約束の地. **verheißungsvoll** [形] 前途有望な, さい先のよい, うまくいきそうな.

verhelfen* [自] 《j^3 **zu** et^3》(人に援助して…を)取得〈達成〉させる.

verherrlichen [他] 賛美する, 称賛する. **Verherrlichung** [女] 《-/-en》賛美, 称賛.

verhetzen [他] そそのかす, 扇動する.

verhexen [他] 魔法にかける, 魔法で姿〈形〉を変える. ✦ ***Das ist ja wie verhext.*** 《話》それはどうにもうまくいかない.

verhielt ⇨ verhalten

verhindern [フェアヒンダァン] 《verhinderte; verhindert》[他] ([英] prevent)(…の実現を)妨げる, 阻止する.

Verhinderung [女] 《-/-en》阻止, 妨害; 支障. **~s=fall** [男] 支障〈差し支え〉のある場合.

verhohlen [形] 隠された, ひそかな.

verhöhnen [他] あざける, 嘲笑(ちょうしょう)する. **Verhöhnung** [女] 《-/-en》あざけり, 嘲弄(ちょうろう).

Verhör [中] 《-[e]s/-e》〔法〕尋問, 審問; 《話》詰問(きつもん). **verhören** [他] 〔法〕尋問する; [再] 《$sich^4$》聞き違いをする.

verhüllen [他] 《j-et^4 [**mit** et^3]》(…を[…で])覆い隠す, かぶせる. **Verhüllung** [女] 《-/-en》覆い隠すこと; 覆い, ベール.

verhundertfachen [他] 《et^4 〈$sich^4$〉》百倍にする〈なる〉; 何百倍にもする〈なる〉.

verhungern [自] (s)餓死する.

verhunzen [他] 《話》台なしにする.

verhüten [他] 防止〈予防〉する.

Verhütung [女] 《-/-en》防止, 予防; 避妊. **~s=mittel** [中] 避妊薬〈具〉.

verhutzelt [形] しなびた, 干からびた.

verifizieren [他] (…の)正しさを証明する, (…を)検証する.

verinnerlichen [他] 内面化する.

verirren [再] 《$sich^4$》道に迷う; (人としての)道を誤る; (…へ)迷い込む: ein *verirrtes* Schaf 〔聖〕迷える小羊. **Verirrung** [女] 《-/-en》道に迷うこと; 道を誤ること, 過ち.

verjagen [他] 追い払う; 払いのける.

verjähren [自] (s) 〔法〕時効になる.

Verjährung [女] 《-/-en》〔法〕[消滅]

V

verjubeln 他 《話》(金などを)遊びに使う.
verjüngen 他 若返らせる; 再《sich⁴》先の方が細くなる. **Verjüngung** 女 (-/-en) 若返り.
ver‒**kabeln** 他 (情報などを)ケーブルで流す; ケーブルでつなく. =**kalken** 他 (s) (水道管などに)石灰が沈着する. =**kalkulieren** 他 《sich⁴》《話》計算を誤る; 見込み違いをする.
Verkalkung 女 (-/-en) 石灰沈着; 〖医〗動脈硬化; 老化.
ver‒**kappen** 他 《sich⁴ als et⁴》(…に)変装する. =**kappt** 肜 変装(偽装)した.
verkapseln 他 《sich⁴》〖医〗被膜で囲まれる;《話》自分の殻に閉じこもる. **Verkapselung** 女 (-/-en) 〖医〗被包形成;《話》自分の殻に閉じこもること.
verkatert 肜 〖話〗二日酔いの.
Verkauf [フェアカオフ] 男 (-[e]s /.käufe) (@ sale) 販売; 売却; 営業(販売)部.
verkaufen [フェアカオフェン] (verkaufte; verkauft) ❶ 他 (@ sell) 《j³ et⁴ / et⁴ an j⁴》(人に…を)売る. 売却する;《話》売り込む. ❷ 他 (自分の)売れ行きが(…)である; 体を売る, 売春する;《sich⁴ j³ 〈an j⁴〉》(人に)自分を売り渡す; 買収される;《sich⁴ mit et³》《話》(…を)買って損をする.
Verkäufer [フェアコイファァ] 男 (-s-) (女 -in) 店員, 販売員, 売り子; 売却者, 売り手. 販売者. =**markt** 男 〖経〗売り手市場になる; 販売市場. **verkäuflich** 肜 売れる, 売り物になる; 販売用の, 店頭で買える.
Verkaufsausstellung 女 展示即売会. **verkaufsfördernd** 肜 販売を促進する. **Verkaufsleiter** 男 販売主任(部長). **verkaufsoffen** 肜 (休日など)に例外的に店が開いている.
Verkaufs‒**organisation** 女 販売組織. =**preis** 男 販売価格. =**schlager** 男 ヒット商品. =**strategie** 女 販売戦略. =**tisch** 男 商品陳列台. =**zahl** 女 (商品の)販売数量.
Verkehr [フェアケーァ] 男 (-[e]s/(-e)) (@ traffic) 交通, 往来; 交際, 付き合い; 交信; 取引, 通商; 性交. ♦ *aus dem ~ ziehen* (…を)廃棄(回収)する, 使用を中止する;《話》(人を)首にする. *in den ~ bringen* (貨物などを)流通させる.
verkehren [フェアケーレン] (verkehrte; verkehrt) ❶ 自 (s, h) (交通機関が)運行する;《mit j³》(人と)交際する, つき合う;《bei j³/in et³》(…に)足しげく通う;《mit j³》(人と)性交する. ❷ 他 完全に変える, 逆にする;《sich⁴》逆(反対)になる.
Verkehrs‒**ader** 女 交通の大動脈, 幹線道路. =**ampel** 女 交通信号灯(機). =**amt** 男 (市の)交通課; (地元の)観光案内所, 観光協会. =**anschluss** 男 交通の便. =**behinderung** 女 交通妨害. =**betrieb** 男 交通企業体. =**chaos** 男 交通の大混雑. =**dichte** 女 交通密度. =**durchsage** 女 (ラジオの)交通情報. =**erziehung** 女 交通安全教育. =**funk** 男 ラジオの交通情報.
verkehrsgünstig 肜 交通の便利な. **Verkehrs**‒**hindernis** 中 交通障害. =**insel** 女 (路面より一段高い)安全地帯. =**knotenpunkt** 男 交通の要衝(分岐点). =**kontrolle** 女 (警察などによる)交通検問. =**lärm** 男 交通騒音. =**leitsystem** 中 交通誘導システム. =**minister** 男 運輸大臣.
Verkehrs‒**mittel** [フェアケーァスミッテル] 中 (-s/-) 交通(輸送)機関. =**netz** 中 交通網. =**ordnung** 女 〖集合的〗交通法規.
verkehrspolitisch 肜 交通政策(上)の.
Verkehrs‒**polizei** 女 交通警察. =**polizist** 男 交通警官. =**regel** 女 交通規則. =**regelung** 女 交通整理(規制).
verkehrsreich 肜 交通量の多い.
Verkehrsschild 中 交通(道路)標識.
Verkehrs‒**schwach** 肜 交通量の少ない. =**sicher** 肜 (車両などが)安全運行のできる, 整備のよい.
Verkehrs‒**sicherheit** 女 交通安全. =**spitze** 女 〖話〗交通のピーク(ラッシュ)時. =**stockung** 女 交通渋滞. =**störung** 女 交通障害. =**sünder** 男 《話》交通(規則)違反者. =**tote**[r] 男 〖形容詞変化〗交通事故による死亡者. =**unfall** 男 交通事故. =**unterricht** 男 交通安全教育.
Verkehrs‒**verein** [フェアケーァスフェアアイン] 男 (-[e]s/-e) 観光協会. =**verletzte**[r] 男 〖形容詞変化〗交通事故の負傷者. =**vorschrift** 女 交通規則. =**weg** 男 交通路(道路·鉄道·航路など); (指示などの)通達経路. =**wert** 男 〖経〗(土地などの)流通価格. =**wesen** 中 (全体としての)交通制度(体系).
verkehrswidrig 肜 交通規則違反の.
Verkehrszeichen [フェアケーァスツァイヒェン] 中 (-s/-) 交通(道路)標識; 道路標示.
verkehrt [フェアケーァト] 肜 逆の, 反対の; まちがった, まちがいの: einen Pullover ~ herum an|ziehen セーターを裏表(後ろ前)に着る ｜ alles ~ machen 万事へまをする. ♦ *an den Verkehrten kommen* 相手を間違える.
verkehrte, verkehrtest ⇒ verkehrt
Verkehrtheit 女 (-/-en) まちがい, まちがった行為, へま.
verkeilen 他 くさびで固定する;《sich⁴》食い込んで動かなくなる.
verkennen* 他 見誤る, 誤認(誤解)する: ein *verkanntes* Genie 〖戯〗埋もれた天才. **Verkennung** 女 (-/-en) 見誤り, 誤認, 誤解.
verketten 他 鎖でつなぐ〈固定する〉.
Verkettung 女 (-/-en) 連鎖.
verkitten 他 パテで固定(充てん)する.
verklagen 他 (…に対して)提訴する.
verklären 他 〖宗教〗(顔·容姿などを)晴れやかにする;《sich⁴》晴れやかになる.
Verklärung 女 晴れやかな表情(姿).
verklausulieren 他 (…に)ただし書き

〈付帯条件〉をつける; わかりにくくする.
verkleben [他] 張って(…を)ふさぐ; (床にタイルなどを)張る. **verklebt** [形] べたべたした.
verkleiden [他] 《j^4 〈sich^4〉》扮装(ふんそう)〈仮装, 変装〉させる〈する〉; 《et^4 [mit et^3]》(…に[…で])上張りをする; 美化〈粉飾〉する. **Verkleidung** [女] 扮装(ふんそう), 仮装, 変装; 上張り, 化粧張り; 被覆.
verkleinern [フェアクライナァン] 《verkleinerte; verkleinert》[他] 小さくする, 縮小する, 減らす; 《sich^4》小さくなる, 減る.
Verkleinerung [女] 《-/-en》縮小, 減少; 縮小した写真; 〔楽〕縮小形.
~s-form [女] 〔文法〕縮小形, 指小形.
verklemmen [再] 《sich^4》挟まって動かなくなる; きつくなる. **verklemmt** [形] ぎこちない, 不安そうな, 気後れした.
ver-klickern [他] 《話》《j^3 et^4》(人に…を)説明する. **-klingen*** [自] (s)(音などが)だんだん小さくなって消える. **-kloppen** [他] 《話》(人を)さんざん殴る; たたき売りする. **-knacken** [他] 《話》《j^4 zu et^3》(人を…の刑に)処す. **-knacksen** [再] 《話》《sich^3 et^4》(…を)捻挫(ねんざ)する. **-knallen** [再] 《話》《sich^4 in j^4》(人に)ぞっこんほれる.
verknappen [他] 乏しくする; 削減する; 《sich^4》乏しくなる, 不足する. **Verknappung** [女] 《-/-en》欠乏, 不足, 払底.
verknautschen 《話》(s, h) [他] しわくちゃにする〈なる〉.
verkneifen* [再] 《sich^3 et^4》《話》(…を)我慢する; あきらめる. **verkniffen** [形] しかめつらの, (怒って)硬直した.
verknöchern [自] (s) 〔医〕骨状になる; (年をとって)頑固になる. **verknöchert** [形] 頑固な; 硬直化した. **Verknöcherung** [女] 《-/-en》〔医〕骨化; 頑迷〈硬直〉化.
verknoten [他] 結び合わせる, 結んで固定する; [再] 《sich^4》もつれて結び目ができる.
verknüpfen [フェアクニュプフェン] 《verknüpfte; verknüpft》[他] 《et^4 mit et^3》(…を…と)結びつける, 組み合わせる. **Verknüpfung** [女] 《-/-en》結合; 結びつき.
verknusen [他] ✦ *nicht ~ können* 《話》《j-et^4》(…が)我慢できない.
verkohlen [他] 《話》(人を)だます; (焼いて)炭にする; [自] (s)炭になる, 炭化する.
verkommen* [自] (s)堕落する; 落ちぶれる; (家屋などが)朽ちる, 荒れ果てる; (食品が)腐る; 《スイ》《mit j^3》(人と)意見が合う; 《オーストリア》《話》逃げる. **Verkommenheit** [女] 《-/》堕落; 零落; 荒廃; 腐敗.
ver-komplizieren [他] 〔不必要に〕複雑にする. **-konsumieren** [他] 《話》消費する; (食事を)平らげる. **-korken** [他] (瓶などに)コルクで栓をする. **-korksen** [他] 《話》台なしにする.
verkörpern [他] 具現〈体現〉する. **Verkörperung** [女] 《-/-en》具現化, 体現; 化身, 権化.
ver-köstigen [他] (人に)食事の賄いをする. **-krachen** [再] 《話》《sich^4 [mit j^3]》([人と])仲たがいする. **-kraften** [他] (仕事などを)自力でやってのける, こなす; (精神的に)克服〈対処〉する; 《話》食べる, 消化できる; (鉄道を)バス路線に変える.
verkrampfen [再] 《sich^4》(筋肉などが)引きつる; (心理的に)硬直〈緊張〉する; [他] (手などを)こわばらせる. **Verkrampfung** [女] 《-/-en》けいれん; 硬直.
verkriechen* [再] 《sich^4》《話》もぐり込む; 身を隠す〈うずめる〉.
verkrümeln [他] (パンなどの)くずをこぼす; [再] 《sich^4》《話》ひそかに姿を消す.
verkrümmen [自] (s)(背骨などが)曲がる, 湾曲する; [他] 曲げる, 湾曲させる; [再] 《sich^4》曲がる, ゆがむ. **Verkrümmung** [女] 《-/-en》ゆがみ, 湾曲, カーブ.
ver-krüppelt [形] 不具の; 奇形の. **-krustet** [形] かさぶたのできた; 硬直した. **-kühlen** [再] 《sich^4》《オーストリア》風邪をひく.
verkümmern [自] (s)(植物などが)成長が鈍る; (器官が)萎縮(いしゅく)する; (人が)気力を失う, 落ち込む. **Verkümmerung** [女] 《-/-en》成長鈍化; 萎縮; 落ち込み.
verkünden [他] 公表する, 公示〈公布〉する, 宣言〈言明〉する.
verkündigen [他] 《雅》予言する, (神の教えなどを)告知する; 公表する. **Verkündigung** [女] 予言, 告知.
ver-kupfern [他] (…に)銅めっきをする; 銅板で蔽(おお)う. **-kuppeln** [他] (車両などを)連結する; 《j^4 an j-et^4 〈mit j-et^3〉》(結婚・情事目当てで人を…に)取りもつ.
verkürzen [フェアキュルツェン] 《verkürzte; verkürzt》[他] 短くする, 減らす, 短縮する; [再] 《sich^4》短くなる, 減る; [自] 《auf et^4》〔スポ〕(…に)点差を縮める. **Verkürzung** [女] 短縮, 切り詰め; 〔工〕縮み.
Verl. [略] *Verlag* 出版社.
verlachen [他] 《雅》あざける, 笑いものにする.
verladen* [他] (大量に)積む, 積み込む; 《話》だます, ぺてんにかける. **Verladerampe** [女] 〔貨物〕積み込みホーム. **Verladung** [女] 《-/-en》積むこと, 積載.
Verlag [フェアラーク] [男] 《-[e]s/-e》([英] publisher)出版社, 新聞社, 発行所.
verlagern [他] (他の場所へ)移す, 移動〈移転〉させる; [再] 《sich^4》移動〈移転〉する; 転位〈変位〉する. **Verlagerung** [女] 移動, 転移; 〔生・医〕転位.
Verlags-buchhandel [男] 出版業. **-buchhandlung** [女] 出版社. **-katalog** [男] 出版目録. **-recht** [中] 出版権, 版権; 出版法規.
verlangen [フェアランゲン] 《verlangte; verlangt》[動] ❶ ([英] demand)求める, 要求〈請求〉する, くれと言う, 欲しがる. ❷ (人を)電話口に呼び出す. ❸ (…を)必要とする. ❹ 《J^1 verlangt nach j-et^3./Es verlangt j^4 nach j-et^3.》(人は…を)切望する. **Verlangen** [中] 《-s/-》《雅》欲求, 欲望, 願望; 要求, 要望.
verlängern [フェアレンガァン] 《verlängerte; verlängert》[他] ❶ 《et^4 〈sich^4〉》長くする〈なる〉, 伸ばす〈びる〉; 延長する〈される〉. ❷ 《話》(スープなどを)薄める, のばす.
Verlängerung [女] 《-/-en》(距離・時間の)延長; 延長部分〈時間〉, 更新.
~s-schnur [女] 〔電〕延長コード.
verlangsamen [他] (…の)速度をゆるめる, 遅くする; [再] 《sich^4》速度が落ちる〈遅くなる〉.

verlangt, verlangte ⇒ verlangen

Verlass 男 《-lass》 ◆ **Auf j-e⁴ ist ~ ⟨kein ~⟩.**（…は）信用できる〈信用できない〉.

verlassen* [フェアラッセン]《**verließ; verlassen**》 ❶ 去る; 出て行く; (人を)後に残した去る, 見捨てる;《*sich⁴ auf j-⁴*》（…を）信頼〈信用〉する, あてにする. ❷ 人気(ﾂﾞﾂ)のない, 寂しい; ひとりぼっちの, 寄るべのない. ◆ **Und da ⟨dann⟩ verließen sie ihn.**〖話〗もうどうしてよいか分からなかった. **Verlassenheit** 女 《-/》 孤独; さびしさ. **Verlassenschaft** 女 《-/-en》《ｵｰｽﾄﾘｱ》遺産.

verlässlich〖-.läß.〗形 信頼できる. **Verlässlichkeit** 女 《-.läß./》信頼, 信用.

verlästern 他（…の）悪口を言う.

Verlaub 男 ◆ **mit ~**〖雅〗お許しを得て, 失礼ながら.

Verlauf 男 経過; 推移, 進行;（線などの）延び具合.

verlaufen* [フェアラオフェン]《**verlief; verlaufen**》 ❶ (s)（道が…を）走る, 延びる;（…な）経過をたどる,（事柄が）進む, 行われる;（バター・チョコレートなどが）溶ける;（絵の具・インクなどが）にじむ. ❷《*sich⁴*》道に迷う;（集団が散っていく, いなくなる;（道などが…に）消える, 途絶える.

verlaust 形 シラミのたかった.

verlautbaren 他 公表する; 告知〈告示〉する;（s)〖雅〗知れ渡る; (…) 伝えている. **Verlautbarung** 女 《-/-en》公表; 告知, 告示.

verlauten 他 (s)（情報などが）知れ渡る, 漏れる; 他 公表する.

verleben 他（時を）［楽しく］過ごす;〖話〗（生活費として）費やす, 生活のために金を使った. **verlebt** 形 年齢以上に(老けた); やつれた.

verlegen [フェアレーゲン] ❶ 他 困惑している, 狼狽した, 途方に暮れた. ❷ 他 移動・移転する;（期日などを）変更する;（ケーブル・ガス管などを）敷設する;（めがね・かぎなどを）置き忘れる;（本を）出版する;《標準》する. ❸《*sich⁴ auf et⁴*》（…に）方針を切り替える,（…に）くら替えする. ◆ **um ~ sein**（…に）困っている. **Verlegenheit** 女 《-/-en》当惑, 困惑; ばつの悪さ; 困った状況, 窮状. ◆ **in die ~ kommen**〖+zu 不定詞〗（…する）はめに陥る. **in ~ bringen**（人を）当惑させる. **~s·kandidat** 男（人選難による）間に合わせの候補者.

Ver·leger 男 《-/-》(女 **-in**) 出版業者; 発行者. **~·legung** 女 《-/-en》移転;（期日などの）変更; 敷設; 出版.

verleiden 他（*j³ et⁴*）（人の…を）台なしにする,（人から…の）喜びを奪う.

Verleih 男 《-(e)s/-e》賃貸し, レンタル; 賃貸業者.

verleihen* [フェアライエン]《**verlieh; verliehen**》 他 貸す, 賃貸する;（*j³ et⁴*）（人に…を）授ける;（*j-⁴ et⁴*）（…に）与える. **Verleiher** 男 《-/-》（女 **-in**）賃貸業者. **Verleihung** 女 《-/-en》賃貸, 貸し出し;（称号などの）授与, 叙勲.

ver·leimen 他 にかわ〈接着剤〉で接着する. **~·leiten** 他（*j⁴ zu et³*）（人を…に）誘

惑する. **~·lernen** 他（習得したことを）忘れる. **~·lesen*** 他（通達などを）読み上げる;（果実などを）選別する; 他《*sich⁴*》読み違える.

verletzbar 形 傷つきやすい, 感情を害しやすい.

verletzen [フェアレッツェン]《**verletzte; verletzt**》 他 傷つける, けがさせる;《再》負傷する;（人の気持ちを）傷つける;（感情を）害する; 侵す;（…に）反する. **Verletzte(r)** 男 女《形容詞変化》負傷者, けが人.

Verletzung [フェアレッツング] 女 《-/-en》 (= hurt) 傷, けがに 違反, 侵犯;（義務の）不履行. **verletzungs·anfällig** 形（選手などが）負傷（けが）をしやすい.

verleugnen 他 否認〈否定〉する; 知らない〈持っていない〉と主張する;《*sich⁴* [selbst]》自分の気持ちを偽って behaupten する. ◆ **Er¹ lässt sich nicht ~.**（…は）隠せない. **Verleugnung** 女 《-/-en》否認, 否定.

verleumden 他（人の）悪口を言う, 中傷する. **Verleumder** 男 《-s/-》（女 **-in**）誹謗(ｰ)者, 中傷者. **verleumderisch** 形 中傷的な, 非難著しい, 文句ばかり言う. **Verleumdung** 女 《-/-en》中傷; 名誉毀損(ｷｿﾝ).

verlieben [フェアリーベン]《**verliebte; verliebt**》他《*sich⁴* [in j-⁴]》（…に）ほれる, 恋をする. ◆ **zum Verlieben aussehen** ⟨**sein**⟩ ほれぼれするほど美しい. **Verliebte(r)** 男 女《形容詞変化》恋をしている人.

verlief ⇒ verlaufen

verlieh, verliehen ⇒ verleihen

verlieren* [フェアリーレン]《**verlor, verloren**》 ❶ 他（= lose）失う, 紛失する, なくす;（…に）去られる, 死なれる; 見失う;（…に）負ける. 敗れる; むだにする; 漏らす. ❷《*an et³*》（…に）失う; 品質が落ちる. ❸《*sich⁴*》なくなる, 消える, 見えなくなる;《*sich⁴ in et⁴*》（…に）没頭する. ◆ **Du hast hier nichts verloren!** ⟨**Was hast du hier verloren?**⟩〖話〗君はここにたんの用があるのか（さっさと帰れ）. **nichts mehr zu ~ haben** もはや失うものは何もない, 落ちるところまで落ちた. **Verlierer** 男 《-s/-》（女 **-in**）失うした人; 敗者.

Verlies 中 《-es/-e》（城などの）地下牢.

verließ ⇒ verlassen

verloben [フェアローベン]《**verlobte; verlobt**》他《*sich⁴ mit sich³*》（人と）婚約する. **Verlöbnis** 中 《-ses/-se》〖雅〗婚約.

Verlobte(r) [フェアローブテ(ン)–] 男 女《形容詞変化》婚約者, フィアンセ.

Verlobung 女 《-/-en》（= engagement）婚約; 婚約披露宴. **~s·ring** 男 婚約指輪, エンゲージリング.

verlocken 他（*j⁴ zu et³*）（人を…に）誘惑する, ～**d** 形 魅力的な, すてきな. **Verlockung** 女 《-/-en》誘惑.

verlogen 形 嘘つきの, 嘘の多い. **Verlogenheit** 女 《-/-en》嘘つきであること, 不正直; 偽り（まやかし）の言動.

verlor, verlöre ⇒ verlieren

verloren [フェアローレン] (→ verlieren)

[形] 失われた, 紛失した; 見捨てられた, 寂しい; どうしようもない, 救いようがない; 無駄な. ✦ *~e Eier* ポーチドエッグ. *~ geben* (…を)すっかりあきらめる. *~ gehen* なくなる, 失われる, 紛失する; (戦争・勝負事が)負けになる.

verloren|gehen* [旧] ⇨ verloren ✦

Verlorenheit [女] 《-/》 忘我の境地; 孤独, 孤立無援.

verlöschen* [自] (s)(火・明かりなどが)消える.

verlosen [他] (くじ引きで…を)もらう人を決める. **Verlosung** [女] くじ引き, 抽選.

ver=löten [他] はんだづけする. ✦ *einen ~* 《話》 一杯ひっかける. **=lottern** 《蔑》 [自] (s)身を持ち崩す, 落ちぶれる; [他] (財産などを)放蕩(ほうとう)で使い果たす.

Verlust [フェアルスト] [男] 《-[e]s/-e》 なくす〈失う〉こと, 喪失, 紛失; 損, 損害, 赤字; 〖商〗 欠損, 赤字; 《[複]》 (戦闘による)死者.

verlustig [形] ✦ *~ gehen* 《*et*^{2}》 (地位・権利などを)失う.

Verlust=liste [女] 損害リスト; 〖軍〗 死傷者名簿. **=meldung** [女] 紛失届.

verlustreich [形] 損失〈損害〉の大きい.

verm. [略] *verm*ählt 既婚の; *verm*ehrt 増補の.

vermachen [他] 《*j*^{3} *et*^{4}》 (人に…を)遺産として残す, 遺贈する; 《戯》 くれてやる.

Vermächtnis [中] 《-ses/-se》 〖法〗 遺贈; 遺贈物, 遺産; (故人の)遺志.

vermählen 《雅》[再] 《*sich*^{4}》 結婚する; [他] 《*j*^{4} [**mit**] *j*^{3}》 (人を人と)結婚させる. **vermählt** [形] 既婚の. ✦ *neu ~* 新婚の. **Vermählung** [女] 《-/-en》 結婚, 婚姻.

vermarkten [他] (需要に合わせて商品を)市場に出す; 金もうけの種にする.

vermasseln [他] 《話》 《*j*^{3} *et*^{4}》 (人の…を)台なしにする; (仕事などで)へまをする.

Vermeer van Delft, フェルメール(1632–75; オランダの画家).

vermehren [フェアメーレン] 《vermehrte; vermehrt》[他] ([英] increase)増やす; (生物を)繁殖させる; 《*sich*^{4}》 増える, 増す; (生物が)繁殖する. **Vermehrung** [女] 増加, 増大; 増殖, 繁殖.

vermeidbar [形] 避けられる, 回避できる.

vermeiden* [フェアマイデン] 《**vermied**; **vermieden**》[他] 避ける, 回避する, 免れる. **vermeidlich** [形] = vermeidbar. **Vermeidung** [女] 《-/-en》 回避.

vermeintlich [形] 《述語的用法なし》 (誤って…と)思われた, 勘違いされた.

vermelden [他] 《雅》 《*j*^{3} *et*^{4}》 (人に…を)知らせる, 報告する.

vermengen [他] 《*et*^{4} **mit** *et*^{3}》 (…を…と)混ぜる, 混ぜ合わせる; 混同する; [再] 《*sich* **mit** *et*^{3}》 (…と)混ざる, 混じり合う.

vermenschlichen [他] (…に)人間性〈人格〉を与える, (…を)擬人化する.

Vermerk [男] 《-[e]s/-e》 メモ, 控え; 備考, 注. **vermerken** [他] 書き留める, メモする; 心に留める.

vermessen* ❶ [他] (土地などを)測量〈測定〉する; [再] 《*sich*^{4} [**um** *et*^{4}]》 ([…だけ])測りまちがえる. ❷ [形] 《雅》 身の程知らずな, 思い上がった. **Vermessenheit** [女] 《-/-en》 思い上がり, 傲慢(ごうまん).

Vermessung [女] 《-/-en》 測量, 測定.

vermied, vermieden ⇨ vermeiden

vermieten [フェアミーテン] 《vermietete; vermietet》[他] ([英] rent)(住居・車などを)賃貸しする: Zimmer zu ~! 貸間あり. **Vermieter** [男] 賃貸し人, 貸主; 家主. **Vermietung** [女] 《-/-en》 賃貸, レンタル.

vermindern [フェアミンダァン] 《verminderte; vermindert》[他] ([英] decrease)減らす, 弱める, 下げる; [再] 《*sich*^{4}》 減る, 弱くなる, 和らぐ. **Verminderung** [女] 減少, 低下.

verminen [他] (ある地域・水域に)地雷〈機雷〉を敷設する.

Verm.-Ing. [略] *Verm*essungs*ing*enieur 測量技師.

vermischen [他] ([英] mix) 《*et*^{4} **mit** *et*^{3}》 (…を…と)混ぜる, 混ぜ合わせる; 《*sich*^{4} **mit** *et*^{3}》 (…と)混ざる, 混ざり合う. **Vermischung** [女] 《-/-en》 混合, 混和; 混同.

vermissen [フェアミッセン] 《vermisste, [旧] vermißte; vermisst, [旧] vermißt》[他] ([英] miss)(…が)ない〈いない〉ことに気づく; 《*j*^{4}》 (人が)いなくて残念に〈寂しく〉思う. **vermisst** ([旧] **vermißt**) [形] 行方不明の. **Vermisste[r]** ([旧] **Vermißte[r]**) [男] [女] 《形容詞変化》 行方不明者.

vermitteln [フェアミッテルン] 《vermittelte; vermittelt》[他] 《*j*^{3} *j*-*et*^{4}》 (人に…を)仲介〈斡旋(あっせん)〉する; (会合などを)取りまとめる; (情報・知識などを)伝える, 知らせる; [自] 仲裁〈調停〉する. **vermittels[t]** [前] 《2格支配》 …によって, …を用いて. **Vermittler** [男] ([女] **-in**)仲介〈斡旋(あっせん)〉人; 〖商〗 仲買人, ブローカー; 仲裁〈調停〉者.

Vermittlung [フェアミットルング] [女] 《-/-en》 仲介, 斡旋(あっせん); 仲裁, 調停; 電話の交換室〈交換手〉. **~s=ausschuss** ([旧] **=ausschuß**) [男] (ドイツの)両院協議会. **~s=gebühr** [女] 仲介手数料.

vermöbeln [他] 《話》 (人を)さんざん殴る.

vermocht, vermochte ⇨ vermögen

vermodern [自] (s)腐る, 廃朽する.

vermöge [前] 《2格支配》 《雅》 …のおかげで, …によって.

vermögen* [フェアメーゲン] 《**vermochte**; **vermocht**》[他] 《雅》 《*et*^{4}/ zu 不定詞句》 (…することが)できる, (…する)状況にある. **Vermögen** [中] 《-s/-》 ([英] wealth)財産, 資産 (Das kostet ja ein ~! 《話》 それはえらく金がかかるなあ); 《雅》 能力. **vermögend** [形] 財産のある, 裕福な.

Vermögens=anlage [女] 財産投資. **=bildung** [女] 財産形成; 財形貯蓄. **=management** [中] 財産管理. **=steuer** [女] 財産税. **=verhältnisse** [複] 資産状態.

vermögenswirksam [形] 〖法〗 財産形成に役立つ.

vermummen [他] すっぽり包む; 《*sich*^{4}》 仮装〈変装〉する; 覆面する. **Vermummungsverbot** [中] (デモ参加者などに対する)覆面の禁止.

V

vermurksen [他] 《話》(うっかり)台なしにする.

vermuten [フェアムーテン] 《vermutete; vermutet》[他] ([英] presume)推測する, 想像する, 思う.

vermutlich [フェアムートリヒ] ❶ [副]おそらく, たぶん, 察するところ. ❷ [形]推定の. **Vermutung** [女] 《-/-en》推測, 推察; 予想, 予期.

vernachlässigen [フェアナーハレスィゲン] 《vernachlässigte; vernachlässigt》[他] ([英] neglect)おろそかにする, ないがしろにする, いいかげんにする, なおざりにする; 無視する. **Vernachlässigung** [女] 《-/-en》おろそか〈ないがしろ〉にすること, 無頓着(むとんちゃく); 無視.

vernageln [他] (窓などを)くぎづけしてふさぐ. **vernagelt** [形] 《話》頭の固い, 頑迷な.

ver=nähen [他] 縫い合わせる; (糸などを)縫い物に使う. **=narben** [自] (s)(傷が治って)瘢痕(はんこん)になる. **=narren** [再] 《*sich*^{4} **in** *j-et*^{4}》(…に)ほれ込む, (…に)夢中になる.

vernaschen [他] (金を)甘い物〈食道楽〉に費やす; 《話》(人と)セックスする. **vernascht** [形] 甘い物〈お菓子〉の好きな.

vernebeln [他] 霧〈もや, 煙〉で覆う; (事実・真相などを)覆い隠す; (農薬などを)噴霧器で散布する.

vernehmbar [形] (音などが)聞こえる, 聞きとれる. **vernehmen*** [他] (証人・被告などを)尋問する; (音・声などを)耳にする, 聞きとる; 《雅》聞き知る. ✦ *dem* 〈*allem*〉 *Vernehmen nach* 聞くところによれば, 情報では. *sicherem* 〈*gutem*〉 *Vernehmen nach* 確かな筋からの情報によると. **vernehmlich** [形] (はっきり)聞こえる; 聞こえよがしな. **Vernehmung** [女] 《-/-en》〔法〕尋問, 事情聴取. **vernehmungsfähig** [形] (心身の状態から見て)尋問〈事情聴取〉に耐えうる.

verneigen [再] 《*sich*^{4} **vor** *j*^{3}》《雅》(人に)おじぎをする. **Verneigung** [女] 《-/-en》《雅》おじぎ.

verneinen [フェアナイネン] 《verneinte; verneint》[他] 《雅》否定する, 否認する, ノーと言う, 断る. **Verneinung** [女] 《-/-en》否定, 否認.

vernichten [フェアニヒテン] 《vernichtete; vernichtet》[他] 全滅させる, 根絶する; 粉砕する; (文書などを)破棄〈処分〉する. **vernichtend** [形] 壊滅的な, 仮借のない, 怒りに満ちた, けなすような. **Vernichtung** [女] 《-/-en》根絶, 絶滅; 破棄. **~s=krieg** [男] せん滅戦争. **~s=waffe** [女] 大量殺戮(さつりく)兵器.

ver=nickeln [他] (…に)ニッケルめっきをする. **=niedlichen** [他] (失敗・欠陥を)ささいなことのように見せかける. **=nieten** [他] びょうで留める.

Vernunft [フェアヌンフト] [女] 《-/》([英] reason)理性; 思慮分別, 判断力. ✦ *~ an|nehmen* 理性的になる. *zur ~ bringen* (人を)冷静にさせる, (人に)理性を取り戻させる. *zur ~ kommen* 分別〈理性〉を取り戻す.

vernünftig [フェアニュンフティヒ] [形] ([英] reasonable)理性的な, 賢明な, 道理にかなった; 《話》まともな, ちゃんとした.

vernunftwidrig [形] 理性的でない.

veröden [自] (s)人けがなくなる; (土地が)荒れ果てる; (血管などが)閉塞(へいそく)を起こす; [他] 〔医〕(静脈瘤(りゅう)などを)閉塞する. **Verödung** [女] 《-/-en》荒廃.

veröffentlichen [フェアエッフェントリヒェン] 《veröffentlichte; veröffentlicht》[他] ([英] publish)公にする, 公表〈公刊〉する, 出版する. **Veröffentlichung** [女] 《-/-en》公表; 出版, 刊行; 刊行物.

verölen [自] (s)油で汚れる.

Veronika 《女名》ヴェローニカ; [女] 《-/ ..ken》〔植〕クワガタソウ属.

verordnen [他] ([英] prescribe) 《*j*^{3} *et*^{4}》(人に療法・薬などを)指示〈処方〉する; (行政当局が)命令する. **Verordnung** [女] 《-/-en》(医師の)指示, 処方; 命令, 政令.

verpachten [他] 《[*j*^{3}] *et*^{4}》(土地・店舗などを[人に])賃貸しする. **Verpächter** [男] 〔用益〕賃貸し人. **Verpachtung** [女] 《-/-en》〔用益〕賃貸[契約].

verpacken [他] 包装〈梱包(こんぽう)〉する : *sich*^{4} gut ~ 《話》暖かく着込む. **Verpackung** [女] 《-/-en》包装, 梱包(こんぽう); 包装〈梱包〉材料.

verpassen [フェアパッセン] 《**verpasste**, [旧] ..paßte; **verpasst**, [旧] ..paßt》[他] ([英] miss)逃がす, 逸する, 乗り遅れる; (人と)行き違いになる; 《話》《*j*^{3} *et*^{4}》(人にありがたくないものを)与える, 渡す. ✦ *eine* 〈*eins*〉 ~ 《話》《*j*^{3}》(人に)平手打ちを食わす.

verpatzen [他] 《話》やり損なう; 台なしにする.

verpennen 《話》[自] 寝過ごす, 寝坊する; [他] 寝過ごしてやり損なう; うっかり忘れる.

verpesten [他] 悪臭で満たす; (環境などを)汚染する. **Verpestung** [女] 《-/-en》(環境などの)汚染.

verpetzen [他] 《*j*^{4} [**bei** *j*^{3}]》(子供が人のことを[人に])告げ口する, 言いつける.

verpfänden [他] 担保に入れる : *j*^{3} *sein* Wort ~ 《雅》人に言質を与える. **Verpfändung** [女] 担保, 抵当, 質入れ.

verpfeifen* [他] 《話》(…のことを)密告する.

verpflanzen [他] (植物・臓器などを)移植する. **Verpflanzung** [女] 《-/-en》(植物・臓器などの)移植.

verpflegen [他] (人の)食事の世話をする. **Verpflegung** [女] 《-/-en》食事を出すこと, 賄い; (ホテルなどの)食事.

verpflichten [他] ([英] oblige) 《*j*^{4} **zu** *et*^{3}》(人に…を)義務づける; (俳優などと)契約する; [再] 《*sich*^{4} **zu** *et*^{3}》(…を)固く約束する; 《*sich*^{4}》(俳優などが)契約する. **Verpflichtung** [女] 《-/-en》義務を課す〈負う〉こと; 義務, 責務; 債務 : *~en* ein|gehen 義務を負う.

ver=pfuschen [他] 《話》いじってだめにする. **=pissen** [他] 《話》小便で汚す; [再] 《*sich*^{4}》《話》こっそりずらかる. **=plappern** [再] 《*sich*^{4}》《話》口を滑らす. **=plaudern** [他] (時を)おしゃべりして過ごす; [再] 《*sich*^{4}》おしゃべりして時のたつのも忘れる. **=plempern** [他] 《話》(時間・金などを)浪費する; 《方》(液を)こぼす; 《*sich*^{4}》《話》時間〈能力〉を浪費する.

verpönt [形] 禁じられた, タブーの.

Versailles

ver|prassen ⓗ《財産などを》使い果たす.
ver-proviantieren ⓗ《人に》食糧を支給する. **~prügeln** ⓗ《人を》さんざん殴る. **~puffen** ⓑ (s)《炎などが》ポッと燃え上がって消える;《怒り・効果などが》むなしく終わる. **~pulvern** ⓗ《話》《金などを》無駄遣いする. **~pumpen**ⓗ《話》《j³ et⁴》《人に…を》貸す. **~puppen** 《sich⁴》《幼虫が》さなぎになる. **~pusten** ⓗ《sich⁴》《話》一息入れる. **Verputz** ⓗ《壁などのモルタル〔漆喰〕,プラスター. **verputzen** ⓗ《壁などに》モルタル〔プラスター〕塗装する;《話》あっという間に平らげる;《話》《金などを》浪費する;《口語》《相手に》楽勝する. ◆ *nicht ~ können*《…をきらう.
verqualmen ⓗ《話》《タバコなどで》くすぶる,煙る;《話》《部屋などを》煙でいっぱいにする;《金を》タバコ代に使ってしまう.
verquatschen ⓗ《話》《時を》おしゃべりして過ごす;《sich⁴》おしゃべりして時のたつのを忘れる.
verquer ❶ ⓐ 斜めの,まがった,すれた. 風変わりな,妙な. ❷ ⓐ まずく,不都合に. ◆ *j³ geht alles ~.*《人に》万事がうまくいかない.
verquicken ⓗ《et⁴ mit et³》《…を…と》結びつける,関連づける.
verrammeln ⓗ《話》《入り口などを》バリケードで閉鎖する.
verramschen ⓗ《話》投げ売りする.
Verrat [フェアラート] ⓜ (-[e]s/) 裏切り;秘密漏らす.
verraten* [フェアラーテン]《*verriet*; *verraten*》ⓗ (ⓐ *betray*) 裏切る;《j³ et⁴/an j⁴》《人に秘密などを》漏らす;暴露する,明るみに出す;《sich⁴ durch et⁴》《…で思わず》自分の秘密〈本心〉を明かしてしまう. ◆ *sich¹ und verkauft sein / sich¹ ~ und verkauft fühlen* まったく見放されてしまっている,途方に暮れる.
Verräter ⓜ (-s/-) 裏切り者,秘密漏えい者. **Verräterei** ⓕ (-/-en) 裏切り行為,秘密漏えい. **verräterisch** ⓐ 裏切りの,背信的な;あやしい,裏の.
ver-rauchen ⓑ (s)《煙・霧などが》消える;《怒りなどが》静まる;ⓗ《金を》タバコ代に替やす. **~räuchern** ⓗ 煙で満たす,いぶす;すすける.
verrechnen ⓗ《et⁴ mit et³》《…と…と差し引き勘定する》口座に繰り入れる;ⓗ《話》計算違いをする,見込み違いをする. **Verrechnung** ⓕ《商》差引勘定,清算;為替決済;計算違い;見込み違い,間違い. **~s-scheck** ⓜ (-s/-s, -e)《商》銀行渡し小切手,計算〈振替〉小切手. **~s-stelle** ⓕ《商》手形交換所.
verrecken ⓑ (s)《話》《動物が》死ぬ;《話》《人が》くたばる;《話》《物が》壊れる. ◆ *nicht ums Verrecken!*《俗》とんでもない.
verregnen ⓑ (s)《収穫・休暇などが》大雨で台なしになる. ⓗ《話》《水を》まく.
verreisen [フェアライゼン]《*verreiste, verreist*》ⓑ (s) 旅行に出かける,旅行する.
verreißen* ⓗ《話》《劇・俳優などを》酷評で台なしに損ねる;《話》《ハンドルを》とっさに切り損ねる;《車などの》運転を誤る;《口語》《ボールを》とんでもないところに投げつける〈ける〉.
verrenken ⓗ《j³ et⁴》《人の手足などを》脱きゅうさせる;《sich³ et⁴》体を以上曲げて,無理な姿勢〈姿勢〉を取る. **Verrenkung** ⓕ (-/-en)《医》脱きゅう;体や手足を無理に曲げること.
verrennen* ⓗ《sich⁴ in et³》《…に》執着する,《…に》こだわる.
verrichten ⓗ《なすべきことを》行なう,遂行する,果たす. **Verrichtung** ⓕ (義務などの)遂行;実行;なすべきこと,仕事,勤め.
verriegeln ⓗ《ドアに》かんぬきをかける.
verriet ⇨ **verraten**
verringern ⓗ《数量を》減らす;小さくする;《値段を》詰める;《速度を落とす》;ⓗ《sich⁴》《減少〈低下〉する. **Verringerung** ⓕ (-/-) 減少,低下.
verrinnen* ⓑ (s)《in et⁴》《水が…に》染み込んで消える;《雅》《時が》過ぎ去る.
verrohen ⓗ《人を》粗暴にする;《人の心をそにする》;ⓑ (s)《人が》粗暴になる.
verrosten ⓑ (s) 錆〈さ〉びる, 錆びつく.
verrotten ⓑ (s)《植物などが》腐る,腐敗する;《道徳面で》腐敗する.
verrucht ⓐ《雅》下劣な,破廉恥な,極悪の;《戯》いかがわしい,よからぬ.
verrücken ⓗ《家具などを》動かす,ずらす.
verrückt [フェアリュックト] ⓐ《話》頭のおかしい,気の狂った;ばかげた,非常識な. ◆ *~ sein* 《auf j-et⁴/nach j-er³》《…が》ほしくてたまらない;《人に》ほれ込んでいる. *~ spielen* 動きが正常でない;調子が出ない. *wie ~* 狂ったように. 激しく. **Verrücktheit** ⓕ (-/-en) 狂気;非常識;変な言動;とっぴな言動〈振舞い〉.
Verruf ⓜ 悪評. **verrufen** ⓐ 評判の悪い.
verrühren ⓗ《et⁴ mit 〈in〉 et³》《…を…の中で》かき混ぜる.
verrußen ⓑ (s) 煤〈すす〉ける;ⓗ 煤で汚す.
Vers [フェルス] ⓜ (-es/-e) 《韻》詩,詩行 (Strophe の行);詩節;《聖書の》節. ◆ *keinen ~ auf et⁴ 〈aus et³〉 machen können》*《話》《sich⁴》を》理解できる〈できない〉.
versachlichen ⓗ 客観的なものにする;《雰囲気などを》無味乾燥にする.
versacken ⓑ (s)《話》《船・土台などが》沈む;《軍輪などが》沈む;《人が飲んだくれる.
versagen [フェアザーゲン]《*versagte; versagt*》❶ ⓗ (ⓐ *deny*)《j³ et⁴》《人に…を拒む,拒絶する;《人に…を与えない;《人の…を聞き入れない. ❷ ⓗ《sich³ et⁴》《…を断念する;《sich¹ j³》《人と会うことを拒絶する. ❸ ⓗ《人の言うままにならない》;《sich¹ j³》《人と会うことを拒絶する. ❹ ⓑ *Ich bin heute abend schon versagt.* 私は今晩すでに先約がある. ❺ ⓑ 失敗する,成果が上がらない,機能しなくなる. **Versagen** ⓝ (-s/-) ミス,過ち,故障;《医》不全：*Herzversagen*. 心不全,故障：*Herzversagen*. 心不全. **Versager** ⓜ (-s/-)《-in》無能な人,役立たず;失敗作,不良品;《軍》不発弾;《不意の》故障,トラブル.
Versagung ⓕ (-/-en) 拒否;断念.
versah ⇨ **versehen**
Versailles ヴェルサイユ(パリ南西郊外に

ある都市). ◆ ***das Schloss von ～*** ヴェルサイユ宮殿.

versalzen* [他] (スープなどに)塩を入れすぎてだめにする; 《話》 《j^3 *et*^{4}》 (人の楽しみなどを)ぶち壊しにする; [自] (s) 〔地学〕 (湖・土地などの)塩分が増す.

versammeln [フェアザメルン] 《versammelte; versammelt》 [他] (人を)集める, 集合させる; 《*sich*^{4}》 (人が)集まる, 集合する.

Versammlung [フェアザムルング] [女] 《-/-en》 ([英] meeting)集会, 会議, 大会; 集まった人々. **～s=freiheit** [女] 〔法〕 集会の自由.

Versand [男] 《-[e]s/》 (商品などの)発送, 出荷; (会社などの)発送部. **=anschrift** [女] 発送〈出荷〉先のあて名. **=anzeige** [女] 発送通知.

versanden [自] (s)(港などが)砂のたい積で浅くなる; (交渉・論議などが)次第に立ち消えになる.

Versand=handel [男] 《-s/》 通信販売. **=haus** [中] 通信販売会社. **=spesen** [複] 運送料, 運賃.

ver=sauen [他] 《話》 ひどく汚す; 《j^3 *et*^{4}》 (人の…を)台なしにする. **=sauern** [自] (s)(土壌が)酸性化する, (ワインなどが)酸っぱくなる; 《話》 (人が)ぼける. **=saufen*** [他] 《話》 (金を)飲み代に使う.

versäumen [フェアゾイメン] 《versäumte; versäumt》 [他] ([英] miss)逃がす, 逸する, し損なう, 乗り遅れる; 怠る; なおざりにする. **Versäumnis** [中] 《-ses/-se》 怠慢, 不履行; 手抜かり, やり損ない.

ver=schachern [他] 《話》 高く売りさばく. **=schaffen** [他] 《j^3 *et*^{4}》 (人に…を)調達する, 手に入れてやる; [再] 《*sich*^{3} *et*^{4}》 (…を)手に入れる.

verschalen [他] 〔建〕 (壁などに)板を張る. **Verschalung** [女] 〔建〕 板張り; 板張り材.

verschämt [形] はにかんだ, 恥じらった.

ver=schandeln [他] 《話》 (…の)美観を損ねる. **=schanzen** [他] (陣地などを)堡塁(ほるい)で固める; [再] 《*sich*^{4} **hinter** *et*^{3}》 (…の陰に)隠れる.

verschärfen [他] (刑罰などを)厳しくする; (対立などを)激化させる; (速度を)速める; [再] 《*sich*^{4}》 (状況などが)悪化する; (対立などが)激化する. **Verschärfung** [女] 《-/-en》 激化, 強化, 悪化.

verscharren [他] 地面に埋める.

verschätzen [他] [再] 《*sich*^{4} **in** *et*^{3}》 (…の)判断〈評価〉を誤まる, 見積もりミスをする.

verschaukeln [他] 《話》 欺く, だます.

verscheiden* [自] (s) 《雅》 死去する.

verscheißen* [他] 《卑》 くそで汚す. ◆ ***Du hast* [*es*] *bei mir verschissen.*** お前なんかくそくらえ.

verschenken [他] 《*et*^{4} [**an** j^4]》 (…を[人に])贈る; (勝利・得点などを)取り損なう, みすみす失う; [再] 《*sich*^{4} **an** j^4》 《雅》 (女性が人に)身を任せる.

verscherzen [再] 《*sich*^{3} *et*^{4}》 (軽薄な言動で人の好意などを)失う, (…を)棒に振る.

verscheuchen [他] (犬などを)追い払う; (心配などを)払いのける.

verscheuern [他] 《話》 捨て値で売る.

verschicken [他] (通知などを)発送する; (人を保養などに)行かせる, 移送する. **Verschickung** [女] 《-/-en》 発送; (保養などに)行かせること.

verschiebbar [形] 移動可能な; 延期可能な. **Verschiebebahnhof** [男] 〔鉄道〕 操車場.

verschieben* [フェアシーベン] 《**verschob; verschoben**》 ❶ [他] ([英] shift)押して動かす, ずらす; 先に延ばす, 延期する; 《話》 密売する. ❷ [再] 《*sich*^{4}》 (場所が)ずれる; 《*sich*^{4}》 延期される. ◆ ***Verschiebe nicht auf morgen, was du heute kannst besorgen.*** 《諺》 今日できることは明日に延ばすな.

Verschiebung [女] 移動, ずれ; 延期; 〔理〕 変位, ずれ; 《話》 やみ商売; 〔楽〕 (ピアノなどの)ソフトペダル.

verschieden [フェアシーデン] (→ verscheiden) [形] 《/-st》 ([英] different) 《**von** *j-et*^{3}》 (…と)異なった, 違う, 別の; 《不定数詞的》 いくつかの, さまざまの.

verschiedenartig [形] 別種の; さまざまな, 多様な. **Verschiedenartigkeit** [女] 《-/》 多様性.

verschiedenerlei [形] 《無変化》 種々の, さまざまな. **verschiedenfarbig** [形] 異なる色の; 色とりどりの.

Verschiedenheit [女] 《-/-en》 相違.

verschiedentlich [副] たびたび, 何回か〈も〉.

verschießen* ❶ [他] (弾薬などを)撃ち尽くす; (弾丸を)発射する; 〔球技〕 (フリーキックなどを)外す. ❷ [再] 《*sich*^{4} **in** j^4》 《話》 (人に)ほれる, 恋をする. ❸ [自] (s)(布地などが)色あせる.

verschiffen [他] 船で運ぶ.

verschimmeln [自] (s)かびる.

verschlafen* ❶ [他] 寝て〈何もしないで〉過ごす; 寝坊して(…を)しそこなう; 《話》 ぼんやりして忘れる; [自] 寝過ごす, 寝坊する. ❷ [形] 寝ぼけた; (町などが)活気のない, 眠ったような.

Verschlag [男] 板囲いした場所, 板張りの小屋.

verschlagen* ❶ [他] 《*et*^{4}》 (…に)板を張る〈打ちつける〉, (空間などを)板で区切る; 《j^3 *et*^{4}》 (人の…を)妨げる; (ボールを)打ち損ねる; (…へ)押しやる, 行かせる; 〔料〕 強くかき混ぜる. ❷ [形] ずる賢い; (表情などが)ずるそうな; 《方》 なまぬるい.

Verschlagenheit [女] 《-/》 ずる賢さ.

verschlammen [自] (s)(パイプ・堀などが)泥で埋まる; (道などが)ぬかるむ.

verschlampen [他] 《話》 紛失する, なくす. ◆ **～ *lassen*** (…を)なおざり〈おろそか〉にする.

verschlanken [他] スリム化する, 縮小〈削減〉する.

verschlechtern [フェアシュレヒタァン] 《verschlechterte; verschlechtert》 [他] 悪化させる; (…の)質を低下させる; 《*sich*^{4}》 悪化する; 質が低下する. **Verschlechterung** [女] 《-/-en》 (情況などの)悪化; (品質などの)低下.

verschleiern [他] ベールで覆う〈隠す〉; (真相などを)蔽い隠す; [再] 《*sich*^{4}》 (顔に)ベールをかぶる. **Verschleierung** [女] 《-/-en》 ベールで覆うこと; 隠蔽(いんぺい), 粉飾.

verschleimen [他] 粘液で詰まらせる; [自]

(s)粘液で詰まる.
Verschleiß [男] 《-es/-e》 磨滅, 損耗; 《ｵｰｽﾄﾘｱ》 小売り.
verschleißen(*) ❶ [他] (衣服などを)擦り切らす; 《*sich*^{4}》 擦り切れる; (機械などを)磨耗させる; 《*sich*^{4}》 磨耗する; (体力などを)消耗する; 《ｵｰｽﾄﾘｱ》 小売りする. ❷ [自] (s)擦り切れる; 磨耗する.
Verschleißerscheinung [女] (機械・部品などの)磨損〈磨滅, 磨耗〉現象.
verschleißfest [形] 磨滅〈磨耗〉しにくい.
verschleppen [他] 無理矢理連れ去る, 拉致(らち)する; 持ち去る; (手続きなどを)引き延ばす; (病気を)こじらせる; (病原菌などを)ばらまく, まき散らす.
Verschleppung [女] 《-/-en》 拉致(らち); 引き延ばし; こじらすこと. **~s=taktik** [女] 引き延ばし戦術.
verschleudern [他] 投げ売りする; (金を)浪費する.
verschließbar [形] 鍵のかかる, 閉鎖できる, 密封可能な.
verschließen* [他] ([英] lock)(…に)鍵をかける, (…を)閉じる; 密封する; 《*et*^{4} [**in** *et*^{3}]》 (…を[…の中に])しまい込む, 保管する; [再] 《*sich*^{4} *j*^{3}》 (人に対して)心を閉ざす; 《*sich*^{4} *et*^{3}》 (…に)耳を貸さない.
verschlimmern [他] 《*et*^{4} 〈*sich*^{4}〉》 悪化させる〈する〉. **Verschlimmerung** [女] 《-/-en》 悪化, 深刻化.
verschlingen* [他] 絡み合わせる, もつれさせる; がつがつ食べる, (がぶりと)飲み込む.
verschlossen (→ verschließen) [形] 内向的な, 内気な; 打ち解けない.
ver=schlucken [他] (飲食物・薬などを)飲み込む; [再] 《*sich*^{4}》 むせる. **=schludern** 《話》[他] うっかりなくす; (金・才能などを)無駄にする; [自] (s)落ちぶれる.
Verschluss ([旧] ..schluß) [男] (鍵をかけての)保管; 錠; 栓, 封; 〚写〛 シャッター; 〚医〛 閉塞(へいそく)症. **=deckel** [男] 蓋(ふた), キャップ.
verschlüsseln [他] コード〈暗号〉化する.
Verschlüsselungsgerät [中] 暗号機. **Verschluss=laut** ([旧] **Verschluß=**) [男] 〚言〛 閉鎖音, 破裂音.
ver=schmachten [自] (s) 《雅》 (飢え・渇きなどで)弱り果てる, 苦しんで死ぬ. **=schmähen** [他] 《雅》 拒む, はねつける, 受け入れない. ***=schmausen*** [他] 《話》 楽しんで〈おいしく〉食べる.
verschmelzen* [他] 《*et*^{4} **zu** *et*^{3}》 (金属などを)溶かし合わせる; 融合させる; [自] (s)溶け合う; 融合する; 合併〈買収〉する. **Verschmelzung** [女] 《-/-en》 融合[物]; 溶解[物]; 合併, 買収.
verschmerzen [他] (悲しみなどを)克服する, 乗りきる.
verschmieren [他] (薬などを)擦り込む; (落書などで)汚す; (裂け目を)塗りつぶす.
verschmitzt [形] 悪賢い; いたずらっぽい, 茶目っ気のある; ずるそうな.
verschmockt [形] 《話》 (見せかけだけで)中味のない, 空疎な, もったいぶった; (ジャーナリストなどが)饒舌(じょうぜつ)で無責任な.
verschmutzen [他] 汚す, 汚染する; [自] (s)汚れる.

Verschmutzung [フェアシュムッツング] [女] 《-/-en》 汚すこと, 汚れ, 汚染. **~s=grad** [男] (水・大気などの)汚染度.
verschnaufen [自] 《話》 一休みする, 休憩する.
verschneiden* [他] (生け垣などを)刈り込む; (服地などを)裁ちまちがえる, (髪などを)切り損なう; (酒類を)ブレンドする; (家畜を)去勢する.
verschneit [形] 雪に埋もれた〈覆われた〉.
Verschnitt [男] (酒類の)ブレンド; 安酒を混ぜたお酒; 裁断くず, 端切れ; (紙・木・板などの)切りくず.
Verschnörkelung [女] 《-/-en》 渦巻模様[での装飾].
verschnupfen [他] 《話》 (人の)機嫌を損ねる. **verschnupft** [形] 鼻風邪をひいた; 鼻声の; きげんの悪い.
verschnüren [他] 紐でくくる. **Verschnürung** [女] 《-/-en》 紐かけ; 紐.
verschob, verschoben ⇨ verschieben
verschollen [形] 行方不明の.
verschonen [他] (…に)危害を加えない, (…を)容赦する; 《*j*^{4} **mit** *et*^{3}》 (人を…で)煩わさない.
verschönen [他] 楽しいものにする.
verschönern [他] より美しくする, 飾る. **Verschönerung** [女] 《-/-en》 美化; 修飾.
ver=schränken [他] (足・腕などを)組む, (…を)交差させる. **=schrauben** [他] ねじで締める〈留める〉.
verschreiben* [フェアシュライベン] 《**verschrieb**; **verschrieben**》 ❶ [他] ([英] prescribe) 《*j*^{3} *et*^{4}》 (医師が人に薬・療法などを)処方する, 指示する; (人に…を文書によって)譲渡〈贈与〉する; (書いて紙・鉛筆などを)使い果たす. ❷ [再] 《*sich*^{4}》 書きまちがう, 書き損なう; 《*sich*^{4} *et*^{3}》 (…に)専念〈没頭〉する. **Verschreibung** [女] 〚医〛 処方[せん]; 遺贈. **verschreibungspflichtig** [形] (薬が)処方せんの必要な.
verschrieb, verschrieben ⇨ verschreiben
ver=schrie[e]n [形] 悪名高い, (悪いことで)有名な. **=schroben** [形] 風変わりな, ひねくれた, 偏屈な.
ver=schrotten [他] (車などを)スクラップにする. **=schrumpeln** [自] (s) 《話》 しわが寄る, しなびる.
ver=schüchtern [他] おじけづかせる. ***=schüchtert*** [形] おじけづいた, おびえた.
verschuften [他] (人を)警察に売り渡す, 密告する.
verschulden [他] (事故などの)責任がある; ひき起こす; [再] 《*sich*^{4}》 借金をする, 負債をつくる. **Verschulden** [中] 《-s/》 過失, 責任. **verschuldet** [形] 負債〈借金〉のある. **Verschuldung** [女] 《-/》 債務の負担; 負債, 債務.
verschusseln [他] 《話》 うっかり紛失する, なくす; 置き忘れる; 忘れる, 失念する.
verschütten [他] (液体などを)こぼす, つぎ損なう; 埋める.
verschwägert [形] 姻戚(いんせき)関係にある.
verschwand ⇨ verschwinden
verschweigen* [フェアシュヴァイゲン] 《**verschwieg**; **verschwiegen**》 [他] 《*j*^{3} *et*^{4}》

(人に…を)黙っている, 言わないでおく.
verschwẹißen 他 溶接する.
verschwẹnden [フェアシュ**ヴェ**ンデン]《schwendete; verschwendet》他 (⇔ waste)《金・時間・労力など》を浪費する, むだにする. **Verschwẹnder** 男《-s/-》, **~in** 女 浪費家. **verschwẹnderisch** 形 金遣いの荒い, 浪費好きの; ぜいたくな, 豪華な.
Verschwẹndung 女《-/-en》むだ遣い, 浪費. **~ssucht** 女 浪費癖.
verschwieg ⇒ verschweigen
verschwiegen (← verschweigen) 形 口の堅い, 秘密を漏らさない; ひっそりとした. **Verschwiegenheit** 女《-/》口が堅いこと; ひっそりとしていること.
verschwịmmen* 自 (s) ぼやける, かすむ.
verschwịnden* [フェアシュ**ヴィ**ンデン]《verschwand; verschwunden》自 (s) (⇔ disappear) 消える, 見えなくなる; いなくなる : Ich muss mal ~. 《話》ちょっと失礼します (トイレに立つとき).
ver·**schwịstert** 形 兄弟姉妹の [ような] 間の, 気心の合った. **-schwịtzen** 他 汗でぬらす;《話》忘れる. **-schwọllen** 形 ひどくはれた, むくんだ.
verschwọmmen 形 ぼんやりした, ぼやけた; あいまいな. **Verschwọmmenheit** 女《-/》ぼんやりした状態; あいまいさ.
verschwö̈ren* 再《sich⁴ [mit j³] gegen j⁴》(人と) 人に対して) 陰謀する;《sich⁴ et³》(…に) 専念する, 身を献げる. **Verschwọrene(r)** 男 女《形容詞変化》共謀者, 謀反者. **Verschwö̈rer** 男《-s/-》, **~in** 女《-/-nen》共謀者, 謀反者. **Verschwö̈rung** 女《-/-en》陰謀, はかりごと.
verschwụnden ⇒ verschwinden
versẹhen* [フェア**ゼ**ーエン]《versah; versehen》他 ❶ ⇔ provide)《j⁴ mit et³》(人に…を) 与える, 持たせる, 支給する;《et⁴ mit et³》(…に…を) 備え [取り付け] る;《義務・役割など》を果たす, 遂行する. ❷ 再 まちがえる, 見誤る. **Versẹhen** 中《-s/-》手落ち, 過失, まちがい. **versẹhentlich** 副 うっかりして, まちがえて. うっかりした, まちがえた.
Versẹhrte(r) 男 女《形容詞変化》(特に戦争による) 身体障害者.
verselbststạ̈ndigen, **verselbstạ̈ndigen** 再 (より大きな組織から切り離して) 独立させる;《sich⁴》独立 [自立] する, ひとり立ちする; (うわさなどが) ひとり歩きする. **Verselbstạ̈ndigung**, **Verselbststạ̈ndigung** 女《-/-en》独立, 自立, ひとり立ち.
versẹnden* 他 (大量に) 送る, 発送する. **Versẹndung** 女 発送.
versẹngen 他 焦がす.
versẹnkbar 形 (ミシンなどが内側へ押し下げて) 収納できる, 収納式の.
versẹnken 他 沈没させる; (見えない所に) 収納する; 埋める;《sich⁴ in et⁴》(…に) 没頭する. **Versẹnkung** 女 撃沈; 沈没; (舞台の) せり. ◆ *in der ~ verschwịnden* 舞台から姿を消す;《話》忘れられる.[*wieder*] *aus der ~ auftauchen*《話》突然 [再び] 姿を現す.

versẹssen 形 ◆ *~ sein* 《*auf j-et⁴*》(…) に夢中である, (…) をとても欲しがる. **Versẹssenheit** 女《-/》夢中,執心.

versẹtzen [フェア**ゼ**ッツェン]《versetzte; versetzt》他 ❶ (…の場所を) 移す, 移し変える; 配置転換する, 転勤 (異動) させる;《j⁴ in et⁴》(人を…の状態に) させる, 置く;《sich⁴ in j-et⁴》(…の身に) なってみる, (…) の身を置いてみる. ❷《j³ et⁴》(人に殴打や衝撃などを) 与える; (生徒を) 進級させる; (人と会う) 約束をすっぽかす; 買い入れる;《et⁴ mit et³》(…に…を) 混ぜる. ◆ *eine* 〈*eins*〉*~* 《j³》(人を) 1発なぐる. **Versẹtzung** 女《-/-en》移動; 配置転換, 転任; 進級, 昇格; (酒などの) 混合; 質入れ; 売却; 《楽》転位; 《音》順, 叨.

verseuchen 他 汚染する. **Verseuchung** 女《-/-en》汚染.

Vers·**fuß** 男 《詩》詩脚 (音節の長短や強弱の組合せ).

Versicherer 男《-s/-》保険者.

versịchern [フェア**ズィ**ヒァン]《versicherte; versichert》他 (⇔ assure)《j³ et⁴》(人に…を) 断言 〈保証〉する;《j-et³》〈*gegen et⁴*》(…に…に対する保険を掛ける; 再《*sich⁴ j-et³*》《雅》(…を) 確認する.

Versịchertenkarte [フェア**ズィ**ヒァテンカルテ] 女《-/-n》健康保険証. **Versịcherte[r]** 男 女《形容詞変化》被保険者.

Versịcherung [フェア**ズィ**ヒェルング] 女《-/》確言, 確約; 保険 [契約]; 保険加入, 保険を掛けること. **~s**·**beitrag** 男 保険料. **~s**·**gesellschaft** 女 保険会社. **~s**·**prä̈mie** 女 保険料. **~s**·**schein** 男 保険証書. **~s**·**schwindel** 男《話》保険詐欺. **~s**·**summe** 女 保険金額. **~s**·**vertreter** 男 保険代理業者 (外交員).

versịckern 自 (s) (水が地面に) 染み込む.

versieben 他 忘れる; 置き忘れる, なくす; (好機などを) ふいにする, (…に) 失敗する. ◆ *es bei j³ ~* (人と) 仲がたがう.

versiegeln 他 (手紙・戸口などに) 封印をする; (の表面を) 保護塗装する. **Versiegelung** 女《-/-en》封印; 保護 [被覆] 塗料.

versiegen 自 (s)《雅》(泉・涙などが) 渇 (かれ) れる; (財源・話題などが) なくなる.

versiert 形 経験の豊かな, 手慣れた.

versịlbern 他 (…に) 銀めっきする, 銀箔 (ぱく) を張る;《話》(持ち物を金に) 換える. **Versịlberung** 女《-/-en》銀めっき;《話》換金.

versịnken* 自 (s) (ある場所に) 沈む, 沈没する;《*in et⁴*》(悲しみなどに) 浸る, (仕事などに) 没頭する.

versịnnbildlichen 他 象徴的に表す.

Versiọn 女《-/-en》(ある事柄に対する) 見方, 説明; 異文, 異本; 訳書; (シリーズ製品の) モデル, バージョン.

versklaven 他 (人を) 奴隷にする; 隷属 (従) させる.

Vers·**lehre** 女 韻律学.━**maß** 中 韻律.

versmọgt 形 スモッグに汚染された.

versnobt 形 きざな，俗物的な．
versoffen 形 《話》飲んだくれの，大酒飲みの．
versohlen 他 《話》さんざんに殴る．
versöhnen [フェアゼーネン] 《versöhnte; versöhnt》他 《supply》[*j-et*⁴ **mit** *j*³] (人と)仲直りさせる；和解する；再 《*sich*⁴》[mit *j*³] (人を人と)仲直りさせる；(火と)仲直りする．
versöhnlich 形 和解的な，寛大(%³) な，仲直りする気の．**Versöhnung** 女 《-/-en》仲直り，和解．
versonnen 形 考えごとをしている，他のことに気づかない．
versorgen [フェアゾルゲン] 《versorgte; versorgt》他 《supply》[*j-et*⁴ **mit** *et*³] (…に…を)与える，支給する，備えさせる；(人を)扶養する；(…の)世話をする，めんどうを見る；(施設などを)管理する；《ふつう》(安全な場所に)保管する；かくまう，収容する．**Versorgung** 女 《-/-en》世話，扶養；看護，介護；(水道・電力などの)供給，補給；(社会保障の)給付．**versorgungsberechtigt** 形 年金受給資格のある．
Versorgungs=empfänger 男 年金受給者．**=leitung** 女 (電力などの)配管，配線．**=schwierigkeiten** 複 (生活物資などの)供給困難．**=weg** 男 (生活補給)路．**=wesen** 中 (水道・電力などの)供給事業．**=wirtschaft** 女 (水道・電力などの)公共事業．
verspannen 他 《*et*⁴ **mit** *et*³》(電柱などを…で)固定する；再 《*sich*⁴》(筋肉などが)引きつる．
verspäten [フェアシュペーテン] 《verspätete; verspätet》再 《*sich*⁴》遅れる，遅刻する．
Verspätung [フェアシュペートゥング] 女 《-/-en》他 《delay》遅れ，遅刻，遅延．
ver=speisen 他 《雅》おいしそうに(きれいに)平らげる．
verspekulieren 他 (財産などを)投機で失う；再 《*sich*⁴》見込み違いをする．
versperren 他 (道路などを)閉鎖(封鎖)する；(通行などを)遮断(妨害)する；(嘲笑を)遮る；《ふつう》(ドアなどを)旋錠する；再 《*sich*⁴》《雅》心を閉ざす．
verspielen 他 賭け事で失う；(好機・権利などを)みすみす失う，逃す；自 《*sich*⁴》弾きまちがえる．◆ **verspielt haben bei** *j*³ (人に)愛想をつかされている；(人の)信用を失っている．**Verspieler** 男 《-s/-》《話》弾きまちがい，演奏ミス．**verspielt** 形 (子供などが)遊び好きな；(様式などが)軽やかな．
verspinnen* 他 (繊維・毛を)紡いで糸にする；再 《*sich*⁴ **in** *et*⁴》(…に)没頭する．
versponnen 形 風変わりな．
verspotten 他 嘲(がら)る，嘲笑(たら)する．**Verspottung** 女 《-/-en》嘲(から)り，嘲笑．
versprach ⇒ versprechen
versprachlichen 他 言葉にする，言語化する．
versprechen* [フェアシュプレッヒェン] 《versprach; versprochen》他 《promise》[*j*³ *et*⁴] (人に…を)約束する；期待させる；再 《*sich*⁴》言いまちがえる．**Versprechen** 中 《-s/-》約束．《*j*³ das ~ geben《+ zu 不定詞句》》(人に)…を約束する》；言いまちがい．**Versprechung** 女 《-/-en》約束．
versprengen 他 (群れなどを)追い散らす；《雅》(敵を)壊走させる．
verspritzen 他 (水などを)まく；(薬剤を)散布する；(塗料を)吹き付ける．
versprochen ⇒ versprechen
versprühen 他 (薬剤などを)霧状に散布する，スプレーする；(火花を)飛び散らす．
verspüren 他 感じる，(痛み・感情などを)覚える．
verst. 略 verstorben 死去した．
verstaatlichen 他 国有化〈国営化〉する．**Verstaatlichung** 女 《-/-en》国有化，国営化．
verstädtern 他 (s, h)都市化する．**Verstädterung** 女 《-/-》都市〈都会〉化．
verstand ⇒ verstehen
Verstand [フェアシュタント] 男 《-[e]s/》《intelligence》理解力，思考力，判断力；分別；Du bist wohl nicht ganz bei ~. 《話》君は少し頭がおかしいよ．◆ **bei ~ sein** 正気である．**den ~ verlieren** 正気〈分別〉を失う．**mit ~ essen** 〈**trinken, rauchen**〉《話》(…を)十分に味わって食べる〈飲む，喫煙する〉．*J*³ **steht der ~ still.** *J*³ **bleibt der ~ stehen.** 《話》(人にとって)理解やできない．
verstanden ⇒ verstehen
verstandesmäßig 形 分別のある，理性的な．
Verstandes=mensch 男 理知的な人．**=schärfe** 女 明敏な頭脳．
verständig 形 理知的な；分別のある，物分かりのよい．
verständigen 他 《inform》[*j*⁴ **von** *et*³ 〈**über** *et*⁴〉] (人に…を)知らせる，連絡〈通知〉する；再 《*sich*⁴ **mit** *j*³》(人に)意志を伝える，(人と)コミュニケーションをとる；[*sich*⁴ **mit** *j*³ **über** *et*⁴] (人と…について)合意する．**Verständigung** 女 《-/-en》通知，通報；意志の疎通；合意．
verständlich [フェアシュテントリヒ] 形 聞き取れる；明瞭な；理解できる，もっともな；明確な；(説明などが)分かりやすい．**Verständlichkeit** 女 《-/》(音声の)明瞭さ；(説明などの)分かりやすさ．
Verständnis [フェアシュテントニス] 中 《-ses/-se》《understanding》理解，理解力，共感．
verständnis=innig 形 《雅》(表情などが)理解に満ちた．**=los** 形 わけが分からない，理解できない．**Verständnislosigkeit** 女 《-/》不可解；無理解．**=voll** 形 理解している；理解のある，物分かりのよい．
verstärken [フェアシュテルケン] 《verstärkte; verstärkt》他 《strengthen》強くする，強化に増強する；《写》(ネガを)増感する；再 《*sich*⁴》強くなる，増大する．**Verstärker** 男 《-s/-》《電》アンプ，増幅器；《写》補力〈増感〉剤．**Verstärkung** 女 《-/-en》強化，補強，増強，増員；《電》増幅；《写》補力；強化〈補強〉材；増援人員；《軍》援軍．
verstauben 他 (s)ほこりだらけになる，ほこりをかぶる；古くさくなる．**verstaubt** 形 ほこりをかぶった；古くさい．

ver-stauchen 他 《sich³ et⁴》(手・足などを)くじく。 **=stauen** (荷物などを…にうまく積み[詰め]込む。

Versteck 中 (-[e]s/-e) 人目につかぬ場所, 隠れ[隠し]場所。 ◆ ~ mit 〈vor〉 j³ spielen (人)に隠しごとをする。=spielen 隠れん坊をする。

verstecken [フェアシュテッケン]《versteckte; versteckt》他 《hide》 et⁴ vor j³ (人から…)を隠す。《sich⁴》(人から)隠れる。 ◆ nicht zu ~ brauchen 《sich⁴ vor j³》(人に)引けを取らない。=können 《müssen》《sich⁴ vor j³》(人に)ずっと劣る。**Versteckspielen** 隠れん坊をする。 **Versteckspiel** 中 (-[e]s/-e) 隠れん坊。

verstehen [フェアシュテーエン]《Verstand; verstanden》他 ❶ 《understand》理解する。分かる。理解する, 聞き取る (…を)…と解釈する。受け取る。《unter et⁴ et⁴》(…を…と)解釈する。…の心得がある。(…できる, (…に)熟達している。(etwas, viel u et⁴) 《von et³》(…について)知識がある。 ❷ 《sich⁴ 《von selbst》》当然である, 当たり前のことである。《sich⁴ mit j³》(人と)理解し合う。《sich⁴ auf et⁴》(…に)熟達している。《sich⁴ auf et⁴》(…に)理解される。 ◆ zu ~ geben 《j³ et⁴》(人に…)をそれとなく知らせる(ほのめかす)。

versteifen 他 支柱などで壁くする。《sich⁴》堅くなる, こわばる。《sich⁴ auf et⁴》(…に)固執する。**Versteifung** 囡 (-/-en) こわばること, 補強, 補強材。

versteigen 再 《sich⁴》登山ルートを誤る; 《sich⁴ zu et³》(…に思い上がる), 《sich⁴ zu der Behauptung, dass …》思い上がって…と主張する)。

Versteigerer 男 (-s/-) 競売人, せり売り人。**versteigern** 他 競売する。**Versteigerung** 囡 競売。

versteinern 他 (s)化石になる; 《雅》(表情などが)こわばる。 ◆ wie versteinert (石のように)固まって, すくんで。**Versteinerung** 囡 (-/-en) 化石化; 化石。

verstellbar 形 位置の調節が可能。動かせる。**verstellen** 他 置き換える。(…の)位置をずらす(調節する); (機械などの)調節(セット)を誤る; (物を置いて)ふさぐ, さえぎる; (意図的に)変える, 偽り・筋肉などを偽る; 《sich⁴》装うふりをする。**Verstellung** 囡 置き換え; (位置の)調節; 置き違い; 偽り。

versterben* 自 (s)死亡する。亡くなる。

Versteigung 囡 (-/-en) 恒常化。

versteuern 他 (…の)税金を支払う。

Versteuerung 囡 納税。

verstiegen 形 行き過ぎの, 極端な。とっぴな。 **Verstiegenheit** 囡 行き過ぎ; 極端; とっぴさ・行い。

verstieß ⇒ verstoßen

verstimmen 他 (楽器の調子を狂わせる; (人の)機嫌を損なう; (株式市場を)不景気にする; 《sich⁴》(楽器の調子が狂う; 機嫌を損ねる。 **verstimmt** 形 (楽器の)調子の狂った; 不景気の; 不況の。 **Verstimmung** 囡 (楽器の)調子の狂い; 不機嫌。

verstockt 形 頑固な, かたくなの。**Verstocktheit** 囡 (-/) 頑固, 強情。

verstohlen 形 ひそかな, (他人の)目につかない。

verstopfen 他 (穴などを)ふさぐ; (管などを)詰まらせる; (道路を)渋滞させる; 囡 詰まる。 **Verstopfung** 囡 (-/-en) 詰めてふさぐこと; 詰まること; 渋滞; 便秘。

verstorben 形 死去した, 故人となった (vert.)。**Verstorbene[r]** 男 囡 《形容詞変化》故人。

verstört 形 うろたえた, まごついた。**Verstörtheit** 囡 (-/-en) うろたえ。

Verstoß 男 違反, 抵触。

verstoßen* [フェアシュトーセン]《verstieß; verstoßen》他 (人を)追い出す, 追放する; 《gegen et⁴》(規則に)違反する, 反する。(…を)犯す。**Verstoßung** 囡 (-/-en) 追い出し; 追放; 勘当。

Verstrebung 囡 (-/-en) 支柱による補強; 補強用材。

verstreichen* 他 (穴などを)塗りつぶす, (塗料・ひげなどを)塗り広げる; 自 (s) 《雅》(時間が)過ぎ去る。

verstreuen 他 まき散らし, ばらまく; 散乱させる; 費やして消費する。

verstricken 他 (毛糸などを編み物に使う; 《j⁴ in et⁴》(人を…に)巻き込む; 《sich⁴》編みまちがえる; 《sich⁴ in et⁴》(…に)はまり込む。

ver-stümmeln 他 (…の)手(足)を切断する。 **=stummen** 自 《雅》黙り込む; 自 (s); (うわさ・音が)やむ。

Ver.St.[V.A.] ⇒ **Vereinigte Staaten [von Amerika]** [アメリカ]合衆国。

Versuch [フェアズーフ] 男 (-[e]s/-e) (⊕ attempt) 試み, 企て; 試論; 《文芸》習作; 実験, 試験。 〚化〛 未遂; 〚古〛 試炉; 《まれ》トライ。

versuchen [フェアズーヘン] 他 (versuchte; -t) (⊕ try)試みる。試す; (…しよう)と努力する; (…の)味を見る, (…に)試食(試飲)する; 《雅》試験にかける, 誘惑する。《sich⁴ in 〈an〉 et³》(自分に向いているかどうか試みるために)やってみる。

Versucher 男 (-s/-) (-in) 《雅》(悪への)誘惑者; 《雅》悪魔。

Versuchs-anlage 囡 実験設備[施設]。**=anstalt** 囡 実験所(実験所)。**=ballon** 男 観測用気球。**=bohrung** 囡〚化〛試掘, ボーリングテスト。**=ergebnis** 中 実験結果[データ]。**=gelände** 中 実験場。**=kaninchen** 中 実験用のウサギ; 《雅》モルモット扱いされる被験者。**=person** 囡 被験者。 **=reihe** 囡 一連の実験。**=tier** 中 実験用動物。

versuchsweise 副 試みに, 試験的に(実験的)に。

versucht, versuchte ⇒ **versuchen**

Versuchung 囡 (-/-en) 誘惑, (不道徳なことをしてみたい)欲求。

versumpfen 自 (s)沼地になる; 《話》身を持ち崩す。

versündigen 《sich⁴ 〚an j-et〛》《雅》(…に)不正を働く, 罪を犯す。**Versündigung** 囡 《雅》不正を働くこと; 不正行為。

versunken (→ versinken) 心を奪われた。**Versunkenheit** 囡 (-/) 《雅》

思いに沈んでいる状態.
versüßen [他] 《j^3 et^4》(人の…を)楽しくする; 甘くする.
Vertäfelung [女] 〔建〕羽目板.
vertagen [他] (会議などを)延期する; 《$sich^4$》延期になる. **Vertagung** [女] 延期.
vertändeln [他] (金などを)むだに費やす.
vertauschen [他] 《et^4 **mit** et^3 〈**gegen** et^4〉》(…を…と)取り替える, 交換する; 取り違える, まちがって持っていく. **Vertauschung** [女] 《-/-en》取り換え, 交換; 取り違え.
vertausendfachen [他] 千倍にする.
verteidigen [フェアタイディゲン] 《verteidigte; verteidigt》[他] ([英] defend)守る, 防衛〈防御〉する; 弁護〈擁護〉する; 《$sich^4$》身を守る, 自衛する, 自己弁護する. **Verteidiger** [男] 《-s/-》([女] **-in**)防衛する人; 守備隊員; 弁護〈擁護〉者; 〔法〕弁護人; 〔スポ〕タイトル防衛者; (球技の)バックス, 守備の選手.
Verteidigung [女] 《-/-en》防御, 防衛; 国防; 弁護, 擁護; 〔法〕弁護団; 〔スポ〕守備, バックス, ディフェンス. **~s=krieg** [男] 防衛戦争. **~s=minister** [男] 国防大臣. **~s=ministerium** [中] 国防省. **~s=strategie** [女] 防衛戦略.
verteilen [フェアタイレン] 《verteilte; verteilt》[他] ([英] distribute)分配する, 割り当てる; 塗り広げる; [再] 《$sich^4$》分散する, 広がる. **Verteiler** 《-s/-》[男] 分配〈配送〉者; 販売人; (電気・ガスの)供給機関; (文書の)配付先; 〔電〕配電器; 〔工〕(エンジンの)ディストリビューター; 〔スポ〕ゲームメーカー.
Verteilung [女] 分配, 配分, 割り当て, 配布; 分散. **~s=kampf** [男] 分配〈割り当て〉をめぐる争い.
verteuern [他] 値上げする; 《$sich^4$》値が上がる. **Verteuerung** [女] 値上げ; 値上がり.
verteufeln [他] 悪者にする. **verteufelt** [形] 《話》いまいましい; 非常な.
vertiefen [他] (溝・穴などを)深くする; (知識などを)深める; 〔楽〕(音を)低くする; [再] 《$sich^4$》(溝や穴などが)深くなる; (知識などが)深まる; 《$sich^4$ **in** et^4》(…に)没頭〈熱中〉する. **Vertiefung** [女] 《-/-en》深くする〈深める〉こと; くぼみ, へこみ.
vertiert [形] (獣のように)残忍な.
vertikal [形] 垂直の. **Vertikale** [女] 《形容詞変化; まれ -/-n》垂直〈鉛直〉線; 垂直状態. **Vertikalkonzern** [男] 〔経〕垂直型コンツェルン.
vertilgen [他] (害虫・雑草などを)根絶〈駆除〉する; 《話》(食物を)平らげる.
Vertilgung [女] 根絶, 駆除. **~s=mittel** [中] 殺虫剤; 除草剤.
vertippen 《話》[再] 《$sich^4$》入力ミスをする, タイプミスをする.
vertonen [他] (詩などに)曲をつける; 〔映〕(フィルムに)音声を入れる. **Vertonung** [女] 《-/-en》(詩などの)作曲; (詩などに付けた)曲.
vertrackt [形] 《話》いやな; やっかいな, 面倒な.
Vertrag [フェアトラーク] [男] 《-[e]s/..träge》契約, 条約, 取り決め; 契約書.
vertragen* [フェアトラーゲン] 《**vertrug**; **vertragen**》 ❶ [他] ([英] endure)(…に)耐える, 我慢する; (…を)受け入れる: Die Sache *verträgt* keinen Aufschub. 《雅》事態は一刻を争う. ❷ [再] 《$sich^4$ **mit** j-et^3》(人と)仲よくやっていく; (…と)一致する, つり合う.
Verträger [男] 《スイ》新聞配達員.
ver=traglich [形] 契約〈条約〉による, 契約〈条約〉上の. **=träglich** [形] 消化のよい, 体質に合った; 人とうまくやっていける.
Vertrags=bruch [男] 契約〈条約〉違反. **vertragsbrüchig** [形] 契約〈条約〉違反の. **=entwurf** [男] 契約〈条約〉草案.
vertragsgemäß [形] 契約〈条約〉どおりの, 契約〈条約〉による.
Vertrags=partner [男] 契約の相手. **=verletzung** [女] 契約違反〈不履行〉. **=verstoß** [男] 契約〈条約〉違反.
vertragswidrig [形] 契約〈条約〉違反の.
vertrat ⇨ vertreten
vertrauen [フェアトラオエン] 《vertraute; vertraut》[自] ([英] trust) 《j-et^3/**auf** j-et^4》(…を)信用〈信頼〉する; [他] 《雅》《j^3 et^4》(人に秘密などを)打ち明ける.
Vertrauen [フェアトラオエン] [中] 《-s/》([英] confidence)信用, 信頼. ✦ *im ~ gesagt* 内々の話だが. *ins ~ ziehen* 《j^4》(人に)心中を打ち明ける. *~ erweckend* 信頼の念を起こさせる, 頼もしい. *sein ~ setzen* 《**auf** 〈**in**〉 j^4》(人を)信頼する.
vertrauen=erweckend ⇨ Vertrauen ✦
Vertrauens=bruch [男] 背任行為. **=frage** [女] (政府側からの)信任投票の提案; 信頼の問題. **=mann** [男] (労働組合の)代議員; (団体の)利益代表者; (重要案件や内密事項を任せられる)代理人; 諜報員, 情報員([略] V-Mann). **=person** [女] 信頼できる人物. **=sache** [女] 信頼の問題; 外部に知られたくない案件, 機密事項.
vertrauensselig [形] すぐに人を信用する, お人よしの.
Vertrauens=stellung [女] (信頼される)重要な地位.
vertrauensvoll [形] 信頼に満ちた; (互いに)信頼関係にある.
Vertrauensvotum [中] 信任投票.
vertrauenswürdig [形] 信頼に値する, 信頼するに足る. **Vertrauenswürdigkeit** [女] 《-/》信頼性.
vertraulich [形] 秘密の, 内々の; 親しげな. **Vertraulichkeit** [女] 内密; 親密さ; なれなれしい言動.
verträumen [他] (時を)夢を見て過ごす; ぼんやりと夢見心地に過ごす. **verträumt** [形] 夢想的な; 浮世離れした; (場所などが)のどかな.
vertraut [フェアトラオト] [形] 親しい, 親密な; よく知っている, なじみの.
Vertraute[r] [男] [女] 《形容詞変化》親しい人. **Vertrautheit** [女] 《-/》親密, 懇意; 熟知.
vertreiben* [フェアトライベン] 《**vertrieb**; **vertrieben**》[他] ([英] drive away)追い出す〈払う〉, 追放する; 販売する.
Vertreibung [女] 《-/-en》追放; 駆除; 〔商〕販売.

vertretbar 形 支持〈是認〉できる：〖法〗代替できる.

vertreten* [フェアトレーテン] (**vertrat; vertreten**) 他 ❶ (④ represent)(人の)代理をする; 代表する；（…の代理〈取次〉店である；（意見・立場などを）代弁〈支持〉する；弁護する；《*sich⁴ et¹*》（足をくじく，（長時間座った後に）軽く歩く. ❷ 自 出席している.

Vertreter [フェアトレーター] 男 《-s/-》(④ **-in**)代理〈人〉，代弁〈代表〉者；利益代理店，セールスマン；代表的人物；擁護〈信奉〉者：*Das ist ein feiner ~!* 〖皮肉〗あいつは大したやつだ.

Vertretung 女 《-/-en》代理，代行；代理人，代行者；代表選手団；〖商〗販売の代理〈取次〉，外交販売〈勧誘〉，代理〈特約〉店；代弁；支持.

vertrieb → vertreiben

vertrieben → vertreiben

Vertriebene[r] 男 女《形容詞変化》〔国外〕追放者，（故郷を追われた）難民.

vertrinken* 他（金を）酒に費やす.

vertrocknen 自 (s)乾きせる；干上がる.

ver-trödeln 他《話》（時間などを）むだにごす．**=trösten** 他《*j³ mit et¹*》（人を…までもちそう）なだめる．持たせる.

vertrug → vertragen

vertrusten [フェアトラ(ル)ステン] 他〖商〗（企業を）トラスト〈企業合同〉に結合する.

vertun* 他《話》（金・時間を）むだに費やす〈浪費する〉；《*sich⁴ et¹*》間違える.

vertuschen 他（悪事などを）隠す，もみ消す，**Vertuschung** 女《-/-en》《話》もみ消し；隠蔽(%).

ver-übeln 他《*j³ et¹*》（人に対して…のことで）感情を害する．**=üben** 他（悪事などを）やらかす，行なう．**=ulken** 他からかう，あざける．**=unfallen** 自(s)事故に遭う．**=unglimpfen** 他《雅》侮辱〈中傷〉する.

verunglücken [フェアウングリュッケン]（**verunglückte; verunglückt**）自(s)事故に遭う；《戯》《*Et¹ verunglückt j³.*》…は人にとって）失敗に終わる.

Verunglückte[r] 男 女《形容詞変化》事故に遭った人，被害者，遭難者.

verunreinigen 他 汚す；汚染する. **Verunreinigung** 女 汚染;汚質.

ver-unsichern 他（人の）意見〈信念〉をぐらつかせる．**=unstalten** 他 醜くする，（…の）外観〈容〉を損ねる.

veruntreuen 他〖法〗横領する．**Veruntreuung** 女 《-/-en》〖法〗横領.

verunzieren 他 醜くする.

verursachen [フェアウーアザッヘン]（**verursachte; verursacht**）他（④ cause）引き起こす，（…の）原因である. **Verursacher** 男 《-s/-》（④ **-in**）事故などをひき起こした人，責任者；〖法〗原因者．**-prinzip** 中 《公害などの）原因者負担の原則.

verurteilen [フェアウアタイレン]（**verurteilte; verurteilt**）他（④ sentence）（人に）有罪の判決を下す；《*j⁴ zu et³*》（…の）刑を言い渡す；厳しく批判する．**Verurteilung** 女 有罪判決；非難.

vervielfachen 他 何倍にも増やす；〖数〗（*et⁴* **mit** *et³*）（…に～を掛ける，乗じる；《*sich⁴*》何倍にも増える.

vervielfältigen 他（文などを）複写〈コピー〉する；《雅》増やす，強化する. **Vervielfältigung** 女 《-/-en》複写，コピー，プリント．**～s-apparat** 男 複写〈コピー〉機；謄写機.

vervollkommnen 他（技術・知識などを）より完全なものにする，磨きをかける；《*sich⁴*》より完全なものになる. **Vervollkommnung** 女 《-/-en》改善，向上；改善された（完全になった）もの.

vervollständigen 他（補って）完全にする（そろえる）；《*sich⁴*》完全になる〈そろう〉．**Vervollständigung** 女 《-/-en》完備.

verw. 略 *verw*itwet やもめとなった.

verwachsen* ❶ 自（傷口などが）ふさがる，治る；《*mit et³*》(器官などが…に）癒着（%）する．（緊密に…と）一体化する；《*sich⁴*》（傷口などが）ふさがる；《*sich⁴*》《話》成長につれて正常（健康）になる；《方》（成長して良好な姿が）着られなくなる. ❷ 他（手足が）奇形の；草木に覆われた.

ver-wackeln 他《話》（カメラがぶれて画像を）ぼやけさせる．**=wählen** 他《*sich⁴*》（電話の）ダイヤルをまちがえる．**=wahren** 他《雅》保管する；《*sich⁴* **gegen** *et⁴*》（…に）抗議する.

verwahrlosen 自 (s)（放置されて）荒れ果てる；だらしなくなる；非行化する. **Verwahrlosung** 女 《-/-》荒廃；非行化；荒廃した（不良化した）状態.

Verwahrung 女 保管；〖法〗寄託；抗議.

verwaisen 自 (s)孤児になる．**verwaist** 形 孤児になった；孤独な；訪れる〈住む〉人のない；空席の.

verwalten [フェアヴァルテン]（**verwaltete; verwaltet**）他（④ administer）管理〈運営〉する，取りしきる.

Verwalter 男 《-s/-》（④ **-in**）管理人.

Verwaltung [フェアヴァルトゥング] 女 《-/-en》（④ administration）管理，運営；処理；管理〈運営〉部門；行政機構，官公庁；管理〈行政〉機構，官庁．**～s-apparat** 男 行政〈管理〉機構．**～s-beamte[r]** 男《形容詞変化》行政官．**～s-behörde** 女 行政官庁．**～s-gericht** 中 行政裁判所．**～s-kontrolle** 女 行政監査.

verwandeln 他 （④ change）《*j-et¹* [in *j-et⁴*, **zu** *j-et³*]》（…をすっかり（…に））変える；〖蹴〗（フリーキックなどを）得点に結びつける；《*sich⁴* [**in** *et⁴*, **zu** *et³*]》（…に）変わる，変化する．**Verwandlung** 女 《-/-en》変化，変身；〖劇〗場面転換.

verwandt [フェアヴァント] 形 （④ related）《*mit* *j-et³*》（…と）親族関係にある，親戚の，同類の：《*j-et³*》（…と）類似の，似ている.

Verwandte[r] [フェアヴァンテ(ター)] 男 女《形容詞変化》（④ relative）親戚，縁者，親戚関係にある人.

Verwandtschaft 女 《-/-en》血縁〈親族〉関係；（生物の）類縁関係；親族一同，親類；類似性．**verwandtschaftlich** 形 血縁〈親族〉の.

Verwandtschafts-grad 男 〖法〗

親等. **verwanzen** 他《話》(…に)小型盗聴器を取りつける. **verwánzt** 形 ナンキンムシのついた.

verwárnen 他 (人に)警告〈戒告〉する. **Verwárnung** 女 警告〈戒告〉する.

verwárten 他 (時間を)待つことでむなしく費やす, 空費する.

verwáschen 形 洗いざらしの;(風雨にさらされて)消えかけた;(輪郭が)ぼやけた;(色が)あせた.

verwässern 他 水で薄める;(…の)内容を空疎にする;(…の)効果を弱める. **Verwässerung** 女《-/-en》(株式·資本の)希薄化, ダイリューション.

verwében(*) 他 (糸を)織物に使う;(糸を織り合わせる;《et⁴ in et⁴》(…の中に)織り込む, 絡める.

verwéchseln [フェアヴェクセルン]《verwechselte; verwechselt》他 取り違える, 混同する. ◆ **Mein und Dein ~**《話》盗みを働く. **Verwéchslung** 女《-/-en》取り違え, 混同.

verwégen 形 大胆な, 危険を恐れない, 向こう見ずの;(服装などが)奇抜な, 人目につく. **Verwégenheit** 女《-/-en》大胆;大胆な言動.

verwéhen 他 (風などが)吹き消す〈飛ばす〉;自 (s) (風に)吹き消される.

verwéhren 他《雅》《j³ et⁴》(人に…を)禁じる, 拒む, 許さない. **Verwéhung** 女《-/-en》風が吹き払うこと;風化;雪の吹きだまり.

verwéichlichen 他 (s, h) 虚弱〈ひ弱〉になる〈する〉. **Verwéichlichung** 女《-/-en》虚弱化;甘やかし.

verwéigern [フェアヴァイガァン]《verweigerte; verweigert》 ❶ 他 (…を) refuse する;《j³ et⁴》(人に)…を拒む, 拒否〈拒絶〉する;《sich⁴ j³》(女性が人との)性交を拒む. ❷ 自 《馬術》(馬が障害などを飛び越そうとしないで急に立ち止まる. **Verwéigerung** 女《-/-en》拒絶, 拒否.

verwéilen 自《雅》(…に)とどまる, 足を止める;《sich⁴》とどまる, 滞在する.

verwéint 形 泣きはらした.

Verwéis 男《-es/-e》叱 責(ᅵᅩᅩᆨ), 非難;(論文などの)参照指示〈記号〉.

verwéisen(*) 他 ❶《雅》しかる;《j³ et⁴》(人に…のことで)注意を与える. ❷《j³ et² auf et⁴》(人に…を)指示する;《j⁴ an j⁴ et¹》(人に…へ行くように)指示する, (人を…へ)差し向ける;《法》(訴訟事件などを)移送する;《j⁴ et² 《aus et³, von et³》》(人を…から出て行くように命じる, 追い出す;《口》《j⁴ auf et⁴》(人を自分より下位に)退ける.

verwélken 自 (s)(花などが)しぼむ, しおれる.

verwéltlichen 他 世俗化する;(教会の財産を)没収する;自《雅》世俗化する. **Verwéltlichung** 女《-/-》世俗化.

verwéndbar 形 使える. 利用できる.

verwénden(*) [フェアヴェンデン]《verwendete, verwandte; verwendet, verwandt》他(❶ use)使う, 利用〈活用〉する;《sich⁴ für et⁴》(…に)尽力〈努力〉する. **Verwéndung** 女 利用, 使用;《雅》尽力.

verwérfen(*) ❶ 他 拒否する, はねつける;《法》却下する;《雅》非難する;(ボールなどを)あらぬ方へ投げる;投げ損じて失う. ❷ 再 (家畜が)流産する. ❸ 再 《板などが)反る, ゆがむ;《地学》断層を生じる;《口》まちがったカードを捨てる. **verwérflich** 形 排斥すべき, いまわしい. **Verwérfung** 女 拒否;《法》棄却;(家畜の)流産;(板などの反り, ゆがみ;《地学》断層.

verwértbar 形《再》利用できる. **verwérten** 他 利用〈活用〉する. **Verwértung** 女《再》利用, 活用.

verwésen 自 (s) 腐敗する. 腐 る;(有機物が)分解する.

Verwéser 男《-s/-》《史》職務〈統治〉代行者.

verwéslich 形 腐敗しやすい.

Verwésung 女《-/-》腐敗, 分解.

verwétten 他 (金を賭(か)けはてす)る.

verwíckeln 他《j⁴ in et⁴》(人を事件などに)巻き込む;《sich⁴ in et⁴》(事件などに)巻き込まれる;(糸などを)もつれさせる;《sich⁴》(糸などが)もつれる, こんがらがる;《方》《j³ et⁴》(人の…を)包帯を巻く. **verwíckelt** 形 込み入った, 複雑な, やこしい. **Verwícklung** 女《-/-en》混乱, もつれ;(事件などに)巻き込まれること;いざこざ, 紛糾.

verwíldern 自 (s)(庭·畑などが)荒れる;(生物が)野生化する.

verwínden(*) 他《雅》(苦痛などを)克服する;《口》ねじる. **Verwíndung** 女《-/-en》(苦痛などの)克服;《工》ねじれ, ねじり.

ver-wínkelt 形 (通路などが)曲がり角の多い. **-wírken** 他《雅》(自分のえら〈落ち〉で)権利などを失う.

verwírklichen [フェアヴィルクリヒェン]《verwirklichte; verwirklicht》他(❶ realize)実現する, 実行〈達成〉する;《sich⁴》実現〈達成〉される;《sich⁴ in et³》(…に)自分の能力を発揮する. **Verwírklichung** 女《-/-en》実現, 現実化.

verwírren(*) 他 (糸などを)もつれさせる, (髪などを)くしゃくしゃにする;うろたえさせる;《sich⁴》(糸などが)もつれる, (髪などが)くしゃくしゃになる;《sich⁴》(思考·感情などが)混乱する. **Verwírrspiel** 中 (相手を惑わすための)攪乱戦術〈プレー〉. **verwírrt** 形 (糸などが)もつれた, (髪などが)くしゃくしゃの;(思考·感情などが)混乱した, うろたえた. **Verwírrung** 女《-/-en》混乱, 紛糾;動揺, 困惑.

verwírtschaften 他 (財産などを)やりくり下手で使い果たす.

verwíschen 他 こすってぼやかす;(足跡などを)消し去る;《sich⁴》ぼやける.

verwíttern 自 (s)風雨にさらされて傷む, 風化する. **Verwítterung** 女《-/-en》風化.

verwítwet [フェアヴィトヴェト] 形 やもめとなった(→ verw.).

verwöhnen [フェアヴェーネン]《verwöhnte; verwöhnt》他(❶ spoil)甘やかす, ちやほやする. **Verwöhnung** 女《-/-》甘やかし.

verwórfen 形 (→ verwerfen)《雅》ふ

しだらな, 不謹慎な. **Verworfenheit** [女]《-/》非道; 不道徳, 下劣.
verworren [形] 混乱した, 紛糾した.
Verworrenheit [女]《-/》混乱, 紛糾.
verwundbar [形] 傷のつきやすい; (心理的に)傷つきやすい.
verwunden ❶ [他] (…に)傷を負わす; (気持ちなどを)傷つける, (…の)心を傷つける. ❷ ⇨ verwinden **verwunderlich** [形] 不思議な, 奇妙な, 驚くべき.
verwundern [フェアヴンダァン]《verwunderte; verwundert》[他] ([英] astonish) 不思議がらせる, 驚かせる; 《*sich*^{4} **über** *et*^{4}》(…を)不思議に思う, (…に)驚く.
Verwunderung [女]《-/》驚嘆, 不審の念.
Verwundete[r] [男][女]《形容詞変化》負傷者, けが人. **Verwundung** [女]《-/-en》けが, 負傷.
verwunschen [形] 魔法をかけられた.
verwünschen [他] 呪(のろ)う; (人に)魔法をかける. **verwünscht** [形] いまいましい. **Verwünschung** [女]《-/-en》呪(のろ)い; 呪いの言葉.
verwurzeln [自] (s)《**in** *et*^{3}》(…に)根づく, 根を張る.
verwüsten [他] (災害·戦争などが)荒廃させる, 破壊する. **Verwüstung** [女]《-/-en》荒廃, 破壊, 砂漠化.
ver=zagen [自] (s, まれ h)《雅》気おくれする, ひるむ. **=zählen** [再]《*sich*^{4}》計算違いをする. **=zahnen** [他] (歯車などを)かみ合わせる; (角材などを)ほぞ継ぎする; 〖工〗(…に)歯〈刻み目〉をつける. **=zapfen** [他] (角材などを)ほぞ継ぎする; 《話》(ばかげたことを)する, しゃべる, 書く. **=zärteln** [他] (子供を)甘やかす.
verzaubern [他] (人に)魔法をかける; 魅了する, うっとりさせる; 《*j*^{4} **in** *et*^{4}》(人を…に)魔法で変える.
verzehnfachen [他] 10倍にする.
Verzehr [男]《-[e]s/》(飲食物の)消費, 飲食; [男][中]《-[e]s/》《方》飲食代金; 飲食したもの. **verzehren** [他] 飲食する; 食べ〈飲み〉尽くす; (財産などを)食いつぶす; 消耗〈衰弱〉させる, やつれさせる; [再]《*sich*^{4}》《雅》やつれる.
verzeichnen [他] 書き留める, 記録〈記載〉する; 確認する.
Verzeichnis [フェアツァイヒニス] [中]《-ses/-se》([英] index) 一覧表, 目録, リスト, 記録簿, 登録簿.
verzeihen* [フェアツァイエン]《**verzieh**; **verziehen**》[他] ([英] forgive)《*j*^{3} *et*^{4}》(人に対して…を)許す, 容赦する: *Verzeihen* Sie bitte! すみません; 失礼ですが.
verzeihlich [形] 許容できる.
Verzeihung [フェアツァイウング] [女]《-/》許し, 容赦. ◆ *Verzeihung!* すみません, ごめんなさい. *Verzeihung?* もう一度言ってください.
verzerren [他] ゆがめる; ひずませる; 《*sich*^{3} *et*^{4}》(筋などを)違える, くじく; 《*sich*^{4}》(顔·口などが)ゆがむ.
Verzerrung [女]《-/-en》ゆがみ, ひずみ; ゆがめること.
verzetteln [他]《*et*^{4} **an** 〈**mit**〉 *et*^{3}》(金·時間などを…で)むだ遣いする, 浪費する; [再]《*sich*^{4} [**an** 〈**mit**〉 *et*^{3}]》(つまらないことなどに)精力を使う.
Verzicht [男]《-[e]s/-e》断念, 放棄. ◆ *~ leisten* 〈*üben*〉《**auf** *et*^{4}》(…を)断念する; あきらめる.
verzichten [フェアツィヒテン]《verzichtete; verzichtet》[自] ([英] renounce)《**auf** *et*^{4}》(…を)断念〈放棄〉する, 諦(あきら)める, やめる.
verzieh ⇨ verzeihen
verziehen* ❶ [他] (顔などを)しかめる, ゆがめる; 《*sich*^{4}》(顔などが)ゆがむ; (服などの)形が崩れる; (板などが)反る; 《*sich*^{4}》(霧などが)移動する, (人が)立ち去る, 姿を消す; (人を)甘やかして〈わがままに〉育てる; (苗などを)間引く; (ボールを)ミスキックする; ミスショットする. ❷ [自] (s)引っ越す: Adressat 〈Empfänger〉 ~ 〖郵〗宛先人転居.
verziehen ⇨ verzeihen
verzieren [他] 飾る, 装飾する.
Verzierung [女]《-/-en》飾ること; 飾り, 装飾; 〖楽〗装飾音. ◆ *Brich dir keine ~ ab!*《話》気取るなよ.
verzinken [他] (…に)亜鉛めっきをする; (人を)裏切る.
verzinsen [他]《*et*^{4} **mit** *et*^{3}》(…に…の)利子〈利息〉をつける; [再]《*sich*^{4}》利子〈利息〉を生む. **verzinslich** [形] 利子〈利息〉のつく. **Verzinsung** [女]《-/-en》利回り.
verzögern [他] 遅らせる; (…の)進行を遅らせる; 《*sich*^{4}》遅れる; 遅くなる.
Verzögerung [女]《-/-en》遅延, 遅滞; 延期; 減速. **~s=taktik** [女] 引き延ばし戦術.
verzollen [他] (…の)関税を払う.
verzücken [他] うっとりとさせる.
verzuckern [他] (…に)砂糖をかける〈まぶす〉; 〖化〗糖化する: *j*^{3} Bitteres ~《話》人に言いにくいことを遠回しに〈耳に聞こえよく〉話す.
verzückt [形] うっとりした.
Verzückung [女]《-/》恍惚(こうこつ).
Verzug [男] 遅れ, 遅延, 遅滞. **~s=zinsen** [複] 〖経〗延滞利子.
verzweifeln [フェアツヴァイフェルン]《verzweifelte; verzweifelt》[自] (s) ([英] despair)《**an** *et*^{3}》(…に)絶望〈失望〉する.
verzweifelt [フェアツヴァイフェルト] [形] 絶望した; 必死の.
Verzweiflung [フェアツヴァイフルング] [女]《-/》絶望[感], 失望; 自暴自棄.
verzweigen [再]《*sich*^{4}》(植物が)枝を出す; 枝分かれする; (道路などが)分岐する.
Verzweigung [女]《-/-en》枝分かれ; 分岐; 枝分かれした枝.
verzwickt [形]《話》込み入った, やっかいな, 複雑な.
Vesper [女]《-/-n》〖カトリック〗(聖務日課の)晩課; 夕べの祈り; 《南部》午後のおやつ. **=brot** [中]《南部》午後のおやつ; おやつのパン.
Vesta 〖ロ神〗ウェスタ(かまどの女神).
Vestibül [中]《-s/-e》(ホテル·劇場などの)ロビー.
Vesuv (der ~) ヴェスヴィオ火山(イタリア南部の活火山).
Veteran [男]《-en/-en》古参[者]; 古参兵; ベテラン, 老練な人; クラシックカー.

veterinär 形 獣医[学]の.
Veto [ヴェート] 中 (-s/-s) 拒否[権].
~recht 中 拒否権.
Vettel 女 (-/-n) 《蔑》むさくるしい老女.
Vetter [フェター] 男 (-s/-n) (女 **-in**) (⦿ cousin) (男の)いとこ；《古》遠縁の男. **~n-wirtschaft** 女 《蔑》縁者〈身内〉びいき, 同族経営.
Vexierbild 中 隠し絵, 紛らし絵. **vexieren** 他 困らせる, 悩ませる；(…を)からかう. **Vexierspiegel** 男 (像をゆがませる)マジックミラー.
Vf. 略 Verfasser 著者；Verfassung 憲法.
v-förmig, V-förmig 形 V 字形の.
v.g. 略 verbi gratia 例えば.
V-Gespräch 中 (国際電話の)パーソナルコール (＜ Voranmeldungs*gespräch*).
vgl. 略 vergleich[e] 参照せよ. **v.,g.,u.** 略 vorgelesen, genehmigt, unterschrieben 決裁済み. **v.H.,vH** 略 vom Hundert 百分の, パーセント.
via 前 《4格支配》…を通じて.
Viadukt 中 (-[e]s/-e) 高架橋.
Vibraphon, ..fon 中 (-s/-e) 《楽》ビブラフォン, ビブラホン. **Vibraphonist, ..fonist** 男 (-en/-en) ビブラフォン奏者.
Vibration 女 (-/-en) 振動. **vibrato** 副 《楽》ビブラート, 音を震わせて.
Vibrator 男 (-s/-en) 振動装置；バイブレーター.
vibrieren 自 震える, 振動する.
Victimologie ＝ Viktimologie.
Video 中 (-s/-s) (主に) ビデオテープ；ビデオ装置. **~band** 中 ビデオテープ.
Video-gerät [ヴィーデオゲレート] 中 (-[e]s/-e) ビデオ装置, ビデオレコーダー. **~industrie** 女 ビデオ産業. **~kamera** 女 ビデオカメラ. **~kassette** 女 ビデオカセット. **~recorder** 男 ビデオコーダー. **~spiel** 中 ＝ Telespiel. **~text** 男 《TV》ビデオテクスト, 文字多重放送.
Videothek 女 (-/-en) ビデオ資料館〈室〉；ビデオ販売〈貸し出し〉店.
Video-überwachung 女 ビデオによる監視. **~verleih** 男 ビデオレンタル〔業〕.
Vieh [フィー] 中 (-[e]s/Viecher) (⦿ cattle) 《集合的》家畜 (vier Stück ＝ 家畜4頭)；《集合的》牛, 家畜；動物, 虫類. ♦ **wie ein Stück ~ behandelt** (人を)家畜のように〔ひどく〕扱う. **~futter** 中 家畜の飼料. **~handel** 男 家畜売買. **~händler** 男 家畜商.
viehisch 形 《蔑》家畜同然の；凶暴な；《話》ひどい, ひどい, ものすごい.
Viehzucht 女 畜産業, 牧畜.
viel [フィール] 不 《不定代名詞・不定代名詞；無変化のことも多い；比較級：**mehr**, 最上級：**meist**》❶ (⦿ many, much) 多くの, たくさんの, 多量の〈多量の〉. ❷ 《名詞的》多数の, あれこれ. ❸ 《副詞的》大いに；たびたび；《比較級と共に》ずっと. ♦ **um ~em** ⇒ in ♦ **so ~** とても多くの〔ことやしの〕A. **~ beschäftigt** 多忙な. **~ besucht** 訪問客の多い〈多々の〉. **~ gefragt** 需要の多い. **~ gereist** 旅行経験の豊かな, 見聞の広い. **~ sagend** 意味深長な, わけありの.
~ versprechend 前途有望な, 将来性のある, 幸先がよい. **zu ~** (⦿ too much) 多すぎる, 余計な, 過度の：Das ist *zu* ~ des Guten (des Guten *zu* ~). 《話》これはありがた迷惑だ│Ich krieg' *zu* ~. 《話》もう我慢ができない│Was *zu* ~ ist, ist *zu* ~. もう我慢ができない.
viel =beschäftigt, =besucht 形
viel ♦ =deutig さまざまの意味に解釈できる, 多義的な, 意味のあいまいな.
Vieleck 中 《数》多角形.
vielerlei 形 《無変化に》さまざまな.
vielerorts 副 あちこちで, 多くの場所で.
vielfach 形 (⦿ in *Vielfaches* 何倍もしくは：はるかに)；たびたびの.
Vielfalt 女 (-/-en) 多様さ, 多彩さ.
vielfältig 形 多様な, 多彩な. **Vielfältigkeit** 女 (-/-) 多様性. **vielfarbig** 形 多色の, 多彩な.
Vielflach 中 (-[e]s/-e) 《数》多面体.
Vielfraß 男 (-es/-e) 《話》大食漢；《動》クズリ.
viel =gefragt, =gereist ⇒ viel ♦ **=gestaltig** 形 形の多様な.
Vielgötterei 女 《宗》多神教.
Vielheit 女 (-/-) 多数, 大量.
vielleicht [フィライヒト] 副 (⦿ perhaps) ひょっとしたら, もしかすると, 多分, 場合によっては《強い期待・要求》；《話》《主観的な心情・驚き》まさか, 何とも；《数詞に》およそ.
vielmalig 形 何回もの.
vielmals [フィールマールス] 副 幾重にも, 〔あいさつの表現で〕くれぐれも, 重ね重ね.
Vielmännerei 女 (-/) 一妻多夫[制].
vielmehr 副 (⦿ rather) むしろ, かえって, 〔もっと〕正確には.
viel =sagend ⇒ viel ♦
Vielschreiber 男 《蔑》多作〈乱作〉家.
viel =seitig 形 多面的な；多才な；《数》多辺[形]の. **Vielseitigkeit** 女 (-/-) 多面性；広範な, 多才. **=stimmig** 形 多くの混じった；《楽》多声部の. **=versprechend** ⇒ viel ♦
Viel =völkerstaat 男 多民族国家. **=weiberei** 女 (-/-) 一夫多妻[制].
Viel =wisser 男 (-s/-) (女 -in) 物知りのかぶれている人. **=zahl** 女 多数.
Vielzweck.. 〔多目的の…〕の意.
Vientiane ビエンチャン (ラオスの首都).
vier [フィーア] 基数 (⦿ four) 4. ♦ **alle ~e von sich³ strecken** strecken **auf allen ~en** 四つんばいになって.
Vier 女 (-/-en) (数字の) 4；(トランプの) 4の札；(さいころの) 4の目；(成績評価の)4 (中の下)；《話》路線番号4のバス(市電).
=augengespräch 中 《話》二人だけでの内密の話し合い.
vierbändig 形 4巻〈冊〉の.
Vierbeiner 男 四つ足動物；《特に》犬.
vier =beinig 形 四本足の, (いすなどの) 4脚の. **=blätterig** 形 四つ葉の；花弁が四つの. **=dimensional** 形 四次元の.
Viereck [フィーアエク] 中 四角形；四辺形. **viereckig** 形 四角[形]の.
Vierer 男 (-s/-) (くじの)四つの当たり数字；『』フォア；『』フォアサム；《方》＝

viererlei 《無変化》4種類の.
Viererreihe 囡 4列: in ~n 4列に並んで. **vierfach** 厖 4倍(4重)の. **Vierfarbendruck** 男 [-(e)s/-e]4色刷り; 4色印刷物.
Vier-flach 囲 [-[e]s/-e] 四面体. **=füßer** 男 [-s/-] 四足(と)動物.
vierfüßig 厖 四つ足の; 《詩》4脚韻の.
Vierganggetriebe 囲 4段変速ギア.
viergeschossig 厖 5階(4階)建ての.
Viergespann 囲 4頭立ての馬車.
vier-händig 厖 4手の(二人で)連弾の. **=hundert** 《基数》400. **=jährig** 厖 4年間の;4歳の. **=jährlich** 厖 4年ごとの.
Vierkant-eisen 囲 角鋼. **vierkantig** 厖 4稜(角)の.
Vierkant-schraube 囡 四角ボルト.
Vierling 男 [-s/-e] 四つ子の1人; (英米仏ソのベルリンに関する) 四か国協定 (1972年).
vier-mal 副 4回; 4倍. **=malig** 厖 4回〈倍〉の. **=motorig** 厖 《空》4発[エンジン]の.
Vierrad-antrieb 男 (自動車の)四輪駆動. **vierrädrig** 厖 四輪の.
vierschrötig 厖 (男性が)がっしりした, ごつい. **=sitzig** 厖 4人乗り〈掛け〉の.
Vierspänner 男 [-s/-]4頭立ての馬車.
vier-spännig 厖 4頭立ての. **=spurig** 厖 4車線の. **=stellig** 厖 4桁の. **=stimmig** 厖 《楽》4声部の. **=stöckig** 厖 5階〈4階〉建ての.
viert [フィーアト] 《序数》(④ fourth) 4番目の.
vier-tägig 厖 4日間の; 生後4日の. **=täglich** 厖 4日ごとの.
Viertaktmotor 男 4サイクルエンジン.
viertausend 《基数》4000.
vierteilen 動 四つに分ける, 4等分する.
vierteilig 厖 4分された, 4部から成る.
viertel [フィルテル] 《分数》4分の1の.
Viertel [フィルテル] 囲 [-s/-] (※《四》[-s/-]) (‹ quarter) 4分の1;15分間; 囲 4分音符; (町の特定の)区域, 地域, 地区. **=finale** 囲 《ス》準々決勝, クォーターファイナル. **=jahr** 囲 3か月, 四半期. **=jahrhundert** 囲 四半世紀,25年間. **=jährig** 厖 3か月ごとの;3か月間の. **=jährlich** 厖 3か月ごとの; 副 3か月ごとに.
Vierteljahrs-schrift 囡 季刊誌, クォータリー.
vierteln [フィルテルン] 動 4分割する.
Viertelstunde [フィルテルシュトゥンデ] 囡 [-/-n]15分[間].
viertel-stündig 厖 15分間の. **=stündlich** 厖 15分ごとの.
viertens 副 4番目に, 第4に.
vierund.. [10位の数]4と…, …4.
Vierwaldstätter See (der ~) フィーアヴァルトシュテッテ湖(スイス中部の, 四つのヴァルトシュタット Uri, Schwyz, Unterwalden, Luzernの間にある).
vierzehn [フィルツェーン]《基数》(④ fourteen) 14.
Vierzehnheiligen フィルツェーンハイリゲン(Bayern のリヒターフェルスにある巡礼地).
vierzehnhundert 《基数》1400[の].
vierzehnt 《序数》14番目の.
vierzehn-tägig 厖 2週間の; 生後2週間の. **=täglich** 厖 2週間ごとの.
vierzehntel 《分数》14分の1[の].
vierzig [フィルツィヒ] 《基数》(④ forty) 40.
vierziger 《無変化》(ある世紀の)40年代の; (人が)40代の. **Vierziger** 男 [-s/-](※ **-in**)40歳代の人; (囲) 40歳代; (囲)40と記された物.
vierzigjährig 厖 40年の;40歳の.
vierzigst 《序数》40番目の.
vierzigstel 《分数》40分の1[の].
Vierzimmerwohnung 囡 4室住居.
Vierzylinder 男 4気筒エンジン[車].

Vietnam ベトナム. **Vietnamese** 男 [-n/-n] (囡 ..**sin**/-**nen**) ベトナム人. **vietnamesisch** 厖 ベトナム[人, 語]の.

Vignette [ヴィニエテ] 囡 [-/-n] 《印》ビネット(書物の扉・章尾・章尾につける飾り模様); 《写》ぼかし枠(輪郭をぼかすための枠); 《交》アウトバーン利用料金券.
Vikar 男 [-s/-e] (囡 -**in**) 《宗》助任司祭; 《宗》副牧師; (狭》補助教員.
Viktimologie 囡 [-/-] 《法》被害者学.
Viktor (男名) ヴィクトール.
Viktoria (女名) ヴィクトリア; 囡 《神》ヴィクトリア(勝利の女神); 囲 [-s/-s] 勝利. **=** (② [-/-s]) 勝利.
Villa 囡 [-/Villen] (庭園を巡らした)邸宅, 豪邸; (郊外・田舎の)別荘.
Villenviertel 囲 高級住宅街.
Vinkulation 囡 [-/-en] 《商》 (有価証券の)譲渡制限. **vinkulieren** 働 《商》(有価証券の)譲渡を制限する.
Vinyl 囲 [-s/] 《化》ビニール.
Viola ❶ [ヴィオーラ] 囡 [-/..len] 《楽》ビオラ. ❷ [ヴィーオラ] 囡 [-/..len] 《植》スミレ属.
violett [ヴィオレット] 厖 すみれ色の, 紫色の.
Violine 囡 [-/-n] 《楽》バイオリン. **Violinist** 男 [-en/-en] (囡 -**in**)バイオリン奏者, バイオリニスト.
Violin-konzert 囲 バイオリン協奏曲. **=schlüssel** 囲 《楽》高音部(ト音)記号.
Violoncello [ヴィオロンチェロ] 囲 チェロ.
Viper 囡 [-/-n] 《動》マムシ; 毒蛇.
viral 厖 《医》ウイルスによる, ウイルス性の.
Viren ⇒ Virus
virtuell 厖 《物》潜在的な, 仮想の: *Virtuelle Realität* 《コンピ》バーチャルリアリティー, 仮想現実.
virtuos 厖 技量の卓越した, 名人芸の. **Virtuose** 男 [-n/-n] (囡 ..**sin**/-**nen**) (芸術の, 特に音楽の)巨匠, 名人. **Virtuosität** 囡 [-/] (芸術, 特に音楽の)妙技, 名人芸, 離れ業.
virulent 厖 毒性の; 危険な, 害毒を及ぼす.
Virus 囲 [-/..ren] 《生》ウイルス, ビールス. **=krankheit** 囡 《医》ウイルス性疾

患. =**träger** [男] ウイルス保菌者.

Visa ⇨ Visum

Visage [ヴィザージェ] [女] 《-/-n》 《蔑》 顔, つら. **Visagist** [男] 《-en/-en》 ([女] **-in**)美顔術専門家; 〘劇・映〙 美粧係, メーキャップアーティスト.

vis-a-vis, vis-à-vis [ヴィザヴィー] 《[ｽｲ]・南部》 ❶ [前] 《3格支配》 …と向かい合わせに, …の向かい側に. ❷ [副] 向かい合って, 向かい側に. **Visavis** [ヴィザヴィー] [中] 《-[ヴィザヴィー[ス]] /-[ヴィザヴィース]》 向かいの席の人, 向かいの家.

Visen ⇨ Visum

Visier [中] 《-s/-e》 (中世の甲冑の)ほお当て, 眉庇(まびさし); (ヘルメットの)バイザー, 風防; (銃の)照準装置, 照尺. ✦ *das ~ herunter|lassen* 手の内を見せない. *mit offenem ~ kämpfen* 正々堂々と戦う.

Vision [女] 《-/-en》 幻影, 幻覚, 幻; 幻視, 幻想; 未来像, ビジョン. **visionär** [形] 幻影〈幻覚〉の; 幻想的な; 架空の.

Visitation [女] 《-/-en》 (所持品などの)検査; 〔家宅〕捜索.

Visite [女] 《-/-n》 回診; (医師・看護婦からなる)回診グループ; 〔表敬〕訪問. **~n**=**karte** [女] 名刺. ✦ *seine ~ hinterlassen* 《蔑》 悪評〈悪名〉を残す.

visitieren [他] (所持品などを)検査する; 捜索〈捜査〉する.

Viskose [女] 《-/》 〘化〙 ビスコース(人造繊維などの原料).

Viskosität [女] 《-/》 〘化〙 粘性.

Vista [女] 《-/》 〘商〙 (手形の)一覧, 提示. =**wechsel** [男] 〘商〙 一覧払い手形.

visuell [形] 視覚的な, 視覚の, 目で見た.

Visum [ヴィーズム] [中] 《-s/**Visa, Visen**》 査証, ビザ.

vital [形] 生命の, 生体に関する; 生命力〈活気〉のある, 生き生きとした; きわめて重大な, 生命の維持に必要な. **Vitalfunktion** [女] 〘生理〙 生体機能(呼吸・血液循環・体温調節・新陳代謝など). **Vitalität** [女] 《-/》 生命力, 活力; バイタリティ.

Vitamin [中] 《-s/-e》 ビタミン. ✦ *~ B* 《戯》 コネ, つて(Beziehungen の B にかけて). **vitaminarm** [形] ビタミンの乏しい. **vitaminieren** [他] (…に)ビタミンを添加する. **Vitaminmangel** [男] ビタミン欠乏〈不足〉. **vitaminreich** [形] ビタミンの豊富な.

Vitrine [女] 《-/-n》 (ガラス張りの)陳列〈展示〉ケース, ショーケース; ガラス戸棚.

vivace [副] 〘楽〙 ビバーチェ, 活発に.

Vivarium [中] 《-s/ ..rien》 (小動物の)飼育器, テラリウム; 飼育室.

Vivisektion [女] 《-/-en》 生体解剖.

Vize.. [フィ〈ヴィ〉ーツェ] 「代理の…, 副…」の意.

Vize=**admiral** [男] 《-s/-e (..räle)》 海軍中将. =**kanzler** [男] 連邦副首相; (大学の)事務局次長. =**könig** [男] 副王, 総督. =**präsident** [男] 副大統領; 副議長〈会長, 長官, 学長〉.

v.J. [略] *v*origen 〈*v*ergangenen〉 *J*ahres 昨年に〈の〉; *v*origes 〈*v*ergangenes〉 *J*ahr 昨年に; *v*om *J*ahr[e]... …年の.

Vlg. [略] *V*er*l*a*g* 出版社.

Vlies [フリース] [中] 《-es/-e》 羊毛; 《雅》 羊の毛皮; 〘織〙 フリース: das Goldene ～〘ギ神〙 金羊毛皮.

Vlissingen フリシンゲン(オランダ南西部, 北海に臨む港湾都市).

v.l.n.r. [略] *v*on *l*inks *n*ach *r*echts 左から右へ. **vm.** [略] *v*or*m*ittags 午前〔中〕に. **v.M.** [略] *v*origen 〈*v*ergangenen〉 *M*onats 先月に〈の〉; *v*origen 〈*v*ergangenen〉 *M*onat 先月に.

V-Mann [男] 《-[e]s/V-Männer, V-Leute》 連絡員; 情報提供者.

Vn. [略] *V*or*n*ame. **VN** [複] *V*ereinte *N*ationen 国連. **v.o.** [略] *v*on *o*ben 上から.

Vogel [フォーゲル] [男] 《-s/**Vögel**》 ([小] **Vögelchen, Vöglein**) ❶ ([英] bird)鳥. ❷ 《話》 《形容詞とともに》 (…な)人. ✦ *den ~ ab|schießen* 《**mit** *et*³》 (…で)他を圧倒する; 抜群の成績をあげる. *den 〈einen〉 ~ zeigen* 《*j*³》 (自分の額を指でつついて人に)おまえはどうかしているぞというしぐさをする. *Der ~ ist ausgeflogen.* 《話》 訪ねる相手は留守だった; 相手は逃げてしまった. *einen ~ haben* 《話》 (頭が)いかれている. *Friss, ~, oder stirb!* 《話》 ほかに方法がない, やるしかない.

Vogel=**bauer** [中] ([男])鳥かご. =**beerbaum** [男] 〘植〙 ナナカマド〔の木〕. =**beere** [女] 〘植〙 ナナカマドの実. =**beobachter** [男] 野鳥観察家, バードウォッチングをする人. =**beobachtung** [女] 野鳥の観察, バードウォッチング.

vogelfrei [形] 法の保護を奪われた.

Vogel=**haus** [中] (動物園などの)鳥小屋. =**kirsche** [女] 〘植〙 セイヨウミザクラ. =**kunde** [女] 鳥類学.

vögeln [動] 《卑》 《*j*⁴/**mit** *j*³》 (人と)性交する.

Vogel=**perspektive** [女] 鳥瞰(ちょうかん). =**scheuche** [女] 《-/-n》 かかし; 《蔑》 服装の悪趣味な〈やせっぽちの〉人. =**schutz** [男] 鳥類保護.

Vogel-Strauß-Politik [女] 現実〈危険〉を直視しない政策〈態度〉.

Vogel=**warte** [女] (渡り鳥調査の)鳥類観察所. =**zug** [男] (春秋の)鳥の渡り.

Vogt [男] 《-[e]s/Vögte》 (中世の封建領主の権限を代行する)執事, 城代; (帝国直轄地の)代官; 《古》 後見人.

Vogtland (das ～)フォークトラント(ドイツ Sachsen 地方南西部の丘陵地帯).

Voice=**mail** [女] 〘[ｺﾝﾋﾟｭｰﾀ]〙 ボイスメール. =**recorder** [男] ボイスレコーダー.

Vokabel [女] 《-/-n》 ([ｵｰｽﾄﾘｱ][中] 《-s/-》)(特に外国語の)単語; 表現, 言葉.

Vokabular [中] 《-s/-e》 《集合的》 語彙(ごい), 用語; 語彙〈単語〉表; 語彙索引.

vokal [形] 声楽〔用〕の.

Vokal [男] 《-s/-e》 〘言〙 母音. =**musik** [女] 声楽.

vol. [略] *Vol*umen (書物の)巻, 冊.

Volant [ヴォラー[ン]] [男] ([ｽｲ][中])《-s/-s》 (婦人服などの)ひだ飾り; 《[ｵｰｽﾄﾘｱ]・[ｽｲ]》 (自動車の)ハンドル.

Voliere [女] 《-/-n》 (動物園などの)鳥類舎.

Volk [フォルク] [中] 《-es (-s) /**Völker**》 ([小] **Völkchen**)([英] folk, people)民族, 国民, 人民; 民衆, 大衆, 庶民; 《話》 人々; 群衆; (ミツバチ・アリなどの)群れ. ✦ *dem ~ aufs Maul schauen* 民衆の言葉に注目す

Völker ⇒ **Volk**

Völker-ball 陽 《球技》ドッジボール．**-bund** 陽 《史》国際連盟(1920-46)．**-kunde** 囡 民族学．**-mord** 陽 《民族・種族などに対する》大量殺戮, ジェノサイド．

Völkerrecht 中 《法》国際法． **völker-rechtlich** 形 国際法《上》の．

Völkerschaft 囡 《-/-en》種族, 部族．

Völkerwanderung 囡 《史》(特に2-8世紀のゲルマン諸族の)民族[大]移動. 《話》多数の人々の移動．

völkisch 形 民族〈国〉の; (ナチス用語として)民族主義的な, 国粋的な．

Volks-abstimmung 囡 国民〈住民〉投票．**-armee** 囡 人民軍．**-ausgabe** 囡 《古》(書籍の普及〈廉価〉版)．**-bank** 囡 《経》国民銀行, 信用組合．**-befragung** 囡 世論調査．**-begehren** 中 《政》国民発案; 住民〈国民〉請願．**-bildung** 囡 (旧東独の)国民教育; 《古》国民教育, 成人教育．**-buch** 中 (15, 6世紀の)民衆〈通俗〉本．**-charakter** 陽 民族〈国民〉性．**-demokratie** 囡 人民民主主義〈国家〉．**-deutsche[r]** 陽 《形容詞的変化》民族上のドイツ人(ナチ用語で1937-45年にドイツ・オーストリア以外, 特に東欧に住んでいたドイツ系住民)．

volks-eigen 形 (旧東ドイツで)人民所有の, 国営の．

Volks-einkommen 中 国民所得．**-empfinden** 中 国民感情, 大衆感覚．**-entscheid** 陽 《政》国民【住民】表決．**-etymologie** 囡 《言》通俗〈民間〉語源【説】．**-fest** 中 民間の祭り; 民衆祭礼．**-front** 囡 人民戦線．**-gericht** 中 (人民裁判の行われる)人民法廷．**-glaube[n]** 陽 民間信仰．**-held** 陽 国民的英雄．**-hochschule** 囡 市民大学, 成人向けの講座．**-kammer** 囡 (旧東独の)最高国家権力機関．

Volks-kunde 囡 民俗学．

volkskundlich 形 民俗学上の．

Volks-lied 中 民謡, 俗謡．**-märchen** 中 民間〈伝承〉童話, 民話．**-menge** 囡 群衆, 人込み．**-mund** 陽 ♦ *im ~* 言い伝えにあるように: その土地らしい言葉で．**-polizei** 囡 (旧東ドイツの)人民警察(⊕ VP; ⊕ Vopo)．**-rede** 囡 ♦ *~n (eine ~) halten* 《話》大演説をぶつ．**-redner** 陽 大衆相手の演説家．**-republik** 囡 人民共和国(⊕ VR)．**-schicht** 囡 社会階層．

Volks-schule [フォルクスシューレ] 囡 《-/-n》《旧》小学校．**-seele** 囡 民の魂, 民心．**-stamm** 陽 (民族内部の)部族, 種族．**-stück** 中 民衆〈大衆〉劇．**-tanz** 陽 民俗舞踊, フォークダンス．**-tracht** 囡 民俗衣装．**-trauertag** 陽 国民哀悼の日(両次大戦の戦死者とナチスの犠牲者を追悼するドイツの国民祝日)．

Volkstum 中 《-(s)/》民族性．

volkstümlich [フォルクステューミリヒ] 形 《⊕ popular》大衆的な, 国民に愛されている; わかりやすい．**Volkstümlichkeit** 囡 《-//》大衆〈通俗〉性; 民族〈国民〉性．

Volks-verhetzung 囡 《-/-en》民衆扇動．**-vertreter** 陽 代議士, 国会議員．**-vertretung** 囡 議会, 国会．**-wagen** 陽 《商標》フォルクスワーゲン(⊕ VW)．**-weisheit** 囡 庶民の知恵．**-wirt** 陽 国民経済学者．**-wirtschaft** 囡 国民経済．**-wirtschaftslehre** 囡 国民経済学．**-zählung** 囡 国勢調査．

voll [フォル] 形 ❶ 《⊕ full》満ちた, いっぱいの, 込んだ: *bis obenhin ~ sein* 《話》満腹である | *~ des innigsten Mitleids sein* 《雅》心底から同情している．❷ 十分な, 完全な．❸ ふっくらした, 豊かな; (時刻が)正時の．❹ ♦ *aus dem Vollen <im Vollen> leben* 裕福に暮らす. *aus dem Vollen schöpfen* (金を)ばっぱと遣う. *in die Vollen gehen* 《話》全力で取りかかる. *ins Volle greifen* (つかむだけ手に入れようとする). *~ besetzt* (席・部屋・地位などが)すべてふさがった, 満席の. *~ füllen* (容器などを)いっぱいに満たす. *~ gießen* (*et*[4] *mit et*[3]) (容器などに)いっぱいに注ぐ. *~ laufen* (容器などが液体で)いっぱいになる. *~ laufen lassen* (容器などを液体で)いっぱいに詰める. *~ laufen lassen* 《*sich*[4]》《話》酔っ払う. *~ machen* (…を)埋める; (…を)汚す; (…を)完成する. *~ packen* (*et*[4] *mit et*[3]) (…に…を)いっぱい詰め込む. *~ pfropfen* (*et*[4] *mit et*[3]) (…に…を)いっぱいに詰め込む. 《*sich*[4]》腹いっぱい食べる. *~ schmieren* 《話》(*et*[4]) (…に)いっぱいに塗りたくる. *~ schreiben* (*et*[4]) (…に)びっしり書く. *~ stopfen* (*et*[4] *mit et*[3]) (…に…を)いっぱい詰め込む; 《*sich*[4]》腹いっぱい食べる. *~ tanken* (車などを)満タンにする. 《話》《*sich*[4]》すっかり酔っ払う. *~ und ganz* 完全に．

voll-.. 《非分離動詞の前つづり》「完全に; 実際に…」の意. **-voll** 「…のある; …の多い」の意. 「…に満ちた」の意．

Voll-aktie 囡 全額払込株．

voll-auf 副 十分に, すっかり, 完全に．

vollaufen = volllaufen．

voll-automatisch 形 全自動の．**-automatisiert** 形 全自動化された．

Voll-bad 中 全身浴．**-bart** 陽 顔一面のひげ．**-beschäftigung** 囡 完全雇用．

vollbesetzt 形 = **voll** ♦

Vollbesitz 陽 完全所有〈保持〉．

Vollblut 中 (特に馬の)純血種; 《医》(血清などに対して)完全血. **vollblütig** 形 純血種の．

Vollbremsung 囡 《-/-en》(車両の完全静止までの)急制動; フルブレーキ．

vollbringen* ⊕ 《雅》成し遂げる, 達成する．

voll-busig 形 豊かな胸をした．**-computerisiert** 形 完全にコンピュータ化された．

Volldampf 陽 《海》全出力, 全速. ♦ *mit ~* 全力をあげて. *~ hinter et*[4] *machen* 《話》(…に)大いにせき立てる．

Vollegefühl 中 《医》膨満感．

vollenden [フォルエンデン, フォレンデン] (vollendete; vollendet) 他 完成する, 仕上げる; 《*sich*[4]》《雅》完結する, 成就する．**vollendet** 形 完べきな．

vollends 副 完全に, すっかり．

voller 形 《無変化》《無冠詞の名詞と》(…

Völlerei 囡 (-/-) 《蔑》暴飲暴食.
Volley 男 (-s/-s) 《ス》ボレー.
Volleyball 男 バレーボール; バレーボール用のボール.
vollführen 他 遂行する, 行う. **voll|füllen**
 Voll-gas 中 ✦ *mit ~* 《話》全速力で. **~ geben** アクセルをいっぱいに踏み込む.
 -gefühl 中 十分な自覚.
voll|gießen* 他⇒ voll ✦ **-gültig** 形 完全な効力を有する.
völlig [フェリヒ] 形 《@ complete》完全《完璧》の, 全くの, まったくの.
volljährig 形 《法》成年の. **Volljährigkeit** 囡 (-/) 成年.
Vollkaskoversicherung 囡 車両（船体）総合保険.
vollklimatisiert 形 冷暖房完備の.
Vollklimatisierung 囡 完全冷暖房.
vollkommen 形 《@ perfect》完全な, 申し分のない, まったくの. **Vollkommenheit** 囡 (-/) 完全(性), 完璧.
Voll-kornbrot 中 (フスマを取り除かないでひいた)全麦パン. **-kraft** 囡 みなぎる生気.
voll|laufen*, **|-machen** 他⇒ voll ✦
Voll-macht 囡 権能, 代理権; 委任状.
-milch 囡 (脱脂前の)全乳.
Vollmond [フォルモント] 男 (-[e]s/) 満月; 《@ 望》形; 《話》はげ頭. ✦ *bei ~* は満月の時に.
vollmundig 形 (酒が)こくのある.
Vollnarkose 囡 全身麻酔.
voll|packen 他⇒ voll ✦
Vollpension 囡 3食付きの宿泊.
voll|pfropfen 他⇒ voll ✦
 =schlank 形 ふくよかな, ふっくらした.
 |-schmieren, |-stopfen 他⇒ voll ✦
vollständig [フォルシュテンディヒ] 形 全部そろった, 完備した, 完全な. **Vollständigkeit** 囡 (-/) 完備; 完全, 完璧.
voll|stopfen 他⇒ voll ✦
vollstreckbar 形 《法》執行できる.
vollstrecken 他 《法》(判決・遺言などを)執行する; (球技)(シュートなどを)決める; (*sich* 4) 《雅》生じる, 行われる.
Vollstrecker 男 (-s/-) 《@ -in》執行者; (球技) シューター. **Vollstreckung** 囡 (-/-en) 執行.
voll|tanken 他⇒ voll ✦
Voll-treffer 男 まともに当たったパンチ; 直撃弾; 決定打; 大当たり, ヒット. **-versammlung** 囡 本会議, 総会.
vollversichert [フォルフェアズィッヒャァト] 形 総合保険に入っている.
vollwertig 形 十分な価値(資格)のある; (代替品などが)完全に等価の.
Vollwertkost 囡 栄養満点の食物, 完全栄養食.
vollzählig 形 全部(全員)そろった.
Vollzähligkeit 囡 (-/) 全部(全員)そろっていること.
Vollzeit-arbeit 囡 ✦ **-beschäftigung** 囡 フルタイムの仕事. **-hausfrau** 囡 専業主婦. **-job** 男 フルタイムの職(アルバイト).
vollziehen* [フォルツィーエン] 《**voll**-

zog; **vollzogen**》他 《@ carry out》実行（遂行）する; 執行する; (*sich*1) 起こる, 行われる: die *~de* Gewalt 《法》 執行権.
Vollzug 男 実行; 執行; 《法》刑の執行, 行刑; 《話》刑務所. **~s-anstalt** 囡 刑務所.
Volontär 男 (-s/-e) 《@ -in》 (商人・記者などの)(新聞雑誌や出版社などの)見習い, 実習生. **volontieren** 自 見習いとして働く.
Volt [ヴォルト] 中 (-(-[e]s) /-) 《電》 ボルト (記号 V).
Volt-ampere [ヴォルトアンペーア] 中 《電》 ボルトアンペア (記号 VA).
Voltmeter 中 《電》電圧計.
Volumen 中 (-s/-/ 《@》 -mina) 体積, 容積; 量; 《総》量; 音量; 響量; 《話-s/..mina》 (書物の)巻, 冊 《@ vol.》.
voluminös 形 容積の大きい, かさばった; (著作などが)大部の, 膨大な.
vom < von dem
von [フォン] 前 《3格支配》 ❶ 《@ from》 《空間的・時間的》…から[離れて]. ❷ 《@ from》 《出所・起源》…から, …の出身の(名前に付けて出身地, 特に貴族の出であることを表す)フォン(@ v.). ❸ 《@ of》 《所有・所属・作者・行為者・行為の対象・日付》 …の, 《@ 部分》…のなか(うち)の. (A von B) A のような B. ❹ 《@ by》 《受動態における行為者》…によって. ❺ 《@ about》 《関連・限定》…について(関して); …の事で. ❻ 《@ of》 《無冠詞名詞と》…の性質(特徴)を持った. ❼ 《原因・理由》…で, …のために. ❽ 《依拠・手段》…によって. ❾ 《無冠詞の名詞に》原料・材料》…によってきた. ✦ *~ et*3 *ab* 《@》 《空間的・時間的》…から. ✦ *~ ... allein[e]* ひとりでに, おのずから. ✦ *~ et*3 *auf* 《時間的》 …から. ✦ *~ et*3 *aus* 《空間的》…から. ✦ *~ A bis BA* から B まで. ✦ *~ et*3 *her* 《空間的・時間的》…から; 《観点》…の点では. ✦ *~ mir aus* 私としては: *Von mir aus!* 私はいいですよ, どうぞご自由に. ✦ *~ A nach BA* から B へ. ✦ *~ nun an* 〈ab〉今から, 今後. ✦ *~ et*2 *wegen* 《無冠詞の名詞と》 (…)に基づいて; 理由で. *Von wegen!* とんでもない, 冗談ではない. ✦ *~ j-et*3 *zu j-et*3 《同じ名詞を繰り返して》 (…)から(…)へと; (…)ごとに.
voneinander 副 お互いから[離れて]; お互いについて.
vonnöten 副 ✦ *~ haben* (…)を必要とする. *~ sein* 必要である.
vonseiten 前 《2格支配》 …の側から; ～ des Feindes 敵方から.
vonstatten 副 ✦ *~ gehen* 行われる; 進行する.
Vopo 囡 (-/) (旧東ドイツの)人民警察 (< **V**olks**po**lizei).
vor [フォーァ] Ⅰ 前 《3格・4格支配》 ❶ 《空間的》 《@ in front of》 《3格》 …の前で(に); …の面前で; 《4格》 …の前へ …の面前へ. ❷ 《時間的》 《3格》 《@ before》 (ある時点より)前に; (@ ago) (今より)…前に. ❸ 《順序・序列》 《3格》 …より先に, …の前に. ❹ 《原因・理由》《無冠詞名詞と》《3格》 …のあまり, …のために. ❺ 《畏怖などの対象を示す語と》 《3格》 …に対して. ❻ 《離脱》 《3格》 …から〔免れて〕. Ⅱ 副 前へ. ✦ *nach wie ~* 相

vor..

も変わらって. **~ allem / ~ allen Dingen** 何よりもまず; とりわけ. **~ sich³ gehen** ⇒ gehen ◆ **~ sich³ haben** ⇒ haben ◆ **~ j-et³ her** (…の前に) 先立って [行く]. **~ sich³ hin** ただなんとなく; ぼんやりと; 漫然と. **~ kurzem** ⇒ kurz ◆ **~ j-et³ vorbei** …の前に来て.

vor.. [分離動詞の前つづり]「前に…,前もって…」;「すぐれて,まさって」;「手本として…」の意.

vorab 副 前もって; まず第一に.
Vor-abend 男 前の晩, 前夜.
=ahnung 女 予感, 胸騒ぎ.
=alpen 複 プレアルプス (アルプス山脈東北部の山地).
voran [フォラン] 副 先頭に [立って]; 抜きんでて; 前方へ.
voran|gehen* 自 (s) 先に立って行く, 先頭を行く; [et³] (…より) 先行する. (…に) 先立つ. (仕事などが) 進展する. **⊦kommen*** 自 (s) 先進する; 成果をあげる; [mit et³] (仕事などが) はかどって行く.
Vor-ankündigung 女 前もって知らせること, 予告. **=anmeldung** 女 予約; (電話の) 指名通話の申し込み. **=anschlag** 男 見積もり, 概算. **=anzeige** 女 (新刊書・映画・芝居などの) 予告, 広告; (映画の) 予告編.
Vorarbeit 女 (仕事の) 下準備; 予備工作 (作業), 根回し. **vor|arbeiten** 自 前もって準備をしておく; 再 [sich³] 努力して上位に進出する. **Vorarbeiter** 男 職工長), 班長.
Vor-arlberg フォーアアルルベルク (オーストリア西部の州).
vorauf 副 先頭に [立って]; ⦅詩⦆ 以前に; ⦅詩⦆前方へ.
voraus [フォラオス] 副 先に立って, 先頭に, 進んで; ⦅海⦆ 前方に. ◆ **im (zum) Voraus** 前もって.
Vorausabteilung 女 先遣隊, 先発隊.
voraus|ahnen 他 予感する. **⊦bezahlen** 他 前払いする. **⊦eilen** 自 (s) 先に立って急ぐ; [et³] (…に) 先行する. **⊦gehen*** 自 (s) 先に立って (先頭を) 行く; [j³ et³] (…に) 先行する. (…に) 先立つ, 先に起こる; **⊦gesetzt** ⇒ vorauzsetzen. ◆ **~, dass...** …だとしたら. **⊦haben*** 他 [vor j³ et³] (人よりも…) を持っている.
Voraus-kasse 女 ⦅商⦆ 前払い, 前納: **gegen ~** 前払いで. **⊦sage** 女 予言; 予報.
voraus|sagen 他 予言する; 予報する. **⊦schauen** 他 予見する. **⊦schicken** 他 (荷物などを) 前もって送る; 前もって述べる. **⊦sehbar** 形 予見可能な. **⊦sehen*** 他 予見する.
voraus|setzen [フォラオスゼッツェン] ⦅setzte voraus; vorausgesetzt⦆ 他 前提とする, 仮定する, 必要とする.
Voraussetzung [フォラオスゼッツング] 女 (/-en) 前提条件, 必要条件 (思考などの基礎となる) 前提, 仮定, 土台.
Voraussicht [フォラオスジヒト] 女 予見, 見通し, 予測; 先見 [の明]. ◆ **aller ~ nach / nach menschlicher ~** まず確実に, きわめて ~ in weiser ~ 正しく先を見通して. **voraussichtlich** ❶ 形 予測される, 公算の大きい.

❷ 副 恐らく, たぶん.
voraus|zahlen 他 前払いする.
Vorauszahlung 女 前払い, 前納.
Vorbau 男 (/-(e)s/-ten) (建物の) 前面の張り出し (バルコニーなど); ⦅話⦆ 豊満な胸 (乳房).
vor|bauen 他 (ベランダなどを建物の前面に) 張り出しとしてつける; [j³ et³] (人に…を) 見本に作ってやる; 自 [et³] (…の) 予防策を講じる: 将来に備える.
Vor-bedacht 男 ◆ **aus (mit, voll) ~** あらかじめよく考えて. **ohne ~** 前もって考えもせずに. **=bedeutung** 女 前兆, 前触れ. **=bedingung** 女 前提条件.
Vorbehalt 男 (/-[e]s/-e) 留保, 条件, 制限. **vor|behalten*** 他 [sich³ et³] (…を) 手元に取っておく, 留保する. **Vorbehaltlos** 形 留保なしの, 無条件での.
Vorbehandlung 女 事前処理; ⦅医⦆ (手術前の) 予備処置.
vorbei [フォーアバイ] 副 ❶ [an j-et³] (…のそばを通り過ぎて; [bei j-et³] (…のところに) 立ち寄って. ❷ (時間的に) 過ぎ去って, 終わって.
vorbei|benehmen* 他 [sich³] ⦅話⦆ 無作法にふるまう. **⊦fahren*** 自 (s) [an j-et³] (乗り物が (で)) …のそばを通り過ぎる; [bei j³/in et³] (乗り物で…のところに) 立ち寄る. **⊦gehen*** 自 (s) [an j-et³] (…のそばを) 通り過ぎる; (弾丸などが) かすめる; ⦅口⦆ 追い抜く; [bei j-et³] (…のところに) 立ち寄る; 過ぎ [消え] 去る.
⊦kommen* [フォーアバイコメン] ⦅kam vorbei; vorbeigekommen⦆ 自 (s) [an j-et³] (…のそばを通りかかる; [an …の通行路で] (…の通過ができる; ⦅話⦆ [bei j-et³] (…のところに) 立ち寄る. **⊦lassen*** 他 通してやる, やり過ごす.
Vorbeimarsch 男 パレード.
vorbei|marschieren 自 (s) [an j-et³] (…のそばを) 行進して通り過ぎる. **⊦reden** 自 [an et³] (…について) 肝心なことに無頓着に話す. ◆ **aneinander ~** 話がかみ合わない. **⊦schießen*** 自 (s) [an j-et³] (…を) 射そこなう; (s) [an j-et³] (…のそばを) さっと通り過ぎる.
vorbelastet 形 ⦅前; 遺伝素質などの⦆ ハンディキャップを負った.
Vorbemerkung 女 (スピーチなどの) 前置き; (著述などの) 序言, 序論.
vor|bereiten [フォーアベライテン] ⦅bereitete vor; vorbereitet⦆ 他 (= präparare) (…の) 準備 (用意) をする; [j³ auf (für) et³] (人に…の) 準備 (心構え) をさせる; [sich³ auf (für) et³] (…の) 準備をする; [自] (…の) 前処備をする.
Vorbereitung [フォーアベライトゥング] 女 (/-/-en) (= preparation) 準備, 用意 ◆ **~en [für et³/zu et³] treffen** […の] 用意をする. **~s-dienst** 男 (公務員候補者が第二次国家試験前に課せられる) 準備実習勤務.
Vor-besitzer 男 前の所有者. **=besprechung** 女 事前の話し合い, 下相談.
vor|bestellen 他 予約注文する. **Vorbestellung** 女 予約注文.
vorbestraft 形 前科のある.
Vorbeugehaft 女 ⦅法⦆ 予防拘禁.

vor|beugen [他] (体の一部を)前へ曲げる〈かがめる〉; 《*sich*^{4}》(体を)前へ曲げる, (身を)乗り出す; [自] 《*et*^{3}》(…を)防止〈予防〉する. **vorbeugend** [形] 予防の. **Vorbeugung** [女] 防止, 予防.

Vorbild [フォーアビルト] [中] 《-[e]s/-er》 手本, 模範, 見本. **vorbildlich** [形] 模範的な. **Vorbildung** [女] 予備知識.

Vorbörse [女] 〘商〙(証券取引所での)立ち会い開始前の取引. **vorbörslich** [形] 〘商〙 立ち会い開始前の.

Vorbote [男] 前〈先〉触れ, 前兆.

vor|bringen* [他] (苦情・要求などを)持ち出す, 述べる; 《話》《*j*^{3} *et*^{4}》(…を人の)前へ持って行く.

vorchristlich [形] キリスト生誕以前の; 西暦紀元前の.

Vordach [中] 庇(ひさし); (玄関などの)張り出し屋根.

vor|datieren [他] (書類などを)先(さき)の日付けにする.

vor|denken* [自] 時代に先駆けて考える〈思索する〉. **Vordenker** [男] ([女] **-in**) 先駆的な思索家〈思想家〉.

vorder [フォルダー] [形] 前方の; 表側の.

Vorder=achse [女] 前車軸. **=ansicht** [女] 〘建〙 正面. **=asien** [中] 西南〈前部〉アジア(北アフリカをのぞき, ほぼオリエントと同義). **=bein** [中] (四足獣の)前脚, 前肢. **=deck** [中] 〘海〙 前部甲板.

Vordere[r] [男] [女] 《形容詞変化》 前にいる人; 《雅》 祖先.

Vorder=front [女] 〘建〙 正面, 前面. **=fuß** [男] (四足獣の)前足. **=gebäude** [中] (通りに面した)表の建物. **=grund** [男] 前景; 前面, 表舞台. ♦ ***im ~ stehen*** 注目を浴びている, きわめて重要である. ***in den ~ rücken*** 〈***schieben, spielen, drängen***〉(人を)前面に立てる; (人に)脚光を浴びせる. ***in den ~ rücken*** 〈***stellen, schieben***〉(…を)強調する. ***in den ~ treten*** 〈***rücken***〉[前面に]現れてくる.

vordergründig [形] うわべの, 表面的な, 見えすいた.

vorderhand [副] 差し当たり, 当分.

Vorder=mann [男] (列・席などで)前に並んで〈座って〉いる人; 〘商〙(手形の)前の裏書人. ♦ ***auf ~ bringen*** 《話》(人を)規律を守るように厳しくしつける; (…を)整とんする. **=österreich** 前部オーストリア(ドイツ南西部にあった Habsburg 家の領地: Elsass, Breisgau, Vorarlberg など). **=rad** [中] (車などの)前輪. **=radantrieb** [男] (自動車などの)前輪駆動. **=schinken** [男] (豚の)肩肉. **=seite** [女] 表側, 前面. **=sitz** [男] 前部座席.

vorderst [形] いちばん前の, 先頭の.

Vorder=teil [中] [男] 前部. **=tür** [女] 玄関口[のドア]; (自動車などの)前部ドア.

vor|drängen [再] 《*sich*^{4}》 強引に前へ出[ようとす]る; 出しゃばる. **|dringen*** [自] (s)前へ突き進む; (軍隊などが)進出する; (思想などが)浸透〈普及〉する.

vordringlich [形] 緊急〈火急〉の, 最も重要な.

Vordruck [男] (枠などの印刷してある)記入用紙; 〘印〙 見本刷り.

vorehelich [形] 結婚前の.

voreilig [形] 性急な, 早まった.

voreinander [副] 向かい合って; 相対して; 前後に並んで.

voreingenommen [形] 先入観にとらわれた. **Voreingenommenheit** [女] 《-/》 先入観, 偏見.

vor|enthalten* [他] 《*j*^{3} *et*^{4}》([不当に]人に…を)渡さない, 知らせない.

Vor=entscheidung [女] 仮決定; 〘スポーツ〙 予選. **=entwurf** [男] 予備設計[図].

vor=erst [副] 最初に; 差し当たり.

Vorfahr [男] 《-en/-en》([女] **-in**)(直系の)先祖. **Vorfahre** [男] 《-n/-n》([女] **..rin**) = Vorfahr.

vor|fahren* [自] (s) 《**bis zu** *et*^{3}》(乗り物で…まで)真っ直ぐ進む; (乗り物が〈で〉)玄関先へ乗りつける; 〘交通〙 優先的に通行する.

Vorfahrt [フォーアファールト] [女] 《-/》(交差点での)優先通行[権], 先行[権]. **vorfahrt[s]berechtigt** [形] 優先通行権のある.

Vorfahrts=recht [中] 優先通行権. **=straße** [女] 優先道路.

Vorfall [フォーアファル] [男] 《-[e]s/..fälle》([英] occurrence)(よくない)できごと, 事件, ハプニング; 〘医〙 脱出[症].

vor|fallen* [自] (s)(事件などが不意に)起こる; 《話》 前へ落ちる〈垂れる, 倒れる〉; 〘医〙 脱出する.

Vor=feld [中] 〘軍〙 前地(防衛線の前方); 〘文法〙(文の)前域. **=film** [男] (主要作品の前に上映される)短編映画.

vor|finanzieren [他] 〘経〙(本融資の前に)事前に短期の信用貸しをする. **Vorfinanzierung** [女] 〘経〙(短期の外部資金による)事前金融.

vor|finden* [他] (ある場所に行って)見い出す, 見つける.

Vor=freude [女] 楽しみに待つ喜び. **=frühling** [男] 早春.

vor|fühlen [自] 《[**wegen** *et*^{2}] **bei** *j*^{3}》([…について]人の)意向を探る.

vor|führen [フォーアフューレン] 《führte vor; vorgeführt》[他] 《[*j*^{3}] *et*^{4}》([人に]映画などを)見せる, 上映〈上演〉する; 展示する; 実演する.

Vorführ=gerät [中] 〘写〙 プロジェクター; 〘経〙 展示器具. **=raum** [男] 映写室.

Vorführung [女] 披露, デモンストレーション, 展示; 映写; 上演; 〘法〙 勾引(こういん). **Vorführwagen** [男] 展示〈試乗〉用の新車.

Vorgabe [女] 基準; 〘スポーツ〙(弱い方に与える)ハンディキャップ, ハンデ. **=zeit** [女] 〘経〙 予定納期.

Vorgang [フォーアガング] [男] 《-[e]s/..gänge》 できごと; 事件; 過程, プロセス; 《集合的》 関係書類.

Vorgänger [フォーアゲンガー] [男] 《-s/-》([女] **-in**)前任〈先任〉者. **vorgängig** [副] 《スイス》(時間的に)その前に; 前もって.

Vorgarten [男] 前庭.

vor|gaukeln [他] 《*j*^{3} *et*^{4}》(人に…を)信じ込ませる. **|geben*** [他] (…であると)偽る; うその主張をする; (エプロンなどを)前につけさせる; 〘スポーツ〙 《*j*^{3} *et*^{4}》(人に…を)ハンディキャップとして与える; (基準などを)設定する; 〘コンピュータ〙 プリセットする.

Vorgebirge [中] (高山・山脈を後ろに控え

vorgeblich — 706

た)前山(ぜん); 前衛の山; 《話》豊満な胸.
vorgeblich 形 自称の; 表向きの.
vor･gefasst (⊕ =**gefaßt**) 形 あらかじめ抱いた〈考え・判断など〉. =**gefertigt** 形 (建築部品などの)プレハブの.
Vorgefühl 中 ⇒ **vorführen** =**gehabt** ⇒ **vorhaben**
vorgehen* 自 (s)前へ進み出る, 前進する; 先に行く; 《時計が》進んでいる; (…な)態度〈措置〉をとる, (…と)行動する; 《j-et³》(…よりも)優先する. **Vorgehen** 中 やり方, 行動.
vorgekommen ⇒ **vorkommen**
vorgelesen ⇒ **vorlesen**
vorgenannt 形 前述の, 上記の.
vorgenommen ⇒ **vornehmen**
Vorgericht 中 《料》前菜.
vorgerückt ⇒ **vorrücken**
Vorgeschichte 囡 先史時代; 先史学; 前史; いきさつ; 来歴, (今までの)事情; 既往歴. **vorgeschichtlich** 形 有史以前の, 先史時代の.
vorgeschlagen ⇒ **vorschlagen**
Vor･geschmack 男 前もっての感触〈雰囲気〉, 予感. =**gesetzte[r]** (形容詞変化に)上司, 上役. =**gespräch** 中 事前の話し合い, 予備会談.
vorgestellt ⇒ **vorstellen**
vorgestern 副 おととい, 一昨日. ◆ **von** ～《話》古くさい.
vorgestrig 形 おとといの; 古くさい, 時代遅れの.
vorgezogen ⇒ **vorziehen**
vorgreifen* 自 《j-et³》(…に)先んじる, (…を)出し抜く; (…に)先取りする; (決定などを)持ちすぎる.
Vorgriff 男 先回り, 先取り.
vorgucken 自 《話》前の方を見る; (物陰から)前をのぞいて見える.
vorhaben* [フォーアハーベン] 他 《hatte vor, vorgehabt》(⊕ intend)計画〈予定〉する, (…)するつもりでいる. **Vorhaben** 中 《-s/-》意図, もくろみ, 計画.
Vorhalle 囡 玄関ホール; (劇場・ホテルの)ロビー, ラウンジ.
vorhalten* 他 前へ差し〈突き〉出す; (…に)当てがう; 《j-et³》(人の…を)とがめる, 非難する; 自 長持ちする; 持ちこたえる. **Vorhaltung** 囡 《-/-en》とがめ立て, 非難.
Vorhand 囡 《-/》(テニスなどの)フォアハンド[ストローク].
vorhanden [フォーアハンデン] 形 手元にある, 存在する. **Vorhandensein** 中 現存, 存在.
Vorhang [フォーアハング] 男 《-[e]s/ ..hänge》(⊕ curtain)(厚手の)カーテン; (舞台の)幕; カーテンコール. ◆ **der eiserne** ～ (舞台と客席の間の)防火シャッター. **der Eiserne** ～ 鉄のカーテン.
Vorhänge･schloss (⊕ =**schloß**) 中 南京(なんきん)錠.
Vorhaut 囡 (陰茎の)包皮.
vorher [フォーアヘーア, フォーアヘア] 副 (時間的に)その前に; あらかじめ, 前もって.
vorher･bestimmen 他 前もって定める. ⊢**gehen*** 自 (s) 《j-er³》(…に)先行する.

vorherig 形 事前の, あらかじめの.
Vorherrschaft 囡 優勢, 優位; 覇権.
vorherrschen 自 支配的である, 優勢である.
Vorhersage 囡 予言, 予想, 予報.
vorher･sagen 他 予言する; (天気などを)予報する.
vorhersehbar 形 予見できる.
vorhersehen* 他 予見する.
vorheucheln 他 《話》《j³ et⁴》(人に…の)ふりをする.
vorhin [フォーアヒン, フォーアヒン] 副 さっき, ついさしがた.
Vorhinein (⊕ **vorhinein**) ◆ **im** ～ 《ぼう》前もって; あらかじめ.
Vor･hof (建物の)前庭; (心臓の)心房. =**hut** 囡 《軍》前衛.
vorig [フォーリヒ] 形 すぐ前の, この前の.
Vorjahr 中 昨年; 前年. **vorjährig** 形 昨年(去年)の; 前年の.
Vor･kämpfer 男 先駆者, パイオニア. =**kasse** 囡 前払い, 前納: **gegen** ～ 前払いで.
vorkauen 他 《j³ et⁴》(子供に食物を)かみ砕いて与える; 《話》(人に…を)かんでふくめるように教える.
Vorkauf 男 先買い. ～**s-recht** 中 《法》先買(さきがい)権.
Vor･kehrung 囡 《-/-en》事前(予防)措置, 予備知識. =**knöpfen** 自 《sich³ j⁴》(人を)とがめる; 《sich³ et⁴》(…に)取り組む.
vorkommen* [フォーアコメン] 《**kam vor; vorgekommen**》自 (s) (⊕ occur)起こる; 《j³》(人の身に)起こる; 存在する, 現れる; 《j³》(人には…のように)思われる; 前方へ出てくる. **Vorkommen** 中 存在, (生物の)生息, 発生, 生起; (地下資源の)埋蔵. **Vorkommnis** 中 《-ses/-se》(不愉快な)できごと, 事件.
Vorkriegs･generation 囡 戦前の世代, 戦前派. =**zeit** 囡 戦前の時代.
vorladen* 他 《法廷などへ人を》召喚する, 出頭させる. **Vorladung** 囡 呼び出し, 召喚, 出頭命令書.
Vorlage 囡 提示, 提出; 見本, 手本; 《印》版下; 議案, 法案; 《ス》アシストパス; 《ス》前傾姿勢.
vorlassen* 他 (人を)先に行かせる, (人に)順番を譲る.
Vor･lauf 《ス》一次予選レース; 《化》(蒸留の最初の)初留分; (テープ・フィルムの)早送り. =**läufer** 男 先駆者; 先ぶれ, (現行のものの)前身.
vorläufig [フォーロイフィヒ] 形 差し当たりの, 一時的な, 仮の; 一応.
vorlaut 形 出しゃばりの, 生意気な.
Vorleben 中 経歴, 前歴.
Vorlegebesteck 中 《料》カービングセット(切り分け用ナイフ・フォーク・スプーン).
vorlegen 他 前へ置く; 《j³》(人の…に)…を提示(提出)する; 公表する; 《sich⁴》身を乗り出す, 前かがみになる.
Vorleger 男 《-s/-》(玄関・浴槽などの前に置く)マット. **Vorlegungsfrist** 囡 (手形・小切手などの)提出期間.
vorlesen* [フォーアレーゼン] 《**las vor; vorgelesen**》他 《j³ et⁴》(人に…を)読んで聞かせる, 朗読する. **Vorleser** 男 朗読者.

vorschlagen

[劇]ナレーター.

Vorlesung [フォーレーズング] 女 (-/-en) (⦿ lecture)(大学などの)講義；朗読. **~s‐verzeichnis** 中 (大学の)講義目録.

vorletzt 形 最後から2番目の；前の前の.

vorlieb ♦ **~ nehmen** 《mit *j-et*³》(…で)満足〈我慢〉する. **Vorliebe** 女 特に好むこと, 偏愛. **vorliebnehmen*** 自⇨ vorlieb ♦

vor|liegen* 自 《*j-et*³》(…の)手元にある, (…に)提出されている；(本などが)出版されている；存在する；(錠などが)掛かっている. **ト|lügen*** 他 《*j*³ *et*⁴》(人に…を)まことしやかに話す.

vorm [話] < vor dem
vorm. 略 vormals；vormittags.

vor|machen 他 《*j*³ *et*⁴》(人に…を)やって見せる, 教える；《*j*³ *et*⁴》(人に…を)欺き信じさせる.

Vormacht 女 優位, 主導権. **=stellung** 女 優位, 主導的立場.

vormalig 形 以前の, かつての. **vormals** 副 以前に, かつて(⦿ vorm.).

Vor‐mann 男 前任者；職工長, 頭(かしら)；[商](手形)の前の裏書人. **=marsch** 男 (軍隊などの)前進.

vor|merken 他 (予約などを)書き留めておく, メモする.

vormittag 副 (…の)午前中に：heute〈gestern, morgen〉 **~** 今日〈昨日, 明日〉の午前中. ♦

Vormittag [フォーミッタック] 男 (-[e]s/-e) (⦿ morning)午前：des **~s** [雅] 午前に. ♦ **heute** ⟨**gestern, morgen**⟩ **~** 今日⟨昨日, 明日⟩の午前中の.

vormittags [フォーミッタークス] 副 午前中に(⦿ vorm., vm.).

Vormund 男 [法] 後見人. **Vormundschaft** 女 (-/-en) [法] 後見.

vorn ① [フォルン] 副 前に, 先頭に：表[側]に. ② [フォーレン] [話] < vor den ♦ **von ~** 前方から：最初⟨冒頭⟩から. **von ~ bis hinten** [話] 終始, 徹頭徹尾.

Vorname [フォーナーメ] 男 (-ns/-n) (姓に対する)名, 名前；洗礼名.

vorne 副 = vorn ①

vornehm [フォーネーム] 形 高級な, エレガントな, 気高い, 高尚な；上流階級の.

vornehmen * [フォーネーメン] (**nahm vor, vorgenommen**) 他 《*sich*³ *et*⁴》(…を)企てる, 決心する；《助⇨ ~ 》(…に)取りかかる；(人を)優先的に扱う《動作名詞と》(…を)行う.

Vornehmheit 女 (-/-) 上品, 高貴, 気品, 洗練；高潔.

vornehmlich 副 [雅] とりわけ.

vor|neigen 他 《*sich*⁴》身をかがめる；おじぎをする.

vornherein 副 ♦ **im** ⟨**zum**⟩ **Vornherein** [スイス] 最初から, ただちに. **von ~** はじめから；最初から.

vornhin 副 前方〈先〉へ.

vornüber 副 前かがみに, 前のめりに.

vorweg 副 先頭に立って；前もって.

Vorort [フォーオルト] 男 (-[e]s/-e)郊外, 近郊, (都市の)周辺. **~s‐zug** 男 近郊列車.

vor|planen 他 あらかじめ(前もって)計画する. **Vorplanung** 女 準備計画.

Vor‐platz 男 (大きな建物の前の)広場, (家の)玄関ホール. **=posten** 男 [軍]前哨(しょう).

vor|preschen 自 (s) [話] 突き進む；突っ走る. **=programmiert** 形 前もってプログラムに組み込まれた.

Vorprüfung 女 予備〈一次〉試験.

Vorrang [フォーラング] 男 (-[e]s/) 優位, 優先[権]. **vorrangig** 形 上位(優位)の；優先的な. **Vorrang‐stellung** 女 上位, 優位.

Vorrat [フォーラート] 男 (-[e]s/..räte) (⦿ stock)蓄え, 備蓄；在庫, ストック.

vorrätig 形 蓄えてある, 在庫の.

Vorrats‐kammer 女 [食品]貯蔵室. **=raum** 男 貯蔵室(場所).

Vorraum 男 控え室.

vor|rechnen 他 《*j*³ *et*⁴》(人に…を)計算してみせる；(人に欠点などを)並べ立てる.

Vor‐recht 中 特権；優先権. **=rede** 女 前口上, 前置き；[古] (本の)序文, まえがき. **=redner** 男 前口上を述べる人；先にスピーチをする(した)人.

vor|richten 他 [方]整える, 支度する. **Vorrichtung** [フォーリヒトゥング] 女 (-/-en) 装置, 設備, 仕組み.

vor|rücken 他 前へ動かす：(時計の針を)進める；自 (s)前へ進む；(時間が)たつ；[軍]進軍する.

Vorruhestandregelung 女 定年前退職(退官)規定.

Vorrunde 女 予備〈一次〉予選.

Vors. 略 Vorsitzende；Vorsitzer.

vors [話] < vor das

vor|sagen 他 《*j*³ *et*⁴》(人に…を)手本として読み上げる；こっそり教える.

Vor‐saison 女 シーズン前の時期. **=sänger** 男 (合唱の)先唱者；(聖歌の)前唱者.

Vorsatz 男 決意, 意図；[法] 故意；(本の)見返し. ♦ ***Der Weg zur Hölle ist mit guten Vorsätzen gepflastert.*** [諺] よき意図も実行を伴わねば破滅に通じる(地獄への道はよき意図で敷き詰められている). **vorsätzlich** 形 故意の, 計画的の.

Vorsatzlinse 女 [写]補助レンズ.

Vor‐schau 女 将来の見通し, 予見；(映画・テレビなどの)予告編. **=schein** 男 ♦ **zum ~ bringen** (…を)出現させる. **zum ~ kommen** 出現する；現れる.

vor|schicken 他 前方へ送る；前もって送る, 先発させる. **ト|schieben*** 他 前に押し出す；(部隊などを)前進させる；(人を)前面に押し立てる；口実にする；《*sich*³》(人々を)押し分けて前に進む. **ト|schießen*** 他 (s)前へ飛び出す；自 《*j*³ *et*⁴》(人に…を)前払いする.

Vorschlag [フォーシュラーク] 男 (-[e]s/..schläge) (⦿ proposal)提案, 申し出；[楽]前打音；[印] (本文・章・節の)冒頭余白. ♦ **in ~ bringen** (…を)推薦する；提案する.

vorschlagen * [フォーシュラーゲン] (**schlug vor, vorgeschlagen**) 他 (⦿ propose) 《*j*³ *et*⁴》(人に…を)提案する；(…)してはどうかと言う；(人を)推薦する.

Vorschlaghammer 男 (鍛造用の)大ハンマー. **Vorschlagswesen** 中 (企業内の)提案制度.

Vorschluss-runde [..schluß=] 女 [スポーツ] 準決勝, セミファイナル.

vorschnell 形 早まった, 軽率な.

vor|schreiben* 他 (j³ et⁴) (人に…を)手本として書いてみせる; (人に…を)指示する; (人に規則などを)定める. ├**schreiten*** 自 (s) (時が)経過する; (仕事が)進行する, はかどる.

Vorschrift [フォーアシュリフト] 女 (-/-en) 指示, 規定, 規則.

vorschrifts-mäßig 規則どおりの. **=widrig** 規則違反の.

Vorschub ✦ **~ leisten** (j-et³) (…を)援助(助長)する.

Vorschul-alter 中 就学前の年齢. **Vorschule** 女 就学前教育準備(幼稚園など). **Vorschul-erziehung** 女 (幼稚園などの)就学前教育.

Vor-schuss [=**schuß**] 男 前貸し(前払い)金.

vor|schützen 他 口実(言い訳)にする. ├**schweben** 自 (j³) (人の)念頭に浮かんでいる. ├**schwindeln** 他 (j³ et⁴) 《話》 (人に…を)まことしやかに言う.

vor|sehen* 他 計画(予定)する; (sich⁴) 気をつける, 用心(注意)する. **Vorsehung** 女 (-/) 摂理, 神の意志.

vor|setzen 他 ((j-et³) j-et⁴) (…を(…の)前に)置く, ((…に) …)をあてがう; (j³ et⁴) (人に食事などを)出す, 提供する.

Vorsicht [フォーアズィヒト] 女 (-/) (caution) 用心, 注意, 慎重. ✦ **mit ~** 注意(用心)して, 慎重に. **~!** あぶない, 気をつけて.

vorsichtig [フォーアズィヒティヒ] 形 (careful) 用心(注意)深い, 慎重な. **Vorsichtigkeit** 女 (-/) 慎重さ, 用心深さ. **vorsichtshalber** 用心のために, 念のため. **Vorsichtsmaßnahme** 女 予防措置.

Vorsilbe 女 [文法] 接頭辞.

vor|singen* 他 (j³ et⁴) (人に…を)歌って聞かせる, 手本として歌う; 前唱(先唱)する; (j³) (人の前で歌う, オーディションで歌う.

vorsintflutlich 形 ノアの洪水以前の; 太古の; 《話》 ひどく古めかしい.

Vorsitz 男 議長(司会)の役.

Vorsitzende(r) [フォーアズィッツェンデ(ダー)] 両 名 (形容詞変化) 議長, 司会者; 委員長, 会長.

Vorsorge 女 (将来への)備え; ✦ **~ ist besser als Nachsorge.** 《諺》 転ばぬ先の杖. **vor|sorgen** 自 (**für** et⁴) (将来の…に)備える. **Vorsorgeuntersuchung** 女 [医] 定期検診. **vorsorglich** 用心のための.

Vor-spann 男 [映] 冒頭の字幕(タイトル); リード (新聞記事などの冒頭の要約); 補助馬; 補助機関車; 助力. **├speise** 女 [料] 前菜, オードブル.

vor|spiegeln 他 (j³ et⁴) (人に…を)見せかける, 本当だと信じ込ませる. **Vor-spiegelung** 女 見せかけ, 虚構. **=spiel** 中 [楽] 序曲, 前奏曲; 《劇》 序幕,

プロローグ; [スポーツ] 前座試合; (性交の)前戯, 人前での演奏.

vor|spielen 他 (j³ et⁴) (j³ vor j³) (人に…を)演奏(演技)してみせる; (人に…を)本当と思わせる; 他 (j³) (人の前で)演奏(演技)する. ├**sprechen*** 他 (j³ et⁴) (人に…を)発音して(言って)みせる; 他 人前で, オーディションで朗読(朗唱)を聞かせる; **bei** (j³) (人の所に)話をしに行く. ├**springen*** 自 (s) 前へ飛び出す; 突き出ている, 張り出している.

Vorsprung 男 突出部, 張り出し; 優位; リード.

Vorstadt [フォーアシュタット] 女 (-/..städte) 都市近郊, 郊外, [旧] 市街の周辺地域. **Vorstädter** 男 郊外居住者. **vorstädtisch** 形 郊外(近郊)の.

Vorstand [フォーアシュタント] 男 (-(e)s/..stände) 《集合的》 会社・団体などの首脳部, 執行部; 幹部; 理事, 役員; 取締役; [スイス] (組織・施設などの)長; 顧問. **~s-mitglied** 中 理事, 役員, 首脳, 幹部.

vor|stehen* 自 突き出して(張り出して)いる; 《雅》 (j-et³) (…の)長(責任者)である. **~d** 形 前記の, 上述の. **Vorsteher** 男 (-in) (組織の)長, 責任者. **~drüse** 女 [解] 前立腺(L).

Vorstehhund 男 [狩] 獣の居場所を知らせる猟犬 (ポインター・セッターなど).

vorstellbar 形 想像のつく, イメージできる.

vorstellen [フォーアシュテレン] 《stellte vor, vorgestellt》 他 ❶ (他 introduce) (j³ j-et⁴) (人に…を)紹介する; (sich⁴ (j³)) (人に)自己紹介する; (sich⁴) (ある場所での就職の)面接をする. ❷ (sich⁴ j-et⁴) …を想像する. 思い浮かべる. ❸ 表現している, 意味する. ❹ (足などを)前方に出す; (時計を)進ませる. (j³ j-et⁴) (人に…を)分かるように説明する. **vorstellig** 形 ✦ **werden bei** (j³) (人に)請願(陳情)する.

Vorstellung [フォーアシュテルング] 女 (-/-en) 紹介; 面接; 上演, 興行; イメージ, 心像; 想像; 考え, 観念; [哲・心] 表象; 《雅》 非難, 抗議. **~s-gespräch** 中 (就職先などの)面接, 面接日. **~s-termin** 男 面接日. **~s-vermögen** 中, **~s-kraft** 女 イメージする能力, 想像力.

Vorstoß 男 突進, 進撃 (フェンシングの)突き; 《服》 へり飾り. **vor|stoßen*** 他 突き出す; 突き飛ばす; 自 (s) 突進(進撃)する.

Vorstrafe 女 [法] 前科.

vor|strecken 他 (腕などを)前へ伸ばす, (腹などを)前へ突き出す; (j³ et⁴) (人に…を)前貸しする. ├**streichen*** 他 (ペンキなどを)下塗り(地塗り)する.

Vorstufe 女 前段 (準備)段階; 初期.

vor|stürmen 自 (s) 突進する.

Vortag 男 前日.

vor|täuschen 他 ((j³) et⁴) ((人に) …)を装う, ((人に) …)のふりをする. **Vortäuschung** 女 偽装; 虚構.

Vorteil [フォルタイル] 男 (-s/-e) (他 advantage) 利益, 有利; 長所, 利点, 強み, メリット; [スポーツ] アドバンテージ.

vorteilhaft [フォルタイルハフト] 形 《für

j^4》(人にとって)有利な, 得になる.
Vortrag [フォーアトラーク] [男] 《-[e]s/..träge》 ❶ 講演; 朗読; 演奏; (スケートなどの)演技; 朗読の仕方; 演奏〈演技〉ぶり; (絵画の)筆致. ❷ (上司への)報告, 上申; 意見具申; 〔商〕 繰り越し, 繰越高. ✦ *zum ~ bringen* (…を)朗読〈演奏〉する; 報告する.
vor|tragen* [他] 前へ運ぶ; 朗読〈演奏, 演技〉する; 《j^3 et^4》(人に…を)申し述べる, 上申する; 〔商〕《et^4 **auf** et^4》(…を…に)繰り越す. ✦ *einen Angriff 〈eine Attacke〉 ~* 攻撃を仕掛ける.
Vortrags=abend [男] 講演〈朗読〉の夕べ. =**kunst** [女] 朗読術; 〔楽〕 演奏技術. =**reihe** [女] 講演のシリーズ, 連続講演. =**reise** [女] 講演旅行.
vortrefflich [フォーアトレッフリヒ] [形] ([英] excellent)すばらしい, 卓越した, すぐれた. **Vortrefflichkeit** [女] 卓越, 卓抜, 傑出.
vor|treiben* [他] 前へ駆り立てる; 〔坑〕(トンネルなどを)掘り進む. |**treten*** [自] (s)前へ歩み出る; 突き出ている.
Vortritt [フォーアトリット] [男] 《-[e]s/》 優先〔権〕. ✦ *den ~ lassen* 《j^3》(人を)先に行かせる; 《話》《j^3》(人に)優先権を譲る.
Vortrupp [男] 《-s/-s》 先発隊.
vorüber [フォリューバー] [副] (そばを)通り過ぎて; (時間的に)過ぎ去って, 終わって.
vorüber|gehen* [フォリューバーゲーエン] 《**ging vorüber, vorübergegangen**》[自] (s) 《**an** $j\text{-}et^3$》(…のそばを)通り過ぎる, (…を)見過ごす; (時間的に)過ぎ去る, 終わる. **~d** [形] 通りすがりの; 一時的な, 臨時の.
Vor=übung [女] 準備訓練, 予行演習. =**untersuchung** [女] 予備調査; 〔法〕《古》予審.
Vorurteil [フォーアウアタイル] [中] 《-/-e》 偏見; 先入観. **vorurteils=los**, =**frei** [形] 偏見〈先入観〉のない.
Vor=vater [男] 先祖. =**vergangenheit** [女] 〔文法〕 過去完了〔形〕.
Vorverkauf [男] (切符などの)前売り. **~s=stelle** [女] 前売券売り場.
vor|verlegen [他] (時期などを)早める, 繰り上げる; 前方に移す.
Vorverstärker [男] 〔電〕 プリアンプ.
vorvorgestern [副] さきおととい, 一昨々日. **vorvorig** [形] 《話》前の前の.
vor|wagen [再] 《$sich^4$》思いきって前進する.
Vorwahl [フォーアヴァール] [女] 《-/-en》 予備選考; 予備選挙; (電話で)〔市外〕局番; 〔市外〕局番をダイヤルすること. **Vorwählnummer** [女] (電話の)市外局番.
Vorwand [フォーアヴァント] [男] 《-[e]s/..wände》 ([英] pretext)口実, 言い訳: et^4 als ~ benutzen / et^4 zum ~ nehmen …を口実にする | unter dem ~, krank zu sein 病気だという口実で.
vor|warnen [他] (人に)あらかじめ警告する. **Vorwarnung** [女] 早期〈予備〉警報.
vorwärts [フォーアヴェルツ, フォルヴェルツ] [副] ([英] forward)前方へ, 前進して: Mach mal ~! 《話》急げ. ✦ *~ bringen* 《$j\text{-}et^4$》(仕事などを)推進する, (事業などを)発展させる; (人の)成長を促す. *~ gehen* (仕事などが)進展する, はかどる. *~ kommen* 成功〈出世〉する; 《**mit** et^3》(…が)順調に進む.
vorwärts|bringen* [旧]⇨ vorwärts ✦
Vorwärts=drall [男] 〔ｽﾎﾟ〕 フォワードスピン, 順回転. =**gang** [男] (自動車などの)前進ギア.
vorwärts|gehen*, |**kommen*** [旧]⇨ vorwärts ✦
Vorwäsche [女] (洗濯機の)予洗〈下洗い〉の段階.
vorweg [副] 前もって, あらかじめ; 《話》もともと; 前方に, 先に; とりわけ, 特に.
Vorwegnahme [女] 《-/》 先取り. **vorweg|nehmen*** [他] 先取りする; あらかじめ見越す.
vor|weisen* [他] (証明書などを)提示する; (知識などを)示す. |**werfen*** [他] 前へ投げる; 《j^3 et^4》(人の…を)非難する.
vor|wiegen* [自] 優勢である, 支配的である. **~d** [形] 主要な; 《副詞的》主として, 主に; だいたい.
Vorwissen [中] 予備知識.
Vorwitz [男] 出しゃばり, 生意気.
vorwitzig [形] 出しゃばりな, 生意気な.
Vorwort [中] (著作などの)序文, まえがき, はしがき.
Vorwurf [フォーアヴルフ] [男] 《-[e]s/..würfe》 非難; 批判. ✦ *zum ~ machen* 《j^3 et^4》(人を…のことで)非難する.
vorwurfs=frei [形] 申し分のない. =**voll** [形] 非難を込めた, とがめるような.
Vorzeichen [中] 前兆, 兆候; 〔楽〕 変化記号(♯, ♭); 〔数〕(+と−の)符号.
vor|zeichnen [他] 《j^3 et^4》(人に…を)手本として描いてみせる; あらかじめ指図する; (…の)輪郭〈下絵〉を書く; 〔楽〕(嬰(えい)記号・変記号などを)つける.
vorzeigbar [形] 《話》(安心して)呈示できる, 人に見せても恥ずかしくない.
Vorzeigefrau [女] 広告塔のような女性.
vor|zeigen [他] (証明書などを)提示する.
Vorzeit [女] 原始時代, 太古.
vorzeitig [形] 予定より早い, 早めの.
vor|ziehen* [フォーアツィーエン] 《**zog vor, vorgezogen**》[他] ([英] prefer) 《[$j\text{-}et^3$] $j\text{-}et^4$》([…よりも] …の方を)好む, 選ぶ; ひいきにする; (カーテンなどを)前へ引く〈ずらす〉; 〔軍〕(部隊などを)前線へ送る; 早める, 優先させる.
Vorzimmer [中] 控え室; 秘書室; 《ｵｰｽﾄﾘｱ》 玄関ホール. =**dame** [女] 《話》女性秘書.
Vorzinsen [複] 〔商〕 先払い〈割引〉利子.
Vorzug [フォーアツーク] [男] 《-[e]s/..züge》 優先, 優位; 好み; (ある人が受ける)特権, 特典; 長所, 利点, メリット; 《ｵｰｽﾄﾘｱ》(学校の成績で)優等賞.
vorzüglich [形] ([英] excellent)優れた, 卓越した, 抜群の; 特級の; [副] 《古》特に, 主として.
Vorzugs=aktie [女] 〔経〕 優先株. =**preis** [男] 〔商〕 特価. =**schüler** [男] 《ｵｰｽﾄﾘｱ》 優等生.
vorzugsweise [副] 優先的に, 特に; 主として.
Vota, Voten ⇨ Votum
votieren [自] 《**für** 〈**gegen**〉 $j\text{-}et^4$》(…に賛成〈反対〉の)投票をする.

Votum

Vōtum 中 《-s/..ten, ..ta》〖賛否の〗意思表示; 投票, 表決.
VP 略 *Versuchsperson*; *Volkspolizei*.
Vp. 略 *Versuchsperson*. **VR** 略 *Volksrepublik*; *virtuelle Realität* 仮想現実〖感〗. **v.R.w.** 略 *von Rechts wegen* 当然; 本来. **vs.** 略 *versus*. **v.T., vT** 略 *vom Tausend* 1000分の, パーミル. **v.u.** 略 *von unten* 下から.
vulgär 形 下品な, 野卑な; 通俗的な, 一般向けの.
Vulkān [ヴルカーン] 男 《-[e]s/-e》 (⇔ volcano) 火山; 《~:神》ウルカヌス (火と鍛冶(ݺӟ)の神); ✦ [wie] auf einem ~ leben 絶えず危険にさらされている. **=asbruch** 男 火山爆発. **=insel** 女 火山島.
vulkānisch 形 火山(性)の. **vulkanisieren** 他 《化》(生ゴムに)加硫(ݵӒ)する; (布地に)ゴムを上塗りする. **Vulkanismus** 男 《-/》《地学》火山活動. **Vulkanīt** 中 《-[e]s/-e》《地学》火山岩, 噴出岩.
v.u.Z. 略 *vor unserer Zeitrechnung* 西暦紀元前 (…年). **v.v.** 略 *vice versa* 逆に, 反対に.
VW 中 《-[s]/-[s]》《商標》フォルクスワーゲン車 (< *Volkswagen*).
v.W. 略 *voriger* 〈*vergangener*〉*Woche* 先週に〈の〉; *vorige* 〈*vergangene*〉*Woche* 先週 先週に.

W

w, W 中 《-/-》《字母》ヴェー. **w.** 略 *westlich* 西[部]の; *weiblich* 女性の; *wenden* 裏面を見よ. **W** 《記号》《理》*Watt*; *Werst*; *Wolfram*. **W** 略 *West*, *Westen*. **WAA** *Wiederaufbereitungsanlage*.
Waadt (die ~), **Waadtland** (das ~) ヴォート, ヴァート州 (スイス南西部の州).
Wāage [ヴァーゲ] 女 《-/-n》 (⇔ *Wägelchen*) はかり, 体重計, 天秤(Ӟݺ); 〖体操〗水平姿勢; 〖天〗天秤(ݺӒ)宮; 水準器. ✦ *die ~ halten* 〈*sich*³〉(…と)釣り合っている. **=balken** 男 天秤(ݺӒ)のさお.
wāag[e]-recht [ヴァーゲ(ク)レヒト] 形 水平な. **Wāag[e]rechte** 女 《形容詞変化; ≈-/-n》水平線(面); 水平状態.
Wāag-schale 女 はかりの皿. ✦ *auf die ~ legen* 〈*et*¹〉(…の)重さを計る; (…を)慎重に考慮する; *jedes Wort auf die ~ legen* 言葉を慎重に選ぶ. *in die ~ fallen* 〈*et*¹〉重要なものとして重みを持っている, 決定的である. *in die ~ werfen* 〈*et*¹〉(…に)ものを言わせる, (…で)決着させる.
Wāal (die ~) ヴァール (オランダを流れる Rhein 川の河口支流).
wąbb[e]lig 形 《話》ぶよぶよした.
wąbbeln 自 《話》ぶよぶよ〈ゆらゆら〉する.
Wābe 女 《-/-n》ハチの巣. **~n=honig** 男 天然はちみつ.
wach [ヴァハ] 形 (⇔ *awake*) 目覚めている, 眠っていない; 活発な; 明敏な. ✦ *~ halten* (関心・記憶などを)持ち続ける.

Wāchau (die ~) ヴァハウ (オーストリア Niederösterreich 州の Donau 川の渓谷).
Wāche 女 《-/-n》 ❶ 番人, 守衛, 監視人; 〖軍〗歩哨(ݺӒ). ❷ 見張り, 監視; 〖軍〗歩哨勤務. ❸ 番小屋, 監視〈守衛〉所; 交番〈派出所, 詰所〉. ✦ *(auf) ~ stehen* 歩哨に立つ. **~ haben** 見張りをする.
wāchen [ヴァヘン] 自 《wachte; gewacht》 ❶ 見張る, 監視する; 《雅》目覚めている, 眠っていない. ✦ *zwischen Wachen und Träumen* 夢うつつで.
Wāchhabende[r] 男 女 《形容詞変化》見張り員.
Wāchhund 男 番犬.
Wacholder [ヴァホルダー] 男 《-s/-》 (⇔ 《植》ビャクシン(柏槇)属 (イブキ・ネズなど); ジン (トウヒを香料に用いた蒸留酒).
Wāchposten 男 歩哨(ݺӒ), 衛兵.
wāch-rufen* 他 《記憶などを》呼び覚ます. **=rütteln** (人をはっきりとさせる; (関心などを)喚起する.
Wachs [ヴァクス] 中 《-es/-e》 (⇔ wax) 蝋(Ӟ), ワックス; 蝋: *weiß* 〈*bleich*〉 *wie ~* (顔色が)蒼白な. ✦ [*wie*] *~ in j*² *Hand* 〈*Händen*〉 *sein* (人の)言いなりになる.
wąchsam 形 油断のない, 注意深い.
Wąchsamkeit 女 《-/》警戒心, 注意深さ.
wąchsartig 形 蝋(Ӟ)のような.
Wāchschiff 中 巡視船.
wāchseln 他 《南部; 領西》(…に)ワックスをかける〈引く〉.
wąchsen¹ [ヴァクセン] 自 《wuchs; gewachsen》 ❶ 《wächst》 (s) (⇔ grow) 成長する, 伸びる, 育つ; 生長・規模などが)増大する, 繁盛〈(程度)が)強まる. ❷ 《wachste; gewachst》 (s) (…に)ワックスをかける〈引く〉.
wąchsen² [ヴァクセン] 他 (…に)ワックスをかける〈引く〉.
wạchsern 形 蝋(Ӟ)でできた; 《雅》蝋(Ӟ)のように白い, 青ざめた.
wąchsest ⇒ wachsen ①
Wąchsfigur 女 蝋(Ӟ)細工品; 蝋人形. **~en=kabinett** 中 蝋人形館.
Wachs=kerze 女 ろうそく. **=stock** 男 螺旋(ݵݺ)状のろうそく.
wächst ⇒ wachsen ①
Wāch-stube 女 守衛室.
Wachs=tuch 中 蝋(Ӟ)引き布〔のテーブルクロス〕.
Wạchstum [ヴァクストゥーム] 中 《-s/》 (⇔ growth) 成長, 発育; 増大, 増加; (経済の)発展. **~s=branche** 女 (将来性のある)成長〔産業〕部門. **~s=markt** 男 (将来性のある)成長市場.
wạchstumsträchtig 形 (企業・産業部門, 市場などが)成長の可能性を持った, 〔秘めた〕, 将来有望な. **Wạchstumsrate** 女 経済成長率.
wạchsweich 形 蝋(Ӟ)のように軟らかい; 溺弱の, 軟弱な.
Wacht 女 《-/-en》《雅》番人, 監視人.
Wächte 女 = Wechte.
Wạchtel 女 《-/-n》《鳥》ウズラ.
Wächter 男 《-s/-》 (⇔ **-in**) 警備員, ガードマン.
Wạcht=meister 男 巡査. **=posten**

Wach- 男 哨(…), 衛兵.
Wach-traum 男 白昼夢.
Wach[t]-turm 男 望楼, 監視塔.
wack[e]lig 形 ぐらぐらしてがたがた；《話》不安定な, 危なっかしい.
Wackelkontakt 男 《電》接触不良.
wackeln 自 ぐらぐらする(Die Firma wackelt.その会社はつぶれそうだ)；《mit 〈an〉et³》(…を)揺する, 振る；(s)《話》よろよろ(ふらふら)歩く.
wacker 形 誠実(実直)な；勇敢な；したたかな.
Wade 囡《-/-n》ふくらはぎ, こむら(腓).
~n-bein 中《解》腓骨(…).
~n-beißer 男《-s/-》《話》ずけずけ物を言う人. ~n-krampf 男《医》こむら返り. ~n-muskel 男 腓腹筋.
Waffe 囡《-/-n》《ヴァッフェ》《weapon》武器, 兵器, 武具；《狩》《猛禽·猛獣のかぎづめ, (イノシシなどの)牙. ♦ **die ~n niederlegen 〈strecken〉**《雅》武器を捨てる；降伏する. **mit seinen eigenen ~n schlagen**(人を)向こう前の手で破る. **unter den ~n sein 〈stehen〉**《雅》戦闘準備ができている. **zu [den] ~n rufen**(人を)召集する.
Waffel 囡《-/-n》《調》ワッフル(ワッフルの焼き型). -**eisen** 中 ワッフルの焼き型.
Waffen-bruder 男 《雅》戦友. -**brüderschaft** 囡《雅》戦友の間柄. -**gattung** 囡《軍》兵科, 兵種. -**gewalt** 囡 武力. -**industrie** 囡 兵器産業. -**kammer** 囡《軍》兵器庫. -**lager** 中 兵器庫.
waffenlos 形 非武装の.
Waffen-ruhe 囡《一時的》休戦. -**schein** 男 銃砲携帯許可証. -**schmied** 男 (昔の)武具師, 刀鍛冶(…).
Waffenstillstand 男《軍》休戦, 停戦. ~s-**abkommen** 中 停戦協定. ~s-**linie** 囡 停戦ライン.
Waffen-technik 囡 -**technologie** 囡 兵器(軍事)技術.
Wagehals 男 無鉄砲(向こう見ず)な人.
wagehalsig 形 = waghalsig.
Wägelchen 中《-s/-》Wagen の縮小形；Waage の縮小形.
Wägelein 中《-s/-》Wagen の縮小形.
Wagemut 男 大胆さ. **wagemutig** 形 大胆な.
wagen [ヴァーゲン]《wagte; gewagt》他《dare》《et⁴》《zu 不定詞句》思い切って(…)やる, あえて(…)をする；危険にさらす；《sich⁴》思い切って(…へ)行く《向かう》(sich⁴ nicht auf die Straße ~《外へ出たがらない》)；《sich⁴ an et¹》あえて《困難なことに》挑戦する. ♦ **Wer wagt, gewinnt. / Wer nicht wagt, nicht gewinnt.**《諺》虎穴(…)に入らずんば虎子を得ず.
Wagen [ヴァーゲン] 男《-s/-,《南部・ス》Wägen》(①《Wägelchen, Wägelein》) 荷車, 馬車；自動車；(鉄道の)車両. ♦ **an den ~ fahren 〈pinkeln, pissen〉**《話》(人)をばかにする, 侮辱する. **der Große 〈Kleine〉 ~**《天》大熊(…)《小熊(…)》座. **nicht vor**

711 Wahlprogramm

j² ~ spannen lassen《sich⁴》(人のために働かない,(人に)加担しない, **siehe, wie der ~ läuft**《話》事態を見守る.
wägen [*] 他《雅》じっくり考える, 吟味する.
Wagen-bauer 男 車大工, 馬車製造業者. -**heber** 男 車両用ジャッキ. -**kolonne** 囡 自動車の長い列. -**ladung** 囡 (トラック1台・貨車1両の)積載量. -**papiere** 中 (車検証・登録証など)車に必要な書類. -**park** 男 (会社などの)車両保有台数. -**plane** 囡 車の荷台シート. -**rad** 中 車輪. -**schlüssel** 男 車のキー. -**wäsche** 囡 洗車.
Wagestück 中 《雅》大胆な行為.
Waggon [ヴァゴ[ー]ン] 男《-s/-s(…-e)》貨車. **waggonweise** 副 貨車1両まるまる一車に.
waghalsig 形 無鉄砲な, 向こう見ずな；(物事の)非常に危険な.
Wagner Richard, ヴァーグナー(1813-83；ドイツの作曲家).
Wagnis 中《-ses/-se》大胆な行為, 冒険, リスク.
Wagon [ヴァゴ[ー]ン] = Waggon.
wagonweise = waggonweise.
wagte ⇒ wagen
Wahl 囡《-/-en》《②choice》選択；選挙；選挙結果, 選出. ♦ **erste 〈zweite〉 ~**《商》品質1級《2級》. **Wer die ~ hat, hat die Qual.**《諺》選べるものに悩みはつきもの. -**alter** 中 選挙(被選挙)権取得年齢. -**analyse** 囡 選挙結果の分析.
wählbar 形 被選挙権のある.
Wählbarkeit 囡《-/》被選挙権.
wahlberechtigt 形 選挙権のある.
Wahl-berechtigte(r) 男 囡《形容詞変化》有権者. -**beteiligung** 囡 選挙への参加；投票[率]. -**bezirk** 男 投票区. -**büro** 中 選挙事務所；選挙管理事務所.
wählen [ヴェーレン]《wählte; gewählt》他《③choose》選ぶ, 選択する；選び取る；(電話番号を)ダイヤル(プッシュ)する；(人に)投票する；選挙する. 自選ぶ；投票する；選挙する.
Wähler 男《-s/-》(囡 -in)選挙人.
Wahl-ergebnis 中 選挙[の]結果.
wählerisch 形 えり好みをする.
Wählerschaft 囡《-/-en》有権者, 選挙民. **Wahlfach** 中 選択科目. **wahlfrei** 形 自由に選べる, 選択の利く.
Wahl-gang 男 (選挙の)一回一回の投票. -**geschenk** 中 選挙公約. -**heimat** 囡 自分で選んで住まついた土地, 第二の故郷. -**kabine** 囡 (投票所の)投票用紙記入ボックス.
Wahlkampf 男 選挙戦. -**rede** 囡 選挙演説. -**verheißung** 囡 選挙公約.
Wahl-kreis 男 選挙区. -**liste** 囡 立候補者名簿. -**lokal** 中 投票所. -**lokomotive** 囡《話》選挙戦での党の看板候補.
wahllos 形 無差別の, 見境のない, やみくもの；手当たり次第に.
Wahl-mann 男 (間接選挙での)最終選挙人. -**niederlage** 囡 選挙戦の敗北. -**pflichtfach** 中 選択必修科目(教科). -**plakat** 中 選挙用ポスター. -**pro-**

Wahl-gramm 中 (政党の)選挙公約〈綱領〉. **-recht** 中 選挙権; 被選挙権; 選択権. **-rede** 女 選挙演説. **-resultat** 中 選挙演説.
Wählscheibe 女 (電話の)ダイヤル.
Wahl-schein 男 選挙人資格証明書. **-schuld** 女 《的》選択債務. **-spruch** 男 標語, モットー. **-strategie** 男 選挙参謀. **-strategie** 女 選挙戦略. **-tag** 男 投票日. **-taktik** 女 選挙戦術.
wählte → **wählen**
Wahl-urne 女 投票箱. **-versammlung** 女 選挙集会. **-verwandtschaft** 女 親和性, 相性;《化》親和力. **-volk** 中 (集合的)選挙民.
wahlweise 圖 自分の選択〈裁量〉によって.
Wahl-zelle 女 = Wahlkabine. **-zettel** 男 投票用紙.
Wahn 男 (-[e]s/) 《雅》妄想, 思い込み, 誤った観念. **-bild** 中 妄想; 幻覚.
wähnen 他 《雅》(…に…を)思い込む.
Wahnsinn[ヴァーンズィン] 男 (-[e]s/) 狂気; 常軌を逸した言動.
wahnsinnig[ヴァーンズィニヒ] 形 狂気の(wie =《話》狂ったように); 形 《話》途方もない.
Wahnsinns-arbeit 女 《話》とてつもなく手間のかかる仕事. **-tat** 女 精神錯乱[による]行為; 狂気のわざ.
Wahnvorstellung 女 《心》妄想[表象].
Wahnwitz 男 狂気のさた; まったくのナンセンス. **wahnwitzig** 形 狂気のさたの, ばかばかしい.
wahr[ヴァール] 形 (= true)本当の, 真実の, 本物の, 真の, まことの. ◆ *Das ist schon (bald) nicht mehr ~.*《話》それはずいぶん前のことです. *Das kann (darf) [doch] nicht ~ sein!*《話》そんなことあるわけがない. *…… nicht ~?* でしょう?, ですよね. *~ machen* (…を)実行する; 実現させる.
wahren 他 保持〈維持〉する; (権利・利益などを)守る.
währen 他 《雅》(ある時間だけ)続く, 維持〈持続〉する, 時間がかかる : *Was lange währt, wird endlich gut.*《諺》長い時間かかるものは最後にはうまくいく.
während[ヴェーレント] 前 ❶ 《2格支配, まれに3格支配》(= during) …の間に : *~ des Essens / ~ dem Essen* 食事中に. ※2格であることを明示できない複数名詞の場合にも3格支配: *~ fünf Jahren* 5年間. ❷ 接 《従属》(= while)《時間的》…する間に;《対比》…であるのに, …の一方.
während-dem, -des[sen] 副 その間に; (一方)一方で.
wahrgenommen → *wahrnehmen*
wahrhaben* 他 ◆ *nicht ~ wollen* (…を)認めようとしない.
wahrhaft 形 《雅》本当の, 実際の.
wahrhaftig 副 《雅》誠実な, 正直な; 副 本当に, 実際. ◆ *Wahrhaftiger Gott!* ああ大変だ; これは驚いた. **Wahrhaftigkeit** 女 (-/) 《雅》誠実, 正直.
Wahrheit[ヴァールハイト] 女 (-/-en) (= truth)正しさ; 真理, 真実, 真相 : *Die ~ liegt in der Mitte.*《諺》真実は中庸にある. ◆ *bei der ~ bleiben* うそをつかない. *der ~ die Ehre geben*《雅》真実を述べる. *in ~* ほんとうは.
wahrheits-gemäß 形 事実に即した, ありのままの. **-getreu** 形 ありのままの.
Wahrheitsliebe 女 真理〈真実〉への愛.
wahrlich 副 《雅》本当に, 確かに.
wahrnehmbar 形 知覚できる, 見える, 聞こえる, 感じられる.
wahrnehmen* [ヴァールネーメン 〖nahm wahr, wahrgenommen〗] 他 ❶ 知覚する. ❷ (機会などを)利用する; (権利などを)守る; (義務・任務などを)引き受ける, 遂行する.
Wahrnehmung 女 (-/-en) 知覚, 感知; (機会などの)利用; (権利・利益などの)擁護; 履行.
wahrsagen 他 占う; 自 《 *j[3 et4]* 》(人の…を)予言する. **Wahrsager** 男 (-s/-) (女 -in) 占い師; 予言者. **Wahrsagerei** 女 (-/-en) 占い[術]; 予言[術]. **Wahrsagung** 女 (-/-en) 占い; 予言.
währschaft 形 《スイス》しっかりした, うぶな; 信頼できる, 有能な.
wahrscheinlich [ヴァールシャインリヒ] 形 (= probable)本当らしい, それらしい, ありそうな; 副 (= probably)きっと, 確かに; 多分, おそらく.
Wahrscheinlichkeit 女 (-/-en) 可能性, 公算, 蓋然(がいぜん)性; 《数》確率. ◆ *aller ~ nach* 十中八九, 多分. **~s-rechnung** 女 《数》確率論, 確率計算.
Währung 女 (-/-en) 保持; 確保; 擁護.
Währung[ヴェールング] 女 (-/-en) 通貨, [本位]貨幣; 貨幣制度; 為替相場; 価値, 価格. **~s-abkommen** 中 通貨協定. **~s-abwertung** 女 平価切り下げ. **~s-angleichung** 女 通貨相場の調整. **~s-aufwertung** 女 平価切り上げ. **~s-ausgleichsfonds** 男 為替安定基金. **~s-block** 中 通貨ブロック. **~s-einheit** 女 通貨〈貨幣〉単位(例 WE). **~s-fonds** 男 通貨基金. ◆ *der Internationale ~* 国際通貨基金(例 IWF, 例 IMF). **~s-krise** 女 通貨危機. **~s-parität** 女 為替平価. **~s-politik** 女 通貨政策. **~s-reform** 女 通貨改革. **~s-reserven** 男 通貨準備高. **~s-schnitt** 男 デノミネーション(通貨の呼称単位の切り下げ). **~s-stabilisierung** 女 通貨の安定化. **~s-stabilität** 女 通貨の安定. **~s-system** 中 通貨制度〈体系〉. **~s-union** 女 通貨同盟〈統合〉.
Wahrzeichen 中 目印; (都市などの)象徴, シンボル.
Waiblingen ヴァイブリンゲン(ドイツ Baden-Württemberg 州の都市).
Waise 女 (-/-n) (= or-phan)孤児, みなしご. **~n-haus** 中 孤児院. **~n-kind** 中 = Waise. **~n-knabe** 男 《話》孤児の少年. ◆ *ein (reiner) ~ der reine, der reinste) sein (gegen j4)* (人の)足元にも及ばない. **~n-rente** 女 遺児年金.
Wal 男 (-[e]s/-e) 《動》クジラ(鯨).
Walachei (die ~)ワラキア(ルーマニア南

部の地方).
Wald [ヴァルト] [男] 《-[e]s/**Wälder**》([小] **Wäldchen**)([英] forest)森, 森林. ✦ ***den ~ vor* [*lauter*] *Bäumen nicht sehen*** 木を見て森を見ない(部分にこだわって全体を見ない). ***einen ganzen ~ ab|sägen*** 《話》大いびきをかく. ***ein ~ von et***^{3} 林立する(…). ***Wie man in den ~ [hinein] ruft, so schallt es heraus.*** 《諺》売り言葉に買い言葉. =**bestand** [男] 森林の保有量; 森林面積. =**brand** [男] 森林火災, 山火事.
Waldeck ヴァルデック(ドイツ Hessen 州内の, かつて同名の侯国のあった地方).
Wälder ⇨ Wald
Wald=erdbeere [女] 〔植〕エゾヘビイチゴ. =**horn** [中] 〔楽〕フレンチホルン, ヴァルトホルン.
waldig [形] 森林に覆われた.
Wald=lauf [男] 〔スポ〕クロスカントリー. =**lehrpfad** [男] 自然観察遊歩道. =**meister** [男] 〔植〕クルマバソウ.
Waldorfschule [女] ヴァルドルフ学校(R. Steiner の理念に基づく私立学校).
Waldrand [男] 森の縁(ふち)〈外れ〉.
waldreich [形] 森林の多い.
Wald=spaziergang [男] 森の散歩〈散策〉. =**sterben** [中] (酸性雨などの大気汚染による)森林の枯死.
Waldung [女] 《-/-en》森林[地帯].
Wald=weg [男] 森の道. =**wiese** [女] 森の中の草地. =**wirtschaft** [女] 林業.
Wal=fang [男] 捕鯨. =**fisch** [男] 〔動〕クジラ; 〔天〕鯨座.
Walhall [中] 《-s/》〔北欧神〕ヴァルハラ(戦死者の憩いの場所). **Walhalla** [中] 《-[s]》; [女] 《-/》= Walhall.
walken [他] (布を)洗ってフェルト状にする, 縮絨(しゅくじゅう)する; (皮革を)たたいてしなやかにする; (金属の薄板を)ローラーにかける; 《話》(人を)殴りつける.
Walkman [男] 《-s/..men》《商標》ウォークマン.
Walküre 〔北欧神〕ヴァルキューレ(戦死者の霊を Walhall へ導く乙女).
Wall [男] 《-[e]s/Wälle》塁壁, 土塁; 土手, 堤, 堤防.
Wallach [男] 《-[e]s/-e》去勢した雄馬.
wallen [自] ❶ (s)《雅》しずしずと歩む; 《古》巡礼する. ❷ (h, s)沸き立つ, 《雅》(海・湖などが)波立つ, 荒れ狂う; (波が)逆巻く; 《雅》(髪・衣服などが波状に)うねる, ゆらぐ.
wallfahren 《wallfahrte; gewallfahrt》[自] (s)[聖地に]巡礼する. **Wallfahrer** [男] [聖地]巡礼者.
Wallfahrt [女] 巡礼, 聖地詣で. **~s=ort** [男] 巡礼地, 霊地.
Wallis (das ~)ヴァリス(スイスの州).
Wallstreet (die ~)ウォール街(ニューヨークの株式取引所所在地); 米国金融市場〈業界〉.
Wallung [女] 《-/-en》(激しい)波立ち; 興奮. ✦ ***in ~ geraten*** (人が)かっとなる; (血・気分が)騒ぐ.
Walmdach [中] 〔建〕寄せ棟屋根.
Wal=nuss ([旧]= **nuß**) [女] 〔植〕クルミ; クルミの木.
Walpurgisnacht [女] 〔民俗〕ヴァルプルギスの夜祭(聖ヴァルプルギスの祝日の前夜, 4月30日の夜, 魔女たちがブロッケン山に集まって酒宴を催すといわれている).
Wal=ross ([旧]= **roß**) [中] 〔動〕セイウチ.
walten [自] 《雅》支配する; (力・精神などが)働いて〈作用して〉いる. ✦ ***Das walte Gott!*** 神の御心のままに.
Walter 《男名》ヴァルター; Bruno, ヴァルター(1876–1962; ドイツ生まれの指揮者).
Walther 《男名》= Walter.
Walther von der Vogelweide ヴァルターフォンデアフォーゲルヴァイデ(中世ドイツの叙事詩人).
Walzblech [中] (金属の)圧延ブリキ板.
Walze [女] 《-/-n》〔数〕円柱; 円筒[状のもの], ローラー; 〔工〕シリンダー; ロードローラー; 圧延機. ✦ ***auf die ~ gehen*** 《話》遍歴の旅に出る. ***die alte* 〈*dieselbe*〉 *~*** 《話》同じ話の繰り返し.
walzen [他] (ローラーで)圧延する; 平らにする, 伸ばす; [自] (h, s)ワルツを踊る; 踊る; 旅をして回る; (職人が)遍歴する.
wälzen [他] 転がす; (書物などを)いろいろ調べる; (計画などを)あれこれ検討する; [再] 《*sich*》転げ回る; 《*sich*^{4}》押し寄せる.
walzenförmig [形] 円筒形の.
Walzer [ヴァルツァー] [男] 《-s/-》([英] waltz)〔ダンス〕ワルツ; 〔楽〕ワルツ曲.
Walz=werk [中] 〔工〕圧延機; 圧延工場.
Wamme [女] 《-/-n》(牛などの)のど袋; 〔服〕毛皮の裏側; 《中部・南部》= Wampe.
Wampe [女] 《-/-n》《話》太鼓腹; おなか.
Wams [中] 《-es/Wämser》([小] **Wämschen**)(甲冑(かっちゅう)の下に着る)胴着, ダブリット. **Wämschen** (→ Wams) [中] 《-s/-》《方》ベスト, チョッキ.
wand ⇨ winden
Wand [ヴァント] [女] 《-/**Wände**》❶ ([英] wall)壁; 岩壁. ❷ 障壁, 障害. ✦ ***an die ~ drücken*** 《話》(人を)押しのける. ***an die ~ spielen*** (人を)圧倒する; 策をもって(人を)締め出す. ***an die ~ stellen*** 《話》(人を)銃殺する. ***Da kann man* [*doch*] *die Wände* 〈*an den Wänden*〉 *hochgehen.*/*Das* 〈*Es*〉 *ist, um die Wände* 〈*an den Wänden*〉 *hochzugehen.*** これは我慢がならない. ***... dass die Wände wackeln*** 《話》壁が揺れるほど; 非常に激しく. ***die* [*eigenen*] *vier Wände*** 《話》わが家. ***Die Wände haben Ohren.*** 《諺》壁に耳あり. ***eine spanische ~*** 屏風(びょうぶ). ***gegen eine ~ sprechen* 〈*reden*〉** 《話》むだな説得をする, 馬の耳に念仏を唱える. ***weiß wie die* 〈*eine*〉 [*gekalkte*] *~*** 真っ青な.
Wandale [男] 《-n/-n》([女] **..lin**)ヴァンダル人(東ゲルマンの一部族); 狂暴な[文化]破壊者, 野蛮人. **wandalisch** [形] ヴァンダル人の; 破壊欲に駆られた. **Wandalismus** [男] 《-/》見境のない破壊行為.
Wandbehang [男] = Wandteppich.
wände ⇨ winden I
Wände ⇨ Wand
Wandel [ヴァンデル] [男] 《-s/》([英] change)変化; 変遷, 推移, 移り変わり. =**anleihe** [女] 〔経〕転換社債.
wandelbar [形] 《雅》変わりやすい, 不安

定な.
Wandel=gang [男] (ホテルなどの)ロビー, アーケード. **=halle** [女] (保養地などの)屋内遊歩場; = Wandelgang.
wandeln [ヴァンデルン] ⦅wandelte; gewandelt⦆ ❶ [他] ⦅*et*^{4} ⟨*sich*^{4}⟩⦆ 変える⟨変わる⟩, 変化させる⟨する⟩. ❷ [自] (s) ⦅雅⦆ (ゆっくりと)歩く, ぶらつく. ✦ *ein ~des Lexikon* 生き字引.
Wander=ausstellung [女] 移動展覧⟨展示⟩会. **=bühne** [女] 移動劇団, 旅回りの一座. **=bursche** [男] (昔の)旅⟨遍歴⟩職人. **=düne** [女] 〔地学〕移動砂丘.
Wanderer [男] ⦅-s/-⦆ ([女] **Wanderin, Wandrerin**) 徒歩旅行者, ハイカー.
Wander=gewerbe [中] 行商; 〔法〕移動営業. **=heuschrecke** [女] 〔虫〕飛蝗(ひこう). **=jahr** [中] (昔の職人の)遍歴修業期間. **=karte** [女] ハイキングマップ. **=leben** [中] 放浪生活. **=lust** [女] 旅に出たい⟨ハイキングしたい⟩気持ち.
wandern [ヴァンダァン] ⦅wanderte; gewandert⦆ [自] (s) ハイキングする, (自然の中を)歩く; さすらう, さまよう; 遍歴する, 移動する; ⦅話⦆ 行き着く先が(…に)なる, (…)送りになる; [再] ⦅*sich*^{4}⦆ 歩き回って(…に)なる.
Wander=niere [女] 〔医〕遊走腎(じん). **=pokal** [男] 持ち回り優勝カップ. **=preis** [男] 持ち回りの優勝トロフィー. **=ratte** [女] 〔動〕ドブネズミ.
Wanderschaft [女] ⦅-/-en⦆ (昔の職人の)遍歴: auf ~ sein ⦅話⦆ 出歩いている.
Wandersmann [男] ⦅-[e]s/..leute⦆ = Wanderer.
Wandertrieb [男] 〔動〕移動本能, 渡りの本能.
Wanderung [ヴァンデルング] [女] ⦅-/-en⦆ 徒歩旅行, ハイキング; (民族などの)移動; (魚などの)回遊; (鳥の)渡り.
Wandervogel [男] ワンダーフォーゲル〔運動, 会員〕; 渡り鳥; ⦅話⦆ 旅好きな人, 放浪生活者.
Wand=gemälde [中] 壁画. **=kalender** [男] 壁掛けカレンダー. **=karte** [女] 掛け地図, 壁地図. **=lampe** [女] 壁灯.
Wandler [男] ⦅-s/-⦆ 〔電〕変成器.
Wandleuchte [女] = Wandlampe.
Wandlung [女] ⦅-/-en⦆ 変化; 〔ｶﾄﾘｯｸ〕聖変化(ミサにおけるパンとワインの聖体化); 〔法〕(売買契約の)解除.
Wandmalerei [女] 壁画技法; 壁画.
Wandrer [男] ⦅-s/-⦆ ([女] **-in**) = Wanderer.
Wand=schirm [男] ついたて, 屏風(びょうぶ). **=schrank** [男] 作りつけの戸棚, 押し入れ. **=spiegel** [男] 壁掛け鏡, 壁に取り付けられた鏡. **=tafel** [女] (教室などの)黒板.
wandte ⇨ *wenden*
Wand=teppich [男] (織物などの)飾り壁掛け, タペストリー. **=uhr** [女] 掛け時計.
Wandung [女] ⦅-/-en⦆ (器官・導管の)内壁.
Wand=verkleidung [女] (板・壁布などによる)壁の化粧仕上げ. **=zeitung** [女] 壁新聞.
Wange [ヴァンゲ] [女] ⦅-/-n⦆ ([英] cheek) ⦅雅⦆ ほお; (物や建物などの)側面, 側壁, 側面仕切り. **~n=kuß** ([新] = **kuss**) [男] 頬(ほお)へのキス.
Wangeroog[**e**] ヴァンゲローゲ(東フリース諸島東端の島; ドイツ領 Friesland に属する).
Wankelmotor [男] 〔工〕ロータリーエンジン.
Wankelmut [男] ⦅雅⦆ 移り気; 無定見, 優柔不断. **wankelmütig** [形] ⦅雅⦆ 移り気な; 無定見の, 優柔不断の.
wanken [ヴァンケン] ⦅wankte; gewankt⦆ [自] 揺れる, ぐらぐらする; (s) よろよろする. ✦ *ins Wanken bringen* (…を)揺るがす. *ins Wanken geraten* ⟨*kommen*⟩ ぐらつく, 揺らぎだす. *nicht ~ und* [*nicht*] *weichen* ⦅雅⦆ その場を動かない; 自説を曲げない.
wann [ヴァン] [副] ([英] when) ⦅時の疑問副詞⦆ いつ, 何時に; ⦅条件の疑問副詞⦆ どのような条件なら, どうすれば. ✦ *dann und ~* ときどき.
Wanne [女] ⦅-/-n⦆ ([小] **Wännchen**) たらい, 浴槽, バスタブ; おけ.
Wannenbad [中] 浴槽付き公共浴場; 浴槽での入浴.
Wanst [男] ⦅-[e]s/Wänste⦆ ⦅話⦆ 太鼓腹[の人].
Wanze [女] ⦅-/-n⦆ 〔虫〕ナンキンムシ; ⦅話⦆ いやなやつ; ⦅話⦆ 小型盗聴器.
Wappen [中] ⦅-s/-⦆ 紋章. **=bild** [中] 紋章の図柄. **=kunde** [女] 紋章学. **=schild** [男] 盾形紋章.
wappnen [再] ⦅雅⦆ ⦅*sich*^{4} **gegen** *et*^{4}⦆ (攻撃・非難などに対して)構える, 武装する; ⦅*sich*^{4} **mit** *et*^{3}⦆ (忍耐などを)身につける.
war [ヴァール] sein の1⟨3⟩人称・単数・過去形.
WaR [ヴェーアーエル] [略] *wa*ssermannsche *R*eaktion 〔医〕ワッセルマン反応.
warb ⇨ werben
Ware [ヴァーレ] [女] ⦅-/-n⦆ ([英] goods) 商品, 品物 (Gute ~ lobt sich selbst. ⦅諺⦆ よい品は宣伝知らず); (特定の性質・仕様の)製品. ✦ *heiße ~n* ⦅話⦆ 盗品, 禁制品.
wäre ⇨ sein
Waren=angebot [中] 商品の供給; 品ぞろえ. **=aufzug** [男] 荷物用エレベーター. **=bestand** [男] 商品の在庫量.
Waren=haus [ヴァーレンハウス] [中] ⦅-es/=häuser⦆ デパート, 百貨店. **=kapital** [中] 〔経〕商品資本. **=kunde** [女] 商品学. **=lager** [中] 商品倉庫. **=probe** [女] 商品見本. **=umsatzsteuer** [女] ⦅ｽｲｽ⦆ 売上税. **=umschließung** [女] 商品の包装; 商品の風袋(ふうたい)重量. **=zeichen** [中] 商標, トレードマーク.
warf ⇨ werfen
warm [ヴァルム] [形] ⦅**wärmer; wärmst**⦆ ❶ ([英] warm) 暖かい, 温かい; 温かく感じられる: ~*e* Miete ⦅話⦆ 暖房費込みの家賃 | Das Zimmer kostet ~ 300 Mark [Miete]. ⦅話⦆ この部屋代は暖房費込みで300マルクだ. ❷ (気持ち・行為・言葉などが)温かい, 心のこもった. ❸ 活発な, 熱烈な. ❹ ⦅話・蔑⦆ ホモの. ❺ (動物の死臭などが)生々しい. ✦ *ein ~er Bruder* 同性愛者, ホモ. *~ halten* ⦅話⦆ ⦅*sich*^{3} *j*^{4}⦆ (人の)好意を失わないようにする. *~ werden* ⦅話⦆ ⦅**mit** *j-et*^{3}⦆ (…と)なじみになる.

W

weder ~ noch kalt 〈nicht ~ und nicht kalt〉sein 煮え切らない. *J³ wird ~ ums Herz.* (人の)胸中にじんとくる.

Wärme [ヴェルメ] 囡 (-/-n) (愛) warmth) 暖かさ; 心の温かみ, 優しさ; 【理】熱(エネルギー). **-austauscher** 男 (-s/-) 【工】熱交換器. **-behandlung** 囡 【医】温熱療法; 【工】熱処理.
wärmebeständig 肜 耐熱性の.
Wärme-dämmung 囡 (-/-en) 断熱, 保温. **-dehnung** 囡 【理】熱膨張. **-einheit** 囡 熱量単位(カロリー・ジュールなど). **-energie** 囡 熱エネルギー. **-gewitter** 呪 【気象】熱雷. **-grad** 男 【話】氷点以上の温度. **-lehre** 囡 【理】熱学. **-leiter** 男 【理】熱導体. **-leitung** 囡 【理】熱伝導.
wärmen 他 暖(温)める.
Wärmepumpe 囡 【工】熱ポンプ, ヒートポンプ.
wärmer ⇒ **warm**
Wärme-regler 男 恒温装置, サーモスタット. **-speicher** 男 【工】蓄熱体. **-strahlen** 直 【理】熱 輻射. **-technik** 囡 熱工学.
Wärm-flasche 囡 湯たんぽ.
Warmfront 囡 【気象】温暖前線.
warm|halten* 他 ⇒ **warm**. ◆ **-herzig** 肜 心の温かい.
Warm-luftheizung 囡 温風暖房. **-miete** 囡 【話】暖房費込みの家賃.
wärmst ⇒ **warm**
Warmwasser-bereiter 男 (-s/-) 湯沸かし器. **-heizung** 囡 温水暖房.
Warmzeit 囡 【地学】間氷期.
Warn-blinkanlage 囡 【自】点滅灯. **-dreieck** 匣 (車の故障時に後方路上におく)三角形警告板.
warnen [ヴァルネン] 他 (warnte; gewarnt) (⊕ warn) (*j⁴* **vor** *j-et*³) (人に対して…)を警告する, 警戒する.
Warn-kreuz 匣 【鉄道】(X 形の)踏切警標. **-licht** 匣 警告灯. **-ruf** 男 警告の叫び. **-schild** 匣 (危険箇所などの)警告板;【交通】警戒標識板. **-schuss** 男 (⊕-schuß) 囡 威嚇(ʦ̬)射撃. **-signal** 匣 警告信号. **-streik** 男 警告[時限]ストライキ.
warnte ⇒ **warnen**
Warnung [ヴァルヌンク] 囡 (-/-en) (⊕ warning) 警告, 警戒, 注意; 戒め.
Warnzeichen 匣 警戒信号; 【交通】警戒標識; 不吉な前兆.
Warrant [ヴァラント, ヴォレント] 男 (-s/-s) 【商】荷証券, 新株引受権.
wars, war's = war es.
wärs, wär's = wäre es.
Warschau ワルシャワ(ポーランドの首都).
Warschauer 囡 (-s/-) **in** 囡 ワルシャワの人; 形 〔無変化〕ワルシャワの.
Warte 囡 (-/-n) (雅) 見晴らし台. ◆ *auf einer höheren* ~ *stehen* より高い見地に立つ. *von j²* ~ *aus* (人の)立場から見れば. **-frau** 囡 (病院・公衆便所などの)番人, 清掃管理人(ビル・公衆便所などの). **-halle** 囡 (駅・空港などの)待合室(ロビー). **-liste** 囡 順番待ちの(ウエイティング)リスト.
warten [ヴァルテン] 直 (wartete; gewartet) ❶ (⊕ wait) 〖**auf** *j-et¹*〗(…を)待つ, 待っている;〖**auf** *j⁴*〗(人のために)準備〈用意〉されている;〖**mit** *et³*〗(…で)延期する, 見合わせる. ❷ 他 (機械などの)整備をする. ◆ *Auf dich〈Darauf〉habe ich gerade noch gewartet!* 〈話〉よりによって君が来る〈こんなこと〉なんて! *Da kannst du lange ~./Da kannst du ~, bis du schwarz wirst.* 〈話〉待つだけむだだと思うよ. *Das kann ~.* 〈話〉それは急ぐことはない(後回しでよい). *Der kann [soll ruhig] ~.* 〈話〉あいつなら待たせておけばいい. *Ich kann ~.* 〈話〉私は別に急いでいない. *Na warte!* 〈話〉今に見ていろ, ただでは済まないぞ. ~ *lassen* 〖**auf** *sich*〗来るのが遅い, なかなか来ない. *Worauf wartest du noch?* 〈話〉(君は)何を待っているの?早く始めろよ.
Wärter 男 (-s/-) **-in** 囡 世話係(看護人・飼育係・灯台守・看守など).
Warte-raum 男 (駅などの)待合室. **-saal** 男 (駅などの)待合室. **-schleife** 囡 【空】(着陸許可を待たぬばならぬ航空機の)待機旋回.
wartete ⇒ **warten**
Warte-zeit 囡 待ち時間; (保険などの)待機期間; 【法】(離婚した女性の次の結婚までの)待機期間. **-zimmer** 匣 (医院などの)待合室.
Warthe (die~) ヴァルテ(Oder 川の支流; ポーランド語形 Warta).
Wartsaal 男 (ʦ̬') = Wartesaal.
Wartung 囡 (-/-en) 世話; 整備.
wartungsfrei 肜 整備の不要な.
warum [ヴァルム] 副 (⊕ why)〔疑問副詞〕なぜで, なんのために: *Warum nicht gleich so?* 〈話〉すぐにそうしておけばよかったのに.
Waruna [ʦ̬'] 〖神〗ヴァルナ(はじめ天空の神, のち水の神).
Warze 囡 (-/-n) (⊕ Wärzchen) 【医】いぼ; 乳頭, 乳首. **warzig** 肜 いぼだらけの; いぼ状の; 乳頭状の.
was [ヴァス] Ⅰ 〔疑問代名詞: 中性単数扱い: 2格 wessen はまれ, 3格はない〕❶ (⊕ what) 何: *Was weiß ich?* 〈話〉私は知らないよ! *Was?* 〈話〉えっ(もう一度言ってくれ). ❷ いくら, どれくらい. ❸ ~ *für* 〔ふつう不定冠詞を伴って: was だけが文頭に置かれることもある〕どんな[種類の]の. Ⅱ 〔関係代名詞: 変化はない, 4 に準じる〕(⊕ what)〔先行詞なしで〕〔およそ〕…するもの〈こと〉(*Du kannst nehmen, ~ du willst.* ほしいものを持って行っていいよ). 〔中性単数形の不定数詞代名詞・名詞化された不定代名詞を受けて〕(*Das, ~ du gesagt hast, ist wahr.* 私が言ったことは本当だ); 〔前文の内容を受けて〕(*Sie ruft mich nicht, ~ mich beunruhigt.* 彼女が電話をよこさないのが心配だ). Ⅲ 〔不定代名詞: 無変化〕〔etwas にかわって〕〈話〉何か. Ⅳ 副 〈話〉なぜ; どのように. ◆ *Ach ~!* 〈話〉なんだって!(本当かね, えものかね).
wasch-aktiv 肜 洗浄力のある. **Wasch-anlage** 囡 洗車装置. **-automat** 男 自動洗濯機.
waschbar 肜 洗濯の利く.
Wasch-bär 男 【動】アライグマ. **-becken** 匣 (壁に取り付けられた)洗面器.

Waschbrett

-**brett** 中 洗濯板; 《楽》ウォッシュボード.
Wäsche [ヴェッシェ] 囡 (-/-n) 洗濯物; 下着; 洗濯; 洗浄; 《俗》選《鉱》鉱脈. ✦ **an die ~ gehen** 〈**wollen**〉《話》〈j³に〉つかみかかる（つかみかかろうとする). (**dumm**) **aus der ~ gucken** 《話》ぽかんとして見つめている. **seine schmutzige ~** [**vor anderen Leuten**] **waschen** 《話》内輪の恥を人前にさらす.

[関連語] Buntwäsche 囡 色物の下着[洗濯物]; Kochwäsche 囡 煮沸可能な洗濯物; Feinwäsche 囡 肌着類; Trockenkeller 男 〔地下の〕乾燥室; Bleichmittel 中 漂白剤; Weichspüler 男 柔軟剤; Schleuder 囡 しぼり機; Trockner 乾燥機; Bügeln 中 アイロン(掛け); bügelfrei ノーアイロンの; Handwäsche 囡 手洗い

wasch-echt 形 〈布地などが〉洗っても縮まない〈色のさめない〉; 生粋の, 正真正銘の.
Wäsche-geschäft 中 衣料雑貨専門店. =**klammer** 囡 洗濯挟み. =**korb** 男 洗濯かご. =**leine** 囡 洗濯ひも.
waschen * [ヴァッシェン] 〖**wusch**; **ge-waschen**〗 動 ❶ 〈4格を〉洗濯する; 〈j³ 〈**sich**〉〉 **die Füße** 〈人/自分の〉足を洗う | **Ich bin gestern gewaschen worden.** 《話》私はきのう〔雨で〕ずぶぬれになった. ❷ 〈4格に〉 〔鉱石などを〕水洗する, 〔鉱土を〕 《話》 手に入れた生命水をロンダリングする. ✦ **gewaschen haben** 〈**sich**〉〉 容易でない, 手ごわい.
Wäscher 男 (-s/-) (囡 -**in**) 洗濯屋〈係〉; 皿洗い.
Wäscherei [ヴェッシェライ] 囡 (-/-**en**) (囡 laundry) クリーニング店, 洗濯屋.
Wäsche-schleuder 囡 〔洗濯物の〕脱水装置. =**schrank** 男 下着類用の戸棚〈たんす〉. =**spinne** 囡 〔傘のようにして放射状に張り出した〕物干し台架. =**trockner** 男 〔洗濯物の〕乾燥機.
Wasch-gelegenheit 囡 洗面設備. =**kessel** 男 〔煮沸用の〕洗濯がま. =**korb** 男 = Wäschekorb. =**küche** 囡 洗濯場. =**lappen** 男 浴用タオル; 《話》いくじなし, 弱虫. =**leder** 中 セーム革.
Waschmaschine [ヴァッシュマシーネ] 囡 (-/-**n**) 〔電気〕洗濯機.
waschmaschinenfest 形 洗濯機で洗える.
Wasch-mittel 中 洗剤. =**pulver** 中 粉末洗剤. =**raum** 男 洗面所, 化粧室. =**salon** 男 コインランドリー. =**schüssel** 囡 洗面器. =**seife** 囡 洗濯せっけん.
wäschst ⇒ waschen
Waschstraße 囡 自動洗車装置.
wäscht ⇒ waschen
Waschtisch 男 洗面台.
Waschung 囡 (-/-**en**) 〔宗〕〈雅〉体を洗うこと; 〖宗〗 洗浄.
Wasch-wasser 中 洗濯用の水, 体を洗うための水. =**weib** 中 《話》おしゃべりな（男〉. =**zettel** 男 〔本カバーの折り返しなどに印刷された〕内容紹介宣伝文. =**zeug** 中 入浴用品, 洗面用具一式.
was für ⇒ was I ③
Wasser [ヴァッサー] 中 (-s/-, **Wässer**)

(中 water) ❶ 水; stilles ~ 〖方〗炭酸を含まないミネラルウォーター | ~ mit Geschmack 〖方〗レモネード. ❷ (⓪ =**Wässerchen**) 〔河川, 湖沼, 海などの〕水; (-s/**Wässer**) 〔化粧水などの〕水剤, 溶液; 〔涙·汗·つば·尿·リンパ液などの〕体液. ✦ **bei** ~ **und Brot sitzen** 刑務所に入っている. **Da** 〈**Bis dahin**〉 **fließt noch viel** ~ **den Berg** 〈**den Rhein, die Elbe, die Spree**〉 **hinunter.** それまでにはまだ余曲折がある. **Das ist ~ auf j² Mühle.** 《話》 〔これは〕おあつらえ向きだ. **das ~ abgraben** 〔j³に〕 〈人の〉生命線を絶つ, 〈人を〉窮地に立たせる. **Das ~ läuft j³ im Munde zusammen.** 《話》 〈人の〉つばがたまる; 〈人は〉猛烈な食欲がわく. **Das ~ steht j³ bis zum Hals** 〈**bis an die Kehle, bis zur Kehle**〉. 〈人は〉 〔経済的に〕たいへん困っている; 借金で首が回らない. **ein stilles ~ sein** 無口で何を考えているか分からない, 控えめである. **ins kalte ~ springen** 未知のことに挑戦する, リスクを冒す. **ins ~ fallen** 〔計画などが〕実現されない, 水泡に帰する. **ins ~ gehen** 入水自殺する. **mit allen ~n gewaschen sein** 《話》海千山千のしたたか者である. **nahe an** 〈**ans**〉 ~ **gebaut haben** 《話》泣き虫である; 涙もろい. **nicht das** ~ **reichen können** 〈j³に〉 〈人の〉足元にも及ばない. **Stille** ~ **sind tief.** 〖諺〗能ある鷹は爪を隠す. **über** ~ **halten** 〈**sich**〉 かろうじて生計を保つ. **unter** ~ **setzen** 〈一を〉水没にさせる. **sein** ~ **abschlagen** 〔男が〕放尿する. ~ **abstoßend** 〔布地などが〕水をはじく, 防水性のある. ~ **hat keine Balken.** 〖諺〗君子危うきに近寄らず. ~ **in den Wein gießen** 〈j³の〉 〈人の〉興奮を静める. ~ **ins Meer** 〈**in den Rhein, in die Elbe**〉 **tragen** 余計（不要）なことをする. ~ **treten** 立ち泳ぎする; 水中を歩く. **wie aus dem** ~ **gezogen** 《話》ずぶぬれである. **wie** ~ **ablaufen** 〈j³に〉 〈説教·非難などが〉人には馬の耳に念仏のようである. **zu** ~ **werden** 《話》水泡に帰する.

wasserabstoßend 形 ⇒ Wasser ✦
Wasserader 囡 〔地下の〕水脈.
wasserarm 形 水の乏しい; 雨量の少ない.
Wasser-ball 男 水球; 水球用ボール; ビーチボール. =**bau** 男 水利工事〈河川·港湾工事など〉. =**blase** 囡 水泡（症）, 水胞, 水膨れ. =**bombe** 囡 〔軍〕水中爆雷.
Wässerchen (→ Wasser) 中 小さな川〈湖, 沼〉. ✦ **kein ~ trüben können** 《話》気が弱くて何も悪いことができない.
Wasserdampf 男 水蒸気, 湯気.
wasserdicht 形 水を通さない, 防水の; 《話》〔アリバイなどが〕完ぺきな, 隙のない.
Wasser-druck 男 水圧. =**fahrzeug** 中 舟, 船舶. =**fall** 男 滝. ✦ **wie ein ~ reden** 《話》ぺらぺらしゃべりまくる. =**farbe** 囡 水彩絵の具; 水性ペイント.
wasserfest 形 耐水性の.
Wasser-fläche 囡 水面. =**flasche** 囡 水筒. =**floh** 男 〖動〗 ミジンコ. =**flugzeug** 中 水上飛行機; 飛行艇.
wassergekühlt 形 〖工〗水冷式の.

Wasser·glas [中] コップ, グラス, タンブラー; 〔化〕 水ガラス. ·**graben** [男] 堀, 濠(ごう). ·**hahn** [男] (水道の)蛇口; 給水栓. ·**haushalt** [男] 〔生理〕 水分代謝〈平衡〉; 〔地学〕(土壌中の)水分状況; 水利用〈管理〉. ·**hose** [女] 〔気象〕(海上で水を巻き上げる)竜巻. ·**huhn** [中] 〔鳥〕 オオバン.
wässerig [形] = wässrig.
Wasser·jungfer [女] 〔虫〕 トンボ. ·**kessel** [男] やかん. ·**klosett** [中] 水洗便所([略] WC). ·**kopf** [男] 〔医〕 水頭〔症〕. ·**kraft** [女] 水力. ·**kraftwerk** [中] 水力発電所. ·**krug** [男] 水がめ, 水差し. ·**kühlung** [女] 〔工〕(エンジンなどの)水冷. ·**kunst** [女] (庭園の)人工噴水〈滝〉. ·**lauf** [男] 水の流れ, 水流; 水路; 小川. ·**leitung** [女] 給水管; 水道〔設備〕. ·**linie** [女] (船舶の)水線, 喫水線. ·**linse** [女] 〔植〕 アオウキクサ属.
wasserlöslich [形] 水溶性の.
Wassermangel [男] 水不足.
Wassermann ❶ [男] 〔伝説〕(男の)水の精; 〔天〕 水瓶(みずがめ)座; 〔占星〕 宝瓶(ほうへい)宮(黄道十二宮の第十一宮); 水瓶(みずがめ)座生まれの人. ❷ ヴァッサーマン(August von, 1866–1925; ドイツの細菌学者). ✦ ***wassermannsche Reaktion*** 〔医〕 ワッセルマン反応(梅毒診断用血清反応; [略] WaR).
Wasser·melone [女] 〔植〕 スイカ(西瓜). ·**messer** [男] 水量計; (水道の)メーター. ·**mühle** [女] 水車; 水車小屋.
wassern [自] (飛行機・鳥などが)着水する.
wässern [他] 〔料〕(…を)水に浸す; (植物などに)たっぷり水をやる; [自] 《雅》(目が)涙を出す; (口が)よだれを出す.
Wasser·pflanze [女] 水生植物. ·**pocken** [複] 〔医〕 水痘, 水ぼうそう. ·**polizei** [女] 水上警察. ·**rad** [中] 水車. ·**ratte** [女] 〔動〕 ミズハタネズミ; 《話》 泳ぎの大好きな人.
wasserreich [形] 水量の豊かな; 雨量の多い.
Wasser·reservoir [中] 貯水槽〈量〉. ·**rohr** [中] 水道管, 送水管. ·**rutschbahn** [女] ウォーターシュート. ·**schaden** [男] 水害. ·**scheide** [女] 〔地学〕 分水界〈嶺〉.
wasserscheu [形] 水を怖がる.
Wasser·schlange [女] 水ヘビ(水辺にすむヘビの総称). ✦ ***die Nördliche*** 〈***die Südliche***〉 ～ 〔天〕 海蛇(うみへび)〈水蛇(みずへび)〉座. ·**schlauch** [男] 水道用ホース. ·**schloss** ([旧] **schloß**) [中] 水に囲まれた城館〈宮殿〉. ·**ski** [男] 《-[s]/-er, -》 水上スキー用のスキー板; [中] 《-[s]/》 〔スポ〕 水上スキー〔競技〕. ·**speicher** [男] 貯水タンク. ·**speier** [男] 《-s/-》 〔建〕 樋嘴(ひはし), ガーゴイル(怪獣などの形をした軒先の吐水口). ·**spiegel** [男] 水面(海面・湖面など); 水位. ·**sport** [男] 水上競技. ·**spülung** [女] (トイレの)水洗装置. ·**stand** [男] 水位.
Wasserstoff [男] 水素(元素名: [記号] H). ·**bombe** [女] 水素爆弾.
Wasserstoffperoxyd [中] 《-[e]s/》 過酸化水素.
Wasser·strahl [男] 水の噴流, ほとばしり出る水. ·**straße** [女] (航行できる河川の)水路. ·**sucht** [女] 〔医〕 水症, 水腫(すいしゅ). ·**tropfen** [男] 水滴. ·**turm** [男] 給水塔, 貯水塔. ·**uhr** [女] 水時計; 量水器.
Wasserung [女] 《-/-en》 (飛行機などの)着水. **Wässerung** [女] 《-/》 水漬け; 水洗い; 散水.
Wasser·verdrängung [女] 〔海〕 排水量. ·**verschmutzung** [女] 水質汚染. ·**versorgung** [女] 水の供給, 給水. ·**vogel** [男] 水鳥. ·**waage** [女] 〔工〕 水準器. ·**weg** [男] 水路. ·**werfer** [男] 《-s/-》 放水器〈車〉. ·**werk** [中] 給水施設, 上水道. ·**wirtschaft** [女] 治水, 水の管理. ·**zeichen** [中] (紙の)透かし模様, 漉(す)き入れ模様.
wässrig ([旧] **wäßrig**) [形] 水分の多い; 水っぽい(eine ～*e* Lösung 〔化〕 水溶液); 水のような; 水色の.
waten [自] (s, h)(泥・雪などを)かき分けて進む.
Waterloo ワーテルロー(ベルギーの首都 Brüssel 南東の地).
Watsche [女] 《-/-n》 《南部・オーストリア》 《話》 平手打ち, びんた.
watschelig [形] (足取りが)よたよたした.
watscheln [自] (s) 《話》 よたよた歩く.
Watt ❶ [中] 《-[e]s/-en》 (北海沿岸の)干潟(ひがた). ❷ James, ワット(1736–1819; 英国, スコットランドの発明家で, 蒸気機関の完成者); [中] 《-s/-》 (単位: -/-) 〔電〕 ワット(電力単位: [記号] W) : eine Birne von 60 ～ 60ワットの電球.
Watte [ヴァテ] [女] 《-/-n》 綿, 脱脂綿. ✦ ***in ～ packen*** 《話》 (人を)はれ物にでも触るように取り扱う. ***～ in den Ohren haben*** 《話》 聞く耳をもたない.
Wattebausch [男] 〔医〕 綿球, タンポン.
wattieren [他] (…に)綿を詰める〈入れる〉.
Watvogel [男] 〔鳥〕 渉禽(しょうきん)(ツル・サギなど).
wau [間] ワン(犬の鳴き声).
Wau [男] 《-[e]s/-e》 〔植〕 モクセイソウ属.
Wauwau [男] 《-s/-s》 《幼児》 わんわん(犬のこと).
WC [ヴェーツェー] [中] 《-[s]/-[s]》 [略] 〔水洗〕便所(< [英] *watercloset*).
WDR [男] 《-/》 [略] 西部ドイツ放送(< *West*deutscher *R*undfunk).
WE [略] *W*ährungs*e*inheit 〔経〕 貨幣単位; *W*ärme*e*inheit 〔理〕 熱量の単位.
Webe [女] 《-/-n》 《オーストリア》 (特に寝具類用の)リンネル; クモの巣.
weben(*) [他] 織る, 編む; [自] 機を織る.
Weber ❶ [男] 《-s/-》 ([女] **-in**) 織工(しょっこう). ❷ ヴェーバー((1) Carl Maria von, 1786–1826; ドイツの作曲家. (2) Max, 1864–1920; ドイツの社会・経済学者.).
Weberei [女] 《-/-en》 機織り; 機業; 機織〈織物〉工場. **Weberknecht** [男] 〔動〕 メクラグモ.
Weberschiffchen [中] 〔織〕 (織機の)杼(ひ), シャットル.
Web·fehler [男] 織りむら〈損じ〉. ✦ ***einen ～ haben*** 少し気が変である.
Web·seite [女] (インターネットの)ウェブサイト.
Web·stuhl [男] 織機.
Wechsel [ヴェクセル] [男] 《-s/-》 ([英]

Wechselbad

change) 交代; 交換; 両替; 〘スポ〙選手交替, チェンジコート; バトンタッチ(トレード); 〘商〙[為替]手形; (毎月の)仕送り. ◆ *Der ~ ist geplant.* 〘話〙手形は不愉快になった. *einen ~ auf die Zukunft ausstellen* あとでどうなるか分からないことをする, 危ない橋を渡る. **-bad** 中 冷温交互浴. **-beziehung** 女 相関(相互)関係. **-bürgschaft** 女 手形保証. **-fähigkeit** 女 〘商〙手形能力. **-fälle** 複 (人生の)浮き沈み, 栄枯盛衰. **-fieber** 中 〘医〙間欠熱, マラリア. **-frist** 女 〘商〙手形支払期限. **-geld** 中 つり銭, 小銭. **-gesang** 男 交唱, 交歌. **-getriebe** 中 〘工〙変速機, 変速装置.

wechselhaft 形 (天気や気分などが)変わりやすい.

Wechsel-jahre 複 更年期. **-klausel** 女 〘商〙手形約款. **-kurs** 男 外国為替相場(レート). **-makler** 男 手形仲買業者, ビルブローカー.

wechseln [ヴェクセルン]〘wechselte; gewechselt〙他 (® change)〔取り〕替える; 変更する; 〔*et*⁴ *in et³*〕(お金を…)に両替する, くずす;〔*et*⁴ *mit j³*〕(…を人と)取り交わす. ❷ 自 交代する; 変化する;(s)(別の職場などへ)移る.

wechselseitig 形 相互の, 交互の.

Wechsel-spiel 中 交代, 移り変わり; 相互作用. **-sprechanlage** 女 インターホン. **-strom** 男 〘電〙交流. **-stube** 女 (駅・空港などの)両替所.

wechselste ⇒ wechseln

Wechseltierchen 中 〘動〙アメーバ.

Wechselung 女 (/-en) wechseln すること;〘商〙両替.

Wechselverhältnis 中 相互関係; 〘商〙手形関係(手形上の法律関係).

wechsel·voll 形 変化に富んだ. **-warm** 形 〘動〙変温の, 冷血の. **-weise** 副 交互に.

Wechselwirkung 女 相互作用.

Wechsler 男 (-s/-) 両替業者.

Wechslung 女 = Wechselung.

Wechte 女 (/-n) 雪庇(ひさし).

wecken [ヴェッケン]〘weckte; geweckt〙他 (® wake)(人を)目覚めさせる; 活気づける;(関心・食欲などを)喚起する.

Wecken ❶ 中 (-s/) 起きること. ❷ 男 (-s/-) 〘南部・オストリア〙(細長い)小型ロパン.

Wecker [ヴェッカー] 男 (-s/-) 〔® alarm clock〕目覚(まし)時計; 〘話〙ばかでかい胸(懐中)時計. ◆ *auf den ~ fallen (gehen)* 〘話〙(人の)かんに触る.

Weck·mittel 中 覚醒剤. **-ruf** 男 起床の合図.

weckte ⇒ wecken

Wedekind Frank. ヴェーデキント(1864—1918): ドイツの劇作家).

Wedel 中 (-s/-) (はら・羽毛などを束ねて)作ったはたき; ちり払い;(シュロなどの)扇状の葉;〘約〙(シカなどの)尾. **wedeln** 自 〔*mit et³*〕(…を)振る, あおぐ;〘スポ〙ウェーデルンで滑る.

weder [ヴェーダー] 接〔*~ A noch B*〕(® neither *A* nor *B*) *A* も *B* もない. ◆ *~ links noch rechts schauen* わき目も振らない.

weg [ヴェック] 副 (® away) (ある場所から)離れて, 去って; 消えて, なくなって;〘述語的〙気を失って;〔*~ über et³*…〕に熱中して;〔*~ über et⁴*…〕を克服して. ◆ *in einem ~* [(als)] ひっきりなしに. *über j³ Kopf ~ beschließen* (…が)人の頭越しに〈人をとっちめて〉決める.

Weg [ヴェーク] 男 (-[e]s/-e) 〔® way〕道(*seines* ~*es* 〈*seiner* ~〉*gehen* 我が道を行く); 方法, 手段, やり方. ◆ *auf dem besten ~ sein* 〔+ zu 不定詞句〕〘皮肉〙いつ(…)してもおかしくない; まさに(…)しかかっている. *auf dem richtigen ~ sein* まっとうなことをしている. *auf dem ~ der Besserung (Genesung) sein* (病気から)回復しつつある. *auf den rechten ~ führen ⟨bringen⟩* (人を)まっとうな道に導く. *auf den ~ machen ⟨sich⟩* 出発する. *auf halbem [e] entgegenkommen* 〔*j³*〕(人に)半分歩み寄る, 妥協する. *auf halbem [e] stehen bleiben ⟨umkehren⟩* 中途で断念する. *auf halbem [e] treffen ⟨sich⟩* 妥協する. *auf kaltem ~[e]* 〘話〙(ためらいもなく)さっさと. *auf ~ und Steg* 至るところに. *aus dem ~[e] gehen* 〔*j-ae³*〕回避する;(…に)道を譲る, 避ける. *aus dem ~ räumen* (…を)除去する; 〘俗〙(人を)片づける. *den ~ allen ⟨alles⟩ Fleisches gehen* 〘雅〙死ぬ. *den ~ alles Irdischen gehen* 〘戯〙だめになる, 壊れる. *den ~ des geringsten Widerstandes gehen* 困難をできるだけ回避する. *den ~ ⟨die ~⟩ ebnen* 〔*j-et³*〕(…に)道を開いてやる, (…を)支援する. *den ~ verlegen ⟨vertreten⟩* 〔*j³*〕(…の)道をふさぐ. *seinen eigenen ~ gehen / seine eigenen ~e gehen* 自分の信念に基づいて行動する. *Hier trennen sich unsere ~e.* ここでわれわれの道が分かれる, ここでお別れだ. *im ~[e] sein ⟨stehen⟩* 〔*j³*〕(人の)じゃまになる. *im ~[e] stehen ⟨sich³ selbst⟩* 〘性格などが災いして〕自分で事を難しくしている. *in ⟨über⟩ den ~ laufen* 〔*j³*〕(人と)出くわす. *in den ~ treten* 〔*j³*〕(人の)行く手をふさぐ, …に邪魔する(…を戦ごに乗せる. *nach dem ~ fragen* 〔*j⁴*〕(人に)道順を尋ねる. *neue ~e gehen ⟨beschreiten⟩* 新しい道を行く, 新境地を開拓する. *nicht über den ~ trauen* 〘話〙〔*j³*〕(人を)少しも信用しない. *Viele ~e führen nach Rom.* 〘話〙目的を達するのはさまざまな方法がある. *seinen ~ machen* 出世する. *~ und Steg* あらゆる道すがら, いたる所. *Wo ein Wille [ist], da [ist auch] ein ~.* 〘話〙意志あるところ必ず道あり. *Woher ⟨Wohin⟩ des ~[e]s?* 〘雅〙どちらから〈どちらへ〉おいでですか. *zu ~e bringen* (…を)成し遂げる. *zu ~e kommen ⟨mit et³⟩* (…を)使いこなす;(…を)完成〈終了〉する. *zu ~e sein* 〘話〙〔*gut, schlecht.* wie など〕体調が(…)である;〔*gut*±〕元気(達者)である.

weg. 分離動詞の前つづり〕「離脱・除去」の意.

weg·angeln 他 〘話〙〔*j³ et⁴*〕(人から…を)横取りする, かっさらう. *bekommen** 他 〘話〙= wegkriegen.

Wegbereiter 男 (-s/-) 先駆者, パイオニア.

wegziehen

weg︲blasen* ⓑ 吹き飛ばす. ◆ **wie weggeblasen sein**《話》(苦痛などが)跡形もなくなっている. ┝**bleiben*** ⓑ (s)《話》(来るはずだのに)来ない；(機械などが)突然止まる；省略される.
weg︲bringen* [ヴェックブリンゲン]《brachte weg; weggebracht》ⓑ 持ち〈運び，連れ〉去る；〈染みなどを〉取り除く. ┝**denken*** ⓑ ないものと考える，無視する.
Wege ⇨ Weg (複数形; 単数3格の別形).
Wegelagerei 囡 ⟨-/-⟩ 辻⟨強盗(行為), 追剝(脅)(行為). **Wegelagerer** 陽 ⟨-s/-⟩ 辻⟨強盗, 追いはぎ.
wegen [ヴェーゲン] 前《2格支配，まれに3格》(⇔ because of) …の理由⟨原因⟩で，…のせいで；…を目的として；…に関して. ◆ **von et²** ~ ⇨ **von** ⎸ **Von ~!** ⇨ **von** ◆
Wegerecht 回 道路法；(海) 通行権.
Wegerich 陽 ⓑ オオバコ.
wegfahren* [ヴェックファーレン]《fuhr weg; weggefahren》ⓑ (s) (乗り物で⟨で⟩)走り去る, 出発する；ⓑ (乗り物で)運び⟨連れ⟩去る.
Wegfall 陽 廃止；抹消. **weg︲fallen*** ⓑ (s) 廃止⟨抹消⟩される.
weg︲fegen ⓑ 掃いて取り除く；(風が落ち葉などを)吹き払う. ┝**fliegen*** ⓑ (s) 飛び去る；吹き飛ばされる.
Weggang 陽 出発, 退去.
weg︲geben* ⓑ くれてやる, 手放す. ┝**gefahren** ⇨ wegfahren
weggehen* [ヴェックゲーエン]《ging weg; weggegangen》ⓑ (s) 立ち去る, 出発する；《話》外出する；《話》(苦痛・色などが)消える；《話》(商品が)売れる；《話》⟨**über j-er⁴**⟩(…を)無視する, 越えて行く. ◆ **Geh mir weg damit!**《話》その話はもうやめてくれ.
weggenommen ⇨ wegnehmen
weggeworfen ⇨ wegwerfen
weg︲haben* ⓑ 取り去って⟨遠ざけて⟩いる. ┝ **einen ~**《話》ちょっと酔った機嫌である；頭がいかれている. ┝**holen** ⓑ 連れ⟨運び⟩去る；⟨**sich³ et¹**⟩(病気などに)かかる. ┝**hören** ⓑ (意図的に)聞かないようにする；(馬耳東風(ぬほ))と聞き流す. ┝**jagen** ⓑ 追い払う. ┝**kommen*** ⓑ (s) 立ち⟨歩み⟩去る；切り抜ける；⟨**über et⁴**⟩(…を)克服する；紛失する, なくなる；《話》(起重機などで除去する⟨取りのける). ┝**kranen** ⓑ クレーンで除去する⟨取りのける). ┝**kriegen*** ⓑ 《話》立ち去らせる；理解する；(病気に)かかる.
weglassen* [ヴェックラッセン]《ließ weg; weggelassen》ⓑ《話》省略する, (うっかり)抜かす；(人を)立ち去らせる.
weg︲laufen* ⓑ (s) 走り⟨逃げ⟩去る；(こっそり)抜け出す；Das **läuft** mir nicht weg. 《話》 それは後でやればよいの話(逃げてしまうのじゃない). ❷ (液体が)流失する. ┝**legen** ⓑ わきへ置く；どける. ┝**machen** ⓑ 取り除く⟨去る⟩；⟨**sich**⟩《話》立ち去る. ┝**müssen*** ⓑ《話》立ち去らなければならない, かたづけられねばならない；(手紙や小包などが)発送されねばならない.
Wegnahme 囡 ⟨-/-n⟩ 除去, 奪取, 押収.
weg︲nehmen* [ヴェックネーメン]《nahm weg; weggenommen》ⓑ (⇔ take away) 取り上げる；(人から)…を奪う, 取り上げる；(空間·時間を)占める. ┝**räumen** ⓑ 取り片づける⟨除く⟩. ┝**reißen*** ⓑ むりやり連れ去る；引きちぎるように扱う；⟨**j³ et⁴**⟩(人から…を)ひったくる；(建物を)取り壊す. ┝**schaffen** ⓑ 取り去る；かたづける；《俗》消去する. ┝**schauen** ⓑ《方》= wegsehen. ┝**scheren*** ⓑ⟨**sich⁴**⟩《話》立ち去る. ┝**schicken** ⓑ (手紙・荷物などを)発送する；(人を)追い払う. ┝**schieben*** ⓑ (s, h)⟨**sich¹**⟩忍び足で(こっそり)立ち去る. ┝**schleichen*** ⓑ (s, h)⟨**sich¹**⟩忍び足で(こっそり)立ち去る. ┝**schleppen** ⓑ (人を)むりやり連れ去る；(重いもの・大きいものを)運び出す. ┝**schmeißen*** ⓑ《話》投げ捨てる；粗末に扱う. ┝**schnappen** ⓑ ⟨**j³ et⁴**⟩(人から…をひったくる. ┝**sehen*** ⓑ 目をそらす；⟨**über et⁴**⟩(…を)見過ぎる；⟨**über j-et⁴**⟩(…を)大目に見る, 無視する.
weg︲setzen ⓑ 移す, かたづける；⟨**sich¹**⟩《話》⟨**über et⁴**⟩(…を)大目に見る, 無視する；ⓑ (h, s)⟨**über et⁴**⟩(…を)飛び越える. ┝**spülen** ⓑ 洗い流す；押し流す. ┝**stecken** ⓑ 突っ込んで隠す；嵩え忘れる. ┝**stehlen*** ⓑ⟨**sich¹**⟩こっそり立ち去る. ┝**stellen** ⓑ 移す, かたづける. ┝**stoßen*** ⓑ 押し⟨突き⟩のける.
Wegstrecke 囡 道のり.
weg︲streichen* ⓑ ①なでて⟨さすって⟩取り除く, 払い落とす；(文字·数字などを)削除する. ┝**tragen*** ⓑ 持ち⟨運び)去る, 連れ去る. ┝**treten*** ⓑ (⃝解散する；どけてわきにする. ◆ **geistig völlig weggetreten sein**《話》放心状態である. ┝**tun*** ⓑ 取り除く, かたづける；(ごみなどを)捨てる；(お金を)取りのけておく；貯める.
Wegwarte 囡 (植) チコリー.
wegweisend 圏 指針となる.
Wegweiser 陽 ⟨-s/-⟩ 道標, 道しるべ, 案内標識⟨板⟩；入門書；旅行案内書.
Wegweisung 囡 ⓑ 追放, 放逐.
weg︲wenden ⓑ そらす, 背ける.
Wegwerf︲artikel 陽 使い捨て商品.
wegwerfen* [ヴェックヴェルフェン]《warf weg; weggeworfen》ⓑ 投げ捨てる；⟨**sich⁴ an j-er⁴**⟩(つまらないことのために)身を捧げる. ~**d** 围 軽べつするような, 侮べつの.
Wegwerf︲geschirr 回《集合的》使い捨て食器. ~**gesellschaft** 囡 使い捨て社会. ~**kultur** 囡 使い捨て文化. ~**mentalität** 囡 使い捨ての物の考え方. ~**packung** 囡 使い捨ての袋(パック). ~**ware** 囡 使い捨て商品.
weg︲wischen ⓑ ぬぐい取る, (黒板の文字などを)消す. ┝**zählen** ⓑ (数を)引く, 差し引く.
Wegzehrung 囡 ⟨-/-en⟩ 雅 (旅行の)携帯食糧, 弁当；die letzte⟨heilige⟩~ 囡 臨終者に授ける聖体拝領.
wegziehen* ⓑ 引っぱって取る, 引き離す；ⓑ (s)転出する；(渡り鳥が)飛び去る.

weh [間] = wehe.
weh [ヴェー] [形] ([英] painful) 《話》痛い; 《雅》悲しい. ⇨ wehtun ✦ *J*^{3} *ist ums Herz ~.* (人の)心が痛む, 辛い.
Weh [中] 《-[e]s/-e》《雅》心の痛み, 悲しみ; (肉体的な)痛み, 苦痛. ✦ *mit 〈unter〉 ~ und Ach / mit vielem Ach und ~* 《話》悲鳴をあげて; いやいやながら.
wehe [間] ああ(悲嘆の声); 災いあれ.
Wehe [女] 《-/-n》陣痛; (雪・砂などの)吹きだまり. ✦ *~n fördernd* 陣痛を促進する(薬・注射など).
wehen [ヴェーエン] 《wehte; geweht》[自] ([英] blow)(風が)吹く; (風に)はためく; (s)(…へ)風にのって行く〈来る〉; [他] (風が)吹き払う〈寄せる〉.
wehenfördernd [旧]⇨ Wehe ✦
Weh=geschrei [中] 悲しみの叫び, 悲鳴. **=klage** [女] 《雅》悲嘆の声.
wehklagen [自] 《雅》悲嘆の声を上げる.
wehleidig [形] 《蔑》めそめそする, 泣き言を並べる, 泣き虫の.
Wehmut [女] 《-/》悲哀, 哀愁. **wehmütig** [形] もの悲しい, 悲しげな.
Wehr ❶ [女] 《-/-en》消防隊; 《古》防御, 抵抗; 防衛隊〈軍〉. ❷ [中] 《-[e]s/-e》堰(せき), 堤防. ✦ *zur ~ setzen* 《*sich*^{4}》防御〈抵抗〉する. **=beauftragte[r]** [男][女] 《形容詞変化》(ドイツ連邦議会が任命する)国防委員. **=bereich** [男] 〔軍〕(ドイツの)防衛区域.
Wehrdienst [男] 兵役. **=verweigerer** [男] 《-s/-》兵役拒否者.
wehren [ヴェーレン] 《wehrte; gewehrt》[再] 《*sich*^{4}》身を守る; [自] 《雅》《*et*^{3}》(…を)阻止する; [他] 《雅》《*j*^{3} *et*^{4}》(人の…を)阻止する, (人に…を)禁じる.
Wehr=ersatzdienst [男] (兵役拒否者の)代替役務. **wehrfähig** [形] 兵役に適格な. **wehrhaft** [形] 防衛能力のある; (城・都市などが)防備の堅固な.

W

wehrlos [形] 抵抗力のない, 無防備の. **Wehrlosigkeit** [女] 《-/》無抵抗, 無防備.
Wehr=macht [女] 国防軍(とくに1935-45年のナチス時代の). **=pass** ([旧]=paß) [男] 軍隊手帳(ちょう).
Wehr=pflicht [女] 兵役義務. **wehrpflichtig** [形] 兵役義務のある.
Wehr=sold [男] 兵役給与金.
wehrte ⇨ wehren
Wehr=übung [女] 〔軍〕(基礎訓練終了後の)演習.
wehte ⇨ wehen
weh|tun [ヴェートゥン] 《tat weh; wehgetan》[自] 《*j*^{3}》(人に)痛い〈つらい〉思いをさせる: Lass das, du *tust* mir *weh*! やめてよ, 痛いよ | Wo *tut* es *weh*? どこが痛いの | Mir *tut* der Kopf *weh*. 頭が痛いのです.
Wehweh [中] 《-s/-s》《幼児》いたいいたい(けが・傷・痛みなど).
Wehwehchen [中] 《-s/-》《戯》大げさに訴える痛み.
Weib [中] 《-[e]s/-er》([小] -chen) 《蔑》女; 《雅》女性; 《雅・戯》妻: mein ~ 《話》うちのかみさん. ✦ *~ und Kind* 《戯》家族.
Weibchen (→ Weib) [中] 《-s/-, Weiberchen》《戯》《愛称形》かみさん, ワイフ; 《-s/-》(動物の)雌; 《蔑》女.
Weiberchen ⇨ Weibchen
Weiber=feind [男] 女嫌い[の男]. **=held** [男] 《蔑》女たらし. **=volk** [中] 《蔑》女ども.
weibisch [形] 《蔑》男らしくない, 軟弱な, 女々しい.
weiblich [ヴァイブリヒ] [形] ([英] female) 女の, 雌の, 〔生〕雌性の; 女性的な, 女らしい; 〔詩・文法〕女性の. **Weiblichkeit** [女] 《-/》女らしさ, やさしさ; 〔生〕雌性; 《集合的》(その場の)女性たち. **Weibsbild** [中] 《南部・ｵｰｽﾄﾘｱ》女性; 《蔑》女, あま.
weich [ヴァイヒ] [形] ❶ ([英] soft)柔らかい, なめらかな. ❷ 温和な; (色・音が)快い. ❸ (性格・外見が)柔和な; 気弱な. ❹ 不安定な; 〔経〕(通貨が)軟貨の; 〔化〕軟水の; 〔言〕軟音の; 〔写〕軟調の. ✦ *~ gekocht* 柔らかく煮た; (卵が)半熟の. *~ werden* 《話》(態度が)軟化する, (相手に)譲る.
Weichbild [中] 市域; 〔史〕都市権.
Weiche [女] 《-/-n》横腹, わき腹; 〔鉄道〕転轍(てんてつ)器, ポイント. ✦ *die ~n für et*^{4} *stellen* (…の)進むべき道を定める.
weichen(*) ❶ 《wich; gewichen》[自] (s) 《[**vor**] *j-et*^{3}》(…に)屈する; 《*et*^{3}》(…に)地位を譲る; 《**von** *j*^{3}》(ある感情が人から)[次第に]消え去る, なくなる; (霧などが)消え去る; 《**nicht von** *et*^{3}》(ある場所から)離れない. ❷ 《weichte; geweicht》[他] 柔らかくする, ふやかす; [自] (s)(液体を吸って)柔らかくなる, ふやける.
Weichensteller [男] 《-s/-》〔鉄道〕転轍(てんてつ)係.
weichgekocht [旧]⇨ weich ✦
Weichheit [女] 《-/》柔らかさ, しなやかさ; 柔和, 優しさ; 弱腰, 軟弱.
weichherzig [形] 心の優しい, 思いやりのある, 情にもろい. **Weichherzigkeit** [女] 《-/》心優しさ, 思いやり, 涙もろさ.
weichlich [形] 柔らかめの; 《蔑》柔弱な; 弱腰の. **Weichlichkeit** [女] 《-/》柔弱; 弱腰. **Weichling** [男] 《-s/-e》柔弱な人, いくじなし. **Weichmacher** [男] 〔化〕(プラスチックなどの)可塑(そ)剤.
Weichsel [女] 《-/-n》〔植〕マハレブ.
Weich=spüler [男] 《話》, **=spülmittel** [中] (洗濯物の)柔軟〈ソフト〉仕上げ剤. **=teile** [複] 〔医〕軟部(筋肉・内臓など); 《話》(男性の)性器. **=tier** [中] 軟体動物.
Weide [女] 《-/-n》〔植〕ヤナギ; 牧草地, 放牧場. **=land** [中] 放牧場.
weiden [自] (家畜が)牧草地で草をはむ〈食べる〉; [他] (家畜を)放牧する; [再] 《*sich*^{4} **an** *j-et*^{3}》《雅》(…を)見て楽しむ.
weidgerecht [形] 狩猟のマナーを心得た.
weidlich [副] 大いに, たっぷりと.
Weidmann [男] 猟師, ハンター. **weidmännisch** [形] 猟師〈ハンター〉の.
weidwund [形] 〔狩〕(野獣が)内臓を射抜かれた.
weigern [ヴァイガァン] 《weigerte; geweigert》[再] ([英] refuse) 《*sich*^{4}》拒否〈拒絶〉する (*sich*^{4} ~, den Befehl zu befolgen 命令を拒む); [他] 《*j*^{3} *et*^{4}》(人の…を)

拒む，断る．**Weigerung** 囡 ⟨-/-en⟩ 拒否，拒絶．
Weih 男 ⟨-[e]s/-e⟩ = Weihe ②．
Weihbischof 男 補佐司教．
Weihe 囡 ⟨-/-n⟩ ❶ ⦅カトリック⦆聖別[式]，奉献[式]；⦅キリスト教⦆(聖職の)任命[式]；叙階[式]；⦅雅⦆荘厳さ，厳粛さ．❷ ⦅鳥⦆チュウヒ．
weihen 他 神聖にする；⦅カトリック⦆聖別する；(*j⁴ zu et³*)(人を聖職位に)任命する，叙階する；捧(ｻｻ)げる，再 (*sich et³*) (…に)身を捧げる．
Weiher 男 ⟨-s/-⟩ 池，沼．
weihevoll 形 ⦅雅⦆荘厳な，厳粛な．
Weihnacht 囡 ⦅雅⦆クリスマス．
Weihnachten 囡 [ヴァイナハテン] 中 ⟨-/-⟩ ❶ (⦅英⦆ Christmas) ⦅宗⦆クリスマス，キリスト降誕祭: zu~/⦅南部・ｵｰｽﾄﾘｱ⦆ an~クリスマスに｜über~クリスマス[休暇]の間じゅう．❷ クリスマスプレゼント．◆ *Frohe (Fröhliche)*~*!* クリスマスおめでとう．**weiße (grüne)**~ホワイトクリスマス(雪のないクリスマス)．
weihnachtlich 形 クリスマスの，クリスマスらしい．
Weihnachts‐**abend** 男 クリスマスイブ(12月24日)．=**baum** 男 クリスマスツリー．=**bescherung** 囡 クリスマスプレゼントの分配．=**feier** 囡 クリスマスのお祝い．=**fest** 中 クリスマス．=**geld** 中 = Weihnachtsgratifikation．=**geschenk** 中 クリスマスプレゼント．=**gratifikation** 囡 クリスマスのボーナス．=**insel** (die~) クリスマス島(インド洋上にあるオーストラリア領；イギリス領クリスマス島中の島)．=**karte** 囡 クリスマスカード．=**lied** 中 クリスマスの歌．=**mann** 男 サンタクロース；⦅話⦆おめでたい人，うすのろ．=**markt** 男 クリスマスの市．=**stern** 男 ⦅植⦆ポインセチア；クリスマスツリーに飾る星．=**tag** 男 クリスマスの休日(12月25，26日)．=**zeit** 囡 クリスマスの時期日(Adventの第1日曜日から年末まで；特にクリスマスから26日まで)．
Weih‐**rauch** 男 香，乳香(ﾆｭｳｺｳ)；香煙．◆~*streuen* ⦅雅⦆ (*j³*)(人を)褒めそやす．=**wasser** 中 ⦅宗⦆聖水．
weil [ヴァイル] 接 ⦅従属⦆ (⦅英⦆ because)《原因・理由》…なので，…のために；なぜならば…だから: Sie raucht nicht mehr, weil sie jetzt ein Kind erwartet. 彼女は今や子供が産まれるのでタバコをやめた．
weil. 略 weiland．
weiland 副 ⦅古⦆かつて，昔．
Weile 囡 ⟨-/-⟩ ／ 中 (⦅ Weilchen⦆) (⦅英⦆ while) (少しの)時間，しばらくの間: eine kleine ~ ちょっとの間｜eine ganze ~ かなり長い間｜nach einer ~ しばらくしてから．◆ *Damit hat es [gute]* ~. それには急ぐことはない．*Eile mit* ~*!* ⦅諺⦆急がば回れ．
weilen 自 ⦅雅⦆(…に)とどまる，滞在する．◆ *nicht mehr unter uns* ⟨*den Lebenden*⟩ ~ ⦅婉曲⦆死んでいる．
Weiler 男 ⟨-s/-⟩ 小集落，村落．
Weimar ヴァイマル，ワイマール(ドイツ中部の都市)．**Weimarer** 形 ⟨-s/-⟩ ヴァイマル(ワイマール)の人：無変化で: die ~ Republik ⦅史⦆ワイマール共和国(1919–34)．

Wein [ヴァイン] 男 ⟨-[e]s/-Weine⟩ (⦅英⦆ wine) ブドウ酒，ワイン；果実(穀物)酒；(⦅ vine⦆)ブドウの木，房，実): roter (weißer) ~ 赤(白)ワイン｜Im ~ ist ⟨liegt⟩ Wahrheit．⦅諺⦆酒中に真あり．~ auf Bier, das rat' ich dir; Bier auf ~, das lass sein! ⦅諺⦆ビールの後のワインはよいが，ワインの後のビールはやめなさい．◆ *neuen* ~ *in alte Schläuche füllen* 新しいブドウ酒を古い皮袋に入れる(その場しのぎの対処しかできない). *reinen ⟨klaren⟩* ~ *einschenken* (*j³*)(人に)ずばりほんとうのことを言う. *voll des süßen* ~*es sein* ⦅雅・戯⦆酔っぱらっている．

【ワインの品質】Tafelwein テーブルワイン；Qualitätswein 上品質ワイン；Qualitätswein bestimmter Anbaugebiete 統制地指定上等ワイン；Qualitätswein mit Prädikat 品質優秀な肩書き付ワイン；Kabinett カビネット；Spätlese シュペートレーゼ(遅摘み)；Auslese アウスレーゼ(粒を精選)；Beerenauslese 囡 ベーレンアウスレーゼ(粒を精選した貴腐ワイン)；Trockenbeerenauslese 囡 トロッケンベーレンアウスレーゼ(枝で干からびるまで熟させた粒を精選)；Eiswein 男 アイスワイン(霜の降りるまで摘み残した粒を精選)

【ブドウの品種】Gutedel, Müller-Thurgau, Muskateller, Riesling, Ruländer, Silvaner, Traminer, Weißburgunder．⦅赤⦆ Blauer Spätburgunder, Lemberger, Trollinger, Portugieser

【収穫地】Ahr, Baden, Franken, Hessische Bergstraße, Mittelrhein, Mosel-Saar-Ruwer, Nahe, Rheingau, Rheinhessen, Rheinpfalz, Württemberg

Wein‐**bau** 男 ⟨-[e]s/⟩ ブドウ栽培．=**bauer** 男 ⟨-n (-s)/-n⟩ ブドウ園主．=**beere** 囡 ブドウの実(粒)；⦅南部⦆干しブドウ．=**berg** 男 (丘陵状の)ブドウ畑(山)．=**bergschnecke** 囡 エスカルゴ(食用カタツムリ)．=**brand** 男 ブランデー．
weinen [ヴァイネン] 自 (weinte; geweint) (⦅英⦆ weep)(涙を流して)泣く，涙ぐむ：(涙を流す)｜(*um j¹*)(人を)悼(ｲﾀ)んで泣く｜(*über et⁴*)(…のことを)悲しんで泣く．◆ *Das ist zum Weinen!*(あまりにひどく)泣きたいほど悲しい．*leise* ~*d* ⦅話・戯⦆すごすごと，泣く泣く．
weinerlich 形 泣き出しそうな，泣き虫の．
Wein‐**essig** 男 ブドウ酢，ワインビネガー．=**fass** 中 (⦅ faß⦆) ワインのたる；⦅話⦆太っちょ；大酒飲み．=**flasche** 囡 ワインの瓶(ボトル)．
Weingarten ❶ 男 ブドウ畑(園)．❷ ヴァインガルテン(ドイツ Baden-Württembergの州の都市)．
Wein‐**geist** 男 ⦅化⦆酒精，エチルアルコール．=**glas** 中 ワイングラス．=**gut** 中 (比較的大規模の)ブドウ園．=**hauer** 男 ⦅ｵｰｽﾄﾘｱ⦆ブドウ園主(労働者)．

Wein=jahr 中 ♦ *ein gutes (schlechtes)* ～ ワインの当たり(はずれ)年。**=karte** 囡 ワインリスト, 在庫ワイン銘柄[定価]表。**=keller** 圐 (地下の)ワイン貯蔵室; (地下の)ワイン酒場。**=kelter** 囡 ブドウ圧搾機。**=kenner** 圐 ワインに詳しい人, ワイン通(?)。**=krampf** 圐 (発作的な)泣きじゃくり。**=kühler** 圐 ワインクーラー。**=laub** 圕 《集合的》ブドウの葉。**=lese** 囡 ブドウ摘み(の収穫)。**=probe** 囡 ワインの試飲(利き酒)。**=rebe** 囡 《雅》ブドウの木; ブドウの枝。

weinrot ワインレッド(深紅色)の。
Wein=säure 囡 《化》酒石酸。**=schenke** 囡 (小さな)ワイン酒場。
weinselig 圏 (ワインで)ほろ酔い機嫌の。
Wein=stein 圐 《化》酒石。**=stock** 圐 ブドウの木。**=stube** 囡 (小さな)ワイン酒場。

weinte ⇒ weinen
Weintraube 囡 ブドウの房。
weise [ヴァイゼ] 圏 (® wise) 賢い, 利口な, 賢明な, 聰明な, 知恵(分別)のある。
Weise [ヴァイゼ] 囡 (-/-n) ❶ 《® manner》やり方, 方法, 手腕: *auf diese (andere)* ～ こんな(別の)具合に | *auf jede (meine)* ～ あらゆる手を使って(私なりのやり方で) | *in gewisser* ～ ある点《意味》では | *in keiner* ～ どうみても…でない。❷ メロディー(曲)。♦ *Das ist doch keine Art und* ～*!* 話 これは話にならん。
..weise「…なことに, …であれば…の形で, …として」 ごとに, ずつの意。
Weisel 圐 (-s/-) 囡 (-/-n) 女王バチ。
weisen* [ヴァイゼン] (*wies; gewiesen*) (® show) (*j³ et⁴*) (人に…を)指し示す; (*j⁴*) (…を…へ)行かせる, (…を…から)追い出す, 指し示す; (® sich¹) 明らかになる, 判明する。
Weise[r] 圐 囡 《形容詞変化》賢人, 賢者: *die drei Weisen aus dem Morgenland* 《聖》東方の三博士。
Weisheit [ヴァイスハイト] 囡 (-/-en) (® wisdom) 賢明[さ], 分別; 知恵, 英知; 見識; 教訓。♦ *der* ～ *letzter Schluss* 話 最高の知恵; 最後の手立て。*die* ～ [*auch*] *nicht mit dem Löffel gegessen (gefressen) haben* 話 あまり利口ではない。*die* ～ *mit Löffeln gegessen (gefressen) zu haben glauben; die* ～ *[alleine] gepachtet zu haben glauben* 自分(だけ)を格別に頭がいいと思っている。*mit seiner* ～ *am (zu) Ende sein* 万策尽きて(途方に暮れて)いる。*seine* ～ *für sich*¹ *behalten* 他人のことに口出しをしない。**=s=zahn** 圐 知恵歯。
weislich 圖 賢明に, 思慮深く。
weismachen 圖 (*j³ et⁴*) (人に…を)真実と信じ込ませる。
weiß [ヴァイス] 圏 (® white) 白い, 白色の; 白っぽい; 透明の; 青ざめた。白色の; 《冠詞なし》ホワイトの。♦ *die* ～ *e Woche* 《商》《シーツ・下着など》白物特売週間。 ～ *e Kohle* 白い石炭(動力源としての水力・電力)。 ～ *glühend* (金属などが)白熱している。

Weiß 中 (-[e]s/) 白色, 白; 《無冠詞で》白服。
weiß ⇒ wissen
Weiß Peter, ヴァイス(1916-1982: ドイツ作家)。
Weißafrika 白アフリカ(サハラ以北のアフリカ)。
weissagen 圖 (*[j³] et⁴*) (《人に》…を)予言する。**Weissager** 圐 (-s/-) (®=in) 予言者。**Weissagung** 囡 (-/-en) 予言。
Weiß=bier 中 (上面発酵の炭酸が強い)白ビール。**=blech** 中 ブリキ。**=brot** 中 白パン。**=buch** 中 《外交》白書。**=bursche** 圐 《雅》サンザシ属。
Weiße 囡 (-/-n) 白いこと, 白色; = Weißbier。♦ *nicht des* ～ *im Auge gönnen* 話 (*j³*)(人を)激しくねたむ。
weißen 圕 白くする(塗る)。
Weiße[r] 圐 囡 《形容詞変化》白人; 《雅》白ワイン。**Weiße[s]** 中 《形容詞変化》白いもの(箇所)。
weißest ⇒ weiß
Weiß=fisch 圐 《魚》コイ科の魚。**=fuchs** 圐 《動》シロギツネ。**=gerber** 圐 《革の》白なめし職人。
weißglühend 圕 ⇒ weiß
Weiß=glut 囡 白熱。♦ *[bis] zur* ～ *bringen (reizen, treiben)* 話 (人を)かんかんに怒らせる。**=gold** 中 ホワイトゴールド(金とニッケル・亜鉛などの合金)。
weißhaarig 圏 白髪の。
Weiß=käse 圐 《方》凝乳, カード。**=kohl** 圐 結球キャベツ。**=kraut** 中 キャベツ。
weißlich 圕 白っぽい。
Weiß=russland 中 (®=russland) ベラルーシ, ベロルシア, 白(?)ロシア(ヨーロッパ東部の共和国)。
weißt ⇒ wissen
Weiß=tanne 囡 《植》オウシュウモミ。**=waren** 圐 《さらした》白生地(リンネルなど);白生地製品(シーツ・肌着など)。
weißwaschen* 圖 《話》(人の)潔白を証明する。
Weiß=wein 圐 白ワイン。**=wurst** 囡 白ソーセージ。**=zeug** 中 = Weißwaren。
Weisung 囡 (-/-en) 指示, 指図, 指令。
weit [ヴァイト] I 圏 ❶ 《空間的》(® wide) 広い, 広大な, 広々とした; 《表面など》ゆったりした, 幅広の。❷ 《far》《空間的》遠い, 距離の長い, 遠く隔たった。❸ 《far》《時間的》ずっと前の, はるか先の。❹ 《程度・量を表して》進んだ。II 圖 ずっと, はるかに, ⇒ weiter ♦ *bei* ～ *em* はるかに; ずば抜けて。 *bei* ～ *em nicht* … …には程遠い。*Das geht zu* ～. それは行きすぎだ。*das Weite gewinnen (雅)* うまいこと逃れる。*das Weite suchen*〔急いで〕逃げ去る。*es* ～ *bringen* 成功(出世)する。たいしたことをやり遂げる。*Mit j-em³ ist es nicht* ～ *her.*《話》(…は)たいしたものではない。*so* ～ *nicht* そんなに遠い(進んだ)ではない; 大体において, その点までは。*so* ～ *sein* (話)(製品ができて(終わって))いる。*So* ～, *so gut.* ここまではこれでよい。*von* ～ *em* 遠く(遠方)から。 ～ *blickend* 先見の明のある;晴眼らしい, 展望の利く。 ～ *gehend* 広範な; 大幅な。 ～ *gereist* 広く旅を

した，見聞の広い．**~ greifend** 広範囲にわたる；包括的な．**~ reichend**〈**tragend**〉（影響などが）広範な（ロケットなどの射程の長い．**~ und breit** 見渡すかぎり；あたり一帯で．**~ verbreitet** 広く普及〈流布〉した；（動植物などが）分布面積の広い．**~ verzweigt**（樹木が）枝の広がった；（系譜がいくつにも枝別れした．**zu ~ gehen** 度が過ぎている，行き過ぎ〈やり過ぎ〉である．

weit=ab 圖 遠く離れて．**=aus** 圖《比較級・最上級に》はるかに，ずっと．

Weitblick 男 先見の明；見晴らし，展望．

weitblickend ⇒ **weit** ✦

Weite［ヴァイテ］女《-/-n》❶《width》広さ，広がり；（衣服などの）横幅，サイズ；（管などの）口径，内径；遠い所，遠方，かなた．❷《ジャンプ・投擲などでの》距離．

weiten 動《et⁴〈sich〉》広げる〈がる〉，広くする〉，拡大する．

weiter［ヴァイター］形《weit の比較級》❶ 圖《further》引き続いての，これ以上（以外）の，その他の，今後の．❷ 圖 さらに先へ；さらに続けて，引き続き；それ以外〈以上〉に，その他に．**Weitere**{s} ✦ **bis auf ~es** 当分の間；差し当たり．**ohne ~es** 簡単に；あっさり；無造作に．**und so ~**（略 **and so on**）…等々；…などなど（略 **usw.**, **u.s.w.**）．

weiterarbeiten 動 働き続ける，さらに仕事を続ける．

weiterbilden 動 さらに勉強を続ける．**Weiterbildung** 女 さらに勉強を続けること；生涯教育．

weiter=bringen* 動 さらに先へ進める．**=denken*** 動 さらに考え続ける，考え抜く．先のことを考える．

Weitere ⇒ **Weitere**{**s**}

weiter=empfehlen* 動 さらに他の人に推薦〈紹介〉する．**=entwickeln** 動 さらに発達〈発展〉させる；自《sich⁴》発達〈発展〉し続ける．**=erzählen** 動 話し（語り）続ける，（話を）続ける；（人から聞いたことを）さらに語り伝える．

Weitere{**s**} 中《形容詞的変化》それ以上〈以外〉のこと．**~ des Weiteren**《雅》さらに〈続いて〉；ほかになお．**im Weiteren** これから後；以下で．

weiterfahren* 動（s）（乗り物が）乗り物で）走り続ける；《in et³》（話し合いなどを）続ける．《Das **führt uns nicht weiter**. それでは我々は先へ進めない〈事態は進捗しない》》．**=d** 脳（道路などが）先に延びている；（話し合いなどに）続く．**=fließen*** 動 さらに流れ続ける．**Weitergabe** 女 転送り，転送；回覧．

weiter=geben*《ヴァイター・ゲーベン》《**gab weiter**, **weitergegeben**》動 次の（他の）人に渡す（伝える），回す：**einen Ball ~**《球技》ボールをパスする．**=gehen*** 動（s）さらに先へ行く〈進む〉；前進を続ける；《in et³》進行する（状態が〉そのまま続く；（道路などが）先に延びている；（話し合いなどに）続く．**=helfen*** 動《j³》（人を）助けて先に進ませる；（人への）援助を続ける．**=hin** 圖 さらに引き続いて，今後も；そのうえ．**=kommen*** 動（s）先へ進む，前進する；勝ち進む．勝ち残る．✦ **Mach**〈**Schau**〉**, dass du weiterkommst!** さっさと行け．**=können*** 動《口》さらに進む〈続ける〉ことができる．**=leiten** 動 さらに先へ回す〈送る〉．**=machen** 動 さらに続ける．

Weiter=reise 女 旅の続行．

weiters 圖《ノ﹥》= weiterhin.

weitersagen 動 他の人に言う〈伝える〉．

Weiterung 女《-/-en》不都合な結果．

weiterverbreiten 動《et⁴〈sich〉》さらに広める〈広まる〉．

weitest ⇒ **weit**

weit=gehend ⇒ **weit** ✦ **=gereist** ⇒ **weit** ✦ **=greifend** ⇒ **weit** ✦ **=her** 圖《雅》遠方から．**=herzig** 形 心の広い，寛大な；気前のよい．**=hin** 圖 遠方まで；広範に．

weitläufig 形（敷地などが）広大な；（説明などが）こと細かな；遠縁の．**Weitläufigkeit** 女《-/》広大さ；詳細さ；遠縁．

Weitling 男《-s/-e》《バイ》《ノ﹥》大皿．

weit=maschig 形（網などの）目の粗い．**=räumig** 形（敷地などが）広々とした．**=reichend** ⇒ **weit** ✦

weitschweifig 形 こと細かな；冗長な，回りくどい．**Weitschweifigkeit** 女《-/》詳細さ；冗長，回りくどさ．

Weitsicht 女 眺望，展望；先見の明．**weitsichtig** 形 遠視の；先見の明のある．**Weitsichtigkeit** 女《-/》遠視；遠目の利くさ；先見の明．

Weitsprung 中 陸上《走》幅跳び．

weitspurig 形《鉄道》広軌の．

weit=tragend, **=verbreitet**, **=verzweigt** ⇒ **weit** ✦

Weitwinkel=objektiv 中《写》広角レンズ．

Weizen［ヴァイツェン］男《-s/ 種類～》《wheat》コムギ（小麦）．✦ **~ blüht**.《話》（人は）順調である，仕事がうまくいっている．**bier** 中 ヴァイツェンビール，白ビール．**=brot** 中 小麦パン，白パン．**=mehl** 中 小麦粉．

Weizsäcker Richard Freiherr von, ヴァイツゼッカー（ドイツ連邦共和国第6代の大統領［1984-94］）．

welch［ヴェルヒ］ I 《疑問代名詞: 男性1格，女性2・3格，複数2格 **welcher**，男性，中性1・2・4格 **welches**，男性・中性3格 **welchem**，男性4格・複数3格 **welchen**，女性・複数1・4格 **welche**: 無変化のこともある》❶（ **which**）どの，どちらの；どういう，どんな: **Aus ~em Grund?** どういう理由で｜ **Um ~ Zeit?** 何時に｜《強調で；しばしば無語尾で》**Welch ein Zufall!** なんたる偶然か．❷《感嘆で》なんと，どうも: **~ er**〈**~e**, **~es**〉**von den beiden** 双方のどちらが｜《性・数に関係なく **welches**で》**Welches** is das teuerste Handtuch? どれが一番高いハンカチですか．II《不定代名詞: 変化はI に準じる》: **Ich sammle Briefmarken. — Was für ~?** 私は切手を集めています．— どんな〈どういう〉ものですか｜ **Hast du zufällig eine japanische Briefmarke? — Ja, ich habe ~e**. 君，ひょっとして日本の切手を持っている？— うん，あるよ．III《関係代名詞: 変化は

welcherlei … Ⅰ に準じる）： die Geschäfte, ~e durchgehend geöffnet sind 一日中開いている店.
welcherlei 形《無変化》どんな〔種類の〕.
welches ⇨ welch
welk 形〔植物が〕しおれた，しぼんだ：〔皮膚が〕しなびた．**welken** 自 (s)〔植物が〕しおれる，しぼむ：〔皮膚が〕しなびる： Ruhm *welkt* schnell.〔諺〕名声は移ろいやすい．
Wellblech 中 波板トタン．**=dach** 中 波板トタン張りの屋根．
Welle [ヴェレ] 女 (/-n) (⇨ wave) 波，うねり，波浪；波状的な現象（行動）；〔感情の〕波，高まり；〔流行の〕波；髪のウェーブ；〔地面などの〕ゆるやかな起伏；⦅電⦆波，振動波；〔泳法〕周泳〔変〕；⦅工⦆回転軸，カム軸，シャフト；〔体操〕回転．◆ **den Tod in den ~ n finden**〔雅〕水死する．**[die] weiche ~**〔話〕緩やかな政策〔政策上の柔軟な路線〕．**grüne ~**（青信号で連続走行できる）系統システム信号．**hohe ~ n schlagen** 世間を大いに騒がせる，大きな波紋〔反響〕を呼ぶ．**seine ~n schlagen** 影響を与える，作用を及ぼす．
..welle「…の急激な増加（流行）；…ブーム」の意．
wellen 他 波形にする，波打たせる；⦅髪⦆ 《*sich*》波形になる，波打つ；（土地などに）起伏がある．
Wellen=bad 中 人工波設備のあるプール．**=bereich** 男〔電磁波の〕帯域．**=brecher** 男 防波堤；（船の甲板上の）波よけ．
wellenförmig 形 波形の，起伏のある．
Wellen=gang 男（水面の）波の動き．**=länge** 女 波長． **◆ die gleiche ~ haben/auf der gleichen 〈derselben〉 ~ funken 〈liegen〉**（互いに）波長が合う；互いに感じ方や考え方が似ている．**=linie** 女 波線．**=reiten** 中 (-s/-) 波乗り，サーフィン；水上スキー．**=schlag** 男 波が打ち寄せること．**=sittich** 男 〔鳥〕セキセイインコ．**=tal** 中 波の谷（波のへこんだ部分）．**=theorie** 女 ⦅理・電⦆波動説．
Wellfleisch 中 ゆでた豚肉．
wellig 形 波形の，起伏のある；（髪などが）ウェーブのかかった．
Wellpappe 女 段ボール紙．
Welpe 男 (-n/-n)（狼・狐・犬などの）子．
Wels 男 (-es/-e) 〔魚〕ナマズ．
welsch 形 〔古〕スイスのフランス語圏の；異国風の．
Welt [ヴェルト] 女 (/-en) ❶ (⇨ world)（地球全体としての）世界；（生活空間としての）世界；（特定の）世界，社会，…界． ❷ 世界，世の中；この世，現世；世間の人々，世人，万人： das Licht der ~ erblicken〔雅〕生まれる． ❸ 宇宙(この世界)；惑星〔恒星〕系．◆ **alle ~** だれでも，すべての人．**auf der ~ sein** 生まれて〈生きて〉いる．**auf die ~ kommen** 生まれる．**aus aller ~** 四方八方〈いたる所〉から．**aus der ~ schaffen 〈scheiden〉**〔雅〕消す．**aus der ~ schaffen**（…を）きれいさっぱりと取り除く．**Davon 〈Deswegen〉 geht die ~ nicht unter.**〔話〕これはそうだからといって（悲しむ）ことではない．**die Alte ~** 旧世界 (ヨーロッパ)．**die Dritte ~** 第三世界，開発途上国．**die Neue ~** 新世界 (アメリカ)．**die Vierte ~** 第四世界（貧しい発展途上国，またその国民）．**Die ~ ist klein 〈ein Dorf〉.** 世間は狭い．**die ~ nicht mehr verstehen** 世の中のことが分からなくなる．*Er*[4] *hat die ~ noch nicht gesehen.*（…を）見たものは誰もいない．（…が）あったことはいまだかつてない．**in aller ~**〔世界中〕どこでも，至る所で〔疑問文で〕いったい全体，また，**in alle ~**〔世界中〕どこへでも，あちこへ．**in die ~ setzen 〈bringen〉**（子供を）（…を）広める，普及／周知，流行〕させる．**mit auf die ~ bringen**〔*et*[4]〕（…の）素質をもって生まれる．**nicht aus der ~ sein 〈liegen〉**〔話〕（場所などが）そう遠く離れていない所にある．**nicht die ~ kosten**〔話〕それほど高価ではない．**nicht aus der ~ sein**〔話〕それほどの大金ではない．**nicht von dieser ~ sein**〔雅〕この世のものとは思えない；全く違う気分である．**um alles in der ~**〔話〕後生だから，どんなことをしても．**um nichts in der ~／um alles in der ~**〔話〕〔どうであれ〕決して…ない．**zur ~ bringen**〔雅〕（人を）産む，出産する．**zur ~ kommen** 生まれる．
Welt=all 中 宇宙，万有．
weltanschaulich 形 世界観〔上〕の．**Welt=anschauung** 女 世界観．**=atlas** 男 (-ses/-..lanten, -se) 世界地図〔集〕．**=ausstellung** 女 万国博覧会．**=bank** 女 (-/-) 世界〔復興開発〕銀行（1945年設立）．
welt=bekannt 形 世界中に知られている．**=berühmt** 形 世界的な名高い．**=best** 形 世界一の．**=bewegend** 形 全世界を揺さぶる．
Welt=bild 中 世界像．**=bürger** 男 世界市民，世界主義者，コスモポリタン．**=chronik** 女 世界年代記．**=cup** 男 Weltpokal．**=dame** 女 社交的な女性．
Weltenbummler 男 世界漫遊者，世界を旅する人．
welt=erfahren 形 人生経験豊富な，世慣れた．
Welter=gewicht 中 〔スポ〕ウェルター級．**=gewichtler** 男 (-s/-)〔スポ〕ウェルター級選手．
welt=erschütternd 形 全世界を揺るがす．
Welt=finanzmarkt 男 世界金融市場．**=formel** 女 宇宙成立の公式．
weltfremd 形 世間知らずの．**Weltfremdheit** 女 (-/-) 世間知らず．
Welt=friede[n] 男 世界平和．**=geltung** 女 世界的な評価．**=gericht** 中 ⦅キリスト教⦆最後の審判．**=geschichte** 女 世界史．**◆ in der ~ umherreiten**〔話・戯〕世界中を旅して回る．
weltgewandt 形 世慣れた．
Weltgewerkschaftsbund 男 世界労連．
Welthandel 男 世界貿易．**~s=krieg** 男〔世界貿易戦争．**~s=platz** 男 世界貿易の要衝．
Welt=herrschaft 女 世界制覇．**=hilfssprache** 女 国際補助語（エスペラントなど）．**=karte** 女 世界地図．
weltklug 形 世渡りのうまい．

Welt=kongress ([旧]=**kongreß**) [男] 世界会議〈大会〉. =**krieg** [男] 世界大戦. =**kugel** [女] 地球; 地球儀. =**lage** [女] 世界情勢.

weltläufig [形] 《雅》= weltgewandt.

weltlich [形] この世〈現世〉の; 教会に属さない; 世俗の.

Welt=literatur [女] 世界文学; 世界的に著名な文学作品. =**macht** [女] 世界的強国.

Welt=mann [男] 社交的な〈世慣れた〉男性; (聖職者に対して)俗人. **weltmännisch** [形] 社交的な, 世慣れた.

Welt=markt [男] 世界市場. =**meer** [中] 大洋. =**meister** [男] 世界選手権保持者([略] WM). =**meisterschaft** [女] 世界選手権; 世界選手権試合〈大会〉([略] WM). =**niveau** [中] 世界的な水準.

weltoffen [形] (態度・姿勢などが)世界〈世間〉に対して開かれた.

Welt=öffentlichkeit [女] 全世界の人々. =**pokal** [男] 世界選手権大会の優勝杯, ワールドカップ; ワールドカップ争奪国際試合. =**politik** [女] 〖政〗 世界政策. =**polizist** [男] 世界の警察官[の役割を演じる国]. =**rang** [男] 世界的に一流の地位 : ein Wissenschaftler von ~ 世界一流の学者. =**rangliste** [女] 〖ｽﾎﾟ〗 世界ランキングリスト.

Weltraum [ヴェルトラオム] [男] 《-[e]s/》([英] [outer] space)(大気圏外の)宇宙[空間].

Weltraum=industrie [女] 宇宙産業. =**station** [女] 宇宙ステーション. =**technik** [女], =**technologie** [女] 宇宙技術〈工学〉. =**zentrum** [中] 宇宙センター.

Welt=reich [中] 世界帝国. =**reise** [女] 世界[一周]旅行. =**rekord** [男] 世界[最高]記録. =**rekordler** [男] 《-s/-》([女] **-in**)世界記録保持者. =**ruf** [男] 世界的名声. =**schmerz** [男] 世界苦(感傷的な厭世(ｴﾝｾｲ)観). =**sicherheitsrat** [男] (国連の)安全保障理事会. =**sprache** [女] 国際語(広く世界的に通じる言語; 英語・スペイン語など). =**stadt** [女] 世界的大都市(ふつう人口100万人以上). =**teil** [男] 大陸. =**theater** [中] 〖文芸〗 世界劇場.

weltumspannend [形] 全世界を包括する, グローバルな.

Weltuntergang [男] 世界の没落, この世の終わり. **~s=stimmung** [女] この世の終わりのような暗い気分.

weltweit [形] 全世界にまたがる.

Weltwirtschaft [女] 世界経済. **~s=krise** [女] 世界的経済危機, 世界不況.

Welt=wunder [中] 世界的奇蹟, 世にも不思議なもの. =**zeit** [女] 世界時, グリニッジ[標準]時([略] WZ).

wem wer の3格. **Wemfall** [男] 〖文法〗 3格, 与格.

wen wer の4格.

Wende ❶ [男] 《-n/-n》([女] **..din**)ヴェンド人(ドイツ東部のスラブ系少数民族). ❷ [女] 《-/-n》 [方向]転換; 転機, 転換期, 〖水泳〗 折り返し, ターン. =**kreis** [男] (自動車などの)[最小]回転半径; 〖地学〗 回帰線.

Wendel [女] 《-/-n》 らせん形[のもの], 渦巻き〈つる巻き〉線. =**treppe** [女] らせん階段.

wenden(*) [ヴェンデン] 《**wandte**, wendete; **gewandt**, gewendet》[動] ❶ 《規則変化》([英] turn)裏返す, ひっくり返す; (…の)向きを変える, (車を) U ターンさせる; 方向転換〈U ターン〉する, (スポーツなどで)ターンする : Bitte ~! 裏面をご覧ください([略] b.w.). ❷ (視線などを…へ)向ける, 転じる; 《*et*^{4} **von** *j*^{3}》(災厄から人を)守る. ❸ 《*sich*^{4}》(運などが)好転〈逆転〉する; 《*sich*^{4}》(…へ)向かう, (…の方を)向く; 《*sich*^{4} **an** *j*^{4}》(人に)相談する, (人を)頼る (*sich*^{4} um Rat an *j*^{4} ~ 人に助言を求める); 《*sich*^{4} **an** *j*^{4}》(本などが人)向きである; 《*sich*^{4} **gegen** *j-et*^{4}》(…に)反論〈反発〉する.

Wendepunkt [男] 転回点; 〖天〗 (夏至・冬至の)至点; 〖数〗 変曲点; 転換期, 変わり目.

wendig [形] (乗り物が)運転〈操縦〉しやすい; 機転の利く; すばしこい. **Wendigkeit** [女] 《-/》 運転〈操縦〉しやすさ; 敏捷(ﾋﾞﾝｼｮｳ)性, 機敏.

Wendin [女] 《-/-nen》 Wende ①の女性形.

Wendung [女] 《-/-en》 ([英] turn)転回, 方向転換; 変転, 変化; 言い回し, 表現法.

Wenfall [男] 〖文法〗4格, 対格.

wenig [ヴェーニヒ] 《不定数詞・代名詞; 形容詞変化; 無変化のことも多い》 ❶ ([英] little, few)少ない, わずかな, 少ししか…ない. ❷ 《名詞的》 少数, 少量. ❸ 《副詞的》 少ししか…ない. ✦ ***ein ~*** 少し. ***so ~*** 非常にわずかな. ***so ~ A als 〈wie〉 B*** B と同じくらい少ない A. ***zu ~*** 少なすぎる, あまりに少ない.

weniger [形] 《wenig の比較級》《格変化なし》([英] less)より少ない; 《名詞的》 より少ないもの〈お金〉; 《副詞的》 より少なく. ✦ ***mehr oder ~*** 多かれ少なかれ. ***nichts ~ als ...*** …どころでない. ***nicht ~ A als BB*** に劣らず A.

Wenigkeit [女] 《-/》 わずか[なもの] : meine ~ 《戯》 小生.

wenigst 《wenig の最上級》[形] ([英] least) もっとも少ない. ✦ ***zum ~en*** せめて, 少なくとも.

wenigstens [ヴェーニヒステンス] [副] ([英] at least) 《最小限の要求》 せめて[…ぐらいは], 少なくとも; (不満は残るが)ともかく; 《数量と》 最小限(…), 最低に見積もって(…).

wenn [ヴェン] [接] 《従属》 ❶ 《時間的》 ([英] when) …するとき; …するときはいつでも : *Wenn* er Zeit hat, fährt er immer ans Meer. 暇があると彼はいつも海へ行く | Immer ~ sie gesucht wird, ist sie nicht da. 彼女は必要とされるときはいつもいない. ❷ 《条件・仮定》([英] if)もし…ならば, 仮に…だとすれば : *Wenn* du Lust hast, kannst du mich einmal besuchen. もし気が向いたら一度僕を訪ねてくれ | Wo kommen Sie her, ~ ich fragen darf. お尋ねしてよければ, ご出身はどちらですか | 《接続法 II と》 *Wenn* ich reich wäre, würde ich mir ein Haus in Spanien kaufen. もし私にお金があったなら, スペインに家を買うのだが.

W

Wenn

❸ 《auch, schon などと譲歩文で》たとえ…であっても：*Wenn* er auch noch so hilfsbereit ist, das kann er mir nicht machen. 彼がいくらひんぱんに助力を惜しまない人であっても，これはできないだろう。❹ 《doch, nur などと副文だけで 接続法 II と》：*Wenn* er doch jetzt hier wäre！ 彼がいまここにいてくれさえしたらなあ。❺ 《als, wie とともに》…であるかのように：Sie tat so, *als* ~ sie mich nicht sehen würde. 彼女はまるで私のことが見えないように振舞った。◆ *als* ~ ⇨ als ◆ *auch* ~ / *selbst* ~ / *und* ~ …でも. *außer* ~ ⇨ außer ◆ *Na,* ~ *schon!* 〖話〗そんならいいさ. 〖*Und*〗~ *auch!* 〖話〗それはそうとしても; でもね. *Wenn nicht, dann nicht!* 〖話〗いやなら，やめていいよ.

Wenn 🖽 ⟨-s/-⟩ 〖話〗《「もし」という》前提条件, 留保付け. ◆ *ohne* ~ *und Aber* 何の条件も付けずに; すんなりと.

wenngleich 🈴 〖従属〗＝ obwohl.

wẹnnschon 🈴 〖従属〗＝ obwohl. ◆ *Na,* ~! 〖話〗かまうもんか，まあいいさ. *Wennschon, dennschon.* 〖話〗ここまで来たらしかたがない，とことんやろう.

Wẹnzel 〖男名〗ヴェンツェル; 🖽 ⟨-s/-⟩《ドイツ式トランプの》ジャック.

wer [ヴェーァ] ❶〖疑問代名詞; 2格 **wessen**, 3格 **wem**, 4格 **wen**〗（🈁 who）だれ：*Wer* hat das nicht erlebt! 〖反語〗だれだってこんな経験あるよ / *Wer* es auch [noch] gesagt hat, ich will daran nicht glauben. だれが言ったとしても私はそれを信じはしない。❷〖関係代名詞; 先行詞なしで〗〔おとぎ〕…する人. ❸〖不定代名詞〗〖話〗だれか. ◆ ~ *weiß* だれにも分からない. ~ *weiß was* 〈*wie, wo*〉⇒ wissen ◆

Wẹrbe|abteilung 🖾（会社などの）宣伝部. =**agentur** 🖾 広告代理〈取次〉店. =**fernsehen** 🖽 テレビコマーシャル. =**film** 🖽 広告〈宣伝〉用映画, PR 用 ⟨コマーシャル⟩フィルム. =**foto** 🖽 広告〈宣伝〉写真. =**fotografie** 🖾 広告〈宣伝〉写真. =**funk** 🖽 ラジオコマーシャル. =**geschenk** 🖽 広告販売品. =**grafik, graphik** 🖾 商業〈広告〉美術. =**grafiker, graphiker** 🖽 商業〈広告〉美術家, グラフィックデザイナー. =**kampagne** 🖾 広告〈宣伝〉キャンペーン. =**kosten** 🖽 広告〈宣伝〉費. =**leiter** 🖽 広告〈宣伝〉主任. =**mittel** 🖽 広告〈宣伝〉媒体.

wẹrben* [ヴェルベン]〖*warb; geworben*〗（🈁 advertise）*für et⁴*》（…に）宣伝〈広告〉をする，（…を）売り込む; 〖*um et⁴*》（…を）得ようと努める：《人を》募る, 勧誘＝して獲得＝する; ［軍］募兵する.

wẹrbepsychologisch 🈴 広告〈宣伝〉心理学［上］の.

Wẹrber 🖽 ⟨-s/-⟩ 勧誘＝募集＝員; 広告〈宣伝〉マン.

Wẹrbe|schrift 🖾 広告〈宣伝〉用パンフレット. =**spot** 🖽 ［放送］コマーシャルスポット. =**spruch** 🖽 広告〈宣伝〉用スローガン. =**tafel** 🖾（ポスターなどを貼るの）広告板. =**text** 🖽 広告〈宣伝〉文.

=**träger** 🖽 広告〈宣伝〉手段〈ポスター・パンフレット・スポット放送など〉. =**trommel** 🖾 ◆ *die* ~ *für j-et rühren* 〈*schlagen*〉（…を）大々的に宣伝する.

wẹrbewirksam 🈴 宣伝効果のある.

Wẹrbezettel 🖽 広告〈宣伝〉用ちらし.

Wẹrbung [ヴェルブング] 🖾 ⟨-/-en⟩ 広告, 宣伝, コマーシャル; 勧誘; 募集; 求愛, 求婚. ~**s=kosten**（所得から控除される）必要経費; 広告〈宣伝〉費.

Wẹrdegang 🖽（これまでの）発展〈成長〉過程;（製品の生産）過程.

wẹrden* [ヴェーァデン]〖*wurde*, 〖古・詩〗*ward; geworden*〗 I 🈩 (s) ❶（🈁 become）（…に）なる; 〖*zu j-et³*〗（…に）変わる;（状況が）（…に）なる;（人は…の）気分〈気持ち〉になる. ❷ 生じる：Es *werde* Licht! 〖聖〗光あれ｜Was nicht ist, kann noch ~. 〖諺〗今はまだくだめでも〉希望は捨てるな. II 〖未来・推量の助動詞〗今のない不定冠詞〗❶〖未来〗〖現在・未来の推量〗…だろう;〖1人称で: 意志・約束〗…しよう;〖2人称で: 要求〗…しなさい. ❷〖完了不定詞で〗…しただろう〖未来完了〗〖未来完了の推量〗…しているだろう〖過去のことの推量〗…しただろう. III 〖受動の助動詞: 過去分詞は worden〗❶〖動作の受動〗…される. ❷〖事実の受動〗…されている. ❸〖命令〗…しなさい：Jetzt *wird* nicht geschwatzt! いいから早くやりなさい. ◆ *Daraus wird nichts.* 〖話〗それは見込みがない. *Das wird schon wieder.* 〖話〗〈慰めて〉何とかなるさ. */ Das wird wieder. / Das wird wer*~! 〖話〗もうそろそろだな. *Ich werde dir helfen!* 〖話〗やめろ. *Ich werde nicht mehr!* 〖話〗あきれた話だ. いやはや. *im Werden* 〖begriffen〗*sein* でき上がりつつある〈かけている〉. *nicht mehr* ~ 〖話〗あきれ果ててなすすべもない. *Et¹ wird* 〖*et*〗*was* 〈*nichts*〉. 〖話〗うまく行く〈行かない〉. *Wird's bald* 〖*endlich*〗? 〖話〗まだかい, 早くしろよ.

wẹrdend 🈴 生成中の.

Wẹrder 🖽 ⟨-s/-⟩（川・湖などの）中州; 岸辺の低地.

Wẹrfall 🖽〖文法〗1格, 主格.

wẹrfen* [ヴェルフェン]〖*warf; geworfen*〗（🈁 throw）❶〖*et⁴/mit et³*》（…を）投げる, ほうる;（人を）投げ付ける. ❷〖*sich⁴*》（…に向かって）身を投げる：*sich⁴ j³ an die Brust* 〈*in die Arme*〉～人の胸〈腕の中〉に飛び込む. ❸（影・ひだ・泡などを）作り出す;（動物が子を）産む.

Wẹrft 🖾 ⟨-/-en⟩ 造船所, ドック; ［空］格納工場.

Wẹrg 🖽 ⟨-[e]s/-⟩ 麻くず.

Wẹrk [ヴェルク] 🖽 ⟨-[e]s/-e⟩ ❶（🈁 work）仕事, 作業, 活動. ❷ 行為, 行動; 成果; 所業, 業績; 仕業〈‵っ〉, 所業. ❸ 〖芸術〗作品, 著作〖物〗. ❹（大きな）工場, 工場〈生産, 動力〉設備;（工場の）全従業員. ❺（機械などの）機構部, 仕掛け, 機構, システム. ❻ ［軍］〈要塞・城郭などの〉〖外縁〗防御工事物, 保塁〈`っ〉. ◆ *ab* ~ 工場渡しで. *ans* ~ *gehen* / *sich⁴* ~ *machen* 〈*begeben*〉仕事に取り掛かる. *im* ~ *sein* 〖古〗進行中である；（新製品などが）開発中である. *ins* ~ *setzen*（…を）始

める, 実行に移す. *zu ～e gehen* 《雅》事に当たる〈取り組む〉.

Werk=angehörige[r] [男] [女] 《形容詞変化》工場従業員. **=bank** [女] (工場などの)作業台.

werkeln [自] (余暇・趣味の)手仕事をする.

Werke ⇨ Werk (複数形; 単数3格の別形).

werken [自] 働く, 仕事をする.

Werkgelände [中] 工場の敷地.

werkgetreu [形] 原作に忠実な.

Werk=leiter [男] 工場長, 所長. **=meister** [男] 職長. **=schutz** [男] 工場の保安機構; 工場保安係.

Werk=statt [ヴェルクシュタット] [女] 《-/=stätten》, **=stätte** [女] 仕事〈作業〉場; 修理工場; 〔美〕工房, アトリエ. **=stoff** [男] 工業材料. **=stoffforschung** (旧 **=stofforschung**) [女] 〔工〕材料研究. **=stück** [中] (製造中の)製品, 作品. **=student** [男] 勤労学生, アルバイト学生.

Werktag [男] (休日・祝日などに対して)就業日, 平日, ウィークデー. **werktäglich** [形] 就業日の, 平日〈ウィークデー〉の.

werk=tags [副] 就業日に[は], 平日〈ウィークデー〉に[は]. **=tätig** [形] 職に就いている, 仕事を持っている.

Werk=unterricht [男] (学校での)製作実習. **=vertrag** [男] 請負契約. **=verzeichnis** [中] 作品〈著作〉目録. **=wohnung** [女] (工場などの)社宅.

Werkzeug [ヴェルクツォイク] [中] 《-[e]s/-e》 ([英] tool)道具, 器具, 手先; (職人などの)作業用具一式. **=kasten** [男] 工具箱. **=maschine** [女] (旋盤・ボール盤などの)工作機械.

Wermut [男] 《-[e]s/-s》〔植〕ニガヨモギ; ベルモット〔酒〕. **～[s]=tropfen** [男] 《雅》(楽しさを損なう)一滴の苦汁.

Werra (die ～)ヴェラ(Weser 川の源流).

wert [ヴェーアト] [形] ([英] worth) 《*et*[4]》(…の)価値がある, 意味がある; 《*j-et*[2]》(…に)ふさわしい, 値する; 《雅》貴重〈大切〉な; 親愛なる, 敬愛する. ✦ *nichts ～ sein* 何の値打ちもない. *j*[2] *Geld ～ sein* 金を払って買うほどのものではない.

Wert [ヴェーアト] [男] 《-[e]s/-e》 ([英] value) ❶ 価格, 値打ち; 価値, 意義, 重要性; 《複》価値ある財物 : Das hat keinen ～. 《話》これは無意味だ. ❷ (計算・測定された)値(あたい), 数値, 計測値; 郵便切手; 《複》有価証券. ✦ *auf et*[4] *～ legen* (…を)重視する, (…に)特に関心がある.

..wert 「…に値する」の意.

Wert=angabe [女] 〔郵〕価格表記. **=arbeit** [女] 高水準の仕事; 値打ち品. **=berichtigung** [女] 〔商〕資産再評価〔の各項目〕, 時価評価.

wertbeständig [形] 価値の変わらない; 〔経〕通貨の安定した; 価格の固定した, 定額の.

Wert=beständigkeit [女] 価値の不変性. **=brief** [男] 〔郵〕価格表記郵便物.

werten [他] 評価する; 〔スポ〕採点する.

wertest ⇨ wert

wertfrei [形] 価値判断を伴わない.

Wertgegenstand [男] (貴金属・時計などの)値打ちのある品物; 貴重品.

Wertigkeit [女] 《-/-en》価値, 重要性; 〔化〕原子価; 〔文法〕(動詞などの)結合価.

wertlos [ヴェーアトロース] [形] 値打ち〈価値〉のない; 役立たずな. **Wertlosigkeit** [女] 《-/》値打ち〈価値〉のないこと.

Wert=maßstab [男], **=messer** [男] 価値の尺度〈規準〉. **=minderung** [女] 価値の減少, 減価.

Wertpapier [中] 有価証券. **=börse** [女] 〔有価〕証券取引所. **=geschäft** [中], **=handel** [男] 証券売買〈取引〉. **=markt** [男] 証券市場. **=verkehr** [男] 証券流通.

Wertsache [女] 貴重品〔類〕, 装飾品.

wert|schätzen [他] 《雅》高く評価する, 尊敬〈尊重〉する. **Wertschätzung** [女] 高い評価, 尊敬, 尊重.

Wert=stellung [女] 〔商〕利子起算日の決定. **=theorie** [女] 〔経〕価値論〈学説〉.

Wertung [女] 《-/-en》評価, 査定; 〔スポ〕評点. **Werturteil** [中] 価値判断.

wertvoll [ヴェーアトフォル] [形] ([英] valuable)高価な, 値打ち〈価値〉のある; 貴重な; りっぱな; 有益な, 役に立つ.

Wert=vorstellung [女] 価値観念. **=zeichen** [中] 有価証券(郵便切手・収入印紙・紙幣・株券など). **=zuwachs** [男] 価値の増大, 増価.

Werwolf [男] 〔伝説〕狼(おおかみ)男.

wes 《古》= wessen.

Wesen [ヴェーゼン] [中] 《-s/-》 ([英] essence)本質, 本性(ほんしょう); 実体; 本性(ほんしょう); 性格, 人柄; 存在物〈者〉, 人間, 生物; 《雅》営み, 活動. ✦ *viel ～[s] aus et*[3] 〈*von et*[3], *um et*[4]〉 *machen* (…のことで)騒ぎ立てる, (…を)重大視する. *sein ～ treiben* 暴れ回る.

..wesen 「…制度, …事業, …業務」の意.

wesenhaft [形] 《雅》本質的な, 根本的な; 実体のある, 実在の. **Wesenheit** [女] 《-/》本質; 本質的特徴, 特性. **wesenlos** [形] 《雅》実体のない, 空虚な; 重要でない.

wesens=fremd [形] 本質的に異質の. **=gleich** [形] 本質を同じくする, 同質の.

Wesenszug [男] 生まれつきの特徴, 本質的特性.

wesentlich [ヴェーゼントリヒ] [形] ([英] essential)本質的な〈に〉, 核心をなす, 重要な; [副] 《比較級と》ずっと, はるかに. ✦ *im Wesentlichen* 大部分は; まず一番に.

Weser (die ～)ヴェーザー(ドイツ中部から北海に注ぐ川).

Wesfall [男] 〔文法〕所有格, 2格.

weshalb [ヴェスハルプ] [副] ([英] why) 《原因の疑問副詞》なぜ, どうして; 《原因の関係副詞》そのために.

Wesir [男] 《-s/-e》ワジール(イスラム教国の高官).

Wespe [女] 《-/-n》〔虫〕スズメバチ(雀蜂); 《話》= Wespentaille. **～n=nest** [中] スズメバチの巣. ✦ *in ein ～ greifen* 〈*stechen*〉ハチの巣をつつく; 《話》デリケートな問題に触れて事を大きくする. **～n=taille** [女] 《話》(女性の)細いウェスト.

wessen [ヴェッセン] wer の2格.

Wessi [男] 《-s/-s》《話》旧西ドイツ〔出身〕の人, 西の連中.

West [ヴェスト] [男] 《-[e]s/》《無変化・無

W

冠詞で》([英] west)〔海・気象〕西([略] W); 西部;《雅》西風. =**alpen** [複] 西部アルプス. =**berlin,** =**-Berlin** 西ベルリン(ベルリンの西部地区; 旧西ドイツ部分).

westdeutsch [形] ドイツ西部の; 旧西ドイツ(BRD)の. **Westdeutschland** ドイツ西部〔地域〕;《話》旧西ドイツ.

Weste [ヴェステ] [女] 《-/-n》〔服〕チョッキ, ベスト; 救命胴衣. ✦ ***eine weiße 〈reine, saubere〉 ~ haben*** 《話》手を汚していない, 潔白である. ***unter die ~ jubeln 〈schieben〉*** 《話》《j^3 et^4》(人に…の)罪を負わせる, (人に…を)押しつける.

Westen [ヴェステン] [男] 《-s/》([英] west)《ふつう無冠詞で》西([略] W); 西部; 西国, 西欧, 自由主義圏. ✦ ***der Wilde ~*** (開拓期の)アメリカ西部.

Westen=**tasche** [女] チョッキのポケット. ✦ ***wie seine ~ kennen*** 《話》(…を)よく知っている. **Westentaschen..** 「ポケットサイズの, スケールの小さい;《蔑》…を〔一生懸命〕まねしているがさっぱりだめな人」の意. **Westentaschenformat** [中] ✦ ***im ~*** ポケットサイズの;《話》ちっぽけな.

Western [男] 《-[s]/-》西部劇, ウエスタン.

Westerwald (der ~)ヴェスターヴァルト(ドイツ中西部, Schiefergebirge の山地).

Westeuropa 西ヨーロッパ.

westeuropäisch [形] 西ヨーロッパの.

Westfalen ヴェストファーレン, ウェストファリア(ドイツ北西部, Nordrhein-Westfalen 州の一部).

West=**front** [女] (特に第一・第二次世界大戦の)西部戦線. =**germanen** [複] 西ゲルマン族.

Westindien 西インド諸島; インド西部.

westindisch [形] 西インド諸島の.

westl. [略] *westl*ich.

Westler [男] 《-s/-》([女] **-in**)《話》旧西ドイツ〔出身〕の人.

W

westlich ❶ [形] ([英] western)西の; 西へ〈から〉の; 西部の; 西欧の. ❷ [前] 《2格支配》…の西に.

westl.L. [略] *westl*iche[r] *L*änge 西経(…度).

West=**mächte** [複] 西側列強(大戦期の英米仏など, また東西対立期の反ソ陣営). =**mark** [女] 《-/-》《話》旧西ドイツマルク.

westöstlich [形] 西から東への.

Westpazifik (der ~)西太平洋.

westpazifisch [形] 西太平洋の. ✦ ***der Westpazifische Rücken*** 〔地〕西太平洋海嶺(かいれい).

West=**preußen** 西プロイセン(旧ドイツ領, ポーランドに併合された). =**rom** 〔史〕西ローマ〔帝国〕. =***sahara*** 西サハラ(もとスペイン領西アフリカの一部). =**samoa** 西サモア(南太平洋の島国).

westwärts [副] 西へ.

West=**wind** [男] 西風.

weswegen [副] = weshalb.

Wett=**bewerb** [ヴェットベヴェルプ] [男] 《-[e]s/-e》([英] competition)競技会, コンテスト; 競争, 競合;〔経〕企業間競争. =**bewerber** [男] 競技会〈コンクール〉の参加者.

wettbewerbsfähig [形] (企業・商品などが)競争力のある. **Wettbüro** [中] (賭(か)けスポーツの)くじ券売り場, 馬券売り場.

Wette [女] 《-/-n》([英] bet)賭(か)け. ✦ ***eine ~ ein|gehen*** 《**mit** j^3》(人と)賭けをする. ***um die ~*** 競って.

Wetteifer [男] 競争〈対抗〉心, 相手に負けまいとする気持ち. **wetteifern** 《wetteiferte; gewetteifert》[自] 《[**mit** j^3] **um** et^4》([人と]…を求めて)争う, 競う, 競争する, 張り合う.

wetten [ヴェッテン] 《wettete; gewettet》[動] ([英] bet)(…を)賭ける; 《**mit** j^3 [**um** et^4]》(人と[…を])賭(か)ける; 《**auf** j-et^4》(…に)賭ける; 《話》請け合う. ✦ ***So haben wir nicht gewettet.*** 《話》約束がちがうじゃないか.

Wetter [ヴェター] [中] 《-s/-》([英] weather)天気, 天候, 気象; あらし, 悪天候;《複》坑内ガス. ✦ ***Alle ~!*** 《話》これはこれは, あれまあ驚いた. ***gut ~ machen*** 《話》《**bei** j^3》(人の)機嫌を取る. ***schlagende ~*** 爆発性坑内ガス. ***um gut[es] 〈schön[es]〉 ~ bitten*** 《話》《j^4》(人に)機嫌を直してくれるように頼む.

[関連語] 〔天候に関する言葉〕Front [女] 前線; Gewitter [中] 雷雨; Hagel [男] あられ, ひょう; Hoch [中] 高気圧; Kaltfront [女] 寒冷前線; Nebel [男] 霧; Niederschlag [男] 降水; Regen [男] 雨; Schauer [男] にわか雨; Schnee [男] 雪; Schneefall [男] 降雪; Sprühregen [男], Nieselregen [男] 霧雨; Tief [中] 低気圧; Warmfront [女] 温暖前線

Wetteramt [中] 気象台.

Wetterau (die ~)ヴェッテラウ(ドイツ Hessen 州, Taunus の東に伸びる低地).

Wetter=**aussichten** [複] 天気予報, 天候の見通し.

Wetterbericht [ヴェターベリヒト] [男] 《-[e]s/-e》気象通報; 天気予報.

wetterbeständig [形] 風雨〈悪天〉に耐える.

Wetter=**dach** [中] 〔建〕雨よけの屋根, ひさし. =**dienst** [男] 気象業務; 気象台. =**fahne** [女] (旗の形をした)風向計; 無定見な人. ✦ ***wie ~ drehen*** 《*sich*^{4}》日和見である.

wetterfest [形] 全天候型の, 風雨に耐える. **Wetterfrosch** [男] ガラス瓶に入れたアマガエル(中のはしごを登ると晴れになるという);《戯》天気予報官. **wetterfühlig** [形] 天候の変化に敏感な.

Wetter=**hahn** [男] 風見鶏(かざみどり). =**häuschen** [中] 天気予報の家(湿度によって, 男または女の人形が家の前に現れる). =**karte** [女] 天気図. =**kunde** [女] 気象学. =**lage** [女] 気象状況, 空模様.

wetterleuchten 《wetterleuchtete; gewetterleuchtet》[自] 《*Es wetterleuchtet.*》稲妻が走る, 稲光りがする.

wettern [自] 《古》《*Es wettert.*》雷雨になる;《話》《**gegen** j-et^4》(…を)がみがみどなる, ののしる.

Wetter=**satellit** [男] 気象衛星. =**scheide** [女] 天気境界. =**station** [女] = Wetterwarte. =**sturz** [男] 天候の急激な悪化. =**umschlag** [男] 天候の急変. =**vorhersage** [女] 天気予報.

=warte 囡 気象観測所, 測候所.
wetterwendisch 形 《戯》気まぐれな, お天気屋の. **Wetterwolke** 囡 雷雲.
wettfahren⇨ wetten
Wettfahrt 囡 オートレース;自転車競走, 競輪.
Wett-kampf [ヴェットカンプフ] 男 《-[e]s/-kämpfe》競技, 試合.
-kämpfer 男 競技参加者.
Wettlauf 男 《不定詞で》競走する. **Wettlaufen** 中 《不定詞で》競走する. **Wettläufer** 男 競走参加者, ランナー.
wettmachen 《話》(欠点・損失などを)償う, 埋め合わせる;(援助などに)感謝する.
wettrennen 他 《不定詞で》(特に車・馬などを)競走させる. **Wettrennen** 中 (特に車・馬などによる)競走, レース.
Wett-rüsten 中 《-s/》軍備競争.
-schwimmen 中 競泳. **-spiel** 中 (特に子供の)競争遊び. **-streit** 男 競争.
-turnen 中 (⇨ **Wettumen**) 体操競技.
wetzen 他 (刃物・ナイフなどを)研ぐ, 磨く 《seine Zunge an j-et³》《話》…をこきおろす; 自 《話》走る, 駆ける.
Wetzlar ヴェツラル(ドイツ中部, Hessen 州の都市).
Wetzstein 男 砥石(と).
WEU 囡 《-/》西欧同盟(< *Westeuropäische Union*).
WEZ 男 *Westeuropäische Zeit* 西ヨーロッパ標準時, グリニッジ標準時.
WGB 男 *Weltgewerkschaftsbund*.
Wh. 男 *Wiederholung* (番組表などで)再放送(放映).
Whisky [ヴィ(ウィ)スキ] 男 《-s/-s》ウイスキー.
Whist [ヴィ(ウィ)スト] 中 《-[e]s/》〖遊〗ホイスト.
WHO 囡 《-/》世界保健機構(< *World Health Organization*).
wich, wiche 《 ⇨ *weichen* ①
Wichs 男 《-es/-e》(《⇨ **Gala** で》) (学生組合の学生の)礼装(バイエルンの民族衣装で)男性用の革の半ズボン. **in vollem《im vollen, in höchstem》** ~ 正装(盛装)で. **in** ~ **werfen** 《話》《sich¹》盛装する, めかし込む.
Wichse [ヴィクセ] 囡 《-/-n》《話》つや出しワックス; 殴打. **Es ist alles eine** ~. どれもこれも同じだ. ~ **kriegen《bekommen》** 殴られる. **wichsen** 他 (…)にワックスをかける;(人を)殴る. **eine** ~《話》(人に)一発食らわす.
Wicht 男 《-[e]s/-e》こびと, 小妖精(む); 《軽》 ちび, 小僧; 《蔑》 やつ, 悪党.
wichtig [ヴィヒティヒ] 形 《⇨ *important*》重要な, 重大な. 大切な; 意義深い, 有意義な, 影響力ある; 偉そうな, しかつめらしい. ◆ ~ **machen《tun, haben》** 《sich¹ 《mit j-et³》》偉そうにする. ~ **vorkommen** 《sich³》うぬぼれている. **《zu》** ~ **nehmen** 《sich³》自分のことをえらいかのように思う. **Wichtigkeit** 囡 《-/-en》《⇨ *importance*》 重要性, 重大さ; 重大事; もったいぶった様子.
Wichtigtuerei 囡 《-/-en》《話》もったいぶる《尊大な》こと; もったいぶった《尊大な》言動. **wichtigtuerisch** 形 《話》

もったいぶった, 尊大な.
Wicke 囡 《-/-n》〖植〗ヤハズエンドウ属.
◆ **in die ~n gehen** 《方》なくなる; だめになる.
Wickel 男 《-s/-》湿布; 糸枠《巻き》リール; (髪の)カーラー; ボビン; おむつ. ◆ **am《beim》** ~ **haben《kriegen, packen, nehmen》** 《話》(人を)つかまえる; (…を)集中的に論じる. **-kind** おむつをしている赤ん坊. **-kommode** ベビーのたんす.
wickeln [ヴィッケルン] (wickelte; gewickelt) 他 (⇨ *wind*) 巻く《et⁴ um《auf》et³》 (…を…に)巻く; 巻き込む, くるむ; (…に)包帯する; 巻いて(…を)作る; 《et⁴ von《aus》et³》 (…から取り外す, 取り出す. ◆ **schief《falsch》gewickelt sein** 思い〈考え〉ちがいをしている.
Widder 男 《-s/-》 雄羊; 〖天〗 牡羊 (おひつじ) 座; 〖古代〗 白羊宮.
wider 《雅》 《4格支配》 …に逆らって, 反して.
wider.. 非分離動詞の前つづり.
widerborstig 形 整髪しにくい; 強情な.
widerfahren* 自 《雅》 《j³》 (人の身に)起こる, 降りかかる.
Wider-haken 男 (釣り針などの)逆鈎 (鷲カキ), 返し, 戻り. **-hall** 男 (⇨ *echo*)こだま, 反響.
widerhallen 自 こだまする, 反響する; (壁などが)反響を返す.
Widerlager 中 〖建〗 迫台(炁); 橋台.
widerlegen 他 論駁する. **Widerlegung** 囡 《-/-en》論駁.
widerlich 形 不快な, むかつくような; 《副詞的》《話》ひどく, とても. **Widerlichkeit** 囡 《-/-en》不快さ; 不快なことがらく状態》.
widermenschlich 人間性に反する, 非人間的な.
widern 他 《雅》(人に) 嫌悪を催させる.
widernatürlich 形 異常な, 変態の.
Widerpart 男 《雅》 敵, 敵対者; 反抗, 抵抗. ◆ ~ **bieten《geben, halten》** 《j³》 (人に) 反抗《抵抗》する.
widerraten* 他 《j³ et⁴》 (人に…)をしないようにと助言《忠告》する.
widerrechtlich 形 違法な.
Wider-rede 囡 抗弁. **-ruf** 男 取り消し, 撤回.
widerrufen* 他 (発言・指示などを)取り消す, 撤回する.
Widersacher 男 《-s/-》(⇨ **-in**) 敵, 敵対者. **Widerschein** 男 反射, 照り返し.
widersetzen 他 《sich¹ j-et³》 (…に)反抗する, 抵抗する. **widersetzlich** 形 反抗的な, 強情な.
Widersinn 男 不合理, 不条理な. **widersinnig** 形 不合理な.
widerspenstig 形 反抗的な, 強情な; 整髪しにくい. **Widerspenstigkeit** 囡 《-/》反抗的なこと, 強情.
widerspiegeln 他 を反映する《sich¹ in et³》(…に)映る, 反映する.
widersprechen* [ヴィーダーシュプレッヒェン] 《widersprach; widersprochen》 他 (⇨ *contradict*) 《j-et³》 (…に)反論する,

異議を唱える; ⟪*et*³⟫ (…と)矛盾する.
Widerspruch [男] 異議, 反論, 反対; 矛盾. **widersprüchlich** [形] 矛盾した, 相反する; 筋の通らない.
widerspruchsfrei [形] 矛盾のない.
Widerspruchsgeist [男] 反抗心; 〘話〙あまのじゃく, つむじ曲がり. **widerspruchslos** [形] 口答えしない.
widerstand ⇨ widerstehen
Widerstand [ヴィーダーシュタント] [男] ⟪-[e]s/..**stände**⟫ ([英] resistance) 抵抗 (~ gegen die Staatsgewalt [法] 公務執行妨害); 抵抗運動, レジスタンス; (事態の進行を妨げる)抵抗, 障害; [理] 抵抗[作用].
widerstanden ⇨ widerstehen
Widerstandsbewegung [女] 〘政〙 抵抗運動.
widerstandsfähig [形] ⟪**gegen** *et*⁴⟫ (…に対して)抵抗力のある.
Widerstands=fähigkeit [女] 抵抗力, 耐性. **=kämpfer** [男] レジスタンスの闘士. **=kraft** [女] 抵抗力, 耐性.
widerstandslos [形] 反抗〈抵抗〉しない; 抵抗を受けない. **Widerstandsorganisation** [女] 抵抗組織.
widerstehen* [ヴィーダーシュテーエン] ⟪**widerstand; widerstanden**⟫ [自] ([英] resist) ⟪*j-et*³⟫ (…に)抵抗〈反抗〉する, 屈しない; ⟪*j*³⟫ (人を)嫌な気持ちにさせる.
widerstreben [自] 〘雅〙 ⟪*j-et*³⟫ (…に)抵抗感がある; 逆らう, 反抗する.
Widerstreit [男] (心理的な)かっとう; (意見・利害の)対立, 衝突. **widerstreiten*** [自] ⟪*j-et*³⟫ (…と)対立する, 衝突する.
widerwärtig [形] ひどくいやな, 不快な; 不都合な; 面倒な. **Widerwärtigkeit** [女] ⟪-/-en⟫ 不快さ; 不快なことがら〈状態〉.
Widerwille [男] 嫌悪, 反感, 嫌気. **widerwillig** [形] いやいやながらの.
Widerwort [中] ⟪-[e]s/..worte⟫ 反論, 異論, 異議: *j*³ ~e geben 人に反論する.
widmen [ヴィトメン] ⟪widmete; gewidmet⟫ [他] ([英] dedicate) ⟪*j*³ *et*⁴⟫ (人に…を)捧げる, 献呈する; 〘雅〙 ⟪*j-et*³ *et*⁴⟫ (…のために…を)費す, 割く; [再] 〘雅〙 ⟪*sich*⁴ *et*³⟫ (…に)専念する. **Widmung** [女] ⟪-/-en⟫ 献呈の辞, 献詞.
widrig [形] 不都合な, 好ましくない.
..widrig 「…に反する; …を妨げる」の意.
widrigenfalls [副] 逆の場合には.
Widrigkeit [女] ⟪-/-en⟫ 不都合; やっかいなことがら〈状況〉.
wie [ヴィー] I [副] ❶ 〘疑問副詞〙 ([英] how) 〘疑問文で〙 どのくらい; 〘感嘆文で〙 なんと. ❷ 〘方法・様態〙 どのように, どうやって; 〘感嘆文で〙 なんと. ❸ 〘単独で省略的に〙 〘驚き・意外〙 なんだって; 〘確認〙 〘話〙 そうだろ. ❹ 〘関係副詞; 方法・様態・程度を示す語を先行詞として〙: Die Art und Weise, ~ er spielt, wurde die schwarze Musik nachgeahmt. 彼の演奏スタイルはブラックミュージックをまねしたものだ. II [接] ([英] as, like) ⟪従属; 語句を結ぶこともある⟫ ❶ 〘類似・たとえ〙 …のように〈ような〉; 〘具体例〙 (ein Mann ~ du 君のような男); 〘並列〙 …も…も. ❷ 〘同等〙 ⟪**so** + 形容詞・副詞 + **wie ...** の形で⟫ …と同じように…; ⟪**wie ..., so ...** の形で対応を示す⟫ …に応じて…だ. ❸ 〘差異〙 〘話〙 …よりも. ❹ 〘根拠〙 …によれば. ❺ 〘wie + 人称代名詞の形で〙 …[する]ような…. ❻ 〘文を導いて〙 …するさま, …するのを. ❼ 〘譲歩; しばしば auch, immer, mögen と〙 どんなに…であっても. ❽ 〘形容詞 + wie ... ist などの形で〙 〘理由〙 …なので; 〘譲歩; しばしば auch, mögen と〙 …にもかかわらず. ❾ 〘時間的〙 …[した]とき, …[する]とき. ✦ ***Nichts ~ raus!*** 〘話〙 出て行け. [***so***] ***~ j-et¹ ist*** あるがままで. ***Und ~!*** ⇨ und ✦ ***Wie*** [***bitte***]***?*** (聞き返して)え; (怒って)なんだと. ***Wie dem auch sei! /Dem sei, ~ ihm wolle!*** それはともあれ, それはそれとして. ***Wie denn sonst?*** もちろんさ, そうに決まってるよ. ***Wie du mir, so ich dir.*** 君が私にそういう態度をとるなら私も君に同じようにする(こっちもこっちだぞ). ***~ gehabt*** 〘話〙 以前のように. ***~ immer*** いつものように, 相変わらず. ***~ viel*** いくつ, いくら: *Wie viel*[*e*] Einwohner hat Hamburg? ハンブルクの人口はどのくらいですか | *Wie viel* kostet das? それはいくらですか | *Wie viel* das Buch auch kostet, ich kaufe es mir. その本がどんなに高くても私は買う. ***Wie wäre es mit et³?*** (…などは)どうでしょうか. ***Wie wäre es, wenn ...*** …したらいかがでしょうか.
Wie [中] ⟪-s/-⟫ 方法, 様子.
wieder [ヴィーダー] [副] ❶ ([英] again) 再び, もう一度; またもや, 繰り返し. ❷ 元どおりに, 前と同様に. ❸ 他方では; 一方逆に; 〘話〙 ええと[何だっけ]. ✦ ***für nichts und ~ nichts*** まったくむだに. ***hin und ~*** ときどき. ***~ auf|bauen*** (…を)再建〈復興〉する. ***~ auf|bereiten*** (使用済みの核燃料などを)再処理する. ***~ auf|führen*** (芝居などを)再演する. ***~ auf|nehmen*** (…を)再び取り上げる, 再開する; (会・グループなどに…を)再び受け入れる, 復帰〈再加入〉を認める. ***~ beleben*** (…を)蘇生(そせい)させる, (制度・風習などを)復活させる. ***~ ein|setzen*** (人を)復職〈復位〉させる. ***~ erkennen*** (…を)再認識する. ***~ eröffnen*** (店・劇場などを)再開する. ***~ finden*** (…を)再び見つけ出す; ⟪*sich*⁴⟫ 再び見つかる; 我に返る. ***~ gut|machen*** (…を)償う, 弁償〈補償〉する. ***~ sehen*** ⟪*j-et*⁴⟫ (…に)再会する. ***~ vereinigen*** (…を)再統一する. ***~ verheiraten*** ⟪*sich*⁴⟫ 再婚する. ***~ verwenden*** (…を)再利用する. ***~ verwerten*** (廃棄物などを)再利用する. ***~ wählen*** 再選する.
wieder.. 〘分離動詞の前づり〙「再び, 再度」の意.
Wiederabdruck [男] [印] 再版, 重版.
wieder|auf|arbeiten [他] = wiederaufbereiten. **Wiederaufarbeitung** [女] = Wiederaufbereitung.
Wiederaufbau [男] 再建, 復興.
wieder|auf|bauen, wieder|auf|bereiten [他] ⇨ wieder ✦
Wiederaufbereitung [女] (核廃棄物の)再処理. **~s=anlage** [女] (核廃棄物の)再処理施設([略] WAA).
Wiederaufforstung [女] 再植林, 再造林.
wieder|auf|führen [他] ⇨ wieder ✦

Wiederaufnahme 囡(仕事・交渉などの)再開; (会員などの)再度の受け入れ. **-verfahren** 中〖法〗再審手続き.
wiederaufnehmen* 他⇨ wieder ♦
Wiederaufrüstung 囡再武装, 再軍備.
Wiederbeginn 男再開.
wieder｜bekommen* [ヴィーダーベコメン]**(bekam wieder, wiederbekommen)** 他(貸した物などを)返してもらう. **-beleben** 他⇨ wieder ♦
Wiederbelebung 囡蘇生(ネェ); 復活. **~s-versuch** 男蘇生[させる]試み(など).
wieder｜bringen* 他(借りた物を)返却する.
wieder｜einsetzen 他⇨ wieder ♦
Wiedereintritt 男(組織などへの)再加入; (大気圏への宇宙船の)再突入.
Wiederentdeckung 囡再発見.
wieder｜erhalten* 他＝ wiederbekommen. **-erkennen*** 他⇨ wieder ♦ **-erlangen** 他(失ったものを)取り戻す.
wieder｜eröffnen 他⇨ wieder ♦ **Wiedereröffnung** 囡⇨ wieder ♦
wieder｜erstatten 他(費用などを)払い戻す, 返済する; 補償する. **Wiedererstattung** 囡《-/-en》払い戻し, 返済; 補償, 弁済.
wieder｜erzählen 他言葉で再現する. 話して聞かせる; 《j^3 et⁴》 (聞いたことを人に)語り伝える. 言いふらす. **-finden*** 他⇨ wieder ♦
Wiedergabe 囡再現; 描写; 複写, 複製; (テープレコーダーなどの)再生. **-gerät** 中〖電〗再生装置(機器).
wieder｜geben* [ヴィーダーゲーベン] **(gab wieder, wiedergegeben)** 他《j^3 et⁴》 (人に借りた物を)返す; 再現する, 描写する. 表現する; 複写する. 複製する; 再生する.
Wiedergeburt 囡復活, 復興.
wiedergesehen* ⇨ wiedersehen
wieder｜gewinnen* 他(失ったものを)取り戻す, 奪回する.
wieder｜gutmachen 他⇨ wieder ♦ **Wiedergutmachung** 囡《-/-en》弁償, 補償; 罪滅ぼし.
wieder｜haben* 他《話》再び自分のものとして持つ.
Wiederheirat 囡再婚.
wieder｜herstellen 他原状に戻す, 復元(修復)する; (人を)快復させる.
Wiederherstellung 囡復元, 修復; 快復. **~s-chirurgie** 囡〖医〗形成外科.
wiederholen [ヴィーダーホーレン] **(wiederholte, wiederholt)** 他(®repeat)繰り返す; 《sich⁴》 繰り返し言う, 反復していう(起こる); 復習する. **wiederholen** 他(もとの場所に)返す, 取り戻す. **wiederholt** 形繰り返される, 度重なる; 再度の.
Wiederholung 囡《-/-en》繰り返し, 反復; 復唱.
Wiederhören [ヴィーダーヘーレン] 中 ♦ [Auf]**~!**(電話・ラジオでの)さようなら.
Wiederinstandsetzung 囡《-/-en》修復, 修理.

wieder｜käuen 他反芻(ネ゚)する; 《話》何度も繰り返す. **Wiederkäuer** 男《-s/-》反芻(ネ゚)動物.
Wiederkauf 男買い戻し.
Wiederkehr 囡《-/》《雅》帰還; 繰り返し. **wiederkehren** 自《(s)》《雅》帰ってくる; 繰り返される.
wieder｜kommen* [ヴィーダーコメン] **(kam wieder, wiedergekommen)** 自《(s)》再び来る. 再来する; 戻ってくる. **Wiederkunft** 囡《-/》《雅》帰還.
Wiederschauen 中《-s/》＝ Wiedersehen.
wieder｜sehen* 他⇨ wieder ♦
Wiedersehen [ヴィーダーゼーエン] 中《-s/-》 再会. ♦ [Auf] **~!** さようなら, また会いましょう; 行ってきます. **~s-freude** 囡再会の喜び.
wiederum 副再び, もう一度, 更にまた; 他方また, それに反して.
wieder｜vereinigen 他⇨ wieder ♦
Wiedervereinigung 囡再統一, 再統合.
wieder｜verheiraten 他⇨ wieder ♦
Wieder-verheiratung 囡再婚. **-verkäufer** 男転売人; 小売商人.
wiederverwendbar 形再利用可能な. **Wiederverwendung** (*) 囡⇨ wieder ♦ **Wiederverwendung** 囡再利用; (退職者の)再雇用.
wiederverwertbar 形(廃棄物などが)再利用可能な. **wieder｜verwerten** 他⇨ wieder ♦ **Wiederverwertung** 囡(廃棄物などの)再利用.
Wieder-vorlage 囡再提出. **-wahl** 囡再選.
wieder｜wählen 他⇨ wieder ♦
Wiege 囡《-/-n》揺りかご; 揺籃(ネシ)(発祥)の地. ♦ *in die ~ gelegt sein* (＋${j^3}$) (人に)生まれつき備わっている, (人には)生得のものだ. *nicht an der ~ gesungen worden sein* ({j^3}) (人には)思いもよらぬことだ. 分不相応だ. 生まれつき備わっていない. *von der ~ bis zur Bahre* ゆりかごから墓場まで, 一生涯. **-messer** 中〖料〗(湾曲した刃付きの)みじん切り用の包丁; 〖体操〗つり身.
wiegen[¹*] [ヴィーゲン] 動 **I** 《wog, gewogen》 ❶ (®weigh)(…の)重さを量る; 《sich⁴》 (自分の)体の重さ(…の)重さがある: *Wie viel wiegt das Paket?* 小包の重さはどれほどか. ❷ 重みがある. **II** 《wiegte; gewiegt》 ❶ ⇨ (®rock)(…を)揺する; 《sich⁴》 体を揺さぶる; 揺すり動かす; 《sich⁴ in et³》 (…に) 身をゆだねる. ❷ 〖料〗みじん切りにする.
Wiegen-druck 男《-[e]s/-e》＝ Inkunabel. **-fest** 中《戯》誕生祝い. **-lied** 中子守歌.
wiegte ⇨ wiegen **II**
wiehern 自(馬が)いななく; 《話》高笑いする. ♦ *zum Wiehern sein* 笑止千万だ.
Wien 中ウィーン(オーストリアの首都).
Wiener ❶ 囡《-s/-》(子《-in》)ウィーンの人; 《-》《無変化》ウィーンの: *der ~ Kongreß* 〖史〗ウィーン会議 (1814-15). **wienerisch** 形ウィーン人, ふう, 方言の.
Wienerwald (der ~)ヴィーナーヴァルト

(アルプスの北東端に位置する丘).
wies ⇒ weisen
Wiesbaden ヴィースバーデン(ドイツ南西部の都市). **Wiesbadener** 圏 **-in**) ヴィースバーデンの人; 圏 (無変化) ヴィースバーデンの.
wiese ⇒ weisen
Wiese [ヴィーゼ] 囡 I (-/-n) (＝ meadow)牧草地, 草地. ◆ **auf der grünen ~** 郊外で, 田舎で. II (die ~)ヴィーゼ(Rhein 川の支流).
Wiesel 甲 (-s/-) 動 イタチ.
wieso [ヴィーゾ] 副 (原因・理由の疑問副詞) なぜ, どうして.
wieviel [ヴィフィール] 圏 ⇒ wie
wievielmal [ヴィフィールマール] 圏 何回, 何度; 何倍.
wie-vielt [ヴィフィールト] 圏 何番目の. =**weit** 圏 どの程度(位)で[まで], どれだけ. =**wohl** 圏 (雅) = obwohl.
Wigwam 男 (-s/-s) (北米インディアン)のテント小屋.
Wikinger 男 (-s/-er) 史 ヴァイキング.
wild [ヴィルト] 肥 (圏 wild) ❶ 野生の, 自然のままの; 未開の; 野蛮な; 耕していない, 荒れ放題の. ❷ 無秩序な, 不法 〈無法〉な. ❸ 荒々しい, 乱暴な; 激烈な; 怒った; 過度の, 奔放な. ◆ **halb** (**nicht**) **so ~ sein** それほどはずかしい, まあまあだ. **wie ~** 激しく. ~ **auf j-et sein** (= が好きで〈欲しくて〉たまらない. ~ **entschlossen** 〔話〕断固として. ~ **wachsend** (植物の)野生の[生じた.
Wild 中 (-[e]s/-) 狩猟鳥獣; 野獣(野鳥) の肉. =**bach** 男 (山間の)急流, 渓流. =**bahn** 囡 猟場, 猟区. ◆ **in freier ~** 野外で. =**bret** 中 (-s/-) 野獣(野鳥)の肉. =**dieb** 男 密猟者.
Wild-ente 囡 野性のカモ(鴨); 鳥 マガモ.
Wilde[**r**] 男 囡 (形容詞変化) 未開人. ◆ **wie ein Wilder/wie die Wilden** 〔話〕激しく.
Wilderer 男 (-s/-) 密猟者. **wildern** ⓗ 密猟する; (野獣・野鳥を)密猟で殺す.
wildest ⇒ wild
Wildfang 男 いたずらっ子, 腕白, おてんば; 捕らえられた野鳥; (大型の獣を捕らえる)わな. **wildfremd** 肥 見ず知らずの.
Wild-gans 囡 野性のガチョウ(鳥); 鳥 ハイイロガン(灰色雁). =**heger** 男 (-s/-) (猟区の)鳥獣保護員. **Wildheit** 囡 (-/) 野生; 未開, 野蛮; 無秩序, 無法; 奔放, 猛烈, 激しさ. **Wild-hüter** 男 = Wildheger. =**katze** 囡 動 ヨーロッパヤマネコ. =**kraut** 甲 雑草; 民俗 (野生の)薬草; (香辛料・染料・顔料などに用いる)野草. =**leder** 甲 鹿革, バックスキン.
Wildling 男 (-s/-e) 野獣, 野鳥; 苗木; 乱暴者. **Wildnis** 囡 (-/-se) 荒野; 原生林. **Wildpark** 男 猟場. **wildreich** 肥 (森などが)鳥獣の豊富な.
Wild-sau 囡 雌のイノシシ. =**schaden** 男 森林・農地の鳥獣による被害. =**schütz** 男 密猟者, 猟師. =**schwein** 甲 動 イノシシ(猪).

wildwachsend 肥 ⇒ wild ◆
Wild-wasser 甲 (山間の)急流. =**wasserfahrt** 囡 急 急流のカヌー(カヤック)競技. =**wechsel** 男 けものの道; (道路の)横断. **Wildwest** 男 (無冠詞)(開拓時代の米国の)西部辺境地帯. =**film** 男 西部劇映画.
Wilhelm I [男名] ヴィルヘルム. ◆ **den dicken ~ spielen** 〔話〕偉そうにする, いばる. II 男 ◆ **der falsche ~** (雅)つけまげ. =**straße** (die ~)ヴィルヘルム街(旧ベルリン市中心部にあり, 1945年までドイツ帝国内務省の所在地).
will ⇒ wollen (話法の助動詞)
Wille [ヴィレ] 男 (2格-ns,3格-n,4格-n, 複数-n) 意志, 意欲, 意志. ◆ **der gute ~** 善意. **der letzte ~** 遺言. **mit ~ n** わざと, 意識的に. **wider ~n** 心ならずも, しぶしぶ. **Wo ein ~ ist, ist auch ein Weg.** 「意志あるところには必ず道がある」. **zu ~n sein** (雅) (j³) (人の)意に従う.
willen ⇒ um +
willenlos 肥 他人の言いなりになる, 無気力な. **Willenlosigkeit** 囡 (-/) 無気力.
willens 肥 ◆ ~ **sein** [+zu 不定詞句] (雅) (…する)つもりである.
Willens-bildung 囡 意志〈意思〉形成. =**freiheit** 囡 意志の自由. =**kraft** 囡 意志力, 根性.
willens-schwach 肥 意志薄弱の. **Willensschwäche** 囡 意志薄弱. **willens-stark** 肥 意志強固な. **Willensstärke** 囡 意志強固.
willentlich 肥 (雅) 故意の.
willfahren [ヴィルファーレン, ヴィルファーレン] ⓗ (willfahrte; willfahrt; gewillfahrt]) ⓗ (雅) (j³) (人の意に従う; (er³) (願いを)聞き入れる.
willfährig 肥 (雅) 従順な; (蔑) (j³) (人の)言いなりになる. **Willfährigkeit** 囡 (-/-en) 従順, 服従.
willig 肥 自発的な, やる気のある.
..willig 肥 (…したがっている, …する気のある).
willigen ⓗ (雅) (**in et⁴**) (…に)同意する.
Willigkeit 囡 (-/) 自発性.
Willkomm 男 (-[e]s/-e) = Willkommen.
willkommen [ヴィルコメン] 肥 (圏 welcome)望ましい, 好ましい, 歓迎される; Herzlich ~! ようこそおいで下さいました. ◆ **~ heißen** (j³) (人に)歓迎の辞を述べる, (人を)歓迎する. **Willkommen** [ヴィルコメン] 甲 (男) (-s/-) 歓迎のあいさつ.
Willkür 囡 (-/) 気分(に), 気まま; 専横, 無法. =**herrschaft** 囡 専制政治. **willkürlich** [ヴィルキューアリヒ] 肥 恣意(に)的な, 気ままの, 好き勝手な; 任意の, 無作為の; 自由の意志に従う; **~e Muskeln** 解 随意筋.
willst ⇒ wollen (話法の助動詞)
wimmeln ⓗ 《**Es wimmelt von j-et³**.》 (…がうじゃうじゃしている.
Wimmerl 甲 (-s/-n) 南部・オースト にきび, 吹き出物; 膿疱(のうほう); (腰に結びつける)

Winteranfang

小物入れ、ウエストポーチ.
wimmern 動 めそめそ(しくしく)泣く.
Wimpel 男 《-s/-》(細長い)三角旗、ペナント;(修道女の)襟当て布.
Wimper [ヴィムパー] 女 《-/-n》 (＝ eyelash)まつげ;《生》繊毛. ◆ **nicht an den ~n klimpern lassen** 《話》《sich⁴》口を狭まれない. **nicht mit ~ zu zucken** まつげをぴくりともさせずに、まゆひとつ動かさず、平然と. **~n-tusche** 女 マスカラ.
Wind [ヴィント] 男 《-[e]s/-e》(＝ wind)風;《俗》おなら、屁(~): **einen** 〈*in*〉 ~ **fahren lassen** おならをする. ◆ **bei** 〈*in*〉 ~ **und Wetter** 悪天候でも. **Daher weht** 〈*bläst*〉 **der ~**. 〔議論などで人の〕機先を制する. **den ~ aus den Segeln nehmen** 〔*j*³〕(議論などで人の)機先を制する. **den ~ um die Nase wehen lassen**/**den ~ um die Ohren wehen (pfeifen) lassen** 《sich³》世間(実社会)を知る;人生経験を積む. **Der ~ pfeift [jetzt] aus einem anderen Loch**. 《話》風向きが変わった、状況が厳しくなった. **Ein anderer (schärfer) ~ weht**. 《話》雰囲気が変わる、風当たりが強い. **gegen den ~ segeln** 時流に逆らう. **in alle** 〈*vier*〉 ~**e** あらゆる方角へ、四方に. **in den ~ reden** (聞いていない相手に)話す. **in den ~ schlagen** 《話》〈…を〉聞き流す. **mit dem ~ segeln** 時流(流れ)に乗る. **[schnell] wie der ~** 素早く、風の如く. **viel ~ um et⁴ machen** 《話》〈…について〉空騒ぎをする. **Wer ~ sät, wird Sturm ernten.** 《諺》自業自得である. **~ machen** 《話》ほらを吹く. **~ von et³ bekommen** 〈*haben*〉 《話》〈…を〉かぎつける. **wissen (erkennen, spüren, merken), woher der ~ weht** 《話》事情に通じている.
Wind-beutel 男 《料》シュークリーム;《話》おっちょこちょい. **-bö** 女 突風.
Winde 女 《-/-n》ウインチ、巻き上げ機;ジャッキ;《植》セイヨウヒルガオ.
Windei 中 《-[e]s/-er》(鳥の)無精卵、殻のない卵;《話》奇卵上;《話》役に立たぬ(見込みのない)もの.
Windel 女 《-/-n》おむつ. ◆ **noch in den ~n liegen** (*stecken, sein*) 《話》初期の段階にある、まだ未完成である.
windeln 動 (人に)おむつを当てる.
windelweich 形 《話》人の言いなりになる;非常に弱い;ぐにゃぐにゃの. ◆ **~ prügeln** (*hauen, schlagen*) (人を)さんざんに打ちのめす.
winden [*] [ヴィンデン] I (*wand; gewunden*) ● ● (＝ wind)巻く;(花輪などを)編む;《雅》〔*j*³ *et*⁴〕(人から…を)奪い取る;ウインチなどで〈…を〉巻き上げる. ❷ ● 《sich⁴》体をくねらせる、のたうつ;言い逃れしようとしてもがく;曲がりくねる、蛇行する;《雅》《sich⁴ **um** *et*⁴》(…に)巻きつく. II (*windete; gewindet*) ● 《*Es windet.*》風が吹く;《狩》(野獣が)危険をかぎ取る(〔猟犬が〕獲物をかぎ分ける).
Windes-eile 女 ◆ **in** 〈*mit*〉 ~ 矢のように速く、またたく間に.
Wind-fahne 女 (風の形の)風見(ホ~);《話》無定見な人. **=fang** 男 《建》風よけ.

windfest 形 風に対して抵抗力のある、風に強い(塀・垣根など).
Wind-harfe 女 《楽》エオリアンハープ、風琴. **-hauch** 男 《雅》かすかな風、《気象》軽微の風.
Wind-hose 女 《気象》竜巻き.
Windhund 男 グレーハウンド犬;《話》おっちょこちょい.
windig 形 (＝ windy)風のある;吹きさらしの;《話》当てにならない、軽薄な.
Wind-jacke 女 《服》ウインドブレーカー. **-kanal** 男 《空》風洞(2̄). **-kraftwerk** 中 《電》(オルガンの)送風室. **-licht** 中 風よけの火屋(ほ)をかぶせた灯火;カンテラ. **=messer** 男 風速(風力)計.
Windmühle 女 風車. ◆ **gegen** 〈*mit*〉 **~n kämpfen** 勝ち目のない戦いをしてる. **-n-flügel** 男 風車の翼(羽根). ◆ **gegen** 〈*mit*〉 **~n kämpfen** ⇒ Windmühle ◆

Wind-pocken 複 《医》水疱、ぼうそう. **=rad** 中 風力(動力)機. **=richtung** 女 風向. **-röschen** 中 《植》アネモネ. **-rose** 女 (羅針盤の)羅針像(l̄ʲ ̄);コンパスカード. **-sack** 男 吹き流し;《空》(バグパイプの)空気袋. **-schatten** 男 風の当たらない側.
windschief 形 《話》ゆがんだ、曲がった、(建物的)傾いた.
Windschutz-scheibe 女 風防ガラス、フロントガラス. **=streifen** 男 (植林などをした)防風帯.
Wind-spiel 中 ＝ Windhund. **=stärke** 女 風力.
windstill 形 風のない、ないだ.
Wind-stille 女 無風、凪(兄). **=stoß** 男 突風.
windsurfen 動 ウインドサーフィンをする. **Windsurfing** 中 《-s/》ウインドサーフィン.
Windung 女 《-/-en》曲がりくねり、うねり、蛇行;ねじれ;らせん形.
Wink 男 《-[e]s/-e》(身振りでの)合図、暗示、ほのめかし;助言、ヒント. ◆ **ein ~ mit dem Zaunpfahl** 露骨なほのめかし.
Winkel [ヴィンケル] 男 《-s/-》(＝ angle)《数》角、角度;隅、片隅;片田舎;直角定規. ◆ **toter ~** 死角. **-advokat** 男 《蔑》いかさま弁護士. **=eisen** 中 《工》山形鉄.
winkelförmig 形 角ばった.
winkelig 形 角のある.
Winkel-maß 中 直角定規. **=messer** 男 《数》分度器. **=zug** 男 うまい言い逃れ;巧妙な手口.
winken (*winkte; gewinkt*) 動 ● (＝ wave)〔*j*³〕(人に)合図をして;《話》〔*j*³〕(…に)…の合図をして知らせる;〔*j*³/*j*⁴ **zu** *sich*⁴〕(人を)合図して呼び寄せる. ❷ 〔*j*³〕(人を)持ち受けている.
Winker 男 《-s/-》ウインカー、方向指示器;手旗信号手.
winklig 形 ＝ winkelig. **winkte** ⇒ winken
winseln 動 ● (犬などが)クンクン泣く;(人が)めそめそ泣く;《**um** *et*⁴》(…を)哀願する.
Winter [ヴィンター] 男 《-s/-》(＝ winter)冬: **im ~** 冬に. **-anfang** 男 冬至

winterfest 形 冬の寒さに耐える，寒さに強い．
Winter=frische 囡 冬の保養〈地〉．**=frucht** 囡 秋まきの作物．**=garten** 男 〈観葉植物などを育てる〉サンルーム．**=getreide** 中 秋まきの作物〈穀物〉．**=halbjahr** 中 冬を含む半年間；〈大学の〉冬学期．**=kleid** 中 冬のドレス；〈動物の〉冬毛．**=kleidung** 囡 冬の衣料．
winterlich 形 冬の，冬らしい；冬向きの．
Winter=mantel 男 冬物のコート．**=reifen** 男 スノータイヤ．**=ruhe** 囡〖動〗〈冬の〉不動物の状態，仮性冬眠．
winters 副 冬に；毎冬．
Winter=saat 囡 冬作物の種子〈苗〉．**=schlaf** 男〖動〗冬眠．**=schlussverkauf** 男〈= schluß..〉冬物一掃大売り出し．**=semester** 中〈大学の〉冬学期．**=sonnenwende** 囡 冬至．**=spiele** 複〈オリンピックの〉冬季競技．**=sport** 男 ウインタースポーツ．
Wintersziet 囡 冬季，冬期，冬場．
Winterthur ヴィンタートゥーア〈スイスZürich 州の都市〉．
Winzer 男(-s/-) (囡 **-in**)〈ブドウ園を所有する〉ワイン醸造業者；ブドウ園労働者．
winzig 形 ごく小さい；ごくわずかな：ein *~es bisschen* ほんのちょっぴり．
Winzigkeit 囡(-/-en) ごく小さい〈わずかな〉こと，ささいなことがら．
Wipfel 男(-s/-) こずえ．
Wippchen 中(-s/-)〖方〗冗談，なじり言い逃れ，逃げ口上；**Wippe** の縮小形．
Wippe 囡(-/-n) (= **Wippchen**)シーソー〈台〉．**wippen** 自 シーソーで遊ぶ；上下動する；《*mit* et³》（…を）上下させる．
wir [ヴィーア] 代《人称代名詞 1 人称複数 1 格；2 格 unser, 3・4 格 uns；所有代名詞は unser》〈= we〉私たち，われわれ．
wirb ⇒ **werben**
Wirbel [ヴィルベル] 男(-s/-)❶〈= whirl〉渦，渦巻き；〈渦状のもの〉つむじ；〖楽〗弦楽器の糸巻き；〈ダンス・スケートなどの〉旋回；騒動；混乱；椎，椎骨；〖解〗〈太腿の〉すり打ち，連打．◆ **vom ~ bis zur Zehe** 頭のてっぺんからつま先まで．
wirbelig 形 回転するような；〈頭が〉くらくらする．
wirbellos 形〖動〗脊椎(╳╳)のない．**Wirbellose** 中〈形容詞変化の〉〖動〗無脊椎動物．
wirbeln 動 (s, h) 渦を巻く，渦を巻いて移動する：旋回する (Mir *wirbelt* der Kopf.《話》私は頭がくらくらする)；太鼓を連打する：《…⁴》〈…を〉渦を巻かせる，〈…を〉舞い上げる；回転させる．
Wirbel=säule 囡〖医〗脊柱(╳╳)；背骨．**=sturm** 男 旋風を伴うあらし〈台風・ハリケーンなど〉．**=tier** 中〖動〗脊椎(╳╳)動物．**=wind** 男 旋風，つむじ風．
wirblig 形 = **wirbelig**.
wirbst, wirbt 男 ⇒ **werben** **wird** ⇒ **werden** **wirf, wirft** ⇒ **werfen**
wirken [ヴィルケン] 動〈*wirkte; gewirkt*〉❶ 働く，仕事をする；《*auf et⁴*》（…に）作用する；〈…に〉印象を与える；〈…に〉印象を与える．❷《…⁴》〖織〗織る，編む；

〖雅〗なす，行う，引き起こす；《南部》（パン種などを）こねる．**Wirken** 中(-s/-) 働くこと，活動，反力，影響，作用．
wirklich [ヴィルクリヒ] 形 ❶〈= real〉実在の〈に〉，実際の〈に〉(*Wirklich?* 本当かい); 実際の (*Wirkliche* Freunde sind selten.〖諺〗真の友だちはまれだ)．❷〖言〗《発言内容の真実性を強めて》本当に，実に．
Wirklichkeit [ヴィルクリヒカイト] 囡(-/-en)〈= reality〉現実，実際；実状，実生活．◆ *in ~* 実際は；本当のところは．**~s=flucht** 囡 現実逃避．**~s=form** 囡〖文法〗直説法．
wirklichkeits=fremd 形 非現実的な，現実離れした；現実に疎い．**=nah** 形 現実に近い，リアルな，迫真の．
wirksam [ヴィルクザーム] 形〈= effective〉効果的な，効き目〈効果，効能のある〉の；〈法的な〉効力を有する；《人が》働いている，活動している．**..wirksam**「…に有効な」の意．**Wirksamkeit** 囡(-/-) 有効性．
Wirkstoff 男〖生化〗作用物質〈ホルモン・ビタミン・酵素など〉．
wirkte ⇒ **wirken**
Wirkung [ヴィルクング] 囡(-/-en) ❶〈= effect〉作用，作動；影響；結果，効果：Keine ~ ohne Ursache.〖諺〗火のないところに煙は立たぬ．❷〈法的な〉効力．❸〖理〗〈プランクの〉作用量．**~s=bereich** 男 活動〈勢力〉範囲．**~s=grad** 男〖理〗効率．**~s=kreis** 男 活動〈勢力〉範囲．
wirkungslos 形 効果の〈効き目の〉ない．**Wirkungslosigkeit** 囡(-/-) 効き目のないこと．
wirkungsvoll 形 効果の大きい，効果のある．**Wirkungsweise** 囡 作用の仕方；作動方式．
Wirkwaren 複〖服〗ニット〈メリヤス〉類．
wirr 形 雑然とした，乱雑な〈考えなどが〉混乱した，とりとめのない．**Wirren** 複 騒動，紛争；混乱．**Wirrheit** 囡(-/-en) 乱雑；混乱．**Wirrkopf** 男 混乱した頭〈の持ち主〉．**Wirrnis** 囡(-/-se)〖雅〗混乱．**Wirrwarr** 男(-s/-) ごたごた；大騒ぎ，喧騒(け).
Wirsing 男(-s/-)，**=kohl** 男〖植〗チリメンタマナ．
wirst ⇒ **werden**
Wirt [ヴィルト] 男(-[e]s/-e)〈= host〉〈飲食店・旅館の〉主人，店主：大家，家主，〈部屋の〉貸し主〈客をもてなす側の〉主人，ホスト；〖生〗宿主(╳╳)，寄主(╳╳)．
Wirtel 男(-s/-)〖紡〗輪生〖織〗〈紡ぎ車の〉はずみ車．
wirtlich 形 客あしらいのよい，愛想のよい；〈土地・気候などが〉快適な．
Wirtschaft [ヴィルトシャフト] 囡(-/-en)〈= economy〉❶ 経済；経済活動；産業；経済界；経済学．❷ 家事，家計．❸ 飲食店，食堂，飲み屋．❹〈小規模の農業〉経営；農場，農園．❺〖話〗乱雑な状態〈仕事〉；めんどう，やっかい．
wirtschaften 自 経済〈管理〉する；家計をやりくりする；《*mit et³*》（…を）節約して使う；〈家事・農作業で〉忙しく働く；《（…

Wirtschafter 男《-s/-》《-**in** 女》管理人; 農場管理人; 世事人; 《ﾋﾞｼﾞﾈｽ･ｽﾗﾝｸﾞ》経済学者. **Wirtschaftler** 男《-s/-》《-**in** 女》経済学者; 経済学専攻学生.

wirtschaftlich [ヴィルトシャフトリヒ] 形 《® economic》経済上[の]; 財政[上]の, 金銭[上]の; 経済的な, 効率のよい, 経済的な; つましい. **Wirtschaftlichkeit** 女《-/》経済性; やりくり上手, 節約.

Wirtschafts=**abkommen** 中《国家間の》経済協定. =**berater** 男 経済顧問《コンサルタント》. =**bereich** 男 経済圏. =**beziehungen** 複《国家間の》経済関係. =**blatt** 中 経済新聞. =**boom** 男 経済ブーム. =**delegation** 女 経済使節団. =**deutsch** 中《形》経済ドイツ語. =**embargo** 中 経済封鎖. =**entwicklung** 女 経済発展. =**experte** 男 経済専門家. =**flüchtling** 男 経済難民《修道院・城郭などの作業棟》. =**gebäude** 中 経済難民, 家計費. =**gemeinschaft** 女 経済共同体. =**gipfel** 男 経済首脳会議, 経済サミット. =**großmacht** 女 経済大国. =**hilfe** 女 経済援助[協力]. =**ingenieur** 男 生産[管理]工学技術者, インダストリアルエンジニアリングの専門家. =**jahr** 中 営業年度. =**kapitän** 男 経済界の指導者《大立者》. =**kraft** 女 経済力. =**kriminalität** 女 経済犯罪. =**krise** 女 経済危機. =**lage** 女 経済情勢. =**leben** 中 経済生活. =**macht** 女 経済大国. =**minister** 男 経済大臣. =**ministerium** 中 経済省. =**ordnung** 女 経済秩序. =**politik** 女 経済政策. =**potential** 中 潜在的の経済力. =**prüfer** 男 公認会計士. =**rat** 男 経済諮問委員会, 経済諮問会議. =**raum** 男《都市・国家などの》経済圏; 家事室《台所・洗濯室など》; 《ビルなどの》管理設備室《ボイラー・変電室・倉庫など》. =**system** 中 経済体制. =**tätigkeit** 女 経済活動. =**teil** 男《新聞などの》経済欄. =**verbrechen** 中 経済犯罪. =**vergehen** 中 経済犯罪《事実》. =**wachstum** 中 経済成長. =**wachstumsrate** 女 経済成長率. =**wissenschaft** 女 経済学. =**wissenschaftler** 男 経済学者. =**wunder** 中《話》奇跡的経済復興《特に1950年代の西ドイツの》. =**zentrum** 中 経済の中心地. =**zweig** 男 産業部門.

Wirts=**haus** 中 食堂兼旅館. =**leute** 複《飲食店・旅館などの》亭主とおかみ;《下宿等の》主人夫婦.

Wisch 男《-[e]s/-e》《話》紙くず; くだらない文書.

wischen [ヴィッシェン]《wischte; gewischt》動《® wipe》ふく, ぬぐう;《® über *et*⁴》《…の表面をさっとふく, 払う》する;すばやく動く. ◆ **eine 〈ein paar〉 ~ lassen**《j³》《人の》横面を張る.

Wischer 男《-s/-》ぞうきん; モップ; ワイパー; 《話》こごと. =**blatt** 中 ワイパーのブレード.

Wischiwaschi 中《-s/》《話》たわごと, くだらぬ話.

Wischlappen 男《方》= Wischtuch.

Wischnu《ｲﾝﾄﾞ神》ヴィシュヌ《三主神の一

つで維持の神》.

wischte → **wischen**

Wischtuch 中 ふきん; ぞうきん.

Wisent 男《-[e]s/-e》動 ヨーロッパバイソン, ヨーロッパ野牛.

Wismut 中《-[e]s/》《動》蒼鉛《だん》, ビスマス《元素名 Bi》.

wispern [ヴィスパン]《wisperte; gewispert》動《® whisper》ささやく《木の葉・小川などが》; ささやく: *j³* **et*⁴ ins Ohr ~** 人に…を耳うちする.

Wiss=**begier** 女《® Wiß ~》知識欲, 好奇心. **wiss**=**begierig** 形《® wiß ~》知識欲の旺盛《おう》な; 好奇心が強い.

wissen* [ヴィッセン]《wusste; ®, wußte; gewusst; ®, gewußt》動 ❶《® know》《*et*⁴ (von *et*⁴ 〈von *j*-*et*³〉) 〈…について〉知っている, 分かって〈心得て〉いる; (人が…であると)知って〈承知して〉いる: **wie Sie ~** ご承知のとおり ｜ **[et]was 〈nichts〉 über *j*-*et*⁴ ~** …について〈…のことを〉知っている〈何も知らない〉. ❷《+ zu 不定詞句》《…することを》心得ている, 《…》できる. ◆ **eins ~** 《雅》《*sich³* **mit** *j*³》(人と)意見が合う; 《話》**was er will.** 彼は意志が固い. **es ~ wollen**《話》腕が鳴る. **Ich weiß, was ich weiß.** 私は身の程をわきまえている. **Nicht dass ich wüsste! /Wenn ich das wüsste!** 私は何も分からない. **nicht mehr ~, was 〈wo〉 rechts und links ist** すっかり混乱している. **nichts [mehr] ~ wollen《von** *j*-*et*⁴**》**《…》にかかわりたくない. **viel ~**《雅》《*sich³* **mit** *et*³》《…を》誇りにする. **Was ich nicht weiß, macht mich nicht heiß.**《諺》知らぬが仏. **Was weiß ich?**《話》私の知ったことか. **Weißt du〈Wissen Sie〉, …**《話》ねえ君〈いくらですか〉…. **weiß Gott**《話》さあどうかね. **wer weiß was** いろいろなこと. **wer weiß wie** 非常に. ものすごく. **wer weiß wo** どこかに. **~ lassen**《*j*⁴ *et*⁴》《人に…を》知らせる.

Wissen 中《-s/》《® knowledge》知識《~ ist Macht. 知は力なり》; 了解; 自覚. ◆ **meines ~s** 私の知るところでは.

Wissenschaft [ヴィッセンシャフト] 女《-/-en》《® science》学問, 科学; 《話》知識; 学者. ◆ **eine ~ für sich sein**《話》とても複雑である《それ自体学問である》.

Wissenschaftler [ヴィッセンシャフトラー] 男《-s/-》《-**in** 女》《® scientist》学者, 科学者, 研究者.

wissenschaftlich [ヴィッセンシャフトリヒ] 形 学問の, 科学の; 学問〈学術〉的な, 科学的な.

Wissenschafts=**minister** 男 科学大臣〈相〉. =**ministerium** 中 科学省.

Wissens=**drang** 男 知識欲. =**durst** 男 知識への渇望. =**gebiet** 中 知識〈学問〉の分野.

wissenswert 形 知る価値のある.

wissentlich 形 故意の.

Wittelsbach ヴィッテルスバッハ《Oberbayern 内の地名》.

Wittenberg ヴィッテンベルク《ドイツ中東部の都市; ルターの宗教改革運動の中心

wittern 圓 嗅ぎ)つける; 察する, (…に)感ごる.

Witterung 囡 ⟨-/-en⟩ (一定期間の)天候; 《狩》(猟犬·野獣の)嗅覚; (人·動物の)にまい; 感知! 察知 能力. 意.
~s-**umschlag** 囲 天候の急変(悪化).
~s-**verhältnisse** 圃 天候状態.

Wittgenstein Ludwig, ヴィットゲンシュタイン(1889-1951; オーストリア生まれのイギリスの哲学者).

Witwe 囡 ⟨-/-n⟩ 未亡人, やもめ (圐 Wwe.). ◆ **grüne** ~ 郊外やもめ(郊外の自宅で仕事中の夫と留守を寂しく過ごす妻).
~n-**rente** 囡 寡婦年金.

Witwer 囲 ⟨-s/-⟩ 男やもめ (圐 Wwr.).

Witz [ヴィッツ] 囲 ⟨-es/-e⟩ ❶ ⟨® wit⟩ 機知, 才気, ウィット; ⟨® joke⟩ 味のある表現; (気の利いた)しゃれ, 冗談, ジョーク; 小話; (話の)落ち: 肝心な点: Der Film ist doch nur ein ~. その映画は最低だよ. ❷ 知恵. ◆ **Das ist der [ganze]** ~. 《話》それがまさに肝心な点だ. **Das ist** [ja wohl] **ein** ~! 冗談だろ, 冗談も休み休み言え, まさか. **Mach keine** ~e! 冗談はよせ(そんなはずがない). ~e **reißen** ⟨**machen**⟩ 《話》冗談(だじゃれ)を飛ばす. ~-**blatt** 囲 風刺新聞(雑誌). ~-**bold** 囲 冗談好きな人, ひょうきん者.

Witzelei 囡 ⟨-/-en⟩ 冗談を言うこと; 茶化(ほ)した言葉.

witzeln 圓 **über j-et[4]** ⟨…について⟩ 冗談を言う; ⟨…を⟩茶化(ほ)する.

Witzfigur 囡 笑い種の登場人物; 《蔑》漫画的な人物.

witzig 厖 機知に富んだ, おもしろい; 冗談. 奇妙な. **Witzigkeit** 囡 ⟨-/-⟩ 機知に富むこと.

witzlos 厖 機知(おもしろ味)のない; 《話》無意味な, むだな.

w.L. 圐 westliche[r] Länge 西経の.
WM 圐 Weltmeisterschaft; Weltmeister 世界選手権(保持者). **WNW** 圐 Westnordwest[en] 西北西.

wo [ヴォー] **I** 剾 ⟨® where⟩〈場所の疑問副詞〉どこに, どこで 《話》どこかに: 〈譲歩文で〉 **Wo** immer er auch sein mag, … 彼がたとえどこにいようとも… | Der Schlüssel muss hier ~ liegen. 鍵はこの辺りのどこかにあるはずだ | die Stelle, ~ das Unglück passierte 事故が起きた所 | 〈時· 時の関係副詞〉in der Stadt, ~ ich aufwuchs 私が育った町で. **II** 圐 〈doch と〉…なので. ◆ **Ach** ⟨**I**⟩ ~! とんでもない. ~ **möglich** もし可能なら; できれば. ~ **nicht** さもなければ.

w.o. 圐 wie oben 上記のとおり.
wo'anders 剾 〔どこか〕別の場所で. ~**hin** 剾 〔どこか〕別の場所へ.

wob, wöbe ⇨ weben

wobei 剾 ⟨was + bei⟩〈疑問〉何の際に, 何をしている時に; 〈関係〉その際(時)に.

Woche [ヴォッヘ] 囡 ⟨-/-n⟩ (圐 week)週, 週日, 平日; (特別な行事の)週間; 〔労働〕週間; 産褥(じょく)期. ◆ **die** ~ **über** 平日ずっと. **in** [**den**] ~**n sein** ⟨**liegen**⟩ 《雅》産褥についている. **in die** ~**n kommen** 《雅》お産をする, お産の床につく. **während** ⟨**in**⟩ **der** ~ 平日に. ~**n-bericht** 囲 週間報告, 週報.
Wochenbett 囲 産褥(じょく)[期]. =**fieber** 囲 産褥熱.
Wochenblatt 囲 週刊新聞, 週刊誌.
Wochenende [ヴォッヘンエンデ] 囲 ⟨-s/-n⟩ ⟨® weekend⟩週末, ウイークエンド.
Wochenendhaus 囲 週末用別荘.
Wochenkarte 囡 週間通勤, 通学)定期券. **wochenlang** 剾 数週間の.
Wochen-lohn 囲 週給. ~**markt** 囲 週に一度の市(立). ~**schrift** 囡 週刊誌. **Wochen-tag** 囲 ⟨ヴォッヘンターク⟩ ⟨-[e]s/-e⟩ ⟨® weekday⟩週日, 平日, ウィークデー; 曜日: Welcher ~ ist heute? 今日は何曜日ですか. **wochentags** 剾 平日に.

wöchentlich 厖 毎週の. ..**wöchentlich** 〔「…週間ごとの」の意.
Wochenzeitung 囡 週刊新聞.
..**wöchig** 〔「…週間の(わたる)」の意.
Wöchnerin 囡 ⟨-/-nen⟩ 産婦.
Wodka [ヴォッカ] 囲 ⟨-s/-s⟩ ウオツカ.

wodurch [ヴォドゥルヒ] 剾 ⟨was + durch⟩〔疑問〕何によって, 何を通って; 〔関係〕それによって.

wofür [ヴォフューア] 剾 ⟨was + für⟩〔疑問〕何のために, 何に対して; 何に賛成して; 〔関係〕それのために, それに対して.

wog ⇨ wiegen I, wägen

Woge 囡 ⟨-/-n⟩ 《雅》大波; 感情·議論などの)高まり. ◆ **die ~n glätten** 興奮を鎮める. **Die ~n glätten sich.** ほとぼりが冷める. 興奮が冷める.

wöge ⇨ wiegen I, wägen

wogegen 剾 ⟨was + gegen⟩〔疑問〕何に対して, 何に逆らって, 何に向かって; 何に反対して; 〔関係〕何に対して, それに反して.

wogen [ヴォーゲン] 圓 ⟨wogte; gewogt⟩《雅》(海などが)大波を立てる, (大きく)波打つ.

woher [ヴォヘーア] 剾 ⟨場所·方向の疑問副詞⟩どこから, どこから… from⟩ 〔場所·方向の関係副詞〕〔…する〕そこから. ◆ **[Aber]** ~ **denn!** ⟨**Ach** ⟨**I**⟩ ~!⟩《話》とんでもない; そんなことあるもんか.

wohin [ヴォヒン] 剾 〔場所·方向の疑問副詞⟩ ⟨® where...to⟩どこへ; 〔場所·方向の関係副詞〕〔…する〕そこへ.

wohinaus 剾 〔疑問詞〕どこへ, どの方向へ; 〔関係副詞〕そこへ.

wohingegen 剾 〔従属〕それに反して, 他方.

wohinter 剾 ⟨was + hinter⟩ 〔疑問〕何のうしろへ(あと, 裏)で; 〔関係〕そのうしろへ(あと, 裏)で.

wohl [ヴォール] 剾 ❶ ⟨wohler; am wohlsten⟩ ⟨besser; am besten⟩ ⟨® well⟩健康で, 元気で, (体調が)よく; 快適に, 心地よく: **Wohl bekomm's!** 《戯》さあたっぷり召し上がれ. ❷ ⟨besser, am besten⟩よく, 入念に, 精確に. ❸ 十分に, まったく, 確かに. ❹ たぶん, 恐らく, 察するに; 〔数量〕およそ, ほぼ. ❺ 〔後続の **aber, allein, doch** などで〕確かに〜(…ではあるが). ❻ 〔要求·命令などを強めて〕(Siehst du ~! それみたことか)；〔同

Wohnungswechsel

意・了承】(Nun ~, wir wollen es versuchen. まあいいだろう、それをやってみよう)；《不機嫌な応答》(Was will er nur hier? ― Ja, was ~? 彼はいったいここで何をしようというのかー さあ、なんだろうね)。❼《間投詞的》(《 *j-et³* 》 (…)幸いね。◆ *es sich ~ sein lassen* 自適の生活を楽しむ; おいしく味わう。*Lebe ~! /Leben Sie ~!* お元気でね。=**bedacht** 熟慮された。=**bekannt** として知られている、有名な、なじみの。=**dosiert** (薬などが)適量の。=**durchdacht** 十分に考え抜かれた。=**gemeint** 好意的な。=**geordnet** きちんと整えられた、よく整理(整とん)された。=**getan** うまくできた。=**oder übel** よしあしは別にして; いやでもおうでも; 好むと好まざるとにかかわらず。=**tuend** 快い、快適な(締めなどを)和らげる。=**tun** 善行(親切)を行う(《*j³*》(人にとって)快い、(人を)元気付ける、(人の)慰めとなる。=**überlegt** 熟慮した。=**weise** 賢明に、利口に、人念に。=**wollen** (*j³*) (人に)好意的である。

Wohl [ヴォール] 匣 《-(e)s/》 (匣 welfare) 幸福; 健康; 繁栄; 利益。◆ *~ und Weh[e]* 幸不幸; 運命。

wohlan 圃 《雅》よし、さあ。
wohlauf 圃 元気に、健康に; 圃 = wohlan。
wohlbedacht ⇒ wohl ◆
Wohlbefinden 匣 健康、元気。=**behagen** 匣 気楽、満足(感)。
wohl-behalten ⇒ 無事な; 無傷な。=**bekannt**, =**dosiert**, =**durchdacht** 匣 ⇒ wohl ◆
Wohlergehen 匣 健康、無事; 幸福。
wohlerzogen 圃 しつけのよい。
Wohlfahrt 匣 《雅》 福祉; 繁栄、幸福; 福祉事業。=**s-amt** 匣 福祉事務所。=**s-staat** 匣 福祉国家。
Wohlgefallen 匣 満足、喜び。◆ *in ~ auflösen* 《 *sich* 》 めでたく 解決される;《話》 だめになる; ばらばらに壊れる、なくなる。**wohlgefällig** 匣 満足そうな、楽しげな; (人の)意にかなう。
Wohlgefühl 匣 快感。
wohl-gemeint ⇒ wohl ◆
=**gemerkt** (念を押して)いいかい。
=**gemut** 匣 《雅》機嫌のいい、快活な; 気楽な。=**genährt** 圃 栄養のよい、よく太まった 太った。=**geordnet** ⇒ wohl ◆
=**geraten** 圃 しつけのよい。
Wohl-geruch 匣 《雅》芳香。=**geschmack** 匣 美味、いい味。
wohl-gesinnt 圃 好意的な。=**getan** ⇒ wohl ◆
wohlhabend 圃 裕福な。**Wohlhabenheit** 匣 《-/》 裕福さ。
wohlig 圃 心地よい。
Wohl-klang 匣, =**laut** 匣 快い響き〈音色、旋律〉。=**leben** 匣 《雅》快適な〈安楽〉な生活。
wohl-meinend 圃 《雅》好意的な; 善意の。=**riechend** 匣 《雅》香りのよい。=**schmeckend** 匣 《雅》おいしい。
Wohlsein 匣 健康; 幸せ。
Wohlstand 匣. =**s-gesellschaft** 匣 豊かな社会。=**s-müll** 匣 裕福な社会の生み出すごみ〈廃棄物〉。

=**s-speck** 匣 《戯》 飽食による肥満。
Wohl·tat 匣 慈善、親切。=**täter** 匣 慈善家、親切な人。
wohltätig 圃 慈善の、慈善事業の; 快い、ためになる。
Wohltätigkeit 匣 慈善。=**s-veranstaltung** 匣 慈善の催し(チャリティーショーなど)。
wohl-tuend ⇒ wohl ◆
=**überlegt** ⇒ wohl ◆ =**verdient** 圃 (報酬・罰などが)応分の、相応の。
Wohlverhalten 匣 立派なふるまい〈態度〉。
wohl-verstanden 圃 (念を押して)いいかね。=**weislich** 圃 賢明にも。=**wollen*** 匣 ⇒ wohl ◆
Wohlwollen 匣 好意、親切。**wohlwollend** 圃 好意的な、親切な。
Wohn-anhänger 匣 トレーラーハウス、キャンピングカー。=**anlage** 匣 《共同利用施設を含めた》住宅群団地。=**bau** 匣 《-[e]s/-ten》 住居用建築物。=**bevölkerung** 匣 居住人口。
Wohn·block [ヴォーンブロック] 匣 《-(e)s/-s、=blöcke》 街区。=**dichte** 匣 《-/》 居住密度。
wohnen [ヴォーネン] 《wohnte; gewohnt》 匣 (匣 live)(…に)住んでいる, (…に) 宿泊〈滞在〉している; (…に) ある 《 *Es wohnt sich** ...》 住み心地が(…)である。
Wohn-fläche 匣 (建物の)居住面積。=**form** 匣 居住形式。=**gebäude** 匣 住居用建造物。=**gebiet** 匣 住宅群団地。=**geld** 匣 (国家による)住宅手当(補助金)。=**gelegenheit** 匣 宿泊設備。=**gemeinschaft** 匣 住居共同体(ひとつの住居で共同生活を営む)。
wohnhaft 圃 (ある場所に)居住している。
Wohn·haus 匣 住居用建物。=**heim** 匣 寮、寄宿舎。=**komfort** 匣 《設備、調度などの》住まいの快適さ。=**küche** 匣 リビングキッチン。
wohnlich 圃 住み心地のよい。
Wohn-ort 匣 住所、居住地。=**raum** 匣 居間、居室; 居住空間; 住宅、住宅区域。=**schlafzimmer** 匣 居間兼寝室。=**siedlung** 匣 (都市周辺部などの)住宅団地。=**silo** 匣 (匣)《蔑》《殺風景な一個性のない》高層住宅。=**sitz** 匣 住所、住居地。=**stube** 匣 居間、居室。
wohnte ⇒ wohnen
Wohnung [ヴォーヌング] 匣 《-/-en》 (匣 apartment) 住まい、住居; (居住空間としての)一戸分の《共同住宅》、アパート、マンション; 宿(泊)。 ◆ *~ nehmen* 《 *bei j³ /in einem Hotel* 》 (人の家 / ホテルに)泊まる。=**s-amt** 匣 (都市の)住宅局。=**s-angebot** 匣 住宅供給。=**s-bau** 匣 住宅建設。=**s-einbruch** 匣 家宅侵入、空巣ねらい。=**s-geld** 匣 住居手当。=**s-inhaber** 匣 (住宅の)借り主、居住者。=**s-mangel** 匣 住宅不足。=**s-markt** 匣 住宅市場。=**s-not** 匣 住宅難。=**s-schlüssel** 匣 住宅の鍵。=**s-schlüssel** 匣 住宅(玄関)の鍵。=**s-suche** 匣 住居探し。=**s-suchende[r]** 匣 (形容詞変化)住居探しをしている人。=**s-tür** 匣 (住まいの)玄関ドア。=**s-wechsel** 匣

転居.
Wohn=viertel 中 住宅地域. **=wagen** 男 キャンピングカー. **=welle** 女 住宅建築ブーム. **=wert** 男 住宅地の価値.
Wohn=zimmer [ヴォーンツィマー] 中 《-s/-》 (愈 living room) リビングルーム, 居間; リビングルーム用の家具.
wölben 他 アーチ形にする, 丸天井にする; 湾曲させる; 再 《sich⁴》 アーチ形になる, 反る. **Wölbung** 女 《-/-en》 アーチ, 丸天井; 湾曲, 反り.
Wolf [ヴォルフ] 男 《-[e]s/Wölfe》 ◇ **Wölfchen**, 愈 **Wölfin** 愈 wolf》(動) オオカミ (狼); 《話》 肉ひき器; 《文書》シュレッダー;《話》 また擦れ;《話》 座瘡. ◆ **durch den ~ drehen**《話》(人を) さんざんに痛めつける, ひどい目に遭わせる. **ein ~ im Schafspelz 〈in Schafskleidern〉 sein** 善人を装った悪人である (羊の皮を着たオオカミである). **mit den Wölfen heulen** 付和雷同する. **unter die Wölfe geraten [sein]** 虐待される.
Wolfenbüttel ヴォルフェンビュッテル (ドイツ北部, Niedersachsen 州の都市).
Wolfgang 《男名》 ヴォルフガング.
Wolfram 中 《-s/》タングステン (元素名: (元素) W).
Wolfram von Eschenbach ヴォルフラムフォンエッシェンバッハ (1170頃-1220頃; 中世ドイツの宮廷叙事詩人).
Wolfs=gesellschaft 女 《弱肉強食の》 狼社会. **=gesetz** 中 《弱肉強食の》掟(⁀). **=hund** 男 ドイツシェパード犬. **=hunger** 男 《話》激しい空腹. **=rachen** 男 《医》 口蓋(灬)裂, 狼咽(⁀).
Wolga 女 (die ~) ヴォルガ (ロシア連邦西部を流れカスピ海に注ぐ大河).
wolgadeutsch 形 ヴォルガ川流域に定住するドイツ人の, ヴォルガ=ドイツの.
Wolgadeutsche(r) 男/女 《形容詞変化》 (18世紀以来) ヴォルガ川流域に住するドイツ人.
Wolke [ヴォルケ] 女 《-/-n》◇ **Wölkchen**,愈 cloud》 雲; 暗雲; (雲状の) 煙 (eine ~ von Qualm (Staub) もうもうたる煙 (ほこり)); (宝石·鏡などの) 曇り; (液体中の) にごり. ◆ **auf ~n 〈in den ~n, über den ~n〉 schweben** 夢想家である, 現実離れしている. **aus allen ~n fallen**《話》 びっくり仰天する. **die 〈'ne〉 ~ sein**《俗》 すてきだ, すばらしい.
~n=bruch 男 豪雨, 土砂降り.
~n=decke 女 空一面の雲.
~n=himmel 男 曇り空.
~n=kratzer 男 超高層ビル, 摩天楼.
Wolkenkuckucksheim 中 夢の国, 幻想の世界.
wolkenlos 形 雲のない, 快晴の.
Wolken=wand 女 雲の壁, 厚い雲. **=zug** 男 雲の流れ; 流れる雲.
wolkig 形 雲でおおわれた, 曇った.
Wolldecke 女 毛布(‰), カーペット.
Wolle [ヴォレ] 女 《-/-n》◇ 種類-n》(愈 wool) 羊毛; (羊毛の) 毛糸; (ウールの) 生地, 毛織物; 《話》(もともとに伸びた) 髪; 《俗》(ウサギ/ノシシなどの) 被毛, 毛皮; (水鳥のひなの) 綿毛. ◆ **in der ~ gefärbt** (織られる前の) 糸染めの;《話》根っからの. **in die ~ bringen** (人を) 激怒させる. **in**

die ~ geraten (kommen)《話》 かっとなる. **in der ~ haben (liegen) /in die ~ kriegen**《話》 《sich⁴ mit j³》 (人と) はでなけんかをする. **[warm] in der ~ sitzen**《話》 安楽に暮らす.
wollen* [ヴォレン] 《ich (er) will, du willst; 過去 wollte; 過分 wollen, gewollt》
I 《話法の助動詞; 過去分詞は gewollt; 但 will》 ❶ 《意志·願望; 人が主体の》 …するつもりである, …したい;《否定形で》 どうしても…しそうにない: Die Tür will nicht öffnen. ドアは開きそうにない. ❷ 《複数 1人称で》 促し; …しましょう (2人称で) 《命令》(Willst du endlich ins Bett gehen! いいかげんに寝に行きなさい);《要望·丁寧な指示; 接続法 I で》(Wollen Sie bitte Platz nehmen! どうぞお座りを！);《要望·依頼などを丁寧に; 接続法 II で》(Ich wollte Sie fragen, ob ich Sie einmal besuchen könnte. 一度お伺いしてもよろしいでしょうか). ❸ 《主に完了不完了 (過去完了) で用い》 と言い張る, 称する;《必要; 物が主語で, 受動の不定詞と》(Diese Frage will vorsichtig behandelt werden. この問題は慎重に扱はなければならない). II 《本動詞的に不定詞を伴わずに; 過去分詞は gewollt》《4格目的語と》(…が) 欲しい, (…を) 望む;《必要だ; …すべきである, 行くべきである》《話》《j³ et¹》 (人に対して …を) 動かし, もくろむ. ◆ **Da ist nichts mehr zu ~**. それはもうどうしようもない. **etwas ~ [sich³]**《話》(人を) うらむ. **nicht mehr so [recht] ~** (体などが) 思うように動かない, だめになっている.
III ウールの, 毛織りの.
Wollen 中 《-s/》意志, 意図. ⇨ gewollt
Woll=fett 中 羊毛脂, ラノリン. **=garn** 中 毛糸.
wollig 形 羊毛の, ウールの; (髪·毛皮など が) 羊毛 (ウール) のような.
Wollstoff 男 毛織物, ウール生地.
wollte ⇨ wollen (話法の助動詞)
Wollust 女 《-/...lüste》《雅》 性的快楽; 情欲, 肉欲; 歓喜. **wollüstig** 形 性的快感に満ちた, 官能的な; みだらな; 胸の躍るような. **Wollüstling** 男 《-s/-e》《雅》 好色漢.
Woll=waren 複 羊毛 (ウール) 製品, 毛織物. **=wäsche** 女 ウールの下着類.
womit 副 《was + mit》《疑問》何で, 何を使って; どうして;《関係》それで, それを使って, それによって.
womöglich 副 ひょっとすると, 場合によっては; できれば.
wonach 副 《was + nach》《疑問》何を求めて (探して); 何に従って (探して);《関係》それを求めて (探して); それに従って (よって).
woneben 副 《was + neben》《疑問》何のそばに (傍らに);《関係》そのそばに (傍らに) で.
Wonne 女 《-/-n》 歓喜, 至福.
wonnetrunken 形 《雅》 歓喜に酔いしれた. **wonniglich** 形 かわいらしい, 愛らしい;《雅》 歓喜に満ちた.
woran 副 《was + an》《疑問》何に接して; 何のせいで; 何を手がかりに;《関係》それに接して, それを手がかりに.
worauf 副 《was + auf》《疑問》何の上に; 何に対して; 何に向かって;《関係》

Wortverdrehung

上に，それに向かって．

worauf∣hin 圖《疑問》何に基づいて，何に対して；《関係》それに基づいて，それに対して．

woraus 圖《was + aus》《疑問》何から，どういうことから；《関係》それから．

worden ⇒ werden

worein 圖《was + in》《疑問》何の中へ；《関係》その中へ．

worfeln 他《穀物を》箕(み)でふるい分ける．

worin 圖《was + in》《疑問》何の中に，どの点に；《関係》その中で；その点で．

Workaholic 男《-s/-s》仕事中毒(働きすぎ)の人．

Workshop 男《-s/-s》ワークショップ，研究集会．

Worms ヴォルムス(ドイツ南西部の都市)．

Worpswede ヴォルプスヴェーデ(ドイツ北部，ブレーメン近郊の芸術家村)．

Wort [ヴォルト] 中《-[e]s/Wörter, Worte》(⊗ Wörtchen, Wörtlein) **❶**《-[e]s/Wörter》(個々の)語，単語． **❷**《-[e]s/-e》(ある人の)言葉，一言(ひとこと)：表現，発言，言辞：Hast du [da noch] ~e? /Hat der Mensch ~e? 《話》《驚きを表して》こんなことってあると思うか | Auf ein ~! 一言《ちょっと》話したいんですが． **❸** 発言，発言権． **❹** 約束，誓い． **❺**《-[e]s/-e》名言，名句，格言． **❻**《-[e]s/-e》《雅》テキスト，(曲に対する)詩，歌詞． **❼** 《宗教》《神の》御(み)言葉：《神学》ロゴス：Das ~ ward Fleisch. 《聖書》肉(にく)となりき． ◆ **Auf mein ~!** 誓って，保証するよ． **Bei** j^3 **ist jedes zweite Wort** ... (人は)ふたことめには…だと言う． **beim** ~[**e**] **nehmen** (j^4) (人の)言葉通りに受け取る． **Darüber ist kein ~ zu verlieren.** それは言うに及ばない，自明のことである． **das große** ~ **führen** 〈**haben**〉大口をたたく，大威張りで話す． **das letzte** ~ **haben** 〈**behalten**〉 **wollen** 〈**müssen**〉 最終決定権を握りたがる． **das** ~ **abschneiden** (j^3) (人の)話の腰を折る． **das** ~ **an** j^4 **richten** (人に)言葉を向ける，(人に)敏迷・あいさつなどを述べる． **das** ~ **aus dem Mund[e]** 〈**von der Zunge**〉 **nehmen** (j^3) (人の)言おうとすることを先回りして言う． **das** ~ **entziehen** (j^3) (席長として)その先の発言を禁じる． **das** ~ **ergreifen** 〈**nehmen**〉発言する．討論に加わる． **das** ~ **erteilen** 〈**geben**〉 (j^3) (人に)発言を許す，(人に)発言権を与える． **das** ~ **führen** 発言の主導権を握る；(人を代表して)発言する，人の名の者である． **das** ~ **Gottes** 神の言葉． **das** ~ **haben** 発言権を持つ，発言の番である． **das** ~ **im Munde umdrehen** 〈**herumdrehen**〉 (j^3) (人の)言葉をわざと曲解する． **das** ~ **reden** 《雅》[j-e^3] (…を)強く支持〈擁護〉する． **das** ~ **verbieten** 〈j^3〉 (人に)発言を禁じる． **ein** [**gutes**] ~ **für** j^4 **einlegen** (人の)弁護をする，(人のために)とりなしてやる，尽力する． **Ein ~ gibt das andere.** 売り言葉に買い言葉になる． **ein** ~ **viel** 〈**dauernd**〉 **im Munde führen** やたら同じ言葉を繰り返す．口ぐせにする． **geflügelte** ~**e** 人によく知られた言葉，名言． **Hast du [da noch]** ~**e?** 《話》

そんなことってある． **im** ~ **sein** 〈**stehen**〉《bei j^3》 (人に)約束している，約束を果たされねばならない． **ins** ~ **fallen** (j^3) (人の)発言を遮る． **in** ~ **und Bild leben tr. in** 〈**mit**〉 ~ **und Tat/mit** ~**en und Werken** 言葉と行動で． J^1 **kann sich einigenes** ~ **nicht verstehen.** (人にとって)自分の言葉が聞き取れない〈くらいうるさい〉． **Kein** ~ **mehr!** もう何も言うな． **kein** ~ **über** et^4 **verlieren** 《…について自明なので》[もう]何も言わない《話さない》． **keine** ~ **finden** 〈**für** j-**et**〉 (…について)言葉が見つからない，言うべきことを知らない． j^2 **letztes** ~ **sein** (人の)ぎりぎりの譲歩である． **mit anderen** ~**en** 一言で換えるならば． **mit einem** ~ 一言で言えば，要するに． **mit keinem** ~ **erwähnen** 〈et^4〉 (…について)一言も言及しない． **nicht zu** ~ **[e] kommen lassen** (j^3) (人に)発言させない． **Spar dir deine** ~**e!** 口を慎め，それ以上言うな． **ums** ~ **bitten** 発言を求める．[**sein**] ~ **brechen** 〈**halten**〉約束を破る〈守る〉． **~ für** ~ 一語一語，逐語的に． **sein** ~ **geben** (j^3) (人に)約束する． **zu** ~ **kommen** 発言を許される． **zu** ~ **melden** 〈$sich^4$〉発言を申し出る．

Wort-art 中《文法》品詞． **=bildung** 図 語構成，造語．

Wortbruch 男 違約，約束違反． **wortbrüchig** 形 違約の，約束違反の．

Wörtchen (→ Wort) 中《-s/-》一言． **◆ ein** ~ **mitzureden haben** 《話》 (事の決定にあたって) 一言口をはさむ権利がある． **ein** ~ **reden müssen** 〈**zu reden haben**〉《mit j^3》 (怒りを含んだ人に)言っておくことがある．

Wortemacher 男《蔑》冗舌家．

Wörter ⇒ Wort

Wörter-buch [ヴェルターブーフ] 中《-[e]s/-bücher》(⊗ dictionary) 辞書，辞典． **=verzeichnis** 中《学術書などの》用語索引．

Wort-führer 男 代弁者，…の縮小形． **=gefecht** 中 口論：論争． **=geklingel** 中 美辞麗句．

wort-getreu 形 語に忠実な，文字どおりの． **=gewandt** 形 雄弁な．

Worthülse 男《蔑》内容空疎な言葉．

wortkarg 形 寡黙な；(文章などが)簡潔な；(返事などが)そっけない．

Wort-klauberei 男《-/-en》《蔑》字句にこだわること． **=laut** 男 文面，テキスト．

Wörtlein 中《-s/-》Wort の縮小形．

wörtlich 形 (⊗ literal) 語《原文》に忠実な；字義どおりの(**die** ~ **e Rede** 《文法》直接話法)；言語による；口答の．

wortlos 形 無言の． **Wortmeldung** 図 発言の申し出，発言要求．

wortreich 形 回りくどく，冗長な；語彙(ご)の豊富な． **Wortreichtum** 男 冗長，冗言：語彙(ご)の豊富．

Wort-schatz [ヴォルトシャッツ] 男《-es/-schätze》(⊗ vocabulary) 語彙(ご)，ボキャブラリー；語彙リスト)． **=schwall** 男《蔑》多弁，長談義． **=spiel** 中 言葉遊び，語呂(じゃ)合わせ． **=stellung** 図《文法》語順，配語法． **=verdrehung** 図《-/-en》曲解，こじつ

け. =**wechsel** 男 口論.
wortwörtlich 形 語(原文)にきわめて忠実な; まさしく字義どおりの.
worüber 副 《was + über》《疑問》何について, 何のことを: 何の理由で; 何の上部に, 何の上を越えて;《関係》それについて; それの上部に, それを越えて.
worum 副 《was + um》《疑問》何のまわりに; 何をめぐって; 何に関して; 何のために;《関係》それのまわりに; それをめぐって; それのために.
worunter 副 《was + unter》《疑問》何の下に; 何のもとで;《関係》その下に, 何のもとで.
wovon 副 《was + von》《疑問》何について, 何から;《関係》それから, それについて; それについて.
wovor 副 《was + vor》《疑問》何の前に; 何に対して;《関係》それの前に; それに対して.
wozu 副 《was + zu》《疑問》何へ, どんなことに; 何のために, どんな目的で;《関係》そのことに, そのために, そのために.
wozwischen 副 《was + zwischen》《疑問》何の間で;《関係》その間で.
wrack 形 《商》(商品が)粗悪な, 品質の悪い.
Wrack 中 (-(e)s/-s(-e)) (乗り物の)残骸(ぶ): 難破船.
wrang, wränge ⇒ wringen
wringen* 他 《(-e)s/-e》(洗濯物などを)絞る;(水を)絞り出す.
WS 略 *W*asser*s*äule 《理》水柱(ホェッ) (圧力の単位).
WSW 略 *W*est*s*üd*w*est[en] 西南西.
w.u. 略 *w*ie *u*nten 下記のとおり.
Wucher 男 《-s/》暴利; 高利 : Das ist ja ~!《話》それはむちゃくちゃな高値だ. **Wucherer** 男 《-s/-》(⇒ **Wucherin**) 暴利をむさぼる人; 高利貸し. **wucherisch** 形 暴利をむさぼる; 高利的な. **wuchern** 自 (h, s)(植物が)繁茂する;《医》(組織が)増殖する; はびこる;《mit et³》(…で)暴利をむさぼる. **Wucherpreis** 男 法外な高値. **Wucherung** 女 《-/-en》暴利をむさぼること; 繁茂;《医》(組織の)増殖; 腫瘍(は½). **Wucherzinsen** 複 高利.
wuchs ⇒ wachsen ①
Wuchs 男 《-es/Wüchse》生長, 発育; 体格, 容姿: 身長;《林》後生樹.
wüchse ⇒ wachsen
Wucht 女 《-/》(⇒ force)力, 勢い, 重圧;《話》殴打;《話》大量, 多数; *eine ~ sein*《話》すばらしい.
wuchten 他 (重いものを)力で動かす; (ボール・パンチなどを)けり込む;《*sich*⁴ *in et*⁴》(ソファに)どっかと腰をおろす. **wuchtig** 形 ずっしりと重い, 重量感のある; 力っぱいの.
Wühlarbeit 女 《-/》(土などを)掘り返す仕事; 土木工事; 扇動工作.
wühlen 自 《(⇒ dig)》❶ (穴などを)掘る, 掘って作る;《*in et*⁴》(…を)掘る;《*nach et*³》(…を探している場所を)かき回す;《*sich*⁴》(動物・掘削機などが…へ)進む. ❷《gegen *j-et*⁴》(…に対する)扇動工作をする;《*sich*⁴ *durch et*⁴》(…を大いに努力〈労〉して)やり遂げる. **Wühler** 男 《-s/

-》陰謀家; 地中に穴を掘る動物(モグラなど);《話》働き者. **Wühlmaus** 女 《動》ハタネズミ;《戲》陰謀家.
Wulst 男 《-es/Wülste (-e)》; 女 《-/Wülste》膨らみ, こぶ; クッション, パッド; 筒状に巻いた物;《建》大玉縁;《紋章》リース, 花冠; 口《口》(タイヤの)ビード.
wulstig 形 膨らんだ.
wumm 間 ボン(鈍い衝撃音).
wund 形 擦りむけた;《雅》傷ついた. ✦ *die Finger ~ schreiben*《話》《*sich*³》(ひたすら)書きつづる. *~ liegen*《*sich*⁴》(病床で)床ずれができる. **Wundbrand** 男 《医》創傷壊疽(は).
Wunde [ヴンデ] 女 《-/-n》(⇒ wound) 傷, 傷口; 外傷;(心の)痛手, 苦しみ; にがい体験. ✦ *alte ~n [wieder] aufreißen* 古傷を暴き立てる: いやな記憶を呼び覚ます. *tiefe ~n schlagen (j-et³)* (…に)多大な損害〈痛手〉を負わせる.
wunder ⇒ Wunder ✦
Wunder [ヴンダー] 中 《-s/-》(⇒ wonder) 奇跡, 奇蹟; 奇跡的なこと, 信じられないこと(~ *tun* 奇跡を行う); 驚くべきこと〈物, 人物〉, 驚異. ✦ *sein blaues ~ an et³ erleben* (…に)びっくり仰天する, (…で)ひどい打撃を受ける. *ein (kein) ~ sein*《話》不思議なことだ(ではない). *was ~[, dass …]* […は]何ら驚くことではな〈大したことでない〉当然だ). *~ was* 特別の事. *~ wer* 特別な人. *~ wie …* 非常にすばらしく〈…な. ~ *wirken*《話》驚くばどよく〈早く〉効く.
wunderbar [ヴンダバール] 形 (⇒ wonderful) 驚嘆すべき, すばらしい, みごとな; 奇跡的な; 不思議なことに. **-er-weise** 副 奇跡的に; 不思議なことに.
Wunder-ding 中 《-[e]s/-e》不思議なこと; すばらしい事物. **=doktor** 男 奇跡療法を行う医師.
wunderhübsch 形 すばらしくきれいな.
Wunder-kind 中 神童. **=land** 中 (おとぎ話の)不思議の国; すばらしい国(土地).
wunderlich 形 風変わりな.
Wundermittel 中 妙薬.
wundern [ヴンダァン] 他 《wunderte; gewundert》他 (⇒ surprise) 不思議がらせる, 驚かす;《過》(人)の好奇心をそそる; 再《*sich*⁴ *über j-et*⁴》(…を不思議がる, (…に)驚く. ✦ *Mich wundert 〈Es wundert mich〉, dass …* …だとは驚いた.
wundernehmen* 他 (⇒ wunder) 不思議がらせる. **wundersam** 形 《雅》妙(ボ³)なる, 不思議な.
wunderschön [ヴンダーシェーン] 形 すばらしく美しい. **Wundertat** 女 奇跡.
wunderte ⇒ wundern
Wundertier 中 《話》怪獣; 並はずれた人. **wundervoll** 形 すばらしい, 見事な; 不思議な.
Wunder-waffe 女 (戦局を一転させて勝利をもたらす)奇跡の兵器. **=welt** 女 不思議の世界. **=werk** 中 すばらしい作品〈仕事〉.
wundliegen* ⇒ wund ✦
Wund-mal 中 《-[e]s/-e》《雅》傷跡;《宗教》聖痕(セビ). **=salbe** 女 創傷用軟

膏．=**starrkrampf** 男〖医〗創傷性破傷風．

Wundt Wilhelm．ヴント(1832-1920；ドイツの哲学者・心理学者)．

Wunsch [ヴンシュ] 男 (-[e]s/**Wünsche**) ❶ (® wish) 願い，望み，要望，リクエスト；〘男〙祝賀〈祝福，祈念〉の言葉：Beste 〈Herzliche〉 **Wünsche zum Geburtstag!** お誕生日おめでとうございます． ◆ **ein frommer ~** むなしい願い，はかない夢．**Mit den besten Wünschen!** 《手紙の末尾で》一層のご健康〈発展，活躍〉をお祈りします． **Wunsch...** は《「願いどおりの…」の意．
Wunsch=bild 中 理想像．**denken**
Wünsche ⇒ Wunsch
wünschen [ヴュンシェン] 《wünschte; gewünscht》 (® wish) 願い望む，願う；(sich³ et⁴ [von j³]) ((人から) …を欲しがる)，もらいたがる；(人に…を)祈る．◆ **nichts 〈viel〉 zu ~ übrig lassen** 非の打ち所がない，まだまだ何かお探しですか．**Was ~ Sie?**《店員が》何かお探しですか．**~s=wert** 願わしい，望ましい．
wunschgemäß 希望どおりの．
Wunsch=kandidat 男 希望の〈望ましい〉候補者．**=kind** 中 待望の子．**=konzert** 中 リクエストコンサート．
wunschlos (満ち足りていて)これ以上望むものがない．
wünschte ⇒ wünschen
Wunsch=traum 男 (実現させたい)夢，希望．**=zettel** 男 (子供が望むものの贈り物として欲しい物を記した)希望カード．
Wupper (die ~)ヴッパー(Rhein 川の支流)．
Wuppertal ヴッパータール(ドイツ中西部の工業都市)．
würbe ⇒ werben **wurde** ⇒ werden
würde [ヴュルデ] 《werden の接続法II》❶《間接話法で》《本動詞として》(…)に(なる)．《未来・推測の助動詞として》(…)だろう．❷《würde + 不定詞で接続法II の代用》《® would》《非現実話法で》…だろう；《丁寧な表現》…でしょうか．❸《間接話法で》：Sie sagte, sie ~ es schon erfahren. 彼女はそのことはもう聞いていると言った．❹《受動の助動詞として》：Es ist noch unsicher, ob der Antrag angenommen ~. 動議が採択されるかどうかはまだ不確かである．◆ **Würden Sie bitte...?** 恐れ入りますが…していただけますか．
Würde [ヴュルデ] 囡 (-/-n) (® dignity)品位，位，尊厳，威厳，体面；(® rank)位，位階：~ bringt Bürde.《諺》高位は重荷(位が高いと荷は重い)． ◆ **unter aller ~ sein** 最低以下である，とてもまともとは言えない． **unter j² ~ sein** (人の)品位にかかわる．**würdelos** 品格のない．**Würdenträger** 男 高位高官の人．**würdevoll** 品格のある．
würdig 威厳のある；ふさわしい．**..würdig** 「…に値する，…にふさわしい」の意．
würdigen 正当に評価する，尊重する；(j⁴ et²) (人に…の)価値がある〈認める．

Würdigung 囡 (-/-en) 評価．
Wurf 男 (-[e]s/**Würfe**) 投げること，投擲(だ)，投下；投棄；(さいころの)ひと振り；投げて届く距離；成功した仕事；(衣服・カーテンなどの)ひだ取り；(家畜などの)一腹の子． ◆ **alles auf einen ~ setzen** 一か八(ば)かに賭ける．**=bahn** 囡 投擲(だ)物の軌跡，弾道．
würfe ⇒ werfen
Würfel [ヴュルフェル] 男 (-s/-) (® cube) 立方体(の物体)；〖数〗立方体，正六面体；(® dice) さいころ，ダイス：形状が立方体のもの． ◆ **Der ~ ist 〈Die ~ sind〉 gefallen.**《諺》賽(さい)は投げられた．ダイスカップ．
=becher 男 (さいころを振るための)ダイスカップ．
würfelförmig 立方体の，さいころ形の．**würfelig** 立方体の；市松模様の．**würfeln** 围 さいころを振る：さいころをする；(® 目・数を)さいころを振って出す；(野菜・肉などを)さいころ目に切る．
Würfel=spiel 中 ダイスゲーム；双六(ろく)．**=zucker** 男 角砂糖．
Wurf=geschoss 中 (-geschoß) 投擲(だ)弾(石・手りゅう弾など)．**=pfeil** 男(地域名の中に郵送配布される公報・宣伝関係の印刷物，ダイレクトメール．**=sendung** 囡 (地域名の中に郵送配布される公報・宣伝関係の印刷物，ダイレクトメール．**=spieß** 男 投げ槍(?)．**=stern** 男 (忍者などの用いる)星型手裏剣．**=taubenschießen** 中 〖スポ〗クレー射撃．
würgen (® an et³) (…を)飲み込もうとして苦労する，(飲み込もうとして)吐き気を催す；〘話〙懸命に働く；(® 人の)首を絞める；絞殺する；(人の)のどにつかえる；(人に)吐き気を催させる；むりぐい込む．
Wurm [ヴルム] 男 (-[e]s/**Würmer** 〈**Würmchen**) ❶ (® worm) 虫，ミミズ，青虫，ウジ(蛆)虫．ムシの幼虫(ぼ)うちゅう；〘話〙(幼い)回虫などの寄生虫． 〘話〙(幼い)子供， ◆ **Da ist 〈sitzt〉 der ~ drin.**〘話〙それはどこかおかしい〈何か変だ〉．**den ~〈Würmer〉 baden gehen** 釣りをする．**der nagende ~ des Gewissens** 良心の痛み．**die Würmer aus der Nase ziehen** (j³) (人から)巧みに事情・秘密)を聞き出す，(人に)しつこく根掘り葉掘り聞く．
wurmen 围 〘話〙 いつまでも不快がらせるいらいらさせる．
Würmer ⇒ Wurm
Wurmfortsatz 男 〖医〗(盲腸の)虫垂，虫様突起．
wurmig 虫食いの．
Würmsee (der ~)ヴュルム湖(der Starnberger See の旧名)．
wurmstichig 虫食いの．
Wurst [ヴルスト] 囡 (-/**Würste** 〈**Würstchen**) (® sausage) ソーセージ，腸詰めソーセージ，腸詰め ◆ **eine ~ machen** (人に)(子供)のうんちをする． ◆ **die ~ auf dem Brot nicht gönnen** (j³) (人に)嫉妬(ら)している． **Es geht 〈Jetzt geht es〉 um die ~!** 〘話〙 今こそ決断の〈全力を注ぐべき)時だ． **mit der ~ nach dem Schinken 〈nach der Speckseite〉 werfen** 〘話〙エビでタイを釣ろうとする．**nicht die ~ vom Brot nehmen lassen** 〘話〙 (sich⁴) (不利なことには)人の

言いなりにはならない, おとなしく我慢はしていない. **~ sein** 《話》《j^3》(人には)まったくどうでもよいことだ. **~ wider ~!** これでおあいこだ.

Würstel [中] 《-s/-》《南部・オーストリア》小形のソーセージ.

wursteln [自] 《話》だらだらと仕事をする.

wurstig [形] 《話》無関心な. **Wurstigkeit** [女] 《-/》《話》無関心.

Wurst=vergiftung [女] ソーセージ中毒. **=waren** [複] ソーセージ類.

Württemberg ヴュルテンベルク(ドイツ南西部の地方).

Würzburg ヴュルツブルク(ドイツ中部の古都).

Würze [ヴュルツェ] [女] 《-/-n》([英] seasoning)スパイス, 香辛〈調味〉料, だし, 薬味; ピリッとする味〈におい〉; 〔醸造〕(発酵前のビール用)麦芽汁.

Wurzel [ヴルツェル] [女] 《-/-n》([小] Würzelchen)([英] root) ❶ (植物の)根; 地下茎: Willst du hier ~n schlagen? 《話》君はここにいつまで立っているつもりかい(足に根がはえてもいいのかい). ❷ (物・事の)根源, 根本, 〔根底の〕理由〈原因〉; 本質; 歯根, 毛根; (手首など身体部分の)付け根; 〔言〕語根; 〔数〕根(こん), 平方根, 乗根, 累乗根; 《方》ニンジン. ✦ **~n schlagen** (植物が)根を張る, (人がある土地に)根を生やす〈下ろす〉, 住み慣れる〈着く〉. **=knolle** [女] 〔植〕塊茎.

wurzeln [自] 《in *j-et*^{3}》(…に)根づいている, 根を張っている; 《方》あくせく働く.

Wurzel=stock [男] 〔植〕根茎, 地下茎. **=werk** [中] 《集合的》根; 〔料〕スープ用根菜(セロリ・パセリなど). **=zeichen** [中] 〔数〕根号, ルート記号.

würzen [他] 《*et*^{4} mit *et*^{3}》(…を香辛料で)味つけする; (…に…で)スパイスを効かせる.

würzig [形] 香辛料〈薬味〉のきいた; (料理などが)スパイシーな; 気の利いた.

Würzmittel [中] 香辛料, スパイス.

wusch, wüsche ⇨ waschen **wusste** ([旧] wußte), **wüsste** ([旧] wüßte) ⇨ wissen

Wust ❶ [男] 《-[e]s/》(衣類・本などの)乱雑な山. ❷ [女] 《-/》= WUSt.

WUSt [ヴスト] [女] 《-/》《スイス》売上税(< *Waren*um*s*atz*st*euer).

wüst [ヴュースト] [形] 荒れ果てた, 不毛の; 散らかった, 乱雑な; 《蔑》乱暴な, 粗野な; すさんだ.

Wüste [ヴューステ] [女] 《-/-n》([英] desert)砂漠; 荒れ地, 荒野, 未開墾地. ✦ ***in die ~ schicken*** 《話》(人を)解雇する, 免職にする. **wüsten** [自] すさんだ生活をする; 《mit *et*^{3}》(…を)浪費する. **Wüstenei** [女] 《-/-en》荒れ果てた土地, 不毛の地; 《話》ひどい乱雑. **Wüstensand** [男] 砂漠の砂. **Wüstling** [男] 《-s/-e》ふしだらな人, 放蕩(ほうとう)者.

Wut [女] 《-/》([英] rage)激怒, 憤激; 熱狂, 激情; 狂犬病. ✦ 〔*eine*〕 **~ *im Bauch haben*** 《話》はらわたが煮えくり返る.

..wut 「…への激しい欲求〈熱中〉」の意.

Wut=anfall [男] 怒りの発作. **=ausbruch** [男] 怒りの爆発, かんしゃく.

wüten [ヴューテン] 《wütete; gewütet》[自] ([英] rage)(興奮して)暴れ回る; (あらし・疫病などが)荒れ狂う.

wütend [ヴューテント] [形] 激怒〈憤激〉した, 腹を立てた; (感情・痛みなどが)激しい, 猛烈な.

wutentbrannt [形] 怒りに燃えた.

Wüterich [男] 《-s/-e》かんしゃく持ち; 狂暴〈残忍〉な人.

wütete ⇨ wüten

..wütig 「…に熱中した, …に夢中の」の意.

wut=schäumend, =schnaubend [形] いきり立った, 激怒した. **Wutschrei** [男] 怒号.

Wwe., Ww. [略] *Witwe*. **Wwr.** [略] *Witwer*.

WZ [略] 世界時(< *Weltzeit*).

X

x, X [中] 《-/-》 ❶ 《字母》イックス. ❷ 《x》〔数〕未知数; 《X》某(未知の人・物). ❸ ローマ数字の10. ✦ ***ein X für ein U vormachen*** 《j^3》(人を)だます. **x** [形] 《話》多くの, たくさんの.

x-Achse [女] 〔数〕X 軸, 横軸.

Xanten クサンテン(ドイツ中西部の古都).

Xanthin [中] 《-s/》〔生化〕キサンチン(尿・血液・肝臓などに含まれる窒素化合物). **=oxydase** [女] 《-/-en》〔生化〕キサンチンオキシダーゼ.

Xanthippe クサンティッペ(ソクラテスの妻); [女] 《-/-n》《話》口うるさい女, がみがみ女.

Xavier Francisco de, シャヴィエル〈ザビエル〉(1506-52; スペインの宣教師).

X-Beine [複] 〔医〕X 脚, 外反膝(がいはんしつ). **x-beinig, X-beinig** [形] X 脚〈外反膝〉の.

x-beliebig [形] 《話》任意〈随意〉の.

X-Chromosom [中] 〔生〕X 染色体.

Xe [記号] *Xe*non.

Xenon [中] 《-s/》キセノン(元素名: [記号] Xe).

Xerographie, ..grafie [女] 《-/-n》〔印〕ゼログラフィー(静電転写の一種).

Xerokopie [女] 《-/-n》ゼログラフィー方式のコピー.

x-fach [形] 《話》何回〈度〉もの, たび重なる. **x-fache[s]** ([旧] **X-fache[s]**) [中] 《形容詞変化》X 倍〈重〉〔のもの〕; 《話》何倍もの〈幾重にもなった〉もの.

X-Haken [男] X〔字〕フック.

Xi [中] 《-[s]/-s》クシー(ギリシャ字母の第14字: Ξ, ξ).

x-mal [副] 《話》何度〈回〉も, たびたび.

X-Strahlen [複] X 線, レントゲン線.

x-t [イクスト] [形] 《話》《膨大な数を示して》何度目かの, 何番目かの. ✦ ***zum ~en Mal[e]*** 《話》何度目かわからないくらいしばしば.

Xylograph, ..graf [男] 《-en/-en》木版画家. **Xylographie, ..grafie** [女] 《-/-n》木版印刷; 木版画. **xylographisch, xylografisch** [形] 木版印刷の, 木版〔画〕の.

Xylophon, Xylofon [中] 《-s/-e》〔楽〕木琴, シロフォン.

X

Y

y, Y 中 《-/-》《字母》ユプシロン; 《略》y》
化》イ記号. **y.** 略 Yard.

Y 記号 Yttrium.

y-Achse 女 《数》Y 軸, 縦軸.

Yacht 女 《-/-en》ヨット.

Yak 男 《-s/-s》《動》ヤク.

Yangon ヤンゴン(ミャンマーの首都).

Yard 中 《-s/-s》ヤード(長さの単位; 91.44cm).

Yb 記号 《化》Ytterbium.

Y-Chromosom 中 《生》Y 染色体.

yd., Yd. 略 Yard. **yds., Yds.** 略 Yards (→ Yard).

Yen 男 《-[s]/-[s]》《単位 -/-》円(記号¥).

Yoga 男 《-[s]/》ヨガ.

Yoghurt 男 《-[s]/》ヨーグルト.

Yogi 男 《-s/-s》ヨガの行者(修業者).

Ypsilon 中 《-s/-s》ユプシロン(ギリシャ字母の第20字: Υ, ロドイツ字母の第25字: Y, y,).

Ytterbium 中 《-s/》イッテルビウム(元素名: 記号 Yb).

Yttrium 中 《-s/》イットリウム(元素名: 記号 Y).

YU 略 ユーゴスラビア.

Yucca 女 《-/-s》《植》ユッカ.

Yukatan ユカタン(メキシコ湾とカリブ海の間に突出する半島).

Yuppie 男 《-s/-s》ヤッピー(大都会に住むホワイトカラーの若手エリート).

Yvonne 《女名》イヴォンヌ.

Z

z, Z 中 《-/-》《字母》ツェット.

z. 略 zu, zum, zur.

Z. 略 Zahl; Ziffer; Zeichen; Zeile.

Zacharias 《男名》ツァハリーアス; 《聖》ザカリヤ, ザカリアス, ゼカリヤ.

zack 間 《話》さっ(素早さを示す).

Zack 男 ◆ *auf ~ bringen* (仕事ができるように人を)仕込む; (仕事などを)順調に進ませる. *auf ~ sein* (人が)有能である; (仕事などが)順調である.

Zacke 女 《-/-n》 《⊕ *Zäckchen*》とがった先端部(くし, のこぎり・フォークなどの)歯, ぎざぎざ(の一つ), とんがり.

zacken 働 《…に》ぎざぎざをつける, ぎざぎざにする. 《*sich*⁴》ぎざぎざになる.

Zacken 男 《-s/-》= Zacke. ◆ *einen* [*ganz schönen*] ~ *drauf haben* 《話》猛スピードで走る. *einen ~* [*weg*]*haben* 《話》酔っぱらっている. *keinen ~ aus der Krone brechen* 《話》《*sich*³》体面を保つ.

zackig 働 ぎざぎざのある; 《話》(軍隊式に)きびきびした : Mach mir ein bisschen ~! もう少しきびきびやりなさい.

zag 働 《雅》= zaghaft.

zagen 働 《雅》おどおどする, ためらう. ◆ *zögern und ~* いつまでもためらう.

zaghaft 働 おどおどした; 気の弱い, 臆病な. **Zaghaftigkeit** 女 《-/》おくびょう;

---

743 **Zahlungsanweisung**

小心.

Zagreb 《ザーグレプ》ザグレブ(クロアチア共和国の首都).

zäh [ツェー] 働 (体が)強靭(きょう)《頑健》な, じょうぶに; (肉などが)堅い; (液体が)粘り気のある. ねっとりとした; 粘り強い, しぶとい; (交渉などが)はかどらない.

Zäheit 女 《-/》= Zähheit.

zähflüssig 働 どろりとした; ねばねばした; (交通が)流れが悪い. **Zähflüssigkeit** 女 《-/》粘性.

Zähheit 女 《-/》強靭(きょう)さ, 粘り強さ.

Zähigkeit 女 《-/》強靭(きょう)さ; 粘り強さ, 不屈; 手ごわさ; 《口》粘性.

Zahl [ツァール] 女 《-/-en》《⑥ *number*》数; 数値, 数字; 数量; 総数, 個数; 人数; 《文法》数《Ⅱ》. ◆ *in den roten* (*schwarzen*) ~*en* 赤字(黒字)で. *in die roten ~en kommen* 赤字になる. *mit ~en umgehen können* 計算が強い. *rote ~en* 赤字. *schwarze ~en* 黒字.

zahlbar 働 《商》支払われるべき; 支払期限のきた(金額).

zählebig 働 (植物などが)生命力のたくましい.

zahlen [ツァーレン] 働 《zahlte; gezahlt》《⑥ *pay*》支払う; 《話》(…の)代金・料金を支払う; ⊕ 金を払う. ◆ *Bitte ~, Bitte zahlen bitte!* (レストランなどで)お勘定をお願いします.

zählen [ツェーレン] 働 《zählte; gezählt》❶ 《⑥ *count*》数える. 勘定する; 《雅》(数量的に…)ある, 《…に》達する: 《*j-et⁴ zu j-et³*》(…の…の)数に入れる. ❷ 《数》を教える; 価値《意味》がある, 重要である, 《*auf j-et⁴*》(…を)当てにする; 《雅》《*nach et³*》(…で)《数えられる[ほど多い]; 《*zu et³*》(…の)一人に数えられる. ◆ *nicht bis drei ~ können* 《話》まったく能なしである(3までも数えられない).

Zahlen-folge 女 数字の配列. -**ge-dächtnis** 中 数字の記憶[力]. **zahlenmäßig** 働 数の[上で], 数的な. **Zahlen-material** 中 数値の資料(データ). -**schloss** 中《⊕= schloß》数字組み合わせ錠.

Zähler 男 《-s/-》⊕ 支払人. ❷ 《-s/-》計量《計数》器, メーター; カウンター; 《数》分子; 数える人, 計数員; 《ɔ》得点, ポイント.

Zahl-grenze 女(バスなどの)同一料金区間の境界. -**karte** 女 (郵便為替などの)払い込み用紙.

zahllos 働 無数の, 数えられないほどの.

Zahlmeister 男 会計係; 《海》主計官.

zahlreich [ツァールライヒ] 働 《⑥ *numerous*》多数の; 多人数からなる.

Zahlstelle 女 支払い窓口; (手形などの)支払い地.

zahlte ⇒ zahlen **zählte** ⇒ zählen

Zahlung [ツァールング] 女 《-/-en》《⑥ *payment*》支払い. ◆ *in ~ geben* (…を)下取りに出す; (食事などを)代金の代わりに渡す. *in ~ nehmen* (…を)下取りする; (食事などを)代金の代わりにもらう.

Zählung 女 《-/-en》計算, 勘定.

Zahlungs-abkommen 中 《特に国際間の》支払い協定. -**anweisung** 女 《商》(小切手などの)支払い指図書.

=art [女] 〔商〕支払方法. **=aufforderung** [女] 〔商〕支払要求〈請求〉. **=aufschub** [男] 〔商〕支払延期〈猶予〉. **=bedingungen** [複] 〔商〕支払条件. **=beleg** [男] 〔商〕領収書; (振込人が手元に残す)控え, 半券. **=bilanz** [女] 〔商〕支払〈収支〉決算; 国際収支. **=eingang** [男] 〔商〕支払金受領, 入金. **=einstellung** [女] 〔商〕支払停止, 支払不能. **=erleichterung** [女] 〔商〕支払条件の緩和(分割払いなど).

zahlungsfähig [形] 支払能力のある. **Zahlungsfähigkeit** [女] 支払能力.

Zahlungsfrist [女] 支払期限.

zahlungskräftig [形] 《話》支払能力が高い, 金持ちの.

Zahlungs=mittel [中] 支払手段, 通貨. **=moral** [女] (支払い期限をきちんと守る)支払いの倫理〈モラル〉: *j*⁴ zu besserer ~ ermahnen もっときちんと支払うよう人を戒める. **=ort** [男] 〔商〕支払地, 支払場所. **=pflicht** [女] 〔商〕支払義務. **=plan** [男] 〔商〕支払計画. **=schwierigkeiten** [複] 〔商〕支払困難. **=sperre** [女] 〔商〕支払停止〈禁止〉. **=termin** [男] 〔商〕支払期日.

zahlungsunfähig [形] 支払能力のない, 破産した. **Zahlungsunfähigkeit** [女] 〔商〕支払不能, 破産.

Zahlungs=verbindlichkeit [女] 〔商〕支払義務, 債務. **=verbot** [中] 〔商〕支払禁止〈停止〉. **=verkehr** [男] 〔商〕資金循環. **=verpflichtung** [女] 〔商〕支払義務, 債務. **=versprechen** [中] 〔商〕支払約束. **=verweigerung** [女] 〔商〕支払拒否, 債務不履行, (手形の)不渡り. **=verzug** [男] 〔商〕支払延期, 延払い. **=weise** [女] 〔商〕支払方法. **=ziel** [中] 〔商〕支払期限.

Zählwerk [中] 計量〈計数〉器, メーター; カウンター.

Zahl=wort [中] 〔文法〕数詞. **=zeichen** [中] 数字.

zahm [ツァーム] [形] ([英] tame)(動物が)人になれた, 飼いならされた; 《話》(人間が)おとなしい, 従順な; (発言などが)穏やかな, 控え目な. **zähmbar** [形] 飼いならせる.

zähmen [他] (動物を)飼いならす; (人間を)おとなしくさせる, 従順にする; 《雅》(感情などを)抑える.

Zahmheit [女] 《-/》 (動物の)人なつっこさ; (人間の)従順.

Zähmung [女] 《-/-en》 (動物を)飼いならすこと; (人間の)従順化; (感情などの)抑制.

Zahn [ツァーン] [男] 《-[e]s/**Zähne**》 ([小] **Zähnchen**)([英] tooth)歯; (歯車・のこぎり・くしなどの)歯, (切手の)ミシン目. ✦ ***auf den ~ fühlen*** 《話》《*j*³》(人の)能力〈人物〉を詳細に調べる. ***bis an die Zähne bewaffnet sein*** 《話》完全な装備をしている, 万全の構えである. ***den ~ ziehen*** 《*j*³》(人の)歯を抜く; 《話》(人の)期待〈幻想〉を打ち砕く. ***der ~ der Zeit*** 《話》(破壊・老朽などにみてとれる)時〈歳月〉の力. ***die dritten Zähne*** 《戯》入れ歯, 義歯. ***die Zähne aus|beißen*** 《話》《sich³ an *j-et*³》(…には)どんなにしても歯が立たない. ***die Zähne nicht auseinander kriegen*** 《話》口が重い, 無口である. ***die Zähne zeigen*** 《話》《*j*³》(人に)…に抵抗する; (人を)威嚇する. ***die Zähne zusammen|beißen*** 《話》歯を食いしばる, 我慢する, 頑張る. ***einen ~ zu|legen*** 《話》(走行・仕事の)スピードを上げる. ***einen* 〔*ziemlichen, tollen*〕 *~ drauf haben*** 《話》〔相当の, すごい〕スピードで走行〈仕事〉する. ***ein irrer* 〈*höllischer*〉 *~*** 《話》(走行・仕事の)速度の速いこと, 速いスピード. ***ein steiler ~*** 《話》ぱりっとした女の子. ***lange Zähne machen / mit langen Zähnen essen / die Zähne heben*** 《話》(あからさまに)まずそうに〈いやいや〉食べる. ***mit Zähnen und Klauen verteidigen*** 《話》(…を)必死に〈手段の限りを尽して〉守る. ***〔nur〕 für den* 〈*einen*〉 *hohlen ~ reichen* 〈*sein*〉** 《話》(食べ物など)量的に少なすぎる. ***J*³ *tut kein ~ mehr weh.*** 《話》(人は)もうこの世にいない.

Zahnarzt [ツァーンアールツト] [男] 《-es/..ärzte》 ([女] **..ärztin**)歯科医, 歯医者. **zahnärztlich** [形] 歯科医の.

Zahn=behandlung [女] 歯の治療. **=bein** [中] (歯の)象牙(ぞう)質. **=belag** [男] 〔歯〕歯垢(しこう).

Zahnbürste [ツァーンビュルステ] [女] 《-/-n》 ([英] toothbrush)歯ブラシ.

Zähnchen [中] 《-s/-》 Zahn の縮小形.

Zähne ⇨ Zahn

zähnefletschend [形] 歯をむき出した.

Zähneklappern [中] 《-s/》 (寒さ・恐ろしさで)歯をガチガチいわせること. **zähneklappernd** [形] 歯をガチガチいわせている.

Zähneknirschen [中] 《-s/》 歯ぎしり. **zähneknirschend** [形] 歯ぎしりして, くやしそうに.

zahnen [自] 乳歯が生える.

zähnen [他] (…に)ぎざぎざをつける.

Zahn=ersatz [男] 入れ歯, 義歯. **=fäule** [女] 《-/》 虫歯. **=fleisch** [中] 歯茎. ✦ ***auf dem ~ gehen*** 《話》くたくたに疲れている. **=füllung** [女] 歯の充填(じゅうてん). **=heilkunde** [女] 歯科学. **=hygiene** [女] 歯の衛生. **=kette** [女] (ファスナーの)務歯(むし)(噛み合わせ部分). **=klinik** [女] 歯科医院. **=laut** [男] 〔言〕歯音.

zahnlos [形] 歯のない; 歯の抜けた.

Zahn=lücke [女] 歯の抜けた透き間. **=medizin** [女] 歯科学. **=nerv** [男] 歯の神経. **=pasta** [女] 練り歯みがき. **=pflege** [女] 歯の衛生〈手入れ〉. **=pulver** [中] 歯みがき粉, 粉歯みがき. **=rad** [中] 歯車. **=radbahn** [女] アプト式〔登山〕鉄道. **=schmerz** [男] 歯痛. **=stange** [女] 〔工〕(歯車の)ラック. **=stein** [男] 〔医〕歯石. **=stocher** [男] 《-s/-》 爪楊子(つまようじ). **=technik** [女] 歯科技工. **=techniker** [男] 歯科技工士.

zahntechnisch [形] 歯科技工〔上〕の.

Zähnung [女] 《-/-en》 (貨幣・切手などに)ぎざぎざを入れること; (連続した)歯, ぎざぎざ.

Zahn=weh [中] 《話》歯の痛み. **=wurzel** [女] 〔医〕歯根.

Zähre [女] 《-/-n》 《雅》涙.

Zamenhof Ludwig Lazarus, ザメンホ

フ(1859-1917；ポーランドの眼科医でエスペラント語の創案者)．

Zander 男《-s/-》〖魚〗ホタルジャコ．

Zange [ツァンゲ]女《-/-n》ペンチ，やっとこ，釘抜き（カニなどの）ハサミ．◆ *in der ~ haben*《話》(人)がっちり押さえ込んでいる．*in die ~ nehmen*《話》(人)を問い詰める；《口：》(人)を両側から攻めつける．*nicht mit der ~ anfassen mögen*《話》(人)*j-(4)*（…が）大きにのみ込．

zangenförmig 形 やっとこ形の．
Zangengeburt 女 〖医〗鉗子（カンシ）分娩（ブンベン）．

Zank 男《-(e)s/》口げんか，言い争い．=**Zankerei**.

zanken 自《*sich*⁴ *mit j*³ *um* 〈*über*〉 *et*⁴》(人と…のことで)口論をする；《口》《方》《*mit j*³》(人)がみがみ言う，(人)をしかる．**Zänkerei** 女《-/-en》《話》ちょっとした口げんか，いさかい．**zänkisch** 形 口論好きの，けんか腰の．

Zanksucht 女 口論好き．**zanksüchtig** 形 口論好きの．

Zäpfchen (→ Zapfen) 中《-s/-》小さな栓，口の，口蓋（コウガイ）垂（円すい形の）座薬．=-**R**, =-**r** 《-/-》〖言〗のどひこのR．

zapfen 他（容器から液体を）栓を開けて注ぐ．

Zapfen 男《-s/-》(⦿ *Zäpfchen*) 《植》毬果（キュウカ）；松かさ；（樽などの）栓；《ビン》コルク栓；口ほぞ；ジャーナル；ピン；つらら；《医》網膜すい《状》体．◆ ~ *streich* 男 〖軍〗帰営ラッパ；《古》帰営の門限；《話》《俗》門限．

Zapf‐hahn 男（樽などの）活栓，コック．**‐säule** 女（ガソリンスタンドの）計量給油器．

zappelig 形（子供などが）落ち着きのない，そわそわした；いらいらしている．

zappeln 自 体をばたつかせる，もがく．◆ ~ *lassen*《話》《俗》(人)を気をもませる．**Zappelphilipp** 男《-s/-e, -s》《話》ちっともじっとしていない子供．

zappen 自《話》ザッピングする（テレビのチャンネルを次々に切り替える）．

zappenduster 形《話》真っ暗な：お先真っ暗な．

Zar 男《-en/-en》(⦿ -**in**) ツァーリ（帝政時代のロシア・ブルガリア・セルビアの皇帝〈の称号〉)．..**zar** 「…業界の支配者〈権力者〉」の意．

Zarathustra ツァラトゥストラ(ゾロアスターの別称；前6世紀ごろのペルシャの予言者で拝火教の教祖).

Zarge 女《-/-n》（ドア・窓などの）枠，フレーム；（箱の）側板；《楽》《弦楽器の》胴板．

Zarin 女《-/-nen》(Zarの女性形)皇后，帝妃．

zart [ツァールト]形 ① 柔らかな，しなやかな；（食べ物が）軟らかい；（体形などが）ほっそりとした，きゃしゃな，ひ弱な；もろい；とても薄い；繊細な，感じやすい；（色合いが）ほのかな，淡い，かすかな．② (人柄が)温かな；優しい，思いやりのある；（つぼみが）出たての，若い．◆ ~ *besaitet*, 感じやすい，神経の細い．~ *fühlend* いたわりのある，優しい．**zart‐besaitet**, =**fühlend** 形 ⇨ zart ◆

Zartgefühl 中 思いやり，優しさ．

Zartheit 女《-/-en》(食物・布地・皮膚の)柔らかさ；(心の)優しさ，繊細さ；思いやりのある言動．

zärtlich 形 愛情のこもった，優しい，思いやりのある．**Zärtlichkeit** 女《-/-en》好意，愛情；愛撫；抱擁．

Cäsium 中《-s/-》= Caesium．

Zaster 男《-s/-》《話》お金．

Zäsur 女《-/-en》〖詩〗行中休止；〖楽〗句読；区切り，変わり目．

Zauber [ツァウバー]男《-s/-》(⦿ *magic*)魔法，魔術；呪術，呪（マジナ）い；呪文；魔力；魔力をもった物；魅力，魅惑．《話》《くだらないこと〈もの》，大げさなことをのの．ばか騒ぎ．◆ *den ~ lösen* 魔法を解く．*einen ~ anwenden* 魔法を使う．*fauler ~*《話》いかさま，ぺてん．**Zauberei** 女《-/-en》魔法，魔術；手品《の演技》．**Zauberer** 男《-s/-》(⦿ ..*berin*, ..*berin*) (⦿ *magician*)魔法使い，魔術師；手品師．**Zauberformel** 女 呪文（ジュモン）；名案；決め手．**zauberhaft** 形 魅惑的な，心を奪うような，非常に美しい．**Zauberhand** 女 魔法の手．◆ *wie von ~ wie durch ~* まるで魔法の手によるかのごとくに；忽然（コツゼン）と．**Zauberin** 女《-/-nen》Zaubererの女性形．**zauberisch** 形 不思議な；魅惑的な，すばらしく美しい；呪術の．

Zauber‐kunst 女 魔法，魔術；手品の技．**‐künstler** 男 手品師，奇術師，マジシャン．**‐kunststück** 中 奇術，手品，マジック．

zaubern 自 魔法を使う；手品をする(Ich kann doch nicht ~.《話》私は魔法使いではないよ〈そんなことはできない〉)；⦿ 魔術《手品》で出現させる：短い時間で作る．

Zauber‐spruch 男 呪文（ジュモン）．**‐stab** 男 魔法のつえ《ステッキ》．**‐trank** 男 魔法の飲み物．媚薬．**‐wort** 中《-(e)s/-e》呪文（ジュモン）．

Zauberer 男《-s/-》⦿ -**in** = Zauberer．

Zauderer 男《-s/-》(⦿ ..*derin*, ..*drerin*)優柔不断な《慎重すぎる》人．

zaudern 自《*mit et*³》(…を)ためらう，心を決めかねる．

Zaum 女《-(e)s/Zäume》馬勒（バロク）（おもがい・くつわ・手綱の総称）．◆ *im ~ (e) halten* (…を)抑える，抑制する；《*sich*⁴》自分の感情を抑える．

Zaume ⇨ Zaum（単数3格の別形）

zäumen 他（馬に）勒（ロク）をつける．

Zaumzeug 中 = Zaum．

Zaun [ツァウン]男《-(e)s/Zäune》(⦿ *fence*)囲い，柵，垣，フェンス．◆ *ein lebender ~* 生け垣．*vom ~ 〈·*《雅》*~e brechen*（けんか・戦争などを）しかける．

Zaune ⇨ Zaun（単数3格の別形）

Zaun‐gast 男 （金場の）柵（の）の外の見物人；傍観者．**‐könig** 男 〖鳥〗ミソサザイ．**‐pfahl** 男 垣根の杭（クイ）．◆ *mit dem ~ winken* 露骨にほのめかす．

zausen 他（髪などを）くしゃくしゃにかき乱す．**zausig** 形《ザウズィッヒ》(髪などが)ぼさぼさ（くしゃくしゃ）の．

z.B. 略 zum Beispiel たとえば．**z.b.V.** 略 zur *besonderen Verwendung*《軍》特別の任務をもった，特務の．**z.D.** 略 zur Disposition 待命〈休職〉中の．

z.d.A. 略 *zu den Akten* (書類に関して) 処理〈決裁〉済み. **ZDF** 略 *Zweites Deutsches Fernsehen* ドイツ第2テレビ.
z.E. 略 *zum Exempel* 例えば.
Zebra 中 (-s/-s) 〖動〗シマウマ.
‒**streifen** 男 〖交通〗横断歩道.
Zechbruder 男 (-s/..brüder) 大酒飲み; 飲み仲間〈友達〉.
Zeche [ツェッヒェ] 女 (-/-n) ❶ (bill) (飲食店での)飲食代, 勘定[書]; 鉱山. ◆ **die ~ bezahlen müssen** 〖話〗人のしたことの尻ぬぐいをさせられる. **die ~ prellen** 〖話〗飲み食いの勘定を踏み倒す.
zechen 動 (仲間と)大いに飲む.
Zecher 男 (-s/-), ~**in** 女 (-/-nen) 酒飲み, 飲んべえ.
Zech・gelage 中 酒盛り. =**kumpan** 男 (-s/-e) 〖話〗飲み仲間〈友達〉. =**preller** 男 (-s/-) 〖話〗無銭飲食者.
Zecke 女 (-/-n) 〖虫〗ダニ.
Zeder 女 (-/-n) 〖植〗ヒマラヤスギ属. ‒**n・holz** 中 ヒマラヤスギ材.
Zeh 男 (-[e]s/-en) 足の指.
Zehe [ツェーエ] 女 (-/-n) ❶ 足の指: (ニンニクの)小鱗茎(けい), ひとかけら, 一片. ◆ **auf die ~n treten** 〖話〗(3格)(人)の心を傷つける; (人に)圧力を加える; (人を)せき立てる. ‒**n・nagel** 男 足のつめ. ‒**n・spitze** 女 つま先.
zehn [ツェーン] 数 《基数》(名) (ten) 10.
Zehn 女 (-/-en) (数字の)10; (トランプの)10の札; 〖話〗路線番号10のバス(市電). **zehneinhalb** 数 〖分数〗無変化10と2分の1.
Zehner 男 (-s/-) 〖話〗10ペニヒ硬貨; 10マルク紙幣; 10の位の数; 10から19までの数; (万で)10という数); 路線番号10のバス(市電). =**bruch** 男 〖数〗小数. =**karte** 女 (乗車券・入場券などの)十枚づりの回数券.
zehnerlei 形 〖無変化〗10種類の. =**note** 女 〖話〗10フラン紙幣. =**packung** 女 10個入りの包み. =**stelle** 女 10の位(桁). =**system** 中 十進法.
zehnfach 形 10倍の〈10倍の〉.
Zehnfingersystem 中 (キーボード操作の際の)十指法.
zehnjährig 形 10年間の;10歳の.
zehnjährlich 形 10年ごとの.
Zehnkampf 男 〖スポーツ〗十種競技.
zehn・mal 副 10回;10倍の. =**malig** 形 10回の;10倍の.
Zehnmark・schein 男 10マルク紙幣.
zehnt 〖序数〗 (tenth) 10番目の.
zehn・tägig 10日間の; 生後10日の. ‒**täglich** 形 10日ごとの. =**tausend** 数 〖基数〗1万.
zehntel 形 〖分数〗10分の1の. **Zehntel** 中 (<X>) (-s/-) 10分の1.
zehntens 副 10番目に.
zehren 自 〈**von** *et*³〉(…を)食べて生きる; 〈…を)思い出して楽しむ; 〈**an** *j*-*et*³〉(…を)消耗させる, むしばむ.
Zeichen [ツァイヒェン] 中 (-s/-) ❶ (名) (sign) 合図, 信号; しぐさ, 身振り. ❷ (識別のための)目印, マーク. ❸ 記号, 標識, 句読点. ❹ 兆候, 前兆; (十二宮の)星座, 星まわり. ◆ **[ein] ~ setzen** 〖雅〗新しい方向を示す; 指針を与える. **im ~ von** *et*³ **stehen** 〖雅〗(…)の影響下にある, (…)(に)性格づけられている. **unter einem guten ~ sein** 幸せな星の下にある, 幸運に恵まれている. **seines ~s** 職業といえば. ‒**block** 男 スケッチブック, 画用紙つづり. ‒**brett** 中 製図板. ‒**lehre** 女 記号学〈論〉. ‒**satz** 男 〖印〗記号字体, フォント. ‒**setzung** 女 (-/-en) 〖文法〗句読法. ‒**sprache** 女 手振り言葉; 手話. ‒**stift** 男 製図用鉛筆; クレヨン, クレパス. ‒**theorie** 女 記号学理論. ‒**trickfilm** 男 アニメーション映画.

zeichnen [ツァイヒネン] (zeichnete; gezeichnet) 他 ❶ (名) (draw) かく, スケッチする; 描写する. ❷ (…に)印をつける. ❸ (…に)署名する. ❹ 〈**als** *et*⁴〉(…として)責任を負う. ❺ (動物が)野獣がが手負いの印を残す.
Zeichner 男 (-s/-), ~**in** 女 (-/-nen) 製図家, 設計者; 図案家, デザイナー; (証券などの)署名者. **zeichnerisch** 形 デッサンの, スケッチの; 製図の.
Zeichnung [ツァイヒヌング] 女 (-/-en) ❶ スケッチ, 素描, 線画, うちの; スケッチ, 製図; 描写. ❷ (動物や植物の)紋様, 模様. ❸ (特に新しく発行される有価証券の)引受け, 応募.
zeichnungsberechtigt 形 〖商〗署名権限のある.
Zeichnungs・betrag 男 〖商〗(株式・債券などの)申込金額.

Zeigefinger 男 人さし指.
zeigen [ツァイゲン] (zeigte; gezeigt) 他 ❶ (show) 〈*j*³ *et*⁴〉(人に…を)見せる, 示す; 提示する; 指し示す; 教える; やってみせる; 実演する; 案内する. ❷ (感情など)を表す, あらわにする; (才能・特性)を示す, 発揮する. ❸ (appear) 〈*sich*⁴〉姿を見せる, 現れる; 明らかになる, 判明する. ❹ 〈*sich*⁴〉(…の)態度を取る. ◆ *es j*³ ~ 〈…〉〖話〗(人に)意見を主張する; (人に)力を見せつける.
Zeiger [ツァイガー] 男 (-s/-) (計器・時計などの)針. **Zeigestock** 男 (掛け図などを指し示す)棒, 指示棒.
zeigte → zeigen.
zeihen* 他 〖雅〗〈*j*⁴ *et*²〉(人を…の理由で)とがめる, 責める.
Zeile [ツァイレ] 女 (-/-n) ❶ (名) (line) 行, 算字. ❷ 短い知らせ, 手紙: **eine neue ~ beginnen** 改行する. ❷ 列, 列列(テレビの)走査線. ◆ **zwischen den ~n lesen** 行間を読む. ‒**n・abstand** 男 行間.
zeilenfrei 〖印〗走査線の見えない, 高品質画面の.
zeilenweise 副 1行ずつ, 行単位で.
Zeilenlänge 女 行の長さ.

Zeisig 男 (-s/-e) 〖鳥〗マヒワ.
Zeiss Carl, ツァイス (1816–88) ドイツの光学技術者.
zeit 前 《2格》 ~ *j*² *Lebens* (人の)一生を通じて.
Zeit [ツァイト] 女 (-/-en) ❶ (名) (time) 時, 時間: Die ~ *heilt alle Wunden.* 〖諺〗時はすべての傷をいやす. ❷ (点としての)時間; 時機; 時点; 潮時; 時刻: *Welche ~ ist es?* 何時ですか | *um die-*

selbe ⟨um die gleiche⟩ ～ 同じ時間に｜von der ⟨dieser⟩ ～ an その時から. ❸ (長さとしての)時間, 期間; 暇; 余裕; 猶予: Hier bin ich die längste ～ gewesen. 《話》私はもう失礼します｜auf die Länge der ～ 長い間には｜in letzter ～ 最近｜～ ist Geld. 《諺》時は金なり. 《諺》時は金なり. ❹ 時代, (特に)現代; 時期, 年代: unsere ～ 我々の時代; 現代 ❺ 《口》タイム; 記録; 《文法》時制, 時称. ◆ [Ach] du liebe ～! 《話》おやおや(驚き・嘆きの叫び). auf ～《郵》掛けで, 信用貸しで, 月賦で (⇔ a.Z.). auf ～ spielen《話》時間かせぎ。Das waren noch ～en! あの頃はよかった. die ～ totschlagen《話》ひまをつぶす. die ～ vertreiben ⟨sich[1] mit et³⟩ (…で)暇をつぶす. eine ～ lang しばらくの間. Es wird [höchste] ⟨allerhöchste⟩ ～. そろそろ潮時だ. für alle ～ ⟨alle ～en⟩ 永久に. Kommt ～, kommt Rat.《諺》待てば海路の日和あり. mit der ～ 次第に, 徐々に. von ～ zu ～ 時々, 時々. ～ nehmen ⟨sich³ für j-et⁴⟩ (…に)時間をかける. ～ raubend 時間のかかる. ～ sparend 時間の節約になる. zu jeder ～ 今にも; いつでも. zur ～ (+2格) (…の)時代に; ⇔ zurzeit ◆ zu ～en (+2格) (…の)存命中に.

Zeit-abschnitt 男 時期, 時代. **-abstand** 男 時間の間隔.

Zeit-alter [ツァイトアルター] 田 -s/-] 時代, 年代. **-angabe** 女 日付, 時刻表示; 《文法》時の添加語. **-ansage** 女 (ラジオ・電話などの)時報. **-arbeit** 女 《経》期限付き(時間きめ)労働, パートタイム. **-aufnahme** 女 《写》タイム露出による撮影.

zeit-aufwendig, -aufwändig 形 時間(手間)のかかる.

Zeit-bombe 女 時限爆弾. **-dauer** 女 持続(継続)時間; 期間. **-druck** 男 [-(e)s/] 時間的制約. **-einheit** 女 時間の単位. **-einteilung** 女 時間の配分.

Zeiten-folge 女 《文法》時称(時制)の一致. **-wende** 女 時代の変わり目.

Zeit-ersparnis 女 時間の節約. **-fahren** 田 [-(e)s/] 《競》(自転車の)タイムトライアル. **-form** 女 《文法》時称, 時制. **-frage** 女 時事問題, アクチュアルな問題; 時間の問題.

zeitgebunden 形 時代の制約を受けた. **Zeitgeist** 男 時代精神. **zeitgemäß** 形 時代にかなった, 今風の.

Zeitgenosse [ツァイトゲノッセ] 男 [-(n/-n) (⇔ ..ssin ⇔ contemporary] 同時代の人. **zeitgenössisch** 形 同時代の, 現代(今日)の.

zeitgerecht 形 現代にふさわしい; 《俗》時宜を得た.

Zeit-geschehen 田 目下[焦眉(ﾋょうび)]の出来事. **-geschichte** 女 (特に第二次世界大戦以後の)現代史. **-gesetz** 田 《文法》時限法. **-gewinn** 男 時間の節約.

zeitig [ツァイティヒ] 形 早い, 早めの. **zeitigen** 他 《雅》(結果・効果などを)もたらす; 招く; ⇔ 《俗》熟する.

Zeit-karte 女 定期(乗)車券. **-krankheit** 女 時代の病気, その時代特有の害悪.

zeitkritisch 形 時代批評の, 時代批判的な.

Zeit-lang 田 ⇔ Zeit ◆ **-lauf** 男 《-[e]s/..läufte (.läufe)》《雅》時代の流れ, 時勢.

zeitlebens 副 一生涯[ずっと].

zeitlich 形 時間的な; この世の; はかない; 《俗》早めの. ◆ **das Zeitliche segnen**《戯》(使われるうちに)摩滅する, がたがた(ぼろぼろ)になる. **Zeitlichkeit** 女 《-/》《哲》時間性; 現世; はかなさ, 無常.

zeitlos 形 時流にとらわれない; 時間(時代)を超越した.

Zeit-lupe 女 《写》高速度撮影, スローモーション. **-mangel** 男 時間の不足. **-maschine** 女 タイムマシン. **-maß** 田 《楽》テンポ, 速度. **-nehmer** 男 [-s/-] 《競》(競技の)計時員; 《航》(ストップウォッチ法による)作業時間[調査]係. **-not** 女 時間のなさ. **-personal** 田 臨時職員. **-plan** 男 スケジュール.

Zeit-punkt [ツァイトプンクト] 男 《-[e]s/-e》時点, 瞬間; 期日, 日時. **-raffer** 男 [-s/-] 《写》微速度撮影, クイックモーション.

zeitraubend ⇔ Zeit ◆

Zeit-raum 男 期間. **-rechnung** 女 年代の数え方, 暦法; (天体の位置による)時間の算定. **-reise** 女 時間旅行, タイムトリップ. **-schalter** 男 《電》スイッチ. **-schaltuhr** 女 タイムスイッチ, タイマー.

Zeit-schrift [ツァイトシュリフト] 女 《-/-en》 (⇔ magazine) 雑誌, 定期刊行物. **-sichtwechsel** 男 《商》一覧後定期払い手形. **-spanne** 女 (比較的短い)時間, 期間.

zeitsparend ⇔ Zeit ◆

Zeit-tafel 女 年表. **-takt** 男 《電話》(料金算定の基準となる)一通話分の時間. **-trend** 男 時代の動向(趨勢(ｽぅせぃ)).

Zeitung [ツァイトゥンク] 女 《-/-en》 (⇔ newspaper) 新聞; 新聞社.

関連項目 [ドイツの主な新聞] Bild ビルト(大衆紙); Frankfurter Allgemeine フランクフルターアルゲマイネ; Frankfurter Rundschau フランクフルターロントシャウ; Süddeutsche Zeitung 南ドイツ新聞; Die Welt ディヴェルト; Die Zeit ディツァイト(週刊新聞)

Abendblatt 田 夕刊; Abonnement 田 予約購読; Annonce 女 広告; Anzeige 女 広告; Artikel 男 記事; Auflage 女 発行部数; Beilage 女 折り込み; Bericht 男 報道記事; Feuilleton 田 文芸欄; Filmkritik 女 映画批評; Leitartikel 男 社説, 論説; Morgenblatt 田 朝刊; Reportage 女 ルポ; Schlagzeile 女 大見出し; Zensur 女 検閲

Zeitungs-anzeige 女 新聞広告. **-artikel** 男 新聞記事. **-ausschnitt** 男 新聞の切り抜き. **-austräger** 男 新聞配達員. **-ente** 女 《話》新聞の誤報. **-könig** 男 新聞王. **-leser** 男 新聞の読者. **-magnat** 男 新聞界の大立者. **-meldung** 女 新聞報道. **-papier** 田 新聞用紙. **-wesen** 田 新聞業界, ジャーナリズム. **-wissenschaft** 女 新聞

学.
Zeit=unterschied [男] 時差. =**verlust** [男] 時間のロス. =**verschwendung** [女] 時間の浪費. =**vertrag** [男] (雇用の)一時〈短期〉契約. =**vertreib** [男] 《-[e]s/-e》 気晴らし, 暇つぶし.
zeit=weilig [形] 一時的な, 暫定的な; 時折の. =**weise** [副] ときどき; しばらくの間, 一時的に.
Zeit=wort [中] 〔文法〕動詞. =**zeichen** [中] 時報[音]. =**zünder** [男] 時限信管.
zelebrieren [他] (式典を)挙行する; 〔カトリック〕(ミサを)司式する; 《蔑》(会合・食事などを)儀式ばって〈大げさに〉行う; 褒めたたえる.
Zelle [ツェレ] [女] 《-/-n》 ([英] cell)(質素な)小部屋, 個室, 僧房, 監房, 独居房; 電話ボックス; (プール・風呂などの)更衣室; (蜂の巣の)巣房; (船の)仕切りタンク; 〔生〕細胞; 〔政〕(秘密結社などの)下部組織, 活動グループ; 細胞; (蓄電池・記憶装置などの)セル; 〔空〕機体. ✦ *die* 〔*kleinen*〕 *grauen ～n* 《戯》 脳みそ.
Zell=gewebe [中] 〔生〕細胞組織. =**kern** [男] 〔生〕細胞核.
Zellophan [中] 《-s/》= Cellophan.
Zell=stoff [男] パルプ. =**teilung** [女] 〔生〕細胞分裂.
Zelluloid [中] 《-[e]s/》 セルロイド; 《話》(写真の)フィルム.
Zellulose [女] 《-/-n》 〔化〕セルロース, 繊維素.
Zell=wand [女] 〔生〕細胞壁. =**wolle** [女] ステープルファイバー(再生繊維の一種).
Zelt [ツェルト] [中] 《-[e]s/-e》 ([英] tent) テント, 天幕: ein ～ auf|schlagen 〈ab|brechen〉テントを張る〈たたむ〉. ✦ *die* 〈*seine*〉 *～e ab|brechen* 住んでいた所を引き払う. *die* 〈*seine*〉 *～e aufschlagen* (ある場所に)居を定める. =**bahn** [女] (帯状の)テント用布地. =**dach** [中] 〔建〕ピラミッド形〈方形〉屋根; テント張りの屋根.
zelten [自] テントに泊まる, テント生活をする, キャンプする.
Zelt=lager [中] テントを張った野営地. =**pflock** [男] テントの杭(くい), ペグ. =**platz** [男] キャンプ場. =**stange** [女] テントの支柱.

Z

Zement [男] 《-[e]s/ 種類-e》 (建築用・歯科用などの)セメント; [中] 《-[e]s/-e》(歯の)セメント質. =**boden** [男] セメントの床.
zementen [形] セメント[製]の; セメントのような. **Zementfabrik** [女] セメント工場.
zementieren [他] (…に)セメントを塗る; セメントで固める; (状況などを)固定化する; (鋼を)浸炭処理する. **Zementierung** [女] 《-/-en》 セメントを塗ること; 固定化; (鋼の)浸炭処理.
Zen [ゼ〈ツェ〉ン] [中] 《-[s]/》 禅.
Zenit [男] 《-[e]s/》 〔天〕天頂; 頂点, 絶頂.
Zeno 《男名》 ツェーノ; ゼノン.
zensieren [他] (…に)評点〈成績〉をつける; (出版物・映画などを)検閲する. **Zensierung** [女] 《-/-en》 採点, 成績評価; 検閲.
Zensor [男] 《-s/-en》 検閲官; (古代ローマの)監察官.
Zensur [ツェンズーア] [女] 《-/-en》 (出版物・映画などの)検閲; 検閲機関〈所〉; (学校の)評点, 成績.
zensurfrei [形] 〔事前〕検閲のない.
Zentaur [男] 《-en/-en》 〔ギ神〕 ケンタウロス(上半身が人間で下半身が馬の怪物); 〔天〕ケンタウルス座.
Zenti.. 「センチ…」(単位名と;100分の1: [記号] c). **Zentimeter** [男] ([中])《-s/-》 センチメートル(長さの単位: [記号] cm).
Zentner [男] 《-s/-》 ツェントナー(重量単位:50kg; [略] Ztr.); 《オース・スイ》 ツェントナー(重量単位:100kg: [記号] q). =**last** [女] 〔数〕ツェントナーの荷重.
zentner=schwer [形] 〔数〕ツェントナーの重さの; 非常に重い. =**weise** [副] ツェントナー単位で; 大量に.
zentral [ツェントラール] [形] ([英] central) 中心〈中央〉の; 中心〔部〕に位置する; 中心〈中核〉的な, 主要な; 上位の機関〈国〉による.
Zentral=afrika 中央アフリカ. =**alpen** [複] (die ～)中央アルプス. =**amerika** 中央アメリカ. =**asien** 中央アジア.
Zentrale [女] 《-/-n》 本部; 本社; 中心地; 情報センター; 電話交換室; 〔数〕(二つの円の中心を結ぶ)中心線.
Zentral=einheit [女] 〔コンピ〕中央処理装置([英] CPU). =**heizung** [女] 集中暖房, セントラルヒーティング.
zentralisieren [他] 中央集権化する.
Zentralisierung [女] 《-/-en》 集中; 中央集権化. **Zentralismus** [男] 《-/》 〔政〕中央集権制〈主義〉. **zentralistisch** [形] 中央集権の.
Zentral=komitee [中] 〔政〕中央委員会([略] ZK). =**nervensystem** [中] 〔医〕中枢神経系.
Zentren ⇨ Zentrum
zentrieren [他] 《*et*^{4} **um** *et*^{4}》 (…を…の)中心に配置する; (調節して)中心点〈軸〉に合わせる. **..zentriert** 「…を中心〈主体〉にした」の意.
zentrifugal [形] 〔理〕遠心力の; 〔生・医〕遠心性の. **Zentrifugalkraft** [女] 〔理〕遠心力. **Zentrifuge** [女] 《-/-n》 遠心分離機.
zentripetal [形] 〔理〕求心力の; 〔生・医〕求心性の. **Zentripetalkraft** [女] 〔理〕求心力.
zentrisch [形] 中央〈中心〉の; 中央〈中心〉にある.
Zentrum [ツェントルム] [中] 《-s/..tren》 ❶ ([英] center)中心, 中央, 中核; 中心部; 中心街. ❷ 本部, (中心的施設としての)センター.
Zephir [男] 《-s/-e》 《雅》 そよ風; 〔織〕ゼファー(軽い綿布).
Zeppelin Ferdinand 〔Graf〕 von, ツェペリーン〔伯爵〕(1838–1917; ドイツの飛行船設計家・建造家); [男] 《-s/-e》 ツェペリーン飛行船.
Zepter [中] ([男])《-s/-》 王笏(おうしゃく). ✦ *das ～ führen* 〈*schwingen*〉 支配〈君臨〉する.
zer.. 非分離動詞の前つづり.
zerbeißen* [他] かみ砕く〈ちぎる〉; (ノミ・蚊が)さんざん刺す. **zerbersten*** [自] (s)粉々になる.
Zerberus 〔ギ神〕 ケルベロス(冥界(めいかい)の

門を守る3つの頭を持つ犬：圏《(-/-se)》《戯》厳格な［恐ろしい］門番.

zerbomben 他 爆弾〔爆撃〕で破壊する.

zerbrechen* [ツェアブレッヒェン]《zerbrach; zerbrochen》動 他 こわす，割る，砕く；(s) 砕ける，壊れる，割れる.

zerbrechlich 形 割れ［壊れ］やすい；《転》弱々しい，きゃしゃな．**Zerbrechlichkeit** 女《-/》壊れやすいこと；きゃしゃな，こわれやすいこと．

zerbrochen ⇒ zerbrechen

zer･bröckeln 他 細かく砕く；自 (s) 細かく砕ける．**=drücken** 他 押しつぶす，圧死させる；《話》(衣類などを) しわくちゃにする．

Zeremonie 女《-/-n》儀式，式典．

zeremoniell 形 儀式の；儀礼ばった．**Zeremoniell** 中《-s/-e》儀式，典礼；式次第．

zerfahren* 形 注意力の散漫な，頭が混乱した．**Zerfahrenheit** 女《-/》注意力散漫．

Zerfall 男 崩壊；滅亡；《理》(原子核の) 崩壊．

zerfallen* 自 (s) 崩れる，崩壊する；分解する；溶解する；《in et⁴》…にわかれる；**♦ ~ sein** 《mit sich⁴ selbst》自責の念にとらわれている；《mit j³》…と仲たがいしている．

Zerfallsprodukt 中《理》(原子核の) 崩壊生成物．

zer･fetzen 他 ぼろぼろ〔ずたずた〕に引き裂く；酷評する．**=fleddert, fledert** 他 (本人などが) りすにした，ぼろぼろの．**=fleischen** 他 (獣が獲物を) かみ裂く；(不快な感情が人を) 苦しめる，さいなむ；他《sich⁴ in 〈vor〉 et⁴》(…で) 苦しむ，さいなまれる．**=fließen*** 自 (s) 溶けて流れる；(インクなどが) にじむ．**♦ in Tränen ~** 泣き崩れる．**=fressen*** 他 食い破る；《化》腐食する．**=furcht** 形 しわだらけの，しわの刻まれた．**=gehen*** 自 (s) 溶ける．

zergliedern 他 分析する；解剖する．**Zergliederung** 女《-/-en》分析；解剖．

zer･hacken 他 (斧などで) 切り刻む，細かく切る．**=hauen*** 他 打ち砕く，たたき切る〔割る〕．

Zerium 中《-s/》 = Cer.

zer･kleinern 他 細かく刻む，小さく砕く．**=klüftet** 形 割れ目〔裂け目〕の多い，しわの刻まれた．**=knallen** 他 (s) 粗暴に〔電球などが〕パチンと破裂する．**=knirscht** 形 罪を深く悔いている．

Zerknirschung 女《-/》悔恨，自責の念．

zer･knittern 他 (紙などを) しわくしゃにする．**=knüllen** 他 (紙を) くしゃくしゃに丸める．**=kochen** 自 (s) 煮くずれる；他 煮くずれるまで煮る．**=kratzen** 他 (…を) ひっかき傷をつける．**=krümeln** 他 (パンなどを) 指で細かく砕く，こなごなにする．**=lassen*** 他《料》(バターなどを) 溶かす．**=laufen*** 自 (s) 溶ける．

zerlegbar 形 解体〔分解〕できる；分析可能な．

zerlegen 他 (機械などを) 解体〔分解〕する；(肉を) 小さく切り分ける；《文法》(文を) 分析する．**Zerlegung** 女《-/-en》解体，分解；《文の》分析．

zer･lesen* 他 (本などを) 読んでぼろぼろにする．**=löchern** 他 穴だらけにする．**=lumpt** 形 (衣服が) ぼろぼろの，みすぼらしい；ぼろを着た．**=malmen** 他 押しつぶす，粉砕する．**=martern** 他《sich⁴》♦ **den Kopf〈das Hirn〉** 《sich³ über et⁴》(…について) 頭を痛める〔ひねる〕．

Zermatt ツェルマット (スイス南部の保養地).

zer･mürben 他 弱らせる，無気力にする．**=nagen** 他 (ネズミなどが) かじって傷つける．**=pflücken** 他 (花びらなどを) すっかりむしり取る；(…に) いちいち文句をつける．**=platzen** 自 (s) パチンと割れる 〈破裂する〉．**=quetschen** 他 押しつぶす．

Zerrbild 中 戯画，カリカチュア．

zer･reden 他 あれこれ論じてうやむやにする．**=reiben*** 他 すりつぶす，すって粉末にする；他《sich⁴》身をすり減らす．

zerreißen* [ツェアライセン]《zerriss, zerriß; zerrissen》動 他 (tear) ♦ 引き裂く 〈ちぎる〉；《sich³ et⁴》(衣服に) ほころびをつくる；(sich⁴) 粉骨砕身する；(sich⁴) 努力する，粉骨砕身する；自 (s) 布・紙などが) 裂ける，破れる，(糸などが) 切れる．**Zerreißprobe** 女《口》引っ張り強さテスト；重大な試練．**Zerreißung** 女《-/-en》引き裂くこと〈裂けること〉；《医》断裂〔創〕．

zerren [ツェレン] 《zerrte, gezerrt》動 他 《j-et⁴/an et³》(…を) 力ずくで引っぱる，強引に引きずり出す〔引き入れる〕；sich⁴ einen Muskel 〈eine Sehne〉～筋〈腱(ｹﾝ)〉を痛める．

zerrinnen* 自 (s) 溶けて〔流れる〕．

zerriss 〈 **zerriß**〉 ⇒ zerreißen

zerrissen ⇒ zerreißen 形 分裂した．

Zerrissenheit 女《-/》分裂〔状態〕．

Zerrspiegel 男 像がゆがんで見える鏡．

zerrte ⇒ zerren

Zerrung 女《-/-en》無理に引っ張ること；《医》裂創；《医》捻挫(ﾈﾝｻﾞ)．

zer･rütten 他 (健康を) 損ねる；(財政を) 破綻させる；(家庭を) 崩壊させる．**=sägen** 他 のこぎりで細かくする．**=schellen** 他 細かく砕ける，こなごなにする．**=schießen*** 他《銃撃〔砲撃〕で》穴だらけにする，破壊する．

zerschlagen* [ツェアシュラーゲン]《zerschlug; zerschlagen》❶ 他 《smash》打ち壊す〔倒す〕，砕く；たたき割る，粉砕する；《sich⁴》(希望・計画などが) 台なしになる，ついえる，挫折する． ❷ 形 くたくたの，疲れ果てた．

zer･schleißen* 他 (衣服などを) すり切らす；(機械などを) 摩耗させる．**=schlug** ⇒ zerschlagen **=schmettern** 他 こなごなに壊す，砕く；たたき割る．**=schneiden*** 他《細かく》切る，切り刻む；《j³ et⁴》(人の…に) 切り傷をつける．**=schrammt** 他 かき傷だらけにする．**=setzen** 他 《et⁴〈sich⁴〉》(細かく〈分解〉させる〈する〉)；《j⁴〈sich⁴〉》堕落させる〔する〕．

Zersetzung 女《-/-en》崩壊，堕落．**~s･produkt** 中《化》分解生成物．**~s･prozess**《他 = prozeß》男 分

解過程.
zer=siedeln [他](景観を)無計画な宅地化で損ねる. **=spalten**(*) [他]〔細かく〕裂く, 割る.
zersplittern [他]こなごなに砕く; 分散させる; [再]《*sich*⁴》こなごなになる; [自](s)こなごなに砕ける. **Zersplitterung** [女]粉砕; 分散.
zer=sprengen [他]爆破する; 破裂させる; (群集などを)追い散らす. **=springen*** [自](s)(ガラスなどが)破裂する, はじける; 《雅》(弦などが)ぷっつり〈ぷつんと〉切れる. **=stampfen** [他]踏みつぶす〈にじる〉; 搗(つ)き砕く.
zerstäuben [他]霧状にまき散らす, スプレー〈噴霧〉する. **Zerstäuber** [男]《-s/-》噴霧器, 霧吹き, スプレー.
zer=stechen* [他]刺して傷つける; (虫などが)さんざん刺す. **=stieben**(*) [自](s)《雅》(水などが)飛び散る, 飛散する; (群衆などが)散り散りになる; (悲嘆などが)さっと消える.
zerstören [ツェアシュテーレン]《zerstörte; zerstört》[他]([英] destroy)破壊する, 壊す; 台なしにする. **zerstörerisch** [形]破壊的な. **Zerstörung** [女]破壊.
zer=stoßen* [他]搗き砕く. **=streiten*** [再]《*sich*⁴ **mit** *j*³》(人と)けんか別れする.
zerstreuen [ツェアシュトロイエン]《zerstreute; zerstreut》[他]([英] scatter)まき〈追い〉散らす; (人の)気を紛らす; 《*sich*⁴》(群衆が)ばらばらになる, 分散する; 《*sich*⁴ **mit** *et*³〈**durch** *et*⁴〉》(…で)気晴らしをする.
zerstreut [形]気の散った, うわのそらの; 分散した, ばらばらの. **Zerstreutheit** [女]《-/》放心, 注意散漫. **Zerstreuung** [女]気晴らし, 娯楽; 分散, 散乱; (光の)拡散; 注意散漫.
zerstückeln [他]細かく刻む, 切り刻む, 寸断する. **Zerstückelung** [女]《-/-en》みじん切り; 細分.
zerteilen [他]分割する, 分ける; 《*sich*⁴》分かれる, 分散する.
Zertifikat [ツェアティフィカート] [中]《-[e]s/-e》証明書, 認可〈検定〉証; 修了証書; 〔商〕投資〈持分〉証券.
zer=trampeln [他]踏みつぶす〈にじる〉. **=treten*** [他]踏みつぶす〈にじる, 殺す〉. **=trümmern** [他]こなごなに打ち砕く.
Zervelatwurst [女]セルベラートソーセージ(サラミの一種).
zerwühlen [他]掘り返す; かき乱す.
Zerwürfnis [中]《-ses/-se》《雅》不和, 争い, (激しい)口論.
zerzausen [他](髪などを)かきむしる, くしゃくしゃにする.
Zeter [中] ✦ **~ *und Mord[io] schreien*** 人殺しと叫ぶ〈悲鳴を上げる〉; 《話》(何でもないことで)大騒ぎする.
zetern [自]悲鳴をあげる; わめきたてる.
Zettel [ツェッテル] [男]《-s/-》❶ 紙片, 紙きれ; メモ用紙; 〔商〕伝票; 荷札; ステッカー, ラベル. ❷ (織物の)経糸(たていと). **=kasten** [男]カードボックス.
Zeug [ツォイク] [中]《-[e]s/-e》《話》(くだらない)もの, しろもの, がらくた; くだらない〈ナンセンスな〉こと; 素質, 才能; 〔醸造〕ビール酵母. ✦ ***am ~[e] flicken*** 《話》《*j*³ *et*⁴》(人の…に)文句を言う, けちをつける. ***das ~ zu et*³ *haben*** (…になる)素質がある. ***sich*⁴ *für j-et*⁴ *mächtig* 〈*richtig*〉 *ins ~ legen*/*für j-et*⁴ *ins ~ gehen*** (…のために)尽力する. ***J*¹ *hat das ~ zu et*³./*In j*³ *steckt das ~ zu et*³.** 《話》(人は…になる)素質がある. ***was das ~ hält*** 《話》力の限り.
..zeug 「…に使う道具[類]; …でできた物〈製品〉」の意.
Zeuge [ツォイゲ] ❶ [男]《-n/-n》([女] ..gin)([英] witness)目撃者; 立会人; 証人. ❷ ⇨ Zeug (複数形; 単数3格の別形) ✦ ***als Zeugen* 〈*zum Zeugen*〉 *an|rufen*** (人を)証人に立てる.
zeugen ❶ [自]〔法〕証言する; 《**von** *et*³》(…を)明白に示す, 証明する. ❷ [他](男が子供を)作る; 《雅》生み出す; 引き起こす.
Zeugen=aussage [女]証人の供述. **=stand** [男](法廷の)証人席. **=vernehmung** [女]証人尋問.
Zeughaus [中]〔軍〕兵器庫.
Zeugin [女]《-/-nen》Zeuge の女性形.
Zeugnis [ツォイクニス] [中]《-ses/-se》証明[書]; 成績証明書; 勤務証明書; (専門家の)鑑定[書], 判定[書]; 《古》(法廷での)証言; 《雅》証拠, あかし. ✦ **~ *ab|legen* 〈*geben*〉** 《**von** *et*³》(…を)証明する, (…の)あかしである.
Zeugung [女]《-/-en》子をもうけること, 生殖. **~s=akt** [男]生殖行為.
zeugungs=fähig [形]生殖能力のある. **=unfähig** [形]生殖不能の.
Zeus 〔ギ神〕ゼウス(神々の王). **=tempel** [男]ゼウス神殿.
ZGB [略]《スイ》Zivilgesetzbuch 民法典.
z.H. [略] zu Händen, zuhanden (手紙の上書きで)…あて.
z.Hdn. [略] = z.H..
Zibebe [女]《-/-n》《南部・オーストリア》(大粒の)干しブドウ.
Zichorie [女]《-/-n》〔植〕キクニガナ, チコリ.
Zicke [女]《-/-n》([小] **Zicklein**)(雌の)ヤギ; 《話》(ののしって)ばかな女. ✦ **~*n machen*** 《話》ばかなことをする. **zickig** [形]《蔑》(女性が)つんとすました, 生意気な.
Zicklein (→ Zicke) [中]《-s/-》雌の子ヤギ.
zickzack [副]ジグザグに. **Zickzack** [男]《-[e]s/-e》ジグザグ[模様].
Ziege [ツィーゲ] [女]《-/-n》([英] goat)〔動〕ヤギ; 〔魚〕ツィーゲ(コイ科の一種); 《話》(ののしって)ばかな女.
Ziegel [ツィーゲル] [男]《-s/-》([英] brick)れんが; かわら. **=dach** [中]かわら屋根.
Ziegelei [女]《-/-en》れんが〈かわら〉製造工場.
ziegel=farben [形]れんが色の. **=rot** [形][赤]れんが色の.
Ziegelstein [男]れんが.
Ziegen=bart [男]ヤギのひげ; 《話》やぎひげ; 〔植〕ホウキタケ. **=bock** [男]〔動〕雄ヤギ. **=käse** [男]ヤギ乳のチーズ. **=leder** [中]ヤギ革; キッド. **=peter** [男]《話》おたふく風邪.
zieh ⇨ zeihen
Ziehbrunnen [男]つるべ井戸.

Z

ziehe ⇨ zeihen
Zieh-eltern 複 《方》養父母.
ziehen* [ツィーエン] (zog; gezogen) ❶ 他 《auf et³》(人の…を)ひっぱる;《j⁴ an et³》(人の…を)ひっぱる;《j⁴ aus et³》(…を…から)ひっぱり出す; [引き]抜く《剣·拳銃などを》引き抜く《トランプでくじなどを》ひく;《et⁴ über et⁴》(…を…の上に)着る, はおる《ロープなどを》張る, 張り渡す《線などを》描く《畦をめぐらす《植物などを》育てる《ろうそくなどを》引き伸ばして作る;《ある表情を》する;《顔》《手形を》振り出す; 《機能動詞的に》(einen Vergleich ～ 比較する | Schlüsse aus et³ ～ …から結論を出す);《j⁴ zieht es …》(人は…へに心)行きたい. ❷ 自 《s》(…へ)引っ越す, 移る, 向かう;《s》煙·臭いなどが…へ)漂って《流れて》いく《息·息などを》ひっぱる《an et³》(…を)吸う, 《煙突·パイプなどが》空気《煙》の通りがよい; 機能したうまくいく, 功を奏する;《料》色や風味が出る;《Es zieht.》すきま風が通る;《j³ zieht es …》(人は体の一部が)痛い. ❸ 再 《sich》伸びる;長引く. ◆ **nach sich ～** 《物事が》(…を)結果として伴う.
Zieher 男 《-s/-》《商》手形振出人.
Zieh-harmonika 女 アコーディオン.
-**sohn** 男 他人からあずかって育てた息子《男の》里子.
-**tochter** 女 他人からあずかって育てた娘《女の》里子.
Ziehung 女 《-/-en》抽選, くじ引き.
Ziel [ツィール] 中 《-[e]s/-e》(努力などの)目標, 目的;目的地;《スポ》決勝点, ゴール;標的;《商》期限, 期日, 支払い日. ◆ **《weit》über das ～ hinaus schießen** 途方もないことをする;度を越す. **Ziel-.** 「目的(目標)となる…」の意.
Zielband 中 《陸上》ゴールのテープ.
ziel-bewusst (他 **bewusst**) はっきりした目的(目標)を持った, 目的意識のある.
zielen [ツィーレン] (zielte; gezielt) 自 《aim》《auf j-et⁴》(…を)ねらう, 的にする, (…に)照準を定める.
zielgenau 自 目標へのねらいが正確な.
Ziel-gerade 女 《スポ》ホームストレッチ. -**gruppe** 女 ターゲット(読者·視聴者·利用者·消費者など). -**kauf** 男 《商》掛け買い. -**linie** 女 《スポ》ゴール(フィニッシュ)ライン.
ziellos 形 目的(あて)のない, 当てどない, 漫然と.
Ziel-scheibe 女 [的], 標的. -**setzung** 女 《-/-en》目標設定.
zielsicher 自 ねらいすました, 的をはずさない; (目標に)向かっていく自信のある.
Zielsprache 女 目標言語(翻訳における訳文の言語;学習対象となる外国語).
zielstrebig (目的に向かって)ひたむきな, やる気のある.
Zieltag 男 《商》支払日, 満期日.
zielte ⇨ zielen
Zielvorrichtung 女 照準装置.
ziemen 《雅》自 《j³》(人に)ふさわしい; 再 《sich》《für j⁴》(人に)ふさわしい, 当を得ている.

Ziemer 男 《-s/-》《狩》(獣の)背の後部;牛革の鞭(むち).
ziemlich [ツィームリヒ] ❶ 形 《雅 fair》《話》かなりの, 相当の; 《雅》しかるべき, その場にふさわしい. ❷ 副 かなり, 相当, ずいぶん;《話》およそ, 凡そ.
Zier 女 《-/》《雅》= Zierde.
Zierat 男 = Zierrat.
Zierde 女 《-/-n》飾り, 装飾;模範, 誉れ, 誇り.
zieren 飾る; 再 《sich》(上品ぶって)遠慮する. **Ziererei** 女 《-/-en》気取り; もったいぶり; しきりに遠慮すること.
Zier-fisch 男 観賞魚. -**garten** 男 観賞用庭園. -**kissen** 中 装飾用クッション. -**leiste** 女 《建》飾り縁;《印》(ページの上下の)装飾線.
zierlich [ツィーアリヒ] かわいい, きゃしゃな;上品な.
Zier-naht 女 飾り縫い. -**pflanze** 女 観賞植物. -**puppe** 女 《話》おしゃれ女. -**rat** 男 《-[e]s/-e》《雅》飾り, 装飾. -**strauch** 男 観賞用潅木(かんぼく).
Ziff. = Ziffer
Ziffer [ツィファー] 女 《-/-n》数字;《法律·契約書などの》条項, 項(これら数字Z., Ziff.)で表されている;《話》数. -**blatt** 中 (時計·計器の)文字盤.
zig 形 《無変化;付加語的》《話》非常にたくさんの, 多数の.
Zigarette [ツィガレテ] 女 《-/-n》《fair cigarette》紙巻きタバコ, シガレット.
-**n-automat** 男 タバコ自動販売機.
-**n-etui** 中 シガレットケース.
-**n-länge** 女 《話》タバコを一服する時間. ◆ **auf eine ～** ほんのちょっとの間に.
-**n-spitze** 女 シガレットホルダー.
-**n-stummel** 男 タバコの吸い殻.
Zigarillo 男, 中 《-[s]/-s》《話》《俗》《-[s]/-s》ツィガリロ, 小型の葉巻.
Zigarre [ツィガレ] 女 《-/-n》《fair cigar》葉巻, シガー;《話》叱責(しっせき), お目玉.
-**n-kiste** 女 葉巻箱, シガーボックス.
-**n-stummel** 男 葉巻の吸いさし《吸い殻》.
Zigeuner 男 《-s/-》(女 **-in**)ロマ, ジプシー;《話》放浪癖のある人.
zighundert, Zighundert 《不定数詞》何百もの:～ Soldaten 何百人もの兵士たち. **Zighunderte, zighunderte** 何百にもの人.
Zikade [ツィカーデ] 女 《虫》セミ(蝉).
Zimmer [ツィマー] 中 《-s/-》(複 -**chen**) 《fair room》部屋, 室:ホテルの部屋;室内造作, 家具調度, インテリア. ◆ **in seinem ～ sein** 自分の部屋をさがる(行く). **das ～ hüten müssen** (病気などで)外出できない. -**antenne** 女 室内アンテナ. -**decke** 女 天井. -**einrichtung** 女 インテリア, 家具調度. -**flucht** 女 (ドアでつながった一続きの部屋), スイートルーム. -**kellner** 男 (ホテルの)客室係のボーイ, ルームウェーター. -**mädchen** 中 (ホテルの)客室係のメイド. -**mann** 男 《-[e]s/..leute》大工.
zimmern 木材で製作する細工する;《an et³》(…を)木材で組み立てる.
Zimmer-pflanze 女 室内観賞植物. -**temperatur** 女 室温. -**theater** 中

小劇場；小劇団．
zimperlich 形 神経過敏な；極端に痛がる．
Zimt 男 ((-[e]s / 種類 -e)) シナモン，肉桂(ﾆｯｹｲ)；《話》つまらないこと，がらくた．
Zink 中 ((-[e]s)) 亜鉛 (元素名： (記号)Zn)．
Zinke 女 ((-/-n)) (くし・フォークなどの)歯；(木材の)枘(ﾎｿ)．
zinken 他 ❶ (いかさまをするためトランプに)目印をつける．❷ 亜鉛(製)の．
Zinken 男 ((-s/-)) (くし・フォークなどの)歯；《話》でかい鼻．
Zinksalbe 女 (医)亜鉛華軟膏(ﾅﾝｺｳ)．
Zinn [ツィン] 中 ((-[e]s)) 錫，(俗 tin 錫) (元素名： (記号)Sn)；錫製の食器．
Zinne 女 ((-/-n)) ((建))(城に築かれた)こぎり状の胸壁；ぎざぎざの頂．
zinnern 形 錫(製)の．
Zinngeschirr 中 錫(製)の食器．
Zinnober 男 ((-s/-)) ((鉱物)) 辰砂(ｼﾝｼｬ)，(ｻ)朱(色)；《話》つまらないこと，不必要な興奮．**zinnoberrot** 形 朱色の．
Zinnsoldat 男 (おもちゃの)錫の兵隊．
Zins [ツィンス] 男 ((-es/-en)) ((多くは interest))利息，利子，金利； (ﾌ)((復)) 家賃，部屋代，地代；((史))税，年貢． ◆ **mit ~en** ⟨**mit ~ und Zinses-zins**⟩ **zurückzahlen** ((j³ et⁴)) (人に対して…で被った損害に)たっぷりお返しをする． ◆ **-tragen** ⟨**bringen**⟩ 利子がつく．
=abschnitt 男 ((商)) 利札 (Zinsbogen から毎回切り取る券)，クーポン．
zinsbar 形 利子のつく．**Zinsbogen** 男 ((商)) 利札 (Zinsbestätigung の全体)．**Zinsenkonto** 中 ((商)) 利子(借料)計算[書]．**Zinseszins** 男 (複) **zinsfrei** 形 無利子の；((史)) 地代免除の．
Zins-fuß 男 ((商)) 利率．**=gefälle** 中 ((商))(地域による)金利差．
zins-günstig 形 利子(利息)の有利な．**=los** 形 ＝ zinsfrei．
Zins-satz 男 ((商)) 利率．**=senkung** 女 ((商)) 金利引き下げ．**=spanne** 女 ((商))(貸付利息と預金利息の間の)利率の差(開き)，利ざや．**=theorie** 女 ((商)) 利子(学説)．

Zion (der ~n) シオン (Jerusalem にある丘で，David の民城があったといわれる地)；((無冠詞で)) エルサレム；神の館；(集合的で)エルサレムの民，ユダヤ民族．
Zionismus 男 ((-/)) シオニズム (パレスチナにユダヤ人国家建設をめざす運動)．**Zionist** 男 ((-en/-en)) **-in** 女 シオニスト．**zionistisch** 形 シオニズムの．
Zipfel 男 ((-s/-)) (布などのとがった)端，(細くなった)先端；(幼児) おちんちん． ◆ **an allen vier ~n haben** ((話)) ((…の)すっかりつかんでいる．**beim rechten ~ anfassen** ((話))…を手ぎわよくやり始める．
=mütze 女 (先端の垂れ下がった毛糸の)とんがり帽子．
Zirbeldrüse 女 ((医)) 松果腺(ｾﾝ)，松果体．
zirka 副 約，およそ ((俗 ca.))．
Zirkel [ツィルケル] 男 ((-s/-)) ❶ ((俗 compass)) コンパス．❷ 円，円形；((馬術)) 輪乗り．❸ サークル，クラブ．

zirkeln 他 正確に測る(測量する)； ((話))(…を…へ)正確に運ぶ；自 径 十二分に吟味する．
Zirkel-schluss 男 (= **schluß**) 男 ((論)) 循環論法(論証)．
Zirkon 中 ((-s/-e)) ((鉱物)) ジルコン．
Zirkonium 中 ((-s/)) ジルコニウム (元素名： (記号)Zr)．
zirkular 形 円形の，環状の．
Zirkularkreditbrief 男 ((商)) 旅行(者)巡回信用状．
Zirkulation 女 ((-/-en)) 循環； (貨幣などの)流通；((医)) 血液循環．**~s-kapital** 中 ((経)) 流通資本 (貨幣資本と商品資本)．
zirkulieren 自 (h, s) 循環する，巡る；(貨幣などが)流通する；(うわさなどが)流布する，広まる．
Zirkumflex 男 ((-es/-e)) ((言)) アクサンシルコンフレックス (フランス語などに用いる発音符〰)．
Zirkus [ツィルクス] 男 ((-/-se)) ((俗 circus))サーカス；サーカスの観客(興行)； (古代ローマの)円形競技場；((話)) 大混乱，大騒ぎ． ◆ **einen ~ veranstalten** 大騒ぎをする．
zirpen 自 (コオロギ・セミ・小鳥などが)リンリン(チッチッ)と鳴く．
zischeln 自 ひそひそで悪口を言う．
zischen 自 シュッ(ジュッ)と音を立てる；(聴衆・観客が)シーシーと言ってやじる；(1)勢いよく飛んで行く(吹き出る)； 他 (ひそひそと悪口などを)ささやく． ◆ **einen** ⟨**ein Bier**⟩ ~ 《話》きゅっと一杯やる．
Zischlaut 男 ((言)) 歯擦音．
ziselieren 他 (金属に)彫刻をする．
-zismus ⇒ ..ismus
Zisterne 女 ((-/-n)) 地下の雨水ため．
Zitadelle 女 ((-/-n)) 砦(ﾄﾘﾃﾞ)，城塞．
Zitat 中 ((-[e]s/-e)) 引用文(句)；(よく引用される)有名な文句．
Zither 女 ((-/-n)) ツィッター (撥弦(ﾊﾂｹﾞﾝ))楽器の一種)．
zitieren [ツィティーレン] ((zitierte; zitiert)) 他 ((俗 quote)) 引用する；((話))(人を)呼び出す．
Zitronat 中 ((-[e]s/-e)) 柑橘(ｶﾝｷﾂ)類の果皮の砂糖漬け．
Zitrone [ツィトローネ] 女 ((-/-n)) ((俗 lemon))レモン． ◆ **mit ~n gehandelt haben** ((話))商売に失敗した．
~n-falter 男 ((昆))ヤマキチョウ．
~n-presse 女 レモン搾り器．
~n-saft 男 レモンジュース．
~n-schale 女 レモンの皮．
~n-wasser 中 レモン水．
Zitrusfrucht 女 ((植)) かんきつ類(の果実)．
zitterig 形 震えている；(老衰して)震えきている．
zittern \ツィッタァン\ ((zitterte; gezittert)) 自 ((俗 tremble)) 震える，震動する；((vor j-et³))(震えるほど…を)怖がる；((für um))(…のことをひどく心配する；(s) ((話)) 震えながら(…へ)歩いていく．
Zittern 中 ((-s/)) 震え，振動． ◆ **mit ~ und Zagen** びくびくしながら．
Zitter-pappel 女 ((植)) アスペン(ポプラの一種)．**-prämie** 女 ((戯)) 危険(作業)手当(割増金)．

zitterte ⇒ zittern
zittrig 形 = zitterig.
Zitze 女 ((-/-n)) (動物の雌の)乳首; 《話》(女性の)乳首.
Zivi 男 ((-s/-s)) 《話》(兵役の代わりに)社会奉仕の仕事をする若者(< Zivildienstleistender).
zivil [ツィヴィール] 形 (④ civil)文民の,市民の,(軍隊ではなく)民間の; 《法》民法の,民事の; 《話》(値段が)妥当な, まともな. **=fahnder** 男 私服刑事. **=fahnder** 男
Zivil 中 ((-s/)) 平服, 私服; 市民, 民間人, 文民, シビリアン. **=bevölkerung** 女 (集合的)(軍人以外の)一般市民, 民間人. **=courage** 女 ((-/)) (恐れずに自分の信念を公表する)市民としての勇気(ビスマルク Bismarck の造語). **=dienst** 男 (兵役拒否者が行う)社会奉仕の仕事. **=fahnder** 男 私服刑事. **=gericht** 中 《法》民事裁判所.
Zivilisation [ツィヴィリザツィオーン] 女 ((-/-en)) (④ civilization)文明; 文明社会. **~s-gesellschaft** 女 文明社会. **~s-krankheit** 女 文明病. **~s-müdigkeit** 女 文明(生活)への倦怠(けん)[感].
zivilisatorisch 形 文明の; 文明に起因する; 文明に導く.
zivilisieren 他 文明化する; 洗練させる.
zivilisiert 形 文明化した; 洗練された.
Zivilist 男 ((-en/-en)) (軍人に対する)文民, シビリアン; 平服(私服)の人.
Zivil-leben 中 兵役に服していないときの生活; 私生活.
Zivilprozeß (④ ..prozeß) 男 《法》民事訴訟. **-ordnung** 女 《法》民事訴訟法.
Zivil-recht 中 《法》民法. **zivilrechtlich** 形 《法》民法(上)の.
Zivil-schutz 男 (災害・戦時の)民間人保護; 民間防衛(救護)隊.
ZK 略 Zentralkomitee (政党などの)中央委員会. **Zl** 略 Zloty.
Zloty [ズ<ス>ロティ] 男 ((-s/-s)) (単位/-/) ズロティ(ポーランドの通貨; 略 Zl).
Zn 記号 Zink. **Zn.** 略 Zeichen 記号; Zuname 家族名. **ZNS** 略 Zentralnervensystem 中枢神経系.
Zobel 男 ((-s/-)) 〖動〗クロテン; クロテンの毛皮.
Zofe 女 ((-/-n)) 侍女, 腰元.
zog, zöge ⇒ ziehen
zögerlich 形 ためらいがちの.
zögern [ツェーガァン] 自 (zögerte, gezögert) (④ hesitate)ためらう, ちゅうちょする, 二の足を踏むね, 尻込みする.
Zögling 男 ((-s/-e)) (全寮制学校・施設の)生徒.
Zölibat (④ ..[e]s/) (特にカトリック聖職者の)独身制; 独身生活.
Zoll [ツォル] 男 ((-(e)s/Zölle)) 関税, 通関料;〖史〗通行税, 通行料金; 税関. ◆ *jeder* ~ */für* ~ *in jedem* ~ 〖雅〗まったく, 完全に. **=abfertigung** 女 通関手続きの完了. **=amt** 中 税関. **=beamte[r]** 男 (形容詞的)税関職員.
Zölle ⇒ Zoll
zollen 他 《雅》((*j³ et⁴*)) (人に敬意・謝意・賛意などを)表す.

Zoll-erklärung 女 課税品申告(書). **=fahnder** 男 ((-s/-)) 関税検査官. **=fahndung** 女 関税検査(所).
zollfrei 形 関税免除の, 免税の.
Zoll-grenze 女 関税境界. **-inhaltserklärung** 女 (⑬ 郵) 税関告知書. **-kontrolle** 女 関税検査. **-mauer** 女 関税障壁.
Zöllner 男 ((-s/-)) 《話》税関役人.
zollpflichtig 形 関税のかかる.
Zoll-schranke 女 関税障壁. **-tarif** 男 関税率[表]. **-union** 女 関税同盟.
Zone [ツォーネ] 女 ((-/-n)) (④ zone)地域, 地帯, ゾーン; (電話・交通機関などの)料金区域, ゾーン; (旧西ドイツで軽蔑的に)旧東ドイツ.
Zoo [ツォー] 男 ((-s/-s)) (④ zoo)動物園; (ベルリンのツォー駅.
Zoologe 男 ((-n/-n)) 動物学者. **Zoologie** 女 ((-/)) 動物学. **zoologisch** 形 動物学(上)の.
Zoom 男 ((-s/-s)) ズームレンズ; 〖写・映〗ズーム, ズーミング. **zoomen** 他 〖写・映〗ズーミングする. **Zoomobjektiv** 中 ズームレンズ.
Zopf 男 ((-(e)s/Zöpfe)) (④ *Zöpfchen*) お下げ髪; 弁髪; ツオプフ(お下げ髪のように編まれた形のパン). ◆ *ein alter* ~ 《話》時代遅れの考え(しきたり).
Zorn [ツォルン] 男 ((-(e)s/)) 怒り, 立腹. ◆ *aus 〈vor〉* ~ 怒りのあまり. *in* ~ *bringen* 〈人〉を怒らせる. *in* ~ *geraten* 怒る. **-ader** 女 (額の)青筋.
zornentbrannt 形 憤激した.
Zornes-ausbruch 男 怒りの爆発. **-röte** 女 怒りで頬が赤くなること.
zornig [ツォルニヒ] 形 (④ angry)怒った, 立腹(憤慨)した. **zornrot** 形 (顔が怒りに紅潮した.
Zoroaster ゾロアスター(前7-6世紀ごろのペルシャの予言者で, ゾロアスター教の創始).
Zote 女 ((-/-n)) わいせつな冗談. **~n-reißer** 男 《暖》猥談(だん)をする人.
zotig 形 わいせつ(ひわい)な.
Zotte 女 ((-/-n)) (南部・中部)(やかん・ポットなどの)注ぎ口; (特に動物の)もじゃもじゃの毛; 〖解〗絨毛(じゅう).
Zottel 女 ((-/-n)) (動物の)もじゃもじゃの毛; 《醜》(人間の)長く乱れた髪; ふさ(飾り); 〖方〗だらしのない女. **zottelig** 形 もじゃもじゃの; (髪が)長く乱れた. **zotteln** 自 ((s))のろのろ(ぼんやり)歩く; (髪が)乱れて垂れる.
zottig (毛が)もじゃもじゃした; 毛むくじゃらの. **zottlig** 形 = zottelig.
ZPO 略 Zivilprozeßordnung. **Zr** 記号 Zirkonium. **z.T.** 略 *zum Teil* 部分的には, 一部は. **Ztr.** 略 Zentner.
zu [ツー] 前 I (3格支配) ❶ (空間的)(④ to) (方向・到達点) …(のところ)へ, …まで; (場所・位置) …に. ❷ (④ at) (時間的・時代的) …の時ごと: ~ Ostern 〈Weihnachten〉復活祭〈クリスマス〉に. ❸ (状況変化・結果) …にまで; (④ as) …として: ~ *Eis werden* (水などが)凍る | ~ *meiner Freude* うれしいことに | *j⁴ zum Vorsitzenden ernennen* 人を議長に指

名する. ❹《動作の対象》…に対して;《比較·対立》…に比べて: im Verhältnis ~ et^3…と比べて. ❺《適合·付加》…に合わせて; 加えて. ❻ ([英] for)《目的》…のために: *zum* Dank für et^4…のお礼に. ❼《手段》…で: ~Fuß 徒歩で. ❽《数量を表す語と》…ずつ, …で;《容量·重量》…の量〈重さ〉の;《部分·割合》…の割で〈分だけ〉: *zum* halben Preis 半額で. ❾《旅館名の一部として》: der „Gasthof *zum* Ochsen"「雄牛亭」.
II ([英] to)《zu 不定詞句を作る》❶《名詞的に》…すること: Zeitung ~ lesen, ist gut./Es ist gut, Zeitung ~ lesen. 新聞を読むことはよいことだ. ❷《名詞を修飾して》…すべき, するための; するという: Ich habe keine Zeit, Bücher ~ lesen. 私は本を読むひまがない. ❸《sein + zu 不定詞》…されうる; …されねばならない, されるべきである;《zu + 現在分詞 + 名詞の形で; いわゆる未来分詞》…されうる; されるべき: die *einzureichende* Papiere 提出すべき書類.
III [副] ❶ ([英] too)《形容詞·副詞を修飾して》あまりに…, …しすぎる: ~ spät kommen 遅刻する. ❷《話》(ドアや窓が)閉じた. ❸《催促》さあ, どんどん.
✦ ***anstatt***《+ **zu** 不定詞句》(…する)代わりに. ***auf j-et***^{4} **~** (…)めがけて, (…に)向かって. ***außer... um***《+ **zu** 不定詞句》(…する)ため以外は. ***bis* ~ *et***^{3} (…)までの. ***nach j-et***^{3} **~** (…の)方へ. ***ohne...***《+ **zu** 不定詞句》(…)せずに. ***statt***《+ **zu** 不定詞句》(…する)代わりに. ***um***《+ **zu** 不定詞句》《目的》([英] in order to)(…する)ために;《結果》しかし〈そして〉その結果…;《断り書き》…ならば. ***von j-et***^{3} **~ *j-et***^{3} (…)から(…)へと. **~ *et***^{3} ***herein*** (…を)通って中へ. **~ *j-et***^{3} ***hin***《空間的》(…の)方向へ; (…に)面して;《時間的》(…に)かけて. **~ *et***^{3} ***hinaus*** (…を)通って外へ. ***zum einen A, zum ander[e]n B*** 一方では A, 他方では B. ***zum Ersten A, zum Zweiten B*** 第一に A, 第二に B. **~ *sein***《話》(戸·店などが)閉まっている; (鼻が)詰まっている; 酔っている.

Z

zu..《分離動詞の前つづり》「方向; 目的; 追加; 付与; 閉鎖」の意.
zu·aller·erst [副] 真っ先に, いの一番に. ·**letzt** [副] 最後の最後に.
Zuarbeit [女] 仕事の手伝い, 手助け.
zu|bauen [他] (空き地などを建物を建てて)埋める.
Zubehör [中] ([男])《-[e]s/-e (ｽｲ -den)》(建物などの)付帯設備; 家具調度; (機械などの)付属部品, アクセサリー.
zu|beißen* [自] かみつく. |**bekommen*** [他]《話》やっとのことで閉めることができる;《方》おまけに〈余分に〉もらう.
Zuber [男]《-s/-》(大型の)桶(おけ).
zu|bereiten [他] (食物を)調理する; (薬を)調合する. **Zubereitung** [女] 調理; 調剤; 調理〈調合〉されたもの.
zu|billigen [他]《j^3 et^4》(人に…を)承認する. **Zubilligung** [女] 承認.
zu|binden* [他] 結んで閉じる. |**bleiben*** [自] (s)《話》(ドア·窓などが)閉じたままになっている. |**blinzeln** [自]《j^3》(人に)目くばせする. |**bringen*** [他]《et^4 mit et^3》([やむなく]時を…で)過ごす;《話》やっとのことで閉めることができる;《j^3 et^4》(人に…を)そっと知らせる.
Zubringer [男]《-s/-》(高速道路などへの)連絡道路; (空港·駅などへの)連絡交通機関. ·**bus** [男] (空港·駅などへの)連絡〈送迎〉バス, シャトル〈リムジン〉バス. ·**dienst** [男] (空港·駅などへの)連絡〈往復〉便. ·**straße** [女] (高速道路などへの)連絡道路.
Zucht [ツフト] [女]《-/-en》飼育, 養殖; 栽培, 培養; 品種改良; 飼育〈栽培〉の成果; 品種; しつけ, 規律. ✦ ***in Züchten***《古》礼儀正しく. ·**bulle** [男]《-n/-n》種牛.
züchten [ツュヒテン]《züchtete; gezüchtet》[他] 飼育〈養殖, 栽培, 培養〉する; 品種改良する; 作り出す; (感情などを)生じさせる; しつける. **Züchter** [男]《-s/-》([女] **-in**) 飼育〈養殖〉者; 栽培者, 育種家.
Zucht·haus [中] (旧刑法下の)重懲役刑務所; 重懲役刑. ·**häusler** [男] (旧刑法下の)重懲役刑囚. ·**hausstrafe** [女] (旧刑法下の)重懲役刑. ·**hengst** [男] 種馬.
züchtig [形]《古》しとやかな.
züchtigen [他]《雅》懲らしめる.
Züchtigkeit [女]《-/》《古》しとやかさ.
Züchtigung [女]《-/-en》《雅》懲罰.
zuchtlos [形] 規律のない, だらしない. **Zuchtlosigkeit** [女]《-/-en》無規律, だらしなさ; だらしないふるまい.
Zucht·perle [女] 養殖真珠. ·**rute** [女]《雅》懲罰用のむち.
Züchtung [女]《-/-en》飼育, 養殖; 栽培, 培養; 品種改良; (育成された)品種. **Zuchtvieh** [中] 種畜.
zuck [副] さっ(素早さを示す). **Zuck** [男]《-[e]s/-e》《話》電光石火の素早い動き.
zucken [ツッケン]《zuckte; gezuckt》[自] ([英] twitch) ぴくぴく〈ぴくっと〉動く, けいれんする; (s)(光などが)ぴかりと走る; [他] ぴくぴく動かす, けいれんさせる.
zücken [他] (剣などを)さっと引き抜く.
Zucker [ツッカー] [男]《-s/ 種類-》([英] sugar) 砂糖; [化] 糖;《話》糖尿病. ✦ **~ *in den Hintern* 〈*Arsch*〉 *blasen***《話》《j^3》(人を)おだて上げる. **~ *sein***《話》すごい, すばらしい. ·**bäcker** [男]《南部·ｵｰｽﾄﾘｱ》製菓業者. ·**brot** [中] クッキー;《話》甘い菓子パン. ✦ ***mit ~ und Peitsche*** あめとむちで. ·**dose** [女] シュガーポット. ·**erbse** [女] [植] シュガーピース. ·**guss** ([旧] ·**guß**) [男] (ケーキなどの)糖衣. ·**hut** [男] 円錐(えんすい)状に固めた砂糖.
zuckerig [形] 砂糖をまぶした; 砂糖でできた. **zuckerkrank** [形] [医] 糖尿病の. ***Zuckerkrankheit*** [女] [医] 糖尿病.
Zuckerl [中]《-s/-[n]》《南部·ｵｰｽﾄﾘｱ》キャンデー. **zuckern** [他] 砂糖で甘くする; (…に)砂糖をまぶす, 砂糖をかける.
Zucker·plätzchen [中] ボンボン, キャンデー; クッキー, ビスケット. ·**rohr** [中] [植] サトウキビ. ·**rübe** [女] [植] テンサイ(甜菜). ·**streuer** [男] 砂糖振りかけ器.
zuckersüß [形] 砂糖のように甘い, 非常に甘い; (絵画·文学などが)甘ったるい; (態度が)べたべたした, やたらに愛想がよい.

Zucker=watte 囡 綿菓子. **=werk** 匣 砂糖菓子. **=zange** 囡 角砂糖ばさみ.

zuckte ⇨ zucken

Zuckung 囡 《-/-en》 びくっぴくっ という動き; けいれん.

zu|decken [ツーデッケン] 《deckte zu; zugedeckt》 他《⊛ cover》覆う; (…に) ふたをする; (人に) ふとんを掛ける.

zudem 副《雅》それに加えて, そのうえ.

zu|denken* 他《 《 《 》 》 ↑$j^3 et^4$ 』 (人に) …を与えようと思う. ├**diktieren** 《$j^3 et^4$ 》 (人に) …を課(科)する, 割り当てる. ├**drehen** (栓などを) ひねって閉める, (ねじなどを回して締める); 《話》 (栓を閉めて水・ガスなどを) 止める; 《 $j^3 et^4$ 》 (人に) …を向ける.

zudringlich 押しつけがましい, しつこい. **Zudringlichkeit** 囡 押しつけがましさ; 押しつけがましい言動.

zu|drücken 他 (ドア・ふたなどを) 押して 〈力を入れて〉 閉める. ├**eignen** 他《雅》 《$j^3 et^4$ 》 (人に) …をささげる, 献呈する. ├**法** 《 $sich^3$ et^4 》 (…) を横領する. ├**eilen** 自 (s) 《 auf j-et^4 》 (人に) 向かって急いで行く, 駆け寄る.

zueinander 副 互いに.

zu|erkennen* 他《$j^3 et^4$ 》 (審査・裁判などによって) 人に …を授与する, 認める.

zuerst [ツエーアスト] 副《⊛ first》 最初に, まず第一に, 何よりも初めに; まっ先に, 先頭に; 最初のうちは; 初めて.

zu|erteilen 他《⚁》《$j^3 et^4$ 》 (人に…を) 割り当てる; 授与する. ├**fächeln**《$j^3 et^4$ 》 (人に…を) あおいで送る. ├**fahren*** 自 (s) 《 auf j-et^4 》 (乗り物が・乗り物で…に) 向かって行く; 《 auf j^4 》 (人に) 飛び 〈つかみ〉 かかる; 《 j^3 》 (人に) 与えられる.

Zufahrt 囡 (車の) 乗り入れ; 進入路. **~s=straße** 囡 (建物・幹線道路などへの) 進入路.

Zufall [ツーファル] 匣 《-[e]s/..fälle》 《⊛ accident》 偶然, たまたま起こりさきにまかせ. **durch ~** たまたま, 偶然. **Es ist kein ~, dass...** …は何ら偶然ではない.

zu|fallen* 自 (s) (ドア・ふたなどが) ひとりでに閉まる; 《j^3 》 (思いがけず人のものになる, (人に) 転がり込む, (役割などが) 割り当てられる.

zufällig [ツーフェリヒ] ❶ 《⊛ accidental》 偶然の〈に〉, たまたまきた〈の〉. ❷ 副《話》《丁寧な依頼》 ひょっとして, 偶然.

Zufalls=bekanntschaft 囡 偶然知り合った人; 偶然に知り合うこと. **=entdeckung** 囡 偶然の発見. **=fund** 匣 偶然に発見した物, 掘り出し物. **=treffer** 匣 まぐれ当たりでの得点.

zu|fassen 他 ぱっとつかむ; 《話》 手助けする. ├**fliegen*** 自 (s) 《 auf j-et^4 》 (…) に向かって飛ぶ; 《j^3 》 (人のもとに) 飛び込む (ドアなどが) 急に 〈ばたんと〉 閉まる. ├**fließen*** 自 (s) 《 $[zu]$ 》 (…に) 向かって流れる, (水が …に) 流れ込む; 《j^3 》 (人に) 与えられる.

Zuflucht 囡 避難所, 逃げ場. ◆ **seine ~ zu** et^3 **nehmen** 《 … に》 逃避する. **~s=ort** 匣 避難所.

Zu=fluss 《匣-/..flüsse》 匣 (水・資本などの) 流入; (海・湖などに) 流れ込む川; 支流.

zu|flüstern 《$j^3 et^4$ 》 (人に) …をささやく, そっと伝える.

zufolge 前《2格支配; 後置されると3格支配》 …によれば; …の結果 (に応じて).

zufrieden [ツフリーデン] 形《⊛ content[ed]》 満足した, 満ち足りた; 充足した; 《 mit j-et^3 》 《 $über$ et^4 》 (…) に満足している; 《 … を》 高く評価している. ◆ **~ geben** 《 $sich^4$ mit et^3 》 (…で) 満足する. **~ lassen** (…を) そっとしておく, 煩わさない. **~ stellen** (人を) 満足させる, (人の) 望みをかなえてやる. **Zufriedenheit** 囡 《-/》 満足.

zufrieden=geben* $\simeq$ **lassen***, **=stellen** $\simeq$ zufrieden ◆

zu|frieren* 自 (s) (川などが) 氷結する, 氷が張る; 《話》 (水道管などが) 凍結される.

zu|fügen 他《$j^3 et^4$ 》 (人に) …を付け加える, 添える; 《$j^3 et^4$ 》 (人に) 被害・苦痛などを与える.

Zufuhr 囡 《-/-en》 (物資の) 供給, 補給; (空気などの) 流入; 補給物資.

zu|führen 他《j-et^3 》《…に…を》供給 〈供給〉 する; 《j-et^3 》 《…の所に…を》連れて行く, (…まで) 引き渡す; 自《 $[auf]$ et^4 》 (道などが…へ) 通じている. **Zuführung** 《-/-en》 囡 供給, 補給; 給水管, (ガスなどの) 導管; 電線.

Zug [ツーク] I 匣《-[e]s/Züge》 ❶ 列車, 行列; 《⚁》小隊; 山脈, 家並み. ❷ 行進, 進軍の, 移動, 渡り; 時代の流れ, 趨勢 (su); 経過, なりゆき. ❸ 心の動き, 傾向; 欲望, 衝動. ❹ 風通し, 透き間風; 呼吸; (タバコの) 一服, (酒などの) 一飲み. ❺ 引くこと, 引き; (水泳・ボートなどの) 一かき, ストローク; 筆使い, 筆勢; (チェスなどの) 指し手; (ねじの) 溝; (銃身, 砲身などの) 旋条; 学 (引く装置) 引きひも, レバー. ❻ 性格; 特徴; 顔つき, 顔立ち; (目・口などの) 表情. ❼ 《⚁》 しつけ, 規律. ❸ (学校などの) 科, コース. ◆ **auf dem ~ haben** 《話》…に対して, 敵視する; 《話》 **einen ~ durch die Gemeinde machen** はしご酒をする. **gut im ~ sein** 《 im $besten$ $~$ 》 mit et^3 **sein** (…) うまくいっている, 軌道にのっている. **gut im ~ haben** (人を) 規律正しく扱っている. **gut im ~ sein** 調子が出ている. **gut im ~ haben** (人を) 規律正しく扱っている. **im falschen ~ sitzen** 間違った電車に乗っている; 《話》 まちがった方向に進む. **im ~ von** et^3 (…の) 流れの中で, (…を) めぐっての下, 在 **in den letzten Zügen liegen** 死にかけている, 崩壊寸前である. **in 《 mit 》 einem ~ 《 auf einen ~》** 一息に, 一気に. **in großen 《großen》 Zügen** 大まかに, 大体の所で. **in vollem ~ sein** …が活気づいている. **in vollen Zügen genießen** (…を) 味わい尽くす, たっぷり享受する. **~ um ~** 一つ一つ, 順々に; 遅滞なく. **zum ~[e] kommen** 調子が出る.

II 囡 (スイスの州およびその州都)

Zugabe 囡 《-/-n》 おまけ, 景品; 《楽》 アンコール曲; 付加. ◆ **~!** アンコール! (音楽会などで). **=stück** 匣 アンコール曲.

Zug=abteil 匣 《鉄道》 仕切り客室, コンパートメント.

Zugang 匣 入ること, 立ち入り; 接近; 入荷; 《商》 入金; 増加; 新たに入って来た人 〈物〉; (ある場所への) 道, 通路, 入り口.

zugange 副 ◆ ~ sein《話》《mit $j\text{-}et^3$》(…と)かかわり合っている.

zugänglich [ツーゲングリヒ] 形《j^3/für j^4》(人にとって)近づき得る,《中に》入り得る,到達（通行）可能な;《j^3/für j^4》(人にとって)利用(入手)しやすい,利用(入手)できる,アクセスできる;つきあいやすい,親しみやすい;信じやすい;《et^3/für et^4》(…に)快く受け入れる,(…に)心を開いた. **Zugänglichkeit** 囡《-/》接近(到達)可能なこと;通行可能なこと;入手可能なこと,親しみやすさ;受け入れやすさ.

Zugbrücke 囡 跳ね橋.

Zuge ⇒ Zug (単数3格の別形)

Züge ⇒ Zug

zugeben* [ツーゲーベン]《gab zu; zugegeben》他《犯行などを》自供する, 白状する;(ふつう疑問文・否定文で)容認する, 許す;付け加える, おまけする;《3格》(要求された)カードを出す.

zugedeckt ⇒ zudecken **zugegeben** ⇒ zugeben

zugegen 副 (その場に)居合わせて, 出席して.

zugegriffen ⇒ zugreifen

zugehen* 自 (s) 《auf $j\text{-}et^4$》(…に)歩み寄る, 接近する;《et^3/auf et^4》(時間的に…に)近づく;《j^3》(手紙などが人の手許へ)届く;(扉・ふたなどが)閉まる;《話》急いで先へ進む;(先が…の)形になっている. 《Es geht … zu.》(…のては)進行している. 起こる.

Zugeh-frau 囡 (通いの)お手伝いさん.

zugehören 自《雅》《$j\text{-}et^3$》(…に)所属する, (…の)一員である, (…の)ものである.

zugehörig 形《$j\text{-}et^3$》(…に)付属している, (…に)所属している. **Zugehörigkeit** 囡《-/》《zu et^3》(…の)所属に, (…の)一員であること.

zugehört ⇒ zuhören

zugeknöpft 形《話》打ち解けない, 無愛想な;無口な.

zugekommen ⇒ zukommen

Zügel [ツューゲル] 男《-s/-》《主に rein》手綱. ◆ am langen ~ führen (人を)指図しないで自由な活動を抑げないようにする. die ~ aus der Hand legen (geben) 仕事を他人に譲る. die ~《fest》in der Hand haben (halten) 手綱を握る;主導権を握る. die ~ lockern (schleifen lassen)《$j\text{-}et^3$》手綱を緩める;規律を緩める. die ~ schießen lassen《$j\text{-}et^3$》(…に)手綱をにせる, 野放しにする. die ~ straff《er》anziehen 手綱を引き締める;規律を厳しくする. ~ anlegen《$j\text{-}et^3$》(…に)制約を加える;(…を)統制する.

zügellos 形 抑制の利かない;節度のない;放縦な, だらしのない. **Zügellosigkeit** 囡《-/-en》抑制がきかないこと;放縦;自制のきかなない(獣千も)官能.

zügeln 他 (感情などを)抑制する, コントロールする;《^{3格}》(引っ張った荷物を)運ぶ;(s)引っ越す.

zugemacht ⇒ zumachen **zugenäht** 形 口数の少ない, 無愛想な. **zugenommen** ⇒ zunehmen **zugeritten** ⇒ zureiten **zugeschlossen** ⇒ zuschließen **zugesehen** ⇒ zusehen

zugesellen 他《$sich^4$ $j\text{-}et^3$》(…の)仲間になる;(…に)付け加わる.

zugestandenermaßen 副 一般に認められているように. **Zugeständnis** 中 容認, 譲歩, 順応. **zugestehen*** 他《j^3 et^4》(人に…を)認める, 承認(容認)する.

zugestimmt ⇒ zustimmen

zugetan 形《$j\text{-}et^3$》(…に)好意〈愛情〉を抱いて;(…を)愛好して.

zugewandt 形《$j\text{-}et^3$》(…の)方を向いて;(…に)向かい合わせの;(…に)好意〈理解, 興味〉を持った.

Zugewinn 男 追加として獲得されたもの;余剰, 利益《法》(夫婦財産の共同制の)剰余. = **gemeinschaft** 囡《法》(夫婦財産の)剰余共同制.

zugfrei 形 透き間風の入らない, 風の通らない. **Zugführer** 男《鉄道》車掌;《軍》小隊長.

zugießen* 他 (飲み物などを)注ぎ足す.

zugig 形 風の吹き抜ける, 透き間風の入る.

zügig 形 迅速な;運滞のない, スムーズな;《獣》(牛などが)引く力の強い.

Zugkraft 囡 引っ張る力, 牽引(災災)力;人を引きつける力, 魅力. **zugkräftig** 形 人の心を引きつける, 魅力的な.

zugleich [ツグライヒ] 副 同時に;(…と)共に, それでいて.

Zug-luft 囡 透き間風;通風. = **maschine** 囡 牽引(災災)車;トラクター. = **mittel** 中《商》宣伝手段(2引きつけ). = **personal** 中《集合的》《鉄道》列車乗務員. = **pferd** 中《馬耳(災)》;呼び物, 客寄せにする人《もの》. = **pflaster** 中《医》発泡硬膏(災). = **räuber** 男 列車強盗.

zugreifen* [ツーグライフェン]《griff zu; zugegriffen》自 (手を伸ばして)つかむ, 手を出す;(急いで自分のものにする, 買う;《^{2格}》アクセスする.

Zugrestaurant 中 列車食堂.

Zugriff (手を伸ばして)つかむこと;介入, 干渉;(警察の)手入れ, 追跡;《^{2格}》アクセス. ~**s-zeit** 囡《^{2格}》データ処理時間.

zugrunde ⇒ Grund ◆

Zug=schaffner 男 (列車の)車掌. = **seil** 中《口》(リフトなどの)牽引(災災)ロープ, 引き綱. = **spitze** 囡 (die ~)ツークシュピッツェ(アルプス山脈中ドイツの最高峰). = **stück** 中 人気のある芝居, 当たり狂言. = **tier** 中 荷車などを引く動物(軸馬(災)など). = **unglück** 中 列車事故.

zugunsten 前《2格支配, 後置されると3格支配》…のために.

zugut 形 ◆ ~ haben《南部, ^{スイス}》《bei j^3》…の貸しがある.

zugute 副 ◆ ~ halten《j^3 et^4》(人の…を)大目に見る。酌量(災災)する. ~ **kommen**《j^3》(…の)役に立つ、ために なる. ~ **kommen lassen**《j^3 et^4》(人に…を)役立たせる. ~ **tun**《$sich^3$ $auf et^4$》(…を)自慢する;《$sich^3$ etwas》いい思いをする, 楽しむ.

Zug=verkehr 男 列車交通(運行). = **vogel** 男 渡り鳥.

zuhaben* 他《話》《店・窓などが》閉まっている, 休みである. 他 閉じている, 閉めておく. **zuhalten*** 他 (戸などを)閉じてい

る, 閉めておく; 《j^3 et^4》(手などで人の…を)ふさぐ, おおう; 《スイス》《j^3 et^4》(人に…を)配分する; [自] 《**auf** et^4》(…に向かって)進む.
Zuhälter [男] 《-s/-》売春婦のひも.
Zuhälterei [女] 《-/》売春の周旋.
zuhanden [副] 手もとに; 《スイス》《手紙の上書きに zuhanden j^2 〈von j^3〉の形で; [略] z.H.》(人)あて, (人の)手もとに, (人に)渡し. ✦ ~ *sein* 《j^3》(人の)手もとにある, (人が)使うことができる.
zuhängen [他] 布〈幕〉で覆う.
zuhauen* [他] 適当な形〈大きさ〉に切る, 切りそろえる; (くぎなどを打って)封じる; (ドアなどを)バタンと閉める; [自] 殴りかかる, 斬(き)りつける; 《話》(ドアなどが)バタンと閉まる.
zuhauf [副] 《雅》大量に; 群れをなして.
zuhause [副] 《オーストリア・スイス》家で, 在宅して.
Zuhause [ツーハオゼ] [中] 《-s/》わが家; 故郷.
zuheilen [自] (s)(傷が)癒合する, ふさがる.
Zuhilfe=nahme [女] 《-/》助けを借りること.
zuhinterst [副] いちばん後ろ〈奥〉に; 最後尾に.
zuhören [ツーヘーレン] 《hörte zu; zugehört》[自] ([英] listen) 《j-et^3》(…に)耳を傾ける, (…を注意して)聴く.
Zuhörer [ツーヘーラー] [男] 《-s/-》([女] **-in**)([英] listener)聞き手, 聴く人; (ラジオの)聴取者; 聴衆. **Zuhörerschaft** [女] 《集合的》聴衆.
zu|jubeln [自] 《j^3》(人に向かって)歓声を挙げる. **|kaufen** [他] 買い足す. **|kehren** [他] 《j-et^3 et^4》(…に…を)向ける; [自] (s) 《オーストリア》立ち寄る. **|klappen** [動] (s, h)(ふた・ドアなどが〈を〉)パタンと閉まる〈閉める〉. **|kleben** [他] (手紙に)封をする; (張り物をして)ふさぐ. **|klinken** [他] (ドア・窓などを)取っ手を回して閉める. **|knallen** [動] (s, h) 《話》(ドア・窓などが〈を〉)バタンと閉まる〈閉める〉. **|knöpfen** [他] (服などの)ボタンをかける.
zu|kommen* [ツーコメン] 《**kam zu; zugekommen**》[自] (s) ❶ 《**auf** j-et^4》(…に)近づいて来る; (問題などが人に)迫る, 降りかかる; (…に)従う; (…に)頼る. ❷ 《j^3》(人のもとに)届く, (人の)手に入る. ❸ 《j^3》(人に)当然与えられる; (人に)ふさわしい; 《et^3》(重要性などが…に)ある. ✦ ~ *lassen* 《j^3 et^4》(人に…を)届ける〈与える〉; 《et^4 **auf** *sich*^{4}》(…を)わが身に招く.
zu|korken [他] (瓶などに)コルクで栓をする.
Zukunft [ツークンフト] [女] 《-/..**künfte**》 ❶ ([英] future)未来, 将来; これから〈今後〉のこと; 将来性, 見込み: in naher 〈nächster〉 ~ 近い〈ごく近い〉将来. ❷ 〖文法〗未来[時称], 未来形. ✦ *für alle* ~ 永久に, いつまでも. *J-Et*^{3} *gehört die* ~. (…は)前途洋々たるものである. *in* ~ 将来, これから先. *mit* ~ 将来有望の. *ohne* ~ 将来の見込みのない. ~ 〈*kein* ~〉 *haben* 将来性がある〈ない〉. **zukünftig** [形] 未来〈将来〉の, 今後〈これから〉の(meine *Zukünftige* 《話》私の将来の妻); [副] 今後[は], 将来[は].
Zukunfts=aussichten [複] 将来の見込み〈展望〉. **=forscher** [男] 未来学者. **=forschung** [女] 未来学. **=markt** [男] (将来有望な)未来市場. **=musik** [女] (実現にはほど遠い)夢物語.
zukunftsorientiert [形] 未来を指向した: eine ~*e* Politik 将来への展望をもつ政治.
Zukunfts=prognose [女] 将来の予測〈予想〉. **=roman** [男] (SF などの)未来小説.
zukunftssicher [形] 将来も確かな〈存続する〉.
Zukunfts=technologie [女] 未来技術. **=traum** [男] (非現実的な)未来の夢, 願望.
zu|lächeln [自] 《j^3》(人に)ほほえみかける.
Zulage [女] 特別〈追加〉手当, 加俸; 《方》(肉屋の店頭での)骨付きの肉.
zulande [副] ⇨ Land ✦
zu|langen [自] 《話》(食事の際などに)手を伸ばす, 手を出す; ばりばり働く; 殴る; 《方》足りる, 十分である. **zulänglich** [形] 《雅》十分な. **Zulänglichkeit** [女] 《-/-en》十分であること; 十分にあるもの.
zu|lassen* [ツーラッセン] 《**ließ zu; zugelassen**》[他] ❶ ([英] permit)許す, 許容する. ❷ 許可〈認可〉する; 《j-et^4 **zu** et^3 〈**für** et^4〉》(…に…を)許可する, 認める. ❸ 《話》閉めたままにしておく.
zulässig [形] (公的機関から)許されて〈認められて〉いる, 許可〈認可〉された. **Zulässigkeit** [女] 《-/》許容〈容認〉されていること.
Zulassung [女] 《-/-en》許可, 認可; 《話》自動車登録証, 車検証. **~s=papiere** [複] (官公庁の)許可〈認可〉証; 自動車登録証, 車検証. **~s=schein** [男] 自動車登録証.
zulasten [前] 《2格支配》…の負担〈費用〉で.
Zulauf [男] (客などの)殺到, 人だかり; 〖工〗(機械などへの)給水量; 給水口〈管〉; (海・湖に)流れ込む川; 支流.
zu|laufen* [自] (s) 《**auf** j-et^4》(…を目ざして)走っていく, 走り寄る, (道が…に)通じている; 《j^3》(客などが人の所へ)押し寄せる, 殺到する, (犬・猫などが人の所に)迷い込む; (液体が)注ぎ足される; 先が(…の形に)なっている; 《話》急いで走る.
zu|legen [他] 《〔*sich*^{3}〕 et^4》(…を)入手する, 買う; 《方》付け足す; [自] 《話》(仕事・競技で)スピードを上げる.
zuleide, 《オーストリア》**zuleid** [副] ⇨ Leid ✦
zu|leiten [他] 《et^3 et^4》(…に…を)導く, 引き込む, (…にお金などを)振り向ける; 《j^3 et^4》(人に文書などを)送付する.
Zuleitung [女] 誘導; 伝達; (水道・ガスなどの)導管; 導線. **~s=rohr** [中] (水道・ガスなどの)導管.
zuletzt [ツレッツト] [副] ([英] last)最後に, 一番後で; ついに, とうとう, しまいには; 《話》この前, 前回[に]. ✦ *bis* ~ 最後の最後まで; 死ぬまで. *nicht* ~ [また]特に, [とりわけ]また.
zuliebe, 《オーストリア》**zulieb** [副] 《j^3》(人の)ために, (人を)思って; 《et^3》(…の)ために, (…の)せいで.
Zulieferbetrieb [男] 下請け企業.

Zulieferer 男 《-s/-》下請け業者(企業).
Zulieferfirma 女 (部品·部材などを納入する)下請け会社.
zulöten はんだづけ[して密封]する.
zum < zu dem.
zumachen [ツーマヘン] 《machte zu; zugemacht》《話》閉める, 閉じる; 《話》(店などを)閉店(廃業)する; 《方》急ぐ.
zumal 特に, とりわけ, なかでも; 接 《従属》特に…だから.
zumauern (穴·窓などを)壁でふさぐ.
zumeist たいてい; 《雅》大部分は.
zumessen 申 《雅》《j³ et³》(人に)を配分する, 割り当てる; 《et³ et³》(…に意義·価値などを)認める.
zumindest 少なくとも, せめて.
zumutbar 要求できる.
Zumutbarkeit 女 《-/-en》要求可能であること; 要求可能なもの. **~s-grenze** 女 要求し得る限度.
zumute 形 ⇒ Mut ◆
zumuten 《j³ et³》(人に無理なことを要求·期待)する; 《si⁴》= zuztrauen.
Zumutung 女 《-/-en》無理な要求; はた迷惑なふるまい, がまんできないこと(もの).

zunächst [ツネーヒスト] ◆ 《first》まず第一に, 最初に; 初めは; 差し当たり, 当面. ❷ 前 《3格支配: ときに後置》…のすぐそばに.
zunageln くぎづけにして閉じる.
zunähen 縫い合わせる, 縫って閉じる.

Zunahme [ツーナーメ] 女 《-/-n》増加, 増大(編み物の)増し目.
Zuname 男 名字, 名.
Zünd-apparat 男 点火器[装置].
-blättchen 中 (おもちゃのピストル用)紙火薬.
-einstellung 女 (エンジンなどの)点火調節装置.
zünden (…に)点火する; 申 発火(点火)する; (点火によって)作動する; 《bei j³》(人に)感動を呼び起こす. ◆ **Bei j³ hat es gezündet.** 《話》(人に)やっと分かった(飲み込めた).
Zunder 男 《-s/-》火口(ホクチ)[昔の点火材]; 《金属》スケール(高温による金属面の酸化皮膜). ◆ **~ bekommen (kriegen)** 《話》さんざん殴られる; のしられる; 《口》砲撃を浴びる. **~ geben** 《j³》(人を)せき立てる; (人を)殴る; (人を)ののしる.
Zünder 男 《-s/-》点火装置; 信管; 《オーストリア》マッチ.
Zündflamme 女 (ガスなどの)種火, 口火.
Zünd-holz [ツュントホルツ] 中 《-es/-hölzer》マッチ. **-holzschachtel** 女 マッチ箱. **-kabel** 男 (エンジンの)点火ケーブル. **-kapsel** 女 雷管. **-kerze** 女 (エンジンの)点火プラグ. **-schlüssel** 男 (エンジンの)点火(イグニッション)キー. **-schnur** 女 導火線. **-spule** 女 (エンジンの)点火コイル. **-stoff** 男 (争いなどの)もと.
Zündung 女 《-/-en》点火; 点火装置.
Zündverteiler 男 (エンジンの)ディストリビュータ, 配電盤.
zunehmen* [ツーネーメン] 《nahm zu;

zugenommen》自 《⊕ increase》増える, 増大(増加)する; 強まる; 体重が増える.
Zunehmen 中 《-s/-》増加, 増大. **zunehmend** 形 増加(増大)する, 増す. 副 ますます(…).
zuneigen 《sich⁴ j³》(人に)好意を寄せる; 《sich⁴ et³》(…の方へ)体を傾ける, 傾く; (…に)近づく; 《et³》(…に)気持ちが傾く.
Zuneigung [ツーナイグング] 女 《-/-en》《⊕ affection》好意, 好感; 愛情.
Zunft 女 《-/Zünfte》ツンフト(中世ヨーロッパの職人·商人の同業組合); 《戯》同業者仲間. **zünftig** 形 本格的な; ちゃんとした. あるべき姿の.

Zunge [ツンゲ] 女 《-/-n》《⊕ Züngelchen, Züngelein》《⊕ tongue》舌, 舌しぶり; 《雅》言語; 舌状のもの; 炎の舌; (靴の)舌革; (管楽器·オルガンなどのリード)口タン(笛·胸などの)舌; **eine feine ~ haben** 舌が肥えている; 《j³ die ~ herausstrecken》(ばかにして)人に舌を出して見せる | **mit gespaltener ~ (mit zwei ~n) reden** 二枚舌を使う. ◆ **auf der ~ brennen** (香辛料などが)舌をひりひりさせる. **auf der ~ haben** 《et¹》(…が)のどまで出かかっている. **auf die ~ beißen** 《sich³》(口を滑らしそうになって)あわてて口をつぐむ. **auf der ~ liegen schweben** 《j³》(人の口先まで出かかっている(あと一息なのに思い出せない). **böse ~n** 口さがない人たち. **die ~ lösen** 《j³》(酒などが人の)口を軽くする; (人を)話しやすい気分にしてやる. **die ~ verbrennen** 《sich³》舌をやけどする; 《話》舌禍を招く. **eher die ~ abbeißen** 《sich³》(あることを話すくらいなら)むしろ自分で舌をかみ切るほうがました. **eine böse** 《scharfe》**~ haben** 口が悪い. **seine ~ an et³ wetzen** (…を)こきおろす. **seine ~ hüten/seine ~ im Zaum halten** 口を慎む.
züngeln (蛇などが)舌をちょろちょろ出す; (炎が)めらめらと燃え上がる.
Zungenbrecher 男 《話》舌をかみそうな言葉, 早口言葉.
zungenfertig 形 能弁な, 口がうまい.
Zungenfertigkeit 女 能弁, 雄弁.
Zungen-kuss (⊕ **-kuß**) 男 (舌を絡ませる)ディープキス. **-laut** 男 《⊕ 舌音(舌で調音する子音). **-pfeife** 女 (オルガンの)リードパイプ. **-R, -r** 巻き舌の R. **-reden** 中 《-/-en》《宗·心》異言. **-schlag** 男 舌の動き; 《米》タギング; なまり; 独特な言い回し. ◆ **falscher ~** 言いまちがい. **-spitze** 女 舌尖(ピ), 舌の先.
Züngleich 中 《-s/-》《雅》小さな舌; (はかりの)小指針. ◆ **das ~ an der Waage sein** キャスティングボートを握っている.
zunichte ◆ **~ machen** (計画·希望などが)だめにする, 打ち砕く, つぶす. **~ werden** (sein) (計画·希望などが)だめになる, 水泡に帰する(帰している).
zunicken 自 《j³》(人に)うなずく; 会釈する.
zunutze 形 ⇒ Nutz ◆
zuoberst 副 いちばん上に; (テーブルの)上座に.

zu|ordnen 他 《*et*⁴ *et*³》(…を…に)分類する。**zu|packen** 自 《話》ぐいとつかむ；かいがいしく働く，精を出す。
zu|pass 他 《 zupaß》 他 《～ kommen》《雅》《*j*³》(人にとって)都合のよいときに来る《起こる，得られる》。
zupfen 他 (草・毛などを)引き抜く；むしる；《*j*⁴ an *et*³》(人の…を)つかんで引っ張る（ギターなどを)つま弾く，演奏をする；《an *et*³》(…を)つまんで引っ張る。
Zupfinstrument 中 撥弦[ハツゲン]楽器（ギター・ハープなど)。
zu|pfropfen 他 (瓶などに)栓をする。
zur < zu der.
zurande 副 ⇨ Rand ♦
zurate 副 ⇨ Rat ♦
zu|raten* 自 《*j*³》(人に)助言〈忠告〉する。
Zürcher 男《-s/-》= Züricher.
zu|rechnen 他 《*j-et*⁴ *et*³》(…を…に)数え入れる，分類する；《話》計算に入れる，加算する；《*j*³》《*j*³ *et*⁴》(人に…の)責任を負わせる。
zurechnungsfähig 形《法》責任能力のある；《精神的に》正常な。**Zurechnungsfähigkeit** 女《-》責任能力。
zurecht|bringen* 他《話》きちんと整える；整理〈整備〉する。|**finden*** 他《sich⁴》(場所・状況などの)見当がつく，勝手〈様子〉が分かる。|**kommen*** 自 (s)《mit *j*³》(人と)うまくやって行く；《mit *et*³》(…を)うまくこなす〈処理する〉；ちょうどよい時に来る，間に合う。|**legen** 他 きちんと用意しておく。|**machen** 他《話》整える，準備する(身支度などを)支度をしてやる。|**rücken** 他 正しい位置に動かす，正常化する；*j*³ den Kopf ～《話》人を厳しくたしなめる。|**schustern** 他 素人仕事で〈いい加減に〉作り上げる；《比》(辞などを)こねあげる。|**setzen** 他 正しい位置に置く。|**stutzen** 他 (垣根・髪などを)刈り込んで整える；非難する。
zurecht|weisen* 他 しかりつける；非難する。**Zurechtweisung** 女 叱[シカ]責；非難；戒めの言葉。
zu|reden 自 《*j*³》(人に)説き勧める，（人を)説得する。|**reichen** 自 《*j*³》(人に)足りる。|**reiten*** 自 (馬を)乗りならす，調教する；自 (s)《auf *j-et*⁴》(…に向かって)馬で行く。
Zürich チューリヒ(スイス北部の都市).
Züricher 男《-s/-》《-in》チューリヒの人；形《無変化な》チューリヒの.
Zürichsee (der～) チューリヒ湖(スイス北東部の湖).
zu|richten 他 (…に)仕上げ加工をする；整える，用意する；ひどい目に遭わせる；痛める，損なう。|**riegeln** 他 (…に)かんぬきをかける。
zürnen 自《[mit] *j*³》(人に対して)怒る，腹を立てる；(人を)恨む。
Zurschaustellung 女 展示，陳列；誇示.
zurück [ツリュック] 副《他 back》後ろへ，後方へ[向かって]；《話》後方に[位置して]；《(元の場所)へ》戻って，引き返して；（時間的に)戻って；《話》(成長・進歩が)遅れて．

zurück.. 《分離動詞の前つづり》「元の場所(状態)に…」，「後へ…」，「あとに…，そのまま…」，「後ろへ…」，「し返す」の意．
zurück|befördern 他 (元の場所へ)運び戻す。|**behalten*** 他 手元に留めて〈残しておく〉；《*et*⁴ *von et*³》(…の…の)後遺症として残す。
zurück|bekommen* [ツリュックベコメン] 他 《bekam zurück; zurückbekommen》返してもらう，取り戻す；お釣りとして受け取る；《話》元の位置に戻す。
|**bezahlen** 他 払い戻する，返済する。
|**bilden** 《*sich*⁴》(大きさなどが)元に戻る，復原する；《*sich*⁴》(器官などが)退化する。|**bleiben*** 自 (s)あとに残る；《von *et*³》(…の)後遺症から免れる；遅れをとる；（前に出ないで)後ろにいる。|**blenden** 他《映》カットバック〈フラッシュバック〉する。|**blicken** 他 後ろを見る，振り返る；《auf *et*⁴》(過去のことを)思い出す，回顧する。|**bringen*** 他 返却する；元の所へ連れて戻す；(人の)発育・発展などを)遅らせる，妨げる。|**datieren** 他 (文書などに)作成日以前の日付を入れる；(…の成立などを)さらに古い推定〈鑑定〉をする；他《auf ein *et*⁴/bis zu *et*³》(…に)さかのぼる。|**denken*** 自《an *j-et*⁴》(…を)回顧〈回想〉する。|**drängen** 他 押し戻す；撃退する；(暴動・感情などを)抑える；自 (s)《群衆などが)押し合いながら戻る。|**drehen** 他 ひねって戻す，巻き戻す；他《*sich*⁴》巻き戻されて，逆に回る。|**erobern** 他 (領土などを)奪い返す，奪回する。|**erstatten** 他 償還〈返済〉する。
zurück|fahren* [ツリュックファーレン] 自 (s)《fuhr zurück; zurückgefahren》 他 (s) (乗り物で)戻る，戻る；バックする；（びっくりして)後ろへ跳びのく；他 (乗り物で)(乗り物を)元の場所に運ぶ；(乗り物を)元の所に戻す。|**fallen*** 自 (s) 後ろに倒れる；順位が下がる；《in *et*⁴》(悪い状態に)逆戻りする；《an *j*³》再び(人の)ものになる；《auf *j*⁴》(非難などが…人に)跳ね返ってくる。|**finden*** 自 帰り道が分かる；《zu *j*³》(別れた人の所へ)戻る；《zu *sich*³ selbst》(自分を)取り戻す；他 (帰る道が)分かる。|**fließen*** 自 (s) 逆流する，流れ戻る，逆流する：Die Wohltat *fließt* auf den Wohltäter zurück.《諺》情けは人のためならず．|**fordern** 他 (…の)返却を求める。|**führen** 他 (元の場所へ)連れ(運び)戻す；《*et*⁴ *auf et*⁴》(…の…のせいにする，(…を…に)還元する；他 (道が)元の所に戻る（通じる）。
Zurückgabe 女 返却．
zurück|geben* [ツリュックゲーベン] 他 《gab zurück; zurückgegeben》他 《他 give back》《*j*³ *et*⁴》(…を)返す，返却〈返品〉する；《球技》《*et*⁴ *an j*⁴》(ボールを人に)バックパスする；(…に)答える，返事をする。|**gehalten** ⇒ zurückhalten
|**gehen*** 自 (s)戻る，帰る；復帰する；後ろへ下がる，後退する；（勢いが)衰える，（数値が)下がる，下降〈減少〉する；（洪水などが)引く；《auf *et*⁴》(由来が…に)さかのぼる。|**gekommen** ⇨ zurückkommen |**gelangen** 自 (s) (元の場所へ)戻ってくる，帰り着く．

zurückgezogen [形] 隠遁(いんとん)〈隠棲(いんせい)〉した. **Zurückgezogenheit** [女] 《-/》隠遁, 隠棲.

zurück|greifen* [自] 《**auf** *et*^{4}》(貯蓄などに)手をつける; 《**auf** *j*^{4}》(人を)煩わす; 過去にさかのぼって話す.

zurück|halten* [ツリュックハルテン] 《**hielt zurück; zurückgehalten**》[他] 引き止める, 押しとどめる; 売らない, 教えない; 抑える, 抑制する; [再] 《*sich*^{4}》自制する, 消極的な態度をとる; [自] 《**mit** *et*^{3}》(発言などを)差し控える, (感情などを)抑制する. **~d** [形] 控えめな, 遠慮がちな; 用心深い; 冷ややかな; (色・柄などが)地味な. **Zurückhaltung** [女] 遠慮, 控えめな態度; 慎重, 用心深さ.

zurück|holen [他] (取りに行って)持ち帰る; (迎えに行って)連れ帰る.

zurück|kehren [ツリュックケーレン] 《kehrte zurück; zurückgekehrt》[自] (s) 帰る, 戻る; (意識・記憶などが)戻る, よみがえる, (痛みが)ぶり返す.

zurück|kommen* [ツリュックコメン] 《**kam zurück; zurückgekommen**》[自] (s) ([英] come back)帰ってくる, 戻る; 《**auf** *j-et*^{4}》(テーマなどに)立ち戻る, (…を)改めて論じる〈受け入れる〉. |**können*** [自] 《話》戻る〈帰る〉ことができる. |**lassen*** [他] 後に残す, 残して行く; 帰らせる; (跡を)残す; (満足感などを)後に残す; (競走相手を)引き離す.

zurück|legen [他] 元の場所に戻す; (予約品などを)取っておく; (金を)ためる, 積み立てる; (体の一部を)後ろへ倒す〈寝せる〉; (道のりを)進む; 《オーストリア》(役職などを)やめる; [再] 《*sich*^{4}》後ろへもたれる, あお向けになる. |**lehnen** [他] 後ろにもたせかける; [再] 《*sich*^{4}》(座っていて)背を後にもたせかける. |**liegen*** [自] 以前のことである; (競技で)後れて〈負けて〉いる. |**melden** [他] (…の)帰着を報告する〈届け出る〉. |**müssen*** [自] 《話》帰らなければ〈戻らなければ〉ならない.

Zurücknahme [女] 《-/-n》(返品の)引き取り; (発言などの)取り消し, 撤回; [軍] 撤退.

zurück|nehmen* [他] (返されたものを)引き取る, 返品に応じる; (発言などを)取り消す, 撤回する, 取り下げる; [軍] (部隊を)撤退させる; [スポ] (選手を)後衛に下げる; (体の一部を)後ろに引く, 引っ込める; 元の位置に戻す; (音量・動力などを)下げる, 減らす. |**pfeifen*** [他] 〔口〕笛を吹いて呼び戻す; 《話》(人に)中止を命じる. |**prallen** [自] (s) (ボールなどが)跳ね返る; (驚いて)跳びのく. |**reisen** [自] (s) 帰りの旅をする, 旅から戻る. |**rufen*** [他] 呼び戻す; 召還する; 《*j*^{3} *et*^{4}》(人に…を)想起させる, 思い出させる; 《話》(人に)あとで電話をかけ直す; (…だと)大声で答える; [自] (自分の方から)あとで電話をかけ直す. |**schallen**(*) [自] (s) 反響する, こだまする. |**schalten** [自] (自動車で)ギアをシフトダウンする; 《**auf** *et*^{4}》(スイッチ・ダイヤルを…に)戻す. |**schaudern** [自] (s) 身震いして後ずさりする. |**schauen** [自] 《南部・オーストリア・スイス》= zurück|blicken. |**scheuen** [自] (s) 《**vor** *et*^{3}》(…を恐れて)しりごみする, ひるむ. |**schicken** [他] 送り返す; 元の場所に戻らせる. |**schieben*** [他] (元の場所へ)押し戻す; 後ろへ押しやる; (カーテンなどを)開ける; [再] 《*sich*^{4}》後ろにずれる. |**schlagen*** [他] (ボールなどを)打ち〈けり〉返す; 殴り返す; (敵・攻撃を)撃退する; 跳ねのける; (カーテンなどを)開ける; (襟などを)折り返す; [自] 殴り返す; 反撃する; (s) (波が)打ち返す, (振り子が)戻る; 《**auf** *et*^{4}》(…に)悪影響を及ぼす. |**schrauben** [他] (要求などを)弱める. |**schrecken**(*) [自] (s) (驚いて)跳びのく, 後ずさりする; (s, h) 《**vor** *et*^{3}》(…に)おじけづく; [他] しりごみさせる. |**sehnen** [再] 《*sich*^{4} **nach** 〈**zu**〉 *j-et*^{3}》(…を)懐かしく思う, 恋しがる; [他] (…に)帰ってきてもらいたいと切望する, (…を)取り戻したいと切望する. |**senden**(*) [他] 《雅》= zurück|schicken.

zurück|setzen [他] 元の場所に置く〈座らせる〉; 後ろへ置く〈座らせる〉; (車などを)バックさせる; 値下げする; 冷遇する; [自] (車が・人が車で)バックする; [再] 《*sich*^{4}》元の場所に座る; 後ろへ下がって座る. **Zurücksetzung** [女] 《-/》元の場所に戻すこと; 後ろへ下げること; 冷遇, 差別.

zurück|sinken* [自] (s) 後ろへくずれるように倒れこむ; 《**in** *et*^{4}》(元の状態に)逆戻りする. |**springen*** [自] (s) 後ろへ跳びのく; (元の場所に)跳んで戻る; (ボールなどが元の場所に)跳ね返る; (スイッチなどが)パチンと〈急に〉戻る; (建物の一部が)引っ込んでいる. |**stecken** [他] 元の場所に差し込む〈入れる〉; (杭などを)後ろへ下げて打ち込む; [自] 要求を控え目にする. |**stehen*** [自] (建物などが)引っ込んで立っている; 《**hinter** *j-et*^{3}》(…より)劣っている; 後回しにされる.

zurück|stellen [他] 元の場所に置く〈しまう〉; 後ろへ下げる; (予約品などを)取って置く; (時計〔の針〕を)遅らせる; (暖房などを)弱める; (計画などを)一時延期する; (要求などを)一時取り下げる; 《*j*^{4} **von** *et*^{3}》(人の兵役などを)猶予する; 《オーストリア》返却する. |**stoßen*** [他] 突き戻す〈返す〉; 後ろへ突き飛ばす; (人を)反発させる; [自] (s) (車が・人が車で)バックする. |**strahlen** [他] (光線を〈が〉)反射する. |**strömen** [自] (s) (水・群衆などが)逆流する. |**stufen** [他] (…の)等級を下げる, (…を)降格する. |**tragen*** [他] 元の場所に運ぶ〈戻す〉. |**treiben*** [他] 追い返す; (家畜を)小屋へ追い戻す. |**treten*** [自] (s) 後退する, (後ろに)下がる; (洪水などが)引く; 辞める, 辞職する; (内閣が)退陣する; 《**von** *et*^{3}》(要求などを)取り下げる; (契約などを)取り消す. |**übersetzen** [他] (翻訳を)原語に再翻訳する. |**verfolgen** [他] 昔にさかのぼってたどる. |**versetzen** [他] 元の職場〈地位〉に戻す; 後ろへ移す; [再] 《*sich*^{4} **in** *et*^{4}》(…に)立ち帰って考える. |**verweisen*** [他] (…を…へ)戻れと指示する; (書類を…へ)差し戻す. |**weichen*** [自] (s) 後ずさりする; 退却する; 《**vor** *j-et*^{3}》(…に対して)しりごみする.

zurück|weisen* [他] (…に)元の場所に戻るよう指示する, (…を)追い返す; はねつける; [法] 却下する; (非難などに)反論する; [自] 《**auf** *et*^{4}》(後方のものを)指し示す.

Zurückweisung [女] 追い返すこと; 拒

絶; 反論; 〖法〗 却下.
zurück⊧werfen* [他] 投げ返す; (光・音などを)反射する; (敵などを)撃退する; 逆戻りさせる. ⊧**wirken** [自] 《**auf** *j-et*^{4}》(…に)影響が跳ね返ってくる. ⊧**wollen*** [自] 《話》 戻る〈帰る〉つもりである; [他] 《話》 返してほしいと思う, (…に)戻ってきてほしいと思う. ⊧**zahlen** [他] 返済する, 払い戻す; 《話》 《*j*^{3} *et*^{4}》(人に…の)仕返し〈復讐〉をする.

zurück|ziehen* ❶ [他] 後ろへ引く; 引き戻す; (カーテンなどを)引いて開ける; (部隊などを)撤退させる; (外交官などを)召還する; (商品などを)回収する; (発言・約束などを)撤回する, 取り消す. ❷ [自] (s) (元の場所へ)戻る, 引っ越す. ❸ [再] 《*sich*^{4}》引き下がる; (軍隊などが)撤退する; 引きこもる; 《*sich*^{4} **von** *j*^{3}》(人との)交際をやめる; 《*sich*^{4} **von** 〈**aus**〉 *et*^{3}》(…から)引退する.

Zuruf [男] 呼びかけ; 呼びかける声.
zu|rufen* [他] 《*j*^{3} *et*^{4}》(人に…を)大声で言う〈呼びかける〉.

zurzeit [副] 目下, 現在, いまのところ([略] zz., zzt.).

Zusage [女] (招待などに対する)受諾〈承諾〉の返事; 約束. **zu|sagen** [他] (招待・要請などを)承諾する, (…に)同意する; [自] (招待などに対して)承諾の返事をする; 《*j*^{3}》(人の)気に入る.

zusammen [ツザメン] [副] ([英] together) いっしょに, 共同で, 協力して; 集まって; 同時に; 合わせて, 全部で, 総計で.

zusammen.. 《分離動詞の前つづり》「いっしょに…; 一箇所に…, 一つに…; 縮小して…; 壊れて…」の意.

Zusammenarbeit [女] 共同作業; 協力.

zusammen|arbeiten [ツザメンアルバイテン] 《arbeitete zusammen; zusammengearbeitet》[自] 協力して働く, 共同作業をする.

zusammen|ballen [他] 丸める, 一固まりにする; [再] 《*sich*^{4}》一固まりになる, 密集する. **Zusammenballung** [女] 《-/-en》丸めること; 固まり[になること].

zusammen⊧bauen [他] (機械などを)組み立てる. ⊧**beißen*** [他] (歯を)食いしばる, (唇を)固く結ぶ. ⊧**binden*** [他] 結び合わせる. ⊧**bleiben*** [自] (s) ずっといっしょにいる, 離れずにいる. ⊧**brauen** [他] 《話》(カクテルなどを)調合する; [再] 《*sich*^{4}》(雷雨・災害などが)生じる. ⊧***brechen**** [自] (s) (建物などが)崩壊〈倒壊〉する; (会社が)倒産〈破綻〉する; (計画などが)挫折(ざせつ)する; (交通が)麻痺(まひ)する; 《**über** *j*^{4}》(不幸などが人の身に)降りかかる; (過労・ショックなどで)倒れる, くずおれる.

zusammen|bringen* [他] ❶ (お金などを)かき集める, 調達〈工面〉する; (財産を)作る; 《話》(詩などを)暗唱できる : keine drei Sätze 〈Worte〉 ~ (興奮のあまり)口が利けない. ❷ 《*j*^{4} **mit** *j*^{3}》(人を人に)引き合わせる, (人を人と)和解させる; 《*et*^{4} **mit** *et*^{3}》(…を…と)関係づける.

Zusammenbruch [男] 崩壊, 壊滅; (会社の)倒産, 破綻, (計画などの)挫折(ざせつ); (過労・ショックなどで)倒れること.

zusammen|drängen [他] (狭い場所に)詰め込む; 要約する; [再] 《*sich*^{4}》密集〈集中〉する. ⊧**drücken** [他] 押しつぶす; 圧縮する. ⊧**fahren*** [自] (s) (乗り物が)衝突する; (驚いて)身をすくめる, 縮み上がる; [他] 《話》(衝突して)壊す. ⊧**fallen*** [自] (s) (建物などが)崩れ落ちる, 倒壊する; (希望・口実などが)崩れ去る; 縮む, しぼむ; (勢いなどが)衰える; (体が)やせる; (時間的・空間的に)重なり合う; 《オーストリア》 倒れる, 転ぶ. ⊧**falten** [他] 折り畳む.

zusammen|fassen [ツザメンファッセン] 《fasste zusammen, [旧] faßte zusammen; zusammengefasst, [旧] ..gefaßt》[他] ([英] summarize) 要約する; 統合する, まとめる. **Zusammenfassung** [女] 要約, まとめ, レジュメ; 統合, 統一.

zusammen⊧finden* [再] 《*sich*^{4}》会合〈集合〉する. ⊧**flicken** [他] 《話》 間に合わせに繕う, 応急修理する; (文章などを)継ぎはぎで仕上げる. ⊧**fließen*** [自] (s) (川が)合流する; (色・音が)溶け合う.

Zusammen=fluss ([旧]=**fluß**) [男] (川の)合流; (色・音の)混じり合い; (川の)合流点.

zusammen⊧fügen [他] (部品などを)組み合わせる; [再] 《*sich*^{4}》組み合わさる, 互いに調和する. ⊧**führen** [他] (人を)引き合わせる, 会えるようにする; (2本の道などが)合流する. =**gefasst** ([旧]=**gefaßt**) ⇨ zusammenfassen ⊧**gehören** [自] 一体を成す. =**gehörig** [形] 一体を成した, 一対〈一組〉になった. **Zusammengehörigkeitsgefühl** [中] 仲間意識, 連帯感.

zusammen=gesetzt ⇨ zusammensetzen =**gestoßen** ⇨ zusammenstoßen

Zusammenhalt [男] まとまり; 団結, 結束. **zusammen|halten*** [自] (組み立てたり束ねたりした物が)まとまっている; (人が)団結〈結束〉している; [他] まとめておく, 束ねる; 並べて比較する, 突き合わせる.

Zusammenhang [ツザメンハング] [男] 《-[e]s/..hänge》([英] connection) 関連, 関係, 連関; つながり.

zusammen|hängen(*) [自] 《不規則変化》《**mit** *et*^{3}》(…と)つながって〈結びついて〉いる, 関連している, (…の)結果である; [他] 《規則変化》(衣類などを)まとめていっしょに掛ける. **~d** [形] 《**mit** *et*^{3}》(…と)関連した; 筋の通った, まとまりのある.

zusammenhang[s]los [形] つながり〈関連〉のない; 支離滅裂な. **Zusammenhang[s]losigkeit** [女] 《-/》つながり〈関連〉のないこと; 支離滅裂.

zusammen⊧hauen* [他] 《話》 たたき壊す; ぶちのめす; やっつけ仕事で作る; (論文などを)でっち上げる. ⊧**heften** [他] とじ〈縫い〉合わせる. ⊧**kehren** [他] 掃き集める. ⊧**kitten** [他] 接着する; (関係・友情などを)修復する.

Zusammenklang [男] (複数の音の)調和した響き; 〖楽〗 和音; (色彩などの)調和; (心の)共鳴, 共感.

zusammen=klappbar [形] (傘・いす・ナイフなどが)折り畳み式の. ⊧**klappen** [他] [パタンと]折り畳む; (靴のかかとを)打ち合わせる; [自] (s) 《話》(過労などで)倒れ込む, 倒れる. ⊧**kleben** [他] 張り合わせる; [自] (s) (物が)くっつき合う; 《話》(親しい者同士が)いつもいっしょにいる. ⊧**knei-**

fen* [他] 押し合わせる; (唇を)きゅっと結ぶ; (目を)細める. ⊧**knüllen** [他] (紙などを)くしゃくしゃに丸める. ⊧**kommen*** [自] (s)(人々が)集合する, 集まる; (不快なことが)同時に起こる; (募金などが)集まる, たまる. ⊧**krachen** [自] (s) 《話》 がらがらと崩壊する; (車などが)どかんと衝突する. ⊧**kratzen** [他] 《話》(お金などを)かき集める.

Zusạmmenkunft [女] 《-/..künfte》 会合, 会談.

zusạmmen⊧läppern [再] 《*sich*^{4}》 《話》(少しずつ)集まって大量に〈大きく〉なる. ⊧**laufen*** [自] (s)(人が)集まる; (川が)合流する; (線が)交わる; (水がくぼ地などに)たまる; 《話》(色が)溶け合う; 《方》(牛乳が)凝固する; (衣類が)縮む.

zusạmmen|leben [自] いっしょに暮らす, 同居〈同棲〉する. **Zusạmmenleben** [中] 同居, 同棲; 共同生活.

zusạmmenlegbar [形] 折り畳み式の.

zusạmmen|legen [他] 〔折り〕畳む; 一箇所に集める; ひとまとめにする, 統合〈合併〉する; (お金を)出し合う; (両手を)重ね合わせる, 腕組みをする. **Zusạmmenlegung** [女] 《-/-en》 一つにまとめること; 統合, 合併.

zusạmmen⊧nehmen* [他] (体力・精神力などを)集中する, (勇気を)奮い起こす; (全体を)まとめる; [再] 《*sich*^{4}》 我慢する, 気持ちを引き締める. ⊧**packen** [他] 一緒に包む〈詰める〉; (荷物などを)まとめる, (道具を)片づける. ⊧**passen** [自] (物が)調和する; (人が)気が合う. ⊧**pferchen** [他] (家畜を)囲いに押し込む; すし詰めにする.

Zusạmmenprall [男] (激しい)衝突, 激突. **zusạmmen|prallen** [自] (s)(車などが)衝突〈激突〉する; (意見などが)激しく対立する.

zusạmmen⊧pressen [他] ぎゅうぎゅう押し込む; きつく押し合わせる; (唇を)きゅっと結ぶ; (両手を)固く組み合わせる. ⊧**raffen** [他] かき集める; (お金などを)がつがつため込む; (衣服の)裾(すそ)をたくし上げる〈からげる〉; [再] 《*sich*^{4}》《話》 勇気を奮い起こす. ⊧**rechnen** [他] 合算〈合計〉する. ⊧**reimen** [他] 《話》 《*sich*^{3} *et*^{4}》 (…の)つじつまを合わせる, (…に)納得がいく; [再] 《*sich*^{4} 〔**mit** *et*^{3}〕》 (…と)つじつまが合う. ⊧**reißen*** [再] 《*sich*^{4}》《話》 懸命にこらえる; 勇気を奮い起こす; [他] 《話》(靴のかかとなどを)打ち合わせて直立不動の姿勢をとる. ⊧**rollen** [他] (敷物・紙・旗などを)巻く; [再] 《*sich*^{4}》 体を丸める. ⊧**rotten** [再] 《*sich*^{4}》 (暴徒などが)〔おおぜい〕集まる, 集結する. ⊧**rücken** [他] (机などを)互いに近づける, 間隔を詰める; [自] (s)席を詰め合う; 互いに親密になる. ⊧**rufen*** [他] 呼び集める; (議会を)召集する. ⊧**sacken** [自] (*s*) *《話》(建物などが)倒壊*〈崩壊〉する; (人が)くずおれる. ⊧**scheißen*** [他] 《話》 しかりとばす. ⊧**schießen*** [他] (陣地・町・建物などを)砲撃で破壊する; 《話》 射殺する. ⊧**schlagen*** [他] たたき〈打ち〉合わせる; 《話》 たたき壊す; ぶちのめす; 折り畳む.

zusạmmen|schließen* [他] (鎖・錠などで)つなぎ合わせる; [再] 《*sich*^{4}》 提携〈合併〉する. **Zusạmmen=schluss** ([旧]=**schluß**) [男] 連結, 結合; 合併, 提携.

zusạmmen⊧schmelzen* [自] (s)(雪などが)解けて少なくなる; (財産・蓄えなどが)減る. ⊧**schnüren** [他] ひもでからげる〈くくる〉; 締めつける. ⊧**schreiben*** [他] (単語を)一語に書く, 続け書きする; (論文などを)資料を集めて書き上げる; 《話》 いい加減に書きなぐる; 《話》 文筆で稼ぐ. ⊧**schrumpfen** [自] (s)(財産・蓄えなどが)減る, 少なくなる. ⊧**schweißen** [他] 〖工〗 溶接する; (…の関係を)緊密にする.

Zusạmmensein [中] いっしょにいること; 会合, 集まり.

zusạmmen|setzen [ツザメンゼッツェン] 《setzte zusammen; zusammengesetzt》[他] ([英] compose)組み立てる, 組み合わせる; いっしょに〔並べて〕置く〈座らせる〉; [再] 《*sich*^{4} **aus** *et*^{3}》 (…から)構成されている; 《*sich*^{4} 〔**mit** *j*^{3}〕》 (人と)並んで座る, 集まる, 集まって話す.

Zusạmmensetzung [女] 《-/-en》 (人員などの)構成, (薬品などの)調合, (物質の)組成; 組み立てること; 〖文法〗 複合語, 合成語.

zusạmmen|sinken* [自] (s)(建物などが)倒壊〈崩壊〉する; (人が)くずおれる, へたり込む; (火勢などが)衰える.

Zusạmmenspiel [中] 共演; 協力, チームワーク; 相互作用.

zusạmmen⊧stauchen [他] 押しつぶす; 《話》 しかりとばす. ⊧**stecken** [他] (ピン・針などで)留め合わせる; [自] 《話》 集まっている, 結託している.

zusạmmen|stellen [他] いっしょに〈並べて〉置く; (チーム・番組などを)編成する, (一覧表などを)作成する; (準備して)作り上げる. **Zusạmmenstellung** [女] 組み合わせること; 編成, 構成, 作成; 編成〈一覧〉表.

zusạmmen⊧stimmen [自] (色・音などが)調和し合う; 合致する. ⊧**stoppeln** [他] 《話》 寄せ集めて作る.

Zusạmmenstoß [男] (車などの)衝突: einen ~ mit *j*^{3} haben 《話》 人と意見が対立する; 人と激しく議論する.

zusạmmen⊧stoßen* [ツザメンシュトーセン] 《**stieß zusammen**; **zusammengestoßen**》[自] (s) 《**mit** *et*^{3}》 (…と)衝突する; 《**mit** *j*^{3}》 (人と)意見が衝突する; (線などが)交わる; (地所などが)隣接している; ぶつかる. ⊧**streichen*** [他] (文章などを)削って縮める. ⊧**stürzen** [自] (s)(建物などが)倒壊〈崩壊〉する; くずおれる. ⊧**suchen** [他] 探し集める. ⊧**tragen*** [他] 運び集める; (資料などを)収集する.

zusạmmen⊧treffen* [自] (s) 《**mit** *j*^{3}》 (人と)出会う, 遭遇する; (できごとなどが時間的に)重なる, 同時に起こる. **Zusạmmentreffen** [中] 出会い, 会合, 会談; (時間的に)重なること, 併発.

zusạmmen⊧treten* [他] 踏みつぶす; 《話》 踏んだり蹴(け)ったりして痛めつける; [自] (s)(会議のために人が)集まる; (会議・議会が)召集される. ⊧**trommeln** [他] 《話》 呼び集める. ⊧**tun*** [他] ひとまとめに〈いっしょに〉する; 統合〈合併〉する; [再] 《*sich*^{4}》 互いに協力〈提携〉する. ⊧**wachsen*** [自] (s) 〖医〗 (傷口などが)癒合する; 一体化する; 親密な関係になる. ⊧**wirken** [自] 《雅》 共同作業をする; (いくつかの要因が)

同時に作用する. ├**zählen** ⓗ 合計(合算)する.

zusammen|ziehen* ⓗ 収縮させる; 狭める; (一箇所に)集める: 合計(合算)する. ⓗ (*sich*) 縮む, 収縮する, (傷口が)ふさがる, 集結する; 引っ越す; (…へ)いっしょに引っ越す. **Zusammenziehung** 囡 収縮; 集結; 合算.

zusammen|zucken ⓗ (s) (驚き・恐怖などで)びくっ(ぎくっ)とする.

Zusatz 男 添加, 付加; 添加物; 付録, 補遺; 付帯条項. ├**antrag** 男 追加提案. ├**gerät** 中 付属器具, アタッチメント.

zusätzlich 形 追加の, 上乗せした.

zuschanden 副 ⇒ Schande ♦

zu|schanzen ⓗ 《話》《*j*³ *et*⁴》(人に…を)ひそかに世話(調達)する.

zu|schauen [ツーシャオエン] [**schaute zu; zugeschaut**] ⓗ 《南部・*オーストリア*》= zusehen.

Zuschauer [ツーシャオアー] 男 《-s/-》(囡 **-in**) 見物人, 観客; (テレビの)視聴者; 目撃者. ├**raum** 男 (劇場などの)観客席; 《集合的》観客, 観衆. ├**tribüne** 囡 (競技場などの)観覧席, スタンド; 《集合的》観客, 観衆.

zu|scheißen* ⓗ 《卑》糞便(で)でおおいつくす: **Lass dich** [**bloß**] **~!** きさまなんかくそくらえだ. ├**schicken** ⓗ 《*j*³ *et*⁴》(人に…を)送る, 送付する. ├**schieben*** ⓗ (引き戸・引き出しを)押して閉める; 《*j*³ *et*⁴》(人の方へ…を)押しやる, (人に責任などを)押しつける. ├**schießen*** ⓗ (ボールを…へ)パスする, シュートする; 《話》《*et*⁴ *et*³》(お金を…に)出資する; ⓗ (s) 《話》《**auf** *j-et*⁴》(…に)突進する.

Zuschlag [ツーシュラーク] 男 《-[e]s/..schläge》割増し料金; (基本給以外の)特別〔追加〕手当; 《鉄道》急行(特急, 寝台)料金; 急行(特急, 寝台)券; (競売などでの)落札; 《冶金》骨材; 《金属》融剤, 媒溶剤.

zu|schlagen* ⓗ ❶ (ドアなどを)勢いよく(バタン)と閉める; (木箱などをくぎづけにする; (石などを)ハンマーでたたいて形を整える; 《鉄道》《*j*³ *et*⁴》(人に何かのチケットを)追加して売る; 《*j*³ *et*⁴》(人に…の所有権を認定する, (人に…を)落札させる; 《*j*³ *et*⁴》(人に…を)加える, 加算する. ❷ ⓗ (s) (ドアなどが)勢いよく(バタン)と閉まる; 殴りかかる; (急に)攻撃を開始する; 《話》(急いで)買う, 飛びつく.

zuschlagfrei 形 《鉄道》割増料金の不要な. **Zuschlagkarte** 囡 《鉄道》急行(特急, 寝台)券. **zuschlagpflichtig** 形 割増料金の要る.

zu|schließen* [ツーシュリーセン] [**schloss zu, schloß zu; zugeschlossen**] ⓗ (*lock*)(…に)錠をおろす, 鍵をかける. ├**schmieren** ⓗ (穴・割れ目などを)塗ってふさぐ. ├**schnallen** ⓗ (靴・ベルトなどを)留め金(バックル)で締める. ├**schnappen** ⓗ (s) (ドア・錠などが)バタン(カチリ)と閉まる; (犬などが)ぱくっと食いつく. ├**schneiden*** ⓗ (目的に合わせて)切る; (布地を)《*et*⁴ **auf** *j-et*⁴》(…を…向けに)作る, アレンジする. **Zuschneider** 男 裁断師, 裁ち工.

Zuschnitt 男 裁断; 裁ち方; 型, タイプ, 様式.

zu|schnüren ⓗ (荷物などを)ひもでくくる(しばる); (靴のひもを)結ぶ. ├**schrauben** ⓗ ねじで閉じる; (…のふたを)ねじこんで閉める. ├**schreiben*** ⓗ 《*j-et* *et*⁴》(…に…を)帰する, (…に特性などが)あると思う; 《*j-et*³ *et*⁴》(…の名義に…を)書き換える. (口座に金を)振り込む; 書き添える.

Zuschrift 囡 投書, 申し込み書, 応募者類.

zuschulden 副 ⇒ Schuld ♦

Zuschuss [囡 《..schuß》] 男 補助(助成)金; 口田 (予価の増し刷り. ├**betrieb** 男 (経営不振で)補助金を受けている企業.

zu|schütten ⓗ (穴などを土砂で埋める<ふさぐ>); (液体を)注ぎ足す.

zu|sehen* [ツーゼーエン] [**sah zu; zugesehen**] ⓗ (…の)様子・進行をながめる, 見物(見学)する; 傍観する; 《+ dass 文》(…するように)努める, 心がける.

zusehends 副 見る見るうちに, 目に見えて, 見る見る.

zu|sein* ⓗ ⇒ zu ♦

zuseiten 《2格支配》…のかたわら(わき, そば)に.

zu|senden(*) ⓗ 《*j*³ *et*⁴》(人に…を)送る, 送付する.

zu|setzen ⓗ 《…に *et*³ *et*⁴》(…に…を)加える, 添加する; 混ぜる; (金・体力などを)注ぎ込む, 費やす(nichts zuzusetzen haben 《話》余裕がない); ⓗ 《*j*³》(人に)しつこく責め立てる, (病気・寒さなどが)弱らせる, 苦しめる.

zu|sichern ⓗ 《*j*³ *et*⁴》(人に…を)確約(保証)する. **Zusicherung** 囡 確約, 保証.

Zuspätkommende[r] 男 囡 《形容詞変化》遅刻者.

zu|sperren ⓗ 《南部・*オーストリア*》《戸・部屋などに》鍵をかける. 錠を下ろす, 閉める. ├**spielen** ⓗ 《*j*³》《球技》(人にボールを)パスする; 《人に情報などを知らせる.

zu|spitzen ⓗ (…の)先をとがらせる; (状況を)緊迫させる. ⓗ (*sich*) 先がとがる; (状況が)緊迫する. **Zuspitzung** 囡 《-/ -en》(状況の)先鋭化, 緊迫化.

zu|sprechen* ⓗ 《*j*³》(人に)話しかける, (人に…の)所有(帰属)権を認定する; 《*j*³》(人に慰めなどの)《雅》《*et*⁴》を)意味する; 食べる, 飲む. ├**springen** ⓗ (s) 《**auf** *j-et*⁴》(…に)跳びつく, 駆け寄る; (ドア・錠などが)バタン(カチリ)と閉まる.

Zuspruch 男 《雅》(慰め・励ましなどの)話しかけ(の言葉), 激励. ♦ 《*großen, viel*》 **~ finden** 大評判である, 大人気である.

Zustand [ツーシュタント] 男 《-[e]s/..stände》(ⓗ condition)状態, ようす; 情勢, 状況, 事態. ♦ *Das ist doch kein ~!* 《話》これではあんまりにひどすぎる. *Zustände bekommen* 《*kriegen*》 《話》かっとなる, 怒り狂う.

zustande 副 ⇒ Stand ♦

Zustände ⇒ Zustand

Zustandekommen 中 成立, 実現.

zuständig 形 《**für** *j-et⁴*》（…の）権限〔責任〕のある，（…を）管轄〔担当〕している；《[法律] **nach** *et³*》（…に）居住権のある．**Zuständigkeit** 女《-/-en》権限，資格；管轄〔領域〕．

zustatten 副 ♦ **~ kommen**《*j-m³*》（…の）役に立つ．

zu|stecken 他（服の裂け目などをピンで）留め合わせる；《*j³ et⁴*》（人に…をそっと渡す）（与える）．**|stehen*** 自（s）《*j³ et¹*》（人には）当然与えられるべきである，（人には）もらう権利がある．

zu|stellen 他（家具などを置いて戸口などを）ふさぐ；届ける；（郵便物などを）配達する．**Zusteller** 男《-s/-》（ⓢ **-in**）郵便配達員．**Zustellgebühr** 女（局留め郵便の）配達料．**Zustellung** 女 配達；[法律] 送達．

zu|steuern 自 ❶《[話]》《*et⁴* **zu** *et³*》（…のために）寄付する；《*et⁴*》《**auf** *et⁴*》（乗り物を…に向かって）進ませる．❷（s）《*et³*/**auf** *et⁴*》（…の方向に）進路を取る，（…を）目ざして進む．

zu|stimmen [ツーシュティメン]（stimmte zu; zugestimmt）自（ⓔ agree）《*j-m³*》（…に）同意する，賛成〔賛同〕する．**Zustimmung** 女 同意，賛成，許可．

zu|stopfen 他（穴などを）詰めてふさぐ；（衣類の穴などを）かがる．**|stöpseln** 他（瓶などに）栓をする．**|stoßen*** 他（ドアなどをばたんと押して（突いて）閉める；（ナイフなどを）突きかける〔刺す〕，襲いかかる；（s）《**auf** *j-et⁴*》（…に）突進する；《*j³*》（不幸などが人に）降りかかる．**|streben** 自（s）《*et³*/**auf** *et⁴*》（…に向かって）急ぐ，（…に向かって）努力する．

Zustrom 男 流入；殺到；《*et³*/**auf** *et⁴*》（…に向かって人の）流れ；殺到する人．

zu|strömen 自（s）《*et³*/**auf** *et⁴*》（…に向かって人が）流れる；殺到する．

zu|stürzen 自（s）《**auf** *j-et⁴*》（…に突然，押し寄せる．**|stutzen** 他（樹木・生垣などを）刈り込む，整える．

zutage 副 ⇒ Tag ♦

Zutat 女《-/-en》材料；[服] 付属品〔糸・裏地・ボタンなど〕；付加物，補足〔追加〕部分．

zuteil 副 ♦ **~ werden**《[雅]》《*j³*》（人に）…を与える．**zu|teilen** 他《*j³ et⁴*》（人に…を）割り当てる，分配する；《*j⁴* **et³**》（人を部署に）配属する．**Zuteilung** 女 分配，割り当て；分配物，割当量．

zutiefst 副 きわめて深く，ひどく，非常に．

zu|tragen* 他《*j³ et⁴*》（人のところへ…を）運ぶ，届ける；（人に…を）知らせる，告げ口する．♦ **Es trug sich zu, dass ...**《[雅]》（童話などで）…ということがありました．**Zuträger** 男 うわさを言い触らす人；告げ口する人．

zuträglich 形 ♦ **~ sein**《[雅]》《*j-em³*》（…に）有益である．

zu|trauen 他《*j³ et⁴*》（人に…の能力〔素質〕があると）信じる．**Zutrauen** 中《-s/-》信頼，信用．

zutraulich 形（人を）信頼した，人なつっこい．**Zutraulichkeit** 女《-/-en》信頼感；人なつこさ；人なつっこい言動．

zu|treffen* 自（主張・推論などが）正しい，当たっている；《**auf** *die/ j-et⁴*》（…に）該当する，適用される，当てはまる．**~d** 形 適切〔的確〕な；該当する．

zu|trinken* 他《*j³*》（人を祝って）乾杯する．

Zutritt [ツートリット] 男《-[e]s/-》立ち入り；入場；立ち入り許可；（気体・液体の）流入，侵入．

Zutun 中《= zutulich.

zu|tun* 他 閉じる，閉める；閉める；《*et³ et⁴*》（…に…を）加える，付け足す，添える；《*sich¹*》（ドアなどが）閉まる；《*sich⁴ et¹*》（…を）手に入れる，買う．♦ **ohne** *j² Zutun*（人の）助けなしに，（人は）無関係に．**zutunlich** 形 甘えん坊の；人なつこい．

zuungunsten 前《2格支配，後置され ると3格支配》…に不利となるように．

zuunterst 副 一番下に．

zuverlässig [ツーフェアレスィヒ] 形（ⓔ reliable）信頼できる，信用できる；確かな，確実な．**Zuverlässigkeit** 女 確実性，信頼性．

Zuversicht 女（将来への）確信，自信，確実な期待．

zuversichtlich 形（将来への）確信〔自信〕に満ちた，楽観的な．**Zuversichtlichkeit** 女《-/-》確信，自信．

zuviel 形 ⇒ viel ♦

zuvor [ツフォーア] 副 その前に，それ以前に；前もって，あらかじめ；まず第一に．

zuvorderst 副 一番前に．

zuvor|kommen* 自（s）《*j-em³*》（…に）先んじる，（…を）出し抜く；（…に）先手を打つ；（…を）予防する．**zuvorkommend** 形 愛想のよい，よく気が利く，協力的な．**Zuvorkommenheit** 女《-/-》丁寧；よく気が利くこと．

zuvor|tun* 他 ♦ **es** *j²* **tun** 《*in*》 *et⁴* **~**《[雅]》（人よりも…において）勝る．

Zuwachs 男《-es/..wächse》増加，増大；成長．♦ **auf ~ sein** 成長を見越して．

zu|wachsen* 自（s）（傷が）ふさがる，癒合する；（道などが草木で覆われる）《*j³*》（人のものになる，（人に）割り当てられる，課せられる；増大する．**Zuwachsrate** 女 増加率；（経済の）成長率．

zu|wandern 自（s）（他国から）移住する．**Zuwanderung** 女（他国からの）移住．

zuwege 副 ⇒ Weg ♦

zu|wehen 自（風などを風が砂・雪で）ふさぐ；（風を）送る；（h, s）《**auf** *j-et⁴*》（…に風などが）吹きつける；《*j³*》（人の方にかすかに）風に乗って漂ってくる．

zuweilen 副 時折，ときどき．

zu|weisen* 他《*j³ j-et⁴*》（人に…を）割り当てる，あっせんする；《*j⁴* **et³**》（人を…に）配属する．**Zuweisung** 女 割り当て；あっせん；配属；割り当てられたもの．

zu|wenden*[*] 他《*j-et³ et⁴*》（…の方へ…を）向ける；《*j-et³ et⁴*》（…に金銭などを）与える；寄付する；《*sich⁴ et³*》（…の方を）向く，（…に）従事する，取り組む．**Zuwendung** 女 援助〔金〕，寄付；（子供などへの）温かい愛情，優しい心遣い．

zuwenig 形 ⇒ wenig ♦

zu|werfen* 他（ドアなどを）勢いよく（バタンと）閉める；（穴に）土を投げ入れてふさぐ；《*j³ et⁴*》（人に…を）投げる．

zuwider 形《[述]》《3格支配，後置される》…に反して，逆らって．

zuwider|handeln 自 《*et*³》(…に)違反する，背く．**Zuwiderhandelnde[r]** 男《形容詞変化》違反者．**Zuwiderhandlung** 女 違反行為．

zuwider|laufen* 自 (s) 《*et*³》(…に)反する，(…と)矛盾する．

zu|winken 自 《*j*³》(人に)手を振ってあいさつする，目くばせして合図する；他 《*et*⁴》手を振って(人にあいさつを)送る． ▶**wuchern** 自 (s)(生い茂る植物で)おおわれる．

zuz. = *zuzüglich*.

zu|zahlen 他 (ある金額を)追加して払う，さらに払う． ▶**zählen** 他 加算する；(*j-et*³ *et*⁴)数え入れる．

zuzeiten 副 時折，ときどき．

zu|ziehen* 他 (カーテンなどを)引いて閉める；(結び目などを)引っ張って締める；(専門家などを)呼ぶ，招く；《*sich*⁴》(いやなことを)身に招く，引き起こす；再 《*sich*⁴》(傷が)ふさがる；自 引っ越してくる．

Zuzug 移住；増強，援軍．

zuzüglich 2格を配す《属》…を加えて，…を加算して，…込みで(略 zzgl.).

Zuzugsgenehmigung 女(官公庁による)移住許可[書].

ZV 略 Zivilverteidigung. **ZVS** 略 Zentralstelle für die Vergabe von Studienplätzen(ドイツ Dortmundにある大学進学者の)学籍振り分けセンター．

zwang → zwingen

Zwang [ツヴァング] 男 (-[e]s/Zwänge) ⓐ compulsion 強制，規制，拘束(力)；強要，圧迫；抑圧；(心理的)抑制，衝動；[内的]強迫；(社会的・法的)義務．**..zwang**「…による強制，…しなければならないという心理的強迫(やむを得ぬ事情)」の意．

zwänge → zwingen **Zwänge** → Zwang

zwängen 他 (…の…に)むりやり押し込む＜込む；再 《*sich*⁴》(狭い所へ)むりやり入り込む，押し進む．**Zwänger** 男 (-s/-) 身勝手な人の催促，目的を達するための強引な要求．

zwanglos 形 形式ばらない，くつろいだ，気楽な，遠慮のない；(刊行物などが)不定期な．**Zwanglosigkeit** 女 (-/-) 形式ばらないこと；気楽さ，気軽さ．

Zwangs=anleihe 女 《経》強制国債． **=arbeit** 女 強制労働；(刑務所での)労役．**Zwangsdeportation** 女 強制[国外]追放．**zwangsdeportieren** 他 《もっぱら不定詞・過去分詞で》強制的に[国外へ]追放する．

Zwangs=einweisung 女 (病院・刑務所などへの)強制収容の指示．**=einziehung** 女 (株式の)強制消却．**=entlüftung** 女 (自動車の)強制換気装置．**=ernährung** 女 《医》(担食者に対する)強制栄養．

zwangsevakuieren 他 強制的に立ち退かせる，強制疎開させる．**Zwangsevakuierung** 女 強制疎開(立ち退き)．

Zwangs=handlung 女 《心》強迫行為．**=jacke** 女 (精神病患者などの行動を抑える)拘束服．**=kastration** 女 (-/

-en) 強制去勢．**=kurs** 男 《経》強制[公定為替]相場．**=lage** 女 苦境，窮地．

zwangsläufig 副 必然的な，不可避の，必至の．

Zwangs=maßnahme 女 強制措置．**=mittel** 中 強制手段．**=räumung** 女 強制退去(明け渡し)．

zwangs=repatriieren 他《もっぱら不定詞・分詞で》本国へ強制送還する．**=sterilisieren** 他《もっぱら不定詞・分詞で》(人に)強制断種をする．

zwangsum|siedeln 他《不定詞・過去分詞で》強制的に移住させる．

Zwangs=umtausch 男《法》(入国者に対する通貨の)強制交換貨．**=versteigerung** 女 強制競売．**=vollstreckung** 女 強制執行．**=vorstellung** 女《心》強迫観念．

zwangsweise 副 強制的に，むりやりに；必然的に．

Zwangswirtschaft 女《経》統制経済．

zwanzig [ツヴァンツィヒ]《基数》(= twenty) 20. **zwanziger** 形《無変化》(ある世紀の)20年代の；《名詞の複数形と》20年代の．**Zwanziger** 男 (-s/-) ⓐ (-in) 20歳[台]の人；複 20歳台．《話》20と記された数；《無変化》20種類の；《話》いろいろ《さまざま》な．**✦** ~ *tun* 《話》いろんなことをする．**Zwanzigernote** (ツベ) (スイスの)20フラン紙幣．

zwanzigfach 形 20倍の．**Zwanzig=flach** 中 (-[e]s/-e)，**=flächner** 男 (-s/-)《数》正二十面体．

zwanzig=jährig 形 20年を経た；20歳の．**=mal** 副 20回；20回にも《誇張して》なん度でも：*Das habe ich dir doch schon ~ gesagt!* そのことはもうなんべんも君に言ったじゃないか．

Zwanzigmarkschein 男 20マルク紙幣．

zwanzigst 《序数》20番目の．**zwanzigstel**《分数》20分の1の．**Zwanzigstel** 中 (-s/-)20分の1.

zwar [ツヴァール] 副《後続の aber, doch, allein などと呼応して》確かに(…ではあるが)，なるほど(…だけれども)．**✦** *und ~* 詳しくは《正確に》言うと，すなわち，それも，しかも(略 u. zw.).

Zweck ツヴェック 男 (-[e]s/-e) ⓐ purpose 目的，目標；意味，意義．**✦** *ohne Ziel und* ~ 当てもなく．**=bau** 男 (-[e]s/-ten) 実用本位の建物．

zweckdienlich 形 役に立つ，目的にかなった．

Zwecke 女 (-/-n) (靴などの)びょう；画びょう．

zweckentfremden 他 流用(転用)する．

zweck=entsprechend 形 目的にかなった，適切な．**=fremd** 形 本来の目的とは違う．**=gebunden** 形 用途(使いみち)の定まった．**=los** 形 無意味な，効果のない；無目的な，当てのない．

zweckmäßig 形 目的に合った，適切な；得策な；(建物・家具などが)機能的な．**Zweckmäßigkeit** 女 目的に合っていること；機能性；《哲》合目的性．

zwecks [前] 《2格および3格支配》…のために, …を目的として.
zwecks=optimistisch [形] 意図的楽天主義〈オプティミズム〉の. **=pessimistisch** [形] 意図的悲観主義〈ペシミズム〉の.
Zweckverband [男] (共同事業のための地方自治体の)目的連合体.
zweckwidrig [形] 本来の目的に反する; 当を得ない.
zwei [ツヴァイ] 《基数》 ([英] two) 2. ✦ ***Dazu gehören* ~.** 《話》単独では無理(話者または相手の助言が必要なことを意味する). ***für* ~** 二人分; 人一倍. **Zwei** [女] 《-/-en》 (数字の)2; (トランプの)2の札; (さいころの)2の目; (成績評価の)2(上から2番目); 《話》路線番号2のバス〈市電〉.
zwei=armig [形] 腕が2本の, 両腕の. **=beinig** [形] 脚が2本の, 両脚の.
Zweibettzimmer [中] 二人用〈ツイン〉の部屋.
Zweibrücken ツヴァイブリュッケン(ドイツ Rheinland-Pfalz 州の都市).
Zweidecker [男] 《-s/-》 〔空〕 複葉機.
zweideutig [形] 二通りに解釈できる, あいまいな; (冗談などが)きわどい. **Zweideutigkeit** [女] 《-/-en》 両義性, あいまいさ; あいまいな表現; きわどい冗談.
zweidimensional [形] 二次元〈平面〉の.
Zweidrittelmehrheit [女] (表決での)3分の2の多数.
zwei=eiig [形] 二卵性の. **=einhalb** 《分数; 無変化》2と2分の1の.
Zweier [男] 《-s/-》 《話》2ペニヒ硬貨; 〔ドイツ〕ダブルスカル; 《スイ》2デシリットル; 《方》2という数〈数字〉; (さいころの)2の目; (成績評価の)2(上から2番目); 《話》路線番号2のバス〈市電〉. **Zweier..** 「2者…」の意. **Zweierkajak** [男] [中] 〔スポ〕2人乗りカヤック.
zweierlei [形] 《無変化》2種類の; (2つのことが)相異なった.
Zweier=reihe [女] 2列. **=system** [中] 〔数〕 二進法. **=takt** [男] 〔楽〕 二拍子. **=zimmer** [中] 《スイ》 二人部屋, (ホテルの)ツインルーム.
zweifach [形] 2倍〈重〉の.
Zweifamilienhaus [中] 2世帯用住宅.
zweifarbig [形] 2色の.
Zweifel [ツヴァイフェル] [男] 《-s/-》 ([英] doubt) 《an *et*³》 (…に対する)疑い, 疑念, 疑惑. ✦ ***außer* 〔*allem*〕 ~ *stehen* 〈*sein*〉** [まったく]疑う余地がない. ***im* 〈*in*〉 ~ *sein* 《über *et*⁴》** (…について)迷っている, 決めかねている. ***et*⁴ *in* ~ *ziehen* 〈*stellen*〉 / ~ *in et*⁴ *setzen*** (…を)疑う; 疑問視する. ***ohne* ~** 疑いもなく.
zweifelhaft [形] 疑わしい, 不確かな; 不審な, うさんくさい, いかがわしい.
zweifellos [ツヴァイフェルロース] [副] 疑いもなく, 明らかに, 確かに.
zweifeln [ツヴァイフェルン] 《zweifelte; gezweifelt》[自] ([英] doubt) 《an *j-et*³》 (…を)疑う, 不審に思う, (…に)疑念を持つ.
Zweifelsfall [男] 疑わしい〈はっきりしない〉場合. **zweifelsfrei** [形] 疑いない, 確かな. **zweifelsohne** [副] 疑いなく, 確かに. **Zweifler** [男] 《-s/-》 ([女] **-in**) 疑い深い〈懐疑的な〉人.
Zweig [ツヴァイク] **I** [男] 《-[e]s/-e》 ❶ ([英] branch) (大枝から分かれた)枝, 小枝. ❷ (家系の)傍系, 分家; 部門, 分野, 領域; (鉄道の)支線; 支部, 支局, 支店. ✦ ***auf einen* 〈*keinen*〉 *grünen* ~ *kommen*** 《話》 成功する〈しない〉, うまくいく〈いかない〉. **II** Stefan, ツヴァイク(1881-1942; オーストリアの作家).
Zweiggeschäft [中] 支店, 支社.
zweigleisig [形] 〔鉄道〕 複線の; 二またく両てんびん〉をかけた.
Zweigstelle [女] 支店, 支社.
zweihändig [形] 手が2本の; 両手の.
Zweiheit [女] 《-/-en》 二元性; 〔哲〕 二元論; (意見・力などの)対立.
zwei=hundert 《基数》200. **=jährig** [形] 2年を経た; 2歳の. **=jährlich** [形] 2年ごとの.
Zweikammersystem [中] (議会の)二院制.
Zwei=kampf [男] (二人の)戦い, 対決, 決闘; 〔スポ〕 試合. **=korn** [中] 〔植〕 エンマーコムギ, フタツブコムギ. **=kreisbremse** [女] 二系統式ブレーキ.
zwei=mal [副] 2回; 2倍. **=malig** [形] 2回の; 2倍の.
Zweimaster [男] 《-s/-》 2本マストの帆船.
zweimotorig [形] 〔空〕 双発の.
Zweiparteiensystem [中] 二大政党制.
zweipolig [形] (磁石などが)双極の; (端子などが)2極の.
Zweirad [中] 二輪車. **zweirädrig** [形] 二輪の.
Zweireiher [男] 〔服〕 ダブル[のコート, 上着]. **zweireihig** [形] 〔服〕 ダブルの.
zwei=schneidig [形] もろ刃の. **=seitig** [形] 2面〈辺〉の, 2ページの; 双方の; 二国間の.
Zweisitzer [男] 《-s/-》 2人乗りの乗り物. **zweisitzig** [形] 2人乗りの, 2座席の.
zwei=spaltig [形] 〔印〕 2段組みの. **=sprachig** [形] 2か国語を話す; 2言語による, 対訳の. **=spurig** [形] (道が)2車線の; (テープが)ダブルトラックの; 〔鉄道〕 複線の; (車が)2本のわだちを残す, 左右に車輪のある. **=stimmig** [形] 〔楽〕 2声の. **=stöckig** [形] 3〈2〉階建ての.
Zweistromland (das ~) 二つの川の間の土地(メソポタミアの別称).
zwei=stufig [形] 2段の. **=stündig** [形] 2時間の. **=stündlich** [形] 2時間ごとの.
zweit [ツヴァイト] 《序数》 ([英] second) 2番目の, 第2の: zu ~ 2人で〈ずつ〉.
zwei=tägig [形] 2日間の; 生後2日の. **=täglich** [形] 2日ごとの.
Zweitaktmotor [男] 2サイクルエンジン.
zweitältest [形] 2番目に古い〈年上の〉.
zweitausend 《基数》2000.
Zweitausfertigung [女] 写し, 副本.
zweitbest [形] 2番目に良い, 次善の.
Zweiteiler [男] 〔服〕 ツーピース.
zweiteilig [形] 二つの部分からなる.
zweitens [副] 2番目に, 第2に.
zweit=klassig [形] 二流の, 並の. **=letzt** [形] 最後から2番目の. **=rangig** [形] 二次的な, さほど重要でない; 二流の.

Z

Zweit=schrift 囡 写し, コピー, 副本. **=stimme** 囡 (ドイツ選挙法で政党に投じられる)第2票. **=wagen** 陽 セカンドカー. **=wohnung** 囡 セカンドハウス, 別宅, 別荘.

Zweizeiler 陽 ((-s/-)) 2行詩.

zweizeilig 形 (詩などが) 2行の〈から成る〉; (タイプライターなどで) 1行おきの, ダブルスペースの.

Zweizimmerwohnung 囡 2室住居.

Zwerchfell 中 横隔膜.

zwerchfellerschütternd 形 (笑いで)腹の皮がよじれるほどの, 非常におかしい〈おもしろい〉.

Zwerg 陽 ((-[e]s/-e)) (囡 **-in**) 小人(½¾¡); 体の小さい人; 天 矮星(½¬). **=betrieb** 陽 零細企業.

Zwergenaufstand 陽 (話) むだな反乱〈怒り〉: Mach hier doch keinen ~! この無駄な抵抗はやめろ.

zwerghaft 形 小びとのような; ちっぽけな, きわめて小さい.

Zwergenkönig 陽 小びとの王様.

Zwerghuhn 中 鳥 チャボ.

Zwerg=staat 陽 ((政)) 小人(½¾¡)国・ **=wuchs** 陽 ((医)) 小人(½¾¡)症; ((生)) 矮(¡)性, 矮化.

Zwetsche 囡 ((-/-n)) ((植)) セイヨウスモモ, プラム. **~n=wasser** 中 スモモ(プラム)酒. **Zwetschge** 囡 ((-/-n)) 南部½¡ = Zwetsche.

Zwickau ツヴィカウ (ドイツ中東部の工業都市).

Zwickel 陽 ((-s/-)) 囡 ((建)) ((アーチの)スパンドレル, 三角小間(½¡)); ((話)) 変人, 奇人.

zwicken [ツヴィッケン] ((zwickte; gezwickt)) 他 ((j⁴³)) **in et⁴**) (人の…を) つねる, つまむ; 挟む; ((j⁴)) (人に) 苦痛を与える.

Zwicker 陽 ((-s/-)) 南部½¡オーストリア 鼻眼鏡.

Zwickmühle 囡 (西洋囲碁で)相手を窮地に陥れる水車. ♦ **in der ~ sein 〈sitzen〉** ((話)) 窮地に陥っている. **in eine ~ geraten** ((話)) 窮地に陥る.

zwickte ⇨ zwicken

Zwieback 陽 ((-[e]s/..bäcke, -e)) 両面を焼いたパン菓子; ラスク.

Zwiebel [ツヴィーベル] 囡 ((-/-n)) ((植)) タマネギ; ((植)) (ヒヤシンス・チューリップなど)の球根, 鱗茎(½¡); ((話)) 懐中時計; ((俗)) タマネギ形に髪を結い上げた髪. **zwiebelförmig** 形 タマネギ形の. **Zwiebelhaube** 囡 ((建)) タマネギ形の丸屋根(ドーム).

zwiebeln 他 ((話)) 苦しめる, いじめる, 絡ませる.

Zwiebel=schale 囡 タマネギの皮. **=suppe** 囡 ((料)) オニオンスープ. **=turm** 陽 (教会の)タマネギ形屋根をもつ塔.

zwie=fach 形 ((雅)) = zweifach. **=fältig** 形 ((雅)) = zweifach.

Zwiegespräch 中 対談, 対話.

Zwielicht 中 ⟨≒ twilight⟩ (特に夜明け・夕暮れなどの)薄明, 薄暗がり; (自然光と人工光線の)混合照明. ♦ **ins ~ bringen** ⟨…の立場が⟩危うくする. **ins ~ kommen** ⟨geraten⟩ (立場などが)危うくなる.

zwielichtig 形 正体不明の, 怪しげな, いかがわしい.

Zwiespalt 陽 内部分裂, 葛藤(½¡¾); (内的な)不一致, 自己矛盾. **zwiespältig** 形 (内部で)分裂した; 内的矛盾をはらんだ; 心の相反に苦しんでいる.

Zwiesprache 囡 ((雅)) 対話, 対談.

Zwietracht 囡 不和, 争い, 確執.

zwieträchtig 形 不和の, 対立した.

Zwilch 陽 ((-[e]s/種類-e)) ((織)) ドリル布.

Zwilling [ツヴィリング] 陽 ((-s/-e)) 双子 ⟨双生児⟩の一方; ((複)) 双子, 双生児; ((複)) 天 双子(½¡)座; 二連銃, 双身銃. **~s=bruder** 陽 双子の兄⟨弟⟩. **~s=paar** 中 双子. **~s=schwester** 囡 双子の姉⟨妹⟩.

Zwingburg 囡 (威圧するような)巨城.

Zwinge 囡 ((-/-n)) 締めつけ工具, クランプ; (杖(½¡)・傘などの)石突き(½¡¾); (難(½¡)・ナイフなどの柄)の締め輪; ((古)) 万力. ((工)) フェルール(管などを固定するための口輪).

zwingen* [ツヴィンゲン] ((zwang; gezwungen)) 他 ((j⁴³)) **zu et³**) (人に…することを)強制〈強要〉する, 強いる ((sich⁴ zu einem Lächeln ~ むりに笑いをする ((j⁴ auf den Stuhl ~ 人をむりやりにすわらせる)); ((sich⁴ zu et³)) 無理に(いやいや)…する. **~d** 形 強制的な; 有無を言わせぬ, 無理気味の, 説得力のある.

Zwinger 陽 ((-s/-)) (猛獣用の)檻(½¡)¡); 飼育用囲い地; (中世の城の)外壁と内壁の間の空き地.

zwinkern 他 まばたきする.

zwirbeln 他 (糸・ひげなどを)指先でひねる, ひねくり回す.

Zwirn 陽 ((-[e]s/種類-e)) より糸.

zwirnen 他 (糸を) より合わせる, (…を) よる. **Zwirnsfaden** 陽 より糸. ♦ **an einem ~ hängen** (命などが) 風前のともしびである. **über einen ~ stolpern** 些細なことにつまずく.

zwischen [ツヴィッシェン] Ⅰ 前 (3格・4格支配 位置を示すときは3格, 方向を示すときは4格を支配する) ❶ (≒ between) (空間的・時間的) […の)間〈に〉; […と…の)間に, …から…までの間に: Ich rufe dich ~ 6 und 8 Uhr an. 6時から8時の間に電話するよ. ❷ (数量・程度)(3格と) …から…までの〈の間の〉; …と…のいずれか: ~ Leben und Tod zuschweben 生と死の境をさまよう. ❸ (人間・集団の相互関係)(3格と) […の)間での: Verkehr ~ Deutschland und Japan 日独間の交流. Ⅱ (数量と) …から…までの間で. ♦ **zwischen j-et³ her** (…の間に)挟まって. **zwischen j-et³ heraus** ⟨hervor⟩ (…の)間から. **zwischen j-et³ hindurch** (…の)間を通って.

Zwischen=akt 陽 ((劇)) 幕間(½¡¡); 幕間劇. **=aufenthalt** 陽 途中での滞在. **=bemerkung** 囡 他人の話に割り込んでの発言. **=bericht** 陽 中間報告. **=bescheid** 陽 中間回答. **=bilanz** 囡 ((経)) 中間決算; 中間貸借対照表. **=deck** 中 ((海)) 中甲板. **=ding** 中 ((話)) 中間物; どっちつかずのもの.

zwischen=drin 副 (空間的に)その間

〈中間〉に; (時間的に)その間に. =**durch** [副] (空間的に)間に交じって; (時間的に)その間に, その合間に; 《雅》(合間を縫って)ときどき.
Zwischen=ergebnis [中] 途中経過. =**fall** [男] 予期せぬできごと; 《複》 騒動, 騒乱. =**gericht** [中] 〔料〕 アントレ(コースで2つのメイン料理の間に出される料理). =**geschoss** ([旧]= **geschoß**) [中] 〔建〕 中階(中2階・中3階など). =**glied** [中] 二つの部分をつなぐもの; 〔論〕 中間項. =**größe** [女] (靴などの二つのサイズ間の)中間サイズ. =**handel** [男] 卸売〈問屋〉業, 取次業; 通過貿易. =**händler** [男] 卸売業者, 問屋, 取次業者. =**hirn** [中] 〔医〕 間脳.
zwischen|landen [自] (s, h) 《ふつう不定詞・過去分詞で》〔空〕 途中で着陸する.
Zwischen=landung [女] 途中着陸. =**mahlzeit** [女] 間食.
zwischenmenschlich [形] 人と人との間の, 人間同士の.
Zwischen=prüfung [女] 中間試験. =**raum** [男] (二つの物の間の)すき間; スペース; 間隔; (時間的な)間隔, 隔たり; 合間.
Zwischenrippen=nerv [男] 〔解〕 肋間(ろっかん)神経. =**neuralgie** [女] 〔医〕 肋間(ろっかん)神経痛.
Zwischen=ruf [男] (他人の発言中の)かけ声, やじ. =**rufer** [男] やじを飛ばす人. =**runde** [女] 〔スポーツ〕 二次予選. =**speicher** [男] 〔コンピュータ〕 緩衝記憶装置. =**spiel** [中] 〔劇〕 幕間(まくあい)劇; 〔楽〕 間奏曲; 中間の〈挿話的な〉できごと.
zwischenstaatlich [形] 国家間の.
Zwischen=stadium [中] (発展などの)中間段階. =**station** [女] (旅行の)途中立ち寄り〔先〕. =**stationszubringer** [男] 〔宇〕 軌道間輸送機. =**stecker** [男] 〔電〕 アダプター. =**stock** [男] = Zwischengeschoss. =**stoffwechsel** [男] 〔生〕 中間代謝. =**stück** [中] (二つのものの)中間物, 接合部品; 〔劇〕 幕間(まくあい)劇. =**wand** [女] 間仕切り壁, 隔壁. =**zeit** [女] (二つの時点の)間の時間, 合間; 〔スポーツ〕 途中計時, ラップタイム.
zwischenzeitlich [副] その間に.
Zwischenzeugnis [中] (学年途中の)中間成績証明書; 中間証明書.
Zwist [男] 《-es/-e》 《雅》 不和, 反目, いさかい. **Zwistigkeit** [女] 《-/-en》 もめごと, いさかい.
zwitschern [ツヴィッチャァン] 《zwitscherte; gezwitschert》[動] (小鳥などが)さえずる, 歌う. ♦ ***einen ～*** 一杯ひっかける.
Zwitter [男] 《-s/-》 両性具有者; 〔生〕 雌雄同体生物. **zwitterhaft** [形] 両性具有の; 〔生〕 雌雄同体の.
zwo 《基数》《話》2(►電話などで drei とまぎらわしい zwei の代わりに使う).
zwölf [ツヴェルフ] 《基数》 ([英] twelve) 12: ～ Uhr mittags 〈nachts〉午後〈午前〉0時. ♦ ***Es ist fünf Minuten vor ～.*** 《話》 瀬戸際だ, 一刻も猶予はできない.
Zwölf [女] 《-/-en》 (数字の)12; 《話》 路線番号12のバス〈市電〉.
zwölfeinhalb 《分数; 無変化》12と2分の1の. **Zwölfender** [男] 《-s/-》 〔動〕 角叉(また)が12に分かれたシカ. **Zwölfer** [男] 《-s/-》 〔狩〕= Zwölfender; 《方》= Zwölf.
zwölferlei [形] 《無変化》12種類の.
zwölffach [形] 12倍〈12重〉の.
Zwölffingerdarm [男] 十二指腸.
zwölfjährig [形] 12年を経た;12歳の.
Zwölfkampf [男] 〔体操〕 男子総合(床・鉄棒・鞍馬(あんば)・跳馬・つり輪・平行棒のそれぞれ規定・自由演技).
zwölf=mal [副] 12回〈倍〉. =**malig** [形] 12回の.
zwölft [ツヴェルフト] 《序数》 ([英] twelfth) 12番目の, 第12の.
zwölf=tägig [形] 12日間の. =**tausend** 《基数》1万2千.
zwölftel 《分数》12分の1の.
zwölftens [副] 12番目に.
Zwölftonmusik [女] 十二音音楽.
Zyan [中] 《-s/》 〔化〕 シアン.
Zyklamen [中] 《-s/-》 〔植〕 シクラメン.
Zyklen ⇨ Zyklus
zyklisch [形] 循環的な, 周期的な; 環状〈輪状〉の; (全体としてまとまった)作品群の.
Zyklon [男] 《-s/-e》 サイクロン(インド洋の台風); 《商標》 サイクロン(遠心分離器).
Zyklone [女] 《-/-n》 〔気象〕 移動性低気圧.
Zyklop [男] 《-en/-en》 〔ギリシャ神〕 キュクロプス(一つ目の巨人). **zyklopisch** [形] キュクロプスのような, 巨大な.
Zyklotron [中] 《-s/-e, -s》 〔理〕 サイクロトロン(イオン加速器).
Zyklus [男] 《-/..klen》 ([英] cycle)サイクル, 循環, 巡ること; 周期的反復; 〔数〕 巡回置換; 〔経〕 景気循環; 〔医〕 月経〔周期〕; (全体としてまとまった)作品群, 一連の作品; 連続演奏〈講演〉会, チクルス.
Zylinder [男] 《-s/-》 ([英] cylinder)円柱, 円筒; (エンジンなどの)気筒, シリンダー; (ランプの)ほや; シルクハット. =**block** [男] シリンダーブロック, 気筒群. =**kopf** [男] 〔工〕 シリンダーヘッド.
zylindrisch [形] 円筒形〈円柱状〉の.
Zymase [女] 《-/》 〔生化〕 チマーゼ(解糖・アルコール発酵などに関わる酵素).
Zymogen [中] 《-s/-e》 〔生化〕 チモーゲン, 酵素前駆体.
Zyniker [男] 《-s/-》 ([女] **-in**)冷笑家, 皮肉家; ひねくれ者;= Kyniker. **zynisch** [形] 冷笑的な, 皮肉な見方をする, シニカルな; ひねくれた. **Zynismus** [男] 《-/..men》 シニシズム, 冷笑主義; シニカル〈皮肉〉な言動.
Zypern キプロス〔島〕.
Zypresse [女] 《-/-n》 〔植〕 イトスギ.
Zypriot [男] 《-en/-en》 ([女] **-in**)キプロス〔島〕人. **zyprisch** [形] キプロス〔島〕の.
Zyste [女] 《-/-n》 〔医〕 嚢胞(のうほう); 〔生〕 嚢子(のうし), 包子.
Zystein [中] 《-s/》 〔生化〕 システイン(アミノ酸の一種). **Zystin** [中] 《-s/》 〔生化〕 シスチン(アミノ酸の一種).
Zytologie [女] 《-/》 細胞学.
zytostatisch [形] 〔医〕 (薬剤などが)細胞増殖抑制性の.
zz. ([旧] **z.Z.**), **zzt.** [略] *zurzeit* 今〈目下〉のところ. **zzgl.** [略] 〔商〕 *zuzüglich*. **z.Zt.** [略] zur Zeit …の時代に.

ドイツ語会話
救急箱
Erste Hilfe für unterwegs

旅行とビジネスのための表現集
Sprachmittel für Reisen und Geschäfte

目 次

基本会話表現……………………………………770
場面別会話表現…………………………………776
数の数え方………………………………………791
手紙・ファックス・カード……………………792
履歴書の書き方…………………………………793
組織・制度略語…………………………………794
ドイツ・オーストリア・スイスの州と州都…797
世界の国々………………………………………798

基本会話表現

あいさつ / アポをとる / 依頼する / 確認する / 希望を言う / 許可する / 拒否する / 苦情を言う / 誘う / 質問する / 謝罪する / 祝福する / 職業を言う / 嗜好を言う / 注文する / 提案する / 訂正する / 伝える / 問い返す / 同意する / ほめる / 予定を言う / 予約する / 礼を言う

【あいさつ】Begrüßung

おはようございます	Guten Morgen!
こんにちは	Guten Tag!
こんばんは	Guten Abend!
おやすみなさい	Gute Nacht!
こんにちは(南部・オーストリア)	Grüß Gott!
ご機嫌いかがですか	Wie geht es Ihnen?
調子どう	Wie geht's dir?
はい,元気です	Danke, gut.
はじめまして	Freut mich! / Angenehm!
やあ	Hallo!
さようなら	Auf Wiedersehen!
また明日	Bis morgen.
またあとで	Bis gleich! / Bis nachher!
バイバイ	Tschüss!
楽しんでいらっしゃい	Viel Vergnügen! / Viel Spaß!
よい週末を	Schönes Wochenende!
どうぞ,楽しい旅を	Gute Reise!
ありがとう,あなたもね	Danke, gleichfalls.
心からお悔やみ申し上げます	Herzliches Beileid! / Mein aufrichtiges Beileid!

【電話でアポをとる】Terminvereinbarung

もしもし	Hallo.
私は井上と申します	Mein Name ist Inoue.
シェーファーさんとお話したいのですが	Könnten Sie mich bitte mit Herrn Schäfer verbinden.

そのままお待ちください	Bitte bleiben Sie dran.
他の電話に出ております	Er spricht gerade auf der anderen Leitung.
折り返し電話させましょうか	Möchten Sie, dass er Sie zurückruft?
私のオフィスでお会いしましょう	Treffen wir uns in meinem Büro.
何曜日がいいですか	Welcher Tag würde Ihnen passen?
月曜日はいかがですか	Würde Ihnen der Montag zusagen?
いつお会いしましょうか	Wann wollen wir uns treffen?
日時を決めませんか	Können wir einen Termin vereinbaren?
では失礼します	Auf Wiederhören!

【依頼する】Aufforderung

翻訳してください	Können Sie mir bitte dies übersetzen?
資料をコピーしてください	Können Sie mir die Unterlagen kopieren?
予定をファックスしてください	Bitte schicken Sie mir den Plan per Fax zu.
それをスペルアウトしていただけますか	Würden Sie mir das bitte buchstabieren?
電話をいただけますか	Können Sie mich anrufen?
いっしょに来てください	Kommen Sie bitte mit.
召し上がってください	Bitte, greifen Sie zu.

【確認する】Bestätigen

コンサートは7時に開演でしたね	Das Konzert beginnt doch um 7 Uhr, nicht?
博物館は月曜日は休館でしたね	Das Museum ist doch am Montag geschlossen, nicht?

【希望を言う】Hoffnung äußern

今日はなにかエスニック料理を食べたいな	Heute möchte ich etwas Exotisches essen.
明日はサッカーの試合が見たいです	Morgen möchte ich ein Fußballspiel sehen.

基本会話表現

【許可する】Erlaubnis erteilen

ここはタバコを吸っても大丈夫ですよ	Hier dürfen Sie getrost rauchen.
ここは短時間なら駐車していいですよ	Hier dürfen Sie für kurze Zeit parken.

【拒否する】Ablehnung

私はとても多忙なんです	Ich bin sehr beschäftigt.
火曜日はだめです	Am Dienstag geht es bei mir nicht.
先約があります	Ich habe schon einen Termin.
時間がありません	Ich habe keine Zeit dafür.

【苦情を言う】Beschwerden

この部屋はうるさいです	Dieses Zimmer ist zu laut.
おつりが足りません	Das Wechselgeld stimmt nicht.
スープがしょっぱすぎます	Die Suppe ist zu salzig.

【誘う】Einladung

ご馳走します	Ich lade Sie ein.
一度お食事でもどうですか	Wie wär's, wenn wir einmal essen gehen?

【質問する】Fragen

ちょっと質問してもいいですか	Darf ich Sie kurz etwas fragen?
いま質問してもいいですか	Darf ich jetzt eine Frage stellen?
お名前はなんとおっしゃるのですか	Wie heißen Sie bitte?
どちらからいらっしゃいましたか	Wo kommen Sie her?
あなたの電話番号と住所を教えていただけますか	Könnten Sie mir Ihre Adresse und Telefonnummer geben?
この席はまだ空いていますか	Ist dieser Platz noch frei?
今,何時ですか	Wie spät ist es jetzt?
よいレストランを教えていただけますか	Können Sie mir ein gutes Restaurant empfehlen?

このセーターはいくらですか	Was kostet dieser Pulli?
タバコを吸ってもいいですか	Darf ich rauchen?
ちょっと通してもらえますか	Darf ich mal bitte durch?
朝食の部屋はどこですか	Wo ist der Frühstücksraum?
トランクを預かってもらえますか	Können Sie bitte meinen Koffer aufbewahren?
コインロッカーはどこですか	Wo gibt es ein Schließfach?

【謝罪する】Entschuldigung

ごめんなさい	Entschuldigen Sie bitte.
遅くなってすみません	Entschuldigen Sie die Verspätung.

【祝福する】Gratulierung

おめでとうございます	Herzlichen Glückwunsch!
誕生日おめでとう	Herzlichen Glückwunsch zum Geburtstag!
結婚記念日おめでとう	Alles Gute zum Hochzeitstag!
新年おめでとうございます	Frohes neues Jahr!
素晴らしかったですよ	Mein Kompliment!
乾杯!	Prost!

【職業を言う】Beruf

私は会社員です	Ich bin Angestellter.
私は自営業です	Ich bin selbstständig.
私は自由業です	Ich bin freiberuflich tätig.
私はパートです	Ich arbeite Teilzeit.

【嗜好を言う】Geschmack

この色が気に入りました	Mir gefällt diese Farbe.
ブルーは好みの色です	Blau ist meine Lieblingsfarbe.
コーヒーはブラックで飲みます	Kaffee trinke ich schwarz.
紅茶にはお砂糖を入れません	Ich nehme keinen Zucker in den Tee.

【注文する】Bestellung

ビールをお願いします	Bringen Sie mir bitte ein Bier.

赤ワインをお願いします	Ich hätte gern einen Rotwein.
付け合わせをもう少しもらえますか	Könnte ich noch ein bisschen Beilage haben?

【提案する】Vorschlag

中華料理なんてどうですか	Wie wär's mit chinesischer Küche?
映画を見に行きますか	Gehen wir ins Kino?
レンタカーにしますか	Mieten wir ein Auto?
食事のあとは散歩しましょう	Machen wir nach dem Essen einen Spaziergang.

【訂正する】Korrigieren

私が勘違いをしていました	Das war mein Irrtum.
彼はドイツ人ではなくてオーストリア人でした	Er war kein Deutscher, sondern ein Österreicher.
出口はA3ではなくてA2です	Der Ausgang war nicht A3 sondern A2.

【伝える】Mitteilung

こちらがあなたの席です	Dies hier ist Ihr Platz.
明日電話をしてくださいとのことです	Sie sollen ihn morgen anrufen.
彼は先に行くとのことでした	Er soll schon vorausgegangen sein.

【問い返す】Rückfrage

なに?	Was denn?
いまなんて言われました?	Was haben Sie gerade gesagt?
もう一度お願いします	Bitte noch einmal!
よく聞こえませんでした	Ich habe Sie akustisch nicht verstanden.
えっ, なんですって?	Wie bitte?

【同意する】Zustimmung

はい, 了解しました	Einverstanden!
よろこんで	Gern!
オーケーです	Alles klar!
そのとおりです	Genau!

【ほめる】Lob

上手ですね	Gut gemacht!
素晴らしい	Prima!
料理が上手ですね	Sie kochen aber gut.
ネクタイがお似合いです	Die Krawatte steht Ihnen sehr gut.
素敵なスカーフですね	Das Halstuch ist schick.

【予定を言う】Vorhaben

水曜日はいつも泳ぎに行っています	Mittwochs gehe ich immer schwimmen.
土曜日の午後に伺います	Am Samstagnachmittag komme ich dann vorbei.
きょうの夜はオペラに行きます	Heute Abend gehen wir in die Oper.

【予約する】Reservierung

中村という名前で席を予約したいのですが	Ich möchte auf den Namen Nakamura einen Tisch reservieren.
ウィーン行きを予約したいのですが	Ich möchte ein Ticket nach Wien reservieren.
コンサートの券を2枚予約してください	Reservieren Sie mir bitte zwei Karten für dieses Konzert.

【礼を言う】Danken

どうもありがとうございます	Danke schön!
ご親切にありがとう	Danke. Das war sehr nett.
いろいろとお世話になりました	Vielen Dank für alles.
こちらこそ	Danke, gleichfalls.
ご招待ありがとうございました	Vielen Dank für die Einladung.
プレゼントありがとう	Vielen Dank für das Geschenk.
どういたしまして	Bitte schön! / Nichts zu danken!
ご静聴ありがとうございました	Vielen Dank für Ihre Aufmerksamkeit.

場面別会話表現

空港 / 駅 / 観光案内所 / 銀行 / ホテル / レストラン / 郵便局 / 乗り物で / 観光 / 買い物 / 靴屋 / 娯楽 / 遺失物 / 病気 / 緊急事態

【空港】Flughafen

入国　パスポートを見せてください
　　　　　Ihren Pass bitte.
　　　どちらからいらしたのですか
　　　　　Woher kommen Sie?
　　　私は東京から来ました
　　　　　Ich komme aus Tokio.
　　　訪問の目的はなんですか
　　　　　Was ist der Zweck Ihres Besuchs?
　　　観光です / 商用です
　　　　　Ich bin Tourist. /
　　　　　Ich bin auf Geschäftsreise.
　　　どれくらい滞在の予定ですか
　　　　　Wie lange bleiben Sie hier?
　　　2日間です / 1週間です
　　　　　Zwei Tage. / Eine Woche.
　　　乗り継ぎするだけです
　　　　　Ich bin nur auf der Durchreise.
　　　フランクフルトの滞在先はどちらですか
　　　　　Wo wohnen Sie in Frankfurt?
　　　フランクフルトではパークホテルに滞在しています
　　　　　In Frankfurt wohne ich im Parkhotel.

税関　なにか課税品を持っていますか
　　　　　Haben Sie etwas zu verzollen?
　　　個人的なものばかりです
　　　　　Ich habe nur persönliche Sachen dabei.

道順　手荷物はどこで受け取れますか
　　　　　Wo ist die Gepäckausgabe?
　　　観光案内所はどこですか
　　　　　Wo ist die Touristeninformation?

両替所はどこですか
　　Wo kann man bitte Geld wechseln?
町の中心地へは，どうやったら行けるのですか
　　Wie komme ich in die Stadt?
駅はどこですか
　　Wo ist der Bahnhof?
Bホールへは，どういうふうに行くのですか
　　Wie komme ich bitte zu Halle B?
レンタカーの受付はどこですか
　　Wo kann man Auto mieten?
タクシー乗り場はどこですか
　　Wo ist bitte der Taxistand?

帰国 予約の確認をお願いします
　　Ich möchte meinen Flug bestätigen.
禁煙席をお願いします
　　Bitte Nichtraucherplatz.
通路側〈窓側〉の席にしてください
　　Bitte einen Sitz am Gang 〈am Fenster〉.

【駅】Bahnhof

切符 ミュンヘンまで2等1枚
　　Eine Fahrkarte zweiter Klasse nach München, bitte./
　　Einmal zweiter Klasse nach München, bitte.
ドレスデンまで往復2枚
　　Zweimal nach Dresden hin und zurück, bitte.
ユーレイルパスを持っています
　　Ich habe hier einen Eurail-Pass.
このパスで，この区間を乗れますか
　　Ist dieser Pass gültig für diese Strecke?
座席指定もお願いします
　　Ich brauche auch eine Platzreservierung.

乗り換え
乗り換えなければなりませんか
　　Muss ich umsteigen?
ハイデルベルクからフライブルクへの接続はありますか
　　Gibt es von Heidelberg einen Anschluss nach Freiburg?

時刻
次のライプチヒ行きのインターシティーは何時ですか

場面別会話表現　　　778

Wann fährt der nächste Intercity nach Leipzig?

ホーム 何番線のホームですか
Auf welchem Gleis?

到着 ボンには何時に着きますか
Wann kommen wir in Bonn an?

【観光案内所】Tourist-Information

依頼 お尋ねしたいことがあるのですが
Können Sie mir bitte helfen?

地図 町の地図をください
Ich hätte gern einen Stadtplan.

地下鉄の路線図をください
Haben Sie einen Netzplan für die U-Bahn?

予約 ここでホテルの部屋の予約はできますか
Kann man bei Ihnen ein Hotelzimmer reservieren?

よいホテルを推薦してもらえますか
Können Sie mir ein gutes Hotel empfehlen?

ホテルまでは、どのくらい時間がかかりますか
Wie lange brauche ich bis zum Hotel?

市内観光に参加したいのですが
Ich möchte gerne an einem Stadtrundgang 〈einer Stadtrundfahrt〉 teilnehmen.

ここでバスツアーの申し込みはできますか
Kann ich hier eine Bustour buchen?

情報 催し物のパンフレットはありますか
Haben Sie einen Veranstaltungskalendar?

お礼 いろいろありがとう
Danke für die Auskunft!

【銀行】Bank　両替所 Geldwechsel

両替 両替をお願いします
Wechseln bitte. /
Ich möchte Geld wechseln.

5万円をマルクに両替してください
Ich möchte 50 000 Yen in DM wechseln.

為替 今日のレートはどうなっていますか
Wie ist heute der Wechselkurs?

10万円で何マルクになりますか

Wie viel Mark bekomme ich für 100 000 Yen?

小銭　小銭も入れてください
　　　Auch etwas Kleingeld bitte.

トラベラーズチェック
　　　トラベラーズチェックを換金してください
　　　Ich möchte einen Reisescheck einlösen.

【ホテル】Hotel

空室　まだ空室はありますか
　　　Haben Sie noch ein Zimmer frei?
　　　今晩部屋はありますか
　　　Haben Sie ein Zimmer für heute Nacht frei?

タイプ
　　　バスかシャワー付きの部屋を探しています
　　　Ich suche ein Zimmer mit Bad oder Dusche.
　　　150マルクまでのバス付きのシングルをお願いします
　　　Ich möchte ein Einzelzimmer mit Bad bis 150 DM.
　　　ツインをお願いします
　　　Bitte ein Doppelzimmer.
　　　眺めのいい部屋をお願いします
　　　Ich hätte gern ein Zimmer mit schöner Aussicht, bitte.
　　　エキストラベッドを入れてください
　　　Können Sie mir bitte ein Extra-Bett ins Zimmer stellen?

値段　朝食は付いていますか
　　　Ist das Frühstück mit dabei?
　　　税金とサービス料は込みですか
　　　Sind Steuern und Bedienung eingeschlossen?
　　　1泊いくらですか
　　　Was kostet eine Übernachtung?
　　　もう少し安い〈広い〉部屋はありますか
　　　Haben Sie noch etwas billigeres 〈größeres〉 Zimmer?

チェックイン
　　　田中です。チェックインをお願いします
　　　Mein Name ist Tanaka. Ich möchte einchecken.

日本から予約してあります
: Ich habe schon von Japan aus reserviert.

車はどこに置けばいいのですか
: Wo kann ich den Wagen abstellen?

クレジットカードは使えますか
: Kann ich mit Kreditkarte bezahlen?

朝食はどこでできますか
: Wo gibt es Frühstück?

チェックアウトは何時ですか
: Um wie viel Uhr soll ich auschecken?

荷物を部屋まで運んでください
: Bringen Sie mir bitte mein Gepäck auf mein Zimmer.

フロント

鍵をお願いします
: Meinen Schlüssel bitte.

貴重品を預かってください
: Kann ich diese Wertsachen aufgeben?

私あてのメッセージはありますか
: Gibt es eine Nachricht für mich?

切手はありますか
: Haben Sie Briefmarken?

明朝8時に起こしてください
: Wecken Sie mich bitte morgen früh um 8 Uhr.

このツアーを予約してもらえますか
: Können Sie mir bitte einen Platz bei dieser Tour reservieren?

ルームサービス

ルームサービスをお願いします
: Zimmerservice bitte.

部屋の番号は35です
: Meine Zimmernummer ist 35 (読み方: fünfunddreißig).

明朝7時に持ってきてください
: Bringen Sie mir das bitte morgen früh um 7 Uhr.

このスーツをプレスしてください
: Bitte, bügeln Sie mir diesen Anzug.

明日の朝までにお願いします
: Machen Sie mir das bitte bis morgen fertig.

できるだけ早くお願いします
 Bitte, machen Sie mir das so schnell wie möglich fertig.

コーヒーをポットで持ってきてください
 Bringen Sie mir bitte ein Kännchen Kaffee.

お湯を持ってきてください
 Ich hätte gern heißes Wasser.

洗濯物をお願いしたいのですが
 Ich möchte meine Wäsche aufgeben.

トラブル

部屋を替えてください
 Ich möchte gern ein anderes Zimmer.

トイレの水が流れません
 Die Toilettenspülung ist kaputt.

トイレットペーパーがありません
 Das Toilettenpapier ist alle.

お湯が出ません
 Es kommt kein Warmwasser.

暖房が故障しています
 Die Heizung funktioniert nicht.

鍵を部屋に置いたまま、閉めてしまいました
 Ich habe mich ausgesperrt.

鍵をなくしてしまいました
 Ich habe meinen Schlüssel verloren.

チェックアウト

チェックアウトをお願いします
 Ich möchte jetzt abreisen.

預けた貴重品を受け取りたいのですが
 Ich möchte meine Wertsachen abholen.

荷物を取りに来てもらえますか
 Können Sie bitte mein Gepäck abholen?

荷物を夕方まで預かってもらえますか
 Können Sie bitte mein Gepäck bis heute Abend aufbewahren?

タクシーを呼んでください
 Bitte rufen Sie mir ein Taxi.

【レストラン】Restaurant

席　7時に予約した小林です
 Mein Name ist Kobayashi. Ich habe für 7 Uhr reserviert.

場面別会話表現

窓際の席をお願いします
  Ich hätte gern ein Platz am Fenster.
ここは空いていますか
  Ist der Platz noch frei?

注文

お願いします
  Hallo, Bedienung!
メニューをお願いします
  Die Speisekarte bitte.
飲み物のリストを持ってきてください
  Bringen Sie mir bitte die Getränkekarte.
お勧めはなんですか
  Können Sie mir etwas empfehlen?
定食はありますか
  Haben Sie ein Menü?
この店の自慢料理はどれですか
  Was ist Ihre Spezialität?
あれと同じものをお願いします
  Bringen Sie mir das Gleiche.
これをください
  Bitte dies hier.
炭酸なしのミネラルウォーターをください
  Bitte ein Mineralwasser ohne Gas.
分量を減らしてください
  Bitte, für mich nur eine kleine Portion.

苦情

注文した料理がまだこないのですが
  Ich habe mein Essen noch nicht bekommen.
これは注文していません
  Das habe ich nicht bestellt.

支払い

お勘定をお願いします
  Zahlen bitte!
とてもおいしかったです
  Es hat gut geschmeckt.
おつりは要りません
  Stimmt so.
別々にお勘定をお願いします
  Wir möchten getrennt zahlen.
計算が違っています
  Die Rechnung stimmt nicht.
テークアウトします
  Zum Mitnehmen.

ここで食べます　　　Ich esse hier.

【郵便局】Postamt

郵便　航空便で日本へお願いします
　　　　Bitte per Luftpost nach Japan.
　　　速達でお願いします
　　　　Bitte per Express.
　　　記念切手はありますか
　　　　Haben Sie Sondermarken?
　　　この小包を日本へ送ってください
　　　　Dieses Päckchen nach Japan, bitte.
　　　中身は書籍〈贈答品〉です
　　　　Es sind Bücher 〈Geschenke〉 drin.
電話　日本まで国際電話をかけたいのですが
　　　　Ich möchte nach Japan telefonieren.

【乗り物で】in den Fahrzeugen

行き先
　　　この電車は中央駅に行きますか
　　　　Fährt diese Bahn zum Hauptbahnhof?
　　　このバスは市庁舎前広場で止まりますか
　　　　Hält dieser Bus am Rathausplatz?
　　　ケルン行きは何番の市電ですか
　　　　Welche Straßenbahn fährt nach Köln?
　　　どこで降りたらいいですか
　　　　Wo muss ich bitte aussteigen?
　　　乗り換えが必要ですか
　　　　Muss ich umsteigen?
　　　どこで乗り換えたらいいのですか
　　　　Wo muss ich umsteigen?
タクシー
　　　ホテルカイザーまでお願いします
　　　　Bitte zum Hotel Kaiser.
　　　ここで降ろしてください
　　　　Bitte halten Sie hier.
列車　この車両はハンブルクに行きますか
　　　　Fährt dieser Wagen nach Hamburg?
　　　この席はまだ空いていますか
　　　　Ist der Platz noch frei?
　　　私の指定席券です
　　　　Hier ist meine Platzkarte.

すみません，通してください
: Entschuldigung, darf ich mal durch?

窓を開けてもいいですか
: Darf ich das Fenster aufmachen?

ちょっと手を貸していただけますか
: Können Sie mir bitte kurz helfen?

タバコを吸ってもいいですか
: Darf ich rauchen?

ミュンスターには何時に着きますか
: Wann kommen wir in Münster an?

機内

荷物をあげてもらえますか
: Können Sie mir bitte mein Gepäck hinauflegen?

日本語の新聞はありますか
: Haben Sie japanische Zeitungen?

席を替わりたいのですが
: Ich möchte den Platz wechseln.

気分が悪いのですが
: Mir ist schlecht.

日本円は使えますか
: Kann ich in japanischen Yen zahlen?

トラブル

乗り越してしまいました
: Ich habe meinen Ausstieg verpasst.

乗車券をなくしてしまいました
: Ich habe die Fahrkarte verloren.

【観光】 Tourismus

案内

日本語のガイド付きのツアーはありますか
: Gibt es Führungen auf Japanisch?

案内の時間は，どのくらいかかりますか
: Wie lange dauert die Führung?

案内につかなければ見学できませんか
: Ist die Besichtigung auch ohne Führung möglich?

次の案内は何時からですか
: Wann beginnt die nächste Führung?

ひとりいくらですか
: Was kostet es pro Person?

入り口

入り口はどこですか

Wo ist der Eingang?

入場料

入場料はいくらですか
Was kostet der Eintritt?

大人2枚と子供1枚ください
Zwei Erwachsene und ein Kind, bitte.

学割はありますか
Gibt es auch eine Studentenermäßigung?

開館時間

きょうは何時まで開いていますか
Wie lange haben Sie heute geöffnet?

撮影

ここは写真撮影をしても大丈夫ですか
Darf man hier fotografieren?

ストロボをたいてもいいですか
Darf man den Blitz benutzen?

写真を撮っていただけませんか
Können Sie bitte ein Foto von mir machen?

ここを押してください
Bitte drücken Sie hier.

あなたの写真を撮ってもいいですか
Darf ich ein Foto von Ihnen machen?

道案内

すみません，ここはどこですか
Entschuldigung, wo bin ich denn hier?

トイレはどこですか
Wo gibt es Toiletten?

大聖堂へはどういうふうに行けばいいのですか
Wie komme ich bitte zum Dom?

シューベルト通りへはどういうふうに行けばいいのですか
Wie komme ich in die Schubertstraße?

この近くに薬局はありますか
Gibt es hier in der Nähe eine Apotheke?

歩いて行けますか
Kann man zu Fuß gehen?

【買い物】Einkaufen

選ぶ

ちょっと見て回ってもいいですか
Kann ich mich ein bisschen umschauen?

これを見せてくださいますか
Können Sie mir bitte dies zeigen?

ウインドーに飾ってあるのを見せてください

場面別会話表現

　　　　Können Sie mir das in der Auslage zeigen?
　ほかのも見せてもらえますか
　　　　Können Sie mir noch etwas anderes zeigen?
色　これと同じもので赤はありますか
　　　　Haben Sie dasgleiche in Rot?
　色違いのものはありますか
　　　　Haben Sie dies auch noch in anderen Farben?

サイズ
　自分のサイズが分からないのですが
　　　　Ich kenne meine Größe nicht.
　ひとつ大きいサイズはありますか
　　　　Haben Sie dies eine Nummer größer?
　試着してみてもいいですか
　　　　Darf ich es mal anprobieren?

支払い
　いくらですか
　　　　Wie viel kostet das?
　これにします
　　　　Ich nehme das.
　もう一度考えてみます
　　　　Ich werde es mir noch einmal überlegen.
　トラベラーズチェックは使えますか
　　　　Kann ich mit Reisescheck bezahlen?
　カードで払えますか
　　　　Kann ich mit der Kreditkarte zahlen?
　袋をいただけますか
　　　　Kann ich bitte eine Tüte haben?
　プレゼント用に包んでいただけますか
　　　　Können Sie dies als Geschenk einpacken?

【靴屋】Schuhgeschäft

希望　靴を探しているのですが
　　　　Ich suche Schuhe für mich.
　サンダルが欲しいのですが
　　　　Ich suche Sandalen für mich.
　これをはいてみてもいいですか
　　　　Kann ich sie mal anprobieren?
　ショーウインドーにあるブーツを見せてもらえますか
　　　　Können Sie mir mal die Stiefel in der Auslage zeigen?

鏡はどこですか
: Wo gibt es einen Spiegel?

サイズ
: これで私のサイズはありますか
: : Haben Sie diese Schuhe in meiner Größe?
: 私のサイズは40です
: : Meine Größe ist 40.
: これの37はありますか
: : Haben Sie die auch in 37?
: ちょっときついです
: : Sie sind ein bisschen eng.
: ぴったりです
: : Sie passen mir genau.
: ちょっとゆるめです
: : Sie sind ein bisschen groß.

色
: これと同じ物で茶色はありますか
: : Haben Sie die gleiche in Braun?
: 黒のパンプスを探しているのですが
: : Ich suche schwarze Pumps.
: ほかの色はありますか
: : Haben Sie die auch in anderen Farben?
: この色は好きじゃありません
: : Diese Farbe gefällt mir nicht so.
: ちょっと考えてみてみます
: : Ich überlege es mir noch einmal.

【娯楽】Vergnügen

チケット
: 今夜のチケットはまだありますか
: : Gibt es noch Karten für heute Abend?
: 立ち見席はありますか
: : Gibt es Stehplätze?
: チケットはどこで買うのですか
: : Wo kann man die Karten kaufen?

服装　正装しなければいけませんか
: Ist eine Abendkleidung vorgeschrieben?

ディスコ・ショー
: このあたりにディスコはありませんか
: : Gibt es eine Disco hier in der Nähe?
: ディナーショーを見に行きたいのですが
: : Ich möchte gern eine Dinnershow sehen.

ナイトツアーに参加したいのですが
: Ich möchte gern an einer Nachttour teilnehmen.

美容院

美容院に行きたいのですが
: Ich muss zum Friseur.

カット

カットをお願いします
: Ich möchte die Haare schneiden lassen.

すぐにカットしてもらえますか
: Können Sie mir gleich die Haare schneiden?

カットだけお願いします
: Bitte, nur schneiden.

シャンプー, カットとブローをお願いします
: Bitte waschen, schneiden und fönen.

少し短くカットしてください
: Bitte, schneiden Sie mir die Haare etwas kürzer.

あまり短くしないでください
: Nicht zu kurz bitte.

この髪型にしてください
: Ich möchte dieselbe Frisur wie diese hier.

パーマ

パーマをかけてください
: Ich möchte bitte Dauerwellen legen.

パーマを軽くかけてください
: Bitte legen Sie mir leicht Dauerwellen.

シャンプー

シャンプーとセットをお願いします
: Waschen, fönen und legen bitte.

支払い

カットはいくらですか
: Was kostet das Schneiden?

はい, これはあなたに(チップ)
: Das ist für Sie.

【遺失物】Fundsache

紛失　パスポートをなくしました
: Ich habe meinen Pass verloren.

クレジットカードをなくしました
: Meine Kreditkarte ist weg.

盗難	トラベラーズチェックを盗まれました	
	Mir wurde meine Reiseschecks gestohlen.	
	財布をすられました	
	Mir wurde mein Geldbeutel gestohlen.	
	バッグを盗まれました	
	Jemand hat meine Tasche gestohlen.	
忘れ物		
	かばんをタクシーに忘れました	
	Ich habe meine Tasche im Taxi vergessen.	
	かさを地下鉄に忘れてしまいました	
	Ich habe meinen Regenschirm in der U-Bahn liegen lassen.	
無効	カード番号を無効にしてください	
	Bitte sperren Sie sofort meine Kreditkarte.	
再発行		
	カードを再発行してください	
	Stellen Sie mir bitte eine neue Kreditkarte aus.	
証明	盗難証明書を発行してください	
	Stellen Sie mir bitte eine Diebstahlsmeldung aus.	
	遺失物係はどこですか	
	Wo ist das Fundbüro?	
	警察署はどこですか	
	Wo ist hier die Polizei?	
	日本大使館に連絡してください	
	Bitte rufen Sie die japanische Botschaft an.	

【病気】Krankheit

病院	医者に診てもらいたいのですが	
	Ich brauche einen Arzt.	
	医者を呼んでもらえますか	
	Rufen Sie bitte einen Arzt.	
	この近所に病院はありますか	
	Gibt es hier in der Nähe ein Krankenhaus?	
	病院に連れて行ってください	
	Bitte bringen Sie mich ins Krankenhaus!	
症状	気分が悪いのですが	
	Ich fühle mich nicht wohl.	
	風邪をひきました	
	Ich habe mich erkältet.	

頭痛がします
: Ich habe Kopfschmerzen.
歯が痛いのです
: Ich habe Zahnschmerzen.
熱があります
: Ich habe Fieber.
下痢をしています
: Ich habe Durchfall.
発疹が出ています
: Ich habe einen Ausschlag.
怪我をしました
: Ich habe mich verletzt.
やけどをしました
: Ich habe mich verbrannt.
足首を捻挫しました
: Ich habe mir meinen Knöchel verstaucht.

【緊急事態】Notfall

救急車を呼んでください
: Rufen Sie einen Krankenwagen!
警察を呼んでください
: Rufen Sie die Polizei!
火事だ!
: Feuer!
助けて!
: Hilfe!
危ない!
: Vorsicht!
あっちへ行って!
: Lass mich in Ruhe!

数の数え方

0	null	21	einundzwanzig
1	eins	22	zweiundzwanzig
2	zwei	30	dreißig
3	drei	40	vierzig
4	vier	50	fünfzig
5	fünf	60	sechzig
6	sechs	70	siebzig
7	sieben	80	achzig
8	acht	90	neunzig
9	neun	100	(ein)hundert
10	zehn	101	(ein)hunderteins
11	elf	200	zweihundert
12	zwölf	300	dreihundert
13	dreizehn	500	fünfhundert
14	vierzehn	1 000	(ein)tausend
15	fünfzehn	1 001	(ein)tausendeins
16	sechzehn	1 100	tausendeinhundert
17	siebzehn	2 000	zweitausend
18	achtzehn	10 000	zehntausend
19	neunzehn	20 000	zwanzigtausend
20	zwanzig	100 000	(ein)hunderttausend

百万	eine Million
2百万	zwei Millionen
千万	zehn Millionen
1億	hundert Millionen
10億	eine Milliarde
100億	zehn Milliarden
1000億	hundert Milliarden
1兆	eine Billion
10兆	zehn Billionen

月の名称

Januar	1月	Juli	7月
Februar	2月	August	8月
März	3月	September	9月
April	4月	Oktober	10月
Mai	5月	November	11月
Juni	6月	Dezember	12月

曜日の名称

Sonntag	日曜日	Donnerstag	木曜日
Montag	月曜日	Freitag	金曜日
Dienstag	火曜日	Samstag, Sonnabend	土曜日
Mittwoch	水曜日		

手紙・ファックス・カード　792

ホテル予約の手紙・ファックスの書き方

Kenta NAKANISHI　　　　　　　　　　　　　　　Tokio, den 16. Juni 2000
Chiyodaku, Hitotsubashi 2-3-1
101-8001 Tokio, Japan

Hotel Zum drei Löwen
Mozartstraße 5
80331 München

Zimmerreservierung

Sehr geehrte Herren,

hiermit möchte ich bei Ihnen vom 15. Oktober 2000 (Anreisetag) bis 17. Oktober (Abreisetag) für zwei Übernachtungen ein Doppelzimmer mit Bad reservieren. Das Zimmer sollte im Preisbereich von 120-150 DM sein. Bitte schicken Sie mir umgehend per Fax (0081-3-3230-5169) eine Reservierungsbestätigung nach Japan.

Mit freundlichen Grüßen

Kenta Nakanishi（サイン）
(Kenta NAKANISHI)

カードの書き方

　　　　　　　　　　　　　　　　　　　　　　　　Tokio, den 20. Juni 2000
　　　　　　　　　　　　　　　　　　　　　　　　　　　（日付）

　　　　Lieber Martin !　（呼びかけ）
　　　　Herzlichen Glückwunsch　　（本文）
　　　　　　zum Geburtstag!

　　　　Alles Liebe　（結びの言葉）
　　　　Kayoko　（サイン）

本文例

出生祝い
Herzlichen Glückwunsch zu Eurem kleinen Sohn 〈zu Eurer Tochter〉!

結婚祝い
Herzlichen Glückwunsch zu Eurer Hochzeit!

お悔やみ
Mein tiefstes Mitgefühl.
In tiefer Anteilnahme am Tod Ihrer Mutter.

履歴書 見本

Lebenslauf

Persönliche Daten
Name： Nakanishi
Vorname： Kenta
Wohnort： Chiyodaku, Hitotsubashi 2-3-1
 101-8001 Tokio, Japan
Tel.： 03-3230-5169
Geburtsdatum： 27.03.1975
Geburtsort： Tokio
Familienstand： ledig
Staatsangehörigkeit： japanisch

Schulbildung
1982 – 1988 Grundschule in Tokio
1988 – 1991 Mittelschule in Tokio
1991 – 1994 Höhere Schule in Tokio
1994 – 1998 Jurastudium an der Tozai Universität

Beruflicher Werdegang
April 1998 – Mai 1999 Exportabteilung bei InterMedia
Juni 1999 – EDV-Abteilung bei InterMedia

Besondere Kenntnisse： Englisch u. Deutsch in Wort und Schrift
 EDV-Kenntnise

Tokio, den 10.12.1999

Kenta Nakanishi (サイン)

組織・制度の略語

ABM	Arbeitsbeschaffungsmaßnahme 雇用対策事業, 雇用促進政策
ADAC	Allgemeiner Deutscher Automobil-Club 全ドイツ自動車クラブ
Adgo	Allgemeine Deutsche Gebührenordnung für Ärzte 全ドイツ医療費基準
AG	Aktiengesellschaft 株式会社
AKP-Staaten	(AKP = Afrika, Karibik und pazifischer Raum)アジアカリブ太平洋地域諸国
AOK	Allgemeine Ortskrankenkasse 地域健康保険組合
ARD	Arbeitsgemeinschaft der öffentlich-rechtlichen Rundfunkanstalten der Bundesrepublik Deutschland ドイツ第一テレビ(放送), ドイツ放送連盟
ARIANE, Ariane	アリアン(欧州共同打ち上げロケット)
ASU	Abgassonderuntersuchung 排ガス規制テスト
Bafög, BaföG	Bundesausbildungsförderungsgesetz 連邦奨学資金法
BAG	Bundesarbeitsgericht 連邦労働裁判所
BBk	Deutsche Bundesbank ドイツ連邦銀行
BDA	Bundesvereinigung der Deutschen Arbeitgeberverbände ドイツ使用者団体全国連合
BDI	Bundesverband der Deutschen Industrie ドイツ産業連盟
BfA	Bundesversicherungsanstalt für Angestellte 連邦被雇用者保護庁
BFH	Bundesfinanzhof 連邦財務裁判所
BfV	Bundesamt für Verfassungsschutz 連邦憲法擁護庁
BGH	Bundesgerichtshof 連邦 [最高] 裁判所
BGS	Bundesgrenzschutz 連邦国境警備隊
BIP	Bruttoinlandsprodukt 国内総生産, GDP
BIZ	Bank für internationalen Zahlungsausgleich 国際決済銀行
BKA	Bundeskriminalamt 連邦刑事局
BLZ	Bankleitzahl(金融機関の)店コード番号
BMBF	Bundesministerium für Bildung, Wissenschaft, Forschung und Technologie 連邦教育科学研究技術省
BND	Bundesnachrichtendienst 連邦情報局
BPA	Presse- und Informationsamt der Bundesregierung 連邦政府新聞情報局
BPatG	Bundespatentgericht 連邦特許局
BRD	Bundesrepublik Deutschland ドイツ連邦共和国
BRH	Bundesrechnungshof 連邦会計検査院
BSG	Bundessozialgericht 連邦社会保障裁判所
BSHG	Bundessozialhilfegesetz 連邦社会扶助法
BSP	Bruttosozialprodukt 国民総生産, GNP
BVerwG	Bundesverwaltungsgericht 連邦行政裁判所
BVG	Bundesversorgungsgesetz 連邦援護法
BVG, BVerG	Bundesverfassungsgericht 連邦憲法裁判所
CDU	Christlich-Demokratische Union 〔Deutschlands〕 キリスト教民主同盟
CGB	Christlicher Gewerkschaftsbund Deutschland キリスト教労働組合同盟
CSU	Christlich-Soziale Union キリスト教社会同盟
CVP	Christlichdemokratische Volkspartei [in der Schweiz] 〔スイス〕キリスト教民主人民党
DAAD	*Deutscher Akademischer Austauschdienst* ドイツ学術交流会
DAG	Deutsche Angestellten-Gewerkschaft ドイツ職員労働組合
DAX	Deutsche Aktienindex ドイツ株価指数
DB	Deutsche Bahn ドイツ鉄道
DBAG	Deutsche Börse AG ドイツ証券取引所
DBAG	Deutsche Bahn AG ドイツ鉄道株式会社
DBB	Deutscher Beamtenbund ドイツ官吏(公務員)同盟
ddp	Deutscher Depeschendienst ドイツ電信サービス

DFB	Deutscher Fußball-Bund ドイツサッカー連盟
DFG	Deutsche Forschungsgemeinschaft ドイツ研究協会
DGB	Deutscher Gewerkschaftsbund ドイツ労働総同盟
DIHT	Deutscher Industrie- und Handelstag ドイツ商工会議所
DIN	Deutsche Industrie-Norm〔en〕ドイツ工業規格
DIW	Deutsche Institut für Wirtschaftsforschung ドイツ経済研究所
DJV	Deutscher Journalistenverband ドイツジャーナリスト連盟
DLR	Deutsche Forschungsanstalt für Luft- und Raumfahrt ドイツ航空宇宙研究所
DM	Deutsche Mark ドイツマルク
DP	Deutsche Post ドイツ郵便
dpa	Deutsche Presse-Agentur ドイツ通信
DRK	Deutsches Rotes Kreuz ドイツ赤十字
DTB	Deutsche Terminbörse ドイツオプション先物取引所
DVU	Deutsche Volksunion ドイツ民族同盟
DW	Deutsche Welle ドイチェヴェレ
EBWE	Europäische Bank für Wiederaufbau und Entwicklung 欧州復興開発銀行, EBRD
Ecu, ECU	エキュ
EPG	Europäische politische Gemeinschaft 欧州政治共同体
ESZB	Europäisches System der Zentralbanken 欧州中央銀行制度
EIB	Europäische Investitionsbank ヨーロッパ投資銀行
EU	Europäische Union 欧州連合
Euratom	Europäische Atomgemeinschaft ユーラトム, 欧州原子力機関
EVG	Europäische Verteidigungsgemeinschaft 欧州防衛共同体, EDC
EWF	Europäischer Währungsfonds 欧州通貨基金
EWG	Europäische Wirtschaftsgemeinschaft 欧州経済共同体, EEC
EWI	Europäisches Währungsinstitut 欧州通貨機構, EMI
EWR	Europäischer Wirtschaftsraum ヨーロッパ経済圏
EWS	Europäisches Währungssystem 欧州通貨制度, EMS
EWU	Europäische Währungsunion 欧州通貨同盟
EZB	Europäische Zentralbank 欧州中央銀行, ECB
EZU	Europäische Zahlungsunion 欧州決済同盟
FAZ	Frankfurter Allgemeine〔Zeitung für Deutschland〕フランクフルターアルゲマイネ紙
FDP, F.D.P.	Freie Demokratische Partei〔Deutschlands〕自由民主党
FDP	Freisinnig-Demokratische Partei〔der Schweiz〕スイス自由民主党
FhG	Fraunhofer-Gesellschaft フラウンホーファー協会
FZK	Forschungzentrum Karlsruhe カールスルーエ研究センター
GEMA	Gemeinschaft für musikalische Aufführungs- und mechanische Vervielfältigungsrechte（ドイツの）音楽著作権協会
GewO	Gewerbeordnung（ドイツの）営業法
GmbH	Gesellschaft mit beschränkter Haftung 有限会社
GUS	Gesellschaft Unabhängiger Staaten 独立国家共同体, CIS
HR	Hessischer Rundfunk ヘッセン放送
IAO	Internationale Arbeitsorganisation 国際労働機関, ILO
IEA	Internationale Energie-Agentur 国際エネルギー機関
IG	Industriegewerkschaft 産業労働組合
IGMetall	Industriegewerkschaft Metall für die Bundesrepublik Deutschland 金属産業組合
IHK	Industrie- und Handelskammer 商工会議所
IKRK	Internationles Komitee vom Roten Kreuz 国際赤十字委員会
IOK	Internationales Olympisches Komitee 国際オリンピック委員会, IOC
IPI	Internationales Presse Institut 国際新聞編集者協会
IRA	Irisch-Republikanische Armee アイルランド共和国軍
IRK	Internationales Rotes Kreuz 国際赤十字
ITB	Internationaler Turnerbund 国際体操連盟, FIG
IWF	Internationaler Währungsfonds 国際通貨基金, IMF

組織・制度の略語

JDZB	Japanisch-Deutsches Zentrum Berlin ベルリン日独センター
KfW	Kreditanstalt für Wiederaufbau 復興金融金庫
KG	Kommanditgesellschaft 合資会社
KGaA	Kommanditgesellschaft auf Aktien 株式合資会社
KSZE	Konferenz über Sicherheit und Zusammenarbeit in Europa 全欧安全保障協力会議, CSCE
LZB	Landeszentralbank 州中央銀行
MAD	Militärischer Abschirmdienst 軍事防諜機関
MdB, M.d.B.	Mitglied des Bundestages (ドイツの)連邦議会議員
MdL, M.d.L.	Mitglied des Landtages (ドイツなどの)州議会議員
MESZ	mitteleuropäische Sommerzeit 中部ヨーロッパ夏時間
MEZ	mitteleuropäische Zeit 中部ヨーロッパ標準時
MPG	Max-Planck-Gesellschaft マックスプランク協会
MPI	Max-Planck-Institut マックスプランク研究所
MwSt, MWSt.	Mehrwertsteuer 付加価値税, 消費税
NDR	Norddeutscher Rundfunk 北ドイツ放送
OAV	Ostasiatischer Verein 東アジア協会
OEZ	osteuropäische Zeit 東部ヨーロッパ標準時
OHG	Offene Handelsgesellschaft 合名会社
ORF	Österreichischer Rundfunk オーストリア放送協会
OSZE	Organisation für Sicherheit und Zusammenarbeit in Europa 欧州安保協力機構, OSCE
ÖTV	Gewerkschaft Öffentliche Dienste, Transport und Verkehr 公共企業体(公務)・運輸・交通労組
OVN	Organisation der Vereinten Nationen 国連, UNO
ÖVP	Österreichische Volkspartei オーストリア国民党
PDS	Partei des Demokratischen Sozialismus 民主社会党
PLZ	Postleitzahl 郵便番号
RAF	Rote-Armee-Fraktion 赤軍派
RB	Radio Bremen ブレーメン放送
SDA	Schweizerische Depeschenagentur スイス通信社
SFB	Sender Freies Berlin 自由ベルリン放送
SPD	Sozialdemokratische Partei Deutschlands ドイツ社会民主党
SPÖ	Sozialdemokratische Partei Österreichs オーストリア社会民主党
SPS	Sozialdemokratische Partei der Schweiz スイス社会民主党
SR	Saarländischer Rundfunk ザールラント放送
StVG	Straßenverkehrsgesetz 道路交通法
StVO	Straßenverkehrsordnung 道路交通規則
SWR	Südwestrundfunk 南西ドイツ放送
TAZ	Tageszeitung ターゲスツァイトゥング紙
THW	Technisches Hilfswerk 技術救援活動組織
TÜV	Technischer Überwachungs-Verein (ドイツの)技術検査協会
UAG	Umwelt-Audit-Gesetz 環境管理・監査法
VDI	Verein deutscher Ingenieure ドイツ技術者協会
VDS	Vereinigte Deutsche Studentenschaften ドイツ学生連盟
ver.di	Vereinigte Dienstleistungsgewerkschaft 統一サービス労働組合
VN	Vereinte Nationen 国際連合, UN
WDR	Westdeutscher Rundfunk 西部ドイツ放送
WEU	Westeuropäische Union 西欧同盟
WEZ	westeuropäische Zeit 西部ヨーロッパ標準時
WGB	Weltgewerkschaftsbund 世界労働組合連盟
WWU	Europäische Wirtschafts- und Währungsunion 欧州経済通貨同盟
ZDF	Zweites Deutsches Fernsehen 第二ドイツテレビ放送局
ZDG	Zivildienstgesetz 兵役代替勤務法
ZVS	Zentralstelle für die Vergabe von Studienplätzen 学籍振り分けセンター

州 と 州 都

ドイツ
- Baden-Württemberg バーデンヴュルテンベルク ―― Stuttgart シュトゥットガルト
- Bayern バイエルン ―― München ミュンヘン
- Berlin ベルリン ―― Berlin ベルリン
- Brandenburg ブランデンブルク ―― Potsdam ポツダム
- Bremen ブレーメン ―― Bremen ブレーメン
- Hamburg ハンブルク ―― Hamburg ハンブルク
- Hessen ヘッセン ―― Wiesbaden ヴィースバーデン
- Mecklenburg-Vorpommern メクレンブルク=フォアポンメルン ―― Schwerin シュヴェリーン
- Niedersachsen ニーダーザクセン ―― Hannover ハノーヴァー
- Nordrhein-Westfalen ノルトライン=ヴェストファーレン ―― Düsseldorf デュッセルドルフ
- Rheinland-Pfalz ラインラント=プファルツ ―― Mainz マインツ
- Saarland ザールラント ―― Saarbrücken ザールブリュッケン
- Sachsen ザクセン ―― Dresden ドレースデン
- Sachsen-Anhalt ザクセン=アンハルト ―― Magdeburg マクデブルク
- Schleswig-Holstein シュレースヴィヒ=ホルシュタイン ―― Kiel キール
- Thüringen テューリンゲン ―― Erfurt エアフルト

オーストリア
- Burgenland ブルゲンラント ―― Eisenstadt アイゼンシュタット
- Kärnten ケルンテン ―― Klagenfurt クラーゲンフルト
- Niederösterreich ニーダーエースタライヒ ―― St.Pölten ザンクトペルテン
- Oberösterreich オーバーエースタライヒ ―― Linz リンツ
- Salzburg ザルツブルク ―― Salzburg ザルツブルク
- Steiermark シュタイアーマルク ―― Graz グラーツ
- Tirol チロル ―― Innsbruck インスブルック
- Vorarlberg フォーアアールベルク ―― Bregenz ブレーゲンツ
- Wien ウィーン ―― Wien ウィーン

スイス
- Aargau アールガウ ―― Aarau アーラウ
- Appenzell: Außerrhoden アペンツェル：アウサーローデン ―― Herisau ヘリザウ
- Appenzell: Innerrhoden アペンツェル：インナーローデン ―― Appenzell アペンツェル
- Basel: Baselland バーゼル：バーゼルラント ―― Liestal リースタール
- Basel: Baselstadt バーゼル：バーゼルシュタット ―― Basel バーゼル
- Bern ベルン ―― Bern ベルン
- Fribourg (Freiburg) フリブール ―― Fribourg フリブール
- Genève(Genf) ジュネーブ ―― Genève ジュネーブ
- Glarus グラルス ―― Glarus グラルス
- Graubünden グラウビュンデン ―― Chur クール
- Jura ユーラ ―― Delémont(Delsberg) ドレモン
- Luzern ルツェルン ―― Luzern ルツェルン
- Neuchâtel ヌシャテル ―― Neuchâtel ヌシャテル
- Schaffhausen シャフハウゼン ―― Schaffhausen シャフハウゼン
- Schwyz シュヴィーツ ―― Schwyz シュヴィーツ
- Solothurn ゾロトゥルン ―― Solothurn ゾロトゥルン
- St.Gallen ザンクトガレン ―― St.Gallen ザンクトガレン
- Thurgau トゥールガウ ―― Frauenfeld フラウエンフェルト
- Ticino (Tessin) ティチーノ (テッシン) ―― Bellinzona ベリンツォナ
- Unterwalden: Nidwalden ウンターヴァルデン：ニートヴァルデン ―― Stans スタンス
- Unterwalden: Obwalden ウンターヴァルデン：オプヴァルデン ―― Sarnen ザルネン
- Uri ウーリ ―― Altdorf アルトドルフ
- Valais ヴァレー ―― Sion シオン
- Vaud (Waadt) ボー (ヴァート) ―― Lausanne ローザンヌ
- Zug ツーク ―― Zug ツーク
- Zürich チューリヒ ―― Zürich チューリヒ

世界の国々

*女性形は男性形に -in を付ける
(..in) は男性形の e を取って in を付ける

国名	形容詞	人	首都
Afghanistan アフガニスタン	afghanisch	Afghane(..in)	Kabul
Ägypten エジプト	ägyptisch	Ägypter	Kairo
Albanien アルバニア	albanisch	Albaner	Tirana
Algerien アルジェリア	algerisch	Algerier	Algier
Andorra アンドラ	andorranisch	Andorraner	Andorra la Vella
Angola アンゴラ	angolanisch	Angolaner	Luanda
Argentinien アルゼンチン	argentinisch	Argentinier	Buenos Aires
Armenien アルメニア	armenisch	Armenier	Jerewan
Aserbaidschan アゼルバイジャン	aserbaidschanisch	Aserbaidschaner	Baku
Äthiopien エチオピア	äthiopisch	Äthiopier	Addis Abeba
Australien オーストラリア	australisch	Australier	Canberra
Bahamas バハマ	bahamisch	Bahamer	Nassau
Bahrain バーレーン	Bahrainisch	Bahrainer	Manama
Bangladesch バングラデシュ	bangladeschisch, bangalisch	Bangladescher, Bangale(..in)	Dacca
Barbados バルバドス	barbadisch	Barbadier	Bridgetown
Belarus ベラルーシ→Weißrussland			
Belgien ベルギー	belgisch	Belgier	Brüssel
Benin ベナン	beninisch	Beniner	Porto Novo
Bhutan ブータン	bhutanisch	Bhutaner	Thimbu
Bolivien ボリビア	bolivianisch,	Bolivianer,	Sucre
Bosnien-Herzegowina ボスニア=ヘルツェゴヴィナ			Sarajevo
Botswana ボツワナ	botswanisch	Botswaner	Gaborone
Brasilien ブラジル	brasilianisch	Brasilianer	Brasilia
Bulgarien ブルガリア	bulgarisch	Bulgare(..in)	Sofia
Burkina Faco ブルキナファソ	burkinisch	Bulkiner	Quagadougou
Burundi ブルンジ	burundisch	Burundier	Bujumbura
Chile チリ	chilenisch	Chilene(..in)	Santiago de Chile
China 中国	chinesisch	Chinese(..in)	Peking(Beijing)
Costa Rica コスタリカ	costa-ricanisch	Costa-Ricaner	San José
Côte d'Ivoire コートジボアール			Yamoussoukro
Dänemark デンマーク	dänisch	Däne(..in)	Kopenhagen
Deutschland ドイツ	deutsch	Deutsche(r)	Berlin
Ecuador エクアドル	ecuadorianisch	Ecuadorianer	Quito
El Salvador エルサルバドル	salvadorianisch	Salvadorianer	San Salvador
Eritrea エリトリア	eritreisch	Eritreer	Asmara
Estland エストニア	estländisch	Este(..in)	Tallinn
Fidschi フィジー	fidschianisch	Fidschianer	Suva
Finnland フィンランド	finnisch, finnländisch	Finne(..in), Finnländer	Helsinki
Frankreich フランス	französisch	Franzose(..zösin)	Paris
Gabun ガボン	gabunisch	Gabuner	Libreville
Gambia ガンビア	gambisch	Gambier	Banjul
Georgien グルジア	georgisch	Georgier	Tblissi
Ghana ガーナ	ghanaisch	Ghanaer	Accra
Griechenland ギリシャ	griechisch	Grieche(..in)	Athen
Großbritannien イギリス	großbritannisch	Engländer	London
Guinea ギニア	guineisch	Guineer	Conakry
Haiti ハイチ	haitianisch	Haitianer	Port-au-Prince
Honduras ホンジュラス	honduranisch	Honduraner	Tegucigalpa
Indien インド	indisch	Inder	Neu-Delhi
Indonesien インドネシア	indonesisch	Indonesier	Jakarta
Irak イラク	irakisch	Iraker	Bagdad
Iran イラン	iranisch	Iraner	Teheran
Irland アイルランド	irisch, irländisch	Ire(..in), Irländer	Dublin

国名	形容詞	人	首都
Island アイスランド	isländisch	Isländer	Reykjavik
Israel イスラエル	israelisch	Israeli	Jerusalem
Italien イタリア	italienisch	Italiener	Rom
Jamaika ジャマイカ	jamaikanisch, jamaikisch	Jamaikaner, Jamaiker	Kingston
Japan 日本	japanisch	Japaner	Tokio
Jemen イエメン	jemenitisch	Jemenit	Sana
Jordanien ヨルダン	jordanisch	Jordanier	Amman
Jugoslawien ユーゴスラヴィア	jugoslawisch	Jugoslawe(..in)	Belgrad
Kambodscha カンボジア	kambodschanisch	Kambodschaner	Phnom Penh
Kamerun カメルーン	kamerunisch	Kameruner	Yaoundé
Kanada カナダ	kanadisch	Kanadier	Ottawa
Kap Verde ケープベルデ	kapverdisch	Kapverdier	Praia
Kasachstan カザフ〔スタン〕	kasachisch	Kasache(..in)	Astana/Akmola
Katar カタール	katarisch	Katarer	Doha
Kenia ケニア	kenianisch	Kenianer	Nairobi
Kirgisistan キルギスタン	kirgisisch	Kirgise(..in)	Bischkek
Kolumbien コロンビア	kolumbianisch, kolumbisch	Kolumbianer, Kolumbier	Santafé de Bogotá
Komoren コモロ	komorisch	Komorer	Moroni
Kongo コンゴ共和国	kongolesisch	Kongolese(..in)	Brazzaville
Kongo コンゴ民主共和国	kongolesisch	Kongolese(..in)	Kinshasa
Kroatien クロアチア	kroatisch	Kroate(..in)	Zagreb
Kuba キューバ	kubanisch	Kubaner	Havanna
Kuwait クウェート	kuwaitisch	Kuwaiter	Kuwait-Stadt
Laos ラオス	laotisch	Laote(..in)	Vientiane
Lesotho レソト	lesothisch	Lesother	Maseru
Lettland ラトヴィア	lettisch	Lette(..in)	Riga
Libanon レバノン	libanesisch	Libanese(..in)	Beirut
Liberia リベリア	liberianisch, liberisch	Liberianer, Liberier	Monrovia
Libyen リビア	libysch	Libyer	Tripolis
Liechtenstein リヒテンシュタイン	liechtensteinisch	Liechtensteiner	Vaduz
Litauen リトアニア	litauisch	Litauer	Vilnius(Wilna)
Luxemburg ルクセンブルク	luxemburgisch	Luxemburger	Luxemburg
Madagaskar マダガスカル	madagassisch	Madagasse(..in)	Antananarivo
Malawi マラウイ	malawisch	Malawier	Lilongwe
Malaysia マレーシア	malaysisch	Malaysier	Kuala Lumpur
Malediven モルジブ	maledivisch	Malediver	Malé
Mali マリ	malisch	Malier	Bamako
Malta マルタ	maltesisch	Malteser	Valletta
Marokko モロッコ	marokkanisch	Marokkaner	Rabat
Mauretanien モーリタニア	mauretanisch	Mauretanier	Nouakchott
Mauritius モーリシャス	*mauritisch*	*Mauritier*	*Port Louis*
Mazedonien マケドニア	mazedonisch	Mazedonier	Skopje
Mexiko メキシコ	mexikanisch	Mexikaner	Mexiko-Stadt
Moldau モルドバ	moldauisch	Moldauer	Chișinaŭ
Monaco モナコ	monegassisch	Monegasse(..in)	Monaco-Ville
Mongolei モンゴリア, 蒙古	mongolisch	Mongolei(..in)	Ulan-Bator
Mosambik モザンビーク	mosambikanisch	Mosambikaner	Maputo
Myanmar ミャンマー	myanmarisch	Myanmare(..in)	Yangon/Rangun
Namibia ナミビア	namibisch	Namibier	Windhuk
Nepal ネパール	nepalesisch, nepalisch	Nepaler, Nepalese(..in)	Katmandu
Neuseeland ニュージーランド	neuseeländsch	Neuseeländer	Wellington
Nicaragua ニカラグア	nicaraguanisch	Nicaraguaner	Managua
Niederlande オランダ	niederländisch	Niederländer	Amsterdam
Niger ニジェール	nigrisch	Nigrer	Niamey
Nigeria ナイジェリア	nigerianisch	Nigerianer	Abuja
Nord-Korea 朝鮮民主主義人民共和国	nordkoreanisch	Nordkoreaner	Pjöngjang

世界の国々

国名	形容詞	人	首都
Norwegen ノルウェー	norwegisch	Norweger	Oslo
Oman オマーン	omanisch	Omaner	Maskat
Österreich オーストリア	österreichisch	Österreicher	Wien
Pakistan パキスタン	pakistanisch	Pakistaner	Islamabad
Panama パナマ	panamaisch	Panamaer	Panama-Stadt
Paraguay パラグアイ	paraguayisch	Paraguayer	Asunción
Peru ペルー	peruanisch	Peruaner	Lima
Philippinen フィリピン	philippinisch	Philippiner	Manila
Polen ポーランド	polnisch	Pole(..in)	Warschau
Portugal ポルトガル	portugiesisch	Portugiese(..in)	Lissabon
Ruanda ルワンダ	ruandisch	Ruander	Kigali
Rumänien ルーマニア	rumänisch	Rumäne(..in)	Bukarest
Russland ロシア	russisch	Russe(..in)	Moskau
Sambia ザンビア	sambisch	Sambier	Lusaka
San Marino サンマリノ	san-marinesisch	San-Marinese(..in)	San Marino
Saudi-Arabien サウジアラビア	saudi-arabisch	Saudi-Araber	Riadh
Schweden スウェーデン	schwedisch	Schwede(..in)	Stockholm
Schweiz スイス	schweizerisch	Schweizer	Bern
Senegal セネガル	senegalesisch, senegalisch	Senegalese(..in), Senegaler	Dakar
Sierra Leone シエラ・レオネ	sierra-leonisch	Sierra-Leoner	Freetown
Simbabwe ジンバブエ	simbabwisch	Simbabwer	Harare
Singapur シンガポール	singapurisch	Singapurer	Singapur
Slowakei スロヴァキア	slowakisch	Slowake(..in)	Bratislava
Slowenien スロヴェニア	slowenisch	Slowene(..in)	Ljubljana
Somalia ソマリア	somalisch	Somalier	Mogadischu
Spanien スペイン	spanisch	Spanier	Madrid
Südafrika 南アフリカ	südafrikanisch	Südafrikaner	Pretoria
Sudan スーダン	sudanesisch, sudanisch	Sudaner, Sudanese(..in)	Khartum
Süd-Korea 韓国	südkoreanisch	Südkoreaner	Seoul
Suriname スリナム	surinamisch	Surinamer	Paramaribo
Swasiland スワジランド	swasiländisch	Swasi	Mbabane
Syrien シリア	syrisch	Syrer, Syrier	Damaskus
Tansania タンザニア	tansanisch	Tansanier	Dodoma
Thailand タイ	thailändisch	Thailänder	Bangkok
Togo トーゴ	togoisch, togolesisch	Togoer, Togolese(..in)	Lomé
Tschad チャド	tschadisch	Tschader	N'Djaména
Tschechien チェコ	tschechisch	Tscheche(..in)	Prag
Tunesien チュニジア	tunesisch	Tunesier, Tuneser	Tunis
Türkei トルコ	türkisch	Türke(..in)	Ankara
Turkmenistan トルクメニスタン	turkmenisch	Turkmene(..in)	Aschgabad
Tuvalu ツバル	tuvaluisch	Tuvaluer	Vaiaku
Uganda ウガンダ	ugandisch	Ugander	Kampala
Ukraine ウクライナ	ukrainisch	Ukrainer	Kiew
Ungarn ハンガリー	ungarisch	Ungar	Budapest
Uruguay ウルグアイ	urguayisch	Uruguayer	Montevideo
USA アメリカ	amerikanisch	Amerikaner	Washington D.C.
Usbekistan ウズベキスタン	usbekisch	Usbeke(..in)	Taschkent
Vanuatu バヌアツ			Port Vila
Vatikanstadt バチカン市国	vatikanisch		Vatikanstadt
Venezuela ヴェネズエラ	venezolanisch, venezuelisch	Venezolaner, Venezueler	Caracas
Vereinigte Arabische Emirate アラブ首長国連邦			Abu Dhabi
Vietnam ベトナム	vietnamesisch	Vietnamese(..in)	Hanoi
Weißrussland 白ロシア	weißrussisch	Weißrusse(..in)	Minsk
Zentralafrikanische Republik 中央アフリカ共和国			Bangui
Zypern キプロス	zypriotisch, zyprisch	Zyprer, Zyprier, Ztpriot	Nikosia

ポケットプログレッシブ
和独辞典
Japanisch-Deutsch

目 次

和　　独 …………………………… 802
不規則動詞表 ……………………………1016

和独辞典　凡例

*用例の開始は¶で示した
*複合語の開始は◆で示した
*慣用句は太字で示した
*前置詞などとのコロケーションは〔　〕で示した

あ

アーケード Bogengang 男
アーチ Bogen 男; Gewölbe 中
アームチェア Sessel 男
アーモンド Mandel 女
愛 Liebe 女 ¶ ～する lieben
合鍵 Nachschlüssel 男
相変わらず nach wie vor, noch immer, noch wie immer
愛敬(あいきょう)のある niedlich, lieblich
愛国者 Patriot 男 ◆ ～心 Vaterlandsliebe 女
合い言葉 Parole 女; (標語) Motto 中
アイコン Ikon 中
挨拶(あいさつ) Gruß 男; Begrüßung 女; (スピーチ) Ansprache 女
¶ ～を交わす Grüße wechseln [mit +³]. ～する grüßen; eine Ansprache halten. ◆ ～状 Grußkarte 女
アイシャドー Lidschatten 男
哀愁 Wehmut 女
愛情 Liebe 女
アイスクリーム Eis 中, Speiseeis 中 ◆ ～スケート Schlittschuhlaufen 中 ～ホッケー Eishockey 中
合図 (知らせ) Signal 中; (身振りでの) Wink 男 ¶ ～する winken; ein Signal (einen Wink) geben
アイスランド Island
愛想のよい freundlich; liebenswürdig
間[に] (2つの) zwischen +³(⁴); (3つ以上) unter +³(⁴); (期間) während +²(³)
¶ 両親〈3時と4時〉の～に zwischen den Eltern〈3 und 4 Uhr〉. 学生たちの～に unter den Studenten. 休暇の～に während der Ferien. 買い物をしている～に während des Einkaufs | während ich einkaufe. その～に dazwischen, zwischendurch. しばらくの～ eine Weile. 私の生きている～は solange ich noch lebe. 彼女とはどういう～柄ですか In welcher Beziehung stehen Sie zu ihr?
相次いで nacheinander
あいて (開いて) offen; (空いて) frei
相手 (試合の) Gegner 男; (組の) Partner 男 ¶ 人の～をする j³ Gesellschaft leisten. 私では とても彼の～にならない Ich kann mich mit ihm nicht messen. | Ich komme ihm nicht gleich. 会社を～取って訴訟を起こす einen Prozess gegen die Firma führen
アイデア Idee 女; (思いつき) Einfall 男 ¶ ～豊富な ideenreich. ◆ ～マン ein ideenreicher Mensch
愛読書 Lieblingsbuch 中
アイドル Idol 中
あいにく leider, bedauerlicherweise; (運悪く) unglücklicherweise
アイバンク Augenbank 女
合間 Pause 女 ¶ ～に zwischendurch
曖昧(あいまい)な unklar; undeutlich; vage. ¶ 態度を～にしておく Ich lege mich nicht fest.
愛らしい niedlich; süß
アイロン Bügeleisen 中 ¶ [ズボンに]～をかける [Hosen] bügeln

会う (見かける) sehen; (落ち合って) treffen; (出会う) begegnen [j³]. ¶ 前にお会いしましたか Haben wir uns schon einmal gesehen? こんな所で～なんて So ein Zufall, dich hier zu sehen. お会いできてうれしい Ich freue mich, Sie kennen zu lernen.
合う (サイズ・色調が) passen; (計算が) stimmen; (一致) übereinstimmen; (相応) entsprechen. ¶ 彼女のブラウスはスカートに合わない Ihre Bluse passt nicht zum Rock. ここの気候は私に合わない Das Klima hier bekommt mir nicht.
遭う ¶ 事故に～ einen Unfall haben. つらい目に～ harte Zeit haben. 雨に～ vom Regen überrascht werden. 反対に～ auf Einwände stoßen
アウェーで auswärts
アウトサイダー Außenseiter 男 ◆ ～バーン Autobahn 女 ～プット Output 男; Ausgabe 女 ～ライン Umrisse 複
あえぐ keuchen
あえて wagen [＋zu 不定詞句]. ¶ ～言わせてもらえば… Ich wage zu sagen, dass...
青 Blau 中 ¶ 信号が～になるまで待ちなさい Warte, dass es grün wird.
青い blau; (緑の) grün. ¶ 顔色が～と 見えますよ (Du siehst) blass aus.
扇(おうぎ) で fächeln
青ざめる blass werden. ¶ 青ざめた blass, bleich
青白い blass; (蒼白) bleich
仰向けに rücklings; (倒れる) auf den Rücken; (横たえている) auf dem Rücken
赤 Rot 中 ¶ (信号が)～ですよ Rotes Licht! ～の他人 ein völlig Fremder 男
赤い rot
垢(あか) Schmutz 男
あかぎれ Schrunde 女
証(あか)し Beweis 男
赤字 Defizit 中; Magerfleisch 中 ¶ ～である in den roten Zahlen sein
アカシア Akazie 女
明かす ¶ 秘密を～ ein Geheimnis enthüllen⟨offenbaren⟩[j³]. 夜を～ übernachten
赤ちゃん Baby 中; (乳児) Säugling 男 ¶ ～ができる⟨生まれる⟩ ein Baby bekommen
茜 Krapp 男 ¶ ～色の purpurrot
赤帽 Gepäckträger 男
赤身 (肉の) Magerfleisch 中
崇(あが)める ehren; verehren
あからさまな offen; unverblümt
明かり Licht 中 ¶ ～をつける⟨消す⟩ das Licht an⟨aus⟩machen. 部屋に～がともっていた Im Zimmer war Licht.
上がる steigen; (緊張で) Lampenfieber haben. ¶ お上がりください (戸口で) Kommen Sie bitte herein! | [Bitte] herein! | (食事で) Guten Appetit!
明るい hell, licht; (快活な) heiter. (詳しい) vertraut sein [mit +³]. ¶ 法律に～ ein Rechtsexperte sein. 明るくなる

aufdämmern; erhellen; hell werden. 明ける Helle 囡; 〔性格〕Heiterkeit 囡

秋 Herbst 男. ¶～に im Herbst. 実りの～ Erntezeit 囡 ～風 Herbstwind 男 ～晴れ schönes Herbstwetter 匣, heiterer Herbsttag 男

空き ¶まだ～はありますか〔部屋・席〕Haben Sie noch Zimmer ⟨Platz⟩ frei? 〔ポスト〕Haben Sie noch offene Stelle? 〔スペース〕Haben Sie noch offenen Platz? ◆～瓶 eine leere Flasche 囡 ～家 eine leer stehende Wohnung 囡

商う handeln

明らかな offenbar, klar, deutlich. ¶～に klar, deutlich, offensichtlich. ～になる herauskommen, sich⁴ herausstellen. そのことから…ということが～になる Daraus erhellt, dass... ～にする klarmachen, deutlich machen

諦(あきら)める verzichten [auf⁺⁴]; aufgeben. ¶彼は立候補をあきらめた Er verzichtete auf seine Kandidatur. …するのを～denkenauf verzichten, [+ zu 不定詞句]; es aufgeben, [+ zu 不定詞句]. 人を死んだものと～j³ als tot halten. ～な Nur nicht aufgeben!

飽きる satt bekommen (j-et⁴). ¶読書に飽きた Ich habe genug vom Lesen. 飽きた müde. 飽き飽きした satt; überdrüssig. 飽き足りない unzufrieden sein. 飽きっぽい wankelmütig; launenhaft

アキレス腱(けん) Achillessehne 囡; 〔弱点〕Achillesferse 囡

あきれる verblüfft sein

開(あ)く sich⁴ öffnen, 〔戸などが〕aufgehen. ¶窓が開かない Das Fenster geht nicht auf. ドアが開いている Die Tür ist offen. お店は何時に開きますか Wann wird der Laden geöffnet?

空く 〔席が〕**frei werden**, 〔瓶が〕**leer werden**. ¶きょうは1日空いている Heute habe ich den ganzen Tag frei. ここは空いていますか Ist hier ⟨dieser Platz⟩ frei? 課長のポストが空いた Die Position des Abteilungsleiters ist frei. 今は手が空いている Ich bin jetzt frei.

悪 Übel 匣; **Böse**[s] 匣

悪意 Bosheit 囡. ¶～のある boshaft. ～のない harmlos; arglos

悪事 Übeltat 囡

握手 Händedruck 男. ¶人と～する j³ die Hand geben ⟨schütteln⟩

悪習 üble Gewohnheit 囡; Laster 匣

悪臭 Gestank 男; übler Geruch 男. ¶～を放つ stinken

悪循環 Teufelskreis 男

アクション Aktion 囡

アクセサリー 〔付属品〕**Zubehör** 匣; 〔装身具〕Accessoires 匣

アクセス Zugang 男, **Anschluss** 男; 〔に〕Zugriff 男, Access 男 ¶～する erreichen; 〔に〕zugreifen.

アクセル Gaspedal 匣. ¶～を踏む Gas geben

アクセント Akzent 男; **Betonung** 囡. ¶～を置く betonen

悪党 Bösewicht 男

あくび Gähnen 匣. ¶～をする gähnen

悪魔 Teufel 男

悪夢 Alptraum 男

悪名の高い berüchtigt

悪友 ein schlechter Freund 男

悪用 Missbrauch 男. ¶～する missbrauchen

あぐらをかく im Schneidersitz sitzen

握力 Griffstärke 囡 ¶～計 Handdynamometer 匣

アクロバット Akrobatik 囡

揚げ足を取る beim kleinsten Fehler einhaken

明け方 bei Tagesanbruch; beim Morgengrauen

開け放し ¶～にする offen lassen

明けましておめでとう[ございます] Frohes Neues Jahr!

開(あ)ける (開く) öffnen, aufmachen, 〔鍵を〕aufschließen. ¶開けておく aufhalten. 穴を～ ein Loch [in ⟨durch⟩ das Brett] bohren

空ける 〔中味を〕**leeren; schütten.** ¶家を空けている nicht zu Hause sein

明け渡す (明け渡す) räumen. ¶夜が～ Der Tag bricht an. 年が明けた Das neue Jahr beginnt. 日が暮れても～tagaus, tagein

あげる geben [j³ et⁴]

上げる 〔物を〕**heben**; 〔価格を〕**steigern**; 〔高めを〕**erhöhen**; 〔置く〕**legen, stellen**

挙げる ¶手を～ die Hand heben. 例を～ ein Beispiel nennen ⟨angeben⟩. 結婚式を～ Hochzeit feiern

揚げる 〔油で〕**braten, frittieren**; 〔揚げ物〕hissen

顎 Kiefer 男; 〔下あご〕**Kinn** 匣; 〔上あご〕**Gaumen** 男. ¶～を出す erschöpft sein. ～ひげ Kinnbart 男

アコーディオン Ziehharmonika 囡; Akkordeon 匣

あこがれ Sehnsucht 囡 [nach⁺³]

あこがれる sich⁴ sehnen [nach⁺³]

朝 Morgen 男. ¶～に am Morgen; morgens. ～早く früh am Morgen; frühmorgens. きのうの～ gestern früh. あすの～ morgen früh. 金曜の～〔に〕[am] Freitagmorgen, [am] Freitag früh. 彼は～型人間です Er ist ein Frühaufsteher.

麻 Hanf 男; 〔亜麻〕**Flachs** 男

朝顔 Winde 囡

あざける Spott 男, **Hohn** 男

あざける spotten, verspotten

朝酒 Frühschoppen 男

浅瀬 Furt 囡

あさって übermorgen

朝寝坊 (人) Langschläfer 男. ¶～する spät aufstehen; sich⁴ verschlafen

朝晩 morgens und abends

朝日 Morgensonne 囡; die aufgehende Sonne

浅ましい schändlich, gemein

欺く betrügen, täuschen

朝飯 ¶朝飯(あさめし)前 そんなことは～前だ

あざやか

Das ist für mich nur ein Kinderspiel.
鮮やか (明らか) klar, deutlich, hell; (見事な) herrlich; (色む) frisch
アザラシ (海豹) Seehund 男
アサリ (浅蜊) kleine Miesmuschel
アザレア Azalee 女, Azalie 女
嘲(ぎ)笑う Hohn lachen, hohnlachen [über +4]; spotten; verhöhnen
足 Fuß 男; (脚) **Bein** 中; (猫の) **Pfote** 女. ¶～の指 [Fuß]zehe 女. ～の裏 [Fuß]sohle 女. ～の甲 Rist 男, Fußrücken 男. ～をひきずる hinken. ～を踏み入れる betreten. ～の便がいい verkehrsgünstig. ～が地についている mit beiden Füßen [fest] auf der Erde stehen. ～が出る das Budget überziehen. ～が棒になる sich³ die Beine ablaufen. ～を向けて寝られない zu Dank verpflichtet sein [j³]. ◆～跡 [Fuß]spur 女; Fußstapfen 複 → 音 Schritte 複 → かせ Fessel 女. ～の指 Knöchel 男. → 組み Schritt 男. →並み Schritt 男. ～場 Gerüst 中 ～掛かり Halt 男. ～早い schnellfüßig. → 踏みする auf der Stelle treten. ～元に注意 Achtung Rutschgefahr!
アシ (葦) Schilf 中, Rohr 中
味 Geschmack 男. ¶［…の］～がする schmecken [nach +³]. ～のよい schmeckend, schmackhaft. ～をつける würzen. ～をみる probieren
アジ (鯵) Rossmakrele 女
アジア Asien 中. ¶～の asiatisch. ◆～人 Asiat 男
アシカ (海驢) Seelöwe 男
味気ない abgeschmackt, fade
アジサイ (紫陽花) Hortensie 女
アシスタント Assistent 男
あした morgen. ¶じゃまた～ Bis morgen! ～には～の風が吹く Morgen ist auch noch ein Tag. → あす
味見する probieren, kosten
味わい ¶～のある言葉 beeindruckende Worte
味わう kosten, (楽しむ) genießen; (経験する) erleben
明日(き) morgen. ¶～の朝(昼, 晩) morgen früh (Mittag, Abend). ～は我が身 Heute Du, morgen ich.
預かる (荷物を) **aufbewahren**; (書類・金を) **verwahren**
与(た)る (関与) teilnehmen
預ける (物・荷物を) (荷物を) **abgeben**; in Verwahrung geben, zur Aufbewahrung geben; (銀行に) **einzahlen**
アスパラガス Spargel 男
アスピリン Aspirin 中
アスファルト Asphalt 男
汗 Schweiß 男. ¶～をかく schwitzen, in Schweiß geraten. ～と涙の結晶 das Produkt von Schweiß und Tränen. 手に～して in großer Angst; mit atemloser Spannung
焦る sich⁴ hetzen; ungeduldig sein
あせる (色が) verblassen, verbleichen
啞(ゅ)然 sprachlos; verblüfft, verdutzt
あそこに dort; da
遊び Spiel 中; (会場) **Spielraum** 男. ¶いつでも～にいらっしゃい Kommen Sie jederzeit vorbei! 近いうちに～に来

ませんか Bitte kommen Sie mich demnächst besuchen. ～半分に halb zum Scherz, vergnügungshalber. ◆～友達 Spielkamerad 男. ～道具 Spielzeug 中. ～場 Spielplatz 男
遊ぶ spielen; (楽しむ) sich⁴ **vergnügen**; (働かない) **müßig gehen**
仇を討つ sich rächen
値(た) (価値・数値) Wert 男; (値段) Preis 男. ¶～に値する et²(⁴) wert sein
与える geben, schenken [j³ et⁴]; (授けて) **verleihen, erteilen** [j³ et⁴].
あたかも …のように als ob..
暖かい・温かい warm. ¶日増しに暖かくなる täglich wärmer werden
暖かさ・温かさ Wärme 女
暖まる・温まる sich⁴ wärmen
暖める・温める (物・体を) wärmen, erwärmen; (暖房する) heizen
アタック Attacke 女 ¶～する in Angriff nehmen
アタッシュケース Aktenkoffer 男
あだ名 Spitzname 男; Beiname 男
アダプター Adapter 男
あたふたと hastig; in großer Eile
頭 Kopf 男; **Haupt** 中. ¶～がいい(悪い) einen klaren (schlechten) Kopf haben. ～が切れる schnell denken. ～が下がる bewundern. 人に～が上がらない tief in j³ Schuld [wegen +²] stehen. これを～に入れておけ Denk an dies. ～のいい intelligent; klug. ～の悪い dumm. ～を下げる den Kopf neigen. ～を抱える sich⁴ die Haare [aus]raufen. ～を冷やす sich⁴ beruhigen. ～を冷やす den Kopf abkühlen. ◆～数 Kopfzahl 女. ～金 Anzahlung 女. ～越しに über j² hinweg. ～隠して尻隠さず den Kopf in den Sand stecken
新しい neu; (新鮮な) **frisch**
当たり (くじ) Treffer 男
辺り ¶この～ hier herum; in dieser Gegend. ～をきょろ herum|sehen
…当たり 1個～ pro Stück. 一人～ pro Kopf
当たり障りのない harmlos
当たり散らす seinen Ärger an anderen auslassen
当たり前の natürlich; selbstverständlich. ¶～のことと考える et⁴ als selbstverständlich denken
当たる (物が) **treffen**; (事柄が) **zu|treffen**; (相応) **entsprechen, stoßen; fallen.** ¶辛く～ hart behandeln. くじに ～ das Los ziehen. 天気予報が～ Die Wettervorhersage hat sich bestätigt.
あちこちに、で、に hier und da
あちら ¶～側に jenseits [von +³]. 通りの～側に jenseits der Straße. ～を立てればこちらが立たず Man kann es nicht jedem recht machen.
あっ Mein Gott! ¶～という間に im Nu
厚い dick. ¶面の皮が～ unverschämt sein; frech sein
熱い heiß
悪化 Verschlechterung 女, Verschlimmerung 女. ¶～する sich⁴ verschlechtern; sich⁴ verschlimmen
扱う handeln; behandeln; (操作する)

アフリカ

handhaben;（商店などを）führen
厚かましい frech; unverschämt
厚紙 Pappe 囡
厚着する sich⁴ dick kleiden
蒸苦しい schwül; drückend heiß
あっけない〈く〉 enttäuschend; all zu kurz
厚さ Dicke 囡 ¶本は~3cm で Das Buch ist drei cm dick.
熱さ・暑さ Hitze 囡
あっさり einfach; schlicht. ¶~した食べ物 leichtes Essen
圧縮 Kompression 囡 ¶~する zusammendrücken; komprimieren
圧勝する überwältigend gewinnen
斡旋(㌽) Vermittlung 囡 ¶~する vermitteln
あっちに〈で〉 drüben
厚手の dick
アットマーク Klammeraffe 男
圧倒する überwältigen. ¶~的な überwältigend
圧迫 Druck 男 ¶~する drücken
アップトゥデートな aktuell; modern
アップルパイ Apfelkuchen 男, Apfelstrudel 男
集まり Versammlung 囡, Zusammenkunft 囡
集まる sich⁴ sammeln, sich⁴ versammeln;（人が）zusammenkommen;（金・情報などが）fließen
厚み Dicke 囡
集める sammeln;（人を）versammeln
あつらえ Bestellung 囡 ¶そいつはおあつらえ向きだ Das ist wie geschaffen.
あつらえる bestellen;（服などを）anfertigen lassen
圧力 Druck 男 ¶人に~を加える j⁴ unter Druck setzen. ◆~釜 Druckkochtopf 男 ~団体 Interessengruppe 囡;（議会の）Lobby 囡
あつれき Reiberei 囡, Zwietracht 囡
当て Ziel 中;（見込み）Aussicht 囡 ¶~にする sich⁴ verlassen [auf⁴]; rechnen [auf⁴]. 彼はへにならない Er ist unzuverlässig. ¶~が外れる enttäuscht sein〈über⁴; von⁺³〉; sich⁴ in seinen Erwartungen getäuscht sehen. ~もなく ziellos
…宛(を)ての〈に〉 an⁺⁴
当て擦(ず)り Anspielung 囡〔auf⁺⁴〕
当て擦(ず)る anspielen〔auf⁺⁴〕
宛(を)名 Adresse 囡, Anschrift 囡
当てはまる zutreffen〈auf〔für⁺⁴〕〉; gelten〔für⁺⁴〕
当てはめる anwenden〔auf⁺⁴〕
当てる（物に）treffen;（あてがう）halten; legen;（言い当てる）erraten. ¶ずばり言い raten
後で später; nachher;（した後で）nachdem. ¶~から hinterher. ~の上で: danach; darauf. ~を追う verfolgen. 食事の~で nach dem Essen. ¶では~ Bis nachher〈bald〉! ¶お祭りだ What passiert ist, ist passiert. ¶~は野となれ山となれ Und nach mir die Sintflut.
跡 Spur 囡 ¶~を残す Spuren hinterlassen. ~をたどる der Spur nachgehen

後味が悪い Es hat einen schlechten Nachgeschmack.
後書き Nachwort 中
跡形もない〈く〉 spurlos
後片付け をする aufräumen, abräumen
跡継ぎ Nachfolger 男; Nachwuchs 男
跡取り Erbe 男,（女性）Erbin 囡
アドバイス Ratschlag 男 ¶~をberaten; Ratschläge geben〔j³〕
後払い Nachzahlung 囡 ¶~する nachzahlen
アトピー Atopie 囡 ¶~性の atopisch
後回しにする aufschieben, zurückstellen, später tun. ¶これは~でもよい Das kann warten.
アトリエ Atelier 中
アドリブ Improvisation 囡 ¶~で aus dem Stegreif
アドレス Adresse 囡, Anschrift 囡
穴 Loch 中;（洞窟）Höhle 囡 ¶~をあける bohren. ¶~があったら入りたい Ich schäme mich zu Tode. ~のあくほど見つめる aus großen Augen anstarren
穴埋め ¶~をする eine Lücke ausfüllen.｜（赤字の）decken. ◆~問題 Lückentest
アナウンサー Ansager 男
アナウンス Ansage 囡, Durchsage 囡 ¶~する ansagen
あなた〔がた〕Sie. ¶~は〈が, を〉Sie. ~の Ihr. ~に Ihnen. ~のもの Ihr. ~自身 Sie selbst
侮る gering schätzen; unterschätzen
アナログの analog
兄 ein〔älterer〕Bruder 男
アニメ〔ーション〕Zeichentrickfilm 男
姉 eine〔ältere〕Schwester 囡
あの ¶~男 der Mann da. ~世 Jenseits 中; ~頃 seinerzeit; damals; in jenen Tagen. ~頃 damals
あのね Du!; Hallo!
アパート Mietshaus 中; Wohnung 囡
暴く enthüllen; entlarven
暴れる toben; rasen
アバンチュール Liebesabenteuer 中
アピール Appell 男 ¶~する appellieren
アヒル Hausente 囡
浴びる ¶~ übergießen
アブ（虻）Bremse 囡
アフターケア Nachbehandlung 囡
アフターサービス Kundendienst 男
危ない gefährlich. ¶~! Pass auf! ~目に遭う sich⁴ einer Gefahr aussetzen. ~橋を渡る gefährliches Spiel treiben
油 Öl 中;（脂）Fett 中 ¶~でいためる〈揚げる〉in Öl braten; fritieren. ~を塗る ölen; abschmieren. ~を絞る eine Standpauke halten〔j³〕. 火に~を注ぐ Öl ins Feuer gießen. ~を売る heiße Luft reden
油絵 Ölgemälde 中 ¶~をかく in Öl malen
脂っこい fett
脂身 Speck 男
アブラムシ（油虫）Blattlaus 囡
アフリカ Afrika. ¶~の afrikanisch.

あぶる

◆~人 Afrikaner 男; ~大陸 der afrikanische Kontinent

あぶる rösten; braten

あふれる (液体・容器から) über|laufen, über|fließen

アプローチする heran|treten; *sich⁴* nähern

あべこべに umgekehrt; verkehrt

アヘン Opium 中

アボカド Avocado 女, Avocato 中

尼 Nonne 女

亜麻 Flachs 男 ◆~布 Leinen 中

海女(士) Taucherin 女

甘い süß. ¶~もの Süßigkeiten 複 ~ものが好きだ Süßes gern essen. ～言葉をささやく um den Bart gehen; schmeicheln [*j³*]. 子供に～ *sich¹* in *sein* Kind vernarren, *sich* in *sein* Kind vernarrt sein. 甘くする süßen; süß machen. ~汁を吸う *sich³* den Löwenanteil [von *⁺³*] sichern

甘える schmeicheln [*j³*]; *sich⁴ j²* Güte zu Nutze (zunutze) machen

雨傘 Regenschirm 男

雨靴 Regenschuhe 複

余 übrig lassen

雨だれ Regentropfen 男

アマチュア Amateur 男; Laie 男

雨戸 Fensterladen 男

あまねく allgemein; weit und breit

天の川 Milchstraße 女

雨水 Regenwasser 中

雨漏りがする Das Wasser kommt durchs Dach. | Es regnet herein.

甘やかす verwöhnen

雨宿りする Schutz vor dem Regen suchen

余り (残り) Rest 男, Überrest 男 ¶~にも allzu, zu, zu sehr. 10日～の休暇 ein Urlaub über 10 Tage. ~にもひどすぎる Es ist doch mehr als unverschämt. ~に幼い zu kindisch sein. ~有名でない Es ist wenig bekannt. ショックの～ vor Bestürzung

アマリリス Amaryllis 女

余る übrig bleiben. ¶私の手に～ Das geht über meine Kräfte.

網 Netz 中 ◆~棚 Gepäcknetz 中 ~戸 Fliegenfenster 中

アミノ酸 Aminosäure 女

網目・編み目 Masche 女

編み物 Stricknetzwarens 複

編む stricken

雨 Regen 男 ¶~が降る Es regnet. ~になりそうだ Es sieht nach Regen aus. ～が止んだ Der Regen hörte auf. **~降って地固まる** Auf Regen folgt Sonnenschein.

飴 Bonbon 男 中

アメーバ Amöbe 女

アメリカ Amerika. ◆~人 Amerikaner 男 ～合衆国 die Vereinigten Staaten von Amerika, USA 複

アメリカンフットボール der amerikanische Football

危うく fast, beinahe

怪しい verdächtig; zweifelhaft. ¶…を～と思う *j-et⁴* für verdächtig halten

怪しむ zweifeln

操り人形 Marionette 女

あやふやな unsicher

過ち (間違い) Fehler 男, Versehen 中; (違反) Verstoß 男 ¶~を犯す einen Fehler begehen

誤り Fehler 男; Irrtum 男

謝る *sich⁴* entschuldigen. ¶人に…を~ *sich⁴* bei *j³* für *et⁴* entschuldigen. 彼に謝らなくては Ich muss mich bei ihm entschuldigen.

誤る *sich⁴* irren; einen Fehler machen. ¶誤った irrtümlich, falsch, verfehlt: schief. 誤って irrtümlich [erweise]; (うっかりして) aus Versehen

アヤメ(菖蒲) Schwertlilie 女

歩み Schritt 男, Tritt 男, Gang 男

歩む treten; gehen; schreiten

荒々しい grob, rau, wild

荒い grob, wild, rau

荒い (荒々しい) wild; (波が) hoch

洗い落とす ab|waschen

洗いざらい restlos, sämtlich

洗い流す spülen

洗う waschen; (すすぐ) spülen. ¶手を~ *sich³* die Hände waschen. 体を~ *sich⁴* waschen. 食器を~ das Geschirr spülen

あらかじめ vorher, im Voraus

あらかた meist, größtenteils

あら探しする ein Haar in der Suppe suchen

嵐(らん) Sturm 男 ¶~のような stürmisch

荒らす verwüsten; verheeren

あら筋 Umriss 男

争い Streit 男; Streitigkeit 女

争う streiten. ¶年は争えない Das Alter verrät sich. 彼は争えない Leugnen ist zwecklos.

新たな neu. ¶~に von neuem; aufs Neue

改まる (改善される) *sich⁴* verbessern. ¶年が～ Es kommt ein neues Jahr.

改めて erneut. ¶～ご返事いたします Ich antworte bei anderer Gelegenheit. ～お伺いいたします Ich komme wieder.

改める (変更する)[ver]ändern; (改善する)[ver]bessern.

荒っぽい grob, rau

アラビア Arabien. ◆~数字 arabische Ziffern 複

アラブの arabisch. ◆~人 Araber 男

あらゆる all, jeder. ¶~点で in jeder Beziehung. ～手段を尽くす alles Mögliche tun

あられ Hagel 男 ¶~が降る Es hagelt.

表す (示す) zeigen; (表現する) aus|drücken, dar|stellen; (指す) bezeichnen

現す (見せる) zeigen; (表現する) aus|drücken; (叙述する) dar|stellen

著す (著述する) verfassen, schreiben; (出版する) veröffentlichen, publizieren

現れる erscheinen, auf|treten, *sich⁴* zeigen

アリ(蟻) Ameise 女

アリア Arie 女

ありふれる überreich, überreichlich

ありありと deutlich, lebhaft

ありえない ausgeschlossen

ありえる möglich; denkbar

ありがたい dankenswert; freundlich; günstig. ¶ ～ことに glücklicherweise. 彼が手を貸してくれるとは～Es ist dankenswert, dass er uns hilft. ありがたく思う dankbar sein [j³ für⁺⁴]. ありがたく頂戴する mit Dank annehmen. ありがたくない客 ein uneingeladener Gast

ありがとう[ございます] Danke [schön, vielmals]! | Vielen [Herzlichen] Dank!

ありきたりの gewöhnlich; üblich

ありさま Zustand 男; Lage 女

ありそうな möglich; denkbar. ¶ ～ない unwahrscheinlich; unglaublich

ありのままの wahr; wirklich. ¶ ～にwie es ist

アリバイ Alibi 中

ありふれた alltäglich; gewöhnlich

ある (存在する) sein, es gibt [et⁴], sich⁴ befinden; (位置する) liegen, stehen; (所有する) haben, besitzen; (行われる) stattfinden; (起こる) geschehen, sich⁴ ereignen

ある— ein, irgendein; ein gewiss. ～程度 einigermaßen; gewissermaßen. ～年 einmal. ～日 eines Tages. ～人 [irgend]jemand. ～こと(もの) etwas

あるいは oder; (ひょっとしたら) möglicherweise, vielleicht

歩く gehen; laufen; zu Fuß gehen; (こそこそ) schleichen; (悠々と) schreiten. ¶ ゆっくりと(急いで) ～ langsam (eilig) gehen. そこまで歩いて行けますか Kann man dorthin zu Fuß gehen?

アルコール Alkohol 男. ♦ ～飲料 alkoholische Getränke 中

アルト Alt 男

アルバイト Nebenbeschäftigung 女, Nebenarbeit 女; (臨時の) Job 男. ¶ ～する jobben

アルバム Album 中

アルファベット Alphabet 中. ¶ ～順に並べる alphabetisch ordnen

アルプス die Alpen

あるまじき ungebührlich; unpassend; unschicklich

アルミニウム Aluminium 中

アルミホイル Alufolie 女

あれ das; jenes

あれから seitdem

あれほど so sehr. ¶ ～の人 so (solch) ein Mensch

あれやこれや dieses und jenes

荒れる (土地が) verwüsten; (海が) stürmisch werden, wild rasen, toben. 荒れた wild werden; (天候が) stürmisch; (皮膚が) rau; (土地が) verwüstet

アレルギー Allergie 女. 卵～である eine Allergie gegen Eier haben.

アレンジする arrangieren; einrichten

泡 Schaum 男; (気泡) Blase 女. ¶ ～立つ schäumen

合わせて zusammen. ¶ ～3万円です Das macht (kostet) zusammen 30 000 (読み方: dreißig Tausend) Yen.

合わせる vereinen, zusammenfügen. ¶ 手を～ die Hände falten. 時計を～ die Uhr richtig stellen

慌ただしい(く) hastig; hektisch; eilfertig; ruhelos

慌てる sich⁴ überstürzen; die Fassung verlieren. ¶ 慌てて hastig; (狼狽) fassungslos. そんなに～な Nur nicht so hastig!

アワビ(鮑) Seeohr 中

哀れな arm, elend; traurig

哀れみ Mitleid 中; Rührung 女

哀れむ bemitleiden; sich⁴ erbarmen [j²]; Mitleid fühlen [mit ⁺³]

案 (プラン) Plan 男; (提案) Vorschlag 男; (草案) Entwurf 男. ¶ ～の定 wie geführtet

安易な leichtsinnig; bequem

アンカー (最終走者) letzter Läufer 男

案内 unerwartet; unvermutet

暗記する auswendig lernen

アングル Blickwinkel 男

アンケート Umfrage 女. ¶ ～を取る eine Umfrage machen

暗号 Chiffre 女, Kennwort 中

アンコール Zugabe 女

暗黒 Dunkelheit 女, Finsternis 女

暗殺 Attentat 中, Meuchelmord 男. ¶ ～する ein Attentat verüben [auf ⁺⁴]

暗示 Andeutung 女. ¶ ～する andeuten; suggerieren

暗室 Dunkelkammer 女

暗唱する auswendig aufsagen

暗証番号 Geheimnummer 女, PIN [-nummer] 女

案じる sich³ Sorgen machen [um ⁺⁴]

安心 Beruhigung 女. ¶ ～する sich⁴ beruhigen. 彼なら～して任せられる Du kannst das ruhig ihm überlassen.

アンズ(杏) Aprikose 女

安静 Bettruhe 女

安全 Sicherheit 女. ¶ ～な sicher. ～をはかる sicherstellen. ♦ ～かみそり Rasierapparat 男; ～地帯 Sicherheitszone 女; (道路の) Verkehrsinsel 女; ～ピン Sicherheitsnadel 女

アンダーライン unterstrichene Linie 女. ¶ ～を引く unterstreichen

安定 Stabilität 女. ¶ ～した stabil. ～させる stabilisieren. ～する stabil (beständig) werden. ♦ ～化 Stabilisierung 女; ～株主 ein stabiler Aktionär 男; ～成長 ein stabiles Wirtschaftswachstum 中; ～多数 eine stabile Mehrheit 女

アンテナ Antenne 女

あんな solch ein. ¶ ～人 solch ein Mensch

案内 Führung 女. ¶ ～する(町を) führen; (知らせる) informieren. ♦ ～所 Auskunft 女; ～書 Führer 男

暗に andeutungsweise

アンパイア Schiedsrichter 男

アンプ Verstärker 男

アンペア Ampere 中

あんま Massage 女

アンモニア Ammoniak 中

安楽 Bequemlichkeit 女. ♦ ～いす Lehnsessel 男; ～死 Euthanasie 女,

Sterbehilfe 囡

⊂い⊃

胃 Magen 男．¶～が痛い Magenschmerzen haben
…位 Platz 男．¶〈2〉～ erster ⟨zweiter⟩ Platz
居合わせる dabei sein
いい gut, schön. ¶…しても～だろう: …しなくても～だろう nicht brauchen; nicht notwendig sein. A より B のほうが～B ist besser als A. どうしたら～のか Was soll ich machen? ～年をして trotz des reifen Alters. ～ですか Wissen Sie?
言い当てる raten, erraten
言い争う sich⁴ zanken〔mit⁺³ über〔um〕⁺⁴〕
言い表す ausdrücken, äußern
いいえ nein:（否定文に対して）doch, ja
言い返す（反論する）widersprechen〔j³〕
言い換える umschreiben. ¶～と with anderen Worten
いい加減 leichtsinnig; leichtfertig
言い方 Ausdrucksweise 囡; Ausdruck 男
いい気 eitel; eingebildet.
言い聞かせる（説得する）ermahnen〔j⁴ zu⁺³〕;（警告する）warnen〔j⁴ vor⁺³〕
言い過ぎる zu weit gehen
イースター Ostern 中
言い損なう sich⁴ versprechen
言いつけ Auftrag 男; Befehl 男
言いつける（命じる）befehlen;（告げ口する）angeben
言い伝え Sage 囡
いいとも Einverstanden! | Gut!
言い逃れ Ausrede 囡; Vorwand 男
言い逃れる sich⁴ ausreden
言い張る bestehen〔auf⁺³〕; behaupten
言い分がある etwas zu sagen haben
言い間違う sich⁴ versprechen
言い回し Ausdruck 男, Wendung 囡, Redewendung 囡
E メール E-Mail 囡
言い訳（陳謝）Entschuldigung 囡;（弁明）Ausrede 囡, Rechtfertigung 囡. ¶～する sich⁴ rechtfertigen
言い忘れる vergessen zu sagen
委員 Ausschussmitglied 中, Komiteemitglied 中．◆～会 Ausschuss 男, Komitee 中, Kommission 囡 ～長 Vorsitzende⟨r⟩ 男
医院 Klinik 囡, Praxis 囡
言う sagen, sprechen, meinen. ¶～までもなく selbstverständlich, geschweige denn. ～に言われぬ unbeschreiblich. 言いたい放題に…faseln, plappern. ～は易く行うは難し Es ist leichter gesagt als getan.
家 Haus 中,（住居）Wohnung 囡．¶～にいる zu Hause sein. ～を継ぐ das Familienvermögen übernehmen. ～柄がよい aus guter Familie sein
胃液 Magensaft 男

イエス・キリスト Jesus Christus
家出する von zu Hause ausreißen. ◆～人 Ausreißer 男
癒（い）える genesen, heilen
硫黄 Schwefel 男
イカ（烏賊）Tintenfisch 男
以下 unter; weniger als. ¶10歳～の子供 Kinder von 10 Jahren und darunter. それは100マルクで手に入りますか Kann man so was unter ⟨weniger als⟩ 100 Mark bekommen? ～のように wie folgt, folgendermaßen. それ～darunter. ～同様 und so weiter
意外に unerwartet. ¶～に（も） unerwartet, unvermutet
…以外に〔は〕 außer⁺³; ausgenommen. ¶～に außerdem. 金曜～以外に時間があります Außer Freitag habe ich Zeit. このレストランは日曜～以外は営業している Das Restaurant ist jeden Tag geöffnet, ausgenommen am Sonntag.
いかが wie. ¶ご気分は～ですか Wie geht es Ihnen? お母さんは～ですか Wie geht es Ihrer Mutter? お茶でも～ Wie wäre es mit einer Tasse Tee?
いかがわしい suspekt, verdächtig, zweifelhaft
威嚇 Einschüchterung 囡, Bedrohung 囡. ¶～する bedrohen; erschrecken
医学 Medizin 囡, Heilkunde 囡
生かす wieder ins Leben rufen. ¶ 知識を～ sein Wissen anwenden
行かせる gehen lassen; schicken
いかだ Floß 中
いかに wie, auf welche Weise
いかめしい würdevoll, ernst
怒り Ärger 男, Zorn 男, Wut 囡 ¶～心頭に発する vor Wut kochen ⟨schäumen⟩; in immer größere Wut hineingetrieben werden
いかり（錨）Anker 男
怒る sich⁴ ärgern, zürnen
いかれた（機械が）kaputt;（人が）verrückt
遺憾な bedauerlich, bedauernswert; leider. ¶～にも leider
息 Atem 男;（呼気）Hauch 男 ¶～が切れる außer Atem kommen. ～が詰まる ersticken. ～を（吸う）atmen. ～を引き取る die letzten Atemzüge tun; den Geist ⟨letzten Hauch⟩ aushauchen. ～を吹き返す wieder zu Atem kommen. ～をつく Atem anhalten. ～をつく Atem holen. その美しさに～を呑んだ Die Schönheit verschlug mir fast den Atem. 人と～が合う mit j³ im Einklang sein
意気 ¶～消沈した niedergeschlagen. ～揚々と mutig
粋 fein, schick, elegant
生きのよい frisch, lebendig
…行き〔の〕 ¶ウィーン～の列車 der Zug nach Wien
意義 Bedeutung 囡, Sinn 男．¶～のある ⟨深い⟩ sinnvoll
異議 Einwand 男, Einspruch 男．¶～あり! Ich bin dagegen! ～を唱える einwenden

生き生きした lebhaft, frisch, lebendig
生き写し Ebenbild 中 ¶父親に～する das Ebenbild seines Vaters sein
生き埋め ～にする lebend begraben werden; ～になる verschüttet werden
勢い Schwung 男 ¶～よく kräftig, energisch. 酔った～で unter dem Einfluss des Alkohols
生きがいのある sinnvoll
生き返る wieder zum Leben kommen
意気込み Eifer 男, Leidenschaft 女
行き先 Ziel 中
生きた lebendig
行き違い ¶～になる aneinander vorbeigehen
行き詰まる in der Klemme sein; Es geht nicht weiter.
息詰まるような erdrückend, erstickend
行き止まり Sackgasse 女
いきなり plötzlich
息抜き〔休養〕Erholung 女, Ruhe 女
生き残る überleben
生き延びる überleben
生き物 Lebewesen 中, Geschöpf 中
異教 Heidentum 中 ◆～徒 Heide 男
イギリス England, Großbritannien. ¶～の englisch.
生きる leben
行き渡る $sich^4$ verbreiten
行く gehen; 〔乗り物で〕fahren; 〔飛行機で〕fliegen. ¶タクシーで～mit dem Taxi fahren. オーストリアへ行ったことがありますか Sind Sie schon in Österreich gewesen?「行ってきます」Auf Wiedersehen!「行ってらっしゃい」(出かける人に) Auf Wiedersehen!〔旅に出る人に〕Gute Reise!
育児 Kinderpflege 女 ◆～休暇 Erziehungsurlaub 男 ～手当 Kindergeld 中
意気地ない feige
育成する aufziehen, fördern
いく〔つ〔の〕〕wie viel 〔何の〕;〔いくつかの〕einige; mehrere. ¶～かの多くの manch. ～の Wie viel brauchst du? 彼は～ですか（年齢）Wie alt ist er?
幾度も vielmals
幾分 etwas, ein wenig, einigermaßen
いくら wie viel. ¶～でも so viel〔wie〕. ～ですか Was〔Wie viel〕kostet das? ～何でもそれはできないよ So was kann ich unmöglich machen.
いくらか etwas
池 Teich 男
生け垣 Hecke 女
いけない schlecht, nicht gut, nicht richtig. ¶～をきせるをしてはいけない Man darf nicht schwarzfahren. 私のどこが～ですか Was habe ich falsch gemacht?
いけにえ Opfer 中
生け花 Ikebana 中, Blumenstecken 中, Blumenarrangement 中
生ける stecken. ¶花を～Blumen〔in eine Vase〕stecken
意見 Meinung 女;〔忠告〕Rat 男; Ansicht 女 ¶～という～である meinen; der Ansicht〔der Meinung〕sein, dass... ～を言う $sich^4$ äußern. 人に～する j^3 raten; ermahnen, warnen. 何か～はありませんか Möchten Sie noch etwas dazu sagen? ～が一致する einer Meinung sein. ～が合わない Unsere Meinungen gehen auseinander.
違憲の verfassungswidrig
威厳 Würde 女 ¶～ある würdig
…以後 nach $^{+3}$;〔以来〕seit $^{+3}$. ¶それ～danach. ～気をつけます Künftig werde ich mich besser aufpassen.
移行 Übergang 男 ¶～する übergehen〔zu $^{+3}$; auf $\langle in \rangle ^{+4}$〕. ◆～期 Übergangszeit 女
意向 Absicht 女
遺稿 Nachlass 男
異国 Fremde 女, Ausland 中
イコール gleich
居心地 ¶～（よい場所）gemütlich, behaglich, bequem;〔人が〕$sich^4$ wie zu Hause fühlen
いさかい Zank 男, Streit 男
居酒屋 Kneipe 女, Schenke 女
いざこざ Uneinigkeit 女, Streit 男
勇ましい tapfer
いさめる ermahnen, warnen
遺産 Erbe 中, Erbschaft 女, Vermächtnis 中 ◆～相続 Erbfolge 女
胃酸 Magensäure 女
石 Stein 男;〔小石〕Kiesel 男 ¶～の上にも三年 Steter Tropfen höhlt den Stein.
意志 Wille 男 ◆Absicht 女 ¶～薄弱な willensschwach. ～の強い willensstark
意思 Vorhaben 中 ¶～を疎通する $sich^4$ verständigen. 本人の～を尊重する j^3 $seinen$ Willen lassen; j^2 Willen erfüllen. 互いに～の疎通を欠いている Es mangelt an einer guten gegenseitigen Kommunikation.
医師 Arzt 男;〔女性〕Ärztin 女 ¶～の ärztlich. ◆～会 Ärztekammer 女
維持 Erhaltung 女 ¶～する erhalten. ◆～費 Erhaltungskosten 複
意地 ¶～の悪い boshaft; ～になって意地っぱりで eigensinnig; widerspenstig. ～を張る steif auf $seinem$ Sinn beharren; auf $seinem$ Kopfe bestehen. ～を通す $seinen$ Willen durchsetzen. 汚い gefräßig. 〜っ張の eigensinnig, hartnäckig
遺児 Waise 女, hinterlassenes Kind 中
意識 Bewusstsein 中, Besinnung 女 ¶～を失う das Bewusstsein verlieren, ohnmächtig werden. ～を回復する das Bewusstsein wieder〔er〕langen; wieder zur Besinnung kommen. ～がある bei Bewusstsein sein. ～する $sich^3$ bewusst werden〔et^2〕. ～的な〔に〕bewusst, absichtlich. ◆～不明 Bewusstlosigkeit 女 ～不明の bewusstlos, ohnmächtig
いじける verklemmt
異質の heterogen, fremd
遺失物 Fundsache 女 ◆～取扱所 Fundbüro 中
いじめ Quälerei 女, Schikane 女 ¶～っ子 ein boshafter Junge
いじめる quälen, misshandeln

いしゃ　　　　　　　　　　　　　810

医者 Arzt 男; (女性) Ärztin 女; **Doktor** 男 ¶～を呼ぶ einen Arzt holen [lassen]. ～に掛かっている in ärztlicher Behandlung stehen.～の不養生 Arzt, heile dich selbst. ｜ Arzt, hilf dir selber.
慰謝料 Schmerzensgeld 中
異臭 Gestank 男, übler Geruch 男
移住 Übersiedelung 女 ¶～する (よそへ) auswandern; (よそから) einwandern; übersiedeln
遺書 Testament 中, der letzte Wille
衣装 Kleidung 女, Tracht 女, Kostüm 中
意匠 Gebrauchsmuster 中
異状 Störung 女 ¶～なし Alles in Ordnung!
異常な ungewöhnlich, außergewöhnlich, abnorm
…以上 über $^{+3(4)}$; **mehr als**…. ～それ～darüber. 予想～に über Erwarten. 6歳～の子供 Kinder von 6 Jahren und darüber
異色の eigenartig, originell
移植 Transplantation 女 ¶～する verpflanzen; transplantieren. ◆心臓～Herztransplantation 女
委嘱 Auftrag 男 ¶～する beauftragen [er^4 mit $^{+3}$]
衣食住 Nahrung, Kleidung und Wohnung
意地悪な bösartig, boshaft. ¶～をする boshaft sein [j^3]
いす Stuhl 男; (安楽いす) **Sessel** 男; (長いす) **Sofa** 中; (ひじかけいす) **Lehnstuhl** 男
泉 Brunnen 男, (源9) Quelle 女
イスラム ◆～教 Islam 男 ～教徒 Islamit 男
いずれ irgendwann ¶ A か B か～entweder A oder B. ～にせよ sowieso, je nachdem; jedenfalls, sowieso
異性 anderes Geschlecht 中
威勢のいい munter, lebhaft
遺跡 Ruine 女
以前の〈past〉 früher, ehemalig, **vorig.** ¶～に früher, einst, ehemals. ～から seit längerem
依然[として] immer noch, immer, nach wie vor
磯 Felsenküste 女
いそいそと fröhlich, leichten Herzens
居候 Schmarotzer 男
忙しい [sehr] **beschäftigt sein, viel zu tun haben**
急ぎ Eile 女 ¶～の eilig; dringend
急ぐ eilen, **sich⁴ beeilen.** ¶～ますか Haben Sie es eilig? ～必要はない Die Sache hat keine Eile. 急いで eilig, in Eile; schnell. 急いで![Mach] schnell! 急がば回れ Eile mit Weile.
依存する abhängen [von $^{+3}$]. ¶～した abhängig [von $^{+3}$]
異存 Beschwerde 女 ¶～はありません Ich habe nichts einzuwenden.
板 Brett 中, Platte 女, Tafel 女
痛い schmerzlich, schmerzhaft, weh. ¶～! Tut mir weh. どこが～の Wo tut es weh? のどが～ Ich habe Hals-

schmerzen. ｜ Der Hals tut mir weh. ～目にあわせる schmerzliche Erfahrungen haben lassen. 痛くもない腹を探られる zu Unrecht verdächtigt werden
遺体 Leiche 女
偉大な groß, hervorragend
痛々しい jämmerlich, erbärmlich
委託 Auftrag 男 ¶～する auftragen
抱く umarmen. ¶希望を～ Hoffnungen hegen
いたずら Possen 男, Streich 男 ¶～な unartig. ～する einen Streich spielen [j^3]
頂 Gipfel 男
頂く erhalten. ¶…していただけませんか Könnten Sie mir…tun? いただきます (食事で) Guten Appetit!
痛撃 ein harter Schlag 男 ¶～を被る einen schweren Schlag erleiden
板挟み ¶～になっている **sich⁴** in einem Dilemma befinden
痛ましい jämmerlich, erbärmlich
痛み Schmerz 男
痛む schmerzen, weh|tun
傷む verderben
悼む trauern
炒る braten
傷める verletzen
イタリア Italien. ¶～[人, 語]の italienisch
イタリックの kursiv
至る (事態に) kommen; (場所に) führen, erreichen, hin|kommen
至る所に überall
いたわる schonen
異端者 Ketzer 男, Häretiker 男
一 eins. ¶～から十まで alles in allem. ～番目の erst. ～か八かやってみる aufs Geratewohl versuchen. ～もこもなく ohne weiteres.
市 Markt 男
位置 Lage 女; (場所) Stelle 女; (立場) Standpunkt 男, Position 女
いちいち im Einzelnen
一員 Mitglied 中
いちおう (一度) einmal; (ひとまず) vorläufig
一月 Januar 男 ¶～に im Januar. ～10日に am zehnten Januar
イチゴ (苺) Erdbeere 女
一時の〈的な〉 vorübergehend, vorläufig, flüchtig; augenblicklich, zeitweilig. ¶～逃げ (言い訳) を言う Ausflüchte machen. ◆～金 Pauschalsumme 女, Pauschale 女
一次の〈的〉 erst. ◆～産業 Primärindustrie 女
一時間 eine Stunde 女 ¶～前 〈後〉に vor 〈in〉 einer Stunde. ～休憩しよう Machen wir mal eine Stunde Pause.
イチジク (無花果) Feige 女
著しい auffallend, bemerkenswert. ¶著しく sehr; beträchtlich; erheblich
一度 einmal. ¶～も…ない nie, niemals. ～も nie [mals] …. もう～ noch einmal.
一日 ein Tag 男 ¶～一日 [と] von Tag zu Tag. ～中 den ganzen Tag. ～おきに einen Tag um den anderen

一任する überlassen, anheim stellen
一人前（一人分）eine Portion 囡; (大人) Erwachsene[r] 男 囡 ¶ ～の ерwachsen, mündig, fertig
一年 ein Jahr ⊕ ¶ ～に一度 einmal jährlich. ～中 das ganze Jahr [hindurch]. ～生 der Schüler in der ersten Klasse
市場 Markt 男, Marktplatz 男
一番 Erste[r] 男 囡, Nummer eins. ¶ ～目の erst. ～年上の ältest. クラスで～である der Erste der Klasse sein
一部 ein Teil 男, ein Stück 甲 ¶ ～は teilweise, teils
一瞥(いちべつ) Blick 男 ¶ ～する einen [flüchtigen] Blick werfen [auf +4]. ～して auf den ersten Blick
一枚 ein Blatt [Papier]
一面 ¶ ～に überall. ～の einseitig. 新聞の～ die erste Seite
一目 (碁) Go-Stein 男 ¶ ～置く j² Überlegenheit anerkennen
一目散に逃げる sich⁴ aus dem Staub machen
一躍 auf einmal, mit einem Schlag
一夜漬け Einpaukerei 囡 ¶ ～する eine Nacht büffeln
イチョウ（銀杏）Ginkgo 男
胃嚢 Magen 男
一覧する sich⁴ ansehen; durchsehen. ◆ ～表 Tabelle 囡, Verzeichnis ⊕
一流の erstrangig, erstklassig
いつ wann. ¶ ～から seit wann. ～まで bis wann. ～までも ewig; für immer. ～の間にか unbemerkt; ohne bemerkt zu werden
いつか einmal, jemals, irgendwann; (過去) einst
一家 Familie 囡
一回 einmal, ein Mal 甲
一階 Erdgeschoss 甲, Parterre 甲
一気に in einem Zug
一見 ¶ ～の価値がある Es lohnt sich, einmal anzusehen. ～平静を保って mit scheinbarer Ruhe
一個 ein Stück
一行 Gesellschaft 囡, Truppe 囡
一考 Erwägung 囡, Überlegung 囡 ¶ ～する erwägen, überlegen. ～に値する Darüber kann man nachdenken.
一刻 Moment 男, Augenblick 男 ¶ ～を争うような dringend
一切 alles. ¶ ～知りません Darüber weiß ich gar nichts. ◆ ～合切 alle sieben Sachen
一昨日 vorgestern
一昨年 vorletztes Jahr
一式 ein Satz 男 [von +3]
一周 Runde 囡 ¶ ～する eine Runde laufen
一週間 eine Woche 囡 ¶ ～ずっと die ganze Woche
一瞬 (副詞的) einen Augenblick. ¶ ～のうちに augenblicklich; im Nu
いっしょに zusammen; (同時に) gleichzeitig. ¶ ～する zusammen|bringen; vereinigen;

(行う) zusammen|tun
一生 das [ganze] Leben, Lebenszeit 囡 ¶ ～の lebenslang; lebenslänglich. ～の間[ずっと] das ganze Leben hindurch. 九死に～を得る nur knapp mit dem Leben davon|kommen; um Haaresbreite davon|kommen
一生懸命に fleißig, mit aller Kraft
逸する verpassen, versäumen.
一石二鳥 zwei Fliegen mit einer Klappe schlagen
いっそ lieber, vielmehr
一足 ein Paar 甲 ～飛びに mit einem Sprung
いったい（ぜんたい）denn; eigentlich; überhaupt
逸脱 Abweichung 囡 ¶ ～する ab|weichen [von +3]
一致 Übereinstimmung 囡 ¶ ～した einig, einstimmig. ～する sich⁴ decken; übereinstimmen
一朝一夕(いっせき)には von heute auf morgen; in kurzer Zeit
一長一短である seine Vor- und Nachteile haben
一直線に in gerader Linie
一対 ein Paar ⊕
一定 bestimmt, fest; gleichmäßig
一滴 ein Tropfen 男
いつでも jederzeit
一等賞 der erste Preis
一杯 (満ちた) voll. ¶ …で～である voll von +3 sein. …で～にする mit +3 voll machen, anfüllen. 今晩～やろう Lässt uns heute Abend einen trinken gehen. ～機嫌に beschwipst. ～のビール ein Glas Bier
一泊する übernachten
一般の allgemein; (普通の) gewöhnlich. ¶ ～[的]に im Allgemeinen, in der Regel. ～的に言って allgemein gesagt
一匹狼 Einzelgänger 男
一歩 ein Schritt 男
一方 eine Seite 囡 ¶ ～で[は] einerseits, auf der einen Seite. ～的な einseitig. ◆ ～通行[路] Einbahnstraße 囡; Einbahnverkehr 男
一報する mitteilen (j³); wissen lassen
いつまでも auf ewig; für immer
いつも immer; stets; jederzeit; ständig. ¶ ～の gewöhnlich. ～のように wie immer, wie üblich. ～と違う ungewöhnlich, fremd, verändert. ～なら[ば] sonst. ～…で[あるわけで]はない immer nicht...
逸話 Anekdote 囡
偽り falsch, trügerisch
偽る lügen; (だます) betrügen
イデオロギー Ideologie 囡
射手座 Schütze 男
凍(い)**てつく** Es friert. ¶ ～寒さに Es ist eiskalt.
移転する um|ziehen
遺伝 Vererbung 囡 ¶ ～する sich⁴ vererben. ◆ ～子 Gen ⊕ ～子工学 Gentechnologie 囡 ～子治療 Gentherapie 囡

糸 Faden 男; (紡ぎ糸) Garn ⊕; (より

糸 **Zwirn** 男; (弦) **Saite** 女 ¶針に～を通す eine Nadel einfädeln
意図 **Absicht** 女 ¶～する beabsichtigen. ～的に absichtlich
井戸 **Brunnen** 男
緯度 **Breite** 女, **Breitengrad** 男
移動 ～する *sich*[4] fortbewegen, ziehen. ◆～図書館 Wanderbibliothek 女
糸口 **Anfang** 男 ¶問題解決の～を見い出す den Zugang zur Problemlösung finden
いとこ (男) **Vetter** 男; (女) **Kusine** 女
居所 **Wohnort** 男, **Verbleib** 男
いとしい lieb
営む betreiben
挑む auffordern
いない nicht da sein ¶彼は今いません Er ist im Moment nicht zu sprechen.
…以内に〈で〉 innerhalb [*et*[2] 男]; (期間) binnen[+3(2)]; (以下) unter[+3(4)]
田舎 **Land** 中, **Provinz** 女. **Heimat** 女 ¶～の ländlich. ～で auf dem Lande. ～から aufs Land. ～臭い bäurisch. ～者 Bauer 男; Provinzler 男
イナゴ (蝗) **Heuschrecke** 女
稲妻 **Blitz** 男
いななく wiehern
稲光 **Blitz** 男 ¶～がする Es blitzt.
[…するや]いなや sobald; kaum
イニシアチブ **Initiative** 女
イニシャル **Anfangsbuchstabe** 男, **Initiale** 女
委託 **Auftrag** 男 ¶～する beauftragen [*j*[4] *et*[4]]
犬 **Hund** 男 ¶～を飼う einen Hund halten. ～も歩けば棒に当たる (災難) Das könnte nach hinten losgehen. | (幸運) Auch ein blindes Huhn findet manchmal ein Korn. 夫婦喧嘩は～も食わない Die beiden Parteien müssen ihren Konflikt unter sich austragen. ◆～小屋 Hundehütte 女
稲 **Reis** 男
居眠りする einnicken
イノシシ (猪) **Wildschwein** 中
命 **Leben** 中 ¶～からがら逃げる mit dem Leben davonkommen. ～取りの tödlich, verhängnisvoll. 人の～を救う *j*[3] das Leben retten. ～を～する *sich*[4] erholen. ～知らずの Draufgänger 男, Teufelskerl 男 ¶～を落とす ums Leben kommen. ～拾いする mit heiler Haut davonkommen. ～あっての物種 Das Leben ist die Hauptsache.
祈り **Gebet** 中
祈る beten. ¶ご成功を祈ります Ich wünsche Ihnen viel Erfolg.
威張る prahlen; hochmütig ⟨stolz⟩ sein; *sich*[4] großmachen
違反 **Übertretung** 女, **Vergehen** 中, **Verstoß** 男, **Verletzung** 女 ¶～する verletzen, übertreten; *sich*[4] vergehen. …に～して gegen[+4]
いびき **Schnarchen** 中 ¶～をかく schnarchen
いびつな verzerrt, verdreht, entstellt
いぶかる *sich*[4] wundern [über[+4]]; bezweifeln

息吹 **Atem** 男; **Hauch** 男
衣服 **Kleidung** 女, **Kleider** 男
いぶす räuchern
異物 **Fremdkörper** 男
イブニングドレス **Abendkleid** 中
イベント **Veranstaltung** 女
いぼ **Warze** 女
違法 **gesetzwidrig, illegal**
今 **nun, jetzt**. ¶～の jetzig; gegenwärtig; heutig. ～のところ für jetzt, augenblicklich, vorläufig. ～から von nun ⟨jetzt⟩ an. ～のうち Es ist Zeit. ～更 [だめだ]! Jetzt geht es nicht mehr. ～し方 soeben. ～すぐ sofort; gleich. ～でも auch jetzt. ～も bald; irgendeinmal. ～まで bisher. ～行きます Ich komme gleich. ～だから言える Das hätte ich vorher nicht sagen können. ～からでも遅くない Es ist noch nicht zu spät. ～に始まったことではない Es ist nicht das erste Mal.
居間 **Wohnzimmer** 中
いまいましい ärgerlich, verflucht, verteufelt
戒める warnen [*j*[4] vor[+3]]
いまだ noch; immer noch; noch immer
意味 **Bedeutung** 女, **Sinn** 男 ¶～する bedeuten, heißen, meinen. ～のある bedeutungsvoll. ある～で in einem gewissen Sinne. ～深長な tiefsinnig; viel sagend. それはどういう～ですか Was meinen Sie damit?
イミテーション **Nachahmung** 女, **Imitation** 女
移民 (他国からの) **Einwanderer** 男; (他国への) **Auswanderer** 男
忌むべき abscheulich, ekelhaft
イメージ **Bild** 中, **Vorstellung** 女 ¶～アップさせる Image verbessern. ◆～アップ Imagehebung 女 ～ダウン Imageverlust 男
イモ (芋) (じゃが芋) **Kartoffel** 女; (さつま芋) **Süßkartoffel** 女, **Batate** 女
妹 **eine [jüngere] Schwester** 女
鋳物 **Gusseisen** 中
嫌な unangenehm, abscheulich, ekelhaft, lästig. ¶…が…になる zu *et*[3] Lust verlieren. ～だ! Nein, so was!
いやいや ungern
嫌がらせする belästigen
嫌がる nicht mögen, scheuen
医薬品 **Arzneimittel** 中, **Arznei** 女
癒し **Heilung** 女; **Balsam** 男
卑しい gemein, niedrig, verächtlich
卑しめる erniedrigen, demütigen
癒す heilen, beruhigen
イヤホーン **Kopfhörer** 男
嫌味な ironisch; unangenehm. ¶～を言う抜け目のない Bemerkungen machen [zu[+3]]
いやらしい unanständig, unsittlich, anstößig
イヤリング **Ohrring** 男
いよいよ endlich
いようと ungewöhnlich; ausgefallen
意欲 **Eifer** 男
依頼 **Auftrag** 男, **Bitte** 女 ¶～する beauftragen [*j*[4] mit[+3]]; bitten, ersuchen [*j*[4] um[+4]]. ◆～人 Klient 男

以来 seitdem. ¶…以来 seit +³
いらいらした nervös, ungeduldig
イラスト Illustration 囡, Abbildung 囡 イラストレーター Illustrator 團; Zeichner 團
いらっしゃい Willkommen! ¶～は(店員が) Was darf es sein? | Kann ich Ihnen behilflich sein?
入り江 Bucht 囡, Golf 團
入り口 Eingang 團; (車用)Einfahrt 囡
入り組んだ verwickelt, kompliziert
入り乱れる durcheinander kommen, sich⁴ verwirren
衣料 Kleidung 囡
医療 ärztliche Behandlung 囡 ◆～ミス ärztlicher Kunstfehler 團
威力 Macht 囡, Gewalt 囡
いる (居る)sein, sich⁴ befinden
いる (要る)brauchen, nötig sein
射る schießen
鋳る gießen
衣類 Kleidung 囡
イルカ(海豚) Delphin 團
異例の außergewöhnlich; beispiellos
入れ換える wechseln, ersetzen
入れ墨 Tätowierung 囡
入れ歯 Zahnersatz, Zahnprothese 囡
入れ物 Behälter 團, Gefäß 伸
入れる (差し込む)stecken; (はめる) einlegen; (加える)hinzufügen, [hinein]tun, einsetzen
色 Farbe 囡 ¶～を塗る malen. ～あせた verblasst. ～つきの farbig. ～づく sich⁴ färben. ～を失う bleich werden, erbleichen. ～をつける etwas als Draufgabe〈Zugabe〉geben. 十人十～ zehn Menschen, zehn Meinungen. ◆～合い Ton 團；～鉛筆 Farbstift 團
色々な verschieden, allerlei, allerhand, mannigfach, vielerei. ¶～お世話になりました Vielen Dank für alles.
色気づく die Pubertät erreichen. ¶～のある kokett; wollüstig. 私は～より食い気です Ich gebe Nahrungsmitteln den Vorzug gegenüber einer Romanze.
色眼鏡で見る durch eine gefärbte Brille betrachten
異論 Einwand 團 ¶～を唱える bestreiten; einen Einwand erheben
岩 Felsen 團, Fels 團
祝い (祝典)Feier 囡, Fest 伸; (言葉) Glückwunsch 團
祝う feiern, beglückwünschen, gratulieren
イワシ(鰯) Sardine 囡
言わば sozusagen; gleichsam
いわゆる so genannt; wie man zu sagen pflegt
印 Siegel 伸; (スタンプ)Stempel 團 ¶～を押す stempeln
韻 Reim 團 ¶～を踏む reimen
陰鬱(うつ)な düster, dunkel, trübselig
陰気な trübe, trübsinnig
インク Tinte 囡
陰険な heimtückisch, hämisch
インコ Sittich 團 ¶セキセイ～ Wellensittich 團
インサイダー取引 Insidergeschäfte

印刷 Druck 團; (コンピュータの)Ausdruck 團 ¶～する [aus]drucken. ◆～所 Druckerei 囡；～物 Drucksache 囡
因習 Konvention 囡 ¶～的な herkömmlich, konventionell
印象 Eindruck 團, Impression 囡 ¶…に～を与える einen Eindruck auf +⁴ machen. ～的な eindrucksvoll
飲食する essen und trinken ¶～業 Gaststättengewerbe 伸 ◆～税 Getränkesteuer 囡 ～店 Gaststätte 囡, Lokal 伸, Wirtschaft 囡
インスタントの Schnell-.. ◆～コーヒー Pulverkaffee 團 ～食品 Fertiggericht 伸
インストール Installation 囡 ¶～する installieren
インストラクター Ausbilder 團; Lehrer 團
インスピレーション Inspiration 囡
陰性の negativ
印税 Tantieme 囡, Lizenzgebühr 囡
姻戚 ¶～関係 Schwägerschaft 囡
インターチェンジ Anschlussstelle 囡
インターネット Internet 伸
インターバル Intervall 伸
インターフェイス Grenzfläche 囡; Anpassschaltung 囡
インターホン Haustelefon 伸
引退する zurücktreten, sich⁴ zurückziehen, in den Ruhestand treten
インタビュー Interview 伸 ¶～する interviewen
インチ Zoll 團
インディアン Indianer 團
インデックス Index 團, Verzeichnis 伸
インテリ Intellektuelle[r] 團 囡
インテリア Interieur 伸
隠匿する verstecken, verbergen
院内感染 Krankenhausinfektion 囡
インプット Input 團; Eingabe 囡
インフラ Infrastruktur 囡
インフルエンザ Grippe 囡
インフレ Inflation 囡
陰謀 Intrige 囡, Machenschaften 複
隠喩 Metapher 囡
引用 Zitat 伸, Anführung 囡 ¶～する anführen; zitieren
飲料水 Trinkwasser 伸
引力 Anziehungskraft 囡, Gravitation 囡

う

ヴァイオリン ⇨ バイオリン
ウイークエンド Wochenende 伸 ¶～に am Wochenende
ウイークデー Wochentag 團
ウイークポイント Schwäche 囡; die schwache Stelle
ウィーン Wien
ウイスキー Whisky 團
ウイット Witz 團 ¶～に富んだ witzig
ウイルス Virus 團
ウインカー Blinker 團
ウインク Wink 團

ウインナー[ソーセージ] Würstel 男
ウール Wolle 囡；~の wollen
上 oben．~｜…の～で(に，へ) auf ⁺³⁽⁴⁾; über ⁺³⁽⁴⁾. ~に oben. ~へ(下から向こうの) hinauf; (下からこちらの) herauf. ~の ober. ~から下まで von oben bis unten. ~に述べた obig; oben erwähnt; wie oben. ~を下への大騒ぎになる Es herrscht ein furchtbares Durcheinander.
飢え Hunger 男
ウェーター Kellner 男
ウェート Gewicht 田
植木 Gartenpflanze 囡．◆~ばち Blumentopf 男．~屋 Gärtner 男
ウエスト Taille 囡
ウェディング Hochzeit 囡．◆~ケーキ Hochzeitskuchen 男．~ドレス Brautkleid 田．~マーチ Hochzeitsmarsch 男
植える pflanzen; setzen
飢える hungern．¶飢えた hungrig
魚の目 Hühnerauge 田
迂回 ¶~する umgehen; einen Umweg machen. ~させる umleiten. ◆~路 Umleitung 囡; Umgehung 囡; Umweg 男
うがい ¶~をする gurgeln．◆~薬 Gurgelwasser 田
うかつ unaufmerksam; unvorsichtig; unbedacht
浮かび上がる auftauchen
浮かぶ (宙に) schweben; (水に) schwimmen; (心に) einfallen [j³], in den Sinn kommen [j³].
浮かべる schwimmen lassen．¶心にvorstellen [sich⁴ j-et⁴]
受かる ¶試験に~ die Prüfung bestehen
浮き (釣) Schwimmer 男
雨季 Regenzeit 囡
浮き上がる auftauchen
浮き浮きして heiter; lustig; fröhlich
浮き袋 Rettungsring 男; Schwimmweste 囡
浮き彫り Relief 田
浮く schwimmen
ウグイス (鶯) Grasmücke 囡
請け合う versichern
受け入れ Aufnahme 囡
受け入れる aufnehmen; annehmen
受け継ぐ übernehmen; nachfolgen
受付 (場所) Empfang 男; Rezeption 囡; (申し込み) Annahme 囡．◆~係 Rezeptionsdame 囡; der Mann an der Rezeption
受取 Annahme 囡; (領収書) Quittung 囡．◆~人 Empfänger 男
受け取る annehmen, empfangen, erhalten, bekommen
受け身 Passiv 田
受け持つ übernehmen; auf sich⁴ nehmen
受ける (貰う) bekommen; erhalten; (被る) erleiden．¶人に授業を~[bei j³] Stunden nehmen. 試験を~ ein Examen machen
動かす bewegen, in Bewegung setzen; (人の心を) rühren
動き Bewegung 囡

動き出す sich⁴ in Bewegung setzen; (乗り物が) anfahren; (機械が) anlaufen
動く sich⁴ bewegen, (機械が) laufen, gehen．¶~ Keine Bewegung, oder ich schieße. 動かぬ証拠 ein unanfechtbarer [schlüssiger] Beweis 男．◆~歩道 Laufband zur Personenbeförderung 田
うごめく sich⁴ winden
ウサギ (兎) Hase 男; Kaninchen 田
牛 Rind 田; (雌牛) Kuh 囡; (雄牛) Stier 男; (去勢した) Ochse 男; (子牛) Kalb 田
うじ Made 囡
失う verlieren; kommen [um⁺⁴]
後ろ Rückseite 囡; Hinterseite 囡．¶…の～に(へ) hinter ⁺³⁽⁴⁾. ~に rückwärts; nach hinten. ~に hinten. ~へ下がる zurücktreten. ~足 Hinterbein 田．~向きに rückwärts. ~めたい ein schlechtes Gewissen haben. 敵に～を見せる dem Gegner den Rücken zeigen
うす Mühle 囡
渦 Strudel 男; Wirbel 男
薄明かり Dämmerung 囡
薄い dünn; (色が) blass, schwach．¶薄く切る in dünne Scheiben schneiden
うすうす ¶~感じる ahnen; wittern
うずうずする ungeduldig sein．¶知りたくて~する neugierig sein
薄気味悪い unheimlich
うずくまる hocken, kauern [sich⁴]
薄暗い düster, dämmerig; halbdunkel
薄茶色の hellbraun
薄っぺらな (物が) dünn; (人が) oberflächlich
渦巻き Wirbel 男
埋(め)める begraben; vergraben
ウズラ (鶉) Wachtel 囡
薄れる nachlassen
右折する nach rechts biegen
失(せ)る verschwinden
うそ ¶~をつく belügen; lügen. ~の lügenhaft; lügnerisch. 真っ赤な~ eine glatte Lüge 囡; klar, wie in ~ eine fadenscheinige Lüge. ~から出たまこと Umstände können eine Lüge zur Wahrheit machen. ~も方便 Lügen kann auch nützlich sein.
うそつき Lügner 男
歌 Gesang 男; (歌曲) Lied 田; (歌うこと) Gesang 男; (詩歌) Gedicht 田．¶~を歌う ein Lied singen
歌う singen
疑い Zweifel 男; (嫌疑) Verdacht 男．¶~深い skeptisch. ~なく ohne Zweifel. ~の余地がない Es besteht kein Zweifel daran, dass...
疑う zweifeln [an⁺³]．¶金を取ったと疑われた Ich geriet in Verdacht, das Geld gestohlen zu haben.
疑わしい zweifelhaft; fraglich; (怪しい) verdächtig
うち (内) Innere 田; (家) Haus 田．¶学生の~で von den Studenten; unter den Studenten. きょうの~に noch heute. そうこうする~に unterdessen.

その～demnächst. …しない～に bevor; noch bevor
打ち上げ (ロケットの) Raketenabschuss 男; (公演の) Abschluss 男
打ち明ける anvertrauen [sich⁴ j³]; offenbaren; eröffnen [j³ et⁴]
打ち上げる abschießen; (コンサートを) schließen, beenden
打ち合わせる besprechen; sich⁴ verabreden [besprechen] [mit +³]
内々で unter vier Augen; unter uns gesagt
打ち勝つ besiegen; (克服する) überwinden; bestehen; brechen
内側 Innenseite 女 ¶～に innen. …の～で〈に, へ〉in +³⁽⁴⁾; innerhalb [et²; von +²]
内気な scheu; schüchtern
打ち消す verneinen; ableugnen
打ち込む einschlagen
打ち壊す zerschlagen; zertrümmern
打ち倒す niederschlagen
打ち解けた vertraulich
打ちひしがれた niedergeschlagen
打ち破る schlagen; besiegen
宇宙 Kosmos 男; Weltraum 男; Universum 中 ◆～空間 Weltraum 男 ～ステーション Weltraumstation 女 ～船 Raumschiff 中 ～線 Höhenstrahlung 女 ～飛行士 Astronaut 男 ～服 Raumanzug 男
有頂天になる vor Freude ganz außer sich³ sein
うちわ Fächer 男
打つ (叩く，殴る) hauen; schlagen; (拳で) schießen; (軽く叩く) klopfen. ¶碁を～ Go spielen. 打てば響くように答える prompt reagieren [auf⁺⁴]. ～べき手がほとんどない Man kann so gut wie nichts mehr tun. 芝居を～ vorspielen [vorgaukeln] [j³]; gute Miene zum bösen Spiel machen
撃つ schießen
討つ angreifen; (破る) besiegen
うっかりして versehentlich ; aus Versehen
美しい schön 美しさ Schönheit 女
写し Kopie 女
写す (写真を) aufnehmen, fotografieren; (書き写す) abschreiben
映す spiegeln; (映写する) vorführen
移す versetzen; verlegen; (伝染を) anstecken. ¶君から風邪を移された Du hast mich mit deiner Erkältung angesteckt.
訴え Klage 女
訴える klagen [j³ et⁴]; (告訴する) anklagen, verklagen; (呼び掛ける) anrufen. ¶警察に～bei der Polizei anzeigen
うつつをぬかす fasziniert sein [von +³]
打ってつけの passend, treffend
うっとり ¶～している entzückt 〈begeistert〉sein. ～させる bezaubern. ～させるような Zauber-
うつぶせに bäuchlings
うつむく den Kopf senken
移り変わり Wandel 男
移り変わる sich⁴ wandeln
海 See 女; Meer 中 ～のものとも山の

移る (移転) umziehen; (移行) übergehen; (伝染) anstecken; (変化) sich⁴ verändern
映る sich⁴ spiegeln; sich⁴ widerspiegeln
うつろな leer, hohl
腕 Arm 男 ¶～を組んで mit gekreuzten Armen. ～を立て伏せ Liegestütz 男 ～前 Fähigkeit 女 ～を組む die Arme auf der Brust verschränken. ～の立つ弁護士 ein sehr fähiger Rechtsanwalt. ～が鳴る Ich brenne darauf. ～が鈍る Die Geschicklichkeit lässt nach. ～によりをかける sein Bestes geben〈tun〉; sein ganzes Können in +³ hineinstecken. ～を競う wetteifern [mit +³]; sich⁴ messen [mit +³]. 腕を振るう sich³ sein Talent zu Nutze 〈zunutze〉machen. ～を磨く seine Fähigkeit entwickeln. ◆～時計 Armbanduhr 女 ～飾り Armband 中
雨天 Regenwetter 中 ¶～の際は bei Regenwetter
促す drängen, auffordern [j⁴ zu et³]; (促進する) fördern
ウナギ (鰻) Aal 男
うなじ Nacken 男
うなずく nicken
うなり声 ¶～を上げる brummen
うなる stöhnen; (機械が) summen; brüllen
うぬぼれ Eitelkeit 女; Einbildung 女
うぬぼれる ¶…であると～ sich³ et⁴ einbilden. うぬぼれた eitel; eingebildet
うねる (道が) sich⁴ schlängeln; (波が) wogen
右ện Rechte 女
奪う nehmen, rauben, wegnehmen [j³ et⁴]; (ひったくる) entreißen [j³ et⁴]
乳母車 Kinderwagen 男
うぶな unschuldig; naiv
馬 Pferd 中, Ross 中; (子馬) Fohlen 中 ¶～に乗る reiten. ～が合う zusammenpassen ; miteinander gut auskommen. ～の耳に念仏 gegen den Wind reden; tauben Ohren predigen.
うまい (おいしい) schmackhaft, lecker, wohlschmeckend; (巧みな) geschickt; (好ましい) gut; (手腕) gut; geschickt. ¶彼はピアノが～Er spielt gut Klavier. 彼がうますぎる Das ist zu schön, um wahr zu sein.
うまく gut. ¶～いく gelingen; klappen; glücken. ～いかない versagen. ～った Es hat geklappt.
うまみ (味) Geschmack 男; (利益) Profit 男, Vorteil 男
埋まる begraben werden; (一杯になる) voll werden
生まれ ¶～も育ちも京都です Ich bin durch und durch Kyotoer.
生まれつき[の] von Geburt; angeboren
生まれる geboren werden; (物事が) entstehen, zur Welt kommen. ¶私は1978年に生まれた Ich wurde 1978 (読み方：neunzehnhundertachtundsiebzig) geboren.

うみ

ものともつかない Man ist ungewiss, was daraus wird.
膿(う) Eiter 男
産み(生み)出す erzeugen; hervor|bringen
海辺 Strand 男; Küste 女
生む・産む (出産する) gebären, zur Welt bringen; (卵を) legen; (生産する) erzeugen, hervor|bringen
梅 Pflaume 女
埋め合わせ Ersatz 男; Ausgleich 男; Entschädigung 女 埋め合わせる ersetzen; wieder gut|machen
うめく stöhnen
埋める begraben; (空きを) aus|füllen
羽毛 Feder 女
敬う ehren, hoch achten, verehren
裏 Rückseite 女; Hinterseite 女 ¶ ~に する die Rückseite. ~を取る Beweise sammeln. ~をかく überlisten
裏表 ¶ ~のある doppeldeutig; doppelzüngig
裏返し ¶ ~にする um|wenden
裏返す um|wenden; um|drehen
裏金 schwarzes (illegales) Geld 男
裏切り Verrat 男
裏切る verraten. ¶ 人の期待を~j² Er|wartung täuschen
裏口 Hintertür 女 ◆~入学 illegale Immatrikulation 女
裏口座 illegales Konto 男
裏地 Futter 男 ¶ ~をつける füttern
裏通り Nebenstraße 女
占い Wahrsagerei 女; Prophezeiung 女 占う wahr|sagen
恨む Groll 男 恨む grollen
うらやましい beneidenswert
うらやむ beneiden; neidisch sein
ウラン Uran 男
ウリ (瓜) ¶ ~ふたつである Sie gleichen einander wie ein Ei dem anderen.
売り切れ ¶ ~の(た) ausverkauft
売り切れる ausverkauft sein
売り出し Ausverkauf 男
売り値 Verkaufspreis 男
雨季 Regenmenge 女
売る verkaufen [j³ et⁴]; handeln
閏(うるう)年 Schaltjahr 男
うるさい laut, lärmend, belästigend; (しつこい) beharrlich; (厄介な) lästig
憂い Kummer 男; Sorge 女
憂える sich⁴ sorgen, sich³ Sorgen machen [um⁴]
うれしい erfreulich; freudig; froh; sich⁴ freuen. ¶ 嬉しがらせる erfreu|en; Freude machen [j³]. お目にかかれ て~ Ich freue mich, Sie zu sehen. │ Ich freue mich, Sie kennen zu ler|nen. うれし涙を流す Freudentränen vergießen
売れ行き Absatz 男
売れる よく~ gut sich⁴ verkaufen
うろこ Schuppe 女
うろたえる bestürzt sein; verwirrt sein; verlegen sein
うろつく streichen, herum|streichen
上着 Jacke 女; (男性の) Rock 男
うわごとを言う im Delirium spre|chen
うわさ Gerücht 男; Gerede 男 ¶ ~話

をする klatschen. …という~だ man sagt, dass... │ Ein Gerücht verbrei|ten, dass... ~をたてる ein Gerücht verbrei|ten. 根も葉もない~ ein erfundenes Gerücht. お~はかねがね伺っています Ich habe schon oft von Ihnen gehört. と かく~のある人物 eine von vielen Ge|rüchten umgebene Person. ~の七 十五日 Das Gedächtnis der Masse ist kurz. ~をすれば影 Wenn man den Teufel an die Wand malt, dann kommt er.
上(うわ)の空で zerstreut; geistesabwe|send
上履き Pantoffel 男
上辺(うわべ) ¶ ~の äußerlich. ~は äußer|lich; scheinbar. ~をつくろう den Sche|in wahren
上回る überschreiten; hinaus|gehen [über⁴]; übertreffen
上役 Vorgesetzte[r] 男
運 Glück 男 ¶ ~のいい glücklich. ~の 悪い(~悪く) unglücklich. ~よく glück|lich, glücklicherweise. ~がいい Glück haben. ~が悪かったね Du hast Pech gehabt. │ Das ist Pech. ~を天に任せ る es darauf ankommen lassen
運営 Verwaltung 女; Führung 女 ¶ ~ する verwalten; führen
運河 Kanal 男
運行 Umlauf 男; Kreislauf 男; Ver|kehr 男; (電車・バスなど) Fahrt 女; (飛 行機) Flug 男 ¶ ~する verkehren
うんざりする überdrüssig sein [j-et²]
運送 Beförderung 女; Transport 男 ◆~会社 Spediteur 男
運賃 (乗り物の) Fahrgeld 男, Fahrpreis 男; (送る) Transportkosten, Versand|kosten 男
運転 (車などの) Fahren 男, Lenken 男; (機械の) Betrieb 男 ¶ ~する fah|ren; lenken; führen; (機械を) betrei|ben. ◆~手 Chauffeur 男; Fahrer 男; Führer 男 ~免許証 Führerschein 男
運動 Bewegung 女; (スポーツ) Sport 男 ¶ ~する sich³ Bewegung machen. ◆~ぐつ Sportschuh 男 ~会 Sportfest 男 ~場 Sportplatz 男
運搬 (運送) Transport 男 ¶ ~する transportieren
運命 Schicksal 男, Los 男
運輸 ¶ ~大臣 Verkehrsminister 男. ~ 省 Verkehrsministerium 男
運用 Anwendung 女 ¶ ~する an|wen|den

⌒ え ⌒

絵 Bild 男; (色彩画) Gemälde 男; (線 画) Zeichnung 女; (絵画) Malerei 女 ¶ ~をかく malen
柄 Griff 男, Stiel 男, Schaft 男
エアコン Klimaanlage 女
エアバス Airbus 男
エアロビクス Aerobic 男
永遠 Ewigkeit 女 ¶ ~の ewig. ~に auf ewig
映画 Film 男 ¶ ~を見に行く ins Kino

gehen. 小説を~化する einen Roman verfilmen. ◆~館 Kino 甲

永久に ewig

影響[力] Einfluss 男. ¶~する・を及ぼす beeinflussen; Einfluss haben ⟨ausüben⟩ [auf +⁴]. ~力の大きい einflussreich

営業 Betrieb 男, Geschäft 甲 ¶~する ein Geschäft betreiben. ~中で⟨の⟩in Betrieb. ◆~経費 Betriebskosten 複 ~時間 Geschäftsstunden ~所 Geschäftsstelle; Niederlassung. ~マン Kaufmann 男; Vertreter 男

英語 English 甲, die englische Sprache. ¶~で auf Englisch

栄光 Glorie 女, Herrlichkeit 女

嬰児 Säugling 男

映写 Projektion 女, Filmvorstellung 女. ¶~する projizieren. ◆~機[Film]projektor 男

永住する sich⁴ niederlassen [in +³]

エイズ Aids 甲

衛星 Satellit 男. ◆~国 Satellitenstaat 甲 ~写真 Satellitenfoto 甲 ~中継 Satellitenübertragung 女 ~都市 Satellitenstadt 女 ~放送 Satellitenübertragung 女, Satellitenfunk 男

衛生的な hygienisch

映像 Bild 甲; (テレビの) Fernsehbild 甲

永続的な dauerhaft

鋭敏な scharf, empfindlich

英雄 Held 男. ¶~的な heroisch, heldenhaft

栄誉 Ehre 女

栄養 Ernährung 女, Nahrung 女 ¶~のある nahrhaft. ◆~価 Nährwert 男 ~補給 Ernährung 女

鋭利な scharf

絵入りの illustriert

ええ ja. ¶~どうぞ Ja, bitte!

エース Ass 甲

ええと äh; nun

エープリルフール Aprilscherz 男

エール Anfeuerung 女

笑顔 heiteres Gesicht 甲

絵かき Maler 男

描く (色で) malen; (線で) zeichnen; (描写を) schildern; darstellen

駅 Bahnhof 男, Station 女 ¶人と~で待ち合わせる sich⁴ mit +³ im Bahnhof treffen. ~まで迎えに行く am ⟨vom⟩ Bahnhof abholen. ~へはどう行ったらいいですか Wie komme ich zum Bahnhof? ◆~員 Bahnbeamte 男 ~長 Bahnhofsvorsteher 男

エキサイトする sich⁴ aufregen

エキジビジョン Ausstellung 女

液状の flüssig

エキストラ Statist 男

エキスパート Experte 男

エキスポ Weltausstellung 女

エキゾチックな exotisch

液体 Flüssigkeit 女 ¶~の flüssig

えくぼ Grübchen 甲

エゴイズム Egoismus 男

エコノミークラス Touristenklasse 女

えこひいきする bevorzugen

エコロジー Ökologie 女

餌 (えさ) Köder 男; (飼料) Futter 甲 ¶~をやる füttern

会釈 Verbeugung 女

エスエフ Sciencefictionroman 男

エスカレーター Rolltreppe 女

エスカレートする sich⁴ ausweiten, eskalieren [zu +³]

枝 (大枝) Ast 男; (小枝) Reis 甲, Zweig 男

得体の知れない befremdlich

エチケット Etikette 女

エチュード Etüde 女

えっ Wie bitte?

エックス線 X-Strahlen 複, Röntgenstrahlen 複

謁見 Audienz 女

越権行為 die Überschreitung der Befugnisse

エッセー Essay 男

エッチな unverschämt

閲覧する einsehen

エネルギー Energie 女

エネルギッシュな energisch

絵の具 Farbe 女

絵葉書 Ansichtskarte 女

エビ Garnele 女, Languste 女, Hummer 男; (小エビ) Krabbe 女

エピソード Episode 女

エフエム(FM) UKW-Sendung 女

エプロン Schürze 女

エポック Epoche 女

絵本 Bilderbuch 甲

エメラルド Smaragd 男

獲物 Beute 女

エラー Fehler 男

偉い groß, berühmt, prominent. ¶偉そうにする sich⁴ wichtig machen

選び出す aussuchen, auswählen

選ぶ wählen

襟 Kragen 男 ◆~首⟨足⟩ Nacken 男 ~巻き Schal 男

エリート (集合的) Elite 女

得る gewinnen, bekommen, kriegen; (習得する) erwerben, erlangen

エルベ川 die Elbe

エレガントな elegant

エレキギター elektrische Gitarre 女

エレクトロニクス Elektronik 女

エレベーター Aufzug 男, Lift 男, 甲

円 Kreis 男, Zirkel 男; (通貨) Yen 男 ◆~高 starker Yen. ~安 schwacher Yen. ~建てで in Yen

縁 (関係) Beziehung 女, Verbindung 女; (めぐり合わせ) Schicksal 甲

演繹 Deduktion 女

宴会 Festessen 甲, Bankett 甲

沿革 Geschichte 女, Herkunft 女

円滑な glatt

沿岸 Küste 女

延期 Aufschub 男, Verschiebung 女 ¶~する aufschieben, verschieben

演技 Darstellung 女, Spiel 甲

縁起のいい Glück versprechend

婉曲な euphemistisch

円形の rund, kreisförmig

園芸 Gärtnerei 女 ◆~植物 Gartenpflanzen 複

演芸 Theater 甲, Schauspiel 甲, Dra-

エンゲージリング 818

ma, Kabarett 中
エンゲージリング Verlobungsring 男
演劇 Schauspiel 中
縁故 Beziehung 女, Verbindung 女
援護 Hilfe 女 ¶～する unterstützen
遠視の weitsichtig
エンジニア Ingenieur 男
演習 Übung 女, Seminar 中；(軍の) Manöver 中
円熟した gereift
演出 Regie 女 ¶～する inszenieren. ◆～家 Regisseur 男
援助 Hilfe 女, Unterstützung 女 ¶～する helfen [j^3]; unterstützen
炎症 Entzündung 女
演じる spielen, darstellen, abgeben
エンジン Maschine 女, Motor 男 ¶～をかける den Motor anlassen
遠心力 Zentrifugalkraft 女
円錐 Kegel 男
遠征 Feldzug 男；(試合) Auswärtsspiel 中
厭世主義 Pessimismus 男
演説 Rede 女 ¶～する reden, eine Rede halten. ◆～者 Redner 男
沿線に an einer Bahnlinie
演奏 Spiel 中, Aufführung 女 ¶～する spielen; aufführen. ◆～会 Konzert 中
遠足 Ausflug 男 ¶～に行く einen Ausflug machen
演壇 Rednerbühne 女, Tribüne 女
円柱 Säule 女
延長 Verlängerung 女 ¶～する verlängern
円盤 Scheibe 女 ¶～投げ Diskuswerfen 中 空飛ぶ～ fliegende Untertasse 女
鉛筆 Bleistift 男 ¶～入れ Etui 中 で mit Bleistift. ◆～を削る den Bleistift spitzen. ◆～けずり Bleistiftspitzer 男
塩分 Salzgehalt 男
遠方 Ferne 女 ¶～の fern, entfernt. ～から von fern
円満な friedlich, harmonisch
園遊会 Gartenfest 中
援用する sich^4 [auf^4] berufen
遠慮 Zurückhaltung 女, Bescheidenheit 女 ¶～する sich^4 zurück|halten. ～深い zurückhaltend, bescheiden. ～のない unbescheiden; frei. ～なく rückhaltlos; ungeniert; ohne Umstände. それでは～なくいただきます Vielen Dank, dann bediene ich mich jetzt einfach.

── お ──

尾 Schwanz 男
オアシス Oase 女
甥 Neffe 男
おい！ Hallo!; He!
おいおい nach und nach
追いかける verfolgen
追い越す überholen. ¶追い越し禁止 Überholen verboten!
おいしい wohlschmeckend, lecker, köstlich
生い茂る üppig wachsen; wuchern
老いた alt
追い出す vertreiben, verjagen
追いつく einholen
置いてある liegen
置いていく liegen lassen
追い払う vertreiben; verjagen
オイル Öl 中
お祝い ¶～を述べる gratulieren. ～する feiern
追う (後続する) folgen; (追い払う) vertreiben; (追いかける) nach|laufen, verfolgen. ¶流行を～der Mode folgen. 仕事に追われる mit Arbeit überlastet sein. 日を追って Tag für Tag
負う (荷を) tragen. ¶責任を～ die Verantwortung auf sich^4 nehmen
王 König 男
応援する bei|stehen [j^3]; unterstützen. ◆～演説 Wahlrede 女 [für^{+4}]. ～団 Anfeuerungsgruppe 女; Schlachtenbummler 男
往々に oft, manchmal
王冠 Krone 女; (口金) Kapsel 女
扇 Fächer 男
応急処置 erste Hilfe 女
王国 Königreich 中
黄金 Gold 中 ¶～の golden
雄牛 Ochs 男, Stier 男
王子 Prinz 男
王室 königliche Familie 女
欧州 Europa 中
王女 Prinzessin 女
応じる entgegen|kommen, nach|kommen. ¶…に応じて et^3 entsprechend
応接間 Empfangszimmer 中
殴打 Prügel 男 ¶～する prügeln
応対 Empfang 男 ¶～する empfangen
横断する überqueren. ◆～歩道 Zebrastreifen 男
横転する auf die ⟨zur⟩ Seite kippen
応答 Antwort 女 ¶～する antworten [auf^{+4}]
王妃 Königin 女
往復 ¶～する hin- und her|gehen. ミュンヘンまで～で2枚 Zwei Fahrkarten nach München und zurück! ◆～切符⟨乗車券⟩ Rückfahrkarte 女 ◆～葉書 die Postkarte mit Rückantwort 女
応募 Bewerbung 女 ¶～する sich^4 bewerben. ～者 Bewerber 男
オウム Papagei 男
応用 Anwendung 女 ¶～する an|wenden. ◆～数学 angewandte Mathematik 女
往来 Verkehr 男
横領する unterschlagen
凹レンズ Konkavlinse 女
往路 Hinfahrt 女
終える beenden, ab|schließen
多い viel. ¶問題が多すぎた Es waren zu viele Probleme. 多ければ～ほどよい Je mehr, desto besser.
覆い Decke 女, Hülle 女 ¶～を取る auf|decken, enthüllen

大急ぎの hastig. ¶～で in aller [größter] Eile
大いに sehr, viel;（深く）tief[st]
覆う bedecken, verhüllen, decken, zudecken, belegen
大売り出し Ausverkauf 男
大掛かりな umfangreich; großangelegt
　◆～店 Großkaufhaus 中
大型（の） groß; von großem Format
オオカミ（狼） Wolf 男
多かれ少なかれ mehr oder weniger
大きい **groß**;（音が）**laut**. あいつは態度が～ Er macht sich breit. 大きくなる größer machen; vergrößern. 大きくなる groß werden. 大きな顔をするなステしン Sie sich nicht so an. 大きなお世話だ Das geht Sie nichts an.
大きさ Größe 女
多くの viel. ¶～の観客 zahlreiche Zuschauer 複
オーク Eiche 女
オーケー okay; einverstanden; in Ordnung
大げさな übertrieben
オーケストラ Orchester 中
大声で mit lauter Stimme; laut
オーストリア Österreich 中. ¶～の österreichisch.
大勢 viele Menschen. ¶～で in großer Menge; mit vielen Leuten. ～の viel; eine große Anzahl 女 [von +3]
オーダー（注文）Bestellung 女;（順序）Reihenfolge 女. ¶～する bestellen. ～メードの nach Maß angefertigt
オーディション ¶～を受ける（音楽）vorspielen, vorsingen;（演劇）vorsprechen
大通り Hauptstraße 女
オートバイ Motorrad 中
オードブル Vorspeise 女
オートマチック ¶～の automatisch. ～車 Auto mit Automatikgetriebe
オートメーション Automation 女
オーナー Eigentümer 男; Besitzer 男
オーバー（コート）Mantel 男. ¶～な übertrieben
オービー Alter Herr (略 A.H.)
オープニング Eröffnung 女
オープン Backofen 男
オープンな eröffnen. ¶～な offen
オーボエ Oboe 女
おおまかな（おおよその）ungefähr;（おおような）großzügig. ¶～に言って in groben Umrissen geschildert
大晦日(おおみそか) Silvester 中
大見出し Schlagzeile 女
大麦 Gerste 女
おおむね im Großen und Ganzen
大目に見る nachsehen
大文字 ein großer Buchstabe 男 ¶～で書く großschreiben
公の öffentlich, offiziell
オール Ruder 中
オールナイトの nachts durchgehend [geöffnet]
オーロラ Polarlicht 中
丘 Hügel 男
お母さん Mutter 女;（ママ）Mutti 女

お返しをする sich⁴ revanchieren [für⁺⁴]
おかげ ¶…の～で dank⁺²⁽³⁾;（せいで）wegen⁺²⁽³⁾. ～である verdanken [j³ et⁴]. ～様で dank Ihren Bemühungen
おかしい komisch;（怪しい）zweifelhaft;（変な）seltsam, sonderbar;（愉快な）lustig
犯す（罪・不正を）begehen;（違反する）verletzen;（境界を）übertreten
冒す（危険を）riskieren
侵す eingreifen
拝む[an]beten
小川 Bach 男
お代わり die zweite Portion
…おきに ¶1日～に alle zweite Tage. 一人～に jeder Zweite
起き上がる aufstehen, sich⁴ erheben
置き去りにする verlassen
掟 Gebot; Gesetz 中
置き物 Tischzur 女
補う ergänzen;（埋め合わせる）ersetzen [durch⁺⁴]
お気に入り Liebling 男 ¶～の Lieblings…
起きる（目覚める）aufstehen, erwachen;（事件が）geschehen, passieren ¶いつもは何時～にのですか Wann stehen Sie gewöhnlich auf?
置き忘れる liegen lassen
置く setzen;（横たえて）legen;（立てて）stellen, abstellen.
奥 inner ¶～の部屋 das hintere Zimmer
億 hundert Millionen 男 ¶10～ Milliarde 女 100～ zehn Milliarden 複 1000～ tausend Milliarden 複
屋外 das Freie. ¶～で〈へ〉im Freien, draußen, ins Freie
奥さん Gattin 女, Ehefrau 女
屋上 Dach 中, Dach 中
臆測 Vermutung 女
屋内 ¶～の im Haus[e]. ～で〈へ〉innen, drinnen, ins Haus
臆病な feige. ¶～者 Feigling 男
奥行き Tiefe 女
送り返す zurücksenden
贈り物 Geschenk 中, Gabe 女
送る（物を）senden, schicken [j³〈an j⁴〉et⁴]. ¶家までお送りしましょうか Ich bringe Sie nach Hause. 彼が車で送ってくれたのは Er hat mich nach Hause gefahren.
贈る schenken [j³ et⁴]
遅れ Verspätung 女; Verzögerung 女
遅れる sich⁴ verspäten, verspätet **zu spät** kommen;（逃す）verpassen;（時計が）nachgehen. ¶遅れました、すみません Entschuldigung, ich bin zu spät gekommen.
おけ Eimer 男
起こす aufrichten;（目覚めさせる）aufwecken
厳かに feierlich, festlich
怠る vernachlässigen, versäumen
行い Tat 女, Benehmen 中
行う tun, machen, vornehmen;（催す）halten;（行われる）stattfinden
おごり Einladung 女 ¶これは僕の～だ

おこる

Ich lade dich ein.
起こる geschehen, passieren, vorkommen, sich⁴ ereignen (einstellen), los gehen. ¶ 起こりうる vorkommbar, geschehen können
怒る sich⁴ ärgern; (叱る) schelten. ¶ 怒った böse, zornig. 怒らせる ärgern. 怒りっぽい jähzornig, reizbar
おごる spendieren [j³ et⁴]; einladen
押さえる drücken [an+³]; (欲求を) stillen
お先にどうぞ Bitte, gehen Sie vor! | Bitte, nach Ihnen!
幼い jung. ¶ ～頃に in der Kindheit
収まる passen
治まる regieren, herrschen
納める bezahlen
修める studieren
おじ (伯父・叔父) Onkel 男
おじいさん Großvater 男; Opa 男; (年寄り) alter Mann
押し入れ Wandschrank 男
教え Lehre 囡
教える lehren [j⁴ et⁴], beibringen [j³ et⁴]. ¶ 人に道を～j³ den Weg zeigen. 郵便局へはどう行ったらいいか教えてくれませんか Könnten Sie mir sagen, wie ich zum Postamt komme? 電話番号を教えてください Können Sie mir Ihre Telefonnummer geben?
お辞儀 Verbeugung 囡. ¶ ～する sich⁴ verbeugen
押し進める vorwärts bringen, fördern
押しつける pressen, drängen
押しつぶす zermalmen, zerquetschen
押し通す (意figure を) durchsetzen
押しとどめる abhalten [j⁴ vor+³]
押し花 gepresste Blume 囡
押しボタン Druckknopf 男
おしまい Schluss 男, Ende 囡
惜しむ (残念に思う) bedauern; (出さない・使わない) sparen
おしゃべり Gerede 中. ¶ ～する plaudern, schwatzen. ～な geschwätzig
おしゃれ schick, modisch
汚職 Bestechung 囡
おしろい [weiße] Schminke 囡, Puder 男
押す drücken; (ずらす) schieben, stoßen
雄 Männchen 中. ¶ ～の männlich
お世辞 Kompliment 中, Schmeichelei 囡. ¶ ～を言う schmeicheln
汚染 Verseuchung 囡; Verschmutzung 囡; (放射能などによる) Kontamination 囡. ¶ ～する verschmutzen, verseuchen
遅い (時刻が) spät; (速度・動作が) langsam. ¶ 夜遅くまで bis spät in die Nacht. ～のはもう今さらだ Dazu ist es jetzt zu spät. 遅くなってすみません Verzeihen Sie die Verspätung. 今年

は春が～Dieses Jahr haben wir einen späten Frühling. ～夕食を取る spät zu Abend essen. 遅くとも spätestens. 遅かれ早かれ früher oder später
襲う überfallen, angreifen; (不幸・災害が) betreffen
おそらく wahrscheinlich, wohl
恐れ Furcht 囡. ¶ ～入りますが Es tut mir leid, ...
恐れる fürchten, sich⁴ fürchten [vor⁺³]; (懸念する) befürchten, fürchten, scheuen
恐ろしい furchtbar, schrecklich, entsetzlich, fürchterlich. ¶ 恐ろしさのあまり vor Furcht ⟨Schrecken⟩
教わる lernen [et⁴ bei j³]
オゾン Ozon 中. ¶ ～層 Ozonschicht 囡 ～ホール Ozonloch 中
お互い[に] gegenseitig, einander
おたまじゃくし Kaulquappe 囡; (音) Note 囡
穏やかな ruhig; (温和な) mild, sanft
落ち Auslassung 囡
落ち合う treffen. ¶ どこで落ち合おうか Wo treffen wir uns?
陥る geraten [in+³]
落ち着く sich⁴ beruhigen. ¶ 落ち着いて〈た〉 ruhig, gelassen, gefasst. 落ち着き Ruhe 囡, Fassung 囡 落ち着きのない unruhig, nervös
落ち葉 abgefallenes Laub 中, abgefallene Blätter 中
お茶 Tee 男
落ちる fallen, stürzen
夫 [Ehe]mann 男. ¶ 私の～mein Mann
オットセイ Seebär 男
おつり Wechselgeld 中
おでこ Stirn 囡
おてんば ausgelassen, übermütig
音 Schall 男, Ton 男, Laut 男; (響き) Klang 男; (騒音) Geräusch 中. ¶ ～を立てる Lärm machen.
お父さん Vater 男; (パパ) Vati 男
弟 ein [jüngerer] Bruder 男
おどおどした schüchtern, ängstlich
脅かす bedrohen; drohen [j³]
お伽(ぎ)話 Märchen 中
おどけた drollig
男 Mann 男. ¶ ～の männlich. ～の子 Junge 男 ～やもめ Witwer 男 ～らしい männlich. ～を上げる〈下げる〉 sein Ansehen steigern ⟨schaden⟩. ～が廃る das Gesicht verlieren
脅し Drohung 囡
お年玉 Neujahrsgeschenk 中
落とす fallen lassen; (失う) verlieren
劣る ⇒ 角かる
訪れ ¶ 春の～das Kommen des Frühlings
訪れる besuchen
おととい vorgestern. ¶ ～の朝 vorgestern früh
おととし [im] vorletzten Jahr
大人 Erwachsene 男囡. ¶ ～になる erwachsen werden. ～気ない kindisch. ～びる wie ein Erwachsener sein
おとなしい sanft; (子供が) artig, brav;

(目立たない) unauffällig
踊り Tanz 男
劣る nachstehen [*j-et*³], zurückstehen [hinter⁺³]
踊る tanzen
衰える nachlassen, abnehmen
驚かす überraschen, erstaunen; (怖がらせる) erschrecken
驚き Entsetzen 中, Erstaunen 中, Überraschung 女
驚く *sich*⁴ **verwundern** [über⁺⁴]; erstaunt sein [über⁺⁴]; *sich*⁴ entsetzen [bei ⟨vor⟩⁺³]; (怖がる) erschrecken. ¶～べき erstaunlich, überraschend; (すばらしい) wunderbar. 驚いたことには zu meinem Erstaunen
おなか Bauch 男 ¶～がすく hungrig werden. ～が痛い Bauchschmerzen haben
同じ gleich, derselbe; (似た) **ähnlich**. ¶私も～です Ich auch. 私も～ものにします Für mich auch.
同じく ebenfalls
おなら ～をする ¶ einen Furz lassen
鬼 Teufel 男 ¶～ごっこをする Fangen spielen
尾根 Kamm 男, Bergrücken 男
斧 Axt 女
各々 jeder
おば (伯母・叔母) Tante 女
おばあさん Großmutter 女; Oma 女; (年寄り) alte Frau 女
お化け Gespenst 中 ◆～屋敷 Spukhaus 中
おはよう〔ございます〕 Guten Morgen!
怯える *sich*⁴ fürchten [vor⁺³]
脅かす drohen [*j*³]; bedrohen
オフィス Büro 中
汚物 Dreck 男
オフロード車 Geländewagen 男
オペラ Oper 女
オペレッタ Operette 女
覚え ¶そんなことを言った～がありません Ich wüsste nicht, so etwas gesagt zu haben. 身に～がありません Ich habe es nicht in Erinnerung, etwas Derartiges getan zu haben. 上司の～がめでたい Günstling des Vorgesetzten sein
覚える *sich*³ merken, erlernen; (感じる) **fühlen**. ¶覚えている *sich*⁴ erinnern [an⁺⁴]. そのことはよく覚えている Ich erinnere mich daran noch gut.
おぼれる ertrinken. **～者は藁をもつかむ** Not lehrt beten. | In der Not frisst der Teufel Fliegen.
お守り Amulett 中
お巡りさん Polizist 男
おむつ Windel 女
オムレツ Omelett 中, Omlette 女
おめでとう〔ございます〕 Ich gratuliere! ¶誕生日～ Herzlichen Glückwunsch zum Geburtstag!
重い schwer
思い Gedanke 男 ¶～に沈むin Gedanken vertieft sein. ～を馳せる denken [an⁺⁴]. 人に～を寄せる *j*³ eine Neigung zuwenden. ～の外 über Erwarten. ～も寄らぬ ungeahnt; unerwartet

思いがけない〈く〉 unerwartet; unvermutet
思い切って…する riskieren, wagen
思い切り entschlossen, entschieden. ¶～殴る mit voller Wucht schlagen
思い込む *sich*⁴ einbilden
思い出させる erinnern
思い出す *sich*⁴ erinnern
思い違い Täuschung 女 ¶～をする *sich*⁴ irren; *sich*⁴ täuschen
思いつき Einfall 男, Idee 女
思いつく ¶いいことを思いついた Mir ist etwas Gutes eingefallen.
思い出 Erinnerung 女, Andenken 中
思い通り 全て～にいった Alles geht ganz nach Wunsch.
思いやり Rücksicht 女 ¶～のある nachsichtig, rücksichtsvoll. ～のない mitleidslos, rücksichtslos
思う denken, glauben, finden, meinen; (みなす) **halten**. ¶…かしら〈かな〉と～ vermuten; *sich*³ vorstellen. …であればいいのにと～ wünschen; wollen
重苦しい schwer, drückend
重さ Gewicht 中 ¶～を計る wiegen. それは～が2キロある Es wiegt 2kg.
面白い interessant. ¶サッカーは～ Fußball macht Spaß.
面白がらせる amüsieren, unterhalten
主だった führend, wichtig
おもちゃ Spielzeug 中
表 Vorderseite 女 ¶～沙汰になる an die Öffentlichkeit treten
主な〈に〉 hauptsächlich
重荷 Last 女, Bürde 女
重り Gewicht 中
思わず unwillkürlich
思われる (人には) erscheinen, scheinen, vorkommen [*j*³]
親 Eltern 複 ¶～掛かりである von den Eltern abhängig sein
親方 Meister 男
お休み〔なさい〕 Gute Nacht!
親指 Daumen 男; (足の) die große Zehe
泳ぐ schwimmen
およそ etwa; (そもそも) überhaupt
及び und, so wie
及ぶ reichen [bis zu⁺³]; *sich*⁴ ausdehnen [bis zu⁺³ (bis an⁺⁴)]
オランダ die Niederlande, Holland. ¶～の holländisch, niederländisch.
折 Gelegenheit 女 ¶～を見て bei passender Gelegenheit
檻 (猛獣の) Zwinger 男; (小鳥の) Käfig 男
折り合う auskommen [mit *j*³]
オリーブ Olive 女 ◆～油 Olivenöl 中
オリエンテーリング Orientierungslauf 男
折々の gelegentlich
折り返す (袖を) zurückschlagen. ¶折り返しお電話を差し上げます Ich würde Sie sofort zurückrufen.
オリジナルな original, originell
折り畳み〔の〕 zusammenlegbar
折り畳む falten, zusammenlegen

おりまげる

折り曲げる um|biegen, um|schlagen
折り目 Falte 囡
織物 Gewebe 囲
下りる ab|steigen; herunter|kommen; (着陸する) landen; (霜が) *sich*⁴ nieder|schlagen
降りる aus|steigen. ¶次で降ります Ich steige an der nächsten Haltestelle aus. どこで降りたらいいのでしょうか Wo soll ich aussteigen?
オリンピック Olympiade 囡
折る brechen, ab|brechen, durch|brechen; (畳む) falten; (曲げる) biegen
織る weben
オルガン Harmonium 囲
オルゴール Spieldose 囡
折れる ab|brechen
オレンジ Orange 囡, Apfelsine 囡
愚かな dumm, töricht. ◆～者 Narr 囲
卸[売り] Großhandel 囲
卸す・降ろす herunter|nehmen, ab|setzen; (積み荷を) ab|laden; (預金を) ab|heben
終わり Ende 画, Schluss 囲
終わる enden. ¶終わった aus, vorüber
音階 Tonleiter 囡, Skala 囡
音楽 Musik 囡 ¶～の musikalisch. ◆～家 Musiker 囲 ～会 Konzert 画 ～監督 Musikdirektor 囲 ～祭 Musikfest 画 ～大学 Musikhochschule 囡
音響 Schall 囲 ◆～学(効果) Akustik 囡
恩恵 Gnade 囡
穏健な gemäßigt; maßvoll
温厚な gemäßigt
温室 Treibhaus 画, Gewächshaus 画 ◆～効果 Treibhausgaseffekt 囲
音声 Laut 囲, Stimme 囡 ◆～学 Phonetik 囡
音節 Silbe 囡
温泉 Thermalquelle 囡, Thermalbad 画 ◆～場 Badeort 囲
温存する bewahren
温暖な warm. ◆～前線 Warmfront 囡
温度 Temperatur 囡 ¶～を測る die Temperatur messen. ◆～計 Thermometer 画
雄鶏(おんどり) Hahn 囲
女 Frau 囡 ¶～の feminin, weiblich. ～らしい weiblich, fraulich. ～の子 Mädchen 画 ～らしさ die Weiblichkeit
おんぶする das Kind auf der Hucke tragen ⟨huckepack nehmen⟩
音符 Note 囡
おんぼろの schäbig, zerlumpt
音量 Lautstärke 囡

⸺ か ⸺

蚊 Mücke 囡; Moskito 囲
可 (成績評価で) genügend
科 (病院・大学) Abteilung 囡; (動植物) Familie 囡; (教材) Lektion 囡
課 (会社などの) Abteilung 囡
…か (あるいは) oder
我の強い eigensinnig, eigenwillig

蛾(が) [Nacht]falter 囲
カーキ色の khakifarben
母さん Mutter 囡; Mutti 囡
ガーゼ Gaze 囡
カーディガン Strickjacke 囡
カーテン Vorhang 囲; Gardine 囡 ¶～を開ける(閉める, 引く) den Vorhang auf|ziehen ⟨zu|ziehen⟩. ◆～コール Hervorruf 囲
カード Karte 囡 ◆～キー Codekarte 囡 ～式電話 Kartentelefon 画
ガード (陸橋) Bahnüberführung 囡; (ボクシング) Deckung 囡 ◆～マン Wächter 囲; (ボディーガード) Leibwächter 囲 ～レール Leitplanke 囡
カートリッジ Patrone 囡
カーニバル Karneval 囲; Fastnacht 囡
カーネーション Nelke 囡
カーブ Kurve 囡; Biegung 囡
カーペット Teppich 囲
カール Locke 囡 ¶～する *sich*⁴ locken
ガールスカウト Pfadfinderin 囡
ガールフレンド Freundin 囡
会 Verein 囲, Gesellschaft 囡; (集会) Versammlung 囡 ¶～を開く⟨催す⟩ eine Versammlung halten
階 Stock 囲; Stockwerk 画; Etage 囡 ¶1～ Erdgeschoss 画 2⟨5⟩～ erster⟨vierter⟩ Stock. 10～建てのビル ein zehngeschossiges Gebäude 画
貝 Muschel 囡
回 Mal 画 ¶2～ zwei Male; zweimal
かい(甲斐) ¶～がある仕事 lohnen. その仕事はやりがいがある Die Arbeit lohnt sich.
櫂 Ruder 画; Riemen 囲
害 Schaden 囲 ¶～する schaden [*et*³]. 感情を～する *sich*⁴ beleidigt fühlen. ～のある schädlich. ～のない harmlos. ～を及ぼす schaden
改悪 Verschlimmbesserung 囡 ¶～する verschlimmbessern
外圧 Druck von außen; (他国からの) politischer Druck aus dem Ausland 囲
買い入れる ein|kaufen; an|schaffen
会員 Mitglied 画 ◆～証 Mitgliedskarte 囡 ～制 Mitgliedschaftssystem 画 ～名簿 Mitgliederverzeichnis 画
開幕する Der Vorhang geht auf. | Die Aufführung beginnt.
海王星 Neptun 囲
買い置き Vorrat 囲
開花する auf|blühen
絵画 Malerei 囡; (絵) Gemälde 画
外貨 Fremdwährung 囡 ◆～準備高 Währungsreserven 複 ～預金 Fremdwährungsdepot 画, Fremdwährungseinlagen 複
開会 Eröffnung 囡 ¶～する eröffnen. ◆～式 Eröffnungsfeier 囡
海外 Übersee 囡 ¶～の überseeisch; ausländisch. ～に行く ins Ausland gehen. ～から aus dem Ausland. ～勤務 Auslandsdienst 囲 ～貿易 Überseehandel 囲 ～放送 überseeische Sendung 囡 ～旅行 Auslandsreise 囡
外界 Außenwelt 囡

改革 Reform 囡 ¶～する reformieren
快活な heiter; munter; lebhaft
買い被る überschätzen
貝殻 Muschelschale 囡
快感 Lust 囡; Wollust 囡
会館 Vereinshaus 虫; Klubhaus 虫
海岸 **Küste** 囡, (浜辺) Strand 男 ◆～線 Küstenlinie 囡
外観 Aussehen 虫
概観 Überblick 男
回帰する wiederkehren
会期 Sitzungsperiode 囡
怪奇な grotesk; schaudervoll
会議 Sitzung 囡; Konferenz 囡; Kongress 男 ¶～を開く eine Sitzung abhalten. ～に出席する einer Sitzung beiwohnen. ～中である in einer Besprechung sein. ◆～室 Sitzungszimmer 虫 ～録 Protokoll 虫
懐疑 Skepsis 囡 ¶～的な skeptisch
階級 Klasse 囡 ◆～意識 Klassenbewusstsein 虫 ～社会 Klassengesellschaft 囡 ～闘争 Klassenkampf 男
海峡 Meerenge 囡
回教 ⇨ イスラム
開業する ein Geschäft eröffnen. ¶～している (医者・弁護士が) praktizieren. ◆～医 praktizierender Arzt 男
皆勤する keinen Tag abwesend sein. ◆～賞 der Preis für regelmäßigen Besuch
外勤 Außendienst 男
開襟シャツ Sporthemd 虫
海軍 [Krieges]marine 囡
会計 Rechnung 囡; Kasse 囡 ¶～をお願いします Die Rechnung bitte. ◆～係 Buchhalter 男 ～監査 Rechnungsprüfung 囡 ～監査役 Rechnungsprüfer 男 ～公認～士 Wirtschaftsprüfer 男 ～責任者 Rechnungsführer 男
解決 Lösung 囡 ¶～する lösen. ...の～策を見出す eine Lösung für[+4] finden
会見 Interview 虫 ¶～する ein Interview geben [j³]
外見 Aussehen 虫; Äußere[s] 虫; Schein 男 ¶～上の scheinbar. ～からすると dem Anschein nach
戒厳令 Standrecht 虫
蚕 Seidenraupe 囡
解雇 Entlassung 囡 ¶～する entlassen.
回顧 Rückblick 男 ¶～する zurückblicken [auf+4]
介護 Pflege 囡 ¶～する pflegen. ◆～保険 Pflegeversicherung 囡
開校する die Schule eröffnen. ◆～記念日 Gründungstag 男
会合 Zusammenkunft 囡; Versammlung 囡; Treffen 虫 ¶～を持つ (持つ) sich⁴ versammeln
外交 Diplomatie 囡 ¶～[上]の diplomatisch. ◆～員 (保険の) Vertreter 男; Außendienstmitarbeiter 男 ～官 Diplomat 男 ～辞令 Kompliment 虫 ～政策 Außenpolitik 囡
外向的な extravertiert
外国 Ausland 虫; Fremde 囡 ¶～の ausländisch; fremd. ～へ行く ins Ausland gehen. ～で生活する im Ausland leben. ◆～為替 Devisen 複 ～語 Fremdsprache 囡 ～人 Ausländer 男 ～人学生 Auslandsstudent 男 ～人学生課(大学の) Auslandsamt 虫 ～人労働者 Gastarbeiter 男 ～旅行 Auslandsreise 囡

骸骨 Skelett 虫; Gerippe 虫
開墾する roden; urbar machen
開催 Veranstaltung 囡; Abhaltung 囡 ¶～する halten; veranstalten; abhalten. ～される stattfinden
改札口 Sperre 囡
解散する (議会を) auflösen. ¶～! (号令) Abtreten!
概算する einen Überschlag machen
海産物 Meeresprodukte 複
開始 Anfang 男; Beginn 男 ¶～する anfangen; beginnen; eröffnen
開示 [情報の] Bekanntgabe 囡
外資 ausländisches Kapital 虫 ¶～系の ausländisch
[...を]介して durch +⁴
概して im Allgemeinen; überhaupt
買い占め Aufkauf 男
買い占める aufkaufen
会社 Gesellschaft 囡; (商会) Firma 囡 ¶～に勤める bei einer Firma arbeiten. ～を作る eine Firma gründen. ～を辞める die Firma verlassen. ◆～員 Angestellte[r] 虫
外車 Importwagen 男
解釈 Interpretation 囡; Auslegung 囡; Deutung 囡 ¶～する auslegen; interpretieren; deuten; auffassen
外需 Auslandsnachfrage 囡
回収する einsammeln; (未収金を) einziehen; (商品を) zurückziehen. ¶廃品を～する Sperrmüll sammeln. 欠陥品を～する defekte Waren zurückrufen
修繕する ausbessern
改宗 Bekehrung 囡 ¶～する sich⁴ bekehren [zu +³]
怪獣 Monster 虫; Ungeheuer 虫
外出 Ausgang 男 ¶～する ausgehen. ～中である nicht da sein. 一日中～している den ganzen Tag unterwegs sein. ◆夜間～禁止令 nächtliche Ausgangssperre 囡
介助 Beihilfe 囡
解除する aufheben. ¶武装を～する entwaffnen
解消 契約を～する einen Vertrag auflösen
会場 Versammlungsort 男; Saal 男
開場 Öffnung 囡 ¶～する [den Eingang] öffnen
海上で(に) auf See; auf dem Meer
外食する draußen essen. ¶夜は～する auswärts zum Abend essen
改心する sich⁴ bessern
海水 Seewasser 虫 ◆～着 Badeanzug 男 ～浴 Seebad 虫 ～浴に行く im Meer baden gehen
回数 Häufigkeit 囡 ◆～券 Mehrfahrkarte 囡, Sammelfahrschein 男
快晴 ein schönes Wetter
改正する ändern; verbessern
改姓する den Familiennamen ändern
解析 Analyse 囡; ¶～する analysieren

かいせつ

解説 Erklärung 囡; Erläuterung 囡 ¶〜する erklären; erläutern. ◆〜者 Kommentator 阳

回線 Stromkreis 阳;（電話などの）Leitung 囡

改善する besser machen; verbessern

回想 Erinnerung 囡; Rückblick 阳 ¶〜する sich⁴ erinnern [an⁺⁴]

改装 Umbau 阳; Renovierung 囡 ¶〜する renovieren

海草 Alge 囡; Seegras 中

階層 Schicht 囡

改造する um̲bilden

解像 Auflösung 囡 ◆〜度 Auflösungsvermögen 中

快速の schnell

会則 Satzung 囡

海賊 Pirat 阳; Seeräuber 阳

解体 Zerlegung 囡; Demontage 囡 ¶〜する zerlegen; demontieren. ◆〜業者 Schrotthändler 阳

開拓 Erschließung 囡 ¶〜する erschließen;（土地を）urbar machen. ◆〜者 Bahnbrecher 阳; Pionier 阳

会談 Gespräch 中;（会議）Konferenz 囡, Treffen 中 ¶〜する besprechen [mit⁺³]

階段 Treppe 囡 ¶〜から落ちる die Treppe hinunterfallen. 〜を上る〈下りる〉die Treppe hinaufsteigen〈hinterteigen〉

怪談 Gespenstergeschichte 囡

ガイダンス Einführung 囡

改築 Umbau 阳 ¶〜する um̲bauen

害虫 Ungeziefer 中

懐中電灯 Taschenlampe 囡

会長 Präsident 阳; Vorsitzende[r] 阳 囡

開通する eröffnet werden;（復旧する）wiederhergestellt werden

買い手 Käufer 阳 ◆〜市場 Käufermarkt 阳

海底 Meeresboden 中 〜の unterseeisch. ◆〜ケーブル Unterseekabel 中 〜トンネル Unterseetunnel 阳

改訂 Neubearbeitung 囡 ¶〜する bearbeiten. ◆〜版 Neubearbeitung 囡

快適な angenehm; behaglich; bequem. ¶快適さ Komfort 阳

回転 Tour 囡 ¶〜する sich⁴ drehen. 客の〜がいい einen regen Kundenverkehr haben;（飲食店）gut besucht sein; beliebt sein. ◆〜競技 Slalom 阳 〜ドア Drehtür 囡

開店する（新規）ein Geschäft〈einen Laden〉eröffnen;（毎日）den Laden öffnen

ガイド Führer 阳;（旅の）Reiseführer 阳;（山の）Bergführer 阳

回答 Antwort 囡; Bescheid 阳 ¶〜する antworten [j³ auf⁺⁴]

解答 Lösung 囡 ¶問題に〜する eine Aufgabe lösen

街道 [Land]straße 囡

該当する zutreffen [auf〈für〉⁺⁴]; fallen [unter⁺⁴]. 〜した betreffend

街灯 Laterne 囡

解読する entziffern; dechiffrieren

害毒 Übel 中 ¶社会に〜を流す das ge-

sellschaftliche Leben schädigen

ガイドブック Führer 阳;（旅行）Reiseführer 阳

ガイドライン Richtlinien 囡

飼い馴らす zähmen; domestizieren. ¶飼い馴らされた gezähmt; zahm

介入する sich⁴ ein̲schalten, sich⁴ ein̲mischen [in⁺⁴]

飼い主 Halter 阳

概念 Begriff 阳

外泊する auswärts übernachten

開発 Erschließung 囡;（薬の）Entwicklung 囡 ¶〜する erschließen. 新製品を〜する ein neues Produkt entwickeln. ◆〜途上国 Entwicklungsland 中

海抜 [3000 Meter] über dem Meeresspiegel（略 ü.d.M.）

会費 [Mitglieds]beitrag 阳

回避 Ausweichen 中; Vermeidung 囡 ¶〜する ausweichen [et³]; umgehen

外皮 Oberhaut 囡;（果実の）Schale 囡

外部 Außenseite 囡 ¶〜の äußer. 〜に außen. …の〜に außerhalb⁺²,außer⁺³

回復 Besserung 囡; Genesung 囡 ¶〜する（病気から）genesen; sich⁴ bessern. ◆〜期 Genesungszeit 囡

怪物 Ungeheuer 中; Ungetüm 中; Monstrum 中

外聞 Ruf 阳; Ansehen 中 ¶恥も〜もなく unverschämt

改変 Umänderung 囡; Umgestaltung 囡 ¶〜する um̲ändern; um̲gestalten

介抱する pflegen; sich⁴ kümmern [um⁺⁴]

解放 Befreiung 囡;（女性の）Emanzipation 囡 ¶〜する befreien

開放する offen lassen. ¶〜的な offen; aufgeschlossen

開腹 Sektion 囡 ¶〜する sezieren. ◆〜学 Anatomie 囡

開幕する eröffnet werden; beginnen

外務 〜の ◆〜省 Außenministerium 中, Auswärtiges Amt 中 〜大臣 Außenminister 阳

解明 Erläuterung 囡; Aufklärung 囡 ¶〜する klären; auf̲klären

海綿 Schwamm 阳

外面 Außenseite 囡

買い物 Einkauf 阳 ¶〜をする ein̲kaufen. 市場で〜をする auf dem Markt kaufen. 〜に行く ein̲kaufen gehen

解約 Kündigung 囡 ¶〜する einen Vertrag lösen

海洋 Ozean 阳

外来 〜の fremd;（医）ambulant. ◆〜語 Fremdwort 中

快楽 Wollust 囡

戒律 Gebot 中; Verbot 中

概略 Umriss 阳

海流 Meeresströmung 囡

改良 Verbesserung 囡 ¶〜する verbessern; reformieren. ◆〜型沸騰水型炉 verbesserter Siedewasserreaktor

回路 Stromkreis 阳

街路 Straße 囡 ◆〜樹 Straßenbaum 阳

カイロプラクティック Chiropraktik 囡

会話 Gespräch 中; Unterhaltung 囡;

Konversation 囡 ¶～する sprechen [mit⁺³]; sich⁴ unterhalten. ◆～体 Gesprächsstil 男

下院 Unterhaus 囲 ¶～議員 Mitglied des Unterhauses 囲; Abgeordnete des Unterhauses 囲

買う kaufen; an|schaffen. ¶靴を買いに行く Schuhe kaufen gehen. 町で買ってくるものあるかい Soll ich dir etwas aus der Stadt mitbringen? 彼女を高く買っている Ich schätze sie sehr.

飼う sich³ halten; (飼育する) züchten, halten. ¶犬〈猫〉を飼っています Ich habe einen Hund 〈eine Katze〉.

カウボーイ Cowboy 男

ガウン Robe 囡

カウンセラー Berater 男

カウンセリング Beratung 囡

カウンター (レジ) Kasse 囡; (酒場の) Theke 囡; (受付) Schalter 男

カウントする auf|zählen. ◆～ダウン Countdown 男

代え・替え Ersatz 男

返す zurück|geben; wieder|geben. ¶～言葉もなく Ich weiß nicht, ich weiß nicht, was ich dazu sagen soll. I Ich bin fassungslos.

孵(か)る aus|brüten

かえって im Gegenteil; (むしろ) vielmehr

カエデ(楓) Ahorn 男

帰りに auf dem Weg nach Hause, auf dem Rückweg. ¶～が遅くなる spät heim|kommen. ～を急ぐ nach Hause eilen. ～の支度をしている sich⁴ zum Aufbruch fertig machen. ¶～道 Rückweg 男

顧みる sich⁴ um|wenden; (回想する) zurück|denken an ⁺⁴ ¹

カエル(蛙) Frosch 男, Unke 囡

帰る zurück|kehren; (あちらへ) zurück|gehen; zurück|fahren; (こちらへ) zurück|kommen. ¶家に～ nach Hause gehen 囲

変える ändern; verändern; verwandeln. ¶予定を～ den Plan ändern. 顔色を～ die Farbe wechseln. 気分を～ eine Pause ein|legen

代える・替える・換える wechseln; [aus]tauschen; ersetzen. ¶円をマルクに～ Yen in Mark wechseln

返る zurückgegeben werden. ¶正気に〈我に〉～ wieder zu sich³ kommen. 童心に～ kindlich werden

火炎 Flamme 囡 ◆～瓶 Molotowcocktail 男

顔 Gesicht 囲 ¶合わせるような Wie kann ich dir jemals wieder unter die Augen treten? ～を～をする sich⁴ aufspielen, sich⁴ wichtig nehmen. ◆～付き Miene 囡; Gesichtszüge 複 ～色 Gesichtsfarbe 囡 ～色がいい〈悪い〉 gut〈blass〉 aus|sehen. ～色を変える die Farbe wechseln. 人の～に泥を塗ろうとする versuchen, in j² Gesicht 〈Mienen〉 zu lesen

香り Geruch 男; Duft 男; Aroma 由 ¶…の～がする Es duftet nach ⁺³

画家 Maler 男

瓦解する zusammen|brechen

加害者 Übeltäter 男

抱える in die Arme nehmen; (病人がいる) für einen Kranken sorgen

価格 Preis 男 ¶～協定 Preisabsprache 囡 ～戦争 Preiskampf 男 ～凍結 Preisstopp 男 ～表 Preisliste 囡

科学 Wissenschaft 囡 ¶～の wissenschaftlich. ◆～技術 Technologie 囡 ～者 Wissenschaftler 男

化学 Chemie 囡 ¶～の〈的な〉 chemisch. ～者 Chemiker 男

掲げる (掲示) aus|hängen; (旗を) hissen

かかし Vogelscheuche 囡

欠かせない unentbehrlich

かかと (足の) Ferse 囡; (靴の) [Schuh]absatz 男

鏡 Spiegel 男 ¶～を見る in den Spiegel sehen; (自分を) sich⁴ im Spiegel betrachten

かがみ(鑑) Vorbild 由; Muster 由

かがむ sich⁴ kauern; sich⁴ beugen

輝かしい glänzend; prächtig

輝き Glanz 男; Schein 男

輝く scheinen; glänzen; strahlen

係 (担当者) zuständiges Personal 囲

掛かる (金が) kosten; (時間が) dauern. ¶それにはいくらかかるのですか Was kostet das? いくら掛かってもよい Koste es, was es wolle. それをやるのに1時間～ Es dauert eine Stunde, das zu tun. あいつピやらせると～時間がかかるEr braucht lange. 仕事に～ an die Arbeit gehen. 医者に～ zum Arzt gehen, den Arzt auf|suchen. 壁に絵が掛かっている Ein Bild hängt an der Wand.

かかる (病気に) krank werden [に…も] かかわらず trotz ⁺³. ¶それにも～trotzdem; obwohl

かかわり合う ¶…と～ mit ⁺³ ein|gehen (zu tun haben)

かかわる ¶命に～ lebensgefährlich. 生死に～ Es geht um Leben und Tod. つまらぬ事に～ sich⁴ mit den Kleinigkeiten ab|geben. 人の名誉に～ Es handelt sich um j² Ehre

果敢な kühn; entschlossen

柿 Kakipflaume 囡; Persimone 囡

カキ (牡蠣) Auster 囡

下記の folgend. ¶日時は～の通り Der Termin ist wie unten erwähnt.

夏期・夏季 Sommerzeit 囡

鍵(か) Schlüssel 男, (錠) Schloss 由 ¶玄関の～ der Schlüssel zur Wohnungstür. ～を開ける[die Tür] auf|schließen. ～をかける[die Tür] ab|schließen. 事件の～der Anhaltspunkt zur Lösung des Vorfalls. ◆～穴 Schlüsselloch 由 ～束 Schlüsselring 男 ～っ子 Schlüsselkind 由

鉤(かぎ) Haken 男

かき集める zusammen|scharen

書き入れる ein|schreiben; ein|tragen [j-et⁴ in ⁺⁴]

書き写す ab|schreiben

書き換える um|schreiben

書き方 Schreibweise 囡; (文章) Stil 男

かき傷 Schürfwunde 囡

書き込み (データの) Eingabe 囡

書き込む ein|tragen [*j*-*et*⁴ in *⁺⁴*]
書き添える hin|zuschreiben
かき立てる groß heraus|bringen
書留 Einschreiben 匣 ¶～で per Einschreiben. ～にする ein|schreiben
書き留める notieren; auf|schreiben
書き直す um|schreiben
垣根 Zaun 男; (生け垣) Hecke 女
鉤 針 Haken 男
かき混ぜる [um|]rühren
かき回す um|rühren; (卵を) schlagen
かき回る schnüffeln
かき乱す stören ¶平和を～den Frieden stören. 人の心を～*j*³ das Herz beunruhigen
下級の von der unteren Klasse. ◆～裁判所 die untere Instanz. ～生 der Schüler in der unteren Klasse
火急の dringend
家業 匣 Gewerbe 匣 ¶～を継ぐ den Beruf des Vaters erben
歌曲 Lied 匣; Gesang 男
限り ¶～のない grenzenlos; unendlich. できる～möglichst. 私の知る～soweit ich weiß
限る beschränkt [*et*⁴ auf *⁺⁴*]. ¶限られた beschränkt. ～とは限らない nicht immer...
家禽(かきん) Geflügel 匣
書く schreiben
描く (線画を) zeichnen; (色で) malen
欠く fehlen. ¶～ことのできない unentbehrlich
搔く kratzen
核 Kern 男
◆～エネルギー Kernenergie 女 ～家族 Kernfamilie 女 ～軍縮 nukleare Abrüstung 女 ～査察 Kerninspektion 女 ～実験 Atomtest 男 ～戦争 Atomkrieg 男 ～燃料 Kernbrennstoff 男 ～廃棄物 Atommüll 男 ～分裂 Kernexplosion 女 ～分裂 Kernspaltung 女 ～兵器 Kernwaffe 女 ～融合 Kernfusion 女 ～抑止力 nukleare Abschreckung 女
格 (文法) Kasus 男; (地位) Rang 男
各 jeder
隔 jeder
嗅(か)ぐ riechen [an *⁺³*]
家具 Möbel 匣 ¶～つきの möbliert.
◆～職人 Tischler 男
額 (金額) Summe 女; Betrag 男 ¶負債 ～Schuld 女
学位 Doktorwürde 女
画一的な gleichförmig, uniform
架空の erdichtet; fiktiv; imaginär; erfunden
各駅停車 Bummelzug 男
学園 Lehranstalt 女; Schule 女
がくがくする vor Angst ⟨Furcht⟩ zittern
学芸 Kunst 女; Kunst und Wissenschaft ◆～員 Kustos 男
楽劇 Musikdrama 匣
隔月の zweimonatlich; alle zwei Monate; jeden zweiten Monat
格言 Sprichwort 匣; Spruch 男
覚悟 Entschluss 男 ¶～する *sich*⁴ ent-

schließen [zu *⁺³*]; *sich*⁴ gefasst machen [auf *⁺⁴*]. 最悪の事態を～する *sich*⁴ auf das Schlimmste gefasst machen. ～はできている *sich*⁴ gefasst sein
格差 Unterschied 男 ¶～を是正する den Unterschied regeln
角材 Balken 男
角砂糖 Würfelzucker 男
各自 jeder; jedermann
学識 の gelehrt. ◆～経験者 Fachmann 男
確実に⟨に⟩ sicher; bestimmt; gewiss
隠し場所 Versteck 匣
学者 Gelehrte 男, Wissenschaftler 男
かくしゃくとした rüstig; robust
学習 Lernen 匣 ¶～する lernen
学問 Wissenschaft 女
楽章 Satz 男
確信 Überzeugung 女 ¶～する *sich*⁴ überzeugen [von *⁺³*]. ～している sicher [er³]; überzeugt [von *⁺³*]
革新 [Er]neuerung 女 ¶～的な fortschrittlich
核心 Kernpunkt 男 ¶～を突く den Kernpunkt treffen
隠す verstecken; verbergen; verdecken; verheimlichen; vertuschen. ¶隠された versteckt. 人に隠しておく *j*³ geheim gehalten
学生 Student 男; (女性) Studentin 女
◆～運動 Studentenbewegung 女 ～時代 Studentenzeit 女 ～証 Studentenausweis 男 ～食堂 Mensa 女 ～服 Studentenuniform 女
拡声器 Lautsprecher 男
覚醒剤 Stimulans 匣; Droge 女; Rauschgift 匣
学説 Theorie 女
拡大する vergrößern. ◆～鏡 Vergrößerungsglas 匣
楽団 Musikkapelle 女
拡張する erweitern; aus|dehnen
学長 Rektor 男; Präsident 男
格付けする ein|stufen; nach Rang ordnen
確定する fest|setzen; fest|legen
カクテル Cocktail 男
角度 Winkel 男 ¶いろいろな～から検討する von verschiedenen Seiten prüfen
格闘する ringen
獲得する gewinnen; erwerben; bekommen; kriegen
確認 Bestätigung 女 ¶～する bestätigen; fest|stellen; identifizieren. ◆未～情報 unbestätigte Information 女
学年 Schuljahr 匣; (大学) Studienjahr 匣
角張った eckig
攪拌(かくはん)**する** rühren. ◆～器 Rührmaschine 女
学費 Studiengebühren 匣; (中·高校の) Schulgeld 匣
学譜 Noten 匣
学部 Fakultät 女 ◆～長 Dekan 男
額縁 Rahmen 男 ¶～に入れる ein|rahmen
隔壁 Scheidewand 女
格別の besonder, außerordentlich
確保する sichern; belegen; fest|halten

角質 Hornhaut 囡
革命 Revolution 囡 ¶～の〈的な〉 revolutionär. ◆～軍 Revolutionsarmee 囡
学問 Wissenschaft 囡 ¶～的な wissenschaftlich
確的に versichern
格安の preiswert
学友 Schulfreund 男; (大学の) Kommilitone 男
学用品 Schulsachen 圏
隔離 Absonderung 囡 ¶～する isolieren
確立する aufstellen. ¶名声を～ seinen Ruhm befestigen. 基礎を～ den Grund festlegen
確率 Wahrscheinlichkeit 囡
学力 Begabung 囡; Lernfähigkeit 囡
隠れ家 Schlupfwinkel 男
学歴 Bildungsgrad 男
隠れる sich⁴ verstecken. ¶隠れた才能 ein verborgenes Talent 囲
かくれんぼうをする Versteck spielen
学割 Studentenermäßigung 囡
賭(か)け Wette 囡 ¶～をする wetten
影・陰 Schatten 男 ¶自分の～におびえる sich⁴ vor seinem Schatten fürchten. ～で糸を引く der Drahtzieher sein. ～の内閣 Schattenkabinett 囲
がけ Kliff 囲
掛け合う unterhandeln
駆け足で im Laufschritt
家系 Stamm 男; Genealogie 囡
家計 Haushalt 男
影絵 Schattenriss 男; Silhouette 囡
過激な radikal; extrem. ◆～分子 Extremist 男
歌劇 Oper 囡
陰口をきく Übles nachreden [j³]
掛け声 Anfeuerung 囡
賭(か)け事 Wette 囡; Glücksspiel 囲
掛け算 Multiplikation 囡
駆け出し Neuling 男
可決する bewilligen
かけっこ Wettlauf 男
…かけて ¶…から…に～ von…¹ bis zu…³. 週末に～ übers Wochenende
欠けている fehlen
掛け時計 Wanduhr 囡
掛け値 Überforderung 囡
駆け引き Taktik 囡
掛け布団 Decke 囡
影法師 Schattenbild 囲
駆け寄る zulaufen [j³]; zueilen [auf⁺⁴]
かけら Scherbe 囡; Splitter 男
かげり ¶～が見える überschatten
掛ける hängen, anhängen [et an⁺³⁽⁴⁾]; (数を) multiplizieren [et mit⁺³]. 水を～ gießen. 布団を～ decken [j-et mit⁺³]
欠ける (損じる) zerbrechen; (破損する) abbrechen; (月が) abnehmen. ⇒欠けている
駆ける rennen; (馬が) galoppieren
賭(か)ける wetten [auf⁺⁴]
加減 ¶ちょうどいい～だ Es ist gerade richtig. 温度を～する die Temperatur regulieren
過去 Vergangenheit 囡 ¶～の vergangen

かご Korb 男; (鳥かご) Käfig 男
囲い Einfassung 囡
下降 Abstieg 男 ¶～する absteigen
火口 Krater 男
河口 Mündung 囡; Flussmündung 囡
加工する bearbeiten
化合させる verbinden. ◆～物 Verbindung 囡
苦(に)酷な streng; hart; grausam
[…に] かこつけて unter dem Vorwand, dass…
囲む umschließen; umgeben
傘 Schirm 男 ¶～を広げる〈すぼめる〉 den Schirm aufspannen ⟨zuklappen⟩. ◆～立て Schirmständer 男
かさ (嵩) Masse 囡; Menge 囡
火災 Feuer 囲; Brand 男 ¶～報知機 Feuermelder 男
家財 Hausrat 男
かさかさ trocken; dürr
かさがさ ¶～した手 raue Hände. 紙が～する Das Papier raschelt.
風車 Windmühle 囡
がさつな grob; derb
重なる sich⁴ häufen; aufeinander liegen. ¶重なって aufeinander
重ねて (幾度も) abermals; nochmals
重ねる häufen; aufeinander legen
かさばる Platz einnehmen
風見鶏(けい) Wetterhahn 男
かさむ anwachsen
風向き Windrichtung 囡
飾り物 Verzierung 囡; Schmuck 男
飾り付け Verzierung 囡; Dekoration 囡 ¶～をする ausschmücken
飾る schmücken; (陳列の) aufstellen; [ver]zieren. ¶第一面を～ auf der Titelseite erscheinen. 気取って話す to put on airs 飾らない態度で auf eine ganz natürliche Art und Weise
火山 Vulkan 男 ◆活〈休, 死〉～ ein tätiger ⟨untätiger, erloschener⟩ Vulkan
菓子 Kuchen 男; Süßigkeit 囡 ◆～屋 Konditorei 囡; Süßwarengeschäft 囲
歌詞 Text 男; Wort 囲
貸し Forderung 囡 ¶～方 Haben 囲 ～主 Vermieter 男; ～家 Mietshaus 囲; Mietwohnung 囡
カシ(樫) Eiche 囡 ¶～の実 Eichel 囡
仮死 Scheintod 男
カシ Fahrenheit 囡
火事 Feuer 囲; Brand 男
家事 Haushalt 男; (家政) Haushaltung 囡; (家庭の仕事) Hausarbeit 囡
舵(かじ) Steuer 囲; Ruder 囲 ¶～を取る steuern; rudern
餓死 Hungertod 男 ¶～する verhungern
かじかむ erstarren. ¶かじかんだ[vor Kälte] erstarrt
貸し切りで reserviert
賢い weise
かしこまりました Jawohl! | Zu Befehl!
貸し渋る neuen Kredit verweigern
過失 Fehler 男; Versehen 囲
果実 Frucht 囡 ◆～酒 Obstwein 男
カシミア Kaschmir 男

貨車 Güterwagen 男
仮借ない schonungslos
歌手 Sänger 男
果樹 Obstbaum 男 ◆ ~園 Obstgarten 男
カジュアルな sportlich; leger. ¶ ~な服装(格好)をしている sportlich angezogen sein
歌集 (歌曲の) Liederbuch 中; (詩の) Gedichtsammlung 女
果汁 Fruchtsaft 男
荷重 Belastung 女
箇所 Stelle 女
過剰 überschüssig; übermäßig
箇条書きにする einzeln angeben; Punkt für Punkt schreiben
頭(かしら) Haupt 中; (首領の) Anführer 男; Chef ◆ ~文字 Anfangsbuchstabe 男; Initiale 女
…**かしら** ob… ¶彼は来る〜 Ob er wohl kommt? 誰〜 Wer ist das denn?
かじる nagen〔an +3〕; knabbern〔an +3〕
滓(かす) Rückstand 男; (屑) Abfall 男
貸す leihen, verleihen, borgen〔j³ et⁴〕; (賃貸する) vermieten. ¶お金を〈10ユーロ〉貸してくれないか Kannst du mir Geld (zehn Euro) leihen?
数 Zahl 女 ¶~に入れる zählen. 〜知れない zahllos. 〜で勝る zahlenmäßig überlegen sein〔j³〕
ガス Gas 中 ¶~をつける(消す) das Gas aufdrehen (abdrehen). 〜が漏れている es ist Gas ausgetreten. 〜欠である kein Benzin mehr haben. ◆ ~ストーブ Gasofen 男, Gasheizung 女 〜レンジ Gasherd 男 天然〜 Erdgas 中
かすかな leise; schwach
カスタネット Kastagnette 女
カステラ Sandkuchen 男
霞(かすみ) Dunst 男
かすむ Es dunstet. ¶かすんだ目で見る mit verschleierten Augen
かすめる streifen. ¶かすめ取る rauben〔j³ et⁴〕
かすり傷 Schramme 女
課する (課題を) aufgeben
かする streifen
かすれる ¶かすれた声で mit heiserer Stimme. ペンが~ Die Feder kratzt.
風 Wind 男 ¶~のある windig. 〜が吹いている Der Wind weht. 〜が出た Der Wind ist los gelegt. 〜を通す lüften. 〜の便りに聞いた Das hat mir mein kleiner Finger gesagt. 〜通しのよい luftig
風邪 Erkältung 女; (流感) Grippe 女; (鼻風邪) Schnupfen 男 ¶ひどい〜をひいている stark erkältet sein; eine starke Erkältung haben. 〜をひく sich⁴ erkälten; Erkältung bekommen. 〜気味である leicht erkältet sein
火星 Mars 男 ◆ ~探査機 Marssonde 女
加勢する beistehen〔j³〕
家政 Haushalt 男 ◆ ~婦 Haushälterin 女
課税する besteuern
化石 Fossil 中

稼ぐ verdienen ¶時間を~ die Zeit gewinnen
仮説 Hypothese 女
カセット Kassette 女
下線 Unterstreichung 女 ¶~を引く unterstreichen
化繊 Chemiefaser 女
架線 Oberleitung 女
仮装 Verkleidung 女 ¶~する sich⁴ verkleiden. ◆ ~行列 Maskenzug 男
画像 Bildnis 中
数える zählen; rechnen; (確認して) ab|zählen. ¶100まで~ bis hundert zählen. 指折り~ an den Fingern ab|zählen. 世界の大富豪の一人に数えられる zu den reichsten Männern zählen
加速する beschleunigen
家族 Familie 女; (家族の一員) Familienangehörige[r] 男女; Familienmitglied 中 ¶うちは大~です Wir sind eine große Familie. 6人~です Wir sind eine sechsköpfige Familie. ご~は皆さんお元気ですか Wie geht es Ihrer Familie? ◆ ~手当 Kindergeld 中
ガソリン Benzin 中 ¶~を入れる tanken. ◆ ~スタンド Tankstelle 女
肩 Schulter 女; Achsel 女 ¶~で息をする schwer atmen
型 Form 女; (モデル) Modell 中; Typ 男 ¶~にはまった stereotyp. ~を破る gegen die Tradition verstoßen. ~通りの stereotyp; förmlich
過多の übermäßig; zu viel
-方 ¶…様~ bei Herrn/Frau…. 泳ぎ~ Schwimmweise
固い、堅い、硬い hart; fest; steif; stark; (肉が) zäh. ¶卵を堅くゆでる Ei hart kochen. ~ことは抜きにしよう Lassen Sie uns das ohne die Formalitäten erledigen. 堅く考えないでください Nehmen Sie es nicht so ernst.
課題 Aufgabe 女. ¶~を出す eine Aufgabe geben
過大な unverhältnismäßig; übertrieben. ¶~評価する überschätzen
肩入れする beistehen〔j³〕; unterstützen
片思い einseitige Liebe
肩書き Titel 男
カタカタ鳴る rasseln; klappern
がたがたの wackelig
型紙 Schablone 女
肩代わりする stellvertretend ein|treten
かたき(敵) ¶人の~を討つ j⁴ rächen. 人に(…の)~を討つ sich⁴ an +³〔für +⁴〕 rächen
堅気の solide; seriös
かたくなな hartnäckig
堅苦しい steif; förmlich. ¶~ことは抜きにしましょう Lassen wir mal ohne große Förmlichkeit gehen!
片言で話す lallen; babbeln
固さ Härte 女
肩透かしを食わせる aus|weichen〔j³〕
カタストロフィー Katastrophe 女
形 Form 女; Gestalt 女
形造る formen; bilden
片付ける auf|räumen; räumen; ein|-

räumen:(仕事を) ab|fertigen; erledigen. ¶片づいた fertig
カタツムリ(蝸牛) Schnecke 囡
刀 Schwert 田 ¶～を抜く das Schwert ziehen
肩幅の広い breitschülterig
片方 die eine Seite.
塊 Klumpen 男, Block 男; (やわらかい) Masse 囡
固まる hart ⟨fest⟩ werden; (凝固する) gerinnen; (まとまる) zusammen|ballen. ¶考えが固まった Die Idee nahm Gestalt an.
形見 Andenken 中
肩身 ¶～が広い〈狭い〉 sich⁴ stolz ⟨klein⟩ fühlen
片道 Hinweg 男; Hinfahrt 囡 ◆¶～切符 einfache Fahrkarte 囡
傾く sich⁴ neigen. ¶～に傾ける sich⁴ auf die Seite legen. ¶傾いた schief
傾ける neigen. ¶耳を～ [aufmerksam] zuhören [j-et⁺³]
固める fest ⟨hart⟩ machen. ¶国境を～ die Grenze befestigen
片面の einseitig
偏る ¶考えが～ einseitig eingestellt sein; parteiisch denken
語らう unterhalten; plaudern
語り合う miteinander sprechen; sich⁴ unterhalten [mit ⁺³]
カタル Katarr 男
語る sprechen; reden; (物語る) erzählen
カタログ Katalog 男 ¶～で買う per Versandkatalog kaufen
...の傍らに an⁺³⁽⁴⁾; neben⁺³⁽⁴⁾
花壇 Blumenbeet 中
価値 Wert 男. ¶～がある 田 wertvoll; gelten. ¶それは500ユーロの～がある Das ist 500 Euro wert. ～のない wertlos. ◆¶～判断 Werturteil 田
勝ち Sieg 男 ¶～を収める den Sieg davontragen
...[し]がち leicht; neigen [zu⁺³]. ¶風邪をひき～だ Ich erkälte mich leicht. 沈み～である zur Schwermut neigen
かち合う zusammentreffen
かちかち ¶時計が～という Die Uhr tickt. 頭が～だ starrköpfig sein
ガチガチ鳴る klappern
勝ち気 unnachgiebig
家畜 Vieh; Haustier 中
勝ち誇る triumphieren. ¶勝ち誇って triumphierend
勝ち目のない aussichtslos
かちゃかちゃ鳴る klirren
がちゃん Bums! ¶ドアを～と閉める die Tür zuschlagen
課長 Abteilungschef 男
家長 Hausherr 男
ガチョウ(鵞鳥) Gans 囡
勝つ siegen; gewinnen; besiegen; (克服) überwinden. ¶うちのチームが3対2で勝っている Unsere Mannschaft führt mit 3:2 (drei zu zwei).
かつ und; auch; dazu
カツ ⇨ カツレツ
割譲 Abtretung 囡 ¶～する ab|treten
カツオ(鰹) Bonito 男

829　　　かって

学科 Fachabteilung 囡; (科目) [Lehr-]fach 中; Disziplin 囡
学会 wissenschaftliche Gesellschaft 囡; (会議) Tagung 囡
がつがつ食べる gierig essen
がっかりする enttäuscht sein; niedergeschlagen sein. ¶～した enttäuscht; (落胆した) niedergeschlagen
活気のある lebhaft; belebt; lebendig. ¶～づく in Schwung kommen
楽器 [Musik]instrument 中
学期 Semester 中; (3学期制の)Trimester 中
画期的な epochemachend; bahnbrechend
学級 [Schul]klasse 囡 ◆¶～委員 Klassensprecher 男
かっきり (時間) pünktlich; (適合) gerade richtig; wie gemessen
担ぐ tragen; (だます) anführen
がっくりする enttäuscht sein
確固とした fest; entschieden; entschlossen
括弧 Klammer 囡
かっこいい attraktiv; klasse; toll
格好 Form 囡; Gestalt 囡 ¶～の(ふさわしい) passend. ～がいい gut aussehen
カッコウ(郭公) Kuckuck 男
滑降 Abfahrt 囡; Abfahrtslauf 男
学校 Schule 囡; (大学進学の学校) Gymnasium 中 ¶～に通う zur Schule gehen. ～に入る in die Schule gehen. きょうは～がない(休みだ) Heute ist keine Schule. ～給食 Schulspeisung 囡
喝采 Beifall 男; Applaus 男 ¶拍手～する Beifall spenden [j³]; applaudieren [j³]
活字 Letter 囡
滑車 Rolle 囡; Riemenscheibe 囡
合宿する ein Ferienseminar machen; (スポーツ) im Sportcamp wohnen
合唱 Chor 男 ¶～する im Chor singen. ～隊 Chor 男
褐色の braun
活発な kräftig; stark; robust
渇水 Wassernot 囡
活性化 aktiv. ¶～する aktivieren. ～炭 Aktivkohle 囡
滑走する gleiten. ◆¶～路 Landebahn 囡; Rollbahn 囡
合奏 Zusammenspiel 中; Ensemble 中. ¶～する zusammenspielen
カッター(裁断具) Schneidemaschine 囡; (船) Kutter 男
合致 Übereinstimmung 囡. ¶～する überein|stimmen [in⁺³ mit⁺³]
甲冑(かっちゅう) Harnisch 男; Panzer 男
がっちりした robust, massiv; fest
ガッツ Mut 男
かつて einst, einmal; früher; jemals
勝手な eigensinnig; eigenwillig, eigennützig; selbstsüchtig. ¶～に nach Belieben. ～する frei schalten und walten. ～にしろ Tu, wie ⟨was⟩ du willst! ～な言動をする rücksichtsloses vorgehen, sich⁴ rücksichtslos benehmen. それはあなたの～だ Machen Sie, was Sie wollen. ⟨Mach, was du willst.⟩ ～を知っている sich⁴ gut

カッテージチーズ auskennen. ◆〜口 Hintertür 囡
カッテージチーズ Quark 男
かっとなる sich⁴ erhitzen; rot vor Wut werden
カット (切断) Schnitt 男 ¶〜する schneiden. 賃金を〜する Löhne kürzen
葛(くず)藤 Verwicklung; Konflikt 男
活動 Tätigkeit 囡 ¶〜している tätig sein. 〜する wirken. 〜的 aktiv, tätig. ¶〜家 Aktivist 男
活発な lebhaft; rege; wach; temperamentvoll
カップ Glas 囡; Pokal 男; (皿付きの) Tasse 囡. (優勝) Pokal 男
恰幅のよい stattlich; ansehnlich
カップル Paar 中
合併 Vereinigung 囡; (会社の) Fusion 囡 ¶〜する vereinigen; (会社を) fusionieren
渇望 Sehnsucht 囡 [nach⁺³]; Verlangen 中; Durst 男
活躍する sehr aktiv sein
活用する verwerten; (文法) flektieren
かつら Perücke 囡
活力 Lebenskraft 囡; Vitalität 囡
カツレツ Schnitzel 中; [ein paniertes] Kotelett 中
家庭 Familie 囡; Haus 中; Heim 中 ¶〜を持つ eine Familie gründen. 〜的な häuslich. ¶〜科 Hauswirtschaft 囡 〜教師 Hauslehrer 男 〜内暴力 Gewalt in Familienkreis
過程 Verlauf 男; Prozeß 男
課程 Lehrgang 男; Kursus 男
仮定 Voraussetzung 囡; Annahme 囡 ¶〜する voraussetzen
カテゴリー Kategorie 囡
角 Ecke 囡; Kante 囡 ¶〜で(の) an der Ecke. 〜を曲がる um die Ecke biegen
過度の übertrieben
下等な niedrig stehend; niedrig
可動の beweglich; mobil
華道 Ikebana 中; die Kunst des Blumensteckens
…かどうか ob...
過渡期 Übergangszeit 囡
家督 Erbschaft 囡
門出 erster Schritt 男
カトリックの katholisch. ◆〜教徒 Katholik 男
金網 Drahtnetz 中
かなう (合う) entsprechen [et³]; (匹敵する) gleichkommen [j-et³]
かなえる gewähren; erfüllen
金切り声 eine schrille Stimme 囡 ¶〜をあげる kreischen
金具 Beschlag 男; (留金) Schnalle 囡
悲しい traurig; weh. ¶〜ことに leider; zu meinem Bedauern
悲しみ Trauer 囡; Kummer 男 ¶〜のあまり vor Trauer
悲しむ trauern [um⁺⁴]; beklagen
かなづち Hammer 男
かなめ Angelpunkt 男
金物 Eisenwaren 複
必ず sicher; bestimmt; gewiss; unbedingt. ¶しも…[で]ない nicht immer; nicht eben; nicht gerade

かなり[の] ziemlich; verhältnismäßig; erheblich, beträchtlich. ¶〜の数の beträchtlich
カナリア Kanarienvogel 男
かなわない sich⁴ nicht messen können [mit⁺³ an ⟨in⟩⁺³]. ¶力では彼に〜 An Kraft kann ich mit ihm nicht messen.
カニ (蟹) Krabbe 囡; Krebs 男 ◆〜座 Krebs 男
加入 Eintritt 男 ¶〜する eintreten [in⁺⁴]; beitreten [et³]; sich¹ beteiligen [an⁺³]
カヌー Kanu 中
金(かね) (金属) Metall 中; (金銭) Geld 中 ¶〜を儲ける Geld verdienen ⟨erwerben⟩. 〜詰まりである in Geldverlegenheit sein. 〜づる Geldgeber 男, Geldquelle 囡 〜儲けをする sich³ Geld erwerben ⟨verdienen⟩. 〜持ち Reiche 男 囡 〜持ちの reich
鐘 Glocke 囡 ¶〜が鳴る Es läutet.
加熱する erhitzen
過熱する überhitzen
兼ねる verbinden; kombinieren. ¶趣味と実益を〜 das Nützliche mit dem Angenehmen verbinden
可能な möglich. ¶〜である können. 〜ならば wenn möglich, möglicherweise. 〜性 Möglichkeit 囡
化膿(かのう)する eitern. ¶〜した eiterig
彼女 die. ¶〜は ⟨が⟩ sie. 彼女の⟨は, に⟩ ihr. 〜のもの ihre 〜自身 sie selbst
カバ(河馬) Nilpferd 中
カバー Decke 囡; Überzug 男; (本の) Umschlag 男
かばう beschützen; (弁護する) verteidigen
河岸 Ufer 中
かばん Tasche 囡; Mappe 囡; (トランク) [Reise]koffer 男
下半身 Unterkörper 男
過半数 Mehrheit 囡
かび (黴) Schimmel 男 ¶〜臭い muffig; moderig
華美 Pracht 囡; Prunk 男
画びょう Reißnagel 男
花瓶 Vase 囡
過敏な überempfindlich
株 (切り株) Stumpf 男; (株券) Aktie 囡 ¶彼らの〜が上がる Seine Aktien sind gestiegen. 〜で儲ける beim Aktienhandel gewinnen. 〜に手を出す in Aktien spekulieren.⇒株式, 株主
下部 Unterteil 中
カブ Rübe 囡
カフェテリア Cafeteria 囡
がぶがぶ飲む saufen, viel trinken
歌舞伎 Kabuki 中
株式 Aktie 囡 ◆〜会社 Aktiengesellschaft 囡 〜市場 Börse 囡
カフス Manschette 囡 ◆〜ボタン Manschettenknopf 男
かぶせる bedecken [j-et³ et⁴]
カプセル Kapsel 囡
かぶと Helm 男
カブト虫 Käfer 男
株主 Aktionär 男 ◆〜総会 Aktionärsversammlung 囡

かぶりつく anbeißen
かぶる (帽子を) aufsetzen. ¶かぶっている tragen: aufhaben. 罪を~die Schuld auf *sich*⁴ nehmen. 水を~ *sich*³ Wasser über den Kopf gießen
かぶれる Ausschlag bekommen; (感化される) beeinflusst werden [von⁺³]
花粉 Blütenstaub; Pollen 男 ¶~アレルギー Pollenallergie 女 ~症 Heuschnupfen 男
壁 Wand 女; (囲壁) Mauer 女 ¶ベルリンの~die (Berliner) Mauer. ~に絵を掛ける ein Bild an die Wand hängen. ~に突き当たる (行きづまる) auf Schwierigkeiten stoßen
◆~掛 Wandteppich 男 ~掛けテレビ das an die Wand aufgehängte Fernsehgerät. ~紙 Tapete 女 ~紙をはる tapezieren ~に耳あり Die Wände haben Ohren.
貨幣 Geld 中; (硬貨) Münze 女 ◆~価値 Geldwert 男
下方へ abwärts
か細い dünn
カボチャ (南瓜) Kürbis 男
釜 Kessel 男; (オーブン) Ofen 男
鎌 Sichel 女; (大鎌) Sense 女
構う *sich*⁴ [um⁺⁴] kümmern. ¶構わずに unbekümmert; ruhig. どうぞお構いなく Machen Sie sich [bitte] keine Umstände. 構わないでくれ Lass mich in Ruhe! 来たければ来ても構わない Du kannst mitkommen, wenn du möchtest. どちらでも構わない Mir ist alles recht.
カマキリ (蟷螂) Gottesanbeterin 女
かまど Herd 男; Ofen 男
我慢 Geduld 女 ¶~する ertragen, [er]dulden, Geduld haben. もうちょっと~として Bitte hab noch was Geduld. あいつは~できない Ich kann ihn ⟨sie⟩ nicht ausstehen. もう~できないぞ Ich halte es nicht mehr aus! | Mir geht die Geduld aus. ~強い geduldig
紙 Papier 中; (一枚の) Bogen 男; (紙片) Zettel 男 ¶~1枚 ein Blatt Papier. ◆~おむつ Wegwerfwindel 女 ~くずかご Papierkorb 男 ~ナプキン Papierserviette 女 ~挟み Mappe 女 ~一重の差 ein minimaler Unterschied 男 ~袋 Papiertüte 女 ~巻き煙草 Zigarette 女
髪 Haar 中 ◆~を梳かす kämmen. ~の毛 [Kopf]haar 中 ◆~型 Frisur 女
神 Gott 男 ¶~の ottlich. ~に祈る zu Gott beten. ◆~業 Wundertat 女, eine übermenschliche Großtat (Leistung) 女 触らぬ~に祟りなし Lass die Finger davon. | Schlafende Hunde soll man nicht wecken. 苦しい時の~頼み Not kehrt beten.
がみがみ言う [an]schnauzen
かみ傷 Bisswunde 女
かみそり Rasiermesser 中 ◆安全 (電気) ~ Rasierapparat 男
過密な dicht bevölkert; überbevölkert. ◆~地帯 Ballungsgebiet 中
かみ付く beißen
カミツレ茶 Kamillentee 男
雷 Donner 男; Donnerschlag 男 ¶~

が鳴る Es donnert.
仮眠する schlummern
かむ (嚙む・咬む) beißen; kauen. ¶鼻を~ *sich*³ die Nase putzen
ガム Kaugummi 男
むしゃくしゃ rücksichtslos; tollkühn
カムフラージュ Tarnung 女
瓶 Krug 男
亀 Schildkröte 女
加盟する beitreten [et³]
仮名 Deckname 男
がめつい geizig. ¶~やつ Geizhals 男
カメラ Kamera 女; Fotoapparat 男 ~マン Fotograf 男
カメレオン Chamäleon 中
仮面 Maske 女; Larve 女
画面 Bildfläche 女; (テレビ・コンピューターの) Bildschirm 男
カモ (鴨) Ente 女
科目 [Lehr]fach 中
寡黙な wortkarg; schweigsam
カモシカ Antilope 女
…かもしれない können; mögen; dürfen; vielleicht. ¶あすは雨~Morgen könnte es regnen.
貨物 Fracht 女; Gut 中 ◆~船 Frachter 男 ~列車 Güterzug 男
カモメ (鷗) Möwe 女
がやがやした laut
火薬 Pulver 中 ◆~庫 Arsenal 中
粥 Brei 男
かゆい jucken. ¶背中が~ Mich (Mir) juckt der Rücken.
通う besuchen; (往来する) verkehren. ¶学校へ~ zur ⟨in die⟩ Schule gehen
歌謡曲 Schlager 男
画用紙 Zeichenpapier 中
火曜日 Dienstag 男 ¶~に am Dienstag
空の leer; hohl. ¶~にする ausleeren
殻 Schale 女
…から von⁺³; (中から) aus⁺³; (以来) seit⁺³, von⁺³, an⁺³. ¶…して~ nachdem…. 子供の時~ von Kindheit an
柄 Muster 中
カラー (色) Farbe 女; (襟) Kragen 男 ◆~テレビ Farbfernsehen 中 ~フィルム Farbfilm 男
辛い scharf; (塩辛い) salzig
カラオケ Karaoke 中
からかう necken; zum Besten haben ⟨halten⟩; lustig machen
がらがらの ganz leer
唐草模様 Arabeske 女
がらくた Trödel 男 ◆~市 Trödelmarkt 男
辛口の trocken, herb; (タバコ) stark
からし (辛子) Senf 男
カラス Krähe 女; (大型) Rabe 男
ガラス Glas 中 ~の gläsern
体 Körper 男; Leib 男 ¶~の körperlich. ~に良い ⟨悪い⟩ gesund ⟨ungesund⟩. ~を大事にする *sich*⁴ schonen. ~を壊す krank werden
空手 Karate 中 ¶~で mit leeren Händen
カラフルな farbenprächtig; bunt
絡まる *sich*⁴ schlingen; (もつれる) *sich*⁴ verwickeln

がらん

がらんとした leer
借り Schuld 囡 ¶〜のある schuldig. 〜がある schuldig sein [j³ et⁴].
狩り Jagd 囡 ¶〜をする jagen
仮の（臨時の）vorläufig; einstweilig. ¶〜に…といえば wenn...
カリ（雁）Wildgans 囡
刈り入れ Ernte 囡
カリウム Kalium 囲
借方 Soll 囲
カリカチュア Karikatur 囡
カリキュラム Lehrplan 囲
刈り込む stutzen; schneiden
カリスマ Charisma 囲
駆り立てる hetzen; treiben
借り賃 Miete 囡
カリフラワー Blumenkohl 囲
がり勉 Streber 囲
下流に stromabwärts
狩人 Jäger 囲
借りる [sich³] leihen; [sich³] borgen; (賃借する) mieten. ¶本を図書館から〜 ein Buch aus der Bibliothek ausleihen. 金を銀行から〜 sich³ Geld von der Bank leihen. 人に知恵を〜 j³ zu Rate ziehen. 借りてきた猫のように lammfromm; wehrlos wie ein Lamm
刈る schneiden; (草を)mähen
軽い leicht; (罪が)mild. ¶〜食事 leichtes Essen 囲 足取りも軽く leichtes Schrittes (Herzens). 心が軽くなる leicht benommen sein. 軽くする erleichtern
カルキ Kalk 囲
カルシウム Kalzium 囲
カルタ Spielkarte 囡
カルチャー Kultur 囡 ◆〜ショック Kulturschock 囲
カルテ Karte 囡
カルデラ湖 Kratersee 囲
軽はずみな leichtsinnig, leichtfertig
軽業 Akrobatik 囡 ◆〜師 Akrobat 囲
彼 er. ¶〜は［が］ehr. 〜の sein. 〜にihm. 〜のものsein. 〜自身 er selbst
カレイ（鰈）Scholle 囡
華麗な prächtig; prunkvoll
カレー Curry 囲 ◆〜粉 Currypulver 囲
ガレージ Garage 囡
瓦礫(fas) Schutt 囲
彼ら sie. ¶〜は［が］sie. 〜の ihr. 〜をsie. 〜に ihnen. 〜のもの ihr
枯れる [ver]welken; verdorren; verblühen. ¶枯れた welk
嗄(れ)れる heiser werden
カレンダー Kalender 囲
過労 Überanstrengung 囡, Überlastung 囡 ◆〜死 Tod durch die Überarbeitung
画廊 Galerie 囡
かろうじて knapp; gerade noch; mit knapper Not; eben [gerade]
カロリー Kalorie 囡
軽んじる gering schätzen; (軽蔑する) verachten
川 Fluss 囲; (大河) Strom 囲 ¶〜を遡る den Fluss hinauffahren
皮 Haut 囡; (獣皮) Fell 囲; (樹皮) Rinde 囡; (果皮) Schale 囡; (皮革) Leder 囲 ¶〜をむく（果物の）schälen. 〜をはぐ（動物の）abhäuten. 面の〜が厚い ein dickes Fell haben, dickfellig. 取らぬ狸の〜算用をする das Fell des Bären verkaufen, ehe man ihn hat
革 Leder 囲 ¶〜製の ledern
側(が) Seite 囡
可愛い lieblich; lieb; süß; hübsch. ¶〜子には旅をさせよ Wem Gott will rechte Gunst erweisen, den schickt er in die weite Welt. 可愛さ余って憎さ百倍 Die größte Liebe kann zur Quelle des tiefsten Hasses werden.
可愛がる lieben; (愛撫する) liebkosen
かわいそうな arm; erbärmlich
乾いた trocken; abgetrocknet
可愛らしい süß; reizend; lieblich
カワウソ（川獺）Otter 囲
乾かす trocknen; ab|trocknen
川上 Oberlauf 囲
渇き Durst 囲
川岸 [Fluss]ufer 囲
渇く（喉が）durstig sein, Durst haben
乾く trocken werden; trocknen
川下 Unterlauf 囲
為替 Wechsel 囲 ◆〜相場（レート）Wechselkurs 囲 変動〜相場 flexibler (frei schwankender) Wechselkurs. 外国〜 Devisen 囲 郵便〜 Postanweisung 囡
変わった ungewöhnlich; sonderbar
革ひも Riemen 囲
瓦 [Dach]ziegel 囲
河原・川原 trockenes Flussbett 囲
代わり（代用・代役）Ersatz 囲 ¶〜に [an]statt; als Ersatz. …の 〜 statt⁺²¹³; an Stelle (anstelle)⁺²; für⁺⁴. その〜として dafür; [an]statt dessen; 〜をする vertreten; ersetzen
変わり ¶お〜ありませんか Wie geht es Ihnen?. おかげさまで〜ありません Mir geht es gut, danke. ◆〜目 Wende 囡; Wendepunkt 囲 〜者 Sonderling 囲; Kauz 囲
変わりやすい veränderlich, unbeständig; (気紛れ) launisch
代わる（代理する）vertreten; (交代する) ab|wechseln [sich¹ mit⁺³]. ¶〜がわる abwechselnd; (人が) einer nach dem anderen, (物が) eins nach dem anderen
変わる sich⁴ ändern; sich⁴ wandeln; anders werden; wechseln. ¶変わらない ewig; unveränderlich. ちっとも変わっていないね Du hast dich nicht geändert. 所変われば品〜 Andere Länder, andere Sitten.
缶 Büchse 囡; Dose 囡, Kanne 囡 ¶ トマト(ビール)1〜 eine Dose Tomaten (Bier). ◆〜切り Büchsenöffner 囲 〜ビール Dosenbier 囲
勘 Gespür 囲
管 Röhre 囡; Rohr 囲
一間 ¶4日〜 vier Tage lang. 日独〜 zwischen Japan und Deutschland
ガン（雁）Wildgans 囡

癌(がん) **Krebs** 男 ¶〜にかかっている Krebs haben, an Krebs leiden. 〜で死ぬ an Krebs sterben. ◆ 胃〜 Magenkrebs. 肝臓〜 Leberkrebs. 乳〜 Brustkrebs. 肺〜 Lungenkrebs

肝炎 Leberentzündung 女; Hepatitis

棺桶 Sarg 男

感化 Einfluss 男 ¶〜する Einfluss ausüben [auf⁺⁴]

かんがい(灌漑) Bewässerung 女

眼科医 Augenarzt 男

考え **Gedanke** 男;(意見) **Meinung** 女;(意図) **Absicht** 女;(案) **Idee** 女, **Einfall** 男 ¶君に〜があるようだよね Du hast vielleicht Ideen, nicht wahr? いい〜がある Ich habe eine Idee. いい〜が浮かんだ Das ist aber eine gute Idee. いい〜が浮かんだ Mir kam ein guter Gedanke. 私の〜では nach meiner Meinung. 物は〜ようだ Alles hängt davon ab, wie man die Sache betrachtet. 〜事をしている in Gedanken versunken〈versunken〉 sein. 〜事を心こにあらずである mit *seinen* Gedanken nicht bei der Sache sein. 〜方 Denkweise 女; Denkart 女

考え出す sich⁴ ausdenken;(発明する) erfinden

考えつく sich⁴ besinnen [auf⁺¹]

考え直す umdenken; sich³ anders überlegen. ¶考え直そう思ったがやはり直すIch will das Auto nun doch nicht kaufen. 考え直して行くことにする Wenn ich mir's noch mal überlege, werde ich doch gehen.

考えられる nicht denkbar; undenkbar; unvorstellbar

考える **denken; meinen; glauben; sinnen.** ¶…のことを〜 an ⁺⁴ denken. …しようかと〜 denken [＋zu 不定詞句]; überlegen [＋zu 不定詞句]. よく〜 überlegen; nachdenken [über ⁺⁴]. いいこと考えた Mir ist gerade ein guter Gedanke gekommen. 一晩考えさせて下さい Lassen Sie mich diese Sache erst einmal überschlafen.

感覚 Empfindung 女; Gefühl 男 Sinn 男 ¶〜の sinnlich

間隔 Abstand 男

管轄 Zuständigkeit 女 ◆〜官庁 die zuständige Behörde

管楽器 Blasinstrument 男

カンガルー Känguru 男

かんかん ¶〜になって怒る vor Wut kochen. 〜鳴る klingeln. 〜照りだ Die Sonne brennt.

がんがん ¶頭が〜する Mir dröhnt der Kopf.

換気 Lüftung 女 ¶〜する lüften ◆〜扇 Ventilator 男

寒気 Kälte 女 ¶〜がゆるむ Die Kälte lässt nach.

観客 Zuschauer 男; Publikum 中 ◆〜席 Zuschauerplatz 男

環境 **Umwelt** 女; **Umgebung** 女 ¶〜にやさしい umweltfreundlich. ◆〜汚染 Umweltverschmutzung 女. 〜破壊 Umweltzerstörung 女. 〜保全〈保護〉Umweltschutz 男. 〜問題 Umweltfrage 女. 家庭〜 Familienverhältnisse, häusliches Milieu 中

玩具(がんぐ) Spielzeug 中

関係 **Verhältnis** 中; **Beziehung** 女; **Zusammenhang** 男 ¶〜する sich⁴ beziehen [auf⁺¹]; betreffen; zusammenhängen [mit ⁺³]. 密接な〜がある in engen 〈nahen〉 Beziehungen [zueinander] stehen

歓迎 **Willkommen** 中; **freundliche Aufnahme** 女; **Empfang** 男 ¶〜する willkommen heißen; herzlich empfangen 〈begrüßen〉. そういう話をいつでも大〜です Solche Vorschläge sind uns immer willkommen. 〜の〜 willkommen. ◆〜会 Begrüßung[sfeier] 女; Empfang 男

感激する sich⁴ begeistern [für ⁺⁴]

完結する abschließen; beenden

簡潔 schlicht. ¶〜に kurz und bündig

管弦楽[団] Orchester 中

歓呼 Jubel 男 ¶〜する jubeln

看護 Krankenpflege 女 ¶〜する pflegen. ◆〜士 Krankenpfleger 男. 〜婦 Krankenschwester 女

頑固な hartnäckig; starrsinnig; starrköpfig; eigensinnig; stur

刊行する herausgeben

観光 **Tourismus** 男 ◆〜案内所 Fremdenverkehrsbüro 中, [Tourist]information 女. 〜客 Tourist 男. 〜旅行する die Sehenswürdigkeiten besichtigen. 市内〜 Stadtrundfahrt 女

官公庁 Amt 中; Behörde 女

勧告 Rat 男; Empfehlung 女 ¶〜する raten [j³ et⁴]; zureden [j³]

韓国 Südkorea

監獄 Gefängnis 中

監査 Audit 男 女 ◆〜役 Aussichtsrat 男

観察 Beobachtung 女; Betrachtung 女 ¶〜する beobachten; betrachten

換算する umrechnen [et⁴ in ⁺⁴]

監視 Aufsicht 女 ◆〜所 Wache 女

冠詞 Artikel 男

感じ **Gefühl** 中; **Empfindung** 女 ¶〜のよい(人) nett, sympathisch, angenehm;(ゆったり)gemütlich. 〜やすい empfindlich. 触った感じはどうですか Wie fühlt sich das an?

漢字 chinesisches Schriftzeichen 中

鑑識 ◆〜課 Erkennungsdienst 男

元日 Neujahr 中; Neujahrstag 男

関して in Bezug [auf ⁺⁴]; hinsichtlich ⁺². ¶それに〜 daran, darüber, davon, dazu

感謝 **Dank** 男 ¶〜する danken [j³ für ⁺⁴], sich⁴ bedanken [bei ⁺³ für ⁺⁴]. 〜の印に als Zeichen der Dankbarkeit

患者 Patient 男, Kranke[r] 男 女

かんしゃく Jähzorn 男 ¶〜を起こす die Geduld verlieren, explodieren

慣習 Brauch 男; Sitte 女; Konvention 女 ¶〜的な konventionell

観衆 Zuschauer 男

かんじゅせい 834

感受性 Empfänglichkeit 囡
願書 Gesuch 匣; Bewerbung 囡
干渉 Einmischung 囡; Interferenz 囡. ¶ ～する sich⁴ einmischen [in⁺³]
感傷的 empfindsam; sentimental
鑑賞する bewundern
感情 Gefühl 匣, Emotion 囡. ¶ 彼女は彼に対してどんな～を抱いているのか Was empfindet sie für ihn? ～を呼び起こす Die Emotionen werden geweckt. 人の～を傷つける j⁴ verletzen, j² Gefühle verletzen. ～を込めて mit Gefühl. ～的な gefühlsmäßig; emotional. ◆ 国民～ Nationalgefühl 匣
勘定 Rechnung 囡. ¶ お～ください!Die Rechnung bitte! ｜Zahlen bitte! ～に入れる in die Rechnung aufnehmen; mitrechnen. ～を払う zahlen, eine Rechnung begleichen. ～高い berechnend. ◆ ～書き Rechnung 囡
岩礁 Klippe 囡
頑丈な fest; solide; derb
間食 Imbiss 匣; Happen 匣. ¶ ～する einen Imbiss [ein]nehmen
感じる fühlen; empfinden; (察知) spüren. ¶ それについてどう感じられましたか Was halten Sie davon?
関心 Interesse 匣; Anliegen 匣. ¶ ～に～がある an⁺³ interessiert sein. ～を示す Interesse zeigen [für⁴]
感心な bewundern. ¶ ～な bewundernswert
肝心な wichtig; wesentlich
関数 Funktion 囡
…に関する über⁺⁴; betreffend. ¶ 私に関する限り was mich angeht (betrifft)
完成 Vollendung 囡. ¶ ～する vollenden; vollbringen. ◆ ～品 fertige Ware 囡, Fertigprodukt 匣
歓声 Jubel 匣. ¶ ～を上げる jubeln
感性 Sinnlichkeit 囡
関税 Zoll 匣. ¶ ～を払う verzollen. ◆ ～協定 Zollabkommen 匣
岩石 Gestein 匣
関節 Gelenk 匣
間接の(的な) mittelbar; indirekt
感染 Ansteckung 囡; Infektion 囡. ¶ ～する angesteckt werden
幹線 ◆ ～道路 Hauptstraße 囡
完全な(に) vollkommen; ganz; vollständig; voll; völlig; total
簡素な einfach; schlicht
元祖 Gründer 匣; Stifter 匣
感想 Eindruck 匣
乾燥した trocken. ¶ ～する trocknen
肝臓 Leber 囡. ◆ ～癌 Leberkrebs 匣
観測 Beobachtung 囡. ¶ ～する beobachten; observieren. ◆ ～所 Observatorium 匣
寒帯 kalte Zone 囡; Polarzone 囡
艦隊 Flotte 囡
寛大な tolerant; großzügig; nachsichtig
甲高い schrill
簡単な(に) einfach; (容易な) leicht; (手短な) kurz. ¶ ～にする vereinfachen. ～に言えば kurz gesagt; um es kurz zu sagen
感嘆する staunen [über⁺⁴]; bewun-

dern. ◆ ～符 Ausrufezeichen 匣
元旦 Neujahr 匣
寒暖計 Thermometer 匣
勘違い Missverständnis 匣. ¶ ～する sich⁴ täuschen. A を B だと～する A mit B verwechseln
干潮 Ebbe 囡. ¶ ～時に bei Ebbe
官庁 Amt 匣; Behörde 囡
姦通 Ehebruch 匣
缶詰 Konserve 囡; Dose 囡, Büchse 囡. ¶ 果物の～Obstkonserve 囡. イワシの～Sardinenbüchse. ～にする in Dosen konservieren; (人を)einsperren [j⁴ in⁺¹]
鑑定 Begutachtung 囡
官邸 Residenz 囡
貫徹する durchführen; sich⁴ durchsetzen
観点 Gesichtspunkt 匣; Hinsicht 囡
感電する einen [elektrischen] Schlag bekommen
感動 Bewegung 囡; Rührung 囡. ¶ ～する gerührt sein [über⁺⁴]. ～的な rührend. ～させる bewegen; ergreifen
間投詞 Interjektion 囡
監督 Aufsicht 囡; Kontrolle 囡. ¶ ～する beaufsichtigen; die Aufsicht haben [über⁺⁴]. ～する Regie führen. ◆ 映画～Filmregisseur 匣
かんな Hobel 匣
カンニング Mogelei 囡. ¶ ～する mogeln
かんぬき Riegel 匣
観念 Vorstellung 囡; Idee 囡
官能 Sinnlichkeit 囡. ¶ ～的な sinnlich
寒波 Kältewelle 囡
カンパ Spendensammlung 囡. ¶ ～する [Geld] spenden
乾杯 Prosit!｜Zum Wohl!. ¶ ～する anstoßen
カンバス Leinwand 囡
干ばつ Dürre 囡
がんばる sich⁴ anstrengen. ¶ がんばれ!Durchhalten!｜Halt aus!
看板 Schild 匣; Reklame 囡
甲板 Deck 匣
完備した komplett ausgestattet [mit⁺³]
甘美な süß
看病 Krankenpflege 囡. ¶ ～する pflegen
幹部 Vorstand 匣; Führung 囡
完璧な(に) vollkommen; perfekt
岸壁 Fels[en]wand 囡; (港) Kai 匣
鑑別する unterscheiden
勘弁する verzeihen [j³ et⁴]
簡便な handlich
願望 Wunsch 匣
潅(灌)木 Strauch 匣
陥没 Einsturz 匣; Senkung 囡
カンマ Komma 匣
冠 Krone 囡
感銘 Eindruck 匣. ¶ 深い～を受ける tief beeindruckt sein. ～を与える beeindrucken
喚問 Aufforderung 囡; Vorladung 囡
丸薬 Pille 囡
勧誘 Werbung 囡. ¶ ～する werben überreden [j⁴ zu⁺³]

含有する enthalten. ◆～量 Gehalt 男
関与 Anteil 男
寛容 Toleranz 女; Nachsicht 女. ¶～な
 nachsichtig; mild; tolerant
慣用句 Redewendung 女
歓楽 ◆～街 Vergnügungsviertel 中
陥落する fallen; sinken. ¶首都が～した
 Die Hauptstadt wurde eingenommen.
管理 Verwaltung 女. ¶～する verwalten. ◆～人 Verwalter 男
官吏 (Staats)beamte 男; (女性) (Staats)beamtin 女
寒流 kalte Meeresströmung 女
完了する vollenden
官僚 Bürokrat 男. ¶～的な bürokratisch. ◆～制 Bürokratie 女
慣例 Konvention 女
寒冷 ◆～前線 Kaltfront 女
関連 Zusammenhang 男; Bezug 男. ¶～する zusammenhängen [mit +3]. …と～して im Zusammenhang mit +3. …づける beziehen [auf +4]
貫禄(?) Würde 女
緩和 Erleichterung 女 ¶～する mildern; lockern

き

木 Baum 男; (材木) Holz 中 ¶～で鼻を
 くくったような kurz angebunden. ～を
 見て森を見ず Er sieht den Wald vor
 [lauter] Bäumen nicht.
気 (心) Gemüt 中; (気分ち) Gesinnung
 女; (空気) Luft 女; (気合ひ) Energie
 女 ¶…したい～がする zu +3 Lust haben. ～
 がつく wieder zu sich³ kommen; aufmerksam sein. ～が長い langmütig; geduldig.
 ～にする sich⁴ kümmern [um +4]. ～に
 入る gefallen [j³]. ～に掛ける sich⁴ kümmern [um +4].
 ～のきく aufmerksam sein; (返事などが)
 geschieit; taktvoll; (趣味のよい) geschmackvoll. ～の大きい kleinherzig;
 großzügig. ～の小さい kleinherzig;
 kleinmütig. ～のつく aufmerksam sein.
 ～の抜けた abgestanden; fade. ～の短い ungeduldig;
 jähzornig. ～の弱い schüchtern;
 zaghaft. ～は確かか Sie meinen es doch nicht
 im Ernst? | Sind Sie verrückt geworden?
 ～をつけ Achtung! | (軍家) Stillgestanden!
 ～をつける achten, aufpassen,
 気を付ける [auf +4]; vorsichtig sein.
 ～を配る aufmerksam sein
ギア Getriebe 中; (段階) Gang 男
気圧 Luftdruck 男 ◆～計 Barometer 中
議案 Gesetzesvorlage 女
奇異な sonderbar; merkwürdig
キー Taste 女; (鍵) Schlüssel 男
キーパー (サッカー) Torwart 男
キーボード Tastatur 女

キーホルダー Schlüsselring 男
黄色 Gelb 中; ～い(の) gelb
議員 Mitglied 中; (代議士) Abgeordnete[r] 男
キウイ Kiwi 女; Kiwifrucht 女
気鋭の schwungvoll; temperamentvoll
消える schwinden; verschwinden;
 (火・明かりが) ausgehen, erlöschen; (雪
 が) schmelzen; (音が) verklingen
支援金 Spende 女
記憶 Erinnerung 女; Gedächtnis 中
 ¶～している [im Gedächtnis] behalten.
 ～する behalten; merken. ◆～障
 害 Gedächtnisstörung 女 ～装置
 Speicher 男 ～力 Gedächtniskraft 女
気後れした schüchtern; scheu
キオスク Kiosk 男
気温 Temperatur 女 ◆最高(最低)～
 die höchste (niedrigste) Temperatur
気化 Vergasung 女 ¶～する verdampfen
幾何[学] Geometrie 女
飢餓 Hunger 男
戯画 Karikatur 女; Zerrbild 中
機会 Gelegenheit 女; Chance 女;
 ¶この～に bei dieser Gelegenheit. ～
 のあり次第 bei erster Gelegenheit. ～
 を捕らえる eine Gelegenheit ergreifen.
 …する～があまりない wenig Gelegenheit haben [+ zu 不定詞句]. ～雇
 用～均等 gleichberechtigte Berufschancen [der Männer und Frauen]
 中

機械 Maschine 女 ¶～を動かす die
 Maschine betreiben [bedienen]. ～的
 な mechanisch. ◆～工 Mechaniker 男
器械 Gerät 中; Apparat 男
奇怪な unheimlich; bizarr
危害 Schaden 男 ¶～を加える verletzen; Schaden zufügen [j³]
議会 Parlament 中 (ドイツの) Bundestag 男 ¶～を召集する das Parlament
 einberufen. ～を解散する das Parlament auflösen
着替え Umkleidung 女 着替える sich⁴
 umkleiden; sich⁴ umziehen
気掛かりな beängstigend
企画 Plan 男 ¶～を立てる ein Projekt
 planen
規格 Norm 女
器楽 Instrumentalmusik 女
着飾る sich⁴ putzen
聞かせる (知らせる) mitteilen. ¶読ん
 で～ vorlesen. 歌って～ vorsingen
気兼ねする sich⁴ genieren
気軽に leicht; nicht ernst
期間 Frist 女; Dauer 女; Zeitraum
 男; Zeitspanne 女 ¶～の～で auf +4
機関 (機構) Organ 中; (施設)
 Anstalt 女 ◆～車 Lokomotive 女 ～銃
 Maschinengewehr 中 ～投資家 institutioneller Anleger 男
器官 Organ 中
気管 Luftröhre 女 ◆～支 Bronchien
 中 ～支炎 Bronchitis 女
帰還 Heimkehr 女; Rückkehr 女 ¶～
 する heimkehren
季刊の vierteljährlich
危機 Krise 女 ¶～的な kritisch. ～一髪

ききいる 836

で im letzten Moment, um ein Haar, um Haaresbreite. ~に瀕している **sich⁴ in einer Krise befinden.** ◆ ~管理 **Risikomanagement** 中, **Krisenmanagement** 中

聞き入る zuhören [*j-et³*]
聞き入れる erhören, ¶人の忠告を~**j² Rat annehmen**.
利き酒 Weinprobe 女
聞き違える sich⁴ verhören
聞き手 Hörer 男
聞き取り (警察の) **Verhör** 中; (語学) **Hörverständnis** 中; (試験) **Hörverständnisprüfung** 女
聞き耳をたてる aufhorchen; lauschen
効き目・利き目 Wirkung 女 ¶ ~のある **wirksam**
棄却 Abweisung 女 ¶ ~する **ab|weisen**
危急 Not 女
気球 Ballon 男
帰郷 Heimkehr 女 ¶ ~する **heim|kehren**
企業 Unternehmer 男; **Betrieb** 男 ¶ ~収益 **Unternehmensgewinne** 複 ~年金 **Betriebsrente** 女 大~ ein großes **Unternehmen** 中
起業 Existenzgründung 女 ◆ ~家 **Existenzgründer** 男
戯曲 Drama 中; **Theaterstück** 中
基金 Fonds 男; **Stiftung** 女
飢餓 Hungersnot 女
貴金属 Edelmetall 中
聞く hören; **an|hören**; (聞き知る) **erfahren**; (尋ねる) **fragen** [*j⁴ nach³*]; (傾聴する) **zuhören** [*j-et³*].
¶ねえ, 聞いて Hör mal! 聞いてる? Hörst du mich? …のこと(うわさ)を~ **von⁺³ 〈über⁺⁴〉 hören**. だったら彼から聞きました Davon habe ich von ihm gehört. 私の話をちっとも聞いてないじゃないか Du hörst mir nie zu. 2, 3 聞いてもいいですか **Kann ich Ihnen einige Fragen stellen?** 親の言うことを~ **den Eltern gehorchen**. ~耳を持たない **taub sein** [*für⁺⁴*]
効く wirken; wirksam sein
利く ¶機転が~ **witzig**. ブレーキが利かない **Die Bremse arbeitet nicht gut**.
菊 Chrysantheme 女
器具 Gerät 中; **Apparat** 男
危惧する befürchten
気配りの taktvoll. ¶ ~のない **taktlos**
奇形 missgestaltet
喜劇 Komödie 女; **Lustspiel** 中 ¶ ~的 **komisch**
危険 Gefahr 女; **Risiko** 中 ¶ ~な **gefährlich; bedenklich; riskant**. 〔…の〕~を冒す **Gefahr laufen** [+ zu 不定詞句]. ~にさらす in **Gefahr bringen**. ◆ ~信号 **Notsignal** 中 ~人物 **gefährlicher Mensch** 男 ~負担 **Risikotragung** 女
棄権 (投票の) **Stimmenthaltung** 女 ¶ ~する **sich⁴ enthalten**; (競技を) **auf|geben**
期限 Termin 男; **Frist** 女 ¶ ~の切れた **abgelaufen, überfällig, ungültig**
機嫌 Laune 女 ¶ ~がい

い〈悪い〉 **gut 〈schlecht〉 gelaunt sein, guter 〈schlechter〉 Laune sein**. ~を損ねる **verstimmen**. ~をとる **sich⁴ ein|schmeicheln** [*bei*⁺³]
起源 Ursprung 男; **Herkunft** 女
紀元 im Jahre.... ◆ ~前 im **Jahre vor Christus** (男 v.Chr.)
気候 Klima 中
機構 Organ 中; **Organisation** 女
寄稿する bei|tragen [*zu*⁺³]
寄港する einen Hafen an|laufen
記号 Zeichen 中; **Bezeichnung** 女
技巧 Kunst 女; **Technik** 女
起工式 Grundsteinlegung 女
紀行文 Reisebeschreibung 女
聞こえる hören. ¶聞こえますか **Hören Sie mich?** 車が衝突するのが聞こえた **Ich habe den Wagen zusammenstoßen gehört**.
帰国する heim|kehren; heim|kommen
気心の知れた vertraut; intim
ぎこちない ungeschickt; steif
着こなしがうまい sich⁴ geschmackvoll anzuziehen verstehen
既婚の verheiratet
きざな affektiert; geziert
記載する ein|tragen; verzeichnen
ぎざぎざ Zacken 複 ¶ ~な **zackig**
気さくな offenherzig
兆し Anzeichen 中; **Vorzeichen** 中
刻む zerschneiden; 〔zer〕**hacken**; **klein machen**; (彫る) **schnitzen**
岸 Ufer 中; (海岸) **Küste** 女; **Strand** 男
騎士 Ritter 男
キジ(雉) Fasan 男
生地 (布) **Stoff** 男; (こね粉) **Teig** 男
技師 Ingenieur 男
記事 Artikel 男; **Bericht** 男
儀式 Feierlichkeit 女; **Zeremonie** 女
ぎしぎしいう knirschen
気質 Temperament 中
期日 Termin 男; **Frist** 女
議事堂 Parlamentsgebäude 中; (ドイツの) **das Bundeshaus**
きしむ knirschen; knarren
汽車 Zug 男
記者 Journalist 男; **Berichterstatter** 男; (特派員) **Korrespondent** 男 ◆ ~会見 **Pressekonferenz** 女 ~団 **Reportergruppe** 女
騎手 Reiter 男
機首 Bug 男; **Nase** 女
機種 Typ 男
寄宿舎 Internat 中
記述 Beschreibung 女 ¶ ~する **beschreiben**
奇術 Zaubertrick; Gaukelspiel
技術 Technik 女; **Kunst** 女; (科学技術) **Technologie** 女 ¶ ~的な〈に〉 **technisch**. ◆ ~革新 **Innovation** 女 ~者 **Techniker** 男; **Ingenieur** 男
基準 Norm 女; **Maßstab** 男
規準 Norm 女
気象 Wetter 中 ◆ ~衛星 **Wettersatellit** 男 ~学 **Meteorologie** 女 ~台 **Wetterwarte** 女 ~通報 **Wetterbericht** 男
起床する auf|stehen
記章 Abzeichen 中; **Medaille** 女

気性 Temperament 匣; Charakter 男
偽証 Meineid 男 ¶ ～する den Meineid leisten
キス Kuss 男 ¶ ～をする küssen
傷 Wunde 囡; **Verletzung** 囡 ¶ ～をつける verletzen. ◆～跡 Narbe 囡 ～口 Wunde 囡
奇数 ungerade Zahl 囡
築く bauen. ¶ 土台を～ das Fundament legen. 富を～ Reichtum erwerben
傷つく ¶ 彼の言葉に傷ついた Seine Worte verletzten mich ⟨meines⟩ Gefühl.
傷つける verletzen; beschädigen
きずな(絆) Band 匣
規制 Regelung 囡 ¶ ～する regeln, regulieren. ◆～緩和 Deregulierung 囡
既成の vollendet; bestehend
既製の fertig. ◆～服 Konfektion 囡
帰省する heimkehren
犠牲 Opferung 囡, Opfer 匣 ¶ ～にする [auf]opfern. ～になる zum Opfer fallen; *sich*⁴ opfern. 健康を～にして auf Kosten *seiner* Gesundheit. …のために～を払う ein Opfer für⁺⁴ bringen. どんな～を払ってでも um jeden Preis. ～的な aufopfernd; opferwillig. ◆～者 Opfer 匣
寄生虫 Schmarotzertier 匣
奇跡 Wunder 匣
議席 Sitz 男
季節 **Jahreszeit** 囡; **Saison** 囡 ¶ ～外の außerhalb der Jahreszeit (Saison); unzeitgemäß. ◆～風 Monsun 男 ～変動 Saisonschwankungen ～労働者 Saisonarbeiter 男
気絶する ohnmächtig werden
着せる ankleiden
汽船 Dampfer 男; Dampfschiff 匣
毅然とした standhaft; entschlossen
偽善 Heuchelei 囡 ¶ ～の heuchlerisch. ◆～者 Heuchler 男
基礎 **Grundlage** 囡; **Fundament** 匣; **Basis** 囡; **Grund** 男 ¶ …に…の～を築く zu⁺³ für⁺⁴ den Grund legen. ～的な grundlegend; fundamental. ◆～工事 Grundlegung 囡 ～控除 Grundabzug 男 ～知識 Grundkenntnis 囡, Grundwissen 匣 ◆～データ Grunddaten 匣
起訴 Anklage 囡 ¶ ～する anklagen
競う konkurrieren [mit⁺³ um⁺⁴]; *sich*⁴ messen [mit⁺³]
起草する entwerfen
寄贈する schenken; stiften
偽装 Tarnung 囡 ¶ ～する [*sich*⁴] tarnen
偽造 Fälschung 囡 ¶ ～の falsch. ～する fälschen
規則 **Regel** 囡; **Vorschrift** 囡 ¶ ～的な regelmäßig. ～正しい生活を送る eine regelmäßige Lebensweise haben.
◆～違反 Regelwidrigkeit 囡 ～違反をする gegen die Regeln verstoßen
貴族 Adel 男
北 Norden 男 ¶ ～の nördlich
ギター Gitarre 囡
期待 Erwartung 囡 ¶ ～する erwarten; hoffen. 彼の援助を～して in Erwartung seiner Hilfe. 人の～に添う(⁺²) Erwartungen erfüllen ⟨entsprechen⟩. …に反して wider Erwarten. …に～をかける in⁺⁴ Erwartungen setzen. ◆～外れ Enttäuschung 囡
気体 Gas 匣
議題 Diskussionsthema 匣
鍛える (鉄を) schmieden; (体を) trainieren, stählen
帰宅 Heimkehr 囡 ¶ ～する nach Hause gehen ⟨kommen⟩
気立てのよい gutherzig. ¶ ～の優しい sanftmütig
汚い **schmutzig**, **unsauber**. ¶ 汚くする beschmutzen. ～手を使う schmutzige Tricks benutzen. 金に～ geizig sein
来(た)る kommend; nächst
基地 Stützpunkt 男; Basis 囡
既知の bekannt
機知 Witz 男 ¶ ～に富んだ witzig
きちっと (時間) pünktlich, rechtzeitig; (態度) ordentlich, anständig
貴重な wichtig; teuer; (高価な) kostbar; wertvoll. ◆～品 Kostbarkeiten 匣; Wertsachen
機長 Kapitän 男
議長 Vorsitzende[r] 男囡
几帳面な genau; korrekt
きちんと ordentlich; (正確に) genau. ¶ ～した sauber; korrekt
きつい (辛い) hart; (厳しい) streng; (窮屈な) eng
喫煙 Rauchen 匣 ¶ ～する rauchen. ◆～車⟨者⟩ Raucher 男 ～席 Raucherplatz 男
気遣う *sich*⁴ sorgen [um⁺⁴]
きっかけ Anlass 男; Gelegenheit 囡; Veranlassung 囡 ¶ ～になる veranlassen (*j*⁴ zu⁺³). …を～に aus Anlass
きっかり genau; gerade. ¶ 10時～に Punkt zehn Uhr
きつく ¶ ～しばる fest binden. ～しかる scharf schelten
キック Stoß 男 ◆～オフ Anstoß 男 ～バック Prozente 匣
気付く bemerken; merken; (正気に返る) zu *sich*³ kommen
喫茶店 Café 匣
ぎっしり voll
生粋の echt; rein
きっちり fest; genau; knapp
キッチン Küche 囡
キツツキ (啄木鳥) Specht 男
きっと sicher; gewiss; bestimmt
きっぱりと bestimmt; entschieden
切符 **Karte** 囡; (乗車券) **Fahrkarte** 囡, **Fahrschein** 男; (入場券) **Eintrittskarte** 囡; (駐車違反で) Strafzettel 男 ◆～売場 Fahrkartenschalter 男; (劇場の) Theaterkasse 囡
規定 Bestimmung 囡; Vorschrift 囡
既定の bestimmt; festgesetzt
汽笛 Dampfpfeife 囡
来てもらう kommen lassen. ¶ 私の部屋へ来てもらいたいのだが Kannst du zu mir ins Büro kommen? 大工さんに～

きてん

機転のきく schlagfertig; wendig
祈禱(_) Gebet 図; Andacht 図
軌道 Bahn 図; (ロケットの) Flugbahn 図; (天体の) Laufbahn 図 ¶〜に乗せる in die Umlaufbahn bringen
奇特な lobenswert
危篤 todkrank; sterbenskrank
気取る sich⁴ zieren; vornehm tun. 気取った geziert; affektiert
気長な langmütig. ¶〜に geduldig
気に入り ⇨ 気, お気に入り
記入する (書類に) ausfüllen; (内容を) eintragen
絹 Seide 図 ¶〜の seiden
記念 ¶〜すべき denkwürdig. …の〜に zum Andenken an ⁺⁴. 〜写真 Erinnerungsfoto 毋 〜祭 Jubiläum 毋 〜碑 Denkmal 毋 〜日 Gedenktag 毋 〜品 Andenken 毋
きのう(昨日) gestern. ¶〜の朝(昼, 夜, きのうの早い頃) gestern früh (Mittag, Abend). 〜の新聞 gestrige Zeitung
機能 Funktion 図 ¶〜する funktionieren
技能 Geschicklichkeit 図; [Kunst]fertigkeit 図
キノコ(茸) Pilz 図
気の毒な bedauerlich; arm; Mitleid erregend. ¶〜な(気に思う) bedauern. お〜に Es tut mir Leid.
木の実 Nuss 図
きば(牙) Fangzahn 男
気迫 Energie 図; Kampfgeist 男
揮発 Verflüchtigung 図 ¶〜する sich⁴ verflüchtigen. 〜性の flüchtig
奇抜な bizarr; originell; seltsam
気晴らし Zerstreuung 図, Ablenkung 図 ¶〜する sich⁴ zerstreuen
規範 Norm 図
基盤 Grundlage 図
忌避 Verweigerung 図 ¶〜する sich⁴ weigern
きびきびした flink; lebhaft
厳しい streng; hart; kritisch
気品 Vornehmheit 図 ¶〜のある vornehm
機敏な prompt; flink; scharfsinnig
寄付 Spende 図; Beitrag 男; Stiftung 図 ¶〜する spenden; stiften
義父 Schwiegervater 男
貴婦人 Dame 図
ギプス Gips 男
ギフト Geschenk 毋
気分 Stimmung 図, Laune 図; (雰囲気) Atmosphäre 図 ¶〜したい〜だ Lust haben [+ zu 不定詞句]. きょうは〜はどうですか Wie fühlen Sie sich heute? 〜がいい Mir ist wohl. | Ich fühle mich wohl. 〜転換 zur Abwechs[e]lung. 彼は〜屋だ Er ist ein launischer Mensch 〈Typ〉.
規模 Umfang 男; Ausmaß 毋
義母 Schwiegermutter 図
希望 Hoffnung 図; Wunsch 男 ¶〜する hoffen; wünschen. 〜をもつ〈なくす〉 Hoffnung haben 〈verlieren〉. 〜に胸をふくらませている voller Hoffnung sein
基本 Grundlage 図; Fundament 毋

einen Zimmermann bestellen
¶〜的な grundlegend; elementar. ◆〜給 Grundlohn 男, Grundgehalt 毋 〜的人権 allgemeine Menschenrechte 〜料金 Grundgebühr 図
気前のよい großzügig; freigebig
気紛れ Launen 複 ¶〜な launisch. 〜で〈に〉 aus einer Laune heraus
生真面目な nüchtern; sehr ernst
気まずい peinlich; unbehaglich
期末 Jahresabschluss 男; Semesterende 毋 ◆〜試験 Semesterschlussprüfung 図
気ままな willkürlich; sorgenfrei
決まり (規則) Regel 図; (習慣) Gewohnheit 図 ¶それで話は〜だ Abgemacht! ◆〜文句 Floskel 図, Redensarten 複
決まる bestimmt werden; (始末がつく) erledigt werden
欺瞞(_) Betrug 男
君 du. 〜の dein. 〜たち ihr. 〜たちの euer. 〜と呼ぶ duzen
気味の悪い unheimlich
黄身 [Ei]dotter 男, Eigelb 毋
-気味 ¶風邪〜だ Ich bin leicht erkältet.
気短な ungeduldig
気密の luftdicht
黄緑 gelbgrün
奇妙な seltsam; merkwürdig; eigentümlich. ¶〜なことに merkwürdigerweise
義務 Pflicht 図 ¶〜づける verpflichten [j⁴ zu ⁺³]. …は〜がある zu ⁺³ verpflichtet sein. 〜を果たす〈怠る〉 seine Pflicht tun 〈vernachlässigen〉. 〜的な obligatorisch. 〜的に nur aus Pflicht. ◆〜教育 allgemeine Schulpflicht
気難しい mürrisch; wählerisch; schwierig
ギムナジウム Gymnasium 毋
きめ Maser 図 ¶〜の粗い (肌など) rau. 〜の細かい (肌) fein; (対策) sorgfältig
偽名 falscher Name 男
決める bestimmen, beschließen, entscheiden, festsetzen; (決心する) sich⁴ entschließen, sich⁴ entscheiden. ¶あれに決めた Ich habe mich dafür entscheiden. ドイツに留学することに決めた Ich habe mich entschlossen, in Deutschland zu studieren.
気持ち Gefühl 毋; Stimmung 図, Lust 図 ¶〜のよい angenehm; behaglich. 〜よく gemütlich. 〜の悪い unangenehm, unbehaglich. 〜が悪くなる Mir wird schlecht. 〜悪い! Ekelhaft! 〜を引き締める sich⁴ konzentrieren. ほんの〜だけですが als ein kleines Zeichen der Dankbarkeit. お〜お察しいたします Ich kann Sie gut verstehen.
着物 Kleider 複; (和服) Kimono 男
疑問 Frage 図; (疑い) Zweifel 男 ¶〜のある zweifelhaft; fraglich. 〜の余地がない zweifellos 〈außer allem Zweifel〉 sein. ◆〜符 Fragezeichen 毋 〜文 Fragesatz 男
ギヤ (車の) Gang 男, Getriebe 毋; (歯車) Zahnrad 毋
規約 Satzung 図; Statut 毋

客 Gast 男; (訪問者) Besucher 男; (顧客) Kunde 男; (乗客) Passagier 男, Fahrgast 男 ¶ ～がある Besuch haben. ♦ ～室(ホテル) Gästezimmer 中 (船・飛行機) Kabine 女 ～室乗務員 Flugbegleiter 男 ～車 Personenwagen 男 ～船 Passagierschiff 中
逆 Gegenteil 中; Gegensatz 男 ¶ ～の umgekehrt; verkehrt. …とは～に entgegen $^{+3}$. ～に行き交う sich verkehren. 全く～だ Ganz im Gegenteil!
ギャグ Gag 男
逆襲 Gegenangriff 男 ¶ …に～する einen Gegenangriff auf $^{+4}$ machen
脚色 Dramatisierung 女
客席 Zuschauerraum 男
逆説 Paradoxon 中; paradoxe Aussage 女 ¶ ～的な paradox
虐待 Misshandlung 女 ¶ ～する misshandeln
脚注 Fußnote 女
逆転する sich ^{4} ins Gegenteil wenden
脚本 Szenario 中; (映画の) Drehbuch 中 ♦ ～家 Drehbuchautor 男; Bühnendichter 男
客間 Empfangszimmer 中, Gästezimmer 中
ギャザー Kräuselung 女
華奢な zart; schlank
キャスター (ワゴンの) Rolle 女; (テレビの) Moderator 男
キャスト (演劇の) Besetzung 女
キャタピラ Raupe 女
却下する abweisen
客観的な objektiv; sachlich. ♦ ～性 Objektivität 女
キャッシュ ～で支払う [in] bar bezahlen. ♦ ～カード Cash-Karte 女; Kreditkarte 女
キャッチする (電波を) empfangen; (情報を) aufnehmen
キャッチフレーズ Schlagwort 中
キャップ (帽子) Mütze 女; (長) Chef 男; (万年筆の) Haube 女
ギャップ Kluft 女 ¶ ～を埋める eine Kluft überbrücken. ♦ ジェネレーション～ Generationsunterschied 男
キャビア Kaviar 男
キャプテン Kapitän 男
キャベツ Kohl 男
ギャラ Gage 女
キャラクター (性質) Eigenschaft 女; (漫画の) Figur 女; (広告) Maskotte 女
キャラバン Karawane 女
キャラメル Karamellen 複
ギャラリー Galerie 女
キャリア (仕事) Berufserfahrung 女; (経験) Praxis 女
ギャング Gangster 男
キャンセルする abbestellen
キャンデー Bonbon 中
キャンバス Leinwand 女
キャンパス Universitätsgelände 中
キャンピングカー Wohnwagen 男
キャンプ [Zelt]lager 中 ¶ ～する campen; zelten. ～場 Campingplatz 男; Zeltplatz 男 ～ファイア Lagerfeuer 中
ギャンブル Glücksspiel 中

キャンペーン Kampagne 女
九 neun. ♦ ～番目の neunt. ～分の1 Neuntel 中
急な (緊急の) dringend; (突然の) plötzlich; (素早い) rasch; (険しい) steil. ¶ ～な用事で in dringenden Geschäften. ～に dringend; plötzlich. ～を要する仕事 dringende Arbeit
級 Klasse 女
球技 Kugel 女
救援 Hilfe 女; Beistand 男 ♦ ～隊 Rettungsmannschaft 女
休暇 Urlaub 男; (学校の) Ferien 複 ¶ ～をとる Urlaub nehmen 〈machen〉. ～中である im 〈in, auf〉 Urlaub sein; Ferien haben. ～[旅行]に出かける in Urlaub 〈in die Ferien〉 fahren
嗅覚 Geruchssinn 男 ¶ ～が鋭い einen feinen Geruch haben
休学する das Studium unterbrechen
急患 Dringlichkeitsfall 男; (患者の) plötzlich Erkrankte
九官鳥 Beo 男
球技 Ballspiel 中
救急の dringend. ♦ ～車 Rettungswagen 男, Krankenwagen 男 ～箱 Verbandkasten 男
ぎゅうぎゅう詰めの knallvoll. ¶ ～に ～する zwängen [j-et⁴ in $^{+4}$]
休業する schließen
究極の [aller]letzt
窮屈な eng; knapp; (堅苦しい) steif
休憩 Rast 女; Pause 女 ¶ ～する rasten; sich ^{4} ausruhen; eine Pause machen. ～時間 Zwischenpause 女 ～室 Ruheraum 男 ～所 Ruhestätte 女
急激に heftig; rasch; radikal
急行[列車] Schnellzug 男, D-Zug 男 ♦ ～料金 Schnellzugzuschlag 男
休校になる Die Schule fällt aus.
休講になる Die Vorlesung fällt aus.
急降下する einen Sturzflug machen
球根 Zwiebel 女
求婚 einen Heiratsantrag machen
救済 Hilfe 女; (宗教) Erlösung 女
急死する plötzlich sterben
休止 Stillstand 男; Pause 女 ¶ ～する einstellen. ～している stillstehen
給仕 Kellner 男; Ober 男
旧式の altmodisch; veraltet
休日 Feiertag 男
吸収 Absorption 女; Aufsaugung 女 ¶ ～する absorbieren; aufsaugen
九十 neunzig. ♦ ～番目の neunzigst. ～分の1 Neunzigstel 中
救出する retten, befreien [j ^{4} aus $^{+3}$]
急所 ein wunder Punkt 男 ¶ ～を突いた質問 treffende Frage
救助 Rettung 女 ¶ ～する retten
窮状 Notlage 女; Bedrängnis 女
球場 Baseballstadion 中
給食 (学校の) Schulspeisung 女
急進的な radikal. ♦ ～派 Radikale[r]
求人 Stellenangebot 中
求心力 Zentripetalkraft 女
給水 Wasserversorgung 女
旧姓 Mädchenname 男 ¶ ～シュミット geborene 〈略 geb.〉 Schmidt

きゅうせい 840

急性の akut
休戦 Waffenstillstand 男
急先鋒 ¶~である an der Spitze sein
休息 Rast 囡; Ruhe 囡 ¶~する ruhen; sich⁴ ausruhen; rasten
急速な〈に〉 schnell; rasch
糾弾 Anklage 囡 ¶~する anklagen 〈j⁴ wegen ⁺²〉
窮地 ¶~に陥る in Not geraten
ぎゅう詰めの überfüllt
宮廷 Hof 男
宮殿 Palast 男; Schloss 中
急転直下 ¶事態は~解決した Die Situation löste sich plötzlich auf.
急騰する in die Höhe springen
牛肉 Rindfleisch 中
吸入 Inhalation 囡 ¶~する inhalieren
牛乳 Milch 囡 ◆~配達人 Milchmann 男
急場 ¶~をしのぐ über eine Krise hinwegkommen. ~しのぎに als Notbehelf
急病 plötzliche Erkrankung 囡
給与 Lieferung 囡; Leistung 囡
旧弊な altmodisch; konventionell
究明 Ergründung 囡 ¶~する ergründen
救命 Rettung 囡 ◆~ボート Rettungsboot 中
旧約聖書 das Alte Testament
給油する tanken
級友 Klassenkamerad 男
旧友 alter Freund 男
給与 Gehalt 中 ◆~体系 Gehaltsstruktur 囡
休養 Erholung 囡 ¶~する sich⁴ ausruhen;〈保養する〉sich⁴ erholen
急用 dringende Angelegenheit 囡
キュウリ〈胡瓜〉Gurke 囡
丘陵 Hügel 男
給料 Gehalt 中; Lohn 男 ¶~がいい Die Bezahlung ist gut. ~が上がる Gehaltserhöhung bekommen. ◆~日 Lohntag 男, Zahltag 男
ぎゅっと ¶~つかんで手に取る. ひもを~締める die Schnur fest zuschnüren. ~抱きしめる fest an die Brust drücken
寄与する beitragen 〈zu ⁺³〉
器用な geschickt; gewandt
起用 Berufung 囡 ¶~する berufen
きょう〈今日〉heute. ¶~の朝〈午後、夕方〉heute früh〈Nachmittag, Abend〉. ~の新聞 heutige Zeitung 囡 ~から von heute an. ~中に heute noch
行 Zeile 囡;〈詩の〉Vers 男
凶悪な brutal
胸囲 Brustumfang 男
脅威 Bedrohung 囡; Einschüchterung 囡 ¶~を与える bedrohen
驚異 Wunder 中 ¶自然の~ die Wunder der Natur
教育 Erziehung 囡; Ausbildung 囡 ¶~する erziehen; ausbilden. 十分な~を施す〈受ける〉eine ausreichende Erziehung geben〈erhalten〉. ~的な pädagogisch; erzieherisch. ◆~学 Pädagogik 囡; Erziehungswissenschaft 囡 職業~ Berufserziehung 囡

性~ Sexualerziehung 囡 成人~ Erwachsenenbildung 囡
教員 Lehrer 男
教科 Lehrfach 中; Fachrichtung 囡
強化する verstärken
協会 Verein 男; Gesellschaft 囡
境界 Grenze 囡
教会 Kirche 囡
業界 Branche 囡
共学 Koedukation 囡
驚愕（ぎょうがく）Entsetzen 中; Erschrecken 中
教科書 Lehrbuch 中
恐喝 Erpressung 囡 ¶~する erpressen; drohen 〈j³〉
共感 Mitgefühl 中; Sympathie 囡 ¶~する sympathisieren 〈mit⁺³〉
凶器 Mordwaffe 囡
狂気 Wahnsinn 男 ¶~の wahnsinnig
狂喜して entzückt
講義 Vortrag 男 ¶~…について~する et⁴ beraten. 人と~する sich⁴ mit ⁺³ beraten
競技 Wettkampf 男; Spiel 中 ¶~をする spielen. ◆~会 Konkurrenz 囡, Wettbewerb 男 ~者 Spieler 男; Wettkämpfer 男 ~場 Stadion 中
行儀 ¶~のよい anständig; artig; brav. ~よくする sich⁴ anständig benehmen; sich⁴ artig verhalten
供給 Versorgung 囡 ¶~する versorgen 〈j⁴ mit ⁺³〉; liefern 〈j³ et⁴〉
教区 Gemeinde 囡
境遇 Umstände 男; Umgebung 囡
教訓 Lektion 囡; Belehrung 囡
狂言 Kyogen 中; Possenspiel 中 ◆~自殺 Selbstmordvortäuschung 囡
狂犬病 Tollwut 囡
恐慌 Panik 囡; Krise 囡
強硬な aggressiv; hartnäckig
競合する konkurrieren〈mit ⁺³ um ⁺⁴〉
峡谷 Schlucht 囡
強国 Großmacht 囡
教材 Lehrstoff 男
凶作 Missernte 囡
共産主義 Kommunismus 男 ¶~の kommunistisch. ◆~者 Kommunist 男
共産党 kommunistische Partei 囡
教師 Lehrer 男
凝視する anstarren
行事 Veranstaltung 囡
教室 Klassenzimmer 中;〈講義室〉Hörsaal 男
教授 Geschäftsmann 男
教授 Professor 男;〈教育〉Unterricht 男 ◆客員~ Gastprofessor 男
享受 Genuss 男 ¶~する genießen
郷愁 Heimweh 中
恐縮する sich⁴ beschämt fühlen; dankbar〈verbunden〉sein
凝縮 Verdichtung 囡
供述 Aussage 囡
行商する hausieren
強制 Zwang 男 ¶~的に zwangsweise. ~する zwingen〈j⁴ zu ⁺³〉
共生 Symbiose 囡
行政 Verwaltung 囡; Administration 囡 ◆~権 Exekutive 囡

業績 Leistung 囡
競争 Wettbewerb 男; Konkurrenz 囡 ¶ ～する konkurrieren, wetteifern [mit +³ um +⁴]. ◆ ～相手 Konkurrent 男; (スポーツ) Gegner 男
競走 Wettlauf 男 ¶ ～する wettlaufen
胸像 Büste 囡
協奏曲 Konzert 中
共存する koexistieren
兄弟 Bruder 男 (姉妹) Schwester 囡; (兄弟姉妹) Geschwister 囡 ¶ ～はおありですか Haben Sie Geschwister?
強大な mächtig; gewaltig
鏡台 Spiegeltisch 男
驚嘆する bewundern
教壇 Podium 中; Katheder 中
強調 Betonung 囡 ¶ ～する betonen
協調 ¶ ～と～する mit +³ harmonieren; ～的な einträchtig
共通の gemeinsam. ¶ ～の利害 gemeinsame Interessen 履 この欠点は彼らに～している Dieser Fehler ist ihnen gemein. ～と～する点が多い〈少ない〉 viel〈wenig〉mit +³ gemein haben
協定 Abkommen 中 ¶ ～する vereinbaren [et³ mit +³]
郷土 Heimat 囡
教頭 Konrektor 男
共同の gemeinschaftlich. ¶ […と]～して [mit +³] zusammen; in Zusammenarbeit [mit +³] ◆ ～決定権 Mitbestimmung 囡 ～決定権 Mitbestimmungsrecht 中 ～作業 Gemeinschaftsarbeit 囡, Gemeinschaftsarbeit 囡 ～声明 Kommuniqué 中 ～一体 Gemeinschaft 囡 ～募金 Spendensammlung 囡
協同 Kooperation 囡, Zusammenarbeit 囡 ¶ ～と…を翻訳する mit +³ bei der Übersetzung zusammen|arbeiten. ◆ ～組合 Genossenschaft 囡
教派 Sekte 囡
脅迫する drohen [j³]
共犯 Mitschuld 囡 ◆ ～者 Mittäter 男; Komplize 男
恐怖 Furcht 囡; Grauen 中 ¶ ～を感じる sich⁴ fürchten [vor +³]. ◆ ～政治 Schreckensherrschaft 囡
胸部 Brust 囡
強風 starker Wind 男
共謀 Verschwörung 囡 ¶ ～する sich⁴ verschwören [gegen +⁴]
凶暴な brutal; grausam
狂暴な wütend; rasend
興味 Interesse 中 ¶ …に～がある an +³ interessiert sein. ～深い sehr interessant. ～をもつ sich⁴ interessieren [für +⁴]. ～を起こさせる interessieren [j⁴ an +³]. …への～を失う das Interesse an +³ verlieren. ～本位から aus Neugier
共有の gemeinsam
教養 Bildung 囡; Kultur 囡 ¶ ～ある gebildet. ～のない ungebildet
強要 Zwang 男 ¶ ～する zwingen, nötigen [j⁴ zu +³]
郷里 Heimat 囡
恐竜 Dinosaurier 男
狭量な engherzig; kleinlich
協力 Mitarbeit 囡; Zusammenarbeit 囡; Mitwirkung 囡 ¶ ～する mit|arbeiten [an +³]; mit|wirken [an +³]; zusammen|arbeiten [bei +³]. ～して im Verein, in Zusammenarbeit. ～的な mitwirkend. ◆ ～者 Mitarbeiter 男. ～体制 eine enge Zusammenarbeit. ～関係 ein enges Verhältnis 中
強力な stark; gewaltig
強烈な kräftig; heftig; stark
行列 Zug 男; Umzug 男; (買い物などの) Schlange 囡 ¶ ～する sich⁴ an|stellen; Schlange stehen
共和国 Republik 囡; Freistaat 男 ◆ ～党 Republikaner 男
虚栄心 Eitelkeit 囡 ¶ ～心の強い eitel
ギョーザ Teigtaschen mit Füllung
許可 Erlaubnis 囡; Genehmigung 囡 ¶ ～する erlauben; (認可で) genehmigen; gewähren [j³ et¹]. ～を求めるum Erlaubnis bitten. ◆ ～証 Erlaubnisschein 男
魚眼レンズ Fischaugen-Objektiv 中
虚偽の falsch, unwahr, lügenhaft
漁業 Fischerei 囡
曲 Musikstück 中
局 (役所の) Amt 中; (会社の) Abteilung 囡; (放送局) Sender 男
極 Pol 男
曲芸 Kunststück 中; Akrobatik 囡
極限 Limit 中; Grenze 囡 ◆ ～状態 Grenzsituation 囡
極小の minimal
曲線 Kurve 囡 ¶ ～を描く einen Bogen ziehen
極大の maximal
極端な extrem; radikal; äußerst
極致 Höhepunkt 男
局長 Direktor 男
極点 Pol 男
極度の〈に〉 äußerst; höchst
極東 Fernost 男 ¶ ～の fernöstlich
局留めの postlagernd
局部的な örtlich. ◆ ～麻酔 Lokalanästhesie 囡; örtliche Betäubung 囡
局面 Situation 囡; Phase 囡
挙行する veranstalten; halten
漁港 Fischereihafen 男
虚弱な schwächlich
居住者 Bewohner 男
巨人 Riese 男; Gigant 男
御する lenken; beherrschen; zügeln
拒絶 Verweigerung 囡; Ablehnung 囡 ¶ ～する ablehnen; absagen. ◆ ～反応 Zurückweisung 囡; Abstoßung 囡
漁船 Fischerboot 中
漁村 Fischerdorf 中
巨大な kolossal; riesig; riesenhaft
曲解する missdeuten
ぎょっとした entsetzt. ¶ ～する sich⁴ entsetzen [bei +³]; stutzen
拠点 Stützpunkt 男
去年 letztes〈voriges〉Jahr, im letzten Jahr ¶ ～の夏 im letzten Sommer
拒否 Weigerung 囡; Ablehnung 囡, Verweigerung 囡 ¶ ～する ablehnen; verweigern. …に対して～権を行使する ein Veto gegen +⁴ einlegen.
漁夫の利を得る im Trüben fischen
漁民 Fischer 男

きょむ 842

虚無 Nichts 中; ~的な nihilistisch. ◆~主義 Nihilismus 男
清める reinigen; (精神を) läutern
許ი Erlaubnis 女; ~する erlauben; zulassen
距離 Abstand 男; Entfernung 女; Strecke 女; Distanz 女; …に~を置く Abstand zu +3 wahren
きょろきょろする unruhig umhersehen
嫌いな unangenehm; abstoßend; verhasst. ~である nicht mögen.
嫌う hassen. ¶ 私は肉が嫌いだ Ich mag Fleisch nicht.
きらきら funkeln
気楽な behaglich; bequem; sorglos
きらめく funkeln; glitzern
霧 Nebel 男. ¶ ~のかかる neblig. ~ 深い Nebel hängt überall. ~が辺り一面に立ちこめている Der Nebel hängt überall. ~が晴れた Der Nebel lichtete sich. ~を吹く mit Wasser bestäuben
錐(きり) Bohrer 男
切りをつける ein Ende machen [et³]. ¶ ~のない endlos; grenzenlos
義理 Schuldigkeit 女. ¶ ~を欠く seine Schuldigkeit ⟨Pflicht⟩ vernachlässigen. ~を立てる seine Schuldigkeit tun. ~の母 Schwiegermutter 女 ◆ ~人間的 menschliche Verpflichtung 女
切り換える umschalten
切り株 Stumpf 男
切り刻む zerhacken; zerstückeln
切り傷 Schnittwunde 女
ぎりぎりの knapp
キリギリス Laubheuschrecke 女
切り口 Schnitt 男; Schlitz 男
切り込む einschneiden
霧雨 Nieselregen 男. ¶ ~が降る Es nieselt; Es sprüht.
キリスト [Jesus] Christus. ◆ ~教 Christentum 中 ~教徒 Christ 男
切り倒す fällen; hauen
規律 Disziplin 女; Ordnung 女
起立する aufstehen; sich⁴ erheben
切り詰める abkürzen; (節減 する) einschränken
切り取る abschneiden
切り抜き Ausschnitt 男
切り抜く ausschneiden [et⁴ aus ³]
切り抜ける (困難を) überwinden; (病気などを) überstehen
切り離す abschneiden; (分離 する) abtrennen
切り開く aufschneiden
霧吹き Zerstäuber 男
切り札 Trumpf 男
切り身 Scheibe 女
気流 Luftströmung 女
技量 Leistungsfähigkeit 女; Geschicklichkeit 女 ¶ ~のある begabt
気力 Willenskraft 女; Energie 女
キリン Giraffe 女
切る schneiden; (鋏で) scheren; fällen; (切断) ausschalten. ¶ 期限を~ den Termin festsetzen. テレビを~ das Fernsehen ausschalten. 縁を~ die Beziehungen [zu +³] abbrechen

着る anziehen. ¶ 着ている tragen; anhaben. 服を~ sich⁴ anziehen
-切る ¶ かみ~ abbeißen. 叩き~ abschlagen. 使い~ verbrauchen. 疲れ~ erschöpft sein. 言い~ klipp und klar sagen. 思い~ verzichten [auf +⁴]
ギルド Gilde 女
きれ Tuch 中; Stoff 男
-切れ Scheibe 女 ¶ ~のパン eine Scheibe Brot
きれいな schön; hübsch; rein; (清潔) sauber. ¶ ~にする putzen; reinigen. 彼女は~なだけじゃなくて…Sie ist nicht nur hübsch, ...
亀裂 Spalte 女; Riss 男
切れる (糸) reißen; (期限) ablaufen. ¶ 電球が切れた Die Birne ist aus. 電池が切れた Die Batterie ist leer.
キロ (重さ) Kilo[gramm] 中; (長さ) Kilometer 男
帰路 Heimweg 男; Rückfahrt 女
記録 (文書) Dokument 中; Protokoll 中; (結果) Rekord 男. ¶ ~する verzeichnen; aufzeichnen. ~を作る単新する einen Rekord aufstellen ⟨brechen, verbessern⟩. 世界新~を出す einen Weltrekord aufstellen. ~的な大雨 ein Rekordunwetter 中 ◆ オリンピック ~ein olympischer Rekord 男
キログラム Kilo[gramm] 中
キロメートル Kilometer 男 中
議論 Diskussion 女; Debatte 女. ¶ ~する erörtern; diskutieren; debattieren. 激しく~する hitzig diskutieren. ~好きな streitsüchtig; polemisch. ~の余地のない unumstritten. …と言うことは~の余地がない Es besteht kein Zweifel, dass...
疑惑 Verdacht 男; Zweifel 男
際立つ sich⁴ abheben [von +³]; hervorragen
きわどい (危険な) gefährlich; riskant; (時間) im letzten Augenblick; (みだらな) gewagt
きわめて höchst; äußerst; sehr
金 Gold 中 ¶ ~[色]の golden. 沈黙は~なり Reden ist Silber, Schweigen ist Gold. 光るもの必ずしも~ならず Es ist nicht alles Gold, was glänzt.
銀 Silber 中 ¶ ~[色]の silbern
均一の gleichmäßig
禁煙 Rauchen verboten! ¶ ~する das Rauchen aufgeben. ◆ ~車 Nichtraucher 男
金貨 Goldmünze 女; Goldstück 中
銀河 Milchstraße 女 ◆ ~系 Milchstraßensystem 中
金科玉条 goldene Regel 女
金額 [Geld]summe 女; Betrag 男
謹賀新年 Ich wünsche Ihnen ein glückliches neues Jahr!
近刊 Neuerscheinung 女
近眼の kurzsichtig
金管楽器 Blechblasinstrument 中
金環食 Eklipse 女
緊急の akut; dringend. ◆ ~事態 Notstand 男 ~電話 Notruf 男
金魚 Goldfisch 男 ◆ ~鉢 Goldfischbehälter 男

金権政治 Plutokratie 囡 ◆～政治家 Plutokrat 男
金庫 Kasse 囡; Geldschrank 男; Safe 男 ◆手提げ～Geldkassette 囡 ～破り Geldschrankknacker 男
近郊 Umgegend 囡; Stadtrand 男 ◆都心～die Außenbezirke der Stadt
均衡 Gleichgewicht 中 ¶勢力の～das Gleichgewicht der Kräfte. ～を保つ das Gleichgewicht halten
銀行 Bank 囡 ◆～員 Bankangestellte[r] 男 ～家 Bankier 男 ～口座 Bankkonto 中 ～強盗 Banküberfall 男; (人) Bankräuber 男 ～振り込み Banküberweisung 囡 ～ローン Bankdarlehen 中 中央～Zentralbank 囡
筋骨たくましい〈陰々たる〉muskulös
禁止 Verbot 中 ¶～する verbieten. ～された verboten
近視の kurzsichtig
均質の homogen
近日 in kurzem; in den nächsten Tagen
禁酒 Abstinenz 囡
緊縮 Einschränkung 囡 ◆～財政 gekürzter Haushalt 男
近所 Nachbarschaft 囡; Nähe 囡 ¶～の nahe. ～に in der Nähe [von +³]. ～の人 Nachbar 男; Anwohner 男. ～迷惑である die Nachbarschaft belästigen
禁じる verbieten; untersagen; (抑える) sich⁴ enthalten [et²]
近世 Neuzeit 囡
均整のとれた ebenmäßig
金星 Venus 囡
金銭 Geld 中 ¶～上の finanziell
金属 Metall 中 ¶～の metallen. ◆～加工 Metallverarbeitung 囡 ～工業 Metallindustrie 囡 ～製品 Metallware 囡 ～探知器 Metalldetektor 男 ～疲労 Materialermüdung 囡
近代 moderne Zeit 囡; Neuzeit 囡 ¶～の modern. ～的な modern; neuzeitlich. ◆～化 Modernisierung 囡
緊張 Spannung 囡; Anstrengung 囡 ¶～した [an]gespannt, angestrengt; nervös. ～する nervös werden. ◆～緩和 Entspannung 囡
近東 der Nahe Osten
ぎんなん Gink[g]osamen 男
筋肉 Muskel 男 ◆～痛 Muskelkater 男
近年 in den letzten Jahren
緊迫した gespannt; dringend
金髪の blond. ¶～の女性 Blondine 囡
勤勉な fleißig
吟味 Prüfung 囡 ¶～する prüfen; probieren
勤務 Dienst 男 ¶～上の dienstlich. ～する im Dienst sein
禁輸 Embargo 中; (輸入の) Einfuhrverbot 中; (輸出の) Ausfuhrverbot 中
金融 Finanz 囡; Finanzwesen 中 ◆～監督庁 Finanzaufsichtsamt 中 ～緩和 eine lockere Geldpolitik 囡 ～機関 Kreditinstitut 中 ～恐慌 Finanzkrise 囡 ～業 Geldgeschäfte 複 ～業者 Finanzmann 男 ～市場 Geldmarkt 男 ～

資本 Finanzkapital 中 ～自由化 Finanzliberalisierung 囡 ～政策 Geldpolitik 囡 ～引き締め eine straffe Geldpolitik 囡
金曜日 Freitag 男 ¶～に am Freitag.
禁欲 Askese 囡; Abtötung 囡
金利 Zins 男
近隣 Nachbarschaft 囡 ◆～諸国 Nachbarstaaten 複

⊂ く ⊃

九 neun
区 Stadtbezirk 男; Stadtviertel 中
句 Phrase 囡; (詩句) Vers 男
愚にもつかぬ unsinnig; absurd
具合 ¶～がよい (都合) recht sein [j³]. (体調) Es geht mir gut.
くい Pfahl 男
悔い Reue 囡
クイーン Königin 囡; (トランプ) Dame 囡
区域 Bezirk 男; Zone 囡; Gegend 囡
食いしん坊 Vielfraß 男
クイズ Quiz 中 ◆～番組 Quizsendung 囡
食い違い Diskrepanz 囡 [zwischen⁺³], Widerspruch 男
食い違う im Widerspruch stehen [zu⁺³]
食いつく (ぱくっと) schnappen
食い尽くす auffressen
食い止める aufhalten; hemmen
食う essen; (動物が) fressen. ¶この車はガソリンを～Dieses Auto verbraucht viel Benzin. ～か食われるかの戦い Existenzkampf 男, der Kampf ums Dasein. 何食わぬ顔で mit einem völlig unschuldigen Gesicht
クウェート Kuwait
空間 Raum 男
空気 Luft 囡; (雰囲気) Atmosphäre 囡 ¶新鮮な～frische Luft. ～を入れ換える die Luft erneuern. ◆～銃 Luftgewehr 中
空虚な leer; eitel; hohl
グーグー ¶～寝る schlafen wie ein Murmeltier schlafen; (いびきをかく) schnarchen. お腹が～なる Der Magen knurrt.
空軍 Luftwaffe 囡; Luftstreitkräfte 複
空港 Flughafen 男
空車 freies Taxi 中
空襲 Luftangriff 男
偶数 gerade Zahl 囡
空席 freier Platz 男
空前の beispiellos; unerhört
偶然 Zufall 男 ¶～の〈に〉zufällig; unabsichtlich. ～の一致 zufälliges Zusammentreffen 中 ～…する [rein] zufällig tun
空想 Einbildung 囡; Fantasie 囡 ¶～する fantasieren. ～的な fantastisch
偶像 Götze 男; Abgott 男 ◆～崇拝 Götzendienst 男
空中に in der Luft
クーデター Staatsstreich 男
空洞 Höhle 囡 ¶～のある hohl
空白の leer. ¶～の箇所 leere Stelle 囡

空腹 Hunger 男; ¶～の hungrig
クーポン Kupon 男, Coupon 男
空輸 Lufttransport 男
クーラー Klimaanlage 女
空路 Luftweg 男; ¶～で auf dem Luftweg; per Flugzeug
寓話 Fabel 女
クォーツ Quarz 男 ◆～時計 Quarzuhr 女
区画 Abteilung 女; Abgrenzung 女
九月 September 男 ¶～に im September
区間 Strecke 女
茎 Halm 男; Stängel; Stiel 男
くぎ Nagel 男 ¶～を打ち込む einen Nagel einschlagen [in +4]. ～を抜く einen Nagel herausziehen [aus +3]. ～を刺す〈注意する〉mahnen; ausdrücklich betonen. ～付けにする anheften; festnageln. ～付けになる wie angenagelt dastehen. ◆～抜き Nagelzange 女; Nagelzieher 男
苦境 Not 女 ¶～に陥る in Not geraten
区切り Abschnitt 男 ¶区切る abteilen
くくる〈括る〉〈結ぶ〉binden; 〈かっこで〉einklammern
くぐる durchgehen; durchfahren
矩(く)形 Rechteck 中
草 Gras 中; **Kraut** 中;〈雑草〉Unkraut 中
臭い stinkend, stinkig;〈臭う〉**riechen** [nach +3]. **stinken** [nach +3]. ¶口が～ aus dem Mund riechen 〈stinken〉. ガス～ Es riecht nach Gas. 焦げ～ Es riecht brandig. ～飯を食う im Gefängnis sitzen. ～ものに蓋をする etwas⁴ unter den Teppich kehren
草刈りをする Gras mähen. ◆～機 [Gras]mähmaschine 女
草木 Pflanze 女, Vegetation 女 ¶～も眠る丑(ʾ)三つ時 mitten in der Nacht, wo alles ganz still ist
草地 Wiese 女
草花 Blume 女
くさび Keil 男
鎖 Kette 女
腐る verderben; verfaulen. ¶腐った faul; verdorben
串 Spieß 男
櫛(し) Kamm 男 ¶～でとかす kämmen
くじ Los 中;〈宝くじ〉Lotterie 女 ¶～を引く ein Los ziehen. くじ引きで決める durch das Los entscheiden
くじく〈手足を〉verstauchen
くしくも wunderbarerweise
くじける entmutigt〈niedergeschlagen〉werden; den Mut verlieren
クジャク(孔雀) Pfau 男
くしゃくしゃにする zerknittern
くしゃみ Niesen 中 ¶～をする niesen
駆除 Vertilgung 女 ¶～する vertilgen
苦笑する bitter lächeln
苦情 Beschwerde 女; Klage 女 ¶～を言う sich⁴ beschweren [bei +3 über +4]; klagen [über +4]
クジラ(鯨) Wal[fisch] 男
苦心する sich⁴ bemühen [um +4]
くず Abfall 男; Kehricht 男 ◆～かご Papierkorb 男
くすくす笑う kichern
ぐずぐずする säumen [mit +3]
すぐったい Es kitzelt mich.
くすぐる kitzeln
崩す〈壁を〉einreißen;〈お金を〉klein machen. ¶膝を～ sich⁴ bequem setzen
くすねる klauen, mausen
くすぶる schwelen
薬 Arznei 女; **Medikament** 中; **Medizin** 女;〔Heil〕**mittel** 中 ¶～になる〈教訓〉eine Lehre sein [j³]. 毒にも～にもならない weder Nutzen noch Schaden haben. ◆～屋 Apotheke 女; Drogerie 女
薬指 Ringfinger 男
崩れる zusammenbrechen
くすんだ matt; stumpf
癖 Gewohnheit 女; Hang 男;〈病的な〉Sucht 女;〔悪い〕**Eigenart** 女 ¶いつもの～で aus Gewohnheit. 無くて七～ Jeder hat seine Eigenart.
くそ Kot 男;〈家畜の〉Mist 男 ¶～っ! Scheiße!〔Geh zum Teufel!
具体的な konkret; anschaulich. ¶～化する konkretisieren, verkörpern
砕く zerbrechen; zerschlagen
くたくたである Ich bin ganz fertig. | Ich bin totmüde.
砕ける brechen; zerbrechen
下さい これを～. Bitte. Ich nehme das. そうして～Bitte, machen Sie das! 窓を開けて～Könnten Sie bitte das Fenster aufmachen?
下す〈負かす〉schlagen; besiegen. ¶判決を～ein Urteil fällen. 命令を～einen Befehl geben〈erteilen〉
くたびれる müde werden. ¶くたびれた müde
果物 Obst 中; Frucht 女
くだらない unbedeutend; unsinnig; blöde ¶～話 Quatsch 男 くだらん!Ach, Quatsch!〔Pah!
下り Abstieg 男 ¶～坂 Abstieg 男
下る heruntergehen; herabkommen. ¶. 命令が～ Der Befehl wird gegeben. 腹が～ Durchfall haben. 3万を下らない大観衆だった Es gab Zuschauer nicht weniger als 30 tausend.
口 Mund 男,〈動物の〉Maul 中 ¶～に出す aussprechen. ～のきけない stumm. ～をきく sprechen;〈斡旋〉vermitteln. ～をそろえて einstimmig. ～から先に生まれる ein großes Maul haben; nicht auf den Mund gefallen sein. ～八丁手八丁 ein vollendeter Diplomat sein
愚痴をこぼす nörgeln [über +4]; murren
口絵 Titelbild 中
口数〈～の多い redselig. ～が少ない wortkarg
口金 Schnalle 女
口利きで durch Vermittlung [von +3]
口汚く ののしる wie ein Landsknecht fluchen
口車に乗せる gut zureden [j³], einwickeln
口げんか Zank 男; Wortstreit 男 ¶～

口答え Widerrede 囡; ～する entgegnen; widersprechen [j-et³]
口さがない klatschsüchtig, geschwätzig. ◆～連中 Lästermäuler 覆
口ずさむ summen
口添えする ein gutes Wort einlegen [für⁺⁴]
口出し | 余計な～するな Zieh dich an deiner eigenen Nase.
口達者な zungenfertig
口止めする zur Schweigepflicht verpflichten. ◆～料 Schweigegeld 㠪
くちばし Schnabel 男
口火 Zünder 男; (きっかけ) Ursache 囡 | ～を切る als Erster beginnen
口ひげ Schnurrbart 男
唇 Lippe 囡 | ～を噛む sich³ auf die Lippen beißen. ◆上～ Oberlippe. 下～ Unterlippe
口笛 Pfiff 男 | ～を吹く pfeifen
口振り Sprechweise 囡
口紅 Lippenstift 男; Rouge 电 | ～をつける sich³ die Lippen schminken
口約束する ein mündliches Versprechen geben
口調 Ton 男
愚直な bieder; treudoof
朽ちる verfaulen. | 朽ちた morsch
靴 Schuh 男; (長靴) Stiefel 男 | ～をはく(脱ぐ) Schuhe anziehen (ausziehen). ◆～売り場 Schuhabteilung 囡 ～墨 Schuhcreme 电 ～底 Sohle 囡 ～ひも Schuhband 电 ～べら Schuhlöffel 男 ～磨き Schuhputzer 男 ～屋 Schuhgeschäft 电
苦痛 Schmerz 男; Qual 囡
覆す umwerfen; umstürzen
クッキー Plätzchen 电; Gebäck 电
くっきりした(と) klar, deutlich, scharf
屈指の hervorragend; herausragend
靴下 (長い) Strumpf 男; (ソックス) Socke 囡
屈辱的な demütigend
クッション Polster 电; Kissen 电
ぐっすり眠る fest schlafen
屈する kapitulieren [vor⁺³]; nachgeben [j-et³]
屈折 Brechung 囡 | ～する sich⁴ brechen
屈託のない unbekümmert; sorglos
ぐったりした erschöpft; matt
くっつく kleben [an⁺³]
くっつける anheften [et⁴ an⁺³]; (のりで貼る) kleben [et⁴ an (auf)⁺⁴]
ぐっと (一息に) auf einen Zug; (強く) kräftig, heftig. | 人の胸に～人の胸に～人の胸に強く感銘を与える beeindrucken
屈服 | ～する sich⁴ unterwerfen [j³]. | ～させる unterwerfen
くつろぐ | どうぞおくつろぎください Machen Sie es sich bequem, bitte!
くどい aufdringlich; penetrant
句読点 Interpunktionszeichen 电
口説く überreden [j⁴ zu⁺³]
愚鈍な dumm; stumpfsinnig
苦難 Not 囡
国 Land 电; Staat 男; Nation 囡 | ～の national, staatlich. お～はどちらですか Woher kommen Sie?
苦悩 Kummer 男; Leiden 电
配る (分ける) verteilen [et⁴ an⁺⁴], austeilen; (配達する) austragen
首 Hals 男; (頭) Kopf 男; (うなじ) Nacken 男 | ～を縦に振る nicken. ～を横に振る den Kopf schütteln. ～を長くして待つ sehnsüchtig erwarten. ～が飛ぶ gekündigt werden, entlassen werden. ～にする entlassen; feuern. 借金で～が回らない bis über die Ohren tief in Schulden stecken. ◆～飾り Halskette 囡; Halsband 电 ～筋 Genick 电; Nacken 男 ～輪 Halsband 电
首ったけの bis über die Ohren verliebt sein
工夫 Erfindung 囡 | ～する erfinden
区分 Abteilung 囡; Einteilung 囡 | ～する einteilen
区別 Unterscheidung 囡; Unterschied 男 | ～する unterscheiden [et⁴ von⁺³]. …と～して im Unterschied zu⁺³
くぼみ Vertiefung 囡; Grube 囡
くぼんだ vertieft; eingefallen
熊 Bär 男
熊手 Rechen 男; Harke 囡
くまなく überall
組 (セット) Satz 男; (対) Paar 电; (クラス) Klasse 囡
組合 Verein 男; Gesellschaft 囡; Verband 男
組み合わせ Kombination 囡
組み合わせる kombinieren
組み入れる einreihen [et⁴ in⁺³]; einordnen [et⁴ in⁺⁴]
組曲 Suite 囡
組み立て Bau 男; Struktur 囡; Montage 囡
組み立てる bauen; montieren; zusammensetzen
組む | 脚を～die Beine kreuzen. 両手を～die Hände falten. ～にタイプに分ける in … Typen setzen. …と～sich⁴ mit⁺³ verbinden. …と組しむで zusammen mit⁺³
くむ (水を) schöpfen
工面する aufbringen
雲 Wolke 囡 | ～が出た Wolken sind aufgestiegen. ～が切れた Wolken haben sich zerteilt. ～をつかむような話 eine vage Geschichte
クモ (蜘蛛) Spinne 囡 | ～の巣 Spinngewebe 电; Spinnennetz 电
雲行き | ～が怪しい(天気) Es zieht ein Unwetter auf. (状況) Die Situation verschlechtert sich zusehends.
曇らす trüben; verdunkeln
曇りの trüb; wolkig. ◆～ガラス Milchglas 电
曇る trübe werden; sich⁴ bewölken; sich⁴ bedecken. | 曇った wolkig; bewölkt; bedeckt; trübe
苦悶 Qual 囡 | ～する sich⁴ quälen
区役所 Bezirksamt 电
悔しい ärgerlich
悔やみ | お～を言う sein Beileid aussprechen [j³]. お～申し上げます Mein herzliches Beileid!
悔やむ bereuen

くよくよする grübeln [über⁺⁴]; *sich³* Sorgen machen [um⁺¹]
蔵 Speicher 男; Lagerhaus 中
鞍 Sattel 男
暗い dunkel; (陰鬱な) betrübt; finster; düster. ¶暗くなる Es dunkelt. 性格が～ Miesepeter sein; pessimistisch sein. 気持ちになる betrübt sein
位 (階級) Grad 男, Rang 男; (桁) Stelle 女
…くらい ungefähr; etwa
グライダー Segelflugzeug 中
クライマックス Höhepunkt 男
食らう fressen; saufen; (びんた・罰など を) kriegen
暗がり Dunkelheit 女
クラクション Hupe 女
ぐらぐらする wackeln. ¶～の locker, wackelig
クラゲ (水母) Qualle 女
暗さ Dunkelheit 女
暮らし (生活) Leben 中; (暮らし向き) Lebenshaltung 女; (生計) Lebensunterhalt 男. ¶～に困るは他木難しい生活をしている。その日を～ von der Hand in den Mund leben
クラシックの klassisch. ◆～音楽 klassische Musik 女
クラス Klasse 女 ◆～会 Klassensammlung 女 ～メート Klassenkamerad 男; Mitschüler 男
暮らす leben. ¶…と～は⁺³ zusammenleben [zusammenwohnen]
グラス Glas 中
グラタン Auflauf 男; Gratin 男
クラッカー Crackers 男
ぐらつく wanken
クラッチ Kupplung 女
クラブ Klub 男, Verein 男; (トランプ) Kreuz 中; (ゴルフ) Golfschläger 男
グラフ Diagramm 中 ¶～にする in einem Diagramm darstellen
グラフィックデザイナー Grafiker
比べる vergleichen [et⁴ mit⁺³]. ¶それ に比べてだが dagegen; im Vergleich dazu. …と比べれば im Vergleich zu⁺³
くらむ (目が) blenden. ¶光が目を～ Das Licht blendet mich. (気分) Mir wird schwind[e]lig.
グラム Gramm 中
暗やみ Finsternis 女
クラリネット Klarinette 女
グランド Sportplatz 男
グランドピアノ Flügel 男
グランプリ Grand Prix 男
栗 (ｸﾞﾘ) [Edel]kastanie 女
繰り上げる vor|verlegen
クリーナー (掃除機) Staubsauger 男; (洗剤) Reinigungsmittel 中
クリーニング Reinigung 女; Wäscherei 女 ◆～屋 Reinigung 女 ドライ ～ die chemische Reinigung
クリーム (料理用) Sahne 女; (化粧用) Creme 女
グリーン Grün 中 ◆～車 Wagen erster Klasse
グリーンピース (豆) Erbsen; (団 体名) Greenpeace 女
繰り返し Wiederholung 女

繰り返す wiederholen, [*sich⁴*] wiederholen. ¶繰り返し言う *sich⁴* wiederholen
クリケット Kricket
繰り越し Vortrag 男
繰り越す vor|tragen [et⁴ auf⁺⁴].
クリスマス Weihnachten 中 ¶～おめ でとう Fröhliche Weihnachten! ◆～イ ブ Weihnachtsabend 男 ～カード Weihnachtskarte 女 ～ツリー Weihnachtsbaum 男 ～プレゼント Weihnachtsgeschenk 中
クリックする klicken
クリップ [Büro]klammer 女
グリップ Griff 男
クリニック Klinik 女
グリム童話 die Märchen der Brüder Grimm
グリル Grill 男; (部屋) Grillroom 男
来る kommen, (歩く) an|kommen. ¶人の家へ…は⁺³ kommen. ～日も～日 も Tag für Tag
狂う ¶気が～ verrückt werden. 調子の ～ schief gehen; *j³* geht es schlecht.
グループ Gruppe 女 ¶～で gruppenweise
くるくる回る *sich⁴* herum|drehen, *sich⁴* im Kreise drehen
ぐるぐる巻く herum|wickeln [um⁺⁴]
苦しい schmerzlich; peinlich; schwer; schwierig; schmerzhaft. ¶ 胸の～ Ich habe Brustschmerzen. 立 場にある人 in der Klemme sein. ～言い 訳 eine unglaubwürdige (billige) Ausrede 女 ～時の神頼み Not lehrt beten.
苦しみ Qual 女; Leiden 中
苦しむ leiden [an (unter)⁺³]; *sich⁴* quälen [mit⁺³]
苦しめる quälen [j⁴ mit⁺³]
くるぶし Knöchel 男
車 Wagen 男; (自動車) Kraftwagen 男; Auto 中; (車輪) Rad 中 ¶～に乗る [in einen Wagen] ein|steigen. ～から 降りる aus|steigen. ◆～いす Rollstuhl 男 ～寄せ Einfahrt 女
くるまる *sich⁴* ein|wickeln [in⁺⁴]
クルミ (胡桃) [Wal]nuss 女
くるむ [ein|]wickeln [*j-et⁴* in⁺⁴]; ein|packen
ぐるりと ringsherum; um⁺⁴ herum.
暮れ Jahresende 中
グレー grau
クレーター Krater 男
クレープ Krepp 男
グレープフルーツ Grapefruit 女
クレーム Reklamation 女 ¶～をつけ る reklamieren
クレーン Kran 男
クレジット Kredit 男 ◆～カード Kreditkarte 女
クレヨン Krayon 男
暮れる ¶日が～ Es dunkelt.
くれる (与える) geben; schenken. ¶そ うしてくれませんか Könnten Sie das bitte tun?
黒 Schwarz 中 ◆黒い schwarz. ¶日に焼 けて黒くなる von der Sonne gebräunt sein

苦労 Mühe 囡 ¶~の多い sorgenvoll. ~する *sich*⁴ bemühen [um⁺⁴]
玄人 Kenner 男; Experte
クローク Garderobe 囡
クローズアップ Großaufnahme 囡; Nahaufnahme 囡
クローバー Klee 男
グローブ (ボクシング) Boxhandschuh 男; (野球) Baseballhandschuh 男
クロール Kraul 甲 ¶~で泳ぐ kraulen
黒字である einen Überschuss haben
クロスワードパズル Kreuzworträtsel 甲
黒ずんだ schwärzlich
クロッカス Krokus 男
グロッキーになる totmüde werden
黒っぽい schwärzlich; dunkel
グロバリゼーション Globalisierung 囡
黒パン Schwarzbrot 甲
黒幕 schwarzer Vorhang 男; (政界等の) Drahtzieher 男, graue Eminenz 囡 ¶~になる der Drahtzieher sein
黒山 ¶~のような人だかりである schwarz von Menschen sein
鍬(ﾞ) Hacke 囡
桑 Maulbeerbaum 男
加える hinzufügen [*et*⁴ zu ⁺³]; addieren. ¶危害を~ Schaden zufügen [*j*³]. …に加えて außer ⁺³; zuzüglich ⁺². それに加えて dazu; zudem
くわえる ¶口に~ im Mund halten
クワガタ (虫) Hirschkäfer 男
詳しい (詳細な) ausführlich; (精通した) bewandert. ¶詳しく言えば genau gesagt
企て Plan 男; Versuch 甲
企てる vorhaben; planen; versuchen
加わる (参加する) teilnehmen, *sich*⁴ beteiligen [an⁺³]
-君 ¶田中~ Herr Tanaka!
郡 Kreis 男
軍艦 Kriegsschiff 甲
ぐんぐん ¶~進む voranschreiten. ~よくなる immer besser werden. ~上がる immer höher steigen
軍国主義 Militarismus 男
訓示 Anweisung 囡
軍事的な militärisch. ◆~介入 militärische Intervention 囡 ~行動 militärische Aktion 囡 ~施設 Militäranlage 囡 ~費 Militärausgaben 榎
君主 Landesherr 男; Monarch 男
群衆 Menge 囡; Masse 囡
軍縮 Abrüstung 囡 ◆~会議 Abrüstungskonferenz 囡
勲章 Orden 男
軍人 Soldat 男; (士官) Offizier 男
くんせいの räuchern. ◆~品 Räucherwaren 榎
軍隊 Heer 甲; Militär 甲; Armee 囡 ¶~の militärisch
君付けにする duzen
群島 Inselgruppe 囡
軍備 Rüstung 囡 ◆~縮小 Abrüstung 囡
君臨する herrschen [über ⁺⁴]; thronen
訓練 Übung 囡; Training 甲; Schulung 囡 ¶~する üben; trainieren

け

毛 Haar 甲; (羊毛) Wolle 囡; (羽毛) Feder 囡; (うぶ毛·にこ毛) Flaum 男 ¶~の多い haarig; behaart
-家 ¶鈴木~ Familie Suzuki. マイヤー~ die Meiers
毛穴 Pore 囡
刑 Strafe 囡
芸 (演技) Spiel 甲; (技能) Kunst 囡; (芸当) Kunststück 甲
敬愛 Verehrung 囡 ¶~する verehren
敬意 Respekt 男; Achtung 囡 ¶~を表する achten, ehren
経営 Betrieb 男; Management 甲 ¶~する betreiben; führen. ◆~者 Unternehmer 男 ~戦略 Strategie zur Unternehmensführung 囡
敬遠する meiden
軽音楽 Unterhaltungsmusik 囡
経過 Ablauf 男; Verlauf 男 ¶~する verlaufen; ablaufen; zugehen
軽快な beschwingt. ¶~に flott; leicht
警戒 Bewachung 囡; Vorsicht 囡 ¶~する bewachen; hüten [vor⁺³]
計画 Plan 男; Entwurf 男 ¶~する planen, einen Plan entwerfen. ~の予定どおりに vorsätzlich. ~どおりに planmäßig. ~どおりにはいかなかった Es kam ganz anders, als wir geplant hatten. ◆~経済 Planwirtschaft 囡
警官 Polizist 男 ¶婦人~ Polizistin 囡
景観 Aussicht 囡; Landschaft 囡
景気 Konjunktur 囡 ¶~がよい(悪い) Die Sache geht gut(schief). ~の落ち込み(低迷) Abschwung der Konjunktur 男 ~よく金を使う sein Geld zum Fenster hinauswerfen ~の動向を探る Konjunkturentwicklung untersuchen ◆~回復 Konjunkturerholung 囡 ~刺激 Konjunkturanregung 囡
契機 Moment 甲; Anlass 男
計器 Messer 甲; Messinstrument 甲 ◆~盤 Instrumententafel 囡
敬具 Mit freundlichen Grüßen!
経験 Erfahrung 囡 ¶~する erfahren; erleben. …の~がある in⁺³ erfahren sein. ~から~ nach meiner 〈aus eigener〉 Erfahrung. ~から学ぶ durch eigene 〈aus eigener〉 Erfahrung lernen. ~豊富な erfahren
敬虔(ﾞ)な fromm; andächtig
軽減する erleichtern; mildern
稽古 Übung 囡; (スポーツ) Training 甲 ¶~する [*sich*⁴] üben in⁺³; (スポーツ) trainieren
敬語 Höflichkeitsform 囡
警護 Wache 囡; Bewachung 囡 ¶~する bewachen; beschützen
傾向 Neigung 囡; Tendenz 囡 ¶…の~がある zu⁺³ neigen
携行する mitnehmen
傾ける schmeicheln [*j*³]
軽工業 Leichtindustrie 囡
蛍光灯 Neonlampe 囡; (管) Leuchtröhre 囡 ◆~ペン Leuchtmarkierer 男
経口避妊薬 Pille 囡

けいこく

渓谷 Schlucht 囡
警告 Warnung 囡; Mahnung 囡 ¶ ～する warnen [j⁴ vor⁺³]
掲載 ¶ ～する veröffentlichen. 新聞に～される in der Zeitung stehen
経済 Wirtschaft 囡; Ökonomie 囡 ¶ ～[上]の wirtschaftlich; ökonomisch. ～的な (節約) sparsam. この車はとても経済的だ Dieses Auto ist sehr wirtschaftlich. ◆ ～援助 Wirtschaftshilfe 囡 ～学者 Wirtschaftswissenschaftler 團 ～危機 Wirtschaftskrise 囡 ～状態 Wirtschaftslage 囡 ～制裁 Wirtschaftssanktionen 圈 ～政策 Wirtschaftspolitik 囡 ～成長 Wirtschaftswachstum 囡 ～大国 Wirtschaftsmacht 囡 ～封鎖 Wirtschaftsblockade 囡

警察 Polizei 囡 ¶ ～の polizeilich. ～に届け出る bei der Polizei anzeigen. ～に出頭する sich⁴ bei der Polizei melden. ～沙汰にしたくない Ich möchte die Polizei aus dem Spiel lassen. ◆ ～官 Polizeibeamte[r] 團 ～署 Polizeirevier 囲

計算 Rechnung 囡 ¶ ～する [be]rechnen; ausrechnen. ～に入れる ein|rechnen; rechnen. ～を間違う falsch rechnen. ◆ ～機 Rechenmaschine 囡

軽視する gering schätzen
刑事 Kriminalbeamte[r] 團
掲示 Anschlag 團; Aushang 團 ¶ ～する an|schlagen. ◆ ～板 Anschlagtafel 囡; das schwarze Brett
形式 Form 囡; Formalität 囡 ¶ ～上の (的な) formal, formell
形而上学 Metaphysik 囡
傾斜 Steigung 囡 ¶ ～した schief
芸術 Kunst 囡 ¶ ～の (的な) künstlerisch. ◆ ～家 Künstler 團 ～品 Kunstwerk 囲 ～大学 Kunsthochschule 囡

警鐘 Alarm 團; Warnsignal 囲 ¶ ～を鳴らす Alarm geben; warnen [vor⁺³]
継承する nach|folgen [j³]
敬称を使う siezen
経常 ¶ ～収支 Leistungsbilanz 囡 ～収入 laufende Einnahmen 圈
軽食 leichtes Essen 囲; Imbiss 團
軽水炉 Leichtwasserreaktor 團
形成 Bildung 囡; Formung 囡; Gestaltung 囡 ¶ ～する bilden; formen; gestalten
形勢 Lage 囡; Situation 囡
形跡 Spur 囡
継続する fort|dauern; fort|setzen
軽妻な leichtsinnig; gedankenlos
携帯する tragen [et¹ bei sich³]; mit|nehmen. ◆ ～電話 Mobiltelefon 囲; Handy 囲 ～品一時預り所 Garderobe 囡 ～用の tragbar. ～用ラジオ Kofferradio 囲

形態 Gestalt 囡; Form 囡
傾聴 Gehör 囡 ¶ ～するzu|hören [et³]
軽佻浮薄 (災≧≧)な frivol; leichtfertig
警笛 Hupe 囡; Horn 囲 ¶ ～を鳴らす hupen
毛糸 Wollgarn 囲; Wolle 囡
経度 Länge 囡 ⇒ Längengrad
傾倒 Hingabe 囡 ¶ ～する sich⁴ hin|geben [j-et³]

系統 System 囲 ¶ ～的に systematisch
芸当 Kunststück 囲
芸人 Artist 團; Akrobat 團
芸能人 Entertainer 團
競馬 Pferderennen 囲 ◆ ～場 Pferderennbahn 囡
軽薄な leichtfertig; leichtsinnig
啓発する aufklären
刑罰 Strafe 囡
経費 Kosten 圈 ⇒ 費用
警備する bewachen. ◆ ～員 Wächter 團

景品 Zugabe 囡
継父 Stiefvater 團
警部 Polizeikommissar 團
軽蔑する verachten
軽便な handlich
継母 Stiefmutter 囡
警報 Alarm 團; Warnsignal 囲
啓蒙[主義] Aufklärung 囡 ¶ ～する aufklären

契約 Vertrag 團 ¶ ～する einen Vertrag schließen. ◆ ～違反 Vertragsbruch 團 ～書 Vertrag, Vertragsurkunde 囡 ～書を交わす die Vertragsurkunden austauschen

軽油 Leichtöl 囲
経由 ～して über, via [Rom]
形容詞 Adjektiv 囲
鶏卵 Hühnerei 囲
経理 Rechnungsführung 囡
計略 List 囡; Trick 團
渓流 Gebirgsbach 團
計量する wägen; wiegen
軽量 Radrennen 囲
敬礼 ¶ 人に～する vor⁺³ salutieren
経歴 Lebenslauf 團
系列 Reihe 囡

けいれん (痙攣) Krampf 團 ¶ ～した krampfhaft
敬老の日 der Tag der Alten
希有な⑦ selten; ungewöhnlich
ケーオー K.o. ⇒ ノックアウト
ケーキ Kuchen 團; Torte 囡
ケース (容器) Futteral 囲; Etui 囲; (書類の) Kassette 囡; (場合) Fall 團 ¶ ～バイ～で von Fall zu Fall
ゲート (空港) Flugsteig 團
ケーブル Kabel 囲 ◆ ～カー Seilbahn 囡 ～テレビ Kabelfernsehen 囲
ゲーム Spiel 囲
怪我する Verletzung 囡; (傷) Wunde 囡 ¶ ～をさせる verletzen. ～をする sich⁴ verletzen (verwunden) [an⁺³]. ～の功名 Glück im Unglück. ◆ ～人 Verwundete[r] 團 囡
外科 Chirurgie 囡 ◆ ～医 Chirurg 團
汚す beschmutzen; beflecken
汚らわしい schmutzig
汚れ Schmutz 團; Unreinheit 囡 ¶ ～のない rein, unschuldig
毛皮 Fell 囲; Pelz 團 ¶ ～のコート Pelzmantel 團

劇 Schauspiel 囲; Drama 囲 ¶ ～的な dramatisch. ◆ ～映画 Spielfilm 團 ～作家 Dramatiker 團
劇場 Theater 囲

激情 Leidenschaft 囡; Affekt 男
撃退する zurück|schlagen
劇団 Theater 甲
激怒 Wut 囡 ¶ ~に in Wut kommen. ~させる in Wut bringen
激励する auf|muntern
激論 hitzige Debatte 囡
けげんな befremdet; verwundert
下校する aus der Schule kommen
けさ〈今朝〉 heute Morgen〈früh〉
ケシ〈芥子〉 Mohn 男
夏至 Sommersonnenwende 囡
消印 Poststempel 男
けしかける hetzen [j⁴ auf⁴]; auf|reizen [j⁴ zu⁺³]
景色 Landschaft 囡; (眺め) Aussicht 囡 ¶ ~のよい landschaftlich schön
消しゴム〔Radier〕gummi 男
下車する aus|steigen. ◆途中で~ Fahrtunterbrechung 囡
下宿 Logis 甲; Pension 囡 ¶ ~する wohnen [bei⁺³]. ~のおかみ Wirtin 囡
下旬に gegen Monatsende; das letzte Drittel des Monats
化粧 Schminke 囡; Make-up 甲 ¶ ~する《sich⁴》schminken. ◆~室 Toilette 囡 ~台 Toilettentisch 男 ~品 Kosmetika 甲
化身 Verkörperung 囡
消す löschen; aus|löschen; aus|machen; (姿を) verschwinden; (スイッチで) aus|schalten
下水 Abwasser 甲
ゲスト Gast 男
削る (かんなで) ab|hobeln; (鉛筆を) spitzen; schärfen; (語句を)〔aus〕|streichen; (費用を) kürzen
解せない unbegreiflich
けた〈桁〉(数の位取り) Stelle 囡; (建物の) Balken 男
気高い edel; erhaben; vornehm
けたたましい schrill
けだもの Tier 甲; Vieh 甲
けち Geiz 男; (人) Geizhals 男 ¶ ~な geizig, knauserig. ~をつける ins Pech bringen; mäkeln
ケチャップ Ketschup 男 甲
血圧 Blutdruck 男
決意 Entschluss 男 ¶ ~する sich⁴ entschließen
血液 Blut 甲 ◆~型 Blutgruppe 囡 ~銀行 Blutbank 囡 ~検査 Blutuntersuchung 囡
結果 Folge 囡; (成果) Ergebnis 甲; Resultat 甲; Wirkung 囡 ¶ …の~として infolge⁺², その…の〔として〕infolgedessen. ~をもたらす ergeben
決壊 Bruch 男 ¶ ~する zusammen|brechen. 堤防の~ Dammbruch 男
結核 Tuberkulose 囡
欠陥 Fehler 男; Mangel 男; Defekt 男 ◆~車 Mängelfahrzeug 甲
血管 Blutgefäß 甲; Ader 囡
月刊の monatlich. ◆~誌 Monatsschrift 囡
血気盛んな heißblütig
決議 Beschluss 男 ¶ ~する beschließen
月給 Monatsgehalt 甲

結局 schließlich; am Ende
欠勤 Abwesenheit 囡
月桂樹 Lorbeerbaum 男
決行する durch|führen
血行 Blutkreislauf 男
結構 ~です Nein, danke! もう~です Das ist genug für mich.｜Genug davon!｜~なお味ですね Es schmeckt mir (gut). ~なご身分ですね Sie sind in einer beneidenswerten Lage. ~大勢来たEs kamen ziemlich viele Leute.
欠航する abgesagt werden
結合 Verbindung 囡
月光 Mondschein 男
結婚 Heirat 囡; Ehe 囡 ¶ ~する heiraten; sich⁴ verheiraten［mit⁺³］. ~している verheiratet sein. ~を申し込む einen Antrag machen [j³]. ◆~式 Hochzeit 囡; Trauung 囡 ~式を挙げる Hochzeit feiern〈halten〉. ~生活 Ehe 囡 恋愛~ Liebesheirat 囡
決済 Ausgleich 男; Begleichung 囡
傑作 Meisterwerk 甲
決算 Abrechnung 囡; Bilanz 囡
決して…ない nie[mals]; keineswegs
結社 Gesellschaft 囡; Verein 男
月謝 Monatshonorar 甲
月収 monatliches Einkommen 甲
傑出する sich⁴ aus|zeichnen; hervor|ragen. ¶ ~した ausgezeichnet; hervorragend
結晶 Kristall 男
決勝 Endkampf 男; Finale 甲 ◆~戦 Entscheidungskampf 男; Endspiel 甲
月食 Mondfinsternis 囡
決心 Entschluss 男; Entscheidung 囡 ¶ ~する sich⁴ entschließen［zu⁺³; +が不定詞句］; beschließen. 私は彼女と結婚しようと~した Ich habe mich entschlossen, sie zu heiraten.
結成する gründen; stiften; bilden
欠席 Abwesenheit 囡 ¶ ~の abwesend; fehlend. ~している〈する〉fehlen; abwesend sein
結束する zusammen|halten
げっそりする ab|magern
決断 Entscheidung 囡 ¶ ~する sich⁴ entscheiden［über⁺⁴］
決着 Abschluss 男 ¶ ~をつける zum Abschluss bringen; aus|machen
決定 Entscheidung 囡 ¶ ~する entscheiden; bestimmen; beschließen. ~的な entscheidend. ~的瞬間 der entscheidende Moment. ~権 Entscheidungsbefugnis 囡
欠点 Fehler 男; Mangel 男; Schwäche 囡 ¶ ~だらけである voll von Fehlern sein. ~のない fehlerfrei, einwandfrei; tadellos
血統 Abstammung 囡; Sippe 囡
決闘 Duell 甲
潔白 Unschuld 囡 ¶ ~な unschuldig
月賦 Monatsrate 囡
げっぷする rülpsen
潔癖な reinlich
欠乏 Mangel 男
結末 Ausgang 男; Schluss 男
月末 Monatsende 甲
月曜日 Montag 男 ¶ ~に am Mon-

けつれつ

tag
決裂 Abbruch 男 ¶～する ab̲brechen
結論 Schluss 男; **Folgerung** 女 ¶～ に至る folgern; schließen. ～に達する zu dem Schluss kommen [+ dass 文]
解毒剤 Gegengift 中
けとばす mit dem Fuß wegstoßen
けなげな brav; tapfer
けなす herabsetzen
懸念する sich³ Sorgen machen [um⁺⁴]
気配 ¶［…の］～を感じる ein Gefühl haben; sich⁴ fühlen, als ob...
けばけばしい（色）grell;（服装）auffallend
仮病 Simulation 女
下品な gemein; unanständig; ordinär
毛深い haarig
煙い rauchig; räucherig
毛虫 Raupe 女
煙 Rauch 男 ¶～にむせる im Rauch ersticken. 火のない所に～は立たぬ Kein Rauch ohne Flamme.
煙る rauchen
獣 Tier 中
げらげら笑う vor Lachen wiehern
下痢 Durchfall 男 ¶～をする einen Durchfall bekommen
ゲリラ（兵）Partisan 男;（ゲリラ戦）Guerillakrieg 男
ける stoßen [mit dem Fuß]; **treten**; **kicken**;（拒否する）ablehnen
ケルン Köln
下劣な gemein; niederträchtig
けれども aber; jedoch. ¶ …だ～ wenn... auch; obgleich...
ゲレンデ Gelände 中
険しい steil; schroff
件 Sache 女; Angelegenheit 女
券 Karte 女;（入場券）Eintrittskarte 女
県 Präfektur 女; Provinz 女
剣 Schwert 中; Säbel 男
軒 ¶3つの家 drei Häuser
腱 Sehne 女
鍵(ケ) Taste 女
圏 Kreis 男
弦 Sehne 女;（楽器の）Saite 女
険悪な bedrohlich; gespannt
原案 Entwurf 男
権威 Autorität 女 ¶～主義的な autoritär
牽引する ab̲schleppen
原因 Ursache 女; **Grund** 男 ¶～と結果 Ursache und Wirkung. ～となる Ursache werden; verursachen. 不明の～ unerklärbar
検疫 Quarantäne 女
現役 aktiv
検閲 Zensur 女
嫌悪 Abscheu 男; Abneigung 女; Aversion 女
けんか Streit 男; **Zank** 男; **Krach** 男 ¶～する (sich⁴) streiten (zanken) [mit⁺³]. ～早い zänkisch; streitsüchtig. ～別れをする sich⁴ nach einem Streit trennen. ～両成敗 Beide Parteien im Streit werden bestraft.
原価 Selbstkosten 複
減価償却 Abschreibung 女
見解 Meinung 女

850

限界 Grenze 女 ¶自分の～を知っている seine Grenze kennen. ～を越える die Grenze überschreiten
見学 Besichtigung 女 ¶～する besichtigen
幻覚 Halluzination 女
厳格な streng
弦楽 Streichmusik 女
減額 Kürzung 女 ¶～する kürzen; herab̲setzen; ermäßigen
玄関 Diele 女; **Hausflur** 男 ¶～払いを食わせる die Tür vor der Nase zu̲schlagen [j³]. ◆～ホール Flur 男
嫌疑 Verdacht 男 ¶～をかける verdächtigen
元気 frisch; munter. ¶～な lebhaft, frisch, munter;（健康な）gesund. ～になる sich⁴ erholen. ～のよい frisch; kräftig; energisch. ～のない munter, energielos. ～を出す sich⁴ ermuntern; Mut fassen. ～を取り戻す sich⁴ erholen. ～づける ermuntern; erfrischen
研究 Forschung 女; **Studium** 中 ¶～する forschen; studieren. ◆～室 Seminar 中. ～者 Forscher 男. ～所 Institut 中
言及する erwähnen
謙虚な bescheiden; demütig
献金 Spende 女; Beisteuer 女
現金 Bargeld 中 ¶～で（の）bar. ～で支払うbar bezahlen. この小切手を～にしてください Kann ich diese Schecks einlösen? ◆～自動支払機 Geldautomat 男
原型 Urbild 中; Prototyp 男
権限 Befugnis 女; Berechtigung 女
言語 Sprache 女 ¶二ヵ国語を使用の zweisprachig. 多ヵ国語を使用の polyglott, mehrsprachig. ◆～学 Sprachwissenschaft 女, Linguistik 女. ～学者 Linguist 男. ～障害 Sprachstörung 女, Aphasie 女
健康 Gesundheit 女 ¶～上の gesundheitlich. ～なく（に）gesund. ～を害する krank werden. ～を回復する wieder gesund werden. ◆～食品 Reformlebensmittel 中. ～診断 Untersuchung des Gesundheitszustands 女. ～保健 Krankenkasse 女
原稿 Manuskript 中
言行 Worte und Taten
現行 laufend ¶～犯で逮捕する auf frischer Tat ertappen
建国記念日 Reichsgründungstag 男
げんこつ Faust 女
検査 Prüfung 女; Untersuchung 女; **Kontrolle** 女 ¶～する prüfen; untersuchen. ◆～官 Inspektor 男
健在である sich⁴ wohl befinden; gesund sein
現在 Gegenwart 女;（副詞）**jetzt**. ¶～の gegenwärtig; jetzig. ～まで bis jetzt
検索する durchsuchen
原作 Original 中
検札 Fahrkartenkontrolle 女
検算する nachrechnen
原産地 Heimat 女; Herkunftsland 中
検察 Staatsanwalt 男
堅持する festhalten
原子 Atom 中 ◆～エネルギー Atom-

851　　　　　　　　　　　　　　　　　　　げんり

energie 囡 ～核 Atomkern 男 ～爆弾 Atombombe 囡 ～物理学 Atomphysik 囡 ～力 Atomkraft 囡 ～力空母 Atomflugzeugträger 男 ～力時代 Atomzeitalter 囡 ～力潜水艦 Atom-U-Boot 中 ～力発電所 Atomkraftwerk 中 (略 AKW) ／ヰ Kernreaktor 男; Atomreaktor 男
原始 Primitivität 囡 ～的な primitiv; urtümlich. ◆～時代 Urzeit 囡 ～林 Urwald 男
堅実 solide; zuverlässig
現実 Wirklichkeit 囡 ; Realität 囡 ～の wirklich; real; reell. ～的な realistisch; praktisch. ～性のない unwirklich; irreal
賢者 Weise 男
元首 Staatsoberhaupt 中
研修 Ausbildung 囡
拳銃 Pistole 囡
厳重な streng; hart
現住所 gegenwärtige Adresse 囡; jetztiger Wohnort 男
原住民 Urbewohner 男
厳粛な ernst; feierlich
検出する nachweisen
検証する verifizieren
懸賞 Preisausschreiben 中
減少 Abnahme 囡; Verminderung 囡 ¶～する abnehmen; $sich^4$ vermindern; zurück|gehen
現象 Erscheinung 囡; Phänomen 中
現状 jetziger Stand 男 ¶～では im gegenwärtigen Stand. ～に甘んじる $sich^4$ mit jetzigem Stand ab|finden. ～を打破する den jetzigen Zustand durchbrechen. ◆～維持 Status quo bewahren
検診 ärztliche Untersuchung 囡
献身的な aufopfernd; hingebend
懸垂 Klimmzug 男 ¶～をする einen Klimmzug machen
減税 Steuererleichterung 囡
譴責する(けんせき) zurecht|weisen
建設 Bau 男; Aufbau 男 ¶～する bauen; errichten. ～中である im Bau sein. ～的な konstruktiv. ◆～現場 Baustelle 囡 ～省 Ministerium für Aufbau 中 ～大臣 Minister für Aufbau 男
健全な gesund
源泉 Quelle 囡
厳然たる ernst; hart
元素 Element 中
建造 Bau 男 ¶～する bauen; errichten
幻想 Vision 囡; Illusion 囡; Fantasie 囡 ～的な visionär
現像 Entwicklung 囡 ¶～する entwickeln
原則 Grundsatz 男; Prinzip 中 ¶～的(として) grundsätzlich; prinzipiell
減速 Verlangsamung 囡
謙遜する(けんそん) $sich^4$ demütigen. ¶～した 〈な〉bescheiden; demütig
現存 vorhanden; lebend
倦怠 Müdigkeit 囡; Überdruss 男
減退する ab|nehmen
現代 Gegenwart 囡 ¶～的な modern. ～の gegenwärtig; modern; heutig
現地 ¶専門家の～から vom Stand-

punkt eines Fachmanns aus 現地 betreffender Ort 男 ¶～で an Ort und Stelle
言質 ¶～を取る〈与える〉das Versprechen ab|nehmen 〈geben〉(j^3)
建築 Bau 男; Baukunst 囡; Architektur 囡 ¶～する bauen, errichten. ◆～家 Architekt 男 ～基準法 Bauordnungsgesetz 中 ～士 Architekt 男 ～物 Gebäude 中; Bauwerk 中
顕著な bemerkenswert; auffallend
原付自転車 Moped 中
検定する amtlich genehmigen
献呈 Widmung 囡 ¶～する widmen
限定 Beschränkung 囡 ¶～する beschränken
減点する Punkte ab|ziehen
限度 Grenze 囡 ¶出せる金にも～がある Ich habe mit unbegrenzt Geld angeben. 我慢にも～があるんだぞ Meine Geduld ist begrenzt. 一定の～内で innerhalb gewisser Grenze
見当 ¶～をつける ab|schätzen; vermuten. どうなるか～もつかない Man kann darauf nie kommen, wie es geht. ～外れに当てる falsch beraten werden; $sich^4$ verschätzen. そんなことだろうと～はつけていたよ So was habe ich schon vermutet. そう思っていたなら～違いだ Wenn du dir so gedacht hast, dann ist das falsch.
検討 Untersuchung 囡; Prüfung 囡 ¶～する prüfen; durch|gehen
健闘する tapfer kämpfen
拳(けん)闘 Boxen 中
原動力 Triebkraft 囡; Antrieb 男
現場 (犯行の)Tatort 男; (工事の)Baustelle 囡; (事故の)Unglücksort 男
原爆 Atombombe 囡
鍵盤 Tastatur 囡
顕微鏡 Mikroskop 中
見物 Besichtigung 囡 ¶～する besichtigen; zusehen. ～人 Zuschauer 男
原文 Text 男; Original 中
憲法 Verfassung 囡; **Konstitution** 囡 ¶～上 konstitutionell; verfassungsmäßig. ～を改正〈擁護〉する die Verfassung ändern〈verteidigen〉
健忘症 Amnesie 囡
厳密に(に) genau; exakt; streng
賢明な weise; klug; vernünftig
懸命に eifrig; emsig
言明 Erklärung 囡 ¶～する erklären
幻滅 Enttäuschung 囡 ¶～する eine Enttäuschungserleben [mit $^{+3}$]
検問 Kontrolle 囡 ¶～する kontrollieren
原野 Heide 囡
倹約 Sparsamkeit 囡 ¶～する sparen
原油 Rohöl 中
権利 Recht 中 ¶…の～がある ein Recht auf $^{+4}$ haben. …する～はない kein Recht haben [+ zu 不定詞句]. ～を主張する auf $seinem$ Recht bestehen. ～を放棄する auf $sein$ Recht verzichten. ～を行使する ein Recht aus|üben
原理 Prinzip 中; Grundsatz 男 ◆～原則 Prinzip 中

け

げんりょう　852

原料 [Roh]stoff 男; Material 中
減量する ab|nehmen; (食べずに) ab|hungern
権力 Macht 女; Gewalt 女　¶ ～を与える berechtigen. ～を握る an die Macht kommen. ◆～者 Machthaber 男
言論 Rede 女　¶ ～の自由 Redefreiheit 女

こ

子 Kind 中; (動物の) Junge 中　¶いい～だから〈Sei brav〈lieb〉und... 可愛い～には旅をさせよ Wem Gott will rechte Gunst erweisen, den schickt er in die weite Welt. ～はかすがい Ein Kind festigt die Ehe.
弧 Bogen 男
個 Stück 中　¶ リンゴ5～ fünf Äpfel; (買い物で) Apfel fünf Stück!
五 fünf. ¶ ～番目の fünfte. ～分の1 Fünftel 中
語 Wort 中
-後 nach [+3]　¶ 3年～ nach drei Jahren
コアラ Koala 男, Beutelbär 男
恋 Liebe 女　¶ ～をする sich⁴ verlieben. ～をした verliebt. ～に破れる Unglück in der Liebe haben. ～は思案の外 Liebe macht blind.
故意に absichtlich, mit Absicht
濃い dunkel; tief; (液が) dick; (茶が) stark. 血は水よりも～ Blut ist dicker als Wasser.
鯉(こい) Karpfen 男
語彙(ごい) Wortschatz 男; Vokabular 中
恋歌 Nebenbuhler 男
恋焦がれる schmachten [nach+3]
小石 Kiesel 男　¶ ～につまずく an einem Stein stolpern
恋しがる sich⁴ sehnen [nach+3]; verlangen [nach+3]
小犬 junger Hund 男; Hündchen 中
鯉のぼり Karpfen-Fahne 女; ein Windsack in Karpfengestalt 男
恋人 Geliebte[r] 男; Freund 男; (女性) Freundin 女
コイル Spule 女
恋わずらい Liebeskrankheit 女
コイン Münze 女
◆～ランドリー Münzwäscherei 女　～ロッカー [Münz]schließfach 中
功 Verdienst 中　¶ ～を立てる sich⁴ aus|zeichnen. ～を奏する eine Wirkung haben
号 Nummer 女
考案する erfinden
好意 Güte 女; Wohlwollen 中; Freundlichkeit 女; Gefallen 中　¶ ～を示す eine Gunst erweisen [j³]. ～的 wohlwollend; freundlich
行為 Tat 女; Handlung 女
校医 Schularzt 男
合意する einverstanden sein
こういう solch ein. ¶ ～時には in solch einem Fall
更衣室 Umkleideraum 男
後遺症 Spätschaden 男; Folgeerscheinung 女

行員 Bankangestellte[r] 男 女
強引な gewaltsam. ¶ ～に erzwingermaßen
豪雨 Regenguss 男; starker Regen 男
幸運 Glück 中　¶ ～な glücklich. ～にも glücklicherweise. ～を祈ります Viel Glück! | Alles Gute!
光栄 Ehre 女　¶ ～な ehrenvoll
公益 Gemeinnutz 男
校閲 Durchsicht 女; Revision 女
公園 Park 男; Anlage 女
公演 Aufführung 女
講演 Vortrag 男; Rede 女　¶ ～する einen Vortrag halten. ◆～者 Redner 男
後援する unterstützen
高音 hoher Ton 男
効果 Wirkung 女; Effekt 男　¶ ～がある wirken. ～のある wirksam; wirkungsvoll; effektvoll. ～がない keine Wirkung haben. ～てきめんだ Diese Arznei wirkt sehr schnell. ～的 wirkungsvoll
硬貨 Münze 女
高価な teuer; kostbar; wertvoll
降下 Abstieg 男; Fall 男
校歌 Schullied 中
豪華な prächtig; herrlich; prachtvoll; reich. ◆～船 Luxusdampfer 男　～版 Luxusausgabe 女
公開の öffentlich, offen. ¶ ～する veröffentlichen, an die Öffentlichkeit bringen. ～の席で in der Öffentlichkeit. ◆～講座 (大学の) eine öffentliche Vortragsreihe 女
後悔 Reue 女　¶ ～する bereuen, Reue empfinden. ～先に立たず Zu spät ist zu spät. | Geschehen ist geschehen.
航海 Schifffahrt 女; Seefahrt 女　¶ ～する zu Schiff fahren; schiffen. ◆～術 Navigation 女
公害 Umweltverschmutzung 女
郊外 Vorstadt 女　¶ ～で im Vorort
豪快な kühn, wagemutig
号外 Extrablatt 中
公会堂 Stadthalle 女
光化学スモッグ photochemischer Smog 男
工学 Technik 女
光学 Optik 女
合格する [eine Prüfung] bestehen.
◆～者 Bestandene[r] 男 女
向学心 Lernbegier[de] 女
狡猾な schlau; listig; verschlagen
交換 [Aus]tausch 男; Wechsel 男　¶ ～する [aus]tauschen; um|tauschen [et⁴ in 〈gegen〉+⁴]. ...と～に im Austausch gegen +⁴. 意見を～する Meinungen aus|tauschen
好感のもてる sympathisch; angenehm
厚顔 Frechheit 女
高貴な vornehm; edel; erhaben
好機 günstige Gelegenheit 女　¶ 千載一遇の～ eine einmalige Gelegenheit
後期 die zweite Hälfte; (大学) Wintersemester 中
後記 Nachtrag 男; Nachwort 中
校旗 Schulflagge 女
講義 Vorlesung 女　¶ ～する eine Vor-

こうしん

lesung halten. ◆～室 Hörsaal 男
抗議 Protest 男; Einwand 男 ¶～して aus Protest [gegen⁺⁴]. ～する protestieren [gegen⁺⁴]. …に対して〈の〉～を申し入れる eine Beschwerde gegen⁺⁴ [bei⁺³] einreichen
高気圧 Hochdruck 男
好奇心 Neugier 女 ¶～から aus Neugier[de]. ～の強い neugierig. 人の～をそそる j⁴ neugierig machen
高級な edel; erstklassig; luxuriös
恒久の dauerhaft; ewig
皇居 der kaiserliche Palast
公共の öffentlich. ◆～施設 Anstalt 女
好況 Wirtschaftsboom 男
工業 Industrie 女 ¶～の industriell. ◆～化 Industrialisierung 女 ～都市 Industriestadt 女
鉱業 Bergbau 男
交響曲 Sinfonie 女
拘禁する festnehmen
合金 Legierung 女
航空 Luftfahrt 女 ◆～会社 Fluggesellschaft 女 ～機 Flugzeug 中 ～券 Flugticket 中 ～ショー Flugschau 女 ～[郵]便[м, per] Luftpost 女
光景 Anblick 男
工芸 Kunstgewerbe 中
合計 Summe 女 ¶～する zusammenzählen. ～して insgesamt
好景気 Hochkonjunktur 女; Aufschwung 男
後継者 Nachfolger 男; Nachwuchs 男
攻撃 Angriff 男 ¶～する angreifen. ～的 aggressiv
高血圧 Hypertonie 女; Hochdruckkrankheit 女
貢献 Beitrag 男 ¶～する beitragen [zu⁺³]
後見 Vormundschaft 女
高原 Hochebene 女
剛健な standhaft; stark
口語 Umgangssprache 女
交互に abwechselnd; wechselseitig
豪語する prahlen; sich⁴ rühmen
高校 die höhere Schule; Gymnasium 中; Oberschule 女 ◆～生 Oberschüler 男
孝行 die Liebe der Kinder zu den Eltern
口腔 Mundhöhle 女
煌々(こうこう)たる glänzend; strahlend
皇后 Kaiserin 女
ごうごう鳴る brausen
神々(こうごう)しい göttlich; heilig
考古学 Archäologie 女; Altertumskunde 女 ◆～者 Archäologe 男; (女性) Archäologin 女
広告 Anzeige 女; Inserat 中; (宣伝) Reklame 女 ¶～する anzeigen; werben. 新聞に～を出すか in der Zeitung eine Anzeige aufgeben
恍惚 Entzücken 中; Ekstase 女
交差する sich⁴ kreuzen. ¶～させる kreuzen. ◆～点 Kreuzung 女
口座 Konto 中 ¶ 振替～Girokonto 中 預[貯]金～ Sparkonto 中
講座 Lehrstuhl 男; Kursus 男
交際 Verkehr 男; Umgang 男; Gesellschaft 女 ¶～する um|gehen [mit⁺³]; verkehren [mit⁺³]. ～費 Repräsentationskosten 複
工作 Handarbeit 女; Bastelarbeit 女
耕作 Ackerbau 男 ¶～する pflügen
考察 Betrachtung 女 ¶～する betrachten
公算 Wahrscheinlichkeit 女
降参 Kapitulation 女 ¶～する kapitulieren; sich⁴ ergeben [j³]
高山 Hochgebirge 中 ◆～植物 Hochgebirgspflanze 女
鉱山 Bergwerk 中
子牛 Kalb 中 ◆～の肉 Kalbfleisch 中
～のカツレツ Kalbsschnitzel 中
公私 ¶～を区別する(混同する) öffentliche und private Angelegenheit trennen 〈vermischen〉
講師 Dozent 男; (語学の) Lektor 男; (講演者) Redner 男
公使 Gesandt[r] 男,女
格子 Gitter 中; Rost 男
工事 Bau 男 ¶～をする bauen. ～中である im 〈in〉 Bau sein
公示する bekannt machen
麹(こうじ) Hefe 女
公式 (数学の) Formel 女 ¶～の〈に〉 offiziell; amtlich
皇室 Kaiserhaus 中; kaiserliche Familie 女
口実 Vorwand 男; (言い逃れ) Ausrede 女 ¶…を～にする et⁴ zum Vorwand nehmen. …という～で unter dem Vorwand, dass...
こうして auf diese Weise
後者 dieser; der 〈die, das〉 letztere
校舎 Schulgebäude 中
豪奢な luxuriös; großzügig
口臭 Mundgeruch 男
公衆 Publikum 中; Öffentlichkeit 女 ¶～の öffentlich
講習 Kursus 男; Kurs 男, Lehrgang 男 ◆～会 Kurs 男
口述する diktieren. ◆～筆記 Diktat 中 ～筆記させる diktieren
控除 Abzug 男 ¶～する ab|ziehen
交渉 Verhandlung 女 ¶～する unterhandeln; verhandeln. 人と～の最中 mit⁺³ in Verhandlung stehen. ～の席についている beim Verhandlungstisch sitzen 〈sein〉
高尚な vornehm; edel
校章 Schulabzeichen 中
工場 Fabrik 女; Werk 中 ¶～を閉鎖する ein Werk stilllegen. ～長 Fabrikdirektor 男 ～廃水 Industrieabwasser 中 ～渡しで ab Werk
向上 Verbesserung 女; (進歩) Fortschritt 男 ¶～する sich⁴ verbessern
豪商 Großkaufmann 男; Patrizier 男
強情な hartnäckig; eigensinnig; halsstarrig
恒常的な konstant; ständig
公証人 Notar 男
高所恐怖症 Höhenangst 女
行進 Marsch 男 ¶～する marschieren. ◆～曲 Marsch 男
更新する erneuern
後進 Nachwuchs 男

香辛料 Gewürz 中
香水 Parfüm 中
洪水 Hochwasser 中; Überschwemmung 女; Flut 女
降水量 Niederschlagsmenge 女
好事家 Dilettant 男; Liebhaber 男
公正 Gerechtigkeit 女 ¶ ～な〈に〉 gerecht; fair
攻勢 Offensive 女
構成 Aufbau 男; Konstruktion 女
厚生 Wohlfahrt 女 ◆ ～年金 Wohlfahrtsrente 女
後世 Nachwelt 女
恒星 Fixstern 男
合成 Synthese 女 ¶ ～する zusammensetzen; synthetisieren. ～の synthetisch. ◆ ～樹脂 Kunstharz 中
豪勢な großzügig; luxuriös
高性能 Hochleistung 女
抗生物質 Antibiotikum 中
功績 Verdienst 中
鉱石 Erz 中
降雪 Schneefall 男 ◆ ～量 Schneefallmenge 女
光線 [Licht]strahl 男
鉱泉 Mineralquelle 女; Mineralbad 中
公然と〈の〉 öffentlich; offenbar
ごう然たる hochmütig; stolz
好戦的な kampflustig; kriegerisch
控訴 Berufung 女
公訴 Anklage 女 ¶ ～する anklagen
酵素 Ferment 中; Enzym 中
高層の in hohen Etagen. ◆ ～ビル〈建築〉 Hochhaus 中; Wolkenkratzer 男 ～気流 obere Luftströmung 女
構想 Konzept 中; Entwurf 男
構造 Struktur 女; Aufbau 男
豪壮な großartig; grandios
高速 hohe Geschwindigkeit 女 ◆ ～道路(ドイツの) Autobahn 女; Schnellstraße 女 ～度撮影 Zeitlupe 女
校則 Schulordnung 女
拘束力のある verbindlich
交代・交替 Ablösung 女; Abwechslung 女 ¶ ～する sich⁴ abwechseln [mit⁺³]; (相互に) sich⁴ ablösen〈abwechseln〉. ～制の das abwechselnde System, Schichtarbeit 女
後退 Rückgang 男; Rückzug 男 ¶ ～する zurücktreten
抗体 Antikörper 男
広大な groß; großartig; weit
皇太子 Kronprinz 男
光沢 Glanz 男 ¶ ～のある blank. ～のない matt
強奪する rauben
公団 öffentliche Körperschaft 女
豪胆な kühn; unerschrocken; mutig
紅茶 [schwarzer] Tee 男
好調である gut in Form sein
校長 Schuldirektor 男
硬直した steif; erstarrt; starr
交通 Verkehr 男 ¶ ～の便がいい verkehrsgünstig gelegen sein. この通りは～量が多い Auf dieser Straße herrscht es starker Verkehr. ◆ ～巡査 Verkehrspolizist 男 ～信号[Verkehrs]ampel 女 ～標識 Verkehrszeichen 中
好都合の günstig; passend; gelegen
行程 Strecke 女
肯定 Bejahung 女 ¶ ～する bejahen. ～的な bejahend; positiv
皇帝 Kaiser 男 ～の kaiserlich
皇庭 Schulhof 男
公定歩合 Diskontsatz 男; Leitzins 男
公的な öffentlich
更迭 Revirement 中
鋼板 Stahl 男
好転する sich⁴ zum Besseren wenden
高度 Höhe 女 ¶ ～に hochgradig. ～の hoch
高等な〈の〉 hoch. ◆ ～学校 höhere Schule 女; Oberschule 女
口頭での〈の〉 mündlich
喉(⁵) Kehle 女 ◆ ～頭 Kehlkopf 男
行動 Handlung 女; Benehmen 中 ¶ ～する handeln; vorgehen; verfahren. ～的な aktiv; tatkräftig
講堂 Aula 女
強盗 Räuber 男; Einbrecher 男
合同の gemeinsam
荒唐無稽(なう)な unsinnig; absurd
購読 Abonnement 中 ¶ ～する abonnieren
講読 Lektüre 女
校内で innerhalb der Schule; in der Schulgebäude. ◆ ～暴力 Gewalt an den Schulen
購入 Kauf 男; Bezug 男; Ankauf 男 ¶ ～する ankaufen
公認の öffentlich anerkannt; offiziell. ◆ ～記録 ein amtlich anerkannter Rekord 男; offizieller Rekord
後継 Amtsnachfolger 男
コウノトリ Storch 男
工場 Fabrik 女
交差 Kreuzung 女 ¶ ～する kreuzen
荒蕪(らう)した öde; wüst
後輩 Nachwuchs 男
勾配 Gefälle 中; Schräge 女
購買 Kauf 男
香ばしい wohlriechend
後半 die zweite Hälfte
公判 Prozess 男
広汎(はん)な umfangreich; umfassend
交番 Polizeiwache 女
広範囲の umfangreich
交尾する sich⁴ paaren
公表 Bekanntmachung 女; Veröffentlichung 女 ¶ ～する veröffentlichen; bekannt machen
好評である einen guten Ruf haben; im guten Ruf stehen
公布する verkündigen
交付 Ausgabe 女
校風 die Tradition der Schule; Schulgeist 男
降伏する sich⁴ ergeben; kapitulieren
高木 Lieblingssessen 中
鉱物 Mineral 中; Erz 中
興奮 Aufregung 女; Erregung 女 ¶ ～する sich⁴ aufregen〈erregen〉 [über⁺⁴]. ～させる aufregen; erregen.

~した aufgeregt; erregt. ~しやすい erregbar; reizbar. ◆~剤 Anregungsmittel
公文書 Akte 囡
公平な unbefangen; gerecht
合弁事業 Jointventure 囲
候補(者) Kandidat 男 ¶~に名乗りをあげるals Kandidat auftreten. ◆~地 geeigneter Platz
酵母 Hefe 囡
広報[活動] Öffentlichkeitsarbeit 囡; Auskunft 囡; Information 囡
後方へ rückwärts
合法的な gesetzmäßig; legal; legitim
小馬・子馬 Fohlen 囲; Pferdchen 囲
高適な edel; hochgesinnt
高慢 Hochmut 囲 ¶~な hochmütig
傲慢 Arroganz 囡; Hochmut 囲 ¶~な anmaßend; arrogant
巧妙な geschickt; gewandt; klug; listig
公民 [Staats]bürger 囲 ◆~館 Gemeindehaus 囲 ~権 [Staats]bürgerrecht 囲
公務 Amtsgeschäft 囲 ¶~上の amtlich. ◆~員 Beamte[r] 囲; (女性) Beamtin 囡 ~員宿舎 Dienstwohnung 囡
被る [er]leiden
高名な renommiert; berühmt
公明正大な aufrichtig; gerecht
項目 Punkt 囲; Artikel 囲
コウモリ (蝙蝠) Fledermaus 囡 ◆~傘 [Regen]schirm 囲
肛門 After 囲; Schuleingang 囲
拷問 Folter 囡; Folterung 囡
公用 eine dienstliche (amtliche) Angelegenheit 囡
効用 Nützlichkeit 囡
紅葉 Herbstfärbung 囡
広葉樹 Laubbaum 囲
強欲な geizig; unersättlich
行楽 Ausflug 囲 ◆~地 Ausflugsort 囲
小売 Einzelhandel 囲 ¶~店 Laden 囲; Geschäft 囲
高利 Wucherzins 囲
合理的な rational. ¶~化 Rationalisierung 囡 ~化する rationalisieren
効率 Effizienz 囡
公立の öffentlich
交流 Austausch 囲; (電流) Wechselstrom 囲 ¶日独の~を図る den Austausch zwischen Japan und Deutschland fördern
合流する zusammen|laufen
考慮 Erwägung 囡 ¶~する überlegen; erwägen; bedenken; berücksichtigen. ~に入れる in Betracht ziehen
綱領 Programm 囲
荒涼たる〈とした〉 öde; wüst
香料 Gewürz 囲
効力 Wirkung 囡 ¶~をもつ in Wirkung treten
高齢の hochbejahrt
号令 Kommando 囲; Befehl 囲
航路 Kurs 囲; Route 囡
功労 Verdienst 囲
口論 Zank 囲; Wortstreit 囲 ¶~する sich⁴ [mit +³ um +⁴] zanken
講和条約 Friedensvertrag 囲

声 Stimme 囡; (叫び) Ruf 囲, Schrei 囲 ¶~がよい gut bei Stimme sein. ~を掛ける ansprechen. ~をそろえて einstimmig, [wie] mit einer Stimme.
◆~変わり Stimmbruch 囲
護衛 Leibwache 囡; Leibgarde 囡 ¶~する bewachen
小枝 Zweig 囲
越える・超える übertreten; gehen, steigen [über⁺⁴]; passieren; überschreiten; übersteigen. ⋯を越えて über⁺⁴; über⁺⁴ hinaus
肥える dick werden; zu|nehmen. ¶肥えた dick, beleibt; (土地が) fruchtbar
ゴーグル Schutzbrille 囡
コース Kurs 囲; (競技の) Bahn 囡
コーチ (人) Trainer 囲 ¶水泳の~を するj⁴ im Schwimmen trainieren
コート Mantel 囲; (競技の) Spielfeld 囲, Platz 囲
コード (電気の) Schnur 囡; (符号) Kode 囲
コーナー Ecke 囡
コーヒー Kaffee 囲 ¶~を入れる Kaffee kochen
コーラ Cola 囡
コーラス Chor 囲
凍らせる ein|frieren
氷 Eis 囲 ¶~のように冷たい eiskalt. ~で冷やす mit Eis kühlen. ~の張った氷におおわれた. ~詰めにする auf Eis legen.
◆~砂糖 Kandis 囲 ~枕 Eisbeutel 囲 ~水 Eiswasser 囲
凍る frieren. ¶凍った gefroren
ゴール Ziel 囲; (球技の) Tor 囲 ¶~インする sein Ziel erreichen. ~を決める ein Tor schießen. ◆~キーパー Torwart 囲
コールタール Teer 囲
ゴールデンアワー die beste Zeit im Fernsehen
コオロギ (蟋蟀) Grille 囡
戸外 Freie[s] 囲 ¶~で draußen im Freien
誤解 Missverständnis 囲 ¶~があるようだ Da scheint ein Missverständnis vorzuliegen. ~を招く zu einem Missverständnis Anlass geben. ~しまい missverstehen. ~しないでくれ Versteh mich nicht falsch.
子会社 Tochtergesellschaft 囡
互角である gleichstehen [mit⁺³]
語学 Sprachstudium 囲
木陰 Baumschatten 囲
焦がす (食べ物) anbrennen lassen; (毛) versengen. ¶人に胸を~ brennend nach⁺³ sehnen
小型の klein; vom kleinen Format
五月 Mai 囲 ¶~に im Mai
木枯らし der kalte Spätherbstwind
ごきげんよう Leb wohl!
小切手 Scheck 囲
ゴキブリ Küchenschabe 囡; Kakerlak 囲
顧客 Kunde 囲
呼吸 Atem 囲; Atmung 囡 ¶~する atmen. ◆~困難 Atemnot 囡
故郷 Heimat 囡 ¶~の heimatlich. ~に帰る in die Heimat zurück|kehren

漕(こ)ぐ rudern
語句 Ausdruck 男; Wort 中
ごく (極) sehr; ganz; äußerst; höchst
極悪非道 gottlos; verrucht
国営の staatlich; national
国王 König 男
国外 Ausland 中 ¶～の ausländisch
国技 Nationalsport 男
国語 (母国) Muttersprache 女; Landessprache 女; (日本の) Japanisch 中
ごくごく飲む gluck, gluck trinken
国際的 international. ◆～化 Internationalisierung 女 ～感覚を身に付ける Weltoffenheit zeigen. ～関係 internationale Beziehungen 複 ～線 internationale Fluglinie 女 ～法 Völkerrecht 中 ～連合 die Vereinten Nationen. ～電話 Auslandsgespräch 中
国産の einheimisch; inländisch
黒人 Schwarze[r] 男/女; Neger 男
国政 Staatsverwaltung 女
国勢調査 Volkszählung 女
国籍 Nationalität 女; Staatsangehörigkeit 女
告訴 Strafantrag 男 ¶～する verklagen; [an]klagen
穀倉 Kornkammer 女
告知 Bekanntmachung 女
国土 Land 中 ◆～計画 Landesplanung 女
国道 Landstraße 女
国内 Inland 中 ¶～の inländisch. 日本～で innerhalb Japans. ◆～線 Inlandsflüge 複 ～政策 Innenpolitik 女 ～総生産 Bruttoinlandsprodukt 中 (＠ BIP)
告白 Bekenntnis 中; Geständnis 中 ¶～する bekennen
告発 Anzeige 女; Anklage 女
黒板 [Wand]tafel 女 ◆～ふき Tafelschwamm 男; Tafellappen 男
克服する überwinden
告別 Abschied 男 ◆～式 Trauerfeier 女
国宝 nationaler Schatz 男
国民 Nation 女; Volk 中; [Staats]bürger 男 ¶～の national. ◆～経済 Volkswirtschaft 女 ～総生産 Bruttosozialprodukt 中 (＠ BSP)
国務大臣 Staatsminister 男
克明な sorgfältig; akkurat
穀物 Getreide 中; Korn 中
極楽 Paradies 中
国立の staatlich; national. ◆～オペラ劇場 Staatsoper 女 ～劇場 Staatstheater 中 ～公園 Nationalpark 男
穀類 Getreide 中
国連 die Vereinten Nationen 複 (＠ VN) ◆～総会 die Vollversammlung aller Mitgliedsstaaten. ～安全保障理事会 der Sicherheitsrat
ご苦労さま Vielen Dank für Ihre Bemühung! ¶～をおかけしてすみません Es tut mir Leid, dass Sie meinetwegen Umstände haben.
コケ(苔) Moos 中 ¶～の生えた bemoost
焦げる anbrennen
ここ hier 中 ¶～に〈へ〉hierher. ～まで bis hierher; so weit. ～から von hier.

～だけの話だよ Das bleibt aber unter uns. ～だけの話だけど unter uns gesagt
個々の einzeln
午後 Nachmittag 男 ¶～に am Nachmittag, nachmittags. ～中ずっと den ganzen Nachmittag
ココア Kakao 男; Schokolade 女
小声の〈で〉leise
凍える frieren
故国 Heimatland 中
心地よい angenehm; gemütlich
小言を言う schelten
九日 der Neunte
九つ neun
心 Herz 中; Seele 女 ¶～の seelisch. ～から herzlich; innig; von Herzen. ～からの herzlich. ～のこもった innig. ～ない gedankenlos. 人の～を占める j⁴ beschäftigen. 人の～を強くとらえる j⁴ packen. 人の～を引き付ける j⁴ anziehen
心当たりがある schon im Auge haben; eine Vorstellung haben [von⁺³]
心得る verstehen; wissen
心がける aufpassen [auf⁴]; sich⁴ bemühen [um⁺⁴]
心構え die innere Einstellung
心変わり Sinnesänderung 女 ¶～する seinen Sinn ändern
心苦しい peinlich
志 Ziel 中; (意図) Wille 男
志す beabsichtigen
心遣い Fürsorge 女 ¶～をする sorgen [für⁺⁴]
心尽くしの liebevoll. ¶～の手料理 mit Liebe gekochtes Essen
心細い sich⁴ einsam und verlassen fühlen
試み Versuch 男; Probe 女
試みる versuchen; probieren
心もとない unsicher. 心もとなく思う sich⁴ unsicher fühlen
心ゆくまで nach Herzenslust
快い angenehm
快く gern; mit Freude; willig
ござ Binsenmatte 女
こざかしい naseweis; clever
小作人 Pächter 男
小雨 ein leichter Regen 男
誤算 Verrechnung 女 ¶～する sich⁴ verrechnen
腰 Hüfte 女; (腰部) Lenden 複; (ウエスト) Taille 女 ¶～が痛い Mir tut das Kreuz weh.
孤児 Waise 女 ◆～院 Waisenhaus 中
固持する verharren [auf⟨bei, in⟩⁺³]; bestehen [auf⁺³]
こじ開ける erbrechen; aufbrechen
腰掛け (ベンチ) Bank 女; (椅子) Stuhl 男
腰掛ける sich⁴ setzen; Platz nehmen
こじき Bettler 男
固執する bestehen, insistieren [auf⁺³]; festhalten [an⁺³]
ゴシック Gotik 女 ¶～の gotisch
こじつけ Verdrehung 女
こじつける verdrehen
ゴシップ Klatschgeschichte 女
戸主 Hausherr 男
五十 fünfzig. ¶～番目の fünfzigst. ～分

の1Fünfzigstel 匣
ご愁傷さま Mein aufrichtiges Beileid.
語順 Wortfolge 囡; Wortstellung 囡
故障 Störung 囡; Panne 囡; Defekt 男; Schaden 男 ¶～する eine Panne haben. ～した defekt, kaputt. 時計が～している Die Uhr geht nicht. ～中 Außer Betrieb
コショウ(胡椒) Pfeffer 男
誤植 Druckfehler 男
こじれる sich⁴ verschlimmern
個人 Individuum 匣 ¶～的な persönlich; individuell; privat. ～に persönlich. ◆～企業 Einzelunternehmen 匣 ～消費 privater Verbrauch 男
越す überschreiten. ¶冬を～überwintern. それに越したことはない Es könnte nicht besser sein.
濾(こ)す durchsieben; filtrieren
こずえ Wipfel 男
コスチューム Kostüm 匣
コスト Kosten 複
コスモス (植) Schmuckkörbchen 匣 (宇宙) Kosmos 男
こする reiben. ¶こすり落とす abkratzen; scheuern
個性 Persönlichkeit; Individualität 囡; Charakter 男
戸籍 Personenstandsregister 匣
こせこせした kleinlich; pedantisch
小銭 Kleingeld 匣 ¶～入れ Portemonnaie 匣
午前 Vormittag 男 ¶～[中]に am Vormittag, vormittags
こそこそ[と] heimlich; insgeheim
ご存知のとおり wie Sie wissen
固体 fester Körper 男 ¶～の fest
古代 Altertum 匣; Antike 囡 ¶～の altertümlich; antik
誇大な übertrieben. ◆～妄想 Größenwahn 男
答え Antwort 囡; Lösung 囡
答える antworten [auf⁺⁴]; beantworten; erwidern [auf⁺⁴]
応える ¶期待に～die Erwartung erfüllen. この寒さは～Die Kälte wirkt sehr auf mich.
子沢山の kinderreich
ごたごた wirr; durcheinander. ¶～する in Streit geraten [mit⁺³]
木立ち Gehölz 匣; Wäldchen 匣
こだま Widerhall 男; Echo 匣
こだわる an Kleinigkeiten haften; (事柄に) hängen [an⁺³]
ごちそう köstliches Essen 匣 ¶～人に～する j⁴ zum Essen einladen. 人に昼飯を～する j⁴ zum Mittagessen einladen. ～さまEs hat gut geschmeckt! | Das war wirklich ausgezeichnet!
ごちゃごちゃ ¶～な〈に〉durcheinander. ～にする durcheinander bringen
誇張 Übertreibung 囡 ¶～する übertreiben; überspitzen
こちら hier; diesseits. ¶～では hier. ～へ her; hierher. ～へどうぞ Kommen Sie bitte hierher. ～はシュミットさんです Das ist Herr Schmidt.
こぢんまりした niedlich

ことば

こつ (要領) Griff 男; Kniff 男
国家 Staat 男; Nation 囡 ¶～の staatlich. ～間の zwischen den Staaten; (二国間の) bilateral. ◆～公務員 Staatsbeamte 男; (女性) Staatsbeamtin 囡 ～試験 Staatsexamen 匣
国歌 Nationalhymne 囡
国会 Parlament 匣 ¶～を召集する das Parlament berufen. ◆～議員 Abgeordnete[r] 男;囡; Parlamentarier 男 ～議事堂 Parlamentsgebäude 匣; (ドイツ) das Bundeshaus
小遣(ぷゕ)い Taschengeld 匣
骨格 Knochengerüst 匣; Skelett 匣
国旗 Nationalflagge 囡
国境 [Landes]grenze 囡
コック (料理人) Koch 男; (栓) Hahn 男 ◆～長 Chefkoch 男
こっくりする nicken
こっけいな drollig; komisch; lustig; lächerlich
国庫 Staatskasse 囡
こつこつ ¶～働く emsig arbeiten. ～叩く klopfen
ごつごつ ¶～した手 grobe Hände 複 ～した岩 zackiger Felsen 男
骨折 Knochenbruch 男; Fraktur 囡 ¶～する den Knochen brechen
こっそり heimlich; insgeheim
ごっそり alles; restlos
小包 [Post]paket 匣; Päckchen 匣
凝っている leidenschaftlich gern haben. ¶…に～auf⁺⁴ verrückt sein
骨董品 Antiquitäten 複
骨盤 Becken 匣
コップ Glas 匣
コッヘル Kocher 男
こて Kelle 囡
固定する fixieren, befestigen, festmachen. ¶～した〈している〉fest. ◆～観念 fixe Idee 囡
古典 Klassik 囡 ¶～の〈的な〉klassisch
個展 persönliche Ausstellung 囡
事 Ding 匣; Sache 囡 ¶…するにしている pflegen [+zu 不定詞句]. ～を起こす den Frieden stören. 言うに～欠いて ausgerechnet
古都 die alte Hauptstadt
～ごとに jeder; jedes Mal; je
鼓動 Herzschlag 男 ¶～を打つ schlagen
小道具 Requisiten 複
事柄 Sache 囡; Angelegenheit 囡
孤独 Einsamkeit 囡 ¶～な einsam
事細かな〈に〉ganz genau; ausführlich; eingehend
今年 dieses Jahr 匣 ¶～の秋 in diesem Herbst
ことづけ ¶～を伝える eine Bestellung ausrichten [j³]. ことづける sich⁴ etwas bestellen lassen
異なる sich⁴ unterscheiden [von⁺³]. ¶異なった verschieden; ander; fremd. 異なって anders
ことごとく alles; völlig; restlos
ことに besonders; vor allem
ことによると eventuell, möglicherweise
言葉 (言語) Sprache 囡; (語) Wort 匣 ¶お～に甘えさせていただきます Ich

möchte Ihre Freundlichkeit gerne annehmen. ~が過ぎる zu weit gehen. ~巧みに mit schönen Worten. 人の~をまともに受け取る j^4 beim Wort nehmen. ~の綾 Sprachfigur, Redewendung 囡; ~巧みに mit schönen Worten. ~通りの wörtlich. ~遣い Sprachgebrauch

子供 Kind 匣; (乳児) **Säugling** 男, Baby 匣; (男児) **Junge** 男; (女児) **Mädchen** 匣. ¶ ~のための本 Kinderbuch 匣 ~っぽい kindisch; ~らしい kindlich. ~扱いするwie ein Kind behandeln. ~だまし ein kindisches Manöver 匣, ein billiger Trick ◆~時代 Kindheit 囡 ~服 Kinderkleidung 囡 ~部屋 Kinderzimmer 匣
小鳥 kleiner Vogel; Vögelchen 匣
ことわざ Sprichwort 匣
断り Absage 囡
断る ab|lehnen; ab|sagen. ¶ きっぱり~ rundweg ab|lehnen〈ab|schlagen〉
粉 Pulver 匣; (穀物) Mehl 匣 ¶ ~石鹼 Seifenpulver 匣 ~ミルク Trockenmilch 囡 ~雪 Pulverschnee 男
粉々に ~にする in kleinen Stücken schlagen〈zerreißen〉
小荷物 Gepäck 匣
誤認する verkennen
コネ gute Beziehung 囡. ¶ ~がある gute Beziehung haben
小猫 Kätzchen 匣
こねる kneten
この dieser; der
この間 neulich; vor kurzem. ¶ ~から erst seit kurzem
この辺に in dieser Gegend; irgendwo in der Nähe
この上 außerdem; überdies
この間(だ) inzwischen; unterdessen
この位 ungefähr; etwa so viel
このごろ heutzutage; in diesen Tagen; jetzt
この際 jetzt; (こういう場合) in solchem Fall
この先 von jetzt an; in Zukunft
この次 nächstes Mal; die nächste Gelegenheit
この通り so; auf diese Weise
この所 jetzt; in diesen Tagen
木の葉 Blatt 匣
この辺に(で) irgendwo hier
この前 letztes Mal. ¶ ~の letzt
好ましい lieb; wünschenswert
このまま ¶ …を~にしておく et^4 sein lassen, wie es ist
好み Geschmack 男
木の実 Früchte 榎; Beeren 榎; Nüsse 榎
好む gern〈lieb〉 haben; lieben; gut leiden können〈mögen〉. ~mögen. ¶ ~と好まざるにかかわらず gern oder ungern
この世 die irdische Welt; das irdische Leben. ¶ ~の irdisch; diesseitig
このような solch. ¶ ~に so; auf diese Weise; derartig
好んで gern
誤爆 Fehlschuss 男

小箱 Dose 囡
小話 Anekdote 囡
拒む ab|lehnen; ab|weisen; verweigern; $sich^4$ weigern
小春日和 Altweibersommer 男
湖岸 Seeküste 囡. ¶ ~で am See
ごはん(御飯) Reis 男. ¶ ~を炊く Reis kochen. ~ですよ Das Essen ist fertig!
コピー Kopie 囡; Abzug 男 ¶ ~する kopieren. ~アンドペーストする kopieren und kleben
子羊 Lamm 匣
小人 Zwerg 男
こびる schmeicheln [j^3]. ¶ こびた schmeichlerisch; kokett; süß
鼓舞する ermuntern
瘤 Beule 囡
古風な altmodisch; altertümlich
ごぶさた ¶ ~しております(手紙) Ich habe so lange nichts von mir hören lassen. | (会話) Lange nicht gesehen!
こぶし Faust 囡
小舟 Kahn 男; Boot 匣
コブラ Kobra 囡; Brillenschlange 囡
小降りだ Es nieselt.
古墳 Grabhügel 男; Tumulus 男
個別の einzeln
小部屋 Kammer 囡
ゴボウ Schwarzwurzel 囡; Klette 囡
こぼす verschütten; vergießen
こぼれる verschüttet werden; über|laufen
こま Kreisel 男
ごま Sesam 男. ¶ 開け~!Sesam, öffne dich! ◆~油 Sesamöl 匣
コマーシャル Werbespot 男
細かい fein; klein; kleinlich; (詳しい) ausführlich; näher. ¶ お金に~ geizig sein. 細かく klein, in Einzelheiten
ごまかし Betrug 男
ごまかす (だます) betrügen, schwindeln; (不正をする) mogeln
鼓膜 Trommelfell 匣
小まめな flink; fix; schnellfüßig
こまやかに zärtlich
困らせる in Verlegenheit bringen; Schwierigkeiten machen [j^3]
困る verlegen sein; in Not sein. ¶ 金に~ in Geldnot sein
ごみ Abfall 男; **Müll** 男 ¶ ~だらけの staubig. ◆~収集車 Müllwagen 男 ~焼却場 Abfallverbrennungsanlage 囡 ~処理 Abfallbeseitigung 囡 ~処理施設 Abfallbeseitigungsanlage 囡 ~捨て場 Schuttabladeplatz 男 ~箱 Mülleimer 男; Abfalleimer 男; Müllkasten 男 ~袋 Müllbeutel 男
込みあう $sich^4$ drängen; überfüllt sein. ¶ 込み合った überfüllt
込み入った kompliziert; verwickelt
小道 Pfad 男
コミュニケ Kommuniqué 匣
コミュニケーション Kommunikation 囡
込む überfüllt sein; $sich^4$ drängen
ゴム Gummi 匣
小麦 Weizen 男 ◆~粉 Mehl 匣
米 Reis 男
こめかみ Schläfe 囡

コメディアン Komiker 男
コメディー Komödie 女
込める ¶弾丸を~das Gewehr laden. サービス料を~Bedienung einschliessen. 愛をこめて mit Liebe
ごめん ¶~なさい Verzeihung! | Entschuldigen Sie! お役～になる entlassen werden;〈処分される〉beseitigt〈abgeschafft〉werden
コメント Kommentar 男
小文字 Kleinbuchstabe 男
子守 〈女性〉Kindermädchen 田 ¶~をする Kinder hüten. ◆~歌 Wiegenlied 田
こもる sich⁴ einschließen [in⁺³];〈充満している〉voll sein [von⁺³]
顧問 Berater 男
小屋 Hütte;〈家畜の〉Stall 男; Bude 女
誤訳 Übersetzungsfehler 男 ¶~する falsch übersetzen
肥やし Dünger 男
固有の eigen; eigentümlich. ◆~名詞 Eigenname 男
小指 kleiner Finger 男
雇用する anstellen. ¶~期間 Dienstzeit 女 ~契約 Dienstvertrag 男 ~主〈者〉Arbeitgeber 男 ~条件 Anstellungsbedingung 女 ~促進法 Arbeitsförderungsgesetz 田 ~保険 Arbeitslosenversicherung 女 被～者 Arbeitnehmer 男
暦 Kalender 男
こら Pass auf! | Heda!
こらえる ertragen;〈抑える〉unterdrücken
娯楽 Unterhaltung 女; Vergnügung 女
こらしめる bestrafen; züchtigen
コラム Spalte 女; Kolumne 女
コラムニスト Kolumnist 男
ごらんください Sehen Sie mal bitte!
凝りである mit Leib und Seele bei der Sache sein
孤立 Alleinsein 田; Isolation 女 ¶~した isoliert. ~する isolieren
顧慮する berücksichtigen
ゴリラ Gorilla 男
こりる genug haben [von⁺³]; Lust verlieren [an⁺³]
凝る〈熱中する〉sich⁴ begeistern [für⁺⁴]; schwärmen [für⁺⁴]. ¶肩が~ steif werden
コルク Kork 男
ゴルフ Golf 田 ¶~をする Golf spielen. ◆~場 Golfplatz 男
ゴルファー Golfspieler 男
これ das, diese[r, s]. ¶~から von nun an. ~では先が思いやられる Ich bin besorgt wegen der Zukunft. ~はいくらですか Wie viel kostet das? ~ほど so. ~까지 bisher; bis jetzt. ~ら diese
コレクション Sammlung 女
コレクトコール R-Gespräch 田
コレラ Cholera 女
頃 gegen [8 Uhr]; um ... herum. ¶クリスマスの~ um Weihnachten herum. その〈あの〉~ damals. 若い~に als ich jung war; in meiner Jugend
転がす rollen; wälzen
転がる rollen

ごろごろ ¶~鳴る〈雷〉grollen;〈雷〉rumoren. 猫が～いう Die Katze schnurrt.
殺し Mord 男 ◆~文句〈男女間の〉süße Worte 男, schmeichelhafte Worte. ~屋 Berufsmörder 男
殺す ermorden; töten; umbringen
ごろつき Schuft 男; Schurke 男
コロッケ Krokette 女
転ぶ fallen; stürzen; hinfallen. ¶~っちに転んでも損はない Auf alle Fälle entsteht kein Schaden. 転ばぬ先の杖 Vorsicht ist besser als Nachsicht.
コロン Doppelpunkt 男; Kolon 田
怖い furchtbar; schrecklich; fürchterlich
怖がらせる erschrecken
怖がる sich⁴ fürchten [vor⁺³]; Angst haben
こわごわ furchtsam; ängstlich
壊す [zer]brechen; kaputtmachen
こわばった steif
壊れる zerbrechen. ¶~た zerbrochen; kaputt. 壊れやすい zerbrechlich. 壊れ物、取り扱い注意 Vorsicht, zerbrechlich!
紺の dunkelblau
懇意な vertraut
今回 diesmal. ¶~から von diesmal an; von nun an
こんがらがる sich⁴ verwickeln
こんがり ¶~焼けた〈肉が〉schön braun gebraten;〈お菓子が〉schön braun gebacken;〈人が〉schön braun gebrannt
懇願 Flehen 田 ¶~する anflehen
根気 Ausdauer 女; Geduld 女 ¶~強く ausdauernd
困窮 Not 女
根拠 Grund 男; Grundlage 女 ¶~のない unbegründet; grundlos. ~のある begründet; haltbar
コンクール Wettbewerb 男; Konkurrenz 女
コンクリート Beton 男
混血 Mischling 男
今月 dieser Monat 男 ¶~に diesen Monat; in diesem Monat
今後 von nun an〈ab〉; in Zukunft
混合 Mischung 女 ¶~する mischen
コンサート Konzert 田
混雑 Gedränge 田 ¶~した gedrängt; voll; überfüllt
コンサルタント Berater 男
今週 diese Woche 女
根性〈性格〉Gesinnung 女, Geist 男;〈気力〉Willenskraft 女 ¶~がある Mumm in den Knochen haben
混声 gemischte Stimmen 男 ◆~合唱団 gemischter Chor 男
痕(跡)跡 Spur 女
根絶 Ausrottung 女 ¶~する ausrotten
混線する ¶電話が~している Die Leitungen überschneiden sich.
コンセント Steckdose 女
コンソメ Consommé 女
コンタクトレンズ Kontaktlinse 女
献立 Speise 女; Gedeck 田 ◆~表

Speisekarte 女
コンチェルト Konzert 田
昆虫 Insekt 田
コンディション ¶～がいい gut in Form sein; eine gute Kondition haben
コンテスト Wettbewerb 男
コンテナ Container 男
今度 diesmal, jetzt; (近く) bald; (この次) nächstes Mal ¶～は君の番だ Nun kommt die Reihe an dich.
混合する verwechseln (*et⁴* mit *+³*)
コンドーム Präservativ 田, Kondom
ゴンドラ Gondel 女
コントラスト Kontrast 男
コントラバス Kontrabass 男
コンドル Kondor 男
コントロール Kontrolle 女
混乱(⇨) Chaos 田; Verwirrung 女
こんな solch; so ein. ¶～こと〔を〕ねえ was; solches. ～に so. ～にこれだけだ so viel. ～ふうに auf diese Art und Weise
困難 Schwierigkeit 女 ¶～な schwer; schwierig
今日 heute, heutzutage
こんにちは Guten Tag!
コンパ Kneipe 女
コンパートメント Abteil 田
コンパクト (化粧用) Puderdose 女
コンパクトディスク Compactdisc 女, CD 田
コンパス Zirkel 男
今晩 heute Abend
こんばんは Guten Abend!
コンビ ¶いい～である gute Partner sein; gut zusammenpassen
コンビーフ Cornedbeef 田
コンビニエンスストア 24-Stunden Laden 男
コンピュータ Computer 男 ◆～ウイルス Computervirus 男 ～援用の computergestützt. ～化する computerisieren. ～グラフィックス Computergrafik 女 ～ゲーム Computerspiel 田 ～犯罪 Computerkriminalität 女
昆布 Riementang 男
コンプレックス Minderwertigkeitskomplex 男, Minderwertigkeitsgefühl 田
コンベヤー Förderband 田
棍(⇨)棒 Knüppel 男; Keule 女
梱包 Packung 女
根本 Grundlage 女; Fundament 田 ¶～的な gründlich
コンマ Komma 田
今夜〔は〕 heute Abend 〈Nacht〉
婚約 Verlobung 女 ¶～する *sich⁴ verloben [mit +³]*.
◆～者 Verlobte[r] 男女 ～指輪 Verlobungsring 男
混乱 Unordnung 女; Verwirrung 女 ¶～した verwirrt; verworren; chaotisch. ～する in Unordnung geraten; *sich⁴* verwirren. ◆～状態 Chaos 田
こんろ Herd 男
困惑 Verlegenheit 女 ¶～する in Verlegenheit kommen. ～した verlegen

さ

差 Differenz 女; Unterschied 男 ¶～がある Ein Unterschied besteht [zwischen A und B]. ～をつける differenzieren; unterscheiden. ～を広げる〈縮める〉 den Unterschied erweitern 〈verkleinern〉
座 Sitz 男 ¶～が白ける Die gute Stimmung ist verdorben. ～につく Platz nehmen. ～をはずす *seinen* Sitz verlassen. ～を取り持つ für eine gute Stimmung sorgen
さあ nun; na; jetzt
サーカス Zirkus 男
サーキット Rennbahn 女
サークル Kreis 男
ザーザー降る Es gießt in Strömen.
サーチライト Scheinwerfer 男
サーバー (スポーツの) Aufschläger 男; (インターネットの) Server 男
サービス Bedienung 女; Dienstleistung 女 ¶～する servieren; bedienen. ～がいい〈悪い〉 Der Service ist gut 〈schlecht〉. これは～です Das ist umsonst. 家庭の～をする mit der Familie etwas unternehmen. ◆～エース Ass 田 ～エリア Autobahnraststätte 女 ～業 Dienstleistungsgewerbe 田 ～料 Bedienung 女, Bedienungsgeld 田 ～込み で Bedienung miteingeschlossen 〈inbegriffen〉
サーブ Aufschlag 男 ¶～する aufschlagen
サーフィン Surfen 田, Surfing 田 ¶～をする surfen. サーファー Surfer 男
サーフボード Surfbrett 田
際 ¶…の～に bei +³; im Fall von +³; wenn..; als... この～этой guten Gelegenheit; in diesem Fall
最愛の allerliebst; liebst
最悪の schlimmst
罪悪 Sünde 女; Schuld 女
菜園 Gemüsegarten 男
再会 Wiedersehen 田 ¶～する wieder sehen
再開する wieder eröffnen
災害 Unfall 男; Katastrophe 女
財政 Finanzwelt 女
在学する auf der Schule 〈Universität〉 sein
才気 ¶～あふれる geistreich. ～走った naseweis
猜(⇨)疑心 Argwohn 男
再教育 Umerziehung 女 ¶～する umerziehen
最近 neulich, kürzlich, vor kurzem, neuerdings. ¶～の neu, neuest, letzt. ～の子供たち die Kinder von heute
細菌 Bakterien 複; Keim 男
細工 [Hand]arbeit 女
採掘 Förderung 女 ¶～する abbauen; gewinnen; fördern
サイクリング Radsport 男

サイクル Periode 女
採決 Abstimmung 女; ～する abstimmen [über +4]
歳月 Zeit 女; ～を経るとともに with der Zeit; im Laufe der Jahre
再建 Wiederaufbau 男; Rekonstruktion 女; ～する wieder aufbauen; rekonstruieren
債権 Kredit 男; [Schuld]forderung 女
債券 Obligation 女
際限 ～のない grenzenlos; endlos
財源 Einnahmequelle 女; Geldquelle 女

再検討する überprüfen
最後 Ende 中 ¶ ～の letzt. ～に schließlich; zuletzt; am Ende; zum Schluss. 言い出したら、後には引かない Wenn er einmal zu behaupten beginnt, dann lasst er nicht mehr nach. 彼に～通牒を突きつけるぞ Ich stelle ihm ein Ultimatum.
在庫 Vorrat 男 ◆ ～高 Lagerbestand 男

最高の höchst; oberst. ¶ ～記録を出す einen Spitzenrekord aufstellen. ◆ ～学府 höchste Bildungsstätte 女. ～幹部 Stab 男 ～権威 Autorität 女 ～検察庁 die oberste Staatsanwaltschaft 女. ～裁判所 der Oberste Gerichtshof. ～速度 Höchstgeschwindigkeit 女 ～点 die höchste Punktzahl. ～峰 der höchste Berg; Gipfel 男
採光 Beleuchtung 女; Licht 中
再考する sich³ nochmals überlegen
さいころ Würfel 男
幸先 ～のよい verheißungsvoll
採算 Gewinn 男; Vorteil 男 ¶ ～がとれる Gewinn bringen. ～の取れる einträglich
財産 Vermögen 中; Eigentum 中 ¶ ～を築くzu Vermögen kommen; ein Vermögen bilden. ◆ ～家 vermögender Mann 男 ～権 Vermögensrecht 中 ～分与 Vermögensaufteilung 女 ～目録 Inventar 中
祭日 Feiertag 男; Festtag 男
際して ¶ ～に～bei +³; anlässlich +². 出発に～して bei der Abreise
最終 ¶ ～の letzt; endgültig. ～的な endgültig
採集する sammeln
歳出 öffentliche Jahresausgaben 複
最初 Anfang 男 ¶ ～の erst. ～に zuerst; zunächst; am Anfang. ～から von Anfang an. ～は anfangs; zuerst
最少 kleinst; minimal
宰相 Premierminister 男; Kanzler 男
最上の höchst; oberst; best
最小限 Minimum 中 ¶ ～の minimal
最新 letzt; neuest; jüngst
サイズ Größe 女; Nummer 女 ¶ ～を計る die Größe messen. ～が合わない Die Größe passt mir nicht. ～はいくつですか Welche Größe haben Sie?
再生 Wiedergabe 女; Regeneration 女; (ビデオの) Wiedergabe 女; ～する wiedergeben; wiedergeben
財政 Haushalt 男; Finanzen 複
最盛期 Blütezeit 女

再生紙 Umweltpapier 中
再選 Wiederwahl 女; ～する wieder wählen
賽銭 Opfergeld 中
最善の best; allerbest
最前線 Front 女
催促する auffordern; mahnen
サイダー Limo[nade] 中

最大の größt; höchst; maximal. ◆ ～公約数 der größte gemeinsame Teiler. ～風速 Maximalwindgeschwindigkeit 女 ～多数の～幸福 das größtmögliche Glück der größtmöglichen Menge
最大限 Maximum 中 ¶ ～の maximal. 能力を～に発揮する Höchstleistung zeigen. ～する möglich benutzen
採択する annehmen
在宅する zu Haus[e] sein
祭壇 Altar 男
裁断 (服地) Zuschneiden 中; (切断) Schneiden 中; (決定) Entscheidung 女; (生地を) zuschneiden
財団 Stiftung 女
最中 ¶ ～の～; während +2(3); mitten in +3. ～である mitten sein +3
最低の niedrigst; minimal. ¶ ～限5万円かかる es wird mindestens 50 000 (読み: fünfzigtausend) Yen kosten. ◆ ～賃金 Minimallohn 男
最適な passend; geeignet
採点する zensieren; benoten
サイト (インターネットの) Webseite 女
再度 erneut; nochmalig
サイド Seite 女 ◆ ～ボード Sideboard 中
苛む peinigen; quälen
災難 Unglück 中; (事故) Unfall 男
才能 Talent 中; Begabung 女; Gabe 女; Fähigkeit 女 ¶ ～のある begabt, fähig, talentiert. ～を発揮する sein Talent zeigen
采配を振る kommandieren
栽培 Anbau 男 ¶ ～する anbauen; züchten
裁判 Gericht 中 ¶ ～にかける bei Gericht bringen; vor Gericht bringen. ～を行う Gericht halten (über +4). ～に勝つ(負ける) einen Prozess gewinnen (verlieren). ～沙汰にする vor Gericht bringen. ～に訴える verklagen. ◆ ～官 Richter 男
裁判所 Gerichtshof; Gericht 中 ¶ ～に出廷する vor Gericht gehen. ～家庭 Familiengericht. 簡易～ Amtsgericht. 高等～ das Höhere Gericht. 最高～ das Oberste Gericht. 弾劾～ Richteranklagegericht 地方～ Landgericht
財布 Brieftasche 女; Portemonnaie 中 ¶ ～の紐を締める den Beutel zuhalten
細部 Detail 中 ¶ ～にわたって bis ins Einzelne ⟨Detail⟩
細分化する untergliedern
再編 Umgruppierung 女 ¶ ～する umgruppieren
裁縫 Näharbeit 女 ¶ ～する nähen. ◆ ～道具 Nähzeug 中

細胞 Zelle 女
財宝 Schatz 男
再放送 Wiederholungssendung 女
歳末 am Jahresende
債務 Schulden 複
細目 Einzelheit 女
材木 Holz 中
採用する aufnehmen; anstellen
在留する ansässig sein; wohnhaft sein
再利用 Wiederverwendung 女 ¶ ~する wieder verwenden
最良の best
裁量 Ermessen 中
材料 Material 中; Stoff 男 ¶ 円高の~ Ursache der Yen-Aufwertung 女
  ◆~費 Materialkosten 複
財力 Geldmittel 複
ザイル Seil 中
サイレン Sirene 女
サイロ Silo 中
幸い Glück 中 ¶ ~にも glücklicherweise, zum Glück. ご笑納頂ければ~です Hoffentlich gefällt Ihnen das Geschenk. 雨が我がチームに~した Das Regen hat unser Team begünstigt. これ~と die Gelegenheit nutzend
サイン (合図) Zeichen 中; (署名) Unterschrift 女 ¶ ~する unterschreiben.
  ◆~帳 Autogrammalbum 中
サインペン Filzstift 男
サウスポー Linkshänder 男
サウナ Sauna 女
サウンド Sound 男; Klang 男
さ(冴)え ¶ 頭が~ている hellen Kopf haben. 腕の~を見せる seine Geschicklichkeit zeigen
…さえ selbst; sogar. ¶ 時間~あれば Hätte ich nur Zeit
遮る sperren; unterbrechen; hindern
さえずる zwitschern; singen
…さえも sogar; selbst
さえる 目が~wach ⟨munter⟩ sein. 目がさえて眠れない munter sein und nicht schlafen können. きょうは君さえてるね Heute hast du aber einen klaren Kopf. さえない顔をしてるね Du siehst nicht gut aus. 月が~ Der Mond scheint hell. 冴えた音色 helle ⟨klare⟩ Klangfarbe 女
さお Stange 女, Stab 男; Rute 女
坂 (上り) Steigung 女; **Aufstieg** 男; (下り) **Abstieg** 男 ¶ ~を上る⟨下る⟩ den Weg hinaufgehen ⟨hinuntergehen⟩. 50の~を越える die Fünfzig überschritten haben
境 Grenze 女 ¶ ~を接する grenzen [an+4]
栄える blühen; gedeihen
差額 Differenz 女
逆さの verkehrt. ¶ ~にする umkehren. シャツを~に着る das Hemd umgekehrt tragen. 順序が~だ Die Reihenfolge ist umgekehrt.
逆さまの⟨に⟩ umgekehrt, verkehrt, in umgekehrter Reihenfolge
捜し出す finden, ausfindig machen, aussuchen
探し出す herausfinden
捜し回る herumsuchen

捜す・探す suchen; (探る) tasten. ¶ 職を~ eine Stelle suchen. 彼を捜しに行く Ich gehe ihn suchen. 家中を~ das ganze Haus durchsuchen
杯 Becher 男
逆立ち Kopfstand 男 ¶ ~する auf dem Kopf stehen
逆立つ sträuben
魚 Fisch 男 ¶ ~を焼く einen Fisch rösten. ~釣りに行く angeln gehen.
  ◆~屋 Fischgeschäft 中
さかのぼる zurückgehen [auf+4]
酒場 Kneipe 女; Schenke 女
逆らう sich4 widersetzen [j-m3]
  …に逆らって gegen+4; entgegen+3
盛り Höhepunkt 男 ¶ ~である auf dem Höhepunkt ⟨Gipfel⟩ stehen
下がる fallen; sinken; herunterkommen; zurücktreten; (ぶら下がる) hängen
左官 Maurer 男
盛んに lebhaft; heftig. ¶ ~な拍手嵐 stürmischer Beifall
先 **Spitze** 女; (将来) **Zukunft** 女 ¶ ~に (前へ) voran; voraus; (予め) vorher; im Voraus; (以前) früher. ~に進む vorgehen; weitergehen. 10年~に in zehn Jahren. そう~のことではない Es wird nicht so lange dauern. ~のことを考える an die Zukunft denken. あなたの~が思いやられる Ich sehe schwarz über deine Zukunft. ~が読める人 eine weitsichtige Person 女 だれもが~を争う Jeder will der Erste sein.
詐欺 Betrug 男; Schwindel 男 ◆~師 Betrüger 男; Schwindler 男
サギ (鷺) Reiher 男
先送り 問題を~にする ein Problem aufschieben
さきおととい vorvorgestern
先駆け Vorbote 男 ¶ ~になる zuvorkommen [j-et3]
先頃 neulich; vor kurzem; kürzlich
先々 行く~で歓迎される überall mit Freude empfangen werden
サキソホン Saxophon 中
先立つ vorangehen, vorausgehen; (死亡) früher sterben. ¶ 彼女は夫に先立たれた Ihr Mann starb früher als sie. …に先立って vor+3, et3 voraus. 独立するに~ものがない Ich habe keine finanziellen Mittel, um mich selbstständig zu machen.
先取りする vorwegnehmen
先走る vorpreschen, zu weit gehen. ¶ 気持ちが~ voreilig sein
先払いする vorauszahlen
先触れ Vorbote 男; Vorzeichen 中
先細りになる schlechter werden
先ほど vorhin. ¶ ~のニュース die gerade mitgeteilte Nachricht. ~から vor kurzem, jetzt eben
先回りする zuvorkommen [j3]
先物 Termingeschäft 複 ¶ ~買いをする spekulativ kaufen. ◆~市場 Terminmarkt 男 ~取引 Termingeschäft 中, Terminhandel 男
砂丘 Düne 女
先行き Zukunft 女 ¶ ~が怪しい Die Zukunft sieht nicht gut aus.

作業 Arbeit 囡 ◆ ～服 Arbeitsanzug 男

先んずる zuvor|kommen, voran|gehen [*j*³]. 先んずれば人を制す Wer zuerst kommt, mahlt zuerst.

策 ¶ ～を講じる geeignete Maßnahmen ergreifen. ～を弄する Planerei treiben. ～を巡らす Pläne schmieden [gegen⁺⁴]

柵 Zaun 男

咲く auf|blühen; blühen. ¶話に花が～ ein lebhaftes Gespräch haben

裂く [zer]reißen; auf|schneiden. ¶二人の仲が裂かれた Das Verhältnis der beiden wurde kaputt gemacht.

割く spalten; nehmen. ¶時間を～Zeit nehmen [für⁺⁴]

索引 Index 男; Register 中; Verzeichnis 中

削減 Kürzung 囡 ¶ ～する kürzen; beschneiden

作詞する dichten; den Text schreiben

策士 Intrigant 男 ¶ ～に溺れる Wer andere eine Grube gräbt, fällt selbst hinein.

昨日[は] gestern

作者 Autor 男; Verfasser 男

搾取 Ausbeutung 囡 ¶ ～する aus|beuten

削除する streichen; aus|streichen

作成する (計画を) aus|arbeiten; (文書を) an|fertigen; ab|fassen

作戦 Operation 囡; Strategie 囡

ザクセン (州) Sachsen

策定 ¶計画を～する Pläne auf|stellen

昨年 letztes Jahr 中

昨晚 gestern Abend

作品 Werk 中; Arbeit 囡; Stück 中

作風 Stil 男; Manier 囡

作文 Aufsatz 男

作物 Feldfrucht 囡; Ernte 囡

昨夜 gestern Nacht; heute Nacht

桜 Kirsche 囡; ～の木 Kirschbaum 男 ～の花 Kirschblüte 囡 ¶今が見頃です Es ist gerade Hochsaison für die Kirschblüten. ～色の rosa. ◆ ～前線 Kirschblütenfront 囡 ～吹雪が散っている Die Kirschblüten fallen wie Schneeflocken ab.

桜草 Schlüsselblume 囡; Primel 囡

錯乱 Verwirrung 囡

さくらんぼ Kirsche 囡

探りを入れる [die Lage] sondieren

探り合い ¶腹の～をする *sich*⁴ gegenseitig ab|schätzen

探り当てる auf|spüren; ausfindig machen

探り出す heraus|finden

策略 Kunstgriff 男, List 囡, Taktik 囡. ¶ ～を巡らす mit Taktik vor|gehen; manövrieren

探る tasten; [er]forschen; suchen

炸裂する zersprengen

ザクロ Granatapfel 男

鮭 Lachs 男

酒 Alkohol 男; (日本酒) Sake 男; Reiswein 男

¶ ～を飲む trinken. ～に強い viel [Alkohol] vertragen können. ～に酔う betrunken sein. ～が回ってきた Der Alkohol wirkt allmählich. ～に飲まれる *sich*⁴ betrinken. 彼は～癖が悪い Betrunken, benimmt er sich daneben. ～臭い nach Alkohol riechen. ～の上でしたことだ Das wäre nüchtern nicht passiert. | Das lag am Alkohol. ◆ ～飲み Trinker 男, Zecher 男; 大～飲み Säufer 男. ～は百薬の長 Trinkt man mäßig, ist der Sake die beste Arznei.

叫び声 Schrei 男

叫ぶ schreien; rufen

裂け目 Riss 男; Spalt 男

避ける aus|weichen [*j-et*³]; [ver]meiden. ¶避けられない unvermeidbar

裂ける [zer]reißen; platzen

下げる senken; herab|setzen; (吊り) hängen; (音を～) die Tonstärke senken. 値段を～ die Preise herab|setzen

座高 Sitzhöhe 囡

笹 Bambusgras 中

些細(ささい)な klein; unbedeutend. ¶ ～な事 Kleinigkeiten

支え Stütze 囡

サザエ Kreiselschnecke 囡

支える stützen; unterstützen. ¶支えて立つ tragen

捧げる (上へ) hoch|halten; (贈る) dar|bringen, widmen

査察 Inspektion 囡

さざ波 kleine Wellen 囡

ささやき Geflüster 中

ささやく flüstern

刺さる stechen

さじ Löffel 男 ¶小～3杯の砂糖 drei Teelöffel Zucker. ～を投げる auf|geben. 私の～加減一つだ Das hängt von meiner Entscheidung.

差し上げる (与える) schenken; (持ち上げる) hoch|heben

差し当たり vorläufig, jetzt

挿絵 Illustration 囡, Abbildung 囡

差し押さえ Beschlagnahme 囡 ¶ ～る beschlagnahmen, pfänden

差し替える aus|wechseln [*et*⁴ gegen⁺⁴]

挿し木 Steckling 男

差し込み Stecker 男; Steckdose 囡

差し込む stecken [*et*⁴ in⁺⁴]; fallen; ein|stecken (*et*⁴ in⁺⁴); ein|führen

差し障り Verhinderung 囡

指し示す zeigen

指図 Anweisung 囡 ¶ ～する an|ordnen; an|weisen; befehlen

差し迫る bevor|stehen

差出人 Absender 男

差し出す [an]bieten, reichen [*j*⁴ *et*³]

差し支え ¶ [...しても]～ない nicht verhindert sein; frei sein

差し止める verbieten [*j*⁴ *et*³]

差し挟む stecken; ein|schalten. ¶言葉を～ in die Rede fallen [*j*³]

差し引く ab|ziehen, ab|rechnen [*et*⁴ von⁺³]. ¶ ～を差し引いて abzüglich⁺², minus⁺²

刺身 Sashimi 中

詐欺 Betrug 男 ¶ ～する betrügen

挫傷 Quetschwunde 囡

ざしょう 864

座礁する stranden
砂塵(じん) Staubwolke 囡
刺す stechen; stoßen. ～ような目で mit stechendem Blick. ～ような痛み stechende Schmerzen 圈
指す zeigen; [hin]weisen; deuten. ¶将棋を～Schach spielen
差す 傘を～den Regenschirm aufspannen
射す 日が～Die Sonne schien. 彼女の頬に赤みが射した Die Röte stieg ihr ins Gesicht.
注(さ)す 油を～ölen. 水を～(雰囲気をこわす) Wasser in den Wein gießen (j³); Begeisterung dämpfen
挿す stecken
砂州 Sandbank 囡
さすがに wirklich; wahrhaftig; (やはり) doch. ¶～に彼は冷静だった Er war wahrhaftig gelassen. ～の彼でもこの問題は解けなかった Selbst er konnte diese Aufgabe nicht lösen.
授かる geschenkt bekommen
授ける erteilen; geben; schenken
サスペンス Spannung 囡. ¶～映画 Horrorfilm 男 ◆～小説 Horrorgeschichte 囡
さすらい Wanderung 囡
さすらう wandern
さする streichen; streichein (j⁴; j³ et⁴)
座席 Platz 男; Sitz 男; Sitzplatz 男. ¶～に着く Platz nehmen. ◆～指定券 Platzkarte 囡 ◆～表 Sitzplan 男
左折する [nach] links ab|biegen
挫折する scheitern
させる lassen; machen. ¶人に…させない j³ verbieten〔+ zu 不定詞句〕
左遷 Degradierung 囡. ¶～する degradieren
座禅 Zen-Meditation 囡
さぞ gewiss; sicherlich; wohl
誘い Verlockung 囡. ¶～に乗る ein|gehen. ◆～水 Pumpwasser 囡 ～水になる den Anstoß geben〔zu⁺³〕
誘い込む verführen
誘い出す ab|holen, mit|nehmen
誘う ein|laden; [ver]locken; an|reizen. ¶眠気を～ein|schläfern. 人の涙を～j⁴ zu Tränen rühren
サソリ(蠍) Skorpion 男
さそり座 Skorpion 男
定まった fest
定める bestimmen, fest|setzen
座談会 Gesprächsrunde 囡
幸 Glück 囲. ¶～多かれと祈る viel Glück wünschen〔j³〕
座長 Vorsitzende[r] 男 囡
札(さつ) Papiergeld 囲; Banknote 囡; [Geld]schein 男 ¶千円～ 1000 Yen Schein. ～びらを切る mit Geld um sich⁴ werfen. ◆～入れ Brieftasche 囡 ～束 ein Bündel Scheine 囲 ～束を数える Geldscheine zählen
一冊 Exemplar 囲; Band 男
雑な grob; nachlässig
撮影 Aufnahme 囡. ¶～する fotografieren; auf|nehmen; drehen
雑音 Geräusch 囲
作家 Schriftsteller 男; Dichter 男

サッカー Fußball 男. ¶～チーム Fußballmannschaft 囡
殺害する ermorden
錯覚 Illusion 囡. ¶～する sich⁴ täuschen
雑貨屋 Haushaltswarenhandlung 囡
さっき vorhin, eben, schon
作曲 Komposition 囡. ¶～する komponieren. ◆～家 Komponist 男
殺菌 Sterilisation 囡. ¶～する sterilisieren; entkeimen
ざっくばらん ¶～に言うと offen gesagt
さっさと schnell; rasch; einfach
察し ¶～がつく sich³ vorstellen können. ～がいい guten Durchblick haben. お～のとおりです Sie haben richtig vermutet.
雑誌 Zeitschrift 囡
雑事 Kleinigkeiten 囡
雑種 Bastard 男; Mischling 男; Hybride 囡
殺人 Mord 男. ¶～を犯す einen Mord begehen. ◆～鬼 ein teuflischer Mörder 男 ～罪 Tötung 囡 ～事件 Mordfall 男 ～者 Mörder 男 ～未遂 Mordversuch 男, Tötungsversuch 男 ～容疑者 der mutmaßliche Mörder
察する vermuten; sich³ vor|stellen; wittern
雑然 ～とした unordentlich; durcheinander
雑草 Unkraut 囲
さっそく sofort; auf der Stelle
雑談 Plauderei 囡; Geschwätz 囲 ¶～する plaudern; schwatzen
察知する wahr|nehmen; [be]merken
殺虫剤 Insektizid 囲
さっと schnell; rasch; (にわかに)plötzlich; auf einmal
ざっと schnell; flüchtig; (およそ)ungefähr. ¶～目を通す durch|blättern. 書類に～目を通す die Unterlagen flüchtig durch|lesen. ～50人 ungefähr 50 Leute
殺到 Andrang 男, an|stürmen〔gegen⁺⁴〕
雑踏 Gedränge 囲
さっぱり ¶～…ない gar nicht; überhaupt nicht. ～わからない gar nicht verstehen können. きれい～忘れる total vergessen; vollständig vergessen. ～する sich⁴ frisch fühlen; j³ fällt ein Stein vom Herzen. ～した (味) natürlich frisch; (性格) unkompliziert; (身なり) sauber
雑費 Unkosten 囡
殺風景な öde; nüchtern
サツマイモ Süßkartoffel 囡
さて nun [aber]
査定 Einschätzung 囡. ¶～する ein|schätzen. ◆自己～ Selbsteinschätzung
砂糖 Zucker 男. ¶～不使用の ohne Zucker. ～入れ Zuckerdose 囡 ～きび Zuckerrohr 囲 ～大根 Zuckerrübe 囡
茶道 Teezeremonie 囡
作動する gehen; laufen
里親 Pflegeeltern 囡
里子 Pflegekind 囲

諭す ermahnen
悟り Einsicht; Einblick 男
悟る einsehen; erkennen; verstehen
サドル Sattel 男
最中(さいちゅう) ¶～に inmitten [*et²*; von⁺³]; während ⁺²⁽³⁾
さなぎ Puppe 女
左派 Linke 女
サバ(鯖) Makrele 女
サバイバル Überleben 中
裁き Urteil 中
砂漠 Wüste 女 ¶～化 Verwüstung 女
裁く richten
捌く (売る) verkaufen; (片づける) erledigen
さび Rost 男 ¶～が付く rosten. Rost setzt sich an. ～を落とす den Rost entfernen. ◆～止め Rostschutz 男 身から出た～ Wie die Saat, so die Ernte.
寂しい einsam, verlassen, öde. ¶寂しく思う sich⁴ einsam fühlen. 一人になって寂しかった Alleine fühlte ich mich einsam. 寂しく暮らす einsam leben. 寂しがる sich⁴ einsam fühlen. 寂しがり屋 Eigenbrötler 男, Einzelgänger 男
寂しさを紛らす Einsamkeit trösten
座標 Koordinaten 複 ◆～軸 Koordinatenachse 女
さびる [ver]rosten
サファイア Saphir 男
サファリ Safari 女 ◆～パーク Safaripark 男
サブタイトル Untertitel 男
座布団 Sitzkissen 中
差別 Unterschied 男; Diskriminierung 女 ¶～する unterscheiden [zwischen⁺³]; diskriminieren. ～的な diskriminierend
作法 Manieren 複; gute Sitten 複; Umgangsformen 複, Etikette 女
サポーター Bandage 女; (サッカーファン) Fußballfan 男
サボテン Kaktus 男
さほど so [sehr]
サボる faulenzen; schwänzen; vernachlässigen
様 ¶～になる gut aussehen. ～変わりする andere Form annehmen
-様 (男性) Herr; (女性) Frau
ざま ¶そのーはなんだ Schäm dich! (彼は)～を見ろ Das geschieht ihm recht.
さまざまな verschiedenartig; mannigfaltig
覚ます ¶目を～ auf|wachen; erwachen. 人の酔いを～ j⁴ ernüchtern
冷ます kühlen; ¶スープを～ Suppe abkühlen lassen. 熱を～ Fieber herunterdrücken
妨げ Hindernis 中; Störung 女
妨げる stören, hindern [j⁴ bei⁺³]; ab|halten [j⁴ von⁺³]
さまよう wandern; streifen
サミット Gipfeltreffen 中; Gipfelkonferenz 女
寒い kalt. ¶日増しに寒くなってきました Tag von Tag wird es kälter. きょうは～Heute ist es kalt.
寒がり ¶彼女は～だ Sie ist schwach gegen Kälte.

寒気 Frost 男; (悪寒) Fieberfrost. ¶～がする Es fröstelt mich.
寒さ Kälte 女 ¶～に震える vor Kälte frieren
寒々とした kalt; (荒涼たる) öde
寒空 ¶この～の下で bei diesem kalten Wetter
サメ(鮫) Hai 男
冷めた kalt; abgekühlt. ¶～コーヒー abgekühlter Kaffee
覚める auf|wachen, wach werden. ¶迷いから～ aus dem Wahn erwachen. 酔いが～ wieder nüchtern werden. 覚めた目で見る mit nüchternen Augen betrachten
冷める [sich⁴] ab|kühlen. ¶彼は熱しやすく冷めやすい Er ist leicht begeistert, aber genauso schnell enttäuscht.
褪める verblassen; verbleichen
さも ¶～のように als ob... ～ありなん Das ist leicht möglich.
さもなくと oder; sonst. ¶急ぎなさい、～遅刻します Beeil dich, sonst kommst du zu spät!
莢 Hülse 女; Schote 女
鞘 Scheide 女
左右 links und rechts; zu beiden Seiten. ¶～する beeinflussen [auf⁺⁴], Einfluss [auf⁺⁴] aus|üben. ～される beeinflusst ⟨abhängig⟩ sein [von⁺³]
作用 Wirkung 女 ¶～する wirken [auf⁺⁴]
さようなら Auf Wiedersehen!
左翼 linker Flügel 男; (思想上の) Linke[r] 男
皿 Teller 男; Platte 女; Schüssel 女 ¶膝の～ Kniescheibe 女 目を～のようにする (große) Augen machen. ～を洗う Teller waschen. ◆～洗い機 Geschirrspülmaschine 女 ～回し Tellerjonglieren 中
再来月 übernächster Monat 男
再来週 übernächste Woche 女
再来年 übernächstes Jahr 中
曝け出す auf|decken; enthüllen
さらさら ¶～流れる rauschen; rieseln. ～書く flüssig schreiben
ざらざらした(の) grob; rau
曝す bleichen
去らせる entlassen [j⁴ aus⁺³]
サラダ Salat 男 ¶～菜 Salat
さらに weiter; noch; außerdem; ferner; zudem. ¶～ noch dazu
サラブレッド Vollblut 中
サラリー Gehalt 中 ◆～マン Angestellte[r] 男
ザリガニ Krebs 男
猿 Affe 男 ¶～知恵を働かせる mit dummen Einfällen handeln. ◆～ぐつわ Knebel 男. ～ぐつわをかませる kneb eln [j⁴]. ～芝居 Affentheater 中 ～真似 Afferei 女 ～も木から落ちる Niemand ist unfehlbar.
去る gehen; verlassen; ab|gehen; fort|gehen. ～者は追わず Reisende soll man nicht aufhalten. ～者は日々に疎し Aus den Augen, aus dem Sinn.

ざる Bambuskorb 男
沢 Sumpf 男; Morast 男
騒がしい lärmend; laut
騒がせる 世間をお〜Aufsehen erregen. お騒がせして申し訳ありません Es tut mir Leid, dass ich Ihnen so viele Umstände gemacht habe.
騒ぎ Lärm 男, Unruhe 女, Aufruhr 男, Krach 男. ¶笑うどころの〜ではない Das ist nicht zum Lachen.
騒ぎ立てる Lärm schlagen; viel Geschrei machen
騒ぐ lärmen; Lärm machen; toben. ¶心が〜Herzklopfen bekommen. 慌てず騒がず ohne sich⁴ aufzuregen
ざわつく rauschen; unruhig sein; geräuschvoll sein
爽(さわ)やかな frisch; erfrischend. ¶弁舌〜である fließend reden
触る berühren, fühlen, tasten, anfassen. ¶手で〜mit der Hand berühren. 〜と冷たい Das fühlt sich kalt an. 〜からぬ神に祟りなし Lass die Finger davon.
障る schaden [j-et³]; beeinträchtigen; hindern. ¶身体に〜 Es schadet der Gesundheit. 気に〜verärgert sein. しゃくに〜 auf die Nerven gehen [j³]
三 drei. ¶〜番目の dritt. 〜分の1 Drittel 中 〜分の一 dritt
酸 Säure 女
-さん (男性) Herr; (女性) Frau
参加 Teilnahme 女; Beteiligung 女. ¶〜する teilnehmen [an⁺³], sich⁴ beteiligen [an⁺³]. ◆ ¶〜国 Teilnehmerstaat 男 〜者 Teilnehmer 男 〜賞 Teilnahmepreis 男
産科 Gynäkologie 女
残骸 Trümmer 複
三角 Dreieck 中 ¶〜の dreieckig. ◆〜形 Dreieck 中
山岳 Gebirge 中
残額 Rest[betrag] 男
三月 März 男. ¶〜に im März
参議院 Oberhaus 中
三脚 (カメラの) Stativ 中; Dreibein 中
産業 Industrie 女 ¶〜の industriell
残業 Überstunden 複
残金 Restsumme 女; Restbetrag 男
サングラス Sonnenbrille 女
懺悔(ざんげ) Beichte 女 ¶〜する beichten
珊瑚(さんご) Koralle 女
参考 ¶〜にする nachschlagen; zur Hilfe nehmen. 本を〜にする ein Buch nachschlagen. 〜になる nützen, nützlich sein [zu⁺³]. ご〜のため zu Ihrer Information. ◆ ¶〜書 Nachschlagewerk 中 〜資料 Bezugsmaterial 中 〜文献 Literatur 女
残酷な grausam; brutal
散在する zerstreut ⟨vereinzelt⟩ liegen
散々 ¶〜小言を言われる(親に) heftig ausgeschimpft werden = (上司に) schwer getadelt werden. 〜な目にあう eine bittere Erfahrung machen
参事 Rat 男
三十 dreißig. ¶〜番目の dreißigst. 〜分 halbe Stunde 女, dreißig Minuten

〜の1 Dreißigstel 中
三重の dreifach
算出する ausrechnen
産出 Erzeugung 女 ¶〜する erzeugen
参照する nachschlagen
散水する spritzen
斬新(ざんしん)な neuartig; originell
算数 Rechnen 中; Arithmetik 女
産する erzeugen; produzieren
賛成する zustimmen, beistimmen [j-et³]; sprechen [für⁺⁴]. 〜して für. 〜れしている dafür sein. 〜を得る Zustimmung erhalten. 〜の方は挙手願います Wer dafür ist, bitte die Hand heben! 〜多数により可決 Mit der Mehrheit der Zustimmung ist dies verabschiedet. ◆〜投票 Zustimmung
酸性の sauer. ¶〜雨 saurer Regen 男
酸素 Sauerstoff 男; Oxygen 中
山荘 Landhaus 中; Villa 女
残像 Nachbild 中
残高 Saldo 男; Restbetrag 男
サンタクロース Weihnachtsmann 男
サンダル Sandale 女
三段跳び Dreisprung 男
産地 Erzeugerland 中
山頂 [Berg]gipfel 男
算定する berechnen
暫定的な vorläufig; provisorisch
サンドイッチ Sandwich 中
賛同 ¶〜する zustimmen, beipflichten [j-et³]
残念な bedauerlich, bedauernswert. ¶〜だ schade sein; bedauerlich sein. 〜がる bedauern. 〜ながら leider; zu meinem Bedauern; bedauerlicherweise. 〜だ Schade. …を〜に思う Ich bedauere, dass... ◆〜賞 Trostpreis 男
三年生 der Schüler der dritten Klasse
サンバ Samba 女
三倍の dreifach. ¶〜にする verdreifachen
参拝する einen Tempel besuchen
桟橋 Landungsbrücke 女
散髪する sich³ die Haare schneiden lassen
残飯 Speiserest 男
賛美 Lob 中 ¶〜する lobpreisen; verherrlichen. ◆〜歌 Hymne 女
賛否 ¶〜を問う abstimmen lassen [j⁴ über⁺⁴]
散布する streuen
山腹 Bergabhang 男; Halde 女
産婦人科 Gynäkologie 女
産物 Erzeugnis 中; landwirtschaftliches Produkt 中
サンプル Muster 中; Probe 女
散文 Prosa 女 ¶〜の⟨的な⟩ prosaisch
散歩 Spaziergang 男 ¶〜する einen Spaziergang machen. 〜に出る spazieren gehen. 〜道 Spazierweg 男
参謀 Stabsoffizier 男; Ratgeber 男
サンマ Makrelenhecht 男
散漫な zerstreut; unzusammenhängend
酸味 Säure 女 ¶〜のある säuerlich
山脈 Gebirge 中

し

産油国 Ölförderland
残留する zurückbleiben
三輪車 Dreirad 中
参加する teilnehmen [an +3]; beiwohnen [et³]. ◆〜者 Teilnehmer 男
山麓(?)で〈の〉 am Fuß des Berges

⊂ し ⊃

四 vier
市 Stadt 女 ¶〜の中心 Stadtmitte 女
死 Tod 男 ¶〜の商人 Waffenhändler 男／〜の灰 tödliche Asche
詩 Gedicht 中; Poesie 女
師 Lehrer 男; Meister 男
-氏 Herr
字 Schriftzeichen 中; Buchstabe 男; Schrift 女 ¶〜が下手である schlecht schreiben
痔(ぢ) Hämorrhoiden 複
-時 Uhr. ¶1〈2〉〜ein〈zwei〉Uhr. 3 半 halb vier. 5〜15分 viertel nach fünf
試合 Spiel 中; Wettkampf 男 ¶〜をする spielen [gegen +4]. 〜に勝つ〈負ける〉das Spiel gewinnen〈verlieren〉. 〜を投げる auf das Spiel verzichten
仕上がる fertig sein; vollendet sein
仕上げ Fertigstellung 女; Vollendung 女; Ausarbeitung 女 ¶〜をする die letzte Hand legen [an +4]
仕上げる fertig stellen, fertig machen; vollenden
しあさって überübermorgen
幸せ Glück 中 ¶〜な glücklich. 〜にも zum Glück. 〜に暮らし glücklich leben. どうかお〜に Ich wünsche Ihnen viel Glück.
試案 Entwurf 男
思案する nachdenken [über +3]; sich³ **überlegen**. ¶〜に暮れる hin und her gerissen sein. 〜顔で mit nachdenklichem Gesicht. ここが〜のしどころ Wir sollten jetzt nichts überstürzen.
シーエム (CM) Werbung 女 ◆スポット〜 Werbespot 男
飼育 Zucht 女 ¶〜する züchten; aufziehen
シーズン Saison 女; Jahreszeit 女 ◆〜オフ außerhalb der Saison
シーソー Wippe 女
椎茸(しいたけ) Shiitake 男; ein japanischer Edelpilz 男
シーツ Bettuch 中
シーッ〈静かに〉Pst! ｜〈追い払う〉Sch!
シーディー (CD) CD 女
恣意(しい)**的な** willkürlich
シート〈座席〉Sitz 男;〈切手〉Briefmarkenbogen 男
シードする setzen
シートベルト Sicherheitsgurt 男
ジーパン Jeans 複
シーピーユー (CPU) CPU 女; Zentraleinheit 女
ジープ Jeep 男
強いる zwingen [j⁴ zu +3 〈+ zu 不定詞 句〉]
シール Siegel 中

仕入れる einkaufen
シーン Szene 女
子音 Konsonant 男
死因 Todesursache 女
寺院 Tempel 男; Schrein 男
ジーンズ Jeans 複
試運転 Probefahrt 女
市営の städtisch
自衛 Selbstverteidigung 女; Selbstschutz 男 ¶〜する sich⁴ selbst verteidigen. ◆〜官 Angehörige[r] der Selbstverteidigungskräfte 男 女 ／ 〜を行使できる das Selbstverteidigungsrecht ausüben. 〜手段 Maßnahmen zur Selbstverteidigung 複／〜隊 Selbstverteidigungskräfte 複 陸上, 海上, 航空〜隊 die Landes-, See-, Luftverteidigungskräfte. 〜力 Selbstverteidigungskompetenz 女
ジェスチャー Geste 女
ジェット Jet 男 ¶〜エンジン Düsentriebwerk 中／〜機 Düsenflugzeug 中／〜気流 Strahlstrom 男 ～コースター Berg-und-Tal-Bahn 女／〜戦闘機 Düsenjäger 男
シェパード Deutscher Schäferhund 男
シェフ Chef 男
シェルター Luftschutzkeller 男; Luftschutzbunker 男
支援 Unterstützung 女 ¶〜する unterstützen; beistehen, helfen [j³]
塩 Salz 中 ¶〜一つまみの〜 eine Prise Salz 女／〜味のきいた gut〈richtig〉gesalzen. 〜加減がきつい zu stark gesalzen, zu salzig. 〜を足す。〜気を抜く entsalzen. 〜胡椒する mit Salz und Pfeffer würzen. キュウリの〜もみ leicht durchgesalzener Gurkensalat 男／〜をした焼きで焼きされる魚 ein Fisch mit Salz rösten. ◆〜入れ Salzstreuer 男／〜鮭 Salzlachs 男 〜水 Salzwasser 中
潮 Gezeiten 複 ¶〜が満ちる〈引いて〉きる Die Flut steigt〈ebbt ab〉.
潮風 Seewind 男
塩辛い salzig
塩漬け Einsalzen 中 ¶〜にする in Salz legen, einsalzen; einpökeln
潮干狩り ¶〜に行く bei Ebbe Muscheln sammeln
しおり Lesezeichen 中
しおれる verwelken
しか nur. ¶クレジットカード〜ない Ich habe nur meine Kreditkarte.
鹿(しか) Hirsch 男
歯科 Zahnmedizin 女 ¶〜医 Zahnarzt 男;〈女性〉Zahnärztin 女
市価 Marktpreis 男
じか direkt; unmittelbar
時価 Tagespreis 男
自ъ気 Ich
司会 Leitung 女 ¶〜をする leiten; den Vorsitz führen. ◆〜者 Leiter 男; Moderator 男
視界 Sicht[weite] 女; Gesichtskreis 男
市街 Stadtteil 男; Straße 女 ◆〜地図 Stadtplan 男
市外 Vorort 男; Vorstadt 女 ◆〜電話

じかい

Ferngespräch 中
次回 ¶〜[に]は nächstes Mal
紫外線 ultraviolette Strahlen 複
仕返しする sich¹ [an j³ für⁺⁴] rächen
…しかかっている gerade dabei sein [+zu 不定詞]
資格 Befähigung 女; Berechtigung 女; Qualifikation 女 ¶〜のある befähigt; qualifiziert. 〜をつける qualifizieren. 〜する〜がある für⁺⁴ qualifiziert sein. ◆〜試験 Qualifikationsexamen 中 〜審査 Qualifikationsüberprüfung 女 〜有者 Qualifizierte[r] 男
四角 Viereck 中 ¶〜の viereckig. ◆〜形 Viereck 中
視覚 Gesichtssinn 男
史学 Geschichtswissenschaft 女
私学 Privatschule 女
詩学 Poetik 女
自覚 Selbstbewusstsein 中 ¶〜している sich³ bewusst sein [et²]
仕掛け Vorrichtung 女
しかし aber; doch; allein. ¶〜ながら jedoch
自画自賛 Eigenlob 中
自家製の hausgemacht
自画像 Selbstbildnis 中
仕方 Art 女; Weise 女 ¶料理のも知らない nicht mal die Kochweise kennen. 〜がないこと It Nichts zu machen! 文句を言っても今更〜ない Beschwerden nützen jetzt nicht mehr. 〜なしに〈なく〉 wider Willen, notgedrungen
…しがちである zu⁺³ neigen
四月 April 中 ¶〜に im April
自活する sein eigenes Brot verdienen; auf eigenen Füßen stehen
しかつめらしい förmlich; ernsthaft
死活問題 Lebensfrage 女
しがみつく sich⁴ festhalten [an⁺³]; sich¹ anklammern [an⁺⁴⁽³⁾]
しかめる verziehen; verzerren
しかも noch dazu; und zwar; überdies; trotzdem. ¶〜そのうえ dabei
自家用車 Privatwagen 男
しかる schimpfen; tadeln. ¶遅刻して叱られた Ich wurde wegen Verspätung geschimpft. 叱られるわよ Pass auf! Du wirst geschimpft.
士官 Offizier 男 ◆下〜 Unteroffizier 男
志願 Bewerbung 女 ¶〜する sich¹ bewerben [um⁺⁴]. ◆〜者 Kandidat 男; Bewerber 男
時間 Zeit 女; Stunde 女 ¶〜〜 eine Stunde. 2〜以内に innerhalb von 2 Stunden. 〜どおりに pünktlich. 〜がかかる dauern. 〜を稼ぐ Zeit gewinnen. 〜をかける sich³ Zeit nehmen. 〜を割く Zeit in Anspruch nehmen. 〜を潰す（適当に過ごす）sich³ die Zeit [mit⁺³] vertreiben. 〜を守る die Zeit einhalten. ◆〜割 Stundenplan 男
式 Feier 女; Zeremonie 女;（数学）Formel 女;（方法）Methode 女; Art 女; Stil 男 ¶〜を挙げる die Hochzeit feiern. 〜を解く die Formel lösen. ◆〜次第 Programm 中
四季 [vier] Jahreszeiten 複

指揮 ¶〜する führen; befehlen;（音楽）dirigieren. ◆〜官 Kommandant 男; Befehlshaber 男 〜者 Dirigent 男
じきに bald; sofort; gleich
時期 Zeit 女 ¶この〜に zu dieser Zeit. 〜が来ればわかる Mit der Zeit wirst du auch verstehen. 〜尚早である Es ist noch zu früh 〈zu zeigig〉.
次期の nächst
時機 [günstige] Gelegenheit 女; richtiger Augenblick 男; Chance 女
磁気 Magnetismus 男 ¶〜を帯びた magnetisch
磁器 Porzellan 中
敷居 Schwelle 女
敷石 Pflasterstein 男
色彩 Farbe 女 ¶〜豊かな farbenreich; bunt. ◆〜感覚 Farbensinn 男
式辞 Festrede 女; Ansprache 女 ¶〜を述べる eine Festrede halten
識者 Gebildete[r] 中女; Kenner 男
式場 Festhalle 女; Festplatz 男
色彩 Farbton 男
敷地 Grundstück 中; Bauplatz 男
色調 Farbton 男
式典 Zeremonie 女; Feierlichkeit 女
敷布 Bettuch 中
式服 Festkleid 中
識別する erkennen
色盲 Farbenblindheit 女 ¶〜の farbenblind
敷物 Teppich 男
支給する versorgen
至急の dringend; sehr eilig
時給 Stundenlohn 男
自給自足 Selbstversorgung 女
持久力 Ausdauer 女
市況 Marktlage 女
事業 Unternehmen 中 ¶新しい〜を始める ein neues Unternehmen beginnen. 〜を営む ein Geschäft betreiben. 〜に失敗する Das Unternehmen scheitert.
始業式 die Feier zum Schulbeginn
仕切り（部屋の）Scheidewand 女; Abteilung 女 ◆〜棚 Fach 中
しきりに immer wieder; wiederholt
資金 [Geld]mittel 複; Kapital 中 ¶〜を与える investieren
試金石 Prüfstein 男
市区 Stadtbezirk 男; Stadtteil 男
敷く [be]legen. ¶道に砂利を〜 Man legt die Straßen mit Steinen aus. 布団を〜 das Bettzeug ausbreiten
軸 Achse 女
しぐさ Gebärde 女; Verfahren 中
ジグザグに zickzack; im Zickzack
しくしく ¶〜泣く wimmern. お腹が〜する stechende Schmerzen im Leib haben
しくじる einen Fehler machen; misslingen [j³]. ¶会社を〜解雇する〈gekündigt〉werden
ジグソーパズル Puzzle 中
シグナル Signal 中
シクラメン Alpenveilchen 中
仕組み Mechanismus 男; Gefüge 中
死刑 Todesstrafe 女 ¶人に〜を宣告する j⁴ zum Tod verurteilen

刺激 Anregung 囡; **Reiz** 男 ¶ ～する reizen; anregen. 相手を～する den Gegner reizen. ～的な reizvoll. ◆～剤 Reizmittel ⊕ ～物 Stimulans ⊕

茂み Dickicht 男; **Gebüsch** 男

湿気(しっ)る feucht werden

時化(しけ)る stürmisch werden

茂る gedeihen

試験 Prüfung 囡; **Examen** ⊕ ¶ ～をする prüfen; eine Prüfung abhalten. ～を受ける eine Prüfung 〈ein Examen〉 machen. ～に受かる die Prüfung bestehen. ～に落ちる im Examen durchfallen. ～的に使用してみる probeweise benutzen. ◆～管 Reagenzglas ⊕ ～飛行 Probeflug 男

資源 Bodenschätze 優 ¶ 天然～を保護〈開発〉する Ressourcen schützen〈erschließen〉. ～の豊富な国 ein an Rohstoffen reiches Land

事件 Fall 男; **Ereignis** 男, **Angelegenheit** 囡; **Vorfall** 男 ¶ ～を起こす zu einem Zwischenfall kommen. ～を捜査する das Verbrechen untersuchen. ～を揉み消す den Vorfall unter den Tisch wischen

次元 Dimension 囡

時限 Stunde 囡 ◆～爆弾 Zeitbombe 囡

事故 Unfall 男; **Unglück** ⊕ ¶ 交通～を起こす einen Verkehrsunfall verursachen. 彼は不慮の～に遭った Ihm ist ein Unfall zugestoßen. ～現場 Unfallstelle 囡 ～死 Unfalltod 男 ～にあう an einem Unfall sterben. ～多発地帯 gefährliche 〈unfallträchtige〉 Strecke〈Kreuzung, Kurve〉 囡 ～防止 Unfallverhütung 囡

自己 Selbst ⊕; **Ich** ⊕ ¶ ～紹介する sich⁴ vorstellen (j³). ～中心的な egoistisch

思考 Denken ⊕ ◆～力 Denkvermögen ⊕, Denkkraft 囡

志向 Intention 囡; **Gesinnung** 囡

施行する ausführen

嗜好(しこう) Geschmack 男; **Neigung** 囡 ◆～品 Genussmittel ⊕

時効 Verjährung 囡

次号 die nächste 〈folgende〉 Nummer

時刻 Zeit 囡; **Zeitpunkt** 男 ◆～表 Kursbuch ⊕, Fahrplan 男 到着～ Ankunftszeit. 出発～ Abfahrtszeit

地獄 Hölle 囡 ¶ ～のように höllisch. ～に落ちる in die Hölle kommen. ～のようなOhr haben. ～で仏に会う Maria hat geholfen. ～の沙汰も金次第 Geld regiert die ganze Welt.

仕事 Arbeit 囡; **Geschäft** ⊕; **Beschäftigung** 囡 ¶ ～で wegen 〔der〕 Arbeit; dienstlich. ～上の geschäftlich. ～がない ohne Arbeit sein. ～をする arbeiten; seine Arbeit tun. お～は何ですか Was sind Sie vom Beruf? ～にかかる an die Arbeit gehen. ～に追われる von der Arbeit gejagt werden. ～がはかどらない Ich komme mit der Arbeit nicht voran. ～を家に持ち帰る Ich nehme die Arbeit mit nach Hause. 彼は～ができる Er ist recht unternehmungslustig. ～の鬼 arbeitsbesessener Mann 男 ◆～場 Arbeitsplatz ⊕, Werkstatt 囡 ～部屋 Arbeitszimmer ⊕ ～量 Arbeitsmenge 囡

示唆する andeuten

時差 Zeitunterschied 男 ◆～ぼけ Jetlag ⊕

司祭 Priester 男; **Pfarrer** 男

しさえすればよい brauchen nur [+ zu 不定詞句]

詩作する dichten

地酒 einheimischer Sake 男

視察 Besichtigung 囡; **Inspektion** 囡 ¶ ～する besichtigen

自殺 Selbstmord 男 ¶ ～する Selbstmord begehen

資産 Vermögen ⊕; **Gut** ⊕

持参する mitbringen; mitnehmen. ◆～金 Mitgift 囡

指示 Anordnung 囡; **Anweisung** 囡; **Hinweis** 男; **Vorschrift** 囡 ¶ 人に…を～する j⁴ anweisen [+ zu 不定詞句]. 安静を～する Bettruhe anordnen. ◆～薬 Indikator 男

支持 Unterstützung 囡 ¶ ～する unterstützen. ～を得る〈失う〉 Unterstützung erhalten〈verlieren〉. ～者 Unterstützer 男 ～層 der harte Kern 男, Basis 囡 (選挙)~ Stammwähler 男 ～率 politische Unterstützungsrate der Wähler

時事 aktuell. ◆～問題 Zeitproblem ⊕

事実 Tatsache 囡; **Wirklichkeit** 囡 ¶ ～に tatsächlich. ～に基づいて auf Grund 〈aufgrund〉 der Tatsache. ～上 in Wirklichkeit, tatsächlich. ～無根の grundlos, unbegründet, falsch. ～は小説より奇なり Die Wirklichkeit ist sonderbarer als der Roman.

支社 Zweigstelle 囡; **Filiale** 囡

死者 Tote[r] 男

使者 Bote 男; **Abgesandte[r]** 男 囡

試写会 Voraufführung 囡; **Probeaufführung** 囡

磁石 Magnet 男

四捨五入する 5 nach oben und 4 nach unten abrunden

刺繍(ししゅう) Stickerei 囡 ¶ ～をする sticken. ◆～糸 Stickgarn ⊕

詩集 Gedichtsammlung 囡

四十 vierzig

始終 immer; häufig

自習 ¶ ～する lernen für sich⁴ lernen; selbst lernen. ◆～書 das Buch zum Selbstunterricht

四重奏 Quartett ⊕

自主規制 freiwillige Beschränkung 囡, **Selbstbeschränkung** 囡

支出 Ausgaben 優 ¶ ～する ausgeben

自主的な selbständig; unabhängig

思春期 Pubertät 囡

司書 Bibliothekar 男

辞書 Wörterbuch ⊕; **Lexikon** ⊕

地所 Grundstück ⊕

次女 die zweite Tochter

支障 Hindernis ⊕

市場 Markt 男 ¶ ～に出す auf den Markt bringen. ～を開拓する einen neuen Markt erschließen. ～を拡大する den Markt erweitern. ◆ ～経済 Marktwirtschaft 女 ～占有率 Marktanteil 男 ～調査 Marktforschung 女

自称 angeblich. ～する *sich*⁴ ausgeben [für ⟨als⟩⁺⁴]

事情 Umstand 男; Sache 女; Lage 女 ¶ ～によっては unter Umständen. やむを得ぬ～で wegen zwingender Umstände. 家庭の～で aus persönlichen Gründen. ◆ ～聴取 Vernehmung 女 住宅～ Wohnverhältnisse 中 中東に詳しい the Lage im Mittleren Osten gut kennen

自乗 Quadrat 中 ¶ ～する ins Quadrat erheben; quadrieren

死傷者 die Toten und Verwundeten

試食する kosten; probieren

辞職 Rücktritt 男 ¶ ～する von *seinem* Amt zurück|treten

自叙伝 Autobiographie 女

指針 (方針) Richtlinien 複

詩人 Dichter 男; Poet 男

自信 Selbstvertrauen 中; Selbstsicherheit 女 ¶ ～がある selbstsicher sein. 試験に受かる～がある Ich bin davon überzeugt, dass ich das Examen bestehen werde. ～をなくす⟨つける⟩ das Selbstvertrauen verlieren ⟨gewinnen⟩. ～を持って下さい Du kannst dich auf mich verlassen. ～満々である Er ist fest davon überzeugt. ～過剰である Er hat übersteigertes Selbstvertrauen.

地震 Erdbeben 中 ¶ ～を感じる das Erdbeben spüren. 昨日震度5の強い～があった Das Erdbeben gab es mit der Stärke 5. Heute morgen ein Erdbeben mit der Stärke 5.

自身 selbst

自炊する selbst kochen

指数 Index 男

静かな⟨に⟩ still, ruhig. ¶ ～にしなさい Sei still!

…しすぎる zu viel; zu weit

滴・雫 Tropfen 男

静けさ Stille 女; Ruhe 女

システム System 中

地滑り Erdrutsch 男

静まる ruhig ⟨still⟩ werden; *sich*⁴ beruhigen; (嵐・痛みなどが) *sich*⁴ legen; nachlassen

沈む sinken; unter|gehen; *sich*⁴ senken. ¶ 太陽が西に沈んだ Die Sonne ging im Westen unter.

静める beruhigen; stillen

鎮める (痛みを) lindern, mildern

沈める [ver]senken. ¶ 浴槽に身を *sich*⁴ in die Badewanne setzen

姿勢 Haltung 女; Lage 女 ¶ ～がいい eine gute Haltung haben. ～を正す die Haltung verbessern. 前向きの～を取る vorwärts streben; positive Haltung einnehmen.

自制 Selbstbeherrschung 女 ¶ ～する *sich*⁴ beherrschen; *sich*⁴ zurück|halten

時勢 Zeit 女; Zeitumstände 複

私生活 Privatleben 中

史跡 historische Stätte 女

施設 Einrichtung 女; Anstalt 女

使節 Abgesandte[r] 男女 ◆ ～団 Delegation 女

視線 Blick 男; Auge 中

支線 Nebenlinie 女

自然 Natur 女 ¶ ～の⟨な, に⟩ natürlich. ～に親しむ *sich*⁴ mit der Natur anfreunden. ～にわかるさ Du wirst es schon von selbst verstehen. ～体で気を楽に、くつろぐ, unbekümmert. ◆ ～科学 Naturwissenschaft 女 ～科学の naturwissenschaftlich. ～現象 Naturphänomen 中

事前に vorher; im Voraus

慈善 Wohltätigkeit 女; Wohltat 女

思想 Gedanke 男; Idee 女 ¶ ～を弾圧する eine Meinung unterdrücken. ◆ ～家 Denker 男 ～犯 politischer Verbrecher 男

…しそうである wollen; möchten; drohen. ¶ 雨が降りそうだ Es droht zu regnen.

時速 Stundengeschwindigkeit 女

持続 Fortdauer 女 ¶ ～する an|dauern; halten. ～的な dauernd

し損なう verpatzen; Fehler machen

子孫 Nachkomme 男

自尊心 Ehrgefühl 中

下 ～の…の; unter ⁺³, その…に darunter. ～の unter. ～の方で unten. ～から von unten. ～へ unter ⁺⁴, hinter, hinunter, abwärts. ～より…である (年齢) jünger als…; (場所) niedriger als… ～にも置かないもてなしをする mit großer Gastfreundlichkeit bewirten

舌 Zunge 女 ¶ ～がもつれる lallen; Die Zunge bewegt sich schwer. ～を出す die Zunge heraus|strecken. ～を巻く J³ fehlen die Worte. ～の根の乾かぬうちに前言を翻す Kaum hat man etwas gesagt, behauptet man schon das Gegenteil.

シダ (羊歯) Farn 男

下味をつける vor dem Kochen würzen

死体 Leiche 女

…したい mögen; möchte. ¶ ～と思う wollen

次第に allmählich, nach und nach, mit der Zeit. ¶ 事…で…である von…ab|hängen.

辞退する ablehnen; ab|sagen

事態 Situation 女; Lage 女

時代 Zeit 女; Zeitalter 中 ¶ 古きよき～ die gute alte Zeit. ～遅れの altmodisch; veraltet. ～がかった altertümlich. ～錯誤もはなはだしい Es ist aber recht anachronistisch. ～に先んじる Der Zeit voraus|gehen. ～を反映する die Zeit widerspiegeln. ◆ ～劇 historisches Schauspiel 中 ～精神 Zeitgeist 男 平安～ die Heian-Ära

慕う *sich*⁴ sehnen [nach⁺³]

下請け Zulieferer 男 ¶ ～に出す einem Zulieferer den Auftrag weiter|geben. ◆ ～業者 Zulieferbetrieb 男

舌打ちする [mit der Zunge] schnalzen

従う folgen [*j-et³*]; gehorchen [*j-et³*]; sich⁴ richten [nach⁺³]
下書き Entwurf 男; Konzept 田
従って folglich; daher; also; deshalb. ¶ ～に～ nach ⁺³; entsprechend ⁺³
…したがる ¶ 彼は楽を～ Er neigt zum Faulenzen.
下着 Unterwäsche 女
支度 Vorbereitung 女; ¶ ～のできた fertig. ～する sich⁴ fertig machen
自宅 sein eigenes Haus 田; ¶ ～で zu Hause; daheim
下心がある die geheime Absicht haben. ¶ ～が見え見えだった Die geheime Absicht war deutlich erkennbar.
下ごしらえをする vorbereiten
舌先 Zungenspitze 女 ¶ ～三寸で言いくるめる vertuschen [*et*¹]; einwickeln [*j⁴*]
下地 Grundlage 女; (実地) Grund 男; (塗り) Grundierung 女
親しい befreundet [mit ⁺³]; intim; vertraut. ¶ 親しくなる sich⁴ befreunden [mit ⁺³]. 親しく話し掛ける freundlich ansprechen. 親しき中にも礼儀あり Auch unter guten Freunden darf man die Höflichkeit nicht vergessen.
下敷 Unterlage 女; ¶ ～になる begraben werden [unter ⁺⁴]
親しみ Freundschaft 女
下調べる sich⁴ vorbereiten [auf ⁺⁴〈für⁺⁴〉]; (調査) vorbereiten
…しだす anfangen [＋zu 不定詞句]
舌足らず ¶ ～な説明 vage Erklärung 女. ¶ ～に話す (子供が) lallen; unzulänglich ausdrücken
滴る tropfen; tröpfeln
舌鼓 ¶ ～を打つ genüsslich essen, schmatzen
下っ端 Untergeordnete(r) 男女 ◆ ～役人 ein kleiner Beamter 男
下積み ¶ ～生活を送る ganz unten der Gesellschaft leben
下手 ¶ ～に出る sich⁴ klein machen
…したて ¶ ～結婚～である gerade geheiratet sein
…したところである gerade gemacht haben
…したとたん gleich, nachdem *j¹* gemacht hatte
下取り ¶ Aを～に出してBを買う A in Zahlung geben und B kaufen. ◆ ～価格 angerechneter Preis 男
舌なめずりする *J³* läuft das Wasser im Mund zusammen
下腹 Unterleib 男; ¶ ～が出る einen Bauch bekommen
下火になる (火事が) Das Feuer lässt nach. | (物事が) zurückgehen
舌平目 Zungenflunder 女
…したほうがよい Es ist besser, dass…
下町 Altstadt 女
下回る ¶ 収入が支出を～ Das Einkommen bleibt unter den Ausgaben. 予想を大幅に～ weit unter der Erwartung liegen
下見する vorher besichtigen
下向き ¶ ～にする nach unten richten.

～になる nach unten sehen; (景気が) Die Konjunktur geht zurück.
自堕落な liederlich, ausgeschweift
地団太 ¶ ～を踏む aufstampfen
七 sieben. ¶ ～番目の siebent, siebt. ～分の1 Siebentel 田
質 Pfand 田 ¶ ～入れる verpfänden. ◆ ～屋 Pfandleihe 女
自治 Selbstverwaltung 女 ◆ ～体 Gemeinde 女
七月 Juli 男; ¶ ～に im Juli
七十 siebzig
七面鳥 Truthuhn 田
試着する anprobieren
支柱 Stütze 女
シチュー Stew 田; Geschmorte[s] 田
市長 Bürgermeister 男; (大都市の) Oberbürgermeister 男
自嘲(ホ_{ェシ}) Selbstverachtung 女
視聴覚の audiovisuell
視聴者 Fernsehzuschauer 男
市町村 Gemeinde 女
視聴率 Einschaltquote 女
質 Qualität 女 ¶ ～のいい〈悪い〉 von guter 〈schlechter〉 Qualität. 量より～ mehr Qualität als Quantität. ～的な qualitativ
しっ (静かに) Pst!
実に wirklich; wahrhaft; geradezu. ¶ ～は〈を〈言えば〉〉 offen gesagt, in Wirklichkeit 〈Wahrheit〉; eigentlich. ～の 母 leibliche Mutter 女; ～に zuverlässig; treu. ～のない unzuverlässig; treulos. 名を捨てて～を取る sich⁴ für etwas Handfestes entscheiden
歯痛 Zahnschmerzen
実益 ¶ 趣味と～を兼ねる das Angenehme mit dem Nützlichen verbinden
実演 Demonstration 女; Vorführung 女
実家 Elternhaus 田
失格する disqualifiziert werden
しっかり [と〈した〉] fest; stark; solide; sicher; tüchtig. ¶ ～しろ Nimm dich zusammen! ◆ ～者 ein solider Mensch 男
実感 wirkliches Gefühl 田 ¶ それは～します Es geht mir zu Herzen.
漆器 Lackwaren 複
失脚 Sturz 男 ¶ ～させる stürzen
実弟 jüngerer Bruder 男
失業 Arbeitslosigkeit 女 ¶ ～する arbeitslos werden. ～した arbeitslos. ～中で arbeitslos sein. ◆ ～者 Arbeitslose[r] 男 ～対策 Maßnahmen gegen Arbeitslosigkeit 女 ～手当 Arbeitslosengeld 田 ～保険 Arbeitslosenversicherung 女 ～問題 Arbeitslosenproblem 田 ～率 Prozentsatz der Arbeitslosigkeit 男; Arbeitslosenquote 女
実業 Gewerbe 田 ¶ ～に就く ins Geschäftsleben eintreten. ◆ ～家 Unternehmer 男; Geschäftsmann 男 ～界 Unternehmerkreise 複
実況放送 Direktübertragung 女; Livesendung 女 ¶ ～をする direkt übertragen; live senden
シックな schick
漆喰(_{し<っ<い>}) Mörtel 男; Stuck 男

じっくり ruhig; gut; gründlich
じっくり Erziehung 囡 ¶ ～のよい artig; wohlerzogen. ～の悪い ungezogen
湿気 Feuchtigkeit 囡 ¶ ～のある feucht; nass.
実刑 ¶ 懲役10年の～判決を受ける zu 10 Jahren Zuchthaus ohne Aussetzung der Strafe zur Bewährung verurteilt werden
しつける erziehen; dressieren
失言する eine taktlose Bemerkung machen; *sich⁴* verplappern
実験 Experiment 中; Versuch 男 ¶ ～的に experimentell. ～をする ein Experiment machen. 動物を～する ein Tierexperiment machen. ～台にされる zum Versuchskaninchen werden. ～段階にある sich auf dem Versuchsstadium sein. ◆～室 Laboratorium 中 ～装置 Experimentiergerät 中
実現 Verwirklichung 囡, Realisierung 囡 ¶ ～する verwirklichen; realisieren. ～可能な realisierbar
しつこい hartnäckig; lästig; schwer
執行する vollstrecken
実行 Ausführung 囡, Tat 囡 ¶ ～する ausführen, durchführen. ～に移すin die Tat umsetzen. ～力がある ein Mann der Tat ◆～委員会 Exekutivausschuss 男 ～関税率 ausgeführter Zolltarif 男 ～予算 ausgeführter Haushalt 男
実際 Wirklichkeit 囡; Tatsache 囡; Praxis 囡; wirklich. ¶ ～にin der Tat. ～に試す praktisch probieren. ～の wirklich; tatsächlich; praktisch. ～の praktisch. ～のところ in Wirklichkeit. ◆～問題 Wirklichkeit
実在 Realität 囡 ¶ ～する existieren. ～の人物 eine real existierende Person 囡
失策 Fehler 男; Versehen 中
実施 Vollzug 男 ¶ ～する vollziehen; durchführen. ～される durchgeführt werden, in Kraft gesetzt werden
実質 Substanz 囡; Wesen 中; Gehalt 男 ¶ ～的な(上の) wesentlich; im Wesentlichen; sachlich; in Wirklichkeit. ◆～金利 Realzins 男 ～経済成長率 reales Wirtschaftswachstum 中 ～賃金 Reallohn 男, Nominallohn 男
実習 Praktikum 中 ¶ ～する als Praktikant arbeiten. ◆～生 Praktikant 男
実証 Beweis 男; Bestätigung 囡 ¶ ～する beweisen; bestätigen. ◆～主義 Positivismus 男
実情 ¶ ～を訴える den wahren Sachverhalt anvertrauen (*j³*)
失神した ohnmächtig
十進法 Dezimalsystem 中
叱責(しっせき) Tadel 男; Rüge 囡 ¶ ～する tadeln; rügen
実績 Leistung 囡 ¶ ～をあげる gute Leistungen vollbringen. ～がある Die Leistung ist vorhanden.
実践 Praxis 囡 ¶ ～的な praktisch. ～する praktizieren; in die Praxis umsetzen
質素な⟨に⟩ schlicht; einfach; bescheiden
疾走する rasen; rennen
失速 Absterben 中 ¶ ～する absterben
実存 Existenz 囡 ¶ ～する existieren. ◆～主義 Existenzialismus 男
実体 Substanz 囡; Wesen 中 ¶ ～のない substanzlos. その～がよくわからない Das wahre Gestalt ist unbekannt.
実態 ¶ ～を調査する den wahren Sachverhalt untersuchen
知ったか振りする so tun, als wisse *j¹* alles; *sich⁴* wissend stellen. ～する人 Neunmalkluge(r) 男
実地 Praxis 囡 ¶ ～に in der Praxis, praktisch. ◆～訓練 praktische Übung 囡 ～検証 Lokaltermin 男 ～試験 praktische Prüfung 囡 ～調査 Untersuchung an Ort und Stelle 囡
十中八九 aller Wahrscheinlichkeit nach
実直な ehrlich; bieder; brav
知っている kennen; wissen; *sich⁴* verstehen [auf⁴]
嫉妬(しっと) Eifersucht 囡; Neid 男 ¶ ～する eifersüchtig ⟨neidisch⟩ sein [auf⁺⁴]. ～深い eifersüchtig; neidisch
湿度 Feuchtigkeit 囡
じっと ¶ ～している stillstehen, stillhalten. ～見つめる starren
しっとり ¶ ～した feucht; (人の物腰が) lieb; anmutig
室内 ¶ ～の im Zimmer; im Haus. ◆～競技 Hallensport 男
ジッパー Reißverschluss 男
失敗 Misserfolg 男; Misslingen 中 ¶ ～する(物事が) missglücken, misslingen (*j³*); scheitern, fehlschlagen. ～に終わる keinen Erfolg haben. ～談をする einen Misserfolg erzählen. ～は成功の元 Aus Scheitern wird man klug.
十把一からげにする alles über einen Kamm scheren
執筆する schreiben; verfassen
実物 Original 中 ¶ ～どおりの originalgetreu. ～大の絵 Gemälde in voller Lebensgröße 囡 ～取引 Realhandel 男
しっぽ Schwanz 男 ¶ ～を振る mit dem Schwanz wedeln. ～を巻いて逃げ出す den Schwanz einziehen. ～を出す Jetzt ist es heraus. 人の～を掴む *j³* auf die Schliche kommen
失望 Enttäuschung 囡 ¶ ～する enttäuscht werden. ～した enttäuscht
実務 Praxis 囡
失明する erblinden
質問 Frage 囡 ¶ ～する fragen. ～してもいいですか Darf ich eine Frage stellen? ～はありませんか Gibt es Fragen? ～攻めにあう Man löchert *j³* mit Fragen. ～する人 Fragesteller 男 ～書 eine schriftliche Anfrage 囡 一般⟨総括, 代表⟩～ allgemeine ⟨zusammenfassende, repräsentative⟩ Fragen 複
execrable(しつよう)な hartnäckig; zudringlich
実用 ¶ ～的な praktisch; zweckmäßig. ～化する praktizieren. ◆～衛星 Gebrauchssatellit 男 ～新案特許 Gebrauchsmuster 中

質量 Masse 囡

実力 Fähigkeit 囡; tüchtig. ¶～を発揮する *seine* Fähigkeit zeigen. ～を行使をする die Macht zeigen. ◆～者 Machthaber 男, Macher 男 ～主義 Leistungsprinzip 囲 ～テスト Leistungstest 男, Fertigkeitsprüfung 囡

失礼な unhöflich. ¶～ですが… Entschuldigen Sie bitte, ... ～します〔しました〕Verzeihung! | Entschuldigung! それは～にあたる Das wäre eine Unhöflichkeit. お先に～します Da muss mich leider schon verabschieden.

実例 Beispiel 匣. ¶～を挙げる ein konkretes Beispiel nennen

失恋する unglücklich lieben

指定する bestimmen. ◆～席 der reservierte Platz

指摘 Hinweis 男. ¶～する hin|weisen [auf^{+4}]

詩的な poetisch

私的な privat; persönlich

私款 Privatbank 囡

してはいけない nicht dürfen

…してほしい Ich möchte ⟨will⟩, dass...

…してみる versuchen [＋zu 不定詞句]

してもよい dürfen; können

支店 Filiale 囡; Zweigstelle 囡

支点 Stützpunkt 男; Drehpunkt 男

視点 Gesichtspunkt 男; Blickpunkt 男

市電 Straßenbahn 囡; Tram 匣

辞典 Wörterbuch 匣

事典 Lexikon 匣; Sachwörterbuch 匣 ◆百科～ Enzyklopädie 囡

時点 Zeitpunkt 男

自転 Rotation 囡; Umdrehung 囡

自伝 Autobiographie 囡

自転車 Fahrrad 匣. ¶～に乗る Rad fahren. ～で行く mit dem Fahrrad fahren. ～操業である von der Hand in den Mund leben. ◆～競技 Radrennen 匣 ～専用道路 Radweg 男

使徒 Apostel 男

指導 Führung 囡; Leitung 囡 ¶～する führen; leiten; beraten; unterweisen [j^{4} in $^{+3}$]. 先生の～を受ける vom Lehrer beraten werden. ～の役割を果たす eine führende Rolle spielen. ◆～教官 beratende Professor 男; Doktorvater 男 ～者 Leiter 男, Führer 男 ～主事 Vertrauenslehrer 男 ～要領 Lehrpläne 嵐 ～力 Beratungskompetenz 囡

始動 Start 男

自動 automatisch. ¶～的な〈に〉automatisch. ～化する automatisieren; 引き落としにする automatisch vom Konto ab|heben. ◆～改札機 automatischer Entwerter 男 ～制御 automatische Kontrolle 囡 ～操縦装置 automatisches Steuerungssystem 匣 ～ドア Automatiktür 囡 ～販売機 Automat 男 ～振替制度 automatische Giroverkehr

児童 Kind 匣 ◆～虐待 Kindermisshandlung 囡 ～憲章 die Magna Charta für Kinder. ～心理学 Kinderpsychologie 囡 ～相談所 Kinderberatungsstelle 囡 ～福祉施設 Kinderwohlfahrtseinrichtung 囡 ～福祉法 Kinderwohlfahrtsgesetz 匣 ～文学 Kinderliteratur 囡

自動詞 intransitives Verb 匣

自動車 [Kraft]wagen 男; Auto 匣; Kraftfahrzeug 匣 ◆～教習所 Fahrschule 囡 ～工場 Autowerkstatt 囡 ～産業 Autoindustrie 囡 ～事故 Autounfall 男 ～修理工場 Autoreparatur 囡, Kfz-Werkstatt 囡 ～整備工 Kraftfahrzeugmechaniker 男 ～税 Kraftfahrzeugsteuer 囡 ～専用道路 Autostraße 囡, Autobahn 囡 ～損害賠償保険 Kraftfahrzeugversicherung 囡 ～電話 Autotelefon 匣 ～メーカー Autohersteller 男

しとげる vollbringen; durch|führen
しとしと ¶雨が～降る Es rieselt.
じとじとする Es ist feucht ⟨nass⟩.
しとやかな anmutig

しどろもどろの verworren

品 Ware 囡; Artikel 男 ¶～が豊富である reich an Waren sein. ～がいい～のいい von guter Qualität sein. 手を替え～を替え あらゆる可能な; allerlei. ～が薄ってある Es herrscht Mangel an dieser Ware. ～数が多い viele Sorten haben

市内 in der Stadt

竹刀 (しない) Bambusschwert [zum Fechten] 匣

…しない nicht. ¶シートベルトを～で運転する Ich fahre Auto, ohne mich anzuschnallen. …しなくてもよい nicht brauchen [＋zu 不定詞句]

しなう *sich*^{4} biegen

…しながら während $^{+2(3)}$

品切れ ausverkauft. ¶～である ausverkauft sein

…しなければならない müssen

…しなさい sollen. ¶それをしなさい Machen ⟨Tun⟩ Sie das!

しなびる welken

品物 Ware 囡; Artikel 男

しなやかな elastisch; geschmeidig; biegsam; flexibel

シナリオ Drehbuch 匣

次男 der zweite Sohn

…しにくい schwer [＋zu 不定詞句]

死に物狂いの verzweifelt

死人 Tote[r] 男

死ぬ sterben; (事故・病気・けがなどで) um|kommen. ¶[この病気で]～ sterben $^{+2}$ sterben. 癌で～ an Krebs sterben. 怪我がもとで～ wegen einer Verletzung ums Leben kommen. 死にかかっている auf dem Sterbebett liegen; im Sterben liegen. 若くして～ jung sterben. 死んだ仕. ～ほど腹が減っている einen Bärenhunger haben. 彼が死んで5年になる Seit seinem Tod ist schon 5 Jahre vergangen. 覚悟の上で死に望ます auf dem Tod gefasst. 死んだも同然に wie gestorben sein. 死んだように眠る wie ein Toter schlafen. 死んだ振りをする *sich*^{4} tot stellen. ～に死ぬない nicht sterben können. 死んでしまいたい Ich möchte mich umbringen. ~権利 Recht auf Tod 田

地主 Grundbesitzer 男; Gutsherr 男

しのぐ aushalten; ertragen; dulden; (防ぐ) *sich*[4] schützen [vor +[3]]; (凌駕する) übertreffen (*j*[4] an 〈in〉 +[3]). ¶急場を〜ながら ertragen [mit +[3]]. しのぎやすい気候 ein mildes Wetter

忍び足 ¶〜で歩く schleichen

忍び込む *sich*[4] ein|schleichen [in +[4]]; *sich*[4] stehlen [in +[4]]

忍ぶ ertragen; erdulden; ausstehen

芝 Rasen 男. ¶〜を刈る Rasen mähen. 〜目を読む den Zustand des Rasens überprüfen. ◆〜刈り機 Rasenmäher 男

支配 Herrschaft 女; Regierung 女. ¶〜する [be]herrschen; regieren. ◆〜者 Herrscher 男

芝居 Theater 中; Schauspiel 中. ¶〜をする Theater aufführen. 〜を打つ Theater machen. 〜がかった素振りをする *sich*[4] theatralisch benehmen. 〜見物に行く Theater besuchen. 〜好き Theaterfreund 男

支配人 Manager 男, Geschäftsführer 男

自白 Geständnis 中. ¶〜する [ein]gestehen

しばしば oft; häufig

始発列車 der erste Zug

自発的な freiwillig; spontan

芝生 Rasen 男; Gras 中

支払い Auszahlung 女; Bezahlung 女. ¶〜をする Rechnung begleichen; bezahlen. 〜期限のきた fällig. 〜を受ける Geld erhalten. 〜を停止する die Zahlung ein|stellen. 〜済みである bezahlt sein

支払う zahlen; bezahlen; aus|zahlen.

しばらく 〜の間 eine Weile; eine Zeitlang. 〜して nach einer Weile. 〜ぶりですね Endlich wieder! | Lange nicht gesehen!

縛り上げる fesseln

縛り首にする auf|hängen

縛りつける fesseln [an +[4]]

縛る binden; fesseln. ¶縛られた gefesselt sein; gebunden sein

市販の verkäuflich

地盤 Boden 男; (勢力範囲) Einflussbereich 男. ¶選挙〜を固める in *seinem* Wahlkreis an Boden gewinnen

四半期 Vierteljahr 中

慈悲 Barmherzigkeit 女. ¶〜深い barmherzig

自費で auf eigene Kosten

指標 Kennzeichen 中

辞表 Entlassungsgesuch 中. ¶〜を出す ein Entlassungsgesuch ein|reichen

持病 chronische Krankheit 女

しびれる ein|schlafen; gelähmt werden

支部 Zweigstelle 女; Branche 女

渋い ¶〜を抜く den bitteren Geschmack entziehen. 〜好みである einen dezent herben Geschmack haben. ◆〜柿 eine bittere Kaki 女

自負 Selbstgefühl 中

渋い herb. ¶〜色 gedämpfte Farbe 女. 〜顔をする ein mürrisches Gesicht zeigen

しぶき Spritzer 男. ¶〜をあげる [mit Wasser] spritzen

至福 Seligkeit 女. ¶〜の selig

ジプシー Zigeuner 男; Sinti und Roma 複

しぶしぶ ungern; widerwillig

しぶとい zäh; unnachgiebig

渋み ein herbbitterer Geschmack 男. ¶〜のある herb

渋る 返事を〜 zögerlich antworten

自分 Selbst 中. ¶[〜] 自身 selbst. 〜[自分] で selber; selbst. 〜[自身] の eigen. 〜のことは〜でしなさい Mach deine Sachen selbst!

自分勝手な eigensinnig; (ほしいままの) willkürlich. ¶〜に egoistisch

紙幣 Papiergeld 中; [Geld]schein 男; [Bank]note 女

付箋 Zettel 男

思弁 Spekulation 女

事変 Vorfall 男; Ereignis 中

司法 Justiz 女: Rechtspflege 女. ¶〜解剖 gerichtliche Obduktion 女. 〜官 Justizbeamte 男; (女性) Justizbeamtin 女. 〜権 Justizgewalt 女, Judikative 女. 〜試験 das juristische Staatsexamen. 〜書士 Notar 男. 〜制度 Rechtswesen 中. 〜当局 Justizverwaltungsorgan 中. 〜取引 juristische Verhandlung 女

四方 ¶〜から von allen Seiten. 〜を取り囲まれる von allen Seiten umzingelt werden. 〜を ringsum. 〜から〈へ〉 von 〈nach〉 allen Seiten

死亡 Tod 男. ¶〜する sterben. ◆〜記事 Todesanzeige 女. 〜者 Tote[r] 男. 〜者数 Gestorbene[r] 男 女. 〜証明書 Totenschein 男. 〜通知 Todesnachricht 女. 〜率 Sterblichkeitsziffer 女

脂肪 Fett 中. ¶〜[分] の多い fett. 〜の少ない mager

志望する wünschen; (選ぶ) wählen. ◆〜者 Bewerber 男

時報 Zeitansage 女

しぼむ ein|schrumpfen; (花が) verwelken

搾り器 Presser 男

絞る aus|pressen; ringen. ¶的を〜 *sich*[4] beschränken [auf +[4]]. 上司に絞られる vom Vorgesetzten geschimpft werden

搾る pressen. ¶搾り出す aus|pressen. 〜出すような声で mit gepresster Stimme. 搾り取る erpressen

資本 Kapital 中. ¶〜の蓄積 Kapitalanhäufung 女. 〜の自由化 Kapitalliberalisierung 女. 〜を投じる Kapital investieren. 〜を回収する Kapital einziehen. 何事にも体が〜です Die Gesundheit ist das Kapital für alle Aktivitäten. ◆〜家 Kapitalist 男. 〜課税 Kapitalbesteuerung 女. 〜金 Grundkapital. 〜参加 Kapitalbeteiligung 女. 〜収益 Kapitalertrag 男. 〜収支 Kapitalbilanz 女. 〜主義 Kapitalismus 男. 〜準備金 Kapitalrücklage 女. 〜逃避 Ka pitalflucht 囡 ~利子税 Kapitalzinsbesteuerung 囡 ~流入 Kapitalzufluss 男 ~論(書) Das Kapital. 外国~ ausländisches Kapital. 金融~ Finanzkapital. 自己~ Eigenkapital. 自己~比率 Eigenkapitalquote 囡 公称~ Nominalkapital. 産業~ Industriekapital. 流動~ Betriebskapital

島 Insel 囡 ¶ ~の住民 Inselbewohner 男 ~巡りをする Inselfahrten machen. ◆~国 Inselland; Inselstaat 男 ~根性 enge Inselmentalität 囡

縞の Streifen 男 ~模様の gestreift
姉妹 Schwester 囡; Schwestern 圏

しまう einstellen, unterbringen [et⁴ in⁺³]. …して~ erledigt haben. しまっておく aufbewahren. しまい込む sorgfältig aufbewahren

シマウマ(縞馬) Zebra 回

字幕 Untertitel 男

…しましょう wollen. ¶ 離婚~ Lassen wir uns scheiden.

始末 Umstände 圏; Sachverhalt 男; (顛末)末) Einzelheiten 圏 ¶ ~をする(決まりをつける) in Ordnung bringen; erledigen, abmachen. ~に負えない Es wächst mir über den Kopf. ~書を書く in Entschuldigungsschreiben schreiben. しまった Donnerwetter!; Du lieber Himmel!

閉まっている zu sein. ¶ 店が~ Das Geschäft ist geschlossen.

締まり ¶ ~のない schlaff, locker, schwammig. ~屋 Geizhals 男

締まる (sich⁴) schließen; zugehen
締める ¶ 身が~ sich⁴ zusammennehmen. 締まらない話 eine langweilige Geschichte

自慢 Prahlerei 囡 ¶ ~する prahlen [mit⁺³], sich⁴ rühmen (j-et²⁻), angeben (an⁺³). ~げに stolz. そんなことにならない Darauf braucht man nicht stolz zu sein. ~じゃない!…Ich will mich nicht rühmen, aber… ◆~話 Angeberei 囡

染み Fleck[en] 男 ¶ ~をつける flecken. ~になる Flecken bekommen. ◆~抜き Fleckenentferner 男 ~抜きをする Flecken entfernen

地味な unauffällig
染み込む einsickern [in⁺⁴]
染み出る heraussickern
染み透る durchdringen [durch⁺⁴]
シミュレーション Simulation 囡
市民 Bürger 男 ~の bürgerlich. ◆~運動 Bürgerbewegung 囡. Bürgerinitiative 囡 ~権 Bürgerrecht 回
事務 Büroarbeit 囡; Geschäft 回 ~的な(に) sachlich; nüchtern. ◆~員 Büroangestellte[r] 圏/囡 ~官 Verwaltungsbeamte[r] 男 ~機器 Büromaschinen 圏 ~所(室) Büro 回 ~総長 Generalsekretär 男 ~用品 Bürobedarf 男

ジム Boxringhalle 囡
指名する ernennen [j⁴ zu⁺³]; einsetzen
氏名 Name 男

使命 Aufgabe 囡; Mission 囡
締め切り Termin 男; Frist 囡
閉め切る abschließen; verschließen.
示し合わせる verabreden, ausmachen [et⁴ mit⁺³]
じめじめした feucht; nass; (陰気な)düster
示す zeigen; weisen. ¶ 実例を~ ein konkretes Beispiel zeigen. 誠意を~ Aufrichtigkeit zeigen
湿す befeuchten; anfeuchten
締め出す ausschließen
自滅する sich⁴ vernichten; sich⁴ ruinieren
湿った feucht; nass
湿っぽい feucht. ¶ ~話 eine traurige Geschichte 囡 ~部屋には一雰囲気が漂っていた Die Stimmung im Zimmer war deprimierend.
湿り気 Nässe 囡
閉める schließen; zumachen. ¶ 蛇口を~ den Wasserhahn zudrehen
締める (紐などを) straffer ziehen; (帯を) umbinden; (厳しくする) streng sein; (合計する) zusammenrechnen. ¶ さあ、締めてかかるぞ! Nehmen wir uns zusammen! ベルトを~ den Gürtel binden. 締めておいくらですか Was macht es zusammen?
占める besetzen; einnehmen
湿る feucht werden
地面 [Erd]boden 男; Erde 囡
霜 Reif 男 ¶ ~が降りる Es reift. ~で枯れる durch den Frost beschädigt sein. ◆~取り装置 Abtauung 囡 ~柱 Reifkristalle 圏, Raureif 男
地元の [ein]heimisch
しもやけ(霜焼け) Frostbeulen bekommen
指紋 Fingerabdruck 男
視野 Gesichtsfeld 回; Blickfeld 回
じゃあ also; nun
ジャー Thermosflasche 囡
邪悪な böse; übel
ジャーナリスト Journalist 男
ジャーナリズム Presse 囡
シャープペンシル Drehbleistift 男; Druckbleistift 男
シャーベット Sorbet 回
社員 Angestellte[r] 圏/囡; Mitarbeiter 男
釈迦(か) Buddha 男
社会 Gesellschaft 囡; Welt 囡 ¶ ~の sozial. ~的な gesellschaftlich. ◆~学 Soziologie 囡 ~学者 Soziologe 男 ~主義 Sozialismus 男 ~主義の sozialistisch. ~主義者 Sozialist 男 ~党 Sozialistische Partei 囡 ~保険 Sozialversicherung 囡
ジャガイモ Kartoffel 囡
しゃがむ hocken
しゃがれた heiser
しゃく(癇)にさわる sich⁴ ärgern [über⁺⁴]; 男 ärgerlich
弱音器 Dämpfer 男
杓子(しゃく)(じ) Schöpflöffel 男 ¶ ~定規の pedantisch; bürokratisch
弱視の schwachsichtig
市役所 Rathaus 回

蛇口 [Wasser]hahn 男

弱点 Schwäche 女

尺度 Maß 中; Maßstab 男

借入 Anleihe 女

灼(しゃく)熱 Glut 女 ¶～の glühend

釈放 Freilassung 女 ¶～する freilassen; entlassen (*j⁴* aus⁺³)

釈明 Rechtfertigung 女 ¶～する entschuldigen; *sich⁴* rechtfertigen

借家 Mietwohnung 女 ¶～人 Mieter 男

借用 Entlehnung 女 ¶～する *sich⁴* borgen (*et⁴* von⁺³); (言葉などを) entlehnen (*et⁴* aus⁺³)

射撃 Schuss 男 ¶～する schießen

ジャケット Jacke 女; Jackett 中

車庫 Garage 女

社交的な gesellig

謝罪 Verzeihung 女; Entschuldigung 女 ¶～する *sich⁴* entschuldigen

車掌 Schaffner 男

写真 Foto 中; Bild 中; Aufnahme 女 ¶～に撮る fotografieren; eine Aufnahme machen (von⁺³). ～を撮ってくれませんか Können Sie mich bitte fotografieren? ～を現像する den Film entwickeln. ～を焼き付ける(引き伸ばす) eine Aufnahme vergrößern. ～を焼き増しする Abzüge machen lassen. ～うつりがよい fotogen sein. ～がよく撮れている Das Foto ist gut gewohnden. ～嫌いである *sich⁴* nicht gern fotografieren lassen wollen. ◆～家 Fotograf 男 ～機 Kamera 女; Fotoapparat 男

ジャズ Jazz 男

...しやすい leicht

邪推する Argwohn hegen (gegen⁺⁴)

写生する abzeichnen, skizzieren

社説 Leitartikel 男

車線 Fahrspur 女

社宅 Dienstwohnung 女

遮断する [ab]sperren; abschneiden; abschalten. ◆～機 Schranke 女

社長 Firmenchef 男; Direktor 男; Präsident 男

シャツ [Unter]hemd 中

借款 Anleihe 女

若干の einige; mehrere

惹起(じゃっき)する verursachen; veranlassen

借金 Schulden ¶人に…のある *j³ et⁴* schulden (schuldig sein). ～する Schulden machen (bei⁺³); Geld leihen. ～がある Schulden haben (bei⁺³). ～を返す Schulden zurückzahlen. ～で首が回らない bis über den Hals verschuldet sein. ◆～取り Gläubiger 男

ジャック (トランプ) Bube 男 ◆～ナイフ Klappmesser 中

しゃっくり Schluckauf 男 ¶～する den Schluckauf bekommen

ジャッジ Schiedsrichter 男; (ボクシング) Ringrichter 男

シャッター (車庫の) Rollladen 男; (カメラ) Verschluss 男 ¶～をきる knipsen

シャットアウトする ausschließen

車道 Fahrbahn 女; Fahrweg 男

謝肉祭 Karneval 男; Fasching 男

しゃにむに rücksichtslos

煮沸する aufkochen; zum Kochen bringen; auskochen

しゃぶる lutschen [an⁺³]

しゃべる schwatzen; plaudern; sprechen

シャベル Schaufel 女

シャボン玉 Seifenblase 女

邪魔 Hindernis 中 ¶～する im Weg stehen (*j³*). 人の仕事の～をする *j⁴* bei der Arbeit stören. ～になる im Weg stehen, stören. お～します Darf ich Sie stören? お～しました Ich habe Sie lange aufgehalten. おべっをいといいんです が Hoffentlich störe ich Sie nicht. ～くさい lästig; störend. ～者扱いをする zum Teufel wünschen

ジャム Marmelade 女

斜面 Abhang 男; Gefälle 中; Steigung 女

砂利 Kies 男

車両 Wagen 男

車輪 Rad 中

しゃれ Witz 男 ¶～を言う〈飛ばす〉 Witze machen; scherzen. へたな～を言う einen schlechten Witz machen. ～がわかる Humor haben

謝礼 Belohnung 女; Honorar 中

しゃれた schick. ¶～に格好する *sich⁴* gut kleiden. ～ことを言う mit Worten gewandt umgehen

しゃれる spielen [mit⁺³]

シャワー Dusche 女; Brause 女 ¶～を浴びる duschen. ◆～室 Duschraum 男

ジャングル Dschungel 男

ジャングルジム Klettergerüst 中

じゃんけんする [aus]knobeln

シャンソン Chanson 中

シャンデリア Kronleuchter 男

ジャンパー Jumper 男

シャンパン Champagner 男; Sekt 男

ジャンプ Sprung 男 ¶～する springen

シャンプー Shampoo[n] 中 ¶～する schamponieren

シャンペン ⇨ シャンパン

ジャンボ[ジェット] Jumbo 男

ジャンル Gattung 女; Genre 中

種 Art 女

首位 der erste Platz; Spitze 女

私有の privat. ◆～財産 Privateigentum 中

週 Woche 女 ¶先〈来, 今〉～ letzte〈nächste, diese〉Woche ～一回 einmal in der Woche. ～5日制 Fünftagewoche. ～40時間制 Vierzigstundenwoche

州 (ドイツ・オーストリアの) Land 中; (大陸) Erdteil 男; (連邦国家の) Bundesland 中

自由 Freiheit 女 ¶～な frei; liberal. ～にする〈勝手を〉 die Freiheit lassen (*j³*); (解放) befreien (*j⁴* aus〈von〉⁺³). ～化する liberalisieren. フランス語を～自在に操る Französisch frei sprechen können. 手足の～がきかない Hände und Füße nicht mehr frei bewegen können ～の身となる freigelassen wer-

den. ご~にお取り下さい Bitte bedienen Sie sich. | Bitte greifen Sie zu. ~気ままな frei nach Lust und Laune; frei wie ein Vogel. ◆~主義 Liberalismus 男; ~席 reservierter Platz 男
十 zehn. ¶~番目の zehnt. ~分の1 Zehntel 中
銃 Gewehr 中
…中 während +2(3). 一日~den ganzen Tag. 日本~ganz Japan
重圧 Druck 男; Belastung 女
周囲 Umkreis 男; Umfang 男; Umgebung 女. …の~に um +4. ~の状況 Umstände 複. ~の人々 die Leute um sich⁴
獣医 Tierarzt 男; Veterinär 男
十一 elf. ¶~番目の elft. ~分の1Elftel 中
十一月 November 男
収益 Ertrag 男; Gewinn 男
十億 eine Milliarde 女
集会 Versammlung 女
収穫 Ernte 女. ~する ernten. ~が多い〈少ない〉eine große〈kleine〉Ernte haben. 今日は何か~がありましたか Hatten Sie einen guten Tag? ◆~期 Erntezeit 女; ~高 Ernteertrag 男
修学旅行 Klassenreise 女
十月 Oktober 男
習慣 Gewohnheit 女; Regel 女. ¶~的な gewohnheitsmäßig. ~にする zur Gewohnheit machen. …の…を~をやめる sich⁴ et³ abgewöhnen. ~で aus Gewohnheit. ~がつく sich³ an|gewöhnen. …する~がある eine Gewohnheit haben [+ zu 不定詞句]
週間 Woche 女. ¶何も~も viele Wochen. ◆読書~Lesewoche 女
週刊 の~wöchentlich. ◆~誌 Wochenzeitschrift 女
周期 Periode 女. ¶~的な periodisch
臭気 Gestank 男
銃器 Gewehr 男
衆議院 Unterhaus 中
週休 ¶~2日制 die Fünftagewoche
週給 Wochenlohn 男
十九[の] neunzehn
住居 Wohnung 女
宗教 Religion 女. ¶~の religiös; geistlich. ◆~家 der Führer einer Religionsgemeinschaft 男; ~画 religiöse Malerei 女; ~改革 Reformation 女; ~団体 Religionsgemeinschaft 女; ~法人 Religionskörperschaft 女; ~問題 ein religiöses Problem
就業 ¶~している berufstätig. ◆~時間 Arbeitszeit 女
修業 Ausbildung 女; Lehre 女
終業 Feierabend 男
従業員 Mitarbeiter 男; Angestellte[r] 男 女; Beschäftigte[r] 男 女
終業式 Schlussfeier 女
集金 Einkassierung 女
十九 neunzehn. ¶~番目の neunzehnt. ~分の1Neunzehntel 中
シュークリーム Windbeutel 男
集計する zusammen|rechnen
襲撃 Angriff 男; Überfall 男. ¶~する an|greifen; überfallen

充血 Blutandrang 男
十五 fünfzehn. ¶~番目の fünfzehnt. ~分の1Fünfzehntel 中. ~分[間] Viertelstunde 女
集合する sich⁴ treffen, sich⁴ versammeln, zusammen|kommen. ◆~時間 Treffzeit 女; ~体 Gesamtheit 女; ~Aufstellung 女; ~場所 Treffpunkt 男
重工業 Schwerindustrie 女
十五夜 Vollmondnacht 女
ジューサー Saftpresse 女
秀才 begabter Schüler 男
十三 dreizehn. ¶~番目の dreizehnt. ~分の1Dreizehntel 中
収支 Einnahmen und Ausgaben 複
終始 副 immer
修士 Magister 男
習字 Schönschreiben 中; Kalligraphie 女
十四 vierzehn
重視する als wichtig an|sehen; wichtig nehmen
十字 Kreuz 中. ◆~架 Kreuz 中; ~路 [Straßen]kreuzung 女. 赤~Das Rote Kreuz
従事 ¶~している beschäftigt sein [mit +3]; arbeiten [an +3]. ~する sich⁴ beschäftigen [mit +3]
修辞学 Rhetorik 女; Redekunst 女
十七 siebzehn. ¶~番目の siebzehnt. ~分の1Siebzehntel 中
終日 den ganzen Tag [über]
週日 Wochentag 男
充実 ¶~した inhaltsreich. ~した生活 ein erfülltes Leben 中. ~させる vervollständigen
終止符 Punkt 男. ¶~を打つ ein Ende machen [et³]
収集 Sammlung 女. ¶~する sammeln. ◆~家 Sammler 男
収拾 する in Ordnung bringen. ¶事態を~する die Situation in Ordnung bringen. ~がつかない Die Situation ist aus den Fugen geraten.
収縮する zusammen|ziehen
従順な gehorsam
住所 Adresse 女; Anschrift 女. ¶~はどちらですか Wo wohnen Sie? ~不定の男 ein Mann ohne festen Wohnsitz 男. ◆~不明 unbekannt verzogen, Adresse unbekannt. ~変更届 die polizeiliche Ummeldung. ~録 Adressbuch 中
重傷 schwere Wunde 女. ◆~者 Schwerverwundete[r] 男 女
就職 eine Stellung finden, einen Job annehmen. ¶~の世話をする eine Stelle vermitteln [j³]. ~する eine Stellung suchen. ◆~斡旋 Stellungsvermittlung 女; ~口 [freie] Stelle 女; ~先 Anstellung 女; ~試験 Einstellungsprüfung 女; ~戦線 Stellungsjagd 女; ~難 Stellenplatzmangel 男; ~率 Prozentsatz der Neueingestellten 男
終身 lebenslänglich
囚人 Gefangene 男 女; Häftling 男
重心 Schwerpunkt 男
シューズ Schuh 男
ジュース [Frucht]saft 男

しゅうせい 878

修正 (変更) **Abänderung** 囡; (改正) **Verbesserung** 囡. ~する ab|ändern; verbessern; korrigieren. ~を加える Korrektur setzen. ~案 Abänderungsantrag 男 ～予算 ein revidiertes Budget 中

習性 Gewohnheit 囡; Lebensweise 囡
終生 zeitlebens. ¶ ～の lebenslang
集積する an|häufen
修繕 Reparatur 囡. ¶ ～する reparieren; aus|bessern
周旋屋 Makler 男
充足 Erfüllung 囡. ¶ ～する stauen
従属 Unterordnung 囡; Abhängigkeit 囡
渋滞 Stau 男; Verkehrsstockung 囡. ¶ ～する stocken; $sich^4$ stauen
重体・重態 ¶ ～である in Lebensgefahr schweben. ¶ ～な ernst[haft]; schwer
十代 Teens 復; unter zwanzig [Jahre]
重大 ¶ ～な ernst; wichtig. ¶ ～さ Wichtigkeit 囡. ¶ ～視する für wichtig halten. ◆～事件 ein ernster Vorfall 男
住宅 **Wohnhaus** 中; **Wohnung** 囡 ◆～金融公庫 Baudarlehenskasse 囡 ～産業 Wohnungsindustrie 囡 ～手当 Wohngeld 中 ～投資 Wohnungsinvestition 囡 ～難 Wohnungsnot 囡 ～問題 Wohnungsfragen 復 ～ローン Wohnungsbaudarlehen 中
集団 **Masse** 囡; **Gruppe** 囡 ¶ ～の kollektiv. ¶ ～を作る eine Gruppe bilden. ¶ ～行動をする in einer Gruppe unternehmen. ◆～安全保障 kollektive Sicherheit 囡 ～検診 Schuluntersuchung 囡, Betriebsuntersuchung 囡 ～訴訟 Sammelklage 囡 ～発生 Massenausbruch 男 ～防衛 kollektive Verteidigung 囡

じゅうたん Teppich 男
周知の bekanntlich; [all]bekannt
羞恥(しゅうち)**心** Scham 囡; Schamgefühl 中
執着する hängen [an $^{+3}$]; nicht los|kommen [von $^{+3}$]
集中 **Konzentration** 囡. ¶ ～する [$sich^4$] konzentrieren. ¶ ～的な intensiv. 視線が彼に～した Die Blicke konzentrierten sich auf ihn. ¶ ～する $sich^4$ konzentrieren [auf^{+3}]; $sich^4$ legen [auf^{+4}]. ～力に欠ける $sich^4$ nicht konzentrieren können. ◆～豪雨 Platzregen 男 ～講義 Intensivkurs 男 ～治療室 Intensivstation 囡, ICU. ～砲火 konzentrierter Angriff 男; (偶発的) Feuergefecht 中
終点 Endstation 囡
終電 der letzte Zug
重点 Schwerpunkt 男
充電 Ladung 囡. ¶ ～する [auf|]laden
シュート Schuss 男. ¶ ～する schießen
周到 umsichtig; sorgfältig
柔道 Judo 中
修道院 Kloster 中 ◆～会 Orden 男 ～士 Mönch 男 ～女 Nonne 囡
習得する $sich^3$ an|eignen; erlernen
姑(しゅうとめ) Schwiegermutter 囡

十七 siebzehn. ¶ ～番目の siebzehnt. ¶ ～分の1 Siebzehntel 中
柔軟 flexibel; weich; geschmeidig
十二 zwölf. ¶ ～番目の zwölft. ¶ ～分の1 Zwölftel 中
十二月 Dezember 男
収入 **Einkommen** 中. ¶ ～が少ない Das Einkommen ist klein. ～印紙 Stempelmarke 囡 ～役 Kassierer 男
就任する an|treten
住人 Bewohner 男
-周年 Jubiläum 中
宗派 Sekte 囡; Konfession 囡
周波数 Frequenz 囡
十八 achtzehn. ¶ ～番目の achtzehnt. ¶ ～分の1 Achzehntel 中
修復 Ausbesserung 囡. ¶ ～する aus|bessern
秋分 [Herbst-]Tagundnachtgleiche 囡
十分な reichlich, genug, ausreichend; genügend. ¶ ～である genügen; aus|reichen [für^{+4}; zu^{+3}]. ¶ ～に genug; wohl; gut. ～に眠る aus|schlafen. それで～だ Das ist schon genug. ◆～条件 ausreichende Voraussetzung 囡
周囲 Umgebung 囡; Umkreis 男. ¶ ～の ～ に um^{+4} herum
週末 Wochenende 中. ¶ ～に am Wochenende. ¶ ～にかけて übers Wochenende. ¶ ～旅行 Wochenendausflug 男
十万 hunderttausend
住民 **Einwohner** 男; **Bevölkerung** 囡; **Bewohner** 男 ◆～運動 Bürgerinitiative 囡 ～税 Einwohnersteuer 囡 ～登録 Anmeldung beim Einwohnermeldeamt 中 ～登録課 Einwohnermeldeamt 中 ～票 Meldebescheinigung 囡
終夜 die ganze Nacht [hindurch]
重役 Direktor 男 ¶ ～会 Direktorium 中
重油 Schweröl 中
周遊 Rundreise 囡; Rundfahrt 囡
収容する auf|nehmen; unter|bringen. ¶ ～所 Lager 中 ～力 Kapazität 囡
重要な wichtig; bedeutend. ¶ ～である wichtig sein; viel bedeuten; gelten. ¶ ～な事 Hauptsache 囡 ～な役割を果たす eine wichtige Rolle spielen. ～視する für wichtig halten. ◆～参考人 ein wichtiger Zeuge 男 ～書類 eine wichtige Akte 囡 ～人物 eine wichtige Person 囡 ～性 Wichtigkeit 囡; Bedeutung 囡 ～文化財 wichtiger Kulturbesitz 男 ～無形文化財 wichtiges geistiges Kulturgut 中 ～問題 eine wichtige Frage 囡
十四 vierzehn. ¶ ～番目の vierzehnt. ¶ ～分の1 Vierzehntel 中
従来 bisher. ¶ ～どおり wie bisher
修理 **Reparatur** 囡. ¶ ～する reparieren; aus|bessern. 車を～に出す das Auto zur Reparatur bringen (geben). ◆～工 Mechaniker 男 ～工場 Reparaturwerkstatt 囡
終了・修了 Abschluss 男 ¶ ～する ab|

schließen; beenden; enden
重量 Gewicht 中 ◆～挙げ Gewichtheben 中
重力 Schwerkraft 女; Gravitation 女
収録 Aufnahme 女 ¶ ～する aufnehmen
十六 sechzehn. ¶ ～番目の sechzehnte.
収賄 Bestechung 女 ¶ ～する sich⁴ bestechen lassen
守衛 Pförtner 男; Portier 男
主演する die Hauptrolle spielen
主観的な subjektiv
手記 Notiz 女
主義 Grundsatz 男; Prinzip 中 ¶ ～を～とする et⁴ zum Grundsatz machen. ～を通す〈曲げる〉 den Prinzipien treu bleiben〈untreu werden〉. ～に反する gegen das Prinzip sein; den Grundsätzen widersprechen. ◆～主義 Ideologie 女
修行する sich⁴ ausbilden [in⁺³]
授業 Unterricht 男; Stunde 女 ¶ ～をする unterrichten. ～を受ける Unterricht nehmen [bei⁺³]. ～に出る an einem Unterricht teilnehmen. ～がない keine Unterricht haben; unterrichtsfrei sein. ～をサボる schwänzen. ◆～時間 Stunde 女. ～料 Schulgeld 中
塾 Nachhilfeschule 女
祝賀 Gratulation 女; Glückwunsch 男
熟語 Redensart 女; Redewendung 女; Idiom 中
祝祭 Fest 中 ¶ ～の festlich. ◆～日 Fest 中; Festtag 男
祝辞 Glückwunsch 男; Festrede 女
熟した reif
祝日 Feiertag 男
宿舎 Quartier 中; Unterkunft 女
縮尺 Maßstab 男
淑女 Dame 女
縮小する [sich⁴] verkleinern. ◆～コピー verkleinerte Kopien 複
熟睡する fest〈tief〉 schlafen
宿題 Hausaufgabe 女; Hausarbeit 女 ¶ ～をする Hausaufgaben machen〈erledigen〉. ～を出す Hausaufgaben geben. ～にしておく zur Hausaufgabe machen;（未解決）offen lassen
熟知する sich⁴ auskennen
祝典 Feier 女; Fest 中
祝電 Glückwunschtelegramm 中
熟読する sorgfältig lesen
宿泊 Übernachtung 女 ¶ ～する übernachten. ～させる unterbringen. ◆～所 Quartier 中; Unterkunft 女. ～施設 Übernachtungsmöglichkeit 女. ～客 Übernachtungsgast 男. ～者名簿 Gästeliste 女. ～料 Übernachtungskosten 複
祝福 Segen 男 ¶ ～する segnen
宿命 Schicksal 中
熟慮 Überlegung 女; Erwägung 女 ¶ ～する überlegen
熟練 Geschicklichkeit 女 ¶ ～した geschickt, erfahren [in⁺³]. ◆～工 Facharbeiter 男. ～者 Erfahrene[r] 男
手芸 Handarbeit 女

主権 Souveränität 女 ¶ ～を握っている souverän. ～者である regieren. ～国家 ein souveräner Staat 男
受験 ¶ ～する ein Examen machen; eine Aufnahmeprüfung machen. ◆～生 Examenskandidat 男
主語 Subjekt 中
受講する an einem Kurs〈einer Vorlesung〉teilnehmen
手工業 Handwerk 中
主催 ¶ ～する veranstalten. ◆～者 Organisator 男; Veranstalter 男
種子 Samen 男
趣旨 Ziel 中; Bedeutung 女;（目的）Aufgabe 女;（要旨）Kern 男
樹脂 Harz 中
主治医 Chefarzt 男
取捨選択する auswählen
種々の verschiedener
手術 Operation 女 ¶ ～する operieren [an⁺³]. ～を受ける operiert werden. ～で…を取り除く et⁴ durch eine Operation entfernen. ◆～室 Operationssaal 男; ～台 Operationstisch 男
主将 Kapitän 男; Mannschaftsführer 男
首相 Premierminister 男;（連邦の）[Bundes]kanzler 男;（州の）Ministerpräsident 男
殊勝な löblich; lobenswert
受賞 ¶ ～する den Preis erhalten〈gewinnen〉. ◆～者 Preisträger 男
主食 Hauptnahrungsmittel 中 ¶ ～とする als Hauptnahrungsmittel essen
主人 Herr 男;（旅館・飲食店の）Wirt 男;（配偶者）mein Mann;（ホスト）Gastgeber 男 ◆～公 Held 男
受信 Empfang 男 ¶ ～機 Empfänger 男
受精する befruchtet werden
首席 Primus 男; Beste[r] 男 女 ◆～国家～Vorsitzende[r] 男 女
種族 Stamm 男
主体 Subjekt 中
主題 Motiv 中
受託 Annahme 女 ¶ ～する annehmen
手段 Mittel 中 ¶ ～を選ばず ohne Rücksicht auf Verluste. …に対する～を講じる ein Mittel gegen⁺⁴ finden. あらゆる～を尽くす alle Mittel anwenden. ～を誤る auf dem falschen Weg sein; falsche Mittel haben. 最後の～として als allerletztes Mittel
主知的な intellektuell
主張 Behauptung 女 ¶ ～する behaupten; wollen. ～して譲らない bestehen [auf⁺³]
出演する auftreten; spielen
出火する Ein Feuer bricht aus.
出願 Anmeldung 女 ¶ ～する anmelden [für⁺⁴]
出勤する ins Büro fahren; zur Arbeit fahren〈gehen〉
出血 Blutung 女 ¶ ～する bluten
出欠 ¶ ～をとる die Anwesenheit prüfen
出現する erscheinen; auftreten
術語 Fachausdruck 男

じゅっこう

熟考する nachdenken [über $^{+4}$]; überlegen; *sich*⁴ besinnen [auf $^{+4}$]
出国 Ausreise 囡 ¶〜する ausreisen
出産 Geburt 囡 ¶〜する gebären
出資 Geldanlage 囡
出所 Quelle 囡 ¶〜する aus dem Gefängnis entlassen werden
出生 Geburt 囡 ¶〜証明書 Geburtsurkunde 囡 〜地 Geburtsort 围 〜者 Teilnehmer 围
出場 ¶〜する teilnehmen [an $^{+3}$]
出身 〔英国〕〜の aus England. ミュンヘンの〜である aus München stammen (sein), kommen ◆〜校 Alma Mater 囡 〜地 Geburtsort 围, Heimatort 围
出世する Karriere machen
出生 ⇒ 出生（しゅっしょう）
出征 Feldzug 围
出席 Anwesenheit 囡 ¶〜する teilnehmen [an $^{+3}$]. 〜している anwesend sein; beiwohnen [et $^{+3}$]. 〜を取る die Anwesenheit prüfen. ◆〜者 Anwesende(r) 围/囡; Teilnehmer 围 〜簿 Präsenzliste 囡, Klassenbuch 囲, Anwesenheitsliste 囡
出張 Dienstreise 囡; Geschäftsreise 囡 ¶〜する eine Dienstreise machen, dienstlich verreisen. ◆〜所 Filiale 囡, Zweigstelle 囡 〜手当 Reisezuschlag 围 〜費 Reisekosten 覆
出頭する erscheinen. ¶公判に〜する vor Gericht erscheinen
出発 Abfahrt 囡; Abreise 囡; Aufbruch 围; Abflug 围 ¶〜する abfahren; abreisen; abfliegen; losgehen. 〜を見合わせる die Abreise (die Abfahrt) verschieben. ◆〜時刻 Abfahrtszeit 囡 〜点 Ausgangspunkt 围 〜ロビー Abflughalle 囡
出版 Veröffentlichung 囡; Herausgabe 囡 ¶〜する veröffentlichen; herausgeben; publizieren; verlegen. ¶〜される veröffentlicht werden. 〜されている erscheinen sein [bei $^{+3}$]. ◆〜業 Verlag 围 〜業者 Verleger 围 〜権 Verlagsrecht 囲 〜社 Verlag 围
出帆する auslaufen; abfahren
出費 Ausgaben 覆
出品 Ausstellung 囡 ¶〜する ausstellen. ◆〜者 Aussteller 围
出力 Leistung 囡
首都 Hauptstadt 囡; Metropole 囡
手動の manuell
受動的の passiv. ◆〜態 Passiv 囲
取得する erwerben
主として hauptsächlich
ジュニア Junior 围; 若者 Junioren 覆
授乳する stillen
主任 Leiter 围; Chef 围
守備 Verteidigung 囡
樹皮 Rinde 囡
首尾一貫した konsequent
首尾よく mit Erfolg
主賓 Ehrengast 围
主婦 Hausfrau 囡
首府 Hauptstadt 囡
首謀者 Anführer 围
趣味 Geschmack 围; Hobby 囲 ¶〜の

880

よい geschmackvoll; elegant. 〜の悪い geschmacklos. 〜で Hobby. 〜がよい〈悪い〉 einen guten 〈schlechten〉 Geschmack haben. 〜に合わない Das ist nicht mein Geschmack. 多っである vielseitig sein. 無〜である kein Hobby haben. 〜は何ですか Was für ein Hobby haben Sie?
寿命 Lebensdauer 囡 ¶〜が長い〈短い〉 langlebig 〈kurzlebig〉 sein. 〜を縮める Das war ein Nagel zu *seinem* Sarg. ◆平均〜 durchschnittliche Lebensdauer 囡
種目 Disziplin 囡
樹木 Baum 围
呪文 Zauberspruch 围
主役 Hauptrolle 囡
授与する verleihen, geben [$j^3 et^4$]
主要な hauptsächlich, wichtig. ¶〜な点 Hauptsache 囡 ◆〜産業 Schlüsselindustrie 囡 〜人物 Hauptperson 囡
腫瘍 Geschwulst 囡; Tumor 围
需要 Nachfrage 囡; Bedarf 围 ¶〜を満たす die Nachfrage befriedigen. 〜が多い〈少ない〉 Es herrscht 〈gibt nur〉 starke 〈schwache〉 Nachfrage. 〜と供給 Nachfrage und Angebot
受理する annehmen
樹立する errichten; gründen
狩猟 Jagd 囡
主力 〜艦隊 Hauptflotte 囡 〜商品 wichtigste Waren 覆 〜銀行 Hausbank 囡 〜メンバー wichtigste Mitglieder 覆
種類 Art 囡; Gattung 囡; Sorte 囡 ¶いろんな〜の aller Arten [von $^{+3}$]. 新しい〜の eine neue Art [von $^{+3}$]
棕櫚（しゅろ） Palme 囡
手話 Fingersprache 囡
受話器 (Telefon)hörer 围
手腕 Fähigkeit 囡; Talent 囲
順に nacheinander; hintereinander. ¶〜を追って der Reihe nach. 〜に何ある特別な順序. 番号〜に in numerischer Reihenfolge. 年齢〜に dem Alter nach
純な rein; echt
順位 Rangordnung 囡; Platz 围; Rang 围; Stelle 囡 ¶〜を争うum den Rang kämpfen
順延する verschieben, verlegen. ◆雨天〜 vorbehaltlich entsprechender Wetterbedingungen möglich
巡回する die Runde machen
瞬間 Augenblick 围; Moment 围
循環 Kreislauf 围 ¶〜する umlaufen; zirkulieren
準拠する *sich*⁴ richten [nach $^{+3}$]
順境 ¶〜にあっても逆境にあっても ob in guten oder schlechten Umständen
准教授 außerordentlicher Professor 围
純潔 Keuschheit 囡; Unschuld 囡
準決勝 Halbfinale 囲
巡査 Schutzmann 围
巡視する patrouillieren; einen Rundgang machen [durch $^{+4}$]
順々に nacheinander, einer nach dem anderen

準々決勝 Viertelfinale 男
順序 Ordnung 女; Reihenfolge 女
¶ ～よく in der richtigen Reihenfolge. ～立てて in der Reihenfolge. ～立った ordentlich.
純真な naiv
純粋な rein; echt
順調な glatt, reibungslos, flott, gut. ¶ すべて～に行く Alles geht gut vonstatten. ～に行かない schief gehen. ～な滑り出しをする Es beginnt gut.
順当な angemessen, natürlich. ¶ ～にいけば wenn es gut (richtig) geht
順応 Anpassung 女 ¶ ～する sich⁴ einstellen (auf⁺⁴); sich⁴ fügen (in⁺⁴); sich⁴ akklimatisieren (an⁺⁴). …に～する sich⁴ in⁺⁴ finden; sich⁴ e³ anpassen. ～性のある anpassungsfähig
純白の schneeweiß
順番 Reihenfolge 女, Reihe 女 ¶ ～にder Reihe nach. ～が来た an der Reihe sein. ～を待つ jʼ drankommt. ～が間違っている Die Reihenfolge ist beachtet.
昇華する sublimieren
生姜(しょうが) Ingwer 男
浄化する reinigen; läutern
紹介 Vorstellung 女; Empfehlung 女 ¶ ～する vorstellen. …の～で Empfehlung von⁺³ (durch⁺⁴). ～を～に紹介する[r] empfehlen. ～状 Empfehlungsbrief
照会 Anfrage 女 ¶ ～する sich⁴ erkundigen [⁻³ nach⁺³]. ～先 Auskunftsadresse 女. ～状 Auskunftsschreiben
商会 Firma 女
生涯 Leben 中 ¶ ～の lebenslänglich, Lebens-. 彼はその～を終えた Sein Leben geht zu Ende. ～を捧げる lebenslang einsetzen [für⁺⁴]. ～教育 Erwachsenenbildung 女
傷害 Verletzung 女 ¶ ～保険 Unfallversicherung 女
障害 Hindernis 中; Störung 女; Behinderung 女; Hemmnis 中 ¶ ～のある behindert. ～を乗り越える das Hindernis überwinden. ～者 Behinderte[r] 男 女. ～物競走 Hindernisrennen 中
奨学金 Stipendium 中
小学生 Grundschüler 男
正月 Neujahr 中
小学校 Grundschule 女
しょうがない Nichts zu machen!
召喚 Vorladung 女 ¶ ～する vorladen
正気 ～である bei vollem Bewusstsein sein. ～でない verrückt sein. ～を失う das Bewusstsein 〈den Verstand〉 verlieren. ～の沙汰ではない Es ist der helle Wahnsinn.
将棋 japanisches Schach 中 ¶ ～を指す Schach spielen
蒸気 Dampf 男 ¶ ～機関車 Dampflokomotive 女
常軌 ¶ ～を逸した exzentrisch; ausschweifend
定規 Lineal 中
上機嫌で gut gelaunt; heiter
小規模に in kleinem Umfang

---

ganz weich werden. ～が移る ein Herz und eine Seele sein
錠 Schloss 中
-条 Artikel 男; Paragraph 男
-乗 hoch
嬢 Fräulein 中; Frau 女
乗員 Besatzung 女
上院 Oberhaus 中 ♦ ～議員 das Mitglied des Oberhauses
小宇宙 Mikrokosmos 男
上映する vorführen
上演する aufführen; vorführen
消化 Verdauung 女 ¶ ～する verdauen. ～のよい leicht verdaulich. ～の悪い schwer verdaulich. ～不良を起こした Die Verdauung ist gestört. ～を助ける verdauungsfördernd. 仕事を～する die Arbeit erledigen. ～液 Verdauungssekret 中. ～器官 Verdauungsorgan 中. ～剤 verdauungsförderndes Mittel 中
消火する löschen. ～器 Feuerlöscher 男. ～栓 Hydrant 男; Feuerhahn 男
しょうきぼ

しょうきゃく

焼却する verbrennen
償却 Abschreibung 囡; Tilgung 囡
乗客 Fahrgast 男; Passagier 男
昇給 Gehaltserhöhung 囡; Gehaltsaufbesserung 囡
昇給する befördert werden
上級 obere Klassen 圏 ¶ ～の ober.
◆ ～学校 Oberschule 囡 ～生 Schüler der oberen Klassen. 男
商業 Handel 男; **Kommerz** 男 ¶ ～化する kommerzialisieren
状況 Situation 囡 ¶ ～ [Sach]lage 囡; Umstand 男
上京する in die Hauptstadt fahren 〈kommen〉
消極 ¶ ～的な passiv. ◆ ～策 passive Politik 囡 ～的安楽死 passive Sterbehilfe 囡
賞金 Preis 男; Dotation 囡
将軍 Shōgun 男; (der) Schogun 男
上下 に auf und ab 〈nieder〉
情景 Anblick 男; Szene 囡
衝撃 [An]stoß 男; **Schock** 男 ¶ ～的な schockierend. ～を与える schockieren. ～を受ける einen Schock kriegen
◆ ～波 Schockwelle 囡, Stoßwelle 囡
証券 Wertpapier 田 ◆ ～アナリスト Wertpapieranalyst 男 ～会社 Wertpapierhaus 田, Effektenhaus 田 ～市場 Effektenmarkt 男 ～取引委員会 Börsenaufsichtsausschuss 男 ～取引所 Wertpapierbörse 囡 ～仲買業者 Wertpapiermakler 男
証言 Zeugenaussage 囡; **Zeugnis** 田 ¶ ～する aussagen; Zeugnis ab|legen [von ⁺³]. …に不利〈有利〉な～をする gegen 〈für〉⁺⁴ aussagen. ◆ ～者 Zeuge 男, Zeugin 囡 ～台に立つ als Zeuge vor den Richter treten
条件 Bedingung 囡 ¶ ～として als Beweis. ～…という〈で〉…の下で Bedingung, dass… ～付きの〈で〉 mit Bedingungen. ～を受け入れる Bedingung annehmen. ～を付ける eine Bedingung stellen [j³]. ～に合う Es passt der Bedingung. ～によっては unter bestimmter Bedingung. ◆ ～反射 bedingter Reflex 男 必要～ notwendige Bedingung 囡
証拠 Beweis 男 ¶ ～として als Beweis. ～を握る Beweise besitzen. ～を隠滅する Beweismaterial vernichten. ～固めをする Beweise sammeln. ～を隠滅 Vernichtung von Beweismittel[n] 囡 ～書類 Beweisurkunde 囡 ～品 Beweisgegenstände 圏, Beweismittel 田 ～不十分 Mangel an Beweisen 圏 ～物 Beweisgegenstände 圏
正午 Mittag 男 ¶ ～に mittags
じょうご Trichter 男
将校 Offizier 男
商工会議所 Industrie- und Handelskammer 囡
照合 Kollation 囡 ¶ ～する vergleichen [mit⁺³]; kollationieren
称号 Titel 男
条項 Artikel 男; Paragraph 田; Klausel 囡
詳細 Einzelheit 囡; Detail 田 ¶ ～な〈に〉 ausführlich; näher

城塞 Burg 囡
錠剤 Tablette 囡; Pille 囡
小冊子 Broschüre 囡; Pamphlet 田
称賛・賞賛 Lob 田 ¶ ～する loben, preisen; feiern. ～すべき lobenswert; bewundernswert. ～に値する bewundernswert. ～を博する gelobt werden
上司 Chef 男; Vorgesetzte 男
情事 [Liebes]affäre 囡; Liebschaft 囡
正直 Wahrheit 囡 ¶ ～な aufrecht; ehrlich; gerade. ～に ehrlich; aufrichtig. ～に言いなさい Sag offen und ehrlich! ～なところ ehrlich gesagt.
◆ ～者 ein ehrlicher Mensch 男 三度目の～ Aller gute Dinge sind drei.
常識 der gesunde Menschenverstand. ¶ ～のある vernünftig; einen gesunden Menschenverstand haben. ～的な gewöhnlich; normalerweise. ～外れの außergewöhnlich. ～がない un vernünftig. そんなことは～だ Das kennt doch jeder. ◆ ～テスト Test zum Allgemeinwissen.
焼失する ab|brennen; nieder|brennen
上質の fein
商社 [Handels]firma 囡
勝者 Sieger 男
乗車 する ein|steigen [in ⁺⁴]. ◆ ～券 Fahrkarte 囡 ～料金 Fahrgeld 田
成就する vollbringen; zu Stande 〈zustande〉 bringen; erfüllen
招集・召集 Einberufung 囡 ¶ ～する ein|berufen ～令状 Einberufungsbefehl 男
上達する ausführen
上旬 die erste Monatsdekade. ¶ 1月～に am Anfang Januar
証書 Zeugnis 田; Bescheinigung 囡; Urkunde 囡
少女 Mädchen 田 ◆ ～時代 Mädchenzeit 囡 ～趣味 Kleinmädchengeschmack 男
少々 etwas; ein bisschen; ein wenig
症状 Symptom 田
賞状 Ehrenurkunde 囡; Belobigungsschreiben 田
上昇 Aufstieg 男 ¶ ～する auf|steigen
生じる sich⁴ ereignen; erfolgen; sich⁴ er|geben; entstehen
昇進 Beförderung 囡 ¶ ～する befördert werden
正真正銘の echt; wahr; wirklich
上手な〈に〉 geschickt; gewandt. ¶ 商売～である ein guter Geschäftsmann sein. ◆ ～の手から水がもれる Auch ein Gott wird mal müde. ～こそものの～なれ Was jemand gerne tut, das wird er gut tun.
小数 Dezimalbruch 男 ◆ ～点 Dezimalbruchkomma 田
少数の minder. ◆ ～意見 die Meinung der Minderheit. ～精鋭主義 Eliteden ken 田 ～派 Minderheit 囡 ～民族 nationale Minderheit 囡
称する heißen; sich⁴ aus|geben [für 〈als〉⁺⁴]
情勢 Sachlage 囡; **Zustände** 圏 ¶ 目下の～では in der jetzigen Situation. ～を見る die Lage betrachten. 世界の～

die gegenwärtige Weltlage
小説 Roman 男; Novelle 女; Erzählung 女. ◆~家 Schriftsteller 男
常設の ständig; stehend
饒舌な geschwätzig; redselig
乗船する an Bord gehen
焦燥 Ungeduld 女
肖像〔画〕 Porträt 中
醸造する brauen. ◆~所 Brauerei 女
消息 Nachricht 女
招待 Einladung 女. ¶~する einladen 〔j⁴ zu t³〕. パーティーに~する zur Party einladen. ~を受ける〔断る〕 eine Einladung annehmen〈ablehnen〉. ~客 eingeladener Gast 男. ～券 Einladungskarte 女;〈映画など〉Freikarte 女. ~試合 Freundschaftsspiel 中. ~状 Einladung 女. ~席 ein reservierter Platz 男. ~日 der Tag der Einladung
正体 eigentliche Gestalt 女; wahrer Charakter 男
状態 Zustand 男; Verfassung 女; Beschaffenheit 女; Situation 女. 今の~では in diesem Zustand. 危険な~である in gefährlichem Zustand sein
承諾 Bewilligung 女; Zusage 女; Zustimmung 女. ¶~する einwilligen 〔in t⁴〕; zusagen. ~を得る Einwilligung bekommen. ~を得て〈得ずして〉 mit der〈ohne〉 Einwilligung.
◆~書 schriftliche Einwilligung 女
上達する Fortschritte machen 中. ¶~が早い〈遅い〉 schnell 〈langsam〉 Fortschritte machen
商談 Geschäftsverhandlung 女
冗談 Spaß 男; Scherz 男; Witz 男. ¶~を言う scherzen. ~に aus Spaß. 半分~で spaßeshalber. じゃない、冗談! Um Gottes willen! ~はやめろ Mach keinen Quatsch! ~が通じない Er versteht keinen Spaß. ~にも程がある Du bist mit deinem Spaß zu weit gegangen. ~を真に受ける einen Spaß ernst nehmen
承知 ¶ご~の通り wie Sie wissen. ご~の上で unter beiderseitigem Einverständnis. そんなことは百も~だ Das ist mir völlig klar. ~する einwilligen 〔in t⁴〕; wissen, erfahren. そのことは~している Davon weiß ich schon. ~した Einverstanden! | Abgemacht!
情緒 ¶~豊かな stimmungsvoll; gemütlich. ~不安定である gefühlsmäßige Instabilität zeigen; unsicher sein. ~障害の seelisch gestört
象徴 Symbol 中; Sinnbild 中. ¶~的な symbolisch. ◆~主義 Symbolismus 男
小腸 Dünndarm 男
冗長な weitschweifig; weitläufig
焦点 Brennpunkt 男; Fokus 男. ¶~を合わせる auf die richtige Entfernung einstellen; scharf einstellen 〔auf t⁴〕. ~が合っていない unscharf eingestellt sein. ◆~距離 Brennweite 女
商店 Laden 男; Geschäft 中
譲渡する abtreten 〔j³ et⁴; et⁴ an t⁴〕
衝動〔An〕trieb 男; Drang 男. ¶~的な impulsiv; triebhaft
上等な edel

消毒する desinfizieren; sterilisieren
衝突 Zusammenstoß 男. ¶~する zusammenstoßen 〔mit t³〕. ◆~事故 Zusammenstoß 男
小児 Kind 中; Kleinkind 中
小児科医 Kinderarzt 男
承認 Anerkennung 女. ¶~する anerkennen. ~を得る Zustimmung bekommen. ~を得て〈得ないで〉 mit seinem〈ohne seinen〉 Einverständnis
証人 Zeuge 男. ¶~になる Zeuge sein. ~に立てる als Zeuge benennen. ~席に立つ vor Gericht als Zeuge stehen. 生き~ein lebender Zeuge. ~を調べる Zeugen befragen. ◆~喚問 Zeugenvorladung 女. ~尋問 Zeugenvernehmung 女, Zeugenverhör 中. ~宣誓書 schriftlicher Eid des Zeugen
商人 Kaufmann 男; Händler 男
情熱 Leidenschaft 女. ¶~的な leidenschaftlich
少年 Junge 男; Knabe 男. ¶~院 Erziehungsanstalt 女. ~鑑別所 Klassifizierung und Untersuchungsanstalt für Jugendsachen. ~時代 Jugend 女. ~非行 Jugendkriminalität 女
乗馬 Reiten 中;〈馬術〉Reitkunst 女
勝敗 Sieg und Niederlage; Gewinn und Verlust
商売 Geschäft 中; Handel 男. ¶~する handeln 〔mit t³〕. ~をしている Geschäfte machen 〔mit t³〕. ~を始める〈たたむ〉 ein Geschäft anfangen〈schließen〉. ~を変える das Geschäft wechseln. ~が繁盛している Das Geschäft floriert〈geht gut〉. ~気のある Geschäftssinn haben. ◆~敵(がたき) Konkurrent 男,〔geschäftlicher〕 Gegner 男, Rivale 男. ~柄 berufsmäßig. ~人 Kaufmann 男; Geschäftsmann 男
蒸発する verdampfen
上半身 Oberkörper 男
消費 Verbrauch 男; Konsum 男. ¶~する verbrauchen; konsumieren. ◆~者 Verbraucher 男. ~者物価 Verbraucherpreis 男. ~税 Verbrauch[s]steuer 女. 個人~ privater Konsum, persönlicher Verbrauch
商標 Warenzeichen 中; Marke 女
商品 Ware 女. ¶~化する zur Ware entwickeln. ◆目玉~ Lockartikel 男
賞品 Preis 男
上品な anmutig; vornehm; elegant
勝負 Wettkampf 男; Wettspiel 中; Partie 女. ¶~をする kämpfen 〔mit t³ um t⁴〕. ~をつける eine Entscheidung herbeiführen. ~に勝つ〈負ける〉 das Spiel gewinnen〈verlieren〉. ~所を逃がす entscheidenden Moment entgehen lassen. ◆~事 Spiel 中. ~師 Spieler 男
菖蒲(しょうぶ) Kalmus 男
丈夫な gesund;〈堅牢な〉 fest. ¶~である gesund sein. 体を~にする die Gesundheit stärken; Körper kräftigen
上部 Oberteil 中
正札 Preisschild 中
性分 Natur 女
招聘(〜) Ruf 男. ¶~する berufen

しょうべん 884

小便 Harn 男, Urin 男
譲歩 Zugeständnis 中 ¶～する zu[ge]stehen [j^3 et^4]; nachgeben [j-et^3]
消防[隊] Feuerwehr 女 ◆～士 Feuerwehrmann 男; ～車 Feuerwehrauto 中 ～署 Feuerwache 女
情報 Auskunft 女; Information 女; Nachricht 女; Bescheid 男 ¶～を与える informieren [j^4 über $^{+4}$]; unterrichten [j^4 über $^{+4}$]. ～が入る eine Information bekommen. ～を集める Informationen sammeln. ～を得る Information erhalten. ～を漏らす Information verraten 〈preisgeben〉. 役に立つ～ nützliche Information. ◆～[科]学 Informatik 女 ～検索 Retrieval 中
上方に oben. ¶～へ aufwärts
錠前 Schloss 中
枝葉末節の nebensächlich; unwichtig
正味で netto
静脈 Vene 女
乗務員 [列車の]〔Zug〕personal 中; (飛行機の) Flugpersonal 中
照明 Beleuchtung 女 ¶～する beleuchten
証明 Beweis 男; Bescheinigung 女 ¶～する beweisen; bescheinigen; belegen. …ということを…に対し Hiermit wird bescheinigt, dass... ◆～書 Zeugnis 中; Bescheinigung 女; Ausweis 男
消滅する erlöschen
正面 Front 女; Vorderseite 女; (建築) Fassade 女 ～に auf der Vorderseite
消耗する verbrauchen; verzehren
条約 Vertrag 男 ¶～を締結する einen Vertrag schließen
しょうゆ Sojasoße 女
賞与 Bonus 男 ◆年末～ Weihnachtsgeld 中
乗用車 Personen[kraft]wagen 中, Pkw 男
将来 Zukunft 女, 形 künftig, in Zukunft. ¶～の [zu]künftig. ～性のある mit Zukunft. ～性がない zukunftslos, aussichtslos
勝利 Sieg 男 ¶～する siegen. ～を収める einen Sieg erringen. ～に導く zum Sieg führen. ～者 Sieger 男
上陸 Landung 女 ¶～する landen
省略 Auslassung 女 ¶～する weglassen; auslassen; abkürzen. ◆～符号 Abkürzungszeichen 中
上流 Oberlauf 男 ¶～〈に〉stromaufwärts. ◆～の社会 die höheren Stände; die oberen Klassen der Gesellschaft
蒸留 Destillation 女 ～する destillieren. ◆～酒 Branntwein 男
少量[の] ein wenig
奨励 Förderung 女 ¶～する fördern
条令 Verordnung 女; Regulativ 中
常連 Stammkunde 女; Stammgast 男
じょうろ Gießkanne 女
初演 Uraufführung 女; Premiere 女
ショー Show 女 ¶～ウインドー Schaufenster 中 ～ルーム Ausstellungsraum 男
女王 Königin 女 ¶～アリ Ameisenkönigin 女 ～バチ Bienenkönigin 女
ジョーカー Joker 男

ジョーク Witz 男
ショーツ Shorts 複
ショート (電気) Kurzschluss 男 ¶～する kurzschließen. ◆～カット(髪) kurzer Haarschnitt 男; (パソコンの) abgekürztes Verfahren 中 ～ケーキ Sahnetorte 女 ～パンツ kurze Hose 女
ショール Schal 男
初夏 Frühsommer 男
書架 [Bücher]regal 中
除外する ausschließen; ausscheiden
初学者 Anfänger 男
所轄の zuständig
女学校 Mädchenschule 女
書簡 Brief 男; Schreiben 中
初期 Anfangsstadium 中; Frühzeit 女
書記 Schriftführer 男; Schreiber 男
暑気 Hitze 女
初期化する formatieren
初級 Unterstufe 女
除去 Entfernung 女 ¶～する entfernen [et^4 aus $^{+3}$]
ジョギング Jogging 中 ¶～する joggen
私欲 Eigennutz 男; Selbstsucht 女
職 Stelle 女; Stellung 女; Amt 中 ¶～を得る eine Stellung bekommen. ～を失う *seine* Stellung verlieren. ～を変える *seinen* Beruf wechseln. ～を捜す *sich*^{3} eine Stellung suchen. ～を求む Eine Stelle gesucht. ～に就いての berufstätig. 手に～をつける eine Stellung erlernen
食 ¶～が進む(進まない) einen guten〈keinen〉Appetit haben. ～が細い kein guter Esser sein; essen wie ein Vogel. 一日3～食べる täglich dreimal essen. ◆皆既～ Finsternis 女
食中[毒]り Lebensmittelvergiftung 女
職員 Angestellte 女; Personal 中 ¶～が多い〈少ない〉viel〈wenig〉Personal. ～会議(学校) Lehrerkonferenz 女 ～室 Lehrerzimmer 中 ～録 Personalverzeichnis 中
食塩 [Koch]salz 中 ◆～水 Kochsalzlösung 女
職業 Beruf 男 ¶ご～は何ですか Was sind Sie von Beruf? …を～にする beruflich... sein. …をこに選ぶ et^4 zum Beruf wählen. ～上の beruflich. ◆～安定所 Arbeitsamt 中 ～学校 Berufsschule 女 ～病 Berufskrankheit 女
食後に nach dem Essen
贖[$く$]罪 Buße 女; Sühne 女
食指 ¶～が動く(食べたい) Appetit [auf $^{+4}$] haben; (物事に関して) den Wunsch verspüren [＋ zu 不定詞句], Es juckt [＋ zu 不定詞句].
食事 Essen 中, Mahlzeit 女; Verpflegung 女 ¶～をする essen. 外で～をする außer Haus essen. ～を制限する wenig essen. ～を抜く nicht zu $sich^3$ nehmen. ～の用意をする Essen vorbereiten. ～を出す etwas zu essen anbieten. ～の最中に während des Essens. 今～中です Wir sind gerade beim Essen. ～時間 Essenszeit 女
職責 Amtspflicht 女; Amt 中 ¶～を果たす *seine* Pflicht tun

食前に vor dem Essen. ◆〜酒 Aperitif 男
燭台 Kerzenleuchter 男
食卓 [Ess]tisch 男 ~につく *sich*⁴ zu Tisch setzen. ~の用意をする den Tisch decken. ~を片付ける den Tisch abdecken. ~を囲む um einen Tisch sitzen. ◆〜塩 Tafelsalz 中
食中毒 Lebensmittelvergiftung 女
食通 Feinschmecker 男, Gourmet 男
食堂 Esszimmer 中, Speisesaal 男; Restaurant 中; (大学の) Mensa 女; (会社の) Kantine 女. ◆〜車 Speisewagen 男
食道 Speiseröhre 女 ◆〜癌 Ösophaguskrebs 男
食肉 Fleisch. ◆〜業 Metzgerei 女
職人 Handwerker 男 ◆〜気質 Handwerkerethos 中 ~芸 Meisterhand 女
職能給 Lohn nach Fähigkeit
職場 Arbeitsplatz 男 ~を変える Arbeitsplatz wechseln. ~に復帰する zum Arbeitsplatz zurückkehren. ◆〜ストレス Stress am Arbeitsplatz 男 ~大会 Betriebsversammlung 女 ~放棄 Ausstand 男
食パン Toastbrot 中 ~一枚 eine Scheibe Toastbrot 女
食費 Verpflegungskosten 複, Kosten für Lebensmittel
食品 Lebensmittel 複, Esswaren 複 ◆〜衛生法 Lebensmittelgesetz 中 ~加工業 Lebensmittelverarbeitung 女 ~添加物 Zusätze zu Lebensmitteln 複
植物 Pflanze 女, **Gewächs** 中 ¶〜のpflanzlich; ~に水をやる der Pflanze Wasser geben. ~を育てる Pflanzen züchten. ◆〜園 botanischer Garten 男 ~学 Botanik 女
植民 ~に besiedeln. ◆〜地 Kolonie 女 ~化にする kolonisieren
職務 Pflicht 女, Dienst 男 ~上のdienstlich. ~を遂行する〈怠る〉 seine Pflicht tun 〈vernachlässigen〉. ◆〜規定 Dienstvorschriften 複 ~権限 Dienstbefugnis 女 ~質問 eine polizeiliche Befragung 女 ~手当 Postenzuschuss 男
食物 Essen 中; Nahrungsmittel 男; Speise 女 ◆〜繊維 Ballaststoffe 中. ~連鎖 Nahrungskette 女
食用の essbar. ◆〜油 Speiseöl 中 ~蛙 ein essbarer Frosch 男
食欲 Appetit 男. ~がある Appetit haben. ~がない keinen Appetit haben. ~をそそる appetitanregend. ~旺盛である einen großen Appetit haben
食料 Nahrung 女, Lebensmittel 複 ◆〜品 Lebensmittel 中; Nahrungsmittel 中 ~品店 Lebensmittelgeschäft 中
食糧 Nahrungsmittel 中, Lebensmittel 中 ¶〜がなくなる keine Nahrungsmittel haben
職歴 Berufslaufbahn 女
叙勲 Ordensverleihung 女
処刑する hinrichten
所見 Meinung 女; (印象) Eindruck 男; 医学 Befund 男
助言 Rat[schlag] **男**; **Beratung** 女

Tip 男 ¶〜する raten (*j*³); beraten. 人に~を求める *j*⁴ um Rat bitten. ~に従う~ Rat folgen. ◆〜者 Ratgeber 男, Berater 男
徐行する langsam fahren
書斎 Arbeitszimmer 中; Studierzimmer 中
所在 責任の~ Verantwortlichkeit 女 ◆〜地 Wohnsitz 男
如才ない klug; glatt; zuvorkommend
女子 Frau 女; Mädchen 中 ◆〜学生 Studentin 女 ~生徒 Schülerin 女 ~大学 Frauenhochschule 女
書式 Formular 中
叙事詩 Epos 中; Epik 女
助手 Assistent 男; Gehilfe 男
初秋 Herbstanfang 男
叙述する beschreiben; schildern
初春 Frühlingsanfang 男
処女 Jungfrau 女
徐々に allmählich; langsam; nach und nach
抒情詩 Lyrik 女
初心者 Anfänger 男
女性 weibliches Geschlecht ⟨Wesen⟩ 中; Frau 女 ¶〜的な weiblich, feminin, frauenhaft. ◆〜解放[運動] Frauenemanzipation 女 ~解放論 Feminismus 男 ~観 Ansichten über Frauen 複 ~上位 Frauenüberlegenheit 女 ~秘書 Sekretärin 女 ~ホルモン weibliches Hormon 中
助成 Förderung 女 ¶〜する fördern
処世術 Lebensweisheit 女
書籍 Buch 中
助走 Anlauf 男
除草する jäten
所属する an[gehören] [*j-et*³]; gehören [*zu*³]
所帯 Haushalt 男
書体 Schriftart 女; Schriftzug 男
初対面 die erste Begegnung 女 ¶〜である zum ersten Mal begegnen (*j*³)
書棚 Bücherregal 中
処置 Maßnahme 女 ¶〜する(手当て) behandeln; (事柄) abwickeln. ~を誤る zu den falschen Maßnahmen greifen. ~なし Das ist nichts zu machen.
暑中見舞い Sommergrüße 複 ¶〜を出す Sommergrüße schreiben (*j*³)
触覚 Fühler 男
触覚 Gefühl 中; Tastsinn 男
食器 Geschirr 中; Besteck 中 ◆〜棚 Geschirrschrank 男 ~類 Geschirr 中
ジョッキ [Bier]krug 男
ショッキングな schockierend
ショック Schock 男, **Schreck** 男 ¶〜を与える einen Schock versetzen (*j*³). ~を受ける einen Schock bekommen. ~で死ぬ im Schock sterben. ◆〜アブソーバー Stoßdämpfer 男 ~療法 Schocktherapie 女
職権 Amtsbefugnis 女 ◆〜濫用 Amtsmissbrauch 男
職工 Fabrikarbeiter 男
しょっぱい salzig
ショッピング Einkaufen 中 ◆〜センター Einkaufszentrum 中
女帝 Kaiserin 女

しょてん　886

書店 Buchhandlung 囡
女店員 Verkäuferin 囡
初冬 Winteranfang 男
初等の elementar
諸島 Inseln 覆
書道 Kalligraphie 囡
助動詞 Hilfsverb 中
所得 Einkommen 中　¶〜が多い hohes Einkommen haben.　◆〜税 Einkomm[en]steuer 囡
初任給 Anfangsgehalt 中
処σηする bestrafen [für⁺⁴; wegen⁺²]
書評 Buchbesprechung 囡; Rezension 囡
処分する weg|werfen; bestrafen
序文 Vorwort 中; Vorrede 囡; Einführung 囡
初歩の elementar
処方 ¶〜を verschreiben [j³ et⁴]. 〜箋を書く Rezept aus|schreiben
序幕 Vorspiel 中; Prolog 男
除幕式 Enthüllung 囡
庶民 Volk 中
署名 Unterschrift 囡; Unterzeichnung 囡　¶〜する unterschreiben; unterzeichnen.　〜を集める Unterschriften sammeln.　〜入りの mit einer Unterschrift versehen.　◆〜運動 Unterschriftensammlung 囡　〜者 Unterzeichner 男
除名する aus|schließen [j⁴ aus⁺³]
書物 Buch 中
除夜 Silvesterabend 男
所有 Besitz 男　¶〜する besitzen.　〜権 Eigentumsrecht 中　〜者 Besitzer 男, Eigentümer 男　〜地 eigenes Grundstück 中　〜物 Besitz.　〜欲 Habgier 囡
女優 Schauspielerin 囡
処理する erledigen; bearbeiten; behandeln.　¶〜済みの erledigt
女流の weiblich
助力 Hilfe 囡
書類 Papier 中; Akten 覆; Dokument 中　¶〜を作成する zusammen|stellen.　〜に書き込む auf dem Papier notieren; ein Formular aus|füllen.　〜選考する die Vorwahl 〈Auswahl〉 anhand der Bewerbungsunterlagen treffen.　〜送検する die Anklageschrift anfertigen.　◆〜かばん Aktentasche 囡
ショルダーバッグ Umhängetasche 囡
序列 Rang 男; Reihe 囡
序論 Einleitung 囡; Einführung 囡
しょんぼり[と] niedergeschlagen
地雷 Mine 囡
白髪 graues Haar 中　¶〜の grauhaarig
白樺 ⎡⎦ Birke 囡
白ける ¶座が〜 Eine peinliche Stimmung verbreitet sich.
白々しい frech.　¶〜嘘 eine leicht durchschaubare Lüge 囡
じらす ungeduldig machen
知らせ Nachricht 囡; Mitteilung 囡; Botschaft 囡
知らせる mit|teilen [j³ et⁴]; bekannt machen; Bescheid sagen [j³]; benachrichtigen [j⁴ von⁺³]; informieren [j⁴ über⁺⁴]
知らない fremd; unbekannt
しらふの nüchtern
調べ （音曲）Melodie 囡, Weise 囡; （尋問）Verhör 中　¶〜を受ける verhört werden. 〜がつく Die Erkundigung ist erledigt. | Die Frage ist gelöst. 妙なる〜 die wundersame Weise. 〜物をする nach|schauen
調べる prüfen; untersuchen; forschen [nach⁺³]; nach|schlagen.　¶詳細に〜 genau untersuchen. 地図を〜 auf der Landkarte suchen. 辞書で〜 im Wörterbuch nach|schlagen. 警察に調べられる von der Polizei verhört werden. 調べ上げる gründlich suchen; durch|suchen; durch|gehen. 調べ直す nochmals nach|prüfen
シラミ （虱）Laus 囡
知られた bekannt; vertraut
知らん顔 ¶〜をする ignorieren; gleichgültig bleiben
しり （尻） Gesäß 中　¶〜が重い träge sein. 〜が軽い unüberlegt sein, unbesonnen sein. 夫を〜に敷く den Ehemann unter dem Pantoffel haben. 〜に火がつくまで bis zur letzten Sekunde. 女の〜を追い回す hinter den Frauen her|laufen. 〜を叩く ermutigen, ermuntern
知り合い Bekannte[r] 中　¶〜の bekannt. 人と〜である 人と⁺³ bekannt sein. 〜が多い viele Bekannte haben. 〜になる j⁴ kennen lernen
知り合う kennen lernen
シリーズ Serie 囡
尻馬 ¶〜に乗る blindlings nach|laufen [j³], wie blind folgen [j³]
尻押しする unterstützen
自力で unabhängig; auf eigene Faust
尻切れとんぼ ¶〜に終わる nur eine halbe Geschichte sein
尻込みする zögern [mit⁺³; + zu 不定詞句]; zurück|schrecken [von⁺³]
尻すぼみ ¶〜に終わる ab|fallen
退く zurück|treten
退ける ab|lehnen; zurück|weisen
私立の privat
自立 Autonomie 囡　◆〜神経 autonomes Nervensystem 中
しりとり Silbenratespiel 中
尻拭いをする ausbaden müssen [et⁴].　¶人の借金の〜をする j² Schulden begleichen
支離滅裂な zusammenhanglos; zerrissen
しりもちをつく auf den Hintern fallen
支流 Nebenfluss 男
思慮 ¶〜深い besonnen; verständig. 〜に欠ける unbesonnen; gedankenlos
資料 Material 中; Daten 覆; Unterlage 囡
飼料 Futter 中

視力 Sehkraft 囡; Auge 甲
知る kennen lernen; erfahren; merken. ¶知っている kennen; (知識がある) wissen. 山下さんを知ってますか―よく知ってます Kennen Sie Herrn Yamashita? ― Ja, ich kenne ihn sehr gut. 知らぬ間に unbemerkt, ehe man es merkte. 知ってる通り wie Sie wissen. 私の―限り soviel ich weiß. 私の知ったことではない Das geht mich nichts an. …かどうかよしもない Es ist schwer zu wissen, ob… ―権利がある Recht haben, zu erfahren. 知らぬが仏 Selige Unwissenheit.
汁 Saft 男; Suppe 囡
シルエット Silhouette 囡
シルク Seide 囡 ◆～ロード Seidenstraße 囡
印 Zeichen 甲 ¶～を付ける [be]zeichnen
記す schreiben
シルバーシート Plätze für Behinderte und alte Leute 男
司令 Anweisung 囡 ◆～部 Hauptquartier 甲
辞令 Ernennungsurkunde 囡
じれったい ungeduldig
知れる bekannt werden; an die Öffentlichkeit kommen
試験 Prüfung 囡; Probe 囡
ジレンマ Dilemma 甲
城 Schloss 甲; Burg 囡
白 Weiß 甲 ¶彼は～だ Er ist unschuldig.
白い weiß. ¶～眼で見る mit kaltem Blick betrachten. 白っぽい weißlich. 白く塗る weiß malen
素人 Laie 男; Amateur 男 ¶～くさい laienhaft
白熊 Eisbär 男
白黒 schwarzweiß. ¶目を～させる die Augen verdrehen
じろじろ ¶～見る anstarren; messen
シロップ Sirup 男
白バイ Polizeimotorrad 甲 ¶～の警官 die weiße Maus
白星 Siegeszeichen 甲
白身 Eiweiß 甲
白目 das Weiße im Auge. ¶～を剥く die Augen verdrehen
じろりと ¶～見る scharf an|blicken
しわ Falte 囡; Runzel 囡 ¶～だらけの (顔の) voller Falten 〈Runzeln〉; (洋服などの) knitt[e]rig, zerknittert. ～に～がよる verknittert sein. ～にならない knitterfrei. 額に～を寄せる die Stirn runzeln. 眉間に～を寄せる die Augenbrauen zusammen|ziehen. アイロンで～を伸ばす glatt bügeln
仕分ける sortieren; klassifizieren
師走(ﾉふ) Dezember 男
しん (果物の) Kern 男; (ランプ・ろうそくの) Docht 男 (鉛筆の) Mine 囡
真(ﾋ) wahr; echt
新 neu
親愛な lieb, teuer, liebenswert
真意 wahre Absicht 囡; wahrer Sinn 男
人為的な künstlich

人員 Personal 甲; Kopfzahl 囡 ◆～削減 Personalabbau 男
陣営 Lager 甲
深海(ﾉふ) Entwicklung 囡; Evolution 囡 ¶～する sich⁴ entwickeln
真価 ¶～を示す sich⁴ bewähren
シンガー Sänger 男
深海 Tiefsee 囡
侵害する ein|greifen [in⁺⁴]
神格 ¶～化する vergöttern
進学する in eine höhere Schule ein|treten
神学 Theologie 囡
人格 Persönlichkeit 囡; Charakter 男
新型 neues Modell 甲; neuer Typ 男
新刊 Neuerscheinung 囡
新幹線 Shinkansen 男; Superexpress 男
審議 Beratung 囡 ¶～する beraten; besprechen. ～中である in der Beratung sein. ～を打ち切る Beratung ab|brechen. ～を再開する Beratung wieder auf|nehmen. ～未了にする Beratung ergebnislos ab|brechen. ◆～会 beratende Kommission 囡
進級 Versetzung 囡 ¶～させる in eine höhere Klasse versetzt werden
新教 Protestantismus 男
蜃気楼(ﾉふろう) Luftspiegelung 囡
新記録 der neue Rekord. ¶～を作る einen neuen Rekord auf|stellen
親近感 ¶人に～を抱く sich⁴ zu⁺³ hingezogen fühlen
心筋梗塞(ﾉふ) Herzinfarkt 男
寝具 Bettzeug 甲
真空 Vakuum 甲 ¶～の luftleer. ◆～管 Vakuumröhre 囡
ジンクス das böse Omen; ein unglückliches Vorzeichen 甲
シンクタンク Denkfabrik 囡
シングル der einzel. ◆～ベッド Einzelbett 甲 ～ルーム Einzelzimmer 甲
シングルス Einzelspiel 甲
シンクロナイズドスイミング Synchronschwimmen 甲
神経 Nerv 男 ¶～の nervlich. ～が図太い starke Nerven haben. ～が弱い schwache Nerven haben; feinfühlig sein. ～が鈍い dickfellig, unempfindlich. 彼女の～が高ぶっている Sie ist nervös. ～に触る auf die Nerven gehen [j³]. ～を尖らせる nervös sein; gespannt sein. 社内の人間関係で～をすり減らす wegen Beziehungen am Arbeitsplatz psychisch kaputt sein. ～過敏の überempfindlich
神経質な empfindlich, nervös
新月 Neumond 男
真剣な(ﾆく) ernst; ernsthaft. ¶～になる ernst werden. ～味に欠ける an Ernst fehlen.
箴(ｾﾌ)言 Aphorismus 男; Maxime 囡
人権 Menschenrechte 甲 ◆～蹂躙 Verletzung der Menschenrechte 囡 ～擁護 Verteidigung der Menschenrechte 囡; Menschenrechtsschutz 男 ～擁護委員会 Komitee zum Schutz der Menschenrechte 甲 基本的～

しんげんち

Grundrechte des Menschen 圏
震源地 Erdbebenherd 圏; Hypozentrum 圏
人件費 Personalkosten 圏
新語 Neuwort 圏
進行 (事の)[Ab]lauf 圏, Gang 圏; (乗物の) Fahrt 囡; Zug 圏 ¶ ～する fortschreiten，[ver]laufen；vorwärts kommen [mit +³]，vorankommen [mit +³]．～中である im Gang sein. ◆ ～係(行事の) Veranstaltungsleiter 圏
信仰 Glaube 圏 ¶ ～する glauben. ～の厚い gläubig sein. ～を捨てる den Glauben verlieren. ◆ ～生活 das Leben im Glauben
振興 Förderung 囡 ¶ ～する fördern
信号 Signal 圏 ¶ ～を送る ein Zeichen schicken. ～を守る Signal achten. ～を無視する die Ampel überfahren. ◆ ～機 Signal 圏, Ampel 囡 ¶ ～灯 Signallicht 圏
人口 Bevölkerung 囡 ¶ ～が多い〈少ない〉 Die Einwohnerzahl ist groß〈klein〉. ～の増加〈減少〉 die Zunahme〈Abnahme〉der Bevölkerung. ◆ ～過剰 Überbevölkerung 囡 ¶ ～統計 Bevölkerungsstatistik 囡 ¶ ～密集地 Region mit dichter Bevölkerung 囡 ¶ ～密度 Bevölkerungsdichte 囡 ¶ ～問題 Bevölkerungsfrage 囡 ¶ ～流出 Bevölkerungsschwund 圏
人工の künstlich. ¶ ～的な künstlich. ◆ ～衛星 Satellit 圏 ¶ ～呼吸 künstliche Beatmung 囡 ¶ ～芝 Kunstrasen 圏 ¶ ～精 künstliche Befruchtung 囡 ¶ ～知能 Elektronengehirn 圏
深呼吸 ¶ ～する tief atmen
深刻な ernst
申告 Anmeldung 囡 ¶ ～する anmelden，angeben．所得税の～をする Einkommensteuer angeben. ◆ ～者 Antragsteller 圏 ¶ ～書 Steuerformular 圏 ¶ ～納税 Selbstveranlagung 囡 ¶ ～用紙 Steuererklärungsformular 圏 ¶ ～漏れ ein nicht gemeldetes Einkommen 圏
新婚 ¶ ～の人 Jungverheiratete[r] 圏 囡 ¶ ～旅行 Hochzeitsreise 囡
審査する prüfen
人材 (人的資源) Humankapital 圏
診察 Untersuchung 囡 ¶ ～する untersuchen. ～を受ける einen Arzt konsultieren; *sich* ärztlich untersuchen lassen. ◆ ～券 Konsultationskarte 囡 ¶ ～時間 Sprechstunde 囡 ¶ ～室 Sprechzimmer 圏 ¶ ～料 Arztgebühren 圏
紳士 Herr 圏 ¶ ～的な anständig. ◆ ～協定 das Gentleman's Agreement
新式 neuartig; modern
寝室 Schlafzimmer 圏
真実 Wahrheit 囡 ¶ ～の wahr
人事不省 Bewusstlosigkeit 囡
信者 Gläubige[r] 圏 囡; Anhänger 圏
神社 Shinto-Schrein 圏
真珠 Perle 囡
人種 Rasse 囡
伸縮自在の elastisch
進出する vorrücken
新書 Taschenbuch 圏
心証 Eindruck 圏

心情 Gemüt 圏
信条 Glaubensbekenntnis 圏
身障者 Behinderte[r] 圏
信じる glauben [an +⁴]. ¶ 堅く～、fest überzeugt sein [von +³]. 神を～an Gott glauben. 彼の言うことを～ihm glauben; glauben, was er sagt. 私はその試合に勝つものと信じていた Ich glaubte fest, dass wir dieses Spiel gewinnen werden.
信じるに足る glaubwürdig, zuverlässig. 信じがたい unglaublich. 信じようと信じまいと ob man glaubt oder nicht. 信ずべき zuverlässig, verlässlich. 信ずべき筋から aus zuverlässigen Quellen
心身 ¶ ～ともに sowohl leiblich als auch seelisch
新人 Neuling 圏
信心深い fromm
心酔する schwärmen [für +⁴]
浸水する überschwemmt werden
進水する vom Stapel laufen. ◆ ～式 Stapellauf 圏
神髄 das Wesentlichste; Kern 圏
申請 Antrag 圏; Gesuch 圏 ¶ ～する beantragen
神聖な heilig
人生 Leben 圏 ¶ 幸福な～を送る ein glückliches Leben führen. ～の浮き沈み Höhe- und Tiefpunkt des Lebens. ～経験が豊富である reiche Erfahrungen besitzen. ◆ ～観 Lebensanschauung 囡 ¶ ～行路 Lebenspfad 圏 ¶ ～哲学 Lebensphilosophie 囡
親戚(-ｾｷ) (全体) Verwandtschaft 囡; (ひとりひとり) der〈die〉Verwandte. ¶ ～の verwandt
シンセサイザー Synthesizer 圏
親切 Freundlichkeit 囡 ¶ ～な freundlich, nett. ～にする freundlich〈nett〉sein [zu +³]. ～に[も] freundlicherweise. ご～にありがとうございます Ich danke Ihnen für Ihre Freundlichkeit.｜Danke, das ist sehr nett von Ihnen. ～心から aus Freundlichkeit
新設の neu errichtet〈gegründet〉
新鮮な frisch. ¶ ～にする erfrischen. ～味に欠ける nichts Neues dran sein. ～さがなくなる die Frische verlieren
親善 Freundschaft 囡 ◆ ～試合 Freundschaftsspiel 圏
真相 ¶ ～を明らかにする die Wahrheit ans Licht bringen. ～を究明する der Wahrheit auf den Grund gehen
心臓 Herz 圏 ¶ ～が強い〈弱い〉ein gesundes〈schwaches〉Herz haben;(比ゆ) frech〈schüchtern〉sein. ～が悪い ein krankes Herz haben. ～がどきどきする Das Herz klopft.
◆ ～移植 Herztransplantation 囡 ¶ ～外科 Herzchirurgie 囡 ¶ ～肥大 Hypertrophie 囡, Herzvergrößerung 囡 ¶ ～ペースメーカー Herzschrittmacher 圏 ¶ ～発作 Herzanfall 圏 ¶ ～マッサージ Herzmassage 囡 ¶ ～麻痺 Herzlähmung 囡
腎臓 Niere 囡
人造の künstlich
迅速な schnell; geschwind; rapid

死んだ tot; verstorben
身体 Körper 男
寝台 Bett 中 ◆～車 Schlafwagen 男
人体 der menschliche Körper
新体操 moderne Gymnastik 女
信託会社 Treuhandgesellschaft 女
診断 **Diagnose** 女 ¶ ～する diagnostizieren. ～を受ける *sich*¹ untersuchen lassen〔von +³〕. ◆～書 Diagnose 女, Attest 中 ～プログラム Selbstdiagnoseprogramm 中
陣地 Stellung 女
新築 Neubau 男
真鍮(しんちゅう) Messing 中
身長 **Körpergröße** 女 ¶ ～はどのくらいですか Wie groß sind Sie? 私は〜180センチです Ich bin 1 Meter 80〔groß〕. ～が高い〈低い〉 groß〈klein〉 sein. ～を測る die Körpergröße messen
慎重な〈に〉 **vorsichtig, sorgfältig, behutsam**. ¶ ～さを欠く unvorsichtig sein, an Vorsicht mangeln. 彼は言葉遣いに〜である Er wählt die Worte sehr sorgfältig. ～に! Sei vorsichtig!
新陳代謝 Stoffwechsel 男
心痛 Kummer 男; Sorge 女
陣痛 Geburtswehen 複
ジンテーゼ Synthese 女
シンデレラ Aschenputtel 中
進展 **Entwicklung** 女; **Fortgang** 男 ¶ ～する *sich*⁴ entwickeln; fortschreiten; voran|gehen. ～しない hängen
親展の vertraulich
神殿 Tempel 男
進度 Fortschrittsgrad 男
じんと ¶ ～くる ans Herz greifen〔*j*³〕; gerührt sein
振動 Schwung 男 ¶ ～する schwingen
震動する beben
人道 Humanität 女; Menschlichkeit 女 ◆～的な human
シンナー Verdünner 男
進入 Einfahrt 女
侵入する ein|dringen〔in +⁴〕; ein|brechen〔in +⁴〕. ◆～者 Einbrecher 男
新入生 neuer Schüler 男
信任 Vertrauen 中; Beglaubigung 女
新任 neu ernannt; neu angestellt
信念 Glaube 男; Gesinnung 女
新年 Neujahr 中; ein neues Jahr 中 ¶ ～を迎える〈祝う〉 das Neujahr feiern. ～おめでとう〔Ich wünsche Ihnen〕ein glückliches Neues Jahr. ‖(乾杯で) Prosit Neues Jahr! ◆～会 Neujahrsfest 中
真の wahr; wirklich; echt
心配 **Sorge** 女; **Kummer** 男; **Angst** 女 ¶ ～する *sich*³ Sorgen machen〔um +⁴; wegen +²〕. 何を～しているのか Worüber machen Sie sich Sorgen? ‖ Was bedrückt Sie? 何も～することはありません Sie brauchen sich keine Sorgen zu machen. ～を掛ける Sorgen bereiten〈machen〉〔*j*³〕. ～になる *sich*³ allmählich Sorgen machen〔um +⁴〕. ～して持つ～して待つ sorgt warten〔auf +⁴〕. ～して besorgt. ～して待つ sorgt warten〔auf +⁴〕. ～している besorgt sein〔über +⁴〕. ～はない *sich*³ keine Sorgen zu machen brauchen. ～そう sorgenvoll, angstvoll. ～の種 Grund der Sorge 男 ～性である *sich*³ alles zu Herzen nehmen. ～無用 Keine Sorge! ◆～事 Sorge 女 ～事がある eine Sorge haben.
シンバル Zimbel 女
審判〔員〕 Schiedsrichter 男
神秘 **Mysterium** 中 ◆～的な mysteriös; geheimnisvoll; mystisch
新品の ungebraucht; neu
神父 Pater 男
新婦 Braut 女
シンフォニー Sinfonie 女
人物 Person 女; Persönlichkeit 女
シンプルな einfach
新聞 **Zeitung** 女; **Blatt** 中 ¶ ～に出る in der Zeitung stehen. ～によると in der Zeitung steht; in der Zeitung heißt es; laut Zeitungsmeldung. それは～で読んだ Das habe ich in der Zeitung gelesen. ～を取る eine Zeitung abonnieren. ～を配達する die Zeitung ins Haus bringen. ～を広げる die Zeitung ausbreiten
人文 ◆～科学 Geisteswissenschaften 複
進歩 **Fortschritt** 男 ¶ ～する fortschreiten; Fortschritte machen〔in +³〕. ～的な fortschrittlich. ～が速い schnelle Fortschritte machen. 大きな～を遂げる einen großen Fortschritt machen. ◆～派の Progressiven
辛抱 **Geduld** 女 ¶ ～する Geduld haben〔mit +³〕, ertragen. ～して mit Geduld. ～強い〈く〉 geduldig
信望 Ansehen 中
人望 Beliebtheit 女
信奉者 Anhänger 男
親睦(ぼく) Freundschaft 女
シンポジウム Symposion 中
シンボル Symbol 中
新米 (米) neuer Reis 男; (人) Neuling 男, Anfänger 男
親密な vertraut; intim
人脈 Kontakt 男
人民 Volk 中
新芽 Spross 男
人命 Menschenleben 中 ◆～救助 Lebensrettung 女
シンメトリー Symmetrie 女
尋問 **Verhör** 中 ¶ ～する verhören; befragen
深夜に tief in der Nacht. ◆～放送 Nachtsendung 女
新約聖書 das Neue Testament
親友 vertrauter Freund 男; intimer Freund 男; Busenfreund 男
信用 **Vertrauen** 中; **Kredit** 男 ¶ ～を得る Vertrauen gewinnen. ～する〔ver〕trauen〔*j*³〕; Vertrauen haben〔zu +³〕. ～できる zuverlässig. ～を傷つける Vertrauen verletzen. 店の～が落ちた Der gute Ruf des Geschäftes wurde verletzt. ◆～貸し Kredit 男 ～状 Akkreditiv 中
針葉樹 Nadelbaum 男
信頼 **Vertrauen** 中 ¶ ～する vertrauen〔*j*³〕; *sich*⁴ verlassen〔auf +⁴〕. ～できる vertrauenswürdig. ～関係を築く *j*²

しんらつ　Vertrauen gewinnen. 人の～を切る j² Vertrauen missbrauchen
辛辣(らつ)な bitter
心理 ¶ ～的な(に) seelisch; psychisch; psychologisch. ◆～学 Psychologie 囡 ～学の psychologisch. ～状態 Seelenzustand 男
真理 Wahrheit 囡
審理する untersuchen; verhandeln
侵略 Invasion 囡 ～する einfallen [in +⁴], invadieren. ～的な angriffslustig, streitsüchtig. ◆～軍 Invasionstruppe 囡 ～行為 Angriff 男, Überfall 男 ～国 Angreiferstaat 男 ～者 Angreifer 男, Invasor 男 ～戦争 Invasionskrieg 男
診療所 Klinik 囡 ◆～時間 Sprechstunde 囡
尽力 Bemühung 囡 ¶ ～する *sich*⁴ bemühen [um +⁴]
森林 Wald 男
親類 Verwandtschaft 囡; **Verwandte[r]** 男 囡 ¶ ～の〈遠い〉です Er ist mir nahe (entfernt) verwandt. ～付き合いをする我々は兄弟姉妹のように交際している Wir verkehren miteinander wie Bruder und Schwester sein. ◆～縁者 die Verwandtschaften
人類 Menschheit 囡 ¶ ～の anthropologisch. ◆～愛 Menschenliebe 囡 ～学 Anthropologie 囡 ～学者 Anthropologe 男, (女性) Anthropologin 囡
進路・針路 Kurs 男; Weg 男 ¶ 台風の～ der Kurs des Taifuns. 卒業後の～を決める den Weg nach dem Schulabschluss bestimmen. ～を誤る falschen Weg nehmen〈wählen〉
新郎 Bräutigam 男
心労 Kummer 男
神話 Mythus 男; Mythos 男

す

巣 Nest 中 ¶ 蜂の～ Bienenwabe 囡 蜘蛛の～ Spinnengewebe 中 ～を作る ein Nest bauen
酢 Essig 男
図 Bild 中, Zeichnung 囡 ¶ ～に当たる Erfolg haben. ～に乗る *sich*⁴ hineinsteigern [in +³]; zu weit gehen
素足で barfuß; mit bloßen Füßen
図案 Muster 中
水圧 Wasserdruck 男
推移 Wandel 男; Übergang 男
水位 Wasserstand 男
随意の beliebig. ～に nach Belieben
スイートピー Gartenwicke 囡
随員 Begleiter 男
水泳 Schwimmen 中
スイカ Wassermelone 囡
水害 Wasserschaden 男
吸い殻 [Zigaretten]stummel 男
水球 Wasserball 男
水牛 [Wasser]büffel 男
水銀 Quecksilber 中
水源地 Quellgebiet 中
推敲(こう)**する** feilen [an +³]
遂行する ausführen
吸い込む einsaugen; ziehen

水彩画 Aquarell 中
推察する vermuten; mutmaßen
水産業 Fischerei 囡
水産物 Fischereiprodukte 中
水死する ertrinken
炊事する kochen
水車 [小屋] Wassermühle 囡
衰弱する *sich*⁴ auszehren; geschwächt werden. 衰弱した geschwächt
水準 Niveau 中
水晶 [Berg]kristall 男
水上に auf dem Wasser
水蒸気 Wasserdampf 男
スイス die Schweiz. ¶ ～の schweizerisch. ～人 Schweizer 男
すいすい flott; zügig
水星 Merkur 男
彗星 Komet 男
推薦 Empfehlung 囡 ¶ ～する empfehlen [*j*³ *et*⁴]; vorschlagen. ◆～者 Empfehlende[r] 男囡 ～状 Empfehlungsschreiben 中 ～図書 empfohlene Bücher 中 ～入学 Schulaufnahme (Uniaufnahme) durch Empfehlung

スイセン（水仙）Narzisse 囡
水洗 ◆～トイレ Wasserklosett 中
水性の Wasserstoff 男
水槽 Wasserbehälter 男; （鑑賞魚用）Aquarium 中
吹奏する blasen [auf +³]. ◆～楽 Blasmusik 囡
膵(すい)**臓** Bauchspeicheldrüse 囡
推測 Annahme 囡; **Vermutung** 囡 ¶ ～する vermuten; schließen [von 〈aus〉 +⁴]. ～が当たった〈外れた〉Die Vermutung war richtig 〈falsch〉.
水族館 Aquarium 中
衰退 Verfall 男; Niedergang 男 ¶ ～する verfallen
水中の im Wasser; unter Wasser. ◆～写真 Unterwasserfotografie 囡
垂直な senkrecht; vertikal
吸い付ける anziehen
スイッチ Schalter 男 ¶ ～を入れる [ein]schalten. ～を切る abschalten; ausschalten
推定する vermuten
水田 Reisfeld 中
水筒 Feldflasche 囡
水道 Wasserleitung 囡 ¶ ～[の水]を出す〈止める〉den Wasserhahn aufdrehen 〈abdrehen〉. ～を引く eine Wasserleitung legen. ◆～管 Wasserleitung 囡 ～局 Wasserwerk 中 ～水 Leitungswasser 中 ～料 Wassergebühren 中 ～屋 Wasserinstallateur 男
吸い取る aufsaugen; absorbieren
水爆 Wasserstoffbombe 囡
炊飯器 elektrischer Reiskocher 男
随筆 Essay 中
水夫 Matrose 男; Seemann 男
水分 Wassergehalt 男 ¶ ～が多いsaftig. ～を除く trocknen. ～を補給する Wasser zu *sich*⁴ nehmen
ずいぶん（随分）sehr
水平な〈の〉waagerecht; horizontal. ◆～線 Horizont 男
水兵 Matrose 男

すくう

睡眠 Schlaf 男 ¶7時間の〜を取る 7 Stunden schlafen. 人の〜を妨げる j^4 im Schlaf stören. ◆〜時間 Schlafzeit 女 〜不足 Schlafmangel 男 〜薬 Schlafmittel 中 (錠剤の) Schlaftablette 女
水面 Wasserspiegel 男
水溶性の wasserlöslich
水曜日 Mittwoch 男
推理する schließen. ◆〜小説 Krimi 男; Detektivroman 男
水力 Wasserkraft 女 ◆〜タービン Wasserturbine 女 〜発電所 Wasserkraftwerk 中
スイレン(水蓮) Seerose 女
水路 Wasserstraße 女; Wasserweg 男
推論する folgern [et^4 aus $^{+3}$]; schließen [von ⟨aus⟩$^{+3}$ auf ^{4}]
吸う (液体) saugen; (気体) einatmen; (タバコ) rauchen
数回 einige Mal; mehrmals
数学 Mathematik 女
崇高な erhaben; würdig
数字 Ziffer 女; Zahl 女
数式 Formel 女
ずうずうしい frech
スーツ Anzug 男; Kostüm 中 ◆〜ケース Handkoffer 男
数人の mehrere; einige
スーパー[マーケット] Supermarkt 男
スーパースター Superstar 男
崇拝する verehren; anbeten
スープ Suppe 女
数量 Quantität 女; Menge 女
末 Ende 中
据え付ける setzen; aufstellen
末っ子 das jüngste Kind
スエットスーツ Trainingsanzug 男
据える setzen; (縦に) stellen; (横に) legen
図画 Malen 中; Zeichnung 女
スカート Rock 男 ¶ミニ〜をはく einen Minirock tragen
スカーフ Halstuch 中
図解 Illustration 女 ¶〜する illustrieren. ◆〜入りの Illustriert
頭蓋(ミミミ)骨 Schädel 男
スカイダイビング Fallschirmspringen 中
スカウトする ankaufen; abwerben
素顔 ungeschminktes Gesicht 中
透かす durchsehen
ずかずかと ohne Erlaubnis mit groben Schritten (許可なく)
すがすがしい frisch; erfrischend
姿 Gestalt 女; Figur 女 ¶〜を現す erscheinen; $sich^4$ zeigen; auftauchen. 〜を見せる $sich^4$ zeigen lassen. 〜を消す verschwinden. 〜をくらます untertauchen; $sich^4$ unsichtbar machen.
すがる $sich^4$ klammern [an $^{+4}$]; $sich^4$ stützen [an $^{+4}$]
図鑑 Bilderatlas 男
スカンク Skunk 男
好き ¶〜である gern haben; mögen; lieben. 私は彼〈中華料理〉が〜だ Ich mag ihn ⟨chinesische Küche⟩. 彼は料理が好きだ Er kocht gern. 〜な lieblings-. 〜になる $sich^4$ verlieben [in $^{+4}$]. 〜なだけ wie es j^3 passt; (量)

so viel j^1 will; (時間) so lange j^1 will. 〜なようにやる machen; wie es j^3 passt. 〜で…する tun, weil es j^3 Spaß macht. 〜こそものの上手なれ Die Liebe zur Arbeit macht sich bezahlt.
隙(ẃ) Lücke 女; Spalte 女; freier Raum 男 ¶人の〜に乗じる j^2 Schwächen ausnützen. 人の〜をうかがう auf j^2 Schwächen warten. 〜を突かれる ungeahnten Moment benutzt werden. 〜を見せない $sich^4$ keine Blöße geben. 一分の〜もない lückenlos sein; (身なり) korrekt angezogen sein
鋤(ミ) Spaten; Pflug 男
杉 japanische Zeder 女
-過ぎ ¶10分〜zehn Minuten nach... 30〜über dreißig. 6時5分〜fünf nach sechs. 働きの〜überarbeitet
スキー Ski[lauf] 男 ¶〜をする Ski fahren (laufen). 〜に行く Ski laufen gehen. ◆〜ウェア Skikleidung 女, Skianzug 男 〜靴 Skistiefel 男 〜場 Gelände 中 〜帽 Skimütze 女
スキーヤー Skifahrer 男
好き勝手 ¶〜なことをする ganz nach Belieben handeln
好き嫌い ¶〜が激しい wählerisch sein. 〜に wählerisch sein
好き好んで ¶〜したわけではない Er hat dies nicht gern getan.
過ぎ去る vergehen; vorübergehen [an $^{+3}$]; hingehen
好き好き それは〜だ Das ist [reine] Geschmackssache.
ずきずきする bohrende Schmerzen haben
スキップ hüpfen; hopsen
過ぎて ¶…を〜über $^{+4}$ hinaus
透き通った durchsichtig sein. ¶〜水 klares Wasser 中
[…に]**過ぎない** nichts anderes sein als...
隙(ẃ)間 Lücke 女; Spalt 男 ¶〜のない lückenlos; dicht. ◆〜風 Zugluft 女 ¶〜風がはいる Es zieht.
スキャンダル Skandal 男
スキューバダイビング Sporttauchen 中 ◆〜ダイバー Sporttaucher 男
過ぎる vorübergehen [an $^{+3}$]; vergehen. ¶30歳は過ぎている schon über 30 sein. 冗談が〜Das geht zu weit. 夏が過ぎた Der Sommer ist vorbei. 過ぎたるは及ばざるがごとし Ein Zuviel kann ein Zuwenig sein.
…すぎる zu... ¶甘え〜zu abhängig sein
スキンダイビング Tieftauchen 中 ◆〜ダイバー Tieftaucher 男
頭巾(ẛ) Haube 女
梳(ẛ)く kämmen
鋤(ẛ)く pflügen
直(ẛ)に [so]gleich, sofort, bald. ¶今〜gleich jetzt. そこに gleich in der Nähe. 〜隣に gleich nebenan. 〜泣く gleich weinen. その〜あとに gleich danach
救い Rettung 女; Hilfe 女; Heil 中
救う retten [j^4 aus $^{+3}$]; erlösen
掬(ẛ)う schöpfen

スクーター Motorroller 男

スクープ Exklusivbericht 男

スクール Schule 女 ◆ ～バス Schulbus 男

少ない wenig, gering, klein. ¶今年は雨が少なかった In diesem Jahr hat es wenig geregnet. 100歳を越す人も少なくない Nicht wenige werden auch über 100 Jahre alt. 少なくなる einschränken; reduzieren. 少なくなる weniger werden

少なからず ¶それを聞いて驚いたIch war nicht wenig erstaunt, als ich es hörte.

少なくとも mindestens, wenigstens, jedenfalls. ¶～2時間かかる Wir brauchen mindestens 2 Stunden.

少なめ ¶～に見積もる etwas weniger einschätzen. 平均よりやや～ etwas weniger als der Durchschnitt

すくめる ¶首を～ den Kopf ducken. 肩を～ die Achseln zucken. 身を～ zusammenfahren

スクラップ (切りぬき) Ausschnitt 男; (屑鉄) Schrott 男

スクラム Gedränge 中 ¶～を組む *sich*⁴ unterhaken

スクランブルエッグ Rührei 中

スクリーン (映画の) Leinwand 女; Bildfläche 女; (テレビの) Bildschirm 男

スクリュー Schraube 女

優れた ausgezeichnet, hervorragend, vortrefflich; (上質の) fein

優れる überlegen sein [*j*³]; *sich*⁴ auszeichnen [in *+³*, durch *+⁴*]; übertreffen [*j*⁴ in [an] *+³*]. 気分が優れない *sich*⁴ nicht wohl fühlen. 健康が優れない *J*³ geht es gesundheitlich nicht gut. 顔色が優れない schlecht aussehen

図形 Figur 女

スケート Schlittschuhlaufen 中; Eislauf 男; Schlittschuh 男 ¶～をする Schlittschuh laufen. ～靴 Schlittschuh 男 ～ボード Skateboard 中 ～リンク Eislaufbahn 女

スケール Maßstab 男 ¶～の大きな人 ein Mann von Format 中

スケジュール Programm 中; Zeitplan 男

ずけずけ言う ins Gesicht sagen [*j*³]

スケッチ Skizze 女; Zeichnung 女 ¶～する [ab]zeichnen. ◆ ～ブック Skizzenbuch 中

スコア Punktzahl 女 ◆ ～ボード Anzeigetafel 女

すごい furchtbar; schrecklich; wunderbar; toll

図工 Zeichnen und Werken

スコール Platzregen 男; Regenböe 女

少し etwas. ¶～[の] ein bisschen, ein wenig. ～しか nur ein bisschen. ～した ら kurz danach, gleich. ～ずつ Stück für Stück, nach und nach. ～でも nur ein bisschen. ～前に (時間) kurz davor; (場所) etwas nach vorne. もう～ noch ein bisschen. もう～してから etwas später. もう～で beinahe

少しも…でない gar nicht, keineswegs. ¶地震など～恐くない Ich habe gar keine Angst vor Erdbeben.

過ごす verbringen; verleben. ¶楽しい時を～ schöne Zeit verbringen. 時間を無駄に～ Zeit nutzlos verbringen. いかがお過ごしですか Wie geht es Ihnen?

スコップ Schaufel 女

健やかな gesund

すさまじい furchtbar; schrecklich

ずさんな nachlässig

鮨(行) Sushi 中

筋 (筋肉) Muskel 男; Sehne 女; (繊維) Faser 女; (話の) Handlung 女 ¶首の～を違える eine Muskelzerrung am Hals haben. 豆の～を取る Fasern von Bohnen entfernen. ～の通った konsequent. ～を通す von *seinem* Prinzip nicht abgehen. その～の専門家 Fachmann in dem Gebiet

筋書 Handlungsablauf 男 ¶～通りに wie geplant

筋金入り solide

筋違い ¶彼の主張は～だ Seine Behauptung ist verfehlt.

すし詰めの überfüllt

筋道 Logik 女 ¶～の通った logisch; konsequent. ～立てて in logischer Reihenfolge

筋向かい ¶～の家 das Haus schräg gegenüber

筋目 Falte 女; (アイロンの) Bügelfalte 女

素性 Geburt 女; Herkunft 女

頭上の über dem Kopf

すす Ruß 男

鈴 Schelle 女

すず(錫) Zinn 中

すすぐ [aus]spülen

涼しい kühl. ¶涼しげな顔をしている eine gleichgültige Miene haben

涼しさ Kühle 女; Frische 女

進む vorwärts gehen; vorrücken; fortschreiten; vorgehen. ¶進んで gern; freiwillig. 大学に～ in die Uni kommen. 決勝に～ in das Endspiel kommen. 進んだ考え fortschrittlicher Gedanke 進み出る vortreten

涼む *sich*⁴ an der Kühle erfrischen; an die frische Luft gehen

鈴虫 Glöckchenzikade 女

勧めで auf Empfehlung [von *+³*]

スズメ(雀) Sperling 男, Spatz 男 ¶～の涙ほどの winzig. ～百まで踊り忘れず Was man als Kind gelernt hat, vergisst man sein Leben lang nicht.

スズメバチ(雀蜂) Wespe 女

進める ¶計画を～ den Plan vorantreiben. 交渉を～ die Verhandlung vorantreiben. 時計を～ die Uhr vorstellen. 民主化を～ Demokratisierung fördern

勧める raten [*j*³ zu *+³*]; empfehlen [*j³ et*⁴]; vorschlagen [*j³ et*⁴]. ¶コーヒーを～ Kaffee anbieten [*j*³]. それは勧められない Das kann ich Ihnen nicht empfehlen.

スズラン(鈴蘭) Maiglöckchen 中

すすり泣く schluchzen

すする schlürfen

進んで von *sich*³ aus; spontan

ずぶとい

すそ Saum 男
スター Star 男
スタート Start 男; ～する starten; ablaufen. ◆～ライン Startlinie 女
スタイル Stil 男; Figur 女
スタジアム Stadion 中
スタジオ Studio 中, Senderaum 男;（映画の）Atelier 中
スタッフ Stab 男
スタミナ Ausdauer 女
廃れる veralten
スタンダード Standard 男; Norm 女
スタンド（観客席）Zuschauerraum 男;（電気）Stehlampe 女;（店）Stand 男. ◆～プレー Effekthascherei 女
スタンバイする einsatzbereit stehen
スタンプ Stempel 男
スチーム Dampf 男
スチール（鉄鋼）Stahl 男;（写真）Standfoto 中
スチュワーデス Stewardess 女
スチュワード Steward 男
ずつ 1 ～ずつ einer nach dem anderen. 1つ～je eins pro Person.
頭痛 Kopfschmerzen 複. ～がする Kopfschmerzen haben. ～の種となる Kopfschmerzen bereiten (j³). ◆～薬 Kopfschmerztablette 女
スツール Hocker 男; Stuhl 男
すっかり ganz
すっきり 1 ～した fein; klar. 気分が～する sich⁴ wieder frisch fühlen
ずっと（程度）viel, weit;（時間）lange;（絶え間なく）ununterbrochen;（通して）durch. 1 ～前に vor langer Zeit. 一日中～ den ganzen Tag. ～面白い viel interessanter sein
酸っぱい **sauer**. 男. ～リンゴ saurer Apfel 男. ～くなる sauer werden. 口を酸っぱくして言う immer und immer wieder sagen
すっぱ抜く aufdecken
ステーキ Steak 中
ステージ Bühne 女
すてきな herrlich; sehr schön; prima; wunderbar
捨て子 Findelkind 中; Findling 男
ステッカー Aufkleber 男
ステッキ Stock 男
ステッチ Stich 男
ステップ Schritt 男
既に **schon**; **bereits**. 1 ～述べたように wie bereits erwähnt. ～手遅れである bereits zu spät sein
捨てる **weg**wefen, weg**schmeißen**, weg**tun**;（放棄する）**aufgeben**. 希望を～ Hoffnung aufgeben. 家族を捨てた 男 die Familie sitzen lassen. まんざら捨てたものでもない auch nicht zu unterschätzen sein
ステレオ Stereo 中. ◆～装置 Stereoanlage 女
ステンドグラス Glasmalerei 女
ステンレスの rostfrei
スト［ライキ］Streik 男. 1 ～をする streiken. ～中である im Streik sein
ストーブ Ofen 男
ストーリー Handlung 女;（物語）Geschichte 女

ストッキング Strumpf 男
ストック Stock 男; Vorrat 男
ストップ ～を stoppen; anhalten. ◆～ウォッチ Stoppuhr 女
ストライプ Streifen 男
ストレートの（酒）pur
ストレス Stress 男
ストロー Strohhalm 男
ストロボ Elektronenblitz 男
砂 Sand 男. 1 ～をまく Sand streuen. ～を噛むような als ob man auf den Sand beißen würde. ～遊びをするim（mit）Sand spielen. ～煙を上げる Sand aufwirbeln. ◆～嵐 Sandsturm 男 ～肝 Muskelmagen 男 ～地 Sandboden 男 ～場 Sandkasten 男 ～浜 Sandstrand 男 ～袋 Sandsack 男 ～風呂 Sandbad 中 ～山 Sanddüne 女
素直な folgsam; gehorsam; schlicht
スナック Imbiss 男
スナップ Schnappschuss 男
すなわち nämlich; das heißt（略 d.h.）
スニーカー Turnschuh 男
すね Unterschenkel 男
すねる trotzen
頭脳 Gehirn 中; **Verstand** 男. 1 ～明晰である einen klaren Kopf haben. ～的な klug. ◆～集団 Denkteam 中 ～流出 Intelligenzflucht 女 ～労働 Kopfarbeit 女
スノーボード Snowboard 中 ◆～ボーダー Snowboarder 男 ～ボーディング Snowboardfahren 中
スパート Spurt 男 1 ～を spurten
スパイ Spion 男 ～をする spionieren
スパイク Spikes 複;（タイヤ）Spikereifen 複
スパイス Gewürz 男
スパゲッティ Spag[h]etti 複
巣箱 Nistkasten 男
すばしっこい flink
スパナ Schraubenschlüssel 男
ずば抜けた hervorragend; ausgezeichnet
素早い flink; behänd[e]; schnell
素晴らしい herrlich; wunderbar; großartig; fabelhaft; vorzüglich; fantastisch; prima; schön; toll
図版（カット）Abbildung 女;（ページ大の）Tafel 女
スピーカー Lautsprecher 男
スピーチ Ansprache 女; Rede 女
スピード **Geschwindigkeit** 女; **Schnelligkeit** 女 1 ～を出す Geschwindigkeit erhöhen. ～を上げる Geschwindigkeit steigern. ～を落とす die Geschwindigkeit herabsetzen. ～出しすぎ schnell befördern werden. ◆～アップ Geschwindigkeitserhöhung 女 ～違反 Geschwindigkeitsübertretung 女 ～ガン Geschwindigkeitsmesser 男 ～写真 Aufnahme von einer Sofortbildkamera 女 ～スケート Eisschnelllauf 男 ～制限 Tempolimit 中
スピーディーな(に) schnell, flott
図表 Diagramm 中
スフィンクス Sphinx 女
スプーン Löffel 男
図太い frech; dreist; keck

す

ずぶぬれ 894

ずぶ濡(ぬ)れ ¶～の pudelnass; durchnässt. ～になる bis auf die Haut durchnässt sein
スプリング (ばね) Feder 女
スプリンクラー Sprenger 男; (芝) Rasensprenger 男
スプレー Spray 男
スペア Ersatzteil 中
スペース Platz 男; Raum 男 ◆～シャトル Raumfähre 女
スペード Pik 中
…すべきである sollen; müssen
スペシャリスト Spezialist 男
すべすべした glatt
すべて all; sämtlich; ohne Ausnahme. ¶～の all; sämtlich; jeder
滑らす gleiten lassen. ¶足を～ ausrutschen. 口を～ ausplaudern
滑り込む schlüpfen
滑り台 Rutschbahn 女
滑りやすい rutschig; glatt
滑る gleiten; rutschen
スペル ¶～を言う buchstabieren
スポイト Pipette 女
スポーク Speiche 女
スポークスマン 〔Regierungs〕sprecher 男
スポーツ Sport 男. ¶～の sportlich. ～をする Sport treiben. ◆～ウェア Sportkleidung 女 ～カー Sportwagen 男 ～マン Sportler 男 ～マン精神 Sportgeist 男
スポーティーな sportlich
スポットライト Scheinwerfer 男
すぼめる ¶身を～ ducken. 肩を～ die Schultern einziehen. 口を～ den Mund zusammenziehen
ズボン Hose 女 ¶～をはく eine Hose anziehen. ～のポケット Hosentasche 女 ◆～下 Unterhose 女 ～吊り Hosenträger 男
スポンサー Sponsor 男; Förderer 男
スポンジ Schwamm 男
スマートな smart, schick, elegant
住まい Wohnung 女; Behausung 女
済ます erledigen. ¶…なしで～ j-et entbehren. 勘定を～ die Rechnung bezahlen. 用事を電話で～ die Angelegenheit per Anruf erledigen. 笑って～ mit Lachen eintauchen
澄ます klären; klar machen; (気取る) vornehm tun; (平気を装う) gleichgültig tun. ¶耳を～ horchen 〔auf +4〕
済ませる beenden; erledigen; fertig sein 〔mit +3〕. ¶食事を～ fertig essen
スマッシュ Schmetterball 男; Smash 男
すまない Entschuldigung! ¶(有難う) Danke! ¶～ことをした Das tut mir Leid!
隅 Winkel 男; Ecke 女 ¶～から～まで bis in alle Ecken und Enden. ～々に in allen Ecken. ～々まで bis in die Ecke. 彼も～に置けない Er ist schlauer, als man denkt.
炭 Holzkohle 女
墨 Tusche 女
澄みきった kristallklar
住み慣れる sich⁴ einleben 〔in 〈an〉 +3〕
すみません Entschuldigung! ¶Verzeihung! ¶どうも～ Entschuldigen Sie bitte! ～が Entschuldigung, ...
速やかに sofort; schnell; rasch
スミレ (菫) Veilchen 中
住む 〔be〕wohnen. ¶彼はこの家に住んでいる Er wohnt in diesem Haus. この国は住みにくい In diesem Land lässt sich schwer wohnen. 長年の勤務地に第二の故郷を見つける eine zweite Heimat am langjährigen Wohnort finden
済む fertig werden; enden; erledigt werden. ¶…なしで～ ohne +4 auskommen; entbehren können. 君の気の～ まで good du zufrieden bist. 金で～ 問題 Das Problem ist mit Geld zu lösen. 済んだことは仕方がない Geschehen ist geschehen.
澄む klar werden
スムーズ(に) glatt; zügig
相撲 Sumo 中
スモッグ Smog 男
スモモ Pflaume 女
すやすや ¶～眠る ruhig schlafen
スライス Schnitte 女; Scheibe 女
スライド Diapositiv 中; Dia 中
ずらす 〔ver〕schieben; rücken
すらすら(と) fließend; leicht
スラックス Hose 女
スラム Slum 男
すらり ¶～とした schlank
スランプ außer 〈nicht〉 in Form sein
スリ Taschendieb 男
すり替える vertauschen
すりガラス Mattglas 中
すり切れる sich⁴ abreiben; sich⁴ abschaben
摺り込む ein(reiben; einschmieren
スリッパ Pantoffel 男
スリップ (下着) Unterkleid 中; Unterrock 男 ¶～する rutschen
すりつぶす zerreiben; zermahlen
すり鉢 Mörser 男
擦り剥(む)く sich³ abschürfen
スリラー Thriller 男
スリル ¶～のある aufregend; spannend; packend
する tun; machen; spielen. ¶してみる versuchen. 実行う～ ausführen. ～こと為すこと alles, was j¹ tut. ～ことがない nichts zu tun haben. ～すれば～ほど… je..., desto...
刷る drucken
擦る reiben
ずるずる (怠ける) vernachlässigen; (ごまかす) mogeln; (さぼる) schwänzen
ずるい schlau; unehrlich
ずるしい listig; schlau
する気 ¶～にさせる bewegen 〔j⁴ zu +3 (+ zu 不定詞句)〕
するすると leicht; glatt
すると dann; darauf; da; also
鋭い scharf. ¶～目つきをする ein scharfes Blick haben. ～質問 eine scharfsichtige Frage. ¶鋭く scharf
鋭さ Schärfe 女
ずる休みをする die Schule schwänzen
すれすれに dicht; gerade noch; eben
すれ違う vorbei(gehen 〔an +3〕; (車など

が）aneinander vorbei|fahren;（話が）vorbei|reden
ずれる (物が) *sich⁴* verschieben;（事柄が）ab|weichen [von⁺³]
スローガン Schlagwort 中
スロープ Abhang 男
スローモーション Zeitlupe 女
座っている sitzen
座る *sich⁴* setzen; Platz nehmen. ¶座ったままで im Sitzen. 机に向かって ~ *sich⁴* an den Tisch setzen. ~所がない keinen Sitzplatz haben. 座らせる setzen
ずんぐり した untersetzt
寸前 ¶~に gerade [dicht] vor⁺³
澄んだ klar
すんなり schlank; glatt
寸法 Maß 中; Größe 女

せ

背 Rücken 男. ¶~の高い groß. ~の低い klein. ~の高さが161センチだ 161 cm groß sein. いすの~ Stuhllehne 女. 山の~ Bergrücken 男. 人に~を向けて座る *j³* den Rücken gekehrt sitzen. ~は大体同じ~格好だ Sie sind ungefähr in gleicher Größe. ~に腹は替えられぬ Not kennt kein Gebot.
背(比) ¶~の順に並ぶ *sich⁴* nach der Größe anstellen. ~比べをする *sich⁴* aneinander messen
性 Geschlecht 中; Sex 男; Natur 女. ¶~の geschlechtlich; sexuell. ◆~差別 Sexismus 男
精 Geist 男 ¶~を出して fleißig
姓 Familienname 男; Nachname 男
せい ¶…の~で wegen⁺², (原因) infolge⁺². 人の~にする auf⁺⁴ ab|wälzen, *j³* Schuld geben. それは私の~ではない Das ist nicht meine Schuld. 気の~だ Das ist reine Fantasie.
-製 (生産国) in⁺³ gemacht; (材料) aus⁺³
税 Steuer 女; Zoll 男 ¶~を課すbe|steuern. ~を取り立てる Steuer ein|nehmen. ~込みで einschließlich Steuer, Steuer inbegriffen. 年収は~込みで700万円です Mein Jahreseinkommen ist 7 Millionen Yen inklusive Steuern. ◆~額 Steuerbetrag 男. ~源 Steuerquellen 複. ~引所得 Einkommen nach Steuerabzug 中. ~法 Steuergesetz 中. ~率 Steuersatz 男
誠意 Aufrichtigkeit 女; Herzlichkeit 女. ¶~のある aufrichtig
精一杯 nach besten Kräften
成員 Mitglied 中; Angehörige[r] 男
精液 Samen 男
声援 Aufmunterung 女; Beifall 男. ¶~を an|feuern, ermuntern
西欧 Westen 男; Abendland 中
成果 Erfolg 男; Ergebnis 中
生家 Geburtshaus 中
聖火 das olympische Feuer
聖歌 Kirchenlied 中
正解 richtige Lösung ⟨Antwort⟩

¶~です Richtig geantwortet!
政界 die politische Welt; Politik 女
性格 Charakter 男. ¶~的な尓協 Charakter haben 彼と~が合わない Ich komme mit ihm nicht zurecht. ~の不一致による離婚 Scheidung wegen charakterlicher Unstimmigkeiten 複. ◆~俳優 Charakterschauspieler 男
正確 genau; exakt; richtig. ¶~に言うと genau gesagt
声楽 Vokalmusik 女
生活 Leben 中. ¶~する leben. ~が苦しい knappes Leben führen. ~に困る *sich⁴* durchs Leben schlagen. ◆~水準 Lebensstandard 男. ~費 Lebensunterhalt 男
静観 *sich⁴* abwartend verhalten; *sich³* mit an|sehen
精悍(な) kühn; verwegen
請願 Gesuch 中; Petition 女
税関 Zoll 男; Zollamt 中. ¶~で調べられる beim Zoll kontrolliert werden. ~を通る durch den Zoll gehen. ◆~申告書 Zollerklärungsformular 中. ~手続 Zollformalitäten 複
世紀 Jahrhundert 中
生気 Frische 女; Vitalität 女. ¶~のある lebhaft; lebendig; frisch. ~のない leblos; tot
正規 ordentlich; ordnungsgemäß
正義 Gerechtigkeit 女. ¶~の gerecht
性急な hastig; ungeduldig
請求する verlangen, fordern [von⁺³]. ¶~通りに支払う wie nach der Forderung bezahlen. ◆~額 die geforderte Summe. ~権 Anspruch 男 [auf⁺⁴]. ~者 Forderer 男. ~書 Rechnung 女
制御 Kontrolle 女. ¶~する kontrollieren
生業 Gewerbe 中; Erwerb 男
税金 Steuer 女; Zoll 男 ¶~を納める Steuer zahlen. ~をかける besteuern. ~を滞納している mit der Steuerzahlung in Verzug sein. ~のかからない steuerfrei. ~の払い戻しを受ける Steuer zurückbezahlt bekommen
生計 Lebensunterhalt 男; Haushalt 男
整形 ◆~外科 Orthopädie 女. ~外科医 Orthopäde 男
西経 westliche Länge 女
清潔な sauber; rein; hygienisch. ¶~にする säubern, sauber machen
政権 Regierung 女. ¶~の座につく Regierung an|treten. ~を握る an die Regierung kommen, die Macht ergreifen. ~を失う die Macht verlieren. 新~を樹立する eine neue Regierung bilden. ~に復帰する wieder an die Regierung kommen. ~争い Machtkampf 男. ~交替 Regierungswechsel 男. ~政党 Regierungspartei 女
生検 (組織の) Biopsie 女
制限 Beschränkung 女. ¶~する be|schränken [et⁴ auf⁺⁴]; ein|schränken (*j⁴* in⁺³). ~を加える Schranken setzen (et⁺³). 無~に ohne Einschränkung. ◆~時間 die begrenzte Zeit. ~速度 Geschwindigkeitsbegrenzung 女

せいこう

成功 Erfolg 男 ¶～した erfolgreich. ～する (事が主語) gelingen (j³); (人が主語) Erfolg haben [mit⁺³]; einen Erfolg erzielen [mit⁺³]. ～をお祈りします Ich wünsche Ihnen viel Glück! ◆～者 in Erfolgreiche(r) 男女 ～談 Erfolgsgeschichte 女 ～報酬 Erfolgsprämie 女 ～大=ein großer Erfolg

精巧な fein; präzis; kunstvoll

性差 geschlechtsunterschiedlich

星座 Sternbild 中

制裁 Bestrafung 女 ¶～する bestrafen

政策 Politik 女 ¶経済を立てる Wirtschaftspolitik erstellen. ～を実行する eine Politik durchführen. ～協定を結ぶ ein politisches Abkommen schließen. ◆～協調 politische Zusammenarbeit 女 ～金融 politische Finanzierung 女 ～金利 Leitzins 男 ～決定機関 Entscheidungsorganisation für die politische Richtlinien 女 ～決定者 Entscheidungsträger für die politische Richtlinien 男 ～減税 politische Steuersenkung 女 ～綱領 das politische Programm. ～不況 politische Depression 女

製作 Herstellung 女; **Produktion** 女 ¶～する herstellen; produzieren. ◆～物 Arbeit 女; Werk 中

生産 Herstellung 女; **Produktion** 女; **Erzeugung** 女 ¶～する herstellen; produzieren; erzeugen. ～的な produktiv. ～性の向上に努める sich⁴ um die Verbesserung der Produktivität bemühen ◆～品 Produkt 中; Produktion 女 ～物 Erzeugnis 中; Produkt 中

清算 Ausgleich 男 ¶～する ausgleichen. ◆～所 Nachloseschalter 男

生死 ¶～の境をさまよう zwischen Leben und Tod schweben

制しる aufhalten

静止する stillstehen

政治 Politik 女 ¶～[上]の politisch. ～的決着がつく Es wird eine politische Entscheidung getroffen. ～に携わる politisch tätig sein. ◆～家 Politiker 男 ～学 Staatskunst 女 ～学 Politologie 女 ～献金 Spenden 中 ～団体 politische Körperschaft 女 ～的手腕 politisches Geschick 中

正式 ¶～の förmlich; ordentlich; formell; offiziell. ～に offiziell. ～な性質 offizielle Eigenschaft 女 ～な手続きを踏む offizielles Verfahren anwenden. ～に訪問する offiziell besuchen

性質 Eigenschaft 女; **Natur** 女

誠実さ Ehrlichkeit 女 ¶～な ehrlich; aufrichtig; treu. ～でない unehrlich. ～さに欠ける an Ehrlichkeit fehlen

聖者 Heilige(r) 男女

静寂 Stille 女

税収 Steuereinnahmen 複

静粛 ¶～に!Ruhe, bitte!

成熟 Reife 女

青春 Jugend 女 ◆～期 Jugend 女

清書する ins Reine schreiben

聖書 Bibel 女

斉唱 im Chor singen

正常 ¶～な(に) normal; regelmäßig.

～化する normalisieren

星条旗 Sternenbanner 中

青少年 Jugendliche(r) 男女; **Jugend** 女 ◆～の jugendlich

生殖 Fortpflanzung 女; **Zeugung** 女

聖職者 ein Geistlicher 男; **Priester** 男

精神 Geist 男; **Seele** 女 ¶～の geistig. ～的な psychisch; geistig. ～に異常がある psychisch nicht in Ordnung sein. ～を集中する sich⁴ konzentrieren [auf⁺¹]. ◆～安定剤 Beruhigungsmittel 中 ～の科学 Geisteswissenschaften 複 ～分析 Psychoanalyse 女 ～力 emotionale Stärke 女; Konzentration 女 **一到何事か成らざらん** Wo ein Wille ist, da ist auch ein Weg.

成人 Erwachsene(r) 男女 ¶～する erwachsen werden. ◆～映画 Film für Erwachsene 男 ～式 das Fest der Mündigkeitserklärung. ～病 eine Erwachsenenkrankheit 女

聖人 Heilige(r) 男女

製図 Zeichnung 女

制する beherrschen

せいぜい höchstens; bestenfalls

税制 Steuerwesen 中 ◆～改革 Steuerreform 女

正々堂々と fair; offen und ehrlich

成績 Leistung 女; **Zeugnis** 中; **Zensur** 女; **Note** 女 ¶～がいい(悪い) Die Noten sind gut (schlecht). よい～を取る gute Noten bekommen. ◆～証明書 Leistungsnachweis 男 ～表 Zeugnis 中

精選する auslesen; auswählen

生鮮食料品 frische Lebensmittel 複

清潔(さ)な sauber und nett; ordentlich

正装 Galaanzug 男 ¶～する Galaanzug anziehen (tragen)

清掃 ¶～する reinigen; sauber machen; putzen. ◆～車 Müllwagen 男

製造 ¶～する herstellen; produzieren; fabrizieren. ◆～業者 die verarbeitende Gewerbe

生存 Existenz 女; **Dasein** 中 ¶～する existieren; da sein; leben; überleben. ◆～競争 Existenzkampf 男; (生物) Kampf ums Dasein 男 ～権 Existenzberechtigung 女 ～者 Überlebende(r) 男女 ～率 5年～率 Überlebensquote von 5 Jahren

生態学 Ökologie 女 ◆～系 Ökosystem 中

盛大な herrlich; großartig

ぜいたく Luxus 男 ¶～な luxuriös; verschwenderisch. ～な生活を送る(に暮らす) ein luxuriöses Leben führen. ～をする Luxus treiben [mit⁺³]. ◆～品 Luxusartikel 男

精確(緻)な fein; genau; präzis

成長 Wachstum 中 ¶～した gewachsen; groß geworden; erwachsen. ～する wachsen; aufwachsen; sich⁴ entwickeln. 急～を遂げる rasch aufwachsen. ◆～率 Wachstumsrate 女

精通 ¶～している bewandert; kundig; vertraut sein

制定する erlassen, geben

静的な statisch

製鉄所 Eisenhüttenwerk

晴天 ein heiterer Himmel 男

青天 ¶～の霹靂 wie ein Blitz aus heiterem Himmel kommen

生徒 Schüler

制度 Einrichtung 女; Institution 女; System 女; Wesen 中 ¶～を設ける ein System einführen. 現行の～は unter dem bestehenden ⟨gegenwärtigen⟩ System. ～化する institutionalisieren

正当な ⟨ge⟩recht; legitim. ～化する rechtfertigen. ～な手段で auf gerechte Weise. ～な理由もなく ohne berechtigten Grund. ♦～防衛 Notwehr 女

政党 ⟨politische⟩ Partei 女 ♦～助成金 Parteizuschuss 男

正統 Legitimität 女. ¶～派 anerkannte Schule 女

青銅 Bronze 女; Erz 中

聖堂 Dom 男

精読する aufmerksam lesen

整頓(ミミ)**する** ordnen; in Ordnung bringen; aufräumen

聖なる heilig

西南 Südwesten

青年 Jüngling 男 ♦～時代 Jugend [zeit] 女

成年 Mündigkeit 女. ¶～の mündig

生年月日 Geburtsdatum 中

性能 Leistung 女. ¶～のよい leistungsfähig

製パン所 Bäckerei 女

正反対 Gegenteil 中. ¶～の entgegengesetzt

整備 Wartungsdienst 男; technische Kontrolle 女; (車) Inspektion 女 ¶～する warten; Inspektion durchführen. グラウンドを～する den Sportplatz in Ordnung bringen. 車を～する ein Auto technisch überprüfen. ♦～工場 Autowerkstatt 女

正比例 ¶～する im direkten Verhältnis stehen [zu $^{+3}$]

製品 Produkt 中 ¶～化する als Produkt erzeugen. ♦～開発 Produktentwicklung 女 ～計画 Produktplanung 女 ～市場 Gütermarkt 男 ～寿命 Produktlebenszyklus 男 新～ ein neues Produkt. 半～ Halbfabrikat 中; halbfertiges Produkt

政府 Regierung 女

征服 Eroberung 女 ¶～する besiegen; erobern

制服 Uniform 女

生物 Lebewesen 中 ♦～学 Biologie 女 ～学者 Biologe 男; (女性) Biologin 女 ～化学 Biochemie 女 ～化学的酸素要求量 biologischer Sauerbedarf 男 ～工学 Biotechnik 女

静物 Stillleben 中 ♦～画 Stillleben 中

セイフティーネット Sicherheitsnetz 中

成分 Bestandteil 男; Gehalt 男

製粉機⟨**所**⟩ Mühle 女

聖母 die Heilige Mutter Gottes

歳暮 das Geschenk zum Jahresende

西方 Westen 男

声望 Ansehen 中; Ruhm 男

制帽 (学校) Schülermütze 女; (職務)
Dienstmütze 女

正方形 Quadrat 中

西北 Nordwesten

精密な genau; fein; exakt. ♦～機械 Präzisionsmaschine 女 ～検査 eine genaue Untersuchung

税務署 Finanzamt 中 ♦～長 Finanzamtsdirektor 男

生命 Leben 中 ¶～にかかわる auf Leben und Tod. ♦～維持装置 Life-Support-System 中 ～工学 Biotechnologie 女 ～線 Lebensader 女 ～保険 Lebensversicherung 女 ～力 Vitalkraft 女 ～倫理 Bioethik 女

姓名 Name 男; der Vor- und Zuname

声明 Erklärung 女 ¶～する erklären

正門 Haupttor 中

制約 Beschränkung 女, Einschränkung 女; (条件) Bedingung 女

誓約 Schwur 男; Eid 男 ¶～する schwören

声優 Synchronsprecher 男

西洋 Westen 男; Abendland 中 ¶～の europäisch; abendländisch

静養 Erholung 女 ¶～する *sich*^{4} erholen

生来 von Natur. ¶～の angeboren

整理 ¶～する ordnen; regeln; abbauen; aufräumen; in Ordnung bringen. 交通～を する den Verkehr regeln. 書類を～する Akten in Ordnung bringen. 人員を～する Personal abbauen. 本を～する Bücher aufräumen. ♦～会社 Liquidationsgesellschaft 女 ～券 Nummernkarte 女 ～だんす Kommode 女 ～番号 Aktenzeichen 中

生理 die Lebensvorgänge im Organismus; (月経) Menstruation 女, Periode 女 ♦～学 Physiologie 女

税理士 Steuerberater 男

成立する zu Stande ⟨zustande⟩ kommen; entstehen. ¶法案を～させる das Gesetz verabschieden. 予算が～した Der Haushalt wurde verabschiedet.

税率 Steuersatz 男

清涼飲料 Erfrischung 女; alkoholfreies Getränk

勢力 Macht 女; Einfluss 男 ¶～のある einflussreich. ～を振るう⟨伸ばす⟩ Einfluss ausüben ⟨erweitern⟩. ♦～争いをする im Streit um die Macht ⟨争いをする um die Macht streiten. ～均衡 politisches Gleichgewicht der Kräfte 中 ～範囲 Machtbereich 男; Einflusssphäre 女

精力 Energie 女; Tatkraft 女 ¶～的な energisch

聖霊降臨祭 Pfingsten ⟨中⟩

西暦 die christliche Zeitrechnung; Anno Domini (® A.D.)

整列する *sich*^{4} ordnen; antreten

セーター Pullover 男; Pulli 男

セーラー服 Matrosenanzug 男

セール Ausverkauf 男

セールスポイント 〔j^2〕Stärke 女 ♦～マン [Außendienst]vertreter 男

背負う auf dem Rücken tragen ⟨nehmen⟩

背泳ぎ Rückenschwimmen 回
世界 Welt 囡; Erde 囡 ¶ ～的な global; international. ～的に有名な weltbekannt. ～中に auf der ganzen Welt. 全～の〈で〉 weltweit. 自分の～に閉じ込もる *sich*[4] in die eigene Welt zurückziehen
席 Platz 男; Sitz 男 ¶ ～につく Platz nehmen; *sich*[4] setzen. ～を譲る Platz machen (j³); den Platz anbieten (j³). ～を立つ *seinen* Sitz verlassen; vom *seinen* Platz aufstehen, *sich*[4] erheben. ～を離れる〈外す〉den Platz verlassen. ～を取っておく einen Platz reservieren. ～を設ける eine Versammlung〈Feier〉arrangieren. ～を予約する Plätze〈einen Tisch〉reservieren. ～の暖まる暇がない immer unterwegs sein. ‒ 上下 bei der Sitzung
咳(#) Husten 男 ¶ ～をする husten
堰(#) Wehr 回
石英 Quarz 男
赤外線 infrarote Strahlen 掤
石材 Stein 男
赤十字 das Rote Kreuz
席順 Sitzordnung 囡
脊(#)髄 Rückenmark 回
石造の steinern; aus Stein
石炭 [Stein]kohle 囡
脊(#)柱 Wirbelsäule 囡
脊(#)椎 Wirbel 男
赤道 Äquator 男
責任 Verantwortung 囡; Schuld 囡 ¶ ～について…がある verantwortlich sein. ～のある schuld[ig]; verantwortlich. ～のある地位 ein verantwortungsvoller Posten ¶ ～を持つ〈負う〉die Verantwortung tragen [für⁺⁴]. ～を回避する Verantwortung vermeiden. ～を転嫁する Verantwortung auf andere abwälzen. ～を取る Verantwortung auf *sich*[4] nehmen. ～を果たす *seiner* Verantwortung gerecht werden. 遅れたのは私の～ではないな Ich bin nicht verantwortlich für die Verspätung. 私の～において auf meine Verantwortung [hin]. ～感が強い〈ない〉ein [kein] starkes Verantwortungsgefühl haben. ‒ ～者 Verantwortliche[r] 男
咳(#)払い ¶ ～をする *sich*[4] räuspern
石碑 Gedenkstein 男
積分 Integral 回
赤面する [vor Scham über⁺⁴] erröten; *sich*[4] schämen (j-e²; wegen⁺³; für⁺⁴)
石油 Erdöl 回; Petroleum 回
赤痢 Ruhr 囡; Dysenterie 囡
セクシーな sexy; sinnlich
セクト Sekte 囡
世間 Welt 囡; Leute 榎 ¶ ～は広い〈狭い〉Die Welt ist groß〈klein〉. ～の目に〈体に〉気にする auf dem Ansehen aufpassen. ～を騒がす Aufsehen erregen. 彼女は～知らずだ Sie ist weltfremd. ～離れした weltfremd. ～体を繕う *sein* Ansehen aufpolieren. ‒ ～話 Gerede 回; Geschwätz 回
セコイア Sequoia 囡, Sequoie 囡

…せざるをえない gezwungen sein [＋zu 不定詞句]
世辞 Schmeichelei 囡; Kompliment 回 ¶ ～を言う schmeicheln (j³)
ゼスチャー Geste 囡; Gebärde 囡
是正する berichtigen
世俗の weltlich
世代 Generation 囡 ¶ ～の断絶 Generationskonflikt 男 ‒ ～交代 Generationswechsel 男
節 Abschnitt 男; Stelle 囡 ¶ その～は、ある一時期 bei jener Zeit; bei jener Gelegenheit
説(意見) Meinung 囡; (学説) Theorie 囡; (噂) Gerücht 回
絶縁体 Isolator 男
石灰 Kalk 男 ‒ ～岩 Kalkstein 男
切開する aufschneiden
せっかくの günstig; kostbar. ～の苦労が水の泡になった Die Mühe ist umsonst geworden. ～ですが…aber…
せっかちな ungeduldig; hastig
接岸する anlegen
石器時代 Steinzeit 囡
説教 Predigt 囡 ¶ ～する predigen
絶叫する Kreischen, laut aufschreien
積極 ¶ ～的な〈に〉aktiv; positiv. ～的な外交 aktive Diplomatie 囡; ～的な態度 eine positive Haltung 囡; ～的安楽死 aktive Sterbehilfe 囡 ‒ ～財政 aktive Finanzen 榎; ～策 aktive Maßnahmen 榎; eine aktive Politik 囡; ～予算 aktiver Haushalt 男
接近する *sich*[4] nähern (j-e²)
設計 Plan 男; Entwurf 男 ‒ ～図 Entwurf 男
せっけん Seife 囡 ¶ ～で洗う mit einer Seife waschen. ‒ ～入れ Seifenbehälter 男; ～水 Seifenwasser 回
ゼッケン Startnummer 囡
石膏(#) Gips 男
絶交する brechen [mit⁺³]
絶好の äußerst; günstig
絶賛する über alles loben; rühmen [an⁺³ *et*⁴]
摂氏 Celsius
摂取する einnehmen
接種 Impfung 囡 ¶ ～する einimpfen
折衝する verhandeln [mit⁺³ über⁺⁴]
接触 Berührung 囡; Kontakt 男 ¶ ～する〈物と〉berühren; 〈人と〉Kontakt aufnehmen [mit⁺³]. ～を断つ Kontakt abbrechen〈verlieren〉. ‒ ～感染 Kontaktinfektion 囡; ～事故 Streifunfall 男
接する grenzen [an⁺⁴]; empfangen; aufnehmen. ¶ …に接して an⁺³
節制 Mäßigkeit 囡; Enthaltsamkeit 囡 ¶ ～する *sich*[4] mäßigen [in⁺³]
せっせと fleißig; emsig
接続 Anschluss 男; Verbindung 囡 ¶ ～する anschließen; verbinden
接続詞 Konjunktion 囡
接待 Empfang 男 ¶ ～する bewirten (j⁴ mit⁺³)
絶対 ¶ ～[に] absolut; unbedingt. ～に…ない absolut nicht. ～の〈的な〉absolut. それは～に不可能だ Das ist absolut

unmöglich. その計画には~反対である Dem Plan ist man strikt dagegen. ~いやだ Ich lehne es strikt ab.

絶体絶命 ¶~である hoffnungslos sein; in der Klemme sein

切断する abschneiden;〔医〕amputieren

接着剤 Klebstoff 男

折衷〈案〉Kompromiss 男

絶頂 Höhepunkt 男; Gipfel 男

設定する ansetzen

セット Satz 男 ¶~する einstellen [*et⁴ auf*⁺⁴]

節度 Maß 中

窃盗 Diebstahl 男 ♦~犯人 Dieb 男

説得 Überredung 囡 ¶~する überreden [*j⁴ zu*⁺³]. ~力のある überzeugend

切に ¶~願う freundlichst bitten

切迫した dringend; bevorstehend.

絶版の vergriffen

設備 Einrichtung 囡; Anlage 囡 ¶~する einrichten; anlegen. ♦~投資 Ausrüstungsinvestition 囡

節分 Vorfrühlingsbeginn 男

接吻(ﾌﾟﾝ) Kuss 男

絶壁 Steilwand 囡;(海岸の) Kliff 中

絶望 Verzweiflung 囡 ¶~する verzweifeln [*an*⁺³]. ~して verzweifelt; ~的な hoffnungslos; verzweifelt; trostlos. ~のあまり aus Verzweiflung

説明 Erklärung 囡 ¶~する erklären; erläutern; darlegen. おっしゃる事を~していただけませんか Können Sie mir erklären, was Sie damit meinen? ~できない nicht erklären können. 詳しい~ eine genaue Erklärung ♦~会 Informationsversammlung 囡;~書 Beschreibung 囡; Prospekt 男; Gebrauchsanweisung 囡

絶滅 ¶~する aussterben. ~させる vernichten; ausrotten. ~した ausgestorben. ♦~危惧種 eine vom Aussterben bedrohte Art

節約 Sparsamkeit 囡 ¶~する sparen; Ausgaben einschränken; Kosten sparen. ~の(になる) sparsam. 経費を~する Kosten dämpfen

設立 Gründung 囡 ¶~する gründen; stiften

瀬戸物 Porzellan 中; Keramik 囡

背中 Rücken 男 ¶~合わせに Rücken an Rücken. ~を向ける den Rücken wenden〈kehren〉[*j-et*³]. ~を丸める einen Buckel machen

背伸びする *sich⁴* strecken

ぜひ doch; unbedingt; sicher

セピア色の sepia (不変化)

背広 Anzug 男

背骨 Rückgrat 中

狭い eng; schmal. ¶世の中は~ Die Welt ist klein. 狭くなる enger 〈schmaler〉werden. 狭き門 ein schmales Tor

迫る dringen [*in*⁺⁴]; **drängen** [*j⁴ zu*⁺³; *auf*⁺¹]; **zwingen** [*j⁴ zu*⁺³]. ¶必要に迫られて notgedrungen. 時間が~ Der Zeitpunkt rückt näher. 試験が~ Die Prüfung steht kurz bevor.

セミ(蟬) Zikade 囡

セミコロン Semikolon 中

セミナー，ゼミナール Seminar 中

セミプロ Halbprofi 男

責め ¶~を負う die Schuld auf *sich⁴* nehmen. ~を果たす die Pflicht erfüllen

攻め入る einfallen, eindringen [*in*⁺⁴]

責めさいなむ foltern; martern ¶良心に責めさいなまれる Gewissensbisse haben

責め立てる ¶ミスを~ den Fehler heftig vorwerfen [*j³*]. 借金取りに責め立てられる von den Gläubigern verfolgt werden

せめて wenigstens; mindestens

責める tadeln [*j⁴ wegen*⁺²]; vorwerfen [*j³ et*⁴]. ¶人の不注意を~ *j³ seine* Unaufmerksamkeit vorwerfen. 金を払えと責められる Man wird gedrängt, seine Schulden zu begleichen.

攻める angreifen

セメント Zement 男

セラミック Keramik 囡

競り Versteigerung 囡; Auktion 囡

競り合う wetteifern [*mit*⁺³ *um*⁺⁴]

ゼリー Gelee 中

せりふ〔Rollen〕text 男

セルフサービス Selbstbedienung 囡 ¶~の店 Selbstbedienungsladen 男

セルフタイマー Selbstauslöser 男

セルロイド Zelluloid 中

セレナーデ Serenade 囡

ゼロ Null 囡

セロテープ Tesafilm 男; Klebestreifen 男

セロハン Cellophan 中

セロリ Sellerie 囡

世論 öffentliche Meinung 囡 ♦~調査 Meinungsumfrage 囡

世話 Fürsorge 囡; **Pflege** 囡 ¶~をする pflegen, *j⁴* besorgen; *j-et⁴* betreuen; *j³* helfen; für⁺⁴ sorgen; *sich⁴* um⁺⁴ kümmern. ~の焼ける lästig. ~の焼ける子 ein Kind, das viele Mühe bereitet. ~好きな hilfsbereit; einsatzbereit. 就職を~する eine Stellung vermitteln [*j³*]. 叔父の~になっている vom Onkel unterstützt werden. 余計なお~だ Das geht dich nichts an! お~になりました Sie haben mir viel geholfen.

♦~女房 eine liebevoll kümmernde Frau 囡;~役 Organisator 男

せわしい sehr beschäftigt sein

千 tausend

線 Linie 囡, Strich 男;（電線）Draht 男 ¶~の入った mit Linien; liniert. ~をいく auf der richtigen Spur sein. 別の~を打ち出す einen anderen Weg vorschlagen. 2番~ Gleis zwei

栓 Pfropfen 男; Hahn 男; Kork[en] 男; Krone 囡 ♦~抜き Flaschenöffner 男; Korkenzieher 男

腺 Drüse 囡

善 Gute 中

全 ganz; all; gesamt; sämtlich

前 ehemalig; früher; vorig

繊維 Faser 囡 ♦~製品 Textilwaren 複

善意 Güte 囡

せんいん

- **船員** Seemann 男; Matrose 男
- **全員** alle. ¶ ～一致で einstimmig
- **先鋭** 形 spitz; scharf; verschärft
- **前衛** Avantgarde 女; (バレーボール) Netzspieler 男
- **僭越** な anmaßend; überheblich
- **線画** Zeichnung 女. ¶ ～を描く zeichnen; skizzieren
- **前科** Vorstrafe 女. ¶ ～のある vorbestraft
- **旋回** する [um]kreisen
- **前回** voriges ⟨letztes⟩ Mal
- **全快** する vollkommen genesen
- **戦艦** Schlachtschiff 中
- **前期** die erste Hälfte; (大学) Sommersemester 中
- **選挙** Wahl 女. ¶ ～する wählen [j^4 zu $^{+3}$]. ～に出る zur Wahl kandidieren. ～に勝つ⟨負ける⟩ die Wahl gewinnen ⟨verlieren⟩. ～を行う eine Wahl durchführen. ◆～違反 Wahlvergehen 中 ～運動 Wahlkampf 男 ～権 Wahlrecht 中 ～戦 Wahlkampf 男 ～人 Wähler 男
- **占拠** する besetzen
- **宣教師** Missionar 男
- **先駆者** Vorläufer 男; Bahnbrecher 男; Pionier 男
- **前景** Vordergrund 男
- **先月** Vormonat 男. ¶ ～[に] im vorigen Monat
- **先見** ～の明 Weitblick 男
- **宣言** Erklärung 女; Manifest 中 ～する [öffentlich] erklären
- **全権** Vollmacht 女. ¶ ～を委任する ermächtigen [j^4 zu $^{+3}$]
- **戦後** nach dem Krieg. ¶ ～の時代 Nachkriegszeit 女
- **前後** して hintereinander. ～に vorn und hinten. ～左右を見回す *sich*^{4} in allen Richtungen umsehen. ～の見境もなく blindlings. ～不覚に眠るwie ein Toter schlafen. 50歳～ um die fünfzig sein. ◆～関係 Kontext 男; Zusammenhang 男
- **選考** ¶ ～する [aus]wählen. ～に漏れる nicht in die Auswahl kommen. ◆～委員 Mitglied des Auswahlkomitees 中 ～委員会 Auswahlkomitee 中 ～基準 Auswahlrichtlinien 複
- **専攻** [科目] Hauptfach 中 ¶ ～する studieren
- **先行** して voraus
- **閃(セン)光** Blitz 男
- **線香** Räucherkerze 女; Weihrauchstäbchen 中
- **全校** die ganze Schule
- **宣告** ein Urteil fällen [über $^{+4}$]. 人に死刑を～する j^4 zum Tod verurteilen. 人に無罪を～する j^4 freisprechen
- **全国** ¶ ～に im ganzen Land; landesweit. ～的な landesweit. ◆～中継 landesweite Übertragung 女
- **センサー** Sensor 男
- **繊細な** zart; fein; feinfühlig
- **戦災** Kriegsschaden 男
- **洗剤** Waschmittel 中
- **潜在** ¶ ～的な verborgen; latent. ◆～意識 Unterbewusstsein 中 ～失業 potenzielle Arbeitslosenziffer 女 ～需要 potenzieller Bedarf 男 ～的利益 Gewinnpotenzial 中 ～能力 Potenzial 中
- **前菜** Vorspeise 女
- **戦死** する [im Krieg] fallen
- **先史** Vorgeschichte 女
- **船室** Kabine 女; Kajüte 女
- **先日** neulich; vor kurzem. ¶ ～来 kürzlich erst
- **前日** ¶ ～の am vorhergehenden Tag, am Tag vorher
- **戦車** Panzer 男
- **前者** der ⟨die, das⟩ erstere. ¶ ～の erster
- **選手** Spieler 男. ◆～権 Meisterschaft 女 ～権大会 Meisterschaftskämpfe 複 ¶ 宣誓 Eidspruch am Beginn des Wettbewerbs 男 ～団 Mannschaft 女 ～村 olympisches Dorf 中
- **先週** letzte Woche 女. ¶ 先々週 vorletzte Woche 女 ～の金曜日 [am] letzten Freitag
- **全集** sämtliche Werke 複
- **先住民** Eingeborene[r] 男 女
- **戦術** Taktik 女. ¶ ～上の taktisch. ～の taktisch. ◆～家 Taktiker 男
- **洗浄** する [aus]spülen
- **戦場** Schlachtfeld 中
- **全勝** する einen vollständigen Sieg gewinnen
- **全焼** する abbrennen
- **扇情的な** aufreizend; verführerisch
- **染色** Färbung 女
- **前進** Vorwärtsbewegung 女. ¶ ～する vorrücken; vorwärts marschieren
- **全身** der ganze Körper
- **先進国** hoch entwickelte Länder 複
- **センス** Sinn 男
- **扇子** Fächer 男
- **潜水** ¶ ～する tauchen. ◆～艦 U-Boot 中, Unterseeboot 中 ～士 Taucher 男
- **先生** Lehrer 男
- **宣誓** Eid 男; Schwur 男 ¶ ～する einen Eid ablegen [auf $^{+4}$]; beeidigen. ◆～式 der feierliche Schwur. ～書 Eidesschrift 女
- **全盛** である in voller Blüte stehen. ◆～期 Blütezeit 女
- **占星術** Astrologie 女
- **センセーショナルな** sensationell
- **センセーション** Sensation 女; Aufsehen 中
- **全世界** die ganze Welt
- **戦線** Front 女
- **先々** vorletzt
- **戦前** vor dem Krieg
- **前線** Front 女
- **全然** ～ない gar nicht...
- **先祖** Vorfahren 複 ¶ ～代々の seit Generationen. ◆～返り Atavismus 男
- **戦争** Krieg 男; Schlacht 女 ¶ ～をする einen Krieg führen [mit $^{+3}$]. ～中である im Krieg sein. ～に行く in den Krieg gehen. ～に勝つ⟨負ける⟩ den Krieg gewinnen ⟨verlieren⟩. ～を放棄する auf den Krieg verzichten
- **前奏曲** Vorspiel 中; Präludium 中; Ouvertüre 女
- **ぜんそく** Asthma 中

全速力で mit voller Geschwindigkeit
センター Zentrum 中
全体 Ganze 中; Gesamtheit 女 ~の ganz; gesamt; sämtlich; vom Ganzen. ~で insgesamt. ~的に見ると im Ganzen gesehen. ~として als Ganzes.
◆~会議 Gesamtsitzung 女, Plenarsitzung 女 ~主義 Totalitarismus 男
前代未聞の unerhört; beispiellos
選択 [Aus]wahl 女 ~する [auswählen, wählen [aus +3]. ~に迷う ¹) fällt die Wahl schwer. ~の余地がない keine andere Wahl haben. ~を誤る das Falsche wählen. ◆~科目 Wahlfach 中 ~[肢] [Auswahl]möglichkeit 女 ~問題 Multiplechoiceverfahren 中
洗濯 Wäsche. ◆~機 Waschmaschine 女 ~物 Wäsche 女 ~屋 Reinigung 女, Wäscherei 女
先端 Spitze 女 ◇~技術 Hochtechnologie 女
センチ[メートル] Zentimeter 男 中
全治する vollkommen heilen
前置詞 Präposition 女
センチメンタルな sentimental
船長 Kapitän 男
全長 [ganze] Länge 女
前兆 Vorzeichen 中; Omen 中
前提 Voraussetzung 女 ¶ ~として vorausgesetzt, dass... 結婚を~に heiraten unter der Voraussetzung, dass wir heiraten. ◆~条件 Bedingung 女; Vorbedingung 女 ~大⟨小⟩~ die große ⟨kleine⟩ Voraussetzung
宣伝 Werbung 女; Propaganda 女 ¶ ~する werben [für +4]; Reklame machen [für +4]. ◆~カー Reklamewagen 男; Informationswagen 男 ~活動 Werbeaktion 女 ~費 Werbeeffekt 男 ~費 Reklameausgaben 複 ~文句 Werbeslogan 男 ~~ Vorreklame 女
先天的な angeboren; apriorisch
鮮度 Frische 女
前途 Zukunft 女
先頭 Spitze 女 ¶ ~に voran. ~にいる an der Spitze sein. ~に立つ an der Spitze stehen. ~を切って an der Spitze. ◆~集団 Vortrupp 男
戦闘 Kampf 男; Schlacht 女 ¶ ~的な kämpferisch. ~に参加する mitkämpfen; am Kampf teilnehmen. ~を開始する den Kampf beginnen. ◆~員 Kämpfer 男 非~員 Zivilbevölkerung 女 ~機 Jagdflugzeug 中 ~部隊 Kampftruppe 女 ~力 Kampfkraft 女
銭湯 Badehaus 中
先導する anführen
扇動 Agitation 女 ¶ ~する agitieren [gegen +4]; aufreizen
セントラルヒーティング Zentralheizung 女
船内に an Bord 男
選任する Vorurteil 中
選任する ernennen [j⁴ zu +³]
善人 guter Mensch 男
前任者 Vorgänger 男
専念 sich⁴ konzentrieren [auf +4]; sich⁴ ausschließlich beschäftigen [mit +3]

前年 voriges Jahr 中 ¶ ~に im vorigen Jahr
全能 Allmacht 女 ¶ ~の allmächtig
専売 Monopol 中 ¶ ~する monopolisieren. ~特許 Patent 中
先輩 Ältere(r) 男女
浅薄な oberflächlich; vordergründig
選抜する auswählen
先発 ¶ ~する vorausgehen; vorhergehen. ◆~隊 Vortrupp 男
旋盤 Drehbank 女
前半 die erste Hälfte 女
全般の allgemein
全部 alles; das Ganze 中 ¶ ~で insgesamt; im Ganzen. ~の all; sämtlich
前部 der vordere Teil 男
扇風機 Ventilator 男
せんべい Reiskräcker 男
せん別 Abschiedsgeschenk 中
羨望(熟) Neid 男 ¶ ~の的 Neid
前方 ¶ ~の vor +3. ~へ vorwärts
ぜんまい Feder 女
ゼンマイ (植物) Taubenfarn 男
鮮明な klar
全滅 ¶ ~させる vernichten
洗面 ¶ ~する sich³ das Gesicht waschen. ◆~器 Waschbecken 中 ~所 Toilette 女 ~台 Waschbecken 中
全面的な total; vollständig; völlig; gänzlich. ¶ ~的に in jeder Hinsicht; voll. ◆~広告 ganzseitige Reklame 女 ~査察 die totale Inspektion. ~戦争 der totale Krieg
前面 Front 女; Vordergrundseite 女
専門 Fach 中 ¶ ~的な fachlich. ~にする sich⁴ spezialisieren [auf +4]. 化学は私の~外である Chemie ist außerhalb meines Faches. ニュース~のテレビ網 auf Nachrichten spezialisiertes Fernsehnetzwerk ◆~家 Fachmann 男; Kenner 男 ~学校 Fachschule 女 ~用語 Fachausdruck 男
前夜 Vorabend 男
先約 eine andere Verabredung 女 ¶ ~がある schon verabredet sein
占有 ¶ ~する besitzen. ◆~者 Alleinbesitzer 男 市場~率 Marktanteil 男
専用 Sonder-. ¶ ~の für eigenen Gebrauch; Sonder-. ~する allein benützen. 婦人~の nur für Damen. 自分~の車 ein Auto nur für mich 男 ¶ ~回線 eine eigene Leitung für +4; eine spezielle Leitung für +4 ~機 Privatflugzeug 中
旋律 Melodie 女
戦慄(たっ) Schauder 男; Grauen 中
戦略 Strategie 女
占領 Besetzung 女 ¶ ~する besetzen; erobern. ~下の unter Besatzung [von +3]. ◆~軍 Besatzungsmächte 複 ~地 das besetzte Gebiet
染料 Farbstoff 男; Farbe 女
善良な gutmütig
全力で mit voller ⟨aller⟩ Kraft. ¶ ~を尽くす sein Bestes tun. ~を尽くして mit aller Kraft. ~を傾ける seine ganzen Kräfte einsetzen. ~投球する sich⁴ konzentrieren [auf +4]
先例 Beispiel 中; Präzedens 中

洗礼 Taufe 囡 ¶～する taufen
前列 Vorderreihe 囡
洗練 ¶～された elegant; gepflegt; verfeinert; raffiniert; fein
線路 Gleis 画; Schiene 囡

― そ ―

粗悪な schlecht; minderwertig
そう so. ¶～いう solch, so ein 〈etwas〉…～いう事情なら… Wenn es so ist, …～いうわけで so; deshalb. ～言えば ach; ach ja. ～言えば彼も同じことを言っていた Nun ja, er hat auch genau dasselbe gesagt. ～言えば確かに彼女元気にいた Stimmt. Sie ist nicht ganz munter. ～思いますJa, ich denke auch. あっ,～か Ach so.～こなくっちゃ Nun, darauf habe ich gewartet. ～したら dann. ～して dann; und [dann]; nun. ～しているうちに inzwischen. ～しないと falls nicht; wenn nicht; sonst. ～すると das heißt; dann. ～すれば wenn…, dann. ～ですDas stimmt. | Wie Sie sagen. | So ist es. ～でなきゃ待とうか Nun ja, wollen wir bis nächste Woche warten?～でないと sonst. ～でなくて sondern. ～でなければ oder; sonst; ansonsten. えっ,～なの Ach, was du mir nicht sagst. ～ではない Nein, nicht so. 私も～だ Ich auch.
層 Schicht 囡
沿う ¶…に沿って entlang +4(3)
添う ¶付き〜 folgen 〈j³〉. 人の期待に～ j² Erwartungen entsprechen
僧 Priester 画; Mönch 画
相 (顔) Gesichtszüge 閥
象 Elefant 画
像 Bild 画, Figur 囡; (胸像) Büste 囡 (立像) Statue 囡
草案 Entwurf 画; Konzept 画
相違 Unterschied 画; **Verschiedenheit** 囡 ¶～する sich⁴ unterscheiden [von⁺³]. 案に～して wider Erwarten. 上記の通り～ございません Hiermit versichere ich die Richtigkeit oben stehender Angaben.
創意 Originalität 囡 ◆～工夫 schöpferische Bemühung 囡
憎悪 Hass 画
相応 ¶～する entsprechen [et³]. ～した 〈に〉 entsprechend. 分に～した seinem Stand gemäß. 年～に振る舞う sich⁴ altersmäßig benehmen. それ～の報酬 entsprechendes Honorar 画
騒音 Lärm 画; Geräusch 画 ◆～公害 Lärmbelästigung 囡
増加 **Vermehrung** 囡; **Zunahme** 囡 ¶～する sich⁴ vermehren; zunehmen. 工業生産の～率 Wachstumsrate der Industrieproduktion 囡
造花 künstliche Blume
総会 Generalversammlung 囡; Plenum 画
爽(さ)快 frisch
総額 Summe 囡
総括する zusammenfassen

創刊する gründen. ◆～号 die erste Nummer [einer Zeitschrift]
双眼鏡 Fernglas 画
早期の frühzeitig
葬儀 Trauerfeier 囡; Begräbnis 画
操業 Betrieb 画
双曲線 Hyperbel 囡
送金する Geld schicken [j³]
ぞうきん Lappen 画
遭遇する begegnen [j-et³]; antreffen
総計 Summe 囡
造形 ¶～する bilden. ～的な plastisch. ◆～美術 bildende Künste 閥
倉庫 Lager 画; Speicher 画
相互 ¶～の〈に〉gegenseitig; wechselseitig. ～に einander
走行 Fahrt 囡 ¶～する fahren. ◆～距離 Fahrstrecke 囡
総合 ¶～する zusammenfassen; vereinheitlichen. ～的な zusammenfassend; einheitlich. ◆～大学 Universität 囡
そうこうするうちに inzwischen
捜査 Ermittlung 囡 ¶～する ermitteln
操作 Bedienung 囡; Handhabung 囡 ¶～する bedienen; handhaben
総裁 Präsident 画
相殺される sich⁴ ausgleichen; gegenseitig 〈einander〉 aufheben
捜索 Durchsuchung 囡 ¶～する durchsuchen
創作する schaffen
掃除 ¶～する reinigen; putzen; sauber machen; (掃く) fegen. ◆～機 Staubsauger 画 ～機をかける staubsaugen
送辞 Abschiedsrede 囡
葬式 Beerdigung 囡; Begräbnisfeier 囡; Trauerfeier 囡; Bestattung 囡
喪失 Verlust 画 ¶～する verlieren
走者 Läufer 画
操縦 ¶～する steuern; führen; lenken; fliegen. ～士 Pilot 画 ～室 Cockpit 画 ～席 Pilotensitz 画
早春 Vorfrühling 画; Frühjahr 画
蔵(ぞう)書 Bücherei 囡; Reihe 囡
装飾 Schmuck 画; Dekoration 囡 ¶～する schmücken; dekorieren [et⁴ mit⁺³]. ～品 Schmuck 画
送信 Sendung 囡 ¶～する senden. ◆～機 Sender 画
増進する fördern; anregen
装身具 Schmuck 画
総数 Gesamtzahl 囡
増税 Steuererhöhung 囡
双生児 Zwilling 画
創設する gründen; stiften
造船 Schiffbau 画 ◆～所 Werft 囡
総選挙 nationale Wahl 囡
早々に bald; schnell
想像 **Fantasie** 囡 ¶～する sich³ vorstellen; denken; vermuten. ～上の in der Fantasie; imaginär. ～を絶する unvorstellbar. 何が起こるか～もつかない Ich habe keine Ahnung, was auf uns [mich] zukommen wird. ◆～妊娠

imaginäre Schwangerschaft ~ 力
Fantasie 囡; Einbildungskraft
創造 Schöpfung 囡 ¶ ～する schaffen;
schöpfen. ～的な schöpferisch. ◆～
Schöpfer 男 ～性 Kreativität 囡 ～力
die schöpferische Kraft
騒々しい laut; unruhig
相続 Erbfolge 囡 ¶ ～する erben. ◆～
財産 Erbschaft 囡 ～人 Erbe 男; (女
性) Erbin 囡
…だそうだ sollen. ¶ 彼は病気だ Er
soll krank sein.
早退する frühzeitig weggehen
総代 Vertreter; Sprecher
壮大な großartig; grandios
増大する $sich^4$ vermehren; wachsen
相対的 ¶ ～なく relativ. ～に verhältnismäßig
相談 Erbfolge ¶ ～がまとまる Die Besprechung war erfolgreich. ～ずくで nach der Absprache. ～する beraten (besprechen) [mit $^{+3}$ über $^{+4}$]. 人の～に乗る j^4 beraten. お値段ならどこ能う相談に乗ります Über den Preis lässt sich noch beraten. ～の上で nach der Beratung [mit $^{+3}$]. ～を申し込む $sich^4$ beraten [an $^{+4}$]. ◆～相手 Ratgeber 男 ～役 Ratgeber 男; Vertrauensmann 男
装置 Vorrichtung 囡; Anlage 囡; Einrichtung 囡
増築する anbauen [et^4 an $^{+4}$]
早朝に am frühen Morgen
総長 Rektor
荘重な feierlich; erhaben
想定 Annahme 囡 ¶ ～する annehmen. …を～して in der Annahme, dass…
贈呈する überreichen [$j^3 et^4$]
相当 ¶ ～する entsprechen [et^3]. ～に(～く) nicht wenig; beachtlich; ziemlich; beträchtlich; hübsch. ～な eine beträchtliche Summe ～の措置をとる entsprechende Maßnahmen nehmen. 5千万円～の有価証券 50 Millionen entsprechende Wertpapiere 男
騒動 Unruhen 復; Lärm 男; Aufruhr 男; Krawalle 復
遭難する verunglücken; einen Unfall haben
挿入する einschieben [et^4 in $^{+4}$]
相場 Kurs 男 ¶ ～が安定している Der Kurs ist stabil. ～が上がる (下がる) Der Kurs steigt (fällt). ～に手を出す spekulieren. …と～が決まっている Es ist immer so, dass… ◆～師 Spekulant 男
装備 Ausrüstung 囡 ¶ ～する ausrüsten [et^4 mit $^{+3}$]
送付する senden [$et^3 et^4$; et^4 an $^{+4}$]
増幅器 Verstärker 男
送別 ◆～会 Abschiedsfeier 囡
聡明な weise; klug
双方 beide Seiten 復
騒乱 Unruhen 復; Aufruhr 男
草履（ぞうり） Sandale 囡
総理大臣 Ministerpräsident 男; Premierminister 男
創立 Gründung 囡 ¶ ～する gründen; stiften. ◆～者 Gründer 男
僧侶（そうりょ） Bonze 男

送料 Versandkosten 復; Porto 中
壮麗な prächtig; herrlich
挿話 Episode 囡
贈賄 Bestechung 囡
添え書き Nachschrift 囡; Postskriptum 中
添える hinzufügen [$et^3 et^4$]
ソース Soße 囡
ソーセージ Wurst 囡
ソーダ Soda 囡 ◆～水 Sodawasser 中
疎外 Entfremdung 囡 ¶ ～する entfremden [j^4 $j et^3$]
-足 ein Paar
俗悪な kitschig
即位 Krönung 囡
俗語 Vulgärsprache 囡
即座に ¶ ～に sofort; auf der Stelle; gleich. ～の augenblicklich
即死する auf der Stelle tot sein
即時に sofort; gleich; auf der Stelle
促進する fördern
属する gehören [j^3; zu $^{+3}$]
属性 Attribut 中
即席に improvisiert
ぞくぞくする zittern
続々と nacheinander; einer nach dem anderen
速達 Eilpost 囡; Eilbrief 男 ¶ ～で手紙を出す per Eilbrief schicken. ◆～料金 Eilzustellungsgebühren 復
測定する [ver]messen
速度 Geschwindigkeit 囡 ¶ 毎分5メートルの～で mit einer Geschwindigkeit von 5 Meter pro Minute. ◆～計 Geschwindigkeitsmeter 中; Tachometer 男 ～制限 Geschwindigkeitsbeschränkung 囡; Tempolimit 中
束縛 Fesseln 復; Bande 復 ¶ ～する fesseln; binden. ～のない zwanglos
続発する aufeinander folgen
俗物 Philister 男; Spießbürger 男
即物的な sachlich
速報 Kurznachrichten 復
側面 Seite 囡
測量 Vermessung 囡 ¶ ～する vermessen. ◆～技師 Vermessungsingenieur 男
速力 Geschwindigkeit 囡
ソケット Fassung 囡
そこ da; dort. ¶ ～から daraus; davon; woher. ～で(理由) darum; dann; deshalb. ～で(場所) da; dort; darauf; daher; dahin. ～にサインして下さい Bitte, unterschreiben Sie da. ～をもう一度読みなさい Lesen Sie dort bitte noch einmal. 私の家はすぐ～です Mein Haus ist gleich in der Nähe. ～が大事だ Das ist wichtig. ～で幕が下りた Da ging der Vorhang runter. ～の方うが痛い Es tut mir überall. ～らじゅう search suchen
底 Boden 男; Grund 男; Sohle 囡 ¶ ～が浅い oberflächlich. ～知れない bodenlos; unvorstellbar. ～をつく den Tiefpunkt erreichen
底意 heimliche Absicht 囡 ¶ ～なく ohne böse Absicht
底意地 ～の悪い heimtückisch
底入れ ¶ 株価が～入れした Der Ak-

tienkurs erreichte den Tiefpunkt.
素行 Lebensweise 女; Lebenswandel 男
祖国 Vaterland 中; Heimatland 中; (母国) Mutterland 女
そこそこ eilig; hastig; knapp. ¶食事も～にテレビをつけた Kaum habe ich gegessen, schaltete ich den Fernsehen an. 2時間～knapp 2 Stunden
底力 ¶～のある Reserven haben
損なう schaden (j-et³); verletzen
底無しの grundlos, bodenlos, abgründig. ¶～の大酒飲みである wie ein Bürstenbinder saufen
底抜け bodenlos, grenzenlos. ¶～に明るい Er ist ausgesprochen heiter.
底値 niedrigster Preis
そこはかとなく auf irgendeine Weise
底冷えする Die Kälte geht durch Mark und Bein.
底引き ◆～網 Schleppnetz 中; ～漁業 Fischfang mit Schleppnetz; ～漁船 Fischereiboot mit Schleppnetz
底割れ ¶～株価～した Der Aktienkurs macht einen scharfen Rückgang.
素材 Stoff 男; Material 中
阻止 Verhinderung 女; ¶～する hindern (j⁴ an +³); verhindern; aufhalten
組織 Organisation 女, System 中; (生物体) Gewebe 中. ¶～する organisieren; ～的に systematisch; organisiert. ◆～化 Organisation. ～工学 Systemtechnik 女. ～培養 Gewebekultur 女. ～犯罪 organisierte Kriminalität 女. ～票 die organisierten Wählerstimmen. ～力 Organisationsfähigkeit 女. ～労働者 organisierte Arbeiterschaft 女
素質 Anlage 女; Begabung 女; Veranlagung 女. ¶～のある veranlagt
そして und
咀しゃくする kauen
訴訟 Prozess 男; Anklage 女. ¶～に勝つ den Prozess gewinnen. 人に対して～を起こす gegen +⁴ einen Prozess führen. その会社に対して損害賠償の～を起こした Ich erhob gegen Schadenersatz eine Klage gegen diese Firma. ～を取り下げる Prozessverfahren unterbrechen. ◆～依頼人 Klient 男. ～関係人 Prozessbeteiligte[r] 男. ～手続き Prozessverfahren 中. ～費用 Prozesskosten
祖先 Vorfahr 男; Ahne 女
注ぐ gießen
そそっかしい unachtsam; leichtsinnig; leichtfertig
そそのかす verleiten (j⁴ zu +³); verführen (j⁴ zu +³)
そそり立つ [hervor]ragen. ¶そそり立った schroff
育ち Erziehung 女. ¶～がよい(悪い) wohlgezogen, unerzogen. ～盛りの子供 Kinder in den Entwicklungsjahren
育つ [auf]wachsen; (植物が) gedeihen. 寝る子は～ Ein Kind, das gut schläft, wächst auch gut.
育ての親 Pflegeeltern 複

育てる pflegen; erziehen; züchten; großziehen; aufziehen. ¶3人の子を～ drei Kinder aufziehen
措置 Maßnahme 女. ¶～をとる vorgehen. 必要な～を取る Maßnahmen ergreifen (gegen +⁴; zu +³)
そちら dort. ¶～に(で) bei Ihnen
そつ ¶～がない ohne allem fertig sein. 彼は万事～がない Er ist in jeder Hinsicht makellos. ～なく tadellos. ～のない fehlerfrei; taktvoll
速記 Kurzschrift 女; Stenografie 女
即興の improvisiert; aus dem Stegreif
卒業 ¶～する absolvieren; von der Schule abgehen. 1994年に C 大学を～した Er absolvierte 1994 die C Universität. ◆～資格試験 Abitur 中. ～式 Abschlussfeier 女. ～証書 Abschlusszeugnis 中. ～証書 Abgangszeugnis 中. ～生 Schulabgänger 男; Absolvent 男. ～論文 Diplomarbeit 女
ソックス Socke 女
そっくり (全部) alle; ganz; (似た) ähnlich. ¶～そのまま wie es ist. そちらを～そのままにしておく Ich lasse alles so stehen, wie es ist. …と～である sich ganz ähnlich sein; j³ ähnlich sein.
そっけない schroff
続行する fortsetzen; fortfahren (mit in)+³; + zu 不定詞句)
測候所 Wetterwarte 女
率先する vorangehen
そっちでは bei Ihnen
卒中 Schlaganfall 男
率直 ¶～な aufrichtig; offen. ～に言って offen gestanden
そっと leise; heimlich; vorsichtig
ぞっと ¶～する schaudern. ～するよう な grässlich; schaurig; scheußlich
卒倒 Ohnmacht 女. ¶～する in Ohnmacht fallen; ohnmächtig werden
袖(そ) Ärmel 男. ¶～の下を使う Bestechungsgelder zahlen; schmieren (j⁴). ～をまくる die Ärmel umkrempeln. ～無しの ärmellos. ◆～口 Armelaufschlag 男. ～くり Ärmelloch 中. ～丈 Ärmellänge 女. ～振り合うも多生の縁 Selbst eine kleine Begegnung durch Zufall ist vorherbestimmt. ～ないは振れぬ Was man nicht hat, kann man nicht geben.
外 ¶～で draußen; außen. ～で遊ぶ draußen spielen. ～で食事をする auswärts essen. ～に出ている im Freien sein. ～の draußen; im Freien. …の～に außer +³; draußen,außer... ～(で) auswärts. ～へ出る hinaus[gehen]; ins Freie gehen. 窓から～へ zum Fenster hinaus. ～を見る nach außen schauen. ～税の Steuer nicht integrieren. ～面(を)がいい nach außen hin ein freundliches Gesicht aufsetzen. 家の～回りを片付ける rund um das Haus sauber machen. 彼は～回りをしている Er hat Außendienst. ～見には幸せな夫婦だ Von außen gesehen sind sie glückliches Ehepaar. ◆～海 das offene Meer. ～税価格 Preis ohne Steuer 男. ～堀 äußere Gräben 複

外側 Außenseite 女 ¶～の äußerlich

備え Vorbereitung 女 ¶～の為に die angeschaften Zeitungen. ～付けるに versehen, ausstatten, einrichten [*et*⁴ mit +³]; einbauen. ～あれば憂いなし Vorsicht ist besser als Nachsicht.

供える Opfer 中

備える *sich*⁴ **vor|bereiten** [für +⁴; auf +⁴]; **vorsorgen** [für +⁴]. ¶老後に～ *sich*⁴ auf das Alter vorbereiten

ソナタ Sonate 女

その der. ¶～間に indessen; inzwischen. ～上 [noch] dazu. ～下に außerdem. ～上い（悪い）ことに…Dazu noch ausgerechnet, dass… ～うち bald; demnächst; mit der Zeit; allmählich. ～気にさせる auf jn⁴ zu +³]. 彼は褒められて～気になった Er wurde gelobt und bekam Mut. ～筋のお達しにより auf Anordnung der zuständigen Stellen. ～辺は für neulich. dabei. 外国に行くと～度には…Jedes Mal, wenn ich ins Ausland fahre, dann… ～次 dann; worauf. ～手は食わない Ich bin Ihnen schon auf die Schliche gekommen. ～人はどういう人ですか Wer ist denn dieser Mann? ～道の専門家 Profi in diesem Gebiet 男 ¶～ような ähnlich; solch. ～ように so; wie…

そのあとで nachdem

その代わり stattdessen

そのくせ trotzdem; doch. ¶彼女は明るい子だが～にはにかみ屋だ Sie ist sehr heiter, aber trotzdem scheut sie sich sehr vor anderen Menschen.

その後 danach; dann; darauf; später. ¶～5日たって als dann 5 Tage vergingen. ～の bisherig; bisherig

その頃 damals; zu jener Zeit. ¶～までには bis dahin

その際 dabei

そのせいで daher; dadurch; davon

その他 und so weiter. ¶～の andere. ～大勢の一人である einer von vielen anderen sein.

そのため daher; deswegen. ¶～に dafür; dazu

そのつど jeweils

その通り eben; genau. ¶～だ Genau! ～にしますEinverstanden!

その時 da; dann; gerade in einem Augenblick. ¶～に dann; da. ～までに bis dahin

その場 ¶～で auf der Stelle; gerade dabei; aus dem Stegreif. たまたま～に居合わせた偶然 zufällig dabei gewesen sein. ～しのぎの解決法 unüberlegte Lösung

その日 noch am selben Tag. ¶～[に] an diesen Tag. ～のうちに noch am selben Tag. ～暮らしをする leben von der Hand in den Mund.

その辺 da herum; [irgendwo] in der Nähe. ¶どこか～に irgendwo hier. ～の事情をもっと教えてください Können Sie mir darüber noch genauer sagen?

その外 sonst [noch]. ¶～に sonst; ferner; daneben. ～の noch.

そのまま so, wie es ist ¶～お待ちください Einen kleinen Augenblick. | Bitte warten Sie einen Moment. ～続けるungestört weiter|machen. ～にしておく liegen lassen; stehen lassen[, wie es ist]

そのもの ...als solche; ...selbst. ¶彼は誠実さ～の Ehrlichkeit in Person. 素材～はよい Material selbst ist gut. ～ずばりの表現である direkt ausgedrückt sein

そば ¶[…の]～に neben +³. ～に座る *sich*⁴ setzen [neben +⁴]. ～に; ～のそばに; daneben. ～の nahe. 家の～を通る am Haus vorbeigehen. ～で飯を食う in eine Sache verwickelt werden

蕎麦 女 Buchweizennudeln 複

そばかす Sommersprosse 女

そびえる empor|ragen; *sich*⁴ erheben

祖父 Großvater 男

ソファー [Liege]sofa 中; Couch 女

素振り Benehmen 中; Gebärde 女

祖母 Großmutter 女

祖父母 Großeltern 複

ソプラノ Sopran 男

素朴(な) schlicht; einfach; naiv

粗末 ¶～な schlecht; dürftig. ～な食事 dürftiges Essen ～な服 armseliges Kleid ～にする verschwenden; nicht sorgfältig behandeln. ～に（人）を unfreundlich behandeln

背く nicht gehorchen [*j*³]

背ける abwenden [*et*⁴ von +³]

染める färben

そもそも überhaupt

粗野 grob; rau

素養 ¶～のある gebildet; kultiviert

そよ風 Lüftchen 中

そよぐ säuseln

そよそよ[と] sanft; leise

空 Himmel 男 ¶晴れた（曇った）～ klare (bewölkte) Himmel. ヒバリが～高く舞い上がった Eine Lerche flog hoch zum Himmel. ～飛ぶ円盤 UFO 中 ～を見上げる zum Himmel blicken

そら ¶それを考えると～恐ろしい Wenn man daran denkt, wird es einem unheimlich. ～々しい verlogen. ～で言う auswendig sagen. ～で覚える auswendig lernen. ～とぼける *sich*⁴ unwissend geben. ～頼みの無い Hoffnung haben ～涙を流す Krokodilstränen weinen

空色 Himmelblau 中 ¶～の himmelblau

そらす abwenden [*et*⁴ von +³]; ablenken [*et*⁴ von +³]; ableiten [*et*⁴ von +³]

空似 他人の～ Die Ähnlichkeit ist nur zufällig.

空豆 Saubohne 女

空耳 Gehörhalluzination 女 ¶～だった Das war ein Gehörhalluzination

空模様 Wetterlage 女 ¶～が怪しい Es sieht nach Regen aus.

そり Schlitten 男

反る *sich*⁴ biegen

剃る(+) rasieren [*j*³ *et*⁴]

それ es; das; dies; er; sie. ¶~は…と
　している Na und? ～ねがったり叶ったりだ
Genau das wollte ich. もし…すれば…
大変だ Das wäre schlimm, wenn…
～自ẻ身。そこで男が Das ist
mir ein Mann! 忙しくて～どころではない
Ich bin zu beschäftigt und habe keine Zeit. ～はへなりに役に立つ Das nützt
auf seine Weise. 練習すれば～なりの効
果はある Wenn man übt, gibt es dementsprechend auch Fortschritte. ～
はさておき、この問題について話そう Übrigens sprechen wir über diese Frage.
～はないよ Das gibt es nicht. ～見たこと
か Ich hab' dir doch gewarnt.

それ以後 seitdem; seither. ¶～ずっと
und seitdem ununterbrochen

それから danach; dann

それきり ¶～彼とは会っていない Seitdem habe ich ihn nicht mehr gesehen. その件は～になった Diese Angelegenheit war damit erledigt.

それくらい soviel. ¶～のことなら私に
できますよ So etwas kann ich auch machen. ～のことで泣くなよ Weine nicht
wegen so einer Kleinigkeit.

それぞれ ~に einzeln. ~[の] jede[r, s]. ～の von jedem

それだから deshalb; deswegen; darum; daher; weshalb

それだけ soviel. ¶～たったのことで騒ぐ
な Mach kein Theater wegen so einer Kleinigkeit. ～はごめんだ Bitte nur
das nicht! 用件は～だ Das reicht. 苦労
すれば～のことはある Wenn man Mühe
gibt, um so mehr hat man davon.

それだけますます umso mehr

それで da; und; dann; damit; darauf;
darüber; also; daher

それであまりに気の毒だ Wenn es so ist, dann
tut sie mir Leid. ～始めよう Dann beginnen wir!

それでも dennoch; doch; trotzdem

それどころか gar; sogar. ¶～…Nicht
nur das, sondern auch…

それとなく andeutungsweise. ¶～言
うように伝える zu verstehen geben [j³ et⁴]. ～彼に注意した Ich habe ihm diskret angedeutet.

それとも oder; sonst; oder aber. ¶コ
ーヒー、～紅茶ですか Kaffee oder Tee?

それなのに dennoch; trotzdem

それなら so; dann. ¶～どうして自分
でやらないのか Wenn es so ist, warum
machen Sie dann nicht selbst? ～と
おっしゃってくれればいいのに Wenn es
so ist, hätten Sie mir sagen sollen. ～
事は簡単だ Dann ist es leicht.

それに auch; außerdem. ¶～歯まで痛
くなってきた Dazu bekomme ich auch
noch Zahnschmerzen. ～してはよくやっ
た Dafür machst du es gut. ～しても
どうも ～ Aber es ist doch
遅い。つけても悔やまれるのは彼が若くし
て死んだことだ Allein das macht uns
traurig, dass er so jung gestorben ist.
～もかかわらず trotzdem; doch

それはそうと davon abgesehen; davon zu schweigen; übrigens

それほど so; dermaßen. ¶～…でない
nicht so [sehr]… 今日は～寒くない
Heute ist es nicht so kalt.

それまで bis. ¶～辛抱して待っ
ていた Bis dahin wartete ich geduldig.
行ってみて彼に会えなかったら～ Wenn
wir hingehen und ihn nicht treffen
können, dann wär's halt schlimm.

それゆえ deshalb; deswegen; aus diesem Grund; so; also

それら diese. ¶～に〈が〉diese. ～の
dieser. ～に diesen. ～を diese

それる fehlgehen; abschweifen
[von⁺³]

ソロ Solo ⓝ

そろい (集まる) ¶～のグラス ein Satz Gläser
ⓂⒺ ～を着る gleich gekleidet sein

そろう (集まる) *sich* **sammeln**; (一様
になる) **gleich werden**. ¶証拠はそろっ
た Alle Beweise stehen bereit. これで
全員そろった Jetzt sind alle da. 生物関
係の本が揃っている Hier stehen Bücher über Biologie parat. 長さがそろっ
ている Es wird längengleich.

そろえる (集める) sammeln; (一様に
する) ordnen

そろそろ langsam; allmählich

そろばん Rechenbrett ⓃⒺ

そわそわする unruhig 〈nervös〉 sein

損 Verlust ⓂⒺ. ¶～な nachteilig. ～
な Verlust werden. ～する ein Verlust erleiden. 君のことを心配していて
Ich habe mir umsonst über dich Sorgen gemacht. ♦ ～益計算書 Gewinnund Verlustrechnung ⓕⒺ ～注文
Stopp-loss-Auftrag ⓂⒺ ～料 Abnutzungsgebühren ⓕⒺ ～して得取れ
Durch Verlust gewinnen.

損害 Schaden ⓂⒺ; **Verlust** ⓂⒺ ~を与
える schaden, Schaden zufügen [j-
et³]. ~を被る Schaden erleiden. ♦ ~
額 Schadenshöhe ⓕⒺ ~賠償を請求する Schadenersatz verlangen. ～賠償として
払う Schadenersatz leisten. ～保険
Schadenversicherung ⓕⒺ

損金 ～として計算する als absetzbare
Unkosten rechnen.

尊敬 Achtung ⓕⒺ ¶～する achten;
[ver]ehren; Respekt haben [vor⁺³].
～に値する respektabel

尊厳 Würde ⓕⒺ ¶～のある würdig. ～
死する ein würdevoller Tod

存在 [Da] sein ⓝⒺ; **Existenz** ⓕⒺ; **Wesen** ⓝⒺ ¶～する [da]sein; existieren;
bestehen; Es gibt j-et⁴. ～感のある人
eine eindrucksvolle Persönlichkeit
ⓕⒺ, eine Persönlichkeit mit großer
Ausstrahlung ⓕⒺ ～理由 Existenzberechtigung ⓕⒺ ～論 Ontologie ⓕⒺ ～なく grob; nachlässig

損失 Verlust ⓂⒺ ♦ ～補填 Verlusterstatz ⓂⒺ

損傷 Schaden ⓂⒺ ¶～を与える Schaden zufügen [j-et³]

存続 bestehen; Bestand haben

尊重 achten; respektieren

村長 Gemeindevorsteher 男; Bürgermeister 男
損得 Gewinn und Verlust. ¶ ~抜きで ohne Rücksicht auf Verluste. ~ずくで einkalkulierend.
そんな solch. ¶ ~ことだと思ったDas habe ich mir schon gedacht. ~つもりじゃなかった So habe ich es nicht gemeint. ~に so. ~に遠いのですか Ist es so weit? ~はずはない Das kann nicht stimmen! | Das ist unmöglich!
存分 nach Herzenslust
村民 Dorfbewohner 男
村落 Dorf 中
存立 Bestehen 中; Bestand 男

⊂ た ⊃

田 Reisfeld 中
他に sonst; außerdem. ¶ ~の ander
ダース Dutzend 中
ダーツ Abhänger 男
タートルネック Rollkragen 男
ターミナル Terminal 中
ターン Wende 女. ¶ ~する wenden
鯛(たい) Meerbrasse 女
隊 Truppe 女; Partie 女
タイ (ネクタイ) Krawatte 女
…対 gegen. ¶ スペイン~フランス戦 das Spiel Spanien gegen Fankreich. スミス~アダムス訴訟 Prozess von Smith gegen Adams 2~5の割合でウイスキーを水で割る Im Verhältnis 2 zu 5 den Whisky mit Wasser mischen
代 (時期) Zeit 女, Epoche 女; (世代) Generation 女; (代金) Preis 男, Kosten 複
台 Ständer 男; Gestell 中
題 Titel 男; Thema 中
大 「ふし」 faustgroß. 実物~ Originalgröße 女. ¶ ~の男 ein Erwachsener. 彼女はこの子供好きである Er liebt die kleinen Kinder sehr. ~なり小なり mehr oder weniger. ~は小を兼ねる Zu viel ist besser als zu wenig.
第一 ¶ ~1号 Nummer 1; Nr.1
体当たりする mit *seinem* Körper einen Stoß geben [*j-et*³]
対案 Gegenvorschlag 男
大要 Zusammenfassung 女
体育 Turnen 中; Gymnastik 女 ♦ ~館 Turnhalle 女
第一に erstens, zuerst, erst. ¶ ~の erst. 健康に~だ Die Gesundheit geht über alles. …の~の印象はいかがですか Wie ist der erste Eindruck von +³.
 ♦ ~位 der erste Stelle. ~人=者 der führende Mann, die führende Frau
退院する aus dem Krankenhaus entlassen werden
ダイエット Diät 女; Schlankheitskur 女. ¶ ~する eine Diät machen
対応する Schritte unternehmen [gegen +³]; Maßnahmen treffen [gegen +³]; (相当する) entsprechen [*et*³]
ダイオキシン Dioxin 中
体温 Körperwärme 女 ♦ ~計 Fieberthermometer 中

退化 Entartung 女; Degeneration 女
大家 Meister 男; Autorität 女
耐火の feuerfest
大会 Versammlung 女; (総会) Hauptversammlung 女
大概 meistens; im Allgemeinen
対外債務 Auslandsschulden 複
体格 Körperbau 男
退学する von der Schule abgehen
大学 Universität 女; Hochschule 女. ¶ ~で学ぶ studieren. ♦ ~院 der Magister- und Doktor-Kursus. ~院生 Magister-Student 男, Doktorand 男 ~講師 Dozent 男; Hochschullehrer 男. ~進学率 Prozentsatz der Studierenden 男. ~生 Student 男. ~入試センター試験 das Examen der Hochschul-Prüfungszentrum. ~病院 Universitätsklinik 女
大気 Atmosphäre 女; Luft 女 ♦ ~汚染 Luftverschmutzung 女
代議士 Abgeordnete[r] 男
退却する *sich*⁴ zurückziehen
耐久 ¶ ~性の dauerhaft. ♦ ~力 Ausdauer 女
退去する verlassen; abtreten
大金 eine große Summe [Geld] 女. ¶ ~を払う bezahlen. ~を請求する kassieren. ~引き替えで per Nachnahme
大工 Zimmermann 男
待遇 Behandlung 女; Aufnahme 女; Bedienung 女; (労働条件) Arbeitsbedingungen 複. ¶ ~がいい(悪い) Der Service ist gut (schlecht). ♦ ~改善 eine faktische Gehaltserhöhung 女
退屈 ¶ ~な langweilig. ~する *sich*⁴ langweilen. ~しのぎに um die Zeit totzuschlagen; aus Langeweile
大群 Heer 中; Schwarm 男
体系 System 中. ¶ ~的な(に) systematisch. ♦ ~化 Systematisierung 女 ~化する systematisieren
対決 Auseinandersetzung 女. ¶ ~する *sich*⁴ auseinander setzen [mit +³]; konfrontiert sein [mit +³]
体験 Erlebnis 中. ¶ ~する erleben. ~談をする von der Erlebnis berichten
体現する verkörpern
大言壮語 Prahlerei 女
太鼓 Trommel 女 ¶ ~を打つ trommeln
対抗する rivalisieren [mit +³ um +⁴ (in +³)]; wetteifern [mit +³ um +⁴]; (期間 はらう) *sich*⁴ entgegensetzen [*j*³]; widerstehen [*j*³]. ¶ ~して gegenüber; im Gegensatz zu +³. ♦ ~意識 Wetteifer 男. ~策 Gegenplan 男 [zu +³]. ~馬 Rivale 男. (女性) Rivalin 女
大国 Großmacht 女 ♦ 超~ Supermacht 女
大根 Rettich 男
滞在 Aufenthalt 男. ¶ ~する *sich*⁴ aufhalten; bleiben. ~期間 Aufenthalt 男. ~許可 Aufenthaltserlaubnis 女. ~地 Aufenthaltsort 男
題材 Sujet 中; Gegenstand 男
対策 Maßnahme 女

大使 Botschafter 男 ◆~館 Botschaft 女 日本~館 die japanische Botschaft
胎児 Embryo 男
退治する vertilgen; vernichten
大事な wichtig, bedeutend. ¶~に sorgfältig. ~する schonen. ~に扱う liebevoll behandeln; sorgfältig bedienen. ~にしている sorgfältig umgehen [mit +3]. ~を取る vorsichtig sein. お～に〔なさってください〕 Gute Besserung! ~の前の小事 das Kleine vor dem Großen
ダイジェスト Auszug 男; ausgewählte Texte 男
大した （数量）groß; viel; （重大な）wichtig. （驚くべき）erstaunlich. ¶～金額 eine große Summe 女 ～奴だ Du bist ein toller Kerl. ～損害ではない Es ist kein so großer Schaden. 彼の病気は～ことはない Seine Krankheit ist nicht so schlimm. ～ことないよ Ach, es ist nicht besonders.
体質 Konstitution 女; Verfassung 女
対して ［…に］対して gegen +4; zu +3; vor +3; für +4; gegenüber +3
大して ［…ない］ nicht besonders. ¶～寒くないよ Es ist nicht so kalt.
代謝 Stoffwechsel 男
大衆 Volk 中; Masse 女. ¶～的な volkstümlich; populär. ～向きの populär. ～路線を取る eine populistische Haltung einnehmen. ～紙 Massenblatt 中 ～小説 Belletristik 女 ～食堂 Lokal 中; Gasthaus 中
体重 Körpergewicht 中. ¶～を量る sich⁴ wiegen. ～が60キロある Ich wiege 60 Kilo. ～が増える zunehmen. ～が減る abnehmen. ◆～計 Waage 女
退出 ¶～する verlassen. ～を許す entlassen [j⁴ aus +3]
対処する Maßnahmen ergreifen
対称 Symmetrie 女
対照 Kontrast 男; Gegensatz 男
対象 Gegenstand 男; Objekt 中
大佐 General 男; Admiral 男
退場する hinausgehen [aus +3]
代償 Ersatz 男; Entschädigung 女
大丈夫 sicher;（確かに）gewiss;（心配するな）Keine Sorge! ¶～である in Ordnung sein; nicht schlimm sein. ～だよ Ja, es geht.
退職する aus dem Dienst ausscheiden
褪色（たいしょく）する verblassen; sich⁴ entfärben
退陣する sich⁴ zurückziehen
大臣 Minister 男
大豆 Sojabohne 女
耐水の wasserdicht
代数 Algebra 女
大好き ¶…が～だ Ich habe j-et⁴ sehr gern. | Ich mag j-et⁴ sehr.
対する gegen +4; für +4
体制 System 中; Ordnung 女 ¶～側の etablierte. ～側につく auf der etablierten Seite stehen
大勢 ¶～に従う mit dem Strom schwimmen. ～に逆らう gegen den Strom schwimmen. ～には影響ありません Das hat keinen Einfluss auf die allgemeinen Situation. ～を占める dominierend sein
態勢 Haltung 女; Stellung 女
大聖堂 Dom 男
大西洋 der Atlantik, der Atlantische Ozean
体積 Rauminhalt 男; Volumen 中
退席する das Zimmer 〈seinen Sitz〉 verlassen
堆積 Anhäufung 女; Haufen 男 ¶～する anhäufen
大切な wichtig; teuer; wertvoll. ¶～に sorgfältig; vorsichtig. ～する schonen. 体を～にする auf die Gesundheit achten. 子供を～にする die Kinder behutsam behandeln. 時間を～にする mit der Zeit sparsam umgehen
大雪 sehr; äußerst
体操 Gymnastik 女; Leibesübungen 女; Turnen 中. ¶～をする turnen
大それた unverschämt; dreist; frech
怠惰な faul
大体 im [Großen und] Ganzen; ungefähr; überhaupt. ¶誰がやったのか～見当はついている Wir haben ungefähr die Ahnung, wer das gemacht hat.
だいだい色 orange (不変化)
大多数 große Mehrheit 女; Majorität 女; ~meist
対談 Zwiegespräch 中
大胆な kühn; verwegen; tapfer; mutig
大地 Erde 女; Boden 男
台地 Hochebene 女; Terrasse 女
体調 Kondition 女; körperliche Verfassung 女 ¶～がいい〈悪い〉gute〈schlechte〉Kondition haben. ～を崩す in schlechter Kondition sein. ～を整える in guter Kondition sein. ～を整えておく seine Kondition halten
隊長 Kommandeur 男; Führer 男
体長 Körperlänge 女
大腸 Dickdarm 男 ◆～炎 Kolitis 女; Dickdarmentzündung 女
タイツ Strumpfhose 女;（バレーなどの）Trikot 中
たいてい〔は〕 meistens. ¶～の meist
大敵 Erzfeind 男
態度 Verhalten 中; Haltung 男; 女. ¶～が悪い sich⁴ schlecht benehmen. ～が大きい大きく出る breit machen
台頭する hervortreten
対等の gleich; gleichwertig;（同権の）gleichberechtigt
大統領〔Staats〕präsident 男 ◆～官邸 die Villa des Präsidenten. ～候補 Präsidentschaftskandidat 男 ～選挙 Präsidentenwahl 女 ～夫人 Gattin des Präsidenten 女 副～ Vizepräsident.
台所 Küche 女 ¶～が苦しい finanzielle Schwierigkeiten haben. ◆～仕事 Küchenarbeit 女
大都市 Großstadt 女
タイトル Titel 男
台なし ¶～にする〈なる〉verderben
ダイナマイト Dynamit 中
ダイナミックな dynamisch
第二の zweite. ～の zweiten
退任する zurücktreten [von +3]
ダイニング ◆～キッチン Wohnküche

~ルーム Esszimmer 中

耐熱の hitzebeständig

退廃 Dekadenz 女; Entartung 女 ｜ 道徳の~moralische Verwahrlosung 女; der Verfall der Sitten.～的な dekadent; verdorben

体罰 körperliche Züchtigung 女

大半 der größte Teil. ¶～は größtenteils; zum größten Teil; meist

堆肥 Mist 男

待避する ausweichen

代表 Vertretung 女; (人) Vertreter 男. ¶～する vertreten. 友人一同を～して挨拶するim Namen der Freunde begrüßen. ～的な repräsentativ. ♦～者 Vertreter 男.～団 Delegation 女

タイピン Krawattennadel 女

ダイビング (飛び込み) Kunstspringen 中; (潜り) Tauchen 中

タイプ (型) Typ 男. ¶～する tippen. ♦～ライター Schreibmaschine 女

だいぶ ziemlich

台風 Taifun 男. ¶～の目 das Auge des Taifuns. 彼が今大会の～の目です Er ist der Schlüsselperson in diesem Spiel.

大部分 ⇨ 大半

太平洋 der Pazifik, der Pazifische Ozean

たいへんな ernst, anstrengend; (恐ろしい) schrecklich; (重大) wichtig; (ひどい) schlimm. ¶～に sehr; äußerst. これは~だ Mein Gott! | Um Gottes Willen!～な事をしでかしたものだ Er hat etwas Schreckliches getan. 見つかったら～だ Es ist schlimm, wenn es entdeckt wird.

大便 Kot 男

退歩 Rückschritt 男

逮捕 Verhaftung 女. ¶～する verhaften; festnehmen

大砲 Geschütz 中; Kanone 女

待望 lang ersehnt

台本 Textbuch 中; Drehbuch 中

タイマー Zeitschalter 男

怠慢 Versäumnis 中

タイミング ¶～のいい rechtzeitig

タイム Zeit 女; (試合中の) Spielunterbrechung 女. ¶～を計る die Zeit messen.～を要求する das Spiel unterbrechen

タイムリーな rechtzeitig

題名 Titel 男

代名詞 Pronomen 中

体面 Würde 女; (名誉) Ehre 女 ¶～を保つ das Gesicht bewahren

題目 Thema 中; Titel 男

タイヤ Reifen 男

ダイヤ (時刻表) Fahrplan 男

ダイヤ[モンド] Diamant 男

ダイヤル Wählscheibe 女

貸与する leihen (j^3 et^4)

太陽 Sonne 女. ¶～が昇る〈沈む〉Die Sonne geht auf〈unter〉. ♦～エネルギー Sonnenenergie 女.～系 Sonnensystem 中. ～光線 Sonnenlicht 中, Sonnenstrahl 男. ～電池 Sonnenbatterie 女. ～熱 Sonnenwärme 女. ～暦 Sonnenkalender 男

大洋 Ozean 男

代用 Ersatz 男. ♦～食 Ersatznahrung 女

平ら ¶～な〈に〉eben; flach; glatt.～にする ebnen; flach〈eben〉machen

平らげる (食い尽くす) aufessen; (平定する) unterwerfen; herrschen [über +4]

代理 Vertretung 女. ¶～の stellvertretend. 人の~を務める j^4 vertreten; die Vertretung für +4 übernehmen. ♦～業 Kommissionsgeschäft 中. ～業者 Vermittler 男, Agent 男, Vertreter 男. ～戦争 Stellvertreterkrieg 男. ～店 Agentur 女. ～人 Stellvertreter 男. ～母 Leihmutter 女

大陸 Kontinent 男; Erdteil 男. ♦～横断鉄道 transkontinentale Eisenbahn 女. ～間弾道弾 Interkontinetalrakete 女. ICBM 中. ～性気候 Kontinentalklima 中. ～棚 [Festlands]schelf 中. 新～der Neue Kontinent

大理石 Marmor 男

対立 Gegensatz 男. ¶～する [feindlich] gegenüberstehen (j^3)

大量 ¶～の viel.～に in großer Menge; in Massen. ♦～解雇 Massenentlassung 女. ～虐殺 Massaker 中. ～失業 Massenarbeitslosigkeit 女. ～生産 Massenfabrikation 女

大漁 guter Fang

体力 Körperkraft 女

タイル Fliese 女

ダイレクトメール [Post]wurfsendung 女

対話 Gespräch 中; Dialog 男

田植えをする Reis pflanzen

ダウン (ボクシング) nieder|gehen; zu Boden gehen

ダウンロードする herunter|laden

唾液(だえき) Speichel 男

堪え忍ぶ ertragen; aushalten; dulden

絶えず immer, ununterbrochen, ständig

絶え間ない andauernd, fortwährend, ständig, ununterbrochen, ewig. ¶～く ohne Pause, ununterbrochen

耐える・堪える tragen; ertragen; leiden; aushalten; erdulden. ¶耐えられる的 tragbar. この任に堪えられる der Aufgabe gerecht werden. 耐えられない nicht ertragen können. 堪え難い中 unerträglich. 聞くに堪えない悪口 unerträgliche Schimpfworte

絶える aufhören

楕円 Ellipse 女

倒す fällen; um|werfen; stürzen

タオル Handtuch 中; Waschlappen 男. ♦～掛け Handtuchhalter 男

倒れる [um]|fallen; um|stürzen; zusammen|brechen

高 ¶～を括る auf die leichte Schulter nehmen; bagatellisieren. 彼の実力では～が知れている彼の実力では～が知れている Mit seinem Können ist ein hohes Ziel nicht zu erwarten.

タカ Falke 男

だが aber; doch

高い (高さ) hoch; (声の) hell, laut; (高価な) teuer

互いに einander; gegenseitig. ¶～の

たがいちがい

互い違いに abwechselnd
高く hoch. ¶～上げる erheben.～する erhöhen; steigern.～評価する anerkennen; hoch schätzen. お～とまる stolz sein; hochmütig sein.～つく teuer werden
多額の eine große Summe
高さ Höhe 囡 ¶背の～ Größe 囡 3m の～3 Meter Höhe; 3 Meter hoch
高台 Hügel 男; Anhöhe 囡
たかだか höchstens
打楽器 Schlaginstrument 中
高跳び Hochsprung 男 ◆走り～ Hochsprung. 棒～ Stabhochsprung
高飛び ¶国外へ～する ins Ausland fliehen
高波 ¶～にのまれる in hohen Wellen verschwinden
高鳴り ¶胸の～を覚えた Ich spürte mein Herz hoch schlagen.
高値 ein hoher Preis 男 ¶～をつける einen hohen Preis erreichen.～で安定する in hohen Preisen stabilisieren
高嶺 ¶～の花だ unerreichbar sein. 富士の～ der hohe Berg Fuji
高望みする unerfüllbare Wünsche haben
高飛車 ¶～な態度 rücksichtsloses 〈freches〉 Benehmen 中.～に出る von oben herab handeln
高ぶる aufgeregt sein; *sich*[4] aufregen
高まる steigen; *sich*[4] steigern; *sich*[4] heben. ¶生命倫理への関心が高まっている Das Interesse für Bioethik steigt.
高み ¶～の見物をする dabei sein und einfach nur zusehen; unbeteiligter Zuschauer sein
高める bearbeiten; heben; erhöhen
耕す bearbeiten; bebauen
宝 Schatz 男 ¶～捜し Schatzsuche 囡 ～島 Schatzinsel 囡 ～の持ち腐れ ein Schatz, den man nicht einzusetzen ist.
だから also; folglich; darum; deshalb. ¶それ～deshalb; daher; darum. ～といって trotzdem. ～言っただろう Deshalb habe ich dir das doch gesagt! | Na, siehst du! ～行くのは嫌だったんだ Deshalb wollte ich nicht mit.
宝くじ Lotto 中; Lotterie 囡; Los 中 ¶～を買う ein Los kaufen. ～で1千万円当たる mit einem Lo 10 Millionen Yen gewinnen
たかる (人が) *sich*[4] sammeln; (虫が) schwärmen [um *+*[4]]
[…し]たがる (人が) (傾向に) dazu neigen [＋Zu 不定詞句]
多感な sentimental; empfindsam
滝 Wasserfall 男
抱き上げる auf den Arm nehmen
薪 Brennholz 中
タキシード Smoking 男
多義的な vieldeutig; mehrdeutig
焚(た)き火 ¶～をする Feuer machen
妥協 Kompromiß 男 ¶～する einen Kompromiß schließen
炊(た)く kochen
抱く auf den Armen nehmen
卓越した hervorragend

910

たくさん[の] viel. ¶もう～だ Nun aber genug!
タクシー Taxi 中 ¶～で行く mit Taxi fahren. ～で行く〈を拾おう〉 Nehmen wir mal ein Taxi. ◆乗り場 Taxistand 男
託児所 Kinderkrippe 囡
託(た)す an|vertrauen
タクト (拍子) Takt 男; (指揮棒) Taktstock 男
宅配 die Zustellung von Haus zu Haus; eine frei-Haus-Sendung 囡
たくましい kräftig; stark; robust
巧みな geschickt; gewandt; elegant; raffiniert
企み Intrige 囡
企む (計画する) planen. ¶陰謀を～ Intrigen spinnen
蓄え Vorrat 男; (貯金) Ersparnisse 複
蓄える aufspeichern; aufbewahren. ¶お金を～ Geld sparen. 髭を～ *sich*[3] einen Bart wachsen lassen
竹 Bambus 男
丈 Größe 囡 ¶ドレスの～ die Länge des Kleides
…だけ nur; allein; bloß; einzig; nur. ¶それができるのはあなただけです Nur Sie können das machen. それ～で言えば全部だ. これでは言っとく Das möchte ich noch gesagt haben. 自慢する～あって立派なものだ Du hast ja Recht mit deinem Stolz. | Das ist wirklich toll.
竹馬 Stelze 囡
打撃 Schlag 男; Streich 男
だけど aber
タケノコ(筍) Bambussprössling 男
タコ(蛸) Achtfüß[l]er 男
たこ(凧) Drachen 男 ¶～揚げをする einen Drachen steigen lassen
たこ(胼胝) Schwiele 囡
蛇行する *sich*[4] schlängeln
多国籍 ◆～企業 multilateral 〈interna­tional〉 operierendes Unternehmen 中
他言する weiter|sagen; aus|plaudern
多彩な bunt
多産な fruchtbar; ergiebig; produktiv
打算 Berechnung 囡 ¶～的な berechnend
山車(だし) geschmückter Festwagen 男
確かな sicher; gewiß; zuverlässig. ¶～ですか Ist das sicher? それは～です Das ist sicher. ～な筋の情報です Das ist eine Information aus zuverlässiger Quelle. ～に bestimmt, gewiss, sicher. ～に…ぞ～に… zwar…, aber…
確かめる *sich*[4] vergewissern [*et*[2]]. ¶自分の目で～ *sich*[4] mit eigenen Augen überzeugen
足し算 Addition 囡 ¶～をする addieren
出し抜けに plötzlich; unerwartet
打者 Schläger 男
だじゃれ ein blöder Witz 男
多種多様な verschiedenartig
多少 ein wenig; etwas
多色の bunt
たじろぐ stutzen
打診する (医者が) ab|klopfen. ¶人の意

向を〜j⁴〈bei +3〉 sondieren
多神教 Polytheismus 男
足す [A und B] addieren; hinzufügen [et⁴ zu +3]
出す（提供）**anbieten**;（金を）**ausgeben**;（手紙を）**abgeben**; **herausgeben**;（依頼）**aufgeben**;（取り出す）**herausnehmen**. ¶お茶を〜Tee servieren. 熱を〜Fieber bekommen. 店を〜ein Geschäft öffnen [．．．し]**だす** anfangen. ¶雨が降り〜Es fängt zu regnen an.
多数 **Menge**; **Mehrheit** 女. ¶〜のviel; zahlreich. ◆〜決 Mehrheitsbeschluss 男 〜派 Mehrheit 女
助かる **gerettet werden**; **sich⁴ retten**. ¶この辞書で大いに助かっている Dieses Wörterbuch hilft mir viel. 本当に助かりました Das war wirklich eine große Hilfe für mich.
助け Hilfe 女; Helfer 男
助け起こす aufheben
助ける **helfen**; **retten**. ¶助けてくれHilfe!
ダスターコート ein leichter Überziehmantel, Staubmantel
尋ね人 Vermisste[r] 男 女
尋ねる **fragen**; **sich⁴ erkundigen** [bei j³ nach +3]. ¶道を〜nach dem Weg fragen. ちょっとお尋ねしたいのですが Darf ich Sie kurz etwas fragen?
訪ねる besuchen; aufsuchen. ¶彼が訪ねてきた Heute Morgen besuchte er mich.
惰性 Trägheit 女;（習慣）Gewohnheit 女
黄昏（たそがれ）Dämmerung 女
蛇足ですが nebenbei bemerkt
ただ **umsonst**, **gratis**. ¶〜のコストenfrei, kostenlos. ¶この風邪でで〜ではないEine Erkältung. 〜同然で手に入れ た fast wie umsonst erhalten. こんなとしていて〜は済まされないよ Wenn du so was machst, wirst du noch was erleben. 〜でさえ寒いのに窓を開けるなんてんでもない Es ist doch so schön kalt, und du machst noch das Fenster auf? 〜ならぬ気配を感じる eine ernste Stimmung spüren. 〜より高いものはない Auch geschenkt ist nicht kostenlos. 転んでも〜では起きない Er ist sehr auf seinen eigenen Vorteil bedacht.
ただ[．．．だけ] **nur**; **bloß**. ¶彼は〜笑うばかりだった Er lachte nur. 〜の憶測にすぎない Das ist nur eine Vermutung.
だだ ¶〜をこねる quengeln
堕胎 Abtreibung 女
ただ今 jetzt; soeben;（直ちに）gleich
たたえる rühmen;[lob]preisen; loben; preisen
戦い **Kampf** 男; **Krieg** 男; **Schlacht** 女. ¶天下分け目の〜der entscheidende Kampf um Macht. 時間との〜Kampf mit der Zeit
戦う kämpfen
たたき切る zerschlagen
たたく **schlagen**; **hauen**; **pochen**; **klopfen**. ¶あいつは叩けばほこりが出る

Er verheimlicht uns etwas.
ただ事 ¶〜ではない eine ernste Sache sein
ただし allerdings; aber
正しい **richtig**; **gerecht**; **korrekt**. ¶君の判断は〜Deine Entscheidung ist richtig.
直ちに sofort
ただ乗りする ohne Fahrkarte fahren; schwarzfahren
ただ働き umsonst arbeiten
畳む [zusammen]falten
ただ者 ¶〜ではない Er ist kein gewöhnlicher Mensch.
ただれる sich⁴ entzünden
漂う treiben; schweben; schwimmen
ただれる sich⁴ entzünden
質 Natur 女; Eigenschaft 女. ¶〜の悪い bösartig; boshaft
．．．達 ¶学生〜Studenten 複 一般の人〜die normalen Leute
立ち会う anwesend sein [bei +3]
立ち上がる aufstehen; sich⁴ erheben
立ち上げる gründen; errichten; starten
立入禁止 Eintritt verboten!
立ち往生する stecken bleiben; stehen bleiben;（故障）eine Panne haben; mit einer Panne liegen bleiben
立ち聞きする lauschen [auf +4]
立ち食いする im Stehen essen
立ち去る weggehen; verlassen; fortgehen; abziehen
立ち止まる stehen bleiben; stillstehen
立ち直る sich⁴ erholen; sich⁴ bessern
立ち退く räumen; sich⁴ entfernen
立ち上る steigen; sich⁴ heben
立場 **Standpunkt** 男; **Stellung** 女; **Situation** 女; **Stand** 男 ¶私の〜にもなってみてください Stellen Sie sich mal vor, Sie wären in meiner Lage. …する〜にない nicht in der Lage sein [+ zu 不定詞句]. 〜を明確にする den Standpunkt klarmachen
たちまち sofort; plötzlich; auf einmal
立ち見席 Stehplatz 男
立ち向かう entgegentreten [j-m³]; sich⁴ wenden [gegen +4]
ダチョウ Strauß 男
立ち寄る vorbeikommen [bei +3]
立つ **sich⁴ stellen**. ¶．．．のそばに〜in der Nähe von +3 stehen. 30にして〜mit 30 selbstständig werden. 〜瀬がない in der Klemme sitzen. 立っている者は親でも使え Wenn sich die Gelegenheit bietet, sollte man nicht zögern, alle Möglichkeiten auszunutzen. 〜鳥跡を濁さず Hinterlasse alles so, wie du es vorgefunden hast.
建つ gebaut werden; stehen
経つ vergehen. ¶1年も経たないうちに．．．Noch nicht einmal ein Jahr ist vergangen, …に〜つれて mit der Zeit
発つ abfahren; verlassen; abfliegen
断つ abschneiden; aufgeben
裁つ [zu]schneiden
タツ（竜）Drache 男
卓球 Tischtennis 中
脱臼 Verrenkung 女

宅急便 Kurierdienst 男
タックル Tackling 中．¶〜する fangen
脱原発 Ausstieg vom Atomkraftwerk 中
だっこする auf dem Arm tragen
達者な gesund; gewandt
ダッシュする spurten; *sich*⁴ stürzen [auf⁺⁴]
脱出する entfliehen [aus⁺³]; entkommen [*et*³]; ausbrechen [aus⁺³]
達人 Meister 男
達する erreichen; gelangen
達成する erreichen; erzielen; leisten
脱税 Steuerhinterziehung 女
脱線する entgleisen; (話題などが) abschweifen. ◆〜事故 Entgleisung 女
脱走する entfliehen, entlaufen [aus⁺³]
たった nur; bloß. ¶〜5千円 nur 5 000 Yen. 〜今 gerade 〈eben〉 jetzt, soeben. 〜一人 nur allein
脱退する austreten [aus⁺³]
タッチ (ピアノなどの) Anschlag 男; (絵画) Strich 男. ¶〜する berühren. 〜ライン Seitenlinie 女
だって denn; selbst; sogar
たっての dringend
手綱 Zügel 男
たっぷり[の] reichlich; voll
竜巻 Windhose 女
縦 Länge 女. ¶〜に senkrecht. 〜30センチ Länge 30 Zentimeter. 〜に並べる der Länge nach legen. 〜のつながり eine vertikale Beziehung. 〜首をたてに振る nicken; zustimmen [*j*-et³]
盾 Schild 男
[…]たて[の] 〜焼き → frisch gebacken. 生み〜の卵 frische Eier
建て売りする fertig gebaut verkaufen
縦書きする von oben nach unten schreiben
立て掛ける lehnen; aufstellen
たてがみ Mähne 女
立て続けに am laufenden Band
立て札 Schild 中
建物 Gebäude 中
縦揺れ Vertikalbeben 中
縦と横 die Länge und die Breite
立てる stellen; aufstellen; aufstellen. ¶誓いを〜 schwören. 物音を〜 ein Geräusch machen. あちらを立てればこちらが立たず Man kann nicht jedem gefallen.
建てる bauen. ¶建て直す umbauen
縦割り 〜行政 nach Zuständigkeit eingeteiltes Verwaltungssystem 中
打倒する niederschlagen; (転覆する) umstürzen
妥当な gültig; angemessen; passend
他動詞 transitives Verb 中
たとえ…でも [auch] immer, obwohl, auch wenn. ¶〜何が起こっても was auch geschehen mag
例えば zum Beispiel; etwa
たとえる vergleichen [*et*⁴ mit⁺³]
たどる verfolgen
棚 Wandbrett 中; Regal 中; (書棚)

Bücherschrank 男; Regal 中
谷 Tal 中; Schlucht 女
ダニ Zecke 女; Milbe 女
他人 Fremde[r] 男/女. ¶〜の fremd. 〜行儀な *sich*⁴ wie ein Fremder benehmen. 〜の受け継れる偶然な類似けっきの〜事ではないと *sich*⁴ selbst betroffen fühlen. ◆〜資本 Fremdkapital 中
狸 Dachs 男
種 Samen 男; Kern 男. ¶〜なしスイカ eine kernlose Wassermelone 女. 〜をまく säen. 〜も仕掛けもございません Hier ist weder ein Trick noch sonst etwas dabei. まいた〜は自分で刈り取れ Kümmere dich um Probleme, die du selber verursacht hast. まかぬ〜は生えぬ Ohne Saat keine Ernte.
種明かしする offen gestehen; den Trick zeigen
種牛 Zuchtstier 男
種馬 Zuchtpferd 中
種切れになる Der Stoff geht aus.
種まき Säen, Saat 女. ¶〜する säen. ◆〜機 Sämaschine 女
楽しい froh; fröhlich; vergnügt. ¶パーティーは楽しかった Die Party war schön.
楽しげに fröhlich **楽しさ** Freude 女
楽しませる unterhalten; belustigen; amüsieren
楽しみ Vergnügen 中; Spaß 男 ¶〜にして待つ *sich*⁴ freuen [auf⁺⁴]
楽しむ *sich*⁴ freuen [an⁺³]; genießen
頼み Bitte 女. ¶〜があるんだけど Kannst du mir einen Gefallen tun? 〜の綱が切れた Das war meine letzte Hoffnung.
頼む bitten; (依頼する) auftragen [*j³ et*¹]. ¶人に…してくれと *j*⁴ um⁺⁴ bitten. 〜から一人にしてくれ Ich bitte dich, lass mich alleine. この件は彼に頼もう Die Angelegenheit bitten wir ihn um Hilfe. 私は頼まれると言えない性格です Ich kann nicht nein sagen.
頼もしい zuverlässig
束 Bündel 中; Bund 中
たばこ Tabak 男, Zigarette 女; Zigarre 女. ¶〜を吸う rauchen. 〜を吸っても構いませんか Darf man hier rauchen. 〜はご遠慮ください Bitte das Rauchen unterlassen. 〜をやめる das Rauchen aufgeben. ◆〜入れ Zigarettenetui 中 〜屋 Tabakladen 男
束ねる [in Bündel] zusammenbinden; binden; bündeln
旅 Reise 女. ¶〜をする reisen, eine Reise machen. 〜に出る verreisen. 〜芸人 fahrendes Volk 中 可愛い子には〜をさせよ Wem Gott will eine rechte Gunst erweisen, den schickt er in die weite Welt. 〜の恥はかき捨て In der Fremde gelten andere Benimmregeln. 〜は道連れ世は情け Ein Leben in Harmonie, wie mit guten Gefährten auf der Reise.
たび ¶…の〜に jedes Mal, wenn…; [immer] wenn…; sooft… 来る〜に je-

des Mal, wenn er kommt
足袋 die japanischen Schnallensocken; Tabi 圈
度重なる wiederholt. ¶～不始末 wiederholte Verfehlungen 圈
旅先 auf der Reise
旅支度をする Reisevorbereitung treffen
旅立つ eine Reise antreten, abreisen. 旅立ち Abreise 囡
たびたび oft; häufig
旅人 Reisende(r) 圐 男, Wanderer 圐
ダビングする kopieren
タフな zäh; beharrlich
タブー Tabu 中
だぶだぶの zu weit; zu groß
ダブる (重複) sich⁴ wiederholen; (画面が) sich⁴ überlappen; (落第) sitzen bleiben. ¶ 休日が重なって～た Der Feiertag fällt auf einen Sonntag.
ダブルの doppelt. ◆～クリック Doppelklick 圐 ～ベッド Doppelbett 中
ダブルス Doppelspiel 中; Doppel 中. ◆混合～ gemischtes Doppel
たぶん wahrscheinlich; wohl; vielleicht. ¶ 事故の恐れが大いにある Die Wahrscheinlichkeit der Verunglückung ist groß.
食べ飽きる ¶ エスニックは食べ飽きた Ich kann keine exotische Küche mehr riechen.
食べ歩き ¶ いろいろな店を～する in verschiedenen Restaurants essen gehen
食べ掛けの angebissen. ¶ ～で席を立つな Steh beim Essen nicht auf!
食べ頃 ¶ この桃は～だ Diese Pfirsiche sind gerade richtig.
食べ盛り ¶ ～の子供たち Kinder im Entwicklungsstadium
食べず嫌い ¶ ～である abgeneigt sein, ohne es jemals ausprobiert zu haben
食べ過ぎる zu viel essen
食べ尽くす verzehren
食べ残す liegen lassen, übrig haben. 食べ残し Reste 圐
食べ放題 ¶ この店は2千円で～だ In diesem Restaurant bekommt man zu 2 000 Yen Büffet.
食べ物 Essen 中; (料理) Speise 囡; (食料品) Lebensmittel 中
食べる essen; (動物が) fressen. ¶ 外で～ auswärts essen. 朝ご飯を食べましたか Haben Sie schon gefrühstückt? 何か食べながら話す essen wir etwas. 昼飯を食べながら während des Mittagessens. 子供に食べさせる dem Kind etwas zu essen geben. このキノコは食べられる Dieser Pilz ist essbar. 彼女に食べさせてもらっている Ich lasse von ihr ernähren. この薄給じゃ食べていけない Mit diesem Gehalt kann man nicht leben.
他方で andererseits; (一方で) einerseits
多忙な beschäftigt. ¶ ～である beschäftigt sein. ～を極める äußerst beschäftigt sein
多面的の vielseitig, verschieden
玉 (球) Ball 圐 (電球) Birne 囡; (弾丸) Kugel 囡 ¶ パチンコの～ Spielkugel. 100円～ 100 Yen Stück 中 ～の汗 Schweißperlen 圐 ～のような赤ん坊 ein süßes Baby 中 ～を転がすような美声 goldene Stimme 囡 ～に瑕(ｷｽ) ein einziger Fehler 圐
球 Ball 圐; Spielball 圐
弾 Kugel 囡; Kanonenkugel 囡
卵 Ei 中; (魚類の) Laich 中 ¶ ～を産む Eier legen. ～を抱く brüten. ～を孵(ｶｴ)す Eier ausbrüten. ～を割る(かき混ぜる) das Ei aufschlagen (schlagen). ～の殻 Eierschale 囡 ¶ 小説家の～ angehender Schriftsteller 圐
魂 Seele 囡; Geist 圐 ¶ ～の抜けた seelenlos. 三つ子の百まで Was Kinder früh lernen, behalten sie ewig. 一寸の虫にも五分の～ Selbst der Wurm hat seine Seele.
だまし討ち ¶ ～に遭う hinterlistig angegriffen werden. ～にする heimtückisch herfallen (über+⁴)
だまし取る 人から～を j⁴ um+⁴ betrügen
だます betrügen; täuschen; schwindeln; hintergehen. ¶ まんまと彼女にだまされた Sie hat mich so einfach betrogen. だまされやすい leichtgläubig sein
たまたま zufällig
玉突き Billard 中 ◆～衝突 Massenkarambolage 囡; (台数が少ない場合) Auffahrunfall 圐 ～台 Billardtisch 圐
黙って schweigend. ¶ ～いる schweigen; verschweigen; stumm sein
たまに ab und zu; gelegentlich
たま手箱 Schatzkästlein 中
タマネギ (玉葱) Zwiebel 囡
玉の輿 ¶ ～に乗る sich⁴ weich betten
玉虫 Prachtkäfer 圐 ¶ ～色の schillernd; (比喩的) vieldeutig. ～色の答弁をする vieldeutige Antwort geben
たまらない (我慢できない) unerträglich; (抵抗できない) unwiderstehlich
たまりかねる ¶ たまりかねて彼らを叱った Ich musste sie ausschimpfen.
黙り込む sich⁴ in Schweigen hüllen
溜(ﾀ)まる sich⁴ ansammeln; sich⁴ anhäufen; (増える) anwachsen. ¶ 机の上に埃が溜まった Auf dem Tisch sammelt sich Staub. 仕事が～ Die Arbeit häuft sich. 家賃が～ Die Miete häuft sich an.
堪る ¶ 彼に負けて～か Wie werde ich doch nicht nachstehen. そんなことがあって～か Das kann doch nicht wahr sein.
黙る schweigen, den Mund halten; (緘秘) verschweigen. ¶ 黙っていろ schweige still. 黙って出て行く fortgehen, ohne etwas zu sagen. 黙って働く schweigend arbeiten. 黙って言われた通りにしろ Tu' was man Dir gesagt hat, und frag' nicht. 黙れ! Ruhe!
ダム (Stau)damm 圐; Talsperre 囡
ため (為) ¶ ～の～(に) (利益・目的) ～の為+⁴; wegen+²; infolge+². ～になる (教化的) erbaulich; (体・健康の) nützlich; Gewinn bringend. ～する～に

だめ 914

um [+zu 不定詞句]. 何の〜にそうするのか Wozu macht man das? 風邪の〜で学校を休む wegen Erkältung in der Schule fehlen. 独立さに〜に勤めを辞めた Ich habe die Stelle gekündigt, um mich selbstständig zu machen. これは君の〜だ Das ist deinetwegen.
だめ ¶[…しても]〜である umsonst; vergeblich. […しては]〜だ nicht dürfen. 〜にする(壊す) kaputt machen; (失敗する) verderben. 〜になる scheitern; misslingen; kaputtgehen; schief gehen. もう〜だ Das ist nicht mehr zu retten. これじゃ〜だ Das geht nicht. 〜でももとだ Das war schon sowieso. 〜を押す sich[4] noch einmal vergewissern. 〜押しをする neue Anweisungen geben. 〜押しの1点をあげる den endgültigen Punkt angeben
溜息(ためいき) Seufzer 男 ¶〜をつく seufzen
試し Probe 女
試す probieren; versuchen; prüfen
ためらう 〜がちに zögernd. 〜もなく ohne Zögern
ためらう zögern
貯(た)める sparen. ¶金を〜 Geld sparen
溜(た)める anhäufen; sparen. ¶仕事を〜 die Arbeit anhäufen lassen. 溜め込む eifrig sammeln
他面的な vielseitig
保つ halten; bewahren. ¶平静を〜 Ruhe bewahren. 面目を〜 das Gesicht wahren
たやすい leicht
多様な mannigfaltig; vielfältig
便り Nachricht 女; Brief 男 ¶人から〜がある(をもらう) von[+3] Brief erhalten. 風の〜によると〜 Ich habe gehört, dass... 〜のないのはよい Keine Nachricht, gute Nachricht.
頼り 〜にしている angewiesen sein [auf[+4]]. 〜にする sich[4] verlassen [auf[+4]]. 〜になる zuverlässig. 〜ない unzuverlässig. 〜ない返事 eine nichts sagende Antwort
頼る sich[4] halten [an[+4]]; sich[4] verlassen [auf[+4]]
タラ(鱈) Kabeljau 男
…たら ¶雪が降ら〜 wenn es schneit. もしなかっ〜 wenn es nicht geben sollte
たらい Wanne 女
堕落 Verdorbenheit 女 ¶〜する verderben; herunterkommen
…だらけ ¶ …である voll von[+3] sein; lauter... sein
だらける faul werden; schlaff werden; träge werden
だらしない schlampig; nachlässig; unordentlich sein
垂らす hängen
…足らず weniger als... ¶1時間〜で in einer knappen Stunde. 1年〜 knapp ein Jahr.
だらだら ¶〜した話 weitschweifige Rede 女 〜した態度 lässige Haltung 女 〜と長引く sich[4] hinziehen
タラップ Gangway 女; Fallreep 中

だらりと schlaff: locker
たり ¶彼は来〜来なかっ〜だ Mal kommt er, mal kommt er nicht.
ダリア Dahlie 女
足りない fehlen, mangeln (j[3]); nicht ausreichen. ¶経験が〜 Es mangelt an Erfahrungen.
多量の eine Menge 女 ¶〜に in Mengen; viel
足りる genügen; ausreichen. ¶これで用は〜よ Das wird schon reichen.
樽 Fass 中
だるい müde; matt; schlaff
だるま Bodhidharma 男 ◆〜ストーブ Kanonenofen 男 〜人形 Dharma-Puppe 女
たるむ schlaff werden; erschlaffen
誰 wer. 〜が wer. 〜の wessen. 〜に wem. 〜を wen. 〜か jemand. 〜は jeder. 〜も…ない keiner; niemand. 〜とはなしに irgendjemand. 〜のですか Wem gehört das? 〜か助けて Hilf mir jemand! 〜かと思ったら Ich habe Sie verwechselt. 〜彼れに alle, jeder. 〜彼の区別なく alle ohne Ausnahme. 某(なにがし)氏 Herr Soundso. 〜一人として質問に答えられなかった Niemand konnte die Frage beantworten. 〜〜しとして知らないものはいなかった Jeder kannte es. 〜も彼も alle, jedermann
垂れる hängen
タレント Fersehschauspieler 男
たれる werden; mögen. ¶明日は雪〜 Morgen wird es wohl regnen.
タワー (塔) Turm 男; (建物) Hochhaus 中
たわし Scheuerbürste 女
たわむ sich[4] krümmen
痰(たん) Schleim 男; Auswurf 男
団 Verband 男; Gruppe 女
壇 Podium 中; (祭壇) Altar 男
段 Stufe 女
弾圧する unterdrücken
単位 Einheit 女
単一の einzeln; einzeln
担架 Tragbahre 女
単価 Stückpreis 男
啖呵(たんか)を切る großspurig auftreten
タンカー Tanker 男
段階 Stufe 女; Grad 男; Ebene 女 ¶〜的に stufenweise
単科大学 Hochschule 女
嘆願 ¶ …を〜する um[+4] flehen [bei[+3]]. ◆〜書 Bittschreiben 中
弾丸 Kugel 女; Geschoss 中 ¶〜を込[bei[+3]] laden
短気な ungeduldig; reizbar; hitzig
短期の kurzfristig. ◆〜公債 kurzfristige Anleihe 女 〜大学 zweijährige Hochschule 女
探究する erforschen
短距離 kurze Strecke 女 ◆〜競走 Kurzstreckenlauf 男 〜ランナー Kurzstreckenläufer 男; Sprinter 男
タンク Behälter 男; Panzer 男 ◆〜ローリー Tankwagen 男
団結 Vereinigung 女 ¶〜する zusammenhalten; sich[4] vereinigen
探検[隊] Expedition 女 ¶〜する

erforschen
短剣 Dolch 男
断言する beteuern; versichern; (主張する) fest behaupten
単語 Wort 中
タンゴ Tango 男
端午 ¶～の節句 das Knabenfest
断固とした bestimmt, entschieden. ¶～として entschieden
団子 Kloß 男; Knödel 男
炭坑 Kohlenbergwerk 中
ダンサー Tänzer 男
断罪する verurteilen; verdammen
探査機 Raumsonde 女
炭酸 Kohlensäure 女 ¶～水 Sprudel 男
男子 Junge 男; (男性) Mann 男 ◆～生徒 Schüler 男
断食する fasten
断じて…ない auf keinen Fall...; ganz und gar nicht...
短縮する verkürzen; abkürzen
単純な einfach; schlicht; einfach. ◆～化 Vereinfachung 女 ～化する vereinfachen; ～労働 einfache Arbeit
短所 Nachteil 男; Schwäche 女 ¶長所と～ Stärke und Schwäche
男女 Mann und Frau. ◆～同権の Gleichberechtigung von Mann und Frau
誕生 Geburt 女 ¶～する geboren werden. ◆～祝い Geburtstagsfeier 女; (贈り物) Geschenk zur Geburt 中～パーティー Geburtstagsparty 女 ～日 Geburtstag 男 ～日おめでとう Herzlichen Glückwunsch zum Geburtstag!
単身で allein. ¶～赴任している Er lebt ohne seine Familie am Arbeitsplatz. ◆～者 Unverheiratete[r] 男女
短針 Stundenzeiger 男
たんす [Kleider]schrank 男
ダンス Tanz 女 ◆～パーティー Ball 男; Tanzparty 女
淡水 Süßwasser 中
単数 Einzahl 女
男性 Mann 男 ¶～の männlich
断然 entschieden; bestimmt; äußerst
炭素 Kohlenstoff 男
断続的に stoßweise; ruckweise
短大 zweijährige Hochschule 女
団体 Verein 男; Gruppe 女; Gesellschaft 女; Verband 男 ¶～旅行 Gruppenreise 女
淡々と ¶～とした nüchtern, unbekümmert. ～と語る nüchtern sprechen
だんだん allmählich, nach und nach
団地 [Wohn]siedlung 女
単調 eintönig; monoton
短調 Moll 中
団長 Leiter 男; Führer 男
探偵 Detektiv 男
担当する übernehmen
短刀 Dolch 男
単刀直入に direkt; offen
単独(の)で einzeln, allein. ¶～トップに立つ allein an der Spitze stehen. ～行動 Alleingang 男 ～審議 Diskussion ohne Teilnahme der Oppositionspartei ～内閣 Einzelparteikabinett 中 ～犯 Einzelverbrecher 男
段取り Vorbereitung 女
単なる nur; bloß
単に nur. ¶～…ばかりでなく nicht nur..., sondern
担任 Klassenlehrer 男 ¶～する die Klasse übernehmen
丹念な sorgfältig. ¶～に sorgfältig; gründlich
断念する verzichten [auf⁺⁴]; aufgeben
堪能な bewandert; geschickt
胆嚢(のう) Gallenblase 女
短波 Kurzwelle 女
淡白な (性格)unkompliziert; (金銭) unbefangen; (味)leicht, nicht fett
蛋白質(たんぱく) Eiweiß 中 ◆～質 Eiweiß 中 動物性～質 das tierische Eiweiß. 植物性～質 das pflanzliche Eiweiß
タンバリン Tamburin 中
ダンプカー Kipper 男
短編 ◆～映画 Kurzfilm 男 ～小説 Novelle 女; Kurzgeschichte 女
断片 Fragment 中; Stück 中
田んぼ Reisfeld 中
担保 Pfand 中, Sicherheit 女 ¶～に入れる als Pfand geben [et⁴ für⁺⁴]. ～に取る als Pfand nehmen. 家を～にして金を借りる Ich leihe Geld mit meinem Haus als Pfand. 無～で ohne Pfand. ◆～付き貸付 gedeckter Kredit 男 ～物権 Pfandrecht 中
暖房 Heizung 女 ¶～する heizen. ◆～器具 Heizapparat 中
段ボール Wellpappe 女 ◆～箱 Karton 男
タンポポ Löwenzahn 男
たんまり[と] haufenweise
断面 Schnitt 男; Schnittfläche 女
弾薬 Munition 女
段落 Einschnitt 男; Absatz 男
暖流 warme Meeresströmung 女
弾力 Elastizität 女 ¶～的な elastisch
鍛錬する abhärten; stählen; trainieren
暖炉 Kamin 男; Ofen 男

ち

血 Blut 中 ¶～が出る bluten. ～のついた blutig. 傷口から～が出ている Die Wunde blutet. ～も涙もない kaltblütig
地 Erde 女
治安 ¶～がよい〈悪い〉Die öffentliche Sicherheit ist gut〈schlecht〉. ～を維持する〈乱す〉die öffentliche Sicherheit wahren〈gefährden〉
地位 Stellung 女; Posten 男; Position 女; Rang 男 ¶社会的な～が高い〈低い〉hohe〈niedrige〉gesellschaftliche Stellung haben. 重要な～を占める eine wichtige Stelle einnehmen. ～に就く eine Stelle einnehmen
地域 Raum 男; Bezirk 男; Gebiet 中; Gegend 女; Viertel 中; Zone 女 ¶～の regional; örtlich. ～別に je nach Region. ◆～開発 Regionalerschließung 女 ～経済 Regionalwirtschaft 女

ちいさい

~差 regionale Unterschiede 囡 ~業 regionale Industrie 囡 ~社会 Regionalgemeinschaft 囡, Bezirksgemeinschaft 囡 ~住民 Einwohner 團 ~主義 Regionalismus 團 ~団体 Anwohnergruppe 囡

小さい klein; (少ない) **gering**; (音が) **leise**. ~い声で mit leiser Stimme. ~時に in der Kindheit. 気が~ schüchtern sein. 声を小さくする die Lautstärke leiser 〈kleiner〉 stellen. 小さくする klein werden. 小さ目に切る in kleinen Stücken schneiden

チーズ Käse
チーター Gepard 團
チーフ Chef 團
チーム Mannschaft 囡; Team 囡 ~ワーク Teamwork 囡
知恵 Weisheit 囡 ¶~のある klug; intelligent. ~が回る gescheit. 人に～を貸す j^4 beraten, j^3 einen Rat erteilen. ~を絞る $sich^3$ das Hirn zermartern. ~をつける einen Tip geben (j^3). ~の輪 Geduldsspiel mit Ringen ~比べをする Klugheit messen [mit +³]. ♦~者 ein kluger Kopf 團 ~袋 die Quelle der Weisheit

ちぇ Pfui!
チェアマン Vorsitzende[r] 團 囡
チェーン Kette 囡 ♦~店 Kettengeschäft 甲; (レストラン) Kettenrestaurant 甲
チェス Schach 甲
チェック (模様) karriertes Muster 甲 ¶～する checken; ankreuzen. ♦～アウト Checkout 甲 ~アウトする abreisen. ~イン Check-in 甲 ~インする einchecken. ~ポイント Checkpoint 團
チェロ Cello 甲; Violoncello 甲
地下 ¶~の unterirdisch; unter der Erde. ~に潜る in den Untergrund gehen; untertauchen. ~街 unterirdische Geschäftsstraße 囡 ~資源 Bodenschätze 團 ~駐車場 Tiefgarage 囡
地価 Grundstückspreis 團
近い nahe. ¶駅はここから～ Der Bahnhof ist in der Nähe. もう12時に～ Es ist gleich 12 Uhr. ~うちに bald. それは不可能に～ Das ist fast unmöglich.
誓い Eid 團
地階 Untergeschoss 甲; Souterrain 甲
違い Unterschied 團 ¶大～である ein großer Unterschied sein. 5分～で彼に会えなかった Ich habe ihn um 5 Minuten verpasst.
違いない müssen. ¶それは本当に～ Das ist sicher die Wahrheit. 明日は雨に～ Morgen wird sicher regnen.
治外法権 Exterritorialität 囡
誓う schwören
違う verschieden sein; (間違える) $sich^4$ **irren**. ¶違った verschieden;(間違った) falsch. …と違って anders als... 意見が～ verschiedene Meinungen haben. ~方向に行く in eine andere Richtung gehen.
近く ¶~の in der Nähe; nah. …の～に bei +³; in der Nähe von +³. …から見る

von der Nähe betrachten. 百人の人々 beinahe 100 Leute 甲
知覚 Wahrnehmung 囡; Sinn 團 ¶~する wahrnehmen
地学 Geologie 囡
近頃 neuerdings; heutzutage; neulich
地下室 Keller 團
地下水 Grundwasser 甲
近づく $sich^4$ **nähern**; **herankommen**; **zugehen**; **anfahren**. パーティーも終わりに近づいた Die Veranstaltung näherte sich dem Ende zu. 試験が近い Das Examen rückt heran. 見知らぬ人が近づいてきた Ein Unbekannter näherte sich. あいつには～!Vermeid seine Nähe!

近づける heranbringen lassen [...とは] **違って** anders [als...]
地下鉄 U-Bahn 囡; Untergrundbahn 囡 ¶~で行く mit der U-Bahn fahren
近道 Unterführung 囡 kürzerer Weg 團; Abkürzung 囡 ¶~する den Weg abkürzen
近寄る $sich^4$ **nähern** [j-et^3]; **herankommen** [j^3]
力 Kraft 囡; **Macht** 囡; **Fähigkeit** 囡 ¶~の限り nach allen Kräften. ~が尽きる j^2 Kraft ist zu Ende. ~を合わせる die Kräfte vereinigen. ~を落とす entmutigt sein. ~をかす Kraft leihen [j^3]. ~を出し切る seine ganze Kraft einsetzen [in +³]. ~を尽くす seine ganze Kraft hineinlegen. ~を発揮する seine Kraft voll zur Geltung bringen. 政治の～で mit politischer Macht. ~一杯 unter Einsatz aller Kräfte. ~比べをする seine Kraft messen [an +³]. ~自慢する vor Kraft strotzen. ~すくで mit Gewalt. ~試しする seine Kräfte messen [an +³]. ~づける ermutigen, ermuntern. ~強い kräftig; mächtig. ~強く kräftig. ~強く思う $sich^4$ gestärkt fühlen. ~ずくで mit Gewalt. ~負けする an Kräften unterliegen [j^3]. ~持ちだ Er ist ein Herkules. ♦~関係 Machtverhältnisse 甲 ~仕事 Muskelarbeit 囡 ~添え Beistand 團 ~添えをする beistehen, Beistand leisten [j^3]. …の～添えで durch die Hilfe von +³
痴漢 Belästiger 團
地球 Erde 囡 ♦~温暖化 globale Wärmung 囡 ~儀 Globus 團
ちぎる abreißen
ちぎる brechen; abreißen
チキン (肉) Hühnerfleisch 甲 ♦~ロースト Hühnerbraten 團
地区 Bezirk 團; Gebiet 甲
畜産 Viehzucht 囡
畜生 Tier 甲; (罵り) Mensch! | Mann!
ちくちくする jucken. ⇒ かゆい
蓄電池 Akkumulator 團
地形 Gelände 甲
チケット Ticket 甲
遅刻 Verspätung 囡 ¶~する $sich^4$ verspäten; zu spät kommen. ♦~届 die schriftliche Entschuldigung für die Verspätung

知事 Gouverneur 男
知識 Kenntnis 女; Wissen 中 ¶かなりの〜がある ziemlich gute Kenntnisse besitzen〈über+4〉.〜を得る Kenntnisse erwerben. ◆〜欲が旺盛である große Wissbegierde haben. ◆〜階級 Intelligenz 女 〜人 Intellektuelle[r] 男
地上 Erde 女 ¶〜らしい irdisch. 〜で auf der Erde; auf dem Boden. 〜の楽園 das Paradies der Erde. ◆〜権 Erdbaurecht 中
知人 Bekannte[r] 男
地図 Karte 女; Landkarte 女; Plan 男; Stadtplan 男 ¶〜で探す auf einer Landkarte suchen. ◆〜帳 Atlas 男
血筋 Herkunft 女; Abstammung 女
知性 Intellekt 男 ¶〜的な intellektuell
稚拙な kindisch; unreif; ungeschickt
地層 Erdschicht 女
地帯 Zone 女
父[親] Vater 男 ¶〜らしい(のような) väterlich. 〜らしい ein typischer Vater 〜の 遺伝学の〜 der Vater der Genetik. 〜方の väterlicherseits
乳 Milch 女; Muttermilch 女 ¶〜を絞る melken
縮こまる sich⁴ zusammenziehen
縮む schrumpfen; 身の〜思いをする j³ sitzt die Angst im Nacken. 恐怖で縮み上がる vor Furcht zurückschrecken
縮める verkürzen; ab|kürzen
地中海 das Mittelmeer
縮れ毛の kraushaarig
縮れる sich⁴ kräuseln
秩序 Ordnung 女
窒素 Stickstoff 男
窒息 Erstickung 女 ¶〜する ersticken
ちっちゃな klein
チップ Trinkgeld 中; Stelle 女 ◆〜カード IC-Karte 女, Chipkarte 女
ちっとも…ない gar nicht
知的な intellektuell. ◆〜労働 geistige Arbeit 女
地点 Punkt 男; Stelle 女
血眼(まなこ)い blutig; blutrünstig
ちなみに nebenbei bemerkt; 略びるに
…にちなんで aus Anlass +²
知能 Intelligenz 女 ¶〜が高い intelligent sein. ◆〜検査 Intelligenztest 男 〜指数 Intelligenzquotient 男 〜指数が130ある Der Intelligenzquotient beträgt 130. 〜犯 ein intelligenter Verbrecher 男
ちび Knirps 男; Zwerg 男
乳房 Brust 女
チフス Typhus 男
地平線 Horizont 男
地方 Gegend 女; Landschaft 女; Land 中; Provinz 女 ¶〜の regional, lokal; provinziell. 〜的な lokal. ◆〜主義 Regionalismus 男 〜分権 Dezentralisation 女
緻(ち)密な genau
地名 Ortsname 男
致命的な tödlich; verhängnisvoll

茶 Tee 男 ¶〜を入れる Tee kochen〈machen〉.〜を出す Tee servieren[j³]; Tee an|bieten[j³].〜を一杯飲む eine Tasse Tee trinken. 濃い〈薄い〉〜 starker〈schwacher〉Tee. 〜の間の Wohnzimmer 中 ◆〜会 Teegesellschaft 女, Teezeremonie 女 〜菓子 Teegebäck 中 〜漉(こ)し Teesieb 中 〜匙 Teelöffel 男
チャーターする chartern; mieten
チャーミングな charmant; reizend
チャイム Glockenspiel 中
茶色 Braun 中 ¶〜の braun
茶化する ¶人の話を〜j² Worte ins Lächerliche ziehen
茶褐色 dunkelbraun
着 ¶6時京都発の列車で Zug mit Ankunft 6 Uhr Kyoto. 1〜で als Erste[r]. 2〜になる Zweite[r] werden, den zweiten Platz gewinnen. 背広1〜 ein Anzug 男
嫡子 Erbe 男
着実な sicher, solide, zuverlässig. ¶〜な歩みを続ける zuverlässige Fortschritte machen
着手する auf|nehmen, ein|leiten, in Angriff nehmen
着色 Färbung 女 ¶〜する färben [et⁴ mit+³]. ◆〜剤 Farbstoff 男 合成・料使用 künstliche Farbstoff benutzt
着水する auf dem Wasser landen
着席する Platz nehmen; sich⁴ setzten
着想 Einfall 男
着地 ¶〜する landen. 〜を見事に決める gut auf dem Boden landen
着々と langsam, aber sicher
着任する an|treten
着払いで per Nachnahme
着服する [Geld] unterschlagen
着目する ins Auge fassen; seinen Blick richten [auf+⁴]
着用する tragen, an|legen
着陸 Landung 女 ¶〜する landen. 〜体勢をとる in Landeposition eingehen. 強制〜する Zwangslandung fordern. ◆〜船 Landungskapsel 女
ちゃっかりした schlau, pfiffig
チャック [Reiß]verschluss 男
チャペル Kapelle 女
ちやほやする verwöhnen
チャリティー Wohltätigkeit 女; Karitas 女
チャレンジする heraus|fordern
茶碗 Tasse 女; Reisschale 女
チャンス Chance 女; Gelegenheit 女
ちゃんと ordentlich; genau; richtig. ¶〜した anständig. 〜した服装を vornehm gekleidet sein, sich⁴ fein machen. 家賃を〜払う die Miete ordentlich bezahlen. 〜した家の出である aus einem anständigen Haus stammen. 〜覚えています Daran kann ich mich⁴ gut erinnern.
チャンネル Kanal 男
チャンピオン Champion 男
治癒 Heilung 女
注 Anmerkung 女
-中[に] ¶食事〜に bei Tisch. 今週〜に noch in der Woche

注意 Achtung 囡; **Aufmerksamkeit** 囡; **Vorsicht**; **Warnung** 囡; **Aufmerksamkeit** 囡 ¶～する achten, Acht geben [auf⁺³]; beachten; aufpassen [auf⁺⁴]. ～を払う aufpassen [auf⁺⁴]; beachten; Acht geben [auf⁺³]. ～を促す j⁴ mahnen. ～深い aufmerksam; vorsichtig. ～深く vorsichtig

チューインガム Kaugummi 男

中央 Mitte 囡; Zentrum 囲 ¶～に in der Mitte; mitten

仲介する vermitteln. ◆～業者 Makler 男

宙返りする einen Purzelbaum schlagen; (飛行機が) einen Looping machen

中学 [校] Mittelschule 囡 ¶～生 Mittelschüler 男

中華料理 chinesische Küche 囡

中間 Mitte 囡 ¶～の mittler. …の～に zwischen et³ und et³. ¶～試験 Zwischenprüfung 囡

中級 Mittelstufe 囡 ¶～の mittler

中近東 der Nahe und Mittlere Osten

中空 の leer; hohl

中位の mittelmäßig. ¶～の大きさの von mittlerer Größe

中継 Übertragung 囡 ¶～放送する übertragen

中元 das Geschenk zu Jahresmitte

中古 ¶～の gebraucht; aus zweiter Hand. ◆～車 Gebrauchtwagen 男 ～品 Gebrauchtware 囡

忠告 Rat 男; Ratschlag 男 ¶～する raten, einen Rat geben [j³]. ～に従う einem Rat folgen

仲裁する schlichten

中産階級 Mittelstand 男

中止 Unterbrechung 囡; **Einstellung** 囡; **Ausfall** 男 ¶雨で～になる wegen Regen ausfallen. ～する abbrechen; aufhören [mit⁺³]

忠実な treu; getreu

注射 Spritze 囡 ¶～する spritzen

駐車する parken. ¶～禁止 Parken verboten! ◆～場 Parkplatz 男 ～メーター Parkuhr 囡

注釈 Anmerkung 囡

抽出する extrahieren; ausziehen

中旬に Mitte des Monats

中傷 Verleumdung 囡 ¶～する verleumden

抽象 ¶～的な abstrakt. ◆～画 abstrakte Malerei 囡

中小企業 mittlere und kleine Unternehmen 複

昼食 Mittagessen 中; Mittagbrot 中 ¶～をとる zu Mittag essen. ◆～会 gemeinsames Mittagsmahl 中

中心 Mittelpunkt 男; Zentrum 中; Mitte 囡 ¶～の zentral, Zentral-. ～に im Zentrum. …の～に in der Mitte von⁺³. …となる im Mittelpunkt der Bewegung stehen. 話題の～ zentraler Gesprächsstoff 男. ◆～人物 Zentralfigur 囡 ～地 Zentrum 中

中世 Mittelalter 中

中性 Neutrum 中 ¶～の neutral

忠誠 Treue 囡; Loyalität 囡

抽選 Verlosung 囡

鋳造する gießen; prägen

中退する sein Studium ab|brechen; aus der Schule treten

中断 Unterbrechung 囡 ¶～する ab|brechen; unterbrechen; ab|setzen

躊躇(ちゅうちょ)する zögern. ¶～しながら zögernd. ～せずに ohne zu zögern

中途(で) halbwegs; auf dem halben Weg

中東 der Mittlere Osten

中毒 Vergiftung 囡

チューナー Tuner 男

中二階 Zwischengeschoss 中

中年 ¶～の男 ein älterer Mann 男

中盤 (サッカーの) Mittelfeld 中; (中ほど) Mitte 囡

中部 mittlerer Teil 男 ◆～ドイツ Mitteldeutschland

チューブ Tube 囡; Luftschlauch 男

中腹に auf der halben Höhe des Berges

注目 Aufmerksamkeit 囡 ¶～を achten [auf⁺³]. ～すべき bemerkenswert. ～に値する bemerkenswert; merkwürdig. ～を集める die Aufmerksamkeit auf sich⁴ ziehen. ～を浴びる die Aufmerksamkeit auf sich⁴ gerichtet werden. ～の的である in der öffentlichen Aufmerksamkeit stehen

注文 Auftrag 男; Bestellung 囡 ¶人に～する bei⁺³ bestellen. 外国に本を～する ein Buch im Ausland bestellen. 大口の～取る〈に応じる〉 Sammelbestellung bekommen〈entgegen|nehmen〉. 急ぎの～ Eilbestellung. 無理の～をつける schwierige Bedingungen stellen. ～建築の家 ein Haus auf Bestellung. ◆～書 Bestellschein 男 ～品 Bestellung 囡

注油する schmieren; tanken

中庸 Maß 中 ¶～を守る Maß halten

中立 Neutralität 囡 ¶～の neutral

チューリップ Tulpe 囡

中流 der Mittellauf eines Flusses. ◆～階級 Mittelklasse 囡

中和する neutralisieren

兆 Billion 囡

長 Chef 男

腸 Darm 男

チョウ(蝶) Schmetterling 男 ◆～ネクタイ Fliege 囡

寵愛 Gunst 囡

調印する unterzeichnen

超音速 Überschallgeschwindigkeit 囡

超音波 Ultraschall 男

超過 Überschreitung 囡 ¶～する überschreiten. ◆～勤務 Überstunden 複

懲戒 ◆～免職 Disziplinarentlassung 囡

聴覚 Gehör 中; Ohr 中

朝刊 Morgenausgabe 囡

長官 Leiter 男 ¶防衛庁～ Verteidigungsminister 男

長期の langfristig; lange dauernd

調教 Dressur 囡 ¶～する ab|richten; dressieren

長距離 eine lange Strecke 女; ~の Langstrecken-; Fern-. ◆~電話 Ferngespräch

徴候 Anzeichen 男; Symptom 中

調合 Zubereitung 女; ¶~する dosieren; zubereiten

超高層ビル Wolkenkratzer 男

彫刻 Bildhauerei 女; Skulptur 女; Plastik 女. ¶~する schnitzen. ◆~家 Bildhauer 男

超克 Überwindung 女

調査 Untersuchung 女 ¶~する untersuchen; nachforschen. ~中である in Untersuchung sein

調子 Ton 男. ¶~がいい〈悪い〉in guter Form〈schlechter Verfassung〉sein. 機械の~が悪い Die Maschine läuft nicht in Ordnung. やっと~が出てきた Endlich ist der Rhythmus wieder drin. | Endlich funktioniert es bei mir. その~だ Gut so! Weiter so! ~よく事が進んだ Die Sache ging flott voran. ~に乗るなよ Du darfst nicht zu weit gehen. ~に乗ってしゃべりまくる unbefangen schwatzen; bedenkenlos weiterreden. ~に乗って Die Sache ging flott vosich opportunistisch. 人と~を合わせる mit +3 gut auskommen. ~外れに歌う falsch singen. いつもの~でやりなさい Machen Sie es wie immer. こう早めに着きそうです So kommen wir vielleicht etwas früher an. お~者 leicht überredbarer〈unbedachter〉Mensch 男

寵児(ちょうじ) Liebling 男; Günstling 男

超自然的な übernatürlich

聴取 ¶事前を vernehmen. ラジオを~する Radio hören. ~者 Rundfunkhörer 男

徴収する(税金などを) erheben; beitreiben; kassieren

聴衆 Zuhörer 男; Publikum 中

長所 Vorteil 男; Stärke 女. ¶~を生かす die Stärke zeigen

調書 Protokoll 中

長女 die älteste Tochter

嘲笑 Hohn 男. ¶~する verspotten; auslachen. ~的 spöttisch

頂上 Gipfel 男; Berggipfel 男

朝食 Frühstück 中. ¶~を取る frühstücken. ~にトーストを食べる einen Toast zum Frühstück essen

長針 Minutenzeiger 男

調整する abstimmen

挑戦 ¶~する herausfordern. ~的な herausfordernd. ~に応じる die Herausforderung annehmen. ◆~者 Herausforderer 男 ~状 schriftliche Herausforderung 女

頂戴(ちょうだい)する bekommen; erhalten; empfangen. ¶お手紙を~いたしました Ich habe〔freundlicherweise〕Ihren Brief erhalten. 有り難く~します Ich nehme das dankend entgegen. ~を Gib mir das! 飴を~ Gib mir einen Bonbon! 知らせて~ね Gib mir bitte die Nachricht!

調達 Anschaffung 女. ¶~する anschaffen; besorgen; verschaffen

超短波 Ultrakurzwelle 女

町長 Gemeindevorsteher 男

長調 Dur 男

提灯(ちょう) Lampion 男; Laterne 女. ◆~行列 Laternenumzug 男

蝶番(ちょうつがい) Angel 女

調停 Schlichtung 女. ¶~する versöhnen; schlichten; ausgleichen

頂点 Höhepunkt 男

ちょうど gerade, eben. ¶~3時だ Es ist gerade drei〔Uhr〕. ~いいときに来た Du bist zum richtigen Augenblick gekommen.

超特急 Superexpress 男

長男 der älteste Sohn

超能力 übernatürliche Kraft 女

長波 Langwelle 女

挑発 Provokation 女. ¶~する herausfordern; provozieren. ~的な provokativ

長髪の langhaarig

調髪 Haarschnitt 男;（髪型）Frisur 女. ¶~する frisieren

懲罰 Bestrafung 女. ¶~する bestrafen

重複した verdoppelt; wiederholt

長編小説 Roman 男

帳簿〔Geschäfts〕buch 中. ¶~を付ける die Bücher führen

重宝な praktisch; nützlich

眺望 Aussicht 女; Ausblick 男

長方形 Rechteck 中

超満員の überfüllt

調味料 Gewürz 中

町民 Bürger 男

蝶結び Schleife 女

帳面 Heft 中

聴聞会 öffentliche Anhörung 女

跳躍 Sprung 男; Satz 男

調理する zubereiten. ◆~法 Kochkunst 女; Rezept 中

調律する stimmen

潮流 Strömung 女

張力 Spannung 女

聴力 Gehör 中

朝礼 Morgenappell 男

調和 Harmonie 女. ¶~する harmonieren; übereinstimmen, sich[4] vertragen〔mit +3〕. ~のとれた harmonisch. ~した harmonisch

チョーク Kreide 女

貯金 Spargeld 中; **Ersparnisse** 複. ¶300万円の~がある 3 Millionen Yen auf dem Konto haben. ~する〔Geld〕sparen. ~を下ろす Geld vom Konto abheben. ◆~通帳 Sparbuch 中 ~箱 Sparbüchse 女

直撃する direkt treffen. ◆~弾 Volltreffer 男

直進して geradeaus

直接の〈に〉direkt; unmittelbar. ¶~の原因 die unmittelbare Ursache. ~ ◆~税 direkte Steuern 複 ~選挙 Direktwahl 女

直線 gerade Linie 女; Gerade 女 ◆~距離 Luftlinie 女

直通の〈に〉 direkt

直売 Direktverkauf 男

直面する gegenüberstehen〔j-et3〕.

ちょくやく

¶ …に〜して angesichts ⁺²
直訳 wörtliche Übersetzung 囡
直立する aufrecht stehen. ¶ 〜不動の姿勢をとる eine stramme Haltung einnehmen
直流 Gleichstrom 男
チョコレート Schokolade 囡
著作 Schrift 囡; Werk 中; Schriftwerk 中 ◆〜権 Urheberrecht 中
著者 Verfasser 男; Autor 男
貯水池 Reservoir 中
貯蔵 Aufspeicherung 囡; Lagerung 囡 ¶ 〜する [auf]speichern. ◆〜品 Vorrat 男
貯蓄 Spareinlage 囡; Ersparnis 囡 ¶ 〜する sparen. ◆〜銀行 Sparkasse 囡. 〜口座 Sparkonto 中
直角 rechter Winkel 男 ¶ 〜の rechtwinklig. ◆〜三角形 rechtwinkliges Dreieck 中
直観 Intuition 囡; Anschauung 囡
チョッキ Weste 囡
直径 Durchmesser 男
直行する durchfahren. ◆〜便 eine direkte Verbindung 囡
ちょっと einen Augenblick; ein bisschen; ein wenig; mal. ¶ 〜いい話だ Schöne Geschichte! 〜お聞きしたいのですが Ich möchte Sie was kurz fragen. 〜難しかった Das war ein bisschen schwer. 〜やそっとの事では驚かない Mit so einer Kleinigkeit werde ich mich nicht erschrecken. 〜したことで ぐ腹を立てる mit nur einer Kleinigkeit erbost sein. その分野では〜した人で Er ist ein bisschen berühmt in seinem Fachbereich. 〜したもの Kleinigkeit 囡
著名 prominent
ちょろちょろ ¶ 水が〜流れる Das Wasser rieselt.
散らかす umherliegen lassen; in Unordnung bringen
散らかる umherliegen. ¶ 散らかっている Es herrscht eine Unordnung.
ちらし Flugblatt 中
ちらちら (光る) schimmern; flimmern. ¶ 目の前が〜する Es flimmert mir vor den Augen.
ちらっと見る einen flüchtigen Blick werfen [auf ⁺¹]
散らばる sich ⁴ in allen Richtungen zerstreuen
ちらほら ¶ 〜いる sich ⁴ vereinzelt befinden. 〜咲く allmählich blühen
ちり Staub 男 ¶ テーブルの上に〜一つない Auf dem Tisch ist ohne ein Stäubchen. 〜を払う abstauben. ◆〜紙 Toilettenpapier 中 〜取り Kehrichtschaufel 囡. 〜も積もれば山となる Aus Kleinem wird Großes.
地理 Geographie 囡; Erdkunde 囡
ちりぢり ¶ 〜になる sich ⁴ zerstreuen
治療 [ärztliche] Behandlung 囡; (療養) Kur 囡 ¶ 〜する behandeln; kurieren; heilen. 〜を受ける in Behandlung sein. 目を〜してもらった Ich habe mir die Augen behandeln lassen. ◆〜費 Behandlungskosten 圏 〜法 Therapie 囡

知力 Verstand 男; Intellekt 男
散る abfallen; zerstreut sein; sich ⁴ verteilen; auseinander gehen. ¶ 桜が散った Die Kirschblüten sind schon gefallen. 騒音で気が〜 sich ⁴ wegen Lärm nicht konzentrieren können
賃上げ Lohnerhöhung 囡
沈下する absinken; sich ⁴ sinken
賃貸しする vermieten
賃借りする mieten
賃金 Lohn 男 ◆〜コスト Lohnkosten 圏
賃貸契約 Mietvertrag 男
賃借人 Mieter 男
陳述 Darlegung 囡; Aussage 囡
陳情 Gesuch 中
鎮静剤 Beruhigungsmittel 中
沈滞する flau; unbelebt
賃貸する vermieten
珍重する hoch schätzen; wertschätzen
沈殿 Niederschlag 男 ¶ 〜する niederschlagen. ◆〜物 Bodensatz 男: Niederschlag 男
チンパンジー Schimpanse 男
陳腐な abgedroschen; banal
ちんぷんかんぷん である Das ist mir wie böhmische Dörfer.
沈没する sinken; untergehen
珍妙な absonderlich; ulkig
沈黙 Schweigen 中 ¶ 〜する schweigen. 〜させる zum Schweigen bringen. 〜を破る das Schweigen brechen. 〜は金なり Schweigen ist Gold.
陳列する ausstellen

ツアー Tour 囡
つい gerade; (うっかり) einfach. ¶ 〜今しがた eben erst; vorhin. 〜さっき eben
対 Paar 中
追加 Zusatz 男; Nachtrag 男 ¶ 〜の zusätzlich; nachträglich. 〜する nachtragen; zusetzen. ◆〜料金 Zuschlag 男
追記 Nachtrag 男
追及 ¶ 人の〜をする von j³ et⁴ fordern
追求 Verfolgung 囡 ¶ 〜する verfolgen; nachjagen [et³]
追究 (真理などの) Forschung 囡 ¶ 〜する forschen
追記帳 Nachprüfung 囡
追従(ツィ) Nachfolge 囡 ¶ 〜する nachfolgen [j³]
追従(ツィ) Schmeichelei 囡 ¶ 〜する schmeicheln, schöntun [j³]
追伸 Nachschrift 囡; Postskriptum 中
追跡 Verfolgung 囡 ¶ 〜する verfolgen; nachjagen [j-et³]
一日(ツィ) der erste Tag des Monats
衝立(ツィ) Wandschirm 男
…について von ⁺³; über ⁺⁴; in Hinsicht auf ⁺⁴; in Bezug auf ⁺⁴; hinsichtlich ⁺²; betreffs ⁺². ¶ それに〜 daran; davon; darüber
次いで dann; darauf
ついていく folgen [j-et³]

ついている (付着) kleben; (付き添う) begleiten; (幸運) Glück haben
ついでに gelegentlich; nebenbei; bei Gelegenheit
追悼 Trauer 囡 ◆ ~演說 Gedenkrede 囡 ~文 Gedenkschrift 囡 [für¹]
追突する auffahren [auf⁺⁴]. ◆ ~事故 Auffahrunfall 男
ついに schließlich; endlich; letztlich
ついばむ picken
追放する vertreiben; verbannen
費やす aufwenden [et⁴ auf (für)⁺⁴]; verbrauchen [et⁴ auf⁺⁴]. ¶ 無駄に~ verschwenden [et⁴ an⁺⁴]
墜落 Sturz 男 ¶ ~する stürzen
ツイン Zweibettzimmer 因 ◆ ~ベッド zwei Einzelbetten 囲
通貨 Währung 囡 ¶ ~の安定 Währungsstabilität 囡 ◆ ~危機 Währungskrise 囡 ~供給量 Geldmenge 囡 ~先物取引 Devisentermínhandel 男 ~縮 Deflation 囡 ~準備 Währungsreserven 囲 ~単位 Währungseinheit 囡 ~膨張 Inflation 囡
通過 ¶ ~する passieren; durch|gehen; vorbei|gehen. ~して vorbei. 四国の上空を～である Man überfliegt gerade Shikoku. その法案は国会を～した Der Gesetzesentwurf wurde im Parlament verabschiedet. ◆ ~駅 Durchfahrtsstation 囡 ~儀礼 Übergangsritus 男
通学する die Schule besuchen; zur Schule gehen
通関 Zollabfertigung 囡
通勤する zum Dienst fahren 〈gehen〉; zur Arbeit fahren 〈gehen〉
通行 Verkehr 男 ¶ ～する gehen; fahren. ～禁止 Durchfahrt verboten! ◆ ～人 Fußgänger 男; Passant 男 ～料金 Maut [gebühr] 囡; Durchfahrtsgebühren 囲
通告 Ankündigung 囡
通産 ◆ ~省 das Ministerium für Handel und Industrie 中 ~大臣 Minister für Handel und Industrie 男
…を通じて durch⁺⁴
通じている (道などが) führen; (詳しい) sich⁴ aus|kennen [in ⟨mit⟩⁺³]; verstehen; kundig sein [et²]
通商 Handel 男 ¶ ～する Handel treiben [mit⁺³]. ◆ ～条約 Handelsvertrag 男
通常 normalerweise; gewöhnlich. ～の gewöhnlich; normal; üblich
通じる (道などが) führen; (詳しい) kundig sein [et²]. ¶ 地下鉄が郊外まで通じる Die U-Bahn wurde bis in die Vorstadt gebaut. 電話が通じない (通話中) Es ist besetzt.｜(相手が出ない) Ich erreiche dort niemanden.｜(電話が故障) Die Leitung ist gestört. 私の気持ちは彼女に～ Meine Liebe wird von ihr nicht angenommen. 私の英語が通じない Mein Englisch wird nicht verstanden. …に通じている sich⁴ in⁺³ gut aus|kennen. 全ての道はローマに通ず Alle Wege führen nach Rom.
通信 Nachricht 囡; Korrespondenz 囡; Kommunikation 囡 ¶ ~が途絶える Die Verbindung 〈Korrespondenz〉 ist unterbrochen. ◆ ～回線 Telefonleitung 囡 ～教育 Fernunterricht 男 ～社 Nachrichtenagentur 囡
痛切に schmerzlich
通俗 ¶ ～的な populär; volkstümlich; trivial. ◆ ～文学 Trivialliteratur 囡
通知 Mitteilung 囡; Anzeige 囡 ¶ ～する mitteilen; benachrichtigen; melden; an|zeigen. ◆ ～表 Zeugnis 中
通読する durch|lesen
ツーピース Jackenkleid 中
通風 Lüftung 囡; Zug 男;（病気の）Gicht 囡
通報 Meldung 囡 ¶ ～する melden; benachrichtigen; Nachricht senden
通訳 Dolmetscher 男 ¶ ～する dolmetschen
通用する gelten; gültig sein; (紙幣) gültig
通例[は] normalerweise, gewöhnlich, in der Regel
通路 Gang 男; Durchgang 男
通話 Anruf 男; Telefonat 中; Telefongespräch 中
つえ Stock 男
柄(?) Griff 男
使い (人) Bote 男;（女性）Botin 囡 ¶ ～に行く einkaufen gehen; als Bote geschickt werden. ～にやる schicken [j⁴ zu⁺³]
つがい (対) Paar 中;（つぎ目）Fuge 囡
使い方 Gebrauchsweise 囡;（説明書）Gebrauchsanweisung 囡 ¶ ～を知っている die Gebrauchsweise kennen
使いこなす beherrschen; gut handhaben. ¶ 英語をうまく～ Englisch gut beherrschen
使い込み Unterschlagung 囡
使い込む [Geld] unterschlagen. ¶ 使い込んだ包丁 gut benutztes Messer 中
使い過ぎる ～を zu viel ausgeben
使い捨て ¶ ～にする weg|werfen. ◆ ～注射器 Einwegspritze 囡 ～文化 Wegwerfkultur 囡 ～ライター Einwegfeuerzeug 中
使いだて 囲 おっしゃってごめんなさい Entschuldigung, dass ich Sie in Anspruch nehme.
使い手 Benutzer 男;（消費者）Verbraucher 男
使いで ¶ 100万円はかなり～があるだろう Mit einer Million Yen kann man eine Menge unternehmen.
使い慣れる sich⁴ ein|arbeiten [in⁺⁴]
使い走りをする den Laufboten spielen
使い果たす erschöpfen; verbrauchen. ¶ 金を～ Geld bis auf den letzten Pfennig verbrauchen
使い古す ab|nutzen; verbrauchen
使い道 ¶ ～のある brauchbar, nutzbar. ～のない nicht gebrauchbar, nutzlos. ～がたくさんある verschiedenartig benutzt werden können. 彼はお金の～を知らない Er kennt den Wert des Geldes nicht.
使い物 ¶ ～になる brauchbar. ～になら

ない unbrauchbar, unverwendbar. あの子は～にならない Ihn ⟨Sie⟩ kann man nicht gebrauchen.

使い易い handlich

使い分ける ¶状況に応じて言葉を～ je nach der Situation richtige Worte wählen

使う gebrauchen; benutzen; verwenden; (操作する) handhaben; (金などを) ausgeben; (消費・消耗する) verbrauchen; (人を) beschäftigen. ¶うまく(自由に)～ geschickt ⟨frei⟩ benutzen

使える ¶このいすはまだ～ Diesen Stuhl kann man noch gebrauchen. このチケットは今月末まで～ Diese Karte ist bis Ende des Monats gültig.

仕える bedienen; dienen

支(つ)える stocken

つかって[と] ohne Zögerung

捕まえる fangen; fassen; greifen; festnehmen; ergreifen

捕まる sich⁴ festhalten [an ⁺⁴]

捕まる gefangen werden

つかみ合い ¶～の喧嘩をする sich⁴ raufen [um ⁺⁴]

つかみ掛かる losgehen [auf ⁺⁴]

つかみ出す herausgreifen

つかみ所 ¶～のない人 ein Mensch, aus dem man nicht klug wird ¶君の話は～がない Deine Geschichte ist nichts sagend.

つかみ取りする mit einem Griff nehmen

つかむ (握る) greifen; ergreifen; fassen; anfassen; packen; fangen. ¶つかんでいる halten. 幸運を～ das Glück ergreifen. 要点を～ die wichtigsten Punkte begreifen. チャンスを～ die Gelegenheit ergreifen

疲れ Ermüdung. ¶目の～ die Müdigkeit der Augen. ～がなかなか取れない Ich kann mich immer noch nicht erholen. ～を感じる Müdigkeit kennen. 風呂で旅の～を取る sich⁴ im Bad von der Reisemüdigkeit erholen. 眠ったら～が取れた Ich habe mich ausgeschlafen.

疲れる müde werden. ¶疲れた müde; erschöpft. 疲れた顔をして mit einem müden Gesicht. 疲れ切った völlig erschöpft; todmüde

月 Mond 男; (暦) Monat 男. ¶～が出た ⟨たれた⟩ Der Mond geht auf ⟨unter⟩. ～のない夜 eine mondlose Nacht 女. ～の裏側 Mondrückseite 女. ～の光 Mondlicht 中. ～に一度 einmal im Monat. ～に一度 in einem Monat. ◆明りと Mondschein 男. ～着陸船 Mondfähre 女. ～ロケット Mondrakete 女. ～と～っぽんである ein Unterschied wie zwischen Tag und Nacht

つき (運) Glück 中. ¶～が回ってきた Das Glück kommt zu mir. ～がいい (付着) Das klebt gut. 薪の～がいい Das Holz brennt gut. このマッチは～が悪い Dieses Zündholz zündet schlecht.

突き Stoß 男. ¶剣で一～する mit dem Schwert stechen [j³]

尽き ¶運の～だ Das Glück hat ihn verlassen.

[…に]つき (…について) pro; jeweils; per. ¶病気に～(理由) wegen Krankheit ～は である zugeteilt sein [j³]. ¶エアコン～の部屋 ein Zimmer mit Klimaanlage 田 社長～の秘書 die Sekretärin des Chefs

次 ¶～に folgend; nächst. ～に dann; als Nächstes. その～に danach; übernächst. …の一つ～に gleich nach ⁺³. …一つ置いて～ übernächst. ～から～ einer nach dem anderen. この～ nächstes Mal 田 ～の駅で降りなさい Steigen Sie bei der nächsten Station aus. また～の機会には Bis zum nächsten Mal.

継ぎ Fleck 男; Flicken 男. ¶～を当てる flicken. ～をする flicken

付き合い Umgang 男; Bekanntschaft 女. ¶～が広い〈狭い〉 einen großen ⟨nur einen kleinen⟩ Bekanntenkreis haben. 人との～をやめる den Umgang mit ⁺³ abbrechen. ～で um die Gesellschaft zu leisten. 我々は長い～で Wir sind schon seit langer Zeit gute Freunde.

付き合う umgehen [mit ⁺³]; verkehren [mit ⁺³]. ¶彼女の買い物に～ Ich gehe mit ihr kaufen. ここ数か月彼は彼女と付き合っている In den letzten Monaten ist er mit ihr befreundet. 付き合いやすい umgänglich. 付き合いにくい unumgänglich

突き上げ ¶部下から～を食った Meine Untergebenen haben Druck auf mich ausgeübt.

突き上げる nach oben drücken

突き当たり Ende 中. ¶路地の～に am Ende der Gasse. ～の家 das letzte Haus. ～の部屋 das hinterste Zimmer

突き当たる [sich⁴] stoßen; zusammenstoßen [mit ⁺³]. ¶壁に～ gegen eine Wand anrennen; (問題) auf eine Frage stoßen.

突き落とす hinunterstoßen; stürzen

突き返す zurückweisen. ¶レポートを～された Mein Bericht wurde zurückgewiesen.

接ぎ木する pfropfen

付き切り ¶人を～で看病する die ganze Zeit an j³ Krankenbett wachen

突き崩す umstoßen, zerschlagen. ¶アリバイを～ das Alibi brechen. 相手の守備を～ die Verteidigung des Gegners durchbrechen

月ごとに monatlich; (毎月) jeden Monat

突き殺す erstechen

突き刺す stoßen; stechen. ¶ナイフを胸に～ das Messer in die Brust stechen [j³]. ピンが指に突き刺さった Ich habe mich mit einer Nadel in den Finger gestochen.

突き進む ¶前方に向かって～ auf ein Ziel losgehen. 船は嵐の海を突き進んだ Das Schiff fuhr durch den Sturm vorwärts.

付き添い Begleiter 男. ◆～看護婦 Krankenpflegerin 女

付き添う begleiten. ¶人に付き添われ

て in Begleitung von $^{+3}$
突き出す ¶泥棒を警察に～den Dieb zur Polizei abführen
注ぎ足す nachgießen
継ぎ足す hinzufügen
月々 Monat für Monat. ¶～の monatlich
次々に einer nach dem anderen; nacheinander
突き付ける ¶無理な要求を～eine unerfüllbare Forderung unter die Nase halten (j^3). 銃を背中に～die Pistole auf den Rücken setzen (j^3). 証拠を～einen Beweis entgegenhalten (j^3)
突き詰める ¶突き詰めて考える durchdenken. 原因を～den Grund durchdenken
突き出る vorstehen, hervortreten
突き通す durchstoßen, durchbohren
突き飛ばす wegstoßen, niederstoßen. ¶突き飛ばされる niedergestoßen 〈fortgeschleudert〉 werden
突き止める feststellen; herausbekommen. ¶真相を～die Wahrheit herausfinden 〈ausfindig machen〉. 原因を～die Ursache herausfinden. 容疑者の居所を～das Versteck des Verbrechers ausfindig machen
月並みの gewöhnlich; alltäglich. ¶～なことを言う etwas Banales sagen. ¶～な文句 Klischee ⊕; abgedroschene Phrase ⊕
突き抜ける durchstoßen
継ぎ接(ぎ)する flicken
突き放す verstoßen; links liegen lassen. ¶困っている友達を～den Freund in der Not stehen lassen
日月 Tage und Monate; (日付け) Datum ⊕ ¶～が経つにつれて im Zuge der Zeit. ～が経つのは速いものだ Die Zeit vergeht schnell.
つきまとう (人の後を～j^3 nachlaufen. 不安が人に～Die Angst lässt j^3 nicht in Ruhe.
月見をする Man feiert den Mond.
継ぎ目 Fuge ⊕
突き指をする sich^3 den Finger verstauchen
月夜 Mondnacht ⊕
尽きる ausgehen; sich^4 erschöpfen
付く kleben; haften. ¶汚れが～schmutzig werden. ～の側に～auf j^2 Seite stehen; j^3 folgen. 決心が～einen Entschluss fassen. 話が～zu einem Resultat kommen. 根が～Es schlägt Wurzeln. 体力が～kräftig werden; Ausdauer bekommen. 仕事が手に付かない Ich kann mich auf meine Arbeit nicht konzentrieren. 大統領には護衛が付いていた Der Präsident wurde von Leibwächtern begleitet.
着く ankommen; erreichen. ¶食卓に～sich^4 zu den Tisch setzen. 席に～Platz nehmen; sich^4 setzen. 位置に～postieren; sich^4 aufstellen
突く stoßen; stechen; anstoßen
就く ¶地位に～eine Stellung antreten. 会社でいい地位に～ ～wichtige Position in der Firma einnehmen. 眠りに～einschlafen. 先生についてピアノを習う bei einem bekannten Lehrer Klavier lernen
吐(つ)く ¶溜め息を～seufzen. 一息～auflatmen. 嘘を～lügen
点(つ)く ¶火が～Das Feuer brennt an. 明りが～Die Lichter gehen an.
継ぐ ¶仕事を～fortsetzen; führen. 職を～im Amt folgen (j^3)
注ぐ gießen; eingießen
机 [Schreib]tisch ⊕
尽くす sich^4 bemühen [für $^{+4}$]. ¶全力を～尽くして mit allen Kräften. 八方手を～alles versuchen
償い (弁償) Entschädigung ⊕; Vergütung ⊕; (罪の) Sühne ⊕
償う (弁償) entschädigen (j^4); wiedergutmachen, ersetzen (et^4); (罪を) büßen, verbüßen, sühnen
ツグミ(鶫) Drossel ⊕
作り上げる vollbringen; anfertigen
作り出す herstellen; erzeugen
作り直す arbeiten; umformen
作り話 Erfindung ⊕; Fabel ⊕
作る machen; (製造) herstellen, produzieren (et^4 aus $^{+3}$); (創造) schaffen ¶材木でいすを～aus Holz einen Stuhl machen. ドレスを～つもりだ Ich lasse mir ein Kleid machen. チーズはミルクから作られる Man macht Käse aus Milch.
繕う flicken, ausbessern; reparieren
付け (勘定書) Rechnung ⊕ ¶～で買う auf Kredit kaufen. ～を払う die Rechnung begleichen. ～にする auf seine Rechnung schreiben lassen. この店は～がきく In diesem Geschäft bekomme ich alles auf Rechnung. いずれその～は回ってくるぞ Du wirst später dafür büßen müssen. 行き～の飲み屋 Stammlokal ⊕
ツゲ(柘植) Buchsbaum ⊕
付け合わせ Beilage ⊕ ¶ニンジンが～のステーキ ein Steak mit Karotten als Beilage ⊕
付け入る ausnutzen, ausnützen. ¶彼には～隙がない Er bietet mir keine Angriffspunkte.
告げ口 verpetzen
付け加える hinzusetzen; hinzufügen. ¶一言付け加えたい Darf ich noch etwas hinzufügen?
付け込む ausnutzen, ausnützen. ¶弱みに～die Schwäche ausnutzen
付け足し Hinzufügung ⊕ [zu $^{+3}$]. ¶～の hinzugefügt
付け足す hinzufügen; ergänzen
つけている (携帯する) bei sich^3 führen
付け根 Gelenk ⊕ ¶足の～ Beinegelenk. 腕の～Schultergelenk. 首の～Halsgelenk. 柱の～Sockel ⊕
付け狙う verfolgen. ¶命を～nach dem Leben trachten (j^3)
漬物 Eingelegte[s] ⊕
付ける befestigen; heften; kleben; nageln; anbringen; (塗る) schmieren. ¶ボタンを～einen Knopf annähen. 履歴書に写真を～dem Lebenslauf ein

つける Foto beilegen. 肉に塩味を～ den Fleisch mit Salz würzen〈salzen〉. 車を門の前に～ vor die Tür fahren. 箸を～ anfangen zu essen. 人の後を～ a j³ nachlaufen. 値を～ den Preis ansetzen. 話を～ zum Abschluss bringen; erledigen. 手を～ anfangen; berühren 元気を～ *sich⁴* erfrischen; *sich⁴* stärken. 味方に～ auf *seine* Seite ziehen

着ける anlegen; anstecken. ～ネクタイを～ eine Krawatte umbinden. ブローチを～ eine Brosche anstecken. イヤリングを～ Ohrringe anlegen. 香水を～ parfümieren

点(づ)ける anmachen; anstellen. ¶ 明かりを～ das Licht anmachen. ガスを～ die Gas anmachen. 火を～ anzünden

浸(づ)ける ¶ アルコールに～ in Alkohol konservieren. 水に～ ins Wasser legen. 手を水に～ die Hände ins Wasser tauchen

告げる mitteilen; benachrichtigen; ansagen

都合 Umstand 男; **Gelegenheit** 女 ¶ ～のよい günstig; passend; recht. ～がよければ wenn es Ihnen gut passt. ～が悪い Es passt mir schlecht. ～により unter Umständen. 金を彼に～する Ich beschaffe ihm das Geld.

つじつまの合う konsequent

ツタ〈蔦〉Efeu 男

伝える übermitteln; mitteilen;（伝授）einweihen〈j⁴ in ⁺⁴〉. ¶ 伝言を～ eine Bestellung ausrichten〈mitteilen〉〈j³〉. 外電が～ところによると laut Auslandsbericht. 技術を弟子に～ dem Schüler die Technik unterrichten. 伝えられるところでは wie es mir gesagt wurde. 伝え聞く hören〈⁺³〉

伝わる 噂が～ *sich⁴* verbreiten. 世間に～ in die Öffentlichkeit kommen. 手から手へ～ von Hand zu Hand gehen. 熱が～ Die Wärme wird geleitet.

土 Erde 女 ¶ 母国の～を踏む den Boden des Vaterlandes betreten. ～がつく verlieren

土煙 Staubwolke 女 ¶ ～を立てる Staubwolken aufwirbeln

土踏まず Fußsenke 女

筒 Rohr 中; Röhre 女

続いて anschließend

続き Fortsetzung 女 ¶ 小説の～ die Fortsetzung des Romans. 仕事の～ die Fortsetzung der Arbeit. ◆～柄 Verwandtschaftsgrad 男 ～番号 laufende Nummern 複 ～部屋 ineinander gehende Zimmer 複 ～物 Fortsetzung.

突っ切る（横切る）überqueren;（突破る）durchbrechen

つつく stoßen; picken; antreiben

続く dauern; folgen; *sich⁴* anschließen; 続けて fortsetzen. ¶ 会議は延々と続いた Die Sitzung dauerte stundenlang an. 不幸が～ Ein Unglück folgt auf das andere. 次回へ～ Fortsetzung folgt. この道路は隣町へ続いている Diese Straße führt bis zur nächsten Stadt. 私の後へ続いて下さい Folg mir!

続き様 ¶ ～にヒット曲を出す am laufenden Band Hit produzieren

続けて hintereinander; fort. ¶ 3回～勝った dreimal hintereinander gewinnen. 3年～ drei Jahre hintereinander

続ける fortfahren; fortsetzen. ¶ 話し～ weiter. 話し～ weitersprechen. 勉強を～ weiterlernen

突っ込む stecken［et⁴ in ⁺⁴］. 溝に～ in den Graben stürzen

ツツジ Azalee 女; Azalie 女

慎み Zurückhaltung 女 ¶ ～深い bescheiden; zurückhaltend

慎む *sich⁴* enthalten［et²］; *sich⁴* beherrschen; *sich⁴* zurückhalten. ¶ 言葉を～ *seine* Zunge halten. 酒を～ *sich⁴* des Trinkens enthalten

謹んで ～お able 申し上げます Ich bitte aufrichtig um Verzeihung. ～お悔やみ申し上げます Ich möchte mein herzliches Beileid aussprechen.

突っ張る stemmen;（支持で）stützen［et⁴ mit ⁺³］;（やり通す）durchsetzen;（横柄な態度）*sich⁴* breit setzen. ¶ *sich⁴* frech benehmen

包み Packen 男; **Bündel** 中 ¶ ～紙 Packpapier 中; Einwickelpapier 中

包み隠さず ～ 真相を語る die Wahrheit offen sagen

包む einpacken; verpacken; einwickeln. ¶ 贈り物を紙で～ das Geschenk mit Papier einpacken. 雲に包まれていた Die Bergspitze war in dem Nebel verhüllt. 会場は熱気に包まれた Im Saal herrschte die Aufregung. 炎に包まれる von Flammen umgeben werden

綴り Silbe 女; Schreibung 女 ¶ ～を言う buchstabieren

綴る buchstabieren

務め Pflicht 女

勤め Dienst 男 ¶ ～に出る zur Arbeit gehen. ～から帰る von der Arbeit zurückkommen. ～に就く eine Stellung annehmen. ～を辞める die Arbeit aufgeben; kündigen. ◆～口 Stelle 女, Stellung 女, Job 男 ～先 Arbeitsstätte 女, Arbeitsplatz 男 ～人 Angestellte[r] 男 ～振り Arbeitsweise 女

勤める arbeiten; tätig sein; führen. ¶ 学校に～ in der Schule arbeiten. 大蔵省に勤めている beim Finanzministerium arbeiten. 勤め上げる bis zum Schluss arbeiten

務める ～ 委員として als Ausschussmitglied arbeiten. 会議に議長を～ bei einer Konferenz den Vorsitz führen. 主役を～ die Hauptrolle spielen. 案内役を～ die Führung übernehmen

努める *sich⁴* bemühen, streben［＋zu 不定詞句］. ¶ 努めて冷静さを保つ möglichst die Ruhe bewahren

綱 Seil 中; Tau 中; Leine 女

つながり Verbindung 女; Zusammenhang 男

つながる Verbindung sein［mit ⁺³］. ¶ 電話が～ Ich habe [telefonische] Verbindung. 首に～ Die Stelle ist gesichert.

つなぐ binden, anknüpfen, anschließen

ben [*et*⁴ an +¹]; verbinden [*et*⁴ mit +³]
綱引き Seilziehen 中
津波 Flutwelle 女; Springflut 女 ◆ ～警報 Flutwellenalarm
常に immer; stets; ständig. ¶～するのを～とする pflegen [+ zu 不定詞句]. 青年の～として wie oft die Jugendlichen. それは世の～だ Es ist nun mal so in der Welt. 常々 stets
つねる kneifen
角 Horn 中; Geweih 中
つば Speichel 男; Spucke 女. ¶～を吐く spucken
ツバキ(椿) Kamelie 女
翼 Flügel 男
ツバメ(燕) Schwalbe 女
粒 Korn 中
つぶさに ausführlich; bis ins Detail
つぶす zerdrücken; quetschen
つぶやく murmeln
粒(立)りの auserlesen
つぶれる zerdrückt werden. ¶会社が～ Bankrott gehen; Pleite machen. あの会社はつぶれかかっている Die Firma ist dem Konkurs nahe. 家が～ Das Haus fällt zusammen. 声が～ Die Stimme verlieren. 計画が～ Der Plan fällt ins Wasser. 時間が～ Die Zeit ist vergeudet. 顔が～ das Gesicht verlieren. つまらない仕事で1日の大半が～れた Wegen einer langweiligen Arbeit ist der Tag zum größten Teil verloren gegangen.
つぶる 目を～ die Augen schließen; (見ぬ振りをする) ein Auge [beide Augen] zudrücken [bei +³]
ツベルクリン反応 Tuberkulinreaktion 女
壺 Krug 男
つぼみ Knospe 女
つぼめる 傘を～ den Schirm zuklappen. 肩を～ Schultern hochziehen. 口を～ die Lippen spitzen
妻 Frau 女; Ehefrau 女; Gattin 女
刺身の Garnierung 女
つま先 Zehenspitze 女
つましい sparsam; bescheiden
つまずく stolpern [über +⁴]
つまった 間の～ eng; dicht; dick
つまみ上げる mit den Fingerspitzen fassen
つまみ食いする naschen
つまむ kneifen
つまようじ Zahnstocher 男
つまらない wertlos, uninteressant. ¶彼の講義は全くつまらなかった Sein Vortrag war total langweilig. つまらなそうな顔をしているね Du siehst aus, als ob du dich langweiltest.
つまり nämlich; also; das heißt
詰まる (言葉に) stocken; *sich*¹ verstopfen
罪 Schuld 女; Sünde 女; Verbrechen 中. ¶～のある schuldig. ～を犯す gegen das Gesetz verstoßen; sündigen. ～に問われる beschuldigt werden. ～を着せる die Schuld abwälzen [auf +⁴]; die Schuld zuschieben (*j*³). ～のない unschuldig. ～のない嘘 eine unschuldige

Lüge 女. ～なことをする Gaunerei tun. ～深い sündhaft
積み上げる stapeln; aufhäufen. ¶意見を～ Meinungen aufwerten
積み重ねる aufeinander legen
積み木 Bauklötze 複 ◆ ～箱 Baukasten 男
積み込む [ein]laden [*et*⁴ in +⁴]
積み立て金 Reservefonds 男; (預金) Ersparnisse 複
積み立てる zurücklegen. ¶保証金を～ deponieren
積み荷 Ladung 女
罪滅ぼし ¶～をする Buße tun [für +⁴]. ～に als Entschädigung [für +⁴]
積む laden; aufeinander häufen; aufschichten; anhäufen; sammeln. ¶干し草を高く～ das Heu hoch stapeln. 経験を～ viel Erfahrungen sammeln. 練習を～ viel üben
摘む 花を～ pflücken; lesen
紡(つむ)ぐ spinnen
つめ Nagel 男; (動物の) Kralle 女; (鳥の) Klaue 女. ¶～を立てる kratzen. ～を伸ばす *sich*³ die Nägel wachsen lassen. ～を切る *sich*³ die Nägel schneiden. ～に火をともすような生活をする sparsam leben. ～の垢でも煎じて飲め Man sollte ihm nacheifern. 能ある鷹は～を隠す Stille Wasser sind tief.
詰め ¶箱に～ in eine Schachtel gepackt
爪痕(あと) Kratzspuren 複 ¶台風の～ die Spuren des Taifuns
詰め合わせ Geschenkpackung 女
詰め襟 die Jacke mit Stehkragen
爪切り Nagelknipser 男; Nagelschere 女
詰め込む stopfen [*et*⁴ in +⁴]. ¶知識を～ einpauken
冷たい kalt; kühl. ¶氷のように～ eiskalt. 心の～ kaltblütiger Mensch 冷たくなる kalt werden. 冷たく当たる kalt behandeln (*j*⁴)
冷たさ Kälte 女
詰める packen; einpacken; füllen; stopfen. ¶息を～ den Atem anhalten. 経費を～ Ausgaben kürzen. 席を～ weiterrücken. スカートの丈を～ die Länge des Rocks kürzen
つもり ¶～する～である wollen, die Absicht haben [+ zu 不定詞句]. ...するはない keine Absicht haben [+ zu 不定詞句]. 彼は歌手の～でいる Er bildet sich ein, ein Sänger zu sein. そんな～で言ったのではない So habe ich es nicht gemeint. 彼が来てくれる～でいた Ich habe damit gerechnet, dass er kommt.
積もる *sich*⁴ anhäufen. ¶埃が～ Der Staub liegt. ～話がある Ich habe viel zu erzählen.
艶(つや) Glanz 男 ¶～消しの matt. ～のある glänzend; glatt
通夜 Totenwache 女
露(つゆ) Tau 男 ¶～が降りる Der Tau fällt.
梅雨 Regenzeit 女 ¶～に入った(が明けた) Die Regenzeit hat einge-

setzt 〈aufgehört〉. ◆ ~入り〈明け〉der Anfang 〈das Ende〉der Regenzeit
強い stark; hart; kräftig. ¶~態度をとる strake Haltung nehmen. 気が~ざ zäh sein. 酒に~ viel Alkohol vertragen können. 寒さに~ stark gegen die Kälte sein. 数学に~ stark in Mathematik sein. ~円 starker Yen-Kurs 男
強がり を言う große Worte machen
強がる den starken Mann spielen
強気な aggressiv; herausfordernd.
¶~に出る herausfordernd auftreten. 株式市況は~に転じた Die Börse schlägt auf Hausse um. ◆ ~筋 Haussier 男; Haussespekulant 男
強く stark; fest; heftig. ¶手を~握る die Hand fest drücken. ねじを~締める die Schraube fest anschrauben. ~なる stärker werden. ~する verstärken; abhärten; trainieren. 冷房を~する die Klimaanlage stärker stellen
強さ Stärke 女
強火 ¶~で煮る auf starkem Feuer kochen
強まる stärker werden. ¶日本に対する圧力が~ Der Druck gegen Japan wächst.
強み Stärke 女
強め ¶~にラケットを握る den Schläger fester greifen
強める stärken; bestärken. ¶声を~ die Stimme erhöhen. ガスの火を~ Gasfeuer stärker machen〈stellen〉
面(つ) ¶どの~さげてここへ来たんだ Wie kannst du so unverschämt auftreten?
面当て ¶~を言う eine boshafte Bemerkung machen. 彼女は私への~に彼を叱った Sie schimpfte ihn aus Rache zu mir.
つらい hart; sauer; bitter; mühsam; schmerzlich; unglücklich. ¶~目に遭う vieles durchmachen. ~立場にある einen schweren Stand haben. 辛く当たる hart umgehen [mit +³]
面構え ¶大胆不敵な~ ein unerschrockener Gesichtsausdruck
貫く durchsetzen
面の皮 ¶~を剥ぐ die Maske vom Gesicht reißen [j³]. ~が厚い Er ist ein frecher Kerl. いい~だ Das geschieht ihm recht.
面汚し ¶我が家の~だ Er macht meiner Familie Schande.
つらら Eiszapfen 男
釣り Angeln 中; (釣り銭) **Wechselgeld** 中, Kleingeld 中. ¶~に行く angeln gehen. ~をする angeln. ~を出す das Wechselgeld zurückgeben. 500円の~を貰う 500 Yen zurückbekommen. ~は結構です Der Rest ist für Sie. | Stimmt so.
釣り合い Gleichgewicht 中 ¶~の取れた ausgewogen. ~を保つ gut harmoniert sein [mit +³]
釣り合う passen [zu +³]; anstehen [j-et +³]; im Einklang stehen [mit +³]
釣り鐘 Glocke 女

吊(つ)革 Halteriemen 男
釣竿 [Angel]rute 女
吊(つ)橋 Seilbrücke 女, Hängebrücke 女
鶴 Kranich 男
蔓(つ)る Ranke 女
弦 Sehne 女
釣る angeln; fischen; (おびき寄せる) anlocken. ¶魚を釣り上げる einen Fisch angeln. 大きな魚を釣り落とす Der große Fisch macht sich von der Angel los.
吊(つ)る [auf]hängen [et⁴ an +³]
吊(つ)るす aufhängen [et⁴ an +³]
つるつるした glatt; schlüpfrig
つるはし [Spitz]hacke 女
連れ Begleiter 男 ¶~になる einen Weggefährten finden. 二人 ~で zu zweit. 子供~で mit Kindern
連れ合い Lebensgefährte[r] 男 [女]
連れ帰る zurückbringen
連れ子 das Kind aus erster〈früherer〉Ehe
連れ込む mitbringen [j⁴ in +⁴]
連れ去る verschleppen; wegnehmen
連れ添う sich⁴ verheiraten [mit +³]; heiraten [j⁴]. ¶連れ添って30年になる 30 Jahre verheiratet sein
連れ出す herausholen, herauslocken, (誘拐) entführen
連れだって [mit +³] zusammen
連れて mit +³. ¶時がたつに~ mit der Zeit. 子供を~ mit dem Kind
連れて行く mitnehmen; mitbringen. ¶コンサートに彼女を~ Ich nehme meine Freundin zum Konzert mit. 連れて行ってあげるよ Ich nehme dich mit. | Ich bringe dich dort hin.
連れて帰る nach Hause mitnehmen
連れて来る mitbringen; abholen. ¶彼を連れて来て Bring ihn mit!
連れ戻す zurückholen; zurückbringen
つわり Schwangerschaftsbeschwerden 中 ¶~がひどい Die Übelkeit ist schlimm.
つんと abrupt. ¶~澄ました arrogant
ツンドラ Tundra 女

て

手 Hand 女; (腕) **Arm** 男 ¶~の甲 Handrücken 男 ~の平 ~が空く frei sein; nichts zu tun haben. ~が掛る viel Arbeit machen. ~が付けられない Das wächst mir über den Kopf. ~が出ない(値段が高くて) unerschwinglich sein. ~が足りない wenig Hände haben. 50に~が届く Ex 'ss' bald 50. 子供達の~の届かない所に置く Ich stelle die Sachen ab, wo die Kinder nicht hinreichen. ~が離せない Ich kann jetzt nicht weg. 子供から~が離れる sich⁴ nicht mehr um die Kinder kümmern müssen. ~が早い(女性に) Er geht sofort ran. ~が塞がる alle Hände voll zu tun haben. 細かいところまで~が回らない Das geht über

meine Möglichkeit.
~に余る Das wächst mir über den Kopf. ~に入れる $sich^3$ in die Hände bekommen; ~に負えない Das geht über mein Vermögen. 仕事が~に付かない $seinen$ Kopf nicht bei der Sache haben. ~に~を取って Hand in Hand. ~に取ってみる greifen; die Hand nehmen. その~には乗らないぞ Ich lasse mich davon nicht täuschen.
~の内を見せる das methodische Vorgehen erklären; die Karten offen legen. 彼に~の内を見透かされる Er durchschaut meine Absichten. ~の切れるような札束 unzerknitterte Geldscheine. ~の込んだ細工 kunstvolle Handarbeit 女
~も足も出ない weder ein noch aus wissen.
~を挙げる die Hand heben; (殴る)die Hand erheben [gegen $^{+4}$]. ~を挙げろ Hände hoch! ~を洗う $sich^3$ die Hände waschen. ~を合わせる(祈り)die Hände falten. ~を入れる verbessern. ~を打つ Vorkehrungen treffen. ~を打ちようがない die Hände in den Schoß legen. ~を替え品を替え mit allen möglichen Mitteln. ~を貸す eine Hand reichen [j^3]; mit Hand anlegen [bei $^{+3}$]. 人の~を借りる j^2 Hilfe in Anspruch nehmen; j^4 um Hilfe bitten. …と~を切る die Beziehung zu $^{+3}$ abbrechen; mit $^{+3}$ brechen; $sich^4$ von $^{+3}$ trennen. ~を組む Hand in Hand arbeiten. ~を染める mit $^{+3}$ beginnen. ~を出す die Hand ausstrecken; zugreifen. 色々な仕事に~を出す mit verschiedenen Arbeiten versuchen. ~を叩く in die Hände klatschen. ~を尽くす alle Mittel und Wege versuchen. ~を尽くしてます Ich tue alles, was ich kann. 仕事に~を着ける die Arbeit aufnehmen. ~を取って Hand in Hand. 人の~を取る j^4 an der Hand nehmen. ~を抜く $sich^3$ die Arbeit sparen. ~を引く die Arbeit abziehen [von $^{+3}$]. 商売の~を広げる das Geschäft erweitern. ~を振る mit der Hand winken. ~を触れるべからず Bitte nicht berühren! 裏から~を回す heimlichen Einfluss ausüben; $seinen$ Einfluss heimlich geltend machen. ~を焼く sehr verlegen sein; ratlos sein. ~を緩める nachlassen. ~を汚す $sich^3$ die Hände schmutzig machen.
…で für $^{+4}$; mit $^{+3}$; in $^{+3}$; von $^{+3}$; aus $^{+3}$
出会い Begegnung 女 [mit $^{+3}$]. 運命的な彼との~die schicksalhafte Begegnung mit ihm.
出会う begegnen [j^3]; treffen [j^4]
手足 Glied 中. ~を伸ばす $sich^4$ ausstrecken
手当たり次第に wahllos; alles, was in j^2 Hände fällt
手厚い warmherzig; innig
手当て (治療) Behandlung 女; (応急の)~die erste Hilfe 女; (給与) Lohn 男; (年末の) Weihnachtsgeld 中
手洗い Waschraum 男; Toilette 女

お~はどこですか Wo ist die Toilette?
…である sein: (名前) heißen
提案 Vorschlag 男; Antrag 男 ¶ ~する vorschlagen
ティー Tee 男; (ゴルフの) Tee 中 ◆ ~カップ Teetasse 女 ~バッグ Teebeutel 男
ティーオフする den Ball vom ersten Abschlag spielen
ティーシャツ T-Shirt
ディーゼル Diesel 男 ◆ ~エンジン Dieselmotor 男 ~カー Dieseltriebwagen 男 ~機関車 Diesellokomotive 女 ~自動車 Diesel
定員 zugelassene Personenzahl 女
ティーンエージャー Teenager 女
庭園 Garten 男
帝王 Kaiser 男; (王) König 男
定価 der [feste] Preis
低下 sinken; fallen; (悪くなる) $sich^4$ verschlechtern; (減る) $sich^4$ vermindern
定冠詞 ein bestimmter Artikel
定期的 regelmäßig; periodisch. ◆ ~刊行物 Zeitschrift 女; Periodika 複 ~券 Dauerkarte 女; Monatskarte 女 ~検診 Routineuntersuchung 女 ~預金 Festgeld 中
定義 Definition 女; Bestimmung 女 ¶ ~する definieren
低圧 Tiefdruck 男
低級 niedrig; gemein
定休日 Ruhetag 男
提供 Angebot 中 ¶ ~する anbieten
提携 Kooperation 女 ◆ ~会社 Schwesterfirma 女 技術~die technische Kooperation
締結する abschließen
低血圧 niedriger Blutdruck 男
提言 Vorschlag 男 ¶ ~する vorschlagen [$j^3 et^4$]
抵抗 Widerstand 男 ¶ ~する Widerstand leisten [j^3]. …に少々~を感じる gegen $^{+4}$ einen inneren Widerstand spüren. ◆ ~器 Rheostat 男 ~カ Widerstandskraft 女
帝国 [Kaiser]reich 中 ◆ ~主義 Imperialismus 男 ~主義者 Imperialist 男 ~主義的 imperialistisch
定刻に pünktlich
体裁 Aussehen, 中 Anschein 男 ¶ ~を繕う das Ansehen zu retten versuchen. ~を気にする gern ein vornehmes Ansehen geben. …するのは~が悪いよ Es sieht schlecht aus [＋zu から不定副句].
偵察 Auskundschaftung 女 ◆ ~衛星 Aufklärungssatellit 男 ~飛行 Aufklärungsflug 男
停止 Halt 男 ¶ ~する einstellen; halten
定時 regelmäßig; pünktlich; zur festgesetzten Zeit. ◆ ~制学校 Teilzeitschule 女
提示する vorzeigen; vorlegen
停車する halten. ~禁止 Halteverbot 中! (掲示) Halten verboten!
定住する $sich^4$ niederlassen
提出する vorlegen; einbringen; abgeben

低床車 Niederflurwagen 男
定食 Menü 中; Gedeck 中
泥酔する sich⁴ betrinken
ディスカウント Sonderangebot 中 ◆~ショップ Discountladen 男
ディスカッション Diskussion 女 ¶~する diskutieren〈über⁺⁴〉
ディスケット Diskette 女 ◆~ジョッキー Diskjockey 男
ディスコ Disko[thek] 女
呈する anbieten〈j³ et⁴〉; schenken〈j³ et⁴〉; zeigen〈j³ et⁴〉
訂正 Verbesserung 女; Korrektur 女 ¶~する korrigieren; verbessern
停戦 Waffenstillstand 男
停滞 Stockung 女 ¶~する stocken
邸宅 Villa 女
丁重な höflich; anständig
ティッシュペーパー Papiertaschentuch 中; Tissue 中
停電 Stromausfall 男
程度 Grad 男; Maß 中 ¶それはある~本当だ Bis zu einem gewissen Grad ist es wahr. それは~問題だ Das könnte bis zu einem gewissen Grad problematisch sein.
抵当 Pfand 中 ◆~権 Hypotheken 複
ディナー Diner 中
丁寧な〈に〉 höflich. ◆~語 Höflichkeitsform 女
定年 Altersgrenze 女
停泊する ankern
定評のある anerkannt
ディフェンス Verteidigung 女
ディベート Debatte 女
底辺 Basis 女; Grundlinie 女
堤防 Deich 男; Damm 男
低木 Strauch 男
出入り ¶~する ein- und ausgehen. ~が多い ein ständiges Kommen und Gehen herrschen. ~口 Eingang 男
停留所 Haltestelle 女; Station 女
手入れする pflegen; unterhalten
ディレクター (テレビの) Aufnahmeleiter 男, Produzent 男
データ Daten 複 ◆~処理 Datenverarbeitung 女 ~バンク Datenbank 女 ~ベース Datenbank 女
デート Verabredung 女; Date 中 ¶~する sich⁴ treffen〈mit⁺³〉
テープ Band 中; Streifen 男 ◆~デッキ Kassettendeck 中 ~レコーダー Tonbandgerät 中
テーブル Tisch 男 ◆~掛け Tischdecke 女 ~マナー Tischmanieren 複
テーマ Thema 中
テールランプ Rücklicht 中
手遅れになる zu spät kommen〈sein〉. ¶~にならないうちに bevor es zu spät wird
手掛かり Anhaltspunkt 男; (犯罪の) Spur 女
手掛ける sich⁴ befassen〈mit⁺³〉; behandeln
出かける [aus]gehen; abreisen. ¶出かけていく ausziehen. 買い物に~einkaufen gehen. 散歩に~spazieren gehen. 旅行に~auf die Reise gehen
手かせ Fessel 女

手形 Wechsel 男 ¶~を振り出す einen Wechsel ausstellen. ~を割り引く einen Wechsel diskontieren. ◆約束~ Eigenwechsel 男
てかてか光る glänzen
でかけて に großſ; (大袈裟) in großer Aufmachung. ¶~と書きたてる lang und breit schreiben
手紙 Brief 男 ¶~を書く einen Brief schreiben〈j³, an⁺⁴〉. ~のやり取りをする den Briefwechsel haben〈mit⁺³〉
手柄 Verdienst 中 ¶~を立てる sich³ Verdienste erwerben
手軽な leicht; einfach
敵 Feind 男; Gegner 男 ¶彼には~が多い Er hat viele Feinde. 彼を~に回すと怖いよ Wenn man sich ihn zum Feind macht, ist er gefährlich. 彼に向かうところなんて Keiner ist ihm gewachsen. ~に塩を送る auch dem Feind Güte zeigen.
~は本能寺にあり Der wirkliche Feind ist anderswo.
滴 Tropfen 男
出来 (成績) Qualität 女; (収穫) Ernte 女; (成績) Leistung 女 ¶~のいい〈悪い〉gut〈schlecht〉gearbeitet. 彼の作品には~不出来がある Seine Werke sind mal gut, mal schlecht. いい~だ Gut gemacht.
出来合い fertig. ¶~の服 Konfektionsanzug 男
出来上がる fertig werden; vollendet werden. ¶出来上がった物 Produkt 中
敵意のある feindlich. ¶~を抱く feindlich gesinnt sein〈j³〉
適応 Anpassung 女 ¶~する sich⁴ anpassen〈et³〉. ◆~力 Anpassungsfähigkeit 女
適合させる anpassen〈et³ et⁴〉
敵国 feindliches Land
出来心 ほんのったんです Das war nur eine Gelegenheitstat.
出来事 Ereignis 中; Vorfall 男; Vorgang 男 ¶~は一瞬の~だった Das war ein blitzschneller Vorfall.
適材適所 der rechte Mann am rechten Ort
敵視する als Feind betrachten
溺死する ertrinken
摘出する herausnehmen
出来過ぎ ¶その話は~だ Die Geschichte ist zu vollkommen, als wahr zu sein.
テキスト Text 男; (教科書) Lehrbuch 中
適する passen〈zu⁺³; für⁺⁴〉; sich⁴ eignen〈zu⁺³; für⁺⁴〉. ¶適した passend; geeignet; gut
適性 Eignung 女
適切な recht; richtig; treffend; passend. ¶~に richtig; angemessen
出来損ない ¶~の misslungen; missraten. ~のケーキ eine misslungene Torte 女
出来た fertig
敵対する Feind sein〈j-et³〉; verfeindet sein〈mit⁺³〉. ¶~行為を取る eine feindliche Aktion greifen. ~的買収

feindliche Übernahme
出来高 (生産) Produktionsziffer 囡; (収穫) Ertrag 團; (株式) Umsatz 團 ¶~払いで働く auf Akkordlohn arbeiten
でき立ての frisch; ganz neu. ¶～のパン frisch gebackenes Brot
的中する (弾が) treffen. ¶予想が～した Meine Vermutung ist eingetroffen.
適度 Mäßigkeit 囡 ¶～(の)甘い (mäßig) süß
適当 passend; geeignet; entsprechend
…できない nicht können
てきぱきと schnell; flink; flott; (手際よく) geschickt
手厳しい streng; scharf
出来物 Furunkel 團; Geschwulst 囡; Tumor 匣
適用 anwenden
摘要 Zusammenfassung 囡; Résumée 匣
できる (可能) können; (有能) fähig sein; (才能) begabt sein; (発生) bekommen; (仕上がる) fertig sein, entstehen. ¶…でできている aus⁺³ gemacht sein. できるだけ möglichst. できれば wenn möglich. バターは牛乳から～ Die Butter wird aus Milch gemacht. この机は木で出来ている Dieser Tisch ist aus Holz. それは出来ない相談だ Es hat keinen Sinn, darüber zu reden. あいつは出来る男だ Er ist ein kompetenter Mann. あの二人は出来ているらしい Sie haben wohl ein Verhältnis. 出来るだけのことはしてみます Ich werde mein Möglichstes tun. ～だけ早く来なさい Kommen Sie so schnell wie möglich. ～のことはしなさい Tu dein Bestes! 出来れば電話をください Rufen Sie mich an, es möglich ist.
手際のよい geschickt, gewandt, routiniert. ¶～よく geschickt, erfahren
手口 die Art und Weise; Kunstgriff 團; Trick 團
出口 Ausgang 團; (道路) Ausfahrt 囡. ◆～調査 Meinungsumfrage am Ausgang 囡
テクニック Technik 囡
手首 Handgelenk 匣
出くわす stoßen 〈auf⁺⁴〉; treffen
てこ Hebel 團
てこずる Ärger haben 〈mit⁺³〉
手応えがある eine Reaktion spüren; Es kommt ein Echo.
でこぼこ ¶～の uneben, ungleich. ～の道 ein holpriger Weg
デコレーション Dekoration 囡; Schmuck 團 ◆～ケーキ Cremetorte 囡
手頃 handlich; (適した) geeignet 〈für⁺⁴〉. ¶～な値段 annehmbarer Preis
手強い stark; (頑強な) hartnäckig
デザート Nachtisch 團; Dessert 匣
デザイナー Designer 團
デザイン Design 匣; Muster 匣 ¶～する entwerfen
手探り ¶～する tasten, fühlen, tasten 〈nach⁺³〉
手提げ Handtasche 囡

手触り ¶～が柔らかい Es fühlt sich weich an.
弟子 Schüler 團
デジタルの digital. ◆～時計 Digitaluhr 囡
手品 Zauberei 囡, Zauberkunst 囡
出しゃばりの vordränglich
出しゃばる sich⁴ vordrängen, sich⁴ einmischen 〈in⁺⁴〉
手順 Ordnung 囡; Programm 匣
手錠 Handfessel 囡
…でしょう wohl. ¶そう～ Das wird wohl stimmen. 彼はたぶん来る～ Er wird wohl kommen.
手数 Mühe 囡 ¶～のかかる mühevoll. ～を省く die Mühe ersparen 〈j³〉. ◆～料 Gebühr 囡
デスクトップコンピューター Desktop-Computer 團
テスト Prüfung 囡; Test 團; Probe 囡. ¶～(を)する prüfen; testen
手摺 Geländer 匣; Handlauf 團
手製の handgearbeitet
手相 Handlinien 囡 ¶～を見る aus der Hand lesen 〈wahrsagen〉. ◆～占い Handlesekunst 囡; Chiromantie 囡
手助け Hilfe 囡 ¶～する helfen, Hilfe leisten 〈j³〉
でたらめ Unsinn 團 ¶～に aufs Geratewohl
手近の(に) nahe; nahe liegend
手違い Versehen 匣; Fehler 團. ¶こちらの～で aus unserem Versehen
手帳 Notizbuch 匣; Taschenbuch 匣
鉄 Eisen 匣. ¶～の eisern
撤回 Widerruf 團. ¶～する widerrufen; zurücknehmen; zurückziehen
でっかい groß, riesig; (太っている) dick
哲学 Philosophie 囡 ¶～の philosophisch. ◆～者 Philosoph 團
手つき ¶器用な～で mit einer geschickten Handbewegung
鉄器 Eisenwaren 囡 ◆～時代 Eisenzeit 囡
デッキ Deck 匣; (列車の) Trittbrett 匣 ◆～チェア Liegestuhl 團
撤去 Räumung 囡 ¶～する räumen
鉄橋 Eisenbahnbrücke 囡
鉄筋コンクリート Stahlbeton 團, Eisenbeton 團
鉄屑 Alteisen 匣; Schrott 團
出尽くす ¶意見が出尽くした Es wird ausdiskutiert.
手作りの handgemacht
鉄鋼 Eisen und Stahl. ◆～業 Stahlindustrie 囡
デッサン Skizze 囡, Zeichnung 囡
鉄製の eisern; aus Eisen 〈Stahl〉
撤退する sich⁴ zurückziehen
手伝い Hilfe 囡; (人) Helfer 團 ¶何かお～しましょうか Kann ich Ihnen etwas helfen?
手伝う helfen 〈j³ bei⁺³〉. ¶手伝ってください Können Sie mir bitte helfen?
でっち上げる erfinden; erdichten
手続き Verfahren 匣; Formalitäten 匣 ¶～を踏む die Formalitäten erledigen
徹底 ¶彼の仕事は～している Seine Ar-

てつどう

beit ist recht gründlich. ～した合理主義者 ein kompromissloser Rationalist 男 命令を～させる den Befehl durchgreifen lassen. ～的に gründlich; radikal; genau. ～的に gründlich; durch und durch; eingehend
鉄道 Eisenbahn 女; Bahn 女
デットヒート totes Rennen
鉄棒 Eisenstab 男; Reck 中
鉄砲 Gewehr 中
徹夜する die ganze Nacht durchwachen〈aufbleiben〉
出て行く aus dem Haus gehen;〈家出〉von zu Haus fortlaufen
出て来る kommen; sich⁴ bieten
テナー Tenor 男;〈歌手〉Tenorist 男 ◆～サックス Tenorsaxophon 中
手並み Geschicklichkeit 女
手に入れる finden; haben; bekommen; kriegen
テニス Tennis 中 ¶ ～をする Tennis spielen
デニム〈ズボン〉Denims 複
手荷物 [Hand]gepäck 中
手抜きする sich³ die Arbeit einfach machen. ◆～工事 Schlamperei 女
手拭い Handtuch 中
テノール ⇨ テナー
手の平 Handfläche 女 ¶ ～を返す sein Verhalten plötzlich ändern
では also
デパート Kaufhaus 中 ¶ ～へ買い物に行く ins Kaufhaus einkaufen gehen
手配〈準備〉Vorbereitung 女;〈警察の〉Fahndung 女 ¶ ～する bereitstellen; Vorbereitungen treffen [für⁴]; fahnden [nach⁺³]. 全国に指名～する zur Fahndung ausschreiben. ◆～写真 Fahndungsfoto 中 ～書 Fahndungsschreiben 中
手始めに zuerst; zunächst
手筈 ¶ ～を決める den Plan bestimmen. ～を整える Vorbereitungen treffen [für⁴]. あの喫茶店で人と会う～になっていた Es war abgemacht, dass ich mich in diesem Café jemanden treffe.
…てはない nicht:〈名詞の否定〉kein
手放す aufgeben; weggeben
手引き Einführung 女
デビュー Début 中 ¶ ～する den ersten Auftritt haben; debütieren
手袋 Handschuh 男 ¶ ～をはめる die Handschuhe anziehen
手ぶらで mit leeren Händen
デフレ[ーション] Deflation 女
手本 Beispiel 中; Vorbild 中; Muster 中 ¶ 人の～になる j³ im Vorbild sein. 彼を～にしています Ich nehme ihn mir zum Vorbild.
手間 Umstände 複 ¶ ～がかかる viel Zeit in Anspruch nehmen
デマ Demagogie 女; Gerücht 中
手前〈こちら側〉diesseits,〈目的地の〉vor⁺³;〈体面〉Ansehen 中 ¶ …の少し～で in bisschen vor⁺³. 京都の1つ～の駅で降りる eine Station vor Kyoto aussteigen. 約束した～行かなければならない Da ich mich verabredet habe, muss ich auch gehen. 子供の～in Gegenwart von Kindern. ～勝手な人 ein egozentrischer Mensch 男 ¶ ～味噌を並べる sein Eigenlob singen
出鱈目を言う ins Blaue hinein sagen
出窓 Erker 男
手まね Geste 女; Handbewegung 女
手招きする herbeiwinken; zu sich³ winken
出店 Stand 男
出回る in Umlauf kommen
手短かに kurz und bündig
出迎える ¶ 駅に～vom Bahnhof abholen
…ても 雨が降る～selbst bei Regen
デモ Demonstration 女; Kundgebung 女 ¶ ～をする demonstrieren
…でも wenn auch, sogar
デモクラシー Demokratie 女
手元にある zur Hand〈bei sich³〉haben
デモンストレーション Demonstration 女; Vorführung 女
デュエット Duett 中
寺 Tempel 男
照らし出す beleuchten
照らす scheinen; beleuchten
テラス Terrasse 女
デラックスな luxuriös
照り返す zurückstrahlen
デリケートな fein; heikel
照る scheinen
出る ausgehen; erscheinen. ¶ プールから～aus dem Schwimmbecken steigen. 営業に～zum Außendienst aufbrechen. テレビに～im Fernsehen auftreten. お前の～幕ではない Du sollst dich in diese Angelegenheit nicht einmischen. ～所へ出よう Dann bringen wir die Sache vor Gericht.
照る照る坊主 Schönwetterpüppchen 中
照れ臭い verlegen sein. ¶ 照れ臭そうに verlegen, schüchtern
テレックス Fernschreiber 男
テレパシー Telepathie 女
テレビ Fernsehen 中 ¶ ～を見る fernsehen. ～で見る im Fernsehen sehen. ～をつける〈消す〉den Fernseher an|machen〈aus|machen〉. ◆～ゲーム Fernsehspiel 中 ～受像機 Fernsehapparat 男, Fernsehgerät 中 ～番組 Fernsehprogramm 中
テレホンカード Telefonkarte 女
照れ屋 schüchterne Person 女 ¶ 彼は～だ Er ist zurückhaltend〈scheu〉.
照れる sich⁴ schämen [über⁺⁴]
照れ笑いをする peinlich lachen
テロ Terror 男
テロリスト Terrorist 男
手渡す überreichen〈j³ et⁴〉
点 Punkt 男; Zensur 女 ¶ いい～を取る eine gute Note bekommen. ～が甘い〈辛い〉freundlich〈streng〉zensieren. ある～で in einem bestimmten Punkt. …という～で im Hinblick auf⁺⁴. その～では私も同意見です In diesem Punkt bin ich derselben Meinung. 目が～になる erstaunt sein
天 Himmel 男 ¶ ～を仰ぐ zum Him-

mel auf|blicken. 運を~に任せる sein Schicksal dem Himmel anheim stellen. ~にも昇る心地がする sich⁴ wie im siebenten Himmel fühlen. ~は二物を与えず Gott gibt den Menschen nicht gleichzeitig zwei Geschenke. ~は自ら助くる者を助く Hilf dir selbst, so hilft dir Gott.
テン (動物) Marder 男
電圧 Spannung 囡
店員 Verkäufer 男
田園 Idylle 囡 ◆ ~都市 Gartenstadt 囡
添加する bei|fügen [et³ et⁴]
点火する ent|zünden; an|zünden
転換する unterschieben [j³ et¹]; zu|schieben [j³ et¹]
電化する elektrifizieren. ◆ ~製品 Elektrogeräte 復
展開する entwickeln; entfalten
転換 Wende 囡
天気 Wetter 中
¶ いい~だね Ein schönes Wetter! 嫌な~だ Ein unangenehmes Wetter. ~は下り坂だ Es zieht ein Unwetter auf. 明日は~になるかしら Wird es morgen schön? 彼は~屋だ Er ist launisch.
◆ ~図 Wetterkarte 囡 ~予報 Wetterbericht 男, Wettervorhersage 囡
電気 Elektrizität 囡; **Strom** 男 ¶ ~の elektrisch. ~を点ける(消す) das Licht an|machen(aus|machen). ◆ ~かみそり Trockenrasierer 男
伝記 Biografie 囡 ◆ ~作者 Biograf 男
電球 Glühbirne 囡
転居 Wohnungswechsel 男 ¶ ~する um|ziehen
転勤させる versetzen ¶ ~になる versetzt werden
典型的な typisch; musterhaft
点検する prüfen; überprüfen; nach|sehen
電源 Stromquelle 囡
点呼 Appell 男 ¶ ~する einen Appell ab|halten
天候 Wetter 中
転校する die Schule wechseln
電光ニュース Leuchtschriftnachrichten 復
天国 Himmel 男; Paradies 中
伝言 Bestellung 囡 ¶ ~する aus|richten
天才 Genie 中 ¶ ~的な genial
天災 Naturkatastrophe 囡
添削する korrigieren
天使 Engel 男
点字 Blindenschrift 囡
展示 Ausstellung 囡; Schau 囡 ¶ ~する aus|stellen
電子 Elektron 中 ◆ ~計算機 Elektronenrechner 男 ~工学 Elektronik 囡 ~出版物 elektronische Bücher 復 ~マネー E-Cash 中, elektronisches Bargeld 中 ~レンジ Mikrowellenherd 男
転写 Abzug 男 ¶ ~する ab|ziehen
電車 Bahn 囡; Zug 男; Tram 囡 ¶ ~に乗る in die Bahn ein|steigen. ~を降りる aus der Bahn aus|steigen. この~は中央駅に行きますか Fährt diese Bahn zum Hauptbahnhof? ◆ ~賃 Fahrgeld 中 ~路面~ Straßenbahn 囡
転出 ¶ ~届けをする sich⁴ ab|melden
天井 Decke 囡
伝承 Überlieferung 囡 ¶ ~する überliefern
天職 Beruf 男
伝書鳩 Brieftaube 囡
電信 Telegrafie 囡
天真爛漫な unschuldig; natürlich; naiv
点数 (得点) Punkt 男; (評点) Zensur 囡
転ずる wenden; ab|wenden
天性 Begabung 囡; Natur 囡
伝説 Legende 囡; Sage 囡
点線 Punktlinie 囡
伝染する an|stecken ¶ ~性の ansteckend
電線 Draht 男; Leitung 囡
転送 Nachsendung 囡 ¶ ~する nach|senden
天体 Himmelskörper 男
電卓 Taschenrechner 男
伝達 Mitteilung 囡; Übermittlung 囡 ¶ ~する mit|teilen; übermitteln
電池 Batterie 囡; Zelle 囡
電柱 Leitungsmast 男
点滴 Tropfeninfusion 囡
テント Zelt 中 ¶ ~を張る ein Zelt auf|schlagen
転倒する stürzen; um|fallen; fallen
伝統 Tradition 囡; Überlieferung 囡 ¶ ~的な traditionell. ~を守る die Tradititon pflegen. ◆ ~工芸 traditionelle Kunstwerk
電灯 Licht 中; Lampe 囡
伝導 Leitung 囡
伝道 Mission 囡
テントウムシ Marienkäfer 男
転任 Versetzung 囡
電熱器 elektrische Kochplatte 囡
天然の natürlich. ◆ ~記念物 Naturdenkmal 中 ~資源 Naturschätze 復
天皇 Kaiser 男; Tenno 男 ◆ ~制 Kaisertum 中
天王星 Uranus 男
電波 elektrische Welle 囡
天火 Backofen 男; Röhre 囡
天秤[座] Waage 囡
転覆する um|stürzen; kentern
添付物 Beilage 囡
天分 Begabung 囡; Talent 中
澱粉 Stärkemehl 中; Stärke 囡
テンポ Tempo 中
展望 Aussicht 囡; Überblick 男
電報 Telegramm 中
点滅する blinken
天文 Astronomie 囡 ◆ ~学 Astronomie 囡 ~学[上]の(学的な) astronomisch. ~台 Sternwarte 囡
転用する verwenden; übertragen
転落する stürzen
展覧会 Ausstellung 囡
電流 [elektrischer] Strom 男
電力 elektrische Kräfte 復; Elektrizität 囡
電話 Telefon 中; Fernsprecher 男; (かかってきた通話) Anruf 男 ¶ ~で連絡できますか Sind Sie telefonisch er-

reichbar? ~する〈をかける〉anrufen; telefonieren [mit +3]. ~を切る den Hörer auflegen. ◆ ~機 Telefon 中 Fernsprecher 男 ~局 Telefonzentrale 女, Telefonamt 中 ~帳 Telefonbuch 中 ~番号 Telefonnummer 女 ~ボックス Telefonzelle 女 携帯~ Handy 中

と

戸 Tür 女 ¶ ~を開ける〈閉める〉die Tür aufmachen ⟨zumachen⟩. ~を叩く an die Tür klopfen. ~を開けたままにする die Tür offen lassen. ◆ 引き~ Schiebetür. 人の口に~は立てられぬ j³ den Mund nicht verbieten können
都 Hauptstadt 女 ◆ ~知事 Gouverneur 男 ~庁 die Stadtverwaltung von Tokio
…と und; (共同) mit +3
度 Grad 男; (回) Mal 中 ¶気温が30~ ある Wir haben dreißig Grad ⟨Wärme⟩. ~の強い眼鏡 eine starke Brille 女 ~を越すな言わ過ぎる。彼の冗談は ~が過ぎる Sein Spaß geht zu weit. ◆ 関心~ Intressengrad. 知名~ Bekanntschaftsgrad
ドア Tür 女
樋(とい) Dachrinne 女
問い Frage 女 ¶ ~に答える die Frage beantworten.
問い合わせ Anfrage 女; Erkundigung 女 ◆ ~先 Auskunft 女
問い合わせる anfragen; sich⁴ erkundigen [bei j³ nach +³]. ¶詳細は上記事務所にお問い合わせ下さい Näheres bitte an das obige Büro anfragen.
というのは das heißt
問い返す zurückfragen
問いかける fragen [j⁴]; Fragen stellen [j³]
問いただす ausfragen
ドイツ Deutschland 中 ¶ ~の deutsch. ~語 die deutsche Sprache 女, Deutsch 中 ~人 Deutsche[r] 男 女 ~マルク die Deutsche Mark ⟨DM⟩. ~連邦共和国 die Bundesrepublik Deutschland
問い詰める ausfragen; mit Fragen in die Enge treiben
トイレ Toilette 女; Klosett 中 ¶ ~は どこですか Wo ist die Toilette?
トイレットペーパー Toilettenpapier 中
党 Partei 女
塔 Turm 男
問う fragen. ¶男女を問わず ob Mann oder Frau. 年齢を問わず egal welchen Alters. 経験問わず keine Erfahrungen erforderlich
等 und so weiter
…頭 牛5~ fünf Kühe 男
どう Na? | wie steht's? ¶ ~したのです か Was ist denn los? ~しましたか Was ist [mit Ihnen] los? ~思いますか Was meinen Sie? 昨日のコンサートは~でした か Wie war das gestrige Konzert? ~ 見ても in jeder Hinsicht. ~ってことない Es ist ganz leicht zu machen. ~すれば よいかわからない Ich weiß nicht, was ich machen sollte. ~すれば彼に会えるだ ろうか Wie kann man ihn sehen? ~か ~かと思う Das ist ein bisschen fragwürdig. ~にかしなければならない Das müssen wir irgendwie erledigen. ~かして! Hilf mir doch! ~かしましたか Ist was passiert? ~かしている Da ist was los? それが~っていうんだ Na, und? Das geht dich nichts an.
胴 Rumpf 男
銅 Kupfer 中
答案 Prüfungsarbeit 女
同意 Zustimmung 女; Einverständnis 中 ¶ ~する einverstanden sein [mit +³]; zustimmen, beipflichten [j-et³]. ~しました Einverstanden.
どういう was für... ¶ ~本を読まれます か Was für Bücher lesen Sie gern? ~ 事情であろうと egal aus welchem Grund. Sie gab es hinaus aber ~ Wie werden Sie das Geld ausgeben? ~わ けで warum. ~か aus irgendeinem Grund; Ich weiß nicht warum, aber...
どういたしまして Bitte schön! | Nichts zu danken! | Keine Ursache!
統一 Einheit 女; Vereinigung 女; Vereinheitlichung 女 ¶ ~する vereinigen; vereinheitlichen; einigen. ~的 の einheitlich. ~性 Einheit 女
同一の derselbe; gleich; selb
党員 Parteigenosse 男
動員する mobilisieren
投影する projizieren
東欧 Osteuropa. ¶ ~の osteuropäisch
どうか bitte
…どうか ob. ¶正しいか~わからない Ich weiß nicht, ob das richtig ist.
銅貨 Kupfermünze 女
倒壊 Einsturz 男 ¶ ~する einstürzen
当該の betreffend; einschlägig
トウガラシ(唐辛子) Paprika 女
投函する einwerfen
同感 derselben Meinung sein
冬期(季) Winterzeit 女
投機 Spekulation 女 ◆ ~家 Spekulant 男
陶器 Steingut 中; Keramik 女
騰貴する steigen. ¶物価~ Preissteigerung 女
討議 Erörterung 女; Debatte 女; Diskussion 女 ¶ ~する diskutieren, debattieren [über +⁴]; erörtern; besprechen
動機 Anlass 男; Motiv 中
動悸 Herzklopfen 中; Herzschlag 男
動議 Antrag 男
道義 Moral 女; Sittlichkeit 女 ¶ ~的な moralisch
同義語 Synonym 中
等級 Grad 男; Rang 男; Stufe 女; Klasse 女
投球する den Ball werfen
闘牛 Stierkampf 男
同級 die gleiche Klasse. ◆ ~生 Klassenkamerad 男

同居する unter einem Dach wohnen [mit $^{+3}$]; wohnen [bei $^{+3}$]
同郷人 Landsmann 男
当局 zuständige Behörde 囡
道具 **Werkzeug** 囲; **Gerät** 囲; **Apparat** 囲 ¶ …を~に使う *j-et*^{4} als Werkzeug ⟨Instrument⟩ benutzen. ◆ ~箱 Werkzeugkasten 囲 商売~ Requisiten 大工~ Handwerkszeug 囲
洞窟 Höhle 囡
峠 Bergpass 囲; Pass 囲
統計 Statistik 囡 ¶ ~上の statistisch
東経 östlicher Längengrad 囲
陶芸 Keramik 囡; Töpferhandwerk 囲 ◆ ~品 Töpferware 囡
凍結する zufrieren; (賃金を) einfrieren
道化役 Clown 囲; Hanswurst 囲
同権 Gleichberechtigung 囡
登校する in die Schule gehen
統合 Vereinigung 囡; Integration 囡 ¶ ~する vereinigen; integrieren [*et^4 in*$^{+1}$]
瞳孔 Pupille 囡
動向 Tendenz 囡; Trend 囲
同好会 Freizeitvereinigung 囡; Hobbyverein 囲
当座の vorläufig
動作 Bewegung 囡
東西 Osten und Westen
洞察 Einsicht 囡
倒産 Bankrott 囲; Pleite 囡 ¶ ~する Bankrott machen ⟨gehen⟩
投資 Anlage 囡 ¶ ~する investieren. ◆ ~家 Investor 囲 ~信託 Investmentgesellschaft 囡
闘志 Kampflust 囡; Kampfgeist 囲
凍死 Erfrierung 囡 ¶ ~する erfrieren
当時[は] damals; zu jener Zeit; da. ¶ ~の大統領 der damalige Präsident
冬至 Wintersonnenwende 囡
答辞 Gegenansprache 囡
動詞 Verb 囲
同士 Genosse 囲; (女性) Genossin 囡; Kamerad 囲
同志 Gleichgesinnte[r] 囲囡
同時 ¶ ~に gleichzeitig; zugleich. …で あると~に ... und zugleich. 海は美しい と~に危険である Das Meer ist schön und zugleich gefährlich. ¶ ~の gleichzeitig; synchron ◆ ~選挙 gleichzeitige Wahl des Unter- und Oberhauses ~通訳 Simultanübersetzung ~放送 Simultanübertragung 囡
同時代の zeitgenössisch. ◆ ~人 Zeitgenosse 囲; (女性) Zeitgenossin 囡
当日[は, に] am betreffenden Tag; an dem Tag
どうして (方法) wie, auf welche Weise; (理由) warum, wieso. ¶ ~それ を手に入れたのか Wie hast du das bekommen? ¶ ~そんなことを言ったんだ Warum hast du so etwas gesagt?
どうしても auf jeden Fall; unbedingt. ¶ ~…ない keinen Fall; durchaus nicht. ~会社に行かなければな らない Ich muss unbedingt ins Büro fahren. ~それを思い出せない Ich kann mich gar nicht daran erinnern.

党首 Parteivorsitzende[r] 囲囡
投書 Einsendung 囡
当初[は] anfangs; zuerst
登場する auftreten. ◆ ~人物 Person 囡
搭乗する an Bord gehen. ◆ ~ゲート Flugsteig 囲 ~券 Bordkarte 囡
同情 Mitleid 囲; Mitgefühl 囲 ¶ ご~ 申し上げます Ich möchte [Ihnen] meine tiefe Anteilnahme aussprechen. ~ して aus Mitleid. ~心をかき立てる Sympathie erwecken. ~すべき bedauernswert. ~する mitfühlen [mit $^{+3}$]. ~的な teilnahmsvoll; mitfühlend. ~票を 集める die Wahl um die Sympathie gewinnen
どうしようもない hilflos; weiter nichts zu machen
答申 Bericht 囲
等身大の lebensgroß
陶酔 Entzücken 囲; Rausch 囲
どうすれば wie
どうせ sowieso; jedenfalls. ¶ ~それは 必要だ Das ist sowieso notwendig. ~ 見るなら面白い映画を見たい Wenn man schon ⟨überhaupt⟩ einen Film sehen muss, dann möchte ich einen interessanten sehen. 彼には~言っても無駄 だ Es lohnt sich sowieso nicht, ihm etwas zu sagen.
統制する kontrollieren
銅製の kupfern
当選する gewählt werden
当然 selbstverständlich; mit Recht. ¶ ~の selbstverständlich; natürlich. ~ のこと Selbstverständlichkeit 囡 …は~ だ Es ist selbstverständlich, dass... 彼 が怒るのも~だ Es ist natürlich, dass er sich ärgert hat.
どうぞ bitte; Bitte! ¶ ~おかけください Nehmen Sie Platz bitte! ~お入りくださ い Bitte, kommen Sie herein. ~お幸せ に Ich wünsche Ihnen viel Glück! ~お 先に Nach Ihnen. | Bitte gehen Sie vor. 電話を貸してください―はい~ Darf ich kurz anrufen? – Ja, bitte schön.
逃走 Flucht 囡 ¶ ~する fliehen; flüchten
闘争 Kampf 囲; Streit 囲
同窓生 Mitschüler 囲; Kommilitone 囲; (女性) Kommilitonin 囡 ◆ ~会 Verein alter Schulfreunde
銅像 Bronzestatue 囡
淘汰 Auslese 囡 ¶ ~する auslesen
灯台 Leuchtturm 囲
胴体 Rumpf 囲
到達する erreichen; gelangen [an $^{+4}$]
統治 Regierung 囡; Herrschaft 囡 ¶ ~する regieren; herrschen [über $^{+4}$]
到着 Ankunft 囡 ¶ ~する ankommen [in $^{+3}$]; eintreffen [in $^{+3}$]. 午前9時に~ の予定です Um 9 Uhr soll er ankommen. ~駅 Ankunftsbahnhof 囲 ~時 刻 Ankunftszeit 囡 ~ホーム Ankunftsbahnsteig 囲 ~予定時刻 vorgesehene Ankunftszeit 囡
盗聴 Lauschaktion 囡 ¶ ~する abhören; lauschen [*j-et*^{3}]. ~法 Ausführungsgesetz zum Lauschen

とうてい 到底 sowieso. ¶ ～ない keinesfalls, auf keinen Fall
童貞の keusch
どうでもよい egal; einerlei; gleichgültig. ¶ どうでもいいよ Es ist mir egal.
同点で punktgleich stehen [mit⁺³]
尊い edel; erhaben; (貴重な) kostbar
とうとう endlich
等々 und so weiter (⸗: usw.); und so fort (⸗: usf.)
同等の gleich
堂々(たる)(とした) stattlich; würdevoll. ¶ ～ した態度 eine würdevolle Haltung 囡 と～戦う ehrlich kämpfen. 巡りをする Da beißt sich die Katze in den Schwanz.
道徳 Moral 囡; Sittlichkeit; Sitte 囡. ¶ ～的 moralisch; sittlich. ◆ ～家 Moralist 男 ～教育 Moralunterricht 男 ～心 Sittlichkeitsgefühl 中
東南 Südosten 男
盗難 Diebstahl 男
どうにか irgendwie. ¶ それを～してください Tun Sie doch was dagegen! ～間に合った Ich habe noch knapp erreicht. ～危機を乗り越えた Wir haben mit Mühe und Not die Krise hinter uns.
どうにも ¶ ～ならない Es ist hoffnungslos. ～やり切れない気分だ Ich habe so ein unerträgliches Gefühl.
投入 Einsatz 男. ¶ ～する einsetzen
導入 Einführung 囡. ¶ ～ Einleitung 囡 ～する einführen
どうのこうの ¶ ～言う herumreden; zerreden. ～とけちをつける nörgeln
とうの昔に längst; schon lange
党派 Partei 囡
当番 Dienst 男
同伴する mitnehmen; begleitet sein. ¶ 夫人で～ mit seiner Frau
逃避する fliehen [vor⁺³]
投票 Abstimmung 囡; Stimme 囡. ¶ ～する stimmen; abstimmen; seine Stimme geben [j³]; die Stimme abgeben; wählen. ～で決める durch eine Abstimmung entscheiden. ～に行く zur Wahl gehen. ～に付される abstimmen lassen. ～を行う Stimme abgeben. 誰に～されますか Wem werden Sie Ihre Stimme abgeben? ～率が高かった〈低かった〉 Die Wahlbeteiligung war sehr hoch 〈niedrig〉. ◆ ～権 Stimmrecht 中
豆腐 Tofu 男
東部 Osten 男
同封する beilegen [et³ dat⁴]. ¶ ～して anliegend
動物 Tier 中. ◆ ～園 zoologischer Garten 男; Zoo 男; Tiergarten 男 ～学 Zoologie 囡
当分 vorläufig
等分する in gleiche Teile teilen
東方の östlich
逃亡 Flucht 囡
同胞 Brüder 男
東北 Nordosten 男
動脈 Arterie 囡; Schlagader 囡
冬眠 Winterschlaf 男. ¶ ～する den Winterschlaf halten

透明な klar; durchsichtig
同盟 Bund 男; Bündnis 中; Pakt 男
当面 vorläufig
どうも wohl; anscheinend. ¶ ～ありがとう Vielen Dank. ～信じられない Ich kann es kaum glauben. ～すみません Entschuldigen Sie bitte. ～雪になるらしい Es wird wohl schneien. ～留守らしい Er ist anscheinend nicht zu Hause.
とうもろこし Mais 男
どうやって wie
どうやら ¶ ～間に合った Ich bin noch gerade rechtzeitig angekommen. ～らしい; wahrscheinlich. 彼は～大学を卒業できそうだ Er kann wohl die Universität absolvieren.
東洋 Orient 男. ¶ ～の orientalisch
動揺 Schwanken 中; Aufregung 囡; Unruhe 囡. ¶ ～させる unruhig machen. ～する schwanken
同様 ¶ ～に gleich; ebenfalls; gleichfalls. ～の gleich. 新品と～である so gut wie neu
童謡 Kinderlied 中
道楽 (趣味) Hobby 中; (放蕩) Ausschweifungen
動乱 Aufruhr 男
道理 Vernunft 囡. ¶ ～にかなっている〈反している〉 vernünftig 〈unvernünftig〉 sein. それが許される～がない Es wäre gegen alle Vernunft, wenn so etwas erlaubt würde. で! Ach deshalb! 無理が通れば～が引っ込む Gewalt geht vor Recht.
党略 Parteipolitik 囡
同僚 Kollege 男; (女性) Kollegin 囡
動力 Kraft 囡
道路 Straße 囡; Weg 男; Gasse 囡. ¶ ～が混んでいる Die Straße ist voll. ～沿いの an der Straße. ◆ ～工事 Straßenbau 男 ～交通取締法 Straßenverkehrsordnung 囡 (⸗: StVO). ～地図 Straßenkarte 囡 ～標識 Straßenschild 中
登録 ¶ ～する registrieren; eintragen; einschreiben; anmelden [bei⁺³]. ◆ ～意匠 Geschmacksmuster 中 ～者 eingetragene[r] 男 ～商標 eingetragenes Warenzeichen 中 ～済 registriert. ～番号(車両の登録等) Zulassungsnummer 囡; registrierte Nummer 囡 ～簿 Eintragungsliste 囡
討論 Debatte 囡; Diskussion 囡. ¶ ～する debattieren, diskutieren [über⁺⁴]; erörtern. ◆ ～会 Diskussion; Diskussionsabend 男 ～者 Diskutant 男 公開～会 eine öffentliche Diskussion. テレビ～会 Fernsehdiskussion 囡
童話 Märchen 中
当惑する verlegen
十(とお) zehn
遠い fern; entfernt; weit. ¶ ～駅まではここからですか Ist es weit von hier bis zum Bahnhof? 彼の重役昇進も～いことではない Es dauert nicht lange, bis er zum Vorstand befördert wird. 電話が～ Ich höre das schlecht am Telefon. ～親戚 ein ferner Verwand-

十日 10月～der zehnte Oktober. ～間 zehn Tage

遠からず demnächst; bald. ¶当たらずとも～だ Du kommst der Sache schon näher.

遠く ¶～から aus der Ferne. ～に in der Ferne; weit. ～の in der Ferne; entfernt. ～へ in die Ferne; bis in die Ferne; weit. スキーでは彼に～及ばない Im Skifahren ist er bei weitem besser als ich.

遠ざかる sich⁴ entfernen
遠ざける von sich³ fern halten
…通し ¶夜～die ganze Nacht hindurch. 働き～である durcharbeiten
通し番号 fortlaufende Nummern 複
¶～をつける fortlaufend nummerieren
通す durchlassen; führen; einführen; leiten. ¶ちょっと通してくださいませんか Bitte lassen Sie mich kurz durch. 応接室に通された Ich wurde ins Wohnzimmer reingelassen. …を～che durchlesen. …を通して über +⁴; durch +⁴. 筋を通して話す sich⁴ durchsetzen
トースター Toaster 男
トースト Toast 男
通って durch +⁴
遠出 Ausflug; Ausfahrt 女
トーテムポール Totempfahl 男
ドーナツ Pfannkuchen 男
トーナメント Turnier 男
遠のく sich⁴ entfernen. ¶足が～immer seltener kommen
遠回しの andeutungsweise
遠回り ¶～する einen Umweg machen. ～して auf einem Umweg
ドーム Dom 男
通り Straße 女; Weg 男; Gasse 女. ¶～に出る auf die Straße. ～を隔てて gegenüber der Straße. 車の～が激しい Es herrscht ein reges Verkehr. ～を塞ぐ den Durchgang sperren. ～のいい声 eine klare Stimme 女. 世間に～がよい〈悪い〉Es macht öffentlich einen guten〈schlechten〉Eindruck. ――遍に förmlich. ◆～雨 Regenschauer 男. ～言葉 Schlagwort 中 = 相場 Durchschnittspreis 男. ～魔 Amokläufer 男. ～道 Durchgang 男
…とおり wie. ¶あなたの言う～にします Ich mache es, wie Sie es mir sagen. 思った～wie vorgestellt
通り掛かる vorbeikommen; vorbeigehen. ¶通り掛かった人に助けられた Der Mann, der gerade vorbeikam, hat mich gerettet. 運よく警官が通り掛かった Zum Glück kam gerade ein Polizist vorbei. 通り掛かりの人 Passant 男 通り掛かりに auf dem Weg
通り越す vorbeigehen, vorüberhehen [an +³]
通り過ぎる ⇒ 通り越す 通り過ぎて vorüber. 通りすがりの人 Passant 男
通り抜け Durchfahrt 女. ¶～禁止 Durchfahrt verboten!
通り抜ける hindurchgehen, durchgehen [durch +⁴]. ¶通り抜けられません Sie können hier nicht durchgehen.

通り道 Durchgang 男
通る gehen; fahren; schreiten; (しみ透る) durchdringen. ¶商店街を～durch die Geschäftsstraße gehen. 10分後にバスは通っている Der Bus fährt in alle zehn Minuten. 議案が国会を通った Der Gesetzentwurf wurde vom Parlament verabschiedet. 試験に～die Prüfung bestehen. その先生の声はよく～Die Stimme des Lehrers trägt gut. そんな言い訳は通らない So eine Entschuldigung lasse ich mir nicht gelten. この文章は意味が通らない Der Sinn des Satzes kommt nicht heraus. 名の通った bekannt; durchgesetzt
トーン Ton 男
都会 Stadt 女. ¶～の（的な）großstädtisch. ～風の städtisch. ～育ちである in der Großstadt aufgewachsen sein. ◆～人 Großstadtmensch 男. ～生活 Großstadtleben 中 大～Großstadt 女
トカゲ (蜥蜴) Eidechse 女
溶かす schmelzen; auflösen
とかす ¶髪を～das Haar kämmen
尖った spitzig; scharf; spitz
尖らす spitzen
ドカン Bums! ¶～と音がする knallen
時 Zeit 女; Stunde 女; Zeitalter 中. ¶～が終って Die Zeit vergeht. ～する～に gelegentlich. …～した～に als… ～たま～な gelegentlich. ～として zeitweilig. ～ならぬ überraschend; unerwartet. ～に übrigens; nun. ～の記念日 der Tag der Zeit. ～の総理大臣 der damalige Premierminister. ～の人 ein Vertreter seiner Zeit 男. ～を稼ぐ Zeit gewinnen. ～を刻む Die Uhr tickt. 勝敗は～の運 Sieg oder Niederlage ist eine Frage des Glücks. ～は金なり Zeit ist Geld.
トキ (朱鷺) Ibis 男. ¶～色の blassrot
土器 Tongefäß 中; Töpferwaren 複; Keramik 女
時折 gelegentlich; ab und zu
どぎつい grell
時々 manchmal; ab und zu. ¶晴れ曇り Sonnig, zeitweise bewölkt.
どきどきする Das Herz pocht mir. ¶胸を～させて mit klopfendem Herzen
時に (ところで) nun, übrigens, apropos; (時々) ab und zu, bisweilen
時には manchmal. ¶彼も～失敗することもある Auch er kann ab und zu fehlschlagen.
解き放つ loslassen
説き伏せる überreden [j⁴ zu +³]
時めく ¶彼は今を～小説家だ Er ist heute der populärste Schriftsteller.
ドキュメンタリー Dokumentation 女. ¶～映画 Dokumentarfilm 男
度胸 Mut 男. ¶～のある mutig
途切れる unterbrochen werden. ¶話が～Das Gespräch kommt ins Stocken.
得 (儲け) Gewinn 男; (有利) Vorteil 男. ¶～な nützlich; vorteilhaft. ～をする gewinnen; profitieren [von +³]. 一文の

~にもならない nutzlos sein
徳 Tugend 囡
解く 〔auf〕lösen; auspacken. ¶契約を～einen Vertrag lösen. 誤解を～Missverständnis aufklären. 職を解かれる *seiner* Posten verlieren; entlassen werden. 包囲を～die Belagerung aufheben. 問題を～eine Frage lösen
説く erklären; überreden 〔*j*⁴ zu +³〕
研ぐ schleifen; schärfen
退く (脇へ) zur Seite gehen; (譲る) Platz machen 〔*j*³〕
毒 Gift 甲. ¶～が回る Das Gift wirkt. ～のある giftig. ～の入った vergiftet. ～を入れる vergiften. ～を消す dem Gift entgegen|wirken. 休に～である *seiner* Gesundheit schaden; Das wird mag gesundheitlich schaden. 人の～牙にかかる *j*² Giftzahn zum Opfer fallen. ～しい giftig. ～ガス Giftgas 甲; Kampfstoff 甲 ～をやられる dem Giftgas ausgesetzt werden. ～ガス弾 (砲弾) Gasgranate 囡; (爆弾) Kampfstoffbombe 囡 ～キノコ Giftpilz 甲 ～消し Gegengift. ～消しする vergiften. ～蛇 Giftschlange 囡 ～性 Toxizität 囡 ～性のある giftig; toxisch. ～素 Toxikum 甲 ～物 Gift. ～虫 Giftinsekt 甲 ～矢 Giftpfeil 甲 ～を食らわば皿まで Wenn schon, denn schon. ～を制す Feuer mit Feuer bekämpfen

得意 Stolz 甲; Stärke 囡 ¶～の絶頂である auf dem Höhepunkt *seines* Glücks und stolz auf *sich*⁴ selbst sein. ～がる stolz sein 〔auf +⁴〕. ～になって stolz, mit Stolz. ～満面である eine stolze Miene zeigen 〈aufsetzen〉; strahlend vor Stolz sein. あなたの～の学科は何ですか Was ist Ihr starkes Fach? 英語が～である Ich kann gut Englisch. ～先 Kunde 甲 ～先廻りをする die Kunden besuchen

特有 eigentümlich; sonderbar
独学 autodidaktisch
特技 eine besondere Fähigkeit 囡
独裁 Diktatur 囡 ¶～的 autokratisch. ◆～政治〈政権〉Diktatur 囡
毒殺 Giftmord 甲 ¶～する vergiften
特産 Spezialität 囡
独自の eigen
特質 Eigentümlichkeit 囡
読者 Leser 甲
特殊な besonder, eigenartig, speziell. ◆～学級 Sonderklasse 囡 ～鋼 Spezialstahl 甲 ～効果 Spezialeffekt 甲 ～事情 besondere Umstände. ～性 Besonderheit 囡 ～法人 halböffentliche Körperschaften 囡
特集 Sondernummer 囡; (テレビの) Sondersendung 囡; (記事) Sonderartikel 甲
読書 Lesen 甲; Lektüre 囡 ¶～する lesen. ～に耽る *sich*⁴ in *seine* Bücher 〈die Lektüre〉 vertiefen. ～家 Leseratte 囡 ～会 Lesezirkel 甲 ～室 Leseraum 甲 ～週間 die Woche des Lesens
独唱 Solo 甲 ¶～する solo singen. ◆～者 Solist 甲

特色 Eigenart 囡; Charakterzug 甲 ¶～のある mit Charakter
独身 ledig; unverheiratet
毒する auffordern 〔*j*⁴ zu +³〕. ¶これらの本は青少年を～Diese Bücher haben schädliche Wirkung auf die Jugendlichen.
毒舌 ¶～を振るう eine giftige Zunge haben. ～家である Er hat eine giftige Zunge.
独占 Monopol 甲
独善的な selbstgerecht
独奏 Solo 甲 ¶～する solo spielen
独創的 Originalität 囡 ¶～的な original; originell; schöpferisch
督促する auffordern 〔*j*⁴ zu +³〕; mahnen 〔*j*⁴ zu +³〕. ◆～状 Mahnbrief 甲
ドクター (学位) Doktor[titel] 甲
特種 Exklusivbericht 甲
独断 ¶～専行する aus eigener Machtbefugnis agieren. ～的 dogmatisch; rechthaberisch. ～的な人 ein dogmatischer Typ ～で決める eigenmächtig entscheiden
戸口 Tür 囡 ¶～に立つ in der Tür stehen. ～から出る zur Tür hinaus|gehen
特徴 Merkmal 甲 ¶～づける Merkmal darstellen 〔für +⁴〕. ～的な bezeichnend, charakteristisch, typisch 〔für +⁴〕; eigentümlich 〔*j-et*⁺³〕. ～のない ohne Charakter
特長 Stärke 囡
毒づく fluchen 〔auf +⁴〕
特定 bestimmt. ¶～する bestimmen
得点 Punkt 甲 ¶～する Punkte erzielen. ～を記入する Punkte ein|tragen. ◆～掲示板 Anzeigetafel 囡 ～表 Punkttabelle 囡 最高～der höchste Punkt
特典 Vergünstigung 囡
独特 ¶～な eigen; eigentümlich; charakteristisch; eigenartig. その人～のやり方で auf *seine* eigene Methode
特に besonders; vor allem. ¶～面白い話はなかった Es gab keine besonders interessante Geschichte.
特派 einen Sonderberichterstatter senden. ◆～員 Sonderberichterstatter 甲
特売 Ausverkauf 甲; Sonderangebot 甲 ◆～品 Sonderangebot
独白 Monolog 甲; Selbstgespräch 甲 ¶～華々しき bemerkenswert
特別な〈の〉 besonder, speziell, außerordentlich. ¶～に besonders. ～扱いする bevorzugt behandeln. ～製の eigens gemacht; extra
独房 Zelle 囡
読本 Lesebuch 甲
毒見・毒味する kosten; probieren. ◆～役 Koster 甲 〔史以〕 Vorkoster 甲
匿名の anonym
毒薬 Gift 甲
独自の eigentümlich; eigen
独立 Unabhängigkeit 囡; Selb[st]ständigkeit 囡 ¶～の〔した〕unabhängig; selb[st]ständig. ～して unabhängig, selb[st]ständig. ～する unabhängig werden 〔von +³〕; *sich*⁴ verselb[st]ständigen ; (起業) *sich*⁴

どしどし

selb(st)ständig machen. ◆ ~国 unabhängiges Land ⊕ ~宣言 Unabhängigkeitserklärung ⊕

独力で ohne Hilfe: auf eigene Faust

とげ(棘) Stachel ⊕; Dorn ⊕

時計 Uhr ⊕. ¶ ~の針 Zeiger ⊕. ~のバンド Uhrband ⊕. ~の文字盤 Zifferblatt ⊕. ~回りに im Uhrzeigersinn; rechtsläufig. ~と逆回りに entgegen dem Uhrzeigersinn. ~を合わせる die Uhr richtig stellen. ~を進める(遅らせる) die Uhr vorstellen ⟨nachstellen⟩. ~をはめる eine Uhr tragen. ◆ ~台 Uhrenturm ⊕ ~店 Uhrengeschäft ⊕

溶け込む ⟨物が⟩ *sich⁴* lösen [in⁺⁴]; ⟨人が⟩ *sich⁴* einleben [in⁺⁴]. ¶ 環境に~ *sich⁴* an die Umgebung gewöhnen

解けた los; gelöst; aufgegangen

解ける *sich⁴* lösen; aufgehen. ¶ 誤解が解けた Ein Missverständnis ist aufgeklärt ⟨beseitigt⟩.

溶ける *sich⁴* **auflösen; schmelzen**. ¶ 水に~ *sich⁴* in Wasser lösen. 熱で~ schmelzen. 溶けやすい⟨にくい⟩ leicht ⟨schwer⟩ löslich

遂げる ¶ 望みを~ *seinen* Wunsch erfüllen. 目的を~ *seinen* Zweck erreichen

退ける wegschaffen

床 Bett ⊕

どこ wo. ¶ ~に⟨で⟩ wo. ここは~ですか Wo sind wir hier? ~がそんなに難しいのですか Was ist daran so schwierig? ~かに⟨で⟩ irgendwo. 彼は~か別の場所で irgendwo am anderen Platz. 彼女は~か憂鬱なところがある Er hat etwas Liebevolles an sich.
~から woher. ~からいらしたのですか Woher kommen Sie? ~から電話しているのですか Woher rufen Sie denn an? ~からともなく Man weiß nicht woher. ~から見ても wie auch immer.
~にでも überall. そんなのは~にでもあるよ So was kannst du überall finden. そんなものは~にでも売っているよ So etwas ist irgendwo zu haben.
~にもない nirgends. 昨日は~にも行かなかった Gestern waren wir nirgend[s]wohin.
~の大学を出たのですか An welcher Uni haben Sie studiert? ~の方ですか Wo kommen Sie her?
~~ wohin. ~行きたいの? ― ~でもいいよ Wo willst du? ― Ach, irgendwohin. ~へ行ってきたのですか Wo waren Sie?
映画館は~もがら空きだった Die Kinos waren überall leer. これには~にも悪いところはない Daran ist nichts Schlimmes.

どことなく irgendwie. ¶ 彼女は~彼に似ています Sie sieht ihm irgendwie ähnlich.

どこまで wie weit. ¶ ~行くのですか Wie weit gehen wir denn? ~いっても交渉は並行線だった Die Verhandlung konnte nichts erreichen. ~しらを切るつもりですか Wie lange wollen Sie noch die Unwissenheit vortäuschen?

~も(永久に) für immer; ⟨際限なく⟩ ohne Grenzen. ¶ ~麦畑が続いていた Soweit man sah, war das Weizenfeld.

床屋 Friseur ⊕

所 Ort ⊕; **Stelle** ⊕. ¶ 今の~ für jetzt. …する~である gerade dabei sein [+ zu ⁺不定詞句]. …する~に gerade als. 元の~に戻しなさい Geben Sie es an den ursprünglichen Ort zurück! お~とお名前 Ihre Adresse und Ihr Name bitte. 彼は~構わず唾を吐く Wo auch immer spuckt er. 今日は~により雨でしょう Heute regnet es gebietsweise. 知る~では soweit ich weiß. 聞く~によると wie er sich gehört habe. ~狭しと置いてある überfüllt sein [mit⁺³].
◆ **~変われば品変わる** Andere Länder, andere Sitten.

ところが aber; allein

…**どころか** nicht [nur]..., sondern

ところで übrigens; nun

所々 hier und da; stellenweise.

閉さす schließen; absperren

ドン Bums!

登山 Bergsteigen ⊕. ◆ ~家 Alpinist ⊕ ~電車 Bergbahn ⊕

年 Jahr ⊕; (年齢) **Alter** ⊕. ¶ ~が明けた Das Jahr bricht an. ~がたつにつれて im Laufe der Jahre; mit den Jahren. ~と共に mit den Jahren. ~の瀬 die letzten Tage an diesem Jahres. ~の初めに am Anfang des Jahres. ~を取った alt. ~を取る alt werden. この~になって in meinem Alter. ~相応に見える Er ist so alt, wie er aussieht. ~の割に ungewöhnlich für *sein* Alter. ~の割に für *sein* Alter. ~には勝てない Gegen das Alter ist kein Kraut gewachsen. ~男⟨女⟩ in dieser年 Tierkreis Geborene[r] ⊕ ⊕ 亀の甲より~の功 Mit der Zeit wird man klug.

都市 Stadt ⊕

どじな ungeschickt. ¶ ~を踏む ins Fettnäpfchen treten; danebenhauen

年上 älter

年甲斐 ¶ そんなことをするとは~もないね Du bist dafür schon zu alt.

年かさの人 ein älterer Mensch

年格好 ¶ 彼は君ぐらいの~ Er dürfte in deinem Alter sein.

年子 ¶ ~の兄弟 in aufeinander folgenden Jahren geborene Brüder

年越しする vom alten Jahr Abschied nehmen. ◆ ~そば Nudeln in der Silvesternacht

閉じ込める [ein]sperren, einschließen [*jⁿ* in⁺⁴]. ¶ 雪に閉じ込められる eingeschneit werden. 車に閉じ込められる in ein Auto eingesperrt werden

閉じこもる *sich⁴* einschließen [in⁺⁴]. ¶ 自分の殻に~ verschlossen sein

年頃の erwachsen

年下の jünger

閉じた geschlossen; zu

年月 Jahre ⊕

…**として** als; für ⁺⁴. ¶ 私~は ich persönlich

[仮に]…としても auch wenn...

どしどし ¶ 注文が~来る Bestellungen

としなみ

kommen eine nach den anderen.
年波 ¶ 寄る～には勝てない Man kann dem Alter nicht entgehen.
年の市 Jahrmarkt 男
年端 ¶ ～もいかぬ子供 ein Kind in zartem Alter
戸締まりをする die Tür schließen
年回り ¶ ～がよい（悪い） in einem Glücksjahr (Unglücksjahr) sein
土砂 ¶ ～降りだ Es gießt in Strömen. | Es schüttet. ◆～崩れ Erdrutsch 男
図書 Buch 中
土壌 Boden 男 ◆～汚染 Bodenkontamination 女 ～保全 Bodenschutz 男
図書館 Bibliothek 女; Bücherei 女
年寄り ein alter Mensch; Alte(r) 男女; Senioren 男 ¶ ～くさい（男が）opahaft; (女が) omahaft. ～じみる vorzeitig altern. ～の冷々水 sich⁴ nicht *seinem* Alter gebührend verhalten
閉じる zu|machen; schließen. ¶ 目を～ die Augen schließen. 扇子を～ einen Fächer zusammen|klappen. 店を～ das Geschäft schließen
綴じる [ein]heften; binden
都心 Innenstadt 女; Stadtmitte 女
ドシン Bums! ¶ ～する den Ball hoch|werfen
土星 Saturn 男
土製 irden
塗装 [an]streichen
土足 mit Schuhen. ¶ ～厳禁 Betreten mit Schuhen verboten!
土台 Grund 男; Fundament 中
途絶える ab|brechen
戸棚 Schrank 男
どたばたする Lärm machen
とたんに gerade in dem Augenblick; plötzlich. ¶ …した～に gerade als...
トタン Zinkblech 中
土壇場 ¶ ～で im letzten Augenblick
土地 Grund 男; Grundstück 中; Gegend 女; Gelände 中; Land 中; Ort 男 ¶ ～を買う das Grundstück kaufen. ～を耕す den Boden bebauen. ～の局地. ～の名産 einheimische Spezialitäten 女 ～に勘める sich⁴ in der Gegend gut aus|kennen
土着の eingeboren; einheimisch
途中の unterwegs, auf dem Weg. ¶ …の～まで ein Stück bis ⁺⁴. …の～から mitten in ⁺³. …の～で bei ⁺³. お話の～ですみませんが… Darf ich Sie kurz unterbrechen, aber... ◆～下車 Reiseunterbrechung 女; Fahrtunterbrechung 女 ～下車する die Fahrt unterbrechen
どちら wo; welche[r, s]. ¶ ～が君ですか Welches von beiden ist deins? ～へ行かれるのですか Wohin gehen Sie? ～様でしたか Darf ich nach Ihrem Namen fragen? ～でもいいよ Beides ist mir recht.
どちらか entweder... oder... ¶ ～と言えば eher; Ich würde eher... この～かが間違っている Eines von beiden ist falsch.
どちらにしても auf alle Fälle
どちらも beides. ¶ これらの本は～も面白い Diese Bücher sind beide interessant. 私は～も好きでない Ich mag beides nicht.
特価 Sonderpreis 男
読解力 Lesefertigkeit 女
特急 Expresszug 男
特許 Patent 中 ◆～庁 Patentamt 中
ドッキングする an|docken; koppeln
ドック Dock 中
とっくに längst
取っ組み合う sich⁴ raufen
特訓 Spezialtraining 中
突撃 Sturmangriff 男 ¶ ～する an|stürmen [gegen ⁺⁴]
特権 Privileg 中; Vorrecht 中
どっしりした wuchtig; massiv
突進する rasen
突然 plötzlich. ¶ ～の plötzlich; unerwartet. ～～死 ein plötzlicher Tod 男 ～変異 Mutation 女
どっち (どこ) wo; (どれ) welche[r, s]. ¶ ～つかずの unschlüssig
どっちみち jedenfalls; sowieso …にとって ⁺⁴
取っ手 Griff 男; Henkel 男
取っておく auf|heben; auf|bewahren; reservieren
取って代わる an *j²* Stelle treten
取って来る holen; ab|holen
ドット Punkt 男
突入 Einbruch 男 ¶ ～する ein|brechen
突破する durch|brechen
突発 Ausbruch 男 ¶ ～する ausbrechen. ◆～事件 Vorfall 男
とっぴな ungewöhnlich; extravagant
突拍子もない verrückt; außergewöhnlich
トップ Spitze 女 ¶ ～にいる führen
凸面の konvex
凸レンズ Konvexlinse 女
土手 Damm 男; Deich 男
徒弟 Lehrling 男
とても sehr; ganz; ordentlich. ¶ この映画は～面白い Dieser Film ist sehr interessant. ～父親には見えない Er sieht überhaupt nicht wie ein Vater aus.
届く erreichen; (着く) an|kommen; reichen; langen. ¶ 50歳に手が～まだ五十歳ほど先だ Ich werde bald fünfzig Jahre alt sein. 私の誠意が彼女に届いた Meine Aufrichtigkeit hat sie bewegt.
届け[出] An|melden 中; Meldung 女 ¶ 欠席を～する Ich habe mich abgemeldet. 無～の unangemeldet
届け出る melden; an|melden; an|zeigen. ¶ 警察に被害を～bei der Polizei den Schaden melden
届ける (届け出る) an|melden; (送る) schicken
滞りなく ¶ ～終了する ohne Verzug (Störung) beenden
滞る stocken
整うin Ordnung sein. ¶ …の準備が整っている auf ⁺⁴ vorbereitet sein
整える ordnen; ein|richten; vorbereiten. ¶ 整った ordentlich; korrekt; regelmäßig
留まる bleiben
留めて置く behalten

止める halten; aufhören
轟き Dröhnen 中; (胸の) Herzklopfen 中; (雷) Donnern 中
轟く dröhnen
トナー Toner 男; (化粧) Tönung 女
ドナー Organspender 男
唱える ¶…の必要を〜 für^{+4} plädieren. 万歳を〜 hurra rufen
トナカイ Rentier 中
どなた wer. ¶〜ですか Wer ist da?
隣 Nachbarschaft 女 ¶〜の(の(で, に) neben^{+3}. 〜で(に) nebenan. 〜に座る sich^4 setzen [neben^{+4}]. 〜の家 Nachbar 男 〜同士でる die Nachbar nebenan sein. 〜合わせに gleich beieinander. ◆〜近所 Nachbarschaft 女
怒鳴る brüllen; schreien. ¶怒鳴りながら brüllend angelaufen kommen. 怒鳴りつける anbrüllen, anschreien
とにかく jedenfalls; überhaupt; auf jeden Fall; immerhin
どの welche[r, s]. ¶〜人があなたのお母さんですか Welche Dame ist die Mutter? ¶電車も混んでいない Jede Bahn war voll. ここにある〜靴も私には合わない Alle Schuhe hier passen mir nicht.
どの位 (時間) Wie lange? ¦ (距離) Wie weit? ¦ (回数) Wie oft? ¦ (大きさ) Wie groß?
殿様 Fürst 男
どの辺 wo. ¶ベルリンの〜ですか In welchem Viertel von Berlin?
どの道 ¶あなたはやり終えねばならない Letzten Endes müssen Sie bis zum Schluss machen.
どのように ¶〜返事を書けばいいかわからない Ich weiß nicht, wie ich die Antwort schreiben soll.
とはいえ [und] doch; dennoch
賭博 Glücksspiel 中
飛ばす fliegen lassen; (水を) voll spritzen; (ページを) überspringen
トビ (鳶) Weihe 女
飛び上がる aufspringen
跳び上がる aufspringen; (寝床から) [aus dem Bett] springen
飛び下りる abspringen
飛びかかる losgehen [auf^{+4}]; sich^4 stürzen [auf^{+4}]
跳び越える setzen, springen [über^{+4}]
飛び込み Sprung 男 ◆高〜 Turmspringen 中
飛び込む [hinein]springen
飛び去る wegfliegen
飛び出す [hinaus]stürzen
飛び立つ abfliegen
飛び散る sprühen; spritzen
飛びつく anspringen
トピック Gesprächsgegenstand 男
飛び乗る [auf]springen [auf^{+4}]
跳び箱 Sprungkasten 男
飛び跳ねる hüpfen; hoppeln
扉 Tür 女
塗布する schmieren; bestreichen
飛ぶ fliegen. ¶国外へ〜 ins Ausland fliegen. 話が飛びますが…Ich möchte auf ein anderes Thema überspringen…ヒューズが飛んだ Die Sicherung brannte durch. 〜ように売れる Die Ware verkauft sich wie warme Semmeln. 〜鳥を落とす勢い sich^4 fühlen, als könne man Bäume ausreißen
跳ぶ springen
どぶ Gosse 女
徒歩で zu Fuß. ¶〜通学する zur Schule zu Fuß gehen. 〜旅行する wandern
途方に暮れた ratlos; hilflos. ¶〜もない unsinnig; ungeheuer
土木[工学] Tiefbau 男; Tiefbautechnik 女 ◆〜技師 Tiefbauingenieur 男
乏しい arm; knapp
とぼとぼ歩く trotten; sich^4 fortschleppen
トマト Tomate 女
戸惑う vor Verlegenheit hilflos sein
泊りがけの mit Übernachtung
止まる・停まる halten; stehen; stillstehen. ¶電気が止まった Es ist kein Strom da. 車が停止信号で〜Das Auto hält vor roter Ampel. 止まれ! Halt! 停まっている bleiben], halten
泊まる übernachten; wohnen. ¶ホテルに〜 in einem Hotel übernachten. 一晩〜 eine Nacht bleiben
留まる ¶心に〜 in Erinnerung bleiben. 目に〜 ins Auge fallen [j^3]
富 Reichtum 男
富む reich sein
弔う trauern [um^{+4}]
留め金 Schnalle 女; Klammer 女; Verschluss 男 ¶〜を掛ける〈外す〉die Schnalle zumachen 〈aufmachen〉
止める・停める stoppen; anhalten; ausstellen; (引き留める) aufhalten; (禁止する) verbieten; (スイッチを) abstellen. ¶車を〜 den Wagen parken. 息を〜 den Atem anhalten. 痛みを〜 den Schmerz stillen
泊める beherbergen. ¶友達を泊めた Ich habe einen Freund bei mir untergebracht.
留める anstecken. ¶ボタンを〜 zuknöpfen. ピンで〜 mit einem Nadel befestigen. ホッチキスで〜 mit einem Hefter heften. 掲示物を〜 einen Anschlag machen
ともかく jedenfalls; immerhin; eben
共稼ぎする gemeinsam Geld verdienen. ¶〜の夫婦 Doppelverdiener 男
共食い Kannibalismus 男 ¶〜する sich^4 gegenseitig auffressen
共倒れになる sich^4 gegenseitig zugrunde 〈zu Grunde〉 richten
友達 Freund 男 ¶〜になる befreundet werden. 〜付き合いをする befreundet sein [mit^{+3}]. 〜付き合いをやめる die Freundschaft kündigen [j^3]. 〜が多い viele Freunde haben. 〜甲斐がない Es lohnt sich nicht, Freunde zu sein. ◆遊び〜 Spielkamerad 男 男〜 Freund. 女〜 Freundin 女 飲み〜 Zechbruder 男
伴う begleiten. ¶危険を〜 Gefahren mit sich^3 bringen. 権利には責任が〜 Das Recht ist von Verantwortung begleitet. 秘書を伴ってでかける Ich gehe mit meiner Sekretärin aus. …に

ともに 940

伴って *et³* entsprechend. 急速な工業化に伴って rapiden Industrialisierung

共に zusammen; mit. ¶彼と行動を~する Ich bin immer mit ihm zusammen. 食事を~する zusammen essen [mit⁺³]. 苦しみを~する Leiden und Qual teilen. 運命を~する das Schicksal teilen. 寝起きを~する zusammenleben. 送料~ Versandkosten miteingeschlossen. 男女~ Mann und Frau ebenso. 年と~ mit den Jahren. 年齢と~ mit dem Alter

共働きの doppelverdienend. ¶彼らは~だ Sie arbeiten beide.
どもる stottern; stammeln
土曜日 Samstag 男, Sonnabend 男
トラ(虎) Tiger 男
どら(銅鑼) Gong 男
トライ Versuch 男 ¶~する versuchen; sich⁴ bemühen [um⁺⁴]
ドライな (人が) nüchtern, geschäftsmäßig; (ワインが) trocken. ◆~アイス Trockeneis 中
トライアングル Triangel 男
ドライクリーニング chemische Reinigung 女
ドライバー (工具) Schraubenzieher 男; (車の) [Auto]fahrer 男
ドライブ Spazierfahrt 女 ¶~する spazieren fahren
ドライヤー Haartrockner 男
捕らえ所のない glatt, schwer fassbar
捕える fangen; ergreifen; festnehmen. ¶機会を~ die Gelegenheit ergreifen. 心を~ das Herz gewinnen. 特徴を~ charakteristisches Merkmal erkennen
トラクター Traktor 男
トラック Last[kraft]wagen 男; (走路) [Renn]bahn 女
ドラッグ (麻薬) Droge 女 ◆~ストア Drogerie 女
トラブル Schwierigkeit 女; Zwist 男
ドラマ Drama 中
ドラマチックな dramatisch
ドラム Trommel 女 ◆~缶 Tonne 女
取られる gestohlen werden
トランク Koffer 男, Kofferraum 男 ◆~ルーム Kofferraum 男
トランシーバー Walkie-Talkie 中
トランジスタ Transistor 男 ◆~ラジオ Transistorradio 中
トランプ [Spiel]karte 女
トランペット Trompete 女
トランポリン Trampolin 中
鳥 Vogel 男 ¶~を飼う sich³ einen Vogel halten. ◆~かご [Vogel]käfig 男 ~小屋 Hühnerstall 男
とりあえず vorläufig; sofort
取り上げる (奪う) nehmen, ab|nehmen, weg|nehmen; (話題として) auf|nehmen; (論じる) behandeln
取り扱い Handhabung 女, Behandlung 女 ¶壊れ物、~注意!Vorsicht! Zerbrechlich! ~説明書 Gebrauchsanweisung 女
取り扱う behandeln; nehmen
取り入れ Ernte 女
取り入れる ernten; (採用する) ein|führen, auf|nehmen
取り柄 Stärke 女; gute Seiten 複
トリオ Trio 中
取り置く reservieren
執り行う aus|führen; durch|führen
取り押さえる erwischen
取り戻す zurück|nehmen; nach|holen
取り替える tauschen; wechseln
取りかかる sich⁴ machen [an⁺⁴]. ¶仕事に~ an die Arbeit gehen
取り囲む umgeben, umschließen
取り交わす austauschen
取り決め Verabredung 女; Vereinbarung 女 ¶~を bestimmen; fest|setzen, aus|machen, ab|machen, verabreden; vereinbaren
取り崩す ab|brechen
取り組む auseinander setzen [mit⁺³]
取り消す widerrufen; zurück|nehmen
とりこ(虜) Gefangene[r] 男
取り込み (ごたごた) Verwirrung 女; (画像の) Einnahme 女
取り込む ¶画像を~ ein Bild ein|nehmen
取り壊す nieder|reißen; ab|brechen
取り去る beseitigen; weg|nehmen
取り調べ Untersuchung 女; (警察の) Verhör 中
取り損なう ¶ボールを~ den Ball verpassen
取り揃える eine reiche Auswahl haben; parat haben
取り出す heraus|nehmen; aus|packen
取り立てる ein|treiben; auf|treiben
取り違える verwechseln [et⁴ mit⁺³]
都立の städtisch; hauptstädtisch
トリック Trick 男
取り付ける an|machen, ein|richten, an|bringen [et⁴ an⁺³⁽⁴⁾]
砦 Festung 女
取り逃がす entweichen lassen
鶏肉 Hühnerfleisch 中
取り除く beseitigen; entfernen
鳥肌 Gänsehaut 女 ¶~が立つ eine Gänsehaut bekommen
取引 Handel 男; Geschäft 中 ¶~をする in geschäftlicher Verbindung stehen [mit⁺³]; im Handel stehen [mit⁺³]. ~を始める die geschäftliche Verbindung auf|nehmen. ~をやめる die Handelsbeziehung ab|brechen. ◆~業者 Makler 男, Händler 男 ~銀行 unsere Bank 女; unsere Bankverbindungen 複 ~先 Geschäftspartner 男 ~所 Börse 女 ~所取引 Börsenhandel. ~高 Umsatz 男; Geschäftsvolumen 中 現金~ Barverkauf 男, Kassageschäft 中 信用~ Kreditverkehr 男
トリプル dreifach
ドリブルする dribbeln
取り分 Anteil 男
取り巻き Anhänger 男
取り巻く umgeben
取り乱す die Fassung verlieren; aus der Fassung kommen
取り戻す zurück|gewinnen; zurück|

nehmen; wieder|gewinnen
取りやめ Absage 囡
取り止める absagen
塗料 Farbe 囡
努力 Anstreben 甲; Bestrebung 囡; Anstrengung 囡; Bemühung 囡 ¶ ～する *sich*⁴ bemühen; *sich*⁴ anstrengen. ～の甲斐もなく trotz der Bemühung. ◆～家 fleißiger Mensch 〈Typ〉 男 ～賞 der Preis für die Bemühung
取り寄せる besorgen; kommen lassen; bestellen
ドリル Drillbohrer 男 (練習) Übung 囡
とりわけ besonders
取る nehmen; (除去) ab|nehmen, weg|nehmen. ¶ ～する = den ersten Preis bekommen (gewinnen). 新聞を～ eine Zeitung abonnieren. 場所を～ Platz wegnehmen (ein|nehmen). 部屋を～ ein Zimmer reservieren. 骨を～ die Gräten entfernen. 連絡を～ *sich*⁴ in Verbindung setzen (mit ⁺³). 悪く～ übel nehmen. 取るに足りない問題 unbedeutende Frage 囡 ～ものも取り敢えず 駆けつける stehen und liegen lassen und eilen
ドル Dollar 男
トルテ Torte 囡
取るに足らない harmlos; trivial
どれ welche[r, s]. ¶ ～があなたのですか Welches gehört Ihnen? ～か好きなものを選びなさい Wähl irgendetwas, was dir gefällt.
奴隷 Sklave 男; (女性) Sklavin 囡
トレード する verkaufen. ◆～マーク Warenzeichen 甲
トレーナー Trainer 男; (服) Trainingsanzug 男
トレーニング Training 甲 ¶ ～する trainieren. ～パンツ Trainingshose 囡
トレーラー Anhänger 男
どれくらい (量) Wie viel? (時間) Wie lange? (距離) Wie weit? (回数) Wie oft? (大きさ) Wie groß?
ドレス Kleid 甲
ドレッシング Dressing 甲
どれでも ¶ ～どうぞ Nehmen Sie, was Ihnen gefällt. ～〈～好きな本を〉選んでいいよ Du darfst was 〈irgendein Buch〉 aussuchen.
トレバン Trainingshose 囡
どれほど wie [sehr]. ¶ ～悲しかったか 誰にもわかってもらえなかった Keiner hat verstanden, wie sehr ich traurig war.
どれも ¶ ～美しい Alles ist schön. ～気に食わない Es gefällt mir alles nicht. ～よくない Nichts ist schön.
取れる los|gehen. ¶ ボタンが取れた Ein Knopf ist abgegangen. 取れる取り ab tr
トレンチコート Trenchcoat 男
泥 Schlamm 男; Dreck 男 ¶ ～だらけになる schmutzig werden. ～まみれの靴 die schmutzige Schuhe. ～を被る allein die Schuld 〈Verantwortung〉 übernehmen. 親の顔に～を塗る den Eltern Schande bereiten 〈anerkennen, zugeben〉. ～を吐く Schuld gestehen 〈anerkennen, zugeben〉.
泥仕合 ¶ ～をする *sich*³ eine Schlammschlacht liefern; *sich*⁴ gegenseitig mit Dreck bewerfen
ドロップ Drops 甲
どろどろの matschig; breiartig
泥縄 ¶ ～式である mit heißer Nadel gestrickt sein; zwischen Tür und Angel entstanden sein
泥沼 Sumpf 男 ¶ ～にはまる bis zum Hals im Sumpf stecken
泥牌 Trophäe 囡
泥棒 Dieb 男; Einbrecher 男 ¶ ～に入られた Bei uns ist eingebrochen worden. 人を見たら～と思え Man kann sich auf keinen verlassen. ～を捕らえる Man deckt den Brunnen zu, wenn das Kind hineingefallen ist.
泥水 schlammiges Wasser 甲
泥除け (自転車) Schutzblech 甲; (車) Kotflügel
泥んこの matschig, schlammig. ¶ ～遊びをする herum|matschen
トロンボーン Posaune 囡
度忘れする entfallen (j³). ¶ 彼の名を度忘れした Sein Name ist mir entfallen.
トン Tonne 囡
ドン Bum!; Bang! ¶ ～とぶつかる heftig stoßen (an⁺⁴)
豚カツ Schweinekotelett 甲
鈍感な stumpfsinnig; unempfindlich
どんぐり Nuss 囡
鈍行 Bummelzug 男
鈍重な schwerfällig
富んだ reich (an ⁺³)
とんち schlagfertiger Witz 男
どんちゃん騒ぎをする laut und fröhlich feiern; auf die Pauke hauen
とんちんかん ungereimt; absurd
とんでもない widersinnig; doch. ¶ 誤解 ein unmögliches Missverständnis. ～よ Um Gottes willen! 彼が学者だって、～よ Er soll ein Wissenschaftler sein, um Gottes willen!
どんどん ¶ ～と in rascher Folge. ～金を出す mit vollen Händen *sein* Geld ausgeben. ～悪くなる immer schlechter 〈schlimmer〉 werden
とんとんと pochen; klopfen
どんな was für... ¶ あなたのは～車ですか Was für ein Auto fahren Sie? ～ご用件ですか Was darf es denn sein? ～人でもできる Kein Mensch versteht das. ～ことが起こっても um jeden Preis. ～ことがあっても um jeden Preis. ～風に wie; auf welche Weise
どんなに wie. ¶ ～急いでも間に合わないよ Wie schnell du dich auch beeilst, du kommst zu spät. ～仕事が辛くても wie schwer die Arbeit auch sein mag. ～悲しかったことだろう Wie traurig wird sie gewesen sein.
トンネル Tunnel 男
蜻蛉 Libelle 囡
とんぼ返りをする einen Purzelbaum schlagen
問屋 Großhandel 男
貪欲 geizig; habgierig; gierig
どんよりした trüb; düster

な

名 Name 男; (姓) Familienname 男; Nachname 男; (姓に対して) Vorname 男. ¶～という～である heißen. ～のある namhaft. bekannt. ～のない unbekannt. ～を売る seinen Namen verkaufen. ～を捨てて実を取る dem Nützlichen den Vorzug geben. ～は体を表す Der Name benennt die Eigenschaft.

ない nicht; kein; weder; noch; fehlen [j^4]; Es gibt et^4 nicht. ¶～が～の で da es et^4 nicht gibt. もう言うことは～ Ich habe nichts mehr zu sagen. 私の本が～ Mein Buch ist verschwunden. ～よりましです Besser als gar nichts. そういう言って～でしょう Wie kannst du nur so etwas sagen? ～はなかったことにする Vergessen wir, dass. 何事も～かったようにふるまう sich^3 so tun, als ob nichts passiert wäre. ～物ねだりをする nach etwas Unmöglichem verlangen. チャンスはなきにしもあらずだ Chancen sind nicht ausgeschlossen. ～ということはなきにしもあらず Es ist nicht unmöglich, dass... なくてはならない unentbehrlich.

内縁の unehelich; außerehelich
内科 innere Medizin 女 ◆～医 Allgemeinarzt 男; Internist 男
内外 innen und außen
内閣 Kabinett 中; Regierung 女 ◆～総理大臣 Ministerpräsident 男
ないしろにする vernachlässigen
内向的な introvertiert
ないし oder; beziehungsweise
内需 innere Nachfrage 女, Inlandsnachfrage 女
内緒の geheim; heimlich
内職 Nebenarbeit 女
内心で innerlich; im Herzen
内申書 vertrauliche Information eines Schülers 女
内政 Innenpolitik 女
内戦 Bürgerkrieg 男
内線 Nebenanschluss 男
内臓 innere Organe 複; Eingeweide 複
内蔵の eingebaut
ナイター Flutlichtspiel 中
内的な inner; innerlich
ナイト (騎士) Ritter 男; (夜) Nacht 女 ◆～テーブル Nachttisch 男
ナイフ Messer 中
内部 Innere[s] 中 ¶～で(に) innen; innerhalb [et^3; von^{+3}]. ～の inner
内密の geheim; heimlich
内面 Innenseite 女
内容 Gehalt 男; Inhalt 男 ¶～のある inhaltsreich, inhaltsvoll. ～の乏しい inhaltsarm. ～～証明付き郵便 Brief mit postdienstlichem Inhaltsvermerk 男 ～見本 Probeinhalt 男
内乱 Bürgerkrieg 男
ナイロン Nylon 中
苗 Sämling 男 ◆～木 Beet 中 ～床 Bett 中

なお noch; ferner. ¶～悪いことには… Was noch schlimmer ist, …
なおかつ außerdem
なおさら umso mehr. ¶～いい umso besser
なおざりにする vernachlässigen
直す verbessern; reparieren; korrigieren. ¶化粧を～ frisch schminken. ネクタイを～ die Krawatte zurechtmachen
治す heilen. ¶風邪を～ die Erkältung ausheilen
直る repariert werden. ¶癖が～ sich^3 eine schlechte Gewohnheit abgewöhnen. 機嫌が～ wieder guter Laune sein
治る heilen; genesen
中 Innere [s] 中 ¶～で drinnen; innen. ～から vor innen. ～の～から aus^{+3}, vom Inneren^{+2}. ～の～で in^{+3}. 家の～へ入る ins Haus gehen. ～から外へ～はい raus. ～をとる den Durchschnitt nehmen [von^{+3}]
仲のよい befreundet; vertraut. ¶～がよい Sie verstehen sich gut. ～を裂く Freunde auseinander bringen. 人の～を取り持つ zwischen^{+3} vermitteln
長い lang. ¶～間 lange. ～目で見ると auf lange Sicht. 先には～よ Wir haben noch einen langen Weg vor uns. 長く lange; lange Zeit. 長くする länger machen; verlängern. 長くなる länger werden; lange dauern. ～物には巻かれろ Mit dem Strom schwimmen!
長生きする lange leben.
長いす Sofa 中; Couch 女
長靴 Stiefel 中
中ごろ Mitte 女 ¶5月の～ Mitte Mai. 90年代の～ Mitte der 90er Jahre
長さ Länge 女 ¶～1メートルの板 ein Brett von 1 Meter Länge 中 橋の～は60メートルです Die Brücke ist 60 Meter lang.
流し (台所) Spülbecken 中; (風呂) Waschplatz 男 ◆～台 Spülbecken 中
流す vergießen; fließen lassen; abspülen
鳴かず飛ばず ¶～の日々を送る in den Tag hinein leben
泣かせる zum Weinen bringen; Es rührt mich zu Tränen.
長袖 lange Ärmel 複
仲たがいする die Freundschaft [mit^{+3}] brechen
長続きする dauern
中でも besonders, speziell
仲直りする sich^4 versöhnen [mit^{+3}]
なかなか ¶～よい nicht schlecht sein. ～分からない schwer verständlich sein. 彼は～承知しないだろう Er wird nicht so einfach einverstanden sein.
中には ¶～そういう人もいるだろう Darunter würden auch solche Leute zu finden sein.
中庭 Hof 男
長年 langjährig; lange Jahre
半ば halb; Mitte 女
長引く sich^4 hinziehen
中ほどに in der Mitte, auf halbem

Weg
仲間 Freund 男; Kollege 男, (女性) Kollegin 女; Genosse 男, (女性) Genossin 女; Kamerad 男 ¶ ～に入れてくれ Nimm mich bitte in den Kreis auf! ～入りなりかの仲間の中に入る treten unter den Freunden. ～外れにする nicht in die Gruppe aufnehmen. ～割りする Die Freundschaft fällt auseinander. ◆～意識 Zusammengehörigkeitsgefühl 中, Kameradschaft 女
中身 Inhalt
眺め Ausblick 男; Aussicht 女 ¶ ～のいい部屋 ein Zimmer mit einem schönen Ausblick 中
眺める anschauen; ansehen
長持ちする haltbar; dauerhaft
中休み Zwischenpause 女; Pause 女
中指 Mittelfinger 男
仲よく einträchtig. ¶ ～する gut stehen [mit +3]. 人と～なる sich⁵ befreunden [mit +3]
仲よしである gute Freunde sein.
長らく lange.
流れ Strömung 女; Fluss 男; Strom 男
流れ込む hinein|fließen [in +4]
流れ出る〈出す〉 heraus|fließen
流れ着く ans Land getrieben werden
流れ星 Sternschnuppe 女
流れる fließen; strömen; vergehen
泣き ¶ ～の涙で unter bittersten Tränen. ～を見る Tränen vergießen. 人に～を入れる j⁴ unter Tränen um Verzeihung bitten
泣き明かす die Nacht hindurch|weinen
泣き落とす mit allen Mitteln zu überreden versuchen
泣き顔 weinerliches Gesicht 中
泣き崩れる weinend zusammen|brechen
泣き声 Schrei 男 ¶ 赤ちゃんの～が聞こえる Man hört ein Baby weinen.
鳴き声 (鳥) Zwitschern 中; (虫) Zirpen 中; (犬) Bellen 中; (猫) Miauen 中; (牛) Muhen 中; (馬) Wiehern 中
泣き言 Quengelei 女 ¶ ～を言う murren [wegen +3; über +4]; sich⁴ beklagen [über +4; wegen +3]
泣き叫ぶ schreien; heulen
泣きじゃくる schluchzen
泣き上戸 ein weinerlicher Mensch 〈Trinker〉
泣きすがる sich⁴ weinend werfen [an +4]
泣き出す an|fangen zu weinen. ¶ わっと～ in lautes Weinen aus|brechen
泣き付く an|flehen [j⁴ um +4]
泣きっ面 ein Gesicht voller Tränen 中. ¶ ～に蜂 Ein Unglück kommt selten allein.
泣き所 j² Schwäche 女 ¶ 弁慶の～ Schienbein 中 それが彼の～だ Das ist seine Achillesferse.
泣き泣き ¶ ～語る unter Tränen erzählen
泣き寝入りする （諦める）gezwungen sein, et⁴ auf|zugeben

泣き腫らす sich³ die Augen rot weinen
泣き伏す weinend zusammen|brechen
泣きべそをかく den Tränen nahe sein; halb weinend sein
泣きぼくろ Muttermal unter dem Auge 中
泣き真似をする Krokodilstränen vergießen 〈weinen〉
泣き虫 kleiner Schreihals 男, Heulsuse 女; weinerliches Kind 中
泣きやむ auf|hören zu weinen
泣き別れする unter Tränen trennen
泣きわめく heulen
泣き笑いする unter Tränen lächeln
泣く weinen; schreien; schluchzen; heulen. ¶ 泣きたくなる zum Weinen sein. いくら頼むと言って泣いてもだめだ j⁴ um +4]. 泣いても笑っても今年も後一日で終わりだ Ob du willst oder nicht, es bleibt nur noch ein Tag in diesem Jahr. ～子も黙る Rang und Namen haben; im Namen, der viele Türen öffnet, haben
慰め Trost 男; Beschwichtigung 女 ¶ ～を求める den Trost suchen
慰める trösten. ¶ 故人の霊を～ die Seele der Verstorbenen beschwichtigen
無く verlieren
無くてはならない unentbehrlich
無くてもよい ohne +4 aus|kommen können
泣く泣く unter Tränen
無くなる verloren gehen; fallen
亡くなる sterben; entschlafen. ¶ 亡くなった selig; verstorben
殴り合う sich⁴ prügeln [mit +3]; sich⁴ raufen [mit +3]. 殴り合い Rauferei 女
殴り返す zurück|schlagen
殴りかかる zu|schlagen; los|schlagen [auf +4]
殴り書き Kritzelei 女, Schmiererei 女 ¶ ～する hin|schmieren
殴り込み Überfall 男 ¶ ～をかける überfallen
殴り込む überfallen
殴り殺す tot|schlagen
殴り倒す nieder|schlagen
殴る prügeln; schlagen; hauen
投げ上げる hinauf|werfen
投げ入れる hinein|werfen [et⁴ in +4]
嘆かわしい beklagenswert; trauriger weise
嘆き Jammer 男; Klage 女
嘆く klagen [um +4]; jammern [nach +3; über +4]
投げ捨てる weg|werfen; fort|werfen; wegschmeißen
なげやりな nachlässig
投げる schleudern; schmeißen [mit +3]; werfen
[…が]なければ ohne +4; wenn es et⁴ nicht gäbe. ¶ 時間が～ wenn du keine Zeit hast
仲人 Heiratsvermittler 男
和やかな friedlich; sanft; gemütlich

な_{ごり}

名残 Spur 囡; Hauch 男
情け Mitleid 囲 ¶～深い barmherzig. お～で nur durch j² Güte. ～知らずの grausam. ～容赦なく erbarmungslos. ～は人の為ならず Die gute Tat wirkt auf sich selbst zurück.
情けない（嘆かわしい）bedauernswert;（恥ずかしい）unverschämt. ～ことだ Es ist bedauernswert, dass...
なし（無し）¶…～で ohne⁴ ¶ …～で済ますのに⁴ auskommen können. 言うこと～だ（肯定的）Gut gemacht.｜（否定的）Kein Kommentar. …～ frei von⁺³
ナシ（梨）Birne 囡
成し遂げる vollenden; vollbringen
馴染みの vertraut; bekannt; intim
ナショナリズム Nationalismus 男
なじる vorwerfen [j³ et⁴]
ナス（茄子）Eierpflanze 囡, Aubergine 囡
なぜ warum; weshalb; wieso. ¶～そこへ行ったのですか Warum sind Sie dorthin gegangen? ～かわからないが…Ich weiss nicht warum, aber...～か彼女は黙っていた Aus irgendeinem Grund schwieg sie.
なぜならば[…だから] weil; da; denn
謎 Rätsel 囲 ¶～をかける ein Rätsel aufgeben [j³]. ～を解く ein Rätsel lösen. ～のような wie ein Rätsel; ～めいた rätselhaft
謎々をする Rätselraten spielen
なた Beil 囲
名高い berühmt
菜種 Raps 男
なだめる beruhigen; beschwichtigen
なだらかな sanft
雪崩 Lawine 囡
夏 Sommer 男 ¶～に im Sommer. ～の盛りの in Hochsommer. ～の風邪をひく sich⁴ im Sommer erkälten. ～ばってす sein der Sommerhitze erschöpft sein. ～やせする im Sommer abnehmen. ◆～時間 Sommerzeit 囡 ～場 Sommerzeit 囡 ～服 Sommerkleidung 囡, Sommeranzug 男, Sommerkleid 囲 ～祭り Sommerfest 囲 ～みかん japanische Pampelmusenmandarine 囡 ～物 Sommersachen 囡 ～物在庫一掃セール Sommerschlussverkauf 男 ～休み Sommerferien 囡 ～山登り Bergsteigen im Sommer 囲
捺印する stempeln
懐かしい lieb; teuer; heimisch. ¶～故郷 die traute Heimatdorf. ～思い出 eine unvergessliche Erinnerung. ～故国が～ Ich habe Sehnsucht nach dem Vaterland. 懐かしがる sich⁴ sehnen (nach⁺³).
名づける bezeichnen [j-et⁴ als j-et⁴]; nennen [j-et⁴ j-et⁴]
ナッツ Nuss 囡
なってない ¶まるで～Das ist totaler Mist.
ナット Mutter 囡
納豆 Natto 囲, gegorene Sojabohnen 囡

納得する einsehen; sich⁴ abfinden [mit⁺³]; sich⁴ überzeugen [von⁺³]. ¶～させる überzeugen (j⁴ von⁺³). ～がいくよう説明いたします Ich versuche Ihnen so zu erklären, dass sie sich überzeugen können.
なで上げる ¶髪を～ sich³ das Haar zurückstreichen
なで下ろす ¶胸を～ aufatmen
なで肩 hängende Schultern 囡
ナデシコ（撫子）Nelke 囡
なでつける ¶髪を～ sich³ das Haar glätten
なでる streicheln; streichen. ¶子供の頭を～ dem Kind über den Kopf streicheln
…など und so weiter, usw.; etc.
七 sieben 囡 ¶～番目の siebt. ～分の1 Siebentel 囲 ¶～つ siebten
七十 siebzig. ¶～番目の siebzigst. ～分の1 Siebzigstel 囲
斜めの schief; schräg
何 was. ¶～の～ また遅刻したの Was, du bist wieder zu spät gekommen? ～大丈夫よ Ach was, keine Sorge. ～があるかな Was haben wir denn? ～が何だかさっぱりわからない Ich habe keine Ahnung. ～が何でもやり遂げなければならない Wir müssen unbedingt fertig bringen. ～かしら不吉な予感がする Irgendwie habe ich ein böses Omen. ～かと都合がいい in vieler Hinsicht günstig sein. 彼女は～かと世話をやいてくれた Sie hat mir bei allem geholfen. ～かにつけ彼はけちを付ける Bei allem will er der Sache einen Dämpfer aufsetzen. ～から話していいやらわからない Ich weiß nicht, womit ich beginnen sollte. ～はさて置き食事をしよう Lasst uns zunächst mal essen. ～はともあれ無事でしたから Auf jeden Fall wollen wir uns über eure glückliche Rückkehr freuen. ～を言っている人ですか Was ist er denn von Beruf? ～を言っても彼女は聞こうとしない Was man ihr auch sagen mag, sie hört nicht hin. …とは～をか言わんや Mir fehlen die Worte, dass... ～くそ Scheiße!
何か etwas. ¶～飲み物が欲しい Ich möchte etwas zu trinken. ～ご用ですか Was wollen Sie von mir? ～ご用ですか Kann ich Ihnen helfen? ～できることがあったら falls ich etwas für Sie tun kann. ～ありますか falls ich etwas für Sie tun kann? Gibt es sonst noch etwas zu tun?
何食わぬ ¶～顔で会に出席する Er nimmt an der Versammlung teil, als ob er nichts davon wüsste.
何気ない einfach; unüberlegt. ¶～ない一言 beiläufige Bemerkung 〈Außerung〉. ～なく unbekümmert, lässig;（たまたま）unabsichtlich, zufällig
何事 ¶～にも全力を尽くします An allem gebe ich mein Bestes. これは一体～だ Was soll das! ～もなく終わった Die Sitzung ging ohne Zwischenfälle zu Ende.
何とか eben; jedenfalls; doch. ¶～は不景気なんでも Jedenfalls stecken

wir jetzt in einer Flaute. ¶面白い映画だよ、知ってる、der Film ist spannend.
何とぞ bitte
何一つ ¶～[として]やましいことはない Ich habe gar nichts, wovor ich mich schämen sollte.
何分(なにぶん) ¶～にも彼は若すぎるよ Jedenfalls ist er noch zu jung. この件は～よろしくお願いします Ich bitte Sie herzlich um diese Angelegenheit.
何も…しない nichts. ¶～することがない Ich habe gar nichts zu tun. 驚きで～言えなかった Vor Schreck konnte ich kein Wort sprechen. ～も alles.
何者 ¶～かがそれを持ち去った Jemand hat das mitgenommen. 彼は～だ Wer ist er denn?
何物 ¶～にもかえがたいる kostbar (unvergleichbar, unaustauschbar) sein als irgendeine andere Sache
何やら ¶～うれしそうな様子だ Du siehst ja irgendwie glücklich aus.
何より sehr; vor allem. ¶～まず病気を治すことだ Vor allem musst du die Krankheit heilen. 無事で～ Was für ein Glück, dass dir nichts passiert ist! ～も健康が大事だ Die Gesundheit ist über alles wichtig.
七日 (日付) der Siebte 男; sieben Tage 複
…なので weil
…なのに obwohl
名乗る $sich^4$ nennen; $sich^4$ vorstellen (j^3)
なびかせる wehen lassen
ナプキン (食事の) Serviette 女; (女性の) Damenbinde 女
名札 Namensschild 中
ナフタリン Naphthalin 中
鍋 Topf 男; Pfanne 女; Kochtopf 男
生 roh. ¶～の声 rohe Meinung 女 ～で食べる roh essen. ◆～演奏 Liveaufführung 女; Livekonzert 中 ～菓子 Frischgebäck 中 ～中継 Liveübertragung 女; ～中継をする live übertragen. ～ビール Fassbier 中, Bier vom Fass 中 ～放送 Livesendung 女
生意気い lau
生意気な frech; anmaßend. ¶～なことを言う frech sein. ～にも frecherweise
名前 Name 男 ¶～を挙げるnennen. ～を伏せる anonym bleiben. ◆…というのではないでうかお聞かせいただきますか Können Sie mir bitte Ihren Namen sagen? ～に負けている den Namen nicht verdienen
生かじり ¶～の知識 oberflächliche Kenntnisse
生乾きの halbtrocken
生木 ein [lebender] Baum 男 ¶～を裂く zwischen die beiden einen Keil treiben
生傷 ¶彼は～が絶えない Er ist voll blauer Flecken.
生臭い nach Fisch riechen.
生クリーム Sahne 女
怠ける faul
怠け者 Faulpelz 男; Faultier 中; ein

fauler Mensch 男 ¶～だ Er ist faul.
怠ける faulenzen; müßig gehen. ¶仕事を～ die Arbeit schwänzen. 怠け癖がつく in Untätigkeit verfallen
生ごみ Abfall 男; Biomüll 男
ナマズ (鯰) Wels 男
生々しい frisch; lebhaft. ¶生々しく覚えている noch in lebhafter Erinnerung sein (j^3)
生ぬるい lau. ¶～処置 laue Maßnahmen
生半可 ¶～な知識 unvollständige Kenntnisse
生兵法 ～は大怪我のもと Halbwisserei ist gefährlich.
生身(なまみ) ein Mensch von Fleisch und Blut 男 ¶私だって～の人間です。怒りもします Natürlich werde ich auch mal böse. Ich bin auch nur ein Mensch.
なまめかしい kokett; bezaubernd
生物(なまもの) Frische[s] 中, frische Meeresfrüchte 複 ¶～ですのでお早めにお召し上がりください Leicht verderblich. Bitte schnell essen.
生野菜 Frischgemüse 中
生易しい ¶～ことではない Es ist gar nicht so leicht [+ zu 不定詞句]
鉛 Blei 中
訛り Dialekt 男; Mundart 女
波 Welle 女 ¶～が高い Die Wellen sind hoch. ～が静まった Die Wellen haben sich gelegt. ～にさらわれる von den Wellen verschlungen werden. ～に乗る auf den Wellen reiten; (比喩的) von der Woge $^{+2}$ getragen werden. 人の～ Menschenwogen 複 ～が打ち寄せる Die Wellen schlagen ans Ufer. 砕ける～ brandende Wellen ◆大～ Woge 女
並の normal; Durchschnitts-. ¶～の人間 ein einfacher Mensch 男 十人の～の durchschnittlich. 例年の～の wie in den letzten Jahren
波打ち際 Strand 男 ¶～で am Strand
波打つ wogen. ¶稲穂が波打っている Die Ähren wogen.
波頭 Wellenkamm 男
波及 Wind und Wellen. ¶～を立てる Schwierigkeiten verursachen
並木 Alleebäume 複 ¶～道 Allee 女
波しぶき ¶～を受ける von Wellen umschäumt werden
涙 Träne 女 ¶彼女の目に～があふれた Die Augen stehen ihr voll Tränen. ～が出る j^3 kommen die Tränen. ～にむせぶ schluchzen. ～を浮かべる die Tränen in den Augen haben. ～ぐんで unter Tränen. 人の～を誘う j^3 Tränen in die Augen treiben. ～をのむ die Tränen unterdrücken. ～を流す Tränen vergießen. ～をふく eine Träne trocknen. お～頂戴の話 Schnulze 女, rührseliges Zeug 中
涙雨 ¶～が降る Die Engel weinen.
並大抵 ¶～のすることは～ではない Es ist eine enorme Mühe [+ zu 不定詞句].
涙金 eine dürftige Abfindung 女
涙ぐましい rührend; auf rührende Weise

涙ぐむ Tränen in den Augen haben
涙声で mit weinerlicher Stimme; (感動した) mit tränenerstickter Stimme
涙もろい leicht gerührt sein
なみなみとつぐ hoch einfüllen〔*et⁴ in⁺⁴〕
並々ならぬ ¶～努力をする außergewöhnliche Mühe geben
波乗り Wellenreiten
並外れた außergewöhnlich. ¶～記憶力による außergewöhnlich gutes Gedächtnis haben
波間に zwischen den Wellen.
ナメクジ Nacktschnecke 囡
なめし革 gegerbtes Leder 囲
なめす gerben
滑らかな glatt; eben
なめる lecken
納屋 Scheune 囡
悩ましい faszinierend, fesselnd
悩ます belästigen〔j⁴ mit⁺³〕; plagen. ¶一晩中蚊に悩まされた Ich wurde die ganze Nacht von Stechmücken belästigt. 頭を～する sich³ den Kopf zerbrechen.
悩み Sorge 囡; Kummer 囲; Leiden 囲; Leid 囲; Qual 囡. ¶～を打ち明ける über seinen Kummer erzählen 〈～の種である Kummer machen〈bereiten〉〔j³〕
悩む leiden〔unter⁺³〕; sich⁴ quälen〔mit⁺³〕; sich³ Kummer machen〔über⁺⁴〕.
なよなよした zart; fragil
…なら wenn…. ¶急ぐ～wenn es eilt. 可能～wenn möglich. そういう話～引き受けます Wenn das so ist, werde ich es übernehmen. 私の彼の案に賛成です Was mich betrifft, stimme ich seiner Meinung zu. 日本～では料理が一つの特殊な日本的料理 ein speziell japanisches Gericht 囲
習う lernen
倣う nachfolgen〔j³〕; nacheifern〔j³〕; zum Muster machen〔j³〕
馴らす zähmen
慣らす gewöhnen〔j⁴ an⁺⁴〕
鳴らす läuten
均す ebnen
ならない ¶…しなければ～müssen. …してはない nicht dürfen
並びに sowie; sowohl
並ぶ sich⁴ anstellen; anstehen; Schlange stehen. ¶1列に～in einer Reihe anstehen. 子供達を並ばせる Die Kinder anstellen lassen. 彼と並んで座って nebeneinander sitzen. …では彼に～者がない Keiner kommt ihm in⁺³ gleich. ずらりと並んだ列に並んで aufgestellt. 並び立つ in〔einer〕Reihe stehen
並べ立てる ¶彼の欠点を～seine Fehler aufzählen
並べる anordnen. ¶いすを2列に～die Stühle in zwei Reihen stellen. 料理を食卓に～die Essen auf den Tisch stellen. 本をきちんと棚に～die Bücher in das Regal stellen. 商品がショーケースに並べてある Die Waren sind in der Auslage ausgestellt.

習わし Sitte 囡; Gewohnheit 囡
並んで nebeneinander. ¶～待つ anstehen
成り上がる emporkommen.
成り上がり者 Emporkömmling 囲
成金の neureich
なりうる werden können. ¶そう～Es könnte so werden.
成り立ち Entstehung 囡; Herkunft 囡
成り立つ bestehen〔aus⁺³〕
成り行き Verlauf 囲; Vorgang 囲
[…に]なる werden. ¶…するように～anfangen〔＋zu 不定詞句〕. 政治家になった Er wurde Politiker. 医者に～Arzt werden. 噂が本当になった Aus Lüge wird Wahrheit. わかるようになった Ich fange an zu verstehen. そんなことをして何に～Wozu soll das gut sein? 彼はどうなりましたか Was ist aus ihm geworden? どうしてそんなことになったのですか Wie ist das dazu gekommen? 彼が死んで2年に～Es sind schon zwei Jahre her, seit er gestorben ist. ～のち Es wird so, wie es werden muss.
[…から]成る bestehen〔aus⁺³〕. ¶その論文は4章から～Der Aufsatz besteht aus 4 Kapitel. 功成り名を遂げる den höchsten Gipfel aller Ehren erreichen.
なる〔生る〕〔Früchte〕tragen. ¶りんごの木に実がなった Der Apfelbaum hat Früchte getragen.
鳴る tönen; läuten; klingen; schellen
なるべく möglichst. ¶～早くso bald wie möglich; möglichst schnell. ～なら～ならば womöglich heute
なるほど wirklich; Ich verstehe. | aha; ach so! ¶…だが zwar…, aber
ナレーション Erzähleinlage 囡
ナレーター Sprecher 囲; Erzähler 囲
慣れた gewohnt; gewöhnt. ¶～手つきで geschickt, mit sicherem Griff
慣れている vertraut sein〔mit⁺³〕; gewohnt sein〔et⁴〕. ¶まだ仕事に慣れていない Er ist noch nicht in seiner Arbeit eingewöhnt.
馴れ馴れしい aufdringlich; zudringlich
慣れる sich⁴ gewöhnen〔an⁺⁴〕. 慣れない手つきで ungeschickt, unsicher. 使い慣れたペン eingeschriebene Feder 囡
縄 Seil 囲; Strick 囲
縄跳び Seilspringen 囲 ¶～をする seilspringen
縄のれん Schnurvorhang 囲; (飲み屋) Kneipe 囡
縄ばしご Strickleiter 囡
縄張り Einflussgebiet 囲 ¶～を荒らす in das fremde Territorium eindringen. ♦～争い territorialer Streit 囲; Zuständigkeitsstreit 囲
何ですか Wie bitte? | Was ist das? ¶～だって Was! | Was soll das?
南緯 südliche Breite 囡
南欧 Südeuropa
軟化する weich werden; erweichen
何回 Wie oft? ¶～か[の]mehrfach.

も oft; vielmals; mehrmals
何月 ¶〜生まれですか In welchem Monat haben Sie Burtstag?
南極 Südpol 圏 ◆〜大陸 Antarktika
軟膏 Salbe 圏
何歳ですか Wie alt sind Sie?
何時ですか Wie spät ist es? ¶〜に来ていただけますか Wann darf ich Sie erwarten? 〜までに Bis wann?
何時間も stundenlang. ¶〜かかりますか Wie lange dauert es?
南西 Südwest[en] 圏
ナンセンス Unsinn 圏
何だ ach; was. ¶それが〜 Na und? Was soll's? こう言っちゃ〜けど Ich weiß nicht, ob man das so sagen darf, [aber]... 〜かんだlt;忙しい Ich bin mit allem möglichen Zeug beschäftigt. 〜かんだ言っても obwohl er meckert
何だか irgendwie. ¶〜それが〜 ist irgendwie komisch. 〜わからないが…ich weiß nicht warum, aber... 〜そのことが不安だ Irgendwie fühle ich mich dabei unsicher.
何たる ¶〜侮辱 Was für eine Beleidigung!
難聴の schwerhörig
何て ¶〜きれいなんでしょう Wie schön! 〜おっしゃいましたか Was haben Sie gesagt? 〜暑いんだ Was für eine Hitze ist das. 〜こった Um Gottes willen! 〜こと言うの Was für Sachen sagst du?
…なんて ¶こんなことになるとは〜 Ich dachte nicht, dass es so weit kommen würde.
何で ¶(理由) Wieso? | Warum? |(手段) Womit?
何ですって Was haben Sie jetzt gesagt?
何でも ¶(全て) alles; (伝聞) wie es gehört habe; man sagt, dass... ¶〜する ものくこと)は何でも alles, was... 何でも好きなものをどうぞ Nehmen Sie, was Sie wollen. 本なら〜いい Ich mag alle Bücher. 〜お申し付けください Ich stehe Ihnen [jederzeit] gerne zur Verfügung. 〜彼女は結婚するそうだ Sie soll demnächst heiraten.
彼は〜かんでもやりたがる Er will alles Mögliche tun. 何が〜手に入れる Er werde es um unbedingt erwerben. 〜ないよ Ach, es ist nichts los. 彼にとってそんなこと〜ない Für ihn spielt so etwas keine Rolle.
難点 Schwierigkeit 囡. ¶〜は…だ Die Schwierigkeit liegt darin, dass...
何と ¶〜言ったらいいか Wie soll ich sagen? 〜すばらしい Wie schön! 〜お礼を言ったらいいか Ich weiß nicht, wie ich mich bedanken kann. 〜でも言わせておけ Lass die Leute sagen, was sie wollen. 彼が〜言おうと wie auch er sagen mag

何とか ¶〜間に合った Ich habe knapp noch geschafft. 〜やっていける Ich werde mich schon irgendwie zurechtfinden. 〜してください Bitte, tun Sie etwas! 〜できませんか Kann man denn nichts machen? 〜しましょう Um diesen Fall werde ich mich kümmern. 〜して irgendwie. 〜合格する die Prüfung knapp bestehen. 〜なるだろう Das wird schon noch. 〜しなさいよ Mach doch etwas!
何としても auf jeden Fall; um jeden Preis
何となく irgendwie. ¶彼が好きになれない Ich kann ihn doch nicht irgendwie leiden. 〜覚えている Ich habe es vage im Gedächtnis.
何とも ¶〜申し訳ありません Ich bitte Sie sehr um Verzeihung. 〜は〜ものことになった Ach, wir sitzen in einer schlimmen Klemme. 痛くも〜ない Ich spüre weder Schmerz noch sonst was. …は〜思わない *sich*³ aus⁺³ nichts machen. 今のところそれについては〜言えない Jetzt kann ich mich darüber nichts äußern.
何日 ¶〜も tagelang. 〜ですか Wann? | Wie viel Tage? 今日は〜ですか Der Wievielte ist heute?
何人 ¶〜の人々 einige Leute 圏 〜の人々 viele Leute 圏 〜ですか Wie viele Personen sind das? | Wie viel Leute? ご家族は〜ですか Aus wie vielen Personen besteht Ihre Familie?
何年 ¶〜ですか Wie viel Jahre? 〜[間]も jahrelang
何の話が… ¶〜話をしているのですか Worüber sprechen Sie denn? 〜ために Wozu? 〜ついは〜役にも立たない Er ist zu nichts geeignet. 私はそれと〜関係もない Ich habe damit nichts zu tun. 〜苦もなく mühelos, ohne jede Mühe. 〜これしきの Ach, nicht schlimm! うるさいの〜って Ach, war es laut. 彼はくかのと言って金を返さない Er hat immer eine Ausrede bei der Hand und zahlt mir das Geld nicht zurück.
難破 Schiffbruch 圏 ¶〜する scheitern
ナンバー Nummer 囡 ◆〜プレート Autokennzeichen 回 ; Nummernschild 回
何倍ですか Wievielmal? ¶〜もの vielfach
何番目の wievielte
南部 Süden 圏
南米 Südamerika
何べん Wie oft? ¶〜も oft, immer wieder
南方 Süden 圏 ¶〜に im Süden
南北 Norden und Süden. ◆〜問題 Nord-Süd-Fragen 圏
難民 Flüchtling 圏; Asylant 圏 ◆〜収容所 Flüchtlingslager 回
難問 schwierige Frage
何やかや ¶〜と忙しい Im Großen und Ganzen bin ich beschäftigt.
何ら ¶〜困らない Das macht mir überhaupt nichts aus. 〜かの理由で aus irgendeinem Grund

に

二 zwei. ¶～番目の zweit. ～分の1 Hälfte 囡；～分の1 halb
荷 Fracht 囡; Ladung 囡. ¶～を積む laden〔*et*⁴ in (auf)*⁺⁴*〕; das Gepäck aufladen
似合いの ¶～の夫婦 ein gut zueinander passendes Ehepaar
似合う passen〔zu*⁺³*〕; stehen〔*j*³〕. ¶これは～かな Steht mir das gut? 彼は巨体に似合わず神経が細かい Er ist für seinen großen Körperbau sehr empfindlich.
荷揚げ Löschung 囡. ¶～する Güter löschen; ausladen〔*et*⁴ aus*⁺³*〕
煮える gar sein; kochen
臭い・匂い Geruch 男; Duft 男; Gestank 男. ¶～がする riechen; duften. いい～がする Es riecht gut. 嫌なにおいがする Es stinkt. ～のいい mit gutem Duft. ◆～袋 Duftkissen 囲
臭う・匂う riechen; duften; stinken
2回 zweimal. ¶～目の zweiten Mal
2階 erster Stock 男. ¶～に〈で〉im ersten Stock, oben. ～へ上がる hinaufgehen
苦い bitter. ¶～顔をする ein bitteres Gesicht machen. ～経験をする eine bittere Erfahrung machen
逃がす befreien; freilassen
2月 Februar 男. ¶～に im Februar
苦手 Schwäche 囡. ¶数学が～だ in Mathematik schlecht〈schwach〉sein. ～に im Februar
苦々しい bitter; widerlich; sauer
似通った ähnlich sein〔*j*³〕；Ähnlichkeiten haben〔mit *⁺³*〕
苦笑いする bitter〈verlegen〉lächeln
にきび Akne 囡; Pickel 囲
賑やかな belebt; lebhaft
握り Griff 男. ◆～拳〔*こぶし*〕geballte Faust 囡. ¶～寿司 Sushi 囲. ～飯 Reiskloß 男
握り締める fest in der Hand halten
握りつぶす〔mit der Hand〕zerdrücken
握る fassen, greifen. ¶ハンドルを～ steuern. 寿司を～ ein Sushi in Form drücken. 人の秘密を～*j*² Geheimnis in Besitz nehmen. 権力を～ Macht ergreifen. 金を握らせる bestechen
賑わう belebt sein
肉 Fleisch 囲. ¶この～は堅い〈柔らかい〉Dieser Fleisch ist hart〈zart〉. 腹に余分な～が付く Fett am Bauch setzen. ◆～屋 Fleischerei 囡, Metzgerei 囡 ¶～料理 Fleischgericht 囲
憎い abscheulich. ¶あいつが～ Ich hasse ihn.
〔…し〕にくい schwer sein〔+ zu 不定詞句〕
肉眼 das bloße Auge. ¶～で mit bloßen Augen.
憎さ 可愛さ余って～百倍 Die größte Liebe kann zur Quelle des tiefsten Hasses werden.
憎しみ Hass 男. ¶…に～を抱く Hass gegen *⁺⁴* hegen. ～を買う *sich*³ *j*² Hass zuziehen. ～を買う Hass ernten
肉食する Fleisch essen. ¶～の Fleisch fressend. ◆～動物 Fleischfresser 男
肉親 Blutsverwandte〔r〕男；leibliche Eltern 圏
肉声 natürliche Stimme 囡
肉体 Körper 男; Leib 男. ¶～の〈的な〉körperlich, leiblich. ～～関係がある in Verhältnis haben. ◆～美 die sinnliche Schönheit; die Schönheit des Leibes. ～労働者 Arbeiter
肉たらしい unausstehlich
肉付きのよい stramm; drall, mollig
肉付けする formen, gestalten
憎々しげに verabscheut
肉薄する auf den Fersen folgen〔*j*³〕; auf den Leib rücken〔*j*³〕
肉離れ Muskelzerrung
肉筆 Handschrift 囡;（サイン）Autograph 男
憎まれ口をきく〔たたく〕bösartig reden
憎まれっ子～世にはばかる Böse Unkraut verdirbt nicht.
憎まれ役 eine undankbare Rolle 囡; Sündenbock 男. ¶～を買って出る eine nachteilige Rolle freiwillig übernehmen
憎まれる *sich* ⁴ unbeliebt machen〔bei *⁺³*〕; gehasst werden〔von *⁺³*〕
憎む hassen. ¶～べき verhasst, abscheulich. 彼は何をしても憎めないやつだ Er ist unerzogen aber liebenswert. 罪を憎んで人を憎まず Die Sünde hassen, aber nicht den Menschen.
肉屋（ニクヤ）Fleischer 男, Metzger 男;（義業）Fleischerei 囡, Metzgerei 囡
憎らしい unausstehlich; widerlich
荷車 Karre 囡; Karren 男
逃げ口上 Ausrede 囡; Ausflucht 囡
逃げ道 Ausweg 男
逃げる fliehen; flüchten; entfliehen; davonlaufen. ¶こっそり～ heimlich fliehen〈entkommen〉. 彼は妻に逃げられた Seine Frau ist ihm durchgebrannt. ～が勝ち Vorsicht ist oft besser als Heldenmut.
ニコチン Nikotin 囲. ◆～中毒 Nikotinvergiftung 囡
濁った trüb〔e〕
にこにこする lächeln
濁る *sich* ⁴ trüben
二、三の ein paar; einige
西 Westen 男. ¶～の〈へ〉westlich.
虹 Regenbogen 男
二次的の sekundär, nebensächlich
…にしては für *⁺⁴*
ニジマス Regenbogenforelle 囡
滲む sickern,（インクが）auslaufen
二者択一の alternative
二種の zweierlei
二十 zwanzig. ¶～番目の zwanzigst. ～分の1 Zwanzigstel
二重の doppelt; zweifach
ニシン（鯡）Hering 男
ニス Firnis 男

偽(にせ)の falsch. ¶〜物 Fälschung 安
二世 eine[r] aus der zweiten Generation 男; Junior 男 ¶フリードリヒ〜 Friedrich der Zweite
似た ähnlich. ¶〜ところがある Ähnlichkeit haben [mit $+^3$]
似せる imitieren; nachahmen
荷台 Ladefläche 安
煮立つ aufkochen
にたにた笑う grinsen
日時 Datum 中
日常 Alltag 男 ¶〜的な alltäglich. 〜の alltäglich; gewöhnlich. 〜茶飯事 alltägliche Ereignisse
日独の japanisch-deutsch
日没 Sonnenuntergang 男
日夜 Tag und Nacht
日曜大工 Heimwerker 男
日曜日 Sonntag 男 ¶〜に am Sonntag
日用品 Waren für den täglichen Bedarf 男
…について über $+^4$
日課 Tagespensum 中
日刊の täglich. ◆〜紙〔新聞〕Tageszeitung 安
日記 Tagebuch 中 ¶〜をつける Tagebuch führen ◆〜帳 Tagebuch 中
日給 Tagelohn 男
ニックネーム Spitzname 男
荷造りをする 〔ein〕packen
ニッケル Nickel 中
日光 Sonnenschein 男 ¶〜浴 Sonnenbad 中 ¶〜浴をする in der Sonne baden
にっこりする〔笑う〕 freundlich lächeln
日誌 Tagebuch 中
日射病 Sonnenstich 男
日食 Sonnenfinsternis 安
日数 die Zahl der Tage
日中 Tag 男, 図 des Tag[e]s
日程 Tagesprogramm 中
ニット Gestrickte[s] 中 ◆〜ウエア Strickwaren 安
日本 Japan. ⇨ 日本(にほん)
煮詰める einkochen
…につれて ¶時間がたつ〜 mit der Zeit
似ている gleichen, ähnlich sein [j-et ^{3}]
似て非なる ¶けちと倹約は〜ものだ Sparsame Menschen sehen dem Geizhals ähnlich, sie sind in der Tat anders.
似ても似つかない ¶父親とは〜息子だ Der Sohn sieht dem Vater ganz und gar nicht ähnlich.
二度 zweimal. ¶〜回
二等 die zweite Klasse. ¶〜の zweiter Klasse.
二等分する halbieren
…にとって für $+^4$
担う tragen 担い手 Träger 男
二倍 Doppelte[s] 中 ¶〜の doppelt. 〜になる ums 〔auf das〕 Doppelte steigen
二番 der 〈die, das〉 Zweite
鈍い stumpf; dumpf. ¶〜音を立てて mit dumpfem Ton . 〜光 dumpfer Schimmer 男 勘が〜 schwerfällig sein. 運動神経が〜 unsportlich sein

鈍る stumpf werden
荷札 Anhänger 男
二部リーグ Oberliga 安
日本 Japan. ¶〜の japanisch. 〜人 Japaner 男 〜語 Japanisch 中
二枚舌の doppelzüngig
…にもかかわらず obwohl; trotz; trotzdem
荷物 Gepäck 中; Fracht 安
にやにや grinsen
にやりと笑う cool lächeln
ニュアンス Nuance 安; Abstufung 安
入院 ¶〜させる in einem Krankenhaus unterbringen. 〜する ins Krankenhaus gehen
入口 Eingang 男
入会 Eintritt 男 ¶〜する eintreten [in $+^4$]
入学 der Eintritt in die Schule. ¶〜する eintreten [in $+^4$]. ◆〜試験 Aufnahmeprüfung 安
乳癌 Brustkrebs 男
乳牛 Milchkuh 安
入国 Einreise 安
入礼 Submission 安
乳酸 Milchsäure 安 ◆〜菌 Milchsäurebakterien 複
入試 Aufnahmeprüfung 安
乳歯 Milchzahn 男
乳児 Säugling 男; Baby 中
入社する in eine Firma eintreten
入賞する einen Preis gewinnen
入場 Eintritt 男 ¶〜券 Eintrittskarte 安 (駅の)Bahnsteigkarte 安 ◆〜料 Eintrittsgeld 中
入植する siedeln; sich ^{4} ansiedeln
ニュース Nachricht 安; Neuigkeit 安 ¶〜が入る eine Nachricht bekommen. 最新の〜によると so wie die Nachricht berichtet. 〜キャスター Nachrichtensprecher 男 〜速報 Sondermeldung 安 海外〜 Auslandsnachricht. スポーツ〜 Sportnachricht
乳製品 Milchprodukte 複
入選する einen Preis bekommen; ausgewählt werden
ニュートラルな neutral
入念な sorgfältig; eingehend
入部する in einen Klub eintreten
ニューフェース Debütant 男;〔新人〕Neuling 男
入門 Einleitung 安 ◆〜書 Einführung 安
入浴 Bad 中 ¶〜する baden
入力 Input 男, Eingabe 安 ¶〜する eintasten
柔和な sanftmütig
尿 Harn 男
にらみ合う wütend einander anstarren. ¶〜とにらみ合わせて im Auge behalten
にらみつける finster anblicken
にらむ starren. ¶あいつが犯人だとにらんだ Ich habe ihn als den Täter im Verdacht. 私のにらんだことに狂いはない Meine Beurteilung ist selten falsch.
二律背反 Antinomie 安
二流の zweitklassig; zweiten Ranges

似る ähneln, gleichen 〔*j-et*^{3}〕. ¶ 似ている ähnlich sein 〔*j-et*^{3}〕. 彼女は母親によく似ている Sie sieht ihrer Mutter sehr ähnlich.
煮る kochen. ¶ とろ火でぐつぐつ～kochen. お前は**煮ても焼いても食えない**やつだ Du bist einfach unerträglich 〔unausstehlich〕! **～なり焼くなり**どうぞご自由に Mach damit, was du willst!
ニレ(楡) Ulme [女]
庭 **Garten** [男] ¶ ～のある家 ein Haus mit einem Garten [中] ～の手入れをする im Garten arbeiten 〈hegen〉. ～を作る einen Garten an|legen. ✦～石 Gartenstein [男] ～木 Gartenbaum [中] ～師 Gärtner [男] ～仕事 Gartenarbeit [女], Gartenbau [男] ～先の〈で〉 im Garten
にわか雨 Schauer [男] ¶ ～にあう vom Schauer überrascht sein
にわかに plötzlich
鶏 Huhn [中]; (雌) Henne [女]; (雄) Hahn [男] ¶ ～を飼う Hühner halten. ～が卵を生んだ Die Henne hat ein Ei gelegt. ✦～小屋 Hühnerstall [男]
任意の beliebig; freiwillig; willkürlich
認可 Genehmigung [女]; Erlaubnis [女] ¶ ～する genehmigen, erlauben 〔*j*^{3} *et*^{4}〕. ～が下りる genehmigt werden. ～を受ける Genehmigung erhalten. 無～の unerlaubt. ✦～証 Berechtigungsurkunde [女]
人気のある beliebt; populär. ¶ ～が出る an Popularität gewinnen. ～がなくなる an Popularität verlieren. ～を博する besonders beliebt sein 〔bei^{+3}〕. ～が落ちる unpopulär werden. ～のあるスポーツ ein beliebter Sport [男] ～上昇中のスター Star mit steigender Popularität [男] ～絶頂である auf der Höhe der Popularität sein. ✦～者 Liebling [男]
人魚 Seejungfrau [女]
人形 Puppe [女]
人間 **Mensch** [男] ¶ ～の〈的な〉 menschlich. ～性 Menschlichkeit [女]; Humanität [女] ～らしく menschlich. ～業とは思えない Das ist ja übermenschlich. ～ができた人 ein reifer Mensch
認識 Erkenntnis [女] ¶ ～する erkennen. ～を新たにする aufs Neue erkennen. ～不足である zu wenig Verständnis 〔für^{+4}〕 haben
忍者 Ninja [男]
忍従する *sich*^{4} ergeben 〔in^{+4}〕
人称 Person [女] ¶ 3～dritte Person
認証 Beglaubigung [女]
人情 menschliches Gefühl [中]
妊娠 Schwangerschaft [女] ¶ ～した schwanger. 妊娠5ヶ月である im fünften Monat schwanger sein ✦～中絶 Schwangerschaftsabbruch [男]
ニンジン Karotte [女]; Möhre [女]
人数 Zahl der Personen [女]
人相 Physiognomie [女]; Gesichtsausdruck [男]
忍耐 Geduld [女] ¶ ～強い geduldig
認定する bestätigen
ニンニク Knoblauch [男]
任務 Aufgabe [女]; Pflicht [女]
任命する ernennen 〔*j*^{4} zu^{+3}〕

ぬ

縫いぐるみ Stofftier [中], Stoffpuppe [女] ¶ 熊の～Teddybär [男]
縫い付ける an|nähen 〔*et*^{4} an^{+4}〕; besetzen 〔*et*^{4} mit^{+3}〕
縫い目 Naht [女] ¶ ～のない nahtlos
縫い物 Nähen [中]; Näharbeit [女] ¶ ～をする nähen; flicken
縫う nähen. ¶ ミシンで～mit der Nähmaschine nähen. 傷口を～eine Wunde nähen. 仕事の合間を縫って während der Arbeitszeit
ヌード Akt [男]
ヌードル Nudeln [複]
糠(ぬか) Kleie [女]
抜かす aus|lassen, weg|lassen, überspringen; (追い抜く) überholen
ぬかる schlammig
ぬかるみ Schlamm
抜き書き Auszug [男]; Notiz [女]
脱ぎ捨てる weg|werfen
抜き刷り Sonder〔ab〕druck [男]
抜き出す heraus|ziehen; (選ぶ) aus|wählen
抜き取る heraus|ziehen; (盗む) weg|nehmen 〔*j*^{3} *et*^{4}〕
抜きん出た ausgezeichnet
抜きん出る *sich*^{4} aus|zeichnen; hervor|ragen
抜く 〔**aus**|〕**ziehen**; **aus**|**lassen**; (追い越す) **überholen**. ¶ 釘を～einen Nagel ziehen. 食事を～das Essen ausfallen lassen. 手を～schludern
脱ぐ ab|legen; (全部) *sich*^{4} aus|ziehen
拭う 〔ab|〕wischen
抜け落ちる aus|fallen
抜け目のない schlau; klug
抜ける **aus**|**fallen**; (欠落) **fehlen**; (離脱) **aus**|**treten** 〔aus^{+3}〕; (通過) **durch**|**gehen** 〔durch^{+4}〕. ¶ 髪の毛が～Das Haar fällt aus. 力が～Die Kraft entweicht. トンネルを～aus dem Tunnel heraus|kommen
脱げる ¶ 靴が～Ich verliere beinahe einen Schuh
主 Herr [男]; Schutzgeist [男] ¶ 送り～Absender [男] 持ち～Besitzer [男]
盗み Diebstahl [男] ¶ ～を働く einen Diebstahl begehen
盗み聞き Lauschaktion [女] ¶ ～する horchen 〔auf^{+4}〕; lauschen 〔*j-et*^{3}〕
盗み食いをする naschen
盗み見る schielen 〔nach^{+3}〕; einen verstohlenen Blick werfen 〔auf^{+4}〕
盗む stehlen 〔*j*^{3} *et*^{4}〕. ¶ かばんを盗まれた Mir hat jemand die Tasche gestohlen. 人目を盗んで unbemerk, unauffällig. 暇を盗んで *in der Freizeit*
布 Tuch [中]; Stoff [男]; Gewebe [中]
沼 Sumpf [男]; Moor [中] ✦～地 Sumpf [男]
濡らす nass machen; benetzen
塗り絵 Bild zum Anmalen [中]; (本) Malbuch [中]
塗る malen; schmieren; streichen
温い lau, lauwarm

ぬるぬるした schleimig; schmierig
ぬるま湯 lauwarmes Wasser
濡れ衣を着せる falsch beschuldigen
濡れ鼠になる pudelnass werden
濡れる nass werden. ¶ 濡れた nass; feucht

～ね～

根 Wurzel 囡 ¶ ～が付く Wurzeln schlagen. ～を断つ ausrotten. ～に持つ übel nehmen [j^3 et^4]. ～は心を grunde freundlich sein. ～も葉もない 噂 ein völlig grundloses Gerücht 囲
値 Preis 囲 ¶ ～をつける den Preis festsetzen. 君ならその値にいくらを一つけるか Wie viel bietest du dafür? ～が上がる Die Preise steigen. ～が高い teuer
音 Ton 囲; Klang 囲 ¶ ～で…をあげる mit ~³ nicht mehr aushalten können …ね nicht? | nicht wahr?
値上がり Preissteigerung 囡 ¶ 石油が5パーセント～した Der Ölpreis ist um 5% gestiegen.
値上げ Preiserhöhung 囡 ¶ ～する den Preis erhöhen. 公共料金の～ Preiserhöhung der öffentlichen Versorgungsgebühren 囡 電話料金が8パーセント～になった Die Telefongebühren wurden um 8% heraufgesetzt.
寝汗 Nachtschweiß 囲
寝いす Couch 囡; Liege 囡
寝入る einschlafen; schlummern
音色 Klangfarbe 囡; Ton 囲
値打ち Wert 囲 ¶ ～ある wertvoll. ～のある絵 wertvolles Gemälde 回 ～のない wertlos. ～が上がる im Wert steigen
ねえ、君 du; hallo; Hör mal!
ネーブル Navel[orange] 囡
ネーム Name 囲 ◆ ～プレート Namensschild 回
ネオン Neon 回 ◆ ～サイン Neonreklame 囡
ネガ Negativ 回
願い Bitte 囡; Wunsch 囲; Gesuch 回 ¶ お～があるのですが Ich habe eine Bitte an Sie. お～だからきっと行ってくれないか Kannst du bitte dort weggehen? ～通りに wunschgemäß
願い事 ¶ ～がかなう Der Wunsch wird erfüllt.
願い下げ ¶ そんな仕事はこっちから～だ So einen Auftrag nehmen wir von unserer Seite aus zurück.
願い出る sich⁴ mit einer Bitte wenden [an⁴]
願う bitten [j^4 um et^4]; wünschen; hoffen. ¶ 願ったりかなったりだ Das ist ja wie bestellt. 願ってもない幸せです Es ist ein unerwartetes Glück.
寝返る überlaufen
寝かしつける in den Schlaf wiegen
寝かす schlafen legen; einschläfern
願わしい hoffentlich
願わしい wünschenswert
ネギ（葱） Lauch 囲; Porree 囲
値切る feilschen; den Preis heruntern handeln. ¶ そのバッグを8千円に値切

った Ich habe diese Tasche auf 8000 Yen heruntergehandelt.
値崩れ Preiszusammenbruch 囲
ネクタイ Krawatte 囡; Schlips 囲 ¶ ～を締める eine Krawatte binden. ◆ ～蝶～フリーゲ 囡
根暗の düster
ネグリジェ Nachthemd 回; Negligee 回
猫 Katze 囡; Kater 囲 ¶ ～のようである wehrlos wie ein Lamm sein. ～の手も借りたい Ich habe alle Hände voll zu tun. ～の額ほどの庭 ein winziger Streifen Garten 囲 ～の目のように変わる seine Farbe wie ein Chamäleon ändern. ～を被る heucheln; sich⁴ verstellen [vor ~³]. ～も杓子（しゃくし）もゴルフをする Hinz und Kunz spielen Golf. ～に鰹節 den Bock zum Gärtner machen. ～に小判 Da wirft man Perlen vor die Säue.
猫かぶり Heuchelei 囡
猫可愛がりする abgöttisch lieben
猫舌です empfindlich gegenüber heißem Essen sein
猫背 bucklig
根こそぎ vollständig; vollkommen. ¶ ～にする ausrotten
寝言をいう im Schlaf reden
猫なで声 schmeichelerische Stimme 囡
猫ばばする in eigene Tasche stecken
寝込む （病気で） das Bett hüten
寝転ぶ sich⁴ hinlegen
値下がり Preissenkung 囡 ¶ ～する Die Preise gehen herunter.
値下げ Preissenkung 囡 ¶ ～する den Preis senken
根差す Wurzeln schlagen
ねじ Schraube 囡 ◆ ～回し Schraubenzieher 囲
ねじ曲げる verdrehen
ねじる drehen [et^4, an ~³]; umdrehen
寝過ごす sich⁴ verschlafen
ネズミ（鼠） Maus 囡; Ratte 囡 ¶ ～色の mausgrau. ◆ ～取り Rattenfalle 囡
寝そべる sich⁴ hinlegen [auf ~⁴]
ねたましい neidisch sein [auf ~⁴]
ねたみ Neid 囲; （嫉妬） Eifersucht 囡
ねたむ beneiden [j^4 um et^4]; neidisch sein [auf ~⁴]
根絶やしにする ausrotten
ねだる bitten [j^4 um et^4]
値段 Preis 囲 ¶ ～が手ごろな preiswert. ～を付ける den Preis bestimmen. お～ なら御相談にのります Über den Preis lässt sich noch verhandeln. ◆ ～表 Preisliste 囡
熱 Hitze 囡; Wärme 囡; （体温） Fieber 回 ¶ ～を出す Fieber bekommen. ～がある Fieber haben. ～っぽい fieberhaft. ～を計った Ich habe Fieber gemessen. 高い～がある Hohes Fieber haben. ～が下がった Das Fieber sinkt. ～に浮かされる im Delirium sein; verrückt sein [auf ~⁴]. ～を上げる begeistert sein [von ~³]. ～が入る begeistert sein [von ~³]. ～を入れる sich⁴ begeistern [für ~⁴]. ～が冷める Die Begeiste-

ねつい 952

rung lässt nach.
熱意 Eifer 男
ネッカチーフ Halstuch 中
根っから durch und durch. ¶彼は~の悪人ではない Im Grunde ist er nicht böse.
熱狂 Begeisterung 女; ~的 leidenschaftlich; begeistert; fanatisch. ~する sich⁴ begeistern [für ⁺⁴]
寝付く einschlafen; (病気) krank liegen
根付く Wurzeln schlagen
ネックレス Halskette 女
根っこ Wurzel 女
熱情 Leidenschaft 女; Passion 女
熱心 eifrig; fleißig; emsig
熱する erwärmen, erhitzen. ¶熱しやすく冷めやすい sich⁴ schnell begeistern und enttäuschen lassen
捏造(ネッ)**する** erdichten
熱帯 Tropen 女; ~的 tropisch
熱中している eifrig beschäftigt sein [mit ⁺³]. ¶~する schwärmen [für ⁺⁴]
熱湯 kochendes Wasser
熱波 Hitzewelle 女
熱病 Fieber 中 ¶~にかかる fieberkrank sein
熱望 brennend wünschen; heiß wünschen
根強い hartnäckig, dauernd. ¶~人気がある sich⁴ lang anhaltender Beliebtheit erfreuen ゆ反対 hartnäckiger Widerstand 男 根強く hartnäckig
ネット Netz 中 ◆ ~ワーク Computernetz 中; (放送網) Sendernetz 中
熱烈 leidenschaftlich, feurig, begeistert, heiß
寝床 Bett 中 ¶~に入る ins Bett gehen; schlafen gehen
寝不足 Schlafmangel 男
値札 Preiszettel 中 ¶~を付ける den Preiszettel anbringen
値踏みする schätzen
寝坊 (人) Langschläfer 男. ¶~する 〈sich⁴〉 verschlafen. ~して遅刻した Ich bin verschlafen und bin zu spät zur Schule 〈Arbeit〉 gekommen.
寝ぼける verschlafen sein. ¶寝ぼけた schlaftrunken
根掘り葉掘り聞く hartnäckig fragen
寝巻き Schlafanzug 男
根回し Boden 男 ¶~をする sich³ den Weg ebnen; im Vorfeld nützliche Vorkehrungen treffen
眠い müde; schläfrig. ¶眠くない munter; wach

眠気 Müdigkeit 女
眠っている schlafen
眠り Schlaf 男 ¶浅い〈深い〉眠り ein leichter 〈fester〉 Schlaf 男 ~に落ちる einschlafen, in Schlaf fallen. 永遠の~につく den ewigen Schlaf schlafen. ◆ ~薬 Schlafmittel 中
眠り込む einschlafen
眠る schlafen; schlummern. ¶よく~ gut schlafen. たっぷり~ ausschlafen. すやすや~ ruhig schlafen. ぐっすり~ fest schlafen. ぐうぐう~ schnarchen schlafen. 死んだように~ wie ein Toter schlafen. 眠らずにいる aufbleiben. 海底に~資源 unerschlossene Ressourcen im Meer
根こぎ Wurzel 女 ¶雑草を~から抜く das Unkraut mit der Wurzel ausreißen
根雪 ¶~が解け始めた Der Dauerschnee begann zu schmelzen.
狙い Ziel 中 ¶~に…にする zielen. ~が外れる das Ziel verfehlen. ~が当たる das Ziel treffen
狙い撃ちする abschießen, auf ⁺⁴ schießen. ¶主婦層を~にして製品を売り込む auf Hausfrauen gezielt neue Waren verkaufen
狙う anlegen [auf ⁺⁴]; zielen [auf ⁺⁴, nach ⁺³]; streben [nach ⁺³]. ¶隙を~ auf den unbewachten Augenblick lauern. 優勝を~ den Sieg erstreben
練り歯磨き Zahnpasta 女
寝る zu Bett 〈ins Bett〉 gehen; schlafen gehen; schlafen; sich⁴ legen
練る (物を) kneten; (考えを) gut durchdenken
念のため vorsichtshalber, zur Sicherheit; sorgfältig
年 Jahr 中
念入りな sorgfältig; eingehend
粘液 Schleim 男
年賀 Neujahrsgrüße 複 ◆ ~状 Neujahrskarte 女
年月日 Datum 中
年鑑 Jahrbuch 中
年金 Rente 女; Pension 女 ◆ ~生活者 Rentner 男; Pensionär 男
年貢 Tribut 男
年月 Jahre 複
年号 Dynastiename 男
捻挫(ネン)**する** sich³ verstauchen
年収 Jahreseinkommen 中
年中 immer; stets; jahraus, jahrein
燃焼する brennen
年商 (売上高) Jahresumsatz 男; (収益) Jahresertrag 男
年少の jung; (未成年) minderjährig
年代 Zeit 女; Zeitalter 中; Epoche 女
粘着する kleben [an ⁺³]
年中行事 Jahresfeste 複
年長の älter
粘土 Ton 男; Lehm 男 ¶~製の tönern
念頭に置く im Kopf behalten
年々 Jahr um Jahr
年輩 ¶~の男性 ein älterer Herr 男 同~の im gleichen Alter stehend
年表 Zeittafel 女

年俸 Jahresgehalt 中
粘膜 Schleimhaut 女
年末 [am] Jahresende
燃料 **Brennstoff** 男; **Treibstoff** 男 ¶～を補給する [auf]tanken. ◆～計 Kraftstoffmesser 男; Benzinuhr 女 ～効率 Brennstoffeffizienz 女 ～タンク Benzintank 男 ～費 Heizkosten 複
年輪 Jahresring 男
年齢 **Alter** 中 ¶同～である im gleichen Alter sein. ¶～給 Lohn- und Gehaltssystem nach Alter 中 ～層 eine Gruppe aus Gleichalt[e]rigen 女 ～制限 Altersbegrenzung 女 ～層 Jahrgang 男

の

野 Feld 中
…の von [+3]
ノイローゼ Neurose 女
能 Talent 中; (演奏) No-Spiel 中 ¶～ある鷹は爪を隠す Stille Wasser gründen tief.
脳 Gehirn 中; Hirn 中
農 冨 Bauernhof 男; Landwirtschaft 女 ¶～主 Hofbesitzer 男
農家 Bauernhaus 中
農学 Agronomie 女
納期 Lieferzeit 女
農業 Landwirtschaft 女
農具 Ackergerät 中
農耕 Ackerbau 男
濃厚な dick; dicht; konzentriert.
農作物 Feldfrucht 女
農産物 Agrarprodukt 中
濃縮する konzentrieren; verdichten. ◆～牛乳 Kondensmilch 女
農場 Bauernhof 男; Gut 中; Hof 男
農村 Bauerndorf 中
濃淡 Schattierung 女
農地 Ackerland 中; Feld 中
能動的な aktiv. ◆～態 Aktiv 中
納入する liefern
ノウハウ Know-how 中
農夫 Bauer 男
能弁な beredt; redegewandt
農民 Bauer 男
濃霧 dichter Nebel 男 ◆～注意報 Nebelwarnung 女
農薬 Pflanzenschutzmittel 中
能率 **Effizienz** 女; **Leistungsfähigkeit** 女 ¶～的な leistungsfähig
能力 **Fähigkeit** 女; **Vermögen** 中; **Anlage** 女 ¶～ある tüchtig (fähig) sein. ～を生かす seine Fähigkeit einsetzen. ◆～開発 Begabtenförderung 女 ～給 Bezahlung nach Leistung 女 ～主義社会 Gesellschaft nach Leistungsprinzip 女 支払い～ Zahlungsfähigkeit 女
ノーコメント Kein Kommentar!
ノート Heft 中 ¶…のノートをとる sich[3] über [+3] Notizen machen
ノーベル賞 Nobelpreis 男 ◆～受賞者 Nobelpreisträger 男
ノーマルな normal. ¶～ヒル Normalschanze 女

逃す verpassen
逃れる entfliehen [j-et³]
軒 Traufe 女
のけ反る sich[4] zurückbeugen
除け者にする ausstoßen; links liegen lassen; ausschließen [j von +³]
鋸 Säge 女 ¶～でひく sägen
残しておく übrig lassen [j³ für et¹]; zurücklassen; erübrigen
残し 残す übrig lassen; hinterlassen; zurücklassen. ¶財産を～ ein Vermögen hinterlassen. 名を～ den Namen für die Nachwelt hinterlassen. 残された家族 zurückgelassene Familie 女
残らず restlos
残り Rest 男 ¶借金の～Rest[betrag] der Schulden 男 ～の übrig. ～の仕事 übrig gebliebene 〈restliche〉 Arbeit 女 残りは～少なくなっている Der Brennstoff ist knapp geworden. ◆～物 Rest. ～物には福がある Der Rest bringt Glück.
残る **bleiben; übrig bleiben**. ¶お金はいくら残っていますか Wie viel Geld haben wir noch? 大学に～ an der Universität weiterstudieren
のさばる sich[4] breit machen; prahlen
ノスタルジア Nostalgie 女
ノズル Düse 女
乗せる (車に) ～ fahren; (騙す) ein|wickeln. ¶赤ちゃんを乳母車に～ das Kind in den Kinderwagen legen. 彼女を私の車に乗せてやった Ich habe sie in meinem Auto mitgenommen. 駅まで乗せてくれる? Kannst du mich zum Bahnhof fahren?
載せる (上に) auf|laden [et⁴ auf +⁴]; (掲載する) ein|tragen [et⁴ in +⁴]
覗き Voyeurtum 中 ¶～の常習犯 Spanner 男 ◆～穴 Guckloch 中 ～趣味 Voyeurismus 男
覗き込む hinein|gucken
覗く ein|sehen; [hinein]gucken. ¶部屋を～ in ein Zimmer [verstohlen] gucken. 谷底を～ ins Tal schauen. 雲間から太陽がのぞいていた Zwischen den Wolken guckte die Sonne heraus. 窓から～ aus dem Fenster gucken
除く beseitigen; ausschließen. ¶…を除いて außer³; bis auf +⁴
のそのそと langsam; schleppend; schwerfällig
望ましい wünschenswert
望み Wunsch 男 ¶～どおりに wie gewünscht, wie nach dem Wunsch. 私の～がかなった Mein Wunsch wurde erfüllt. 息子に～をかけた Ich habe meine Hoffnung auf meinen Sohn gesetzt. それは～薄だ Dafür gibt es wenig Hoffnung.
望む **hoffen; wünschen**. ¶諸君が全力を尽くすことを望みます Ich hoffe, dass ihr alle Kräfte einsetzen werdet. それこそ私の～ところだ Genau das ist mein Wunsch. 我々にこれ以上を望むのですか Was wollen Sie denn mehr von mir erwarten?
後に **später; nach**. ¶～になっては später; hinterher, nachher. 10年の～に 10

Jahren später. 今から5年の～に von nun an in 5 Jahren. ～の世 die zukünftige Welt. 晴れ～曇り Heiter, später dann bewölkt.

後々 künftig, in der Zukunft. ～には bis in die Zukunft

後ほど nachher; später. ～では～Bis dann (später)!

ノック Klopfen 中; ～する(ドアを) klopfen [an +4(3)]

ノックアウト Knock-out 男; ～する knock-out machen

載っている stehen

ノット Knoten 男

乗っ取る übernehmen

則る $sich^4$ halten [an +4]

のっぽの lang; groß

…ので da; weil

のど Kehle 女; Hals 男; Rachen 男. ～が痛い Mir tut der Hals weh. | Ich habe Halsschmerzen. ～が渇いた Ich habe Durst. | Ich bin durstig. ～の鳴る schnurren. ～から手が出るほど欲しい mehr als alles andere haben wollen; sehnlichst begehren. ～まで出かかる I³ kommt das Wort nicht über die Lippen. いいを している eine gute Stimme haben

のどかな friedlich; ruhig

…のに trotzdem; obgleich; während

罵る beschimpfen; fluchen [auf +4]

伸ばす [aus]strecken; dehnen; (平らに) glätten. 髪を～die Haare wachsen lassen. 才能を～das Talent entfalten. 生地を麺棒で～den Teig mit einem Wellholz ausrollen

延ばす verlängern; verschieben. ¶出発を2日～die Abreise 2 Tage aufschieben. 締め切りを～den Termin verlängern

野放しにする weiden; (子供など) verwahrlosen

野原 Feld 中

野薔薇 wilde Rose 女

伸び Dehnung 女; (成長) Wachstum 中. ～をする $sich^4$ ausstrecken; $sich^4$ dehnen. ～率 Zuwachsrate 女

伸び上がる $sich^4$ auf die Zehenspitzen stellen

伸び盛りの子供 wachsendes Kind 中

伸び縮みする elastisch sein

延びている $sich^4$ ziehen

伸び悩む ¶彼は成績が伸び悩んでいる Seine Lernergebnisse machten keine Fortschritte. 売り上げが～Der Umsatz stagniert.

延び延びになる [immer wieder] verschoben werden

伸びる $sich^4$ dehnen; $sich^4$ ziehen; wachsen. ¶背が～größer werden. 売り上げが伸びた Der Umsatz steigt.

延びる $sich^4$ verlängern; länger werden

延べ (総計) Total-; Gesamt-. ～取引 Termingeschäft 中. ～人数 Gesamtzahl der Anwesenden 女. ～面積 Gesamtfläche 女

述べる angeben; bemerken; sagen; reden; darstellen; aussprechen

のぼせる einen heißen Kopf bekommen; aufgeregt sein; (夢中) schwärmen [für +4]

のぼほんと unbekümmert

のぼり(織) Banner 中

上りの bergauf. ～の列車 der Zug in die Richtung nach Tokyo. ～の調子である in steigender Kondition sein. ～坂 Aufstieg 男; Steigung 女

上る aufsteigen; besteigen; steigen; aufgehen. ¶川を～den Fluss aufwärts fahren. 建築費は1億円に～だろう Die Baukosten belaufen sich etwa auf 100 Millionen Yen. 食卓に～auf den Tisch kommen

登る steigen; klettern. ¶木(山)に～auf den Baum (Berg) steigen. 権力の座を登り詰める bis zur höchsten Machtposition aufsteigen

昇る aufgehen. ¶太陽が東から昇る Die Sonne geht im Osten auf.

ノミ(蚤) Floh 男. ～の市 Flohmarkt 男

のみ(鑿) Meißel 男

…のみ nur; bloß

飲み込み・呑み込み ¶～がいい(速い) schnell begreifen, gut verstehen. ～が悪い(遅い) langsam begreifen

飲み込む schlucken.

野道 Feldweg 男; Pfad 男

…のみならず nicht nur..., sondern

ノミネートする ernennen [j⁴ zu +³]

飲み干す austrinken

飲み物 Getränk 中; Drink 男

飲み屋 Kneipe 女; Schenke 女

飲む・呑む trinken; saufen; (薬を) einnehmen ¶スープを～die Suppe essen. 彼は酒も煙草も飲まない Er trinkt und raucht nicht. 飲まず食わずで ohne zu essen und zu trinken. 飲みに行こう Gehen wir trinken. この水は飲めますか Kann man dieses Wasser trinken? 飲めや歌えの大騒ぎをする eine laute Zecherei abhalten 息を～den Atem anhalten. 条件を～die Bedingung annehmen

のめり込む $sich^4$ stürzen [in +4]

野良犬 herrenloser Hund 男

野良猫 herrenlose Katze 女

糊 Kleister 男; Stärke 女; (接着剤) Klebstoff 男

海苔 Nori 中; Seetang 男

乗り上げる (車が) auffahren [auf +4]; (船が) stranden

乗り遅れる verpassen

乗り換え Umsteigen 中

乗り換える umsteigen.

乗り気になる Lust haben [zu +3]; Interesse zeigen [für +4]

乗り切る überstehen, überwinden

乗組員 (総称) Besatzung 女, Mannschaft 女

乗り越える (克服) überwinden. ¶塀を～über die Mauer klettern. 垣根を～über den Zaun gehen

乗り越す zu weit fahren

乗り込む einsteigen [in +4]

糊付けする stärken

乗り逃げする schwarzfahren

乗り場 Haltestelle 囡; (プラットホーム) Bahnsteig 男; (船) Landungsplatz 男
乗り物 Fahrzeug 中; Vehikel 中 ◆ 〜酔い Reisekrankheit 囡
乗る aufsteigen [auf+3]; einsteigen [in+4]; steigen [auf ein+4]; reiten. ¶タクシーに乗ろうかNehmen wir mal ein Taxi? 話に〜 Interesse zeigen [für+4]. 好調の波に〜 in Schwung kommen. リズムに乗って vom Rhythmus getragen
載る liegen [auf+3]. ¶一輪差しがテーブルの上に載っている Eine kleine Vase steht auf dem Tisch. 地図に載っている auf der Landkarte stehen. 名簿に載っている in der Namensliste stehen. シュピーゲル誌に〜 Das steht im *Spiegel*. その語は辞書に載っていない Das Wort steht nicht im Wörterbuch.
ノルディックスキー Nordischer Skisport
ノルマ Pensum 中
鈍い langsam
呪い Fluch 男; Verwünschung 囡
呪う fluchen [j-et+3]; verfluchen
ノロジカ Reh 中
のろのろと langsam; schleppend
のろまな langsam; schwerfällig
のんきな unbekümmert; sorglos; unachtsam. ¶〜に構えよ sorglos sein. 〜に暮らす sorglos leben
ノンストップバス Niederflurbus 男
ノンストップで nonstop. ◆〜便(飛行機の) Nonstopflug 男
のんだくれ Trinker 男; Säufer 男
のんびりした behaglich; sorgenfrei
ノンフィクション Sachbücher 中; Nonfiction 囡
ノンプロ nicht professionell

は

葉 Blatt 中; Laub 中 ¶〜の茂ったbelaubt
歯 Zahn 男 ¶〜が痛い Zahnschmerzen haben. 〜を磨く *sich³* die Zähne putzen. 〜を抜いてもらう *sich³* einen Zahn ziehen lassen. 〜が浮くようなお世辞は大げさな maßlose Übertreibung 囡 寒さで〜の根が合わない Die Zähne klappern wegen der Kälte. 〜を食いしばる die Zähne zusammenbeißen. 〜が立たない nicht gewachsen sein (*j-et+3*); nicht fähig sein [für+4]. 〜に衣を着せない [*sich³*] kein Blatt vor den Mund nehmen
刃 Klinge 囡; Schneide 囡
派 Partei 囡; Sekte 囡; Schule 囡
場 Platz 男; (劇) Szene 囡 ¶その〜で auf der Stelle. 〜をもたせる angenehm unterhalten [*j³*]
バー Bar 囡
場合 Fall 男; Umstände 複 ¶…の〜には im Fall von+3; falls.... 〜によっては unter Umständen. 泣いている〜ではない keine Zeit für Tränen haben
パーキング Parken 中 ◆〜ビル Parkhaus 中 〜メーター Parkuhr 囡

把握する begreifen; fassen
バーゲン[セール] Ausverkauf 男, Schlussverkauf 男; Sonderangebot 中
バーコード Strichkode 男
パーセンテージ Prozentsatz 男
パーセント Prozent 中
バーター[取引] Tauschhandel 男
バーチャルリアリティー virtuelle Realität 囡
パーティー Party 囡
バーテン Barmixer 男
ハート Herz 中
ハードウェア Hardware 囡 ◆〜ディスク Festplatte 囡
パート [タイム] Teilzeitarbeit 囡 ◆〜タイマー Teilzeitbeschäftigte[r] 男囡
バードウォッチャー Vogelbeobachter 男
パートナー Partner 男
ハードル Hürde 囡
バーナー Brenner 男
ハーフ(混血) Mischling 男 ◆〜タイム Halbzeit 囡
ハーブ Kraut 中 ◆〜園 Kräutergarten 男 〜ティー Kräutertee 男
ハープ Harfe 囡
バーベキュー Barbecue 中
バーベル Scheibenhantel 囡
パーマ Dauerwelle 囡 ◆〜をかける Dauerwellen legen lassen
ハーモニー Harmonie 囡
ハーモニカ Mundharmonika 囡
はい ja, jawohl; doch. ¶〜どうぞJa, bitte! 終わりましたか―終わりました Sind Sie fertig? ― Ja, ich bin fertig. まだ終わらないの―〜まだです Sind Sie noch nicht fertig? ― Nein, noch nicht.
灰 Asche 囡
杯 Becher 男; Schale 囡 ¶1〜のビール ein Glas Bier 中 1〜の紅茶〈コーヒー〉 eine Tasse Tee〈Kaffee〉
肺 Lunge 囡 ¶〜の Lungen-. ◆〜癌 Lungenkrebs 男 〜気腫 Lungenblähung 囡; Lungenemphysem 中 〜結核 Lungentuberkulose 囡 〜浸潤 Lungeninfiltration 囡
倍の doppelt; zweifach. ¶3〜の dreifach. 2.5〜 zweieinhalbmal
パイ Pastete 囡
バイアスロン Biathlon 中
灰色 Grau 中 ¶〜の grau
梅雨[期] Regenzeit 囡
ハイウェー Autobahn 囡; Schnellstraße 囡
背泳 Rückenschwimmen 中
ハイエナ Hyäne 囡
バイエルン Bayern
肺炎 Lungenentzündung 囡 ¶〜になる Lungenentzündung bekommen
バイオ ◆〜センサー Biosensor 男 〜チップ Biochip 男 〜テクノロジー Biotechnik 囡; Biotechnologie 囡 〜マス Biomasse 囡 〜リズム Biorhythmus 男
パイオニア Pionier 男; Bahnbrecher 男
バイオリニスト Geiger 男
バイオリン Geige 囡; Violine 囡
売価 Verkaufspreis 男

倍加する sich⁴ verdoppeln
ハイカー Wanderer 男
徘徊する umherstreichen
媒介 Vermittlung 囡 ¶ ～する vermitteln
肺活量 Vitalkapazität 囡 ◆ ～計 Spirometer 男
配管 Leitung 囡
排気ガス Abgase 圈; Auspuffgase 囡
廃墟 Ruine 囡; Trümmer 圈
黴菌 Bakterien 圈; Bazillus 男
ハイキング Ausflug 男; Wanderung 囡 ¶ ～に行く einen Ausflug machen
バイキング (料理) Büfett 中
俳句 Haiku 中
バイク Motorrad 中; Moped 中
配偶者 (夫) Ehegatte 男; (妻) Ehegattin 囡
ハイクラスの erstklassig; vornehm
拝啓 Sehr geehrter Herr! | Sehr geehrte (verehrte) Frau! | (会社宛) Sehr geehrte Damen und Herren!
背景 Hintergrund 男
売国奴 Landesverräter 男
灰皿 Aschenbecher 男
廃止する abschaffen; aufheben
敗者 Besiegte[r] 男; Verlierer 男
歯医者 Zahnarzt 男
ハイジャック Luftpiraterie 囡 ¶ ～する ein Flugzeug entführen. ハイジャッカー Luftpirat 男; Flugzeugentführer 男
胚珠 Keim 男
買収する kaufen; bestechen. ◆ ～合併 Fusion 囡
賠償 Entschädigung 囡 ◆ ～金 Entschädigungssumme 囡
背信 Vertrauensbruch 男; Verrat 男
陪審 ¶ ～員 Geschworene[r] 男 囡. ～裁判所 Schwurgericht 中
排水する entwässern
倍数 Vielfache[s] 中 ¶ 9は3の～である Neun ist das Vielfache von Drei.
排斥する ausschließen
排泄 Ausscheidung 囡
敗戦 Niederlage 囡 ◆ ～国 das besiegte Land
倍増 ¶ 所得が～した Das Einkommen hat sich verdoppelt.
媒体 Medium 中
配達 Lieferung 囡; Zustellung 囡 ¶ ～を家に届ける無料で～してもらう kostenlos geliefert werden. ～区域 Zustellungsbereich 男. ～先 Lieferadresse 囡. ～証明書 Zustellungsbescheinigung 囡. ～人 Bote 男, (女性) Botin 囡. (郵便) Briefträger 男 ～料 Zustellungsgebühren 榎
排他的に ausschließlich; exklusiv
バイタリティー Vitalität 囡 ¶ 彼は～がある Er ist voller
配置する aufstellen; verteilen; stationieren; anordnen
ハイティーン Jugendliche über sechzehn 中
売店 [Verkaufs]stand 男; Kiosk 男
バイト Job 男, Nebenarbeit 囡. (単位) Byte 中. ◆ ギガ～ Gigabyte. メガ～ Megabyte

配当 Anteil 男; Dividende 囡 ◆ ～率 Satz der Dividende
パイナップル Ananas 囡
這い這いする krabbeln
売買 Kauf und Verkauf 男; Handel 男; Geschäft 中 ¶ ～する kaufen und verkaufen; handeln [mit⁺³]. ◆ ～一任勘定 Kundenkonto 中 ～契約 Verkaufsvertrag 男 ～単位 Handelseinheit 囡 ～手数料 Maklergebühr 囡
バイバイ (挨拶) Tschüs!
バイパス Umgehungsstraße 囡
ハイヒール Stöckelschuh 男
ハイビジョンテレビ hochauflösendes Fernsehen 中
配布する verteilen, austeilen [et⁴ an⁺³]
肺腑をえぐる durchs Herz gehen [j³]
パイプ Pfeife 囡; Röhre 囡 ◆ ～オルガン Orgel 囡
バイブル Hi-Fi 中
バイブル Bibel 囡
ハイフン Bindestrich 男
敗北 Niederlage 囡
ハイヤー Mietwagen 男
配役 Rollenbesetzung 囡
俳優 Schauspieler 男
ハイライト Höhepunkt 男 ¶ 今週の～ die wichtigsten Ereignisse der Woche
倍率 Vergrößerung 囡 ¶ ～を上げる die Vergrößerung erhöhen. この大学は～が高い Beim Examen dieser Uni herrscht harte Konkurrenz.
配慮 Rücksicht 囡
入る hineingehen; eintreten [in⁺⁴]. ¶ 政界に～ in die politische Welt hineintreten. この瓶はどのくらい入りますか Wie viel geht es in diese Flasche? どうぞお入りください Bitte kommen Sie herein. お茶が入ったよ Der Tee ist fertig. 入ってます Besetzt.
配列 Anordnung 囡; Ordnung 囡
パイロット Pilot 男
バインダー Hefter 男
這う kriechen
パウダー Puder 男
バウンドする springen; hüpfen; aufprallen
蠅 Fliege 囡
生え際 Haaransatz 男
生え抜きの echt, geboren
生える wachsen. ¶ 根が～ Wurzel schlagen. 歯が～ Die Zähne kommen. ひげが～ einen Bart bekommen
はおる um[werfen [j³ et¹]
墓 Grab 中 ¶ ～参りをする das Grab besuchen. ◆ ～荒らし Grabschändung 囡 ～石 Grabstein 男 ～場 Friedhof 男
ばか Dummkopf 男 ¶ ～げた lächerlich; albern; idiotisch. ～な dumm, töricht, blöde. ～なこと言うな Sag nicht so was Dummes! | Rede doch keinen Unsinn! ～なことはするなよ Mach [ja] keinen Unsinn! ～とは彼も～だ Er ist auch nicht klug, dass... ～するほど～ではない Nicht so dumm sein, dass... ～する für doof halten. ～にならない nicht verachten 〈übersehen〉

können．～も休み休み言え Rede nicht dauernd so dummes Zeug! ～を見る *sich*⁴ dumm fühlen．～丁寧である übertrieben höflich sein．～な〜騒ぎ Blödsinn 男, Unfug 男 〜騒ぎをする Saufparties feiern．〜話 Geschwätz 甲, dummes Gerede 甲 〜笑い wieherndes Gelächter 甲．〜と紙は使いよう Ein Verrückter im Haus ist manchmal ganz nützlich．〜につける薬はない Gegen Dummheit ist kein Kraut gewachsen．〜の一つ覚え einfältig das einzige wiederholen, was man kann．

破壊 Zerstörung 女; Verwüstung 女. 〜する zerstören, vernichten. 〜的な destruktiv. ◆ 〜活動防止法 Radikalengesetz 甲 〜工作 staatsgefährdende Aktivität 女, Explosionswirkung 女.

葉書 [Post]karte 女
剥がす lösen [*et*¹ von ⟨aus⟩⁺³]; ab|reißen [*et*¹ von ⁺³]
博士 Doktor 甲
はかる voran|gehen
はかない vergänglich
はがね Stahl 男
ばかばかしい lächerlich
図らずも unerwartet; zufällig
はかり（秤） Waage 女
計り売りする nach Gewicht ⟨Maß⟩ verkaufen
計り知れない unfassbar
測る・計る・量る messen; wiegen.
¶ 体温を〜 die Körpertemperatur messen．水深を〜 die Wassertiefe messen. 重さを〜 [ab]wiegen. まんまと計られた Ich bin reingelegt worden.
図る ¶ 自殺を〜 einen Selbstmord versuchen. 公益を〜 für das öffentliche Interesse ein|setzen
はかる（諮る） *sich*⁴ beraten〔mit¹ über⁺⁴〕
剥がれる *sich*⁴ lösen
バカンス Ferien 複
吐き気がする Brechreiz haben; *J*³ ist übel. 〜を催すような ekelhaft
履（は）き心地 ¶ この靴は〜がいい Diese Schuhe sind bequem.
吐き出す spucken, aus|spucken. ¶ 煙を〜 paffen. 〜ように言う Worte her|ausstoßen
履き違える ¶ 靴（目的）を〜 die Schuhe ⟨den Zweck⟩ verwechseln
はきはきと klar
履き物 Fußbekleidung 女
波及する *sich*⁴ aus|dehnen
破局 Katastrophe 女
掃く fegen; kehren
吐く aus|speien; erbrechen. ¶ 息を〜 aus|atmen. 煙を〜 rauchen. 本音を〜 die Wahrheit sagen
履く an|ziehen. 履いている tragen; an|haben. ブーツを履いて出かける mit Stiefeln aus|gehen. 靴を履いたままでいる die Schuhe angezogen haben
箔 Folie 女; Blatt 甲
剥ぐ ab|ziehen; ab|decken

バグ Mucken 複
白衣 ein weißer Kittel 男
迫害 Verfolgung 女 〜する verfolgen
博学の gelehrt
歯茎 Zahnfleisch 甲
育む auf|ziehen; pflegen
爆撃する bombardieren
白紙 ein weißes Blatt 甲 〜に返る ein neues Blatt aufschlagen．◆ 〜委任状 Blankovollmacht 女
博士 Doktor 男
拍車 Sporn 男 〜を掛ける an|spornen〔*j*⁴ zu⁺³〕; beschleunigen
拍手 Beifall 男; Händeklatschen 甲; Applaus 男 ¶ 〜する in die Hände klatschen; applaudieren〔*j*³〕. 〜喝采する Beifall klatschen〔*j*³〕
白書 Weißbuch 甲
白状する gestehen; ein|gestehen
薄情な herzlos; unfreundlich
白人 Weiße[r] 男
剝製する aus|stopfen
漠然とした vage; unbestimmt
莫大な ungeheuer; riesengroß; enorm
爆弾 Bombe 女 ¶ 〜を落とす eine Bombe ab|werfen. 〜を仕掛ける eine Bombe legen. 〜を発言させる eine Bombe ein|schlagen．◆ 〜処理班 Sprengstoffvernichtungseinheit 女
博打 Glücksspiel 甲 〜を打つ Glücksspieler 男
白昼 am ⟨bei⟩ Tag[e]
白鳥 Schwan 男
バクテリア Bakterien 複
白熱 Glut 女 ¶ 〜する hitzig werden．◆ 〜灯 Glühbirne 女
爆破する sprengen; zersprengen
白髪 graues ⟨weißes⟩ Haar 甲 ¶ 〜の grauhaarig; weißhaarig
爆発 Explosion 女 ¶ 〜する explodieren, platzen. 怒りを〜させる in Zorn aus|brechen. 〜的に売れる eine verrückt werden verkaufen. 〜的人気を博する eine außergewöhnliche Popularität gewinnen．◆ 〜音 Explosionsgeräusch 甲 〜物 Sprengstoff 男
博物館 Museum 甲
白墨 Kreide 女
舶来の importiert; eingeführt
はぐらかす aus|weichen〔*j-et*³〕
博覧会 Ausstellung 女
迫力のある spannend; （人）kräftig; überzeugend; eindringlich
歯車 Zahnrad 甲
暴露する bloß|stellen; auf|decken
刷毛 Bürste 女; Pinsel 男
は（禿）げ ◆ 〜頭 Kahlkopf 男
激しい heftig; leidenschaftlich; hart; heiß. ¶ 気性が〜 ein hitziges Temperament haben
バケツ Eimer 男
励ます ermuntern, ermutigen〔*j* zu⁺³〕
励み Ermutigung 女 ¶ 大きな〜になるだろう eine große Ermutigung werden
励む *sich*⁴ bemühen〔um⁺⁴〕; eifrig arbeiten〔an⁺³〕
化け物 Gespenst 甲; Geister 複

はげる

剝(は)げる abgehen. ¶はげた verblasst; abgegangen
は(禿)げる kahl werden; Glatze bekommen. ¶はげた kahl
覇権 Hegemonie 囡
派遣する senden; schicken; entsenden
箱 Kasten 男; Kiste 囡; Schachtel 囡. ¶～に詰める in die Kiste packen
羽子板 japanischer Federballschläger aus Holz
箱入り娘 eine kleine Prinzessin 囡, ein wohlerzogenes Mädchen
箱庭 Miniaturgarten 男
運び込む hineinbringen
運び去る wegtragen
運び出す hinaustragen
運ぶ (手で) tragen, bringen; (乗物で) transportieren; fördern. ¶足をと sich¹ hinbemühen. 完成の運びとなる die letzte Hand legen [an⁺⁴]
バザー Basar 男
挟まる eingeklemmt werden. ¶歯にと ～zwischen die Zähne kommen
鋏 Schere 囡
挟む klemmen; stecken. ¶パンにハムを～ zwischen die Brotscheiben Schinken einlegen. 指をドアに挟んだ Ich klemmte mir den Finger in der Tür. 挟み撃ちにする von beiden Seiten angreifen
破産 Bankrott 男; Pleite 囡. ～する Bankrott machen (gehen). ～した bankrott, pleite. ～を宣告する seinen Bankrott erklären. 自己～を申請する einen freiwilligen Bankrott beantragen. ◆～管財人 Konkursverwalter 男 ～者 Konkursschuldner 男 ～宣告 Konkurserklärung 囡
橋 Brücke 囡. ～を架ける eine Brücke schlagen. ～を渡る über eine Brücke gehen. ～のたもとで an der Brücke. ～渡しをする verbinden [j-et⁴ mit⁺³]; vermitteln [j³ et⁴]. ◆～桁(げた) Brückenträger 男
端 Ende 用; Rand 男 ¶道の～に am Straßenrand. ～から～まで von einem Ende zum anderen
箸 [Ess]stäbchen 用 囡 ¶～が転んでもおかしい年頃 beim geringsten Anlass in Lachen ausbrechen. ～の上げ下ろしにもうるさい bei jeder Kleinigkeit schimpfen. ～を付ける anfangen zu essen. ～～置き Stäbchenstütze 囡 ～箱 Stäbchenschachtel 囡. ～にも棒にもかからない Bei ⟨An⟩ j³ ist Hopfen und Malz verloren.
恥 Schande 囡. ¶～をかく sich⁴ schämen (j-et²; wegen⁺²; für⁺⁴; vor⁺³). 人に～をかかせる j⁴ blamieren. ～になる eine Schande werden. ～を忍んで die Schande ertragen. ～も外聞もなく ohne jegliche Scham; völlig schamlos. ～の上塗りを Damit blamierst du dich zusätzlich. 聞くは一時の～聞かぬは末代の～ Wer sich zu fragen scheut, schämt sich zu lernen.
恥入る sich⁴ beschämen
はしか (麻疹) Masern 囡

端書き Vorwort 用
端くれ Fetzen 用 ¶これでも役者の～で Ich gehöre schließlich auch noch zu den Schauspielern.
はしご Leiter 囡
恥知らずな unverschämt; schamlos
ハシバミ Hasel 囡
始まり Anfang 男; Beginn; Ansatz 男 ¶嘘つきは泥棒の～ Lügen ist der Anfang des Diebstahls.
始まる anfangen; beginnen; anbrechen; einsetzen; eintreten; losgehen. ¶戦争が始まった Der Krieg brach aus. 彼の寝坊は今に始まったことではない Dass er ein Langschläfer ist, ist nichts Neues. 今更後悔しても始まらない Deine Reue ist schon zu spät.
初め (の) ～に zuerst; anfangs, am Anfang, zu Beginn. ～(のうち)は am Anfang, anfangs, ursprünglich, eigentlich. ～から von Anfang an. ～の erst.
始め ¶船長を～乗組員全員が生き残った Angefangen mit dem Kapitän wurde die gesamte Besatzung gerettet.
初めて zum ersten Mal. ¶～の erst. ～の人 Erste(r) 男 大阪には～です Ich bin zum ersten Mal in Osaka.
初めまして Sehr angenehm! | Freut mich sehr! | Sehr erfreut! | Ich freue mich, Sie kennen zu lernen.
始める anfangen; beginnen
馬車 Kutsche 囡; Wagen 男 ¶～馬のように働く wie ein Pferd arbeiten
はしゃぐ ausgelassen sein
パジャマ Schlafanzug 男; Pyjama 男
馬術 Reitkunst 囡
派出所 Polizeiwache 囡
場所 Platz 男; Ort 男; Raum 男; Stelle 囡; Stätte 囡. ～を取る Das nimmt viel Platz weg. ～柄をわきまえない aus dem Platz sein
波状の wellenförmig; wellig
柱 Säule 囡; Pfeiler 男; Pfosten 男 ¶～時計 Wanduhr 囡
走り高跳び Hochsprung 男
走り使い Laufbursche 男
走り続ける weiterlaufen
走り出る hinauslaufen
走り幅跳び Weitsprung 男
走り寄る hinlaufen [zu⁺³]
走る laufen; rennen; (乗物が) fahren. ¶彼が走って来た Er kam gelaufen. 敵方に～ zum Feind überlaufen. 悪事に～ zum Verbrechen verführen lassen. 右肘に痛みが走った Am rechten Ellbogen lief ein Schmerz.
恥じる sich⁴ schämen (j-et²; wegen⁺²; für⁺⁴; vor⁺³〕
蓮 Lotos 男
[...する]筈である sollen; müssen. ¶彼はもう着いている～だ Er müsste schon gekommen sein. ...するはずはない können. その～での ...だの～なない Das müsste so sein. そんな～はない Das ist
バス (乗物) Bus 男; (低音) Bass 男, (風呂) Bad 用 ¶～で行く mit dem Bus

fahren. ~が通っている Es gibt eine Busverbindung. ~に乗る den Bus nehmen ◆~ガイド Reisebegleiterin 囡～ターミナル Busbahnhof 男～タオル Badetuch 中～停 Bushaltestelle 囡～旅行 Busreise 囡～ルーム Badezimmer 中～ローブ Bademantel 男～路線 Buslinien 圈 貸し切り～ Mietbus. 観光～ Rundfahrtbus. 空港～ Flughafenbus. スクール～ Schulbus. 長距離～ Langstreckenbus. 2階建て～ Doppeldecker 男 マイクロ～ Kleinbus

バス (球技) Pass 男 ¶~する passen

恥ずかしい **sich[4] schämen** [*j-et[2]*; wegen *[+2]*; für *[+4]*; vor *[+3]*]. ¶恥ずかしそうに赤面する. 恥ずかしくもなく ohne *sich[4]* zu schämen. 恥ずかしそうな顔をする ein verlegenes Gesicht machen. 何も～ことではない Es gibt nichts zu schämen.

恥ずかしがる **sich[4] schämen** [*j-et[2]*; wegen *[+2]*; für *[+4]*; vor *[+3]*]. ¶恥ずかしがりの schüchtern

辱める beleidigen

バスケット Korb 男 ◆~ボール Basketball 中

外す **ab|nehmen; los|machen; ab|setzen**. ¶ボタンを～ auf|knöpfen. 席を～ *seinen* Platz verlassen. 的を～ das Ziel verfehlen

パステル Pastellfarbe 囡～画 Pastell 中

バスト Büste 囡

恥ずべき schändlich

パスポート [Reise]pass 男

弾み ¶~がつく in Schwung kommen. もの～で aus Zufall. ちょっとした～で aus irgendeinem geringfügigen Grund. どうした～か aus irgendeinem Grund

弾む **springen.** ¶話が～ Es entwickelt sich ein munteres Gespräch. チップを～ ein gutes Trinkgeld geben

パズル Puzzle 中; Puzzlespiel 中

外れ Rand 男; Ende 中; (くじ引き) Niete 囡 ¶町の～ am Stadtrand

外れる (取れる) ab sein, raus sein; (期待) verfehlen; (予測) nicht zutreffen; (規則) ab|weichen [von*[+3]*]; (列から) ab|fehlen, daneben|gehen. ¶歌の調子が～ Der Gesang ist verstimmt. 当てが～ Das ist eine Enttäuschung.

パスワード Passwort 中

派生[語] Ableitung 囡 ¶~する stammen [aus *[+3]*]; *sich[4]* ab|leiten [aus *[+3]*]

罵声 Schimpfwort 中 ¶~を浴びせる schimpfen [auf *(über)[+4]*]

パセリ Petersilie 囡

パソコン PC 男

破損 Bruch 男

旗 Fahne 囡; Flagge 囡

肌 Haut 囡 ¶白い～ schöne Haut 囡 ~が荒れる raue Haut bekommen. ~が合わない nicht zusammen|passen; nicht zurecht|kommen [mit *[+3]*]. ~で感じる direkt erfahren; am eigenen Haut spüren

バター Butter 囡 ¶パンに～を塗る Butter aufs Brot streichen

肌荒れ ¶~する Die Haut wird rau.

パターン Muster 中

肌色 Fleischfarbe 囡

機械 Weberei 囡 ◆~機 Webstuhl 男

裸の **nackt; bloß**. ¶~になる *sich[4]* aus|ziehen. ~に脱がせる aus|ziehen. 一貫で mit nichts. ◆~電球 nackte Birne 囡 ~馬 ungesatteltes Pferd 中

肌着 Unterhemd 中; Leibwäsche 囡

畑 **Acker** 男; **Feld** 中 ¶~を耕す den Acker pflügen. ～違いである von einem anderen Fach [Bereich] sein.

肌寒い ¶今日は～ Heute ist Frösteltwetter.

肌触り がいい Es fühlt sich angenehm 〈weich〉 an.

裸足 で〈の〉 barfuß

果たして tatsächlich

果たす erfüllen; vollbringen

二十歳(はたち) zwanzig [Jahre alt]

はたと plötzlich; (鋭く) scharf

バタフライ Delphinschwimmen 中

肌身離さず ¶~持っている immer bei *sich[3]* tragen 〈haben〉

働かす beschäftigen, arbeiten lassen.

働き Tätigkeit 囡; (作用) Wirkung 囡; (機能) Funktion 囡; (功績) Verdienst 中 ¶～に出る arbeiten gehen. 頭の～が鈍い langsam denken. ～盛りである Er ist jetzt auf der Höhe seiner Leistung. ◆～口 Stellung 囡, Arbeit 囡 ～手 Arbeitskraft 囡 ～ぶり Arbeitsverhalten 中 ～者 ein fleißiger Arbeiter 男 ～蟻 Arbeitsameise 囡

働き掛ける ein|wirken [auf *[+4]*]

働き過ぎる überarbeitet sein

働く **arbeiten; funktionieren**. ¶彼女はこの工場で働いている Sie arbeitet in dieser Fabrik.

バタン Bums! ¶～と閉める zu|schlagen

八 acht. ¶～番目の acht. ～分の1 Achtel 中

ハチ (蜂) Biene 囡; Wespe 囡 ◆~蜜 Honig 男

鉢 Schüssel 囡; Schale 囡; Topf 男 ◆～植え Topfpflanze 囡

罰 **verdiente Strafe** 囡 ¶～が当たった Das ist die verdiente Strafe. いまに～が当たるぞ Du kannst was erleben! ～当たりな verdammt

八月 August 男

バチカン Vatikan 男

はちきれる platzen

八十 achtzig. ¶～番目の achtzigst. ～分の1 Achtzigstel 中

ぱちぱちちぃう knistern

鉢巻き Stirnband 中

爬虫類 Reptil 中; Kriechtier 中

波長 Wellenlänge 囡

ぱちんと切る knipsen

…発 ¶ハンブルク～の列車 ein Zug von 〈aus〉 Hamburg 男 11時～の列車 der 11 Uhr-Zug

ばつの悪い verlegen

罰 Strafe 囡 ¶～を与える eine Strafe auferlegen [*j[3]*]

発案する vorschlagen. ¶彼の～で auf seinen Vorschlag [hin]. ◆~者 Ent-

はついく

発育 Entwicklung 囡 ¶～する wachsen. ◆～不良 Wachstumsstörung 囡
発音 Aussprache 囡 ¶～する aussprechen
二十日(はつか) der Zwanzigste. ¶～に am Zwanzigsten
はっか Pfefferminze 囡
発芽する keimen; sprießen
発覚する entdeckt werden
ハツカネズミ Maus 囡
発行する herausgeben
発汗する schwitzen
発揮する entfalten; zeigen; beweisen
発狂する verrückt; wahnsinnig
はっきりした deutlich; klar; bestimmt. ¶～と deutlich; klar. ～しない unklar; vage. ～させる klar machen [j³]. 天気が～しない Das Wetter ist unbeständig. ～言うと deutlich gesagt. ～した顔の人 ein Mann mit einem scharf geschnittenen Gesicht
発禁 Verkaufsverbot 囲
白金 Platin 囲
罰金 Strafgeld 囲; (制度) Geldstrafe 囡
バック (背景) Hintergrund 囲 ¶～する [das Auto] rückwärts fahren lassen. 青空を～にする mit dem blauen Himmel im Hintergrund. ◆～アップ Unterstützung 囡 ～アップする unterstützen. ～グラウンドミュージック Hintergrundmusik 囡 ～ナンバー alte Nummer 囡 ～ボーン Rückgrat 囲 ～ミラー Rückspiegel 囲
バッグ Tasche 囡
発掘する ausgraben
バックル Schnalle 囡
抜群の ausgezeichnet; hervorragend; außerordentlich
パッケージ Packung 囡 ◆～旅行 Pauschalreise 囡
発見 Entdeckung 囡 ¶～する entdecken
発言 Bemerkung 囡 ¶～する sprechen; das Wort ergreifen 〈nehmen〉
初恋 die erste Liebe
発行する (本を) herausgeben; veröffentlichen; (債券を) ausstellen. ◆～部数 Auflage 囡
発酵する gären
発光する leuchten; strahlen
発散する ausströmen
バッジ Abzeichen 囲
発射する schießen
発車する abfahren [von⁺³; nach⁺³]
発達 Start 囲 ¶～する abfahren
発信 Absendung 囡
発疹 Hautausschlag 囲
抜粋 Auszug 囲
発する (音声) von sich³ geben; (命令) erlassen; (光ول) ausstrahlen; (川が源を) entspringen [in⁺³]
罰する bestrafen; strafen
発生 Entstehung 囡 ¶～する entstehen; sich⁴ entwickeln [aus⁺³]
発送 Versand 囲 ¶～する absenden. ◆～人 Absender 囲
発想 Idee 囡
バッタ Heuschrecke 囡

960

発達 Entwicklung 囡; Entfaltung 囡 ¶～させる entfalten. ～する sich⁴ entwickeln
ばったり plötzlich; (偶然) zufällig
発着時刻表 Fahrplan 囲; Flugplan 囲
発注する bestellen
抜擢する auserwählen [j⁴ zu⁺³]; befördern [j⁴ zu⁺³]
発展 Entwicklung 囡 ¶～する sich⁴ entwickeln. ～させる entwickeln. 著しい～を遂げる eine große Entwicklung vollbringen. ◆～性 Entwicklungsmöglichkeit 囡 ～的解消 Auflösung für eine Reform 囡 ～途上国 Entwicklungsland 囲
発電 Elektrizitätserzeugung 囡 ◆～機 Generator 囲 ～所 Kraftwerk 囲
はっとする überrascht werden, erstaunt sein [über⁺⁴]
バット Schläger 囲
ハットトリック Hattrick 囲
発売する zum Verkauf anbieten. ¶～中である im Verkauf 〈Handel〉 sein. 全国のデパートで～中 Nun in allen Kaufhäusern erhältlich. ～中 Verkaufsverbot 囲 ～禁止になる Der Verkauf wird [von⁺³] verboten. ～数 Verkaufszahl 囡
ハッピーエンド Happyend 囲
発表 Veröffentlichung 囡; Bekanntmachung 囡 ¶～する bekannt geben; veröffentlichen
発布される ergehen; erlassen
発砲する [ab]feuern. ◆～事件 Schießerei 囡
発明 Erfindung 囡 ¶～する erfinden. ◆～者 Erfinder 囲
初詣 der Tempelbesuch an Neujahr. ¶～に行く zum Jahresbeginn Tempel besuchen
溌剌とした lebhaft
果て Ende 囲
派手な grell; schreiend; prunkhaft; auffallend. ¶～な服装をする auffallend gekleidet sein. 金遣いが～である großzügig mit Geld umgehen
パテ Kitt 囲
果てない endlos; grenzenlos
ばてる k.o. sein; ganz fertig sein
鳩 Taube 囡 ◆～派 Tauben 囡
罵倒する schimpfen [auf 〈über〉⁺⁴]
パトカー Streifenwagen 囲
波止場 Kai 囲
バドミントン Federballspiel 囲
パトロール Patrouille 囡; Streife 囡
パトロン Gönner 囲; Förderer 囲; Mäzen 囲
バトン (リレー) Staffelstab 囲
花 Blume 囡; Blüte 囡 ¶～が咲く Die Blumen blühen. ～も実もある Inhalt und Äußeres perfekt sein: glänzend und menschlich sein. ～を活ける Blumen [in eine Vase] stecken. ～を添える mit seiner Anwesenheit Pracht 〈Frohsinn〉 hinzufügen. ～をもたせる das Lob überlassen [j³]. 戦場の～ Königin am Arbeitsplatz 囡 ◆～柄(模様) Blumenmuster 囲 ～屋 Blumenladen 囲 言わぬが～ Man soll die schö-

ne Dinge nicht zerreden. ~より団子 Schmausen geht über Schauen.
鼻 Nase 囡; (動物の) Schnauze 囡, Rüssel 围 ¶~が利く eine gute Geruchssinn haben. ~が高い eine lange Nase haben. ~が詰まる eine verstopfte Nase haben. ~であしらう verächtlich behandeln. ~で笑う verächtlich lachen. ~にかける prahlen [mit +³]. ~につく Abneigung empfinden [gegen +⁴]; die Nase voll haben [von +³]. ~も引っかけない spotten [über +⁴]. ~の下が長い sanft mit Frauen umgehen. ~を明かす überlisten; austricksen. ~を折る einen Dämpfer aufsetzen [j³]. ~を鳴らす schnauben. ◆~風邪 Schnupfen 围
はな(洟) ¶~をかむ sich⁴ die Nase putzen. ~をすする die Nase hochziehen. ~をたらす eine Rotznase haben. ~垂れ小僧 Rotznase 囡, (青二才) Grünschnabel 围
鼻息 ¶~が荒い übermütig sein. ~をうかがう von den Bart gehen [j³]
鼻歌 Summen 围 ¶~を歌う vor sich⁴ hin [eine Melodie] summen
鼻風邪 ¶~をひく einen Schnupfen bekommen ⟨haben⟩
鼻紙 Papiertaschentuch 围
鼻薬 Nasenmedizin 囡 ¶~をきかせる schmieren
鼻糞 [trockener] Rotz 围 ¶~をほじる die Nase bohren
鼻毛を抜く Nasenhaare entfernen
鼻声で話す durch die Nase sprechen
鼻先 ¶~に vor die Nase
話 Rede 囡; Gespräch 回; (うわさ) Gerücht 回; (スピーチ) Ansprache 囡; (物語) Erzählung 囡 Geschichte 囡 ¶~が合う⟨合わない⟩ sich⁴ verstehen ⟨nicht verstehen⟩[mit +³]. ~がうますぎる Das wäre zu schön. ~が少し下品である Es wird etwas vulgär. ~が上手である guter Redner sein. ~が違う Das ist aber gegen unsere Verabredung. ~がつく sich⁴ einigen [mit +³; über +⁴]. ~にならない Das ist außer Frage. ¦ Das kommt nicht in Frage. ~に乗る auf den Vorschlag eingehen. ~に花 が咲く über verschiedene Sachen sprechen. ~のわかる人 eine verständnisvolle Person 囡
~は違いますが übrigens; apropos. ~を合わせる die selbe Geschichte zu erzählen versuchen. 人と~をする mit +³ sprechen ⟨reden, plaudern⟩, sich⁴ mit +³ unterhalten [über +⁴]. ...について~をする über +⁴ ⟨von +³⟩ sprechen ⟨reden, plaudern⟩. ~をそらす das Gespräch auf ein anderes Thema lenken. ~をつける zum Abschluss bringen.
早い~が kurz zu sagen; kurz gesagt. ちょっとお~があるのですが Darf ich Sie kurz stören? ~半分に聞く nicht alles für bare Münze nehmen
話し合い Besprechung 囡
話し合う sich⁴ besprechen [mit +³; über +⁴]; sprechen [mit +³]
放し飼い ¶犬を~にする den Hund im Freien lassen
話しかける anreden; ansprechen
話し掛け Redeweise 囡; Sprechweise 囡
話し言葉 Umgangssprache 囡
話し好きの gesprächig; redselig
話す sprechen, reden [über +⁴; von +³]; sagen; (物語を) erzählen (おしゃべり) schwatzen
¶ドイツ語を~ Deutsch sprechen. 電話で~ telefonisch sprechen [mit +³]. 話せる人だ Mit ihm kann man reden.
放す loslassen. ¶鳥を~ den Vogel freilassen
離す trennen [et⁴ von +³]; loslassen. 目を~ den Blick nehmen [von +³]. 手が離せない beide Hände voll zu tun haben
鼻筋 ¶~の通った顔 ein Gesicht mit wohlgeformter Nase
花束 [Blumen]strauß 围
鼻血 Nasenbluten 回 ¶~が出る Nasenbluten haben
鼻っ柱 ¶~の強い arrogant. 人の~をへし折る j⁴ von seinem Sockel herunterstoßen
鼻つまみ者である unbeliebt sein
鼻面 Schnauze 囡
バナナ Banane 囡
甚だ sehr
華々しい glänzend; prachtvoll
花火 Feuerwerk 回 ¶~を打ち上げる ein Feuerwerk aufsteigen lassen. ◆~大会 Großfeuerwerk 回
花びら Blütenblatt 回
花見をする Blüten schauen. ◆~時 Blütezeit 囡
鼻水 Rotz 围
花婿 Bräutigam 围
鼻持ちならない widerlich, anstößig
華やかな prächtig; feierlich
花嫁 Braut 囡
離れ離れの⟨に⟩ getrennt
離れる abgehen [aus ⟨von⟩+³]; verlassen; sich⁴ trennen [von +³]; sich⁴ entfernen [von +³]. ¶人と離れて暮らす von +³ getrennt leben. 駅からだいぶ離れているのだ Ist das weit entfernt vom Bahnhof? 遠く離れて weit entfernt. 手を~(仕事) erledigt sein; (子供) selbstständig werden. 彼らは随分年が離れている Zwischen ihnen gibt es einen großen Altersunterschied. 頭を離れない nicht aus dem Kopf gehen [j³]
花輪 Kranz 围
はにかむ schüchtern sein; scheu sein
はにかんだ scheu; schüchtern
パニック Panik 囡 ¶~状態になる in Panik geraten
バニラ Vanille 囡
羽 Flügel 回, **Feder** 囡 ¶~を伸ばす die Freiheit genießen; frei und ledig sein. ~を広げる die Flügel ausstrecken. ◆~布団 Federbett 回
羽根 Federball 围 ¶~突き [japanisches] Federballspiel 回
ばね Feder 囡
跳ね上がる aufspringen; hochspringen; (相場が) plötzlich steigen

はねつける zurück|weisen; ab|lehnen
ハネムーン Flitterwochen 図
はねる（人を）an|fahren〔an⁺⁴〕
跳ねる hüpfen; springen;（泥を）spritzen
パネル Platte 図; Tafel 図. ¶ ~ディスカッション Podiumsdiskussion 図
パノラマ Panorama 図
母〔親〕 Mutter 図. ¶ ~のない子 mutterloses Kind 囲 ~の日 Muttertag 囲
幅 Breite 図. ¶ ~が…での(の)… breit. ~が狭い schmal. ~の広い breit. ~を利かす einen maßgeblichen Einfluss ausüben
パパ Papa 図; Vater 囲
母方の mütterlicherseits. ¶ ~の祖父 Großvater mütterlicherseits 囲
羽ばたき Flügelschlag 囲
派閥 Clique 図;（公派）Fraktion 図
幅跳び Weitsprung 囲. ¶ ~の選手 Weitspringer 囲
阻む verhindern; hindern〔j⁴ an⁺³〕
パブ Kneipe 図
パフォーマンス Leistung 図; Darstellung 図
省く aus|lassen; weg|lassen. ¶ 経費を~ Unkosten reduzieren. 手間を~ Mühe sparen
ハプニング Zwischenfall 囲;（芸）Happening 囲
歯ブラシ Zahnbürste 図
破片 Splitter 囲; Scherbe 図; Bruchstück 囲
葉巻 Zigarre 図
ハマグリ〔蛤〕 Venusmuschel 図
浜辺 Strand 囲
はまる（適合）[hinein|]passen〔in⁺⁴〕;（落ちる）fallen〔in⁺⁴〕. ¶ 条件に~ unter die Bedingung fallen. 彼女はその役にはまっている Sie ist die richtige Person für diese Rolle. 罠に~ in die Falle gehen〔j³〕. 彼は今コンピュータゲームにはまっている Er ist jetzt vom Computerspiel besessen.
歯みがき Zahnpasta 図. ¶ ~をする sich³ die Zähne putzen
ハミングする summen
ハム Schinken 囲. ◆ ~エッグ Spiegelei er mit Schinken 囲
ハムスター Hamster 囲
はめ込む ein|setzen, fassen〔et⁴ in⁺⁴〕. **はめ込み式の** eingefügt
破滅 Verderben 囲; Verderbnis 図. **~させる** ruinieren
はめている sich³ an|stecken; tragen. ¶ 指輪を~ einen Ring tragen
はめる stecken; ein|legen〔et⁴ in⁺⁴〕. **はめられる** reingelegt werden
場面 Szene 図
刃物 Schneidewerkzeug 囲
破門する verbannen; aus|stoßen
早い schnell; rasch; früh. ¶ 早く schnell. 早くても frühestens. ~話がkurz gesagt. ~者勝ち Wer zuerst kommt, mahlt zuerst.
速い schnell. ¶ 進歩が~ einen raschen Fortschritt machen. 仕事が~ Er arbeitet schnell.
早起きする früh auf|stehen
早合点する voreilig an|nehmen
早く・速く schnell. ¶ できるだけ~ möglichst schnell（bald）. ~とも schnellstens. ~しろ Beeil dich!
早口に schnell sprechen. ◆ ~言葉 Zungenbrecher 囲
速さ Geschwindigkeit 図
林 Gehölz 囲; Wäldchen 囲
生やしている wachsen lassen. ¶ 髭を~ sich³ den Bart wachsen lassen
はやっている in Mode sein; beliebt sein. ¶ 風邪が~ Die Grippe bricht aus.
早とちりする zu vorschnell sein
早寝する früh ins Bett gehen
早引けする früher von der Schule weg|gehen
早めに etwas früher
早める（速度）beschleunigen;（期日）vor|verlegen〔et⁴ auf⁺⁴〕
はやり Mode 図. ◆ ~言葉 Modewort 囲
はやる in Mode sein;（店が）viel besucht sein. ¶ はやらなくなる aus der Mode sein. はやらなくなる aus der Mode sein. この店ははやっている Dieses Geschäft hat großen Zulauf.
腹 Bauch 囲. ¶ ~一杯の satt. ~一杯食べる sich⁴ voll essen.
~が痛む Bauchschmerzen haben. ~が立つ sich⁴ ärgern〔über⁺⁴〕. ~が減る Hunger haben, hungrig werden.
~に一物ある etwas im Schild führen.
~に収める für sich⁴ behalten. ~に据えかねる sich⁴ ärgern〔über⁺⁴〕.
~の中で im Innersten. ~の虫が納まらない seinen Ärger nicht unterdrücken können. ~のへった hungrig.
~を痛めた子 j² leibliches Kind 囲 ~を抱えて笑う sich³ vor Lachen den Bauch halten. ~を決める sich⁴ fest entschließen〔zu⁺³〕. ~をこわす胃を~ den Magen verderben. ~を探る die eigentlichen Gedanken herausfinden. 痛くもない~を探られる unschuldig verdächtigt werden. ~を立てる sich⁴ ärgern〔über⁺⁴〕. ~を割って話す frei heraus|sprechen
薔薇 Rose 図
払い Bezahlung 図
払い込む ein|zahlen
腹いせする zurück|zahlen〔j³〕. ¶ ~に um seinen Ärger auszulassen
払い戻す zurück|zahlen
払う zahlen; ent|richten;（ほこりを）ab|fegen. ¶ …の代金を払う et⁴ bezahlen. …の代金として金額を~ den Betrag für…⁴ bezahlen. 勘定を~ die Rechnung bezahlen. 敬意を~ Respekt erweisen〔j³〕.
バラエティー Abwechs[e]lung 図; Varieté 図
パラグラフ Paragraph 囲; Absatz 囲
腹黒い böse, verrucht; gottlos
腹芸 Trick 囲, Kniff 囲, Dreh 囲
腹ごしらえする sich⁴ stärken〔mit⁺³〕
腹ごなし ¶ ~に散歩する einen Verdauungsspaziergang machen

パラシュート Fallschirm 男

晴らす 疑いを~ sich⁴ vom Verdacht reinigen. 無実の罪を~ seine Unschuld beweisen. 気を~ sich⁴ zerstreuen

ばらす 裏切る; (解体) zerlegen; (殺す) umbringen

パラソル Sonnenschirm 男

腹立たしい ärgerlich. 腹立たしく思う ärgerlich finden

腹立つ ¶~まぎれに aus 前³ Ärger

腹違い ¶~の兄弟 Stiefbruder 男

腹鼓を打つ auf den Bauch trommeln

原っぱ Feld 中; Wiese 女

ばらの花 Rose 女

腹這いになる auf dem Bauch liegen

はらはらする große Angst haben [um⁺⁴]. ¶~するような spannend

ばらばらの losgelöst. ¶~に zusammenhanglos; getrennt. ~になる (einzeln, auseinander) werden. ◆~事件 Leichenzerstückelung 女

ばらばらめくる blättern [in⁺³]

腹ぺこである einen Bärenhunger haben. ¶~で死にそうだ Ich könnte vor Hunger sterben.

腹巻き Leibbinde 女

ばらまく verstreuen; ausstreuen

はらわた Eingeweide 中

バランス Gleichgewicht 中 ◆~シート Bilanz 女

針 Nadel 女; Zeiger 男; (釣り針) Angelhaken 男. ¶ホチキスの~ Heftklammer 女. ~に糸を通す die Nadel einfädeln. ~で刺すように痛む Es sticht wie die Nadeln. ~のむしろ Nagelbrett 中. ~の目 Nadelöhr 中

梁 Balken 男

張り合う wetteifern [mit⁺³ um⁺⁴]

張り上げる ¶声を~ die Stimme erheben

バリアフリーの barrierefrei

バリエーション Variation 女

針金 Draht 男

馬力 Pferdestärke 女

張り切る auf Draht sein; ganz dabei sein; bei bester Stimmung sein

バリケード Sperre 女; Barrikade 女

ハリケーン Hurrikan 男

針仕事 Näharbeit 女. ¶~をする nähen

張り出す (出る) vorspringen; (掲示) anschlagen

張りつく kleben [an⁺³]

バリトン Bariton 男

ハリネズミ (針鼠) Igel 男

針山 Nadelkissen 中

春 Frühling 男; Frühjahr 中. ¶~先に im Frühjahr. ~めく frühlingshaft werden. ~らしい春らしい. 我が世の~を謳歌している auf dem Höhepunkt seines Lebens stehen. ◆~一番 erster Südwind im Frühling 男. ~霞 Frühlingsdunst 男. ~風 Frühlingswind 男. ~物 Frühlingswaren 複

張る spannen; beziehen; ziehen. ¶肩が~ steife Schulter haben. 氷が張った Es ist zugefroren. 根が張った It ist verwurzelt. 値の~ teuer; kostspielig. 意地も~ eigensinnig sein; unbeugsam sein. 気を~ sich⁴ anstrengen.

Nerven strapazieren. 相場を~ spekulieren

貼る kleben

通りに ¶~に多い; weit

バルコニー Balkon 男

遙々 von weit her; aus weiter Ferne

バルブ Ventil 中

パルプ Zellstoff 男 ◆~材 Papierholz 中

春巻 Frühlingsrolle 女

春休み Osterferien 複, Frühlingsferien 複

晴れ schönes 〈heiteres〉 Wetter 中

晴れ上がる Es wird ganz klar.

馬鈴薯 Kartoffel 女

バレエ Ballett 中

パレード Parade 女

バレーボール Volleyball 男

晴れ着 Festkleid 中; Sonntagskleid 中

晴れた heiter

破裂する platzen; bersten

パレット Palette 女

バレリーナ Ballerina 女

腫れる anschwellen

晴れる heiter werden; sich⁴ aufklären. ¶晴れ渡った klar. 疑いが~von einem Verdacht befreit werden. 気分が~ sich⁴ erleichtert fühlen. 霧が~Der Nebel lichtet sich.

腫れる [an]schwellen. ¶腫れた geschwollen

バレンタインデー Valentinstag 男

破廉恥な schamlos; unverschämt

ハロウィーン der Tag vor Allerheiligen

ハロー! Hallo!

ハロゲン Halogen 中

バロック Barock 中

パロディー Parodie 女

バロメーター Barometer 中

パワフルな kraftvoll; stark

判 Stempel 男

半 halb. ◆~ダース ein halbes Dutzend 中

版 Auflage 女; Ausgabe 女

班 Gruppe 女; (軍隊) Trupp 男

晩 [am] Abend 男. ¶~の abendlich

番 (順番) Reihe 女; (番号) Nummer 女; (勝負の回) Partie 女. ¶君のの~だ Du kommst dran. ~をする bewachen. ◆5~勝負 fünf Runden 複. 3~ホーム Gleis 3 中

バン (車) Kombiwagen 男

パン Brot 中; Brötchen 中; Semmel 女. ¶~一本 ein Stück Brot 中. ~一枚 eine Scheibe Brot 女. ~を焼く Brot backen. ~の耳 Brotkruste 女. ~粉 Weißbrotkrümel 男. ~屋 Bäckerei 女; (人) Bäcker 男

範囲 Kreis 男; Bereich 男; Umfang 男. ¶~を広げる das Gebiet erweitern. ~をはるかに超えた außerhalb des Gebietes. ~内で innerhalb des Gebietes

反意語 Antonym 中

繁茂 Gedeihen 中. ¶~する blühen, florieren; gedeihen

反映 Widerschein 男; Spiegel 男. ¶~する widerspiegeln; reflektieren

はんえん

半円 Halbkreis 男
繁華な belebt
版画 (木) Holzschnitt 男; (銅) Kupferstich 男; (石) Lithographie 女
ハンガー Kleiderbügel 男
ハンガーストライキ ⇨ ハンスト
半額 ¶～で zum halben Preis
ハンカチ Taschentuch 中
バンガロー Bungalow 男
反感 Antipathie 女; Abneigung 女
反響 Echo 中; Widerhall 男
バンク (レース) Kurvenüberhöhung 女
パンク Panne 女
番組 Programm 中
ハンググライダー Drachenflieger 男
半径 Radius 男
判型 Format 中
パンケーキ Pfannkuchen 男
判決 Urteil 中
半月(はん) Halbmond 男
版権 Copyright 中; Urheberrecht 中; Verlagsrecht 中
番犬 Wachhund 男
反語 Ironie 女
犯行 Verbrechen 中; Übeltat 女
反抗 Trotz 男; Widerstand 男 ¶～する trotzen, sich⁴ sträuben [gegen⁺⁴]; widerstehen [j-et³]. ～的な trotzig
番号 Nummer 女
万国 alle Länder, Welt 女 ♦ ～博覧会 Weltausstellung 女
晩ご飯 Abendessen 中
犯罪 Verbrechen 中 ¶～を犯す ein Verbrechen begehen. ～的な kriminelle Handlung 女. ～者 Verbrecher 男; Kriminelle[r] 男女. ～心理学 Kriminalpsychologie 女
万歳 Hurraruf 男; Punkt 男 ¶～をする ein Hoch ausbringen [auf⁺⁴]
繁雑な umständlich; kompliziert
ハンサムな hübsch
反作用 Gegenwirkung 女
晩餐 Abendessen 中; Abendmahlzeit 女 ♦ ～会 Abendempfang 男
判事 Richter 男
万事 alles; alle Dinge 複 ¶～休すAlles ist verloren.
パンジー Stiefmütterchen 中
バンジージャンプ Bungeespringen 中
…に反して entgegen⁺³. ¶それに～dagegen; hingegen
反射 Reflexion 女; Widerschein 男 ¶～する reflektieren
反証 Gegenbeweis 男
繁殖する gedeihen; blühen, florieren; gut gehen
バンジョー Banjo 男
繁殖する sich⁴ fortpflanzen; sich⁴ vermehren
汎神論 Pantheismus 男
反芻する wiederkäuen
ハンスト Hungerstreik 男
パンスト Strumpfhose 女
半ズボン Kniehose 女; kurze Hose 女
反する verstoßen [gegen⁺⁴]; widersprechen [j-et³]
反省する sich⁴ prüfen; reflektieren

[über⁺⁴]; nachdenken [über⁺⁴]
帆船 Segelschiff 中
番線 Gleis 中
万全 ¶～を期する mit allen Möglichkeiten rechnen
帆走する segeln
伴奏 Begleitung 女 ¶人の～をする j³ begleiten
絆創膏 Pflaster 中
反則 Regelverletzung 女
半田づけする löten
パンダ Panda 男
ハンター Jäger 男
反対 Opposition 女; Gegenteil 中; Widerstand 男 ¶～の entgegengesetzt. ～に im Gegenteil. ～する sich⁴ widersetzen [j-et³]. それには～だ Ich bin dagegen. ～尋問する Kreuzverhör machen. ～運動 Gegenbewegung 女. ～語 Antonym 中. ～勢力 oppositionelle Kräfte 複
パンタグラフ Stromabnehmer 男
判断 Urteil 男; Beurteilung 女 ¶～する beurteilen; urteilen [über⁺⁴]. ～力 Urteilskraft 女
番地 Hausnummer 女
パンチ Schlag 男; (鋏) Knipszange 女 ♦ ～カード Lochkarte 女
範疇 Kategorie 女
パンツ Unterhose 女. ♦ ～スーツ Hosenanzug 男
判定する urteilen [über⁺⁴]; beurteilen; entscheiden; bestimmen
パンティー Schlüpfer 男; Slip 男 ♦ ～ストッキング Strumpfhose 女
ハンディキャップ Handikap 中; Vorgabe 女
斑点 Fleck 男; Punkt 男
反転する umdrehen; umkehren
ハンド ♦ ～バック Handtasche 女. ～ブック Handbuch 中. ～ボール Handball 男
バンド (ベルト) Gürtel 男; (楽団) Kapelle 女, Band 女
半島 Halbinsel 女
反動 Reaktion 女 ¶～的な reaktionär
半導体 Halbleiter 男
パントマイム Pantomime 女
ハンドル Lenkrad 中, Steuer 中; (機械の) Klinke 女 ¶～を切る steuern [nach rechts ⟨links⟩]
犯人 Täter 男; Verbrecher 男
番人 Wächter 男; Wache 女
晩年 Lebensabend 男
反応 Reaktion 女; Wirkung 女 ¶～する reagieren [auf⁺⁴]
万能の allmächtig
バンパー Stoßstange 女
ハンバーガー Hamburger 男
ハンバーグ[ステーキ] deutsches Beefsteak 中
販売 (行為) Verkauf 男; (数) Absatz 男, Umsatz 男 ¶～する verkaufen. ♦ ～員 Verkäufer 男. ～価格 Verkaufspreis 男. ～係 Verkäufer 男. ～促進 Verkaufsförderung 女. ～高 Absatzvolumen 中. ～店 Geschäft 中. ～費 Verkaufskosten 複. ～部 Verkaufsabteilung 女. ～網 Vertriebsnetz 中

反駁 Widerlegung 囡
反比例する im umgekehrten Verhältnis [zu +³] stehen
反復する wiederholen
パンプス Pumps 囡
万物 alle Dinge〈Wesen〉樹 ¶人間は～の霊長である Der Mensch ist die Krone der Schöpfung.
パンフレット Broschüre 囡; Prospekt 男; Flugschrift 囡
半分 Hälfte 囡 ¶～の halb. ～にする halbieren. ～に切る in zwei Hälften schneiden. ～に減らす auf die Hälfte reduzieren. ～眠っている halb eingeschlafen sein. ～にしてください Ich möchte nur die Hälfte.
番兵 Wache 囡; Wächter 男
ハンマー Hammer 男
判明する sich⁴ herausstellen; sich⁴ erweisen
晩average Abendessen 田
繁茂する wuchern
ハンモック Hängematte 囡
反乱 Aufstand 男; Aufruhr 男; Revolte 囡
氾濫 Überschwemmung 囡 ¶～する überschwemmen; übertreten
凡例 Vorbemerkungen 穩
反論する widersprechen [j-et³]

ひ

火 Feuer 田 ¶～が消えたようになる wie ausgestochen werden. ～が付く Es geht heiß zu. ～が出る Das Feuer bricht aus. やかんを～に掛ける den Kessel aufsetzen.
～をおこす Feuer machen. ～を付ける anzünden; (放火) Feuer legen. よく～を通す gut braten. ～を見るよりも明らかだ Das liegt auf der Hand.
～に油を注ぐ Öl ins Feuer gießen. ～のない所に煙は立たぬ Wo Rauch ist, [da] ist auch Feuer.
日 Tag 男; Sonne 囡 ¶～がよく当たる sonnig sein. ～に当てる in der Sonne trocknen. ～に焼ける einen Sonnenbrand bekommen. ～の当たらない人々 die unterprivilegierten Menschen. ～の当たる場所 ein Platz in der Sonne 男
比 Verhältnis 田 ¶…に～して im Vergleich zu +³
非 ¶～の打ちどころのない einwandfrei; tadellos
美 Schönheit 囡
悲哀 Trauer 囡; Wehmut 囡 ¶～に満ちた voll Trauer; traurig
干上がる eintrocknen; austrocknen
ピアス Ohrstecker 男
火遊びする mit dem Feuer spielen
日当たり ¶～が悪い wenig Sonne abbekommen. ～のいい部屋 ein sonniges Zimmer 田
ピアノ Klavier 田
ピアニスト Pianist 男
ヒアリング Hörverständnis 田; Hörübung 囡; (聴聞) Anhörung 囡 ◆～テスト Hörtest 男
ピーアール(PR) Werbung 囡; Öffentlichkeitsarbeit 囡
ビーカー Becherglas 田
ひいきする begünstigen
ビーチ Heizung 囡; Heizgerät 田
ビーチ Strand 男 ◆～パラソル Sonnenschirm 男
ピーティーエー(PTA) Eltern-Lehrer-Gemeinschaft 囡
秀でる sich⁴ auszeichnen [in +³]
ビート (音) Beat 男; (糖) Rübenzucker
ビーナス Venus 囡
ピーナッツ Erdnuss 囡
ビーバー Biber 男
ビーフ Rindfleisch 田
ピーマン Paprika 男
ビール Bier 田 ¶～をください Ein [Glas] Bier bitte.
ビールス Virus 田〈男〉
ヒーロー Held 男
悲運 Missgeschick 田; Verhängnis 田
冷え込み Morgens Frost 男
冷え込む Es wird kalt.
冷え性である einen chronischen Kreislauf haben
冷え冷えする Das ist zum Frieren.
冷える kalt werden; sich⁴ abkühlen.
¶冷えた kalt; gekühlt. 二人の仲は冷えてしまった Die Beziehung der beiden ist abgekühlt.
ピエロ Pierrot 男
ビオラ Bratsche 囡; Viola 囡
悲歌 Elegie 囡
被害 Schaden 男; Verlust 男 ¶～を与える Schaden zufügen [j-³]. ～を受ける beschädigt werden. ◆～額 der Betrag des Schadens. ～者 Opfer 田 ～妄想 Verfolgungswahn 男
控え ◆～室 Warteraum 男 ～選手 Reservespieler 男, Ersatzspieler 男
控えめな bescheiden; zurückhaltend.
¶～に言う sich⁴ zurückhaltend äußern [über +⁴]
日帰り eintägige Reise
控える sich⁴ enthalten [et³]; zurück|halten [mit +³]; (メモ)notieren. ¶塩分を～を減らす den Salz einschränken. 正月を～て das Neue Jahr vor der Tür
比較 Vergleich 男 ¶～する vergleichen [et⁴ mit +³]. ～にならない Es ist nicht vergleichbar. ～的 relativ; verhältnismäßig. ◆～級 Komparativ 男
皮革 Leder 田
美学 Ästhetik 囡 ¶～的な ästhetisch
日陰 Schatten 男
日傘 Sonnenschirm 男
東 Osten 男 ¶～の östlich. ～へ nach Osten. …の～に östlich von +³. ◆～海岸 Ostküste 囡 ～風 Ostwind 男 ～側 Ostseite 囡
ぴかぴか ¶～の(光る) blank; (新しい) frisch. ～光る glänzen; blinken
僻む neidisch sein
干からびる austrocknen. ¶干からびた dürr
光 Licht 田; Schein 男 ¶～を放つ von sich³ Licht geben. ◆～通信 Lichtlei-

ひかる

光る leuchten; scheinen; strahlen; glänzen. ¶存在が~ eine brillante Existenz sein. 目を光らす sorgfältig ⟨aufmerksam⟩ beobachten. 彼女に は親の目が光っている Sie wird von ihren Eltern gut bewacht.
悲観 schwarz sehen; pessimistisch denken. ¶~的な pessimistisch. ◆~論 Pessimismus 男
引き合い (取引の) Anfrage 囡 ¶~に 出す $sich^4$ beziehen [auf^{+4}]
引き合う gegenseitig ziehen; nach entgegengesetzten Richtungen ziehen; (収支が) $sich^4$ lohnen
引き上げ 値段の~ Preiserhöhung 囡 沈没船の~ Bergung 囡
引き上げる aufziehen; heben
引き揚げる (戻す) zurück|berufen; (戻る) zurück|kehren; befördern
引き合わせる vor|stellen [j^3 j^4]; bekannt machen [j^4 mit $^{+3}$]
率いる führen
引き受ける übernehmen
引き起こす verursachen
引き換えに dagegen; dafür. ¶…と~ に gegen^{+4}
引き返す um|kehren; zurück|kehren
引き換える um|tauschen [et^4 gegen^{+4}]
引き金 Abzug 男
悲喜劇 Tragikomödie 囡
引き裂く zerreißen
引き下げる herab|setzen; senken
引き算 Subtraktion 囡 ¶~する ab|ziehen [et^4 von^{+3}]
引き潮 Ebbe 囡
引き締める ein|schränken. ¶気を~ $sich^4$ zusammen|nehmen
引きずる schleifen; schleppen
引き出し Schublade 囡
引き出す ab|leiten [et^4 aus ⟨von⟩$^{+3}$]; (預金を) Geld ab|heben
引き立たせる zur Geltung bringen
引き立てる ab|ziehen [et^4 von^{+3}]
引き継ぐ übernehmen
引き付ける an|ziehen [et^4 an^{+4}]
引き続き anschließend
引き続いて anschließend
引き止める auf|halten; zurück|halten [j^4 von ⟨vor⟩$^{+3}$]
引き取る (zurück)|nehmen
ビキニ Bikini 男
ひき肉 Hackfleisch 甲
ひき逃げ Fahrerflucht 囡 ¶~する Fahrerflucht begehen
引き抜く heraus|ziehen; (選手を) ab|werben
引き延ばし戦術 Verschleppungstaktik 囡
引き伸ばす aus|ziehen; (写真) vergrößern
引き離す trennen [j-et^4 von^{+3}]
引き払う aus|ziehen
卑怯な feige. ◆~者 Feigling 男
引き寄せる an|ziehen; heran|ziehen [et^4 zu^{+3}]

引き分け Unentschieden 甲 ¶~る unentschieden enden
引き渡し Aufgabe 囡; Übergabe 囡
引き渡す übergeben; ab|geben
引く üblich; alltäglich; gewöhnlich
引く ziehen; schleppen ¶綱を~ das Seil ziehen. カードを~ Karten ziehen. 手を~ an der Hand führen [j^4]; (仕事 から) zurück|ziehen. 辞書を~ im Wörterbuch nach|schlagen. 10から3を~ 3 von 10 abziehen. 値を~ etwas vom Preis ablassen. 給料から税金が引かれる Vom Gehalt wird das Steuer abgezogen. ~に引けない Ich möchte zurück, kann aber nicht. 引く手あまた である überall gewünscht werden
退く zurück|treten [von^{+3}]; (熱が) zurück|gehen
弾く spielen
ひく (挽く) sägen; drechseln; (轢く) überfahren; (碾く) mahlen
低い (位置) nieder, niedrig; (音・声) tief, klein, leise; (高さ) flach. ¶~鼻 eine kleine ⟨kurze⟩ Nase an声で mit tiefer Stimme. 腰が~ zurückhaltend; bescheiden. 低くする⟨なる⟩ tiefer ⟨niedriger⟩ machen ⟨werden⟩
卑屈な heuchlerisch; unterwürfig
びくっとする [zusammen]|zucken
ピクニック Picknick 甲 ¶~にでかける einen Ausflug machen
びくびくする ängstlich sein [vor^{+3}]
ピクルス Pickles 複
日暮れ Abenddämmerung 囡
ひげ (髭) Bart 男; (口ひげ) Schnurrbart; (ほおひげ) Backenbart. ¶~を剃 る $sich^4$ rasieren. ~を生やしている $sich^4$ einen Bart wachsen lassen. ~が濃い ⟨薄い⟩ einen starken ⟨dünnen⟩ Bart haben. ◆~剃り Rasierer 男
卑下する demütigen [vor^{+3}]
悲劇 Tragödie 囡; Trauerspiel 甲 ¶~ 的な tragisch
秘訣 Geheimnis 甲; Tip 男
否決する ab|lehnen; nieder|stimmen
ひけらかす an|geben; prahlen
引ける ¶学校は~ Die Schule ist aus. 気に~ $sich^4$ gehemmt fühlen
庇護する schützen. ◆~権 Asylrecht 甲
飛行 Flug 男 ¶~する fliegen. ◆~禁止 地域 Flugverbotzone 囡 ~士 Flieger 男 ~時間 Flugzeit 囡 ~場 Flughafen 男 ~船 Luftschiff 甲 ~隊 Fliegereinheit 囡 ~艇 Wasserflugzeug 甲 ~服 Pilotenanzug 男
非行 Kriminalität 囡; Vergehen 甲 ◆~少年 der jugendliche Kriminelle
備考 Bemerkung 囡
微光 Schimmer 男
鼻孔 Nasenloch 甲
尾行する nach|spüren [j^3]
非公開の geschlossen; unter Ausschluß der Öffentlichkeit
飛行機 Flugzeug 甲 ¶~を降りる aus dem Flugzeug aus|steigen. ~で行く mit dem Flugzeug fliegen. ~に乗る ins Flugzeug steigen. ◆~雲 Kondens-

streifen ~事故 Flugzeugunfall 男
非公式の inoffiziell; außerdienstlich. ◆~見解 inoffizielle Meinung 女
非合法な illegal; ungesetzlich. ◆~活動 illegale Aktivitäten
非合理な irrational
被告 Beklagte[r] 男女 ◆~人 Angeklagte[r] 男女
被雇用者 Arbeitnehmer 男
ひざ(膝) Knie 中;(ひざからももの付け根まで) Schoß 男 ¶~ががくがくしている Die Knien schlottern. 子供をひざの上に載せる ein Kind auf den Schoß nehmen. ~を崩す bequem sitzen. ~を組む die Beine übereinander schlagen. ~を交えて話す offen sprechen [mit +³]. ◆~小僧 Kniescheibe 女
ビザ Visum 中 ¶~を申請する ein Visum beantragen
ビザ Pizza 女
微細な winzig. ¶~な点まで bis ins kleinste Detail
被災者 Opfer des Unglücks 中; die Betroffenen
ひざ掛け Reisedecke 女
ひさし Vordach 中;(帽子の)〔Mützen〕schirm 男
日差し Sonnenschein 男
久しぶりに nach langer Zeit
ひざ詰め ¶~談判する direkt verhandeln [mit +³]
ひざ枕 ¶妻の~で寝た Ich habe meinen Kopf in den Schoß meiner Frau gelegt und bin eingeschlafen.
ひざまずく sich⁴ knien; auf das Knie fallen
ひざ元 ¶親の~で vor den Augen der Eltern
悲惨 Elend 中 ¶~な elend
ひじ(肘) Ellbogen 男 ¶~で押す mit dem Ellbogen stoßen. ~をつく die Ellbogen aufstützen. ~を張る die Ellbogen ausstrecken. 彼女は彼に~鉄砲を食わした Sie gab ihm einen Korb. ◆~掛けいす Armstuhl 男; Sessel 男
菱(?)形 Rhombus 男; Raute 女
ビジネス Geschäft 中 ◆~マン Geschäftsmann 男
ひしゃく(柄杓) Schöpflöffel 男
美術 Kunst 女 ¶~の künstlerisch. ~鑑賞する Kunstwerk besichtigen. ◆~館 Kunsthalle 女, Kunstmuseum 中 ~展 Kunstausstellung 女 ~評論家 Kunstkritiker 男 ~品 Kunstwerk 中
批准 Ratifikation 女 ¶~する ratifizieren
秘書 Sekretär 男
避暑に行く in die Sommerfrische fahren. ◆~地 Sommerfrische 女
美女 schöne Frau 女
非常に(に) außergewöhnlich, enorm. ¶~の場合には im Notfall. ~時に備える sich⁴ auf unvorhergesehenes Ereignis vorbereiten. ~事態を宣言する den Ausnahmezustand ausrufen. ◆~口 Notausgang 男 ~手段 Notmaßnahmen 中 ~食 Notvorräte 男
微笑する lächeln
非常識 unvernünftig

びしょ濡れの klitschnass
ビジョン Vision 女; Zukunftsbild 中
美辞麗句 Floskel 女
美人 Schöne 女 ¶~の schön. 彼女は~だ Sie ist schön.
ビスケット Gebäck 中; Keks 男
ヒステリー Hysterie 女 ¶~の hysterisch
ピストル Pistole 女
ピストン Kolben 男
歪(ひず)む sich⁴ verziehen
微生物 Mikrobe 女
日銭 tägliches Einkommen 中
悲壮な pathetisch. ◆~感 Pathos 中
脾臓 Milz 女
卑俗な vulgär; gemein; alltäglich
密かに heimlich; leise
ひそひそ heimlich; leise. ¶~と話す flüstern
ひだ(襞) Falte 女
額 Stirn 女
浸す tauchen [et⁴ in +⁴]
ビタミン Vitamin 中 ◆~剤 Vitaminpräparat 中
ひたむきな(に) fleißig; eifrig
左 Links 中 ¶~に(の) auf der linken Seite von +³; links von +³. ~きわである ein sorgenfreies Leben führen
左側 die linke Seite. ⇨ 左 ◆~通行 Linksverkehr 男
左利きである Linkshänder sein
左前になる Es geht mit ~ bergab.
左巻きの(に) entgegen dem Uhrzeigersinn
左回りの(に) links herum; entgegen dem Uhrzeigersinn
悲嘆 Jammer 男; Wehmut 女
びちびちした frisch; lebhaft
ぴちゃぴちゃする plätschern
悲痛 Betrübnis 女; Kummer 男
引っ掛かる hängen [bleiben] [an +³];(騙される) in die Falle gehen
引っかき傷 Kratzer 男
引っかく kratzen; schaben
引っ掛ける (水を) spritzen
筆記 ◆~試験 schriftliche Prüfung 女 ~用具 Schreibutensilien 中
棺 Sarg 男
ひっきりなしの(に) ununterbrochen
びっくりする erstaunt sein [über +⁴]; überrascht sein [über +⁴; vor +³]. ¶~させる in Erstaunen setzen. ~して überrascht. ~するほど erstaunlich. ~するような überraschend. ~仰天する verblüfft sein; äußerst überrascht sein. ◆~箱 Zauberkasten 男
ひっくり返す umwerfen; wenden
ひっくり返る sich⁴ umdrehen
日付 Datum 中
引っ越す umziehen [in +⁴; nach +³]. ¶引っ越して出ていく ausziehen.
引っ越し Umzug 男
引っ込み思案 scheu; schüchtern
引っ込む zurückziehen [von +³]; zurücktreten [von +³]
引っ込める zurückziehen
必死の verzweifelt. ¶~になって verzweifelt; mit aller Kraft

ひつじ

羊 Schaf 中; (子羊) Lamm 中 ◆ ～飼い Hirt 男

筆者 Verfasser 男; Schreiber 男

筆跡 abschreiben

必修の obligatorisch. ◆ ～科目 Pflichtfach 中

必需品 täglicher Bedarf 男

筆蹟 [Hand]schrift 女 ◆ ～鑑定 Graphologie 女

必然 ～的な notwendig, unvermeidlich. ～的に notwendigerweise. ◆ ～性 Notwendigkeit 女

ひっそり still; ganz ruhig

ひったくる entreißen [*j³ et⁴*]

ぴったり passend; treffend. ～合う passen. 計算が合った Die Rechnung stimmte genau. 彼女はその役に～合う She ist genau für diese Rolle geboren.

ピッチ Tempo 中 ◆ 急～で im raschen Tempo

ヒッチハイクする trampen, per Anhalter fahren, hitchhiken.

ヒッチハイカー Anhalter 男

引っつかむ schnappen

匹敵する gewachsen sein [*j-et³*]

ヒット Hit 男 ◆ ～する Erfolg haben. ◆ ～商品 Schlager 男

ビット Bit 中

引っ張り込む einbeziehen, hineinziehen [*j⁴ in ⁺⁴*].

引っ張り凧である überall gewünscht (gefragt) werden

引っ張る ziehen [*et⁴; an⁺³*]; [ab]schleppen/dehnen. ～人の足を～*j⁴* behindern; *j³* Hoffnung nehmen.

ヒップ Hüfte 女

ひづめ(蹄) Huf 男

必要な nötig, notwendig; erforderlich, unentbehrlich. ～である notwendig sein [für⁺⁴]. そこへ行く～はない Es ist nicht notwendig, dorthin zu gehen. 休養の～を感じる *sich⁴* erholungsreif fühlen. この仕事に～な技術 die nötige Technik für diese Arbeit. ～に迫られて aus Notwendigkeit; notgedrungen. ◆ ～悪 ein notwendiges Übel 中 ～経費 Werbungskosten 複 ～条件 notwendige Bedingung (Voraussetzung) 女 ～は発明の母 Die Not ist die Mutter der Erfindung.

否定 Verneinung 女 ◆ ～する(問いなど を) leugnen; (した事を) leugnen. ～的 ablehnend, negativ. …ということは ～できない Man kann nicht leugnen, dass... ◆ ～文 Verneinungssatz 男

ビデオ Video 中 ◆ ～カセット Videokassette 女 ～ディスク Videoplatte 女 ～テープ Videoband 中 ～レコーダー Camcorder 男

日照り Dürre 女

人 Person 女, Leute 複; (人間) Mensch 男; man. ◆ ～の menschlich. ～には言えない話がある Es gibt Sachen, die man für sich behalten muss. ～が変わると ein anderer Mensch werden. ～がよい nett sein. ～が悪い einen schlechten Charakter haben. ～を食った態度をとる *sich⁴* anmaßend (überheblich) benehmen. ～を使う *j⁴* be-

schäftigen. ～を～とも思わない keinen Respekt vor den anderen haben. ～は見掛けによらない Man darf den Menschen nicht seinem Äußeren beurteilen. ～の振り見て我が振り直せ Die Fehler der anderen sind uns Lektionen für sich selbst.

人当たりよい sanftes Verhalten haben (gegenüber ⁺³)

ひどい schauderhaft; furchtbar; grausam; schlimm ～目に遭う furchtbare Erfahrung machen. ～扱いをする schlecht (bösartig) behandeln. ～降りだ Es regnet heftig. ひどく驚く *sich⁴* enorm erschrecken. ひどく叱られる furchtbar geschimpft werden. ひどく疲れる völlig müde sein

一息 ～入れる Atem holen; eine Pause machen

人いきれがすごい Die Luft ist stickig.

人一倍 ◆ ～頑張る doppelt so fleißig wie die anderen sein

尾灯 Rücklicht 中

人垣 ～を築く Spalier stehen [um⁺⁴]

人影 Gestalt 女; Figur; Schatten 男 ◆ ～がまばらな leer; öde

人柄 Charakter 男; Persönlichkeit 女

人聞きを～する *sich⁴* schlecht anhören. ～の悪いことを言うな Nun mal doch nicht gleich den Teufel an die Wand!

一切れ ein Stück 中 ◆ ～のパン eine Scheibe Brot

美徳 Tugend 女

人食い ◆ ～鮫 menschenfressender Haifisch 男 ～人種 Menschenfresser 複, Kannibalen 複

一口 Bissen 男; (飲み物) Schluck 男

一組 Paar 中; Satz 男

人気のない menschenleer

日時計 Sonnenuhr 女

人恋しい Sehnsucht nach Gesellschaft haben

人心地 やっと～がついた Jetzt fühle ich mich wieder wie ein Mensch.

一言 ～で言えば mit einem Wort. ～も言わずに ohne ein Wort zu sagen. ～二言言って vor nicht ein paar Worte.

ひとごと (人事・他人事) ～とは思えない Ich kann der Sache nicht gleichgültig zusehen. …をのように言う *et⁴* sagen, als ob es *j³* nichts anginge

人込み Gedränge 中 ◆ ～に紛れる unter dem Gedränge verschwinden. ～を掻き分ける *sich⁴* durch die Menge drängen

人殺し Mord 男; (人) Mörder 男 ◆ ～をする morden, einen Mord begehen

人差し指 Zeigefinger 男

人騒がせ ～なことをする einen blinden Alarm schlagen. ～なやつ Panikmacher 男

等しい gleich

人質 Geisel 女 ◆ ～に取る als Geisel nehmen

人知れず unbemerkt; unbeobachtet

人知れぬ ～苦労を重ねる *sich³* unbekannt harte Erfahrungen machen

人好きのする sympathisch; nett

人だかり Gedränge 中; Auflauf ¶ 街角で～していた Es war ein Menschengedränge an der Straßenecke.
人助け helfen [j^3]
人頼み ¶ ～にはできない Man kann sich nicht auf andere verlassen.
人違いする verwechseln [j^4 mit $^{+3}$]
一つ eins. ¶ ～の els [n]. ～になる eins werden; $sich^4$ vereinigen. ～にまとめる zusammenhalten. ～ずつ eins nach dem anderen. ～30円です Ein Stück kostet 30 Yen. 心の持ち様で～である Es hängt von j^2 Gedanken ab. 心を～にする ein Herz und Seele werden [mit $^{+3}$]. ～には erstens. ～にはこれまでいったいことももう～は金がないことだ Einerseits habe ich keine Zeit, andererseits auch kein Geld. ～よろしくお願いします Seien Sie doch bitte so freundlich und... ～置きに jede[r, s] zweite. ～として kein einziger, keine einzige, kein einziges. ～つ jede[r, s]. ～つに愛着がある Zu jedem einzelnen Stück habe ich die große Liebe.
人使いが荒い seine Leute hart behandeln
人付き合い ¶ ～がよい gesellig; zugänglich; freundlich. ～が悪い ungesellig; unfreundlich
人伝に聞く indirekt hören [von $^{+3}$, über $^{+4}$]; vom Hörensagen kennen
一粒 Körnchen 中. ♦ ～種 j^2 einziges Kind 中
人妻 eine verheiratete Frau 女
人出 Gedränge 中 ¶ デパートはすごい～だった Im Kaufhaus herrschte ein enormes Gedränge.
人手 Hand 女; Hilfe 女 ¶ ～が足りない zu wenig Hilfe haben. ～にかかる殺される (getötet) werden. ～に渡る in andere Hände überlgehen. ♦ ～不足 Personalmangel 男
ヒトデ(海星) Seestern 男
人でなし Unmensch 男
人通り ¶ ～が多い〈激しい〉 belebt. ～が少ない leer; einsam. ～が途絶える Die Straße ist menschenleer 〈ausgestorben〉.
一時(に) eine Weile
人懐っこい leutselig, freundlich
人並みに durchschnittlich; normal. ¶ ～外れた ungewöhnlich. ～に暮らす ein anständiges Leben führen
人波 ¶ ～にもまれる im Gedränge geschoben werden
ひと飲み Schluck 男
人々 Menschen 男, Leute 男
人前で vor den anderen Leuten; in der Öffentlichkeit. ¶ ～を繕う den Schein wahren. このままでは～に出られません So kann ich nicht vor die Leute treten.
人任せにする j^3 alles überlassen
瞳 Pupille 女
人身御供(ごくう) Menschenopfer 中
人見知りする scheu; schüchtern
一目で auf den ersten Blick
人目 ¶ ここは～が多い Hier gibt es zu viel Publikum. ～にさらされている im Lichte der Öffentlichkeit sein. ～につく auffallen [j^3]. ～に触れない unauffällig. ～を避ける das Aufsehen vermeiden. ～を忍んで heimlich; zurückgezogen. ～を憚るわが身 in der Öffentlichkeit. ～を引く auffallen; Aufmerksamkeit erregen
一目惚れ Liebe auf den ersten Blick
一休みする eine Pause machen
一人[の] eine[r]. ～あたり für jeden; pro Person. ～ずつ einer nach dem anderen. ～で allein. ～残らず alle; bis auf den letzten Mann. ～も...でない niemand. 私の友人の～はドイツ人だ Einer meiner Freunde ist Deutscher. 正解は彼～だ Er ist der einzige, der richtig antworten konnte. ～としてそのことを知らなかった Niemand wusste etwas davon.
日取り Datum 中; Termin 男
独り言を言う mit $sich^3$ selbst sprechen
一人っ子 Einzelkind 中
独りでに von selbst
一人分 Portion 女 ¶ もう一追加できますか Kann ich noch eine Portion zusätzlich bestellen?
一人部屋 Einzelzimmer 中
一人ぼっちで allein; einsam; für $sich^4$
独りよがりの selbstgerecht
雛 Junge[s] 中; Küken 中; Brut 女
雛型 Modell 中; Muster 中
ヒナギク(雛菊) Gänseblümchen 中
日向で(に) in der Sonne
雛鳥 Junge[s] 中; Küken 中
ひなびた(鄙びた) ländlich; entlegen
雛祭り das japanische Mädchenfest
避難する flüchten [nach $^{+3}$; in $^{+4}$]; $sich^4$ retten. ～所 Zufluchtsort 男. ～民 Flüchtlinge 複. ～命令 Aufforderung zur Flucht 女. ～路 Evakuierungsroute 女

非難 Vorwurf 男, Tadel 男 ¶ ～する vor|werfen [j^3 et^4]. ～がましく vorwurfsvoll. ～を浴びる Vorwürfe bekommen. ～を受けて gegebenen Vorwurf. ～の的になる zur Zielscheibe der Kritik werden
ビニール Kunststoff 男; Plastik 中 ♦ ～袋 Plastiktüte 女
皮肉 Ironie 女 ¶ ～な ironisch. ～なことに ironischerweise
日にち ～を変える den Termin ändern. ～を決める einen Termin bestimmen. ～のかかる Es braucht Zeit.
避妊 Empfängnisverhütung 女
非人間的な unmenschlich
ひねくれた verbittert
ひねる an|drehen; drehen [an $^{+3}$]
日の入り Sonnenuntergang 男
日の出 Sonnenaufgang 男
日の丸(旗) die japanische Flagge
火花 Funke[n] 男
ヒバリ(雲雀) Lerche 女

批判 Kritik 女 ¶ ～する kritisieren. ～を浴びる kritisiert werden. ～的な kritisch
非番の dienstfrei; außer Dienst

ひび Riss 男; Sprung 男 ¶ ～が入る springen.

響き Klang 男

響く klingen, schallen, tönen, läuten. ¶ 人の胸に～j⁴ rühren. 成績に～ auf die Noten auswirken

批評 Kritik 囡 ¶ ～する kritisieren; besprechen. ◆ ～家 Kritiker 男

ひび割れる aufspringen

皮膚 Haut 囡 ◆ ～移植 Hauttransplantation 囡 ～炎 Hautentzündung 囡 ～科 dermatologische Abteilung 囡 ～科医 Dermatologe 男, (女性) Dermatologin 囡; Hautarzt 男, (女性) Hautärztin 囡 ～呼吸 Hautatmung 囡 ～病 Hautkrankheit 囡

ビフテキ Beefsteak 中

微分 Differenzial 中

誹謗 schmähen, verleumden

美貌 Schönheit 囡

非凡な genial; außergewöhnlich; ungewöhnlich

暇 Freizeit 囡; Zeit 囡 ¶ ～な frei. ～にあかして als Freizeitbeschäftigung. ～を出す kündigen (j³). ～をつぶす die Zeit totschlagen. ～つぶしに als Freizeitbeschäftigung. 今晩は～だ Heute abend habe ich nichts zu tun. ◆ ～人 ein Freund aller Muße

曾孫 Urenkel 男

ヒマワリ (向日葵) Sonnenblume 囡

肥満の dick; beleibt

美味しい köstlich; lecker

秘密 Geheimnis 中 ¶ ～の geheim, heimlich. ～にする verheimlichen. 人に～を明かす j⁴ in ein Geheimnis einweihen. ～を守る ein Geheimnis bewahren. ～を漏らす ein Geheimnis verraten (j³). 公然の～ ein offenes Geheimnis. ～会議 Geheimsitzung 囡 ～警察 Geheimpolizei 囡 ～結社 Geheimbund 男 ～口座 Geheimkonto 中 ～文書 Geheimdokument 中

微妙な fein, heikel, delikat, subtil

姫 Prinzessin 囡

悲鳴 Schrei 男 ¶ ～をあげる schreien

罷免 Absetzung 囡 ¶ ～する absetzen

ひも (紐) Schnur 囡; Band 中 ¶ ～を掛ける zuschnüren. ～を解く aufschnüren. ～を結ぶ schnüren. ～付きの eingeschränkt; beschränkt. ～付き融資 Anleihe mit Bedingungen

日持ちする halten

冷やかす sich⁴ lustig machen

飛躍 Aufschwung 男; Sprung 男

百 hundert. ¶ 何～もの mehrere hundert. ～番目の hundertst. ～分の1 Hundertstel 中 そんなことは～も承知だ Ich bin mir dessen voll bewusst. 見込みが～一つで Die Chancen stehen hundert zu eins.

百害 それは～あって一利なしだ Das bringt einem nichts als Schaden.

百出 ¶ 議論～した Es gab viele Diskussionen.

百点 hundert Punkte 裸 ¶ ～満点の mit 100 vollen Punkten

百日咳 Keuchhusten 男

百日草 Zinnie 囡

百人一首 die Hundert Gedichte 裸

百年 hundert Jahre 裸 ¶ あいじゃの恋も一瞬で冷めるよ Selbst die heißeste Liebe würde dabei erkalten. ◆ ～祭 Hundertjahrfeier 囡 ～目 Das wird dir zum Verhängnis.

百パーセント hundert Prozent. ¶ ～望みはない Es gibt hundert Prozent keine Hoffnung.

百倍の hundertfach. ¶ ～する verhundertfachen

百八十度 hundertachtzig Grad 裸 ¶ ～転換する eine kopernikanische Wendung machen

百聞 ¶ ～は一見にしかず Einmal sehen ist mehr als hundertmal hören.

百分率 Prozentsatz 男 ¶ ～の3 drei von Hundert

百万 Million 囡 ¶ 何～もの mehrere Millionen. ～長者 Millionär 男

百薬 ¶ 酒は～の長 Der Alkohol ist die Arznei der Arzneien.

日焼け Sonnenbrand 男 ¶ ～する einen Sonnenbrand bekommen. ～した sonnengebräunt. ◆ ～止めクリーム Sonnencreme 囡

ヒヤシンス Hyazinthe 囡

冷やす abkühlen. ¶ 頭を sich⁴ beruhigen. 冷やした gekühlt

百科事典 Enzyklopädie 囡

百貨店 Kaufhaus 中

ひやひやする Angst haben [vor⁺³], sich⁴ ängstigen [vor⁺³]

冷や飯 ¶ ～を食わされる benachteiligt werden

冷ややかな kalt; kühl

ヒヤリング ⇒ ヒアリング

比喩 Gleichnis 中; Metapher 囡 ¶ ～的な bildlich; übertragen

ヒューズ Sicherung 囡

ヒューマニズム Humanismus 男

ヒューマニティー Humanität 囡

ヒュッテ Hütte 囡

ビュッフェ Büfett 中

費用 Kosten 裸 ¶ わずかな～で mit wenigen Kosten. ～が3千円かかる Das kostet drei tausend Yen.

票 Stimme 囡

表 Tabelle 囡; Liste 囡

ひょう (雹) Hagel 男 ¶ ～が降る Es hagelt.

ヒョウ (豹) Leopard 男

美容 Kosmetik 囡; Schönheitspflege 囡 ◆ ～院 Damensalon 男; Friseursalon 男 ～師 Friseur 男; (女性) Friseuse 囡, Friseurin 囡

秒 Sekunde 囡 ◆ ～針 Sekundenzeiger 男

鋲 Niete 囡; [Reiß]zwecke 囡

病院 Krankenhaus 中; Klinik 囡 (小規模の) Hospital 中 ¶ ～へ見舞いに行く im Krankenhaus besuchen. ～長 Leiter eines Krankenhauses 男

評価 Schätzung 囡; Bewertung 囡; Würdigung 囡 ¶ ～する schätzen; bewerten. 高く（低く）～する hoch (niedrig) schätzen. ◆ ～額 Schätzwert 男 ～基準 Bewertungskriterium 中 ～損

nicht realisierter Verlust 男 ～益 nicht realisierter Gewinn 男
氷河 Gletscher 男
表記 Bezeichnung 女
評議 Beratung 女 ◆～会 Rat 男
病気 Krankheit 女 ¶～の krank. ～になる krank werden; erkranken. ～にかかっている krank〈krank〉sein. ～が治る geheilt sein〈von +³〉. ～を治す heilen. ～で寝ている im Krankenbett liegen
病苦 Leiden 中
票決 Abstimmung 女
表現 Ausdruck 男; Darstellung 女 ¶～する ausdrücken, darstellen. 考えを～する seine Gedanken ausdrücken ◆～力 Ausdruckskraft 女 ～の自由 Freiheit der Ausdrucksformen
病原菌 Krankheitserreger 男
標語 Schlagwort 中; Motto 中
表札 Namensschild 中
氷山 Eisberg 男 ¶～の一角 die Spitze des Eisbergs
表紙 Buchdeckel 男, Deckel 男
拍子 Takt 男
標識 Kennzeichen 中
病室 Krankenzimmer 中
表示板 Schild 中
描写 Beschreibung 女; Schilderung 女 ¶～する beschreiben, schildern
病弱な kränklich; gebrechlich
標準 Maßstab 男 ¶～的な durchschnittlich; (規範的に) normal. ～以上の überdurchschnittlich. ～に達する den Durchschnitt erreichen. ◆～化 Standardisierung 女 ～価格 Richtpreis 男 ～記録 Durchschnittsrekord 男 ～語 Standardsprache 女 (ドイツ語) Hochsprache 女 ～労働時間 tarifliche Arbeitszeit 女 日本～時 die japanische Normalzeit
表彰 Auszeichnung 女 ¶～する auszeichnen〈j⁴ mit +³〉; ehren
表情 Miene 女; [Gesichts]ausdruck 男 ¶～豊かな〈たっぷりの〉ausdrucksvoll. 現地の～を伝える Lage〈Verhältnis, Reaktion〉am Ort berichten
病床にある krank im Bett liegen
病状 Krankheitszustand 男
剽窃 Plagiat 中 ¶～する plagiieren
表題 Überschrift 女; Titel 男
標的 [Schieß]scheibe 女
病的な krankhaft; morbid
氷点 Gefrierpunkt 男 ¶～下になる Es friert.
評点 Zensur 女
評伝 Biografie 女
平等 Gleichheit 女 ¶～な unparteiisch; unbefangen; gleichwertig. ～扱う gleichwertig〈gleichberechtigt〉behandeln. ～にする gleichstellen. 法の下の～ Gleichberechtigung unter dem Gesetz 女 ◆～主義 Egalitarismus 男
病人 Kranke[r] 男/女
漂白する bleichen
評判 Ruf 男; Gerücht 中; Name 男 ¶～の berühmt; viel gesagt; populär. ～がいい einen guten Ruf haben. ～が悪い von schlechtem Ruf sein. ～が立

っ Es wird viel herumgesprochen. ～になる Stadtgespräch sein; überall erzählt werden. ～を落とす in schlechten Ruf kommen. ～を高める berühmt werden. その芝居は～倒れであった Die Theateraufführung war nicht so gut wie der Ruf.
表皮 Oberhaut 女
標本 Muster 中; Präparat 中
表明する kundgeben; äußern
表面 Oberfläche 女; Außenseite 女 ¶～の an der Oberfläche. ～化する ans Licht kommen. ～上は äußerlich. ～的な oberflächlich; äußerlich. ◆～積 Größe der Oberfläche 女 ～張力 Oberflächenspannung 女
漂流する hin und her treiben
肥沃な fruchtbar
日除け Markise 女
ひよこ Küken 中
ひょっと unerwartet; plötzlich
ひょっとして〈したら〉 vielleicht
日和見の opportunistisch. ◆～主義 Opportunismus 男
ひょろひょろした dürr; kümmerlich
ビラ Flugblatt 中; Zettel 男
避雷針 Blitzableiter 男
開いた auf; offen
平泳ぎ Brustschwimmen 中
開き直る plötzlich trotzig werden
開く, 開ける, あけはなつ, 開ける
aufschlagen; aufgehen. 心を～ sein Herz öffnen〈j³〉. 包みを～ ein Paket öffnen〈aufmachen〉. パーティーを～ eine Party veranstalten. 道を～ einen Weg bahnen
開けた offen; entwickelt. ¶～人 ein geselliger Mensch 男
開ける sich～ entwickeln. ¶道が～ Es entsteht eine Wegverbindung. 運が開けてきた Das Glück lächelt mir zu.
平たい flach
平なべ Tiegel 男
ピラフ Pilau 男 Pilaw 男
ピラミッド Pyramide 女
平目 Butt 男 ◆舌～ Seezunge 女
閃く aufblitzen; aufleuchten
びり Letzte[r] 男/女
ピリオド Punkt 男 ¶～を打つ einen Punkt setzen; zu Ende bringen
比率 Verhältnis 中
ぴりっとする scharf
ひりひりする brennen; beißen; brennend; (咳が) scharf
ビリヤード Billard 中
肥料 Dünger 男
昼 Tag 男; (正午) Mittag 男 ¶～中 tagsüber. ～下がりに gleich nach der Mittagsstunde. ◆～休み Mittagspause 女
ひる(蛭) [Blut]egel 男
ビル Hochhaus 中; Geschäftsgebäude 中
ピル Pille 女
翻す ändern. ¶手の平を～ die Hand umkehren. 前言を～ seine Worte zurücknehmen
翻る flattern

ひるね

昼寝 Mittagsschlaf 男 ¶～をする einen Mittagsschlaf machen
昼間 Tag 男 ¶～に am Mittag 〈Tag〉. ～中 tagsüber
怯む zurückschrecken [vor⁺³]
昼飯 Mittagessen 中
ひれ(鰭) Flosse 女
ヒレ (肉) Filet 中
比例 Verhältnis 中 ◆～選挙 Verhältniswahl 女
卑劣な niederträchtig; gemein
広い groß; weit; breit ¶～意味で in weitem Sinne. 顔が～ sehr bekannt sein. 心が～ großzügig sein.
広く weit und breit. 広くする breiter 〈größer〉 machen. 広くなる breiter werden; *sich*⁴ verbreitern
拾い上げる aufheben
ヒロイズム Heroismus; Heldentum 中
拾い物 Fundgegenstand 男
ヒロイン Heldin 女
拾う finden; [auf]lesen; aufheben. ¶金を～ Geld finden. タクシーを～ Taxi nehmen. 勝ちを～ knapp noch gewinnen
疲労 Müdigkeit 女 ¶～する ermüden. ～した müde. ～が蓄積する Die Müdigkeit nimmt immer weiter zu. ～の色が見える müde Gesichtszüge haben. ～困憊(こんぱい)する am Ende *seiner* Kräfte sein
披露する bekannt machen; präsentieren. ◆～宴 Hochzeitsessen 中
ビロード Samt 男 ¶～の aus Samt
広がる *sich*⁴ ausdehnen
広げる erweitern; entfalten
広さ Umfang 男; Größe 女; Breite 女 ¶アパートの～はどの位ですか Wie groß ist die Wohnung?
広場 Platz 男; Marktplatz 男
広々とした weit; groß
広間 Saal 男
広まる *sich*⁴ verbreiten
広める verbreiten; unter die Leute bringen. ¶見聞を～ Erfahrungen sammeln
ビワ(枇杷) Japanische Mispel 女
品 Eleganz 女 ¶～のよい nobel. ～の悪い unkultiviert. ～のない indiskutabel; gemein
瓶 Flasche 女 ¶～詰めの in Flaschen; in Gläsern
便 Verkehrsverbindung 女
ピン Nadel 女
品位 Eleganz 女; Würde 女 ¶～を落とす entwürdigen; erniedrigen. ～を保つ die Würde wahren
敏感な empfindlich; fein〔fühlig〕
賓客 Ehrengast 男
貧苦 Armut 女; Not 女
ピンク Rosa 中 ¶～の rosa
貧血 Blutarmut 女; Anämie 女
貧困 Armut 女; Not 女
品詞 Wortart 女
瀕死の sterbend; tödlich
品質 Qualität 女 ¶～がよい〈悪い〉 Die Qualität ist gut〈schlecht〉. ◆～管理 Qualitätskontrolle 女 ～保証 Quali-

---

972

tätsgarantie 女 ～本位 Qualität als oberstes Prinzip
貧弱な schäbig; arm; ärmlich
品種 Sorte 女 ¶～を改良する Veredelung unternehmen
敏捷な flink
品性 ¶人の～を疑う über *j*² Charakter enttäuscht sein
ピンセット Pinzette 女
便箋 Briefbogen 男; Briefpapier 中
ピンチ Klemme 女; Not[lage] 女
ヒント Hinweis 男; Andeutung 女
ぴんと ¶～張った gespannt
頻度 Häufigkeit 女
ピント Brennpunkt 男 ¶～を合わせる scharf einstellen 〔*et*⁴ auf⁺⁴〕. ～が合った〈ずれた〉(写真の)～ scharf 〈unscharf〉
頻繁に häufig; öfter
貧乏 Armut 女 ¶～な arm. ～神に取りつかれる im beschränkten Verhältnis leben. ～くじを引く den Kürzeren ziehen. ～性である Sparsamkeit ist *seine* zweite Natur. ～揺すりする die Knie rütteln. ～暇なし Arme Leute haben keine Freizeit.
ピンポン Tischtennis 中

ふ

府 Präfektur 女
譜 Note 女 ¶～を読む Noten lesen
部 (部局) Abteilung 女; (数量) Exemplar 中; (クラブ) Klub 男
ファースト ◆～ネーム Vorname 男. ～フード Imbiss 男
歩合 Prozentsatz 男; (手数料) Provision 男; Prozente 複 ◆公定～ Diskontsatz 男
無愛想な unfreundlich; barsch; rau
ファイト Kampfgeist 男 ¶～がある Kampfgeist haben
ファイル Mappe 女; Ordner 男
ファインダー Sucher 男
ファインプレー ein meisterhaftes Spiel 中
ファクシミリ ⇒ ファックス
ファシズム Faschismus 男
ファシスト Faschist 男
ファスナー Reißverschluss 男
分厚い dick
ファックス Telefax 中
ファッション Mode 女
ファミコン Videospiel 中
不安 Angst 女; Unruhe 女 ¶～な ängstlich, unruhig. ～な一夜を明かす eine angstvolle Nacht verbringen. なんとなく～だ Ich fühle mich irgendwie unsicher. ◆雇用～ Beschäftigungsunsicherheit 女 社会～ Verunsicherung der Gesellschaft
ファン Freund 男; Anhänger 男; Fan 男 ¶～レター Fanpost 女
ファンタジー Fantasie 女
不安定な unsicher.
ファンデーション Basis-makeup 中
ファンファーレ Fanfare 女
不意の〈に〉 plötzlich; unerwartet. ¶～を襲う überraschen

ブイ Boje 女
フィアンセ Verlobte[r] 男 女
フィールド Sportfeld 中
フィギュアスケート Eiskunstlauf 男
フィクション Fiktion 女
不一致 Uneinigkeit 女
フィナーレ Finale 中
フィルター Filter 男 (中)
フィルム Film 男
部員 Mitglied 中
封 ¶ ~を切る an|brechen. ~をする [ver]siegeln
一風（方法）Weise 女（様子）Typ 男; （様式）Art 女 ¶ ドイツへの〈で〉 auf deutsche Art
風化する verwittern
風変わりな originell; seltsam; sonderbar
風紀 Sitte 女; Sittlichkeit 女
封切り Uraufführung 女
ブーケ Bukett 中
風景 Landschaft 女; Aussicht 女
封鎖 Blockade 女 ¶ ~する sperren; blockieren
風采 Aussehen 中; Ansehen 中
風刺 Satire 女
風車 Windmühle 女
風習 Gebrauch 男; Sitte 女
風船 [Luft]ballon 男 ♦ ~ガム Ballonkaugummi 男
風速 Windgeschwindigkeit 女 ♦ ~計 Anemometer 中, Windmesser 男
風俗 Sitte 女
風潮 Strömung 女; Trend 男
ブーツ Stiefel 男
フード（食糧）Nahrungsmittel 中;（帽子）Kapuze 女
風土 Klima 中; Landschaft 女
封筒 [Brief]umschlag 男; Kuvert 中
夫婦 Ehepaar 中 ¶ ~喧嘩をする einen Ehekrach haben. ~別姓にする夫婦が別々の姓に変える die getrennte Nachnamen führen. ~喧嘩は犬も食わない Es ist nicht klug, in einen Ehekrach einzumischen.
風味 Geschmack 男
ブーム Boom 男
風鈴 Windglöckchen 中
プール Schwimmbad 中; Schwimmbecken 中
不運 Pech 中; Unglück 中 ¶ ~な unglücklich. ~にも unglücklicherweise
笛 Flöte 女
フェア（見本市）Messe 女; Ausstellung 女
フェアな fair; gerecht. ♦ ~プレー Fairplay 中
フェイント Finte 女
フェーン現象 Föhn 男
フェスティバル Festival 中; Festspiel 中
不得手な schwach [in +3]. ¶ 数学が~だ Mathematik ist meine Schwäche. | Ich bin in Mathematik schwach.
フェミニズム Feminismus 男
フェミニスト Feminist 男
フェリー [Auto]fähre 女
増える zu|nehmen; sich⁴ vermehren; wachsen. ¶ 数が~ Die Zahl nimmt zu. 体重が2キロ増えた Ich habe 2 Kilo zugenommen.
フェルト Filz 男 ♦ ~ペン Filzstift 男
フェロモン Pheromon 中
フェンシング Fechten 中
フェンス [Gitter]zaun 男
フォーク Gabel 女 ♦ ~ソング Volkslied 中, ~ダンス Volkstanz 男
フォーマット Format 中; Struktur 女
フォーム Form 女
フォワード Stürmer 男
孵化する ausbrüten
フカ（鱶）Haifisch 男
部下 Untergeordnete[r] 男 女; j² Leute 複
深い tief. ¶ ~悲しみ eine tiefe Trauer. ~眠り ein tiefer Schlaf 読みが~ gut heraus|lesen können. 深く tief. 深くする vertiefen
不快な unangenehm; widerlich; unerfreulich. ♦ ~感 Anstoß 男 ~指数 Unangenehmlichkeitsquotient 男
不可解な unbegreiflich; unverständlich; schleierhaft
不確実な ungewiss; unsicher
不可欠な unentbehrlich; unerlässlich
深さ Tiefe 女 ¶ このプールは~が6メートルある Der Schwimmbecken ist 6 Meter tief.
深皿 tiefer Teller 男; Suppenteller 男
蒸かす dämpfen
部活 Freizeitbeschäftigung 女; Tätigkeiten in Schulklubs
不格好な plump; unförmig
深鍋 Kochtopf 男
不可能な unmöglich; unerfüllbar
不完全な unvollkommen; halb
武器 Waffe 女
吹き替え Synchronisation 女 ¶ ~する synchronisieren
不機嫌な verdrießlich; schlecht gelaunt; unzufrieden
不規則な〈に〉unregelmäßig
吹き出す（風が）sich⁴ erheben;（笑う）in Gelächter aus|brechen;（噴出）aus|strömen [aus⁺³]
不吉な unglückverheißend
吹出物 Ausschlag 男
吹き飛ばす weg|blasen; weg|wehen
拭き取る ab|trocknen;[ab]|wischen
不気味な unheimlich
普及する sich⁴ verbreiten
不況 Flaute 女
不朽の unvergänglich
不器用な ungeschickt; ungewandt
布巾 Geschirrtuch 中
付近の nahe. ¶ ~の住民 Anwohner 男 [この]~に in der Nähe
服 Kleid 中; Kleidung 女; Anzug 男 ¶ ~を着せる kleiden. 黒い~を着ている ein schwarzes Kleid tragen. ~を着る sich⁴ an|ziehen. ~を脱ぐ sich⁴ aus|ziehen
吹く（息を）blasen;（風が）wehen. ¶ 風が吹いている Der Wind weht. フルートを~ eine Flöte spielen
拭く [ab]|wischen
福 Glück 中
副- （代）Vize-; （副次）Neben-. ♦ ~社

長 Vizedirektor 男; ~収入 Nebeneinkommen 中
河豚 Kugelfisch 男
福音 Evangelium 中; ~書の evangelisch
服役 (懲役) im Zuchthaus sitzen; (兵役) beim Militär sein. ◆ ~期間 Strafzeit 女; Dienstzeit 女
複眼 Netzauge 中
副業 Nebenbeschäftigung 女
復元 Restaurierung 女 ¶ ~する restaurieren
複雑な kompliziert
副作用 Nebenwirkung 女
副産物 Nebenprodukt 中
福祉 Wohlfahrt 女 ◆ ~事業 Sozialhilfe 女; Wohlfahrtspflege 女 ~国家 Wohlfahrtsstaat 男
副詞 Adverb 中
服地 Kleiderstoff 男
複写 Kopie 女 ¶ ~する kopieren
輻射 Strahlung 女
復習する wiederholen
復讐 Rache 女 ¶ ~する $sich^4$ rächen [an j^3 für $^{+4}$]
服従 gehorchen [j^3]. ¶ 彼には絶対 ~だ Man muss ihm gehorchen.
副腎 Nebenniere 女
複数 Mehrzahl 女 ¶ ~の いくつ; mehrere. ◆ ~形 Plural 男
服する eine Strafe auf $sich^4$ nehmen; (命令) dem Befehl folgen; (兵役) zum Militär gehen. ¶ 5年の刑に~ eine Gefängnisstrafe von 5 Jahren verbüßen
複製 Reproduktion 女; Nachdruck 男
服装 [Be]kleidung 女
訓読 Untertitel 男
腹痛 Bauchweh 中; Leibschmerzen 複; Bauchschmerzen 複
福引き Warenlotterie 女 ¶ ~を引く ein Los ziehen
含む enthalten, ein|schließen. ¶ 口に水を~ Wasser im Mund behalten. どうかのことをお含みおきください Bitte denken Sie daran.
含める ein|schließen. ¶ …を含めて et^1 inbegriffen, et^4 eingeschlossen, einschließlich $^{+2}$; inklusive $^{+2}$
覆面 Maske 女 ¶ ~する $sich^4$ maskieren; eine Maske tragen
服用する einnehmen
膨らし粉 Backpulver 中
ふくらはぎ Wade 女
膨らます aufblasen
膨らむ schwellen
ふくれっ面をする schmollen; mürrische Mienen machen
膨れる $sich^4$ aufblähen; [an]schwellen. ¶ すぐ君は~んだから Du meinst ja schon wieder so ein mürrisches Gesicht.
袋 Sack 男, Tüte 女, Beutel 男 ¶ やつは~の鼠だよ Er sitzt in der Falle. ~叩きにする verdreschen. ◆ ~小路 Sackgasse 女; (行き詰まった状態) Zwickmühle 女
復路 Rückfahrt 女
フクロウ (梟) Eule 女
父兄 Eltern 複

不景気 Flaute 女
不経済な unwirtschaftlich; kostspielig
不潔な schmutzig; unsauber
老ける alt werden; altern
更ける ¶ 夜が~ Die Nacht rückt vor.
ふける (耽る) $sich^4$ ergeben [et^3]
不健康な ungesund
不幸 Unglück 中 ¶ ~な unglücklich. ~に遭う Ein Unglück trifft ihn. ~にも unglücklicherweise. ~なことに unglücklicherweise. 身内に~があった In meiner Familie hat es einen Todesfall gegeben. 盗まれたバッグにパスポートが入っていなかったのは~中の幸いだった Es war Glück im Unglück, dass in der gestohlenen Tasche kein Pass war.
富豪 Reiche[r] 男女; Millionär 男
符号 Zeichen 中; Chiffre 女
不合格になる die Prüfung nicht bestehen
不公平な ungerecht
不合理な unvernünftig; irrational
房 (果物の) Traube 女; (髪の) Quaste 女
ブザー Summer 男
夫妻 Ehepaar 中
負債 Schulden 複
不在の abwesend
ふさがる (席が) besetzt sein; (傷が) $sich^4$ schließen; (管が) verstopft sein. ¶ 手がふさがっている beide Hände voll zu tun haben
不作 Missernte 女
塞ぐ zumachen; verschließen; stopfen
ふざける Spaß machen. ¶ ~なMach doch keinen Witz! ちょっとふざけただけだよ Das war doch nur ein Spaß.
ふさふさの dicht, zottig
無作法な unhöflich; unanständig
ふさわしい passend; recht; richtig; angemessen; entsprechend. ¶ ~格好をしている angemessen gekleidet sein. ~言葉 ein passendes Wort サービスに~チップ ein dem geleisteten Dienst entsprechendes Trinkgeld 女 その仕事には彼が~ Er ist der richtige Mann für den Ant.
不賛成である dagegen sein; missbilligen
節 Knorren 男; Gelenk 中; (曲の) Melodie 女
藤 Glyzine 女 ¶ ~色の lila (無変化)
不治の unheilbar
無事な glücklich. ¶ ~に heil; ohne Zwischenfall. ~に暮らす gut 〈wohl〉 leben. ご~を祈ります Ich wünsche Ihnen alles Gute.
不思議 Wunder 中 ¶ ~な geheimnisvoll, wunderbar, verwunderlich. 彼女が時間に遅れるなんて~だ Es wundert mich, dass sie sich verspätet. …しても～はない Es ist nicht zu wundern, wenn… ~なことに merkwürdigerweise. ~に思う $sich^4$ wundern [über $^{+4}$]. 世界の七~ die sieben Weltwunder
不自然な unnatürlich
不時着 Notlandung 女 ¶ ~する notlanden [auf 〈in〉 $^{+3}$]

不実な falsch; untreu; treulos
不躾な ungezogen; unanständig
不自由な unfrei. ¶お金に困っている Mir fehlt Geld. | Es fehlt mir an Geld. 彼は何一つ不自由なく育った Er ist ohne Sorge aufgewachsen. 目(耳)が~な人 Er ist sehbehindert〈hörbehindert〉. (体が)~な人 Behinderte[r] 男女
不十分な mangelhaft; ungenügend
部署 Posten 男
負傷 Wunde 女; Verletzung 女. ¶~する sich⁴ verwunden; sich⁴ verletzen; verwundet werden. ◆~者 Verletzte[r] 男女
浮上する auftauchen
無精な faul; träge
不承不承 widerwillig
不条理な absurd; widersinnig
腐食 Ätzung 女. ¶~する ätzen; beizen
侮辱 Beleidigung 女; Schimpf 男. ¶~する beleidigen
不信 Misstrauen 中. ¶~の misstrauisch. ~感を抱く Misstrauen hegen [gegen⁺⁴]
不審 verdächtig. ¶~の念を抱く bezweifeln
婦人 Frau 女; Dame 女. ¶~警官 Polizistin 女. ~服 Damenkleidung 女
夫人 Frau 女; Gattin 女
不親切な unfreundlich
不寝番 Nachtwache 女
伏す niederwerfen
不正 Unrecht 中. ¶~な unrecht, ungerecht, schmutzig; illegal. ~な手段で auf illegalem Wege. ~を正す Ungerechtigkeit berichtigen. ~乗車をする schwarzfahren. ~入学をする illegal in eine Schule aufgenommen werden. ◆~蓄財 Schwarzgeld 中; unversteuerte Einnahmen 複~取り引き illegaler Handel 男~融資 illegale Kreditvergabe 女
不正確な ungenau, nicht exakt
不成功の erfolglos; misslungen
不誠実な untreu
防ぐ abwehren; schützen [j-et⁴ gegen⁺⁴ (vor⁺³)]; verteidigen
敷設する legen
伏せる (裏返す) um|drehen; (秘密を) verheimlichen. 目を~ den Blick senken. 身を~ sich⁴ auf den Bauch legen. 敵!Hinlegen!
武装 Rüstung 女. ¶~した bewaffnet. ~する sich⁴ bewaffnen
不足 Mangel 男. ¶~した mangelhaft; nicht ausreichend. ~する mangeln
付属の zugehörig. ¶~品 Zubehör 中
不遜 Anmaßung 女. ¶~な anmaßend
ふた (蓋) Deckel 男. ¶~をする zu|decken. ~を取る den Deckel ab|nehmen. ~を取るまでわからない Bevor der Kampf beginnt, kann man über den Sieg nichts sagen. ~を言ってしまっては身も蓋もない Es ist taktlos, so etwas zu sagen.
札 Zettel 中; Tafel 女
豚 Schwein 中; (雄) Eber 男; (雌) Sau 女. ¶~肉 Schweinefleisch 中
舞台 Bühne 女. ¶~に立つ auf der Bühne stehen. 世界の~に活躍する auf der Weltbühne tätig sein. ~度胸がある eine gute Ausstrahlung auf der Bühne haben. ◆~裏 Garderobe 女; ~裏で hinter den Kulissen. ~監督 Regisseur 男. ~稽古 Generalprobe 女, Kostümprobe 女. ~照明 Beleuchtung 女. ~装置 Bühnenbild 中

部隊 Truppe 女; Heer 中
双子 Zwilling 男; ~座 Zwilling 男
再び wieder. ¶二度と~こんな馬鹿なことはしません Ich werde nie wieder so was Dummes machen.
二つ zwei. ¶~とも beide. ~ずつ je zwei. ~とない einmalig. ~折りにした doppelt gefaltet. ~返事で引き受ける sofort an|nehmen
二人 zwei. ¶~とも beide. ~で(ずつ) zu zweit. ◆~部屋 Zweibettzimmer 中
負担 Belastung 女; Last 女; Kosten 複. ¶~する tragen. ~をかける belasten [j⁺³ mit⁺³]. ~金 Beitrag 男
普段(は) sonst; gewöhnlich; normalerweise; üblich. ¶~の gewöhnlich, alltäglich. ~着 Alltagskleidung 女
不断の ununterbrochen
縁 Rand 男
ぶち (斑) Fleck[en] 男. ¶~の gefleckt
プチブル Kleinbürger 男; Spießbürger 男
付着する kleben, haften [an⁺³ (auf, in⁺³)]; sich⁴ hängen [an⁺⁴]
不注意な achtlos; unaufmerksam; unvorsichtig. ¶~にも unvorsichtigerweise
部長 Direktor 男; Abteilungsleiter 男
打つ (たたく) hauen; schlagen
普通の gewöhnlich; normal; üblich. ¶~は normalerweise. ◆~株 Stammaktie 女. ~社債 Festzinsanleihe 女. ~選挙 die allgemeine Wahl. ~郵便 normale Post 女. ~預金 Girokonto 中. ~料金 Normalgebühr 女. ~列車 E-Zug 男, Personenzug 男. ~索引 Preisindex 男
復活 (キリストの) Auferstehung 女. ¶~させる wieder beleben. ~祭 Ostern 中 (通常は複数・無冠詞). ~祭おめでとう Frohe Ostern!
ぶつかる an|stoßen [an⁺⁴]; stoßen [an⁺⁴,gegen⁺⁴]; fahren [gegen⁺⁴]
復旧 Wiederaufbau 男. ¶~する wiederher|stellen, wieder auf|bauen
仏教 Buddhismus 男. ◆~徒 Buddhist 男
ぶっきらぼうな schroff, grob, abrupt
ブッキングする buchen
フック Haken 男
ぶつける stoßen 〈an⟨auf, gegen⟩⁺⁴〉; an|prallen [an⁺⁴, gegen⁺⁴]. 木に車を~ das Auto gegen einen Baum fahren. ドアに頭を~ den Kopf an die Tür

ふっけん

schlagen. 怒りを彼に～den Wut an ihm auslassen
復権する sich⁴ rehabilitieren
復興 Wiederaufbau 男 ¶ ～する wieder aufbauen
不都合な ungünstig; unpassend
復刻 Neudruck 男; Reprint 男 ◆ ～版 Nachdruck 男
物質 Materie 囡 ¶ ～的な materiell
物騒な gefährlich
物体 Gegenstand 男; Körper 男
沸騰する sieden, kochen
ぶっ通しの durchgehend
フットボール [amerikanischer] Football 男
フットワーク Fußarbeit 囡
ぶつぶつ言う murren; brummen
物欲 Habgier 囡
物理 Physik 囡 ¶ ～の physikalisch. ◆ ～学 Physik 囡 ～学者 Physiker 男
筆 Pinsel 男; Feder 囡
不定 unbestimmt. ◆ ～冠詞 unbestimmter Artikel 男 ～詞 Infinitiv 男
ブティック Boutique 囡
不適当な ungeeignet; unangemessen
ふてくされる schmollen
筆箱 Federmäppchen 中
ふてぶてしい frech; unverschämt
ふと plötzlich; zufällig
太い dick; stark
不当な ungerecht
不動の unbeweglich. ◆ ～産 Immobilien 複
浮動する schwanken. ◆ ～票 unsichere Stimmen 複
ブドウ（葡萄）Rebe 囡; Weintraube 囡 ¶ ～の木 Weinstock 男 ～の房 Weintraube 囡 ◆ ～酒 Wein 男 ～畑 Weinberg 男
不得意な schwach; ungeschickt
懐 Busen 男 ¶ ～が暖かい gut bei Kasse sein
太さ Dicke 囡 ¶ どの位の～ですか Wie dick soll das sein?
太字の fett
太っ腹な großzügig
太もも Schenkel 男
太る zunehmen. ¶ 10キロ～zehn Kilo zunehmen. 太りすぎである zu dick sein. 太った dick; fett
布団 Bettzeug 中 ¶ ～を敷く die Matratze legen; das Bett machen. ～を片付ける die Matratze (das Bett) wegräumen. ◆ ～カバー Bezug 男
フナ（鮒）Karausche 囡
ブナ（橅）Buche 囡
船旅 Schiffsreise 囡, Seereise 囡
船出 Abfahrt 囡
船乗り Seemann 男
船便 Schiffspost 囡 ¶ ～で per Schiff
船酔い Seekrankheit 囡 ¶ ～する seekrank werden
無難な gefahrlos; tadellos
船・舟 Schiff 中 ¶ ～で行く mit dem Schiff fahren. ～に乗る zu Schiff gehen. ～を降りる aus dem Schiff aussteigen. ～を漕ぐ rudern; [居眠り] einnicken. 乗り掛かった～だ Wir können jetzt nicht mehr umkehren.

腐敗 Fäulnis 囡 ¶ ～する verderben; faulen; verfaulen. ～した faul
不必要な unnötig
不憫な erbärmlich; bemitleidenswert
部品 Zubehör 中, Teil 中
吹雪 Schneesturm 男
部分 Abschnitt 男; Teil 男; Partie 囡 ¶ ～的に teilweise, zum Teil
不平 Unzufriedenheit 囡; Beschwerde 囡 ¶ ～を言う sich⁴ beschweren [bei j³ über⁺⁴ (wegen⁺²)], klagen [über⁺⁴]; nörgeln [an⁺³; über⁺⁴]
侮蔑 Hohn 男
不便な unbequem; unpraktisch
普遍的な allgemein; universal
父母 Eltern 複
訃報 Trauerbotschaft 囡
不法な rechtswidrig, illegal, unrecht, ungerecht, gesetzwidrig, schwarz
不真面目な unernst
不満 Unzufriedenheit 囡 ¶ ～な unzufrieden [mit⁺³]; unbefriedigend. ～らけだ ganz und gar unzufrieden sein. ～を言う sich⁴ beklagen [über⁺⁴; wegen⁺²]. ～を表明する seine Unzufriedenheit äußern
踏切 Bahnübergang 男
踏みつける stampfen [auf⁺⁴]
踏みにじる treten [auf⁺⁴]; zertreten
踏む treten; betreten
不明な unklar. ¶ 意味～の説明 eine unverständliche Erklärung ¶ 事故の原因は～です Die Unfallsursache ist unbekannt.
不名誉 Schande 囡
不明瞭な undeutlich
不滅の unsterblich; unvergänglich
麓 Fuß 男
部門 Abteilung 囡; Referat 中
殖やす vermehren; fortpflanzen
増やす vermehren
冬 Winter 男
浮遊する schweben; fliegen
不愉快な unangenehm; übel. ¶ ～にさせる unangenehm machen. 人は～に思う Es ist j³ unangenehm. ～になる sich⁴ unbehaglich fühlen
ブヨ Mücke 囡
扶養 Unterhaltung 囡 ¶ ～する ernähren; unterhalten; versorgen
舞踊 Tanz 男
フライ ～にする [in Öl] fritieren; backen. 魚の～ gebackener Fisch 男
フライドチキン Backhuhn 中 ◆ ～ポテト Pommes frites 複
プライド Stolz 男
フライトレコーダー Flugdatenschreiber 男
プライバシー Privatsphäre 囡 ¶ 人の～を侵害する sich⁴ in j² Privatsachen mischen
フライパン [Brat]pfanne 囡
プライベートな privat
ブラインド Jalousie 囡
ブラウス Bluse 囡
プラカード Plakat 中
プラグ Stecker 男; Kerze 囡
ぶら下がる hängen [an⁺³]
ぶら下げる hängen [et⁴ an⁺⁴]

ブラシ Bürste 囡 ¶～をかける bürsten
ブラジャー Büstenhalter 男
プラス plus
プラスチック Kunststoff 男, Plastik 中
フラストレーション Frustration 囡
ブラスバンド Blaskapelle 囡
プラタナス Platane 囡
プラチナ Platin 中
ぶらつく bummeln; schlendern
ブラック schwarz. ◆ ～コーヒー schwarzer Kaffee 男 ～ユーモア schwarzer Humor 男 ～リスト schwarze Liste 囡
フラッシュ Blitzlicht 中
プラットホーム Bahnsteig 男
プラネタリウム Planetarium 中
ふらふらする taumeln; schwanken
ぶらぶらする bummeln; lungern
フラミンゴ Flamingo 男
プラム Pflaume 囡
プラモデル Plastikmodell 中; Modellbaukasten 男
腐乱 Verwesung 囡 ¶～する verwesen
フラン (貨幣) Franken 男, Franc 男
プランクトン Plankton 中
ぶらんこ Schaukel 囡
フランス Frankreich. ¶～の französisch. ◆～語 Französisch 中
ブランデー Brandy 男, Weinbrand 男
ブランド Markenzeichen 中 ¶～品 Markenartikel 男
不利 Nachteil 男 ¶～な nachteilig; ungünstig. 試合の形勢は～だ Der Spiel steht für uns ungünstig.
ふりをする sich⁴ krank stellen. 知らない～をする Er tut so, als ob er nichts wüsste. 人の～見て我が～直せ Aus den Fehlern anderer lernen.
-ぶり 5年～に nach fünf Jahren
フリー selb[st]ständig; frei arbeitend; frei
フリーザー Gefrierapparat 男; (冷蔵庫の) Gefrierfach 中
プリーツ Plissee 中 ◆～スカート Plisseerock 男
フリーハンド ¶～で描く aus freier Hand zeichnen.
ブリーフケース Aktentasche 囡, Mappe 囡
フリーランサー Freiberufler 男
不利益 Nachteil 男
振替 Überweisung 囡 ¶～による bargeldlos. ◆～送金 Überweisung 囡
振り返る sich⁴ um|wenden [nach⁺³]
振り掛ける streuen [et⁴ auf⁺³]
ブリキ Blech 中
振り子 Pendel 中
振り込む überweisen; an|weisen [j³ et⁴]. 振り込み Überweisung 囡
フリスビー Frisbee 中
プリズム Prisma 中 ◆～双眼鏡 Prismenfeldstecher 男
振り付け Choreografie 囡
振り向く sich⁴ um|drehen [nach⁺³]
不慮 unerwartet; unvermutet
不良の (製品) mangelhaft. ◆～債券

faule Kredite 優 ～少年 ein Halbstarker 男
浮力 Auftrieb 男
武力 Waffengewalt 囡
フリル Manschette 囡
不倫の unmoralisch; unsittlich
プリン Pudding 男
プリンス Prinz 男
プリンセス Prinzessin 囡
プリンター Drucker 男
プリント Druck 男 ◆～アウト Abzug 男

降る fallen; (雨) regnen; (雪) schneien; (霰) hageln. ¶雨が降っている Es regnet. 雪が降っている Es schneit. 灰が降っている Es regnet Asche. 今にも降りそうだ Es sieht nach Regen aus. 降ったり止んだりしている Es regnet mit Unterbrechungen. 降って湧いたような災難 eine unvorhergesehene Katastrophe 囡
振る schütteln; schwingen; schwenken; winken [j³]. ¶手を～mit der Hand winken. よく振ってからお飲みください Vor dem Öffnen bitte schütteln!
古い alt. ¶それは～だ Das ist schon alt ⟨altmodisch⟩. 古くなる alt werden. 古くから seit altem. 古くは einst; früher
篩(ふる) Sieb 中
ブルー blau. ◆～カラー Arbeiterklasse 囡 ～ジーンズ Jeans 優
ブルース Blues 男
フルーツ Obst 中; Früchte 優
フルート Flöte 囡
震え Zittern 中 ¶～が止まらない Schüttelfrost bekommen
震え上がる Es schaudert j⁴.
震える schaudern, zittern; (揺れ) beben. ¶寒さで～vor Kälte zittern. 手が震えている Die Hand zittert.
プルオーバー Pullover 男
古臭い veraltet; altmodisch; überholt
プルサーマル Wiederaufbereitung abgebrannten Brennmaterials
ふるさと Heimat 囡
ブルジョア Bourgeois 男
ブルドーザー Bulldozer 男
ブルドック Bulldogge 囡
古本 Antiquariat 中 ¶～の antiquarisch. ◆～屋 Antiquar 男
振る舞い Benehmen 中; Verhalten 中
振る舞う sich⁴ verhalten, sich⁴ benehmen; handeln; tun
古めかしい altmodisch
無礼 Unhöflichkeit 囡 ¶～な unhöflich
プレー Spiel 中 ¶～する spielen.
ブレーカー Sicherungsautomat 男
プレーガイド Kartenvorverkaufsstelle 囡
ブレーキ Bremse 囡 ¶～をかける bremsen
プレーヤー Plattenspieler 男; (CD用) CD-Player 男; (選手) Spieler 男
フレキシブル flexibel
ブレザーコート Blazer 男
ブレスレット Armband 中

プレゼント Geschenk 匣 ¶～する schenken (j³ et⁴). ～をもらう ein Geschenk bekommen. 誕生日の～ ein Geschenk zum Geburtstag
フレックスタイム gleitende Arbeitszeit 囡
プレッシャー Druck 男
フレッシュな frisch
プレハブ住宅 Fertighaus 匣
触れる berühren; rühren [an⁺⁴]
ブレンド (酒の) Verschnitt 男
風呂 Bad 匣 ¶～に入る baden; ins Bad gehen. ～を沸かす das Bad heizen. ◆～おけ Badewanne 囡 ～場 Badezimmer 匣 ～屋 Badehaus 匣
プロ Profi 男 ¶～の professionell
浮浪者 Obdachlose(r) 男囡
ブロークンな gebrochen
ブローチ Brosche 囡
付録 Anhang 男; Beilage 囡
プログラマー Programmierer 男
プログラム Programm 匣
ブロック Betonblock 男; (街区) Häuserblock 男
ブロッコリー Brokkoli 男
フロッピー Diskette 囡
プロテスタント Protestant 男 ¶～の evangelische
プロデューサー Produzent 男
プロバイダー Provider 男
プロパガンダ Propaganda 囡
プロパンガス Propangas 匣
プロフィール Profil 匣
プロフェッショナル Profi 男; Berufsspieler 男
プロペラ Propeller 男
プロポーズ Heiratsantrag 男 ¶～する einen Heiratsantrag machen (j³)
プロレス professioneller Ringkampf 男; Catchen 匣
プロレタリアート Proletariat 匣
ブロンズ Bronze 囡 ¶～の bronzen
フロンティア Pionier 男 ◆～精神 Pioniergeist 男
フロント Empfang 男 ◆～ガラス Windschutzscheibe 囡
ブロンドの blond
プロンプター Souffleur 男
不和 Zwist 男, Zwiespalt 男
不渡り ¶手形を～にする einen Wechsel Not leiden lassen
分(ふん) Minute 囡
糞 Kot 男
文 Satz 男
分(ぶん) ¶これはあなたの～です Das ist Ihr Anteil. ～相応(不相応)に暮らす ein angemessenes〈unangemessenes〉Leben führen.
文案 Entwurf 男; Konzept 匣
雰囲気 Atmosphäre 囡 ¶和やかな～の中で in freundlicher Atmosphäre
噴火 Ausbruch 男 ¶～する ausbrechen. ◆～口 Krater 男
文化 Kultur 囡 ¶～の kulturell. ◆～祭 Kulturfest 匣; (学校) Schulfest 匣
憤慨する sich⁴ ärgern [über⁺⁴]; sich⁴ entrüsten [über⁺⁴]
分解する auseinander nehmen; zerlegen; sich⁴ zersetzen

文学 Literatur 囡; Dichtung 囡 ¶～の literarisch
分割する einteilen [et⁴ in⁺⁴]. ◆～払い Abzahlung 囡; Rate 囡 ～払いする abzahlen
紛糾する in Verwicklung geraten
文語 Schriftsprache 囡
分校 Zweigschule 囡
文豪 großer Dichter 男
文庫本 Taschenbuch 匣
分子 Molekül 匣; (分数) Zähler 男
紛失する verlieren; verloren gehen
噴射 Strahl 男
文書 Schreiben 匣; Schrift 囡; Urkunde 囡; Akten 複
文章 Satz 男 ¶～にする aufsetzen; verfassen; niederlegen
分譲する in Parzellen verkaufen. ◆～住宅 Haus in der Erschließungsgebiet 匣 ～マンション Eigentumswohnung 囡
粉飾する verschönern. ◆～決算 Bilanzverschleierung 囡
噴水 [Spring]brunnen 男, Fontäne 囡
分数 Bruch 男
分析 Analyse 囡 ¶～する analysieren
紛争 Konflikt 男, Streit 男
文体 Stil 男
分担する sich⁴ teilen [mit⁺³]
ふんだんに reichlich; ausgiebig
文通 Briefwechsel 男 ¶～する Brief wechseln [mit⁺³]
奮闘する sich⁴ anstrengen
分銅 Gewicht 匣
分配 Zuteilung 囡, Verteilung 囡 ¶～する verteilen; teilen
分泌する absondern
分布する sich⁴ verbreiten
ぶんぶんいう brummen; summen
分別 Verstand 男 ¶～のある vernünftig; verständig
分娩 Entbindung 囡 ¶～する entbinden
分母 Nenner 男
文法 Grammatik 囡 ¶～の grammatikalisch. ～的な〈に〉grammatisch
文房具 Schreibwaren 複
粉末 Pulver 匣
文脈 Kontext 男
文民 Zivilist 男
噴霧器 Zerstäuber 男
文明 Zivilisation 囡
分野 Gebiet 匣, Bereich 男, Feld 匣
分離 Trennung 囡 ¶～する scheiden [et⁴ von⁺³]; trennen [et⁴ von⁺³]
分量 Menge 囡 ¶～を測る messen
分類 Einteilung 囡 ¶～する klassifizieren; einteilen [et⁴ in⁺⁴]
分裂する sich⁴ spalten

──〈 へ 〉──

…へ nach⁺³; zu⁺³; in⁺⁴; auf⁺⁴
ヘア Haar 匣 ◆～ブラシ Haarbürste 囡
ペア Paar 匣 ◆～ガラス Verbundglas 匣
塀 Mauer 囡
平易な leicht; einfach

兵役 Wehrdienst 男 ♦ ～忌避 Wehrdienstverweigerung 囡 ～義務 Wehrpflicht 囡
平穏な friedlich; ruhig
閉会する schließen. ♦ ～式 Abschlusssitzung 囡
弊害 Übel 伸
兵器 Waffe 囡
平気な(で) gelassen, ruhig; gleichgültig; unbekümmert. ～でいる ruhig sein; gelassen sein. ～だよ Das ist in Ordnung. | Kein Problem.
平均 Durchschnitt 男 ¶ ～の⟨的な⟩ durchschnittlich. ～して im Durchschnitt. ～する den Durchschnitt nehmen. ～以上⟨以下⟩である über ⟨unter⟩ dem Durchschnitt sein. ♦ ～株価 Durchschnittskurs 男 ～寿命 Durchschnittliche Lebenserwartung 囡 ～所得 Durchschnittseinkommen 伸 ～台 Schwebebalken 男 ～点 Durchschnittsnote 囡 ～年齢 Durchschnittsalter 伸 ～利回り Durchschnittsrendite 囡
平原 Ebene 囡
平行の parallel. ¶ ～する nebeneinander gehen. ♦ ～線 Parallellinie 囡 ～線を引く eine Parallele ziehen. ～棒 Barre 囡
平衡 Gleichgewicht 伸
閉鎖 Sperre 囡 ¶ ～する sperren
兵士 Soldat 男
平時 Friedenszeit 囡
平日 Alltag 男, Werktag 男, Wochentag 男
兵舎 Kaserne 囡
平常の gewöhnlich
平静な gelassen, ruhig
平然と ruhig gelassen, ruhig
兵隊 Soldat 男
平地 Ebene 囡, Fläche 囡
閉店する den Laden ⟨das Geschäft⟩ schließen
平熱 normale Körpertemperatur 囡
平板な monoton, eintönig
平服 Straßenanzug 男
平方 Quadrat 伸 ♦ ～根 Wurzel 囡
凡な mittelmäßig; gewöhnlich; alltäglich
平面 Ebene 囡, Fläche 囡
平野 Ebene 囡
兵力 Streitkräfte 複
平和 Friede[n] 男 ¶ ～な friedlich. ～である Es herrscht Frieden. ～時に in der Friedenszeit. ♦ ～維持活動 friedenserhaltende Operationen 複 ～維持軍 Friedenstruppen 複 ～運動 Friedensbewegung 囡 ～共存 friedliche Koexistenz 囡 ～憲法 Friedensverfassung 囡 ～攻勢 Friedensoffensive 囡 ～主義 Pazifismus 男 ～主義者 Pazifist 男 ～条約 Friedensvertrag 男
ベーコン Speck 男 ♦ ～エッグ Speckei 伸
ページ Seite 囡. ～の 13～を開いて下さい Schlagen Sie die Seite 13 auf! ～をめくる eine Seite aufschlagen. この事件は歴史に新しい～を加えた Dieser Vorfall fügte der Geschichte eine neue Seite dazu.
ペースト Paste 囡, Pastete 囡
ベール Schleier 男
壁画 Wandmalerei 囡
ヘクタール Hektar 伸 (記号: ha)
ぺこぺこする kriechen ⟨vor +³⟩
凹んだ hohl; vertieft
触先ぐ 男) Nabel 男
ベスト Beste[s] 伸; (チョッキ) Weste 囡 ¶ ～を尽くす sein Bestes tun. ♦ ～セラー Bestseller 男
へそ(臍) Nabel 男
下手な ungeschickt. ¶ ～するとこの仕事は1日で終わらないかもしれない Wenn wir Pech haben, werden wir mit der Arbeit mehr als einen Tag benötigen. ～の横好きでゴルフをします Obwohl ich niemals gut sein werde, liebe ich Golf. ～な考え抜いに似たり Es ist eine Zeitverschwendung ohne gute Ideen lange nachzudenken. ～な鉄砲も数撃てば当たる Übung macht den Meister.
隔たり Abstand 男, Entfernung 囡
隔たる entfernt sein ⟨von +³⟩
隔てる trennen ⟨j-et⁴ von +³⟩; distanzieren
ペダル Pedal 伸
ぺちゃんこ zerquetscht; flach
別の ander. ¶ ～の仕方で anders; mit anderen Mitteln ⟨Methoden⟩. …を～として außer +³. ～に getrennt; extra. ～にする trennen ⟨j-et⁴ von +³⟩. 国々に～に nach den Ländern getrennt. 年齢に～に je nach Alter [getrennt]
別館 Nebengebäude 伸
別居する getrennt leben ⟨von +³⟩
別荘 Villa 囡, Landhaus 伸
ヘッド ♦ ～オフィス Hauptgeschäftsstelle 囡; Zentrale 囡 ～ホン Kopfhörer 男 ～ライト Scheinwerfer 男 ～ライン Überschrift 囡; Schlagzeile 囡
ベッド Bett 伸 ♦ ～カバー Bettbezug 男 ～タウン Vorort 男
ペット Haustier 伸, Lieblingstier 伸 ♦ ～ショップ Tierhandlung 囡
ペットボトル Plastikflasche 囡
別々に getrennt; einzeln
別離 Abschied 男, Trennung 囡
ヘディング Kopfstoß 男
ベテラン Veteran 男; (熟練者) Experte 男, (女性) Expertin 囡 ¶ ～の一 erfahren
ベとつく klebrig sein
ヘとヘと erschöpft, fix und fertig
ベたべたする klebrig
ペナント Wimpel 男
ペニシリン Penizillin 伸
ペニヒ Pfennig 男
ベニヤ Furnier 伸 ♦ ～板 Furnier 伸
へばりつく kleben ⟨an +³⟩, haften ⟨an ⟨auf, in⟩ +³⟩
蛇 Schlange 囡
ベビー Baby 伸 ♦ ～カー Kinderwagen 男 ～シッター Babysitter 男 ～ベッド Kinderbett 伸
部屋 Zimmer 伸; Raum 男; (小部屋) Stube 囡, Kammer 囡 ¶ ～を借りる ein Zimmer mieten. 5～の家 ein

Haus mit fünf Zimmer 中; 5 Zimmerwohnung 女 ◆ ~着 Hauskleidung 女 ~代 Zimmermiete 女 ~割り Zimmerzuteilung 女

へら(箆) Spachtel 男

減らす reduzieren; vermindern; kürzen. ¶仕事を~die Arbeit einschränken. 出費を~die Ausgaben kürzen. 体重を~das Gewicht abnehmen

べらべら dünn; (安っぽい) billig. ¶~話す fließend sprechen

ベランダ Veranda 女

へり Rand 男

屁理屈 Vernünftelei 女

ヘリコプター Hubschrauber 男

減る abnehmen; sich⁴ vermindern; sich⁴ verringern. ¶体重が2キロ減った Ich habe zwei Kilo abgenommen. 農業人口が減っていく Die Zahl der Landwirtschaftsarbeiter nimmt ab. 犯罪が減っている Das Verbrechen hat abgenommen.

経る erfahren; durchmachen. ¶…を経て über (Frankfurt). 3年の歳月を経て nach 3 Jahren

ベル Klingel 女 ¶~が鳴る klingeln. ~を鳴らす klingeln

ヘルツ Herz 中 (記号: Hz)

ベルト Gürtel 男; (機械) [Treib]riemen 男 ¶~を締める(服の)den Gürtel umbinden; (乗物の) sich⁴ anschnallen

ヘルメット Helm 男

ベルリン Berlin

ベレー帽 Baskenmütze 女

変な komisch; seltsam; merkwürdig. ¶~だと思いませんか Finden Sie es nicht komisch? 彼は何か様子が~だ Irgendetwas stimmt nicht mit ihm. ~な外人 ein merkwürdiger Ausländer 男 ~な目で見る mit Voreingenommenheit ansehen. ~に merkwürdig. 本能寺の~der Vorfall von Honnouji

便 ¶交通の~がよい Verkehrsgünstig sein. この町は交通の~が悪い Die Stadt verfügt nur über ein schlecht ausgebautes öffentliches Nahverkehrsnetz. 軟らかい~weicher Stuhlgang

ペン Feder 女

変化 Änderung, Veränderung 女; Wechsel 男; Flexion 女 ¶~する sich⁴ ändern; wechseln

弁解 Rechtfertigung 女 ¶~する sich⁴ entschuldigen [bei j³ für⁴ (wegen⁺²); mit⁺³]; sich⁴ rechtfertigen [mit⁺³]

変革 Reform 女; Revolution 女

勉学 Studium 中

返還 Rückgabe 女 ¶~する zurückgeben; wiedergeben

便宜 Bequemlichkeit 女 ¶~を図る Vergünstigungen (Gelegenheit) verschaffen [j³]. …の～のために zur Bequemlichkeit von⁺³. 上 aus praktischen Gründen. ~的な praktisch

ペンキ Farbe 女; Anstrich 男; [Öl]farbe. ¶~を塗る [an]streichen; malen. ◆~屋 Maler 男

返却する zurückgeben

勉強する lernen; studieren; arbeiten. ¶彼は~ができる〈できない〉Er ist ein guter (schlechter) Schüler. もう少し~してもらえませんか(店で) Können Sie nicht mit dem Preis ein bisschen mehr heruntergehen? ◆~家 ein fleißiger Typ 男 ~部屋 Studierzimmer 中 ~量 Lernstunden 複

編集 Bearbeitung 女 ¶~する bearbeiten

ペンギン Pinguin 男

偏見 Vorurteil 中

弁護 Verteidigung 女 ¶~する verteidigen. ◆~士 Rechtsanwalt 男; (女性) Rechtsanwältin 女

変更 Änderung 女; Veränderung 女 ¶~する verändern

返済 Rückzahlung 女; Rückerstattung 女 ¶~する zurückzahlen. ◆~期日 Rückzahlungsfrist 女

返事 Antwort 女 ¶~をする antworten (j³); eine Antwort geben (j³). ~はいつ頂けますか Wann bekomme ich eine Antwort von Ihnen?

編集する herausgeben; redigieren. ◆~者 Redakteur 男; Herausgeber 男 ~長 Chefredakteur 男 ~部 Redaktion 女

便所 Toilette 女, WC 中

弁償する entschädigen [j³ für⁴]

ペンション Pension 女

返信 Antwort 女

変身 Verwandlung 女 ¶~する sich⁴ verwandeln [in⁺⁴]

編成する zusammenstellen

弁舌を振る redegewandt sprechen

変遷 Wechsel 男; Veränderung 女

返送する zurücksenden

変装する sich⁴ verkleiden

ペンダント Anhänger 男

ベンチ Bank 女

ペンチ Zange 女

ベンチャー企業 junge Technologieunternehmen 複; Existenzgründer 男

変動する schwanken. ¶株価の~ Schwankung der Aktien

弁当 Imbiss 男; Proviant 男

扁桃腺 Mandeln 複

ペンパル Brieffreund 男

辺鄙な abgelegen; entlegen

便秘 [Stuhl]verstopfung 女 ¶~する verstopft sein; keinen Stuhl haben

返品 remittierte 〈zurückgenommene〉 Waren 複

ペンフレンド Brieffreund 男

変容する sich⁴ umformen

弁明する sich⁴ rechtfertigen

変容 Verwandlung 女 ¶~する sich⁴ verwandeln [in⁺⁴]

便利な praktisch; bequem

弁論大会 Redewettbewerb 男

⊂ほ⊃

帆 Segel 中

穂 Ähre 女

補遺 Nachtrag 男

保育する pflegen. ◆~園 Kindertagesstätte 女 ~所 Kinderhort 男, Kinder-

ほうそう

heim 中
ボイコット Boykott 男; ～する boykottieren
ボイスレコーダー Flugschreiber 男
ホイッスル Pfeife 女
ボイラー 〔Dampf〕kessel 男; ～室 Kesselraum 中
ホイル Folie 女
母音 Vokal 男, Selbstlaut 男
ポイント Punkt 男; (鉄道) Weiche 女
方 (方角) Richtung 女 ¶ あっちの～へ in jene Richtung. 駅の～へ行く in die Richtung Bahnhof gehen. 逆の～へ行く in die entgegengesetzte Richtung gehen. 泥棒はどっちの～に逃げましたか In welcher Richtung ist der Einbrecher geflohen? 大きい～を私に下さい Geben Sie mir den größeren Teil 〈das größere Stück〉.
法 Recht 中 ¶ ～を犯す sich⁴ gegen das Gesetz vergehen. 悪い～もまた～なり Ein schlechtes Gesetz ist auch ein Gesetz. 人を見て～を説け Man sollte tauben Ohren nicht predigen.
棒 Stock 男; Stab 男; Stange 女 ¶ 一生を～に振る sein Leben 〈seine Karriere〉 ruinieren. 足が～になってしまった Ich kann mich kaum noch auf den Beinen halten. ◆ ～グラフ Stabdiagramm 中
法案 Gesetzentwurf 男
包囲 Belagerung 女, Umfassung 女; ¶ ～する belagern; einkesseln
暴飲暴食 sich⁴ voll schlagen; unmäßig trinken und essen
放映する ausstrahlen; senden
防衛 Verteidigung 女 ¶ ～する verteidigen (et⁴ gegen et⁴). ◆ ～庁 Verteidigungsamt 中
貿易 〔Außen〕handel 男 ¶ ～する Handel treiben (mit⁺³). ◆ ～会社 Handelsfirma 女 ～外収支 Dienstleistungsbilanz 女 ～収支 〔Außen〕handelsbilanz 女 自由～ Freihandel. 摩擦 Handelsfriktionen 〔zwischen⁺³〕 複 ～保護 ～ Schutzhandel
望遠鏡 Teleskop 中, Fernrohr 中
法王 Papst 男 ¶ ～の päpstlich
防音の schalldicht. ◆ ～壁 Schallmauer 女
砲火 Feuer 中
放火 Brandstiftung 女 ¶ ～に～する et⁴ in Brand stecken
崩壊 Verfall 男, Zusammenbruch 男, Zerfall 男 ¶ ～する verfallen; zusammenbrechen; zerfallen
妨害 Störung 女 ¶ ～する hindern (j⁴ an (bei)⁺³), stören (j⁴ in (bei)⁺³)
方角 Richtung 女 ⇨ 方
法学 Jurisprudenz 女, Rechtswissenschaft 女; Jura 中
放課後に nach der Schule
包括する umfassen
傍観する zuschauen, zusehen (j-et³)
方眼紙 Millimeterpapier 中
砲丸投げ Kugelstoßen 中
箒 Besen 男
法規 Gesetz 中
放棄する aufgeben; verzichten (auf⁺⁴)

俸給 Gehalt 中
防御 Verteidigung 女, Abwehr 女 ¶ ～する verteidigen (et⁴ gegen ⁺⁴)
暴君 Tyrann 男, Despot 男
封建的な feudal, feudalistisch. ◆ ～制 Feudalismus 男
方言 Dialekt 男; Mundart 女
冒険 Abenteuer 中 ¶ ～的な abenteuerlich. ～をする ein Abenteuer erleben; ein Risiko eingehen. ～家 Abenteurer 男 ～旅行 Abenteuerreise 女
方向 Richtung 女 ¶ ～転換する sich⁴ umwenden. ⇨ 方
暴行 Gewalttat 女 ¶ ～…に～を働く Gewalt gegen ⁺⁴ anwenden
ぼうこう(膀胱) Harnblase 女
報告 Bericht 男 ¶ ～する berichten (j³ über ⁺⁴ (von ⁺³); j³ et⁴)
防災 Unfallverhütung 女
豊作 gute Ernte
方策 Maßnahme 女; Rat 男
奉仕 Dienst 男
帽子 Hut 男; (つばのない) Mütze 女 ¶ ～を被る den Hut aufsetzen 〈tragen〉. ～を脱ぐ ohne Hut. ～を脱ぐ den Hut abnehmen. ～掛け Hutständer 男 ～屋 Hutgeschäft 中
防止する vorbeugen (et³); verhüten
方式 System 中; Methode 女
放射 ¶ ～状の radial; strahlenförmig. ～する ausstrahlen. ～性の radioaktiv. ◆ ～性同位元素 Radioisotop 中 ～性廃棄物 radioaktive Abfälle 複 ～冷却 Abkühlung durch Strahlungswärme 女
放射線 radioaktive Strahlen 複 ◆ ～医学 Radiomedizin 女; Röntgenologie 女 ～科医師 Röntgenologe 男 ~(女性) Röntgenologin 女 ～障害 Strahlenschaden 男 ～治療医 Röntgenarzt 男; (女性) Röntgenärztin 女 ～療法 Strahlentherapie 女
放射能 Radioaktivität 女 ◆ ～汚染物質 radioaktiv verseuchtes Material 中 ～汚染物 verstrahltes Material 中 ～障害 Strahlenschädigung 女 ～漏れ Leckstrahlung 女
報酬 Belohnung 女; Honorar 中
放縦 Ausschweifung 女 ¶ ～な ausschweifend; zügellos
芳醇 Aroma 中 ¶ ～な aromatisch
豊饒な fruchtbar
報奨金 Prämie 女
方針 Prinzip 中; Plan 男; Richtlinien 複
法人 Rechtsperson 女
防水の wasserdicht
宝石 Edelstein 男, Juwel 中 ◆ ～商 Juwelier 男
茫然と bestürzt; zerstreut; fassungslos; geistesabwesend
放送 Sendung 女 ¶ ～する senden; ausstrahlen; übertragen. ◆ ～局 Rundfunk 男, Fernsehsender 男, Sendeanstalt 女 ～網 Rundfunknetz 中
包装する einpacken (et⁴ in⁺⁴); packen; verpacken. ◆ ～紙 Packpapier 中 ～物 Packung 女

暴走する rasen. ◆~族 Rocker 男

法則 Gesetz 中

包帯 Verband 男 ¶~する verbinden

膨大な ungeheuer; gewaltig

棒高跳び Stabhochsprung 男 ◆~の選手 Stabhochspringer 男

棒立ちになる stutzen;〈馬が〉sich⁴ bäumen

放置する lassen; liegen〈stehen〉lassen

防虫剤 Insektenpulver 中, Insektenbekämpfungsmittel 中

包丁 Küchenmesser 中

傍聴する zuhören [et³]

膨張する sich⁴ ausdehnen

放っておく stehen lassen; sich⁴ nicht kümmern [um⁴]

ぼうっとした benommen;〈茫然と〉bestürzt; fassungslos

法廷 Gericht 中

方程式 Gleichung 女

法的な gesetzlich; rechtlich; rechtmäßig; legal

報道 Meldung 女; Bericht 男; Nachricht 女 ◆~機関 Presse 女 ~規制 Nachrichtensperre 女 ~陣 Berichterstatter 男 ~番組 Nachrichtensendung 女

暴動 Aufruhr 男, Aufstand 男

ぼうとく（冒瀆）Lästerung 女; Blasphemie 女 ¶~する lästern; beleidigen; schänden

忘年会 Jahresendefeier 女, Silvesterfeier 女, Fete zum Jahresende

防犯 Verbrechensbekämpfung 女

褒美 Belohnung 女; Preis 男

防備 Schutz 男; Verteidigung 女 ¶~する schützen [j-et⁴ gegen⁺⁴ vor³]

棒引き ¶人の借金を~にする j⁴ von Schulden befreien; j³ die Schulden erlassen

豊富な reichlich; reich.

抱負 Plan 男; Vorhaben 中

暴風 Sturm 男 ◆~雨 Unwetter 中

報復 Vergeltung 女 ¶~する vergelten [j³ et⁴]

防腐剤 Konservierungsmittel 中;（木材の）Holzschutzmittel 中

防壁 Schutzmauer 女

方法 Methode 女; Art 女; Weise 女

方々に überall; allerorts

放牧する weiden

豊満な üppig

法務 ◆~省 Justizministerium 中 ~大臣 Justizminister 男

葬る begraben

亡命 Emigration 女; Exil 中 ¶~する emigrieren; ins Exil gehen. ~中の im Exil. ◆~者 Emigrant 男 ~政権 Exilregierung 女

方面（地方）Gegend 女;（分野）Gebiet 中 ¶あらゆる~から von allen Seiten

宝物 Schatz 男

訪問 Besuch 男 ¶~する besuchen. ◆~看護 häusliche Pflege 女 ~着 Besuchskimono 男;〈客〉Besucher 男 ~販売 Haustür-Geschäfte 中

抱擁する umarmen

棒読みする ablesen

放埓な ausschweifend; liederlich

暴利 Wucher 男

放り出す hinauswerfen;（断念）aufgeben;（放浪）vertreiben

法律 Gesetz 中; Recht 中 ◆~学 Rechtswissenschaft 女, Jura 中 ~学者 Rechtswissenschaftler 男

放り投げる werfen [et⁴; mit⁺³]; hinwerfen;（断念）aufgeben

暴力 Gewalt 女 ¶~を振るう Gewalt üben〈anwenden〉. ◆~団 Gangster 男, Gangsterbande 女 ~団員 Gangster 男 ~団抗争 Streit zwischen den Gangstern 男 ~バー Gangsterbar 女

ボウリング Bowling 中, Kegelspiel 中 ◆~場 Kegelbahn 女

放る werfen;（放置）liegen lassen

法令 Gesetze und Verordnungen 女 ◆~集 Gesetzsammlung 女

亡霊 Gespenst 中; Geist 男

ホウレンソウ Spinat 男

放浪 Wanderung 女

吠える bellen; brüllen

ほお（頬）Wange 女, Backe 女 ¶彼女は~がこけている Sie hat eingefallene Wangen. ~が緩む das Gesicht durch ein Lächeln erhellen. ~を染める Die Röte steigt j³ ins Gesicht.

ボーイ Kellner 男; Ober 男; Junge 男 ◆~長 Oberkellner 男 ~スカウト Pfadfinder 男 ~フレンド Freund 男

ポーカー Poker 中 ◆~フェース Pokergesicht 中

ほおかぶりする（知らない振り）ein ahnungsloses Gesicht machen; sich⁴ dumm stellen

ボーカル Gesang 男 ◆~グループ Gesangsgruppe 女

ホオジロ（鳥）Ammer 男

ホース Schlauch 男

ポーズ Haltung 女; Pose 女 ¶~をとる eine Pose einnehmen

ほおずりする 彼女に~した Er legt seine Wange an ihre Wange.

ポーター Gepäckträger 男

ボーダーライン Grenze 女 ¶~を引く die Grenze ziehen

ポータブルラジオ Kofferradio 中

ほおづえをつく den Kopf in die Hand〈Hände〉legen

ボート Boot 中 ¶~を漕ぐ rudern

ボーナス Bonus 男

ほお張る ¶食べ物を口一杯に~ den Mund voll stopfen

ほお紅 Rouge 中 ¶~をつける sich⁴ rot schminken

ほお骨 Backenknochen 男

ホーム Heim 中;（駅の）Bahnsteig 男

ホームシック Heimweh 中 ¶~にかかる an Heimweh leiden

ホームステイする bei einer Familie wohnen

ホームページ Homepage 女

ホームレスの obdachlos. ¶~の人 Obdachlose[r] 男

ホール Halle 女; Saal 男

ボール（球）Ball 男 ◆~紙 Pappe 女 ~箱 Karton 男 ~ペン Kugelschreiber 男

ほかの ander. ¶~に sonst: außerdem. …の〈は〉außer³. だれか~に尋ねる einen anderen fragen. ~に行きたい人はいますか Möchte noch jemand mitkommen? どこかの場所を探すanderswo suchen. ~の物を見せて下さい Können Sie mir anderes zeigen? ~に質問はありませんか Gibt es sonst noch Fragen? ~でもありませんでしたが was ich Ihnen sagen wollte

ぼかす schattieren; abstufen
朗らかな heiter; froh; munter
保管 Aufbewahrung 囡 ¶~する aufbewahren
補完する ergänzen
ぼかんと verblüfft; zerstreut
簿記 Buchführung 囡, Buchhaltung
補給 Versorgung 囡; Zufuhr 囡 ¶~する versorgen [j^4 mit^{+3}]; zuführen [j^3 et^4]; (燃料を) auftanken
募金 Spende 囡 ¶~する spenden, Spende sammeln
北緯 nördliche Breite 囡 ¶~40度 40 Grad nördlicher Breite
北欧 Nordeuropa
ボクサー Boxer 男
牧師 Pfarrer 男
牧場 Weide 囡
ボクシング Boxkampf 男
牧草 Wiesengras 中 ◆~地 Wiese 囡
牧畜 Viehzucht 囡 ◆~業者 Viehzüchter 男
北東 Nordosten 男 (略: NO)
北斗七星 der Große Bär 男
北部 Norden 男 ¶~の nördlich
北米 Nordamerika 中
撲滅 Vertilgung 囡 ¶~する vertilgen
ほくろ Muttermal 中
母系の mütterlicherseits
補欠 Ersatz 男 ◆~選挙 Nachwahl 囡
ポケット Tasche 囡
ポケベル Pager 男
保険 Versicherung 囡 ¶~に加入する eine Versicherung eingehen. 3千万円の生命~に入っている Ich habe 30 Millionen Lebensversicherung. ~を掛ける versichern. 生命~を掛ける eine Lebensversicherung abschließen. 盗難~を掛ける eine Versicherung gegen Diebstahl abschließen. ~を勧誘する für eine Versicherung werben. ◆~会社 Versicherungsgesellschaft 囡 ◆~金 Vertragssumme 囡, (掛金) Versicherungsprämie 囡 ~料 Versicherungsprämie 囡
保健 Gesundheitspflege 囡 ◆~所 Gesundheitsamt 中
保護 Schutz 男; Unterstützung 囡 ¶~する behüten [j^4 vor^{+3}]; schützen [j^4 gegen^{+4}]. ◆~者 (子供の) Erziehungsberechtigte[r] 男 囡 ~色 Schutzfärbung 囡
補語 Ergänzung 囡
母語 Muttersprache 囡
歩行 Gehen 中
母校 Alma mater 囡
歩行者 Fußgänger 男

母国 Vaterland 中 ◆~語 Muttersprache 囡
誇らしい stolz. ¶誇らしく思う stolz sein [auf^{+4}]. 誇らしげに stolz
ほこり Staub 男 ¶~だらけの staubig. ~まみれになる vom Staub bedeckt sein. ~を払う abstauben; den Staub abwischen
誇り Stolz 男 ¶~に思う stolz sein [auf^{+4}]. ~を傷つける den Stolz verletzen. ~高い stolz
ほこりっぽい staubig
誇る stolz sein [auf^{+4}]
星 Stern 男 ¶よい(悪い)~の下に生まれる unter einem glücklichen (unglücklichen) Stern geboren sein. ~占い Astrologie 囡, Sterndeutung 囡. ~占い師 Sterndeuter 男 ~屑 Sternennebel 男, kosmischer Staub 男 ~空 sternheller Himmel 男
欲しい wünschen; mögen; wollen. ¶コーヒーを一杯~ Ich möchte eine Tasse Kaffee. ~と思う sich^3 wünschen. ~ものは何でもくれよう Ich gebe dir alles, was du dir wünschst. もっと熱心に勉強して~ Ich hoffe, dass du noch fleißiger arbeitest.
干し草 Heu 中
ポジション Position 囡; Stelle 囡
干しブドウ Rosine 囡
保守する in Stand ⟨instand⟩ halten; warten. ¶~的な konservativ. ◆~契約 Wartungsvertrag 男 ~主義 Konservativismus 男 ~主義者 Konservative[r] 男 囡 ~党 konservative Partei 囡 ~本流 Hauptmacht der Konservativen 囡
補修する ausbessern
補習する Nachhilfestunde geben
補充 Ergänzung 囡 ¶~する ergänzen
募集 Werbung 囡 ¶~する werben; (文書で) ausschreiben. 会員を~する Mitglieder werben
補助する unterstützen. ◆~具 Hilfsmittel 中
保証 Garantie 囡, Versicherung 囡 ¶~する versichern [j^3 et^4; j^4 et^2]; garantieren [et^4; für^{+4}]. ◆~金 Kaution 囡, Bürgschaft 囡 ~書 Garantieschein 男 ~人 Bürge 男; (女性) Bürgin 囡 ~人になる die Bürgschaft übernehmen
保障する sichern
補償 Entschädigung 囡 ¶~する entschädigen [j^4 für^{+4}]; Schadenersatz leisten [j^3]. ◆~金 Schadenersatz 男, Entschädigungsgeld 中
保身 Selbstverteidigung 囡
干す trocknen
ボス Boss 男
ポスター Plakat 中
ホスト Gastgeber 男 ◆~コンピュータ Hostcomputer 男
ポスト (地位) Stellung 囡; (郵便ポスト) Briefkasten 男
ポストンバック Reisetasche 囡
ホスピス Sterbeklinik 囡
補正する verbessern; ergänzen. ◆~予算 Nachtragshaushalt 男
母性 Mütterlichkeit 囡

細い（道・体）schmal;（体形）schlank;（細かい）fein
舗装 Pflaster 中 ¶～する pflastern
補足 Ergänzung 女 ¶～する ergänzen
細長い schmal; länglich
保存 Erhaltung 女; **Aufbewahrung** 女 ¶～する erhalten; aufbewahren. ～状態がいい gut erhalten sein. ◆合成保料使用 Mit Konservierungsstoffen
ポタージュ legierte Suppe 女
菩提樹 Linde 女, Lindenbaum 男
ホタル（蛍）Glühwürmchen 中
ボタン Knopf 男 ¶～を掛ける zuknöpfen. ～を外す aufknöpfen. ～をつける einen Knopf annähen
墓地 Friedhof 男; Grabstätte 女
ホチキス Hefter 男 ¶～の針 Heftklammer 女
歩調 Schritt 男
補聴器 Hörapparat 男
牧歌 Idylle 女 ¶～的な idyllisch
発起人 Initiator 男
北極 Nordpol 男 ◆～熊 Polarbär 男 ～星 Polarstern 男, Nordstern 男 ◆～大陸 Arktika 女
ホック Haken 男
ホッケー Hockey 中
発作 Anfall 男 ¶～を起こす einen Anfall bekommen
欲する wünschen; wollen; begehren
ほっそりした schlank
発端 Anfang 男; Ursprung 男
ポット Kanne 女
没頭する sich⁴ vertiefen [in⁺³]
ホットケーキ heißer Pfannkuchen 男
ほっとする aufatmen; sich⁴ erleichtern
ホットドッグ Hotdog 男
勃発 Ausbruch 男 ¶～する ausbrechen
ポップコーン Popcorn 中
ポップス Popmusik 女
没落 Untergang 男 ¶～する untergehen
ボディー Körper 男;（胴）Rumpf 男;（車の）Karosserie 女 ◆～ガード Leibwache 女; Bodyguard 男 ～ビル Körperbildung 女, Bodybuilding 中
ポテト Kartoffel 女 ◆～サラダ Kartoffelsalat 男 ～チップス Kartoffelchips 複
ホテル Hotel 中
火照る glühen
程（適度）Maß 中;（限度）Grenze 女 ¶我慢にも～がある Meine Geduld hat auch seine Grenzen. 彼の実力の～はからない Ich weiss nicht, wie gut er ist. 1時間～で彼は帰って来るだろう Ungefähr in einer Stunde ist er zurück. 物には～ということがある Alles hat seine Grenzen.
歩道 Bürgersteig 男, Gehsteig 男
補導 Pflege 女, Führung 女 ¶～する führen; beraten
解く lösen; aufmachen
仏 Buddha 男;（死者）Tote[r] 男 女
ほどける ¶～が auflösen; aufgehen
施す geben; spenden
程遠い ¶完成には～Es ist noch weit weg von der Fertigstellung.
ホトトギス der kleine Kuckuck
程なく bald; alsdann
迸る(ほとばし) spritzen; sprudeln
程々に mäßig; angemessen. ¶冗談は～にしろ Sei doch etwas vernünftiger und mach nicht so viele Witze!
程よい gerade richtig. ¶～運動 gerade richtige Bewegung
ほとり(辺) Rand 男 ¶…の～に an⁺³
ボトル Flasche 女
ほとんど beinah[e], fast. ¶～ない kaum. …は～ない fast nicht… もう時間が～ない Es gibt kaum noch Zeit. それは～不可能だ Es ist fast unmöglich.
哺乳瓶 Saugflasche 女 ◆～類〈動物〉Säugetier 中
母乳 Muttermilch 女
骨 Knochen 男;（魚の）Gräte 女 ¶～の折れる anstrengend; mühsam. 右腕の～を折った Ich habe mir den rechten Arm gebrochen. ～を折る(努力) sich³ Mühe geben. あいつは～がある Er hat einen starken Charakter. ～と皮である Er ist nur noch Haut und Knochen. ～の髄まで腐っている Das ist faul bis ins Mark. ～を埋める sich⁴ niederlassen [in⁺³]. ～を拾う trauern [um⁺⁴]. この魚は～が多い Dieser Fisch hat lauter Gräten. 魚の～を取り除く Gräten vom Fisch entfernen
骨惜しみする Mühe scheuen
骨折り Mühe 女, Bemühung 女 ¶～甲斐がある der Mühe wert sein. ～損のくたびれ儲け Die Mühe war umsonst. ¦ Außer Spesen nichts gewesen.
骨組み Gerüst 中, Umriss 男
骨接(つ)ぎ Einrenkung 女
骨無しの feig
骨太な ¶法案を～にする dem Gesetz die Kraft nehmen
骨太だ breite Knochen haben
骨身 ¶～にしみる bis auf die Knochen gehen. ～を惜しまずに働く keine Mühe scheuen und arbeiten
骨休めする sich⁴ ausruhen [von⁺³]
炎 Flamme 女
ほのかに leise; sacht
ほのめかす andeuten
ポピュラーな beliebt, populär. ◆～音楽 Unterhaltungsmusik 女, Popmusik 女
墓標 Grabstein 男; Grabmal 中
ポプラ Pappel 女
ほぼ etwa, ungefähr, fast
保母 Erzieherin 女
微笑ましい erfreulich
微笑む lächeln
誉れ Ehre 女; Ruhm 男
褒める loben; rühmen. ¶それはあまり褒められたことではない Das ist nicht besonders lobenswert. 褒め殺しをする überschwenglich loben
ぼやける unklar
ぼやける verschwimmen, unklar werden;（記憶が）verblassen
保有する behalten
保養 Erholung 女, Kur 女 ¶～する

まいそう 985

*sich*⁴ erholen. ◆～地 Kurort 男
ほら（法螺）Prahlerei 囡 ¶～を吹く prahlen; aufschneiden. ◆～吹き Prahler 男; Großtuer 男
洞穴 Höhle 囡
ボランティア freiwilliger Helfer 男 ◆～組織 gemeinnützige Organisation 囡
堀 Graben 男
ポリエチレン Polyäthylen 中
掘り出し物をする （買い物で）einen Gelegenheitskauf machen
掘り出す ausgraben
ポリ袋 Plastiksack 男, Plastiktüte 囡
保留 Vorbehalt 男 ¶～する *sich*⁴ vorbehalten
ボリューム （音の）Lautstärke 囡 ¶～のある食事 reichliche Mahlzeit 囡
捕虜 (Kriegs)gefangene[r] 男囡 ¶～(状態) Gefangenschaft 囡 ¶～にする gefangen nehmen. ◆～収容所 Gefangenenlager 中
掘る graben
彫る schnitzen, aushauen, schneiden
ボルト Volt 中; (工具) Bolzen 男
ポルノ Porno 男
ホルモン Hormon 中
ホルン Horn 中
惚れる *sich*⁴ verlieben [in⁺⁴]
ぼろ Lumpen 複; Fetzen 複 ¶～布 Lappen 男
ポロシャツ Polohemd 中
滅びる zu Grunde ⟨zugrunde⟩ gehen, untergehen
滅ぼす vernichten; zu Grunde ⟨zugrunde⟩ richten
ホワイトハウス das Weiße Haus
本 Buch 中 ¶歴史の～を読む ein Geschichtsbuch lesen. ¶～を1冊 veröffentlichen. ～の虫 Bücherwurm 男, Leseratte 囡
盆 Tablett 中
本気のernst
本式の ordentlich; offiziell
本質 Wesen 中; Kern 男 ¶～的な⟨に⟩ wesentlich
本日 heute, dieser Tag. ◆～休業 Heute geschlossen.
本社 Zentrale 囡; Hauptgeschäft 中
本心 ¶～を明かす *sich*⁴ mitteilen [j³]; *sein* Herz offenbaren
本籍 Hauptwohnsitz mit dem Familienregister 中
本棚 [Bücher]regal 中
盆地 Mulde 囡
本店 Hauptsitz 男; (本社) Hauptverwaltung 囡, Zentrale 囡
ポンド Pfund 中
本当の wahr; wirklich, tatsächlich; echt. ¶～に wirklich, tatsächlich. ～はin Wirklichkeit. ～のことを言えば wenn ich die Wahrheit sage. ～ですか Ist es wirklich wahr? ／かしら Stimmt das? どうもそれは～らしい Das ist wohl wahr. …‥～によったてよかった Es war wirklich gut, dass...
本人の persönlich
ボンネット Kühlerhaube 囡
ほんの nur, bloß. ¶～少し nur ein bisschen. ～子供 nichts als ein Kind
本能 Instinkt 男; Trieb 男 ¶～的に instinktiv
本部 Zentrale 囡; leitende Dienststelle 囡
ポンプ Pumpe 囡 ¶～でくむ pumpen
本降りになる richtig regnen
本文 Text 男; (原文) Urtext 男
ポンベ Bombe 囡, [Stahl]flasche 囡
奔放な wild; freizügig; ausgelassen
本名 eigentlicher Name 男
本物の echt; recht; richtig; wahr; natürlich
本屋 Buchhandlung 囡, Buchladen 男
翻訳 Übersetzung 囡 ¶～する übersetzen; übertragen. ◆～権 Übersetzungsrecht 中 ¶～者 Übersetzer 男
ぼんやりと（不明瞭）undeutlich; （放心した）zerstreut, unaufmerksam. ¶～した undeutlich, unklar; zerstreut
本来の eigentlich; ursprünglich
本領 Eigenart 囡 ¶～を発揮する *sich*⁴ bewähren [als⁺⁴]
本論 Hauptteil 男

ま

間 （中断の時間）Pause 囡; (部屋) Zimmer 中 ¶休むーない 時間 nicht einmal Zeit zum Ausruhen haben. あっという～に blitzschnell; im Nu. ～がいい zeitgerecht, rechtzeitig; günstig. ～が悪い ungünstig; (きまりが) verlegen. ～の悪いことに im ungünstigsten Moment; unverhofft. ～の抜けた dummes Gesicht. ～を置く Zeit lassen. ～を取る pausieren. ～を持たす die Zeit füllen. 3～のアパート eine Wohnung mit 3 Zimmern
魔 böser Geist 男; Teufel 男 ¶～の交差点 eine gefährliche Kreuzung ／～が差す des Teufels sein. ◆～除け Amulett 中
まあ Oh! Wie! ¶～聞いてくれ Hör mal zu! ～驚いたな O mein Gott! ～あきれたな Na, so was!～すてき!Ach, wie schön! ～そんなところだ Na ja, das geht.
マーガリン Margarine 囡
マーク Marke 囡
マーケット Markt 男
真新しい nagelneu; ganz neu
マーチ Marsch 男
まあまあの befriedigend; mäßig. ¶調子はどうですか ― まあまあです Wie geht es Ihnen? ― Es geht, danke.
マーマレード Marmelade 囡
枚 Blatt 中
マイカー eigenes Auto 中, Privatauto 中
マイク Mikrofon 中
マイクロバス Kleinbus 男
迷子 verlaufenes ⟨verirrtes⟩ Kind 中 ¶～になる *sich*⁴ verlaufen ⟨verirren⟩
毎時 jede Stunde, stündlich.
毎週 jede Woche, wöchentlich.
枚数 Seitenzahl 囡
埋葬 Begräbnis 中, Beerdigung 囡 ¶～する beerdigen, begraben

埋蔵する vergraben; ein|graben [*et*⁴ in⁺⁴]
毎月 jeden Monat. ¶～の monatlich
毎度 jedes mal; immer
毎年 jedes Jahr; jährlich. ¶～の jährlich
マイナス minus
毎日 jeden Tag; täglich. ¶～の täglich
マイペースで in eigenem Tempo
マイホーム Eigentumswohnung 囡, Eigenheim 囲
参る〈負ける〉besiegt〈niedergeschlagen〉werden. ¶ どうだ参ったか Gibst du [jetzt] endlich auf? 参りました Ich bin fertig. すぐに参ります Komm' sofort. 彼は彼女にすっかり参っている Er ist von ihr ganz bezaubert.
マイル Meile 囡
マイルドな sanft; weich
舞う tanzen; fliegen
真上に gerade oben; oberhalb [*et*⁴; von⁺³]
マウス Maus 囡
マウンテンバイク Mountainbike 囲, Geländefahrrad 囲
前に〈位置〉vor⁺³; vorn; 〈時間〉vor⁺³; früher. ¶ 駅の～に vor dem Bahnhof. 寝る～に vor dem Schlafen; bevor ich zu Bett gehe. ずっと〈2年〉～に ganz früher〈vor zwei Jahren〉. 2,3日～に vor einigen Tagen. 6時ちょっと～に kurz vor sechs Uhr. ～の時に ehemalig. その～の晩に am vorigen Abend. バスの～の方に im Bus sitzen. ～に進む vorwärts schreiten〈gehen〉. ～にずらす vorrücken. ～へ vorwärts. ～もって vorher; im Voraus
前足 Vorderbein 囲, Pfote 囡
前売り Vorverkauf 囲
前置き Vorbemerkung 囡
前書き Vorwort 囲
前向きの aktiv
任せる überlassen [*j*³ *et*⁴]; an|vertrauen [*j*³ *et*⁴]. ¶ 身を～sich¹ hingeben [*j*³]. 想像に任せます Das überlasse ich Ihrer Vorstellungskraft. 任せなさい Überlassen Sie mir!
曲がり角 [Straßen]ecke 囡
まかり通る ¶ そんなことが～とでも思っているのか Glaubst du etwa, dass du damit durchkommst? まかり通らぬ Das geht nicht.
まかり間違う ¶ まかり間違えば大事故になるところだった Beinahe wäre es zu einem schweren Unfall gekommen. まかり間違っても auf keinen Fall
曲がる〈道などが〉[ab|]biegen; 〈物が〉*sich*⁴ biegen. ¶ 曲がった Krumm. 角を～um die Ecke biegen. 右に曲がれ Bieg nach rechts ab! その老人は腰が曲がっている Der Rücken des Alten ist krumm. ネクタイが曲がっていますよ Ihre Krawatte sitzt schief. 曲がったことは大嫌いだ Ich möchte nur, was richtig und ehrlich ist.
マカロニ Makkaroni 囲

まき〈薪〉Brennholz 囲
巻き毛 Locke 囡
巻き込まれる erfasst werden [von⁺³]; verwickelt werden [in⁺⁴]
まき散らす streuen
巻き付ける wickeln; schlingen
牧場 Weide 囡, Wiese 囡
巻き戻す zurück|spulen. ¶ 巻き戻しボタン Rückspulknopf 囲
巻物 Rolle 囡
紛らわしい irreführend
幕 Vorhang 囲; 〈劇〉Akt 囲
膜 Haut 囡; Film 囲; Schicht 囡
巻く rollen; wickeln [*et*⁴ in⁺⁴]; auf|ziehen
まく〈撒く・播く〉streuen; spritzen
まく〈蒔く〉säen
マグカップ Krug 囲
マグニチュード Magnitude 囡
マグマ Magma 囲
枕 [Kopf]kissen 囲 ◆ ～カバー Kopfkissenüberzug 囲
まくる〈捲る〉¶ 腕を～ *sich*³ die Ärmel hochkrempeln. ズボンの裾を～ die Hosenbeine umkrempeln.
まぐれ Zufall 囲. ¶ ～で durch Zufall
マグロ〈鮪〉Thunfisch 囲
負け戦 in verlorener Kampf 囲
負け犬 Underdog 囲. ¶ ～の遠吠え えだ hinter *j*² Rücken herziehen
負け惜しみ ¶ ～を言う die Tatsache nicht einsehen wollen; die Tatsache verniedlichen. ～を言うな Versuch nicht, Entschuldigungen für die Niederlage zu finden. 彼女は～が強い Sie kann nicht verlieren.
負け越す mehr verlieren als gewinnen
負けず劣らず ¶ トーマスはペーターに～賢い Thomas ist ebenso klug wie Peter.
負けず嫌い unnachgiebig. ¶ ～である ein schlechter Verlierer sein
負ける verlieren, besiegt werden. ¶ 誘惑に～ der Versuchung unterliegen. プレッシャーに～ dem Druck nicht standhalten können. 値段を～ billiger machen. 1割～ 10 Prozent abziehen. ～が勝ち Wenn man nachgibt, wird auch oft der Wunsch erfüllt.
曲げる biegen; beugen; krümmen
負けん気 ¶ ～が強い übereifrig sein
孫 Enkel 囲
真心のこもった mit Liebe; herzlich
まごつく in Verwirrung geraten; aus der Fassung kommen
まさか! Mensch! | Meine Güte! ¶ ～彼に会うとは Ich habe ihn nicht geträumt, dass ich ihn treffen werde. ～の時にで für den Notfall
摩擦 Reibung 囡. ¶ ～する reiben
まさに eben; genau. ¶ ～その通りです Ja, genau so ist es. それは～私が言いたかったものだ Das wollte ich eben haben.
勝る überlegen sein [*j*³ an〈in〉⁺³]
混ざる *sich*⁴ vermischen [mit⁺³]; ineinander verschmelzen

ましな besser
マジック Zauberei 囡
まして mehr als vorher; (否定文) geschweige denn. ¶以前にも~お美しいSie sind viel hübscher als früher. ドイツ語を読めない、~書物が読めるない Ich kann kein Deutsch lesen, geschweige denn schreiben.
呪い Zauber 男; Zauberformel 囡
真面目な ernst; anständig. ~に ernst, ernsthaft, im Ernst
魔術 Zauber 男
魔女 Hexe 囡
まじりけのない rein; echt; unvermischt
混じる vermischt sein [mit $^{+3}$]
交わる $sich^4$ kreuzen; (交際) verkehren, umgehen [mit $^{+3}$]
増す zunehmen [an $^{+3}$]; wachsen
ます(升) [Hohl]maß 匣
マス(鱒) [Lachs]forelle 囡
まず (最初に) erst, zunächst; (ほとんど) wohl. ¶~を第一に zuerst. ¶~事実を確認する (彼) ~ Jetzt bin ich erstmal beruhigt. 彼が無実であることは~間違いない Es steht wohl fest, dass er unschuldig ist. ~お礼まで Ich wollte mich nur kurz bei Ihnen bedanken.
麻酔 Betäubung 囡; Narkose 囡. ~をかける betäuben; narkotisieren
まずい schlecht, ungeschickt; (味が) geschmacklos. ¶~な肉でその Fleisch schmeckt nicht gut. ~なことに dummerweise. ~なことになった Jetzt wird es aber problematisch. ~時に im ungünstigen Augenblick
マスク Maske 囡
マスコット Maskottchen 匣
マスコミ Massenmedien 復
貧しい arm. ¶~な暮らしをする armseliges Leben führen. ~な人 Arme[r] 男; 囡 ¶~な人々 arme Leute, die Armen
貧しさ Armut 囡
マスターする meistern; beherrschen
マスタード Senf 男 ♦~ガス Senfgas 匣
マスト Mast 男
マスプロ Massenproduktion 囡
ますます immer [+比較級]; mehr und mehr. ¶~よくなる immer besser werden. ~不利になる immer ungünstiger werden
先ず先ずの mittelmäßig; leidlich
マスメディア Massenmedien 復
混ぜる [ver]mischen
また (又) (再び) wieder; (同じく) auch; (あるいは) oder. ¶~の機会に行こう Wir gehen bei der nächsten Gelegenheit. 彼は医者であり~ものまたは Er ist Arzt und dazu noch Dichter. じゃあ~ね Bis dann <bald>. ~の名 anderer Name 男 ~の名は alias
また(股) Schenkel 男
まだ noch. ¶~~でない noch nicht... ~彼に会ったことがない Ich habe ihn noch nicht getroffen. これと同じ物が~ありますか Haben Sie genau das gleiche wie dieses hier [noch einmal]? ~ほんの子供じゃないか Es ist doch

noch ein kleines Kind.
またがる (馬に) aufs Pferd steigen. ¶2年に~ $sich^4$ über zwei Jahre erstrecken
またぐ treten [über $^{+4}$]
まだしも 1 ¶寒いだけなら~お腹もすいてくる Es ist mir nicht nur kalt, sondern bin auch noch hungrig.
待たせる warten lassen
瞬く zwinkern. ¶~間に im Nu
または oder. ¶AとBのいずれか entweder A oder B
まだまだ noch. ¶面白い話が~ある Wir haben noch mehr lustige Geschichten. ホテルまで待つ~で Wir haben noch ein Stückchen zu gehen bis zum Hotel.
またもや wieder[um]
斑(まだら)の scheckig
町・街 Stadt 囡 ¶~の städtisch. ~に出掛ける in die Stadt gehen. ~を起こしする a die Stadt beleben. ~外れ[で]〈に〉 am Stadtrand. ~の多くの人々が行事に参加した Die ganze Stadt nahm an der Veranstaltung teil. ~並みが美しい Diese Stadt macht einen schönen Eindruck. ♦~医者 praktischer Arzt ~角 Straßenecke 囡 ~中 Stadtmitte 匣 ~役場 Rathaus 匣
待合室 Wartezimmer 匣
待ち合わせる $sich^4$ verabreden [mit $^{+3}$]
待ち受ける abwarten; erwarten
間近の sehr nahe; dicht [ganz nahe] [an $^{+3}$]; (時間) bevorstehend
間違い Fehler 男 ¶~だらけの lauter Fehler. ~を起す einen Fehler begehen. ~を起こして einen Fehltritt machen. ♦~の電話 falsch verbundener Anruf 男
間違う $sich^4$ irren [in $^{+3}$]; verwechseln; einen Fehler machen. ¶計算を~falsch rechnen, einen Rechenfehler machen. 間違って aus Versehen
間違える $sich^4$ irren [in $^{+3}$]; einen Fehler machen. ¶電車を~ einen falschen Zug nehmen
間違った falsch, unrichtig; verfehlt
待ち焦がれる sehnsüchtig warten [auf $^{+4}$]
待ち遠しい kaum erwarten können
待ち伏せ Lauer 囡 ~する lauern [auf $^{+4}$]
待ち伏せる lauern [auf $^{+4}$]
待つ warten [auf $^{+4}$]; (期待して) erwarten. ¶少々お待ち下さい Bitte warten Sie einen Augenblick. 待ち切れない nicht warten können; ungeduldig warten. 待って Halt!
松 Kiefer 囡
末裔 Nachkomme 男
真っ赤 ganz rot; feuerrot
真っ暗 ganz schwarz; finster
まつげ [Augen]wimper 囡
マッサージ Massage 囡
マッサージする massieren
真っ最中 ¶…の~に mitten in $^{+3}$
真っ青 tiefblau
真っ逆さまに kopfunter, kopfüber
真っ先に zuerst; am allerersten; an

まっしょう

der Spitze [von +3]
抹消 する durch|streichen
真っ白 に ganz weiß, schneeweiß
真っ直 ぐ gerade; aufrecht. ¶～に geradeaus. ～に立てる auf|richten
待った ¶新計画に～が掛かる Gegen den neuen Plan wurde ein Veto eingelegt.
まったく（全く）gar, ganz und gar, durchaus, völlig. ¶～と同様と全然ない～ない gar nicht; niemals. ～話にならない Das ist doch absurd! 彼のことは～知りません Ich kenne ihn persönlich gar nicht. 君の言うとは～その通りだ Da hast du ganz und gar recht.
マッチ Streichholz 匣
マット Matte 囡
マットレス Matratze 囡
マッハ Machzahl 囡; Mach 匣
松葉杖 Krücke 囡
祭り Fest, Feier 囡. ¶～を催す（行う） Feste feiern. ～一色気分である Es herrscht bereits eine ausgelassene Stimmung. ◆～囃子(ばやし) Festmusik 囡. 雪～ Schneefest
祭り上げる ¶彼を議長に～ ihn zum Vorsitz drängen
祭る als Gott verehren. ¶先祖の霊を～ zu den Vorfahren beten. 湯島天神には菅原道真が祭られている Der Yushima-Schrein ist Michizane Sugawara geweiht.
…まで（程度）bis zu+4, bis zu+3; （強意）sogar. ¶5時～に bis um 5 Uhr. 現在～bis jetzt. 最後～bis zum Schluss. 100歳～生きる bis zum 100 Jahre leben. 出発～あと3時間 Wir haben eine halbe Stunde bis zur Abfahrt. 今日はこれ～ So weit für heute. そんなに～して行きたいのか Musst du denn unbedingt gehen?
摩天楼 Wolkenkratzer 匣
的 Zielscheibe 囡; Ziel 匣. ¶～に当たる（を外す）die Zielscheibe treffen 〈verfehlen〉. ～を射て当的. ～を外れたり daneben|schießen. ～を射た質問をする mit der Frage den Nagel auf den Kopf treffen. ～を外れる verfehlt sein
窓 Fenster 匣. ¶～を開ける〈閉める〉die Fenster öffnen〈schließen〉. ～から外を見る zum Fenster hinaus|schauen. ～側の席 Fensterplatz 匣. ～を拭きとる die Fenster putzen. ～辺に立つ am Fenster stehen. ◆～ガラス Fensterscheibe 囡. ～際族 die Ausrangierten ～枠 Fensterrahmen 匣
窓口 Schalter 匣 ◆～係 der Mann am Schalter. 出納～ Kassenschalter 匣
まとまり （統一）Einheit 囡, Übereinstimmung 囡; (関連) Zusammenhang 匣. ¶～のいい〈ない〉クラス geschlossene〈auseinander gefallene〉Klasse 囡
まとまる （集まる）zusammen|kommen; （統一ある）zur Einigung kommen; （整理がつく）fertig sein. ¶話が～Man wurde einig. まとまった金 eine hübsche〈ordentliche〉Summe Geld 囡. 考えがまとまった Ich habe mein

Konzept fertig. 交渉がまとまった Die Verhandlungen führten zu einem guten Ergebnis.
まとめ Zusammenfassung 囡
まとめる （ひとつに）zusammen|stellen, vereinigen; （整理する）zusammen|fassen; （解決する）zum Erfolg bringen. ¶意見を～die Meinungen zusammenfassen. 考えを～seine Gedanken zusammenfassen. まとめて置く zusammen|legen. お金をまとめて払う alles auf einmal bezahlen
まとも ehrlich, ordentlich. ¶風を～に受ける den Wind direkt ins Gesicht bekommen. ～な暮らしをする ein anständiges Leben führen. ～な人間 ein ordentlicher Mensch 匣
まどろむ schlummern
惑わす irre|führen; verführen
マナー Manieren 覆; Benehmen 匣
まな板 Hackbrett 匣, Küchenbrett 匣
眼差し Blick 匣
真夏 Hochsommer 匣
学ぶ lernen; studieren
マニア Manie 囡
間に合う noch rechtzeitig sein 〈an|kommen〉. ¶電車に～den Zug rechtzeitig erreichen. バスに間に合わなかった Ich habe den Bus verpasst. 締め切りに間に合わなかった Ich habe den Termin versäumt. もう間に合わない Ich schaffe das nicht mehr.
間に合わせ provisorisch
間に合わせる sich⁴ behelfen [mit +3]. ¶明日の朝までに間に合わせて下さい Machen Sie das bitte bis morgen früh fertig. この傘で間に合わせてくれる Kannst du mit diesem Schirm auskommen?
マニキュア Maniküre 囡
マニュアル Anweisung 囡
免れる entgehen [et+3]; vermeiden.
真似 Nachahmung 囡. ¶～をする nach|ahmen. ～がうまい Er kann gut nachahmen. 死んだ～をする sich⁴ tot|stellen. ほんの～ごとで nur aus Spaß
マネーサプライ Geldmenge 囡
マネージメントフロア Chefetage 囡
マネージャー Manager 匣
招き Einladung 囡. ¶～に応じる der Einladung folgen 〈nach|kommen〉. お～にあずかりありがとうざいまして Ich bedanke mich für die Einladung.
マネキン Mannequin 匣 ◆～人形 Schaufensterpuppe 囡
招く ein|laden[j⁴ zu+3]. ¶パーティーに招かれる zur Party eingeladen werden. 顧問に～als Berater einstellen. 批判に～kritisiert werden. 誤解を～ein Missverständnis hervorrufen. 死を～den Tod herbei|führen
真似る nach|ahmen, nach|machen, imitieren. ¶手本を真似て練習する nach dem Vorbild [von +3] üben
瞬く blinzeln. 瞬き Blinzeln 匣
疎らな spärlich; dünn
麻痺 ¶～する lahm werden. ～させる lähmen. ～した lahm
真昼 Mittag 匣. ¶～に am hellen Tage

まぶしい blendend; grell
まぶた(瞼)〔Augen〕lid 中
真冬に mitten im Winter
マフラー Halstuch 中
魔法 Zauber 男; Magie 女 ¶～を使う einen Zauber anwenden.～を解く den Zauber bannen ◆～使いZauberer 男;～びん Thermosflasche 女
幻 Trugbild 中; Illusion 女; Vision 女
まま ¶窓が開けたままになっている Das Fenster bleibt offen. コートを着たまま ohne den Mantel auszuziehen. 人生は～ならぬ Das Leben geht nicht so, wie man den wünscht.
ママ Mama 女, Mutti 女
継子(ﾏﾏｺ) Stiefkind 中
ままごとをする Mutter und Kind spielen
継母(ﾏﾏﾊﾊ) Stiefmutter 女
まめな fleißig; emsig
豆 Bohne 女;（えんどう豆）Erbse 女
まめ(肉刺) Blase 女
まもなく bald
魔物 Dämon 男
守り Schutz 男; Abwehr 女
守る（防ぐ）**schützen** [j-et⁴ vor⁺³（gegen⁺⁴）];（力で）**verteidigen** [j-et⁴ gegen⁺⁴];（規則を）**befolgen**; **sich⁴ halten** [an⁺³].
麻薬 Rauschgift 中
眉[毛]〔Augen〕braue 女
まゆ(繭) Kokon 男
迷い Irrtum 男 ¶～から覚める aus einem Wahn erwachen
迷う（決められない）**sich⁴ nicht entscheiden können**;（道に）**sich⁴ verlaufen**. ¶森で道に～ im Wald verlaufen. 女に～ sich⁴ in eine Frau vernarrt sein. 迷える小羊 ein irrrtes Schaf
真夜中 Mitternacht 女 ¶～に um Mitternacht, mitten in der Nacht
マヨネーズ Majonäse 女
マラソン Marathonlauf 男 ¶～をする Marathon laufen
まり(鞠) Ball 男
丸 Kreis 男 ¶～を書く einen Kreis zeichnen. 番号を～で囲む die betreffenden Zahlen einkreisen.～1週間 eine volle（ganze）Woche.～3日から～ gut drei Tage in Anspruch nehmen.～3日を～ gut drei Tage dauern
丸い・円い **rund**. ¶～月 der runde Mond. 丸く収まるも dem glücklichen Ende nehmen. 彼も人間が丸くなってきた Er hat an Reife gewonnen. 円く輪になって座る im Kreis sitzen
丸刈りの kurz geschoren
マルク Mark 女; die Deutsche Mark
丸太 Klotz 男 ◆～小屋 Blockhaus 中
まるで（ganz und）gar. ¶～…いう ganz und gar nicht. それ(彼)は～役に立たない Das（Er）ist gar nicht zu gebrauchen. 彼女は～子供だ Sie ist nur ein Kind.～違うよと Das ist ganz anders.～まるで…のように als ob…¶～パイロットらしい Du siehst ganz wie ein richtiger Pilot aus.
円天井 Gewölbe 中

まるまるとした voll; rund
丸み Rundung 女 ¶～のある rundlich
丸屋根 Kuppel 女
稀に selten. ¶～に seltsen; fast nie
回す（回転）**drehen** [an⁺³], **umdrehen**;（渡す）**weitergeben**;（ダイヤルを）**wählen**. ¶車を～ein Auto schicken [j³]. 書類を～(官庁）Dienstanweisungen auf den Dienstweg weiterreichen;（会社）Ankündigungen als Hausmitteilung weitergeben. 洗濯機を～die Waschmaschine einschalten. 支店に回される zu einer Filiale versetzt werden
[…を]回って um⁺⁴. ¶湖をぐるっと～ um den See herum
周り Nähe 女, Umkreis 男; Kreisumfang 男 ¶～のまわりに(を)を um⁺⁴; um⁺⁴ herum. 池の～に um den Teich herum.～の〔に〕im Umkreis [von⁺³]; in der Nähe [von⁺³]. 地球は太陽の～を回る Die Erde dreht sich um die Sonne.
回り Umlauf 男, Kreislauf 男 ¶火の～が早い Das Feuer greift schnell um sich. 酒の～が早い schnell betrunken werden.
回り合わせ ¶～がよい Glück haben
回りくどい umständlich; weitschweifig. ¶～言い方はやめてください Machen Sie keine Umschweife.
回り舞台 Drehbühne 女
回り道 Umweg 男 ¶～をする einen Umweg machen
回る kreisen, **sich⁴ drehen** [um⁺⁴]. ¶月は地球の周りを～ Der Mond kreist〔dreht sich〕um die Erde.
万 zehntausend
満々…だったら falls...; wenn...;～の eventuell
満員 übervoll, überfüllt
蔓延(ﾏﾝｴﾝ)する **sich⁴ ausbreiten**
漫画 Comics 複;（風刺の）Karikatur 女 ◆～映画 Zeichentrickfilm 男 ～家 Karikaturenzeichner 男, Karikaturist 男
満開である in voller Blüte sein
マンガン Mangan 中
満期 Ablauf 男; Fälligkeit 女 ¶～の fällig
満喫(ﾏﾝｷﾂ)する nach Herzenslust genießen
満月 Vollmond 男 ¶～だ Es ist Vollmond.
マンション Appartementhaus 中, Etagenhaus 中; Wohnung 女
慢性の chronisch
漫然と gedankenlos; ziellos
満足 Zufriedenheit 女 ¶～させる befriedigen; genügen [j³].～する zufrieden sein [mit⁺³].～のいく zufriedenstellend.～して zufrieden
満タンにする voll tanken
満潮 Flut 女
満点 ¶～をとる die beste Note bekommen
マント Mantel 男
マンドリン Mandoline 女
真ん中 Mitte 女 ¶～に mitten; in der Mitte; mitten [in⁺³]. 道の～で mitten auf der Straße.～から分ける halbie-

マンネリ routinemäßig; stereotyp
万年筆 Füller 男; Füll[feder]halter

万引き Ladendiebstahl 男; ¶~する einen Ladendiebstahl begehen; klauen
満腹した satt, voll
万遍なく gleichmäßig
マンホール Kanalschacht 男; ~のふた Kanaldeckel 男
マンモス Mammut 男
万力 Schraubstock 男

み

実 Frucht 女; (ベリー) Beere 女; (堅果) Nuss 女; (穀類) Korn 中 ¶~をたくさんつけた viele Früchte tragen. ~を結ぶ Früchte tragen. ~のある話 eine inhaltsreiche Rede 女
身 ¶私の~にもなってください Versetzen Sie sich [mal] in meine Lage. ~から生きた錆も出る Du bist selbst schuld daran. ~一つで ohne jede Habseligkeiten.
~が入らない Das macht mich nicht heiß. ~が持たない sich⁴ nicht halten können.
~につまされる von Mitleid erfüllt werden. ~に覚えがない nichts zu tun haben [mit⁺³]. ~にあまる光栄 eine unverdiente Ehre ~につける(着る) an[ziehen, (着ている) tragen; (所持する) bei sich⁴ haben; (習得する) sich⁴ aneignen.
~のこなし Körperbewegung 女; ~の振り方 seine Zukunft ¶~のほどを知らない sein Ich habe nicht kennen. ~の回りに um sich⁴ selbst. ~の毛がよだつ Es läuft j³ kalt über den Rücken.
~を誤る einen Fehltritt tun. ~を入れる sich⁴ konzentrieren [auf⁺⁴]. ~を固める heiraten. ~を清める sich⁴ reinigen. ~を切られる思い Das schneidet mir ins Herz. ~を切るような schneidend; beißend. ~を粉にして sich⁴ zu Tode schinden. ~を挺して auf eigene Gefahr. ~を持ち崩す herunterkommen. ~をもって体験する am eigener Haut erfahren. ~を寄せる wohnen [bei⁺³]; Schutz suchen [bei⁺³]

見合い Partnerwahl 女
見上げる hinaufblicken [zu⁺³]
見誤る sich⁴ versehen
見合わせる zurück|halten [mit⁺⁴]. ~(断 念する) verzichten [auf⁺⁴]
見い出す finden
ミーティング Treffen 中, Konferenz 女, Gesprächsrunde 女
ミイラ Mumie 女
実入り (収入) Einkommen 中; (利益) Gewinn 男; (収穫) Ernte 女 ¶~がある gut verdienen. ~のよい職 ein gut bezahlter Beruf 男
見失う (目から)verlieren
身内 die Seinen; Verwandte[r] 男 女
見栄 Eitelkeit 女

見え透いた durchsichtig
見えて来る sich⁴ zeigen; in Sicht kommen; erscheinen
見える sehen; sichtbar werden. ¶…のように見える aussehen wie… 若く(元気そうに)~ jung (gut) aussehen. 肉眼でも~ mit bloßem Auge erkennbar sein. ~は見えない unsichtbar [für die Augen]. 間もなくお見えになります Er wird gleich erscheinen.
見送り 盛大な~を受ける von vielen Leuten verabschiedet werden. その法案は~になった Der Gesetzentwurf wurde zurückgestellt.
見送る beim Abschied begleiten. ¶チャンスを~ seine Chance verpassen. バスを一台~ den nächsten Bus nehmen. 法案が見送られる Der Gesetzentwurf wurde zurückgestellt.
見落とす übersehen; sich⁴ versehen
見覚えがある sich⁴ erinnern [an⁺⁴]
見下ろす hinab|sehen; herab|blicken
未開の wild; primitiv
未解決の offen
見返り zurück|blicken [auf⁺⁴]
見返り ~…のとして als Gegenleistung für⁺⁴
磨きをかける polieren. ¶~のかかった poliert
味覚 Geschmack 男; Zunge 女
磨く putzen, polieren; schleifen
見かけ Aussehen 中; Äußere[s] 中 ¶人を~で判断する j⁴ nach dem Aussehen beurteilen. 人は~によらない Der Schein trügt.
未加工の roh, nicht bearbeitet
味方 Freund 男 ¶私はあなたの~です Ich stehe auf Ihrer Seite. …の~をする für⁺⁴ ein|treten. ~に引き入れる auf seine Seite ziehen (bringen)
見方 Gesichtspunkt 男; Ansicht 女
三日月 Mondsichel 女
身勝手な selbstsüchtig
身構え Positur 女
身構える sich⁴ in Positur stellen
身軽な beweglich, flink
蜜柑 Mandarine 女
未完成の unvollendet
幹 Stamm 男
右 ¶~に rechts, auf der rechten Seite. ~の recht. ~へ nach rechts. ~から von rechts. ~に出るものはない in der Nummer Eins sein. ~へならえする in Reih' und Glied stehen. ~の通り相違ありません Vorstehende Angaben entsprechen der Wahrheit.
右腕 der rechte Arm. ¶社長の~だ Er ist die rechte Hand seines Chefs.
右側 die rechte Seite. ◆~通行 Rechtsverkehr 男
右利きの rechtshändig
ミキサー Mixer 男
右手 die rechte Hand. ¶~の rechts; auf der rechten Seite.
右回りの im Uhrzeigersinn
見極める durchschauen; übersehen; durchsehen
見下す herab|sehen [auf⁺⁴]
みくびる gering schätzen

見比べる vergleichen [*j-et*⁴ mit ⁺³]
見苦しい hässlich; unfein
見事な schön; herrlich; prima
見込み Aussicht 囡; Hoffnung 囡 ¶ …の～がある Es gibt Hoffnung, dass... ～のない aussichtslos. ～が外れる falsch eingeschätzt; verschätzt. ～違いをする falsch kalkuliert haben; verschätzt haben
見込む（予想する）rechnen [mit ⁺³]; (信用する）vertrauen [*j-m*³; auf ⁺⁴]. ¶ …を見込んで mit eingerechnet. 君を友人と見込んで… Ich betrachte dich als meinen Freund und... 社長に見込まれる das Vertrauen des Präsidenten genießen
未婚の ledig, unverheiratet. ¶ ～の母 ledige Mutter 囡
ミサ Messe 囡
ミサイル Rakete 囡
岬 Kap 回
短い kurz. ¶ ～に挨拶 kurzer Gruß 男. 短くなる kürzer werden. 短くする kürzer machen
短さ Kürze 囡
短めの etwas kürzer. ¶ ～のジャケット eine etwas kürzere Jacke 囡
身支度する *sich*⁴ fertig machen [für ⁺⁴]; *sich*⁴ ankleiden
惨めな elend; miserabel; traurig
未熟な unreif; unerfahren
見知らぬ fremd; unbekannt
ミシン Nähmaschine 囡
ミス Fehler 男 ¶ ～をする einen Fehler machen
ミス… Fräulein 回
水 Wasser 回 ¶ 水道の～ Leitungswasser. 花に～をやる Blumen begießen. 風呂に～を入れる Wasser in die Badewanne lassen. 野菜の～を切る die Gemüse trocknen. ～が引いた Das Wasser läuft ab. ～に浮く schwimmen
水浴びる baden
水色の hellblau, himmelblau
湖 See 男
水掻き Schwimmhaut 囡
自ら selbst; selbst; persönlich
水着 Badeanzug 男; (ビキニ) Bikini 男
見過す übersehen; versäumen
水差し Krug 男; Wasserkanne 囡
水玉模様の gepunktet, mit Punkten
水っぽい wäss[e]rig; dünn
ミステリー Mysterium 回; Rätsel 回
 ◆ ～映画 Horrorfilm 男 ～小説 Schauergeschichte 囡
見捨てる verlassen
水鳥 Wasservogel 男
水脹れ Blase 囡
ミスプリント Druckfehler 男
みすぼらしい schäbig
みずみずしい jung und frisch
水虫 Fußpilz 男
魅する bezaubern; fesseln; entzücken
店 Geschäft 回; Laden 男 ¶ ～を出す ein Geschäft ⟨einen Laden⟩ eröffnen. ～を畳む das Geschäft ⟨den Laden⟩ schließen

未成年の unmündig; minderjährig.
 ◆ ～者 Minderjährige[r] 男 囡
見せかけの scheinbar; anscheinend
見せかける *sich*³ den Anschein geben, als ob...
店先に vor dem Laden
店じまいする den Laden schließen; （その日の）Feierabend machen
見せつける [demonstrativ] zeigen
店番（人）Verkäufer 男 ¶ ～をする den Laden hüten
見せびらかす voller Stolz zeigen
店開きする ein Geschäft eröffnen
見世物 Schaustellung 囡
見せる zeigen [*j*³ et⁴]; (展示する) ausstellen. ¶ 若く～ *sich*⁴ jung aussehen lassen. 必ずやって見せます Ich werde es bestimmt fertig bringen.
溝 Graben 男; Rille 囡; Gosse 囡
未曽有の beispiellos
みぞれ（霙）Schlack 男 ¶ ～が降る Es fällt Schneeregen.
…みたいである aussehen wie...
見出し Index 男; Schlagzeile 囡; Titel 男 ◆ ～語 Stichwort 回
身だしなみ Äußere[s] 回 ¶ ～に気をつかう korrekt angezogen sein
満たす erfüllen; füllen
乱す durcheinander bringen; in Unordnung bringen
見たところでは anscheinend
乱れ（心の）Aufregung 囡 ¶ 服の～を直す *seine* Kleidung wieder in Form bringen. ◆ ～髪 wirres Haar 回
乱れる in Unordnung geraten; durcheinander kommen. ¶ 心が～verwirrt sein. ダイヤが～ Der Fahrplan kommt durcheinander. 風紀が～ Die guten Sitten kommen in Verfall.
道 Weg 男; (通り) Straße 囡; (小道) Pfad 男; (路地) Gasse 囡 ¶ ～を開ける den Weg finden. ～を切り開く den Weg bahnen. ～を尋ねる nach dem Weg fragen. ～を譲る den Weg freigeben. ～を塞ぐ die Straße sperren; im Wege stehen [*j*³]. ～を間違える den falschen Weg nehmen. ～に迷う *sich*⁴ verlaufen. ～を急ぐ *sich*⁴ beeilen. 自分なべを歩む *seinen* eigenen Weg gehen. その～に明るい Experte in diesem ⟨für diesen⟩ Bereich sein. ～ならぬ eine sündhafte Liebe
未知の unbekannt
案内方 Wegweiser 男; (人) Führer 男
道草を食う bummeln
満ち潮 Flut 囡
満ち潮 Route 囡
道しるべ Wegweiser 男
満ちた erfüllt; zufrieden
道のり Strecke 囡; Weg 男
導く führen; leiten
満ちる voll werden [von ⁺³]; zunehmen; steigen
蜜 Honig 男
三日（日付）der Dritte; (日数) drei Tage
見つかる *sich*⁴ finden
貢ぎ物 Tribut 男
ミックス Gemisch 回

みつけだす 992

見つけ出す finden; ausfindig machen; entdecken
見付ける finden; heraus|finden; entdecken
三つ子 Drillinge
密告 Denunziation 囡 ¶～する denunzieren (j⁴ bei j³ wegen ⁺²)
密集した dicht
密生した dicht; buschig
密接した dicht; eng. ¶～な eng; nahe; dicht
三つ 三
密度 Dichte 囡
みっともない unschicklich
蜜蜂 Biene 囡
見つめる starren〔j³ ins Gesicht〕; an|sehen, an|schauen
見積もり Schätzung 囡 ¶改装の～をしてもらう Kostenvoranschlag für den Umbau erstellen lassen. ◆～額 Voranschlag 男 ～書 Kostenvoranschlag 男
見積もる schätzen; ¶高く〈安く〉～ hoch〈billig〉 bewerten. 少なく見積もっても wenigstens
密輸 Schmuggel 男 ¶～する schmuggeln
密輸入する ein|schmuggeln
密林 dichter Wald 男; Dschungel 男
未定の unbestimmt; unentschieden
見て取る an|merken (j³ et⁴); an|sehen (j³ et⁴)
未到の unerreicht, unbetreten, unberührt
見通し Aussicht 囡; Sicht 囡 ¶この道路は～がきかない Die Straße ist unübersichtlich. 景気回復の～が立たない Die Wiederbelebung der Konjunktur ist nicht in Sicht. 彼の考えていることはおぉだ Seine Pläne sind leicht durchschaubar.
見通す（見抜く）durchschauen；（予測する）voraus|sehen. ¶将来を～ die Zukunft voraus|sehen
認める ein|räumen (j³ et⁴);（許可する）an|erkennen, zu|geben;（わる）erkennen, wahr|nehmen, bemerken
緑 Grün 中 ¶～の grün
看取る pflegen;（最期）に在の最後の時間 in der letzten Stunde dabei sein
見とれる fasziniert sein〔von ⁺³〕
皆 alle;（я) alles. ¶わかったよ、～まで言うな Ich hab's verstanden, sag nicht alles.
見直す noch einmal durch|sehen; überdenken; seine Ansicht〔über ⁺⁴〕ändern
見なされる gelten〔als ⁺¹; für ⁺⁴〕
皆さん Verehrte Anwesende!｜Meine Damen und Herren!｜お宅の～に宜しく Schöne Grüße an die Familie!
みなしご（孤児）Waise 囡
見なす（あるものを～と思う）j-et⁴ als ⁺⁴ an|sehen; j-et⁴ für ⁺⁴ halten
港 Hafen 男
南 Süden 男 ¶～の südlich
源 Quelle 囡; Ursprung 男
見習う Gehilfe 男;（女性）Gehilfin 囡; Lehrling 男

見習う nach|ahmen; nach|eifern (j³)
身なり Kleidung 囡
見慣れた bekannt; vertraut
ミニチュア Miniatur 囡
醜い hässlich
ミニスカート Minirock 男
身につける sich³ an|eignen.｜身につけている tragen
見抜く durchschauen; ein|sehen
峰 Gipfel 男
ミネラルウォーター Mineralwasser
見逃す nach|sehen (j³ et⁴); übersehen
実り Ernte 囡 ¶～の多い fruchtbar
実る reifen
見放す auf|geben; im Stich lassen
見晴らし Aussicht 囡; Ausblick 男
見張り Wache 囡 ¶～をする bewachen, überwachen
見張る bewachen, überwachen
身振り Gebärde 囡, Geste 囡 ¶～手振りで durch Gebärden
身分 Stand 男; Rang 男 ¶～のある人 ein Mensch von hohem Stand 男 ¶～の高い〈低い〉人 ein Mensch von hohem〈niedrigem〉 Stand ¶～を明かす seine Herkunft verraten. 結婚などで～ですね Wie schön für Sie. ◆～証明書 Personalausweis
未亡人 Witwe 囡
見本 Muster 中; Vorbild 中; Probe 囡
～市 Messe 囡
見舞う ¶～に行く besuchen
見舞う besuchen
見守る wachen〔über ⁺⁴〕
見回す sich⁴ um|sehen
見回る patrouillieren; auf Streife gehen
―未満の unter ⁺³
耳 Ohr 中 ¶～がいい gute Ohren haben. ～が遠い schwerhörig sein. ～が早い überall sein Ohr haben. ～が痛い Ohrenschmerzen haben; J³ tut das Ohr weh. ～が聞こえなくなる taub werden. ～に挟んで聞いた。～にたくさんできるほど聞き飽きたくなるほど聞いて、もう聞きたくありません。～に入るが？ kommt zu Ohren, dass…｜hören〔auf ⁺¹〕. ～にする hören. 全身を～にする ganz Ohr sein. ～を塞ぐ Ohren schließen. ～を貸す seine Ohren geben. ～を貸さない nicht zuhören wollen. ～を傾ける nicht hinhören wollen. ～を傾ける zu|hören (j-et⁴). ～をそばだてる die Ohren spitzen. ～を揃えて払う den vollen Betrag zahlen. パンの～ Brotkruste
ミミズ Regenwurm 男
ミミズク Uhu 男
未明に vor Tagesanbruch
身元 Herkunft 囡 ¶～保証人 Bürge 男;（女性）Bürgin 囡
脈 Puls 男 ¶～をとる den Puls fühlen (j³). 彼には～がある Bei ihm sehe ich noch Chancen. ～がない keine Aussicht mehr haben
脈打つ pulsen, pulsieren
脈拍 Puls 男, Pulsschlag 男
みやげ（土産）Mitbringsel 中;（贈り物）Geschenk 中;（旅の）Reiseandenken 中; Souvenir 中

都 Hauptstadt 囡; Stadt 囡
見やすい leicht zu sehen
見破る durchschauen; erkennen
見やる sehen [nach +3]
ミュージカル Musical 围
ミュージシャン Musiker 围
ミュンヘン München
見よ Siehe!
妙な merkwürdig; komisch. ¶～な人 merkwürdiger Mensch 围 妙に merkwürdigerweise; seltsamerweise
明後日 übermorgen
名字 Familienname 围
明朝 morgen früh
明日(みょう) morgen
明晩 morgen Abend
未来 Zukunft 囡 ¶～の zukünftig. ～の大スター künftiger Star 围 ～のある viel versprechend. ～の像を描く das künftige Bild der Gesellschaft malen ⟨darstellen⟩. ♦～永劫(ごう) in aller Ewigkeit. ～学 Futurologie 囡 ～形 Futur 围, Zukunftsform 囡 ～派 Futurismus 围
ミリメートル Millimeter 围(围)
魅了する bezaubern
魅力 Reiz 围; Anziehungskraft 囡 ～的な reizvoll; attraktiv; charmant. ～がない reizlos; unattraktiv. ～を感じる attraktiv ⟨reizend⟩ finden. ♦～あふれた reizvoll
見る sehen, schauen, gucken; blicken [auf+4; nach+3]. ¶ちらっと～ einen Blick [auf+4] werfen; flüchtig blicken. じっと～ starren. 私の見たところでは soweit ich sehe. 見たところ anscheinend. どう見ても in jeder Hinsicht. 見ての通り wie Sie sehen. ～影もないほどやつれている Er ist nur noch Haut und Knochen. ～に耐えない nicht aushalten können; nicht mit ansehen können. ここは～べきものは何もない Hier gibt es nichts, was man sehen müsste.
診る untersuchen. ¶脈を～ den Puls fühlen [j³]
見るからに nach dem Aussehen
ミルク Milch 囡
見る見る zusehends
見る目 ¶～がある⟨ない⟩ einen guten ⟨schlechten⟩ Durchblick haben.
魅惑的な bezaubernd, faszinierend
見分ける unterscheiden; erkennen
見渡す übersehen
民家 Privathaus 围
民間 privat; zivil
ミンク Nerz 围
民芸品 volkstümliche Handarbeit
民事の zivil
民主化 Demokratisierung 囡 ¶～化する demokratisieren. ♦～主義 Demokratie 囡 ～主義の demokratisch. ～主義者 Demokrat 围
民衆 Volk 围
民宿 Pension 囡
民族 Volk 围; Nation 囡 ♦～音楽 Volksmusik 囡 ～学 Völkerkunde 囡 ～主義 Nationalismus 围 ～浄化 ethnische Säuberung 囡

民俗 Volkssitte 囡; Bräuche 围 ♦～学 Volkskunde 囡
民法 bürgerliches Recht 围, Zivilrecht 围
民謡 Volkslied 围
民話 Volksmärchen 围; Volkssage 囡

む

無 Nichts 围
無為の むだな müßig; untätig; inaktiv
六日 (日什) der Sechste; (日数) sechs Tage
無意識の⟨に⟩ unbewusst; automatisch
無意味な sinnlos; unsinnig; absurd
ムース (料理) Mousse 囡
ムード Stimmung 囡; Atmosphäre 囡 ♦～のある stimmungsvoll
無益な nutzlos; vergeblich
無縁の fremd
向かいの⟨に⟩ auf der anderen Seite; gegenüber. ¶～風 Gegenwind 围 おっさん das Haus gegenüber
無害な harmlos, unschädlich
向かい合う gegenüberstehen ⟨j³⟩. ¶…と向かい合って gegenüber +3. 向かい合って座る gegenübersitzen ⟨j³⟩
向かう (行く) gehen; (旅立つ) ab|reisen. ¶ベルリンへ～ nach Berlin gehen ⟨abreisen⟩. 机に～ sich⁴ an den Tisch setzen. ～に向かって nach+3; entgegen+3; gegen+4. 階段を降りて向かって右側がお手洗いです Wenn Sie die Stufen hier hinuntergehen, dann ist rechts die Toilette.
迎え入れる aufnehmen
迎えに行く ab|holen
迎える empfangen; ab|holen; begrüßen. ¶駅で彼を～ Ich hole ihn vom Bahnhof ab. 各地で温かく迎えられた Ich bin überall freundlich begrüßt worden.
昔 alte Zeit 囡 ¶～の alt. ～は⟨に⟩ in alten Zeiten; (以前) früher; (かつて) einst. ～を偲ぶ sich⁴ an die Vergangenheit erinnern. 僕らは～からの知り合いだ Wir kennen uns schon seit langer Zeit. 町は～のままである Die Stadt sah wie früher aus. それはとっくの～のことだ Das ist uralte Geschichte. ♦～気質(かたぎ)の職人 ein Handwerker vom alten Schlag 围 ～なじみ ein alter Freund ⟨Bekannter⟩ 围 ～なじみの altvertraut. ～話 eine alte Geschichte 囡 Sage; ～昔…Es war einmal [ein König] ...
ムカデ(百足) Tausendfüßler 围
無感覚な gefühllos; sinnlos
無関係の unabhängig. ¶～である unabhängig sein [von+3]; nichts zu tun haben [mit+3]
無関心な gleichgültig; indifferent
向き Richtung 囡 ¶～を変える sich⁴ um|wenden [nach+3]; die Richtung ändern. 風の～が変わった Der Wind hat sich gedreht. 南～の部屋 ein Zimmer nach Süden. ～になる zornig ⟨stur⟩ werden. 人には～不向きがあ

むき

る Jeder hat seine eigene Geschmacksrichtung.
無機の anorganisch
麦 (小麦) Weizen 男; (大麦) Gerste 女; (ライ麦) Roggen 男
向き合う gegenüberstehen [j-et³]
無傷の heil
むき出しの bloß, nackt, entblößt
無気力な schlapp, mutlos
麦藁 Stroh 中; Strohhalm 男
向く sich⁴ richten [auf⁺⁴]; sich⁴ zuwenden [j-et³]; sich⁴ wenden
剝く schälen
報い Lohn 男; Belohnung 女; Vergeltung 女
報いる lohnen [j³ et⁴], belohnen [j⁴ für⁺⁴], vergelten [j³ et⁴]
無口な schweigsam, wortkarg
ムクドリ(椋鳥) Star 男
-向けの für⁺⁴
向ける richten [j³ et⁴]. ¶ 目を～ sein Augenmerk auf⁺⁴ richten. 注意を～ Aufmerksamkeit schenken [j-et³]. 銃を～ mit dem Gewehr [auf⁺⁴] zielen
無限の unendlich, endlos; unbegrenzt
婿 (花婿) Bräutigam 男; (夫) Mann 男; (娘の) Schwiegersohn 男
むごい (惨い・酷い) grausam, unbarmherzig
向こう drüben; vorne. ¶ ...の～に 〈へ〉über⁺³; auf⁺⁴. ～で drüben; jenseits. 山の～に hinter den Bergen. 世論を～に回す der Öffentlichkeit entgegentreten. ～を張る wetteifern [mit⁺³; um⁺⁴]. ◆～三軒両隣 die nächste Nachbarschaft
無効の ungültig
向こう側 andere Seite 女 ¶ ～に auf der anderen Seite. 通りの～に auf der anderen Seite der Straße
向こう見ず tollkühn; verwegen
無言の stumm; still; schweigend
無罪 Unschuld 女 ¶ ～の unschuldig; schuldlos. ～判決を下す freisprechen
貪る gierig sein; begehrlich sein; (食物を) gierig essen
虫 (昆虫) Insekt 中; (ミミズ) Wurm 男; (甲虫) Käfer 男 ¶ ～に刺される von einem Insekt gestochen werden. 仕事の～ Arbeitstier 中 ～が知らせる instinktiv etwas merken. ～がよすぎますよ Das ist zu viel verlangt. ～が好かないやつ ein unsympathischer Typ 男 娘に～がつかないかと心配だ Ich mache mir Sorgen, ob meine Tochter nicht einen schlechten Umgang hat. ～のいい男 eigennütziger Mensch 男. ～の居所が悪い in seiner letzten Zeit sein. ～の居所が悪い eine schlechte Laune haben. ～も殺さない顔をしている Er tut so, als ob er keiner Fliege ein Leide (zuleide) tun könnte.
無視する ignorieren; vernachlässigen; nicht beachten; übersehen
無地の einfarbig; ohne Muster
蒸し暑い schwül
無資格の unberechtigt; unqualifiziert

994

無実の falsch beschuldigt werden
虫歯 fauler (hohler) Zahn
虫しばむ(蝕む) zerfressen; an|greifen
無慈悲な unbarmherzig
虫干しする lüften; aus|lüften
虫眼鏡 Vergrößerungsglas 中; Lupe 女
無邪気な unschuldig; naiv
矛盾 Widerspruch 男 ¶ ～する widersprechen [j-et³]
無情な herzlos; gefühllos
無条件に unbedingt
無色の farblos
無職の beschäftigungslos
無所属の parteilos
むしろ lieber; eher, vielmehr. ¶ A よりも～B B eher B als A. 私としては～彼の意見を採用したい Ich würde eher seinen Vorschlag aufnehmen.
無人の unbewohnt
無神経な unempfindlich; dickfellig
無神論 Atheismus 男 ◆～者 Atheist 男
蒸す dämpfen
難しい zahllos; unzählbar
難しい schwer, schwierig; (複雑で) kompliziert. ¶ この問題は難しすぎて解けない Diese Aufgabe ist zu schwer, um zu lösen. そんなに難しく考えなくてもいいよ Du brauchst nicht so kompliziert denken. ～年齢である im schwierigen Alter sein.
難しさ Schwierigkeit 女
息子 Sohn 男
結ばれる ¶ 彼らは結ばれた Sie haben sich gebunden.
結び合わせる verbinden [et⁴ mit⁺³]
結び付き Verbindung 女; Zusammenhang 男
結び付ける binden [et⁴ an⁺⁴]; an|knüpfen [et⁴ an⁺⁴]
結び目 Knoten 男
結ぶ binden; knüpfen. ¶ 契約〈協定, 同盟〉を～ einen Vertrag 〈ein Abkommen, ein Bündnis〉 schließen
むずむずする ¶ 鼻〈背中〉が～する Die Nase 〈Der Rücken〉 juckt mich 〈mir〉. | Es juckt mich 〈mir〉 in der Nase 〈am Rücken〉. 彼は発言したくて～している Er möchte sich zu Wort melden und wird ungeduldig.
娘 Tochter 女; (女の子) Mädchen 中
無税の steuerfrei
無制限に unbeschränkt
無責任な unverantwortlich
むせる sich⁴ verschlucken [an⁺³]
無線 Funk 男; Funkgerät 中
夢想する träumen [von⁺³]
むだ(無駄) Verschwendung 女 ¶ ～な sinnlos; vergeblich. ～にする verschwenden. ～な vergeblich sein. やってみたが～だった Ich habe es zwar versucht, aber es war umsonst. こんなことをしても時間の～だ Das ist reine Zeitverschwendung. やっても～だ Das macht keinen Sinn.
無断で unerlaubt
むち(鞭) Peitsche 女
無知の〈な〉 unwissend; dumm

無秩序 Unordnung 図
無茶な unvernünftig
夢中になる begeistert sein〔von⁺³〕; sich⁴ verlieren〔in⁺⁴〕. ～で hingerissen; verrückt. ～である verrückt sein〔auf⁺⁴; nach⁺³〕
無賃乗車 Schwarzfahrt 図
六つ sechs
睦まじい einträchtig; intim
無鉄砲な tollkühn
無頓着な unbekümmert; gleichgültig
胸騒ぎがする J³ wird eng um's Herz.
空しい leer; vergeblich; umsonst
胸 Brust 図 ¶感動で～が一杯である tief bewegt sein. ～がすっとする sich⁴ erleichtert fühlen. ～がつかえる Es nagt an J³ Herz. ～のつかえが下りる Ein Stein fällt j³ von Herzen. ～に描く sich³ in Gedanken ausmalen. 彼の言葉が～にこたえた Seine Worte gingen mir zu Herzen. 演説は～に迫るものだ Die Rede geht in die Brust ein. ～に秘めた想いを胸に抱く einen Gedanken im Herzen tragen. ～に手を当てて よく考えろ Hand auf's Herz! ～を打たれる tief beeindruckt sein. ～を躍らせる Das Herz hüpft j³ vor Freude. ～に焦がす einen Herz an ～を掛ける sich⁴ erleichtert fühlen. ～を張る stolz sein〔auf⁺⁴〕. ～を膨らませる voll vor Erwartung sein
棟 First 図; Haus
胸焼けする Sodbrennen haben
無能な unfähig; untauglich; untüchtig
無比の einzig; unvergleichlich
無表情な ausdruckslos
無謀な tollkühn; unbesonnen
謀叛 Rebellion; Verschwörung
無味乾燥な trocken
無名の unbekannt; anonym
無免許で ohne Fahrerlaubnis
むやみに gedankenlos; übermäßig.
村 Dorf 図 ♦～人 Dorfbewohner
群がる schwärmen
紫の lila; purpurfarbig; violett.
無理な unmöglich. ¶～に mit Gewalt. ～をする（働きすぎ）sich⁴ überarbeiten; sich⁴ überanstrengen. ～を言わないで くれ Verlang von mir bitte nicht zu viel. ～はするな Immer mit der Ruhe! もう～が利かない Ich kann mich nicht mehr überfordern. ～にとは言わないけど… Das heißt zwar nicht unbedingt, aber… ～なお願いかも知れませんが… Vielleicht gehe ich mit meinem Wunsch zu weit, aber… …だとしても～はない Kein Wunder, dass... ～が通れば道理が引っ込む Unvernunft verscheucht alle Vernunft.
無理強いする zwingen〔j⁴ zu⁺³〕
無理心中 erzwungener Doppelselbstmord 図; （一家心中）Familienselbstmord 図 ¶彼は～に追い込んだ Er zwang sie zum Doppelselbstmord.
無理難題 ¶人に～を吹っかける jm schwierigen Aufgaben überfordern
無理やり mit Gewalt
無料(で) frei; kostenlos; gratis
無力 Ohnmacht 図 ¶～な hilflos;

kraftlos; ohnmächtig
無類の beispiellos; einmalig
群れ Gruppe 図; Schar; Haufen 図; Herde

め

目 Auge 田 ¶さいきろ～の～die Augen des Würfels. ～が見えない blind. ～の前で vor seinen Augen. ～の前に vor Augen ～と鼻の先にある in unmittelbarer Nähe sein. ～の 荒い grob. ～の 細かい fein; dicht.
～がいい gut sehen. ～が輝いている J³ Augen leuchten. ～がすわっている stierend blicken. ～が覚める aufwachen. ～がくらむ J³ wird schwindelig. 欲に～がくらむ von Habgier geblendet sein. ～が回る schwindelig werden. …に～がない keinen Blick für⁺⁴ haben; (好き)auf⁺⁴ (nach⁺³) verrückt sein. ～が肥えている ein Auge für⁺⁴ haben. ～が利く einen Blick für⁺⁴ haben.
～から火が出る voller Wut sein; Sterne sehen. ～から桑が抜ける sehr schnell begreifen können.
自分の～で確かめる mit eigenen Augen bestätigen. 変な～で見られる schief angesehen werden. 長いー～でみる langfristig betrachten〔sehen〕.
～に余る Das geht zu weit. ～にかける unter seine Fittiche nehmen. ～に見えぬいたずき. ～に見えて sichtlich. ～にも止まらぬ速さで blitzschnell. ひどい～に遭う eine schlimme Erfahrung machen. ～にしみる in den Augen beißen [j³]. ～にしみる緑 frisches Grün 田 ～の毒である zu verführerisch sein. ～の保養だ Das ist eine Augenweide. ～の色を変えて ganz außer Sich⁴. ～の敵にする seinen Erzfeind sehen〔in⁺³〕. ～の中に入れても痛くない wie seinen Augapfel lieben. ～の上のたんこぶである Dorn im Auge sein〔j³〕. ～もくれない keinen Blick haben〔für⁺⁴〕
人に～を光らす j⁴ nicht aus den Augen lassen. ～を引く die Aufmerksamkeit auf sich⁴ ziehen. ～を奪われる anstarren. …に～を配る ein Auge auf⁺⁴ haben. ～を覚まさせる wecken. ～をそっと absehen〔von⁺³〕. ～を通す durchsehen. ～を吊り上げる große Augen machen. ～を三角にする böse Augen machen. ～を皿のようにする die Augen weit aufreißen. ～をつぶる die Augen zumachen; (大目に見る)extra absehen. ～を疑う seine Augen kaum glauben können. ～には～を，歯には 歯を Auge um Auge, Zahn um Zahn. ～は口ほどに物を言う Ein Blick sagt mehr als tausend Worte.
芽 Keim 田; Knospe 図; Schoss 図 ¶～を出す keimen; sprießen; knospen
目当て Ziel 田
姪 Nichte 図
銘 Inschrift 図
名案 gute Idee 図

めいおうせい 996

冥王星 Pluto 男
名画 berühmtes Gemälde 中; (映画) berühmter Film 男
明快な klar
明確な bestimmt; deutlich; klar
銘柄 Marke 女; Muster 中
名義 Name 男
名曲 berühmtes Musikstück 中
明細 Einzelheiten 複
迷彩 Tarnung 女
名作 Meisterstück 中
名刺 Visitenkarte 女; Karte 女
名士 Prominenten 複; Berühmtheit 女
名詞 Substantiv 中
目医者 Augenarzt 男
名所 Sehenswürdigkeit 女
名称 Bezeichnung 女
命じる befehlen [j³ et⁴], einen Befehl erteilen [j³]. ¶命じられるままに wie befohlen; nach dem Befehl
迷信 Aberglaube 男
名人 Meister 男; Künstler 男
名声 Ruhm 男; Ansehen 男
明暗 klar; hell
瞑想 Meditation 女; Besinnung 女
命中する treffen
命題 These 女; Satz 男
命日 Todestag 男
明白な klar; ausdrücklich; deutlich
名物 Spezialität 女
銘々 jeder
命名する nennen [j-et⁴ j-et⁴]
盟約 Gelübde 男; Vertrag 男; Bund 男; Bündnis 中
名誉 Ehre 女; Ruhm 男. ¶～ある ehrenhaft; ehrenvoll
明瞭な klar; deutlich
滅入る trübsinnig sein; niedergedrückt sein; deprimiert sein
命令 Befehl 男. ¶～する befehlen [j³ et⁴], einen Befehl geben ⟨erteilen⟩ [j³]. ～的な in befehlendem Ton. ～に従う⟨逆らう⟩ einen Befehl befolgen ⟨verweigern⟩. 人の～で auf j² Befehl [hin]. ～を受ける einen Befehl erhalten. ～口調で話す im Befehlston sprechen. ♦～系統 Befehlsstruktur 女 ～文 Imperativsatz 男
迷路 Labyrinth 男
明朗な heiter; froh
迷惑 lästig; belästigend
メイン ♦～ストリート Hauptstraße 女. ～バンク Hauptbank 女
目上 (人) Vorgesetzte⟨r⟩ 男
雌牛 Kuh 女
メーカー Hersteller 男
メーキャップ Make-up 中. ¶～する sich⁴ schminken
メーター Uhr 女; Meter 男 (中)
メーデー Maifeiertag 男
メートル Meter 男 (中)
メール Brief 男; E～ E-Mail 女
目隠し Augenbinde 女
めがける bezwecken; erstreben
目方 Gewicht 中; Schwere 女. ¶～がある wiegen. ～を計る wiegen
メカニズム Mechanismus 男

眼鏡 Brille 女. ¶～を掛けている⟨外す⟩ eine Brille tragen ⟨abnehmen⟩. 度の強い⟨弱い⟩～ starke ⟨schwache⟩ Brillengläser 複. ～ごしに見る durch die Brille sehen. 人の～に適う j² Probe bestehen. ♦～橋 Bogenbrücke 女. ～星(人) Optiker 男
メガバイト Megabyte 中
メガホン Megaphon 中
女神 Göttin 女
めきめき merklich; zusehends
目薬 Augentropfen 複
恵まれる gesegnet sein [mit⁺³]
恵み Segen 男; Gnade 女; Wohltat 女. ¶～深い gnädig
恵む gönnen [j³ et⁴]
巡らす 庭に垣を～den Garten umzäunen. 思案を～Gedanken spinnen
巡り合う zusammentreffen [mit⁺³]
めくる blättern [in⁺³]
巡る sich⁴ drehen, kreisen [um⁺⁴]; (季節が) wiederkehren
目指す zielen [auf⁺⁴]. ¶…を目指して auf⁺⁴ hin
目覚ましい glänzend; auffallend
目覚まし時計 Wecker 男
目覚める aufwachen; erwachen. ¶目覚めた本
飯 gekochter Reis; (食事) Essen 中. ¶～を炊く Reis kochen. ～を食う essen. 三度の～より映画が好きだ Der Film ist wichtiger für mich als das tägliche Essen. 作家では～が食えない Von der Schriftstellerei allein kann man nicht leben. ～の食い上げになる sich⁴ verhungern müssen. ♦～粒 ein gekochtes Reiskorn 中
召し使い Diener 男
目尻 Augenwinkel 男
目印 Kennzeichen 中; Merkmal 中; Zeichen 中. ¶～をつける kennzeichnen
雌 Weibchen 中. ¶～の weiblich
珍しい selten; rar; seltsam. ¶～話 eine seltene Geschichte 女. ～客 ein unerwarteter Gast 男. 珍しそうに neugierig; überrascht. 珍しがる neugierig sein
めそめそ泣く wimmern
目立つ auffallen; sich⁴ auszeichnen [in⁺³; durch⁺⁴]. ¶目立って auffallend. 目立たない unauffällig sein. 目立たないように unauffällig; um nicht aufzufallen. 目立ちたがる die Aufmerksamkeit auf sich⁴ ziehen wollen
メダル Medaille 女
目玉 Augapfel 男. ♦～焼き Spiegelei 中
メタンガス Methangas 中
滅茶苦茶 Durcheinander 中. ¶～な verrückt; durcheinander
目つき Blick 男
めっき Metallüberzug 男. ¶～をする plattieren [et⁴ mit⁺³]. ♦金～ Vergoldung 女 金～をする vergolden
めっきり beträchtlich; zusehends
メッセージ Botschaft 女
滅多に[…しない] Verfall 男; Untergang 男
メディア Medium 中

めでたい glücklich
めど ¶…の〜がつく *et*⁴ in Aussicht haben
メドレー (音楽) Potpourri 申; (水泳) Medley 申
メニュー Speisekarte 囡
目抜き通り Hauptstraße 囡
芽生える Keim 男
芽生える keimen
目ぼしい bemerkenswert; auffallend; hauptsächlich
目まい Schwindel 男 ¶〜がする Es schwindelt *j*³.
目まぐるしい schwind[e]lig; rasch
メモ Notizen 囡 ¶〜する notieren.
♦〜帳 Notizbuch 甲 〜用紙 Zettel 男
目盛り Skala 囡
メモリー Speicher 男
目やに Augenbutter 囡
めらめら 〜燃える [auf]lodern
メリーゴーランド Karussell 甲
メリット Vorteil 男
メロディー Melodie 囡; Weise 囡
メロン Melone 囡
綿 Baumwolle 囡
面 Seite 囡; Fläche 囡; (お面) Maske 囡
めん (麺) Nudel 囡
免疫 Immunität 囡 ¶〜のある immun [gegen *+*⁴]
面会する besuchen; sprechen. ♦〜時間 Sprechstunde 囡
免許 Lizenz 囡 ♦[運転]〜証 Führerschein 男
面食らう ganz verwirrt sein
面識 Bekanntschaft 囡
免除する befreien [*j*⁴ von *+*³]
免状 Zeugnis 甲
免職処分にする entlassen [*j*⁴ aus *+*³]
…に面する *et*³ gegenüberliegen; gegenüber *+*³]. ¶〜に面している nach ‹auf *+*⁴› gehen
免税の zollfrei. ♦〜品 zollfreie Waren
面積 Fläche 囡; Flächeninhalt 男
面接 Interview 甲 ¶〜する interviewen
面前 ¶人の〜で in *j*² Gegenwart. 公衆の〜で in ⟨vor⟩ aller Öffentlichkeit
面接する sprechen [*j*⁴]; *sich*⁴ unterreden [mit *+*³]
メンテナンス Unterhaltung 囡
面倒な lästig. ¶〜なことになる in Schwierigkeiten geraten. 〜を見る面倒を見る be treuen; *sich*⁴ kümmern [um *+*⁴]. 〜のいい先生 ein entgegenkommender Lehrer ¶ご〜をおかけして申し訳ありません Es tut mir Leid, dass Sie meinetwegen große Umstände machen müssen.
面倒臭い Das ist zu umständlich.｜ Das ist lästig. ¶面倒臭がる *sich*³ keine Mühe machen
雌鶏 Henne 囡
メンバー Mitglied 甲
綿密な(に) sorgfältig; genau
面目 〜を失う die Ehre verlieren
麺類 (商品) Teigwaren 囡; (食事) Mehlspeisen 囡; Nudeln 囡

997　　　　　　　　もうひとつ

も

も auch. ¶ A ＝ B ＝ sowohl A als auch B. A 〜 B 〜 ＝ weder A noch B. 彼はドイツ語＝フランス語＝話せる Er kann sowohl Deutsch als auch Französisch sprechen. 映画が好きだ＝私 = Ich sehe gern Filme. ― Ich auch! ちっともうれしくない＝私 ― Das macht mir keine Freude. ― Mir auch nicht. これは 1万円 した Das hat doch 10 000 Yen gekostet.

もう (すでに) **schon, bereits**; (間もなく) **nun, bald**; (さらに) **noch**. ¶もう…ない schon nicht. お茶を〜一杯飲む noch eine Tasse Tee trinken. 〜結構です Schon genug! 彼は〜ここに住んでいない Er wohnt hier nicht mehr.

もう一度 nochmals
もう一方の ander
儲(もう)かる einträglich
猛禽 Raubvogel 男
儲(もう)け Gewinn 男; Profit 男 ¶大〜する einen Bombengewinn machen. 〜の少ない wenig Gewinn bringend, wenig trächtig. これは思わぬ〜物をした Da habe ich aber Glück gehabt. ♦〜口 Einnahmequelle 囡 〜物 ein unerwarteter Gewinn 甲; (買物で) ein guter Kauf 男

儲(もう)ける verdienen, Gewinne machen. ¶この会社は儲けている Diese Firma macht große Gewinne.
設ける gründen; bilden; (記念碑などを) errichten; (宴席などを) vorbereiten; (規則を) die Regeln aufstellen.
申し合わせ Verabredung 囡
申し合わせる verabreden
申し入れ Angebot 甲 ¶〜をする einen Angebot machen [*j*³]
申し入れる anbieten
もうじき bald; gleich
申込書 Anmeldung 囡 ♦〜者 Anmelder 男
申し込む *sich*⁴ [an]melden [zu *+*³]. ¶講習会への参加を〜 *sich*⁴ zu einem Kurs anmelden
申し立て Angabe 囡
申し立てる aussagen
申し出 Angebot 甲 ¶〜をする einen Angebot machen [*j*³]
申し出る melden; anbringen [*j*³ *et*⁴]. ¶希望を〜 *seine* Wünsche vorbringen. 援助を〜 *seine* Hilfe anbieten [*j*³]
申し開き Rechtfertigung 囡 ¶〜をする *sich*⁴ rechtfertigen [vor *+*³]
申し分ない tadellos; einwandfrei
猛獣 Raubtier 甲
申し訳ない unentschuldbar
もうすぐ bald; demnächst
もう少し noch ein bisschen. ¶もう少しで…するところです fast; beinahe
妄想 Wahn 男
盲腸 Blinddarm 男; Wurmfortsatz 男
盲導犬 Blindenhund 男
もう一つ noch eins

毛布 [Woll]decke 囡
網膜 Netzhaut 囡
盲目 blind. ¶〜的な blind; unüberlegt. 〜に blindlings
猛烈に heftig; ungestüm
朦朧(もうろう)とした trübe; dunkel; düster
燃え上がる auflodern; aufflammen
燃え差し Stummel; Kippe 囡
燃え尽きる ausbrennen
燃える brennen. ¶燃えやすい leicht 〈schnell〉 brennen. 燃えてるよ Es brennt!
モーション Bewegung 囡
モーター Motor 男 ◆〜ボート Motorboot 中
モーテル Motel 中
モード (ファッション) Mode 囡
もがく zappeln; strampeln
模擬試験 simulierte Prüfung 囡
もぎ取る entwinden (j³ et⁴); (実を) abpflücken
もぐ pflücken
目撃する Zeuge [von⁺³] sein. ◆〜者 Zeuge 男; (女性) Zeugin 囡
木材 Holz 中
黙殺する totschweigen; ignorieren
目次 Inhaltsverzeichnis 中
木製の hölzern
木星 Jupiter 男
目前の bevorstehend. ¶〜で direkt vor der Nase. 〜に迫る bevorstehen
木造の hölzern; aus Holz
木炭 Holzkohle 囡
木彫 Schnitzerei 囡
目的 Zweck 男; Ziel 中 ¶〜を達成する das Ziel erreichen. 〜にかなった zielgerecht; zweckmäßig. 〜をもって mit dem Ziel [+ zu 不定詞句]. 〜のない ziellos; ohne Plan. 〜の意義がない Es fehlt j³ das Zielbewusstsein. ◆〜格 Akkusativ 男 ─ 語 Objekt 中 ─ 税 Zwecksteuer 囡 〜地 Ziel 中
黙認する still lesen
黙認する stillschweigend dulden
木馬 Schaukelpferd 中
目標 Ziel 中 ¶〜にする sich⁴ zum Ziel setzen. 〜を立てる sich³ ein Ziel setzen. ◆〜価格 Richtpreis 男, Zielpreis 男 〜額 Zielsumme 囡 〜管理 zielgerechte Unternehmensführung 囡 〜収益率 Zielrentabilität 囡 数値 〜 Zahlenziel
木曜日 Donnerstag 男 ¶〜に am Donnerstag
モグラ Maulwurf 男
潜る tauchen
目礼する durch Kopfnicken grüßen
目録 Katalog 男; Verzeichnis 中
模型 Modell 中; Muster 中
モザイク Mosaik 中
模索する tappen; tasten. ¶暗中〜する im Dunkeln tappen 〈tasten〉
もし wenn; falls. ¶もし〜でなければ wenn nicht... 〜がなかったら wenn... nicht wäre/n
文字 Buchstabe 男; Schrift 囡 ¶〜による schriftlich. 〜通り buchstäblich; wörtlich. 〜通り訳す wörtlich übersetzen. ◆〜コード Zeichennummer 囡 〜

多重放送 Videotext 男 〜盤 Zifferblatt 中
もしかしたら vielleicht; wohl
もしくは oder; beziehungsweise
文字盤 Zifferblatt 中
もしも ¶〜なら im Falle, dass... wenn... 〜のことがあったら falls etwas passieren sollte
もしもし Hallo!
もじもじする zögern. ¶〜しながら zögernd
もしや ¶〜と思ったことが現実になった Ein Traum wird zur Realität.
模写 Kopie 囡
もじゃもじゃの zottig
喪章 Trauerflor 男
もじる parodieren
模造 Nachahmung 囡; Imitation 囡 ¶〜する nachahmen; imitieren 〜の imitiert; nachgeahmt; falsch
悶える sich⁴ quälen [mit⁺³]; sich⁴ winden
もたせかける [an]lehnen (et⁴ an⁴)
持たせる [mit]geben (j³ et⁴)
もたもたする zögern; trödeln
もたらす bringen (j³ et⁴); einbringen
もたれる (凭れる) sich⁴ anlehnen [an⁴]; (胃に) schwer verdaulich
モダンな modern
餅 japanischer Reiskuchen 男
持ち上げる [an]heben
持ち味 Eigentümlichkeit 囡; Eigenart 囡
持ち歩く bei sich³ tragen
持ち合わせ ¶〜がない kein Geld bei sich³ haben
持ち合わせる bei sich³ haben
持ち家 Eigentumswohnung 囡 ¶〜を用いて mit⁺³
用いる gebrauchen, benutzen; (応用) anwenden (et⁴ auf⁺⁴)
持ち帰る zurücktragen; nach Hause tragen. ¶〜持ち帰りで Zum Mitnehmen
持ち株会社 Holdinggesellschaft 囡
持ち込む hineinbringen; hineintragen
持ち去る fortbringen; wegnehmen
持ち出す herausbringen; heraustragen; (苦情などを) vorbringen
持ち続ける halten; behalten
持ち逃げする durchbrennen [mit⁺³]
持ち主 Besitzer 男; Inhaber 男
持ちのよい haltbar; fest; solide
持ち場 Posten 男
持ち運びできる tragbar
持ち運ぶ tragen
持ち分 Anteil 男
持ち物 Sachen 複
もちろん freilich; natürlich; selbstverständlich
持つ haben; besitzen; tragen. ¶...を持って mit⁺³. 記録を持っている einen Rekord besitzen. 彼女は明日まで持たないだろう Sie wird den morgigen Tag nicht mehr erleben. あの会社は彼で持っているようなものだ Er ist der Hauptstütz in dieser Firma.

目下 augenblicklich
木琴 Xylophon 男
もったいない（惜しい）schade; verschwenderisch
もったいぶる wichtig tun; sich⁴ aufspielen
持てあげる ab|nehmen [j³ et⁴]
持って行く mit|bringen; mit|nehmen
持っている haben; besitzen; halten
持って帰る nach Hause bringen
持って来る [mit]bringen; ab|holen
もっと mehr; noch mehr。¶～速い noch schneller。～遠い noch weiter〈entfernter〉。～よい noch besser
モットー Motto 甲; Schlagwort 甲
最も ¶～…でない am allerwenigsten。～多い meist. ～近い nächst. ～よい best. ～高い höchst. ～広い größt. ～偉大な am hervorragendsten。～嫌いなタイプだ Er ist der Typ, den ich am meisten hasse.
もっとも（尤も）selbstverständlich;（しかし）aber; allerdings。¶～暗記しました。～次の日は全部忘れたけども次の日には全部暗記し直しました。私は暗記しましたけども、次の日には覚えてなかったので、また暗記し直しました。私はある暗記しましたけども、次の日にはまた忘れましたので、また暗記し直しました Ich habe als auswendig gelernt, aber am nächsten Tag wieder vergessen.
もっともな begreiflich; vernünftig。¶彼がそう言うのも～だ Kein Wunder, dass er das so sagt.
もっともらしい glaubwürdig。¶～顔をして mit einem ernsten Gesicht
もっぱら ausschließlich
縺(もつ)れる（からまる）sich⁴ verwickeln; sich⁴ verwirren
もてあそぶ spielen [mit ³]
もてなす bewirten; unterhalten
もてる beliebt sein [bei ³]
モデル Modell 甲; Vorbild 甲
元 Ursprung 男; Wurzel 女; **Grundlage** 女。¶～の früher。～は ursprünglich。～で wegen ²; infolge ²、infolge von ³. ～医師の作家で Der Schriftsteller, der früher Arzt war. ～の取れない nicht lukrativ sein. ～の鞘に収まる sich⁴ versöhnen [mit ³]. ～も子供も alles umsonst
もと（基）Grund 男。¶～にしている auf ³ beruhen, sich³ auf ⁴ stützen
もと 両親の～で暮らす bei den Eltern wohnen. ～の指導の～で unter der Leitung von ³.
戻して置く zurück|stellen
戻す（元の場所へ）zurück|geben;（吐く）sich⁴ erbrechen
元栓 Haupthahn 男
基づく beruhen [auf ³]; sich⁴ gründen [auf ⁴]. ¶～に基づいて auf Grund 〈aufgrund〉et ² 〈von ³〉
戻っていく zurück|gehen
戻ってくる zurück|kommen
元値 Einkaufspreis 男
求める（要求）verlangen;（探す）suchen;（買う）kaufen;（獲得）streben [nach ⁴; um ⁴]. ¶説明を～ eine Erklärung verlangen. 人に支払いを強く～ j³ zur Bezahlung drängen.
元々 ursprünglich; eigentlich
戻り Rückkehr 女．◆～道 Rückweg 男
戻る zurück|kommen, zurück|kehren。¶すぐ戻ります Ich komme gleich wieder zurück。調子が～ Der Rhythmus ist wieder drin。記憶が～ das Gedächtnis kommt wieder。¶～ sich⁴ wieder gut vertragen [mit ³]
モニター Monitor 男
物 Ding 甲; **Sache** 女。¶～がいい〈悪い〉von guter〈schlechter〉Qualität sein。～をよく知っている sich⁴ gut aus|kennen [in ³]。～の弾みで aus Versehen; durch Zufall. 人の～である j³ gehören, j³ zugehörig sein
物置 Abstellraum 男; Rumpelkammer 女．◆～小屋 Schuppen 男
物惜しみ freigebig
物音 Geräusch 甲
物覚え Gedächtnis 甲。¶～がいい ein gutes Gedächtnis haben
物思い ¶～にふける in Gedanken versinken
物語 Erzählung 女; Geschichte 女
物語る erzählen
物乞いする betteln
物差し Lineal 甲; Maßstab 男
物知り Vielwisser 男
物好きな neugierig; sonderbar
ものすごい schrecklich; furchtbar
物取り Dieb 男
物真似 Imitation 女。¶～をする imitieren; nach|ahmen
モノレール Einschienenbahn 女
物分かりのよい verständnisvoll; verständig; einsichtig
モバイル Mobilfunk 男
もはや schon; bereits。¶～…ない nicht... mehr
模範 **Vorbild** 甲。¶…を～とする sich³ j³ et⁴ zum Vorbild nehmen。～を示す ein Muster zeigen。～的な vorbildlich; musterhaft．◆～店 Schaukampf 男, Vorführung 女。¶～生 Musterschüler 男
喪服 Trauerkleidung 女
模倣する nach|ahmen
モミ（樅）Tanne 女
モミジ（紅葉）Ahorn 男
もむ（肩などを）massieren
もめごと Zwietracht 女; Zwist 男
もめる（気が）ängstlich sein [um ⁴];（喧嘩）streiten [mit ³]
木綿 Baumwolle 女
もも（腿・股）Oberschenkel 男
桃 Pfirsich 男
桃色 Rosa 甲。¶～の rosa
ももひき Unterhose 女
もや（靄）Dunst 男
燃やす brennen
模様 Muster 甲;（様子）Aussehen 甲;（状態）Zustand 男
催し Veranstaltung 女
催す veranstalten; geben; ab|halten。¶催される statt|finden
最寄りの die（, das）nächste
もらう(貰う) bekommen; erhalten; kriegen。¶子供を～ ein Kind adoptieren. 嫁を～ zur Frau nehmen. エンジンを調べて～ den Motor kontrollieren lassen. 人に助言して～ sich⁴ von ³ beraten lassen. すぐ出ていってもらうIch

möchte, dass Sie sofort hinausgehen. 誕生日のプレゼントに携帯電話をもらった Ich habe zum Geburtstag ein Handy [geschenkt] bekommen.

漏らす ¶秘密を~ ein Geheimnis verraten. ¶意向を~ eine Meinung [über +4] äußern. 小便を~ nass machen

モラトリアム Moratorium 中
モラル Moral 女
森 Wald 男
盛り上げる aufhäufen; (雰囲気などを) beleben
盛る füllen [et⁴ mit +3]
モルタル Mörtel 男
モルト Malz 中
モルモット Meerschweinchen 中
漏れる (水・情報が) [durch]sickern; (容器が) lecken
もろい(脆い) zerbrechlich; brüchig
両刃(の) zweischneidig
もろもろ allerlei; verschieden
門 Tor 中, Pforte 女
紋 Wappen 中; Muster 中
文句 Worte 複; (不満) Beschwerde 女, Klage 女. ¶~を言う Vorwürfe machen [j³ wegen +2]; sich⁴ beschweren [bei j³ über +4 ⟨wegen +2⟩]. ~なし zweifellos. ~のつけようがない tadellos sein
門限 Torschluss 男
紋章 Wappen 中 ◆~学 Heraldik 女
モンスーン Monsun 男
モンタージュ Montage 女 ◆~写真 Fotomontage 女
問題 Problem 中, Frage 女, Übung 女; (課題) Aufgabe 女; (事柄) Sache 女. ¶時間の~である eine Frage der Zeit sein. ~に答える auf die Frage antworten. ~しない sich⁴ nicht kümmern [um +4]. ~にならない nicht in Frage kommen. ~の多い problematisch. ~を起こす Schwierigkeiten verursachen. ~を出す(投げかける) eine Frage aufwerfen. ~を解く die Fragen lösen. ~なく ohne jede Schwierigkeit. それには~がある Da haben wir Probleme. ◆~意識 Problembewusstsein 中 ~児 Problemkind 中 ~集 Aufgabenbuch 中, Übungsbuch 中 ~点 der springende Punkt 男 ~用紙 Testbogen 男
門番 Pförtner 男, Portier 男
文部省 Kultusministerium 中 ◆~大臣 Kultusminister 男

や

矢 Pfeil 男
…や… oder; und
やあ (呼びかけ) Hallo! | Ach! | Oh!
ヤード Yard 中
野営 Lager 中 ¶~する lagern
八百屋(人) Gemüsehändler 男
夜会 Abendgesellschaft 女
野外で im Freien; draußen
夜学 Abendschule 女 ¶~に通う die Abendschule besuchen

館 Schloss 中; Hof 男
やがて bald, kurz danach; mit der Zeit
やかましい laut, geräuschvoll, lärmend. ¶やかましく ungeduldig. 環境汚染に対して世間はやかましくなっている Die Stimmen der Öffentlichkeit gegenüber Umweltproblemen werden immer lauter.
やかん Kessel 男
ヤギ(山羊) Ziege 女
焼き肉 Braten 男
野球 Baseball 中 ◆~場 Baseballplatz 男
夜勤 Nachtdienst 男; Nachtschicht 女
焼く verbrennen, brennen; backen, braten, grillen. ¶パン(ケーキ)を~ Brot ⟨Kuchen⟩ backen
役 Rolle 女; (職務) Amt 中; (地位) Stellung 女. ¶重要な~を果たす eine wichtige Rolle spielen. やっとお~で なくなったEndlich bin ich davon befreit. ~を退く vom Amt zurücktreten. ~に立つ nützlich ⟨hilfreich⟩ sein. ~に立たない unnütz sein [für +4]. あいつは何の~にも立たない Er ist zu nichts zu gebrauchen. 何かお~に立つことがありますか Kann ich Ihnen behilflich sein?
訳 Übersetzung 女 ¶~をつける den Text übersetzen ⟨mit einer Übersetzung versehen⟩. ◆日本語~ eine Übersetzung ins Japanische
約… zirca, etwa, ungefähr
夜具 Bettzeug 中; Bettbezug 男
役員 Vorstandsmitglied 中
薬害 Arzneimittel-Nebenwirkungen 複
薬学 Pharmazie 女, Pharmakologie 女
訳語 ¶この語に対応するドイツ語の~がない Es gibt keine wörtliche Übersetzung für dieses Wort im Deutschen.
薬剤 Arznei 中 ◆~師 Apotheker 男
役者 Schauspieler 男
訳者 Übersetzer 男
役所 Amt 中; Behörde 女
役職 Posten 男
躍進 Aufschwung 男
訳す übersetzen. ¶英文を日本語に~ aus dem Englischen ins Japanische übersetzen
薬草 Heilkraut 中
約束 Versprechen 中, Verabredung 女. ¶~する versprechen [j³ et⁴]. ~を守る⟨破る⟩ ein Versprechen halten ⟨brechen⟩. ~が違う Das ist gegen die Abmachung. ~通り wie versprochen. ~の日に am verabredeten Tag. ~の時間に zur verabredeten Zeit. 彼には将来が~されている Ihm steht eine glänzende Zukunft bevor. ◆~手形 Solawechsel 男
役立つ helfen, nutzen, nützlich sein
役人 Beamte 男; (女性) Beamtin 女
薬品 Arzneimittel 中, Medikament 中
薬物 Drogen 複 ◆~犯罪 Drogenkriminalität 女
訳文 der übersetzte Text
薬味 Gewürz 中

役目 Pflicht 囡; (職務) Amt 田
やぐら(櫓) Turm 男
役割 Rolle 囡
焼け跡 Brandstelle 囡
夜景 Anblick bei Nacht 男
夜警 Nachtwache 囡
焼け死ぬ verbrennen
火傷(ゃゖど) Brandwunde 囡 ¶～をする sich⁴ verbrennen
焼ける brennen, verbrennen; (肉が) gebraten werden; (パンが) gebacken sein
妬ける eifersüchtig sein [auf⁺⁴]
夜行列車 Nachtzug 男
野菜 Gemüse 囡
優しい freundlich, nett. ¶気立ての～nett. ～声で mit sanfter Stimme. 地球に～製品 ein umweltfreundliches ⟨umweltverträgliches⟩ Produkt 田 優しくする freundlich sein ⟨zu⁺³⟩. 背中を優しくさする über den Rücken sanft streichen ⟨j³⟩
優しさ Freundlichkeit 囡; Milde 囡
易しい einfach, leicht, mühelos
ヤシ(椰子) Palme 囡; (ココヤシ) Kokospalme 囡 ¶～の実 Kokosnuss 囡
野次馬 Schaulustige[r] 男
屋敷 Villa 囡
養う ernähren, unterhalten
夜襲 Nachtangriff 男
野獣 Bestie 囡; wildes Tier 田
野心 Ehrgeiz 男, Ambition 囡 ¶～的な ehrgeizig; ambitioniert
野人 Grobian 男; Lümmel 囡
安い billig, preiswert. ¶安く買う billig [ein]kaufen
安売り Sonderverkauf 男
安っぽい billig
休ませる ausruhen lassen. ¶息子を学校を～ den Sohn nicht zur Schule schicken
休み (休息) Ruhe 囡; (休憩) Pause 囡; (休暇) Urlaub 男, Ferien 複 ¶～を取る eine Pause machen; Urlaub nehmen. ～なく pausenlos. きょうは～で heute habe ich Urlaub. この店は火曜日が～だ Dieses Geschäft ist dienstags geschlossen. ¶～明け Rührt euch! お休みなさい Gute Nacht.
休む sich⁴ ausruhen; (欠席する) fehlen. ¶～暇もなく ohne Pause; ununterbrochen. 仕事⟨学校⟩を～ in der Firma ⟨Schule⟩ fehlen. 休め! Rührt euch! お休みなさい Gute Nacht.
安らかな〈に〉 ruhig, friedlich
安らぎ Ruhe 囡; Gemächlichkeit 囡
やすり Feile 囡
痩(ゃ)せ ¶私は～の大食いです Ich bin zwar dünn, esse aber viel. ◆～薬 Schlankheitsmittel 田
野生の wild
痩(ゃ)せ衰える stark abnehmen.
痩(ゃ)せ形の schlank
痩(ゃ)せ我慢する aussteheh
痩(ゃ)せすぎ ¶～の女性 bis zum Knochen abgemagerte Frau
痩(ゃ)せこける abmagern. ¶痩せこけた eingefallen
痩(ゃ)せた schlank, mager, abgemagert

痩(ゃ)せっぽち ein dünner Mensch 男 ¶彼ったら～だ Er ist klapperdürr.
痩(ゃ)せ細る dünn werden. ¶痩せ細った dünn; mager
痩(ゃ)せる abnehmen, schlanker werden. ¶痩せても mager ⟨schlank⟩ sein. 痩せても枯れても auch wenn ich ein unbedeutender Mensch sein mag
野草 Kraut 囡; Feldblume 囡
夜想曲 Nocturne 田
屋台 Bude 囡
やたら[に] übermäßig, heftig
野鳥 wilde Vögel 複
家賃 Miete 囡
奴 Kerl 男, Bursche 男
厄介 Schwierigkeit 囡; Lästigkeit 囡 ¶～な umständlich; lästig. ～なことになった Es ist kompliziert geworden. ～になる angewiesen sein [auf⁺¹]; betreut werden ⟨von⁺³⟩. 人に～をかける j³ zur Last fallen; j³ Umstände machen. ～払いする Lästiges entfernen. ◆～者 Störenfried 男; Nervensäge 囡. (困ός) Schmarotzer 男
薬局 Apotheke 囡, Drogerie 囡
八つ acht
やって行く ¶どうにか～zurecht[kommen ⟨mit⁺³⟩
やって来る kommen
やってのける fertig bringen
やってみせる vormachen ⟨j³ et⁴⟩
やってみる versuchen, probieren
やっと endlich, gerade noch; erst. ¶～のことで mit Ach und Krach. ～間に合う gerade noch erwischen. 食べていくの～である gerade genug zum Überleben haben. 彼は～仕事を始めたばかりだ Er ist mit seiner Arbeit erst am Anfang.
やっとこ Zange 囡
やっぱり also; doch
宿 Hotel 田; Gasthaus 田; Unterkunft 囡
雇い人 Angestellte[r] 男囡; Arbeitnehmer 男
雇い主 Arbeitgeber 男
雇う anstellen. ¶コックを3人～ drei Köche anstellen. 弁護士を～ einen Rechtsanwalt einstellen. 1年契約で雇われる mit einem Jahresvertrag angestellt werden.
野党 Oppositionspartei 囡
宿無し Obdachlose[r] 男囡
宿屋 Gasthaus 田, Hotel 田
柳 Weide 囡
脂(ゃに) Harz 田; Schmirgel 男
やにわに sogleich, plötzlich
家主 Vermieter 男
屋根 Dach 田 ¶～伝いに von Dach zu Dach. 一つ～の下に暮らす unter einem Dach leben. ◆～裏 Dachboden 男; ～裏部屋 Mansarde 囡, Dachstube 囡
やはり (依然として) schließlich, auch, doch, noch; (予期の通り) wie erwartet
夜半に um ⟨gegen⟩ Mitternacht
野蛮 Barbarei 囡 ¶～な barbarisch; wild. ◆～人 Barbar 男
藪 Busch 男, Gebüsch 田 ◆～医者 Quacksalber 男, Kurpfuscher 男

破る〈裂く〉zerreißen;〈壊す〉kaputt machen;〈約束など〉brechen. ¶約束〈沈黙, 記録〉を～ein Versprechen (das Schweigen, einen Rekord) brechen.
破れ Riss 男
破れかぶれ〈の〉völlig verzweifelt. ¶～になる verzweifelt sein
破れる reißen, zerreißen. ¶私の夢は破れた Mein Traum ist aus. 破れた靴 abgetragene Schuhe 複
敗れる verlieren; unterliegen [j-et³], besiegt werden
夜分に nachts, abends, in der Nacht
野暮 な abgeschmackt, geschmacklos
野望 Ehrgeiz 男
山 Berg 男 ¶～に登る〈を下りる〉auf dem Berg (vom Berg) steigen. ～が当たる ins Schwarze treffen. ～が当たった Ich habe richtig getippt. ～が外れる falsch geraten. ～をかける〈張る〉gewagte Schätzung machen. ～を越す über den Berg sein. 一～500円のリンゴ Ein Teller Äpfel kosten 500 Yen. 宿題の～ほどある一か い 難 い 課 題 einen Haufen Hausaufgaben haben. ～高きが故に貴からず Es ist nicht das Hochragen, was einen Berg ausmacht.
病 Krankheit 女
山火事 Waldbrand 男
山小屋 [Berg]hütte 女
山師 Schwindler 男, Scharlatan 男
山並み Bergkette 女
山猫 Luchs 男
山彦 Echo 中

闇 Finsternis 女, Dunkelheit 女 ¶夜の～に消える in die Finsternis verschwinden. ～から～に葬る vertuschen. ～で手に入れる schwarz gekauft haben. ◆～市 schwarzer Markt 男, Schwarzmarkt 男 ～討ち Meuchelmord 男 ～討ちをかける im Dunkeln angreifen. ～価格協定 illegale Preisabsprache 女 ～カルテル verbotenes Kartell 中 ～給与 heimlicher Zuschuss 男 ～取引 Schwarzhandel 男 ～屋 Schwarzhändler 男 ～夜 eine finstere 〈schwarze〉 Nacht 女 ¶一寸先は～ Die Zukunft liegt im Dunkeln.
やみくもに blindlings; gedankenlos
止む aufhören
病む krank werden
やむにやまれず ¶～嘘をついた Ich musste einfach lügen.
やむにやまれぬ ¶～理由で aus zwingenden Gründen
やむを得ず gezwungen; notgedrungen
やむを得ない notwendig, unvermeidlich. ¶～事情で行けなかった Die Umstände haben es mir nicht erlaubt, hinzugehen. それは～ことだ Das kann man nun nicht vermeiden.
止める aufhören, lassen. ¶煙草を～ das Rauchen aufhören. 悪い習慣を～ sich⁴ abgewöhnen. 学校を～ aus der Schule treten. やめさせる beenden 〈aufhören〉 lassen. やめてくれ！Hör auf! | Lass das!
辞める zurücktreten

やや etwas, ein wenig
ややこしい kompliziert, verwickelt
槍 Speer 男, Lanze 女
やり方 Weise 女
やり損なう verpfuschen, verfehlen
やり遂げる durchführen, bis zu Ende führen
やり直す noch einmal machen, von neuem anfangen
やり抜く beenden, vollenden
やる〈あげる〉geben [j³ et²];〈行う〉machen, tun;〈演じる〉spielen;〈送る〉schicken [j³ an et³];〈飲む〉trinken. ¶ドアの方に目を～zur Tür schauen. 一杯～ einen trinken 〈haben〉. 靴を買って～ Schuhe kaufen [j³]. ～っきゃない Wir haben keine andere Wahl, also machen wir das! よくやった Bravo! | Gut gemacht!
やる気 ¶～満々である voll motiviert sein. ～がない keine Lust [zu⁺³] haben. ～を起こさせる motivieren [j² zu⁺³]. ～のある人 motivierter Mensch
やる瀬ない ¶～思いをする sich⁴ trostlos fühlen

柔らかい weich, zart. ¶地面が～ Der Boden ist ausgeweicht. 柔らかくなる weich werden. 柔らかくする weich machen;〈体を〉lockern
和らぐ sich⁴ mildern
和らげる mildern, lindern
やんちゃ な unartig, schelmisch
やんわりと sanft, mild, leise

ゆ

湯 warmes Wasser 中 ¶～をわかす Wasser kochen. ～わかし器 Wasserkessel 男
唯一の einzig, einzig und allein
遺言 Testament 中 ◆～状 Testament 中
唯物論 Materialismus 男
優位 Vorrang 男 ¶～に立つ den Vorteil [gegenüber⁺³] verschaffen
有意義な〈に〉wichtig, bedeutungsvoll
憂鬱な melancholisch, schwermütig
有益な nützlich, fruchtbar, wertvoll
優越した überlegen
遊園地 Vergnügungspark 男
優雅な elegant, fein, anmutig
誘拐 Entführung 女 ¶～する entführen. ～犯 Entführer 男; Kidnapper 男
有害な schädlich, verderblich
有価証券 Wertpapier 中, Effekten 複
夕方 Abend 男 ¶～に am Abend. 今夕〈昨日, 明日〉の～ heute 〈gestern, morgen〉 Abend
夕刊 Abendblatt 中
勇敢な tapfer, kühn
勇気 Mut 男 ¶～づける ermutigen [j² zu⁺³]. Mut machen [j³]. ～のある mutig. ～を出す Mut [für⁺⁴] aufbringen
有機の organisch. ◆～農業 Biofarm 女
遊戯 Spiel 中
有給の bezahlt, besoldet. ◆～休暇 be-

zahlter Urlaub 男

夕暮れ [Abend]dämmerung 女

有限 begrenzt. ◆～会社 Gesellschaft mit beschränkter Haftung 女 (略: GmbH)

有権者 Wahlberechtigte(r) 男女

有効 Gültigkeit 女 ¶～な gültig. ～に使う ausnützen. 3日間～である drei Tage gültig sein. ～期日5月5日 Gültigkeitsdauer ist bis am 5.Mai. ～期間 Gültigkeitsdauer 女 ～求人倍率 das Verhältnis von Stellensuchenden gegenüber offener Stellen; potenzielle Beschäftigungsrate 女 ～需要after Nachfrage 女 ～成分 wirksamer Bestandteil 男 ～票 eine gültige Stimme 女

友好 Freundschaft 女 ¶～的 freundschaftlich. ～関係を維持する freundschaftliche Beziehungen pflegen 〈aufrechterhalten〉. ◆～国 befreundete Staaten 複 ～条約 Freundschaftsvertrag 男

融合 verschmelzen.

有罪 schuldig. ¶人を～とする j^4 für schuldig erklären. ～判決を下す verurteilen

融資 Finanzierung 女 ¶～する finanzieren

有志 Freiwillige(r) 男女

有識者 Gelehrte[n] 男女

有刺線 Stacheldraht 男

優秀な gut, ausgezeichnet, vorzüglich

優柔不断の unschlüssig

優勝 Sieg 男 ¶～する siegen; die Meisterschaft [in $^{+3}$] gewinnen. ◆～カップ Siegespokal 男 ～旗 Siegesfahne 女 ～者 Sieger, Meister 男 ～杯 Siegespokal 男

有償の entgeltlich

友情 Freundschaft 女

夕食 Abendessen 中 ¶～をとる zu Abend essen

有色の farbig

友人 Freund 男; Vertraute(r) 男女

融通 Aushilfe 女 [mit Geld]. ¶～する leihen (j^3 et^4), weiterleiten. ～のきく flexibel. ～のきかない stur; unbeweglich. ～無碍(ゲ)の frei und ungezwungen sein. ◆～手形 Finanzwechsel 男, Gefälligkeitswechsel 男

ユースホステル Jugendherberge 女

優勢な überlegen, überlegen sein

郵政省 Postministerium 中 ◆～大臣 Postminister 男

郵税 Porto 中, Postgebühr 女

優先 Vorrang 男, Vorzug 男 ¶～する den Vorrang geben (j-et³). ～的に bevorzugt. ◆～権 Vorrecht 中, (車の) ～権 Vorfahrtsrecht 中

悠然と gelassen, gleichmütig

郵送する per Post schicken. ◆～料 Postgebühr 女, Porto 中

ユーターンする [um]wenden

雄大な herrlich, großartig

夕立 Platzregen 男, Gewitter 中

誘致する anlocken, anziehen

誘導する führen, leiten

有毒な giftig.

ユートピア Utopie 中 ¶～的な utopisch

有能な begabt; fähig, befähigt; tüchtig

誘発する veranlassen, verursachen

夕飯 Abendessen 中 ¶～を食べる zum Abend essen

有明 Abendsonne 女

優美な anmutig

郵便 Post 女 ◆～受け Briefkasten 男 ～為替 Postanweisung 女 ～切手 Briefmarke 女 ～局 Postamt 中 ～小包 Paket 中 ～配達人 Briefträger 男 ～箱 Briefkasten 男 ～番号 Postleitzahl 女 ～ポスト Briefkasten 男

ユーフォー UFO 中

裕福な wohlhabend, reich

夕べ Abend 男; (昨晩) gestern Abend

雄弁な beredt; redegewandt

有望な hoffnungsvoll, viel versprechend

有名な berühmt, bekannt. ¶～になる berühmt 〈bekannt〉 werden. 彼は首相として～無実である Er taugt nicht zum Ministerpräsidenten. ～校 berühmte Schule 女 ～人 eine bekannte Persönlichkeit 女 ～税 Berühmtheittribut 男 ～ブランド bekannte Marke 女

ユーモア Humor 男 ¶～のある humorvoll

ユーモラスな lustig, humoristisch

夕焼け Abendrot 中

猶予 Aufschub 男; (期限) Frist 女 ¶～を与える Aufschub gewähren (j^3). 2日間～する zwei Tage Frist geben (j^3). 死刑執行の～ die Bewährungsfrist für Todesstrafe. 事は一刻の～もならない Die Sache duldet keinen Aufschub. ◆～期間 Nachfrist 女; Aufschub 男

有用 nützlich, förderlich

有利 Vorteil 男 ¶～な vorteilhaft. ～に展開する günstig 〈vorteilhaft〉 verlaufen [für $^{+4}$]. ～である günstig sein [für $^{+4}$]

憂慮する sich ^{4} kümmern [um $^{+4}$]

有料の gebührenpflichtig

優良な vorzüglich, vortrefflich

有力な einflussreich, mächtig

幽霊 Gespenst 中; Geist 男 ¶～が出る spuken. ◆～屋敷 Gespensterhaus 中

ユーロ Euro 中 ◆～スター Eurostar-Zug 男

宥和 Versöhnung 女

誘惑 Versuchung 女; Verführung 女 ¶～する verführen (j^4 zu $^{+3}$)

故に also. ¶…の～ weil..., da...; wegen $^{+2}$. それ～ darum

床 [Fuß]boden 男

愉快な lustig, fröhlich, munter

歪み Verzerrung 女

歪む sich ^{4} verzerren

歪める verdrehen, krumm machen, verziehen

ゆかり Verbindung 女

雪 Schnee 男 ¶～が降る Es schneit. ～が降り出した Es begann zu schneien. ～が多く〈少なく〉ない Es liegt viel Schnee. ～が2メートル積もっている Der Schnee liegt 2 Meter hoch. ～に閉じ込められる einge-

ゆきつく

schneit werden. ～に覆われた tief verschneit. ◆ ～明かり Helle durch Schnee. ～合戦 Schneeballschlacht 囡 ～靴 Schneeschuh 男 ～景色 Schneelandschaft 囡 ～だるま Schneemann 男 ～解け Tauwetter 田

行き着く ankommen
行き詰まる stecken bleiben
行き渡る *sich⁴* verbreiten
行く gehen; (乗り物で) fahren; (飛行機で) fliegen. ¶ 歩いて～zu Fuß gehen. ～春を惜しむ vergehenden Frühling genießen. ～先々で歓迎を受ける überall freundlich empfangen werden.
行方 Spur 囡 ¶ ～が分からない die Spuren verlieren. ～不明の vermisst, verschollen
ゆくゆくは in der Zukunft
湯気 Dampf 男; Dunst 男
輸血 Blutübertragung 囡, Bluttransfusion 囡
揺さぶる schütteln; rütteln [*et⁴*; an⁺³]
輸出 Ausfuhr 囡, Export 男. ¶ ～する ausführen; exportieren. ◆ ～課徴金 Ausfuhrabgabe 囡
濯ぐ spülen
揺すぶる schütteln, schaukeln
譲り ¶ 父親～である von *seinem* Vater haben
譲り合う einander nachgeben. ¶ 道を～Wir machen einander den Weg frei.
譲り受ける übernehmen [*et⁴* von ⁺³]
譲り渡す übergeben [*j³ et⁴*; *et⁴* an ⁺³]. ¶ 手形を～einen Wechsel begeben
揺すする schütteln
譲る (あげる) geben [*j³ et⁴*]; (譲歩) nachgeben [*j³*]; (委讓) abtreten [*j³ et⁴*; *et⁴* an ⁺³]. ¶ 席を～den Platz anbieten [*j³*]. 道を～den Weg freigeben [*j³*]. 百歩譲っても если вы не должны давать шаг. これ以上は〈一歩も〉譲れない Ich kann nicht weiter〈keinen Schritt〉nachgeben.
輸送 Transport 男, Beförderung 囡. ¶ ～する befördern; transportieren
豊かな reich; wohlhabend. ¶ ～な暮しをする in guten Verhältnissen leben. ～な社会 wohlhabende Gesellschaft 囡 ～な土地 fruchtbarer Boden 男 …が豊かである an ⁺³ reich sein
委ねる überlassen, anvertrauen [*j³ j-et⁴*], beauftragen [*j⁴* mit ⁺³]
ユダヤ人 Jude 男, (女性) Jüdin 囡
油断 Nachlässigkeit 囡; Unachtsamkeit 囡. ¶ ～する nicht aufpassen [auf ⁺⁴], unachtsam sein. ～するな Pass gut auf! ～した nachlässig. ～している際に in einem Moment der Unachtsamkeit. ～のならない人 ein geriessener Mensch 男 ～も隙もない keine ruhige Minute haben. ～なく vorsichtig. ～大敵 Man muss immer auf der Hut sein.
湯たんぽ Wärmflasche 囡
ゆっくり langsam. ¶ ～する *sich⁴* bequem machen [*für*⁺⁴]. ～した Zeit nehmen [für ⁺⁴]. ～休むgut ausruhen. ～考える in aller Ruhe nachdenken [über ⁺⁴].

～話す langsam sprechen; *sich⁴* gemütlich unterhalten [mit ⁺³ über ⁺³ ⟨von ⁺³⟩]. どうぞぞ～! Ich wünsche Ihnen eine angenehme Zeit.
ゆで卵 gekochtes Ei 田
ゆでる kochen
油田 [Erd]ölfeld 田
ユニークな einzigartig, eigenartig
ユニット Einheit 囡
ユニフォーム Uniform 囡
輸入 Einfuhr 囡, Import 男. ¶ ～する einführen, importieren
指 Finger 男; (足の) Zehe 囡 ¶ ～を鳴らす mit den Finger schnalzen. 彼女には一本触れさせない Ich lasse ihr keinen einzigen Finger ausstrecken. ～をくわえて見る neidisch und untätig zusehen müssen.
　　◆ ～先 Fingerspitze 囡
指差す deuten [auf ⁺⁴], zeigen [*j³ et⁴*]
指輪 [Finger]ring 男
弓 Bogen 男 ¶ ～形の bogenförmig
夢 Traum 男 ¶ ～を見る träumen [von ⁺³]. ～を追う *seinen* Traum verfolgen. ～から覚める aus dem Traum erwachen. ～が実現した Der Traum ging in Erfüllung. ～にも思わない So etwas wäre mir doch auch nicht im Traum eingefallen. ～のような wie im Traum. ～を描く *sich⁴* im Traum ausmalen. ◆ ～占い Oneiromantie 囡
夢心地 träumerisch
夢見る träumen [von ⁺³]
ゆめゆめ auf keinen Fall; unter keinen Umständen
ゆゆしい ernst; ernsthaft
由来 Herkunft 囡 ¶ ～する stammen [aus ⁺³, von ⁺³]
ユリ (百合) Lilie 囡
揺りいす Schaukelstuhl 男
揺り動かす rütteln [*et⁴*; an ⁺³], schütteln; erschüttern
揺りかご Wiege 囡
緩い lose, locker
揺るがす erschüttern, schütteln
許し (容赦) Verzeihung 囡, Entschuldigung 囡; (許可) Erlaubnis 囡 ¶ 人に～を請う *j⁴* um Entschuldigung bitten; *j⁴* um Erlaubnis bitten. ～を得る Erlaubnis bekommen. ～を得て mit *j²* Erlaubnis.
許す (容赦) entschuldigen; verzeihen [*et⁴*, *j³*]; (許可) erlauben ¶ 無礼をお許し下さい Ich bitte mein schlechtes ⟨ungebührliches⟩ Benehmen zu entschuldigen. 弁解は～されません Ausreden sind nicht gestattet. 心を～vertrauen [*j³*; auf ⁺⁴]. ～せぬ unvorsichtig sein. 時間の～限り solange es *j³* die Zeit erlaubt
緩む locker werden. ¶ 気を～ *sich⁴* entspannen. 寒さが緩んだ Es ist milder geworden.
緩める lockern; nachlassen. ¶ 警戒を～die Kontrollen lockern. 歩調を～das Tempo verlangsamen
緩やかな sanft, locker, weit
揺れ Beben 田; Schwung 男 ¶ 心の～ Verwirrung 囡 ～がひどい Es wackelt

よう てん

fürchterlich.
揺れ動く ¶彼の心は揺れ動いた Er war hin und her gerissen. ～世界経済を verwirrte Weltwirtschaft
揺れる beben. ¶～に schwanken, taumeln. 横に～ schlingern, schaukeln. 前後左右に～ beben, schütteln. 大揺れに～ schrecklich [hin und her] schaukeln;(状況) Es kommt zu einem wirren Durcheinander.

よ

世 Welt 囡 ¶～が～なら wenn sich die Zeiten geändert hätten. ～に言う so genannt. ～に出るる in die Öffentlichkeit treten. ～に問う an die Öffentlichkeit appellieren. ～に知られる für das Allgemeinwohl. ～も末だ Das ist ja das Letzte!
夜 Nacht 囡 ¶～が明ける Der Tag bricht an. ～が更けるまで bis in die späte Nacht. ～通しし durch die ganze Nacht. ～通し語り合う sich⁴ durch die ganze Nacht unterhalten
夜明かしする die ganze Nacht wach bleiben
夜明け [Morgen]dämmerung 囡; Tagesanbruch 男. ¶～に bei Tagesanbruch. ～前に vor Tagesanbruch
夜遊びをする die Nachtleben genießen; nachts ausgehen
よい (良い・善い) gut. ¶もっと～ [noch] besser. 良い～best. よくない schlecht. よくなる gut ⟨besser⟩ werden. …しても～ dürfen; können. …するほうが～ Es ist besser, [+ dass 文; + zu 不定詞句]. 無事でよかった Gott sei Dank, dass nichts passiert ist. よかった…しませんか Wenn Sie Lust haben, ... ～ことと悪いことの区別がつかない Gutes und Schlechtes nicht unterscheiden können. ～子 braves Kind
宵 Abend
余韻 Nachklang 男
用 Angelegenheit 囡; (使い道) Gebrauch 男. ¶～がある etwas zu tun haben. 君にちょっと～があるんだ Ich möchte dich kurz sprechen. 他の人の～を足す für andere Besorgungen erledigen. 何の～だ Was willst du von mir? それなら電話で～が足りる Das kann telefonisch erledigt werden. 君には もう～がない Mit dir habe ich nichts mehr zu tun. このコンピュータには～をなさない Dieser Computer taugt nichts mehr. ～を足す erledigen. 業務の～で für Geschäftszwecke. 家庭の～で für den Hausgebrauch
よう ¶…の～だ (らしい) Es scheint wohl, dass… | (まるで) Es sieht so aus, als ob… いつもの～に(前にも言った)～に wie gewöhnlich ⟨schon gesagt⟩. まるで…の～にあたかも als ob
酔う sich⁴ betrinken. ¶酔った betrunken; besoffen
用意 (準備) Vorbereitung 囡. ¶～をする…のできた bereit [zu⁺³]; fertig. ～を周到に in umsichtig, überlegt. 位置について、～、どん!Auf die Plätze, fertig, los!
容易に leicht. ¶～に leicht, einfach
要因 Faktor 男; Moment 中
溶液 Lösung 囡
八日 (日付) der Achte; (日数) acht Tage
溶解する sich⁴ auflösen [in⁺³]
洋菓子 Kuchen und Torten 覆 ◆～屋 Konditorei 囡
溶岩 Lava
容器 Behälter 男, Gefäß 中
陽気な heiter, lustig, munter
容疑者 Verdächtige[r] 男
要求 Forderung 囡; Anspruch 男. ¶～する fordern [et⁴ von⁺³]. 誘拐犯は親に身代金を～した Der Entführer forderte von den Eltern Lösegeld. それは無理な～だ Das ist zu viel verlangt. ～に応じる einer Forderung nachkommen. ～を退ける eine Forderung zurückweisen.
用具 Utensilien 覆
用件 Angelegenheit 囡
用語 Fachausdruck 男
養護 Pflege 囡. ¶～する pflegen
擁護する schützen, verteidigen
ようこそ Herzlich willkommen!
要塞 Festung 囡; Burg 囡
要旨 Resümee 中; Zusammenfassung 囡
用紙 Formular 中
用姿 Aussehen
養子 Adoptivkind 中. ¶～にする adoptieren
用事 Geschäft 中. ¶～で geschäftehalber. ～がある etwas zu tun haben
幼児 Kleinkind 中, (乳児) Säugling 男
楊枝 Zahnstocher 男
様式 Stil 男
洋式 im europäischen Stil
容赦する verzeihen [j³ et⁴]. ¶～なく schonungslos
養殖 Zucht 囡. ¶～する züchten
用心 Vorsicht 囡. ¶～する aufpassen [auf⁺⁴]; sich⁴ hüten [vor⁺³]. ～深い ⟨く⟩ vorsichtig. 火の～ Verhütet Bränded! ～するに越したことはない Vorsicht ist besser als Nachsicht.
様子 (外見) Aussehen 中; (状態) Zustand 男 ¶～を見る abwarten und zusehen; die Lage beobachten. この～では Wenn die Situation so bleibt, dann... 彼女は～が変だ Sie macht einen merkwürdigen Eindruck.
要する brauchen, nötig haben
要するに kurz [gesagt]
妖精 Elfe 囡, Fee 囡; Elf 男
要請する bitten [j⁴ um ⁺⁴]
養成 Ausbildung 囡. ¶～する ausbilden, erziehen
容積 Rauminhalt 男; Volumen 中
溶接する schweißen
要素 Element 中, Bestandteil 男
容体 Befinden 中
幼稚な primitiv, kindisch. ◆～園 Kindergarten 男
腰痛 Lendenschmerz 男, (ぎっくり腰) Hexenschuss 男
要点 Hauptpunkt 男

ようと

用途 Gebrauch 男
容認する zulassen, einräumen
幼年時代 Kindheit 女
曜日 Wochentag 男．¶今日は何~ですか Was für einen Wochentag haben wir heute? ¶~の感覚がない Ich vergesse immer, welchen Wochentag wir gerade haben.
羊皮紙 Pergament 中
洋服 Kleid 中, Anzug 男．◆~だんす Kleiderschrank 男．~屋 Schneider 男
養分 Nahrung 女
用法 Gebrauch 男, Anwendung 女
養蜂 Imkerei 女
容貌 Gesicht 中
要望 Forderung 女; Verlangen 中．¶~する fordern
羊毛 Wolle 女
要約 Auszug 男; Zusammenfassung 女．¶~する zusammenfassen
ようやく endlich, erst
要領 ¶~を心得ている den Bogen heraushaben [in +3]．あいつは~がいい Er ist gewieft.
容量 Kapazität 女
用量 Dosis 女
用例 Beispiel 中
ヨーグルト Joghurt 中
ヨーロッパ Europa 中．¶~の europäisch．~人 Europäer 男．~で in Europa
余暇 Freizeit 女, freie Zeit 女
予感 Ahnung 女, Vorgefühl 中．¶~する erwarten.
予期 Erwartung 女．¶~する erwarten.~せぬ unerwartet
余興 Unterhaltung 女
預金 Spareinlagen 複．◆~する einlegen．◆~口座 Sparkonto 中．~通帳 Sparbuch 中
よく(良く・能く・善く) gut; (しばしば) oft．¶~なる gut (besser) werden．~知られた wohl (gut) bekannt．~あることだ Das kommt häufig vor．｜ Das passiert oft．~あの問題が解けたね Wie hast du denn geschafft, diese Aufgabe zu lösen?．~言うよ Wie kann man nur so etwas sagen.

欲 Begierde 女, Gier 女．¶~が深い habgierig sein．~がない bescheiden (anspruchslos) sein．~に目がくらむ vor Gier blind werden．~の皮が突っ張る die Habgier in Person sein; versessen sein [auf +4]．¶~と言えば Wenn ich noch etwas anspruchsvoller sein darf, ...
翌- nächst
抑圧 Unterdrückung 女．¶~する unterdrücken
浴室 Badezimmer 中
翌日 am nächsten Tag
抑制する sich⁴ enthalten [et²]
浴槽 Badewanne 女
欲張りな geizig
欲望 Begierde 女, Lust 女
浴用タオル Waschlappen 男
翌々日に am übernächsten Tag
余計な überflüssig, unnötig, zu viel．¶~の一つ Eine [r, s] zu viel, 百円~に払う 100 Yen zu viel bezahlen．~な金はない Ich habe kein überflüssiges Geld．~な心配はするな Mach dir keine Sorgen．来なると言われると~に行きたくなる Wenn du mir sagst, ich solle nicht kommen, möchte ich es umso mehr．~なお世話だ Das geht dich nichts an!
避ける vermeiden
予見する voraussehen
予言 Prophezeiung 女, Weissagung 女．¶~する prophezeien, wahrsagen．◆~者 Weissager 男, Prophet 男
横 Seite 女, (幅) Breite 女．¶~10センチ縦5センチの布 ein Stoff mit 10 Zentimeter Breite und 5 Zentimeter Länge．~の seitlich; auf der Seite．~に der Breite nach; (水平に) horizontal; (斜めに) quer. ...の~ neben +3; auf der Seite von +3．その~に daneben．~になる sich⁴ [hin]legen．首を~に振る ablehnen, abweisen．彼は~の物を縦にもしない Er stinkt vor Faulheit.
横顔 Profil 中
横切る durchqueren, überqueren
予告 Ankündigung 女
汚す beschmutzen, besudeln, beflecken．汚れた schmutzig
横たえる legen
横たわる liegen, sich⁴ legen
横向きの quer
汚れ Schmutz 男．¶~をとる säubern
汚れた schmutzig.
汚れる schmutzig werden
よさ(良さ) gute Seite 女
予算 Haushalt 男; Budget 中．¶~を作成する den Haushalt 〈das Budget〉 aufstellen．~に組み込む in den Haushalt einbringen．~をオーバーする den Haushalt überziehen．~の範囲内で innerhalb des Haushaltes．~案 Budget 中, Etat 男．~委員会 Haushaltsausschuss 男
よじ登る klettern [auf +4]
用意する sich⁴ vorbereiten [auf +4]
寄席 Varietee 中
寄せる rücken
予選 Qualifikation 女, Qualifikationsspiel 中
よそで anderswo．¶~の fremd．どこか~で anderswo．我々の心配を~に ungeachtet unserer Sorgen
予想 Vermutung 女; (期待) Erwartung 女 (見込み) Prognose 女．¶~する vermuten; erwarten; (考慮に入れる) rechnen [mit +3]．~のつかない nicht voraussagbar 〈voraussehbar〉．~どおりになる Es hat sich den Erwartungen entsprechend ergeben．~が外れる sich⁴ in seinen Erwartungen getäuscht sehen; verkalkulieren．~以上である die Erwartung übertreffen．~よりよかった Das war besser als die Erwartung．~以上の über die Erwartung hinaus．~に反して wider Erwarten．~外の展開となった Es nahm einen unerwarteten Verlauf an．~収益率 voraussichtliche Rentabilität 女．~配当 geplante Dividende 女．~屋 Tipster 男．~利益 voraussichtlicher Gewinn 男

装おう schmücken, sich⁴ an|kleiden
予測 Vermutung, Erwartung 囡
よそ事 ¶私にとってっそれは思えない Das kann ich gut nachvollziehen. 〜じゃないよ Davon sind wir auch betroffen.
よそ見する weg|sehen
よそよそしい distanziert
よだれ(涎) Sabber 㘎, Geifer 㘎
余地 Raum 㘎 ¶再考の〜がない Hier gibt es keinen Diskussionsspielraum mehr. 議論の〜がある Hier besteht noch Diskussionsspielraum. 弁解の〜はない Da hilft keine Ausrede.
四日 (日付) der Vierte; (日数) vier Tage
欲求 Lust 囡; Bedürfnis 㗂
四つ vier
…によって durch +⁴, von +³, per +⁴
ヨット Segelboot 㗂, Jacht 囡
酔っぱらい Betrunkene[r] 㘎 囡
酔っ払う sich⁴ betrinken. ¶酔っ払って betrunken
予定 (計画) Plan 㘎; (予想) Vermutung 囡 ¶〜する vor|haben; planen. 〜の時間に zur geplanten Zeit; wie verabredet. 〜より1日早く〈遅く〉einen Tag früher〈später〉wie geplant. 〜どおり wie geplant; planmäßig. 〜外の unerwartet; unvorhergesehen. 今週は〜が一杯である Ich habe diese Woche ein volles Programm. ｜ Diese Woche ist voll mit Terminen. 来週の〈ご〉はいかがですか Wie sieht es mit Ihrem Programm〈Plan〉für nächste Woche aus? 彼と会うことは〜に入れていません Ich habe nicht vor, mit ihm zu treffen. 渋滞ですっかり〜が狂ってしまった Durch den Stau ist unser Plan ganz durcheinander gekommen. 出産〜日はいつですか Wann wird das Baby erwartet? ♦〜納税 Vorauszahlung auf die Einkommensteuer 囡 〜日 der voraussichtliche Entbindungstermin. 〜表 Terminkalender 㘎
淀む stagnieren
夜中 Mitternacht 囡 ¶〜に um Mitternacht
世の中 Welt 囡; Leben 㗂
予備 Reserve 囡 ¶〜の Reserve-; Ersatz-. 〜の電池 Batterien in Reserve 〜のお金を取って置く etwas Geld als Reserve zurücklegen. 〜軍 Reservearmee 囡; Reservetruppen 㘎 〜校 Nachhilfeschule 囡 〜工作 Vorarbeiten 㘎 〜交渉 Vorverhandlung 囡 〜選挙 Vorwahl 囡 〜知識 Vorkenntnisse 㘎 〜調査 Voruntersuchung 囡 〜費 Reservegelder 㘎
呼び起こす hervor|rufen
呼び掛ける an|rufen, wach|rufen
呼び声 Ruf 㘎
呼び覚ます wecken, wach|rufen
呼び戻す zurück|rufen
呼び物 Attraktion 囡, Glanznummer 囡
呼び鈴 Klingel 囡, Schelle 囡
呼ぶ rufen; heißen; (招待) ein|laden [zu +³]. ¶助けを〜 um Hilfe rufen. 医者を〜 einen Arzt holen. 人を呼びに

やる nach +³ schicken. ドイツ語ではなんと呼んでいますか Wie heißt das auf Deutsch? 議論を〜 Diskussionen hervorrufen. 批判を〜 Kritik hervorrufen. 反響を〜 ein Echo finden [bei +³]. タクシーを呼んでください Können Sie bitte ein Taxi für mich rufen〈bestellen〉? お呼びですか Sie wollten mich sprechen?
余分な überschüssig, überflüssig ¶〜に extra. 1冊〜にある Ich habe ein Buch zu viel. 〜なお金はない Ich habe kein überschüssiges Geld.
予報 Vorhersage 囡, Prognose 囡 ¶〜する vorher|sagen, eine Prognose [auf]stellen. 天気〜によると laut Wettervorhersage. ♦長期〜 langfristige Wettervorhersage
予防 Vorbeugung [gegen +⁴]. ¶〜する vor|beugen [et³]; verhüten. 病気の〜 Krankheitsvorbeugung 囡 風邪の〜のために zur Vorbeugung gegen Grippe. 〜線を張る Vorsorge treffen [für +⁴]. ♦〜医学 Präventivmedizin 囡 〜措置 Vorkehrung 囡 〜措置をとる Vorkehrung treffen. 〜接種 Impfung 囡 〜接種をする impfen. 〜接種を受ける sich⁴ impfen lassen. 〜接種証明書 Impfschein 㘎 火災〜週間 Feuervorbeugungswochen 㘎
読み上げる vor|lesen, vor|tragen
読み終わる zu Ende lesen
よみがえる auferstehen
読み込む hinein|lesen [et⁴ in +⁴]; (この) ein|lesen
読み取る ab|lesen [et⁴ von +³], lesen
読み物 Lektüre 囡
読む lesen. ¶人の心〈考え〉を〜 j² Gedanken lesen
嫁 (花嫁) Braut 囡; (妻) Frau 囡; (息子の妻) Schwiegertochter 囡
予約 Reservierung 囡, Vorbestellung 囡 ¶〜する buchen; reservieren. 〜で一杯である ausgebucht sein. ホテルの〜を取る das Hotel buchen〈reservieren〉. ここは〜制です Bei uns müssen Sie einen Termin haben. 〜を取り消す annullieren ♦〜金 Anzahlung 囡 〜購入 Abonnement 㗂 〜購入する abonnieren. 〜済み reserviert; verkauft. 〜販売 Subskriptionsverkauf 㘎
余裕 (時間) Zeit 囡, (場所) Raum 㘎 ¶あと5人乗れる〜がある Wir haben noch Platz für 5 Personen. 時間〈金〉の〜がない Ich habe nicht mehr so viel Zeit〈Geld〉haben. 他人のことを考えるべがない Ich habe mit mir selbst schon genug zu tun. 少し〜をみて出掛ける Ich gehe etwas früher los, damit es zeitlich nicht knapp wird. 〜綽々(にっ)である ganz ruhig und gelassen sein
…より als… ¶私は彼〜背が高い Ich bin größer als er. 映画より食事の方がいい Ich gehe lieber essen als in einen Film.
撚り糸 Garn 㗂
寄り多くの mehr
寄り掛かる sich⁴ lehnen [an +⁴]
寄り添う sich⁴ schmiegen [an +⁴]

よりによって gerade, ausgerechnet
より早い früher
寄り道する einen Absteche machen
よりよい (より良い) besser. ¶よりよくする verbessern.

夜 Nacht 囡; (晩) **Abend** 男 ¶～に abends. 昨日〈今日, 明日〉の～に gestern 〈heute, morgen〉 Abend. 金曜の～に am Freitagabend. 平日の～に am Wochentag abends. ～になら ないうちに bevor es dunkel wird. ～の間に während des Abends; noch in der Nacht. ～が更ける Es wird Nacht. 私は～型です Ich bin ein Nachtmensch.

寄る (立ち寄る) **vorbeikommen** [bei⁺³]; (接近) **sich⁴ nähern** [j-et³]; (移動) **rücken**. ¶脇に～ zur Seite gehen. 明日そちらに寄ります Ich komme morgen bei Ihnen vorbei. 彼のところに寄ってきた Ich habe bei ihm hereingeschaut. ～と触ると いつも集まりの話になる immer wenn sie zusammenkamen. 寄らば大樹の陰 mit dem Strom schwimmen

よる (因る・依る) **abhängig sein** [von⁺³]; **beruhen** [auf⁺³]. ¶この結論は正確なデータに～ Das Ergebnis gründet sich auf die genauen Daten. 法律により禁じられている laut Gesetz verboten sein. 天候不良により wegen des schlechten Wetters. 彼の出方によっては je nach seiner Stellungnahme. 今日の新聞によれば laut heutiger Zeitung

よろい (鎧) **Panzer** 男. ◆～戸 [Fenster]laden
喜ばしい erfreulich. ¶～出来事 ein erfreuliches Ereignis
喜ばせる erfreuen [j⁴ mit⁺³], Freude machen [j³]
喜び Freude 囡 ¶～を噛みしめる **sich⁴** im Stillen freuen. それを聞くと～もひとしおです Es freut mich erneut, wenn ich das höre.
喜ぶ・慶ぶ sich⁴ freuen [über⁺⁴]. ¶喜んでいる froh sein [über⁺⁴; et³]. 喜んで…する **gern[e]**. これは～べきことだ Darüber müssen wir uns freuen. 喜んでお手伝いいたします Ich helfe Ihnen gerne. 手を貸してくれるかい 喜んで Kannst du mir helfen? — Ja, gerne. ご結婚お慶び申し上げます Herzliche Glückwünsche zur Vermählung.
よろしい wohl, gut. ¶よろしいですか Gerne! それで～ですか Sind Sie damit zufrieden? 窓を開けても～ Sie dürfen das Fenster aufmachen. 君は行かなくても～ Du brauchst nicht mitzugehen. どちらでも～ Mir ist beides recht. 宜しければ wenn es Ihnen recht ist
よろしく ¶初めまして，どうぞ～お願いします Ich freue mich, Sie kennen zu lernen. 後は～お願いします Ich dürfte Sie also bitten? 息子を～お願いします Würden Sie sich um meinen Sohn kümmern? ご両親に～お伝え下さい Grüßen Sie bitte Ihre Eltern von mir. 主人も～と言っておりました Mein Mann lässt auch grüßen.
よろめく schwanken, taumeln

世論 öffentliche Meinung 囡
弱い schwach. ¶彼は女に～ Er hat eine Schwäche für Frauen. 弱くなる schwach werden. 強きをくじき～を助ける auf der Seite der Schwachen stehen
弱さ Schwäche 囡
弱音 klagen; **sich⁴ beklagen**
弱まる nachlassen, **sich⁴ legen**
弱み Schwäche 囡
弱虫 Schwächling 男. Feigling 男
弱る schwach werden, in die Verlegenheit kommen

四 vier. ¶～番目の viert. ～分の1 Viertel
四十 vierzig. ¶～番目の vierzigst. ～分の1 Vierzigstel
読んで聞かせる vorlesen [j³ et⁴]
よんどころない unvermeidlich

ら

ラージヒル Großschanze 囡
雷雨 Gewitter 用
ライオン Löwe 男; (雌) **Löwin** 囡
来客 Besucher 男; Gast 男 ¶～がある Besuch haben
来月 nächster 〈kommender〉 Monat 男 ¶～[に] nächsten Monat
来週 nächste Woche 囡
来世 Jenseits 用
ライセンス Lizenz 囡
ライター (たばこの) Feuerzeug 用; (物書き) Schreiber 男; (コピーライター) Texter 男
ライト Licht 用 ◆～バン [Kombi]wagen 男
来年 nächstes Jahr 用
ライバル Rivale 男; (女性) Rivalin 囡; Nebenbuhler 男
ライフライン Versorgungsweg 男; Lebensader 囡
ライフル銃 Gewehr 用
ライフワーク Lebenswerk 用
ライ麦 Roggen 男
雷鳴 Donner 男 ¶～がする Es donnert.
ライラック Flieder 男
ライン河 Rhein 男
楽な (安楽) **bequem**; (容易) **leicht**. ¶～な仕事 eine leichte Arbeit 囡 ～にしてください Bitte machen Sie es sich bequem. 気が～になる **sich⁴** erleichtert fühlen. ～に (簡単に) mit leichter Hand. ～もあれば苦もあり Es gibt gute und schlechte Tage im Leben.
烙印 Brandmal 用
楽園 Paradies 用
落書き Gekritzel 用; (壁の) Graffiti 復
落後する zurückbleiben. ◆～者 Aussteiger 男
落差 Gefälle 用
ラクダ (駱駝) Kamel 用; (ヒトコブラクダ) Dromedar 用
落第する [im Examen] durchfallen
落胆する enttäuscht sein [von⁺³]
楽天的な optimistisch. ◆～家 Optimist 男 ～主義 Optimismus 男

ラグビー Rugby 男
落葉 Laubfall 男
楽々と leicht; mühelos; mit links
ラケット Schläger 男
…らしい scheinen; aussehen. ¶ 彼女は疲れている～Sie sieht müde aus. 病気らしく見せる sich⁴ krank stellen. 彼女らしいやり方だ Das ist typisch für sie. あすは雨が降る～Morgen wird es wohl regnen.
ラジエーター Heizkörper 男
ラジオ **Radio** 中; (放送) **Rundfunk** 男 ¶ ～をかける das Radio einschalten⟨anmachen⟩. ～を聞く Radio hören. ～で聞く im Radio hören. ドイツ語の～講座 Deutschkurs im Radio ♦ ～アイソトープ Radioisotop 中 ～ゾンデ Radiosonde 囡 ～体操 Rundfunkgymnastik 囡 ～ドラマ Hörspiel 中 ～番組 Radioprogramm 中
ラジカセ Kassettenrecorder 男
ラジコン Funksteuerung 囡 ¶ ～の模型飛行機 Modellflugzeug pur Funksteuerung
螺旋 Spirale 囡; Schraube 囡 ♦ ～階段 Wendeltreppe 囡
裸体 Nudität 囡 ¶ ～の nackt
拉致⟨する⟩ verschleppen
落下 Fall 男 ¶ ～する fallen
ラッカー Lackfarbe 囡
落下傘 Fallschirm 男
落花生 Erdnuss 囡
楽観 ¶ ～的の optimistisch. ～的な人 Optimist 男 ♦ ～主義 Optimismus 男
ラッコ Seeotter 男
ラッシュアワー Stoßzeit 囡; Hauptverkehrszeit 囡
らっぱ Trompete 囡
ラップタイム Zwischenzeit 囡
ラテンの lateinisch. ♦ ～アメリカ Lateinamerika. ～語 Latein 中
ラブレター Liebesbrief 男
ラベル Etikett 中; Aufkleber 男
欄 (新聞・雑誌の) Spalte 囡; Rubrik 囡
ラン (蘭) Orchidee 囡
欄干 Geländer 中
ランク Rang 男
乱雑な ungeordnet; wirr. ¶ ～に durcheinander
乱視 Astigmatismus 男
卵巣 Eierstöcke 複; *Ovarium* 中
ランチ Lunch 男
ランドセル Ranzen 男
ランナー Läufer 男
ランニング Rennen 中 ¶ ～をする laufen. ♦ ～コスト Betriebskosten 複
卵白 Eiweiß 中
ランプ (明かり) Lampe 囡; (高速道路の) Auffahrt 囡
乱暴な grob; wild; rau; gewalttätig
濫用 Missbrauch 男 ¶ ～する missbrauchen

⊂り⊃

リアリズム Realismus 男
リアルな realistisch
リーグ Liga 囡

リース (レンタル) Leasing 中; (クリスマスの) Weihnachtskranz 男
リーダー Leiter 男
リード Vorsprung 男 ¶ ～している〔sechs Minuten〕Vorsprung vor⁺³ haben
リール (映画) [Film]spule 囡; (釣り) [Angel]rolle 囡
リウマチ Rheumatismus 男
利益 **Gewinn** 男 ¶ ～が薄いは nur wenig Gewinn bringend. ～になる Das bringt Gewinn. ～の多い gewinnträchtig. ～を上げる einen Gewinn erzielen. ～を得る gewinnen; Gewinn haben. ～を図る den Gewinn im Auge haben. ～をもたらす Gewinn bringen. ♦ ～社会 Gesellschaft 囡 ～準備金 Gewinnrücklage 囡 ～剰余金 Gewinnhäufung 囡 ～率 Umsatzrentabilität 囡
理科 Naturkunde 囡 ♦ ～大学 naturwissenschaftliche Hochschule 囡
理解 **Verständnis** 中 [für⁺⁴]. ¶ ～する verstehen. ～が speedy ein heller Kopf sein; schnell begreifen können. ～できない unverständlich. ～のある人 ein verständnisvoller Mensch 男. ～のない人だ Er hat kein Verständnis. ～を深める *seine* Kenntnisse vertiefen. ♦ ～力 Verstand 男; Verständnis 中; Gefühl 中
利害 Interesse 中
力学 Dynamik 囡
力説する [nachdrücklich] betonen
陸 Land 中
リクエスト Wunsch 男 ♦ ～番組 Wunschprogramm 中
陸軍 Armee 囡; Heer 中
陸上競技 Leichtathletik 囡
理論 **Theorie** 囡; **Logik** 囡 ¶ ～に合う logisch ⟨folgerichtig, vernünftig⟩ sein. ～に合わない unlogisch ⟨widersprüchlich⟩ sein. ～をこねる argumentieren [für⁺⁴; gegen⁺⁴]. ～の抜きで ohne jede Vorwände. なにかと～をつける Vorwände finden. ～っぽい人 Sophist 男; Theoretiker 男
リクリエーション Erholung 囡
陸路で auf dem Landweg
利己的な selbstsüchtig; egoistisch. ♦ ～主義 Egoismus 男 ～主義の egoistisch. ～主義者 Egoist 男
利口な **klug; gescheit; intelligent**. ¶ ～に立ち回る sich⁴ klug benehmen. ～ぶる sich⁴ klüger stellen als man ist; Neunmalkluge[r] sein. お～にしてなさいよ Sei schön brav!
リコール Abberufung 囡
離婚 Scheidung 囡; Ehescheidung 囡 ¶ ～する sich¹ [von⁺³] scheiden lassen. ～した geschieden
リサイクル Recycling 中 ¶ ～する recyceln. ～できる recyclebar
リサイタル Solistenkonzert 中; Konzert 中
利子 Zins 男; Zinsen 複
理事 Vorstandsmitglied 中
利潤 Gewinn 男
リス (栗鼠) Eichhörnchen 中
リスク Risiko 中; Gefahr 囡

リスト Liste 女; Verzeichnis 中

リズム Rhythmus 男

理性 Vernunft 女 ～的な vernünftig

理想 Ideal 中 ～的な ideal. ～であるideal sein. ～化する idealisieren. ～を抱く Wunschvorstellungen〈ein Ideal〉haben. 彼女は～が高い Sie hat hohe Ideale. ◆～家 Idealist 男 ～郷 Utopie 女 ～主義 Idealismus 男

利息 Zinsen

理知 Intellekt 男 ～的な intelligent

律義な ehrlich; redlich; bieder

率 Rate 女

陸橋 Überführung 女

立候補 Kandidatur 女 ～する kandidieren [für +4]. ◆～者 Kandidat 男

立証する beweisen; erweisen

立身出世 Karriere 女

立像 Standbild 中; Statue 女

立体的な kubisch

リットル Liter 男

立派な großartig; herrlich; ausgezeichnet. ～な人, eine Persönlichkeit 女 言うことは～ですね Was Sie reden ist großartig.

立腹する sich⁴ ärgern [über +4]

立法 Gesetzgebung 女; Legislatur 女 ◆～権 Legislative 女

立方メートル Kubikmeter 男

利点 Vorteil 男

離島 einsame Insel 女

離乳食 Babynahrung 女

リネン Leinen 中

理念 Idee 女

リハーサル〔General〕probe 女. ～する probieren

理髪師 Friseur 男;（女性）Friseuse 女 ◆～店 Friseursalon 男

理不尽な unverschämt; unverschämt

リフト Lift 男; Sessellift 男

離別する sich⁴ trennen [von +3]

リベラルな liberal

リボン Band 中

リミット Limit 中

リムジン Limousine 女

リモートコントロール Fernlenkung 女; Fernsteuerung 女

略語 Abkürzung 女

略式の unförmlich

略す (短縮)ab)kürzen

略図 Umrisszeichnung 女; Skizze 女; Entwurf 男

略奪 Raub 男 ～する rauben [j³ et⁴].

理由 Grund 男 ～という理由で weil... ～を問いただす nach dem Grund fragen. ～を述べる begründen. 健康上の～で aus gesundheitlichen Gründen. ～する～がない keinen Grund zu +3 haben. 何かと～をつけて immer wieder Ausrede finden. ～もなく ohne Grund

竜 Drache 男

流域 Flussgebiet 中

留学する im Ausland studieren. ¶ドイツへ～する in Deutschland studieren

流行 Mode 女 ～の modisch; modern. ～する in Mode kommen. ～している in Mode sein. ～である in Mode sein; in sein; im Trend liegen. ～遅れの altmodisch. ～しなくなる aus der Mode kommen. ～家 Schlager 男;歌手 Schlagersänger 男 ～語 Modewort 中 ～作家 Modeschriftsteller 男 ～性感冒 Grippe 女

流産 Fehlgeburt 女 ～する eine Fehlgeburt haben

粒子 Korpuskel 中

流出 Ausfluss 男 ～する ab)laufen; ausfließen

流星 Sternschnuppe 女

流暢 fließend; flüssig; geläufig

流通 Verkehr 男; Umlauf 男

流動的な fließend; beweglich

流入 Zufluss 男 ～する münden [in +4(3)]; zufließen [et³]

流派 Schule 女; Richtung 女

流氷 Treibeis 中

留保する sich³ vor)behalten

リュックサック Rucksack 男; Ranzen 男

利用 Benutzung 女 ～する benutzen. ～をよくする gut benutzen. 廃物を～する Abfälle wieder verwenden. ◆～価値 Gebrauchswert 男 ～者 Benutzer 男 ～法 Benutzungsweise 女

量 Menge 女; Quantität 女 ～的に quantitativ. 大く小)の～を大きい(小さい) Mengen. 仕事の～Arbeitsmenge 女 酒の～が多い zu viel trinken. ～より質 Qualität geht (kommt) vor Quantität.

漁 Fischfang 男; Fischerei 女

寮 Studentenheim 中

猟 Jagd 女. ～に行く auf die Jagd gehen

領域 Bereich 男; Gebiet 中

陵駕する übertreffen

了解 Einverständnis 中; Verständigung 女. ～! Einverstanden!

領海 Territorialgewässer 中

両替 Wechsel 男 ～する wechseln

両側に auf beiden Seiten

料金 Gebühr 女 ～を請求する die Gebühr verlangen. ◆～所 (道路の) Mautstelle 女

領空 Luftraum 男

量産 Massenproduktion 女

理容師 Friseur 男;（女性）Friseuse 女

漁師 Fischer 男

猟師 Jäger 男

量子 Quant 中 ◆～理論 Quantentheorie 女

領事 Konsul 男 ◆～館 Konsulat 中

猟獣 Wild 中

領収書 Quittung 女

了承する einverstanden sein [mit +3]. ～した Einverstanden!

糧食 Proviant 男; Mundvorrat 男

両親 Eltern

良心 Gewissen 中 ～的な gewissenhaft

領土 Territorium 中

両方(とも) beide[s]. ～とも…ない keines von beiden. ～の beide

療法 Therapie 女; Behandlung 女

療養 Kur 女

料理 (行為) Kochen 中;（一皿の）Gericht 中; Speise 女; Essen 中

¶~する kochen; zubereiten. 彼女は~がうまい Sie kann gut kochen. ~を出す das Essen servieren.
~教室 Kochschule 囡 ~長 Chef 男 ~店 Restaurant 回 ~人 Koch 男; (女性) Köchin 囡 ~バサミ Küchenschere 囡 ~法 Kochrezept 回 ~用ワイン Küchenwein 男
両立させる sich⁴ vertragen [mit +³]
旅客 Passagier 男; Fahrgast 男; Fluggast 男
旅館 Gasthaus 囡; Hotel 回 ~案内所 Hotelauskunft 囡; Zimmerauskunft 囡
緑地 Grünanlage 囡 ◆~帯 Grüngürtel 男; Grünstreifen 男
緑茶 grüner Tee 男
旅券 [Reise]pass 男
旅行 Reise 囡; Tour 囡 ¶~する reisen. ~にでかける verreisen. よくぐ~なされますか Reisen Sie oft? ~先で病気になる auf der Reise krank werden. ◆~案内書 Reiseführer 男; ~案内所 Touristeninformation 囡; Reiseauskunft 囡; ~かばん Reisekoffer 男 ~業者 Reiseagentur 囡 ~シーズン Reisesaison 囡 ~者 Reisende[r] 男 ~社 Reisebüro 回 ~傷害保険 Reiseversicherung 囡 ~代理店 Reisebüro 回
旅程 Reiseplan 男
旅費 Reisekosten 複
リラックスする sich⁴ entspannen ¶~した entspannt
離陸する starten; abfliegen
利率 Zinssatz 男; Zinsfuß 男
リレー Staffellauf 男
履歴 Lebenslauf 男 ◆~書 Lebenslauf 男
理論 Theorie 囡 ¶~と実践 Theorie und Praxis. ~的な theoretisch. ~上は theoretisch. ~先で病気になる ◆~家 Theoretiker 男
リン (燐) Phosphor 男
隣家 Nachbarhaus 回; Nebenhaus 回
リング Ring 男
リンゴ Apfel 男
隣国 Nachbarland 回
臨時の provisorisch; vorübergehend; vorläufig. ◆~ニュース Sondermeldung 囡
隣室 Nebenzimmer 回
臨終 Todesstunde 囡
臨床の klinisch
隣人 Nachbar 男
リンス Haarspülmittel 回 ¶~する die Haare spülen
隣接する angrenzen; anstoßen [an +⁴]. ¶~して nebenan
リンチ Lynchjustiz 囡
リンネル ⇨ リネン
リンパ腺 Lymphknoten 男
倫理 Moral 囡; Sittlichkeit 囡 ◆~学 Ethik 囡

⌒る⌒

類 Gattung 囡; Art 囡 ¶~のない beispiellos; ohne Beispiel. ~は友を呼ぶ Gleich und gleich gesellt sich gern.
塁 Wall (野球の) Mal 回
累計 Gesamtbetrag 男
類語 Synonym 回 ◆~辞典 Synonymwörterbuch 回
類似 Ähnlichkeit 囡 ¶~の(した) ähnlich; verwandt [j-³]
類推 Analogie 囡; Folgerung 囡; Analogieschluss 男
ルーズな locker; nachlässig; liederlich. ¶~リーフ lose Blätter 複
ルーツ Wurzel 囡
ルート (道) Route 囡; (平方根) Wurzel 囡
ルームクーラー Klimaanlage 囡
ルール Regel 囡
留守 Abwesenheit 囡 ¶~である(にしている) nicht zu Hause sein. 人の~中に in ⟨während⟩ j² Abwesenheit. ~がちである oft nicht zu Hause sein. ~宅を守る das Haus hüten. ~番をする j² Haus hüten ⟨verwalten⟩. ~番電話 Anrufbeantworter 男
るつぼ Tiegel 男
ルネッサンス Renaissance 囡
ルビー Rubin 男
ルポルタージュ Reportage 囡

⌒れ⌒

例 Beispiel 回 ¶~がない ohne Beispiel sein. ~を挙げる ein Beispiel anführen ⟨geben, nennen⟩. ~を挙げれば zum Beispiel; beispielsweise; um ein Beispiel zu nennen. …を~にとる et⁴ zum Beispiel nehmen. …の~にならう an +³ ein Beispiel nehmen. ~のない beispiellos. ~にない ungewöhnlich. ~の jene[r, s]. ~によって wie immer
礼 Dank 男; (謝礼) Honorar 回 ¶~を言う danken [j³ für +⁴]; sich⁴ bedanken [bei j³ für +⁴]; seinen Dank aussprechen. ~をする (謝礼) Honorar zahlen [j³ für +⁴]. お~の申し上げようもありません Ich weiß nicht, wie ich mich bei Ihnen bedanken soll. お~の手紙を書く einen Dankesbrief schreiben. これはほんのお~の印です Dies ist nur ein Zeichen der Dankbarkeit.
零 Null 囡
霊 Geist 男; Seele 囡
例外 Ausnahme 囡 ¶…を~とする bei ⟨mit⟩ +³ eine Ausnahme machen. ~なく ausnahmslos; ohne Ausnahme. ~的な ausnahmsweise
霊感 Inspiration 囡
冷気 Kühle 囡
礼儀 Höflichkeit 囡; Anstand 男 ¶~正しい höflich. ~正しく höflich; anständig. ~を知らない unhöflich. ~上 anstandshalber. ~に反する unhöflich; unanständig

れいきゃく

冷却する abkühlen
霊柩車 Leichenwagen 男
冷血な kaltblütig
冷酷な hart; kaltblütig; unmenschlich
霊魂 Seele 囡
例証する beweisen; durch Beispiele belegen
令嬢 Fräulein 田
礼状 Dankbrief 男
冷静な nüchtern; gelassen; ruhig
冷蔵庫 Kühlschrank 男
冷淡な kühl; kalt; gleichgültig
零点 Nullpunkt 男
零度 Null 囡
冷凍する tiefkühlen. ~の tiefgekühlt. ◆~庫 Gefrierschrank 男 ~食品 Tiefkühlkost 囡
礼拝 Gottesdienst 男
礼服 Gesellschaftsanzug 男
冷房 Klimatisierung 囡; (システム) Klimaanlage 囡 ◆~装置 Klimaanlage 囡
レインコート Regenmantel 男 ◆~シューズ Regenschuh 男
レーザー Laser 男 ◆~光線 Laserstrahl 男
レース (競走) Wettlauf 男; (編み物) Spitze 囡
レーズン Rosine 囡
レーダー Radar 男田
レート Wechselkurs 男
レーベル (レコードの) Label 田
レール Schiene 囡; Gleis 田
歴史 Geschichte 囡; Historie 囡 ~[上]の historisch. geschichtlich. ~の人物 historische Figur 囡 ~的な演説をする eine historische Rede halten. ~に残る in die Geschichte Spuren hinterlassen. ◆~家 Historiker 男 ~観 historische Ansicht 囡 ~小説 historischer Roman 男 ~は繰り返す Die Geschichte wiederholt sich.
歴然とした(たる) offensichtlich; offenkundig; augenfällig; offenbar
レギュラー (人) ordentliches Mitglied 田; (ガソリン) Normalbenzin 田
レクリエーション Erholung 囡
レコード (記録) Rekord 男; (音楽) [Schall]platte 囡 ◆~プレーヤー Plattenspieler 男
レザー Leder 田
レジ Kasse 囡 ◆~係 Kassierer 男
レシート Quittung 囡
レシーバー Kopfhörer 男
レジスター [Registrier]kasse 囡
レシピ Rezept 田
レシピエント Organempfänger 男
レジャー Freizeit 囡
レジュメ Resümee 田
レストラン Restaurant 田
レスリング Ringen 田
レセプション Empfang 男
レタス Salat 男; Kopfsalat 男; Eisbergsalat 男
列 Reihe 囡; Linie 囡; (行列) Zug 男 ~を作る eine Reihe bilden. 2つ目の端に am Ende der zweiten Reihe. 1~に in eine Reihe. ~に割り込む in eine Reihe hineindrängen
レッカー車 Abschleppwagen 男

1012

列挙する aufführen
列車 Zug 男 ¶ミュンヘン行の~ der Zug nach München. ~に乗る in den Zug einsteigen. ~で行く mit dem Zug fahren. ◆~事故 Eisenbahnunglück 田 ~自動制御装置 automatische Zugkontrolle 囡 ~妨害 Behinderung des Eisenbahnverkehrs
レッスン Unterricht 男
劣勢の unterlegen (j³ an +³)
列島 Inselkette 囡; Inseln 複
劣等感 Minderwertigkeitsgefühl 田
レディーメードの konfektioniert
レバー (肝臓) Leber 囡; (取っ手) Hebel 男
レフェリー Schiedsrichter 男
レベル Niveau 田
レポーター Reporter 男; Berichterstatter 男
レポート schriftliche Arbeit 囡; Referat 田; Aufsatz 男; Bericht 男
レモネード Limonade 囡
レモン Zitrone 囡
恋愛 Liebe 囡; Verliebtheit 囡
廉価の billig; wohlfeil
煉瓦(れんが) Ziegel 男; Backstein 男
連休 aufeinander folgende Feiertage 複

錬金術 Alchimie 囡
連携 Kooperation 囡 ¶~する kooperieren (mit +³)
連邦 Bund 男; Vereinigung 囡
連鎖反応 Kettenreaktion 囡
レンジ [Küchen]herd 男
連日 jeden Tag; Tag für Tag
練習 Übung 囡 ¶~する üben; trainieren (für +⁴). ~を積む fleißig üben. ~不足である Es mangelt an Übung. ◆~曲 Etüde 囡 ~試合 Übungsspiel 田 ~場 Trainingsplatz 男 ~船 Schulschiff 田 ~帳 Übungsheft 田 ~問題 Übung 囡; Übungsaufgabe 囡
レンズ Linse 囡
連想 Assoziation 囡 ¶~する assoziieren (et¹ mit +³)
連続 Kontinuität 囡; Serie 囡 ¶~的な [fort]dauernd; ununterbrochen. ~する fortdauern. 3日~して雨が降った Es regnete drei Tage hintereinander. ~して起こる nacheinander (aufeinander folgend) passieren. ◆~殺人犯 Serienmörder 男 ~小説 Roman in Fortsetzungen 男 ~ドラマ Fernsehspiel in Fortsetzungen 田
連帯 Solidarität 囡 ¶~する sich⁴ solidarisieren [mit +³]. ~保証人 Solidarbürge 男; (女性) Solidarbürgin 囡
レンタカー Mietwagen 男; Leihwagen 男
練炭 Presskohle 囡; Brikett 田
連邦 [Staaten]bund 男; Union 囡 ◆~債 Bundesanleihe 囡 ~首相 [Bundes]kanzler 男 ~政府 Bundesregierung 囡
連隊 Verband 男; Bund 男
連絡 Verbindung 囡; Anschluss 男; Mitteilung 囡 ¶~する sich⁴ in Verbindung setzen [mit +³]; mitteilen (j³

et⁴]. ~がある eine Nachricht bekommen [von⁺³]. ~をとる Verbindung aufnehmen [mit⁺³]. ~が悪い Es gibt ein Kommunikationsproblem. ~を絶つ Verbindung unterbrechen. 彼の~先を知っていますか Kennen Sie seine Kontaktadresse? ◆~駅 Umsteigebahnhof 男 ~係 Kontaktmann 男 ~切符 Anschlusskarte 女 ~事務所 Verbindungsbüro 中 ~船 Fähre 女
連立内閣 Koalitionsregierung 女

ろ

炉 Herd 男; Ofen 男
櫓(ろ) Ruder 中
ろう(蠟) Wachs 中
牢 Gefängnis 中
聾唖(ろうあ)**者** Taubstumme[r] 男 女
労役 Schwerarbeit 女
廊下 Flur 男; Gang 中; Korridor 男
老化する altern
老獪な schlau
老眼鏡 Lesebrille 女
老朽化した gebrechlich; veraltet
牢獄 Gefängnis 中; Kerker 男
老人 Alte[r] 男 女 ◆~ホーム Altersheim 中
老衰した altersschwach
ろうそく(蠟燭) Kerze 女
労働 Arbeit 女 ¶1日8時間~ Achtstundentag 男 週40時間~ Vierzigstundenwoche 女 ◆~組合 Gewerkschaft 女 ~コスト Arbeitskosten 複 ~者 Arbeiter 男; Arbeitnehmer 男 ~時間 Arbeitszeit 女 ~時間短縮 Arbeitszeitverkürzung 女 ~省 Arbeitsministerium 中 ~大臣 Arbeitsminister 男
朗読 Vorlesung 女 ¶~する vorlesen
老年 [Greisen]alter 中
狼狽した fassungslos; verwirrt
浪費する verschwenden
労力 Mühe 女; Anstrengung 女
老練な erfahren; geübt; schlau
ローカルな lokal; regional
ローション Lotion 女
ロースト Braten 男 ◆~ビーフ Rinderbraten 男 ~ポーク Schweinebraten 男
ロータリー Kreisverkehr 男
ロードショー Vorabaufführung 女
ロープ Seil 中; Strick 男
ロープウェー Seilbahn 女
ローマ数字 römische Ziffern 複
ローラー Walze 女 ◆~スケート Rollschuhlaufen 中 ~スケートをする Rollschuh laufen
ローン Kredit 男
濾過(ろか)**する** filtern
六 sechs. ¶~番目の sechst. ~分の1ein Sechstel 中
ろく(碌)**~で無し** Nichtsnutz 男 ~でも無い Das ist nicht mal Nichts. 値うちのような成果を上げていないか Er hat kein ordentliches Ergebnis erzielen können. この店は~なものを置いてない Dieses Geschäft bietet nichts Vernünftiges an. 今日は~なことがない Ich hatte heute keinen guten Tag. ~に読みもしないで ohne es richtig anzusehen; blindlings. ~にお昼も食べられなかった Ich konnte nicht mal richtig zu Mittag essen.
録音 [Ton]aufnahme 女 ¶~する aufnehmen; überspielen [et⁴ auf⁺⁴]. ◆~テープ Tonband 中
録画 [Video]aufzeichnung 女 ¶~する aufzeichnen
六月 Juni 男 ¶~に im Juni
六十 sechzig. ¶~番目の sechzigst. ~分の1ein Sechzigstel 中
緑青 Grünspan 男
肋膜 Brustfell 中
ろくろ(轆轤) Drechslerbank 女
ロケーション Außenaufnahme 女
ロケット Rakete 女
露見する ans Licht kommen; aufgedeckt werden
露骨な nackt; unverhüllt
濾紙(ろし) Filterpapier 中
路地 Gasse 女
路線 Linie 女
ロッカー Schließfach 中
ロッククライミング Felsklettern 中
肋骨 Rippe 女
露店 Bude 女
驢馬(ろば) Esel 男
ロビー Foyer 中; Wandelhalle 女; Vorsaal 男
ロボット Roboter 男
ロマンス Liebesgeschichte 女
ロマンチスト Romantiker 男
ロマンチックな romantisch
路面電車 Straßenbahn 女; Elektrische 女
論議 Diskussion 女; Debatte 女 ¶~する diskutieren; debattieren; erörtern
論拠 Argument 中; Beweisgrund 男
論証 Beweisführung 女
論じる sich⁴ auseinander setzen [mit⁺³]; diskutieren; behandeln
論説 Leitartikel 男
論争 Debatte 女 ¶~する streiten; disputieren [mit⁺³ über⁺⁴]
論点 [Streit]punkt 男
論駁 Widerlegung 女 ¶~する widerlegen
論ずる besprechen
論文 Aufsatz 男; Abhandlung 女; (学位論文) Dissertation 女
論理 Logik 女 ¶~的な logisch

わ

和 Harmonie 女; (計算の) Summe 女
輪 (輪っか) Ring 男; (人の) Runde 女; (円) Kreis 男; Zirkel 男; (車輪) Rad 中
ワークショップ Workshop 男 ◆~ブック Übungsheft 中
ワープロ Textverarbeitungsanlage 女
ワイシャツ [Ober]hemd 中
猥褻な unzüchtig; obszön
ワイパー Scheibenwischer 男

賄賂(かい) Bestechungsgelder 圏 ¶〜を贈る bestechen
ワイン Wein 圏 ◆赤〜 Rotwein. 白〜 Weißwein
和音 Akkord 圏
若い jung. ¶〜人たちの Jugendlichen. 彼は私より2つ〜 Er ist zwei Jahre jünger als ich. 気が〜 geistig jung geblieben sein. そんなこと言うなんていつもまだ〜ね Er ist noch nicht reif genug, wenn er so etwas sagt. 近頃の〜者は音気盛りだから The heutigen Jugendlichen sind rückgratlos. 年の割に若く見える Er sieht jünger aus als er ist. 若くして死ぬ jung sterben
和解 Versöhnung 囡 ¶〜する sich⁴ versöhnen; sich⁴ vertragen [mit⁺³]
若返る sich⁴ verjüngen. ¶若返ったような気になる So kommt er mir wieder ganz jung vor.
若さ Jugendlichkeit 囡 ¶〜の秘訣は何ですか Worin liegt das Geheimnis Ihrer Jugendlichkeit?
沸かす kochen. ¶聴衆を〜 das Publikum in Aufregung bringen
わがままな eigensinnig; verwöhnt
若者 Junge 圏; Jüngling 圏; Jugendliche[r] 圏
我が家 mein 〈unser〉 Haus 囲
分からず屋 Starrkopf 圏
分かり ¶〜のいい intelligent. 〜の悪い schwerfällig
分かり切った selbstverständlich. ¶〜ことだ Das ist doch selbstverständlich.
分かりにくい schwer verständlich
分かりやすい leicht verständlich. ¶〜政治 für jedermann verständliche Politik 囡
分かる verstehen; 〈知る〉 erfahren. ¶分かりますか Verstehen Sie mich? 分かったか Alles klar? 分かった 私はその事が理解された 分からない Ich habe es nicht erfasst. 分かるように Es stellt sich heraus, dass... ...であると分かってくる Es wird allmählich klar, dass... 分かっている wissen. もの分かりのいい人 ein einsichtiger Mensch 気持ちは分からないでもないけれど Ich kann dich zwar verstehen, aber... どうしてよいか分からない Ich weiß nicht, was ich machen soll. 一瞬彼が誰だか分からなかった Für einen Augenblick wusste ich nicht, wer er war.
別れ Abschied 圏. ¶〜を告げる sich⁴ verabschieden; Abschied nehmen [von⁺³]. 〜を惜しみ上がる Sie sprechen über ihre Trennung.
分かれ道 Scheideweg 圏
別れる (別の方向へ) auseinander gehen; (人が) sich⁴ trennen [von⁺³]. ¶別れて暮らす getrennt leben. 別れた geschieden.
分かれる sich⁴ teilen; (分岐) sich⁴ verzweigen. ¶分かれた geteilt; gespalten
若々しい jugendlich; jung
脇 Seite 囡 ¶〜に beiseite. ...のわきに neben⁺³. 〜へ auf die Seite; beiseite.

脇の下 Achselhöhle 囡
脇腹 Seite 囡
脇道 Nebenstraße 囡; Seitenstraße 囡
脇役 Nebenrolle 囡
沸く kochen. ¶お風呂が沸いたよ Das Bad wird heiß.
湧く quellen
枠 Rahmen 圏
惑星 Planet 圏
ワクチン Vakzine 囡
訳 〈理由〉 Grund 圏; 〈意味〉 Bedeutung 囡 ¶〜を話して下さい Sagen Sie mir bitte die Gründe dafür. 何を言っているのか〜が分からない Ich verstehe nicht, was du so herumredest. どういう〜か Aus welchem Grund auch wohl, ... これ〜があるのさ Das hat einen tiefen Grund. そういう〜だったのか Wenn es so ist. なるほど彼が怒る〜だ Nun verstehe ich, warum du dich geärgert hast. いかにも行かない〜にはいかない Da müssen wir wohl gehen. 〜もなく寂しいの Ohne besondere Gründe fühle ich mich einsam.
分け合う teilen [et⁴ mit⁺³]
訳知り顔 ¶彼は〜にしゃべる Er redet wie ein [guter] Menschenkenner.
わけても besonders; insbesondere
訳無い ¶〜よ Das ist kinderleicht.
分け前 Anteil 圏
分ける (分割・分配) teilen; (分配) verteilen; (分離) trennen [et⁴ von⁺³]. ¶ケーキを四つに〜den Kuchen in vier Stücke teilen. 金を皆で分けて Wir haben das Geld unter uns geteilt. あめを子どもたちに分けてあげる die Bonbons an die Kinder verteilen. 川が二つの町を分けている Ein Fluss trennt die beiden Städte.
輪ゴム Gummiring 圏
ワゴン Waggon 圏 ◆ 〜車 Kombi[wagen] 圏
技(わざ) Kunstfertigkeit 囡; Technik 囡
わざと absichtlich; mit Absicht. ¶〜したのです Das habe ich absichtlich getan. 〜らしい unnatürlich; gekünstelt. 〜らしく gekünstelt
災い Unglück 囲; Übel 囲
わざわざ extra. ¶わざわざ来日する eigens nach Japan kommen
ワシ(鷲) Adler 圏
僅かな gering; wenig; klein; sparsam. ¶〜な数の wenig
煩わす belästigen; beschwören [j⁴ mit⁺³]. 煩わしい lästig; unangenehm
忘れっぽい vergesslich.
忘れ物 Fundgegenstand 圏; vergessene Dinge 圏
忘れる vergessen. ¶彼の電話番号を忘れた Ich habe seine Telefonnummer vergessen. ドアの鍵を掛けるのを忘れた Ich habe vergessen, die Tür zu verschließen. 忘れられない unvergesslich. 済んだことは忘れよう Vergessen wir, was vorbei ist. あの人が忘れられないの Ich kann ihn nicht vergessen.
和声 Harmonie 囡
ワセリン Vaselin 囲
綿 Watte 囡; Baumwolle 囡

話題 Gesprächsstoff
私は(が) ich. ¶ ～の mein. ～に mir. ～を mich. ～としては meinetwegen. ～のもの meins. ～自身 ich selbst. ～のために meinetwegen
私たちは(が) wir. ¶ ～の unser. ～を〈に〉uns. ～のもの unsers. ～自身 wir selbst
渡す ab|geben; geben [j^3 et^4]; übergeben [j^3 et^4; et^4 an $^{+4}$]
わだち(轍) [Wagen]spur
渡り鳥 Zugvogel 男
渡る gehen [$über^{+4}$]; über|fahren; hinüber|gehen; herüber|kommen; (移住) gehen [nach^{+4}]; (渡り鳥が) ziehen [nach^{+4}]. ¶ この計画は3年に～ Das Projekt erstreckt sich auf drei Jahre. 話はさまざまな分野(倫理から情報科学)に渡って Unser Gespräch erstreckte sich über verschiedene Bereiche (von der Ethik bis zur Informatik).
ワックス Wachs 男
ワッペン Wappen 中
罠 Falle 女
ワニ(鰐) Krokodil 中; Alligator 男
ワニス Firnis 男
詫び Entschuldigung 女
侘びしい einsam; öde
詫びる $sich^4$ entschuldigen [bei j^3 für^{+4}〈wegen^{+2}〉]
和服 japanische Kleidung 女; Kimono 男
和平 ◆ ～案 Friedensplan ～条約 Friedensvertrag
わめく schreien; brüllen
わら(藁) Stroh 中
笑い Lachen 中. ¶ ～が止まらない Ich komme aus dem Lachen nicht heraus. ～をこらえる ein Lachen unterdrücken. ～顔 ein lachendes Gesicht 中; ～声 Lachen; Gelächter 中; ～声を上げる laut lachen. ～話 komische〈ulkige〉Geschichte 女
笑う lachen. ¶ 笑って済ませる durch Lachen verscheuchen. 笑わずにはいられない Da kann ich [mir] das Lachen nicht verkneifen. 他人の不幸を～もので はない Man soll nicht über das Unglück der anderen lachen. そんなことをしたら人に笑われるよ Du wirst ausgelacht, wenn du so etwas machst.
～門には福来る Lachend bringt Glück.
笑わせる zum Lachen bringen. ¶ それで歌手だなんて～よ Als Sängerin spottet sie jeglicher Beschreibung.
割 ¶ ～がいい rentabel sein; $sich^4$ lohnen. ～が悪い Das macht sich nicht bezahlt. ～を食う im Nachteil sein; ein Verlust erleiden. 1～ zehn Prozent. ◆部屋～ Zimmerverteilung
割合 Verhältnis 中; Rate 女 ¶ 5人に1人～で合格した Jeder Fünfte bestand die Prüfung. 今日は～暖かい Heute ist verhältnismäßig warm.
割り当て Verteilung 女; Anteil 男
割り当てる zuteilen [j^3 et^4]
割り勘 getrennt zahlen
割り切った sachlich
割り込む $sich^4$ ein|schieben [in^{+4}]

割り算 Division 女 ¶ ～をする dividieren [et^4 durch $^{+4}$〈mit $^{+3}$〉]
割高である unverhältnismäßig teuer sein
割と ziemlich; verhältnismäßig. ¶ 彼は～元気だった Er war relativ munter.
割に ¶ 物価は～安い Die Preise sind verhältnismäßig billig. 彼は年の～老けている Für sein Alter sieht er alt aus.
割引 Wegwerfstäbchen
割引 Ermäßigung 女; Rabatt 男. ¶ ～する Rabatt [auf〈für〉$^{+4}$] geben [j^3].
◆～料金 ermäßigter Preis
割り引く ermäßigen
割り振る besetzen [et^4 mit $^{+3}$]; verteilen
割り増し Zuschlag 男 ◆～料金 Zuschlaggebühr 女
割安 preiswert; preisgünstig
割る (壊す) kaputt|machen; zerbrechen; brechen; (分ける) teilen; (割り算) dividieren [et^4 durch $^{+4}$〈mit $^{+3}$〉]. ¶ 口を～に gestehen; zugestehen [j^3 et^4]. 過半数を～ die Mehrheit verlieren. 1ドルが100円台を割った Ein Dollar fällt unter 100 Yen. ウイスキーを水で～ den Whisky mit Wasser verdünnen.
悪い böse; schlecht; schlimm. ¶ 喫煙は体に～ Das Rauchen schadet der Gesundheit. ～ことに üblerweise. 誰が～のでもないよ Niemand ist schuldig. 君には～ことをしてしまった Es tut mir furchtbar Leid. ～けど先に行くからね Es tut mir Leid, dem ich gehe schon mal voran. ～ようにはしないよ Ich werde schon dafür sorgen, dass es Ihnen nicht schlecht gehen wird. いい時も～時もあるよ Es gibt gute und schlechte Zeiten. 悪くすると wenn die Sache schief geht. 悪く思わないでくれ Nimm mir das nicht übel!
悪賢い schlau; verschlagen
悪口 を言う Schlechtes [über $^{+4}$〈von $^{+3}$〉] sagen
悪巧み Arglist 女; Hinterlist 女
ワルツ Walzer 男
悪ふざけする einen Streich spielen [j^3]
割れ目 Spalt 男; Riss 男
割れやすい zerbrechlich
割れる brechen; (ひびが入る) springen. ¶ 4は2で～ Man kann 4 durch 2 teilen (dividieren). ～相手に donnernder Beifall 頭が～ように痛い rasenden Kopfschmerzen haben
我々は(が) wir. ¶ ～の unser. ～を〈に〉uns. ～のもの unsers. ～自身 wir selbst
湾 Bucht 女; Golf 男
碗(椀) Holzschale 女
湾曲 Bogen 男 ¶ ～した gebogen
腕章 Armbinde 女
腕白 ungezogen; unartig
ワンピース Kleid 中
ワンマン Autokrat 男 ¶ ～カー Einmannwagen 男 ～ショー Einmannshow 女
腕力 Brachialgewalt 女

不規則動詞表

( )内は別形. *は規則変化もあることを表す

現在	直説法現在	直説法過去 接続法Ⅱ	過去分詞	命令形
backen (パンなどを)焼く	*du* bäckst (backst) *er* bäckt (backt)	**backte** (buk) backte (büke)	**gebacken**	back[e]!
befehlen 命令する	*du* befiehlst *er* befiehlt	**befahl** beföhle (befähle)	**befohlen**	befiehl!
beginnen 始める, 始まる		**begann** begänne (begönne)	**begonnen**	beginn[e]!
beißen かむ	*du* beiß[es]t	**biss** bisse	**gebissen**	beiß[e]!
bergen 救出する	*du* birgst *er* birgt	**barg** bärge	**geborgen**	birg!
bersten 割れる	*du* birst *er* birst	**barst** bärste	**geborsten**	birst!
bewegen (…する)気にさせる		**bewog** bewöge	**bewogen**	beweg[e]!
biegen 曲げる, 曲がる		**bog** böge	**gebogen**	bieg[e]!
bieten 提供する	*du* biet[e]st *er* bietet	**bot** böte	**geboten**	biet[e]!
binden 束ねる	*du* bindest *er* bindet	**band** bände	**gebunden**	bind[e]!
bitten 頼む	*du* bittest *er* bittet	**bat** bäte	**gebeten**	bitt[e]!
blasen 息を吹きつける	*du* bläs[es]t *er* bläst	**blies** bliese	**geblasen**	blas[e]!
bleiben とどまる		**blieb** bliebe	**geblieben**	bleib[e]!
bleichen* 色があせる		**blichte** (古: blich) bliche	**geblichte** (古: geblichen)	bleich[e]!
braten 焼く	*du* brätst *er* brät	**briet** briete	**gebraten**	brat[e]!
brechen 壊す	*du* brichst *er* bricht	**brach** bräche	**gebrochen**	brich!
brennen 燃える		**brannte** brennte	**gebrannt**	brenn[e]!
bringen 持ってくる		**brachte** brächte	**gebracht**	bring[e]!
denken 考える		**dachte** dächte	**gedacht**	denk[e]!
dingen* 金で雇う		**dingte** (dang) dingte (dänge)	**gedungen**	ding[e]!
dreschen 脱穀する	*du* drischst *er* drischt	**drosch** drösche	**gedroschen**	drisch!
dringen 押し進む		**drang** dränge	**gedrungen**	dring[e]!
dünken* …と思われる	*es* dünkt (deucht)	**dünkte** (古: deuchte) deuchte	**gedünkt** (古: gedeucht)	
dürfen …してもよい	*ich* darf *du* darfst *er* darf *wir* dürfen *ihr* dürft *sie* dürfen	**durfte** dürfte	**dürfen**, **gedurft**	

不規則動詞表

現在	直説法現在	直説法過去 接続法 II	過去分詞	命令形
empfangen 受け取る	du empfängst er empfängt	**empfing** empfinge	**empfangen**	empfang[e]!
empfehlen 勧める	du empfiehlst er empfiehlt	**empfahl** empföhle (empfähle)	**empfohlen**	empfiehl!
empfinden 感じる	du empfindest er empfindet	**empfand** empfände	**empfunden**	empfind[e]!
erlöschen 消える	du erlischst er erlischt	**erlosch** erlösche	**erloschen**	erlisch!
erschallen* 鳴り響く		**erscholl** erschölle	**erschollen**	erschalle!
erschrecken 驚く	du erschrickst er erschrickt	**erschrak** erschräke	**erschrocken**	erschrick
essen 食べる	du iss[es]t er isst	**aß** äße	**gegessen**	iss!
fahren (乗り物が)走る	du fährst er fährt	**fuhr** führe	**gefahren**	fahr[e]!
fallen 落ちる	du fällst er fällt	**fiel** fiele	**gefallen**	fall[e]!
fangen 捕らえる	du fängst er fängt	**fing** finge	**gefangen**	fang[e]!
fechten フェンシングをする	du fichtst er ficht	**focht** föchte	**gefochten**	ficht!
finden 見つける	du findest er findet	**fand** fände	**gefunden**	find[e]!
flechten 編む	du flichtst er flicht	**flocht** flöchte	**geflochten**	flicht!
fliegen 飛ぶ		**flog** flöge	**geflogen**	flieg[e]!
fliehen 逃げる		**floh** flöhe	**geflohen**	flieh[e]!
fließen 流れる	du fließ[es]t	**floss** flösse	**geflossen**	fließ[e]
fressen 食べる	du friss[es]t er frisst	**fraß** fräße	**gefressen**	friss!
frieren 寒さを感じる		**fror** fröre	**gefroren**	frier[e]!
gären* 発酵する		**gor** göre	**gegoren**	gär[e]!
gebären 産む	du gebärst sie gebärt	**gebar** gebäre	**geboren**	gebär[e]!
geben 与える	du gibst er gibt	**gab** gäbe	**gegeben**	gib!
gedeihen 成長する		**gedieh** gediehe	**gediehen**	gedeih[e]!
gehen 歩く		**ging** ginge	**gegangen**	geh[e]!
gelingen 成功する		**gelang** gelänge	**gelungen**	geling[e]!
gelten 価値がある	du giltst er gilt	**galt** gölte (gälte)	**gegolten**	gilt!
genesen 治癒する	du genes[es]t	**genas** genäse	**genesen**	genes[e]!
genießen 楽しむ	du genieß[es]t	**genoss** genösse	**genossen**	genieß[e]!
geschehen 起こる	es geschieht	**geschah** geschähe	**geschehen**	
gewinnen 手に入れる		**gewann** gewönne (gewänne)	**gewonnen**	gewinn[e]!

不規則動詞表　　　　　1018

現在	直説法現在	直説法過去 接続法 II	過去分詞	命令形
gießen 注ぐ	*du* gieß[es]t	**goss** gösse	**gegossen**	gieß[e]!
gleichen 似ている		**glich** gliche	**geglichen**	gleich[e]!
gleiten 滑る		**glitt** glitte	**geglitten**	gleit[e]!
glimmen* かすかに光る		雅: **glomm** (glimmte) glömme	雅: **geglommen** (geglimmt)	glimm[e]!
graben 掘る	*du* gräbst *er* gräbt	**grub** grübe		grab[e]!
greifen つかむ		**griff** griffe	**gegriffen**	greif[e]!
haben 持っている	*du* hast *er* hat *ihr* habt	**hatte** hätte	**gehabt**	hab[e]!
halten 維持する	*du* hältst *er* hält	**hielt** hielte	**gehalten**	halt[e]!
hängen 掛かっている		**hing** hinge	**gehangen**	hänge!
hauen 打つ		**hieb** (haute) hiebe (haute)	**gehauen**	hau[e]!
heben 上げる		**hob** höbe	**gehoben**	heb[e]!
heißen (…という)名前である	*du* heiß[es]t	**hieß** hieße	**geheißen**	heiß[e]!
helfen 手伝う	*du* hilfst *er* hilft	**half** hülfe (hälfe)	**geholfen**	hilf!
kennen 知っている		**kannte** kennte	**gekannt**	kenn[e]!
kiesen 選ぶ	*du* kies[es]t	**kor** köre	**gekoren**	kies[e]!
klimmen* よじ登る		**klomm** klömme	**geklommen**	klimm[e]!
klingen 響く		**klang** klänge	**geklungen**	kling[e]!
kneifen つねる		**kniff** kniffe	**gekniffen**	kneif[e]!
kommen 来る		**kam** käme	**gekommen**	komm[e]!
können …できる	*ich* kann *du* kannst *er* kann *wir* können *ihr* könnt *sie* können	**konnte** könnte	**können,** **gekonnt**	
kreischen* 金切り声をあげる	*du* kreisch[e]st	**kreischte** (古: krisch) krische	**gekreischt** (古: gekrischen)	kreisch[e]!
kriechen はう		**kroch** kröche	**gekrochen**	kriech[e]!
küren* 選ぶ		**kürte** (古: kor) köre	**gekürt** (古: gekoren)	kür[e]!
laden 積む	*du* lädst *er* lädt	**lud** lüde	**geladen**	lad[e]!
lassen …させる	*du* läss[es]t *er* lässt	**ließ** ließe	**gelassen** **lassen**	lass[e]!

不規則動詞表

現在	直説法現在	直説法過去 接続法 II	過去分詞	命令形
laufen 走る	*du* läufst *er* läuft	**lief** liefe	**gelaufen**	lauf[e]!
leiden 苦しむ	*du* leidest *er* leidet	**litt** litte	**gelitten**	leid[e]!
leihen 貸す		**lieh** liehe	**geliehen**	leih[e]!
lesen 読む	*du* lies[e]t *er* liest	**las** läse	**gelesen**	lies!
liegen 横になっている		**lag** läge	**gelegen**	
lügen うそをつく		**log** löge	**gelogen**	
mahlen (穀物などを)ひく		**mahlte** mahlte	**gemahlen**	mahl[e]!
meiden 避ける	*du* meidest *er* meidet	**mied** miede	**gemieden**	meid[e]!
melken* 乳を搾る	*du* melkst (古: milkst) *er* melkt (古: milkt)	**melkte** (molk) melkte (mölke)	**gemolken** (gemelkt)	melk[e]! (古: milk!)
messen 測る	*du* miss[e]t *er* misst	**maß** mäße	**gemessen**	miss!
misslingen 失敗に終わる		**misslang** misslänge	**misslungen**	
mögen …したい	*ich* mag *du* magst *er* mag *wir* mögen *ihr* mögt *sie* mögen	**mochte** möchte	**mögen**, **gemocht**	
müssen …しなければならない	*ich* muss *du* musst *er* muss *wir* müssen *ihr* müsst *sie* müssen	**musste** müsste	**müssen**, **gemusst**	
nehmen 手に取る	*du* nimmst *er* nimmt	**nahm** nähme	**genommen**	nimm!
nennen 名づける		**nannte** nennte	**genannt**	nenn[e]!
pfeifen 口笛を吹く		**pfiff** pfiffe	**gepfiffen**	pfeif[e]!
pflegen* 育成する		**pflegte** (古: pflog) pflöge	**gepflegt** (古: gepflogen)	pfleg[e]!
preisen 褒める	*du* preis[e]t	**pries** priese	**gepriesen**	preis[e]!
quellen わき出る	*du* quillst *er* quillt	**quoll** quölle	**gequollen**	quill!
raten 助言を与える	*du* rätst *er* rät	**riet** riete	**geraten**	rat[e]!
reiben こする		**rieb** riebe	**gerieben**	reib[e]!
reißen 引き裂く	*du* reiß[e]t	**riss** risse	**gerissen**	reiß[e]!
reiten 乗っていく	*du* reitest *er* reitet	**ritt** ritte	**geritten**	reit[e]!
rennen 走る		**rannte** rennte	**gerannt**	renn[e]!

不規則動詞表

現在	直説法現在	直説法過去 接続法 II	過去分詞	命令形
riechen においがする		**roch** röche	gerochen	riech[e]!
ringen 格闘する		**rang** ränge	gerungen	ring[e]!
rinnen 流れる		**rann** ränne (古: rönne)	geronnen	rinn[e]!
rufen 呼ぶ		**rief** riefe	gerufen	ruf[e]!
salzen* 塩を加える	du salz[es]t	**salzte** salzte	gesalzen	salz[e]!
saufen 飲む	du säufst er säuft	**soff** söffe	gesoffen	sauf[e]!
saugen* 吸う		**sog** söge	gesogen	saug[e]!
schaffen 創造する		**schuf** schüfe	geschaffen	schaff[e]!
schallen* 鳴り響く		**schallte** (まれ: scholl) schölle	geschallt	schall[e]!
scheiden 区別する	du scheidest er scheidet	**schied** schiede	geschieden	scheid[e]!
scheinen 光る		**schien** schiene	geschienen	schein[e]!
scheißen くそをする	du scheiß[es]t	**schiss** schisse	geschissen	scheiß[e]!
schelten しかる	du schiltst er schilt	**schalt** schölte	gescholten	schilt!
scheren 刈る		**schor** schöre	geschoren	scher[e]!
schieben 押す		**schob** schöbe	geschoben	schieb[e]!
schießen 撃つ	du schieß[es]t	**schoss** schösse	geschossen	schieß[e]!
schinden 酷使する	du schindest er schindet	**schindete** schindete	geschunden	schind[e]!
schlafen 眠る	du schläfst er schläft	**schlief** schliefe	geschlafen	schlaf[e]!
schlagen 打つ	du schlägst er schlägt	**schlug** schlüge	geschlagen	schlag[e]!
schleichen こっそり歩く		**schlich** schliche	geschlichen	schleich[e]!
schleifen 研ぐ		**schliff** schliffe	geschliffen	schleif[e]!
schließen 閉める	du schließ[es]t	**schloss** schlösse	geschlossen	schließ[e]!
schlingen 絡ませる		**schlang** schlänge	geschlungen	schling[e]!
schmeißen 投げる	du schmeiß[es]t	**schmiss** schmisse	geschmissen	schmeiß[e]!
schmelzen 溶ける	du schmilz[es]t er schmilzt	**schmolz** schmölze	geschmolzen	schmilz!
schnauben* 荒い鼻息を立てる		**schnaubte** (古: schnob) schnaubte (古: schnöbe)	geschnaubt (古: geschnoben)	schnaub[e]!
schneiden 切る	du schneidest er schneidet	**schnitt** schnitte	geschnitten	schneid[e]!
schrecken* (眠りから)急にさめる	du schreckst er schreckt	**schrak** schräke	geschreckt	schrick!

不規則動詞表

現在	直説法現在	直説法過去 / 接続法 II	過去分詞	命令形
schreiben 書く		**schrieb** schriebe	**geschrieben**	schreib[e]!
schreien 叫ぶ		**schrie** schriee	**geschrien**	schrei[e]!
schreiten (ゆう然と)歩く	*du* schreitest *er* schreitet	**schritt** schritte	**geschritten**	schreit[e]!
schweigen 黙る		**schwieg** schwiege	**geschwiegen**	schweig[e]!
schwellen 膨れる	*du* schwillst *er* schwillt	**schwoll** schwölle	**geschwollen**	schwill!
schwimmen 泳ぐ		**schwamm** schwömme	**geschwommen**	schwimm[e]!
schwinden なくなる,消える	*du* schwindest *er* schwindet	**schwand** schwände	**geschwunden**	schwind[e]!
schwingen 振る		**schwang** schwänge	**geschwungen**	schwing[e]!
schwören 誓う		**schwor** schwüre (schwöre)	**geschworen**	schwör[e]!
sehen 見える, 見る	*du* siehst *er* sieht	**sah** sähe	**gesehen**	sieh[e]!
sein …である.	*ich* bin *du* bist *er* ist *wir* sind *ihr* seid *sie* sind	**war** wäre	**gewesen**	sei!
senden* 送る	*du* sendest *er* sendet	**sandte** sendete	**gesandt**	send[e]!
sieden* 沸騰する	*du* siedest *er* siedet	**sott** sötte	**gesotten**	sied[e]!
singen 歌う		**sang** sänge	**gesungen**	sing[e]!
sinken 沈む		**sank** sänke	**gesunken**	sink[e]!
sinnen 思案する		**sann** sänne (古:sönne)	**gesonnen**	sinn[e]!
sitzen 座っている	*du* sitz[es]t	**saß** säße	**gesessen**	sitz[e]!
sollen …すべきである	*ich* soll *du* sollst *er* soll *wir* sollen *ihr* sollt *sie* sollen	**sollte** sollte	**sollen, gesollt**	
spalten* 割る	*du* spaltest *er* spaltet	**spaltete** spaltete	**gespalten**	spalt[e]!
speien 吐く	*du* spei[e]st	**spie** spiee	**gespien**	spei[e]!
spinnen 紡ぐ		**spann** spönne (spänne)	**gesponnen**	spinn[e]!
spleißen* 割る	*du* spleiß[es]t *er* spleißt	**spliss** splisse	**gesplissen**	spleiß[e]!
sprechen 話す	*du* sprichst *er* spricht	**sprach** spräche	**gesprochen**	sprich!
sprießen 発芽する	*du* sprieß[es]t	**spross** sprösse	**gesprossen**	sprieß[e]!
springen 跳ぶ		**sprang** spränge	**gesprungen**	spring[e]!

不規則動詞表

現在	直説法現在	直説法過去 接続法 II	過去分詞	命令形
stechen 刺す	du stichst er sticht	**stach** stäche	gestochen	stich!
stecken* 突っ込む		**steckte** (雅: stack) stäke	gesteckt	steck[e]!
stehen 立っている		**stand** stünde (stände)	gestanden	steh[e]!
stehlen 盗む	du stiehlst er stiehlt	**stahl** stähle (stöhle)	gestohlen	stiehl!
steigen 登る		**stieg** stiege	gestiegen	steig[e]!
sterben 死ぬ	du stirbst er stirbt	**starb** stürbe	gestorben	stirb!
stieben* 飛び散る		**stob** stöbe	gestoben	stieb[e]!
stinken 臭い		**stank** stänke	gestunken	stink[e]!
stoßen 突く	du stöß[es]t er stößt	**stieß** stieße	gestoßen	stoß[e]!
streichen なでる		**strich** striche	gestrichen	streich[e]!
streiten 争う		**stritt** stritte	gestritten	streit[e]!
tragen 運ぶ	du trägst er trägt	**trug** trüge	getragen	trag[e]!
treffen 命中する	du triffst er trifft	**traf** träfe	getroffen	triff!
treiben 追い立てる		**trieb** triebe	getrieben	treib[e]!
treten 歩む	du trittst er tritt	**trat** träte	getreten	tritt!
triefen* 滴る		**triefte** (雅: troff) tröffe	getrieft (まれ: getroffen)	trief[e]!
trinken 飲む		**trank** tränke	getrunken	trink[e]!
trügen 欺く		**trog** tröge	getrogen	trüg[e]!
tun する	ich tue du tust er tut wir tun ihr tut sie tun	**tat** täte	getan	tu[e]!
verderben 台なしにする	du verdirbst er verdirbt	**verdarb** verdürbe	verdorben	verdirb!
verdrießen 不愉快にする	du verdrieß[es]t	**verdross** verdrösse	verdrossen	verdrieß[e]!
vergessen 忘れる	du vergiss[es]t er vergisst	**vergaß** vergäße	vergessen	vergiss!
verlieren 失う		**verlor** verlöre	verloren	verlier[e]!
verlöschen* 消える	du verlischst er verlischt	**verlosch** verlösche	verloschen	verlisch!
wachsen 成長する	du wächs[es]t er wächst	**wuchs** wüchse	gewachsen	wachs[e]!
wägen* じっくり考える		**wog** wöge	gewogen	wäg[e]!

現在	直説法現在	直説法過去 接続法 II	過去分詞	命令形
waschen 洗う	*du* wäsch[e]st *er* wäscht	**wusch** wüsche	gewaschen	wasch[e]!
weben* 織る		**webte** (雅: wob) webte (雅: wöbe)	gewebt (雅: gewoben)	web[e]!
weichen 屈する		**wich** wiche	gewichen	weich[e]!
weisen	*du* weis[es]t	**wies** wiese	gewiesen	weis[e]!
wenden* 向ける		**wandte** wendete	gewandt	wend[e]!
werben 宣伝をする	*du* wirbst *er* wirbt	**warb** würbe	geworben	wirb!
werden (…に)なる	*ich* werde *du* wirst *er* wird *wir* werden *ihr* werdet *sie* werden	**wurde** (古・詩: ward) würde	geworden, worden	werd[e]!
werfen 投げる	*du* wirfst *er* wirft	**warf** würfe	geworfen	wirf!
wiegen 重さを量る		**wog** wöge	gewogen	wieg[e]!
winden 巻く		**wand** wände	gewunden	wind[e]!
wissen 知っている	*ich* weiß *du* weißt *er* weiß *wir* wissen *ihr* wisst *sie* wissen	**wusste** wüsste	gewusst	wisse!
wollen …するつもりである	*ich* will *du* willst *er* will *wir* wollen *ihr* wollt *sie* wollen	**wollte** wollte	wollen, gewollt	wolle!
wringen 絞る		**wrang** wränge	gewrungen	wring[e]!
zeihen とがめる		**zieh** ziehe	geziehen	zeih[e]!
ziehen 引く		**zog** zöge	gezogen	zieh[e]!
zwingen 強制する		**zwang** zwänge	gezwungen	zwing[e]!

ポケットプログレッシブ
独和・和独辞典

2001年 1月 1日	初版第1刷発行
2017年 2月15日	初版第9刷発行

編 者	中 山　　純
発行者	金 川　　浩
発行所	〔郵便番号 101-8001〕
	東京都千代田区一ツ橋 2-3-1
	株式会社 **小学館**
	電話 編集 東京　(03)3230-5169
	販売 東京　(03)5281-3559

組　　版	大日本印刷株式会社
印刷所	図書印刷株式会社

© SHOGAKUKAN　2001

造本には十分注意しておりますが、印刷、製本など製造上の不備がございましたら、「制作局コールセンター」(フリーダイヤル 0120-336-340)にご連絡ください。
(電話受付は、土・日・祝休日を除く 9:30〜17:30)
本書の無断での複写(コピー)、上演、放送等の二次利用、翻案等は、著作権法上の例外を除き禁じられています。
本書の電子データ化等の無断複製は著作権法上での例外を除き禁じられています。
代行業者等の第三者による本書の電子的複製も認められておりません。

★小学館外国語辞書編集部のウェブサイト「小学館ランゲージワールド」
　http://www.l-world.shogakukan.co.jp/
　Printed in Japan　　　　　　　　ISBN4-09-506071-9

DEUTSCHLAND

0 100km

Schleswig-Holstein
- Kiel
- Lübeck

Hamburg
- Hamburg

Mecklenburg-Vorpommern
- Schwerin

Bremen
- Bremen

Niedersachsen
- Hannover

Brandenburg
- Potsdam

Berlin
- Berlin

Sachsen-Anhalt
- Magdeburg

Nordrhein-Westfalen
- Düsseldorf
- Köln
- Bonn

Sachsen
- Leipzig
- Dresden

Thüringen
- Erfurt

Hessen
- Frankfurt am Main
- Wiesbaden
- Mannheim
- Heidelberg

Rheinland-Pfalz
- Mainz

Saarland
- Saarbrücken

LUXEMBURG
- Luxemburg

Bayern
- Würzburg
- Nürnberg
- München

Baden-Württemberg
- Stuttgart
- Freiburg

- ■ ······ 首　都
- ● ······ 州　都
- ● ···その他都市

13

23
Lausanne

8
Genève